MONTAIGNE

Œuvres complètes

TEXTES ÉTABLIS PAR
ALBERT THIBAUDET ET MAURICE RAT

INTRODUCTION ET NOTES
PAR MAURICE RAT

D1500064

GALLIMARD

CE VOLUME CONTIENT :

AVERTISSEMENT
CHRONOLOGIE DE MONTAIGNE
par Maurice Rat

ESSAIS

JOURNAL DE VOYAGE EN ITALIE
PAR LA SUISSE ET L'ALLEMAGNE

LETTRES

NOTES DES
« ÉPHÉMÉRIDES » DE BEUTHER

APPENDICE

LES SENTENCES PEINTES
DANS LA « LIBRAIRIE » DE MONTAIGNE

NOTES ET VARIANTES
GLOSSAIRE
NOTE BIBLIOGRAPHIQUE

trop audacieux, trop personnel. Par delà le Montaigne qui se censure lui-même, il importe de remonter au Montaigne primesautier, en contact immédiat et naturel avec son papier. Nous avons donc colligé les passages raturés de Montaigne toutes les fois qu'ils présentaient assez d'étendue et d'intérêt pour répondre à ce signalement de « Montaigne inédit » évidemment excessif quand il s'agissait de corrections de style.

Les citations en vers de Montaigne ont été traduites par nous en vers blancs. Il faut tenir compte, en effet, qu'en dehors de quelques érudits, dix-neuf lecteurs de Montaigne sur vingt ne regardent pas le texte et vont immédiatement à la traduction. Il est bon, dès lors, que la traduction des vers se distingue, pour eux aussi, de celle de la prose, sans être, pour autant, inexacte. Ce principe du rythme étant admis pour la traduction des vers, nous en avons usé dans un esprit convenable de liberté. Un hexamètre accompagné d'un fragment d'hexamètre peut être traduit, selon les cas, selon la plénitude plus ou moins dense du latin, par un seul alexandrin, un alexandrin et demi ou deux alexandrins. Une suite de dix hexamètres peut être traduite par neuf, dix, onze ou douze alexandrins. Les mètres lyriques se traduiront sans règles fixes tantôt par des alexandrins, tantôt par des décasyllabes, tantôt par des vers de huit syllabes. Il suffit d'abord que le rythme français cousine plus ou moins avec le rythme latin, ensuite que ce rythme soit uniforme dans le même fragment, enfin qu'il soit reconnaissable facilement pour une oreille française. En ce qui concerne le vers italien nous avons adopté, avec un arbitraire inévitable, le système de la traduction en vers de dix ou onze syllabes à césure variable : la traduction en alexandrins eût été un trop gros contresens rythmique. Pour les passages en prose, nous nous sommes contenté de chercher la précision et la clarté.

Les éclaircissements sont réduits au strict minimum par les nécessités matérielles d'une édition-bréviaire. Il y a d'ailleurs une certaine culture littéraire qui est indispensable au lecteur de Montaigne, et au-dessous de laquelle l'éditeur d'un texte du XVIᵉ siècle essaierait vainement d'être utile. Nous avons donné les indications nécessaires sur les allusions historiques de Montaigne. Quand une page ou un passage étaient faits d'un centon ou d'une paraphrase d'un auteur ancien, nous l'avons rappelé en note.

Nous y avons joint un glossaire des mots par trop désuets, ou devenus obscurs, qui peuvent arrêter le lecteur, sans oublier d'ailleurs que pour lire Montaigne il faut déjà une légère fami-

liarité avec les habitudes de la langue du XVIe siècle, et ses courants étymologiques ou sémantiques.

Malgré tous les soins qui lui ont été prodigués, l'Édition Municipale comporte des fautes d'impression. Nous ne connaissons aucune édition, parmi les dernières, qui en soit exempte. Nous n'osons espérer que nos efforts pour être plus heureux soient couronnés de succès. Consolons-nous, et nos confrères en Montaigne, en songeant que malgré toutes les revisions de Montaigne lui-même et de sa fille d'alliance, telle faute grossière de l'édition de 1580 a été remarquée pour la première fois par Coste dans l'édition de 1724.

Le lecteur excusera dans l'orthographe un arbitraire inévitable, lequel est le fait de l'atelier de Langelier. Il ne s'étonnera pas de voir tantôt enfans et Escossais, tantôt enfants et Ecossais. L'orthographe personnelle de Montaigne serait encore plus variable. Nous avons rectifié parfois, mais avec la plus grande prudence. Par exemple au chapitre XXIII, en l'espace de quatre lignes, Montaigne emploie trois fois le mot escus, qu'il a écrit, sur l'exemplaire de Bordeaux, toujours escus. En ces quatre lignes, Langelier imprime trois orthographes : escuts, escus, escutz. Nous les avons ramenées à escus, afin que le lecteur ne soit pas choqué par cette énorme incohérence. Ces rectifications sont rares. On n'uniformiserait l'orthographe des Essais qu'en remplaçant un arbitraire ancien par un arbitraire nouveau. Relisons ici De la coustume et de ne changer aisément une loy receüe. Le lecteur aura d'ailleurs dans le livre de raison et dans les lettres un aperçu de la façon « d'écrire » et de ponctuer de Montaigne.

On trouvera à la fin du volume une bibliographie concernant :

1° les éditions qui, à un titre quelconque, ont une importance dans l'histoire du texte ou de son influence ;

2° les travaux littéraires, historiques, philologiques ou critiques qui peuvent aujourd'hui être indiqués utilement au lecteur de Montaigne pour mieux comprendre notre auteur.

CHRONOLOGIE DE MONTAIGNE

1402. — Naissance de Ramon Eyquem, qui, associé et héritier d'un oncle maternel, Ramon de Gaujac, et mari d'une riche héritière, Isabeau de Ferraignes, devient un des marchands exportateurs (vins, pastel, poissons salés) les plus riches de la rue de la Rousselle.

1477. — Ramon Eyquem acquiert pour neuf cents francs bordelais les maisons nobles de Montaigne et de Belbeys, en la baronnie de Montravel, arrière-fief de la mense épiscopale de Bordeaux.

1478. — Ramon Eyquem meurt au moment où il allait partir en pèlerinage, pour Saint-Jacques-de-Compostelle. Il laisse quatre enfants, deux filles, dotées en argent, deux fils, héritiers de ses biens, Grimon et Pierre Eyquem, qui continuent en association le commerce de leur père, jusqu'à la mort de Pierre. Grimon, demeuré seul héritier, est un homme d'affaires actif et heureux, qui accroît fortement la fortune de la maison.

1485. — Grimon est jurat de Bordeaux, et devient en 1503 prévôt de la cité.

1495. — Naissance de Pierre Eyquem, à Montaigne.

1519. — Mort de Grimon, qui laisse deux filles, Blanquine de Belcier et Jehanne de Grain, et quatre fils, Pierre, l'aîné, Thomas, chanoine de Saint-André et curé de Montaigne, Pierre de Gaujac, d'abord avocat, puis chanoine de Saint-André et curé de La Hontan, Raymond de Bussaguet, conseiller au Parlement de Guyenne.

1519. — Pierre Eyquem, l'aîné, devient seigneur de Montaigne et ne tarde pas à partir pour les guerres d'Italie. Il y reste plusieurs années. Il écrit un « papier journal » de toute sa vie transalpine, qui est perdu.

1528. — Pierre Eyquem, revenu des guerres, épouse Anthony de Louppes, riche descendante de juifs portugais ou tolédans, les Lopez.

1530. — Pierre Eyquem est premier jurat et prévôt de Bordeaux. Cette même année, naissance de La Boétie.

1533 (28 février). — Naissance au château de Montaigne de Michel de Montaigne, troisième enfant, qui est mis en nourrice au village de Papessus.

1534. — Naissance de Thomas, plus tard sieur d'Arsac, frère de Montaigne.

1534. — Le Portugais André de Govea, le « premier principal de France », est nommé principal du collège de Guyenne.

1535. — Naissance de Pierre, plus tard sieur de la Brousse, frère de Montaigne.

1535. — Michel est confié à un pédagogue allemand qui ne sait pas le français, et qui, selon une méthode que Pierre Eyquem, curieux des nouveautés, avait rapportée sans doute d'Italie, élève l'enfant en latin.

1536. — Pierre Eyquem est nommé sous-maire de Bordeaux.

1536. — Naissance de sa sœur Jeanne, depuis Mme de Lestonnat ou Lestonnac.

1539 ou 1540. — Montaigne, âgé de six ans, entre au collège de Guyenne, devenu un des premiers de France, où il reçoit sans doute les leçons de Mathurin Cordier, de Buchanan, d'Élie Vinet, passe sept ans, et d'où il emporte surtout la connaissance, la mémoire et le goût de la poésie latine, avec quelque teinture de grec. Il en déplorera plus tard les méthodes livresques.

1544. — Naissance de Françoise de la Chassaigne, plus tard femme de Montaigne.

1546. — Montaigne suit probablement des cours de philosophie de la faculté des Arts, où Nicolas de Grouchy enseignait la dialectique.

1548. — Révolte de Bordeaux, terrible répression par le connétable de Montmorency. Bordeaux, qui a perdu tous ses privilèges, y compris le droit d'élire son maire, les recouvre bientôt en partie, mais Henri II décide que le maire, nommé jusqu'alors à vie, ne le sera plus que pour deux ans.

1549. — Ces troubles, l'insuffisance de l'enseignement du droit à l'Université de Bordeaux, la célébrité de l'école de Toulouse, conduisent probablement le père de Montaigne à envoyer celui-ci à Toulouse, où il avait des parents maternels, et où l'on suppose qu'il dut faire la connaissance de Turnèbe, de Pierre Bunel, et suivre les leçons de Coras.

1552. — Naissance de Léonor de Montaigne, sa sœur.

1554. — Naissance de Marie de Montaigne, sa sœur.

1554. — Henri II ayant créé une Cour des Aides à Périgueux, Montaigne, âgé de vingt et un ans, y est nommé conseiller, recueillant la charge de son père, élu au bout de quelques semaines maire de Bordeaux. Trois ans après, cette Cour sera supprimée, et ses conseillers versés dans les rangs du Parlement de Bordeaux.

1554. — La Boétie devient conseiller au Parlement de Bordeaux. Cette même année Pierre Eyquem, maire de Bordeaux, dont il est devenu un des personnages les plus considérés, avec la permission de son suzerain l'archevêque, fortifie Montaigne, construit les tours, embellit cette maison jusqu'alors fort modeste. Ses enfants y sont nés ou y sont élevés. L'adolescence de Michel de Montaigne coïncide avec un enracinement de sa famille en cette terre périgourdine.

1554-1556. — Pierre Eyquem se trouve maire de Bordeaux dans les circonstances les plus difficiles. Selon son fils il compromet dans ces peines et labeurs sa fortune et sa santé. Selon la *Chronique* de Jean Darnal, « Monsieur le maire, allant encore [à Paris] pour les affaires de la ville, luy furent envoyés vingt tonneaux de vin pour faire des présents aux seigneurs favorables à la dite ville. » C'est à ce moment, avec son père et ces tonneaux, que Montaigne dut faire son premier voyage à Paris, puisqu'il dit avoir vu Henri II.

1557. — Montaigne entre au Parlement de Bordeaux.

1557-1558. — Début de l'amitié de Montaigne et d'Étienne de La Boétie, de trois ans son aîné, collègues au Parlement. La Boétie sera la principale des affections humaines de Montaigne, qui n'aimera, de toute l'âme, que cette fois, et pendant les six ans qu'il connut son ami (réduits à quatre, puisqu'ils furent séparés deux ans en tout).

1559. — A la suite de la mutilation des statues d'un calvaire du faubourg Saint-Seurin, le Parlement ordonne une procession, qu'il suit en corps, et fait brûler vif un riche marchand bordelais, Pierre Fougère. Il y a alors sept mille huguenots à Bordeaux, des conspirations, des émeutes, des exécutions capitales, jusqu'à l'édit de tolérance de janvier 1562, que le Parlement de Bordeaux enregistrera à contre-cœur et avec réserve.

1559. — Traduction des *Vies* de Plutarque par Amyot.

1559. — Voyage de Montaigne à la Cour, à Paris et à Bar-le-Duc, où il accompagne le roi François II.

1560. — Naissance de Bertrand, son frère, depuis sieur de Mattecoulon.

1561. — Nouveau voyage à la Cour. Le Parlement de Bordeaux a chargé Montaigne d'une mission qui concerne les troubles religieux, alors très graves en Guyenne. Pendant que Montaigne est à Paris, La Boétie est chargé d'une mission en Agenais pour aider le commandant des troupes royales, Barie, à rechercher et à punir les désordres. Montaigne reste un an et demi à Paris. On présume, sans preuves décisives, que ce fut sa période de grande ambition politique, et de déceptions,

1562. — Édit du *17 janvier* 1562, qui donne aux protestants le droit de s'assembler, et à propos duquel La Boétie compose son *Mémoire sur l'Édit de Janvier* en *juin 1562*. Montaigne est toujours à Paris. Le Parlement de Paris ayant décidé le *6 juin* que ses membres feraient profession publique de la foi catholique, Montaigne, qui a le droit, comme conseiller d'un Parlement, d'opiner dans tous les Parlements de France, est reçu le *10 juin* à faire sa profession de foi ès mains du Premier Président. En *octobre* il se rend à Rouen à la suite de l'armée royale qui va reprendre la ville sur les huguenots. Il y fait la rencontre d'indigènes du Brésil.

1562 *(25 juillet)*. — Le Parlement de Bordeaux fait son acte de profession de foi catholique : soixante-deux conseillers présents le signent. Le *1er août* profession de foi des officiers du roi. Et le *4 novembre*, le Parlement prétend exiger celle de tous les habitants.

1563. — Montaigne rentre à Bordeaux en *février*. Le *18 août* 1563, Étienne de La Boétie meurt à Germignan, près Bordeaux, dans la maison du conseiller de Lestonnat, beau-frère de Montaigne. Montaigne raconte cette mort dans une belle lettre à son père. La Boétie laissait en manuscrit une traduction de *l'Économique* de Xénophon, des *Règles de mariage* de Plutarque, ainsi que des sonnets.

1564. — Année approximative où Montaigne lit et annote de sa main les *Annales* de Nicole Gilles. Les 133 annotations de Montaigne ont été publiées en grande partie dans la *Revue d'histoire littéraire de la France*, de 1909 à 1912.

1565 *(janvier)*. — Visite de Charles IX en Guyenne. La cour séjourne à Bordeaux. A la séance royale du *14 avril* au Parlement, le chancelier de L'Hospital adresse aux magistrats de Bordeaux une mercuriale très dure.

1565 *(22 septembre)*. — Mariage de Montaigne avec la fille d'un de ses collègues, Françoise de la Chassaigne, qui apporte sept mille livres tournois de dot, et devait donner à Montaigne six filles.

1568. — Mort de Pierre Eyquem. Partage de sa succession entre ses cinq fils et ses trois filles. Michel devient propriétaire et seigneur de Montaigne. Difficultés avec sa mère au sujet de l'héritage.

1569. — Montaigne publie à Paris la traduction de la *Théologie naturelle* de Raimond Sebon(d), qu'il avait entreprise sur la prière du « meilleur père qui fut oncques ».

1570. — Montaigne vend sa charge de conseiller au Parlement de Bordeaux à Florimond de Raemond, et vient à Paris pour y publier les poésies latines et les traductions de La Boétie, qui paraissent l'année suivante en un petit volume, suivi presque aussitôt d'un supplément pour les œuvres de poésie française. Montaigne fait précéder chaque opuscule de La Boétie d'une dédicace à un personnage important.

1570. — Naissance de Toinette, première fille de Montaigne; elle meurt deux mois après. Lettre de consolation de Montaigne à sa femme.

1571. — Retraite de Montaigne, expliquée par l'inscription latine de sa bibliothèque, dont voici la traduction :

L'an du Christ 1571, âgé de trente-huit ans, la veille des calendes de mars, anniversaire de sa naissance, Michel de Montaigne, las depuis longtemps déjà de sa servitude du Parlement et des charges publiques, en pleines forces encore, se retira dans le sein des doctes vierges, où, en repos et sécurité, il passera les jours qui lui restent à vivre. Puisse le destin lui permettre de parfaire cette habitation des douces retraites de ses ancêtres qu'il a consacrées à sa liberté, à sa tranquillité, à ses loisirs !...

Elle était accompagnée de l'inscription suivante dont le texte latin n'a pas été sûrement établi :

Privé de l'ami le plus doux, le plus cher et le plus intime, et tel que notre siècle n'en a vu de meilleur, de plus docte, de plus agréable et plus parfait,

Michel de Montaigne, voulant consacrer le souvenir de ce mutuel amour par un témoignage unique de sa reconnaissance, et ne pouvant le faire de manière qui l'exprimât mieux, a voué à cette mémoire ce studieux appareil dont il fait ses délices.

1571. — Montaigne est fait officiellement, par le marquis de Trans ambassadeur de France, chevalier de l'ordre de Saint-Michel ; puis Charles IX le nomme gentilhomme ordinaire de la chambre du roi *(9 septembre)*. Le *28 octobre,* naissance de sa fille Léonor, la seule de ses enfants qui vivra.

1572. — Massacre de la Saint-Barthélemy. Insurrection de La Rochelle : Montaigne a commencé les *Essais* en pleine guerre civile, ou un peu avant. D'autre part, cette même année est celle de la traduction des *Œuvres morales,* de Plutarque, par Amyot, qui fournit ainsi à Montaigne un « bréviaire ».

L'entrée de ce bréviaire dans la librairie de Montaigne suivait de peu le dessein et les premières rédactions des *Essais.* La plus grande partie du livre I est de 1572-1573. Montaigne y pense, ou parait y penser beaucoup, aux affaires militaires et politiques. Il lit de très près les *Mémoires* des frères Du Bellay, alors très goûtés des politiques, et aussi Jean Bouchet, historien de l'Aquitaine, ainsi que l'*Histoire d'Italie* de Guichardin, — Sénèque et le *Plutarque* d'Amyot restant d'ailleurs ses livres de chevet.

1572-1574. — Guerre civile. Trois armées royales marchent contre les protestants. Celle du Poitou est commandée par le duc de Montpensier qui fixe son camp à Sainte-Hermine. Avec des gentils-hommes catholiques de Guyenne, Montaigne vient le rejoindre. Il n'y a pas de bataille, le chef huguenot La Noue la refusant. Mais Montpensier envoie Montaigne au Parlement de Bordeaux, afin que celui-ci ordonne les précautions à prendre pour la défense de la ville.

1573. — Naissance de sa troisième fille, Anne, qui ne vivra que sept semaines.

1573. — Mort de son oncle Pierre, doyen de Saint-Seurin et chanoine de Saint-André, dont il hérite pour le tiers.

1574. — Naissance de la quatrième fille de Montaigne : elle vécut trois mois.

1574 *(11 mai).* — A Bordeaux, ayant reçu audience au Parlement, assis au bureau et au-dessus des gens du roi, Montaigne présente les lettres adressées par le duc de Montpensier à la Cour, et fait ensuite un long discours.

1574. — Publication anonyme et mutilée de la *Servitude volontaire* de La Boétie, dans un pamphlet calviniste, le *Réveil Matin des Français.*

1574-1575. — Nous savons, par de Thou, que Montaigne va à Paris vers cette époque. Il a pu d'ailleurs y faire des voyages en d'autres temps.

1575-1576. — Lecture des *Hypotyposes pyrrhoniennes* de Sextus Empiricus. En 1576, Montaigne fait frapper un jeton qui représente d'un côté ses armes entourées du collier de Saint-Michel et, de l'autre côté une balance aux plateaux également horizontaux, avec la date, 1576, son âge, 42 (ans), et la devise pyrrhonienne : 'Επέχω *(Je m'absliens).* Cette même année 1576, il écrit une partie de l'*Apologie de Raimond Sebond.*

1577. — Naissance de la cinquième fille de Montaigne. Elle vécut un mois.

1577 *(30 novembre).* — Henri de Navarre nomme d'office Montaigne gentilhomme de sa chambre.

1577-1578. — Montaigne est atteint pour la première fois de la maladie de la pierre comme en avaient souffert son père et son aïeul, et dont il souffrira le reste de sa vie (ainsi que de goutte ou de rhumatismes). C'est l'époque où il compose, jusqu'en 1580, la plus grande partie du livre II des *Essais.*

1578. — Le *25 février,* Montaigne commence une lecture attentive des *Commentaires* de César par les trois livres de la *Guerre civile* et il la termine le *21 juillet* par la *Guerre des Gaules.* C'est de ces cinq mois que datent ses notes sur l'exemplaire de Chantilly.

Peu après, il lit de Bodin le *Methodus* et la *République.* Mais ses deux livres de lecture courante et fréquente restent les *Lettres à Lucilius* de Sénèque et surtout les *Vies* et les *Œuvres morales* de Plutarque. Plutarque, plus qu'aucun auteur, est à la source des *Essais.*

1578. — Montaigne achète la forêt de Bretanor, contenant 110 journaux (plus de quarante hectares), probablement celle où il offrira de chasser à Henri de Navarre.

1579 et *début* 1580. — Époque à laquelle on place la composition des *Essais* I, XXVI, XXXI; II, X en partie, XVII et XXXVII, Essais plus intimes où Montaigne se peint lui-même plus qu'il ne l'a fait jusque-là. Ce serait sous l'influence de ce dessein qu'il rédigerait l'*Avis au lecteur* de la première édition.

1580. — Le *1er mars,* publication des *Essais,* première édition, en deux livres, à Bordeaux, chez Simon Millanges. Après quoi, Montaigne part pour un voyage de santé et d'agrément aux eaux de France, de Suisse, d'Italie. Il passe par Paris pour le lancement des *Essais,* et pour les présenter au roi. Henri III lui dit que le livre lui plaît extrêmement; à quoi Montaigne répond : « Sire, il faut donc que je plaise à Votre Majesté, puisque mon livre lui est agréable, car il ne contient autre chose qu'un discours de ma vie et de mes actions. »

1580 *(août).* — Montaigne au siège de La Fère. Son ami M. de Gramont y est tué d'un boulet.

1580 *(septembre).* — Montaigne et son frère Mattecoulon partent de Beaumont-sur-Oise avec M. d'Estissac, le jeune fils de l'amie de Montaigne, avec qui il partage par moitié la dépense du voyage. Par Meaux, Bar-le-Duc, Domremy, où il va visiter les descendants de la famille de Jeanne d'Arc, Montaigne arrive le *16 septembre* à Plombières. Il y reste dix jours, prenant boisson et bains. Il entre en Allemagne par Thann, et dans la ville suisse de Mulhouse prend « un plesir infini à voir la liberté et bonne police de cette nation ». A Bâle, la seigneurie envoie du vin à MM. d'Estissac et de Montaigne et les fait haranguer.

1580 *(7 octobre)*. — Départ de Baden, où Montaigne s'est arrêté pour les eaux. Par Augsbourg, Munich, Innsbruck, le Tyrol, il descend à Vérone et à Padoue. Le dimanche *5 novembre,* la troupe arrive à Venise, où Montaigne s'entretient longuement avec l'ambassadeur du roi, Arnaud du Ferrier. La police de cette république le déçoit un peu. Il visite quelques courtisanes vénitiennes, et part le *12 novembre,* comptant bien revenir à Venise et y séjourner à loisir. A Ferrare il visite le duc dans son palais et le Tasse dans son hôpital.

Florence, d'où il part le *24 novembre,* lui plaît fort peu.

Le *30 novembre* la troupe arrive à Rome. Ils logent deux nuits à l'hôtel de l'*Ours,* puis prennent un appartement vis-à-vis de Santa Lucia della Tinta, pour vingt écus par mois. On confisque à Montaigne tous ses livres, même son livre d'heures, parce que ce ne sont pas celles de Rome. Le *29 décembre,* l'ambassadeur du roi, son ami d'Elbène, le conduit à l'audience du pape, Grégoire XIII, dont il fait un portrait excellent. Il quitte Rome le *19 avril,* se rend en pèlerinage à Lorette, où il consacre à la Vierge des images d'argent pour lui, sa femme et sa fille. Il revient par Florence et Pise. Il séjourne en *août-septembre* trois semaines aux bains de Lucques.

Le *7 septembre,* à ces bains (Della Villa) la nouvelle lui parvient qu'il est élu pour deux ans maire de Bordeaux. Il se met en devoir de rentrer dans son pays.

1581. — Deuxième édition, corrigée, de la traduction de la *Théologie naturelle.*

1581 *(30 novembre).* — Arrivée de Montaigne à sa maison. On trouvera la chronologie détaillée de ce voyage plus loin, dans notre Introduction au *Journal.*

1582. — En *janvier,* ouverture de la Cour de Justice de Guyenne au Collège des Jacobins. Claude Dupuy, Loisel, Pithou, de Thou en font partie et se lient avec Montaigne. De Thou déclare dans son *Histoire* qu'il « tira bien des lumières de Michel de Montaigne, alors maire de Bordeaux, homme franc, ennemi de toute contrainte, et qui n'était entré dans aucune cabale, d'ailleurs fort instruit de nos affaires, principalement de celles de la Guyenne, sa patrie, qu'il connaissait à fond ».

1582-1584. — La première mairie de Montaigne est coupée par de longs séjours à Montaigne et un voyage à Paris « pour les affaires de la ville, avec amples mémoires et instructions », selon la *Chronique bordeloise.*

1582. — Deuxième édition des *Essais* (Livres I et II) auxquels Montaigne fait quelques corrections et additions, notamment de passages de poètes italiens et de souvenirs de son séjour à Rome. Cette édition paraît encore à Bordeaux, chez Millanges. Elle est en un seul volume in-8°, et plus belle que la première.

1583. — Montaigne est désigné à nouveau comme maire pour deux ans. Sa seconde mairie sera marquée par la guerre civile et la peste, qui toutes deux gagneront le Périgord.

1583. — Naissance de Marie, sa sixième et dernière fille. Elle ne vécut que quelques jours.

1584. — En *mai,* Montaigne confère avec le Béarnais à Mont-de-Marsan et à Nérac. Le *10 juin* meurt le duc d'Anjou, dernier fils de Henri II, ce qui fait de Henri de Navarre l'héritier du trône.

1584. — Le *1er août,* Montaigne commence sa nouvelle période de mairie.

1584 *(19 décembre).* — Le roi de Navarre vient à Montaigne pour la première fois. Il y vit deux jours, servi par les gens du château et dormant dans le lit de Montaigne. Plus de quarante gentilshommes avec les valets de chambre, pages et soldats, couchent au château, environ autant dans les villages; Montaigne fait lancer un cerf dans sa forêt, où l'on chasse pendant ces deux jours.

1585 *(18 janvier).* — Montaigne écrit à *la Belle Corisande,* devenue la maîtresse de Henri de Navarre, pour lui donner conseil « de n'engager à ses passions l'intérêt et la fortune de ce prince, et, puisqu'elle pouvait tout sur lui, de regarder plus à son utilité qu'à ses humeurs particulières ». Il s'efforce, d'autre part, d'amener une entente entre le roi de Navarre et le maréchal de Matignon,.gouverneur de la Guyenne, lequel est dévoué à Henri III plus que ne le désirerait le roi de Navarre, gouverneur nominal de la province.

1585. — Correspondance importante de Montaigne avec le maréchal de Matignon, qu'il tient au courant de ce qui se passe de divers côtés, en particulier des démêlés de Henri de Navarre avec sa femme Marguerite.

1585 *(avril).* — Le maréchal de Matignon, avec l'appui de Montaigne, du Corps de ville et du Parlement, empêche, par son énergie et son adresse, Bordeaux de tomber entre les mains des ligueurs, qui y avaient pour chef le gouverneur du Château-Trompette, Vaillac. Montaigne écrit au roi de Navarre pour lui annoncer ces événements.

1585 *(mai).* — Alarmes de Montaigne pour la sécurité de la ville, alors que Vaillac parcourt la campagne comme chef des ligueurs. Matignon, que Henri III a envoyé à Agen, est tenu au courant de la situation par des lettres de Montaigne. Le roi de Navarre cherche à s'entendre avec Matignon. Montaigne, aimé de l'un et de l'autre, sert d'intermédiaire. Le roi et le maréchal se rencontrent le *12 juin* 1585.

1585. — Le maréchal de Matignon, qui commande en Guyenne pour le roi, est désigné pour remplacer l'année suivante Montaigne à la mairie de Bordeaux.

1585. — En *juin* la peste éclate à Bordeaux. Fuite générale. Le premier Président demeure, seul du Parlement, à son poste, avec un conseiller. Montaigne qui était absent (ses fonctions de maire de Bordeaux finissaient le *31 juillet*) ne rentre pas. Le *31 juillet* il se rend à Feuillas, sur les coteaux de Cenon, où le mal n'est pas encore arrivé et y exerce son dernier acte de magistrat. Pendant l'été la peste fait rage dans toute la région, à Montaigne comme ailleurs. Montaigne y soustrait comme il peut sa mère, sa femme et sa fille, et sert de guide à la caravane errante des siens.

1586. — Pierre Charron donne à Montaigne un *Catechismo* de Bernardino Ochino avec ces mots de sa main : *Charron, ex dono dicti domini de Montaigne, in suo castello, 2 julii, anno 1586* (Bibliothèque Nationale, D 2812, Réserve). C'est à cette date que commencent les relations amicales entre Charron et Montaigne.

1586-1587. — Lecture des historiens, La Marche, Quinte-Curce (qu'il couvre de 168 notes sur un exemplaire longtemps conservé à La Brède), Tacite, Arrien, Gomara. Il compose le troisième livre des *Essais*.

1587 *(24 octobre)*. — Le roi de Navarre dîne à Montaigne quatre jours après la bataille de Coutras, traversant le pays avec ses cavaliers pour aller porter vingt-deux drapeaux à la belle Corisande, alors en Béarn.

1588. — Correspondance de Montaigne avec Juste Lipse, qui le surnomme le Thalès français.

1588 *(16 février)*. — Montaigne, se rendant à Paris pour y publier la quatrième édition des *Essais*, est dévalisé dans le bois de Villebois, près d'Orléans, par des ligueurs masqués. On lui rend ensuite ses hardes, son argent et ses papiers (parmi lesquels sans doute le manuscrit des *Essais*). La lettre par laquelle Montaigne annonce sa mésaventure à Matignon et le récit des *Essais* ne s'accordent d'ailleurs pas bien, et l'histoire de son détroussement semble avoir été un peu arrangée plus tard par lui.

1588. — Mlle de Gournay, qui se trouve à Paris avec sa mère et qui admire l'auteur des *Essais,* ayant appris sa présence, l'envoie saluer chez lui en lui exprimant « l'estime qu'elle faisait de sa personne et de ses livres ». Le lendemain Montaigne vient lui rendre visite. C'est le début de ses relations avec sa « fille d'alliance ».

1588 *(12 mai)*. — Journée des Barricades. Henri III quitte Paris, suivi de gentilshommes fidèles, parmi lesquels Montaigne et son ami Pierre de Brach, qui accompagnent le roi à Chartres et à Rouen.

1588 *(juin)*. — Publication de la quatrième édition des *Essais,* dite cinquième, avec six cents additions aux deux premiers livres et le troisième livre en édition originale.

1588 *(10 juillet)*. — A son retour de Rouen, entre trois et quatre heures de l'après-midi, étant logé au faubourg Saint-Germain et malade d'un rhumatisme depuis trois jours, Montaigne est fait prisonnier par les capitaines et le peuple de Paris, et mis à la Bastille, du fait du duc d'Elbeuf, qui le tient pour otage d'un de ses parents emprisonné à Rouen par Henri III. Le même jour au soir, la reine-mère, Catherine de Médicis, le fait mettre en liberté.

1588 *(juillet-août)*. — Montaigne passe ensuite plusieurs semaines à Gournay-sur-Aronde, en Picardie, dans la famille de sa fille d'alliance.

1588 *(octobre)*. — Montaigne assiste en spectateur aux États Généraux de Blois. Il y rencontre De Thou et Pasquier. De Thou rapporte dans ses *Mémoires* quelques-unes des propos de Montaigne sur le duc de Guise et le roi de Navarre. Et Pasquier rappellera dans une lettre leurs discussions sur la langue des *Essais*. Il quitte la ville avant l'assassinat du duc de Guise.

1588-1592. — Montaigne lit beaucoup. Toujours les historiens : Hérodote, Diodore, Tite-Live, Tacite, la *Cité de Dieu* de saint Augustin, la *Morale à Nicomaque* d'Aristote, les traités philosophiques de Cicéron, Diogène Laërce. Les livres d'histoire sur l'Amérique et l'Orient l'intéressent toujours. Il ne lit presque plus les poètes.

1589 *(2 août)*. — Mort d'Henri III.

1589-1592. — Montaigne prépare une nouvelle édition des *Essais* renouvelée par un millier d'additions, dont le quart concerne sa vie, ses goûts, ses mœurs, ses idées. Depuis vingt ans qu'il a commencé les *Essais,* le livre a pris de plus en plus le ton de la vie personnelle, de la confession, Montaigne s'est découvert en écrivant les *Essais,* et son livre l'a fait en même temps qu'il faisait son livre.

1590 *(27 mai)*. — Mariage de Léonor de Montaigne avec François de la Tour.

1590 *(18 juin)*. — Belle lettre de Montaigne à Henri IV, sorte de testament de sa vie politique.

1590 *(20 juillet)*. — Henri IV lui écrit, du camp de Saint-Denis, afin qu'il vienne auprès de lui, occuper quelque place.

1591 *(31 mars)*. — Il naît une petite-fille à Montaigne, Françoise de la Tour.

1592 *(13 septembre)*. — Mort de Montaigne. Il expire au moment de l'élévation, pendant une messe dite devant lui, dans sa chambre. Il est enterré dans l'église des Feuillants de Bordeaux.

La succession de Montaigne est estimée 60 000 livres de terres et 30 000 livres de créances : soit un revenu total de 6000 livres.

1594. — Léonor devient veuve.

1595. — L'exemplaire des *Essais* annoté par Montaigne est transcrit par les soins de Mme de Montaigne et de Pierre de Brach, et c'est sur cette copie qu'est établie la belle édition donnée chez Langelier par Mlle de Gournay.

1601. — Mort de la mère de Montaigne, âgée de plus de quatre-vingt-dix ans.

1613. — Traduction anglaise des *Essais* par John Florio.

1616. — Mort de Léonor.

1619. — *Lettres* d'Étienne Pasquier, où une longue lettre à Pelgé donne le premier jugement critique, étudié et motivé, de la génération d'Henri IV sur les *Essais*.

1633. — Traduction italienne des *Essais* par Marco Ginammi.

1655. — Date approximative où il faut placer l'*Entretien* de Pascal avec M. de Saci sur Épictète et Montaigne, dont l'authenticité comporte des degrés ou des réserves, et qui fut publié seulement au XVIIIe siècle dans les *Mémoires* de Fontaine.

1666. — Violente attaque de Port-Royal contre Montaigne, dans un chapitre de la *Logique* dû probablement à Nicole. C'est le signal d'une réaction antimontaniste qui durera un demi-siècle.

1669. — Édition des *Essais* en trois volumes, in-12, Paris, chez Rondet, Journet et Chevillon, et à Lyon chez Olyez, la dernière avant 1724.

1674. — Très vive critique de Montaigne par Malebranche, dans le IIe livre de la *Recherche de la Vérité*.

1669-1724. — Grand interrègne de Montaigne. Tandis que de 1595 à 1650 il paraît en moyenne une édition des *Essais* tous les deux ans, cinquante-six ans se passent sans qu'ils sortent des presses. Et le jugement de La Bruyère en faveur de Montaigne contre Balzac et Malebranche ne portera tout son fruit qu'avec la génération de Voltaire.

1724. — Édition de Montaigne par Coste, en trois volumes in-4º, éclairée et consciencieuse, qui restera au XVIIIe siècle l'édition de base. De 1724 à 1801, les *Essais* sont réimprimés seize fois.

1774. — Publication du *Journal de voyage de Montaigne en Italie* découvert par l'abbé de Prunis dans le château de Montaigne, et édité avec une préface et des notes par Meusnier de Querlon. Le manuscrit, déposé à la Bibliothèque du roi, a disparu depuis.

1802. — Naigeon publie chez Didot une édition des *Essais* en quatre volumes, la première qui modifie d'après l'exemplaire autographe de Bordeaux le texte traditionnel reproduit ou dérivé de l'édition de 1595.

1812. — L'Académie couronne l'*Éloge de Montaigne* par le jeune Villemain, qui établit sur Montaigne le jugement courant du public de l'époque.

1832 *(décembre)*. — Le *César* (édition de Plantin) couvert de plus de six cents annotations par Montaigne, qui est aujourd'hui à la bibliothèque du château de Chantilly, est acheté 90 centimes sur le quai de la Monnaie par le bibliophile Parisot. A sa vente en 1856, Techener l'acquiert à 1550 francs pour le duc d'Aumale qui le place dans sa bibliothèque, entre l'*Aristophane* de Rabelais, et l'*Eschyle* annoté par Racine.

1837-1838. — Cours de Sainte-Beuve à l'Académie de Lausanne sur Port-Royal, que reproduisent à peu près les deux premiers volumes du *Port-Royal* publiés en 1840 et 1842. Les pages sur *Montaigne, Pascal et l'Entretien avec M. de Saci* marquent un moment important dans l'histoire des jugements sur Montaigne.

1906. — La ville de Bordeaux commence la publication de l'Édition Municipale, désormais à la base de toutes les éditions de Montaigne.

1933. — Quatrième centenaire de la naissance de Montaigne, commémorée dans le courant de l'année à Bordeaux, à Périgueux, à Paris, à Bergerac, à Saint-Michel. La manifestation la plus importante est l'exposition documentaire de Montaigne organisée en mars-avril dans les salons de l'Hôtel de Ville de Bordeaux.

1957. — Quadricentenaire de la première rencontre de Montaigne et de La Boétie, commémorée le lundi de Pentecôte à Bordeaux, à Montaigne et à Saint-Émilion, et dont la relation a été faite par G. Palassie et publiée par les soins de la *Société des Amis de Montaigne.*

1963. — Quadricentenaire de la mort de La Boétie, commémorée à Bordeaux, au château de Montaigne et à Sarlat par le 1er Congrès international des Études montaignistes (1er-4 juin).

1964. — Publication par G. Palassie et sous les auspices de la *Société des Amis de Montaigne* du *Mémorial* du congrès de 1963, avec le texte original des 23 communications qui y furent faites.

ESSAIS

INTRODUCTION

Montaigne laissait en mourant deux filles, dit Pasquier:
« l'une, qui naquit de son mariage, héritière de ses biens;
l'autre, sa fille par alliance, héritière de ses études... » Celle-ci est
Marie Le Jars de Gournay, qui pleura, en effet, Montaigne comme
un père. L'année d'après sa mort, elle vint voir la veuve et la fille
de l'auteur des *Essais,* et reçut de Mme de Montaigne une copie
plus ou moins complète des remarques marginales inscrites par
Montaigne sur un exemplaire de l'édition de 1588, annoté pour une
réédition — copie qui lui servit deux ans plus tard, en 1595, pour
publier la grande édition in-folio des *Essais.* Les longues guerres
civiles laissaient alors la France momentanément fatiguée de la
violence et toute préparée à goûter la sagesse qui règne dans les
Essais, ce « bréviaire des honnêtes gens », ainsi que les nommait le
cardinal du Perron. Un Juste Lipse, un Scévole de Sainte-Marthe,
un de Thou en louent, le premier la peinture de l'auteur à travers
l'œuvre, le second « la naïve liberté de parler qui s'y rencontre »,
le troisième « un vrai séminaire de belles et notables sentences,
toutes, en général, pleines de moëlle ». Pierre Charron, autre
« témoin de Montaigne » et auquel celui-ci avait légué le droit de
porter ses armoiries, n'ayant point de fils qui en pût hériter, en
donne dans son livre *De la Sagesse* un écho hardi, fort et froid, et
qui est, comme l'a dit Sainte-Beuve, une sorte d'« édition didac-
tique des *Essais* ».

La première réaction contre Montaigne date de la fin du règne
de Louis XIII. Mlle de Gournay, qui eut le tort de vivre trop longtemps (elle mourut en 1645), n'y contribua pas peu, en dépit qu'elle
en eût, par son attitude agressive et grognon de vieille pédante, et
la dévotion qu'elle montre à son idole, dans la préface qu'elle crut
devoir mettre à l'édition de 1635, n'apaisa pas — bien au contraire — les dispositions des détracteurs de Montaigne qui lui
reprochaient de parler trop de soi dans son livre et d'employer des
mots peu usuels, empruntés au dialecte gascon ou au latin. Guez
de Balzac, qui avait fréquenté l'hôtel de Rambouillet, a beau défendre Montaigne contre les « délicats », il ne lui en sait pas moins
mauvais gré de cette composition décousue qui est la sienne:
« Montaigne sait bien ce qu'il dit; mais, sans violer le respect qui
lui est dû, je pense aussi qu'il ne sait pas toujours ce qu'il va dire »,
et il ajoute que la langue et le style de l'auteur des *Essais* se ressentent de la rudesse du temps où il écrivit son livre et de la province
où il vécut. Superficielle encore avec Balzac, et surtout formelle,

la réaction est beaucoup plus profonde avec Pascal, qui lui doit
tout, et dont l'une des tâches essentielles, à en croire Sainte-Beuve,
a été de « ruiner et anéantir Montaigne dans les *Pensées* », allant
même jusqu'à dire que l'auteur des *Essais* « ne pense qu'à mourir
lâchement et mollement par tout son livre ». Saci, Arnaud, Nicole,
qui représentent Port-Royal tout pur, sont, bien entendu, beaucoup plus sévères encore pour Montaigne, qui « renverse, à les en
croire, les fondements de toute connaissance et, par conséquent, de
la religion même ». Bossuet et le P. Malebranche redoublent les
coups; le premier, au nom de la foi, reproche à Montaigne de
ravaler l'homme à la bête; le second s'en prend surtout au « pédant
à la cavalière » et ne veut voir dans les *Essais* « qu'un tissu de petits
contes, de bons mots, de distiques et d'apophtegmes ». Et l'auteur
de *Recherche de la Vérité* continue sévèrement: « Il n'est pas seulement dangereux de lire Montaigne pour se divertir, à cause que
le plaisir qu'on y prend engage insensiblement dans ses sentiments,
mais encore parce que ce plaisir est plus criminel qu'on ne pense.
Car il est certain que ce plaisir naît principalement de la concupiscence, et qu'il ne fait qu'entretenir et que fortifier les passions, la
manière d'écrire de cet auteur n'étant agréable que parce qu'elle
nous touche et qu'elle réveille nos passions d'une manière imperceptible. »

Mais Balzac et les puristes de la première partie du siècle, Pascal
et Port-Royal, Bossuet et Malebranche dans la seconde, ne représentent point le siècle entier. Si la mise à l'Index de 1676 semble sanc-
tionner les rigueurs des Messieurs et celles de l'Oratoire, elle n'empêche point certains, non des moindres, d'admirer les *Essais*.
« L'homme classique, a noté M. Pierre Moreau, celui de Descartes,
de Molière, de La Fontaine, de La Rochefoucauld, de Saint-Évre-
mont, de La Bruyère, celui dont les règles sont dans la nature,
dans la raison, dans la prudhomie, était déjà l'homme des *Essais* »,
et Montaigne n'a eu, en somme, contre lui, au XVIIᵉ siècle, que les
précieux de l'hôtel de Rambouillet et tous les écrivains que leur
foi rendait rigides. Encore est-il bon de noter qu'un auteur et un
homme d'Église dont Rome a fait un saint, le délicieux François
de Sales, et un évêque qui fut un charmant polygraphe, Jean-Pierre
Camus, en sont nourris non moins que de l'exquis Amyot; et entre
les autres classiques et Montaigne que de rapprochements et de
rapports! Ferdinand Gohin, dans l'un de ses excellents ouvrages
sur La Fontaine, a pu consacrer un chapitre à *La Fontaine et Montaigne;* Étienne Gilson conférer Montaigne et Descartes. Même si
les deux grands écrivains que nous venons de nommer n'ont fait
que lire et « cueillir » Montaigne, certains, tels que La Rochefoucauld ou La Bruyère, qui ne se laissent pas tromper par les détours
et les apparences, rejoignent dans leurs *Maximes* ou dans leurs *Caractères* l'auteur pénétrant des *Essais*. Plus de deux cent cinquante
maximes de La Rochefoucauld « rencontrent » par la pensée et l'expression tel ou tel passage de Montaigne, et La Bruyère, en deux coups de

griffe, le défend des attaques de Balzac et de Malebranche : « L'un, écrit-il bien joliment, ne pensait pas assez pour goûter un auteur qui pense beaucoup ; l'autre pense trop subtilement pour s'accommoder de pensées qui sont naturelles. » L'auteur, cependant chrétien, des *Caractères* ne laisse pas d'avouer la haute estime où il tient Montaigne ni le plaisir qu'il ressent à le lire. Ce plaisir était partagé, au XVIIᵉ siècle, par les esprits les plus divers. Mme de Sévigné ne tarit pas d'éloges sur ses attraits : « J'ai de bons livres, et *surtout Montaigne*, écrit-elle à Mme de Grignan le 25 octobre 1679 : que faut-il encore quand on ne vous a point ? » Mme de Montespan et sa sœur, la grande abbesse de Fontevrault, l'avaient lu. Charles Sorel tient son livre pour « le manuel ordinaire de la cour et du monde ». Huet, cet humaniste si fin, tout au contraire de Balzac, le loue d'avoir écrit un recueil de pensées « sans ordre et sans liaison » et y voit même la raison profonde de sa « grande vogue » car, écrit-il, « à peine trouvez-vous un gentilhomme de campagne qui veuille se distinguer des preneurs de lièvres sans un Montaigne sur sa cheminée ».

Le XVIIIᵉ siècle ne lui est pas moins favorable, mais, comme il faut s'y attendre, le tire impudemment à lui. Fontenelle le fait converser avec Socrate dans ses *Dialogues des morts ;* Bayle loue son pyrrhonisme ; Montesquieu fait à son propos cette réflexion si remarquable : « Ces quatre grands poètes : Platon, Malebranche, Shaftesbury, Montaigne ! » — liste où il sied peut-être de remplacer Malebranche par... Montesquieu lui-même ; Voltaire, contredisant Pascal, s'écrie : « Le charmant projet que Montaigne a eu de se peindre naïvement comme il l'a fait ! Car il a peint la nature humaine... » La marquise du Deffand veut le faire lire à Horace Walpole : « C'est le seul bon philosophe et le seul bon métaphysicien qu'il y ait jamais eu ! » Vauvenargues, d'ordinaire si mesuré, si grave, observe que « Montaigne a été un prodige dans des temps barbares ». Si Jean-Jacques Rousseau, dont l'esprit malade et entier répugnait à tant de grâce ondoyante, fait quelques réserves, les encyclopédistes, les mondains, les poètes trouvent dans Montaigne leur homme et le plient à leurs goûts. Grimm le déclare « divin » et en parle comme d'un être « unique » à répandre « la lumière la plus pure..., la plus vive ». Le fils du marquis d'Argenson publie une œuvre de son père intitulée : *Essais sur le goût de ceux de Montaigne.* La fille de Mme Geoffrin, Mme de la Ferté-Imbaut, en prépare des extraits. Barbeyrac en est littéralement nourri. Saint-Lambert le lit à la campagne, « sous son prunier en fleurs ». Delille constate qu'« il sait parler en sage et causer en ami ». André Chénier le cite à maints endroits. Son frère, Marie-Joseph, observe que « Montaigne invente et fait à mesure la langue nécessaire à son génie ». Chacun le façonne à sa guise, le fait sien. Et les révolutionnaires n'hésitent point à le ranger parmi leurs « grands ancêtres » avec Descartes et Voltaire, qui n'en peuvent mais.

Chateaubriand, qui inaugure et domine le XIXᵉ siècle présente cette particularité qu'il a parlé de Montaigne d'abord pour le combattre et voir en lui, comme dans Rabelais, l'un des précurseurs de Spinoza *(Essai sur les Révolutions)*, puis pour l'admettre et rendre grâces à l'auteur de l'*Apologie de Raymond Sebon (Génie du Christianisme)*, enfin, dans les *Mémoires d'Outre-Tombe,* pour le rapprocher de lui-même et de son expérience de la vie comme pour envier sa sérénité: « Mon pauvre Michel, tu dis des choses charmantes, mais à notre âge, vois-tu, l'amour ne nous rend pas ce que tu supposes... »

N'est-ce pas un signe des temps qu'à la fin de l'Empire, l'éloge de Montaigne soit mis au concours par l'Académie et que le jeune Villemain en remporte le prix? Puis que Béranger le lise et le relise « sans cesse », que Marceline Desbordes-Valmore aime son livre :

> Le monde y paraît devant moi:
> L'indigent, l'esclave, le roi,
> J'y vois tout; je m'y vois moi-même?

que la comtesse d'Albany fasse des *Essais* une « consolation »? que Stendhal se réfère à lui très souvent quand il écrit son traité *De l'Amour ?* et que l'on puisse parler alors de l'ubiquité de Montaigne, admiré de Gœthe, de Schiller, en Allemagne, de Byron et de Thackeray en Angleterre; et bientôt d'Emerson aux États-Unis?

Parmi les critiques de ce temps-là, Nisard peut écrire que « au livre des *Essais* commence cette suite de chefs-d'œuvre qui sont comme autant d'images de l'esprit français... » et Sainte Beuve voit en lui un classique, « une espèce de classique... de la famille d'Horace »; parmi les moralistes, seul Cousin conteste ses dons d'écrivain, contredit d'ailleurs par le charmant Ximénès Doudan.

Dans la seconde moitié du XIXᵉ siècle et dans le nôtre, le moraliste et l'homme qu'est Montaigne sont discutés par les uns et prônés par les autres. Michelet, le fiévreux Michelet, prétend trouver aux pages des *Essais* un air irrespirable; Brunetière lui reproche son égoïsme et son égotisme, sans parler de sa pente naturelle vers toutes les voluptés; Guillaume Guizot, le qualifie d'auteur « voluptueux » et « sensuel » et l'appelle « le saint François de Sales des esprits profanes et moyens ». D'autres le louent, mais en se formant de lui une image complaisante où ils se mirent eux-mêmes. Lanson honore en lui un précurseur du pur laïcisme; André Gide subtilise pour l'incliner vers lui et le faire sien; la critique renanienne, Renan, France, Lemaître, ne veulent voir en lui que le sceptique et font un sort au « mol oreiller » du doute dont il parle, en lui donnant d'énormes proportions. Seul Faguet, le bon Faguet, qui en a écrit mieux que tout autre, je veux dire avec plus de justesse dans le jugement, admire dans « ce grand sage... » l'un des trois ou quatre grands écrivains de la France », loue en termes parfaits son style « absolument original », — ... métaphore naturelle... et qui est une fête de l'intelligence ».

A cette dernière vue d'ensemble, de nombreux travaux entrepris depuis cinquante ans par les chercheurs et les érudits permettraient sans doute d'apporter des retouches de détail, des repentirs et des inflexions un peu différentes, mais qui n'en modifieraient pas les grandes lignes. L'un s'attache à étudier le catholique, tel autre l'épicurien, tel autre encore, comme Alexandre Nicolaï, le Montaigne intime, mondain et politique. Un Montherlant, après un Marcel Proust, un Gaxotte après un Boylesve, ont cerné bien finement certains de ses aspects. La critique universitaire, de Fortunat Strowski à M. Pierre Moreau, à M. Pierre Michel, à M. Jacques Vier et à M. Verdun L. Saulnier, le comprend et le pénètre beaucoup mieux qu'au siècle précédent, sachant que, comme l'a dit Sainte-Beuve, « il n'y a pas de fond véritable en nous, il n'y a que des surfaces à l'infini ». Ces « surfaces » qui se superposent, un Friedrich en Allemagne, un Donald M. Frame à New-York, un Yoichi Maheda à Tokyo, les démêlent avec minutie. La Société des Amis de Montaigne, créée par le Dr Armaingaud il y a plus d'un demi-siècle, recrute aujourd'hui des membres dans presque tous les pays du monde, du Brésil et du Canada jusqu'aux Indes et jusqu'au Japon. Bref, l'universalité des *Essais* est un signe de la force vivante que représente dans le monde celui qui fut tout ensemble le premier de nos grands politiques et le premier de nos grands moralistes.

M. R.

Nous avons adopté le principe de nos prédécesseurs pour désigner par sigle l'apport de chacune de ces trois éditions de 1580, 1588 et 1595 :

   1580 : *(a)*
   1588 : *(b)*
   1595 : *(c)*.

Une édition-bréviaire ne saurait qu'adopter le parti de M. Villey, qui le premier a désigné par signes l'apport des trois éditions de 1580, 1588 et 1595 dans le texte des *Essais*. Les lettres *a* (1580), *b* (1588), *c* (1595) sont placées par nous dans le corps du texte entre parenthèses, comme M. Plattard y a placé les barres qui remplissent chez lui le même office. Il va de soi que cette différenciation des trois couches de texte n'a qu'une valeur pratique, et qu'elle est destinée au lecteur courant. Elle ne tient pas compte des très menues différences entre les trois textes (ainsi que le fait M. Armaingaud, plus proche, lui, de ce texte intégralement critique qui n'a pas été encore établi). Elle rejette en note ce qui concerne l'édition de 1582, laquelle a apporté aussi des additions. Nous n'avons cherché à donner à ce *Montaigne* le maximum théorique de précision que lorsqu'il était conciliable avec le maximum pratique d'utilité.

A. T.

LIVRE PREMIER

CHAPITRE PREMIER

PAR DIVERS MOYENS ON ARRIVE A PAREILLE FIN

(a) L A plus commune façon d'amollir les cœurs de
ceux qu'on a offensez, lors qu'ayant la vengeance en main, ils nous tiennent à leur mercy, c'est de
les esmouvoir par submission à commiseration et à
pitié. Toutesfois la braverie, et la constance, moyens
tous contraires, ont quelquefois servi à ce mesme effect.

Edouard, prince de Galles[1], celuy qui regenta si long
temps nostre Guienne, personnage duquel les conditions
et la fortune ont beaucoup de notables parties de grandeur, ayant esté bien fort offencé par les Limosins, et
prenant leur ville par force, ne peut etre aresté par les
cris du peuple et des femmes et enfans abandonnez à la
boucherie, luy criants mercy, et se jettans à ses pieds,
jusqu'à ce que passant tousjours outre dans la ville, il
apperceut trois gentilshommes François, qui d'une hardiesse incroyable soustenoyent seuls l'effort de son
armée victorieuse. La consideration et le respect d'une
si notable vertu reboucha premierement la pointe de sa
cholere; et commença par ces trois, à faire misericorde
à tous les autres habitans de la ville.

Scanderberch, prince de l'Epire[2], suyvant un soldat des
siens pour le tuer, et ce soldat ayant essayé, par toute
espece d'humilité et de supplication, de l'appaiser, se
resolut à toute extremité de l'attendre l'espée au poing.
Cette sienne resolution aresta sus bout la furie de son
maistre, qui, pour luy avoir vu prendre un si honorable
party, le receut en grace. Cet exemple pourra souffrir
autre interpretation de ceux qui n'auront leu la prodigieuse force et vaillance de ce prince là.

L'Empereur Conrad troisiesme, ayant assiegé Guelphe,
duc de Bavieres, ne voulut condescendre à plus douces

conditions, quelques viles et laches satisfactions qu'on
luy offrit, que de permettre seulement aux gentils-femmes
qui estoyent assiégées avec le Duc, de sortir, leur honneur sauve, à pied, avec ce qu'elles pourroyent emporter
sur elles. Elles, d'un cœur magnanime, s'aviserent de
charger sur leurs espaules leurs maris, leurs enfans et le
Duc mesme. L'Empereur print si grand plaisir à voir la
gentillesse de leur courage, qu'il en pleura d'aise, et
amortit toute cette aigreur d'inimitié mortelle et capitale,
qu'il avoit portée contre ce Duc, et dès lors en avant le
traita humainement luy et les siens[1].

(b) L'un et l'autre de ces deux moyens m'emporteroit
aysement. Car j'ay une merveilleuse lascheté vers la misericorde et la mansuetude. Tant y a qu'à mon advis je
serois pour me rendre plus naturellement à la compassion, qu'à l'estimation; si est la pitié, passion vitieuse
aux Stoïques: ils veulent qu'on secoure les affligez, mais
non pas qu'on flechisse et compatisse avec eux.

(a) Or ces exemples me semblent plus à propos:
d'autant qu'on voit ces ames assaillies et essayées par ces
deux moyens, en soustenir l'un sans s'esbranler, et
courber sous l'autre. Il se peut dire, que de rompre son
cœur à la commiseration, c'est l'effect de la facilité,
débonnaireté et mollesse, d'où il advient que les natures
plus foibles, comme celles des femmes, des enfans et du
vulgaire y sont plus subjettes; mais ayant eu à desdaing
les larmes et les prières, de se rendre à la seule reverence
de la saincte image de la vertu, que c'est l'effect d'une
ame forte et imployable, ayant en affection et en honneur
une vigueur masle et obstinée. Toutefois ès ames moins
genereuses, l'estonnement et l'admiration peuvent faire
naistre un pareil effect. Tesmoin le peuple Thebain[2], lequel ayant mis en justice d'accusation capitale ses capitaines, pour avoir continué leur charge outre le temps
qui leur avait esté prescrit et preordonné, absolut à
toutes peines Pelopidas, qui plioit sous le faix de telles
objections et n'employoit à se garantir que requestes et
supplications; et, au contraire, Epaminondas, qui vint
à raconter magnifiquement les choses par luy faites, et
à les reprocher au peuple, d'une façon fiere (c) et arro-
gante (a), il n'eut pas le cœur de prendre seulement les
balotes en main; et se departit l'assemblée, louant grandement la hautesse du courage de ce personnage.

(c) Dionysius le vieil[1], après des longueurs et difficultez extremes, ayant prins la ville de Rege[2], et en icelle le capitaine Phyton, grand homme de bien, qui l'avoit si obſtinéement defendue, voulut en tirer un tragique exemple de vengeance. Il luy diſt premierement comment, le jour avant, il avoit faiſt noyer son fils et tous ceux de sa parenté. A quoi Phyton respondit seulement, qu'ils en eſtoient d'un jour plus heureux que luy. Après, il le fit despouiller et saisir à des bourreaux et le trainer par la ville en le foitant très ignominieusement et cruellement, et en outre le chargeant de felonnes paroles et contumelieuses. Mais il eut le courage tousjours conſtant, sans se perdre; et, d'un visage ferme, alloit au contraire ramentevant à haute voix l'honorable et glorieuse cause de sa mort, pour n'avoir voulu rendre son païs entre les mains d'un tyran; le menaçant d'une prochaine punition des dieux. Dionysius, lisant dans les yeux de la commune de son armée qu'au lieu de s'animer des bravades de cet ennemy vaincu, au mespris de leur chef et de son triomphe, elle alloit s'amollissant par l'eſtonnement d'une si rare vertu et marchandoit de se mutiner, eſtant à mesme d'arracher Phyton d'entre les mains de ses sergens, feit cesser ce martyre, et à cachettes l'envoya noyer en la mer.

(a) Certes, c'eſt un subjeſt merveilleusement vain, divers et ondoyant, que l'homme. Il eſt malaisé d'y fonder jugement conſtant et uniforme. Voyla Pompeius qui pardonna à toute la ville des Mamertins, contre laquelle il eſtoit fort animé, en consideration de la vertu et magnanimité du citoyen Zenon[3], qui se chargeoit seul de la faute publique, et ne requeroit autre grace que d'en porter seul la peine. Et l'hoſte de Sylla ayant usé en la ville de Peruse de semblable vertu, n'y gaigna rien, ny pour soy ny pour les autres[4].

(b) Et direſtement contre mes premiers exemples, le plus hardy des hommes[5] et si gratieux aux vaincus, Alexandre, forçant après beaucoup de grandes difficultez la ville de Gaza, rencontra Betis qui y commandoit, de la valeur duquel il avoit, pendant ce siege, senty des preuves merveilleuses, lors seul, abandonné des siens, ses armes despecées, tout couvert de sang et de playes, combatant encores au milieu de plusieurs Macedoniens, qui le chamailloient de toutes parts; et luy diſt, tout

piqué d'une si chere victoire, car entre autres dommages,
il avoit receu deux fresches blessures sur sa personne:
« Tu ne mourras pas comme tu as voulu, Betis; fais estat
qu'il te faut souffrir toutes les sortes de tourmens qui se
pourront inventer contre un captif. » L'autre, d'une mine
non seulement asseurée, mais rogue et altiere, se tint
sans mot dire à ces menaces. Lors Alexandre, voyant son
fier et obstiné silence: « A-il flechi un genouil ? luy est-il
eschappé quelque voix suppliante ? Vrayment je vain-
queray ta taciturnité; et si je n'en puis arracher parole,
j'en arracheray au moins du gemissement. » Et tournant
sa cholere en rage, commanda qu'on luy perçast les
talons, et le fit ainsi trainer tout vif, deschirer et desmembrer au cul d'une charrete[1].

Seroit-ce que la hardiesse luy fut si commune que
pour ne l'admirer point, il la respectast moins? *(c)* Ou
qu'il l'estimast si proprement sienne qu'en cette hauteur
il ne peust souffrir de la veoir en un autre sans le despit
d'une passion envieuse, ou que l'impetuosité naturelle
de sa cholere fust incapable d'opposition ?

De vrai, si elle eust receu la bride, il est à croire qu'en
la prinse et desolation de la ville de Thebes elle l'eust
receue, à veoir cruellement mettre au fil de l'espée tant
de vaillans hommes perdus et n'ayans plus moyen de
desfense publique. Car il en fut tué bien six mille, desquels nul ne fut veu[2] ny fuiant ny demandant merci, au
rebours cerchans, qui çà, qui là, par les rues, à affronter
les ennemis victorieux, les provoquant à les faire mourir
d'une mort honorable. Nul ne fut veu si abatu de blessures qui n'essaiast en son dernier soupir de se venger
encores, et à tout les armes du desespoir consoler sa
mort en la mort de quelque ennemi. Si ne trouva l'affliction de leur vertu aucune pitié, et ne suffit la longueur
d'un jour à assouvir sa vengeance. Dura ce carnage
jusques à la derniere goute de sang qui se trouva espan-
dable, et ne s'arresta que aux personnes désarmées, vieillards, femmes et enfans, pour en tirer trente mille esclaves.

CHAPITRE II

DE LA TRISTESSE

(b) JE suis des plus exempts de cette passion *(c)*, et ne l'ayme ny l'estime, quoy que le monde ayt prins, comme à prix faict, de l'honorer de faveur particuliere. Ils en habillent la sagesse, la vertu, la conscience: sot et monstrueux ornement. Les Italiens ont plus sortablement baptisé de son nom la malignité. Car c'est une qualité tousjours nuisible, tousjours folle, et, comme tousjours couarde et basse, les Stoïciens en defendent le sentiment à leurs sages[1].

Mais *(a)* le conte dit, que Psammenitus, Roy d'Egypte, ayant esté deffait et pris par Cambisez, Roy de Perse, voyant passer devant luy sa fille prisonniere habillée en servante, qu'on envoyoit puiser de l'eau, tous ses amis pleurans et lamentans autour de luy, se tint coy sans mot dire, les yeux fichez en terre; et voyant encore tantost qu'on menoit son fils à la mort, se maintint en ceste mesme contenance; mais qu'ayant apperçeu un de ses domestiques conduit entre les captifs, il se mit à battre sa teste et mener un dueil extreme[2].

Cecy se pourroit apparier à ce qu'on vid dernierement d'un Prince des nostres[3], qui, ayant ouy à Trante, où il estoit, nouvelles de la mort de son frere aisné, mais un frere en qui consistoit l'appuy et l'honneur de toute sa maison, et bien tost après d'un puisné, sa seconde esperance, et ayant soustenu ces deux charges d'une constance exemplaire, comme quelques jours après un de ses gens vint à mourir, il se laissa emporter à ce dernier accident, et, quittant sa resolution, s'abandonna au dueil et aux regrets, en maniere qu'aucuns en prindrent argument, qu'il n'avoit esté touché au vif que de cette derniere secousse. Mais à la vérité ce fut, qu'estant d'ailleurs plein et comblé de tristesse, la moindre sur-charge brisa les barrieres de la patience. Il s'en pourroit (di-je) autant juger de nostre histoire, n'estoit qu'elle adjouste que Cambises, s'enquerant à Psammenitus, pourquoy ne s'estant esmeu au malheur de son fils et de sa fille, il portoit si impatiemment celuy d'un de ses amis: « C'est, res-

pondit-il, que ce seul dernier desplaisir se peut signifier
par larmes, les deux premiers surpassans de bien loin
tout moyen de se pouvoir exprimer. »

A l'aventure reviendroit à ce propos l'invention de
cet ancien peintre[1], lequel, ayant à representer au sacrifice de Iphigenia le dueil des assistans, selon les degrez de
l'interest que chacun apportoit à la mort de cette belle
fille innocente, ayant espuisé les derniers efforts de son
art, quand se vint au pere de la fille, il le peignit le visage
couvert, comme si nulle contenance ne pouvoit representer ce degré de dueil. Voyla pourquoy les poëtes
feignent cette misérable mere Niobé, ayant perdu premierement sept fils, et puis de suite autant de filles, sur-chargée
de pertes, avoir esté en fin transmuée en rochier,

Diriguisse malis[2],

pour exprimer cette morne, muette et sourde stupidité
qui nous transit, lors que les accidens nous accablent surpassans nostre portée.

De vray, l'effort d'un desplaisir, pour estre extreme,
doit estonner toute l'ame, et lui empescher la liberté de
ses actions : comme il nous advient à la chaude alarme
d'une bien mauvaise nouvelle, de nous sentir saisis,
transis, et comme perclus de tous mouvemens, de façon
que l'ame se relaschant après aux larmes et aux plaintes,
semble se desprendre, se demesler et se mettre plus au
large, et à son aise,

(b) Et via vix tandem voci laxata dolore est[3].

(c) En la guerre que le Roy Ferdinand fit contre la
veufve de Jean Roy de Hongrie, autour de Bude, Raïs-
ciac, capitaine Allemand, voïant raporter le corps d'un
homme de cheval, à qui chacun avoit veu excessivement
bien faire en la meslée, le plaignoit d'une plainte commune ; mais curieux avec les autres de reconnoistre qui
il estoit, après qu'on l'eut désarmé, trouva que c'estoit
son fils. Et, parmi les larmes publicques, luy seul se tint
sans espandre ny vois, ny pleurs, debout sur ses pieds,
ses yeux immobiles, le regardant fixement, jusques à ce
que l'effort de la tristesse venant à glacer ses esprits
vitaux, le porta en cet estat roide mort par terre[4].

(a) Chi può dir com'egli arde é in picciol fuoco[5],

disent les amoureux, qui veulent representer une passion insupportable:

> *misero quod omnes*
> *Eripit sensus mihi. Nam simul te,*
> *Lesbia, aspexi, nihil eſt super mi*
> *Quod loquar amens.*
> *Lingua sed torpet, tenuis sub artus*
> *Flamma dimanat, sonitu suopte*
> *Tinniunt aures, gemina teguntur*
> *Lumina noĉte*[1].

(b) Aussi n'eſt ce pas en la vive et plus cuysante chaleur de l'accès que nous sommes propres à desployer nos plaintes et nos persuasions; l'ame eſt lors aggravée de profondes pensées, et le corps abbatu et languissant d'amour.

(a) Et de là s'engendre par fois la defaillance fortuite, qui surprent les amoureux si hors de saison, et cette glace qui les saisit par la force d'une ardeur extreme, au giron mesme de la joüyssance[2]. Toutes passions qui se laissent gouſter et digerer, ne sont que mediocres,

> *Curæ leves loquuntur, ingentes ſtupent*[3].

(b) La surprise d'un plaisir inespéré nous eſtonne de mesme,

> *Ut me conspexit venientem, et Troïa circum*
> *Arma amens vidit, magnis exterrita monſtris,*
> *Diriguit visu in medio, calor ossa reliquit,*
> *Labitur, et longo vix tandem tempore fatur*[4].

(a) Outre la femme[5] Romaine, qui mourut surprise d'aise de voir son fils revenu de la route de Cannes[6], Sophocles et Denis le Tyran, qui trespasserent d'aise, et Talva qui mourut en Corsegue[7], lisant les nouvelles des honneurs que le Senat de Rome luy avoit decernez, nous tenons en noſtre siecle que le Pape Leon dixiesme[8], ayant eſté adverty de la prinse de Milan, qu'il avait extremement souhaitée, entra en tel excez de joye, que la fievre l'en print et en mourut. Et pour un plus notable tesmoignage de l'imbécilité humaine, il a eſté remarqué par les anciens que Diodorus le Dialeĉticien mourut sur le champ, espris d'une extreme passion de honte, pour en son eschole et en public ne se pouvoir desvelopper d'un argument qu'on luy avoit faiĉt.

(b) Je suis peu en prise de ces violentes passions. J'ay

l'apprehension naturellement dure; et l'encrouſte et espessis tous les jours par discours.

CHAPITRE III

NOS AFFECTIONS S'EMPORTENT AU DELA DE NOUS

(b) Ceux qui accusent les hommes d'aller tousjours béant après les choses futures, et nous apprennent à nous saisir des biens presens et nous rassoir en ceux-là, comme n'ayant aucune prise sur ce qui eſt à venir, voire assez moins que nous n'avons sur ce qui eſt passé, touchent la plus commune des humaines erreurs, s'ils osent appeler erreur chose à quoy nature mesme nous achemine, pour le service de la continuation de son ouvrage, *(c)* nous imprimant, comme assez d'autres, cette imagination fausse, plus jalouse de noſtre action que de noſtre science. *(b)* Nous ne sommes jamais chez nous, nous sommes tousjours au delà. La crainte, le desir, l'esperance nous eslancent vers l'advenir, et nous desrobent le sentiment et la consideration de ce qui eſt, pour nous amuser à ce qui sera, voire quand nous ne serons plus. *(c)* « *Calamitosus eſt animus futuri anxius*[1]. »

Ce grand precepte eſt souvent allegué en Platon[2]: « Fay ton faict et te cognoy. » Chascun de ces deux membres enveloppe generallement tout noſtre devoir, et semblablement enveloppe son compagnon. Qui auroit à faire son faict, verroit que sa premiere leçon, c'eſt cognoiſtre ce qu'il eſt et ce qui luy eſt propre. Et qui se cognoiſt, ne prend plus l'eſtranger faict pour le sien; s'ayme et se cultive avant toute autre chose; refuse les occupations superflues et les pensées et propositions inutiles. « *Ut ſtultitia etsi adepta eſt quod concupivit nunquam se tamen satis consecutam putat: sic sapientia semper eo contenta eſt quod adeſt, neque eam uquam sui pœnitet*[3]. »

Epicurus dispense son sage de la prevoyance et sollicitude de l'avenir

(b) Entre les loix qui regardent les trespassez, celle icy me semble autant solide, qui oblige les actions des Princes à eſtre examinées après leur mort. Ils sont compaignons, si non maiſtres des loix; ce que la Juſtice n'a

peu sur leurs testes, c'est raison qu'elle l'ayt sur leur reputation, et biens de leurs successeurs: choses que souvent
nous preferons à la vie. C'est une usance qui apporte des
commoditez singulieres aux nations où elle est observée,
et desirable à tous bons princes *(c)* qui ont à se plaindre
de ce qu'on traitte la memoire des meschans comme la leur.
Nous devons la subjection et l'obeissance egalement à
tous Rois, car elle regarde leur office: mais l'estimation,
non plus que l'affection, nous ne la devons qu'à leur
vertu. Donnons à l'ordre politique de les souffrir patiemment indignes, de celer leurs vices, d'aider de nostre
recommandation leurs actions indifferentes pendant que
leur authorité a besoin de nostre appuy. Mais nostre commerce finy, ce n'est pas raison de refuser à la Justice et à
nostre liberté l'expression de noz vrays ressentimens, et
nommément de refuser aux bons subjects la gloire d'avoir
reveremment et fidellement servi un maistre, les imperfections duquel leur esloient si bien cognues; frustrant
la posterité d'un si utile exemple. Et ceux qui, par respect
de quelque obligation privée, espousent iniquement la
memoire d'un prince meslouable, font justice particuliere aux despends de la justice publique. Tite Live dict
vray, que le langage des hommes nourris sous la Royauté
est tousjours plein de folles ostentations et vains tesmoignages, chacun eslevant indifferemment son Roy à
l'extreme ligne de valeur et grandeur souveraine.

On peut réprouver la magnanimité de ces deux soldats
qui respondirent à Neron à sa barbe. L'un, enquis de
luy pourquoy il luy vouloit du mal: « Je t'aimoy quand
tu le valois, mais despuis que tu es venu parricide, boute-
feu, basteleur, cochier, je te hay comme tu merites[1]. »
L'autre, pourquoy il le vouloit tuer: « Par ce que je ne
trouve autre remede à tes continuelles meschanceté. »
Mais les publics et universels tesmoignages qui après sa
mort ont esté rendus, et le seront à tout jamais[2] de ses
tiranniques et vilains desportements, qui de sain entendement les peut réprouver?

Il me desplaist qu'en une si saincte police que la Lacedemonienne se fust meslée une si feinte ceremonie. A la
mort des Roys, tous les confederez et voysins, tous les
Ilotes, hommes, femmes, pesle-mesle, se descoupoient
le front pour tesmoignage de dueil et disoient en leurs
cris et lamentations que celuy là, quel qu'il eust esté,

estoit le meilleur Roy de tous les leurs: attribuans au reng le los qui appartenoit au merite, et qui appartenoit au premier merite au postreme et dernier reng. Aristote, qui remue toutes choses, s'enquiert sur le mot de Solon que nul avant sa mort ne peut estre dict heureux, si celuy là mesme qui a vescu et qui est mort selon ordre, peut estre dict heureux, si sa renommée va mal, si sa postérité est miserable. Pendant que nous nous remuons, nous nous portons par preoccupation où il nous plaist: mais estant hors de l'estre, nous n'avons aucune communication avec ce qui est. Et seroit meilleur de dire à Solon, que jamais homme n'est donq heureux, puis qu'il ne l'est qu'après qu'il n'est plus.

(b) Quisquam
Vix radicitus è vita se tollit, et ejicit :
Sed facit esse sui quiddam super inscius ipse,
Nec removet satis à projecto corpore sese, et
Vindicat[1].

(a) Bertrand du Glesquin mourut au siege du chasteau de Rancon près du Puy en Auvergne. Les assiegez s'estant rendus après, furent obligez de porter les clefs de la place sur le corps du trespassé[2].

Barthelemy d'Alviane, General de l'armée des Venitiens[3], estant mort au service de leurs guerres en la Bresse[4], et son corps ayant à estre raporté à Venise par le Veronois, terre ennemie, la pluspart de ceux de l'armée estoient d'avis qu'on demandast saufconduit pour le passage à ceux de Verone. Mais Theodore Trivolce y contredit; et choisit plustost de le passer par vive force, au hazard du combat: « N'estant convenable, disoit-il, que celuy qui en sa vie n'avoit jamais eu peur de ses ennemis, estant mort fist demonstration de les craindre. »

(b) De vray, en chose voisine, par les loix Grecques, celuy qui demandoit à l'ennemy un corps pour l'inhumer, renonçoit à la victoire, et ne luy estoit plus loisible d'en dresser trophée. A celuy qui en estoit requis, c'estoit tiltre de gain. Ainsi perdit Nicias l'avantage qu'il avoit nettement gaigné sur les Corinthiens. Et au rebours, Agesilaus asseura celuy qui luy estoit bien doubteusement acquis sur les Bœotiens[5].

(a) Ces traits se pourroient trouver estranges, s'il n'estoit receu de tout temps, non seulement d'estendre le

soing que nous avons de nous au delà cette vie, mais encore de croire que bien souvent les faveurs celestes nous accompaignent au tombeau, et continuent à nos reliques. Dequoy il y a tant d'exemples anciens, laissant à part les nostres, qu'il n'est besoing que je m'y estende. Edouard premier, Roy d'Angleterre, ayant essayé aux longues guerres d'entre luy et Robert, Roy d'Escosse, combien sa presence donnoit d'advantage à ses affaires, rapportant tousjours la victoire de ce qu'il entreprenoit en personne, mourant, obligea son fils par solennel serment à ce qu'estant trespassé, il fist bouillir son corps pour desprendre sa chair d'avec les os, laquelle il fit enterrer; et quant aux os, qu'il les reservast pour les porter avec luy et en son armée, toutes les fois qu'il luy adviendroit d'avoir guerre contre les Escossois. Comme si la destinée avoit fatalement attaché la victoire à ses membres[1].

(b) Jean Vischa[2], qui troubla la Boheme pour la deffence des erreurs de Wiclef[3], voulut qu'on l'escorchast après sa mort et de sa peau qu'on fist un tabourin à porter à la guerre contre ses ennemis, estimant que cela ayderoit à continuer les avantages qu'il avoit eu aux guerres par luy conduites contre eux. Certains Indiens[4] portoient ainsi au combat contre les Espagnols les ossemens de l'un de leurs Capitaines, en consideration de l'heur qu'il avoit eu en vivant. Et d'autres peuples en ce mesme monde, trainent à la guerre les corps des vaillans hommes qui sont morts en leurs batailles, pour leur servir de bonne fortune et d'encouragement.

(a) Les premiers exemples ne reservent au tombeau que la reputation acquise par leurs actions passées; mais ceux-cy y veulent encore mesler la puissance d'agir. Le fait du capitaine Bayard[5] est de meilleure composition, lequel, se sentant blessé à mort d'une harquebusade dans le corps, conseillé de se retirer de la meslée, respondit, qu'il ne commenceroit point sur sa fin à tourner le dos à l'ennemy; et, ayant combatu autant qu'il eut de force, se sentant defaillir et eschapper de cheval, commanda à son maistre d'hostel de le coucher au pied d'un arbre, mais que ce fut en façon qu'il mourut le visage tourné vers l'ennemy, comme il fit.

Il me faut adjouster cet autre exemple aussi remarquable pour cette consideration que nul des precedens.

L'Empereur Maximilian, bisayeul du Roy Philippes, qui
est à present[1], estoit prince doué de tout plein de grandes
qualitez, et entre autres d'une beauté de corps singuliere.
Mais parmy ces humeurs, il avoit cette-cy bien contraire
à celle des princes, qui, pour despecher les plus importants affaires, font leur throsne de leur chaire percée:
c'est qu'il n'eust jamais valet de chambre si privé, à qui
il permit de le voir en sa garderobbe. Il se desroboit pour
tomber de l'eau, aussi religieux qu'une pucelle à ne descouvrir ny à medecin, ny à qui que ce fut les parties qu'on
a accoustumé de tenir cachées. *(b)* Moy, qui ay la bouche
si effrontée, suis pourtant par complexion touché de cette
honte. Si ce n'est à une grande suasion de la nécessité ou
de la volupté, je ne communique guiere aux yeux de personne les membres et actions que nostre coustume
ordonne estre couvertes. J'y souffre plus de contrainte
que je n'estime bien seant à un homme, et sur tout, à un
homme de ma profession. *(a)* Mais, luy, en vint à telle
superstition, qu'il ordonna par paroles expresses de son
testament qu'on luy attachast des calessons, quand il seroit
mort. Il devoit adjouster par codicille, que celuy qui les
luy monteroit eut les yeux bandez. *(c)* L'ordonnance que
Cyrus faict à ses enfans, que ny eux ny autre ne voie et
touche son corps après que l'ame en sera separée, je l'attribue à quelque sienne devotion. Car et son historien[2] et
luy, entre leurs grandes qualitez, ont semé par tout le
cours de leur vie un singulier soing et reverence à la religion.

(b) Ce conte me despleut qu'un grand me fit d'un mien
allié, homme assez cogneu et en paix et en guerre. C'est
que mourant bien vieil en sa court, tourmenté de douleurs extremes de la pierre, il amusa toutes ses heures dernieres avec un soing vehement, à disposer l'honneur et
la ceremonie de son enterrement, et somma toute la
noblesse qui le visitoit de luy donner parole d'assister à
son convoy. A ce prince mesme, qui le vid sur ces derniers traits, il fit une instante supplication que sa maison
fut commandée de s'y trouver, employant plusieurs
exemples et raisons à prouver que c'estoit chose qui
appartenoit à un homme de sa sorte; et sembla expirer
content, ayant retiré cette promesse, et ordonné à son
gré la distribution et ordre de sa montre. Je n'ay guiere
veu de vanité si perseverante[3].

Cette autre curiosité contraire, en laquelle je n'ay point aussi faute d'exemple domestique, me semble germaine à cette-cy, d'aller se soignant et passionnant à ce dernier poinct à regler son convoy, à quelque particuliere et inusitée parsimonie, à un serviteur et une lanterne. Je voy louer cett'humeur, et l'ordonnance de Marcus Æmilius Lepidus, qui deffendit à ses heritiers d'employer pour luy les cerimonies qu'on avoit accoustumé en telles choses[1]. Est-ce encore temperance et frugalité, d'eviter la despence et la volupté, desquelles l'usage et la cognoissance nous est imperceptible? Voila un'aisée reformation et de peu de coust. (c) S'il estoit besoin d'en ordonner, je seroy d'advis qu'en celle là, comme en toutes actions de la vie, chascun en rapportast la regle à la forme de sa fortune. Et le philosophe Lycon[2] prescrit sagement à ses amis de mettre son corps où ils adviseront pour le mieux, et quant aux funerailles de les faire ny superflues ni mechaniques. (b) Je lairrai purement la coustume ordonner de cette cerimonie; et[3] m'en remettray à la discretion des premiers à qui je tomberai en charge. (c) « Totus hic locus est contemnendus in nobis, non negligendus in nostris[4]. » Et est sainctement dict à un sainct: « Curatio funeris, conditio sepulturæ, pompa exequiarum magis sunt vivorum solatia quam subsidia mortuorum[5]. » Pour tant Socrates à Crito[6], qui sur l'heure de sa fin luy demande comment il veut estre enterré: « Comme vous voudrez, respond il. » (b) Si j'avois à m'en empescher plus avant, je trouverois plus galand d'imiter ceux qui entreprennent, vivans et respirans, jouyr de l'ordre et honneur de leur sepulture, et qui se plaisent de voir en marbre leur morte contenance. Heureux, qui sçachent resjouyr et gratifier leur sens par l'insensibilité, et vivre de leur mort.

(c) A peu que je n'entre en haine irreconciliable contre toute domination populaire, quoy qu'elle me semble la plus naturelle et equitable, quand il me souvient de cette inhumaine injustice du peuple Athenien, de faire mourir sans remission et sans les vouloir seulement ouïr en leurs defences ses braves capitaines, venans de gaigner contre les Lacedemoniens la bataille navale près des isles Arginuses, la plus contestée, la plus forte bataille que les Grecs aient onques donnée en mer de leurs forces, par ce qu'après la victoire ils avoient suivy les occasions que la loy de la guerre leur presentoit, plustost que de s'arrester à recueillir et inhumer leurs morts. Et rend cette execution tion plus odieuse le faiĉt de Diomedon[1]. Cettuy cy eĉt l'un des condamnez, homme de notable vertu, et militaire et politique; lequel, se tirant avant pour parler, après avoir ouy l'arreĉt de leur condemnation, et trouvant seulement lors temps de paisible audience, au lieu de s'en servir au bien de sa cause et à descouvrir l'evidente injuĉtice d'une si cruelle conclusion, ne representa qu'un soing de la conservation de ses juges, priant les dieux de tourner ce jugement à leur bien; et à fin qu'à faute de rendre les vœux que luy et ses compagnons avoient voué, en recognoissance d'une si illuĉtre fortune, ils n'attirassent l'ire des dieux sur eux, les advertissant quels vœux c'eĉtoient. Et sans dire autre chose, et sans marchander, s'achemina de ce pas courageusement au supplice. La fortune quelques années après les punit de mesmes pain souppe. Car Chabrias[2], capitaine general de l'armée de mer des Atheniens, ayant eu le dessus du combat contre Pollis, admiral de Sparte, en l'isle de Naxe[3], perdit le fruiĉt tout net et contant de sa viĉtoire, très important à leurs affaires, pour n'encourir le malheur de cet exemple. Et pour ne perdre peu des corps morts de ses amis qui flottoyent en mer, laissa voguer en sauveté un monde d'ennemis vivants, qui depuis leur feirent bien acheter cette importune superĉtition.

> *Quæris quo jaceas poĉt obitum loco?*
> *Quo non nata jacent[4].*

Cet autre redonne le sentiment du repos à un corps sans ame :

> *Neque sepulchrum quo recipiat, habeat portum corporis,*
> *Ubi, remissa humana vita, corpus requiescat a malis[5].*

Tout ainsi que nature nous faiĉt voir que plusieurs choses mortes ont encore des relations occultes à la vie. Le vin s'altere aux caves, selon aucunes mutations des saisons de sa vigne. Et la chair de venaison change d'eĉtat aux saloirs et de gouĉt, selon les loix de la chair vive, à ce qu'on dit.

CHAPITRE IV

COMME L'AME DESCHARGE SES PASSIONS
SUR DES OBJECTS FAUX,
QUAND LES VRAIS LUY DEFAILLENT

(a) Un gentilhomme des nostres merveilleusement subject à la goutte, estant pressé par les medecins de laisser du tout l'usage des viandes salées, avoit accoustumé de respondre fort plaisamment, que sur les efforts et tourments du mal, il vouloit avoir à qui s'en prendre, et que s'escriant et maudissant tantost le cervelat, tantost la langue de bœuf et le jambon, il s'en sentoit d'autant allegé. Mais en bon escient, comme le bras estant haussé pour frapper, il nous deult, si le coup ne rencontre et qu'il aille au vent; aussi que pour rendre une veuë plaisante, il ne faut pas qu'elle soit perduë et escartée dans le vague de l'air, ains qu'elle aye bute pour la soustenir à raisonnable distance,

> *(b)* *Ventus ut amittit vires, nisi robore densæ*
> *Occurrant silvæ, spatio diffusus inani*[1];

(a) de mesme il semble que l'ame esbranlée et esmeuë se perde en soy-mesme, si on ne luy donne prinse; il faut tousjours luy fournir d'object où elle s'abutte et agisse. Plutarque dit[2], à propos de ceux qui s'affectionnent aux guenons et petits chiens, que la partie amoureuse qui est en nous, à faute de prise legitime, plustost que de demeurer en vain, s'en forge ainsin une faulce et frivole. Et nous voyons que l'ame en ses passions se pipe plustost elle mesme, se dressant un faux subject et fantastique, voire contre sa propre creance, que de n'agir contre quelque chose.

(b) Ainsin emporte les bestes leur rage à s'attaquer à la pierre et au fer qui les a blessées, et à se venger à belles dents sur soy mesmes du mal qu'elles sentent,

> *Pannonis haud aliter post ictum sævior ursa*
> *Cum jaculum parva Lybis amentavit habena,*
> *Se rotat in vulnus, telùmque irata receptum*
> *Impetit, et secum fugientem circuit hastam*[3].

(a) Quelles causes n'inventons nous des malheurs qui nous adviennent? A quoy ne nous prenons nous à tort ou à droit, pour avoir où nous escrimer? Ce ne sont pas ces tresses blondes que tu deschires, ny la blancheur de cette poiétrine que, despite, tu bas si cruellement, qui ont perdu d'un malheureux plomb ce frere bien aymé: prens t'en ailleurs. *(c)* Livius, parlant de l'armée Romaine en Espaigne après la perte des deux freres, ses grands capitaines: «*flere omnes repente et offensare capita*[1].» C'est un usage commun. Et le philosophe Bion[2], de ce Roy qui de dueil s'arrachoit les poils, fut il pas plaisant: «Cetuy-cy pense-il que la pelade soulage le dueil?» *(a)* Qui n'a veu macher et engloutir les cartes, se gorger d'une bale de dets, pour avoir où se venger de la perte de son argent? Xerxes foita la mer *(c)* de l'Helespont, l'enforgea et luy fit dire mille villanies, *(a)* et escrivit un cartel de deffi au mont Athos[3]; et Cyrus amusa toute une armée plusieurs jours à se venger de la riviere de Gydnus pour la peur qu'il avoit eu en la passant; et Caligula ruina une très belle maison, pour le plaisir[4] que sa mere y avoit eu.

(c) Le peuple disoit en ma jeunesse qu'un Roy de noz voysins[5], ayant receu de Dieu une bastonade, jura de s'en venger: ordonnant que de dix ans on ne le priast, ny parlast de luy, ny, autant qu'il estoit en son auétorité, qu'on ne creust en luy. Par où on vouloit peindre non tant la sottise que la gloire naturelle à la nation de quoy estoit le compte. Ce sont vices tousjours conjoinéts, mais telles aétions tiennent, à la verité, un peu plus encore d'outrecuidance que de bestise.

(a) Augustus[6] Cesar, ayant esté battu de la tampeste sur mer, se print à deffier le Dieu Neptunus et en la pompe des jeux Circenses fit oster son image du reng où elle estoit parmy les autres dieux pour se venger de luy. En quoy il est encore moins excusable que les precedens, et moins qu'il ne fut depuis, lors qu'ayant perdu une bataille[7] sous Quintilius Varus en Allemaigne, il alloit de colere et de desespoir, choquant sa teste contre la muraille, en s'escriant: «Varus, rens moy mes soldats.» Car ceux là surpassent toute follie, d'autant que l'impieté y est joinéte, qui s'en adressent à Dieu mesmes, ou à la fortune, comme si elle avoit des oreilles subjeétes à nostre batterie, *(c)* à l'exemple des Thraces[8] qui, quand il tonne ou esclaire, se mettent à tirer contre le ciel d'une ven-

geance titanienne, pour renger Dieu à raison, à coups de flesche. *(a)* Or, comme dit cet ancien poète chez Plutarque[1],

> *Point ne se faut courroucer aux affaires.*
> *Il ne leur chaut de toutes nos choleres.*

(b) Mais nous ne dirons jamais assez d'injures au desreglement de noſtre esprit.

CHAPITRE V

SI LE CHEF D'UNE PLACE ASSIÉGÉE DOIT SORTIR POUR PARLEMENTER

(a) Lucius Marcius[2], Legat des Romains, en la guerre contre Perseus, Roy de Macedoine, voulant gaigner le temps qu'il luy falloit encore à mettre en point son armée, sema des entregets d'accord, desquels le Roy endormy accorda trefve pour quelques jours, fournissant par ce moyen son ennemy d'oportunité et loisir pour s'armer; d'où le Roy encourut sa derniere ruine. Si eſt ce, que les vieils du Senat, memoratifs des mœurs de leurs peres, accuserent cette pratique comme ennemie de leur ſtile ancien: *(c)* qui fut, disoient-ils, combattre de vertu, non de finesse, ni par surprinses et rencontres de nuiĉt, ny par fuittes apoſtées, et recharges inopinées, n'entreprenans guerre qu'après l'avoir denoncée, et souvent après avoir assigné l'heure et lieu de la bataille. De cette conscience ils renvoièrent à Pyrrhus son traiſtre medecin[3], et aux Falisques leur meschant maiſtre d'escole[4]. C'eſtoient les formes vrayment Romaines, non de la Grecque subtilité et aſtuce Punique, où le vaincre par force eſt moins glorieux que par fraude. Le tromper peut servir pour le coup; mais celuy seul se tient pour surmonté, qui sçait l'avoir eſté ny par ruse ny de sort, mais par vaillance, de troupe à troupe, en une loyalle et juſte guerre. *(a)* Il appert bien par le langage de ces bonnes gens qu'ils n'avoient encore receu cette belle sentence:

> *dolus an virtus quis in hoſte requirat*[5]?

(c) Les Achaïens, dit Polybe, detestoient toute voye de tromperie en leurs guerres, n'estimans victoire, sinon où les courages des ennemis sont abbatus. « *Eam vir sanctus et sapiens sciet veram esse victoriam, quæ salva fide et integra dignitate parabitur*[1] », dict un autre.

> *Vos ne velit an me regnare hera quidve ferat fors*
> *Virtute experiamur*[2].

Au royaume de Ternate[3], parmy ces nations que si à pleine bouche nous appelons barbares, la coustume porte qu'ils n'entreprennent guerre sans l'avoir premierement denoncée, y adjoustans ample declaration des moïens qu'ils ont à y employer: quels, combien d'hommes, quelles munitions, quelles armes offensives et defensives. Mais cela faict aussi, si leurs ennemis ne cedent et viennent à accort, ils se donnent loy au pis faire et ne pensent pouvoir estre reprochés de trahison, de finesse et de tout moïen qui sert à vaincre.

Les anciens Florentins[4] estoient si esloignés de vouloir gaigner advantage sur leurs ennemis par surprise, qu'ils les advertissoient un mois avant que de mettre leur exercité aux champs par le continuel son de la cloche qu'ils nommoient Martinella[5].

(a) Quand à nous, moings superstitieux, qui tenons celuy avoir l'honneur de la guerre, qui en a le profit, et qui après Lysander, disons que où la peau du lion ne peut suffire, il y faut coudre un lopin de celle du renard[6], les plus ordinaires occasions de surprinse se tirent de cette praticque; et n'est heure, disons nous, où un chef doive avoir plus l'œil au guet, que celle des parlemens et traités d'accord. Et pour cette cause, c'est une reigle en la bouche de tous les hommes de guerre de nostre temps, qu'il ne faut jamais que le gouverneur en une place assiegée sorte luy mesmes pour parlementer. Du temps de nos peres, cela fut reproché aux seigneurs de Montmord et de l'Assigni, deffendans Mouson contre le comte de Nansaut[7]. Mais aussi à ce conte, celuy là seroit excusable, qui sortiroit en telle façon, que la seureté et l'advantage demeurast de son costé: comme fit en la ville de Regge[8] le comte Guy de Rangon (s'il en faut croire du Bellay, car Guicciardin[9] dit que ce fut luy mesmes) lors que le Seigneur de l'Escut s'en approcha pour parlementer; car il abandonna de si peu son fort, qu'un trouble s'estant

esmeu pendant ce parlement, non seulement Monsieur de
l'Escut et sa trouppe, qui estoit approchée avec luy, se
trouva la plus foible, de façon que Alexandre Trivulce y
fut tué, mais luy mesmes fust contrainct, pour le plus
seur, de suivre le Comte et se jetter sur sa foy à l'abri des
coups dans la ville.

(b) Eumenes[1] en la ville de Nora, pressé par Antigonus,
qui l'assiegeoit, de sortir parler à luy, et qui après plusieurs autres entremises alleguoit que c'estoit raison qu'il
vint devers luy, attendu qu'il estoit le plus grand et le plus
fort, après avoir faict cette noble responce: « Je n'estime-
ray jamais homme plus grand que moy, tant que j'auray
mon espée en ma puissance », n'y consentit, qu'Antigonus
ne luy eust donné Ptolomæus son propre nepveu, ostage,
comme il demandoit.

(a) Si est-ce que encores en y a il, qui se sont très-bien
trouvez de sortir sur la parole de l'assaillant. Tesmoing
Henry de Vaux[2], chevalier Champenois, lequel estant
assiegé dans le chasteau de Commercy par les Anglois, et
Barthelemy de Bonnes, qui commandoit au siege, ayant
par dehors faict sapper la plus part du Chasteau, si qu'il
ne restoit que le feu pour accabler les assiegez sous les
ruines, somma ledit Henry de sortir à parlementer pour
son profict, comme il fit luy quatriesme, et son evidente
ruyne luy ayant esté monstrée à l'œil, il s'en sentit singulierement obligé à l'ennemy; à la discretion duquel, après
qu'il se fut rendu et sa trouppe, le feu estant mis à la mine,
les estansons de bois venus à faillir, le Chasteau fut
emporté de fons en comble.

(b) Je me fie ayséement à la foy d'autruy. Mais malaiséement le fairoy je lors que je donnerois à juger l'avoir
plustost faict par desespoir et faute de cœur que par franchise et fiance de sa loyauté.

CHAPITRE VI

L'HEURE DES PARLEMENS DANGEREUSE

(a) Toutes-fois je vis dernierement en mon voisinage de Mussidan[3], que ceux qui en furent
délogez à force par nostre armée, et autres de leur party,

crioient comme de trahison, de ce que pendant les entremises d'accord, et le traiété se continuant encores, on les avoit surpris et mis en pièces; chose qui euſt eu à l'avanture apparence en un autre siecle; mais, comme je viens de dire, nos façons sont entierement esloignées de ces reigles; et ne se doit attendre fiance des uns aux autres, que le dernier seau d'obligation n'y soit passé; encore y a il lors assés affaire.

(c) Et a tousjours eſté conseil hazardeux de fier à la licence d'une armée viétorieuse l'observation de la foy qu'on a donné à une ville qui vient de se rendre par douce et favorable composition et d'en laisser sur la chaude l'entrée libre aux soldats. L. Æmylius Regillus[1], Preteur Romain, ayant perdu son temps à essayer de prendre la ville de Phocées à force, pour la singuliere prouesse des habitans à se bien defendre, feit pache avec eux de les recevoir pour amis du peuple Romain et d'y entrer comme en ville confederée, leur oſtant toute crainte d'aétion hoſtile. Mais y ayant quand et luy introduiét son armée, pour s'y faire voir en plus de pompe, il ne fut en sa puissance, quelque effort qu'il y employaſt, de tenir la bride à ses gens; et veit devant ses yeux fourrager bonne partie de la ville, les droiéts de l'avarice et de la vengeance suppeditant ceux de son autorité et de la discipline militaire.

(a) Cleomenes[2] disoit que, quelque mal qu'on peut faire aux ennemis en guerre, cela eſtoit par dessus la justice, et non subjeét à icelle, tant envers les dieux, qu'envers les hommes. Et, ayant faiét treve avec les Argiens pour sept jours, la troisiesme nuiét après il les alla charger tous endormis et les défiét, alleguant qu'en sa treve il n'avoit pas eſté parlé des nuiéts. Mais les dieux vengerent cette perfide subtilité.

(c) Pendant le parlement et qu'ils musoient sur leurs seurtez, la ville de Casilinum fuſt saisie par surprinse[3], et cela pourtant aux siecles et des plus juſtes capitaines et de la plus parfaiéte milice Romaine. Car il n'eſt pas diét, que, en temps et lieu, il ne soit permis de nous prevaloir de la sottise de nos ennemis, comme nous faisons de leur lascheté. Et certes la guerre a naturellement beaucoup de privileges raisonnables au prejudice de la raison; et icy faut la regle: « *neminem id agere ut ex alterius prædetur inscitia*[4]. »

Mais je m'eſtonne de l'eſtendue que Xenophon leur

donne, et par les propos et par divers exploits de son parfaiét empereur[1] : autheur de merveilleux poids en telles choses, comme grand capitaine et philosophe des premiers disciples de Socrates. Et ne consens pas à la mesure de sa dispense, en tout et par tout.

(a) Monsieur d'Aubigny[2], assiegeant Cappoüe, et après y avoir fait une furieuse baterie, le Seigneur Fabrice Colonne, Capitaine de la Ville, ayant commancé à parlementer de dessus un baſtion et ses gens faisant plus molle garde, les noſtres s'en amparerent et mirent tout en pièces. Et de plus fresche memoire, à Yvoy[3], le Seigneur Jullian Rommero, ayant fait ce pas de clerc de sortir pour parlementer avec Monsieur le Conneſtable, trouva au retour sa place saisie. Mais afin que nous ne nous en aillions pas sans revanche, le marquis de Pesquaire assiegeant Genes[4], où le duc Oétavian Fregose commandoit soubs noſtre proteétion, et l'accord entre eux ayant eſté poussé si avant, qu'on le tenoit pour fait, sur le point de la conclusion, les Espagnols s'eſtans coullés dedans, en userent comme en une viétoire planière. Et depuis, en Ligny en Barrois, où le Comte de Brienne commandoit, l'Empereur l'ayant assiegé en personne, et Bertheuille, Lieutenant dudiét Comte, eſtant sorty pour parler, pendant le marché la ville se trouva saisie[5].

> *Fu il vincer sempre mai laudabil cosa,*
> *Vincasi o per fortuna o per ingegno*[6],

disent-ils. Mais le philosophe Chrisippus[7] n'euſt pas eſté de cet advis, et moy aussi peu : car il disoit que ceux qui courent à l'envy, doivent bien employer toutes leurs forces à la vitesse ; mais il ne leur eſt pourtant aucunement loisible de mettre la main sur leur adversaire pour l'arrester, ny de luy tendre la jambe pour le faire cheoir.

(b) Et plus genereusement encore ce grand Alexandre à Polypercon, qui lui suadoit de se servir de l'avantage que l'obscurité de la nuiét luy donnoit pour assaillir Darius : « Point, fit-il, ce n'eſt pas à moy d'employer des viétoires desrobées : *malo me fortunæ pœniteat, quam viétoriæ pudeat*[8] » ;

> *Atque idem fugientem haud eſt dignatus Orodem*
> *Sternere, nec jaéta cæcum dare cuspide vulnus :*
> *Obvius, adversoque occurrit, seque viro vir*
> *Contulit, haud furto melior, sed fortibus armis*[9].

CHAPITRE VII

QUE L'INTENTION JUGE NOS ACTIONS

(a) L A mort, dict-on, nous acquitte de toutes nos obligations. J'en sçay qui l'ont prins en diverse façon. Henry septiesme, Roy d'Angleterre[1], fist composition avec Dom Philippe, fils de l'Empereur Maximilian, ou, pour le confronter plus honnorablement, pere de l'Empereur Charles cinquiesme, que ledict Philippe remettoit entre ses mains le Duc de Suffolc, de la rose blanche, son ennemy, lequel s'en estoit fuy et retiré au pays bas, moyennant qu'il promettoit de n'attenter rien sur la vie dudict Duc; toutesfois, venant à mourir, il commanda par son testament à son fils de le faire mourir, soudain après qu'il seroit decédé.

Dernierement, en cette tragedie que le Duc d'Albe nous fit voir à Bruxelles ès Comtes de Horne et d'Aiguemond[2], il y eust tout plein de choses remarquables, et entre autres que ledict Comte d'Aiguemond, soubs la foy et asseurance duquel le Comte de Horne s'estoit venu rendre au Duc d'Albe, requit avec grande instance qu'on le fit mourir le premier: affin que sa mort l'affranchist de l'obligation qu'il avoit audict Comte de Horne. Il semble que la mort n'ait point deschargé le premier de sa foy donnée, et que le second en estoit quite, mesmes sans mourir. Nous ne pouvons estre tenus au delà de nos forces et de nos moyens. A cette cause, par ce que les effects et executions ne sont aucunement en nostre puissance et qu'il n'y a rien en bon escient en nostre puissance que la volonté: en celle là se fondent par necessité et s'establissent toutes les reigles du devoir de l'homme. Par ainsi le Comte d'Aiguemond, tenant son ame et volonté endebtée à sa promesse, bien que la puissance de l'effectuer ne fut pas en ses mains, estoit sans doute absous de son devoir, quand il eust survescu le Comte de Horne. Mais le Roy d'Angleterre, faillant à sa parolle par son intention, ne se peut excuser pour avoir retardé jusques après sa mort l'execution de sa desloyauté; non plus que le masson de Herodote, lequel, ayant loyalement con-

servé durant sa vie le secret des thresors du Roy d'Egypte
son maiſtre, mourant les descouvrit à ses enfans[1].

(c) J'ay veu plusieurs de mon temps convaincus par
leur conscience retenir de l'autruy, se disposer à y satisfaire par leur teſtament et après leur decès. Ils ne font rien
qui vaille, ny de prendre terme à chose si pressante, ny de
vouloir reſtablir une injure avec si peu de leur ressanti-
ment et intereſt. Ils doivent du plus leur. Et d'autant
qu'ils payent plus poisamment, et incommodéement,
d'autant en eſt leur satisfaction plus juſte et meritoire. La
penitence demande à se charger.

Ceux là font encore pis, qui reservent la revelation de
quelque haineuse volonté envers le proche à leur dernière volonté, l'ayans cachée pendant la vie; et monſtrent
avoir peu de soin du propre honneur, irritans l'offencé à
l'encontre de leur memoire, et moins de leur conscience,
n'ayants, pour le respeſt de la mort mesme, sceu faire
mourir leur maltalent, et en eſtendant la vie outre la leur.
Iniques juges, qui remettent à juger alors qu'ils n'ont
plus de cognoissance de cause.

Je me garderay, si je puis, que ma mort die chose que
ma vie n'ayt premierement dit[2].

CHAPITRE VIII

DE L'OISIVETÉ

(a) COMME nous voyons des terres oysives, si elles
sont grasses et fertilles, foisonner[3] en cent
mille sortes d'herbes sauvages et inutiles, et que, pour les
tenir en office, il les faut assubjeſtir et employer à certaines semences, pour noſtre service; et comme nous
voyons que les femmes produisent bien toutes seules des
amas et pieces de chair informes, mais que pour faire une
generation bonne et naturelle, il les faut embesoigner
d'une autre semence[4]: ainsin eſt-il des espris. Si on ne les
occupe à certain sujet, qui les bride et contreigne, ils se
jettent desreiglez, par-cy par là, dans le vague champ des
imaginations.

*(b) Sicut aquæ tremulum labris ubi lumen ahenis
Sole repercussum, aut radiantis imagine Lunæ*

> *Omnia pervolitat latè loca, jámque sub auras*
> *Erigitur, summique ferit laquearia tecti*[1].

(a) Et n'est folie ny réverie, qu'ils ne produisent en cette agitation.

> *velut ægri somnia, vanæ*
> *Finguntur species*[2].

L'ame qui n'a point de but estably, elle se perd: car, comme on dict, c'est n'estre en aucun lieu, que d'estre par tout.

(b) *Quisquis ubique habitat, Maxime, nusquam habitat*[3].

(a) Dernierement que je me retiray chez moy[4], deliberé autant que je pourroy, ne me mesler d'autre chose que de passer en repos et à part ce peu qui me reste de vie, il me sembloit ne pouvoir faire plus grande faveur à mon esprit, que de le laisser en pleine oysiveté, s'entretenir soy mesmes, et s'arrester et rasseoir en soy: ce que j'esperois qu'il peut meshuy faire plus aisément, devenu avec le temps plus poisant, et plus meur. Mais je trouve,

> *variam semper dant otia mentem*[5],

que au rebours, faisant le cheval eschappé, il se donne cent fois plus d'affaire à soy mesmes, qu'il n'en prenoit pour autruy; et m'enfante tant de chimeres et monstres fantasques les uns sur les autres, sans ordre et sans propos, que pour en contempler à mon aise l'ineptie et l'estrangeté, j'ay commancé de les mettre en rolle, esperant avec le temps luy en faire honte à luy mesmes.

CHAPITRE IX

DES MENTEURS

(a) Il n'est homme à qui il siese si mal de se mesler de parler de memoire. Car je n'en reconnoy quasi trasse en moy, et ne pense qu'il y en aye au monde une autre si monstrueuse en defaillance. J'ay toutes mes autres parties viles et communes. Mais en cette-là je pense estre singulier et très-rare, et digne de gaigner par là nom et reputation[6].

(b) Outre l'inconvenient naturel que j'en souffre, — *(c)* car certes, veu sa nécessité, Platon a raison de la nommer[1] une grande et puissante deesse *(b)* — si en mon païs on veut dire qu'un homme n'a poinct de sens, ils disent qu'il n'a point de memoire, et quand je me plains du defaut de la mienne, ils me reprennent et mescroient, comme si je m'accusois d'estre insensé. Ils ne voyent pas de chois entre memoire et entendement. C'est bien empirer mon marché. Mais ils me font tort, car il se voit par experience plustost au rebours que les memoires excellentes se joignent volontiers aux jugemens debiles. Ils me font tort aussi en cecy, qui ne sçay rien si bien faire qu'estre amy, que les mesmes paroles qui accusent ma maladie, representent l'ingratitude. On se prend de mon affection à ma memoire; et d'un defaut naturel, on en faict un defaut de conscience. Il a oublié, dict-on, cette priere ou cette promesse. Il ne se souvient point de ses amys. Il ne s'est point souvenu de dire, ou faire, ou taire cela, pour l'amour de moy. Certes je puis aisément oublier, mais de mettre à nonchalloir la charge que mon amy m'a donnée, je ne le fay pas. Qu'on se contente de ma misere, sans en faire une espece de malice, et de la malice autant ennemye de mon humeur.

Je me console aucunement. Premierement sur ce *(c)* que c'est un mal duquel principallement j'ay tiré la raison de corriger un mal pire qui se fust facilement produit en moy, sçavoir est l'ambition, car c'est une deffaillance insuportable à qui s'empesche des negotiations du monde; que, comme disent plusieurs pareils exemples du progrès de nature, elle a volontiers fortifié d'autres facultés en moy, à mesure que cette-cy s'est affoiblie, et irois facilement couchant et allanguissant mon esprit et mon jugement sur les traces d'autruy, comme faict le monde, sans exercer leurs propres forces, si les inventions et opinions estrangieres m'estoient presentes par le benefice de la memoire; *(b)* que mon parler en est plus court, car le magasin de la memoire est volontiers plus fourny de matiere que n'est celuy de l'invention; *(c)* si elle m'eust tenu bon, j'eusse assourdi tous mes amys de babil, les subjects esveillans cette telle quelle faculté que j'ay de les manier et emploier, eschauffant et attirant mes discours. *(b)* C'est pitié. Je l'essaye par la preuve d'aucuns de mes privez amys : à mesure que la memoire leur fournit la

chose entiere et presente, ils reculent si arriere leur narration, et la chargent de vaines circonstances, que si le conte
est bon, ils en estouffent la bonté; s'il ne l'est pas, vous
estes à maudire ou l'heur de leur memoire, ou le malheur
de leur jugement. *(c)* Et c'est chose difficile de fermer un
propos et de le coupper, despuis qu'on est arroutté. Et
n'est rien où la force d'un cheval se cognoisse plus qu'à
faire un arrest rond et net. Entre les pertinens mesmes,
j'en voy qui veulent et ne se peuvent deffaire de leur
course. Ce pendant qu'ils cerchent le point de clorre le
pas, ils s'en vont balivernant et trainant comme des
hommes qui deffaillent de foiblesse. Sur tout les vieillards
sont dangereux à qui la souvenance des choses passées
demeure et ont perdu la souvenance de leurs redites. J'ay
veu des recits bien plaisans devenir très-ennuyeux en la
bouche d'un seigneur, chascun de l'assistance en ayant
esté abbreuvé cent fois. *(b)* Secondement, qu'il me souvient moins des offences receuës, ainsi que disoit cet
ancien[1]; *(c)* il me faudroit un protocolle, comme Darius,
pour n'oublier l'offence qu'il avoit receu des Atheniens,
faisoit qu'un page à touts les coups qu'il se mettoit à
table, luy vinst rechanter par trois fois à l'oreille: « Sire
souvienne vous des Atheniens[2] »; *(b)* et que les lieux et
les livres que je revoy me rient tousjours d'une fresche
nouvelleté.

(a) Ce n'est pas sans raison qu'on dit que qui ne se
sent point assez ferme de memoire, ne se doit pas mesler
d'estre menteur. Je sçay bien que les grammairiens[3] font
difference entre dire mensonge et mentir; et disent que
dire mensonge, c'est dire chose fauce, mais qu'on a pris
pour vraye, et que la definition du mot de mentir en
Latin, d'où nostre François est party, porte autant comme
aller contre sa conscience, et que par consequent cela ne
touche que ceux qui disent contre ce qu'ils sçavent, desquels je parle. Or ceux icy, ou ils inventent marc et tout,
ou ils déguisent et alterent un fons veritable. Lors qu'ils
déguisent et changent, à les remettre souvent en ce mesme
conte, il est mal-aisé qu'ils ne se desferrent, par ce que la
chose, comme elle est, s'estant logée la premiere dans la
memoire et s'y estant empreincte, par la voye de la connoissance et de la science, il est mal-aisé qu'elle ne se
représente à l'imagination, délogeant la fauceté, qui n'y
peut avoir le pied si ferme, ny si rassis, et que les circons-

tances du premier aprentissage, se coulant à tous coups
dans l'esprit, ne facent perdre le souvenir des pieces
raportées, faulses ou abastardies. En ce qu'ils inventent
tout à faict, d'autant qu'il n'y a nulle impression contraire, qui choque leur fauceté, ils semblent avoir d'autant
moins à craindre de se mesconter. Toutesfois encore cecy,
par ce que c'est un corps vain et sans prise, eschappe
volontiers à la memoire, si elle n'est bien asseurée. *(b)*
Dequoy j'ay souvent veu l'experience, et plaisamment, aux
despens de ceux qui font profession de ne former autrement leur parole, que selon qu'il sert aux affaires qu'ils
negotient, et qu'il plaist aux grands à qui ils parlent. Car
ces circonstances, à quoy ils veulent asservir leur foy et
leur conscience, estans subjettes à plusieurs changements,
il faut que leur parole se diversifie quand et quand; d'où
il advient que de mesme chose ils disent gris tantost, tantost jaune; à tel homme d'une sorte, à tel d'une autre; et
si par fortune ces hommes raportent en butin leurs
instructions si contraires, que devient cette belle art?
Outre ce qu'imprudemment ils se desferrent eux-mesmes
si souvent; car quelle memoire leur pourroit suffire à se
souvenir de tant de diverses formes, qu'ils ont forgées à
un mesme subject? J'ay veu plusieurs de mon temps,
envier la reputation de cette belle sorte de prudence, qui
ne voyent pas que, si la reputation y est, l'effect n'y peut
estre.

(c) En verité le mentir est un maudit vice. Nous ne
sommes hommes et ne nous tenons les uns aux autres que
par la parole. Si nous en connoissions l'horreur et le
poids, nous le poursuivrions à feu plus justement que
d'autres crimes. Je trouve qu'on s'amuse ordinairement
à chastier aux enfans des erreurs innocentes très-mal à
propos et qu'on les tourmente pour des actions temeraires qui n'ont ny impression, ny suitte. La menterie
seule et, un peu au-dessous, l'opiniastreté me semblent
estre celles desquelles on devroit à toute instance combattre la naissance et le progrez. Elles croissent quand et
eux. Et depuis qu'on a donné ce faux train à la langue,
c'est merveille combien il est impossible de l'en retirer.
Par où il advient que nous voyons des honnestes hommes
d'ailleurs y estre subjects et asservis. J'ay un bon garçon
de tailleur à qui je n'ouy jamais dire une verité, non pas
quand elle s'offre pour luy servir utilement.

Si, comme la verité, le mensonge n'avoit qu'un visage, nous serions en meilleurs termes. Car nous prendrions pour certain l'opposé de ce que diroit le menteur. Mais le revers de la verité a cent mille figures et un champ indefiny.

Les Pythagoriens font le bien certain et finy, le mal infiny et incertain. Mille routtes desvoient du blanc, une y va. Certes je ne m'asseure pas que je peusse venir à bout de moy, à guarentir un danger evident et extreme par une effrontée et solemne mensonge.

Un ancien pere dit que nous sommes mieux en la compagnie d'un chien cognu qu'en celle d'un homme duquel le langage nous est inconnu. « *Ut externus alieno non sit hominis vice*[1]. » Et de combien est le langage faux moins sociable que le silence.

(a) Le Roy François premier se vantoit d'avoir mis au rouet par ce moyen Francisque Taverna, ambassadeur de François Sforce, Duc de Milan, homme très-fameux en science de parlerie. Cettuy-cy avoit esté depesché pour excuser son maistre envers sa Majesté, d'un fait de grande consequence, qui estoit tel. Le Roy pour maintenir tousjours quelques intelligences en Italie, d'où il avoit esté dernierement chassé, mesme au Duché de Milan, avoit advisé d'y tenir près du Duc un gentil-homme de sa part, ambassadeur par effect, mais par apparence homme privé, qui fit la mine d'y estre pour ses affaires particulieres; d'autant que le Duc, qui dependoit beaucoup plus de l'Empereur, lors principalement qu'il estoit en traicté de mariage avec sa niepce, fille du Roy de Dannemarc, qui est à present douairiere de Lorraine, ne pouvoit descouvrir avoir aucune praticque et conference avecques nous, sans son grand interest. A cette commission se trouva propre un gentil'-homme Milanois, escuyer d'escurie chez le Roy, nommé Merveille. Cettuy-cy despesché avecques lettres secretes de creance et instructions d'ambassadeur, et avecques d'autres lettres de recommandation envers le Duc en faveur de ses affaires particuliers pour le masque et la montre, fut si long temps auprès du Duc, qu'il en vint quelque resentiment à l'Empereur, qui donna cause à ce qui s'ensuivit après, comme nous pensons; qui fut, que soubs couleur de quelque meurtre, voilà le Duc qui luy faict trancher la teste de belle nuict, et son procez faict en deux jours. Messire Francisque

estant venu prest d'une longue deduction contrefaicte de
cette histoire, — car le Roy s'en estoit adressé, pour
demander raison, à tous les princes de Chrestienté et au
Duc mesmes, — fut ouy aux affaires du matin, et ayant
estably pour le fondement de sa cause et dressé, à cette
fin, plusieurs belles apparences du faict: que son maistre
n'avoit jamais pris nostre homme, que pour gentil-
homme privé, et sien suject, qui estoit venu faire ses
affaires à Milan, et qui n'avoit jamais vescu là soubs
autre visage, desadvouant mesme avoir sceu qu'il fut en
estat de la maison du Roy, ny connu de luy, tant s'en
faut qu'il le prit pour ambassadeur; le Roy à son tour, le
pressant de diverses objections et demandes, et le chargeant de toutes pars, l'accula en fin sur le point de l'exécution faite de nuict, et comme à la desrobée. A quoy le
pauvre homme embarrassé respondit, pour faire l'honneste, que, pour le respect de sa Majesté, le Duc eust esté
bien marry que telle execution se fut faicte de jour. Chacun peut penser comme il fut relevé, s'estant si lourdement couppé, et à l'endroit d'un tel nez que celuy du Roy
François[1].

Le pape Jule second[2] ayant envoyé un ambassadeur
vers le Roy d'Angleterre, pour l'animer contre le Roy
François[3], l'ambassadeur ayant esté ouy sur sa charge et
le Roy d'Angleterre s'estant arresté en sa responce aux
difficultez qu'il trouvoit à dresser les preparatifs qu'il
faudroit pour combattre un Roy si puissant, et en alleguant quelques raisons, l'ambassadeur repliqua mal à
propos qu'il les avoit aussi considerées de sa part et les
avoit bien dictes au Pape. De cette parole si esloingnée de
sa proposition, qui estoit de le pousser incontinent à la
guerre, le Roy d'Angleterre print le premier argument de
ce qu'il trouva depuis par effect, que cet ambassadeur, de
son intention particuliere, pendoit du costé de France.
Et en ayant adverty son maistre, ses biens furent confis-
quez et ne tint à guere qu'il n'en perdit la vie.

CHAPITRE X

DU PARLER PROMPT OU TARDIF

(a) Onc ne furent à tous toutes graces données[1].

Aussi voyons nous qu'au don d'eloquence les uns ont la facilité et la promptitude, et ce qu'on dict, le boute-hors si aisé, qu'à chaque bout de champ ils sont prests; les autres plus tardifs ne parlent jamais rien qu'élabouré et premedité. Comme on donne des regles aux dames de prendre les jeux et les exercices du corps, selon l'advantage de ce qu'elles ont le plus beau, si j'avois à conseiller de mesmes, en ces deux divers advantages de l'eloquence, de laquelle il semble en nostre siecle que les prescheurs et les advocats facent principale profession, le tardif seroit mieux prescheur, ce me semble, et l'autre mieux advocat: par ce que la charge de celuy-là luy donne autant qu'il luy plaist de loisir pour se preparer, et puis sa carriere se passe d'un fil et d'une suite, sans interruption, là où les commoditez de l'advocat le pressent à toute heure de mettre en lice, et les responces improuveues de sa partie adverse le rejettent hors de son branle, où il luy faut sur le champ prendre nouveau party.

Si est-ce qu'à l'entrevue du Pape Clement et du Roy François à Marseille[2], il advint tout au rebours, que monsieur Poyet[3], homme toute sa vie nourry au barreau, en grande reputation, ayant charge de faire la harangue au Pape, et l'ayant de longue main pourpensée, voire, à ce qu'on dict, apportée de Paris toute preste, le jour mesme qu'elle devoit estre prononcée, le Pape se craignant qu'on luy tint propos qui peut offencer les ambassadeurs des autres princes, qui estoient autour de luy, manda au Roy l'argument qui luy sembloit estre le plus propre au temps et au lieu, mais de fortune tout autre que celuy sur lequel monsieur Poyet s'estoit travaillé; de façon que sa harangue demeuroit inutile, et luy en falloit promptement refaire un autre. Mais, s'en sentant incapable, il fallut que Monsieur le Cardinal du Bellay en print la charge.

(b) La part de l'Advocat est plus difficile que celle du Prescheur, et nous trouvons pourtant, ce m'est advis, plus de passables Advocats que Prescheurs, au moins en France[1].

(a) Il semble que ce soit plus le propre de l'esprit d'avoir son operation prompte et soudaine, et plus le propre du jugement de l'avoir lente et posée[2]. Mais qui demeure du tout muet, s'il n'a loisir de se preparer, et celuy aussi à qui le loisir ne donne advantage de mieux dire, ils sont en pareil degré d'estrangeté. On recite de Severus Cassius[3] qu'il disoit mieux sans y avoir pensé; qu'il devoit plus à la fortune qu'à sa diligence; qu'il luy venoit à profit d'estre troublé en parlant, et que ses adversaires craignoyent de le picquer, de peur que la colere ne luy fît redoubler son eloquence. Je cognois, par experience, cette condition de nature, qui ne peut soustenir une vehemente premeditation et laborieuse. Si elle ne va gayement et librement, elle ne va rien qui vaille. Nous disons d'aucuns ouvrages qu'ils puent l'huyle et la lampe, pour certaine aspreté et rudesse que le travail imprime en ceux où il a grande part. Mais, outre cela, la solicitude de bien faire, et cette contention de l'ame trop bandée et trop tenduë à son entreprise, la met au rouet, la rompt et l'empesche, ainsi qu'il advient à l'eau qui, par force de se presser de sa violence et abondance, ne peut trouver issuë en un goulet ouvert.

En cette condition de nature, de quoy je parle, il y a quant et quant aussi cela, qu'elle demande à estre non pas esbranlée et piquée par ces passions fortes, comme la colere de Cassius (car ce mouvement seroit trop aspre), elle veut estre non pas secoüée, mais solicitée; elle veut estre eschaufée et reveillée par les occasions estrangeres, presentes et fortuites. Si elle va toute seule, elle ne fait que trainer et languir. L'agitation est sa vie et sa grace.

(b) Je ne me tiens pas bien en ma possession et disposition. Le hazard y a plus de droict que moy. L'occasion, la compaignie, le branle mesme de ma voix tire plus de mon esprit que je n'y trouve lors que je le sonde et employe à part moy.

(a) Ainsi les paroles en valent mieux que les escripts, s'il y peut avoir chois où il n'y a point de pris.

(c) Ceci m'advient aussi: que je ne me trouve pas où je me cherche; et me trouve plus par rencontre que par

l'inquisition de mon jugement. J'aurai eslancé quelque subtilité en escrivant. (J'entens bien: mornée pour un autre, affilée pour moy. Laissons toutes ces honnestetez. Cela se dit par chacun selon sa force.) Je l'ay si bien perdue que je ne sçay ce que j'ay voulu dire; et l'a l'estranger descouverte par fois avant moy. Si je portoy le rasoir par tout où cela m'advient, je me desferoy tout. Le rencontre m'en offrira le jour quelque autre fois plus apparent que celuy du midy; et me fera estonner de mon hesitation.

CHAPITRE XI

DES PROGNOSTICATIONS

(a) QUANT aux oracles, il est certain que, bonne piece avant la venuë de Jesus-Christ, ils avoyent commencé à perdre leur credit: car nous voyons que Cicero se met en peine de trouver la cause de leur defaillance; *(c)* et ces mots sont à luy: « *Cur isto modo jam oracula Delphis non eduntur non modo nostra ætate sed jamdiu, ut modo nihil possit esse contemptius*[1]. » *(a)* Mais quant aux autres prognostiques, qui se tiroyent de l'anatomie des bestes aux sacrifices, *(c)* ausquels Platon[2] attribue en partie la constitution naturelle des membres internes d'icelles, *(a)* du trepignement des poulets, du vol des oyseaux, *(c)* « *aves quasdam rerum augurandarum causa natas esse putamus*[3] », *(a)* des foudres, du tournoiement des rivieres, *(c)* « *multa cernunt aruspices, multa augures provident, multa oraculis declarantur, multa vaticinationibus, multa somniis, multa portentis*[4] », *(a)* et autres sur lesquels l'ancienneté appuioit la plus part des entreprinses, tant publiques que privées, nostre religion les a abolies. Et encore qu'il reste entre nous quelques moyens de divination és astres, és esprits, és figures du corps, és songes, et ailleurs, — notable exemple de la forcenée curiosité de nostre nature, s'amusant à preoccuper les choses futures, comme si elle n'avoit pas assez affaire à digerer les presentes:

> *(b)* *cur hanc tibi rector Olympi*
> *Sollicitis visum mortalibus addere curam,*

Noscant venturas ut dira per omina clades.
Sit subitum quodcunque paras, sit cæca futuri
Mens hominum fati, liceat sperare timenti[1].

(c) « *Ne utile quidem eſt scire quid futurum sit. Miserum eſt enim nihil proficientem angi*[2] », *(a)* si eſt-ce qu'elle eſt de beaucoup moindre auctorité.

Voyla pourquoy l'exemple de François Marquis de Sallusse m'a semblé remarcable. Car, lieutenant du Roy François en son armée de là les monts, infiniment favorisé de noſtre cour, et obligé au Roy du Marquisat mesmes, qui avoit eſté confisqué de son frere, au reſte ne se presentant occasion de le faire, son affection mesme y contredisant, se laissa si fort espouvanter (comme il a eſté adveré) aux belles prognoſtications qu'on faisoit lors courir de tous coſtez à l'advantage de l'Empereur Charles cinquiesme et à noſtre des-advantage, mesmes en Italie, où ces folles propheties avoyent trouvé tant de place, qu'à Rome fut baillé grande somme d'argent au change, pour cette opinion de noſtre ruine, qu'après s'eſtre souvent condolu à ses privez des maux qu'il voyoit inevitablement preparez à la couronne de France et aux amis qu'il y avoit, se revolta et changea de party ; à son grand dommage pourtant, quelque conſtellation qu'il y eut. Mais il s'y conduisit en homme combatu de diverses passions. Car ayant et villes et forces en sa main, l'armée ennemye soubs Antoine de Leve à trois pas de luy, et nous sans soubsçon de son faict, il eſtoit en luy de faire pis qu'il ne fiſt. Car, pour sa trahison, nous ne perdismes ny homme, ny ville que Fossan ; encore après l'avoir long temps conteſtée[3].

Prudens futuri temporis exitum
Caliginosa nocte premit Deus,
Ridétque si mortalis ultra
Fas trepidat.

Ille potens sui
Lætusque deget, cui licet in diem
Dixisse, vixi, cras vel atra
Nube polum pater occupato
Vel sole puro[4].

Lætus in præsens animus, quod ultra eſt,
Oderit curare[5].

(c) Et ceux qui croyent ce mot au contraire, le croyent
à tort : « *Ista sic reciprocantur, ut et, si divinatio sit, dii sint :
et, si dii sint, sit divinatio*[1]. » Beaucoup plus sagement
Pacuvius :

> *Nam istis qui linguam avium intelligunt,*
> *Plusque ex alieno jecore sapiunt, quam ex suo,*
> *Magis audiendum quam auscultandum censeo*[2].

Cette tant celebrée art de diviner des Toscans nasquit
ainsi. Un laboureur, perçant de son coultre profondement la terre, en veid sourdre Tages, demi-dieu d'un
visage enfantin, mais de senile prudence. Chacun y accourut, et furent ses paroles et science recueillie et conservée
à plusieurs siecles, contenant les principes et moyens de
cette art[3]. Naissance conforme à son progrez.

(b) J'aymerois bien mieux regler mes affaires par le
sort des dez que par ces songes.

(c) Et de vray en toutes republiques on a tousjours
laissé bonne part d'authorité au sort. Platon en la
police[4] qu'il forge à discretion luy attribue la decision
de plusieurs effects d'importance et veut entre autres
choses que les mariages se facent par sort entre les bons ;
et donne si grand poids à cette election fortuite que les
enfans qui en naissent, il ordonne qu'ils soyent nourris
au païs ; ceux qui naissent des mauvais en soyent mis
hors ; toutesfois si quelqu'un de ces bannis venoit par cas
d'adventure à montrer en croissant quelque bonne esperance de soy, qu'on le puisse rappeller, et exiler aussi celuy
d'entre les retenus qui montrera peu d'esperance de son
adolescence.

(b) J'en voy qui estudient et glosent leurs Almanachs,
et nous en alleguent l'authorité aux choses qui se passent.
A tant dire, il faut qu'ils dient et la verité et le mensonge :
(c) « *Quis est enim qui totum diem jaculans non aliquando con-
linet*[5]. » *(b)* Je ne les estime de rien mieux, pour les voir
tomber en quelque rencontre : ce seroit plus de certitude,
s'il y avoit regle et verité à mentir tousjours. *(c)* Joint que
personne ne tient registre de leurs mescontes, d'autant
qu'ils sont ordinaires et infinis ; et fait-on valoir leurs
divinations de ce qu'elles sont rares, incroïables et prodigieuses. Ainsi respondit Diagoras qui fut surnommé
l'Athée, estant en la Samothrace, à celuy qui en luy montrant au temple force vœuz et tableaux de ceux qui

avoyent eschapé le naufrage, luy dict : « Et bien, vous qui
pensez que les dieux mettent à nonchaloir les choses
humaines, que dittes vous de tant d'hommes sauvez par
leur grace ? Il se fait ainsi, respondit-il : ceux-là ne sont
pas peints qui sont demeurez noyez, en bien plus grand
nombre[1]. » Cicero dit[2] que le seul Xenophanes Colopho-
nius, entre tous les philosophes qui ont advoué les dieux,
a essayé desraciner toute sorte de divination. D'autant
est-il moins de merveille si (b) nous avons veu par fois
à leur dommage aucunes de noz ames principesques
s'arrester à ces vanitez.

(c) Je voudrois bien avoir reconnu de mes yeux ces
deux merveilles : du livre de Joachim, abbé calabrois[3],
qui predisoit tous les papes futurs, leurs noms et formes ;
et celuy de Leon l'Empereur, qui predisoit les empereurs
et patriarches de Grece[4]. Cecy ay-je reconnu de mes yeux,
qu'és confusions publiques les hommes estonnez de leur
fortune se vont rejettant, comme à toute superstition, à
rechercher au ciel les causes et menaces anciennes de leur
malheur. Et y sont si estrangement heureux de mon
temps, qu'ils m'ont persuadé, qu'ainsi que c'est un amusement d'esperits aiguz et oisifs, ceux qui sont duicts à ceste
subtilité de les replier et desnouer, seroyent en tous
escrits capables de trouver tout ce qu'ils y demandent.
Mais sur tout leur preste beau jeu le parler obscur, ambigu
et fantastique du jargon prophetique, auquel leurs
autheurs ne donnent aucun sens clair, afin que la posterité
y en puisse appliquer de tel qu'il luy plaira.

(b) Le demon de Socrates estoit à l'advanture certaine
impulsion de volonté, qui se présentoit à luy, sans attendre le conseil de son discours. En une ame bien espurée,
comme la sienne, et preparée par continuel exercice de
sagesse et de vertu, il est vray semblable que ces inclinations, quoy que temeraires et indigestes, estoyent tous
jours importantes et dignes d'estre suyvies. Chacun sent
en soy quelque image de telles agitations (c) d'une opinion prompte, vehemente et fortuite. C'est à moy de leur
donner quelque authorité, qui en donne si peu à nostre prudence. (b) Et en ay eu (c) de pareillement foibles en raison
et violentes en persuasion ou en dissuasion, qui estoient
plus ordinaires en Socrates, (b) ausquelles je me laissay
emporter si utilement et heureusement qu'elles pourroyent
estre jugées tenir quelque chose d'inspiration divine.

CHAPITRE XII

DE LA CONSTANCE

(a) L A Loy de la resolution et de la constance ne
porte pas que nous ne nous devions couvrir,
autant qu'il est en nostre puissance, des maux et inconveniens qui nous menassent, ny par consequent d'avoir
peur qu'ils nous surpreignent. Au rebours, tous moyens
honnestes de se garentir des maux sont non seulement
permis, mais loüables. Et le jeu de la constance se joue
principalement à porter patiemment les inconveniens, où
il n'y a point de remede. De maniere qu'il n'y a soupplesse
de corps, ny mouvement aux armes de main, que nous
trouvions mauvais, s'il sert à nous garantir du coup qu'on
nous rue.

(c) Plusieurs nations très-belliqueuses se servoyent en
leurs faits d'armes de la fuite pour advantage principal et
montroyent le dos à l'ennemy plus dangereusement que
leur visage.

Les Turcs en retiennent quelque chose.

Et Socrates en Platon[1], se moquant de Lachez qui
avoit defini la fortitude: se tenir ferme en son reng contre
les ennemys. « Quoy, feit-il, seroit-ce donq lascheté de
les battre en leur faisant place? » Et luy allegue Homere
qui loue en Æneas la science de fuir. Et parce que Lachez,
se r'advisant, advoue cet usage aux Scythes, et enfin generalement aux gens de cheval, il luy allegue encore l'exemple des gens de pied Lacedemoniens, nation sur toutes
duitte à combattre de pied ferme, qui en la journée de
Platées, ne pouvant ouvrir la phalange Persienne, s'adviserent de s'escarter et sier arriere, pour par l'opinion de
leur fuitte faire rompre et dissoudre cette masse en les
poursuivant. Par où ils se donnerent la victoire.

Touchant les Scythes, on dict d'eux[2], quand Darius
alla pour les subjuguer, qu'il manda à leur Roy force
reproches pour le voir tousjours reculant devant luy et
gauchissant la meslée. A quoy Indathyrse, car ainsi se
nommoit-il, fit responce que ce n'estoit pour avoir peur
ny de luy, ny d'homme vivant, mais que c'estoit la façon

de marcher de sa nation, n'ayant ny terre cultivée, ny
ville, ny maison à deffendre, et à craindre que l'ennemy
en peuſt faire profit. Mais s'il avoit si grand faim d'y
mordre, qu'il approchaſt pour voir le lieu de leurs
anciennes sepultures et que là il trouveroit à qui parler.

(a) Toutes-fois aux canonades, depuis qu'on leur eſt
planté en bute, comme les occasions de la guerre portent
souvent, il eſt messeant de s'esbranler pour la menasse du
coup; d'autant que pour sa violence et vitesse nous le
tenons inevitable. Et en y a meint un, qui pour avoir ou
haussé la main, ou baissé la teſte, en a pour le moins
appreſté à rire à ses compagnons.

Si eſt-ce qu'au voyage que l'Empereur Charles cinquiesme fit contre nous en Provence[1], le Marquis de
Guaſt eſtant allé recognoiſtre la Ville d'Arle, et s'eſtant
jetté hors du couvert d'un moulin à vent, à la faveur duquel il s'eſtoit approché, fut apperceu par les Seigneurs
de Bonneval et Seneschal d'Agenois, qui se promenoient
sus le theatre aux arenes. Lesquels, l'ayant monſtré au
Seigneur de Villier, Commissaire de l'artillerie, il braqua
si à propos une coulouvrine, que sans ce que lediĉt Marquis, voyant mettre le feu, se lança à quartier, il fut tenu
qu'il en avoit dans le corps. Et de mesmes quelques
années auparavant, Laurens de Medicis, Duc d'Urbin,
pere de la Royne, mere du Roy[2], assiegeant Mondolphe,
place d'Italie, aux terres qu'on nomme du Vicariat, voyant
mettre le feu à une piece qui le regardoit, bien luy servit
de faire la cane. Car autrement le coup, qui ne luy rasa
que le dessus de la teſte, luy donnoit sans doute dans
l'eſtomach. Pour en dire le vray, je ne croy pas que ces
mouvemens se fissent avecques discours; car quel jugement pouvez vous faire de la mire haute ou basse en chose
si soudaine? Et eſt bien plus aisé à croire que la fortune
favorisa leur frayeur, et que ce seroit moyen un'autre
fois aussi bien pour se jetter dans le coup que pour l'eviter.

(b) Je ne me puis deffendre, si le bruit esclattant d'une
harquebusade vient à me frapper les oreilles à l'improveu, en lieu où je ne le deusse pas attendre, que je n'en
tressaille; ce que j'ay veu encores advenir à d'autres qui
valent mieux que moy.

(c) Ny n'entendent les Stoïciens que l'ame de leur sage
puisse resiſter aux premieres visions et fantaisies qui luy
surviennent, ains comme à une subjeĉtion naturelle con-

sentent qu'il cede au grand bruit du ciel, ou d'une ruine, pour exemple, jusques à la palleur et contraction. Ainsin aux autres passions, pourveu que son opinion demeure sauve et entiere et que l'assiette de son discours n'en souffre atteinte ny alteration quelconque et qu'il ne preste nul consentement à son effroi et souffrance. De celuy qui n'est pas sage il en va de mesmes en la premiere partie, mais tout autrement en la seconde. Car l'impression des passions ne demeure pas en luy superficielle, ains va penetrant jusques au siege de sa raison, l'infectant et la corrompant. Il juge selon icelles et s'y conforme[1]. Voyez bien disertement et plainement l'estat du sage Stoïque

Mens immota manet, lachrimæ volvuntur inanes[2].

Le sage Peripateticien ne s'exempte pas des perturbations, mais il les modere.

CHAPITRE XIII

CEREMONIE DE L'ENTREVEUË DES ROYS

(a) IL n'est subject si vain qui ne merite un rang en cette rapsodie. A nos regles communes, ce seroit une notable discourtoisie, et à l'endroit d'un pareil et plus à l'endroict d'un grand, de faillir à vous trouver chez vous, quand il vous auroit adverty d'y devoir venir. Voire, adjoustoit la Royne de Naverre Marguerite à ce propos, que c'estoit incivilité à un Gentil-homme de partir de sa maison, comme il se faict le plus souvent, pour aller au devant de celuy qui le vient trouver, pour grand qu'il soit; et qu'il est plus respectueux et civil de l'attendre, pour le recevoir, ne fust que de peur de faillir sa route; et qu'il suffit de l'accompagner à son partement.

(b) Pour moy, j'oublie souvent l'un et l'autre de ces vains offices, comme je retranche en ma maison toute ceremonie[3]. Quelqu'un s'en offence: qu'y ferois-je? Il vaut mieux que je l'offence pour une fois, que à moy tous les jours; ce seroit une subjection continuelle. A quoy faire fuyt-on la servitude des cours, si on l'en traine jusques en sa taniere.

(a) C'est aussi une reigle commune en toutes assemblées, qu'il touche aux moindres de se trouver les premiers

à l'assignation, d'autant qu'il est mieux deu aux plus apparans de se faire attendre. Toutesfois à l'entreveuë qui se
dressa du Pape Clement et du Roy François à Marseille[1],
le Roy y ayant ordonné les apprets necessaires, s'esloigna
de la ville et donna loisir au Pape de deux ou trois jours
pour son entrée en refreschissement, avant qu'il le vint
trouver. Et de mesmes à l'entrée aussi du Pape et de
l'Empereur à Bouloigne[2], l'Empereur donna moyen au
Pape d'y estre le premier, et y survint après luy. C'est,
disent-ils, une ceremonie ordinaire aux abouchemens de
tels Princes, que le plus grand soit avant les autres au lieu
assigné, voyre avant celuy chez qui se faict l'assemblée;
et le prennent de ce biais, que c'est affin que cette apparence tesmoigne que c'est le plus grand que les moindres
vont trouver, et le recherchent, non pas luy eux.

(c) Non seulement chasque païs, mais chasque cité a sa
civilité particuliere, et chasque vacation. J'y ay esté assez
soigneusement dressé en mon enfance et ay vescu en
assez bonne compaignie, pour n'ignorer pas les loix de
la nostre françoise; et en tiendrois eschole. J'aime à les
ensuivre, mais non pas si couardement que ma vie en
demeure contrainéte. Elles ont quelques formes penibles,
lesquelles, pourveu qu'on oublie par discretion, non par
erreur, on n'en a pas moins de grace. J'ay veu souvent
des hommes incivils par trop de civilité, et importuns de
courtoisie.

C'est, au demeurant, une très utile science que la science
de l'entregent. Elle est, comme la grace et la beauté, conci-
liatrice des premiers abords de la societé et familiarité; et
par consequent nous ouvre la porte à nous instruire par
les exemples d'autruy, et à exploiter et produire nostre
exemple, s'il a quelque chose d'instruisant et communi-
cable.

CHAPITRE XIV [3]

QUE LE GOUST DES BIENS ET DES MAUX
DEPEND EN BONNE PARTIE
DE L'OPINION QUE NOUS EN AVONS

(a) LES hommes (dit une sentence Grecque ancienne[4]) sont tourmentez par les opinions
qu'ils ont des choses, non par les choses mesmes. Il y

auroit un grand poinct gaigné pour le soulagement de
nostre miserable condition humaine, qui pourroit establir
cette proposition vraye tout par tout. Car si les maux
n'ont entrée en nous que par nostre jugement, il semble
qu'il soit en nostre pouvoir de les mespriser ou contourner à bien. Si les choses se rendent à nostre mercy,
pourquoy n'en chevirons nous, ou ne les accommode-
rons nous à nostre advantage? Si ce que nous appellons
mal et tourment n'est ny mal ny tourment de soy, ains
seulement que nostre fantasie luy donne cette qualité, il
est en nous de la changer. Et en ayant le choix, si nul ne
nous force, nous sommes estrangement fols de nous
bander pour le party qui nous est le plus ennuyeux, et de
donner aux maladies, à l'indigence et au mespris un aigre
et mauvais goust, si nous le leur pouvons donner bon, et
si, la fortune fournissant simplement de matiere, c'est à
nous de luy donner la forme. Or que ce que nous appellons mal ne le soit pas de soy, ou au moins tel qu'il soit,
qu'il depende de nous de luy donner autre saveur et autre
visage, car tout revient à un, voyons s'il se peut maintenir.

Si l'estre originel de ces choses que nous craignons,
avoit credit de se loger en nous de son authorité, il logeroit pareil et semblable en tous; car les hommes sont tous
d'une espece, et sauf le plus et le moins, se trouvent garnis de pareils outils et instrumens pour concevoir et
juger. Mais la diversité des opinions que nous avons de
ces choses là montre clerement qu'elles n'entrent en
nous que par composition; tel à l'adventure les loge chez
soy en leur vray estre, mais mille autres leur donnent un
estre nouveau et contraire chez eux.

Nous tenons la mort, la pauvreté et la douleur pour
nos principales parties.

Or cette mort que les uns appellent des choses horribles la plus horrible, qui ne sçait que d'autres la nomment l'unique port des tourmens de ceste vie? le souverain
bien de nature? seul appuy de nostre liberté? et
commune et prompte recepte à tous maux? et comme
les uns l'attendent tremblans et effrayez, d'autres la supportent plus ayséement que la vie.

(b) Celuy là se plaint de sa facilité:

Mors, utinam pavidos vita subducere nolles,
Sed virtus te sola daret[1].

(c) Or laissons ces glorieux courages. Theodorus respondit à Lysimachus menaçant de le tuer: « Tu feras un grand coup, d'arriver à la force d'une cantharide[1]!... » La plus part des philosophes se treuvent avoir ou prevenu par dessein ou hasté et secouru leur mort.

(a) Combien voit-on de personnes populaires, conduictes à la mort, et non à une mort simple, mais meslée de honte et quelque fois de griefs tourmens, y apporter une telle asseurance, qui par opiniatreté, qui par simplesse naturelle, qu'on n'y apperçoit rien de changé de leur estat ordinaire; establissans leurs affaires domestiques, se recommandans à leurs amis, chantans, preschans et entretenans le peuple; voire y meslans quelque-fois des mots pour rire, et beuvans à leurs cognoissans, aussi bien que Socrates. Un qu'on menoit au gibet, disoit que ce ne fut pas par telle ruë, car il y avoit danger qu'un marchand luy fist mettre la main sur le collet, à cause d'un vieux debte. Un autre disoit au bourreau qu'il ne le touchast pas à la gorge, de peur de le faire tressaillir de rire, tant il estoit chatoüilleux. L'autre respondit à son confesseur, qui luy promettoit qu'il soupperoit ce jour là avec nostre Seigneur: « Allez vous y en, vous, car de ma part je jeusne. » Un autre, ayant demandé à boire, et le bourreau ayant beu le premier, dict ne vouloir boire après luy, de peur de prendre la verolle. Chacun a ouy faire le conte du Picard, auquel, estant à l'eschelle, on presenta une garse, et que (comme nostre justice permet quelque fois) s'il la vouloit espouser, on luy sauveroit la vie: luy, l'ayant un peu contemplée, et apperçeu qu'elle boitoit: « Attache, attache, dict-il, elle cloche. » Et on dict de mesmes qu'en Dannemarc un homme condamné à avoir la teste tranchée, estant sur l'eschaffaut, comme on luy presenta une pareille condition, la refusa, par ce que la fille qu'on luy offrit avoit les joues avallées et le nez trop pointu[2]. Un valet à Thoulouse, accusé d'heresie, pour toute raison de sa creance se rapportoit à celle de son maistre, jeune escholier prisonnier avec luy; et ayma mieux mourir que se laisser persuader que son maistre peust faillir. Nous lisons[3] de ceux de la ville d'Arras, lors que le Roy Loys unziesme la print, qu'il s'en trouva bon nombre parmy le peuple qui se laisserent pendre, plustost que de dire: « Vive le Roy! »

(c) Au Royaume de Narsinque, encores aujourd'huy

les femmes de leurs prestres sont vives ensevelies avec
leurs maris morts. Toutes autres femmes sont brûlées
vives non constamment seulement, mais gaïement aux
funerailles de leurs maris. Et quand on brule le corps de
leur Roy trespassé, toutes ses femmes et concubines, ses
mignons et toute sorte d'officiers et serviteurs qui font
un peuple, accourent si allegrement à ce feu pour s'y jetter quand et leur maistre, qu'ils semblent tenir à honneur
d'estre compaignons de son trespas[1].

(a) Et de ces viles ames de bouffons il s'en est trouvé
qui n'ont voulu abandonner leur gaudisserie en la mort
mesme. Celuy à qui le bourreau donnoit le branle s'escria:
« Vogue la gallée! » qui estoit son refrain ordinaire. Et
l'autre qu'on avoit couché, sur le point de rendre sa vie,
le long du foier sur une paillasse, à qui le médecin demandant où le mal le tenoit: « Entre le banc et le feu », respondit-il. Et le prestre, pour luy donner l'extreme onc-
tion, cherchant ses pieds, qu'il avoit reserrez et contraints
par la maladie: « Vous les trouverez, dit-il, au bout de
mes jambes. » A l'homme qui l'exhortoit de se recommander à Dieu: « Qui y va? » demanda-il; et l'autre respondant: « Ce sera tantost vous mesmes, s'il luy plait.
— Y fusse-je bien demain au soir, replica-il. — Recom-
mandez vous seulement à luy, suivit l'autre, vous y serez
bien tost. — Il vaut donc mieux, adjousta-il, que je luy
porte mes recommandations moy-mesmes[2]. »

Pendant nos dernieres guerres de Milan et tant de
prises et récousses, le peuple, impatient de si divers
changemens de fortune, print telle resolution à la mort,
que j'ay ouy dire à mon pere, qu'il y veist tenir conte de
bien vingt et cinq maistres de maison, qui s'estoient deffaits eux mesmes en une sepmaine. Accident approchant
à celuy de la ville de Xantiens[3], lesquels, assiegez par
Brutus, se precipiterent pesle mesle, hommes, femmes et
enfans, à un si furieux appetit de mourir, qu'on ne fait
rien pour fuir la mort, que ceux-cy ne fissent pour fuir
la vie; en maniere qu'à peine peut Brutus en sauver un
bien petit nombre.

(c) Toute opinion est assez forte pour se faire espouser
au pris de la vie. Le premier article de ce beau serment
que la Grece jura et maintint en la guerre Medoise, ce fut
que chacun changeroit plustost la mort à la vie, que les
loix Persiennes aux leurs[4]. Combien void-on de monde,

en la guerre des Turcs et des Grecs, accepter plustost la mort très-aspre que de se descirconcire pour se babtizer? Exemple de quoy nulle sorte de religion n'est incapable.

Les Roys de Castille ayants banni de leurs terres les Juifs, le Roy Jehan de Portugal[1] leur vendit à huit escus pour teste la retraicte aux siennes, en condietion que dans certain jour ils auroient à les vuider; et luy, promettoit leur fournir de vaisseaux à les trajecter en Afrique. Le jour venu, lequel passé il estoit dict que ceux qui n'auroient obeï demeureroient esclaves, les vaisseaux leur furent fournis escharcement, et ceux qui s'y embarquerent, rudement et villainement traittez par les passagers, qui, outre plusieurs autres indignitez, les amuserent sur mer, tantost avant, tantost arriere, jusques à ce qu'ils eussent consommé leurs victuailles et fussent contreints d'en acheter d'eux si cherement et si longuement qu'ils fussent randus à bord après avoir esté du tout mis en chemise. La nouvelle de cette inhumanité rapportée à ceux qui estoient en terre, la plus part se resolurent à la servitude; aucuns firent contenance de changer de religion. Emmanuel[2], venu à la couronne, les meit premierement en liberté; et, changeant d'advis depuis, leur donna temps de vuider ses païs, assignant trois ports à leur passage. Il esperoit, dit l'evesque Osorius, le meilleur historien Latin de noz siecles, que la faveur de la liberté, qu'il leur avoit rendue, aïant failli de les convertir au Christianisme, la difficulté de se commettre, comme leurs compaignons, à la volerie des mariniers, d'abandonner un païs où ils estoient habituez avec grandes richesses, pour s'aller jetter en region incognue et estrangere, les y rameineroit, Mais, se voyant decheu de son esperance, et eux tous deliberez au passage, il retrancha deux des ports qu'il leur avoit promis, affin que la longueur et incommodité du traject en ravisast aucuns; ou pour les amonceller tous à un lieu, pour une plus grande commodité de l'execution qu'il avoit destinée. Ce fut qu'il ordonna qu'on arrachast d'entre les mains des peres et des meres tous les enfans au dessous de quatorze ans, pour les transporter hors de leur veue et conversation, en lieu où ils fussent instruits à nostre religion. Ils disent que cet effect produisit un horrible spectacle; la naturelle affection d'entre les peres et les enfans et de plus le zele à leur ancienne créance combattant à l'encontre de cette violente ordonnance. Il y fut

veu communement des peres et meres se deffaisant eux
mesmes; et, d'un plus rude exemple encore, precipitant
par amour et compassion leurs jeunes enfans dans des
puits pour fuir à la loy. Au demeurant, le terme qu'il leur
avoit prefix expiré, par faute de moiens, ils se remirent
en servitude. Quelques-uns se firent Chrestiens; de la foi
desquels, ou de leur race, encores aujourd'huy cent ans
après peu de Portugois s'asseurent, quoy que la coustume
et la longueur du temps soient bien plus fortes conseil-
leres que toute autre contreinte[1]. « *Quoties non modo ductores
nostri*, dit Cicero, *sed universi etiam exercitus ad non dubiam
mortem concurrerunt*[2]. »

(*b*) J'ay veu quelqu'un de mes intimes amis[3] courre la
mort à force, d'une vraye affection et enracinée en son
cueur par divers visages de discours, que je ne luy sceu
rabatre, et, à la premiere qui s'offrit coiffée d'un lustre
d'honneur, s'y precipiter hors de toute apparence, d'une
faim aspre et ardente.

(*a*) Nous avons plusieurs exemples en nostre temps de
ceux, jusques aux enfans, qui, de crainte de quelque
legiere incommodité, se sont donnez à la mort. Et à ce
propos, que ne craindrons nous, dict un ancien[4], si nous
craignons ce que la couardise mesme a choisi pour sa
retraite? D'enfiler icy un grand rolle de ceux de tous
sexes et conditions et de toutes sectes és siecles plus heureux, qui ont ou attendu la mort constamment, ou recherchée volontairement, et recherchée non seulement pour
fuir les maux de cette vie, mais aucuns pour fuir simplement la satieté de vivre, et d'autres pour l'esperance d'une
meilleure condition ailleurs, je n'auroy jamais faict. Et
en est le nombre si infiny, qu'à la verité j'auroy meilleur
marché de mettre en compte ceux qui l'ont crainte.

Cecy seulement. Pyrrho le Philosophe, se trouvant un
jour de grande tourmente dans un batteau, montroit à
ceux qu'il voyoit les plus effrayez autour de luy, et les
encourageoit par l'exemple d'un pourceau, qui y estoit,
nullement soucieux de cet orage[5]. Oserons-nous donc
dire que cet avantage de la raison, dequoy nous faisons
tant de feste, et pour le respect duquel nous nous tenons
maistres et empereurs du reste des creatures, ait esté mis
en nous pour nostre tourment? A quoy faire la cognoissance des choses, si nous en perdons le repos et la tranquillité, où nous serions sans cela, et si elle nous rend de

pire condition que le pourceau de Pyrrho? L'intelligence qui nous a esté donnée pour nostre plus grand bien, l'employerons-nous à nostre ruine, combatans le dessein de nature, et l'universel ordre des choses[1], qui porte que chacun use de ses utils et moyens pour sa commodité?

Bien, me dira l'on, vostre regle serve à la mort, mais que direz vous de l'indigence? Que direz vous encor de la douleur, que *(c)* Aristippus, Hieronymus et *(a)* la pluspart des sages ont estimé le dernier mal; et ceux qui le nioient de parole, le confessoient par effect? Possidonius[2] estant extremement tourmenté d'une maladie aiguë et douloureuse, Pompeius le fut voir, et s'excusa d'avoir prins heure si importune pour l'ouyr deviser de la Philosophie: « Ja à Dieu ne plaise, luy dit Possidonius, que la douleur gaigne tant sur moy, qu'elle m'empesche d'en discourir et d'en parler! » et se jetta sur ce mesme propos du mespris de la douleur. Mais cependant elle joüoit son rolle et le pressoit incessamment. A quoy il s'escrioit: « Tu as beau faire, douleur, si ne diray-je pas que tu sois mal. » Ce conte qu'ils font tant valoir, que porte-il pour le mespris de la douleur? Il ne debat que du mot, et cependant si ces pointures ne l'esmeuvent, pourquoy en rompt-il son propos? Pourquoy pense-il faire beaucoup de ne l'appeller pas mal?

Icy tout ne consiste pas en l'imagination. Nous opinons du reste, c'est icy la certaine science, qui joüe son rolle. Nos sens mesme en sont juges,

Qui nisi sunt veri, ratio quoque falsa sit omnis[3].

Ferons nous à croire à nostre peau que les coups d'estriviere la chatoüillent? Et à nostre gout que l'aloé soit du vin de Graves? Le pourceau de Pyrrho est icy de nostre escot. Il est bien sans effroy à la mort, mais si on le bat, il crie et se tourmente. Forcerons nous la generale habitude de nature, qui se voit en tout ce qui est vivant sous le ciel, de trembler sous la douleur? Les arbres mesmes semblent gemir aux offences qu'on leur faict. La mort ne se sent que par le discours, d'autant que c'est le mouvement d'un instant:

Aut fuit, aut veniet, nihil est præsentis in illa[4].
Morsque minus pænæ quam mora mortis habet[5].

Mille bestes, mille hommes sont plustost mors que menas-

sés. Et à la verité ce que nous disons craindre principalement en la mort, c'est la douleur, son avant-coureuse
coustumiere.

(c) Toutesfois, s'il en faut croire un saint pere : «*Malam
mortem non facit, nisi quod sequitur mortem*[1].» Et je diroy
encores plus vraysemblablement que ny ce qui va devant
ny ce qui vient après, n'est des appartenances de la mort.
Nous nous excusons faussement. Et je trouve par experience que c'est plus tost l'impatience de l'imagination de
la mort qui nous rend impatiens de la douleur, et que
nous la sentons doublement grieve de ce qu'elle nous
menace de mourir. Mais la raison accusant nostre lascheté
de craindre chose si soudaine, si inevitable, si insensible,
nous prenons cet autre pretexte plus excusable.

Tous les maux qui n'ont autre danger que du mal, nous
les disons sans danger; celuy des dents ou de la goutte,
pour grief qu'il soit, d'autant qu'il n'est pas homicide, qui
le met en conte de maladie? Or bien presupposons le,
qu'en la mort nous regardons principalement la douleur.
(a) Comme aussi la pauvreté n'a rien à craindre que cela,
qu'elle nous jette entre ses bras, par la soif, la faim, le
froid, le chaud, les veilles, qu'elle nous fait souffrir.

Ainsi n'ayons affaire qu'à la douleur. Je leur donne que
ce soit le pire accident de nostre estre, et volontiers; car
je suis l'homme du monde qui luy veux autant de mal, et
qui la fuis autant, pour jusques à present n'avoir pas eu,
Dieu mercy! grand commerce avec elle. Mais il est en
nous, si non de l'aneantir, au moins de l'amoindrir par la
patience, et, quand bien le corps s'en esmouveroit, de
maintenir ce neant-moins l'ame et la raison en bonne
trampe.

Et s'il ne l'estoit, qui auroit mis en credit parmy nous
la vertu, la vaillance, la force, la magnanimité et la resolution? Où jouëroyent elles leur rolle, s'il n'y a plus de
douleur à deffier : «*avida est periculi virtus*[2].» S'il ne faut
coucher sur la dure, soustenir armé de toutes pieces la
chaleur du midy, se paistre d'un cheval et d'un asne, se
voir detailler en pieces, et arracher une balle d'entre les
os, se souffrir recoudre, cauterizer et sonder, par où
s'acquerra l'advantage que nous voulons avoir sur le vulgaire? C'est bien loing de fuir le mal et la douleur, ce que
disent les Sages, que des actions également bonnes, celle
là est plus souhaitable à faire, où il y a plus de peine. *(c)*

« *Non enim hilaritate, nec lascivia, nec risu, aut joco comite levitatis, sed sæpe etiam tristes firmitate et constantia sunt beati*[1]. » *(a)* Et à cette cause il a esté impossible de persuader à nos peres que les conquestes faites par vive force, au hazard de la guerre, ne fussent plus advantageuses, que celles qu'on faict en toute seureté par pratiques et menées :

Lætius est, quoties magno sibi constat honestum[2].

D'avantage, cela doit nous consoler : que naturellement, si la douleur est violente, elle est courte ; si elle est longue, elle est legiere, *(c)* « *si gravis brevis, si longus levis*[3] ». *(a)* Tu ne la sentiras guiere long temps, si tu la sens trop ; elle mettra fin à soy, ou à toy : l'un et l'autre revient à un. *(c)* Si tu ne la portes, elle t'emportera. « *Memineris maximos morte finiri ; parvos multa habere intervalla requietis ; mediocrium nos esse dominos : ut si tolerabiles sint, feramus ; sin minus, e vita quum ea non placeat, tanquam e theatro exeamus*[4]. »

(a) Ce qui nous fait souffrir avec tant d'impatience la douleur, c'est de n'estre pas accoustumez de prendre nostre principal contentement en l'ame[5], *(c)* de ne nous attendre point assez à elle, qui est seule et souveraine maistresse de nostre condition et conduite. Le corps n'a, sauf le plus et le moins, qu'un train et qu'un pli. Elle est variable en toute sorte de formes, et renge à soy et à son estat, quel qu'il soit, les sentimens du corps et tous autres accidens. Pourtant la faut-il estudier et enquerir, et esveiller en elle ses ressors tout-puissans. Il n'y a raison, ny prescription, ny force, qui puisse contre son inclination et son chois. De tant de milliers de biais qu'elle a en sa disposition, donnons-luy en un propre à nostre repos et conservation, nous voilà non couvers seulemant de toute offence, mais gratifiez mesmes et flattez, si bon luy semble, des offences et des maux.

Elle faict son profit de tout indifferemment. L'erreur, les songes, luy servent utilement, comme une loyale matiere à nous mettre à garant et en contentement.

Il est aisé à voir que ce qui aiguise en nous la douleur et la volupté, c'est la pointe de nostre esprit. Les bestes, qui le tiennent sous boucle, laissent aux corps leurs sentimens, libres et naïfs, et par consequent uns, à peu près en chaque espece, comme nous voions par la semblable application de leurs mouvemens. Si nous ne troublions

pas en noz membres la jurisdiction qui leur appartient en
cela, il est à croire que nous en serions mieux et que
nature leur a donné un juste et moderé temperament
envers la volupté et envers la douleur. Et ne peut faillir
d'estre juste, estant esgal et commun. Mais puis que nous
nous sommes emancipez de ses regles, pour nous abandonner à la vagabonde liberté de noz fantaisies, au moins
aydons nous à les plier du costé le plus aggreable.

Platon[1] craint nostre engagement aspre à la douleur
et à la volupté, d'autant qu'il oblige et attache par trop
l'ame au corps. Moy plustost au rebours, d'autant qu'il
l'en desprent et descloüe.

(a) Tout ainsi que l'ennemy se rend plus aigre à nostre
fuite, aussi s'enorgueillit la douleur à nous voir trembler
soubs elle. Elle se rendra de bien meilleure composition
à qui luy fera teste[2]. Il se faut opposer et bander contre.
En nous acculant et tirant arriere, nous appellons à nous
et attirons la ruine qui nous menasse. *(c)* Comme le corps
est plus ferme à la charge en le roidissant, aussi est l'ame[3].

(a) Mais venons aux exemples, qui sont proprement
du gibier des gens foibles de reins, comme moy, où nous
trouverons qu'il va de la douleur, comme des pierres qui
prennent couleur ou plus haute ou plus morne selon la
feuille où l'on les couche, et qu'elle ne tient qu'autant de
place en nous que nous luy en faisons. « *Tantum doluerunt,*
dict S. Augustin, *quantum doloribus se inseruerunt[4].* » Nous
sentons plus un coup de rasoir du Chirurgien que dix
coups d'espée en la chaleur du combat. Les douleurs de
l'enfantement par les medecins et par Dieu mesme esti-
mées grandes[5], et que nous passons avec tant de ceremonies, il y a des nations entieres qui n'en font nul conte. Je
laisse à part les femmes Lacedemoniennes; mais aux
Souisses, parmy nos gens de pied, quel changement y
trouvez vous[6] ? Sinon que trottant après leurs maris, vous
leur voyez aujourd'huy porter au col l'enfant qu'elles
avoyent hier au ventre. Et ces Egyptiennes contrefaictes, ramassées d'entre nous, vont, elles mesmes, laver
les leurs, qui viennent de naistre, et prennent leur baing
en la plus prochaine riviere. *(c)* Outre tant de garces qui
desrobent tous les jours leurs enfans tant en la generation
qu'en la conception, cette honneste femme de Sabinus[7],
patricien Romain, pour l'interest d'autruy supporta le
travail de l'enfantement de deux jumeaux, seule, sans

assistance, et sans voix et gemissement. *(a)* Un simple
garçonnet de Lacedemone, ayant desrobé un renard (car
ils craignoient encore plus la honte de leur sottise au
larecin que nous ne craignons sa peine) et l'ayant mis sous
cape, endura plustost qu'il luy eut rongé le ventre que de
se découvrir[1]. Et un autre donnant de l'encens à un sacrifice, le charbon luy estant tombé dans la manche, se laissa
brusler jusques à l'os, pour ne troubler le mystere[2]. Et s'en
est veu un grand nombre pour le seul essay de vertu, suivant leur institution, qui ont souffert en l'aage de sept
ans d'estre foëtez jusques à la mort, sans alterer leur
visage. *(c)* Et Cicero les a veuz se battre à trouppes, de
poings, de pieds et de dents, jusques à s'evanouir avant
que d'advouer estre vaincus. « *Nunquam naturam mos vin-
ceret : est enim ea semper invicta ; sed nos umbris, deliciis, otio,
languore, desidia animum infecimus ; opinionibus maloque more
delinitum mollivimus*[3]. » *(a)* Chacun sçait l'histoire de Scevola[4], qui, s'estant coulé dans le camp ennemy pour en
tuer le chef et ayant failli d'attaincte, pour reprendre son
effect d'une plus estrange invention et descharger sa patrie,
confessa à Porsenna, qui estoit le Roy qu'il vouloit tuer,
non seulement son desseing, mais adjousta qu'il y avoit
en son camp un grand nombre de Romains complices de
son entreprise tels que luy. Et pour montrer quel il estoit,
s'estant faict apporter un brasier, veit et souffrit griller et
rostir son bras, jusques à ce que l'ennemy mesme en
ayant horreur commanda oster le brasier. Quoy, celuy[5]
qui ne daigna interrompre la lecture de son livre pendant
qu'on l'incisoit ? Et celuy qui s'obstina à se mocquer et à
rire à l'envy des maux qu'on lui faisoit : de façon que la
cruauté irritée des bourreaux qui le tenoyent, et toutes les
inventions des tourmens redoublez les uns sur les autres
luy donnerent gaigné[6]. Mais c'estoit un philosophe. Quoi ?
un gladiateur de Cæsar endura toujours riant qu'on luy
sondat et detaillat ses playes[7]. *(c)* « *Quis mediocris gladiator
ingemuit ; quis vultum mutavit unquam ? Quis non modo stetit,
verum etiam decubuit turpiter ? Quis cum decubuisset, ferrum
recipere jussus, collum contraxit*[8] ? » *(a)* Meslons y les femmes.
Qui n'a ouy parler à Paris de celle qui se fit escorcher
pour seulement en acquerir le teint plus frais d'une nouvelle peau ? Il y en a qui se sont fait arracher des dents
vives et saines pour en former la voix plus molle et plus
grasse, ou pour les ranger en meilleur ordre. Combien

d'exemples du mespris de la douleur avons nous en ce
genre? Que ne peuvent elles? Que craignent elles? pour
peu qu'il y ait d'agencement à esperer en leur beauté:

(b) Vellere queis cura est labos a stirpe capillos
Et faciem dempta pelle referre novam[1].

(a) J'en ay veu engloutir du sable, de la cendre, et se
travailler à poinct nommé de ruiner leur estomac, pour
acquerir les pasles couleurs. Pour faire un corps bien
espaignolé[2], quelle geine ne souffrent elles, guindées et
sanglées, à tout de grosses coches sur les costez, jusques
à la chair vive? Ouy quelquefois à en mourir.

(c) Il est ordinaire à beaucoup de nations de nostre
temps de se blesser à escient, pour donner foy à leur
parole; et nostre Roy[3] en recite des notables exemples de
ce qu'il en a veu en Poloigne et en l'endroit de luy mesmes. Mais, outre ce que je sçay en avoir esté imité en
France par aucuns, j'ay veu une fille[4], pour tesmoigner
l'ardeur de ses promesses et aussi sa constance, se donner
du poinçon qu'elle portoit en son poil, quatre ou cinq
bons coups dans le bras, qui lui faisoient craquetter la
peau et la saignoient bien en bon escient. Les Turcs se
font des grandes escarres pour leurs dames; et, affin que
la marque y demeure, ils portent soudain du feu sur la
playe et l'y tiennent un temps incroïable, pour arrester le
sang et former la cicatrice. Gens qui l'ont veu, l'ont escrit
et me l'ont juré. Mais pour dix aspres[5], il se trouve tous
les jours entre eux qui se donnera une bien profonde tail-
lade dans le bras ou dans les cuisses.

(a) Je suis bien ayse que les tesmoins nous sont plus
à main, où nous en avons plus affaire; car la Chrestienté
nous en fournit à suffisance. Et, après l'exemple de nostre
sainct guide, il y en a eu force qui par devotion ont voulu
porter la croix. Nous apprenons par tesmoing très-digne
de foy[6], que le Roy S. Loys porta la here jusques à ce que,
sur sa vieillesse, son confesseur l'en dispensa, et que, tous
les vendredis, il se faisoit battre les espaules par son prestre de cinq chainettes de fer, que pour cet effet il portoit
tousjours dans une boite. Guillaume, nostre dernier duc
de Guyenne, pere de cette Alienor qui transmit ce Duché
aux maisons de France et d'Angleterre, porta les dix ou
douze derniers ans de sa vie, continuellement, un corps de
cuirasse, soubs un habit religieux, par penitence[7]. Foul-

ques, Comte d'Anjou[1], alla jusques en Jerusalem, pour
là se faire foëter à deux de ses valets, la corde au col,
devant le Sepulchre de nostre Seigneur. Mais ne voit-on
encore tous les jours le Vendredi S. en divers lieux un
grand nombre d'hommes et femmes se battre jusques à
se déchirer la chair et perçer jusques aux os[2]? Cela ay-je
veu souvent et sans enchantement; et disoit-on (car ils
vont masquez) qu'il y en avoit, qui pour de l'argent entre-
prenoient en cela de garantir la religion d'autruy, par un
mespris de la douleur d'autant plus grand que plus peuvent les éguillons de la devotion que de l'avarice.

(c) Q. Maximus enterra son fils consulaire, M. Cato le
sien preteur designé; et L. Paulus les siens deux en peu de
jours, d'un visage rassis et ne portant aulcun tesmoignage
de deuil[3]. Je disois, en mes jours, de quelqu'un[4] en gos-
sant, qu'il avoit choué la divine justice; car la mort violente de trois grands enfans luy ayant esté envoyée en un
jour pour un aspre coup de verge, comme il est à croire,
peu s'en fallut qu'il ne la print à gratification. Et j'en
ay perdu, mais en nourrice, deux ou trois, sinon sans
regret, au moins sans fascherie. Si n'est il guere accident
qui touche plus au vif les hommes. Je voy assez d'autres
communes occasions d'affliction qu'à peine sentiroy-je,
si elles me venoyent, et en ay mesprisé quand elles me
sont venuës, de celles ausquelles le monde donne une si
atroce figure, que je n'oserois m'en vanter au peuple
sans rougir. « *Ex quo intelligitur non in natura, sed in opinione esse ægritudinem*[5]. »

(b) L'opinion est une puissante partie, hardie et sans
mesure. Qui rechercha jamais de telle faim la seurté et le
repos, qu'Alexandre et Cæsar ont faict l'inquietude et les
difficultez? Terez, le Pere de Sitalcez souloit dire que
quand il ne faisoit point la guerre, il luy estoit adviz qu'il
n'y avoit point difference entre luy et son pallefrenier[6].

(c) Caton consul, pour s'asseurer d'aucunes villes en
Espaigne, ayant seulement interdit aux habitans d'icelles
de porter les armes, grand nombre se tuèrent: « *ferox gens
nullam vitam rati sine armis esse*[7]. » (b) Combien en sçavons
nous qui ont fuy la douceur d'une vie tranquille, en leurs
maisons, parmi leurs cognoissans, pour suivre l'horreur
des desers inhabitables; et qui se sont jettez à l'abjection,
vilité et mespris du monde, et s'y sont pleuz jusques à
l'affectation. Le Cardinal Borromé, qui mourut derniere-

ment à Milan[1], au milieu de la desbauche, à quoy le convioit et sa noblesse, et ses grandes richesses, et l'air de
l'Italie, et sa jeunesse, se maintint en une forme de vie si
austere, que la mesme robe qui luy servoit en esté, luy
servoit en hyver; n'avoit pour son coucher que la paille;
et les heures qui luy restoyent des occupations de sa
charge, il les passoit estudiant continuellement, planté
sur ses genouz, ayant un peu d'eau et de pain à costé de
son livre, qui estoit toute la provision de ses repas, et
tout le temps qu'il y employoit. J'en sçay qui à leur
escient ont tiré et proffit et avancement du cocuage, dequoy le seul nom effraye tant de gens. Si la veuë n'est le
plus necessaire de nos sens, il est au moins le plus plaisant; mais et les plus plaisans et utiles de nos membres
semblent estre ceux qui servent à nous engendrer: toutesfois assez de gens les ont pris en hayne mortelle, pour
cela seulement qu'ils estoyent trop aymables, et les ont
rejettez à cause de leur pris et valeur. Autant en opina des
yeux celuy qui se les creva[2].

  (c) La plus commune et la plus saine part des hommes
tient à grand heur l'abondance des enfans; moy et quelques autres à pareil heur le defaut.

  Et quand on demande à Thales pourquoy il ne se
marie point, il respond qu'il n'ayme point à laisser lignée
de soy[3].

  Que nostre opinion donne pris aus choses, il se void
par celles en grand nombre ausquelles nous ne regardons
pas seulement pour les estimer, ains à nous; et ne considerons ny leurs qualités, ny leurs utilitez, mais seulement
nostre coust à les recouvrer; comme si c'estoit quelque
piece de leur substance; et appelons valeur en elles non ce
qu'elles apportent, mais ce que nous y apportons. Sur ce
quoy je m'advise que nous sommes grands mesnagers de
nostre mise. Selon qu'elle poise, elle sert de ce mesmes
qu'elle poise. Nostre opinion ne la laisse jamais courir à
faux fret. L'achat donne titre au diamant, et la difficulté à
la vertu, et la douleur à la devotion, et l'aspreté à la medecine.

  (b) Tel[4], pour arriver à la pauvreté, jetta ses escuz en
cette mesme mer que tant d'autres fouillent de toutes pars
pour y pescher des richesses. Epicurus dict que l'estre
riche n'est pas soulagement, mais changement d'affaires[5].
De vray, ce n'est pas la disette, c'est plustost l'abondance

qui produiſt l'avarice. Je veux dire mon experience autour de ce subjeſt.

J'ay vescu en trois sortes de condition, depuis eſtre
sorty de l'enfance. Le premier temps, qui a duré près de
vingt années, je le passay, n'ayant autres moyens que fortuites, et despendant de l'ordonnance et secours d'autruy, sans eſtat certain et sans prescription. Ma despence
se faisoit d'autant plus allegrement et avec moins de
soing qu'elle eſtoit toute en la temerité de la fortune. Je
ne fu jamais mieux. Il ne m'eſt oncques advenu de trouver
la bourçe de mes amis close; m'eſtant enjoint au delà de
toute autre necessité la necessité de ne faillir au terme que
j'avoy prins à m'acquiter. Lequel ils m'ont mille fois
alongé, voyant l'effort que je me faisoy pour leur satisfaire; en maniere que j'en rendoy une loyauté mesnagere
et aucunement piperesse. Je sens naturellement quelque
volupté à payer, comme si je deschargeois mes espaules
d'un ennuyeux poix et de cette image de servitude; aussi,
qu'il y a quelque contentement qui me chatouille à faire
une aſtion juſte et contenter autruy. J'excepte les payements où il faut venir à marchander et conter, car si je ne
trouve à qui en commettre la charge, je les esloingne honteusement et injurieusement tant que je puis, de peur de
cette altercation, à laquelle et mon humeur et ma forme
de parler eſt du tout incompatible. Il n'eſt rien que je
haïsse comme à marchander. C'eſt un pur commerce de
trichoterie et d'impudence: après une heure de debat et
de barquignage, l'un et l'autre abandonne sa parolle et
ses serment pour cinq sous d'amandement. Et si, em-
pruntois avec desadventage; car n'ayant point le cœur de
requerir en presence, j'en renvoyois le hazard sur le
papier, qui ne faiſt guiere d'effort, et qui preſte grandement la main au refuser. Je me remettois de la conduitte
de mon besoing plus gayement aux aſtres, et plus librement, que je n'ay faiſt depuis à ma providence et à mon
sens.

La plus part des mesnagers eſtiment horrible de vivre
ainsin en incertitude, et ne s'advisent pas, premierement,
que la plus part du monde vit ainsi. Combien d'honneſtes
hommes ont rejetté tout leur certain à l'abandon, et le
font tous les jours, pour cercher le vent de la faveur des
Roys et de la fortune? Cæsar s'endebta d'un million d'or
outre son vaillant pour devenir Cæsar[1]. Et combien de

marchans commencent leur trafique par la vente de leur
metairie, qu'ils envoyent aux Indes

Tot per impotentia freta[1]!

En une si grande siccité de devotion, nous avons mille
et mille colleges, qui la passent commodéement, attendant tous les jours de la liberalité du ciel ce qu'il faut à
leur disner.

Secondement, ils ne s'advisent pas que cette certitude
sur laquelle ils se fondent n'eſt guiere moins incertaine
et hazardeuse que le hazard mesme. Je voy d'aussi près la
misere, au delà de deux mille escuz de rente, que si elle
eſtoit tout contre moy. Car, outre ce que le sort a dequoy
ouvrir cent breches à la pauvreté au travers de nos
richesses, *(c)* n'y ayant souvent nul moyen entre la supreme et infime fortune:

Fortuna vitrea eſt; tunc cum splendet frangitur[2];

(b) et envoyer cul sur pointe toutes nos deffences et
levées, je trouve que par diverses causes l'indigence se
voit autant ordinairement logée chez ceux qui ont des
biens que chez ceux qui n'en ont point, et qu'à l'avanture
eſt elle aucunement moins incommode, quand elle eſt
seule, que quand elle se rencontre en compaignie des
richesses. *(c)* Elles viennent plus de l'ordre que de la
recepte: « *Faber eſt suæ quisque fortunæ*[3]. » *(b)* Et me semble
plus miserable un riche malaisé, necessiteux, affaireux, que
celuy qui eſt simplement pauvre. *(c)* « *In divitiis inopes,
quod genus egeſtatis gravissimum eſt*[4]. »

Les plus grands princes et plus riches sont par pauvreté
et disette poussez ordinairement à l'extreme necessité.
Car en eſt-il de plus extreme que d'en devenir tyrans et
injuſtes usurpateurs des biens de leur subjeɔⁱts?

(b) Ma seconde forme, ç'a eſté d'avoir de l'argent. A
quoy m'eſtant prins, j'en fis bien toſt des reserves notables
selon ma condition; n'eſtimant que ce fut avoir, sinon
autant qu'on possede outre sa despence ordinaire, ny
qu'on se puisse fier du bien qui eſt encore en esperance
de recepte, pour claire qu'elle soit. Car, quoy? disoy-je,
si j'eſtois surpris d'un tel, ou d'un tel accident? Et, à la
suite de ces vaines et vitieuses imaginations, j'allois, faisant l'ingenieux à prouvoir par cette superflue reserve à

tous inconveniens; et sçavois encore respondre à celuy qui
m'alleguoit que le nombre des inconveniens estoit trop
infiny, que si ce n'estoit à tous, c'estoit à aucuns et plusieurs. Cela ne se passoit pas sans penible sollicitude. *(c)*
J'en faisoy un secret; et moy, qui ose tant dire de moy,
ne parloy de mon argent qu'en mensonge, comme font
les autres, qui s'appauvrissent riches, s'enrichissent pauvres, et dispensent leur conscience de jamais tesmoigner
sincerement de ce qu'ils ont. Ridicule et honteuse prudence. *(b)* Allois-je en voyage, il ne me sembloit estre
jamais suffisamment prouveu. Et plus je m'estois chargé
de monnoye, plus aussi je m'estois chargé de crainte;
tantost de la seurté des chemins, tantost de la fidelité de
ceux qui conduisoient mon bagage, duquel, comme
d'autres que je cognoys, je ne m'asseurois jamais assez si
je ne l'avois devant mes yeux. Laissoy-je ma boyte chez
moy, combien de soubçons et pensemens espineux, et,
qui pis est, incommunicables! J'avois tousjours l'esprit
de ce costé. *(c)* Tout compté, il y a plus de peine à garder
l'argent qu'à l'acquerir. *(b)* Si je n'en faisois du tout tant
que j'en dis, au moins il me coustoit à m'empescher de le
faire. De commodité, j'en tirois peu ou rien: *(c)* pour
avoir plus de moyen de despence, elle ne m'en poisoit
pas moins. *(b)* Car, comme disoit Bion[1], autant se fache le
chevelu comme le chauve, qu'on luy arrache le poil; et
depuis que vous estes accoustumé et avez planté vostre
fantasie sur certain monceau, il n'est plus à vostre service, *(c)* vous n'oseriez l'escorner. *(b)* C'est un bastiment
qui, comme il vous semble, crollera tout, si vous y touchez. Il faut que la necessité vous prenne à la gorge pour
l'entamer. Et au paravant j'engageois mes hardes et ven-
dois un cheval avec bien moins de contrainte et moins
envys, que lors je ne faisois bresche à cette bourçe favorie,
que je tenois à part. Mais le danger estoit, que mal ayséement peut-on establir bornes certaines à ce desir *(c)* (elles
sont difficiles à trouver és choses qu'on croit bonnes)
(b) et arrester un poinct à l'espargne. On va tousjours
grossissant cet amas et l'augmentant d'un nombre à
autre, jusques à se priver vilainement de la jouyssance de
ses propres biens, et l'establir toute en la garde et à
n'en user point.

 (c) Selon cette espece d'usage, ce sont les plus riches
gens de monoie, ceux qui ont charge de la garde des por-

tes et murs d'une bonne ville. Tout homme pecunieux
est avaritieux à mon gré.

Platon[1] renge ainsi les biens corporels ou humains:
la santé, la beauté, la force, la richesse. Et la richesse, dict-
il, n'est pas aveugle mais très clairvoyante, quand elle est
illuminée par la prudence.

(b) Dionisius le fils[2] eust sur ce propos bonne grace.
On l'advertit que l'un de ses Syracusains avoit caché dans
terre un thresor. Il luy demanda de le luy apporter, ce
qu'il fit, s'en reservant à la desrobbée quelque partie,
avec laquelle il s'en alla en une autre ville, où, ayant perdu
cet appetit de thesaurizer, il se mit à vivre plus liberalle-
ment. Ce qu'entendant Dionysius luy fit rendre le demeurant de son thresor, disant que puis qu'il avoit appris à
en sçavoir user, il le luy rendoit volontiers.

Je fus quelques années[3] en ce point. Je ne sçay quel
bon dæmon m'en jetta hors très-utilement, comme le
Siracusain, et m'envoya toute cette conserve à l'abandon,
le plaisir de certain voyage de grande despence ayant mis
au pied cette sotte imagination. Par où je suis retombé à
une tierce sorte de vie (je dis ce que j'en sens) certes plus
plaisante beaucoup et plus reiglée: c'est que je faits courir
ma despence quand et ma recepte; tantost l'une devance,
tantost l'autre; mais c'est de peu qu'elles s'abandonnent.
Je vis du jour à la journée, et me contente d'avoir dequoy
suffire aux besoings presens et ordinaires; aux extraordinaires toutes les provisions du monde n'y sçauroyent
baster. *(c)* Et est follie de s'attendre que fortune elle mesmes nous arme jamais suffisamment contre soy. C'est de
nos armes qu'il la faut combattre. Les fortuites nous tra-
hiront au bon du faict. *(b)* Si j'amasse, ce n'est que pour
l'esperance de quelque voisine emploite: non pour acheter
des terres, *(c)* de quoy je n'ai que faire, *(b)* mais pour acheter du plaisir. *(c)* « *Non esse cupidum pecunia est, non esse
emacem vectigal est*[4]. » *(b)* Je n'ay ni guere peur que bien me
faille, ny nul desir qu'il m'augmente: *(c)* « *Divitiarum
fructus est in copia, copiam declarat satietas*[5]. » *(b)* Et me gratifie singulierement que cette correction me soit arrivée
en un aage naturellement enclin à l'avarice, et que je me
vois desfaict de cette maladie si commune aux vieux, et
la plus ridicule de toutes les humaines folies.

(c) Feraulez[6], qui avoit passé par les deux fortunes et
trouvé que l'accroist de chevance n'estoit pas accroist

d'appetit au boire, manger, dormir et embrasser sa femme
(et qui d'autre part santoit poiser sur ses espaules l'importunité de l'œconomie, ainsi qu'elle faict à moi), delibera
de contenter un jeune homme pauvre, son fidele amy,
abboyant après les richesses, et luy feit present de toutes
les siennes, grandes et excessives, et de celles encore qu'il
estoit en train d'accumuler tous les jours par la liberalité
de Cyrus son bon maistre et par la guerre; moyennant
qu'il prinst la charge de l'entretenir et nourrir honnestement comme son hoste et son amy. Ils vescurent ainsi
depuis très heureusement et esgalement contents du changement de leur condition. Voyla un tour que j'imiterois
de grand courage.

Et louë grandement la fortune d'un vieil prelat[1], que
je voy s'estre si purement demis de sa bourse, de sa
recepte et de sa mise, tantost à un serviteur choisi, tantost
à un autre, qu'il a coulé un long espace d'années, autant
ignorant cette sorte d'affaires de son mesnage comme un
estranger. La fiance de la bonté d'autruy est un non leger
tesmoignage de la bonté propre; partant la favorise Dieu
volontiers. Et, pour son regard, je ne voy point d'ordre
de maison, ny plus dignement, ny plus constamment conduit que le sien. Heureux qui ait réglé à si juste mesure
son besoin que ses richesses y puissent suffire sans son
soing et empeschement, et sans que leur dispensation ou
assemblage interrompe d'autres occupations qu'il suit,
plus sortables, tranquilles et selon son cœur.

(b) L'aisance donc et l'indigence despendent de l'opinion d'un chacun; et non plus la richesse, que la gloire,
que la santé, n'ont qu'autant de beauté et de plaisir que
leur en preste celuy qui les possede. (c) Chascun est bien
ou mal selon qu'il s'en trouve. Non de qui on le croid,
mais qui le croid de soy est content. Et en cella seul la
creance se donne essence et verité.

La fortune ne nous fait ny bien ny mal: elle nous en
offre seulement la matiere et la semence, laquelle nostre
ame, plus puissante qu'elle, tourne et applique comme il
luy plait, seule cause et maistresse de sa condition heureuse ou malheureuse[2].

(b) Les accessions externes prennent saveur et couleur de l'interne constitution, comme les accoustremens
nous eschauffent, non de leur chaleur, mais de la nostre,
laquelle ils sont propres à couver et nourrir; qui en

abrieroit un corps froit, il en tireroit mesme service pour la froideur: ainsi se conserve la neige et la glace[1].

(a) Certes tout en la maniere qu'à un fainéant l'estude sert de tourment, à un yvrongne l'abstinence du vin, la frugalité est supplice au luxurieux, et l'exercice geine à un homme delicat et oisif: ainsin est-il du reste[2]. Les choses ne sont pas si douloureuses, ny difficiles d'elles mesmes; mais nostre foiblesse et lascheté les fait telles. Pour juger des choses grandes et haultes, il faut un'ame de mesme, autrement nous leur attribuons le vice qui est le nostre. Un aviron droit semble courbe en l'eau. Il n'importe pas seulement qu'on voye la chose, mais comment on la voye[3].

Or sus, pourquoy de tant de discours, qui persuadent diversement les hommes de mespriser la mort et de porter la douleur, n'en trouvons nous quelcun qui face pour nous? Et de tant d'especes d'imaginations, qui l'ont persuadé à autruy, que chacun n'en applique il à soy une le plus selon son humeur? S'il ne peut digerer la drogue forte et abstersive, pour desraciner le mal, au moins qu'il la preigne lenitive, pour le soulager. *(c)* « *Opinio est quædam effœminata ac levis, nec in dolore magis, quam eadem in voluptate : qua, cum liquescimus fluimusque mollitia, apis aculeum sine clamore ferre non possumus. Totum in eo est, ut tibi imperes.*[4] » *(a)* Au demeurant, on n'eschappe pas à la philosophie, pour faire valoir outre mesure l'aspreté des douleurs et l'humaine foiblesse. Car on la contraint de se rejetter à ces invincibles repliques: s'il est mauvais de vivre en necessité, au moins de vivre en necessité, il n'est aucune necessité.

(c) Nul n'est mal long temps qu'à sa faute.

Qui n'a le cœur de souffrir ny la mort ny la vie, qui ne veut ny resister ny fuir, que luy feroit-on?

CHAPITRE XV

ON EST PUNY POUR S'OPINIASTRER A UNE PLACE SANS RAISON

(a) L A vaillance a ses limites, comme les autres vertus; lesquels franchis, on se trouve dans le train du vice; en maniere que par chez elle on se peut ren-

dre à la temerité, obſtination et folie, qui n'en ſçait bien les bornes, malaiséez en verité à choisir sur leurs confins. De cette consideration eſt née la couſtume, que nous avons aux guerres, de punir, voire de mort, ceux qui s'opiniaſtrent à defendre une place qui, par les reigles militaires, ne peut eſtre souſtenuë. Autrement, soubs l'esperance de l'impunité, il n'y auroit pouillier qui n'arreſtaſt une armée. Monsieur le Conneſtable de Mommorency au siege de Pavie, ayant eſté commis pour passer le Tesin et se loger aux fauxbourgs S. Antoine, eſtant empesché d'une tour au bout du pont, qui s'opiniaſtra jusques à se faire battre, feiſt pendre tout ce qui eſtoit dedans. Et encore depuis, accompaignant Monsieur le Dauphin au voyage delà les monts, ayant pris par force le chaſteau de Villane, et tout ce qui eſtoit dedans ayant eſté mis en pieces par la furie des soldats, hormis le Capitaine et l'enseigne, il les fit pendre et eſtrangler, pour cette mesme raison; comme fit aussi le Capitaine Martin du Bellay, lors gouverneur de Turin en cette mesme contrée, le capitaine de S. Bony, le reſte de ses gens ayant eſté massacré à la prinse de la place[1]. Mais, d'autant que le jugement de la valeur et foiblesse du lieu se prend par l'eſtimation et contrepois des forces qui l'assaillent, car tel s'opiniatreroit juſtement contre deux couleuvrines, qui feroit l'enragé d'attendre trente canons; où se met encore en conte la grandeur du prince conquerant, sa reputation, le respeſt qu'on luy doit, il y a danger qu'on presse un peu la balance de ce coſté là. Et en advient par ces mesmes termes, que tels ont si grande opinion d'eux et de leurs moiens, que, ne leur semblant point raisonnable qu'il y ait rien digne de leur faire teſte, passent le couſteau par tout où ils trouvent resiſtance, autant que fortune leur dure; comm'il se voit par les formes de sommation et deffi que les princes d'Orient et leurs successeurs, qui sont encores, ont en usage, fiere, hautaine et pleine d'un commandement barbaresque.

(c) Et au quartier par où les Portugalois escornerent les Indes, ils trouverent des ètaſts avec cette loy universelle et inviolable, que tout ennemy vaincu du Roy en presence, ou de son Lieutenant, eſt hors de composition de rançon et de mercy[2].

(b) Ainsi sur tout il se faut garder, qui peut, de tomber entre les mains d'un Juge ennemy, victorieux et armé.

CHAPITRE XVI

DE LA PUNITION DE LA COUARDISE

(a) J'ouy autrefois tenir à un Prince et très-grand Capitaine, que pour lascheté de cœur un soldat ne pouvoit estre condamné à mort; luy estant, à table, fait recit du procez du Seigneur de Vervins, qui fut condamné à mort pour avoir rendu Boulogne[1].

A la verité, c'est raison qu'on face grande difference entre les fautes qui viennent de nostre foiblesse, et celles qui viennent de nostre malice. Car en celles icy nous sommes bandez à nostre escient contre les reigles de la raison, que nature a empreintes en nous; et en celles là, il semble que nous puissions appeler à garant cette mesme nature, pour nous avoir laissé en telle imperfection et deffaillance; de maniere que prou de gens ont pensé qu'on ne se pouvoit prendre à nous, que de ce que nous faisons contre nostre conscience; et sur cette regle est en partie fondée l'opinion de ceux qui condamnent les punitions capitales aux heretiques et mescreans, et celle qui establit qu'un advocat et un juge ne puissent estre tenuz de ce que par ignorance ils ont failly en leur charge.

Mais, quant à la coüardise, il est certain que la plus commune façon est de la chastier par honte et ignominie. Et tient on que cette regle a esté premierement mise en usage par le legislateur Charondas[2], et qu'avant luy les loix de Grece punissoyent de mort ceux qui s'en estoyent fuis d'un bataille, là où il ordonna seulement qu'ils fussent par trois jours assis emmy la place publique, vetus de robe de femme, esperant encores s'en pouvoir servir, leur ayant fait revenir le courage par cette honte. *(c)* « *Suffundere malis hominis sanguinem quam effundere*[3]. » *(a)* Il semble aussi que les loix Romaines condamnoient anciennement à mort ceux qui avoient fuy. Car Ammianus Marcellinus raconte[4] que l'Empereur Julien condamna dix de ses soldats, qui avoyent tourné le dos en une charge contre les Parthes, à estre dégradez et après à souffrir mort, suyvant, dict-il, les loix anciennes. Toutes-fois ailleurs[5], pour une pareille faute, il en condemne d'autres seulement à se tenir parmy les prisonniers sous l'enseigne du bagage.

(*c*) L'aspre condamnation du peuple Romain contre les
soldats eschapez de Cannes et, en cette mesme guerre,
contre ceux qui accompaignerent Cn. Fulvius en sa des-
faicte, ne vint pas à la mort[1].

Si est il à craindre que la honte les desespere et les
rende non froids seulement, mais ennemis.

(*a*) Du temps de nos Peres, le seigneur de Franget[2],
jadis Lieutenant de la compagnie de Monsieur le Mareschal de Chastillon, ayant esté mis par Monsieur le Mareschal de Chabanes, Gouveneur de Fontarrabie au lieu de
Monsieur du Lude, et l'ayant rendue aux Espagnols, fut
condamné à estre degradé de noblesse, et tant luy que sa
posterité declaré roturier, taillable et incapable de porter
armes; et fut cette rude sentence executée à Lyon. Depuis souffrirent pareille punition tous les gentils-hommes
qui se trouverent dans Guyse, lors que le Comte de Nan-
sau y entra; et autres encore depuis[3].

Toutes-fois, quand il y auroit une si grossiere et apparente ou ignorance ou coüardise, qu'elle surpassat toutes
les ordinaires, ce seroit raison de la prendre pour suffisante preuve de meschanceté et de malice, et de la chastier
pour telle.

CHAPITRE XVII

UN TRAICT DE QUELQUES AMBASSADEURS

(*a*) J'OBSERVE en mes voyages cette practique, pour
apprendre tousjours quelque chose par la communication d'autruy (qui est une des plus belles
escholes qui puisse estre), de ramener tousjours ceux avec
qui je confere, aux propos des choses qu'ils sçavent le
mieux.

> Basti al nocchiero ragionar de' venti,
> Al bifolco dei tori, e le sue piaghe
> Conti'l guerrier, conti'l pastor gli armenti[4].

Car, il advient le plus souvent au rebours, que chacun
choisit plustost à discourir du mestier d'un autre que du
sien, estimant que c'est autant de nouvelle reputation
acquise: tesmoing le reproche qu'Archidamus feit à

Periander, qu'il quittoit la gloire de bon medecin, pour
acquerir celle de mauvais poëte[1].

(c) Voyez combien Cesar se desploye largement à nous
faire entendre ses inventions à bastir ponts et engins[2], et
combien au prix il va se serrant, où il parle des offices de
sa profession[3], de sa vaillance et conduite de sa milice. Ses
exploicts le verifient assez capitaine excellent: il se veut
faire cognoistre excellent ingenieur, qualité aucunement
estrangere.

Un homme de vocation juridique, mené ces jours passés voir une estude fournie de toutes sortes de livres de
son mestier, et de toute autre sorte, n'y trouva nulle occasion de s'entretenir. Mais il s'arrete à gloser rudement et
magistralement une barricade logée sur la vis[4] de l'estude
que cent capitaines et soldats rencontrent tous les jours
sans remarque et sans offence.

Le vieil Dionysius[5] estoit très grand chef de guerre,
comme il convenoit à sa fortune; mais il se travailloit à
donner principale recommandation de soy par la poësie[6]:
et si, n'y sçavoit rien.

(a) Optat ephippia bos piger, optat arare caballus[7].

(c) Par ce train vous ne faictes jamais rien qui vaille.

(a) Ainsin, il faut rejetter tousjours l'architecte, le
peintre, le cordonnier, et ainsi du reste, chacun à son
gibier. Et, à ce propos, à la lecture des histoires, qui est le
subjet de toutes gens, j'ay accoustumé de considerer qui
en sont les escrivains: si ce sont personnes qui ne facent
autre profession que de lettres, j'en apren principalement
le stile et le langage; si ce sont medecins, je les croy plus
volontiers en ce qu'ils nous disent de la temperature de
l'air, de la santé et complexion des Princes, des blessures
et maladies; si Jurisconsultes, il en faut prendre les controverses des droicts, les loix, l'establissement des polices
et choses pareilles; si Theologiens, les affaires de l'Eglise,
censures Ecclesiastiques, dispenses et mariages; si courtisans, les meurs et les ceremonies; si gens de guerre, ce
qui est de leur charge, et principalement les deductions
des exploits où ils se sont trouvez en personne; si Ambassadeurs, les menées, intelligences et practiques, et maniere
de les conduire.

A cette cause, ce que j'eusse passé à un autre sans m'y
arrester, je l'ay poisé et remarqué en l'histoire du Seigneur

de Langey[1], très-entendu en telles choses. C'est qu'après
avoir conté ces belles remonstrances de l'Empereur
Charles cinquiesme, faictes au consistoire à Rome, present l'Evesque de Mascon[2] et le Seigneur du Velly, nos
Ambassadeurs, où il avoit meslé plusieurs parolles outra-
geuses contre nous, et entre autres que, si ses Capitaines,
soldats et subjects n'estoient d'autre fidelité et suffisance
en l'art militaire que ceux du Roy, tout sur l'heure il
s'attacheroit la corde au col, pour luy aller demander misericorde (et de cecy il semble qu'il en creut quelque chose,
car deux ou trois fois en sa vie depuis il lui advint de
redire ces mesmes mots); aussi qu'il défia le Roy de le
combatre en chemise avec l'espée et le poignard, dans un
bateau. Ledict seigneur de Langey, suivant son histoire,
adjouste que lesdicts Ambassadeurs, faisans une despesche au Roy de ces choses, lui en dissimulerent la plus
grande partie, mesmes luy celerent les deux articles precedens. Or j'ay trouvé bien estrange qu'il fut en la puissance
d'un Ambassadeur de dispenser sur les advertissemens
qu'il doit faire à son maistre, mesme de telle consequence, venant de telle personne, et dites en si grand'-
assemblée. Et m'eut semblé l'office du serviteur estre de
fidelement representer les choses en leur entier, comme
elles sont advenües, affin que la liberté d'ordonner, juger
et choisir demeurast au maistre. Car de luy alterer ou
cacher la verité, de peur qu'il ne la preigne autrement qu'il
ne doit, et que cela ne le pousse à quelque mauvais party,
et ce pendant le laisser ignorant de ses affaires, cela m'eut
semblé appartenir à celuy qui donne la loy, non à celuy
qui la reçoit, au curateur et maistre d'escholle, non à celuy
qui se doit penser inférieur, non en authorité seulement,
mais aussi en prudence et bon conseil. Quoy qu'il en
soit, je ne voudroy pas estre servy de cette façon, en mon
petit faict.

   (c) Nous nous soustrayons si volontiers du commandement sous quelque pretexte, et usurpons sur la maistrise;
chacun aspire si naturellement à la liberté et authorité,
qu'au superieur nulle utilité ne doibt estre si chere, venant
de ceux qui le servent, comme luy doibt estre chere leur
naïfve et simple obeissance.

   On corrompt l'office du commander quand on y obeit
par discretion, non par subjection[3]. Et P. Crassus, celuy
que les Romains estimerent cinq fois heureux, lors qu'il

estoit en Asie consul, ayant mandé à un ingenieur Grec
de luy faire mener le plus grand des deux mas de navire
qu'il avoit veu à Athenes, pour quelque engin de batterie
qu'il en vouloit faire, cetuy cy, sous titre de sa science, se
donna loy de choisir autrement, et mena le plus petit et,
selon la raison de son art, le plus commode. Crassus,
ayant patiemment ouy ses raisons, luy feit très-bien donner le fouët, estimant l'interest de la discipline plus que
l'interest de l'ouvrage.

D'autre part, pourtant, on pourroit aussi considerer
que cette obeissance si contreinte n'appartient qu'aux
commandemens precis et prefix. Les ambassadeurs ont
une charge plus libre, qui, en plusieurs parties, depend
souverainement de leur disposition; ils n'executent pas
simplement, mais forment aussi et dressent par leur conseil
la volonté du maistre. J'ay veu en mon temps des personnes de commandement reprins d'avoir plustost obei
aux paroles des lettres du Roy, qu'à l'occasion des affaires
qui estoient près d'eux.

Les hommes d'entendement accusent encore l'usage
des Roys de Perse de tailler les morceaux si courts à leurs
agents et lieutenans, qu'aux moindres choses ils eussent
à recourir à leur ordonnance; ce delay, en une si longue
estendue de domination, ayant souvent apporté de notables dommages à leurs affaires.

Et Crassus, escrivant à un homme du mestier et luy
donnant advis de l'usage auquel il destinoit ce mas, sem-
bloit-il pas entrer en conference de sa deliberation et le
convier à interposer son decret?

CHAPITRE XVIII

DE LA PEUR

(a) Obstupui, steteruntque comæ, et vox faucibus hæsit[1].

JE ne suis pas bon naturaliste (qu'ils disent) et ne sçay
guiere par quels ressors la peur agit en nous; mais
tant y a que c'est une estrange passion; et disent les
medecins qu'il n'en est aucune qui emporte plustost
nostre jugement hors de sa deuë assiette. De vray, j'ay
veu beaucoup de gens devenus insensez de peur; et aux

plus rassis, il est certain, pendant que son accès dure,
qu'elle engendre de terribles esblouissemens. Je laisse à
part le vulgaire à qui elle represente tantost les bisayeulx
sortis du tombeau, enveloppez en leur suaire, tantost des
Loups-garous, des Lutins et des chimeres. Mais, parmy
les soldats mesme, où elle devroit trouver moins de place,
combien de fois a elle changé un troupeau de brebis en
esquadron de corselets? des roseaux et des cannes en
gens-d'armes et lanciers? nos amis en nos ennemis? et la
croix blanche à la rouge?

Lors que Monsieur de Bourbon print Rome, un port'-
enseigne, qui estoit à la garde du bourg sainct Pierre, fut
saisi d'un tel effroy à la premiere alarme, que, par le trou
d'une ruine il se jetta, l'enseigne au poing, hors la ville,
droit aux ennemis, pensant tirer vers le dedans de la ville;
et à peine en fin, voyant la troupe de Monsieur de Bourbon se renger pour le soustenir, estimant que ce fut une
sortie que ceux de la ville fissent, il se recogneust, et,
tournant teste, r'entra par ce mesme trou, par lequel il
estoit sorty plus de trois cens pas avant en la campaigne.
Il n'en advint pas du tout si heureusement à l'enseigne
du Capitaine Juille, lors que S. Pol fut pris sur nous par
le Comte de Bures et Monsieur du Reu; car, estant si fort
esperdu de la frayeur de se jetter à tout son enseigne hors
de la ville par une canonniere, il fut mis en pièces par les
assaillans. Et au mesme siege fut memorable la peur qui
serra, saisit et glaça si fort le cœur d'un gentil-homme,
qu'il en tomba roide mort par terre à la bresche, sans
aucune blessure[1].

(b) Pareille peur saisit par foys toute une multitude.
En l'une des rencontres de Germanicus contre les Allemans, deux grosses trouppes prindrent d'effroy deux
routes opposites; l'une fuyoit d'où l'autre partoit[2].

(a) Tantost elle nous donne des aisles aux talons,
comme aux deux premiers; tantost elle nous cloüe les
pieds et les entrave, comme on lit de l'Empereur Theo-
phile, lequel, en une bataille qu'il perdit contre les Aga-
renes[3], devint si estonné et si transi, qu'il ne pouvoit
prendre party de s'enfuyr: *(b)* « *adeo pavor etiam auxilia
formidat*[4] », jusques à ce que Manuel, l'un des principaux
chefs de son armée, l'ayant tirassé et secoüe comme pour
l'esveiller d'un profond somme, luy dit: « Si vous ne me
suivez, je vous tueray; car il vaut mieux que vous per-

diez la vie, que si, estant prisonnier, vous veniez à perdre
l'Empire. »

(c) Lors exprime elle sa derniere force, quand pour
son service elle nous rejette à la vaillance qu'elle a sous-
traitte à nostre devoir et à nostre honneur. En la premiere
juste bataille que les Romains perdirent contre Hannibal,
sous le consul Sempronius, une troupe de bien dix mille
hommes de pied ayant pris l'espouvante, ne voyant ailleurs par où faire passage a sa lacheté, s'alla jetter au travers le gros des ennemis, lequel elle perça d'un merveilleux
effort, avec grand meurtre de Carthaginois, achetant
une honteuse fuite au mesme prix qu'elle eust eu d'une
glorieuse victoire[1]. C'est ce dequoy j'ay le plus de peur
que la peur.

Aussi surmonte-elle en aigreur tous autres accidans.

Quelle affection peut estre plus aspre et plus juste, que
celle des amis de Pompeius, qui estoient en son navire,
spectateurs de cet horrible massacre ? Si est ce que la peur
des voiles Egyptiennes, qui commençoient à les approcher, l'estouffa, de maniere qu'on a remerqué qu'ils ne
s'amuserent qu'à haster les mariniers de diligenter et de
se sauver à coups d'aviron ; jusques à ce qu'arrivez à Tyr,
libres de crainte, ils eurent loy de tourner leur pensée à la
perte qu'ils venoient de faire, et lascher la bride aux
lamentations et aux larmes, que cette autre plus forte
passion avoit suspendües[2].

Tum pavor sapientiam omnem mihi ex animo expectorat[3].

Ceux qui auront esté bien frottez en quelque estour de
guerre, tous blessez encor et ensanglantez, on les rameine
bien le lendemain à la charge. Mais ceux qui ont conçeu
quelque bonne peur des ennemis, vous ne les leur feriez
pas seulement regarder en face. Ceux qui sont en pressante crainte de perdre leur bien, d'estre exilez, d'estre
subjuguez, vivent en continuelle angoisse, en perdant le
boire, le manger et le repos ; là où les pauvres, les bannis,
les serfs vivent souvent aussi joyeusement que les autres.
Et tant de gens qui de l'impatience des pointures de la
peur se sont pendus, noyez et precipitez, nous ont bien
apprins qu'elle est encores plus importune et insupportable que la mort.

Les Grecs en recognoissent une autre espece qui est
outre l'erreur de nostre discours, venant, disent-ils, sans

cause apparente et d'une impulsion celeſte. Des peuples entiers s'en voyent souvent saisis, et des armées entieres. Telle fut celle qui apporta à Carthage une merveilleuse desolation. On n'y oyoit que cris et voix effrayées. On voyoit les habitans sortir de leurs maisons, comme à l'alarme, et se charger, blesser et entretuer les uns les autres, comme si ce fussent ennemis qui vinssent à occuper leur ville. Tout y eſtoit en desordre et en tumulte; jusques à ce que, par oraisons et sacrifices, ils eussent appaisé l'ire des dieux[1]. Ils nomment cela terreurs Paniques.

CHAPITRE XIX

QU'IL NE FAULT JUGER DE NOSTRE HEUR QU'APRÈS LA MORT

(a) Scilicet ultima semper
Expeĉtanda dies homini eſt, dicique beatus
Ante obitum nemo, supremáque funera debet[2].

Les enfans sçavent le conte du Roy Crœsus à ce propos; lequel, ayant eſté pris par Cyrus et condamné à la mort, sur le point de l'execution, il s'escria: « O Solon, Solon! » Cela rapporté à Cyrus, et s'eſtant enquis que c'eſtoit à dire, il luy fiſt entendre qu'il verifioit lors à ses despens l'advertissement qu'autrefois luy avoit donné Solon, que les hommes, quelque beau visage que fortune leur face, ne se peuvent appeller heureux, jusques à ce qu'on leur aye veu passer le dernier jour de leur vie, pour l'incertitude et variété des choses humaines, qui d'un bien leger mouvement se changent d'un eſtat en autre, tout divers[3]. Et pourtant Agesilaus, à quelqu'un qui disoit heureux le Roy de Perse, de ce qu'il eſtoit venu fort jeune à un si puissant eſtat. « Ouy mais, dit-il, Priam en tel aage ne fut pas malheureux[4]. » Tantoſt, des Roys de Macedoine, successeurs de ce grand Alexandre, il s'en faiĉt des menuisiers et greffiers à Rome[5]; des tyrans de Sicile, des pedantes à Corinthe[6]. D'un conquerant de la moitié du monde[7], et Empereur de tant d'armées, il s'en faiĉt un miserable suppliant des belitres officiers d'un Roy d'Egypte; tant couſta à ce grand Pompeius la prolonga-

tion de cinq ou six mois de vie. Et, du temps de nos peres,
ce Ludovic Sforce, dixiesme Duc de Milan, soubs qui
avoit si long temps branslé toute l'Italie, on l'a veu mourir prisonnier à Loches; mais après y avoir vescu dix
ans[1], qui est le pis de son marché. *(c)* La plus belle
Royne, veufve du plus grand Roy de la Chrestienté, vient
elle pas de mourir par main de bourreau[2]? *(a)* Et mille
tels exemples. Car il semble que, comme les orages et
tempestes se piquent contre l'orgueil et hautaineté de
nos bastimens, il y ait aussi là haut des esprits envieux
des grandeurs de ça bas.

> *Usque adeo res humanas vis abdita quædam*
> *Obterit, et pulchros fasces sævásque secures*
> *Proculcare, ac ludibrio sibi habere videtur[3].*

Et semble que la fortune quelquefois guette à point
nommé le dernier jour de nostre vie, pour montrer sa
puissance de renverser en un moment ce qu'elle avoit
basty en longues années; et nous fait crier, après Laberius:
« *Nimirum hac die una plus vixi, mihi quam vivendum fuit[4].* »
   Ainsi se peut prendre avec raison ce bon advis de
Solon. Mais d'autant que c'est un philosophe, à l'endroit
desquels les faveurs et disgraces de la fortune ne tiennent
rang ny d'heur, ny de mal'heur et sont les grandeurs et
puissances accidens de qualité à peu près indifferente, je
trouve vray-semblable qu'il aye regardé plus avant, et
voulu dire que ce mesme bon-heur de nostre vie, qui
dépend de la tranquillité et contentement d'un esprit bien
né, et de la resolution et asseurance d'un'ame reglée, ne
se doive jamais attribuer à l'homme, qu'on ne luy aye veu
joüer le dernier acte de sa comedie, et sans doute le plus
difficile. En tout le reste il y peut avoir du masque: ou ces
beaux discours de la Philosophie ne sont en nous que par
contenance; ou les accidens, ne nous essayant pas jusques
au vif, nous donnent loysir de maintenir tousjours nostre
visage rassis. Mais à ce dernier rolle de la mort et de nous,
il n'y a plus que faindre, il faut parler François, il faut
montrer ce qu'il y a de bon et de net dans le fond du pot,

> *Nam veræ voces tum demum pectore ab imo*
> *Ejiciuntur, et eripitur persona, manet res[5].*

Voylà pourquoy se doivent à ce dernier traict toucher et
esprouver toutes les autres actions de nostre vie. C'est le

maistre jour, c'est le jour juge de tous les autres : c'est le jour, dict un ancien[1], qui doit juger de toutes mes années passées. Je remets à la mort l'essay du fruict de mes estudes. Nous verrons là si mes discours me partent de la bouche, ou du cœur[2].

(b) J'ay veu plusieurs donner par leur mort reputation en bien ou en mal à toute leur vie. Scipion[3], beau pere de Pompeius, rabilla en bien mourant la mauvaise opinion qu'on avoit eu de luy jusques lors. Epaminondas[4], interrogé lequel des trois il estimoit le plus, ou Chabrias, ou Iphicrates, ou soy-mesme : « Il nous faut voir mourir, fit-il, avant que d'en pouvoir resoudre. » De vray, on desroberoit beaucoup à celuy là, qui le poiseroit sans l'honneur et grandeur de sa fin. Dieu l'a voulu comme il luy a pleu ; mais en mon temps, trois les plus execrables personnes que je cogneusse en toute abomination de vie, et les plus infames, ont eu des morts reglées et en toutes circonstances composées jusques à la perfection.

(c) Il est des morts braves et fortunées. Je luy ay veu trancher le fil d'un progrez de merveilleux avancement, et dans la fleur de son croist, à quelqu'un, d'une fin si pompeuse, qu'à mon avis ses ambitieux et courageux desseins n'avoient rien de si hault que fut leur interruption. Il arriva sans y aller où il pretendoit, plus grandement et glorieusement que ne portoit son desir et esperance. Et devança par sa cheute le pouvoir et le nom où il aspiroit par sa course.

(b) Au Jugement de la vie d'autruy, je regarde tousjours comment s'en est porté le bout ; et des principaux estudes de la mienne, c'est qu'il se porte bien, c'est à dire quietement[5] et sourdement.

CHAPITRE XX

QUE PHILOSOPHER, C'EST APPRENDRE A MOURIR

(a) CICERO dit que Philosopher ce n'est autre chose que s'aprester à la mort[6]. C'est d'autant que l'estude et la contemplation retirent aucunement nostre ame hors de nous, et l'embesongnent à part du corps, qui est quelque aprentissage et ressemblance de la mort ; ou

bien, c'est que toute la sagesse et discours du monde se
resoult en fin à ce point, de nous apprendre à ne craindre
point à mourir[1]. De vray, ou la raison se mocque, ou elle
ne doit viser qu'à nostre contentement, et tout son travail, tendre en somme à nous faire bien vivre, et à nostre
aise, comme dict la Sainte Escriture[2]. Toutes les opinions
du monde en sont là, *(c)* que le plaisir est nostre but,
(a) quoy qu'elles en prennent divers moyens; autrement,
on les chasseroit d'arrivée, car qui escouteroit celuy qui
pour sa fin establiroit nostre peine et mesaise?

(c) Les dissentions des sectes Philosophiques, en ce cas,
sont verbales. « *Transcurramus solertissimas nugas*[3]. » Il y a
plus d'opiniastreté et de picoterie qu'il n'appartient à une
si saincte profession. Mais quelque personnage que
l'homme entrepraigne, il joue tousjours le sien parmy.
Quoy qu'ils dient, en la vertu mesme, le dernier but de
nostre visée, c'est la volupté. Il me plaist de battre leurs
oreilles de ce mot qui leur est si fort à contrecœur. Et s'il
signifie quelque supreme plaisir et excessif contentement,
il est mieux deu à l'assistance de la vertu qu'à nulle autre
assistance. Cette volupté, pour estre plus gaillarde, nerveuse, robuste, virile, n'en est que plus serieusement
voluptueuse. Et luy devions donner le nom du plaisir,
plus favorable, plus doux et naturel: non celuy de la
vigueur, duquel nous l'avons denommée[4]. Cette autre
volupté plus basse, si elle meritoit ce beau nom, ce devoit
estre en concurrence, non par privilege. Je la trouve
moins pure d'incommoditez et de traverses que n'est la
vertu. Outre que son goust est plus momentanée, fluide
et caduque, elle a ses veillées, ses jeusnes et ses travaux et
la sueur et le sang; et en outre particulierement ses passions trenchantes de tant de sortes, et à son costé une
satieté si lourde qu'elle equipolle à pénitence. Nous avons
grand tort d'estimer que ces incommoditez luy servent
d'aiguillon et de condiment à sa douceur, comme en
nature le contraire se vivifie par son contraire, et de dire,
quand nous venons à la vertu, que pareilles suittes et
là difficultez l'accablent, la rendent austere et inacessible,
où, beaucoup plus proprement qu'à la volupté, elles ano-
blissent, aiguisent et rehaussent le plaisir divin et parfaict qu'elle nous moiene. Celuy-là est certes bien indigne
de son accointance, qui contrepoise son coust à son fruit,
et n'en cognoist ny les graces ny l'usage. Ceux qui nous

vont inſtruisant que sa queſte eſt scabreuse et laborieuse,
sa jouïssance agréable, que nous disent-ils par là, sinon
qu'elle eſt tousjours desagreable ? Car quel moien humain
arriva jamais à sa jouïssance ? Les plus parfaiₓts se sont
bien contentez d'y aspirer et de l'approcher sans la posseder. Mais ils se trompent : veu que de tous les plaisirs que
nous cognoissons, la poursuite mesme en eſt plaisante.
L'entreprise se sent de la qualité de la chose qu'elle
regarde, car c'eſt une bonne portion de l'effeₓt et consub-
ſtancielle. L'heur et la beatitude qui reluit en la vertu,
remplit toutes ses appartenances et avenues, jusques à la
premiere entrée et extreme barriere. Or des principaux
bienfaiₓts de la vertu eſt le mepris de la mort, moyen qui
fournit noſtre vie d'une molle tranquillité, nous en donne
le gouſt pur et amiable, sans qui toute autre volupté eſt
eſteinte[1] ?

(a) Voyla pourquoy toutes les regles se rencontrent et
conviennent à cet article. Et, bien qu'elles nous conduisent aussi toutes d'un commun accord à mespriser la douleur, la pauvreté et autres accidens à quoy la vie humaine
eſt subjeₓte, ce n'eſt pas d'un pareil soing, tant par ce que
ces accidens ne sont pas de telle nécessité (la pluspart des
hommes passent leur vie sans gouſter de la pauvreté, et
tels encore sans sentiment de douleur et de maladie,
comme Xenophilus le Musicien, qui vescut cent et six
ans[2] d'une entiere santé), qu'aussi d'autant qu'au pis aller
la mort peut mettre fin, quand il nous plaira, et coupper
broche à tous autres inconvenients. Mais quant à la mort,
elle eſt inevitable.

> (b) *Omnes eodem cogimur, omnium*
> *Versatur urna, serius ocius*
>   *Sors exitura et nos in æter-*
>   *Num exitium impositura cymbæ[3].*

(a) Et par consequent, si elle nous faiₓt peur, c'eſt un
subjeₓt continuel de tourment, et qui ne se peut aucunement soulager. (c) Il n'eſt lieu d'où elle ne nous vienne ;
nous pouvons tourner sans cesse la teſte çà et là comme
en pays suspeₓt[4] : « *quæ quasi saxum Tantalo semper impen-*
det[5]. » (a) Nos parlemens renvoyent souvent executer les
criminels au lieu où le crime eſt commis : durant le
chemin, promenez les par des belles maisons, faiₓtes
leur tant de bonne chere qu'il vous plaira,

(b) non Siculæ dapes
Dulcem elaborabunt saporem,
Non avium cytharæque cantus
Somnum reducent[1].

(a) pensez vous qu'ils s'en puissent resjouir, et que la finale intention de leur voyage, leur estant ordinairement devant les yeux, ne leur ait alteré et affadi le goust à toutes ces commoditez?

(b) Audit iter, numerátque dies, spacióque viarum
Metitur vitam, torquetur peste futura[2].

(a) Le but de nostre carriere, c'est la mort, c'est l'object necessaire de nostre visée: si elle nous effraye, comme est il possible d'aller un pas avant, sans fiebvre? Le remede du vulgaire, c'est de n'y penser pas. Mais de quelle brutale stupidité luy peut venir un si grossier aveuglement? Il luy faut faire brider l'asne par la queuë,

Qui capite ipse suo instituit vestigia retro[3].

Ce n'est pas de merveille s'il est si souvent pris au piege. On faict peur à nos gens, seulement de nommer la mort, et la pluspart s'en seignent, comme du nom du diable. Et par ce qu'il s'en faict mention aux testamens, ne vous attendez pas qu'ils y mettent la main, que le medecin ne leur ait donné l'extreme sentence; et Dieu sçait lors, entre la douleur et la frayeur, de quel bon jugement ils vous le patissent.

(b) Parce que cette syllabe frappoit trop rudement leurs oreilles, et que cette voix leur sembloit malencontreuse, les Romains avoyent appris de l'amollir ou de l'estendre en perifrazes. Au lieu de dire: il est mort; il a cessé de vivre, disent-ils, il a vescu[4]. Pourveu que ce soit vie, soit elle passée, ils se consolent. Nous en avons emprunté nostre feu Maistre-Jehan[5].

(a) A l'adventure, est-ce que, comme on dict, le terme vaut l'argent[6]. Je nasquis entre unze heures et midi, le dernier jour de Febvrier mil cinq cens trente trois, comme nous contons à cette heure[7], commençant l'an en Janvier. Il n'y a justement que quinze jours que j'ay franchi 39 ans[8], il m'en faut pour le moins encore autant; cependant s'empescher du pensement de chose si esloignée, ce seroit folie. Mais quoy, les jeunes et les vieux

laissent la vie de mesme condition. *(c)* Nul n'en sort autrement que comme si tout presentement il y entroit. *(a)* Joinct qu'il n'est homme si decrepite, tant qu'il voit Mathusalem devant, qui ne pense avoir encore vint ans dans le corps. D'avantage, pauvre fol que tu es, qui t'a estably les termes de ta vie? Tu te fondes sur les contes des Medecins. Regarde plustost l'effect et l'experience. Par le commun train des choses, tu vis pieça par faveur extraordinaire. Tu as passé les termes accoustumez de vivre. Et qu'il soit ainsi, conte de tes cognoissans[1] combien il en est mort avant ton aage, plus qu'il n'en y a qui l'ayent atteint; et de ceux mesme qui ont annobli leur vie par renommée, fais en registre, et j'entreray en gageure d'en trouver plus qui sont morts avant, qu'après trente cinq ans. Il est plein de raison et de pieté de prendre exemple de l'humanité mesme de Jesus-Christ: or il finit sa vie à trente et trois ans. Le plus grand homme simplement homme, Alexandre, mourut aussi à ce terme[2].

Combien a la mort de façons de surprise?

> *Quid quisque vitet, nunquam homini satis*
> *Cautum est in horas*[3].

Je laisse à part les fiebvres et les pleuresies. Qui eut jamais pensé qu'un Duc de Bretaigne[4] deut estre estouffé de la presse, comme fut celuy là à l'entrée du Pape Clement, mon voisin[5], à Lyon? N'as-tu pas veu tuer un de nos roys en se jouant[6]? Et un de ses ancestres mourut-il pas choqué par un pourceau[7]? Æschilus, menassé de la cheute d'une maison, a beau se tenir à l'airte: le voyla assommé d'un toict de tortue, qui eschappa des pates d'un' Aigle en l'air. L'autre mourut d'un grein de raisin; un Empereur, de l'esgrafigneure d'un peigne, en se testonnant; Æmilius Lepidus, pour avoir heurté du pied contre le seuil de son huis, et Aufidius, pour avoir choqué en entrant contre la porte de la chambre du conseil; et entre les cuisses des femmes, Cornelius Gallus, preteur, Tigillinus, Capitaine du guet à Rome, Ludovic, fils de Guy de Gonsague, Marquis de Mantoüe, et d'un encore pire exemple, Speusippus, Philosophe Platonicien, et l'un de nos Papes[8]. Le pauvre Bebius, juge, cependant qu'il donne délay de huictaine à une partie, le voyla saisi, le sien de vivre estant expiré. Et Caius Julius, medecin, gressant les yeux d'un patient, voyla la mort qui clost les siens[9].

Et s'il m'y faut mesler, un mien frere, le Capitaine S. Martin[1], aagé de vint et trois ans, qui avoit desja faict assez bonne preuve de sa valeur, jouant à la paume, receut un coup d'esteuf qui l'assena un peu au-dessus de l'oreille droite, sans aucune apparence de contusion, ny de blessure. Il ne s'en assit, ny reposa, mais cinq ou six heures après il mourut d'une Apoplexie que ce coup luy causa. Ces exemples si frequens et si ordinaires nous passant devant les yeux, comme est-il possible qu'on se puisse deffaire du pensement de la mort, et qu'à chaque instant il ne nous semble qu'elle nous tient au collet?

Qu'import'il, me direz vous, comment que ce soit, pourveu qu'on ne s'en donne point de peine? Je suis de cet advis, et en quelque maniere qu'on se puisse mettre à l'abri des coups, fut ce soubs la peau d'un veau, je ne suis pas homme qui y reculasse. Car il me suffit de passer à mon aise; et le meilleur jeu que je me puisse donner, je le prens, si peu glorieux au reste et exemplaire que vous voudrez,

> *prætulerim delirus, inérsque videri,*
> *Dum mea delectent mala me, vel denique fallant,*
> *Quam sapere et ringi[2].*

Mais c'est folie d'y penser arriver par là. Ils vont, ils viennent, ils trottent, ils dansent, de mort nulles nouvelles. Tout cela est beau. Mais aussi quand elle arrive, ou à eux, ou à leurs femmes, enfans et amis, les surprenant en dessoude et à decouvert, quels tourmens, quels cris, quelle rage, et quel desespoir les acable? Vites-vous jamais rien si rabaissé, si changé, si confus? Il y faut prouvoir de meilleur heure: et cette nonchalance bestiale, quand elle pourroit loger en la teste d'un homme d'entendement, ce que je trouve entierement impossible, nous vend trop cher ses denrées. Si c'estoit ennemy qui se peut éviter, je conseillerois d'emprunter les armes de la coüardise. *(b)* Mais puis qu'il ne se peut, puis qu'il vous attrape fuyant et poltron aussi bien qu'honeste homme,

> *(a) Nempe et fugacem persequitur virum,*
> *Nec parcit imbellis juventæ*
> *Poplitibus, timidoque tergo[3].*

(b) et que nulle trampe de cuirasse vous couvre,

Ille licet ferro cautus se condat ære,
Mors tamen inclusum protrahet inde caput[1],

(a) aprenons à le soutenir de pied ferme, et à le combattre. Et pour commencer à luy oſter son plus grand advantage contre nous, prenons voye toute contraire à la commune. Oſtons luy l'eſtrangeté, pratiquons le, accoustumons le, n'ayons rien si souvent en la teſte que la mort. A tous inſtans representons la à noſtre imagination et en tous visages. Au broncher d'un cheval, à la cheute d'une tuille, à la moindre piqueure d'espleingue, remachons soudain : « Et bien, quand ce seroit la mort mesme ? » et là dessus, roidissons nous et efforçons nous. Parmy les feſtes et la joye, ayons toujours ce refrein de la souvenance de noſtre condition, et ne nous laissons pas si fort emporter au plaisir, que par fois il ne nous repasse en la memoire, en combien de sortes cette noſtre allegresse eſt en bute à la mort et de combien de prinses elle la menasse. Ainsi faisoyent les Egyptiens, qui, au milieu de leurs festins, et parmy leur meilleure chere, faisoient aporter l'Anatomie seche d'un corps d'homme mort, pour servir d'advertissement aux conviez[2].

Omnem crede diem tibi diluxisse supremum.
Grata superveniet, quæ non sperabitur hora[3].

Il eſt incertain où la mort nous attende, attendons la partout. La premeditation de la mort eſt premeditation de la liberté. Qui a apris à mourir, il a desapris à servir[4]. Le sçavoir mourir nous afranchit de toute subjeċtion et contrainte. *(c)* Il n'y a rien de mal en la vie pour celuy qui a bien comprins que la privation de la vie n'eſt pas mal. *(a)* Paulus Æmilius respondit à celuy que ce miserable Roy de Macedoine, son prisonnier, luy envoyoit pour le prier de ne le mener pas en son triomphe : « Qu'il en face la requeſte à soy mesme[5]. »

A la verité, en toutes choses, si nature ne preſte un peu, il eſt malaisé que l'art et l'induſtrie aillent guiere avant. Je suis de moy-mesme non melancholique, mais songecreux. Il n'eſt rien dequoy je me soye dès toujours plus entretenu que des imaginations de la mort : voire en la saison la plus licentieuse de mon aage,

(b) Jucundum cum ætas florida ver ageret[6],

(a) parmy les dames et les jeux, tel me pensoit empesché à digerer à par moy quelque jalousie, ou l'incertitude de quelque esperance, cependant que je m'entretenois de je ne sçay qui, surpris les jours precedens d'une fievre chaude, et de sa fin, au partir d'une feste pareille, et la teste pleine d'oisiveté, d'amour et de bon temps, comme moy, et qu'autant m'en pendoit à l'oreille :

(b) *Jam fuerit, nec post unquam revocare licebit*[1].

(a) Je ne ridois non plus le front de ce pensement là, que d'un autre. Il est impossible que d'arrivée nous ne sentions des piqueures de telles imaginations. Mais en les maniant et repassant, au long aller, on les aprivoise sans doubte. Autrement de ma part je fusse en continuelle frayeur et frenesie ; car jamais homme ne se défia tant de sa vie, jamais homme ne feit moins d'estat de sa durée. Ny la santé, que j'ay jouy jusques à present très vigoureuse et peu souvent interrompue, ne m'en alonge l'esperance, ny les maladies ne me l'acourcissent. A chaque minute il me semble que je m'eschape. *(c)* Et me rechante sans cesse : « Tout ce qui peut estre faict un autre jour, le peut estre aujourd'huy. » *(a)* De vray, les hazards et dangiers nous approchent peu ou rien de nostre fin ; et si nous pensons combien il en reste, sans cet accident qui semble nous menasser le plus, de millions d'autres sur nos testes, nous trouverons que, gaillars et fievreux, en la mer et en nos maisons, en la battaille et en repos, elle nous est égallement près. *(c)* *Nemo altero fragilior est : nemo in crastinum sui certior*[2].

(a) Ce que j'ay affaire avant mourir, pour l'achever tout loisir me semble court, fut ce d'un'heure. Quelcun, feuilletant l'autre jour mes tablettes, trouva un memoire de quelque chose que je vouloy estre faite après ma mort. Je luy dy, comme il estoit vray, que, n'estant qu'à une lieuë de ma maison, et sain et gaillard, je m'estoy hasté de l'escrire là, pour ne m'asseurer point d'arriver jusques chez moy. *(c)* Comme celuy qui continuellement me couve de mes pensées et les couche en moy, je suis à tout'heure preparé environ ce que je puis estre. Et ne m'advertira de rien de nouveau la survenance de la mort.

(a) Il faut estre tousjours boté et prest à partir, en tant qu'en nous est, et sur tout se garder qu'on n'aye lors affaire qu'a soy :

(b) Quid brevi fortes jaculamur ævo
Multa[1]?

(a) Car nous y aurons assez de besongne, sans autre surcroit. L'un se pleint plus que de la mort, dequoy elle luy rompt le train d'une belle victoire; l'autre, qu'il luy faut desloger avant qu'avoir marié sa fille, ou contrerolé l'institution[2] de ses enfans; l'un pleint la compagnie de sa femme, l'autre de son fils, comme commoditez principales de son estre.

(c) Je suis pour cette heure en tel estat, Dieu mercy, que je puis desloger quand il luy plaira, sans regret de chose quelconque, si ce n'est de la vie, si sa perte vient à me poiser. Je me desnoue par tout; mes adieux sont à demi prins de chacun, sauf de moy. Jamais homme ne se prepara à quiter le monde plus purement et pleinement, et ne s'en desprint plus universellement que je m'attens de faire.

(b) Miser ô miser, aiunt, omnia ademit
Una dies infesta mihi tot præmia vitæ[3].

(a) Et le bastisseur:

Manent (dict-il) opera interrupta, minæque
Murorum ingentes[4].

Il ne faut rien desseigner de si longue haleine, ou au moins avec telle intention de se passionner pour n'en voir la fin. Nous sommes nés pour agir:

Cum moriar, medium solvar et inter opus[5].

Je veux qu'on agisse, *(c)* et qu'on allonge les offices de la vie tant qu'on peut, *(a)* et que la mort me treuve plantant mes chous, mais nonchalant d'elle, et encore plus de mon jardin imparfait. J'en vis mourir un, qui, estant à l'extremité, se pleignoit incessamment, de quoy sa destinée coupoit le fil de l'histoire qu'il avoit en main, sur le quinziesme ou seiziesme de nos Roys.

(b) Illud in his rebus non addunt, nec tibi earum
Jam desiderium rerum super insidet una[6].

(a) Il faut se descharger de ces humeurs vulgaires et nuisibles. Tout ainsi qu'on a planté nos cimetieres joignant les Eglises, et aux lieux les plus frequentez de la

ville, pour accoustumer, disoit Lycurgus[1], le bas populaire, les femmes et les enfans à ne s'effaroucher point de
voir un homme mort, et affin que ce continuel spectacle
d'ossemens, de tombeaus et de convois nous advertisse de
nostre condition :

> (b) *Quin etiam exhilarare viris convivia cæde*
> *Mos olim, et miscere epulis spectacula dira*
> *Certantum ferro, sæpe et super ipsa cadentum*
> *Pocula respersis non parco sanguine mensis*[2];

(c) et comme les Egyptiens, après leurs festins, faisoient
presenter aux assistans une grand'image de la mort par
un qui leur crioit : « Boy et t'esjouy, car, mort, tu seras
tel[3] » ; *(a)* aussi ay-je pris en coustume d'avoir, non seulement en l'imagination, mais continuellement la mort en la
bouche ; et n'est rien dequoy je m'informe si volontiers,
que de la mort des hommes : quelle parole, quel visage,
quelle contenance ils y ont eu ; ny endroit des histoires,
que je remarque si attantifvement.

(c) Il y paroist à la farcissure de mes exemples ; et que
j'ay en particuliere affection cette matiere. Si j'estoy
faiseur de livres, je feroy un registre commenté des morts
diverses. Qui apprendroit les hommes à mourir, leur
apprendroit à vivre.

Dicearchus en feit un de pareil titre, mais d'autre et
moins utile fin[4].

(a) On me dira que l'effect surmonte de si loing l'imagination, qu'il n'y a si belle escrime qui ne se perde, quand
on en vient là. Laissez les dire : le premediter donne sans
doubte grand avantage. Et puis n'est-ce rien, d'aller au
moins jusques là sans alteration et sans fiévre ? Il y a plus :
Nature mesme nous preste la main, et nous donne courage. Si c'est une mort courte et violente, nous n'avons
pas loisir de la craindre ; si elle est autre, je m'aperçois qu'à
mesure que je m'engage dans la maladie, j'entre naturellement en quelque desdein de la vie. Je trouve que j'ay
bien plus affaire à digerer cette resolution de mourir quand
je suis en santé, que quand je suis en fiévre. D'autant que
je ne tiens plus si fort aux commoditez de la vie, à raison
que je commance à en perdre l'usage et le plaisir, j'en voy
la mort d'une veuë beaucoup moins effrayée. Cela me fait
esperer que, plus je m'eslongneray de celle-là, et appro-
cheray de cette-cy, plus aisément j'entreray en composition

de leur eschange. Tout ainsi que j'ay essayé en plusieurs
autres occurrences ce que dit Cesar[1], que les choses
nous paroissent souvent plus grandes de loing que de
près, j'ay trouvé que sain j'avois eu les maladies beaucoup
plus en horreur, que lors que je les ay senties; l'alegresse
où je suis, le plaisir et la force me font paroistre l'autre
estat si disproportionné à celuy-là, que par imagination je
grossis ces incommoditez de moitié, et les conçoy plus
poisantes, que je ne les trouve, quand je les ay sur les
espaules. J'espere qu'il m'en adviendra ainsi de la mort.

   (b) Voyons à ces mutations et declinaisons ordinaires
que nous souffrons, comme nature nous desrobbe le
goust de nostre perte et empirement. Que reste-il à un
vieillard de la vigueur de sa jeunesse, et de sa vie passée?

> *Heu senibus vitæ portio quanta manet*[2].

   (c) Cesar à un soldat de sa garde, recreu et cassé, qui
vint en la ruë luy demander congé de se faire mourir,
regardant son maintien decrepite, respondit plaisamment:
« Tu penses donc estre en vie[3]. » *(b)* Qui y tomberoit tout
à un coup, je ne crois pas que nous fussions capables de
porter un tel changement. Mais, conduicts par sa main,
d'une douce pente et comme insensible, peu à peu, de
degré en degré, elle nous roule dans ce miserable estat et
nous y apprivoise; si que nous ne sentons aucune
secousse, quand la jeunesse meurt en nous qui est en
essence et en verité une mort plus dure que n'est la mort
entiere d'une vie languissante, et que n'est la mort de la
vieillesse. D'autant que le sault n'est pas si lourd du mal
estre au non estre, comme il est d'un estre doux et fleurissant à un estre penible et douloureux.

   (a) Le corps, courbe et plié, a moins de force à soustenir un fais; aussi a nostre ame: il la faut dresser et eslever contre l'effort de cet adversaire. Car, comme il est
impossible qu'elle se mette en repos, pendant qu'elle le
craint; si elle s'en asseure aussi, elle se peut venter, qui est
chose comme surpassant l'humaine condition, qu'il est
impossible que l'inquietude, le tourment, la peur, non le
moindre desplaisir loge en elle,

> *(b)* *Non vultus instantis tyranni*
> *Mente quatit solida, neque Auster*
> *Dux inquieti turbidus Adriæ,*
> *Nec fulminantis magna Jovis manus.*[4]

(a) Elle est renduë maistresse de ses passions et concupiscences, maistresse de l'indigence, de la honte, de la
pauvreté et de toutes autres injures de fortune. Gaignons
cet advantage qui pourra; c'est icy la vraye et souveraine
liberté, qui nous donne dequoy faire la figue à la force et
à l'injustice, et nous moquer des prisons et des fers :

> *in manicis, et*
> *Compedibus, sævo te sub custode tenebo.*
> *Ipse Deus simul atque volam, me solvet : opinor,*
> *Hoc sentit, moriar. Mors ultima linea rerum est*[1].

Nostre religion n'a point eu de plus asseuré fondement
humain, que le mespris de la vie. Non seulement le discours de la raison nous y appelle, car pourquoy crain-
drions nous de perdre une chose, laquelle perduë ne peut
estre regrettée; et puis que nous sommes menassez de
tant de façons de mort, n'y a il pas plus de mal à les
craindre toutes, qu'à en soustenir une ?

(c) Que chaut-il quand ce soit, puis qu'elle est inevitable ? A celuy qui disoit à Socrates : « Les trente tyrans
t'ont condamné à la mort. — Et nature a eux », respondit-il[2].

Quelle sottise de nous peiner sur le point du passage à
l'exemption de toute peine !

Comme nostre naissance nous apporta la naissance de
toutes choses, aussi fera la mort de toutes choses, nostre
mort. Parquoy c'est pareille folie de pleurer de ce que
d'icy à cent ans nous ne vivrons pas, que de pleurer de
ce que nous ne vivions pas il y a cent ans. La mort est
origine d'une autre vie. Ainsi pleurasmes-nous; ainsi
nous cousta-il d'entrer en cette-cy; ainsi nous despouil-
lasmes-nous de nostre ancien voile, en y entrant.

Rien ne peut estre grief, qui n'est qu'une fois. Est-ce
raison de craindre si long temps chose de si brief temps ?
Le long temps vivre et le peu de temps vivre est rendu
tout un par la mort[3]. Car le long et le court n'est point
aux choses qui ne sont plus. Aristote dit qu'il y a des
petites bestes sur la riviere de Hypanis, qui ne vivent
qu'un jour[4]. Celle qui meurt à huict heures du matin, elle
meurt en jeunesse; celle qui meurt à cinq heures du soir,
meurt en sa décrepitude. Qui de nous ne se moque de
voir mettre en consideration d'heur ou de malheur ce
moment de durée ? Le plus et le moins en la nostre, si

nous la comparons à l'eternité, ou encores à la durée des
montagnes, des rivieres, des eſtoilles, des arbres, et mesmes d'aucuns animaux n'eſt pas moins ridicule.

(a) Mais nature nous y force. « Sortez, dit-elle, de ce
monde, comme vous y eſtes entrez[1]. Le mesme passage
que vous fites de la mort à la vie, sans passion et sans
frayeur, refaites le de la vie à la mort. Voſtre mort eſt une
des pieces de l'ordre de l'univers; c'eſt une piece de la vie
du monde,

(b)   *inter se mortales mutua vivunt*
Et quasi cursores vitaï lampada tradunt[2].

(a) Changeray-je pas pour vous cette belle contexture
des choses? C'eſt la condition de voſtre creation, c'eſt
une partie de vous que la mort; vous vous fuyez vous
mesmes. Cettuy voſtre eſtre, que vous joüyssez, eſt egalement party à la mort et à la vie. Le premier jour de voſtre
naissance vous achemine à mourir comme à vivre,

Prima, quæ vitam dedit, hora carpsit[3].
Nascentes morimur, finisque ab origine pendet[4].

(c) Tout ce que vous vivez, vous le desrobez à la vie;
c'eſt à ses despens. Le continuel ouvrage de voſtre vie,
c'eſt baſtir la mort. Vous eſtes en la mort pendant que
vous eſtes en vie. Car vous eſtes après la mort quand vous
n'eſtes plus en vie.

Ou si vous aymez mieux ainsi, vous eſtes mort après la
vie; mais pendant la vie vous eſtes mourant, et la mort
touche bien plus rudement le mourant que le mort, et
plus vivement et essentiellement.

(b) Si vous avez faiĉt voſtre proufit de la vie, vous en
eſtes repeu, allez vous en satisfaiĉt,

Cur non ut plenus vitæ conviva recedis[5]?

Si vous n'en avez sçeu user, si elle vous eſtoit
inutile, que vous chault-il de l'avoir perduë, à quoy faire
la voulez-vous encores?

Cur amplius addere quæris
Rursum quod pereat male, et ingratum occidat omne[6]?

(c) La vie n'eſt de soy ny bien ny mal: c'eſt la place du
bien et du mal selon que vous la leur faiĉtes.

(a) Et si vous avez vescu un jour, vous avez tout veu. Un jour est égal à tous jours. Il n'y a point d'autre lumière, ny d'autre nuict. Ce Soleil, cette Lune, ces Estoilles, cette disposition, c'est celle mesme que vos aveuls ont jouye, et qui entretiendra vos arriere-nepveux:

(c) *Non alium videre patres : aliumve nepotes*
    Aspicient[1].

(a) Et, au pis aller, la distribution et varieté de tous les actes de ma comedie se parfournit en un an. Si vous avez pris garde au branle de mes quatre saisons, elles embrassent l'enfance, l'adolescence, la virilité et la vieillesse du monde. Il a joüé son jeu. Il n'y sçait autre finesse que de recommencer. Ce sera tousjours cela mesme,

(b) *versamur ibidem, atque insumus usque*[2].
   Atque in se sua per vestigia volvitur annus[3].

(a) Je ne suis pas deliberée de vous forger autres nouveaux passe-temps,

Nam tibi præterea quod machiner, inveniámque
Quod placeat, nihil est, eadem sunt omnia semper[4].

Faites place aux autres, comme d'autres vous l'ont faite. *(c)* L'equalité est la premiere piece de l'equité. Qui se peut plaindre d'estre comprins, où tous sont comprins? *(a)* Aussi avez-vous beau vivre, vous n'en rebattrez rien du temps que vous avez à estre mort; c'est pour neant: aussi long temps serez vous en cet estat là, que vous craignez, comme si vous estiez mort en nourrisse,

licet, quod vis, vivendo vincere secla,
Mors æterna tamen nihilominus illa manebit[5].

(b) Et si vous metteray en tel poinct, auquel vous n'aurez aucun mescontentement,

In vera nescis nullum fore morte alium te,
Qui possit vivus tibi te lugere peremptum,
Stánsque jacentem[6].

Ny ne desirerez la vie que vous plaingnez tant,

Nec sibi enim quisquam tum se vitámque requirit,
Nec desiderium nostri nos afficit ullum[7].

La mort est moins à craindre que rien, s'il y avoit quelque chose de moins,

> *multo mortem minus ad nos esse putandum*
> *Si minus esse potest quam quod nihil esse videmus*[1].

(c) Elle ne vous concerne ny mort ny vif: vif, parce que vous estes; mort, parce que vous n'estes plus.

(a) Nul ne meurt avant son heure. Ce que vous laissez de temps n'estoit non plus vostre que celuy qui s'est passé avant vostre naissance; *(b)* et ne vous touche non plus,

> *Respice enim quam nil ad nos ante acta vetustas*
> *Temporis aeterni fuerit*[2].

(a) Où que vostre vie finisse, elle y est toute. *(c)* L'utilité du vivre n'est pas en l'espace, elle est en l'usage: tel a vescu long temps, qui a peu vescu; attendez vous y pendant que vous y estes. Il gist en vostre volonté, non au nombre des ans, que vous ayez assez vescu. *(a)* Pensiez vous jamais n'arriver là, où vous alliez sans cesse? *(c)* Encore n'y a il chemin qui n'aye son issuë.

(a) Et si la compagnie vous peut soulager, le monde ne va-il pas mesme train que vous allez?

> *(b) omnia te vita perfuncta sequuntur*[3].

(a) Tout ne branle-il pas vostre branle? Y a-il chose qui ne vieillisse quant et vous? Mille hommes, mille animaux et mille autres creatures meurent en ce mesme instant que vous mourez:

> *(b) Nam nox nulla diem, neque noctem aurora sequuta est,*
> *Quae non audierit mistos vagitibus aegris*
> *Ploratus, mortis comites et funeris atri*[4].

(c) A quoy faire y reculez-vous, si vous ne pouvez tirer arriere. Vous en avez assez veu, qui se sont bien trouvez de mourir, eschevant par là des grandes miseres. Mais quelqu'un qui s'en soit mal trouvé, en avez-vous veu? Si est-ce grande simplesse de condamner chose que vous n'avez esprouvée ny par vous, ny par autre. Pours quoy te pleins-tu de moy et de la destinée? te faisons-nous tort? Est ce à toy de nous gouverner, ou à nous toy? Encore que ton aage ne soit pas achevé, ta vie l'est. Un petit homme est homme entier, comme un grand[5]. Ny les hommes, ny leurs vies ne se mesurent à l'aune.

Chiron refusa l'immortalité[1], informé des conditions d'icelle par le Dieu mesme du temps et de la durée, Saturne, son pere. Imaginez de vray combien seroit une vie perdurable, moins supportable à l'homme et plus penible, que n'est la vie que je luy ay donnée[2]. Si vous n'aviez la mort, vous me maudiriez sans cesse de vous en avoir privé. J'y ay à escient meslé quelque peu d'amertume pour vous empescher, voyant la commodité de son usage, de l'embrasser trop avidement et indiscretement. Pour vous loger en cette moderation, ny de fuir la vie, ny de refuir à la mort, que je demande de vous, j'ay temperé l'une et l'autre entre la douceur et l'aigreur.

J'apprins à Thales[3], le premier de voz sages, que le vivre et le mourir estoit indifferent; par où, à celuy qui luy demanda pourquoy donc il ne mouroit, il respondit très sagement: « Par ce qu'il est indifferent. »

L'eau, la terre, le feu et autres membres de ce mien bastiment ne sont non plus instrumens de ta vie qu'instrumens de ta mort. Pourquoy crains-tu ton dernier jour ? il ne confere non plus à ta mort que chascun des autres. Le dernier pas ne faict pas la lassitude: il la declare. Tous les jours vont à la mort, le dernier y arrive[4]. »

(a) Voilà les bons advertissemens de nostre mere nature. Or j'ay pensé souvent d'où venoit celà, qu'aux guerres le visage de la mort, soit que nous la voyons en nous ou en autruy, nous semble sans comparaison moins effroyable qu'en nos maisons, autrement ce seroit un'armée de medecins et de pleurars; et, elle estant tousjours une, qu'il y ait toutes-fois beaucoup plus d'asseurance parmy les gens de village et de basse condition qu'és autres. Je croy à la verité que ce sont ces mines et appareils effroyables, dequoy nous l'entournons, qui nous font plus peur qu'elle: une toute nouvelle forme de vivre, les cris des meres, des femmes et des enfans, la visitation de personnes estonnées et transies, l'assistance d'un nombre de valets pasles et éplorés, une chambre sans jour, des cierges allumez, nostre chevet assiegé de medecins et de prescheurs; somme, tout horreur et tout effroy autour de nous. Nous voylà desjà ensevelis et enterrez. Les enfans ont peur de leurs amis mesmes quand ils les voyent masquez; aussi avons nous. Il faut oster le masque aussi bien des choses que des personnes; osté qu'il sera, nous ne trouverons au dessoubs que cette mesme mort, qu'un

valet ou simple chambriere passerent dernierement sans
peur[1]. Heureuse la mort qui oſte le loisir aux appreſts de
tel equipage[2] !

CHAPITRE XXI

DE LA FORCE DE L'IMAGINATION

(a) « *Fortis imaginatio generat casum[3]* », disent les
clercs. Je suis de ceux qui sentent très-grand
effort de l'imagination. (c) Chacun en eſt heurté, mais
aucuns en sont renversez. Son impression me perse. Et
mon art eſt de luy eschapper, non pas de luy resiſter. Je
vivroye de la seule assiſtance de personnes saines et gaies.
La veue des angoisses d'autruy m'angoisse materiellement, et a mon sentiment souvent usurpé le sentiment
d'un tiers. Un tousseur continuel irrite mon poulmon et
mon gosier. Je visite plus mal volontiers les malades ausquels le devoir m'interesse, que ceux ausquels je m'attens
moins et que je considere moins. Je saisis le mal que j'eſtudie, et le couche en moy. Je ne trouve pas eſtrange qu'elle
donne et les fievres et la mort à ceux qui la laissent faire
et qui luy applaudissent. Simon Thomas eſtoit un grand
medecin de son temps. Il me souvient que, me rencontrant un jour[4] chez un riche vieillard pulmonique, et traitant avec luy des moyens de sa guarison, il luy diſt que
c'en eſtoit l'un de me donner occasion de me plaire en sa
compagnie, et que, fichant ses yeux sur la frescheur de
mon visage et sa pensée sur cette allegresse et vigueur qui
regorgeoit de mon adolescence, et remplissant tous ses
sens de cet eſtat florissant en quoy j'eſtoy, son habitude
s'en pourroit amender. Mais il oublioit à dire que la
mienne s'en pourroit empirer aussi[5].

(a) Gallus Vibius banda si bien son ame à comprendre
l'essence et les mouvemens de la folie, qu'il emporta son
jugement hors de son siege, si qu'onques puis il ne l'y
peut remettre ; et se pouvoit vanter d'eſtre devenu fol par
sagesse[6]. Il y en a qui, de frayeur, anticipent la main du
bourreau. Et celuy qu'on debandoit pour luy lire sa
grace, se trouva roide mort sur l'eschafaut du seul coup
de son imagination. Nous tressuons, nous tremblons,

nous pallissons et rougissons aux secousses de nos imaginations, et renversez dans la plume sentons nostre corps
agité à leur bransle, quelques-fois jusques à en expirer.
Et la jeunesse bouillante s'eschauffe si avant en son harnois, tout'endormie, qu'elle assouvit en songe ses amoureux désirs,

> *Ut quasi transactis sæp omnibus rebus profundant*
> *Fluminis ingentes fluctus, vestémque cruentent*[1].

Et encore qu'il ne soit pas nouveau de voir croistre la
nuict des cornes à tel qui ne les avoit pas en se couchant,
toutes-fois l'evenement de Cyppus, Roy d'Italie, est memorable, lequel pour avoir assisté le jour avec grande affection au combat des taureaux, et avoir eu en songe toute
la nuict des cornes en la teste, les produisit en son front
par la force de l'imagination[2]. La passion donna au fils de
Crœsus la voix que nature luy avoit refusée[3]. Et Antiochus print la fievre de la beauté de Stratonicé trop vivement empreinte en son ame. Pline dict avoir veu Lucius
Cossitius de femme changé en homme le jour de ses nopces. Pontanus et d'autres racontent pareilles metamorphoses advenuës en Italie ces siecles passez. Et par vehement desir de luy et de sa mere,

> *Vota puer solvit, quæ fœmina voverat Iphis*[4].

(b) Passant à Victry le Françoys[5], je peuz voir un
homme que l'Evesque de Soissons avoit nommé Germain en confirmation, lequel tous les habitans de là ont
cogneu et veu fille, jusques à l'aage de vingt deux ans,
nommée Marie. Il estoit à cett'heure-là fort barbu, et
vieil, et point marié. Faisant, dict-il, quelque effort en
sautant, ses membres virils se produisirent; et est encore
en usage, entre les filles de là, une chanson, par laquelle
elles s'entradvertissent de ne faire point de grandes enjambées, de peur de devenir garçons, comme Marie Germain.
Ce n'est pas tant de merveille, que cette sorte d'accident se rencontre frequent; car si l'imagination peut en
telles choses, elle est si continuellement et si vigoureusement attachée à ce subject, que, pour n'avoir si souvent à
rechoir en mesme pensée et aspreté de desir, elle a meilleur compte d'incorporer, une fois pour toutes, cette
virile partie aux filles.

(a) Les uns attribuent à la force de l'imagination les cicatrices du Roy Dagobert et de Sainct François[1]. On dict que les corps s'en-enlevent telle fois de leur place. Et Celsus recite d'un Prebstre, qui ravissoit son ame en telle extase, que le corps en demeuroit longue espace sans respiration et sans sentiment[2]. *(c)* Sainct Augustin[3] en nomme un autre, à qui il ne falloit que faire ouir des cris lamentables et plaintifs, soudain il defailloit et s'emportoit si vivement hors de soy, qu'on avoit beau le tempester et hurler, et le pincer, et le griller, jusques à ce qu'il fut resuscité: lors il disoit avoir ouy des voix, mais comme venant de loing, et s'apercevoit de ses eschaudures et meurtrissures. Et, que ce ne fust une obstination apostée contre son sentiment, cela le montroit, qu'il n'avoit cependant ny poulx ny haleine.

(a) Il est vray semblable que le principal credit des miracles[4], des visions, des enchantemens et de tels effects extraordinaires, vienne de la puissance de l'imagination agissant principalement contre les ames du vulgaire, plus molles. On leur a si fort saisi la creance qu'ils pensent voir ce qu'ils ne voyent pas.

Je suis encore de cette opinion, que ces plaisantes liaisons[5], dequoy nostre monde se voit si entravé, qu'il ne se parle d'autre chose, ce sont volontiers des impressions de l'apprehension et de la crainte. Car je sçay par experience, que tel, de qui je puis respondre comme de moy mesme, en qui il ne pouvoit choir soupçon aucune de foiblesse, et aussi peu d'enchantement, ayant ouy faire le conte à un sien compagnon, d'une defaillance extraordinaire, en quoy il estoit tombé sur le point qu'il en avoit le moins de besoin, se trouvant en pareille occasion, l'horreur de ce conte lui vint à coup si rudement frapper l'imagination, qu'il en encourut une fortune pareille; *(c)* et de là en hors fut subjet à y rechoir, ce villain souvenir de son inconvenient le gourmandant et tyrannisant. Il trouva quelque remede à cette resverie par une autre resverie. C'est que, advouant luy mesme et preschant avant la main cette sienne subjection, la contention de son ame se soulageoit sur ce, qu'apportant ce mal comme attendu, son obligation en amoindrissoit et luy en poisoit moins. Quand il a eu loy, à son chois (sa pensée desbrouillée et desbandée, son corps se trouvant en son deu) de le faire lors premierement tenter, saisir et surprendre à la cognois-

sance d'autruy, il s'est guari tout net à l'endroit de ce
subjet.

A qui on a esté une fois capable, on n'est plus incapable,
si non par juste foiblesse.

(a) Ce malheur n'est à craindre qu'aux entreprinses où
nostre ame se trouve outre mesure tandue de desir et de
respect, et notamment si les commoditez se rencontrent
improveues et pressantes[1]; on n'a pas moyen de se ravoir
de ce trouble. J'en sçay, à qui il a servy d'y apporter le
corps mesme commencé à ressasier d'ailleurs, *(c)* pour endormir l'ardeur de cette fureur, et qui par l'aage se trouve
moins impuissant de ce qu'il est moins puissant. Et tel
autre à qui il a servi aussi qu'un amy l'aye asseuré d'estre
fourni d'une contrebatterie d'enchantemens certains à le
preserver. Il vaut mieux que je die comment ce fut. Un
comte de très bon lieu[2], de qui j'estoye fort privé, se
mariant avec une belle dame qui avoit esté poursuivie de
tel qui assistoit à la feste, mettoit en grand peine ses amis
et nommément une vieille dame, sa parente, qui presidoit
à ces nopces et les faisoit chez elle, craintive de ces sorcelleries; ce qu'elle me fit entendre. Je la priay s'en reposer sur moy. J'avoye de fortune en mes coffres certaine
petite pièce d'or platte, où estoient gravées quelques
figures celestes, contre le coup de soleil et oster la douleur
de teste, la logeant à point sur la cousture du test; et,
pour l'y tenir, elle estoit cousue à un ruban propre à rat-
tacher souz le menton. Resverie germaine à celle de quoy
nous parlons. Jacques Peletier[3] m'avoit faict ce present
singulier. J'advisay d'en tirer quelque usage. Et dis au
comte qu'il pourroit courre fortune comme les autres; y
ayant là des hommes pour luy en vouloir prester d'une;
mais que hardiment il s'allast coucher; que je luy feroy
un tour d'amy; et n'espargneroys à son besoin un miracle,
qui estoit en ma puissance, pourveu que, sur son honneur,
il me promist de le tenir trèsfidelement secret; seulement,
comme sur la nuit on iroit luy porter le resveillon, s'il luy
estoit mal allé, il me fit un tel signe. Il avoit eu l'ame et les
oreilles si battues, qu'il se trouva lié du trouble de son
imagination, et me fit son signe. Je luy dis lors, qu'il se
levast souz couleur de nous chasser, et prinst ce se jouant
la robe de nuict que j'avoye sur moy (nous estions de
taille fort voisine) et s'en vestist, tant qu'il auroit exécuté
mon ordonnance, qui fut: quand nous serions sortis, qu'il

se retirast à tomber de l'eau; dist trois fois telles oraisons,
et fist tels mouvemens; qu'à chascune de ces trois fois, il
ceignist le ruban que je luy mettoys en main, et couchast
bien soigneusement la médaille qui y estoit attachée, sur
ses roignons, la figure en telle posture; cela faict, ayant
bien estreint ce ruban pour qu'il ne se peust ny desnouer,
ny mouvoir de sa place, que, en toute asseurance, il s'en
retournast à son prix faict, et n'oubliast de rejetter ma
robbe sur son lict, en maniere qu'elle les abriast tous deux.
Ces singeries sont le principal de l'effect, nostre pensée ne
se pouvant desmesler que moyens si estranges ne viennent de quelqu'abstruse science. Leur inanité leur donne
poids et reverence. Somme, il fut certain que mes cha-
racteres se trouverent plus Veneriens que Solaires[1], plus
en action qu'en prohibition. Ce fut une humeur prompte
et curieuse qui me convia à tel effect, esloigné de ma
nature. Je suis ennemy des actions subtiles et feinte, et
hay la finesse, en mes mains, non seulement recreative,
mais aussi profitable. Si l'action n'est vicieuse, la routte
l'est.

Amasis, Roy d'Egypte, espousa Laodice, trèsbelle fille
Grecque; et luy, qui se montroit gentil compagnon par
tout ailleurs, se trouva court à jouir d'elle, et menaça de
la tuer, estimant que ce fust quelque sorcerie. Comme és
choses qui consistent en fantasie, elle le rejetta à la devotion, et ayant faict ses vœus et promesses à Venus, il se
trouva divinement remis dès la premiere nuit d'emprès
ses oblations et sacrifices[2].

Or elles ont tort de nous recueillir de ces contenances
mineuses, querelleuses et fuyardes, qui nous esteignent
en nous allumant. La bru de Pythagoras[3] disoit que la
femme qui se couche avec un homme, doit avec la cotte
laisser aussi la honte, et la reprendre avec le cotillon.
(a) L'ame de l'assaillant, troublée de plusieurs diverses
allarmes, se perd aisement; et à qui l'imagination a faict
une fois souffrir cette honte (et elle ne le fait souffrir
qu'aux premieres accointances, d'autant qu'elles sont
plus bouillantes et aspres, et aussi qu'en cette premiere
connoissance, on craint beaucoup plus de faillir), ayant
mal commencé, il entre en fievre et despit de cet accident
qui luy dure aux occasions suivantes.

(c) Les mariez, le temps estant tout leur, ne doivent ny
presser, ny taster leur entreprinse, s'ils ne sont prests; et

vaut mieux faillir indecemment à eſtreiner la couche nuptiale, pleine d'agitation et de fievre, attandant une et une
autre commodité plus privée et moins allarmée, que de
tomber en une perpetuelle misere, pour s'eſtre eſtonné et
desesperé du premier refus. Avant la possession prinse,
le patient se doit à saillies et divers temps legerement
essayer et offrir, sans se piquer et opiniaſtrer à se convaincre definitivement soy-mesme. Ceux qui sçavent
leurs membres de nature dociles, qu'ils se soignent seulement de contrepipper leur fantaisie.

On a raison de remarquer l'indocile liberté de ce membre, s'ingerant si importunéement, lors que nous n'en
avons que faire, et defaillant si importunéement, lors que
nous en avons le plus affaire, et conteſtant de l'authorité
si imperieusement avec noſtre volonté, refusant avec
tant de fierté et d'obſtination noz solicitations et men-
tales et manuelles. Si toutes-fois en ce qu'on gourmande
sa rebellion, et qu'on en tire preuve de sa condemnation,
il m'avoit payé pour plaider sa cause, à l'adventure
mettroy-je en souspeçon noz autres membres, ses compagnons, de luy eſtre allé dresser, par belle envie de l'importance et douceur de son usage, cette querelle apoſtée, et
avoir par complot armé le monde à l'encontre de luy,
le chargeant malignement seul de leur faute commune. Car
je vous donne à penser, s'il y a une seule des parties de
noſtre corps qui ne refuse à noſtre volonté souvent son
operation et qui souvent ne l'exerce contre noſtre
volonté. Elles ont chacune des passions propres, qui les
esveillent et endorment, sans noſtre congé. A quant de
fois tesmoignent les mouvemens forcez de noſtre visage
les pensées que nous tenions secrettes, et nous trahissent
aus assiſtans. Cette mesme cause qui anime ce membre,
anime aussi sans noſtre sceu le cœur, le poulmon et le
pouls; la veue d'un objeᶜt agreable respandant imperceptiblement en nous la flamme d'une emotion fievreuse.
N'y a-il que ces muscles et ces veines qui s'elevent et se
couchent sans l'adveu, non seulement de noſtre volonté,
mais aussi de noſtre pensée? Nous ne commandons pas
à nos cheveux de se herisser et à noſtre peau de fremir de
desir ou de crainte. La main se porte souvent où nous ne
l'envoyons pas. La langue se transit et la voix se fige à
son heure. Lors mesme que, n'ayans de quoy frire, nous
le luy deffendrions volontiers, l'appetit de manger et de

boire ne laisse pas d'esmouvoir les parties qui luy sont
subjettes, ny plus ny moins que cet autre appetit; et nous
abandonne de mesme, hors de propos, quand bon luy
semble. Les utils qui servent à descharger le ventre ont
leurs propres dilatations et compressions, outre et contre
noſtre advis, comme ceux-cy deſtinez à descharger nos
roignons. Et ce que, pour autorizer la toute-puissance de
noſtre volonté, Sainct Auguſtin allegue[1] avoir veu quelqu'un qui commandoit à son derriere autant de pets qu'il
en vouloit, et que Vivès[2], son glossateur, encherit d'un
autre exemple de son temps, de pets organisez suivant le
ton des vers qu'on leur prononçoit[3], ne suppose non plus
pure l'obeissance de ce membre; car en eſt il ordinairement de plus indiscret et tumultuaire. Joint que j'en sçay
un si turbulent et revesche, qu'il y a quarante ans qu'il
tient son maiſtre à peter d'une haleine et d'une obligation
conſtante et irremittente, et le menne ainsi à la mort[4].

Mais noſtre volonté, pour les droits de qui nous mettons en avant ce reproche, combien plus vraysemblablement la pouvons-nous marquer de rebellion et sedition
par son desreglement et desobeissance! Veut-elle toujours ce que nous voudrions qu'elle voulsiſt? Ne veut-
elle pas souvent ce que nous luy prohibons de vouloir;
et à noſtre evident dommage? Se laisse-elle non plus
mener aux conclusions de noſtre raison? En fin je diroy
pour monsieur ma partie, que « plaise à considerer, qu'en
ce faict, sa cause eſtant inseparablement conjointe à un
consort et indiſtinctement, on ne s'adresse pourtant qu'à
luy, et par des argumens et charges telles, veu la condition des parties, qu'elles ne peuvent aucunement apartenir
ny concerner sondit consort[5]. Partant se void l'animosité
et illegalité manifeſte des accusateurs ». Quoy qu'il en
soit, proteſtant que les advocats et juges ont beau quereller et sentencier, nature tirera cependant son train; qui
n'auroit faict que raison, quand ell'auroit doüé ce membre
de quelque particulier privilege, autheur du seul ouvrage
immortel des mortels. Pour tant eſt à Socrates action
divine que la generation; et amour, desir d'immortalité
et Dæmon immortel luy-mesmes.

(a) Tel, à l'adventure, par cet effect de l'imagination,
laisse icy les escruelles, que son compagnon raporte en
Espaigne[6]. Voylà pourquoy, en telles choses, l'on a
accouſtumé de demander une ame preparée. Pourquoy

praticquent les medecins avant main la creance de leur
patient avec tant de fauces promesses de ſa guerison, si ce
n'eſt afin que l'effeƈt de l'imagination supplisse l'imposture de leur aposeme? Ils sçavent qu'un des maiſtres de
ce meſtier leur a laissé par escrit, qu'il s'eſt trouvé des
hommes à qui la seule veuë de la Medecine faisoit l'operation.

Et tout ce caprice m'eſt tombé presentement en main,
sur le conte que me faisoit un domeſtique apotiquaire de
feu mon pere, homme simple et Souysse, nation peu
vaine et mensongiere, d'avoir cogneu long temps un
marchand à Toulouse, maladif et subjeƈt à la pierre, qui
avoit souvent besoing de cliſteres; et se les faisoit diversement ordonner aux medecins, selon l'occurrence de son
mal. Apportez qu'ils eſtoyent, il n'y avoit rien obmis des
formes accouſtumées; souvent il taſtoit s'ils eſtoyent trop
chauds. Le voylà couché, renversé, et toutes les approches
faiƈtes, sauf qu'il ne s'y faisoit aucune injeƈtion. L'apotiquaire retiré après cette ceremonie, le patient accommodé,
comme s'il avoit veritablement pris le clyſtere, il en sentoit pareil effeƈt à ceux qui les prennent. Et si le medecin
n'en trouvoit l'operation suffisante, il luy en redonnoit
deux ou trois autres, de mesme forme. Mon tesmoin jure
que, pour espargner la despence (car il les payoit comme
s'il les eut receus), la femme de ce malade ayant quelquefois essayé d'y faire seulement mettre de l'eau tiede,
l'effeƈt en descouvrit la fourbe, et pour avoir trouvé ceux
là inutiles, qu'il fauſit revenir à la premiere façon[1].

Une femme, pensant avoir avalé un'esplingue avec
son pain, crioit et se tourmentoit comme ayant une douleur insupportable au gosier, où elle pensoit la sentir
arreſtée; mais, par ce qu'il n'y avoit ny enfleure ny alteration par le dehors, un habil'homme, ayant jugé que ce
n'eſtoit que fantasie et opinion, prise de quelque morceau
de pain qui l'avoit piquée en passant, la fit vomir et jetta
à la desrobée, dans ce qu'elle rendit, une esplingue tortue.
Cette femme, cuidant l'avoir rendue, se sentit soudain
deschargée de sa douleur[2]. Je sçay qu'un gentil'homme,
ayant traiƈté chez luy une bonne compagnie, se vanta trois
ou quatre jours après, par maniere de jeu (car il n'en
eſtoit rien), de leur avoir faiƈt menger un chat en paſte;
dequoy une damoyselle de la troupe print telle horreur,
qu'en eſtant tombée en un grand dévoyement d'eſtomac

et fievre, il fut impossible de la sauver. Les beſtes mesmes se voyent comme nous subjeſtes à la force de l'imagination. Tesmoing les chiens, qui se laissent mourir de dueil de la perte de leurs maiſtres[1]. Nous les voyons aussi japper et tremousser en songe, hannir les chevaux et se debattre[2].

Mais tout cecy se peut raporter à l'eſtroite couſture de l'esprit et du corps s'entre-communiquants leurs fortunes. C'eſt autre chose que l'imagination agisse quelque fois, non contre son corps seulement, mais contre le corps d'autruy. Et tout ainsi qu'un corps rejette son mal à son voisin, comme il se voit en la peſte, en la verolle, et au mal des yeux, qui se chargent de l'un à l'autre:

> Dum speſtant oculi læsos, læduntur et ipsi:
> Multaque corporibus transitione nocent[3];

pareillement, l'imagination esbranlée avecques vehemence, eslance des traits qui puissent offencer l'objeſt eſtrangier. L'ancienneté a tenu de certaines femmes en Scythie, qu'animées et courroussées contre quelqu'un, elles le tuoient du seul regard[4]. Les tortues et les autruches couvent leurs œufs de la seule veuë, signe qu'ils y ont quelque vertu ejaculatrice[5]. Et quant aux sorciers, on les dit avoir des yeux offensifs et nuisans,

> Nescio quis teneros oculus mihi fascinat agnos[6].

Ce sont pour moy mauvais respondans, que magiciens. Tant y a que nous voyons par experience les femmes envoyer aux corps des enfans qu'elles portent au ventre des marques de leurs fantasies, tesmoing celle qui engendra le more[7]. Et il fut présenté à Charles, Roy de Boheme et Empereur, une fille d'auprès de Pise, toute velue et herissée, que sa mere disoit avoir eſté ainsi conceuë, à cause d'une image de Sainſt Jean Baptiſte pendue en son liſt[8]. Des animaux il en eſt de mesmes, tesmoing les brebis de Jacob[9], et les perdris[10] et les lievres, que la neige blanchit aux montaignes. On vit dernierement chez moy[11] un chat gueſtant un oyseau au haut d'un arbre, et, s'eſtans fichez la veuë ferme l'un contre l'autre quelque espace de temps, l'oyseau s'eſtre laissé choir comme mort entre les pates du chat, ou ennyvré par sa propre imagination, ou attiré par quelque force attraſtive du chat. Ceux qui ayment la volerie ont ouy faire le conte du fauconnier qui, arrestant obstinément sa veuë contre un milan en l'air, gageoit de la seule force de sa veuë le ramener contre-bas; et le faisoit, à ce qu'on dit. Car les Histoires que j'emprunte, je les renvoye sur la conscience de ceux de qui je les prens.

(b) Les discours sont à moy, et se tiennent par la preuve de la raison, non de l'experience; chacun y peut joindre ses exemples: et qui n'en a point, qu'il ne laisse pas de croire qu'il en est, veu le nombre et varieté des accidens.

(c) Si je ne comme bien, qu'un autre comme pour moy.

Aussi en l'estude que je traitte de noz mœurs et mouvemens, les tesmoignages fabuleux, pourveu qu'ils soient possibles, y servent comme les vrais. Advenu ou non advenu, à Paris ou à Rome, à Jean ou à Pierre, c'est tousjours un tour de l'humaine capacité, duquel je suis utilement advisé par ce recit. Je le voy et en fay mon profit egalement en ombre que en corps. Et aux diverses leçons qu'ont souvent les histoires, je prens à me servir de celle qui est la plus rare et memorable. Il y a des autheurs desquels la fin c'est dire les evenemens. La mienne, si j'y sçavoye advenir, seroit dire sur ce qui peut advenir. Il est justement permis aux escholes de supposer des similitudes, quand ilz n'en ont point. Je n'en fay pas ainsi pourtant, et surpasse de ce costé là en religion superstitieuse toute foy historiale. Aux exemples que je tire ceans, de ce que jay ouï, faict ou dict, je me suis defendu d'oser alterer jusques aux plus legieres et inutiles circonstances. Ma conscience ne falsifie pas un iota, ma science je ne sçay. Sur ce propos, j'entre par fois en pensée qu'il puisse assez bien convenir à un Theologien, à un philosophe, et telles gens d'exquise et exacte conscience et prudence, d'escrire l'histoire. Comment peuvent ils engager leur foy sur une foy populaire? Comment respondre des pensées de personnes incognues et donner pour argent contant leurs conjectures? Des actions à divers membres, qui se passent en leur presence, ils refuseroient d'en rendre tesmoignage, assermentez par un juge; et n'ont homme si familier, des intentions duquel ils entreprennent de pleinement respondre. Je tiens moins hazardeux d'escrire les choses passées que presentes; d'autant que l'escrivain n'a à rendre compte que d'une verité empruntée. Aucuns me convient d'escrire les affaires de mon temps, estimans que je les voy d'une veuë

moins blessée de passion qu'un autre, et de plus près,
pour l'accez que fortune m'a donné aux chefs de divers
partis[1]. Mais ils ne disent pas que, pour la gloire de
Salluſte, je n'en prendroys pas la peine; ennemy juré
d'obligation, d'assiduité, de conſtance; qu'il n'eſt rien si
contraire à mon ſtile qu'une narration eſtendue: je me
recouppe si souvent à faute d'haleine, je n'ay ny composition, ny explication qui vaille, ignorant au-delà d'un
enfant des frases et vocables qui servent aux choses plus
communes; pourtant ay-je prins à dire ce que je sçay dire,
accommodant la matiere à ma force; si j'en prenois qui
me guidaſt, ma mesure pourroit faillir à la sienne; que ma
liberté, eſtant si libre, j'eusse publié des jugemens, à mon
gré mesme et selon raison, illegitimes et punissables.
Plutarche nous diroit volontiers de ce qu'il en a faiĉt, que
c'eſt l'ouvrage d'autruy que ses exemples soient en tout
et pour tout veritables; qu'ils soient utiles à la poſterité, et
presentez d'un luſtre qui nous esclaire à la vertu, que c'eſt
son ouvrage. Il n'eſt pas dangereux, comme en une
drogue medicinale, en un compte ancien, qu'il soit ainsin
ou ainsi.

CHAPITRE XXII

LE PROFIT DE L'UN
EST DOMMAGE DE L'AULTRE

(a) D EMADES, Athenien, condamna un homme de sa
ville, qui faisoit meſtier de vendre les choses
necessaires aux enterremens, soubs tiltre de ce qu'il en
demandoit trop de profit, et que ce profit ne luy pouvoit
venir sans la mort de beaucoup de gens[2]. Ce jugement
semble eſtre mal pris, d'autant qu'il ne se fait aucun profit qu'au dommage d'autruy, et qu'à ce conte il faudroit
condamner toute sorte de guein.

Le marchand ne fait bien ses affaires qu'à la débauche
de la jeunesse; le laboureur, à la cherté des bleds; l'archi-
teĉte, à la ruine des maisons; les officiers de la juſtice, aux
procez et querelles des hommes; l'honneur mesme et pratique des miniſtres de la religion se tire de noſtre mort et
de nos vices. Nul medecin ne prent plaisir à la santé de

ses amis mesmes, dit l'ancien Comique Grec[1], ny soldat
à la paix de sa ville: ainsi du reste. Et qui pis est, que chacun se sonde au dedans, il trouvera que nos souhaits interieurs pour la plus part naissent et se nourrissent aux
despens d'autruy.

Ce que considerant, il m'est venu en fantasie, comme
nature ne se dement point en cela de sa generale police,
car les Physiciens tiennent que la naissance, nourisse-
ment et augmentation de chaque chose, est l'alteration et
corruption d'un'autre:

> *Nam quodcunque suis mutatum finibus exit,*
> *Continuo hoc mors est illius, quod fuit ante*[2].

CHAPITRE XXIII

DE LA COUSTUME ET DE NE CHANGER AISÉMENT UNE LOY RECEÜE

(a) CELUY me semble avoir très-bien conceu la force
de la coustume, qui premier forgea ce conte,
qu'une femme de village, ayant apris de caresser et porter
entre ses bras un veau dès l'heure de sa naissance, et continuant tousjours à ce faire, gaigna cela par l'accoustumance, que tout grand beuf qu'il estoit, elle le portoit
encore. Car c'est à la verité une violente et traistresse
maistresse d'escole que la coustume. Elle establit en nous,
peu à peu, à la desrobée, le pied de son authorité; mais,
par ce doux et humble commencement, l'ayant rassis et
planté avec l'ayde du temps, elle nous descouvre tantost
un furieux et tyrannique visage, contre lequel nous
n'avons plus la liberté de hausser seulement les yeux.
Nous luy voyons forcer tous les coups les reigles de
nature. « *(c) Usus efficacissimus rerum omnium magister*[3]. »

(a) J'en croy *(c)* l'antre de Platon en sa *Republique*[4], et
croy *(a)* les medecins, qui quitent si souvent à son authorité les raisons de leur art; et ce Roy[5] qui, par son moyen,
rengea son estomac à se nourrir de poison; et la fille
qu'Albert[6] recite s'estre accoustumée à vivre d'araignées.

(b) Et en ce monde des Indes nouvelles on trouva des
grands peuples et en fort divers climats, qui en vivoient,

en faisoient provision, et les apaſtoient, comme aussi des
sauterelles, formiz, laizards, chauvessouriz, et fut un cra-
pault vendu six escus en une nécessité de vivres; ils les
cuisent et appreſtent à diverses sauces. Il en fut trouvé
d'autres ausquels noz chairs et noz viandes eſtoyent
mortelles et venimeuses[1]. *(c)* « *Consuetudinus magna vis eſt.
Pernoĉtant venatores in nive ; in montibus uri se patiuntur. Pugiles
cæſtibus contusi ne ingemiscunt quidem*[2]. »

Ces exemples eſtrangers ne sont pas eſtranges, si nous
considerons, ce que nous essayons ordinairement, combien l'accouſtumance hebete nos sens. Il ne nous faut pas
aller cercher ce qu'on dit des voisins des cataraĉtes du Nil[3],
et ce que les philosophes eſtiment de la musique celeſte,
que les corps de ces cercles, eſtant solides et venant à se
lescher et frotter l'un à l'autre en roullant, ne peuvent
faillir de produire une merveilleuse harmonie, aux coup-
pures et nuances de la quelle se manient les contours et
changemens des caroles des aſtres; mais qu'universellement les ouïes des creatures, endormies comme celles des
Ægiptiens par la continuation de ce son, ne le peuvent
appercevoir, pour grand qu'il soit. Les mareschaux, meul-
niers, armuriers ne sçauroient durer au bruit qui les
frappe, s'ils s'en eſtonnoient comme nous. Mon collet de
fleur sert à mon nez, mais, après que je m'en suis veſtu
trois jours de suitte, il ne sert qu'aux nez assiſtants. Cecy
eſt plus eſtrange, que, nonobſtant des longs intervalles et
intermissions, l'accouſtumance puisse joindre et eſtablir
l'effeĉt de son impression sur noz sens; comme essayent
les voisins des clochiers. Je loge chez moy en une tour où,
à la diane et à la retraitte, une fort grosse cloche sonne
tous les jours l'*Ave Maria*. Ce tintamarre effraye ma tour
mesme; et, aux premiers jours me semblant insupportable, en peu de temps m'apprivoise, de maniere que je
l'oy sans offense et souvent sans m'en esveiller.

Platon tansa un enfant qui jouoit aux noix. Il luy respondit: « Tu me tanses de peu de chose. — L'accouſtumance, repliqua Platon, n'eſt pas chose de peu[4]. »

Je trouve que nos plus grands vices prennent leur ply
de noſtre plus tendre enfance, et que noſtre principal gouvernement eſt entre les mains des nourrices. C'eſt passe-
temps aux meres de veoir un enfant tordre le col à un
poulet et s'esbatre à blesser un chien et un chat; et tel pere
eſt si sot de prendre à bon augure d'une ame martiale,

quand il voit son fils gourmer injurieusement un païsant
ou un laquay qui ne se defend point, et à gentillesse,
quand il le void affiner son compagnon par quelque malicieuse desloyauté et tromperie. Ce sont pourtant les
vrayes semences et racines de la cruauté, de la tyrannie,
de la trahyson; elles se germent là, et s'eslevent
après gaillardement, et profittent à force entre les
mains de la coustume. Et est une très dangereuse institution d'excuser ces villaines inclinations par la foiblesse
de l'aage et legiereté du subjet. Premierement, c'est
nature qui parle, de qui la voix est lors plus pure et plus
forte qu'elle est plus gresle. Secondement, la laideur de la
piperie ne despend pas de la difference des escus aux esplingues. Elle despend de soy. Je trouve bien plus juste de
conclurre ainsi : « Pourquoy ne tromperoit il aux escus,
puisqu'il trompe aux esplingues ? » que, comme ils font :
« Ce n'est qu'aux esplingues, il n'auroit garde de le faire
aux escus. » Il faut apprendre soigneusement aux enfans
de haïr les vices de leur propre contexture, et leur en faut
apprendre la naturelle difformité, à ce qu'ils les fuient,
non en leur action seulement, mais sur tout en leur cœur;
que la pensée mesme leur en soit odieuse, quelque masque
qu'ils portent. Je sçay bien que, pour m'estre duict en
ma puerilité de marcher tousjours mon grand et plein
chemin, et avoir eu à contrecœur de mesler ny tricotterie,
ny finesse à mes jeux enfantins (comme de vray il faut
noter que les jeux des enfans ne sont pas jeux, et les faut
juger en eux comme leurs plus serieuses actions), il n'est
passetemps si leger où je n'apporte du dedans, d'une propension naturelle, et sans estude, une extreme contradiction à tromper. Je manie les cartes pour les doubles et
tiens compte, comme pour les doubles doublons, lors
que le gaigner et le perdre contre ma femme et ma fille
m'est indifferent, comme lors qu'il y va de bon. En tout
et par tout il y assés de mes yeux à me tenir en office; il
n'y en a point qui me veillent de si près, ny que je respecte plus.

(a) Je viens de voir chez moy un petit homme natif de
Nantes, né sans bras, qui a si bien façonné ses pieds au
service que luy devoyent les mains, qu'ils en ont à la
verité à demy oublié leur office naturel. Au demourant
il les nomme ses mains, il trenche, il charge un pistolet et
le lâche, il enfille son eguille, il coud, il escrit, il tire le

bonnet, il se peigne, il jouë aux cartes et aux dez, et les remue avec autant de dexterité que sçauroit faire quelqu'autre; l'argent que je luy ay donné (car il gaigne sa vie à se faire voir), il l'a emporté en son pied, comme nous faisons en nostre main[1]. J'en vy un autre, estant enfant, qui manioit un'espée à deux mains et un'hallebarde, du pli du col, à faute de mains, les jettoit en l'air et les reprenoit, lançoit une dague, et faisoit craqueter un foët aussi bien que charretier de France[2].

Mais on decouvre bien mieux ses effets aux estranges impressions qu'elle fait en nos ames, où elle ne trouve pas tant de resistance. Que ne peut elle en nos jugemens et en nos creances? Y a il opinion si bizarre (je laisse à part la grossiere imposture des religions, dequoy tant de grandes nations et tant de suffisans personnages se sont veus enyvrez; car cette partie estant hors de nos raisons humaines, il est plus excusable de s'y perdre, à qui n'y est extraordinairement esclairé par faveur divine), mais d'autres opinions y en a il de si estranges, qu'elle n'aye planté et estably par loix és regions que bon luy a semblé? Et est très-juste cette ancienne exclamation: « *Non pudet physicum, id est speculatorem venatoremque naturæ, ab animis consuetudine imbutis quærere testimonium veritatis*[3]. »

(b) J'estime qu'il ne tombe en l'imagination humaine aucune fantasie si forcenée qui ne rencontre l'exemple de quelque usage public, et par consequent que nostre discours n'estaie et ne fonde. Il est des peuples où on tourne le doz à celuy qu'on salue, et ne regarde l'on jamais celuy qu'on veut honorer. Il en est où, quand le Roy crache, la plus favorie des dames de sa Cour tend la main; et en autre nation les plus apparents qui sont autour de luy, se baissent à terre pour amasser en du linge son ordure[4].

(c) Desrobons icy la place d'un conte. Un Gentilhomme François[5] se mouchoit tousjours de sa main; chose très-ennemie de nostre usage. Defendant là-dessus son faict (et estoit fameux en bonnes rencontres) il me demanda quel privilege avoit ce salle excrement que nous allassions luy apprestant un beau linge delicat à le recevoir, et puis, qui plus est, à l'empaqueter et serrer soigneusement sur nous; que cela devoit faire plus de horreur et de mal au cœur, que de le voir verser où que ce fust, comme nous faisons tous autres excremens. Je trouvay qu'il ne parloit pas du tout sans raison; et m'avoit la

coustume osté l'appercevance de cette estrangeté, laquelle pourtant nous trouvons si hideuse, quand elle est recitée d'un autre païs.

Les miracles sont selon l'ignorance en quoy nous sommes de la nature, non selon l'estre de la nature. L'assuefaction endort la veuë de nostre jugement. Les barbares ne nous sont de rien plus merveilleux, que nous sommes à eux, ny avec plus d'occasion; comme chacun advoüeroit, si chacun sçavoit, après s'estre promené par ces nouveaux exemples, se coucher sur les propres et les conferer sainement. La raison humaine est une teinture infuse environ de pareil pois à toutes nos opinions et mœurs, de quelque forme qu'elles soient: infinie en matiere, infinie en diversité. Je m'en retourne. Il est des peuples *(b)* où sauf sa femme et ses enfans aucun ne parle au Roy que par sarbatane. En une mesme nation, et les vierges montrent à descouvert leurs parties honteuses, et les mariées les couvrent et cachent soigneusement; à quoy cette autre coustume qui est ailleurs a quelque relation: la chasteté n'y est en pris que pour le service du mariage, car les filles se peuvent abandonner à leur poste, et, engroissées, se faire avorter par medicamens propres, au veu d'un chacun. Et ailleurs, si c'est un marchant qui se marie, tous les marchans conviez à la nopce couchent avec l'espousée avant luy; et plus il y en a, plus a elle d'honneur et de recommandation de fermeté et de capacité; si un officier se marie, il en va de mesme; de mesme si c'est un noble, et ainsi des autres, sauf si c'est un laboureur ou quelqu'un du bas peuple: car lors c'est au Seigneur à faire; et si, on ne laisse pas d'y recommander estroitement la loyauté, pendant le mariage. Il en est où il se void des bordeaux publicz de masles, voire et des mariages; où les femmes vont à la guerre quand et leurs maris, et ont rang, non au combat seulement, mais aussi au commandement. Où non seulement les bagues se portent au nez, aux levres, aux joues, et aux orteils des pieds, mais des verges d'or bien poisantes au travers des tetins et des fesses. Où en mangeant on s'essuye les doigts aux cuisses et à la bourse des genitoires et à la plante des pieds. Où les enfans ne sont pas heritiers, ce sont les freres et nepveux; et ailleurs les nepveux seulement, sauf en la succession du Prince. Où pour reigler la communauté des biens, qui s'y observe, certains Magistrats sou-

verains ont charge universelle de la culture des terres et de
la diſtribution des fruits, selon le besoing d'un chacun.
Où l'on pleure la mort des enfans et feſtoye l'on celle des
vieillarts. Où ils couchent en des liċts dix ou douze ensemble avec leurs femmes. Où les femmes qui perdent
leurs maris par mort violente se peuvent remarier, les
autres non. Où l'on eſtime si mal de la condition des
femmes, qu'on y tuë les femelles qui y naissent, et achepte
l'on des voisins des femmes pour le besoing. Où les
maris peuvent repudier sans alleguer aucune cause les
femmes, non pour cause quelconque. Où les maris ont
loy de les vendre, si elles sont ſteriles. Où ils font cuire
le corps du trespassé, et puis piler, jusques à ce qu'il se
forme comme en bouillie, laquelle ils meslent à leur vin
et la boivent. Où la plus desirable sepulture eſt d'eſtre
mangé des chiens, ailleurs des oiseaux[1]. Où l'on croit
que les ames heureuses vivent en toute liberté, en des
champs plaisans, fournis de toutes commoditez; et que
ce sont elles qui font cet echo que nous oyons[2]. Où ils
combatent en l'eau, et tirent seurement de leurs arcs en
nageant. Où, pour signe de subjeċtion, il faut hausser les
espaules et baisser la teſte, et deschausser ses souliers
quand on entre au logis du Roy. Où les Eunuques qui
ont les femmes religieuses en garde, ont encore le nez et
levres à dire, pour ne pouvoir eſtre aymez; et les preſtres
se crevent les yeux pour accointer leurs demons, et prendre les oracles. Où chacun faiċt un Dieu de ce qui luy
plaiſt, le chasseur d'un lyon ou d'un renard, le pescheur
de certain poisson, et des Idoles de chaque aċtion ou passion humaine; le soleil, la lune, et la terre sont les dieux
principaux; la forme de jurer, c'eſt toucher la terre,
regardant le soleil; et y mange l'on la chair et le poisson
crud. *(c)* Où le grand serment, c'eſt jurer le nom de quelque homme trespassé qui a eſté en bonne reputation au
païs, touchant de la main sa tumbe[3]. Où les eſtrenes
annuelles que le Roy envoye aux princes ses vassaux, c'eſt
du feu[4]. L'ambassadeur qui l'apporte, arrivant, l'ancien
feu eſt eſteint tout par tout en la maison. Et de ce feu
nouveau, le peuple despendant de ce prince en doit venir
prendre chacun pour soy, sur peine de crime de leze
majeſté. Où quand le Roy, pour s'adonner du tout à la
devotion (comme ils font souvent), se retire de sa charge,
son premier successeur eſt obligé d'en faire autant, et

passe le droit du Royaume au troisieme successeur. Où
l'on diversifie la forme de la police, selon que les affaires
le requierent; on depose le Roy quand il semble bon, et
substitue l'on des anciens à prendre le gouvernement de
l'estat et le laisse l'on par fois aussi ès mains de la commune. Où hommes et femmes sont circoncis et pareillement baptisés. Où le soldat qui en un ou divers combats
est arrivé à presenter à son Roy sept testes d'ennemis, est
faict noble. *(b)* Où l'on vit soubs cette opinion si rare et
incivile de la mortalité des ames. Où les femmes s'accouchent sans plainéte et sans effroy. *(c)* Où les femmes en
l'une et l'autre jambe portent des greves de cuivre; et, si
un pouil les mord, sont tenues par devoir de magnanimité de le remordre; et n'osent espouser, qu'elles n'ayent
offert à leur Roy s'il veut de leur pucellage[1]. *(b)* Où l'on
saluë mettant le doigt à terre, et puis le haussant vers le
ciel. Où les hommes portent les charges sur la teste, les
femmes sur les espaules[2]; elles pissent debout, les hommes
accroupis[3]. Où ils envoient de leur sang en signe d'amitié,
et encensent comme les Dieux les hommes qu'ils veulent
honnorer[4]. Où non seulement jusques au quatriesme
degré, mais en aucun plus esloingné, la parenté n'est soufferte aux mariages. Où les enfans sont quatre ans en nourrisse, et souvent douze; et là mesme, il est estimé mortel
de donner à l'enfant à tetter tout le premier jour. Où les
peres ont charge du chastiment des masles; et les meres
à part, des femelles; et est le chastiment de les fumer, pendus par les pieds. Où on faict circoncire les femmes. Où
l'on mange toute sorte d'herbes, sans autre discretion que
de refuser celles qui leur semblent avoir mauvaise senteur[5]. Où tout est ouvert, et les maisons pour belles et
riches qu'elles soyent, sans porte, sans fenestre, sans coffre
qui ferme; et sont les larrons doublement punis qu'ailleurs. Où ils tuent les pouils avec les dents, comme les
Magots, et trouvent horrible de les voir escacher soubs
les ongles. Où l'on ne couppe en toute la vie ny poil ni
ongle; ailleurs où l'on ne couppe que les ongles de la
droiéte, celles de la gauche se nourrissent par gentillesse[6].
(c) Où ils nourrissent tout le poil du corps du costé droit,
tant qu'il peut croistre, et tiennent ras le poil de l'autre
costé. Et en voisines provinces celle icy nourrit le poil de
devant, cette là le poil de derriere, et rasent l'opposite[7].
(b) Où les peres prestent leurs enfans, les maris leurs

femmes, à jouyr aux hoſtes, en payant[1]. Où on peut honneſtement faire des enfans à sa mère, les peres se mesler
à leurs filles, et à leurs fils[2]. (c) Où, aux assemblées des
feſtins, ils s'entrepreſtent[3] les enfans les uns aux autres.

(a) Icy on vit de chair humaine[4]; là c'eſt office de pieté
de tuer son pere en certain aage[5]; ailleurs les peres ordonnent des enfans encore au ventre des meres, ceux qu'ils
veulent eſtre nourris et conservez, et ceux qu'ils veulent
eſtre abandonnez et tuez; ailleurs les vieux maris preſtent
leurs femmes à la jeunesse pour s'en servir; et ailleurs
elles sont communes sans peché[6], voire en tel pays portent pour merque d'honneur autant de belles houpes
frangées au bord de leurs robes, qu'elles ont accointé
de masles[7]. N'a pas faiſt la couſtume encore une chose
publique de femmes à part[8]? leur a elle pas mis les armes
à la main? faiſt dresser des armées, et livrer des batailles?
Et ce que toute la philosophie ne peut planter en la teſte
des plus sages, ne l'apprend elle pas de sa seule ordonnance au plus grossier vulgaire? car nous sçavons des
nations entieres[9] où non seulement la mort eſtoit mesprisée, mais feſtoyée, où les enfans de sept ans souffroyent
à eſtre foëttez jusques à la mort, sanschanger de visage[10];
où la richesse eſtoit en tel mespris, que le plus chetif
citoyen de la ville n'euſt daigné baisser le bras pour
amasser une bource d'escus. Et sçavons des regions très-
fertiles en toutes façons de vivres, où toutesfois les plus
ordinaires mez et les plus savoureux, c'eſtoyent du pain,
du nasitort et de l'eau[11].

(b) Fit elle pas encore ce miracle en Cio, qu'il s'y passa
sept cens ans, sans memoire que femme ny fille y euſt faiſt
faute à son honneur[12]?

(a) Et somme, à ma fantasie, il n'eſt rien qu'elle ne
face, ou qu'elle ne puisse; et avec raison l'appelle Pin-
darus[13], à ce qu'on m'a diſt, la Royne et Emperiere du
monde.

(c) Celuy qu'on rencontra battant son pere, respondit
que c'eſtoit a couſtume de sa maison: que son pere avoit
ainsi batu son ayeul; son ayeul, son bisayeul; et, montrant son fils: « Et cettuy-cy me battra quand il sera venu
au terme de l'aage où je suis[14]. »

Et le pere que le fils tirassoit et sabouloit emmy la ruë,
luy commanda de s'arreſter à certain huis; car luy n'avoit
trainé son pere que jusques là; que c'eſtoit la borne des

injurieux traitemens hereditaires que les enfans avoient en
usage faire aux peres en leur famille. Par coustume, dit
Aristote[1], aussi souvent que par maladie, des femmes
s'arrachent le poil, rongent leurs ongles, mangent des
charbons et de la terre; et autant par coustume que par
nature les masles se meslent aux masles.

Les loix de la conscience, que nous disons naistre de
nature, naissent de la coustume; chacun ayant en veneration interne les opinions et mœurs approuvées et receuës
autour de luy, ne s'en peut desprendre sans remors, ny
s'y appliquer sans applaudissement.

(b) Quand ceux de Crete vouloyent au temps passé
maudire quelqu'un, ils prioyent les dieux de l'engager en
quelque mauvaise coustume[2].

(a) Mais le principal effect de sa puissance, c'est de
nous saisir et empieter de telle sorte, qu'à peine soit-il en
nous de nous r'avoir de sa prinse et de r'entrer en nous,
pour discourir et raisonner de ses ordonnances. De vray,
parce que nous les humons avec le laict de nostre naissance, et que le visage du monde se presente en cet estat à
nostre premiere veuë, il semble que nous soyons nais à
la condition de suyvre ce train. Et les communes imaginations, que nous trouvons en credit autour de nous et
infuses en nostre ame par la semence de nos peres, il
semble que ce soyent les generalles et naturelles.

(c) Par où il advient que ce qui est hors des gonds de
coustume, on le croid hors des gonds de raison; Dieu
sçait combien desraisonnablement, le plus souvent. Si,
comme nous, qui nous estudions, avons apprins de faire,
chascun qui oit une juste sentence regardoit incontinent
par où elle luy appartient en son propre, chascun trouveroit que cettecy n'est pas tant un bon mot, qu'un bon
coup de foët à la bestise ordinaire de son jugement. Mais
on reçoit les advis de la verité et ses preceptes comme
adressez au peuple, non jamais à soy; et, au lieu de les
coucher sur ses mœurs, chascun les couche en sa memoire,
très-sottement et très-inutilement. Revenons à l'empire
de la coustume.

Les peuples nourris à la liberté et à se commander eux
mesmes, estiment toute autre forme de police monstrueuse et contre nature. Ceux qui sont duicts à la monarchie en font de mesme. Et quelque facilité que leur preste
fortune au changement, lors mesme qu'ils se sont, avec

grandes difficultez, deffaitz de l'importunité d'un maistre,
ils courent à en replanter un nouveau avec pareilles difficultez, pour ne se pouvoir resoudre de prendre en haine
la maistrise[1].

(a) Darius demandoit à quelques Grecs pour combien
ils voudroient prendre la coustume des Indes, de manger
leurs peres trespassez (car c'estoit leur forme, estimans
ne leur pouvoir donner plus favorable sepulture, que
dans eux-mesmes), ils luy respondirent que pour chose
du monde ils ne le feroient; mais, s'estant aussi essayé de
persuader aux Indiens de laisser leur façon et prendre celle
de Grece, qui estoit de brusler les corps de leurs peres, il
leur fit encore plus d'horreur[2]. Chacun en fait ainsi,
d'autant que l'usage nous desrobbe le vray visage des
choses,

> *Nil adeo magnum, nec tam mirabile quicquam*
> *Principio, quod non minuant mirarier omnes*
> *Paulatim*[3].

Autrefois, ayant à faire valoir quelqu'une de nos observations, et receüe avec resolue authorité bien loing
autour de nous, et ne voulant point, comme il se faict,
l'establir seulement par la force des loix et des exemples,
mais questant tousjours jusques à son origine, j'y trouvai
le fondement si foible, qu'à peine que je m'en dégoutasse,
moy qui avois à la confirmer en autruy.

(c) C'est cette recepte, de quoy Platon[4] entreprend de
chasser les amours desnaturées[5] de son temps, qu'il
estime souveraine et principale: assavoir que l'opinion
publique les condamne, que les poëtes, que chacun en face
des mauvais comptes. Recepte par le moyen de laquelle
les plus belles filles n'attirent plus l'amour des peres, ny
les freres plus excellens en beauté l'amour des sœurs, les
fables mesmes de Thyestes, d'Œdipus, de Macareus
ayant, avec le plaisir de leur chant, infus cette utile
creance en la tendre cervelle des enfans.

De vrai, la pudicité est une belle vertu, et de laquelle
l'utilité est assez connuë; mais de la traitter et faire valoir
selon nature, il est autant mal-aysé, comme il est aisé de
la faire valoir selon l'usage, les loix et les preceptes. Les
premieres et universelles raisons sont de difficile perscru-
tation. Et les passent noz maistres en escumant, ou, ne les
osant pas seulement taster, se jettent d'abordée dans la

franchise de la coustume, où ils s'enflent et triomphent
à bon compte. Ceux qui ne se veulent laisser tirer hors
de cette originelle source faillent encore plus et s'obligent
à des opinions sauvages, comme Chrysippus qui sema en
tant de lieux de ses escrits le peu de compte en quoy il
tenoit les conjonctions incestueuses, quelles qu'elles fussent[1]. *(a)* Qui voudra se desfaire de ce violent prejudice
de la coustume, il trouvera plusieurs choses receues d'une
resolution indubitable, qui n'ont appuy qu'en la barbe
chenue et rides de l'usage qui les accompaigne; mais, ce
masque arraché, rapportant les choses à la verité et à la
raison, il sentira son jugement comme tout bouleversé,
et remis pourtant en bien plus seur estat. Pour exemple,
je luy demanderay lors, quelle chose peut estre plus
estrange, que de voir un peuple obligé à suivre des loix
qu'il n'entendit onques, attaché en tous ses affaires domestiques, mariages, donations, testamens, ventes et achapts,
à des regles qu'il ne peut sçavoir, n'estant escrites ny
publiées en sa langue, et desquelles par necessité il luy
faille acheter l'interpretation et l'usage? *(c)* non selon
l'ingenieuse opinion d'Isocrates[2], qui conseille à son Roy
de rendre les trafiques et negociations de ses subjects
libres, franches et lucratives, et leurs debats et querelles
onereuses, les chargeant de poisans subsides; mais selon
une opinion monstrueuse, de mettre en trafique la raison
mesme et donner aux lois cours de marchandise. *(a)* Je
sçay bon gré à la fortune, dequoy, comme disent nos
historiens[3], ce fut un Gentil'homme Gascon et de mon
pays, qui le premier s'opposa à Charlemaigne nous voulant donner les loix Latines et Imperiales. Qu'est-il plus
farouche que de voir une nation, où par legitime coustume la charge de juger se vende, et les jugemens soyent
payez à purs deniers contans, et où legitimement la justice soit refusée à qui n'a dequoy le payer, et aye cette
marchandise si grand credit, qu'il se face en une police
un quatriesme estat, de gens maniants les procés, pour le
joindre aux trois anciens, de l'Eglise, de la Noblesse et du
Peuple[4]? lequel estat, ayant la charge des loix et souveraine authorité des biens et des vies, face un corps à part
de celuy de la noblesse; d'où il avienne qu'il y ayt doubles
loix, celles de l'honneur, et celles de la justice, en plusieurs choses fort contraires (aussi rigoureusement condamnent celles-là un démanti souffert, comme celles icy

un démanti revanché); par le devoir des armes, celuy-là soit degradé d'honneur et de noblesse, qui souffre une injure, et, par le devoir civil, celuy qui s'en venge, encoure une peine capitale (qui s'adresse aux loix, pour avoir raison d'une offence faite à son honneur, il se deshonnore; et qui ne s'y adresse, il en est puny et chastié par les loix); et, de ces deux pieces si diverses se raportant toutesfois à un seul chef, ceux-là ayent la paix, ceux-cy la guerre en charge; ceux-là ayent le gaing, ceux-cy l'honneur; ceux-là le sçavoir, ceux-cy la vertu; ceux-là la parole, ceux-cy l'action; ceux-là la justice, ceux-cy la vaillance; ceux-là la raison, ceux-cy la force; ceux-là la robbe longue, ceux-cy la courte en partage.

Quand aux choses indifferentes, comme vestemens, qui les voudra ramener à leur vraye fin, qui est le service et commodité du corps, d'où dépend leur grace et bien seance originelle, pour les plus monstrueux à mon gré qui se puissent imaginer, je luy donray entre autres nos bonnets carrez, cette longue queuë de veloux plissé qui pend aux testes de nos femmes avec son attirail bigarré et ce vain modelle et inutile d'un membre que nous ne pouvons seulement honnestement nommer, duquel toutesfois nous faisons montre et parade en public. Ces considerations ne destournent pourtant pas un homme d'entendement de suivre le stille commun; ains, au rebours, il me semble que toutes façons escartées et particulieres partent plustost de folie ou d'affectation ambitieuse, que de vraye raison; et que le sage doit au dedans retirer son ame de la presse, et la tenir en liberté et puissance de juger librement des choses; mais, quant au dehors, qu'il doit suivre entierement les façons et formes receues. La societé publique n'a que faire de nos pensées; mais le demeurant, comme nos actions, nostre travail, nos fortunes et nostre vie propre, il la faut préter et abandonner à son service et aux opinions communes, comme ce bon et grand Socrates refusa de sauver sa vie par la desobeissance du magistrat, voire d'un magistrat très-injuste et très-inique[1]. Car c'est la regle des regles, et generale loy des loix, que chacun observe celles du lieu où il est:

Νόμοις ἕπεσθαι τοῖσιν ἐγχωρίοις καλόν[2].

En voicy d'un'autre cuvée. Il y a grand doute, s'il se

peut trouver si evident profit au changement d'une loy
receue, telle qu'elle soit, qu'il y a de mal à la remuer, d'autant qu'une police, c'est comme un bastiment de diverses
pieces jointes ensemble, d'une telle liaison, qu'il est
impossible d'en esbranler une que tout le corps ne s'en
sente. Le legislateur des Thuriens[1] ordonna que quiconque voudroit ou abolir une des vieilles loix, ou en establir
une nouvelle, se presenteroit au peuple la corde au
col; afin que si la nouvelleté n'estoit approuvée d'un chacun, il fut incontinent estranglé. Et celuy de Lacedemone[2]
employa sa vie pour tirer de ses citoyens une promesse
asseurée de n'enfraindre aucune de ses ordonnances.
L'ephore qui coupa si rudement les deux cordes que
Phrinys avoit adjousté à la musique[3], ne s'esmaie pas si
elle en vaut mieux, ou si les accords en sont mieux remplis; il luy suffit pour les condamner que ce soit une alteration de la vieille façon. C'est ce que signifioit cette espée
roüillée de la justice de Marseille[4].

(b) Je suis desgousté de la nouvelleté, quelque visage
qu'elle porte, et ay raison, car j'en ay veu des effets très-
dommageables. Celle qui nous presse depuis tant d'ans[5],
elle n'a pas tout exploicté, mais on peut dire avec apparence, que par accident elle a tout produict et engendré,
voire et les maux et ruines qui se font depuis sans elle, et
contre elle; c'est à elle à s'en prendre au nez,

> *Heu patior telis vulnera facta meis*[6].

Ceux qui donnent le branle à un estat sont volontiers les
premiers absorbez en sa ruyne. *(c)* Le fruict du trouble ne
demeure guere à celuy qui l'a esmeu; il bat et brouille
l'eaue pour d'autres pescheurs. *(b)* La liaison et contexture de cette monarchie et ce grand bastiment ayant esté
desmis et dissout, notamment sur ses vieux ans, par elle,
donne tant qu'on veut d'ouverture et d'entrée à pareilles
injures. *(c)* La majesté royale, dict un ancien, s'avale plus
difficilement du sommet au milieu qu'elle ne se precipite
du milieu à fons.

Mais si les inventeurs sont plus dommageables, les
imitateurs sont plus vicieux, de se jetter en des exemples,
desquels ils ont senty et puny l'horreur et le mal. Et s'il y
a quelque degré d'honneur, mesmes au mal faire, ceux-cy
doivent aux autres la gloire de l'invention et le courage
du premier effort.

(b) Toutes sortes de nouvelle desbauche puisent heureusement en cette premiere et fœconde source les images et patrons à troubler noſtre police. On liſt en nos loix mesmes, faites pour le remede de ce premier mal, l'aprentissage et l'excuse de toute sorte de mauvaises entreprises; et nous advient, ce que Thucidides diſt des guerres civiles de son temps, qu'en faveur des vices publiques on les battisoit de mots nouveaux plus doux, pour leur excuse, abaſtardissant et amolissant leurs vrais titres. C'eſt pourtant pour reformer nos consciences et nos creances. « *Honeſta oratio eſt*[1]. » Mais le meilleur pretexte de nouvelleté eſt très-dangereux: *(c)* « *adeo nihil motum ex antiquo probabile eſt*[2]. » *(b)* Si me semble-il, à le dire franchement, qu'il y a grand amour de soy et presomption, d'eſtimer ses opinions jusque-là que, pour les eſtablir, il faille renverser une paix publique et introduire tant de maux inévitables et une si horrible corruption de meurs que les guerres civiles apportent, et les mutations d'eſtat, en chose de tel pois; et les introduire en son pays propre. *(c)* Eſt-ce pas mal mesnagé, d'advancer tant de vices certains et cognus, pour combattre des erreurs conteſtées et debatables? Eſt-il quelque pire espece de vices, que ceux qui choquent la propre conscience et naturelle cognoissance?

Le Senat osa donner en payement cette deffaitte, sur le different d'entre luy et le peuple, pour le miniſtere de leur religion: « *Ad deos id magis quam ad se pertinere, ipsos visuros ne sacra sua polluantur*[3] », conforméement à ce que respondit l'oracle à ceux de Delphes en la guerre Medoise[4]. Craignans l'invasion des Perses, ils demanderent au Dieu ce qu'ils avoient à faire des tresors sacrez de son temple, ou les cacher, ou les emporter. Il leur respondit qu'ils ne bougeassent rien; qu'ils se soignassent d'eux; qu'il eſtoit suffisant pour pourvoir à ce qui luy eſtoit propre.

(b) La religion Chreſtienne a toutes les marques d'extreme juſtice et utilité; mais nulle plus apparente, que l'exaſte recommandation de l'obeissance du Magiſtrat et manutention des polices. Quel merveilleux exemple nous en a laissé la sapience divine, qui, pour eſtablir le salut du genre humain et conduire cette sienne glorieuse viſtoire contre la mort et le peché, ne l'a voulu faire qu'à la mercy de noſtre ordre politique; et a soubmis son pro-

grez, et la conduicte d'un si haut effect et si salutaire, à
l'aveuglement et injustice de nos observations et usances,
y laissant courir le sang innocent de tant d'esleuz ses
favoriz, et souffrant une longue perte d'années à meurir
ce fruict inestimable.

Il y a grand à dire, entre la cause de celuy qui suyt les
formes et les loix de son pays, et celuy qui entreprend de
les regenter et changer. Celuy là allegue pour son excuse
la simplicité, l'obeissance et l'exemple; quoy qu'il face,
ce ne peut estre malice, c'est, pour le plus, malheur. *(c)*
« *Quis est enim quem non moveat clarissimis monumentis
testata consignataque antiquitas*[1] ? »

Outre ce que dict Isocrates[2], que la defectuosité a plus
de part à la moderation que n'a l'excès. *(b)* L'autre est en
bien plus rude party, *(c)* car qui se mesle de choisir
et de changer, usurpe l'authorité de juger, et se doit faire
fort de voir la faute de ce qu'il chasse, et le bien de ce
qu'il introduit. Cette si vulgaire consideration m'a fermi
en mon siege, et tenu ma jeunesse mesme, plus temeraire,
en bride: de ne charger mes espaules d'un si lourd faix,
que de me rendre respondant d'une science de telle
importance, et oser en cette cy ce qu'en sain jugement je
ne pourroy oser en la plus facile de celles ausquelles on
m'avoit instruit, et ausquelles la temerité de juger est de
nul prejudice; me semblant très-inique de vouloir sousmettre les constitutions et observances publïques et
immobiles à l'instabilité d'une privée fantasie (la raison
privée n'a qu'une jurisdiction privée) et entreprendre sur
les loix divines ce que nulle police ne supporteroit aux
civiles, ausquelles encore que l'humaine raison aye beaucoup plus de commerce, si sont elles souverainement
juges de leurs juges; et l'extreme suffisance sert à expliquer et estendre l'usage qui en est receu, non à le destourner et innover. Si quelques fois la Providence divine
a passé par-dessus les regles ausquelles elle nous a necessairement astreints, ce n'est pas pour nous en dispenser.
Ce sont coups de sa main divine, qu'il nous faut, non pas
imiter, mais admirer, et exemples extraordinaires, mar-
quez d'un exprez et particulier adveu, du genre des
miracles qu'elle nous offre, pour tesmoignage de sa
toute puissance, au-dessus de noz ordres et de noz
forces, qu'il est folie et impieté d'essayer à representer,
et que nous ne devons pas suivre, mais contempler

avec estonnement. Actes de son personnage, non pas du
nostre.

Cotta proteste bien opportunement[1] : « *Quum de reli-*
gione agitur T. Coruncanium, P. Scipionem, P. Scævolam,
pontifices maximos, non Zenonem aut Cleanthem aut Chrysip-
pum sequor. »

(b) Dieu le sçache, en nostre presente querelle, où il y
a cent articles à oster et remettre, grands et profonds articles, combien ils sont qui se puissent vanter d'avoir
exactement recogneu les raisons et fondements de l'un et
l'autre party ? C'est un nombre, si c'est nombre, qui
n'auroit pas grand moyen de nous troubler. Mais toute
cette autre presse, où va elle ? soubs quelle enseigne se
jette elle à quartier ? Il advient de la leur, comme des
autres medecines foibles et mal appliquées ; les humeurs
qu'elle vouloit purger en nous, elle les a eschaufées,
exasperées et aigries par le conflict, et si nous est demeurée
dans le corps. Elle n'a sceu nous purger par sa foiblesse,
et nous a cependant affoiblis, en maniere que nous ne la
pouvons vuider non plus, et ne recevons de son operation que des douleurs longues et intestines.

(a) Si est-ce que la fortune, reservant tousjours son
authorité au-dessus de nos discours, nous presente
aucunefois la necessité si urgente, qu'il est besoing que
les loix luy facent quelque place.

(b) Et quand on resiste à l'accroissance d'une innovation qui vient par violence à s'introduire, de se tenir,
en tout et par tout, en bride et en reigle contre ceux qui
ont la clef des champs, ausquels tout cela est loisible qui
peut avancer leur dessein, qui n'ont ny loy ny ordre que
de suyvre leur advantage, c'est une dangereuse obligation et inequalité. *(c)* « *Aditum nocendi perfido præstat*
fides[2]. » *(b)* D'autant que la discipline ordinaire d'un
Estat qui est en sa santé ne pourvoit pas à ces accidens
extraordinaires ; elle presuppose un corps qui se tient en
ses principaux membres et offices, et un commun consentement à son observation et obeïssance. *(c)* L'aller
legitime est un aller froid, poisant et contraint, et n'est
pas pour tenir bon à un aller licentieux et effrené.

(a) On sçait qu'il est encore reproché à ces deux
grands personnages, Octavius[3] et Caton, aux guerres
civiles l'un de Sylla, l'autre de Cesar, d'avoir plustost
laissé encourir toutes extremitez à leur patrie, que de la

secourir aux despens de ses loix et que de rien remuer.
Car, à la verité, en ces dernieres necessitez où il n'y a plus
que tenir, il seroit, à l'avanture plus sagement fait de
baisser la teste et prester un peu au coup, que, s'ahurtant
outre la possibilité à ne rien relascher, donner occasion
à la violance de fouler tout aux pieds; et vaudroit mieux
faire vouloir aux loix ce qu'elles peuvent, puis qu'elles
ne peuvent ce qu'elles veulent. Ainsi feit celui[1] qui
ordonna qu'elles dormissent vint et quatre heures, et
celuy[2] qui remua pour cette fois un jour du calendrier,
et cet autre qui du mois de Juin fit le second May. Les
Lacedemoniens mesmes, tant religieux observateurs des
ordonnances de leur païs, estans pressez de leur loy qui
defendoit d'eslire par deux fois Admiral un mesme personnage, et de l'autre part leurs affaires requerans de
toute necessité que Lysander print de rechef cette charge,
ils firent bien un Aracus Admiral, mais Lysander surintendant de la marine[3]. Et de mesme subtilité, un de
leurs ambassadeurs, estant envoyé vers les Atheniens
pour obtenir le changement de quelqu'ordonnance, et
Pericles luy alleguant qu'il estoit defendu d'oster le
tableau où une loy estoit une fois posée, luy conseilla de
le tourner seulement, d'autant que cela n'estoit pas
defendu[4]. C'est ce dequoy Plutarque[5] loue Philopæmen,
qu'estant né pour commander, il sçavoit non seulement
commander selon les loix, mais aux loix mesme, quand
a necessité publique le requeroit.

CHAPITRE XXIV

DIVERS EVENEMENS DE MESME CONSEIL

(a) Jacques Amiot, grand Aumosnier de France, me
recita un jour cette Histoire à l'honneur d'un
Prince des nostres (et nostre estoit-il à très-
bonnes enseignes, encore que son origine fut estrangere[6]),
que durant nos premiers troubles, au siege de Roüan[7], ce
Prince ayant esté adverti par la Royne, mère du Roy,
d'une entreprinse qu'on faisoit sur sa vie, et instruit particulierement par ses lettres de celuy qui la devoit conduire à chef, qui estoit un gentil'homme Angevin ou

Manceau, frequentant lors ordinairement pour cet effect la maison de ce Prince, il ne communiqua à personne cet advertissement; mais, se promenant l'endemain au mont saincte Catherine, d'où se faisoit nostre baterie à Roüan (car c'estoit au temps que nous la tenions assiegée), ayant à ses costez ledit Seigneur grand Aumosnier et un autre Evesque, il aperceut ce gentil'homme qui lui avoit esté remarqué, et le fit appeller. Comme il fut en sa presence, il luy dict ainsi, le voyant desjà pallir et fremir des alarmes de sa conscience: « Monsieur de tel lieu, vous vous doutez bien de ce que je vous veux, et vostre visage le montre. Vous n'avez rien à me cacher, car je suis instruict de vostre affaire si avant, que vous ne feriez qu'empirer vostre marché d'essayer à le couvrir. Vous sçavez bien telle chose et telle (qui estoyent les tenans et aboutissans des plus secretes pieces de cette menée); ne faillez sur vostre vie à me confesser la verité de tout ce dessein. » Quand ce pauvre homme se trouva pris et convaincu (car le tout avoit esté descouvert à la Royne par l'un des complisses), il n'eust qu'à joindre les mains et requerir la grace et misericorde de ce Prince, aux pieds duquel il se voulut jetter; mais il l'en garda, suyvant ainsi son propos: « Venez çà; vous ay-je autres-fois fait desplaisir? ay-je offencé quelqu'un des vostres par haine particuliere? Il n'y a pas trois semaines que je vous congnois, quelle raison vous a peu mouvoir à entreprendre ma mort? » Le gentil'homme respondit à cela d'une voix tremblante, que ce n'estoit aucune occasion particuliere qu'il en eust, mais l'interest de la cause generale de son party; et qu'aucuns luy avoyent persuadé que ce seroit une execution pleine de pieté, d'extirper, en quelque maniere que ce fut, un si puissant ennemy de leur religion. « Or, suyvit ce Prince, je vous veux montrer combien la religion que je tiens est plus douce que celle dequoy vous faictes profession. La vostre vous a conseillé de me tuer sans m'ouir, n'ayant receu de moy aucune offence; et la mienne me commande que je vous pardonne, tout convaincu que vous estes de m'avoir voulu homicider sans raison. Allez vous en, retirez vous, que je ne vous voye plus icy; et, si vous estes sage, prenez doresnavant en voz entreprinses des conseillers plus gens de bien que ceux là. »

L'Empereur Auguste, estant en la Gaule, receut certain

advertissement d'une conjuration que luy brassoit Lucius Cinna; il delibera de s'en venger, et manda pour cet effect au lendemain le Conseil de ses amis; mais la nuict d'entre-deux il la passa avec grande inquietude, considerant qu'il avoit à faire mourir un jeune homme de bonne maison et nepveu du grand Pompeius; et produisoit en se pleignant plusieurs divers discours: « Quoy donq, faisoit-il, sera il dict que je demeureray en crainte et en alarme, et que je lairray mon meurtrier se promener cependant à son ayse? S'en ira il quitte, ayant assailly ma teste que j'ay sauvée de tant de guerres civiles, de tant de batailles, par mer et par terre? et, après avoir estably la paix universelle du monde, sera il absouz, ayant deliberé non de me meurtrir seulement, mais de me sacrifier? » Car la conjuration estoit faicte de le tuer, comme il feroit quelque sacrifice.

Après cela, s'estant tenu coy quelque espace de temps, il recommençoit d'une vois plus forte, et s'en prenoit à soy-mesme: « Pourquoy vis tu, s'il importe à tant de gens que tu meures? N'y aura-il point de fin à tes vengeances et à tes cruautez? Ta vie vaut elle que tant de dommage se face pour la conserver? » Livia, sa femme, le sentant en ces angoisses: « Et les conseils des femmes y seront-ils receuz, lui fit elle? Fais ce que font les medecins, quand les receptes accoustumées ne peuvent servir: ils en essayent de contraires. Par severité tu n'as jusques à cette heure rien profité: Lepidus a suivy Salvidienus; Murena, Lepidus; Cæpio, Murena; Egnatius, Cæpio. Commence à experimenter comment te succederont la douceur et la clemence. Cinna est convaincu: pardonne luy; de te nuire desormais il ne pourra, et profitera à ta gloire. »

Auguste fut bien ayse d'avoir trouvé un Advocat de son humeur, et, ayant remercié sa femme et contremandé ses amis qu'il avoit assignez au Conseil, commanda qu'on fit venir à luy Cinna tout seul; et, ayant fait sortir tout le monde de sa chambre et fait donner un siege à Cinna, il lui parla en cette maniere: « En premier lieu je te demande, Cinna, paisible audience. N'interrons pas mon parler, je te donneray temps et loisir d'y respondre. Tu sçais, Cinna, que t'ayant pris au camp de mes ennemis, non seulement t'estant faict mon ennemy, mais estant né tel, je te sauvay, je te mis entre mains tous tes biens, et t'ay en fin rendu si accommodé et si aisé, que les victorieux sont envieux de la condition du vaincu. L'office du sacerdoce que tu me

demandas, je te l'ottroiay, l'ayant refusé à d'autres, desquels les peres avoyent tousjours combatu avec moy.
T'ayant si fort obligé, tu as entrepris de me tuer.» A quoy
Cinna s'estant escrié, qu'il estoit bien esloigné d'une si
meschante pensée: « Tu ne me tiens pas, Cinna, ce que tu
m'avois promis, suyvit Auguste; tu m'avois asseuré que
je ne serois pas interrompu: ouy, tu as entrepris de me
tuer, en tel lieu, tel jour, en telle compagnie, et de telle
façon. » Et le voyant transi de ces nouvelles, et en silence,
non plus pour tenir le marché de se taire, mais de la presse
de sa conscience: « Pourquoy, adjouta-il, le fais tu? Est-
ce pour estre Empereur? Vrayement il va bien mal à la
chose publique, s'il n'y a que moy qui t'empesche d'arriver à l'Empire. Tu ne peus pas seulement deffendre ta
maison, et perdis dernierement un procez par la faveur
d'un simple libertin. Quoy, n'as tu moyen ny pouvoir en
autre chose, qu'à entreprendre Cæsar? Je le quitte, s'il n'y
a que moy qui empesche tes esperances. Penses tu que
Paulus, que Fabius, que les Cosseens et Serviliens te souffrent? et une si grande trouppe de nobles, non seulement
nobles de nom, mais qui par leur vertu honorent leur
noblesse? » Après plusieurs autres propos (car il parla à
luy plus de deux heures entieres): « Or va, luy dit-il; je
te donne, Cinna, la vie, à traistre et à parricide, que je te
donnay autres-fois à ennemy: que l'amitié commence de
ce jourd'huy entre nous; essayons qui de nous deux, de
meilleure foy, moy t'aye donné ta vie, ou tu l'ayes
receüe. »

Et se despartit d'avec lui en cette maniere. Quelque
temps après il lui donna le consulat, se pleignant dequoy
il ne le luy avoit osé demander. Il l'eut depuis pour fort
amy et fut seul faict par luy heritier de ses biens. Or depuis
cet accidant, qui advint à Auguste au quarantiesme an de
son aage, il n'y eut jamais de conjuration ny d'entreprinse
contre luy et receut une juste recompense de cette sienne
clemence[1]. Mais il n'en advint pas de mesmes au nostre:
car sa douceur ne le sceut garentir qu'il ne cheut depuis
aux lacs de pareille trahison[2]. Tant c'est chose vaine et
frivole que l'humaine prudence; et au travers de tous nos
projects, de nos conseils et precautions, la fortune maintient tousjours la possession des evenemens.

Nous appellons les medecins heureux, quand ils arrivent à quelque bonne fin; comme s'il n'y avoit que leur

art, qui ne se peut maintenir d'elle mesme, et qui euſt les
fondemens trop frailes pour s'appuyer de sa propre force;
et comme s'il n'y avoit qu'elle, qui aye besoin que la fortune preſte la main à ses operations. Je croy d'elle tout le
pis ou le mieux qu'on voudra. Car nous n'avons, Dieu
mercy, nul commerce ensemble; je suis au rebours des
autres, car je la mesprise bien tousjours; mais quand je
suis malade, au lieu d'entrer en composition, je commence encore à la haïr et à la craindre; et respons à ceux
qui me pressent de prendre medecine, qu'ils attendent au
moins que je sois rendu à mes forces et à ma santé, pour
avoir plus de moyen de soustenir l'effort et le hazart de
leur breuvage. Je laisse faire nature, et presuppose qu'elle
se soit pourveüe de dents et de griffes, pour se deffendre
des assaux qui luy viennent, et pour maintenir cette contexture, dequoy elle fuit la dissolution. Je crain, au lieu
de l'aller secourir, ainsi comme elle eſt aux prises bien
eſtroites et bien jointes avec la maladie, qu'on secoure son
adversaire au lieu d'elle, et qu'on la recharge de nouveaux
affaires.

Or je dy que, non en la medecine seulement, mais en
plusieurs arts plus certaines, la fortune y a bonne part. Les
saillies poëtiques, qui emportent leur autheur et le ravissent hors de soy, pourquoy ne les attribuerons nous à son
bonheur ? puis qu'il confesse luy mesme qu'elles surpassent
sa suffisance et ses forces, et les reconnoit venir d'ailleurs
que de soy, et ne les avoir aucunement en sa puissance;
non plus que les orateurs ne disent avoir en la leur
ces mouvemens et agitations extraordinaires, qui les
poussent au delà de leur dessein[1]. Il en eſt de mesmes en
la peinture, qu'il eschappe par fois des traits de la main du
peintre, surpassans sa conception et sa science, qui le
tirent luy mesmes en admiration et qui l'eſtonnent. Mais
la fortune montre bien encores plus evidemment la part
qu'elle a en tous ces ouvrages, par les graces et beautez
qui s'y treuvent, non seulement sans l'intention, mais
sans la cognoissance mesme de l'ouvrier. Un suffisant lecteur descouvre souvant ès escrits d'autruy des perfeations
autres que celles que l'autheur y a mises et apperceües, et
y preſte des sens et des visages plus riches.

Quant aux entreprinses militaires, chacun void comment la fortune y a bonne part. En nos conseils mesmes
et en nos deliberations, il faut certes qu'il y ait du sort et

du bonheur meslé parmy; car tout ce que nostre sagesse
peut, ce n'est pas grand chose; plus elle est aiguë et vive,
plus elle trouve en soy de foiblesse, et se deffie d'autant
plus d'elle mesme. Je suis de l'advis de Sylla[1]; et quand
je me prens garde de prez aux plus glorieux exploicts de
la guerre, je voi, ce me semble, que ceux qui les conduisent n'y emploient la deliberation et le conseil que par
acquit, et que la meilleure part de l'entreprinse ils l'abandonnent à la fortune, et, sur la fiance qu'ils ont à son
secours, passent à tous les coups au delà des bornes de
tout discours. Il survient des allegresses fortuites et des
fureurs estrangeres parmy leurs deliberations, qui les
poussent le plus souvent à prendre le party le moins
fondé en apparence, et qui grossissent leur courage au-
dessus de la raison. D'où il est advenu à plusieurs grands
Capitaines anciens, pour donner credit à ces conseils
temeraires, d'aleguer à leurs gens qu'ils y estoyent conviez par quelque inspiration, par quelque signe et prognostique.

Voylà pourquoy, en cette incertitude et perplexité que
nous aporte l'impuissance de voir et choisir ce qui
est le plus commode, pour les difficultez que les divers
accidens et circonstances de chaque chose tirent, le plus
seur, quand autre consideration ne nous y convieroit, est,
à mon advis, de se rejetter au parti où il y a plus d'honnesteté et de justice; et puis qu'on est en doute du plus
court chemin, tenir tousjours le droit[2]; comme, en ces
deux exemples, que je vien de proposer, il n'y a point de
doubte, qu'il ne fut plus beau et plus genereux à celuy qui
avoit receu l'offence, de la pardonner, que s'il eust fait
autrement. S'il en est mes-advenu au premier, il ne s'en
faut pas prendre à ce sien bon dessein; et ne sçait on,
quand il eust pris le party contraire, s'il eust eschapé la fin
à laquelle son destin l'appeloit[3]; et si, eust perdu la gloire
d'une si notable bonté.

Il se void dans les histoires force gens en cette crainte,
d'où la plus part ont suivi le chemin de courir au devant
des conjurations qu'on faisoit contr'eux, par vengeance
et par supplices; mais j'en voy fort peu ausquels ce
remede ait servy, tesmoing tant d'Empereurs Romains[4].
Celuy qui se trouve en ce dangier ne doibt pas beaucoup
esperer ny de sa force, ny de sa vigilance. Car combien est-
il mal aisé de se garentir d'un ennemy, qui est couvert du

visage du plus officieux amy que nous ayons? et de connoistre les volontez et pensemens interieurs de ceux
qui nous assistent? Il a beau employer des nations
estrangieres pour sa garde et estre tousjours ceint d'une
haye d'hommes armez: quiconque aura sa vie à mespris, se
rendra tousjours maistre de celle d'autruy[1]. Et puis ce
continuel soupçon, qui met le Prince en doute de tout le
monde, luy doit servir d'un merveilleux tourment.

(b) Pourtant, Dion[2], estant adverty que Callipus espioit
les moyens de le faire mourir, n'eust jamais le cœur d'en
informer, disant qu'il aymoit mieux mourir que vivre en
cette misere, d'avoir à se garder non de ses ennemys
seulement, mais aussi de ses amis. Ce qu'Alexandre representa bien plus vivement par effect, et plus roidement,
quand ayant eu advis par une lettre de Parmenion, que
Philippus, son plus cher medecin, estoit corrompu par
l'argent de Darius pour l'empoisonner, en mesme temps
qu'il donnoit à lire sa lettre à Philippus, il avala le bru-
vage qu'il luy avoit presenté[3]. Fut ce pas exprimer cette
resolution, que, si ses amys le vouloient tuer, il consentoit qu'ils le peussent faire? Ce prince est le souverain
patron des actes hazardeux; mais je ne sçay s'il y a traict
en sa vie, qui ayt plus de fermeté que cestuy-cy, ny une
beauté illustre par tant de visages.

Ceux qui preschent aux princes la deffiance si attentive,
soubs couleur de leur prescher leur seurté, leur preschent
leur ruyne et leur honte. Rien de noble ne se faict sans
hazard. J'en sçay un[4], *(c)* de courage très martial de sa
complexion, et entreprenant, *(b)* de qui tous les jours on
corrompt la bonne fortune par telles persuasions: qu'il se
resserre entre les siens, qu'il n'entende à aucune reconciliation de ses anciens ennemys, se tienne à part, et ne se
commette entre mains plus fortes, quelque promesse
qu'on luy face, quelque utilité qu'il y voye. *(c)* J'en sçay
un autre[5], qui a inesperement advancé sa fortune, pour
avoir pris conseil tout contraire. La hardiesse, dequoy ils
cherchent si avidement la gloire, se represente, quand il
est besoin, aussi magnifiquement en pourpoint qu'en
armes, en un cabinet qu'en un camp, le bras pendant que
le bras levé. *(b)* La prudence si tendre et circonspecte est
mortelle ennemye de hautes executions. *(c)* Scipion
sceut[6], pour pratiquer la volonté de Syphax, quittant son
armée et abandonnant l'Espaigne, doubteuse encore sous

sa nouvelle conqueſte, passer en Afrique dans deux simples vaisseaux, pour se commettre en terre ennemie, à la
puissance d'un Roy barbare, à une foy incognue, sans
obligation, sans hoſtage, sous la seule seureté de la
grandeur de son propre courage, de son bon heur et de la
promesse de ses hautes esperances: « *habita fides ipsam
plerumque fidem obligat*[1]. »

(b) A une vie ambitieuse et fameuse il faut, au rebours,
preſter peu et porter la bride courte aux soubçons; la
crainte et la deffiance attirent l'offence et la convient. Le
plus deffiant de nos Roys[2] eſtablit ses affaires, principallement pour avoir volontairement abandonné et commis
sa vie et sa liberté entre les mains de ses ennemis, montrant avoir entiere fiance d'cux, affin qu'ils la prinsent de
luy. A ses legions, mutinées et armées contre luy, Cæsar
opposoit seulement l'authorité de son visage et la fierté
de ses paroles; et se fioit tant à soy et à sa fortune, qu'il ne
craingnoit point de l'abandonner et commettre à une
armée seditieuse et rebelle.

*(c) Stetit aggere fulti
Cespitis, intrepidus vultu, meruitque timeri
Nil metuens*[3].

(b) Mais il eſt bien vray que cette forte asseurance ne
se peut representer bien entiere et naifve, que par ceux
ausquels l'imagination de la mort et du pis qui peut advenir après tout, ne donne point d'effroy; car de la presenter tremblante, encore doubteuse et incertaine, pour le
service d'une importante reconciliation, ce n'eſt rien
faire qui vaille. C'eſt un excellent moyen de gaigner le
cœur et volonté d'autruy, de s'y aller soubsmettre et fier,
pourveu que ce soit librement et sans contrainte d'aucune
necessité, et que ce soit en condition qu'on y porte une
fiance pure et nette, le front au moins deschargé de tout
scrupule. Je vis en mon enfance un Gentil-homme, commandant à une grande ville, empressé à l'esmotion d'un
peuple furieux[4]. Pour eſteindre ce commencement de
trouble, il print party de sortir d'un lieu très-asseuré où
il eſtoit, et se rendre à cette tourbe mutine; d'où mal luy
print, et y fut miserablement tué. Mais il ne me semble pas
que sa faute fut tant d'eſtre sorty, ainsi qu'ordinairement
on le reproche à sa memoire, comme ce fut d'avoir pris
une voye de soubmission et de mollesse, et d'avoir voulu

endormir cette rage, plustost en suivant que en guidant, et en requerant plustost qu'en remontrant; et estime que une gracieuse severité, avec un commandement militaire plein de securité, de confiance, convenable à son rang et à la dignité de sa charge, luy eust mieux succédé, au moins avec plus d'honneur et de bien-seance. Il n'est rien moins esperable de ce monstre ainsin agité, que l'humanité et la douceur; il recevra bien plus tost la reverence et la crainte. Je luy reprocherois aussi, qu'ayant pris une resolution en armes, plustost brave, à mon gré, que temeraire de se jetter foible et en pourpoint emmy cette mer tempestueuse d'hommes insensez, il la devoit avaller toute, et n'abandonner ce personnage, là où il luy advint, après avoir recogneu le danger de près, de[1] saigner du nez et d'alterer encore despuis cette contenance desmise et flatteuse qu'il avoit entreprinse, en une contenance effraïée; chargeant sa voix et ses yeux d'estonnement et de penitence. Cerchant à conniller et se desrober, il les enflamma et appela sur soy.

On deliberoit de faire une montre generalle de diverses trouppes en armes (c'est le lieu des vengeances secretes, et n'est point où, en plus grande seurté, on les puisse exercer); il y avoit publiques et notoires apparences qu'il n'y faisoit pas fort bon pour aucuns, ausquels touchoit la principalle et necessaire charge de les recognoistre. Il s'y proposa divers conseils, comme en chose difficile et qui avoit beaucoup de poids et de suyte. Le mien fut, qu'on evitast sur tout de donner aucun tesmoignage de ce doubte, et qu'on s'y trouvast et meslast parmy les files, la teste droicte et le visage ouvert, et qu'au lieu d'en retrancher aucune chose (à quoy les autres opinions visoyent le plus), qu'au contraire on sollicitast les capitaines d'advertir les soldats de faire leurs salves belles et gaillardes en l'honneur des assistans, et n'espargner leur poudre. Cela servit de gratification envers ces troupes suspectes, et engendra dés lors en avant une mutuelle et utile confience[2].

(a) La voye qu'y tint Julius Cæsar, je trouve que c'est la plus belle qu'on y puisse prendre. Premierement il essaya, par clemence et douceur, à se faire aymer de ses ennemis mesmes, se contentant, aux conjurations que luy estoient descouvertes, de declarer simplement qu'il en estoit adverty; cela faict, il print une très-noble resolution d'attendre, sans effroy et sans solicitude, ce qui luy en pourroit advenir, s'abandonnant et se remettant à la garde des dieux et de la fortune; car certainement c'est l'estat où il estoit quand il fut tué[1].

(b) Un estranger, ayant dict et publié par tout qu'il pourroit instruire Dionysius, Tyran de Syracuse, d'un moyen de sentir et descouvrir en toute certitude les parties que ses subjets machineroyent contre luy, s'il luy vouloit donner une bonne piece d'argent, Dionysius, en estant adverty, le fit appeler à soy pour l'esclarcir d'un art si necessaire à sa conservation; cet estrangier luy dict qu'il n'y avoit pas d'autre art, sinon qu'il luy fit delivrer un talent et se ventast d'avoir apris de luy un singulier secret. Dionysius trouva cette invention bonne et luy fit compter six cens escus. Il n'estoit pas vray-semblable qu'il eust donné si grande somme à un homme incogneu, qu'en recompense d'un très-utile aprentissage; et servoit cette reputation à tenir ses ennemis en crainte. Pourtant, les Princes sagement publient les advis qu'ils reçoivent des menées qu'on dresse contre leur vie, pour faire croire qu'ils sont bien advertis et qu'il ne se peut rien entreprendre dequoy ils ne sentent le vent[2]. *(c)* Le duc d'Athenes fit plusieurs sottises en l'establissement de sa fresche tyrannie sur Florence; mais cette-cy la plus notable, qu'ayant reçeu le premier advis des monopoles que ce peuple dressoit contre luy, par Mattheo di Morozo, complice d'icelles, il le fit mourir, pour supprimer cet advertissement et ne faire sentir qu'aucun en la ville se peut ennuïer de son juste gouvernement[3].

(a) Il me souvient avoir leu[4] autrefois l'histoire de quelque Romain, personnage de dignité, lequel, fuyant la tyrannie du Triumvirat, avoit eschappé mille fois les mains de ceux qui le poursuivoyent, par la subtilité de ses inventions. Il advint un jour, qu'une troupe de gens de cheval, qui avoit charge de le prendre, passa tout joignant un halier où il s'estoit tapy, et faillit de le descouvrir; mais luy, sur ce point là, considerant la peine et les difficultez ausquelles il avoit desjà si long temps duré, pour se sauver des continuelles et curieuses recherches qu'on faisoit de luy par tout, le peu de plaisir qu'il pouvoit esperer d'une telle vie, et combien il luy valoit mieux passer une fois le pas que demeurer tousjours en cette transe, luy mesme les r'apella et leur trahit sa cachete,

s'abandonnant volontairement à leur cruauté, pour oster eux et luy d'une plus longue peine. D'appeller les mains ennemies, c'est un conseil un peu gaillard; si croy-je qu'encore vaudroit-il mieux le prendre que de demeurer en la fievre continuelle d'un accident qui n'a point de remede. Mais, puisque les provisions qu'on y peut aporter sont pleines d'inquietude et d'incertitude, il vaut mieux d'une belle asseurance se preparer à tout ce qui en pourra advenir et tirer quelque consolation de ce qu'on n'est pas asseuré qu'il advienne.

CHAPITRE XXV

DU PEDANTISME

(a) J E me suis souvent despité, en mon enfance, de voir és comedies Italiennes tousjours un pedante pour badin et le surnom de magister n'avoir guiere plus honorable signification parmy nous. Car, leur estant donné en gouvernement et en garde, que pouvois-je moins faire que d'estre jalous de leur reputation? Je cherchois bien de les excuser par la disconvenance naturelle qu'il y a entre le vulgaire et les personnes rares et excellentes en jugement et en sçavoir; d'autant qu'ils vont un train entierement contraire les uns des autres. Mais en cecy perdois je mon latin, que les plus galans hommes c'estoient ceux qui les avoyent le plus à mespris, tesmoing nostre bon du Bellay:

Mais je hay par sur tout un sçavoir pedantesque[1].

(b) Et est cette coustume ancienne; car Plutarque[2] dit que Grec et escholier estoient mots de reproche entre les Romains, et de mespris.

(a) Depuis, avec l'aage, j'ay trouvé qu'on avoit une grandissime raison, et que « *magis magnos clericos non sunt magis magnos sapientes*[3] ». Mais d'où il puisse advenir qu'une ame riche de la connoissance de tant de choses n'en devienne pas plus vive et plus esveillée, et qu'un esprit grossier et vulgaire puisse loger en soy, sans s'amender, les discours et les jugemens des plus excellens esprits que le monde ait porté, j'en suis encore en doute.

(b) A recevoir tant de cervelles estrangeres, et si fortes, et si grandes, il est necessaire (me disoit une fille, la premiere de nos Princesses[1], parlant de quelqu'un), que la sienne se foule, se contraingne et rapetisse, pour faire place aux autres.

(a) Je dirois volontiers que, comme les plantes s'estouffent de trop d'humeur[2], et les lampes de trop d'huile; aussi l'action de l'esprit par trop d'estude et de matiere, lequel, saisi et embarrassé d'une grande diversité de choses, perde le moyen de se desmesler; et que cette charge le tienne courbe et croupi. Mais il en va autrement; car nostre ame s'eslargit d'autant plus qu'elle se remplit; et aux exemples des vieux temps il se voit, tout au rebours, des suffisans hommes aux maniemens des choses publiques, des grands capitaines et grands conseillers[3] aux affaires d'estat avoir esté ensemble très-sçavans.

Et, quant aux philosophes retirez de toute occupation publique, ils ont esté aussi quelque fois, à la verité, mesprisez par la liberté Comique de leur temps, *(c)* leurs opinions et façons les rendant ridicules[4]. Les voulez-vous faire juges des droits d'un procès, des actions d'un homme? Ils en sont bien prests! Ils cerchent encore s'il y a vie, s'il y a mouvement, si l'homme est autre chose qu'un bœuf; que c'est qu'agir et souffrir; quelles bestes ce sont que loix et justice. Parlent ils du magistrat, ou parlent ils à luy? C'est d'une liberté irreverente et incivile. Oyent ils louer leur prince ou un roy? c'est un pastre pour eux, oisif comme un pastre, occupé à pressurer et tondre ses bestes, mais bien plus rudement qu'un pastre. En estimez vous quelqu'un plus grand, pour posseder deux mille arpens de terre? eux s'en mocquent, accoustumez d'embrasser tout le monde comme leur possession. Vous ventez-vous de vostre noblesse pour compter sept ayeulx riches? ils vous estiment de peu, ne concevant l'image universelle de nature, et combien chascun de nous a eu de predecesseurs: riches, pauvres, roys, valets, Grecs et barbares. Et quand vous seriez cinquantiesme descendant de Hercules, ils vous trouvent vain de faire valoir ce present de la fortune. Ainsi les desdeignoit le vulgaire, comme ignorans les premieres choses et communes, comme presomptueux et insolens. Mais cette peinture Platonique[5] est bien esloignée de celle qu'il faut à noz gens. *(a)* On envioit ceux là comme estans au dessus de la commune façon, comme mesprisans les actions publiques, comme ayans dressé une vie particuliere et inimitable, reglée à certains discours hautains et hors d'usage. Ceux-cy on les desdeigne, comme estans au dessoubs de la commune façon, comme incapables des charges publiques, comme trainans une vie et des meurs basses et viles après le vulgaire.

(c) Odi homines ignava opera, philosopha sententia[1].

(a) Quant à ces philosophes, dis-je, comme ils estoient grands en science, ils estoient encore plus grands en tout'-action. Et tout ainsi qu'on dit de ce Geometrien de Siracuse[2], lequel, ayant esté destourné de sa contemplation pour en mettre quelque chose en practique à la deffence de son païs, qu'il mit soudain en train des engins espouvantables et des effets surpassans toute creance humaine, desdaignant toutefois luy mesme toute cette sienne manufacture, et pensant en cela avoir corrompu la dignité de son art, de laquelle ses ouvrages n'estoient que l'aprentissage et le jouet[3]; aussi eux, si quelquefois on les a mis à la preuve de l'action, on les a veu voler d'une aisle si haute, qu'il paroissoit bien leur cœur et leur ame s'estre merveilleusement grossie et enrichie par l'intelligence des choses. Mais *(c)* aucuns, voyants la place du gouvernement politique saisie par hommes incapables, s'en sont reculés; et celuy qui demanda à Crates jusques à quand il faudroit philosopher, en receut cette responce: « Jusques à tant que ce ne soient plus des asniers qui conduisent noz armées[4]. » Heraclitus resigna la royauté à son frere; et aux Ephesiens qui luy reprochoient à quoy il passoit son temps à jouer avec les enfans devant le temple: « Vaut-il pas mieux faire cecy, que gouverner les affaires en vostre compagnie[5]? » *(a)* D'autres, ayant leur imagination logée au dessus de la fortune et du monde, trouverent les sieges de la justice et les thrones mesmes des Roys, bas et viles. *(c)* Et refusa Empedocles la Royauté que les Agrigentins luy offrirent[6]. *(a)* Thales accusant quelque fois le soing du mesnage et de s'enrichir, on luy reprocha que c'estoit à la mode du renard, pour n'y pouvoir advenir. Il luy print envie, par passetemps, d'en montrer l'experience; et, ayant pour ce coup ravalé son sçavoir au service du proffit et du gain, dressa une trafique, qui dans un an rapporta

telles richesses, qu'à peine en toute leur vie les plus experimentez de ce meſtier là en pouvoient faire de pareilles[1].

(c) Ce qu'Ariſtote recite[2] d'aucuns qui appelloyent et
celuy-là et Anaxagoras et leurs semblables, sages et non
prudens, pour n'avoir assez de soing des choses plus
utiles, outre ce que je ne digere pas bien cette difference
de mots, cela ne sert point d'excuse à mes gens; et, à voir
la basse et necessiteuse fortune dequoy ils se payent, nous
aurions pluſtoſt occasion de prononcer tous les deux,
qu'ils sont et non sages et non prudents.

(a) Je quitte cette premiere raison, et croy qu'il vaut
mieux dire que ce mal vienne de leur mauvaise façon de
se prendre aux sciences; et qu'à la mode dequoy nous
sommes inſtruiĉts, il n'eſt pas merveille si ny les escholiers, ny les maiſtres n'en deviennent pas plus habiles,
quoy qu'ils s'y facent plus doĉtes. De vray, le soing et la
despence de nos peres[3] ne vise qu'à nous meubler la teſte
de science; du jugement et de la vertu, peu de nouvelles.
(c) Criez d'un passant à noſtre peuple: « O le sçavant
homme! » Et d'un autre: « O le bon homme[4]! » Il ne voudra pas de tourner les yeux et son respeĉt vers le premier. Il y faudroit un tiers crieur: « O les lourdes teſtes! »
(a) Nous nous enquerons volontiers: « Sçait-il du Grec
ou du Latin? escrit-il en vers ou en prose? » Mais s'il eſt
devenu meilleur ou plus advisé, c'eſtoit le principal, et
c'eſt ce qui demeure derriere. Il falloit s'enquerir qui eſt
mieux sçavant, non qui eſt plus sçavant[5].

Nous ne travaillons qu'à remplir la memoire, et laissons l'entendement *(c)* et la conscience *(a)* vuide. Tout
ainsi que les oyseaux vont quelquefois à la queſte du
grein et le portent au bec sans le taſter, pour en faire
bechée à leurs petits, ainsi nos pedantes vont pillotant la
science dans les livres, et ne la logent qu'au bout de leurs
lévres, pour la dégorger seulement et mettre au vent[6].

(c) C'eſt merveille combien proprement la sottise se
loge sur mon exemple. Eſt-ce pas faire de mesme, ce que
je fay en la plupart de cette composition? Je m'en vay
escorniflant par cy par là des livres les sentences qui me
plaisent, non pour les garder, car je n'ay point de gar-
doires[7], mais pour les transporter en cettuy-cy, où, à vray
dire, elles ne sont plus miennes qu'en leur premiere place.
Nous ne sommes, ce croy-je, sçavants que de la science
presente, non de la passée, aussi peu que de la future.

(a) Mais, qui pis est, leurs escholiers et leurs petits ne s'en nourrissent et alimentent non plus; ains elle passe de main en main, pour cette seule fin d'en faire parade, d'en entretenir autruy, et d'en faire des contes, comme une vaine monnoye inutile à tout autre usage et emploite qu'à compter et jetter.

(c) « *Apud alios loqui didicerunt, non ipsi secum*[1]. » — « *Non est loquendum, sed gubernandum*[2]. »

Nature, pour montrer qu'il n'y a rien de sauvage en ce qui est conduit par elle, faict naistre és nations moins cultivées par art des productions d'esprit souvent, qui luittent les plus artistes productions[3]. Comme sur mon propos, le proverbe Gascon est-il delicat: « *Bouha prou bouhamas a remuda lous dits qu'em*[4] : *souffler prou souffler, mais nous en sommes à remuer les doits* », tiré d'une chalemie.

(a) Nous sçavons dire: « Cicero dit ainsi; voilà les meurs de Platon; ce sont les mots mesmes d'Aristote. » Mais nous, que disons nous nous mesmes? que jugeons nous? que faisons-nous? Autant en diroit bien un perroquet. Cette façon me fait souvenir de ce riche Romain[5], qui avoit esté soigneux, à fort grande despence, de recouvrer des hommes suffisans en tout genre de sciences, qu'il tenoit continuellement autour de luy, affin que, quand il escherroit entre ses amis quelque occasion de parler d'une chose ou d'autre, ils supplissent sa place et fussent tous prets à luy fournir, qui d'un discours, qui d'un vers d'Homere, chacun selon son gibier; et pensoit ce sçavoir estre sien par ce qu'il estoit en la teste de ses gens; et comme font aussi ceux desquels la suffisance loge en leurs somptueuses librairies.

(c) J'en cognoy à qui, quand je demande ce qu'il sçait, il me demande un livre pour me le montrer; et n'oseroit me dire qu'il a le derriere galeux, s'il ne va sur le champ estudier en son lexicon, que c'est que galeux, et que c'est que derriere.

(a) Nous prenons en garde les opinions et le sçavoir d'autruy, et puis c'est tout. Il les faut faire nostres. Nous semblons proprement celuy qui, ayant besoing de feu, en iroit querir chez son voisin, et, y en ayant trouvé un beau et grand, s'arresteroit là à se chauffer, sans plus se souvenir d'en raporter chez soy[6]. Que nous sert-il d'avoir la panse pleine de viande, si elle ne se digere? si elle ne se trans-forme en nous? si elle ne nous augmente et fortifie?

Pensons nous que Lucullus, que les lettres rendirent et formerent si grand capitaine sans l'experience, les eut prises à nostre mode[1]?

(b) Nous nous laissons si fort aller sur les bras d'autruy, que nous aneantissons nos forces. Me veus-je armer contre la crainte de la mort? c'est aux depens de Seneca[2]. Veus-je tirer de la consolation pour moy, ou pour un autre? je l'emprunte de Cicero[3]. Je l'eusse prise en moy-mesme, si on m'y eust exercé. Je n'ayme point cette suffisance relative et mendiée.

(a) Quand bien nous pourrions estre sçavans du sçavoir d'autruy, au moins sages ne pouvons nous estre que de nostre propre sagesse.

Μίσω σοφιστὴν, ὅστις οὐχ αὐτῷ σοφός[4].

(c) « *Ex quo Ennius : Nequicquam sapere sapientem, qui ipse sibi prodesse non quiret*[5]. »

(b) si cupidus, si
Vanus et Euganea quamtumvis vilior agna[6].

(c) « *Non enim paranda nobis solum, sed fruenda sapientia est*[7]. »

Dionysius[8] se moquoit des grammariens qui ont soing de s'enquerir des maux d'Ulysses, et ignorent les propres; des musiciens qui accordent leur fleutes et n'accordent pas leurs meurs; des Orateurs qui estudient à dire justice, non à la faire[9].

(a) Si nostre ame n'en va un meilleur bransle, si nous n'en avons le jugement plus sain, j'aymeroy aussi cher que mon escholier eut passé le temps à jouer à la paume; au moins le corps en seroit plus allegre. Voyez le revenir de là, après quinze ou seize ans employez : il n'est rien si mal propre à mettre en besongne. Tout ce que vous y recognoissez d'avantage, c'est que son Latin et son Grec l'ont rendu plus fier et plus outrecuidé qu'il n'estoit party de la maison. *(c)* Il en devoit rapporter l'ame pleine, il ne l'en rapporte que bouffie; et l'a seulement enflée au lieu de la grossir.

Ces maistres icy, comme Platon dit[10] des sophistes, leurs germains, sont de tous les hommes ceux qui promettent d'estre les plus utiles aux hommes, et, seuls entre tous les hommes, qui non seulement n'amendent point ce qu'on leur commet, comme fait un charpentier et un masson, mais l'empirent, et se font payer de l'avoir empiré.

Si la loi que Protagoras proposoit à ses disciples estoit suivie[1]: ou qu'ils le payassent selon son mot, ou qu'ils jurassent au temple combien ils estimoient le profit qu'ils avoient receu de ses disciplines, et selon iceluy satisfissent sa peine, mes pédagogues se trouveroient chouez, s'estant remis au serment de mon experience[2].

(a) Mon vulgaire Perigordin appelle fort plaisamment « Lettreferits » ces sçavanteaux, comme si vous disiez « lettre-ferus », ausquels les lettres ont donné un coup de marteau, comme on dict. De vray, le plus souvent ils semblent estre ravalez, mesmes du sens commun. Car le paisant et le cordonnier, vous leur voiez aller simplement et naïfvement leur train, parlant de ce qu'ils sçavent; ceux cy, pour se vouloir eslever et gendarmer de ce sçavoir qui nage en la superficie de leur cervelle, vont s'ambarrassant et enpestrant sans cesse. Il leur eschappe de belles parolles, mais qu'un autre les accommode. Ils cognoissent bien Galien, mais nullement le malade. Ils vous ont desjà rempli la teste de loix, et si n'ont encore conçeu le nœud de la cause. Ils sçavent la theorique de toutes choses, cherchez qui la mette en practique.

J'ay veu chez moy un mien amy, par maniere de passe-temps, ayant affaire à un de ceux cy, contrefaire un jargon de galimathias, propos sans suite, tissu de pieces rapportées, sauf qu'il estoit souvent entrelardé de mots propres à leur dispute, amuser ainsi tout un jour ce sot à debatre, pensant tousjours respondre aux objections qu'on luy faisoit; et si estoit homme de lettres et de reputation, *(b)* et qui avoit une belle robe.

> *Vos, ô patritius sanguis, quos vivere par est*
> *Occipiti cæco, posticæ occurrite sannæ[3].*

(a) Qui regardera de bien près à ce genre de gens, qui s'estend bien loing, il trouvera, comme moy, que le plus souvent ils ne s'entendent, ny autruy, et qu'ils ont la souvenance assez pleine, mais le jugement entierement creux, sinon que leur nature d'elle mesme le leur ait autrement façonné; comme j'ay veu Adrianus Turnebus[4], qui, n'ayant faict autre profession que des lettres, en laquelle c'estoit, à mon opinion, le plus grand homme qui fut il y a mil'ans, n'avoit toutesfois rien de pedantesque que le

port de sa robe, et quelque façon externe, qui pouvoit
n'estre pas civilisée à la courtisane, qui sont choses de
neant. *(b)* Et hai nos gens qui supportent plus malayse-
ment une robe qu'une ame de travers, et regardent à sa
reverence, à son maintien et à ses bottes, quel homme il
est[1]. *(a)* Car au dedans c'estoit l'ame la plus polie du
monde. Je l'ay souvent à mon esciant jetté en propos
eslongnez de son usage; il y voyoit si cler, d'une apprehension si prompte, d'un jugement si sain, qu'il sembloit
qu'il n'eut jamais faict autre mestier que la guerre et
affaires d'Estat. Ce sont natures belles et fortes,

(b)queis arte benigna
Et meliore luto finxit præcordia Titan[2],

(a) qui se maintiennent au travers d'une mauvaise institution. Or ce n'est pas assez que nostre institution ne nous
gaste pas, il faut qu'elle nous change en mieux.

Il y a aucuns de nos Parlemens, quand ils ont à recevoir des officiers, qui les examinent seulement sur la
science; les autres y adjoutent encores l'essay du sens, en
leur presentant le jugement de quelque cause. Ceux cy me
semblent avoir un beaucoup meilleur stile; et encore que
ces deux pieces soyent necessaires et qu'il faille qu'elles
s'y trouvent toutes deux, si est-ce qu'à la verité celle du
sçavoir est moins prisable que celle du jugement. Cette cy
se peut passer de l'autre, et non l'autre de cette cy. Car,
comme dict ce vers grec,

Ὡς οὐδὲν ἡ μάθησις, ἤν μὴ νοῦς παρῇ[3],

à quoy faire la science, si l'entendement n'y est? Pleut à
Dieu que pour le bien de nostre justice ces compagnies là
se trouvassent aussi bien fournies d'entendement et de
conscience, comme elles sont encore de science! *(c)* « *Non
vitæ sed scholæ discimus[4].* » *(a)* Or il ne faut pas attacher le
sçavoir à l'ame, il l'y faut incorporer[5]; il ne l'en faut pas
arrouser, il l'en faut teindre; et, s'il ne la change, et
meliore son estat imparfaict, certainement il vaut beaucoup mieux le laisser là. C'est un dangereux glaive, et qui
empesche et offence son maistre, s'il est en main foible et
qui n'en sçache l'usage, *(c)* « *ut fuerit melius non didicisse[6]* ».

(a) A l'adventure est ce la cause que et nous et la Theologie ne requerons pas beaucoup de science aux fames, et

que François, Duc de Bretaigne, filz de Jean cinquiesme, comme on luy parla de son mariage avec Isabeau, fille d'Escosse, et qu'on luy adjousta qu'elle avoit esté nourrie simplement et sans aucune instruction de lettres, respondit qu'il l'en aymoit mieux, et qu'une fame estoit assez sçavante quand elle sçavoit mettre difference entre la chemise et le pourpoint de son mary[1].

Aussi ce n'est pas si grande merveille, comme on crie, que nos ancestres n'ayent pas faict grand estat des lettres, et qu'encores aujourd'huy elles ne se trouvent que par rencontre aux principaux conseils de nos Roys; et, si cette fin de s'en enrichir, qui seule nous est aujourd'huy proposée par le moyen de la Jurisprudence, de la Medecine, du pedantisme, et de la Theologie encore, ne les tenoit en credit, vous les verriez sans doubte aussi marmiteuses qu'elles furent onques. Quel dommage, si elles ne nous aprenent ny à bien penser, ny à bien faire? *(c)* « *Postquam docti prodierunt, boni desunt*[2]. »

Toute autre science est dommageable à celuy qui n'a la science de la bonté. Mais la raison que je cherchoys tantost, seroit-elle point aussi de là: que nostre estude en France n'ayant quasi autre but que le proufit, moins de ceux que nature a faict naistre à plus genereux offices que lucratifs, s'adonnant aux lettres, ou si courtement (retirez, avant que d'en avoir prins le goût, à une profession qui n'a rien de commun aveq les livres[3], il ne reste plus ordinairement, pour s'engager tout à faict à l'estude, que les gens de basse fortune qui y questent des moyens à vivre. Et de ces gens là les ames, estant et par nature et par domestique institution et example du plus bas aloy, rapportent faucement le fruit de la science. Car elle n'est pas pour donner jour à l'ame qui n'en a point, n'y pour faire voir un aveugle; son mestier est, non de luy fournir de veuë, mais de la luy dresser, de luy regler ses allures pourveu qu'elle aye de soy les pieds et les jambes droites et capables. C'est une bonne drogue que la science; mais nulle drogue n'est assez forte pour se preserver sans alteration et corruption, selon le vice du vase qui l'estuye. Tel a la veuë claire, qui ne l'a pas droitte; et par consequent void le bien et ne le suit pas; et void la science, et ne s'en sert pas. La principale ordonnance de Platon en sa *Republique*[4], c'est donner à ses citoyens, selon leur nature, leur charge. Nature peut tout et fait tout. Les boiteux

sont mal propres aux exercices du corps; et aux exercices
de l'esprit les ames boiteuses; les baſtardes et vulgaires
sont indignes de la philosophie. Quand nous voyons un
homme mal chaussé, nous disons que ce n'eſt pas merveille, s'il eſt chaussetier. De mesme il semble que l'experience nous offre souvent un medecin plus mal medeciné,
un theologien moins reformé[1], un sçavant moins suffisant que tout autre.

Ariſto Chius[2] avoit anciennement raison de dire que
les philosophes nuisoient aux auditeurs, d'autant que la
plus part des ames ne se trouvent propres à faire leur
profit de telle inſtruction, qui, si elle ne se met à bien, se
met à mal: « *asotos ex Ariſtippi, acerbos ex Zenonis schola
exire*[3]. »

(a) En cette belle inſtitution[4] que Xenophon preſte
aux Perses, nous trouvons qu'ils apprenoient la vertu à
leurs enfans, comme les autres nations font les lettres. *(c)*
Platon dit[5] que le fils aîsné, en leur succession royale,
eſtoit ainsi nourry. Après sa naissance, on le donnoit, non
à des femmes, mais à des Eunuches de la première authorité autour des Roys, à cause de leur vertu. Ceus cy prenoient charge de luy rendre le corps beau et sain, et après
sept ans le duisoient à monter à cheval et aller à la chasse.
Quand il eſtoit arrivé au quatorziesme, ils le deposoient
entre les mains de quatre: le plus sage, le plus juſte, le
plus temperant, le plus vaillant de la nation. Le premier
luy apprenoit la religion; le second à eſtre tousjours veritable; le tiers à se rendre maiſtre des cupiditez; le quart
à ne rien craindre.

(a) C'eſt chose digne de très-grande consideration
que, en cette excellente police de Licurgus[6], et à la vérité
monſtrueuse par sa perfection, si songneuse pourtant de
la nourriture des enfans comme de sa principale charge,
et au giſte mesmes des Muses[7], il s'y face si peu de mention de la doctrine; comme si cette genereuse jeunesse,
desdaignant tout autre joug que de la vertu, on luy aye
deu fournir, au lieu de nos maiſtres de science, seulement
des maiſtres de vaillance, prudence et juſtice, *(c)* exemple
que Platon en ses loix a suivy. *(a)* La façon de leur discipline[8], c'eſtoit leur faire des queſtions sur le jugement
des hommes et de leurs actions; et, s'ils condamnoient et
loüoient ou ce personnage ou ce faict, il falloit raisonner
leur dire, et par ce moyen ils aiguisoient ensemble leur

entendement et apprenoient le droit. Aſtiages[1], en
Xenophon[2], demande à Cyrus[3] conte de sa dernière leçon :
« C'eſt, dict-il, qu'en noſtre escole un grand garçon,
ayant un petit saye, le donna à un de ses compaignons de
plus petite taille, et luy oſta son saye, qui eſtoit plus
grand. Noſtre precepteur m'ayant faict juge de ce different, je jugeay qu'il falloit laisser les choses en cet eſtat, et
que l'un et l'autre sembloit eſtre mieux accommodé en ce
point ; sur quoy il me remontra que j'avois mal fait, car je
m'eſtois arreſté à considerer la bien seance, et il falloit
premierement avoir proveu à la juſtice, qui vouloit que
nul ne fuſt forcé en ce qui luy appartenoit. » Et dict qu'il
en fut foité, tout ainsi que nous sommes en nos vilages
pour avoir oublié le premier Aoriſte de τύπτω[4]. Mon
regent me feroit une belle harengue *in genere Demonſtra-
tivo*[5], avant qu'il me persuadat que son escole vaut celle
là. Ils ont voulu couper chemin ; et, puis qu'il eſt ainsi
que les sciences, lors mesmes qu'on les prent de droit fil,
ne peuvent que nous enseigner la prudence, la prud'-
hommie et la resolution, ils ont voulu d'arrivée mettre
leurs enfans au propre des effects, et les inſtruire non par
ouïr dire, mais par l'essay de l'action, en les formant et
moulant vifvement, non seulement de preceptes et parolles, mais principalement d'exemples et d'œuvres, afin que
ce ne fut pas une science en leur ame, mais sa complexion
et habitude ; que ce ne fut pas un acqueſt mais une naturelle possession. A ce propos, on demandoit à Agesilaus[6]
ce qu'il seroit d'advis que les enfans apprinsent : « Ce
qu'ils doivent faire, eſtants hommes », respondit-il. Ce
n'eſt pas merveille si une telle inſtitution a produit des
effects si admirables.

On alloit, dict-on, aux autres Villes de Grece chercher
des Rhetoriciens, des peintres et des Musiciens ; mais en
Lacedemone, des legislateurs, des magiſtrats et empereurs d'armée. A Athenes on aprenoit à bien dire, et icy
à bien faire ; là, à se desmeler d'un argument sophiſtique,
et à rabattre l'impoſture des mots captieusement entre-
lassez ; icy, à se desmeler des appats de la volupté, et à
rabattre d'un grand courage les menasses de la fortune et
de la mort ; ceux là s'embesongnoient après les parolles ;
ceux cy, après les choses ; là, c'eſtoit une continuelle exercitation de la langue ; icy, une continuelle exercitation de
l'ame. Parquoy il n'eſt pas eſtrange si, Antipater[7] leur

demandant cinquante enfans pour oſtages, ils respondirent, tout au rebours de ce que nous ferions, qu'ils
aymoient mieux donner deux fois autant d'hommes faiĉts,
tant ils eſtimoient la perte de l'education de leur païs.
Quand Agesilaus convie Xenophon d'envoyer nourrir
ses enfans à Sparte, ce n'eſt pas pour y apprendre la Rhetorique ou Dialeĉtique, mais pour apprendre (ce diĉt-il)
la plus belle science qui soit; asçavoir la science d'obeïr et
de commander[1].

(c) Il eſt très-plaisant de voir Socrates, à sa mode, se
moquant de Hippias[2] qui luy recite comment il a gaigné,
specialement en certaines petites villettes de la Sicile,
bonne somme d'argent à regenter, et qu'à Sparte il n'a
gaigné pas un sol: que ce sont gents idiots, qui ne sçaven′
ny mesurer ny compter, ne font eſtat ny de grammaire ny
de rythme, s'amusant seulement à sçavoir la suite des
Roys, eſtablissemens et decadences des eſtats, et tels
fatras de comptes. Et au bout de cela Socrates, luy faisant
advouër par le menu l'excellence de leur forme de gouvernement publique, l'heur et vertu de leur vie, luy laisse
deviner la conclusion de l'inutilité de ses arts.

Les exemples nous apprennent, et en cette martiale
police et en toutes ses semblables, que l'eſtude des sciences
amollit et effemine les courages, plus qu'il ne les fermit et
aguerrit. Le plus fort eſtat qui paroisse pour le present
au monde, eſt celuy des Turcs[3]: peuples également duiĉts
à l'eſtimation des armes et mespris des lettres. Je trouve
Rome plus vaillante avant qu'elle fuſt sçavante. Les plus
belliqueuses nations en nos jours sont les plus grossieres
et ignorantes. Les Scythes, les Parthes, Tamburlan[4] nous
servent à cette preuve. Quand les Gots ravagerent la
Grece, ce qui sauva toutes les librairies d'eſtre passées au
feu, ce fût un d'entre eux qui sema cette opinion, qu'il
faloit laisser ce meuble entier aux ennemis, propre à les
destourner de l'exercice militaire et amuser à des occupations sedentaires et oysives. Quand noſtre Roy Charles
huiĉtieme, sans tirer l'espée du fourreau, se veid maiſtre
du Royaume de Naples et d'une bonne partie de la Toscane, les seigneurs de sa suite attribuerent cette inesperée
facilité de conqueſte à ce que les princes et la noblesse
d'Italie s'amusoient plus à se rendre ingenieux et sçavans que vigoureux et guerriers.

CHAPITRE XXVI

DE L'INSTITUTION DES ENFANS

A Madame Diane de Foix, Contesse de Gurson[1].

(a) JE ne vis jamais pere, pour teigneux ou bossé que fut son fils, qui laissast de l'avoüer. Non pourtant, s'il n'est du tout enyvré de cet'affection, qu'il ne s'aperçoive de sa defaillance; mais tant y a qu'il est sien. Aussi moy[2], je voy, mieux que tout autre, que ce ne sont icy[3] que resveries d'homme qui n'a gousté des sciences que la crouste premiere, en son enfance, et n'en a retenu qu'un general et informe visage: un peu de chaque chose, et rien du tout, à la Françoise. Car, en somme, je sçay qu'il y a une Medecine, une Jurisprudence, quatre parties en la Mathematique[4], et grossierement[5] ce à quoy elles visent. *(c)* Et à l'adventure encore sçay-je la pretention des sciences en general au service de nostre vie. *(a)* Mais, d'y enfoncer plus avant, de m'estre rongé les ongles[6] à l'estude d'Aristote[7], *(c)* monarque de la doctrine moderne, *(a)* ou opiniatré après quelque science, je ne l'ay jamais faict; *(c)* ny n'est art dequoy je sceusse peindre seulement les premiers lineaments. Et n'est enfant des classes moyennes qui ne se puisse dire plus sçavant que moy, qui n'ay seulement pas dequoy l'examiner sur sa premiere leçon, au moins selon icelle. Et, si l'on m'y force, je suis contraint, assez ineptement, d'en tirer quelque matiere de propos universel, sur quoy j'examine son jugement naturel : leçon qui leur est autant incognue, comme à moy la leur.

Je n'ay dressé commerce avec aucun livre solide, sinon Plutarque et Seneque, où je puyse comme les Danaïdes, remplissant et versant sans cesse. J'en attache quelque chose à ce papier; à moy, si peu que rien[8].

(a) L'Histoire, c'est plus mon gibier[9], ou la poësie, que j'ayme d'une particuliere inclination. Car, comme disoit Cleantes[10], tout ainsi que la voix, contrainte dans l'étroit canal d'une trompette, sort plus aiguë et plus forte, ainsi me semble il que la sentence, pressée aux pieds nombreux de la poësie, s'eslance bien plus brusquement et me

fiert d'une plus vive secousse. Quant aux facultez naturelles qui sont en moy, dequoy c'eſt icy l'essay, je les sens
flechir sous la charge. Mes conceptions et mon jugement
ne marche qu'à taſtons, chancelant, bronchant et chopant; et quand je suis allé le plus avant que je puis, si ne
me suis-je aucunement satisfaict; je voy encore du païs au
delà, mais d'une veuë trouble et en nuage, que je ne puis
desmeler. Et, entreprenant de parler indifferemment de
tout ce qui se presente à ma fantasie et n'y employant que
mes propres et naturels moyens, s'il m'advient, comme il
faict souvent, de rencontrer de fortune dans les bons
autheurs ces mesmes lieux que j'ay entrepris de traiter,
comme je vien de faire chez Plutarque tout presentement
son discours de la force de l'imagination[1], à me reconnoiſtre, au prix de ces gens là, si foible et si chetif, si poisant et si endormy, je me fay pitié ou desdain à moy
mesmes. Si me gratifie-je de cecy, que mes opinions ont
cet honneur de rencontrer souvent aux leurs; *(c)* et que je
vais au moins de loing après, disant que voire. *(a)* Aussi
que j'ay cela, qu'un chacun n'a pas, de connoiſtre l'extreme
difference d'entre eux et moy. Et laisse, ce neant-moins,
courir mes inventions ainsi foibles et basses, comme je les
ay produites, sans en replaſtrer et recoudre les defaux que
cette comparaison m'y a descouvert[2]. *(c)* Il faut avoir les
reins bien fermes pour entreprendre de marcher front à
front avec ces gens là. *(a)* Les escrivains indiscrets de
noſtre siecle, qui, parmy leurs ouvrages de neant, vont
semant des lieux entiers des anciens autheurs pour se faire
honneur, font le contraire. Car cett'infinie dissemblance de
luſtres rend un visage si pasle, si terni et si laid à ce qui eſt
leur, qu'ils y perdent beaucoup plus qu'ils n'y gaignent.

   (c) C'eſtoit deux contraires fantasies. Le philosophe
Chrysippus[3] mesloit à ses livres, non les passages seulement, mais des ouvrages entiers d'autres autheurs, et, en
un, la *Medée* d'Euripides; et disoit Apollodorus[4] que, qui
en retrancheroit ce qu'il y avoit d'eſtranger, son papier
demeureroit en blanc. Epicurus[5] au rebours, en trois cens
volumes qu'il laissa, n'avoit pas semé une seule allegation
eſtrangiere.

   (a) Il m'advint l'autre jour de tomber sur un tel passage. J'avois trainé languissant après des parolles Françoises si exangues, si descharnées et si vuides de matiere
et de sens que ce n'eſtoient voirement que parolles Fran-

çoises; au bout d'un long et ennuyeux chemin, je vins à
rencontrer une piece haute, riche et eslevée jusques aux
nuës. Si j'eusse trouvé la pente douce et la montée un peu
alongée, cela euſt eſté excusable; c'eſtoit un precipice si
droit et si coupé que, des six premieres paroles, je con-
neuz que je m'envolois en l'autre monde. De là je descouvris la fondriere d'où je venois, si basse et si profonde,
que je n'eus onques plus le cœur de m'y ravaler. Si j'eſtof-
fois l'un de mes discours de ces riches despouilles, il
esclaireroit par trop la beſtise des autres.

(c) Reprendre en autruy mes propres fautes ne me
semble non plus incompatible que de reprendre, comme
je fay souvent, celles d'autruy en moy. Il les faut accuser
par tout et leur oſter tout lieu de franchise. Si sçay-je bien
combien audacieusement j'entreprens moy mesmes à tous
coups de m'esgaler à mes larrecins, d'aller pair à pair
quand et eux, non sans une temeraire esperance que je
puisse tromper les yeux des juges à les discerner. Mais
c'eſt autant par le benefice de mon application que par le
benefice de mon invention et de ma force. Et puis, je ne
luitte point en gros ces vieux champions là, et corps à
corps: c'eſt par reprinses, menues et legieres attaintes. Je
ne m'y aheurte pas; je ne fay que les taſter; et ne vais
point tant comme je marchande d'aller.

Si je leur pouvoy tenir palot, je serois honneſte homme[1],
car je ne les entreprens que par où ils sont les plus roides.

De faire ce que j'ay descouvert d'aucuns, se couvrir
des armes d'autruy, jusques à ne montrer pas seulement le
bout de ses doigts, conduire son dessein, comme il eſt
aysé aux sçavans en une matiere commune, sous les inventions anciennes rappiecées par cy par là; à ceux qui les
veulent cacher et faire propres, c'eſt premierement injustice et lascheté, que, n'ayant rien en leur vaillant par où se
produire, ils cherchent à se presenter par une valeur
eſtrangere, et puis, grande sottise, se contentant par piperie de s'acquerir l'ignorante approbation du vulgaire,
se descrier envers les gens d'entendement qui hochent du
nez noſtre incruſtation empruntée, desquels seuls la
louange a du poids. De ma part, il n'eſt rien que je veuille
moins faire. Je ne dis les autres, sinon pour d'autant plus
me dire. Cecy ne touche pas des centons qui se publient
pour centons; et j'en ay veu de très-ingenieux en mon
temps, entre autres un, sous le nom de Capilupus[2], outre

les anciens. Ce sont des esprits qui se font voir et par ailleurs et par là, comme Lipsius[1] en ce docte et laborieux tissu de ses *Politiques*.

(a) Quoy qu'il en soit, veux-je dire, et quelles que soyent ces inepties, je n'ay pas deliberé de les cacher, non plus qu'un mien pourtraict chauve[2] et grisonnant, où le peintre auroit mis non un visage parfaict, mais le mien. Car aussi ce sont icy mes humeurs et opinions; je les donne pour ce qui est en ma creance, non pour ce qui est à croire. Je ne vise icy qu'à découvrir moy mesmes[3], qui seray par adventure autre demain, si nouveau apprentissage me change. Je n'ay point l'authorité d'estre creu, ny ne le desire, me sentant trop mal instruit pour instruire autruy.

Quelcun donq', ayant veu l'article precedent[4], me disoit chez moy, l'autre jour, que je me devoy estre un peu estendu sur le discours de l'institution des enfans. Or, Madame, si j'avoy quelque suffisance en ce subject, je ne pourroi la mieux employer que d'en faire un present à ce petit homme qui vous menasse de faire tantost une belle sortie de chez vous (vous estes trop genereuse pour commencer autrement que par un masle[5]). Car, ayant en tant de part à la conduite de vostre mariage, j'ay quelque droit et interest à la grandeur et prosperité de tout ce qui en viendra, outre ce que l'ancienne possession que vous avez sur ma servitude m'oblige assez à desirer honneur, bien et advantage à tout ce qui vous touche. Mais, à la verité, je n'y entens sinon cela, que la plus grande difficulté et importante de l'humaine science semble estre en cet endroit où il se traite de la nourriture et institution des enfans.

(c) Tout ainsi qu'en l'agriculture, les façons qui vont avant le planter sont certaines et aysées, et le planter mesme; mais depuis que ce qui est planté vient à prendre vie, à l'eslever il y a une grande varieté de façons et difficulté: pareillement aux hommes, il y a peu d'industrie à les planter; mais, depuis qu'ils sont naiz, on se charge d'un soing divers, plein d'enbesoignement et de crainte, à les dresser et nourrir[6].

(a) La montre de leurs inclinations est si tendre en ce bas aage, et si obscure, les promesses si incertaines et fauces, qu'il est mal-aysé d'y establir aucun solide jugement.

(b) Voyez Cimon, voyez Themistocles et mille autres, combien ils se sont disconvenuz à eux-mesme. Les petits des ours, des chiens, montrent leur inclination naturelle; mais les hommes, se jettans incontinent en des accoustumances, en des opinions, en des loix, se changent ou se deguisent facilement[1].

(a) Si est-il difficile de forcer les propensions naturelles. D'où il advient que, par faute d'avoir bien choisi leur route, pour neant se travaille on souvent et employe l'on beaucoup d'aage à dresser des enfans aux choses ausquelles ils ne peuvent prendre pied. Toutesfois, en cette difficulté, mon opinion est de les acheminer tousjours aux meilleures choses et plus profitables, et qu'on se doit peu appliquer à ces legieres divinations et prognostiques que nous prenons des mouvemens de leur enfance. *(c)* Platon mesme, en sa *République*[2], me semble leur donner beaucoup d'autorité.

(a) Madame, c'est un grand ornement que la science, et un util de merveilleux service, notamment aux personnes élevées en tel degré de fortune, comme vous estes. A la verité, elle n'a point son vray usage en mains viles et basses. Elle est bien plus fiere de préter ses moyens à conduire une guerre, à commander un peuple, à pratiquer l'amitié d'un prince ou·d'une nation estrangiere, qu'à dresser un argument dialectique, ou à plaider un appel, ou ordonner une masse de pillules. Ainsi, Madame, par ce que je croy que vous n'oublierez pas cette partie en l'institution des vostres, vous qui en avez savouré la douceur[3], et qui estes d'une race lettrée (car nous avons encore les escrits de ces anciens Comtes de Foix[4], d'où monsieur le Comte vostre mary et vous estes descendus; et François, monsieur de Candale[5], vostre oncle, en faict naistre tous les jours d'autres, qui estendront la connoissance de cette qualité de vostre famille à plusieurs siecles), je vous veux dire là dessus une seule fantasie que j'ay contraire au commun usage; c'est tout ce que je puis conferer à vostre service en cela.

La charge du gouverneur que vous luy donrez, du chois duquel depend tout l'effect de son institution, ell'a plusieurs autres grandes parties; mais je n'y touche point, pour n'y sçavoir rien apporter qui vaille; et de cet article, sur lequel je me mesle de luy donner advis, il m'en croira autant qu'il y verra d'apparence. A un enfant de maison

qui recherche les lettres, non pour le gaing (car une fin si
abjecte est indigne de la grace et faveur des Muses, et puis
elle regarde et depend d'autruy), ny tant pour les commoditez externes que pour les sienes propres, et pour s'en
enrichir et parer au dedans, ayant plustost envie d'en tirer
un habil'homme qu'un homme sçavant, je voudrois aussi
qu'on fut soigneux de luy choisir un conducteur qui eust
plutost la teste bien faicte que bien pleine, et qu'on y requit
tous les deux, mais plus les meurs et l'entendement que
la science; et qu'il se conduisist en sa charge d'une nouvelle maniere.

On ne cesse de criailler à nos oreilles, comme qui verse-
roit dans un antonnoir, et nostre charge ce n'est que redire
ce qu'on nous a dict. Je voudrois qu'il corrigeast cette
partie, et que, de belle arrivée, selon la portée de l'ame
qu'il a en main, il commençast à la mettre sur la montre,
luy faisant gouster les choses, les choisir et discerner d'elle
mesme; quelquefois luy ouvrant chemin, quelquefois le
uy laissant ouvrir. Je ne veux pas qu'il invente et parle
seul, je veux qu'il escoute son disciple parler à son tour.
(c) Socrates et, depuis, Archesilas[1] faisoient premierement
parler leurs disciples, et puis ils parloient à eux[2]. « *Obest
plerumque iis qui discere volunt auctoritas eorum qui docent[3].* »

Il est bon qu'il le face trotter devant luy pour juger de
son train, et juger jusques à quel point il se doibt ravaler
pour s'accommoder à sa force. A faute de cette proportion
nous gastons tout; et de la sçavoir choisir, et s'y conduire bien mesuréement, c'est l'une des plus ardues besongnes que je sçache; et est l'effect d'une haute ame et bien
forte, sçavoir condescendre à ses allures pueriles et les
guider. Je marche plus seur et plus ferme à mont qu'à
val.

Ceux qui, comme porte nostre usage, entreprennent
d'une mesme leçon et pareille mesure de conduite regenter
plusieurs esprits de si diverses mesures et formes, ce n'est
pas merveille si, en tout un peuple d'enfans, ils en rencontrent à peine deux ou trois qui rapportent quelque
juste fruit de leur discipline.

(a) Qu'il ne luy demande pas seulement compte des
mots de sa leçon, mais du sens et de la substance, et qu'il
juge du profit qu'il aura fait, non par le tesmoignage de
sa memoire, mais de sa vie. Que ce qu'il viendra d'apprendre, il le lui face mettre en cent visages et accommoder à

autant de divers subjets, pour voir s'il l'a encore bien pris
et bien faict sien, *(c)* prenant l'instruction de son progrez
des pædagogismes de Platon. C'est tesmoignage de crudité
et indigestion que de regorger la viande comme on l'a avall-
lée. L'estomac n'a pas faict son operation, s'il n'a faict
changer la façon et la forme à ce qu'on luy avoit donné à
cuire.

(b) Nostre ame ne branle qu'à credit, liée et contrainte
à l'appetit des fantasies d'autruy, serve et captivée soubs
l'authorité de leur leçon. On nous a tant assubjectis aux
cordes que nous n'avons plus de franches allures. Nostre
vigueur et liberté est esteinte. *(c)* « *Nunquam tutelæ suæ
fiunt*[1]. » *(b)* Je vy privéement à Pise un honneste homme,
mais si Aristotélicien[2], que le plus general de ses dogmes
est : que la touche et regle de toutes imaginations solides et
de toute verité, c'est la conformité à la doctrine d'Aristote ;
que, hors de là, ce ne sont que chimeres et inanité ; qu'il a
tout veu et tout dict. Cette proposition, pour avoir esté
un peu trop largement et iniquement interpretée, le mit
autrefois et tint long temps en grand accessoire à l'inquisition à Rome.

(a) Qu'il luy face tout passer par l'estamine et ne loge
rien en sa teste par simple authorité et à credit ; les principes d'Aristote ne luy soyent principes, non plus que
ceux des Stoiciens ou Epicuriens. Qu'on luy propose cette
diversité de jugemens : il choisira s'il peut, sinon il en
demeurera en doubte. *(c)* Il n'y a que les fols certains et
resolus.

(a) Che non men che saper dubbiar m'aggrada[3].

Car s'il embrasse les opinions de Xenophon et de Platon
par son propre discours, ce ne seront plus les leurs, ce
seront les siennes. *(c)* Qui suit un autre, il ne suit rien. Il
ne trouve rien, voire il ne cerche rien. « *Non sumus sub
rege ; sibi quisque se vindicet*[4]. » Qu'il sache qu'il sçait, au
moins. *(a)* Il faut qu'il emboive leurs humeurs, non qu'il
aprenne leurs preceptes. Et qu'il oublie hardiment, s'il
veut, d'où il les tient, mais qu'il se les sçache approprier.
La verité et la raison sont communes à un chacun, et ne
sont non plus à qui les a dites premierement, qu'à qui les
dict après. *(c)* Ce n'est non plus selon Platon que selon
moy, puis que luy et moi l'entendons et voyons de
mesme. *(a)* Les abeilles pillotent[5] deçà delà les fleurs,

mais elles en font après le miel, qui est tout leur; ce n'est
plus thin ny marjolaine: ainsi les pieces empruntées
d'autruy, il les transformera et confondera, pour en faire
un ouvrage tout sien, à sçavoir son jugement. Son institution, son travail et estude ne vise qu'à le former.

(c) Qu'il cele tout ce dequoy il a esté secouru, et ne
produise que ce qu'il en a faict. Les pilleurs, les emprun-
teurs mettent en parade leurs bastiments, leurs achapts,
non pas ce qu'ils tirent d'autruy. Vous ne voyez pas les
espices d'un homme de parlement, vous voyez les alliances qu'il a gaignées et honneurs à ses enfans. Nul ne met
en compte publique sa recette; chacun y met son acquest.
Le guain de nostre estude, c'est en estre devenu meilleur et plus sage.

(a) C'est, disoit Epicharmus[1], l'entendement qui voyt
et qui oyt, c'est l'entendement qui approfite tout, qui dispose tout, qui agit, qui domine et qui regne: toutes autres
choses sont aveugles, sourdes et sans ame. Certes nous le
rendons servile et coüard, pour ne luy laisser la liberté de
rien faire de soy. Qui demanda jamais à son disciple ce
qu'il luy semble *(b)* de la Rethorique et de la Grammaire
(a) de telle ou telle sentence de Ciceron? On nous les
placque en la memoire toutes empennées, comme des
oracles où les lettres et les syllabes sont de la substance de
la chose. *(c)* Sçavoir par cœur n'est pas sçavoir: c'est
tenir ce qu'on a donné en garde à sa memoire. Ce qu'on
sçait droittement, on en dispose, sans regarder au patron,
sans tourner les yeux vers son livre. Facheuse suffisance,
qu'une suffisance pure livresque! Je m'attens qu'elle
serve d'ornement, non de fondement, suivant l'advis de
Platon[2], qui dict la fermeté, la foy, la sincerité estre la
vraye philosophie, les autres sciences et qui visent ailleurs, n'estre que fard.

(a) Je voudrois que le Paluël[3] ou Pompée[4], ces beaux
danseurs de mon temps, apprinsent des caprioles à les
voir seulement faire, sans nous bouger de nos places,
comme ceux-cy veulent instruire nostre entendement,
sans l'esbranler, *(c)* ou qu'on nous apprinst à manier un
cheval, ou une pique, ou un luth, ou la voix, sans nous y
exercer, comme ceux icy nous veulent apprendre à bien
juger et à bien parler, sans nous exercer ny à parler, ny à
juger. *(a)* Or, à cet apprentissage, tout ce qui se presenta
à nos yeux sert de livre suffisant[5]: la malice d'un page, les

sottise d'un valet, un propos de table, ce sont autant de nouvelles matieres.

A cette cause, le commerce des hommes y est merveilleusement propre, et la visite des pays estrangers[1], non pour en rapporter seulement, à la mode de nostre noblesse Françoise, combien de pas a Santa Rotonda[2], ou la richesse des calessons de la Signora Livia[3], ou, comme d'autres, combien le visage de Neron, de quelque vieille ruyne de là, est plus long ou plus large que celuy de quelque pareille medaille, mais pour en rapporter principalement les humeurs de ces nations et leurs façons, et pour frotter et limer nostre cervelle contre celle d'autruy. Je voudrois qu'on commençast à le promener dès sa tendre enfance, et premierement, pour faire d'une pierre deux coups, par les nations voisines où le langage est plus esloigné du nostre, et auquel, si vous ne la formez de bon'heure, la langue ne se peut plier.

Aussi bien est-ce une opinion receuë d'un chacun, que ce n'est pas raison de nourrir un enfant au giron de ses parents. Cette amour naturelle les attendrist trop et relasche, voire les plus sages. Ils ne sont capables ny de chastier ses fautes, ny de le voir nourry grossierement, comme il faut, et hasardeusement. Ils ne le sçauroient souffrir revenir suant et poudreux de son exercice, *(c)* boire chaud, boire froid, *(a)* ny le voir sur un cheval rebours, ny contre un rude tireur, le floret au poing, ny la premiere harquebouse. Car il n'y a remede: qui en veut faire un homme de bien, sans doubte il ne le faut espargner en cette jeunesse, et souvent choquer les regles de la medecine:

> *(b) Vitamque sub dio et trepidis agat*
> *In rebus*[4].

(c) Ce n'est pas assez de luy roidir l'ame; il luy faut aussi roidir les muscles. Elle est trop pressée, si elle n'est secondée, et a trop à faire de seule fournir à deux offices. Je sçay combien ahanne la mienne en compagnie d'un corps si tendre, si sensible, qui se laisse si fort aller sur elle. Et appercoy souvent en ma leçon, qu'en leurs escris mes maistres font valoir, pour magnanimité et force de courage, des exemples qui tiennent volontiers plus de l'espessissure de la peau et durté des os. J'ay veu des hommes, des femmes et des enfans ainsi nays qu'une

baſtonade leur eſt moins qu'à moy une chiquenaude; qui ne remuent ny langue ny sourcil aux coups qu'on leur donne. Quand les Athletes contrefont les philosophes en patience, c'eſt plus toſt vigueur de nerfs que de cœur. Or l'accouſtumance à porter le travail eſt accouſtumance à porter la doleur : « *labor callum obducit dolori*[1]. » Il le faut rompre à la peine et aspreté des exercices, pour le dresser à la peine et aspreté de la desloueure, de la colique, du cauſtere, et de la geaule, et de la torture. Car de ces dernieres icy encore peut-il eſtre en prinse, qui regardent les bons, selon le temps, comme les meschans. Nous en sommes à l'espreuve. Quiconque combat les loix, menace les plus gens de bien d'escourgées et de la corde.

(a) Et puis, l'authorité du gouverneur, qui doit eſtre souveraine sur luy, s'interrompt et s'empesche par la presence des parens. Joint que ce respeĉt que la famille luy porte, la connoissance des moyens et grandeurs de sa maison, ce ne sont à mon opinion pas legieres incommoditez en cet aage.

En cette eschole du commerce des hommes, j'ay souvent remarqué ce vice, qu'au lieu de prendre connoissance d'autruy, nous ne travaillons qu'à la donne de nous, et sommes plus en peine d'emploiter noſtre marchandise que d'en acquerir de nouvelle. Le silence et la modeſtie sont qualitez très-commodes à la conversation. On dressera cet enfant à eſtre espargnant et mesnagier de sa suffisance, quand il l'aura acquise; à ne se formalizer point des sottises et fables qui se diront en sa presence, car c'eſt une incivile importunité de choquer tout ce qui n'eſt pas de noſtre appetit. *(c)* Qu'il se contente de se corriger soy mesme, et ne semble pas reprocher à autruy tout ce qu'il refuse à faire, n'y contraſter aux mœurs publiques. « *Licet sapere sine pompa, sine invidia*[2]. » Fuie ces images regenteuses et inciviles, et cette puerile ambition de vouloir paroiſtre plus fin pour eſtre autre, et tirer nom par reprehensions et nouvelletez[3]. Comme il n'affiert qu'aux grands po tes d'user des licences de l'art, aussi n'eſt-il supportable qu'aux grandes ames et illuſtres de se privilegier au dessus de la couſtume. « *Si quid Socrates et Ariſtippus contra morem et consuetudinem fecerint, idem sibi ne arbitretur licere : magnis enim illi et divinis bonis hanc licentiam assequebantur*[4]. » *(a)* On luy apprendra de n'entrer en discours ou conteſtation que où il verra un champion digne de sa luite, et là mesmes à n'emploier pas tous les tours qui luy peuvent servir, mais ceux-là seulement qui luy peuvent le plus servir. Qu'on le rende delicat au chois et triage de ses raisons, et aymant la pertinence, et par consequent la briefveté. Qu'on l'inſtruise sur tout à se rendre et à quitter les armes à la verité, tout aussi toſt qu'il l'appercevra; soit qu'elle naisse és mains de son adversaire, soit qu'elle naisse en luy-mesmes par quelque ravisement. Car il ne sera pas mis en chaise pour dire un rolle prescript. Il n'eſt engagé à aucune cause, que par ce qu'il l'appreuve. Ny ne sera du meſtier où se vent à purs deniers contans la liberté de se pouvoir repentir et reconnoiſtre. *(c)* « *Neque, ut omnia quæ præscripta et imperata sint defendat, necessitate ulla cogitur*[1]. »

Si son gouverneur tient de mon humeur, il luy formera la volonté à eſtre très-loyal serviteur de son prince et très-affeƈtionné et très-courageux; mais il luy refroidira l'envie de s'y attacher autrement que par un devoir publique. Outre plusieurs autres inconveniens qui blessent noſtre franchise par ces obligations particulieres, le jugement d'un homme gagé et achetté, ou il eſt moins entier et moins libre, ou il eſt taché et d'imprudence et d'ingratitude.

Un courtisan ne peut avoir ny loy, ny volonté de dire et penser que favorablement d'un maiſtre qui, parmi tant de milliers d'autres subjeƈts, l'a choisi pour le nourrir et eslever de sa main. Cette faveur et utilité corrompent non sans quelque raison sa franchise, et l'esblouissent. Pourtant void on couſtumierement le langage de ces gens-là divers à tout autre langage d'un eſtat, et de peu de foy en telle matiere.

(a) Que sa conscience et sa vertu reluisent en son parler, *(c)* et n'ayent que la raison pour guide. *(a)* Qu'on luy face entendre que de confesser la faute qu'il descouvrira en son propre discours, encore qu'elle ne soit aperceuë que par luy, c'eſt un effet de jugement et de sincerité, qui sont les principales parties qu'il cherche, *(c)* que l'opiniatrer et conteſter sont qualitez communes, plus apparentes aux plus basses ames; que se raviser et se corriger, abandonner un mauvais party sur le cours de son ardeur, ce sont qualitez rares, fortes et philosophiques.

(a) On l'advertira, eſtant en compaignie, d'avoir les yeux par tout; car je trouve que les premiers sieges sont

communément saisis par les hommes moins capables, et
que les grandeurs de fortune ne se trouvent guieres meslées à la suffisance.

J'ay veu, cependant qu'on s'entretenoit, au haut bout
d'une table, de la beauté d'une tapisserie ou du goust de
la malvoisie, se perdre beaucoup de beaux traicts à
l'autre bout.

Il sondera la portée d'un chacun: un bouvier, un masson, un passant; il faut tout mettre en besongne, et emprunter chacun selon sa marchandise, car tout sert en
mesnage; la sottise mesme et foiblesse d'autruy luy sera
instruction. A contreroller les graces et façons d'un chacun, il s'engendrera envie des bonnes et mespris des
mauvaises.

Qu'on luy mette en fantasie une honeste curiosité de
s'enquerir de toutes choses; tout ce qu'il y aura de singulier autour de luy, il le verra: un bastiment, une fontaine,
un homme, le lieu d'une bataille ancienne, le passage de
Cæsar ou de Charlemaigne:

> *(b) Quæ tellus sit lenta gelu, quæ putris ab æstu,*
> *Ventus in Italiam quis bene vela ferat*[1].

(a) Il s'enquerra des meurs, des moyens et des alliances
de ce Prince, et de celuy-là. Ce sont choses très-plaisantes
à apprendre et très-utiles à sçavoir.

En cette practique des hommes, j'entends y comprendre, et principalement, ceux qui ne vivent qu'en la
memoire des livres. Il practiquera, par le moyen des histoires, ces grandes ames des meilleurs siecles. C'est un
vain estude, qui veut; mais qui veut aussi, c'est un estude
de fruit inestimable: *(c)* et le seul estude, comme dit Platon[2], que les Lacedemoniens eussent reservé à leur part.
(a) Quel profit ne fera-il en cette part-là, à la lecture des
Vies de nostre Plutarque? Mais que mon guide se souvienne où vise sa charge; et qu'il n'imprime pas tant à son
disciple *(c)* la date de la ruine de Carthage que les meurs
de Hannibal et de Scipion, ny tant *(a)* où mourut Marcellus[3], que pourquoy il fut indigne de son devoir qu'il
mourut là. Qu'il ne luy apprenne pas tant les histoires, qu'à
en juger. *(c)* C'est à mon gré, entre toutes, la matiere à laquelle nos esprits s'appliquent de plus diverse mesure.
J'ay leu en Tite-Live cent choses que tel n'y a pas leu,
Plutarque en y a leu cent, outre ce que j'y ay sceu lire, et,

à l'adventure, outre ce que l'autheur y avoit mis. A d'aucuns c'est un pur estude grammairien; à d'autres, l'anatomie de la philosophie, en laquelle les plus abstruses parties de nostre nature se penetrent. *(a)* Il y a dans Plutarque beaucoup de discours estandus, très-dignes d'estre sceus, car, à mon gré, c'est le maistre ouvrier de telle besongne; mais il y en a mille qu'il n'a que touché simplement: il guigne seulement du doigt par où nous irons, s'il nous plaist, et se contente quelquefois de ne donner qu'une attainte dans le plus vif d'un propos. Il les faut arracher de là et mettre en place marchande. *(b)* Comme ce sien mot[1], que les habitants d'Asie servoient à un seul, pour ne sçavoir prononcer une seule sillabe, qui est Non, donna peut estre la matiere et l'occasion à la Boitie de sa *Servitude Volontaire*[2]. *(a)* Cela mesme de luy voir trier une legiere action en la vie d'un homme, ou un mot, qui semble ne porter pas: cela, c'est un discours. C'est dommage que les gens d'entendement ayment tant la briefveté; sans doute leur reputation en vaut mieux, mais nous en valons moins; Plutarque aime mieux que nous le vantions de son jugement que de son sçavoir; il ayme mieux nous laisser desir de soy que satieté. Il sçavoit qu'és choses bonnes mesmes on peut trop dire, et que Alexandridas[3] reprocha justement à celuy qui tenoit aux Ephores des bons propos, mais trop longs: « O estrangier, tu dis ce qu'il faut, autrement qu'il ne faut. » *(c)* Ceux qui ont le corps gresle, le grossissent d'embourrures: ceux qui ont la matiere exile, l'enflent de paroles.

(a) Il se tire une merveilleuse clarté, pour le jugement humain, de la frequentation du monde. Nous sommes tous contraints et amoncellez en nous, et avons la veuë racourcie à la longueur de nostre nez. On demandoit à Socrates d'où il estoit. Il ne respondit pas: « D'Athenes », mais: « Du monde[4] ». Luy, qui avoit son imagination plus plaine et plus estanduë, embrassoit l'univers comme sa ville, jettoit ses connoissances, sa société et ses affections à tout le genre humain, non pas comme nous qui ne regardons que sous nous. Quand les vignes gelent en mon village, mon prebstre en argumente l'ire de Dieu sur la race humaine, et juge que la pepie en tienne des-jà les Cannibales. A voir nos guerres civiles, qui ne crie que cette machine se bouleverse et que le jour du jugement nous prent au collet, sans s'aviser que plusieurs pires

choses se sont veuës, et que les dix mille parts du monde
ne laissent pas de galler le bon temps cependant? *(b)* Moy,
selon leur licence et impunité, admire de les voir si douces
et molles. *(a)* A qui il gresle sur la teste, tout l'hemisphere
semble estre en tempeste et orage. Et disoit le Savoïart
que, si ce sot de Roy de France eut sceu bien conduire sa
fortune, il estoit homme pour devenir maistre d'hostel de
son Duc[1]. Son imagination ne concevoit autre plus eslevée
grandeur que celle de son maistre. *(c)* Nous sommes insensiblement tous en cette erreur: erreur de grande suite et
prejudice. *(a)* Mais qui se presente, comme dans un tableau,
cette grande image de nostre mere nature en son entiere
magesté; qui lit en son visage une si generale et constante
varieté; qui se remarque là dedans, et non soy, mais tout
un royaume, comme un traict d'une pointe très-delicate:
celuy-là seul estime les choses selon leur juste grandeur[2].

Ce grand monde, que les uns multiplient encore comme
especes soubs un genre, c'est le miroüer où il nous faut
regarder pour nous connoistre de bon biais. Somme, je
veux que ce soit le livre de mon escholier. Tant d'humeurs, de sectes, de jugemens, d'opinions, de loix et de
coustumes nous apprennent à juger sainement des nostres,
et apprennent nostre jugement à reconnoistre son imperfection et sa naturelle foiblesse: qui n'est pas un legier
apprentissage. Tant de remuemens d'estat et changemens de fortune publique nous instruisent à ne faire pas
grand miracle de la nostre. Tant de noms, tant de victoires
et conquestes ensevelies soubs l'oubliance, rendent ridicule l'esperance d'eterniser nostre nom par la prise de dix
argolets et d'un pouillier qui n'est conneu que de sa
cheute. L'orgueil et la fierté de tant de pompes estrangieres, la magesté si enflée de tant de cours et de grandeurs, nous fermit et assure la veüe à soustenir l'esclat
des nostres sans siller les yeux. Tant de milliasses d'hommes enterrez avant nous nous encouragent à ne craindre
d'aller trouver si bonne compagnie en l'autre monde.
Ainsi du reste.

(c) Nostre vie, disoit Pythagoras[3], retire à la grande et
populeuse assemblée des jeux Olympiques. Les uns s'y
exercent le corps pour en acquerir la gloire des jeux;
d'autres y portent des marchandises à vendre pour le
gain. Il en est, et qui ne sont pas les pires, lesquels ne
cherchent autre fruict que de regarder comment et pour-

quoy chaque chose se faict, et estre spectateurs de la vie des autres hommes, pour en juger et regler la leur.

(a) Aux exemples se pourront proprement assortir tous les plus profitables discours de la philosophie, à laquelle se doivent toucher les actions humaines comme à leur reigle. On luy dira,

> *(b)* *quid fas optare, quid asper*
> *Utile nummus habet ; patriæ charisque propinquis*
> *Quantum elargiri deceat : quem te Deus esse*
> *Jussit, et humana qua parte locatus es in re ;*
> *Quid sumus, aut quidnam victuri gignimur*[1] *;*

(a) que c'est que sçavoir et ignorer, qui doit estre le but de l'estude ; que c'est que vaillance, temperance et justice ; ce qu'il y a à dire entre l'ambition et l'avarice, la servitude et la subjection, la licence et la liberté ; à quelles marques on connoit le vray et solide contentement ; jusques où il faut craindre la mort, la douleur et la honte.

> *(b)* *Et quo quemque modo fugiátque ferátque laborem*[2] *;*

(a) quels ressors nous meuvent, et le moyen de tant divers bransles en nous. Car il me semble que les premiers discours dequoy on luy doit abreuver l'entendement, ce doivent estre ceux qui reglent ses meurs et son sens, qui luy apprendront à se connoistre, et à sçavoir bien mourir et bien vivre. *(c)* Entre les arts liberaux, commençons par l'art qui nous faict libres.

Elles servent toutes aucunement à l'instruction de nostre vie et à son usage, comme toutes autres choses y servent aucunement. Mais choisissons celle qui y sert directement et professoirement.

Si nous sçavions restraindre les appartenances de nostre vie à leurs justes et naturels limites, nous trouverions que la meilleure part des sciences qui sont en usage est hors de notre usage ; et en celles-mesmes qui le sont, qu'il y a des estendues et enfonceures très-inutiles, que nous ferions mieux de laisser là, et, suivant l'institution de Socrates[3], borner le cours de nostre estude en icelles, où faut l'utilité.

> *(a)* *sapere aude,*
> *Incipe : vivendi qui recte prorogat horam,*
> *Rusticus expectat dum defluat amnis ; at ille*
> *Labitur, et labetur in omne volubilis ævum*[4]*.*

C'est une grande simplesse d'apprendre à nos enfans

(b) Quid moveant pisces, animosáque signa leonis,
Lotus et Hesperia quid capricornus aqua[1],

la science des astres et *(a)* le mouvement de la huitiesme
sphere, avant que les leurs propres:

Τί Πλειάδεσσι κάμοί;
Τί δ'ἀστράσι βοώτεω[2];

(c) Anaximenes[3] escrivant à Pythagoras: « De quel
sens puis-je m'amuser au secret des estoiles, ayant la mort
ou la servitude tousjours presente aux yeux? » (Car lors
les Roys de Perse preparoient la guerre contre son païs),
chacun doit dire ainsin: « Estant battu d'ambition, d'avarice, de temerité, de superstition, et ayant au dedans tels
autres ennemis de la vie, iray-je songer au bransle du
monde? »

(a) Après qu'on luy aura dict ce qui sert à le faire plus
sage et meilleur, on l'entretiendra que c'est que Logique,
Physique, Geometrie, Rhetorique; et la science qu'il choisira, ayant des-jà le jugement formé, il en viendra bien
tost à bout. Sa leçon se fera tantost par devis, tantost par
livre; tantost son gouverneur luy fournira de l'auteur
mesme, propre à cette fin de son institution; tantost il luy
en donnera la moelle et la substance toute maschée. Et si,
de soy mesme, il n'est assez familier des livres pour y
trouver tant de beaux discours qui y sont, pour l'effect
de son dessein, on luy pourra joindre quelque homme de
lettres, qui à chaque besoing fournisse les munitions qu'il
faudra, pour les distribuer et dispenser à son nourrisson.
Et que cette leçon ne soit plus aisée et naturelle que celle
de Gaza[4], qui y peut faire doute? Ce sont là preceptes
espineux et mal plaisans, et des mots vains et descharnez,
où il n'y a point de prise, rien qui vous esveille l'esprit.
En cette cy, l'ame trouve où mordre et où se paistre. Ce
fruict est plus grand, sans comparaison, et si sera plustost
meury.

C'est grand cas que les choses en soyent là en nostre
siecle, que la philosophie, ce soit, jusques aux gens d'entendement, un nom vain et fantastique, qui se treuve de
nul usage et de nul pris, *(c)* et par opinion et par effect.
(a) Je croy que ces ergotismes en sont cause, qui ont saisi

ses avenues. On a grand tort de la peindre inaccessible aux enfans, et d'un visage renfroigné, sourcilleux et terrible. Qui me l'a masquée de ce faux visage, pasle et hideux? Il n'est rien plus gay, plus gaillard, plus enjoué, et à peu que je ne dise follastre. Elle ne presche que feste et bon temps. Une mine triste et transie montre que ce n'est pas là son giste. Demetrius le Grammairien[1], rencontrant dans le temple de Delphes une troupe de philosophes assis ensemble, il leur dit: « Ou je me trompe, ou, à vous voir la contenance si paisible et si gaye, vous n'estes pas en grand discours entre vous. » A quoy l'un d'eux, Heracleon le Megarien[2], respondit: « C'est à faire à ceux qui cherchent si le futur du verbe βάλλω[3] a double λ, ou qui cherchent la derivation des comparatifs χεῖρον[4] et βέλτιον[5] et des superlatifs χεῖριστον[6] et βέλτιστον[7], qu'il faut rider le front, s'entretenant de leur science. Mais quant aux discours de la philosophie, ils ont accoustumé d'esgayer et resjouïr ceux qui les traictent, non les renfroigner et contrister[8]. »

(b) *Deprendas animi tormenta latentis in ægro*
Corpore, deprendas et gaudia : sumit utrumque
Inde habitum facies[9].

(a) L'ame qui loge la philosophie doit, par sa santé, rendre sain encores le corps. Elle doit faire luire jusques au dehors son repos et son ayse; doit former à son moule le port exterieur, et l'armer par consequent d'une gratieuse fierté, d'un maintien actif et allegre, et d'une contenance contente et debonnaire. (c) La plus expresse marque de la sagesse, c'est une esjouïssance constante; son estat est comme des choses au dessus de la Lune: toujours serein[10]. (a) C'est «Barroco» et «Baralipton[11]» qui rendent leurs supposts ainsi crotez[12] et enfumés, ce n'est pas elle; ils ne la connoissent que par ouïr dire. Comment? elle fait estat de serainer les tempestes de l'âme, et d'apprendre la faim et les fiebvres à rire, non par quelques Epicycles[13] imaginaires, mais par raisons naturelles et palpables. (c) Elle a pour son but la vertu, qui n'est pas, comme dit l'eschole, plantée à la teste d'un mont coupé, rabotteux et inaccessible. Ceux qui l'ont approchée, la tiennent, au rebours, logée dans une belle plaine fertile et fleurissante, d'où elle voit bien souz soy toutes choses; mais si peut on y arriver, qui en sçait l'addresse, par des routes ombrageuses,

gazonnées et doux fleurantes, plaisamment et d'une pante
facile et polie, comme est celle des voutes celestes. Pour
n'avoir hanté cette vertu supreme, belle, triumfante,
amoureuse, délicieuse pareillement et courageuse, ennemie professe et irreconciliable d'aigreur, de desplaisir,
de crainte et de contrainte, ayant pour guide nature, fortune et volupté pour compaignes, ils sont allez, selon leur
foiblesse, faindre cette sotte image, triste, querelleuse,
despite, menaceuse, mineuse, et la placer sur un rocher,
à l'escart, emmy des ronces, fantosme à estonner les
gens[1].

Mon gouverneur, qui cognoist devoir remplir la
volonté de son disciple autant ou plus d'affection que de
reverence envers la vertu, luy sçaura dire que les poëtes
suivent les humeurs communes, et luy faire toucher au
doigt que les Dieux ont mis plustost la sueur aux advenues des cabinetz de Venus que de Pallas. Et quand il
commencera de se sentir, luy presentant Bradamant ou
Angelique[2] pour maistresse à jouïr, et d'une beauté naïve,
active, genereuse, non hommasse mais virile, au prix
d'une beauté molle, affettée, delicate, artificielle; l'une
travestie en garçon, coiffée d'un morrion luysant, l'autre
vestue en garce, coiffée d'un attiffet emperlé; il jugera
masle son amour mesme, s'il choisit tout diversement à
cet effeminé pasteur de Phrygie[3]. Il luy fera cette nouvelle
leçon, que le prix et hauteur de la vraye vertu est en la
facilité, utilité et plaisir de son exercice, si esloigné de
difficulté, que les enfans y peuvent comme les hommes,
les simples comme les subtilz. Le reglement, c'est son
util, non pas la force. Socrates, son premier mignon,
quitte à escient sa force, pour glisser en la naïveté et
aisance de son progrez. C'est la mere nourrice des plaisirs
humains. En les rendant justes, elle les rend seurs et purs.
Les moderant, elle les tient en haleine et en goust. Retranchant ceux qu'elle refuse, elle nous aiguise envers
ceux qu'elle nous laisse; et nous laisse abondamment tous
ceux que veut nature, et jusques à la satiété, maternellement, sinon jusques à la lasseté (si d'adventure nous ne
voulons dire que le regime, qui arreste le beuveur avant
l'yvresse, le mangeur avant la crudité, le paillard avant
la pelade, soit ennemy de nos plaisirs). Si la fortune commune luy faut, elle luy eschappe ou elle s'en passe, et s'en
forge une autre toute sienne, non plus flottante et rou-

lante. Elle sçait estre riche et puissante et sçavante, et coucher dans des matelats musquez. Elle aime la vie, elle aime la beauté et la gloire et la santé. Mais son office propre et particulier, c'est sçavoir user de ces biens là regléement, et les sçavoir perdre constamment : office bien plus noble qu'aspre, sans lequel tout cours de vie est desnaturé, turbulent et difforme, et y peut on justement attacher ces escueils, ces haliers et ces monstres. Si ce disciple se rencontre de si diverse condition, qu'il aime mieux ouyr une fable que la narration d'un beau voyage ou un sage propos quand il l'entendra ; qui, au son du tabourin qui arme la jeune ardeur de ses compagnons, se destourne à un autre qui l'appelle au jeu des batteleurs ; qui, par souhait, ne trouve plus plaisant et plus doux revenir poudreux et victorieux d'un combat, que de la paulme ou du bal avec le pris de cet exercice, je n'y trouve autre remede, sinon que de bonne heure son gouverneur l'estrangle, s'il est sans tesmoins, ou qu'on le mette patissier dans quelque bonne ville, fust-il fils d'un duc, suivant le precepte de Platon[1] qu'il faut colloquer les enfans non selon les facultez de leur pere, mais selon les facultez de leur ame.

(a) Puis que la philosophie est celle qui nous instruict à vivre, et que l'enfance y a sa leçon, comme les autres aages, pourquoy ne la luy communique l'on ?

(b) Udum et molle lutum est ; nunc properandus, et acri Fingendus sine fine rota[2].

(a) On nous aprent à vivre quand la vie est passée. Cent escholiers ont pris la verolle avant que d'estre arrivez à leur leçon d'Aristote, de la temperance[3]. *(c)* Cicero disoit que, quand il vivroit la vie de deux hommes, il ne prendroit pas le loisir d'estudier les poëtes lyriques[4]. Et je trouve ces ergotistes plus tristement encores inutiles. Nostre enfant est bien plus pressé : il ne doit au pédagisme que les premiers quinze ou seize ans de sa vie ; le demeurant est deu à l'action. Employons un temps si court aux instructions necessaires. *(a)* Ce sont abus ; ostez toutes ces subtilitez espineuses de la Dialectique, dequoy nostre vie ne se peut amender, prenez les simples discours de la philosophie, sçachez les choisir et traitter à point : ils sont plus aisez à concevoir qu'un conte de Boccace. Un enfant en est capable, au partir de la nourrisse, beaucoup mieux que d'aprendre à lire ou escrire. La philoso-

phie a des discours pour la naissance des hommes comme
pour la decrepitude.

Je suis de l'advis de Plutarque, qu'Aristote n'amusa
pas tant son grand disciple à l'artifice de composer syllo-
gismes, ou aux Principes de Geometrie, comme à l'instruire des bons preceptes touchant la vaillance, proüesse,
la magnanimité et temperance, et l'asseurance de ne rien
craindre; et, avec cette munition, il l'envoya encores
enfant subjuguer l'Empire du monde à tout seulement
30 000 hommes de pied, 4 000 chevaux et quarante deux
mille escuz. Les autres arts et sciences, dict-il, Alexandre
les honoroit bien, et loüoit leur excellence et gentillesse;
mais, pour plaisir qu'il y prit, il n'estoit pas facile à se
laisser surprendre à l'affection de les vouloir exercer.

(b) Petite hinc, juvenésque senesque,
Finem animo certum, miserisque viatica canis[1].

(c) C'est ce que dict Epicurus[2] au commencement de
sa lettre à Meniceus[3]: « Ny le plus jeune refuie à philosopher, ny le plus vieil s'y lasse. » Qui faict autrement, il
semble dire ou qu'il n'est pas encores saison d'heureusement vivre, ou qu'il n'en est plus saison.

(a) Pour tout cecy, je ne veu pas qu'on emprisonne ce
garçon. Je ne veux pas qu'on l'abandonne à l'humeur
melancholique d'un furieux maistre d'eschole. Je ne veux
pas corrompre son esprit à le tenir à la gehene et au travail, à la mode des autres, quatorze ou quinze heures par
jour, comme un portefaix. *(c)* Ny ne trouveroys bon,
quand par quelque complexion solitaire et melancholique
on le verroit adonné d'une application trop indiscrette à
l'estude des livres, qu'on la luy nourrist; cela les rend
ineptes à la conversation civile et les destourne de meilleures occupations. Et combien ay-je veu de mon temps
d'hommes abestis par temeraire avidité de science? Carneades s'en trouva si affollé, qu'il n'eut plus le loisir de se
faire le poil et les ongles[4]. *(a)* Ny ne veux gaster ses meurs
genereuses par l'incivilité et barbarie d'autruy. La sagesse
Françoise a esté anciennement en proverbe, pour une
sagesse qui prenoit de bon'heure, et n'avoit guieres de
tenue. A la verité, nous voyons encores qu'il n'est rien de
si gentil que les petits enfans en France; mais ordinairement ils trompent l'esperance qu'on en a conceuë, et,
hommes faicts, on n'y voit aucune excellence. J'ay ouy

tenir à gens d'entendement que ces colleges où on les
envoie, dequoy ils ont foison, les abrutissent ainsin.

Au nostre, un cabinet, un jardin, la table et le lit, la
solitude, la compaignie, le matin et le vespre, toutes
heures luy seront unes, toutes places luy seront estude;
car la philosophie, qui, comme formatrice des jugements
et des meurs, sera sa principale leçon, a ce privilege de se
mesler par tout. Isocrates l'orateur, estant prié en un
festin de parler de son art, chacun trouve qu'il eut raison
de respondre: « Il n'est pas maintenant temps de ce que
je sçay faire; et ce dequoy il est maintenant temps, je ne
le sçay pas faire[1]. » Car de presenter des harangues ou
des disputes de rhetorique à une compaignie assemblée
pour rire et faire bonne chere, ce seroit un meslange de
trop mauvais accord. Et autant en pourroit on dire de
toutes les autres sciences. Mais, quant à la philosophie,
en la partie où elle traicte de l'homme et de ses devoirs
et offices, ç'a esté le jugement commun de tous les sages,
que, pour la douceur de sa conversation, elle ne devoit
estre refusée ny aux festins, ny aux jeux. Et Platon l'ayant
invitée à son convive, nous voyons comme elle entretient l'assistence d'une façon molle et accommodée au
temps et au lieu, quoy que ce soit de ses plus hauts discours et plus salutaires[2]:

> *Æque pauperibus prodest, locupletibus æque;*
> *Et, neglecta, æque pueris senibusque nocebit[3].*

Ainsi, sans doute, il chomera moins que les autres. Mais,
comme les pas que nous employons à nous promener
dans une galerie, quoy qu'il y en ait trois fois autant, ne
nous lassent pas comme ceux que nous mettons à quelque
chemin desseigné, aussi nostre leçon, se passant comme
par rencontre, sans obligation de temps et de lieu, et se
meslant à toutes nos actions, se coulera sans se faire sentir. Les jeux mesmes et les exercices seront une bonne
partie de l'estude: la course, la lutte, *(c)* la musique, *(a)* la
danse, la chasse, le maniement des chevaux et des armes.
Je veux que la bienseance exterieure, et l'entre-gent, *(c)*
et la disposition de la personne, *(a)* se façonne quant et
quant l'ame. Ce n'est pas une ame, ce n'est pas un corps
qu'on dresse, c'est un homme; il n'en faut pas faire à
deux. Et, comme dict Platon, il ne faut pas les dresser l'un
sans l'autre, mais les conduire également, comme une

couple de chevaux attelez à mesme timon[1]. *(c)* Et, à
l'ouïr, semble il pas prester plus de temps et plus de sollicitude aux exercices du corps, et estimer que l'esprit s'en
exerce quant à quant, et non au rebours[2].

(a) Au demeurant, cette institution se doit conduire
par une severe douceur, non comme il se faict[3]. Au lieu
de convier les enfans aux lettres, on ne leur presente, à la
verité, que horreur et cruauté. Ostez moy la violence et
la force; il n'est rien à mon advis qui abastardisse et
estourdisse si fort une nature bien née. Si vous avez envie
qu'il craigne la honte et le chastiement, ne l'y endurcissez
pas. Endurcissez le à la sueur et au froid, au vent, au
soleil et aux hazards qu'il luy faut mespriser; ostez-luy
toute mollesse et délicatesse au vestir et au coucher, au
manger et au boire; accoustumez le à tout. Que ce ne soit
pas un beau garçon et dameret, mais un garçon vert et
vigoureux. *(c)* Enfant, homme, vieil, j'ay tousjours creu
et jugé de mesme. Mais, entre autres choses, cette police
de la plus part de noz colleges m'a tousjours despleu. On
eust failly à l'adventure moins dommageablement, s'inclinant vers l'indulgence. C'est une vraye geaule de jeunesse
captive. On la rend desbauchée, l'en punissant avant
qu'elle le soit. Arrivez-y sur le point de leur office: vous
n'oyez que cris et d'enfans suppliciez, et de maistres enyvrez en leur cholere. Quelle maniere pour esveiller l'appetit envers leur leçon, à ces tendres ames et craintives, de
les y guider d'une troigne effroyable, les mains armées de
fouets? Inique et pernicieuse forme. Joint ce que Quintilien en a très-bien remarqué[4], que cette imperieuse authorité tire des suites perilleuses, et nommement à nostre
façon de chastiement. Combien leurs classes seroient plus
decemment jonchées de fleurs et de feuilles que de tronçons d'osier sanglants! J'y feroy pourtraire la joye, l'allegresse, et Flora et les Graces, comme fit en son eschole le
philosophe Speusippus[5]. Où est leur profit, que ce fust
aussi leur esbat. On doit ensucrer les viandes salubres à
l'enfant, et enfieller celles qui luy sont nuisibles.

C'est merveille combien Platon se montre soigneux en
ses loix[6], de la gayeté et passetemps de la jeunesse de sa
cité, et combien il s'arreste à leurs courses, jeux, chansons,
saults et danses, desquelles il dit que l'antiquité a donné
la conduitte et le patronnage aux dieux mesmes: Apollon,
les Muses et Minerve.

Il s'estend à mille preceptes pour ses gymnases; pour les sciences lettrées, il s'y amuse fort peu, et semble ne recommander particulièrement la poësie que pour la musique.

(a) Toute estrangeté et particularité en nos meurs et conditions est evitable comme ennemie de communication et de société *(c)* et comme monstrueuse. Qui ne s'estonneroit de la complexion de Demophon, maistre d'hostel d'Alexandre, qui suoit à l'ombre et trembloit au soleil[1]? *(a)* J'en ay veu fuir la senteur des pommes plus que les harquebusades, d'autres s'effrayer pour une souris, d'autres rendre la gorge à voir de la cresme, d'autres à voir brasser un lict de plume, comme Germanicus ne pouvoit souffrir ny la veue, ny le chant des coqs[2]. Il y peut avoir, à l'avanture, à cela quelque propriété occulte; mais on l'esteindroit, à mon advis, qui s'y prendroit de bon'heure. L'institution a gaigné cela sur moy, il est vray que ce n'a point esté sans quelque soing, que, sauf la biere, mon appetit est accommodable indifferemment à toutes choses dequoy on se paist. Le corps encore souple, on le doit, à cette cause, plier à toutes façons et coustumes. Et pourveu qu'on puisse tenir l'appetit et la volonté soubs boucle, qu'on rende hardiment un jeune homme commode à toutes nations et compaignies, voire au desreglement et aus excès, si besoing est. *(c)* Son exercitation suive l'usage. *(a)* Qu'il puisse faire toutes choses, et n'ayme à faire que les bonnes. Les philosophes mesmes ne trouvent pas louable en Calisthenes[3] d'avoir perdu la bonne grace du grand Alexandre, son maistre, pour n'avoir voulu boire d'autant à luy. Il rira, il follastrera, il se desbauchera avec son prince. Je veux qu'en la desbauche mesme il surpasse en vigueur et en fermeté ses compagnons, et qu'il ne laisse à faire le mal ny à faute de force ny de science, mais à faute de volonté. *(c)* « *Multum interest utrum peccare aliquis nolit aut nesciat*[4]. »

(a) Je pensois faire honneur à un seigneur aussi eslongné de ces débordemens qu'il en soit en France, de m'enquerir à luy, en bonne compaignie, combien de fois en sa vie il s'estoit enyvré pour la nécessité des affaires du Roy en Allemagne. Il le print de cette façon, et me respondit que c'estoit trois fois, lesquelles il recita. J'en sçay qui, à faute de cette faculté, se sont mis en grand peine, ayans à pratiquer cette nation. J'ay souvent remarqué avec

grand'admiration la merveilleuse nature d'Alcibiades, de
se transformer si aisément à façons si diverses, sans intereſt de sa santé: surpassant tantoſt la somptuosité et
pompe Persienne, tantoſt l'auſterité et frugalité Lacedemonienne; autant reformé en Sparte comme voluptueux
en Ionië[1],

> *Omnis Ariſtippum decuit color, et ſtatus, et res*[2].

Tel voudrois-je former mon disciple,

> *quem duplici panno patientia velat*
> *Mirabor, vitæ via si conversa decebit,*
> *Personamque feret non inconcinnus utramque*[3].

Voicy mes leçons[4]. *(c)* Celuy-là y a mieux proffité, qui les
fait, que qui les sçait. Si vous le voyez, vous l'oyez; si
vous l'oyez, vous le voyez.

« Jà à Dieu ne plaise, dit quelqu'un en Platon[5], que
philosopher ce soit apprendre plusieurs choses et traiſter
les arts ! »

> « *Hanc amplissimam omnium artium bene vivendi disciplinam vita*
> *magis quam literis persequuti sunt*[6]. »

Leon, prince des Phliasiens, s'enquerant à Heraclides
Ponticus de quelle science, de quelle art il faisoit profession[7]: « Je ne sçay, dit-il, ny art ny science; mais je suis
philosophe. »

On reprochoit à Diogenes comment, eſtant ignorant,
il se mesloit de la philosophie: « Je m'en mesle, dit-il,
d'autant mieux à propos[8]. »

Hegesias le prioit de luy lire quelque livre: « Vous eſtes
plaisant, luy respondit-il, vous choisissez les figues vrayes
et naturelles, non peintes; que ne choisissez vous aussi
les exercitations naturelles, vrayes et non escrites[9] ? »

Il ne dira pas tant sa leçon, comme il la fera. Il la repe-
tera en ses aſtions. *(a)* On verra s'il y a de la prudence en
ses entreprises, s'il a de la bonté et de la juſtice en ses des-
portemens, *(c)* s'il a du jugement et de la grace en son parler, de la vigueur en ses maladies, de la modeſtie en ses
jeux, de la tempérance en ses voluptez, *(a)* de l'indifférence en son gouſt, soit chair, poisson, vin ou eau[10], *(c)* de
l'ordre en son œconomie:

> « *Qui disciplinam suam, non oſtentationem scientiæ, sed legem vitæ*
> *putet, quique obtemperet ipse sibi, et decretis pareat*[11]. »

Le vray miroir de nos discours est le cours de nos vies.

(a) Zeuxidamus[1] respondit à un qui luy demanda
pourquoy les Lacedemoniens ne redigeoient par escrit les
ordonnances de la prouesse et ne les donnoient à lire à
leurs jeunes gens : « que c'estoit par ce qu'ils les vouloient
accoustumer aux faits, non pas aux parolles ». Comparez,
au bout de 15 ou 16 ans, à cettuy cy un de ces latineurs
de college, qui aura mis autant de temps à n'apprendre
simplement qu'à parler ! Le monde n'est que babil, et ne
vis jamais homme qui ne die plustost plus que moins qu'il
ne doit ; toutesfois la moictié de nostre aage s'en va là[2].
On nous tient quatre ou cinq ans à entendre les mots et
les coudre en clauses ; encores autant à en proportionner
un grand corps, estendu en quatre ou cinq parties ; et
autres cinq, pour le moins, à les sçavoir brefvement mesler et entrelasser de quelque subtile façon. Laissons le à
ceux qui en font profession expresse.

Allant un jour à Orleans, je trouvay, dans cette plaine
au deça de Clery[3], deux regens[4] qui venoyent à Bourdeaux, environ à cinquante pas l'un de l'autre. Plus loing,
derriere eux, je descouvris une trouppe et un maistre en
teste, qui estoit feu Monsieur le Comte de La Roche-
foucaut[5]. Un de mes gens s'enquit au premier de ces
regents, qui estoit ce gentil'homme qui venoit après luy.
Luy, qui n'avoit pas veu ce trein qui le suyvoit, et qui
pensoit qu'on luy parlast de son compagnon, respondit
plaisamment : « Il n'est pas gentil'homme ; c'est un grammairien, et je suis logicien. » Or, nous qui cerchons icy,
au rebours, de former non un grammairien ou logicien,
mais un gentil'homme, laissons les abuser de leur loisir ;
nous avons affaire ailleurs. Mais que nostre disciple soit
bien pourveu de choses, les parolles ne suivront que trop ;
il les traînera, si elles ne veulent suivre. J'en oy qui s'excusent de ne se pouvoir exprimer, et font contenance
d'avoir la teste pleine de plusieurs belles choses, mais, à
faute d'eloquence, ne les pouvoir mettre en evidence.
C'est une baye. Sçavez-vous, à mon advis, que c'est que
cela ? Ce sont des ombrages qui leur viennent de quelques
conceptions informes, qu'ils ne peuvent desmeler et
esclarcir au dedans, ny par consequant produire au dehors : ils ne s'entendent pas encore eux mesmes. Et voyez
les un peu begayer sur le point de l'enfanter, vous jugez
que leur travail n'est point à l'accouchement, (c) mais à la

conception, *(a)* et qu'ils ne font que lecher cette matiere imparfaicte. De ma part, je tiens, *(c)* et Socrates l'ordonne, *(a)* que, qui a en l'esprit une vive imagination et claire, il la produira, soit en Bergamasque¹, soit par mines s'il est muet:

> *Verbaque prævisam rem non invita sequentur².*

Et comme disoit celuy-là, aussi poëtiquement en sa prose, « *cum res animum occupavere, verba ambiunt³.* » *(c)* Et cet autre: « *Ipsæ res verba rapiunt⁴.* » *(a)* Il ne sçait pas ablatif, conjunctif, substantif, ny la grammaire; ne faict pas son laquais ou une harangiere du Petit-pont⁵, et si, vous entretiendront tout vostre soul, si vous en avez envie, et se desferreront aussi peu, à l'adventure, aux regles de leur langage, que le meilleur maistre és arts⁶ de France. Il ne sçait pas la rhetorique, ny, pour avant-jeu, capter la benivolence du candide lecteur⁷, ny le luy chaut de le sçavoir. De vray, toute belle peincture s'efface aisément par le lustre d'une verité simple et naifve.

Ces gentillesses ne servent que pour amuser le vulgaire, incapable de prendre la viande plus massive et plus ferme, comme Afer montre bien clairement chez Tacitus⁸. Les Ambassadeurs de Samos estoyent venus à Cleomenes, Roy de Sparte, preparez d'une belle et longue oraison, pour l'esmouvoir à la guerre contre le tyran Policrates. Après qu'il les eust bien laissez dire, il leur respondit: « Quant à vostre commencement et exorde, il ne m'en souvient plus, ny par consequent du milieu; et quant à vostre conclusion, je n'en veux rien faire⁹. » Voylà une belle responce, ce me semble, et des harangueurs bien cameus.

(b) Et quoy cet autre? Les Atheniens estoyent à choisir de deux architectes à conduire une grande fabrique. Le premier, plus affeté, se presenta avec un beau discours premedité sur le subject de cette besongne et tiroit le jugement du peuple à sa faveur. Mais l'autre, en trois mots: « Seigneurs Atheniens, ce que cetuy a dict, je le feray¹⁰. »

(a) Au fort de l'eloquence de Cicero, plusieurs en entroient en admiration; mais Caton, n'en faisant que rire: « Nous avons, disoit-il, un plaisant consul¹¹. » Aille devant ou après, un'utile sentence, un beau traict est toujours de saison. *(c)* S'il n'est pas bien à ce qui va devant, ny à ce qui vient après, il est bien en soy. *(a)* Je ne suis pas

de ceux qui pensent la bonne rithme faire le bon poëme;
laissez-luy allonger une courte syllabe, s'il veut; pour
cela, non force; si les inventions y rient, si l'esprit et le
jugement y ont bien faict leur office, voylà un bon poëte,
diray-je, mais un mauvais versificateur,

(b) Emunctæ naris, durus componere versus[1].

(a) Qu'on face, dict Horace, perdre à son ouvrage
toutes ses coustures et mesures,

(b) Tempora certa modosque, et quod prius ordine verbum est,
Posterius facias, ræponens ultima primis,
Invenias etiam disjecti membra poetæ[2],

(a) il ne se démentira point pour cela; les pieces mesmes
en seront belles. C'est ce que respondit Menander, comme
on le tensat, approchant le jour auquel il avoit promis
une comedie, dequoy il n'y avoit encore mis la main:
« Elle est composée et preste, il ne reste qu'à y adjouster
les vers[3]. » Ayant les choses et la matiere disposée en
l'ame, il mettoit en peu de compte[4] le demeurant. Depuis que Ronsard et du Bellay[5] ont donné credit à nostre
poësie Françoise, je ne vois si petit apprentis qui n'enfle
des mots, qui ne renge les cadences à peu près comme
eux. *(c)* « *Plus sonat quam valet[6].* » *(a)* Pour le vulgaire, il ne
fut jamais tant de poëtes. Mais, comme il leur[7] a esté bien
aisé de representer leurs rithmes, ils demeurent bien aussi
court à imiter les riches descriptions de l'un[8] et les delicates inventions de l'autre[9].

Voire mais, que fera-il si on le presse de la subtilité
sophistique de quelque syllogisme: le jambon fait boire,
le boire desaltere, parquoy le jambon desaltere[10]? *(c)*
Qu'il s'en mocque. Il est plus subtil de s'en mocquer que
d'y respondre.

Qu'il emprunte d'Aristippus[11] cette plaisante contre-
finesse: « Pourquoy le deslieray-je, puis que, tout lié, il
m'empesche[12]? » Quelqu'un proposoit contre Cleanthes[13]
des finesses dialectiques, à qui Chrysippus dit: « Joue toy
de ces battelages avec les enfans, et ne destourne à cela
les pensées sérieuses d'un homme d'aage[14]. » *(a)* Si ces
sottes arguties, *(c)* « *contorta et aculeata sophismata[15]* » *(a)* luy
doivent persuader une mensonge, cela est dangereux;
mais si elles demeurent sans effect, et ne l'esmeuvent qu'à
rire, je ne voy pas pourquoy il s'en doive donner garde.

Il en est de si sots, qui se destournent de leur voye un quart de lieuë, pour courir après un beau mot; *(c) aut qui non verba rebus aptant, sed res extrinsecus arcessunt, quibus verba conveniant[1].* » Et l'autre: « *Sunt qui alicujus verbi decore placentis vocentur ad id quod non proposuerant scribere[2].* » Je tors bien plus volontiers une bonne sentence pour la coudre sur moy, que je ne tors mon fil pour l'aller querir. *(a)* Au rebours, c'est aux paroles à servir et à suyvre, et que le Gascon y arrive, si le François n'y peut aller! Je veux que les choses surmontent et qu'elles remplissent de façon l'imagination de celuy qui escoute, qu'il n'aye aucune souvenance des mots. Le parler que j'ayme, c'est un parler simple et naïf, tel sur le papier qu'à la bouche; un parler succulent et nerveux, court et serré, *(c)* non tant delicat et peigné comme vehement et brusque:

Hæc demum sapiet dictio, quæ feriet[3],

(a) plustost difficile qu'ennuieux, esloingné d'affectation, desreglé, descousu et hardy; chaque lopin y face son corps; non pedantesque, non fratesque, non pleideresque, mais plustost soldatesque, comme Suetone appelle celuy de Julius Cæsar[4]; *(c)* et si, ne sens pas bien pour quoy il l'en appelle.

(b) J'ay volontiers imité cette desbauche qui se voit en nostre jeunesse, au port de leurs vestemens: un manteau en escharpe, la cape sur une espaule, un bas mal tendu, qui represente une fierté desdaigneuse de ces paremens estrangiers et nonchallante de l'art. Mais je la trouve encore mieus employée en la forme du parler. *(c)* Toute affectation, nomméement en la gayeté et liberté françoise, est mesadvenante au cortisan. Et, en une monarchie, tout Gentil'homme doit estre dressé à la façon d'un cortisan. Parquoy nous faisons bien de gauchir un peu sur le naïf et mesprisant.

(a) Je n'ayme point de tissure où les liaisons et les coutures paroissent, tout ainsi qu'en un beau corps il ne faut qu'on y puisse compter les os et les veines. *(c)* « *Quæ veritati operam dat oratio, incomposita sit et simplex[5].* »

« *Quis accurate loquitur, nisi qui vult putidè loqui[6]?* »

L'éloquence faict injure aux choses, qui nous destourne à soy.

Comme aux acoustremens, c'est pusillanimité de se vouloir marquer par quelque façon particuliere et inusi-

tée; de mesmes, au langage, la recherche des frases nouvelles et de mots peu cogneuz vient d'une ambition puerile et pedantesque. Peusse-je ne me servir que de ceux
qui servent aux hales à Paris¹! Aristophanes le grammai-
rien² n'y entendoit rien, de reprendre en Epicurus la simplicité de ses mots et la fin de son art oratoire, qui estoit
perspicuité de langage seulement. L'imitation du parler,
par sa facilité, suit incontinent tout un peuple; l'imitation du juger, de l'inventer ne va pas si vite. La plus part
des lecteurs, pour avoir trouvé une pareille robbe, pensent très-faucement tenir un pareil corps.

La force et les nerfs ne s'empruntent point; les atours
et le manteau s'emprunte.

La plus part de ceux qui me hantent parlent de mesmes
les *Essais*: mais je ne sçay s'ils pensent de mesmes.

(a) Les Atheniens (dict Platon³) ont pour leur part le
soing de l'abondance et elegance du parler; les Lacedemoniens, de la briefveté, et ceux de Crète, de la fecundité
des conceptions plus que du langage; ceux-cy sont les
meilleurs. Zenon⁴ disoit qu'il avoit deux sortes de disciples: les uns, qu'il nommoit φιλολόγους⁵, curieux
d'apprendre les choses, qui estoyent ses mignons; les
autres λογοφίλους⁶, qui n'avoyent soing que du langage.
Ce n'est pas à dire que ce ne soit une belle et bonne chose
que le bien dire, mais non pas si bonne qu'on la faict; et
suis despit dequoy nostre vie s'embesongne toute à cela.
Je voudrois premièrement bien sçavoir ma langue, et
celle de mes voisins où j'ay plus ordinaire commerce.
C'est un bel et grand agencement sans doubte que le Grec
et Latin, mais on l'achepte trop cher. Je diray icy une
façon d'en avoir meilleur marché que de coustume, qui
a esté essayée en moymesmes. S'en servira qui voudra.

Feu mon pere⁷, ayant fait toutes les recherches
qu'homme peut faire, parmy les gens sçavans et d'entendement, d'une forme d'institution exquise, fut advisé de
cet inconvenient qui estoit en usage; et luy disoit-on que
cette longueur que nous mettions à apprendre les langues
(c) qui ne leur coustoient rien *(a)* est la seule cause pourquoy nous ne pouvions arriver à la grandeur d'ame et de
cognoissance des anciens Grecs et Romains. Je ne croy pas
que ce en soit la seule cause. Tant y a que l'expedient que
mon pere y trouva, ce fut que, en nourrice et avant le premier desnouement de ma langue, il me donna en charge

à un Alleman[1], qui depuis est mort fameux medecin en France, du tout ignorant de nostre langue, et très-bien versé en la Latine. Cettuy-cy, qu'il avoit faict venir exprès, et qui estoit bien cherement gagé, m'avoit continuellement entre les bras. Il en eust aussi avec luy deux autres moindres en sçavoir pour me suivre, et soulager le premier. Ceux-cy ne m'entretenoient d'autre langue que Latine. Quant au reste de sa maison, c'estoit une reigle inviolable que ny luy mesme, ny ma mere, ny valet, ny chambriere, ne parloyent en ma compaignie qu'autant de mots de Latin que chacun avoit apris pour jargonner avec moy[2]. C'est merveille du fruict que chacun y fit. Mon pere et ma mere y apprindrent assez de Latin pour l'entendre, et en acquirent à suffisance pour s'en servir à la nécessité, comme firent aussi les autres domestiques qui estoient plus attachez à mon service. Somme, nous nous Latinizames tant, qu'il en regorgea jusques à nos villages tout autour, où il y a encores, et ont pris pied par l'usage plusieurs appellations Latines d'artisans et d'utils. Quant à moy, j'avois plus de six ans avant que j'entendisse non plus de François ou de Perigordin que d'Arabesque. Et, sans art, sans livre, sans grammaire ou precepte, sans fouet et sans larmes, j'avois appris du Latin, tout aussi pur que mon maistre d'eschole le sçavoit: car je ne le pouvois avoir meslé ny alteré. Si, par essay, on me vouloit donner un theme, à la mode des colleges, on le donne aux autres en François; mais à moy il me le falloit donner en mauvais Latin, pour le tourner en bon. Et Nicolas Grouchi[3], qui a escrit *De comitiis Romanorum,* Guillaume Guerente[4], qui a commenté Aristote, George Bucanan[5], ce grand poëte Escossois, Marc Antoine Muret[6] *(c)* que la France et l'Italie recognoist pour le meilleur orateur du temps, mes precepteurs domestiques, m'ont dict souvent que j'avois ce langage en mon enfance si prest et si à main, qu'ils craingnoient à m'accoster. Bucanan, que je vis depuis à la suite de feu monsieur le Mareschal de Brissac[7], me dit qu'il estoit après à escrire de l'institution des enfans, et qu'il prenoit l'exemplaire de la mienne; car il avoit lors en charge ce Comte de Brissac[8] que nous avons veu depuis si valeureux et si brave.

  Quant au Grec, duquel je n'ay quasi du tout point d'intelligence, mon pere desseigna me le faire apprendre par art, mais d'une voie nouvelle, par forme d'ébat et

d'exercice. Nous pelotons nos declinaisons à la maniere
de ceux qui, par certains jeux de tablier, apprennent
l'Arithmétique et la Geometrie. Car, entre autres choses,
il avoit esté conseillé de me faire gouster la science et le
devoir par une volonté non forcée et de mon propre desir,
et d'eslever mon ame en toute douceur et liberté, sans
rigueur et contrainte. Je dis jusques à telle superstition
que, parce que aucuns tiennent que cela trouble la cervelle tendre des enfans de les esveiller le matin en sursaut,
et de les arracher du sommeil (auquel ils sont plongez
beaucoup plus que nous ne sommes) tout à coup et par
violence, il me faisoit esveiller par le son de quelque
instrument; et ne fus jamais sans homme qui m'en servit[1].

Cet exemple suffira pour en juger le reste, et pour
recommander aussi et la prudence et l'affection d'un si
bon pere, auquel il ne se faut nullement prendre, s'il n'a
recueilly aucuns fruits respondans à une si exquise culture. Deux choses en furent cause: le champ sterile et
incommode; car, quoy que j'eusse la santé ferme et
entiere, et quant et quant un naturel doux et traitable,
j'estois parmy cela si poisant, mol et endormi, qu'on ne
me pouvoit arracher de l'oisiveté, non pas pour me faire
jouer. Ce que je voyois, je le voyois bien et, soubs cette
complexion lourde, nourrissois des imaginations hardies
et des opinions au dessus de mon aage. L'esprit, je l'avois
lent, et qui n'alloit qu'autant qu'on le menoit; l'apprehension, tardive; l'invention, lasche; et après tout, un
incroïable defaut de memoire. De tout cela, il n'est pas
merveille s'il ne sceut rien tirer qui vaille. Secondement,
comme ceux que presse un furieux desir de guerison se
laissent aller à toute sorte de conseil, le bon homme,
ayant extreme peur de faillir en chose qu'il avoit tant à
cœur, se laissa en fin emporter à l'opinion commune, qui
suit tousjours ceux qui vont devant, comme les gruës, et
se rengea à la coustume, n'ayant plus autour de luy ceux
qui luy avoient donné ces premieres institutions, qu'il avoit
aportées d'Italie[2], et m'envoya, environ mes six ans, au
college de Guienne[3], très-florissant pour lors, et le meilleur de France. Et là, il n'est possible de rien adjouster
au soing qu'il eut, et à me choisir des precepteurs de
chambre suffisans, et à toutes les autres circonstances de
ma nourriture, en laquelle il reserva plusieurs façons
particulieres contre l'usage des colleges. Mais tant y a,

que c'estoit tousjours college. Mon Latin s'abastardit incontinent, duquel depuis par desacoustumance j'ay perdu tout usage. Et ne me servit cette mienne nouvelle institution, que de me faire enjamber d'arrivée aux premieres classes: car, à treize ans que je sortis du college, j'avoy achevé mon cours (qu'ils appellent), et à la verité sans aucun fruict que je peusse à present mettre en compte.

Le premier goust que j'eus aux livres, il me vint du plaisir des fables de la *Metamorphose* d'Ovide[1]. Car, environ l'aage de sept ou huict ans, je me desrobois de tout autre plaisir pour les lire; d'autant que cette langue estoit la mienne maternelle, et que c'estoit le plus aysé livre que je cogneusse, et le plus accommodé à la foiblesse de mon aage, à cause de la matiere. Car des *Lancelots du Lac*[2], *(b)* des *Amadis*[3], *(a)* des *Huons de Bordeaus*[4], et tel fatras[5] de livres à quoy l'enfance s'amuse, je n'en connoissois pas seulement le nom, ny ne fais encore le corps[6], tant exacte estoit ma discipline. Je m'en rendois plus nonchalant à l'estude de mes autres leçons prescriptes. Là, il me vint singulierement à propos d'avoir affaire à un homme d'entendement de precepteur, qui sçeut dextrement conniver à cette mienne desbauche, et autres pareilles. Car, par là, j'enfilay tout d'un train Vergile en l'*Æneide,* et puis Terence, et puis Plaute, et des comedies Italienes, lurré toujours par la douceur du subject. S'il eut esté si fol de rompre ce train, j'estime que je n'eusse raporté du college que la haine des livres, comme fait quasi toute nostre noblesse. Il s'y gouverna ingenieusement. Faisant semblant de n'en voir rien, il aiguisoit ma faim, ne me laissant que à la desrobée gourmander ces livres, et me tenant doucement en office pour les autres estudes de la regle. Car les principales parties que mon pere cherchoit à ceux à qui il donnoit charge de moy, c'estoit la debonnaireté et facilité de complexion. Aussi n'avoit la mienne autre vice que langueur et paresse. Le danger n'estoit pas que je fisse mal, mais que je ne fisse rien. Nul ne prognostiquoit que je deusse devenir mauvais, mais inutile. On y prevoyoit de la faineantise, non pas de la malice.

(c) Je sens qu'il en est advenu de mesmes. Les plaintes qui me cornent aux oreilles sont comme cela: « Oisif; froid aux offices d'amitié et de parenté et aux offices publiques; trop particulier. » Les plus injurieux ne disent

pas: « Pourquoy a-il prins? Pourquoy n'a-il payé? »
Mais: « Pourquoy ne quitte il? ne donne il? »

Je recevroy à faveur qu'on ne desirast en moy que tels
effects de supererogation. Mais ils sont injustes d'exiger
ce que je ne doy pas, plus rigoureusement beaucoup qu'ils
n'exigent d'eux ce qu'ils doivent. En m'y condemnant,
ils effacent la gratification de l'action et la gratitude qui
m'en seroit deuë; là où le bien faire actif devroit plus
peser de ma main, en consideration de ce que je n'en ay
passif nul qui soit. Je puis d'autant plus librement disposer de ma fortune qu'elle est plus mienne. Toutesfois, si
j'estoy grand enlumineur de mes actions, et l'adventure
rembarrerois-je bien ces reproches. Et à quelques-uns
apprendroy qu'ils ne sont pas si offensez que je ne face
pas assez, que de quoy je puisse faire assez plus que je ne
fay[1].

(a) Mon ame ne laissoit pourtant en mesme temps
d'avoir à part soy des remuemens fermes *(c)* et des jugemens seurs et ouverts autour des objets qu'elle connoissoit, *(a)* et les digeroit seule, sans aucune communication.
Et, entre autres choses, je croy à la verité qu'elle eust esté
du tout incapable de se rendre à la force et violence.

(b) Mettray-je en compte cette faculté de mon enfance:
une asseurance de visage, et souplesse de voix et de
geste, à m'appliquer aux rolles que j'entreprenois? Car,
avant l'aage,

Alter ab undecimo tum me vix ceperat annus[2],

j'ai soustenu les premiers personnages és tragedies latines
de Bucanan, de Guerente et de Muret[3], qui se represen-
terent en nostre college de Guienne avec dignité. En cela,
Andreas Goveanus[4], nostre principal, comme en toutes
autres parties de sa charge, fut sans comparaison le plus
grand principal de France; et m'en tenoit-on maistre
ouvrier. C'est un exercice que je ne mesloüe poinct aux
jeunes enfans de maison; et ay veu nos Princes s'y adonner depuis en personne, à l'exemple d'aucuns des anciens,
honnestement et louablement.

(c) Il estoit loisible mesme d'en faire mestier aux gens
d'honneur en Grece: « *Aristoni tragico actori rem aperit:
huic et genus et fortuna honesta erant: nec ars, quia nihil tale
apud Græcos pudori est, ea deformabat*[5]. »

(b) Car j'ay tousjours accusé d'impertinence ceux qui

condemnent ces esbattemens, et d'injuſtice ceux qui refusent l'entrée de nos bonnes villes aux comediens qui le
valent, et envient au peuple ces plaisirs publiques. Les
bonnes polices prennent soing d'assembler les citoyens
et les r'allier, comme aux offices serieux de la devotion,
aussi aux exercices et jeux; la société et amitié s'en augmente. Et puis on ne leur sçauroit conceder des passe-
temps plus reglez que ceux qui se font en presence d'un
chacun et à la veuë mesme du magiſtrat. Et trouverois
raisonnable que le magiſtrat et le prince à ses despens, en
gratifiaſt quelquefois la commune, d'une affection et
bonté comme paternelle; *(c)* et qu'aux villes populeuses
il y euſt des lieux deſtinez et disposez pour ces spectacles,
quelque divertissement de pires actions et occultes[1].

(a) Pour revenir à mon propos, il n'y a tel que d'allé-
cher l'appétit et l'affection, autrement on ne faict que des
asnes chargez de livres. On leur donne à coups de foüet
en garde leur pochette pleine de science, laquelle, pour
bien faire, il ne faut pas seulement loger chez soy, il la
faut espouser.

CHAPITRE XXVII

C'EST FOLIE DE RAPPORTER LE VRAY ET LE FAUX A NOSTRE SUFFISANCE

(a) CE n'eſt pas à l'adventure sans raison que nous
attribuons à simplesse et ignorance la facilité
de croire et de se laisser persuader: car il me semble avoir
apris autrefois que la creance c'eſtoit comme un'impression qui se faisoit en noſtre ame; et, à mesure qu'elle se
trouvoit plus molle et de moindre resiſtance, il eſtoit plus
aysé à y empreindre quelque chose. *(c)* « *Ut necesse eſt lan-
cem in libra ponderibus impositis deprimi, sic animum perspi-
cuis cedere*[2]. » D'autant que l'âme eſt plus vuide et sans
contrepoids, elle se baisse plus facilement soubs la charge
de la premiere persuasion. *(a)* Voylà pourquoy les enfans,
le vulgaire, les femmes et les malades sont plus subjects à
eſtre menez par les oreilles. Mais aussi, de l'autre part,
c'eſt une sotte presumption d'aller desdaignant et condamnant pour faux ce qui ne nous semble pas vray-sem-

blable, qui est un vice ordinaire de ceux qui pensent avoir
quelque suffisance outre la commune. J'en faisoy ainsin
autrefois, et si j'oyois parler ou des esprits qui reviennent,
ou du prognostique des choses futures, des enchantemens,
des sorceleries, ou faire quelque autre compte où je ne
peusse pas mordre,

> *Somnia, terrores magicos, miracula, sagas,*
> *Nocturnos lemures portentaque Thessala[1],*

il me venoit compassion du pauvre peuple abusé de ces
folies. Et, à présent, je treuve que j'estoy pour le moins
autant à plaindre moy mesme: non que l'experience m'aye
depuis rien fait voir au dessus de mes premieres creances
(et si n'a pas tenu à ma curiosité); mais la raison m'a
instruit que de condamner ainsi resoluement une chose
pour fauce et impossible, c'est se donner l'advantage
d'avoir dans la teste les bornes et limites de la volonté de
Dieu et de la puissance de nostre mere nature; et qu'il
n'y a point de plus notable folie au monde que de les
ramener à la mesure de nostre capacité et suffisance. Si
nous appellons monstres ou miracles ce où nostre raison
ne peut aller, combien s'en presente il continuellement à
nostre veuë? Considerons au travers de quels nuages et
comment à tastons on nous meine à la connoissance de
la pluspart des choses qui nous sont entre mains; certes
nous trouverons que c'est plustost accoustumance que
science qui nous en oste l'estrangeté,

> *(b) Jam nemo, fessus satiate vivendi,*
> *Suspicere in cæli dignatur lucida templa[2],*

(a) et que ces choses là, si elles nous estoyent presentées
de nouveau, nous les trouverions autant ou plus incroyables que aucunes autres,

> *si nunc primum mortalibus adsint*
> *Ex improviso, ceu sint objecta repente,*
> *Nil magis his rebus poterat mirabile dici,*
> *Aut minus ante quod auderent fore credere gentes[3].*

Celuy qui n'avoit jamais veu de riviere, à la premiere qu'il
rencontra, il pensa que ce fut l'Ocean. Et les choses qui
sont à nostre connoissance les plus grandes, nous les
jugeons estre les extremes que nature face en ce genre,

(b) Scilicet et fluvius, qui non maximus, ei eſt
Qui non ante aliquem majorem vidit, et ingens
Arbor homoque videtur ; (a) et omnia de genere omni
Maxima quæ vidit quisque, hæc ingentia fingit[1].

(c) « Consuetudine oculorum assuescunt animi, neque admirantur, neque requirunt rationes earum rerum quas semper vident[2]. »

La nouvelleté des choses nous incite plus que leur grandeur à en rechercher les causes.

(a) Il faut juger avec plus de reverence de cette infinie puissance de nature[3] et plus de reconnoissance de noſtre ignorance et foiblesse. Combien y a il de choses peu vray-semblables, tesmoignées par gens dignes de foy, des-quelles si nous ne pouvons eſtre persuadez, au moins les faut-il laisser en suspens; car de les condamner impossibles, c'eſt se faire fort, par une temeraire presumption, de sçavoir jusques où va la possibilité. *(c)* Si l'on enten-doit bien la difference qu'il y a entre l'impossible et l'inu-sité, et entre ce qui eſt contre l'ordre du cours de nature, et contre la commune opinion des hommes, en ne croyant pas temerairement, ny aussi ne descroyant pas facilement, on observeroit la regle de: « Rien trop », commandée par Chilon[4].

(a) Quant on trouve, dans Froissard, que le conte de Foix sçeut, en Bearn, la defaite[5] du Roy Jean de Caſtille, à Juberoth, le lendemain qu'elle fut advenue, et les moyens qu'il en allegue, on s'en peut moquer; et de ce mesme que nos annales[6] disent que le Pape Honorius, le propre jour que le Roy Philippe Auguſte mourut *(b)* à Mante, *(a)* fit faire ses funerailles publiques et les manda faire par toute l'Italie. Car l'authorité de ces tesmoins n'a pas à l'adven-ture assez de rang pour nous tenir en bride. Mais quoy? si Plutarque, outre plusieurs exemples qu'il allegue de l'antiquité, diſt sçavoir de certaine science que, du temps de Domitian, la nouvelle de la bataille perdue par Anto-nius en Allemaigne, à plusieurs journées de là, fut publiée à Rome et semée par tout le monde le mesme jour qu'elle avoit eſté perdue[7], et si Cæsar tient qu'il eſt souvent advenu que la renommée a devancé l'accident, dirons nous pas que ces simples gens-là se sont laissez piper après le vulgaire, pour n'eſtre pas clairvoyans comme nous? Eſt-il rien plus delicat, plus net et plus vif que le jugement de Pline, quand il lui plaiſt de le mettre en jeu,

rien plus esloingné de vanité? je laisse à part l'excellence
de son sçavoir, duquel je fay moins de conte: en quelle
partie de ces deux là le surpassons nous[1]? Toutesfois il
n'est si petit escolier qui ne le convainque de mensonge,
et qui ne luy veuille faire leçon sur le progrez des ouvrages
de nature.

Quand nous lisons, dans Bouchet[2], les miracles des
reliques de sainct Hilaire, passe: son credit n'est pas assez
grand pour nous oster la licence d'y contredire. Mais de
condamner d'un train toutes pareilles histoires me semble
singuliere impudence. Ce grand sainct Augustin tesmoigne[3] avoir veu, sur les reliques Sainct Gervais et
Protaise, à Milan, un enfant aveugle recouvrer la veuë;
une femme, à Carthage, estre guerie d'un cancer par le
signe de croix qu'une femme nouvellement baptisée luy
fit; Hesperius, un sien familier, avoir chassé les esprits
qui infestoient sa maison, avec un peu de terre du Sepulchre de nostre Seigneur, et, cette terre depuis transportée
à l'Eglise, un paralitique en avoir esté soudain gueri; une
femme en une procession, ayant touché à la chasse Sainct
Estienne d'un bouquet, et de ce bouquet s'estant frottée
les yeux, avoir recouvré la veuë, pieça perdue; et plusieurs autres miracles, où il dict luy mesmes avoir assisté.
Dequoy accuserons nous et luy et deux Saincts Evesques,
Aurelius et Maximinus, qu'il appelle pour ses recors?
Sera ce d'ignorance, simplesse, facilité, ou de malice et
imposture? Est-il homme, en nostre siecle, si impudent
qui pense leur estre comparable, soit en vertu et pieté,
soit en sçavoir, jugement et suffisance? *(c)* « *Qui, ut rationem nullam afferrent, ipsa authoritate me frangerent*[4]. »

(a) C'est une hardiesse dangereuse et de consequence,
outre l'absurde temerité qu'elle traisne quant et soy, de
mespriser ce que nous ne concevons pas. Car après que,
selon vostre bel entendement, vous avez estably les
limites de la verité et de la mensonge, et qu'il se treuve
que vous avez necessairement à croire des choses où il y
a encores plus d'estrangeté qu'en ce que vous niez, vous
vous estez des-jà obligé de les abandonner. Or ce qui me
semble aporter autant de desordre en nos consciences, en
ces troubles où nous sommes de la religion, c'est cette
dispensation que les Catholiques font de leur creance. Il
leur semble faire bien les moderez et les entenduz, quand
ils quittent aux adversaires aucuns articles de ceux qui

sont en debat. Mais, outre ce, qu'ils ne voyent pas quel avantage c'est à celuy qui vous charge, de commancer à luy ceder et vous tirer arriere, et combien cela l'anime à poursuivre sa poincte, ces articles là qu'ils choisissent pour les plus legiers sont aucunefois très-importans. Ou il faut se submettre du tout à l'authorité de nostre police ecclesiastique, ou du tout s'en dispenser. Ce n'est pas à nous à establir la part que nous luy devons d'obeïssance. Et davantage: je le puis dire pour l'avoir essayé, ayant autrefois usé de cette liberté de mon chois et triage particulier, mettant à nonchaloir certains points de l'observance de nostre Eglise, qui semblent avoir un visage ou plus vain ou plus estrange, venant à en communiquer aux hommes sçavans, j'ay trouvé que ces choses là ont un fondement massif et très-solide, et que ce n'est que bestise et ignorance qui nous fait les recevoir avec moindre reverence que le reste. Que ne nous souvient il combien nous sentons de contradiction en nostre jugement mesmes? combien de choses nous servoyent hier d'articles de foy, qui nous sont fables aujourd'huy? La gloire et la curiosité sont les deux fleaux de nostre âme. Cette cy nous conduit à mettre le nez par tout, et celle là nous defant de rien laisser irresolu et indecis.

CHAPITRE XXVIII

DE L'AMITIÉ

(a) CONSIDERANT la conduite de la besongne d'un peintre que j'ay, il m'a pris envie de l'ensuivre. Il choisit le plus bel endroit et milieu de chaque paroy, pour y loger un tableau élabouré de toute sa suffisance; et, le vuide tout au tour, il le remplit de crotesques, qui sont peintures fantasques, n'ayant grâce qu'en la varieté et estrangeté. Que sont-ce icy aussi, à la verité, que crotesques et corps monstrueux, rappiecez de divers membres, sans certaine figure, n'ayants ordre, suite ny proportion que fortuite?

Desinit in piscem mulier formosa superne[1].

Je vay bien jusques à ce second point avec mon peintre, mais je demeure court en l'autre et meilleure partie; car

ma suffisance ne va pas si avant que d'oser entreprendre
un tableau riche, poly et formé selon l'art. Je me suis
advisé d'en emprunter un d'Estienne de la Boitie[1], qui
honorera tout le reste de cette besongne. C'est un discours auquel il donna nom *La Servitude Volontaire ;* mais
ceux qui l'ont ignoré, l'ont bien proprement depuis
rebaptisé *Le Contre Un*[2]. Il l'escrivit par maniere d'essay,
en sa premiere jeunesse[3], à l'honneur de la liberté contre
les tyrans. Il court pieça[4] és mains des gens d'entendement, non sans bien grande et méritée recommandation:
car il est gentil, et plein ce qu'il est possible. Si y a il bien
à dire que ce ne soit le mieux qu'il peut faire; et si, en
l'aage que je l'ay conneu, plus avancé, il eut pris un tel
desseing que le mien de mettre par escrit ses fantasies,
nous verrions plusieurs choses rares et qui nous approche-
roient bien près de l'honneur de l'antiquité; car, notamment en cette partie des dons de nature, je n'en connois
point qui luy soit comparable. Mais il n'est demeuré de
luy que ce discours, encore par rencontre, et croy qu'il
ne le veit onques depuis qu'il luy eschapa, et quelques
memoires[5] sur cet edict de Janvier[6], fameus par nos
guerres civiles, qui trouveront encores ailleurs peut estre
leur place[7]. C'est tout ce que j'ay peu recouvrer de ses
reliques, *(c)* moy qu'il laissa, d'une si amoureuse recommandation, la mort entre les dents, par son testament,
héritier de sa bibliothèque et de ses papiers, *(a)* outre le
livret de ses œuvres que j'ay fait mettre en lumiere[8]. Et
si, suis obligé particulierement à cette piece, d'autant
qu'elle a servy de moyen à nostre premiere accointance.
Car elle me fut montrée longue piece avant que je l'eusse
veu, et me donna la premiere connoissance de son nom,
acheminant ainsi cette amitié que nous avons nourrie,
tant que Dieu a voulu, entre nous, si entiere et si parfaite
que certainement il ne s'en lit guiere de pareilles, et, entre
nos hommes, il ne s'en voit aucune trace en usage. Il faut
tant de rencontres à la bastir, que c'est beaucoup si la
fortune y arrive une fois en trois siecles.

Il n'est rien à quoy il semble que nature nous aye plus
acheminé qu'à la societé. *(c)* Et dit Aristote[9] que les bons
legislateurs ont eu plus de soing de l'amitié que de la
justice. *(a)* Or le dernier point de sa perfection est cettuy-
cy. Car, *(b)* en general, toutes celles que la volupté ou le
profit, le besoin publique ou privé forge et nourrit, en

sont d'autant moins belles et genereuses, et d'autant
moins amitiez, qu'elles meslent autre cause et but et fruit
en l'amitié, qu'elle mesme.

Ny ces quatre especes anciennes: naturelle, sociale,
hospitaliere, venerienne, particulierement n'y conviennent ny conjointement.

(a) Des enfans aux peres, c'est plutost respect. L'amitié
se nourrit de communication qui ne peut se trouver
entre eux, pour la trop grande disparité, et offenceroit à
l'adventure les devoirs de nature. Car ny toutes les secrettes pensées des peres ne se peuvent communiquer aux
enfans pour n'y engendrer une messeante privauté, ny les
advertissemens et corrections, qui est un des premiers
offices d'amitié, ne se pourroyent exercer des enfans aux
peres. Il s'est trouvé des nations où, par usage, les enfans
tuoyent leurs peres, et d'autres où les peres tuoyent leurs
enfans, pour eviter l'empeschement qu'ils se peuvent
quelquefois entreporter, et naturellement l'un depend de
la ruine de l'autre. Il s'est trouvé des philosophes desdai-
gnans cette cousture naturelle, tesmoing *(c)* Aristippus[1]:
(a) quand on le pressoit de l'affection qu'il devoit à ses
enfans pour estre sortis de luy, il se mit à cracher, disant
que cela en estoit aussi bien sorty; que nous engendrions
bien des pouz et des vers. Et cet autre, que Plutarque
vouloit induire à s'accorder avec son frere: « Je n'en fais
pas, dict-il, plus grand estat pour estre sorty de mesme
trou[2]. » C'est, à la verité, un beau nom et plein de dilec-
tion que le nom de frere, et à cette cause en fismes nous,
luy et moy, nostre alliance. Mais ce meslange de biens,
ces partages, et que la richesse de l'un soit la pauvreté de
l'autre, cela detrampe merveilleusement et relasche cette
soudure fraternelle. Les freres ayants à conduire le progrez de leur avancement en mesme sentier et mesme
train, il est force qu'ils se hurtent et choquent souvent.
D'avantage, la correspondance et relation qui engendre
ces vrayes et parfaictes amitiez, pourquoy se trouvera elle
en ceux cy? Le pere et le fils peuvent estre de complexion
entierement eslongnée, et les freres aussi. C'est mon fils,
c'est mon parent, mais c'est un homme farouche, un meschant ou un sot. Et puis, à mesure que ce sont amitiez que
la loy et l'obligation naturelle nous commande, il y a
d'autant moins de nostre chois et liberté volontaire. Et
nostre liberté volontaire n'a point de production qui soit

plus proprement sienne que celle de l'affeſtion et amitié. Ce n'eſt pas que je n'aye essayé de ce coſté là tout ce qui en peut eſtre, ayant eu le meilleur pere qui fut onques, et le plus indulgent, jusques à son extreme vieillesse, et eſtant d'une famille fameuse de pere en fils, et exemplaire en cette partie de la concorde fraternelle,

> *(b) et ipse*
> *Notus in fratres animi paterni*[1].

(a) D'y comparer l'affeſtion envers les femmes, quoy qu'elle naisse de noſtre choix, on ne peut, ny la loger en ce rolle. Son feu, je le confesse,

> *neque enim eſt dea nescia noſtri*
> *Quæ dulcem curis miscet amaritiem*[2],

eſt plus aſtif, plus cuisant et plus aspre. Mais c'eſt un feu temeraire et volage, ondoyant et divers, feu de fiebvre, subjeſt à accez et remises, et qui ne nous tient qu'à un coing. En l'amitié, c'eſt une chaleur generale et univer-selle, temperée au demeurant et égale, une chaleur cons-tante et rassize, toute douceur et polissure, qui n'a rien d'aspre et de poignant. Qui plus eſt, en l'amour, ce n'eſt qu'un desir forcené après ce qui nous fuit :

> *Come segue la lepre il cacciatore*
> *Al freddo, al caldo, alla montagna, al lito ;*
> *Ne piu l'eſtima poi che presa vede,*
> *Et sol dietro a chi fugge affretta il piede*[3].

Aussi toſt qu'il entre aux termes de l'amitié, c'eſt à dire en la convenance des volontez, il s'esvanouit et s'alan-guiſt. La jouyssance le perd, comme ayant la fin corporelle et subjeſte à sacieté. L'amitié, au rebours, eſt jouye à mesure qu'elle eſt désirée, ne s'esleve, se nourrit, ny ne prend accroissance qu'en la jouyssance, comme eſtant spirituelle, et l'âme s'affinant par l'usage. Sous cette par-faiſte amitié, ces affeſtions volages ont autrefois trouvé place chez moy, affin que je ne parle de luy, qui n'en con-fesse que trop par ces vers. Ainsi ces deux passions sont entrées chez moy en connoissance l'une de l'autre ; mais en comparaison jamais : la premiere maintenant sa route d'un vol hautain et superbe, et regardant desdaigneuse-ment cette cy passer ses pointes bien loing au dessoubs d'elle.

Quant aux mariages, outre ce que c'est un marché qui
n'a que l'entrée libre (sa durée estant contrainte et forcée,
dependant d'ailleurs que de nostre vouloir), et marché qui
ordinairement se fait à autres fins, il y survient mille
fusées estrangieres à desmeler parmy, suffisantes à rompre
le fil et troubler le cours d'une vive affection; là où, en
l'amitié, il n'y a affaire ny commerce que d'elle mesme.
Joint qu'à dire vray, la suffisance ordinaire des femmes
n'est pas pour respondre à cette conference et communication, nourrisse de cette saincte couture; ny leur ame ne
semble assez ferme pour soustenir l'estreinte d'un nœud
si pressé et si durable. Et certes, sans cela, s'il se pouvoit
dresser une telle accointance, libre et volontaire, où non
seulement les ames eussent cette entiere jouyssance,
mais encores où les corps eussent part à l'alliance, *(c)* où
l'homme fust engagé tout entier, *(a)* il est certain que
l'amitié en seroit plus pleine et plus comble. Mais ce sexe
par nul exemple n'y est encore peu arriver, *(c)* et par le
commun consentement des escholes anciennes en est rejetté.

(a) Et cet'autre licence Grecque est justement abhorrée
par nos mœurs. *(c)* Laquelle pourtant, pour avoir, selon
leur usage, une si necessaire disparité d'aages et difference d'offices entre les amants, ne respondoit non plus
assez à la parfaicte union et convenance qu'icy nous demandons : « *Quis est enim iste amor amicitiæ? Cur neque de-
formem adolescentem quisquam amat, neque formosum senem*[1] ? »
Car la peinture mesme qu'en faict l'Academie ne me des-
advoüera pas, comme je pense, de dire ainsi de sa part :
que cette premiere fureur inspirée par le fils de Venus au
cœur de l'amant sur l'object de la fleur d'une tendre jeunesse, à laquelle ils permettent tous les insolents et pas-
sionnez efforts que peut produire une ardeur immodérée,
estoit simplement fondée en une beauté externe, fauce
image de la generation corporelle. Car en l'esprit elle ne
pouvoit, duquel la montre estoit encore cachée, qui n'estoit qu'en sa naissance, et avant l'aage de germer. Que si
cette fureur saisissoit un bas courage, les moyens de sa
poursuite c'estoient richesses, presents, faveur à l'avancement des dignitez, et telle autre basse marchandise, qu'ils
reprouvent. Si elle tomboit en un courage plus genereux,
les entremises estoient genereuses de mesmes: instructions
philosophiques, enseignements à reverer la religion,

obeïr aux loix, mourir pour le bien de son païs, exemples
de vaillance, prudence, justice; s'estudiant l'amant de se
rendre acceptable par la bonne grace et beauté de son
ame, celle de son corps estant pieça fanée, et esperant par
cette société mentale establir un marché plus ferme et
durable. Quand cette poursuitte arrivoit à l'effect en sa
saison (car ce qu'ils ne requierent point en l'amant, qu'il
apportast loysir et discretion en son entreprise, ils le
requierent exactement en l'aymé; d'autant qu'il luy falloit juger d'une beauté interne, de difficile cognoissance
et abstruse descouverte), lors naissoit en l'aymé le desir
d'une conception spirituelle par l'entremise d'une spirituelle beauté. Cette cy estoit icy principale; la corporelle,
accidentale et seconde: tout le rebours de l'amant. A
cette cause preferent ils l'aymé, et verifient que les dieux
aussi le preferent, et tansent grandement le poëte Æschy-
lus d'avoir, en l'amour d'Achille et de Patroclus, donné
la part de l'amant à Achilles qui estoit en la premiere et
imberbe verdeur de son adolescence, et le plus beau des
Grecs[1]. Après cette communauté générale, la maistresse
et plus digne partie d'icelle exerçant ses offices et predo-
minant, ils disent qu'il en provenoit des fruicts très utiles
au privé et au public; que c'estoit la force des païs qui en
recevoient l'usage, et la principale defence de l'equité et
de la liberté: tesmoin les salutaires amours de Hermodius
et d'Aristogiton. Pourtant la nomment ils sacrée et divine.
Et n'est, à leur compte, que la violence des tyrans et lascheté des peuples qui luy soit adversaire. En fin tout ce
qu'on peut donner à la faveur de l'Académie, c'est dire
que c'estoit un amour se terminant en amitié; chose qui
ne se rapporte pas mal à la definition Stoïque de l'amour:
« *Amorem conatum esse amicitiæ faciendæ ex pulchritudinis
specie*[2]. » Je revien à ma description, de façon plus equitable et plus equable: « *Omnino amicitiæ corroboratis jam
confirmatisque ingeniis et ætatibus, judicandæ sunt*[3]. »

(a) Au demeurant, ce que nous appellons ordinairement amis et amitiez, ce ne sont qu'accoinctances et
familiaritez nouées par quelque occasion ou commodité,
par le moyen de laquelle nos ames s'entretiennent. En
l'amitié dequoy je parle, elles se meslent et confondent
l'une en l'autre, d'un melange si universel, qu'elles effacent et ne retrouvent plus la couture qui les a jointes. Si
on me presse de dire pourquoy je l'aymois, je sens que

cela ne se peut exprimer, *(c)* qu'en respondant: « Par ce
que c'estoit luy; par ce que c'estoit moy. »

(a) Il y a, au delà de tout mon discours, et de ce que
j'en puis dire particulierement, ne sçay quelle force inexplicable et fatale, mediatrice de cette union. *(c)* Nous nous
cherchions avant que de nous estre veus, et par des rapports que nous oyïons l'un de l'autre, qui faisoient en
nostre affection plus d'effort que ne porte la raison des
rapports, je croy par quelque ordonnance du ciel; nous
nous embrassions par noz noms. Et à nostre premiere
rencontre, qui fut par hazard en une grande feste et compagnie de ville, nous nous trouvasmes si prins, si cognus,
si obligez entre nous, que rien dès lors ne nous fut si
proche que l'un à l'autre. Il escrivit une Satyre Latine
excellente, qui est publiée[1], par laquelle il excuse et explique la precipitation de nostre intelligence, si promptement parvenue à sa perfection. Ayant si peu à durer, et
ayant si tard commencé, car nous estions tous deux
hommes faicts, et luy plus de quelque année[2], elle n'avoit
point à perdre temps et à se regler au patron des amitiez
molles et regulieres, ausquelles il faut tant de precautions
de longue et prealable conversation. Cette cy n'a point
d'autre idée que d'elle mesme, et ne se peut rapporter qu'à
soy. *(a)* Ce n'est pas une speciale consideration, ny deux,
ny trois, ny quatre, ny mille: c'est je ne sçay quelle quinte
essence de tout ce meslange, *(c)* qui, ayant saisi toute ma
volonté, l'amena se plonger et se perdre dans la sienne;
qui, ayant saisi toute sa volonté, l'amena se plonger et se
perdre en la mienne, d'une faim, d'une concurrence
pareille. *(a)* Je dis perdre, à la verité, ne nous reservant
rien qui nous fut propre, ny qui fut ou sien, ou mien.

Quand Lælius, en presence des Consuls Romains, lesquels, après la condemnation de Tiberius Gracchus,
poursuivoyent tous ceux qui avoyent esté de son intelligence, vint à s'enquerir de Caïus Blosius (qui estoit le
principal de ses amis) combien il eut voulu faire pour
luy, et qu'il eut respondu: « Toutes choses. — Comment,
toutes choses? suivit-il. Et quoy, s'il t'eut commandé de
mettre le feu en nos temples? — Il ne me l'eut jamais
commandé, replica Blosius. — Mais s'il l'eut fait? adjouta
Lælius. — J'y eusse obey », respondit-il[3]. S'il estoit si parfaictement amy de Gracchus, comme disent les histoires,
il n'avoit que faire d'offenser les Consuls par cette der-

nière et hardie confession; et ne se devoit départir de
l'asseurance qu'il avoit de la volonté de Gracchus. Mais,
toutefois, ceux qui accusent cette responce comme seditieuse, n'entendent pas bien ce myſtere et ne presupposent pas, comme il eſt, qu'il tenoit la volonté de Gracchus
en sa manche, et par puissance et par connoissance. *(c)* Ils
eſtoient plus amis que citoyens, plus amis qu'amis et
qu'ennemis de leur païs, qu'amis d'ambition et de trouble.
S'eſtans parfaiſctement commis l'un à l'autre, ils tenoient
parfaiſctement les renes de l'inclination l'un de l'autre; et
faiſctes guider cet harnois par la vertu et conduitte de la
raison (comme aussi eſt-il du tout impossible de l'atteler
sans cela), la responce de Blosius eſt telle qu'elle devoit
eſtre. Si leurs aſctions se demancherent, ils n'eſtoient ny
amis selon ma mesure l'un de l'autre, ny amis à eux mesmes. Au demeurant, cette responce ne sonne non plus que
feroit la mienne, à qui s'enquerroit à moy de cette façon:
« Si voſtre volonté vous commandoit de tuer voſtre fille,
la tueriez-vous? » et que je l'accordasse. Car cela ne porte
aucun tesmoignage de consentement à ce faire, par ce que
je ne suis point en doute de ma volonté, et tout aussi peu
de celle d'un tel amy. Il n'eſt pas en la puissance de tous
les discours du monde de me desloger de la certitude que
j'ay des intentions et jugemens du mien[1]. Aucune de ses
aſctions ne me sçauroit eſtre presentée, quelque visage
qu'elle eut, que je n'en trouvasse incontinent le ressort.
Nos ames ont charrié si uniement ensemble, elles se sont
considerées d'une si ardante affeſction, et de pareille affection descouvertes jusques au fin fond des entrailles l'une
à l'autre, que non seulement je connoissoy la sienne
comme la mienne, mais je me fusse certainement plus
volontiers fié à luy de moy qu'à moy.

Qu'on ne me mette pas en ce reng ces autres amitiez
communes; j'en ay autant de connoissance qu'un autre, et
des plus parfaiſctes de leur genre, *(b)* mais je ne conseille
pas qu'on confonde leurs regles: on s'y tromperoit. Il
faut marcher en ces autres amitiez la bride à la main, avec
prudence et precaution; la liaison n'eſt pas nouée en
maniere qu'on n'ait aucunement à s'en deffier. « Aymés
le (disoit Chilon) comme ayant quelque jour à le haïr;
haïssez le, comme ayant à l'aymer[2]. » Ce precepte qui eſt
si abominable en cette souveraine et maiſtresse amitié il
eſt salubre en l'usage des amitiez ordinaires et couſtu-

mières, à l'endroit desquelles il faut employer le mot
qu'Aristote avoit très-familier: « O mes amis, il n'y a
nul amy[1] »

(a) En ce noble commerce, les offices et les bienfaits,
nourrissiers des autres amitiez, ne meritent pas seulement
d'estre mis en compte; cette confusion si pleine de nos
volontez en est cause. Car, tout ainsi que l'amitié que je
me porte ne reçoit point augmentation pour le secours
que je me donne au besoin[2], quoy que dient les Stoïciens,
et comme je ne me sçay aucun gré du service que je me
fay, aussi l'union de tels amis estant veritablement parfaicte, elle leur faict perdre le sentiment de tels devoirs, et
haïr et chasser d'entre eux ces mots de division et de difference: bien faict, obligation, reconnoissance, priere,
remerciement, et leurs pareils. Tout estant par effect commun entre eux, volontez, pensemens, jugemens, biens,
femmes, enfans, honneur et vie, *(c)* et leur convenance
n'estant qu'un'ame en deux corps selon la très-propre
definition d'Aristote[3], *(a)* ils ne se peuvent ny prester, ny
donner rien. Voilà pourquoi les faiseurs de loix, pour
honorer le mariage de quelque imaginaire ressemblance
de cette divine liaison, defendent les donations entre le
mary et la femme, voulant inferer par là que tout doit
estre à chacun d'eux et qu'ils n'ont rien a diviser et partir
ensemble. Si, en l'amitié dequoy je parle, l'un pouvoit
donner à l'autre, ce seroit celuy qui recevroit le bien-fait
qui obligeroit son compaignon. Car cherchant l'un et
l'autre, plus que toute autre chose, de s'entre-bienfaire,
celuy qui en preste la matiere et l'occasion est celuy-là
qui faict le liberal, donnant ce contentement à son amy
d'effectuer en son endroit ce qu'il desire le plus. *(c)*
Quand le philosophe Diogenes avoit faute d'argent, il
disoit qu'il le redemandoit à ses amis, non qu'il le demandoit[4]. *(a)* Et, pour montrer comment cela se practique par
effect, j'en reciteray un ancien exemple, singulier.

Eudamidas, Corinthien, avoit deux amis: Charixenus,
Sycionien, et Aretheus, Corinthien. Venant à mourir
estant pauvre, et ses deux amis riches, il fit ainsi son testament: « Je legue à Aretheus de nourrir ma mere et l'entretenir en sa vieillesse; à Charixenus, de marier ma fille et
luy donner le doüaire le plus grand qu'il pourra; et, au cas
que l'un d'eux vienne à defaillir, je substitue en sa part
celuy qui survivra. » Ceux qui premiers virent ce testa-

ment, s'en moquerent; mais ses heritiers, en ayant esté
advertis, l'accepterent avec un singulier contentement.
Et l'un d'eux, Charixenus, estant trespassé cinq jours
après, la substitution estant ouverte en faveur d'Aretheus,
il nourrit curieusement cette mere, et, de cinq talens qu'il
avoit en ses biens, il en donna les deux et demy en mariage
à une sienne fille unique, et deux et demy pour le mariage
de la fille d'Eudamidas, desquelles il fit les nopces en
mesme jour[1].

Cet exemple est bien plein, si une condition en estoit
à dire, qui est la multitude d'amis. Car cette parfaicte
amitié, dequoy je parle, est indivisible; chacun se donne
si entier à son amy, qu'il ne luy reste rien à departir ailleurs; au rebours, il est marry qu'il ne soit double, triple
ou quadruple, et qu'il n'ait plusieurs ames et plusieurs
volontez pour les conferer toutes à ce subjet. Les amitiez
communes, on les peut departir; on peut aymer en cestuy-
cy la beauté, en cet autre la facilité de ses meurs, en l'autre
la liberalité, en celuy-là la paternité, en cet autre la fra-
ternité, ainsi du reste; mais cette amitié qui possede l'ame
et la regente en toute souveraineté, il est impossible qu'elle
soit double. *(c)* Si deux en mesme temps demandoient à
estre secourus, auquel courriez-vous? S'ils requeroient
de vous des offices contraires, quel ordre y trouveriez
vous? Si l'un commettoit à vostre silence chose qui fust
utile à l'autre de sçavoir, comment vous en desmeleriez
vous? L'unique et principale amitié descoust toutes
autres obligations. Le secret que j'ay juré ne deceller à
nul autre, je le puis, sans parjure, communiquer à celuy
qui n'est pas autre : c'est moy. C'est un assez grand miracle
de se doubler; et n'en cognoissent pas la hauteur, ceux
qui parlent de se tripler. Rien n'est extreme, qui a son
pareil. Et qui presupposera que de ceux j'en aime autant
l'un que l'autre, et qu'ils s'entr'aiment et m'aiment autant
que je les aime, il multiplie en confrairie la chose la plus
une et unie, et dequoy une seule est encore la plus rare à
trouver au monde.

(a) Le demeurant de cette histoire convient très-bien
à ce que je disois: car Eudamidas donne pour grace et
pour faveur à ses amis de les employer à son besoin. Il
les laisse heritiers de cette sienne liberalité, qui consiste
à leur mettre en main les moyens de luy bien-faire. Et,
sans doubte, la force de l'amitié se montre bien plus

richement en son fait qu'en celuy d'Aretheus. Somme, ce
sont effects inimaginables à qui n'en a gousté, *(c)* et qui
me font honnorer à merveilles la responce de ce jeune
soldat à Cyrus s'enquerant à luy pour combien il voudroit donner un cheval, par le moyen du quel il venoit de
gaigner le prix de la course, et s'il le voudroit eschanger
à un Royaume: « Non certes, Sire, mais bien le lairroy-je
volontiers pour en acquerir un amy, si je trouvoy homme
digne de telle alliance[1]. »

Il ne disoit pas mal: « si j'en trouvoy »; car on trouve
facilement des hommes propres à une superficielle accointance. Mais en cette-cy, en laquelle on negotie du fin fons
de son courage, qui ne faict rien de reste, certes il est
besoin que touts les ressorts soyent nets et seurs parfaictement.

Aux confederations qui ne tiennent que par un bout,
on n'a à prouvoir qu'aux imperfections qui particulierement interessent ce bout là. Il ne peut chaloir de quelle
religion soit mon medecin et mon advocat. Cette consideration n'a rien de commun avec les offices de l'amitié
qu'ils me doivent. Et, en l'accointance domestique que
dressent avec moy ceux qui me servent, j'en fay de mesmes. Et m'enquiers peu d'un laquay s'il est chaste; je
cherche s'il est diligent. Et ne crains pas tant un muletier
joueur que imbecille, ny un cuisinier jureur qu'ignorant.
Je ne me mesle pas de dire ce qu'il faut faire au monde,
d'autres assés s'en meslent, mais ce que j'y fay.

Mihi sic usus est; tibi, ut opus est facto, face[2].

A la familiarité de la table j'associe le plaisant, non le prudent; au lict, la beauté avant la bonté; en la société du
discours, la suffisance, voire sans la preud'hommie.
Pareillement ailleurs.

(a) Tout ainsi que cil[3] qui fut rencontré à chevauchons sur un baton, se jouant avec ses enfans, pria
l'homme qui l'y surprint de n'en rien dire jusques à ce
qu'il fut pere luy-mesme, estimant que la passion qui luy
naistroit lors en l'ame le rendroit juge equitable d'une
telle action; je souhaiterois aussi parler à des gens qui
eussent essayé ce que je dis. Mais, sçachant combien c'est
chose eslongnée du commun usage qu'une telle amitié,
et combien elle est rare, je ne m'attens pas d'en trouver
aucun bon juge. Car les discours mesmes que l'antiquité

nous a laissé sur ce subject me semblent lâches au prix
du sentiment que j'en ay. Et, en ce poinct[1], les effects surpassent les preceptes mesmes de la philosophie:

Nil ego contulerim jucundo sanus amico[2].

L'ancien Menander disoit celuy-là heureux, qui avoit
peu rencontrer seulement l'ombre d'un amy. Il avoit
certes raison de le dire, mesmes s'il en avoit tasté. Car, à
la vérité, si je compare tout le reste de ma vie, quoy
qu'avec la grace de Dieu je l'aye passée douce, aisée et,
sauf la perte d'un tel amy, exempte d'affliction poisante,
pleine de tranquillité d'esprit, ayant prins en payement
mes commoditez naturelles et originelles sans en rechercher d'autres; si je la compare, dis-je, toute aux quatre
années qu'il m'a esté donné de jouyr de la douce compagnie et societé de ce personnage, ce n'est que fumée, ce
n'est qu'une nuit obscure et ennuyeuse. Depuis le jour
que je le perdy,

quem semper acerbum,
Semper honoratum (sic, Dii, voluistis) habebo[3],

je ne fay que trainer languissant; et les plaisirs mesmes
qui s'offrent à moy, au lieu de me consoler, me redoublent
le regret de sa perte. Nous estions à moitié de tout; il me
semble que je luy desrobe sa part,

Nec fas esse ulla me voluptate hic frui
Decrevi, tantisper dum ille abest meus particeps[4].

J'estois desjà si fait et accoustumé à estre deuxiesme par
tout, qu'il me semble n'estre plus qu'à demy.

(b) Illam meæ si partem animæ tulit
Maturior vis, quid moror altera,
Nec charus æque, nec superstes
Integer ? Ille dies utramque
Duxit ruinam[5].

(a) Il n'est action ou imagination où je ne le trouve à dire
comme si eut-il bien faict à moy. Car, de mesme qu'il me
surpassoit d'une distance infinie en toute autre suffisance
et vertu, aussi faisoit-il au devoir de l'amitié.

Quis desiderio sit pudor aut modus
Tam chari capitis[6]?

O misero frater adempte mihi !
Omnia tecum una perierunt gaudia nostra,
Quæ tuus in vita dulcis alebat amor.
Tu mea, tu moriens fregisti commoda, frater ;
Tecum una tota est nostra sepulta anima,
Cujus ego interitu tota de mente fugavi
Hæc studia atque omnes delicias anima.
Alloquar ? audiero nunquam tua verba loquentem ?
Nunquam ego te, vita frater amabilior,
Aspiciam posthac ? At certe semper amabo[1].

Mais oyons un peu parler ce garson de seize ans[2].

Parce que j'ay trouvé que cet ouvrage a esté depuis mis en lumiere, et à mauvaise fin[3], par ceux qui cherchent à troubler et changer l'estat de nostre police, sans se soucier s'ils l'amenderont, qu'ils ont meslé à d'autres escris de leur farine, je me suis dédit de le loger icy. Et affin que la memoire de l'auteur n'en soit interessée en l'endroit de ceux qui n'ont peu connoistre de près ses opinions et ses actions, je les advise que ce subject fut traicté par luy en son enfance, par maniere d'exercitation seulement, comme subject vulgaire et tracassé en mille endroits des livres. Je ne fay nul doubte qu'il ne creust ce qu'il escrivoit, car il estoit assez conscientieux pour ne mentir pas mesmes en se jouant. Et sçay d'avantage que, s'il eut eu à choisir, il eut mieux aimé estre nay à Venise[4] qu'à Sarlac; et avec raison[5]. Mais il avoit un' autre maxime souverainement empreinte en son ame, d'obeyr et de se soubmettre très-religieusement aux loix sous lesquelles il estoit nay. Il ne fut jamais un meilleur citoyen, ny plus affectionné au repos de son païs, ny plus ennemy des remuements et nouvelletez de son temps. Il eut bien plustost employé sa suffisance à les esteindre, que à leur fournir dequoy les émouvoir d'avantage. Il avoit son esprit moulé au patron d'autres siècles que ceux-cy.

Or, en eschange de cet ouvrage serieux, j'en substitueray un autre, produit en cette mesme saison de son aage, plus gaillard et plus enjoué.

CHAPITRE XXIX

(a) A Madame de Grammont, Comtesse de Guissen[1].

MADAME, je ne vous offre rien du mien, ou par ce qu'il est desjà vostre, ou pour ce que je n'y trouve rien digne de vous. Mais j'ay voulu que ces vers, en quelque lieu qu'ils se vissent, portassent vostre nom en teste, pour l'honneur que ce leur sera d'avoir pour guide cette grande Corisande d'Andoins. Ce present m'a semblé vous estre propre, d'autant qu'il est peu de dames en France qui jugent mieux et se servent plus à propos que vous de la poësie; et puis, qu'il n'en est point qui la puissent rendre vive et animée, comme vous faites par ces beaux et riches accords[2] dequoy, parmy un million d'autres beautez, nature vous a estrenée. Madame, ces vers meritent que vous les cherissiez; car vous serez de mon advis, qu'il n'en est point sorty de Gascoigne qui eussent plus d'invention et de gentillesse, et qui tesmoignent estre sortis d'une plus riche main. Et n'entrez pas en jalousie dequoy vous n'avez que le reste de ce que pieç'a j'en ay faict imprimer sous le nom de monsieur de Foix[3], vostre bon parent, car certes ceux-cy ont je ne sçay quoy de plus vif et de plus bouillant, comme il les fit en sa plus verte jeunesse, et eschaufé d'une belle et noble ardeur que je vous diray, Madame, un jour à l'oreille. Les autres furent faits depuis, comme il estoit à la poursuite de son mariage, en faveur de sa femme, et sentent desjà je ne sçay quelle froideur maritale. Et moy je suis de ceux qui tiennent que la poësie ne rid point ailleurs, comme elle faict en un subject folatre et desreglé.

(c) Ces vers se voient ailleurs[4].

CHAPITRE XXX

DE LA MODERATION

(a) Comme si nous avions l'attouchement infect, nous corrompons par nostre maniement les choses qui d'elles mesmes sont belles et bonnes. Nous pouvons saisir la vertu de façon qu'elle en deviendra vicieuse, si nous l'embrassons d'un desir trop aspre et violant. Ceux qui disent qu'il n'y a jamais d'excès en la vertu, d'autant que ce n'est plus vertu si l'excès y est, se jouent des parolles:

> *Insani sapiens nomen ferat, æquis iniqui,*
> *Ultra quam satis est virtutem si petat ipsam*[1].

C'est une subtile consideration de la philosophie. On peut et trop aimer la vertu, et se porter excessivement en une action juste. A ce biaiz s'accommode la voix divine: « Ne soyez pas plus sages qu'il ne faut, mais soyez sobrement sages[2]. »

(c) J'ay veu tel grand[3] blesser la reputation de sa religion pour se montrer religieux outre tout exemple des hommes de sa sorte.

J'aime les natures temperées et moyennes. L'immodé ration vers le bien mesmes, si elle ne m'offense, elle m'estonne et me met en peine de la baptizer. Ny la mere de Pausanias, qui donna la premiere instruction et porta la premiere pierre à la mort de son fils[4], ny le dictateur Posthumius, qui feit mourir le sien que l'ardeur de jeunesse avoit poussé heureusement sur les ennemis, un peu avant son reng[5], ne me semble si juste comme estrange. Et n'ayme ny à conseiller, ny à suivre une vertu si sauvage et si chere.

L'archer qui outrepasse le blanc faut, comme celuy qui n'arrive pas. Et les yeux me troublent à monter à coup vers une grande lumiere egalement comme à devaler à l'ombre. Calliclez, en Platon[6], dict l'extremité de la philosophie estre dommageable, et conseille de ne s'y enfoncer outre les bornes du profit; que, prinse avec moderation, elle est plaisante et commode, mais qu'en fin elle rend un homme sauvage et vicieux, desdaigneux des

religions et loix communes, ennemy de la conversation
civile, ennemy des voluptez humaines, incapable de
toute administration politique et de secourir autruy et
de se secourir à soi, propre à estre impunement souffleté.
Il dict vray, car, en son excès, elle esclave nostre naturelle
franchise, et nous desvoye, par une importune subtilité,
du beau et plain chemin que nature nous a tracé.

(a) L'amitié que nous portons à nos femmes, elle est
très-legitime; la theologie ne laisse pas de la brider pourtant, et de la restraindre. Il me semble avoir leu autresfois
chez sainct Thomas[1], en un endroit où il condamne les
mariages des parans és degrez deffandus, cette raison
parmy les autres, qu'il y a danger que l'amitié qu'on porte
à une telle femme soit immoderée : car si l'affection mari-
talle s'y trouve entiere et perfaite, comme elle doit, et
qu'on la surcharge encore de celle qu'on doit à la paran-
telle, il n'y a point de doubte que ce surcroist n'emporte
un tel mary hors les barrieres de la raison.

Les sciences qui reglent les meurs des hommes, comme
la theologie et la philosophie, elles se meslent de tout. Il
n'est action si privée et secrette, qui se desrobe de leur
cognoissance et jurisdiction. *(c)* Bien apprentis sont ceux
qui syndiquent leur liberté. Ce sont les femmes qui communiquent tant qu'on veut leurs pieces à garçonner; à
mediciner, la honte le deffend. *(a)* Je veux donc, de leur
part, apprendre cecy aux maris[2], *(c)* s'il s'en trouve
encore qui y soient trop acharnez : *(a)* c'est que les plaisirs
mesmes qu'ils ont à l'acointance de leurs femmes sont
reprouvez, si la moderation n'y est observée; et qu'il y a
dequoy faillir en licence et desbordement, comme en un
subjet illegitime. *(c)* Ces encheriments deshontez que la
chaleur premiere nous suggere en ce jeu, sont, non indecemment seulement, mais dommageablement employez
envers noz femmes. Qu'elles apprennent l'impudence au
moins d'une autre main. Elles sont toujours assez esveillées pour nostre besoing. Je ne m'y suis servy que de
l'instruction naturelle et simple.

(a) C'est une religieuse liaison et devote que le mariage;
voilà pourquoy le plaisir qu'on en tire, ce doit estre un
plaisir retenu, serieux et meslé à quelque severité; ce doit
estre une volupté aucunement prudente et conscientieuse. Et, parce que sa principale fin c'est la generation,
il y en a qui mettent en doubte si, lors que nous sommes

sans l'esperance de ce fruict, comme quand elles sont hors d'aage, ou enceintes, il est permis d'en rechercher l'embrassement[1]. *(c)* C'est un homicide, à la mode de Platon[2]. *(b)* Certaines nations[3], *(c)* et entre autres la Mahumétane[4], *(b)* abominent la conjonction avec les femmes enceintes; plusieurs aussi, avec celles qui ont leurs flueurs. Zenobia ne recevoit son mary que pour une charge[5], et, cela fait, elle le laissoit courir tout le temps de sa conception, luy donnant lors seulement loy de recommencer: brave et genereux exemple de mariage.

(c) C'est de quelque poëte disetteux et affamé de ce deduit que Platon[6] emprunta cette narration, que Juppiter fit à sa femme une si chaleureuse charge un jour que, ne pouvant avoir patience qu'elle eust gaigné son lict, il la versa sur le plancher, et, par la vehemence du plaisir, oublia les resolutions grandes et importantes qu'il venoit de prendre avec les autres dieux en sa court celeste; se ventant qu'il l'avoit trouvé aussi bon ce coup-là, que lors que premierement il la depucella à cachette de leurs parents.

(a) Les Roys de Perse appelloient leurs femmes à la compaignie de leurs festins; mais quand le vin venoit à les eschaufer en bon escient et qu'il falloit tout à fait lascher la bride à la volupté, ils les r'envoyoient en leur privé, pour ne les faire participantes de leurs appetits immoderez, et faisoient venir en leur lieu des femmes ausquelles ils n'eussent point cette obligation de respect[7].

(b) Tous plaisirs et toutes gratifications ne sont pas bien logées en toutes gens; Epaminondas avoit fait emprisonner un garson desbauché; Pelopidas le pria de le mettre en liberté en sa faveur; il l'en refusa, et l'accorda à une sienne garse, qui aussi l'en pria: disant que c'estoit une gratification deue à une amie, non à un capitaine[8].

(c) Sophocles, estant compagnon en la Preture avec Pericles, voyant de cas de fortune passer un beau garçon: « O le beau garçon que voylà, feit il à Pericles. — Cela seroit bon à un autre qu'à un Preteur, luy dit Pericles, qui doit avoir non les mains seulement, mais aussi les yeux chastes[9]. »

(a) Ælius Verus, l'Empereur, respondit à sa femme, comme elle se plaignoit dequoy il se laissoit aller à l'amour d'autres femmes, qu'il le faisoit par occasion conscientieuse, d'autant que le mariage estoit un nom d'honneur

et dignité, non de folaſtre et lascive concupiscence¹. *(c)* Et nos anciens autheurs ecclesiaſtiques² font avec honneur mention d'une femme qui repudia son mary pour ne vouloir seconder ses trop lascives et immoderées amours. *(a)* Il n'eſt en somme aucune si juſte volupté, en laquelle l'excez et l'intemperance ne nous soit reprochable.

Mais, à parler en bon escient, eſt-ce pas un miserable animal que l'homme? A peine eſt-il en son pouvoir, par sa condition naturelle, de gouter un seul plaisir entier et pur, encore se met-il en peine de le retrancher par discours; il n'eſt pas assez chetif, si par art et par eſtude il n'augmente sa misere:

(b) Fortunæ miseras auximus arte vias³.

(c) La sagesse humaine faict bien sottement l'ingenieuse de s'exercer à rabattre le nombre et la douceur des voluptez qui nous appartiennent, comme elle faict favorablement et induſtrieusement ses artifices à nous peigner et farder les maux et en alleger le sentiment. Si j'eusse eſté chef de part, j'eusse pris autre voye, plus naturelle, qui eſt à dire vraye, commode et saincte; et me fusse peut eſtre rendu assez fort pour la borner.

(a) Quoy que nos medecins spirituels et corporels, comme par complot fait entre eux, ne trouvent aucune voye à la guerison, ny remede aux maladies du corps et de l'ame, que par le tourment, la douleur et la peine; les veilles, les jeusnes, les haires, les exils lointains et solitaires, les prisons perpetuelles, les verges et autres afflictions ont eſté introduites pour cela; mais en telle condition que ce soyent veritablement afflictions et qu'il y ait de l'aigreur poignante; *(b)* et qu'il n'en advienne point comme à un Gallio, lequel ayant eſté envoyé en exil en l'isle de Lesbos, on fut adverty à Romme qu'il s'y donnoit du bon temps, et que ce qu'on luy avoit enjoint pour peine, luy tournoit à commodité; parquoy ils se raviserent de le rappeler près de sa femme et en sa maison, et luy ordonnerent de s'y tenir, pour accommoder leur punition à son ressentiment⁴. *(a)* Car à qui le jeusne aiguiseroit la santé et l'alegresse, à qui le poisson seroit plus appetissant que la chair, ce ne seroit plus recepte salutaire; non plus qu'en l'autre medecine, les drogues n'ont point d'effect à l'endroit de celuy qui les prend avec appe-

tit et plaisir. L'amertume et la difficulté sont circonstances servants à leur operation. Le naturel qui accepteroit la rubarbe comme familiere, en corromproit l'usage; il faut que ce soit chose qui blesse nostre estomac pour le guerir; et icy faut la regle commune, que les choses se guerissent par leurs contraires, car le mal y guerit le mal.

(b) Cette impression se raporte aucunement à cette autre si ancienne, de penser gratifier au Ciel et à la nature par nostre massacre et homicide, qui fut universellement embrassée en toutes religions. *(c)* Encore du temps de noz peres, Amurat, en la prinse de l'Isthme, immola six cens jeunes hommes Grecs à l'ame de son pere, afin que ce sang servist de propitiation à l'expiation des pechez du trespassé[1]. *(b)* Et en ces nouvelles terres, descouvertes en nostre aage, pures encore et vierges au pris des nostres, l'usage en est aucunement receu par tout; toutes leurs Idoles s'abreuvent de sang humain, non sans divers exemples d'horrible cruauté. On les brule vifs, et, demy rotis, on les retire du brasier pour leur arracher le cœur et les entrailles. A d'autres, voire aux femmes, on les escorche vifves, et de leur peau ainsi sanglante en revest on et masque d'autres. Et non moins d'exemples de constance et resolution. Car ces pauvres gens sacrifiables, vieillars, femmes, enfans, vont, quelques jours avant, questant eux mesme les aumosnes pour l'offrande de leur sacrifice, et se presentent à la boucherie chantans et dançans avec les assistans[2]. Les ambassadeurs du Roy de Mexico, faisant entendre à Fernand Cortez la grandeur de leur maistre, après luy avoir dict qu'il avoit trente vassaux, desquels chacun pouvoit assembler cent mille combatans, et qu'il se tenoist en la plus belle et forte ville qu'il fut soubs le ciel, luy adjousterent qu'il avoit à sacrifier aux Dieux cinquante mille hommes par an. De vray, ils disent qu'il nourrissoit la guerre avec certains grands peuples voisins, non seulement pour l'exercice de la jeunesse du païs, mais principalement pour avoir dequoy fournir à ses sacrifices par des prisonniers de guerre. Ailleurs, en certain bourg, pour la bien venue du dit Cortez, ils sacrifierent cinquante hommes tout à la fois. Je diray encore ce compte. Aucuns de ces peuples, ayants esté batuz par luy, envoyerent le recognoistre et rechercher d'amitié; les messagers luy presenterent trois sortes de presens, en cette maniere: « Seigneur, voylà cinq esclaves; si tu se

un Dieu fier, qui te paisses de chair et de sang, mange
les, et nous t'en amerrons d'avantage; si tu es un Dieu
debonnaire, voylà de l'encens et des plumes; si tu es
homme, prens les oiseaux et les fruiéts que voyci[1]. »

CHAPITRE XXXI

DES CANNIBALES

(a) Quand le Roy Pyrrhus passa en Italie, après
qu'il eut reconneu l'ordonnance de l'armée
que les Romains luy envoyoient au devant:
« Je ne sçay, dit-il, quels barbares sont ceux-ci (car les
Grecs appelloyent ainsi toutes les nations estrangieres),
mais la disposition de cette armée que je voy n'est aucunement barbare[2]. » Autant en dirent les Grecs de celle que
Flaminius fit passer en leur païs[3], (c) et Philippus,
voyant d'un tertre l'ordre et distribution du camp Romain
en son royaume, sous Publius Sulpicius Galba[4]. (a) Voylà
comment il se faut garder de s'atacher aux opinions
vulgaires, et les faut juger par la voye de la raison, non
par la voix commune.

J'ay eu long temps avec moy un homme qui avoit
demeuré dix ou douze ans en cet autre monde qui a esté
decouvert en nostre siecle, en l'endroit où Vilegaignon
print terre, qu'il surnomma la France Antartique[5]. Cette
descouverte d'un païs infini semble estre de consideration. Je ne sçay si je me puis respondre que il ne s'en face
à l'advenir quelqu'autre, tant de personnages plus grands
que nous ayans esté trompez en cette-cy. J'ay peur que
nous avons les yeux plus grands que le ventre[6], et plus de
curiosité que nous n'avons de capacité. Nous embrassons
tout, mais nous n'étreignons que du vent. Platon[7] introduit Solon racontant avoir apris des Prestres de la ville de
Saïs, en Ægypte, que, jadis et avant le deluge, il y avoit
une grande Isle, nommée Athlantide, droiét à la bouche
du destroit de Gibaltar, qui tenoit plus de païs que
l'Afrique et l'Asie toutes deux ensemble, et que les Roys
de cette contrée là, qui ne possedoient pas seulement cette
isle, mais s'estoyent estendus dans la terre ferme si avant
qu'ils tenoyent de la largeur d'Afrique jusques en

Ægypte, et de la longueur de l'Europe jusques en la Toscane, entreprindrent d'enjamber jusques sur l'Asie et subjuguer toutes les nations qui bordent la mer Mediter-
ranée jusques au golfe de la mer Majour; et, pour cet
effect, traverserent les Espaignes, la Gaule, l'Italie, jusques en la Grece, où les Atheniens les soustindrent; mais
que, quelques temps après, et les Atheniens, et eux, et
leur isle furent engloutis par le deluge. Il est bien vray-
semblable que cet extreme ravage d'eaux ait faict des
changemens estranges aux habitations de la terre, comme
on tient que la mer a retranché la Sycile d'avec l'Italie.

> (b) *Hæc loca, vi quondam et vasta convulsa ruina,*
> *Dissiluisse ferunt, cum protinus utráque tellus*
> *Una foret*[1];

(a) Chipre d'avec la Surie, l'Isle de Negrepont de la
terre ferme de la Bœoce[2], et joint ailleurs les terres qui
estoyent divisées, comblant de limon et de sable les fossés d'entre-deux,

> *sterilisque diu palus aptaque remis*
> *Vicinas urbes alit, et grave sentit aratrum*[3].

Mais il n'y a pas grande apparence que cette Isle soit ce
monde nouveau que nous venons de descouvrir; car elle
touchoit quasi l'Espaigne, et ce seroit un effect incroyable
d'inundation de l'en avoir reculée, comme elle est, de
plus de douze cens lieuës; outre ce que les navigations
des modernes ont des-jà presque descouvert que ce n'est
point une isle, ains terre ferme et continente avec l'Inde
orientale d'un costé, et avec les terres qui sont soubs les
deux pôles d'autre part; ou, si elle en est separée, que
c'est d'un si petit destroit et intervalle qu'elle ne merite
pas d'estre nommée isle pour cela.

(b) Il semble qu'il y aye des mouvemens, *(c)* naturels les
uns, les autres *(b)* fievreux, en ces grands corps comme aux
nostres[4]. Quand je considere l'impression que ma riviere
de Dordoigne faict de mon temps vers la rive droicte de
sa descente, et qu'en vingt ans elle a tant gaigné, et desrobé le fondement à plusieurs bastimens, je vois bien que
c'est une agitation extraordinaire; car, si elle fut tousjours allée ce train, ou deut aller à l'advenir, la figure du
monde seroit renversée. Mais il leur prend des changemens: tantost elles s'espendent d'un costé, tantost d'un

autre; tantost elles se contiennent. Je ne parle pas des soudaines inondations de quoy nous manions les causes. En Medoc, le long de la mer, mon frere, Sieur d'Arsac[1], voit une siene terre ensevelie soubs les sables que la mer vomit devant elle; le feste d'aucuns bastimens paroist encore; ses rentes et domaines se sont eschangez en pasquages bien maigres. Les habitans disent que, depuis quelque temps, la mer se pousse si fort vers eux qu'ils ont perdu quatre lieuës de terre. Ces sables sont ses fourriers; *(c)* et voyons des grandes montjoies d'arène mouvante qui marchent d'une demi lieue devant elle, et gaignent païs.

(a) L'autre tesmoignage de l'antiquité, auquel on veut raporter cette descouverte, est dans Aristote[2], au moins si ce petit livret *Des merveilles inouïes* est à luy. Il raconte là que certains Carthaginois, s'estant jettez au travers de la mer Athlantique, hors le destroit de Gibaltar, et navigué long temps, avoient descouvert en fin une grande isle fertile, toute revestuë de bois et arrousée de grandes et profondes rivieres, fort esloignée de toutes terres fermes; et qu'eux, et autres depuis, attirez par la bonté et fertilité du terroir, s'y en allerent avec leurs femmes et enfans, et commencerent à s'y habituer. Les Seigneurs de Carthage, voyans que leur pays se dépeuploit peu à peu, firent deffense expresse, sur peine de mort, que nul n'eut plus à aller là, et en chasserent ces nouveaux habitans, craignants, à ce que l'on dit, que par succession de temps ils ne vinsent à multiplier tellement qu'ils les supplantassent eux mesmes et ruinassent leur estat. Cette narration d'Aristote n'a non plus d'accord avec nos terres neufves.

Cet homme que j'avoy, estoit homme simple et grossier, qui est une condition propre à rendre veritable tesmoignage; car les fines gens remarquent bien plus curieusement et plus de choses, mais ils les glosent; et, pour faire valoir leur interpretation et la persuader, ils ne se peuvent garder d'alterer un peu l'Histoire; ils ne vous representent jamais les choses pures, ils les inclinent et masquent selon le visage qu'ils leur ont veu; et, pour donner credit à leur jugement et vous y attirer, prestent volontiers de ce costé là à la matiere, l'alongent et l'amplifient. Ou il faut un homme très-fidelle, ou si simple qu'il n'ait pas dequoy bastir et donner de la vray-semblance à des inventions fauces, et qui n'ait rien espousé.

Le mien estoit tel; et, outre cela, il m'a faict voir à diverses fois plusieurs matelots et marchans qu'il avoit cogneuz en ce voyage. Ainsi je me contente de cette information, sans m'enquerir de ce que les cosmographes en disent.

Il nous faudroit des topographes qui nous fissent narration particuliere des endroits où ils ont esté. Mais, pour avoir cet avantage sur nous d'avoir veu la Palestine, ils veulent jouir de ce privilege de nous conter nouvelles de tout le demeurant du monde. Je voudroy que chacun escrivit ce qu'il sçait, et autant qu'il en sçait, non en cela seulement, mais en tous autres subjects: car tel peut avoir quelque particuliere science ou experience de la nature d'une riviere ou d'une fontaine, qui ne sçait au reste que ce que chacun sçait. Il entreprendra toutes-fois, pour faire courir ce petit lopin, d'escrire toute la physique. De ce vice sourdent plusieurs grandes incommoditez.

Or je trouve, pour revenir à mon propos, qu'il n'y a rien de barbare et de sauvage en cette nation, à ce qu'on m'en a rapporté, sinon que chacun appelle barbarie ce qui n'est pas de son usage; comme de vray, il semble que nous n'avons autre mire de la verité et de la raison que l'exemple et idée des opinions et usances du païs où nous sommes. Là est tousjours la parfaicte religion, la parfaicte police, perfect et accomply usage de toutes choses. Ils sont sauvages, de mesme que nous appellons sauvages les fruicts que nature, de soy et de son progrez ordinaire, a produicts: là où, à la verité, ce sont ceux que nous avons alterez par nostre artifice et detournez de l'ordre commun, que nous devrions appeller plutost sauvages. En ceux là sont vives et vigoureuses les vrayes et plus utiles et naturelles vertus et proprietez, lesquelles nous avons abastardies en ceux-cy, et les avons seulement accommodées au plaisir de nostre goust corrompu. (c) Et si pourtant, la saveur mesme et delicatesse se treuve à nostre gout excellente, à l'envi des nostres, en divers fruicts de ces contrées-là sans culture. (a) Ce n'est pas raison que l'art gaigne le point d'honneur sur nostre grande et puissante mere nature. Nous avons tant rechargé la beauté et richesse de ses ouvrages par nos inventions, que nous l'avons du tout estouffée. Si est-ce que, par tout où sa pureté reluit, elle fait une merveilleuse honte à nos vaines et frivoles entreprinses,

(b) *Et veniunt ederæ sponte sua melius,*
Surgit *et in solis formosior arbutus antris,*
    Et volucres nulla dulcius arte canunt[1].

(a) Tous nos efforts ne peuvent seulement arriver à
representer le nid du moindre oyselet, sa contexture, sa
beauté et l'utilité de son usage, non pas la tissure de la
chetive araignée. *(c)* Toutes choses, dict Platon[2], sont
produites par la nature, ou par la fortune, ou par l'art;
les plus grandes et plus belles, par l'une ou l'autre des
deux premieres; les moindres et imparfaictes, par la derniere.

(a) Ces nations me semblent donq ainsi barbares, pour
avoir receu fort peu de façon de l'esprit humain, et estre
encore fort voisines de leur naifveté originelle. Les loix naturelles leur commandent encores, fort peu abastardies par
les nostres; mais c'est en telle pureté, qu'il me prend quelque fois desplaisir dequoy la cognoissance n'en soit
venuë plustost, du temps qu'il y avoit des hommes qui
en eussent sceu mieux juger que nous. Il me desplait que
Licurgus et Platon ne l'ayent euë; car il me semble que
ce que nous voyons par experience en ces nations là, surpasse non seulement toutes les peintures dequoy la poësie
a embelly l'age doré et toutes ses inventions à feindre une
heureuse condition d'hommes, mais encore la conception et le desir mesme de la philosophie. Ils n'ont peu
imaginer une nayfveté si pure et simple, comme nous la
voyons par experience; ny n'ont peu croire que nostre
societé se peut maintenir avec si peu d'artifice et de sou-
deure humaine. C'est une nation, diroy je à Platon, en
laquelle il n'y a aucune espece de trafique; nul cognoissance de lettres; nulle science de nombres; nul nom de
magistrat, ny de superiorité politique; nul usage de service, de richesse ou de pauvreté; nuls contrats; nulles
successions; nuls partages; nulles occupations qu'oysives; nul respect de parenté que commun; nuls vestemens; nulle agriculture; nul metal; nul usage de vin ou
de bled. Les paroles mesmes qui signifient la mensonge,
la trahison, la dissimulation, l'avarice, l'envie, la detraction, le pardon, inouïes. Combien trouveroit il la republique qu'il a imaginée esloignée de cette perfection: *(c)*
« *viri a diis recentes*[3] ».

(b) *Hos natura modos primum dedit*[4].

(a) Au demeurant, ils vivent en une contrée de païs très-plaisante et bien temperée; de façon qu'à ce que m'ont dit mes tesmoings, il est rare d'y voir un homme malade; et m'ont asseuré n'en y avoir veu aucun tremblant, chassieux, edenté, ou courbé de vieillesse. Ils sont assis le long de la mer, et fermez du costé de la terre de grandes et hautes montaignes, ayant, entredeux, cent lieuës ou environ d'estendue en large. Ils ont grande abondance de poisson et de chairs qui n'ont aucune ressemblance aux nostres, et les mangent sans autre artifice que de les cuire. Le premier qui y mena un cheval, quoy qu'il les eust pratiquez à plusieurs autres voyages, leur fit tant d'horreur en cette assiete, qu'ils le tuerent à coups de traict, avant que le pouvoir recognoistre. Leurs bastimens sont fort longs, et capables de deux ou trois cents ames, estoffez d'escorse de grands arbres, tenans à terre par un bout et se soustenans et appuyans l'un contre l'autre par le feste, à la mode d'aucunes de noz granges, desquelles la couverture pend jusques à terre, et sert de flanq. Ils ont du bois si dur qu'ils en coupent, et en font leurs espées et des grils à cuire leur viande. Leurs lits sont d'un tissu de coton, suspenduz contre le toict, comme ceux de nos navires, à chacun le sien; car les femmes couchent à part des maris. Ils se levent avec le soleil, et mangent soudain après s'estre levez, pour toute la journée; car ils ne font autre repas que celuy-là. Ils ne boyvent pas lors, comme Suidas dict de quelques autres peuples d'Orient, qui beuvoient hors du manger; ils boivent à plusieurs fois sur jour, et d'autant. Leur breuvage est faict de quelque racine, et est de la couleur de nos vins clairets. Ils ne le boyvent que tiede; ce breuvage ne se conserve que deux ou trois jours; il a le goust un peu piquant, nullement fumeux, salutaire à l'estomac, et laxatif à ceux qui ne l'ont accoustumé; c'est une boisson très-agreable à qui y est duit. Au lieu du pain, ils usent d'une certaine matiere blanche, comme du coriandre confit[1]. J'en ay tasté: le goust en est doux et un peu fade. Toute la journée se passe à dancer. Les plus jeunes vont à la chasse des bestes à tout des arcs. Une partie des femmes s'amusent cependant à chauffer leur breuvage, qui est leur principal office. Il y a quelqu'un des vieillars qui, le matin, avant qu'ils se mettent à manger, presche en commun toute la grangée, en se promenant d'un bout à l'autre et redisant

une mesme clause à plusieurs fois, jusques à ce qu'il ayt achevé le tour (car ce sont bastimens qui ont bien cent pas de longueur). Il ne leur recommande que deux choses : la vaillance contre les ennemis et l'amitié à leurs femmes. Et ne faillent jamais de remerquer cette obligation, pour leur refrein, que ce sont elles qui leur maintiennent leur boisson tiede et assaisonnée. Il se void en plusieurs lieux, et entre autres chez moy, la forme de leurs lits, de leurs cordons, de leurs espées et brasselets de bois dequoy ils couvrent leurs poignets aux combats, et des grandes cannes, ouvertes par un bout, par le son desquelles ils soustiennent la cadance en leur dancer. Ils sont ras par tout, et se font le poil beaucoup plus nettement que nous, sans autre rasouër que de bois ou de pierre. Ils croyent les ames éternelles, et celles qui ont bien merité des dieux, estre logées à l'endroit du ciel où le soleil se leve; les maudites, du costé de l'Occident.

Ils ont je ne sçay quels prestres et prophetes, qui se presentent bien rarement au peuple, ayant leur demeure aux montaignes. A leur arrivée, il se faict une grande feste et assemblée solennelle de plusieurs vilages (chaque grange, comme je l'ay descrite, faict un village, et sont environ à une lieuë Françoise l'une de l'autre). Ce prophete parle à eux en public, les exhortant à la vertu et à leur devoir; mais toute leur science ethique ne contient que ces deux articles, de la resolution à la guerre et affection à leurs femmes. Cettuy-cy leur prognostique les choses à venir et les evenemens qu'ils doivent esperer de leurs entreprinses, les achemine ou destourne de la guerre; mais c'est par tel si que, où il faut à bien deviner, et s'il leur advient autrement qu'il ne leur a predit, il est haché en mille pieces s'ils l'attrapent, et condamné pour faux prophete. A cette cause, celuy qui s'est une fois mesconté, on ne le void plus.

(c) C'est don de Dieu que la divination; voylà pourquoy ce devroit estre une imposture punissable, d'en abuser. Entre les Scythes, quand les devins avoient failli de rencontre, on les couchoit, enforgez de pieds et de mains, sur des charriotes pleines de bruyere, tirées par des bœufs, en quoy on les faisoit brusler[1]. Ceux qui manient les choses subjettes à la conduitte de l'humaine suffisance, sont excusables d'y faire ce qu'ils peuvent. Mais ces autres, qui nous viennent pipant des asseurances d'une

faculté extraordinaire qui est hors de nostre cognoissance, faut-il pas les punir de ce qu'ils ne maintiennent l'effect de leur promesse, et de la temerité de leur imposture?

(a) Ils ont leurs guerres contre les nations qui sont au delà de leurs montaignes, plus avant en la terre ferme, ausquelles ils vont tous nuds, n'ayant autres armes que des arcs ou des espées de bois, apointées par un bout, à la mode des langues de nos espieuz. C'est chose esmerveillable que de la fermeté de leurs combats, qui ne finissent jamais que par meurtre et effusion de sang; car, de routes et d'effroy, ils ne sçavent que c'est. Chacun raporte pour son trophée la teste de l'ennemy qu'il a tué, et l'attache à l'entrée de son logis. Après avoir long temps bien traité leurs prisonniers, et de toutes les commoditez dont ils se peuvent aviser, celuy qui en est le maistre, faict une grande assemblée de ses cognoissans; il attache une corde à l'un des bras du prisonnier, *(c)* par le bout de laquelle il le tient, esloigné de quelques pas, de peur d'en estre offencé, *(a)* et donne au plus cher de ses amis l'autre bras à tenir de mesme; et eux deux, en presence de toute l'assemblée, l'assomment à coups d'espée. Cela faict, ils le rostissent et en mangent en commun et en envoient des lopins à ceux de leurs amis qui sont absens. Ce n'est pas, comme on pense, pour s'en nourrir, ainsi que faisoient anciennement les Scythes; c'est pour representer une extreme vengeance. Et qu'il soit ainsi, ayant apperçeu que les Portuguois, qui s'estoient r'alliez à leurs adversaires, usoient d'une autre sorte de mort contre eux, quand ils les prenoient, qui estoit de les enterrer jusques à la ceinture, et tirer au demeurant du corps force coups de traict, et les pendre après, ils penserent que ces gens icy de l'autre monde, comme ceux qui avoyent semé la connoissance de beaucoup de vices parmy leur voisinage, et qui estoient beaucoup plus grands maistres qu'eux en toute sorte de malice, ne prenoient pas sans occasion cette sorte de vengeance, et qu'elle devoit estre plus aigre que la leur, commencerent à quitter leur façon ancienne pour suivre cette-cy. Je ne suis pas marry que nous remerquons l'horreur barbaresque qu'il y a en une telle action, mais ouy bien dequoy, jugeans bien de leurs fautes, nous soyons si aveuglez aux nostres. Je pense qu'il y a plus de barbarie à manger un homme vivant qu'à le manger mort, à deschirer par tourmens et par geénes un corps

encore plein de sentiment, le faire rostir par le menu, le
faire mordre et meurtrir aux chiens et aux pourceaux
(comme nous l'avons non seulement leu[1], mais veu de
fresche memoire, non entre des ennemis anciens, mais
entre des voisins et concitoyens, et, qui pis est, sous pretexte de pieté et de religion), que de le rostir et manger
après qu'il est trespassé.

Chrysippus et Zenon, chefs de la secte Stoïcque, ont
bien pensé qu'il n'y avoit aucun mal de se servir de nostre
charoigne à quoy que ce fut pour nostre besoin, et d'en
tirer de la nourriture[2]; comme nos ancestres, estans assiegez par Cæsar en la ville de Alexia, se resolurent de soustenir la faim de ce siege par les corps des vieillars, des
femmes et autres personnes inutiles au combat[3].

> *(b) Vascones, fama est, alimentis talibus usi*
> *Produxere animas[4].*

(a) Et les medecins ne craignent pas de s'en servir à
toute sorte d'usage pour nostre santé; soit pour l'appliquer au dedans ou au dehors; mais il ne se trouva jamais
aucune opinion si desreglée qui excusat la trahison, la
desloyauté, la tyrannie, la cruauté, qui sont nos fautes
ordinaires.

Nous les pouvons donq bien appeller barbares, eu esgard aux regles de la raison, mais non pas eu esgard à
nous, qui les surpassons en toute sorte de barbarie. Leur
guerre est toute noble et genereuse, et a autant d'excuse
et de beauté que cette maladie humaine en peut recevoir;
elle n'a autre fondement parmy eux que la seule jalousie
de la vertu. Ils ne sont pas en debat de la conqueste de
nouvelles terres, car ils jouyssent encore de cette uberté
naturelle qui les fournit sans travail et sans peine de toutes choses necessaires, en telle abondance qu'ils n'ont que
faire d'agrandir leurs limites. Ils sont encore en cet heureux point, de ne desirer qu'autant que leurs necessitez
naturelles leur ordonnent; tout ce qui est au delà est
superflu pour eux. Ils s'entr'appellent generalement,
ceux de mesme aage, freres; enfans, ceux qui sont au dessoubs; et les vieillards sont peres à tous les autres. Ceux-
cy laissent à leurs heritiers en commun cette pleine
possession de biens par indivis, sans autre titre que celuy
tout pur que nature donne à ses creatures, les produisant
au monde. Si leurs voisins passent les montaignes pour

les venir assaillir, et qu'ils emportent la victoire sur eux,
l'acquest du victorieux, c'est la gloire, et l'avantage d'estre
demeuré maistre en valeur et en vertu; car autrement ils
n'ont que faire des biens des vaincus, et s'en retournent
à leur pays, où ils n'ont faute de aucune chose necessaire,
ny faute encore de cette grande partie, de sçavoir heureusement jouyr de leur condition et s'en contenter. Autant en font ceux-cy à leur tour. Ils ne demandent à leurs
prisonniers autre rançon que la confession et recognoissance d'estre vaincus; mais il ne s'en trouve pas un, en
tout un siecle, qui n'ayme mieux la mort que de relascher,
ny par contenance, ny de parole un seul poinct d'une
grandeur de courage invincible; il ne s'en void aucun qui
n'ayme mieux estre tué et mangé, que de requerir seulement de ne l'estre pas. Ils les traictent en toute liberté[1],
affin que la vie leur soit d'autant plus chere; et les entretiennent communément des menasses de leur mort
future, des tourmens qu'ils y auront à souffrir, des
apprests qu'on dresse pour cet effect, du detranchement
de leurs membres et du festin qui se fera à leurs despens.
Tout cela se faict pour cette seule fin d'arracher de leur
bouche quelque parole molle ou rabaissée, ou de leur
donner envie de s'en fuyr, pour gaigner cet avantage de
les avoir espouvantez, et d'avoir faict force à leur constance[2]. Car aussi, à le bien prendre, c'est en ce seul point
que consiste la vraye victoire:

><center>(c) <i>victoria nulla est</i></center>
><center><i>Quam quæ confessos animo quoque subjugat hostes</i>[3].</center>

Les Hongres, très-belliqueux combattans, ne poursui-
voient jadis leur pointe, outre avoir rendu l'ennemy à
leur mercy. Car, en ayant arraché cette confession, ils le
laissoyent aller sans offense, sans rançon, sauf, pour le
plus, d'en tirer parole de ne s'armer dès lors en avant
contre eux[4].

   (a) Assez d'avantages gaignons nous sur nos ennemis,
qui sont avantages empruntez, non pas nostres. C'est la
qualité d'un portefaix, non de la vertu, d'avoir les bras et
les jambes plus roides; c'est une qualité morte et corporelle que la disposition; c'est un coup de la fortune de
faire broncher nostre ennemy et de luy esblouyr les yeux
par la lumière du Soleil; c'est un tour d'art et de science,
et qui peut tomber en une personne lasche et de néant,

d'estre suffisant à l'escrime. L'estimation et le pris d'un
homme consiste au cœur et en la volonté; c'est là où gist
son vray honneur; la vaillance, c'est la fermeté non pas
des jambes et des bras, mais du courage et de l'ame; elle
ne consiste pas en la valeur de nostre cheval, ny de nos
armes, mais en la nostre. Celuy qui tombe obstiné en son
courage, *(c) « si succiderit, de genu pugnat*[1] »; *(a)* qui, pour
quelque dangier de la mort voisine, ne relasche aucun
point de son asseurance; qui regarde encores, en rendant
l'ame, son ennemy d'une veuë ferme et desdaigneuse[2], il
est battu non pas de nous, mais de la fortune; il est tué,
non pas vaincu.

    (b) Les plus vaillans sont par fois les plus infortunez.

    (c) Aussi y a il des pertes triomphantes à l'envi des
victoires. Ny ces quatre victoires sœurs, les plus belles
que le soleil aye onques veu de ses yeux, de Salamine, de
Platées, de Mycale, de Sicile[3], oserent onques opposer
toute leur gloire ensemble à la gloire de la desconfiture
du Roy Leonidas et des siens, au pas des Thermopyles.

    Qui courut jamais d'une plus glorieuse envie et plus
ambitieuse au gain d'un combat, que le capitaine Ischolas[4] à la perte? Qui plus ingénieusement et curieusement
s'est assuré de son salut, que luy de sa ruine? Il estoit
commis à deffendre certain passage du Peloponnese contre
les Arcadiens. Pour quoy faire, se trouvant du tout
incapable, veu la nature du lieu et inegalité des forces, et
se resolvant que tout ce qui se presenteroit aux ennemis,
auroit de necessité à y demeurer; d'autre part, estimant
indigne et de sa propre vertu et magnanimité et du nom
lacedemonien de faillir à sa charge, il print entre ces deux
extremitez un moyen parti, de telle sorte. Les plus jeunes
et dispos de sa troupe, il les conserva à la tuition et service de leur païs, et les y renvoya; et aveq ceux desquels
le defaut estoit moindre, il delibera de soutenir ce pas, et,
par leur mort, en faire achetter aux ennemis l'entrée la
plus chère qu'il lui seroit possible: comme il advint. Car,
estant tantost environné de toutes parts par les Arcadiens,
après en avoir faict une grande boucherie, luy et les siens
furent tous mis au fil de l'espée. Est-il quelque trophée
assigné pour les vaincueurs, qui ne soit mieux deu à ces
vaincus? Le vray vaincre a pour son roolle l'estour, non
pas le salut; et consiste l'honneur de la vertu à combattre,
non à battre.

(a) Pour revenir à nostre histoire, il s'en faut tant que ces prisonniers se rendent, pour tout ce qu'on leur fait, qu'au rebours, pendant ces deux ou trois mois qu'on les garde, ils portent une contenance gaye; ils pressent leurs maistres de se haster de les mettre en cette espreuve; ils les deffient, les injurient, leur reprochent leur lacheté et le nombre des batailles perduës contre les leurs. J'ay une chanson faicte par un prisonnier, où il y a ce traict: qu'ils viennent hardiment trétous et s'assemblent pour disner de luy; car ils mangeront quant et quant leurs peres et leurs ayeux, qui ont servy d'aliment et de nourriture à son corps. « Ces muscles, dit-il, cette chair et ces veines, ce sont les vostres, pauvres fols que vous estes; vous ne recognoissez pas que la substance des membres de vos ancestres s'y tient encore: savourez les bien, vous y trouverez le goust de vostre propre chair[1]. » Invention qui ne sent aucunement la barbarie. Ceux qui les peignent mourans, et qui representent cette action quand on les assomme, ils peignent le prisonnier crachant au visage de ceux qui le tuent et leur faisant la mouë. De vray, ils ne cessent jusques au dernier souspir de les braver et deffier de parole et de contenance. Sans mentir, au pris de nous, voilà des hommes bien sauvages; car, ou il faut qu'ils le soyent bien à bon escient, ou que nous le soyons; il y a une merveilleuse distance entre leur forme et la nostre.

Les hommes y ont plusieurs femmes, et en ont d'autant plus grand nombre qu'ils sont en meilleure reputation de vaillance; c'est une beauté remerquable en leurs mariages, que la mesme jalousie que nos femmes ont pour nous empescher de l'amitié et bien-veuillance d'autres femmes, les leurs l'ont toute pareille pour la leur acquerir. Estans plus soigneuses de l'honneur de leurs maris que de toute autre chose, elles cherchent et mettent leur solicitude à avoir le plus de compaignes qu'elles peuvent, d'autant que c'est un tesmoignage de la vertu du mary.

(c) Les nostres crieront au miracle; ce ne l'est pas; c'est une vertu proprement matrimoniale, mais du plus haut estage. Et, en la Bible, Lia, Rachel, Sara et les femmes de Jacob fournirent leurs belles servantes à leurs maris[2], et Livia seconda les appetits d'Auguste, à son interest[3]; et la femme du Roy Dejotarus, Stratonique, presta non seulement à l'usage de son mary une fort belle jeune fille de chambre qui la servoit, mais en nourrit soigneusement

les enfans, et leur feit espaule à succeder aux estats de leur pere[1].

(a) Et, afin qu'on ne pense point que tout cecy se face par une simple et servile obligation à leur usance et par l'impression de l'authorité de leur ancienne coustume, sans discours et sans jugement, et pour avoir l'ame si stupide que de ne pouvoir prendre autre party, il faut alleguer quelques traits de leur suffisance. Outre celuy que je vien de reciter de l'une de leurs chansons guerrières, j'en ay un'autre, amoureuse, qui commence en ce sens :

« Couleuvre, arreste toy; arreste toy, couleuvre, afin que ma sœur tire sur le patron de ta peinture la façon et l'ouvrage d'un riche cordon que je puisse donner à m'amie: ainsi soit en tout temps ta beauté et ta disposition preferée à tous les autres serpens. »

Ce premier couplet, c'est le refrein de la chanson. Or j'ay assez de commerce avec la poësie pour juger cecy, que non seulement il n'y a rien de barbarie en cette imagination, mais qu'elle est tout à fait Anacreontique[2]. Leur langage, au demeurant, c'est un doux langage et qui a le son aggreable, retirant aux terminaisons Grecques.

Trois d'entre eux, ignorans combien coutera un jour à leur repos et à leur bon heur la connoissance des corruptions de deçà, et que de ce commerce naistra leur ruyne, comme je presuppose qu'elle soit desjà avancée, bien miserables de s'estre laissez piper au desir de la nouvelleté, et avoir quitté la douceur de leur ciel pour venir voir le nostre, furent à Roüan, du temps que le feu Roy Charles neufiesme y estoit[3]. Le Roy parla à eux long temps; on leur fit voir nostre façon, nostre pompe, la forme d'une belle ville. Après cela, quelqu'un en demanda leur advis, et voulut sçavoir d'eux ce qu'ils y avoient trouvé de plus admirable; ils respondirent trois choses, d'où j'ay perdu la troisiesme, et en suis bien marry; mais j'en ay encore deux en memoire. Ils dirent qu'ils trouvoient en premier lieu fort estrange que tant de grands hommes, portans barbe, forts et armez, qui estoient autour du Roy (il est vray-semblable que ils parloient des Suisses de sa garde), se soubs-missent à obeyr à un enfant, et qu'on ne choisissoit plus tost quelqu'un d'entr'eux pour commander; secondement (ils ont une façon de leur langage telle, qu'ils nomment les hommes

moitié les uns des autres) qu'ils avoyent aperçeu qu'il y
avoit parmy nous des hommes pleins et gorgez de toutes
sortes de commoditez, et que leurs moitiez estoient men-
dians à leurs portes, décharnez de faim et de pauvreté;
et trouvoient estrange comme ces moitiez icy necessiteuses pouvoient souffrir une telle injustice, qu'ils ne
prinsent les autres à la gorge, ou missent le feu à leurs
maisons.

Je parlay à l'un d'eux fort long temps; mais j'avois un
truchement qui me suyvoit si mal et qui estoit si empesché
à recevoir mes imaginations par sa bestise, que je n'en
peus tirer guiere de plaisir. Sur ce que je luy demanday
quel fruict il recevoit de la superiorité qu'il avoit parmy
les siens (car c'estoit un Capitaine, et nos matelots le nommoient Roy), il me dict que c'estoit marcher le premier
à la guerre; de combien d'hommes il estoit suyvy, il me
montra une espace de lieu, pour signifier que c'estoit
autant qu'il en pourroit en une telle espace, ce pouvoit
estre quatre ou cinq mille hommes; si, hors la guerre,
toute son authorité estoit expirée, il dict qu'il luy en restoit cela que, quand il visitoit les vilages qui dépendoient
de luy, on luy dressoit des sentiers au travers des hayes de
leurs bois, par où il peut passer bien à l'aise.

Tout cela ne va pas trop mal: mais quoy, ils ne portent
point de haut de chausses!

CHAPITRE XXXII

QU'IL FAUT SOBREMENT SE MESLER DE JUGER
DES ORDONNANCES DIVINES

(a) L E vray champ et subject de l'imposture sont les
choses inconnuës. D'autant qu'en premier
lieu l'estrangeté mesme donne credit; et puis, n'estant
point subjectes à nos discours ordinaires, elles nous
ostent le moyen de les combattre. *(c)* A cette cause, d'ît
Platon[1], est-il bien plus aisé de satisfaire parlant de la
nature des Dieux que de la nature des hommes, par ce que
l'ignorance des auditeurs preste une belle et large carrière et toute liberté au maniement d'une matière cachée.

(a) Il advient de là qu'il n'est rien creu si fermement

que ce qu'on sçait le moins, ny gens si asseurez que ceux qui nous content des fables, comme Alchimistes, Prognostiqueurs, Judiciaires, Chiromantiens, Medecins, « *id genus omne*[1] ». Ausquels je joindrois volontiers, si j'osois, un tas de gens, interpretes et contrerolleurs ordinaires des dessains de Dieu, faisans estat de trouver les causes de chaque accident, et de veoir dans les secrets de la volonté divine les motifs incompréhensibles de ses œuvres ; et quoy que la varieté et discordance continuelle des evenemens les rejette de coin en coin, et d'orient en occident, ils ne laissent de suivre pourtant leur esteuf, et, de mesme creon, peindre le blanc et le noir.

(b) En une nation Indienne, il y a cette loüable observance : quand il leur mes-advient en quelque rencontre ou bataille, ils en demandent publiquement pardon au Soleil, qui est leur Dieu, comme d'une action injuste, raportant leur heur ou malheur à la raison divine et luy submettant leur Jugement et discours[2].

(a) Suffit à un Chrestien croire toutes choses venir de Dieu, les recevoir avec reconnoissance de sa divine et inscrutable sapience, pourtant les prendre en bonne part, en quelque visage qu'elles luy soient envoyées. Mais je trouve mauvais ce que je voy en usage, le chercher à fermir et appuyer nostre religion par le bon-heur et prosperité de nos entreprises. Nostre creance a assez d'autres fondemens, sans l'authoriser par les evenemens ; car, le peuple accoustumé à ces argumens plausibles et proprement de son goust, il est dangier, quand les evenemens viennent à leur tour contraires et desavantageux, qu'il en esbranle sa foy. Comme aux guerres où nous sommes pour la religion, ceux qui eurent l'advantage au rencontre de la Rochelabeille[3], faisans grand feste de cet accident, et se servans de cette fortune pour certaine approbation de leur party, quand ils viennent après à excuser leurs defortunes de Montcontour et de Jarnac[4] sur ce que ce sont verges et chastiemens paternels, s'ils n'ont un peuple du tout à leur mercy, ils lui font assez aisément sentir que c'est prendre d'un sac deux mouldures et de mesme bouche souffler le chaud et le froid. Il vaudroit mieux l'entretenir des vrays fondemens de la verité. C'est une belle bataille navale qui s'est gaignée ces mois passez contre les Turcs, soubs la conduite de don Joan d'Austria[5] ; mais il a bien pleu à Dieu en faire autresfois voir

d'autres telles à nos depens. Somme, il est malaysé de ramener les choses divines à nostre balance, qu'elles n'y souffrent du deschet. Et qui voudroit rendre raison de ce que Arrius et Leon, son Pape, chefs principaux de cette heresie, moururent en divers temps de mors si pareilles et si estranges (car, retirez de la dispute par douleur de ventre à la garderobe, tous deux y rendirent subitement l'ame[1]), et exagerer cette vengeance divine par la circonstance du lieu, y pourroit bien encore adjouster la mort de Heliogabalus, qui fut aussi tué en un retraict[2]. Mais quoy? Irenée se trouve engagé en mesme fortune[3]. *(c)* Dieu, nous voulant apprendre que les bons ont autre chose à esperer, et les mauvais autre chose à craindre que les fortunes ou infortunes de ce monde, il les manie et applique selon sa disposition occulte, et nous oste le moyen d'en faire sottement nostre profit. Et se moquent ceux qui s'en veulent prevaloir selon l'humaine raison. Ils n'en donnent jamais une touche qu'il n'en reçoivent deux. S. Augustin en faict une belle preuve sur ses adversaires[4]. C'est un conflict qui se decide par les armes de la memoire plus que par celles de la raison. *(a)* Il se faut contenter de la lumiere qu'il plait au Soleil nous communiquer par ses rayons; et, qui eslevera ses yeux pour en prendre une plus grande dans son corps mesme, qu'il ne trouve pas estrange si, pour la peine de son outrecuidance, il y perd la veüe. *(c)* « *Quis hominum potest scire consilium dei ? aut quis poterit cogitare quid velit dominus*[5] ? »

CHAPITRE XXXIII

DE FUIR LES VOLUPTEZ AU PRIS DE LA VIE

(a) J'AVOIS bien veu convenir en cecy la pluspart des anciennes opinions: qu'il est heure de mourir lors qu'il y a plus de mal que de bien à vivre; et que, de conserver nostre vie à nostre tourment et incommodité, c'est choquer les loix mesmes de nature, comme disent ces vieilles règles:

Η ζῆν ἀλύπως, ἢ θανεῖν εὐδαιμόνως.
Καλὸν θνήσκειν οἷς ὕβριν τὸ ζῆν φέρει.
Κρεῖσσον τὸ μὴ ζῆν ἐστὶν ἢ ζῆν ἀθλίως[6].

Mais de pousser le mespris de la mort jusques à tel degré, que de l'employer pour se distraire des honneurs, richesses, grandeurs et autres faveurs et biens que nous appellons de la fortune, comme si la raison n'avoit pas assez affaire à nous persuader de les abandonner, sans y adjouter cette nouvelle recharge, je ne l'avois veu ny commander, ny pratiquer, jusques lors que ce passage de Seneca me tomba entre mains, auquel conseillant à Lucilius, personnage puissant et de grande authorité autour de l'Empereur, de changer cette vie voluptueuse et pompeuse, et de se retirer de cette ambition du monde à quelque vie solitaire, tranquille et philosophique, surquoy Lucilius alleguoit quelques difficultez: « Je suis d'adviz (dict-il) que tu quites cette vie-là, ou la vie tout à faict; bien te conseille-je de suivre la plus douce voye, et de destacher plustost que de rompre ce que tu as mal noüé, pourveu que, s'il ne se peut autrement destacher, tu le rompes. Il n'y a homme si coüard qui n'ayme mieux tomber une fois que de demeurer tousjours en branle. » J'eusse trouvé ce conseil sortable à la rudesse Stoïque; mais il est plus estrange qu'il soit emprunté d'Epicurus, qui escrit, à ce propos, choses toutes pareilles à Idomeneus[1].

Si est-ce que je pense avoir remarqué quelque traict semblable parmy nos gens, mais avec la moderation Chrestienne. S. Hilaire, Evesque de Poitiers, ce fameux ennemy de l'heresie Arriene, estant en Syrie, fut adverti qu'Abra, sa fille unique, qu'il avoit laissée par deçà avecques sa mere, estoit poursuyvie en mariage par les plus apparens Seigneurs du païs, comme fille très-bien nourrie, belle, riche et en la fleur de son aage. Il luy escrivit (comme nous voyons) qu'elle ostat son affection de tous ces plaisirs et advantages qu'on lui presentoit; qu'il luy avoit trouvé en son voyage un party bien plus grand et plus digne, d'un mary de bien autre pouvoir et magnificence, qui luy feroit presens de robes et de joyaux de pris inestimable. Son dessein estoit de luy faire perdre l'appetit et l'usage des plaisirs mondains, pour la joindre toute à Dieu; mais, à cela le plus court et plus certain moyen luy semblant estre la mort de sa fille, il ne cessa par veux, prieres et oraisons, de faire requeste à Dieu de l'oster de ce monde et de l'appeller à soy, comme il advint; car bien-tost après son retour elle luy mourut, de quoy il

montra une singuliere joye. Cettuy-cy semble encherir
sur les autres, de ce qu'il s'adresse à ce moyen de prime
face, lequel ils ne prennent que subsidierement, et puisque c'est à l'endroit de sa fille unique. Mais je ne veux
obmettre le bout de cette histoire, encore qu'il ne soit pas
de mon propos. La femme de Sainct Hilaire, ayant entendu par luy comme la mort de leur fille s'estoit conduite par son dessein et volonté, et combien elle avoit
plus d'heur d'estre deslogée de ce monde que d'y estre,
print une si vive apprehension de la beatitude eternelle
et celeste, qu'elle solicita son mary avec extreme instance d'en faire autant pour elle. Et Dieu, à leurs prieres
communes, l'ayant retirée à soy bientost après, ce fut une
mort embrassée avec singulier contentement commun[1].

CHAPITRE XXXIV

LA FORTUNE SE RENCONTRE SOUVENT
AU TRAIN DE LA RAISON

(a) L'INCONSTANCE du bransle divers de la fortune
fait qu'elle nous doive presenter toute espece
de visages. Y a il action de justice plus expresse que celle
cy ? Le Duc de Valentinois[2], ayant resolu d'empoisonner
Adrian, Cardinal de Cornete, chez qui le Pape Alexandre
sixiesme, son pere, et luy alloient souper au Vatican,
envoya devant quelque bouteille de vin empoisonné et
commanda au sommelier qu'il la gardast bien soigneusement. Le Pape y estant arrivé avant le fils et ayant demandé à boire, ce sommelier, qui pensoit ce vin ne luy
avoir esté recommandé que pour sa bonté, en servit au
Pape ; et le Duc mesme, y arrivant sur le point de la collation, et se fiant qu'on n'auroit pas touché à sa bouteille,
en prit à son tour : en maniere que le pere en mourut soudain ; et le fils, après avoir esté longuement tourmenté de
maladie, fut reservé à un'autre pire fortune.

Quelquefois il semble à point nommé qu'elle se joüe
à nous. Le Seigneur d'Estrée, lors guidon de Monsieur de
Vandome, et le Seigneur de Licques, lieutenant de la
compagnie du Duc d'Ascot, estans tous deux serviteurs
de la sœur du Sieur de Foungueselles, quoy que de divers

partis (comme il advient aux voisins de la frontiere), le
Sieur de Licques l'emporta; mais, le mesme jour des nopces, et, qui pis est, avant le coucher, le marié, ayant envie
de rompre un bois en faveur de sa nouvelle espouse, sortit à l'escarmouche près de Sainct Omer, où le Sieur
d'Estrée, se trouvant le plus fort, le feit son prisonnier;
et, pour faire valoir son advantage, encore fausit il que
la Damoiselle,

> *Conjugis ante coacta novi dimittere collum,*
> *Quam veniens una atque altera rursus hyems*
> *Noctibus in longis avidum saturasset amorem*[1],

luy fit elle mesme requeste par courtoisie de luy rendre
son prisonnier, comme il fist: la noblesse Françoise ne
refusant jamais rien aux Dames[2].

(c) Semble il pas que ce soit un sort artiste? Constantin, fils d'Helene, fonda l'empire de Constantinople; et,
tant de siècles après, Constantin, fils d'Helene, le finit[3].

(a) Quelque fois il luy plait envier sur nos miracles.
Nous tenons que le Roy Clovis, assiegeant Angoulesme,
les murailles cheurent d'elles mesmes par faveur divine[4];
et Bouchet[5] emprunte de quelqu'autheur, que le Roy
Robert, assiegeant une ville, et s'estant desrobé du siège
pour aller à Orleans solemnizer la feste Sainct Aignan,
comme il estoit en devotion, sur certain point de la messe,
les murailles de la ville assiegée s'en allerent sans aucun
effort en ruine[6]. Elle fit tout à contrepoil en nos guerres
de Milan. Car le Capitaine Rense assiegeant pour nous la
ville d'Eronne, et ayant fait mettre la mine soubs un
grand pan de mur, et le mur en estant brusquement enlevé
hors de terre, recheut toutes-fois tout empanné, si droit
sans son fondement que les assiegez n'en vausirent pas
moins.

Quelquefois elle faict la medecine. Jason Phereus,
estant abandonné des medecins pour une apostume qu'il
avoit dans la poitrine, ayant envie de s'en defaire, au
moins par la mort, se jetta en une bataille à corps perdu
dans la presse des ennemys, où il fut blessé à travers le
corps, si à point, que son apostume en creva, et guerit[7].

Surpassa elle pas le peintre Protogenes en la science
de son art? Cettuy-cy, ayant parfaict l'image d'un chien
las et recreu, à son contentement en toutes les autres parties, mais ne pouvant representer à son gré l'escume et la

bave, despité contre sa besongne, prit son esponge, et, comme elle estoit abreuvée de diverses peintures, la jetta contre, pour tout effacer; la fortune porta tout à propos le coup à l'endroit de la bouche du chien et y parfournit ce à quoy l'art n'avoit peu attaindre[1].

N'adresse elle pas quelquefois nos conseils et les corrige? Isabel, Royne d'Angleterre, ayant à repasser de Zelande en son Royaume, avec une armée en faveur de son fils contre son mary, estoit perdue si elle fut arrivée au port qu'elle avoit projeté, y estant attendue par ses ennemis; mais la fortune la jetta contre son vouloir ailleurs, où elle print terre en toute seurté[2]. Et cet ancien qui, ruant la pierre à un chien, en assena et tua sa marastre[3], eust il pas raison de prononcer ce vers:

Ταυτόματον ἡμῶν καλλίω βουλεύεται[4],

la fortune a meilleur advis que nous?

(c) Icetes avoit prattiqué deux soldats pour tuer Timoleon, sejournant à Adrane, en la Sicile. Ils prindrent heure sur le point qu'il fairoit quelque sacrifice; et, se meslans parmy la multitude, comme ils se guignoyent l'un l'autre que l'occasion estoit propre à leur besoigne, voicy un tiers qui, d'un grand coup d'espée, en assene l'un par la teste, et le rue mort par terre, et s'enfuit. Le compaignon, se tenant pour descouvert et perdu, recourut à l'autel, requerant franchise, avec promesse de dire toute la verité. Ainsi qu'il faisoit le compte de la conjuration, voicy le tiers qui avoit esté attrapé, lequel, comme meurtrier, le peuple pousse et saboule, au travers la presse, vers Timoleon et les plus apparens de l'assemblée. Là il crie mercy, et dict avoir justement tué l'assassin de son pere, verifiant sur le champ, par des tesmoings que son bon sort lui fournit tout à propos, qu'en la ville des Leontins son pere, de vray, avoit esté tué par celuy sur lequel il s'estoit vengé. On luy órdonna dix mines Attiques pour avoir eu cet heur, prenant raison de la mort de son pere, d'avoir retiré de mort le pere commun des Siciliens[5]. Cette fortune surpasse en reglement les regles de l'humaine prudence.

(b) Pour la fin. En ce faict icy se descouvre il pas une bien expresse application de sa faveur, de bonté et pieté singuliere? Ignatius pere et fils, proscripts par les Trium-

virs à Romme, se resolurent à ce genereux office de rendre leurs vies entre les mains l'un de l'autre, et en frustrer la cruauté des Tyrans; ils se coururent sus, l'espée au poing; elle en dressa les pointes et en fit deux coups esgallement mortels, et donna à l'honneur d'une si belle amitié qu'ils eussent justement la force de retirer encore des playes leurs bras sanglants et armés, pour s'entrembrasser en cet estat d'une si forte estrainte, que les bourreaux couperent ensemble leurs deux testes, laissant les corps tousjours pris en ce noble neud, et les playes jointes, humant amoureusement le sang et les restes de la vie l'une de l'autre[1].

CHAPITRE XXXV

D'UN DEFAUT DE NOS POLICES

(a) FEU mon pere[2], homme, pour n'estre aydé que de l'experience et du naturel, d'un jugement bien net, m'a dict autrefois[3] qu'il avoit desiré mettre en train qu'il y eust és villes certain lieu designé, auquel ceux qui auroient besoin de quelque chose, se peussent rendre et faire enregistrer leur affaire à un officier estably pour cet effect, comme: *(c)* Je cherche à vendre des perles, je cherche des perles à vendre. *(a)* Tel veut compaignie pour aller à Paris; tel s'enquiert d'un serviteur de telle qualité; tel d'un maistre; tel demande un ouvrier, qui cecy, qui cela, chacun selon son besoing. Et semble que ce moyen de nous entr'advertir apporteroit non legiere commodité au commerce publique; car à tous coups, il y a des conditions qui s'entrecherchent, et, pour ne s'entr'entendre, laissent les hommes en extreme necessité[4].

J'entens, avec une grande honte de nostre siecle, qu'à nostre veüe deux très-excellens personnages en sçavoir sont morts en estat de n'avoir pas leur soul à manger: Lilius Gregorius Giraldus en Italie[5], et Sebastianus Castalio en Allemagne[6]; et croy qu'il y a mil'hommes qui les eussent appellez avec très-advantageuses conditions, *(c)* ou secourus où ils estoient, *(a)* s'ils l'eussent sçeu. Le monde n'est pas si generalement corrompu que je ne sçache tel homme qui souhaiteroit de bien grande affection que les moyens que les siens luy ont mis en main se peussent employer, tant qu'il plaira à la fortune qu'il en jouïsse, à mettre à l'abry de la necessité les personnages rares et remarquables en quelque espece de valeur, que le mal'heur combat quelquefois jusques à l'extremité, et qui es mettroient pour le moins en tel estat, qu'il ne tiendroit qu'à faute de bons discours, s'ils n'estoyent contens.

(c) En la police œconomique, mon pere avoit cet ordre, que je sçay loüer, mais nullement ensuivre: c'est qu'outre le registre des negoces du mesnage où se logent les menus comptes, paiements, marchés, qui ne requierent la main du notaire, lequel registre un receveur a en charge, il ordonnoit à celuy de ses gens qui lui servoit à escrire, un papier journal[1] à inserer toutes les survenances de quelque remarque, et jour par jour les memoires de l'histoire de sa maison, très-plaisante à veoir quand le temps commence à en effacer la souvenance, et très à propos pour nous oster souvent de peine: quand fut entamée telle besoigne? quand achevée? quels trains y[2] ont passé? combien arresté? noz voyages, noz absences, mariages, morts, la reception des heureuses ou malencontreuses nouvelles; changement des serviteurs principaux; telles matieres. Usage ancien, que je trouve bon à refreschir, chacun en sa chacuniere. Et me trouve un sot d'y avoir failly.

CHAPITRE XXXVI

DE L'USAGE DE SE VESTIR

(a) Où que je vueille donner, il me fautf orcer quelque barriere de la coustume, tant ell'a soigneusement bridé toutes nos avenues. Je devisoy, en cette saison frileuse, si la façon d'aller tout nud de ces nations dernierement trouvées est une façon forcée par la chaude temperature de l'air, comme nous disons des Indiens et des Mores, ou si c'est l'originele des hommes. Les gens d'entendement, d'autant que tout ce qui est soubs le ciel, comme dit la saincte parole[3], est subject à mesmes loix, ont accoustumé en pareilles considerations à celles icy, où il faut distinguer les loix naturelles des controuvées, de recourir à la generalle police du monde, où

il n'y peut avoir rien de contrefaict. Or, tout estant exactement fourny ailleurs de filet et d'éguille pour maintenir
son estre, il est, à la verité, mécreable que nous soyons
seuls produits en estat deffectueux et indigent, et en estat
qui ne se puisse maintenir sans secours estrangier. Ainsi
je tiens que, comme les plantes, arbres, animaux et tout ce
qui vit, se treuve naturellement equippé de suffisante
couverture, pour se deffendre de l'injure du temps,

> *Proptereaque ferè res omnes aut corio sunt,*
> *Aut seta, aut conchis, aut callo, aut cortice tecta*[1],

aussi estions nous; mais, comme ceux qui esteignent par
artificielle lumiere celle du jour, nous avons esteint nos
propres moyens par les moyens empruntez. Et est aisé
à voir que c'est la coustume qui nous faict impossible ce
qui ne l'est pas; car, de ces nations qui n'ont aucune connoissance de vestemens, il s'en trouve d'assises environ
soubs mesme ciel que le nostre[2]; et puis la plus delicate
partie de nous est celle qui se tient tousjours descouverte: *(c)* les yeux, la bouche, le nez, les oreilles; à noz
contadins, comme à noz ayeulx, la partie pectorale et le
ventre. *(a)* Si nous fussions nez avec condition de cotillons et de greguesques, il ne faut faire doubte que nature
n'eust armé d'une peau plus espoisse ce qu'elle eust abandonné à la baterie des saisons, comme elle a faict le bout
des doigts et plante des pieds.

(c) Pourquoy semble-il difficile à croire? Entre ma
façon d'estre vestu et celle d'un païsan de mon païs, je
trouve bien plus de distance qu'il n'y a de sa façon à un
homme qui n'est vestu que de sa peau.

Combien d'hommes, et en Turchie sur tout, vont nuds
par devotion!

(a) Je ne sçay qui[3] demandoit à un de nos gueux qu'il
voyoit en chemise en plain hyver, aussi scarrebillat que
tel qui se tient emmitonné dans les martes jusques aux
oreilles, comme il pouvoit avoir patience: « Et vous
monsieur, respondit-il, vous avez bien la face descouverte; or moy, je suis tout face. » Les Italiens content du
fol du Duc de Florence, ce me semble, que son maistre
s'enquerant comment, ainsi mal vestu, il pouvoit porter
le froid à quoy il estoit bien empesché luy mesme: « Suivez, dict-il, ma recepte de charger sur vous tous vos
accoustremens, comme je fay les miens, vous n'en souffri-

rez non plus que moy. » Le Roy Massinissa jusques à
l'extreme vieillesse ne peut estre induit à aller la teste couverte, par froid, orage et pluye qu'il fit[1]. (c) Ce qu'on dit
aussi de l'Empereur Severus[2].

Aux batailles données entre les Ægyptiens et les Perses,
Herodote dict[3] avoir esté remarqué et par d'autres et par
luy, que, de ceux qui y demeuroient morts, le test estoit
sans comparaison plus dur aux Ægyptiens qu'aux Persiens, à raison que ceux icy portent leurs testes tousjours
couvertes de beguins et puis de turbans; ceux-là, rases
dès l'enfance et descouvertes.

(a) Et le roy Agesilaus observa jusques à sa decrepitude de porter pareille vesture en hyver qu'en esté[4]. Cæsar,
dict Suetone, marchoit tousjours devant sa troupe, et
le plus souvent à pied, la teste descouverte, soit qu'il fit
Soleil ou qu'il pleut[5]; et autant en dict on de Hannibal[6],

tum vertice nudo
Excipere insanos imbres cælique ruinam[7].

(c) Un Venitien qui s'y est tenu long temps, et qui ne
fait que d'en venir, escrit qu'au Royaume du Pégu[8], les
autres parties du corps vestues, les hommes et les femmes
vont tousjours les pieds nuds, mesme à cheval[9].

Et Platon conseille merveilleusement[10], pour la santé
de tout le corps, de ne donner aux pieds et à la teste autre
couverture que celle que nature y a mise.

(a) Celuy que les Polonnois ont choisi pour leur Roy
après le nostre[11], qui est à la verité un des plus grands
Princes de nostre siecle, ne porte jamais gans, ny ne
change, pour hyver et temps qu'il face, le mesme bonnet
qu'il porte au couvert[12].

(b) Comme je ne puis souffrir d'aller desboutonné et
destaché les laboureurs de mon voisinage se sentiroient
entravez de l'estre. Varro[13] tient que, quand on ordonna
que nous tinsions la teste descouverte en presence des
Dieux ou du Magistrat, on le fit plus pour nostre santé et
nous fermir contre les injures du temps, que pour compte
de la reverence.

(a) Et puis que nous sommes sur le froid, et François
accoustumez à nous biguarrer (non pas moy, car je ne
m'habille guiere que de noir ou de blanc, à l'imitation
de mon pere), adjoustons, d'une autre piece, que le Capitaine Martin du Bellay dict, au voyage de Luxembourg,

avoir veu les gelées si aspres, que le vin de la munition se coupoit à coups de hache et de coignée, se debitoit aux soldats par poix, et qu'ils l'emportoient dans des paniers[1]. Et Ovide, à deux doigts prèz:

> *Nudaque consistunt formam servantia testæ*
> *Vina, nec hausta meri, sed data frusta bibunt*[2].

(b) Les gelées sont si aspres en l'emboucheure des Palus Mæotides, qu'en la mesme place où le Lieutenant de Mithridates avoit livré bataille aux ennemis à pied sec et les y avoit desfaicts, l'esté venu il y gaigna contre eux encore une bataille navale[3].

(c) Les Romains souffrirent grand desadvantage au combat qu'ils eurent contre les Carthaginois près de Plaisance, de ce qu'ils allerent à la charge le sang figé et les membres contreints de froid, là où Annibal avoit faict espandre du feu par tout son ost, pour eschauffer ses soldats, et distribuer de l'huyle par les bandes, afin que, s'oignant, ils rendissent leurs nerfs plus souples et desgourdis, et encroustassent les pores contre les coups de l'air et du vent gelé qui tiroit lors[4].

La retraite des Grecs, de Babylone en leur païs, est fameuse des difficultez et mesaises qu'ils eurent à surmonter. Cette cy en fut qu'accueillis aux montaignes d'Armenie d'un horrible ravage de neiges, ils en perdirent la connoissance du païs et des chemins, et, en estant assiegés tout court, furent un jour et une nuit sans boire et sans manger, la plus part de leurs bestes mortes; d'entre eux plusieurs morts, plusieurs aveugles du coup du gresil et lueur de la neige, plusieurs stropiés par les extremitez, plusieurs roides, transis immobiles de froid[5], ayants encore le sens entier[6].

Alexandre veit une nation en laquelle on enterre les arbres fruittiers en hiver, pour les defendre de la gelée[7].

(b) Sur le subject de vestir, le Roy de la Mexique changeoit quatre fois par jour d'accoustremens, jamais ne les reiteroit employant sa desferre à ses continuelles liberalitez et recompenses; comme aussi ny pot, ny plat, ny ustensile de sa cuisine et de sa table ne luy estoient servis à deux fois[8].

CHAPITRE XXXVII

DU JEUNE CATON

(a) JE n'ay point cette erreur commune de juger d'un autre selon[1] que je suis. J'en croy aysément des choses diverses à moy. *(c)* Pour me sentir engagé à une forme, je n'y oblige pas le monde, comme chascun fait; et croy et conçois mille contraires façons de vie; et, au rebours du commun, reçoy plus facilement la difference que la ressemblance en nous. Je descharge tant qu'on veut un autre estre de mes conditions et principes, et le considere simplement en luy-mesme, sans relation, l'estoffant sur son propre modelle. Pour n'estre continent, je ne laisse d'advoüer sincerement la continence des Feuillans[2] et des Capuchins, et de bien trouver l'air de leur train; je m'insinue, par imagination, fort bien en leur place.

Et si, les ayme et les honore d'autant plus qu'ils sont autres que moy. Je desire singulierement qu'on nous juge chacun à part soy, et qu'on ne me tire en consequence des communs exemples.

(a) Ma foiblesse n'altere aucunement les opinions que je dois avoir de la force et vigueur de ceux qui le meritent. *(c)* « *Sunt qui nihil laudent, nisi quod se imitari posse confidunt*[3]. » *(a)* Rampant au limon de la terre, je ne laisse pas de remerquer, jusques dans les nües, la hauteur inimitable d'aucunes ames heroïques. C'est beaucoup pour moy d'avoir le jugement reglé, si les effects ne le peuvent estre, et maintenir au moins cette maistresse partie exempte de corruption. C'est quelque chose d'avoir la volonté bonne, quand les jambes me faillent. Ce siecle auquel nous vivons, au moins pour nostre climat, est si plombé que, je ne dis pas l'execution mais l'imagination mesme de la vertu en est à dire; et semble que ce ne soit autre chose qu'un jargon de colliege:

> *(c) virtutem verba putant, ut.*
> *Lucum ligna*[4].

« *Quam vereri deberent, etiamsi percipere non possent*[5]. »

C'est un affiquet à pendre en un cabinet, ou au bout de la langue, comme au bout de l'oreille, pour parement.

(a) Il ne se recognoit plus d'action vertueuse: celles qui en portent le visage, elles n'en ont pas pourtant l'essence; car le profit, la gloire, la crainte, l'accoutumance et autres telles causes estrangeres nous acheminent à les produire. La justice, la vaillance, la debonnaireté que nous exerçons lors, elles peuvent estre ainsi nommées pour la consideration d'autruy, et du visage qu'elles portent en public; mais, chez l'ouvrier, ce n'est aucunement vertu: il y a une autre fin proposée, *(c)* autre cause mouvante. *(a)* Or la vertu n'advoüe rien que ce qui se faict par elle et pour elle seule.

(c) En cette grande bataille de Potidée[1] que les Grecs sous Pausanias gaignerent contre Mardonius et les Perses, les victorieux, suivant leur coustume, venants à partir entre eux la gloire de l'exploit, attribuerent à la nation Spartiate la precellence de valeur en ce combat. Les Spartiates, excellents juges de la vertu, quand ils vindrent à decider à quel particulier[2] debvoit demeurer l'honneur d'avoir le mieux faict en cette journée, trouverent qu'Aristodeme s'estoit le plus courageusement hazardé; mais pourtant ils ne luy en donnerent point le prix, par ce que sa vertu avoit esté incitée du desir de se purger du reproche qu'il avoit encouru au faict des Thermopyles, et d'un appetit de mourir courageusement pour garantir sa honte passée.

(a) Nos jugemens sont encores malades, et suyvent la depravation de nos meurs. Je voy la pluspart des esprits de mon temps faire les ingenieux à obscurcir la gloire des belles et genereuses actions anciennes, leur donnant quelque interpretation vile et leur controuvant des occasions et des causes vaines.

(b) Grande subtilité! Qu'on me donne l'action la plus excellente et pure, je m'en vois y fournir vraysemblablement cinquante vitieuses intentions. Dieu sçait, à qui les veut estendre, quelle diversité d'images ne souffre nostre interne volonté! *(c)* Ils ne font pas tant malitieusement que lourdement et grossierement les ingenieux à tout leur medisance.

La mesme peine qu'on prent à detracter de ces grands noms, et la mesme licence, je la prendroy volontiers à leur prester quelque tour d'espaule à les hausser. Ces

rares figures, et triées pour l'exemple du monde par le consentement des sages, je ne me feinderoy pas de les recharger d'honneur, autant que mon invention pourroit en
interpretation et favorable circonſtance. Mais il faut
croire que les efforts de noſtre conception sont loing au-
dessous de leur merite. C'eſt l'office des gens de bien de
peindre la vertu la plus belle qui se puisse; et ne nous
messieroit pas, quand la passion nous transporteroit à la
faveur de si sainctes formes. Ce que ceux-cy font au contraire, *(a)* ils le font ou par malice, ou par ce vice de ramener leur creance à leur portée, dequoy je viens de parler,
ou, comme je pense pluſtoſt, pour n'avoir pas la veuë
assez forte et assez nette pour concevoir la splendeur de
la vertu en sa pureté naifve, n'y dressée à cela; comme
Plutarque diᵈᵗ¹ que, de son temps, aucuns attribuoient la
cause de la mort du jeune Caton à la crainte qu'il avoit eu
de Cæsar; dequoy il se picque avecques raison; et peut on
juger par là combien il se fut encore plus offensé de ceux
qui l'ont attribuée à l'ambition. *(c)* Sottes gens! Il eut
bien faiᵈᵗ une belle aᵈtion genereuse et juſte, plus toſt
avecq ignominie que pour la gloire. *(a)* Ce personnage là
fut veritablement un patron que nature choisit pour montrer jusques où l'humaine vertu et fermeté pouvoit
atteindre.

Mais je ne suis pas icy à mesmes pour traicter ce riche
argument. Je veux seulement faire luiter ensemble les
traits de cinq poëtes Latins sur la louange de Caton, *(c)* et
pour l'intereſt de Caton, et, par incident, pour le leur
aussi. Or devra l'enfant bien nourry trouver, au pris des
autres, les deux premiers trainans, le troisieme plus verd,
mais qui s'eſt abattu par l'extravagance de sa force;
eſtimer que là il y auroit place à un ou deux degrez d'invention encore pour arriver au quatriesme, sur le point
duquel il joindra ses mains par admiration. Au dernier, premier de quelque espace, mais laquelle espace il jurera ne
pouvoir eſtre remplie par nul esprit humain, il s'eſton-
nera, il se transira. Voicy merveille: nous avons bien
plus de poëtes, que de juges et interpretes de poësie. Il
eſt plus aisé de la faire, que de la cognoiſtre. A certaine
mesure basse, on la peut juger par les preceptes et par
art. Mais la bonne, l'excessive, la divine eſt au-dessus des
regles et de la raison. Quiconque en discerne la beauté
d'une veuë ferme et rassise, il ne la void pas, non plus que

la splendeur d'un esclair. Elle ne pratique point nostre
jugement; elle le ravit et ravage. La fureur qui espoinçonne celuy qui la sçait penetrer, fiert encores un tiers à
la luy ouyr traitter et reciter; comme l'aymant non seulement attire un'aiguille, mais infond encores en icelle sa
faculté d'en attirer d'autres[1]. Et il se void plus clairement
aux theatres, que l'inspiration sacrée des muses, ayant
premierement agité le poëte à la cholere, au deuil, à la
hayne, et hors de soy où elles veulent, frappe encore par
le poëte l'acteur, et par l'acteur consecutivement tout un
peuple. C'est l'enfileure de noz aiguilles, suspendues l'une
de l'autre. Dès ma premiere enfance, la poësie a eu cela,
de me transpercer et transporter. Mais ce ressentiment
bien vif qui est naturellement en moy, a esté diversement
manié par diversité de formes, non tant plus hautes et
plus basses (car c'estoient tousjours des plus hautes en
chaque espece) comme differentes en couleur: premierement une fluidité gaye et ingenieuse; depuis une subtilité
aiguë et relevée; enfin une force meüre et constante.
L'exemple le dira mieux: Ovide, Lucain, Vergile. Mais
voylà nos gens sur la carriere.

> (a) Sit Cato, dum vivit, sane vel Cæsare major[2],

dict l'un.

> Et invictum, devicta morte, Catonem[3],

dict l'autre. Et l'autre, parlant des guerres civiles d'entre
Cæsar et Pompeius,

> Victrix causa diis placuit, sed victa Catoni[4].

Et le quatriesme, sur les loüanges de Cæsar:

> Et cuncta terrarum subacta,
> Præter atrocem animum Catonis[5].

Et le maistre du cœur, après avoir etalé les noms des plus
grands Romains en sa peinture, finit en cette maniere:

> his dantem jura Catonem[6].

CHAPITRE XXXVIII

COMME NOUS PLEURONS ET RIONS
D'UNE MESME CHOSE

(a) Quand nous rencontrons dans les hiſtoires, qu'Antigonus sceut très-mauvais gré à son fils de luy avoir presenté la teſte du Roy Pyrrhus, son ennemy, qui venoit sur l'heure mesme d'eſtre tué combatant contre luy, et que, l'ayant veuë, il se print bien fort à pleurer[1], et que le Duc René de Lorraine[2] pleignit aussi la mort du Duc Charles de Bourgoigne qu'il venoit de deffaire, et en porta le deuil en son enterrement; et que, en la bataille d'Auroy[3] que le comte de Montfort gaigna contre Charles de Blois, sa partie pour le Duché de Bretaigne, le victorieux, rencontrant le corps de son ennemy trespassé, en mena grand deuil, il ne faut pas s'escrier soudain:

> Et cosi aven che l'animo ciascuna
> Sua passion sotto el contrario manto
> Ricopre, con la viſta hor' chiara hor bruna[4].

Quand on presenta à Cæsar la teſte de Pompeius, les hiſtoires disent[5] qu'il en deſtourna sa veuë comme d'un vilain et mal plaisant spectacle. Il y avoit eu entr'eux une si longue intelligence et societé au maniement des affaires publiques, tant de communauté de fortunes, tant d'offices reciproques et d'alliance, qu'il ne faut pas croire que cette contenance fut toute fauce et contrefaicte, comme eſtime cet autre:

> tutumque putavit
> Jam bonus esse socer; lachrimas non sponte cadentes
> Effudit, gemitúsque expressit pectore læto[6].

Car, bien que, à la verité, la pluspart de nos actions ne soient que masque et fard, et qu'il puisse quelquefois eſtre vray,

> Hæredis fletus sub persona risus eſt[7],

si eſt-ce qu'au jugement de ces accidens il faut considerer

comme nos ames se trouvent souvent agitées de diverses
passions. Et tout ainsi qu'en nos corps ils disent qu'il y
a une assemblée de diverses humeurs, desquelles celle là
est maistresse qui commande le plus ordinairement en
nous, selon nos complexions: aussi, en nos ames, bien
qu'il y ait divers mouvemens qui l'agitent, si faut-il qu'il
y en ait un à qui le champ demeure. Mais ce n'est pas avec
si entier avantage que, pour la volubilité et souplesse de
nostre ame, les plus foibles par occasion ne regaignent
encor la place et ne facent une courte charge à leur tour.
D'où nous voyons non seulement les enfans, qui vont
tout naifvement après la nature, pleurer et rire souvent
de mesme chose; mais nul d'entre nous ne se peut vanter,
quelque voyage qu'il face à son souhait, que encore au
departir de sa famille et de ses amis il ne se sente frisson-
ner le courage; et, si les larmes ne luy en eschappent tout
à faict, au moins met-il le pied à l'estrié d'un visage
morne et contristé. Et, quelque gentille flamme qui
eschaufe le cœur des filles bien nées, encore les desprend
on à force du col de leurs meres pour les rendre à leurs
espous, quoy que die ce bon compaignon:

> *Est ne novis nuptis odio Venus, anne parentum*
> *Frustrantur falsis gaudia lachrimulis,*
> *Ubertim thalami quas intra limina fundunt ?*
> *Non, ita me divi, vera gemunt, juverint*[1].

Ainsin il n'est pas estrange de plaindre celuy-là mort,
qu'on ne voudroit aucunement estre en vie.

   (b) Quand je tance avec mon valet, je tance du meilleur courage que j'aye, ce sont vrayes et non feintes
imprecations; mais, cette fumée passée, qu'il ayt besoing
de moy, je luy bien feray volontiers; je tourne à l'instant
le fueillet. *(c)* Quand je l'appelle un badin, un veau, je
n'entrepren pas de luy coudre à jamais ces tiltres; ny ne
pense me desdire pour le nommer tantost honeste
homme. Nulle qualité nous embrasse purement et universellement. Si ce n'estoit la contenance d'un fol de parler seul, il n'est jour au quel[2] on ne m'ouïst gronder en
moy mesme et contre moy: « Bren du fat! » Et si, n'enten
pas que ce soit ma definition.

   (b) Qui, pour me voir une mine tantost froide, tantost
amoureuse envers ma femme, estime que l'une ou l'autre
soit feinte, il est un sot. Neron, prenant congé de sa mere

qu'il envoioit noyer, sentit toutefois l'emotion de cet adieu maternel et en eut horreur et pitié[1].

(a) On dict que la lumiere du Soleil n'est pas d'une piece continuë, mais qu'il nous elance si dru sans cesse nouveaux rayons les uns sur les autres, que nous n'en pouvons appercevoir l'entre deux[2] :

> (b) *Largus enim liquidi fons luminis, ætherius sol*
> *Inrigat assidue cælum candore recenti,*
> *Suppeditatque novo confestim lumine lumen*[3] ;

ainsin eslance nostre ame ses pointes diversement et imperceptiblement.

(c) Artabanus surprint Xerxes, son neveu, et le tança de la soudaine mutation de sa contenance. Il estoit à considerer la grandeur desmesurée de ses forces au passage de l'Hellespont pour l'entreprinse de la Grece. Il luy print premierement un tressaillement d'aise à voir tant de milliers d'hommes à son service, et le tesmoigna par l'allégresse et feste de son visage. Et, tout soudain, en mesme instant, sa pensée luy suggerant comme tant de vies avoient à defaillir au plus loing dans un siecle, il refroigna son front, et s'attrista jusques aux larmes[4].

(a) Nous avons poursuivy avec resoluë volonté la vengeance d'une injure, et resenty un singulier contentement de la victoire, nous en pleurons pourtant; ce n'est pas de cela que nous pleurons; il n'y a rien de changé, mais nostre ame regarde la chose d'un autre œil, et se la represente par un autre visage; car chaque chose a plusieurs biais et plusieurs lustres. La parenté, les anciennes accointances et amitiez saisissent nostre imagination et la passionnent pour l'heure, selon leur condition; mais le contour en est si brusque, qu'il nous eschappe.

> (b) *Nil adeo fieri celeri ratione videtur*
> *Quam si mens fieri proponit et inchoat ipsa.*
> *Ocius ergo animus quam res se perciet ulla,*
> *Ante oculos quarum in promptu natura videtur*[5].

(a) Et, à cette cause, voulans de toute cette suite continuer un corps, nous nous trompons. Quand Timoleon pleure le meurtre qu'il avoit commis d'une si meüre et genereuse deliberation, il ne pleure pas la liberté rendue à sa patrie, il ne pleure pas le Tyran, mais il pleure son frere[6]. L'une partie de son devoir est jouée, laissons luy en jouer l'autre.

CHAPITRE XXXIX

DE LA SOLITUDE

(a) Laissons à part cette longue comparaison de la vie solitaire à l'active; et quant à ce beau mot dequoy se couvre l'ambition et l'avarice: que nous ne sommes pas nez pour nostre particulier, ains pour le publicq, rapportons nous en hardiment à ceux qui sont en la danse; et qu'ils se battent la conscience, si, au rebours, les estats, les charges, et cette tracasserie du monde ne se recherche plutost pour tirer du publicq son profit particulier. Les mauvais moyens par où on s'y pousse en nostre siecle, montrent bien que la fin n'en vaut gueres. Respondons à l'ambition que c'est elle mesme qui nous donne goust de la solitude: car que fuit elle tant que la société? que cherche elle tant que ses coudées franches? Il y a dequoy bien et mal faire par tout: toutefois, si le mot de Bias est vray, que la pire part c'est la plus grande[1], ou ce que dit l'*Ecclesiastique*[2], que de mille il n'en est pas un bon,

(b) Rari quippe boni : numero vix sunt totidem, quot
Thebarum portæ, vel divitis ostia Nili[3],

(a) la contagion est très-dangereuse en la presse. Il faut ou imiter les vitieux, ou les haïr. Tous les deux sont dangereux, et de leur ressembler par ce qu'ils sont beaucoup; et d'en haïr beaucoup, parce qu'ils sont dissemblables[4].

(c) Et les marchands qui vont en mer ont raison de regarder que ceux qui se mettent en mesme vaisseau ne soyent dissolus, blasphemateurs, meschans: estimant telle société infortunée.

Parquoy Bias, plaisamment, à ceux qui passoient aveq luy le danger d'une grande tourmente, et appelloient le secours des dieux: « Taisez-vous, feit-il, qu'ils ne sentent point que vous soyez icy avec moy[5]. »

Et, d'un plus pressant exemple, Albuquerque, Vice-Roy en l'Inde pour le Roy Emmanuel de Portugal, en un extreme peril de fortune de mer, print sur ses espaules un jeune garçon, pour cette seule fin qu'en la société de leur fortune son innocence luy servist de garant et de recommandation envers la faveur divine, pour le mettre à sauveté[1].

(a) Ce n'est pas que le sage ne puisse par tout vivre content, voire et seul en la foule d'un palais; mais, s'il est à choisir, il en fuira, dit-il, mesmes la veuë. Il portera, s'il est besoing, cela; mais, s'il est en luy, il eslira cecy. Il ne luy semble point suffisamment s'estre desfait des vices, s'il faut encores qu'il conteste avec ceux d'autruy[2].

(b) Charondas chastioit pour mauvais ceux qui estoient convaincus de hanter mauvaise compaignie[3].

(c) Il n'est rien si dissociable et sociable que l'homme : l'un par son vice, l'autre par sa nature.

Et Anthisthenes ne me semble avoir satisfait à celuy qui luy reprochoit sa conversation avec les meschans, en disant que les medecins vivoient bien entre les malades[4]; car, s'ils servent à la santé des malades, ils deteriorent la leur par la contagion, la veuë continuelle et practique des maladies.

(a) Or la fin, ce crois-je, en est tout'une, d'en vivre plus à loisir et à son aise. Mais on n'en cherche pas tousjours bien le chemin. Souvent on pense avoir quitté les affaires, on ne les a que changez. Il n'y a guiere moins de tourment au gouvernement d'une famille que d'un estat entier; où que l'ame soit empeschée, elle y est toute; et, pour estre les occupations domestiques moins importantes, elles n'en sont pas moins importunes. D'avantage, pour nous estre deffaits de la Cour et du marché, nous ne sommes pas deffaits des principaux tourmens de nostre vie,

> *ratio et prudentia curas,*
> *Non locus effusi latè maris arbiter, aufert*[5].

L'ambition, l'avarice, l'irresolution, la peur et les concupiscences ne nous abandonnent point pour changer de contrée.

> *Et post equitem sedet atra cura*[6].

Elles nous suivent souvent jusques dans les cloistres et dans les escoles de philosophie. Ny les desers, ny les rochez creusez, ny la here, ny les jeunes ne nous en démeslent :

> *hæret lateri letalis arundo*[7].

On disoit à Socrates que quelqu'un ne s'estoit aucunement amendé en son voyage: « Je croy bien, dit-il, il s'estoit emporté avecques soy[1]. »

> *Quid terras alio calentes*
> *Sole mutamus? patria quis exul*
> *Se quoque fugit[2]?*

Si on ne se descharge premierement et son ame, du fais qui la presse, le remuement la fera fouler davantage; comme en un navire les charges empeschent moins, quand elles sont rassises. Vous faictes plus de mal que de bien au malade, de luy faire changer de place. Vous ensachez le mal en le remuant, comme[3] les pals s'enfoncent plus avant et s'affermissent en les branlant et secouant. Parquoy ce n'est pas assez de s'estre escarté du peuple; ce n'est pas assez de changer de place, il se faut escarter des conditions populaires qui sont en nous; il se faut sequestrer et r'avoir de soy.

> *(b) Rupi jam vincula dicas:*
> *Nam luctata canis nodum arripit; attamen illi,*
> *Cum fugit, à collo trahitur pars longa catenæ[4].*

Nous emportons nos fers quand et nous: ce n'est pas une entiere liberté, nous tournons encore la veuë vers ce que nous avons laissé, nous en avons la fantasie plaine.

> *Nisi purgatum est pectus, quæ prælia nobis*
> *Atque pericula tunc ingratis insinuandum?*
> *Quantæ conscindunt hominem cuppedinis acres*
> *Sollicitum curæ, quantique perinde timores?*
> *Quidve superbia, spurcitia, ac petulantia, quantas*
> *Efficiunt clades? quid luxus desidiésque[5]?*

(a) Nostre mal nous tient en l'ame: or elle ne se peut échaper à elle mesme,

> *In culpa est animus qui se non effugit unquam[6].*

Ainsin il la faut ramener et retirer en soy: c'est la vraie solitude, et qui se peut joüir au milieu des villes et des cours des Roys; mais elle se jouyt plus commodément à part.

Or, puis que nous entreprenons de vivre seuls et de nous passer de compagnie, faisons que nostre contentement despende de nous; desprenons nous de toutes les

liaisons qui nous attachent à autruy, gaignons sur nous
de pouvoir à bon escient vivre seuls et y vivre à nostr'aise.

Stilpon, estant eschappé de l'embrasement de sa ville,
où il avait perdu femme, enfans et chevance, Démetrius
Poliorcetes, le voyant en une si grande ruine de sa patrie
le visage non effrayé, luy demanda s'il n'avoit pas eu du
dommage. Il respondit que non, et qu'il n'y avoit, Dieu
mercy, rien perdu du sien[1]. *(c)* C'est ce que le philosophe
Antisthenes disoit plaisamment: que l'homme se devoit
pourveoir de munitions qui flottassent sur l'eau et peussent à nage eschapper avec luy du naufrage[2].

(a) Certes l'homme d'entendement n'a rien perdu, s'il
a soy mesme. Quand la ville de Nole fut ruinée par les
Barbares, Paulinus, qui en estoit Evesque, y ayant tout
perdu, et leur prisonnier, prioit ainsi Dieu: « Seigneur,
garde moy de sentir cette perte, car tu sçais qu'ils n'ont
encore rien touché de ce qui est à moy[3]. » Les richesses
qui le faisoyent riche, et les biens qui le faisoient bon,
estoyent encore en leur entier. Voylà que c'est de bien
choisir les thresors qui se puissent affranchir de l'injure,
et de les cacher en lieu où personne n'aille, et lequel ne
puisse estre trahi que par nous mesmes. Il faut avoir
femmes, enfans, biens, et sur tout de la santé, qui peut;
mais non pas s'y attacher en manière que nostre heur en
despende. Il se faut reserver une arriere boutique toute
nostre, toute franche, en laquelle nous establissons nostre
vraye liberté et principale retraicte et solitude. En cette-cy
faut-il prendre nostre ordinaire entretien de nous à nous
mesmes, et si privé que nulle acointance ou communication estrangiere y trouve place; discourir et y rire comme
sans femme, sans enfans et sans biens, sans train et sans
valetz, afin que, quand l'occasion adviendra de leur perte,
il ne nous soit pas nouveau de nous en passer. Nous
avons une ame contournable en soy mesme; elle se peut
faire compaignie; elle a dequoy assaillir et dequoy defendre, dequoy recevoir et dequoy donner; ne craignons
pas en cette solitude nous croupir d'oisiveté ennuyeuse:

(b)   in solis sis tibi turba locis[4].

(c) La vertu, dict Antisthenes, se contente de soy:
sans disciplines, sans paroles, sans effects[5].

(a) En nos actions accoustumées, de mille il n'en est
pas une qui nous regarde. Celuy que tu vois grimpant

contremont les ruines de ce mur, furieux et hors de soy,
en bute de tant de harquebuzades; et cet autre, tout cica-
trisé, transi et pasle de faim, deliberé de crever plutoſt que
de luy ouvrir la porte, pense-tu qu'ils y soyent pour eux?
Pour tel, à l'adventure, qu'ils ne virent onques, et qui ne
se donne aucune peine de leur faiſt, plongé cependant en
l'oysiveté et aux delices. Cettuy-ci, tout pituiteux, chassieux et crasseux, que tu vois sortir après minuit d'un
eſtude, penses-tu qu'il cherche parmy les livres comme il
se rendra plus homme de bien, plus content et plus sage?
Nulles nouvelles. Il y mourra, ou il apprendra à la poſterité la mesure des vers de Plaute et la vraye orthographe
d'un mot Latin. Qui ne contrechange volontiers la santé,
le repos et la vie à la reputation et à la gloire, la plus inutile, vaine et fauce monnoye qui soit en noſtre usage?
Noſtre mort né nous faisoit pas assez de peur, chargeons
nous encores de celle de nos femmes, de nos enfans et de
nos gens. Nos affaires ne nous donnoyent pas assez de
peine, prenons encores à nous tourmenter et rompre la
teſte de ceux de nos voisins et amis.

> *Vah! quemquamne hominem in animum inſtituere, aut*
> *Parare, quod sit charius quam ipse eſt sibi*[1]?

(c) La solitude me semble avoir plus d'apparence et de
raison à ceux qui ont donné au monde leur aage plus
aſtif et fleurissant, suivant l'exemple de Thales[2].

(a) C'eſt assez vescu pour autruy, vivons pour nous
au moins ce bout de vie. Ramenons à nous et à noſtre
aise nos pensées et nos intentions. Ce n'eſt pas une legiere
partie que de faire seurement sa retraiſte; elle nous
empesche assez sans y mesler d'autres entreprinses. Puis
que Dieu nous donne loisir de disposer de noſtre deslogement, preparons nous y; plions bagage; prenons de
bonne heure congé de la compaignie; despetrons nous
de ces violentes prinses qui nous engagent ailleurs et
esloignent de nous. Il faut desnoüer ces obligations si
fortes, et meshuy aymer ce-cy et cela, mais n'espouser
rien que soy. C'eſt à dire: le reſte soit à nous, mais non
pas joint et colé en façon qu'on ne le puisse desprendre
sans nous escorcher et arracher ensemble quelque piece
du noſtre. La plus grande chose du monde, c'eſt de sçavoir eſtre à soy[3].

(c) Il eſt temps de nous desnoüer de la société, puis que

nous n'y pouvons rien apporter. Et qui ne peut preſter,
qu'il se defende d'emprunter. Noz forces nous faillent;
retirons les et resserrons en nous. Qui peut renverser et
confondre en soy les offices de l'amitié et de la compagnie, qu'il le face. En cette cheute, qui le rend inutile,
poisant et importun aux autres, qu'il se garde d'eſtre
importun à soy mesme, et poisant, et inutile. Qu'il se
flatte et caresse, et surtout se regente, respeſtant et craignant sa raison et sa conscience, si qu'il ne puisse sans
honte broncher en leur presence. « *Rarum eſt enim ut satis
se quisque vereatur*[1]. »

Socrates diſt que les jeunes se doivent faire inſtruire,
les hommes s'exercer à bien faire, les vieils se retirer de
toute occupation civile et militaire, vivants à leur discretion, sans obligation à nul certain office[2].

(a) Il y a des complexions plus propres à ces preceptes[3]
(c) de la retraite *(a)* les unes que les autres. Celles qui ont
l'apprehension molle et lache, et un'affeſtion et volonté delicate, et qui ne s'asservit ny s'employe pas aysément, desquels je suis et par naturelle condition et par discours, ils se
plieront mieux à ce conseil que les ames aſtives et occupées
qui embrassent tout et s'engagent par tout, qui se passionnent de toutes choses, qui s'offrent, qui se presentent
et qui se donnent à toutes occasions. Il se faut servir de
ces commoditez accidentales et hors de nous, en tant
qu'elles nous sont plaisantes, mais sans en faire noſtre
principal fondement; ce ne l'eſt pas; ny la raison ny la
nature ne le veulent. Pourquoy contre ses loix asservirons
nous noſtre contentement à la puissance d'autruy? D'anticiper aussi les accidens de fortune, se priver des commoditez qui nous sont en main, comme plusieurs ont faiſt
par devotion et quelques philosophes par discours, se
servir soy-mesmes, coucher sur la dure, se crever les
yeux[4], jetter ses richesses emmy la riviere[5], rechercher la
douleur (ceux là pour, par le tourment de cette vie, en
acquerir la beatitude d'un' autre; ceux-cy pour, s'eſtant
logez en la plus basse marche, se mettre en seurté de nouvelle cheute), c'eſt l'aſtion d'une vertu excessive. Les
natures plus roides et plus fortes facent leur cachete
mesmes glorieuse et exemplaire:

tuta et parvula laudo,
Cum res deficiunt, satis inter vilia fortis:

Verum ubi quid melius contingit et unctius, idem
Hos sapere, et solos aio bene vivere, quorum
Conspicitur nitidis fundata pecunia villis[1].

Il y a pour moy assez affaire sans aller si avant. Il me suffit, sous la faveur de la fortune, me preparer à sa défaveur, et me representer, estant à mon aise, le mal advenir autant que l'imagination y peut attaindre; tout ainsi que nous nous accoustumons aux joutes et tournois, et contre-faisons la guerre en pleine paix.

(c) Je n'estime point Arcesilaus le philosophe moins reformé, pour le sçavoir avoir usé d'ustensiles d'or et d'argent, selon que la condition de sa fortune le luy permettoit[2]; et l'estime mieux que s'il s'en fust demis, de ce qu'il en usoit moderéement et liberalement.

(a) Je voy jusques à quels limites va la necessité naturelle; et, considerant le pauvre mendiant à ma porte souvent plus enjoué et plus sain que moy, je me plante en sa place, j'essaye de chausser mon ame à son biaiz. Et, courant ainsi par les autres exemples, quoy que je pense la mort, la pauvreté, le mespris et la maladie à mes talons, je me resous aisément de n'entrer en effroy de ce qu'un moindre que moy prend avec telle patience. Et ne puis croire que la bassesse de l'entendement puisse plus que la vigueur; ou que les effects du discours ne puissent arriver aux effects de l'accoustumance. Et, connoissant combien ces commoditez accessoires tiennent à peu, je ne laisse pas, en pleine jouyssance, de supplier Dieu, pour ma souveraine requeste, qu'il me rende content de moymesme et des biens qui naissent de moy. Je voy des jeunes hommes gaillards, qui ne laissent pas de porter dans leurs coffres une masse de pillules pour s'en servir quand le rheume les pressera, lequel ils craignent d'autant moins qu'ils en pensent avoir le remede en main. Ainsi faut il faire; et encore, si on se sent subject à quelque maladie plus forte, se garnir de ces medicamens qui assopissent et endorment la partie.

L'occupation qu'il faut choisir à une telle vie, ce doit estre une occupation non penible ny ennuyeuse; autrement pour neant ferions nous estat d'y estre venuz chercher le sejour. Cela depend du goust particulier d'un chacun: le mien ne s'accommode aucunement au ménage. Ceux qui l'aiment, ils s'y doivent adonner avec moderation.

Conentur sibi res, non se submittere rebus[1].

C'est autrement un office servile que la mesnagerie, comme le nomme Saluste[2]. Ell' a des parties plus excusables, comme le soing des jardinages, que Xenophon attribue à Cyrus[3]; et se peut trouver un moyen entre ce bas et vile soing, tandu et plein de solicitude, qu'on voit aux hommes qui s'y plongent du tout, et cette profonde et extreme nonchalance laissant tout aller à l'abandon, qu'on voit en d'autres,

> *Democriti pecus edit agellos*
> *Cultaque, dum peregre est animus sine corpore velox*[4].

Mais oyons le conseil que donne le jeune Pline[5] à Cornelius Rufus, son amy, sur ce propos de la solitude : « Je te conseille, en cette pleine et grasse retraicte où tu es, de quiter à tes gens ce bas et abject soing du mesnage, et t'adonner à l'estude des lettres, pour en tirer quelque chose qui soit toute tienne. » Il entend la reputation; d'une pareille humeur à celle de Cicero, qui dict[6] vouloir employer sa solitude et sejour des affaires publiques à s'en acquerir par ses escris une vie immortelle :

> *(b) usque adeo ne*
> *Scire tuum nihil est, nisi te scire hoc sciat alter*[7] ?

(c) Il semble que ce soit raison, puis qu'on parle de se retirer du monde, qu'on regarde hors de luy; ceux-cy ne le font qu'à demy. Ils dressent bien leur partie, pour quand ils n'y seront plus; mais le fruict de leur dessein, ils pretendent le tirer encore lors du monde, absens, par une ridicule contradiction. L'imagination de ceux qui, par devotion, recherchent la solitude, remplissant leur courage de la certitude des promesses divines en l'autre vie, est bien plus sainement assortie. Ils se proposent Dieu, object infini et en bonté et en puissance; l'ame a dequoy y ressasier ses desirs en toute liberté. Les afflictions, les douleurs leur viennent à profit, employées à l'acquest d'une santé et resjouyssance eternelle: la mort, à souhait, passage à un si parfaict estat. L'aspreté de leurs regles est incontinent applanie par l'accoustumance; et les appetits charnels, rebutez et endormis par leur refus, car rien ne les entretient que l'usage et exercice. Cette seule fin d'une autre vie heureusement immortelle merite

loyalement que nous abandonnons les commoditez et
douceurs de cette vie nostre. Et qui peut embraser son
ame de l'ardeur de cette vive foy et esperance, reellement
et constamment, il se bastit en la solitude une vie voluptueuse et delicate au delà de toute autre forme de vie.

(a) Ny la fin donc, ny le moyen de ce conseil ne me contente; nous retombons tous-jours de fievre en chaud mal.
Cette occupation des livres est aussi penible que toute
autre, et autant ennemie de la santé, qui doit estre principalement considerée. Et ne se faut point laisser endormir
au plaisir qu'on y prend; c'est ce mesme plaisir qui perd
le mesnagier, l'avaricieux, le voluptueux et l'ambitieux.
Les sages nous apprennent assez à nous garder de la trahison de nos appetits, et à discerner les vrays plaisirs, et
entiers, des plaisirs meslez et bigarrez de plus de peine.
Car la pluspart des plaisirs, disent ils, nous chatouillent et
embrassent pour nous estrangler, comme faisoyent les
larrons que les Ægyptiens appelloient Philistas[1]. Et, si la
douleur de teste nous venoit avant l'yvresse, nous nous
garderions de trop boire. Mais la volupté, pour nous
tromper, marche devant et nous cache sa suite. Les livres
sont plaisans; mais, si de leur frequentation nous en perdons en fin la gayeté et la santé, nos meilleures pieces,
quittons les. Je suis de ceux qui pensent leur fruict ne pouvoir contrepoiser cette perte. Comme les hommes qui se
sentent de long temps affoiblis par quelque indisposition,
se rengent à la fin à la mercy de la medecine, et se font desseigner par art certaines regles de vivre pour ne les plus
outrepasser: aussi celuy qui se retire, ennuié et dégousté
de la vie commune, doit former cette-cy aux regles de la
raison, l'ordonner et renger par premeditation et discours. Il doit avoir prins congé de toute espece de travail,
quelque visage qu'il porte, et fuïr en general les passions
qui empeschent la tranquillité du corps et de l'ame, *(b)* et
choisir la route qui est plus selon son humeur,

> *Unusquisque sua noverit ire via*[2].

(a) Au menage, à l'estude, à la chasse et tout autre
exercice, il faut donner jusques aux derniers limites du
plaisir, et garder de s'engager plus avant, où la peine
commence à se mesler parmy. Il faut reserver d'embe-
soignement et d'occupation autant seulement qu'il en est
besoing pour nous tenir en haleine, et pour nous garantir

des incommoditez que tire après soy l'autre extremité
d'une lasche oysiveté et assopie. Il y a des sciences steriles
et épineuses, et la plus part forgées pour la presse: il les
faut laisser à ceux qui sont au service du monde. Je
n'ayme, pour moy, que des livres ou plaisans et faciles,
qui me chatouillent, ou ceux qui me consolent et conseillent à regler ma vie et ma mort:

> *tacitum sylvas inter reptare salubres,*
> *Curantem quidquid dignum sapiente bonóque est*[1].

Les gens plus sages peuvent se forger un repos tout
spirituel, ayant l'ame forte et vigoureuse. Moy qui l'ay
commune, il faut que j'ayde à me soutenir par les commoditez corporelles; et, l'aage m'ayant tantost desrobé celles
qui estoyent plus à ma fantasie, j'instruis et aiguise mon
appetit à celles qui restent plus sortables à cette autre saison. Il faut retenir à tout nos dents et nos griffes l'usage
des plaisirs de la vie, que nos ans nous arrachent des
poingts, les uns après les autres[2]:

> *(b) carpamus dulcia; nostrum est*
> *Quod vivis: cinis et manes et fabula fies*[3].

(a) Or, quant à la fin que Pline et Cicero nous proposent, de la gloire, c'est bien loing de mon compte. La plus
contraire humeur à la retraicte, c'est l'ambition. La gloire
et le repos sont choses qui ne peuvent loger en mesme
giste. A ce que je voy, ceux-cy n'ont que les bras et les
jambes hors de la presse; leur ame, leur intention y
demeure engagée plus que jamais:

> *(b) Tun', vetule, auriculis alienis colligis escas*[4]?

(a) Ils se sont seulement reculez pour mieux sauter, et
pour, d'un plus fort mouvement, faire une plus vive faucée dans la trouppe. Vous plaist-il voir comme ils tirent
court d'un grain? Mettons au contrepois l'avis de deux
philosophes, et de deux sectes très differentes, escrivans,
l'un[5] à Idomeneus, l'autre[6] à Lucilius, leurs amis, pour,
du maniement des affaires et des grandeurs, les retirer à
la solitude. Vous avez (disent-ils) vescu nageant et flot-
tant jusques à present, venez vous en mourir au port.
Vous avez donné le reste de vostre vie à la lumière, donnez cecy à l'ombre. Il est impossible de quitter les occupations, si vous n'en quittez le fruict; à cette cause, défaites

vous de tout soing de nom et de gloire. Il est dangier que
la lueur de vos actions passées ne vous esclaire que trop
et vous suive jusques dans vostre taniere. Quitez avecq
les autres voluptez celle qui vient de l'approbation d'autruy; et, quant à vostre science et suffisance, ne vous
chaille, elle ne perdra pas son effect, si vous en valez
mieux vous mesme. Souvienne vous de celuy à qui,
comme on demandast à quoy faire il se pénoit si fort en
un art qui ne pouvoit venir à la cognoissance de guiere
de gens: « J'en ay assez de peu, respondit-il, j'en ay assez
d'un, j'en ay assez de pas un. » Il disoit vray: vous et un
compagnon estes assez suffisant theatre l'un à l'autre, ou
vous à vous mesmes. Que le peuple vous soit un, et un
vous soit tout le peuple. C'est une lasche ambition de vouloir tirer gloire de son oysiveté et de sa cachette. Il faut
faire comme les animaux qui effacent la trace à la porte de
leur taniere. Ce n'est plus ce qu'il faut chercher, que le
monde parle de vous, mais comme il faut que vous parliez à vous mesmes. Retirez vous en vous, mais preparez
vous premierement de vous y recevoir; ce seroit folie de
vous fier à vous mesmes, si vous ne vous sçavez gouverner. Il y a moyen de faillir en la solitude comme en la
compagnie. Jusques à ce que vous vous soiez rendu tel,
devant qui vous n'osiez clocher, et jusques à ce que vous
ayez honte et respect de vous mesmes, *(c)* « *observentur
species honestæ animo*[1] », *(a)* presentez vous tousjours en
l'imagination Caton, Phocion et Aristides, en la presence
desquels les fols mesme cacheroient leurs fautes, et esta-
blissez-les contrerolleurs de toutes vos intentions; si
elles se detraquent, leur reverence les remettra en train.
Ils vous contiendront en cette voie de vous contenter de
vous mesmes, de n'emprunter rien que de vous, d'arrester et fermir vostre ame en certaines et limitées cogitations où elle se puisse plaire; et, ayant entendu les vrays
biens, desquels on jouit à mesure qu'on les entend, s'en
contenter, sans desir de prolongement de vie ny de nom.
Voylà le conseil de la vraye et naifve philosophie, non
d'une philosophie ostentatrice et parliere, comme est celle
des deux premiers[2].

CHAPITRE XL

(a) Encor'un traict à la comparaison de ces couples[1].
Il se tire des escris de Cicero et de ce Pline
(peu[2] retirant, à mon advis, aux humeurs de son oncle)
infinis tesmoignages de nature outre mesure ambitieuse;
entre autres qu'ils sollicitent, au sceu de tout le monde,
les historiens de leur temps de ne les oublier en leurs
registres[3], et la fortune, comme par despit, a faict durer
jusques à nous la vanité de ces requestes, et pieça faict
perdre ces histoires. Mais cecy surpasse toute bassesse de
cœur, en personnes de tel rang, d'avoir voulu tirer quelque principale gloire du caquet et de la parlerie, jusques
à y employer les lettres privées écriptes à leurs amis; en
maniere que, aucunes ayant failly leur saison pour estre
envoyées, ils les font ce neantmoins publier avec cette
digne excuse qu'ils n'ont pas voulu perdre leur travail et
veillées. Sied-il pas bien à deux consuls Romains, souverains magistrats de la chose publique emperiere du
monde, d'employer leur loisir à ordonner et fagoter
gentiment une belle missive, pour en tirer la reputation
de bien entendre le langage de leur nourrisse? Que feroit
pis un simple maistre d'école qui en gaignat sa vie? Si les
gestes de Xenophon et de Cæsar n'eussent de bien loing
surpassé leur eloquence, je ne croy pas qu'ils les eussent
jamais escris. Ils ont cherché à recommander non leur
dire, mais leur faire. Et, si la perfection du bien parler
pouvoit apporter quelque gloire sortable à un grand personnage, certainement Scipion et Lælius n'eussent pas
resigné l'honneur de leurs comedies et toutes les mignardises et delices du langage Latin à un serf Afriquain; car,
que cet ouvrage soit leur, sa beauté et son excellence le
maintient assez, et Terence l'advoüe luy mesme[4]. *(b)* On
me feroit desplaisir de me desloger de cette creance.

(a) C'est une espece de mocquerie et d'injure de
vouloir faire valoir un homme par des qualitez mesadve-
nantes à son rang, quoy qu'elles soient autrement loüables, et par les qualitez aussi qui ne doivent pas estre les
siennes principales; comme qui loüeroit un Roy d'estre

bon peintre, ou bon architecte, ou encore bon arquebou-
zier, ou bon coureur de bague[1]; ces loüanges ne font
honneur, si elles ne sont presentées en foule, et à la suite
de celles qui luy sont propres: à sçavoir de la justice et de
la science de conduire son peuple en paix et en guerre.
De cette façon faict honneur à Cyrus l'agriculture[2] et à
Charlemaigne l'éloquence et connoissance des bonnes
lettres. *(c)* J'ay veu de mon temps, en plus forts termes,
des personnages qui tiroient d'escrire et leurs titres et
leur vocation, desadvoüer leur apprentissage, corrompre
leur plume et affecter l'ignorance de qualité si vulgaire et
que nostre peuple tient ne se rencontrer guere en mains
sçavantes, se recommandant par meilleures qualitez.

(b) Les compaignons de Demosthenes en l'ambassade
vers Philippus loüoient ce Prince d'estre beau, eloquent
et bon beuveur; Demosthenes disoit que c'estoient louanges qui appartenoient mieux à une femme, à un advocat, à une esponge qu'à un Roy[3].

> *Imperet bellante prior, jacentem*
> *Lenis in hostem[4].*

Ce n'est pas sa profession de sçavoir ou bien chasser ou
bien dancer,

> *Orabunt causas alii, cælique meatus*
> *Describent radio, et fulgentia sidera dicent;*
> *Hic regere imperio populos sciat[5].*

(a) Plutarque dict[6] d'avantage, que de paroistre si
excellent en ces parties moins necessaires, c'est produire
contre soy le tesmoignage d'avoir mal dispencé son loisir
et l'estude, qui devoit estre employé à choses plus necessaires et utiles. De façon que Philippus, Roy de Macedoine, ayant ouy ce grand Alexandre, son fils, chanter en
un festin à l'envy des meilleurs musiciens: « N'as tu pas
honte, luy dict-il, de chanter si bien? » Et, à ce mesme
Philippus, un musicien contre lequel il debatoit de son
art: « Jà à Dieu ne plaise, Sire, dit-il, qu'il t'advienne
jamais tant de mal que tu entendes ces choses là mieux
que moy[7]. »

(b) Un Roy doit pouvoir responde comme Iphicrates
respondit à l'orateur qui le pressoit en son invective, de
cette maniere: « Et bien, qu'es-tu, pour faire tant le
brave? es-tu homme d'armes? es-tu archier? es-tu

piquier? — Je ne suis rien de tout cela, mais je suis celuy qui sçait commander à tous ceux-là[1]. »

(a) Et Antisthenes print pour argument de peu de valeur en Ismenias, dequoy on le vantoit d'estre excellent joüeur de flutes[2].

(c) Je sçay bien, quand j'oy quelqu'un qui s'arreste au langage des *Essais,* que j'aymeroy mieux qu'il s'en teust. Ce n'est pas tant eslever les mots, comme c'est deprimer le sens, d'autant plus picquamment que plus obliquement. Si suis je trompé, si guere d'autres donnent plus à prendre en la matiere; et, comment que ce soit, mal ou bien, si nul escrivain l'a semée ny guere plus materielle ny au moins plus drue en son papier. Pour en ranger davantage, je n'en entasse que les testes. Que j'y attache leur suitte, je multiplieray plusieurs fois ce volume. Et combien y ay-je espandu d'histoires qui ne disent mot, lesquelles qui voudra esplucher un peu ingenieusement, en produira infinis *Essais.* Ny elles, ny mes allegations ne servent pas tousjours simplement d'exemple, d'authorité ou d'ornement. Je ne les regarde pas seulement par l'usage que j'en tire. Elles portent souvent, hors de mon propos, la semence d'une matiere plus riche et plus hardie, et sonnent à gauche un ton plus delicat, et pour moy qui n'en veux exprimer d'avantage, et pour ceux qui rencontreront mon air. Revenant à la vertu parliere, je ne trouve pas grand choix entre ne sçavoir dire que mal, ou ne sçavoir rien que bien dire. « *Non est ornamentum virile concinnitas*[3]. »

(a) Les sages disent que, pour le regard du sçavoir, il n'est que la philosophie, et, pour le regard des effets, que la vertu, qui generalement soit propre à tous degrez et à tous ordres.

Il y a quelque chose de pareil en ces autres deux philosophes[4], car ils promettent aussi eternité aux lettres qu'ils escrivent à leurs amis[5]; mais c'est d'autre façon, et s'accommodant pour une bonne fin à la vanité d'autruy: car ils leur mandent que si le soing de se faire connoistre aux siecles advenir et de la renommée les arreste encore au maniement des affaires, et leur fait craindre la solitude et la retraicte où ils les veulent appeller, qu'ils ne s'en donnent plus de peine; d'autant qu'ils ont assez de credit avec la posterité pour leur responde que, ne fut que par les lettres qu'ils leur escrivent, ils rendront leur nom aussi conneu et fameus que pourroient faire leurs actions publiques. Et, outre cette difference, encore ne sont ce pas lettres vuides et descharnées, qui ne se soutiennent que par un delicat chois de mots, entassez et rangez à une juste cadence, ains farcies et pleines de beaux discours de sapience, par lesquelles on se rend non plus eloquent, mais plus sage, et qui nous aprennent non à bien dire, mais à bien faire. Fy de l'eloquence qui nous laisse envie de soy, non des choses; si ce n'est qu'on die que celle de Cicero, estant en si extreme perfection, se donne corps elle mesme.

J'adjousteray encore un conte que nous lisons de luy à ce propos, pour nous faire toucher au doigt son naturel. Il avoit à orer en public, et estoit un peu pressé du temps pour se preparer à son aise. Eros, l'un de ses serfs, le vint advertir que l'audience estoit remise au lendemain. Il en fut si aise qu'il luy donna liberté pour cette bonne nouvelle[1].

(b) Sur ce subject de lettres, je veux dire ce mot, que c'est un ouvrage auquel mes amys tiennent que je puis quelque chose. (c) Et eusse prins plus volontiers ceste forme à publier mes verves, si j'eusse eu à qui parler. Il me falloit, comme je l'ay eu autrefois, un certain commerce[2] qui m'attirast, qui me soustinst et souslevast. Car de negocier au vent, comme d'autres, je ne sçauroy que de songes, ny forger des vains noms à entretenir en chose serieuse: ennemy juré de toute falsification. J'eusse esté plus attentif et plus seur, ayant une addresse forte et amie, que je ne suis, regardant les divers visages d'un peuple. Et suis deçeu, s'il ne m'eust mieux succédé. (b) J'ay naturellement un stile comique et privé, mais c'est d'une forme mienne, inepte aux negociations publiques, comme en toutes façons est mon langage: trop serré, desordonné, couppé, particulier; et ne m'entens pas en lettres ceremonieuses, qui n'ont autre substance que d'une belle enfileure de paroles courtoises[3]. Je n'ay ny la faculté, ny le goust de ces longues offres d'affection et de service. Je n'en crois pas tant, et me desplaist d'en dire guiere outre ce que j'en crois. C'est bien loing de l'usage present; car il ne fut jamais si abjecte et servile prostitution de presentations; la vie, l'ame, devotion, adoration, serf, esclave, tous ces mots y courent si vulgairement que, quand ils veulent faire sentir une plus expresse volonté et plus respectueuse, ils n'ont plus de maniere pour l'exprimer.

Je hay à mort de sentir au flateur; qui faict que je me jette naturellement à un parler sec, rond et cru qui tire, à qui ne me cognoit d'ailleurs, un peu vers le dedaigneux. *(c)* J'honnore le plus ceux que j'honnore le moins; et, où mon ame marche d'une grande allegresse, j'oublie les pas de la contenance. *(b)* Et m'offre maigrement et fierement à ceux à qui je suis. *(c)* Et me presente moins à qui je me suis le plus donné[1]: *(b)* il me semble qu'ils le doivent lire en mon cœur, et que l'expression de mes paroles fait tort à ma conception.

(c) A bienvenner, à prendre congé, à remercier, à saluër à presenter mon service, et tels complimens verbeux ès loix ceremonieuses de nostre civilité, je ne cognois personne si sottement sterile de langage que moy.

Et n'ay jamais esté employé à faire des lettres de faveur et recommandation, que celuy pour qui c'estoit n'aye trouvées seches et lasches.

(b) Ce sont grands imprimeurs de lettres que les Italiens. J'en ay, ce crois-je, cent divers volumes; celles de Annibale Caro me semblent les meilleures[2]. Si tout le papier que j'ay autrefois barbouillé pour les dames estoit en nature, lors que ma main estoit veritablement emportée par ma passion, il s'en trouveroit à l'adventure quelque page digne d'estre communiquée à la jeunesse oysive, embabouinée de cette fureur. J'escris mes lettres tousjours en poste, et si precipiteusement, que, quoy que je peigne insupportablement mal, j'ayme mieux escrire de ma main que d'y en employer un'autre, car je n'en trouve poinct qui me puisse suyvre, et ne les transcris jamais. J'ay accoustumé les grands qui me connoissent, à y supporter des litures et des trasseures, et un papier sans plieure et sans marge. Celles qui me coustent le plus sont celles qui valent le moins; depuis que je les traine, c'est signe que je n'y suis pas. Je commence volontiers sans project; le premier traict produict le second. Les lettres de ce temps sont plus en bordures et prefaces, qu'en matiere. Comme j'ayme mieux composer deux lettres que d'en clorre et plier une, et resigne tousjours cette commission à quelque autre: de mesme, quand la matiere est achevée, je donrois volontiers à quelqu'un la charge d'y adjouster ces longues harengues, offres et prieres que

nous logeons sur la fin, et desire que quelque nouvel usage nous en descharge; comme aussi de les inscrire d'une legende de qualitez et tiltres, pour ausquels ne broncher, j'ay maintesfois laissé d'escrire, et notamment à gens de justice et de finance. Tant d'innovations d'offices, une si difficile dispensation et ordonnance de divers noms d'honneur, lesquels, estant si cherement acheptez, ne peuvent estre eschangez ou oubliez sans offence. Je trouve pareillement de mauvaise grace d'en charger le front et inscription des livres que nous faisons imprimer[1].

CHAPITRE XLI

DE NE COMMUNIQUER SA GLOIRE

(a) DE toutes les resveries du monde, la plus receuë et plus universelle est le soing de la reputation et de la gloire, que nous espousons jusques à quitter les richesses, le repos, la vie et la santé, qui sont biens effectuels et substantiaux, pour suyvre cette vaine image et cette simple voix qui n'a ny corps ny prise :

> *La fama, ch'invaghisce a un dolce suono*
> *Gli superbi mortali, et par si bella,*
> *E un echo, un sogno, anzi d'un sogno un ombra*
> *Ch' ad ogni vento si dilegua et sgombra*[2].

Et, des humeurs des-raisonnables des hommes, il semble que les philosophes mesmes se défacent plus tard et plus envis de ceste-cy que de nulle autre.

(b) C'est la plus revesche et opiniastre : *(c)* « *Quia etiam bene proficientes animos tentare non cessat*[3]. » *(b)* Il n'en est guiere de laquelle la raison accuse si clairement la vanité, mais elle a ses racines si vifves en nous, que je ne sçay si jamais aucun s'en est peu nettement descharger. Après que vous avez tout dict et tout creu pour la desadvouer, elle produict contre vostre discours une inclination si intestine que vous avez peu que tenir à l'encontre.

(a) Car, comme dit Cicero[4], ceux mesmes qui la combatent, encores veulent-ils que les livres qu'ils en escrivent, portent au front leur nom, et se veulent rendre

glorieux de ce qu'ils ont mesprisé la gloire. Toutes autres
choses tombent en commerce; nous prestons nos biens
et nos vies au besoin de nos amis; mais de communiquer
son honneur et d'estrener autruy de sa gloire, il ne se voit
guieres. Catulus Luctatius, en la guerre contre les Cym-
bres, ayant faict tous ses efforts d'arrester ses soldats qui
fuyoient devant les ennemis, se mit luy-mesmes entre les
fuyards, et contrefit le coüard, affin qu'ils semblassent
plustost suivre leur capitaine que fuyr l'ennemy[1]: c'estoit
abandonner sa reputation pour couvrir la honte d'autruy.
Quand l'Empereur Charles cinquiesme passa en Provence, l'an mil cinq cens trente sept[2], on tient que
Anthoine de Lève, voyant son maistre resolu de ce
voiage et l'estimant luy estre merveilleusement glorieux,
opinoit toutefois le contraire et le desconseilloit, à cette
fin que toute la gloire et honneur de ce conseil en fut
attribué à son maistre, et qu'il fut dict son bon advis et
sa prevoiance avoir esté telle que, contre l'opinion de
tous, il eust mis à fin une si belle entreprinse; qui estoit
l'honnorer à ses despens. Les Ambassadeurs Thraciens,
consolans Archileonide, mere de Brasidas, de la mort de
son fils, et le haut-louans jusques à dire qu'il n'avoit
point laissé son pareil, elle refusa cette louange privée et
particuliere pour la rendre au public: « Ne me dites pas
cela, fit-elle, je sçay que la ville de Sparte a plusieurs
citoyens plus grands et plus vaillans qu'il n'estoit[3]. » En la
bataille de Crecy, le Prince de Gales, encores fort jeune,
avoit l'avant-garde à conduire. Le principal effort du
rencontre fust en cet endroit. Les seigneurs qui l'accompagnoient, se trouvans en dur party d'armes, mandarent
au Roy Edoüard de s'approcher pour les secourir. Il
s'enquit de l'estat de son fils, et, luy ayant esté respondu
qu'il estoit vivant et à cheval: « Je luy ferois, dit-il, tort
de luy aller maintenant desrober l'honneur de la victoire
de ce combat qu'il a si long temps soustenu; quelque
hazard qu'il y ait, elle sera toute sienne. » Et n'y voulut
aller ny envoier, sçachant, s'il y fust allé, qu'on eust dict
que tout estoit perdu sans son secours, et qu'on luy eust
attribué l'advantage de cet exploit[4]: *(c)* « *semper enim
quod postremum adjectum est, id rem totam videtur traxisse*[5]. »

(b) Plusieurs estimoyent à Romme, et se disoit communément, que les principaux beaux-faits de Scipion
estoyent en partie deus à Lælius, qui toutesfois alla tous-

jours promouvant et secondant la grandeur et gloire de
Scipion, sans aucun soing de la sienne. Et Theopompus,
Roy de Sparte, à celuy qui luy disoit que la chose publique
demeuroit sur ses pieds, pour autant qu'il sçavoit bien
commander: « C'est plustost, dict-il, parce que le peuple
sçait bien obeyr[1]. »

(c) Comme les femmes qui succedoient aux pairies
avoient, nonobstant leur sexe, droit d'assister et opiner
aux causes qui appartiennent à la jurisdiction des pairs,
aussi les pairs ecclesiastiques, nonobstant leur profession,
estoient tenus d'assister nos Roys en leurs guerres, non
seulement de leurs amis et serviteurs, mais de leur personne aussi. L'Evesque de Beauvais, se trouvant avec
Philippe Auguste en la bataille de Bouvines, participoit
bien fort courageusement à l'effect; mais il luy sembloit ne
devoir toucher au fruict et gloire de cet exercice sanglant
et violent. Il mena, de sa main, plusieurs des ennemis à
raison ce jour-là; et les donnoit au premier gentil-
homme qu'il trouvoit, à esgosiller ou prendre prisonniers; luy en resignant toute l'execution; et le fict ainsin
de Guillaume Comte de Salsberi à messire Jean de Nesle.
D'une pareille subtilité de conscience à cett'autre: il vouloit bien assommer, mais non pas blesser, et pourtant ne
combattoit que de masse[2]. Quelcun, en mes jours, estant
reproché par le Roy d'avoir mis les mains sur un prestre,
le nioit fort et ferme: c'estoit qu'il l'avoit battu et foulé
aux pieds.

CHAPITRE XLII

DE L'INEQUALITÉ QUI EST ENTRE NOUS

(a) PLUTARQUE dit en quelque lieu[3] qu'il ne trouve
point si grande distance de beste à beste,
comme il trouve d'homme à homme. Il parle de la suffisance de l'ame et qualitez internes[4]. A la verité, je trouve
si loing d'Epaminundas, comme je l'imagine, jusques à
tel que je connois, je dy capable de sens commun, que
j'encherirois volontiers sur Plutarque; et dirois qu'il y a
plus de distance de tel à tel homme qu'il n'y a de tel
homme à telle beste[5]:

(c) hem vir viro quid præstat[6];

et qu'il y a autant de degrez d'esprits qu'il y a d'icy au ciel de brasses, et autant innumerables.

(a) Mais, à propos de l'estimation des hommes, c'est merveille que, sauf nous, aucune chose ne s'estime que par ses propres qualitez. Nul loüons un cheval de ce qu'il est vigoureux et adroit,

(b) volucrem

Sic laudamus equum, facili cui plurima palma
Fervet, et exultat rauco victoria circo[1],

(a) non de son harnois; un levrier de sa vitesse, non de son colier; un oyseau de son aile, non de ses longes et sonettes[2]. Pourquoy de mesmes n'estimons nous un homme par ce qui est sien? Il a un grand train, un beau palais, tant de credit, tant de rente: tout cela est autour de luy, non en luy. Vous n'achetez pas un chat en poche, Si vous marchandez un cheval, vous lui ostez ses bardes. vous le voyez nud et à descouvert; ou, s'il est couvert, comme on les presentoit anciennement aux Princes à vandre, c'est par les parties moins necessaires, afin que vous ne vous amusez pas à la beauté de son poil ou largeur de sa croupe, et que vous vous arrestez principalement à considerer les jambes, les yeux et le pied, qui sont les membres les plus utiles.

Regibus hic mos est: ubi equos mercantur, opertos
Inspiciunt, ne, si facies, ut sæpe, decora
Molli fulta pede est, emptorem inducat hiantem,
Quod pulchræ clunes, breve quod caput, ardua cervix[3].

Pourquoy, estimant un homme, l'estimez vous tout enveloppé et empaqueté? Il ne nous faict montre que des parties qui ne sont aucunement siennes, et nous cache celles par lesquelles seules on peut vrayement juger de son estimation. C'est le pris de l'espée que vous cherchez, non de la guaine: vous n'en donnerez à l'adventure pas un quatrain, si vous l'avez despouillé. Il le faut juger par luy mesme, non par ses atours. Et, comme dit très-plaisamment un ancien: « Sçavez vous pourquoy vous l'estimez grand? Vous y comptez la hauteur de ses patins. » La base n'est pas de la statue. Mesurez le sans ses eschaces; qu'il mette à part ses richesses et honneurs, qu'il se presente en chemise. A il le corps propre à ses functions, sain et allegre? Quelle ame a il? est elle belle, capable et

heureusement pourveue de toutes ses pieces? Est elle
riche du sien, ou de l'autruy? la fortune n'y a elle que
voir? Si, les yeux ouverts, elle attend les espées traites;
s'il ne luy chaut par où luy sorte la vie, par la bouche ou
par le gosier; si elle est rassise, equable et contente: c'est
ce qu'il faut veoir, et juger par là les extremes differences
qui sont entre nous. Est-il

> *sapiens, sibique imperiosus,*
> *Quem neque pauperies, neque mors, neque vincula terrent,*
> *Responsare cupidinibus, contemnere honores*
> *Fortis, et in seipso totus teres atque rotundus,*
> *Externi ne quid valeat per læve morari,*
> *In quem manca ruit semper fortuna[1]?*

un tel homme est cinq cens brasses au-dessus des Royaumes et des duchez: il est luy mesmes à soy son empire.

> *(c) Sapiens pol ipse fingit fortunam sibi[2].*

(a) Que luy reste il à desirer?

> *Nonne videmus*
> *Nil aliud sibi naturam latrare, nisi ut quoi*
> *Corpore sejunctus dolor absit, mente fruatur,*
> *Jucundo sensu cura semotus metúque[3]?*

Comparez luy la tourbe de nos hommes[4], stupide, basse,
servile, instable et continuellement flotante en l'orage des
passions diverses qui la poussent et repoussent, pendant
toute d'autruy; il y a plus d'esloignement que du Ciel à
la terre; et toutefois l'aveuglement de nostre usage est
tel, que nous en faisons peu ou point d'estat, là où, si
nous considerons un paisan et un Roy, *(c)* un noble et un
villain, un magistrat et un homme privé, un riche et un
pauvre, *(a)* il se presente soudain à nos yeux un' extreme
disparité, qui ne sont differents par maniere de dire qu'en
leurs chausses.

(c) En Thrace, le Roy estoit distingué de son peuple
d'une plaisante manière, et bien r'encherie. Il avoit une
religion à part, un Dieu tout à luy qu'il n'appartenoit à
ses subjects d'adorer: c'estoit Mercure; et luy dédaignoit
les leurs, Mars, Bacchus, Diane[5].

Ce ne sont pourtant que peintures, qui ne font aucune
dissemblance essentielle.

(a) Car, comme les joueurs de comedie, vous les voyez

sur l'eschaffaut faire une mine de Duc et d'Empereur;
mais, tantoſt après, les voylà devenuz valets et crocheteurs miserables, qui eſt leur nayfve et originelle condition: aussi l'Empereur, duquel la pompe vous esblouit
en public,

> *(b) Scilicet et grandes viridi cum luce smaragdi*
> *Auro includuntur, teritúrque Thalassima veſtis*
> *Assiduè, et Veneris sudorem exercita potat[1],*

(a) voyez le derriere le rideau, ce n'eſt rien qu'un homme
commun, et, à l'adventure, plus vil que le moindre de
ses subjeĉts. *(c)* « *Ille beatus introrsum eſt. Iſtius braĉteata*
felicitas eſt[2]. »

   (a) La coüardise, l'irresolution, l'ambition, le despit
et l'envie l'agitent comme un autre:

> *Non enim gazæ neque consularis*
> *Summovet liĉtor miseros tumultus*
> *Mentis et curas laqueata circum*
>   *Teĉta volantes[3];*

(b) et le soing et la crainte le tiennent à la gorge au milieu
de ses armées,

> *Re veràque metus hominum, curæque sequaces,*
> *Nec metuunt sonitus armorum, nec fera tela;*
> *Audaĉtérque inter reges, rerúmque potentes*
> *Versantur, neque fulgorem reverentur ab auro[4].*

   (a) La fiebvre, la migraine et la goutte l'espargnent elles
non plus que nous? Quand la vieillesse luy sera sur les
espaules, les archiers de sa garde l'en deschargeront ils?
Quand la frayeur de la mort le transira, se r'asseurera il
par l'assiſtance des gentils hommes de sa chambre?
Quand il sera en jalousie et caprice, nos bonnettades le
remettront elles? Ce ciel de liĉt, tout enflé d'or et de perles, n'a aucune vertu à rappaiser les tranchées d'une verte
coliq̇ue:

> *Nec calidæ citius decedunt corpore febres,*
> *Textilibus si in piĉturis oſtróque rubenti*
> *Jaĉteris, quam si plebeia in veſte cubandum eſt[5].*

   Les flateurs du grand Alexandre luy faisoyent à croire
qu'il eſtoit fils de Jupiter. Un jour, eſtant blessé, regardant escouler le sang de sa plaie: « Et bien, qu'en dites-

vous? fit-il. Est-ce pas icy un sang vermeil et purement
humain? Il n'est pas de la trampe de celuy que Homere
fait escouler de la playe des dieux[1]. » Hermodorus, le
poëte, avoit fait des vers en l'honneur d'Antigonus, où
il l'appelloit fils du Soleil; et luy au contraire: « Celuy,
dit-il, qui vuide ma chaize percée sçait bien qu'il n'en est
rien[2]. » C'est un homme, pour tous potages[3]; et si, de soy-
mesmes, c'est un homme mal né, l'empire de l'univers ne
le sçauroit rabiller:

> *(b)*   *puellæ*
> *Hunc rapiant; quicquid calcaverit hic, rosa fiat*[4],

quoy pour cela, si c'est une ame grossiere et stupide? La
volupté mesme et le bon heur ne se perçoivent point
sans vigueur et sans esprit:

> *hæc perinde sunt, ut illius animus qui ea possidet,*
> *Qui uti scit, ei bona; illi qui non utitur rectè, mala*[5].

(a) Les biens de la fortune, tous tels qu'ils sont, encores
faut il avoir du sentiment pour les savourer. C'est le
jouïr, non le posseder, qui nous rend heureux:

> *Non domus et fundus, non æris acervus et auri*
> *Ægroto domini deduxit corpore febres,*
> *Non animo curas: valeat possessor oportet,*
> *Qui comportatis rebus benè cogitat uti.*
> *Qui cupit aut metuit, juvat illum sic domus aut res,*
> *Ut lippum pictæ tabulæ, fomenta podagram*[6].

Il est un sot, son goust est mousse et hebeté; il n'en jouit
non plus qu'un morfondu de la douceur du vin Grec, ou
qu'un cheval de la richesse du harnois duquel on l'a paré;
(c) tout ainsi, comme Platon dict[7], que la santé, la beauté,
la force, les richesses, et tout ce qui s'appelle bien, est
egalement mal à l'injuste comme bien au juste, et le mal
au rebours.

(a) Et puis, où le corps et l'esprit sont en mauvais estat,
à quoy faire ces commoditez externes? veu que la moindre
picqueure d'espingle et passion de l'ame est suffisante à
nous oster le plaisir de la monarchie du monde. A la premiere strette que luy donne la goutte, *(b)* il a beau estre
Sire et Majesté,

> *Totus et argento conflatus totus et auro*[8],

(a) perd il pas le souvenir de ses palais et de ses grandeurs? S'il eſt en colere, sa principauté le garde elle de rougir, de paslir, de grincer les dents, comme un fol? Or, si c'eſt un habile homme et bien né, la royauté adjoute peu[1] à son bon'heur:

> Si ventri bene, si lateri eſt pedibúsque tuis, nil
> Divitiæ poterunt regales addere majus[2];

il voit que ce n'eſt que biffe et piperie. Oui, à l'adventure il sera de l'advis du Roy Seleucus, que, qui sçauroit le poix d'un sceptre, ne daigneroit l'amasser, quand il le trouveroit à terre[3]; il le disoit pour les grandes et penibles charges qui touchent un bon Roy. Certes, ce n'eſt pas peu de chose que d'avoir à regler autruy, puis qu'à regler nous mesmes il se presente tant de difficultez. Quant au commander, qui semble eſtre si doux, considerant l'imbecillité du jugement humain et la difficulté du chois és choses nouvelles et doubteuses, je suis fort de cet advis, qu'il eſt bien plus aisé et plus plaisant de suivre que de guider, et que c'eſt un grand sejour d'esprit de n'avoir à tenir qu'une voie tracée et à respondre que de soy:

> *(b)* Ut satiús multo jam sit parere quietum,
> Quam regere imperio res velle[4].

Joint que Cyrus disoit qu'il n'appartenoit de commander à homme qui ne vaille mieux que ceux à qui il commande[5].

(a) Mais le Roy Hieron, en Xenophon[6], dict davantage: qu'en la jouyssance des voluptez mesmes, ils sont de pire condition que les privez, d'autant que l'aysance et la facilité leur oſte l'aigre-douce pointe que nous y trouvons.

> *(b)* Pinguis amor nimiumque potens, in tædia nobis
> Vertitur, et ſtomacho dulcis ut esca nocet[7].

(a) Pensons nous que les enfans de cœur prennent grand plaisir à la musique? la sacieté la leur rend pluſtoſt ennuyeuse. Les feſtins, les danses, les masquarades, les tournois, rejouyssent ceux qui ne les voyent pas souvent et qui ont desiré de les voir; mais, à qui en faict ordinaire, le gouſt en devient fade et mal plaisant; ny les dames ne chatouillent celuy qui en joyt à cœur saoul. Qui ne se donne loisir d'avoir soif, ne sçauroit prendre plaisir

à boire. Les farces des bateleurs nous res-jouissent, mais, aux joüeurs, elles servent de corvée. Et qu'il soit ainsi, ce sont delices aux Princes, c'est leur feste, de se pouvoir quelque fois travestir et démettre à la façon de vivre basse et populaire,

> *Plerumque gratæ principibus vices,*
> *Mundæque parvo sub lare pauperum*
> *Cenæ, sine aulæis et ostro,*
> *Solicitam explicuere frontem*[1].

(c) Il n'est rien si empeschant, si desgouté que l'abondance. Quel appetit ne se rebuteroit à voir trois cens femmes à sa merci, comme les a le grand seigneur en son serrail[2]? Et quel appetit et visage de chasse s'estoit reservé celuy de ses ancestres qui n'alloit jamais aux champs à moins de sept mille fauconniers[3]?

(a) Et, outre cela, je croy que ce lustre de grandeur apporte non legieres incommoditez à la jouyssance des plaisirs plus doux: ils sont trop esclairez et trop en butte.

(b) Et, je ne sçay comment, on requiert plus d'eux de cacher et couvrir leur faute. Car ce qui est à nous indiscretion, à eux le peuple juge que ce soit tyrannie, mespris et desdain des loix; et, outre l'inclination au vice, il semble qu'ils y adjoustent encore le plaisir de gourmander et sousmettre à leurs pieds les observances publiques. *(c)* De vray, Platon, en son *Gorgias*[4], definit tyran celuy qui a licence en une cité de faire tout ce qui luy plaist. *(b)* Et souvent, à cette cause, la montre et publication de leur vice blesse plus que le vice mesme. Chacun craint à estre espié et contrerollé: ils le sont jusques à leurs contenances et à leurs pensées, tout le peuple estimant avoir droict et interest d'en juger; outre ce que les taches s'agrandissent selon l'eminence et clarté du lieu où elles sont assises, et qu'un seing et une verrue au front paroissent plus que ne faict ailleurs une balafre[5].

(a) Voylà pourquoy les poëtes feignent les amours de Jupiter conduites soubs autre visage que le sien; et, de tant de practiques amoureuses qu'ils luy attribuent, il n'en est qu'une seule, ce me semble, où il se trouve en sa grandeur et Majesté.

Mais revenons à Hyeron. Il recite[6] aussi combien il sent d'incommoditez en sa royauté, pour ne pouvoir aller et voyager en liberté, estant comme prisonnier dans les

limites de son païs; et qu'en toutes ses actions il se trouve
enveloppé d'une facheuse presse. De vray, à voir les
nostres tous seuls à table, assiegez de tant de parleurs et
regardans inconnuz, j'en ay eu souvent plus de pitié que
d'envie.

(b) Le Roy Alphonse disoit que les asnes estoyent en
cela de meilleure condition que les Roys: leurs maistres
les laissent paistre à leur aise, là où les Roys ne peuvent
pas obtenir cela de leurs serviteurs.

(a) Et ne m'est jamais tombé en fantasie que ce fut
quelque notable commodité à la vie d'un homme d'entendement, d'avoir une vingtaine de contrerolleurs à sa
chaise percée; ny que les services d'un homme qui a dix
mille livres de rente, ou qui a pris Casal[1], ou defendu
Siene[2], luy soyent plus commodes et acceptables que d'un
bon valet et bien experimenté.

(b) Les avantages principesques sont quasi avantages
imaginaires. Chaque degré de fortune a quelque image de
principauté. Cæsar[3] appelle Roytelets tous les Seigneurs
ayant justice en France de son temps. De vray, sauf le
nom de Sire, on va bien avant avec nos Roys. Et voyez
aux Provinces esloignées de la Cour, nommons Bretaigne pour exemple, le train, les subjects, les officiers,
les occupations, le service et cerimonie d'un Seigneur
retiré et casanier, nourry entre ses valets; et voyez aussi
le vol de son imagination; il n'est rien plus Royal; il oyt
parler de son maistre une fois l'an, comme du Roy de
Perse, et ne le recognoit que par quelque vieux cousinage
que son secretaire tient en registre. A la verité, nos loix
sont libres assez, et le pois de la souveraineté ne touche
un gentilhomme François à peine deux fois en sa vie. La
subjection essentielle et effectuelle ne regarde d'entre nous
que ceux qui s'y convient et qui ayment à s'honnorer et
enrichir par tel service; car qui se veut tapir en son foyer,
et sçait conduire sa maison sans querelle et sans procès,
il est aussi libre que le Duc de Venise: (c) « Paucos servitus,
plures servitutem tenent[4]. »

(a) Mais sur tout Hieron faict cas dequoy il se voit
privé de toute amitié et société mutuelle, en laquelle consiste le plus parfait et doux fruict de la vie humaine. Car
quel tesmoignage d'affection et de bonne volonté puis-je
tirer de celuy qui me doit, veuille-il ou non, tout ce qu'il
peut? Puis-je faire estat de son humble parler et courtoise

reverence, veu qu'il n'est pas en luy de me la refuser?
L'honneur que nous recevons de ceux qui nous craignent, ce n'est pas honneur; ces respects se doivent à la
royauté, non à moy:

> *(b) maximum hoc regni bonum est,*
> *Quod facta domini cogitur populus sui*
> *Quam ferre tam laudare[1].*

(a) Vois-je pas que le meschant, le bon Roy, celuy qu'on
haït, celuy qu'on ayme, autant en a l'un que l'autre; de
mesmes apparences, de mesme cerimonie estoit servy
mon predecesseur, et le sera mon successeur. Si mes subjects ne m'offencent pas, ce n'est tesmoignage d'aucune
bonne affection: pourquoy le prendray-je en cette part-là,
puis qu'ils ne pourroient quand ils voudroient? Nul ne
me suit pour l'amitié qui soit entre luy et moy, car il ne
s'y sçauroit coudre amitié où il y a si peu de relation et de
correspondance. Ma hauteur m'a mis hors du commerce
des hommes: il y a trop de disparité et de disproportion.
Ils me suivent par contenance et par coustume ou, plus
tost que moy, ma fortune, pour en accroistre la leur. Tout
ce qu'ils me dient et font, ce n'est que fard. Leur liberté
estant bridée de toutes pars par la grande puissance que
j'ay sur eux, je ne voy rien autour de moy, que couvert
et masqué.

Ses courtisans loüoient un jour Julien l'Empereur de
faire bonne justice: « Je m'en orgueillirois volontiers,
dict-il, de ces loüanges, si elles venoient de personnes qui
ozassent accuser ou mesloüer mes actions contraires,
quand elles y seroient[2]. »

(b) Toutes les vraies commoditez qu'ont les Princes
leur sont communes avec les hommes de moyenne
fortune (c'est à faire aux Dieux de monter des chevaux ais-
lez et se paistre d'Ambrosie); ils n'ont point d'autre sommeil et d'autre appetit que le nostre; leur acier n'est pas
de meilleure trempe que celui dequoy nous nous armons;
leur couronne ne les couvre ny du soleil, ny de la pluie.
Diocletian, qui en portoit une si reverée et si fortunée, la
resigna pour se retirer au plaisir d'une vie privée; et,
quelque temps après, la necessité des affaires publiques
requerant qu'il revint en prendre la charge, il respondit
à ceux qui l'en prioient: « Vous n'entreprendriez pas de
me persuader cela, si vous aviez veu le bel ordre des

arbres que j'ay moymesme planté chez moy, et les beaux melons que j'y ay semez[1]. »

A l'advis d'Anarcharsis, le plus heureux estat d'une police seroit où, toutes autres choses estant esgales, la precedence se mesureroit à la vertu, et le rebut au vicé[2].

(a) Quand le Roy Pyrrhus entreprenoit de passer en Italie, Cyneas, son sage conseiller, luy voulant faire sentir la vanité de son ambition: « Et bien! Sire, luy demanda-il, à quelle fin dressez vous cette grande entreprinse? — Pour me faire maistre de l'Italie, respondit-il soudain. — Et puis, suyvit Cyneas, cela faict? — Je passeray, dict l'autre, en Gaule et en Espaigne. — Et après? — Je m'en iray subjuguer l'Afrique; et en fin, quand j'auray mis le monde en ma subjection, je me reposeray et vivray content et à mon aise. — Pour Dieu, Sire, rechargea lors Cyneas, dictes moy à quoy il tient que vous ne soyez dès à présent, si vous voulez, en cet estat? pourquoy ne vous logez vous, dès cette heure, où vous dictes aspirer, et vous espargnez tant de travail et de hazard que vous jettez entre deux[3]? »

> *Nimirum quia non bene norat quæ esset habendi*
> *Finis, et omnino quoad crescat vera voluptas[4].*

Je m'en vais clorre ce pas par ce verset ancien que je trouve singulierement beau à ce propos: « *Mores cuique sui fingunt fortunam[5].* »

CHAPITRE XLIII

DES LOIX SOMPTUAIRES

(a) La façon dequoy nos loix[6] essayent à regler les foles et vaines despences des tables et vestemens semble estre contraire à sa fin. Le vray moyen, ce seroit d'engendrer aux hommes le mespris de l'or et de la soye, comme de choses vaines et inutiles; et nous leur augmentons l'honneur et le prix, qui est une bien inepte façon pour en dégouster les hommes; car dire ainsi qu'il n'y aura que les Princes *(c)* qui mangent du turbot et *(b)* qui puissent porter du velours et de la tresse d'or, et l'interdire au peuple, qu'est-ce autre chose que mettre en

credit ces choses là, et faire croiſtre l'envie à chacun d'en user ? Que les Roys quittent hardiment ces marques de grandeur, ils en ont assez d'autres ; tels excez sont plus excusables à tout autre qu'à un prince. Par l'exemple de plusieurs nations, nous pouvons apprendre assez de meilleures façons de nous diſtinguer exterieurement et nos degrez (ce que j'eſtime à la verité eſtre bien requis en un eſtat), sans nourrir pour cet effeᶜt cette corruption et incommodité si apparente. C'eſt merveille comme la couſtume, en ces choses indifferentes, plante aisément et soudain le pied de son authorité. A peine fusmes nous un an, pour le deuil du Roy Henry second, à porter du drap à la cour, il eſt certain que desjà, à l'opinion d'un chacun, les soyes eſtoient venuës à telle vilité que, si vous en voyez quelqu'un veſtu, vous en faisiez incontinent quelque homme de ville[1]. Elles eſtoient demeurées en partage aux medecins et aux chirurgiens ; et, quoy qu'un chacun fuſt à peu près veſtu de mesme, si y avoit-il d'ailleurs assez de diſtinᶜtions apparentes des qualitez des hommes.

(b) Combien soudainement viennent en honneur parmy nos armées les pourpoins crasseux de chamois et de toile ; et la pollisseure et richesse des veſtements, à reproche et à mespris !

(a) Que les Rois commencent à quitter ces despences, ce sera faiᶜt en un mois, sans ediᶜt et sans ordonnance ; nous irons tous après. La Loy devroit dire, au rebours, que le cramoisy et l'orfeverie eſt defenduë à toute espece de gens, sauf aux baſteleurs et aux courtisanes. De pareille invention corrigea Zeleucus les meurs corrompuës des Locriens[2]. Ses ordonnances eſtoient telles : que la femme de condition libre ne puisse mener après elle plus d'une chambriere, sinon lors qu'elle sera yvre ; ny ne puisse sortir hors de la ville de nuiᶜt ; ny porter joyaux d'or à l'entour de sa personne, ny robbe enrichie de broderie, si elle n'eſt publique et putain ; que, sauf les ruffiens, à l'homme ne loise porter en son doigt anneau d'or, ny robbe delicate, comme sont celles des draps tissus en la ville de Milet. Et ainsi, par ces exceptions honteuses, il divertissoit ingenieusement ses citoiens des superfluitez et delices pernicieuses.

(b) C'eſtoit une très-utile maniere d'attirer par honneur et ambition les hommes à l'obeissance. Nos Roys

peuvent tout en telles reformations externes; leur inclination y sert de loy. *(c)* « *Quidquid principes faciunt, præ-
cipere videntur*[1]. » *(b)* Le reſte de la France prend pour
regle la regle de la court[2]. Qu'ils se desplaisent de cette
vilaine chaussure qui montre si à descouvert nos membres occultes; ce lourd grossissement de pourpoins, qui
nous faiƈt tous autres que nous ne sommes, si incommode à s'armer; ces longues tresses de poil effeminées;
cet usage de baiser ce que nous presentons à nos compaignons et nos mains en les saluant, ceremonie deuë
autresfois aux seuls Princes; et qu'un gentil-homme se
trouve en lieu de respeƈt, sans espée à son coſté, tout
esbraillé et deſtaché, comme s'il venoit de la garderobbe;
et que, contre la forme de nos peres et la particuliere
liberté de la noblesse de ce Royaume, nous nous tenons
descouverts bien loing autour d'eux, en quelque lieu
qu'ils soient[3], et comme autour d'eux, autour de cent
autres, tant nous avons de tiercelets et quartelets[4] de
Roys; et ainsi d'autres pareilles introduƈtions nouvelles
et vitieuses: elles se verront incontinent esvanouyes et
descriées. Ce sont erreurs superficielles, mais pourtant de
mauvais prognoſtique; et sommes advertis que le massif
se desment, quand nous voyons fendiller l'enduiƈt et la
crouſte de nos parois.

(c) Platon, en ses *Loix*[5], n'eſtime peſte du monde plus
dommageable à sa cité, que de laisser prendre liberté à
la jeunesse de changer en accouſtremens, en geſtes, en
danses, en exercices et en chansons, d'une forme à autre;
remuant son jugement tantoſt en cette assiette, tantoſt en
cette là, courant après les nouvelletez, honorant leurs
inventeurs; par où les mœurs se corrompent, et toutes
anciennes inſtitutions viennent à desdein et à mespris.

En toutes choses, sauf simplement aux mauvaises, la
mutation eſt à craindre: la mutation des saisons, des
vents, des vivres, des humeurs; et nulles loix ne sont en
leur vray credit, que celles ausquelles Dieu a donné quelque ancienne durée; de mode que personne ne sçache
leur naissance, ny qu'elles ayent jamais eſté autres.

CHAPITRE XLIV

DU DORMIR

(a) L A raison nous ordonne bien d'aller tousjours mesme chemin, mais non toutesfois mesme train[1]; et ores que le sage ne doive donner aux passions humaines de se fourvoier de la droicte carriere, il peut bien, sans interest de son devoir, leur quitter aussi, d'en haster ou retarder son pas, et ne se planter comme un Colosse immobile et impassible. Quand la vertu mesme seroit incarnée, je croy que le poux lui battroit plus fort allant à l'assaut qu'allant disner; voire il est necessaire qu'elle s'eschauffe et s'esmeuve. A cette cause, j'ay remarqué pour chose rare de voir quelquefois les grands personnages, aux plus hautes entreprinses et importans affaires, se tenir si entiers en leur assiette, que de n'en accourcir pas seulement leur sommeil.

Alexandre le grand, le jour assigné à cette furieuse bataille contre Darius, dormit si profondement et si haute matinée, que Parmenion fut contraint d'entrer en sa chambre, et, approchant de son lit, l'appeller deux ou trois fois par son nom pour l'esveiller, le temps d'aller au combat le pressant[2].

L'Empereur Othon, ayant resolu de se tuer cette mesme nuit, après avoir mis ordre à ses affaires domestiques, partagé son argent à ses serviteurs et affilé le tranchant d'une espée dequoy il se vouloit donner, n'attendant plus qu'à sçavoir si chacun de ses amis s'estoit retiré en seureté, se print si profondement à dormir, que ses valets de chambre l'entendoient ronfler[3].

La mort de cet Empereur a beaucoup de choses pareilles à celle du grand Caton, et mesmes cecy: car Caton estant prest à se deffaire, cependant qu'il attendoit qu'on luy rapportast nouvelles si les senateurs qu'il faisoit retirer s'estoient eslargis du port d'Utique, se mit si fort à dormir, qu'on l'oyoit souffler de la chambre voisine; et, celuy qu'il avoit envoyé vers le port, l'ayant esveillé pour luy dire que la tourmente empeschoit les senateurs de faire voile à leur aise, il y en renvoya encore un autre, et, se r'enfonçant dans le lict, se remit encore à sommeiller jusques à ce que ce dernier l'asseura de leur partement[1]. Encore avons nous dequoy le comparer au faict d'Alexandre, en ce grand et dangereux orage qui le menassoit par la sedition du Tribun Metellus voulant publier le decret du rappel de Pompeius dans la ville avecques son armée, lors de l'émotion de Catilina; auquel decret Caton seul insistoit, et en avoient eu Metellus et luy de grosses paroles et grands menasses au Senat; mais c'estoit au lendemain, en la place, qu'il falloit venir à l'execution, où Metellus, outre la faveur du peuple et de Cæsar conspirant lors aux advantages de Pompeius, se devoit trouver, accompagné de force esclaves estrangiers et escrimeurs à outrance, et Caton fortifié de sa seule constance; de sorte que ses parens, ses domestiques et beaucoup de gens de bien en estoyent en grand soucy. Et en y eut qui passerent la nuict ensemble sans vouloir reposer, ny boire, ny manger, pour le dangier qu'ils luy voioyent preparé; mesme sa femme et ses sœurs ne faisoyent que pleurer et se tourmenter en sa maison, là où luy au contraire reconfortoit tout le monde; et, après avoir souppé comme de coustume, s'en alla coucher et dormir de fort profond sommeil jusques au matin, que l'un de ses compagnons au Tribunat le vint esveiller pour aller à l'escarmouche. La connoissance que nous avons de la grandeur de courage de cet homme[2] par le reste de sa vie, nous peut faire juger en toute seureté que cecy luy partoit d'un ame si loing eslevée au dessus de tels accidents, qu'il n'en daignoit entrer en cervelle non plus que d'accidens ordinaires[3].

En la bataille navale que Augustus gaigna contre Sextus Pompeius en Sicile, sur le point d'aller au combat, il se trouva pressé d'un si profond sommeil qu'il fausit que ses amis l'esveillassent pour donner le signe de la bataille. Cela donna occasion à M. Antonius de luy reprocher depuis, qu'il n'avoit pas eu le cœur seulement de regarder, les yeux ouverts, l'ordonnance de son armée, et de n'avoir osé se presenter aux soldats jusques à ce qu'Agrippa luy vint annoncer la nouvelle de la victoire qu'il avoit eu sur ses ennemis[4]. Mais quant au jeune Marius, qui fit encore pis (car le jour de sa derniere journée contre Sylla, après avoir ordonné son armée et donné le mot et signe de la bataille, il se coucha dessoubs un arbre à l'ombre pour se reposer, et s'endormit si serré qu'à peine se peut il esveiller de la route et fuitte de ses gens, n'ayant rien veu du combat), ils disent que ce fut pour estre si extremement aggravé de travail[1] et de faute de dormir, que nature n'en pouvoit plus. Et, à ce propos, les medecins adviseront si le dormir est si necessaire, que nostre vie en depende; car nous trouvons bien[2] qu'on fit mourir le Roy Perseus de Macedoine prisonnier à Rome, luy empeschant le sommeil; mais Pline en allegue[3] qui ont vescu long temps sans dormir.

(c) Chez Herodote[4], il y a des nations ausquelles les hommes dorment et veillent par demy années.

Et ceux qui escrivent la vie du sage Epimenides, disent[5] qu'il dormit cinquante sept ans de suite.

CHAPITRE XLV

DE LA BATAILLE DE DREUX

(a) IL y eut tout plein de rares accidens en nostre bataille de Dreux[6], mais ceux qui ne favorisent pas fort la reputation de monsieur de Guise, mettent volontiers en avant qu'il ne se peut excuser d'avoir faict alte et temporisé, avec les forces qu'il commandoit, cependant qu'on enfonçoit monsieur le Connestable, chef de l'armée, avecques l'artillerie, et qu'il valoit mieux se hazarder, prenant l'ennemy par flanc, qu'attendant l'advantage de le voir en queuë, souffrir une si lourde perte; mais outre ce que l'issuë en tesmoigna, qui en debattra sans passion me confessera aisément, à mon advis, que le but et la visée, non seulement d'un capitaine, mais de chaque soldat, doit regarder la victoire en gros, et que nulles occurrences particulieres, quelque interest qu'il y ayt, ne le doivent divertir de ce point là.

Philopœmen, en une rencontre contre Machanidas, ayant envoyé devant, pour attaquer l'escarmouche, bonne trouppe d'archers et gens de traict, et l'ennemy, après les avoir renversez, s'amusant à les poursuivre à toute bride et coulant après sa victoire le long de la bataille où estoit Philopœmen, quoy que ses soldats s'en émeussent, il ne fut d'advis de bouger de sa place, ny de se presenter à l'ennemy pour secourir ses gens; ains, les

ayant laissé chasser et mettre en pieces à sa veue, commença la charge sur les ennemis au bataillon de leurs gens
de pied, lors qu'il les vit tout à fait abandonnez de leurs
gens de cheval; et, bien que ce fussent Lacedemoniens,
d'autant qu'il les prit à heure que, pour tenir tout gaigné,
ils commençoient à se desordonner, il en vint aisément à
bout, et, cela fait, se mit à poursuivre Machanidas[1]. Ce
cas est germain à celuy de Monsieur de Guise.

(b) En cette aspre bataille d'Agesilaus contre les Bœotiens, que Xenophon, qui y estoit, dict estre la plus rude
qu'il eust onques veu, Agesilaus refusa l'avantage que
fortune luy presentoit, de laisser passer le bataillon des
Bœotiens et les charger en queue, quelque certaine victoire qu'il en previst, estimant qu'il y avoit plus d'art que
de vaillance; et, pour montrer sa proësse, d'une merveilleuse ardeur de courage, choisit plustost de leur donner
en teste; mais aussi y fut-il bien battu et blessé, et contraint en fin de se demesler et prendre le party qu'il avoit
refusé au commencement, faisant ouvrir ses gens pour
donner passage à ce torrent de Bœotiens; puis, quand ils
furent passez, prenant garde qu'ils marcheoyent en desordre comme ceux qui cuidoient bien estre hors de tout
dangier, il les fit suivre et charger par les flancs; mais
pour cela ne les peut-il tourner en fuite à val de route;
ains se retirerent le petit pas, montrant tousjours les
dens, jusques à ce qu'ils se furent rendus à sauveté[2].

CHAPITRE XLVI

DES NOMS

(a) Q UELQUE diversité d'herbes qu'il y ait, tout s'enveloppe sous le nom de salade. De mesme,
sous la consideration des noms, je m'en voy
faire icy une galimafrée de divers articles.

Chaque nation a quelques noms qui se prennent, je ne
sçay comment, en mauvaise part: à nous Jehan, Guillaume, Benoit.

Item, il semble y avoir en la genealogie des Princes
certains noms fatalement affectez: comme des Ptolomées
à ceux d'Ægypte, de Henris en Angleterre, Charles en

France, Baudoins en Flandres, et en nostre ancienne Aquitaine des Guillaumes, d'où l'on dict[1] que le nom de Guienne est venu: par un froid rencontre, s'il n'en y avoit d'aussi cruds dans Platon mesme[2].

Item, c'est une chose legiere, mais toutefois digne de memoire pour son estrangeté et escripte par tesmoing oculaire, que Henry, Duc de Normandie, fils de Henry second, Roy d'Angleterre, faisant un festin en France, l'assemblée de la noblesse y fut si grande que, pour passe-temps, s'estant divisée en bandes par la ressemblance des noms, en la premiere troupe, qui fut des Guillaumes, il se trouva cent dix Chevaliers assis à table portans ce nom, sans mettre en conte les simples gentils-hommes et servi-teurs[3].

(b) Il est autant plaisant de distribuer les tables par les noms des assistans, comme il estoit à l'Empereur Geta de faire distribuer le service de ses mets par la consideration des premieres lettres du nom des viandes; on ser-voyt celles qui se commençoient par M: mouton, marcassin, merlus, marsoin; ainsi des autres[4].

(a) Item, il se dict qu'il faict bon avoir bon nom, c'est à dire credit et reputation; mais encore, à la verité, est-il commode d'avoir un nom beau et qui aisément se puisse prononcer et retenir, car les Roys et les grands nous en connoissent plus aisément et oublient plus mal volontiers; et, de ceux mesme qui nous servent, nous commandons plus ordinairement et employons ceux desquels les noms se presentent le plus facilement à la langue. J'ay veu le Roy Henry second ne pouvoir jamais nommer à droit un gentil-homme de ce quartier de Gascongne; et, à une fille de la Royne, il luy fut mesme d'advis de donner le nom general de la race, parce que celuy de la maison paternelle luy sembla trop revers.

(c) Et Socrates estime digne du soing paternel de don-ner un beau nom aux enfans.

(a) Item, on dit que la fondation de nostre Dame la grand[5], à Poitiers, prit origine de ce que un jeune homme débauché, logé en cet endroit, ayant recouvré une garce et luy ayant d'arrivée demandé son nom, qui estoit Marie, se sentit si vivement espris de religion et de respect, de ce nom sacrosainct de la Vierge mere de nostre Sauveur, que non seulement il la chassa soudain, mais en amanda tout le reste de sa vie; et qu'en consideration de ce

miracle il fut basti, en la place où estoit la maison de ce
jeune homme, une chapelle au nom de nostre Dame, et,
depuis, l'Eglise que nous y voyons.

(c) Cette correction voyelle et auriculaire, devotieuse,
tira droit à l'ame; cette autre, de mesme genre, s'insinüa
par les sens corporels: Pythagoras, estant en compagnie
de jeunes hommes, lesquels il sentit complotter, eschauffez de la feste, d'aller violer une maison pudique, commanda à la menestriere de changer de ton, et, par une
musique poisante, severe et spondaïque, enchanta tout
doucement leur ardeur et l'endormit.

(a) Item, dira pas la posterité que nostre reformation[1]
d'aujourd'huy ait esté delicate et exacte, de n'avoir pas
seulement combatu les erreurs et les vices, et rempli le
monde de devotion, d'humilité, d'obëissance, de paix et
de toute espece de vertu, mais d'avoir passé jusque à
combatre ces anciens noms de nos baptesmes, Charles,
Loys, François, pour peupler le monde de Mathusalem,
Ezechiel, Malachie, beaucoup mieux sentans de la foy?
Un gentil-homme mien voisin, estimant les commoditez
du vieux temps au pris du nostre, n'oublioit pas de mettre
en conte la fierté et magnificence des noms de la noblesse
de ce temps, Don Grumedan, Quedragan, Agesilan, et
qu'à les ouïr seulement sonner, il se sentoit qu'ils avoyent
esté bien autres gens que Pierre, Guillot et Michel.

Item, je sçay bon gré à Jacques Amiot d'avoir laissé,
dans le cours d'un'oraison Françoise, les noms Latins
tous entiers, sans les bigarrer et changer pour leur donner
une cadence Françoise. Cela sembloit un peu rude au
commencement, mais dès-jà l'usage, par le credit de son
Plutarque, nous en a osté toute l'estrangeté. J'ay souhaité
souvent que ceux qui escrivent les histoires en Latin,
nous laissassent nos noms tous tels qu'ils sont: car, en
faisant de Vaudemont, Vallemontanus, et les metamor-
phosant pour les garber à la Grecque ou à la Romaine,
nous ne sçavons où nous en sommes et en perdons la
connoissance.

Pour clorre nostre conte, c'est un vilain usage, et de
très-mauvaise consequence en nostre France, d'appeller
chacun par le nom de sa terre et Seigneurie, et la chose
du monde qui faict plus mesler et mesconnoistre les races.
Un cabdet de bonne maison, ayant eu pour son appanage
une terre sous le nom de laquelle il a esté connu et honoré,

ne peut honnestement l'abandonner; dix ans après sa mort, la terre s'en va à un estrangier qui en faict de mesmes: devinez où nous sommes de la connoissance de ces hommes. Il ne faut pas aller querir d'autres exemples que de nostre maison Royalle, où autant de partages, autant de surnoms; cependant l'originel de la tige nous est eschappé.

(b) Il y a tant de liberté en ces mutations que, de mon temps, je n'ay veu personne, eslevé par la fortune à quelque grandeur extraordinaire, à qui on n'ait attaché incontinent des titres genealogiques nouveaux et ignorez à son pere, et qu'on n'ait anté en quelque illustre tige. Et, de bonne fortune, les plus obscures familles sont plus idoynes à falsification. Combien avons nous de gentils-hommes en France, qui sont de Royalle race selon leurs comptes? Plus, ce croys-je, que d'autres. Fut-il pas dict de bonne grace par un de mes amys? Ils estoyent plusieurs assemblez pour la querelle d'un Seigneur contre un autre, lequel autre avoit à la verité quelque prerogative de titres et d'alliances, eslevées au-dessus de la commune noblesse. Sur le propos de cette prerogative chacun, cherchant à s'esgaler à luy, alleguoit, qui un'origine, qui un'autre, qui la ressemblance du nom, qui des armes, qui une vieille pancarte domestique; et le moindre se trouvoit arriere fils de quelque Roy d'outremer[1].

Comme ce fut à disner, cettuy cy[2], au lieu de prendre sa place, se recula en profondes reverences, suppliant l'assistance de l'excuser de ce que, par temerité, il avoit jusques lors vescu avec eux en compaignon: mais, qu'ayant esté nouvellement informé de leurs vieilles qualitez, il commençoit à les honnorer selon leurs degrez, et qu'il ne luy appartenoit pas de se soir parmy tant de Princes. Après sa farce, il leur dict mille injures: « Contentez vous, de par Dieu, de ce *(c)* dequoy nos peres se sont contentez, et de ce *(b)* que nous sommes; nous sommes assez, si nous le sçavons bien maintenir; ne desadvouons pas la fortune et condition de nos ayeulx, et ostons ces sotes imaginations qui ne peuvent faillir à quiconque a l'impudence de les alleguer. »

Les armoiries n'ont de seurté non plus que les surnoms. Je porte d'azur semé de trefles d'or, à une pate de Lyon de mesme, armée de gueules, mise en face[3]. Quel privilege a cette figure pour demeurer particulierement en ma mai-

son? Un gendre la transportera en une autre famille;
quelque chetif acheteur en fera ses premieres armes: il
n'est chose où il se rencontre plus de mutation et de
confusion.

(a) Mais cette consideration me tire par force à un
autre champ. Sondons un peu de près, et, pour Dieu,
regardons à quel fondement nous attachons cette gloire
et reputation pour laquelle se bouleverse le monde. Où
asseons nous cette renommée que nous allons questant
avec si grand peine? C'est en somme Pierre ou Guillaume
qui la porte, prend en garde, et à qui elle touche. *(c)* O la
courageuse faculté, que l'esperance qui, en un subjet mortel, et en un moment, va usurpant l'infinité, l'immensité,
l'æternité[1]; nature nous a là donné un plaisant jouët. *(a)*
Et ce Pierre ou Guillaume, qu'est-ce, qu'une voix pour
tous potages? ou trois ou quatre traicts de plume, premierement si aisez à varier, que je demanderois volontiers
à qui touche l'honneur de tant de victoires, à Guesquin,
à Glesquin ou à Gueaquin[2]? Il y auroit bien plus d'apparence icy qu'en Lucien, que $\sum$ mit T en procez[3], car

> *non levia aut ludicra petuntur*
> Præmia[4];

il y va de bon: il est question laquelle de ces lettres doit
estre payée de tant de sieges, batailles, blessures, prisons
et services faits à la couronne de France par ce sien
fameux connestable. Nicolas Denisot n'a eu soing que
des lettres de son nom, et en a changé toute la contexture,
pour en bastir le Conte d'Alsinois[5] qu'il a estrené de la
gloire de sa poësie et peinture. Et l'Historien Suetone n'a
aymé que le sens du sien, et, en ayant privé *Lénis,* qui
estoit le surnom de son pere, a laissé *Tranquillus* successeur de la reputation de ses escrits[6]. Qui croiroit que le
Capitaine Bayard n'eût honneur que celuy qu'il a emprunté des faicts de Pierre Terrail[7]? et qu'Antoine Escalin se laisse voler à sa veuë tant de navigations et charges
par mer et par terre au Capitaine Poulin et au Baron de
la Garde[8].

Secondement, ce sont traicts de plumes communs à
mill'hommes. Combien y a-il, en toutes les races, de personnes de mesme nom et surnom? *(c)* Et en diverses
races, siecles et païs, combien? L'histoire a cognu trois
Socrates, cinq Platons, huict Aristotes, sept Xenophons,

vingt Demetrius, vingt Theodores[1]: et devinez combien
elle n'en a pas cognu. *(a)* Qui empesche mon palefrenier
de s'appeller Pompée le grand? Mais, après tout, quels
moyens, quels ressors y a-il qui attachent à mon palefrenier trespassé, ou à cet autre homme qui eut la teste tranchée en Ægypte, et qui joignent à eux cette voix glorifiée
et ces traicts de plume ainsin honorez, affin qu'ils s'en
adventagent?

Id cinerem et manes credis curare sepultos[2]?

(c) Quel ressentiment ont les deux compagnons en
principale valeur entre les hommes: Epaminondas, de ce
glorieux vers qui court[3] pour luy en nos bouches:

Consiliis nostris laus est attonsa Laconum[4]?

et Africanus[5], de cet autre:

A sole exoriente supra Mæotis paludes
Nemo est qui factis me æquiparare queat[6]?

Les survivants se chatouillent de la douceur de ces
voix, et, par icelles solicitez de jalousie et desir, transmet-
tent inconsiderément par fantasie aux trespassez cettuy
leur propre ressentiment, et d'une pipeuse esperance se
donnent à croire d'en estre capables à leur tour. Dieu le
sçait!

(a) Toutesfois,

> ad hæc se
> *Romanus, Graiusque, et Barbarus Induperator*
> *Erexit, causas discriminis atque laboris*
> *Inde habuit, tanto major famæ sitis est quam*
> *Virtutis*[7].

CHAPITRE XLVII

DE L'INCERTITUDE DE NOSTRE JUGEMENT

(a) C'EST bien ce que dict ce vers:

Ἐπέων δὲ πολὺς νόμος ἔνθα καὶ ἔνθα[8],

il y a prou loy de parler par tout, et pour et contre. Pour
exemple:

Vinse Hannibal, et non seppe usar' poi
Ben la vittoriosa sua ventura[1].

Qui voudra estre de ce party, et faire valoir avecques
nos gens la faute de n'avoir dernierement poursuivy
nostre pointe à Montcontour[2], ou qui voudra accuser le
Roy d'Espagne de n'avoir sçeu se servir de l'advantage
qu'il eut contre nous à Sainct Quentin[3], il pourra dire
cette faute partir d'une ame enyvrée de sa bonne fortune,
et d'un courage, lequel, plein et gorgé de ce commencement de bon heur, perd le goust de l'accroistre, des-jà
par trop empesché à digerer ce qu'il en a; il en a sa brassée
toute comble, il n'en peut saisir davantage, indigne que
la fortune luy aye mis un tel bien entre mains; car quel
profit en sent-il, si neantmoins il donne à son ennemy
moyen de se remettre sus? quell' esperance peut on avoir
qu'il ose un' autre fois attaquer ceux-cy ralliez et remis,
et de nouveau armez de despit et de vengeance, qui ne les
a osé ou sçeu poursuivre tous rompus et effrayez?

Dum fortuna calet, dum conficit omnia terror[4].

Mais en fin, que peut-il attendre de mieux que ce qu'il
vient de perdre? Ce n'est pas comme à l'escrime, où le
nombre des touches donne gain; tant que l'ennemy est
en pieds, c'est à recommencer de plus belle; ce n'est pas
victoire, si elle ne met fin à la guerre. En cette escarmouche où Cæsar eut du pire près de la Ville d'Oricum,
il reprochoit aux soldats de Pompeius qu'il eust esté
perdu, si leur Capitaine eust sceu vaincre, et luy chaussa
bien autrement les esperons quand ce fut à son tour[5].

Mais pourquoy ne dira l'on aussi, au contraire, que
c'est l'effect d'un esprit precipiteux et insatiable de ne
sçavoir mettre fin à sa convoitise; que c'est abuser des
faveurs de Dieu, de leur vouloir faire perdre la mesure
qu'il leur a prescripte; et que, de se rejetter au dangier
après la victoire, c'est la remettre encore un coup à la
mercy de la fortune; que l'une des plus grandes sagesses
en l'art militaire, c'est de ne pousser son ennemy au desespoir. Sylla et Marius en la guerre sociale ayant defaict les
Marses, en voyant encore une trouppe de reste, qui par
desespoir s'en revenoient jetter à eux comme bestes furieuses, ne furent pas d'advis de les attendre. Si l'ardeur
de Monsieur de Foix ne l'eut emporté à poursuivre trop

asprement les reſtes de la victoire de Ravenne, il ne l'eut
pas souillée de sa mort[1]. Toutesfois encore servit la
recente memoire de son exemple à conserver Monsieur
d'Anguien de pareil inconvenient à Serisoles[2]. Il faict
dangereux assaillir un homme à qui vous avez oſté tout
autre moyen d'eschaper que par les armes; car c'eſt une
violente maiſtresse d'escole que la necessité: *(c)* « *gravis-
simi sunt morsus irritatæ necessitatis*[3]. »

(b) Vincitur haud gratis jugulo qui provocat hoſtem[4].

(c) Voylà pourquoy Pharax empescha le Roy de Lacedemone, qui venoit de gaigner la journée contre les Man-
tineens, de n'aller affronter mille Argiens, qui eſtoient
eschappez entiers de la desconfiture, ains les laisser couler en liberté pour ne venir à essayer la vertu picquée et
despittée par le malheur[5]. *(a)* Clodomire, Roy d'Aquitaine, après sa victoire poursuyvant Gondemar, Roy de
Bourgogne, vaincu et fuiant, le força de tourner teſte;
mais son opiniatreté luy oſta le fruict de sa victoire, car
il y mourut[6].

Pareillement, qui auroit à choisir, ou de tenir ses soldats richement et somptueusement armez, ou armez
seulement pour la necessité, il se presenteroit en faveur
du premier party, duquel eſtoit Sertorius, Philopœmen,
Brutus, Cæsar et autres, que c'eſt tousjours un éguillon
d'honneur et de gloire au soldat de se voir paré, et un'
occasion de se rendre plus obſtiné au combat, ayant à
sauver ses armes comme ses biens et heritages: *(c)* raison,
dict Xenophon[7], pourquoy les Asiatiques menoyent en
leurs guerres femmes, concubines, avec leurs joyaux et
richesses plus cheres. *(a)* Mais il s'offriroit aussi, de l'autre
part, qu'on doit pluſtoſt oſter au soldat le soing de se conserver, que de le luy accroiſtre; qu'il craindra par ce
moyen doublement à se hazarder; joint que c'eſt augmenter à l'ennemy l'envie de la victoire par ces riches despouilles; et a l'on remarqué[8] que, d'autres fois, cela
encouragea merveilleusement les Romains à l'encontre
des Samnites. *(b)* Antiochus, montrant à Hannibal l'armée
qu'il preparoit contr'eux, pompeuse et magnifique en
toute sorte d'équipage, et luy demandant: « Les Romains
se contenteront-ils de cette armée? — S'ils s'en contenteront? respondit-il; vrayement, c'eſt mon, pour avares
qu'ils soyent[9]. » *(a)* Licurgus deffendoit aux siens, non seu-

lement la somptuosité en leur equipage, mais encore de
despouiller leurs ennemis vaincus, voulant, disoit-il, que
la pauvreté et frugalité reluisit avec le reste de la bataille[1].

Aux sieges et ailleurs, où l'occasion nous approche de
l'ennemy, nous donnons volontiers licence aux soldats
de le braver, desdaigner et injurier de toutes façons de
reproches, et non sans apparence de raison: car ce n'est
pas faire peu, de leur oster toute esperance de grace et de
composition, en leur representant qu'il n'y a plus ordre
de l'attendre de celuy qu'ils ont si fort outragé, et qu'il ne
reste remede que de la victoire. Si est-ce qu'il en mesprit
à Vitellius[2]: car, ayant affaire à Othon, plus foible en
valeur de soldats, des-accoutumez de longue main du
faict de la guerre et amollis par les delices de la ville, il les
agassa tant en fin par ses paroles picquantes, leur repro-
chant leur pusillanimité et le regret des Dames et festes
qu'ils venoient de laisser à Rome, qu'il leur remit par ce
moyen le cœur au ventre, ce que nuls enhortemens
n'avoient sceu faire, et les attira luy-mesme sur ses bras,
où l'on ne les pouvoit pousser; et, de vray, quand ce sont
injures qui touchent au vif, elles peuvent faire aysément
que celuy qui alloit lachement à la besongne pour la querelle de son Roy, y aille d'une autre affection pour la
sienne propre.

A considerer de combien d'importance est la conservation d'un chef en un' armée, et que la visée de l'ennemy
regarde principalement cette teste à laquelle tiennent
toutes les autres et en dependent, il semble qu'on ne
puisse mettre en doubte ce conseil, que nous voions avoir
esté pris par plusieurs grands chefs, de se travestir et desguiser sur le point de la meslée; toutefois l'inconvenient
qu'on encourt par ce moyen n'est pas moindre que celuy
qu'on pense fuir; car le capitaine venant à estre mesconu
des siens, le courage qu'ils prennent de son exemple et de
sa presence vient aussi quant et quant à leur faillir, et,
perdant la vuë de ses marques et enseignes accoustumées,
ils le jugent ou mort, ou s'estre desrobé, desesperant de
l'affaire. Et, quant à l'experience, nous luy voyons favoriser tantost l'un, tantost l'autre party. L'accident de
Pyrrhus, en la bataille qu'il eut contre le consul Levinus
en Italie, nous sert à l'un et l'autre visage: car, pour
s'estre voulu cacher sous les armes de Demogacles et luy
avoir donné les siennes, il sauva bien sans doute sa vie,

mais aussi il en cuida encourir l'autre inconvenient, de perdre la journée[1]. (c) Alexandre, Cæsar, Lucullus aimoient à se marquer au combat par des accoustremens et armes riches, de couleur reluisante et particuliere; Agis, Agesilaus et ce grand Gilippus, au rebours, alloyent à la guerre obscurément couverts et sans attour imperial[2].

(a) A la bataille de Pharsale, entre autres reproches qu'on donne à Pompeius, c'est d'avoir arresté son armée piedcoy, attendant l'ennemy; pour autant que cela (je desroberay icy les mots mesmes de Plutarque[3], qui valent mieux que les miens) « affoiblit la violence que le courir donne aux premiers coups, et, quant et quant, oste l'eslancement des combatans les uns contre les autres, qui a accoustumé de les remplir d'impetuosité et de fureur plus que autre chose, quand ils viennent à s'entrechoquer de roideur, leur augmentant le courage par le cry et la course, et rend la chaleur des soldats, en maniere de dire, refroidie et figée[4] ». Voilà ce qu'il dict pour ce rolle; mais si Cæsar eut perdu, qui n'eust peu aussi bien dire qu'au contraire la plus forte et roide assiette est celle en laquelle on se tient planté sans bouger, et que, qui est en sa marche arresté, resserrant et espargnant pour le besoing sa force en soymesmes, a grand avantage contre celuy qui est esbranlé et qui a desjà consommé à la course la moitié de son haleine? outre ce que, l'armée estant un corps de tant de diverses pieces, il est impossible qu'elle s'esmeuve en cette furie d'un mouvement si juste, qu'elle n'en altere ou rompe son ordonnance, et que le plus dispost ne soit aux prises avant que son compagnon le secoure. (c) En cette villaine bataille des deux freres Perses[5], Clearchus Lacedemonien, qui commandoit les Grecs du party de Cyrus, les mena tout bellement à la charge sans soy haster; mais, à cinquante pas près, il les mit à la course, esperant, par la briefveté de l'espace, mesnager et leur ordre et leur haleine, leur donnant cependant l'avantage de l'impetuosité pour leurs personnes et pour leurs armes à trait. (a) D'autres[6] ont reglé ce doubte en leur armée de cette maniere: si les ennemis vous courent sus, attendez les de pied coy; s'ils vous attendent de pied coy, courez leur sus.

Au passage que l'Empereur Charles cinquiesme fit en Provence[7], le Roy François fust au propre d'eslire ou de luy aller au devant en Italie, ou de l'attendre en ses

terres; et, bien qu'il considerast combien c'est d'avantage
de conserver sa maison pure et nette de troubles de la
guerre, afin qu'entiere en ses forces elle puisse continuellement fournir deniers et secours au besoing; que la
necessité des guerres porte à tous les coups de faire le
gast, ce qui ne se peut faire bonnement en nos biens
propres; et si, le païsant ne porte pas si doucement ce
ravage de ceux de son party que de l'ennemy, en maniere
qu'il s'en peut aysément allumer des seditions et des troubles parmy nous; que la licence de desrober et de piller,
qui ne peut estre permise en son pays, est un grand support aux ennuis de la guerre, et qui n'a autre esperance
de gaing que sa solde, il est mal aisé qu'il soit tenu en
office, estant à deux pas de sa femme et de sa retraicte; que
celuy qui met la nappe, tombe tousjours des despens;
qu'il y a plus d'allegresse à assaillir qu'à deffendre; et
que la secousse de la perte d'une bataille dans nos entrailles est si violente qu'il est malaisé qu'elle ne crolle
tout le corps, attendu qu'il n'est passion contagieuse
comme celle de la peur, ny qui se preigne si ayséement
à credit, et qui s'espande plus brusquement; et que les
villes qui auront ouy l'esclat de cette tempeste à leurs
portes, qui auront recueilly leurs Capitaines et soldats
tremblans encore et hors d'haleine, il est dangereux, sur
la chaude, qu'ils ne se jettent à quelque mauvais party:
si est-ce qu'il choisit de r'appeller les forces qu'il avoit delà
les monts, et de voir venir l'ennemy; car il peut imaginer
au contraire qu'estant chez luy et entre ses amis, il ne pouvoit faillir d'avoir planté de toutes commoditez: les
rivieres, les passages à sa devotion luy conduiroient et
vivres et deniers en toute seureté et sans besoing d'escorte; qu'il auroit ses subjects d'autant plus affectionnez,
qu'ils auroient le dangier plus près; qu'ayant tant de villes
et de barrieres pour sa seureté, ce seroit à luy de donner
loy au combat selon son opportunité et advantage; et,
s'il luy plaisoit de temporiser, qu'à l'abry et à son aise il
pourroit voir morfondre son ennemy, et se défaire soy
mesmes par les difficultez qui le combatroyent, engagé
en une terre contraire où il n'auroit devant, ny derriere
luy, ny à costé, rien qui ne luy fit guerre, nul moyen de
refréchir ou eslargir son armée, si les maladies s'y mettoient, ny de loger à couvert ses blessez; nuls deniers,
nuls vivres qu'à pointe de lance; nul loisir de se reposer

et prendre haleine; nulle science de lieux ny de pays, qui le sçeut deffendre d'embusches et surprises; et, s'il venoit à la perte d'une bataille, aucun moyen d'en sauver les reliques. Et n'avoit pas faute d'exemples pour l'un et pour l'autre party[1]. Scipion trouva bien meilleur d'aller assaillir les terres de son ennemy en Afrique[2], que de defendre les siennes et le combattre en Italie où il estoit, d'où bien luy print. Mais, au rebours, Hannibal en cette mesme guerre, se ruina d'avoir abandonné la conqueste d'un pays estranger pour aller deffendre le sien. Les Atheniens, ayant laissé l'ennemy en leurs terres pour passer en la Sicile, eurent la fortune contraire; mais Agathocles, Roy de Siracuse, l'eust favorable, ayant passé en Afrique et laissé la guerre chez soy[3]. Ainsi nous avons bien accoustumé de dire avec raison que les evenemens et issuës dependent, notamment en la guerre, pour la pluspart de la fortune, laquelle ne se veut pas renger et assujectir à notre discours et prudence, comme disent ces vers :

> *Et male consultis pretium est : prudentia fallax,*
> *Nec fortuna probat causas sequiturque merentes ;*
> *Sed vaga per cunctos nullo discrimine fertur ;*
> *Scilicet est aliud quod nos cogatque regatque*
> *Majus, et in proprias ducat mortalia leges*[4].

Mais, à le bien prendre, il semble que nos conseils et deliberations en dependent bien autant, et que la fortune engage en son trouble et incertitude aussi nos discours.

(c) Nous raisonnons hazardeusement et inconsideréement, dict Timæus en Platon[5], par ce que, comme nous, nos discours ont grande participation au hazard.

CHAPITRE XLVIII

DES DESTRIES

(a) ME voicy devenu Grammairien, moy qui n'apprins jamais langue que par routine, et qui ne sçay encore que c'est d'adjectif, conjunctif et d'ablatif. Il me semble avoir ouy dire[6] que les Romains avoient des chevaux qu'ils appelloient *funales* ou *dextrarios,* qui se

menoient à dextre ou à relais, pour les prendre tous frez
au besoin; et de là vient que nous appellons deſtriers les
chevaux de service. Et nos romans[1] disent ordinairement
adeſtrer[2] pour *accompaigner*. Ils appelloyent aussi *desultorios
equos* des chevaux qui eſtoyent dressez de façon que, cou-
rans de toute leur roideur, accouplez coſté à coſté l'un
de l'autre, sans bride, sans selle, les gentils-hommes
Romains, voire tous armez, au milieu de la course se jet-
toient et rejettoient de l'un à l'autre. *(c)* Les Numides
gendarmes menoient en main un second cheval pour
changer au plus chaud de la meslée: « *quibus, desultorum
in modum, binos trahentibus equos, inter acerrimam sæpe
pugnam iu recentem equum ex fesso armatis transsultare mos
erat: tanta velocitas ipsis, tamque docile equorum genus*[3]. »

Il se trouve plusieurs chevaux dressez à secourir leur
maiſtre, courir sus à qui leur presente une espée nue, se
jetter des pieds et des dens sur ceux qui les attaquent et
affrontent; mais il leur advient plus souvent de nuire aux
amis qu'aux ennemis. Joint que vous ne les desprenez
pas à votre poſte quand ils sont une fois harpez; et
demeurez à la misericorde de leur combat. Il mesprint
lourdement à Artibie, general de l'armée de Perse, combattant contre Onesile, Roy de Salamis, de personne à
personne, d'eſtre monté sur un cheval façonné en cette
escole; car il fut cause de sa mort, le couſtillier d'Onesile
l'ayant acceuilli d'une faulx entre les deux espaules,
comme il s'eſtoit cabré sur son maiſtre[4].

Et ce que les Italiens disent qu'en la bataille de For-
nuove[5] le cheval du Roy le deschargea, à ruades et coups
de pied, des ennemis qui le pressoyent, et qu'il eſtoit
perdu sans cela: ce fut un grand coup de hazard, s'il eſt
vray.

Les Mammelus se vantent d'avoir les plus adroits
chevaux de gendarmes du monde. Et diſt on que, par
nature et par couſtume, ils sont faits[6], par certains signes
et voix, à ramasser aveq les dents les lances et les darts,
et à les offrir à leur maiſtre en pleine meslée et à cognoiſtre
et discerner[7] [l'ennemy].

(a) On diſt de Cæsar, et aussi du grand Pompeius, que,
parmy leurs autres excellentes qualitez, ils eſtoient fort
bons hommes de cheval; et de Cæsar, qu'en sa jeunesse,
monté à dos sur un cheval et sans bride, il luy faisoit
prendre carriere, les mains tournées derriere le dos[8].

Comme nature a voulu faire de ce personnage et d'Alexandre deux miracles en l'art militaire, vous diriez qu'elle s'est aussi efforcée à les armer extraordinairement; car chacun sçait du cheval d'Alexandre, Bucefal, qu'il avoit la teste retirant à celle d'un toreau, qu'il ne se souffroit monter à personne qu'à son maistre, ne peut estre dressé que par luy mesme, fut honoré après sa mort, et une ville bastie en son nom[1]. Cæsar en avoit aussi un autre qui avoit les pieds de devant comme un homme, ayant l'ongle coupée en forme de doigts, lequel ne peut estre monté ny dressé que par Cæsar, qui dédia son image après sa mort à la désese Venus[2].

Je ne démonte pas volontiers quand je suis à cheval, car c'est l'assiette en laquelle je me trouve le mieux, et sain et malade. *(c)* Platon la recommande[3] pour la santé; *(a)* aussi dict Pline[4] qu'elle est salutaire à l'estomach et aux jointures. Poursuivons donc, puis que nous y sommes.

On lict en Xenophon[5] la loy[6] deffendant de voyager à pied à homme qui eust cheval. Trogus et Justinus disent que les Parthes avoient accoustumé de faire à cheval non seulement la guerre, mais aussi tous leurs affaires publiques et privez, marchander, parlementer, s'entretenir et se promener; et que la plus notable difference des libres et des serfs parmy eux, c'est que les uns vont à cheval, les autres à pié: *(c)* institution née du Roy Cyrus.

(a) Il y a plusieurs exemples en l'histoire Romaine (et Suetone le remarque plus particulierement de Cæsar[7]) des Capitaines qui commendoient à leurs gens de cheval de mettre pied à terre, quand ils se trouvoient pressez de l'occasion, pour oster aux soldats toute esperance de fuite, *(c)* et pour l'advantage qu'ils esperoient en cette sorte de combat, « *quo haud dubie superat Romanus[8]* », dict Tite Live.

Si est-il que la premiere provision de quoy ils se servoient à brider la rebellion des peuples de nouvelle conqueste, c'estoit leur oster armes et chevaus: pourtant voyons-nous si souvent en Cæsar: « *arma proferri, jumenta produci, obsides dari jubet[9].* » Le grand Seigneur[10] ne permet aujourd'huy ny à Chrestien, ny à Juif d'avoir cheval à soy, à ceux qui sont sous son empire.

(a) Nos ancestres, et notamment du temps de la guerre des Anglois, en tous les combats solennels et journées assignées, se mettoient la plus part du temps tous à pié,

pour ne se fier à autre chose qu'à leur force propre et
vigueur de leur courage et de leurs membres, de chose si
chere que l'honneur et la vie. Vous engagez, *(b)* quoy que
die Chrysantez en Xenophon, *(a)* vostre valeur et vostre
fortune à celle de vostre cheval; ses playes et sa mort
tirent la vostre en conséquence; son effray ou sa fougue
vous rendent ou temeraire ou lache; s'il a faute de bouche
ou d'esperon, c'est à vostre honneur à en respondre. A
cette cause, je ne trouve pas estrange que ces combats là
fussent plus fermes et plus furieux que ceux qui se font
à cheval,

> *(b)   cedebant pariter, pariterque ruebant*
> *Victores victique, neque his fuga nota neque illis*[1].

(c) Leurs battailles se voyent bien mieux contestées; ce
ne sont asteure que routes: « *primus clamor atque impetus
rem decernit*[2]. » *(a)* Et chose que nous appellons à la
société d'un si grand hazard doit estre en nostre puissance le plus qu'il se peut. Comme je conseilleroy de choisir les armes les plus courtes, et celles dequoy nous
pouvons le mieux respondre. Il est bien plus apparent de
s'asseurer d'une espée que nous tenons au poing, que du
boulet qui eschappe de nostre pistole[3], en laquelle il y a
plusieurs pieces, la poudre, la pierre, le rouët, desquelles
la moindre qui viendra à faillir vous fera faillir vostre fortune.

(b) On assene peu seurement le coup que l'air vous
conduict,

> *Et quo ferre velint permittere vulnera ventis :*
> *Ensis habet vires, et gens quæcunque virorum est,*
> *Bella gerit gladiis*[4].

(a) Mais, quand à cett'arme là, j'en parleray plus
amplement où je feray comparaison des armes anciennes
aux nostres; et, sauf l'estonnement des oreilles, à quoy
desormais chacun est apprivoisé, je croy que c'est un'-
arme de fort peu d'effect, et espere que nous en quitte-
rons un jour l'usage.

(c) Celle dequoy les Italiens se servoient, de jet et à feu,
estoit plus effroyable. Ils nommoient Phalarica une certaine espèce de javeline, armée par le bout d'un fer de
trois pieds, affin qu'il peust percer d'outre en outre un
homme armé; et se lançoit tantost de la main en la cam-

pagne, tantost à tout des engins pour deffendre les lieux
assiégez; la hante, revestue d'estouppe empoixée et
huilée, s'enflammoit de sa course; et, s'attachant au corps
ou au bouclier, ostoit tout usage d'armes et de membres.
Toutesfois il me semble que, pour venir au joindre, elle
portast aussi empeschement à l'assaillant, et que le champ,
jonché de ces tronçons bruslans, produisist en la meslée
une commune incommodité,

> *magnum stridens contorta Phalarica venit*
> *Fulminis acta modo*[1].

Ils avoyent d'autres moyens, à quoy l'usage les adressoit, et qui nous semblent incroyables par inexperience,
par où ils suppleoyent au deffaut de nostre poudre et de
noz boulets. Ils dardoyent leurs piles de telle roideur que
souvent ils en enfiloyent deux boucliers et deux hommes
armés, et les cousoyent. Les coups de leurs fondes n'estoient pas moins certains et loingtains: « *saxis globosis
funda mare apertum incessentes : coronas modici circuli, magno
ex intervallo loci, assueti trajicere : non capita modo hostium
vulnerabant, sed quem locum destinassent*[2]. » Leurs pieces de
batterie representoient, comme l'effect, aussi le tintamarre
des nostres: « *ad ictus mænium cum terribili sonitu editos
pavor et trepidatio cepit*[3]. » Les Gaulois nos cousins, en
Asie, haïssoyent ces armes traistresses et volantes, duits
à combattre main à main avec plus de courage. « *Non
tam patentibus plagis moventur : ubi latior quam altior plaga
est, etiam gloriosius se pugnare putant : idem, cum aculeus sagittæ
aut glandis abditæ introrsus tenui vulnere in speciem urit, tum,
in rabiem et pudorem tam parvæ perimentis pestis versi, proster-
nunt corpora humi*[4] »: peinture bien voisine d'une arque-
busade.

Les dix mille Grecs, en leur longue et fameuse retraitte,
rencontrerent une nation qui les endommagea merveilleusement à coups de grands arcs et forts et des sagettes
si longues qu'à les reprendre à la main on les pouvoit
rejetter à la mode d'un dard, et perçoient de part en part
le bouclier et un homme armé[5]. Les engins que Dionysius[6] inventa à Siracuse à tirer gros traits massifs et des
pierres d'horrible grandeur, d'une si longue volée et
impetuosité, representoient de bien près nos inventions.

(a) Encore ne faut-il pas oublier la plaisante assiette
qu'avoit, sur sa mule, un maistre Pierre Pol, Docteur en

Theologie, que Monstrelet[1] recite avoir accoustumé se promener par la ville de Paris, assis de costé, comme les femmes. Il dit aussi ailleurs[2] que les Gascons avoient des chevaux terribles, accoustumez de virer en courant, dequoy les François, Picards, Flamens et Brabançons faisoient grand miracle, « pour n'avoir accoustumé de le voir », ce sont ses mots[3]. Cæsar, parlant de ceux de Suede[4] : « Aux rencontres qui se font à cheval, dict-il, ils se jettent souvent à terre pour combattre à pié, ayant accoustumé leurs chevaux de ne bouger cependant de la place, ausquels ils recourent promptement, s'il en est besoing ; et, selon leur coustume, il n'est rien si vilain et si lache que d'user de selles et bardelles, et mesprisent ceux qui en usent, de maniere que, fort peu en nombre, ils ne craignent pas d'en assaillir plusieurs. »

(b) Ce que j'ay admiré autresfois[5], de voir un cheval dressé à se manier à toutes mains avec une baguette, la bride avallée sur ses oreilles, estoit ordinaire aux Massiliens, qui se servoient de leurs chevaux sans selle et sans bride.

> *Et gens quæ nudo residens Massilia dorso*
> *Ora levi flectit, frænorum nescia, virga*[6].

(c) *Et Numidæ infræni cingunt*[7] :

« *equi sine frenis, deformis ipse cursus, rigida cervice et extento capite currentium*[8]. »

(a) Le Roy Alphonce, celuy qui dressa en Espaigne l'ordre des chevalliers de la Bande ou de l'Escharpe[9], leur donna entre autres regles, de ne monter ny mule, ny mulet, sur peine d'un marc d'argent d'amende, comme je viens d'apprendre dans les lettres de Guevara, desquelles ceux qui les ont appellées *dorées*[10], faisoient jugement bien autre que celuy que j'en fay.

(c) Le *Courtisan*[11] dict qu'avant son temps, c'estoit reproche à un Gentilhomme d'en chevaucher (les Abyssins, à mesure qu'ils sont plus grands et plus advancez près le Prettejan[12], leur maistre, affectent au rebours des mules à monter par honeur) ; Xenophon, que les Assyriens tenoient leurs chevaux tous jours entravez au logis, tant ils estoient fascheux et farouches, et qu'il falloit tant de temps à les destacher et harnacher que, pour que cette longueur à la guerre ne leur apportast dommage, s'ils

venoient à estre en dessoude surpris par les ennemis, ils
ne logoient jamais en camp qui ne fut fossoyé et rem-
paré[1].

Son Cyrus, si grand maistre au faict de chevalerie,
mettoit les chevaux de son escot, et ne leur faisoit bailler
à manger qu'ils ne l'eussent gaigné par la sueur de quelque exercice[2].

(b) Les Scythes, où la necessité les pressoit en la
guerre, tiroient du sang de leurs chevaux, et s'en abreu-
voient et nourrissoient,

> *Venit et epoto Sarmata pastus equo*[3].

Ceux de Crotte[4], assiegéz par Metellus, se trouverent
en telle disette de tout autre breuvage qu'ils eurent à se
servir de l'urine de leurs chevaux[5].

(c) Pour verifier combien les armées Turquesques se
conduisent et maintiennent à meilleure raison que les
nostres, ils disent qu'outre ce que les soldats ne boivent
que de l'eau et ne mangent que riz et de la chair salée
mise en poudre, dequoy chacun porte aysément sur soy
provision pour un moys, ils sçavent aussi vivre du sang
de leurs chevaux, comme les Tartares et Moscovites, et
le salent[6].

(b) Ces nouveaux peuples des Indes quand les Espagnols y arriverent, estimerent, tant des hommes que des
chevaux, que ce fussent ou Dieux ou animaux, en noblesse au-dessus de leur nature. Aucuns, après avoir esté
vaincus, venant demander paix et pardon aux hommes,
et leur apporter de l'or et des viandes, ne faillirent d'en
aller autant offrir aux chevaux, avec une toute pareille
harengue à celle des hommes, prenant leur hannissement
pour langage de composition et de trefve[7].

Aux Indes de deçà, c'estoit anciennement le principal
et royal honneur de chevaucher un elephant, le second
d'aller en coche, trainé à quatre chevaux, le tiers de monter un chameau, le dernier et plus vile degré d'estre porté
ou charrié par un cheval seul[8].

(c) Quelcun de nostre temps escrit avoir veu, en ce
climat là, des païs où l'on chevauche les bœufs avec ba-
stines, estriez et brides, et s'estre bien trouvé de leur
porture.

Quintus Fabius Maximus Rutilianus[9], contre les Samnites, voyant que ses gens de cheval à trois ou quatre

charges avoient failly d'enfoncer le bataillon des ennemis, print ce conseil qu'ils debridassent leurs chevaux et brechassent à toute force des esperons, si que, rien ne les pouvant arrester, au travers des armes et des hommes renversez, ouvrirent le pas à leurs gens de pied, qui parfirent une très-sanglante deffaitte.

Autant en commanda Quintus Fulvius Flaccus contre les Celtiberiens : « *Id cum majore vi equorum facietis, si effrenatos in hostes equos immittitis : quod sæpe romanos equites cum laude fecisse sua, memoriæ proditum est. Detractisque frenis, bis ultro citroque cum magna strage hostium, infractis omnibus hastis, transcurrerunt*[1].

(b) Le Duc de Moscovie devoit anciennement cette reverence aux Tartares, quand ils envoioyent vers luy des Ambassadeurs, qu'il leur alloit au devant à pié et leur presentoit un gobeau de lait de jument (breuvage qui leur est en delices), et si, en beuvant, quelque goutte en tomboit sur le crin de leurs chevaux, il estoit tenu de la lecher avec la langue[2]. En Russie, l'armée que l'Empereur Bajazet y avoit envoyé, fut accablée d'un si horrible ravage de neiges que, pour s'en mettre à couvert et sauver du froid, plusieurs s'adviserent de tuer et eventrer leurs chevaux, pour se getter dedans et jouyr de cette chaleur vitale[3].

(c) Pajazet[4], après cet aspre estour où il fut rompu par Tamburlan, se sauvoit belle erre sur une jument Arabesque, s'il n'eust esté contrainct de la laisser boire son saoul au passage d'un ruisseau, ce qui la rendit si flacque et refroidie, qu'il fut bien aisément après acconsuivi par ceux qui le poursuivoyent. On dict bien qu'on les lasche, les laissant pisser ; mais le boire, j'eusse plus tost estimé qu'il l'eust refrechie et renforcée.

Crœsus, passant le long de la ville de Sardis[5], y trouva des pastis où il y avoit grande quantité de serpents, desquels les chevaux de son armée mangeoient de bon appetit, qui fut un mauvais prodige à ses affaires, dict Hérodote.

(b) Nous appellons un cheval entier qui a crin et oreille ; et ne passent les autres à la montre. Les Lacedemoniens, ayant desfait les Atheniens en la Sicile, retournans de la victoire en pompe en la ville de Siracuse, entre autres bravades firent tondre les chevaux vaincus et les menerent ainsi en triomphe[6]. Alexandre combatit une nation

Dahas; ils alloyent deux à deux armez à cheval à la guerre; mais, en la meslée, l'un descendoit à terre; et combatoient ore à pied, ore à cheval, l'un après l'autre[1].

(c) Je n'estime point qu'en suffisance et en grace à cheval, nulle nation nous emporte. Bon homme de cheval, à l'usage de nostre parler, semble plus regarder au courage qu'à l'adresse. Le plus sçavant, le plus seur et mieux advenant à mener un cheval à raison que j'aye connu, fut à mon gré le sieur de Carnevalet[2], qui en servoit nostre Roy Henry second. J'ay veu homme[3] donner carriere à deux pieds sur sa selle, demonter sa selle, et, au retour, la rellever, reaccommoder et s'y rasseoir, fuyant tousjours à bride avallée; ayant passé par-dessus un bonnet, y tirer par derriere des bons coups de son arc; amasser ce qu'il vouloit, se jettant d'un pied à terre, tenant l'autre en l'estrier; et autres pareilles singeries, de quoy il vivoit. *(b)* On a veu de mon temps[4], à Constantinople, deux hommes sur un cheval, lesquels, en sa plus roide course, se rejettoyent à tours à terre et puis sur la selle. Et un qui, seulement des dents, bridoit et harnachoit son cheval. Un autre qui, entre deux chevaux, un pied sur une selle, l'autre sur l'autre, portant un second sur ses bras, couroit à toute bride; ce second, tout debout, sur luy, tirant en la course des coups bien certains de son arc. Plusieurs qui, les jambes contremont, couroyent la teste plantée sur leurs selles, entre les pointes des simeterres attachez au harnois. En mon enfance, le Prince de Sulmone[5], à Naples, maniant un rude cheval de toute sorte de maniemens, tenoit soubs ses genouz et soubs ses orteils des relaes comme si elles y eussent esté clouées, *(c)* pour montrer la fermeté de son assiette.

CHAPITRE XLIX

DES COUSTUMES ANCIENNES

(a) J'EXCUSEROIS volontiers en nostre peuple de n'avoir autre patron et regle de perfection que ses propres meurs et usances; car c'est un commun vice, non du vulgaire seulement, mais quasi de tous hommes, d'avoir leur visée et leur arrest sur le train au-

quel ils sont nais. Je suis content, quand il verra Fabritius ou Lælius, qu'il leur trouve la contenance et le port
barbare, puis qu'ils ne sont ni veſtus ny façonnez à noſtre
mode. Mais je me plains de sa particuliere indiscretion,
de se laisser si fort piper et aveugler à l'authorité de
l'usage present, qu'il soit capable de changer d'opinion
et d'advis tous les mois, s'il plait à la couſtume, et qu'il
juge si diversement de soy mesmes. Quant il portoit le
busc de son pourpoint entre les mamelles, il maintenoit
par vives raisons qu'il eſtoit en son vray lieu; quelques
années après, le voylà avalé jusques entre les cuisses : il
se moque de son autre usage, le trouve inepte et insupportable. La façon de se veſtir presente luy faiſt incontinent condamner l'ancienne, d'une resolution si grande
et d'un consentement si universel, que vous diriez que
c'eſt une espece de manie qui luy tourneboule ainsi
l'entendement. Par ce que noſtre changement eſt si subit
et si prompt en cela, que l'invention de tous les tailleurs
du monde ne sçauroit fournir assez de nouvelletez, il eſt
force que bien souvent les formes mesprisées reviennent
en credit, et celles là mesmes tombent en mespris tantoſt après; et qu'un mesme jugement preigne, en l'eſpace
de quinze ou vingt ans, deux ou trois, non diverses seulement, mais contraires opinions, d'une inconſtance et
legereté incroyable. *(c)* Il n'y a si fin d'entre nous qui ne
se laisse embabouiner de cette contradiſtion et esblouyr
tant les yeux internes que les externes insensiblement.

(a) Je veux icy entasser aucunes façons anciennes que
j'ay en memoire, les unes de mesme les noſtres, les autres
differentes, afin qu'ayant en l'imagination cette continuelle
variation des choses humaines, nous en ayons le jugement plus esclaircy et plus ferme.

Ce que nous disons de combatre à l'espée et la cape,
il s'usoit encores entre les Romains, ce diſt Cæsar :
« *Siniſtris sagos involvunt, gladiosque diſtringunt*[1]. » Et remerque dès lors[2] en noſtre nation ce vice, qui y eſt encore,
d'arreſter les passans que nous rencontrons en chemin,
et de les forcer de nous dire qui ils sont, et de recevoir a
injure et occasion de querelle, s'ils refusent de nous respondre.

Aux bains, que les anciens prenoyent tous les jours
avant le repas, et les prenoyent aussi ordinairemen que
nous faisons de l'eau à laver les mains, ils ne se lavoyent

du commencement que les bras et les jambes ; mais dépuis,
et d'une coustume qui a duré plusieurs siecles et en la
plus part des nations du monde, ils se lavoyent tout nudz
d'eau mixtionnée et parfumée, de maniere qu'ils emploi-
oyent pour tesmoignage de grande simplicité de se laver
d'eau simple[1]. Les plus affetez et delicatz se parfumoyent
tout le corps bien trois ou quatre fois par jour[2]. Ils se
faisoyent souvent pinceter tout le poil, comme les femmes
Françoises ont pris en usage, depuis quelque temps, de
faire leur front,

> *Quod pectus, quod crura tibi, quod brachia vellis*[3],

quoy qu'ils eussent des oignemens propres à cela :

> *Psilotro nitet, aut arida latet oblita creta*[4].

Ils aymoient à se coucher mollement, et alleguent,
pour preuve de patience, de coucher sur le matelas. Ils
mangeoyent couchez sur des lits, à peu prèz en mesme
assiette que les Turcs de nostre temps,

> *Inde thoro pater Æneas sic orsus ab alto*[5].

Et dit on du jeune Caton que, depuis la bataille de
Pharsale, estant entré en deuil du mauvais estat des
affaires publiques, il mangea tousjours assis, prenant un
train de vie plus austere[6]. Ils baisoyent les mains aux
grands pour les honnorer et caresser ; et, entre les amis,
ils s'entrebaisoyent en se saluant comme font les Venitiens :

> *Gratatusque darem cum dulcibus oscula verbis*[7].

(c) Et touchoyent aux genoux pour requerir ou saluer
un grand. Pasiclez le philosophe, frere de Crates, au lieu
de porter la main au genou, il la porta aux genitoires.
Celuy à qui il s'adressoit l'ayant rudement repoussé :
« Comment dict-il, cecy n'est il pas vostre aussi bien que
les genoux[8] ? »

(a) Ils mangeoyent, comme nous, le fruict à l'yssue de
table. Ils se torchoyent le cul (il faut laisser aux femmes
cette vaine superstition des parolles) avec une esponge :
voylà pourquoy *spongia* est un mot obscœne en Latin ; et
estoit cette esponge attachée au bout d'un baston, comme
tesmoigne l'histoire de celuy qu'on menoit pour estre

presenté aux bestes devant le peuple, qui demanda congé
d'aller à ses affaires; et, n'ayant autre moyen de se tuer,
il se fourra ce baston et esponge dans le gosier et s'en
estouffa[1]. Ils s'essuyoient le catze de laine perfumée,
quand ils en avoyent faict:

> *At tibi nil faciam, sed lota mentula lana*[2].

Il y avoit aux carrefours à Rome des vaisseaux et demy-
cuves pour y apprester à pisser aux passans,

> *Pusi sæpe lacum propter, se ac dolia curta*
> *Sommo devincti credunt extollere vestem*[3].

Ils faisoyent collation entre les repas. Et y avoit en
esté des vendeurs de nege pour refréchir le vin; et en y
avoit qui se servoyent de nege en hyver, ne trouvans pas
le vin encore lors assez froid. Les grands avoyent leurs
eschançons et trenchans, et leurs fols pour leur donner
plaisir. On leur servoit en hyver la viande sur des fouyers
qui se portoient sur la table; et avoyent des cuisines porta-
tives, *(c)* comme j'en ay veu, *(a)* dans lesquelles tout
leur service se trainoit après eux[4].

> *Has vobis epulas habete lauti;*
> *Nos offendimur ambulante cæna*[5].

Et en esté ils faisoyent souvent, en leurs sales basses,
couler de l'eau fresche et claire dans des canaus, au dessous d'eux, où il y avoit force poisson en vie, que les
assistans choisissoyent et prenoyent en la main pour le
faire apprester chacun à sa poste. Le poisson a tousjours eu
ce privilege, comme il a encores, que les grans se meslent
de le sçavoir apprester: aussi en est le goust beaucoup plus
exquis que de la chair, au moins pour moy. Mais, en
toute sorte de magnificence, de desbauche et d'inventions
voluptueuses, de mollesse et de sumptuosité, nous faisons,
à la verité, ce que nous pouvons pour les égaler, car
nostre volonté est bien aussi gastée que la leur; mais
nostre suffisance n'y peut arriver; nos forces ne sont non
plus capables de les joindre en ces parties là vitieuses,
qu'aux vertueuses; car les unes et les autres partent d'une
vigueur d'esprit qui estoit sans comparaison plus grande
en eux qu'en nous; et les ames, à mesure qu'elles sont
moins fortes, elles ont d'autant moins de moyen de faire
ny fort bien, ny fort mal.

Le haut bout d'entre eux, c'eſtoit le milieu. Le devant et derrière n'avoyent, en escrivant et parlant, aucune signification de grandeur, comme il se voit evidemment par leurs escris ; ils diront *Oppius* et *Cæsar* aussi volontiers que *Cæsar* et *Oppius,* et diront *moy* et *toy* indifferemment comme *toy* et *moy.* Voylà pourquoy j'ay autrefois remarqué en la *Vie de Flaminius* de Plutarque François[1], un endroit où il semble que l'autheur, parlant de la jalousie de gloire qui eſtoit entre les Ætoliens et les Romains pour le gain d'une bataille qu'ils avoyent obtenu en commun, face quelque pois de ce qu'aux chansons Grecques on nommoit les Ætholiens avant les Romains, s'il n'y a de l'Amphibologie aux mots François.

Les Dames, eſtant aux eſtuves, y recevoyent quant et quant des hommes, et se servoyent là mesme de leurs valets à les frotter et oindre,

> *Inguina succinctus nigra tibi servus aluta*
> *Stat, quoties calidis nuda foveris aquis*[2].

Elles se saupoudroyent de quelque poudre pour reprimer les sueurs.

Les anciens Gaulois, dict Sidonius Appollinaris, portoyent le poil long par le devant, et le derriere de la teſte tondu, qui eſt cette façon qui vient à eſtre renouvellée par l'usage effeminé et lâche de ce siècle[3].

Les Romains payoient ce qui eſtoit deu aux bateliers pour leur naulage, dès l'entrée du bateau ; ce que nous faisons après eſtre rendus à port,

> *dum æs exigitur, dum mula ligatur,*
> *Tota abit hora*[4].

Les femmes couchoyent au lict du coſté de la ruelle : voylà pourquoy on appelloit Cæsar « *spondam Regis Nicomedis*[5] ».

(b) Ils prenoyent aleine en beuvant. Ils baptisoient le vin,

> *quis puer ocius*
> *Reſtinguet ardentis falerni*
> *Pocula prætereunte lympha*[6] ?

Et ces champisses contenances de nos laquais y eſtoyent aussi,

O Jane, à tergo quem nulla ciconia pinsit,
Nec manus auriculas imitata est mobilis albas,
Nec linguæ quantum sitiet canis Apula tantum[1].

Les Dames Argienes et Romaines portoyent le deuil blanc[2], comme les nostres avoient accoustumé, et devoyent continuer de faire, si j'en estois creu.

(a) Mais il y a des livres entiers faits sur cet argument.

CHAPITRE L

DE DEMOCRITUS ET HERACLITUS

(a) LE jugement est un util à tous subjects, et se mesle par tout. A cette cause, aux essais que j'en fay ici, j'y employe toute sorte d'occasion. Si c'est un subject que je n'entende point, à cela mesme je l'essaye, sondant le gué de bien loing; et puis, le trouvant trop profond pour ma taille, je me tiens à la rive; et cette reconnoissance de ne pouvoir passer outre, c'est un traict de son effect, voire de ceux dequoy il se vante le plus. Tantost, à un subject vain et de neant, j'essaye voir s'il trouvera dequoy lui donner corps et dequoy l'appuyer et estançonner. Tantost je le promene à un subject noble et tracassé, auquel il n'a rien à trouver de soy, le chemin en estant si frayé qu'il ne peut marcher que sur la piste d'autruy. Là il fait son jeu à eslire la route qui luy semble la meilleure, et, de mille sentiers, il dict que cettuy-cy, ou celuy là, a esté le mieux choisi. Je prends de la fortune le premier argument. Ils me sont également bons. Et ne desseigne jamais de les produire entiers[3]. *(c)* Car je ne voy le tout de rien. Ne font pas, ceux qui promettent de nous le faire veoir. De cent membres et visages qu'a chaque chose, j'en prends un tantost à lecher seulement, tantost à effleurer, et par fois à pincer jusqu'à l'os. J'y donne une poincte, non pas le plus largement, mais le plus profondement que je sçay. Et aime plus souvent à les saisir par quelque lustre inusité. Je me hazarderoy de traitter à fons quelque matière, si je me connoissoy moins[4]. Semant icy un mot, icy un autre, eschantillons despris de leur piece, escartez, sans dessein et sans promesse, je ne suis pas tenu d'en faire bon, ny de m'y tenir

moy mesme, sans varier quand il me plaist ; et me rendre
au doubte et incertitude, et à ma maistresse forme, qui
est l'ignorance.

Tout mouvement nous descouvre. *(a)* Cette mesme
ame de Cæsar, qui se faict voir à ordonner et dresser la
bataille de Pharsale, elle se faict aussi voir à dresser des
parties oysives et amoureuses. On juge un cheval non
seulement à le voir manier sur une carriere, mais encore à
luy voir aller le pas, voire et à le voir en repos à l'estable.

(c) Entre les functions de l'ame il en est de basses ;
qui ne la void encor par là, n'acheve pas de la connoistre.
Et à l'adventure la remarque lon mieux où elle va son
pas simple. Les vents des passions la prennent plus en ces
hautes assiettes. Joint qu'elle se couche entiere sur
chasque matiere, et s'y exerce entiere, et n'en traitte
jamais plus d'une à la fois. Et la traitte non selon elle,
mais selon soy. Les choses, à part elles, ont peut estre
leurs poids et mesures et conditions ; mais au dedans,
en nous, elle les leur taille comme elle l'entend. La mort
est effroyable à Ciceron, desirable à Caton, indifferente à
Socrates. La santé, la conscience, l'authorité, la science, la
richesse, la beauté et leurs contraires se despouillent à
l'entrée, et reçoivent de l'ame nouvelle vesture, et de la
teinture qu'il lui plaist : brune, verte, claire, obscure, aigre,
douce, profonde, superficielle, et qu'il plaist à chacune
d'elles ; car elles n'ont pas verifié en commun leurs stiles,
regles et formes : chacune est Royne en son estat. Parquoy
ne prenons plus excuse des externes qualitez des choses :
c'est à nous à nous en rendre compte. Nostre bien et nostre
mal ne tient qu'à nous. Offrons y nos offrandes et nos
vœus, non pas à la fortune : elle ne peut rien sur nos
meurs. Au rebours, elles l'entrainent à leur suitte et la
moulent à leur forme. Pourquoy ne jugeray-je d'Alexandre à table, devisant et beuvant d'autant ? Ou s'il
manioit des eschecs, quelle corde de son esprit ne touche
et n'employe ce niais et puerile jeu ? (Je le hay et fuy, de ce
qu'il n'est pas assez jeu, et qu'il nous esbat trop serieusement, ayant honte d'y fournir l'attention qui suffiroit à
quelque bonne chose.) Il ne fut pas plus embesoigné à
dresser son glorieux passage aus Indes ; ny cet autre
à desnoüer un passage duquel dépend le salut du genre
humain[1]. Voyez combien nostre ame grossit et espessit cet
amusement ridicule ; si tous ses nerfs ne bandent ; combien

amplement elle donne à chacun loy, en cela, de se connoiſtre et de juger droittement de soy. Je ne me voy et
retaſte plus universellement en nulle autre poſture.
Quelle passion ne nous y exerce? la cholere, le despit, la
hayne, l'impatience et une vehemente ambition de vaincre,
en chose en laquelle il seroit plus excusable d'eſtre ambitieux d'eſtre vaincu. Car la précellence rare et au dessus
du commun messied à un homme d'honneur en chose
frivole. Ce que je dy en cet exemple se peut dire en tous
autres : chasque parcelle, chasque occupation de l'homme
l'accuse et le montre également qu'un'autre.

(a) Democritus et Heraclytus ont eſté deux philosophes, desquels le premier, trouvant vaine et ridicule
l'humaine condition, ne sortoit en public qu'avec un
visage moqueur et riant; Heraclitus, ayant pitié et compassion de cette mesme condition noſtre, en portoit le
visage continuellement atriſté, et les yeux chargez de
larmes,

(b) alter

Ridebat, quoties à limine moverat unum
Protuleratque pedem; flebat contrarius alter[1].

(a) J'ayme mieux la premiere humeur, non par ce qu'il
eſt plus plaisant de rire que de pleurer, mais parce qu'elle
eſt plus desdaigneuse, et qu'elle nous condamne plus
que l'autre; et il me semble que nous ne pouvons jamais
eſtre assez mesprisez selon noſtre merite. La plainte
et la commiseration sont meslées à quelque eſtimation
de la chose qu'on plaint; les choses dequoy on se moque,
on les eſtime sans pris. Je ne pense point qu'il y ait
tant de malheur en nous comme il y a de vanité, ny
tant de malice comme de sotise : nous ne sommes pas
si pleins de mal comme d'inanité; nous ne sommes
pas si miserables comme nous sommes viles. Ainsi Diogenes, qui baguenaudoit apart soy, roulant son tonneau
et hochant du nez le grand Alexandre[2], nous eſtimant
des mouches ou des vessies pleines de vent, eſtoit
bien juge plus aigre et plus poingnant, et par consequent plus juſte, à mon humeur, que Timon, celuy
qui fut surnommé le haïsseur des hommes. Car ce qu'on
hait, on le prend à cœur. Cettuy-cy nous souhaitoit du mal,
eſtoit passionné du desir de noſtre ruine, fuioit noſtre
conversation comme dangereuse, de meschans et de

nature depravée; l'autre nous estimoit si peu que nous ne
pourrions ny le troubler, ny l'alterer par nostre contagion,
nous laissoit de compagnie, non pour la crainte, mais
pour le desdain de nostre commerce; il ne nous estimoit
capables ny de bien, ny de mal faire.

De mesme marque fut la responce de Statilius, auquel
Brutus parla pour le joindre à la conspiration contre
Cæsar; il trouva l'entreprinse juste, mais il ne trouva pas
les hommes dignes pour lesquels on se mit aucunement
en peine[1]; (c) conforméement à la discipline de Hegesias
qui disoit le sage ne devoir rien faire que pour soy;
d'autant que seul il est digne pour qui on face[2]; et à celle
de Theodorus, que c'est injustice que le sage se hazarde
pour le bien de son païs, et qu'il mette en peril la sagesse
pour des fols[3].

Nostre propre et peculiere condition est autant ridicule
que risible.

CHAPITRE LI

DE LA VANITÉ DES PAROLES.

(a) Un Rhetoricien du temps passé[4] disoit que son
         mestier estoit, de choses petites les faire
paroistre et trouver grandes. (b) C'est un cordonnier qui
sçait faire de grands souliers à un petit pied. (a) On luy
eut faict donner le fouët en Sparte, de faire profession
d'un' art piperesse et mensongere. (b) Et croy que
Archidamus, qui en estoit Roy, n'ouit pas sans estonnement la responce de Thucididez[5], auquel il s'enqueroit qui
estoit plus fort à la luicte, ou Pericles ou luy : « Cela,
fit-il, seroit mal-aysé à verifier; car, quand je l'ay porté
par terre en luictant, il persuade à ceux qui l'ont veu qu'il
n'est pas tombé, et le gaigne. » (a) Ceux qui masquent et
fardent les femmes, font moins de mal; car c'est chose de
peu de perte de ne les voir pas en leur naturel, là où
ceux-cy font estat de tromper non pas nos yeux, mais
nostre jugement, et d'abastardir et corrompre l'essence
des choses. Les republiques qui se sont maintenuës en
un estat reglé et bien policé, comme la Cretense ou
Lacedemonienne, elles n'ont pas faict grand compte
d'orateurs.

(c) Ariston definit sagement la rhetorique : science à persuader le peuple[1]; Socrates, Platon[2], art de tromper et de flatter; et ceux qui le nient en la generale description le verifient partout en leurs preceptes.

Les Mahometans en defendent l'instruction à leurs enfans, pour son inutilité[3].

Et les Atheniens, s'apercevant combien son usage, qui avoit tout credit en ville, estoit pernicieux, ordonnerent que sa principale partie, qui est esmouvoir les affections, en fust ostée ensemble les exordes et perorations.

(a) C'est un util inventé pour manier et agiter une tourbe et une commune desreiglée[4], et est util qui ne s'employe qu'aux estats malades, comme la medecine; en ceux où le vulgaire, où les ignorans, où tous ont tout peu, comme celuy d'Athenes, de Rhodes et de Rome, et où les choses ont esté en perpetuelle tempeste, là ont afflué les orateurs. Et, à la verité, il se void peu de personnages, en ces republiques là, qui se soient poussez en grand credit sans le secours de l'éloquence; Pompeius, Cæsar, Crassus, Lucullus, Lentulus, Metellus ont pris de là leur grand appuy à se monter à cette grandeur d'authorité où ils sont en fin arrivez, et s'en sont aydez plus que des armes; *(c)* contre l'opinion des meilleurs temps. Car L. Volumnius, parlant en public en faveur de l'election au consulat faicte des personnes de Q. Fabius et P. Decius : « Ce sont gens nays à la guerre, grands aux effects; au combat du babil, rudes : esprits vrayement consulaires; les subtils, eloquens et sçavans sont bons pour la ville, Preteurs à faire justice », dict-il[5].

(a) L'eloquence a fleury le plus à Rome lors que les affaires ont esté en plus mauvais estat, et que l'orage des guerres civiles les agitoit : comme un champ libre et indompté porte les herbes plus gaillardes. Il semble par là que les polices qui dependent d'un monarque en ont moins de besoin que les autres; car la bestise et facilité qui se trouve en la commune, et qui la rend subjecte à estre maniée et contournée par les oreilles au doux son de cette harmonie, sans venir à poiser et connoistre la verité des choses par la force de la raison, cette facillité, dis-je, ne se trouve pas si aisément en un seul; et est plus aisé de le garentir par bonne institution et bon conseil de l'impression de cette poison. On n'a pas veu sortir de Macedoine, ny de Perse, aucun orateur de renom.

J'en ay dict ce mot sur le subject d'un Italien que je vien
d'entretenir, qui a servy le feu Cardinal Caraffe[1] de
maiſtre d'hoſtel jusques à sa mort. Je luy faisoy compter
de sa charge. Il m'a fait un discours de cette science de
gueule avec une gravité et contenance magiſtrale, comme
s'il m'euſt parlé de quelque grand poinct de Theologie.
Il m'a dechifré une difference d'appetits : celuy qu'on a à
jeun, qu'on a après le second et tiers service ; les moyens
tantoſt de luy plaire simplement, tantoſt de l'eveiller et
picquer ; la police de ses sauces, premierement en general,
et puis particularisant les qualitez des ingrediens et leurs
effects ; les differences des salades selon leur saison, celle
qui doit eſtre reschaufée, celle qui veut eſtre servie froide,
la façon de les orner et embellir pour les rendre encores
plaisantes à la veuë. Après cela, il eſt entré sur l'ordre du
service, plein de belles et importantes considerations,

> *(b) nec minimo sane discrimine refert*
> *Quo geſtu lepores, et quo gallina secetur*[2].

(a) Et tout cela enflé de riches et magnifiques parolles,
et celles mesmes qu'on employe à traiter du gouvernement d'un Empire. Il m'eſt souvenu de mon homme :

> *Hoc salsum eſt, hoc aduſtum eſt, hoc lautum eſt parum,*
> *Illud rectè ; iterum sic memento ; sedulo*
> *Moneo quæ possum pro mea sapientia.*
> *Poſtremo, tanquam in speculum, in patinas, Demea,*
> *Inspicere jubeo, et moneo quid facto usus sit*[3].

Si eſt-ce que les Grecs mesmes loüerent grandement
l'ordre et la disposition que Paulus Æmilius observa au
feſtin qu'il leur fit au retour de Macedoine[4] ; mais je ne
parle point icy des effects, je parle des mots.

Je ne sçay s'il en advient aux autres comme à moy ;
mais je ne me puis garder, quand j'oy nos architectes
s'enfler de ces gros mots de pilaſtres, architraves, corni-
ches, d'ouvrage Corinthien et Dorique, et semblables de
leur jargon, que mon imagination ne se saisisse, incontinent du palais d'Apolidon[5] ; et, par effect, je trouve que
ce sont les chetives pieces de la porte de ma cuisine.

(b) Oyez dire metonomie, metaphore, allegorie et
autres tels noms de la grammaire, semble-t-il pas qu'on
signifie quelque forme de langage rare et pellegrin ? Ce
sont titres qui touchent le babil de voſtre chambriere.

*(a)*C'est une piperie voisine à cettecy, d'appeller les offices de nostre estat par les titres superbes des Romains[1], encore qu'ils n'ayent aucune ressemblance de charge, et encores moins d'authorité et de puissance. Et cette-cy aussi, qui servira, à mon advis, un jour de tesmoignage d'une singuliere ineptie de nostre siecle, d'employer indignement, à qui bon nous semble, les surnoms les plus glorieux dequoy l'ancienneté ait honoré un ou deux personnages en plusieurs siecles. Platon a emporté ce surnom de divin par un consentement universel, que aucun n'a essayé luy envier; et les Italiens, qui se vantent, et avecques raison, d'avoir communément l'esprit plus esveillé et le discours plus sain que les autres nations de leur temps, en viennent d'estrener l'Aretin, auquel, sauf une façon de parler bouffie et bouillonnée de pointes, ingenieuses à la verité, mais recherchées de loing et fantasques, et outre l'eloquence en fin, telle qu'elle puisse estre, je ne voy pas qu'il y ait rien au dessus des communs autheurs de son siecle; tant s'en faut qu'il approche de cette divinité ancienne. Et le surnom de grand, nous l'attachons à des Princes qui n'ont rien au dessus de la grandeur populare.

CHAPITRE LII

DE LA PARSIMONIE DES ANCIENS

(a) Attilius Regulus, general de l'armée Romaine en Afrique, au milieu de sa gloire et de ses victoires contre les Carthaginois, escrivit à la chose publique qu'un valet de labourage qu'il avoit laissé seul au gouvernement de son bien, qui estoit en tout sept arpents de terre, s'en estoit enfuy, ayant desrobé ses utils de labourage, et demandoit congé pour s'en retourner et y pourvoir, de peur que sa femme et ses enfans n'en eussent à souffrir; le Senat pourveut à commettre un autre à la conduite de ses biens, et luy fist restablir ce qui luy avoit esté desrobé, et ordonna que sa femme et enfans seroient nourris aux despens du public[2].

Le vieux Caton, revenant d'Espaigne Consul, vendit son cheval de service pour espargner l'argent qu'il eut couté à le ramener par mer en Italie; et, estant au gouvernement de Sardaigne, faisoit ses visitations à pied n'ayant avec luy autre suite qu'un officier de la chose publique, qui luy portoit sa robbe, et un vase à faire des sacrifices; et le plus souvent il pourtoit sa male luy mesme. Il se vantoit de n'avoir jamais eu robbe qui eust cousté plus de dix escus, ny avoir envoyé au marché plus de dix sols pour un jour; et, de ses maisons aux champs, qu'il n'en avoit aucune qui fut crepie et enduite par dehors[1]. Scipion Æmilianus, après deux triomphes et deux Consulats, alla en legation avec sept serviteurs seulement[2]. On tient qu'Homere n'en eust jamais qu'un; Platon, trois; Zenon, le chef de la secte Stoïque, pas un[3].

(b) Il ne fut taxé que cinq sols et demy[4], pour un jour, à Tyberius Gracchus allant en commission pour la chose publique, estant lors le premier homme des Romains.

CHAPITRE LIII

D'UN MOT DE CÆSAR

(a) SI nous nous amusions par fois à nous considerer, et le temps que nous mettons à contreroller autruy et à connoistre les choses qui sont hors de nous, que nous l'emploissions à nous sonder nous mesmes, nous sentirions aisément combien toute cette nostre contexture est bastie de pieces foibles et defaillantes. N'est-ce pas un singulier tesmoignage d'imperfection, ne pouvoir r'assoir nostre contentement en aucune chose, et que, par desir mesme et imagination, il soit hors de nostre puissance de choisir ce qu'il nous faut? Dequoy porte bon tesmoignage cette grande dispute qui a toujours esté entre les Philosophes pour trouver le souverain bien de l'homme, et qui dure encores et durera eternellement, sans resolution et sans accord;

> *(b) dum abest quod avemus, id exuperare videtur*
> *Cetera; post aliud cum contigit illud avemus,*
> *Et sitis æqua tenet[5].*

(a) Quoy que ce soit qui tombe en nostre connoissance et jouissance, nous sentons qu'il ne nous satisfaict pas, et allons beant après les choses advenir et inconnuës, d'autant

que les presentes ne nous soulent point : non pas, à mon advis, qu'elles n'ayent assez dequoy nous souler, mais c'est que nous les saisissons d'une prise malade et desreglée,

(b) Nam, cum vidit hic, ad usum quæ flagitat usus,
Omnia jam ferme mortalibus esse parata,
Divitiis homines et honore et laude potentes
Affluere, atque bona natorum excellere fama,
Nec minus esse domi cuiquam tamen anxia corda,
Atque animum infestis cogi servire querelis :
Intellexit ibi vitium vas efficere ipsum,
Omniáque illius vitio corrumpier intus,
Quæ collata foris et commoda quæque venirent[1].

(a) Nostre appetit est irresolu et incertain ; il ne sçait rien tenir, n'y rien jouyr de bonne façon. L'homme, estimant que ce soit le vice de ces choses, se remplit et se paist d'autres choses qu'il ne sçait point et qu'il ne cognoit point, où il applique ses desirs et ses esperances, les prend en honneur et reverence ; comme dict Cæsar, « *communi fit vitio naturæ ut invisis, latitantibus atque incognitis rebus magis confidamus, vehementiúsque exterreamur*[2] ».

CHAPITRE LIV

DES VAINES SUBTILITEZ

(a) Il est de ces subtilitez frivoles et vaines, par le moyen desquelles les hommes cherchent quelquesfois de la recommandation ; comme les poëtes qui font des ouvrages entiers de vers commençans par une mesme lettre ; nous voyons des œufs, des boules, des aisles, des haches façonnées anciennement par les Grecs avec la mesure de leurs vers, en les alongeant ou accoursissant, en maniere qu'ils viennent à representer telle ou telle figure. Telle estoit la science de celuy qui s'amusa à conter en combien de sortes se pouvoient renger les lettres de l'alphabet, et y en trouva ce nombre incroiable qui se void dans Plutarque[3]. Je trouve bonne l'opinion de celuy à qui on presenta un homme apris à jetter de la main un grain de mil avec telle industrie que, sans faillir, il le passoit tousjours dans le trou d'une esguille, et luy demanda l'on, après, quelque present pour loyer d'une si rare suffisance ;

surquoy il ordonna, bien plaisamment, et justement à mon advis, qu'on fist donner à cet ouvrier deux ou trois minots[1] de mil, affin qu'un si bel art ne demeurast sans exercice. C'est un tesmoignage merveilleux de la foiblesse de nostre jugement, qu'il recommande les choses par la rareté ou nouvelleté, ou encore par la difficulté, si la bonté et utilité n'y sont joinctes.

Nous venons presentement de nous jouër chez moy à qui pourroit trouver plus de choses qui se tiennent par les deux bouts extremes; comme *Sire*, c'est un tiltre qui se donne à la plus eslevée personne de nostre estat, qui est le Roy, et se donne aussi au vulgaire, comme aux marchans, et ne touche point d'entre deux. Les femmes de qualité, on les nomme Dames; les moyennes, Damoiselles; et Dames encore, celles de la plus basse marche.

(b) Les dez qu'on estend sur les tables ne sont permis qu'aux maisons des princes et aux tavernes.

(a) Democritus disoit que les dieux et les bestes avoient les sentimens plus aiguz que les hommes, qui sont au moyen estage[2]. Les Romains portoient mesme accoutrement les jours de deuil et les jours de feste. Il est certain que la peur extreme et l'extreme ardeur de courage troublent également le ventre et le laschent.

(c) Le saubriquet de Tremblant, duquel le XIIᵉ Roy de Navarre, Sancho[3], fut surnommé, aprend que la hardiesse aussi bien que la peur font tremousser nos membres. Et celuy à qui ses gens qui l'armoient, voïant frissoner la peau, s'essayoient de le rasseurer en appetissans le hasard auquel il s'alloit presanter, leur dict : « Vous me connoissez mal. Si ma chair sçavoit où mon courage la portera tantost, elle s'en transiroit tout à plat. »

(a) La foiblesse qui nous vient de froideur et desgoutement aux exercices de Venus, elle nous vient aussi d'un appetit trop vehement et d'une chaleur desreglée. L'extreme froideur et l'extreme chaleur cuisent et rotissent. Aristote dict que les cueus de plomb se fondent et coulent de froid et de la rigueur de l'hyver, comme d'une chaleur vehemente. *(c)* Le desir et la satieté remplissent de douleur les sieges au dessus et au dessous de la volupté. *(a)* La bestise et la sagesse se rencontrent en mesme point de sentiment et de resolution à la souffrance des accidens humains; les Sages gourmandent et commandent le mal, et les autres l'ignorent; ceux-cy sont, par maniere de dire,

au deçà des accidens, les autres au delà; lesquels, après en avoir bien poisé et consideré les qualitez, les avoir mesurez et jugez tels qu'ils sont, s'eslancent au-dessus par la force d'un vigoureux courage; ils les desdaignent et foulent aux pieds, ayant une ame forte et solide, contre laquelle les traicts de la fortune venant à donner, il est force qu'ils rejalissent et s'émoussent, trouvant un corps dans lequel ils ne peuvent faire impression; l'ordinaire et moyenne condition des hommes loge entre ces deux extremitez, qui est de ceux qui apperçoivent les maux, les sentent, et ne les peuvent supporter. L'enfance et la decrepitude se rencontrent en imbecillité de cerveau; l'avarice et la profusion, en pareil desir d'attirer et *(c)* d'acquerir.

(b) Il se peut dire, avec apparence, qu'il y a ignorance abecedaire, qui va devant la science; une autre, doctorale, qui vient après la science : ignorance que la science faict et engendre, tout ainsi comme elle deffaict et destruit la premiere.

(b) Des esprits simples, moins curieux et moins instruicts, il s'en faict de bons Chrestiens qui, par reverence et obeissance, croient simplement et se maintiennent soubs les loix. En la moyenne vigueur des esprits et moyenne capacité s'engendre l'erreur des opinions; ils suyvent l'apparence du premier sens, et ont quelque tiltre d'interpreter à simplicité et bestise de nous voir arrester en l'ancien train, regardant à nous qui n'y sommes pas instruicts par estude. Les grands esprits, plus rassis et clairvoians, font un autre genre de bien croyans; lesquels, par longue et religieuse investigation, penetrent une plus profonde et abstruse lumiere ès escriptures, et sentent le misterieux et divin secret de nostre police Ecclesiastique. Pourtant en voyons nous aucuns estre arrivez à ce dernier estage par le second, avec merveilleux fruict et confirmation, comme à l'extreme limite de la Chrestienne intelligence, et jouyr de leur victoire avec consolation, action de graces, reformation de meurs et grande modestie. Et en ce rang n'entens-je pas loger ces autres qui, pour se purger du soubçon de leur erreur passé, et pour nous asseurer d'eux, se rendent extremes, indiscrets et injustes à la conduite de nostre cause, et la taschent d'infinis reproches de violence.

(c) Les paisants simples sont honnestes gens, et honnestes gens les philosophes, ou, selon nostre temps[1], des

natures fortes et claires, enrichies d'une large instruction
de sciences utiles. Les mestis qui ont dedaigné le premier
siege d'ignorance de lettres, et n'ont peu joindre l'autre
(le cul entre deux selles, desquels je suis, et tant d'autres),
sont dangereux, ineptes, importuns; ceux icy troublent le
monde. Pourtant, de ma part, je me recule tant que je
puis dans le premier et naturel siege, d'où je me suis pour
neant essayé de partir.

La poësie populaire et purement naturelle a des naïvetez
et graces par où elle se compare à la principale beauté de
la poësie parfaicte selon l'art; comme il se void ès villa-
nelles de Gascongne[1] et aux chansons qu'on nous rapporte des nations qui n'ont congnoissance d'aucune
science, ny mesme d'escriture. La poësie mediocre qui
s'arreste entre deux, est desdaignée, sans honneur et
sans prix.

(a) Mais parce que, après que le pas a esté ouvert à
l'esprit, j'ay trouvé, comme il advient ordinairement, que
nous avions pris pour un exercice malaisé et d'un rare
subject ce qui ne l'est aucunement; et qu'après que nostre
invention a esté eschaufée, elle descouvre un nombre
infiny de pareils exemples, je n'en adjousteray que cettuy-
cy; que si ces essays estoyent dignes qu'on en jugeat, il en
pourroit advenir, à mon advis, qu'ils ne plairoient guiere
aux esprits communs et vulgaires, ny guiere aux singuliers
et excellens[2]; ceux-là n'y entendroient pas assez, ceux-cy
y entendroient trop; ils pourroient vivoter en la moyenne
region[3].

CHAPITRE LV

DES SENTEURS

(a) Il se dict d'aucuns, comme d'Alexandre le grand,
que leur sueur espandoit un' odeur souefve, par
quelque rare et extraordinaire complexion; dequoy Plutarque[4] et autres[5] recherchent la cause. Mais la commune
façon des corps est au contraire; et la meilleure condition
qu'ils ayent, c'est d'estre exempts de senteur. La douceur
mesmes des halaines plus pures n'a rien de plus excellent
que d'estre sans aucune odeur qui nous offense, comme
sont celles des enfans bien sains. Voylà pourquoy, dict
Plaute,

Mulier tum benè olet, ubi nihil olet[1]

la plus parfaicte senteur d'une femme, c'est ne sentir à rien, *(b)* comme on dict que la meilleure odeur de ses actions c'est qu'elles soyent insensibles et sourdes. *(a)* Et les bonnes senteurs estrangieres, on a raison de les tenir pour suspectes à ceux qui s'en servent, et d'estimer qu'elles soyent employées pour couvrir quelque defaut naturel de ce costé-là. D'où naissent ces rencontres des Poëtes anciens : c'est puïr que de santir bon,

> *Rides nos, Coracine, nil olentes,*
> *Malo quam bene olere, nil olere*[2].

Et ailleurs :

> *Posthume, non benè olet, qui benè semper olet*[3].

(b) J'ayme pourtant bien fort à estre entretenu de bonnes senteurs, et hay outre mesure les mauvaises, que je tire de plus loing que tout autre :

> *Namque sagacius unus odoror,*
> *Polypus, an gravis hirsutis cubet hircus in alis,*
> *Quam canis acer ubi lateat sus*[4].

(c) Les senteurs plus simples et naturelles me semblent plus aggreables. Et touche ce soing principalement les dames. En la plus espesse barbarie, les femmes Scythes, apres s'estre lavées, se saupoudrent et encroustent tout le corps et le visage de certaine drogue qui naist en leur terroir, odoriferante; et, pour approcher les hommes, ayans osté ce fard, elles s'en trouvent et polies et parfumées[5].

(b) Quelque odeur que ce soit, c'est merveille combien elle s'attache à moy et combien j'ay la peau propre à s'en abreuver. Celuy qui se plaint de nature, dequoy elle a laissé l'homme sans instrument à porter les senteurs au nez, a tort; car elles se portent elles mesmes. Mais à moy particulierement, les moustaches, que j'ay pleines, m'en servent. Si j'en approche mes gans ou mon mouchoir, l'odeur y tiendra tout un jour. Elles accusent le lieu d'où je viens. Les estroits baisers de la jeunesse, savoureux, gloutons et gluans, s'y colloyent autresfois, et s'y tenoient plusieurs heures après. Et si pourtant, je me trouve peu subject aux maladies populaires, qui se chargent par la

conversation et qui naissent de la contagion de l'air; et me suis sauvé de celles de mon temps, dequoy il y en a eu plusieurs sortes en nos villes et en noz armées. *(c)* On lit de Socrates[1] que, n'estant jamais party d'Athenes pendant plusieurs recheutes de peste qui la tourmanterent tant de fois, luy seul ne s'en trouva jamais plus mal. *(b)* Les medecins pourroient, croi-je, tirer des odeurs plus d'usage qu'ils ne font; car j'ay souvent aperçeu qu'elles me changent, et agissent en mes esprits selon qu'elles sont; qui me faict approuver ce qu'on dict, que l'invention des encens et parfums aux Eglises, si ancienne et espandue en toutes nations et religions, regarde à cela de nous resjouir, esveiller et purifier le sens pour nous rendre plus propres à la contemplation.

(c) Je voudrois bien, pour en juger, avoir eu ma part de l'art de ces cuisiniers qui sçavent assaisonner les odeurs estrangeres avecq la saveur des viandes, comme singulierement on remarqua au service de ce Roy de Thunes[2], qui, de nostre aage, print terre à Naples pour s'aboucher avec l'Empereur Charles. On farcissoit ses viandes de drogues odoriférantes, de telle somptuosité qu'un Paon et deux faisans revenoient à cent ducats, pour les apprester selon leur maniere; et, quand on les despeçoit, remplissoient non seulement la salle, mais toutes les chambres de son palais, et jusques aux maisons du voisinage, d'une très soüefve vapeur qui ne se perdoit pas si tost.

(b) Le principal soing que j'aye à me loger, c'est de fuir l'air puant et poisant. Ces belles villes, Venise et Paris, alterent la faveur que je leur porte, par l'aigre senteur, l'une de son marets, l'autre de sa boue.

CHAPITRE LVI

DES PRIERES

(a) JE propose des fantasies informes et irresolues, comme font ceux qui publient des questions doubteuses à debattre aux escoles; non pour establir la verité, mais pour la chercher. Et les soubmets au jugement de ceux à qui il touche de regler non seulement mes actions et mes escris, mais encore mes pensées.

Esgalement m'en sera acceptable et utile la condemnation comme l'approbation, *(c)* tenant pour execrable s'il se trouve chose ditte par moy ignoramment ou inadvertamment[1] contre les sainctes prescriptions de l'Eglise catholique, apostolique et Romaine, en laquelle je meurs et en laquelle je suis nay[2]. *(a)* Et pourtant, me remettant tousjours à l'authorité de leur censure, qui peut tout sur moy, je me mesle ainsi temerairement à toute sorte de propos, comme icy.

Je ne sçay si je me trompe, mais, puis que, par une faveur particuliere de la bonté divine, certaine façon de priere nous a esté prescripte et dictée mot à mot par la bouche de Dieu, il m'a tousjours semblé que nous en devions avoir l'usage plus ordinaire que nous n'avons. Et, si j'en estoy creu, à l'entrée et à l'issue de nos tables, à nostre lever et coucher, et à toutes actions particulieres ausquelles on a accoustumé de mesler des prieres, je voudroy que ce fut le patenostre que les Chrestiens y employassent, *(c)* sinon seulement, au moins tousjours. *(a)* L'Eglise peut estendre et diversifier les prieres selon le besoing de notre instruction, car je sçay bien que c'est tousjours mesme substance et mesme chose. Mais on devoit donner à celle là ce privilège, que le peuple l'eust continuellement en la bouche : car il est certain qu'elle dit tout ce qu'il faut, et qu'elle est très propre à toutes occasions. *(c)* C'est l'unique priere de quoy je me sers par tout, et la repete au lieu d'en changer.

D'où advient-il que je n'en ay aussi bien en memoire que celle-là.

(a) J'avoy presentement en la pensée d'où nous venoit cett'erreur de recourir à Dieu en tous nos desseins et entreprinses, *(b)* et l'appeller à toute sorte de besoing et en quelque lieu que nostre foiblesse veut de l'aide, sans considerer si l'occasion est juste ou injuste; et de escrier son nom et sa puissance, en quelque estat et action que nous soyons, pour vitieuse qu'elle soit.

(a) Il est bien nostre seul et unique protecteur, *(c)* et peut toutes choses à nous ayder; *(a)* mais, encore qu'il daigne nous honorer de cette douce aliance paternelle, il est pourtant autant juste comme il est bon *(c)* et comme il est puissant. Mais il use bien plus souvent de sa justice que de son pouvoir, *(a)* et nous favorise selon la raison d'icelle, non selon noz demandes.

(c) Platon, en ses *Loix*[1], faict trois sortes d'injurieuse creance des Dieux : Qu'il n'y en ayt point; qu'ils ne se meslent pas de nos affaires; qu'ils ne refusent rien à noz vœux, offrandes et sacrifices. La premiere erreur, selon son advis, ne dura jamais immuable en homme depuis son enfance jusques à sa vieillesse. Les deux suivantes peuvent souffrir de la constance.

(a) Sa justice et sa puissance sont inseparables. Pour neant implorons nous sa force en une mauvaise cause. Il faut avoir l'ame nette, au moins en ce moment auquel nous le prions, et deschargée de passions vitieuses[2]; autrement nous luy presentons nous mesmes les verges dequoy nous chastier. Au lieu de rabiller nostre faute, nous la redoublons, presentans à celuy à qui nous avons à demander pardon une affection pleine d'irreverence et de haine. Voylà pourquoy je ne loüe pas volontiers ceux que je voy prier Dieu plus souvent et plus ordinairement, si les actions voisines de la priere ne me tesmoignent quelque amendement et reformation,

(b) *si, nocturnus adulter,*
Tempora Sanctonico velas adoperta cucullo[3].

(c) Et l'assiette d'un homme, meslant à une vie execrable la devotion, semble estre aucunement plus condemnable que celle d'un homme conforme à soy, et dissolu par tout. Pourtant refuse nostre Eglise tous les jours la faveur de son entrée et societé aux meurs obstinées à quelque insigne malice.

(a) Nous prions par usage et par coustume, ou, pour mieux dire, nous lisons ou prononçons nos prieres. Ce n'est en fin que mine.

(b) Et me desplaist de voir faire trois signes de croix au *benedicite,* autant à *graces* (et plus m'en desplaist-il de ce que c'est un signe que j'ay en reverence et continuel usage, *(c)* mesmement au bailler), *(b)* et ce pendant, toutes les autres heures du jour, les voir occupées à la haine, l'avarice, l'injustice[4]. Aux vices leur heure, son heure à Dieu, comme par compensation et composition. C'est miracle de voir continuer des actions si diverses d'une si pareille teneur qu'il ne s'y sente point d'interruption et d'alteration aux confins mesme et passage de l'une à l'autre.

(c) Quelle prodigieuse conscience se peut donner repos, nourrissant en mesme giste, d'une société si accordante et

si paisible, le crime et le juge? Un homme de qui la paillardise sans cesse regente la teste, et qui la juge très-odieuse à
la veuë divine, que dict-il à Dieu, quand il luy en parle?
Il se rameine; mais soudain il rechoit. Si l'object de la
divine justice et sa presence frappoient comme il dict, et
chastioient son ame, pour courte qu'en fust la penitence,
la crainte mesme y rejetteroit si souvent sa pensée, qu'incontinent il se verroit maistre de ces vices qui sont habi-
tués et acharnés en luy. Mais quoy! ceux qui couchent
une vie entiere sur le fruict et emolument du peché qu'ils
sçavent mortel? Combien avons-nous de mestiers et vacations reçeuës, dequoy l'essence est vicieuse! Et celuy qui,
se confessant à moy, me recitoit avoir tout un aage faict
profession et les effects d'une religion damnable selon luy,
et contradictoire à celle qu'il avoit en son cœur, pour ne
perdre son credit et l'honneur de ses charges[1], comment
patissoit-il ce discours en son courage? De quel langage entretiennent-ils sur ce subject la justice divine? Leur
repentance consistant en visible et maniable reparation, ils
perdent et envers Dieu et envers nous le moyen de l'alleguer. Sont-ils si hardis de demander pardon sans satisfaction et sans repentance? Je tiens que de ces premiers il
en va comme de ceux icy; mais l'obstination n'y est pas
si aisée à convaincre. Cette contrarieté et volubilité
d'opinion si soudaine, si violente, qu'ils nous feignent,
sent pour moy au miracle. Ils nous representent l'estat
d'une indigestible agonie. Que l'imagination me sembloit
fantastique, de ceux qui, ces années passées, avoient en
usage de reprocher à tout chacun en qui il reluisoit
quelque clarté d'esprit, professant la relligion Catholique,
que c'estoit à feinte, et tenoient mesme, pour luy faire
honneur, quoy qu'il dict par apparence, qu'il ne pouvoit
faillir au dedans d'avoir sa creance reformée à leur pied.
Fascheuse maladie, de se croire si fort qu'on se persuade
qu'il ne se puisse croire au contraire. Et plus fascheuse
encore qu'on se persuade d'un tel esprit qu'il prefere
je ne sçay quelle disparité de fortune presente aux esperances et menaces de la vie eternelle. Ils m'en peuvent
croire. Si rien eust deu tenter ma jeunesse, l'ambition du
hazard et difficulté qui suivoient cette recente entreprinse[2]
y eust eu bonne part.

(a) Ce n'est pas sans grande raison, ce me semble, que
l'Eglise defend l'usage promiscue, temeraire et indiscret

des sainctes et divines chansons que le Sainct Esprit a dicté
en David[1]. Il ne faut mesler Dieu en nos actions qu'avecque reverence et attention pleine d'honneur et de
respect[2]. Cette voix est trop divine pour n'avoir autre
usage que d'exercer les poulmons et plaire à nos oreilles;
c'est de la conscience qu'elle doit estre produite, et non
pas de la langue. Ce n'est pas raison qu'on permette
qu'un garçon de boutique, parmy ces vains et frivoles
pensemens, s'en entretienne et s'en joué.

(b) Ny n'est certes raison de voir tracasser par une sale
et par une cuysine[3] le Sainct livre des sacrez mysteres de
nostre creance. *(c)* C'estoyent autrefois mysteres; ce sont
à present desduits et esbats. *(b)* Ce n'est pas en passant et
tumultuairement qu'il faut manier un estude si serieuz
et venerable. Ce doibt estre une action destinée et rassise,
à laquelle on doibt tousjours adjouster cette preface de
nostre office : « *Sursum corda* », et y apporter le corps
mesme disposé en contenance qui tesmoigne une particuliere attention et reverence.

(c) Ce n'est pas l'estude de tout le monde, c'est l'estude
des personnes qui y sont vouées, que Dieu y appelle. Les
meschans, les ignorans s'y empirent. Ce n'est pas une
histoire à compter, c'est une histoire à reverer, craindre,
adorer. Plaisantes gens qui pensent l'avoir rendue maniable au peuple, pour l'avoir mise en langage populaire!
Ne tient-il qu'aux mots qu'ils n'entendent tout ce qu'ils
trouvent par escrit? Diray-je plus? Pour l'en approcher
de ce peu, ils l'en reculent. L'ignorance pure et remise
toute en autruy estoit bien plus salutaire et plus sçavante
que n'est cette science verbale et vaine, nourrice de
presomption et de temerité.

(b) Je croi aussi que la liberté à chacun de dissiper une
parole si religieuse et importante à tant de sortes d'idio-
mes a beaucoup plus de danger que d'utilité. Les Juifs,
les Mahometans, et quasi tous autres, ont espousé et
reverent le langage auquel originellement leurs mysteres
avoyent esté conceuz, et en est defendue l'alteration et
changement; non sans apparance. Sçavons nous bien
qu'en Basque[4] et en Bretaigne, il y ayt des Juges assez pour
establir cette traduction faicte en leur langue? L'Eglise universelle n'a point de Jugement plus ardu à faire, et plus
solenne. En preschant et parlant, l'interpretation est vague,
libre, muable, et d'une parcelle; ainsi ce n'est pas de mesme.

(c) L'un de noz historiens Grecs[1] accuse justement son
siecle de ce que les secrets de la religion Chrestienne
estoient espandus emmy la place, és mains des moindres
artisans; que chacun en peut debattre et dire selon son
sens; et que ce nous devoit estre grande honte, qui, par la
grace de Dieu, jouïssons des purs mysteres de la pieté, de
les laisser profaner en la bouche de personnes ignorantes
et populaires, veu que les Gentils interdisoient à Socrates,
à Platon et aux plus sages, de parler et s'enquerir des
choses commises aux Prestres de Delphes. Dict aussi que
les factions des Princes sur le subject de la Theologie sont
armées non de zele, mais de cholere; que le zele tient de la
divine raison et justice, se conduisant ordonnément et
moderément; mais qu'il se change en haine et envie, et
produit, au lieu du froment et du raisin, de l'yvraye et des
orties quand il est conduit d'une passion humaine. Et
justement aussi cet autre, conseillant l'Empereur Theo-
dose, disoit les disputes n'endormir pas tant les schismes
de l'Eglise, que les esveiller et animer les Heresies; que
pourtant il faloit fuir toutes contentions et argumentations dialectiques, et se rapporter nuement aux prescriptions et formules de la foy establies par les anciens. Et
l'Empereur Androdicus, ayant rencontré en son palais
deux grands hommes aux prises de parole contre Lopadius sur un de noz points de grande importance, les tança
jusques à menacer de les jetter en la riviere, s'ils conti-
nuoient.

Les enfans et les femmes, en noz jours, regentent les
plus vieux et experimentez sur les loix ecclesiastiques, là
où la premiere de celles de Platon[2] leur deffend de s'enquerir seulement de la raison des loix civiles qui doivent
tenir lieu d'ordonnances divines; et, permettant aux vieux
d'en communiquer entre eux et avecq le magistrat, il
adjouste : pourveu que ce ne soit pas en presence des
jeunes et personnes profanes.

Un evesque[3] a laissé par escrit que, en l'autre bout du
monde, il y a une Isle que les anciens nommoient Diosco-
ride[4], commode en fertilité de toutes sortes d'arbres et
fruicts et salubrité d'air; de laquelle le peuple est Chrestien, ayant des Eglises et des autels qui ne sont parez que
de croix, sans autres images; grand observateur de jeusnes
et de festes, exacte païeur de dismes aux prestres, et si
chaste que nul d'eux ne peut cognoistre qu'une femme en

sa vie; au demeurant, si contant de sa fortune qu'au milieu
de la mer il ignore l'usage des navires, et si simple que, de
la religion qu'il observe si songneusement, il n'en entend
un seul mot; chose incroyable à qui ne sçauroit les Payens,
si devots idolatres, ne connoistre de leurs Dieux que
simplement le nom et la statue.

L'ancien commencement de *Menalippe,* tragédie d'Euripides, portoit ainsi :

> *O Juppiter, car de toy rien sinon*
> *Je ne connois seulement que le nom*[1]*.*

(b) J'ay veu aussi, de mon temps, faire plainte d'aucuns
escris, de ce qu'ils sont purement humains et philosophiques, sans meslange de Theologie. Qui diroit au contraire, ce ne seroit pourtant sans quelque raison : Que la
doctrine divine tient mieux son rang à part, comme Royne
et dominatrice; Qu'elle doibt estre principale par tout,
poinct suffragante et subsidiaire; Et qu'à l'aventure se
tireroient les exemples à la grammaire, Rhetorique, Logique, plus sortablement d'ailleurs que d'une si sainte
matiere, comme aussi les arguments des Theatres, jeuz et
spectacles publiques; Que les raisons divines se considerent plus venerablement et reveramment seules et en
leur stile, qu'appariées aux discours humains; Qu'il se voit
plus souvent cette faute que les Theologiens escrivent
trop humainement, que cett'autre que les humanistes
escrivent trop peu theologalement : « la Philosophie, dict
Sainct Chrysostome, est pieça banie de l'escole sainte,
comme servante inutile, et estimée indigne de voir, seulement en passant, de l'entrée, le sacraire des saints Thresors
de la doctrine celeste »; Que le dire humain a ses formes
plus basses et ne se doibt servir de la dignité, majesté,
regence, du parler divin. Je luy laisse, pour moy, dire
(c) « *verbis indisciplinatis*[2] », *(b)* fortune, destinée, accident,
heur et malheur, et les Dieux et autres frases, selon sa
mode.

(c) Je propose les fantasies humaines et miennes, simplement comme humaines fantasies, et separement considerées, non comme arrestées et reglées par l'ordonnance
celeste, incapables de doubte et d'altercation; matiere
d'opinion, non matiere de foy; ce que je discours selon
moy, non ce que je croy selon Dieu, comme les enfans
proposent leurs essais; instruisables, non instruisants;

d'une maniere laïque, non clericale, mais très-religieuse
tousjours.

(b) Et ne diroit-on pas aussi sans apparence, que l'ordonnance de ne s'entremettre que bien reservéement
d'escrire de la Religion à tous autres qu'à ceux qui en font
expresse profession, n'auroit pas faute de quelque image
d'utilité et de justice; et, à moy avecq, à l'avanture, de
m'en taire ?

(a) On m'a dict que ceux mesmes qui ne sont pas des
nostres, defendent pourtant entre eux l'usage du nom
de Dieu, en leurs propos communs. Ils ne veulent pas
qu'on s'en serve par une maniere d'interjection ou d'exclamation, ny pour tesmoignage, ny pour comparaison : en
quoy je trouve qu'ils ont raison. Et, en quelque maniere
que ce soit que nous appelons Dieu à nostre commerce
et societé, il faut que ce soit serieusement et religieusement.

Il y a, ce me semble, en Xenophon[1] un tel discours
où il montre que nous devons plus rarement prier Dieu,
d'autant qu'il n'est aisé que nous puissions si souvent
remettre nostre ame en cette assiete reglée, reformée et
devotieuse, où il faut qu'elle soit pour ce faire; autrement
nos prieres ne sont pas seulement vaines et inutiles, mais
vitieuses. « Pardonne nous, disons nous, comme nous par-
donnons à ceux qui nous ont offencez. » Que disons nous
par là, sinon que nous luy offrons nostre ame exempte de
vengeance et de rancune ? Toutesfois nous appellons Dieu
et son ayde au complot de nos fautes, *(c)* et le convions
à l'injustice.

(b)   *Quæ, nisi seductis, nequeas committere divis*[2].

(a) L'avaricieux le prie pour la conservation vaine et
superflue de ses thresors; l'ambitieux, pour ses victoires et
conduite de sa passion; le voleur l'employe à son ayde
pour franchir le hazart et les difficultez qui s'opposent à
l'execution de ses meschantes entreprinses, ou le remercie
de l'aisance qu'il a trouvé à desgosiller un passant. *(c)* Au
pied de la maison qu'ils vont escheller ou petarder, ils
font leurs prieres, l'intention et l'esperance pleine de
cruauté, de luxure, d'avarice.

(b)   *Hoc ipsum quo tu Jovis aurem impellere tentas,*
     Dic agedum, Staio, pro Juppiter, ô bone, clamet,
     Juppiter, at sese non clamet Juppiter ipse[3].

(a) La Royne de Navarre, Marguerite[1], recite d'un jeune prince, et, encore qu'elle ne le nomme pas[2], sa grandeur l'a rendu assez connoissable, qu'allant à une assignation amoureuse, et coucher avec la femme d'un Advocat de Paris, son chemin s'adonnant au travers d'une Eglise, il ne passoit jamais en ce lieu saint, alant ou retournant de son entreprinse, qu'il ne fît ses prieres et oraisons. Je vous laisse à juger, l'ame pleine de ce beau pensement, à quoy il employoit la faveur divine! Toutesfois elle allegue cela pour un tesmoignage de singuliere devotion. Mais ce n'eſt pas par cette preuve seulement qu'on pourroit verifier que les femmes ne sont guieres propres à traiter les matieres de la Theologie.

Une vraye priere et une religieuse reconciliation de nous à Dieu, elle ne peut tomber en une ame impure et soubmise lors mesmes à la domination de Satan. Celuy qui appelle Dieu à son assiſtance pendant qu'il eſt dans le train du vice, il fait comme le coupeur de bourse qui appelleroit la juſtice à son ayde, ou comme ceux qui produisent le nom de Dieu en tesmoignage de mensonge :

> *(b) tacito mala vota susurro*
> *Concipimus[3].*

(a) Il eſt peu d'hommes qui ozassent mettre en evidence les requeſtes secretes qu'ils font à Dieu,

> *Haud cuivis promptum eſt murmurque humilesque susurros*
> *Tollere de templis, et aperto vivere voto[4].*

Voylà pourquoy les Pythagoriens vouloyent qu'elles fussent publiques et ouyes d'un chacun[5], afin qu'on ne le requit de chose indecente et injuſte, comme celuy là,

> *clare cum dixit : Apollo !*
> *Labra movet, metuens audiri : pulchra Laverna,*
> *Da mihi fallere, da juſtum sanctúmque videri.*
> *Noctem peccatis et fraudibus objice nubem[6].*

(c) Les Dieux punirent griefvement les iniques vœux d'Œdipus en les luy ottroyant[7]. Il avait prié que ses enfans vuidassent par armes entre eux la succession de son eſtat. Il fut si miserable de se voir pris au mot. Il ne faut pas demander que toutes choses suivent noſtre volonté, mais qu'elles suivent la prudence.

(a) Il semble, à la verité que nous nous servons de nos

prieres *(c)* comme d'un jargon et *(a)* comme ceux qui
employent les paroles sainctes et divines à des sorcelleries
et effects magiciens; et que nous facions nostre conte que
ce soit de la contexture, ou son, ou suite des motz, ou de
nostre contenance, que depende leur effect. Car, ayant
l'ame pleine de concupiscence, non touchée de repentance,
ny d'aucune nouvelle reconciliation envers Dieu, nous
luy alons presenter ces parolles que la memoire preste à
nostre langue, et esperons en tirer une expiation de nos
fautes. Il n'est rien si aisé, si doux et si favorable que la loy
divine; elle nous appelle à soy, ainsi fautiers et detestables
comme nous sommes; elle nous tend les bras et nous
reçoit en son giron, pour vilains, ords et bourbeux que
nous soyons et que nous ayons à estre à l'advenir. Mais
encore, en recompense, la faut-il regarder de bon œuil.
Encore faut-il recevoir ce pardon avec action de graces;
et, au moins pour cet instant que nous nous addressons
à elle, avoir l'ame desplaisante de ses fautes et ennemie
des passions qui nous ont poussé à l'offencer : *(c)* « Ny
les dieux, ny les gens de bien, dict Platon[1], n'acceptent
le present d'un meschant. »

> *(b) Immunis aram si tetigit manus,*
> *Non somptuosa blandior hostia*
> *Mollivit aversos Penates,*
> *Farre pio et saliente mica[2].*

CHAPITRE LVII

DE L'AAGE

(a)   Je ne puis recevoir la façon dequoy nous establissons la durée de nostre vie. Je voy que les sages
l'acoursissent bien fort au pris de la commune
opinion. « Comment, dict le jeune Caton à ceux qui le
vouloyent empescher de se tuer, suis-je à cette heure en
aage où l'on me puisse reprocher d'abandonner trop tost
la vie[3] ? » Si, n'avoit il que quarante et huict ans[4]. Il estimoit cet aage là bien meur et bien avancé, considerant
combien peu d'hommes y arrivent; et ceux qui s'entretiennent de ce que je ne sçay quel cours, qu'ils nomment
naturel, promet quelques années au delà, ils le pourroient

faire, s'ils avoient privilege qui les exemptast d'un si grand nombre d'accidents ausquels chacun de nous est en bute par une naturelle subjection, qui peuvent interrompre ce cours qu'ils se promettent. Quelle resverie est-ce de s'attendre de mourir d'une defaillance de forces que l'extreme vieillesse apporte, et de se proposer ce but à nostre durée, veu que c'est l'espece de mort la plus rare de toutes et la moins en usage? Nous l'appellons seule naturelle, comme si c'estoit contre nature de voir un homme se rompre le col d'une cheute, s'estoufer d'un naufrage, se laisser surprendre à la peste ou à une pleuresie, et comme si nostre condition ordinaire ne nous presentoit à tous ces inconveniens. Ne nous flatons pas de ces beaux mots : on doit, à l'aventure, appeller plus-tost naturel ce qui est general, commun et universel. Mourir de vieillesse, c'est une mort rare, singuliere et extraordinaire, et d'autant moins naturelle que les autres; c'est la derniere et extreme sorte de mourir; plus elle est esloignée de nous, d'autant est elle moins esperable; c'est bien la borne au delà de laquelle nous n'irons pas, et que la loy de nature a prescript pour n'estre poinct outre-passée; mais c'est un sien rare privilege de nous faire durer jusques là. C'est une exemption qu'elle donne par faveur particuliere à un seul en l'espace de deux ou trois siecles, le deschargeant des traverses et difficultez qu'elle a jetté entre deux en cette longue carriere.

Par ainsi, mon opinion est de regarder que l'aage auquel nous sommes arrivez, c'est un aage auquel peu de gens arrivent. Puis que d'un train ordinaire les hommes ne viennent pas jusques là, c'est signe que nous sommes bien avant. Et, puis que nous avons passé les limites accoustumez, qui est la vraye mesure de nostre vie, nous ne devons esperer d'aller guiere outre; ayant eschappé tant d'occasions de mourir, où nous voyons trebucher le monde, nous devons reconnoistre qu'une fortune extraordinaire comme celle-là qui nous maintient, et hors de l'usage commun, ne nous doit guiere durer.

C'est un vice des loix mesmes d'avoir cette fauce imagination; elles ne veulent pas qu'un homme soit capable du maniement de ses biens, qu'il n'ait vingt et cinq ans; et à peine conservera-t-il jusques lors le maniement de sa vie. Auguste retrancha cinq ans des anciennes ordonnances Romaines[1], et declara qu'il suffisoit à ceux qui prenoient

charge de judicature d'avoir trente ans. Servius Tullius
dispensa les chevaliers qui avoient passé quarante sept
ans des courvées de la guerre[1]; Auguste les remit à
quarante et cinq. De renvoyer les hommes au sejour
avant cinquante cinq ou soixante ans, il me semble n'y
avoir pas grande apparence. Je serois d'advis qu'on
eſtandit noſtre vacation et occupation autant qu'on pourroit, pour la commodité publique; mais je trouve la faute
en l'auſtre coſté, de ne nous y embesongner pas assez toſt.
Cettuy-cy avoit eſté juge universel du monde à dix et neuf
ans, et veut que, pour juger de la place d'une goutiere, on
en ait trente.

Quant à moy, j'eſtime que nos ames sont denoüées à
vingt ans ce qu'elles doivent eſtre, et qu'elles promettent
tout ce qu'elles pourront. Jamais ame, qui n'ait donné en
cet aage arre bien evidente de sa force, n'en donna depuis
la preuve. Les qualitez et vertus naturelles enseignent dans
ce terme là, ou jamais, ce qu'elles ont de vigoureux et de
beau :

> (b) *Si l'espine nou pique quand nai,*
> *A pene que pique jamai*[2],

disent-ils en Dauphiné.

(a) De toutes les belles actions humaines qui sont
venuës à ma connoissance, de quelque sorte qu'elles
soient, je penserois en avoir plus grande part à nombrer
celles qui ont eſté produites, et aux siecles anciens et au
noſtre, avant l'aage de trente ans qu'après; *(c)* ouy, en la
vie de mesmes hommes souvent. Ne le puis-je pas dire en
toute seurté de celle de Hannibal[3], et de Scipion[4] son
grand adversaire?

La belle moitié de leur vie, ils la vescurent de la gloire
acquise en leur jeunesse; grands hommes despuis au pris
de tous autres, mais nullement au pris d'eux-mesmes.
(a) Quant à moy, je tien pour certain que, depuis cet aage,
et mon esprit et mon corps ont plus diminué qu'augmenté,
et plus reculé que avancé. Il eſt possible qu'à ceux qui
emploient bien le temps, la science et l'experience croissent avec la vie; mais la vivacité, la promptitude, la
fermeté, et autres parties bien plus noſtres, plus importantes et essentielles, se fanissent et s'alanguissent.

> (b) *Ubi jam validis quassatum eſt viribus ævi*
> *Corpus, et obtusis ceciderunt viribus artus,*
> *Claudicat ingenium, delirat linguáque ménsque*[5].

Tantost c'est le corps qui se rend le premier à la vieillesse;
par fois aussi, c'est l'ame; et en ay assez veu qui ont eu la
cervelle affoiblie avant l'estomac et les jambes; et d'autant
que c'est un mal peu sensible à qui le souffre et d'une
obscure montre, d'autant est-il plus dangereux. Pour ce
coup, *(a)* je me plains des loix, non pas dequoy elles nous
laissent trop tard à la besongne, mais dequoy elles nous y
emploient trop tard. Il me semble que, considerant la
foiblesse de nostre vie, et à combien d'escueils ordinaires
et naturels elle est exposée, on n'en devroit pas faire si
grande part à la naissance, à l'oisiveté et à l'apprentissage.

FIN DU PREMIER LIVRE

LIVRE SECOND

CHAPITRE PREMIER

DE L'INCONSTANCE DE NOS ACTIONS

(a) CEUX qui s'exercent à contreroller les actions humaines, ne se trouvent en aucune partie si empeschez, qu'à les r'appiesser et mettre à mesme lustre; car elles se contredisent communément de si estrange façon, qu'il semble impossible qu'elles soient parties de mesme boutique. Le jeune Marius se trouve tantost fils de Mars, tantost fils de Venus[1]. Le Pape Boniface huictiesme entra, dit-on, en sa charge comme un renard, s'y porta comme un lion et mourut comme un chien[2]. Et qui croirait que ce fust Neron, cette vraie image de la cruauté, comme on luy presentast à signer, suyvant le stile, la sentence d'un criminel condamné, qui eust respondu : « Pleust à Dieu que je n'eusse jamais sceu escrire! » tant le cœur luy serroit de condamner un homme à mort[3]? Tout est si plein de tels exemples, voire chacun en peut tant fournir à soymesme, que je trouve estrange de voir quelquefois des gens d'entendement se mettre en peine d'assortir ces pieces; veu que l'irresolution me semble le plus commun et apparent vice de nostre nature, tesmoing ce fameux verset de Publius le farceur,

Malum consilium est, quod mutari non potest[4].

(b) Il y a quelque apparence de faire jugement d'un homme par les plus communs traicts de sa vie; mais, veu la naturelle instabilité de nos meurs et opinions, il m'a semblé souvent que les bons autheurs mesmes ont tort de s'opiniastrer à former de nous une constante et solide contexture. Ils choisissent un air universel, et suyvant cette image, vont rengeant et interpretant toutes les actions d'un personnage, et, s'ils ne les peuvent assez tordre, les vont renvoyant à la dissimulation. Auguste leur est eschappé; car il se trouve en cet homme une varieté d'ac-

tions si apparente, soudaine et continuelle, tout le cours de
sa vie, qu'il s'est faict lácher, entier et indeçis, aux plus
hardis juges. Je croy des hommes plus mal aiséement la
constance, que toute autre chose, et rien plus aiséement
que l'inconstance. Qui en jugeroit en destail *(c)* et
distinctement piece à piece, *(b)* rencontreroit plus
souvent à dire vray.

(a) En toute l'ancienneté, il est malaisé de choisir une
douzaine d'hommes qui ayent dressé leur vie à un certain
et asseuré train, qui est le principal but de la sagesse. Car,
pour la comprendre tout'en un mot, dict un ancien[1], et
pour embrasser en une toutes les règles de nostre vie,
« c'est vouloir et ne vouloir pas tousjours mesme chose;
je ne daignerois, dit-il, adjouster : pourveu que la volonté
soit juste; car, si elle n'est juste, il est impossible qu'elle
soit tousjours une ». De vray, j'ay autrefois apris que le
vice, ce n'est que des-reglement et faute de mesure, et par
consequent il est impossible d'y attacher la constance.
C'est un mot de Demosthenes, dit-on, que le commencement de toute vertu, c'est consultation et deliberation; et
la fin et perfection, constance[2]. Si par discours nous entreprenions certaine voie, nous la prendrions la plus belle;
mais nul n'y a pensé,

> *Quod petiit, spernit; repetit quod nuper omisit;*
> *Æstuat, et vitæ disconvenit ordine toto*[3].

Nostre façon ordinaire, c'est d'aller après les inclinations
de nostre apetit, à gauche, à dextre, contre-mont, contre-
bas, selon que le vent des occasions nous emporte. Nous
ne pensons ce que nous voulons, qu'à l'instant que nous
le voulons, et changeons comme cet animal qui prend la
couleur du lieu où on le couche[4]. Ce que nous avons à
cett' heure proposé, nous le changeons tantost, et tantost encore retournons sur nos pas; ce n'est que branle
et inconstance,

> *Ducimur ut nervis alienis mibole lignum*[5].

Nous n'allons pas; on nous emporte, comme les choses
qui flottent, ores doucement, ores avecques violence,
selon que l'eau est ireuse ou bonasse[6] :

> *(b) nonne videmus*
> *Quid sibi quisque velit nescire, et quærere semper,*
> *Commutare locum, quasi onus deponere possit*[7]?

(a) Chaque jour nouvelle fantasie, et se meuvent nos
humeurs avecques les mouvemens du temps,

> *Tales sunt hominum mentes, quali pater ipse*
> *Juppiter auctifero lustravit lumine terras*[1].

(c) Nous flottons entre divers advis; nous ne voulons
rien librement, rien absoluëment, rien constamment[2].

(a) A qui auroit prescript et estably certaines loix et
certaine police en sa teste, nous verrions tout par tout en
sa vie reluire une equalité de meurs, un ordre et une
relation infaillible des unes choses aux autres.

(c) Empedocles remarquoit cette difformité aux
Agrigentins, qu'ils s'abandonoient aux delices comme s'ils
avoient l'endemain à mourir, et bastissoient comme si
jamais ils ne devoient mourir[3].

(a) Le discours en seroit bien aisé à faire, comme il se
voit du jeune Caton; qui en a touché une marche, a tout
touché; c'est une harmonie de sons très-accordans, qui ne
se peut démentir. A nous, au rebours, autant d'actions,
autant faut-il de jugemens particuliers. Le plus seur, à mon
opinion, seroit de les rapporter aux circonstances voisines,
sans entrer en plus longue recherche et sans en conclurre
autre consequence.

Pendant les débauches de nostre pauvre estat, on me
rapporta qu'une fille, bien près de là où j'estoy, s'estoit
precipitée du haut d'une fenestre pour éviter la force d'un
belitre de soldat, son hoste; elle ne s'estoit pas tuée à la
cheute, et, pour redoubler son entreprise, s'estoit voulu
donner d'un cousteau par la gorge, mais on l'en avoit
empeschée, toutefois après s'y estre bien fort blessée. Elle
mesme confessoit que le soldat ne l'avoit encore pressée
que de requestes, sollicitations et presens, mais qu'elle
avoit eu peur qu'en fin il en vint à la contrainte. Et là
dessus les parolles, la contenance et ce sang tesmoing de
sa vertu, à la vraye façon d'une autre Lucrece. Or j'ay
sçeu, à la verité, qu'avant et depuis ell' avoit esté garse
de non si difficile composition. Comme dict le conte[4] :
Tout beau et honneste que vous estes, quand vous aurez
failly vostre pointe, n'en concluez pas incontinent une
chasteté inviolable en vostre maistresse; ce n'est pas à dire
que le muletier n'y trouve son heure.

Antigonus, ayant pris en affection un de ses soldats
pour sa vertu et vaillance, commanda à ses medecins de

le penser d'une maladie longue et interieure qui l'avoit
tourmenté long temps ; et, s'appercevant après sa guerison
qu'il alloit beaucoup plus froidement aux affaires, luy
demanda qui l'avoit ainsi changé et encouardy : « Vous
mesmes, Sire, lui respondit-il, m'ayant deschargé des
maux pour lesquels je ne tenois compte de ma vie[1]. »
Le soldat de Lucullus, ayant esté dévalisé par les ennemis,
fist sur eux, pour se revencher, une belle entreprise.
Quand il se fut r'emplumé de sa perte, Lucullus, l'ayant
pris en bonne opinion, l'emploioit à quelque exploict
hazardeux par toutes les plus belles remonstrances dequoy
il se pouvoit adviser,

> *Verbis quæ timido quoque possent addere mentem*[2].

« Employez y, respondit-il, quelque miserable soldat
dévalisé »,

> *quantumvis rusticus ibit,*
> *Ibit eo, quo vis, qui zonam perdidit, inquit*[3],

et refusa resoluëment d'y aller.

(c) Quand nous lisons[4] que Mechmet ayant outrageuse-
ment rudoyé Chasan, chef de ses Janissaires, de ce qu'il
voyait sa troupe enfoncée par les Hongres, et luy se porter
laschement au combat, Chasan alla, pour toute responce,
se ruer furieusement, seul, en l'estat qu'il estoit, les armes
au poing, dans le premier corps des ennemis qui se
presenta, où il fut soudain englouti ; ce n'est à l'adventure
pas tant justification que ravisement, ny tant sa prouësse
naturelle qu'un nouveau despit.

(a) Celuy que vous vistes hier si avantureuz, ne trouvez
pas estrange de le voir aussi poltron le lendemain : ou la
cholere, ou la necessité, ou la compagnie, ou le vin, ou le
son d'une trompette luy avoit mis le cœur au ventre ; ce
n'est un cœur ainsi formé par discours, ces circonstances
le luy ont fermy ; ce n'est pas merveille si le voylà devenu
autre par autres circonstances contraires.

(c) Cette variation et contradiction qui se void en nous,
si souple, a faict que aucuns[5] nous songent deux ames
d'autres deux puissances qui nous accompaignent et
agitent, chacune à sa mode, vers le bien l'une, l'autre vers
le mal, une si brusque diversité ne se pouvant bien assortir
à un subjet simple.

(b) Non seulement le vent des accidens me remue selon

son inclination, mais en outre je me remue et trouble moy
mesme par l'instabilité de ma posture; et qui y regarde
primement, ne se trouve guere deux fois en mesme estat.
Je donne à mon ame tantost un visage, tantost un autre,
selon le costé où je la couche. Si je parle diversement de
moy, c'est que je me regarde diversement. Toutes les
contrarietez s'y trouvent[1] selon quelque tour et en
quelque façon. Honteux, insolent; *(c)* chaste, luxurieux;
(b) bavard, taciturne; laborieux, delicat; ingenieux,
hebeté; chagrin, debonaire; menteur, veritable; *(c)* sçavant, ignorant, et liberal, et avare, et prodigue, tout cela, je
le vois en moy aucunement, selon que je me vire; et quiconque s'estudie bien attentifvement trouve en soy, voire
et en son jugement mesme, cette volubilité et discordance.
Je n'ay rien à dire de moy, entierement, simplement te
solidement, sans confusion et sans meslange, ny en un
mot. *Distingo* est le plus universel membre de ma logique.

(a) Encore que je sois tousjours d'advis de dire du bien
le bien, et d'interpreter plustost en bonne part les choses qui
le peuvent estre, si est-ce que l'estrangeté de nostre condition porte que nous soyons souvent par le vice mesmes
poussez à bien faire, si le bien faire ne se jugeoit par la
seule intention. Parquoy un fait courageux ne doit pas
conclurre un homme vaillant; celuy qui le feroit bien à
point, il le feroit tousjours, et à toutes occasions. Si
c'estoit une habitude de vertu, et non une saillie, elle
rendroit un homme pareillement resolu à tous accidens,
tel seul qu'en compaignie, tel en camp clos qu'en une
bataille; car quoy qu'on die, il n'y a pas autre vaillance sur
le pavé et autre au camp. Aussi courageusement porteroit
il une maladie en son lict, qu'une blessure au camp, et ne
craindroit non plus la mort en sa maison qu'en un assaut.
Nous ne verrions pas un mesme homme donner dans la
bresche d'une brave asseurance, et se tourmenter après,
comme une femme, de la perte d'un procez ou d'un fils.

(c) Quand, estant lasche à l'infamie, il est ferme à la
pauvreté; quand, estant mol entre les rasoirs des barbiers[2],
il se trouve roide contre les espées des adversaires, l'action
est loüable, non pas l'homme.

Plusieurs Grecs, dict Cicero, ne peuvent veoir les ennemis et se treuvent constants aux maladies; les Cimbres et
Celtiberiens tout le rebours : « *nihi enim potest esse æquabile,
quod non a certa ratione proficiscatur*[3]. »

(b) Il n'est point de vaillance plus extreme en son espece que celle d'Alexandre; mais elle n'est qu'en espece, ny assez pleine par tout, et universelle. *(c)* Toute incomparable qu'elle est, si a elle encore ses taches; *(b)* qui faict que nous le voyons se troubler si esperduement aux plus legieres soubçons qu'il prent des machinations des siens contre sa vie, et se porter en cette recherche d'une si vehemente et indiscrete injustice et d'une crainte qui subvertit sa raison naturelle. La superstition aussi, de quoy il estoit si fort attaint, porte quelque image de pusillanimité. *(c)* Et l'excès de la penitence qu'il fit du meurtre de Clytus est aussi tesmoignage de l'inegalité de son courage.

(a) Nostre faict, ce ne sont que pieces rapportées, *(c)* « *voluptatem contemnunt, in dolore sunt molliores; gloriam negligunt, franguntur infamia*[1] », *(a)* et voulons acquerir un honneur à fauces enseignes. La vertu ne veut estre suyvie que pour elle mesme; et, si on emprunte par fois son masque pour autre occasion, elle nous l'arrache aussi tost du visage. C'est une vive et forte teinture, quand l'ame en est une fois abbrevée, et qui ne s'en va qu'elle n'emporte la piece. Voylà pourquoy, pour juger d'un homme, il faut suivre longuement et curieusement sa trace; si la constance ne s'y maintient de son seul fondement, *(c)* « *cui vivendi via considerata atque provisa est*[2] », *(a)* si la varieté des occurences luy faict changer de pas (je dy de voye, car le pas s'en peut ou haster ou appesantir), laissez le coure; celuy-là s'en va avau le vent, comme dict la devise de nostre Talebot[3].

Ce n'est pas merveille, dict un ancien[4], que le hazard puisse tant sur nous, puis que nous vivons par hazard. A qui n'a dressé en gros sa vie à une certaine fin, il est impossible de disposer les actions particulières. Il est impossible de renger les pieces, à qui n'a une forme du total en sa teste. A quoy faire la provision des couleurs, à qui ne sçait ce qu'il a à peindre? Aucun ne fait certain dessain de sa vie, et n'en deliberons qu'à parcelles. L'archier doit premierement sçavoir où il vise, et puis y accommoder la main, l'arc, la corde, la flesche et les mouvemens. Nos conseils fourvoyent, par ce qu'ils n'ont pas d'adresse et de but. Nul vent fait pour celuy qui n'a point de porte destiné. Je ne suis pas d'advis de ce juge-ment qu'on fit pour Sophocles, de l'avoir argumenté suffisant au maniement des choses domestiques, contre l'accusation de son fils, pour avoir veu l'une de ses tragœdies[1].

(c) Ny ne treuve la conjecture des Pariens, envoyez pour reformer les Milesiens, suffisante à la consequence qu'ils en tirerent. Visitans l'isle, ils remerquoient les terres mieux cultivées et maisons champestres mieux gouvernées; et, ayant enregistré le nom des maistres d'icelles, comme ils eurent faict l'assemblée des citoyens en la ville, ils nommèrent ces maistres-là pour nouveaux gouverneurs et magistrats; jugeant que, souigneus de leurs affaires privées, ils le seroient des publiques[2].

(a) Nous sommes tous de lopins et d'une contexture si informe et diverse, que chaque piece, chaque momant, faict son jeu. Et se trouve autant de difference de nous à nous mesmes, que de nous à autruy. *(c)* « *Magnam rem puta unum hominem agere*[3]. » *(a)* Puis que l'ambition peut apprendre aux hommes et la vaillance, et la tempérance, et la liberalité, voire et la justice; puis que l'avarice peut planter au courage d'un garçon de boutique, nourri à l'ombre et à l'oysiveté, l'asseurance de se jetter si loing du foyer domestique, à la mercy des vagues et de Neptune courroucé, dans un fraile bateau, et qu'elle apprend encore la discretion et la prudence; et que Venus mesme fournit de resolution et de hardiesse la jeunesse encore soubs la discipline et la verge, et gendarme le tendre cœur des pucelles au giron de leurs meres,

> *(b) Hac duce, custodes furtim transgressa jacentes,*
> *Ad Juvenem tenebris sola puella venit*[4] :

(a) ce n'est pas tour de rassis entendement de nous juger simplement par nos actions de dehors; il faut sonder jusqu'au dedans, et voir par quels ressors se donne le bransle; mais, d'autant que c'est une hazardeuse et haute entreprinse, je voudrois que moins de gens s'en meslassent.

CHAPITRE II

DE L'YVRONGNERIE

(a) L E monde n'est que varieté et dissemblance. Les vices sont tous pareils en ce qu'ils sont tous vices, et de cette façon l'entend à l'adventure les Stoiciens.

Mais, encore qu'ils soient également vices, ils ne sont pas
égaux vices. Et que celuy qui a franchi de cent pas les
limites,

> *Quos ultra citráque nequit consistere rectum*[1],

ne soit de pire condition que celuy qui n'en est qu'à
dix pas, il n'est pas croyable; et que le sacrilege ne soit
pire que le larrecin d'un chou de nostre jardin;

> *Nec vincet ratio, tantumdem ut peccet idemque*
> *Qui teneros caules alieni fregerit horti,*
> *Et qui nocturnus divum sacra legerit*[2].

Il y a autant en cela de diversité qu'en aucune autre
chose.

(b) La confusion de l'ordre et mesure des pechez est
dangereuse. Les meurtriers, les traistres, les tyrans y ont
trop d'acquest. Ce n'est pas raison que leur conscience
se soulage sur ce que tel autre ou est oisif, ou est lascif,
ou moins assidu à la devotion. Chacun poise sur le péché
de son compagnon, et esleve le sien. Les instructeurs
mesme les rangent souvent mal à mon gré.

(c) Comme Socrates disoit que le principal office de la
sagesse estoit distinguer les biens et les maux, nous autres,
à qui le meilleur est toujours en vice, devons dire de
mesme de la science de distinguer les vices; sans laquelle
bien exacte le vertueux et le meschant demeurent meslez
et incognus.

(a) Or l'yvrongnerie, entre les autres, me semble un
vice grossier et brutal. L'esprit a plus de part ailleurs; et il
y a des vices qui ont je ne sçay quoy de genereux, s'il le
faut ainsi dire. Il y en a où la science se mesle, la diligence,
la vaillance, la prudence, l'adresse et la finesse; cettuy-cy
est tout corporel et terrestre. Aussi la plus grossiere nation
de celles qui sont aujourd'huy[3], est celle là seule qui le
tient en credit. Les autres vices alterent l'entendement;
cettuy-cy le renverse, *(b)* et estonne le corps :

> *cum vini vis penetravit,*
> *Consequitur gravitas membrorum præpediuntur*
> *Crura vacillanti, tardescit lingua, madet mens,*
> *Nant oculi; clamor, singultus, jurgia gliscunt*[4].

(c) Le pire estat de l'homme, c'est quand il pert la
connoissance et gouvernement de soy.

(a) Et en dict on, entre autres choses, que, comme le

mouſt bouillant dans un vaisseau pousse à mont tout
ce qu'il y a dans le fonds, aussi le vin faiſt desbonder les
plus intimes secrets à ceux qui en ont pris outre mesure[1],

> *(b)* tu sapientium
> Curas et arcanum jocoso
> Consilium retegis Lyæo[2].

(a) Josephe conte[3] qu'il tira le ver du nez à un certain
ambassadeur que les ennemis luy avoyent envoyé, l'ayant
fait boire d'autant. Toutefois Auguſte, s'eſtant fié à
Lucius Piso, qui conquit la Trace, des plus privez affaires
qu'il eut, ne s'en trouva jamais mesconté; ny Tyberius
de Cossus, à qui il se deschargeoit de tous ses conseils,
quoy que nous les sçachons avoir eſté si fort subjeſts
au vin, qu'il en a fallu rapporter souvant du senat et l'un
et l'autre yvre[4],

> *Externo inflatum venas de more Lyæo[5].*

(c) Et commit on aussi fidelement qu'à Cassius, beuveur
d'eauë, à Cimber le dessein de tuer Cæsar, quoy qu'il
s'enyvraſt souvent[6]. D'où il respondit plaisamment :
« Que je portasse un tyran, moy qui ne puis porter le
vin ! » *(a)* Nous voyons nos Allemans, noyez dans le vin,
se souvenir de leur quartier, du mot et de leur rang,

> *(b)* nec facilis viſtoria de madidis, et
> Blæsis, atque mero titubantibus[7].

(c) Je n'eusse pas creu d'yvresse si profonde, eſtoufée
et ensevelie, si je n'eusse leu cecy dans les hiſtoires : qu'Attalus ayant convié à souper, pour luy faire une notable
indignité, ce Pausanias qui, sur ce mesme subjeſt, tua
depuis Philippus, Roy de Macedoine — Roy portant par
ses belles qualitez tesmoignage de la nourriture qu'il
avoir prinse en la maison et compagnie d'Epaminondas,
— il le fit tant boire qu'il peuſt abandonner sa beauté
insensiblement, comme le corps d'une putain buisson-
nière, aux muletiers et nombre d'abjeſts serviteurs de
sa maison[8].

Et ce que m'aprint une dame que j'honnore et prise
singulierement[9], que prés de Bourdeaus, vers Caſtres où
eſt sa maison, une femme de village, veufve, de chaſte
reputation, sentant les premiers ombrages de grossesse,
disoit à ses voisines qu'elle penseroit eſtre enceinte si elle

avoit un mari. Mais, du jour à la journée croissant l'occasion de ce soupçon et en fin jusques à l'évidence, ell'en
vint là de faire declarer au prosne de son eglise que, qui
seroit consent de ce faict, en le advoüant, elle promettoit
de le luy pardonner, et, s'il le trouvoit bon, de l'espouser.
Un sien jeune valet de labourage, enhardy de cette procla-
mation, declara l'avoir trouvée, un jour de feste, ayant
bien largement prins son vin, si profondément endormie
près de son foyer, et si indecemment, qu'il s'en estoit peu
servir, sans l'esveiller. Ils vivent encore mariez ensemble.

(a) Il est certain que l'antiquité n'a pas fort descrié ce
vice. Les escris mesmes de plusieurs Philosophes en
parlent bien mollement; et, jusques aux Stoiciens, il y
en a qui conseillent de se dispenser quelque fois à boire
d'autant, et de s'enyvrer pour relâcher l'ame :

> *(b) Hoc quoque virtutum quondam certamine, magnum*
> *Socratem palmam promeruisse ferunt*[1].

(c) Ce censeur et correcteur des autres, *(a)* Caton, a
esté reproché de bien boire,

> *(b) Narratur et prisci Catonis*
> *Sæpe mero caluisse virtus*[2].

(a) Cyrus, Roy tant renommé, allegue entre ses autres
loüanges, pour se preferer à son frere Artaxerxes, qu'il
sçavoit beaucoup mieux boire que luy[3]. Et és nations
les mieux reiglées et policées, cet essay de boire d'autant
estoit fort en usage. J'ay ouy dire à Silvius[4], excellant
medecin de Paris, que, pour garder que les forces de
nostre estomac ne s'apparessent, il est bon, une fois le
mois, les esveiller par cet excez, et les picquer pour les
garder de s'engourdir[5].

(b) Et escrit-on[6] que les Perses, après le vin, consul-
toient de leurs principaux affaires.

(a) Mon goust et ma complexion est plus ennemie de
ce vice que mon discours. Car, outre ce que je captive
ayséement mes creances soubs l'authorité des opinions
anciennes, je le trouve bien un vice lâche et stupide, mais
moins malicieux et dommageable que les autres, qui
choquent quasi tous de plus droit fil la societé publique.
Et si nous ne nous pouvons donner du plaisir, qu'il ne
nous couste quelque chose, comme ils tiennent, je trouve
que ce vice coute moins à nostre conscience que les

autres; outre ce qu'il n'est point de difficile apprest, et
malaisé à trouver, consideration non mesprisable.

(c) Un homme avancé en dignité et en aage, entre trois
principales commoditez qu'il me disoit luy rester en la
vie, comptoit ceste-cy[1]. Mais il la prenoit mal. La delicatesse y est à fuyr et le souingneux triage du vin. Si vous
fondez vostre volupté à le boire agreable, vous vous
obligez à la douleur de le boire par fois desagreable. Il
faut avoir le goust plus lasche et plus libre. Pour estre bon
beuveur, il ne faut le palais si tendre. Les Allemans
boivent quasi esgalement de tout vin avec plaisir. Leur
fin, c'est l'avaler plus que le gouster. Ils en ont bien
meilleur marché. Leur volupté est bien plus plantureuse
et plus en main. Secondement, boire à la Françoise à deux
repas et moderéement, en crainte de sa santé, c'est trop
restreindre les faveurs de ce Dieu. Il y faut plus de temps
et de constance. Les anciens franchissoient des nuicts
entieres à cet exercice, et y attachoient souvent les jours.
Et si, faut dresser son ordinaire plus large et plus ferme.
J'ay veu un grand seigneur de mon temps, personnage
de hautes entreprinses et fameux succez, qui, sans effort
et au train de ses repas communs, ne beuvoit guère moins
de cinq lots de vin; et ne se montroit, au partir de là, que
trop sage et advisé aux despens de noz affaires. Le plaisir,
duquel nous voulons tenir compte au cours de nostre vie,
doit en employer plus d'espace. Il faudroit, comme des
garçons de boutique et gens de travail, ne refuser nulle
occasion de boire, et avoir ce desir tousjours en teste. Il
semble que, tous les jours, nous racourcissons l'usage de
cestuy-cy; et qu'en noz maisons, comme j'ay veu en mon
enfance, les desjuners, les ressiners et les collations fussent
bien plus frequentes et ordinaires qu'à present. Seroit
ce qu'en quelque chose nous allassions vers l'amendement? Vrayement non. Mais c'est que nous nous
sommes beaucoup plus jettez à la paillardise que noz
peres. Ce sont deux occupations qui s'entrempeschent en
leur vigueur. Elle a affoibli nostre estomach d'une part,
et, d'autre part, la sobrieté sert à nous rendre plus coints,
plus damerets pour l'exercice de l'amour

C'est merveille des comptes que j'ay ouy faire à mon
pere de la chasteté de son siecle. C'estoit à luy d'en dire,
estant trèsadvenant, et par art et par nature, à l'usage des
dames. Il parloit peu et bien; et si, mesloit son langage

de quelque ornement des livres vulgaires, sur tout Espaignols; et, entre les Espaignols, luy estoit ordinaire celuy qu'ils nomment Marc Aurelle[1]. La contenance, il l'avoit d'une gravité douce, humble et trèsmodeste. Singulier soing de l'honnesteté et decence de sa personne et de ses habits, soit à pied, soit à cheval. Monstrueuse foy en ses parolles, et une conscience et religion en general penchant plustost vers la superstition que vers l'autre bout. Pour un homme de petite taille, plein de vigueur et d'une stature droitte et bien proportionnée. D'un visage agreable, tirant sur le brun. Adroit et exquis en touts nobles exercices. J'ay veu encore des cannes farcies de plomb, desquelles on dict qu'il exerçoit ses bras pour se preparer à ruer la barre ou la pierre, ou à l'escrime, et des souliers aux semelles plombées pour s'alleger au courir et à sauter. Du prim-saut il a laissé en memoire des petits miracles. Je l'ai veu, par delà soixante ans, se moquer de noz alaigresses, se jetter avec sa robbe fourrée sur un cheval, faire le tour de la table sur son pouce, ne monter guere en sa chambre sans s'eslancer trois ou quatre degrez à la fois. Sur mon propos, il disoit qu'en toute une province, à peine y avoit-il une femme de qualité qui fust mal nommée; recitoit des estranges privautez, nomméement siennes, avec des honnestes femmes sans soupçon quelconque. Et, de soi, juroit sainctement estre venu vierge à son mariage[2]; et si, avoit eu fort longue part aux guerres delà les monts, desquelles il nous a laissé, de sa main, un papier journal suyvant poinct par poinct ce qui s'y passa, et pour le public et pour son privé.

Aussi se maria-il bien avant en aage[3], l'an 1528, — qui estoit son trentetroisiesme, — retournant d'Italie. Revenons à noz bouteilles.

(a) Les incommoditez de la vieillesse, qui ont besoing de quelque appuy et refrechissement, pourroyent m'engendrer avecq raison desir de cette faculté; car c'est quasi le dernier plaisir que le cours des ans nous dérobe. La chaleur naturelle, disent les bons compaignons, se prent premierement aux pieds; celle-là touche l'enfance. De-là elle monte à la moyenne region, où elle se plante long temps et y produit, selon moy, les seuls vrais plaisirs de la vie corporelle; *(c)* les autres voluptez dorment au pris. *(a)* Sur la fin, à la mode d'une vapeur qui va montant et

s'exhalant, ell'arrive au gosier, où elle faict sa derniere pose.

(b) Je ne puis pourtant entendre comment on vienne à allonger le plaisir de boire outre la soif, et se forger en l'imagination un appetit artificiel et contre nature. Mon estomac n'yroit pas jusques là; il est assez empesché à venir a bout de ce qu'il prend pour son besoing. *(c)* Ma constitution est de ne faire cas du boire que pour la suitte du manger; et boy à cette cause le dernier coup quasi tousjours le plus grand[1]. Anacharsis s'estonnoit que les Grecs beussent sur la fin du repas en plus grands verres que au commencement[2]. C'estoit, comme je pense, pour la mesme raison que les Allemans le font, qui commencent lors le combat à boire d'autant. Platon[3] defend aux enfans de boire vin avant dixhuict ans, et avant quarante de s'enyvrer; mais, à ceux qui ont passé les quarante, il ordonne de s'y plaire; et mesler largement en leurs convives l'influence de Dionysius, ce bon dieu qui redonne aux hommes la gayeté, et la jeunesse aux vieillards, qui adoucit et amollit les passions de l'ame, comme le fer s'amollit par le feu. Et en ses loix trouve telles assemblées à boire (pourveu qu'il y aie un chef de bande à les contenir et regler) utiles, l'yvresse estant une bonne espreuve et certaine de la nature d'un chascun, et quand et quand propre à donner aux personnes d'aage le courage de s'esbaudir en danses et en la musique, choses utiles et qu'ils n'osent entreprendre en sens rassis. Que le vin est capable de fournir à l'ame de la temperance, au corps de la santé. Toutesfois ces restrinctions, en partie empruntées des Carthaginois, luy plaisent : Qu'on s'en espargne en expedition de guerre; que tout magistrat et tout juge s'en abstienne sur le point d'executer sa charge et de consulter des affaires publiques; qu'on n'y employe le jour, temps deu à d'autres occupations, ny celle nuict qu'on destine à faire des enfans.

Ils disent[4] que le philosophe Stilpo, aggravé de vieillesse, hasta sa fin à escient par le breuvage de vin pur. Pareille cause, mais non du propre dessein, suffoca aussi les forces abattuës par l'aage du philosophe Arcesilaüs.

(a) Mais c'est une vieille et plaisante question, si l'ame du sage seroit pour se rendre à la force du vin,

Si munitæ adhibet vim sapientiæ[5].

A combien de vanité nous pousse cette bonne opinion
que nous avons de nous! La plus reiglée ame du monde
n'a que trop affaire à se tenir en pieds et à se garder de
ne s'emporter par terre de sa propre foiblesse. De mille,
il n'en est pas une qui soit droite et rassise un instant de
sa vie; et se pourroit mettre en doubte si, selon sa
naturelle condition, elle y peut jamais estre. Mais d'y
joindre la constance, c'est sa derniere perfection; je dis
quand rien ne la choqueroit, ce que mille accidens
peuvent faire. Lucrece, ce grand poëte, a beau Philosopher et se bander, le voylà rendu insensé par un
breuvage amoureux. Pensent ils qu'une Apoplexie
n'estourdisse aussi bien Socrates qu'un portefaix? Les uns
ont oublié leur nom mesme par la force d'une maladie, et
une legiere blessure a renversé le jugement à d'autres.
Tant sage qu'il voudra, mais en fin c'est un homme :
qu'est il plus caduque, plus miserable et plus de neant?
La sagesse ne force pas nos conditions naturelles :

> *(b) Sudores itaque et pallorem existere toto*
> *Corpore, et infringi linguam, vocêmque aboriri,*
> *Caligare oculos, sonere aures, succidere artus,*
> *Denique concidere ex animi terrore videmus*[1].

(a) Il faut qu'il sille les yeux au coup qui le menasse;
il faut qu'il fremisse, planté au bord d'un precipice,
(c) comme un enfant; Nature ayant voulu se reserver ces
legeres marques de son authorité, inexpugnables à nostre
raison et à la vertu Stoique, pour luy apprendre sa
mortalité et nostre fadaise. *(a)* Il pallit à la peur, il rougit
à la honte; il se pleint à l'estrette d'une verte colique,
sinon d'une voix desesperée et esclatante, au moins
d'une voix casse et enroüée,

> *Humani a se nihil alienum putet*[2].

Les poëtes *(c)*, qui feignent tout à leur poste, *(a)* n'osent
pas descharger seulement des larmes leurs heros :

> *Sic fatur lachrymans, classique immittit habenas*[3].

Luy suffise de brider et moderer ses inclinations, car,
de les emporter, il n'est pas en luy. Cetuy mesme nostre
Plutarque, si parfaict et excellent juge des actions
humaines, à voir Brutus et Torquatus tuer leurs enfans,
est entré en doubte si la vertu pouvoit donner jusques là,
et si ces personnages n'avoyent pas esté plustost agitez

par quelque autre passion[1]. Toutes actions hors les
bornes ordinaires sont subjectes à sinistre interpretation,
d'autant que nostre goust n'advient non plus à ce qui
est dessus de luy, qu'à ce qui est au dessous.

(c) Laissons cette autre secte faisant expresse profession
de fierté. Mais quand, en la secte mesme estimée la plus
molle, nous oyons ces vantances de Metrodorus : « *Occu-*
pavi te, Fortuna, atque cepi ; omnesque aditus tuos interclusi, ut
ad me aspirare non posses[2] » ; quand Anaxarchus, par
l'ordonnance de Nicocreon, tyran de Cypre, couché dans
un vaisseau de pierre et assommé à coups de mail de fer,
ne cesse de dire : « Frappez, rompez, ce n'est pas Anaxarchus, c'est son estuy que vous pilez[3] » ; *(a)* quand nous
oyons nos martyrs crier au Tyran au milieu de la flamme :
« C'est assez rosti de ce costé là, hache le, mange le, il est
cuit, recommance de l'autre[4] » ; quand nous oyons en
Josephe[5] cet enfant tout deschiré des tenailles mordantes
et persé des aleines d'Antiochus, le deffier encore, criant
d'une voix ferme et asseurée : « Tyran, tu pers temps, me
voicy tousjours à mon aise ; où est cette douleur, où sont
ces tourmens, dequoy tu me menassois ? n'y sçais tu
que cecy ? ma constance te donne plus de peine que je
n'en sens de ta cruauté : ô lache belistre, tu te rens, et je
me renforce ; fay moy pleindre, fay moy flechir, fay moy
rendre, si tu peux ; donne courage à tes satellites et à tes
bourreaux ; les voylà defaillis de cœur, ils n'en peuvent
plus ; arme les, acharne les » ; — certes il faut confesser
qu'en ces ames là il y a quelque alteration et quelque
fureur, tant sainte soit elle. Quand nous arrivons à ces
saillies Stoïques : « J'ayme mieux estre furieux que voluptueux », *(c)* mot d'Antisthenes[6], *(a)* Μανειεῖν μᾶλλον ἢ
ἡθείειν ; quand Sextius nous dit qu'il ayme mieux estre
enferré de la douleur que de la volupté ; quand Epicurus
entreprend de se faire mignarder à la goute[7], et, refusant
le repos et la santé, que de gayeté de cœur il deffie les
maux, et, mesprisant les douleurs moins aspres, dedai-
gnant les luiter et les combatre, qu'il en appelle et desire
des fortes, poignantes et dignes de luy,

> *Spumantémque dari pecora inter inertia votis*
> *Optat aprum, aut fulvum descendere monte leonem[8],*

qui ne juge que ce sont boutées d'un courage eslancé
hors de son giste ? Nostre ame ne sçauroit de son siege

atteindre si haut. Il faut qu'elle le quitte et s'esleve, et, prenant le frein aux dents, qu'elle emporte et ravisse son homme si loing, qu'après il s'estonne luy-mesme de son faict; comme, aux exploicts de la guerre, la chaleur du combat pousse les soldats genereux souvent à franchir des pas si hazardeux, qu'estant revenuz à eux ils en transissent d'estonnement les premiers; comme aussi les poëtes sont espris souvent d'admiration de leurs propres ouvrages et ne reconnoissoient plus la trace par où ils ont passé une si belle carriere. C'est ce qu'on appelle aussi en eux ardeur et manie[1]. Et comme Platon dict que pour neant hurte à la porte de la poësie un homme rassis, aussi dit Aristote que aucune ame excellente n'est exempte de meslange de folie. Et a raison d'appeller folie tout eslancement, tant loüable soit-il, qui surpasse nostre propre jugement et discours. D'autant que la sagesse c'est un maniment reglé de nostre ame, et qu'elle conduit avec mesure et proportion, et s'en respond.

(c) Platon[2] argumente ainsi, que la faculté de prophetizer est au dessus de nous; qu'il nous faut estre hors de nous quand nous la traictons; il faut que nostre prudence soit offusquée ou par le sommeil ou par quelque maladie, ou enlevée de sa place par un ravissement céleste.

CHAPITRE III

COUSTUME DE L'ISLE DE CEA[3]

(a) SI philosopher c'est douter, comme ils disent, à plus forte raison niaiser et fantastiquer, comme je fais, doit estre doubter. Car c'est aux apprentifs à enquerir et à debatre, et au cathedrant de resoudre. Mon cathedrant, c'est l'authorité de la volonté divine, qui nous reigle sans contredit et qui a son rang au dessus de ces humaines et vaines contestations

Philippus estant entré à main armée au Peloponese, quelcun disoit à Damidas que les Lacedemoniens auroient beaucoup à souffrir, s'ils ne se remettoient en sa grace : « Et, poltron, respondit-il, que peuvent souffrir ceux qui ne craignent point la mort? » On demandoit aussi à Agis

comment un homme pourroit vivre libre : « Mesprisant,
dict-il, le mourir. » Ces propositions et mille pareilles qui
se rencontrent à ce propos, sonnent évidemment quelque
chose au delà d'attendre patiemment la mort quand elle
nous vient. Car il y a en la vie plusieurs accidens pires
à souffrir que la mort mesme. Tesmoing cet enfant Lacedemonien pris par Antigonus et vendu pour serf, lequel
pressé par son maistre de s'employer à quelque service
abject : « Tu verras, dit-il, qui tu as acheté; ce me seroit
honte de servir, ayant la liberté si à main. » Et ce disant,
se precipita du haut de la maison. Antipater menassant
asprement les Lacedemoniens pour les renger à certaine
sienne demande : « Si tu nous menasses de pis que la mort,
respondirent-ils, nous mourrons plus volontiers[1]. » *(c)* Et
à Philippus leur ayant escrit qu'il empescheroit toutes
leurs entreprises : « Quoy! nous empescheras-tu aussi de
mourir[2]? » *(a)* C'est ce qu'on dit, que le sage vit tant qu'il
doit, non pas tant qu'il peut; et que le present que nature
nous ait fait le plus favorable, et qui nous oste tout moyen
de nous pleindre de nostre condition, c'est de nous avoir
laissé la clef des champs. Elle n'a ordonné qu'une entrée
à la vie, et cent mille yssuës[3]. *(b)* Nous pouvons avoir
faute de terre pour y vivre, mais de terre pour y mourir,
nous n'en pouvons avoir faute, comme respondit Boioca-
tus aux Romains[4]. *(a)* Pourquoy te plains tu de ce monde?
il ne te tient pas : si tu vis en peine, ta lâcheté en est cause;
à mourir il ne reste que le vouloir :

> *Ubique mors est : optime hoc cavit Deus*
> *Eripere vitam nemo non homini potest ;*
> *At nemo mortem : mille ad hanc aditus patent*[5].

Et ce n'est pas la recepte à une seule maladie : la mort
est la recepte à tous maux. C'est un port tres-asseuré, qui
n'est jamais à craindre, et souvent à rechercher. Tout
revient à un, que l'homme se donne sa fin, ou qu'il la
souffre; qu'il coure au devant de son jour, ou qu'il
l'attende : d'où qu'il vienne, c'est tousjours le sien; en
quelque lieu que le filet se rompe, il y est tout, c'est le bout
de la fusée. La plus volontaire mort, c'est la plus belle. La
vie despend de la volonté d'autruy; la mort, de la nostre.
En aucune chose nous ne devons tant nous accommoder
à nos humeurs, qu'en celle-là. La reputation ne touche
pas une telle entreprise, c'est folie d'en avoir respect. Le

vivre, c'est servir, si la liberté de mourir en est à dire.
Le commun train de la guerison se conduit aux despens
de la vie; on nous incise, on nous cauterise, on nous
detranche les membres, on nous soustrait l'aliment et le
sang; un pas plus outre, nous voilà gueris tout à fait[1].
Pourquoy n'est la vaine du gosier autant à nostre commandement que la mediane? Aux plus fortes maladies les
plus forts remedes. Servius le Grammairien, ayant la
goutte, n'y trouva meilleur conseil que de s'appliquer du
poison et de tuer ses jambes[2]. *(c)* Qu'elles fussent poda-
griques à leur poste, pourveu que ce fût sans sentiment!
(a) Dieu nous donne assez de congé, quand il nous met en
tel estat que le vivre nous est pire que le mourir.

(c) C'est foiblesse de ceder aux maux, mais c'est folie
de les nourrir.

Les Stoïciens disent[3] que c'est vivre convenablement
à nature, pour le sage, de se departir de la vie, encore
qu'il soit en plein heur, s'il le faict opportunéement; et au
fol de maintenir sa vie, encore qu'il soit miserable, pour
veu qu'il soit en la plus grande part des choses qu'ils
disent estre selon nature.

Comme je n'offense les loix qui sont faictes contre les
larrons, quand j'emporte le mien, et que je me coupe
ma bourse; ny des boutefeuz, quand je brusle mon bois :
aussi ne suis je tenu aux lois faictes contre les meurtriers
pour m'avoir osté ma vie.

Hegesias disoit que, comme la condition de la vie,
aussi la condition de la mort devoit despendre de nostre
eslection[4].

Et Diogenes, rencontrant le philosophe Speusippus,
affligé de longue hydropisie, se faisant porter en littière,
qui luy escria : « Le bon salut! Diogenes. — A toi,
point de salut, respondit-il, qui souffres le vivre, estant
en tel estat. »

De vray, quelque temps après, Speusippus se fit
mourir, ennuyé d'une si penible condition de vie[5].

(a) Cecy ne s'en va pas sans contraste. Car[6] plusieurs
tiennent que nous ne pouvons abandonner cette garnison
du monde sans le commandement exprès de celuy qui
nous y a mis; et que c'est à Dieu, qui nous a icy envoyez,
non pour nous seulement, ains pour sa gloire et service
d'autruy, de nous donner congé quand il luy plaira, non à
nous de le prendre[7]; *(c)* que nous ne sommes pas nez pour

nous, ains aussi pour noſtre païs; les loix nous rede-
mandent conte de nous pour leur intereſt, et ont action
d'homicide contre nous; *(a)* autrement, comme deserteurs
de noſtre charge, nous sommes punis et en cetuicy et en
l'autre monde :

> *Proxima deinde tenent mæſti loca, ȯ̇ui sibi lætum*
> *Insontes peperere manu, lucémque perosi*
> *Projecere animas*[1].

Il y a bien plus de conſtance à user la chaine qui nous
tient qu'à la rompre, et plus d'espreuve de fermeté en
Regulus qu'en Caton. C'eſt l'indiscretion et l'impatience
qui nous haſte le pas. Nuls accidens ne font tourner le
dos à la vive vertu; elle cherche les maux et la douleur
comme son aliment. Les menasses des tyrans, les gehenes
et les bourreaux l'animent et la vivifient :

> *Duris ut ilex tonsa bipennibus*
> *Nigræ feraci frondis in Algido*
> *Per damna, per cædes, ab ipso*
> *Ducit opes animúmque ferro*[2].

Et comme dict l'autre :

> *Non eſt, ut putas, virtus, pater,*
> *Timere vitam, sed malis ingentibus*
> *Obſtare, nec se vertere ac retro dare*[3].

> *Rebus in adversis facile eſt contemnere mortem :*
> *Fortius ille facit qui miser esse poteſt*[4].

C'eſt le rolle de la couardise, non de la vertu, de s'aller
tapir dans un creux, soubs une tombe massive, pour
eviter les coups de la fortune. Elle ne rompt son chemin
et son train pour orage qu'il face,

> *Si fraĉtus illabatur orbis,*
> *Inpavidam ferient ruinæ*[5].

Le plus communement, la fuitte d'autres inconveniens
nous pousse à cettuy-cy; voire quelquefois la fuite de la
mort fait que nous y courons,

> *(c) Hic, rogo, non furor eſt, ne moriare, mori*[6]?

(a) comme ceux qui, de peur du precipice, s'y lancent
eux mesmes :

multos in summa pericula misit
Venturi timor ipse mali ; fortissimus ille est,
<u>*Qui*</u> *promptus metuenda pati, si cominus instent,*
Et differre potest[1].

Usque adeo, mortis formidine, vitæ
Percipit humanos odium lucisque videndæ,
Ut sibi consciscant mœrenti pectore lethum,
Obliti fontem curarum hunc esse timorem[2].

(c) Platon, en ses *Loix*[3], ordonne sepulture ignominieuse
à celuy qui a privé son plus proche et plus amy, sçavoir
est soy mesme, de la vie et du cours des destinées, non
contraint par jugement publique, ny par quelque triste
et inevitable accident de la fortune, ny par une honte
insupportable, mais par lascheté et foiblesse d'une ame
craintive. *(a)* Et l'opinion qui desdaigne nostre vie, elle est
ridicule. Car en fin c'est nostre estre, c'est nostre tout.
Les choses qui ont un estre plus noble et plus riche,
peuvent accuser le nostre; mais c'est contre nature que
nous nous mesprisons et mettons nous mesmes à nonchaloir; c'est une maladie particuliere, et qui ne se voit
en aucune autre creature, de se hayr et desdeigner. C'est
de pareille vanité que nous desirons estre autre chose que
ce que nous sommes. Le fruict d'un tel desir ne nous
touche pas, d'autant qu'il se contredict et s'empesche en
soy. Celuy qui desire d'estre fait d'un homme ange, il ne
fait rien pour luy, *(c)* il n'en vaudroit de rien mieus.
(a) Car, n'estant plus, qui se resjouyra et ressentira de cet
amendement pour luy?

(b) Debet enim, misere cui forte ægréque futurum est,
Ipse quoque esse in eo tum tempore, cum male possit
Accidere[4].

(a) La securité, l'indolence, l'impassibilité, la privation
des maux de cette vie, que nous achetons au pris de la
mort, ne nous apporte aucune commodité. Pour neant
evite la guerre celuy qui ne peut jouyr de la paix; et pour
neant fuit la peine, qui n'a dequoy savourer le repos.
Entre ceux du premier advis, il y a eu grand doute
sur ce : Quelles occasions sont assez justes pour faire
entrer un homme en ce party de se tuer? Ils appellent
cela εὔλογον ἐξαγωγὴν[5]. Car, quoy qu'ils dient qu'il faut
souvent mourir pour causes legieres, puis que celles qui
nous tiennent en vie ne sont guiere fortes, si y faut il

quelque mesure. Il y a des humeurs fantaſtiques et sans
discours qui ont poussé non des hommes particuliers,
seulement, mais des peuples, à se deffaire. J'en ay allegué
par cy devant des exemples; et nous lisons en outre, des
vierges Milesienes, que, par une conspiration furieuse,
elles se pendoient les unes après les autres, jusqu'à ce que
le magiſtrat y pourveuſt, ordonnant que celles qui se
trouveroyent ainsi pendües, fussent trainées du mesme
licol, toutes nuës, par la ville[1]. Quand Threicion presche
Cleomenes de se tuer, pour le mauvais eſtat de ses affaires,
et, ayant fuy la mort plus honorable en la bataille qu'il
venoit de perdre, d'accepter cette autre qui luy eſt
seconde en honneur, et ne donner poinct loisir au victorieux de luy faire souffrir ou une mort ou une vie honteuse, Cleomenes, d'un courage Lacedemonien et Stoïque,
refuse ce conseil comme láche et effeminé : « C'eſt une
recepte, dit-il, qui ne me peut jamais manquer, et de
laquelle il ne se faut servir tant qu'il y a un doigt d'esperance de reſte; que le vivre eſt quelquefois conſtance et
vaillance; qu'il veut que sa mort mesme serve à son pays
et en veut faire un acte d'honneur et de vertu. » Threicion
se creut dès lors et se tua. Cleomenes en fit aussi autant
depuis; mais ce fut après avoir essayé le dernier point de
la fortune[2]. Tous les inconveniens ne valent pas qu'on
veuille mourir pour les eviter.

Et puis, y ayant tant de soudains changemens aux
choses humaines, il eſt malaisé à juger à quel point nous
sommes juſtement au bout de noſtre esperance :

> *(b) Sperat et in sæva victus gladiator arena,*
> *Sit licet infeſto pollice turba minax[3].*

(a) Toutes choses, dit un mot ancien[4], sont esperables à
un homme pendant qu'il vit. « Ouy mais, respond Seneca,
pourquoy auray je pluſtoſt en la teſte cela, que la fortune
peut toutes choses pour celuy qui eſt vivant, que cecy,
que fortune ne peut rien sur celuy qui sçait mourir? »
On voit Josephe[5] engagé en un si apparent danger et si
prochain, tout un peuple s'eſtant eslevé contre luy, que,
par discours, il n'y pouvoit avoir aucune resource;
toutefois, eſtant, comme il dit, conseillé sur ce point par
un de ses amis de se deffaire, bien luy servit de s'opiniatrer
encore en l'esperance; car la fortune contourna, outre
toute raison humaine, cet accident, si qu'il s'en veid

delivré sans aucun inconvenient. Et Cassius et Brutus, au
contraire, acheverent de perdre les reliques de la Romaine
liberté, de laquelle ils eſtoient proteĉteurs, par la precipitation et temerité dequoy ils se tuerent avant le temps et
l'occasion[1]. *(c)* J'ay veu cent lievres se sauver sous les
dents des levriers. « *Aliquis carnifici suo superſtes fuit[2].* »

> *(b) Multa dies variúsque labor mutabilis ævi*
> *Rettulit in melius ; multos alterna revisens*
> *Lusit, et in solido rursus fortuna locavit[3].*

(a) Pline dit[4] qu'il n'y a que trois sortes de maladie
pour lesquelles eviter on aye droit de se tuer : la plus aspre
de toutes, c'eſt la pierre à la vessie quand l'urine en eſt
retenuë[5] ; *(c)* Seneque, celles seulement qui esbranlent
pour long temps les offices de l'ame[6].

(a) Pour eviter une pire mort, il y en a qui sont d'advis
de la prendre à leur poſte. *(c)* Damocritus, chef des Ætoliens, mené prisonnier à Rome, trouva moyen de nuiĉt
d'eschapper. Mais, suivy par ses gardes, avant que se laisser reprendre, il se donna de l'espée au travers le corps[7].

Antinoüs et Theodotus, leur ville d'Epire reduitte à
l'extrémité par les Romains, furent d'advis au peuple de
se tuer tous ; mais le conseil de se rendre plus toſt ayant
gaigné, ils allerent chercher la mort, se ruans sur les
ennemis, en intention de frapper, non de se couvrir[8].
L'isle de Goze forcée par les Turcs, il y a quelques
années, un Sicilien qui avoit deux belles filles preſtes à
marier, les tua de sa main, et leur mere après qui accourut
à leur mort. Cela faiĉt, sortant en rue avec une arbaleſte
et une harquebouse, de deux coups il en tua les deux
premiers Turcs qui s'approcherent de sa porte, et puis,
mettant l'espée au poing, s'alla mesler furieusement, où
il fut soudain envelopé et mis en pieces, se sauvant ainsi
du servage après en avoir delivré les siens[9].

(a) Les femmes Juifves, après avoir fait circoncire leurs
enfans, s'alloient precipiter quant et eux, fuyant la cruauté
d'Antiochus[10]. On m'a conté qu'un prisonnier de qualité
eſtant en nos conciergeries, ses parens, advertis qu'il
seroit certainement condamné, pour éviter la honte de
telle mort, apoſterent un preſtre pour luy dire que le
souverain remede de sa delivrance eſtoit qu'il se recom-
mandaſt à tel sainĉt, avec tel et tel veu, et qu'il fut huit
jours sans prendre aucun aliment, quelque defaillance et

foiblesse qu'il sentit en soy. Il l'en creut, et par ce moyen se deffit, sans y penser, de sa vie et du dangier. Scribonia, conseillant Libo, son nepveu, de se tuer plustost que d'attendre la main de la justice, luy disoit que c'estoit proprement faire l'affaire d'autruy que de conserver sa vie pour la remettre entre les mains de ceux qui la viendroient chercher trois ou quatre jours après, et que c'estoit servir ses ennemis de garder son sang pour leur en faire curée[1].

Il se lict dans la Bible[2] que Nicanor, persecuteur de la Loy de Dieu, ayant envoyé ses sattellites pour saisir le bon vieillard Rasias, surnommé pour l'honneur de sa vertu le pere aux Juifs, comme ce bon homme n'y veit plus d'ordre, sa porte bruslée, ses ennemis prests à le saisir, choisissant de mourir genereusement plustost que de venir entre les mains des meschans, et de se laisser mastiner contre l'honneur de son rang, qu'il se frappa de son espée; mais le coup, pour la haste, n'ayant pas esté bien assené, il courut se precipiter du haut d'un mur au travers de la trouppe, laquelle s'escartant et luy faisant place, il cheut droictement sur la teste. Ce neantmoins, se sentant encore quelque reste de vie, il r'alluma son courage, et, s'eslevant en pieds, tout ensanglanté et chargé de coups, et fauçant la presse, donna jusques à certain rocher coupé et precipiteux, où, n'en pouvant plus, il print, par l'une de ses plaies à deux mains ses entrailles, les deschirant et froissant et les jetta à travers les poursuivans, appelant sur eux et attestant la vengeance divine.

Des violences qui se font à la conscience, la plus à eviter, à mon advis, c'est celle qui se faict à la chasteté des femmes, d'autant qu'il y a quelque plaisir corporel naturellement meslé parmy; et, à cette cause, le dissentiment n'y peut estre assez entier, et semble que la force soit meslée à quelque volonté. Pelagia et Sophronia toutes deux canonisées, celle-là se precipita dans la riviere avec sa mere et ses sœurs pour eviter la force de quelques soldats, et cette-cy se tua aussi pour eviter la force de Maxentius l'Empereur[3]. *(c)* L'histoire ecclesiastique a en reverence plusieurs tels exemples de personnes devotes qui apelerent la mort à garant contre les outrages que les tirans preparoient à leur conscience.

(a) Il nous sera à l'adventure honnorable aux siecles advenir qu'un sçavant autheur de ce temps, et notamment

Parisien[1], se met en peine de persuader aux Dames de
noſtre siecle de prendre pluſtoſt tout autre party que
d'entrer en l'horrible conseil d'un tel desespoir. Je suis
marry qu'il n'a sceu, pour mesler à ses comptes, le bon
mot que j'apprins à Toulouse, d'une femme passée par les
mains de quelques soldats : « Dieu soit loüé, disoit elle,
qu'au moins une fois en ma vie je m'en suis soulée sans
peché! »

A la verité, ces cruautez ne sont pas dignes de la
douceur Françoise; aussi, Dieu mercy, noſtre air s'en voit
infiniment purgé depuis ce bon advertissement; suffit
qu'elles dient *nenny* en le faisant, suyvant la reigle du bon
Marot[2].

L'Hiſtoire eſt toute pleine de ceux qui, en mille façons,
ont changé à la mort une vie peneuse.

(b) Lucius Aruntius se tua pour, disoit-il, fuir et l'advenir et le passé[3].

(c) Granius Silvanus et Statius Proximus, après eſtre
pardonnez par Neron, se tuerent, ou pour ne vivre de la
grace d'un si meschant homme, ou pour n'eſtre en
peine une autre fois d'un second pardon, veu sa facilité
aux soupçons et accusations à l'encontre des gens de
bien[4].

Spargapizés, fils de la Royne Tomyris, prisonnier de
guerre de Cyrus, employa à se tuer la premiere faveur
que Cyrus luy fit de le faire deſtacher, n'ayant pretendu
autre fruit de sa liberté que de venger sur soy la honte de
sa prinse[5].

Bogez, gouverneur en Eione de la part du Roy Xerxes,
assiegé par l'armée des Atheniens, sous la conduite de
Cimon, refusa la composition de s'en retourner seurement
en Asie à tout sa chevance, impatient de survivre à la
perte de ce que son maiſtre luy avoit donné en garde;
et, après avoir desfendu jusques à l'extrémité sa ville,
n'y reſtant plus que manger, jetta premierement en la
riviere Strymon tout l'or et tout ce de quoy il luy sembla
l'ennemy pouvoir faire plus de butin. Et puis, ayant
ordonné allumer un grand bucher, et esgosiller femme,
enfans, concubines et serviteurs, les meit dans le feu, et
puis soy-mesme[6].

Ninachetuen, seigneur Indois, ayant senty le premier
vent de la deliberation du vice Roy Portugais de le depos-
seder, sans aucune cause apparante, de la charge qu'il

avoit en Malaca, pour la donner au Roy de Campar, print
à part soy cette resolution. Il fit dresser un eschafaut plus
long que large, appuyé sur des colonnes, royallement
tapissé et orné de fleurs et de parfums en abondance.
Et puis, s'estant vestu d'une robe de drap d'or chargée de
quantité de pierreries de haut prix, sortit en ruë, et par des
degrez monta sur l'eschafaut, en un coing duquel il
y avoit un bucher de bois aromatiques allumé. Le monde
accourut voir à quelle fin ces preparatifs inaccoustumés.
Ninachetuen remontra, d'un visage hardy et mal contant,
l'obligation que la nation Portugaloise lui avoit; combien
fidelement il avoit versé en sa charge; qu'ayant si souvent
tesmoigné pour autruy, les armes en main, que l'honneur
luy estoit de beaucoup plus cher que la vie, il n'estoit
pas pour en abandonner le soing pour soy-mesmes; que,
sa fortune luy refusant tout moyen de s'opposer à l'injure
qu'on luy vouloit faire, son courage au moins luy
ordonnoit de s'en oster le sentiment et de servir de fable
au peuple et de triomphe à des personnes qui valoient
moins que luy. Ce disant, il se jetta dans le feu[1].

(b) Sextilia, femme de Scaurus, et Paxea, femme de
Labeo, pour encourager leurs maris à eviter les dangiers
qui les pressoyent, ausquels elles n'avoyent part que par
l'interest de l'affection conjugale, engagerent volontairement la vie pour leur servir, en cette extreme necessité,
d'exemple et de compaignie[2]. Ce qu'elles firent pour leurs
maris, Cocceius Nerva le fit pour sa patrie, moins utillement, mais de pareil amour. Ce grand Jurisconsulte, fleurissant en santé, en richesses, en reputation, en credit près de
l'Empereur, n'eust autre cause de se tuer que la compassion du miserable estat de la chose publique Romaine[3].
Il ne se peut rien adjouster à la delicatesse de la mort de
la femme de Fulvius, familier d'Auguste. Auguste, ayant
descouvert qu'il avoit esventé un secret important qu'il
luy avoit fié, un matin qu'il le vint voir, luy en fit une
maigre mine. Il s'en retourna au logis, plain de desespoir;
et dict tout piteusement à sa femme qu'estant tombé en ce
malheur, il estoit resolu de se tuer. Elle tout franchement :
« Tu ne feras que raison, veu qu'ayant assez souvent experimenté l'incontinance de ma langue, tu ne t'en es point
donné de garde. Mais laisse, que je me tue la premiere. » Et,
sans autrement marchander, se donna d'une espée dans le
corps[4].

(c) Vibius Virius, desespéré du salut de sa ville assiegée par les Romains, et de leur misericorde, en la derniere deliberation de leur senat, après plusieurs remonſtrances employées à cette fin, conclut que le plus beau eſtoit d'eschapper à la fortune par leurs propres mains. Les ennemis les en auroient en honneur et Annibal sentiroit combien fideles amis il auroit abandonnés. Conviant ceux qui approuveroient son advis d'aller prendre un bon souper qu'on avoit dressé chez lui, où, après avoir fait bonne chere, ils boiroyent ensemble de ce qu'on luy presenteroit : « Breuvage qui delivrera nos corps des tourments, noz ames des injures, noz yeux et noz oreilles du sentiment de tant de villains maux que les vaincus ont à souffrir des vainqueurs très cruels, et offencez. J'ay, disoit-il, mis ordre qu'il y aura personnes propres à nous jetter dans un bucher au devant de mon huis, quand nous serons expirez. » Assez approuverent cette haute resolution, peu l'imiterent. Vings et sept senateurs le suivirent et, après avoir essayé d'eſtouffer dans le vin cette facheuse pensée, finirent leur repas par ce mortel mets; et, s'entre-embrassans après avoir en commun deploré le malheur de leur païs, les uns se retirerent en leurs maisons, les autres s'arreſterent pour eſtre enterrez dans le feu de Vibius avec luy. Et eurent tous la mort si longue, la vapeur du vin ayant occupé les veines et retardant l'effeɛ du poison, qu'aucuns furent a une heure près de veoir les ennemis dans Capouë, qui fut emportée le lendemain, et d'encourir les miseres qu'ils avoyent si cherement fuy. Taurea Jubellius, un autre citoyen de là, le Consul Fulvius retournant de cette honteuse boucherie qu'il avoit faiɛte de deux cents vingt-cinq Senateurs, le rappella fierement par son nom, et l'ayant arreſté : « Commande, fit-il, qu'on me massacre aussi, après tant d'autres, afin que tu puisses vanter d'avoir tué un beaucoup plus vaillant homme que toy. » Fulvius le desdeignant comme insensé (aussi que sur l'heure il venoit de recevoir lettres de Rome contraires à l'inhumanité de son execution, qui luy lioient les mains), Jubellius continua : « Puis que mon païs prins, mes amis morts, et ayant de ma main occis ma femme et mes enfants pour les souſtraire à la desolation de cette ruine, il m'eſt interdiɛt de mourir de la mort de mes concitoyens, empruntons de la vertu la vengeance de cette vie odieuse. » Et, tirant un glaive qu'il avoit caché,

s'en donna au travers la poitrine, tombant renversé
mourant aux pieds du Consul¹.

(b) Alexandre assiegeoit une ville aux Indes ; ceux de
dedans, se trouvans pressez, se resolurent vigoureusement
à le priver du plaisir de cette victoire, et s'embrasarent
universellement tous, quand et leur ville, en despit de
son humanité. Nouvelle guerre : les ennemis combat-
toient pour les sauver, eux pour se perdre ; et faisoient
pour garentir leur mort toutes les choses qu'on faict pour
garentir sa vie².

(c) Astapa, ville d'Espaigne, se trouvant faible de murs
et de deffenses, pour soustenir les Romains, les habitans
firent un amas de leurs richesses et meubles en la place, et
ayans rangé au dessus de ce monceau les femmes et les
enfants, et l'ayant entourné de bois et matiere propre à
prendre feu soudainement et laissé cinquante jeunes
hommes d'entre eux pour l'execution de leur resolution,
feirent une sortie où, suivant leur vœu, à faute de pouvoir
vaincre, ils se feirent tous tuer. Les cinquante, après avoir
massacré toute ame vivante esparse par leur ville, et mis
le feu en ce moncceau, s'y lancerent aussi, finissant leur
genereuse liberté en un estat insensible plus tost que
douloureux et honteux, et montrant aux ennemis que, si
fortune l'eust voulu, ils eussent eu aussi bien le courage de
leur oster la victoire, comme ils avoient eu de la leur
rendre et frustratoire et hideuse, voire et mortelle à ceux
qui, amorcez par la lueur de l'or coulant dans cette
flamme, s'en estans approchez en bon nombre, y furent
suffoquez et bruslez, le reculer leur estant interdict par la
foulle qui les suivoit³. Les Abydeens, pressez par Philippus, se resolurent de mesmes. Mais, estans prins de trop
court, le Roy, ayant horreur de voir la precipitation temeraire de cette execution (les thresors et les meubles qu'ils
avoyent diversement condamnez au feu et au naufrage,
saisis), retirant ses soldats, leur conceda trois jours à se
tuer à l'aise ; lesquels ils remplirent de sang et de meurtre
au delà de toute hostile cruauté ; et ne s'en sauva une seule
personne qui eust pouvoir sur soy. Il y a infinis exemples
de pareilles conclusions populaires, qui semblent plus
aspres d'autant que l'effect en est plus universel. Elles le
sont moins que séparées. Ce que le discours ne feroit en
chacun, il le faict en tous ; l'ardeur de la société ravissant
les particuliers jugements⁴.

(b) Les condamnez qui attendoyent l'execution, du temps de Tibere, perdoient leurs biens et estoient privez de sepulture ; ceux qui l'anticipoyent en se tuant eux mesme, estoyent enterrez et pouvoyent faire testament[1].

(a) Mais on desire aussi quelque fois la mort pour l'esperance d'un plus grand bien. « Je désire, dict Sainct Paul[2], estre dissoult pour estre avec Jesus-Christ » ; et : « Qui me desprendra de ces liens[3] ? » Cleombrotus Ambraciota, ayant leu le *Phædon* de Platon, entra en si grand appetit de la vie advenir que, sans autre occasion, il s'alla precipiter en la mer[4]. *(c)* Par où il appert combien improprement nous appellons desespoir cette dissolution volontaire à laquelle la chaleur de l'espoir nous porte souvent, et souvent une tranquille et rassise inclination de jugement. *(a)* Jacques du Chastel, Evesque de Soissons, au voyage d'outremer que fist S. Loys, voyant le Roy et toute l'armée en train de revenir en France laissant les affaires de la religion imparfaites, print resolution de s'en aller plus tost en paradis. Et, ayant dict à Dieu à ses amis, donna seul, à la veuë d'un chacun, dans l'armée des ennemis, où il fut mis en pieces[5].

(c) En certain Royaume de ces nouvelles terres, au jour d'une solemne procession, auquel l'idole qu'ils adorent est promenée en publiq sur un char de merveilleuse grandeur, outre ce, qu'il se voit plusieurs se destaillant les morceaux de leur chair vive à luy offrir, il s'en voit nombre d'autres se prosternans emmy la place, qui se font mouldre et briser souz les rouës, pour en acquerir après leur mort veneration de saincteté, qui leur est rendue[6].

La mort de cet Evesque[7], les armes au poing, a de la generosité plus, et moins de sentiment ; l'ardeur du combat en amusant une partie[8].

(a) Il y a des polices qui se sont meslées de reigler la justice et opportunité des morts volontaires. En nostre Marseille, il se gardoit, au temps passé, du venin preparé à tout de la cigue, aux despens publics pour ceux qui voudroyent haster leurs jours, ayant premierement approuvé aux six cens, qui estoit leur senat, les raisons de leur entreprise ; et n'estoit loisible autrement que par congé du magistrat et par occasions legitimes de mettre la main sur soy[9].

Cette loy estoit encor'ailleurs. Sextus Pompeius, allant en Asie, passa par l'Isle de Cea de Negrepont. Il advint de fortune, pendant qu'il y estoit, comme nous l'apprend l'un de ceux de sa compaignie, qu'une femme de grande

authorité, ayant rendu conte à ses citoyens pourquoy elle
eſtoit resolue de finir sa vie, pria Pompeius d'assiſter à sa
mort pour la rendre plus honnorable : ce qu'il fit; et,
ayant long temps essaié pour neant, à force d'éloquence
qui luy eſtoit merveilleusement à main, et de persuasion,
de la deſtourner de ce dessein, souffrit en fin qu'elle se
contentaſt. Elle avoit passé quatre vings et dix ans en très
heureux eſtat d'esprit et de corps; mais lors, couchée sur
son lit mieux paré que de couſtume et appuiée sur le
coude : « Les dieux, dit elle, ô Sextus Pompeius, et pluſtoſt
ceux que je laisse que ceux que je vay trouver, te sçachent
gré dequoy tu n'as desdaigné d'eſtre et conseiller de ma
vie et tesmoing de ma mort! De ma part, ayant tousjours
essayé le favorable visage de fortune, de peur que l'envie
de trop vivre ne m'en face voir un contraire, je m'en vay
d'une heureuse fin donner congé aux reſtes de mon ame,
laissant de moy deux filles et une legion de nepveux. »
Cela faiĉt, ayant presché et enhorté les siens à l'union et
à la paix, leur ayant départy ses biens et recommandé les
dieux domeſtiques à sa fille aisnée, elle print d'une main
asseurée la coupe où eſtoit le venin; et, ayant faiĉt ses
veux à Mercure et les prieres de la conduire en quelque
heureux siege en l'autre monde, avala brusquement ce
mortel breuvage. Or entretint elle la compagnie du
progrez de son operation et comme les parties de son
corps se sentoyent saisies de froid l'une après l'autre,
jusques à ce qu'ayant dit en fin qu'il arrivoit au cœur et
aux entrailles, elle appela ses filles pour luy faire le dernier
office et luy clorre les yeux[1].

Pline récite[2] de certaine nation hyperborée, qu'en icelle,
pour la douce température de l'air, les vies ne se finissent
communément que par la propre volonté des habitans;
mais, qu'eſtans las et sous de vivre, ils ont en couſtume,
au bout d'un long aage, après avoir fait bonne chere, se
precipiter en la mer du haut d'un certain rocher deſtiné
à ce service.

(b) La douleur (c) insupportable (b) et une pire mort
me semblent les plus excusables incitations.

CHAPITRE IV

A DEMAIN LES AFFAIRES

(a) JE donne avec raison, ce me semble, la palme à Jacques
Amiot sur tous nos escrivains François[1], non seulement pour la naïfveté et pureté du langage, en quoy
il surpasse tous autres, ny pour la constance d'un si long
travail, ny pour la profondeur de son sçavoir, ayant peu
développer si heureusement un autheur si espineux et
ferré (car on m'en dira ce qu'on voudra : je n'entens rien
au Grec[2]; mais je voy un sens si beau, si bien joint et
entretenu par tout en sa traduction, que, ou il a certainement entendu l'imagination vraye de l'autheur, ou, ayant
par longue conversation planté vivement dans son ame
une generale Idée de celle de Plutarque, il ne luy a aumoins
rien presté qui le desmente ou qui le desdie[3]); mais sur
tout je lui sçay bon gré d'avoir sçeu trier et choisir un
livre si digne et si à propos, pour en faire present à son
pays. Nous autres ignorans estions perdus, si ce livre ne
nous eust relevez du bourbier; sa mercy, nous osons à
cett'heure et parler et escrire; les dames en regentent les
maistres d'escole; c'est nostre breviaire[4]. Si ce bon homme
vit[5], je luy resigne Xenophon pour en faire autant; c'est
une occupation plus aisée, et d'autant plus propre à sa
vieillesse; et puis, je ne sçay comment, il me semble, quoy
qu'il se desmele bien brusquement et nettement d'un
mauvais pas, que toutefois son stile est plus chez soy,
quand il n'est pas pressé et qu'il roule à son aise.

J'estois à cett'heure sur ce passage où Plutarque dict[6]
de soy-mesmes que Rusticus, assistant à une sienne declamation à Rome, y receut un paquet de la part de l'Empereur et temporisa de l'ouvrir jusques à ce que tout fut
fait : en quoy (dit-il) toute l'assistance loua singulierement la gravité de ce personnage. De vray, estant sur le
propos de la curiosité, et de cette passion avide et gourmande de nouvelles, qui nous fait avec tant d'indiscretion
et d'impatience abandonner toutes choses pour entretenir
un nouveau venu, et perdre tout respect et contenance
pour crocheter soudain, où que nous soyons, les lettres
qu'on nous apporte, il a eu raison de louër la gravité de

Rusticus; et pouvoit encor y joindre la louange de sa civilité et courtoisie de n'avoir voulu interrompre le cours de sa declamation. Mais je fay doute qu'on le peut louër de prudence; car, recevant à l'improveu lettres et notamment d'un Empereur, il pouvoit bien advenir que le differer à les lire eust esté d'un grand prejudice.

Le vice contraire à la curiosité, c'est la nonchalance, *(b)* vers laquelle je penche evidemment de ma complexion, *(a)* et en laquelle j'ay veu plusieurs hommes si extremes, que trois ou quatre jours après on retrouvoit encores en leur pochette les lettres toutes closes qu'on leur avoit envoyées.

(b) Je n'en ouvris jamais, non seulement de celles qu'on m'eut commises, mais de celles mesme que la fortune m'eut fait passer par les mains; et faits conscience si mes yeux desrobent par mesgarde quelque cognoissance des lettres d'importance qu'il lit, quand je suis à costé d'un grand. Jamais homme ne s'enquist moins et ne fureta moins és affaires d'autruy.

(a) Du temps de nos peres, Monsieur de Boutieres[1] cuida perdre Turin pour, estant en bonne compaignie à souper, avoir remis à lire un advertissement qu'on luy donnoit des trahisons qui se dressoient contre cette ville, où il commandoit[2]; et ce mesme Plutarque m'a appris[3] que Julius Cæsar se fut sauvé, si, allant au senat le jour qu'il y fut tué par les conjurez, il eust leu un memoire qu'on luy presenta. Et fait aussi[4] le conte d'Archias, Tyran de Thebes, que le soir, avant l'execution de l'entreprise que Pelopidas avoit faicte de le tuer pour remettre son païs en liberté, il luy fut escrit par un autre Archias, Athenien, de point en point ce qu'on luy preparoit; et que, ce pacquet luy ayant esté rendu pendant son souper, il remit à l'ouvrir, disant ce mot qui, depuis, passa en proverbe en Grece : « A demain les affaires. »

Un sage homme peut, à mon opinion, pour l'interest d'autruy, comme pour ne rompre indecemment compaignie, ainsi que Rusticus, ou pour ne discontinuer un autre affaire d'importance, remettre à entendre ce qu'on luy apporte de nouveau; mais, pour son interest ou plaisir particulier, mesmes s'il est homme ayant charge publique, pour ne rompre son disner, voyre ny son sommeil, il est inexcusable de le faire. Et anciennement estoit à Rome la place consulaire, qu'ils appelloyent, la plus honnorable à table, pour estre plus à delivre et plus accessible à ceux qui surviendroyent pour entretenir celuy qui y seroit assis[1]. Tesmoignage que, pour estre à table, ils ne se departoyent pas de l'entremise d'autres affaires et survenances.

Mais, quand tout est dit, il est mal-aisé és actions humaines de donner reigle si juste par discours de raison, que la fortune n'y maintienne son droict.

CHAPITRE V

DE LA CONSCIENCE

(a) Voyageant un jour, mon frere sieur de la Brousse[2] et moy, durant nos guerres civiles, nous rancontrames un gentil'homme de bonne façon; il estoit du party contraire au nostre, mais je n'en sçavois rien, car il se contrefaisoit autre; et le pis de ces guerres, c'est que les cartes sont si meslées, votre ennemy n'estant distingué d'avec vous de aucune marque apparente, ny de langage, ny de port, nourry en mesmes loix, meurs et mesme air, qu'il est mal-aisé d'y eviter confusion et desordre. Cela me faisoit craindre à moy mesme de rencontrer nos trouppes en lieu où je ne fusse conneu, pour n'estre en peine de dire mon nom, et de pis à l'adventure. (b) Comme il m'estoit autrefois advenu : car en un tel mescompte je perdis et hommes et chevaux, et m'y tua lon miserablement entre autres un page[3] gentil-homme Italien, que je nourrissois soigneusement, et fut esteincte en luy une trèsbelle enfance et plaine de grande esperance. (a) Mais cettuy-cy en avoit une frayeur si esperduë, et je le voiois si mort à chasque rencontre d'hommes à cheval et passage de villes qui tenoient pour le Roy, que je devinay en fin que c'estoient alarmes que sa conscience luy donnoit. Il sembloit à ce pauvre homme qu'au travers de son masque et des croix de sa cazaque on iroit lire jusques dans son cœur ses secrettes intentions. Tant est merveilleux l'effort de la conscience! Elle nous faict trahir, accuser et combattre nous mesme, et, à faute de tesmoing estrangier, elle nous produit, contre nous :

Occultum quatiens animo tortore flagellum[4].

Ce conte est en la bouche des enfans. Bessus, Pœonien, reproché d'avoir de gayeté de cœur abbatu un nid de moineaux et les avoir tuez, disoit avoir eu raison, par ce que ces oysillons ne cessoient de l'accuser faucement du meurtre de son pere. Ce parricide jusques lors avoit esté occulte et inconnu; mais les furies vengeresses de la conscience le firent mettre hors à celuy mesmes qui en devoit porter la penitence[1].

Hesiode corrige le dire de Platon, que la peine suit de bien près le peché : car il dit qu'elle naist en l'instant et quant et quant le peché. Quiconque attent la peine, il la souffre; et quiconque l'a meritée, l'attend. La meschanceté fabrique des tourmens contre soy,

Malum consilium consultori pessimum[2],

comme la mouche guespe picque et offence autruy, mais plus soy-mesme, car elle y perd son éguillon et sa force pour jamais,

vitásque in vulnere ponunt[3].

Les Cantarides ont en elles quelque partie qui sert contre leur poison de contrepoison, par une contrarieté de nature. Aussi, à mesme qu'on prend le plaisir au vice, il s'engendre un desplaisir contraire en la conscience, qui nous tourmente de plusieurs imaginations penibles, veillans et dormans,

(b) Quippe ubi se multi, per somnia sæpe loquentes,
Aut morbo delirantes, procraxe ferantur,
Et celata diu in medium peccata dedisse[4].

(a) Apollodorus songeoit qu'il se voyoit escorcher par les Scythes, et puis bouillir dedans une marmite, et que son cœur murmuroit en disant : « Je te suis cause de tous ces maux. » Aucune cachette ne sert aux meschans, disoit Epicurus[5], par ce qu'ils ne se peuvent asseurer d'estre cachez, la conscience les descouvrant à eux mesmes,

prima est hæc ultio, quod se
Judice nemo nocens absolvitur[6].

Comme elle nous remplit de crainte, aussi fait elle d'asseurance et de confiance. *(b)* Et je puis dire avoir marché en plusieurs hazards d'un pas bien plus ferme, en consi-

deration de la secrete science que j'avois de ma volonté
et innocence de mes desseins.

> *(a) Conscia mens ut cuique sua est, ita concipit intra*
> *Pectora pro facto spemque metùmque suo[1].*

Il y en a mille exemples; il suffira d'en alleguer trois de
mesme personnage.

Scipion, estant un jour accusé devant le peuple Romain
d'une accusation importante, au lieu de s'excuser ou de
flater ses juges : « Il vous siera bien, leur dit-il, de vouloir
entreprendre de juger de la teste de celuy par le moyen
duquel vous avez l'authorité de juger de tout le monde[2]. »
Et, un'autre fois, pour toute response aux imputations
que luy mettoit sus un Tribun du peuple, au lieu de plaider sa cause : « Allons, dit-il, mes citoyens, allons rendre
graces aux Dieux de la victoire qu'ils me donnarent contre
les Carthaginois en pareil jour que cettuy-cy. » Et, se
mettant à marcher devant vers le temple, voylà toute
l'assemblée et son accusateur mesmes à sa suite. Et Peti-
lius ayant été suscité par Caton pour luy demander conte
de l'argent manié en la province d'Antioche, Scipion,
estant venu au Senat pour cet effect, produisit le livre des
raisons qu'il avoit dessoubs sa robbe, et dit que ce livre
en contenoit au vray la recepte et la mise; mais, comme on
le luy demanda pour le mettre au greffe, il le refusa, disant
ne se vouloir pas faire cette honte à soy mesme; et, de ses
mains, en la presence du senat, le deschira et mit en pieces.
Je ne croy pas qu'une ame cauterizée sçeut contrefaire
une telle asseurance[3]. *(c)* Il avoit le cœur trop gros de
nature et accoustumé à trop haute fortune, dict Tite
Live[4], pour qu'il sceut estre criminel et se desmettre à la
bassesse de deffendre son innocence.

(a) C'est une dangereuse invention que celle des gehenes, et semble que ce soit plustost un essayt de patience que
de verité. *(c)* Et celuy qui les peut souffrir cache la verité,
et celuy qui ne les peut souffrir. *(a)* Car pourquoy la douleur me fera elle plustost confesser ce qui en est, qu'elle ne
me forcera de dire ce qui n'est pas? Et, au rebours, si celuy
qui n'a pas fait ce dequoy on l'accuse, est assez patient
pour supporter ces tourments, pourquoy ne le sera celuy
qui l'a fait, un si beau guerdon que de la vie luy estant
proposé? Je pense que le fondement de cette invention
est appuyé sur la consideration de l'effort de la conscience.

Car, au coulpable, il semble qu'elle aide à la torture pour
luy faire confesser sa faute, et qu'elle l'affoiblisse; et, de
l'autre part, qu'elle fortifie l'innocent contre la torture.
Pour dire vray, c'eſt un moyen plein d'incertitude et de
danger.

(b) Que ne diroit on, que ne feroit on pour fuyr à si
griefves douleurs?

(c) Etiam innocentes cogit mentiri dolor[1].

D'où il advient que celuy que le juge a gehenné pour
ne le faire mourir innocent, il le face mourir et innocent
et gehenné[2]. *(b)* Mille et mille en ont chargé leur teſte de
fauces confessions. Entre lesquels je loge Philotas, considerant les circonſtances du procez qu'Alexandre luy fit
et le progrez de sa geine[3].

(a) Mais tant y a que c'eſt, *(b)* diĉt on, *(a)* le moins
mal[4] que l'humaine foiblesse aye peu inventer.

(b) Bien inhumainement pourtant et bien inutilement, à
mon advis! Plusieurs nations, moins barbares en cela
que la grecque et la romaine qui les en appellent, eſtiment
horrible et cruel de tourmenter et desrompre un homme
de la faute duquel vous eſtes encores en doubte. Que
peut il mais de voſtre ignorance? Eſtes-vous pas injuſtes,
qui, pour ne le tuer sans occasion, luy faites pis que le
tuer? Qu'il soit ainsi : voyez combien de fois il ayme
mieux mourir sans raison que de passer par cette information plus penible que le supplice et qui souvent, par
son aspreté, devance le supplice, et l'execute[5]. Je ne sçay
d'où je tiens ce conte[6], mais il rapporte exaĉtement la
conscience de noſtre juſtice. Une femme de village accu-
soit devant un general d'armée, grand juſticier, un soldat
pour avoir arraché à ses petits enfans ce peu de bouillie
qui luy reſtoit à les suſtanter, cette armée ayant ravagé
tous les villages à l'environ. De preuve, il n'y en avoit
point. Le general, après avoir sommé la femme de
regarder bien à ce qu'elle disoit, d'autant qu'elle seroit
coupable de son accusation si elle mentoit, et elle persis-
tant, il fit ouvrir le ventre au soldat pour s'esclaircir de la
verité du faiĉt. Et la femme se trouva avoir raison.
Condemnation inſtruĉtive.

CHAPITRE VI

DE L'EXERCITATION

(a) Il est malaisé que le discours et l'instruction, encore que nostre creance s'y applique volontiers, soient assez puissantes pour nous acheminer jusques à l'action, si outre cela nous n'exerçons et formons nostre ame par experience au train auquel nous la voulons renger : autrement, quand elle sera au propre des effets, elle s'y trouvera sans doute empeschée. Voylà pourquoy, parmy les philosophes, ceux qui ont voulu atteindre à quelque plus grande excellence, ne se sont pas contentez d'attendre à couvert et en repos les rigueurs de la fortune, de peur qu'elle ne les surprint inexperimentez et nouveaux au combat; ains ils luy sont allez au devant, et se sont jettez à escient à la preuve des difficultez. Les uns en ont abandonné les richesses, pour s'exercer à une pauvreté volontaire; les autres ont recherché le labeur et une austerité de vie penible, pour se durcir au mal et au travail; d'autres se sont privez des parties du corps les plus cheres, comme de la veue et des membres propres à la generation de peur que leur service, trop plaisant et trop mol, ne relaschast et n'attendrist la fermeté de leur ame. Mais à mourir, qui est la plus grande besoigne que nous ayons à faire, l'exercitation ne nous y peut ayder. On se peut, par usage et par experience, fortifier contre les douleurs, la honte, l'indigence et tels autres accidents; mais, quant à la mort, nous ne la pouvons essayer qu'une fois; nous y sommes tous apprentifs quand nous y venons.

Il s'est trouvé anciennement des hommes si excellens mesnagers du temps, qu'ils ont essayé en la mort mesme de la gouster et savourer, et ont bandé leur esprit pour voir que c'estoit de ce passage; mais ils ne sont pas revenus nous en dire les nouvelles :

> *nemo expergitus extat*
> *Frigida quem semel est vitai pausa sequuta*[1].

Canius Julius, noble homme Romain, de vertu et fermeté singuliere, ayant esté condamné à la mort par ce maraut de Caligula, outre plusieurs merveilleuses preuves qu'il donna de sa resolution, comme il eſtoit sur le point de souffrir la main du bourreau, un philosophe, son amy, luy demanda : « Et bien, Canius, en quelle démarche eſt à cette heure voſtre ame? que fait elle? en quels pensemens eſtes vous? — Je pensois, luy respondit-il, à me tenir preſt et bandé de toute ma force, pour voir si, en cet inſtant de la mort, si court et si brief, je pourray appercevoir quelque deslogement de l'ame, et si elle aura quelque ressentiment de son yssuë, pour, si j'en aprens quelque chose, en revenir donner après, si je puis, advertissement à mes amis[1]. » Cettuy-cy philosophe non seulement jusqu'à la mort, mais en la mort mesme. Quelle asseurance eſtoit-ce, et quelle fierté de courage, de vouloir que sa mort luy servit de leçon, et avoir loisir de penser ailleurs en un si grand affaire!

(b) *Jus hoc animi morientis habebat*[2].

(a) Il me semble toutefois qu'il y a quelque façon de nous apprivoiser à elle et de l'essayer aucunement. Nous en pouvons avoir experience, sinon entiere et parfaiƈte, au moins telle qu'elle ne soit pas inutile, et qui nous rende plus fortifiez et asseurez. Si nous ne la pouvons joindre, nous la pouvons approcher, nous la pouvons reconnoiſtre; et, si nous ne donnons jusques à son fort, au moins verrons nous et en prattiquerons les advenuës. Ce n'eſt pas sans raison qu'on nous fait regarder à noſtre sommeil mesme, pour la ressemblance qu'il a de la mort.

(c) Combien facilement nous passons du veiller au dormir! Avec combien peu d'intereſt nous perdons la connoissance de la lumiere et de nous!

A l'adventure pourroit sembler inutile et contre nature la faculté du sommeil qui nous prive de toute aƈtion et de tout sentiment, n'eſtoit que, par iceluy, nature nous inſtruiƈt qu'elle nous a pareillement faiƈts pour mourir que pour vivre, et, dès la vie, nous presente l'eternel eſtat qu'elle nous garde après icelle, pour nous y accouſtumer et nous en oſter la crainte.

(a) Mais ceux qui sont tombez par quelque violent accident en defaillance de cœur et qui y ont perdu tous sentimens, ceux là, à mon advis, ont eſté bien près de voir son vray et naturel visage; car, quant à l'inſtant et au point du passage, il n'eſt pas à craindre qu'il porte avec soy aucun travail ou desplaisir, d'autant que nous ne pouvons avoir nul sentiment sans loisir. Nos souffrances ont besoing de temps, qui est si court et si precipité en la mort qu'il faut necessairement qu'elle soit insensible. Ce sont les approches que nous avons à craindre; et celles-là peuvent tomber en experience.

Plusieurs choses nous semblent plus grandes par imagination que par effect. J'ay passé une bonne partie de mon aage en une parfaite et entiere santé : je dy non seulement entiere, mais encore allegre et bouillante. Cet estat, plein de verdeur et de feste, me faisoit trouver si horrible la consideration des maladies, que, quand je suis venu à les experimenter, j'ay trouvé leurs pointures molles et lâches au pris de ma crainte.

(b) Voicy que j'espreuve tous les jours : suis-je à couvert chaudement dans une bonne sale, pendant qu'il se passe une nuict orageuse et tempesteuse, je m'estonne et m'afflige pour ceux qui sont lors en la campaigne; y suis-je moymesme, je ne desire pas seulement d'estre ailleurs.

(a) Cela seul, d'estre toujours enfermé dans une chambre, me sembloit insupportable; je fus incontinent dressé à y estre une semaine, et un mois, plein d'émotion, d'alteration et de foiblesse; et ay trouvé que, lors de ma santé, je plaignois les malades beaucoup plus que je ne me trouve à plaindre moymesme quand j'en suis, et que la force de mon apprehention encherissoit près de moitié l'essence et verité de la chose. J'espere qu'il m'en adviendra de mesme de la mort, et qu'elle ne vaut pas la peine que je prens à tant d'apprests que je dresse et tant de secours que j'appelle et assemble pour en soustenir l'effort; mais, à toutes adventures, nous ne pouvons nous donner trop d'avantage.

Pendant nos troisiesmes troubles ou deuxiesmes[1] (il ne me souvient pas bien de cela), m'estant allé un jour promener à une lieue de chez moy, qui suis assis dans le moiau de tout le trouble des guerres civiles de France, estimant estre en toute seureté et si voisin de ma retraicte que je n'avoy point besoin de meilleur equipage, j'avoy pris un cheval bien aisé, mais non guiere ferme. A mon retour, une occasion soudaine s'estant presentée de m'aider de ce cheval à un service qui n'estoit pas bien de son usage, un de mes gens, grand et fort, monté sur un puissant roussin qui avoit une bouche desespérée, frais au demeurant et vigoureux, pour faire le hardy et devancer

ses compaignons vint à le pousser à toute bride droiƈt
dans ma route, et fondre comme un colosse sur le petit
homme et petit cheval, et le foudroier de sa roideur et
de sa pesanteur, nous envoyant l'un et l'autre les pieds
contre-mont : si que voilà le cheval abbatu et couché
tout eſtourdy, moy dix ou douze pas au delà, mort,
eſtendu à la renverse, le visage tout meurtry et tout
escorché, mon espée que j'avoy à la main, à plus de dix
pas au-delà, ma ceinture en pieces, n'ayant ny mouvement ny sentiment, non plus qu'une souche. C'eſt le seul
esvanouissement que j'aye senty jusques à cette heure.
Ceux qui eſtoient avec moy, après avoir essayé par tous
les moyens qu'ils peurent de me faire revenir, me tenans
pour mort, me prindrent entre leurs bras et m'emportoient avec beaucoup de difficulté en ma maison qui
eſtoit loing de là environ une demy lieuë Françoise. Sur
le chemin, et après avoir eſté plus de deux grosses heures
tenu pour trespassé, je commençay à me mouvoir et
respirer ; car il eſtoit tombé si grande abondance de sang
dans mon eſtomac, que, pour l'en descharger, nature euſt
besoin de resusciter ses forces. On me dressa sur mes
pieds, où je rendy un plein seau de bouillons de sang
pur, et, plusieurs fois par le chemin, il m'en falut faire
de mesme. Par là je commençay à reprendre un peu de
vie, mais ce fut par les menus et par un si long traiƈt
de temps que mes premiers sentimens eſtoient beaucoup
plus approchans de la mort que de la vie,

> *(b) Perche, dubbiosa anchor del suo ritorno,*
> *Non s'assecura attonita la mente[1].*

(a) Cette recordation que j'en ay fort empreinte en mon
ame, me representant son visage et son idée si près du
naturel, me concilie aucunement à elle. Quand je commençay à y voir, ce fut d'une veuë si trouble, si foible
et si morte, que je ne discernois encores rien que la
lumiere,

> *come quel ch'or apre or chiude*
> *Gli occhi, mezzo tra'l sonno è l'esser deſto[2].*

Quand aux funƈtions de l'ame, elles naissoient avec
mesme progrez que celles du corps. Je me vy tout sanglant, car mon pourpoinƈt eſtoit taché par tout du sang
que j'avoy rendu. La premiere pensée qui me vint, ce

fut que j'avoy une harquebusade en la teste; de vray,
en mesme temps, il s'en tiroit plusieurs autour de nous.
Il me sembloit que ma vie ne me tenoit plus qu'au bout
des lévres; je fermois les yeux pour ayder, ce me sembloit, à la pousser hors, et prenois plaisir à m'alanguir
et à me laisser aller. C'estoit une imagination qui ne
faisoit que nager superficiellement en mon ame, aussi
tendre et aussi foible que tout le reste, mais à la verité
non seulement exempte de desplaisir, ains meslée à cette
douceur que sentent ceux qui se laissent glisser au sommeil.

Je croy que c'est ce mesme estat où se trouvent ceux
qu'on voit défaillans de foiblesse en l'agonie de la mort;
et tiens que nous les plaignons sans cause, estimans qu'ils
soient agitez de grieves douleurs, ou avoir l'ame pressée
de cogitations penibles. Ç'a esté tousjours mon advis,
contre l'opinion de plusieurs, et mesme d'Estienne de
La Boetie, que ceux que nous voyons ainsi renversez et
assopis aux approches de leur fin, ou accablez de la longueur du mal, ou par l'accident d'une apoplexie, ou mal
caduc,

(b) *vi morbi sæpe coactus*
Ante oculos aliquis nostros, ut fulminis ictu,
Concidit, et spumas agit; ingemit, et fremit artus;
Desipit, extentat nervos, torquetur, anhelat,
Inconstanter et in jactando membra fatigat[1].

(a) ou blessez en la teste, que nous oyons rommeller et
rendre par fois des souspirs trenchans, quoy que nous en
tirons aucuns signes par où il semble qu'il leur reste
encore de la cognoissance, et quelques mouvemens que
nous leur voyons faire du corps; j'ay tousjours pensé,
dis-je, qu'ils avoient et l'ame et le corps enseveli et endormy :

(b) *Vivit, et est vitæ nescius ipse suæ*[2].

(a) Et ne pouvois croire que, à un si grand estonnement
de membres et si grande défaillance des sens, l'ame peut
maintenir aucune force au dedans pour se reconnoistre;
et que, par ainsin, ils n'avoient aucun discours qui les
tourmentast et qui leur peut faire juger et sentir la misere
de leur condition, et que, par consequent, ils n'estoient
pas fort à plaindre.

(b) Je n'imagine aucun estat pour moy si insupportable

et horrible que d'avoir l'ame vifve et affligée, sans moyen
de se declarer; comme je dirois de ceux qu'on envoye
au supplice, leur ayant couppé la langue, si ce n'estoit
qu'en cette sorte de mort la plus muette me semble la
mieux seante, si elle est accompaignée d'un ferme visage
et grave; et comme ces miserables prisonniers qui tombent és mains des vilains bourreaux soldats de ce temps,
desquels ils sont tourmentez de toute espece de cruel
traictement pour les contraindre à quelque rançon excessive et impossible, tenus cependant en condition et en lieu
où ils n'ont moyen quelconque d'expression et signification de leurs pensées et de leur misere.

(a) Les Poetes ont feint quelques dieux favorables à la
delivrance de ceux qui trainoient ainsin une mort languissante,

> *hunc ego Diti*
> *Sacrum jussa fero, téque isto corpore solvo*[1].

Et les voix et responses courtes et descousues qu'on leur
arrache à force de crier autour de leurs oreilles et de les
tempester, ou des mouvemens qui semblent avoir quelque
consentement à ce qu'on leur demande, ce n'est pas
tesmoignage qu'ils vivent pourtant, au moins une vie
entiere. Il nous advient ainsi sur le beguayement du
sommeil, avant qu'il nous ait du tout saisis, de sentir
comme en songe ce qui se faict autour de nous, et suyvre
les voix d'une ouye trouble et incertaine qui semble ne
donner qu'aux bords de l'ame; et faisons des responses,
à la suitte des dernieres paroles qu'on nous a dites, qui
ont plus de fortune que de sens.

Or, à present que je l'ay essayé par effect, je ne fay
nul doubte que je n'en aye bien jugé jusques à cette heure.
Car, premierement, estant tout esvanouy, je me travaillois
d'entr'ouvrir mon pourpoinct à belles ongles (car j'estoy
desarmé), et si sçay que je ne santoy en l'imagination rien
qui me blessat : car il y a plusieurs mouvemens en nous
qui ne partent pas de nostre ordonnance,

(b) Semianimesque micant digiti ferrúmque retractant[2].

(a) Ceux qui tombent, eslancent ainsi les bras au devant
de leur cheute, par une naturelle impulsion qui fait que
nos membres se prestent des offices *(b)* et ont des agitations à part de notre discours :

Falciferos memorant currus abscindere membra,
Ut tremere in terra videatur ab artubus id quod
Decidit abscissum, cùm mens tamen atque hominis vis
Mobilitate mali non quit sentire dolorem[1].

(a) J'avoy mon estomac pressé de ce sang caillé, mes mains
y couroient d'elles mesmes, comme elles font souvent où
il nous demange, contre l'advis de nostre volonté. Il y a
plusieurs animaux, et des hommes mesmes, après qu'ils
sont trespassez, ausquels on voit resserrer et remuer des
muscles. Chacun sçait par experience qu'il y a des parties
qui se branslent, dressent et couchent souvent sans son
congé. Or ces passions qui ne nous touchent que par
l'escorse, ne se peuvent dire nostres. Pour les faire nostres,
il faut que l'homme y soit engagé tout entier; et les douleurs que le pied ou la main sentent pendant que nous
dormons, ne sont pas à nous.

Comme j'approchai de chez moy, où l'alarme de ma
cheute avoit des-jà couru, et que ceux de ma famille
m'eurent rencontré avec les cris accoustumez en telles
choses, non seulement je respondois quelque mot à ce
qu'on me demandoit, mais encore ils disent que je m'advisay de commander qu'on donnast un cheval à ma femme,
que je voyoy s'empestrer et se tracasser dans le chemin,
qui est montueux et mal-aisé. Il semble que cette consideration deut partir d'une ame esveillée, si est-ce que je
n'y estois aucunement; c'estoyent des pensemens vains, en
nuë, qui estoyent esmeuz par les sens des yeux et des
oreilles; ils ne venoyent pas de chez moy. Je ne sçavoy
pourtant ny d'où je venoy, ny où j'aloy; ny ne pouvois
poiser et considerer ce que on me demandoit : ce sont
des legiers effects que les sens produisoyent d'eux-mesmes,
comme d'un usage; ce que l'ame y prestoit, c'estoit en
songe, touchée bien legierement, et comme lechée seulement et arrosée par la molle impression des sens.

Cependant mon assiete estoit à la verité très douce et
paisible; je n'avoy affliction ny pour autruy ny pour moy;
c'estoit une langueur et une extreme foiblesse, sans aucune
douleur. Je vy ma maison sans la recognoistre. Quand on
m'eust couché, je senty une infinie douceur à ce repos,
car j'avoy esté vilainement tirassé par ces pauvres gens,
qui avoient pris la peine de me porter sur leurs bras par
un long et très-mauvais chemin, et s'y estoient lassez deux
ou trois fois les uns après les autres. On me presenta

force remedes, dequoy je n'en receuz aucun, tenant pour
certain que j'estoy blessé à mort par la teste. C'eust esté
sans mentir une mort bien heureuse; car la foiblesse de
mon discours me gardoit d'en rien juger, et celle du
corps d'en rien sentir[1]. Je me laissoy couler si doucement et d'une façon si douce et si aisée que je ne sens
guiere autre action moins poisante[2] que celle-là estoit.
Quand je vins à revivre et à reprendre mes forces,

(b) Ut tandem sensus convaluere mei[3],

(a) qui fut deux ou trois heures après, je me senty tout
d'un train rengager aux douleurs, ayant les membres tous
moulus et froissez de ma cheute; et en fus si mal deux ou
trois nuits après, que j'en cuiday remourir encore un coup,
mais d'une mort plus vifve; et me sens encore de la
secousse de cette froissure. Je ne veux pas oublier cecy,
que la derniere chose en quoy je me peus remettre, ce fut
la souvenance de cet accident; et me fis redire plusieurs
fois où j'aloy, d'où je venoy, à quelle heure cela m'estoit
advenu, avant que de le pouvoir concevoir. Quant à la
façon de ma cheute, on me la cachoit en faveur de celuy
qui en avoit esté cause, et m'en forgeoit on d'autres. Mais
long temps après, et le lendemain, quand ma memoire
vint à s'entr'ouvrir et me representer l'estat où je m'estoy
trouvé en l'instant que j'avoy aperçeu ce cheval fondant
sur moy (car je l'avoy veu à mes talons et me tins pour
mort, mais ce pensement avoit esté si soudain que la peur
n'eut pas loisir de s'y engendrer), il me sembla que c'estoit
un esclair qui me frapoit l'ame de secousse et que je
revenoy de l'autre monde.

Ce conte d'un évenement si legier est assez vain, n'estoit
l'instruction que j'en ay tirée pour moy; car, à la verité,
pour s'aprivoiser à la mort, je trouve qu'il n'y a que de
s'en avoisiner. Or, comme dict Pline[4], chacun est à soy-
mesmes une très-bonne discipline, pourveu qu'il ait la
suffisance de s'espier de près. Ce n'est pas ci ma doctrine,
c'est mon estude; et n'est pas la leçon d'autruy, c'est la
mienne.

(c) Et ne me doibt on sçavoir mauvais gré pourtant, si
je la communique. Ce qui me sert, peut aussi par accident
servir à un autre. Au demeurant, je ne gaste rien, je n'use
que du mien. Et si je fay le fol, c'est à mes despens et
sans l'interest de personne. Car c'est en folie qui meurt

en moy, qui n'a point de suitte. Nous n'avons nouvelles
que de deux ou trois anciens[1] qui ayent battu ce chemin;
et si ne pouvons dire si c'est du tout en pareille maniere
à cette cy, n'en connoissant que les noms. Nul depuis ne
s'est jetté sur leur trace. C'est une espineuse entreprinse,
et plus qu'il ne semble, de suyvre une alleure si vagabonde
que celle de nostre esprit; de penetrer les profondeurs
opaques de ses replis internes; de choisir et arrester tant
de menus airs de ses agitations. Et est un amusement
nouveau et extraordinaire, qui nous retire des occupations
communes du monde, ouy, et des plus recommandées.
Il y a plusieurs années que je n'ay que moy pour visée à
mes pensées, que je ne contrerolle et estudie que moy;
et, si j'estudie autre chose, c'est pour soudain le coucher
sur moy, ou en moy, pour mieux dire. Et ne me semble
point faillir, si, comme il se faict des autres sciences, sans
comparaison moins utiles, je fay part de ce j'ay apprins
en cette-cy; quoy que je ne me contente guere du progrez
que j'y ai faict. Il n'est description pareille en difficulté à
la description de soy-mesmes, ny certes en utilité. Encore
se faut-il testoner, encore se faut-il ordonner et renger
pour sortir en place. Or je me pare sans cesse, car je me
descris sans cesse. La coustume a faict le parler de soy
vicieux[2], et le prohibe obstinéement en hayne de la
ventance qui semble tousjours estre attachée aux propres
tesmoignages.
Au lieu qu'on doit moucher l'enfant, cela s'appelle
l'énaser,

In vitium ducit culpæ fuga[3].

Je treuve plus de mal que de bien à ce remède. Mais,
quand il seroit vray que ce fust necesserement presomption d'entretenir le peuple de soy, je ne doy pas suivant
mon general dessein, refuser une action qui publie cette
maladive qualité, puis qu'elle est en moy; et ne doy cacher
cette faute que j'ay non seulement en usage, mais en profession. Toutesfois, à dire ce que j'en croy, cette coustume
a tort de condamner le vin, par ce que plusieurs s'y
enyvrent. On ne peut abuser que des choses qui sont
bonnes. Et croy de cette regle qu'elle ne regarde que la
populaire defaillance. Ce sont brides à veaux, desquelles
ny les Saincts, que nous oyons si hautement parler d'eux,
ni les philosophes, ni les Theologiens ne se brident. Ne

fay-je, moy, quoy que je soye aussi peu l'un que l'autre.
S'ils n'en escrivent à point nommé, au moins, quand
l'occasion les y porte, ne feignent ils pas de se jetter bien
avant sur le trottoir. Dequoy traitte Socrates plus largement que de soy? A quoy achemine il plus souvent les
propos de ses disciples, qu'à parler d'eux, non pas de la
leçon de leur livre, mais de l'estre et branle de leur âme?
Nous nous disons religieusement à Dieu, et à nostre
confesseur, comme noz voisins[1] à tout le peuple. Mais
nous n'en disons, me respondra-on, que les accusations.
Nous disons donc tout : car nostre vertu mesme est
fautiere et repentable. Mon mestier et mon art, c'est vivre.
Qui me defend d'en parler selon mon sens, experience et
usage, qu'il ordonne à l'architecte de parler des bastimens
non selon soy, mais selon son voisin; selon la science d'un
autre, non selon la sienne. Si c'est gloire de soy-mesme
publier ses valeurs, que ne met Cicero en avant l'eloquence de Hortence[2], Hortence celle de Cicero? A l'adventure, entendent ils que je tesmoigne de moy par
ouvrages et effects, non nuement par des paroles. Je peins
principalement mes cogitations, subject informe, qui ne
peut tomber en production ouvragere. A toute peine le
puis je coucher en ce corps aërée de la voix. Des plus sages
hommes et des plus devots ont vescu fuyants tous apparents effects. Les effects diroyent plus de la Fortune que de
moy. Ils tesmoignent leur roolle, non pas le mien, si ce
n'est conjecturalement et incertainement : eschantillons
d'une montre particuliere[3]. Je m'estalle entier : c'est un
skeletos où, d'une veuë, les veines, les muscles, les tendons
paroissent, chaque piece en son siege. L'effect de la toux
en produisoit une partie; l'effect de la palleur ou battement
de cœur, un'autre, et doubteusement.

Ce ne sont mes gestes que j'escris, c'est moy, c'est mon
essence. Je tien qu'il faut estre prudent à estimer de soy,
et pareillement consciencieux à en tesmoigner, soit bas,
soit haut, indifferemment. Si je me sembloy bon et sage
ou près de là, je l'entonneroy à pleine teste. De dire moins
de soy qu'il n'y en a, c'est sottise, non modestie. Se payer
de moins qu'on ne vaut, c'est lácheté et pusillanimité,
selon Aristote[4]. Nulle vertu ne s'ayde de la fausseté; et
la verité n'est jamais matiere d'erreur. De dire de soy
plus qu'il n'en y a, ce n'est pas tousjours presomption,
c'est encore souvent sottise. Se complaire outre mesure de

ce qu'on est, en tomber en amour de soy indiscrete, est, à mon advis, la substance de ce vice. Le supreme remede à le guarir, c'est faire tout le rebours de ce que ceux icy ordonnent, qui, en defendant le parler de soy, defendent par consequent encore plus de penser à soy. L'orgueil gist en la pensée. La langue n'y peut avoir qu'une bien legere part. De s'amuser à soy, il leur semble que c'est se plaire en soy; de se hanter et prattiquer, que c'est se trop cherir. Il peut estre. Mais cet excez naist seulement en ceux qui ne se tastent que superficiellement; qui se voyent après leurs affaires, qui appellent resverie et oysiveté s'entretenir de soy, et s'estoffer et bastir, faire des chasteaux en Espaigne : s'estimans chose tierce et estrangere à eux mesmes.

Si quelcun s'enyvre de sa science, regardant souz soy : qu'il tourne les yeux au-dessus vers les siecles passez, il baissera les cornes, y trouvant tant de milliers d'esprits qui le foulent aux pieds. S'il entre en quelque flateuse presomption de sa vaillance, qu'il se ramentoive les vies des deux Scipions[1], de tant d'armées, de tant de peuples, qui le laissent si loing derriere eux. Nulle particuliere qualité n'enorgueillira celuy qui mettra quand et quand en compte tant de imparfaittes et foibles qualitez autres qui sont en luy, et, au bout, la nihilité de l'humaine condition.

Par ce que Socrates avoit seul mordu à certes au precepte de son Dieu, de se connoistre[2], et par cette estude estoit arrivé à se mespriser, il fut estimé seul digne du surnom de Sage. Qui se connoistra ainsi, qu'il se donne hardiment à connoistre par sa bouche.

CHAPITRE VII

DES RECOMPENSES D'HONNEUR

(a) CEUX qui escrivent la vie d'Auguste Cæsar remarquent cecy en sa discipline militaire, que, des dons, il estoit merveilleusement liberal envers ceux qui le meritoient, mais que, des pures recompenses d'honneur, il en estoit bien autant espargnant[3]. Si est-ce qu'il avoit esté luy mesme gratifié par son oncle de toutes les recompenses militaires avant qu'il eust jamais esté à la guerre. Ç'a esté

une belle invention, et receüe en la plus part des polices
du monde, d'establir certaines merques vaines et sans pris
pour en honnorer et recompenser la vertu, comme sont
les couronnes de laurier, de chesne, de meurte, la forme
de certain vestement, le privilege d'aller en coche par ville,
ou de nuit avecques flambeau, quelque assiete particuliere
aux assemblées publiques, la prerogative d'aucuns surnoms et titres, certaines marques aux armoiries, et choses
semblables, dequoy l'usage a esté diversement receu selon
l'opinion des nations, et dure encores.

Nous avons pour nostre part, et plusieurs de nos voisins, les ordres de chevalerie, qui ne sont establis qu'à
cette fin. C'est, à la verité, une bien bonne et profitable
coustume de trouver moyen de recognoistre la valeur des
hommes rares et excellens, et de les contenter et satis-faire
par des payements qui ne chargent aucunement le publiq
et qui ne coustent rien au Prince. Et ce qui a esté tousjours
conneu par experience ancienne et que nous avons autrefois aussi peu voir entre nous, que les gens de qualité
avoyent plus de jalousie de telles recompenses que de
celles où il y avoit du guein et du profit, cela n'est pas sans
raison et grande apparence. Si au pris qui doit estre simplement d'honneur, on y mesle d'autres commoditez et de
la richesse, ce meslange, au lieu d'augmenter l'estimation,
il la ravale et en retranche. L'ordre Sainct Michel, qui a
esté si long temps en credit parmy nous[1], n'avoit point
de plus grande commodité que celle-là, de n'avoir communication d'aucune autre commodité. Cela faisoit qu'autrefois il n'y avoit ny charge, ny estat, quel qu'il fut,
auquel la noblesse pretendit avec tant de desir et d'affection qu'elle faisoit à l'ordre, ny qualité qui apportast plus
de respect et de grandeur : la vertu embrassant et aspirant
plus volontiers à une recompense purement sienne,
plustost glorieuse qu'utile. Car, à la verité, les autres dons
n'ont pas leur usage si digne, d'autant qu'on les employe
à toute sorte d'occasions[2]. Par des richesses, on satisfaict
le service d'un valet, la diligence d'un courrier, le dancer,
le voltiger, le parler et les plus viles offices qu'on reçoive;
voire et le vice s'en paye, la flaterie, le maquerelage, la
trahison : ce n'est pas merveille si la vertu reçoit et desire
moins volontiers cette sorte de monnoye commune, que
celle qui luy est propre et particuliere, toute noble et
genereuse. Auguste avoit raison d'estre beaucoup plus

mesnagier et espargnant de cette-cy que de l'autre,
d'autant que l'honneur, c'est un privilege qui tire sa
principale essence de la rareté; et la vertu mesme :

Cui malus est nemo, quis bonus esse potest[1] ?

On ne remerque pas, pour la recommandation d'un
homme, qu'il ait soing de la nourriture de ses enfans,
d'autant que c'est une action commune, quelque juste
qu'elle soit, *(c)* non plus qu'un grand arbre, où la forest
est toute de mesmes. *(a)* Je ne pense pas que aucun
citoyen de Sparte se glorifiast de sa vaillance, car c'estoit
une vertu populaire en leur nation, et aussi peu de la
fidelité et mespris des richesses. Il n'eschoit pas de recompense à une vertu, pour grande qu'elle soit, qui est passée
en coustume; et ne sçay avec, si nous l'appellerions jamais
grande, estant commune.

Puis donc que ces loyers d'honneur n'ont autre pris
et estimation que cette-là, que peu de gens en jouyssent, il
n'est, pour les aneantir, que d'en faire largesse. Quand
il se trouveroit plus d'hommes qu'au temps passé, qui
meritassent nostre Ordre, il n'en faloit pas pourtant corrompre l'estimation. Et peut aysément advenir que plus
le meritent, car il n'est aucune des vertuz qui s'espende
si aysement que la vaillance militaire. Il y en a une autre,
vraye, perfecte et philosophique, dequoy je ne parle point
(et me sers de ce mot selon nostre usage), bien plus grande
que cette-cy et plus pleine, qui est une force et asseurance
de l'ame, mesprisant également toute sorte d'accidens
enemis : equable, uniforme et constante, de laquelle la
nostre n'est qu'un bien petit rayon. L'usage, l'institution,
l'exemple et la coustume peuvent tout ce qu'elles veulent
en l'establissement de celle dequoy je parle, et la rendent
aysement vulgaire : comme il est tresaysé à voir par l'experience que nous en donnent nos guerres civiles. *(b)* Et
qui nous pourroit joindre à cette heure et acharner à une
entreprise commune tout nostre peuple, nous ferions
refleurir nostre ancien nom militaire. *(a)* Il est bien certain
que la recompense de l'Ordre ne touchoit pas, au temps
passé, seulement cette consideration; elle regardoit plus
loing. Ce n'a jamais esté le payement d'un valeureux
soldat, mais d'un capitaine fameux. La science d'obeir ne
meritoit pas un loyer si honorable. On y requeroit anciennement une expertise bellique plus universelle et qui

embrassat la plus part et plus grandes parties d'un homme militaire: *(c)* « *Neque enim eædem militares et imperatoriæ artes sunt*[1] », *(a)* qui fut encore, outre cela, de condition accommodable à une telle dignité. Mais je dy, quand plus de gens en seroyent dignes qu'il ne s'en trouvoit autresfois, qu'il ne falloit pas pourtant s'en rendre plus liberal; et eut mieux vallu faillir à n'en estrener pas tous ceux à qui il estoit deu, que de perdre pour jamais, comme nous venons de faire, l'usage d'une invention si utile. Aucun homme de cœur ne daigne s'avantager de ce qu'il a de commun avec plusieurs; et ceux d'aujourd'huy, qui ont moins merité cette recompense, font plus de contenance de la desdaigner, pour se loger par là au reng de ceux à qui on faict tort d'espandre indignement et avilir cete marque qui leur estoit particulierement deuë.

Or, de s'atendre, en effaçant et abolissant cette-cy, de pouvoir soudain remettre en credit et renouveller une semblable coustume, ce n'est pas entreprinse propre à une saison si licencieuse et malade qu'est celle où nous nous trouvons à present; et en adviendra que la derniere[2] encourra dès sa naissance les incommoditez qui viennent de ruiner l'autre. Les regles de la dispensation de ce nouvel ordre auroient besoing d'estre extremement tendues et contraintes, pour luy donner authorité; et cette saison tumultuere n'est pas capable d'une bride courte et reglée; outre ce qu'avant qu'on luy puisse donner credit, il est besoing qu'on ayt perdu la memoire du premier, et du mespris auquel il est cheu.

Ce lieu pourroit recevoir quelque discours sur la consideration de la vaillance et difference de cette vertu aux autres; mais Plutarque estant souvant retombé sur ce propos, je me meslerois pour neant de raporter icy ce qu'il en dict. Mais il est digne d'estre consideré que nostre nation donne à la vaillance le premier degré des vertus, comme son nom montre, qui vient de valeur; et que, à notre usage, quand nous disons un homme qui vaut beaucoup, ou un homme de bien, au stile de nostre court et de nostre noblesse, ce n'est à dire autre chose qu'un vaillant homme, d'une façon pareille à la Romaine. Car la generale appellation de vertu prend chez eux etymologie de la force[3]. La forme propre, et seule, et essencielle de noblesse en France, c'est la vacation militaire. Il est vray semblable que la premiere vertu qui se soit fait paroistre entre les hommes et qui a donné advantage aux uns sur les autres, ça esté cette-cy, par laquelle les plus forts et courageux se sont rendus maistres des plus foibles, et ont aquis reng et reputation particuliere, d'où luy est demeuré cet honneur et dignité de langage; ou bien que ces nations, estant très-belliqueuses, ont donné le pris à celle des vertus qui leur estoit plus familiere, et le plus digne tiltre. Tout ainsi que nostre passion, et cette fievreuse solicitude que nous avons de la chasteté des femmes, fait aussi qu'une bonne femme, une femme de bien et femme d'honneur et de vertu, ce ne soit en effect à dire autre chose pour nous qu'une femme chaste; comme si, pour les obliger à ce devoir, nous mettions à nonchaloir tous les autres, et leur láchions la bride à toute autre faute, pour entrer en composition de leur faire quitter cette-cy.

CHAPITRE VIII

DE L'AFFECTION DES PERES AUX ENFANS

A Madame d'Estissac[1].

(a) MADAME, si l'estrangeté ne me sauve, et la nouvelleté, qui ont accoustumé de donner pris aux choses, je ne sors jamais à mon honneur de cette sotte entreprise[2]; mais elle est si fantastique et a un visage si esloigné de l'usage commun, que cela luy pourra donner passage. C'est une humeur melancolique, et une humeur par consequent très ennemie de ma complexion naturelle, produite par le chagrin de la solitude en laquelle il y a quelques années que je m'estoy jetté, qui m'a mis premierement en teste cette resverie de me mesler d'escrire. Et puis, me trovant entierement despourveu et vuide de toute autre matiere, je me suis presenté moy-mesmes à moy, pour argument et pour subject. C'est *(c)* le seul livre au monde de son espece, d' *(a)* un dessein farouche et extravagant[3]. Il n'y a rien aussi en cette besoingne digne d'estre remerqué que cette bizarrerie; car à un subject si vain et si vile le meilleur ouvrier du monde n'eust sçeu donner façon qui merite qu'on en face conte. Or, Madame, ayant à m'y pourtraire au vif, j'en eusse oublié un traict d'importance, si je n'y eusse

representé l'honneur que j'ay tousjours rendu à vos merites. Et l'ay voulu dire signamment à la teste de ce chapitre, d'autant que, parmy vos autres bonnes qualitez, celle de l'amitié que vous avez montrée à vos enfans, tient l'un des premiers rengs. Qui sçaura l'aage auquel Monsieur d'Estissac, vostre mari, vous laissa veufve, les grands et honorables partis qui vous ont esté offerts autant qu'à Dame de France de vostre condition; la constance et fermeté dequoy vous avez soutenu, tant d'années et au travers de tant d'espineuses difficultez, la charge et conduite de leurs affaires qui vous ont agitée par tous les coins de France et vous tiennent encores assiegée; l'heureux acheminement que vous y avez donné par vostre seule prudence ou bonne fortune; il dira aiséement avec moy que nous n'avons point d'exemple d'affection maternelle en nostre temps plus exprez que le vostre.

Je louë Dieu, Madame, qu'elle aye si bien employée : car les bonnes esperances que donne de soy Monsieur d'Estissac vostre fils, asseurent assez que, quand il scra en aage, vous en tirerez l'obeïssance et reconoissance d'un très-bon fils. Mais, d'autant qu'à cause de son enfance il n'a peu remerquer les extremes offices qu'il a receu de vous en si grand nombre, je veus, si ces escrits viennent un jour à luy tomber en main, lors que je n'auray plus ny bouche ny parole qui le puisse dire, qu'il reçoive de moy ce tesmoignage en toute verité, qui luy sera encore plus vivement tesmoigné par les bons effects dequoy, si Dieu plaist, il se ressentira : qu'il n'est gentilhomme en France qui doive plus à sa mere qu'il faict; et qu'il ne peut donner à l'advenir plus certaine preuve de sa bonté et de sa vertu qu'en vous reconnoissant pour telle.

S'il y a quelque loy vrayement naturelle, c'est à dire quelque instinct qui se voye universellement et perpetuellement empreinct aux bestes et en nous (ce qui n'est pas sans controverse), je puis dire, à mon advis, qu'après le soing que chasque animal a de sa conservation et de fuir ce qui nuit, l'affection que l'engendrant porte à son engeance tient le second lieu en ce rang. Et, parce que nature semble nous l'avoir recommandée, regardant à estandre et faire aller avant les pieces successives de cette sienne machine, ce n'est pas merveille si, à reculons, des enfans aux peres, elle n'est pas si grande.

(c) Joint cette autre consideration Aristotelique[1], que

celuy qui bien faict à quelcun, l'aime mieux qu'il n'en
est aimé; et celuy à qui il est deu, aime mieus que celuy
qui doibt; et tout ouvrier mieux son ouvrage qu'il n'en
seroit aimé, si l'ouvrage avoit du sentiment. D'autant que
nous avons cher, estre; et estre consiste en mouvement
et action. Parquoy chascun est aucunement en son
ouvrage. Qui bien faict, exerce une action belle et honneste; qui reçoit, l'exerce utile seulement; or l'utile est de
beaucoup moins aimable que l'honneste. L'honneste est
stable et permanent, fournissant à celuy qui l'a faict une
gratification constante. L'utile se perd et eschappe facilement; et n'en est la memoire ny si fresche ny si douce.
Les choses nous sont plus cheres, qui nous ont plus
cousté; et il est plus difficile de donner que de prendre.

(a) Puisqu'il a pleu à Dieu nous doüer de quelque capacité de discours, affin que, comme les bestes, nous ne fussions pas servilement assujectis aux lois communes, ains que
nous nous appliquassions par jugement et liberté volontaire, nous devons bien prester un peu à la simple authorité de nature, mais non pas nous laisser tyranniquement
emporter à elle; la seule raison doit avoir la conduite de
nos inclinations. J'ay, de ma part, le goust estrangement
mousse à ces propensions qui sont produites en nous sans
l'ordonnance et entremise de nostre jugement. Comme,
sur ce subject dequoy je parle, je ne puis recevoir cette
passion dequoy on embrasse les enfans à peine encore nez,
n'ayant ny mouvement en l'ame, ny forme reconnoissable
au corps, par où ils se puissent rendre aimables. (c) Et ne
les ay pas souffert volontiers nourris près de moy. (a) Une
vraye affection et bien reglée devroit naistre et s'augmenter
avec la connoissance qu'ils nous donnent d'eux; et lors,
s'ils le valent, la propension naturelle marchant quant et la
raison, les cherir d'une amitié vrayment paternelle; et en
juger de mesme, s'ils sont autres, nous rendans tousjours
à la raison, nonobstant la force naturelle. Il en va fort
souvent au rebours; et le plus communement nous nous
sentons plus esmeus des trepignemens, jeux et niaiseries
pueriles de nos enfans, que nous ne faisons après de leurs
actions toutes formées, comme si nous les avions aymez
pour nostre passetemps, (c) comme des guenons[1], non
comme des hommes. (a) Et tel fournit bien liberalement de
jouets à leur enfance, qui se trouve resserré à la moindre
despence qu'il leur faut estant en aage. Voire, il semble

que la jalousie que nous avons de les voir paroistre et
jouyr du monde, quand nous sommes à mesme de le
quitter, nous rende plus espargnans et rétrains envers eux;
il nous fache qu'ils nous marchent sur les talons, *(c)* comme pour nous solliciter de sortir. *(a)* Et, si nous avions à
craindre cela, puis que l'ordre des choses porte qu'ils ne
peuvent, à dire verité, estre, ny vivre qu'aux despens de
nostre estre et de nostre vie, nous ne devions pas nous
mesler d'estre peres.

Quant à moy, je trouve que c'est cruauté et injustice
de ne les recevoir au partage et société de nos biens, et
compaignons en l'intelligence de nos affaires domestiques
quand ils en sont capables, et de ne retrancher et reserrer
nos commoditez pour pourvoir aux leurs, puis que nous
les avons engendrez à cet effect.

C'est injustice de voir qu'un pere vieil, cassé et demi-
mort, jouysse seul, à un coin du foyer, des biens qui
suffiroient à l'avancement et entretien de plusieurs enfans,
et qu'il les laisse cependant, par faute de moyen, perdre
leurs meilleures années sans se pousser au service public
et connoissance des hommes. On les jette au desespoir de
chercher par quelque voie, pour injuste qu'elle soit, à
pourvoir à leur besoing; comme j'ay veu de mon temps
plusieurs jeunes hommes de bonne maison, si adonnez
au larcin, que nulle correction les en pouvoit détourner.
J'en connois un, bien apparenté, à qui, par la priere d'un
sien frere, très-honneste et brave gentil-homme, je parlay
une fois pour cet effet. Il me respondit et confessa tout
rondement qu'il avoit esté acheminé à cett'ordure par la
rigueur et avarice de son pere, mais qu'à present il y estoit
si accoustumé qu'il ne s'en pouvoit garder; et lors il venoit
d'estre surpris en larrecin des bagues d'une dame, au lever
de laquelle il s'estoit trouvé avec beaucoup d'autres.

Il me fit souvenir du conte que j'avois ouy faire d'un
autre gentil-homme, si fait et façonné à ce beau mestier
du temps de sa jeunesse, que, venant après à estre maistre
de ses biens, deliberé d'abandonner cette trafique, il ne
se pouvoit garder pourtant, s'il passoit près d'une boutique où il y eust chose dequoy il eust besoin, de la
desrober, en peine de l'envoyer payer après. Et en ay veu
plusieurs si dressez et duitz à cela, que parmi leurs compaignons mesmes ils desroboient ordinairement des choses
qu'ils vouloient rendre. *(b)* Je suis Gascon, et si, n'est

vice auquel je m'entende moins. Je le hay un peu plus par
complexion que je ne l'accuse par discours; seulement par
desir, je ne soustrais rien à personne. *(a)* Ce quartier en est,
à la verité, un peu plus descrié que les autres de la Françoise
nation; si est-ce que nous avons veu de nostre temps, à
diverses fois, entre les mains de la justice, des hommes de
maison d'autres contrées convaincus de plusieurs horribles voleries. Je crains que de cette débauche il s'en
faille aucunement prendre à ce vice des peres.

Et si on me respond ce que fit un jour un Seigneur de
bon entendement, qu'il faisoit espargne des richesses,
non pour en tirer autre fruict et usage que pour se faire
honnorer et rechercher aux siens, et que l'aage lui ayant
osté toutes autres forces, c'estoit le seul remède qui luy
restoit pour se maintenir en authorité en sa famille et pour
eviter qu'il ne vint à mespris et desdain à tout le monde.
(c) (De vray, non la vieillesse seulement, mais toute
imbecillité, selon Aristote[1], est promotrice de l'avarice.)
(a) Cela est quelque chose; mais c'est la medecine à un
mal duquel on devoit eviter la naissance. Un pere est bien
miserable, qui ne tient l'affection de ses enfans que par
le besoin qu'ils ont de son secours, si cela se doit nommer
affection. Il faut se rendre respectable par sa vertu et par
sa suffisance, et aymable par sa bonté et douceur de ses
meurs. Les cendres mesmes d'une riche matiere, elles
ont leur pris; et les os et reliques des personnes d'honneur,
nous avons accoustumé de les tenir en respect et reverence. Nulle vieillesse peut estre si caducque et si rance à
un personnage qui a passé en honneur son aage, qu'elle ne
soit venerable, et notamment à ses enfans, desquels il
faut avoir reglé l'ame à leur devoir par raison, non par
necessité et par le besoin, ny par rudesse et par force,

> *et errat longe, mea quidem sententia,*
> *Qui imperium credat esse gravius aut stabilius*
> *Vi quod fit, quam illud quod amicitia adjungitur*[2].

(b) J'accuse toute violence en l'education d'une ame
tendre, qu'on dresse pour l'honneur et la liberté. Il y
a je ne sçay quoy de servile en la rigueur et en la con-
trainocte; et tiens que ce qui ne se peut faire par la raison,
et par prudence et adresse, ne se faict jamais par la force.
On m'a ainsin eslevé. Ils disent qu'en tout mon premier
aage je n'ay tasté des verges qu'à deux coups, et bien

mollement. J'ay deu la pareille aux enfans que j'ay eu;
ils me meurent tous en nourrisse[1]; mais Leonor, une
seule fille qui est eschappée à cette infortune, a attaint
six ans et plus sans qu'on ait emploié à sa conduicte et
pour le chastiement de ses fautes pueriles, l'indulgence
de sa mere s'y appliquant ayséement, autre chose que
parolles, et bien douces. Et quand mon desir y seroit
frustré, il est assez d'autres causes ausquelles nous prendre,
sans entrer en reproche avec ma discipline, que je sçay
estre juste et naturelle. J'eusse esté beaucoup plus religieux encores en cela envers des masles, moins naiz à
servir et de condition plus libre : j'eusse aymé à leur
grossir le cœur d'ingénuité et de franchise. Je n'ay veu
autre effect aux verges, sinon de rendre les ames plus
lâches ou plus malitieusement opiniastres.

(a) Voulons nous estre aimez de nos enfans? leur voulons nous oster l'occasion de souhaiter nostre mort (combien que nulle occasion d'un si horrible souhait peut estre
ny juste, ny excusable : (c) « nullum scelus rationem habet[2] »)?
(a) accommodons leur vie raisonnablement de ce qui est
en nostre puissance. Pour cela, il ne nous faudroit
pas marier si jeunes que nostre aage vienne quasi à se
confondre avec le leur. Car cet inconvenient nous jette
à plusieurs grandes difficultez. Je dy specialement à la
noblesse, qui est d'une condition oisifve et qui ne vit,
comme on dit, que de ses rentes. Car ailleurs, où la vie
est questuere, la pluralité et compaignie des enfans,
c'est un agencement de mesnage, ce sont autant de
nouveaux utils et instrumens à s'enrichir.

(b) Je me mariay à trente trois ans, et loüe l'opinion de
trente cinq, qu'on dit estre d'Aristote[3]. (c) Platon[4] ne
veut pas qu'on se marie avant les trente; mais il a raison
de se mocquer de ceux qui font les œuvres de mariage
après cinquante cinq; et condamne leur engeance indigne
d'aliment et de vie.

Thales y donna les plus vrayes bornes, qui, jeune,
respondit à sa mere le pressant de se marier, qu'il n'estoit
pas temps; et, devenu sur l'aage, qu'il n'estoit plus
temps[5]. Il faudroit refuser l'opportunité à toute action
importune.

(a) Les anciens Gaulois[6] estimoient à extreme reproche
d'avoir eu accointance de femme avant l'aage de vingt
ans, et recommandoient singulierement aux hommes

qui se vouloient dresser pour la guerre, de conserver
bien avant en l'aage leur pucellage, d'autant que les
courages s'amolissent et divertissent par l'accouplage
des femmes.

> *Ma hor congiunto à giovinetta sposa,*
> *Lieto homai de' figli, era invilito*
> *Ne gli affetti di padre e di marito*[1].

(c) L'histoire grecque[2] remarque de Jecus Tarentin, de
Chryso, d'Astylus, de Diopompus et d'autres, que pour
maintenir leurs corps fermes au service de la course des
jeux Olympiques, de la palestrine et autres exercices,
ils se privarent, autant que leur dura ce soin, de toute
sorte d'acte Venerien.

Muleasses, Roy de Thunes, celuy que l'Empereur
Charles cinquiesme remit en son estat, reprochoit la
memoire de son pere, pour sa hantise aveq ses femmes,
et l'appeloit brède, effeminé, faiseur d'enfans[3].

(b) En certaine contrée des Indes Espaignolles, on ne
permettoit aux hommes de se marier qu'après quarante
ans, et si le permettoit-on aux filles à dix ans[4].

(a) Un gentil-homme qui a trente cinq ans, il n'est pas
temps qu'il fasse place à son fils qui en a un vingt : il est
luy-mesme au train de paroistre et aux voyages des guerres
et en la court de son Prince; il a besoin de ses pieces, et
en doit certainement faire part, mais telle part qu'il ne
s'oublie pas pour autruy. Et à celuy-là peut servir
justement cette responce que les peres ont ordinairement
en la bouche : « Je ne me veux pas despouiller devant
que de m'aller coucher. »

Mais un pere aterré d'années et de maux, privé, par
sa foiblesse et faute de santé, de la commune societé des
hommes, il se faict tort et aux siens de couver inutilement
un grand tas de richesses. Il est assez en estat, s'il est
sage, pour avoir desir de se despouiller pour se coucher :
non pas jusques à la chemise, mais jusques à une robbe
de nuict bien chaude; le reste des pompes, dequoy
il n'a plus que faire, il doibt en estrener volontiers ceux
à qui, par ordonnance naturelle, cela doit appartenir.
C'est raison qu'il leur en laisse l'usage, puis que nature
l'en prive : autrement, sans doubte, il y a de la malice
et de l'envie. La plus belle des actions de l'Empereur
Charles cinquiesme fut celle-là *(c)* à l'imitation d'aucuns

anciens de son calibre, *(a)* d'avoir sçeu reconnoiſtre que la
raison nous commande assez de nous dépouiller, quand
nos robes nous chargent et empeschent; et de nous
coucher, quand les jambes nous faillent. Il resigna ses
moyens, grandeur et puissance à son fils[1], lors qu'il sentit
defaillir en soy la fermeté et la force pour conduire les
affaires avec la gloire qu'il y avoit acquise.

> *Solve senescentem mature sanus equum, ne*
> *Peccet ad extremum ridendus, et ilia ducat*[2].

Cette faute de ne se sçavoir reconnoiſtre de bonne
heure, et ne sentir l'impuissance et extreme alteration
que l'aage apporte naturellement et au corps et à l'ame,
qui, à mon opinion, eſt égale (si l'ame n'en a plus de la
moitié), a perdu la reputation de la plus part des grands
hommes du monde. J'ay veu de mon temps et connu
familierement des personnages de grande authorité, qu'il
eſtoit bien aisé à voir eſtre merveilleusement descheus
de cette ancienne suffisance que je connoissois par la reputation qu'ils en avoient acquise en leurs meilleurs ans.
Je les eusse, pour leur bonheur, volontiers souhaitez
retirez en leur maison à leur aise et deschargez des occupations publiques et guerrieres, qui n'eſtoient plus pour
leurs espaules. J'ay autrefois eſté privé en la maison
d'un gentil-homme veuf et fort vieil, d'une vieillesse
toutefois assez verte[3]. Cettuy-cy avoit plusieurs filles
à marier et un fils desjà en aage de paroistre; cela luy
chargeoit sa maison de plusieurs despences et visites
eſtrangieres, à quoy il prenoit peu de plaisir, non seulement pour le soin de l'espargne, mais encore plus pour
avoir, à cause de l'aage, pris une forme de vie fort esloignée de la noſtre. Je luy dy un jour un peu hardiment,
comme j'ay accouſtumé, qu'il luy sieroit mieux de nous
faire place, et de laisser à son fils sa maison principale
(car il n'avoit que celle-là de bien logée et accommodee),
et se retirer en une sienne terre voisine, où personne
n'apporteroit incommodité à son repos, puis qu'il ne pouvoit autrement eviter noſtre importunité, veu la condition
de ses enfans. Il m'en creut depuis, et s'en trouva bien.

Ce n'eſt pas à dire qu'on leur donne par telle voye
d'obligation, de laquelle on ne se puisse plus desdire.
Je leur lairrois, moy qui suis à mesme de jouer ce rolle,
la jouyssance de ma maison et de mes biens, mais avec

liberté de m'en repentir, s'ils m'en donnoient occasion.
Je leur en lairrois l'usage, par ce qu'il ne me seroit plus
commode; et, de l'authorité des affaires en gros, je m'en
reserverois autant qu'il me plairoit, ayant tousjours jugé
que ce doit estre un grand contentement à un pere vieil,
de mettre luy-mesme ses enfans en train du gouvernement
de ses affaires, et de pouvoir pendant sa vie contreroller
leurs deportemens, leur fournissant d'instruction et
d'advis suyvant l'experience qu'il en a, et d'acheminer
luy mesme l'ancien honneur et ordre de sa maison en la
main de ses successeurs, et se respondre par là des esperances qu'il peut prendre de leur conduite à venir. Et,
pour cet effect, je ne voudrois pas fuir leur compaignie :
je voudroy les esclairer de près, et jouyr, selon la condition de mon aage, de leur allegresse et de leurs festes.
Si je ne vivoy parmi eux (comme je ne pourroy sans
offencer leur assemblée par le chagrin de mon aage et
la subjection de mes maladies, et sans contraindre aussi
et forcer les reigles et façons de vivre que j'auroy lors),
je voudroy au moins vivre près d'eux en un quartier de
ma maison, non pas le plus en parade, mais le plus en
commodité. Non comme je vy, il y a quelques années,
un Doyen de S. Hilaire de Poictiers[1], rendu à telle solitude
par l'incommodité de sa melancolie, que, lors que
j'entray en sa chambre, il y avoit vingt et deux ans qu'il
n'en estoit sorty un seul pas; et si, avoit toutes ses actions
libres et aysées, sauf un reume qui lui tomboit sur l'estomac. A peine une fois la sepmaine vouloit-il permettre
que aucun entrast pour le voir; il se tenoit tousjours
enfermé par le dedans de sa chambre, seul, sauf qu'un
valet luy apportoit une fois le jour à manger, qui ne
faisoit qu'entrer et sortir. Son occupation estoit se
promener et lire quelque livre (car il connoissoit aucunement les lettres), obstiné au demeurant de mourir en
cette démarche, comme il fit bien tost après.

J'essayeroy, par une douce conversation, de nourrir en
mes enfans une vive amitié et bienveillance non feinte en
mon endroict, ce qu'on gaigne aiséement en une nature bien
née; car si ce sont bestes furieuses *(c)* comme nostre siecle
en produit à foison, *(a)* il les faut hayr et fuyr pour telles.
Je veux mal à cette coustume *(c)* d'interdire aux enfans
l'appellation paternelle et leur en enjoindre une estrangere, comme plus reverantiale, nature n'ayant volontiers

pas suffisamment pourveu à noſtre authorité; nous appelons Dieu tout-puissant pere, et desdaignons que noz
enfans nous en appellent[1]. C'eſt aussi injuſtice et folie de
(a) priver les enfans qui sont en aage de la familiarité des
peres, vouloir maintenir en leur endroiᴄt une morgue
auſtere et desdaigneuse, esperant par là les tenir en crainte
et obeissance. Car c'eſt une farce très-inutile qui rend les
peres ennuïeux aux enfans et, qui pis eſt, ridicules. Ils
ont la jeunesse et les forces en la main, et par consequent
le vent et la faveur du monde; et reçoivent avecques
mocquerie ces mines fieres et tyranniques d'un homme
qui n'a plus de sang ny au cœur, ny aux veines, vrais
espouvantails de cheneviere. Quand je pourroy me faire
craindre, j'aimeroy encore mieux me faire aymer.

(b) Il y a tant de sortes de deffauts en la vieillesse, tant
d'impuissance; elle eſt si propre au mespris, que le meilleur acqueſt qu'elle puisse faire, c'eſt l'affeᴄtion et amour
des siens : le commandement et la crainte, ce ne sont plus
ses armes. J'en ay veu quelqu'un duquel la jeunesse avoit
eſté très imperieuse. Quand c'eſt venu sur l'aage, quoy qu'il
le passe sainement ce qui se peut, il frappe, il mord, il jure,
(c) le plus tempeſtatif maiſtre de France; *(b)* il se ronge
de soing et de vigilance : tout cela n'eſt qu'un baſtelage
auquel la famille mesme conspire; du grenier, du celier,
voire et de sa bource, d'autres ont la meilleure part de
l'usage, cependant qu'il en a les clefs en sa gibessiere,
plus cherement que ses yeux. Cependant qu'il se contente
de l'espargne et chicheté de sa table, tout eſt en desbauche
en divers reduiᴄts de sa maison, en jeu et en despence,
et en l'entretien des comptes de sa vaine cholere et pourvoyance. Chacun eſt en sentinelle contre luy. Si, par
fortune, quelque chetif serviteur s'y adonne, soudain il
luy eſt mis en soupçon : qualité à laquelle la vieillesse
mord si volontiers de soy-mesme. Quant de fois s'eſt
il vanté à moy de la bride qu'il donnoit aux siens, et
exaᴄte obeïssance et reverence qu'il en recevoit; combien
il voyoyt cler en ses affaires,

Ille solus nescit omnia[2].

Je ne sache homme qui peut aporter plus de parties
et naturelles et acquises, propres à conserver la maitrise,
qu'il faiᴄt; et si, en eſt descheu comme un enfant. Partant

l'ay-je choisi, parmy plusieurs telles conditions que je cognois, comme plus exemplaire[1].

(c) Ce seroit matière à une question scholastique, s'il est ainsi mieux, ou autrement. En presence, toutes choses luy cedent. Et laisse-on ce vain cours à son authorité, qu'on ne luy resiste jamais : on le croit, on le craint, on le respecte tout son saoul. Donne-il congé à un valet, il plie son pacquet, le voilà parti; mais hors de devant luy seulement. Les pas de la vieillesse sont si lents, les sens si troubles, qu'il vivra et fera son office en mesme maison, un an, sans estre apperceu. Et, quand la saison en est, on faict venir des lettres lointaines, piteuses, suppliantes, pleines de promesse de mieux faire, par où on le remet en grâce. Monsieur faict-il quelque marché ou quelque despesche qui desplaise? on la supprime, forgeant tantost après assez de causes pour excuser la faute d'execution ou de responce. Nulles lettres estrangeres ne luy estans premierement apportées, il ne void que celles qui semblent commodes à sa science. Si, par cas d'adventure, il les saisit, ayant en coustume de se reposer sur certaine personne de les luy lire, on y treuve sur le champ ce qu'on veut; et faict-on à tous coups que tel luy demande pardon qui l'injurie par mesme lettre. Il ne void en fin ses affaires que par une image disposée et desseignée et satisfactoire le plus qu'on peut, pour n'esveiller son chagrin et son courroux. J'ay veu, souz des figures differentes, assez d'œconomies longues, constantes, de tout pareil effect.

(b) Il est tousjours proclive aux femmes de disconvenir à leurs maris : *(c)* elles saisissent à deux mains toutes couvertures de leur contraster; la premiere excuse leur sert de planiere justification. J'en ay veu qui desroboit gros à son mary, pour, disoit-elle à son confesseur, faire ses aulmosnes plus grasses. Fiez-vous à cette relligieuse dispensation! Nul maniement leur semble avoir assez de dignité, s'il vient de la concession du mary. Il faut qu'elles l'usurpent ou finement ou fierement, et tousjours injurieusement, pour luy donner de la grace et de l'authorité. Comme en mon propos, *(b)* quand c'est contre un pauvre vieillard, et pour des enfans, lors empoignent elles ce titre, et en servent leur passion avec gloire; *(c)* et, comme en un commun servage, monopolent facilement contre sa domination et gouvernement. *(b)* Si ce sont masles, grands et fleurissans, ils subornent aussi incontinant, ou par force,

ou par faveur, et maiſtre d'Hoſtel et receveur, et tout le
reſte. Ceux qui n'ont ny femme ny fils, tombent en ce
malheur plus difficilement, mais plus cruellement aussi
et indignement. *(c)* Le vieux Caton disoit en son temps,
qu'autant de valets, autant d'ennemis. Voyez si, selon la
diſtance de la pureté de son siecle au noſtre, il ne nous a
pas voulu advertir que femme, fils et valet, autant d'ennemis à nous. *(b)* Bien sert à la decrepitude de nous fournir
le doux benefice d'inapercevance et d'ignorance et facilité
à nous laisser tromper. Si nous y mordions, que seroit ce
de nous, mesme en ce temps où les Juges, qui ont à
decider nos controverses, sont communément partisans
de l'enfance et interessez?

(c) Au cas que cette piperie m'eschappe à voir, au
moins ne m'eschappe-il pas à voir que je suis très pipable.
Et aura l'on jamais assez dict de quel pris eſt un amy, et
de combien autre chose que ces liaisons civiles ? L'image
mesme que j'en voys aux beſtes, si pure, avec quelle
religion je la respeĉte !

Si les autres me pippent, au moins ne me pipe-je pas
moy mesmes à m'eſtimer capable de m'en garder, ny à
me ronger la cervelle pour m'en rendre. Je me sauve de
telles trahisons en mon propre giron, non par une inquiete
et tumultuaire curiosité, mais par diversion pluſtoſt et
resolution. Quand j'oy reciter l'eſtat de quelqu'un, je ne
m'amuse pas à luy; je tourne incontinent les yeux à moy,
voir comment j'en suis. Tout ce qui le touche me regarde.
Son accident m'advertit et m'esveille de ce coſté là.
Tous les jours et à toutes heures, nous disons d'un autre
ce que nous dirions plus proprement de nous, si nous
sçavions replier aussi bien qu'eſtendre noſtre consideration.

Et plusieurs autheurs blessent en cette maniere la
proteĉtion de leur cause, courant temerairement en avant
à l'encontre de celle qu'ils attaquent, et lançant à leurs
ennemis des traits propres à leur eſtre relancez[1].

(a) Feu Monsieur le Mareschal de Monluc[2], ayant perdu
son filz[3] qui mourut en l'Isle de Maderes, brave gentil-
homme à la verité et de grande esperance, me faisoit fort
valoir, entre ses autres regrets, le desplaisir et creve-cœur
qu'il sentoit de ne s'eſtre jamais communiqué à luy; et,
sur cette humeur d'une gravité et grimace paternelle,
avoir perdu la commodité de gouſter et bien connoiſtre

son fils, et aussi de luy declarer l'extreme amitié qu'il luy portoit et le digne jugement qu'il faisoit de sa vertu. « Et ce pauvre garçon, disoit-il, n'a rien veu de moy qu'une contenance refroignée et pleine de mespris, et a emporté cette creance que je n'ay sçeu ny l'aymer, ny l'estimer selon son merite. A qui gardoy-je à découvrir cette singuliere affection que je luy portoy dans mon ame ? estoit-ce pas luy qui en devoit avoir tout le plaisir et toute l'obligation ? Je me suis contraint et geiné pour maintenir ce vain masque ; et y ay perdu le plaisir de sa conversation, et sa volonté quant et quant, qu'il ne me peut avoir portée autre que bien froide, n'ayant jamais reçeu de moy que rudesse, ny senti qu'une façon tyrannique. » Je trouve que cette plainte estoit bien prise et raisonnable : car, comme je sçay par une trop certaine experience, il n'est aucune si douce consolation en la perte de nos amis[1] que celle que nous aporte la science de n'avoir rien oublié à leur dire, et d'avoir eu avec eux une parfaite et entiere communication[2].

(b) Je m'ouvre aux miens tant que je puis ; et leur signifie très-volontiers l'estat de ma volonté et de mon jugement envers eux, comme envers un chacun. Je me haste de me produire et de me presenter : car je ne veux pas qu'on s'y mesconte, à quelque part que ce soit.

(a) Entre autres coustumes particulieres qu'avoyent nos anciens Gaulois, à ce que dit Cæsar[3], cettecy en estoit : que les enfans ne se presentoyent aus peres, ny s'osoient trouver en public en leur compaignie, que lors qu'ils commençoyent à porter les armes, comme s'ils vouloyent dire que lors il estoit aussi saison que les peres les receussent en leur familiarité et accointance.

J'ai veu encore une autre sorte d'indiscretion en aucuns peres de mon temps, qui ne se contentent pas d'avoir privé pendant leur longue vie leurs enfans de la part qu'ils devoyent avoir naturellement en leurs fortunes, mais laissent encore après eux à leurs femmes cette mesme authorité sur tous leurs biens, et loy d'en disposer à leur fantasie. Et ay connu tel Seigneur, des premiers officiers de nostre couronne[4], ayant par esperance de droit à venir plus de cinquante mille escus de rente, qui est mort necessiteux et accablé de debtes, aagé de plus de cinquante ans, sa mere en son extreme decrepitude[5] ojuyssant encore de tous ses biens par l'ordonnance du

pere, qui avoit de sa part vécu près de quatre vingt ans[1].
Cela ne me semble aucunement raisonnable.

(b) Pourtant trouve je peu d'advancement à un homme
de qui les affaires se portent bien, d'aller cercher une femme
qui le charge d'un grand dot : il n'est point de debte
estrangier qui aporte plus de ruyne aux maisons; mes
predecesseurs ont communéement suyvy ce conseil bien
à propos, et moy aussi. *(c)* Mais ceux qui nous descon-
seillent les femmes riches, de peur qu'elles soyent moins
traictables et recognoissantes, se trompent de faire perdre
quelque reelle commodité pour une si frivole conjecture.
A une femme desraisonnable il ne couste non plus de
passer par dessus une raison que par dessus un'autre.
Elles s'ayment le mieux où elles ont plus de tort. L'injustice les alleche; comme les bonnes, l'honneur de leurs
actions vertueuses; et en sont debonnaires d'autant plus
qu'elles sont plus riches, comme plus volontiers et
glorieusement chastes de ce qu'elles sont belles.

(a) C'est raison de laisser l'administration des affaires
aux meres, pendant que les enfans ne sont pas en l'aage,
selon les loix, pour en manier la charge; mais le pere les
a bien mal nourris, s'il ne peut esperer qu'en cet aage là ils
auront plus de sagesse et de suffisance que sa femme, veu
l'ordinaire foiblesse du sexe. Bien seroit-il toutesfois, à la
vérité, plus contre nature de faire dépendre les meres de la
discretion de leurs enfans. On leur doit donner largement
dequoy maintenir leur estat selon la condition de leur
maison et de leur aage, d'autant que la necessité et l'indigence est beaucoup plus mal seante et mal-aisée à supporter à elles qu'aux masles; il faut plustost en charger
les enfans que la mere.

(c) En general, la plus saine distribution de noz biens
en mourant me semble estre les laisser distribuer à l'usage
du païs. Les loix y ont mieux pensé que nous; et vaut
mieux les laisser faillir en leur eslection que de nous
hazarder temerairement de faillir en la nostre. Ils ne sont
pas proprement nostres, puis que, d'une prescription
civile et sans nous, ils sont destinez à certains successeurs.
Et encore que nous ayons quelque liberté au-delà, je tiens
qu'il faut une grande cause et bien apparente pour nous
faire oster à un ce que sa fortune luy avoit acquis et à
quoi la justice commune l'appelloit; et que c'est abuser
contre raison de cette liberté, d'en servir noz fantasies

frivoles et privées. Mon sort m'a fait grace de ne m'avoir présenté des occasions qui me peussent tenter, et divertir mon affection de la commune et legitime ordonnance. J'en voy envers qui c'est temps perdu d'employer un long soin de bons offices; un mot receu de mauvais biais efface le merite de dix ans. Heureux qui se trouve à point pour leur oindre la volonté sur ce dernier passage! La voisine action l'emporte : non pas les meilleurs et les plus frequens offices, mais les plus recents et presens font l'operation. Ce sont gens qui se jouent de leurs testaments comme de pommes ou de verges, à gratifier ou chastier chaque action de ceux qui y pretendent interest. C'est chose de trop longue suite et de trop de poids pour estre ainsi promenée à chasque instant, et en laquelle les sages se plantent une fois pour toutes, regardans à la raison et observations publiques.

Nous prenons un peu trop à cœur ces substitutions masculines. Et proposons une eternité ridicule à noz noms. Nous poisons aussi trop les vaines conjectures de l'advenir que nous donnent les esprits pueriles. A l'adventure eust on fait injustice de me desplacer de mon rang pour avoir esté le plus lourd et plombé, le plus long et desgouté en ma leçon, non seulement que tous mes freres, mais que tous les enfans de ma province, soit leçon d'exercice d'esprit, soit leçon d'exercice du corps. C'est folie de faire des triages extraordinaires sur la foy de ces divinations ausquelles nous sommes si souvent trompez. Si on peut blesser cette regle et corriger les destinées aus chois qu'elles ont faict de noz heritiers, on le peut avec plus d'apparence en consideration de quelque remerquable et enorme difformité corporelle, vice constant, inamandable, et, selon nous grands estimateurs de la beauté, d'important prejudice.

Le plaisant dialogue du legislateur de Platon[1] avec ses citoyens fera honneur à ce passage : « Comment donc, disent-ils, sentans leur fin prochaine, ne pourrons nous point disposer de ce qui est à nous à qui il nous plaira? O dieux, quelle cruauté qu'il ne nous soit loisible, selon que les nostres nous auront servy en noz maladies, en nostre vieillesse, en nos affaires, de leur donner plus et moins selon noz fantasies! » A quoi le legislateur respond en cette maniere : « Mes amis, qui avez sans doubte bien tost à mourir, il est malaisé et que vous vous cognoissiez,

et que vous cognoissiez ce qui est à vous, suivant l'inscription Delphique. Moy qui fay les loix, tiens que ny
vous n'estes à vous, ny n'est à vous ce que vous jouyssez.
Et voz biens et vous estes à vostre famille, tant passée que
future. Mais encore plus sont au public et vostre famille,
et voz biens. Parquoy, si quelque flatteur en vostre
vieillesse ou en vostre maladie, ou quelque passion vous
sollicite mal à propos de faire testament injuste, je vous en
garderay. Mais, ayant respect et à l'interest universel de la
cité et à celuy de vostre famille, j'establiray des loix et
feray sentir, comme de raison, que la commodité particulière doit ceder à la commune. Allez vous en doucement
et de bonne voglie où l'humaine necessité vous appelle.
C'est à moy, qui ne regarde pas l'une chose plus que
l'autre, qui, autant que je puis, me soingne du general,
d'avoir soin de ce que vous laissez. »

Revenant à mon propos, *(a)* il me semble, je ne sçay
comment, qu'en toutes façons la maistrise n'est aucunement
deuë aux femmes sur des hommes, sauf la maternelle et
naturelle, si ce n'est pour le châtiment de ceux qui, par
quelque humeur fievreuse, se sont volontairement soubmis à elles; mais cela ne touche point les vieilles, dequoy
nous parlons icy. C'est l'apparence de cette consideration
qui nous a fait forger et donner pied si volontiers à cette
loy[1], que nul ne veit onques, qui prive les femmes de la
succession de cette couronne; et n'est guiere Seigneurie au
monde où elle ne s'allegue, comme icy, par une vray-
semblance de raison qui l'authorise; mais la fortune luy a
donné plus de credit en certains lieux qu'aux autres. Il est
dangereux de laisser à leur jugement la dispensation de
nostre succession, selon le chois qu'elles feront des enfans,
qui est à tous les coups inique et fantastique. Car cet
appetit desreglé et goust malade qu'elles ont au temps de
leurs groisses, elles l'ont en l'ame en tout temps. Communement on les void s'adonner aux plus foibles et malotrus,
ou à ceux, si elles en ont, qui leur pendent encores au col.
Car, n'ayant point assez de force de discours pour choisir
et embrasser ce qui le vaut, elles se laissent plus volontiers
aller où les impressions de nature sont plus seules;
comme les animaux, qui n'ont cognoissance de leurs
petits, que pendant qu'ils tiennent à leur mamelle.

Au demeurant, il est aisé à voir par experience que cette
affection naturelle, à qui nous donnons tant d'authorité,

a les racines bien foibles. Pour un fort legier profit, nous arrachons tous les jours leurs propres enfans d'entre les bras des meres, et leur faisons prendre les nostres en charge; nous leur faisons abandonner les leurs à quelque chetive nourrisse à qui nous ne voulons pas commettre les nostres, ou à quelque chevre : leur defandant non seulement de les alaiter, quelque dangier qu'ils en puissent encourir, mais encore d'en avoir aucun soin, pour s'employer du tout au service des nostres. Et voit on, en la plus part d'entre elles, s'engendrer bien tost par accoustumance un'affection bastarde, plus vehemente que la naturelle, et plus grande sollicitude de la conservation des enfans empruntez que des leurs propres. Et ce que j'ay parlé des chevres, c'est d'autant qu'il est ordinaire autour de chez moy de voir les femmes de vilage, lors qu'elles ne peuvent nourrir les enfans de leurs mamelles, appeller des chevres à leurs secours; et j'ay à cette heure deux laquays qui ne tetterent jamais que huict jours laict de femme. Ces chevres sont incontinant duites à venir alaitter ces petits enfans, reconoissent leur voix quand ils crient, et y accourent : si on leur presente un autre que leur nourrisson, elles le refusent; et l'enfant en faict de mesmes d'une autre chevre. J'en vis un, l'autre jour, à qui on osta la sienne, parce que son pere ne l'avoit qu'empruntée d'un sien voisin : il ne peut jamais s'adonner à l'autre qu'on luy presenta, et mourut·sans doute de faim. Les bestes alterent et abastardissent aussi aiséement que nous l'affection naturelle.

(c) Je croy qu'en ce que recite Herodote[1] de certain destroit de la Lybie, qu'on s'y mesle aux femmes indifferemment, mais que l'enfant, ayant force de marcher, treuve son pere celuy vers lequel, en la presse, la naturelle inclination porte ses premiers pas, il y a souvent du mesconte.

(a) Or, à considerer cette simple occasion d'aymer nos enfans pour les avoir engendrez, pour laquelle nous les appellons autres nous mesmes, il semble qu'il y ait bien une autre production venant de nous, qui ne soit pas de moindre recommandation : car ce que nous engendrons par l'ame, les enfantemens de nostre esprit, de nostre courage et suffisance, sont produicts par une plus noble partie que la corporelle, et sont plus nostres; nous sommes pere et mere ensemble en cette generation; ceux

cy nous couſtent bien plus cher, et nous apportent plus
d'honneur, s'ils ont quelque chose de bon. Car la valeur de
nos autres enfans eſt beaucoup plus leur que noſtre; la
part que nous y avons eſt bien legiere; mais de ceux cy
toute la beauté, toute la grace et pris est noſtre. Par
ainsin, ils nous representent et nous rapportent bien plus
vivement que les autres.

(c) Platon adjouſte[1] que ce sont icy des enfans immortels, qui immortalisent leurs peres, voire et les deïfient,
comme à Lycurgus, à Solon, à Minos.

(a) Or, les Hiſtoires eſtant pleines d'exemples de cette
amitié commune des peres envers les enfans, il ne m'a pas
semblé hors de propos d'en trier aussi quelcun de cette cy.

(c) Heliodorus, ce bon Evesque de Tricea, ayma mieux
perdre la dignité, le profit, la devotion d'une prelature si
venerable, que de perdre sa fille[2], fille qui dure encore,
bien gentille, mais à l'adventure pourtant un peu trop
curieusement et mollement goderonnée pour fille
ecclesiaſtique et sacerdotale, et de trop amoureuse façon.

(a) Il y eut un Labienus à Rome, personnage de grande
valeur et authorité, et, entre autres qualitez, excellent en
toute sorte de literature, qui eſtoit, ce croy-je, fils de ce
grand Labienus, le premier des capitaines qui furent soubs
Cæsar en la guerre des Gaules, et qui, depuis s'eſtant jetté
au party du grand Pompeius, s'y maintint si valeureusement jusques à ce que Cæsar le deffit en Espaigne. Ce
Labienus dequoy je parle euſt plusieurs envieux de sa
vertu, et, comme il eſt vray-semblable, les courtisans et
favoris des Empereurs de son temps pour ennemis de sa
franchise et des humeurs paternelles qu'il retenoit encore
contre la tyrannie, desquelles il eſt croyable qu'il avoit
teint ses escrits et ses livres. Ses adversaires poursuivirent
devant le magiſtrat à Rome et obtindrent de faire
condamner plusieurs siens ouvrages, qu'il avoit mis en
lumiere, à eſtre bruslés. Ce fut par luy que commença ce
nouvel exemple de peine, qui, depuis, fut continué à
Rome à plusieurs autres, de punir de mort les escrits
mesmes et les eſtudes. Il n'y avoit point assez de moyen
et matiere de cruauté, si nous n'y meslions des choses
que nature a exemptées de tout sentiment et de toute
souffrance, comme la reputation et les inventions de
noſtre esprit, et si nous n'alions communiquer les maux
corporels aux disciplines et monumens des Muses. Or

Labienus ne peut souffrir cette perte, ny de survivre à cette sienne si chere geniture; il se fit porter et enfermer tout vif dans le monument de ses ancestres, là où il pourveut tout d'un train à se tuer et à s'enterrer ensemble. Il est malaisé de montrer aucune autre plus vehemente affection paternelle que celle-là. Cassius Severus, homme très-eloquent et son familier voyant brusler ses livres, crioit que, par mesme sentence, on le devoit quant et quant condamner à estre bruslé tout vif; car il portoit et conservoit en sa memoire ce qu'ils contenoient[1].

(b) Pareil accident advint à Greuntius Cordus, accusé d'avoir en ses livres loué Brutus et Cassius. Ce senat vilain, servile et corrompu, et digne d'un pire maistre que Tibere, condamna ses escripts au feu; il fut content de faire compaignie à leur mort, et se tua par abstinence de manger[2].

(a) Le bon Lucanus étant jugé par ce coquin de Neron sur les derniers traits de sa vie, comme la pluspart du sang fut desjà escoulé par les veines des bras qu'il s'estoit faictes tailler à son medecin pour mourir, et que la froideur eut saisi les extremitez de ses membres et commençat à approcher des parties vitales, la derniere chose qu'il eut en sa memoire, ce furent aucuns des vers de son livre de la guerre de Pharsale, qu'il recitoit; et mourut ayant cette derniere voix en la bouche. Cela, qu'estoit ce qu'un tendre et paternel congé qu'il prenoit de ses enfans, representant les a-dieux et les estroits embrassemens que nous donnons aux nostres en mourant, et un effet de cette naturelle inclination qui r'appelle en nostre souvenance, en cette extremité, les choses que nous avons eu les plus cheres pendant nostre vie[3]?

Pensons nous qu'Epicurus qui, en mourant, tourmenté, comme il dit, des extremes douleurs de la colique, avoit toute sa consolation en la beauté de sa doctrine qu'il laissoit au monde, eut receu autant de contentement d'un nombre d'enfans bien nais et bien eslevez, s'il en eust eu, comme il faisoit de la production de ses riches escrits? et que, s'il eust esté au chois de laisser après luy un enfant contrefaict et mal nay, ou un livre sot et inepte, il ne choisit plustost, et non luy seulement, mais tout homme de pareille suffisance, d'encourir le premier mal'heur que l'autre? Ce seroit à l'adventure impieté en Sainct Augustin (pour exemple) si d'un costé on luy proposoit d'enterrer

ses escrits, de quoy noſtre religion reçoit un si grand fruit,
ou d'enterrer ses enfans, au cas qu'il en eut, s'il n'aimoit
mieux enterrer ses enfans[1].

(b) Et je ne sçay si je n'aimerois pas mieux beaucoup
en avoir produiĉt ung, parfaiĉtement bien formé, de
l'acointance des muses, que de l'acointance de ma femme.

(c) A cettuy cy[2], tel qu'il eſt, ce que je donne, je le
donne purement et irrevocablement, comme on donne aux
enfans corporels; ce peu de bien que je luy ay faiĉt, il n'eſt
plus en ma disposition; il peut sçavoir assez de choses
que je ne sçay plus, et tenir de moy ce que je n'ay point
retenu et qu'il faudroit que, tout ainsi qu'un eſtranger,
j'empruntasse de luy, si besoin m'en venoit. Il eſt plus
riche que moy, si je suis plus sage que luy.

(a) Il eſt peu d'hommes adonez à la poësie, qui ne se
gratifiassent plus d'eſtre peres de l'*Éneide* que du plus
beau garçon de Rome, et qui ne souffrissent plus aiséement
l'une perte que l'autre. *(c)* Car, selon Ariſtote[3], de tous les
ouvriers, le poëte nomméement eſt le plus amoureux de
son ouvrage. *(a)* Il eſt malaisé à croire qu'Epaminondas
qui se vantoit de laisser pour toute poſterité des filles qui
feroyent un jour honneur à leur pere (c'eſtoyent les deux
nobles viĉtoires qu'il avoit gaigné sur les Lacedemoniens),
euſt volontiers consenty à échanger celles là au plus
gorgiases de toute la Grece, ou que Alexandre et Cæsar
ayent jamais souhaité d'eſtre privez de la grandeur de leurs
glorieux faiĉts de guerre, pour la commodité d'avoir des
enfans et heritiers, quelques parfaits et accompliz qu'ils
peussent eſtre; voire je fay grand doubte que Phidias, ou
autre excellent statuere, aymat autant la conservation et
la durée de ses enfans naturels, comme il feroit d'une
image excellente qu'avec long travail et eſtude il auroit
parfaite selon l'art. Et, quant à ces passions vitieuses et
furieuses qui ont eschauffé quelque fois les peres à l'amour
de leurs filles, ou les meres envers leurs fils, encore s'en
trouve il de pareilles en cette autre sorte de parenté;
tesmoing ce que l'on recite de Pygmalion, qui, ayant
baſty une ſtatue de femme de beauté singuliere, il devint
si éperduement espris de l'amour forcené de ce sien
ouvrage, qu'il falut qu'en faveur de sa rage les dieux la
luy vivifiassent,

> *Tentatum mollescit ebur, positóque rigore*
> *Subsedit digitis*[4].

CHAPITRE IX

DES ARMES DES PARTHES

(a) C'EST une façon vitieuse de la noblesse de nostre temps, et pleine de mollesse, de ne prendre les armes que sur le point d'une extreme necessité, et s'en descharger aussi tost qu'il y a tant soit peu d'apparence que le danger soit esloigné. D'où il survient plusieurs desordres. Car, chacun criant et courant à ses armes sur le point de la charge, les uns sont à lasser encore leur cuirasse, que leurs compaignons sont desjà rompus. Nos peres donnoient leur salade, leur lance et leurs gantelets à porter, et n'abandonnoient le reste de leur equippage, tant que la courvée duroit. Nos trouppes sont à cette heure toutes troublées et difformées par la confusion du bagage et des valets, qui ne peuvent esloigner leurs maistres, à cause de leurs armes.

(c) Tite-Live, parlant des nostres : « *Intolerantissima laboris corpora vix arma humeris gerebant*[1]. »

(a) Plusieurs nations vont encore et alloient anciennement à la guerre sans se couvrir; ou se couvroient d'inutiles defances,

> *(b) Tegmina queis capitum raptus de subere cortex*[2].

Alexandre, le plus hazardeux capitaine qui fut jamais, s'armoit fort rarement[3]. *(a)* Et ceux d'entre nous qui les mesprisent, n'empirent pour cela de guiere leur marché. S'il se voit quelqu'un tué par le defaut d'un harnois, il n'en est guiere moindre nombre que l'empeschement des armes a fait perdre, engagés sous leur pesanteur, ou froissez et rompus, ou par un contrecoup, ou autrement. Car il semble, à la verité, à voir le poix des nostres et leur espesseur, que nous ne cherchons qu'à nous deffendre; *(c)* et en sommes plus chargez que couvers. *(a)* Nous avons assez à faire à en soutenir le fais, entravez et contraints, comme si nous n'avions à combattre que du choq de nos armes, et comme si nous n'avions pareille obligation à les deffendre que elles ont à nous[4].

(b) Tacitus peint[5] plaisamment des gens de guerre de nos anciens Gaulois, ainsin armez pour se maintenir seule-

ment, n'ayans moyen ny d'offencer, ny d'estre offencez, ny de se relever abbatus. Lucullus, voyant certains hommes d'armes Medois qui faisoient front en l'armée de Tigranes, poisamment et malaiséement armez, comme dans une prison de fer, print de là opinion de les deffaire aiséement, et par eux commença sa charge et sa victoire[1].

(a) Et, à présent que nos mosquetaires sont en credit, je croy que l'on trouvera quelque invention de nous emmurer pour nous en garantir, et nous faire trainer à la guerre enfermez dans des bastions, comme ceux que les antiens faisoient porter à leurs elephans.

Cette humeur est bien esloignée de celle du jeune Scipion, lequel accusa aigrement ses soldats de ce qu'ils avoient semé des chausse-trapes soubs l'eau, à l'endroit du fossé par où ceux d'une ville qu'il assiegeoit, pouvoient faire des sorties sur luy; disant que ceux qui assailloient, devoient penser à entreprendre, non pas à craindre, *(c)* et craignant avec raison que cette provision endormist leur vigilance à se garder.

(b) Il dict aussi à un jeune homme qui luy faisoit montre de son beau bouclier : « Il est vrayement beau, mon fils, mais un soldat Romain doit avoir plus de fiance en sa main dextre qu'en la gauche[2]. »

(a) Or il n'est que la coustume qui nous rende insupportable la charge de nos armes :

> L'husbergo in dosso haveano, e l'elmo in testa,
> Dui di quelli guerrier, de i quali io canto,
> Ne notte o di, doppo ch'entraro in questa
> Stanza, gli haveanó mai mesi da canto,
> Che facile a portar comme la vesta
> Era lor, perche in uso l'avean tanto[3].

(c) L'empereur Caracalla alloit par païs, à pied, armé de toutes pieces, conduisant son armée[4].

(a) Les pietons Romains portoient non seulement le morrion, l'espée et l'escu (car, quant aux armes, dit Cicero[5], ils estoient si accoustumez à les avoir sur le dos qu'elles ne les empeschoient non plus que leurs membres : *(c)* « *arma enim membra militis esse dicunt*[6] »), *(a)* mais quant et quant encore ce qu'il leur falloit de vivres pour quinze jours, et certaine quantité de paux pour faire leurs rempars, *(b)* jusques à soixante livres de poix. Et les soldats de Marius, ainsi chargez, estoient duits à faire

cinq lieues en cinq heures, et six, s'il y avoit haste.
(a) Leur discipline militaire estoit beaucoup plus rude que
la nostre; aussi produisoit elle de bien autres effects. Ce
traict est merveilleux à ce propos, qu'il fut reproché à un
soldat Lacedemonien qu'estant à l'expedition d'une
guerre, on l'avoit veu soubs le couvert d'une maison.
Ils estoient si durcis à la peine, que c'estoit honte d'estre
veu soubs un autre toict que celuy du ciel, quelque temps
qu'il fit. *(c)* Le jeune Scipion, reformant son armée en
Hespaigne, ordonna à ses soldats de ne manger que
debout et rien de cuit. *(a)* Nous ne menerions guiere
loing nos gens à ce pris là.

Au demeurant, Marcellinus[1], homme nourry aux
guerres Romaines, remerque curieusement la façon que
les Parthes avoyent de s'armer, et la remerque d'autant
qu'elle estoit esloignée de la Romaine. « Ils avoient,
dit-il, des armes tissuës en maniere de petites plumes,
qui n'empeschoient pas le mouvement de leur corps :
et si estoient si fortes que nos dards rejalissoient, venant
à les hurter » (ce sont les escailles dequoy nos ancestres
avoient fort accoustumé de se servir). Et en un autre
lieu : « Ils avoient, dict-il, leurs chevaux forts et roydes,
couverts de gros cuir; et eux estoient armez, de cap en
pied, de grosses lames de fer, rengées de tel artifice qu'à
l'endroit des jointures des membres elles prestoient au
mouvement. On eust dict que c'estoient des hommes de
fer; car ils avoient des accoustremens de teste si proprement assis, et representans au naturel la forme et parties
du visage, qu'il n'y avoit moyen de les assener que par des
petits trous ronds qui respondoient à leurs yeux, leur
donnant un peu de lumiere, et par des fentes qui estoient à
l'endroict des naseaux, par où ils prenoient assez malaisément halaine. »

> *(b)* Flexilis inductis animatur lamina membris,
> Horribilis visu; credas simulacra moveri
> Ferrea, cognatóque viros spirare metallo.
> Par vestitus equis : ferrata fronte minantur,
> Ferratosque movent, securi vulneris, armos[2].

(a) Voilà une description qui retire bien fort à l'equippage d'un homme d'armes François, à tout ses bardes.

Plutarque dit[3] que Demetrius fit faire pour luy et
pour Alcinus, le premier homme de guerre qui fut au près

de luy, à chacun un harnois complet du poids de six vingts livres, là où les communs harnois n'en pesoient que soixante.

CHAPITRE X

DES LIVRES

(a) Je ne fay point de doute qu'il ne m'advienne souvent de parler de choses qui sont mieus traictées ches les maistres du mestier, et plus veritablement. C'est icy purement l'essay de mes facultez naturelles[1], et nullement des acquises; et qui me surprendra d'ignorance, il ne fera rien contre moy, car à peine respondroy-je à autruy de mes discours, qui ne m'en responds point à moy; ny n'en suis satisfaict. Qui sera en cherche de science, si la pesche où elle se loge : il n'est rien dequoy je face moins de profession. Ce sont icy mes fantasies, par lesquelles je ne tasche point à donner à connoistre les choses, mais moy : elles me seront à l'adventure connuez un jour, ou l'ont autresfois esté, selon que la fortune m'a peu porter sur les lieux où elles estoient esclaircies. Mais il ne m'en souvient plus[2].

(c) Et si je suis homme de quelque leçon, je suis homme de nulle retention[3].

(a) Ainsi je ne pleuvy aucune certitude, si ce n'est de faire connoistre[4] jusques à quel poinct monte, pour cette heure, la connoissance que j'en ay. Qu'on ne s'attende pas aux matieres, mais à la façon que j'y donne[5].

(c) Qu'on voye, en ce que j'emprunte, si j'ay sçeu choisir de quoy rehausser[6] mon propos. Car je fay dire aux autres[7] ce que je ne puis si bien dire, tantost par foiblesse de mon langage, tantost par foiblesse de mon sens. Je ne compte pas mes emprunts, je les poise. Et si je les eusse voulu faire valoir par nombre, je m'en fusse chargé deux fois autant. Ils sont tous, ou fort peu s'en faut, de noms si fameus et anciens qu'ils me semblent se nommer assez sans moi. Ès raisons[8] et inventions que je transplante en mon solage et confons aux miennes, j'ay à escient ommis parfois d'en marquer l'autheur, pour tenir en bride la temerité de ces sentences hastives qui se jettent sur toute sorte d'escrits, notamment jeunes escrits d'hommes encore vivants, et en vulgaire[9], qui reçoit

tout le monde à en parler et qui semble convaincre la
conception et le dessein, vulgaire de mesmes. Je veux
qu'ils donnent une nazarde à Plutarque sur mon nez,
qu'ils et s'eschaudent à injurier Seneque en moy. Il faut
musser ma foiblesse souz ces grands credits.

J'aimeray quelcun qui me sçache deplumer[1], je dy
par clairté de jugement et par la seule distinction de la
force et beauté des propos. Car moy, qui, à faute de
memoire, demeure court tous les coups à les trier, par
cognoissance de nation, sçay très bien sentir, à mesurer
ma portée, que mon terroir n'est aucunement capable
d'aucunes fleurs trop riches que j'y trouve semées, et que
tous les fruicts de mon creu ne les sçauroient payer.

(a) De cecy suis-je tenu de respondre, si je m'empesche
moy-mesme, s'il y a de la vanité et vice en mes discours,
que je ne sente poinct ou que je ne soye capable de sentir
en me le representant. Car il eschape souvent des fautes
à nos yeux, mais la maladie du jugement consiste à ne les
pouvoir apercevoir lorsqu'un autre nous les descouvre.
La science et la verité peuvent loger chez nous sans jugement, et le jugement y peut aussi estre sans elles; voire,
la reconnoissance de l'ignorance est l'un des plus beaux
et plus seurs tesmoignages de jugement que je trouve.
Je n'ay point d'autre sergent de bande à ranger mes
pieces, que la fortune. A mesme que mes resveries se
presentent, je les entasse; tantost elles se pressent en foule,
tantost elles se trainent à la file. Je veux qu'on voye mon
pas naturel et ordinaire, ainsin detraqué qu'il est. Je me
laisse aller comme je me trouve; aussi ne sont ce pas icy
matieres qu'il ne soit pas permis d'ignorer, et d'en parler
casuellement et temerairement.

Je souhaiterois bien avoir plus parfaicte intelligence
des choses, mais je ne la veux pas achepter si cher qu'elle
couste. Mon dessein est de passer doucement, et non
laborieusement, ce qui me reste de vie. Il n'est rien pourquoy je me vueille rompre la teste, non pas pour la science,
de quelque grand pris qu'elle soit. Je ne cherche aux
livres qu'à m'y donner du plaisir par un honneste amusement; ou si j'estudie, je n'y cherche que la science qui
traicte de la connoissance de moy mesmes, et qui m'ins-
truise à bien mourir et à bien vivre :

(b) Has meus ad metas sudet oportet equus[2].

(a) Les difficultez, si j'en rencontre en lisant, je n'en ronge pas mes ongles; je les laisse là, après leur avoir fait une charge ou deux.

(b) Si je m'y plantois, je m'y perdrois, et le temps : car j'ay un esprit primsautier. Ce que je ne voy de la premiere charge, je le voy moins en m'y obstinant. Je ne fay rien sans gayeté; et la continuation *(c)* et la contention trop ferme *(b)* esbloüit mon jugement, l'attriste et le lasse. *(c)* Ma veuë s'y confond et s'y dissipe[1]. *(b)* Il faut que je le retire et que je l'y remette à secousses : tout ainsi que, pour juger du lustre de l'escarlatte[2], on nous ordonne de passer les yeux pardessus, en la parcourant à diverses veuës, soudaines reprinses et reiterées.

(a) Si ce livre me fasche, j'en prens un autre; et ne m'y addonne qu'aux heures où l'ennuy de rien faire commence à me saisir. Je ne me prens guiere aux nouveaux, pour ce que les anciens me semblent plus pleins et plus roides; ny aux Grecs, par ce que mon jugement ne sçait pas faire ses besouignes d'une puerile et apprantisse intelligence.

Entre les livres simplement plaisans, je trouve, des modernes, le *Decameron* de Boccace, Rabelays et les *Baisers* de Jean Second[3], s'il les[4] faut loger sous ce tiltre[5], dignes qu'on s'y amuse. Quant aux *Amadis* et telles sortes d'escrits, ils n'ont pas eu le credit d'arrester seulement mon enfance[6]. Je diray encore cecy, ou hardiment ou temerairement, que cette vieille ame poisante ne se laisse plus chatouiller non seulement à l'Arioste[7], mais encores au bon Ovide[8], sa facilité et ses inventions, qui m'ont ravy autresfois, à peine m'entretiennent elles à cette heure.

Je dy librement mon advis de toutes choses, voire et de celles qui surpassent à l'adventure ma suffisance, et que je ne tiens aucunement estre de ma jurisdiction. Ce que j'en opine, c'est aussi pour declarer la mesure de ma veuë, non la mesure des choses. Quand je me trouve dégousté de l'*Axioche* de Platon[9], comme d'un ouvrage sans force, eu esgard à un tel autheur, mon jugement ne s'en croit pas : il n'est pas si sot de s'opposer à l'authorité de tant d'autres fameux jugemens *(c)* anciens, qu'il tient ses regens et ses maistres, et avec lesquels il est plustost content de faillir. *(a)* Il s'en prend à soy, et se condamne, ou de s'arrester à l'escorce, ne pouvant penetrer jusques au fons, ou de regarder la chose par quelque faux lustre. Il se contente de se garentir seulement du trouble et du desrei-

glement; quant à sa foiblesse, il la reconnoit et advoüe
volontiers. Il pense donner juste interpretation aux
apparences que sa conception luy presente; mais elles
sont imbecilles et imparfaictes. La plus part des fables
d'Esope ont plusieurs sens et intelligences. Ceux qui les
mythologisent en choisissent quelque visage qui quadre
bien à la fable; mais, pour la pluspart, ce n'est que le
premier visage et superficiel; il y en a d'autres plus vifs,
plus essentiels et internes, ausquels ils n'ont sçeu penetrer : voylà comme j'en fay[1].

Mais, pour suyvre ma route, il m'a toujours semblé
qu'en la poësie Vergile, Lucrece, Catulle et Horace tiennent de bien loing le premier rang : et signammant Vergile en ses *Georgiques,* que j'estime le plus accomply
ouvrage de la Poësie; à la comparaison duquel on peut
reconnoistre ayséement qu'il y a des endroicts de l'*Æneide*
ausquels l'autheur eut donné encore quelque tour de pigne,
s'il en eut eu loisir. *(b)* Et le cinquiesme livre en l'*Æneide*
me semble le plus parfaict[2]. *(a)* J'ayme aussi Lucain,
et le practique volontiers; non tant pour son stile que
pour sa valeur propre et verité de ses opinions et jugemens[3]. Quant au bon Terence, la mignardise et les graces
du langage Latin, je le trouve admirable à representer au
vif les mouvemens de l'ame et la condition de nos
meurs; *(c)* à toute heure nos actions me rejettent à luy.
(a) Je ne le puis lire si souvent, que je n'y trouve quelque
beauté et grace nouvelle[4]. Ceux des temps voisins à
Vergile se plaignoient dequoy aucuns luy comparoient
Lucrece. Je suis d'opinion que c'est, à la verité, une
comparaison inegale[5]; mais j'ay bien à faire à me r'asseurer en cette creance, quand je me treuve attaché à quelque
beau lieu de ceux de Lucrece. S'ils se piquoient de cette
comparaison, que diroient ils de la bestise et stupidité
barbaresque de ceux qui luy comparent à cette heure
Arioste? et qu'en diroit Arioste luy-mesme?

> *O seclum insipiens et infacetum*[6]!

J'estime que les anciens avoient encore plus à se
plaindre de ceux qui apparioient Plaute à Terence (cettuy
cy sent bien mieux son Gentil-homme[7], que Lucrece à
Vergile. Pour l'estimation et preference de Terence,
(c) faict beaucoup que le pere de l'eloquence Romaine[8]
l'a si souvent en la bouche, et seul de son rang, et la

sentence que le premier juge des poëtes Romains[1] donne
de son compagnon. *(a)* Il m'est souvent tombé en
fantasie comme, en nostre temps, ceux qui se meslent
de faire des comedies (ainsi que les Italiens, qui y sont
assez heureux) employent trois ou quatre argumens de
celles de Terence ou de Plaute pour en faire une des leurs.
Ils entassent en une seule Comedie cinq ou six contes de
Boccace. Ce qui les faict ainsi se charger de matiere[2],
c'est la deffiance qu'ils ont de se pouvoir soustenir de leurs
propres graces; il faut qu'ils trouvent un corps où
s'appuyer; et, n'ayant pas du leur assez dequoy nous
arrester, ils veulent que le conte nous amuse[3]. Il en va de
mon autheur tout au contraire : les perfections et beautez
de sa façon de dire nous font perdre l'appetit de son
subject; sa gentillesse et sa mignardise nous retiennent
par tout; il est par tout si plaisant,

liquidus puróque simillimus amni[4],

et nous remplit tant l'ame de ses graces que nous en
oublions celles de sa fable.

Cette mesme consideration me tire plus avant : je voy
que les bons et anciens Poëtes ont evité l'affectation et
la recherche, non seulement des fantastiques elevations
Espagnoles et Petrarchistes, mais des pointes mesmes
plus douces et plus retenues, qui font l'ornement de tous
les ouvrages Poëtiques des siècles suyvans. Si n'y a il
bon juge qui les trouve à dire en ces anciens, et qui
n'admire plus sans comparaison l'egale polissure et cette
perpetuelle douceur et beauté fleurissante des Epigrammes de Catulle, que tous les esguillons dequoy Martial
esguise la queuë des siens. C'est cette mesme raison que
je disoy tantost, comme Martial de soy, « *minus illi
ingenio laborandum fuit, in cujus locum materia successerat*[5] ».
Ces premiers là, sans s'esmouvoir et sans se picquer, se
font assez sentir; ils ont dequoy rire par tout, il ne faut
pas qu'ils se chatouillent; ceux-cy ont besoing de secours
estrangier; à mesure qu'ils ont moins d'esprit, il leur faut
plus de corps. *(b)* Ils montent à cheval parce qu'ils ne
sont assez forts sur leurs jambes. *(a)* Tout ainsi qu'en nos
bals, ces hommes de vile condition, qui en tiennent escole,
pour ne pouvoir representer le port et la decence de
nostre noblesse, cherchent à se recommander par des
sauts perilleux et autres mouvemens estranges et

bâteleresques. *(b)* Et les Dames ont meilleur marché de
leur contenance aux danses où il y a diverses descou-
peures et agitation de corps, qu'en certains autres danses
de parade, où elles n'ont simplement qu'à marcher un pas
naturel et representer un port naïf et leur grace ordinaire.
(a) Comme j'ay veu aussi les badins excellens, vestus à
leur ordinaire et d'une contenance commune, nous donner
tout le plaisir qui se peut tirer de leur art; les apprentifs
et qui ne sont de si haute leçon, avoir besoin de s'enfariner
le visage, de se travestir et se contrefaire en mouvemens
et grimaces sauvages pour nous aprester à rire. Cette
mienne conception se reconnoit mieux qu'en tout autre
lieu, en la comparaison de l'*Æneide* et du *Furieux*[1].
Celuy-là, on le voit aller à tire d'aisle, d'un vol haut et
ferme, suyvant tousjours sa pointe; cettuy-cy voleter
et sauteler de conte en conte comme de branche en
branche, ne se fiant à ses aisles que pour une bien courte
traverse, et prendre pied à chaque bout de champ, de peur
que l'haleine et la force luy faille,

> *Excursúsque breves tentat*[2].

Voylà donc, quant à cette sorte de subjects, les autheurs
qui me plaisent le plus.

Quant à mon autre leçon, qui mesle un peu plus de fruit
au plaisir, par où j'apprens à renger mes humeurs et mes
conditions, les livres qui m'y servent, c'est Plutarque,
depuis qu'il est François[3], et Seneque[4]. Ils ont tous
deux cette notable commodité pour mon humeur, que la
science que j'y cherche y est traictée à pieces décousues[5],
qui ne demandent pas l'obligation d'un long travail,
dequoy je suis incapable, comme sont les *Opuscules* de
Plutarque et les *Epistres* de Seneque, qui est la plus belle
partie de ses escrits, et la plus profitable. Il ne faut pas
grande entreprinse pour m'y mettre; et les quitte où il
me plait. Car elles n'ont point de suite les unes aux autres.
Ces autheurs se rencontrent en la plus part des opinions
utiles et vrayes; comme aussi leur fortune les fist naistre
environ mesme siecle, tous deux precepteurs de deux
Empereurs Romains, tous deux venus de païs estrangier[6],
tous deux riches et puissans. Leur instruction est de la
cresme de la philosophie, et presentée d'une simple façon
et pertinente. Plutarque est plus uniforme et constant;
Seneque, plus ondoyant et divers. Cettuy-cy se peine, se

roidit et se tend pour armer la vertu contre la foiblesse, la crainte et les vitieux appetis; l'autre semble n'eſtimer pas tant leur effort, et desdaigner d'en haſter son pas et se mettre sur sa targue. Plutarque a les opinions Platoniques, douces et accommodables à la société civile; l'autre les a Stoïques et Epicuriennes, plus esloignées de l'usage commun, mais, selon moy, plus commodes *(c)* en particulier *(a)* et plus fermes. Il paroit en Seneque qu'il preſte un peu à la tyrannie des Empereurs de son temps, car je tiens pour certain que c'eſt d'un jugement forcé qu'il condamne la cause de ces genereux meurtriers de Cæsar; Plutarque eſt libre par tout. Seneque eſt plein de pointes et saillies; Plutarque, de choses. Celuy là vous eschauffe plus et vous esmeut; cettuy-cy vous contente davantage et vous paye mieux. *(b)* Il nous guide, l'autre nous pousse[1].

(a) Quant à Cicero, les ouvrages qui me peuvent servir chez luy à mon desseing, ce sont ceux qui traitent de la philosophie signamment morale. Mais, à confesser hardiment la verité (car, puis qu'on a franchi les barrieres de l'impudence[2], il n'y a plus de bride), sa façon d'escrire me semble ennuyeuse[3], et toute autre pareille façon. Car ses prefaces[4], definitions, partitions, etymologies, consument la plus part de son ouvrage; ce qu'il y a de vif et de mouelle, eſt eſtouffé par ses longueries d'apprets. Si j'ay employé une heure à le lire, qui eſt beaucoup pour moy, et que je r'amentoive ce que j'en ay tiré de suc et de subſtance, la plus part du temps je n'y treuve que du vent: car il n'eſt pas encor venu aux argumens qui servent à son propos, et aux raisons qui touchent proprement le neud que je cherche. Pour moy, qui ne demande qu'à devenir plus sage, non plus sçavant *(c)* ou eloquent, *(a)* ces ordonnances logiciennes et Ariſtoteliques ne sont pas à propos: je veux qu'on commence par le dernier point; j'entens assez que c'eſt que mort et volupté; qu'on ne s'amuse pas à les anatomizer: je cherche des raisons bonnes et fermes d'arrivée, qui m'inſtruisent à en souſtenir l'effort. Ny les subtilitez grammairiennes, ny l'ingenieuse contexture de parolles et d'argumentations n'y servent; je veux des discours qui donnent la premiere charge dans le plus fort du doubte: les siens languissent autour du pot. Ils sont bons pour l'escole, pour le barreau et pour le sermon, où nous avons loisir de sommeiller, et sommes encores, un quart d'heure après, assez à temps pour

rencontrer le fil du propos. Il est besoin de parler ainsin
aux juges qu'on veut gaigner à tort ou à droit, aux enfans
et au vulgaire *(c)* à qui il faut tout dire, voir ce qui
portera. *(a)* Je ne veux pas qu'on s'employe à me rendre
attantif et qu'on me crie cinquante fois : « Or oyez ! »
à la mode de nos Heraux. Les Romains disoyent en leur
Religion : « Hoc age[1] », *(c)* que nous disons en la nostre :
« Sursum corda[2] » ; *(a)* ce sont autant de parolles perdues
pour moy. J'y viens tout preparé du logis : il ne me faut
point d'alechement ny de sause : je menge bien la viande
toute crue ; et, au lieu de m'eguiser l'apetit par ces
preparatoires et avant-jeux, on me le lasse et affadit.

(c) La licence du temps m'excusera elle de cette sacrilege audace, d'estimer aussi trainans les dialogismes de
Platon mesmes et estouffans par trop sa matiere, et de
pleindre le temps que met à ces longues interlocutions,
vaines et preparatoires, un homme qui avoit tant de
meilleures choses à dire ? Mon ignorance m'excusera
mieux, sur ce que je ne voy rien en la beauté de son
langage.

Je demande en general les livres qui usent des sciences,
non ceux qui les dressent.

(a) Les deux premiers[3], et Pline[4], et leurs semblables,
ils n'ont point de « Hoc age » ; ils veulent avoir à faire à
gens qui s'en soyent advertis eux mesmes ; ou, s'ils en ont,
c'est un « Hoc age » substantiel, et qui a son corps à part.

Je voy aussi volontiers les *Epitres* « *ad Atticum*[5] »,
non seulement par ce qu'elles contiennent une très-ample
instruction de l'Histoire et affaires de son temps, mais
beaucoup plus pour y descouvrir ses humeurs privées.
Car j'ay une singuliere curiosité, comme j'ay dit ailleurs[6],
de connoistre l'ame et les naïfs jugemens de mes autheurs.
Il faut bien juger leur suffisance, mais non pas leurs meurs
ny eux, par cette montre de leurs escris qu'ils étalent au
theatre du monde. J'ay mille fois regretté que nous ayons
perdu le livre que Brutus avoit escrit de la vertu : car il
faict beau apprendre la theorique de ceux qui sçavent
bien la practique. Mais, d'autant que c'est autre chose le
presche que le prescheur, j'ayme bien autant voir Brutus
chez Plutarque que chez luy mesme. Je choisiroy plutost
de sçavoir au vray les devis qu'il tenoit en sa tente à
quelqu'un de ses privez amis, la veille d'une bataille, que
les propos qu'il tint le lendemain à son armée ; et ce qu'il

faisoit en son cabinet et en sa chambre, que ce qu'il faisoit emmy la place et au Senat.

Quant à Cicero, je suis du jugement commun que, hors la science, il n'y avoit pas beaucoup d'excellence en son ame : il estoit bon cytoyen, d'une nature debonnaire, comme sont volontiers les hommes gras et gosseurs tels qu'il estoit; mais de mollesse et de vanité ambitieuse, il en avoit, sans mentir, beaucoup. Et si ne sçay comment l'excuser d'avoir estimé sa poësie digne d'estre mise en lumiere; ce n'est pas grande imperfection que de mal faire des vers; mais c'est à luy faute de jugement de n'avoir pas senty combien ils estoyent indignes de la gloire de son nom. Quant à son eloquence, elle est du tout hors de comparaison; je croy que jamais homme ne l'egalera[1]. Le jeune Cicero[2], qui n'a ressemblé son pere que de nom, commandant en Asie, il se trouva un jour en sa table plusieurs estrangers, et entre autres Cæstius, assis au bas bout, comme on se fourre souvent aux tables ouvertes des grands. Cicero s'informa qui il estoit, à l'un de ses gens qui luy dit son nom. Mais, comme celuy qui songeoit ailleurs et qui oublioit ce qu'on luy respondoit, il le luy redemanda encore, dépuis, deux ou trois fois; le serviteur, pour n'estre plus en peine de luy redire si souvent mesme chose, et pour le luy faire connoistre par quelque circonstance : « C'est, dict-il, ce Cæstius de qui on vous a dit qu'il ne faict pas grand estat de l'éloquence de vostre pere au pris de la sienne. » Cicero, s'estant soudain picqué de cela, commenda qu'on empoignast ce pauvre Cæstius, et le fit très-bien foëter en sa presence : voylà un mal courtois hoste[3]. Entre ceux mesmes qui ont estimé, toutes choses contées, cette sienne eloquence incomparable, il y en a eu qui n'ont pas laissé d'y remarquer des fautes : comme ce grand Brutus, son amy, disoit que c'estoit une eloquence cassée et esrenée, « *fractam et elumbem*[4] ». Les orateurs voisins de son siecle reprenoyent aussi en luy ce curieux soing de certaine longue cadance au bout de ses clauses, et notoient ces mots : « *esse videatur*[5] », qu'il y employe si souvent. Pour moy, j'ayme mieux une cadance qui tombe plus court, coupée en yambes. Si mesle il par fois bien rudement ses nombres, mais rarement. J'en ay remerqué ce lieu à mes aureilles : « *Ego vero me minus diu senem esse mallem, quam esse senem, antequam essem*[6]. »

Les Historiens sont ma droitte bale : ils sont plaisans
et aysez ; et quant et quant *(c)* l'homme en general, de qui
je cherche la cognoissance, y paroist plus vif et plus entier
qu'en nul autre lieu, la diversité et verité de ses conditions
internes en gros et en destail, la varieté des moyens de son
assemblage et des accidents qui le menacent[1]. *(a)* Or ceux
qui escrivent les vies, d'autant qu'ils s'amusent plus aux
conseils qu'aux evenemens, plus à ce qui part du dedans
qu'à ce qui arrive au dehors, ceux là me sont plus propres.
Voilà pourquoy, en toutes sortes, c'est mon homme que
Plutarque[2]. Je suis bien marry que nous n'ayons une
douzaine de Laertius[3], ou qu'il ne soit plus estendu *(c)* ou
plus entendu. *(a)* Car je ne considere pas moins curieusement la fortune et la vie de ces grands præcepteurs du
monde, que la diversité de leurs dogmes et fantasies.

En ce genre d'estude des Histoires, il faut feuilleter sans
distinction toutes sortes d'autheurs, et vieils et nouveaux,
et barragouins et François, pour y apprendre les choses
dequoy diversement ils traictent. Mais Cæsar singulierement me semble meriter qu'on l'estudie, non pour la
science de l'Histoire seulement, mais pour luy mesme,
tant il a de perfection et d'excellence par dessus tous les
autres, quoy que Saluste soit du nombre. Certes, je lis cet
autheur avec un peu plus de reverence et de respect qu'on
ne list les humains ouvrages : tantost le considerant luy
mesme par ses actions et le miracle de sa grandeur, tantost
la pureté et inimitable polissure de son langage qui a
surpassé non seulement tous les Historiens, comme dit
Cicero[4], mais *(c)* à l'adventure *(a)* Cicero mesme[5]. Avec
tant de syncerité en ses jugemens, parlant de ses ennemis
que, sauf les fauces couleurs dequoy il veut couvrir sa
mauvaise cause et l'ordure de sa pestilente ambition, je
pense qu'en cela seul on y puisse trouver à redire qu'il a
esté trop espargnant à parler de soy. Car tant de grandes
choses ne peuvent avoir esté executées par luy, qu'il n'y
soit alé beaucoup plus du sien qu'il n'y en met[6].

J'ayme les Historiens ou fort simples ou excellens.
Les simples, qui n'ont point dequoy y mesler quelque
chose du leur, et qui n'y apportent que le soin et la diligence de r'amasser tout ce qui vient à leur notice, et
d'enregistrer à la bonne foy toutes choses sans chois et
sans triage, nous laissent le jugement entier pour la
cognoissance de la verité. Tel est entre autres, pour

exemple, le bon Froissard[1], qui a marché en son entreprise
d'une si franche naïfveté, qu'ayant faict une faute il ne
creint aucunement de la reconnoistre et corriger en
l'endroit où il en a esté adverty; et qui nous represente
la diversité mesme des bruits qui couroyent et les differens
rapports qu'on luy faisoit. C'est la matiere de l'Histoire,
nue et informe; chacun en peut faire son profit autant
qu'il a d'entendement. Les biens excellens ont la suffisance
de choisir ce qui est digne d'estre sçeu, peuvent trier de
deux raports celuy qui est plus vraysemblable; de la
condition des Princes et de leurs humeurs, ils en concluent
les conseils et leur attribuent les paroles convenables. Ils
ont raison de prendre l'authorité de regler nostre creance
à la leur; mais certes cela n'appartient à guieres de gens.
Ceux d'entre-deux (qui est la plus commune façon), ceux
là nous gastent tout; ils veulent nous mascher les morceaux; ils se donnent loy de juger, et par consequent d'incliner l'Histoire à leur fantasie; car, dépuis que le jugement pend d'un costé, on ne se peut garder de contourner
et tordre la narration à ce biais. Ils entreprenent de choisir
les choses dignes d'estre sçeuës, et nous cachent souvent
telle parole, telle action privée, qui nous instruiroit mieux;
obmetent, pour choses incroyables, celles qu'ils n'entendent pas, et peut estre encore telle chose, pour ne la
sçavoir dire en bon Latin ou François. Qu'ils estalent
hardiment leur eloquence et leurs discours, qu'ils jugent
à leur poste; mais qu'ils nous laissent aussi dequoy juger
après eux, et qu'ils n'alterent ny dispensent, par leurs
racourcimens et par leurs chois, rien sur le corps de la
matiere : ains, qu'ils nous la r'envoyent pure et entiere
en toutes ses dimentions[2].

Le plus souvent on trie pour cette charge, et notamment
en ces siecles icy, des personnes d'entre le vulgaire, pour
cette seule consideration de sçavoir bien parler[3]; comme
si nous cherchions d'y apprendre la grammaire! Et eux
ont raison, n'ayans esté gagez que pour cela et n'ayans
mis en vente que le babil, de ne se soucier aussi principalement que de cette partie. Ainsin, à force beaux mots,
ils nous vont patissant une belle contexture des bruits
qu'ils ramassent és carrefours des villes. Les seules bonnes
histoires sont celles qui ont esté escrites par ceux mesmes
qui commandoient aux affaires, ou qui estoient participans
à les conduire, (c) ou, au moins, qui ont eu la fortune d'en

conduire d'autres de mesme sorte. *(a)* Telles sont quasi toutes les Grecques et Romaines. Car, plusieurs tesmoings oculaires ayant escrit de mesme subject (comme il advenoit en ce temps là que la grandeur et le sçavoir se rencontroient communéement), s'il y a de la faute, elle doit estre merveilleusement legiere, et sur un accident fort doubteux[1]. Que peut-on esperer d'un medecin traictant de la guerre, ou d'un escholier traictant les desseins des Princes? Si nous voulons remerquer la religion que les Romains avoient en cela, il n'en faut que cet exemple : Asinius Pollio[2] trouvoit és histoires mesme de Cæsar quelque mesconte, en quoy il estoit tombé pour n'avoir peu jetter les yeux en tous les endroits de son armée, et en avoir creu les particuliers qui luy rapportoient souvent des choses non assez verifiées; ou bien pour n'avoir esté assez curieusement adverty par ses Lieutenans des choses qu'ils avoient conduites en son absence. On peut voir par cet exemple si cette recherche de la verité est delicate, qu'on ne se puisse pas fier d'un combat à la science de celuy qui y a commandé, ny aux soldats de ce qui s'est passé près d'eux, si, à la mode d'une information judiciaire, on ne confronte les tesmoins et reçoit les objects sur la preuve des pontilles de chaque accident. Vrayement, la connoissance que nous avons de nos affaires est bien plus lâche. Mais cecy a esté suffisamment traicté par Bodin[3], et selon ma conception.

Pour subvenir un peu à la trahison de ma memoire et à son defaut, si extreme qu'il m'est advenu plus d'une fois de reprendre en main des livres comme recents et à moy inconnus, que j'avoy leu soigneusement quelques années au paravant et barbouillé de mes notes, j'ay pris en coustume, dépuis quelque temps, d'adjouter au bout de chasque livre (je dis de ceux desquels je ne me veux servir qu'une fois) le temps auquel j'ay achevé de le lire et le jugement que j'en ay retiré en gros, afin que cela me represente au moins l'air et Idée generale que j'avois conceu de l'autheur en le lisant. Je veux icy transcrire aucunes de ces annotations.

Voicy ce que je mis, il y a environ dix ans, en mon Guicciardin[4] (car, quelque langue que parlent mes livres, je leur parle en la mienne) : Il est historiographe diligent et duquel, à mon advis, autant exactement que de nul autre, on peut apprendre la verité des affaires de son temps : aussi en la pluspart en a-il esté acteur luy mesme, et en rang honnorable. Il n'y a aucune apparence que, par haine, faveur ou vanité, il ayt déguisé les choses : dequoy font foy les libres jugemens qu'il donne des grands, et notamment de ceux par lesquels il avoit esté avancé et employé aux charges, comme du Pape Clement septiesme[1]. Quant à la partie dequoy il semble se vouloir prevaloir le plus, qui sont ses digressions et discours, il y en a de bons et enrichis de beaux traits; mais il s'y est trop pleu : car, pour ne vouloir rien laisser à dire, ayant un suject si plain et ample, et à peu près infiny, il en devient lasche, et sentant un peu au caquet scholastique. J'ay aussi remerqué cecy, que de tant d'ames et effects qu'il juge, de tant de mouvemens et conseils, il n'en rapporte jamais un seul à la vertu, religion et conscience, comme si ces parties là estoyent du tout esteintes au monde; et, de toutes les actions, pour belles par apparence qu'elles soient d'elles mesmes, il en rejecte la cause à quelque occasion vitieuse ou à quelque profit. Il est impossible d'imaginer que, parmy cet infiny nombre d'actions dequoy il juge, il n'y en ait eu quelqu'une produite par la voye de la raison. Nulle corruption peut avoir saisi les hommes si universellement que quelqu'un n'eschappe de la contagion; cela me faict craindre qu'il y aye un peu du vice de son goust; et peut estre advenu qu'il ait estimé d'autruy selon soy[2].

En mon Philippe de Comines[3] il y a cecy : Vous y trouverez le langage doux et aggreable, d'une naifve simplicité; la narration pure, et en laquelle la bonne foy de l'autheur reluit evidemment, exempte de vanité parlant de soy, et d'affection et d'envie parlant d'autruy; ses discours et enhortemens accompaignez plus de bon zele et de verité que d'aucune exquise suffisance; et tout par tout de l'authorité et gravité, representant son homme de bon lieu et élevé aux grans affaires.

Sur les *Mémoires* de monsieur du Bellay[4] : C'est tousjours plaisir de voir les choses escrites par ceux qui ont essayé comme il les faut conduire; mais il ne se peut nier qu'il ne se découvre évidemment, en ces deux seigneurs icy[5], un grand dechet de la franchise et liberté d'escrire qui reluit és anciens de leur sorte, comme au Sire de Jouinvile, domestique de S. Loys, Eginard, Chancelier de Charlemaigne, et, de plus fresche memoire, en Philippe

de Commines. C'est icy plustost un plaidoier pour le Roy
François contre l'Empereur Charles cinquiesme qu'une
histoire. Je ne veux pas croire qu'ils ayent rien changé
quant au gros du faict; mais, de contourner le jugement
des evenemens, souvent contre raison, à nostre avantage,
et d'obmettre tout ce qu'il y a de chatouilleux en la vie
de leur maistre, ils en font mestier; tesmoing les recu-
lemens de messieurs de Montmorency[1] et de Brion[2],
qui y sont oubliez; voire le seul nom de Madame d'Es-
tampes[3] ne s'y trouve point. On peut couvrir les actions
secrettes; mais de taire ce que tout le monde sçait, et les
choses qui ont tiré des effects publiques et de telle consequence, c'est un defaut inexcusable. Somme, pour avoir
l'entiere connoissance du Roy François et des choses
advenues de son temps, qu'on s'adresse ailleurs, si on
m'en croit; ce qu'on peut faire icy de profit, c'est par
la deduction particuliere des batailles et exploits de guerre
où ces gentils-hommes se sont trouvez; quelques paroles
et actions privées d'aucuns princes de leur temps; et les
pratiques et negociations conduites par le Seigneur de
Langeay, où il y a tout plein de choses dignes d'estre
sceues, et des discours non vulgaires[4].

CHAPITRE XI

DE LA CRUAUTÉ

(a) Il me semble que la vertu est chose autre et plus
noble que les inclinations à la bonté qui naissent
en nous. Les ames reglées d'elles mesmes et bien nées,
elles suyvent mesme train, et representent en leurs actions
mesme visage que les vertueuses. Mais la vertu sonne je ne
sçay quoy de plus grand et de plus actif que de se laisser,
par une heureuse complexion, doucement et paisiblement
conduire à la suite de la raison. Celuy qui, d'une douceur
et facilité naturelle, mespriseroit les offences receues, feroit
chose très-belle et digne de louange; mais celuy qui,
picqué et outré jusques au vif d'une offence, s'armeroit des
armes de la raison contre ce furieux appetit de vengeance,
et après un grand conflict s'en rendroit en fin maistre,
feroit sans doubte beaucoup plus. Celuy-là feroit bien,

et cettuy-cy vertueusement ; l'une action se pourroit dire
bonté ; l'autre, vertu ; car il semble que le nom de la
vertu presuppose de la difficulté et du contraste, et qu'elle
ne peut s'exercer sans partie. C'est à l'adventure pourquoy
nous nommons Dieu bon, fort, et liberal, et juste ; mais
nous ne le nommons pas vertueux : ses operations sont
toutes naifves et sans effort.

Des Philosophes, non seulement Stoïciens mais encore
Epicuriens (et cette enchere, je l'emprunte de l'opinion
commune, qui est fauce, *(c)* quoy que die ce subtil rencontre d'Arcesilaüs à celuy qui luy reprochoit que beaucoup de gens passoient de son eschole en l'Epicurienne,
mais jamais au rebours : « Je croy bien ! Des coqs il se
faict des chapons assez, mais des chapons il ne s'en faict
jamais des coqs. » *(a)* Car, à la verité, en fermeté et
rigueur d'opinions et de preceptes, la secte Epicurienne
ne cede aucunement à la Stoïque ; et un Stoïcien, reconnoissant meilleure foy que ces disputateurs qui, pour
combattre Epicurus et se donner beau jeu, luy font dire
ce à quoy il ne pensa jamais, contournans ses paroles à
gauche, argumentans par la loy grammairienne autre sens
de sa façon de parler et autre creance que celle qu'ils
sçavent qu'il avoit en l'ame et en ses mœurs, dit qu'il a
laissé d'estre Epicurien pour cette consideration, entre
autres, qu'il trouve leur route trop hautaine et inaccessible ; *(c) et ii qui* φιλήδονοι *vocantur, sunt* φιλόκαλοι *et*
φιλοδίκαιοι, *omnesque virtutes et colunt et retinent*[1] »),
(a) des philosophes Stoïciens et Epicuriens, dis-je, il y
en a plusieurs qui ont jugé que ce n'estoit pas assez d'avoir
l'ame en bonne assiette, bien reglée et bien disposée à la
vertu ; ce n'estoit pas assez d'avoir nos resolutions et nos
discours au dessus de tous les efforts de fortune, mais qu'il
falloit encore rechercher les occasions d'en venir à la
preuve. Ils veulent quester de la douleur, de la necessité
et du mespris, pour les combatre, et pour tenir leur ame en
haleine : *(c)* « *multum sibi adjicit virtus lacessita*[2]. » *(a)* C'est
l'une des raisons pourquoy Epaminondas, qui estoit encore
d'une tierce secte, refuse des richesses que la fortune luy
met en main par une voie très-legitime, pour avoir,
dict-il, à s'escrimer contre la pauvreté, en laquelle extreme
il se maintint tousjours[3]. Socrates s'essayoit, ce me semble,
encor plus rudement, conservant pour son exercice la
malignité de sa femme[4] : qui est un essay à fer esmoulu.

Metellus, ayant, seul de tous les Senateurs Romains, entrepris, par l'effort de sa vertu, de souſtenir la violence de Saturninus, Tribun du peuple à Rome, qui vouloit à toute force faire passer une loy injuſte en faveur de la commune, et ayant encouru par là les peines capitales que Saturninus avoit eſtablies contre les refusans, entretenoit ceux qui, en cette extremité, le conduisoient en la place, de telṣ propos : « Que c'eſtoit chose trop facile et trop lâche que de mal faire, et que de faire bien où il n'y euſt point de dangier, c'eſtoit chose vulgaire; mais de faire bien où il y euſt dangier, c'eſtoit le propre office d'un homme de vertu[1]. » Ces paroles de Metellus nous representent bien clairement ce que je vouloy verifier, que la vertu refuse la facilité pour compaigne; et que cette aisée, douce et panchante voie, par où se conduisent les pas reglez d'une bonne inclination de nature, n'eſt pas celle de la vraye vertu. Elle demande un chemin aspre et espineux; elle veut avoir ou des difficultez eſtrangeres à luiſter, comme celle de Metellus, par le moyen desquelles fortune se plaiſt à luy rompre la roideur de sa course; ou des difficultez internes que luy apportent les appetits desordonnez *(c)* et imperfeċtions *(a)* de noſtre condition.

Je suis venu jusques icy bien à mon aise. Mais, au bout de ce discours, il me tombe en fantasie que l'ame de Socrates, qui eſt la plus parfaiċte qui soit venuë à ma connoissance, seroit, à mon compte, une ame de peu de recommandation; car je ne puis concevoir en ce personnage là aucun effort de vitieuse concupiscence. Au train de sa vertu, je n'y puis imaginer aucune difficulté et aucune contrainte; je connoy sa raison si puissante et si maiſtresse chez luy qu'elle n'euſt jamais donné moyen à un appetit vitieux seulement de naiſtre. A une vertu si eslevée que la sienne, je ne puis rien mettre en teſte. Il me semble la voir marcher d'un viċtorieux pas et triomphant, en pompe et à son aise, sans empeschement ne deſtourbier. Si la vertu ne peut luire que par le combat des appetits contraires, dirons nous donq qu'elle ne se puisse passer de l'assiſtance du vice, et qu'elle luy doive cela, d'en eſtre mise en credit et en honneur? Que deviendroit aussi cette brave et genereuse volupté Epicurienne qui fait eſtat de nourrir mollement en son giron et y faire follatrer la vertu, luy donnant pour ses jouets la honte, les fievres, la pauvreté, la mort et les geénes? Si je presup-

pose que la vertu parfaite se connoit à combattre et porter
patiemment la douleur, à souſtenir les efforts de la goute
sans s'esbranler de son assiette; si je luy donne pour son
objeĉt necessaire l'aspreté et la difficulté : que deviendra
la vertu qui sera montée à tel point que de non seulement
mespriser la douleur, mais de s'en esjoüyr et de se faire
chatouiller aux pointes d'une forte colique, comme eſt
celle que les Epicuriens ont eſtablie et de laquelle plusieurs
d'entre eux nous ont laissé par leurs aĉtions des preuves
trèscertaines? Comme ont bien d'autres, que je trouve
avoir surpassé par effeĉt les regles mesmes de leur
discipline. Tesmoing le jeune Caton. Quand je le voy
mourir et se deschirer les entrailles, je ne me puis contenter de croire simplement qu'il euſt lors son ame
exempte totalement de trouble et d'effroy, je ne puis
croire qu'il se maintint seulement en cette démarche que
les regles de la seĉte Stoïque luy ordonnoient, rassise, sans
émotion et impassible; il y avoit, ce me semble, en la
vertu de cet homme trop de gaillardise et de verdeur
pour s'en arreſter là. Je croy sans doubte qu'il sentit du
plaisir et de la volupté en une si noble aĉtion, et qu'il s'y
agrea plus qu'en autre de celles de sa vie : *(c)* « *Sic abiit è
vita ut causam moriendi naĉtum se esse gauderet*[1] » *(a)* Je le croy
si avant, que j'entre en doubte s'il euſt voulu que l'occasion d'un si bel exploit luy fuſt oſtée. Et si la bonté qui luy
faisoit embrasser les commoditez publiques plus que les
siennes ne me tenoit en bride, je tomberois aiséement en
cette opinion, qu'il sçavoit bon gré à la fortune d'avoir
mis sa vertu à une si belle espreuve, et d'avoir favorisé
ce brigand à fouler aux pieds l'ancienne liberté de sa patrie.
Il me semble lire en cette aĉtion je ne sçay quelle esjouis-
sance de son ame, et une émotion de plaisir extraordinaire
et d'une volupté virile, lors qu'elle consideroit la noblesse
et hauteur de son entreprise :

(b) Deliberata morte ferocior[2],

(a) non pas esguisée par quelque esperance de gloire,
comme les jugemens populaires et effeminez d'aucuns
hommes ont jugé, car cette consideration eſt trop basse
pour toucher un cœur si genereux, si hautain et si roide;
mais pour la beauté de la chose mesme en soy : laquelle
il voyoit bien plus à clair et en sa perfeĉtion, lui qui en
manioit les ressorts, que nous ne pouvons faire.

(c) La philosophie m'a faict plaisir de juger qu'une si belle action eust esté indecemment logée en toute autre vie qu'en celle de Caton, et qu'à la sienne seule il appartenoit de finir ainsi. Pourtant ordonna-il selon raison et à son fils et aux senateurs qui l'accompagnoient, de prouvoir autrement à leur faict. « *Catoni cum incredibilem natura tribuisset gravitatem, eamque ipse perpetua constantia roboravisset, semperque in proposito consilio permansisset, moriendum potius quam tyranni vultus aspiciendus erat*[1]. »

Toute mort doit estre de mesmes sa vie. Nous ne devenons pas autres pour mourir. J'interprete tousjours la mort par la vie. Et si on me la recite d'apparence forte, attachée à une foible vie, je tiens qu'elle est produitte d'une cause foible et sortable à sa vie.

(a) L'aisance donc de cette mort, et cette facilité qu'il avoit acquise par la force de son ame, dirons nous qu'elle doive rabattre quelque chose du lustre de sa vertu? Et qui, de ceux qui ont la cervelle tant soit peu teinte de la vraye philosophie, peut se contenter d'imaginer Socrates seulement franc de crainte et de passion en l'accident de sa prison, de ses fers et de sa condemnation? Et qui ne reconnoit en luy non seulement de la fermeté et de la constance (c'estoit son assiette ordinaire que celle-là), mais encore je ne sçay quel contentement nouveau et une allegresse enjoüée en ses propos et façons dernieres? *(c)* A ce tressaillir, du plaisir qu'il sent à gratter sa jambe après que les fers en furent hors, accuse il pas une pareille douceur et joye en son ame, pour estre desenforgée des incommodités passées, et à mesme d'entrer en cognoissance des choses à venir? *(a)* Caton me pardonnera, s'il luy plaist; sa mort est plus tragique et plus tendue, mais cette-cy est encore, je ne sçay comment, plus belle.

(c) Aristippus, à ceux qui la pleignoyent : « Les dieux m'en envoyent une telle! » fit-il[2].

(a) On voit aux ames de ces deux personnages et de leurs imitateurs (car de semblables, je fay grand doubte qu'il y en ait eu) une si parfaicte habitude à la vertu qu'elle leur est passée en complexion. Ce n'est plus vertu penible, ny des ordonnances de la raison, pour lesquelles maintenir il faille que leur ame se roidisse; c'est l'essence mesme de leur ame,-c'est son train naturel et ordinaire. Ils l'ont renduë telle par un long exercice des preceptes de la philosophie, ayans rencontré une belle et riche

nature. Les passions vitieuses, qui naissent en nous, ne trouvent plus par où faire entrée en eux; la force et roideur de leur ame estouffe et esteint les concupiscences aussi tost qu'elles commencent à s'esbranler.

Or, qu'il ne soit plus beau, par une haute et divine resolution, d'empescher la naissance des tentations, et de s'estre formé à la vertu de maniere que les semences mesmes des vices en soyent desracinées, que d'empescher à vive force leur progrez, et, s'estant laissé surprendre aux émotions premieres des passions, s'armer et se bander pour arrester leur course et les vaincre; et que ce second effect ne soit encore plus beau que d'estre simplement garny d'une nature facile et debonnaire, et dégoustée par soy mesme de la débauche et du vice, je ne pense point qu'il y ait doubte. Car cette tierce et derniere façon, il semble bien qu'elle rende un homme innocent, mais non pas vertueux; exempt de mal faire, mais non assez apte à bien faire. Joint que cette condition est si voisine à l'imperfection et à la foiblesse que je ne sçay pas bien comment en démeler les confins et les distinguer. Les noms mesmes de bonté et d'innocence sont à cette cause aucunement noms de mespris. Je voy que plusieurs vertus, comme la chasteté, sobrieté et temperance, peuvent arriver à nous par defaillance corporelle. La fermeté aux dangiers (si fermeté il la faut appeler), le mespris de la mort, la patience aux infortunes, peut venir et se treuve souvent aux hommes par faute de bien juger de tels accidens et ne les concevoir tels qu'ils sont. La faute d'apprehension et la bétise contrefont ainsi par fois les effects vertueux : comme j'ay veu souvent advenir qu'on a loué des hommes de ce dequoy ils meritoyent du blasme.

Un seigneur Italien tenoit une fois ce propos en ma presence, au desavantage de sa nation : Que la subtilité des Italiens et la vivacité de leurs conceptions estoit si grande qu'ils prevoyoyent les dangiers et accidens qui leur pouvoyent advenir, de si loin, qu'il ne falloit pas trouver estrange si on les voyoit souvent, à la guerre, prouvoir à leur seurté, voire avant que d'avoir reconneu le peril; que nous et les Espaignols, qui n'estions pas si fins, allions plus outre, et qu'il nous falloit faire voir à l'œil et toucher à la main le dangier avant que de nous en effrayer, et que lors aussi nous n'avions plus de tenue; mais que les Allemans et les Souysses, plus grossiers et plus lourds, n'avoyent le sens de se raviser, à peine lors mesmes qu'ils estoyent accablez soubs les coups. Ce n'estoit à l'adventure que pour rire. Si est il bien vray qu'au mestier de la guerre les apprentis se jettent bien souvent aux dangiers, d'autre inconsideration qu'ils ne font après y avoir esté échaudez :

(b) *haud ignarus quantum nova gloria in armis,*
Et prædulce decus primo certamine possit[1].

(a) Voylà pourquoy, quand on juge d'une action particuliere, il faut considerer plusieurs circonstances et l'homme tout entier qui l'a produicte, avant la baptizer.

Pour dire un mot de moy-mesme. (b) J'ay veu quelque fois mes amis appeller prudence en moy, ce qui estoit fortune; et estimer advantage de courage et de patience, ce qui estoit advantage de Jugement et opinion; et m'attribuer un titre pour autre, tantost à mon gain, tantost à ma perte. Au demeurant, (a) il s'en faut tant que je sois arrivé à ce premier et plus parfaict degré d'excellence, où de la vertu il se faict une habitude, que du second mesme je n'en ay faict guiere de preuve. Je ne me suis mis en grand effort pour brider les desirs dequoy je me suis trouvé pressé. Ma vertu, c'est une vertu, ou innocence, pour mieux dire, accidentale et fortuite. Si je fusse nay d'une complexion plus déreglée, je crains qu'il fut allé piteusement de mon faict. Car je n'ay essayé guiere de fermeté en mon ame pour soustenir des passions, si elles eussent esté tant soit peu vehementes. Je ne sçay point nourrir des querelles et du debat chez moy. Ainsi je ne me puis dire nul granmercy dequoy je me trouve exempt de plusieurs vices :

si vitiis mediocribus et mea paucis
Mendosa est natura, alioqui recta, velut si
Egregio inspersos reprehendas corpore nævos[2],

je le doy plus à ma fortune qu'à ma raison. Elle m'a faict naistre d'une race fameuse en preud'homie et d'un très-bon pere : je ne sçay s'il a escoulé en moy partie de ses humeurs, ou bien si les exemples domestiques et la bonne institution de mon enfance y ont insensiblement aydé; ou si je suis autrement ainsi nay,

(b) *Seu Libra, seu me Scorpius aspicit*
Formidolosus, pars violentior
Natalis horæ, seu tyrannus
Hesperiæ Capricornus undæ[3] ;

(a) mais tant y a que la pluspart des vices je les ay de moi mesmes en horreur. *(c)* La responce d'Antisthenes à celuy qui luy demandoit le meilleur apprentissage : « Desapprendre le mal », semble s'arrester à cette image[1]. Je les ay, dis-je, en horreur, *(a)* d'une opinion si naturelle et si mienne que ce mesme instinct et impression que j'en ay apporté de la nourrice, je l'ay conservé sans que aucunes occasions me l'ayent sçeu faire alterer; voire non pas mes discours propres qui, pour s'estre débandez en aucunes choses de la route commune, me licentieroient aiséement à des actions que cette naturelle inclination me fait haïr.

(b) Je diray un monstre, mais je le diray pourtant : je trouve par là, en plusieurs choses, plus d'arrest et de reigle en mes meurs qu'en mon opinion, et ma concupiscence moins desbauchée que ma raison[2].

(c) Aristippus establit des opinions si hardies en faveur de la volupté et des richesses, qu'il mit en rumeur toute la philosophie à l'encontre de luy. Mais, quant à ses meurs, le tyran Dionysius luy ayant presenté trois belles garses pour qu'il en fist le chois, il respondit qu'il les choisissoit toutes trois et qu'il avoit mal prins à Pâris d'en preferer une à ses compaignes; mais les ayant conduittes à son logis, il les renvoya sans en taster[3]. Son valet se trouvant surchargé en chemin de l'argent qu'il portoit après luy, il luy ordonna qu'il en jettast et versast là ce qui luy faschoit[4].

Et Epicurus, duquel les dogmes sont irreligieux et delicats, se porta en sa vie trèsdevotieusement et laborieusement. Il escrit à un sien amy qu'il ne vit que de pain bis et d'eaue, qu'il luy envoie un peu de fromage pour quand il voudra faire quelque somptueux repas[5]. Seroit il vray que, pour estre bon à faict, il nous le faille estre par occulte, naturelle et universelle propriété, sans loy, sans raison, sans exemple ?

(a) Les desbordemens ausquels je me suis trouvé engagé, ne sont pas, Dieu mercy, des pires. Je les ay bien condamnez chez moy, selon qu'ils le valent; car mon jugement ne s'est pas trouvé infecté par eux. Au rebours, il les accuse plus rigoureusement en moy que en un autre Mais c'est tout; car, au demourant, j'y apporte trop peu de resistance, et me laisse trop aiséement pancher à l'autre part de la balance, sauf pour les regler et empescher du meslange d'autres vices, lesquels s'entretiennent et

s'entrenchainent pour la plus part les uns aux autres, qui
ne s'en prend garde. Les miens, je les ay retranchez et
contrains les plus seuls et les plus simples que j'ay peu,

(b) nec ultra

Errorem foveo[1].

(a) Car, quant à l'opinion des Stoïciens, qui disent[2] le
sage œuvrer, quand il œuvre, par toutes les vertus
ensemble, quoy qu'il en ait une plus apparente selon la
nature de l'action (et à cela leur pourroit servir aucunement la similitude du corps humain, car l'action de la
colere ne se peut exercer que toutes les humeurs ne nous y
aydent, quoy que la colere predomine), si de là ils veulent
tirer pareille consequence que, quand le fautier faut, il faut
par tous les vices ensemble, je ne les en croy pas ainsi
simplement, ou je ne les entens pas, car je sens par effect
le contraire. *(c)* Ce sont subtilitez aiguës, insubstantielles,
ausquelles la philosophie s'arreste par fois.

Je suis quelques vices, mais j'en fuis d'autres, autant
qu'un sainct sçauroit faire.

Aussi desadvoüent les peripateticiens cette connexité et
cousture indissoluble ; et tient Aristote qu'un homme prudent et juste peut estre et intemperant et incontinent[3].

(a) Socrates advoüoit à ceux qui reconnoissoient en sa
physionomie quelque inclination au vice, que c'estoit à la
verité sa propension naturelle, mais qu'il avoit corrigée
par discipline[4].

(c) Et les familiers du philosophe Stilpo disoient
qu'estant nay subject au vin et aux femmes, il s'estoit
rendu par estude trèsabstinent de l'un et de l'autre[5].

(a) Ce que j'ay de bien, je l'ay au rebours[6] par le sort
de ma naissance. Je ne le tiens ny de loy, ny de precepte,
ou autre aprentissage. *(b)* L'innocence qui est en moy,
est une innocence niaise ; peu de vigueur, et point d'art.
Je hay, entre autres vices, cruellement la cruauté, et par
nature et par jugement, comme l'extreme de tous les vices.
Mais c'est jusques à telle mollesse que je ne voy pas
égorger un poulet sans desplaisir, et ois impatiemment
gémir un lievre sous les dens de mes chiens, quoy que ce
soit un plaisir violent que la chasse.

Ceux qui ont à combatre la volupté usent volontiers
de cet argument, pour montrer qu'elle est toute vitieuse
et desraisonnable : que lors qu'elle est en son plus grand

effort, elle nous maistrise de façon que la raison n'y peut
avoir accez; et aleguent l'experience que nous en sentons
en l'accointance des femmes,

cùm jam præsagit gaudia corpus,
Atque in eo est venus ut muliebria conserat arva[1];

où il leur semble que le plaisir nous transporte si fort
hors de nous que nostre discours ne sçauroit alors faire
son office, tout perclus et ravi en la volupté. Je sçay
qu'il en peut aller autrement, et qu'on arrivera par fois,
si on veut, à rejetter l'ame sur ce mesme instant à autres
pensemens. Mais il la faut tendre et roidir d'aguet. Je sçay
qu'on peut gourmander l'effort de ce plaisir; et *(c)* m'y
cognoy bien; et si n'ay point trouvé Venus si imperieuse
Deesse que plusieurs et plus chastes que moy la tesmoignent. *(a)* Je ne prens pour miracle, comme faict la Royne
de Navarre en l'un des contes de son *Heptameron*[2] (qui
est un gentil livre pour son estoffe), ny pour chose
d'extreme difficulté, de passer des nuicts entieres, en toute
commodité et liberté, avec une maistresse de long temps
desirée, maintenant la foy qu'on luy aura engagée de se
contenter des bæisers et simples attouchemens. Je croy
que l'exemple de la chasse y seroit plus propre (comme
il y a moins de plaisir, il y a plus de ravissement et de
surprinse, par où nostre raison estonnée perd le loisir de
se preparer et bander à l'encontre), lors qu'après une
longue queste la beste vient en sursaut à se presenter en
lieu où, à l'adventure, nous l'esperions le moins. Cette
secousse et l'ardeur de ces huées nous frappe si qu'il seroit
malaisé à ceux qui ayment cette sorte de chasse de retirer
sur ce point la pensée ailleurs. Et les poetes font Diane
victorieuse du brandon et des fleches de Cupidon :

Quis non malarum, quas amor curas habet,
Hæc inter obliviscitur[3]?

Pour revenir à mon propos, je me compassionne fort
tendrement des afflictions d'autruy, et pleurerois aiséement par compaignie, si, pour occasion que ce soit, je
sçavois pleurer. *(c)* Il n'est rien qui tente mes larmes que
les larmes, non vrayes seulement, mais comment que ce
soit, ou feintes ou peintes. *(a)* Les morts, je ne les plains
guiere, et les envierois plutost; mais je plains bien fort
les mourans. Les sauvages ne m'offensent pas tant de

roſtir et manger les corps des trespassez que ceux qui les tourmentent et persecutent vivans. Les executions mesme de la juſtice, pour raisonnables qu'elles soyent, je ne les puis voir d'une veuë ferme. Quelcun[1], ayant à tesmoigner la clemence de Julius Cæsar : « Il eſtoit, dit-il, doux en ses vengeances ; ayant forcé les Pyrates de se rendre à luy qu'ils avoyent auparavant pris prisonnier et mis à rançon, d'autant qu'il les avoit menassez de les faire mettre en croix, il les y condemna, mais ce fut après les avoir faiſt eſtrangler. Philomon, son secretaire, qui l'avoit voulu empoisonner, il ne le punit pas plus aigrement que d'une mort simple. » Sans dire qui eſt cet autheur Latin qui ose alleguer, pour tesmoignage de clemence, de seulement tuer ceux desquels on a eſté offencé, il eſt aisé à deviner[2] qu'il eſt frappé des vilains et horribles exemples de cruauté que les tyrans Romains mirent en usage.

Quant à moy, en la juſtice mesme, tout ce qui eſt au delà de la mort simple me semble pure cruauté, et notamment à nous qui devrions avoir respeſt d'en envoyer les ames en bon eſtat ; ce qui ne se peut, les ayant agitées et desesperées par tourmens insupportables.

(c) Ces jours passés, un soldat prisonnier ayant apperceu d'une tour où il eſtoit, qu'en la place, des charpantiers commençoient à dresser leurs ouvrages, et le peuple à s'y assembler, tint que c'eſtoit pour luy, et, entré en desespoir, n'ayant autre chose à se tuer, se saisit d'un vieux clou de charrette rouillé, que la fortune luy presenta, et s'en donna deux grands coups autour de la gorge ; et, voyant qu'il n'en avoit peu esbranler sa vie, s'en donna un autre tantoſt après dans le ventre, dequoy il tumba en evanouïssement. Et en cet eſtat le trouva le premier de ses gardes qui entra pour le voir. On le fit revenir ; et, pour emploier le temps avant qu'il defaillit, on luy fit sur l'heure lire sa sentence qui eſtoit d'avoir la teſte tranchée, de laquelle il se trouva infiniement resjoui et accepta à prendre du vin qu'il avoit refusé ; et, remerciant les juges de la douceur inesperée de leur condamnation, diſt que cette deliberation de se tuer luy eſtoit venue par l'horreur de quelque plus cruel supplice, du quel luy avoient augmenté la crainte des apprets[3]... pour en fuir une plus insupportable.

(a) Je conseillerois que ces exemples de rigueur, par le moyen desquels on veut tenir le peuple en office, s'exer-

çassent contre les corps des criminels : car de les voir
priver de sepulture, de les voir bouillir et mettre à
quartiers, cela toucheroit quasi autant le vulgaire que
les peines qu'on fait souffrir aux vivans, quoy que par
effect ce soit peu, ou rien, *(c)* comme Dieu dict : « *Qui
corpus occidunt, et postea non habent quod faciant*[1]. » Et les
poëtes font singulierement valoir l'horreur de cette
peinture, et au dessus de la mort :

> *Heu ! relliquias semiassi regis, denudatis ossibus,*
> *Per terram sanie delibutas fœde divexarier*[2].

(a) Je me rencontray un jour à Rome[3] sur le point
qu'on défaisoit Catena, un voleur insigne. On l'estrangla
sans aucune émotion de l'assistance; mais quand on vint
à le mettre à quartiers, le bourreau ne donnoit coup
que le peuple ne suivit d'une vois pleintive et d'une
exclamation, comme si chácun eut presté son sentiment
à cette charongne.

(b) Il faut exercer ces inhumains exccz contre l'escorce,
non contre le vif. Ainsin amollit, en cas aucunement
pareil, Artaxerses l'aspreté des loix anciennes de Perse,
ordonnant que les Seigneurs qui avoyent failly en leur
estat, au lieu qu'on les souloit foïter, fussent despouillés,
et leurs vestements foitez pour eux; et, au lieu qu'on leur
souloit arracher les cheveux, qu'on leur ostat leur haut
chappeau seulement[4].

(c) Les Ægyptiens, si devotieux, estimoyent bien satisfaire à la justice divine, luy sacrifians des pourceaux en
figure et representez[5] : invention hardie de vouloir payer
en peinture et en ombrage Dieu, substance si essentielle.

(a) Je vy en une saison en laquelle nous foisonnons en
exemples incroyables de ce vice, par la licence de nos
guerres civiles; et ne voit on rien aux histoires anciennes
de plus extreme que ce que nous en essayons tous les
jours. Mais cela ne m'y a nullement aprivoisé. A peine
me pouvoy-je persuader, avant que je l'eusse veu, qu'il
se fut trouvé des ames si monstrueuses, qui, pour le seul
plaisir du meurtre, le voulussent commettre : hacher et
détrencher les membres d'autruy; esguiser leur esprit à
inventer des tourmens inusitez et des morts nouvelles,
sans inimitié, sans profit, et pour cette seule fin de jouïr
du plaisant spectacle des gestes et mouvemens pitoyables,
des gemissemens et voix lamentables d'un homme mou-

rant en angoisse. Car voylà l'extreme point où la cruauté puisse atteindre. *(c)* « *Ut homo hominem, non iratus, non timens, tantum spectaturus, occidat*[1]. »

(a) De moy, je n'ay pas sçeu voir seulement sans desplaisir poursuivre et tuer une beste innocente, qui est sans deffence et de qui nous ne recevons aucune offence. Et comme il advient communement que le cerf, se sentant hors d'alaine et de force, n'ayant plus autre remede, se rejette et rend à nous mesmes qui le poursuivons, nous demandant mercy par ses larmes,

> *(b) quæstuque, cruentus*
> *Atque imploranti similis*[2],

(a) ce m'a tousjours semblé un spectacle très-desplaisant.

(b) Je ne prens guiere beste en vie à qui je ne redonne les champs. Pythagoras les achetoit des pescheurs et des oyseleurs pour en faire autant[3] :

> *(a) primóque à cæde ferarum*
> *Incaluisse puto maculatum sanguine ferrum*[4].

Les naturels sanguinaires à l'endroit des bestes tesmoignent une propension naturelle à la cruauté.

(b) Après qu'on se fut apprivoisé à Romme aux spectacles des meurtres des animaux, on vint aux hommes et aux gladiateurs. Nature, à ce creins-je, elle mesme attaché à l'homme quelque instinct à l'inhumanité. Nul ne prent son esbat à voir des bestes s'entrejouer et caresser, et nul ne faut de le prendre à les voir s'entre deschirer et desmambrer.

(a) Et afin qu'on ne se moque de cette sympathie que j'ay avecques elles, la Theologie[5] mesme nous ordonne quelque faveur en leur endroit; et, considerant que un mesme maistre nous a logez en ce palais pour son service et qu'elles sont, comme nous, de sa famille, elle a raison de nous enjoindre quelque respect et affection envers elles. Pythagoras emprunta la Metempsichose des Ægyptiens; mais despuis elle a esté reçeuë par plusieurs nations, et notamment par nos Druides :

> *Morte carent animæ ; sempérque, priore relicta*
> *Sede, novis domibus vivunt, habitàntque receptæ*[6].

La Religion de nos anciens Gaulois portoit que les ames, estant eternelles, ne cessoyent de se remuer et changer de place d'un corps à un autre; meslant en outre à cette fantasie quelque consideration de la justice divine : car, selon les déportemens de l'ame pendant qu'elle avoit esté chez Alexandre, ils disoyent que Dieu luy ordonnoit un autre corps à habiter, plus ou moins penible, et raportant à sa condition;

> *(b) muta ferarum*
> *Cogit vincla pati, truculentos ingerit ursis,*
> *Prædonésque lupis, fallaces vulpibus addit;*
> *Atque ubi per varios annos, per mille figuras*
> *Egit, lethæo purgatos flumine, tandem*
> *Rursus ad humanæ revocat primordia formæ*[1].

(a) Si elle avoit esté vaillante, la logeoient au corps d'un Lyon; si voluptueuse, en celuy d'un pourceau; si lâche, en celuy d'un cerf ou d'un liévre; si malitieuse, en celuy d'un renard : ainsi du reste, jusques à ce que, purifiée par ce chastiement, elle reprenoit le corps de quelque autre homme.

> *Ipse ego, nam memini, Trojani tempore belli*
> *Panthoides Euphorbus eram*[2].

Quant à ce cousinage là d'entre nous et les bestes, je n'en fay pas grand recepte; ny de ce aussi que plusieurs nations, et notamment des plus anciennes et plus nobles, ont non seulement receu des bestes à leur societé et compaignie, mais leur ont donné un rang bien loing, au dessus d'eux, les estimant tantost familieres et favories de leurs dieux, et les ayant en respect et reverence plus qu'humaine; et d'autres ne reconnoissant autre Dieu ny autre divinité qu'elles : (c) « *belluæ a barbaris propter benefi- cium consecratæ*[3]. »

> *(b) Crocodilon adorat*
> *Pars hæc, illa pavet saturam serpentibus Ibin;*
> *Effigies sacri hic nitet aurea cercopitheci;*
> *hic piscem fluminis, illic*
> *Oppida tota canem venerantur*[4].

(a) Et l'interpretation mesme que Plutarque donne à cet erreur, qui est trèsbien prise, leur est encores hono- rable. Car il dit[5] que ce n'estoit le chat, ou le bœuf (pour exemple) que les Egyptiens adoroient, mais qu'ils ado- roient en ces bestes là quelque image des facultez divines; en cette-cy la patience et l'utilité, en cette-là la vivacité;

(c) ou comme nos voisins les Bourguignons, avec toute
l'Allemaigne, l'impatience de se voir enfermée, par où
ils se represantoyent la liberté, la quelle ils aymoient et
adoroyent au delà de toute autre faculté divine; *(a)* et
ainsi des autres. Mais quand je rencontre, parmy les
opinions les plus moderées, les discours qui essayent
à montrer la prochaine ressemblance de nous aux animaux, et combien ils ont de part à nos plus grands privileges, et avec combien de vraysemblance on nous les
apparie, certes, j'en rabats beaucoup de nostre presomption, et me demets volontiers de cette royauté imaginaire
qu'on nous donne sur les autres creatures.

Quand tout cela en seroit à dire, si y a-il un certain
respect qui nous attache, et un general devoir d'humanité,
non aux bestes seulement qui ont vie et sentiment, mais
aux arbres mesmes et aux plantes. Nous devons la justice
aux hommes, et la grace et la benignité aux autres creatures qui en peuvent estre capables. Il y a quelque commerce entre elles et nous, et quelque obligation mutuelle.
(c) Je ne crains point à dire la tendresse de ma nature si
puerile que je ne puis pas bien refuser à mon chien la feste
qu'il m'offre[1] hors de saison ou qu'il me demande. *(b)* Les
Turcs[2] ont des aumosnes et des hospitaux pour les
bestes. *(a)* Les Romains avoient un soing public de la
nourriture des oyes, par la vigilance desquelles leur Capitole avoit esté sauvé[3]; les Atheniens ordonnerent que les
mules et mulets qui avoyent servy au bastiment du temple
appelé Hecatompedon fussent libres, et qu'on les laissast
paistre par tout sans empeschement[4].

(c) Les Agrigentins avoyent en usage commun d'enterrer serieusement les bestes qu'ils avoient eu cheres,
comme les chevaux de quelque rare merite, les chiens et
les oiseaux utiles, ou mesme qui avoyent servy de passe-
temps à leurs enfans. Et la magnificence qui leur estoit
ordinaire en toutes autres choses, paroissoit aussi singulierement à la sumptuosité et nombre des monuments
élevés à cette fin, qui ont duré en parade plusieurs siecles
depuis[5].

Les Ægyptiens enterroyent les loups, les ours, les croco-
diles, les chiens et les chats en lieux sacrez, enbasmoyent
leurs corps et portoyent le deuil à leur trespas[6].

(a) Cimon fit une sepulture honorable aux juments avec
lesquelles il avoit gaigné par trois fois le pris de la course

aux jeux Olympiques[1]. L'ancien Xantippus fit enterrer
son chien sur un chef, en la coste de la mer qui en a depuis
retenu le nom[2]. Et Plutarque faisoit, dit-il, conscience
de vendre et envoier à la boucherie, pour un legier profit,
un bœuf qui l'avoit long temps servy[3].

CHAPITRE XII

APOLOGIE DE RAIMOND SEBOND

(a) C'EST, à la vérité, une très-utile et grande partie que
la science. Ceux qui la mesprisent, tesmoignent
assez leur bestise; mais je n'estime pas pourtant sa valeur
jusques à cette mesure extreme qu'aucuns luy attribuent,
comme Herillus le philosophe, qui logeoit en elle le
souverain bien, et tenoit qu'il fut en elle de nous rendre
sages et contens[4]; ce que je ne croy pas, ny ce que d'autres
ont dict, que la science est mere de toute vertu, et que tout
vice est produit par l'ignorance. Si cela est vray, il est
subject à une longue interprétation.

Ma maison a esté de long temps ouverte aux gens de
sçavoir, et en est fort conneuë, car mon pere, qui l'a
commandée cinquante ans et plus, eschauffé de cette
ardeur nouvelle dequoy le Roy François premier embrassa
les lettres et les mit en credit, recherca avec grand soing
et despence l'accointance des hommes doctes, les recevant
chez luy comme personnes sainctes et ayans quelque
particuliere inspiration de sagesse divine, recueillant leurs
sentences et leurs discours comme des oracles, et avec
d'autant plus de reverence et de religion qu'il avoit moins
de loy d'en juger, car il n'avoit aucune connoissance des
lettres, non plus que ses predecesseurs. Moy, je les ayme
bien, mais je ne les adore pas.

Entre autres, Pierre Bunel[5], homme de grande reputation de sçavoir en son temps, ayant arresté quelques
jours à Montaigne[6] en la compaignie de mon pere avec
d'autres hommes de sa sorte, luy fit present, au desloger,
d'un livre qui s'intitule *Theologia naturalis sive liber creatu-
rarum magistri Raymondi de Sabonde*[7]. Et par ce que la
langue Italienne et Espaignolle estoient familieres à mon
pere, et que ce livre est basty d'un Espaignol barragoiné

en terminaisons Latines[1], il esperoit qu'avec un bien peu d'aide il en pourroit faire son profit, et le luy recommanda comme livre très-utile et propre à la saison en laquelle il le luy donna; ce fut lors que les nouvelletez de Luther commençoient d'entrer en credit et esbranler en beaucoup de lieux nostre ancienne creance. En quoy il avoit un très-bon advis, prevoyant bien, par discours de raison, que ce commencement de maladie declineroit ayséement en un execrable atheisme; car le vulgaire[2], n'ayant pas la faculté de juger des choses par elles mesmes, se laissant emporter à la fortune et aux apparences, après qu'on luy a mis en main la hardiesse de mespriser et controller les opinions qu'il avoit euës en extreme reverence, comme sont celles où il va de son salut, et qu'on a mis aucuns articles de sa religion en doubte et à la balance, il jette tantost après aiséement en pareille incertitude toutes les autres pieces de sa creance, qui n'avoient pas chez luy plus d'authorité ny de fondement que celles qu'on luy a esbranlées; et secoue comme un joug tyrannique toutes les impressions qu'il avoit receues par l'authorité des loix ou reverence de l'ancien usage,

(b) Nam cupide conculcatur nimis ante metutum[3];

(a) entreprenant dèslors en avant de ne recevoir rien à quoy il n'ait interposé son decret et presté particulier consentement.

Or, quelques jours avant sa mort, mon pere, ayant de fortune rencontré ce livre soubs un tas d'autres papiers abandonnez, me commanda de le luy mettre en François. Il faict bon traduire les autheurs comme celuy-là, où il n'y a guiere que la matiere à representer; mais ceux qui ont donné beaucoup à la grace et à l'elegance du langage, ils sont dangereux à entreprendre : *(c)* nommément pour les rapporter à un idiome plus foible. *(a)* C'estoit une occupation bien estrange et nouvelle pour moy; mais, estant de fortune pour lors de loisir, et ne pouvant rien refuser au commandement du meilleur pere qui fut onques, j'en vins à bout comme je peus; à quoy il print un singulier plaisir, et donna charge qu'on le fit imprimer; ce qui fut executé après sa mort[4].

Je trouvay belles les imaginations de cet autheur, la contexture de son ouvrage bien suivie, et son dessein plein de pieté. Par ce que beaucoup de gens s'amusent à le lire,

et notamment les dames, à qui nous devons plus de
service, je me suis trouvé souvent à mesme de les secourir,
pour descharger leur livre de deux principales objeſtions
qu'on luy faiſt. Sa fin eſt hardie et courageuse, car il
entreprend, par raisons humaines et naturelles, eſtablir et
verifier contre les atheiſtes tous les articles de la religion
Chreſtienne : en quoy, à dire la verité, je le trouve si ferme
et si heureux que je ne pense point qu'il soit possible de
mieux faire en cet argument là, et croy que nul ne l'a
esgalé. Cet ouvrage me semblant trop riche et trop beau
pour un autheur duquel le nom soit si peu conneu, et
duquel tout ce que nous sçavons, c'eſt qu'il eſtoit Espaignol, faisant profession de medecine à Thoulouse, il y a
environ deux cens ans, je m'enquis autrefois à Adrien
Tournebu[1], qui sçavoit toutes choses, que ce pouvoit
eſtre de ce livre; il me respondit qu'il pensoit que ce fut
quelque quinte essence tirée de S. Thomas d'Aquin : car,
de vray, cet esprit là, plein d'une erudition infinie et d'une
subtilité admirable, eſtoit seul capable de telles imaginations. Tant y a que, quiconque en soit l'autheur et inventeur (et ce n'eſt pas raison d'oſter sans plus grande occasion à Sebond ce tiltre), c'eſtoit un très-suffisant homme
et ayant plusieurs belles parties.

La premiere reprehension qu'on fait de son ouvrage,
c'eſt que les Chretiens se font tort de vouloir appuyer leur
creance par des raisons humaines, qui ne se conçoit que
par foy et par une inspiration particuliere de la grace
divine. En cette objeſtion il semble qu'il y ait quelque zele
de pieté, et à cette cause nous faut-il avec autant plus de
douceur et de respeſt essayer de satisfaire à ceux qui la
mettent en avant. Ce seroit mieux la charge d'un homme
versé en la Theologie, que de moy qui n'y sçay rien.

Toutefois je juge ainsi, qu'à une chose si divine et si
hautaine, et surpassant de si loing l'humaine intelligence,
comme eſt cette verité de laquelle il a pleu à la bonté de
Dieu nous esclairer, il eſt bien besoin qu'il nous preſte
encore son secours, d'une faveur extraordinaire et privi-
legée, pour la pouvoir concevoir et loger en nous; et ne
croy pas que les moyens purement humains en soyent
aucunement capables; et, s'ils l'eſtoient, tant d'ames rares
et excellentes, et si abondamment garnies de forces naturelles ès siecles anciens, n'eussent pas failly par leur
discours d'arriver à cette connoissance. C'eſt la foy seule

qui embrasse vivement et certainement les hauts mysteres
de nostre Religion. Mais ce n'est pas à dire que ce ne soit
une très-belle et trèsloüable entreprinse d'accommoder
encore au service de nostre foy les utils naturels et
humains que Dieu nous a donnez. Il ne faut pas douter
que ce ne soit l'usage le plus honorable que nous leur
sçaurions donner, et qu'il n'est occupation ny dessein plus
digne d'un homme Chrestien que de viser par tous ses
estudes et pensemens à embellir, estandre et amplifier la
verité de sa creance. Nous ne nous contentons point
de servir Dieu d'esprit et d'ame; nous luy devons encore
et rendons une reverence corporelle; nous appliquons nos
membres mesmes et nos mouvements et les choses
externes à l'honorer. Il en faut faire de mesme, et accompaigner nostre foy de toute la raison qui est en nous, mais
tousjours avec cette reservation de n'estimer pas que ce
soit de nous qu'elle dépende, ny que nos efforts et argumens puissent atteindre à une si supernaturelle et divine
science.

Si elle n'entre chez nous par une infusion extraordinaire; si elle y entre non seulement par discours, mais
encore par moyens humains, elle n'y est pas en sa dignité
ny en sa splendeur. Et certes je crain pourtant que nous ne
la jouyssions que par cette voye. Si nous tenions à Dieu
par l'entremise d'une foy vive; si nous tenions à Dieu par
luy, non par nous; si nous avions un pied et un fondement
divin, les occasions humaines n'auroient pas le pouvoir
de nous esbranler, comme elles ont; nostre fort ne seroit
pas pour se rendre à une si foible batterie; l'amour de la
nouvelleté, la contrainçte des Princes, la bonne fortune
d'un party, le changement temeraire et fortuite de nos
opinions, n'auroient pas la force de secoüer et alterer
nostre croiance; nous ne la lairrions pas troubler à la
mercy d'un nouvel argument et à la persuasion, non pas
de toute la Rhetorique qui fust onques; nous soutien-
derions ces flots d'une fermeté inflexible et immobile,

> *Illisos fluctus rupes ut vasta refundit,*
> *Et varias circum latrantes dissipat undas*
> *Mole sua[1].*

Si ce rayon de la divinité nous touchoit aucunement, il
y paroistroit par tout; non seulement nos parolles, mais
encore nos operations en porteroient la lueur et le lustre.

Tout ce qui partiroit de nous, on le verroit illuminé de cette noble clarté. Nous devrions avoir honte qu'és sectes humaines il ne fust jamais partisan, quelque difficulté et estrangeté que maintint sa doctrine, qui n'y conformast aucunement ses deportemens et sa vie; et une si divine et celeste institution ne marque les Chrestiens que par la langue.

(b) Voulez vous voir cela? comparez nos meurs à un Mahometan, à un Payen; vous demeurez tousjours au dessoubs : là où, au regard de l'avantage de nostre religion, nous devrions luire en excellence, d'une extreme et incomparable distance; et devroit on dire : « Sont ils si justes, si charitables, si bons? ils sont donq Chrestiens. »
(c) Toutes autres apparences sont communes à toutes religions : esperance, confiance, evenemens, ceremonies, penitence, martyres. La marque peculière de nostre verité devroit estre nostre vertu, comme elle est aussi la plus celeste marque et la plus difficile, et que c'est la plus digne production de la verité. *(b)* Pourtant eust raison nostre bon S. Loys, quand ce Roy Tartare qui s'estoit faict Chrestien, desseignoit de venir à Lyon baiser les pieds au Pape et y reconnoistre la sanctimonie qu'il esperoit trouver en nos meurs, de l'en destourner instamment, de peur qu'au contraire nostre desbordée façon de vivre ne le dégoustast d'une si saincte creance[1]. Combien que depuis il advint tout diversement à cet autre[2], lequel, estant allé à Romme pour mesme effect, y voyant la dissolution des prelats et peuple de ce temps là, s'establit d'autant plus fort en nostre religion, considerant combien elle devoit avoir de force et de divinité à maintenir sa dignité et sa splendeur parmy tant de corruption et en mains si vitieuses.

(a) « Si nous avions une seule goute de foy, nous remuerions les montaignes de leur place », dict la saincte parole[3], nos actions, qui seroient guidées et accompaignées de la divinité, ne seroient pas simplement humaines; elles auroient quelque chose de miraculeux comme nostre croyance. *(c)* « *Brevis est institutio vitæ honestæ beatæque, si credas*[4]. »

Les uns font accroire au monde qu'ils croyent ce qu'ils ne croyent pas. Les autres, en plus grand nombre, se le font accroire à eux mesmes, ne sçachans pas penetrer que c'est que croire.

(a) Et nous trouvons estrange si, aux guerres qui

pressent à cette heure nostre estat, nous voyons flotter les
evenements et diversifier d'une maniere commune et
ordinaire. C'est que nous n'y apportons rien que le nostre.
La justice qui est en l'un des partis, elle n'y est que pour
ornement et couverture; elle y est bien alleguée, mais elle
n'y est ny receuë, ny logée, ny espousée; elle y est comme
en la bouche de l'advocat, non comme dans le cœur et
affection de la partie. Dieu doibt son secours extraordinaire à la foy et à la religion, non pas à nos passions.
Les hommes y sont conducteurs et s'y servent de la
religion; ce devroit estre tout le contraire.

(c) Sentez si ce n'est par noz mains que nous la menons,
à tirer comme de cire tant de figures contraires d'une regle
si droitte et si ferme. Quand s'est il veu mieux qu'en
France en noz jours? Ceux qui l'ont prinse à gauche, ceux
qui l'ont prinse à droitte, ceux qui en disent le noir, ceux
qui en disent le blanc, l'employent si pareillement à leurs
violentes et ambitieuses entreprinses, s'y conduisent d'un
progrez si conforme en desbordement et injustice, qu'ils
rendent doubteuse et malaisée à croire la diversité qu'ils
pretendent de leurs opinions en chose de laquelle depend
la conduitte et loy de nostre vie. Peut on voir partir de
mesme escole et discipline des meurs plus unies, plus
unes?

Voyez l'horrible impudence dequoy nous pelotons les
raisons divines, et combien irreligieusement nous les
avons et rejettées et reprinses selon que la fortune nous a
changé de place en ces orages publiques. Cette proposition
si solenne : S'il est permis au subjet de se rebeller et armer
contre son prince pour la defence de la religion, souvien-
ne-vous en quelles bouches, cette année passée, l'affirmative d'icelle estoit l'arc-boutant d'un parti[1], la negative
de quel autre parti c'estoit l'arc-boutant; et oyez à present
de quel quartier vient la voix et instruction de l'une et de
l'autre; et si les armes bruyent moins pour cette cause
que pour cette là[2]. Et nous bruslons les gens qui disent
qu'il faut faire souffrir à la verité le joug de nostre besoing.
Et de combien faict la France pis que de le dire?

(a) Confessons la verité : qui trieroit de l'armée,
mesmes legitime[3] et moienne, ceux qui y marchent par le
seul zele d'une affection religieuse, et encore ceux qui
regardent seulement la protection des loix de leur pays ou
service du Prince, il n'en sçauroit bastir une compaignie

de gensdarmes complete. D'où vient cela, qu'il s'en
trouve si peu qui ayent maintenu mesme volonté et
mesme progrez en nos mouvemens publiques, et que
nous les voyons tantost n'aller que le pas, tantost y courir
à bride avalée; et mesmes hommes tantost gaster nos
affaires par leur violence et aspreté, tantost par leur
froideur, mollesse et pesanteur, si ce n'est qu'ils y sont
poussez par des considerations particulières *(c)* et casuelles
(a) selon la diversité desquelles ils se remuent?

(c) Je voy cela evidemment que nous ne prestons
volontiers à la devotion que les offices qui flattent noz
passions. Il n'est point d'hostilité excellente comme la
chrestienne. Nostre zele faict merveilles, quand il va
secondant nostre pente vers la haine, la cruauté, l'ambition, l'avarice, la detraction, la rebellion. A contrepoil,
vers la bonté, la benignité, la temperance, si, comme par
miracle, quelque rare complexion ne l'y porte, il ne va ny
de pied, ny d'aile.

Nostre religion est faicte pour extirper les vices; elle
les couvre, les nourrit, les incite.

(a) Il ne faut point faire barbe de foarre à Dieu[1] (comme
on dict). Si nous le croyons, je ne dy pas par foy, mais
d'une simple croyance, voire (et je le dis à nostre grande
confusion) si nous le croyons et cognoissions comme
une autre histoire, comme l'un de nos compaignons,
nous l'aimerions au dessus de toutes autres choses, pour
l'infinie bonté et beauté qui reluit en luy; au moins
marcheroit il en mesme reng de nostre affection que les
richesses, les plaisirs, la gloire et nos amis.

(c) Le meilleur de nous ne craind point de l'outrager,
comme il craind d'outrager son voisin, son parent, son
maistre. Est il si simple entendemant, lequel, ayant d'un
coté l'object d'un de nos vicieux plaisirs, et de l'autre
en pareille cognoissance et persuasion l'estat d'une gloire
immortelle, entrast en troque de l'un pour l'autre? Et si,
nous y renonçons souvent de pur mespris : car quel goust
nous attire au blasphemer, sinon à l'adventure le goust
mesme de l'offence?

Le philosophe Antisthenes, comme on l'initioit aux
mysteres d'Orpheus, le prestre luy disant que ceux qui
se voüoyent à cette religion avoyent à recevoir après leur
mort des biens eternels et parfaicts : « Pourquoy[2] ne
meurs tu donc toi mesmes? » luy fit-il[3].

Diogenes, plus brusquement selon sa mode, et hors
de nostre propos, au prestre qui le preschoit de mesme
de se faire de son ordre pour parvenir aux biens de l'autre
monde : « Veux tu pas que je croye qu'Agesilaüs et
Epaminondas, si grands hommes, seront miserables, et
que toy, qui n'es qu'un veau, seras bien heureux par ce
que tu es prestre[1] ? »

(a) Ces grandes promesses de la beatitude eternelle, si
nous les recevions de pareille authorité qu'un discours
philosophique, nous n'aurions pas la mort en telle
horreur que nous avons.

> *(b) Non jam se moriens dissolvi conquereretur ;*
> *Sed magis ire foras, vestémque relinquere, ut anguis,*
> *Gauderet, prælonga senex aut cornua cervus[2].*

(a) Je veuil estre dissout, dirions nous, et estre aveques
Jesus-Christ. La force du discours de Platon, de l'immortalité de l'ame, poussa bien aucuns de ses disciples à
la mort[3], pour joïr plus promptement des esperances
qu'il leur donnoit.

Tout cela, c'est un signe très-evident que nous ne
recevons nostre religion qu'à nostre façon et par nos
mains, et non autrement que comme les autres religions
se reçoyvent. Nous nous sommes rencontrez au païs où
elle estoit en usage; ou nous regardons son ancienneté
ou l'authorité des hommes qui l'ont maintenue; ou crei-
gnons les menaces qu'ell'attache aux mescreans; ou suyvons ses promesses. Ces considerations là doivent estre
employées à nostre creance, mais comme subsidiaires :
ce sont liaisons humaines. Une autre religion, d'autres
tesmoings, pareilles promesses et menasses nous pourroyent imprimer par mesme voye une croyance contraire.

(b) Nous sommes Chrestiens à mesme titre que nous
sommes ou Perigordins ou Alemans.

(a) Et ce que dit Plato[4], qu'il est peu d'hommes si
fermes en l'atheisme, qu'un dangier pressant ne ramene
à la recognoissance de la divine puissance, ce rolle ne
touche point un vray Chrestien. C'est à faire aux religions
mortelles et humaines d'estre receuës par une humaine
conduite. Quelle foy doit ce estre, que la lácheté et la foiblesse de cœur plantent en nous et establissent? *(c)* Plaisante foy qui ne croit ce qu'elle croit que pour n'avoir le
courage de le descroire! *(a)* Une vitieuse passion, comme

celle de l'inconstance et de l'estonnement, peut elle faire en nostre ame aucune production reglée?

(c) Ils establissent, dict-il[1], par la raison de leur jugement, que ce qui se recite des enfers et des peines futures est feint. Mais, l'occasion de l'experimenter s'offrant lors que la vieillesse ou les maladies les approchent de leur mort, la terreur d'icelle les remplit d'une nouvelle creance par l'horreur de leur condition à venir. Et par ce que telles impressions rendent les courages craintifs, il defend en ses loix toute instruction de telles menaces, et la persuasion que des Dieux il puisse venir à l'homme aucun mal, sinon pour son plus grand bien, quand il y eschoit, et pour un medecinal effect. Ils recitent[2] de Bion qu'infect des atheismes de Théodorus, il avoit esté longtemps se moquant des hommes religieux; mais, la mort le surprenant, qu'il se rendit aux plus extremes superstitions, comme si les dieux s'ostoyent et se remettoyent selon l'affaire de Bion.

Platon et ces exemples veulent conclurre que nous sommes ramenez à la creance de Dieu, ou par amour, ou par force. L'Atheisme estant une proposition comme desnaturée et monstrueuse, difficile aussi et malaisée d'establir en l'esprit humain, pour insolent et desreglé qu'il puisse estre; il s'en est veu assez, par vanité et par fierté de concevoir des opinions non vulgaires et reformatrices du monde, en affecter la profession par contenance, qui, s'ils sont assez fols, ne sont pas assez forts pour l'avoir plantée en leur conscience pourtant. Ils ne lairront de joindre les mains vers le ciel, si vous leur attachez un bon coup d'espée en la poitrine. Et, quand la crainte ou la maladie aura abatu cette licentieuse ferveur d'humeur volage, ils ne lairront de se revenir et se laisser tout discretement manier aux creances et exemples publiques. Autre chose est un dogme serieusement digeré; autre chose, ces impressions superficielles, lesquelles, nées de la desbauche d'un esprit desmanché, vont nageant temerairement et incertainement en la fantasie. Hommes bien miserables et escervellez, qui taschent d'estre pires qu'ils ne peuvent!

(b) L'erreur du paganisme, et l'ignorance de nostre sainte verité, laissa tomber cette grande ame de Platon (mais grande d'humaine grandeur seulement), encores en cet autre voisin abus, que les enfans et les vieillars se

trouvent plus susceptibles de religion, comme si elle naissoit et tiroit son credit de nostre imbecillité.

(a) Le neud qui devroit attacher nostre jugement et nostre volonté, qui devroit estreindre nostre ame et joindre à nostre createur, ce devroit estre un neud prenant ses repliz et ses forces, non pas de noz considerations, de noz raisons et passions, mais d'une estreinte divine et supernaturelle, n'ayant qu'une forme, un visage et un lustre, qui est l'authorité de Dieu et sa grace. Or, nostre cœur et nostre ame estant regie et commandée par la foy, c'est raison qu'elle tire au service de son dessain toutes noz autres pieces selon leur portée. Aussi n'est-il pas croyable que toute cette machine n'ait quelques marques empreintes de la main de ce grand architecte, et qu'il n'y ait quelque image és choses du monde raportant aucunement à l'ouvrier qui les a basties et formées. Il a laissé en ces hauts ouvrages le caractere de sa divinité, et ne tient qu'à nostre imbecillité que nous ne le puissions descouvrir. C'est ce qu'il nous dit luy mesme, que ses operations invisibles, il nous les manifeste par les visibles. Sebond s'est travaillé à ce digne estude, et nous montre comment il n'est piece du monde qui desmante son facteur. Ce seroit faire tort à la bonté divine, si l'univers ne consentoit à nostre creance. Le ciel, la terre, les elemans, nostre corps et nostre ame, toutes choses y conspirent; il n'est que de trouver le moyen de s'en servir. Elles nous instruisent, si nous sommes capables d'entendre. *(b)* Car ce monde est un temple tressainct, dedans lequel l'homme est introduict pour y contempler des statues, non ouvrées de mortelle main, mais celles que la divine pensée a faict sensibles : le Soleil, les estoilles, les eaux et la terre, pour nous representer les intelligibles[1]. *(a)* « Les choses invisibles de Dieu, dit saint Paul[2], apparoissent par la creation du monde, considerant sa sapience eternelle et sa divinité par ses œuvres. »

> *Atque adeo faciem cæli non invidet orbi*
> *Ipse Deus, vultúsque suos corpúsque recludit*
> *Semper volvendo; séque ipsum inculcat et offert,*
> *Ut bene cognosci possit, doceátque videndo*
> *Qualis eat, doceátque suas attendere leges[3].*

Or, nos raisons et nos discours humains, c'est comme la matiere lourde et sterile : la grace de Dieu en est la

forme; c'est elle qui y donne la façon et le pris. Tout ainsi
que les actions vertueuses de Socrates et de Caton
demeurent vaines et inutiles pour n'avoir eu leur fin et
n'avoir regardé l'amour et obeïssance du vray createur
de toutes choses, et pour avoir ignoré Dieu : ainsin est-il
de nos imaginations et discours; ils ont quelque corps,
mais c'est une masse informe, sans façon et sans jour, si
la foy et grace de Dieu n'y sont joinctes. La foy venant
à teindre et illustrer les argumens de Sebond, elle les rend
fermes et solides; ils sont capables de servir d'acheminement et de premiere guyde[1] à un aprentis pour le mettre à
la voye de cette connoissance; ils le façonnent aucunement
et rendent capable de la grace de Dieu, par le moyen de
laquelle se parfournit et se perfet après nostre creance. Je
sçay un homme d'authorité, nourry aux lettres, qui m'a
confessé avoir esté ramené des erreurs de la mescreance
par l'entremise des argumens de Sebond. Et, quand on
les despouillera de cet ornement et du secours et approbation de la foy, et qu'on les prendra pour fantasies pures
humaines, pour en combatre ceux qui sont precipitez aux
espouvantables et horribles tenebres de l'irreligion, ils se
trouveront encores lors aussi solides et autant fermes que
nuls autres de mesme condition qu'on leur puisse opposer : de façon que nous serons sur les termes de dire à
noz parties,

Si melius quid habes, accerse, vel imperium fer[2];

qu'ils souffrent la force de noz preuves, ou qu'ils nous en
facent voir ailleurs, et sur quelque autre suject, de mieux
tissues et mieux estofées.

Je me suis, sans y penser, à demy desjà engagé dans
la seconde objection à laquelle j'avois proposé de respondre pour Sebond.

Aucuns disent que ses argumens sont foibles et ineptes
à verifier ce qu'il veut, et entreprennent de les choquer
ayséement. Il faut secouer ceux-cy un peu plus rudement,
car ils sont plus dangereux et plus malitieux que les
premiers. On couche[3] volontiers le sens des escris d'autruy
à la faveur des opinions qu'on a prejugées en soi; et un
atheïste se flate à ramener tous autheurs à l'atheïsme,
infectant de son propre venin la matiere innocente. Ceux
cy ont quelque preoccupation de jugement qui leur rend le
goust fade aux raisons de Sebond. Au demeurant, il leur

semble qu'on leur donne beau jeu de les mettre en liberté
de combatre nostre religion par les armes pures humaines,
laquelle ils n'oseroyent ataquer en sa majesté pleine
d'authorité et de commandement. Le moyen que je prens
pour rabatre cette frenaisie et qui me semble le plus propre, c'est de froisser et fouler aux pieds l'orgueil et humaine fierté ; leur faire sentir l'inanité, la vanité et denean-
tise de l'homme ; leur arracher des points les chetives
armes de leur raison[1] ; leur faire baisser la teste et mordre
la terre soubs l'authorité et reverance de la majesté divine.
C'est à elle seule qu'apartient la science et la sapience ; elle
seule qui peut estimer de soy quelque chose, et à qui nous
desrobons ce que nous nous contons et ce que nous nous
prisons.

’Ον γὰρ ἐᾷ φρονεῖν ὁ Θεὸς μέγα ἄλλον ἢ ἑωυτον[2].

(c) Abattons ce cuider, premier fondement de la
tyrannie du malin esprit : « Deus superbis resistit ; humilibus
autem dat gratiam[3]. » L'intelligence est en tous les Dieux,
dict Platon[4], et en fort peu d'hommes.

(a) Or c'est cependant beaucoup de consolation à
l'homme Chrestien de voir nos utils mortels et caduques
si proprement assortis à nostre foy saincte et divine que,
lors qu'on les emploie aux subjects de leur nature mortels et
caduques, ils n'y soient pas appropriez plus uniement, ny
avec plus de force. Voyons donq si l'homme a en sa
puissance d'autres raisons plus fortes que celles de
Sebond, voire s'il est en luy d'arriver à aucune certitude
par argument et par discours.

(c) Car Sainct Augustin[5], plaidant contre ces gens icy,
a occasion de reprocher leur injustice en ce qu'ils tiennent
les parties de nostre creance fauces, que nostre raison faut
à establir ; et pour montrer qu'assez de choses peuvent
estre et avoir esté, desquelles nostre discours ne sçauroit
fonder la nature et les causes, il leur met en avant certaines
experiences connues et indubitables ausquelles l'homme
confesse rien ne veoir ; et cela, comme toutes autres
choses, d'une curieuse et ingenieuse recherche. Il faut plus
faire, et leur apprendre que, pour convaincre la foiblesse
de leur raison, il n'est besoing d'aller triant des rares
exemples, et qu'elle est si manque et si aveugle qu'il n'y
a nulle si claire facilité qui luy soit assez claire ; que l'aisé

et le malaisé luy sont un; que tous subjeƈts esgalement, et la nature en general desadvouë sa jurisdiƈtion et entremise.

(a) Que nous presche la verité, quand elle nous presche de fuir la mondaine philosophie, quand elle nous inculque si souvant que nostre sagesse n'est que folie devant Dieu[1]; que, de toutes les vanitez, la plus vaine c'est l'homme; que l'homme qui presume de son sçavoir, ne sçait pas encore que c'est que sçavoir[2]; et que l'homme, qui n'est rien, s'il pense estre quelque chose, se seduit soy mesmes et se trompe[3]? Ces sentences du sainƈt esprit expriment si clairement et si vivement ce que je veux maintenir, qu'il ne me faudroit aucune autre preuve contre des gens qui se rendroient avec toute submission et obeïssance à son authorité. Mais ceux cy veulent estre foitez à leurs propres despens et ne veulent souffrir qu'on combatte leur raison que par elle mesme.

Considerons donq pour cette heure l'homme seul[4], sans secours estranger, armé seulement de ses armes, et despourveu de la grace et cognoissance divine, qui est tout son honneur, sa force et le fondement de son estre. Voyons combien il a de tenue en ce bel equipage. Qu'il me face entendre par l'effort de son discours, sur quels fondemens il a basty ces grands avantages qu'il pense avoir sur les autres creatures. Qui luy a persuadé que ce branle admirable de la voute celeste, la lumiere eternelle de ces flambeaux roulans si fierement sur sa teste, les mouvemens espouvantables de cette mer infinie, soyent establis et se continuent tant de siecles pour sa commodité et pour son service? Est-il possible de rien imaginer si ridicule que cette miserable et chetive creature, qui n'est pas seulement maistresse de soy, exposée aux offences de toutes choses, se die maistresse et emperiere de l'univers, duquel il n'est pas en sa puissance de cognoistre la moindre partie, tant s'en faut de la commander? Et ce privilege qu'il s'attribue d'estre seul en ce grand bastimant, qui ayt la suffisance d'en recognoistre la beauté et les pieces, seul qui en puisse rendre graces à l'architeƈte et tenir conte de la recepte et mise du monde, qui lui a seelé ce privilege? Qu'il nous montre lettres de cette belle et grande charge.

(c) Ont elles esté ottroyées en faveur des sages seulement? Elles ne touchent guere de gens. Les fols et les meschants sont ils dignes de faveur si extraordinaire, et,

estant la pire piece du monde, d'estre preferez à tout le reste[1]?

En croirons nous cestuy-là[2] : « *Quorum igitur causa quis dixerit effectum esse mundum ? Eorum scilicet animantium quæ ratione utuntur. Hi sunt dii et homines, quibus profecto nihil est melius[3]?* » Nous n'aurons jamais assez bafoüé l'impudence de cet accouplage.

(a) Mais, pauvret, qu'a il en soy digne d'un tel avantage? A considerer cette vie incorruptible des corps celestes, leur beauté, leur grandeur, leur agitation continuée d'une si juste regle :

> *cum suspicimus magni cælestia mundi*
> *Templa super, stellisque micantibus Æthera fixum,*
> *Et venit in mentem Lunæ solisque viarum[4];*

à considerer la domination et puissance que ces corps là ont non seulement sur nos vies et conditions de nostre fortune,

> *Facta etenim et vitas hominum suspendit ab astris[5],*

mais sur nos inclinations mesmes, nos discours, nos volontez, qu'ils regissent, poussent et agitent à la mercy de leurs influances, selon que nostre raison nous l'apprend et le trouve,

> *speculatáque longè*
> *Deprendit tacitis dominantia legibus astra,*
> *Et totum alterna mundum ratione moveri,*
> *Fatorúmque vices certis discernere signis[6] :*

à voir que non un homme seul, non un Roy, mais les monarchies, les empires et tout ce bas monde se meut au branle des moindres mouvemens celestes,

> *Quantáque quam parvi faciant discrimina motus:*
> *Tantum est hoc regnum, quod regibus imperat ipsis[7]!*

si nostre vertu, nos vices, nostre suffisance et science, et ce mesme discours que nous faisons de la force des astres, et cette comparaison d'eux à nous, elle vient, comme juge nostre raison, par leur moyen et de leur faveur,

> *furit alter amore,*
> *Et pontum tranare potest et vertere Trojam ;*
> *Alterius sors est scribendis legibus apta;*

Ecce patrem nati perimunt, natosque parentes;
Mutuáque armati coeunt in vulnera fratres:
Non noſtrum hoc bellum eſt; coguntur tanta movere,
Inque suas ferri pœnas, lacerandáque membra;
Hoc quoque fatale eſt, sic ipsum expendere fatum[1];

si nous tenons de la diſtribution du ciel cette part de raison que nous avons, commant nous pourra elle esgaler à luy? commant soub-mettre à noſtre science son essence et ses conditions? Tout ce que nous voyons en ces corps là, nous eſtonne. *(c)* « *Quœ molitio, quœ ferramenta, qui veſtes, quœ machinœ, qui miniſtri tanti operis fuerunt*[2]. » *(a)* Pourquoy les privons nous et d'ame, et de vie, et de discours? Y avons-nous recogneu quelque ſtupidité immobile et insensible, nous qui n'avons aucun commerce avecques eux, que d'obeïssance? *(c)* Dirons nous que nous n'avons veu en nulle autre creature qu'en l'homme l'usage d'une ame raisonable? Et quoy! avons nous veu quelque chose semblable au soleil? Laisse-il d'eſtre, par ce que nous n'avons rien veu de semblable? et ses mouvements d'eſtre, par ce qu'il n'en eſt point de pareils? Si ce que nous n'avons pas veu n'eſt pas, noſtre science eſt merveilleusement raccourcie : « *Quœ sunt tantœ animi anguſtiœ*[3] ! *(a)* Sont ce pas des songes de l'humaine vanité, de faire de la Lune une terre celeſte, *(c)* y songer des montaignes, des vallées, comme Anaxagoras[4]? *(a)* y planter des habitations et demeures humaines, et y dresser des colonies pour noſtre commodité, comme faiſt Platon et Plutarque[5]? et de noſtre terre en faire un aſtre esclairant et lumineux? *(c)* « *Inter cetera mortalitatis incommoda et hoc eſt, calligo mentium, nec tantum necessitas errandi sed errorum amor*[6] » — « *Corruptibile corpus aggravat animam, et deprimit terrena inhabitatio sensum multa cogitantem*[7]. »

(a) La presomption eſt noſtre maladie naturelle et originelle. La plus calamiteuse et fraile de toutes les creatures, c'eſt l'homme, et quant et quant la plus orgueilleuse. Elle se sent et se void logée icy, parmy la bourbe et le fient du monde, attachée et clouée à la pire, plus morte et croupie partie de l'univers, au dernier eſtage du logis et le plus esloigné de la voute celeſte, avec les animaux de la pire condition des trois[8]; et se va plantant par imagination au dessus du cercle de la Lune et ramenant le ciel soubs ses pieds. C'eſt par la vanité de cette mesme imagination qu'il s'egale à Dieu, qu'il s'attribue les conditions divines,

qu'il se trie soy mesme et separe de la presse des autres
creatures, taille les parts aux animaux ses confreres et
compaignons, et leur distribue telle portion de facultez
et de forces que bon luy semble. Comment cognoit il, par
l'effort de son intelligence, les branles internes et secrets
des animaux? par quelle comparaison d'eux à nous
conclud il la bestise qu'il leur attribue?

(c) Quand je me jouë à ma chatte, qui sçait si elle passe
son temps de moy plus que je ne fay d'elle[1]? Platon, en sa
peinture de l'aage doré sous Saturne[2], compte entre les
principaux advantages de l'homme de lors la communication qu'il avoit avec les bestes, desquelles s'enquerant et
s'instruisant, il sçavoit les vrayes qualitez et differences
de chacune d'icelles; par où il acqueroit une très-parfaicte
intelligence et prudence, et en conduisoit de bien loing
plus heureusement sa vie que nous ne sçaurions faire.
Nous faut il meilleure preuve à juger l'impudence humaine sur le faict des bestes? Ce grand autheur a opiné[3]
qu'en la plus part de la forme corporelle que nature leur
a donné, elle a regardé seulement l'usage des prognosti-
cations qu'on en tiroit en son temps.

(a) Ce defaut qui empesche la communication d'entre
elles et nous, pourquoy n'est il aussi bien à nous qu'à
elles? C'est à deviner à qui est la faute de ne nous entendre
point; car nous ne les entendons non plus qu'elles nous.
Par cette mesme raison, elles nous peuvent estimer bestes,
comme nous les en estimons. Ce n'est pas grand merveille
si nous ne les entendons pas (aussi ne faisons nous les
Basques et les Troglodites). Toutesfois aucuns se sont
vantez de les entendre, comme Apollonius, Thyaneus,
(b) Melampus, Tyresias, Thales *(a)* et autres[4]. *(b)* Et puis
qu'il est ainsi, comme disent les cosmographes, qu'il y a des
nations qui reçoyvent un chien pour leur Roy[5], il faut
bien qu'ils donnent certaine interpretation à sa voix et
mouvemens. *(a)* Il nous faut remarquer la parité qui est
entre nous. Nous avons quelque moyenne intelligence de
leur sens : aussi ont les bestes du nostre, environ à mesme
mesure. Elles nous flatent, nous menassent et nous
requierent; et nous, elles.

Au demeurant, nous decouvrons bien evidemment que
entre elles il y a une pleine et entiere communication et
qu'elles s'entr'entendent, non seulement celles de mesme
espece, mais aussi d'especes diverses.

(b) Et mutæ pecudes et denique secla ferarum
Dissimiles suerunt voces variásque cluere,
Cum metus aut dolor est, aut cum jam gaudia gliscunt[1].

(a) En certain abbayer du chien le cheval cognoist qu'il y a de la colere; de certaine autre sienne voix il ne s'effraye point. Aux bestes mesmes qui n'ont pas de voix, par la societé d'offices que nous voyons entre elles, nous argumentons aiséement quelque autre moyen de communication : *(c)* leurs mouvemens discourent et traictent;

(b) Non alia longè ratione atque ipsa videtur
Protrahere ad gestum pueros infantia linguæ[2].

(a) Pourquoy non, tout aussi bien que nos muets disputent, argumentent et content des histoires par signes? J'en ay veu de si souples et formez à cela, qu'à la verité il ne leur manquoit rien à la perfection de se sçavoir faire entendre; les amoureux se courroussent, se reconcilient, se prient, se remercient, s'assignent et disent enfin toutes choses des yeux :

E'l silentio ancor suole
Haver prieghi e parole[3].

(c) Quoy des mains? nous requerons, nous promettons, appellons, congedions, menaçons, prions, supplions, nions, refusons, interrogeons, admirons, nombrons, confessons, repentons, craignons, vergoignons, doubtons, instruisons, commandons, incitons, encourageons, jurons, temoignons, accusons, condamnons, absolvons, injurions, mesprisons, deffions, despitons, flattons, applaudissons, benissons, humilions, moquons, reconcilions, recommandons, exaltons, festoyons, resjouissons, complaignons, attristons, desconfortons, desesperons, estonnons, escrions, taisons; et quoy non? d'une variation et multiplication à l'envy de la langue. De la teste : nous convions, nous renvoyons, advoüons, desadvoüons, desmentons, bienveignons, honorons, venerons, desdaignons, demandons, escunduisons, égayons, lamentons, caressons, tansons, soubmettons, bravons, enhortons, menaçons, asseurons, enquerons. Quoy des sourcils? quoy des espaules? Il n'est mouvement qui ne parle et un langage intelligible sans discipline et un langage publique : qui faict, voyant la varieté et usage distingué des autres, que cestuy cy

doibt plus tost estre jugé le propre de l'humaine nature.
Je laisse à part ce que particulierement la necessité en
apprend soudain à ceux qui en ont besoing, et les alpha-
bets des doigts et grammaires en gestes, et les sciences
qui ne s'exercent et expriment que par iceux, et les nations
que Pline[1] dit n'avoir point d'autre langue.

(b) Un Ambassadeur de la ville d'Abdere, après avoir
longuement parlé au Roy Agis de Sparte, luy demanda :
« Et bien, Sire, quelle responce veux-tu que je rapporte
à nos citoyens? — Que je t'ay laissé dire tout ce que tu as
voulu, et tant que tu as voulu, sans jamais dire mot[2]. »
Voilà pas un taire parlier et bien intelligible?

(a) Au reste, quelle sorte de nostre suffisance ne reconnoissons nous aux operations des animaux? Est-il police
reglée avec plus d'ordre, diversifiée à plus de charges et
d'offices, et plus constamment entretenuë que celle des
mouches à miel? Cette disposition d'actions et de vacations si ordonnée, la pouvons nous imaginer se conduire
sans discours et sans providence?

> His quidam signis atque hæc exempla sequuti,
> Esse apibus patrem divinæ mentis et haustus
> Æthereos dixere[3].

Les arondelles, que nous voyons au retour du printemps fureter tous les coins de nos maisons, cherchent
elles sans jugement et choisissent elles sans discretion,
de mille places, celle qui leur est la plus commode à se
loger? Et, en cette belle et admirable contexture de leurs
bastimens, les oiseaux peuvent ils se servir plustost d'une
figure quarrée que de la ronde, d'un angle obtus que d'un
angle droit, sans en sçavoir les conditions et les effects?
Prennent-ils tantost de l'eau, tantost de l'argile, sans juger
que la dureté s'amollit en l'humectant? Planchent-ils
de mousse leur palais, ou de duvet, sans prevoir que les
membres tendres de leurs petits y seront plus mollement
et plus à l'aise? Se couvrent-ils du vent pluvieux, et plantent leur loge à l'Orient, sans connoistre les conditions
differentes de ces vents et considerer que l'un leur est
plus salutaire que l'autre? Pourquoy espessit l'araignée
sa toile en un endroit et relasche en un autre? se sert à
cette heure de cette sorte de neud, tantost de celle-là, si
elle n'a et deliberation, et pensement, et conclusion?
Nous reconnoissons assez, en la pluspart de leurs ouvra-

ges, combien les animaux ont d'excellence au dessus de nous et combien noſtre art eſt foible à les imiter. Nous voyons toutesfois aux noſtres, plus grossiers, les facultez que nous y employons, et que noſtre ame s'y sert de toutes ses forces; pourquoy n'en eſtimons nous autant d'eux? pourquoy attribuons nous à je ne sçay quelle inclination naturelle et servile les ouvrages qui surpassent tout ce que nous pouvons par nature et par art? En quoy, sans y penser, nous leur donnons un très-grand avantage sur nous, de faire que nature, par une douceur maternelle, les accompaigne et guide, comme par la main à toutes les actions et commoditez de leur vie; et qu'à nous elle nous abandonne au hazard et à la fortune, et à queſter par art les choses necessaires à noſtre conservation; et nous refuse quant et quant les moyens de pouvoir arriver, par aucune inſtitution et contention d'esprit, à l'induſtrie naturelle des beſtes; de maniere que leur stupidité brutale surpasse en toutes commoditez tout ce que peut noſtre divine intelligence.

Vrayement, à ce compte, nous aurions bien raison de l'appeller une très-injuſte maratre. Mais il n'en eſt rien; noſtre police n'eſt pas si difforme et desreglée. Nature a embrassé universellement toutes ses creatures; et n'en est aucune qu'elle n'ait bien plainement fourny de tous moyens necessaires à la conservation de son eſtre; car ces plaintes vulgaires que joy faire aux hommes (comme la licence de leurs opinions les esleve tantoſt au dessus des nuës, et puis les ravale aux antipodes), que nous sommes le seul animal abandonné nud sur la terre nuë, lié, garrotté, n'ayant dequoy s'armer et couvrir que de la despouille d'autruy; là où toutes les autres creatures, nature les a reveſtuës de coquilles, de gousses, d'escorce, de poil, de laine, de pointes, de cuir, de bourre, de plume, d'escaille, de toison et de soye, selon le besoin de leur eſtre; les a armées de griffes, de dents, de cornes, pour assaillir et pour defendre; et les a elle mesmes inſtruites à ce qui leur eſt propre, à nager, à courir, à voler, à chanter, là où l'homme ne sçait ny cheminer, ny parler, ny manger, ny rien que pleurer sans apprentissage :

> (b) Tum porro puer, ut sævis projeċtus ab undis
> Navita, nudus humi jacet infans, indigus omni
> Vitali auxilio, cum primum in luminis oras
> Nixibus ex alvo matris natura profudit ;

Vagitúque locum lugubri complet, ut æquum eſt
Cui tantum in vita reſtet transire malorum.
At variæ crescunt pecudes, armenta, feræque,
Nec crepitacula eis opus eſt, nec cuiquam adhibenda eſt
Almæ nutricis blanda atque infraſta loquella;
Nec varias quærunt veſtes pro tempore cæli;
Denique non armis opus eſt, non mœnibus altis,
Queis sua tutentur, quando omnibus omnia largè
Tellus ipsa parit, naturáque dædala rerum[1];

(a) ces plaintes là sont fauces, il y a en la police du monde
une esgalité plus grande et une relation plus uniforme[2].

Noſtre peau est pourveue, aussi suffisamment que la
leur, de fermeté contre les injures du temps; tesmoing
tant de nations qui n'ont encores gouſté aucun usage
de veſtemens. *(b)* Nos anciens Gaulois n'eſtoient gueres
veſtus; ne sont pas les Irlandois, nos voisins, soubs un
ciel si froid. *(a)* Mais nous le jugeons mieux par nous
mesmes, car tous les endroits de la personne qu'il nous
plaiſt descouvrir au vent et à l'air, se trouvent propres
à le souffrir : le visage, les pieds, les mains, les jambes, les
espaules, la teſte, selon que l'usage nous y convie. Car,
s'il y a partie en nous foible et qui semble devoir craindre
la froidure, ce devroit eſtre l'eſtomac, où se fait la digestion; nos peres le portoient descouvert; et nos Dames,
ainsi molles et delicates qu'elles sont, elles s'en vont
tantoſt entr'ouvertes jusques au nombril. Les liaisons et
emmaillotemens des enfans ne sont non plus necessaires;
et les meres Lacedemoniennes eslevoient les leurs en toute
liberté de mouvements de membres, sans les attacher ne
plier[3]. Noſtre pleurer eſt commun à la plus part des autres
animaux; et n'en eſt guiere qu'on ne voye se plaindre et
gemir long temps après leur naissance : d'autant que c'eſt
une contenance bien sortable à la foiblesse enquoy ils se
sentent. Quant à l'usage du manger, il eſt en nous, comme
en eux, naturel et sans inſtruction,

(b) Sentit enim vim quisque suam quam possit abuti[4].

(a) Qui fait doute qu'un enfant, arrivé à la force de se
nourrir, ne sçeuſt queſter sa nourriture? Et la terre en
produit et luy en offre assez pour sa necessité, sans autre
culture et artifice; et sinon en tout temps, aussi ne fait elle
pas aux beſtes, tesmoing les provisions que nous voyons
faire aux fourmis et autres pour les saisons steriles de

l'année. Ces nations que nous venons de descouvrir[1] si abondamment fournies de viande et de breuvage naturel, sans soing et sans façon, nous viennent d'apprendre que le pain n'eſt pas noſtre seule nourriture, et que, sans labourage, noſtre mere nature nous avoit munis à planté de tout ce qu'il nous falloit; voire, comme il eſt vraysemblable, plus plainement et plus richement qu'elle ne fait à present que nous y avons meslé noſtre artifice,

> *Et tellus nitidas fruges vinetáque læta*
> *Sponte sua primum mortalibus ipsa creavit;*
> *Ipsa dedit dulces fœtus et pabula læta,*
> *Quæ nunc vix noſtro grandescunt auĉta labore,*
> *Conterimúsque boves et vires agricolarum[2],*

le debordement et desreglement de noſtre appetit devançant toutes les inventions que nous cherchons de l'assouvir.

Quant aux armes, nous en avons plus de naturelles que la plus part des autres animaux, plus de divers mouvemens de membres, et en tirons plus de service, naturellement et sans leçon; ceux qui sont duiĉts à combatre nuds, on les voie se jetter aux hazards pareils aux noſtres. Si quelques beſtes nous surpassent en cet avantage, nous en surpassons plusieurs autres. Et l'induſtrie de fortifier le corps et le couvrir par moyens acquis, nous l'avons par un inſtinĉt et precepte naturel. Qu'il soit ainsi, l'elephant esguise et esmoult ses dents, desquelles il se sert à la guerre (car il en a de particulieres pour cet usage, qu'il espargne, et ne les employe aucunement à ses autres services). Quand les taureaux vont au combat, ils respandent et jettent la poussiere à l'entour d'eux; les sangliers affinent leurs deffences; et l'ichneaumon, quand il doit venir aux prises avec le crocodile, munit son corps, l'enduit et le crouſte tout à l'entour de limon bien serré et bien peſtry, comme d'une cuirasse[3]. Pourquoy ne dirons nous qu'il eſt aussi naturel de nous armer de bois et de fer?

Quant au parler, il eſt certain que, s'il n'eſt pas naturel, il n'eſt pas necessaire. Toutefois, je crois qu'un enfant qu'on auroit nourry en pleine solitude, esloigné de tout commerce (qui seroit un essay mal aisé à faire), auroit quelque espece de parolle pour exprimer ses conceptions; et n'eſt pas croyable que nature nous ait refusé ce moyen qu'elle a donné à plusieurs autres animaux : car, qu'eſt ce autre chose que parler, cette faculté que nous leur

voyons de se plaindre, de se resjouyr, de s'entr'appeller au
secours, se convier à l'amour, comme ils font par l'usage
de leur voix? *(b)* Comment ne parleroient elles entr'elles?
elles parlent bien à nous, et nous à elles. En combien de
sortes parlons nous à nos chiens? et ils nous respondent.
D'autre langage, d'autres appellations divisons nous avec
eux qu'avec les oyseaux, avec les pourceaux, les beufs, les
chevaux, et changeons d'idiome selon l'espece :

> *(a) Cosi per entro loro schiera bruna*
> *S'ammusa l'una con l'altra formica*
> *Forse à spiar lor via, et lor fortuna*[1].

Il me semble que Lactance attribuë aux bestes, non
le parler seulement, mais le rire encore. Et la difference
de langage qui se voit entre nous, selon la difference des
contrées, elle se treuve aussi aux animaux de mesme
espece. Aristote allegue à ce propos le chant divers des
perdris, selon la situation des lieux[2].

> *(b) variæque volucres*
> *Longè alias alio jaciunt in tempore voces,*
> *Et partim mutant cum tempestatibus una*
> *Raucisonos cantus*[3].

(a) Mais cela est à sçavoir quel langage parleroit cet
enfant; et ce qui s'en dict par divination n'a pas beaucoup
d'apparence. Si on m'allegue, contre cette opinion, que
les sourds naturels ne parlent point, je respons que ce n'est
pas seulement pour n'avoir peu recevoir l'instruction de la
parolle par les oreilles, mais plustost pour ce que le sens
de l'ouye, duquel ils sont privez, se rapporte à celuy du
parler et se tiennent ensemble d'une cousture naturelle :
en façon que ce que nous parlons, il faut que nous le
parlons premierement à nous et que nous le facions
sonner au dedans à nos oreilles, avant que de l'envoyer
aux estrangeres.

J'ay dit tout cecy pour maintenir cette ressemblance
qu'il y a aux choses humaines, et pour nous ramener et
joindre au nombre. Nous ne sommes ny au dessus, ny au
dessoubs du reste : tout ce qui est sous le Ciel, dit le sage[4],
court une loy et fortune pareille,

> *(b) Indupedita suis fatalibus omnia vinclis*[5].

(a) Il y a quelque difference, il y a des ordres et des
degrez; mais c'est soubs le visage d'une mesme nature :

(b) res quæque suo ritu procedit, et omnes
Fædere naturæ certo discrimina servant[1].

(a) Il faut contraindre l'homme et le renger dans les
barrieres de cette police. Le miserable n'a garde d'enjamber par effect au delà; il est entravé et engagé, il est assub-
jecty de pareille obligation que les autres creatures de son
ordre, et d'une condition fort moyenne, sans aucune
prerogative, præexcellence vraye et essentielle. Celle qu'il
se donne par opinion et par fantasie n'a ny corps ny goust;
et s'il est ainsi que luy seul, de tous les animaux, ait cette
liberté de l'imagination et ce deresglement de pensées,
luy representant ce qui est, ce qui n'est pas, et ce qu'il
veut, le faux et le veritable, c'est un advantage qui luy
est bien cher vendu et du quel il a bien peu à se glorifier[2],
car de là naist la source principale des maux qui le pressent : peché, maladie, irresolution, trouble, desespoir.

Je dy donc, pour revenir à mon propos, qu'il n'y a
point d'apparence d'estimer que les bestes facent par
inclination naturelle et forcée les mesmes choses que nous
faisons par nostre choix et industrie. Nous devons conclurre de pareils effects pareilles facultez[3], et confesser par
consequent que ce mesme discours, cette mesme voye,
que nous tenons à ouvrer, c'est aussi celle des animaux.
Pourquoy imaginons nous en eux cette contrainte naturelle, nous qui n'en esprouvons aucun pareil effect? joinct
qu'il est plus honorable d'estre acheminé et obligé à
regléement agir par naturelle et inevitable condition, et
plus approchant de la divinité, que d'agir reglément par
liberté temeraire et fortuite; et plus seur de laisser à
nature qu'à nous les resnes de nostre conduicte. La vanité
de nostre presumption faict que nous aymons mieux
devoir à nos forces qu'à sa liberalité nostre suffisance;
et enrichissons les autres animaux des biens naturels et
les leur renonçons[4], pour nous honorer et ennoblir des
biens acquis; par une humeur bien simple, ce me semble,
car je priseroy bien autant des graces toutes miennes et
naifves que celles que j'aurois esté mendier et quester de
l'apprentissage. Il n'est pas en nostre puissance d'acquerir
une plus belle recommandation que d'estre favorisé de
Dieu et de nature.

Par ainsi, le renard, dequoy se servent les habitans
de la Thrace quand ils veulent entreprendre de passer

par dessus la glace quelque riviere gelée et le lachent
devant eux pour cet effect, quand nous le verrions au bord
de l'eau approcher son oreille bien près de la glace, pour
sentir s'il orra d'une longue ou d'une voisine distance
bruyre l'eau courant au dessoubs, et selon qu'il trouve
par là qu'il y a plus ou moins d'espesseur en la glace, se
reculer ou s'avancer, n'aurions nous pas raison de juger
qu'il luy passe par la teste ce mesme discours qu'il feroit
en la nostre, et que c'est une ratiocination et consequence
tirée du sens naturel : Ce qui fait bruit, se remue; ce qui
se remue, n'est pas gelé; ce qui n'est pas gelé, est liquide,
et ce qui est liquide, plie soubs le faix[1]? Car d'attribuer
cela seulement à une vivacité du sens de l'ouye, sans
discours et sans consequence, c'est une chimere et ne peut
entrer en nostre imagination. De mesme faut il estimer de
tant de sortes de ruses et d'inventions dequoy les bestes
se couvrent des entreprinses que nous faisons sur elles.

   Et si nous voulons prendre quelque advantage de
cela mesme qu'il est en nous de les saisir, de nous en servir
et d'en user à nostre volonté, ce n'est que ce mesme
advantage que nous avons les uns sur les autres. Nous
avons à cette condition nos esclaves. (b) Et les Clima-
cides, estoyent-ce pas des femmes en Syrie, qui servoyent,
couchées à quatre pattes, de marchepied et d'eschelle aux
dames à monter en coche[2]? (a) Et la plus part des
personnes libres abandonnent pour bien legieres commoditez leur vie et leur estre à la puissance d'autruy. (c) Les
femmes et concubines des Thraces plaident à qui sera
choisie pour estre tuée au tumbeau de son mari[3]. (a) Les
tyrans ont ils jamais failly de trouver assez d'hommes
vouez à leur devotion, aucuns d'eux adjoutans davantage
cette necessité de les accompaigner à la mort comme en
la vie?

   (b) Des armées entieres se sont ainsi obligées à leurs
capitaines. La formule du serment en cette rude escole
des escrimeurs à outrance portoit ces promesses : Nous
jurons de nous laisser enchainer, bruler, batre et tuer
de glaive, et souffrir tout ce que les gladiateurs legitimes
souffrent de leur maistre[4]; engageant trèsreligieusement
et le corps et l'ame à son service,

Ure meum, si vis, flamma caput, et pete ferro
Corpus, et intorto verbere terga seca[5].

C'eſtoit une obligation veritable; et si, il s'en trouvoit dix mille, telle année, qui y entroyent et s'y perdoyent.

(c) Quand les Scythes enterroyent leur Roy, ils eſtrangloyent sur son corps la plus favorie de ses concubines, son eschançon, escuyer d'escuirie, chambellan, huissier de chambre et cuisinier. Et en son anniversaire ils tuoyent cinquante chevaux montez de cinquante pages qu'ils avoyent enpalez par l'espine du dos jusques au gozier, et les laissoyent ainsi plantez en parade autour de la tumbe[1].

(a) Les hommes qui nous servent, le font à meilleur marché, et pour un traitement moins curieux et moins favorable que celuy que nous faisons aux oyseaux, aux chevaux et aux chiens.

(c) A quel soucy ne nous demettons nous pour leur commodité? Il ne me semble point que les plus abjeĉts serviteurs facent volontiers pour leurs maiſtres ce que les princes s'honorent de faire pour ces beſtes.

Diogenes voyant ses parents en peine de le racheter de servitude : « Ils sont fols, disoit-il : c'eſt celuy qui me traitte et nourrit, qui me sert »; et ceux qui entretiennent les beſtes, se doivent dire plus toſt les servir qu'en eſtre servis[2].

(a) Et si, elles ont cela de plus genereux, que jamais Lyon ne s'asservit à un autre Lyon, ny un cheval à un autre cheval par faute de cœur[3]. Comme nous alons à la chasse des beſtes, ainsi vont les Tigres et leſ Lyons à la chasse des hommes; et ont un pareil exercice les unes sur les autres : les chiens sur les lievres, les brochets sur les tanches, les arondeles sur les cigales, les esperviers sur les merles et sur les alouettes;

> *(b) serpente ciconia pullos*
> *Nutrit, et inventa per devia rura lacerta,*
> *Et leporem aut capream famulæ Jovis, et generosæ*
> *In saltu venantur aves*[4].

Nous partons le fruiĉt de noſtre chasse avec nos chiens et oyseaux, comme la peine et l'induſtrie; et, au dessus d'Amphipolis en Thrace, les chasseurs et les faucons sauvages partent juſtement le butin par moitié; comme, le long des palus Mœotides, si le pescheur ne laisse aux loups, de bonne foy, une part esgale de sa prise, ils vont incontinent deschirer ses rets[5].

(a) Et comme nous avons une chasse qui se conduict
plus par subtilité que par force, comme celle des colliers,
de nos lignes et de l'hameçon, il s'en void aussi de pareilles
entre les bestes. Aristote[1] dit que la seche jette de son
col un boyeau long comme une ligne, qu'elle estand au
loing en le láchant, et le retire à soy quand elle veut;
à mesure qu'elle aperçoit quelque petit poisson s'apro-
cher, elle luy laisse mordre le bout de ce boyeau, estant
cachée dans le sable ou dans la vase, et petit à petit le
retire jusques à ce que ce petit poisson soit si prez d'elle
que d'un saut elle puisse l'atraper.

Quant à la force, il n'est animal au monde en bute de
tant d'offences que l'homme : il ne nous faut point une
balaine, un elephant et un crocodile, ny tels autres animaux, desquels un seul est capable de deffaire un grand
nombre d'hommes; les pous sont suffisans pour faire
vacquer la dictature de Sylla[2]; c'est le desjeuner d'un petit
ver que le cœur et la vie d'un grand et triumphant
Empereur.

Pourquoy disons nous que c'est à l'homme science et
connoissance bastie par art et par discours, de discerner
les choses utiles à son vivre et au secours de ses maladies,
de celles qui ne le sont pas; de connoistre la force de la
rubarbe et du polipode? Et, quand nous voyons les chevres de Candie, si elles ont receu un coup de traict, aller
entre un million d'herbes choisir le dictame pour leur
guerison; et la tortue, quand elle a mangé de la vipere,
chercher incontinent de l'origanum pour se purger; le
dragon fourbir et esclairer ses yeux avecques du fenouil;
les cigouignes se donner elles mesmes des clysteres à
tout de l'eau de marine; les elephans arracher non seulement de leur corps et de leurs compaignons, mais des
corps aussi de leurs maistres (tesmoing celuy du Roy
Porus, qu'Alexandre deffit), les javelots et les dardz qu'on
leur a jettez au combat, et les arracher si dextrement que
nous ne le sçaurions faire avec si peu de douleur[3] :
pourquoy ne disons nous de mesmes que c'est science et
prudence? Car d'alleguer, pour les deprimer, que c'est par
la seule instruction et maistrise de nature qu'elles le
sçavent, ce n'est pas leur oster le tiltre de science et de
prudence, c'est la leur attribuer à plus forte raison que à
nous, pour l'honneur d'une si certaine maistresse d'escolle.

Chrysippus, bien que en toutes autres choses autant

desdaigneux juge de la condition des animaux que nul autre philosophe, considerant les mouvements du chien qui, se rencontrant en un carrefour à trois chemins, ou à la queſte de son maiſtre qu'il a esgaré, ou à la poursuitte de quelque proye qui fuit devant luy, va essayant l'un chemin après l'autre, et, après s'eſtre asseuré des deux et n'y avoir trouvé la trace de ce qu'il cherche, s'eslance dans le troisiesme sans marchander, il eſt contraint de confesser qu'en ce chien là un tel discours se passe : « J'ay suivy jusques à ce carre-four mon maiſtre à la trace; il faut necessairement qu'il passe par l'un de ces trois chemins; ce n'eſt ny par cettuy-cy, ny par celuy-là; il faut donc infalliblement qu'il passe par cet autre »; et que, s'asseurant par cette conclusion et discours, il ne se sert plus de son sentiment au troisiesme chemin, ny ne le sonde plus, ains s'y laisse emporter par la force de la raison. Ce traiçt[1] purement dialeçticien et cet usage de propositions divisées et conjoinçtes et de la suffisante enumeration des parties, vaut il pas autant que le chien le sçache de soy que de Trapezonce[2].

Si ne sont pas les beſtes incapables d'eſtre encore inſtruites à noſtre mode. Les merles, les corbeaux, les pies, les parroquets, nous leur aprenons à parler; et cette facilité que nous reconnoissons à nous fournir leur voix et haleine si souple et si maniable, pour la former et l'eſtreindre à certain nombre de lettres et de syllabes, tesmoigne qu'ils ont un discours au dedans qui les rend ainsi disciplinables et volontaires à aprendre. Chacun eſt soul, ce croy-je, de voir tant de sortes de cingeries que les bâteleurs aprennent à leurs chiens; les dances où ils ne faillent une seule cadence du son qu'ils oyent, plusieurs divers mouvements et sauts qu'ils leur font faire par le commandement de leur parolle. Mais je remarque avec plus d'admiration cet effeçt, qui eſt toutes-fois assez vulgaire, des chiens dequoy se servent les aveugles, et aux champs et aux villes; je me suis pris garde comme ils s'arreſtent à certaines portes d'où ils ont accouſtumé de tirer l'aumosne, comme ils evitent le choc des coches et des charretes, lors mesme que pour leur regard ils ont assez de place pour leur passage; j'en ay veu, le long d'un fossé de ville, laisser un sentier plain et uni et en prendre un pire, pour esloigner son maiſtre du fossé. Comment pouvoit on avoir faiçt concevoir à ce chien que c'eſtoit

sa charge de regarder seulement à la seurté de son maiſtre
et mespriser ses propres commoditez pour le servir ? et
comment avoit il la cognoissance que tel chemin luy
eſtoit bien assez large, qui ne le seroit pas pour un
aveugle ? Tout cela se peut il comprendre sans ratiocination et sans discours ?

Il ne faut pas oublier ce que Plutarque dit[1] avoir
veu à Rome d'un chien, avec l'Empereur Vespasian le
pere, au Theatre de Marcellus. Ce chien servoit à un
bâteleur qui jouoit une fiction à plusieurs mines et à
plusieurs personnages, et y avoit son rolle. Il falloit entre
autres choses qu'il contrefit pour un temps le mort pour
avoir mangé de certaine drogue; après avoir avalé le
pain qu'on feignoit eſtre cette drogue, il commença
tantoſt à trembler et branler comme s'il eut eſté eſtourdi;
finalement, s'eſtandant et se roidissant, comme mort, il se
laissa tirer et traisner d'un lieu à autre, ainsi que portoit le
subjeſt du jeu; et puis, quand il congneut qu'il eſtoit
temps, il commença premierement à se remuer tout
bellement ainsi que s'il se fut revenu d'un profond
sommeil, et, levant la teſte, regarda çà et là d'une façon
qui eſtonnoit tous les assiſtans.

Les bœufs qui servoyent aux jardins Royaux de Suse
pour les arrouser et tourner certaines grandes roues à
puiser de l'eau, ausquelles il y a des baquets attachez
(comme il s'en voit plusieurs, en Languedoc[2]), on leur
avoit ordonné d'en tirer par jour jusques à cent tours
chacun. Ils eſtoient si accouſtumez à ce nombre qu'il
eſtoit impossible par aucune force de leur en faire tirer
un tour davantage; et, ayant faiſt leur tâche, ils s'arres-
toient tout court[3]. Nous sommes en l'adolescence avant
que nous sçachions conter jusques à cent, et venons de
descouvrir des nations qui n'ont aucune connoissance des
nombres.

Il y a encore plus de discours à inſtruire autruy qu'à
eſtre inſtruit. Or, laissant à part ce que Democritus jugeoit
et prouvoit, que la plus part des arts les beſtes nous les
ont aprises : comme l'araignée à tiſtre et à coudre, l'arondelle à baſtir, le cigne et le rossignol la musique, et plusieurs animaux, par leur imitation, à faire la medecine;
Ariſtote tient que les rossignols inſtruisent leurs petits à
chanter, et y employent du temps et du soing, d'où il
advient que ceux que nous nourrissons en cage, qui n'ont

point eu loisir d'aller à l'escolle soubs leurs parens, perdent beaucoup de la grace de leur chant. *(b)* Nous pouvons juger par là qu'il reçoit de l'amendement par discipline et par estude. Et, entre les libres mesme, il n'est pas ung et pareil, chacun en a pris selon sa capacité; et, sur la jalousie de leur apprentissage, ils se debattent à l'envy d'une contention si courageuse que par fois le vaincu y demeure mort, l'aleine luy faillant plustost que la voix. Les plus jeunes ruminent, pensifs, et prenent à imiter certains couplets de chanson; le disciple escoute la leçon de son precepteur et en rend compte avec grand soing; ils se taisent, l'un tantost, tantost l'autre; on oyt corriger les fautes, et sent on aucunes reprehensions du precepteur. J'ay veu (dict Arrius[1]) autresfois un elephant ayant à chacune cuisse un cymbale pendu, et un autre attaché à sa trompe, au son desquels tous les autres dançoyent en rond, s'eslevans et s'inclinans à certaines cadences, selon que l'instrument les guidoit; et y avoit plaisir à ouyr cette harmonie. *(a)* Aux spectacles de Rome, il se voyoit ordinairement des Elephans dressez à se mouvoir et dancer, au son de la voix, des dances à plusieurs entrelasseures, coupeures et diverses cadances très-difficiles à aprendre. Il s'en est veu qui, en leur privé, rememoroient leur leçon, et s'exerçoyent par soing et par estude pour n'estre tancez et batuz de leurs maistres.

Mais cett'autre histoire de la pie, de laquelle nous avons Plutarque mesme pour respondant, est estrange. Elle estoit en la boutique d'un barbier à Rome, et faisoit merveilles de contre-faire avec la voix tout ce qu'elle oyoit; un jour, il advint que certaines trompetes s'arrestarent à sonner long temps devant cette boutique; depuis cela et tout le lendemain, voylà cette pie pensive, muete et melancholique, dequoy tout le monde estoit esmerveillé; et pensoit on que le son des trompetes l'eut ainsin estourdie et estonnée, et qu'avec l'ouye la voix se fut quant et quant esteinte; mais on trouva en fin que c'estoit une estude profonde et une retraicte en soy-mesmes, son esprit s'exercitant et preparant sa voix à representer le son de ces trompetes; de maniere que sa premiere voix ce fut celle là, de exprimer perfectement leurs reprinses, leurs poses et leurs nuances, ayant quicté par ce nouvel aprentissage et pris à desdain tout ce qu'elle sçavoit dire auparavant.

Je ne veux pas obmettre à alleguer aussi cet autre
exemple d'un chien que ce mesme Plutarque dit avoir
veu (car quand à l'ordre, je sens bien que je le trouble,
mais je n'en observe non plus à renger ces exemples qu'au
reste de toute ma besongne), luy estant dans un navire :
ce chien, estant en peine d'avoir l'huyle qui estoit dans le
fons d'une cruche où il ne pouvoit arriver de la langue
pour l'estroite emboucheure du vaisseau, alla querir des
caillous et en mit dans cette cruche jusques à ce qu'il eut
fait hausser l'huile plus près du bord, où il la peut
attaindre. Cela, qu'est-ce, si ce n'est l'effect d'un esprit bien
subtil? On dit que les corbeaux de Barbarie en font de
mesme, quand l'eau qu'ils veulent boire est trop basse.

Cette action est aucunement voisine de ce que recitoit
des Elephans un Roy de leur nation, Juba, que, quand par
la finesse de ceux qui les chassent, l'un d'entre eux se
trouve pris dans certaines fosses profondes qu'on leur
prepare, et les recouvre l'on de menues brossailles pour
les tromper, ses compaignons y apportent en diligence
force pierres et pieces de bois, afin que cela l'ayde à s'en
mettre hors. Mais cet animal raporte en tant d'autres
effects à l'humaine suffisance que, si je vouloy suivre par
le menu ce que l'experience en a apris, je gaignerois
ayséement ce que je maintiens ordinairement, qu'il se
trouve plus de difference de tel homme à tel homme que
de tel animal à tel homme. Le gouverneur d'un elephant,
en une maison privée de Syrie, desroboit à tous les repas
la moitié de la pension qu'on luy avoit ordonnée; un jour
le maistre voulut luy mesme le penser, versa dans sa
manjoire la juste mesure d'orge qu'il luy avoit prescrite
pour sa nourriture; l'elephant, regardant de mauvais
œuil ce gouverneur, separa avec la trompe et en mit à
part la moitié, declarant par là le tort qu'on luy faisoit.
Et un autre, ayant un gouverneur qui mesloit dans sa
mangeaille des pierres pour en croistre la mesure, s'apro-
cha du pot où il faisoit cuyre sa chair pour son disner,
et le luy remplit de cendre. Cela, ce sont des effaicts
particuliers; mais ce que tout le monde a veu et que tout
le monde sçait, qu'en toutes les armées qui se conduisoyent du pays de levant, l'une des plus grandes forces
consistoit aux elephans, desquels on tiroit des effects sans
comparaison plus grands que nous ne faisons à present
de nostre artillerie, qui tient à peu près leur place en une

bataille ordonnée (cela eſt aisé à juger à ceux qui connoissent les hiſtoires anciennes[1]) :

> (b) siquidem Tirio servire solebant
> Annibali, et noſtris ducibus, regique Molosso,
> Horum majores, et dorso ferre cohortes,
> Partem aliquam belli et euntem in prælia turmam[2].

(a) Il falloit bien qu'on se respondit à bon escient de la creance de ces beſtes et de leur discours, leur abandonnant la teſte d'une bataille, là où le moindre arreſt qu'elles eussent sçeu faire, pour la grandeur et pesanteur de leur corps, le moindre effroy qui leur eut fait tourner la teſte sur leurs gens, eſtoit suffisant pour tout perdre; et s'eſt veu moins d'exemples où cela soit advenu qu'ils se rejettassent sur leurs trouppes, que de ceux où nous mesme nous rejeſtons les uns sur les autres, et nous rompons. On leur donnoit charge non d'un mouvement simple, mais de plusieurs diverses parties au combat. (b) Comme faisoient aux chiens les Espaignols à .la nouvelle conqueſte des Indes, ausquels ils payoient solde et faisoient partage au butin; et montroient ces animaux autant d'adresse et de jugement à poursuivre et arreſter leur viſtoire, à charger ou à reculer selon les occasions, à diſtinguer les amis des ennemis, comme ils faisoient d'ardeur et d'aspreté[3].

(a) Nous admirons et poisons mieux les choses eſtrangeres que les ordinaires; et, sans cela, je ne me fusse pas amusé à ce long regiſtre : car, selon mon opinion, qui contrerollera de près ce que nous voyons ordinairement des animaux qui vivent parmy nous, il y a dequoy y trouver des effeſts autant admirables que ceux qu'on va recueillant ès pays et siecles eſtrangiers. (c) C'eſt une mesme nature qui roule son cours. Qui en auroit suffisamment jugé le present eſtat, en pourroit seurement conclurre et tout l'advenir et tout le passé[4]. (a) J'ay veu autresfois parmy nous des hommes amenez par mer de lointain pays[5], desquels par ce que nous n'entendions aucunement le langage, et que leur façon, au demeurant, et leur contenance, et leurs veſtemens eſtoient du tout esloignez des noſtres, qui de nous ne les eſtimoit et sauvages et brutes? qui n'atribuoit à stupidité et à beſtise de les voir muets, ignorans la langue Françoise, ignorans nos baisemains et nos inclinations serpentées, noſtre port

et noſtre maintien, sur lequel, sans faillir, doit prendre
son patron la nature humaine?

Tout ce qui nous semble eſtrange, nous le condamnons,
et ce que nous n'entendons pas : comme il nous advient
au jugement que nous faisons des beſtes. Elles ont
plusieurs conditions qui se rapportent aux noſtres; de
celles-là par comparaisons nous pouvons tirer quelque
conjeĉture; mais de ce qu'elles ont particulier, que sçavons
nous que c'eſt? Les chevaux, les chiens, les bœufs, les
brebis, les oyseaux et la pluspart des animaux qui vivent
avec nous, reconnoiſſent noſtre voix et se laissent conduire par elle; si faisoit bien encore la murene de Crassus,
et venoit à luy, quand il l'appelloit; et le font aussi les
anguilles qui se trouvent en la fontaine d'Arethuse[1].
(b) Et j'ay veu des gardoirs assez où les poissons accour-
rent, pour manger, à certain cry de ceux qui les traitent;

(a) *nomen habent, et ad magiſtri*
   Vocem quisque sui venit citatus[2].

Nous pouvons juger de cela. Nous pouvons aussi dire que
les elephans ont quelque participation de religion,
d'autant qu'après plusieurs ablutions et purifications on
les void, haussant leur trompe comme des bras et tenant
les yeux fichez vers le Soleil levant, se planter long temps
en meditation et contemplation à certaines heures du
jour, de leur propre inclination, sans inſtruĉtion et sans
precepte. Mais, pour ne voir aucune telle apparence ès
autres animaux, nous ne pouvons pourtant eſtablir qu'ils
soient sans religion, et ne pouvons prendre en aucune
part ce qui nous eſt caché. Comme nous voyons quelque
chose en cette aĉtion que le philosophe Cleanthes remerqua, par ce qu'elle retire aux noſtres : « Il vid, dit-il, des
fourmis partir de leur fourmiliere portans le corps d'un
fourmis mort vers une autre fourmiliere, de laquelle
plusieurs autres fourmis leur vindrent au devant, comme
pour parler à eux; et, après avoir eſté ensemble quelque
piece, ceux-cy s'en retournerent pour consulter, pensez,
avec leurs concitoiens, et firent ainsi deux ou trois voyages
pour la difficulté de la capitulation; en fin ces derniers
venus apporterent aux premiers un ver de leur taniere,
comme pour la rançon du mort, lequel ver les premiers
chargerent sur leur dos et emporterent chez eux, laissant
aux autres le corps du trespassé. » Voilà l'interpretation

que Cleanthes y donna, tesmoignant par là que celles qui
n'ont point de voix, ne laissent pas d'avoir pratique et
communication mutuelle, de laquelle c'est nostre defaut
que nous ne soyons participans; et nous entremettons à
cette cause sottement d'en opiner[1].

Or elles produisent encore d'autres effaicts qui surpassent de bien loin nostre capacité, ausquelles il s'en faut
tant que nous puissions arriver par imitation que, par
imagination mesme, nous ne les pouvons concevoir.
Plusieurs tiennent qu'en cette grande et derniere bataille
navale qu'Antonius perdit contre Auguste, sa galere capi-
tainesse fut arrestée au milieu de sa course par ce petit
poisson que les Latins nomment *remora,* à cause de cette
sienne proprieté d'arrester toute sorte de vaisseaux
ausquels il s'attache[2]. Et l'Empereur Calligula vogant
avec une grande flotte en la coste de la Romanie, sa seule
galere fut arrestée tout court par ce mesme poisson,
lequel il fist prendre attaché comme il estoit au bas de son
vaisseau, tout despit dequoy un si petit animal pouvoit
forcer et la mer et les vents et la violence de tous ses
avirons, pour estre seulement attaché par le bec à la galere
(car c'est un poisson à coquille); et s'estonna encore, non
sans grande raison, de ce que, luy estant apporté dans le
bateau, il n'avoit plus cette force qu'il avoit au dehors.

Un citoyen de Cyzique acquist jadis reputation de bon
mathematicien pour avoir appris de la condition de l'he-
risson, qu'il a sa taniere ouverte à divers endroicts et à
divers vents, et, prevoyant le vent advenir, il va boucher
le trou du costé de ce vent-là; ce que remerquant ce citoien
apportoit en sa ville certaines predictions du vent qui avoit
à tirer. Le cameleon prend la couleur du lieu où il est
assis; mais le poulpe se donne luy-mesme la couleur qu'il
luy plaist, selon les occasions, pour se cacher de ce qu'il
craint et attraper ce qu'il cerche; au cameleon, c'est
changement de passion; mais au poulpe, c'est changement
d'action. Nous avons quelques mutations de couleur à la
fraieur, la cholere, la honte et autres passions qui alterent
le teint de nostre visage, mais c'est par l'effect de la souffrance, comme au cameleon; il est bien en la jaunisse de
nous faire jaunir, mais il n'est pas en la disposition de
nostre volonté. Or ces effets que nous reconnaissons aux
autres animaux, plus grands que les nostres, tesmoignent
en eux quelque faculté exc plusellente qui nous est occulte,

comme il est vray-semblable que sont plusieurs autres de
leurs conditions et puissances *(c)* desquelles nulles
apparences ne viennent jusques à nous.

(a) De toutes les predictions du temps passé, les plus
anciennes et plus certaines estoient celles qui se tiroient du
vol des oiseaux. Nous n'avons rien de pareil et de si admirable. Cette regle, cet ordre du bransler de leur aile par
lequel on tire des consequences des choses à venir, il faut
bien qu'il soit conduict par quelque excellent moyen à
une si noble operation; car c'est prester à la lettre d'aller
attribuant ce grand effect à quelque ordonnance naturelle,
sans l'intelligence, consentement et discours de qui le produit; et est une opinion evidemment faulse. Qu'il soit
ainsi : la torpille a cette condition, non seulement d'endormir les membres qui la touchent, mais au travers des filets
et de la scene elle transmet une pesanteur endormie aux
mains de ceux qui la remuent et manient; voire dit-on
d'avantage que si on verse de l'eau dessus, on sent cette
passion qui gaigne contremont jusques à la main et
endort l'atouchement au travers de l'eau. Cette force est
merveilleuse, mais elle n'est pas inutile à la torpille; elle
la sent et s'en sert de maniere que, pour attraper la proye
qu'elle queste, on la void se tapir soubs le limon, afin que
les autres poissons se coulans par dessus, frappez et
endormis de cette sienne froideur, tombent en sa puissance. Les gruës, les arondeles et autres oiseaux passagers,
changeans de demeure selon les saisons de l'an, montrent
assez la cognoissance qu'elles ont de leur faculté divinatrice, et la mettent en usage. Les chasseurs nous asseurent
que, pour choisir d'un nombre de petits chiens celuy
qu'on doit conserver pour le meilleur, il ne faut que
mettre la mere au propre de le choisir elle mesme; comme,
si on les emporte hors de leur giste, le premier qu'elle y
rapportera sera tousjours le meilleur; ou bien, si on faict
semblant d'entourner de feu leur giste de toutes parts,
celuy des petits au secours duquel elle courra premierement. Par où il appert qu'elles ont un usage de prognostique que nous n'avons pas, ou qu'elles ont quelque vertu
à juger de leurs petits, autre et plus vive que la nostre[1].

La maniere de naistre, d'engendrer, nourrir, agir, mouvoir, vivre et mourir des bestes estant si voisine de la
nostre, tout ce que nous retranchons de leurs causes mo-
trices et que nous adjoutons à nostre condition au dessus

de la leur, cela ne peut aucunement partir du discours de noſtre raison. Pour reglement de noſtre santé, les medecins nous proposent l'exemple du vivre des beſtes et leur façon; car ce mot eſt de tout temps en la bouche du peuple :

> Tenez chauts les pieds et la teſte;
> Au demeurant, vivez en beſte[1].

La generation eſt la principale des aĉtions naturelles: nous avons quelque disposition de membres qui nous eſt plus propre à cela; toutesfois ils nous ordonnent de nous ranger à l'assiete et disposition brutale, comme plus effectuelle,

> *more ferarum*
> *Quadrupedúmque magis ritu, plerúmque putantur*
> *Concipere uxores ; quia sic loca sumere possunt,*
> *Peĉtoribus positis, sublatis semina lumbis*[2].

Et rejettent comme nuisibles ces mouvements indiscrets et insolents que les femmes y ont meslé de leur creu, les ramenant à l'exemple et usage des beſtes de leur sexe, plus modeſte et rassis :

> *Nam mulier prohibet se concipere atque repugnat,*
> *Clunibus ipsa viri venerem si læta retraĉtet,*
> *Atque exossato ciet omni peĉtore fluĉtus.*
> *Ejicit enim sulci reĉta regione viaque*
> *Vomerem, atque locis avertit seminis iĉtum*[3].

Si c'eſt juſtice de rendre à chacun ce qui luy eſt deu, les beſtes qui servent, ayment et defendent leurs bienfaiĉteurs, et qui poursuyvent et outragent les eſtrangers et ceux qui les offencent, elles representent en cela quelque air de noſtre juſtice, comme aussi en conservant une equalité très-equitable en la dispensation de leurs biens à leurs petits. Quant à l'amitié, elles l'ont, sans comparaison, plus vive et plus conſtante que n'ont pas les hommes. Hircanus, le chien du Roy Lisimachus, son maiſtre mort, demeura obſtiné sus son liĉt sans vouloir boire ne manger; et, le jour qu'on en brusla le corps, il print sa course et se jetta dans le feu, où il fut bruslé. Comme fiſt aussi le chien d'un nommé Pyrrhus, car il ne bougea de dessus le liĉt de son maiſtre depuis qu'il fuſt mort; et, quand on l'emportal il se laissa enlever quant

et luy, et finalement se lança dans le buscher où on brusloit le corps de son maistre[1]. Il y a certaines inclinations
d'affection qui naissent quelquefois en nous sans le conseil
de la raison, qui viennent d'une temerité fortuite que
d'autres nomment sympathie : les bestes en sont capables
comme nous. Nous voyons les chevaux prendre certaine
accointance des uns aux autres, jusques à nous mettre en
peine pour les faire vivre ou voyager separément; on les
void appliquer leur affection à certain poil de leurs compaignons, comme à certain visage, et, où ils le rencontrent, s'y joindre incontinent avec feste et demonstration
de bienveuillance, et prendre quelque autre forme à
contrecœur et en haine. Les animaux ont choix comme
nous en leurs amours et font quelque triage de leurs
femelles. Ils ne sont pas exempts de nos jalousies et
d'envies extremes et irreconciliables.

Les cupiditez sont ou naturelles et necessaires, comme
le boire et le manger; ou naturelles et non necessaires,
comme l'accointance des femelles; ou elles ne sont ny
naturelles ny necessaires; de cette derniere sorte sont
quasi toutes celles des hommes; elles sont toutes super-
fluës et artificielles. Car c'est merveille combien peu il faut
à nature pour se contenter, combien peu elle nous a laissé
à desirer. Les appressts à nos cuisines ne touchent pas son
ordonnance. Les Stoiciens disent qu'un homme auroit
dequoy se substanter d'une olive par jour. La delicatesse
de nos vins n'est pas de sa leçon, ny la recharge que nous
adjoustons aux appetits amoureux,

neque illa
Magno prognatum deposcit consule cunnum[2].

Ces cupiditez estrangeres, que l'ignorance du bien et
une fauce opinion ont coulées en nous, sont en si grand
nombre qu'elles chassent presque toutes les naturelles; ny
plus ny moins que si, en une cité, il y avoit si grand
nombre d'estrangers qu'ils en missent hors les naturels
habitans ou esteignissent leur authorité et puissance
ancienne, l'usurpant entierement et s'en saisissant. Les
animaux sont beaucoup plus reglez que nous ne sommes,
et se contiennent avec plus de moderation soubs les
limites que nature nous a prescripts; mais non pas si
exactement qu'ils n'ayent encore quelque convenance à
nostre desbauche[3]. Et tout ainsi comme il s'est trouvé des

desirs furieux qui ont poussé les hommes à l'amour des
beſtes, elles se trouvent aussi par fois esprises de noſtre
amour et reçoivent des affeƈtions monſtrueuses d'une
espece à autre; tesmoin l'elephant corrival d'Ariſtophanes
le grammairien, en l'amour d'une jeune bouquetiere en la
ville d'Alexandrie, qui ne luy cedoit en rien aux offices
d'un poursuyvant bien passionné; car, se promenant par
le marché où l'on vendoit des fruiƈts, il en prenoit avec
sa trompe et les luy portoit; il ne la perdoit de veuë que
le moins qu'il luy eſtoit possible, et luy mettoit quelquefois la trompe dans le sein par dessoubs son collet et luy
taſtoit les tetins. Ils recitent aussi d'un dragon amoureux
d'une fille, et d'une oye esprise de l'amour d'un enfant en
la ville d'Asope, et d'un belier serviteur de la meneſtriere
Glaucia[1]; et il se void tous les jours des magots furieusement espris de l'amour des femmes. On void aussi
certains animaux s'adonner à l'amour des masles de leur
sexe; Oppianus[2] et autres recitent quelques exemples
pour monſtrer la reverence que les beſtes en leurs
mariages portent à la parenté, mais l'experience nous
faiƈt bien souvent voir le contraire,

> *nec habetur turpe juvencæ*
> *Ferre patrem tergo; fit equo sua filia conjux;*
> *Quasque creavit init pecudes caper; ipsáque vujus*
> *Semine concepta eſt, ex illo concipit ales[3].*

De subtilité malitieuse, en eſt il une plus expresse que
celle du mulet du philosophe Thales? lequel, passant au
travers d'une riviere chargé de sel, et de fortune y eſtant
bronché, si que les sacs qu'il portoit en furent tous
mouillez, s'eſtant apperçeu que le sel fondu par ce moyen
luy avoit rendu sa charge plus legere, ne failloit jamais,
aussi toſt qu'il rencontroit quelque ruisseau, de se plonger
dedans avec sa charge; jusques à ce que son maiſtre, descouvrant sa malice, ordonna qu'on le chargeaſt de laine,
à quoy se trouvant mesconté, il cessa de plus user de cette
finesse[4]. Il y en a plusieurs qui representent naifvement
le visage de noſtre avarice, car on leur void un soin
extreme de surprendre tout ce qu'elles peuvent et de le
curieusement cacher, quoy qu'elles n'en tirent point
d'usage.

Quant à la mesnagerie, elles nous surpassent non seulement en cette prevoyance d'amasser et espargner pour

temps à venir, mais elles ont encore beaucoup de parties
de la science qui y est necessaire. Les fourmis estandent
au dehors de l'aire leurs grains et semences pour les esven-
ter, refreschir et secher, quand ils voyent qu'ils commencent à se moisir et à sentir le rance, de peur qu'ils ne se
corrompent et pourrissent. Mais la caution et prevention
dont ils usent à ronger le grain de froment, surpasse toute
imagination de prudence humaine. Parce que le froment
ne demeure pas tousjours sec ny sain, ains s'amolit, se
resout et destrempe comme en laict, s'acheminant à
germer et produire : de peur qu'il ne devienne semance et
perde sa nature et propriété de magasin pour leur nourriture, ils rongent le bout par où le germe a accoustumé
de sortir.

Quant à la guerre, qui est la plus grande et pompeuse
des actions humaines, je sçaurois volontiers si nous nous
en voulons servir pour argument de quelque prerogative
ou, au rebours, pour tesmoignage de nostre imbecillité et
imperfection ; comme de vray la science de nous entre-
deffaire et entretuer, de ruiner et perdre nostre propre
espece, il semble qu'elle n'a pas beaucoup dequoy se faire
desirer aux bestes qui ne l'ont pas :

> (b)   *quando leoni*
> *Fortior eripuit vitam leo ? quo nemore unquam*
> *Expiravit aper majoris dentibus apri*[1] ?

(a) Mais elles n'en sont pas universellement exemptes
pourtant, tesmoin les furieuses rencontres des mouches
à miel et les entreprinses des princes des deux armées
contraires :

> *sæpe duobus*
> *Regibus incessit magno discordia motu,*
> *Continuoque animos vulgi et trepidantia bello*
> *Corda licet longè præsciscere*[2].

Je ne voy jamais cette divine description qu'il ne m'y
semble lire peinte l'ineptie et vanité humaine. Car ces
mouvemens guerriers qui nous ravissent de leur horreur
et espouventement, cette tempeste de sons et de cris,

> (b) *Fulgur ibi ad cælum se tollit, totáque circum*
> *Ære renidescit tellus, subtérque virum vi*
> *Excitur pedibus sonitus, clamoréque montes*
> *Icti rejectant voces ad sidera mundi*[3] ;

(a) cette effroyable ordonnance de tant de milliers d'hommes armez, tant de fureur, d'ardeur et de courage, il est plaisant à considerer par combien vaines occasions elle est agitée et par combien legieres occasions esteinte :

> *Paridis propter narratur amorem*
> *Græcia Barbariæ diro collisa duello*[1] :

toute l'Asie se perdit et se consomma en guerres pour le maquerelage de Paris. L'envie d'un seul homme, un despit, un plaisir, une jalousie domestique, causes qui ne devroient pas esmouvoir deux harangeres à s'esgratigner, c'est l'ame et le mouvement de tout ce grand trouble. Voulons nous en croire ceux mesme qui en sont les principaux autheurs et motifs? oyons le plus grand, le plus victorieux Empereur et le plus puissant qui fust onques, se jouant, et mettant en risée, très-plaisamment et très-ingenieusement, plusieurs batailles hazardées et par mer et par terre, le sang et la vie de cinq cens mille hommes qui suivirent sa fortune, et les forces et richesses des deux parties du monde espuisées pour le service de ses entreprinses,

> *Quod futuit Glaphyran Antonius, hanc mihi pœnam*
> *Fulvia constituit, se quoque uti futuam.*
> *Fulviam ego ut futuam? Quid, si me Manius oret*
> *Pædicem, faciam? Non puto, si sapiam.*
> *Aut futue, aut pugnemus, ait. Quid, si mihi vita*
> *Charior est ipsa mentula? Signa canant*[2].

(J'use en liberté de conscience de mon Latin, avecq le congé que vous m'en avez donné[3].) Or ce grand corps, à tant de visages et de mouvemans, qui semble menasser le ciel et la terre :

> *(b) Quam multi Lybico volvuntur marmore fluctus*
> *Sævus ubi Orion hybernis conditur undis,*
> *Vel cum sole novo densæ torrentur aristæ,*
> *Aut Hermi campo, aut Lyciæ flaventibus arvis,*
> *Scuta sonant, pulsuque pedum tremit excita tellus*[4],

(a) ce furieux monstre à tant de bras et à tant de testes, c'est tousjours l'homme foyble, calamiteux et miserable. Ce n'est qu'une formilliere esmeuë et eschaufée,

> *It nigrum campis agmen*[5].

Un souffle de vent contraire, le croassement d'un vol de

corbeaux, le faux pas d'un cheval, le passage fortuite d'un
aigle, un songe, une voix, un signe, une brouée matiniere
suffisent à le renverser et porter par terre. Donnez luy
seulement d'un rayon de Soleil par le visage, le voylà
fondu et esvanouy; qu'on luy esvante seulement un peu
de poussiere aux yeux, comme aux mouches à miel de
noſtre poëte, voylà toutes nos enseignes, nos legions, et le
grand Pompeius mesmes à leur teſte, rompu et fracassé :
car ce fut luy, ce me semble[1], que Sertorius batit en
Espaigne atout ces belles armes *(b)* qui ont aussi servi
à d'autres, comme à Eumenes contre Antigonus[2] à
Surena contre Crassus[3] :

> *(a) Hi motus animorum atque hæc certamina tanta*
> *Pulveris exigui jactu compressa quiescent[4].*

(c) Qu'on descouple mesme de noz mouches après, elles
auront et la force et le courage de le dissiper. De fresche
memoire, les Portuguais pressans la ville de Tamly au
territoire de Xiatime, les habitans d'icelle portarent sur
la muraille grand quantité de ruches, de quoi ils sont
riches. Et, à tout du feu, chasserent les abeilles si vivement
sur leurs ennemis, qu'ils les mirent en route, ne pouvans
souſtenir leurs assauts et leurs pointures. Ainsi demeura
la viĉtoire et liberté de leur ville à ce nouveau secours,
avec telle fortune qu'au retour du combat il ne sien
trouva une seule à dire[5].

(a) Les ames des Empereurs et des savatiers sont jettées
à mesme moule. Considerant l'importance des aĉtions des
princes et leur pois, nous nous persuadons qu'elles soyent
produites par quelques causes aussi poisantes et importantes. Nous nous trompons : ils sont menez et ramenez
en leurs mouvemens par les mesmes ressors que nous
sommes aux noſtres. La mesme raison qui nous fait tanser
avec un voisin, dresse entre les Princes une guerre; la
mesme raison qui nous faiĉt foïter un lacquais, tombant en
un Roy, luy fait ruiner une province. *(b)* Ils veulent aussi
legierement que nous, mais ils peuvent plus. *(a)* Pareils
appetits agitent un ciron et un elephant.

Quant à la fidelité, il n'eſt animal au monde traiſtre au
pris de l'homme; nos hiſtoires racontent la vifve poursuite
que certains chiens ont faiĉt de la mort de leurs maiſtres.
Le Roy Pyrrhus, ayant rencontré un chien qui gardoit un
homme mort, et ayant entendu qu'il y avoit trois jours

qu'il faisoit cet office, commanda qu'on enterrast ce corps, et mena ce chien quant et luy. Un jour qu'il assistoit aux montres generales de son armée, ce chien, appercevant les meurtriers de son maistre, leur courut sus avec grands aboys et aspreté de courroux, et par ce premier indice achemina la vengeance de ce meurtre, qui en fut faicte bien tost après par la voye de la justice[1]. Autant en fist le chien du sage Hesiode, ayant convaincu les enfans de Ganistor Naupactien du meurtre commis en la personne de son maistre[2]. Un autre chien, estant à la garde d'un temple à Athenes, ayant aperceu un larron sacrilege qui emportoit les plus beaux joyaux, se mit à abayer contre luy tant qu'il peut; mais les marguilliers ne s'estant point esveillez pour cela, il se mit à le suyvre, et, le jour estant venu, se tint un peu plus esloigné de luy, sans le perdre jamais de veuë. S'il luy offroit à manger, il n'en vouloit pas; et aux autres passans qu'il rencontroit en son chemin, il leur faisoit feste de la queuë et prenoit de leurs mains ce qu'ils luy donnoyent à manger; si son larron s'arrestoit pour dormir, il s'arrestoit quant et quant au lieu mesmes. La nouvelle de ce chien estant venuë aux marguilliers de cette Eglise, ils se mirent à le suivre à la trace, s'enquerans des nouvelles du poil de ce chien, et enfin le rencontrerent en la ville de Cromyon, et le larron aussi, qu'ils ramenerent en la ville d'Athenes, où il fut puny. Et les juges, en reconnoissance de ce bon office, ordonnarent du publicq certaine mesure de bled pour nourrir le chien, et aux prestres d'en avoir soing. Plutarque tesmoigne cette histoire comme chose très-averée et advenue en son siècle[3].

Quant à la gratitude (car il me semble que nous avons besoing de mettre ce mot en credit), ce seul exemple y suffira, que Apion recite[4] comme en ayant esté luy mesme spectateur. Un jour, dit-il, qu'on donnoit à Rome au peuple le plaisir du combat de plusieurs bestes estranges, et principalement de Lyons de grandeur inusitée, il y en avoit un entre autres qui, par son port furieux, par la force et grosseur de ses membres et un rugissement hautain et espouvantable, attiroit à soy la veuë de toute l'assistance. Entre les autres esclaves qui furent presentez au peuple en ce combat des bestes, fut un Androdus, de Dace, qui estoi, à un Seigneur Romain de qualité consulaire. Ce lyont l'ayant apperçeu de loing, s'arresta premierement tout court, comme estant entré en admiration, et puis s'approcha tout doucement, d'une façon molle et paisible, comme pour entrer en reconnoissance avec luy. Cela faict et s'estant asseuré de ce qu'il cherchoit, il commença à battre de la queuë à la mode des chiens qui flatent leur maistre, et à baiser et lescher les mains et les cuisses de ce pauvre miserable tout transi d'effroy et hors de soy. Androdus ayant repris ses esprits par la benignité de ce lyon, et r'asseuré sa veuë pour le considerer et reconnoistre, c'estoit un singulier plaisir de voir les caresses et les festes qu'ils s'entrefaisoyent l'un à l'autre. Dequoy le peuple ayant eslevé des cris de joye, l'Empereur fit appeler cet esclave pour entendre de luy le moyen d'un si estrange evenement. Il luy recita une histoire nouvelle et admirable :

« Mon maître, dict-il, estant proconsul en Aphrique, je fus contraint, par la cruauté et rigueur qu'il me tenoit, me faisant journellement battre, me desrober de luy et m'en fuïr. Et, pour me cacher seurement d'un personnage ayant si grande authorité en la province, je trouvay mon plus court de gaigner les solitudes et les contrées sablonneuses et inhabitables de ce pays-là, resolu, si le moyen de me nourrir venoit à me faillir, de trouver quelque façon de me tuer moy-mesme. Le soleil estant extremement aspre sur le midy et les chaleurs insupportables, m'estant enbatu sur une caverne cachée et inaccessible, je me jettay dedans. Bien tost après y survint ce lyon, ayant une patte sanglante et blessée, tout plaintif et gemissant des douleurs qu'il y souffroit. A son arrivée, j'eu beaucoup de frayeur; mais luy, me voyant mussé dans un coing de sa loge, s'approcha tout doucement de moy, me presentant sa patte offencée, et me la montrant comme pour demander secours; je luy ostay lors un grand escot qu'il y avoit, et m'estant un peu aprivoisé à luy, pressant sa playe, en fis sortir l'ordure qui s'y amassoit, l'essuyay et nettoyay le plus proprement que je peux; luy, se sentant alegé de son mal et soulagé de cette douleur, se prit à reposer et à dormir, ayant tousjours sa patte entre mes mains. De là en hors, luy et moy vesquismes ensemble en cette caverne, trois ans entiers, de mesmes viandes; car des bestes qu'il tuoit à sa chasse, il m'en aportoit les meilleurs endroits, que je faisois cuire au soleil à faute de feu, et m'en nourrissois. A la longue, m'estant ennuyé de cette vie brutale et sauvage, ce Lyon estant allé un jour à sa queste accoustumée, je partis de là, et, à ma troisiesme journée, fus surpris par les soldats qui me menerent d'Affrique en cette ville à mon maistre, lequel soudain me condamna à mort et à estre abandonné aux bestes. Or, à ce que je voy, ce Lyon fut aussi pris bien tost après, qui m'a, à cette heure, voulu recompenser du bienfait et guerison qu'il avoit reçeu de moy. »

Voylà l'histoire qu'Androdus recita à l'Empereur, laquelle il fit aussi entendre de main à main au peuple. Parquoy, à la requeste de tous, il fut mis en liberté et absoubs de cette condamnation, et par ordonnance du peuple luy fut faict present de ce Lyon. Nous voyons depuis, dit Apion, Androdus conduisant ce Lyon à tout une petite laisse, se promenant par les tavernes à Rome, recevoir l'argent qu'on luy donnoit, le Lyon se laisser couvrir des fleurs qu'on luy jettoit, et chacun dire en les rencontrant : « Voylà le Lyon hoste de l'homme, voylà l'homme medecin du Lyon. »

(b) Nous pleurons souvant la perte des bestes que nous aymons, aussi font elles la nostre,

> *Post, bellator equus, positis insignibus, Æthon*
> *It lachrymans, guttisque humectat grandibus ora*[1].

Comme aucunes de nos nations ont les femmes en commun, aucunes à chacun la sienne ; cela ne se voit il pas aussi entre les bestes ? et des mariages mieux gardez que les nostres ?

(a) Quant à la société et confederation qu'elles dressent entre elles pour se liguer ensemble et s'entresecourir, il se voit des bœufs, des porceaux et autres animaux, qu'au cry de celuy que vous offencez, toute la troupe accourt à son aide et se ralie pour sa deffence. L'escare, quand il a avalé l'ameçon du pescheur, ses compagnons s'assemblent en foule autour de luy et rongent la ligne ; et, si d'avanture il y en a un qui ayt donné dedans la nasse, les autres luy baillent la queuë par dehors, et luy la serre tant qu'il peut à belles dents ; ils le tirent ainsin au dehors et l'entrainent. Les barbiers, quand l'un de leurs compagnons est engagé, mettent la ligne contre leur dos, dressant un'espine qu'ils ont dentelée comme une scie, à tout laquelle ils la scient et coupent[2].

Quant aux particuliers offices que nous tirons l'un de l'autre pour le service de la vie, il s'en void plusieurs pareils exemples parmy elles. Ils tiennent que la baleine ne marche jamais qu'elle n'ait au devant d'elle un petit poisson semblable au gayon de mer, qui s'appelle pour cela la guide; la baleine le suit, se laissant mener et tourner aussi facilement que le timon faict retourner la navire; et, en recompense aussi, au lieu que toute autre chose soit beste ou vaisseau qui entre dans l'horrible chaos de la bouche de ce monstre, est incontinant perdu et englouti, ce petit poisson s'y retire en toute seurté et y dort, et pendant son sommeil la baleine ne bouge; mais aussi tost qu'il sort, elle se met à le suivre sans cesse; et si, de fortune, elle l'escarte, elle va errant çà et là, et souvant se froissant contre les rochers, comme un vaisseau qui n'a point de gouvernail; ce que Plutarque tesmoigne avoir veu en l'isle d'Anticyre[1].

Il y a une pareille societé entre le petit oyseau qu'on nomme le roytelet, et le crocodile; le roytelet sert de sentinelle à ce grand animal; et si l'ichneaumon, son ennemy, aproche pour le combatre, ce petit oyseau, de peur qu'il ne le surprenne endormy, va de son chant et à coup de bec l'esveillant et l'advertissant de son danger; il vit des demeurans de ce monstre qui le reçoit familierement en sa bouche et luy permet de becqueter dans ses machoueres et entre ses dents, et y recueillir les morceaux de cher qui y sont demeurez; et s'il veut fermer la bouche, il l'advertit premierement d'en sortir, en la serrant peu à peu, sans l'estreindre et l'offencer[2].

Cette coquille qu'on nomme la nacre, vit aussi ainsin avec le pinnothere, qui est un petit animal de la sorte d'un cancre, luy servant d'huissier et de portier, assis à l'ouverture de cette coquille qu'il tient continuellement entrebaillée et ouverte, jusques à ce qu'il y voye entrer quelque petit poisson propre à leur prise; car lors il entre dans la nacre, et luy va pinsant la chair vive, et la contraint de fermer sa coquille; lors eux deux ensemble mangent la proye enfermée dans leur fort[3].

En la maniere de vivre des tuns, on y remerque une singuliere science de trois parties de la Mathematique. Quant à l'Astrologie, ils l'enseignent à l'homme; car ils s'arrestent au lieu où le solstice d'hyver les surprend, et n'en bougent jusques à l'equinoxe ensuyvant; voylà pourquoy Aristote mesme leur concede volontiers cette science. Quant à la Geometrie et Arithmetique, ils font tousjours leur bande de figure cubique, carrée en tout

sens, et en dressent un corps de bataillon solide, clos et
environné tout à l'entour, à six faces toutes égales; puis
nagent en cette ordonnance carrée, autant large derriere
que devant, de façon que, qui en void et conte un rang,
il peut aiséement nombrer toute la trouppe, d'autant que
le nombre de la profondeur eſt égal à la largeur, et la
largeur à la longueur[1].

Quant à la magnanimité, il eſt malaisé de luy donner un
visage plus apparent que en ce faict du grand chien qui
fut envoyé des Indes au Roy Alexandre. On lui presenta
premierement un cerf pour le combattre, et puis un sanglier, et puis un ours : il n'en fit compte et ne daigna se
remuer de sa place; mais, quand il veid un lyon, il se
dressa incontinent sur ses pieds, montrant manifeſtement
qu'il declaroit celuy-là seul digne d'entrer en combat
avecques luy[2].

(b) Touchant la repentance et recognoissance des
fautes, on recite d'un elephant, lequel ayant tué son
gouverneur par impetuosité de cholere, en print un deuil
si extreme qu'il ne voulut onques puis manger, et se laissa
mourir[3].

(a) Quant à la clemence, on recite d'un tygre, la plus
inhumaine beſte de toutes, que, luy ayant eſté baillé un
chevreau, il souffrit deux jours la faim avant que de le vouloir offencer, et le troisième il brisa la cage où il eſtoit
enfermé, pour aller chercher autre paſture, ne se voulant
prendre au chevreau, son familier et son hoſte[4].

Et, quant aux droicts de la familiarité et convenance qui
se dresse par la conversation, il nous advient ordinairement d'apprivoiser des chats, des chiens et des liévres
ensemble; mais ce que l'experience apprend à ceux qui
voyagent par mer, et notamment en la mer de Sicile, de la
condition des halcyons, surpasse toute humaine cogitation. De quelle espece d'animaux a jamais nature tant
honoré les couches, la naissance et l'enfantement? car les
Poëtes disent bien qu'une seule isle de Delos, eſtant au
paravant vagante, fut affermie pour le service de l'enfantement de Latone; mais Dieu a voulu que toute la mer fut
arreſtée, affermie et applanie, sans vagues, sans vents et
sans pluye, cependant que l'alcyon faict ses petits, qui est
juſtement environ le solſtice, le plus court jour de l'an;
et, par son privilege, nous avons sept jours et sept nuicts,
au fin cœur de l'hyver, que nous pouvons naviguer sans

danger. Leurs femelles ne reconnoissent autre masle que
le leur propre, l'assistent toute leur vie sans jamais l'abandonner; s'il vient à estre debile et cassé, elles le chargent
sur leurs espaules, le portent par tout et le servent
jusques à la mort. Mais aucune suffisance n'a encores peu
attaindre à la connoissance de cette merveilleuse fabrique
dequoy l'alcyon compose le nid pour ses petits, ny en
deviner la matiere. Plutarque, qui en a veu et manié
plusieurs, pense que ce soit des arestes de quelque poisson
qu'elle conjoinct et lie ensemble, les entrelassant, les unes
de long, les autres de travers, et adjoustant des courbes et
des arrondissemens, tellement qu'en fin elle en forme un
vaisseau rond prest à voguer; puis, quand elle a parachevé
de le construire, elle le porte au batement du flot marin,
là où la mer, le battant tout doucement, luy enseigne à
radouber ce qui n'est pas bien lié, et à mieux fortifier aux
endroits où elle void que sa structure se desment et se
lâche pour les coups de mer; et, au contraire, ce qui est
bien joinct, le batement de la mer le vous estreinct et vous
le serre de sorte qu'il ne se peut ny rompre, ny dissoudre,
ou endommager à coups de pierre ny de fer, si ce n'est
à toute peine. Et ce qui plus est à admirer, c'est la proportion et figure de la concavité du dedans; car elle est
composée et proportionnée de maniere qu'elle ne peut
recevoir ny admettre autre chose que l'oiseau qui l'a
bastie; car à toute autre chose elle est impenetrable, close
et fermée, tellement qu'il n'y peut rien entrer, non pas
l'eau de la mer seulement. Voilà une description bien
claire de ce bastiment et empruntée de bon lieu[1]; toutesfois il me semble qu'elle ne nous esclaircit pas encor
suffisamment la difficulté de cette architecture. Or de
quelle vanité nous peut-il partir de loger au dessoubs de
nous et d'interpreter desdaigneusement les effects que
nous ne pouvons imiter ny comprendre?

Pour suivre encore un peu plus loing cette equalité
et correspondance de nous aux bestes, le privilege dequoy
nostre ame se glorifie, de ramener à sa condition tout ce
qu'elle conçoit, de despouiller de qualitez mortelles et
corporelles tout ce qui vient à elle, de renger les choses
qu'elle estime dignes de son accointance, à desvestir et
despouiller leurs conditions corruptibles, et leur faire
laisser à part comme vestements superflus et viles, l'espesseur, la longueur, la profondeur, le poids, la couleur

l'odeur, l'aspreté, la pollisseure, la dureté, la mollesse
et tous accidents sensibles, pour les accommoder à sa
condition immortelle et spirituelle, de maniere que Rome
et Paris que j'ay en l'ame, Paris que j'imagine, je l'imagine
et le comprens sans grandeur et sans lieu, sans pierre,
sans plaſtre et sans bois; ce mesme privilege, dis-je,
semble eſtre bien evidamment aux beſtes; car un cheval
accouſtumé aux trompettes, aux harquebusades et aux
combats, que nous voyons tremousser et fremir en dormant, eſtendu sur sa litiere, comme s'il eſtoit en la meſlée,
il eſt certain qu'il conçoit en son ame un son de tabourin
sans bruiɛt, une armée sans armes et sans corps :

> Quippe videbis equos fortes, cum membra jacebunt
> In sommis, sudare tamen, spiraréque sæpe,
> Et quasi de palma summas contendere vires[1].

Ce lievre qu'un levrier imagine en songe, après lequel
nous le voyons haleter en dormant, alonger la queuë,
secouer les jarrets et representer parfaitement les mouvemens de sa course, c'eſt un lievre sans poil et sans os.

> Venantúmque canes in molli sæpe quiete
> Jaɛtant crura tamen subito, vocesque repente
> Mittunt, et crebras reducunt naribus auras,
> Ut veſtigia si teneant inventa ferarum.
> Experge faɛtique sequuntur inania sæpe
> Cervorum simulachra, fugæ quasi dedita cernant :
> Donec discussis redeant erroribus ad se[2].

Les chiens de garde que nous voyons souvent gronder
en songeant, et puis japper tout à faiɛt et s'esveiller en
sursaut, comme s'ils appercevoient quelque eſtranger
arriver; cet eſtranger que leur ame void, c'eſt un homme
spirituel et imperceptible, sans dimension, sans couleur
et sans eſtre :

> consueta domi catulorum blanda propago
> Degere, sæpe levem ex oculis volucrémque soporem
> Discutere, et corpus de terra corripere inſtant,
> Proinde quasi ignotas facies atque ora tueantur[3].

Quant à la beauté du corps, avant passer outre, il me
faudroit sçavoir si nous sommes d'accord de sa description. Il eſt vray-semblable que nous ne sçavons guiere que
c'eſt beauté en nature et en general, puisque à l'humaine et

noſtre beauté nous donnons tant de formes diverses :
(c) de laquelle s'il y avoit quelque prescription naturelle,
nous la recognoiſtrions en commun, comme la chaleur du
feu. Nous en fantasions les formes à noſtre poſte.

(b) *Turpis Romano Belgicus ore color*[1].

(a) Les Indes la peignent noire et basannée, aux levres
grosses et enflées, au nez plat et large. *(b)* Et chargent de
gros anneaux d'or le cartilage d'entre les nazeaux pour le
faire pendre jusques à la bouche; comme aussi la balievre,
de gros cercles enrichis de pierreries, si qu'elle leur tombe
sur le menton; et eſt leur grace de montrer leurs dents
jusques au dessous des racines[2]. Au Peru, les plus grandes
oreilles sont les plus belles, et les eſtendent autant qu'ils
peuvent par artifice[3] : *(c)* et un homme d'aujourd'hui[4]
dict avoir veu en une nation orientale ce soing de les
agrandir en tel credit, et de les charger de poisans
joyaux, qu'à tous coups il passoit son bras veſtu, au
travers d'un trou d'oreille. *(b)* Il eſt ailleurs des nations
qui noircissent les dents avec grand soing, et ont à
mespris de les voir blanches; ailleurs, ils les teignent de
couleur rouge[5]. *(c)* Non seulement en Basque les femmes
se trouvent plus belles la teſte rase, mais assez ailleurs; et,
qui plus eſt, en certaines contrées glaciales, comme dict
Pline[6]. *(b)* Les Mexicanes content entre les beautez la petitesse du front, et, où elles se font le poil par tout le reste
du corps, elles le nourrissent au front et peuplent par art;
et ont en si grande recommendation la grandeur des
tetins, qu'elles affectent de pouvoir donner la mammelle
à leurs enfans par dessus l'espaule[7]. *(a)* Nous formerions
ainsi la laideur. Les Italiens la façonnent grosse et massive,
les Espagnols vuidée et eſtrillée; et, entre nous, l'un la fait
blanche, l'autre brune; l'un molle et delicate, l'autre forte
et vigoureuse; qui y demande de la mignardise et de la
douceur, qui de la fierté et mageſté. *(c)* Tout ainsi que
la preferance en beauté, que Platon attribue à la figure
spherique, les Epicuriens la donnent à la pyramidale plus
toſt ou carrée, et ne peuvent avaller un dieu en forme
de boule[8].

(a) Mais, quoy qu'il en soit, nature ne nous a non plus
privilegez en cela que, au demeurant, sur ses loix communes. Et si nous nous jugeons bien, nous trouverons
que, s'il eſt quelques animaux moins favorisez en cela

que nous, il y en a d'autres, et en grand nombre, qui le
sont plus, *(c)* « *a multis animalibus decore vincimur*[1] », voyre
des terreſtres, nos compatriotes; car quand aux marins
(laiſſant la figure, qui ne peut tomber en proportion, tant
elle eſt autre), en coleur, netteté, poliſſure, diſpoſition,
nous leur cedons aſſez; et non moins, en toutes qualitez,
aux aërées. Et *(a)* cette prerogative que les Poëtes font
valoir de noſtre ſtature droite, regardant vers le ciel son
origine,

> *Pronáque cum speƈtent animalia cætera terram,*
> *Os homini sublime dedit, cælúmque videre*
> *Jussit, et ereƈtos ad sydera tollere vultus*[2],

elle eſt vrayement poëtique, car il y a plusieurs beſtioles
qui ont la veuë renverſée tout à faiƈt vers le ciel; et
l'ancoleure des chameaux et des auſtruches, je la trouve
encore plus relevée et droite que la noſtre.

(c) Quels animaux n'ont la face au haut, et ne l'ont
davant, et ne regardent vis à vis comme nous, et ne
deſcouvrent en leur juſte poſture autant du ciel et de la
terre que l'homme?

Et quelles qualités de noſtre corporelle conſtitution en
Platon[3] et en Cicero[4] ne peuvent ſervir à mille ſortes
de beſtes?

(a) Celles qui nous retirent le plus, ce ſont les plus
laides et les plus abjeƈtes de toute la bande : car, pour
l'apparence exterieure et forme du viſage, ce ſont les
magots :

> *(c) Simia quam similis, turpissima beſtia, nobis*[5]!

(a) pour le dedans et parties vitales, c'eſt[6] le pourceau.
Certes, quand j'imagine l'homme tout nud (ouy en ce
ſexe qui ſemble avoir plus de part à la beauté), ſes tares,
ſa ſubjeƈtion naturelle et ſes imperfeƈtions, je trouve que
nous avons eu plus de raiſon que nul autre animal de
nous couvrir. Nous avons eſté excuſables de emprunter
ceux que nature avoit favorisé en cela plus qu'à nous,
pour nous parer de leur beauté[7] et nous cacher ſoubs leur
deſpouille, laine, plume, poil, ſoye.

Remerquons, au demeurant, que nous ſommes le ſeul
animal duquel le defaut offence nos propres compaignons,
et ſeuls qui avons à nous desrober, en nos aƈtions naturelles, de noſtre eſpece. Vrayement c'eſt auſſi un effeƈt

digne de consideration, que les maistres du mestier
ordonnent pour remede aux passions amoureuses l'entiere veuë et libre du corps qu'on recherche; que, pour
refroidir l'amitié, il ne faille que voir librement ce qu'on
ayme,

> *Ille quod obscœnas in aperto corpore partes*
> *Viderat, in cursu qui fuit, hæsit amor*[1].

Et, encore que cette recepte puisse à l'adventure partir
d'une humeur un peu delicate et refroidie, si est-ce un
merveilleux signe de nostre defaillance, que l'usage et
la cognoissance nous dégoute les uns des autres. *(b)* Ce
n'est pas tant pudeur qu'art et prudence, qui rend nos
dames si circonspectes à nous refuser l'entrée de leurs
cabinets, avant qu'elles soient peintes et parées pour la
montre publique,

> *(a) Nec veneres nostras hoc fallit : quo magis ipsæ*
> *Omnia summopere hos vitæ post scenia celant,*
> *Quos retinere volunt adstrictóque esse in amore*[2];

là où, en plusieurs animaux, il n'est rien d'eux que nous
n'aimons et qui ne plaise à nos sens, de façon que de
leurs excremens mesmes et de leur descharge nous tirons
non seulement de la friandise au manger, mais nos plus
riches ornemens et parfums.

Ce discours ne touche que nostre commun ordre, et
n'est pas si sacrilege d'y vouloir comprendre ces divines,
supernaturelles et extraordinaires beautez qu'on voit par
fois reluire entre nous comme des astres soubs un voile
corporel et terrestre.

Au demeurant, la part mesme que nous faisons aux
animaux des faveurs de nature, par nostre confession, elle
leur est bien avantageuse. Nous nous attribuons des biens
imaginaires et fantastiques, des biens futurs et absens,
desquels l'humaine capacité ne se peut d'elle mesme
respondre, ou des biens que nous nous attribuons faucement par la licence de nostre opinion, comme la raison,
la science et l'honneur; et à eux nous laissons en partage
des biens essentiels, maniables et palpables : la paix, le
repos, la sécurité, l'innocence et la santé; la santé, dis-je,
le plus beau et le plus riche present que nature nous sache
faire. De façon que la Philosophie, voire la Stoïque, ose
bien dire que Heraclitus et Pherecides, s'ils eussent peu

eschanger leur sagesse avecques la santé et se delivrer
par ce marché, l'un de l'hydropisie, l'autre de la maladie
pediculaire qui le pressoit, qu'ils eussent bien faict. Par
où ils donnent encore plus grand pris à la sagesse, la
comparant et contrepoisant à la santé, qu'ils ne font en
cette autre proposition qui est aussi des leurs. Ils disent
que si Circé eust presenté à Ulysses deux breuvages, l'un
pour faire devenir un homme de fol sage, l'autre de sage
fol, qu'Ulysses eust deu plustost accepter celuy de la folie,
que de consentir que Circé eust changé sa figure humaine
en celle d'une beste ; et disent que la sagesse mesme eust
parlé à luy en cete maniere : « Quitte moy, laisse moy là,
plustost que de me loger sous la figure et corps d'un
asne. » Comment ? cette grande et divine sapience, les
Philosophes la quittent donc pour ce voile corporel et
terrestre ? Ce n'est donc plus par la raison, par le discours
et par l'ame que nous excellons sur les bestes ; c'est par
nostre beauté, nostre beau teint et nostre belle disposition
de membres, pour laquelle il nous faut mettre nostre
intelligence, nostre prudence et tout le reste à l'abandon[1].

Or j'accepte cette naïfve et franche confession. Certes
ils ont cogneu que ces parties là, dequoy nous faisons
tant de feste, ce n'est que vaine fantasie. Quand les bestes
auroient donc toute la vertu, la science, la sagesse et suffisance Stoïque, ce seroyent tousjours de bestes : ny ne
seroyent pourtant comparables à un homme miserable,
meschant et insensé. (c) Enfin tout ce qui n'est pas comme
nous sommes, n'est rien qui vaille. Et Dieu mesme, pour
se faire valoir, il faut qu'il y retire, comme nous dirons
tantost. Par où il appert que (a) ce n'est par vray discours,
mais par une fierté folle et opiniatreté, que nous nous
preferons aux autres animaux et nous sequestrons de leur
condition et societé[2].

Mais, pour revenir à mon propos, nous avons pour
nostre part l'inconstance, l'irresolution, l'incertitude, le
deuil, la superstition, la solicitude des choses à venir,
voire, après nostre vie, l'ambition, l'avarice, la jalousie,
l'envie, les appetits desreglez, forcenez et indomptables,
la guerre, le mensonge, la desloyauté, la detraction et
la curiosité. Certes, nous avons estrangement surpaié ce
beau discours dequoy nous nous glorifions, et cette
capacité de juger et connoistre, si nous l'avons achetée
au pris de ce nombre infiny de passions ausquelles nous

sommes incessamment en prise. *(b)* S'il ne nous plaist de faire encore valoir, comme faict bien Socrates[1], cette notable prerogative sur les autres animaux, que, où nature leur a prescript certaines saisons et limites à la volupté Venerienne, elle nous en a lasché la bride à toutes heures et occasions. *(c)* « *Ut vinum ægrotis, quia prodest raro, nocet sæpissime, melius est non adhibere omnino, quam, spe dubiæ salutis, in apertam perniciem incurrere : sic haud scio an melius fuerit humano generi motum istum celerem cogitationis, acumen, solertiam, quam rationem vocamus, quoniam pestifera sint multis, admodum paucis salutaria, non dari omnino, quam tam munifice et tam large dari*[2]. »

(a) De quel fruit pouvons nous estimer avoir esté à Varro et Aristote cette intelligence de tant de choses ? Les a elle exemptez des incommoditez humaines ? ont-ils esté deschargez des accidents qui pressent un crocheteur ? ont-ils tiré de la Logique quelque consolation à la goute ? pour avoir sçeu comme cette humeur se loge aux jointures, l'en ont-ils moins sentie ? sont ils entrez en composition de la mort pour sçavoir qu'aucunes nations s'en resjouissent, et du cocuage, pour sçavoir les femmes estre communes en quelque region ? Au rebours, ayant tenu le premier reng en sçavoir, l'un entre les Romains, l'autre entre les Grecs, et en la saison où la science fleurissoit le plus, nous n'avons pas pourtant apris qu'ils ayent eu aucune particuliere excellence en leur vie ; voire le Grec a assez affaire à se descharger d'aucunes tasches notables en la siene[3].

(b) A l'on trouvé que la volupté et la santé soient plus savoureuses àceluy qui sçait l'Astrologie et la Grammaire ?

Illiterati num minus nervi rigent[4] ?

et la honte et pauvreté moins importunes ?

Scilicet et morbis et debilitate carebis,
Et luctum et curam effugies, et tempora vitæ
Longa tibi post hæc fato meliore dabuntur[5].

J'ay veu en mon temps cent artisans, cent laboureurs, plus sages et plus heureux que des recteurs de l'université, et lesquels j'aimerois mieux ressembler. La doctrine, ce m'est advis, tient rang entre les choses necessaires à la vie, comme la gloire[6], la noblesse, la dignité *(c)* ou, pour le plus, comme la beauté, la richesse *(b)* et telles autres qualitez

qui y servent voyrement, mais de loin, et un peu plus
par fantasie que par nature.

(c) Il ne nous faut guiere non plus d'offices, de regles
et de loix de vivre, en nostre communauté, qu'il en faut
aux gruës et aux fourmis en la leur. Et, ce neant-moins
nous voyons qu'elles s'y conduisent très-ordonnément
sans erudition. Si l'homme estoit sage, il prenderoit le
vray pris de chasque chose selon qu'elle seroit la plus utile
et propre à sa vie.

(a) Qui nous contera par nos actions et deportements,
il s'en trouvera plus grand nombre d'excellens entre les
ignorans qu'entre les sçavans : je dy en toute sorte de
vertu. La vieille Rome me semble en avoir bien porté de
plus grande valeur, et pour la paix et pour la guerre, que
cette Rome sçavante qui se ruyna soy-mesme. Quand le
demeurant seroit tout pareil, au moins la preud'homie
et l'innocence demeureroient du costé de l'ancienne, car
elle loge singulierement bien avec la simplicité.

Mais je laisse ce discours, qui me tireroit plus loin
que je ne voudrois suivre. J'en diray seulement encore
cela, que c'est la seule humilité et submission[1] qui peut
effectuer un homme de bien. Il ne faut pas laisser au
jugement de chacun la cognoissance de son devoir; il le
lui faut prescrire, non pas le laisser choisir à son discours;
autrement, selon l'imbecillité et varieté infinie de nos
raisons et opinions, nous nous forgerions en fin des devoirs
qui nous mettroient à nous manger les uns les autres,
comme dit Epicurus[2]. La premiere loy que Dieu donna
jamais à l'homme, ce fust une loy de pure obeïssance; ce
fust un commandement nud et simple où l'homme n'eust
rien à connoistre et à causer[3]; *(c)* d'autant que l'obeyr est
le principal office d'une ame raisonnable, recognoissant
un celeste superieur et bienfaicteur. De l'obeir et ceder
naist toute autre vertu, comme du cuider tout peché.
(b) Et, au rebours, la premiere tentation qui vint à
l'humaine nature de la part du diable, sa premiere poison,
s'insinua en nous par les promesses qu'il nous fit de
science et de cognoissance : « *Eritis sicut dii, scientes bonum
et malum*[4]. » *(c)* Et les Sereines, pour piper Ulisse, en
Homere, et l'attirer en leurs dangereux et ruineux laqs,
lui offrent en don la science[5]. *(a)* La peste de l'homme,
c'est l'opinion de sçavoir. Voilà pourquoy l'ignorance
nous est tant recommandée par nostre religion comme

piece propre à la creance et à l'obeissance. *(c)* « *Cavete ne quis vos decipiat per philosophiam et inanes seductiones secundum elementa mundi*[1]. »

(a) En cecy y a il une generalle convenance entre tous les philosophes de toutes sectes, que le souverain bien consiste en la tranquillité de l'ame et du corps. *(b)* Mais où la trouvons-nous?

> *(a)* *Ad summum sapiens uno minor est Jove: dives,*
> *Liber, honoratus, pulcher, rex denique regum;*
> *Præcipue sanus, nisi cum pituita molesta est*[2].

Il semble, à la verité, que nature, pour la consolation de nostre estat miserable et chetif, ne nous ait donné en partage que la presumption. C'est ce que dit Epictete[3] : que l'homme n'a rien proprement sien que l'usage de ses opinions. Nous n'avons que du vent et de la fumée en partage. *(b)* Les dieux ont la santé en essence, dict la philosophie[4], et la maladie en intelligence; l'homme, au rebours, possede ses biens par fantasie, les maux en essence. *(a)* Nous avons eu raison de faire valoir les forces de nostre imagination, car tous nos biens ne sont qu'en songe. Oyez braver ce pauvre et calamiteux animal : « Il n'est rien, dict Cicero[5], si doux que l'occupation des lettres, de ces lettres, dis-je, par le moyen desquelles l'infinité des choses, l'immense grandeur de nature, les cieux en ce monde mesme, et les terres et les mers nous sont descouvertes; ce sont elles qui nous ont appris la religion, la moderation, la grandeur de courage, et qui ont arraché nostre ame des tenebres pour luy faire voir toutes choses hautes, basses, premieres, dernieres et moyennes; ce sont elles qui nous fournissent dequoy bien et heureusement vivre, et nous guident à passer nostre aage sans desplaisir et sans offence. » Cettuy-cy ne semble il pas parler de la condition de Dieu tout-vivant et tout-puissant?

Et, quant à l'effect, mille femmelettes ont vescu au village une vie equable, plus douce et plus constante que ne fust la sienne.

> *Deus ille fuit, Deus, inclute Memmi,*
> *Qui princeps vitæ rationem invenit eam, quæ*
> *Nunc appellatur sapientia, quique per artem*
> *Fluctibus è tantis vitam tantisque tenebris*
> *In tam tranquillo et tam clara luce locavit*[6].

Voylà des paroles trèsmagnifiques et belles; mais un bien legier accidant miſt l'entendement de cettuy-cy[1] en pire eſtat que celuy du moindre bergier, nonobſtant ce Dieu præcepteur et cette divine sapience. De mesme impudence eſt *(c)* cette promesse du livre de Democritus : « Je m'en vay parler de toutes choses[2] »; et ce sot tiltre qu'Ariſtote nous preſte : de Dieux mortels[3]; et *(a)* ce jugement de Chrisippus, que Dion eſtoit aussi vertueux que Dieu[4]. Et mon Seneca recognoit[5], dit-il, que Dieu luy a donné le vivre, mais qu'il a de soy le bien vivre; *(c)* conformément à cet autre : « *In virtute vere gloriamur; quod non contingeret, si id donum a deo, non a nobis haberemus*[6]. » Ceci eſt aussi de Seneque[7] : que le sage a la fortitude pareille à Dieu, mais en l'humaine foiblesse; par où il le surmonte. *(a)* Il n'eſt rien si ordinaire que de rencontrer des traiſts de pareille temerité. Il n'y a aucun de nous qui s'offence tant de se voir apparier à Dieu, comme il faiſt de se voir deprimer au reng des autres animaux : tant nous sommes plus jaloux de noſtre intereſt que de celuy de noſtre createur.

Mais il faut mettre aux pieds cette sote vanité, et secouer vivement et hardiment les fondemens ridicules sur quoy ces fausses opinions se baſtissent. Tant qu'il pensera avoir quelque moyen et quelque force de soy, jamais l'homme ne recognoiſtra ce qu'il doit à son maiſtre; il fera tousjours de ses œufs poules, comme on dit; il le faut mettre en chemise.

Voyons quelque notable exemple de l'effet de sa philosophie :

Possidonius, eſtant pressé d'une si douloureuse maladie qu'elle luy faisoit tordre les bras et grincer les dents, pensoit bien faire la figue à la douleur, pour s'escrier contre elle : « Tu as beau faire, si ne diray-je pas que tu sois mal. » Il sent les mesmes passions que mon laquays, mais il se brave sur ce qu'il contient au moins sa langue sous les loix de sa seſte[8].

(c) « *Re succumbere non oportebat verbis gloriantem*[9]. »

Archesilas eſtoit malade de la goutte; Carneades, l'eſtant venu visiter et s'en retournant tout fasché, il le rappella et, luy montrant ses pieds et sa poitrine : « Il n'eſt rien venu de là icy », luy diſt-il. Ceſtuy cy a un peu meilleure grace, car il sent avoir du mal et voudroit en

estre depestré; mais de ce mal pourtant son cœur n'en
est pas abbattu et affoibli. L'autre se tient en sa roideur,
plus, ce crains je, verbale qu'essentielle¹. Et Dionysius
Heracleotes, affligé d'une cuison vehemente des yeux, fut
rangé à quitter ses resolutions Stoïques².

(a) Mais quand la science feroit par effect ce qu'ils
disent, d'émousser et rabatre l'aigreur des infortunes qui
nous suyvent, que fait elle que ce que fait beaucoup plus
purement l'ignorance, et plus evidemment? Le philosophe Pyrrho, courant en mer le hazart d'une grande tourmente, ne presentoit à ceux qui estoyent avec luy à imiter
que la securité d'un porceau qui voyageoit avecques eux,
regardant cette tempeste sans effroy³. La philosophie, au
bout de ses preceptes, nous renvoye aux exemples d'un
athlete et d'un muletier, ausquels on void ordinairement
beaucoup moins de ressentiment de mort, de douleur et
d'autres inconveniens, et plus de fermeté que la science
n'en fournit onques à aucun qui n'y fust nay et preparé de
soy mesmes par habitude naturelle. Qui faict qu'on incise
et taille les tendres membres d'un enfant plus aiséement
que les nostres, si ce n'est l'ignorance? (c) Et ceux d'un
cheval? (a) Combien en a rendu de malades la seule force
de l'imagination? Nous en voyons ordinairement se faire
seigner, purger et mediciner pour guerir des maux qu'ils
ne sentent qu'en leurs discours. Lors que les vrais maux
nous faillent, la science nous preste les siens. Cette couleur
et ce teint vous presagent quelque defluxion catarreuse;
cette saison chaude vous menasse d'une émotion fievreuse; cette coupeure de la ligne vitale de vostre main
gauche vous advertit de quelque notable et voisine indisposition. Et en fin elle s'en adresse tout detroussément
à la santé mesme. Cette allegresse et vigueur de jeunesse
ne peut arrester en une assiete; il luy faut desrober du
sang et de la force, de peur qu'elle ne se tourne contre
vous mesmes. Comparés la vie d'un homme asservy à
telles imaginations à celle d'un laboureur se laissant aller
après son appetit naturel, mesurant les choses au seul
sentiment present, sans science et sans prognostique, qui
n'a du mal que lors qu'il l'a; où l'autre a souvent la pierre
en l'ame avant qu'il l'ait aux reins; comme s'il n'estoit
point assez à temps pour souffrir le mal lors qu'il y sera,
il l'anticipe par fantasie, et luy court au devant.

Ce que je dy de la medecine, se peut tirer par exemple

generalement à toute science. De là est venue cette
ancienne opinion des philosophes qui logeoient le souverain bien à la recognoissance de la foiblesse de nostre
jugement. Mon ignorance me preste autant d'occasion
d'esperance que de crainte, et, n'ayant autre regle de ma
santé que celle des exemples d'autruy et des evenemens
que je vois ailleurs en pareille occasion, j'en trouve de
toutes sortes et m'arreste aux comparaisons qui me sont
plus favorables. Je reçois la santé les bras ouverts, libre,
plaine et entiere, et esguise mon appetit à la jouïr, d'autant
plus qu'elle m'est à present moins ordinaire et plus rare;
tant s'en faut que je trouble son repos et sa douceur par
l'amertume d'une nouvelle et contrainte forme de vivre.
Les bestes nous montrent assez combien l'agitation de
nostre esprit nous apporte de maladies[1].

   (c) Ce qu'on nous dict de ceux du Bresil, qu'ils ne
mouroyent que de vieillesse, et qu'on attribue à la serenité
et tranquillité de leur air, je l'attribue plustost à la tranquillité et serenité de leur ame, deschargée de toute passion
et pensée et occupation tenduë ou desplaisante, comme
gens qui passoyent leur vie en une admirable simplicité
et ignorance, sans lettres, sans loy, sans roy, sans rellignion
quelconque[2].

   (a) Et d'où vient, ce qu'on voit par experience, que les
plus grossiers et plus lours sont plus fermes et plus desirables aux executions amoureuses, et que l'amour d'un
muletier se rend souvent plus acceptable que celle d'un
galant homme, sinon que en cetuy cy l'agitation de l'ame
trouble sa force corporelle, la rompt et lasse?

   Comme elle lasse aussi et trouble ordinairement soy-
mesmes. Qui la desment, qui la jette plus coustumierement
à la manie que sa promptitude, sa pointe, son agilité, et
en fin sa force propre? *(b)* Dequoy se faict la plus subtile
folie, que de la plus subtile sagesse? Comme des grandes
amitiez naissent des grandes inimitiez; des santez vigoreuses, les mortelles maladies; ainsi des rares et vifves
agitations de nos ames, les plus excellentes manies et plus
detraquées; il n'y a qu'un demy tour de cheville à passer
de l'un à l'autre. *(a)* Aux actions des hommes insansez,
nous voyons combien proprement s'avient la folie avecq
les plus vigoureuses operations de nostre ame. Qui ne
sçait combien est imperceptible le voisinage d'entre la
folie avecq les gaillardes elevations d'un esprit libre et les

effects d'une vertu supreme et extraordinaire? Platon dict
les melancholiques plus disciplinables et excellans : aussi
n'en est il point qui ayent tant de propencion à la folie.
Infinis esprits se treuvent ruinez par leur propre force et
souplesse. Quel saut vient de prendre, de sa propre
agitation et allegresse, l'un des plus judicieux, ingenieux
et plus formés à l'air de cette antique et pure poisie,
qu'autre poëte Italien aye de long temps esté[1]? N'a il pas
dequoy sçavoir gré à cette sienne vivacité meurtrière?
à cette clarté qui l'a aveuglé? à cette exacte et tendue
apprehension de la raison qui l'a mis sans raison? à la
curieuse et laborieuse queste des sciences qui l'a conduit
à la bestise? à cette rare aptitude aux exercices de l'ame,
qui l'a rendu sans exercice et sans ame? J'eus plus de
despit encore que de compassion, de le voir à Ferrare en
si piteux estat, survivant à soy-mesmes, mesconnoissant
et soy et ses ouvrages, lesquels, sans son sçeu, et toutesfois
à sa veuë, on a mis en lumiere incorrigez et informes[2].

Voulez vous un homme sain, le voulez vous reglé et
en ferme et seure posteure? affublez le de tenebres, d'oisiveté et de pesanteur. *(c)* Il nous faut abestir pour nous
assagir, et nous esblouir pour nous guider.

(a) Et, si on me dit que la commodité d'avoir le goust
froid et mousse aux douleurs et aux maux, tire après soy
cette incommodité de nous rendre aussi, par consequent
moins aiguz et frians à la jouissance des biens et des
plaisirs, cela est vray; mais la misere de nostre condition
porte que nous n'avons pas tant à jouir qu'à fuir, et que
l'extreme volupté ne nous touche pas comme une legiere
douleur. *(c)* « *Segnius homines bona quam mala sentiunt*[3]. »
(a) Nous ne sentons point l'entiere santé comme la
moindre des maladies,

> *pungit*
>
> *In cute vix summa viólatum plagula corpus,*
> *Quando valere nihil quemquam movet. Hoc juvat unum,*
> *Quod me non torquet latus aut pes : cætera quisquam*
> *Vix queat aut sanum sese, aut sentire valentem*[4].

Nostre bien estre, ce n'est que la privation d'estre mal.
Voylà pourquoy la secte de philosophie qui a le plus faict
valoir la volupté, encore l'a elle rengée à la seule indolence. Le n'avoir point de mal, c'est le plus avoir de bien
que l'homme puisse esperer; *(c)* comme disoit Ennius :

> *Nimium boni est, cui nihil est mali*[5].

(a) Car ce mesme chatouillement et esguisement qui se rencontre en certains plaisirs et semble nous enlever au dessus de la santé simple et de l'indolence, cette volupté active, mouvante, et, je ne sçay comment, cuisante et mordante, celle là mesme ne vise qu'à l'indolence comme à son but. L'appetit qui nous ravit à l'accointance des femmes, il ne cherche qu'à chasser la peine que nous apporte le desir ardent et furieux, et ne demande qu'à l'assouvir et se loger en repos et en l'exemption de cette fievre. Ainsi des autres.

Je dy donq que, si la simplesse nous achemine à point n'avoir de mal, elle nous achemine à un très-heureux estat selon nostre condition.

(c) Si ne la faut il point imaginer si plombée, qu'elle soit du tout sans goust. Car Crantor avoit bien raison de combattre l'indolence d'Epicurus, si on la batissoit si profonde que l'abort mesme et la naissance des maux en fut à dire[1]. Je ne loüe point cette indolence qui n'est ny possible ny desirable. Je suis content de n'estre pas malade; mais, si je le suis, je veux sçavoir que je le suis; et, si on me cauterise ou incise, je le veux sentir. De vray, qui desracineroit la cognoissance du mal, il extirperoit quand et quand la cognoissance de la volupté, et en fin aneantiroit l'homme : « *Istud nibil dolere, non sine magna mercede contingit immanitatis in animo, stuporis in corpore*[2]. »

Le mal est à l'homme bien à son tour. Ny la douleur ne luy est tousjours à fuir, ny la volupté tousjours à suivre.

(a) C'est un très-grand avantage pour l'honneur de l'ignorance que la science mesme nous rejette entre ses bras, quand elle se trouve empeschée à nous roidir contre la pesanteur des maux; elle est contrainte de venir à cette composition, de nous lácher la bride et donner congé de nous sauver en son giron, et nous mettre soubs sa faveur à l'abri des coups et injures de la fortune. Car que veut elle dire autre chose, quand elle nous presche de *(c)* retirer nostre pensée des maux qui nous tiennent, et l'entretenir des voluptez perdues, et de *(a)* nous servir, pour consolation des maux presens, de la souvenance des biens passez, et d'appeller à nostre secours un contentement esvanouy pour l'opposer à ce qui nous presse : *(c)* « *levationes ægritudinum in avocatione a cogitanda molestia et revocatione ad contemplandas voluptates ponit*[3] »? *(a)* si ce n'est

que, où la force luy manque, elle veut user de ruse, et donner un tour de souplesse et de jambe, où la vigueur du corps et des bras vient à luy faillir. Car, non seulement à un philosophe, mais simplement à un homme rassis, quand il sent par effect l'alteration cuisante d'une fievre chaude, quelle monnoye est-ce de le payer de la souvenance de la douceur du vin Grec? *(b)* Ce seroit plustost lui empirer son marché,

Che ricordarsi il ben doppia la noia[1].

(a) De mesme condition est cet autre conseil que la philosophie donne, de maintenir en la memoire seulement le bon-heur passé, et d'en effacer les desplaisirs que nous avons soufferts, comme si nous avions en nostre pouvoir la science de l'oubly. *(c)* Et conseil duquel nous valons moins, encore un coup.

Suavis est laborum præteritorum memoria[2].

(a) Comment la philosophie, qui me doit mettre les armes à la main pour combatre la fortune, qui me doit roidir le courage pour fouler aux pieds toutes les adversitez humaines, vient elle à cette mollesse de me faire conniller par ces destours coüards et ridicules? Car la memoire nous represente non pas ce que nous choisissons, mais ce qui luy plaist. Voire il n'est rien qui imprime si vivement quelque chose en nostre souvenance que le desir de l'oublier : c'est une bonne maniere de donner en garde et d'empreindre en nostre ame quelque chose que de la solliciter de la perdre. *(c)* Et cela est faux : « *Est situm in nobis, ut et adversa quasi perpetua oblivione obruamus, et secunda jucunde et suaviter meminerimus*[3]. » Et cecy est vray : « *Memini etiam quæ nolo, oblivisci non possum quæ volo*[4]. » *(a)* Et de qui est ce conseil? de celuy *(c)* « *qui se unus sapientem profiteri sit ausus*[5] »,

(a) Qui genus humanum ingenio superavit, et omnes
Præstrinxit stellas, exortus uti ætherius sol[6].

De vuyder et desmunir la memoire, est ce pas le vray et propre chemin à l'ignorance? *(c)* « *Iners malorum remedium ignorantia est*[7]. » *(a)* Nous voyons plusieurs pareils preceptes par lesquels on nous permet d'emprunter du vulgaire des apparences frivoles, où la raison vive et

forte ne peut assez, pourveu qu'elles nous servent de
contentement et de consolation. Où ils ne peuvent guerir
la playe, ils sont contents de l'endormir et pallier. Je croy
qu'ils ne me nieront pas cecy que, s'ils pouvoient adjouster de l'ordre et de la constance en un estat de vie qui se
maintint en plaisir et en tranquillité par quelque foiblesse
et maladie de jugement, qu'ils ne l'acceptassent :

> *potare et spargere flores*
> *Incipiam, patiárque vel inconsultus haberi*[1].

Il se trouveroit plusieurs philosophes de l'advis de
Lycas : cettuy-cy[2] ayant au demeurant ses meurs bien
reglées, vivant doucement et paisiblement en sa famille,
ne manquant à nul office de son devoir envers les siens et
estrangiers, se conservant trèsbien des choses nuisibles,
s'estoit, par quelque alteration de sens, imprimé en la
fantasie une resverie; c'est qu'il pensoit estre perpetuellement aux theatres à y voir des passetemps, des spectacles
et des plus belles comedies du monde. Guery qu'il fust
par les medecins de cette humeur peccante, à peine qu'il
ne les mit en procès pour le restablir en la douceur de ces
imaginations,

> *pol ! me occidistis, amici,*
> *Non servastis, ait, cui sic extorta voluptas,*
> *Et demptus per vim mentis gratissimus error*[3];

d'une pareille resverie à celle de Thrasilaus, fils de
Pythodorus, qui se faisoit à croire que tous les navires qui
relaschoient du port de Pyrée et y abordoient, ne travailloient que pour son service : se resjouyssant de la bonne
fortune de leur navigation, les recueillant avec joye. Son
frere Crito l'ayant faict remettre en son meilleur sens, il
regrettoit cette sorte de condition en laquelle il avoit vescu
plein de liesse et deschargé de tout desplaisir. C'est ce
que dit ce vers ancien Grec, qu'il y a beaucoup de commodité à n'estre pas si advisé,

> Ἐν τῷ φρονεῖν γὰρ μηδὲν ἥδιστος βίος[4],

et l'*Ecclesiaste* : « En beaucoup de sagesse, beaucoup de
desplaisir »; et, « qui acquiert science, s'aquiert du travail
et tourment ».

Cela mesme à quoy en general la philosophie consent,

cette derniere recepte qu'elle ordonne à toute sorte de necessitez, qui est de mettre fin à la vie que nous ne pouvons supporter : *(c)* « *Placet ? pare. Non placet ? quacunque vis, exi*[1]. »

« *Pungit dolor ? Vel fodiat sane. Si nudus es, da iugulum ; sin tectus armis Vulcaniis, id est fortitudine, resiste*[2] » ; et ce mot des Grecs convives qu'ils y appliquent : « *Aut bibat, aut abeat*[3] » (qui donne plus sortablement en la langue d'un Gascon qui change volontiers en V le B, qu'en celle de Cicero) ;

> *(a)* *Vivere si recte nescis, decede peritis ;*
> *Lusisti satis, edisti satis atque bibisti ;*
> *Tempus abire tibi est, ne potum largius æquo*
> *Rideat et pulset lasciva decentius ætas*[4] ;

qu'est-ce autre chose qu'une confession de son impuissance et un renvoy non seulement à l'ignorance, pour y estre à couvert, mais à la stupidité mesme, au non sentir et au non estre ?

> *Democritum postquam matura vetustas*
> *Admonuit memorem motus languescere mentis,*
> *Sponte sua leto caput obvius obtulit ipse*[5].

C'est ce que disoit Antisthenes, qu'il falloit faire provision ou de sens pour entendre, ou de licol pour se pendre ; et ce que Chrysippus alleguoit sur ce propos du poëte Tyrtæus,

> De la vertu, ou de mort approcher[6].

(c) Et Crates disoit que l'Amour se guerissoit par la faim, si non par le temps ; et, à qui ces deux moïens ne plairroient, par la hart[7].

(b) Celuy Sextius duquel Senecque[8] et Plutarque[9] parlent avec si grande recommandation, s'estant jetté, toutes choses laissées, à l'estude de la philosophie, delibera de se precipiter en la mer, voyant le progrez de ses estudes trop tardif et trop long. Il couroit à la mort, au deffaut de la science. Voicy les mots de la loy sur ce subject : Si d'aventure il survient quelque grand inconvenient qui ne se puisse remedier, le port est prochain ; et se peut on sauver à nage hors du corps comme hors d'un esquif qui faict eau : car c'est la crainte de mourir, non pas le desir de vivre, qui tient le fol attaché au corps.

(a) Comme la vie se rend par la simplicité plus plaisante, elle s'en rend aussi plus innocente et meilleure, comme je commençois tantoſt à dire. « Les simples, dit S. Paul[1], et les ignorans s'eslevent et saisissent du ciel : et nous, à tout noſtre sçavoir, nous plongeons aux abismes infernaux. » Je ne m'arreſte ny à Valentian[2], ennemy declaré de la science et des lettres, ny à Licinius, tous deux Empereurs Romains, qui les nommoient le venin et la peſte de tout eſtat politique; ny à Mahumet, qui, *(c)* comme j'ay entendu, *(a)* interdict la science à ses hommes; mais l'exemple de ce grand Lycurgus, et son authorité doit certes avoir grand pois; et la reverence de cette divine police Lacedemonienne, si grande, si admirable et si long temps fleurissante en vertu et en bon heur, sans aucune inſtitution ny exercice de lettres. Ceux qui reviennent de ce monde nouveau, qui a eſté descouvert du temps de nos peres par les Espaignols, nous peuvent tesmoigner combien ces nations, sans magiſtrat et sans loy, vivent plus legitimement et plus regléement que les noſtres, où il y a plus d'officiers et de loix qu'il n'y a d'autres hommes et qu'il n'y a d'actions,

> *Di cittatorie piene e di libelli,*
> *D'esamine e di carte, di procure,*
> *Hanno le máni e il seno, et gran faſtelli*
> *Di chiose, di consigli e di letture :*
> *Per cui le facuita de poverelli*
> *Non sono mai ne le citta sicure ;*
> *Hanno dietro e dinanzi, e d'ambi ilati,*
> *Notai procuratori e advocati[3].*

C'eſtoit ce que disoit un senateur Romain des derniers siecles que leurs predecesseurs avoient l'aleine puante à l'ail, et l'eſtomac musqué de bonne conscience; et qu'au rebours ceux de son temps ne sentoient au dehors que le parfum, puans au dedans toute sorte de vices; c'eſt à dire, comme je pense, qu'ils avoient beaucoup de sçavoir et de suffisance, et grand faute de preud'hommie. L'incivilité, l'ignorance, la simplesse, la rudesse s'accompaignent volontiers de l'innoncence; la curiosité, la subtilité, le sçavoir trainent la malice à leur suite; l'humilité, la crainte, l'obeissance, la debonnaireté (qui sont les pieces principales pour la conservation de la societé humaine) demandent une ame vuide, docile et presumant peu de soy.

Les Chreſtiens ont une particuliere cognoissance com-

bien la curiosité est un mal naturel et originel en l'homme.
Le soing de s'augmenter en sagesse et en science, ce fut
la premiere ruine du genre humain; c'est la voye par où
il s'est precipité à la damnation eternelle. L'orgueil est
sa perte et sa corruption : c'est l'orgueil qui jette l'homme
à quartier des voyes communes, qui luy fait embrasser
les nouvelletez, et aimer mieux estre chef d'une trouppe
errante et desvoyée au sentier de perdition, aymer mieux
estre regent et precepteur d'erreur et de mensonge, que
d'estre disciple en l'eschole de verité, se laissant mener
et conduire par la main d'autruy à la voye batuë et droic-
turiere. C'est, à l'avanture, ce que dict ce mot Grec ancien,
que la superstition suit l'orgueil et luy obeit comme à son
pere : ἡ δεισιδαιμονία κατάπερ πατρὶ τῷ τυφῷ πείτεται[1].

(c) O cuider! combien tu nous empesches! Après que
Socrates[2] fut adverti que le Dieu de sagesse luy avoit
attribué le surnom de sage, il en fut estonné; et, se recherchant et secouant par tout, n'y trouvoit aucun fondement
à cette divine sentence. Il en sçavoit de justes, temperans,
vaillans, sçavans comme luy, et plus eloquents, et plus
beaux, et plus utiles au païs. Enfin il se resolut qu'il
n'estoit distingué des autres et n'estoit sage que par ce
qu'il ne s'en tenoit pas; et que son Dieu estimoit bestise
singuliere à l'homme l'opinion de science et de sagesse :
et que sa meilleure doctrine estoit la doctrine de l'ignorance, et sa meilleure sagesse, la simplicité.

(a) La saincte parole declare miserables ceux d'entre
nous qui s'estiment. « Bourbe et cendre, leur dit-elle,
qu'as-tu à te glorifier? » Et ailleurs : « Dieu a faict l'homme semblable à l'ombre; de laquelle qui jugera, quand,
par l'esloignement de la lumiere, elle sera esvanouye[3]? »
Ce n'est rien à la verité que de nous. Il s'en faut tant que
nos forces conçoivent la hauteur divine, que, des ouvrages de nostre createur, ceux-là portent mieux sa marque
et sont mieux siens, que nous entendons le moins. C'est
aux Chrestiens une occasion de croire, que de rencontrer
une chose incroiable. Elle est d'autant plus selon raison,
qu'elle est contre l'humaine raison. (b) Si elle estoit selon
raison, ce ne seroit plus miracle; et, si elle estoit selon
quelque exemple, ce ne seroit plus chose singuliere.
(c) « Melius scitur deus nesciendo[4] », dict S. Augustin; et
Tacitus : « Sanctius est ac reverentius de actis deorum credere
quam scire[5]. »

Et Platon estime[1] qu'il y ayt quelque vice d'impiété à trop curieusement s'enquerir et de Dieu et du monde, et des causes premieres des choses.

« *Atque illum quidem parentem hujus universitatis invenire difficile ; et, quum jam inveneris, indicare in vulgus, nefas* », dict Cicero[2].

(a) Nous disons bien puissance, verité, justice : ce sont paroles qui signifient quelque chose de grand ; mais cette chose là, nous ne la voyons aucunement, ny ne la concevons. *(b)* Nous disons que Dieu craint, que Dieu se courrouce, que Dieu ayme,

Immortalia mortali sermone notantes[3] ;

ce sont toutes agitations et émotions qui ne peuvent loger en Dieu selon nostre forme ; ny nous, l'imaginer selon la sienne. *(a)* C'est à Dieu seul de se cognoistre et d'interpreter ses ouvrages. *(c)* Et le faict en nostre langue, improprement, pour s'avaller et descendre à nous, qui sommes à terre, couchez. La prudence, comment luy peut elle convenir, qui est l'eslite entre le bien et le mal, veu que nul mal ne le touche ? Quoy la raison et l'intelligence, desquelles nous nous servons pour, par les choses obscures, arriver aux apparentes, veu qu'il n'y a rien d'obscur à Dieu ? La justice, qui distribue à chacun ce qui luy appartient, engendrée pour la société et communauté des hommes, comment est-elle en Dieu ? La tempérance, comment ? qui est la moderation des voluptés corporelles, qui n'ont nulle place en la divinité. La fortitude à porter la douleur, le labeur, les dangers, luy appartiennent aussi peu, ces trois choses n'ayans nul accès près de luy. Parquoy Aristote le tient egallement exempt de vertu et de vice.

« *Neque gratia neque ira teneri potest, quod quæ talia essent, imbecilla essent omnia*[4]. »

(a) La participation que nous avons à la connoissance de la verité, quelle qu'elle soit, ce n'est pas par nos propres forces que nous l'avons acquise. Dieu nous a assez apris cela par les tesmoins qu'il a choisi du vulgaire, simples et ignorans, pour nous instruire de ses admirables secrets : nostre foy ce n'est pas nostre acquest, c'est un pur present de la liberalité d'autruy. Ce n'est pas par discours ou par nostre entendement que nous avons receu nostre religion, c'est par authorité et par commandement

estranger. La foiblesse de nostre jugement nous y aide
plus que la force, et nostre aveuglement plus que nostre
clervoyance. C'est par l'entremise de nostre ignorance
plus que de nostre science que nous sommes sçavans de
ce divin sçavoir. Ce n'est pas merveille si nos moyens
naturels et terrestres ne peuvent concevoir cette connoissance supernaturelle et celeste : apportons y seulement du
nostre l'obeissance et la subjection. Car, comme il est
escrit[1] : « Je destruiray la sapience des sages, et abbatray
la prudence des prudens. Où est le sage? où est l'écrivain?
Où est le disputateur de ce siècle? Dieu n'a-il pas abesty
la sapience de ce monde? Car, puis que le monde n'a
point cogneu Dieu par sapience, il luy a pleu, par la
vanité[2] de la predication, sauver les croyans. »

Si me faut-il voir en fin s'il est en la puissance de
l'homme de trouver ce qu'il cherche, et si cette queste
qu'il a employé depuis tant de siecles, l'a enrichy de
quelque nouvelle force et de quelque verité solide.

Je croy qu'il me confessera, s'il parle en conscience,
que tout l'acquest qu'il a retiré d'une si longue poursuite, c'est d'avoir appris à reconnoistre sa foiblesse.
L'ignorance qui estoit naturellement en nous, nous
l'avons par longue estude, confirmée et averée. Il est
advenu aux gens véritablement sçavans ce qui advient aux
espics de bled : ils vont s'eslevant et se haussant, la teste
droite et fiere, tant qu'ils sont vuides; mais, quand ils
sont pleins et grossis de grain en leur maturité, ils commencent à s'humilier et à baisser les cornes. Pareillement,
les hommes ayant tout essayé et tout sondé, n'ayant
trouvé en cet amas de science et provision de tant de
choses diverses rien de massif et ferme, et rien que vanité,
ils ont renoncé à leur presomption et reconneu leur condition naturelle.

(c) C'est ce que Velleius reproche à Cotta et à Cicero,
qu'ils ont appris de Philo n'avoir rien appris[3].

Pherecydes, l'un des sept sages, escrivant à Thales,
comme il expiroit : « J'ay, dict-il, ordonné aux miens,
après qu'ils m'auront enterré, de t'apporter mes escrits;
s'ils contentent et toy et les autres sages, publie les; sinon,
supprime les; ils ne contiennent nulle certitude qui me
satisface à moymesmes. Aussi ne fay-je pas profession
de sçavoir la verité, et d'y atteindre. J'ouvre les choses
plus que je ne les descouvre[4]. » (a) Le plus sage homme

qui fut onques[1], quand on luy demanda ce qu'il sçavoit, respondit qu'il sçavoit cela, qu'il ne sçavoit rien. Il verifioit ce qu'on dit, que la plus grande part de ce que nous sçavons, est la moindre de celles que nous ignorons; c'est à dire que ce mesme que nous pensons sçavoir, c'est une piece, et bien petite, de nostre ignorance.

(c) Nous sçavons les choses en songe, dict Platon[2], et les ignorons en verité.

« *Omnes pene veteres nihil cognosci, nihil percipi, nihil sciri posse dixerunt; angustos sensus, imbecillos animos, brevia curricula vitæ[3].* »

(a) Cicero mesme, qui devoit au sçavoir tout son vaillant, Valerius[4] dict que sur sa vieillesse il commença à desestimer les lettres. *(c)* Et pendant qu'il les traictoit, c'estoit sans obligation d'aucun parti, suivant ce qui luy sembloit probable, tantost en l'une secte, tantost en l'autre; se tenant tousjours sous la dubitation de l'Academie,

« *Dicendum est, sed ita ut nihil affirmem, quæram omnia, dubitans plerumque et mihi diffidens[5].* »

(a) J'auroy trop beau jeu si je vouloy considerer l'homme en sa commune façon et en gros, et le pourroy faire pourtant par sa regle propre, qui juge la verité non par le poids des voix, mais par le nombre. Laissons là le peuple,

> *Qui vigilans stertit,*
> *Mortua cui vita est prope jam vivo atque videnti[6],*

qui ne se sent point, qui ne se juge point, qui laisse la plus part de ses facultez naturelles oisives. Je veux prendre l'homme en sa plus haute assiete. Considerons le en ce petit nombre d'hommes excellens et triez qui, ayant esté douez d'une belle et particuliere force naturelle, l'ont encore roidie et esguisée par soin, par estude et par art, et l'ont montée au plus haut point *(c)* de sagesse *(a)* où elle puisse atteindre. Ils ont manié leur ame à tout sens et à tout biais, l'ont appuyée et estançonnée de tout le secours estranger qui luy a esté propre, et enrichie et ornée de tout ce qu'ils ont peu emprunter, pour sa commodité, du dedans et dehors du monde; c'est en eux que loge la hauteur extreme de l'humaine nature. Ils ont reglé le monde de polices et de loix; ils l'ont instruict par arts et sciences, et instruict encore par l'exemple de leurs meurs

admirables. Je ne mettray en compte que ces gens-là,
leur tesmoignage et leur experience. Voyons jusques où
ils sont allez et à quoy ils se sont tenus. Les maladies
et les defauts que nous trouverons en ce college là, le
monde les pourra hardiment bien avouër pour siens.

Quiconque cherche quelque chose, il en vient à ce
point : ou qu'il dict qu'il l'a trouvée, ou qu'elle ne se
peut trouver, ou qu'il en est encore en queste. Toute la
philosophie est départie en ces trois genres. Son dessein
est de chercher la verité, la science et la certitude. Les Peripateticiens, Epicuriens, Stoïciens et autres ont pensé
l'avoir trouvée. Ceux-cy ont establi les sciences que nous
avons, et les ont traittées comme notices certaines. Clitomachus, Carneades et les Academiciens ont desesperé
de leur queste, et jugé que la verité ne se pouvoit concevoir par nos moyens. La fin de ceux-cy, c'est la foiblesse
et humaine ignorance; ce party a eu la plus grande suyte
et les sectateurs les plus nobles[1].

Pyrrho et autres Skeptiques ou Epechistes[2] *(c)* desquels
les dogmes plusieurs anciens[3] ont tenu tirez de Homere,
des sept sages, d'Archilochus, d'Eurypides, et y attachent
Zeno, Democritus, Xenophanes, *(a)* disent qu'ils sont
encore en cherche de la verité. Ceux-cy jugent que ceux
qui pensent l'avoir trouvée, se trompent infiniement; et
qu'il y a encore de la vanité trop hardie en ce second degré
qui asseure que les forces humaines ne sont pas capables
d'y atteindre. Car cela, d'establir la mesure de nostre
puissance, de connoistre et juger la difficulté des choses,
c'est une grande et extreme science, de laquelle ils doubtent que l'homme soit capable.

> *Nil sciri quisquis putat, id quoque nescit*
> *An sciri possit quo se nil scire fatetur*[4].

L'ignorance qui se sçait, qui se juge et qui se condamne,
ce n'est pas une entiere ignorance : pour l'estre, il faut
qu'elle s'ignore soy-mesme. De façon que la profession
des Pyrrhoniens est de branler, douter et enquerir, ne
s'asseurer de rien, de rien ne se respondre. Des trois
actions de l'ame, l'imaginative, l'appetitive et la consen-
tante, ils en reçoivent les deux premieres; la derniere
ils la soustiennent et la maintiennent ambigüe, sans
inclination ny approbation d'une part ou d'autre, tant
soit-elle legere.

(c) Zenon peignoit de geste son imagination sur cette partition des facultez de l'ame : la main espandue et ouverte, c'estoit apparence; la main à demy serrée et les doigts un peu croches, consentement; le poing fermé, comprehention; quand, de la main gauche, il venoit encore à clorre ce poing plus estroit, science[1].

(a) Or cette assiette de leur jugement, droicte et inflexible, recevant tous objets sans application et consentement, les achemine à leur Ataraxie, qui est une condition de vie paisible, rassise, exempte des agitations que nous recevons par l'impression de l'opinion et science que nous pensons avoir des choses. D'où naissent la crainte, l'avarice, l'envie, les desirs immoderez, l'ambition, l'orgueil, la superstition, l'amour de nouvelleté, la rebellion, la desobeissance, l'opiniatreté et la pluspart des maux corporels. Voire ils s'exemptent par là de la jalousie de leur discipline. Car ils debattent d'une bien molle façon. Ils ne craignent point la revenche à leur dispute. Quand ils disent que le poisant va contre bas, ils seroient bien marris qu'on les en creut; et cerchent qu'on les contredie, pour engendrer la dubitation et surceance de jugement, qui est leur fin. Ils ne mettent en avant leurs propositions que pour combattre celles qu'ils pensent que nous ayons en nostre creance. Si vous prenez la leur, ils prendront aussi volontiers la contraire à soustenir : tout leur est un; ils n'y ont aucun chois. Si vous establissez que la nege soit noire, ils argumentent au rebours qu'elle est blanche[2]. Si vous dites qu'elle n'est ny l'un, ny l'autre, c'est à eux à maintenir qu'elle est tous les deux. Si, par certain jugement, vous tenez que vous n'en sçavez rien, ils vous maintiendront que vous le sçavez. Oui, et si, par un axiome affirmatif, vous asseurez que vous en doutez, ils vous iront debattant que vous n'en doutez pas, ou que vous ne pouvez juger et establir que vous en doutez. Et, par cette extremité de doute qui se secoue soymesme, ils se separent et se divisent de plusieurs opinions de celles mesmes qui ont maintenu en plusieurs façons le doubte et l'ignorance.

(b) Pourquoy ne leur sera il permis, disent-ils, comme il est entre les dogmatistes à l'un dire vert, à l'autre jaune, à eux aussi de doubter? est il chose qu'on vous puisse proposer pour l'advouer ou refuser, laquelle il ne soit pas loisible de considerer comme ambiguë? Et, où les autres

sont portez, ou par la coustume de leur païs, ou par l'institution des parens, ou par rencontre, comme par une
tempeste, sans jugement et sans chois, voire le plus
souvent avant l'aage de discretion, à telle ou telle opinion,
à la secte ou Stoïque ou Epicurienne, à laquelle ils se
treuvent hippothequez, asserviz et collez comme à une
prise qu'ils ne peuvent desmordre. *(c)* « *Ad quamcunque
disciplinam velut tempestate delati, ad eam tanquam ad saxum
adhærescunt*[1] », *(b)* pourquoy à ceux cy ne sera il pareillement concedé de maintenir leur liberté, et considerer les
choses sans obligation et servitude? *(c)* « *Hoc liberiores
et solutiores quod integra illis est judicandi potestas*[2]. » N'est-ce
pas quelque advantage de se trouver desengagé de la
necessité qui bride les autres? *(b)* Vaut il pas mieux
demeurer en suspens que de s'infrasquer en tant d'erreurs
que l'humaine fantasie a produictes? Vaut il pas mieux
suspendre sa persuasion que de se mesler à ces divisions
seditieuses et quereleuses? *(c)* Qu'iray-je choisir? — Ce
qu'il vous plaira, pourveu que vous choisissez! — Voilà
une sotte response, à la quelle pourtant il semble que tout
le dogmatisme arrive, par qui il ne nous est pas permis
d'ignorer ce que nous ignorons. *(b)* Prenez le plus fameux
party, il ne sera jamais si seur qu'il ne vous faille, pour
le deffendre, attaquer et combatre cent et cent contraires
partis. Vaut il pas mieux se tenir hors de cette meslée?
Il vous est permis d'espouser, comme vostre honneur et
vostre vie, la creance d'Aristote sur l'Eternité de l'ame,
et desdire et desmentir Platon là dessus; et à eux il sera
interdit d'en douter? *(c)* S'il est loisible à Panætius de
soustenir son jugement autour des aruspices, songes,
oracles, vaticinations, desquelles choses les Stoïciens ne
doubtent aucunement, pourquoy un sage n'osera-il en
toutes choses ce que cettuy cy ose en celles qu'il a apprin-
ses de ses maistres, establies du commun consentement
de l'eschole de laquelle il est sectateur et professeur?
(b) Si c'est un enfant qui juge, il ne sçait que c'est; si
c'est un sçavant, il est præoccupé. Ils se sont reservez
un merveilleux advantage au combat, s'estant deschargez
du soing de se couvrir. Il ne leur importe qu'on les frape,
pourveu qu'ils frappent; et font leurs besongnes de tout.
S'ils vainquent, vostre proposition cloche; si vous, la
leur. S'ils faillent, ils verifient l'ignorance; si vous faillez,
vous la verifiez. S'ils preuvent que rien ne se sçache, il va

bien; s'ils ne le sçavent pas prouver, il est bon de mesmes.
(c) « *Ut, quum in eadem re paria contrariis in partibus
momenta inveniuntur, facilius ab utraque parte assertio
sustineatur*[1]. »

Et font estat de trouver bien plus facilement pour
quoy une chose soit fauce, que non pas qu'elle soit vraie;
et ce qui n'est pas, que ce qui est; et ce qu'ils ne croient
pas, que ce qu'ils croïent.

(a) Leurs façons de parler sont : Je n'establis rien; il
n'est non plus ainsi qu'ainsin, ou que ny l'un ny l'autre;
je ne le comprens point; les apparences sont égales par
tout; la loy de parler et pour et contre, est pareille[2]. *(c)*
Rien ne semble vray, qui ne puisse sembler faux. *(a)* Leur
mot sacramental, c'est ἐπέχω[3], c'est à dire je soutiens, je ne
bouge. Voylà leurs refreins, et autres de pareille substance.
Leur effect, c'est une pure, entiere et très-parfaicte surceance et suspension de jugement. Ils se servent de leur
raison pour enquerir et pour debatre, mais non pas pour
arrester et choisir. Quiconque imaginera une perpetuelle
confession d'ignorance, un jugement sans pente et sans
inclination, à quelque occasion que ce puisse estre, il
conçoit le Pyrronisme. J'exprime cette fantasie autant
que je puis, par ce que plusieurs la trouvent difficile à
concevoir; et les autheurs mesmes la representent un peu
obscurement et diversement.

Quant aux actions de la vie, ils sont en cela de la commune façon. Ils se prestent et accommodent aux inclinations naturelles, à l'impulsion et contrainte des passions,
aux constitutions des loix et des coustumes et à la tradition
des arts[4] : *(c)* « *Non enim nos Deus ista scire, sed tantummodo
uti voluit*[5]. » *(a)* Ils laissent guider à ces choses là leurs
actions communes, sans aucune opination ou jugement.
Qui fait que je ne puis pas bien assortir à ce discours
ce que on[6] dict de Pyrrho. Ils le peignent stupide et immobile, prenant un train de vie farouche et inassociable,
attendant le hurt des charretes, se presentant aux precipices, refusant de s'accommoder aux lois. Cela est encherir
sur sa discipline. Il n'a pas voulu se faire pierre ou souche;
il a voulu se faire homme vivant, discourant et raisonnant,
jouïssant de tous plaisirs et commoditez naturelles, embe-
soignant et se servant de toutes ces pieces corporelles et
spirituelles en regle et droicture. Les privileges fantastiques, imaginaires et faux, que l'homme s'est usurpé, de

regenter, d'ordonner, d'establir la verité, il les a, de bonne foy, renoncez et quittez.

(c) Si n'est-il point de secte qui ne soit contrainte de permettre à son sage de suivre assez de choses non comprinses, ny perceuës, ny consenties, s'il veut vivre. Et, quand il monte en mer, il suit ce dessein, ignorant s'il luy sera utile, et se plie à ce que le vaisseau est bon, le pilote experimenté, la saison commode, circonstances probables seulement : après lesquelles il est tenu d'aller et se laisser remuer aux apparences, pourveu qu'elles n'ayent point d'expresse contrarieté. Il a un corps, il a une ame; les sens le poussent, l'esprit l'agite. Encores qu'il ne treuve point en soy cette propre et singuliere marque de juger et qu'il s'aperçoive qu'il ne doit engager son consentement, attendu qu'il peut estre quelque faux pareil à ce vray, il ne laisse de conduire les offices de sa vie pleinement et commodément[1]. Combien y a il d'arts qui font profession de consister en la conjecture plus qu'en la science; qui ne decident pas du vray et du faux et suivent seulement ce qui semble[2]? Il y a, disent-ils, et vray et faux, et y a en nous dequoy le chercher, mais non pas dequoy l'arrester à la touche. Nous en valons bien mieux de nous laisser manier sans inquisition à l'ordre du monde. Une ame garantie de prejugé a un merveilleux avancement vers la tranquillité. Gens qui jugent et contrerollent leurs juges ne s'y soubmettent jamais deuëment. Combien, et aux loix de la religion et aux lois politiques, se trouvent plus dociles et aisez à mener les esprits simples et incurieux, que ces esprits surveillants et pædagogues des causes divines et humaines[3]!

(a) Il n'est rien en l'humaine invention où il y ait tant de verisimilitude et d'utilité. Cette-cy presente l'homme nud et vuide, recognoissant sa foiblesse naturelle, propre à recevoir d'en haut quelque force estrangere, desgarni d'humaine science, et d'autant plus apte à loger en soy la divine, *(b)* aneantissant son jugement pour faire plus de place à la foy; *(c)* ny mescreant, *(a)* ny establissant aucun dogme *(b)* contre les observances communes; humble, obeïssant, disciplinable, studieux; ennemi juré d'hæresie, *(a)* et s'exemptant par consequant des vaines et irreligieuses opinions introduites par les fauces sectes. *(b)* C'est une carte blanche preparée à prendre du doigt de Dieu telles formes qu'il luy plaira y graver. Plus nous nous renvoyons

et commettons à Dieu, et renonçons à nous, mieux nous en valons. *(a)* Accepte, dit l'Ecclesiaſte, en bonne part les choses au visage et au gouſt qu'elles se presentent à toy, du jour à la journée; le demeurant eſt hors de ta connoissance[1]. *(c)* « *Dominus novit cogitationes hominum, quoniam vanæ sunt*[2]. »

(a) Voylà comment, des trois generales seċtes de Philosophie, les deux font expresse profession de dubitation et d'ignorance; et, en celle des dogmatiſtes, qui eſt troisième, il eſt aysé à descouvrir que la plus part n'ont pris le visage de l'asseurance que pour avoir meilleure mine. Ils n'ont pas tant pensé nous eſtablir quelque certitude, que nous montrer jusques où ils eſtoyent allez en cette chasse de la verité : *(c)* « *quam doċti fingunt, magis quam norunt*[3] ».

Timæus[4], ayant à inſtruire Socrates de ce qu'il sçait des Dieux, du monde et des hommes, propose d'en parler comme un homme à un homme; et qu'il suffit, si ses raisons sont probables comme les raisons d'un autre : car les exaċtes raisons n'eſtre en sa main, ny en mortelle main. Ce que l'un de ses seċtateurs a ainsin imité : « *Ut potero, explicabo : nec tamen, ut Pythius Apollo, certa ut sint et fixa, quæ dixero ; sed, ut homunculus, probabilia conjeċtura sequens*[5] », et cela sur le discours du mespris de la mort, discours naturel et populaire. Ailleurs[6] il l'a traduit sur le propos mesme de Platon : « *Si forte, de deorum natura ortuque mundi disserentes, minus id quod habemus animo consequimur, haud erit mirum. Æquum eſt enim meminisse et me qui disseram, hominem esse, et vos qui judicetis ; ut, si probabilia dicentur, nihil ultra requiratis*[7]. »

(a) Ariſtote nous entasse ordinairement un grand nombre d'autres opinions et d'autres creances, pour y comparer la sienne et nous faire voir de combien il eſt allé plus outre, et combien il a approché de plus près la verisimilitude : car la verité ne se juge point par authorité et tesmoignage d'autruy. *(c)* Et pourtant evita religieusement Epicurus d'en alleguer en ses escrits. *(a)* Cettuy là eſt le prince des dogmatiſtes; et si, nous aprenons de luy que le beaucoup sçavoir aporte l'occasion de plus doubter. On le void à escient se couvrir souvant d'obscurité si espesse et inextricable, qu'on n'y peut rien choisir de son advis. C'eſt par effeċt un Pyrrhonisme soubs une forme resolutive[8].

(c) Oyez la proteſtation de Cicero, qui nous explique la

fantasie d'autruy par la sienne : « *Qui requirunt quid de
quaque re ipsi sentiamus, curiosius id faciunt quam necesse est.
Hæc in philosophia ratio contra omnia disserendi nullamque rem
aperte judicandi, profecta a Socrate, repetita ab Arcesila, con-
firmata a Carneade, usque ad nostram viget ætatem. Hi sumus
qui omnibus veris falsa quædam adjuncta esse dicamus, tanta
similitudine ut in iis nulla insit certe judicandi et assentiendi
nota*[1]. »

(b) Pourquoi non Aristote seulement, mais la plus part
des philosophes ont affecté la difficulté, si ce n'est pour
faire valoir la vanité du subject et amuser la curiosité de
nostre Esprit, luy donnant où se paistre, à ronger cet os
creux et descharné? (c) Clitomachus affirmoit n'avoir
jamais sçeu par les escrits de Carneades entendre de quelle
opinion il estoit[2]. (b) Pourquoy a evité aux siens Epicurus
la facilité et Heraclytus en a esté surnommé σκοτεινὸς[3]?
La difficulté est une monoye (c) que les sçavans employent, comme les joueurs de passe-passe, pour ne descouvrir la vanité de leur art, et (b) de laquelle l'humaine
bestise se paye ayséement :

> Clarus, ob obscuram linguam, magis inter inanes...
> Omnia enim stolidi magis admirantur amantque
> Inversis quæ sub verbis latitantia cernunt[4].

(c) Cicero[5] reprend aucuns de ses amis d'avoir accoustumé de mettre à l'astrologie, au droit, à la dialectique et
à la geometrie plus de temps que ne meritoyent ces arts;
et que cela les divertissoit des devoirs de la vie, plus utiles
et honnestes. Les philosophes Cyrenaïques mesprisoyent
esgalement la physique et la dialectique[6]. Zenon, tout
au commencement des livres de sa *Republique,* declaroit
inutiles toutes les liberales disciplines[7].

(a) Chrysippus disoit que ce que Platon et Aristote
avoyent escrit de la Logique, ils l'avoient escrit par jeu et
par exercice; et ne pouvoit croire qu'ils eussent parlé à
certes d'une si vaine matiere[8]. (c) Plutarque le dit de la
metaphysique[9]. (a) Epicurus l'eust encore dit de la
Rhetorique, de la Grammaire, (c) poesie, mathematiques,
et, hors la physique, de toutes les sciences. (a) Et Socrates de toutes aussi sauf celle seulement qui traite des
meurs et de la vie. (c) De quelque chose qu'on s'enquist
à lui, il ramenoit en premier lieu tousjours l'enquerant à
rendre compte des conditions de sa vie presente et passée,

lesquelles il examinoit et jugeoit, estimant tout autre
apprentissage subsecutif à celuy-là et supernumeraire.

« *Parum mihi placeant eæ litteræ quæ ad virtutem doctoribus
nihil profuerunt*[1]. » *(a)* La plus part des arts ont esté ainsi
mesprisées par le sçavoir mesmes. Mais ils n'ont pas pensé
qu'il fut hors de propos d'exercer et esbattre leur esprit
ès choses où il n'y avoit aucune solidité profitable.

Au demeurant, les uns ont estimé Plato dogmatiste;
les autres, dubitateur; les autres, en certaines choses l'un,
et en certaines choses l'autre.

(c) Le conducteur de ses dialogismes, Socrates, va
tousjours demandant et esmouvant la dispute, jamais
l'arrestant, jamais satisfaisant, et dict n'avoir autre science
que la science de s'opposer. Homere, leur autheur, a
planté egalement les fondemens à toutes les sectes de
philosophie, pour montrer combien il estoit indifferent
par où nous allassions[3]. De Plato nasquirent dix sectes
diverses, dict on[4]. Aussi, à mon gré, jamais instruction ne
fut titubante et rien asseverante, si la sienne ne l'est.
Socrates disoit[5] que les sages femmes, en prenant ce
mestier de faire engendrer les autres, quittent le mestier
d'engendrer, elles; que luy, par le tiltre de sage homme
que les dieux lui ont deferé, s'est aussi desfaict, en son
amour virile et mentale, de la faculté d'enfanter; et se
contente d'aider et favorir de son secours les engendrans,
ouvrir leur nature, graisser leurs conduits, faciliter l'issue
de leur enfantement, juger d'ice-luy, le baptizer, le
nourrir, le fortifier, le maillotter et circonscrire :
exerçant et maniant son engin aux perils et fortunes
d'autruy.

(a) Il est ainsi de la part des autheurs de ce tiers genre :
(b) comme les anciens[6] ont remarqué des escripts d'Anaxagoras, Democritus, Parmenides, Zenophanes et autres.
(a) Ils ont une forme d'escrire douteuse en substance
et un dessein enquerant plustost qu'instruisant, encore
qu'ils entresement leur stile de cadences dogmatistes[7].
Cela se voit il pas aussi bien *(c)* et en Seneque *(a)* et en
Plutarque? *(c)* Combien disent ils, tantost d'un visage,
tantost d'un autre, pour ceux qui y regardent de prez!
Et les reconciliateurs des jurisconsultes devroient premierement les concilier chacun à soy.

Platon me semble avoir aymé cette forme de philosopher par dialogues, à escient, pour loger plus decemment

en diverses bouches la diversité et variation de ses propres fantasies.

Diversement traicter les matieres est aussi bien les traicter que conformément, et mieux : à sçavoir plus copieusement et utillement. Prenons exemple de nous. Les arrests font le point extreme du parler dogmatiste et resolutif; si est ce que ceux que nos parlemens presentent au peuple les plus exemplaires, propres à nourrir en luy la reverance qu'il doit à cette dignité, principalement par la suffisance des personnes qui l'exercent, prennent leur beauté non de la conclusion, qui est à eux quotidiene, et qui est commune à tout juge, tant comme de la disceptation et agitation des diverses et contraires ratiocinations que la matiere du droit souffre.

Et le plus large champ aux reprehentions des uns philosophes à l'encontre des autres, se tire des contradictions et diversitez en quoy chacun d'eux se trouve empestré, ou à escient pour montrer la vacillation de l'esprit humain autour de toute matiere, ou forcé ignorammant par la volubilité et incomprehensibilité de toute matiere.

(a) Que signifie ce refrein : En un lieu glissant et coulant suspendons nostre creance? car, comme dit Euripides,

> Les œuvres de Dieu en diverses
> Façons nous donnent des traverses[1],

(b) semblable à celuy qu'Empedocles semoit souvent en ses livres, comme agité d'une divine fureur et forcé de la verité[2] : Non, non, nous ne sentons rien, nous ne voyons rien; toutes choses nous sont occultes, il n'en est aucune de laquelle nous puissions establir quelle elle est: *(c)* revenant à ce mot divin, « *Cogitationes mortalium timidæ, et incertæ adinventiones nostræ et providentiæ*[3]. » *(a)* Il ne faut pas trouver estrange si gens desesperez de la prise n'ont pas laissé de avoir plaisir à la chasse : l'estude estant de soy une occupation plaisante, et si plaisante que, parmy les voluptez, les Stoïciens defendent aussi celle qui vient de l'exercitation de l'esprit, y veulent de la bride, *(c)* et treuvent de l'intemperance à trop sçavoir[4].

(a) Democritus, ayant mangé à sa table des figues qui sentoient le miel, commença soudain à chercher en son esprit d'où leur venoit cette douceur inusitée, et, pour s'en esclaircir, s'aloit lever de table pour voir l'assiete du lieu où ces figues avoyent esté cueillies; sa chambriere, ayant

entendu la cause de ce remuement, luy dit en riant qu'il
ne se penaſt plus pour cela, car c'eſtoit qu'elle les avoit
mises en un vaisseau où il y avoit eu du miel. Il se despita
dequoy elle luy avoit oſté l'occasion de cette recherche et
desrobé matiere à sa curiosité : « Va, luy dit-il, tu m'as fait
desplaisir; je ne lairray pourtant d'en chercher la cause
comme si elle eſtoit naturelle. » *(c)* Et volontiers ne faillit
de treuver quelque raison vraye d'un effeçt faux et supposé. *(a)* Cette hiſtoire d'un fameux et grand Philosophe
nous represente bien clairement cette passion ſtudieuse
qui nous amuse à la poursuite des choses de l'acquet
desquelles nous sommes desesperez. Plutarque recite un
pareil exemple de quelqu'un qui ne vouloit pas eſtre
esclaircy de ce dequoy il eſtoit en doute, pour ne perdre
le plaisir de le chercher; comme l'autre qui ne vouloit
pas que son medecin luy oſtat l'alteration de la fievre,
pour ne perdre le plaisir de l'assouvir en beuvant[1].
(c) « *Satius eſt supervacua discere quam nihil*[2]. »

Tout ainsi qu'en toute paſture il y a le plaisir souvent
seul; et tout ce que nous prenons, qui eſt plaisant, n'eſt
pas tousjours nutritif ou sain. Pareillement, ce que noſtre
esprit tire de la science, ne laisse pas d'eſtre voluptueux,
encore qu'il ne soit ny aliment, ny salutaire.

(b) Voicy comme ils disent : La consideration de la
nature eſt une paſture propre à nos esprits; elle nous esleve
et enfle, nous fait desdaigner les choses basses et ter-
riennes par la comparaison des superieures et celeſtes; la
recherche mesme des choses occultes et grandes eſt très-
plaisante, voire à celuy qui n'en acquiert que la reverence
et crainte d'en juger. Ce sont des mots de leur profession.
La vaine image de cette maladive curiosité se voit plus
expressement encores en cet autre exemple qu'ils ont par
honneur si souvent en la bouche[3]. Eudoxus[4] souhetoit et
prioit les Dieux qu'il peut une fois voir le soleil de près,
comprendre sa forme, sa grandeur et sa beauté, à peine
d'en eſtre brulé soudainement. Il veut, au pris de sa vie,
acquerir une science de laquelle l'usage et possession luy
soit quand et quand oſtée, et, pour cette soudaine et
volage cognoissance, perdre toutes autres cognoissances
qu'il a et qu'il peut acquerir par après.

(a) Je ne me persuade pas aysement qu'Epicurus,
Platon et Pythagoras nous ayent donné pour argent
contant leurs Atomes, leurs Idées et leurs Nombres. Ils

estoient trop sages pour establir leurs articles de foy de chose si incertaine et si debatable. Mais, en cette obscurité et ignorance du monde, chacun de ces grands personnages s'est travaillé d'apporter une telle quelle image de lumiere, et ont promené leur ame à des inventions qui eussent au moins une plaisante et subtile apparence : *(c)* pourveu que, toute fausse, elle se peust maintenir contre les oppositions contraires : « *unicuique ista pro ingenio finguntur, non ex scientiâ vi*[1]. » *(a)* Un ancien[2] à qui on reprochoit qu'il faisoit profession de la Philosophie, de laquelle pourtant en son jugement il ne tenoit pas grand compte, respondit que cela, c'estoit vrayment philosopher. Ils ont voulu considerer tout, balancer tout, et ont trouvé cette occupation propre à la naturelle curiosité qui est en nous. Aucunes choses, ils les ont escrites pour le besoin de la société publique, comme leurs religions[3]; et a esté raisonnable, pour cette considération, que les communes opinions, ils n'ayent voulu les espelucher au vif, aux fins de n'engendrer du trouble en l'obeissance des loix et coustumes de leur pays.

(c) Platon traicte ce mystere d'un jeu assez descouvert. Car, où il escrit selon soy[4], il ne prescrit rien à certes. Quand il faict le legislateur, il emprunte un style regentant et asseverant, et si y mesle hardiment les plus fantastiques de ses inventions, autant utiles à persuader à la commune que ridicules à persuader à soy-mesmes, sachant combien nous sommes propres à recevoir toutes impressions, et, sur toutes, les plus farouches et enormes.

Et pourtant, en ses loix, il a grand soing qu'on ne chante en publiq que des poësies desquelles les fabuleuses feintes tendent à quelque utile fin[5]; et, estant si facile d'imprimer tous fantosmes en l'esprit humain, que c'est injustice de ne le paistre plustost de mensonges profitables que de mensonges ou inutiles ou dommageables. Il dict tout destroussément en sa *Republique*[6] que, pour le profit des hommes, il est souvent besoin de les piper. Il est aisé à distinguer les unes sectes avoir plus suivy la verité, les autres l'utilité, par où celles cy ont gaigné crédit. C'est la misere de nostre condition, que souvent ce qui se presente à nostre imagination pour le plus vray, ne s'y presente pas pour le plus utile à nostre vie. Les plus hardies sectes, Epicurienne, Pyrrhonienne, nouvelle Academique, encore sont elles contrainctes de se plier à la loy civile, au bout du compte.

(a) Il y a d'autres subjects qu'ils ont beluté, qui à gauche, qui à dextre, chacun se travaillant à y donner quelque visage, à tort ou à droit. Car, n'ayans rien trouvé de si caché dequoy ils n'ayent voulu parler, il leur est souvent force de forger des conjectures foibles et folles, non qu'ils les prinsent eux mesmes pour fondement, ne pour establir quelque verité, mais pour l'exercice de leur estude : *(c)* « *Non tam id sensisse quod dicerent, quam exercere ingenia materiæ difficultate videntur voluisse*[1]. »

(a) Et, si on ne le prenoit ainsi, comme couvririons nous une si grande inconstance, varieté et vanité d'opinions que nous voyons avoir esté produites par ces ames excellentes et admirables? Car, pour exemple, qu'est-il plus vain que de vouloir deviner Dieu par nos analogies et conjectures, le regler et le monde à nostre capacité et à nos loix, et nous servir aux despens de la divinité de ce petit eschantillon de suffisance qu'il luy a pleu despartir à nostre naturelle condition? Et, par ce que nous ne pouvons estendre nostre veuë jusques en son glorieux siege, l'avoir ramené ça bas à nostre corruption et à nos miseres?

De toutes les opinions humaines et anciennes touchant la religion, celle là me semble avoir eu plus de vraysemblance et plus d'excuse, qui reconnoissoit Dieu comme une puissance incomprehensible, origine et conservatrice de toutes choses, toute bonté, toute perfection, recevant et prenant en bonne part l'honneur et la reverence que les humains luy rendoient soubs quelque visage, sous quelque nom et en quelque maniere que ce fut[2] :

> *(c)* *Jupiter omnipotens rerum, regumque deumque*
> *Progenitor genitrixque*[3].

Ce zele universellement a esté veu du ciel de bon œil. Toutes polices ont tiré fruit de leur devotion : les hommes, les actions impies, ont eu par tout les evenemens sortables. Les histoires payennes reconnoissent de la dignité, ordre, justice et des prodiges et oracles employez à leur profit et instruction en leurs religions fabuleuses : Dieu, par sa misericorde, daignant à l'avanture fomenter par ces benefices temporels les tendres principes d'une telle quelle brute connoissance que la raison naturelle nous

a donné de luy au travers des fausses images de nos
songes.

Non seulement fausses, mais impies aussi et injurieuses
sont celles que l'homme a forgé de son invention.

(a) Et, de toutes les religions que Saint Paul trouva en
credit à Athenes, celle qu'ils avoyent desdiée à une divinité cachée et inconnue luy sembla la plus excusable[1].

(c) Pythagoras adombra la verité de plus près, jugeant
que la connoissance de cette cause premiere et estre des
estres devoit estre indefinie, sans prescription, sans declaration; que ce n'estoit autre chose que l'extreme effort de
nostre imagination vers la perfection, chacun en amplifiant
l'idée selon sa capacité. Mais si Numa entreprint de
conformer à ce projet la devotion de son peuple, l'attacher
à une religion purement mentale, sans objet prefix et
sans meslange materiel, il entreprit chose de nul usage;
l'esprit humain ne se sçauroit maintenir vaguant en cet
infini de pensées informes; il les luy faut compiler en
certaine image à son modelle. La majesté divine s'est ainsi
pour nous aucunement laissé circonscrire aux limites
corporels : ses sacremens supernaturels et celestes ont
des signes de nostre terrestre condition; son adoration
s'exprime par offices et paroles sensibles; car c'est l'homme, qui croid et qui prie. Je laisse à part les autres
argumens qui s'employent à ce subject. Mais à peine me
feroit on accroire que la veuë de nos crucifix et peinture
de ce piteux supplice, que les ornemens et mouvemens
ceremonieux de nos eglises, que les voix accommodées
à la devotion de nostre pensée, et cette esmotion des sens
n'eschauffent l'ame des peuples, d'une passion religieuse,
de très-utile effect[2].

(a) De celles ausquelles on a donné corps, comme la
necessité l'a requis, parmy cette cecité universelle, je me
fusse, ce me semble, plus volontiers attaché à ceux qui
adoroient le Soleil,

> la lumiere commune,
> L'œil du monde; et si Dieu au chef porte des yeux,
> Les rayons du Soleil sont ses yeux radieux,
> Qui donnent vie à tous, nous maintiennent et gardent,
> Et les faicts des humains en ce monde regardent:
> Ce beau, ce grand soleil qui nous faict les saisons,
> Selon qu'il entre ou sort de ses douze maisons;
> Qui remplit l'univers de ses vertus connues;

Qui, d'un traict de ses yeux, nous dissipe les nues:
L'esprit, l'ame du monde, ardant et flamboyant,
En la course d'un jour tout le Ciel tournoyant;
Plein d'immense grandeur, rond, vagabond et ferme;
Lequel tient dessoubs luy tout le monde pour terme;
En repos sans repos; oisif, et sans sejour;
Fils aisné de nature et le pere du jour[1].

D'autant qu'outre cette sienne grandeur et beauté,
c'est la piece de cette machine que nous descouvrons la
plus esloignée de nous, et, par ce moyen, si peu connuë,
qu'ils estoient pardonnables d'en entrer en admiration et
reverance.

(c) Thales[2], qui le premier s'enquesta de telle matiere,
estima Dieu un esprit qui fit d'eau toutes choses; Anaximander, que les dieux estoyent mourans et naissans à
diverses saisons, et que c'estoyent des mondes infinis en
nombre; Anaximenes, que l'air estoit Dieu, qu'il estoit
produit et immense, tousjours mouvant. Anaxagoras, le
premier, a tenu la description et maniere de toutes choses
estre conduite par la force et raison d'un esprit infini.
Alcmæon a donné la divinité au soleil, à la lune, aux astres
et à l'ame. Pythagoras a faict Dieu un esprit espandu par
la nature de toutes choses, d'où nos ames sont desprinses;
Parmenides, un cercle entourant le ciel et maintenant le
monde par l'ardeur de la lumiere. Empedocles disoit estre
des dieux les quatre natures desquelles toutes choses sont
faictes; Protagoras, n'avoir que dire, s'ils sont ou non,
ou quels ils sont; Democritus, tantost que les images et
leurs circuitions sont dieux, tantost cette nature qui
eslance ces images, et puis nostre science et intelligence.
Platon dissipe sa creance à divers visages; il dict, au
Timæe, le pere du monde ne se pouvoir nommer; aux
Loix, qu'il ne se faut enquerir de son estre; et ailleurs, en
ces mesmes livres, il faict le monde, le ciel, les astres, la
terre et nos ames Dieux, et reçoit en outre ceux qui ont
esté receus par l'ancienne institution en chasque republique. Xenophon rapporte un pareil trouble de la discipline de Socrates; tantost qu'il ne se faut enquerir de la
forme de Dieu, et puis il luy faict establir que le Soleil est
Dieu, et l'ame Dieu; qu'il n'y en a qu'un, et puis qu'il
y en a plusieurs. Speusippus, neveu de Platon, faict Dieu
certaine force gouvernant les choses, et qu'elle est ani-
male; Aristote, asture que c'est l'esprit, asture le monde;

asture il donne un autre maistre à ce monde, et asture faict Dieu l'ardeur du ciel. Zenocrates en faict huict : les cinq nommez entre les planetes, le sixiesme composé de toutes les estoilles fixes comme de ses membres, le septiesme et huictiesme, le soleil et la lune. Heraclides Ponticus ne faict que vaguer entre les advis, et en fin prive Dieu de sentiment et le faict remuant de forme à autre, et puis dict que c'est le ciel et la terre. Theophraste se promeine de pareille irresolution entre toutes ses fantasies, attribuant l'intendance du monde tantost à l'entendement, tantost au ciel, tantost aux estoilles ; Strato, que c'est Nature ayant la force d'engendrer, augmenter et diminuer, sans forme et sentiment ; Zeno, la loy naturelle, commandant le bien et prohibant le mal, laquelle loy est un animant, et oste les Dieux accoustumez, Jupiter, Juno, Vesta ; Diogenes Apolloniates, que c'est l'aage[1]. Xenophanes faict Dieu rond[2], voyant, oyant, non respirant, n'ayant rien de commun avec l'humaine nature. Ariston estime la forme de Dieu incomprenable, le prive de sens et ignore s'il est animant ou autre chose ; Cleanthes, tantost la raison, tantost le monde, tantost l'ame de Nature, tantost la chaleur supreme entournant et enveloppant tout. Perseus, auditeur de Zeno, a tenu qu'on a surnommé Dieu ceux qui avoyent apporté quelque notable utilité à l'humaine vie et les choses mesmes profitables. Chrysippus faisoit un amas confus de toutes les precedentes sentences et comptoit, entre mille formes de Dieux qu'il faict, les hommes aussi qui sont immortalisez. Diagoras et Theodorus[3] nioyent tout sec qu'il y eust des Dieux. Epicurus[4] faict les dieux luisans, transparens et perflables, logez, comme entre deux forts, entre deux mondes, à couvert des coups, revestus d'une humaine figure et de nos membres, lesquels membres leur sont de nul usage.

> *Ego deúm genus esse semper duxi, et dicam cælitum ;*
> *Sed eos non curare opinor, quid agat humanum genus*[5].

Fiez vous à vostre philosophie ; vantez vous d'avoir trouvé la feve au gasteau, à voir ce tintamarre de tant de cervelles philosophiques ! Le trouble des formes mondaines a gaigné sur moy que les diverses mœurs et fantasies aux miennes ne me desplaisent pas tant comme elles m'instruisent, ne m'enorgueillissent pas tant comme elles m'humilient en les conferant ; et tout autre choix que

celuy qui vient de la main expresse de Dieu, me semble
choix de peu de prerogative. Je laisse à part les trains
de vie monſtrueux et contre nature. Les polices du monde
ne sont pas moins contraires en ce subjeċt que les escholes ;
par où nous pouvons apprendre que la Fortune mesme
n'eſt pas plus diverse et variable que noſtre raison, ny
plus aveugle et inconsiderée.

(a) Les choses les plus ignorées sont plus propres à
eſtre deifiées[1]. Parquoy de faire de nous des Dieux,
comme l'ancienneté, cela surpasse l'extreme foiblesse de
discours. J'eusse encore pluſtoſt suivy ceux qui adoroient
le serpent, le chien et le bœuf[2] ; d'autant que leur nature et
leur eſtre nous eſt moins connu ; et avons plus de loy
d'imaginer ce qu'il nous plaiſt de ces beſtes-là et leur
attribuer des facultez extraordinaires. Mais d'avoir faiċt
des dieux de noſtre condition, de laquelle nous devons
connoiſtre l'imperfeċtion, leur avoir attribué le desir, la
cholere, les vengeances, les mariages, les generations et
les parentelles, l'amour et la jalousie, nos membres et nos
os, nos fievres et nos plaisirs, *(c)* nos morts, nos sepultures, *(a)* il faut que cela soit party d'une merveilleuse
yvresse de l'entendement humain,

(b) Quæ procul usque adeo divino ab numine diſtant,
Inque Deum numero quæ sint indigna videri[3].

(c) « *Formæ, ætates, veſtitus, ornatus noti sunt : genera, con-*
jugia, cognationes omniaque traduċta ad similitudinem imbecilli-
tatis humanæ : nam et perturbatis animis inducuntur ; accipimus
enim deorum cupiditates, ægritudines, iracundias[4]. » *(a)* Comme
d'avoir attribué la divinité *(c)* non seulement à la foy, à la
vertu, à l'honneur, concorde, liberté, viċtoire, pieté ;
mais aussi à la volupté, fraude, mort, envie, vieillesse,
misere, *(a)* à la peur, à la fievre et à la male fortune, et
autres injures de noſtre vie fresle et caduque[5].

(b) Qui juvat hoc, templis noſtros inducere mores ?
O curvæ in terris animæ et cæleſtium inanes[6] !

(c) Les Ægyptiens, d'une impudente prudence, defen-
doyent sur peine de la hart que nul euſt à dire que Serapis
et Isis, leurs Dieux, eussent autres fois eſté hommes ; et
nul n'ignoroit qu'ils ne l'eussent eſté. Et leur effigie
representée le doigt sur la bouche signifioit, diċt Varro,
cette ordonnance myſterieuse à leurs preſtres de taire leur

origine mortelle, comme par raison necessaire annullant toute leur veneration[1].

(a) Puis que l'homme desiroit tant de s'apparier à Dieu, il euſt mieux faiĉt, diĉt Cicero[2], de ramener à soy les conditions divines et les attirer çà bas, que d'envoyer là haut sa corruption et sa misere; mais, à le bien prendre, il a faiĉt en plusieurs façons et l'un et l'autre, de pareille vanité d'opinion.

Quand les Philosophes espeluchent la hierarchie de leurs dieux et font les empressez à diſtinguer leurs alliances, leurs charges et leur puissance, je ne puis pas croire qu'ils parlent à certes. Quand Platon nous deschiffre le vergier de Pluton[3] et les commoditez ou peines corporelles qui nous attendent encore après la ruine et aneantissement de nos corps, et les accommode au ressentiment que nous avons en cette vie,

> Secreti celant calles, et myrtea circum
> Sylva tegit ; curæ non ipsa in morte relinquunt[4];

quand Mahumet promet aux siens un paradis tapissé, paré d'or et de pierrerie, peuplé de garses d'excellente beauté, de vins et de vivres singuliers, je voy bien que ce sont des moqueurs qui se plient à noſtre beſtise pour nous emmieler et attirer par ces opinions et esperances, convenables à noſtre mortel appetit. *(c)* Si, sont aucuns des noſtres tombez en pareille erreur, se promettant après la resurreĉtion une vie terreſtre et temporelle, accompaignée de toutes sortes de plaisirs et commoditez mondaines. *(a)* Croyons nous que Platon, luy qui a eu ses conceptions si celeſtes, et si grande accointance à la divinité, que le surnom luy en eſt demeuré[5], ait eſtimé que l'homme, cette pauvre creature, eut rien en luy applicable à cette incomprehensible puissance? et qu'il ait creu que nos prises languissantes fussent capables, ny la force de noſtre sens assez robuſte, pour participer à la beatitude ou peine eternelle? Il faudroit luy dire de la part de la raison humaine :

« Si les plaisirs que tu nous promets en l'autre vie sont de ceux que j'ay senti çà bas, cela n'a rien de commun avec l'infinité. Quand tous mes cinq sens de nature seroient combles de liesse, et cette ame saisie de tout le contentement qu'elle peut desirer et esperer, nous sçavons ce qu'elle peut : cela, ce ne seroit encores rien. S'il y a

quelque chose du mien, il n'y a rien de divin. Si cela n'est
autre que ce qui peut appartenir à cette nostre condition
presente, il ne peut estre mis en compte. *(c)* Tout contentement des mortels est mortel. *(a)* La reconnoissance de
nos parens, de nos enfans et de nos amis, si elle nous peut
toucher et chatouiller en l'autre monde, si nous tenons
encores à un tel plaisir, nous sommes dans les commoditez terrestres et finies. Nous ne pouvons dignement
concevoir la grandeur de ces hautes et divines promesses,
si nous les pouvons aucunement concevoir : pour dignement les imaginer, il faut les imaginer inimaginables,
indicibles et incomprehensibles, *(c)* et parfaictement
autres que celles de nostre miserable experience. *(a)* « Œuil
ne sçauroit voir, dict Saint Paul[1], et ne peut monter en
cœur d'homme l'heur que Dieu a preparé aux siens. » Et
si, pour nous en rendre capables, on reforme et rechange
nostre estre (comme tu dis, Platon, par tes purifications[2]),
ce doit estre d'un si extreme changement et si universel
que, par la doctrine physique, ce ne sera plus nous,

> *(b)* *Hector erat tunc cum bello certabat ; at ille,*
> *Tractus ab Æmonio, non erat Hector, equo[3].*

(a) « Ce sera quelque autre chose qui recevra ces recompenses,

> *(b)   quod mutatur, dissolvitur ; interit ergo :*
> *Trajiciuntur enim partes atque ordine migrant[4].*

(a) « Car, en la Metempsicose de Pythagoras et changement d'habitation qu'il imaginoit aux ames, pensons nous
que le lyon dans lequel est l'ame de Cæsar espouse les
passions qui touchoient Cæsar, *(c)* ny que ce soit luy ? Si
c'estoit encore luy, ceux là[5] auroyent raison qui, combattans cette opinion contre Platon, luy reprochent que
le fils se pourroit trouver à chevaucher sa mere, revestuë
d'un corps de mule, et semblables absurditez. Et pensons
nous *(a)* qu'ès mutations qui se font des corps des
animaux en autres de mesme espece, les nouveaux venus
ne soient autres que leurs predecesseurs ? Des cendres
d'un phœnix s'engendre, dit-on, un ver, et puis un autre
phœnix[6] ; ce second Phœnix, qui peut imaginer qu'il ne
soit autre que le premier ? Les vers qui font nostre soye,
on les void comme mourir et assecher, et de ce mesme
corps se produire un papillon, et de là un autre ver, qu'il

seroit ridicule estimer estre encores le premier. Ce qui
a cessé une fois d'estre, n'est plus,

> *Nec si materiam nostram collegerit ætas*
> *Post obitum, rursúmque redegerit, ut sita nunc est,*
> *Atque iterum nobis fuerint data lumina vitæ,*
> *Pertineat quidquam tamen ad nos id quoque factum,*
> *Interrupta semel cum sit repentia nostra*[1].

« Et quand tu dis ailleurs[2], Platon, que ce sera la partie
spirituelle de l'homme à qui il touchera de jouyr des
recompenses de l'autre vie, tu nous dis chose d'aussi
peu d'apparence,

> *(b) Scilicet, avolsis radicibus, ut nequit ullam*
> *Dispicere ipse oculus rem, seorsum corpore toto*[3].

(a) « Car, à ce compte, ce ne sera plus l'homme, ny nous,
par conséquent, à qui touchera cette jouyssance; car nous
sommes bastis de deux pieces principales essentielles,
desquelles la separation c'est la mort et ruyne de nostre
estre,

> *(b) Inter enim jacta est vitai pausa, vagéque*
> *Deerrarunt passim motus ab sensibus omnes*[4].

(a) « Nous ne disons pas que l'homme souffre quand les
vers luy rongent ses membres dequoy il vivoit, et que
la terre les consomme,

> *Et nihil hoc ad nos, qui coitu conjugióque*
> *Corporis atque animæ consistimus uniter apti*[5]. »

Davantage, sur quel fondement de leur justice peuvent
les dieux reconnoistre et recompenser à l'homme, après
sa mort, ses actions bonnes et vertueuses, puis que ce
sont eux-mesmes qui les ont acheminées et produites en
luy? Et pourquoy s'offencent ils et vengent sur luy les
vitieuses, puis qu'ils l'ont eux-mesmes produict en cette
condition fautiere, et que, d'un seul clin de leur volonté,
ils le peuvent empescher de faillir? Epicurus opposeroit-il
pas cela à Platon avec grand apparence de l'humaine
raison, *(c)* s'il ne se couvroit souvent par cette sentence :
Qu'il est impossible d'establir quelque chose de certain
de l'immortelle nature par la mortelle? *(a)* Elle ne fait que
fourvoyer par tout, mais specialement quand elle se mesle
des choses divines. Qui le sent plus evidamment que nous ?

Car, encores que nous luy ayons donné des principes certains et infaillibles, encores que nous esclairions ses pas par la saincte lampe de la verité qu'il a pleu à Dieu nous communiquer, nous voyons pourtant journellement, pour peu qu'elle se démente du sentier ordinaire et qu'elle se destourne ou escarte de la voye tracée et battuë par l'Eglise, comme tout aussi tost elle se perd, s'embarrasse et s'entrave, tournoyant et flotant dans cette mer vaste, trouble et ondoyante des opinions humaines, sans bride et sans but. Aussi tost qu'elle pert ce grand et commun chemin, elle va se divisant et dissipant en mille routes diverses.

L'homme ne peut estre que ce qu'il est, ny imaginer que selon sa portée. *(b)* C'est plus grande presomption, dict Plutarque[1], à ceux qui ne sont qu'hommes d'entreprendre de parler et discourir des dieux et des demy-dieux que ce n'est à un homme ignorant de musique, vouloir juger de ceux qui chantent, ou à un homme qui ne fut jamais au camp, vouloir disputer des armes et de la guerre, en presumant comprendre par quelque legere conjecture les effets d'un art qui est hors de sa cognoissance. *(a)* L'ancienneté pensa, ce croy-je, faire quelque chose pour la grandeur divine, de l'apparier à l'homme, la vestir de ses facultez et estrener de ses belles humeurs *(c)* et plus honteuses necessitez, *(a)* luy offrant de nos viandes à manger, *(c)* de nos danses, mommeries et farces à la resjouïr, *(a)* de nos vestemens à se couvrir et maisons à loger, la caressant par l'odeur des encens et sons de la musique, festons et bouquets, *(c)* et, pour l'accommoder à noz vitieuses passions, flatant sa justice d'une inhumaine vengeance, l'esjouïssant de la ruine et dissipation des choses par elle creées et conservées (comme Tib. Sempronius qui fit brusler, pour sacrifice à Vulcan, les riches despouilles et armes qu'il avoit gaigné sur les ennemis en la Sardaigne[2]; et Paul Æmile, celles de Macedoine à Mars et à Minerve[3]; et Alexandre, arrivé à l'Océan Indique, jetta en mer, en faveur de Thetis, plusieurs grands vases d'or[4]); remplissant en outre ses autels d'une boucherie non de bestes innocentes seulement, mais d'hommes aussi, *(a)* ainsi que plusieurs nations, et entre autres la nostre[5], avoient en usage ordinaire. Et croy qu'il n'en est aucune exempte d'en avoir faict essay,

(b) *Sulmone creatos*
Quattuor hic juvenes, totidem quos educat Ufens,
Viventes rapit, inferias quos immolet umbris[1].

(c) Les Getes se tiennent immortels, et leur mourir
n'est que s'acheminer vers leur Dieu Zamolxis. De cinq en
cinq ans ils depeschent vers luy quelqu'un d'entre eux
pour le requerir des choses necessaires. Ce deputé est
choisi au sort. Et la forme de le depescher, après l'avoir
de bouche informé de sa charge, est que, de ceux qui
l'assistent, trois tiennent debout autant de javelines sur
lesquelles les autres le lancent à force de bras. S'il vient
à s'enferrer en lieu mortel et qu'il trespasse soudain, ce
leur est certain argument de faveur divine; s'il en
eschappe, ils l'estiment meschant et execrable, et en
deputent encores un autre de mesmes[2].

Amestris, mere de Xerxes, devenue vieille, fit pour une
fois ensevelir tous vifs quatorze jouvenceaux des meilleures maisons de Perse, suyvant la religion du pays, pour
gratifier à quelque Dieu sousterrain[3].

Encores aujourd'hui, les idolles de Themistitan se
cimentent du sang des petits enfans, et n'aiment sacrifice
que de ces pueriles et pures ames : justice affamée du sang
de l'innocence,

Tantum relligio potuit suadere malorum[4]!.

(b) Les Carthaginois immoloient leurs propres enfans
à Saturne[5]; et qui n'en avoit point, en achetoit, estant
cependant le pere et la mere tenus d'assister à cet office
avec contenance gaye et contente. *(a)* C'estoit une
estrange fantasie de vouloir payer la bonté divine de
nostre affliction, comme les Lacedemoniens qui mignar-
doient leur Diane par le bourrellement des jeunes garçons
qu'ils faisoient foiter en sa faveur, souvent jusques à la
mort[6]. C'estoit une humeur farouche de vouloir gratifier
l'architecte de la subversion de son bastiment, et de vouloir garentir la peine deue aux coulpables par la punition
des non coulpables; et que la povre Iphigenia, au port
d'Aulide, par sa mort et immolation, deschargeast envers
Dieu l'armée des Grecs des offences qu'ils avoient
commises :

(b) *Et casta inceste, nubendi tempore in ipso,*
Hostia concideret mactatu mæsta parentis[7];

(c) et ces deux belles et genereuses ames des deux **Decius**
pere et fils, pour propitier la faveur des Dieux envers
les affaires Romaines, s'allassent jetter à corps perdu à
travers le plus espais des ennemis[1].

« *Quæ fuit tanta deorum iniquitas, ut placari populo Romano
non possent, nisi tales viri occidissent*[2]. » *(a)* Joint que ce n'est
pas au criminel de se faire foiter à sa mesure et à son
heure; c'est au juge *(b)* qui ne met en compte de chastiement que la peine qu'il ordonne, *(c)* et ne peut attribuer
à punition ce qui vient à gré à celui qui le souffre. La
vengeance divine presuppose nostre dissentiment entier
pour sa justice et pour nostre peine.

(b) Et fut ridicule l'humeur de Policrates, tyran de
Samos, lequel, pour interrompre le cours de son continuel
bon heur et le compenser, alla jetter en mer le plus cher et
precieux joyeau qu'il eust, estimant que, par ce malheur
aposté, il satisfaisoit à la revolution et vicissitude de la
fortune; *(c)* et elle, pour se moquer de son ineptie, fit que
ce mesme joyeau revinst encore en ses mains, trouvé au
ventre d'un poisson[3]. *(a)* Et puis *(c)* à quel usage les
deschiremens et desmembremens des Corybantes, des
Menades, et, en noz temps, des Mahometans qui se
balaffrent les visages, l'estomach, les membres, pour gratifier leur prophete, veu que *(a)* l'offence consiste en la
volonté, non *(c)* en la poictrine, aux yeux, aux genitoires,
en l'embonpoinct, *(a)* aux espaules et au gosier. *(c)* « *Tan-
tus est perturbatæ mentis et sedibus suis pulsæ furor, ut sic Dii
placentur, quemadmodum ne homines quidem sæviunt*[4]. »

Cette contexture naturelle regarde par son usage non
seulement nous, mais aussi le service de Dieu et des autres
hommes : c'est injustice de l'affoler à notre escient, comme
de nous tuer pour quelque pretexte que ce soit. Ce semble
estre grande lacheté et trahison de mastiner et corrompre
les functions du corps, stupides et serves, pour espargner
à l'ame la sollicitude de les conduire selon raison.

« *Ubi iratos deos timent, qui sic propitios habere merentur ?
In regiæ libidinis voluptatem castrati sunt quidam ; sed nemo
sibi, ne vir esset, jubente domino, manus intulit*[5]. »

(a) Ainsi remplissoient ils leur religion de plusieurs
mauvais effects,

> *sæpius olim*
> *Relligio peperit scelerosa atque impia facta*[6].

Or rien du nostre ne se peut assortir ou raporter, en quelque façon que ce soit, à la nature divine qui ne la tache et marque d'autant d'imperfection. Cette infinie beauté, puissance et bonté, comment peut elle souffrir quelque correspondance et similitude à chose si abjecte que nous sommes, sans un extreme interest et dechet de sa divine grandeur[1]?

(c) « *Infirmum dei fortius est hominibus, et stultum dei sapientius est hominibus*[2]. »

Stilpon le philosophe[3], interrogé si les Dieux s'esjouissent de nos honneurs et sacrifices : « Vous estes indiscret, respondit il; retirons nous à part, si vous voulez parler de cela. »

(a) Toutesfois nous luy prescrivons des bornes, nous tenons sa puissance assiegée par nos raisons (j'appelle raison nos resveries et nos songes, avec la dispense de la philosophie, qui dit le fol mesme et le meschant forcener par raison, mais que c'est une raison de particuliere forme); nous le voulons asservir aux apparences vaines et foibles de nostre entendement, luy qui a fait et nous et nostre cognoissance. Par ce que rien ne se fait de rien, Dieu n'aura sçeu bastir le monde sans matiere. Quoy! Dieu nous a-il mis en mains les clefs et les derniers ressorts de sa puissance? s'est-il obligé à n'outrepasser les bornes de nostre science? Mets le cas, ô homme, que tu ayes peu remarquer icy quelques traces de ses effets : penses-tu qu'il y ait employé tout ce qu'il a peu et qu'il ait mis toutes ses formes et toutes ses idées en cet ouvrage? Tu ne vois que l'ordre et la police de ce petit caveau où tu es logé[4], au moins si tu la vois : sa divinité a une juridiction infinie au delà; cette piece n'est rien au pris du tout :

> *omnia cum cælo terráque maríque*
> *Nil sunt ad summam summaï totius omnem*[5].

c'est une loy municipalle que tu allegues, tu ne sçays pas quelle est l'universelle. Attache toy à ce à quoy tu es subjet, mais non pas luy; il n'est pas ton confraire, ou concitoyen, ou compaignon; s'il s'est aucunement communiqué à toy, ce n'est pas pour se ravaler à ta petitesse, ny pour te donner le contrerolle de son pouvoir. Le corps humain ne peut voler aux nues, c'est pour toy; le Soleil bransle sans sejour sa course ordinaire; les bornes des

mers et de la terre ne se peuvent confondre; l'eau est
instable et sans fermeté; un mur est, sans froissure,
impenetrable à un corps solide; l'homme ne peut conserver sa vie dans les flammes; il ne peut estre et au ciel et
en la terre, et en mille lieux ensemble corporellement.
C'est pour toy qu'il a faict ces regles; c'est toy qu'elles
attachent. Il a tesmoigné aux Chrestiens qu'il les a toutes
franchies, quand il luy a pleu[1]. De vray, pourquoy, tout
puissant comme il est, auroit il restreint ses forces à
certaine mesure? en faveur de qui auroit il renoncé son
privilege? Ta raison n'a en aucune autre chose plus de
verisimilitude et de fondement qu'en ce qu'elle te
persuade la pluralité des mondes :

> (b) Terrámque, et solem, lunam, mare, cætera quæ sunt
> Non esse unica, sed numero magis innumerali[2].

(a) Les plus fameux esprits du temps passé l'ont creue, et
aucuns des nostres mesmes, forcez par l'apparence de la
raison humaine. D'autant qu'en ce bastiment que nous
voyons, il n'y a rien seul et un,

> (b) cum in summa res nulla sit una,
> Unica quæ gignatur, et unica soláque crescat[3],

(a) et que toutes les especes sont multipliées en quelque
nombre; par où il semble n'estre pas vray-semblable que
Dieu ait faict ce seul ouvrage sans compaignon, et que la
matiere de cette forme ait esté toute espuisée en ce seul
individu :

> (b) Quare etiam atque etiam tales fateare necesse est
> Esse alios alibi congressus materiaï,
> Qualis hic est avido complexu quem tenet æther[4] :

(a) notamment si c'est un animant, comme ses mouvemens le rendent si croyable (c) que Platon l'asseure[5], et
plusieurs des nostres ou le confirment ou ne l'osent
infirmer; non plus que cette ancienne opinion que le ciel,
les estoiles, et autres membres du monde, sont creatures
composées de cors et ame, mortelles en consideration de
leur composition, mais immortelles par la determination
du createur. (a) Or, s'il y a plusieurs mondes, comme
(c) Democritus[6], (a) Epicurus[7] et presque toute la philosophie a pensé, que sçavons nous si les principes et les
regles de cettuy touchent pareillement les autres? Ils ont

à l'avanture autre visage et autre police. *(c)* Epicurus les imagine ou semblables ou dissemblables. *(a)* Nous voyons en ce monde une infinie difference et varieté pour la seule distance des lieux. Ny le bled, ni le vin se voit, ny aucun de nos animaux en ces nouvelles terres que nos peres ont descouvert; tout y est divers. *(c)* Et, au temps passé, voyez en combien de parties du monde on n'avoit connaissance ny de Bacchus ny de Ceres. *(a)* Qui en voudra croire Pline[1] *(c)* et Herodote[2], *(a)* il y a des especes d'hommes en certains endroits qui ont fort peu de ressemblance à la nostre.

(b) Et y a des formes mestisses et ambiguës entre l'humaine nature et la brutale. Il y a des contrées où les hommes naissent sans teste, portant les yeux et la bouche en la poitrine; où ils sont tous androgynes; où ils marchent de quatre pates[3], où ils n'ont qu'un œil au front, et la teste plus semblable à celle d'un chien qu'à la nostre; où ils sont moitié poissons par embas et vivent en l'eau; où les femmes s'accouchent à cinq ans et n'en vivent que huict; où ils ont la teste si dure et la peau du front, que le fer n'y peut mordre et rebouche contre; où les hommes sont sans barbe, *(c)* des nations sans usage et connoissance de feu; d'autres qui rendent le sperme de couleur noire[4].

(b) Quoy, ceux qui naturellement se changent en loups[5], *(c)* en jumens, *(b)* et puis encore en hommes? Et, s'il en est ainsi, *(a)* comme dict Plutarque[6]; que, en quelque endroit des Indes, il y aye des hommes sans bouche, se nourrissans de la senteur de certaines odeurs, combien y a il de nos descriptions fauces? il n'est plus risible[7], ny à l'avanture capable de raison et de société. L'ordonnance et la cause de nostre bastiment interne seroyent, pour la plus part, hors de propos.

Davantage, combien y a il de choses en nostre cognoissance, qui combatent ces belles regles que nous avons taillées et prescrites à nature? et nous entreprendrons d'y attacher Dieu mesme! Combien de choses appellons nous miraculeuses et contre nature? *(c)* Cela se faict par chaque homme et par chaque nation selon la mesure de son ignorance. *(a)* Combien trouvons nous de proprietez ocultes et de quint'essences? car, aller selon nature, pour nous, ce n'est qu'aller selon nostre intelligence, autant qu'elle peut suyvre et autant que nous y voyons : ce qui est au delà, est monstrueux et desordonné. Or, à ce conte, aux plus

avisez et aux plus habilles tout sera donc monstrueux :
car à ceux là l'humaine raison a persuadé qu'elle n'avoit
ny pied, ny fondement quelconque, non pas seulement
pour asseurer *(c)* si la neige est blanche (et Anaxagoras la
disoit estre noire[1]); s'il y a quelque chose, ou s'il n'y a
nulle chose; s'il y a science ou ignorance (Metrodorus
Chius nioit l'homme le pouvoir dire[2]); *(a)* ou si nous
vivons : comme Euripides est en doute si la vie que nous
vivons est vie, ou si c'est ce que nous appellons mort,
qui soit vie :

> Τίς δ'οἶδεν εἰ ζῆν τοῦθ ὁ κέκληται θανεῖν,
> Τὸ ζῆν δὲ θνέσκειν ἐστι[3].

(b) Et non sans apparence : car pourquoy prenons nous
titre d'estre, de cet instant qui n'est qu'une eloise dans le
cours infini d'une nuict eternelle, et une interruption si
briefve de nostre perpetuelle et naturelle condition?
(c) la mort occupant tout le devant et tout le derriere de
ce moment, et une bonne partie encore de ce moment.
(b) D'autres jurent qu'il n'y a point de mouvement, que
rien ne bouge, *(c)* comme les suivans de Melissus (car, s'il
n'y a qu'un, ny le mouvement sphærique ne luy peut
servir, ny le mouvement de lieu à autre, comme Platon
preuve[4]), *(b)* qu'il n'y a ny generation ni corruption en
nature.

(c) Protagoras dict[5] qu'il n'y a rien en nature que le
doubte; que, de toutes choses, on peut esgalement disputer, et de cela mesme, si on peut esgalement disputer de
toutes choses; Nausiphanez, que, des choses qui semblent, rien est non plus que non est, qu'il n'y a autre
certain que l'incertitude; Parmenides, que, de ce qu'il
semble, il n'est aucune chose en general, qu'il n'est qu'un;
Zenon, qu'un mesme n'est pas, et qu'il n'y a rien.

Si un estoit, il seroit ou en un autre ou en soy-mesme;
s'il est en un autre, ce sont deux; s'il est en soy-mesme ce
sont encore deux, le comprenant et le comprins[6]. Selon
ces dogmes, la nature des choses n'est qu'un'ombre ou
fauce ou vaine[7].

(a) Il m'a tousjours semblé qu'à un homme Chrestien
cette sorte de parler est pleine d'indiscretion et d'irreve-
rance : Dieu ne peut mourir, Dieu ne se peut desdire,
Dieu ne peut faire cecy ou cela. Je ne trouve pas bon

d'enfermer ainsi la puissance divine soubs les loix de noſtre parolle. Et l'apparance qui s'offre à nous en ces propositions, il la faudroit representer plus reveramment et plus religieusement.

Noſtre parler a ses foiblesses et ses defauts, comme tout le reſte. La plus part des occasions des troubles du monde sont Grammairiennes. Nos procez ne naissent que du debat de l'interpretation des loix; et la plus part des guerres, de cette impuissance de n'avoir sçeu clairement exprimer les conventions et traiſtez d'accord des princes. Combien de querelles et combien importantes a produit au monde le doubte du sens de cette syllabe : *hoc*[1]! *(b)* Prenons la clause que la logique mesmes nous presentera pour la plus claire. Si vous diſtes : Il faiſt beau temps, et que vous dissiez verité, il fait donc beau temps. Voylà pas une forme de parler certaine? Encore nous trompera elle. Qu'il soit ainsi, suyvons l'exemple. Si vous diſtes : Je ments, et que vous dissiez vray, vous mentez donc[2]. L'art, la raison, la force de la conclusion de cette cy sont pareilles à l'autre; toutes fois nous voylà embourbez. *(a)* Je voy les philosophes Pyrrhoniens qui ne peuvent exprimer leur generale conception en aucune maniere de parler; car il leur faudrait un nouveau langage. Le noſtre eſt tout formé de propositions affirmatives, qui leur sont du tout ennemies. De façon que, quand ils disent[3] : « Je doubte », on les tient incontinent à la gorge pour leur faire avouër qu'au moins assurent et sçavent ils cela, qu'ils doubtent. Ainsin on les a contraints de se sauver dans cette comparaison de la medecine, sans laquelle leur humeur seroit inexplicable; quand ils prononcent : « J'ignore », ou « Je doubte », ils disent que cette proposition s'emporte elle mesme, quant et quant le reſte, ny plus ne moins que la rubarbe qui pousse hors les mauvaises humeurs et s'emporte hors quant et quant elle mesmes.

(b) Cette fantasie eſt plus seurement conceuë par interrogation : « Que sçay-je? » comme je la porte à la devise d'une balance[4].

(a) Voyez comment on se prevaut de cette sorte de parler pleine d'irreverence. Aux disputes qui sont à present en noſtre religion, si vous pressez trop les adversaires, ils vous diront tout deſtrousséement qu'il n'eſt pas en la puissance de Dieu de faire que son corps soit en paradis et en la terre, et en plusieurs lieux ensemble. Et ce

moqueur ancien[1], comment il en fait son profit! Au
moins, dit-il, est ce une non legiere consolation à l'homme
de ce qu'il voit Dieu ne pouvoir pas toutes choses; car il
ne se peut tuer quand il le voudroit, qui est la plus grande
faveur que nous ayons en nostre condition; il ne peut
faire les mortels immortels; ny revivre les trespassez; ny
que celuy qui a vescu, n'ait point vescu; celuy qui a eu des
honneurs, ne les ait point eus; n'ayant autre droit sur le
passé que de l'oubliance. Et, afin que cette société de
l'homme à Dieu s'accouple encore par des exemples plaisans, il ne peut faire que deux fois dix ne soyent vingt.
Voilà ce qu'il dict, et qu'un Chrestien devroit eviter de
passer par sa bouche, là où, au rebours, il semble que les
hommes recerchent cette fole fierté de langage, pour
ramener Dieu à leur mesure,

> *cras vel atra*
> *Nube polum pater occupato,*
> *Vel sole puro ; non tamen irritum*
> *Quodcumque retro est, efficiet, neque*
> *Diffinget infectúmque reddet*
> *Quod fugiens semel hora vexit[2].*

Quand nous disons que l'infinité des siecles, tant passez
qu'avenir, n'est à Dieu qu'un instant; que sa bonté,
sapience, puissance sont mesme chose avecques son
essence, nostre parole le dict, mais nostre intelligence ne
l'apprehende point. Et toutesfois nostre outrecuidance
veut faire passer la divinité par nostre estamine. Et de là
s'engendrent toutes les resveries et erreurs desquelles le
monde se trouve saisi, ramenant et poisant à sa balance
chose si esloignée de son poix. *(c)* « *Mirum quo procedat
improbitas cordis humani, parvulo aliquo invitata successu[3].* »
    Combien insolemment rebroüent Epicurus les Stoïciens
sur ce qu'il tient l'estre veritablement bon et heureux n'appartenir qu'à Dieu, et l'homme sage n'en avoir qu'un
ombrage et similitude! *(a)* Combien temerairement ils ont
attaché Dieu à la destinée (à la mienne volonté, qu'aucuns
du surnom de Chrestiens ne le facent pas encore!) et
Thales, Platon et Pythagoras l'ont asservy à la necessité!
Cette fierté de vouloir descouvrir Dieu par nos yeux a
faict qu'un grand personnage des nostres[4] a donné à la
divinité une forme corporelle. *(b)* Et est cause de ce qui
nous advient tous les jours d'attribuer à Dieu les eve-

nements d'importance, d'une particuliere assignation. Parce qu'ils nous poisent, il semble qu'ils luy poisent aussi et qu'il y regarde plus entier et plus attentif qu'aux evenemens qui nous sont legiers ou d'une suite ordinaire. *(c)* « *Magna dii curant, parva negligunt*[1]. » Escoutez son exemple, il vous esclaircira de sa raison : « *Nec in regnis quidem reges omnia minima curant*[2]. »

Comme si ce luy estoit plus et moins de remuer un empire ou la feuille d'un arbre, et si la providence s'exerçoit autrement, inclinant l'evenement d'une bataille, que le sault d'une puce! La main de son gouvernement se preste à toutes choses de pareille teneur, mesme force et mesme ordre; nostre interest n'y apporte rien; nos mouvements et nos mesures ne le touchent pas.

« *Deus ita artifex magnus in magnis, ut minor non sit in parvis*[3]. » Nostre arrogance nous remet tousjours en avant cette blasphemeuse appariation. Par ce que nos occupations nous chargent, Strato a estrené les Dieux de toute immunité d'offices, comme sont leurs prestres. Il faict produire et maintenir toutes choses à Nature, et de ses pois et mouvemens construit les parties du monde, deschargeant l'humaine nature de la crainte des jugemens divins[4]. « *Quod beatum æternumque sit, id nec habere negotii quicquam, nec exhibere alteri*[5]. » Nature veut qu'en choses pareilles il y ait relation pareille. Le nombre donc infini des mortels conclut un pareil nombre d'immortels. Les choses infinies qui tuent et nuisent, en presupposent autant qui conservent et profitent[6]. Comme les ames des Dieux, sans langue, sans yeux, sans oreilles, sentent entre eux chacun ce que l'autre sent, et jugent nos pensées : ainsi les ames des hommes, quand elles sont libres et desprinses du corps par le sommeil ou par quelque ravissement, divinent, prognostiquent et voyent choses qu'elles ne sçauroyent voir, meslées aux corps[7].

(a) Les hommes, dict Sainct Paul[8], sont devenus fols, cuidans estre sages; et ont mué la gloire de Dieu incorruptible en l'image de l'homme corruptible.

(b) Voyez un peu ce bastelage des deifications anciennes. Après la grande et superbe pompe de l'enterrement, comme le feu venoit à prendre au haut de la pyramide et saisir le lict du trespassé, ils laissoyent en mesme temps eschaper un aigle, lequel, s'en volant à mont, signifioit que l'ame s'en alloit en paradis. Nous

avons mille medailles, et notamment de cette honneste
femme de Faustine[1], où cet aigle est représenté emportant
à la chevremorte vers le ciel ces ames deifiées. C'est pitié
que nous nous pipons de nos propres singeries et inventions,

Quod finxere, timent[2]:

comme les enfans qui s'effrayent de ce mesme visage
qu'ils ont barbouillé et noircy à leur compaignon[3].
(c) « *Quasi quicquam infelicius sit homine cui sua figmenta
dominantur[4].* » C'est bien loin d'honorer celuy qui nous a
faict, que d'honorer celuy que nous avons faict[5]. *(b)* Auguste eust plus de temples que Juppiter, servis avec autant
de religion et creance de miracles. Les Thasiens, en
recompense des biens-faicts qu'ils avoyent receuz d'Agesilaus, luy vindrent dire qu'ils l'avoyent canonisé :
« Vostre nation, leur dict-il, a elle ce pouvoir de faire Dieu
qui bon lui semble? Faictes en, pour voir, l'un d'entre
vous, et puis, *(c)* quand j'auray veu comme il s'en sera
trouvé, *(b)* je vous diray grandmercy de vostre offre[6]. »

(c) L'homme est bien insensé. Il ne sçauroit forger un
ciron, et forge des Dieux à douzaines.

Oyez Trismegiste[7] loüant nostre suffisance : De toutes
les choses admirables a surmonté l'admiration, que
l'homme aye peu trouver la divine nature et la faire.

(b) Voicy des argumens de l'escole mesme de la philosophie,

Nosse cui Divos et cæli numina soli,
Aut soli nescire, datum[8].

Si Dieu est, il est animal; s'il est animal, il a sens; et s'il
a sens, il est subject à corruption. S'il est sans corps, il
est sans ame, et par consequant sans action; et, s'il a
corps, il est perissable. Voylà pas triomfé ?

(c) Nous sommes incapables d'avoir faict le monde; il
y a donc quelque nature plus excellente qui y a mis la
main. — Ce seroit une sotte arrogance de nous estimer la
plus parfaicte chose de cet univers; il y a donc quelque
chose de meilleur; cela, c'est Dieu. — Quand vous voyez
une riche et pompeuse demeure, encore que vous ne
sçachez qui en est le maistre, si ne direz vous pas qu'elle
soit faicte pour des rats. Et cette divine structure que nous
voyons du palais celeste, n'avons nous pas à croire que

ce soit le logis de quelque maistre plus grand que nous
ne sommes? Le plus haut est-il pas tousjours le plus
digne? et nous sommes placez au bas. — Rien, sans ame et
sans raison, ne peut produire un animant capable de raison. Le monde nous produit, il a donc ame et raison. —
Chaque part de nous est moins que nous. Nous sommes
part du monde. Le monde est donc fourni de sagesse et
de raison, et plus abondamment que nous ne sommes. —
C'est belle chose d'avoir un grand gouvernement. Le gouvernement du monde appartient donc à quelque heureuse
nature. — Les astres ne nous font pas de nuisance; ils
sont donc pleins de bonté. — *(b)* Nous avons besoing de
nourriture; aussi ont donc les Dieux, et se paissent des
vapeurs de ça bas. *(c)* Les biens mondains ne sont pas biens
à Dieu; ce ne sont donc pas biens à nous. — L'offencer
et l'estre offencé sont egalement tesmoignages d'imbecillité; c'est donc follie de craindre Dieu. — Dieu est bon
par sa nature, l'homme par son industrie, qui est plus. —
La sagesse divine et l'humaine sagesse n'ont autre distinction, si non que celle-là est eternelle. Or la durée
n'est aucune accession à la sagesse; parquoy nous voilà
compaignons. — *(b)* Nous avons vie, raison et liberté,
estimons la bonté, la charité et la justice; ces qualitez sont
donc en luy[1]. Somme le bastiment et le desbastiment, les
conditions de la divinité se forgent par l'homme, selon
la relation à soy. Quel patron et quel modele! Estirons,
eslevons et grossissons les qualitez humaines tant qu'il
nous plaira; enfle toy, pauvre homme, et encore, et
encore, et encore :

Non, si te ruperis, inquit[2].

(c) « *Profecto non Deum, quem cogitare non possunt, sed
semetipsos pro illo cogitantes, non illum sed se ipsos non illi sed
sibi comparant*[3]. »

(b) Es choses naturelles, les effects ne raportent qu'à
demy leurs causes : quoy cette-cy? elle est au dessus de
l'ordre de nature; sa condition est trop hautaine, trop
esloignée et trop maistresse, pour souffrir que noz conclusions l'atachent et la garrotent. Ce n'est par nous qu'on y
arrive, cette route est trop basse. Nous ne sommes non
plus près du ciel sur le mont Senis qu'au fons de la mer;
consultez en, pour voir, avec vostre astrolabe. Ils ramenent Dieu jusques à l'accointance charnelle des femmes :

à combien de fois, à combien de generations? Paulina, femme de Saturninus, matrone de grande reputation à Romme, pensant coucher avec le Dieu Serapis, se trouva entre les bras d'un sien amoureux par le maquerelage des prestres de ce temple[1].

(c) Varro, le plus subtil et le plus savant autheur Latin, en ses livres de la *Theologie,* escrit que le secrestin de Hercules, jettant au sort, d'une main pour soy, de l'autre pour Hercules, joüa contre luy un souper et une garse : s'il gaignoit, aux despens des offrandes; s'il perdoit, aux siens. Il perdit, paya son soupper et sa garse. Son nom fut Laurentine, qui veid de nuict ce dieu entre ses bras, luy disant au surplus que lendemain, le premier qu'elle rencontreroit, la payeroit celestement de son salaire. Ce fut Taruntius, jeune homme riche, qui la mena chez luy et, avec le temps, la laissa heretiere. Elle, à son tour, esperant faire chose aggreable à ce dieu, laissa heretier le peuple Romain : pourquoy on luy attribua des honneurs divins[2].

Comme s'il ne suffisoit pas que, par double estoc, Platon fut originellement descendu des Dieux, et avoir pour autheur commun de sa race Neptune, il estoit tenu pour certain à Athenes que Ariston, ayant voulu joüir de la belle Perictione, n'avoit sceu; et fut averti en songe par le Dieu Appollo de la laisser impollue et intacte jusqu'à ce qu'elle fut accouchée; c'estoient le pere et mere de Platon[3]. Combien y a il, ès histoires, de pareils cocuages procurez par les Dieux contre les pauvres humains? et des maris injurieusement descriez en faveur des enfans?

En la religion de Mahumet, il se trouve, par la croyance de ce peuple, assés de Merlins[4] : assavoir enfans sans pere, spirituels, nays divinement au ventre des pucelles; et portent un nom qui le signifie en leur langue.

(b) Il nous faut noter qu'à chaque chose il n'est rien plus cher et plus estimable que son estre (c) (le lion, l'aigle, le dauphin ne prisent rien au dessus de leur espece[5]); (b) et que chacune raporte les qualitez de toutes autres choses à ses propres qualitez; lesquelles nous pouvons bien estendre et racourcir, mais c'est tout; car, hors de ce raport et de ce principe, nostre imagination ne peut aller, ne peut rien diviner autre, et est impossible qu'elle sorte de là, et qu'elle passe au delà. (c) D'où naissent ces

anciennes conclusions : De toutes les formes, la plus belle
est celle de l'homme[1]; Dieu donc est de cette forme. Nul
ne peut estre heureux sans vertu, ny la vertu estre sans
raison, et nulle raison loger ailleurs qu'en l'humaine
figure; Dieu est donc revestu de l'humaine figure.

« *Ita est informatum, anticipatum mentibus nostris ut homini,
cum de deo cogitet, forma occurrat humana*[2]. »

(b) Pourtant disoit plaisamment Xenophanes[3], que si
les animaux se forgent des dieux, comme il est vraysemblable qu'ils facent, ils les forgent certainement de mesme
eux, et se glorifient, comme nous. Car pourquoy ne dira
un oison ainsi : « Toutes les pieces de l'univers me
regardent; la terre me sert à marcher, le Soleil à m'esclairer, les estoilles à m'inspirer leurs influances; j'ay telle
commodité des vents, telle des eaux; il n'est rien que cette
voute regarde si favorablement que moy; je suis le
mignon de nature; est-ce pas l'homme qui me traite, qui
me loge, qui me sert? c'est pour moy qu'il faict et semer
et mouldre; s'il me mange, aussi faict il bien l'homme son
compaignon, et si fay-je moy les vers qui le tuent et qui le
mangent. » Autant en diroit une grue, et plus magnifiquement encore pour la liberté de son vol et la possession
de cette belle et haute region : *(c)* « *tam blanda conciliatrix
et tam sui est lena ipsa natura*[4]. »

(b) Or donc, par ce mesme trein, pour nous sont les
destinées, pour nous le monde; il luit, il tonne pour nous;
et le createur et les creatures, tout est pour nous. C'est le
but et le point où vise l'université des choses. Regardés
le registre que la philosophie a tenu, deux mille ans et
plus, des affaires celestes : les dieux n'ont agi, n'ont parlé
que pour l'homme; elle ne leur attribue autre consultation
et autre vacation : les voylà contre nous en guerre,

> *domitósque Herculea manu*
> *Telluris juvenes, unde periculum*
> *Fulgens contremuit domus*
> *Saturni veteris*[5];

les voicy partisans de noz troubles, *(c)* pour nous rendre
la pareille de ce que, tant de fois, nous sommes partisans
des leurs,

> *(b)* *Neptunus muros magnóque emota tridenti*
> *Fundamenta quatit, totámque a sedibus urbem*

Eruit. Hic Juno Scæas sævissima portas
Prima tenet[1].

(c) Les Cauniens, pour la jalousie de la domination de
leurs Dieux propres, prennent armes en dos le jour de leur
devotion, et vont courant toute leur banlieue, frappant
l'air par cy par là atout leurs glaives, pourchassant ainsin
à outrance et bannissant les dieux estrangiers de leur
territoire[2]. *(b)* Leurs puissances sont retranchées selon
nostre necessité : qui guerit les chevaux, qui les hommes,
(c) qui la peste, *(b)* qui la teigne, qui la tous, *(c)* qui une
sorte de gale, qui un'autre (« *adeo minimis etiam rebus prava*
relligio inserit deos[3] »); *(b)* qui faict naistre les raisins, qui les
aulx; qui a la charge de la paillardise, qui de la marchandise
(c) (à chaque race d'artisans un dieu), *(b)* qui a sa province en oriant et son credit, qui en ponant :

> *hic illius arma,*
> *Hic currus fuit*[4].

(c) *O sancte Apollo, qui umbilicum certum terrarum obtines*[5]!

> *Pallada Cecropidæ, Minïoa Creta Dianam,*
> *Vulcanum tellus Hipsipilea colit,*
> *Junonem Sparte Pelopeiadesque Mycenæ !*
> *Pinigerum Fauni Mænalis ora caput;*
> *Mars Latio venerandus*[6].

(b) Qui n'a qu'un bourg ou une famille en sa possession,
(c) qui loge seul; qui en compaignie ou volontaire ou
necessaire.

> *Junctaque sunt magno templa nepotis avo*[7].

(b) Il en est de si chetifs et populaires (car le nombre s'en
monte jusques à trante six mille), qu'il en faut entasser
bien cinq ou six à produire un espic de bled, et en prennent leurs noms divers : *(c)* trois à une porte, celuy de
l'ais, celuy du gond, celuy du seuil; quatre à un enfant,
protecteurs de son maillol, de son boire, de son manger,
de son tetter; aucuns certains, aucuns incertains et doubteux[8]; aucuns qui n'entrent pas encores en Paradis :

> *Quos quoniam cæli nondum dignamur honore,*
> *Quas dedimus certe terras habitare sinamus*[9];

il en est de physiciens, de poëtiques, de civils; aucuns,
moyens entre la divine et l'humaine nature, mediateurs,
entremetteurs de nous à Dieu; adorez par certain second

ordre d'adoration et diminutif; infinis en tiltres et offices;
les uns bons, les autres mauvais. *(b)* Il en est de vieux et
cassez, et en est de mortels : car Chrysippus[1] estimoit
qu'en la dernière conflagration du monde tous les dieux
auroyent à finir, sauf Juppiter. *(c)* L'homme forge mille
plaisantes societez entre Dieu et luy. Est-il pas son
compatriote?

Jovis incunabula Creten[2].

Voicy l'excuse que nous donnent, sur la consideration
de ce subject, Scevola, grant Pontife, et Varro, grand
theologien, en leur temps[3] : Qu'il est besoin que le peuple
ignore beaucoup de choses vrayes et en croye beaucoup
de fausses : « *cum veritatem qua liberetur, inquirat, credatur
ei expedire, quod fallitur[4].* »

(b) Les yeux humains ne peuvent apercevoir les choses
que par les formes de leur cognoissance. *(c)* Et ne nous
souvient pas quel sault print le miserable Phaeton pour
avoir voulu manier les renes des chevaux de son pere
d'une main mortelle. Nostre esprit retombe en pareille
profondeur, se dissipe · et se froisse de mesme, par sa
temerité. *(b)* Si vous demandez à la philosophie de quelle
matiere est le ciel et le Soleil, que vous respondra elle,
sinon de fer, ou avecq Anaxagoras[5], *(b)* de pierre, et telle
estoffe de nostre usage? *(c)* S'enquiert on à Zenon que
c'est que nature? « Un feu, dict-il, artiste, propre à engendrer, procedant regléement[6]. » *(b)* Archimedes, maistre de
cette science qui s'attribue la presseance sur toutes les
autres en verité et certitude : « Le Soleil, dict-il, est un Dieu
de fer enflammé. » Voylà pas une belle imagination produicte de la beauté et inevitable necessité des demonstations
geometriques! Non pourtant si inevitable *(c)* et utile
que Socrates n'ayt estimé qu'il suffisoit en sçavoir jusques
à pouvoir arpenter la terre qu'on donnoit et recevoit[7], et
(b) que Poliænus qui en avoit esté fameux et illustre
docteur, ne les ayt prises à mespris, commes plaines de
faulceté et de vanité apparente, après qu'il eust gousté les
doux fruicts des jardins poltronesques d'Epicurus[8].

(c) Socrates, en Xenophon[9], sur ce propos d'Anaxagoras, estimé par l'antiquité entendu au dessus tous autres
ès choses celestes et divines, dict qu'il se troubla du
cerveau, comme font tous hommes qui perscrutent immo-
deréement les cognoissances qui ne sont de leur apparte-

nance. Sur ce qu'il faisoit le Soleil une pierre ardente, il ne
s'advisoit pas qu'une pierre ne luit point au feu, et qui pis
est, qu'elle s'y consomme ; en ce qu'il faisoit un du Soleil
et du feu, que le feu ne noircist pas ceux qu'il regarde ; que
nous regardons fixement le feu ; que le feu tue les plantes
et les herbes. C'est, à l'advis de Socrates, et au mien aussi,
le plus sagement jugé du ciel que n'en juger point.

Platon, ayant à parler des Daimons au *Timée*[1] : « C'est
entreprinse, dict il, qui surpasse nostre portée. Il en faut
croire ces anciens qui se sont dicts engendrez d'eux.
C'est contre raison de refuser foy aux enfans des Dieux,
encore que leur dire ne soit establi par raisons necessaires
ni vraisemblables, puis qu'ils nous respondent de parler
de choses domestiques et familieres. »

(a) Voyons si nous avons quelque peu plus de clarté en
la cognoissance des choses humaines et naturelles.

N'est ce pas une ridicule entreprinse, à celles ausquelles, par nostre propre confession, nostre science ne
peut atteindre, leur aller forgeant un autre corps, et
prestant une forme fauce, de nostre invention : comme il
se void au mouvement des planettes, auquel d'autant que
nostre esprit ne peut arriver, ny imaginer sa naturelle
conduite, nous leur prestons, du nostre, des ressors
materiels, lourds et corporels :

> *temo aureus, aurea summæ*
> *Curvatura rotæ, radiorum argenteus ordo*[2].

Vous diriez que nous avons eu des cochers, des charpen-
tiers et des peintres, qui sont allez dresser là haut des
engins à divers mouvemens, *(c)* et ranger les rouages et
entrelassemens des corps celestes bigarrez en couleur
autour du fuseau de la necessité, selon Platon[3] :

> *(b) Mundus domus est maxima rerum,*
> *Quam quinque altitonæ fragmine zonæ*
> *Cingunt, perquam limbus pictus bis sex signis*
> *Stellimicantibus, altus in obliquo æthere, lunæ*
> *Bigas acceptat*[4].

Ce sont tous songes et fanatiques folies. Que ne plaist-il
un jour à nature nous ouvrir son sein et nous faire voir
au propre les moyens et la conduicte de ses mouvements,
et y preparer nos yeux ! O Dieu ! quels abus, quels mescontes nous trouverions en nostre pauvre science : *(c)* je

suis trompé si elle tient une seule chose droitement en
son poinct; et m'en partiray d'icy plus ignorant toute
autre chose que mon ignorance.

Ay je pas veu en Platon[1] ce divin mot, que nature
n'est rien qu'une poësie œnigmatique ? comme peut estre
qui diroit une peinture voilée et tenebreuse, entreluisant
d'une infinie varieté de faux jours à exercer nos conjectures.

« *Latent ista omnia crassis occultata et circumfusa tenebris,
ut nulla acies humani ingenii tanta sit, quæ penetrare in cœlum,
terram intrare possit*[2]. »

Et certes la philosophie n'est qu'une poësie sophistiquée[3]. D'où tirent ces auteurs anciens toutes leurs autho-
ritez, que des poëtes ? Et les premiers furent poëtes eux
mesmes et la traicterent en leur art. Platon n'est qu'un
poëte descousu. Timon l'appelle, par injure, grand
forgeur de miracles[4].

(a) Tout ainsi que les femmes employent des dents
d'yvoire où les leurs naturelles leur manquent, et, au lieu
de leur vray teint, en forgent un de quelque matiere
estrangere; comme elles font des cuisses de drap et de
feutre, et de l'embonpoinct de coton, et, au veu et sçeu
d'un chacun, s'embellissent d'une beauté fauce et empruntée : ainsi faict la science *(b)* (et nostre droict mesme
a, dict-on, des fictions legitimes sur lesquelles il fonde la
verité de sa justice); *(a)* elle nous donne en payement et en
presupposition les choses qu'elle mesmes nous aprend
estre inventées : car ces épicycles, excentriques, concen-
triques, dequoy l'Astrologie s'aide à conduire le bransle
de ses estoilles, elle nous les donne pour le mieux qu'elle
ait sçeu inventer en ce sujet; comme aussi au reste la
philosophie nous presente non pas ce qui est, ou ce qu'elle
croit, mais ce qu'elle forge ayant plus d'apparence et de
gentillesse. *(c)* Platon[5], sur le discours de l'estat de nostre
corps et de celuy des bestes : « Que ce que nous avons dict
soit vray, nous en asseurerions, si nous avions sur ce la
confirmation d'un oracle; seulement nous asseurons que
c'est le plus vray-semblablement que nous ayons sceu
dire. »

(a) Ce n'est pas au ciel seulement qu'elle envoye ses
cordages, ses engins et ses roües. Considerons un peu ce
qu'elle dit de nous mesmes et de nostre contexture. Il n'y
a pas plus de retrogradation, trepidation, accession, recu-

lement, ravissement aux astres et corps celestes, qu'ils en
ont forgé en ce pauvre petit corps humain. Vrayement ils
ont eu par là raison de l'appeler le petit monde[1], tant ils
ont employé de pieces et de visages à le maçonner et
bastir. Pour accommoder les mouvemens qu'ils voyent en
l'homme, les diverses fonctions et facultez que nous sentons en nous, en combien de parties ont-ils divisé nostre
ame? en combien de sieges logée? à combien d'ordres et
estages ont-ils départy ce pauvre homme, outre les naturels et perceptibles? et à combien d'offices et de vacations? Ils en font une chose publique imaginaire. C'est un
subject qu'ils tiennent et qu'ils manient : on leur laisse
toute puissance de la descoudre, renger, rassembler et
estoffer, chacun à sa fantasie; et si, ne le possedent pas
encore. Non seulement en verité, mais en songe mesmes,
ils ne le peuvent regler, qu'il ne s'y trouve quelque
cadence ou quelque son qui eschappe à leur architecture,
toute énorme qu'elle est, et rapiecée de mille lopins faux
et fantastiques. *(c)* Et ce n'est pas raison de les excuser.
Car, aux peintres, quand ils peignent le ciel, la terre, les
mers, les monts, les isles escartées, nous leur condonons
qu'ils nous en rapportent seulement quelque marque
legiere; et, comme de choses ignorées, nous contentons
d'un tel quel ombrage et feinte. Mais quand ils nous
tirent après le naturel en un subject qui nous est familier
et connu, nous exigeons d'eux une parfaicte et exacte
representation des lineamens et des couleurs, et les
mesprisons s'ils y faillent[2].

(a) Je sçay bon gré à la garse Milesienne qui, voyant le
philosophe Thales s'amuser continuellement à la contemplation de la voute celeste et tenir tousjours les yeux
eslevez contremont, luy mit en son passage quelque chose
à le faire broncher, pour l'advertir qu'il seroit temps
d'amuser son pensement aux choses qui estoient dans les
nues, quand il auroit prouveu à celles qui estoient à ses
pieds. Elle lui conseilloit certes bien de regarder plustost
à soy qu'au ciel[3]. *(c)* Car, comme dit Democritus par la
bouche de Cicero,

Quod est ante pedes, nemo spectat; cœli scrutantur plagas[4].

(a) Mais nostre condition porte que la cognoissance de ce
que nous avons entre mains est aussi esloignée de nous,
et aussi bien au dessus des nues, que celle des astres.

(c) Comme dict Socrates en Platon, qu'à quiconque se
mesle de la philosophie, on peut faire le reproche que faict
cette femme à Thales, qu'il ne void rien de ce qui est
devant luy. Car tout philosophe ignore ce que faict son
voisin, ouy et ce qu'il faict luy-mesme, et ignore ce qu'ils
sont tous deux, ou bestes ou hommes.

(a) Ces gens icy, qui trouvent les raisons de Sebond
trop foibles, qui n'ignorent rien, qui gouvernent le
monde, qui sçavent tout,

> *Quæ mare compescant causæ; quid temperet annum;*
> *Stellæ sponte sua jussæve vagentur et errent;*
> *Quid premat obscurum Lunæ, quid proferat orbem;*
> *Quem velit et possit rerum concordia discors*[1];

n'ont ils pas quelquesfois sondé, parmy leurs livres, les
difficultez qui se presentent à cognoistre leur estre propre?
Nous voyons bien que le doigt se meut, et que le pied
se meut; qu'aucunes parties se branslent d'elles mesmes
sans notre congé, et que d'autres, nous les agitons par
nostre ordonnance; que certaine apprehension engendre
la rougeur, certaine autre la palleur; telle imagination agit
en la rate seulement, telle autre au cerveau; l'une nous
cause le rire, l'autre le pleurer; telle autre transit et
estonne tous nos sens, et arreste le mouvement de nos
membres. *(c)* A tel object l'estomac se soulève; à tel autre
quelque partie plus basse. *(a)* Mais comme une impression spirituelle face une telle faucée dans un subject massif
et solide, et la nature de la liaison et cousture de ces
admirables ressorts, jamais homme ne l'a sçeu. *(c)* « *Omnia
incerta ratione et in naturæ majestate abdita*[2] », dict Pline; et
S. Augustin : « *Modus quo corporibus adhærent spiritus, omnino
mirus est, nec comprehendi ab homine potest : et hoc ipse homo
est*[3]. » *(a)* Et si, ne le met on pas pourtant en doute, car les
opinions des hommes sont reçeues à la suitte des creances
anciennes, par authorité et à credit, comme si c'estoit
religion et loy. On reçoit comme un jargon ce qui en est
communement tenu; on reçoit cette verité avec tout son
bastiment et attelage d'argumens et de preuves, comme
un corps ferme et solide qu'on n'esbranle plus, qu'on ne
juge plus. Au contraire, chacun, à qui mieux mieux, va
plastrant et confortant cette creance receue, de tout ce que
peut sa raison, qui est un util souuple, contournable et

accommodable à toute figure. Ainsi se remplit le monde et se confit en fadesse et en mensonge.

Ce qui fait qu'on ne doute de guere de choses, c'est que les communes impressions, on ne les essaye jamais; on n'en sonde point le pied, où gist la faute et la foiblesse; on ne debat que sur les branches; on ne demande pas si cela est vray, mais s'il a esté ainsin ou ainsin entendu. On ne demande pas si Galen a rien dit qui vaille, mais s'il a dit ainsi ou autrement. Vrayement c'estoit bien raison que cette bride et contrainte de la liberté de nos jugemens, et cette tyrannie de nos creances, s'estandit jusques aux escholes et aux arts. Le Dieu de la science scholastique, c'est Aristote; c'est religion de debatre de ses ordonnances, comme de celles de Lycurgus à Sparte. Sa doctrine nous sert de loy magistrale, qui est à l'avanture autant fauce qu'une autre. Je ne sçay pas pourquoy je n'acceptasse autant volontiers ou les idées de Platon, ou les atomes d'Epicurus, ou le plain et le vuide de Leucippus et Democritus, ou l'eau de Thales, ou l'infinité de nature d'Anaximander, ou l'air de Diogenes[1], ou les nombres et symmetrie de Pythagoras, ou l'infiny de Parmenides, ou l'un de Musæus, ou l'eau et le feu d'Apollodorus, ou les parties similaires d'Anaxagoras, ou la discorde et amitié d'Empedocles, ou le feu de Heraclitus, ou toute autre opinion de cette confusion infinie d'advis et de sentences que produit cette belle raison humaine par sa certitude et clairvoyance en tout ce dequoy elle se mesle, que je feroy l'opinion d'Aristote, sur ce subject des principes des choses naturelles : lesquels principes il bastit de trois pieces, matiere, forme et privation. Et qu'est-il plus vain que de faire l'inanité mesme cause de la production des choses? La privation, c'est une negative; de quelle humeur en a-il peu faire la cause et origine des choses qui sont? Cela toutesfois ne s'auseroit esbranler, que pour l'exercice de la Logique. On n'y debat rien pour le mettre en doute, mais pour defendre l'auteur de l'eschole des objections estrangeres : son authorité, c'est le but au delà duquel il n'est pas permis de s'enquerir.

Il est bien aisé, sur des fondemens avouez, de bastir ce qu'on veut; car, selon la loy et ordonnance de ce commencement, le reste des pièces du bastiment se conduit ayséement, sans se démentir. Par cette voye nous trouvons notre raison bien fondée, et discourons à boule veue;

car nos maistres præoccupent et gaignent avant main autant de lieu en nostre creance qu'il leur en faut pour conclurre après ce qu'ils veulent, à la mode des Geometriens, par leurs demandes avouées; le consentement et approbation que nous leur prestons leur donnant dequoy nous trainer à gauche et à dextre, et nous pyroueter à leur volonté. Quiconque est creu de ses presuppositions, il est nostre maistre et nostre Dieu; il prendra le plant de ses fondemens si ample et si aisé que, par iceux, il nous pourra monter, s'il veut, jusques aux nuës. En cette pratique et negotiation de science nous avons pris pour argent content le mot de Pythagoras, que chaque expert doit estre creu en son art[1]. Le dialecticien se rapporte au grammairien de la signification des mots; le rhetoricien emprunte du dialecticien les lieux des arguments; le poëte, du musicien les mesures; le geometrien, de l'arithmeticien les proportions; les metaphysiciens prennent pour fondement les conjectures de la physique. Car chasque science a ses principes presupposez par où le jugement humain est bridé de toutes parts. Si vous venez à choquer cette barrière en laquelle gist la principale erreur, ils ont incontinent cette sentence en la bouche, qu'il ne faut pas debattre contre ceux qui nient les principes.

Or n'y peut-il avoir des principes aux hommes, si la divinité ne les leur a revelez; de tout le demeurant, et le commencement, et le milieu et la fin, ce n'est que songe et fumée. A ceux qui combatent par presupposition, il leur faut presupposer au contraire le mesme axiome dequoy on debat. Car toute presupposition humaine et toute enunciation a autant d'authorité que l'autre, si la raison n'en faict la difference. Ainsi il les faut toutes mettre à la balance; et premierement les generalles, et celles qui nous tyrannisent. *(c)* L'impression de la certitude est un certain tesmoignage de folie et d'incertitude extreme; et n'est point de plus folles gens, ny moins philosophes que les *philodoxes*[2] de Platon. *(a)* Il faut sçavoir si le feu est chaut, si la neige est blanche, s'il y a rien de dur ou de mol en nostre cognoissance.

Et quand à ces responses dequoy il se faict des contes anciens : comme à celui qui mettoit en doubte la chaleur, à qui on dict qu'il se jettast dans le feu; à celuy qui nioit la froideur de la glace, qu'il s'en mit dans le sein : elles sont très-indignes de la profession philosophique. S'ils nous eussent laissé en noſtre eſtat naturel, recevans les apparences eſtrangeres selon qu'elles se presentent à nous par nos sens, et nous eussent laissé aller après nos appetits simples et reglez par la condition de noſtre naissance, ils auroient raison de parler ainsi; mais c'eſt d'eux que nous avons appris de nous rendre juges du monde; c'eſt d'eux que nous tenons cette fantasie, que la raison humaine eſt contrerolleuse generalle de tout ce qui eſt au dehors et au dedans de la voute celeſte, qui embrasse tout, qui peut tout, par le moyen de laquelle tout se sçait et connoit.

Cette response seroit bonne parmy les Canibales, qui jouissent l'heur d'une longue vie, tranquille et paisible sans les preceptes d'Ariſtote, et sans la connoissance du nom de la physique. Cette response vaudroit mieux à l'adventure et auroit plus de fermeté que toutes celles qu'ils emprunteront de leur raison et de leur invention. De cette-cy seroient capables avec nous tous les animaux et tout ce où le commandement eſt encor pur et simple de la loy naturelle; mais eux, ils y ont renoncé. Il ne faut pas qu'ils me dient : « Il eſt vray, car vous le voyez et sentez ainsin »; il faut qu'ils me dient si, ce que je pense sentir, je le sens pourtant en effeⅽt; et, si je le sens, qu'ils me dient après pourquoy je le sens, et comment, et quoy; qu'ils me dient le nom, l'origine, les tenans et aboutissans de la chaleur, du froid, les qualitez de celuy qui agit et de celuy qui souffre; ou qu'ils me quittent leur profession, qui eſt de ne recevoir ny approuver rien que par la voye de la raison; c'eſt leur touche à toutes sortes d'essais; mais certes c'eſt une touche pleine de fauceté, d'erreur, de foiblesse et defaillance.

Par où la voulons nous mieux esprouver que par elle mesme? S'il ne la faut croire parlant de soy, à peine sera-elle propre à juger des choses eſtrangeres; si elle connoit quelque chose, aumoins sera ce son eſtre et son domicile. Elle eſt en l'ame, et partie ou effeⅽt d'icelle : car la vraye raison eſt essentielle, de qui nous desrobons le nom à fauces enseignes, elle loge dans le sein de Dieu; c'eſt là son giſte et sa retraite, c'eſt de là où elle part quand il plaiſt à Dieu nous en faire voir quelque rayon, comme Pallas saillit de la teſte de son père pour se communiquer au monde.

Or voyons ce que l'humaine raison nous a appris de soy et de l'ame; (c) non de l'ame en general, de la quelle quasi toute philosophie rend les corps celestes et les premiers corps participans; ny de celle que Thales attribuoit aux choses mesmes qu'on tient inanimées, convié par la consideration de l'aimant; mais de celle qui nous appartient, que nous devons mieux cognoistre[1].

> *(b)* *Ignoratur enim quæ sit natura animaï,*
> *Nata sit, an contra nascentibus insinuetur,*
> *Et simul intereat nobiscum morte dirempta,*
> *An tenebras orci visat vastásque lacunas,*
> *An pecudes alias divinitus insinuet se*[2].

(a) A Crates et Dicæarchus, qu'il n'y en avoit du tout point, mais que le corps s'esbranloit ainsi d'un mouvement naturel; à Platon, que c'estoit une substance se mouvant de soy-mesme; à Thales, une nature sans repos; à Asclepiades, une exercitation des sens; à Hesiodus et Anaximander, chose composée de terre et d'eau; à Parmenides, de terre et de feu; à Empedocles, de sang,

> *Sanguineam vomit ille animam*[3];

à Possidonius, Cleantes et Galen, une chaleur ou complexion chaleureuse,

> *Igneus est ollis vigor, et cælestis origo*[4];

à Hypocrates, un esprit espandu par le corps; à Varro, un air receu par la bouche, eschauffé au poulmon, attrempé au cœur et espandu par tout le corps; à Zeno, la quint'essence des quatre elemens; à Heraclides Ponticus, la lumiere; à Xenocrates et aux Ægyptiens, un nombre mobile; aux Chaldées, une vertu sans forme determinée[5],

> *(b)* *habitum quemdam vitalem corporis esse,*
> *Harmoniam Græci quam dicunt*[6].

(a) N'oublions pas Aristote : ce qui naturellement fait mouvoir le corps, qu'il nomme entelechie; d'une autant froide invention que nulle autre, car il ne parle ny de l'essence, ny de l'origine, ny de la nature de l'ame, mais en remerque seulement l'effect. Lactance, Seneque, et la meilleure part entre les dogmatistes, ont confessé que c'estoit chose qu'ils n'entendoient pas. *(c)* Et, après tout ce denombrement d'opinions : « *Harum sententiarum quæ vera sit, deus aliquis viderit*[7] », dict Cicero. *(a)* Je connoy par moy, dict S. Bernard[8], combien Dieu est incomprehen-

sible, puis que, les pieces de mon eſtre propre, je ne les puis comprendre. *(c)* Heraclytus, qui tenoit tout eſtre plein d'ames et de daimons, maintenoit pourtant qu'on ne pouvoit aller tant avant vers la cognoissance de l'ame qu'on y peuſt arriver, si profonde eſtre son essence[1].

(a) Il n'y a pas moins de dissention ny de debat à la loger. Hipocrates et Hierophilus la mettent au ventricule du cerveau; Democritus et Ariſtote, par tout le corps

> *(b) Ut bona sæpe valetudo cum dicitur esse*
> *Corporis, et non eſt tamen hæc pars ulla valentis[2];*

(a) Epicurus, en l'eſtomac,

> *(b) Hic exultat enim pavor ac metus, hæc loca circum*
> *Lætitiæ mulcent[3].*

(a) Les Stoïciens, autour et dedans le cœur; Erasistratus, joignant la membrane de l'epicrane; Empedocles, au sang; comme aussi Moyse, qui fut la cause pourquoy il defendit de manger le sang des beſtes, auquel leur ame eſt jointe; Galen a pensé que chaque partie du corps ait son ame; Strato l'a logée entre les deux sourcils. *(c)* « *Qua facie quidem sit animus, aut ubi habitet, ne quærendum quidem eſt[4]* », dict Cicero. Je laisse volontiers à cet homme ses mots propres. Irois-je alterer à l'eloquence son parler? Joint qu'il y a peu d'acqueſt à desrober la matiere de ses inventions : elles sont et peu frequentes, et peu roides, et peu ignorées. *(a)* Mais la raison pourquoy Chrysippus[5] l'argumente autour du cœur, comme les autres de sa secte, n'eſt pas pour eſtre oubliée : « C'eſt par ce, dit-il, que quand nous voulons asseurer quelque chose, nous mettons la main sur l'eſtomac; et quand nous voulons prononcer ἔγω, qui signifie moy, nous baissons vers l'eſtomac la machouere d'embas. » Ce lieu ne se doit passer sans remerquer la vanité d'un si grand personnage. Car, outre que ces considerations sont d'elles mesmes infinimant legieres, la derniere ne preuve que aux Grecs, qu'ils ayent l'ame en cet endroit là. Il n'eſt jugement humain, si tendu, qui ne sommeille par fois.

(c) Que craignons nous à dire? Voylà les Stoïciens, peres de l'humaine prudence, qui trouvent que l'ame d'un homme accablé sous une ruine, traine et ahanne longtemps à sortir, ne se pouvant demesler de la charge, comme une souris prinse à la trapelle[6].

Aucuns[1] tienent que le monde fut faict pour donner corps par punition aux esprits decheus, par leur faute, de la pureté en quoy ils avoyent esté creés, la premiere creation n'ayant esté qu'incorporelle; et que, selon qu'ils se sont plus ou moins esloignez de leur spiritualité, on les incorpore plus ou moins alaigrement ou lourdement. De là vient la varieté de tant de matiere creée. Mais l'esprit qui fut, pour sa peine, investi du corps du soleil, devoit avoir une mesure d'alteration bien rare et particuliere. Les extremitez de nostre perquisition tombent toutes en esblouyssement : comme dict Plutarque[2] de la teste des histoires, qu'à la mode des chartes l'orée des terres cognuës est saisie de marets, forests profondes, deserts et lieux inhabitables. Voilà pourquoy les plus grossieres et pueriles ravasseries se treuvent plus en ceux qui traittent les choses plus hautes et plus avant, s'abysmans en leur curiosité et presomption. La fin et le commencement de science se tiennent en pareille bestise. Voyez prendre à mont l'essor à Platon en ses nuages poetiques; voyez chez luy le jargon des Dieux. Mais à quoi songeoit-il quand *(a)* il definit l'homme un animal à deux pieds, sans plume; fournissant à ceux qui avoient envie de se moquer de luy une plaisante occasion : car, ayans plumé un chapon vif, ils l'aloient nommant l'homme de Platon[3].

Et quoy les Epicuriens? de quelle simplicité estoyent ils allez premierement imaginer que leurs atomes, qu'ils disoyent estre des corps ayants quelque pesanteur et un mouvement naturel contre bas, eussent basti le monde; jusques à ce qu'ils fussent avisez par leurs adversaires que, par cette description, il n'estoit pas possible qu'elles se joignissent et se prinssent l'une à l'autre, leur cheute estant ainsi droite et perpendiculaire, et engendrant par tout des lignes paralleles? Parquoy, il fut force qu'ils y adjoutassent depuis un mouvement de costé, fortuite, et qu'ils fournissent encore à leurs atomes des queues courbes et crochues, pour les rendre aptes à s'atacher et se coudre[4].

(c) Et lors mesme, ceux qui les poursuyvent de cette autre consideration, les mettent ils pas en peine? Si les atomes ont, par sort, formé tant de sortes de figures, pour quoy ne se sont ils jamais rencontrez à faire une maison, un soulier? Pour quoy, de mesme, ne croid on qu'un nombre infini de lettres grecques versées emmy la place,

seroyent pour arriver à la contexture de l'Iliade? Ce qui
est capable de raison, dict Zeno[1], est meilleur que ce qui
n'en est point capable : il n'est rien meilleur que le monde;
il est donc capable de raison. Cotta, par cette mesme argumentation, faict le monde mathematicien; et le faict musicien et organiste par cette autre argumentation, aussi de
Zeno : Le tout est plus que la partie; nous sommes
capables de sagesse et parties du monde : il est donc sage.

(a) Il se void infinis pareils exemples, non d'argumens
faux seulement, mais ineptes, ne se tenans point, et
accusans leurs autheurs non tant d'ignorance que d'imprudence, ès reproches que les philosophes se font les uns
aux autres sur les dissentions de leurs opinions et de leurs
sectes[2]. *(c)* Qui fagoteroit suffisamment un amas des
asneries de l'humaine prudence, il diroit merveilles.

J'en assemble volontiers comme une montre, par
quelque biais non moins utile à considerer que les opinions saines et moderées. *(a)* Jugeons par là ce que nous
avons à estimer de l'homme, de son sens et de sa raison,
puis qu'en ces grands personnages, et qui ont porté si haut
l'humaine suffisance, il s'y trouve des deffauts si apparens
et si grossiers. Moy, j'ayme mieux croire qu'ils ont traité
la science casuellement, ainsi qu'un jouet à toutes mains,
et se sont esbatus de la raison comme d'un instrument
vain et frivole, mettant en avant toutes sortes d'inventions
et de fantasies, tantost plus tendues, tantost plus lâches.
Ce mesme Platon qui definit l'homme comme une poule[3],
il dit ailleurs[4], après Socrates, qu'il ne sçait à la verité
que c'est que l'homme, et que c'est l'une des pieces du
monde d'autant difficile connoissance. Par cette varieté
et instabilité d'opinions, ils nous menent comme par la
main, tacitement, à cette resolution de leur irresolution.
Ils font profession de ne presenter pas tousjours leur avis
en visage descouvert et apparent; ils l'ont caché tantost
sous des umbrages fabuleux de la Poësie, tantost soubs
quelque autre masque; car nostre imperfection porte
encores cela, que la viande crue n'est pas tousjours propre
à nostre estomac : il la faut assecher, alterer et corrompre.
Ils font de mesmes : ils obscurcissent par fois leurs naïfves
opinions et jugemens, et les falsifient, pour s'accommoder
à l'usage publique. Ils ne veulent pas faire profession
expresse d'ignorance et de l'imbecillité de la raison
humaine, *(c)* pour ne faire peur aux enfans; *(a)* mais ils

nous la descouvrent assez soubs l'apparence d'une science trouble et inconstante.

(b) Je conseillois, en Italie, à quelqu'un qui estoit en peine de parler Italien, que, pourveu qu'il ne cerchast qu'à se faire entendre, sans y vouloir autrement exceller, qu'il employast seulement les premiers mots qui luy viendroyent à la bouche, Latins, François, Espaignols ou Gascons, et qu'en y adjoustant la terminaison Italienne, il ne faudroit jamais à rencontrer quelque idiome du pays, ou Thoscan, ou Romain, ou Venitien, ou Piemontois, ou Napolitain, et de se joindre à quelqu'une de tant de formes. Je dis de mesme de la Philosophie; elle a tant de visages et de varieté, et a tant dict, que tous nos songes et resveries s'y trouvent. L'humaine phantasie ne peut rien concevoir en bien et en mal qui n'y soit. *(c)* « *Nihil tam absurde dici potest quod non dicatur ab aliquo philosophorum*[1]. »

(b) Et j'en laisse plus librement aller mes caprices en public; d'autant que, bien qu'ils soyent nez chez moy et sans patron, je sçay qu'ils trouveront leur relation à quelque humeur ancienne; et ne faudra quelqu'un de dire : « Voylà d'où il le print! »

(c) Mes meurs sont naturelles; je n'ay point appellé à les bastir le secours d'aucune discipline. Mais, toutes imbecilles qu'elles sont, quand l'envie m'a pris de les reciter, et que, pour les faire sortir en publiq un peu plus decemment, je me suis mis en devoir de les assister et de discours et d'exemples, ce a esté merveille à moy mesmes de les rencontrer, par cas d'adventure, conformes à tant d'exemples et discours philosophiques. De quel regiment estoit ma vie, je ne l'ay appris qu'après qu'elle est exploitée et employée.

Nouvelle figure : un philosophe impremedité et fortuite!

(a) Pour revenir à nostre ame, ce que Platon[2] a mis la raison au cerveau, l'ire au cœur et la cupidité au foye, il est vraysemblable que ça esté plustost une interpretation des mouvemens de l'ame, qu'une division et separation qu'il en ayt voulu faire, comme d'un corps en plusieurs membres. Et la plus vraysemblable de leurs opinions est que c'est tousjours une ame qui, par sa faculté, ratiocine, se souvient, comprend, juge, desire et exerce toutes ses autres operations par divers instrumens du corps (comme le nocher gouverne son navire selon l'experience qu'il

en a, ores tendant ou lâchant une corde, ores haussant
l'antenne ou remuant l'aviron, par une seule puissance
conduisant divers effets); et qu'elle loge au cerveau : ce
qui apert de ce que les blessures et accidens qui touchent
cette partie, offencent incontinent les facultez de l'ame;
de là, il n'est pas inconvenient qu'elle s'escoule par le
reste du corps :

(c) *medium non deserit unquam*
Cæli Phœbus iter; radiis tamen omnia lustrat[1];

(a) comme le soleil espand du ciel en hors sa lumiere et
ses puissances, et en remplit le monde

(b) *Cætera pars animæ per totum dissita corpus*
Paret, et ad numen mentis momenque movetur[2].

(a) Aucuns[3] ont dit qu'il y avoit une ame generale,
comme un grand corps, duquel toutes les ames particulieres
estoyent extraictes et s'y en retournoyent, se remeslant
tousjours à cette matiere universelle,

Deum namque ire per omnes
Terrasque tractúsque maris cælumque profundum :
Hinc pecudes, armenta, viros, genus omne ferarum,
Quemque sibi tenues nascentem arcessere vitas ;
Scilicet huc reddi deinde, ac resoluta referri
Omnia : nec morti esse locum[4];

d'autres, qu'elles ne faisoyent que s'y resjoindre et r'atacher; d'autres, qu'elles estoyent produites de la substance
divine; d'autres, par les anges, de feu et d'air. Aucuns,
de toute ancienneté; aucuns, sur l'heure mesme du
besoing. Aucuns les font descendre du rond de la Lune et
y retourner. Le commun des anciens, qu'elles sont engen-
drées de pere en fils, d'une pareille maniere et production
que toutes autres choses naturelles, argumentans cela par
la ressemblance des enfans aux peres,

Instillata patris virtus tibi[5] :
. . . .
Fortes creantur fortibus et bonis[6],

et qu'on void escouler des peres aux enfans, non seulement les marques du corps, mais encores une ressemblance d'humeurs, de complexions et inclinations de
l'ame :

> *Denique cur acris violentia triste leonum*
> *Seminium sequitur; dolus vulpibus, et fuga cervis*
> *A patribus datur, et patrius pavor incitat artus ;*
> *Si non certa suo quia semine seminióque*
> *Vis animi pariter crescit cum corpore toto*[1] ?

que là dessus se fonde la justice divine, punissant aux enfans la faute des peres; d'autant que la contagion des vices paternels est aucunement empreinte en l'ame des enfans, et que le desreglement de leur volonté les touche.

Davantage, que, si les ames venoyent d'ailleurs que d'une suite naturelle, et qu'elles eussent esté quelque autre chose hors du corps, elles auroyent recordation de leur estre premier, attendu les naturelles facultez qui luy sont propres de discourir, raisonner et se souvenir :

> *(b). si in corpus nascentibus insinuatur,*
> *Cur superante actam ætatem meminisse nequimus,*
> *Nec vestigia gestarum rerum ulla tenemus*[2] ?

(a) Car, pour faire valoir la condition de nos ames comme nous voulons, il les faut presupposer toutes sçavantes, lors qu'elles sont en leur simplicité et pureté naturelle. Par ainsin elles eussent esté telles, estant exemptes de la prison corporelle, aussi bien avant que d'y entrer, comme nous esperons qu'elles seront après qu'elles en seront sorties. Et de ce sçavoir, il faudroit qu'elles se ressouvinssent encore estant au corps, comme disoit Platon[3] que ce que nous aprenions n'estoit qu'un ressouvenir de ce que nous avions sçeu : chose que chacun, par experience, peut maintenir estre fauce. En premier lieu, d'autant qu'il ne nous ressouvient justement que de ce qu'on nous apprend, et que, si la memoire faisoit purement son office, au moins nous suggereroit elle quelque traict outre l'apprentissage. Secondement, ce qu'elle sçavoit, estant en sa pureté, c'estoit une vraye science, connoissant les choses comme elles sont par sa divine intelligence, là ou icy on luy faict recevoir la mensonge et le vice, si on l'en instruit! Enquoy elle ne peut employer sa reminiscence, cette image et conception n'ayant jamais logé en elle. De dire que la prison corporelle estouffe de maniere ses facultez naifves qu'elles y sont toutes esteintes, cela est premierement contraire à cette autre creance, de reconnoistre ses forces si grandes, et les operations que les hommes en sentent en cette vie, si admirables que d'en

avoir conclud cette divinité et æternité passée, et l'immortalité a-venir :

> *(b) Nam, si tantopere eft animi mutata poteftas*
> *Omnis ut actarum exciderit retinentia rerum,*
> *Non, ut opinor, ea ab leto jam longior errat*[1].

(a) En outre, c'est icy, chez nous et non ailleurs, que
doivent estre considerées les forces et les effects de l'ame ;
tout le reste de ses perfections luy est vain et inutile : c'est
de l'estat present que doit estre payée et reconnue toute
son immortalité, et de la vie de l'homme qu'elle est conta-
ble seulement. Ce seroit injustice de luy avoir retranché
ses moyens et ses puissances ; de l'avoir desarmée, pour,
du temps de sa captivité et de sa prison, de sa foiblesse et
maladie, du temps où elle auroit esté forcée et contrainte,
tirer le jugement et une condemnation de durée infinie et
perpetuelle ; et de s'arrester à la consideration d'un temps
si court, qui est à l'avanture d'une ou de deux heures, ou,
au pis aller, d'un siecle, qui n'a non plus de proportion à
l'infinité qu'un instant, pour, de ce moment d'intervalle,
ordonner et establir definitivement de tout son estre. Ce
seroit une disproportion inique de tirer une recompense
eternelle en consequence d'une si courte vie.

(c) Platon[2], pour se sauver de cet inconvenient, veut
que les païemens futurs se limitent à la durée de cent ans
relativement à l'humaine durée ; et des nostres assez leur
ont donné bornes temporelles.

(a) Par ainsin ils jugeoient que sa generation suyvoit la
commune condition des choses humaines, comme aussi
sa vie, par l'opinion d'Epicurus et de Democritus, qui
a esté la plus receuë, suyvant ces belles apparences, qu'on
la voyoit naistre à mesme que le corps en estoit capable ;
on voyoit eslever ses forces comme les corporelles ; on
y reconnoissoit la foiblesse de son enfance, et, avec le
temps, sa vigeur et sa maturité ; et puis sa declination
et sa vieillesse, et en fin sa decrepitude,

> *gigni pariter cum corpore, et una*
> *Crescere sentimus, paritérque senescere mentem*[3].

Ils l'apercevoyent capable de diverses passions et agitée
de plusieurs mouvemens penibles, d'où elle tomboit en
lassitude et en douleur, capable d'alteration et de changement, d'alegresse, d'assopissement et de langueur, sub-

jecte à ses maladies et aux offences, comme l'estomac ou le pied,

(b) mentem sanari, corpus ut ægrum
Cernimus, et flecti medicina posse videmus[1];

(a) esblouye et troublée par la force du vin; desmue de son assiete par les vapeurs d'une fievre chaude; endormie par l'application d'aucuns medicamens, et reveillée par d'autres :

(b) corpoream naturam animi esse necesse est,
Corporeis quoniam telis ictuque laborat[2].

(a) On luy voyoit estonner et renverser toutes ses facultez par la seule morsure d'un chien malade, et n'y avoir nulle si grande fermeté de discours, nulle suffisance, nulle vertu, nulle resolution philosophique, nulle contention de ses forces qui la peut exempter de la subjection de ces accidens; la salive d'un chetif mastin, versée sur la main de Socrates, secouër toute sa sagesse et toutes ses grandes et si reglées imaginations, les aneantir de maniere qu'il ne restat aucune trace de sa connoissance premiere :

(b) vis animaï
Conturbatur. . . . . . et divisa seorsum
Disjectatur, eodem illo distracta veneno[3];

(a) et ce venin ne trouver non plus de resistance en cette ame qu'en celle d'un enfant de quatre ans; venin capable de faire devenir toute la philosophie, si elle estoit incarnée, furieuse et insensée; si que Caton, qui tordoit le col à la mort mesme et à la fortune, ne peut souffrir la veuë d'un miroir, ou de l'eau, accablé d'espouvantement et d'effroy, quand il seroit tombé, par la contagion d'un chien enragé, en la maladie que les medecins nomment Hydroforbie :

(b) vis morbi distracta per artus
Turbat agens animam, spumantes æquore salso
Ventorum ut validis fervescunt viribus undæ[4].

(a) Or, quant à ce point, la philosophie a bien armé l'homme pour la souffrance de tous autres accidens, ou de patience, ou, si elle couste trop à trouver, d'une deffaite infallible, en se desrobant tout à fait du sentiment; mais ce sont moyens qui servent à une ame estant à soy et en ses forces, capable de discours et de deliberation non pas

à cet inconvenient où, chez un philosophe, une ame
devient l'ame d'un fol, troublée, renversée et perdue : ce
que plusieurs occasions produisent comme une agitation
trop vehemente que, par quelque forte passion, l'ame peut
engendrer en soy mesme ou une blessure en certain endroit de la persone, ou une exhalation de l'estomac nous
jeẗtant à un esblouissement et tournoyement de teẗte,

(b) morbis in corporis, avius errat
Sæpe animus : dementit enim, deliraque fatur ;
Interdúmque gravi Lethargo fertur in altum
Æternumque soporem, oculis nutuque cadenti[1].

(a) Les philosophes n'ont, ce me semble, guiere touché
cette corde.

(c) Non plus qu'une autre de pareille importance. Ils
ont ce dilemne tousjours en la bouche pour consoler
noẗtre mortelle condition : « Ou l'ame eẗt mortelle, ou
immortelle[2]. Si mortelle, elle sera sans peine ; si immortelle, elle ira en amendant. » Ils ne touchent jamais l'autre
branche : « Quoy, si elle va en empirant ? » et laissent aux
poëtes les menaces des peines futures. Mais par là ils se
donnent un beau jeu. Ce sont deux omissions qui s'offrent
à moy souvent en leurs discours[3]. Je reviens à la premiere.

(a) Cette ame pert le gouẗt du souverain bien Stoïque,
si conẗtant et si ferme. Il faut que noẗtre belle sagesse se
rende en cet endroit et quitte les armes. Au demeurant,
ils consideroient aussi, par la vanité de l'humaine raison,
que le meslange et societé de deux pieces si diverses,
comme eẗt le mortel et l'immortel, eẗt inimaginable :

Quippe etenim mortale æterno jungere, et una
Consentire putare, et fungi mutua posse,
Desipere eẗt. Quid enim diversius esse putandum eẗt,
Aut magis inter se disjunĉtum discrepitánsque,
Quam mortale quod eẗt, immortali atque perenni
Junĉtum, in concilio sævas tolerare procellas[4] ?

Davantage ils sentoyent l'ame s'engager en la mort,
comme le corps,

(b) simul ævo fessa fatiscit[5] :

(c) ce que, selon Zeno[6], l'image du sommeil nous montre
assez ; car il eẗtime que c'eẗt une defaillance et cheute de
l'ame aussi bien que du corps : « *Contrahi animum et quasi*

labi putat atque concidere[1]. » *(a)* Et ce, qu'on apercevoit en
aucuns sa force et sa vigueur se maintenir en la fin de la
vie, ils le raportoyent à la diversité des maladies, comme
on void les hommes en cette extremité maintenir qui un
sens, qui un autre, qui l'ouir, qui le fleurer, sans alteration; et ne se voit point d'affoiblissement si universel, qu'il
n'y reste quelques parties entieres et vigoureuses :

> *(b)* *Non alio pacto quam si, pes cum dolet ægri,*
> *In nullo caput interea sit forte dolore*[2].

La veuë de nostre jugement se rapporte à la verité,
comme faict l'œil du chat-huant à la splendeur du Soleil
ainsi que dit Aristote[3]. Par où le sçaurions nous mieux
convaincre que par si grossiers aveuglemens en une si
apparente lumiere?

(a) Car l'opinion contraire de l'immortalité de l'ame,
(c) laquelle Cicero dict[4] avoir esté premierement intro-
duitte, au moins du tesmoignage des livres, par Pherecydes Syrus, du temps du Roy Tullus (d'autres en attribuent l'invention à Thales, et autres à d'autres), *(a)* c'est
la partie de l'humaine science traictée avec plus de reservation et de doute. Les dogmatistes les plus fermes sont
contraints en cet endroict principalement de se rejetter à
l'abry des ombrages de l'Academie. Nul ne sçait ce
qu'Aristote a estably de ce subject[5] : *(c)* non plus que tous
les anciens en general, qui le manient d'une vacillante
creance : « *rem gratissimam promittentium magis quam
probantium*[6] ». *(a)* Il s'est caché soubs le nuage de paroles
et sens difficiles et non intelligibles, et a laissé à ses
sectateurs autant à debattre sur son jugement que sur la
matiere. Deux choses leur rendoient cette opinion plausible : l'une, que, sans l'immortalité des ames, il n'y auroit
plus de quoy asseoir les vaines esperances de la gloire,
qui est une consideration de merveilleux credit au monde;
l'autre, que c'est une très-utile impression, *(c)* comme
dict Platon[7], *(a)* que les vices, quand ils se desroberont
à la veue obscure et incertaine de l'humaine justice,
demeurent tousjours en butte à la divine, qui les pour-
suivra, voire après la mort des coupables.

(c) Un soing extreme tient l'homme d'alonger son
estre; il y a pourveu par toutes ses pieces[8]. Et pour la
conservation du corps sont les sepultures; pour la
conservation du nom, la gloire.

Il a employé toute son opinion à se rebastir, impatient de sa fortune, et à s'estançonner par ses inventions. L'ame par son trouble et sa foiblesse ne pouvant tenir sur son pied, va questant de toutes parts des consolations, esperances et fondemens en des circonstances estrangeres où elle s'attache et se plante; et, pour legers et fantastiques que son invention les luy forge, s'y repose plus seurement qu'en soy, et plus volontiers.

(a) Mais les plus ahurtez à cette si juste et claire persuasion de l'immortalité de nos esprits, c'est merveille comme ils se sont trouvez courts et impuissans à l'establir par leurs humaines forces : *(c)* « *Somnia sunt non docentis, sed optantis*[1] », disoit un ancien. *(a)* L'homme peut reconnoistre, par ce tesmoignage, qu'il doit à la fortune et au rencontre, la verité qu'il descouvre luy seul, puis que, lors mesme qu'elle luy est tombée en main, il n'a pas dequoy la saisir et la maintenir, et que sa raison n'a pas la force de s'en prevaloir. Toutes choses produites par nostre propre discours et suffisance, autant vrayes que fauces, sont subjectes à incertitude et debat. C'est pour le chastiement de nostre fierté et instruction de nostre misere et incapacité, que Dieu produisit le trouble et la confusion de l'ancienne tour de Babel. Tout ce que nous entreprenons sans son assistance, tout ce que nous voyons sans la lampe de sa grace, ce n'est que vanité et folie; l'essence mesme de la verité, qui est uniforme et constante, quand la fortune nous en donne la possession, nous la corrompons et abastardissons par nostre foiblesse. Quelque train que l'homme preigne de soy, Dieu permet qu'il arrive tousjours à cette mesme confusion, de la quelle il nous represente si vivement l'image par le juste chastiement dequoy il batit l'outrecuidance de Nembrot et aneantit les vaines entreprinses du bastiment de sa Pyramide : *(c)* « *Perdam sapientiam sapientium, et prudentium reprobabo*[2]. » *(a)* La diversité d'ydiomes et de langues, dequoy il trouble cet ouvrage, qu'est ce autre chose que cette infinie et perpetuelle altercation et discordance d'opinions et de raisons qui accompaigne et embrouille le vain bastiment de l'humaine science. *(c)* Et l'embrouille utillement. Qui nous tiendroit, si nous avions un grain de connoissance? Ce sainct m'a faict grand plaisir : « *Ipsa utilitatis occultatio aut humilitatis exercitatio est, aut elationis attritio*[3]. » Jusques à quel poinct de presomption

et d'insolence ne portons nous nostre aveuglement et nostre bestise?

(a) Mais, pour reprendre mon propos, c'estoit vrayment bien raison que nous fussions tenus à Dieu seul, et au benefice de sa grace, de la verité d'une si noble creance, puis que de sa seule liberalité nous recevons le fruit de l'immortalité, lequel consiste en la jouyssance de la beatitude eternelle.

(c) Confessons ingenuement que Dieu seul nous l'a dict, et la foy : car leçon n'est ce pas de nature et de nostre raison. Et qui retentera son estre et ses forces, et dedans et dehors, sans ce privilege divin; qui verra l'homme sans le flatter, il n'y verra ny efficace, ny faculté qui sente autre chose que la mort et la terre. Plus nous donnons, et devons, et rendons à Dieu, nous en faisons d'autant plus Chrestiennement.

Ce que ce philosophe Stoïcien dict tenir du fortuite consentement de la voix populere, valoit il pas mieux qu'il le tinst de Dieu? « *Cum de animorum æternitate disserimus, non leve momentum apud nos habet consensus hominum aut timentium inferos, aut colentium. Utor hac publica persuasione*[1]. »

(a) Or la foiblesse des argumens humains sur ce subject se connoit singulierement par les fabuleuses circonstances qu'ils ont adjoustées à la suite de cette opinion, pour trouver de quelle condition estoit cette nostre immortalité. *(c)* Laissons les Stoïciens — « *usuram nobis largiuntur tanquam cornicibus : diu mansuros aiunt animos ; semper negant*[2] » — qui donnent aux ames une vie au delà de ceste cy, mais finie. *(a)* La plus universelle et plus receuë opinion, et qui dure jusques à nous en divers lieux, ç'a esté celle de laquelle on fait autheur Pythagoras, non qu'il en fust le premier inventeur, mais d'autant qu'elle receut beaucoup de poix et de credit par l'authorité de son approbation; c'est que les ames, au partir de nous, ne faisoient que rouler de l'un corps à un autre, d'un lyon à un cheval, d'un cheval à un Roy, se promenants ainsi sans cesse de maison en maison[3].

(c) Et luy, disoit[4] se souvenir avoir esté Æthalides, despuis Euphorbus, en après Hermotimus, en fin de Pyrrhus estre passé en Pythagoras, ayant memoire de soy de deux cents six ans. Adjoustoyent aucuns[5] que ces ames remontent au ciel par fois et après en devallent encores :

> *O pater, anne aliquas ad cælum hinc ire putandum eſt*
> *Sublimes animas iterumque ad tarda reverti*
> *Corpora ? Qûæ lucis miseris tam dira cupido¹?*

Origene les faiɕt aller et venir eternellement du bon au mauvais eſtat². L'opinion que Varro recite eſt qu'en 440 ans de revolution elles se rejoignent à leur premier corps³; Chrysippus, que cela doit advenir après certain espace de temps non limité⁴.

Platon, qui diɕt⁵ tenir de Pindare et de l'ancienne poësie cette creance des infinies vicissitudes de mutation ausquelles l'ame eſt preparée, n'ayant ny les peines ny les recompenses en l'autre monde que temporelles, comme sa vie en ceſtuy-cy n'eſt que temporelle, conclud en elle une singuliere science des affaires du ciel, de l'enfer et d'icy où elle a passé, repassé et séjourné à plusieurs voyages : matiere à sa reminiscence.

Voici son progrès ailleurs⁶ : Qui a bien vescu, il se rejoint à l'aſtre auquel il eſt assigné; qui mal, il passe en femme, et si, lors mesme, il ne se corrige point, il se rechange en beſte de condition convenable à ses meurs vitieuses, et ne verra fin à ses punitions qu'il ne soit revenu à sa naïfve conſtitution, s'eſtant par la force de la raison défaiɕt des qualitez grossieres, ſtupides et elemen- taires qui eſtoyent en luy.

(a) Mais je ne veux oublier l'objeɕtion que font à cette transmigration de corps à un autre les Epicuriens. Elle eſt plaisante. Ils demandent quel ordre il y auroit si la presse des mourans venoit à eſtre plus grande que des naissans : car les ames deslogées de leur giſte seroient à se fouler à qui prendroit place la premiere dans ce nouvel eſtuy. Et demandent aussi à quoy elles passeroient leur temps, ce pendant qu'elles attendroient qu'un logis leur fut apreſté. Ou, au rebours, s'il naissoit plus d'animaux qu'il n'en mourroit, ils disent que les corps seroient en mauvais party, attendant l'infusion de leur ame, et en adviendroit qu'aucuns d'iceus se mourroient avant que d'avoir eſté vivants :

> *Denique connubia ad veneris partúsque ferarum*
> *Esse animas præſto deridiculum esse videtur,*
> *Et speɕtare immortales mortalia membra*
> *Innumero numero, certaréque præproperanter*
> *Inter se, quæ prima potissimáque insinuetur⁷.*

D'autres ont arresté l'ame au corps des trespassez pour en animer les serpents, les vers et autres bestes qu'on dit s'engendrer de la corruption de nos membres, voire et de nos cendres[1]. D'autres la divisent en une partie mortelle, et l'autre immortelle. Autres la font corporelle, et ce neantmoins immortelle. Aucuns la font immortelle, sans science et sans cognoissance. Il y en a aussi qui ont estimé que des ames des condamnez il s'en faisoit des diables *(c)* (et aulcuns des nostres[2] l'ont ainsi jugé); *(a)* comme Plutarque pense qu'il se face des dieux de celles qui sont sauvées; car il est peu de choses, que cet autheur là establisse d'une façon de parler si resolue qu'il faict cette-cy, maintenant par tout ailleurs une maniere dubitatrice et ambiguë. « Il faut estimer (dit-il[3]) et croire fermement que les ames des hommes vertueux selon nature et selon justice divine deviennent, d'hommes, saincts; et de saincts, demy-dieux; et de demy-dieux, après qu'ils sont parfaitement, comme ès sacrifices de purgation, nettoyez et purifiez, estans delivrez de toute passibilité et de toute mortalité, ils deviennent, non par aucune ordonnance civile, mais à la verité et selon raison vraysemblable, dieux entiers et parfaits, en recevant une fin très-heureuse et très-glorieuse. » Mais qui le voudra voir, luy qui est des plus retenus pourtant et moderez de la bande, s'escarmoucher avec plus de hardiesse et nous conter ses miracles sur ce propos je le renvoye à son discours *de la Lune* et *du Dæmon de Socrates*, là où, aussi evidemment qu'en nul autre lieu, il se peut adverer les mysteres de la philosophie avoir beaucoup d'estrangetez communes avec celles de la poesie : l'entendement humain se perdant à vouloir sonder et contreroller toutes choses jusques au bout; tout ainsi comme, lassez et travaillez de la longue course de nostre vie, nous retombons en enfantillage. — Voylà les belles et certaines instructions que nous tirons de la science humaine sur le subject de nostre ame.

Il n'y a point moins de temerité en ce qu'elle nous apprend des parties corporelles. Choisissons en un ou deux exemples, car autrement nous nous perdrions dans cette mer trouble et vaste des erreurs medecinales. Sçachons si on s'accorde au moins en cecy : de quelle matiere les hommes se produisent les uns des autres. *(c)* Car, quant à leur premiere production, ce n'est pas merveille si, en chose si haute et ancienne, l'entendement humain se

trouble et dissipe. Archelaus le physicien[1], duquel
Socrates fut le disciple et le mignon selon Aristoxenus,
disoit et les hommes et les animaux avoir esté faicts d'un
limon laicteux, exprimé par la chaleur de la terre[2].
(a) Pithagoras dict notre semence estre l'escume de notre
meilleur sang; Platon, l'escoulement de la moelle de
l'espine du dos, ce qu'il argumente de ce que cet endroit
se sent le premier de la lasseté de la besongne; Alcmeon,
partie de la substance du cerveau; et qu'il soit ainsi, dit-il,
les yeux troublent à ceux qui se travaillent outre mesure
à cet exercice; Democritus, une substance extraite de
toute la masse corporelle; Epicurus, extraicte de l'ame et
du corps; Aristote, un excrement tiré de l'aliment du
sang, le dernier qui s'espand en nos membres; autres,
du sang cuit et digeré par la chaleur des genitoires, ce
qu'ils jugent de ce qu'aus extremes efforts on rend des
gouttes de pur sang : enquoy il semble qu'il y ayt plus
d'apparence, si on peut tirer quelque apparence d'une
confusion si infinie. Or, pour mener à effect cette semence,
combien en font-ils d'opinions contraires? Aristote et
Democritus tiennent que les femmes n'ont point de
sperme, et que ce n'est qu'une sueur qu'elles eslancent par
la chaleur du plaisir et du mouvement, qui ne sert de rien
à la generation; Galen, au contraire, et ses suyvans, que,
sans la rencontre des semences, la generation ne se peut
faire[3]. Voylà les medecins, les philosophes, les jurisconsultes et les theologiens aux prises, pesle mesle
avecques nos femmes, sur la dispute à quels termes les
femmes portent leur fruict. Et moy je secours, par
l'exemple de moy-mesme, ceux d'entre eux qui maintiennent la grossesse d'onze moys[4]. Le monde est basty de
cette experience : il n'est si simple femmelette qui ne
puisse dire son advis sur toutes ces contestations, et si,
nous n'en sçaurions estre d'accord.

En voylà assez pour verifier que l'homme n'est non plus
instruit de la connoissance de soy en la partie corporelle
qu'en la spirituelle. Nous l'avons proposé luy mesmes à
soy, et sa raison à sa raison, pour voir ce qu'elle nous en
diroit. Il me semble assez avoir montré combien peu elle
s'entend en elle mesme.

(c) Et qui ne s'entend en soy, en quoy se peut-il
entendre?

« *Quasi vero mensuram ullius rei possit agere, qui sui nesciat*[5]. »

Vrayement Protagoras nous en contoit de belles[1], faisant l'homme la mesure de toutes choses, qui ne sceut jamais seulement la sienne. Si ce n'est luy, sa dignité ne permettra pas qu'autre creature ayt cet advantage. Or, luy, estant en soy si contraire et l'un jugement en subvertissant l'autre sans cesse, cette favorable proposition n'estoit qu'une risée qui nous menoit à conclurre par necessité la neantise du compas et du compasseur.

Quand Thales estime la cognoissance de l'homme très-difficile à l'homme, il luy apprend la cognoissance de toute autre chose luy estre impossible[2].

(a) Vous[3], pour qui j'ay pris la peine d'estendre un si long corps contre ma coustume, ne refuyrez poinct de maintenir vostre Sebond par la forme ordinaire d'argumenter dequoy vous estes tous les jours instruite, et exercerez en cela vostre esprit et vostre estude : car ce dernier tour d'escrime icy, il ne le faut employer que comme un extreme remede. C'est un coup desesperé, auquel il faut abandonner vos armes pour faire perdre à vostre adversaire les siennes, et un tour secret, duquel il se faut servir rarement et reservéement. C'est grande temerité de vous perdre vous mesmes pour perdre un autre.

(b) Il ne faut pas vouloir mourir pour se venger, comme fit Gobrias : car, estant aux prises bien estroictes avec un seigneur de Perse, Darius y survenant l'espée au poing, qui craignoit de frapper, de peur d'assener Gobrias, il luy cria qu'il donnast hardiment, quand il devroit donner au travers tous les deux[4].

(c) Des armes et conditions de combat si desesperées qu'il est hors de creance que l'un ny l'autre se puisse sauver, je les ay veu condamner, ayant esté offertes. Les Portugais prindrent 14 Turcs en la mer des Indes, lesquels, impatiens de leur captivité, se resolurent, et leur succeda, à mettre et eux et leurs maistres, et le vaisseau en cendre, frotant des clous de navire l'un contre l'autre, tant qu'une estincelle de feu tombat sur les barrils de poudre à canon qu'il y avoit[5].

(a) Nous secouons icy les limites et dernieres clotures des sciences, ausquelles l'extremité est vitieuse, comme en la vertu. Tenez vous dans la route commune, il ne faict mie bon estre si subtil et si fin. Souvienne vous de ce que dit le proverbe Thoscan : « *Chi troppo s'assottiglia si scavezza*[1]. » Je vous conseille, en vos opinions et en vos discours, autant qu'en vos mœurs et en toute autre chose, la moderation et l'attrempance, et la fuite de la nouvelleté et de l'estrangeté. Toutes les voyes extravagantes me fachent. Vous qui, par l'authorité que vostre grandeur vous apporte, et encores plus par les avantages que vous donnent les qualitez plus vostres, pouvez d'un clin d'œil commander à qui il vous plaist, deviez donner cette charge à quelqu'un qui fist profession des lettres, qui vous eust bien autrement appuyé et enrichy cette fantasie[2]. Toutesfois en voicy assez pour ce que vous en avez à faire.

Epicurus disoit[3] des loix que les pires nous estoient si necessaires que, sans elles, les hommes s'entremange-roient les uns les autres. *(c)* Et Platon[4], à deux doits près, que, sans loix, nous viverions comme bestes brutes; et s'essaye à le verifier. *(a)* Nostre esprit est un util vaga-bond, dangereux et temeraire : il est malaisé d'y joindre l'ordre et la mesure. Et, de mon temps, ceus qui ont quelque rare excellence au dessus des autres et quelque vivacité extraordinaire, nous les voyons quasi tous desbordez en licence d'opinions et de meurs. C'est miracle s'il s'en rencontre un rassis et sociable. On a raison de donner à l'esprit humain les barrieres les plus contraintes qu'on peut. En l'estude, comme au reste, il luy faut compter et reigler ses marches, il luy faut tailler par art les limites de sa chasse. On le bride et garrote de religions, de loix, de coustumes, de science, de preceptes, de peines et recompenses mortelles et immortelles; encores voit-on que, par sa volubilité et dissolution, il eschappe à toutes ces liaisons. C'est un corps vain, qui n'a par où estre saisi et asséné; un corps divers et difforme, auquel on ne peut assoir neud ni prise[5]. *(b)* Certes il est peu d'ames si reiglées, si fortes et bien nées, à qui on se puisse fier de leur propre conduicte, et qui puissent, avec moderation et sans temerité, voguer en la liberté de leurs jugements au delà des opinions communes. Il est plus expedient de les mettre en tutelle.

C'est un outrageux glaive que l'esprit, *(c)* à son pos-sesseur mesme, *(b)* pour qui ne sçait s'en armer ordon-néement et discrettement. *(c)* Et n'y a point de beste à qui plus justement il faille donner des orbieres pour tenir sa veuë subjecte et contrainte devant ses pas, et la garder d'extravaguer ny çà, ny là, hors les ornieres que l'usage et les loix luy tracent. *(a)* Parquoy il vous siera mieux de vous resserrer dans le train accouſtumé, quel qu'il soit, que de jetter voſtre vol à cette licence effrenée. Mais si quelqu'un de ces nouveaux doƈteurs[1] entreprend de faire l'ingenieux en voſtre presence, aux despens de son salut et du voſtre ; pour vous deffaire de cette dangereuse peſte qui se repand tous les jours en vos cours, ce preservatif, à l'extreme necessité, empeschera que la contagion de ce venin n'offencera ny vous, ny voſtre assiſtance.

La liberté donq et gaillardise de ces esprits anciens produisoit en la philosophie et sciences humaines plusieurs seƈtes d'opinions differentes, chacun entreprenant de juger et de choisir pour prendre party. Mais à present *(c)* que les hommes vont tous un train, « *qui certis quibusdam deſtinatisque sententiis addiƈti et consecrati sunt, ut etiam quæ non probant, cogantur defendere*[2] », et *(a)* que nous recevons les arts par civile authorité et ordonnance, *(c)* si que les escholes n'ont qu'un patron et pareille inſtitution et discipline circonscrite, *(a)* on ne regarde plus ce que les monnoyes poisent et valent, mais chacun à son tour les reçoit selon le pris que l'approbation commune et le cours leur donne. On ne plaide pas de l'alloy, mais de l'usage : ainsi se mettent également toutes choses. On reçoit la medecine comme la Geometrie ; et les batelages, les enchantemens, les liaisons, le commerce des esprits des trespassez, les prognoſtications, les domifications, et jusques à cette ridicule poursuitte de la pierre philosophale, tout se met sans contrediƈt. Il ne faut que sçavoir que le lieu de Mars loge au milieu du triangle de la main, celui de Venus au pouce, et de Mercure au petit doigt ; et que, quand la mensale coupe le tubercle de l'enseigneur, c'eſt signe de cruauté ; quand elle faut soubs le mitoyen et que la moyenne naturelle fait un angle avec la vitale soubs mesme endroit, que c'eſt signe d'une mort miserable. Que si, à une femme, la naturelle eſt ouverte, et ne ferme point l'angle avec la vitale, cela denote qu'elle sera mal chaſte. Je vous appelle vous mesme à tesmoin, si avec cette science un homme ne peut passer avec reputation et faveur parmy toutes compaignies[3].

Theophraſtus disoit que l'humaine cognoissance, acheminée par les sens, pouvoit juger des causes des choses jusques à certaine mesure, mais qu'eſtant arrivée aux causes extremes et premieres, il falloit qu'elle s'arreſtat et

qu'elle rebouchat, à cause ou de sa foiblesse ou de la
difficulté des choses[1]. C'eſt une opinion moyenne et
douce, que noſtre suffisance nous peut conduire jusques
à la cognoissance d'aucunes choses, et qu'elle a certaines
mesures de puissance, outre lesqu'elles c'eſt temerité de
l'employer. Cette opinion eſt plausible et introduiĉte par
gens de composition; mais il eſt malaisé de donner bornes
à noſtre esprit : il eſt curieux et avide, et n'a point
occasion de s'arreſter plus toſt à mille pas qu'à cinquante.
Ayant essayé par experience que ce à quoy l'un s'eſtoit
failly, l'autre y eſt arrivé; et que ce qui eſtoit incogneu à
un siecle, le siecle suyvant l'a esclaircy; et que les sciences
et les arts ne se jettent pas en moule, ains se forment et
figurent peu à peu en les maniant et pollissant à plusieurs
fois, comme les ours façonnent leurs petits en les lechant
à loisir : ce que ma force ne peut descouvrir, je ne laisse
pas de le sonder et essayer; et, en retaſtant et pétrissant
cette nouvelle matiere, la remuant et l'eschaufant, j'ouvre
à celuy qui me suit quelque facilité pour en jouir plus à
son ayse, et la luy rends plus souple et plus maniable,

> *ut hymettia sole*
> *Cera remollescit, traĉtatáque pollice, multas*
> *Vertitur in facies, ipsoque fit utilis usu*[2].

Autant en fera le second au tiers : qui eſt cause que la
difficulté ne me doit pas desesperer, ny aussi peu mon
impuissance, car ce n'eſt que la mienne. L'homme eſt
capable de toutes choses, comme d'aucunes; et s'il
advouë, comme dit Theophraſtus, l'ignorance des causes
premieres et des principes, qu'il me quitte hardiment tout
le reſte de sa science : si le fondement luy faut, son
discours eſt par terre; le disputer et l'enquerir n'a autre
but et arreſt que les principes; si cette fin n'arreſte son
cours, il se jette à une irresolution infinie[3]. *(c)* « *Non poteſt
aliud alio magis minusve comprehendi, quoniam omnium rerum
una eſt definitio comprehendendi*[4]. »

(a) Or il eſt vray-semblable que, si l'ame sçavoit
quelque chose, elle se sçauroit premierement elle mesme;
et, si elle sçavoit quelque chose hors d'elle, ce seroit son
corps et son eſtuy, avant toute autre chose. Si on void
jusques aujourd'hui les dieux de la medecine se debatre
de noſtre anatomie,

> *Mulciber in Trojam, pro Troja ſtabat Apollo*[5],

quand attendons nous qu'ils en soyent d'accord? Nous
nous sommes plus voisins que ne nous eſt la blancheur
de la nege ou la pesanteur de la pierre. Si l'homme ne
se connoit, comment connoit il ses fonctions et ses forces?
Il n'eſt pas à l'avanture que quelque notice veritable ne
loge chez nous, mais c'eſt par hazard. Et d'autant que
par mesme voye, mesme façon et conduite, les erreurs se
reçoivent en noſtre ame, elle n'a pas dequoy les diſtinguer,
ny dequoy choisir la verité du mensonge.

Les Academiciens recevoyent quelque inclination de
jugement, et trouvoyent trop crud de dire qu'il n'eſtoit
pas plus vray-semblable que la nege fuſt blanche que
noire, et que nous ne fussions non plus asseurez du
mouvement d'une pierre qui part de noſtre main, que de
celui de la huictiesme sphere. Et pour eviter cette difficulté
et eſtrangeté, qui ne peut à la verité loger en noſtre imagination que malaiséement, quoy qu'ils eſtablissent que
nous n'eſtions aucunement capables de sçavoir, et que la
verité eſt engoufrée dans des profonds abysmes où la veuë
humaine ne peut penetrer, si advouoint-ils les unes choses
plus vray-semblables que les autres, et recevoyent en leur
jugement cette faculté de se pouvoir incliner pluſtoſt à
une apparence qu'à un'autre : ils luy permettoyent cette
propension, luy defandant toute resolution.

L'advis des Pyrrhoniens eſt plus hardy et, quant et
quant, plus vray-semblable. Car cette inclination Academique et cette propension à une proposition pluſtoſt qu'à
une autre, qu'eſt-ce autre chose que la recognoissance de
quelque plus apparente verité en cette cy qu'en celle là?
Si noſtre entendement eſt capable de la forme, des
lineamens, du port et du visage de la verité, il la verroit
entiere aussi bien que demie, naissante et imperfecte. Cette
apparence de verisimilitude qui les faict pendre pluſtoſt
à gauche qu'à droite, augmentez la; cette once de verisimilitude qui incline la balance, multipliez la de cent, de
mille onces, il en adviendra en fin que la balance prendra
party tout à faict, et arreſtera un chois et une verité
entiere. Mais comment se laissent ils plier à la vray-
semblance, s'ils ne cognoissent le vray? Comment
cognoissent ils la semblance de ce dequoy ils ne cognoissent pas l'essence? Ou nous pouvons juger tout à faict,
ou tout à faict nous ne le pouvons pas. Si noz facultez
intellectuelles et sensibles sont sans fondement et sans

pied, si elles ne font que floter et vanter, pour neant
laissons nous emporter nostre jugement à aucune partie
de leur operation, quelque apparence qu'elle semble nous
presenter; et la plus seure assiete de nostre entendement,
et la plus heureuse, ce seroit celle là où il se maintiendroit
rassis, droit, inflexible, sans bransle et sans agitation.
(c) « Inter visa vera aut falsa ad animi assensum nihil interest[1]. »

(a) Que les choses ne logent pas chez nous en leur
forme et en leur essence, et n'y facent leur entrée de leur
force propre et authorité, nous le voyons assez : par ce
que, s'il estoit ainsi, nous les recevrions de mesme façon;
le vin seroit tel en la bouche du malade qu'en la bouche du
sain. Celuy qui a des crevasses aux doits, ou qui les a
gourdes, trouveroit une pareille durté au bois ou au fer
qu'il manie, que fait un autre. Les subjets estrangers se
rendent donc à nostre mercy; ils logent chez nous comme
il nous plaist. Or si de nostre part nous recevions quelque
chose sans alteration, si les prises humaines estoient assez
capables et fermes pour saisir la verité par noz propres
moyens, ces moyens estans communs à tous les hommes,
cette verité se rejecteroit de main en main de l'un à l'autre.
Et au moins se trouveroit il une chose au monde, de tant
qu'il y en a, qui se croiroit par les hommes d'un consentement universel. Mais ce, qu'il ne se void aucune proposition qui ne soit debatue et controverse entre nous, ou
qui ne le puisse estre, montre bien que nostre jugement
naturel ne saisit pas bien clairement ce qu'il saisit. Car
mon jugement ne le peut faire recevoir au jugement de
mon compaignon : qui est signe que je l'ay saisi par
quelque autre moyen que par une naturelle puissance qui
soit en moy et en tous les hommes[2].

Laissons à part cette infinie confusion d'opinions qui
se void entre les philosophes mesmes, et ce debat perpetuel et universel en la connoissance des choses. Car cela
est presupposé très-veritablement, que de aucune chose les
hommes, je dy les sçavans les mieux nais, les plus suffisans, ne sont d'accord, non pas que le ciel soit sur nostre
teste; car ceux qui doutent de tout, doutent aussi de cela;
et ceux qui nient que nous puissions aucune chose comprendre, disent que nous n'avons pas compris que le ciel
soit sur nostre teste; et ces deux opinions sont en nombre,
sans comparaison, les plus fortes.

Outre cette diversité et division infinie, par le trouble

que nostre jugement nous donne à nous mesmes, et l'incertitude que chacun sent en soy, il est aysé à voir qu'il a son assiete bien mal assurée. Combien diversement jugeons nous des choses? combien de fois changeons nous nos fantasies? Ce que je tiens aujourd'huy et ce que je croy, je le tiens et le croy de toute ma croyance; tous mes utils et tous mes ressorts empoignent cette opinion et m'en respondent sur tout ce qu'ils peuvent. Je ne sçaurois ambrasser aucune verité ny conserver avec plus de force que je fay cette cy. J'y suis tout entier, j'y suis voyrement; mais ne m'est-il pas advenu, non une fois, mais cent, mais mille, et tous les jours, d'avoir ambrassé quelqu'autre chose à tout ces mesmes instrumens, en cette mesme condition, que depuis j'aye jugée fauce? Au moins faut il devenir sage à ses propres despans. Si je me suis trouvé souvent trahy sous cette couleur, si ma touche se trouve ordinairement fauce et ma balance inegale et injuste, quelle asseurance en puis-je prendre à cette fois plus qu'aux autres? N'est-ce pas sottise de me laisser tant de fois piper à un guide? Toutesfois que la fortune nous remue cinq cens fois de place, qu'elle ne face que vuyder et remplir sans cesse, comme dans un vaisseau, dans nostre croyance autres et autres opinions, tousjours la presente et la derniere c'est la certaine et l'infallible. Pour cette cy il faut abandonner les biens, l'honneur, la vie et le salut, et tout,

> *posterior res illa reperta,*
> *Perdit, et immutat sensus ad pristina quæque*[1].

(b) Quoy qu'on nous presche, quoy que nous aprenons, il faudroit tousjours se souvenir que c'est l'homme qui donne et l'homme qui reçoit; c'est une mortelle main qui nous le presente, c'est une mortelle main qui l'accepte. Les choses qui nous viennent du ciel ont seules droict et auctorité de persuasion; seules, marque de verité; laquelle aussi ne voyons nous pas de nos yeux, ny ne la recevons par nos moyens : cette sainte et grande image ne pourroit pas en un si chetif domicile, si Dieu pour cet usage ne le prepare, si Dieu ne le reforme et fortifie par sa grace et faveur particuliere et supernaturelle.

(a) Au moins devroit nostre condition fautiere nous faire porter plus moderément et retenuement en noz changemens. Il nous devroit souvenir, quoy que nous

receussions en l'entendement, que nous y recevons
souvent des choses fauces, et que c'est par ces mesmes
utils qui se démentent et qui se trompent souvent.

Or n'est-il pas merveille s'ils se démentent, estant si
aisez à incliner et à tordre par bien legeres occurrences.
Il est certain que nostre apprehension, nostre jugement
et les facultez de nostre ame en general souffrent selon
les mouvemens et alterations du corps, lesquelles alterations sont continuelles. N'avons nous pas l'esprit plus
esveillé, la memoire plus prompte, le discours plus vif
en santé qu'en maladie? La joye et la gayeté ne nous font
elles pas recevoir les subjets qui se presentent à nostre
ame d'un tout autre visage que le chagrin et la melancholie? Pensez-vous que les vers de Catulle ou de Sapho
rient à un vieillart avaritieux et rechigné comme à un jeune
homme vigoreux et ardent? *(b)* Cleomenes, fils d'Anaxandridas, estant malade, ses amys luy reprochoient qu'il
avoit des humeurs et fantasies nouvelles et non accoustumées : « Je croy bien, fit-il; aussi ne suis-je pas celuy
que je suis estant sain; estant autre, aussi sont autres mes
opinions et fantasies[1]. » *(a)* En la chicane de nos palais
ce mot est en usage, qui se dit des criminels qui rencontrent les juges en quelque bonne trampe, douce et debonnaire : *gaudeat de bona fortuna,* qu'il jouisse de ce bon heur;
car il est certain que les jugemens se rencontrent par fois
plus tendus à la condamnation, plus espineux et aspres,
tantost plus faciles, aisez et enclins à l'excuse. Tel qui
raporte de sa maison la douleur de la goute, la jalousie, ou
le larrecin de son valet, ayant toute l'ame teinte et
abreuvée de colere, il ne faut pas douter que son jugement
ne s'en altere vers cette part là. *(b)* Ce venerable senat
d'Areopage jugeoit de nuict, de peur que la veuë des
poursuivans corrompit sa justice. *(a)* L'air mesme et la
serenité du ciel nous apporte quelque mutation, comme
dit ce vers Grec en Cicero,

> *Tales sunt hominum mentes, quali pater ipse*
> *Juppiter auctifera lustravit lampade terras[2].*

Ce ne sont pas seulement les fievres, les breuvages et les
grands accidens qui renversent nostre jugement; les
moindres choses du monde le tournevirent. Et ne faut
pas douter, encores que nous ne le sentions pas, que, si
la fièvre continue peut atterrer notre ame, que la tierce

n'y apporte quelque alteration selon sa mesure et proportion. Si l'apoplexie assoupit et esteint tout à fait la veüe
de nostre intelligence, il ne faut pas doubter que le morfondement ne l'esblouisse; et, par consequent, à peine
se peut il rencontrer une seule heure en la vie où nostre
jugement se trouve en sa deüe assiete, nostre corps estant
subject à tant de continuelles mutations, et estofé de
tant de sortes de ressorts, que (j'en croy les medecins)
combien il est malaisé qu'il n'y en ayt tousjours quelqu'un
qui tire de travers.

Au demeurant, cette maladie ne se descouvre pas si
aiséement, si elle n'est du tout extreme et irremediable,
d'autant que la raison va tousjours, et torte, et boiteuse,
et deshanchée, et avec le mensonge comme avec la verité.
Par ainsin, il est malaisé de descouvrir son mesconte
et desreglement. J'appelle tousjours raison cette apparence de discours que chacun forge en soy; cette raison,
de la condition de laquelle il y en peut avoir cent contraires autour d'un mesme subject, c'est un instrument de
plomb et de cire, alongeable, ployable et accommodable
à tous biais et à toutes mesures; il ne reste que la suffisance
de le sçavoir contourner. Quelque bon dessein qu'ait un
juge, s'il ne s'escoute de prez, à quoy peu de gens s'amusent, l'inclination à l'amitié, à la parenté, à la beauté et à
la vengeance, et non pas seulement choses si poisantes,
mais cet instinct fortuite qui nous faict favoriser une chose
plus qu'une autre, et qui nous donne, sans le congé de la
raison, le chois en deux pareils subjects, ou quelque um-
brage de pareille vanité, peuvent insinuer insensiblement
en son jugement la recommandation ou deffaveur d'une
cause et donner pente à la balance.

Moy qui m'espie de plus près, qui ay les yeux incessamment tendus sur moy, comme celuy qui n'ay pas fort
à-faire ailleurs,

> *quis sub Arcto*
> *Rex gelidæ metuatur oræ,*
> *Quod Tyridatem terreat, unice*
> *Securus*[1],

à peine oseroy-je dire la vanité et la foiblesse que je trouve
chez moy. J'ay le pied si instable et si mal assis, je le trouve
si aysé à croler et si prest au branle, et ma veüe si desreglée, que à jun je me sens autre qu'après le repas; si

ma santé me rid et la clarté d'un beau jour, me voylà
honneſte homme; si j'ay un cor qui me presse l'orteil,
me voylà renfroigné, mal plaisant et inacessible. *(b)* Un
mesme pas de cheval me semble tantoſt rude, tantoſt aysé,
et mesme chemin à cette heure plus court, une autre fois
plus long, et une mesme forme ores plus, ores moins
agreable. *(a)* Maintenant je suis à tout faire, maintenant à
rien faire; ce qui m'eſt plaisir à cette heure, me sera
quelque fois peine. Il se faiſt mille agitations indiscretes
et casuelles chez moy. Ou l'humeur melancholique me
tient, ou la cholerique[1]; et de son authorité privée à
cet'heure le chagrin prédomine en moy, à cet'heure
l'alegresse[2]. Quand je prens des livres, j'auray apperceu en
tel passage des graces excellentes et qui auront feru mon
ame; qu'un'autre fois j'y retombe, j'ay beau le tourner et
virer, j'ay beau le plier et le manier, c'eſt une masse
inconnue et informe pour moy.

(b) En mes escris mesmes je ne retrouve pas tousjours
l'air de ma premiere imagination; je ne sçay ce que j'ay
voulu dire, et m'eschaude souvent à corriger et y mettre
un nouveau sens, pour avoir perdu le premier, qui valloit
mieux. Je ne fay qu'aller et venir : mon jugement ne tire
pas tousjours avant; il flotte, il vague,

> *velut minuta magno*
> *Deprensa navis in mari vesaniente vento*[3].

Maintes-fois (comme il m'advient de faire volontiers)
ayant pris pour exercice et pour esbat à maintenir une
contraire opinion à la mienne, mon esprit, s'applicant
et tournant de ce coſté là, m'y attache si bien que je ne
trouve plus la raison de premier advis, et m'en despars.
Je m'entraine quasi où je penche, comment que ce soit,
et m'emporte de mon pois.

Chacun à peu près en diroit autant de soy, s'il se regardoit comme moy. Les prescheurs sçavent que l'emotion
qui leur vient en parlant, les anime vers la creance, et
qu'en cholere nous nous adonnons plus à la deffence de
noſtre proposition, l'imprimons en nous et l'embrassons
avec plus de vehemence et d'approbation que nous ne
faisons eſtant en noſtre sens froid et reposé. Vous recitez
simplement une cause à l'advocat, il vous y respond chan-
cellant et doubteux : vous sentez qu'il luy eſt indifferent
de prendre à souſtenir l'un ou l'autre party; l'avez vous

bien payé pour y mordre et pour s'en formaliser, commence il d'en estre interessé, y a-il eschauffé sa volonté? sa raison et sa science s'y eschauffent quant et quant; voilà une apparente et indubitable verité qui se presente à son entendement; il y descouvre une toute nouvelle lumiere, et le croit à bon escient, et se le persuade ainsi. Voire, je ne scay si l'ardeur qui naist du despit et de l'obstination à l'encontre de l'impression et violence du magistrat et du danger, *(c)* ou l'interest de la reputation *(b)* n'ont envoyé tel homme soustenir jusques au feu l'opinion pour laquelle, entre ses amys, et en liberté, il n'eust pas voulu s'eschauder le bout du doigt.

(a) Les secousses et esbranlemens que nostre ame reçoit par les passions corporelles, peuvent beaucoup en elle, mais encore plus les siennes propres, ausquelles elle est si fort en prinse qu'il est à l'advanture soustenable qu'elle n'a aucune autre alleure et mouvement que du souffle de ses vents, et que, sans leur agitation, elle resteroit sans action, comme un navire en pleine mer que les vents abandonnent de leur secours[1]. Et qui maintiendroit cela *(c)* suivant le parti des Peripateticiens *(a)* ne nous feroit pas beaucoup de tort, puis qu'il est connu que la pluspart des plus belles actions de l'ame procedent et ont besoin de cette impulsion des passions. La vaillance, disent-ils, ne se peut parfaire sans l'assistance de la cholere.

(c) Semper Ajax fortis, fortissimus tamen in furore[2].

Ny ne court on sus aux meschants et aux ennemis assez vigoureusement, si on n'est courroucé. Et veulent que l'advocat inspire le courrous aux juges pour en tirer justice. Les cupiditez esmeurent Themistocles, esmeurent Demosthenes; et ont poussé les philosophes aux travaux, veillées et peregrinations; nous meinent à l'honneur, à la doctrine, à la santé, fins utiles. Et cette lascheté d'ame à souffrir l'ennuy et la fascherie sert à nourrir en la conscience la penitence et la repentance et à sentir les fleaux de Dieu pour nostre chastiment et les fleaux de la correction politique[3]. *(a)* La compassion sert d'aiguillon à la *(b)* clemence, et la prudence de nous conserver et gouverner est esveillée par nostre crainte; et combien de belles actons par l'ambition? combien par la presomption? *(a)* Aucune eminente et gaillarde vertu en fin n'est sans queilque agitation desreglée. Seroit-ce pas l'une des

raisons qui auroit meu les Epicuriens à descharger Dieu
de tout soin et sollicitude de nos affaires, d'autant que
les effeéts mesmes de sa bonté ne se pouvoient exercer
envers nous sans esbranler son repos par le moyen des
passions, qui sont comme des piqueures et sollicitations
acheminans l'ame aux aétions vertueuses[1]? *(c)* Ou bien
ont ils creu autrement et les ont prinses comme tempestes
qui desbauchent honteusement l'ame de sa tranquilité?
« *Ut maris tranquillitas intelligitur, nulla, ne minima quidem,
aura fluétus commovente : sic animi quietus et placatus ftatus
cernitur, quum perturbatio nulla eft qua moveri queat[2].* »

(a) Quelles differences de sens et de raison, quelle contrarieté d'imaginations nous presente la diversité de nos
passions! Quelle asseurance pouvons nous donq prendre
de chose si inftable et si mobile, subjeéte par sa condition
à la maiftrise du trouble, *(c)* n'allant jamais qu'un pas
forcé et emprunté? *(a)* Si noftre jugement eft en main
à la maladie mesmes et à la perturbation; si c'eft de la folie
et de la temerité qu'il eft tenu de recevoir l'impression des
choses, quelle seurté pouvons nous attendre de luy?

(c) N'y a il point de la hardiesse à la philosophie
d'eftimer des hommes qu'ils produisent leurs plus grands
effeéts et plus approchans de la divinité, quand ils sont
hors d'eux et furieux et insensez? Nous nous amendons
par la privation de noftre raison et son assoupissement.
Les deux voies naturelles pour entrer au cabinet des
Dieux et y preveoir le cours des deftinées sont la fureur
et le sommeil. Cecy eft plaisant à considerer : par la
dislocation que les passions apportent à noftre raison,
nous devenons vertueux; par son extirpation que la
fureur ou l'image de la mort apporte, nous devenons
prophetes et divins[3]. Jamais plus volontiers je ne l'en
creus. C'eft un pur enthousiasme que la sainéte verité a
inspiré en l'esprit philosophique, qui luy arrache, contre
sa proposition, que l'eftat tranquille de noftre ame, l'eftat
rassis, l'eftat plus sain que la philosophie luy puisse
acquerir, n'eft pas son meilleur eftat. Noftre veillée eft
plus endormie que le dormir; noftre sagesse, moins sage
que la folie; noz songes vallent mieux que noz discours.
La pire place que nous puissions prendre, c'eft en nous.
Mais pense elle pas que nous ayons l'advisement de
remarquer que la voix qui faiét l'esprit, quand il eft despris
de l'homme, si clair-voyant, si grand, si parfaiét et,

pendant qu'il est en l'homme, si terrestre, ignorant et
tenebreux, c'est une voix partant de l'esprit qui est partie
de l'homme terrestre, ignorant et tenebreux, et à cette
cause voix infiable et incroyable?

(a) Je n'ay point grande experience de ces agitations
vehementes (estant d'une complexion molle et poisante)
desquelles la pluspart surprennent subitement nostre ame,
sans luy donner loisir de se connoistre. Mais cette passion
qu'on dict estre produite par l'oisiveté au cœur des jeunes
hommes, quoy qu'elle s'achemine avec loisir et d'un progrés mesuré, elle represente bien evidemment, à ceux qui
ont essayé de s'opposer à son effort, la force de cette conversion et alteration que nostre jugement souffre. J'ay
autrefois entrepris de me tenir bandé pour la soustenir et
rabatre (car il s'en faut tant que je sois de ceux qui convient les vices, que je ne les suis pas seulement, s'ils ne
m'entrainent); je la sentois naistre, croistre, et s'augmenter en despit de ma resistance, et en fin, tout voyant et
vivant, me saisir et posseder de façon que, comme d'une
yvresse, l'image des choses me commençoit à paroistre
autre que de coustume; je voyois evidemment grossir et
croistre les avantages du subjet que j'allois désirant, et
agrandir et enfler par le vent de mon imagination; les
difficultez de mon entreprinse s'aiser et se planir, mon
discours et ma conscience se tirer arriere; mais, ce feu
estant evaporé, tout à un instant, comme de la clarté d'un
esclair, mon ame reprendre une autre sorte de veuë, autre
estat et autre jugement; les difficultez de la retraite me
sembler grandes et invincibles, et les mesmes choses de
bien autre goust et visage que la chaleur du desir ne me
les avoit presentées. Lequel plus veritablement? Pyrrho
n'en sçait rien. Nous ne sommes jamais sans maladie.
Les fiévres ont leur chaud et leur froid; des effects d'une
passion ardente nous retombons aux effects d'une passion
frilleuse[1].

(b) Autant que je m'estois jetté en avant, je me relance
d'autant en arriere :

> *Qualis ubi alterno procurrens gurgite pontus*
> *Nunc ruit ad terras, scopulisque superjacit undam,*
> *Spumeus, extremamque sinu perfundit arenam;*
> *Nunc rapidus retro atque æs tu revoluta resorbens*
> *Saxa fugit, littúsque vado labente relinquit[2].*

(a) Or de la cognoissance de cette mienne volubilité
j'ay par accident engendré en moy quelque constance
d'opinions, et n'ay guiere alteré les miennes premieres et
naturelles. Car, quelque apparence qu'il y ayt en la
nouvelleté, je ne change pas aiséement, de peur que j'ay
de perdre au change. Et, puis que je ne suis pas capable
de choisir, je pren le chois d'autruy et me tien en l'assiette
où Dieu m'a mis. Autrement, je ne me sçauroy garder de
rouler sans cesse. Ainsi[1] me suis-je, par la grace de Dieu,
conservé entier, sans agitation et trouble de conscience,
aux anciennes creances de nostre religion, au travers de
tant de sectes et de divisions que nostre siecle a produittes.
Les escrits des anciens, je dis les bons escrits, pleins et
solides, me tentent et remuent quasi où ils veulent; celuy
que j'oy me semble tousjours le plus roide; je les trouve
avoir raison chacun à son tour, quoy qu'ils se contrarient.
Cette aisance que les bons esprits ont de rendre ce qu'ils
veulent vray-semblable, et qu'il n'est rien si estrange à
quoy ils n'entreprennent de donner assez de couleur,
pour tromper une simplicité pareille à la mienne, cela
montre evidemment la foiblesse de leur preuve. Le ciel et
les estoilles ont branlé trois mille ans; tout le monde
l'avoit ainsi creu, jusques à ce que *(c)* Cleanthes le
Samien[2] ou, selon Theophraste, Nicetas Sicarusien[3]
(a) s'avisa de maintenir que c'estoit la terre qui se mouvoit *(c)* par le cercle oblique du Zodiaque tournant à
l'entour de son aixieu, *(a)* et, de nostre temps, Copernicus
a si bien fondé cette doctrine, qu'il s'en sert très-reglée-
ment à toutes les consequences Astronomiques. Que
prendrons nous de là, sinon qu'il ne nous doit chaloir
le quel ce soit des deux? Et qui sçait qu'une tierce opinion,
d'icy à mille ans, ne renverse les deux precedentes?

> *Sic volvenda ætas commutat tempora rerum :*
> *Quod fuitin pretio, fit nullo denique honore ;*
> *Porro aliud succedit, et è contemptibus exit,*
> *Inque dies magis appetitur, florétque repertum*
> *Laudibus, et miro est mortales inter honore[4].*

Ainsi, quand il se presente à nous quelque doctrine nouvelle, nous avons grande occasion de nous en deffier, et
de considerer qu'avant qu'elle fut produite, sa contraire
estoit en vogue; et, comme elle a esté renversée par cette-
cy, il pourra naistre à l'advenir une tierce invention qui

choquera de mesme la seconde. Avant que les principes
qu'Aristote a introduicts fussent en credit, d'autres principes contentoient la raison humaine, comme ceux-cy
nous contentent à cette heure. Quelles lettres ont ceux-cy,
quel privilege particulier, que le cours de nostre invention
s'arreste à eux, et qu'à eux appartient pour tout le temps
advenir la possession de nostre creance ? ils ne sont non
plus exempts du boute-hors qu'estoient leurs devanciers.
Quand on me presse d'un nouvel argument, c'est à moy
à estimer que, ce à quoy je ne puis satisfaire, un autre y
satisfera ; car de croire toutes les apparences desquelles
nous ne pouvons nous deffaire, c'est une grande simplesse.
Il en adviendroit par là que tout le vulgaire, *(c)* et nous
sommes tous du vulgaire, *(a)* auroit sa creance contournable comme une girouette ; car leur ame, estant molle et
sans resistance, seroit forcée de recevoir sans cesse autres
et autres impressions, la derniere effaçant tousjours la trace
de la precedente. Celuy qui se trouve foible, il doit
respondre, suyvant la pratique qu'il en parlera à son
conseil, ou s'en raporter aux plus sages, desquels il a receu
son apprentissage. Combien y a-il que la medecine est
au monde ? On dit qu'un nouveau venu, qu'on nomme
Paracelse[1], change et renverse tout l'ordre des regles
anciennes, et maintient que jusques à cette heure elle n'a
servy qu'à faire mourir les hommes. Je croy qu'il verifiera
ayséement cela ; mais de mettre ma vie à la preuve de sa
nouvelle experience, je trouve que ce ne seroit pas grand
sagesse.

Il[2] ne faut pas croire à chacun, dict le precepte, par ce
que chacun peut dire toutes choses.

Un homme de cette profession de nouvelletez et de
reformations physiques me disoit, il n'y a pas long temps,
que tous les anciens s'estoient evidemment mescontez en
la nature et mouvemens des vents, ce qu'il me feroit très-
evidemment toucher à la main, si je voulois l'entendre.
Apres que j'eus eu un peu de patience à ouyr ses argumens, qui avoient tout plein de verisimilitude : « Comment donc, luy fis-je, ceux qui navigeoient soubs les loix
de Theophraste, alloient ils en occident, quand ils tiroient
en levant ? alloient-ils à costé, ou à reculons ? — C'est la
fortune, me respondit-il : tant y a qu'ils se mescontoient. »
Je luy repliquay lors que j'aymois mieux suyvre les effets
que la raison.

Or ce sont choses qui se choquent souvent; et m'a l'on
dit qu'en la Geometrie (qui pense avoir gaigné le haut
point de certitude parmy les sciences) il se trouve des
demonstrations inevitables, subvertissans la verité de
l'experience : comme Jaques Peletier me disoit chez moy[1]
qu'il avoit trouvé deux lignes[2] s'acheminans l'une vers
l'autre pour se joindre, qu'il verifioit toutefois ne pouvoir
jamais, jusques à l'infinité, arriver à se toucher; et les
Pyrrhoniens ne se servent de leurs argumens et de leur
raison que pour ruiner l'apparence de l'experience; et est
merveille jusques où la souplesse de nostre raison les a
suivis à ce dessein de combattre l'evidence des effects :
car ils verifient que nous ne nous mouvons pas, que nous
ne parlons pas, qu'il n'y a point de poisant ou de chaut,
avecques une pareille force d'argumentations que nous
verifions les choses plus vray-semblables. Ptolemeus, qui
a esté un grand personnage, avoit establi les bornes de
nostre monde; tous les philosophes anciens ont pensé en
tenir la mesure, sauf quelques Isles escartées qui pouvoient eschapper à leur cognoissance; c'eust esté Pyrrho-
niser, il y a mille ans, que de mettre en doute la science de
la Cosmographie, et les opinions qui en estoient receuës
d'un chacun; (b) c'estoit heresie d'avoüer des Antipodes[3]; (a) voilà de nostre siecle une grandeur infinie de
terre ferme, non pas une isle ou une contrée particuliere,
mais une partie esgale à peu près en grandeur à celle que
nous cognoissions, qui vient d'estre descouverte. Les
Geographes de ce temps ne faillent pas d'asseurer que
meshuy tout est trouvé et que tout est veu,

Nam quod adest præsto, placet, et pollere videtur[4].

Sçavoir mon, si Ptolomée s'y est trompé autrefois sur les
fondemens de sa raison, si ce ne seroit pas sottise de me
fier maintenant à ce que ceux cy en disent[5], (c) et s'il n'est
pas plus vray-semblable que ce grand corps que nous
appellons le monde, est chose bien autre que nous ne
jugeons.

Platon tient[6] qu'il change de visage à tout sens; que
le ciel, les estoilles et le soleil renversent par fois le mouvement que nous y voyons, changeant l'Orient en
Occident. Les prestres Ægyptiens dirent à Herodote[7] que
depuis leur premier Roy, de quoy il y avoit onze mille
tant d'ans (et de tous leurs Roys ils luy feirent voir les

effigies en statues tirées après le vif), le Soleil avoit changé
quatre fois de route; que la mer et la terre se changent
alternativement l'un en l'autre; que la naissance du monde
est indéterminée; Aristote, Cicero, de mesmes; et quelqu'un d'entre nous[1], qu'il est, de toute eternité, mortel et
renaissant à plusieurs vicissitudes, appellant à tesmoins
Salomon et Esaïe, pour eviter ces oppositions que Dieu
a esté quelquefois createur sans creature, qu'il a esté oisif,
qu'il s'est desdict de son oisiveté, mettant la main à cet
ouvrage, et qu'il est par consequent subjet à mutation.
En la plus fameuse des Grecques escoles, le monde est
tenu un Dieu faict par un autre Dieu plus grand, et est
composé d'un corps et d'une ame qui loge en son centre,
s'espandant par nombres de musique à sa circonferance,
divin, très-heureux, très-grand, très-sage, eternel. En luy
sont d'autres Dieux, la terre, la mer, les astres, qui s'entretiennent d'une harmonieuse et perpetuelle agitation et
danse divine, tantost se rencontrans, tantost s'esloignans,
se cachans, se montrans, changeans de rang, ores davant
et ores derriere[2]. Heraclitus establissoit le monde estre
composé par feu et, par l'ordre des destinées, se devoir
enflammer et resoudre en feu quelque jour, et quelque
jour encore renaistre[3]. Et des hommes dict Apuleie :
« *Sigillatim mortales, cunctim perpetui*[4]. » Alexandre escrivit
à sa mere la narration d'un prestre Ægyptien tirée de leurs
monumens, tesmoignant l'ancienneté de cette nation infinie et comprenant la naissance et progrez des autres païs
au vray[5]. Cicero et Diodorus disent de leur temps que
les Chaldées tenoient registre de quatre cens mille tant
d'ans; Aristote, Pline et autres, que Zoroastre vivoit six
mille ans avant l'aage de Platon. Platon dict que ceux
de la ville de Saïs ont des memoires par escrit de huit
mille ans, et que la ville d'Athenes fut bastie mille ans
avant ladicte ville de Saïs; *(b)* Epicurus, qu'en mesme
temps que les choses sont icy comme nous les voyons,
elles sont toutes pareilles, et en mesme façon, en plusieurs
autres mondes. Ce qu'il eust dit plus asséurement, s'il eust
veu les similitudes et convenances de ce nouveau monde
des Indes occidentales avec le nostre, present et passé, en
si estranges exemples.

(c) En verité, considerant ce qui est venu à nostre
science du cours de cette police terrestre, je me suis
souvent esmerveillé de voir, en une très grande distance

de lieux et de temps, les rencontres d'un grand nombre d'opinions populaires monſtrueuses et des mœurs et creances sauvages, et qui, par aucun biais, ne semblent tenir a noſtre naturel discours. C'eſt un grand ouvrier de miracles que l'esprit humain; mais cette relation a je ne sçay quoy encore de plus heteroclite; elle se trouve aussi en noms, en accidens et en mille autres choses. *(b)* Car on y trouve des nations n'ayans, que nous sachons, ouy nouvelles de nous, où la circoncision eſtoit en credit; où il y avoit des eſtats et grandes polices maintenuës par des femmes, sans hommes; où nos jeusnes et noſtre caresme eſtoit representé, y adjouſtant l'abſtinence des femmes; où nos croix eſtoient en diverses façons en credit : icy on en honoroit les sepultures; on les appliquoit là, et nom-méement celle de S. André, à se deffendre des visions nocturnes et à les mettre sur les couches des enfans contre les enchantemens; ailleurs ils en rencontrerent une de bois, de grande hauteur, adorée pour Dieu de la pluye, et celle là bien fort avant dans la terre ferme; on y trouva une bien expresse image de nos penitentiers; l'usage des mitres, le cœlibat des preſtres, l'art de diviner par les entrailles des animaux sacrificz, *(c)* l'abſtinence de toute sorte de chair et poisson à leur vivre; *(b)* la façon aux preſtres d'user en officiant de langue particuliere et non vulgaire; et cette fantasie, que le premier dieu fut chassé par un second, son frere puisné; qu'ils furent creés avec toutes commoditez, lesquelles on leur a depuis retranchées pour leur peché, changé leur territoire et empiré leur condition naturelle; qu'autresfois ils ont eſté submergez par l'innondation des eaux celeſtes; qu'il ne s'en sçauva que peu de familles qui se jetterent dans les hauts creux des montaignes, lesquels creux ils boucherent, si que l'eau n'y entra poinct, ayant enfermé là dedans plusieurs sortes d'animaux; que, quand ils sentirent la pluye cesser, ils mirent hors des chiens, lesquels eſtans revenus nets et mouillez, ils jugerent l'eau n'eſtre encore guiere abaissée; depuis, en ayant fait sortir d'autres et les voyans revenir bourbeux, ils sortirent repeupler le monde, qu'ils trou-verent plain seulement de serpens.

On rencontra en quelque endroit la persuasion du jour du jugement, si qu'ils s'offençoient merveilleusement contre les Espaignols, qui espendoient les os des tres-passez en fouillant les richesses des sepultures, disant que

ces os escartez ne se pourroient facilement rejoindre; la
trafique par eschange, et non autre, foires et marchez pour
cet effect; des neins et personnes difformes pour l'ornement des tables des princes; l'usage de la fauconnerie
selon la nature de leurs oiseaux; subsides tyranniques;
delicatesses de jardinages; dances, sauts bateleresques;
musique d'instrumens; armoiries; jeux de paume, jeu de
dez et de sort auquel ils s'eschauffent souvent jusques à
s'y jouer eux mesmes et leur liberté; medecine non autre
que de charmes; la forme d'escrire par figures; creance
d'un seul premier homme, pere de tous les peuples; adoration d'un dieu qui vesquit autrefois homme en parfaite
virginité, jeusne et pœnitence, preschant la loy de nature
et des cerimonies de la religion, et qui disparut du monde
sans mort naturelle; l'opinion des geants; l'usage de
s'enyvrer de leurs breuvages et de boire d'autant, ornemens religieux peints d'ossements et testes de morts,
surplys, eau beniste, aspergez; femmes et serviteurs qui se
presentent à l'envy à se brusler et enterrer avec le mary
ou maistre trespassé; loy que les aisnez succedent à tout
le bien, et n'est reservé aucune part au puisné, que
d'obeissance; coustume, à la promotion de certain office
de grande authorité, que celuy qui est promeu prend un
nouveau nom et quitte le sien; de verser de la chaux sur
le genou de l'enfant freschement nay, en luy disant : « Tu
es venu de poudre et retourneras en poudre »; l'art des
augures[1].

Ces vains ombrages de nostre religion qui se voyent
en aucuns exemples, en tesmoignent la dignité et la divinité. Non seulement elle s'est aucunement insinuée en
toutes les nations infideles de deçà par quelque imitation,
mais à ces barbares aussi comme par une commune et
supernaturelle inspiration. Car on y trouva aussi la
creance du purgatoire, mais d'une forme nouvelle; ce que
nous donnons au feu, ils le donnent au froid, et imaginent
les ames et purgées et punies par la rigueur d'une extreme
froidure. Et m'advertit cet exemple d'une autre plaisante
diversité : car, comme il s'y trouva des peuples qui
aymoyent à deffubler le bout de leur membre et en retran-
choient la peau à la Mahumetane et à la Juifve, il s'y en
trouva d'autres qui faisoient si grande conscience de le
deffubler qu'à tout des petits cordons ils portoient leur
peau bien soigneusement estirée et attachée au dessus, de

peur que ce bout ne vit l'air. Et de cette diversité aussi,
que, comme nous honorons les Roys et les festes en nous
parant des plus honnestes vestements que nous ayons,
en aucunes regions, pour montrer toute disparité et submission à leur Roy, les subjects se presentoyent à luy en
leurs plus viles habillements, et entrant au palais prennent
quelque vieille robe deschirée sur la leur bonne, à ce que
tout le lustre et l'ornement soit au maistre. Mais suyvons.

   (a) Si[1] nature enserre dans les termes de son progrez
ordinaire, comme toutes autres choses, aussi les creances,
les jugemens et opinions des hommes ; si elles ont leur
revolution, leur raison, leur naissance, leur mort, comme
les chous ; si le ciel les agite et les roule à sa poste, quelle
magistrale authorité et permanante leur allons nous attribuant ? (b) Si par experience nous touchons à la main que
la forme de nostre estre despend de l'air, du climat et du
terroir où nous naissons, non seulement le tainct, la taille,
la complexion et les contenances, mais encore les facultez
de l'ame, (c) « et plaga cæli non solum ad robur corporum, sed
etiam animorum facit[2] », dict Vegece ; et que la Deesse
fondatrice de la ville d'Athenes choisit à la situer une
temperature de pays qui fist les hommes prudents, comme
les prestres d'Ægipte aprindrent à Solon, « Athenis tenue
cælum, ex quo etiam acutiores putantur Attici ; crassum Thebis
itaque pingues Thebani et valentes[3] » ; (b) en maniere que,
ainsi que les fruicts naissent divers et les animaux, les
hommes naissent aussi plus ou moins belliqueux, justes,
temperans et dociles : (c) ici subjects au vin, ailleurs au
larecin ou à la paillardise ; icy enclins à superstition,
ailleurs à la mescreance ; icy à la liberté, icy à la servitude ;
(b) capables d'une science ou d'un art, grossiers ou ingenieux, obeissans ou rebelles, bons ou mauvais, selon que
porte l'inclination du lieu où ils sont assis, et prennent
nouvelle complexion si on les change de place, comme les
arbres ; qui fut la raison pour laquelle Cyrus ne voulut
accorder aux Perses de abandonner leur païs aspre et
bossu pour se transporter en un autre doux et plain,
(c) disant que les terres grasses et molles font les hommes
mols, et les fertiles les esprits infertiles[4] ; (b) si nous
voyons tantost fleurir un art, une opinion, tantost une
autre, par quelque influance celeste ; tel siecle produire
telles natures et incliner l'humain genre à tel ou tel ply ;
les esprits des hommes tantost gaillars, tantost maigres,

comme nos chams; que deviennent toutes ces belles
prerogatifves dequoy nous nous allons flatant? Puis qu'un
homme sage se peut mesconter, et cent hommes, et
plusieurs nations, voire et l'humaine nature selon nous
se mesconte plusieurs siecles en cecy ou en cela, quelle
seureté avons nous que par fois elle cesse de se mesconter
(c) et qu'en ce siecle elle ne soit en mesconte?

(a) Il me semble, entre autres tesmoignages de nostre
imbecillité, que celui-cy ne merite pas d'estre oublié, que
par desir mesmes l'homme ne sçache trouver ce qu'il luy
faut; que, non par jouyssance, mais par imagination et par
souhait, nous ne puissions estre d'accord de ce dequoy
nous avons besoing pour nous contenter. Laissons à
nostre pensée tailler et coudre à son plaisir, elle ne pourra
pas seulement desirer ce qui luy est propre, *(c)* et se
satisfaire :

> *(b)* *quid enim ratione timemus*
> *Aut cupimus? quid tam dextro pede concipis, ut te*
> *Conatus non pæniteat votique peracti*[1]*?*

(a) C'est pourquoy *(c)* Socrates ne requeroit les dieux
sinon de luy donner ce qu'ils sçavoient luy estre salutaire[2].
Et la priere des Lacedemoniens, publique et privée,
portoit simplement les choses bonnes et belles leur estre
octroyées, remettant à la discretion divine le triage et
choix d'icelles[3].

> *(b)* *Conjugium petimus partumque uxoris; at illi*
> *Notum qui pueri qualisque futura sit uxor*[4]*.*

(a) Et le Chrestien supplie Dieu *que sa volonté soit faite,*
pour ne tomber en l'inconvenient que les poëtes feignent
du Roy Midas. Il requist les dieux que tout ce qu'il toucheroit se convertit en or. Sa priere fut exaucée : son vin
fut or, son pain or et la plume de sa couche, et d'or sa
chemise et son vestement; de façon qu'il se trouva accablé
soubs la jouissance de son desir et estrené d'une commodité insuportable. Il luy falut desprier ses prieres,

> *Attonitus novitate mali, divesque miserque,*
> *Effugere optat opes, et quæ modo voverat, odit*[5]*.*

(b) Disons de moy-mesme. Je demandois à la fortune,
autant qu'autre chose, l'ordre Sainct Michel, estant
jeune[6]; car c'estoit lors l'extreme marque d'honneur de la

noblesse Françoise et très-rare. Elle me l'a plaisamment accordé. Au lieu de me monter et hausser de ma place pour y avaindre, elle m'a bien plus gratieusement traité, elle l'a ravallé et rabaissé jusques à mes espaules et au dessoubs.

(c) Cleobis et Biton, Trophonius et Agamedes, ayans requis, ceux là leur deesse, ceux cy leur dieu, d'une recompense digne de leur pieté, eurent la mort pour present, tant les opinions celestes sur ce qu'il nous faut sont diverses aux nostres[1].

(a) Dieu pourroit nous ottroyer les richesses, les honneurs, la vie et la santé mesme, quelquefois à nostre dommage; car tout ce qui nous est plaisant, ne nous est pas tousjours salutaire. Si, au lieu de la guerison, il nous envoye la mort ou l'empirement de nos maux, « *Virga tua et baculus tuus ipsa me consolata sunt*[2] », il le fait par les raisons de sa providence, qui regarde bien plus certainement ce qui nous est deu que nous ne pouvons faire; et le devons prendre en bonne part, comme d'une main très-sage et très-amie :

> *(b) si consilium vis*
> *Permittes ipsis expendere numinibus, quid*
> *Conveniat nobis, rebúsque sit utile nostris :*
> *Charior est illis homo quam sibi*[3].

Car de les requerir des honneurs, des charges, c'est les requerir qu'ils vous jettent à une bataille ou au jeu de dez, ou telle autre chose de laquelle l'issue vous est incognue et le fruit doubteux[4].

(a) Il n'est point de combat si violent entre les philosophes, et si aspre, que celuy qui se dresse sur la question du souverain bien de l'homme, *(c)* duquel, par le calcul de Varro, nasquirent 288 sectes[5].

« *Qui autem de summo bono dissentit, de tota philosophiæ ratione dissentit*[6]. »

> *(a) Tres mihi convivæ prope dissentire videntur,*
> *Poscentes vario multum diversa palato :*
> *Quid dem ? quid non dem ? Renuis tu quod jubet alter ;*
> *Quod petis, id sanè est invisum acidúmque duobus*[7].

Nature devroit ainsi respondre à leurs contestations et à leurs debats.

Les uns disent nostre bien-estre loger en la vertu,

d'autres en la volupté, d'autres au consentir à nature ; qui, en la science ; *(c)* qui, à n'avoir point de douleur ; *(a)* qui, à ne se laisser emporter aux apparences (et à cette fantasie semble retirer cet'autre, *(b)* de l'antien Pythagoras[1].

> *(a) Nil admirari prope res una, Numaci,*
> *Soláque quæ possit facere et servare beatum[2].*

qui est la fin de la secte Pyrrhoniene) ; *(c)* Aristote attribue à magnanimité rien n'admirer[3]. *(a)* Et disoit Archesilas les soustenemens et l'estat droit et inflexible du jugement estre les biens, mais les consentemens et applications estre les vices et les maux[4]. Il est vray qu'en ce qu'il l'establissoit par axiome certain, il se départoit du Pyrrhonisme. Les Pyrrhoniens, quand ils disent que le souverain bien c'est l'Ataraxie, qui est l'immobilité du jugement, ils ne l'entendent pas dire d'une façon affirmative ; mais le mesme bransle de leur ame qui leur faict fuir les precipices et se mettre à couvert du serein, celuy là mesme leur presente cette fantasie et leur en faict refuser une autre.

(b) Combien je desire que, pendant que je vis, ou quelque autre, ou Justus Lipsius[5], le plus sçavant homme qui nous reste, d'un esprit très-poly et judicieux, vrayement germain à mon Turnebus[6], eust et la volonté, et la santé, et assez de repos pour ramasser en un registre, selon leurs divisions et leurs classes, sincerement et curieusement, autant que nous y pouvons voir, les opinions de l'ancienne philosophie sur le subject de nostre estre et de noz meurs, leurs controverses, le credit et suitte des pars, l'application de la vie des autheurs et sectateurs à leurs preceptes ès accidens memorables et exemplaires. Le bel ouvrage et utile que ce seroit !

(a) Au demeurant, si c'est de nous que nous tirons le reglement de nos meurs, à quelle confusion nous rejettons nous ! Car ce que nostre raison nous y conseille de plus vraysemblable, c'est generalement à chacun d'obeir aux loix de son pays, *(b)* comme est l'advis de Socrates inspiré, dict-il, d'un conseil divin[7]. *(a)* Et par là que veut elle dire, sinon que nostre devoir n'a autre regle que fortuite ? La verité doit avoir un visage pareil et universel[8]. La droiture et la justice, si l'homme en connoissoit qui eust corps et veritable essence, il ne l'atacheroit pas à la condition des coustumes de cette contrée ou de celle là ; ce ne seroit pas de la fantasie des Perses ou des Indes que la vertu pren-

droit sa forme. Il n'est rien subject à plus continuelle
agitation que les loix. Depuis que je suis nay, j'ai veu trois
et quatre fois rechanger celles des Anglois, nos voisins,
non seulement en subject politique, qui est celuy qu'on
veut dispenser de constance, mais au plus important
subject qui puisse estre, à sçavoir de la religion. Dequoy
j'ay honte et despit, d'autant plus que c'est une nation
à laquelle ceux de mon quartier[1] ont eu autrefois une si
privée accointance, qu'il reste encore en ma maison
aucunes traces de nostre ancien cousinage.

(c) Et chez nous icy, j'ai veu telle chose qui nous estoit
capitale, devenir legitime ; et nous, qui en tenons d'autres,
sommes à mesmes, selon l'incertitude de la fortune guerriere, d'estre un jour criminels de lèze majesté humaine et
divine, nostre justice tombant à la merci de l'injustice, et,
en l'espace de peu d'années de possession, prenant une
essence contraire.

Comment pouvoit ce Dieu ancien[2] plus clairement
accuser en l'humaine cognoissance l'ignorance de l'estre
divin, et apprendre aux hommes que la religion n'estoit
qu'une piece de leur invention, propre à lier leur societé,
qu'en declarant, comme il fit, à ceux qui en recherchoient
l'instruction de son trepied, que le vrai culte à chacun
estoit celuy qu'il trouvoit observé par l'usage du lieu où il
estoit ? O Dieu ! quelle obligation n'avons-nous à la benignité de nostre souverain createur pour avoir desniaisé
nostre creance de ces vagabondes et arbitraires devotions
et l'avoir logée sur l'eternelle base de sa saincte parolle !

(a) Que nous dira donc en cette necessité la philosophie[3] ? Que nous suyvons les loix de nostre pays ? c'est à
dire cette mer flotante des opinions d'un peuple ou d'un
Prince, qui me peindront la justice d'autant de couleurs
et la reformeront en autant de visages qu'il y aura en eux
de changemens de passion ? Je ne puis pas avoir le
jugement si flexible. Quelle bonté est-ce que je voyois hyer
en credit, et demain plus[4], *(c)* et que le traict d'une riviere
faict crime ?

Quelle verité que ces montaignes bornent, qui est
mensonge au monde qui se tient au delà ?

(a) Mais ils sont plaisans quand, pour donner quelque
certitude aux loix, ils disent qu'il y en a aucunes fermes,
perpetuelles et immuables, qu'ils nomment naturelles, qui
sont empreintes en l'humain genre par la condition de

leur propre essence. Et, de celles là, qui en fait le nombre
de trois, qui de quatre, qui plus, qui moins : signe que
c'est une marque aussi douteuse que le reste. Or ils sont si
defortunez (car comment puis-je autrement nommer cela
que deffortune, que d'un nombre de loix si infiny il ne s'en
rencontre au moins une que la fortune *(c)* et temerité du
sort *(a)* ait permis estre universellement receuë par le
consentement de toutes les nations?), ils sont, dis-je, si
miserables que de ces trois ou quatre loix choisies il n'en
y a une seule qui ne soit contredite et desadvouëe, non par
une nation, mais par plusieurs. Or c'est là seule enseigne
vray-semblable, par laquelle ils puissent argumenter
aucunes loix naturelles, que l'université de l'approbation.
Car ce que nature nous auroit veritablement ordonné,
nous l'ensuivrions sans doubte d'un commun consentement. Et non seulement toute nation, mais tout homme
particulier, ressentiroit la force et la violence que luy
feroit celuy qui le voudroit pousser au contraire de cette
loy. Qu'ils m'en montrent, pour voir, une de cette condition. Protagoras et Ariston ne donnoyent autre essence
à la justice des loix que l'authorité et opinion du legislateur; et que, cela mis à part, le bon et l'honneste perdoyent leurs qualitez et demeuroyent des noms vains de
choses indifferentes. Thrasimacus, en Platon[1], estime qu'il
n'y a point d'autre droit que la commodité du superieur.
Il n'est chose en quoy le monde soit si divers qu'en
coustumes et loix. Telle chose est icy abominable, qui
apporte recommandation ailleurs, comme en Lacedemone
la subtilité de desrober. Les mariages entre les proches
sont capitalement defendus entre nous, ils sont ailleurs
en honneur,

> *gentes esse feruntur*
> *In quibus et nato genitrix, et nata parenti*
> *Jungitur, et pietas geminato crescit amore[2].*

Le meurtre des enfans, meurtre des peres, communication
de femmes, trafique de voleries, licence à toutes sortes de
voluptez, il n'est rien en somme si extreme qui ne se
trouve receu par l'usage de quelque nation.

(b) Il est croyable qu'il y a des loix naturelles, comme
il se voit ès autres creatures; mais en nous elles sont
perdues, cette belle raison humaine s'ingerant par tout de
maistriser et commander, brouillant et confondant le

visage des choses selon sa vanité et inconstance. *(c)* « *Ni-hil itaque amplius nostrum est : quod nostrum dico, artis est*[1]. »

(a) Les subjets ont divers lustres et diverses considerations ; c'est de là que s'engendre principalement la diversité d'opinions. Une nation regarde un subject par un visage, et s'arreste à celuy là ; l'autre, par un autre.

Il n'est rien si horrible à imaginer que de manger son pere[2]. Les peuples qui avoyent anciennement cette coustume, la prenoyent toutesfois pour tesmoignage de pieté et de bonne affection, cerchant par là à donner à leurs progeniteurs la plus digne et honorable sepulture, logeant en eux mesmes et comme en leurs moelles les corps de leurs peres et leurs reliques, les vivifiant aucunement et regenerant par la transmutation en leur chair vive au moyen de la digestion et du nourrissement. Il est aysé à considerer quelle cruauté et abomination c'eust esté, à des hommes abreuvez et imbus de cette superstition, de jetter la despouille des parens à la corruption de la terre et nourriture des bestes et des vers.

Licurgus considera au larrecin la vivacité, diligence, hardiesse et adresse qu'il y a à surprendre quelque chose de son voisin, et l'utilité qui revient au public, que chacun en regarde plus curieusement à la conservation de ce qui est sien ; et estima que de cette double institution, à assaillir et à defandre, il s'en tiroit du fruit à la discipline militaire (qui estoit la principale science et vertu à quoy il vouloit duire cette nation) de plus grande consideration que n'estoit le desordre et l'injustice de se prevaloir de la chose d'autruy[3].

Dionysius le tyran offrit à Platon une robe à la mode de Perse, longue, damasquinée et parfumée ; Platon la refusa, disant qu'estant nay homme, il ne se vestiroit pas volontiers de robe de femme ; mais Aristippus l'accepta, avec cette responce : Que nul accoutrement ne pouvoit corrompre un chaste courage[4]. *(c)* Ses amis tançoient sa lascheté de prendre si peu à cœur que Dionysius luy eust craché au visage : « Les pescheurs, dict-il, souffrent bien d'estre baignés des ondes de la mer depuis la teste jusqu'aux pieds pour attraper un goujon[5]. » Diogenes lavoit ses choux, et le voyant passer : « Si tu sçavois vivre de choux, tu ne ferois pas la cour à un tyran. » A quoy Aristippus : « Si tu sçavois vivre entre les hommes, tu ne laverois pas des choux[6]. » *(a)* Voilà comment la raison

fournit d'apparence à divers effects. *(b)* C'est un pot à
deux ances, qu'on peut saisir à gauche et à dextre :

> *bellum, ó terra hospita, portas ;*
> *Bello armantur equi, hellum hæc armenta minantur.*
> *Sed tamen iidem olim curru succedere sueti*
> *Quadrupedes, et frena jugo concordia ferre ;*
> *Spes est pacis*[1].

(c) On[2] preschoit Solon de n'espandre pour la mort de
son fils des larmes impuissantes et inutiles : « Et c'est pour
cela, dict-il, que plus justement je les espans, qu'elles sont
inutiles et impuissantes[3]. » La femme de Socrates rengre-
geoit son deuil par telle circonstance : « O qu'injustement
le font mourir ces meschans juges ! — Aimerois tu donc
mieux que ce fut justement? luy repliqua il[4]. »
(a) Nous portons les oreilles percées[5] ; les Grecs
tenoient cela pour une marque de servitude[6]. Nous nous
cachons pour jouir de nos femmes, les Indiens le font en
public[7]. Les Schythes immoloyent les estrangers en leurs
temples, ailleurs les temples servent de franchise[8].

> *(b) Inde furor vulgi, quod numina vicinorum*
> *Odit quisque locus, cum solos credat habendos*
> *Esse Deos quos ipse colit*[9].

(a) J'ay ouy parler d'un juge, lequel, où il rencontroit
un aspre conflit entre Bartolus et Baldus[10], et quelque
matiere agitée de plusieurs contrarietez, mettoit au marge
de son livre : *Question pour l'amy ;* c'est à dire que la verité
estoit si embrouillée et debatue qu'en pareille cause il
pourroit favoriser celle des parties que bon luy sembleroit.
Il ne tenoit qu'à faute d'esprit et de suffisance qu'il ne peut
mettre par tout : *Question pour l'amy.* Les advocats et les
juges de nostre temps trouvent à toutes causes assez de
biais pour les accommoder où bon leur semble. A une
science si infinie, dépandant de l'authorité de tant d'opinions et d'un subject si arbitraire, il ne peut estre qu'il n'en
naisse une confusion extreme de jugemens. Aussi n'est-il
guiere si cler procés auquel les advis ne se trouvent divers.
Ce qu'une compaignie a jugé, l'autre le juge au contraire,
et elle mesmes au contraire une autre fois. Dequoy nous
voyons des exemples ordinaires par cette licence, qui
tasche merveilleusement la cerimonieuse authorité et
lustre de nostre justice, de ne s'arrester aux arrests, et

courir des uns aux autres juges pour decider d'une mesme cause.

Quant à la liberté des opinions philosophiques touchant le vice et la vertu, c'est chose où il n'est besoing de s'estendre, et où il se trouve plusieurs advis qui valent mieux teus que publiez *(c)* aux faibles esprits. *(b)* Arcesilaus disoit n'estre considerable en la paillardise, de quel costé et par où on le fut[1]. *(c)* « *Et obscœnas voluptates, si natura requirit, non genere, aut loco, aut ordine, sed forma, ætate, figura metiendas Epicurus putat*[2]. »

« *Ne amores quidem sanctos a sapiente alienos esse arbitrantur*[3]. » — « *Quæramus ad quam usque ætatem juvenes amandi sint*[4]. » Ces deux derniers lieux Stoïques et, sur ce propos, le reproche de Dicæarchus à Platon mesme[5], montrent combien la plus saine philosophie souffre de licences esloignées de l'usage commun et excessives.

(a) Les loix prennent leur authorité de la possession et de l'usage; il est dangereux de les ramener à leur naissance; elles grossissent et s'ennoblissent en roulant, comme nos rivieres; suyvez les contremont jusques à leur source, ce n'est qu'un petit surjon d'eau à peine reconnoissable, qui s'enorgucillit ainsi et se fortifie en vieillissant. Voyez les anciennes considerations qui ont donné le premier branle à ce fameux torrent, plein de dignité, d'horreur et de reverence : vous les trouverez si legeres et si delicates, que ces gens icy qui poisent tout et le ramenent à la raison, et qui ne reçoivent rien par authorité et à credit, il n'est pas merveille s'ils ont leurs jugemens souvent très-esloignez des jugemens publiques. Gens qui prennent pour patron l'image premiere de nature, il n'est pas merveille si, en la plupart de leurs opinions, ils gauchissent la voye commune. Comme, pour exemple : peu d'entre eux eussent approuvé les conditions contrainctes de nos mariages; *(c)* et la plus part ont voulu les femmes communes et sans obligation. *(a)* Ils refusoient nos ceremonies[6]. Chrysippus disoit qu'un philosophe fera une douzaine de culebutes en public, voire sans haut de chausses, pour une douzaine d'olives[7]. *(c)* A peine eust il donné advis à Clisthenes de refuser la belle Agariste, sa fille, à Hippoclides, pour luy avoir veu faire l'arbre fourché sur une table[8].

Metroclez lascha un peu indiscretement un pet en disputant, en presence de son eschole, et se tenoit en sa

maison, caché de honte jusques à ce que Crates le fut
visiter; et adjoutant à ses consolations et raisons l'exemple
de sa liberté, se mettant à peter à l'envi avec luy, il luy osta
ce scrupule, et de plus le retira à sa secte Stoïque, plus
franche, de la secte Peripatetique, plus civile, laquelle
jusques lors il avoit suivi[1].

Ce que nous appelons honnesteté, de n'oser faire à
descouvert ce qui nous est honneste de faire à couvert,
ils l'appelloient sottise; et de faire le fin à taire et desadvoüer ce que nature, coustume et nostre desir publient et
proclament de nos actions, ils l'estimoient vice. Et leur
sembloit que c'estoit affoler les mysteres de Venus que de
les oster du retiré sacraire de son temple pour les exposer
à la veuë du peuple, et que tirer ses jeux hors du rideau,
c'estoit les avilir (c'est une espece de poix que la honte; la
recelation, reservation, circonscription, parties de l'estimation); que la volupté très-ingenieusement faisoit
instance, sous le masque de la vertu, de n'estre prostituée
au milieu des carrefours, foulée des pieds et des yeux de la
commune, trouvant à dire la dignité et commodité de ses
cabinets accoustumez. De là *(a)* disent aucuns[2], que d'oster
les bordels publiques, c'est non seulement espandre par
tout la paillardise qui estoit assignée à ce lieu là, mais
encore esguillonner les hommes à ce vice par la malaisance :

> *Mœchus es Aufidiæ, qui vir, Corvine, fuisti;*
> *Rivalis fuerat qui tuus, ille vir est.*
> *Cur aliena placet tibi, quæ tua non placet uxor?*
> *Nunquid securus non potes arrigere[3]?*

Cette experience se diversifie en mille exemples :

> *Nullus in urbe fuit tota qui tangere vellet*
> *Uxorem gratis, Cæciliane, tuam,*
> *Dum licuit; sed nunc, positis custodibus, ingens*
> *Turba fututorum est. Ingeniosus homo es[4].*

On demandoit à un philosophe, qu'on surprit à mesme,
ce qu'il faisoit. Il respondit tout froidement : « Je plante
un homme », ne rougissant non plus d'estre rencontré en
cela, que si on l'eust trouvé plantant des aulx[5].

(c) C'est, comme j'estime, d'une opinion trop tendre et
respectueuse, qu'un grant et religieux auteur[6] tient cette
action si necessairement obligée à l'occultation et à la

vergoigne, qu'en la licence des embrassements cyniques il ne se peut persuader que la besoigne en vint à sa fin, ains qu'elle s'arrestoit à representer des mouvemens lascifs seulement, pour maintenir l'impudence de la profession de leur eschole; et que, pour eslancer ce que la honte avoit contraint et retiré, il leur estoit encore après besoin de chercher l'ombre. Il n'avoit pas veu assez avant en leur desbauche. Car Diogenes, exerçant en publiq sa masturbation, faisoit souhait en presence du peuple assistant, qu'il peut ainsi saouler son ventre en le frottant[1]. A ceux qui luy demandoient pourquoy il ne cherchoit lieu plus commode à manger qu'en pleine rue : « C'est, respondoit il, que j'ay faim en pleine rue[2]. » Les femmes philosophes, qui se mesloient à leur secte, se mesloient aussi à leur personne en tout lieu, sans discretion : et Hipparchia ne fut receuë en la societé de Crates qu'en condition de suyvre en toutes choses les us et coustumes de sa regle[3]. Ces philosophes icy donnoient extreme prix à la vertu et refusoient toutes autres disciplines que la morale; si est ce qu'en toutes actions ils attribuoyent la souveraine authorité à l'election de leur sage et au dessus des loix; et n'ordonnoyent aux voluptez autre bride (a) que la moderation et la conservation de la liberté d'autruy[4].

Heraclitus et Protagoras, de ce que le vin semble amer au malade et gracieux au sain, l'aviron tortu dans l'eau et droit à ceux qui le voient hors de là, et de pareilles apparences contraires qui se trouvent aux subjects, argumenterent que tous subjects avoient en eux les causes de ces apparences; et qu'il y avoit au vin quelque amertume qui se rapportoit au goust du malade, l'aviron certaine qualité courbe se rapportant à celuy qui le regarde dans l'eau[5]. Et ainsi de tout le reste. Qui est dire que tout est en toutes choses, et par consequent rien en aucune, car rien n'est où tout est.

Cette opinion me ramentoit l'experience que nous avons, qu'il n'est aucun sens ny visage, ou droict, ou amer, ou doux, ou courbe, que l'esprit humain ne trouve aux escrits qu'il entreprend de fouiller. En la parole la plus nette, pure et parfaicte qui puisse estre, combien de fauceté et de mensonge a lon fait naistre? quelle heresie n'y a trouvé des fondements assez et tesmoignages, pour entreprendre et pour se maintenir? C'est pour cela que les autheurs de telles erreurs ne se veulent jamais departir de cette preuve, du tesmoignage de l'interpretation des mots. Un personnage de dignité[1], me voulant approuver par authorité cette queſte de la pierre philosophale où il eſt tout plongé, m'allegua dernierement cinq ou six passages de la Bible, sur lesquels il disoit s'eſtre premierement fondé pour la descharge de sa conscience (car il eſt de profession ecclesiaſtique); et, à la verité, l'invention n'en eſtoit pas seulement plaisante, mais encore bien proprement accommodée à la deffence de cette belle science.

Par cette voye se gaigne le credit des fables divinatrices[2]. Il n'eſt prognoſtiqueur, s'il a cette authorité qu'on le daigne feuilleter, et rechercher curieusement tous les plis et luſtres de ses paroles, à qui on ne face dire tout ce qu'on voudra, comme aux Sybilles : car il y a tant de moyens d'interpretation qu'il eſt malaisé que, de biais ou de droit fil, un esprit ingenieux ne rencontre en tout sujet quelque air qui luy serve à son poinct.

(c) Pourtant, se trouve un stile nubileux et doubteux en si frequent et ancien usage! Que l'autheur puisse gaigner cela d'attirer et enbesoigner à soy la poſterité (ce que non seulement la suffisance, mais autant ou plus la faveur fortuite de la matiere peut gaigner); qu'au demeurant il se presente, par beſtise ou par finesse, un peu obscurement et diversement : il ne lui chaille! Nombre d'esprits, le belutans et secouans, en exprimeront quantité de formes ou selon, ou à coſté, ou au contraire de la sienne, qui lui feront toutes honneur. Il se verra enrichi des moyens de ses disciples, comme les regents du Lendit[3].

(a) C'eſt ce qui a faict valoir plusieurs choses de neant, qui a mis en credit plusieurs escrits, et chargé de toute sorte de matiere qu'on a voulu : une mesme chose recevant mille et mille, et autant qu'il nous plaiſt d'images et considerations diverses. (c) Eſt-il possible qu'Homere aye voulu dire tout ce qu'on luy faict dire[4]; et qu'il se soit preſté à tant et si diverses figures que les theologiens, legislateurs, capitaines, philosophes, toute sorte de gens qui traittent sciences, pour differemment et contrairement qu'ils les traittent, s'appuyent de luy, s'en rapportent à luy : maiſtre general à tous offices, ouvrages et artisans; general conseillier à toutes entreprises. (a) Quiconque a eu besoin d'oracles et de predictions, en y a trouvé pour son

faiçt. Un personnage sçavant, et de mes amis, c'est merveille quels rencontres et combien admirables il en faiçt
naître en faveur de nostre religion; et ne se peut ayséement departir de cette opinion, que ce ne soit le dessein
d'Homere (si, luy est cet autheur aussi familier qu'à
homme de nostre siecle). (c) Et ce qu'il trouve en faveur
de la nostre, plusieurs anciennement l'avoient trouvé en
faveur des leurs.

　　Voyez demener et agiter Platon. Chacun, s'honorant
de l'appliquer à soi, le couche du costé qu'il le veut. On
le promeine et l'insere à toutes les nouvelles opinions que
le monde reçoit; et le differente lon à soy-mesmes selon
le different cours des choses. On faiçt desadvoüer à son
sens les mœurs licites en son siecle, d'autant qu'elles sont
illicites au nostre. Tout cela vifvement et puissamment,
autant qu'est puissant et vif l'esprit de l'interprete.

　　(a) Sur ce mesme fondement qu'avoit Heraclitus et
cette sienne sentence, que toutes choses avoient en elles
les visages qu'on y trouvoit, Democritus en tiroit une
toute contraire conclusion, c'est que les subjeçts n'avoient
du tout rien de ce que nous y trouvions; et de ce que le
miel estoit doux à l'un et amer à l'autre, il argumentoit
qu'il n'estoit ni doux, ny amer[1]. Les Pyrrhoniens diroient
qu'ils ne sçavent s'il est doux ou amer, ou ny l'un ny
l'autre, ou tous les deux : car ceux-cy gaignent tousjours
le haut point de la dubitation[2].

　　(c) Les Cyrenayens tenoyent que rien n'estoit perceptible par le dehors, et que cela estoit seulement perceptible
qui nous touchoit par l'interne attouchement, comme la
douleur et la volupté; ne recognoissans ny ton, ny couleur, mais certaines affeçtions seulement qui nous en
venoient; et que l'homme n'avoit autre siege de son
jugement[3]. Protagoras estimoit estre vrai à chacun ce qui
semble à chacun. Les Epicuriens logent aux sens tout
jugement et en la notice des choses et en la volupté[4].
Platon[5] a voulu le jugement de la verité et la verité
mesmes, retirée des opinions et des sens, appartenir à
l'esprit et à la cogitation.

　　(a) Ce propos m'a porté sur la consideration des sens,
ausquels gist le plus grand fondement et preuve de nostre
ignorance. Tout ce qui se connoist, il se connoist sans
doubte par la faculté du cognoissant; car, puis que le
jugement vient de l'operation de celuy qui juge, c'est

raison que cette operation il la parface par ses moiens et
volonté, non par la contrainte d'autruy, comme il adviendroit si nous connoissions les choses par la force et selon
la loy de leur essence. Or toute cognoissance s'achemine
en nous par les sens : ce sont nos maistres.

(b) via qua munita fidei
Proxima fert humanum in pectus templáque mentis[1].

(a) La science commence par eux et se resout en eux.
Après tout, nous ne sçaurions non plus qu'une pierre, si
nous ne sçavions qu'il y a son, odeur, lumiere, saveur,
mesure, pois, mollesse, durté, aspreté, couleur, polisseure,
largeur, profondeur. Voylà le plant et les principes de
tout le bastiment de nostre science. *(c)* Et, selon aucuns[2],
science n'est autre chose que sentiment. *(a)* Quiconque
me peut pousser à contredire les sens, il me tient à la
gorge, il ne me sçauroit faire reculer plus arriere. Les sens
sont le commencement et la fin de l'humaine cognoissance :

> *Invenies primis ab sensibus esse creatam*
> *Notitiam veri, neque sensus posse refelli...*
> *Quid majore fide porro quam sensus haberi*
> *Debet*[a]?

Qu'on leur attribue le moins qu'on pourra, tousjours
faudra il leur donner cela, que par leur voye et entremise
s'achemine toute nostre instruction. Cicero dict[4] que
Chrisippus, ayant essayé de rabattre de la force des sens
et de leur vertu, se representa à soy mesmes des argumens
au contraire et des oppositions si vehementes, qu'il n'y
peut satisfaire. Sur quoy Carneades[5], qui maintenoit le
contraire party, se vantoit de se servir des armes mesmes
et paroles de Chrysippus pour le combattre, et s'escrioit
à cette cause contre luy : « O miserable, ta force t'a
perdu ! » Il n'est aucun absurde selon nous plus extreme
que de maintenir que le feu n'eschaufe point, que la
lumiere n'esclaire point, qu'il n'y a point de pesanteur au
fer, ny de fermeté, qui sont notices que nous apportent
les sens, ny creance ou science en l'homme qui se puisse
comparer à celle-là en certitude.

La premiere consideration que j'ay sur le subject des
sens, c'est que je mets en doubte que l'homme soit prouveu de tous sens naturels[6]. Je voy plusieurs animaux qui

vivent une vie entiere et parfaicte, les uns sans la veuë,
autres sans l'ouye : qui sçait si en nous aussi il ne manque
pas encore un, deux, trois et plusieurs autres sens? car,
s'il en manque quelqu'un, noſtre discours n'en peut
découvrir le defaut. C'eſt le privilege des sens d'eſtre
l'extreme borne de noſtre apercevance; il n'y a rien au
delà d'eux qui nous puisse servir à les descouvrir; voire
ny l'un sens n'en peut descouvrir l'autre,

> (b)   *An poterunt oculos aures reprehendere, an aures*
> *Taĉtus, an hunc porro taĉtum sapor arguet oris,*
> *An confutabunt nares, oculive revincent*[1]?

(a) Ils font treſtous la ligne extreme de noſtre faculté,

> *seorsum cuique poteſtas*
> *Divisa eſt, sua vis cuique eſt*[2].

Il eſt impossible de faire concevoir à un homme naturellement aveugle qu'il n'y void pas, impossible de luy
faire desirer la veuë et regretter son defaut.

Parquoy nous ne devons prendre aucune asseurance de
ce que noſtre ame eſt contente et satisfaicte de ceux que
nous avons, veu qu'elle n'a pas dequoy sentir en cela sa
maladie et son imperfeĉtion, si elle y eſt. Il eſt impossible
de dire chose à cet aveugle, par discours, argument
ny similitude, qui loge en son imagination aucune
apprehension de lumiere, de couleur et de veuë. Il n'y a
rien plus arriere qui puisse pousser le sens en evidence.
Les aveugles nais, qu'on void desirer à y voir, ce n'eſt pas
pour entendre ce qu'ils demandent : ils ont appris de nous
qu'ils ont à dire quelque chose, qu'ils ont quelque chose
a desirer, qui eſt en nous, *(c)* la quelle ils nomment
bien, et ses effeĉts et consequences; *(a)* mais ils ne sçavent
pourtant pas que c'eſt, ny ne l'aprehendent ny près, ny loin.

J'ay veu un gentil-homme de bonne maison, aveugle
nay, au moins aveugle de tel aage qu'il ne sçait que c'eſt
que de veuë; il entend si peu ce qui luy manque, qu'il
use et se sert comme nous des paroles propres au voir
et les applique d'une mode toute sienne et particuliere.
On luy presentoit un enfant du quel il eſtoit parrain;
l'ayant pris entre ses bras : « Mon Dieu! diĉt-il, le bel
enfant! qu'il le faiĉt beau voir! qu'il a le visage guay! »
Il dira comme l'un d'entre nous : « Cette sale a une belle
veuë; il faiĉt clair, il faiĉt beau soleil. » Il y a plus : car,

par ce que ce sont nos exercices que la chasse, la paume,
la bute, et qu'il l'a ouy dire, il s'y affectionne et s'y
embesoigne, et croid y avoir la mesme part que nous y
avons; il s'y picque et s'y plaist, et ne les reçoit pourtant
que par les oreilles. On luy crie que voylà un liévre, quand
on est en quelque esplanade où il puisse picquer; et puis
on luy dict encore que voilà un liévre pris : le voylà aussi
fier de sa prise, comme il oit dire aux autres qu'ils le sont.
L'esteuf, il le prend à la main gauche et le pousse à tout
sa raquette; de la harquebouse, il en tire à l'adventure,
et se paye de ce que ses gens luy disent qu'il est ou haut,
ou costié.

Que sçait-on si le genre humain faict une sottise pareille,
à faute de quelque sens, et que par ce defaut la plus part
du visage des choses nous soit caché? Que sçait-on si
les difficultez que nous trouvons en plusieurs ouvrages
de nature viennent de là? et si plusieurs effets des animaux qui excedent nostre capacité, sont produits par la
faculté de quelque sens que nous ayons à dire? et si
aucuns d'entre eux ont une vie plus pleine par ce moyen et
entiere que la nostre? Nous saisissons la pomme quasi par
tous nos sens; nous y trouvons de la rougeur, de la polisseure, de l'odeur et de la douceur[1]; outre cela, elle peut
avoir d'autres vertus, comme d'asseicher ou restreindre,
ausquelles nous n'avons point de sens qui se puisse
rapporter. Les proprietez que nous apellons occultes en
plusieurs choses, comme a l'aimant d'attirer le fer, n'est-il
pas vraysemblable qu'il y a des facultez sensitives en
nature, propres à les juger et à les appercevoir, et que le
defaut de telles facultez nous apporte l'ignorance de la
vraye essence de telles choses? C'est à l'avanture quelque
sens particulier qui descouvre aux coqs l'heure du matin
et de minuict, et les esmeut à chanter; (c) qui apprend aux
poules, avant tout usage et experience, de craindre un
esparvier, et non une oye, ny un paon, plus grandes
bestes; qui advertit les poulets de la qualité hostile qui est
au chat contre eux et à ne se desffier du chien, s'armer
contre le mionement, voix aucunement flateuse, non contre
l'abaier, voix aspre et quereleuse; aux frelons, aux fourmis
et aux rats, de choisir tousjours le meilleur fromage et la
meilleure poire avant que d'y avoir tasté, (a) et qui achemine
le cerf, (c) l'elefant, le serpent (a) à la cognoissance de
certaine herbe propre à leur guerison[2]. Il n'y a sens qui

n'ait une grande domination, et qui n'apporte par son moyen un nombre infiny de connoissances. Si nous avions à dire l'intelligence des sons, de l'harmonie et de la voix, cela apporteroit une confusion inimaginable à tout le reſte de notre science. Car, outre ce qui eſt attaché au propre effect de chaque sens, combien d'argumens, de consequences et de conclusions tirons nous aux autres choses par la comparaison de l'un sens à l'autre! Qu'un homme entendu imagine l'humaine nature produicte originellement sans la veüe, et discoure combien d'ignorance et de trouble luy apporteroit un tel defaut, combien de tenebres et d'aveuglement en noſtre ame : on verra par là combien nous importe à la cognoissance de la verité la privation d'un autre tel sens, ou de deux, ou de trois, si elle eſt en nous. Nous avons formé une verité par la consultation et concurrence de nos cinq sens; mais à l'advanture falloit-il l'accord de huict ou de dix sens et leur contribution pour l'appercevoir certainement et en son essence.

Les sectes qui combattent la science de l'homme, elles la combatent principalement par l'incertitude et foiblesse de nos sens : car, puis que toute cognoissance vient en nous par leur entremise et moyen, s'ils faillent au raport qu'ils nous font, s'ils corrompent ou alterent ce qu'ils nous charrient du dehors, si la lumière qui par eux s'écoule en noſtre ame eſt obscurcie au passage, nous n'avons plus que tenir. De cette extreme difficulté sont nées toutes ces fantasies : que chaque subjet a en soy tout ce que nous y trouvons; qu'il n'a rien de ce que nous y pensons trouver; et celle des Epicuriens, que le Soleil n'eſt non plus grand que ce que noſtre veüe le juge,

> *(b) Quicquid id eſt, nihilo fertur majore figura*
> *Quam noſtris oculis quam cernimus, esse videtur*[1];

(a) que les apparences qui representent un corps grand à celuy qui en eſt voisin, et plus petit à celuy qui en eſt esloigné, sont toutes deux vrayes,

> *(b) Nec tamen hic oculis falli concedimus hilum*
> *Proinde animi vitium hoc oculis adfingere noli*[2];

(a) et resoluement qu'il n'y a aucune tromperie aux sens; qu'il faut passer à leur mercy, et cercher ailleurs des raisons pour excuser la difference et contradiction que nous

y trouvons; voyre inventer toute autre mensonge et resverie (ils en viennent jusques là) plustost que d'accuser les
sens. *(c)* Timagoras juroit que, pour presser ou biaizer
son œuil, il n'avoit jamais aperceu doubler la lumière de la
chandelle, et que cette semblance venoit du vice de
l'opinion, non de l'instrument[1]. *(a)* De toutes les absurditez, la plus absurde *(c)* aux Epicuriens *(a)* est desavoüer
la force et effect des sens.

> *Proinde quod in quoque est his visum tempore, verum est.*
> *Et, si non potuit ratio dissolvere causam,*
> *Cur ea quæ fuerint juxtim quadrata, procul sint*
> *Visa rotunda, tamen, præstat rationis egentem*
> *Reddere mendosè causas utriúsque figuræ,*
> *Quam manibus manifesta suis emittere quoquam,*
> *Et violare fidem primam, et convellere tota*
> *Fundamenta quibus nixatur vita salúsque.*
> *Non modo enim ratio ruat omnis, vita quoque ipsa*
> *Concidat extemplo, nisi credere sensibus ausis,*
> *Præcipitésque locos vitare, et cætera quæ sint*
> *In genere hoc fugienda*[2].

(c) Ce conseil desespéré et si peu philosophique ne
represente autre chose, si non que l'humaine science ne se
peut maintenir que par raison desraisonnable, folle et
forcenée; mais qu'encore vaut-il mieux que l'homme,
pour se faire valoir, s'en serve et de tout autre remede,
tant fantastique soit il, que d'avouer sa necessaire bestise :
verité si desavantageuse! Il ne peut fuir que les sens ne
soient les souverains maistres de sa cognoissance; mais
ils sont incertains et falsibliables[3] à toutes circonstances.
C'est là où il faut se battre à outrance, et, si les forces
justes nous faillent, comme elles font, y employer l'opiniastreté, la temerité, l'impudence.

(b) Au cas que ce que disent les Epicuriens[4] soit vray,
asçavoir que nous n'avons pas de science si les apparences
des sens sont fauces; et ce que disent les Stoïciens, s'il
est aussi vray que les apparences des sens sont si fauces
qu'elles ne nous peuvent produire aucune science, nous
conclurrons, aux despens de ces deux grandes sectes
dogmatistes, qu'il n'y a point de science.

(a) Quant à l'erreur et incertitude de l'operation des
sens, chacun s'en peut fournir autant d'exemples qu'il luy
plaira, tant les fautes et tromperies qu'ils nous font sont

ordinaires. Au retantir d'un valon, le son d'une trompette semble venir devant nous, qui vient d'une lieue derriere :

> *(b) Extantesque procul medio de gurgite montes*
> *Iidem apparent longè diversi licet...*
> *Et fugere ad puppim colles campique videntur*
> *Quos agimus propter navim...*
> *   Ubi in medio nobis equus acer obhæsit*
> *Flumine, equi corpus transversum ferre videtur*
> *Vis, et in adversum flumen contrudere raptim*[1].

(a) A manier une balle d'arquebouse soubs le second doigt, celuy du milieu estant entrelassé par dessus, il faut extremement se contraindre, pour advoüer qu'il n'y en ait qu'une, tant le sens nous en represente deux. Car que les sens soyent maintesfois maistres du discours, et le contraignent de recevoir des impressions qu'il sçait et juge estre fauces, il se void à tous coups. Je laisse à part celuy de l'atouchement, qui a ses operations plus voisines, plus vives et substantielles, qui renverse tant de fois, par l'effet de la douleur qu'il apporte au corps, toutes ces belles resolutions Stoïques, et contraint de crier au ventre celuy qui a establi en son ame ce dogme avec toute resolution, que la colique, comme toute autre maladie et douleur, est chose indifferente, n'ayant la force de rien rabatre du souverain bonheur et felicité en laquelle le sage est logé par sa vertu. Il n'est cœur si mol que le son de nos tabourins et de nos trompetes n'eschaufe; ny si dur que la douceur de la musique n'esveille et ne chatouille; ny ame si revesche qui ne se sente touchée de quelque reverence à considerer cette vastité sombre de nos Eglises, la diversité d'ornemens et ordre de nos ceremonies, et ouyr le son devotieux de nos orgues, et la harmonie si posée et religieuse de nos voix[2]. Ceux mesme qui y entrent avec mespris, sentent quelque frisson dans le cœur, et quelque horreur qui les met en deffiance de leur opinion.

(b) Quant à moy, je ne m'estime point assez fort pour ouyr en sens rassis des vers d'Horace et de Catulle, chantez d'une voix suffisante par une belle et jeune bouche.

(c) Et Zenon avoit raison de dire que la voix estoit la fleur de la beauté[3]. On m'a voulu faire accroire qu'un homme, que tous nous autres François cognoissons, m'avoit imposé en me recitant des vers qu'il avoit faicts, qu'ils n'estoient pas tels sur le papier qu'en l'air, et que

mes yeux en feroyent contraire jugement à mes oreilles, tant la prononciation a de credit à donner prix et façon aux ouvrages qui passent à sa merci. Sur quoy Philoxenus ne fut pas fascheux, lequel oyant un donner mauvais ton à quelque sienne composition, se print à fouler aux pieds et casser de la brique qui estoit à luy, disant : « Je romps ce qui est à toi, comme tu corromps ce qui est à moy[1]. »

(a) A quoy faire ceux mesmes qui se sont donnez la mort d'une certaine resolution, destournoyent ils la face pour ne voir le coup qu'ils se faisoyent donner? et ceux qui pour leur santé desirent et commandent qu'on les incise et cauterise, ne peuvent soustenir la veuë des aprets, utils et opération du chirurgien? attendu que la veuë ne doit avoir aucune participation à cette douleur. Cela ne sont ce pas propres exemples à verifier l'authorité que les sens ont sur le discours? Nous avons beau sçavoir que ces tresses sont empruntées d'un page ou d'un laquais; que cette rougeur est venue d'Espaigne, et cette blancheur et polisseure de la mer Oceane, encore faut-il que la veuë nous force d'en trouver le subject plus aimable et plus agreable, contre toute raison. Car en cela il n'y a rien du sien.

> *Auferimur cultu; gemmis auróque teguntur*
> *Crimina : pars minima est ipsa puella sui.*
> *Sæpe ubi sit quod ames inter tam multa requiras :*
> *Decipit hac oculos Aegide, dives amor[2].*

Combien donnent à la force des sens les poëtes, qui font Narcisse esperdu de l'amour de son ombre,

> *Cunctáque miratur, quibus est mirabilis ipse;*
> *Se cupit imprudens; et qui probat, ipse probatur;*
> *Dumque petit, petitur; pariterque accendit et ardet[3];*

et l'entendement de Pygmalion si troublé par l'impression de la veuë de sa statue d'ivoire, qu'il l'aime et la serve pour vive !

> *Oscula dat reddíque putat, sequitúrque tenétque,*
> *Et credit tactis digitos insidere membris;*
> *Et metuit pressos veniat ne livor in artus[4].*

Qu'on loge un philosophe dans une cage de menus filets de fer cler-semez, qui soit suspendue au haut des tours nostre Dame de Paris, il verra par raison evidante qu'il

eſt impossible qu'il en tombe, et si, ne se sçauroit garder
(s'il n'a accouſtumé le meſtier des recouvreurs) que la
veuë de cette hauteur extreme ne l'espouvante et ne le
transisse. Car nous avons assez affaire de nous asseurer
aux galeries qui sont en nos clochiers, si elles sont
façonnées à jour, encores qu'elles soyent de pierre. Il y en
a qui n'en peuvent pas seulement porter la pensée.
Qu'on jette une poutre entre ces deux tours, d'une grosseur telle qu'il nous la faut à nous promener dessus : il
n'y a sagesse philosophique de si grande fermeté qui
puisse nous donner courage d'y marcher comme nous
le ferions, si elle eſtoit à terre[1]. J'ay souvent essayé cela en
nos montaignes de deça (et si suis de ceux qui ne s'effrayent que mediocrement de telles choses) que je ne pouvoy souffrir la veuë de cette profondeur infinie sans horreur et tramblement de jarrets et de cuisses, encores qu'il
s'en fallut bien ma longueur que je ne fusse du tout au
bort, et n'eusse sçeu choir si je ne me fusse porté à escient
au dangier. J'y remerquay aussi, quelque hauteur qu'il y
euſt, pourveu qu'en cette pente il s'y presentaſt un arbre
ou bosse de rochier pour souſtenir un peu la veuë et la
diviser, que cela nous allege et donne asseurance, comme
si c'eſtoit chose dequoy à la cheute nous peussions recevoir secours ; mais que les precipices coupez et uniz, nous
ne les pouvons pas seulement regarder sans tournoyement
de teſte : *(c)* « *ut despici sine vertigine simul oculorum animique
non possit[2]* », *(a)* qui eſt une evidente impoſture de la
veuë. Ce beau philosophe[3] se creva les yeux pour descharger l'ame de la desbauche qu'elle en recevoit, et pouvoir
philosopher plus en liberté.

Mais, à ce conte, il se devoit aussi faire eſtouper les
oreilles, *(b)* que Theophraſtus diƈt eſtre le plus dangereux
inſtrument que nous ayons pour recevoir des impressions
violentes à nous troubler et changer, *(a)* et se devoit priver en fin de tous les autres sens, c'eſt à dire de son eſtre et
de sa vie[4]. Car ils ont tous cette puissance de commander
noſtre discours et noſtre ame. *(c)* « *Fit etiam sæpe specie
quadam, sæpe vocum gravitate et cantibus, ut pellantur animi
vehementius ; sæpe etiam cura et timore[5].* » *(a)* Les medecins
tiennent qu'il y a certaines complexions qui s'agitent par
aucuns sons et inſtrumens jusques à la fureur. J'en ay veu
qui ne pouvoient ouyr ronger un os soubs leur table sans
perdre patience ; et n'eſt guiere homme qui ne se trouble

à ce bruit aigre et poignant que font les limes en raclant le
fer; comme, à ouyr mascher prez de nous, ou ouyr parler
quelqu'un qui ait le passage du gosier ou du nez empesché, plusieurs s'en esmeuvent jusques à la colere et la
haine. Ce fleuteur protocole de Gracchus, qui amolissoit,
roidissoit et contournoit la vois de son maistre lors qu'il
haranguoit à Rome[1], à quoy servoit il, si le mouvement
et qualité du son n'avoit force à esmouvoir et alterer le
jugement des auditeurs? Vrayement il y a bien dequoy
faire si grande feste de la fermeté de cette belle piece, qui
se laisse manier et changer au branle et accidens d'un si
leger vent!

Cette mesme piperie que les sens apportent à nostre
entendement, ils la reçoivent à leur tour. Nostre ame par
fois s'en revenche de mesme; *(c)* ils mentent et se trompent à l'envy[2]. *(a)* Ce que nous voyons et oyons agitez de
colere, nous ne l'oyons pas tel qu'il est,

> *Et solem geminum, et duplices se oftendere Thebas[3].*

L'objet que nous aymons nous semble plus beau qu'il
n'est,

> *(b) Multimodis igitur pravas turpesque videmus
> Esse in delitiis, summóque in honore vigere[4],*

(a) et plus laid celuy que nous avons à contre cœur. A un
homme ennuyé et affligé, la clarté du jour semble obscurcie et tenebreuse. Nos sens sont non seulement alterez,
mais souvent hebetez du tout par les passions de l'ame.
Combien de choses voyons nous, que nous n'appercevons
pas si nous avons nostre esprit empesché ailleurs?

> *In rebus quoque apertis noscere possis.
> Si non advertas animum, proinde esse, quasi omni
> Tempore semotæ fuerint, longéque remotæ[5].*

Il semble que l'ame retire au dedans et amuse les puissances des sens. Par ainsin, et le dedans et le dehors de
l'homme est plein de foiblesse et de mensonge.

(b) Ceux qui ont apparié nostre vie à un songe, ont eu
de la raison, à l'avanture plus qu'ils ne pensoyent.
Quand nous songeons, nostre ame vit, agit, exerce toutes
ses facultez, ne plus ne moins que quand elle veille; mais
si plus mollement et obscurement, non de tant certes que
la differance y soit comme de la nuit à une clarté vifve;

ouy, comme de la nuit à l'ombre : là elle dort, icy elle
sommeille, plus et moins. Ce sont tousjours tenebres, et
tenebres Cymmerienes[1].

(c) Nous veillons dormans, et veillans dormons. Je ne
vois pas si clair dans le sommeil; mais, quand au veiller, je
ne le trouve jamais assez pur et sans nuage. Encores le
sommeil en sa profondeur endort par fois les songes. Mais
nostre veiller n'est jamais si esveillé qu'il purge et dissipe
bien à point les resveries, qui sont les songes des veillants,
et pires que songes.

Nostre raison et nostre ame, recevant les fantasies et
opinions qui luy naissent en dormant, et authorisant les
actions de nos songes de pareille approbation qu'elle faict
celles du jour, pourquoy ne mettons nous en doubte si
nostre penser, nostre agir, n'est pas un autre songer et
nostre veiller quelque espece de dormir?

(a) Si les sens sont noz premiers juges, ce ne sont pas
les nostres qu'il faut seuls appeller au conseil, car en cette
faculté les animaux ont autant ou plus de droit que nous.
Il est certain qu'aucuns ont l'ouye plus aiguë que l'homme, d'autres la veuë, d'autres le sentiment, d'autres l'atouchement ou le goust[2]. Democritus disoit que les Dieux et
les bestes avoyent les facultez sensitives beaucoup plus
parfaictes que l'homme[3]. Or, entre les effects de leurs
sens et les nostres, la difference est extreme. Notre salive
nettoye et asseche nos playes, elle tue le serpent :

> *Tantáque in his rebus distantia differitásque est,*
> *Ut quod alis cibus est, aliis fuat acre venenum.*
> *Sæpe etenim serpens, hominis contacta saliva,*
> *Disperit, ac sese mandendo conficit ipsa[4].*

Quelle qualité donnerons nous à la salive? ou selon
nous, ou selon le serpent? Par quel des deux sens veri-
fierons nous sa veritable essence que nous cerchons? Pline
dit[5] qu'il y a aux Indes certains lievres marins qui nous
sont poison, et nous à eux, de maniere que du seul attouchement nous les tuons : qui sera veritablement poison, ou
l'homme ou le poisson? à qui en croirons nous, ou au
poisson de l'homme, ou à l'homme du poisson? *(b)* Quelque qualité d'air infecte l'homme, qui ne nuict point au
bœuf; quelque autre, le bœuf, qui ne nuict point à
l'homme : laquelle des deux sera, en verité et en nature,

peſtilente qualité? *(a)* Ceux qui ont la jaunisse, ils voyent toutes choses jaunâtres et plus pasles que nous :

(b) Lurida præterea fiunt quæcunque tuentur Arquati[1].

(a) Ceux qui ont cette maladie que les medecins nomment Hyposphragma, qui eſt une suffusion de sang sous la peau, voient toutes choses rouges et sanglantes[2]. Ces humeurs qui changent ainsi les operations de noſtre veuë, que sçavons nous si elles predominent aux beſtes et leur sont ordinaires? Car nous en voyons les unes qui ont les yeux jaunes comme noz malades de jaunisse, d'autres qui les ont sanglans de rougeur; à celles là il eſt vray-semblable que la couleur des objeçts paroit autre qu'à nous : quel jugement des deux sera le vray? Car il n'eſt pas dict que l'essence des choses se raporte à l'homme seul. La durté, la blancheur, la profondeur et l'aigreur touchent le service et science des animaux, comme la noſtre; nature leur en a donné l'usage comme à nous. Quand nous pressons l'œil[3], les corps que nous regardons, nous les apercevons plus longs et eſtendus; plusieurs beſtes ont l'œil ainsi pressé : cette longueur eſt donc à l'avanture la veritable forme de ce corps, non pas celle que noz yeux lui donnent en leur assiete ordinaire. *(b)* Si nous serrons l'œil par dessoubs, les choses nous semblent doubles.

Bina lucernarum florentia lumina flammis
Et duplices hominum facies, et corpora bina[4].

(a) Si nous avons les oreilles empeschées de quelque chose, ou le passage de l'ouye resserré, nous recevons le son autre que nous ne faisons ordinairement; les animaux qui ont les oreilles velues, ou qui n'ont qu'un bien petit trou au lieu de l'oreille, ils n'oyent par conséquent pas ce que nous oyons et reçoivent le son autre. Nous voyons aux feſtes et aux theatres que, opposant à la lumière des flambeaux une vitre teinte de quelque couleur, tout ce qui eſt en ce lieu nous appert ou vert, ou jaune, ou violet,

(b) Et vulgo faciunt id lutea russaque vela
Et furruginea, cum magnis intenta theatris
Per malos volgata trabesque trementia pendent :
Namque ibi consessum caveai subter, et omnem
Scenai speciem, patrum, matrumque, deorumque
Inficiunt, coguntque suo volitare colore[5],

(a) il est vray-semblable que les yeux des animaux, que nous voyons estre de diverse couleur, leur produisent les apparences des corps de mesmes leurs yeux.

Pour le jugement de l'action des sens, il faudroit donc que nous en fussions premierement d'accord avec les bestes, secondement entre nous mesmes. Ce que nous ne sommes aucunement; et entrons en debat tous les coups de ce que l'un oit, void ou goute quelque chose autrement qu'un autre; et debatons, autant que d'autre chose, de la diversité des images que les sens nous raportent. Autrement oit et voit, par la regle ordinaire de nature, et autrement gouste un enfant qu'un homme de trente ans, et cettuy-cy autrement qu'un sexagenaire. Les sens sont aux uns plus obscurs et plus sombres, aux autres plus ouverts et plus aigus[1]. Nous recevons les choses autres et autres, selon que nous sommes et qu'il nous semble. Or nostre sembler estant si incertain et controversé, ce n'est plus miracle si on nous dict que nous pouvons avouër que la neige nous apparoit blanche, mais que d'establir si de son essence elle est telle et à la verité, nous ne nous en sçaurions respondre : et, ce commencement esbranlé, toute la science du monde s'en va necessairement à vau-l'eau. Quoy, que nos sens mesmes s'entr'empeschent l'un l'autre? Une peinture semble eslevée à la veuë, au maniement elle semble plate; dirons nous que le musc soit aggreable ou non qui resjouit notre sentiment et offence nostre goust? Il y a des herbes et des unguens propres à une partie du corps, qui en blessent une autre; le miel est plaisant au goust, mal plaisant à la veuë. Ces bagues qui sont entaillées en forme de plumes, qu'on appelle en devise : pennes sans fin, il n'y a œil qui en puisse discerner la largeur et qui se sçeut deffendre de cette piperie, que d'un costé elles n'aillent en eslargissant, et s'apointant et estressissant par l'autre, mesmes quand on les roule autour du doigt, toutesfois au maniement elles vous semblent equables en largeur et par tout pareilles[2].

(b) Ces personnes qui, pour aider leur volupté, se servoient anciennement de miroirs propres à grossir et aggrandir l'object qu'ils representent, affin que les membres qu'ils avoient à embesoigner, leur pleussent d'avantage par cette accroissance oculaire; auquel des deux sens donnoient-ils gaigné, ou à la veuë qui leur representoit ces membres gros et grands à souhait, ou

à l'attouchement qui les leur presentoit petits et desdai-
gnables[1]?

(a) Sont-ce nos sens qui prestent au subject ces diverses conditions, et que les subjects n'en ayent pourtant
qu'une? comme nous voyons du pain que nous mangeons; ce n'est que pain, mais nostre usage en faict des os,
du sang, de la chair, des poils et des ongles :

> (b) Ut cibus, in membra atque artus cum diditur omnes,
> Disperit, atque aliam naturam sufficit ex se[2].

(a) L'humeur que succe la racine d'un arbre, elle se
fait tronc, feuille et fruit; et l'air n'estant qu'un, il se faict,
par l'appliquation à une trompette, divers en mille sortes
de sons : sont-ce, dis-je, nos sens qui façonnent de mesme
de diverses qualitez ces subjects, ou s'ils les ont telles?
Et sur ce doubte, que pouvons nous resoudre de leur
veritable essence? D'avantage, puis que les accidens des
maladies, de la resverie ou du sommeil nous font paroistre les choses autres qu'elles ne paroissent aux sains, aux
sages et à ceux qui veillent, n'est-il pas vraysemblable
que nostre assiette droicte et nos humeurs naturelles ont
aussi dequoy donner un estre aux choses se rapportant
à leur condition, et les accommoder à soy, comme font
les humeurs desreglées? et nostre santé aussi capable
de leur fournir son visage, comme la maladie? (c) Pourquoy n'a le temperé quelque forme des objects relative
à soy, comme l'intempéré, et ne leur imprimera-il
pareillement son caractere?

Le desgouté charge la fadeur au vin : le sain, la saveur;
l'alteré, la friandise.

(a) Or, nostre estat accommodant les choses à soy et les
transformant selon soy, nous ne sçavons plus quelles sont
les choses en verité; car rien ne vient à nous que falsifié
et alteré par nos sens. Où le compas, l'esquarre et la
regle sont gauche, toutes les proportions qui s'en tirent,
tous les bastimens qui se dressent à leur mesure, sont aussi
necessairement manques et defaillans. L'incertitude de
nos sens rend incertain tout ce qu'ils produisent :

> Denique ut in fabrica, si prava est regula prima,
> Normaque si fallax rectis regionibus exit,
> Et libella aliqua si ex parte claudicat hilum,
> Omnia mendosè fieri atque obstipa necessum est,
> Prava, cubantia, prona, supina, atque absona tecta,

Jam ruere ut quædam videantur velle, ruántque
Prodita judiciis fallacibus omnia primis.
Hic igitur ratio tibi rerum prava necesse eſt
Falsaque sit, falsis quæcumque à sensibus orta eſt[1].

Au demeurant, qui sera propre à juger de ces différences? Comme nous disons, aux debats de la religion,
qu'il nous faut un juge non attaché à l'un ny à l'autre
party, exempt de chois et d'affection, ce qui ne se peut
parmy les Chreſtiens, il advient de mesme en cecy; car,
s'il eſt vieil, il ne peut juger du sentiment de la vieillesse,
eſtant luy mesme partie en ce debat; s'il eſt jeune, de
mesme; sain, de mesme; de mesme, malade, dormant et
veillant. Il nous faudroit quelqu'un exempt de toutes ces
qualitez, afin que, sans præoccupation de jugement, il
jugeaſt de ces propositions comme à luy indifferentes; et
à ce conte il nous faudroit un juge qui ne fut pas[2].

Pour juger des apparences que nous recevons des subjects, il nous faudroit un inſtrument judicatoire; pour
verifier cet inſtrument, il nous y faut de la demonſtration;
pour verifier la demonſtration, un inſtrument : nous voilà
au rouet. Puis que les sens ne peuvent arreſter notre
dispute, eſtans pleins eux-mesmes d'incertitude, il faut
que ce soit la raison; aucune raison ne s'eſtablira sans
autre raison : nous voylà à reculons jusques à l'infiny.
Noſtre fantasie ne s'applique pas aux choses eſtrangeres,
ains elle eſt conceue par l'entremise des sens; et les sens
ne comprennent pas le subject eſtranger, ains seulement leurs propres passions; et par ainsi la fantasie et
apparence n'eſt pas du subject, ains seulement de la passion et souffrance du sens, laquelle passion et subject sont
choses diverses; parquoy qui juge par les apparences, juge
par chose autre que le subject. Et de dire que les passions
des sens rapportent à l'ame la qualité des subjects eſtrangers par ressemblance, comment se peut l'ame et l'entendement asseurer de cette ressemblance, n'ayant de soy nul
commerce avec les subjects eſtrangers? Tout ainsi comme,
qui ne cognoit pas Socrates, voyant son pourtraict, ne
peut dire qu'il luy ressemble. Or qui voudroit toutesfois
juger par les apparences : si c'eſt par toutes, il eſt impossible, car elles s'entr'empeschent par leurs contrarietez et
discrepances, comme nous voyons par experience; sera
ce qu'aucunes apparences choisies reglent les autres? Il
faudra verifier cette choisie par une autre choisie, la

seconde par la tierce; et par ainsi ce ne sera jamais faict[1].

Finalement, il n'y a aucune constante existence, ny de nostre estre, ny de celuy des objects. Et nous, et nostre jugement, et toutes choses mortelles, vont coulant et roulant sans cesse. Ainsin il ne se peut establir rien de certain de l'un à l'autre, et le jugeant et le jugé estans en continuelle mutation et branle[2].

Nous n'avons aucune communication à l'estre[3], par ce que toute humaine nature est tousjours au milieu entre le naistre et le mourir, ne baillant de soy qu'une obscure apparence et ombre, et une incertaine et debile opinion. Et si, de fortune, vous fichez vostre pensée à vouloir prendre son estre, ce sera ne plus ne moins que qui voudroit empoigner l'eau : car tant plus il serrera et pressera ce qui de sa nature coule par tout, tant plus il perdra ce qu'il vouloit tenir et empoigner. Ainsin, estant toutes choses subjectes à passer d'un changement en autre, la raison, y cherchant une reelle subsistance, se trouve deceue, ne pouvant rien apprehender de subsistant et permanant par ce que tout ou vient en estre et n'est pas encore du tout, ou commence à mourir avant qu'il soit nay. Platon disoit[4] que les corps n'avoient jamais existence, ouy bien naissance, (c) estimant que Homere eust faict l'ocean pere des Dieus, et Thetis la mere, pour nous montrer que toutes choses sont en fluxion, muance et variation perpetuelle : opinion commune à tous les Philosophes avant son temps, comme il dict, sauf le seul Parmenides, qui refusoit mouvement aux choses, de la force du quel il faict grand cas, (a) Pythagoras; que toute matiere est coulante et labile[5]; les Stoïciens, qu'il n'y a point de temps present, et que ce que nous appellons present, n'est que la jointure et assemblage du futur et du passé[6]; Heraclitus, que jamais homme n'estoit deux fois entré en mesme riviere; (b) Epicharmus, que celuy qui a pieça emprunté de l'argent ne le doit pas maintenant; et que celuy qui cette nuict a esté convié à venir ce matin disner, vient aujourd'huy non convié, attendu que ce ne sont plus eux : ils sont devenus autres[7]; (a) et qu'il ne se pouvoit trouver une substance mortelle deux fois en mesme estat, car, par soudaineté et legereté de changement, tanstost elle dissipe, tantost elle rassemble; elle vient et puis s'en va. De façon que ce qui commence à naistre ne parvient jamais jusques à perfection d'estre,

pourautant que ce naiſtre n'acheve jamais, et jamais
n'arreſte, comme eſtant à bout, ains, depuis la semence,
va tousjours se changeant et muant d'un à autre. Comme
de semence humaine se fait premierement dans le ventre
de la mere un fruiƈt sans forme, puis un enfant formé,
puis, eſtant hors du ventre, un enfant de mammelle; après
il devient garson; puis consequemment un jouvenceau;
après un homme faiƈt; puis un homme d'aage; à la fin
decrepité vieillard. De maniere que l'aage et generation
subsequente va tousjours desfaisant et gaſtant la precedente :

> (b) *Mutat enim mundi naturam totius ætas,*
>   *Ex alióque alius ſtatus excipere omnia debet,*
>   *Nec manet ulla sui similis res : omnia migrant,*
>   *Omnia commutat natura et vertere cogit*[1].

(a) Et puis nous autres sottement craignons une espece
de mort, là où nous en avons desjà passé et en passons
tant d'autres. Car non seulement, comme disoit Heraclitus, la mort du feu eſt generation de l'air, et la mort de
l'air generation de l'eau, mais encor plus manifeſtement le
pouvons nous voir en nous mesmes. La fleur d'aage se
meurt et passe quand la vieillesse survient, et la jeunesse
se termine en fleur d'aage d'homme faiƈt, l'enfance en la
jeunesse, et le premier aage meurt en l'enfance, et le jour
d'hier meurt en celuy du jourd'huy, et le jourd'huy
mourra en celuy de demain; et n'y a rien qui demeure ne
qui soit tousjours un. Car, qu'il soit ainsi, si nous demeurons tousjours mesmes et uns, comment eſt-ce que nous
nous esjouyssons maintenant d'une chose, et maintenant
d'une autre? Comment eſt-ce que nous aymons choses
contraires ou les haïssons, nous les louons ou nous les
blasmons? Comment avons nous differentes affeƈtions, ne
retenant plus le mesme sentiment en la mesme pensée?
Car il n'eſt pas vraysemblable que sans mutation nous
prenions autres passions; et ce qui souffre mutation ne
demeure pas un mesme, et, s'il n'eſt pas un mesme, il
n'eſt donc pas aussi. Ains, quant et l'eſtre tout un, change
aussi l'eſtre simplement, devenant tousjours autre d'un
autre. Et par consequent se trompent et mentent les sens
de nature, prenans ce qui apparoit pour ce qui eſt, à faute
de bien sçavoir que c'eſt qui eſt. Mais qu'eſt-ce donc qui
eſt véritablement? Ce qui eſt eternel, c'eſt à dire qui n'a

jamais eu de naissance, n'y n'aura jamais fin; à qui le
temps n'apporte jamais aucune mutation. Car·c'est chose
mobile que le temps, et qui apparoit comme en ombre,
avec la matiere coulante et fluante tousjours, sans jamais
demeurer stable ny permanente; à qui appartiennent ces
mots : devant et après, et a esté ou sera, lesquels tout de
prime face montrent evidemment que ce n'est pas chose
qui soit; car ce seroit grande sottise et fauceté toute
apparente de dire que cela soit qui n'est pas encore en
estre, ou qui desja a cessé d'estre. Et quant à ces mots :
present, instant, maintenant, par lesquels il semble que
principalement nous soustenons et fondons l'intelligence
du temps, la raison le descouvrant le destruit tout sur le
champ : car elle le fend incontinent et le part en futur et
en passé, comme le voulant voir necessairement desparty
en deux. Autant en advient-il à la nature qui est mesurée,
comme au temps qui la mesure. Car il n'y a non plus en
elle rien qui demeure, ne qui soit subsistant; ains y sont
toutes choses ou nées, ou naissantes, ou mourantes. Au
moyen dequoy ce seroit peché de dire de Dieu, qui est
le seul qui est, qu'il fut ou il sera. Car ces termes là sont
declinaisons, passages ou vicissitudes de ce qui ne peut
durer, ny demeurer en estre. Parquoy il faut conclurre
que Dieu seul est, non poinct selon aucune mesure du
temps, mais selon une eternité immuable et immobile,
non mesurée par temps, ny subjecte à aucune declinaison;
devant lequel rien n'est, ny ne sera après, ny plus nouveau
ou plus recent, ains un realement estant, qui, par un seul
maintenant emplit le tousjours; et n'y a rien qui veritablement soit que luy seul, sans qu'on puisse dire : Il a esté,
ou : Il sera; sans commencement et sans fin.

A cette conclusion si religieuse d'un homme payen je
veux joindre seulement ce mot d'un tesmoing de mesme
condition[1], pour la fin de ce long et ennuyeux discours
qui me fourniroit de matiere sans fin : « O la vile chose,
dict-il, et abjecte que l'homme, s'il ne s'esleve au dessus
de l'humanité[2]! » Voylà un bon mot et un utile desir,
mais pareillement absurde. Car de faire la poignée plus
grande que le poing, la brassée plus grande que le bras,
et d'esperer enjamber plus que de l'estanduë de nos jambes, cela est impossible et monstrueux. Ny que l'homme
se monte au dessus de soy et de l'humanité : car il ne peut
voir que de ses yeux, ny saisir que de ses prises. Il s'esle-

vera si Dieu lui preste extraordinairement la main[1]; il s'eslevera, abandonnant et renonçant à ses propres moyens, et se laissant hausser et soubslever par[2] les moyens purement celestes.

(c) C'est à nostre foy Chrestienne, non à sa vertu Stoïque de pretendre à cette divine et miraculeuse metamorphose[3].

CHAPITRE XIII

DE JUGER DE LA MORT D'AUTRUY

(a) Quand nous jugeons de l'asseurance d'autruy en la mort, qui est sans doubte la plus remerquable action de la vie humaine, il se faut prendre garde d'une chose : que mal aisément on croit estre arrivé à ce point. Peu de gens meurent resolus que ce soit leur heure derniere, et n'est endroit où la piperie de l'esperance nous amuse plus. Elle ne cesse de corner aux oreilles : « D'autres ont bien esté plus malades sans mourir; l'affaire n'est pas si désespéré qu'on pense; et, au pis aller, Dieu a bien fait d'autres miracles. » Et advient cela de ce que nous faisons trop de cas de nous. Il semble que l'université des choses souffre aucunement de nostre aneantissement, et qu'elle soit compassionnée à nostre estat. D'autant que nostre veuë alterée se represente les choses de mesmes; et nous est advis qu'elles luy faillent à mesure qu'elle leur faut : comme ceux qui voyagent en mer, à qui les montaignes, les campaignes, les villes, le ciel et la terre vont mesme branle, et quant et quant eux,

(b) Provehimur portu, terræque urbésque recedunt[4].

Qui veit jamais vieillesse qui ne louast le temps passé et ne blamast le present, chargeant le monde et les meurs des hommes de sa misere et de son chagrin?

> *Jamque caput quassans grandis suspirat arator,*
> *Et cum tempora temporibus præsentia confert*
> *Præteritis, laudat fortunas sæpe parentis,*
> *Et crepat antiquum genus ut pietate repletum[5].*

Nous entrainons tout avec nous.

(a) D'où il s'ensuit que nous estimons grande chose
nostre mort, et qui ne passe pas si aisément, ny sans
solenne consultation des astres, *(c)* « *tot circa unum caput
tumultuantes deos*[1] ». *(a)* Et le pensons d'autant plus que
plus nous nous prisons. *(c)* Comment? tant de sciance
se perdroit elle avec tant de dommage, sans particulier
soucy des destinées? Une ame si rare et examplaire ne
coute elle non plus à tuer qu'une ame populaire et inutile?
Cette vie, qui en couvre tant d'autres, de qui tant d'autres
vies despendent, qui occupe tant de monde par son usage,
remplit tant de places, se desplace elle comme celle qui
tient à son simple nœud?

Nul de nous ne pense assez n'estre qu'un.

(a) De là viennent ces mots de Cæsar à son pilote,
plus enflez que la mer qui le menassoit :

> *Italiam si, cælo authore, recusas,*
> *Me pete : sola tibi causa hæc est justa timoris,*
> *Vectorem non nosse tuum...*
>   *perrumpe procellas,*
>   *Tutela secure mei*[2].

Et ceux-cy :

> *credit jam digna pericula Cæsar*
> *Fatis esse suis : Tantúsque evertere, dixit,*
> *Me superis labor est, parva quem puppe sedentem*
> *Tam magno petiere mari*[3].

(b) Et cette resverie publique, que le Soleil porta en son
front, tout le long d'un an, le deuil de sa mort :

> *Ille etiam, extincto miseratus Cæsare Romam,*
> *Cum caput obscura nitidum ferrugine texit*[4];

et mille semblables, dequoy le monde se laisse si ayséement piper, estimant que nos interests alterent le Ciel,
(c) et que son infinité se formalise de noz menues distinctions : « *Non tanta cælo societas nobiscum est, ut nostro fato
mortalis sit ille quoque siderum fulgor*[5]. »

(a) Or, de juger la resolution et la constance en celuy
qui ne croit pas encore certainement estre au danger,
quoy qu'il y soit, ce n'est pas raison; et ne suffit pas qu'il
soit mort en cette desmarche, s'il ne s'y estoit mis justement pour cet effect. Il advient à la pluspart de roidir leur
contenance et leurs parolles pour en acquerir reputation,

qu'ils esperent encore jouir vivans. *(c)* D'autant que j'en
ay veu mourir, la fortune a disposé les contenances, non
leur dessein. *(a)* Et de ceux mesmes qui se sont anciennement donnez la mort, il y a bien à choisir si c'est une
mort soudaine, ou mort qui ait du temps. Ce cruel
Empereur Romain disoit de ses prisonniers qu'il leur
vouloit faire sentir la mort; et si quelcun se deffaisoit en
prison : « Celuy là m'est eschapé, disoit-il[1]. » Il vouloit
estendre la mort, et la faire sentir par les tourmens :

> *(b)   Vidimus et toto quamvis in corpore cæso*
> *Nil animæ letale datum, moremque nefandæ*
> *Durum sævitiæ pereuntis parcere morti[2].*

(a) De vray ce n'est pas si grande chose d'establir, tout
sain et tout rassis, de se tuer; il est bien aisé de faire le
mauvais avant que de venir aux prises : de maniere que
le plus effeminé homme du monde, Heliogabalus, parmy
ses plus laches voluptez, desseignoit bien de se faire mourir
(c) delicatement *(a)* où l'occasion l'en forceroit; et, afin
que sa mort ne dementist point le reste de sa vie, avoit
fait bastir exprès une tour somptueuse, le bas et le devant
de laquelle estoit planché d'ais enrichis d'or et de pierrerie
pour se precipiter; et aussi fait faire des cordes d'or et de
soye cramoisie pour s'estrangler; et battre une espée d'or
pour s'enferrer; et gardoit du venin dans des vaisseaux
d'emeraude et de topaze pour s'empoisonner, selon que
l'envie lui prendroit de choisir de toutes ces façons de
mourir[3] :

> *(b)   Impiger et fortis virtute coacta[4].*

(a) Toutesfois, quant à cettuy-cy, la mollesse de ses
aprets rend plus vray-semblable que le nez luy eut seigné,
qui l'en eut mis au propre. Mais de ceux mesmes qui, plus
vigoureux, se sont resolus à l'exécution, il faut voir
(dis-je) si ç'a esté d'un coup qui ostat le loisir d'en sentir
l'effect : car c'est à deviner, à voir escouler la vie peu à
peu, le sentiment du corps se meslant à celuy de l'ame,
s'offrant le moyen de se repentir, si la constance s'y fut
trouvée et l'obstination en une si dangereuse volonté.

Aux guerres civiles de Cæsar, Lucius Domitius, pris en
la Prusse, s'estant empoisonné, s'en repantit après. Il est
advenu de nostre temps que tel, resolu de mourir, et de
son premier essay n'ayant donné assez avant, la deman-

geson de la chair luy repoussant le bras, se reblessa bien
fort à deux ou trois fois après, mais ne peut jamais gaigner
sur luy d'enfoncer le coup[1]. *(c)* Pendant qu'on faisoit le
procès à Plautius Silvanus, Urgulania, sa mere-grant, luy
envoya un poignard, duquel n'ayant peu venir à bout de
se tuer, il se fit couper les veines à ses gens[2]. *(b)* Albucilla,
du temps de Tibere, s'estant pour se tuer frappée trop
mollement, donna encores à ses parties moyen de l'emprisonner et faire mourir à leur mode[3]. Autant en fit
le Capitaine Demosthenes après sa route en la Sicile[4].
(c) Et C. Fimbria, s'estant frappé trop foiblement, impetra
de son valet de l'achever[5]. Au rebours, Ostorius, lequel,
ne se pouvant servir de son bras, desdaigna d'employer
celuy de son serviteur à autre chose qu'à tenir le poignard
droit et ferme, et, se donnant le branle, porta luy-mesme
sa gorge à l'encontre, et la transperça[6]. *(a)* C'est une viande,
à la verité, qu'il faut engloutir sans macher, qui n'a le
gosier ferré à glace; et pourtant l'Empereur Adrianus feit
que son medecin merquat et circonscript en son tetin
justement l'endroit mortel où celuy eut à viser, à qui il
donna la charge de le tuer[7]. Voylà pourquoy Cæsar,
quand on luy demandoit quelle mort il trouvoit la plus
souhaitable : « La moins premeditée, respondit-il, et la
plus courte[8]. »

(b) Si Cæsar l'a osé dire, ce ne m'est plus lacheté de le
croire.

(a) Une mort courte, dit Pline[9], est le souverain heur
de la vie humaine. Il leur fache de le reconnoistre. Nul ne
se peut dire estre resolu à la mort, qui craint à la marchander, qui ne peut la soustenir les yeux ouvers. Ceux
qu'on voit aux supplices courir à leur fin, et haster l'execution et la presser, ils ne le font pas de resolution : ils se
veulent oster le temps de la considérer. L'estre mort ne
les fache pas, mais ouy bien le mourir,

Emori nolo, sed me esse mortuum nihili æstimo[10].

C'est un degré de fermeté auquel j'ay experimenté que je
pourrois arriver[11], ainsi que ceux qui se jettent dans les
dangers comme dans la mer, à yeux clos.

(c) Il n'y a rien, selon moy, plus illustre en la vie de
Socrates que d'avoir eu trente jours entiers à ruminer le
decret de sa mort; de l'avoir digerée tout ce temps là
d'une très certaine esperance, sans esmoy, sans alteration,

et d'un train d'actions et de parolles ravallé pluſtoſt et anonchali que tendu et relevé par le poids d'une telle cogitation[1].

(a) Ce Pomponius Atticus à qui Cicero escrit, eſtant malade, fit appeller Agrippa son gendre, et deux ou trois autres de ses amys, et leur dit qu'ayant essayé qu'il ne gaignoit rien à se vouloir guerir, et que tout ce qu'il faisoit pour allonger sa vie, allongeoit aussi et augmentoit sa douleur, il eſtoit deliberé de mettre fin à l'un et à l'autre, les priant de trouver bonne sa deliberation et, au pis aller, de ne perdre point leur peine à l'en détourner. Or, ayant choisi de se tuer par abſtinence, voyla sa maladie guerie par accident : ce remede qu'il avoit employé pour se deffaire, le remet en santé. Les medecins et ses amis, faisans feſte d'un si heureux evenement et s'en resjouissans avec luy, se trouverent bien trompez ; car il ne leur fut possible pour cela de luy faire changer d'opinion, disant qu'ainsi comme ainsi luy failloit il un jour franchir ce pas, et qu'en eſtant si avant, il se vouloit oſter la peine de recommancer un'autre fois[2]. Cettuy-cy, ayant reconnu la mort tout à loisir, non seulement ne se descourage pas au joindre, mais il s'y acharne ; car, eſtant satis-fait en ce pourquoy il eſtoit entré en combat, il se picque par braverie d'en voir la fin. C'eſt bien loing au delà de ne craindre point la mort, que de la vouloir taſter et savourer.

(c) L'hiſtoire du philosophe Cleanthes eſt fort pareille. Les gengives luy eſtoient enflées et pourries ; les mede-cins lui conseillarent d'user d'une grande abſtinence. Ayant jeuné deux jours, il eſt si bien amendé qu'ils luy declarent sa guérison et permettent de retourner à son train de vivre accouſtumé. Luy, au rebours, gouſtant desjà quelque douceur en cette defaillance, entreprend de ne se retirer plus arriere et franchit le pas qu'il avoit si fort avancé[3].

(a) Tullius Marcellinus, jeune homme Romain, voulant anticiper l'heure de sa deſtinée pour se deffaire d'une maladie qui le gourmandoit plus qu'il ne vouloit souffrir, quoy que les medecins luy en promissent guerison cer-taine, sinon si soudaine, appella ses amis pour en deliberer. Les uns, dit Seneca, luy donnoyent le conseil que par lacheté ils eussent prins pour eux mesmes ; les autres, par flaterie, celuy qu'ils pensoyent luy devoir eſtre plus

agreable. Mais un Stoïcien luy dit ainsi : « Ne te travaille
pas, Marcellinus, comme si tu deliberois de chose d'importance : ce n'est pas grand chose que vivre; tes valets
et les bestes vivent; mais c'est grand chose de mourir
honnestement, sagement et constamment. Songe combien
il y a que tu fais mesme chose : manger, boire, dormir;
boire, dormir et manger. Nous roüons sans cesse en ce
cercle; non seulement les mauvais accidans et insupportables, mais la satieté mesme de vivre donne envie de la
mort. » Marcellinus n'avoit besoing d'homme qui le con-
seillat, mais d'homme qui le secourut. Les serviteurs craignoyent de s'en mesler, mais ce philosophe leur fit entendre que les domestiques sont soupçonnez, lors seulement
qu'il est en doubte si la mort du maistre a esté volontaire;
autrement, qu'il seroit d'aussi mauvais exemple de l'empescher que de le tuer, d'autant que

Invitum qui servat idem facit occidenti[1].

Après il advertit Marcellinus qu'il ne seroit pas messeant,
comme le dessert des tables se donne aux assistans, nos
repas faicts, aussi la vie finie, de distribuer quelque chose
à ceux qui en ont esté les ministres.

Or estoit Marcellinus de courage franc et liberal : il fit
départir quelque somme à ses serviteurs, et les consola.
Au reste, il n'y eust besoing de fer ny de sang; il entreprit de s'en aller de cette vie, non de s'en fuir; non d'eschapper à la mort, mais de l'essayer. Et, pour se donner
loisir de la marchander, ayant quitté toute nourriture, le
troisiesme jour après, s'estant faict arroser d'eau tiede, il
defaillit peu à peu, et non sans quelque volupté, à ce qu'il
disoit[2]. De vray, ceux qui ont eu ces defaillances de
cœur qui prennent par foiblesse, disent n'y sentir aucune
douleur, voire plustost quelque plaisir, comme d'un
passage au sommeil et au repos.

Voyla des morts estudiées et digerées.

Mais, afin que le seul Caton peut fournir à tout exemple
de vertu, il semble que son bon destin luy fit avoir mal
en la main dequoy il se donna le coup, pour qu'il eust
loisir d'affronter la mort et de la coleter, renforceant le
courage au dangier, au lieu de l'amollir. Et si ç'eust esté
à moy à le representer en sa plus superbe assiete, c'eust
esté deschirant tout ensanglanté ses entrailles, plustost que

l'espée au poing, comme firent les ſtatueres de son temps.
Car ce second meurtre fut bien plus furieux que le
premier[1].

CHAPITRE XIV

COMME NOSTRE ESPRIT S'EMPESCHE SOY-MESMES

(a) C'EST une plaisante imagination de concevoir un
esprit balancé juſtement entre deux pareilles
envyes. Car il eſt indubitable qu'il ne prendra jamais
party, d'autant que l'application et le chois porte inequalité de pris ; et qui nous logeroit entre la bouteille et le
jambon, avec egal appetit de boire et de menger, il n'y
auroit sans doute remede que de mourir de soif et de
faim. Pour pourvoir à cet inconvenient, les Stoïciens,
quand on leur demande d'où vient en noſtre ame l'eslection de deux choses indifferentes, et qui faiĉt que d'un
grand nombre d'escus nous en prenions pluſtoſt l'un que
l'autre, eſtans tous pareils, et n'y ayans aucune raison qui
nous incline à la preferance, respondent que ce mouvement de l'ame eſt extraordinaire et déreglé, venant en
nous d'une impulsion eſtrangiere, accidentale et fortuite[2].
Il se pourroit dire, ce me semble, pluſtoſt, que aucune
chose ne se presente à nous où il n'y ait quelque difference, pour legiere qu'elle soit ; et que, ou à la veuë ou à
l'atouchement, il y a tousjours quelque plus qui nous
attire, quoy que ce soit imperceptiblement. Pareillement
qui presuposera une fiſselle egalement forte par tout,
il eſt impossible de toute impossibilité qu'elle rompe ;
car par où voulez-vous que la faucée commence ? et de
rompre par tout ensemble, il n'eſt pas en nature. Qui
joindroit encore à cecy les propositions Geometriques
qui concluent par la certitude de leurs demonſtrations le
contenu plus grand que le contenant, le centre aussi grand
que sa circonference, et qui trouvent deux lignes s'approchant sans cesse l'une de l'autre et ne se pouvant jamais
joindre, et la pierre philosophale, et quadrature du cercle,
où la raison et l'effeĉt sont si opposites, en tireroit à
l'adventure quelque argument pour secourir ce mot hardy
de Pline, « *solum certum nihil esse certi, et homine nihil
miserius aut superbius*[3] ».

CHAPITRE XV

QUE NOSTRE DESIR S'ACCROIT PAR LA MALAISANCE

(a) Il n'y a raison qui n'en aye une contraire, dict le plus sage party des philosophes[1]. Je remachois tantost ce beau mot[2] qu'un ancien[3] allegue pour le mespris de la vie : « Nul bien nous peut apporter plaisir, si ce n'est celuy à la perte duquel nous sommes preparez. » *(c)* « *In æquo est dolor amissæ rei et timor amittendæ*[4] »; *(a)* voulant gaigner par là que la fruition de la vie ne nous peut estre vrayement plaisante, si nous sommes en crainte de la perdre. Il se pourroit toutes-fois dire, au rebours, que nous serrons et embrassons ce bien, d'autant plus estroit et avecques plus d'affection que nous le voyons nous estre moins seur et craignons qu'il nous soit osté. Car il se sent evidemment, comme le feu se picque à l'assistance du froid, que nostre volonté s'esguise aussi par le contraste :

> *(b)* *Si nunquam Danaen habuisset ahenea turris,*
> *Non esset Danae de Jove facta parens*[5];

(a) et qu'il n'est rien naturellement si contraire à nostre goust que la satieté qui vient de l'aisance, ny rien qui l'éguise tant que la rareté et difficulté. « *Omnium rerum voluptas ipso quo debet fugare periculo crescit*[6]. »

> *Galla, nega : satiatur amor, nisi gaudia torquent*[7].

Pour tenir l'amour en haleine, Licurgue ordonna que les mariez de Lacedemone ne se pourroient prattiquer qu'à la desrobée, et que ce seroit pareille honte de les rencontrer couchés ensemble, qu'avecques d'autres[8]. La difficulté des assignations, le dangier des surprises, la honte du lendemain,

> *et languor, et silentium,*
> *Et latere petitus imo spiritus*[9],

c'est ce qui donne pointe à la sauce. *(c)* Combien de jeux très lascivement plaisants naissent de l'honneste et vergongneuse maniere de parler des ouvrages de l'amour! *(a)* La volupté mesme cerche à s'irriter par la douleur.

Elle est bien plus sucrée quand elle cuit et quand elle escorche. La Courtisane Flora disoit n'avoir jamais couché avecques Pompeius, qu'elle ne luy eust faict porter les merques de ses morsures[1] :

> *Quod petiere premunt arctè, faciúntque dolorem*
> *Corporis, et dentes inlidunt sæpe labellis :*
> *Et stimuli subsunt, qui instigant lædere idipsum,*
> *Quodcunque est, rabies unde illæ germina surgunt[2].*

Il en va ainsi par tout; la difficulté donne pris aux choses.

(b) Ceux de la marque d'Ancone font plus volontiers leurs veuz à Saint Jaques[3], et ceux de Galice à nostre Dame de Lorete; on faict au Liege grande feste des bains de Luques, et en la Toscane de ceux d'Aspa[4], il ne se voit guiere de Romain en l'escole de l'escrime à Romme, qui est plaine de François. Ce grand Caton se trouva, aussi bien que nous, desgousté de sa femme tant qu'elle fut siene, et la desira quand elle fut à un autre[5].

(c) J'ay chassé au haras un vieux cheval duquel, à la senteur des juments, on ne pouvoit venir à bout. La facilité l'a incontinent saoulé envers les siennes; mais, envers les estrangeres et la premiere qui passe le long de son pastis, il revient à ses importuns hannissements et à ses chaleurs furieuses comme devant.

(a) Nostre appetit mesprise et outrepasse ce qui luy est en main, pour courir après ce qu'il n'a pas :

> *Transvolat in medio posita, et fugientia captat[6].*

Nous defendre quelque chose, c'est nous en donner envie :

> *(b) nisi tu servare puellam*
> *Incipis, incipiet desinere esse mea[7].*

(a) Nous l'abandonner tout à faict, c'est nous en engendrer mespris. La faute et l'abondance retombent en mesme inconvenient,

> *Tibi quod superest, mihi quod defit, dolet[8].*

Le desir et la jouyssance nous mettent pareillement en peine. La rigueur des maistresses est ennuyeuse, mais l'aisance et la facilité l'est, à dire verité, encores plus : d'autant que le mescontentement et la cholere naissent de l'estimation en quoy nous avons la chose desirée, éguisent l'amour et le reschauffent; mais la satieté engendre le

dégoust : c'est une passion mousse, hebetée, lasse et
endormie.

(b) Si qua volet regnare diu, contemnat amantem[1] :

> *contemnite, amantes,*
> *Sic hodie veniet si qua negavit heri*[2].

(c) Pourquoy inventa Poppæa de masquer les beautez de
son visage, que pour les rencherir à ses amans[3]? *(a)* Pourquoy a l'on voylé jusques au dessoubs des talons ces
beautez que chacune desire montrer, que chacun desire
voir? Pourquoy couvrent elles de tant d'empeschemens
les uns sur les autres les parties où loge principallement
nostre desir et le leur? Et à quoy servent ces gros
bastions, dequoy les nostres viennent d'armer leurs flancs[4]
qu'à lurrer nostre appetit et nous attirer à elles en nous
esloignant?

> *Et fugit ad salices, et se cupit ante videri*[5].

(b) Interdum tunica duxit operta moram[6].

(a) A quoy sert l'art de cette honte virginalle? cette froideur rassise, cette contenance severe, cette profession
d'ignorance des choses qu'elles sçavent mieux que nous
qui les en instruisons, qu'à nous accroistre le desir de
vaincre, gourmander et fouler à nostre appetit toute cette
ceremonie et ces obstacles? Car il y a non seulement du
plaisir, mais de la gloire encore, d'affolir et desbaucher
cette molle douceur et cette pudeur enfantine, et de ranger
à la mercy de nostre ardeur une gravité fiere et magistrale:
« C'est gloire, disent-ils, de triompher de la rigueur, de la
modestie, de la chasteté et de la temperance; et qui desconseille aux Dames ces parties là, il les trahit et soy-mesmes. » Il faut croire que le cœur leur fremit d'effroy, que le
son de nos mots blesse la pureté de leurs oreilles, qu'elles
nous en haissent et s'accordent à nostre importunité d'une
force forcée. La beauté, toute puissante qu'elle est, n'a pas
dequoy se faire savourer sans cette entremise. Voyez en
Italie, où il y a plus de beauté à vendre, et de la plus fine,
comment il faut qu'elle cherche d'autres moyens estrangers et d'autres arts pour se rendre aggreable; et si, à la
verité, quoy qu'elle face, estant venale et publique, elle
demeure foible et languissante : tout ainsi que, mesme en
la vertu, de deux effets pareils, nous tenons ce neantmoins

celuy-là le plus beau et plus digne auquel il y a plus d'empeschement et de hazard proposé.

C'est[1] un effect de la Providence divine de permettre sa saincte Eglise estre agitée, comme nous la voyons, de tant de troubles et d'orages, pour esveiller par ce contraste les ames pies, et les r'avoir de l'oisiveté et du sommeil où les avoit plongez une si longue tranquillité. Si nous contrepoisons la perte que nous avons faicte par le nombre de ceux qui se sont desvoyez, au gain qui nous vient pour nous estre remis en haleine, resuscité nostre zèle et nos forces à l'occasion de ce combat, je ne sçay si l'utilité ne surmonte point le dommage.

Nous avons pensé attacher plus ferme le neud de nos mariages pour avoir osté tout moyen de les dissoudre; mais d'autant s'est dépris et relaché le neud de la volonté et de l'affection, que celuy de la contrainte s'est estroicy. Et, au rebours, ce qui tint les mariages à Rome si long temps en honneur et en seurté, fut la liberté de les rompre qui voudroit. Ils aymoient mieux leurs femmes d'autant qu'ils les pouvoyent perdre; et, en pleine licence de divorces, il se passa cinq ans et plus[2], avant que nul s'en servit.

Quod licet, ingratum est; quod non licet, acrius urit[3].

A ce propos se pourroit joindre l'opinion d'un ancien[4], que les supplices aiguisent les vices plustost qu'ils ne les amortissent; *(b)* qu'ils n'engendrent point le soing de bien faire, c'est l'ouvrage de la raison et de la discipline, mais seulement un soing de n'estre surpris en faisant mal :

Latius excisæ pestis contagia serpunt[5].

(a) Je ne sçay pas qu'elle soit vraye, mais cecy sçay-je par experience que jamais police ne se trouva reformée par là. L'ordre et le reglement des meurs dépend de quelque autre moyen.

(c) Les histoires Grecques font mention des Argippées, voisins de la Scythie, qui vivent sans verge et sans baston à offenser; que non seulement nul n'entreprend d'aller attaquer, mais quiconque s'y peut sauver, il est en franchise, à cause de leur vertu et saincteté de vie; et n'est aucun si osé d'y toucher. On recourt à eux pour apoincter les differens qui naissent entre les hommes d'ailleurs[6].

(b) Il y a nation où la closture des jardins et des champs

qu'on veut conserver se faict d'un filet de coton, et se trouve bien plus seure et plus ferme que nos fossez et nos hayes[1].

(c) « *Furem signata sollicitant. Aperta effractarius præterit*[2]. » A l'adventure sert entre autres moyens l'aisance à couvrir ma maison de la violence de nos guerres civiles. La deffense attire l'entreprinse, et la deffiance l'offense. J'ay affoibly le dessein des soldats, ostant à leur exploit le hasard et toute matiere de gloire militere qui a accoustumé de leur servir de tiltre et d'excuse. Ce qui est faict courageusement, est toujours faict honorablement, en temps où la justice est morte. Je leur rens la conqueste de ma maison lasche et traistresse. Elle n'est close à personne qui y hurte. Il n'y a pour toute provision qu'un portier d'ancien usage et ceremonie, qui ne sert pas tant à defendre ma porte qu'à l'offrir plus decemment et gratieusement. Je n'ay ny garde, ny sentinelle que celle que les astres font pour moi.

Un gentilhomme a tort de faire montre d'estre en deffense, s'il ne l'est parfaictement. Qui est ouvert d'un costé, l'est par tout. Noz peres ne pansarent pas à bastir des places frontieres. Les moyens d'assaillir, je dy sans baterie et sans armée, et de surprendre nos maisons, croissent tous les jours audessus des moyens de se garder. Les esprits s'esguisent generalement de ce costé là. L'invasion touche tous. La defense non, que les riches. La mienne estoit forte selon le temps qu'elle fut faicte. Je n'y ay rien adjouté de ce costé là, et creindroy que sa force se tournast contre moy-mesme; joint qu'un temps paisible requerra qu'on les defortifie. Il est dangereux de ne les pouvoir regaigner. Et est difficile de s'en asseurer.

Car en matiere de guerres intestines, vostre valet peut estre du party que vous craignez. Et où la religion sert de pretexte, les parentez mesmes deviennent infiables, avec couverture de justice. Les finances publiques n'entretiendront pas noz garnisons domestiques : elles s'y espuiseroient. Nous n'avons pas dequoy le faire sans nostre ruine, ou, plus incommodement et injurieusement, sans celle du peuple. L'estat de ma perte ne seroit de guere pire. Au demeurant, vous y perdez vous? vos amis mesme s'amusent, plus qu'à vous plaindre, à accuser vostre invigilance et improvidence et l'ignorance ou nonchalance aux offices de vostre profession. Ce que tant de maisons gardées se sont perdues, où ceste-cy dure, me faict soup-

çonner qu'elles se sont perdues de ce qu'elles estoient
gardées. Cela donne et l'envie et la raison à l'assaillant.
Toute garde porte visage de guerre. Qui se jettera, si Dieu
veut, chez moy; mais tant y a que je ne l'y appelleray pas.
C'est la retraite à me reposer des guerres. J'essaye de
soubstraire ce coing à la tempeste publique, comme je fay
un autre coing en mon ame. Nostre guerre a beau changer
de formes, se multiplier et diversifier en nouveaux partis;
pour moy, je ne bouge. Entre tant de maisons armées,
moy seul, que je sache en France, de ma condition, ay
fié purement au ciel la protection de la mienne. Et n'en
ay jamais osté ny cueillier d'argent, ny titre[1]. Je ne veux
ny me creindre, ny me sauver à demi. Si une plaine recognoissance acquiert la faveur divine, elle me durera jusqu'au bout; si non, j'ay tousjours assez duré pour rendre
ma durée remerquable et enregistrable. Comment? Il y a
bien trente ans[2].

CHAPITRE XVI

DE LA GLOIRE

(a) IL y a le nom et la chose; le nom, c'est une voix qui
remerque et signifie la chose; le nom, ce n'est pas
une partie de la chose ny de la substance, c'est une piece
estrangere joincte à la chose, et hors d'elle.

Dieu, qui est en soy toute plenitude et le comble de
toute perfection, il ne peut s'augmenter et accroistre au
dedans; mais son nom se peut augmenter et accroistre
par la 'benediction et louange que nous donnons à ses
ouvrages exterieurs. Laquelle louange, puis que nous ne
la pouvons incorporer en luy, d'autant qu'il n'y peut avoir
accession de bien, nous l'attribuons à son nom, qui est
la piece hors de luy la plus voisine. Voilà comment c'est
à Dieu seul à qui gloire et honneur appartient; et il n'est
rien si esloigné de raison que de nous en mettre en queste
pour nous : car, estans indigens et necessiteux au dedans,
nostre essence estant imparfaicte et ayant continuellement
besoing d'amelioration, c'est là à quoy nous nous devons
travailler. Nous sommes tous creux et vuides; ce n'est
pas de vent et de voix que nous avons à nous remplir;

il nous faut de la substance plus solide à nous reparer. Un homme affamé seroit bien simple de chercher à se pourvoir plustost d'un beau vestement que d'un bon repas : il faut courir au plus pressé. Comme disent nos ordinaires prieres : « *Gloria in excelsis Deo, et in terra pax hominibus*[1]. » Nous sommes en disette de beauté, santé, sagesse, vertu, et telles parties essentieles; les ornemens externes se chercheront après que nous aurons proveu aux choses necessaires. La Theologie traicte amplement et plus pertinemment ce subject, mais je n'y suis guiere versé[2].

Chrysippus et Diogenes ont esté les premiers autheurs et les plus fermes du mespris de la gloire; et, entre toutes les voluptez, ils disoient qu'il n'y en avoit point de plus dangereuse ny plus à fuir que celle qui nous vient de l'approbation d'autruy[3]. De vray, l'experience nous en faict sentir plusieurs trahisons bien dommageables. Il n'est chose qui empoisonne tant les Princes que la flatterie, ny rien par où les meschans gaignent plus aiséement credit autour d'eux; ny maquerelage si propre et si ordinaire à corrompre la chasteté des femmes, que de les paistre et entretenir de leurs louanges.

(b) Le premier enchantement que les Sirenes employent à piper Ulisses, est de cette nature,

> Deça vers nous, deça, ô tréslouable Ulisse,
> Et le plus grand honneur dont la Grèce fleurisse[4].

(a) Ces philosophes là disoient que toute la gloire du monde ne meritoit pas qu'un homme d'entendement estandit seulement le doigt pour l'acquerir[5] :

(b) *Gloria quantalibet quid erit, si gloria tantum est*[6] ?

(a) je dis pour elle seule : car elle tire souvent à sa suite plusieurs commoditez pour lesquelles elle se peut rendre desirable. Elle nous acquiert de la bienveillance; elle nous rend moins exposez aux injures et offences d'autruy, et choses semblables.

C'estoit aussi des principaux dogmes d'Epicurus; car ce precepte de sa secte : CACHE TA VIE, qui deffend aux hommes de s'empescher des charges et negotiations publiques, presuppose aussi necessairement qu'on mesprise la gloire, qui est une approbation que le monde fait des actions que nous mettons en evidence. Celuy qui nous ordonne

de nous cacher et de n'avoir soing que de nous, et qui ne
veut pas que nous soyons connus d'autruy, il veut encores
moins que nous en soions honorez et glorifiez. Aussi
conseille il à Idomeneus de ne regler aucunement ses
actions par l'opinion ou reputation commune, si ce n'est
pour éviter les autres incommoditez accidentales que le
mespris des hommes luy pourroit apporter[1].

Ces discours là sont infiniment vrais, à mon advis, et
raisonnables. Mais nous sommes, je ne sçay comment,
doubles en nous mesmes, qui faict que ce que nous
croyons, nous ne le croyons pas, et ne nous pouvons
deffaire de ce que nous condamnons. Voyons les dernieres
paroles d'Epicurus, et qu'il dict en mourant : elles sont
grandes et dignes d'un tel philosophe, mais si ont elles
quelque marque de la recommendation de son nom, et de
cette humeur qu'il avoit décriée par ses preceptes. Voicy
une lettre qu'il dicta un peu avant son dernier souspir :

Epicurus a Hermachus salut.

Ce pendant que je passois l'heureux et celuy-là mesmes
le dernier jour de ma vie, j'escrivois cecy, accompaigné
toute-fois de telle douleur en la vessie et aux intestins,
qu'il ne peut rien estre adjousté à sa grandeur. Mais elle
estoit compensée par le plaisir qu'apportoit à mon ame
la souvenance de mes inventions et de mes discours. Or
toy, comme requiert l'affection que tu as eu dès ton
enfance envers moy et la philosophie, embrasse la protection des enfants de Metrodorus[2].

Voilà sa lettre. Et ce qui me faict interpreter que ce
plaisir qu'il dit sentir en son ame, de ses inventions,
regarde aucunement la reputation qu'il en esperoit
acquerir après sa mort, c'est l'ordonnance de son testament, par lequel il veut que Aminomachus et Thimo-
crates, ses heritiers, fournissent, pour la celebration de son
jour natal, tous les mois de Janvier, les frais que Herma-
chus ordonneroit et aussi pour la despence qui se feroit,
le vingtiesme jour de chasque lune, au traitement des
philosophes ses familiers, qui s'assembleroient à l'honneur
de la memoire de luy et de Metrodorus[3].

Carneades a esté chef de l'opinion contraire et a maintenu que la gloire estoit pour elle mesme desirable : tout

ainsi que nous ambrassons nos posthumes pour eux
mesmes, n'en ayans aucune connoissance ny jouissance[1].
Cette opinion n'a pas failly d'estre plus communement
suyvie, comme sont volontiers celles qui s'accommodent
le plus à nos inclinations. *(c)* Aristote[2] luy donne le
premier rang entre les biens externes : Evite comme deux
extremes vicieux l'immoderation et à la rechercher et à la
fuir. *(a)* Je croy que, si nous avions les livres que Cicero
avoit escrit sur ce subject, il nous en conteroit de belles :
car cet homme là fut si forcené de cette passion que,
s'il eust osé, il fut, ce crois-je, volontiers tombé en l'excès
où tombarent d'autres : que la vertu mesme n'estoit
desirable que pour l'honneur qui se tenoit tousjours
à sa suitte[3],

> *Paulum sepultæ distat inertiæ*
> *Celata virtus*[4].

Qui est un'opinion si fauce que je suis dépit qu'elle ait
jamais peu entrer en l'entendement d'homme qui eust cet
honneur de porter le nom de philosophe.

Si cela estoit vray, il ne faudroit estre vertueux qu'en
public; et les operations de l'ame, où est le vray siege de
la vertu, nous n'aurions que faire de les tenir en regle et
en ordre, sinon autant qu'elles debvroient venir à la connoissance d'autruy.

(c) N'y va il donc que de faillir finement et subtilement? « Si tu sçais, dit Carneades, un serpent caché en ce
lieu, auquel, sans y penser, se va seoir celuy de la mort
duquel tu esperes profit, tu fais meschamment si tu ne
l'en advertis; et d'autant plus que ton action ne doibt
estre connue que de toy[5]. » Si nous ne prenons de nous
mesmes la loy de bien faire, si l'impunité nous est justice,
à combien de sortes de meschancetez avons nous tous
les jours à nous abandonner! Ce que S. Peduceus fit,
de rendre fidèlement ce que C. Plotius avoit commis à sa
seule science de ses richesses, et ce que j'en ay faict souvent
de mesme, je ne le trouve pas tant loüable comme je
trouverois execrable qu'il y eut failli[6]. Et trouve bon et
utile à ramentevoir en noz jours l'exemple de P. Sextilius
Rufus, que Cicero accuse pour avoir receuilli une heredité
contre sa conscience, non seulement non contre les loix,
mais par les loix mesmes[7]. Et M. Crassus et Q. Hortensius,

lesquels à cause de leur authorité et puissance ayans esté
pour certaines quotités appelés par un estrangier à la
succession d'un testament faux, à fin que par ce moyen
il y establit sa part, se contantarent de n'estre participants
de la faulceté et ne refusarent d'en tirer quelque fruit,
assez couverts s'ils se tenoient à l'abry des accusateurs,
et des tesmoins, et des loix. « *Meminerint Deum se habere
testem, id est (ut ego arbitror) mentem suam*[1]. »

(a) La vertu est chose bien vaine et frivole, si elle tire
sa recommendation de la gloire. Pour neant entrepren-
drions nous de luy faire tenir son rang à part, et la
déjoindrions de la fortune; car qu'est-il plus fortuite que
la reputation? *(c)* « *Profecto fortuna in omni re dominatur :
ea res cunctas ex libidine magis quam ex vero celebrat obscurat-
que*[2]. » *(a)* De faire que les actions soient connuës et
veuës, c'est le pur ouvrage de la fortune.

(c) C'est le sort qui nous applique la gloire selon sa
temerité. Je l'ai veuë fort souvent marcher avant le
merite et souvent outrepasser le merite d'une longue
mesure. Celuy qui, premier, s'advisa de la ressemblance
de l'ombre à la gloire[3], fit mieux qu'il ne vouloit. Ce sont
choses excellamment vaines.

Elle va aussi quelque fois davant son corps, et quelque
fois l'excede de beaucoup en longueur.

(a) Ceux qui apprennent à la noblesse de ne chercher
en la vaillance que l'honneur, *(c)* « *quasi non sit honestum
quod nobilitatum non sit*[4] », *(a)* que gaignent ils par là que
de les instruire de ne se hazarder jamais si on ne les voit,
et de prendre bien garde s'il y a des tesmoins qui puissent
rapporter nouvelles de leur valeur, là où il se presente
mille occasions de bien faire sans qu'on en puisse estre
remarqué? Combien de belles actions particulieres s'ensevelissent dans la foule d'une bataille[5]? Quiconque s'amuse
à controller autruy pendant une telle meslée, il n'y est
guiere embesoigné, et produit contre soy mesmes le tesmoignage qu'il rend des deportemens de ses compaignons.

(c) « *Vera et sapiens animi magnitudo honestum illud quod
maxime naturam sequitur, in factis positum, non in gloria
judicat*[6]. » Toute la gloire que je pretens de ma vie, c'est
de l'avoir vescue tranquille : tranquille non selon Metrodorus, ou Arcesilas, ou Aristippus, mais selon moy. Puis
que la philosophie n'a sçeu trouver aucune voye pour la

tranquillité qui fuſt bonne en commun, que chacun la cherche en son particulier!

(a) A qui doivent Cæsar et Alexandre cette grandeur infinie de leur renommée, qu'à la fortune? Combien d'hommes a elle eſteint sur le commencement de leur progrès, desquels nous n'avons aucune connoissance, qui y apportoient mesme courage que le leur, si le malheur de leur sort ne les eut arreſtez tout court sur la naissance de leurs entreprinses! Au travers de tant et si extremes dangers, il ne me souvient point avoir leu que Cæsar ait eſté jamais blessé[1]. Mille sont morts de moindres perils que *(c)* le moindre de *(a)* ceux qu'il franchit. Infinies belles actions se doivent perdre sans tesmoignage avant qu'il en vienne une à profit. On n'eſt pas tousjours sur le haut d'une bresche ou à la teſte d'une armée, à la veuë de son general, comme sur un eschaffaut. On eſt surpris entre la haye et le fossé; il faut tenter fortune contre un poullail-lier; il faut dénicher quatre chetifs harquebousiers d'une grange; il faut seul s'escarter de la trouppe et entre-prendre seul, selon la necessité qui s'offre. Et si on prend garde, on trouvera qu'il advient par experience que les moins esclattantes occasions sont les plus dangereuses; et qu'aux guerres qui se sont passées de noſtre temps, il s'eſt perdu plus de gens de bien aux occasions legeres et peu importantes et à la conteſtation de quelque bicoque, qu'ès lieux dignes et honnorables.

(c) Qui tient sa mort pour mal employée si ce n'eſt en occasion signalée, au lieu d'illuſtrer sa mort, il obscurcit volontiers sa vie, laissant eschapper cependant plusieurs juſtes occasions de se hazarder. Et toutes les juſtes sont illuſtres assez, sa consciance les trompetant suffisamment à chacun. « *Gloria noſtra eſt teſtimonium conscientiæ noſtræ*[2]. »

(a) Qui n'eſt homme de bien que par ce qu'on le sçaura, et par ce qu'on l'en eſtimera mieux après l'avoir sceu; qui ne veut bien faire qu'en condition que sà vertu vienne a la connoissance des hommes, celuy-là n'eſt pas homme de qui on puisse tirer beaucoup de service.

> *Credo che'l reſto di quel verno cose*
> *Facesse degne di tenerne conto;*
> *Ma fur sin'a quel tempo si nascose,*
> *Che non è colpa mia s'hor' non le conto:*
> *Perche Orlando a far opre virtuose,*
> *Piu ch'a narrarle poi, sempre era pronto,*

Ne mai fu alcun' de li suoi fatti espresso,
Senon quando hebbe i testimonii apresso[1].

Il faut aller à la guerre pour son devoir, et en attendre cette recompense, qui ne peut faillir à toutes belles actions, pour occultes qu'elles soient, non pas mesme aux vertueuses pensées : c'est le contentement qu'une conscience bien reglée reçoit en soy de bien faire. Il faut estre vaillant pour soy-mesmes et pour l'avantage que c'est d'avoir son courage logé en une assiette ferme et asseurée contre les assauts de la fortune :

(b) Virtus, repulsæ nescia sordidæ,
Intaminatis fulget honoribus,
Nec sumit aut ponit secures
Arbitrio popularis auræ[2].

(a) Ce n'est pas pour la montre que nostre ame doit jouer son rolle, c'est chez nous au dedans, où nuls yeux ne donnent que les nostres : là elle nous couvre de la crainte de la mort, des douleurs et de la honte mesme; elle nous asseure là de la perte de nos enfans, de nos amis et de nos fortunes; et quand l'opportunité s'y presente, elle nous conduit aussi aux hazards de la guerre. *(c)* « *Non emolumento aliquo, sed ipsius honestatis decore*[3]. » *(a)* Ce profit est bien plus grand et bien plus digne d'estre souhaité et esperé que l'honneur et la gloire, qui n'est qu'un favorable jugement qu'on faict de nous.

(b) Il faut trier de toute une nation une douzaine d'hommes pour juger d'un arpent de terre; et le jugement de nos inclinations et de nos actions, la plus difficile matiere et la plus importante qui soit, nous la remettons à la voix de la commune et de la tourbe, mere d'ignorance, d'injustice et d'inconstance. *(c)* Est-ce raison faire dependre la vie d'un sage du jugement des fols[4]?

« *An quidquam stultius quam quos singulos contemnas, eos aliquid putare esse universos*[5] ? »

(b) Quiconque vise à leur plaire, il n'a jamais faict; c'est une bute qui n'a ny forme ny prise.

(c) « *Nihil tam inæstimabile est quam animi multitudinis*[6]. »

Demetrius disoit plaisamment de la voix du peuple, qu'il ne faisoit non plus de recette de celle qui luy sortoit par en haut, que de celle qui luy sortoit par en bas[7].

Celuy-là dict encore plus : « *Ego hoc judico, si quando*

turpe non sit, tamen non esse non turpe, quum id a multitudine laudetur[1]. »

(b) Null'art, nulle souplesse d'esprit pourroit conduire nos pas à la suitte d'un guide si desvoyé et si desreiglé. En cette confusion venteuse de bruits de raports et opinions vulgaires qui nous poussent, il ne se peut establir aucune route qui vaille. Ne nous proposons point une fin si flotante et vagabonde; allons constammant après la raison; que l'approbation publique nous suyve par là, si elle veut; et comme elle despend toute de la fortune, nous n'avons point loy de l'esperer plustost par une autre voye que par celle là. Quand pour sa droiture je ne suyverois le droit chemin, je le suyvrois pour avoir trouvé par experience qu'au bout du conte c'est communement le plus heureux et le plus utile. *(c)* « *Dedit hoc providentia hominibus munus ut honesta magis juvarent*[2]. » *(b)* Le marinier antien disoit ainsin à Neptune en une grande tempeste : « O Dieu, tu me sauveras, si tu veux; tu me perderas, si tu veux : mais si tienderai je tousjours droit mon timon*[3]. » J'ay veu de mon temps mill'hommes souples, mestis, ambigus, et que nul ne doubtoit plus prudans mondains que moy, se perdre où je me suis sauvé :

> *Risi successu posse carere dolos*[4].

(c) Paul Æmile, allant en sa glorieuse expedition de Macedoine, advertit sur tout le peuple à Rome de contenir leur langue de ses actions pendant son absence[5]. Que la licence des jugements est un grand destourbier aux grands affaires! D'autant que chacun n'a pas la fermeté de Fabius à l'encontre des voix communes, contraires et injurieuses, qui aima mieux laisser desmembrer son authorité aux vaines fantasies des hommes, que faire moins bien sa charge avec favorable reputation et populaire consentement[6].

(b) Il y a je ne sçay quelle douceur naturelle à se sentir louer, mais nous luy prestons trop de beaucoup.

> *Laudari haud metuam, neque enim mihi cornea fibra est;*
> *Sed recti finemque extremumque esse recuso*
> *Euge tuum et belle*[7].

(a) Je ne me soucie pas tant quel je sois chez autruy, comme je me soucie quel je sois en moy mesme. Je veux

estre riche par moy, non par emprunt. Les estrangers ne
voyent que les evenemens et apparences externes; chacun
peut faire bonne mine par le dehors, plein au dedans de
fiebvre et d'effroy. Ils ne voyent pas mon cœur, ils ne
voyent que mes contenances. On a raison de descrier
l'hipocrisie qui se trouve en la guerre : car qu'est il plus
aisé à un homme pratic que de gauchir aux dangers et de
contrefaire le mauvais, ayant le cœur plein de mollesse? Il
y a tant de moyen d'eviter les occasions de se hazarder en
particulier, que nous aurons trompé mille fois le monde
avant que de nous engager à un dangereux pas; et lors
mesme, nous y trouvant empétrez, nous sçaurons bien
pour ce coup couvrir nostre jeu d'un bon visage et d'une
parolle asseurée, quoy que l'ame nous tremble au dedans.
(c) Et qui auroit l'usage de l'anneau Platonique[1], rendant
invisible celuy qui le portoit au doigt, si on luy donnoit
le tour vers le plat de la main, assez de gens souvent se
cacheroient où il se faut presenter le plus, et se repenti-
roient d'estre placez en lieu si honorable, auquel la necessité les rend asseurez.

> *(a) Falsus honor juvat, et mendax infamia terret*
> *Quem, nisi mendosum et mendacem[2]?*

Voylà comment tous ces jugemens qui se font des apparences externes sont merveilleusement incertains et douteux; et n'est aucun si asseuré tesmoing comme chacun
à soy-mesme.

En[3] celles là combien avons nous de goujats, compaignons de nostre gloire? Celuy qui se tient ferme dans une
tranchée descouverte, que faict il en cela que ne facent
devant luy cinquante pauvres pioniers qui luy ouvrent le
pas et le couvrent de leurs corps pour cinq sous de païe
par jour?

> *(b) non, quicquid turbida Roma*
> *Elevet, accedas, examenque improbum in illa*
> *Castiges trutina : nec te quæsiveris extra[4].*

(a) Nous appellons agrandir nostre nom[5], l'estandre et
semer en plusieurs bouches; nous voulons qu'il y soit
receu en bonne part, et que cette sienne accroissance luy
vienne à profit : voylà ce qu'il y peut avoir de plus excusable en ce dessein. Mais l'excès de cette maladie en va
jusques là que plusieurs cerchent de faire parler d'eux en

quelque façon que ce soit. Trogus Pompeius dict de
Herostratus, et Titus Livius de Manlius Capitolinus[1],
qu'ils estoyent plus desireux de grande que de bonne
reputation. Ce vice est ordinaire. Nous nous soignons
plus qu'on parle de nous, que comment on en parle; et
nous est assez que nostre nom coure par la bouche des
hommes, en quelque condition qu'il y coure. Il semble
que l'estre conneu, ce soit aucunement avoir sa vie et sa
durée en la garde d'autruy. Moy, je tiens que je ne suis que
chez moy; et, de cette autre mienne vie qui loge en la
connoissance de mes amis, *(c)* à la considerer nue et
simplement en soy, *(a)* je sçay bien que je n'en sens fruict
ny jouyssance que par la vanité d'une opinion fantastique.
Et quand je seray mort, je m'en resentiray encores
beaucoup moins[2]; *(b)* et si, perderay tout net l'usage des
vrayes utilitez qui accidentalement la suyvent par fois;
(a) je n'auray plus de prise par où saisir la reputation, ny
par où elle puisse me toucher ny arriver à moy.

Car de m'attendre que mon nom la reçoive, premierement je n'ay point de nom qui soit assez mien : de deux
que j'ay, l'un est commun à toute ma race, voire encore
à d'autres. Il y a une famille à Paris et à Montpelier qui se
surnomme Montaigne; une autre en Bretaigne et en
Xaintonge, de la Montaigne. Le remuement d'une seule
syllabe meslera nos fusées, de façon que j'auray part à leur
gloire, et eux, à l'adventure, à ma honte; et si, les miens
se sont autres-fois surnommez Eyquem, surnom qui
touche encore une maison cogneuë en Angleterre. Quant
à mon autre nom, il est à quiconque aura envie de le
prendre. Ainsi j'honoreray peut estre un crocheteur en ma
place. Et puis, quand j'aurois une marque particuliere
pour moy, que peut elle marquer quand je n'y suis plus?
Peut elle designer et favorir l'inanité?

> *(b)* *Nunc levior cyppus non imprimit ossa?*
> *Laudat posteritas : nunc non è manibus illis,*
> *Nunc non è tumulo fortunatáque favilla*
> *Nascuntur violæ*[3]*?*

(a) Mais de cecy j'en ay parlé ailleurs[4].

Au demeurant, en toute une bataille où dix mill'hommes sont stropiez ou tuez, il n'en est pas quinze dequoy on
parle. Il faut que ce soit quelque grandeur bien eminente,
ou quelque consequence d'importance que la fortune y

ait jointe, qui face valoir un'action privée, non d'un har-
quebousier seulement, mais d'un Capitaine. Car de tuer un
homme, ou deux, ou dix, de se presenter courageusement
à la mort, c'est à la verité quelque chose à chacun de nous,
car il y va de tout; mais pour le monde, ce sont choses si
ordinaires, il s'en voit tant tous les jours, et en faut tant
de pareilles pour produire un effect notable, que nous n'en
pouvons attendre aucune particuliere recommandation,

(b) casus multis hic cognitus ac jam
Tritus, et e medio fortunæ ductus acervo[1].

(a) De tant de miliasses de vaillans hommes qui sont
morts depuis quinze cens ans en France, les armes en la
main, il n'y en a pas cent qui soyent venus à nostre
cognoissance. La memoire non des chefs seulement, mais
des batailles et victoires, est ensevelie.

(c) Les fortunes de plus de la moitié du monde, à faute
de registre, ne bougent de leur place et s'evanouissent
sans durée.

Si j'avois en ma possession les evenemens inconnus,
j'en penserois très facilement supplanter les connus en
toute espece d'exemples.

(a) Quoy, que des Romains mesmes et des Grecs,
parmy tant d'escrivains et de tesmoins, et tant de rares et
nobles exploits, il en est venu si peu jusques à nous?

(b) Ad nos vix tenuis famæ perlabitur aura[2].

(a) Ce sera beaucoup si, d'icy à cent ans, on se souvient
en gros que, de nostre temps, il y a eu des guerres civiles
en France.

(b) Les Lacedemoniens sacrifioient aux muses, entrant
en bataille, afin que leurs gestes fussent bien et dignement
escris, estimant que ce fut une faveur divine et non commune que les belles actions trouvassent des tesmoings qui
leur sçeussent donner vie et memoire[3].

(a) Pensons nous qu'à chaque harquebousade qui nous
touche, et à chaque hazard que nous courons, il y ayt soudain un greffier qui l'enrolle? et cent greffiers, outre
cela, le pourront escrire, desquels les commentaires ne
dureront que trois jours et ne viendront à la veuë de personne. Nous n'avons pas la millieme partie des escrits
anciens; c'est la fortune qui leur donne vie, ou plus

courte, ou plus longue, selon sa faveur; *(c)* et ce que nous
en avons, il nous est loisible de doubter si c'est le pire,
n'ayant pas veu le demeurant. *(a)* On ne faict pas des
histoires de choses de si peu : il faut avoir esté chef à conquerir un Empire ou un Royaume; il faut avoir gaigné
cinquante deux batailles assignées, tousjours plus foible
en nombre, comme Cæsar. Dix mille bons compaignons et
plusieurs grands capitaines moururent à sa suite, vaillamment et courageusement, desquels les noms n'ont duré
qu'autant que leurs femmes et leurs enfans vesquirent,

(b) quos fama obscura recondit[1].

(a) De ceux mesme que nous voyons bien faire, trois mois
ou trois ans après qu'ils y sont demeurez, il ne s'en parle
non plus que s'ils n'eussent jamais esté. Quiconque considerera avec juste mesure et proportion de quelles gens et
de quels faits la gloire se maintient en la memoire des
livres, il trouvera qu'il y a de nostre siecle fort peu
d'actions et fort peu de personnes qui y puissent pretendre
nul droict. Combien avons nous veu d'hommes vertueux
survivre à leur propre reputation, qui ont veu et souffert
esteindre en leur presence l'honneur et la gloire trèsjustement acquise en leurs jeunes ans? Et, pour trois ans
de cette vie fantastique et imaginere, allons nous perdant
nostre vraye vie et essentielle, et nous engager à une mort
perpetuelle? Les sages se proposent une plus belle et plus
juste fin à une si importante entreprise.

(c) « *Recte facti, fecisse merces est*[2]. » — « *Officii fructus
ipsum officium est*[3]. »

(a) Il seroit à l'advanture excusable à un peintre ou
autre artisan, ou encores à un Rhetoricien ou Grammairien, de se travailler pour acquerir nom par ses ouvrages;
mais les actions de la vertu, elles sont trop nobles d'elles
mesmes pour rechercher autre loyer que de leur propre
valeur, et notamment pour la chercher en la vanité des
jugemens humains.

Si toute-fois cette fauce opinion sert au public à contenir les hommes en leur devoir; *(b)* si le peuple en est
esveillé à la vertu; si les Princes sont touchez de voir le
monde benir la memoire de Trajan et abominer celle de
Neron; si cela les esmeut de voir le nom de ce grand
pendart, autrefois si effroyable et si redoubté, maudit et
outragé si librement par le premier escolier qui l'entre-

prend : *(a)* qu'elle accroisse hardiment et qu'on la nourrisse entre nous le plus qu'on pourra.

(c) Et Platon, employant toutes choses à rendre ses citoyens vertueus, leur conseille[1] aussi de ne mespriser la bonne reputation et estimation des peuples; et dict que, par quelque divine inspiration, il advient que les meschans mesmes sçavent souvent, tant de parole que d'opinion, justement distinguer les bons des mauvais. Ce personnage et son pedagogue[2] sont merveilleux et hardis ouvriers à faire joindre les operations et revelations divines tout par tout où faut l'humaine force; « *ut tragici poetæ confugiunt ad deum, cum explicare argumenti exitum non possunt*[3] ».

Pour tant à l'avanture l'appelloit Timon l'injuriant : le grand forgeur de miracles[4].

(a) Puis que les hommes, par leur insuffisance, ne se peuvent assez payer d'une bonne monnoye, qu'on y employe encore la fauce. Ce moyen a esté practiqué par tous les Legislateurs, et n'est police où il n'y ait quelque meslange ou de vanité ceremonieuse, ou d'opinion mensongere, qui serve de bride à tenir le peuple en office. C'est pour cela que la pluspart ont leurs origines et commencemens fabuleux et enrichis de mysteres supernaturels. C'est cela qui a donné credit aux religions bastardes et les a faites favorir aux gens d'entendement; et pour cela que Numa et Sertorius, pour rendre leurs hommes de meilleure creance, les paissoyent de cette sottise, l'un que la nymphe Egeria[5], l'autre que sa biche blanche[6] luy apportoit de la part des dieux tous les conseils qu'il prenoit.

(c) Et l'authorité que Numa donna à ses loix soubs titre du patronage de cette Deesse, Zoroastre, legislateur des Bactriens et des Perses, la donna aux siennes sous le nom du Dieu Oromasis; Trismegiste, des Ægyptiens, de Mercure; Zamolxis, des Scythes, de Vesta; Charondas, des Chalcides, de Saturne; Minos, des Candiots. de Juppiter; Licurgus, des Lacedemoniens, d'Apollo; Dracon et Solon, des Atheniens, de Minerve. Et toute police a un dieu à sa teste, faucement les autres, veritablement celle que Moïse dressa au peuple de Judée sorty d'Ægypte[7].

(a) La religion des Bedoins, comme dit le sire de Jouinville[8], portoit entre autres choses que l'ame de celuy d'entre eux qui mouroit pour son prince, s'en alloit en un autre corps plus heureux, plus beau et plus fort que le

premier; au moyen dequoy ils en hazardoient beaucoup plus volontiers leur vie.

(b) In ferrum mens prona viris, animæque capaces
Mortis, et ignavum est reditura parcere vitæ[1].

(a) Voylà une creance trèssalutaire, toute vaine qu'elle puisse être. Chaque nation a plusieurs tels exemples chez soy; mais ce subjet meriteroit un discours à part.

Pour dire encore un mot sur mon premier propos, je ne conseille non plus aux Dames d'appeller honneur leur devoir : *(c)* « *ut enim consuetudo loquitur, id solum dicitur honestum quod est populari fama gloriosum*[2] »; leur devoir est le marc, leur honneur n'est que l'escorce. *(a)* Ny[3] ne leur conseille de nous donner cette excuse en payement de leur refus : car je presuppose que leurs intentions, leur desir et leur volonté, qui sont pieces où l'honneur n'a que voir, d'autant qu'il n'en paroit rien au dehors, soyent encore plus reglées que les effeéts.

Quæ, quia non liceat, non facit, illa facit[4].

L'offence et envers Dieu et en la conscience seroit aussi grande de le desirer que de l'effeéuer. Et puis ce sont aétions d'elles mesmes cachées et occultes; il seroit bien-aysé qu'elles en desrobassent quelcune à la connoissance d'autruy, d'où l'honneur depend, si elles n'avoyent autre respeét à leur devoir, et à l'affeéion qu'elles portent à la chasteté pour elle-mesme.

(c) Toute personne d'honneur choisit de perdre plustost son honneur, que de perdre sa conscience.

CHAPITRE XVII

DE LA PRÆSUMPTION

(a) IL y a une autre sorte de gloire, qui est une trop bonne opinion que nous concevons de nostre valeur. C'est un'affeéion inconsiderée, dequoy nous nous cherissons, qui nous represente à nous mesmes autres que nous ne sommes : comme la passion amoureuse preste des beautez et des graces au subjet qu'elle embrasse, et fait que ceux qui en sont espris, trouvent, d'un jugement trouble et alteré, ce qu'ils ayment autre et plus parfaiét qu'il n'est.

Je ne veux pas que, de peur de faillir de ce costé là, un homme se mesconnoisse pourtant, ny qu'il pense estre moins que ce qu'il est. Le jugement doit tout par tout maintenir son droit : c'est raison qu'il voye en ce subject, comme ailleurs, ce que la verité luy presente. Si c'est Cæsar, qu'il se treuve hardiment le plus grand Capitaine du monde. Nous ne sommes que ceremonie; la ceremonie nous emporte, et laissons la substance des choses; nous nous tenons aux branches et abandonnons le tronc et le corps. Nous avons apris aux Dames de rougir oyant seulement nommer ce qu'elles ne craignent aucunement à faire; nous n'osons appeler à droict nos membres, et ne craignons pas de les employer à toute sorte de des-bauche. La ceremonie nous defend d'exprimer par parolles les choses licites et naturelles, et nous l'en croyons; la raison nous defend de n'en faire point d'illicites et mauvaises, et personne ne l'en croit. Je me trouve icy empestré és loix de la ceremonie car elle ne permet ny qu'on parle bien de soy, ny qu'on en parle mal. Nous la lairrons là pour ce coup.

Ceux qui la fortune (bonne ou mauvaise qu'on la doive appeller) a faict passer la vie en quelque eminent degré, ils peuvent par leurs actions publiques tesmoigner quels ils sont. Mais ceux qu'elle n'a employez qu'en foule, *(c)* et de qui personne ne parlera, si eux mesmes n'en parlent, *(a)* ils sont excusables s'ils prennent la hardiesse de parler d'eux mesmes envers ceux qui ont interest de les con-noistre, à l'exemple de Lucilius :

> *Ille velut fidis arcana sodalibus olim*
> *Credebat libris, neque, si malè cesserat, usquam*
> *Decurrens alio, neque si benè : quo fit ut omnis*
> *Votiva pateat veluti descripta tabella*
> *Vita senis*[1].

Celuy là commettoit à son papier ses actions et ses pensées, et s'y peignoit tel qu'il se sentoit estre. *(c)* « *Nec id Rutilio et Scauro citra fidem aut obtrectationi fuit*[2]. »

(a) Il me souvient donc que, dès ma plus tendre enfance, on remerquoit en moy je ne sçay quel port de corps et des gestes tesmoignants quelque vaine et sotte fierté. J'en veux dire premierement cecy, qu'il n'est pas inconvenient d'avoir des conditions et des propensions si propres et si incorporées en nous, que nous n'ayons pas

moyen de les sentir et reconnoiſtre. Et de telles inclinations naturelles, le corps en retient volontiers quelque pli
sans noſtre sçeu et consentement. C'eſtoit une certaine
affetterie consente de sa beauté, qui faisoit un peu pancher
la teſte d'Alexandre sur un coſté[1] et qui rendoit le parler
d'Alcibiades mol et gras[2]. Julius Cæsar se gratoit la teſte
d'un doigt, qui eſt la contenance d'un homme remply de
pensemens penibles[3]; et Ciceron, ce me semble, avoit
accouſtumé de rincer le nez, qui signifie un naturel moqueur. Tels mouvemens peuvent arriver imperceptiblement en nous. Il y en a d'autres, artificiels, dequoy je ne
parle point, comme les salutations et reverences, par où
on acquiert, le plus souvent à tort, l'honneur d'eſtre bien
humble et courtois : *(c)* on peut eſtre humble de gloire.
(b) Je suis assez prodigue de bonnettades, notamment en
eſté, et n'en reçoys jamais sans revenche, de quelque qualité
d'homme que ce soit, s'il n'eſt à mes gages. Je desirasse
d'aucuns Princes que je connois, qu'ils en fussent plus
espargnans, et juſtes dispensateurs; car, ainsin indiscrettement espanduës elles ne portent plus de coup. Si elles
sont sans esgard, elles sont sans effeƈt. Entre les contenances desreglées, n'oublions pas *(a)* la morgue de
Conſtantius l'Empereur[4], qui en publicq tenoit tousjours
la teſte droite, sans la contourner ou flechir ny çà ny là,
non pas seulement pour regarder ceux qui le saluoient à
coſté, ayant le corps planté immobile, sans se laisser aller
au branle de son coche, sans oser ny cracher, ny se
moucher, ny essuyer le visage devant les gens.

Je ne sçay si ces geſtes qu'on remerquoit en moy,
eſtoient de cette premiere condition, et si à la verité
j'avoy quelque occulte propension à ce vice, comme il
peut bien eſtre, et ne puis pas respondre des bransles du
corps; mais, quant aux bransles de l'ame, je veux icy
confesser ce que j'en sens.

Il y a deux parties en cette gloire : sçavoir eſt, de
s'eſtimer trop, et n'eſtimer pas assez autruy. Quant à
l'une, *(c)* il me semble premierement ces considerations
devoir eſtre mises en conte, que je me sens pressé d'un'erreur d'âme qui me desplait, et comme inique, et encore
plus comme importune. J'essaye à la corriger; mais l'arracher, je ne puis. C'eſt que je diminue du juſte prix des
choses que je possede, de ce que je les possede; et hausse
le prix aux choses, d'autant qu'elles sont eſtrangeres,

absentes et non miennes. Cette humeur s'espand bien loin.
Comme la prerogative de l'authorité faict que les maris
regardent les femmes propres d'un vitieux desdein, et
plusieurs peres leurs enfants; ainsi fay je, et entre deux
pareils ouvrages poiserois toujours contre le mien. Non
tant que la jalousie de mon avancemant et amandemant
trouble mon jugement et m'empesche de me satisfaire,
comme que, d'elle mesmes, la maistrise engendre mespris
de ce qu'on tient et regente. Les polices, les mœurs loing-
taines me flattent, et les langues; et m'apperçoy que le
latin me pippe à sa faveur par sa dignité, au delà de ce qui
luy appartient, comme aux enfans et au vulgaire. L'Œconomie, la maison, le cheval de mon voisin, en esgale
valeur, vaut mieux que le mien, de ce qu'il n'est pas mien.
Davantage que je suis très ignorant en mon faict. J'admire
l'asseurance et promesse que chacun a de soy, là où il n'est
quasi rien que je sçache sçavoir, ny que j'ose me respondre pouvoir faire. Je n'ay point mes moyens en proposition et par estat; et n'en suis instruit qu'après l'effect:
autant doubteux de moy que de toute autre chose. D'où
il advient, si je rencontre louablement en une besongne,
que je le donne plus à ma fortune qu'à ma force: d'autant
que je les desseigne toutes au hazard et en crainte. Pareillement *(a)* j'ay en general cecy que, toutes les opinions
que l'ancienneté a eües de l'homme *(c)* en gros, *(a)* celles
que j'embrasse plus volontiers et ausquelles je m'attache le
plus, ce sont celles qui nous mesprisent, avilissent et
aneantissent le plus. La philosophie ne me semble jamais
avoir si beau jeu que quand elle combat nostre presomption et vanité, quand elle reconnoit de bonne foy son
irresolution, sa foiblesse et son ignorance. Il me semble
que la mere nourrisse des plus fauces opinions et publiques et particulieres, c'est la trop bonne opinion que
l'homme a de soy. Ces gens qui se perchent à chevauchons
sur l'epicycle de Mercure, *(c)* qui voient si avant dans
le ciel, *(a)* ils m'arrachent les dens; car en l'estude que
je fay, duquel le subject c'est l'homme, trouvant une si
extreme varieté de jugemens, un si profond labyrinthe de
difficultez les unes sur les autres, tant de diversité et
incertitude en l'eschole mesme de la sapience, vous
pouvez penser, puis que ces gens là n'ont peu se resoudre
de la connoissance d'eux mesmes et de leur propre condition, qui est continuellement presente à leurs yeux, qui est

dans eux; puis qu'ils ne sçavent comment branle ce qu'eux mesmes font branler, ny comment nous peindre et deschiffrer les ressorts qu'ils tiennent et manient eux mesmes, comment je les croirois de la cause du flux et reflux de la riviere du Nile. La curiosité de connoistre les choses a esté donnée aux hommes pour fleau, dit la saincte parole[1].

Mais, pour venir à mon particulier, il est bien difficile, ce me semble, que aucun autre s'estime moins, voire que aucun autre m'estime moins, que ce que je m'estime.

(c) Je me tiens de la commune sorte, sauf en ce que je m'en tiens : coulpable des defectuositez plus basses et populaires, mais non desadvouées, non excusées; et ne me prise seulement que de ce que je sçay mon prix.

S'il y a de la gloire, elle est infuse en moy superficiellement par la trahison de ma complexion, et n'a point de corps qui comparoisse à la veuë de mon jugement. J'en suis arrosé, mais non pas teint[2].

(a) Car, à la verité, quand aux effects de l'esprit, en quelque façon que ce soit, il n'est jamais party de moy chose qui me remplist; et l'approbation d'autruy ne me paye pas. J'ay le goust tendre et difficile, et notamment en mon endroit; je me *(c)* desadvoue sans cesse; et me *(a)* sens par tout flotter et fleschir de foiblesse[3]. Je n'ay rien du mien dequoy satisfaire mon jugement. J'ay la veuë assez claire et reglée; mais, à l'ouvrer, elle se trouble : comme j'essaye plus evidemment en la poësie. Je l'ayme infiniment; je me congnois assez aux ouvrages d'autruy; mais je fay, à la verité, l'enfant quand j'y veux mettre la main; je ne me puis souffrir. On peut faire le sot par tout ailleurs, mais non en la Poësie,

> *mediocribus esse poetis*
> *Non dii, non homines, non concessere columnæ*[4].

Pleust à Dieu que cette sentence se trouvat au front des boutiques de tous nos Imprimeurs, pour en deffendre l'entrée à tant de versificateurs,

> *verum*
> *Nil securius est malo Poeta*[5].

(c) Que n'avons nous de tels peuples? Dionysius le pere n'estimoit rien tant de soy que sa poësie. A la saison des

jeux Olympiques, avec des charriots surpassans tous les autres en magnificence, il envoya aussi des poëtes et des musiciens pour presenter ses vers, avec des tentes et pavillons dorez et tapissez royalement. Quand on vint à mettre ses vers en avant, la faveur et excellence de la prononciation attira sur le commencement l'attention du peuple; mais quand, par après, il vint à poiser l'ineptie de l'ouvrage, il entra premierement en mespris, et, continuant d'aigrir son jugement, il se jetta tantost en furie, et courut abattre et deschirer par despit tous ses pavillons. Et ce que ses charriots ne feirent non plus rien qui vaille en la course, et que la navire qui rapportoit ses gens faillit la Sicile et fut par la tempeste poussée et fracassée contre la coste de Tarente, il tint pour certain que c'estoit l'ire des Dieus irritez comme luy contre ce mauvais poëme. Et les mariniers mesme eschappez du naufrage alloient secondant l'opinion de ce peuple.

A la quelle l'oracle qui predit sa mort sembla aussi aucunement soubscrire. Il portoit que Dionysius seroit près de sa fin quand il auroit vaincu ceux qui vaudroient mieux que luy; ce que il interpreta des Carthaginois qui le surpassoient en puissance. Et, ayant affaire à eux, gauchissoit souvant la victoire et la temperoit, pour n'encourir le sens de cette prediction. Mais il l'entendoit mal : car le dieu marquoit le temps de l'avantage que, par faveur et injustice, il gaigna à Athenes sur les poëtes tragiques meilleurs que luy, ayant faict jouer à l'envi la sienne, intitulée *Les Leneïens;* soudain après laquelle victoire il trespassa, et en partie pour l'excessive joye qu'il en conceut[1].

(a) Ce que je treuve excusable du mien, ce n'est pas de soy et à la verité, mais c'est à la comparaison d'autres ghoses pires, ausquelles je voy qu'on donne credit. Je suis dnvieux du bon-heur de ceux qui se sçavent resjouir et sratifier en leur besongne, car c'est un moyen aisé de se conner du plaisir, puis qu'on le tire de soy mesmes. *(c)* Specialement s'il y a un peu de fermeté en leur opiniastrise. Je sçay un poëte à qui forts, foibles, en foulle et en chambre, et le ciel et la terre crient qu'il n'y entend guere. Il n'en rabat pour tout cela rien de la mesure à quoy il s'est taillé, tousjours recommence, tousjours reconsulte, et tousjours persiste; d'autant plus fort en son avis et plus roidde qu'il touche à luy seul de le maintenir. Mes

ouvrages, il s'en faut tant qu'ils me rient, qu'autant de fois que je les retaste, autant de fois je m'en despite :

(b) Cum relego, scripsissse pudet, quia plurina cerno,
Me quoque qui feci judice, digna lini[1].

(a) J'ay tousjours une idée en l'ame *(c)* et certaine image trouble, *(a)* qui me presente *(c)* comme en songe *(a)* une meilleure forme que celle que j'ay mis en besongne, mais je ne la puis saisir et exploiter. Et cette idée mesme n'est que du moyen estage. Ce que j'argumante par là, que les productions de ces riches et grandes ames du temps passé sont bien loing au delà de l'extreme estendue de mon imagination et souhaict. Leurs escris ne me satisfont pas seulement et me remplissent; mais ils m'estonnent et transissent d'admiration. Je juge leur beauté; je la voy, si non jusques au bout, au moins si avant qu'il m'est impossible d'y aspirer[2]. Quoy que j'entreprenne, je doy un sacrifice aux graces, comme dict Plutarque de quelqu'un[3], pour pratiquer leur faveur,

si quid enim placet,
Si quid dulce hominum sensibus influit,
Debentur lepidis omnia Gratiis[4].

Elles m'abandonnent par tout. Tout est grossier chez moy; il y a faute de gentillesse et de beauté. Je ne sçay faire valoir les choses pour le plus que ce qu'elles valent. Ma façon n'ayde rien à la matiere. Voilà pourquoy il me la faut forte, qui aye beaucoup de prise et qui luise d'elle mesme. *(c)* Quand j'en saisis des populaires et plus gayes, c'est pour me suivre à moy, qui n'aime point une sagesse ceremonieuse et triste, comme faict le monde, et pour m'esgayer, non pour esgayer mon stile, qui les veut plustost graves et severes (au moins si je dois nommer stile un parler informe et sans regle, un jargon populaire et un proceder sans definition, sans partition, sans conclusion, trouble, à la guise de celuy d'Amafanius et de Rabirius[5]). *(a)* Je ne sçay ny plaire, ny rejouyr, ny chatouiller : le meilleur conte du monde se seche entre mes mains et se ternit. Je ne sçay parler qu'en bon escient, et suis du tout denué de cette facilité, que je voy en plusieurs de mes compaignons, d'entretenir les premiers venus et tenir en haleine toute une trouppe, ou amuser, sans se lasser, l'oreille d'un prince de toute sorte de propos, la

matiere ne leur faillant jamais, pour cette grace qu'ils ont
de sçavoir employer la premiere venue, et l'accommoder
à l'humeur et portée de ceux à qui ils ont affaire. *(b)* Les
princes n'ayment guere les discours fermes, ny moy à
faire des contes[1]. *(a)* Les raisons premieres et plus aisées,
qui sont communément les mieux prinses, je ne sçay pas
les employer : *(c)* mauvais prescheur de commune. De
toute matiere je dy volontiers les dernieres choses que
j'en sçay. Cicero estime[2] que ès traictez de la philosophie
le plus difficile membre ce soit l'exorde. S'il est ainsi,
je me prens à la conclusion.

(a) Si faut-il conduire la corde à toute sorte de tons;
et le plus aigu est celuy qui vient le moins souvent en jeu.
Il y a pour le moins autant de perfection à relever une
chose vuide qu'à en soustenir une poisante. Tantost il faut
superficiellement manier les choses, tantost les profonder.
Je sçay bien que la pluspart des hommes se tiennent en
ce bas estage, pour ne concevoir les choses que par cette
premiere escorse; mais je sçay aussi que les plus grands
maistres et *(c)* Xenophon et *(a)* Platon, on les void
souvent se relascher à cette basse façon, et populaire, de
dire et traiter les choses, la soustenant des graces qui ne
leur manquent jamais.

Au demeurant, mon langage n'a rien de facile et poly :
il est aspre *(c)* et desdaigneux, *(a)* ayant ses dispositions
libres et desreglées; et me plaist ainsi, *(c)* si non par mon
jugement, par mon inclination. *(a)* Mais je sens bien que
par fois je m'y laisse trop aller, et qu'à force de vouloir
eviter l'art et l'affectation, j'y retombe d'une autre part :

> *brevis esse laboro,*
> *Obscurus fio[3].*

(c) Platon dict[4] que le long ou le court ne sont proprietez qui ostent ny donnent prix au langage.

(a) Quand j'entreprendroy de suyvre cet autre stile
æquable, uny et ordonné, je n'y sçaurois advenir; et
encore que les coupures et cadences de Saluste reviennent
plus à mon humeur, si est-ce que je treuve Cæsar et plus
grand et moins aisé à representer; et si mon inclination
me porte plus à l'imitation du parler de Seneque, je ne
laisse pas d'estimer davantage[5] celuy de Plutarque.
Comme à faire, à dire aussi je suy tout simplement ma
forme naturelle : d'où c'est à l'adventure que je puis plus

à parler qu'à escrire. Le mouvement et action animent les parolles, notamment à ceux qui se remuent brusquement, comme je fay, et qui s'eschauffent. Le port, le visage, la voix, la robbe, l'assiette, peuvent donner quelque pris aux choses qui d'elles mesmes n'en ont guere, comme le babil. Messala se pleint en Tacitus[1] de quelques accoustremens estroits de son temps, et de la façon des bancs où les orateurs avoient à parler, qui affoiblissoient leur eloquence.

Mon langage françois est alteré[2], et en la prononciation et ailleurs, par la barbarie de mon creu; je ne vis jamais homme des contrées de deçà[3] qui ne sentit bien evidemment son ramage et qui ne blessast les oreilles pures françoises. Si n'est-ce pas pour estre fort entendu en mon Perigordin, car je n'en ay non plus d'usage que de l'Aleman; et ne m'en chaut guere. *(c)* C'est un langage, comme sont autour de moy, d'une bande et d'autre, le Poitevin, Xaintongeois, Angoumoisin, Lymosin, Auvergnat : brode, trainant, esfoiré. *(a)* Il y a bien au-dessus de nous, vers les montaignes, un Gascon que je treuve singulierement beau[4], sec, bref, signifiant, et à la verité un langage masle et militaire plus qu'autre que j'entende; *(c)* autant nerveux, puissant et pertinant, comme le François est gratieus, delicat et abondant.

(a) Quant au Latin, qui m'a esté donné pour maternel, j'ay perdu par des-accoustumance la promptitude de m'en pouvoir servir à parler : *(c)* ouy, et à escrire, en quoy autrefois je me faisoy appeller maistre Jean[5]. *(a)* Voylà combien peu je vaux de ce costé là.

La beauté est une piece de grande recommandation au commerce des hommes; c'est le premier moyen de conciliation des uns aux autres, et n'est homme si barbare et si rechigné qui ne se sente aucunement frappé de sa douceur. Le corps a une grand'part à nostre estre, il y tient un grand rang; ainsin sa structure et composition sont de bien juste consideration. Ceux qui veulent desprendre nos deux pieces principales et les sequestrer l'une de l'autre, ils ont tort. Au rebours, il les faut r'accoupler et rejoindre. Il faut ordonner à l'ame non de se tirer à quartier, de s'entretenir à part, de mespriser et abandonner le corps (aussi ne le sçauroit elle faire que par quelque singerie contrefaicte), mais de se r'allier à luy, de l'embrasser, le cherir, luy assister, le controeller, le con-

seiller, le redresser et ramener quand il fourvoye, l'espouser en somme et luy servir de mary[1]; à ce que leurs effects
ne paroissent pas divers et contraires, ains accordans et
uniformes. Les Chrestiens ont une particuliere instruction
de cette liaison : car ils sçavent que la justice divine
embrasse cette société et jointure du corps et de l'ame,
jusques à rendre le corps capable des recompenses eternelles; et que Dieu regarde agir tout l'homme, et veut
qu'entier il reçoive le chastiement, ou le loyer, selon ses
merites[2].

   (c) La secte Peripatetique, de toutes les sectes la plus
civilisée, attribue à la sagesse ce seul soin de pourvoir et
procurer en commun le bien de ces deux parties associées : et montre les autres sectes, pour ne s'estre assez
attachées à la consideration de ce meslange, s'estre partia-
lisées, cette-cy pour le corps, cette autre pour l'ame, d'une
pareille erreur, et avoir escarté leur subject, qui est
l'homme, et leur guide, qu'ils advouent en general estre
nature[3].

   (a) La premiere distinction qui aye esté entre les
hommes, et la premiere consideration qui donna les
præeminences aux uns sur les autres, il est vray-semblable
que ce fut l'advantage de la beauté :

> (b) agros divisere atque dedere
> Pro facie cujúsque et viribus ingenióque :
> Nam facies multum valuit viresque vigebant[4].

   (a) Or je suis d'une taille un peu au dessoubs de la
moyenne. Ce defaut n'a pas seulement de la laideur, mais
encore de l'incommodité, à ceux mesmement qui ont des
commandements et des charges : car l'authorité que donne
une belle presence et majesté corporelle en est à dire.

   (c) C. Marius ne recevoit pas volontiers des soldats qui
n'eussent six pieds de hauteur[5]. Le *Courtisan*[6] a bien
raison de vouloir, pour ce gentilhomme qu'il dresse, une
taille commune plus tost que tout'autre, et de refuser
pour luy toute estrangeté qui le face montrer au doigt.
Mais de choisir s'il faut à cette mediocrité qu'il soit plus
tost au deçà qu'au delà d'icelle, je ne le ferois pas à un
homme militaire.

   Les petits hommes, dict Aristote[7], sont bien jolis,
mais non pas beaux; et se connoist en la grandeur la
grand'ame, comme la beauté en un grand corps et haut.

(a) Les Æthiopes et les Indiens, dit il[1], elisants leurs Roys et magistrats, avoient esgard à la beauté et procerité des personnes. Ils avoient raison : car il y a du respect pour ceux qui le suyvent, et pour l'ennemy de l'effroy, de voir à la teste d'une trouppe marcher un chef de belle et riche taille :

> (b) Ipse inter primos præstanti corpore Turnus
> Vertitur, arma tenens, et toto vertice supra est[2].

Nostre grand Roy divin et celeste, duquel toutes les circonstances doivent estre remarquées avec soing, religion et reverence, n'a pas refusé la recommandation corporelle, « speciosus forma præ filiis hominum[3] ».

(c) Et Platon, aveq la temperance et la fortitude, desire la beauté aux conservateurs de sa republique[4].

(a) C'est un grand despit qu'on s'adresse à vous parmy vos gens, pour vous demander : « Où est monsieur? » et que vous n'ayez que le reste de la bonnetade qu'on fait à vostre barbier ou à vostre secretaire. Comme il advint au pauvre Philopœmen[5]. Estant arrivé le premier de sa troupe en un logis où on l'attendoit, son hostesse, qui ne le connoissoit pas et le voyoit d'assez mauvaise mine, l'employa d'aller un peu aider à ses femmes à puiser de l'eau ou attiser du feu, pôur le service de Philopœmen. Les gentils-hommes de sa suitte estans arrivez et l'ayant surpris embesongné à cette belle vacation (car il n'avoit pas failly d'obeyr au commandement qu'on luy avoit faict), lui demanderent ce qu'il faisoit-là : « Je paie, leur respondit-il, la peine de ma laideur. »

Les autres beautez sont pour les femmes; la beauté de la taille est la seule beauté des hommes. Où est la petitesse, ny la largeur et rondeur du front, ny la blancheur et douceur des yeux, ny la mediocre forme du nez, ny la petitesse de l'oreille et de la bouche, ny l'ordre et blancheur des dents, ny l'épesseur bien unie d'une barbe brune à escorce de chataigne, ny le poil relevé, ny la juste rondeur de teste[6], ny la frécheur du teint, ny l'air du visage agreable, ny un corps sans senteur, ny la proportion legitime des membres peuvent faire un bel homme.

J'ay au demeurant la taille forte et ramassée; le visage, non pas gras, mais plein; la complexion, (b) entre le jovial et le melancholique, moiennement (a) sanguine et chaude,

Unde rigent setis mihi crura, et pectora villis[1];

la santé forte et allegre, jusques bien avant en mon aage[2]
(b) rarement troublée par les maladies. *(a)* J'estois tel,
car je ne me considere pas à cette heure, que je suis
engagé dans les avenuës de la vieillesse, ayant pieça
franchy les quarante ans :

> *(b) minutatim vires et robur adultum*
> *Frangit, et in partem pejorem liquitur ætas*[3].

(a) Ce que je seray doresenavant, ce ne sera plus qu'un
demy estre, ce ne sera plus moy. Je m'eschape tous les
jours et me desrobe à moy,

> *Singula de nobis anni prædantur euntes*[4].

D'adresse et de disposition, je n'en ay point eu; et si,
suis fils d'un pere très dispost et d'une allegresse qui
luy dura jusques à son extreme vieillesse[5]. Il ne trouva
guere homme de sa condition qui s'egalast à luy en tout
exercice de corps : comme je n'en ay trouvé guiere aucun
qui ne me surmontat, sauf au courir (en quoy j'estoy des
mediocres). De la musique, ny pour la voix que j'y ay
trèsinepte, ny pour les instrumens, on ne m'y a jamais
sceu rien apprendre. A la danse, à la paume, à la lutte,
je n'y ay peu acquerir qu'une bien fort legere et vulgaire
suffisance; à nager, à escrimer, à voltiger et à sauter, nulle
du tout. Les mains, je les ay si gourdes que je ne sçay
pas escrire seulement pour moy : de façon que, ce que j'ay
barbouillé, j'ayme mieux le refaire que de me donner la
peine de le démesler; *(c)* et ne lis guere mieux. Je me sens
poiser aux escoutans. Autrement, bon clerc[6]. *(a)* Je ne
sçay pas clorre à droit une lettre[7], ny ne sçeuz jamais
tailler plume, ny trancher à table, qui vaille, *(c)* ny
equipper un cheval de son harnois, ny porter à poinct un
oiseau et le lascher, ny parler aux chiens[8], aux oiseaux,
aux chevaux.

(a) Mes conditions corporelles sont en somme trèsbien
accordantes à celles de l'ame. Il n'y a rien d'allegre : il y a
seulement une vigueur pleine et ferme. Je dure bien à la
peine; mais j'y dure, si je m'y porte moy-mesme, et
autant que mon desir m'y conduit,

> *Molliter austerum studio fallente laborem*[9].

Autrement, si je n'y suis alleché par quelque plaisir, et si j'ay autre guide que ma pure et libre volonté, je n'y vaux rien. Car j'en suis là que, sauf la santé et la vie, il n'est chose *(c)* pourquoy je veuille ronger mes ongles, et *(a)* que je veuille acheter au pris du tourment d'esprit et de la contrainte,

> *(b) tanti mihi non sit opaci*
> *Omnis arena Tagi, quodque in mare volvitur aurum*[1] :

(c) extremement oisif, extremement libre, et par nature et par art. Je presteroy aussi volontiers mon sang que mon soing.

(a) J'ay une ame toute sienne, accoustumée à se conduire à sa mode. N'ayant eu jusques à cett'heure ny commandant ny maistre forcé, j'ay marché aussi avant et le pas qu'il m'a pleu. Cela m'a amolli et rendu inutile au service d'autruy, et ne m'a faict bon qu'à moy. Et pour moy, il n'a esté besoin de forcer ce naturel poisant, paresseux et fay neant. Car, m'estant trouvé en tel degré de fortune dès ma naissance, que j'ay eu occasion de m'y arrester[2], et en tel degré de sens que j'ay senti en avoir occasion, je n'ay rien cerché et n'y aussi rien pris :

> *Non agimur tumidis velis Aquilone secundo ;*
> *Non tamen adversis ætatem ducimus austris :*
> *Viribus, ingenio, specie, virtute, loco, re,*
> *Extremi primorum, extremis usque priores*[3].

Je n'ay eu besoin que de la suffisance de me contenter, *(c)* qui est pour tant un reglement d'ame, à le bien prendre, esgalement difficile en toute sorte de condition, et que par usage nous voyons se trouver plus facilement encores en la necessité qu'en l'abondance; d'autant à l'advanture que, selon le cours de nos autres passions, la faim des richesses est plus aiguisée par leur usage que par leur disette, et la vertu de la moderation plus rare que celle de la patience. Et n'ay eu besoin[4] *(a)* que de jouir doucement des biens que Dieu par sa liberalité m'avoit mis entre mains. Je n'ay gousté aucune sorte de travail[5] ennuyeux. Je n'ay eu guere en maniement que mes affaires; *(c)* ou, si j'en ay eu, ce a esté en condition de les manier à mon heure et à ma façon, commis par gens qui s'en fioient à moy et qui ne me pressoient pas et me congnoissoient. Car encores tirent les experts quelque service d'un cheval restif et poussif.

(a) Mon enfance mesme a esté conduite d'une façon molle et libre, et exempte de subjection rigoureuse. Tout cela m'a formé une complexion delicate et incapable de sollicitude. Jusques là que j'ayme qu'on me cache mes pertes et les desordres qui me touchent : au chapitre de mes mises, je loge ce que ma nonchalance me couste à nourrir et entretenir,

hæc nempe supersunt,
Quæ dominum fallant, quæ prosint furibus[1].

J'ayme à ne sçavoir pas le conte de ce que j'ay, pour sentir moins exactement ma perte. *(b)* Je prie ceux qui vivent avec moy, où l'affection leur manque et les bons effects, de me piper et payer de bonnes apparences. *(a)* A faute d'avoir assez de fermeté pour souffrir l'importunité des accidents contraires ausquels nous sommes subjects, et pour ne me pouvoir tenir tendu à regler et ordonner les affaires, je nourris autant que je puis en moy cett'opinion, m'abandonnant du tout à la fortune, de prendre toutes choses au pis ; et, ce pis là, me resoudre à le porter doucement et patiemment. C'est à cela seul que je travaille, et le but auquel j'achemine tous mes discours.

(b) A un danger, je ne songe pas tant comment j'en eschaperay, que combien peu il importe que j'en eschappe. Quand j'y demeurerois, que seroit-ce? Ne pouvant reigler les evenements, je me reigle moy-mesme, et m'applique à eux s'ils ne s'appliquent à moy. Je n'ay guiere d'art pour sçavoir gauchir la fortune et luy eschapper ou la forcer, et pour dresser et conduire par prudence les choses à mon poinct. J'ay encore moins de tolerance pour supporter le soing aspre et penible qu'il faut à cela. Et la plus penible assiete pour moy, c'est estre suspens ès choses qui pressent, et agité entre la crainte et l'esperance. Le deliberer, voire ès choses plus legieres, m'importune; et sens mon esprit plus empesché à souffrir le branle et les secousses diverses du doute et de la consultation, qu'à se rassoir et resoudre à quelque party que ce soit, après que la chance est livrée. Peu de passions m'ont troublé le sommeil; mais, des deliberations, la moindre me le trouble. Tout ainsi que des chemins, j'en evite volontiers les costez pandans et glissans, et me jette dans le battu le plus boueux et

enfondrant, d'où je ne puisse aller plus bas, et y cherche seurté; aussy j'ayme les malheurs tous purs, qui ne m'exercent et tracassent plus après l'incertitude de leur rabillage, et qui, du premier saut, me poussent droictement en la souffrance.

(c) dubia plus torquent mala[1].

(b) Aux evenemens je me porte virilement; en la conduicte, puerillement. L'horreur de la cheute me donne plus de fiebvre que le coup. Le jeu ne vaut pas la chandelle. L'avaritieux a plus mauvais conte de sa passion que n'a le pauvre, et le jaloux que le cocu. Et y a moins de mal souvant à perdre sa vigne qu'à la plaider. La plus basse marche est la plus ferme. C'est le siege de la constance. Vous n'y avez besoing que de vous. Elle se fonde là et appuye toute en soy. Cet exemple d'un gentil'homme que plusieurs ont cogneu, a il pas quelque air philosophique? Il se marya bien avant en l'aage, ayant passé en bon compaignon sa jeunesse : grand diseur, grand gaudisseur. Se souvenant combien la matiere de cornardise luy avoit donné dequoy parler et se moquer des autres, pour se mettre à couvert, il espousa une femme qu'il print au lieu où chacun en trouve pour son argent, et dressa avec elle ses alliances : « Bon jour, putain. — Bon jour, cocu! » Et n'est chose dequoy plus souvent et ouvertement il entretint chez luy les survenans, que de ce sien dessein : par où il bridoit les occultes caquets des moqueurs et esmoussoit la pouinte de ce reproche.

(a) Quant à l'ambition, qui est voisine de la presumption, ou fille plustost, il eut fallu, pour m'advancer, que la fortune me fut venu querir par le poing. Car, de me mettre en peine pour un'esperance incertaine et me soubmettre à toutes les difficultez qui accompaignent ceux qui cerchent à se pousser en credit sur le commencement de leur progrez, je ne l'eusse sçeu faire;

(b) spem pretio non'emo[2].

Je m'atache à ce que je voy et que je tiens, et ne m'eslongne guiere du port,

Alter remus aquas, alter tibi radat arenas[3].

Et puis on arrive peu à ces avancemens, qu'en hazardant premierement le sien : et je suis d'advis que, si ce qu'on

a suffit à maintenir la condition en laquelle on est nay
et dressé, c'est folie d'en lácher la prise sur l'incertitude
de l'augmenter. Celuy à qui la fortune refuse dequoy
planter son pied et establir un estre tranquille et reposé,
il est pardonnable s'il jette au hazard ce qu'il a, puis
qu'ainsi comme ainsi la necessité l'envoye à la queste.

(c) Capienda rebus in malis præceps via est[1].

(b) Et j'excuse plustost un cabdet de mettre sa legitime
au vent, que celuy à qui l'honneur de la maison est en
charge, qu'on ne peut voir necessiteux qu'à sa faute.

(a) J'ay bien trouvé le chemin plus court et plus aisé,
avec le conseil de mes bons amis du temps passé, de me
défaire de ce desir et de me tenir coy,

Cui sit conditio dulcis sine pulvere palmæ[2] :

jugeant aussi bien sainement de mes forces qu'elles
n'estoient pas capables de grandes choses, et me souvenant de ce mot du feu Chancelier Olivier, que les François
semblent des guenons qui vont grimpant contremont un
arbre, de branche en branche, et ne cessent d'aller
jusques à ce qu'elles sont arrivées à la plus haute branche,
et y monstrent le cul quand elles y sont.

(b) Turpe est, quod nequeas, capiti committere pondus,
Et pressum inflexo mox dare terga genu[3].

(a) Les qualitez mesmes qui sont en moy non reprochables, je les trouvois inutiles en ce siecle. La facilité de
mes meurs, on l'eut nommée lácheté et foiblesse; la foy et
la conscience s'y feussent trouvées scrupuleuses et
superstitieuses; la franchise et la liberté, importune,
inconsiderée et temeraire. A quelque chose sert le
mal'heur. Il fait bon naistre en un siecle fort depravé; car,
par comparaison d'autruy, vous estes estimé vertueux
à bon marché. Qui n'est que parricide en nos jours, et
sacrilege, il est homme de bien et d'honneur :

(b) Nunc, si depositum non inficiatur amicus,
Si reddat veterem cum tota ærugine follem,
Prodigiosa fides et Tuscis digna libellis,
Quæque coronata lustrari debeat agna[4].

Et ne fut jamais temps et lieu où il y eust pour les
princes loyer plus certain et plus grand proposé à la bonté

et à la justice. Le premier qui s'avisera de se pousser en faveur et en credit par cette voye là, je suis bien deçeu si, à bon conte, il ne devance ses compaignons. La force, la violance peuvent quelque chose, mais non pas tousjours tout.

(c) Les marchans, les juges de village, les artisans, nous les voyons aller à pair de vaillance et science militaire aveq la noblesse : ils rendent des combats honorables, et publiques et privez, ils battent, ils defendent villes en nos guerres. Un prince estouffe sa recommandation emmy cette presse. Qu'il reluise d'humanité, de verité, de loyauté, de temperance et sur tout de justice : marques rares, inconnues et exilées[1]. C'est la seule volonté des peuples de quoy il peut faire ses affaires, et nulles autres qualitez ne peuvent tant flatter leur volonté comme celles là : leur estant bien plus utiles que les autres.

Nihil est tam populare quam bonitas[2].

(a) Par cette proportion, je me fusse trouvé *(c)* grand et rare, comme je me trouve pygmée et populaire à la proportion d'aucuns siecles passez, ausquels il estoit vulgaire, si d'autres plus fortes qualitez n'y concurroient, de voir un homme *(a)* moderé en ses vengeances, mol au ressentiment des offences, religieux en l'observance de sa parolle, ny double, ny souple, n'y accommodant sa foy à la volonté d'autruy et aux occasions. Plustost lairrois je rompre le col aux affaires que de tordre ma foy pour leur service. Car, quant à cette nouvelle vertu de faintise et de dissimulation qui est à cette heure si fort en credit, je la hay capitalement; et, de tous les vices, je n'en trouve aucun qui tesmoigne tant de lâcheté et bassesse de cœur. C'est un'humeur couarde et servile de s'aller desguiser et cacher sous un masque, et de n'oser se faire veoir tel qu'on est. Par là nos hommes se dressent à la perfidie : *(b)* estant duicts à produire des parolles fauces, ils ne font pas conscience d'y manquer. *(a)* Un cœur genereux ne doit point desmentir ses pensées; il se veut faire voir jusques au dedans. *(c)* Ou tout y est bon, ou au moins tout y est humein.

Aristote estime[3] office de magnanimité hayr et aimer à descouvert, juger, parler avec toute franchise, et, au prix de la verité, ne faire cas de l'approbation ou reprobation d'autruy.

(a) Apollonius[1] disoit que c'estoit aux serfs de mantir, et aux libres de dire verité.

(c) C'est la premiere et fondamentale partie de la vertu. Il la faut aymer pour elle mesme. Celuy qui dict vray, par ce qu'il y est d'ailleurs obligé et par ce qu'il sert, et qui ne craint point à dire mansonge, quand il n'importe à personne, n'est pas veritable suffisamment. Mon âme, de sa complexion, refuit la menterie et hait mesmes à la penser.

J'ay un'interne vergongne et un remors piquant, si par fois elle m'eschape, comme parfois elle m'eschape, les occasions me surprenant et agitant impremeditéement.

(a) Il ne faut pas tousjours dire tout, car ce seroit sottise; mais ce qu'on dit, il faut qu'il soit tel qu'on le pense, autrement c'est meschanceté. Je ne scay quelle commodité ils attendent de se faindre et contrefaire sans cesse, si ce n'est de n'en estre pas creus lors mesme qu'ils disent verité; cela peut tromper une fois ou deux les hommes; mais de faire profession de se tenir couvert, et se vanter, comme ont faict aucuns de nos princes[2], qu'ils jetteroient leur chemise au feu si elle estoit participante de leurs vrayes intentions (qui est un mot de l'ancien Metellus Macedonicus[3]), et que, qui ne sçait se faindre, ne sçait pas regner, c'est tenir advertis ceux qui ont à les praticquer, que ce n'est que piperie et mensonge qu'ils disent. *(c)* « *Quo quis versutior et callidior est, hoc invisior et suspectior, detracta opinione probitatis[4].* » *(a)* Ce seroit une grande simplesse à qui se lairroit amuser ny au visage, ny aux parolles de celuy qui faict estat d'estre tousjours autre au dehors qu'il n'est au dedans, comme faisoit Tibere[5]; et ne sçay quelle part telles gens peuvent avoir au commerce des hommes, ne produisans rien qui soit reçeu pour contant

(b) Qui est desloyal envers la verité l'est aussi envers le mensonge.

(c) Ceux qui, de nostre temps[6], ont considéré, en l'establissement du devoir d'un prince, le bien de ses affaires seulement, et l'ont preferé au soin de sa foy et conscience, diroyent quelque chose à un prince de qui la fortune auroit rangé à tel point les affaires que pour tout jamais il les peut establir par un seul manquement et faute à sa parole. Mais il n'en va pas ainsi. On rechoit souvent en pareil marché; on faict plus d'une paix, plus d'un

traitté en sa vie. Le gain qui les convie à la premiere
desloyauté (et quasi tousjours il s'en presente comme à
toutes autres meschancetez : les sacrileges, les meurtres,
les rebellions, les trahisons s'entreprenent pour quelque
espece de fruit), mais ce premier gain apporte infinis
dommages suivants, jettant ce prince hors de tout commerce et de tout moyen de negociation par l'example de
cette infidelité. Solyman, de la race des Ottomans, race
peu soigneuse de l'observance des promesses et paches,
lors que, de mon enfance[1], il fit descendre son armée à
Ottrente, ayant sçeu que Mercurin de Gratinare et les
habitans de Castro estoyent detenus prisonniers, après
avoir rendu la place, contre ce qui avoit esté capitulé avec
eux, manda qu'on les relaschat; et qu'ayant en main
d'autres grandes entreprinses en cette contrée là, cette
desloyauté, quoy qu'ell'eut quelque apparence d'utilité
presente, luy apporteroit pour l'avenir un descri et une
desfiance d'infini prejudice.

(a) Or, de moy, j'ayme mieux estre importun et
indiscret que flateur et dissimulé.

(b) J'advoue qu'il se peut mesler quelque pointe de
fierté et d'opiniastreté à se tenir ainsin entier et descouvert
sans consideration d'autruy; et me semble que je deviens
un peu plus libre où il le faudroit moins estre, et que je
m'eschaufe par l'opposition du respect. Il peut estre aussi
que je me laisse aller après ma nature, à faute d'art. Presentant aux grands cette mesme licence de langue et de
contenance que j'apporte de ma maison, je sens combien
elle decline vers l'indiscretion et incivilité. Mais, outre
ce que je suis ainsi faict, je n'ay pas l'esprit assez souple
pour gauchir à une prompte demande et pour en eschaper
par quelque destour, ny pour feindre une verité, ny assez
de memoire pour la retenir ainsi feinte, ny certes assez
d'asseurance pour la maintenir; et fois le brave par foiblesse. Parquoy je m'abandonne à la nayfveté, et à tousjours dire ce que je pense, et par complexion et par
discours, laissant à la fortune d'en conduire l'evenement.

(c) Aristippus disoit le principal fruit qu'il eut tiré de la
philosophie, estre qu'il parloit librement et ouvertement
à chacun[2].

(a) C'est un outil de merveilleux service que la memoire, et sans lequel le jugement faict bien à peine son
office : elle me manque du tout. Ce qu'on me veut pro-

poser, il faut que ce soit à parcelles. Car de respondre à un
propos où il y eut plusieurs divers chefs, il n'est pas en ma
puissance. Je ne sçaurois recevoir une charge sans
tablettes. Et quand j'ay un propos de consequence à tenir,
s'il est de longue haleine, je suis reduit à cette vile et miserable necessité d'apprendre par cœur *(c)* mot à mot
(a) ce que j'ay à dire; autrement je n'auroy ny façon ny
asseurance, estant en crainte que ma memoire vint à me
faire un mauvais tour. *(c)* Mais ce moïen m'est non moins
difficile. Pour aprandre trois vers, il me faut trois heures;
et puis, en un mien ouvrage, la liberté et authorité de
remuer l'ordre, de changer un mot, variant sans cesse la
matiere, la rend plus malaisée à concevoir[1]. *(a)* Or, plus je
m'en defie, plus elle se trouble; elle me sert mieux par
rencontre, il faut que je la solicite nonchalamment : car,
si je la presse, elle s'estonne; et, depuis qu'ell'a commencé
à chanceler, plus je la sonde, plus elle s'empestre et
embarrasse; elle me sert à son heure, non pas à la mienne.

Cecy que[2] je sens en la memoire, je le sens en plusieurs
autres parties. Je fuis le commandement, l'obligation et
la contrainte. Ce que je fais ayséement et naturellement,
si je m'ordonne de le faire par une expresse et prescrite
ordonnance, je ne le sçay plus faire. Au corps mesme, les
membres qui ont quelque liberté et jurisdiction plus particulière sur eux, me refusent par fois leur obeyssance,
quand je les destine et attache à certain point et heure de
service necessaire. Cette preordonnance contrainte et
tyrannique les rebute; ils se croupissent d'effroy ou de
despit, et se transissent[3]. *(b)* Autresfois, estant en lieu où
c'est discourtoisie barbaresque de ne respondre à ceux qui
vous convient à boire, quoi qu'on m'y traitast avec toute
liberté, j'essaiay de faire le bon compaignon en faveur des
dames qui estoyent de la partie, selon l'usage du pays.
Mais il y eust du plaisir, car cette menasse et preparation
d'avoir à m'efforcer outre ma coustume et mon naturel,
m'estoupa de maniere le gosier, que je ne sçeuz avaller
une seule goute, et fus privé de boire pour le besoing
mesme de mon repas. Je me trouvay saoul et desalteré par
tant de breuvage que mon imagination avoit preoccupé.
(a) Cet effaict est plus apparent en ceux qui ont l'imagination plus vehemente et puissante; mais il est pourtant
naturel, et n'est aucun qui ne s'en ressante aucunement.
On offroit à un excellent archer condamné à la mort de

luy sauver la vie, s'il vouloit faire voir quelque notable preuve de son art : il refusa de s'en essayer, craignant que la trop grande contention de sa volonté luy fît fourvoier la main, et qu'au lieu de sauver sa vie, il perdît encore la reputation qu'il avoit acquise au tirer de l'arc. Un homme qui pense ailleurs ne faudra point, à un pousse près, de refaire tousjours un mesme nombre et mesure de pas au lieu où il se promene; mais, s'il y est avec attention de les mesurer et conter, il trouvera que ce qu'il faisoit par nature et par hazard, il ne le faira pas si exactement par dessein.

Ma librerie, qui est des belles entre les libreries de village, est assise à un coin de ma maison; s'il me tombe en fantasie chose que j'y veuille aller cercher ou escrire, de peur qu'elle ne m'eschappe en traversant seulement ma court, il faut que je la donne en garde à quelqu'autre. Si je m'enhardis, en parlant, à me destourner tant soit peu de mon fil, je ne faux jamais de le perdre : qui faict que je me tiens, en mes discours, contraint, sec et resserré. Les gens qui me servent, il faut que je les appelle par le nom de leurs charges ou de leur pays, car il m'est très-malaisé de retenir des noms. *(b)* Je diray bien qu'il a trois syllabes, que le son en est rude, qu'il commence où termine par telle lettre. *(a)* Et si je durois à vivre long temps, je ne croy pas que je n'oubliasse mon nom propre, comme ont faict d'autres. *(b)* Messala Corvinus fut deux ans n'ayant trace aucune de memoire[1]; *(c)* ce qu'on dict aussi de George Trapezunce[2]; *(b)* et, pour mon interest, je rumine souvent quelle vie c'estoit que la leur, et si sans cette piece il me restera assez pour me soustenir avec quelque aisance; et, y regardant de près, je crains que ce defaut, s'il est parfaict, perde toutes les functions de l'ame. *(c)* « *Memoria certe non modo philosophiam, sed omnis vitæ usum omnesque artes una maxime continet[3].* »

(a) Plenus rimarum sum, hac atque illac effluo[4].

Il[5] m'est advenu plus d'une fois d'oublier le mot du guet que j'avois *(c)* trois heures auparavant *(a)* donné ou receu d'un autre, *(c)* et d'oublier où j'avoy caché ma bourse, quoy qu'en die Cicero[6]. Je m'aide à perdre ce que je serre particulierement. *(a)* C'est le receptacle et l'estuy de la science que la memoire : l'ayant si deffaillante, je n'ay pas fort à me plaindre, si je ne sçay guiere. Je sçay en

general le nom des arts et ce dequoy elles traictent[1],
mais rien au delà. Je feuillette les livres, je ne les estudie
pas : ce qui m'en demeure, c'est chose que je ne reconnois
plus estre d'autruy ; c'est cela seulement dequoy mon jugement a faict son profict, les discours et les imaginations
dequoy il s'est imbu ; l'autheur, le lieu, les mots et autres
circonstances, je les oublie incontinent.

(b) Et suis si excellent en l'oubliance, que mes escrits
mesmes et compositions, je ne les oublie pas moins que
le reste. On m'allegue tous les coups à moy-mesme sans
que je le sente. Qui voudroit sçavoir d'où sont les vers et
exemples que j'ay icy entassez, me mettroit en peine de le
luy dire[2] ; et si, ne les ay mendiez qu'ès portes connues et
fameuses, ne me contentant pas qu'ils fussent riches,
s'ils ne venoient encore de main riche et honorable :
l'authorité y concurre quant et la raison. *(c)* Ce n'est pas
grand merveille si mon livre suit la fortune des autres
livres et si ma memoire desempare ce que j'escry
comme ce que je ly, et ce que je donne comme ce que je
reçoy.

(a) Outre le deffaut de la memoire[3], j'en ay d'autres qui
aydent beaucoup à mon ignorance. J'ay l'esprit tardif
et mousse ; le moindre nuage luy arreste sa pointe, en
façon que (pour exemple) je ne luy proposay jamais
enigme si aisé qu'il sçeut desvelopper. Il n'est si vaine
subtilité qui ne m'empesche. Aux jeux, où l'esprit a sa
part, des échets, des cartes, des dames et autres, je n'y
comprens que les plus grossiers traicts. L'apprehension,
je l'ay lente et embrouillée ; mais ce qu'elle tient une fois,
elle le tient bien et l'embrasse bien universellement,
estroitement et profondement, pour le temps qu'elle le
tient. J'ay la veuë longue, saine et entière, mais qui se
lasse aiséement au travail et se charge ; à cette occasion,
je ne puis avoir long commerce avec les livres que par
le moyen du service d'autruy. Le jeune Pline instruira
ceux qui ne l'ont essayé, combien ce retardement est
important à ceux qui s'adonnent à cette occupation[4].

Il n'est point ame si chetifve et brutale en laquelle on
ne voye reluire quelque faculté particuliere ; il n'y en a
point de si ensevelie qui ne face une saillie par quelque
bout. Et comment il advienne qu'une ame, aveugle et
endormie à toutes autres choses, se trouve vifve, claire
et excellente à certain particulier effect, il s'en faut enque-

rir aux maistres. Mais les belles ames, ce sont les ames
universelles, ouvertes et prestes à tout, *(c)* si non instrui-
tes, au moins instruisables : *(a)* ce que je dy pour accuser
la mienne; car, soit par foiblesse ou nonchalance (et de
mettre à nonchaloir ce qui est à nos pieds, ce que nous
avons entre-mains, ce qui regarde de plus près l'usage de
la vie, c'est chose bien esloingnée de mon dogme[1]), il
n'en est point une si inepte et si ignorante que la mienne
de plusieurs telles choses vulgaires et qui ne se peuvent
sans honte ignorer. Il faut que j'en conte quelques
exemples.

Je suis né et nourry aux champs et parmy le labourage;
j'ay des affaires et du mesnage en main, depuis que ceux
qui me devançoient en la possession des biens que je jouys
m'ont quitté leur place. Or je ne sçay conter ny à get,
ny à plume; la pluspart de nos monnoyes, je ne les connoy
pas; ny ne sçay la difference de l'un grain à l'autre, ny en
la terre, ny au grenier, si elle n'est pas trop apparente;
ny à peine celle d'entre les choux et les laictues de mon
jardin. Je n'entens pas seulement les noms des premiers
outils du mesnage, ny les plus grossiers principes de
l'agriculture, et que les enfans sçavent; *(b)* moins aux arts
mechaniques, en la trafique et en la connoissance des
marchandises, diversité et nature des fruicts, de vins, de
viandes; ny à dresser un oiseau, ny à mediciner un cheval
ou un chien. *(a)* Et, puis qu'il me faut faire la honte toute
entiere, il n'y a pas un mois qu'on me surprint ignorant
dequoy le levain servoit à faire du pain, *(c)* et que c'estoit
que faire cuver du vin. *(a)* On conjectura anciennement à
Athenes une aptitude à la mathematique en celuy à qui on
voioit ingenieusement agencer et fagotter une charge
de brossailles[2]. Vrayement on tireroit de moy une bien
contraire conclusion : car, qu'on me donne tout l'apprest
d'une cuisine, me voilà à la faim[3].

Par ces traits de ma confession, on en peut imaginer
d'autres à mes despens. Mais, quel que je me face connoistre, pourveu que je me face connoistre tel que je suis,
je fay mon effect. Et si, ne m'excuse pas d'oser mettre par
escrit des propos si bas et frivoles que ceux-cy. La bassesse
du sujet[4] m'y contrainct. *(c)* Qu'on accuse, si on veut, mon
project; mais mon progrez, non. *(a)* Tant y a que, sans
l'advertissement d'autruy, je voy assez ce peu que tout
cecy vaut et poise, et la folie de mon dessein. C'est prou

que mon jugement ne se defferre poinct, duquel ce sont
icy les essais :

> *Nasutus sis usque licet, sis denique nasus,*
>   *Quantum noluerit ferre rogatus Athlas,*
> *Et possis ipsum tu deridere Latinum,*
>   *Non potes in nugas dicere plura meas,*
> *Ipse ego quam dixi : quid dentem dente juvabit*
>   *Rodere ? carne opus est, si satur esse velis.*
> *Ne perdas operam : qui se mirantur, in illos*
>   *Virus habe ; nos hæc novimus esse nihil*[1].

Je ne suis pas obligé à ne dire point de sottises, pourveu
que je ne me trompe pas à les connoistre. Et de faillir
à mon escient, cela m'est si ordinaire que je ne faux guere
d'autre façon : je ne faux jamais fortuitement. C'est peu
de chose de prester à la temerité de mes humeurs les
actions ineptes, puis que je ne me puis pas deffendre d'y
prester ordinairement les vitieuses.

Je vis un jour[2], à Barleduc, qu'on presentoit au Roy
François second, pour la recommandation de la memoire
de René, Roy de Sicile, un pourtraict qu'il avoit luy-
mesmes fait de soy. Pourquoy n'est-il loisible de mesme
à un chacun de se peindre de la plume, comme il se
peignoit d'un creon ?

Je ne veux donc pas oublier encor cette cicatrice, bien
mal propre à produire en public : c'est l'irresolution,
defaut très-incommode à la negociation des affaires du
monde. Je ne sçay pas prendre party ès entreprinses
doubteuses :

> *(b) Ne si, ne no, nel cor mi suona intero*[3].

Je sçay bien soustenir une opinion, mais non pas la
choisir.

(a) Par ce que ès choses humaines, à quelque bande
qu'on panche, il se presente force apparences qui nous y
confirment *(c)* (et le philosophe Chrysippus[4] disoit qu'il
ne vouloit apprendre de Zenon et Cleanthez, ses maistres,
que les dogmes simplement : car, quant aux preuves et
raisons, qu'il en fourniroit assez de luy mesmes), *(a)* de
quelque costé que je me tourne, je me fournis toujours
assez de cause et de vray-semblance pour m'y maintenir.
Ainsi j'arreste chez moi le doubte et la liberté de choisir,
jusques à ce que l'occasion me presse. Et lors, à confesser

la verité, je jette le plus souvent la plume au vent, comme
on dict, et m'abandonne à la mercy de la fortune : une
bien legere inclination et circonstance m'emporte,

Dum in dubio est animus, paulo momento huc atque illuc impellitur[1].

L'incertitude de mon jugement est si également
balancée[2] en la pluspart des occurrences, que je compro-
mettrois volontiers à la decision du sort et des dets; et
remarque avec grande consideration de nostre foiblesse
humaine les exemples que l'histoire divine mesme nous a
laissez de cet usage de remettre à la fortune et au hazard
la determination des élections ès choses doubteuses : « *Sors
cecidit super Mathiam*[3]. » *(c)* La raison humaine est un
glaive double et dangereux[4]. Et en la main mesme de
Socrate, son plus intime et plus familier amy, voyez à
quant de bouts c'est un baston.

(a) Ainsi, je ne suis propre qu'à suyvre, et me laisse
aysément emporter à la foule : je ne me fie pas assez en
mes forces pour entreprendre de commander, ny guider;
je suis bien aise de trouver mes pas trassez par les autres.
S'il faut courre le hazard d'un chois incertain, j'ayme
mieux que ce soit soubs tel, qui s'asseure plus de ses
opinions et les espouse plus que je ne fay les miennes,
(b) ausquelles je trouve le fondement et le plant glissant.
Et si, ne suis pas trop facile au change, d'autant que j'apperçois aux opinions contraires une pareille foiblesse[5].
(c) « *Ipsa consuetudo assentiendi periculosa esse videtur et
lubrica*[6]. » *(a)* Notamment aux affaires politiques, il y a un
beau champ ouvert au bransle et à la contestation :

*Justa pari premitur veluti cum pondere libra
Prona, nec hac plus parte sedet, nec surgit ab illa*[7].

Les discours de Machiavel, pour exemple, estoient assez
solides pour le subject; si, y a-il eu grand aisance à les
combattre; et ceux qui l'on faict, n'ont pas laissé moins
de facillité à combatre les leurs. Il s'y trouveroit tousjours,
à un tel argument, dequoy y fournir responses, dupliques,
repliques, tripliques, quadrupliques, et cette infinie contexture de debats que notre chicane a alongé tant qu'elle
a peu en faveur des procez,

Cædimur, et totidem plagis consumimus hostem[8],

les raisons n'y ayant guere autre fondement que l'experience, et la diversité des evenements humains nous
presentant infinis exemples à toute sorte de formes. Un
sçavant personnage de nostre temps dit qu'en nos alma-
nacs, où ils disent chaud, qui voudra dire froid, et, au lieu
de sec, humide, et mettre tousjours le rebours de ce qu'ils
pronostiquent, s'il devoit entrer en gageure de l'evenement de l'un ou l'autre, qui ne se soucieroit pas quel party
il print, sauf ès choses où il n'y peut eschoir incertitude,
comme de promettre à Noel des chaleurs extremes, et à
la sainct Jean des rigueurs de l'hiver. J'en pense de mesmes de ces discours politiques : à quelque rolle qu'on vous
mette, vous avez aussi beau jeu que vostre compagnon,
pourveu que vous ne venez à choquer les principes trop
grossiers et apparens. Et pourtant, selon mon humeur,
ès affaires publiques, il n'est aucun si mauvais train,
pourveu qu'il aye de l'aage et de la constance, qui ne
vaille mieux que le changement et le remuement. Nos
meurs sont extremement corrompuës, et panchent d'une
merveilleuse inclination vers l'empirement; de nos loix
et usances, il y en a plusieurs barbares et monstrueuses;
toutesfois, pour la difficulté de nous mettre en meilleur
estat, et le danger de ce crollement, si je pouvoy planter
une cheville à nostre roüe et l'arrester en ce point, je le
ferois de bon cœur :

*(b) nunquam adeo fœdis adeoque pudendis
Utimur exemplis, ut non pejora supersint*[1].

(a) Le pis que je trouve en nostre estat, c'est l'instabilité,
et que nos loix, non plus que nos vestemens, ne peuvent
prendre aucune forme arrestée. Il est bien aisé d'accuser
d'imperfection une police, car toutes choses mortelles
en sont pleines; il est bien aisé d'engendrer à un peuple
le mespris de ses anciennes observances : jamais homme
n'entreprint cela, qui n'en vint à bout; mais d'y restablir
un meilleur estat en la place de celuy qu'on a ruiné, à cecy
plusieurs se sont morfondus, de ceux qui l'avoient
entreprins.

(c) Je fay peu de part à la prudence de ma conduite;
je me laisse volontiers mener à l'ordre public du monde.
Heureux peuple, qui faict ce qu'on commande mieux
que ceux qui commandent, sans se tourmenter des causes;

qui se laisse mollement rouler après le roulement celeste.
L'obeyssance n'est pure ny tranquille en celuy qui raisonne
et qui plaide.

(a) Somme, pour revenir à moy, ce seul par où je
m'estime quelque chose, c'est ce en quoy jamais homme
ne s'estima deffaillant : ma recommendation est vulgaire,
commune et populaire, car qui a jamais cuidé avoir faute
de sens? Ce seroit une proposition qui impliqueroit en
soy de la contradiction : *(c)* c'est une maladie qui n'est
jamais où elle se voit; ell'est bien tenace et forte, mais
laquelle pourtant le premier rayon de la veüe du patient
perce et dissipe, comme le regard du soleil un brouillas
opaque; *(a)* s'accuser seroit s'excuser en ce subject là;
et se condamner, ce seroit s'absoudre. Il ne fut jamais
crocheteur ny femmelette qui ne pensast avoir assez de
sens pour sa provision. Nous reconnoissons ayséement
ès autres l'advantage du courage, de la force corporelle,
de l'experience, de la disposition, de la beauté; mais
l'advantage du jugement, nous ne le cedons à personne;
et les raisons qui partent du simple discours naturel en
autruy, il nous semble qu'il n'a tenu qu'à regarder de ce
costé là, que nous les ayons trouvées. La science, le stile,
et telles parties que nous voyons ès ouvrages estrangers,
nous touchons bien aiséement si elles surpassent les
nostres; mais les simples productions de l'entendement,
chacun pense qu'il estoit en luy de les rencontrer toutes
pareilles, et en apperçoit malaisement le poids et la
difficulté, *(c)* si ce n'est, et à peine, en une extreme et
incomparable distance[1]. *(a)* Ainsi, c'est une sorte d'exercitation de laquelle je dois esperer fort peu de recommandation et de louange, et une maniere de composition de
peu de nom[2].

(c) Et puis, pour qui escrivez vous? Les sçavans à qui
touche la jurisdiction livresque, ne connoissent autre prix
que de la doctrine, et n'advouent autre proceder en
noz esprits que celuy de l'erudition et de l'art : si vous
avez pris l'un des Scipions pour l'autre[3], que vous
reste il à dire qui vaille? Qui ignore Aristote, selon eux
s'ignore quand et quand soy-mesme. Les ames communes
et populaires ne voyent pas la grace et le pois d'un discours hautain et deslié. Or ces deux especes occupent le
monde. La tierce, à qui vous tombez en partage, des ames
reglées et fortes d'elles-mesmes est si rare, que justement

elle n'a ny nom, ny rang entre nous : c'est à demy temps
perdu d'aspirer et de s'efforcer à luy plaire.

(a) On dit communément que le plus juste partage
que nature nous aye fait de ses graces, c'est celuy du
sens[1] : car il n'est aucun qui ne se contente de ce qu'elle
luy en a distribué. (c) N'est-ce pas raison? Qui verroit au
delà, il verroit au delà de sa veuë. (a) Je pense avoir les
opinions bonnes et saines; mais qui n'en croit autant
des siennes? L'une des meilleures preuves que j'en aye,
c'est le peu d'estime que je fay de moy; car si elles n'eussent esté bien asseurées, elles se fussent aisément laissées
piper à l'affection que je me porte singuliere, comme
celuy qui la ramene quasi toute à moy, et qui ne l'espands
gueres hors de là. Tout ce que les autres en distribuent
à une infinie multitude d'amis et de connoissans, à leur
gloire, à leur grandeur, je le rapporte tout au repos de
mon esprit et à moy. Ce qui m'en eschappe ailleurs, ce
n'est pas proprement de l'ordonnance de mon discours,

> *mihi nempe valere et vivere doctus*[2].

Or mes opinions, je les trouve infiniement hardies et
constantes à condamner mon insuffisance. De vray, c'est
aussi un subject auquel j'exerce mon jugement autant qu'à
nul autre. Le monde regarde tousjours vis à vis; moy, je
replie ma veue au dedans, je la plante, je l'amuse là. Chacun regarde devant soy; moy, je regarde dedans moy : je
n'ay affaire qu'à moy, je me considere sans cesse, je me
contrerolle, je me gouste. Les autres vont tousjours ailleurs, s'ils y pensent bien; ils vont tousjours avant,

> *nemo in sese tentat descendere*[3],

moy je me roulle en moy mesme.

Cette capacité de trier le vray, quelle qu'elle soit en
moy[4], et cett'humeur libre de n'assubjectir aisément ma
creance, je la dois principalement à moy : car les plus
fermes imaginations que j'aye, et generalles, sont celles
qui, par maniere de dire, nasquirent avec moy. Elles sont
naturelles et toutes miennes. Je les produisis crues et
simples, d'une production hardie et forte, mais un peu
trouble et imparfaicte; depuis je les ay establies et forti-
fiées par l'authorité d'autruy, et par les sains discours
des anciens, ausquels je me suis rencontré conforme en

jugement : ceux-là m'en ont assuré la prinse, et m'en ont donné la jouyssance et possession plus entiere.

(b) La recommandation que chacun cherche, de vivacité et promptitude d'esprit, je la pretends du reglement; d'une action esclatante et signalée, ou de quelque particuliere suffisance, je la pretends de l'ordre, correspondance et tranquillité d'opinions et de meurs. *(c)* « *Omnino, si quidquam est decorum, nihil est profecto magis quam æquabilitas universæ vitæ, tum singularum actionum : quam conservare non possis, si, aliorum naturam imitans, omittas tuam*[1]. »

(a) Voylà donq jusques où je me sens coulpable de cette premiere partie, que je disois estre au vice de la presomption. Pour la seconde, qui consiste à n'estimer poinct assez autruy, je ne sçay si je m'en puis si bien excuser; car, quoy qu'il me couste, je delibere de dire ce qui en est.

A l'adventure que le commerce continuel que j'ay avec les humeurs anciennes, et l'Idée de ces riches ames du temps passé me dégouste, et d'autruy et de moy mesme; ou bien que, à la verité, nous vivons en un siecle qui ne produict les choses que bien mediocres; tant y a que je ne connoy rien digne de grande admiration; aussi ne connoy-je guiere d'hommes avec telle privauté qu'il faut pour en pouvoir juger; et ceux ausquels ma condition me mesle plus ordinairement sont, pour la pluspart, gens qui ont peu de soing de la culture de l'ame, et ausquels on ne propose pour toute beatitude que l'honneur, et pour toute perfection que la vaillance. Ce que je voy de beau en autruy, je le loüe et l'estime très-volontiers : voire j'encheris souvent sur ce que j'en pense, et me permets de mentir jusques là. Car je ne sçay point inventer un subject faux. Je tesmoigne volontiers de mes amis par ce que j'y trouve de loüable; et d'un pied de valeur, j'en fay volontiers un pied et demy. Mais de leur prester les qualitez qui n'y sont pas, je ne puis, ny les defendre ouvertement des imperfections qu'ils ont.

(b) Voyre à mes ennemis je rens nettement ce que je dois de tesmoignage d'honneur. *(c)* Mon affection se change; mon jugement, non. *(b)* Et ne confons point ma querelle avec autres circonstances qui n'en sont pas; et suis tant jaloux de la liberté de mon jugement, que mal-ayséement la puis-je quitter pour passion que ce soit. *(c)* Je me fay plus d'injure en mentant, que je n'en fay à celuy de qui je mens. On remarque cette loüable et gene-

reuse coustume de la nation Persienne, qu'ils parlent de
leurs mortels ennemis et qu'ils font guerre à outrance,
honorablement et equitablement, autant que porte le
merite de leur vertu.

(a) Je connoy des hommes assez, qui ont diverses
parties belles : qui, l'esprit; qui, le cœur; qui, l'adresse;
qui, la conscience; qui, le langage; qui, une science; qui,
un'autre. Mais de grand homme en general, et ayant tant
de belles pieces ensemble, ou[1] une en tel degré d'excellence qu'on s'en doive estonner, ou le comparer à ceux
que nous honorons du temps passé, ma fortune ne m'en
a fait voir nul. Et le plus grand que j'aye conneu au vif,
je di des parties naturelles de l'ame, et le mieux né,
c'estoit Estienne de la Boitie; c'estoit vrayement un'ame
pleine et qui montroit un beau visage à tout sens[2];
un'ame à la vieille marque et qui eut produit de grands
effects, si sa fortune l'eust voulu, ayant beaucoup adjousté
à ce riche naturel par science et estude. Mais je ne sçay
comment il advient *(c)* (et si, advient sans doubte)
(a) qu'il se trouve autant de vanité et de foiblesse d'entendement en ceux qui font profession d'avoir plus de
suffisance, qui se meslent de vacations lettrées et de
charges qui despendent des livres, qu'en nulle autre
sorte de gens : ou bien par ce que on requiert et attend
plus d'eux, et qu'on ne peut excuser en eux les fautes
communes; ou bien que l'opinion du sçavoir leur donne
plus de hardiesse de se produire et de se descouvrir trop
avant, par où ils se perdent et se trahissent. Comme un
artisan tesmoigne bien mieux sa bestise en une riche
matiere qu'il ait entre mains, s'il l'accommode et mesle
sottement et contre les regles de son ouvrage, qu'en une
matiere vile, et s'offence l'on plus du defaut en une statue
d'or qu'en celle qui est de plastre. Ceux cy en font autant
lors qu'ils mettent en avant des choses qui d'elles mesmes
et en leur lieu seroyent bonnes : car ils s'en servent sans
discretion, faisans honneur à leur memoire aux despens
de leur entendement. Ils font honneur à Cicero, à Galien,
à Ulpian et à saint Hierosme, et eux se rendent ridicules.

Je retombe volontiers sur ce discours de l'ineptie
de notre institution[3]. Elle a eu pour sa fin de nous
faire non bons et sages, mais sçavans : elle y est arrivée.
Elle ne nous a pas apris de suyvre et embrasser la vertu
et la prudence, mais elle nous en a imprimé la derivation

et l'etymologie. Nous sçavons decliner vertu, si nous ne sçavons l'aymer; si nous ne sçavons que c'est que prudence par effect et par experience, nous le sçavons par jargon et par cœur. De nos voisins, nous ne nous contentons pas d'en sçavoir la race, les parentelles et les alliances, nous les voulons avoir pour amis et dresser avec eux quelque conversation et intelligence; elle nous a apris les deffinitions, les divisions et particions de la vertu, comme des surnoms et branches d'une genealogie, sans avoir autre soing de dresser entre nous et elle quelque pratique de familiarité et privée acointance. Elle nous a choisi pour nostre aprentissage non les livres qui ont les opinions plus saines et plus vrayes, mais ceux qui parlent le meilleur Grec et Latin, et, parmy ses beaux mots, nous a fait couler en la fantasie les plus vaines humeurs de l'antiquité. Une bonne institution, elle change le jugement et les meurs, comme il advint à Polemon, ce jeune homme Grec debauché, qui, estant allé ouïr par rencontre une leçon de *(c)* Xenocrates, *(a)* ne remerqua pas seulement l'eloquence et la suffisance du lecteur, et n'en rapporta pas seulement en la maison la science de quelque belle matiere, mais un fruit plus apparent et plus solide, qui fut le soudain changement et amendement de sa premiere vie. Qui a jamais senti un tel effect de nostre discipline?

> *faciasne quod olim*
> *Mutatus Polemon? ponas insignia morbi,*
> *Fasciolas, cubital, focalia, potus ut ille*
> *Dicitur ex collo furtim carpsisse coronas,*
> *Postquam est impransi correptus voce magistri[1]?*

(c) La moins desdeignable condition de gens me semble estre celle qui par simplesse tient le dernier rang, et nous offrir un commerce plus reglé. Les meurs et les propos des paysans, je les trouve communéement plus ordonnez selon la prescription de la vraie philosophie, que ne sont ceux de nos philosophes. « *Plus sapit vulgus, quia tantum quantum opus est, sapit[2].* »

(a) Les plus notables hommes que j'aye jugé par les apparences externes (car, pour les juger à ma mode, il les faudroit esclerer de plus près), ce ont esté, pour le faict de la guerre et suffisance militaire, le Duc de Guyse[3], qui mourut à Orleans, et le feu Mareschal Strozzi[4]. Pour gens suffisans, et de vertu non commune, Olivier[5]

et l'Hospital, Chanceliers de France. Il me semble aussi
de la Poësie qu'elle a eu sa vogue en nostre siecle. Nous
avons foison de bons artisans de ce mestier-là : Aurat[1],
Beze[2], Buchanan[3], l'Hospital[4], Mont-doré[5], Turnebus[6].
Quant aux François, je pense qu'ils l'ont montée au plus
haut degré où elle sera jamais; et aux parties en quoy
Ronsart et du Bellay excellent, je ne les treuve guieres
esloignez de la perfection ancienne. Adrianus Turnebus
sçavoit plus et sçavoit mieux ce qu'il sçavoit, que homme
qui fut de son siecle, ny loing au delà.

(b) Les vies du Duc d'Albe dernier mort[7] et de nostre
connestable de Mommorancy[8] ont esté des vies nobles
et qui ont eu plusieurs rares ressemblances de fortune;
mais la beauté et la gloire de la mort de cettuycy, à la
veuë de Paris et de son Roy, pour leur service, contre ses
plus proches, à la teste d'une armée victorieuse par sa
conduitte, et d'un coup de main, en si extreme vieillesse,
me semble meriter qu'on la loge entre les remercables
evenemens de mon temps.

(c) Comme aussi la constante bonté, douceur de meurs
et facilité conscientieuse de monsieur de la Nouë[9], en
une telle injustice de parts armées, vraie escholc de
trahison, d'inhumanité et de brigandage, où tousjours
il s'est nourry, grand homme de guerre et très-experi-
menté.

J'ay pris plaisir à publier en plusieurs lieux l'esperance
que j'ay de Marie de Gournay le Jars, ma fille d'alliance[10],
et certes aymée de moy beaucoup plus que paternellement,
et enveloppée en ma retraitte et solitude, comme l'une
des meilleures parties de mon propre estre. Je ne regarde
plus qu'elle au monde[11]. Si l'adolescence peut donner
presage, cette ame sera quelque jour capable des plus
belles choses, et entre autres de la perfection de cette
tressaincte amitié où nous ne lisons point que son sexe
ait peu monter encores. La sincerité et la solidité de ses
meurs y sont desjà bastantes, son affection vers moy
plus que sur-abondante, et telle en somme qu'il n'y a rien
à souhaiter, sinon que l'apprehension qu'elle a de ma fin,
par les cinquante et cinq ans ausquels elle m'a rencontré,
la travaillast moins cruellement. Le jugement qu'elle fit
des premiers *Essays,* et femme, et en ce siecle, et si jeune,
et seule en son quartier, et la vehemence fameuse dont
elle m'ayma et me desira long temps sur la seule estime

qu'elle en print de moy, avant m'avoir veu, c'est un accident de très-digne consideration.

(a) Les autres vertus ont eu peu ou point de mise en cet aage; mais la vaillance, elle est devenue populaire par noz guerres civiles, et en cette partie il se trouve parmy nous des ames fermes jusques à la perfection, et en grand nombre, si que le triage en est impossible à faire.

Voylà tout ce que j'ay connu, jusques à cette heure, d'extraordinaire grandeur et non commune.

CHAPITRE XVIII

DU DEMENTIR

(a) VOIRE mais on me dira que ce dessein de se servir de soy pour subject à escrire seroit excusable à des hommes rares et fameux qui, par leur reputation, auroyent donné quelque desir de leur cognoissance. Il est certain; je l'advoüe; et sçay bien que, pour voir un homme de la commune façon, à peine qu'un artisan leve les yeux de sa besongne, là où, pour voir un personnage grand et signalé arriver en une ville, les ouvroirs et les boutiques s'abandonnent. Il méssiet à tout autre de se faire cognoistre qu'à celuy qui a dequoy se faire imiter, et duquel la vie et les opinions peuvent servir de patron. Cæsar et Xenophon ont eu dequoy fonder et fermir leur narration en la grandeur de leurs faicts comme en une baze juste et solide. Ainsi sont à souhaiter les papiers journaux du grand Alexandre, les commentaires qu'Auguste, *(c)* Caton, *(a)* Sylla, Brutus et autres avoyent laissé de leurs gestes. De telles gens on ayme et estudie les figures, en cuyvre mesmes et en pierre.

Cette remontrance est très-vraie, mais elle ne me touche que bien peu :

> *Non recito cuiquam, nisi amicis, idque rogatus,*
> *Non ubivis, coramve quibuslibet. In medio qui*
> *Scripta foro recitent, sunt multi, quique lavantes*[1].

Je ne dresse pas icy une statue à planter au carrefour d'une ville, ou dans une Eglise, ou place publique :

(b) Non equidem hoc studeo, bullatis ut mihi nugis
Pagina turgescat...
Secreti loquimur[1].

(a) C'est pour le coin d'une librairie, et[2] pour en amuser
un voisin, un parent, un amy, qui aura plaisir à me
racointer et repratiquer en cett'image. Les autres ont
pris cœur de parler d'eux pour y avoir trouvé le subject
digne et riche; moy, au rebours, pour l'avoir trouvé si
sterile et si maigre qu'il n'y peut eschoir soupçon d'ostentation.

(c) Je juge volontiers des actions d'autruy; des miennes,
je donne peu à juger à cause de leur nihilité.

(b) Je ne trouve pas tant de bien en moy que je ne le puisse
dire sans rougir.

(a) Quel contentement me seroit ce d'ouir ainsi quelqu'un qui me recitast les meurs, le visage, la contenance,
les parolles communes et les fortunes de mes ancestres!
Combien j'y serois attentif! Vrayement cela partiroit
d'une mauvaise nature, d'avoir à mespris les portraits
mesmes de nos amis et predecesseurs, *(c)* la forme de leurs
vestements et de leurs armes. J'en conserve[3] l'escriture,
le seing, des heures et un'espée peculiere qui leur a servi,
et n'ay point chassé de mon cabinet des longues gaules
que mon pere portoit ordinairement en la main.

« *Paterna vestis et annulus tanto charior est posteris, quanto
erga parentes major affectus*[4]. »

(a) Si toutes-fois ma posterité est d'autre appetit,
j'auray bien dequoy me revencher : car ils ne sçauroient
faire moins de conte de moy que j'en feray d'eux en ce
temps là. Tout le commerce que j'ay en cecy avec le
publiq, c'est que j'emprunte les utils de son escripture,
plus soudaine et plus aisée[5]. En recompense, *(c)* j'empes-
cheray peut-estre que quelque coin de beurre ne se fonde
au marché.

(a) Ne toga cordyllis, ne penula desit olivis[6],

(b) Et laxas scombris sæpe dabo tunicas[7].

(c) Et quand personne ne me lira, ay-je perdu mon
temps de m'estre entretenu tant d'heures oisifves à
pensemens si utiles et agreables? Moulant sur moy cette
figure, il m'a fallu si souvent dresser et composer pour
m'extraire, que le patron s'en est fermy et aucunement

formé soy-mesmes. Me peignant pour autruy, je me suis
peint en moy de couleurs plus nettes que n'estoyent les
miennes premieres. Je n'ay pas plus faict mon livre que
mon livre m'a faict, livre consubstantiel à son autheur,
d'une occupation propre, membre de ma vie; non d'une
occupation et fin tierce et estrangere comme tous autres
livres.

Ay-je perdu mon temps de m'estre rendu compte de
moy si continuellement, si curieusement? Car ceux qui
se repassent par fantasie seulement et par langue quelque
heure, ne s'examinent pas si primement, ny ne se penetrent, comme celuy qui en faict son estude, son ouvrage et
son mestier, qui s'engage à un registre de durée, de toute
sa foy, de toute sa force.

Les plus delicieux plaisirs, si se digerent-ils au dedans,
fuyent à laisser trace de soi, et fuyent la veuë non seulement du peuple, mais d'un autre.

Combien de fois m'a cette besongne diverty de cogitations ennuyeuses! et doivent estre contées pour
ennuyeuses toutes les frivoles. Nature nous a estrenez
d'une large faculté à nous entretenir à part, et nous y
appelle souvent pour nous apprendre que nous nous
devons en partie à la société, mais en la meilleure partie
à nous. Aux fins de renger ma fantasie à resver mesme
par quelque ordre et projet, et la garder de se perdre et
extravaguer au vent, il n'est que de donner corps et mettre
en registre tant de menues pensées qui se presentent à
elle. J'escoute à mes resveries par ce que j'ay à les enroller.
Quant de fois, estant marry de quelque action que la
civilité et la raison me prohiboient de reprendre à descouvert, m'en suis je icy desgorgé, non sans dessein de
publique instruction! Et si, ces verges poétiques :

> Zon dessus l'euil, zon sur le groin,
> Zon sur le dos du Sagoin[1]!

s'impriment encore mieux en papier qu'en la chair vifve.
Quoy, si je preste un peu plus attentivement l'oreille aux
livres, depuis que je guette si j'en pourray friponner
quelque chose de quoy esmailler ou estayer le mien?

Je n'ay aucunement estudié pour faire un livre; mais
j'ay aucunement estudié pour ce que je l'avoy faist, si
c'est aucunement estudier que effleurer et pincer par la
teste ou par les pieds tantost un autheur, tantost un autre;

nullement pour former mes opinions; ouy pour les
assiſter pieç'a formées, seconder et servir.

(a) Mais, à qui croyons nous parlant de soy, en une
saison si gaſtée? veu qu'il en eſt peu, ou point, à qui nous
puissions croire parlant d'autruy, où il y a moins d'intereſt à mentir. Le premier traict de la corruption des
mœurs, c'eſt le bannissement de la verité : car, comme
disoit Pindare, l'eſtre veritable eſt le commencement d'une
grande vertu[1] (c) et le premier article que Platon[2]
demande au gouverneur de sa république. (a) Noſtre
verité de maintenant, ce n'eſt pas ce qui eſt, mais ce qui
se persuade à autruy : comme nous appellons monnoye
non celle qui eſt loyalle seulement, mais la fauce aussi qui
a mise. Noſtre nation eſt de long temps reprochée de ce
vice; car Salvianus Massiliensis, qui eſtoit du temps de
Valentinian l'Empereur, dict[3] qu'aux François le mentir
et se parjurer n'eſt pas vice, mais une façon de parler.
Qui voudroit encherir sur ce tesmoignage, il pourroit
dire que ce leur eſt à present vertu. On s'y forme, on s'y
façonne, comme à un exercice d'honneur; car la dissimulation eſt des plus notables qualitez de ce siecle.

Ainsi, j'ay souvent consideré d'où pouvoit naiſtre
cette couſtume, que nous observons si religieusement,
de nous sentir plus aigrement offencez du reproche de ce
vice, qui nous eſt si ordinaire, que de nul autre; que ce
soit l'extreme injure qu'on nous puisse faire de parolle,
que de nous reprocher la mensonge. Sur cela, je treuve
qu'il eſt naturel de se defendre le plus des deffaux dequoy
nous sommes le plus entachez. Il semble qu'en nous
ressentans de l'accusation et nous en esmouvans, nous
nous deschargeons aucunement de la coulpe; si nous
l'avons par effect, au moins nous la condamnons par
apparence.

(b) Seroit ce pas aussi que ce reproche semble envelop-
per la couardise et lâcheté de cœur? En eſt-il de plus
expresse que se desdire de sa parolle? quoy, se desdire de
sa propre science?

(a) C'eſt un vilein vice que le mentir, et qu'un ancien[4]
peint bien honteusement quand il dict que c'eſt donner
tesmoignage de mespriser Dieu, et quand et quand de
craindre les hommes. Il n'eſt pas possible d'en representer
plus richement l'horreur, la vilité et le desreglement. Car
que peut on imaginer plus vilain que d'eſtre couart à

l'endroit des hommes et brave à l'endroit de Dieu ? Nostre
intelligence se conduisant par la seule voye de la parolle,
celuy qui la fauce, trahit la societé publique. C'est le seul
util par le moien duquel se communiquent nos volontez
et nos pensées, c'est le truchement de nostre ame : s'il
nous faut, nous ne nous tenons plus, nous ne nous entre-
connoissons plus. S'il nous trompe, il rompt tout nostre
commerce et dissoult toutes les liaisons de nostre police.

(b) Certaines nations des nouvelles Indes (on n'a que
faire d'en remarquer les noms, ils ne sont plus ; car jusques
à l'entier abolissement des noms et ancienne cognoissance des lieux s'est estandue la desolation de cette conqueste d'un merveilleux exemple et inouy) offroyent à
leurs Dieux du sans humain, mais non autre que tiré de
leur langue et oreilles, pour expiation du péché de la
mensonge, tant ouye que prononcée[1].

(a) Ce bon compaignon de Grece[2] disoit que les enfans
s'amusent par les osselets, les hommes par les parolles.

Quant aux divers usages de nos démentirs, et les loix
de nostre honneur en cela, et les changemens qu'elles ont
receu, je remets à une autre-fois d'en dire ce que j'en sçay,
et apprendray cependant, si je puis, en quel temps print
commencement cette coustume de si exactement poiser
et mesurer les parolles, et d'y attacher nostre honneur.
Car il est aisé à juger qu'elle n'estoit pas anciennement
entre les Romains et les Grecs. Et m'a semblé souvent
nouveau et estrange de les voir se démentir et s'injurer,
sans entrer pourtant en querelle. Les loix de leur devoir
prenoient quelque autre voye que les nostres. On appelle
Cæsar tantost voleur, tantost yvrongne, à sa barbe.
Nous voyons la liberté des invectives qu'ils font les uns
contre les autres, je dy les plus grands chefs de guerre
de l'une et l'autre nation, où les parolles se revenchent
seulement par les parolles et ne se tirent à autre consequence.

CHAPITRE XIX

DE LA LIBERTÉ DE CONSCIENCE

(a) IL est ordinaire de voir les bonnes intentions, si elles
sont conduites sans moderation, pousser les
hommes à des effects très-vitieux. En ce debat par lequel

la France est à présent agitée de guerres civiles, le meilleur
et le plus sain party est sans doubte celuy qui maintient et
la religion et la police ancienne du pays. Entre les gens de
bien toutes-fois qui le suyvent (car je ne parle point de
ceux qui s'en servent de pretexte pour, ou exercer leurs
vengences particulieres, ou fournir à leur avarice, ou
suyvre la faveur des Princes; mais de ceux qui le font par
vray zele envers leur religion, et sainte affection à maintenir la paix et l'estat de leur patrie), de ceux-cy, dis-je,
il s'en voit plusieurs que la passion pousse hors les bornes
de la raison, et leur faict par fois prendre des conseils
injustes, violents et encore temeraires.

   Il est certain qu'en ces premiers temps que nostre religion commença de gaigner authorité avec les loix, le
zele en arma plusieurs contre toute sorte de livres paiens,
dequoy les gens de lettres souffrent une merveilleuse
perte. J'estime que ce desordre ait plus porté de nuysance
aux lettres que tous les feux des barbares. Cornelius Tacitus en est un bon tesmoing : car, quoy que l'Empereur
Tacitus[1], son parent, en eut peuplé par ordonnances
expresses toutes les libreries du monde, toutes-fois un
seul exemplaire entier n'a peu eschapper la curieuse
recherche de ceux qui desiroyent l'abolir pour cinq ou
six vaines clauses contraires à nostre creance. Ils ont aussi
eu cecy, de prester aisément des louanges fauces à tous les
Empereurs qui faisoient pour nous, et condamner universellement toutes les actions de ceux qui nous estoient
adversaires, comme il est aisé à voir en l'Empereur Julian,
surnommé l'Apostat[2].

   C'estoit, à la verité, un très-grand homme et rare,
comme celuy qui avoit son ame vivement tainte des discours de la philosophie, ausquels il faisoit profession de
regler toutes ses actions; et, de vray, il n'est aucune sorte
de vertu dequoy il n'ait laissé de très-notables exemples[3].
En chasteté (de laquelle le cours de sa vie donne bien
cler tesmoignage), on lit de luy un pareil trait à celuy
d'Alexandre et de Scipion, que de plusieurs trèsbelles
captives il n'en voulut pas seulement voir une, estant
en la fleur de son aage[4], car il fut tué par les Parthes
aagé de trente un an seulement[5]. Quant à la justice,
il prenoit luy-mesme la peine d'ouyr les parties; et encore
que par curiosité il s'informast à ceux qui se presentoient
à luy de quelle religion ils estoient, toutesfois l'inimitié

qu'il portoit à la noſtre ne donnoit aucun contrepoix
à la balance. Il fit luy mesme plusieurs bonnes loix, et
retrancha une grande partie des subsides et impositions
que levoient ses predecesseurs[1].

Nous avons deux bons hiſtoriens tesmoings oculaires
de ses actions : l'un desquels, Marcellinus, reprend aigrement en divers lieux de son hiſtoire cette sienne ordonnance par laquelle il deffendit l'escole et interdit l'enseigner à tous les Rhetoriciens et Grammairiens Chreſtiens,
et dit qu'il souhaiteroit cette sienne action eſtre ensevelie
soubs le silence[2]. Il eſt vray-semblable, s'il euſt fait
quelque chose de plus aigre contre nous, qu'il ne l'eut
pas oublié, eſtant bien affectionné à noſtre party. Il nous
eſtoit aspre, à la verité, mais non pourtant cruel ennemy ;
car nos gens[3] mesmes recitent de luy cette hiſtoire,
que, se promenant un jour autour de la ville de Chalce-
doine, Maris, Evesque du lieu, osa bien l'appeler meschant
traiſtre à Chriſt, et qu'il n'en fit autre chose, sauf luy respondre : « Va, miserable, pleure la perte de tes yeux. »
A quoy l'Evesque encore repliqua : « Je rens graces à
Jesus Chriſt de m'avoir oſté la veuë, pour ne voir ton
visage impudent »; affectant, disent-ils, en cela une patience
philosophique. Tant y a que ce faict là ne se peut pas bien
rapporter aux cruautez qu'on le dit avoir exercées
contre nous. Il eſtoit (dit Eutropius[4], mon autre tesmoing)
ennemy de la Chreſtienté, mais sans toucher au sang[5].

Et, pour revenir à sa juſtice, il n'eſt rien qu'on y puisse
accuser que les rigueurs dequoy il usa, au commencement
de son empire, contre ceux qui avoient suivy le parti de
Conſtantius, son predecesseur[6]. Quant à sa sobrieté,
il vivoit toujours un vivre soldatesque, et se nourrissoit
en pleine paix comme celui qui se preparoit et accouſtu-
moit à l'auſterité de la guerre[7]. La vigilance eſtoit telle
en luy qu'il departoit la nuict à trois ou à quatre parties,
dont la moindre eſtoit celle qu'il donnoit au sommeil[8] ;
le reſte, il l'employoit à visiter luy mesme en personne
l'eſtat de son armée et ses gardes, ou à eſtudier ; car, entre
autres siennes rares qualitez, il eſtoit très-excellent en
toute sorte de literature[9]. On dict d'Alexandre le grand,
qu'eſtant couché, de peur que le sommeil ne le débauchat
de ses pensemens et de ses eſtudes, il faisoit mettre un
bassin joingnant son lict, et tenoit l'une de ses mains au
dehors avec une boulette de cuivre, affin que, le dormir le

surprenant et relaschant les prises de ses doigts, cette
boulette, par le bruit de sa cheute dans le bassin, le reveil-
lat[1]. Cettuy-cy avoit l'ame si tendue à ce qu'il vouloit,
et si peu empeschée de fumées par sa singuliere abstinence,
qu'il se passoit bien de cet artifice. Quant à la suffisance
militaire, il fut admirable en toutes les parties d'un grand
capitaine; aussi fut-il quasi toute sa vie en continuel exercice de guerre, et la plupart avec nous en France contre les
Allemans et Francons. Nous n'avons guere memoire
d'homme qui ait veu plus de hazards, ny qui ait plus souvent faict preuve de sa personne. Sa mort a quelque chose
de pareil à celle d'Epaminondas[2]; car il fut frappé d'un
traict, et essaya de l'arracher, et l'eut fait sans ce que, le
traict estant tranchant, il se couppa et affoiblit sa main.
Il demandoit incessamment qu'on le rapportat en ce
mesme estat en la meslée pour y encourager ses soldats,
lesquels contesterent cette bataille sans luy, très courageusement, jusques à ce que la nuict separa les armées[3].
Il devoit à la philosophie un singulier mespris en quoy
il avoit sa vie et les choses humaines[4]. Il avoit ferme
creance de l'eternité des ames.

   En matiere de religion, il estoit vicieux par tout; on l'a
surnommé apostat pour avoir abandonné la nostre; toutesfois cette opinion me semble plus vray-semblable, qu'il
ne l'avoit jamais euë à cœur, mais que, pour l'obeïssance
des loix, il s'estoit feint jusques à ce qu'il tint l'Empire
en sa main. Il fut si superstitieux en la sienne que ceux
mesmes qui en estoient de son temps, s'en mocquoient;
et, disoit-on, s'il eut gaigné la victoire contre les Parthes,
qu'il eut fait tarir la race des bœufs au monde pour satisfaire à ses sacrifices[5]; il estoit aussi embabouyné de la
science divinatrice, et donnoit authorité à toute façon de
prognostiques[6]. Il dit entre autres choses, en mourant,
qu'il sçavoit bon gré aux dieux et les remercioit dequoy
ils ne l'avoyent pas voulu tuer par surprise, l'ayant de long
temps adverty du lieu et heure de sa fin, ny d'une mort
molle ou lâche, mieux convenable aux personnes oisives
et delicates, ny languissante, longue et douloureuse; et
qu'ils l'avoient trouvé digne de mourir de cette noble
façon, sur le cours de ses victoires et en la fleur de sa
gloire[7]. Il avoit eu une pareille vision à celle de Marcus
Brutus, qui premierement le menassa en Gaule et depuis
se representa à lui en Perse sur le poinct de sa mort[8].

(c) Ce langage qu'on lui faict tenir, quand il se sentit frappé : « Tu as vaincu, Nazareen[1] », ou, comme d'autres : « Contente toi, Nazareen[2] », n'eust esté oublié, s'il eust esté creu par mes tesmoings, qui, estans presens en l'armée, ont remerqué jusques aux moindres mouvements et parolles de sa fin, non plus que certains autres miracles qu'on y attache.

(a) Et, pour venir au propos de mon theme, il couvoit, dit Marcellinus[3], de long temps en son cœur le paganisme ; mais, par ce que toute son armée estoit de Chrestiens, il ne l'osoit descouvrir. En fin, quand il se vit assez fort pour oser publier sa volonté, il fit ouvrir les temples des dieux, et s'essaya par tous moyens de mettre sus l'idolatrie[4]. Pour parvenir à son effect, ayant rencontré en Constantinople le peuple descousu avec les prelats de l'Eglise Chrestienne divisez, les ayant faict venir à luy au palais, les amonnesta instamment d'assoupir ces dissentions civiles, et que chacun sans empeschement et sans crainte servit à sa religion. Ce qu'il sollicitoit avec grand soing, pour l'esperance que cette licence augmenteroit les parts et les brigues de la division, et empescheroit le peuple de se reunir et de se fortifier par consequent contre luy par leur concorde et unanime intelligence ; ayant essayé par la cruauté d'aucuns Chrestiens qu'il n'y a point de beste au monde tant à craindre à l'homme que l'homme.

Voilà ses mots à peu près : en quoy cela est digne de consideration, que l'Empereur Julian se sert, pour attiser le trouble de la dissention civile, de cette mesme recepte de liberté de conscience que nos Roys viennent d'employer pour l'estaindre. On peut dire, d'un costé, que de lácher la bride aux pars d'entretenir leur opinion, c'est espandre et semer la division ; c'est préter quasi la main à l'augmenter, n'y ayant aucune barriere ny coerction des loix qui bride et empesche sa course. Mais, d'austre costé, on diroit aussi que de lascher la bride aux pars d'entretenir leur opinion, c'est les amolir et relácher par la facilité et par l'aisance, et que c'est émousser l'éguillon qui s'affine par la rareté, la nouvelleté et la difficulté. Et si, croy mieux, pour l'honneur de la devotion de nos rois, c'est que, n'ayans peu ce qu'ils vouloient, ils ont fait semblant de vouloir ce qu'ils pouvoient[5].

CHAPITRE XX

NOUS NE GOUSTONS RIEN DE PUR

(a) L A foiblesse de noſtre condition fait que les choses, en leur simplicité et pureté naturelle, ne puissent pas tomber en noſtre usage. Les elemens que nous jouyssons sont alterez, et les metaux de mesme; et l'or, il le faut empirer par quelque autre matiere pour l'accommoder à noſtre service.

(c) Ny la vertu ainsi simple, qu'Ariſton et Pyrrho et encore les Stoïciens faisoient fin de la vie, n'y a peu servir sans composition, ny la volupté Cyrenaïque et Ariſtippique.

(a) Des plaisirs et biens que nous avons, il n'en eſt aucun exempt de quelque meslange de mal et d'incommodité,

> *(b) medio de fonte leporum*
> *Surgit amari aliquid, quod in ipsis floribus angat*[1].

Noſtre extreme volupté a quelque air de gemissement et de plainte. Diriez vous pas qu'elle se meurt d'angoisse? Voire quand nous en forgeons l'image en son excellence, nous la fardons d'epithetes et qualitez maladiſves et douloureuses : langueur, mollesse, foiblesse, deffaillance, *morbideʒʒa ;* grand tesmoignage de leur consanguinité et consubſtantialité.

(c) La profonde joye a plus de severité que de gayeté; l'extreme et plein contantement, plus de rassis que d'enjoué. « *Ipsa fœlicitas, se nisi temperat, premit*[2]. » L'aise nous masche.

(a) C'eſt ce que dit un verset Grec ancien de tel sens : « Les dieux nous vendent tous les biens qu'ils nous donnent[3] », c'eſt à dire ils ne nous en donnent aucun pur et parfaiſt, et que nous n'acheetons au pris de quelque mal.

(c) Le travail et le plaisir, très-dissemblables de nature, s'associent pourtant de je ne sçay quelle joinſture naturelle.

Socrates diſt[4] que quelque dieu essaya de mettre en masse et confondre la douleur et la volupté, mais que, n'en pouvant sortir, il s'avisa de les accoupler au moins par la queue.

(*b*) Metrodorus disoit[1] qu'en la tristesse il y a quelque alliage de plaisir. Je ne sçay s'il vouloit dire autre chose; mais moy, j'imagine bien qu'il y a du dessein, du consentement et de la complaisance à se nourrir en la melancholie; je dis outre l'ambition, qui s'y peut encore mesler. Il y a quelque ombre de friandise et delicatesse qui nous rit et qui nous flatte au giron mesme de la melancholie. Y a il pas des complexions qui en font leur aliment?

est quædam flere voluptas[2].

(*c*) Et dict un Attalus, en Seneque[3], que la memoire de nos amis perdus nous agrée comme l'amer au vin trop vieus,

Minister vetuli, puer, falerni,
Ingere mi calices amariores[4];

et comme des pommes doucement aigres.

(*b*) Nature nous descouvre cette confusion : les peintres tiennent que les mouvemens et plis du visage qui servent au pleurer, servent aussi au rire. De vray, avant que l'un ou l'autre soyent achevez d'exprimer, regardez à la conduicte de la peinture : vous estes en doubte vers lequel c'est qu'on va. Et l'extremité du rire se mesle aux larmes. (*c*) « *Nullum sine auctoramento malum est*[5]. » Quand j'imagine l'homme assiegé de commoditez desirables (mettons le cas que tous ses membres fussent saisis pour tousjours d'un plaisir pareil à celuy de la generation en son poinct plus excessif), je le sens fondre soubs la charge de son aise, et le vois du tout incapable de porter une si pure, si constante volupté et si universelle. De vray, il fuit quand il y est, et se haste naturellement d'en eschapper, comme d'un pas où il ne se peut fermir, où il craint d'enfondrer.

(*b*) Quand je me confesse à moy religieusement, je trouve que la meilleure bonté que j'aye a de la teinture vicieuse. Et crains que Platon en sa plus verte vertu (moy qui en suis autant sincere et loyal estimateur, et des vertus de semblable marque, qu'autre puisse estre), s'il y eust escouté de près, et il y escoutoit de près, il y eust senty quelque ton gauche de mixtion humaine, mais ton obscur et sensible seulement à soy. L'homme, en tout et par tout, n'est que rapiessement et bigarrure

(*a*) Les loix mesmes de la justice ne peuvent subsister sans quelque meslange d'injustice; et dit Platon[6] que

ceux-là entreprennent de couper la teste de Hydra qui
pretendent oster des loix toutes incommoditez et inconveniens. « *Omne magnum exemplum habet aliquid ex iniquo,
quod contra singulos utilitate publica rependitur*[1] », dict Tacitus.

(*b*) Il est pareillement vray que, pour l'usage de la vie
et service du commerce public, il y peut avoir de l'excez
en la pureté et perspicacité de nos esprits; cette clarté
penetrante a trop de subtilité et de curiosité. Il les faut
appesantir et emousser pour les rendre plus obeissans à
l'exemple et à la pratique, et les espessir et obscurcir pour
les proportionner à cette vie tenebreuse et terrestre. Pourtant se trouvent les esprits communs et moins tendus plus
propres et plus heureux à conduire affaires. Et les opinions
de la philosophie eslevées et exquises se trouvent ineptes
à l'exercice. Cette pointue vivacité d'ame, et cette volubilité souple et inquiete trouble nos negotiations. Il faut
manier les entreprises humaines plus grossierement et
superficiellement, et en laisser bonne et grande part pour
les droicts de la fortune. Il n'est pas besoin d'esclairer les
affaires si profondement et si subtilement. On s'y perd,
à la consideration de tant de lustres contraires et formes
diverses : (*c*) « *Volutantibus res inter se pugnantes obtor-
puerant animi*[2]. »

C'est ce que les anciens disent de Simonides : par ce que
son imagination luy presentoit (sur la demande que luy
avoit faict le Roy Hiero[3] pour à la quelle satisfaire il
avoit eu plusieurs jours de pensement) diverses considerations aigües et subtiles, doubtant laquelle estoit la
plus vray-semblable, il desespera du tout de la verité.

(*b*) Qui en recherche et embrasse toutes les circonstances et consequences, il empesche son election. Un
engin moyen conduit esgallement, et suffit aux executions
de grand et de petit pois. Regardez que les meilleurs
mesnagers sont ceux qui nous sçavent moins dire comment ils le sont, et que ces suffisans conteurs n'y font le
plus souvent rien qui vaille. Je sçay un grand diseur et
très-excellent peintre de toute sorte de mesnage, qui a
laissé bien piteusement couler par ses mains cent mille
livres de rente. J'en sçay un autre qui dict, qui consulte
mieux qu'homme de son conseil, et n'est point au monde
une plus belle montre d'ame et de suffisance; toutesfois,
aux effects, ses serviteurs trouvent qu'il est tout autre,
je dy sans mettre le malheur en compte.

CHAPITRE XXI

CONTRE LA FAINEANTISE

(a) L'EMPEREUR Vespasien, estant malade de la maladie
dequoy il mourut, ne laissoit pas de vouloir
entendre l'estat de l'empire, et dans son lict mesme
despeschoit sans cesse plusieurs affaires de consequence.
Et son medecin l'en tençant comme de chose nuisible à sa
santé : « Il faut, disoit-il, qu'un Empereur meure
debout[1]. » Voylà un beau mot, à mon gré, et digne d'un
grand prince. Adrian, l'Empereur, s'en servit depuis à ce
mesme propos[2], et le debvroit on souvent ramentevoir
aux Roys, pour leur faire sentir que cette grande charge
qu'on leur donne du commandement de tant d'hommes
n'est pas une charge oisive, et qu'il n'est rien qui puisse si
justement dégouster un subject de se mettre en peine et en
hazard pour le service de son prince, que de le voir
apoltronny ce pendant luy mesme à des occupations
lasches et vaines, et d'avoir soing de sa conservation, le
voyant si nonchalant de la nostre[3].

(c) Quand quelqu'un voudra maintenir qu'il vaut
mieux que le Prince conduise ses guerres par autre que par
soy, la fortune luy fournira assez d'exemples de ceux à qui
leurs lieutenans ont mis à chef des grandes entreprises,
et de ceux encore desquels la presence y eut esté plus
nuisible qu'utile. Mais nul prince vertueux et courageux
pourra souffrir qu'on l'entretienne de si honteuses
instructions. Soubs couleur de conserver sa teste comme
la statue d'un sainct à la bonne fortune de son estat, ils le
degradent justement de son office, qui est tout en action
militaire, et l'en declarent incapable. J'en sçay un[4] qui
aymeroit bien mieux estre battu que de dormir pendant
qu'on se battroit pour luy, qui ne vid jamais sans jalousie
ses gens mesmes faire quelque chose de grand en son
absence. Et Selym premier[5] disoit avec grande raison, ce
me semble, que les victoires qui se gaignent sans le
maistre, ne sont pas completes; de tant plus volontiers,
eut-il dict, que ce maistre devroit rougir de honte d'y
pretendre part pour son nom, n'y ayant embesongné que
sa voix et sa pensée; ny cela mesme, veu qu'en telle

besongne les advis et commandemens qui apportent honneur sont ceux-là seulement qui se donnent sur la place et au milieu de l'affaire. Nul pilote n'exerce son office de pied ferme. Les Princes de la race Hottomane, la premiere race du monde en fortune guerriere, ont chauldement embrassé cette opinion[1]. Et Bajazet second avec son filz, qui s'en despartirent, s'amusans aus sciences et autres occupations casanieres, donarent aussi de bien grands soufflets a leur empire; et celuy qui regne à present, Ammurat troisiesme, à leur exemple, commence assez bien de s'en trouver de mesme. Fut-ce pas le Roy d'Angleterre, Edouard troisiesme, qui dict de nostre Charles cinquiesme ce mot : « Il n'y eut onques Roy qui moins s'armast, et si, ny eut onques Roy qui tant me donnast à faire[2]? » Il avoit raison de le trouver estrange, comme un effict du sort plus que de la raison. Et cherchent autre adherent que moy, ceux qui veulent nombrer entre les belliqueux et magnanimes conquerants les Roys de Castille et de Portugal de ce qu'à douze cents lieuës de leur oisive demeure, par l'escorte de leurs facteurs, ils se sont rendus maistres des Indes d'une et d'autre part : desquelles c'est à sçavoir s'ils auroyent seulement le courage d'aller jouyr en presence.

(a) L'empereur Julian disoit encore plus, qu'un philosophe et un galant homme ne devoient pas seulement respirer : c'est à dire ne donner aux necessitez corporelles que ce qu'on ne leur peut refuser, tenant tousjours l'ame et le corps embesoignez à choses belles, grandes et vertueuses[3]. Il avoit honte si en public on le voioit cracher ou suer (ce qu'on dict aussi de la jeunesse Lacedemonienne, et Xenophon[4] de la Persienne), parce qu'il estimoit que l'exercice, le travail continuel et la sobrieté devoient avoir cuit et asseché toutes ces superfluitez. Ce que dit Seneque[5] ne joindra pas mal en cet endroict, que les anciens Romains maintenoient leur jeunesse droite : « Ils n'apprenoient, dit-il, rien à leurs enfans qu'ils deussent apprendre assis. »

(c) C'est une genereuse envie de vouloir mourir mesmes, utilement et virilement; mais l'effect n'en gist pas tant en nostre bonne resolution qu'en nostre bonne fortune. Mille ont proposé de vaincre ou de mourir en combattant, qui ont failly à l'un et à l'autre : les blesseures, les prisons leur traversant ce dessein et leur prestant une vie forcée.

Il y a des malladies qui atterrent jusques à nos desirs et à nostre connoissance[1] : Moley Molluch, Roy de Fez, qui vient de gagner contre Sebastien, Roy de Portugal, cette journée fameuse par la mort de trois Roys et par la transmission de cette grande couronne à celle de Castille, se trouva griefvement malade dès lors que les Portugais entrerent à main armée en son estat, et alla tousjours despuis en empirant vers la mort, et la prevoyant. Jamais homme ne se servit de soy plus vigoureusement et plus glorieusement. Il se trouva foible pour soustenir la pompe cerémonieuse de l'entrée de son camp, qui est, selon leur mode, pleine de magnificence et chargée de tout plein d'action, et resigna cet honneur à son frere. Mais ce fut aussi le seul office de Capitaine qu'il resigna; tous les autres, necessaires et utiles, il les fit très-laborieusement et exactement; tenant son corps couché, mais son entendement et son courage debout et ferme, jusques au dernier soupir, et aucunement au delà. Il pouvoit miner ses ennemys, indiscretement advancez en ses terres; et luy poisa merveilleusement qu'à faulte d'un peu de vie, et pour n'avoir qui substituer à la conduitte de cette guerre, et affaires d'un estat troublé, il eust à chercher la victoire sanglante et hasardeuse, en ayant une autre sure et nette entre ses mains. Toutesfois il mesnagea miraculeusement la durée de sa maladie à faire consommer son ennemy et l'attirer loing de l'armée de mer et des places maritimes qu'il avoit en la coste d'Affrique, jusques au dernier jour de sa vie, lequel, par dessein, il employa et reserva à cette grande journée. Il dressa sa bataille en rond, assiegeant de toutes pars l'ost des Portugais; lequel rond, venant à se courber et serrer, les empescha non seulement au conflict, qui fut très aspre par la valeur de ce jeune Roy assaillant, veu qu'ils avoient à montrer visage à tous sens, mais aussi les empescha à la fuitte après leur routte. Et, trouvans toutes les issues saisies et closes, furent contraints de se rejetter à eux mesmes (« *coacervanturque non solum cæde, sed etiam fuga*[2] ») et s'amonceller les uns sur les autres, fournissans aus vaincueurs une très meurtriere victoire et très entiere. Mourant, il se fit porter et tracasser où le besoing l'appelloit, et, coulant le long des files, enhortoit ses Capitaines et soldats les uns après les autres. Mais un coing de sa bataille se laissant enfoncer, on ne le peut tenir qu'il ne montast à cheval, l'espée au poing. Il s'efforçoit pour s'aller mesler, ses gens l'arretans qui par la bride, qui par sa robe et par ses estriers. Cet effort acheva d'accabler ce peu de vie qui luy restoit. On le recoucha. Luy, se resuscitant comme en sursaut de cette pasmoison, toute autre faculté lui desfaillant, pour avertir qu'on teust sa mort, qui estoit le plus necessaire commandement qu'il eust lors à faire, pour n'engendrer quelque desespoir aux siens par cette nouvelle, expira, tenant le doigt contre sa bouche close, signe ordinaire de faire silence. Qui vescut oncques si longtemps et si avant en la mort? Qui mourut oncques si debout[1]?

L'extreme degré de traicter courageusement la mort, et le plus naturel, c'est la voir non seulement sans estonnement, mais sans soin, continuant libre le train de la vie jusques dans elle. Comme Caton qui s'amusoit à dormir et à estudier, en ayant une, violente et sanglante, presente en sa teste et en son cœur, et la tenant en sa main.

CHAPITRE XXII

DES POSTES

(b) JE n'ay pas esté des plus foibles en cet exercice, qui est propre à gens de ma taille, ferme et courte; mais j'en quitte le mestier; il nous essaye trop pour y durer long temps.

(a) Je lisois à cette heure[2] que le Roy Cyrus, pour recevoir plus facilement nouvelles de tous les costez de son Empire, qui estoit d'une fort grande estandue, fit regarder combien un cheval pouvoit faire de chemin en un jour tout d'une traite, et à cette distance il establit des hommes qui avoient charge de tenir des chevaux prets pour en fournir à ceux qui viendroient vers luy. *(c)* Et disent aucuns que cette vistesse d'aller vient à la mesure du vol des gruës.

(a) Cæsar dit[3] que Lucius Vibulus Rufus, ayant haste de porter un advertissement à Pompeius, s'achemina vers luy jour et nuict, changeant de chevaux pour faire diligence. Et luy mesme, à ce que dit Suetone[4], faisoit cent mille par jour sur un coche de louage. Mais c'estoit un furieux courrier, car là où les rivieres luy tranchoient son chemin,

il les franchissoit à nage; *(c)* et ne se destournoit du droit pour aller querir un pont ou un gué. *(a)* Tiberius Nero, allant voir son frere Drusus, malade en Allemaigne, fit deux cens mille en vingt-quatre heures, ayant trois coches[1].

(c) En la guerre des Romains contre le Roy Antiochus, T. Sempronius Gracchus, dict Tite Live, « *per dispositos equos prope incredibili celeritate ab Amphissa tertio die Pellam pervenit[2]* »; et appert à veoir le lieu, que c'estoient postes assises, non ordonnées freschement pour cette course.

(b) L'invention de Cecinna à renvoyer des nouvelles à ceux de sa maison avoit bien plus de promptitude; il emporta quand et soy des arondeles, et les relaschoit vers leurs nids quand il vouloit r'envoyer de ses nouvelles, en les teignant de marque de couleur propre à signifier ce qu'il vouloit, selon qu'il avoit concerté avec les siens. Au theatre, à Romme, les maistres de famille avoient des pigeons dans leur sein, ausquels ils attacheoyent des lettres quand ils vouloient mander quelque chose à leurs gens au logis; et estoient dressez à en raporter responce. D. Brutus en usa, assiegé à Mutine, et autres ailleurs[3].

Au Peru, ils couroyent sur les hommes, qui les chargeoient sur les espaules à tout des portoires, par telle agilité que, tout en courant, les premiers porteurs rejettoyent aux seconds leur charge sans arrester un pas[4].

(c) J'entends que les Valachi, courriers du Grand Seigneur[5], font des extremes diligences, d'autant qu'ils ont loy de desmonter le premier passant qu'ils trouvent en leur chemin, en luy donnant leur cheval recreu; et que, pour se garder de lasser, ils se serrent à travers le corps bien estroitement d'une bande large[6].

CHAPITRE XXIII

DES MAUVAIS MOYENS EMPLOYEZ A BONNE FIN

(a) IL se trouve une merveilleuse relation et correspondance en cette universelle police des ouvrages de nature, qui montre bien qu'elle n'est ny fortuite ny conduyte par divers maistres. Les maladies et conditions de nos corps se voyent aussi aux estats et polices; les

royaumes, les republiques naissent, fleurissent et fanissent de vieillesse, comme nous. Nous sommes subjects à une repletion d'humeurs inutile et nuysible; soit de bonnes humeurs (car cela mesme les medecins le craignent; et, par ce qu'il n'y a rien de stable chez nous, ils disent que la perfection de santé trop allegre et vigoreuse, il nous la faut essimer et rabatre par art, de peur que nostre nature, ne se pouvant rassoir en nulle certaine place et n'ayant plus où monter pour s'ameliorer, ne se recule en arriere en desordre et trop à coup; ils ordonnent pour cela aux Athletes les purgations et les saignées pour leur soustraire cette superabondance de santé); soit repletion de mauvaises humeurs, qui est l'ordinaire cause des maladies.

De semblable repletion se voyent les estats souvent malades, et a l'on accoustumé d'user de diverses sortes de purgation. Tantost on donne congé à une grande multitude de familles pour en décharger le païs, lesquelles vont cercher ailleurs où s'accommoder aux despens d'autruy. De cette façon, nos anciens Francons, partis du fons de l'Alemaigne, vindrent se saisir de la Gaule et en deschasser les premiers habitans; ainsi se forgea cette infinie marée d'hommes qui s'écoula en Italie soubs Brennus et autres; ainsi les Gots et Vuandales, comme aussi les peuples qui possedent à present la Grece, abandonnerent leur naturel païs pour s'aller loger ailleurs plus au large; et à peine est il deux ou trois coins au monde qui n'ayent senty l'effect d'un tel remuement. Les Romains bâtissoient par ce moyen leurs colonies; car, sentans leur ville se grossir outre mesure, ils la deschargeoyent du peuple moins necessaire, et l'envoyoient habiter et cultiver les terres par eux conquises. Par fois aussi ils ont à escient nourry des guerres avec aucuns leurs ennemis, non seulement pour tenir leurs hommes en haleine, de peur que l'oysiveté, mere de corruption, ne leur apportast quelque pire inconvenient,

> *(b) Et patimur longæ pacis mala; sævior armis,*
> *Luxuria incumbit[1];*

(a) mais aussi pour servir de saignée à leur Republique et esvanter un peu la chaleur trop vehemente de leur jeunesse, escourter et esclaircir le branchage de ce tige foisonnant en trop de gaillardise. A cet effet se sont ils autrefois servis de la guerre contre les Cartaginois[2].

Au traité de Bretigny, Edouard troisiesme, Roy d'Angleterre, ne voulut comprendre, en cette paix generale
qu'il fit avec nostre Roy, le different du Duché de Bretaigne, affin qu'il eust où se descharger de ses hommes de
guerre, et que cette foulle d'Anglois, dequoy il s'estoit
servy aux affaires de deçà, ne se rejettast en Angleterre[1].
Ce fut l'une des raisons pourquoy nostre Roy Philippe[2]
consentit d'envoyer Jean son fils à la guerre d'outremer,
afin d'en mener quand et luy un grand nombre de jeunesse
bouillante, qui estoit en sa gendarmerie.

Il y en a plusieurs en ce temps qui discourent de pareille
façon, souhaitans que cette emotion chaleureuse qui est
parmy nous se peut deriver à quelque guerre voisine, de
peur que ces humeurs peccantes qui dominent pour cette
heure nostre corps, si on ne les escoulle ailleurs, maintiennent nostre fiebvre tousjours en force, et apportent
en fin nostre entiere ruine. Et, de vray, une guerre estrangiere est un mal bien plus doux que la civile; mais je ne
croy pas que Dieu favorisat une si injuste entreprise,
d'offencer et quereler autruy pour notre commodité :

> (b) *Nil mihi tam valde placeat, Rhamnusia virgo,*
> *Quod temere invitis suscipiatur heris*[3].

(a) Toutesfois la foiblesse de notre condition nous
pousse souvent à cette necessité, de nous servir de mauvais moyens pour une bonne fin. Licurgus, le plus
vertueux et parfaict legislateur qui fust onques, inventa
cette très-injuste façon, pour instruire son peuple à la
temperance, de faire enyvrer par force les Elotes, qui
estoyent leurs serfs, afin qu'en les voyant ainsi perdus et
ensevelis dans le vin, les Spartiates prinsent en horreur
le débordement de ce vice[4].

Ceux là avoient encore plus de tort, qui permettoyent
anciennement que les criminels, à quelque sorte de mort
qu'ils fussent condamnez, fussent déchirez tous vifs par
les medecins, pour y voir au naturel nos parties inte-
rieures et en establir plus de certitude en leur art. Car, s'il
se faut débaucher, on est plus excusable le faisant pour la
santé de l'ame que pour celle du corps. Comme les
Romains dressoient le peuple à la vaillance et au mespris
des dangiers et de la mort par ces furieux spectacles de
gladiateurs et escrimeurs à outrance qui se combatoient,
détailloient et entretuoyent en leur presence,

(b) *Quid vesani aliud sibi vult ars impia ludi,*
Quid mortes juvenum, quid sanguine pasta voluptas[1] ?

Et dura cet usage jusque à Théodosius l'Empereur :

Arripe dilatam tua, dux, in tempora famam,
Quodque patris superest, successor laudis habeto.
Nullus in urbe cadat cujus sit pœna voluptas.
Jam solis contenta feris, infamis arena
Nulla cruentatis homicidia ludat in armis[2].

(a) C'estoit, à la verité, un merveilleux exemple, et de très-grand fruict pour l'institution du peuple, de voir tous les jours en sa presence cent, deux cens, et mille couples d'hommes, armez les uns contre les autres, se hacher en pieces avecques une si extreme fermeté de courage qu'on ne leur vist lácher une parolle de foiblesse ou commiseration, jamais tourner le dos, ny faire seulement un mouvement láche pour gauchir au coup de leur adversaire, ains tendre le col à son espée et se presenter au coup. Il est advenu à plusieurs d'entre eux, estans blessez à mort de force playes, d'envoyer demander au peuple s'il estoit content de leur devoir, avant que se coucher pour rendre l'esprit sur la place. Il ne falloit pas seulement qu'ils combattissent et mourussent constamment, mais encore allegrement : en maniere qu'on les hurloit et maudissoit, si on les voyoit estriver à recevoir la mort.

(b) Les filles mesmes les incitoient :

consurgit ad ictus ;
Et, quoties victor ferrum jugulo inserit, illa
Delitias ait esse suas, pectúsque jacentis
Virgo modesta jubet converso pollice rumpi[3].

(a) Les premiers Romains employoient à cet exemple les criminels; mais depuis on y employa des serfs innocens, et des libres mesmes qui se vendoyent pour cet effect; *(b)* jusques à des Senateurs et Chevaliers Romains, et encore des femmes :

Nunc caput in mortem vendunt, et funus arenæ,
Atque hostem sibi quisque parat, cum bella quiescunt[4].

Hos inter fremitus novósque lusus,
Stat sexus rudis insciúsque ferri,
Et pugna capit improbus viriles[5].

(a) Ce que je trouverois fort estrange et incroyable si nous n'estions accoustumez de voir tous les jours en nos guerres plusieurs miliasses d'hommes estrangiers, engageant pour de l'argent leur sang et leur vie à des querelles où ils n'ont aucun interest.

CHAPITRE XXIV

DE LA GRANDEUR ROMAINE

(a) JE ne veus dire qu'un mot de cet argument infiny, pour montrer la simplesse de ceux qui apparient à celle là les chetives grandeurs de ce temps.

Au septiesme livre des *Epîtres familieres* de Cicero (et que les grammairiens en ostent ce surnom de familieres, s'ils veulent, car à la verité il n'y est pas fort à propos; et ceux qui, au lieu de familieres, y ont substitué « *Ad familiares* », peuvent tirer quelque argument pour eux de ce que dit Suetone en la *Vie de Cæsar,* qu'il y avoit un volume de lettres de luy « ad familiares »), il y en a une[1] qui s'adresse à Cæsar estant lors en la Gaule, en laquelle Cicero redit ces mots, qui estoyent sur la fin d'un'autre lettre que Cæsar luy avoit escrit : « Quant à Marcus Furius, que tu m'as recommandé, je le feray Roy de Gaule; et si tu veux que j'advance quelque autre de tes amis, envoye le moy. »

Il n'estoit pas nouveau à un simple cytoien Romain, comme estoit lors Cæsar, de disposer des Royaumes, car il osta bien au Roy Dejotarus le sien pour le donner à un gentil'homme de la ville de Pergame nommé Mithridates. Et ceux qui escrivent sa vie enregistrent plusieurs autres Royaumes par luy vendus; et Suetone dict[2] qu'il tira pour un coup, du Roy Ptolomæus, trois millions six cens mill'escus, qui fut bien près de luy vendre le sien :

(b) *Tot Galatæ, tot Pontus eat, tot Lydia nummis*[3].

Marcus Antonius disoit que la grandeur du peuple Romain ne se montroit pas tant par ce qu'il prenoit que par ce qu'il donnoit[4]. *(c)* Si en avoit il, quelque siecle avant Antonius, osté un entre autres d'authorité si merveilleuse que, en toute son histoire, je ne sache marque

qui porte plus haut le nom de son credit. Antiochus possedoit toute l'Egypte et estoit après à conquerir Cypre et
autres demeurans de cet empire. Sur le progrez de ses
victoires, C. Popilius arriva à luy de la part du senat, et
d'abordée refusa de luy toucher à la main, qu'il n'eust
premierement leu les lettres qu'il luy apportoit. Le Roy
les ayant leuës et dict qu'il en delibereroit, Popilius
circonscrit la place où il estoit, à tout sa baguette, en luy
disant. « Rends moy responce que je puisse raporter au
senat, avant que tu partes de ce cercle. » Antiochus,
estonné de la rudesse d'un si pressant commandement,
après y avoir un peu songé : « Je feray, dict-il, ce que le
senat me commande. » Lors le salua Popilius comme amy
du peuple Romain. Avoir renoncé à une si grande
monarchie et cours d'une si fortunée prosperité par l'impression de trois traits d'escriture! Il eut vrayement
raison, comme il fit, d'envoyer depuis dire au senat par ses
ambassadeurs qu'il avoit receu leur ordonnance de mesme
respect que si elle fust venue des Dieux immortels[1].

(b) Tous les Royaumes qu'Auguste gaigna par droict de
guerre, il les rendit à ceux qui les avoyent perdus, ou en
fit present à des estrangiers.

(a) Et sur ce propos Tacitus, parlant du Roy d'Angleterre Cogidunus, nous faict sentir par un merveilleux
traict cette infinie puissance : « Les Romains, dit-il,
avoyent accoustumé, de toute ancienneté, de laisser les
Roys qu'ils avoyent surmontez en la possession de leurs
Royaumes, soubs leur authorité, à ce qu'ils eussent des
Roys mesmes, utils de la servitude : « *ut haberet instru-
menta servitutis et reges*[2]. »

(c) Il est vray-semblable que Soliman, à qui nous avons
veu faire liberalité du Royaume de Hongrie et autres
estats, regardoit plus à cette consideration qu'à celle qu'il
avoit accoustumé d'alleguer : qu'il estoit saoul et chargé
de tant de Monarchies et de puissance[3]!

CHAPITRE XXV

DE NE CONTREFAIRE LE MALADE

(a) IL y a un epigramme en Martial, qui est des bons (car
il y en a chez luy de toutes sortes), où il recite plaisamment l'histoire de Cœlius, qui, pour fuir à faire la
court à quelques grans à Romme, se trouver à leur lever,
les assister et les suivre, fit mine d'avoir la goute; et, pour
rendre son excuse plus vray-semblable, se faisoit oindre
les jambes, les avoit envelopées, et contre-faisoit entierement le port et la contenance d'un homme gouteux; en
fin la fortune luy fit ce plaisir de l'en rendre tout à faict :

> *Tantum cura potest et ars doloris !*
> *Desiit fingere Cœlius podagram*[1].

J'ay veu en quelque lieu d'Appian[2], *(c)* ce me semble,
(a) une pareille histoire d'un qui, voulant eschapper aux
proscriptions des triumvirs de Rome, pour se dérober de
la connoissance de ceux qui le poursuyvoient, se tenant
caché et travesti, y adjousta encore cette invention de
contre-faire le borgne. Quand il vint à recouvrer un peu
plus de liberté et qu'il voulut deffaire l'emplatre qu'il avoit
long temps porté sur son œil, il trouva que sa veuë estoit
effectuellement perdue soubs ce masque. Il est possible
que l'action de la veuë s'estoit hebetée pour avoir esté
si long temps sans exercice, et que la force visive s'estoit
toute rejetée en l'autre œil : car nous sentons evidemment
que l'œil que nous tenons couvert r'envoye à son compaignon quelque partie de son effect, en maniere que
celuy qui reste s'en grossit et s'en enfle; comme aussi
l'oisiveté, avec la chaleur des liaisons et des medicamens,
avoit bien peu attirer quelque humeur podagrique au
gouteux de Martial.

Lisant chez Froissard[3] le veu d'une troupe de jeunes
gentilshommes Anglois, de porter l'œil gauche bandé
jusques à ce qu'ils eussent passé en France et exploité
quelque faict d'armes sur nous, je me suis souvent cha-
touillé de ce pensement, qu'il leur eut pris comme à ces
autres, et qu'ils se fussent trouvez tous éborgnez au
revoir des maistresses pour lesquelles ils avoyent faict
l'entreprise.

Les meres ont raison de tancer leurs enfans quand ils contrefont les borgnes, les boiteux et les bicles, et tels autres defauts de la personne : car, outre ce que le corps ainsi tendre en peut recevoir un mauvais ply, je ne sçay comment il semble que la fortune se joüe à nous prendre au mot; et j'ay ouy reciter plusieurs exemples de gens devenus malades, ayant entrepris de s'en feindre.

(c) De tout temps j'ay apprins de charger ma main, et à cheval et à pied, d'une baguette ou d'un baston, jusques à y chercher de l'elegance et de m'en sejourner, d'une contenance affettée. Plusieurs m'ont menacé que fortune tourneroit un jour cette mignardise en necessité. Je me fonde sur ce que je seroy tout le premier goutteux de ma race.

(a) Mais alongeons ce chapitre et le bigarrons d'une autre piece, à propos de la cecité. Pline dict[1] d'un qui, songeant estre aveugle en dormant, s'en trouva l'endemain sans aucune maladie precedente. La force de l'imagination peut bien ayder à cela, comme j'ay dit ailleurs[2], et semble que Pline soit de cet advis; mais il est plus vray-semblable que les mouvemens que le corps sentoit au dedans, desquels les medecins trouveront, s'ils veulent, la cause, qui luy ostoient la veuë, furent occasion du songe.

Adjoutons encore un'histoire voisine de ce propos, que Seneque recite en l'une de ses lettres[3] : « Tu sçais, dit-il en escrivant à Lucilius, que Harpaste, la folle de ma femme, est demeurée chez moy pour charge hereditaire : car, de mon goust, je suis ennemy de ces monstres, et si j'ay envie de rire d'un fol, il ne me le faut chercher guiere loing, je me ris de moy-mesme. Cette folle a subitement perdu la veuë. Je te recite chose estrange, mais veritable : elle ne sent point qu'elle soit aveugle, et presse incessamment son gouverneur de l'en emmener, par ce qu'elle dit que ma maison est obscure. Ce que nous rions en elle, je te prie croire qu'il advient à chacun de nous; nul ne connoit estre avare, nul convoiteux. Encore les aveugles demandent un guide, nous nous fourvoions de nous mesmes. Je ne suis pas ambitieux, disons nous, mais à Rome on ne peut vivre autrement; je ne suis pas sump-tueux, mais la ville requiert une grande despence; ce n'est pas ma faute si je suis colere, si je n'ay encore establi aucun train asseuré de vie, c'est la faute de la jeunesse. Ne cerchons pas hors de nous nostre mal, il est chez nous, il est planté en nos entrailles. Et cela mesme que nous ne sentons pas estre malades, nous rend la guerison plus mal-aisée. Si nous ne commençons de bonne heure à nous penser, quand aurons nous pourveu à tant de playes et à tant de maus ? Si avons nous une très-douce medecine que la philosophie ; car des autres, on n'en sent le plaisir qu'après la guerison, cette cy plait et guerit ensemble. »

Voylà ce que dit Seneque, qui m'a emporté hors de mon propos ; mais il y a du profit au change.

CHAPITRE XXVI

DES POUCES

(a) Tacitus recite[1] que, parmy certains Roys barbares, pour faire une obligation asseurée, leur maniere estoit de joindre estroictement leurs mains droites l'une à l'autre, et s'entrelasser les pouces ; et quand, à force de les presser, le sang en estoit monté au bout, ils les blessoient de quelque legere pointe, et puis se les entre-suçoient.

Les medecins disent que les pouces sont les maistres doigts de la main, et que leur etymologie Latine vient de *pollere*[2]. Les Grecs l'appellent ἀγτίχειρ[3], comme qui diroit une autre main. Et il semble que par fois les Latins les prennent aussi en ce sens de main entiere,

> *Sed nec vocibus excitata blandis,*
> *Molli pollice nec rogata surgit*[4].

C'estoit à Rome une signification de faveur, de comprimer et baisser les pouces,

> *Fautor utróque tuum laudabit pollice ludum*[5] ;

et de desfaveur, de les hausser et contourner au dehors,

> *converso pollice vulgi*
> *Quemlibet occidunt populariter*[6].

Les Romains dispensoient de la guerre ceux qui estoient blessez au pouce, comme s'ils n'avoient plus la prise des armes assez ferme. Auguste confisqua les biens à un chevalier Romain qui avoit, par malice, couppé les pouces

à deux siens jeunes enfans, pour les excuser d'aler aux
armées[1]; et avant luy, le Senat, du temps de la guerre
Italique, avoit condamné Caius Vatienus à prison perpetuelle et luy avoit confisqué tous ses biens, pour s'estre
à escient couppé le pouce de la main gauche pour
s'exempter de ce voyage[2].

Quelcun, de qui il ne me souvient point, ayant gaigné
une bataille navale, fit coupper les pouces à ses ennemis
vaincus, pour leur oster le moyen de combatre et de tirer
la rame.

(c) Les Atheniens les firent coupper aux Æginetes pour
leur oster la preference en l'art de marine[3].

(b) En Lacedemone, le maistre chatioit les enfans en
leur mordant le pouce[4].

CHAPITRE XXVII

COUARDISE MERE DE LA CRUAUTÉ

(a) J'AI souvent ouy dire que la couardise est mere de
cruauté[5].

(b) Et ay par experience apperçeu que cette
aigreur et aspreté de courage malitieux et inhumain s'accompaigne coustumierement de mollesse feminine. J'en ay
veu des plus cruels, subjets à pleurer aiséement et pour
des causes frivoles. Alexandre, tyran de Pheres, ne pouvoit souffrir d'ouyr au theatre le jeu des tragedies, de peur
que ses citoyens ne le vissent gemir aus malheurs de
Hecuba et d'Andromache, luy qui, sans pitié, faisoit
cruellement meurtrir tant de gens tous les jours[6]. Seroit-ce
foiblesse d'ame qui les rendit ainsi ployables à toutes
extremitez?

(a) La vaillance (de qui c'est l'effect de s'exercer
seulement contre la resistence,

Nec nisi bellantis gaudet cervice juvenci[7])

s'arreste à voir l'ennemy à sa mercy. Mais la pusillanimité, pour dire qu'elle est aussi de la feste, n'ayant peu
se mesler à ce premier rolle, prend pour sa part le second,
du massacre et du sang. Les meurtres des victoires
s'exercent ordinairement par le peuple et par les officiers

du bagage; et ce qui fait voir tant de cruautez inouies aux
guerres populaires, c'eſt que cette canaille de vulgaire
s'aguerrit et se gendarme à s'ensanglanter jusques aux
coudes et à deschiqueter un corps à ses pieds, n'ayant
resentiment d'autre vaillance :

> *(b) Et lupus et turpes inſtant morientibus ursi*
> *Et quæcunque minor nobilitate fera eſt*[1];

(a) comme les chiens coüards, qui deschirent en la
maison et mordent les peaux des beſtes sauvages qu'ils
n'ont osé attaquer aux champs. Qu'eſt-ce qui faiɕt en ce
temps nos querelles toutes mortelles, et que, là où nos
peres avoient quelque degré de vengeance, nous commençons à cette heure par le dernier, et ne se parle
d'arrivée que de tuer; qu'eſt-ce, si ce n'eſt couardise?
Chacun sent bien qu'il y a plus de braverie et desdain à
battre son ennemy qu'à l'achever, et de le faire bouquer
que de le faire mourir. D'avantage que l'appetit de vengeance s'en assouvit et contente mieux, car elle ne vise
qu'à donner ressentiment de soy. Voilà pourquoy nous
n'attaquons pas une beſte ou une pierre quand elle nous
blesse, d'autant qu'elles sont incapables de sentir noſtre
revenche. Et de tuer un homme, c'eſt le mettre à l'abry
de noſtre offence

(b) Et tout ainsi comme Bias crioit à un meschant
homme : « Je sçay que toſt ou tard tu en seras puny, mais
je crains que je ne le voye pas », et plaignoit les Orcho-
meniens de ce que la penitence que Lyciscus eut de la
trahison contre eux commise, venoit en saison qu'il n'y
avoit personne de reſte de ceux qui en avoient eſté
interessez et ausquels devoit toucher le plaisir de cette
penitence : tout ainsin eſt à plaindre la vengeance, quand
celuy envers lequel elle s'employe pert le moyen de la
sentir; car, comme le vengeur y veut voir pour en tirer
du plaisir, il faut que celuy sur lequel il se venge y voye
aussi pour en souffrir du desplaisir et de la repentence[2].

(a) « Il s'en repentira », disons nous. Et, pour luy
avoir donné d'une piſtolade en la teſte, eſtimons nous
qu'il s'en repente? Au rebours, si nous nous en prenons
garde, nous trouverons qu'il nous faiɕt la mouë en tombant; il ne nous en sçait pas seulement mauvais gré, c'eſt
bien loing de s'en repentir. *(c)* Et luy preſtons le plus favorable de tous les offices de la vie, qui eſt de le faire mourir

promptement et insensiblement. *(a)* Nous sommes à
coniller, à trotter et à fuir les officiers de la juſtice qui nous
suivent, et luy eſt en repos. Le tuer eſt bon pour éviter
l'offence à venir, non pour venger celle qui eſt faiĉte :
(c) c'eſt une aĉtion plus de crainte que de braverie, de
precaution que de courage, de defense que d'entreprinse.
(a) Il eſt apparent que nous quittons par là et la vraye fin
de la vengeance, et le soing de noſtre reputation ; nous
craignons, s'il demeure en vie, qu'il nous recharge d'une
pareille.

(c) Ce n'eſt pas contre luy, c'eſt pour toy que tu t'en
deffais.

Au royaume de Narsingue, cet expedient nous demeuroit inutile. Là, non seulement les gens de guerre, mais
aussi les artisans demeslent leurs querelles à coups d'espée.
Le Roy ne refuse point le camp à qui se veut battre, et
assiſte, quand ce sont personnes de qualité, eſtrenant le
viĉtorieux d'une chaisne d'or. Mais, pour laquelle conquerir, le premier à qui il en prend envie, peut venir aux
armes avec celuy qui la porte ; et, pour s'eſtre desfaiĉt d'un
combat, il en a plusieurs sur les bras[1].

(a) Si nous pensions par vertu eſtre tousjours maiſtres
de noſtre ennemy et le gourmander à noſtre poſte, nous
serions bien marris qu'il nous eschappaſt, comme il faiĉt
en mourant : nous voulons vaincre, mais plus seurement
que honorablement ; *(c)* et cherchons plus la fin que la
gloire en noſtre querelle. Asinius Pollio, pour un honneſte
homme, representa une erreur pareille ; qui, ayant escrit
des inveĉtives contre Plancus, attendoit qu'il fuſt mort
pour les publier[2]. C'eſtoit faire la figue à un aveugle
et dire des pouïlles à un sourd et offenser un homme sans
sentiment, plus toſt que d'encourir le hazard de son
ressentiment. Aussi disoit on pour luy que ce n'eſtoit
qu'aux lutins de luitter les mors[3]. Celuy qui attend à
veoir trespasser l'autheur duquel il veut combattre les
escrits, que diĉt-il, si non qu'il eſt foible et noisif ?

On disoit à Ariſtote que quelqu'un avoit mesdit de
luy : « Qu'il face plus, diĉt-il, qu'il me fouëtte, pourveu
que je n'y soy pas[4]. »

(a) Nos peres se contentoient de revencher une injure
par un démenti, un démenti par un coup, et ainsi par
ordre. Ils eſtoient assez valeureux pour ne craindre pas
leur ennemy vivant et outragé. Nous tremblons de

frayeur tant que nous le voyons en pieds. Et qu'il soit ainsi, noſtre belle pratique d'aujourd'huy porte elle pas de poursuyvre à mort aussi bien celuy que nous avons offencé, que celuy qui nous a offencez?

(b) C'eſt aussi une image de lácheté qui a introduit en nos combats singuliers cet usage de nous accompaigner de seconds, et tiers, et quarts. C'eſtoit anciennement des duels; ce sont, à cette heure, rencontres et batailles. La solitude faisoit peur aux premiers qui l'inventerent : *(c) Cum in se cuique minimum fiduciæ esset*[1]. *(b)* Car naturellement quelque compaignie que ce soit apporte confort et soulagement au dangier. On se servoit anciennement de personnes tierces pour garder qu'il ne s'y fit desordre et desloyauté *(c)* et pour tesmoigner de la fortune du combat; *(b)* mais, depuis qu'on a pris ce train qu'ils s'y engagent eux mesmes, quiconque y eſt convié ne peut honneſtement s'y tenir comme spectateur, de peur qu'on ne luy attribue que ce soit faute ou d'affection ou de cœur.

Outre l'injuſtice d'une telle action, et vilenie, d'engager à la protection de voſtre honneur autre valeur et force que la voſtre, je trouve du desadvantage à un homme de bien et qui pleinement se fie de soy, d'aller mesler sa fortune à celle d'un second. Chacun court assez de hazard pour soy, sans le courir encore pour un autre, et a assez à faire à s'asseurer en sa propre vertu pour la deffence de sa vie, sans commettre chose si chere en mains tierces. Car, s'il n'a eſté expressement marchandé au contraire, des quatre, c'eſt une partie liée. Si voſtre second eſt à terre, vous en avez deux sur les bras, avec raison. Et de dire que c'eſt supercherie, elle l'eſt voirement, comme de charger, bien armé, un homme qui n'a qu'un tronçon d'espée, ou, tout sain, un homme qui eſt desjà fort blessé. Mais si ce sont avantages que vous ayez gaigné en combatant, vous vous en pouvez servir sans reproche. La disparité et inegalité ne se poise et considere que de l'eſtat en quoy se commence la meslée; du reſte prenez vous en à la fortune. Et quand vous en aurez tout seul trois sur vous, vos deux compaignons s'eſtant laissez tuer, on ne vous fait non plus de tort que je ferois à la guerre, de donner un coup d'espée à l'ennemy que je verrois attaché à l'un des noſtres, de pareil avantage. La nature de la societé porte, où il y a trouppe contre trouppe (comme où noſtre Duc d'Orleans deffia le Roy d'Angleterre Henry,

cent contre cent[1] ; *(c)* trois cents contre autant, comme les
Argiens contre les Lacedemoniens[2] ; trois à trois comme
les Horatiens contre les Curiatiens[3]), *(b)* que la multitude
de chaque part n'est consideree que pour un homme seul.
Par tout où il y a compaignie, le hazard y est confus et
meslé.

J'ay interest domestique à ce discours ; car mon frere,
sieur de Matecolom[4], fut convié à Rome, à seconder un
gentil-homme qu'il ne cognoissoit guere, lequel estoit
deffendeur et appellé par un autre. En ce combat il se
trouva de fortune avoir en teste un qui luy estoit plus
voisin et plus cogneu (je voudrois qu'on me fit raison de
ces loix d'honneur qui vont si souvent choquant et troublant celles de la raison) ; après s'estre desfaict de son
homme, voyant les deux maistres de la querelle en pieds
encores et entiers, il alla descharger son compaignon.
Que pouvoit il moins ? devoit il se tenir coy et regarder
deffaire, si le sort l'eust ainsi voulu, celuy pour la deffence
duquel il estoit là venu ? ce qu'il avoit faict jusques alors
ne servoit rien à la besoingne : la querelle estoit indecise.
La courtoisie que vous pouvez et certes devés faire à
vostre ennemy, quand vous l'avez reduict en mauvais
termes et à quelque grand desadvantage, je ne vois pas
comment vous la puissiez faire, quand il va de l'interest
d'autruy, où vous n'estes que suyvant, où la dispute n'est
pas vostre. Il ne pouvoit estre ny juste, ny courtois, au
hazard de celuy auquel il s'estoit presté. Aussi fut-il
delivré des prisons d'Italie par une bien soudaine et
solenne recommandation de nostre Roy[5].

Indiscrette nation ! nous ne nous contentons pas de
faire sçavoir nos vices et folies au monde par reputation,
nous allons aux nations estrangeres pour les leur faire voir
en presence. Mettez trois françois aux deserts de Lybie,
ils ne seront pas un mois ensemble sans se harceler et
esgratigner ; vous diriez que cette peregrination est une
partie dressée pour donner aux estrangers le plaisir de
nos tragedies, et le plus souvent à tels qui s'esjouyssent de
nos maux et qui s'en moquent.

Nous allons apprendre en Italie à escrimer[6], *(c)* et
l'exerçons aux depens de nos vies avant que de le sçavoir.
(b) Si faudroit il, suyvant l'ordre de la discipline, mettre
la theorique avant la practique ; nous trahissons nostre
apprentissage :

Primitiæ juvenum miseræ, bellique futuri
Dura rudimenta[1].

Je sçay bien que c'est un art *(c)* utile à sa fin (au duel des deux Princes, cousins germains[2], en Hespaigne, le plus vieil, dict Tite-Live, par l'addresse des armes et par ruse, surmonta facilement les forces estourdies du plus jeune) et, comme j'ay cognu par experience, *(b)* duquel la cognoissance a grossi le cœur à aucuns outre leur mesure naturelle; mais ce n'est pas proprement vertu, puis qu'elle tire son appuy de l'addresse et qu'elle prend autre fondement que de soy-mesme. L'honneur des combats consiste en la jalousie du courage, non de la science; et pourtant ay-je veu quelqu'un de mes amis, renommé pour grand maistre en cet exercice choisir en ses querelles des armes qui luy ostassent le moyen de cet advantage, et lesquelles dépendoient entierement de la fortune et de l'asseurance, affin qu'on n'attribuast sa victoire plustost à son escrime qu'à sa valeur; et, en mon enfance, la noblesse fuyoit la reputation de bon escrimeur comme injurieuse, et se desroboit pour l'apprendre, comme un mestier de subtilité desrogeant à la vraye et naifve vertu,

> *Non schivar, non parar, non ritirarsi*
> *Voglion costor, ne qui destrezza ha parte.*
> *Non danno i colpi finti, hor pieni, hor scarsi;*
> *Toglie l'ira e il furor l'uso de l'arte.*
> *Odi le spade horribilmente urtarsi*
> *A mezzo il ferro; il pie d'orma non parte:*
> *Sempre è il pie fermo, è la man sempre in moto;*
> *Ne scende taglio in van, ne penta à voto*[3].

Les butes, les tournois, les barrieres, l'image des combats guerriers estoient l'exercice de nos peres; cet autre exercice est d'autant moins noble qu'il ne regarde qu'une fin privée, qui nous apprend à nous entreruyner, contre les loix et la justice, et qui en toute façon produict tousjours des effects dommageables. Il est bien plus digne et mieux seant de s'exercer en choses qui asseurent, non qui offencent nostre police, qui regardent la publique seurté et la gloire commune.

Publius Rutilius consul fut le premier qui instruisist le soldat à manier ses armes par adresse et science, qui conjoingnist l'art à la vertu, non pour l'usage de querelle privée; ce fut pour la guerre et querelles du peuple

Romain[1]. *(c)* Escrime populaire et civile. Et, outre
l'exemple de Cæsar, qui ordonna aux siens de tirer principalement au visage des gendarmes de Pompeius en la
bataille de Pharsale[2], mille autres chefs de guerre se sont
ainsin advisez d'inventer nouvelle forme d'armes, nouvelle forme de frapper et de se couvrir selon le besoin de
l'affaire present. *(b)* Mais, tout ainsi que Philopœmen
condamna la luicte, en quoy il excelloit, d'autant que les
preparatifs qu'on employoit à cet exercice estoient divers
à ceux qui appartiennent à la discipline militaire, à laquelle
seule il estimoit les gens d'honneur se devoir amuser[3], il
me semble aussi que cette adresse à quoy on façonne ses
membres, ces destours et mouvemens à quoy on exerce
la jeunesse en cette nouvelle eschole, sont non seulement
inutiles, mais contraires plustost et dommageables à
l'usage du combat militaire.

(c) Aussi y emploient nos gens communéement des
armes particulieres et peculierement destinées à cet usage.
Et j'ay veu qu'on ne trouvoit guere bon qu'un gentil-
homme, convié à l'espée et au poignard, s'offrit en équipage de gendarme[4]. Il est digne de consideration que
Lachez en Platon[5], parlant d'un apprentissage de manier
les armes conforme au nostre, dict n'avoir jamais de cette
eschole veu sortir nul grand homme de guerre, et nomméement des maistres d'icelle. Quand à ceux-là, nostre
experience en dict bien autant. Du reste aumoins pouvons
nous dire que ce sont suffisances de nulle relation et
correspondance. Et en l'institution des enfans de sa police,
Platon[6] interdict les arts de mener les poings, introduictes
par Amycus et Epeius, et de luiter, par Antæus et Cercyo,
par ce qu'elles ont autre but que de rendre la jeunesse plus
apte au service des guerres et n'y conferent point.

(b) Mais je m'en vois un peu bien à gauche de mon
theme.

(a) L'Empereur Maurice, estant adverty par songes et
plusieurs prognostiques qu'un Phocas, soldat pour lors
inconnu, le devoit tuer, demandoit à son gendre Philippe
qui estoit ce Phocas, sa nature, ses conditions et ses
meurs; et comme, entre autres choses, Philippe luy dit
qu'il estoit lásche et craintif, l'Empereur conclud incontinent par là qu'il estoit donc meurtrier et cruel[7]. Qui
rend les Tyrans si sanguinaires? c'est le soing de leur
seurté, et que leur lásche cœur ne leur fournit d'autres

moyens de s'asseurer qu'en exterminant ceux qui les peuvent offencer, jusques aux femmes, de peur d'une esgratigneure,

    (b) Cuncta ferit, dum cuncta timet[1].

    (c) Les premieres cruautez s'exercent pour elles mesmes : de là s'engendre la crainte d'une juste revanche, qui produict après une enfilure de nouvelles cruautez pour les estouffer les unes par les autres. Philippus Roy de Macedoine, celuy qui eut tant de fusées à demesler avec le peuple Romain, agité de l'horreur des meurtres commis par son ordonnance, ne se pouvant resoudre contre tant de familles en divers temps offensées, print party de se saisir de tous les enfans de ceux qu'il avoit faict tuer, pour, de jour en jour, les perdre l'un après l'autre, et ainsin establir son repos[2].

    Les belles matieres tiennent tousjours bien leur reng en quelque place qu'on les seme. Moi, qui ay plus de soin du poids et utilité des discours que de leur ordre et suite, ne doy pas craindre de loger icy un peu à l'escart une très-belle histoire[3]. Entre les autres condamnez par Philippus, avoit esté un Herodicus, prince des Thessaliens. Après luy, il avoit encore depuis faict mourir ses deux gendres, laissans chacun un fils bien petit. Theoxena et Archo estoyent les deux vefves. Theoxena ne peut estre induite à se remarier, en estant fort poursuyvie. Archo espousa Poris, le premier homme d'entre les Æniens, et en eut nombre d'enfans, qu'elle laissa tous en bas aage. Theoxena, espoinçonnée d'une charité maternelle envers ses nepveux, pour les avoir en sa conduite et protection, espousa Poris. Voicy venir la proclamation de l'edict du Roy. Cette courageuse mere, se deffiant et de la cruauté de Philippus et de la licence de ses satellites envers cette belle et tendre jeunesse, osa dire qu'elle les tueroit plustost de ses mains que de les rendre. Poris, effrayé de cette protestation, luy promet de les desrober et emporter à Athenes en la garde d'aucuns siens hostes fidelles. Ils prennent occasion d'une feste annuelle qui se celebroit à Ænie en l'honneur d'Æneas, et s'y envont. Ayant assisté le jour aux ceremonies et banquet publique, la nuit ils s'escoulent dans un vaisseau preparé, pour gaigner païs par mer. Le vent leur fut contraire; et, se trouvans l'endemain en la veue de la terre d'où ils avoyent desmaré,

furent suivis par les gardes des ports. Au joindre, Poris
s'enbesoignant à haſter les mariniers pour la fuite, Theoxena, forcenée d'amour et de vengeance, se rejetta à sa
premiere proposition; faiſt appreſt d'armes et de poison;
et, les presentant à leur veue : « Or sus, mes enfants,
la mort eſt meshuy le seul moyen de voſtre defense et
liberté, et sera matiere aux Dieux de leur saincte juſtice;
ces espées traictes, ces couppes vous en ouvrent l'entrée :
courage! Et toy, mon fils, qui es plus grand, empoigne
ce fer, pour mourir de la mort plus forte. » Ayants d'un
coſté cette vigoureuse conseillere, les ennemis de l'autre
à leur gorge, ils coururent de furie chacun à ce qui luy
fut le plus à main; et demi morts, furent jettez en la mer.
Theoxena, fiere d'avoir si glorieusement pourveu à la
seureté de tous ses enfans, accolant chaudement son
mary : « Suivons ces garçons, mon amy, et jouyssons de
mesme sepulture avec eux. » Et, se tenant ainsin embras-
sez, se precipiterent; de maniere que le vaisseau fut
ramené à bord vuide de ses maiſtres.

   (a) Les tyrans, pour faire tous les deux ensemble et tuer
et faire sentir leur colere, ils ont employé toute leur suffisance à trouver moyen d'alonger la mort. Ils veulent que
leurs ennemis s'en aillent, mais non pas si viſte qu'ils
n'ayent loisir de savourer leur vengeance[1]. Là dessus ils
sont en grand peine : car, si les tourments sont violents,
ils sont cours; s'ils sont longs, ils ne sont pas assez douloureux à leur gré : les voylà à dispenser leurs engins.
Nous en voyons mille exemples en l'antiquité, et je ne
sçay si, sans y penser, nous ne retenons pas quelque trace
de cette barbarie

   Tout ce qui eſt au delà de la mort simple me semble
pure cruauté. Noſtre juſtice ne peut esperer que celuy que
la crainte de mourir et d'eſtre decapité ou pendu ne
gardera de faillir, en soit empesché par l'imagination d'un
feu languissant, ou des tenailles, ou de la roüe. Et je ne
sçay cependant si nous les jettons au desespoir : car en
quel eſtat peut eſtre l'ame d'un homme attendant vingt-
quatre heures la mort, brisé sur une roüe, ou, à la vieille
façon, cloué à une croix? Josephe recite[2] que, pendant les
guerres des Romains en Judée, passant où l'on avoit
crucifié quelques Juifs, il y avoit trois jours, reconneut
trois de ses amis, et obtint de les oſter de là; les deux
moururent, dit-il, l'autre vescut encore depuis.

(c) Chalcondyle, homme de foy, aux memoires qu'il a laissé des choses advenues de son temps et près de luy, recite pour extreme supplice celuy que l'empereur Mechmed[1] pratiquoit souvent, de faire trancher les hommes en deux parts par le faux du corps, à l'endroit du diaphragme, et d'un seul coup de cimeterre : d'où il arrivoit qu'ils mourussent comme de deux morts à la fois ; et voyoit-on, dict il, l'une et l'autre part pleine de vie se demener long temps après, pressée de tourment. Je n'estime pas qu'il y eut grand sentiment en ce mouvement. Les supplices plus hideux à voir ne sont pas tousjours les plus forts à souffrir. Et treuve plus atroce ce que d'autres historiens[2] en recitent contre des seigneurs Epirotes, qu'il les fit escorcher par le menu, d'une dispensation si malitieusement ordonnée, que leur vie dura quinze jours à cette angoisse.

Et ces deux autres : Cresus ayant faict prendre un gentil-homme, favori de Pantaleon, son frere, le mena en la boutique d'un foullon, où il le fit tant grater et carder à coups de cardes et peignes de ce cardeur, qu'il en mourut[3]. George Sechel, chef de ces paysans de Polongne qui, soubs titre de la croisade, firent tant de maux, deffaict en bataille par le Vayvode de Transsilvanie et prins, fut trois jours attaché nud sur un chevalet, exposé à toutes les manieres de tourmens que chacun pouvoit inventer contre luy, pendant lequel temps on ne donna n'y à manger, ny à boire aux autres prisonniers. En fin, luy vivant et voyant, on abbreuva de son sang Lucat, son cher frere, et pour le salut duquel il prioit, tirant sur soy toute l'envie de leurs meffaicts ; et fit l'on paistre vingt de ses plus favoris Capitaines, deschirans à belles dents sa chair et en engloutissans les morceaux. Le reste du corps et parties du dedans, luy expiré, furent mises bouillir, qu'on fit manger à d'autres de sa suite[4].

CHAPITRE XXVIII

TOUTES CHOSES ONT LEUR SAISON

(a) CEUX qui apparient Caton le censeur au jeune Caton, meurtrier de soy-mesme[5], *(c)* apparient deux belles natures et de formes voisines. Le premier exploita

la sienne à plus de visages, et precelle en exploits militaires et en utilité de ses vacations publiques. Mais la
vertu du jeune, outre ce que c'est blaspheme de luy en
apparier null'autre en vigueur, fut bien plus nette. Car qui
deschargeroit d'envie et d'ambition celle du censeur,
ayant osé chocquer l'honneur de Scipion[1] en bonté et en
toutes parties d'excellence de bien loin plus grand et que
luy et que tout homme de son siecle

(a) Ce qu'on dit entre autres choses de luy, qu'en son
extreme vieillesse il se mit à apprendre la langue Grecque,
d'un ardant appetit, comme pour assouvir une longue
soif, ne me semble pas luy estre fort honnorable[2]. C'est
proprement ce que nous disons retomber en enfantillage.
Toutes choses ont leur saison, les bonnes et tout; et je
puis dire mon patenostre hors de propos, *(c)* comme on
desferra T. Quintius Flaminius de ce qu'estant general
d'armée, on l'avoit veu à quartier, sur l'heure du conflict,
s'amusant à prier Dieu en une bataille qu'il gaigna[3].

(b) Imponit finem sapiens et rebus honestis[4].

(a) Eudemonidas, voyant Xenocrates, fort vieil,
s'empresser aux leçons de son escole : « Quand sçaura
cettuy-cy, dit-il, s'il apprend encore[5] ! »

(b) Et Philopœmen, à ceux qui hault-louoient le Roy
Ptolomæus de ce qu'il durcissoit sa personne tous les
jours à l'exercice des armes : « Ce n'est, dict-il, pas chose
loüable à un Roy de son aage de s'y exercer; il les devoit
hormais reellement employer[6]. »

(a) Le jeune doit faire ses apprets, le vieil en jouïr,
disent les sages[7]. Et le plus grand vice qu'ils remerquent
en nostre nature, c'est que noz desirs rajeunissent sans
cesse. Nous recommençons tousjours à vivre. Nostre
estude et nostre envie devroyent quelque fois sentir la
vieillesse. Nous avons le pied à la fosse, et nos appetits
et poursuites ne font que naistre :

(b) Tu secanda marmora
Locas sub ipsum funus, et sepulchri
Immemor, struis domos[8].

(c) Le plus long de mes desseins n'a pas un an d'estandue; je ne pense desormais qu'à finir; me deffois de toutes
nouvelles esperances et entreprinses; prens mon dernier

congé de tous les lieux que je laisse; et me despossede
tous les jours de ce que j'ay.

« *Olim jam nec perit quicquam mihi nec acquiritur. Plus
superest viatici quam viæ[1].* »

> *Vixi, et quem dederat cursum fortuna peregi[2].*

C'est en fin tout le soulagement que je trouve en ma
vieillesse, qu'elle amortist en moy plusieurs desirs et soins
de quoy la vie est inquietée, le soing du cours du monde,
le soing des richesses, de la grandeur, de la science, de la
santé, de moy. *(a)* Cettuy-cy apprend à parler, lors qu'il
luy faut apprendre à se taire pour jamais.

(c) On peut continuer à tout temps l'estude, non pas
l'escholage : la sotte chose qu'un vieillard abecedaire[3] !

> *(b) Diversos divers a juvant, non omnibus annis*
> *Omnia conveniunt[4].*

(a) S'il faut estudier, estudions un estude sortable à
nostre condition, afin que nous puissions respondre
comme celuy à qui, quand on demanda à quoy faire ces
estudes en sa decrepitude : « A m'en partir meilleur et plus
à mon aise », respondit-il[5]. Tel estude fut celuy du jeune
Caton sentant sa fin prochaine, qui se rencontra au discours de Platon, de l'eternité de l'ame[6]. Non, comme il
faut croire, qu'il ne fut de long temps garny de toute
sorte de munition pour un tel deslogement : d'asseurance,
de volonté ferme et d'instruction, il en avoit plus que
Platon n'en a en ses escrits; sa science et son courage
estoient, pour ce regard, au dessus de la philosophie.
Il print cette occupation, non pour le service de sa mort,
mais, comme celui qui n'interrompit pas seulement son
sommeil en l'importance d'une telle deliberation, il
continua aussi, sans chois et sans changement, ses estudes
avec les autres actions accoustumées de sa vie.

(c) La nuict qu'il vint d'estre refusé de la Preture, il la
passa à jouer; celle en laquelle il devoit mourir, il la passa
à lire : la perte ou de la vie ou de l'office, tout luy fut un[7].

CHAPITRE XXIX

DE LA VERTU

(a) Je trouve par experience qu'il y a bien à dire entre les boutées et saillies de l'ame, ou une resolue et constante habitude; et voy bien qu'il n'est rien que nous ne puissions, voire jusques à surpasser la divinité mesme, dit quelqu'un[1], d'autant que c'est plus de se rendre impassible de soy, que d'estre tel de sa condition originelle, et jusques à pouvoir joindre à l'imbecillité de l'homme une resolution et asseurance de Dieu. Mais c'est par secousse. Et ès vies de ces heros du temps passé, il y a quelque fois des traits miraculeux et qui semblent de bien loing surpasser nos forces naturelles; mais ce sont traits, à la verité; et est dur à croire que de ces conditions ainsin eslevées, on en puisse teindre et abreuver l'ame, en maniere qu'elles luy deviennent ordinaires et comme naturelles. Il nous eschoit à nous mesmes, qui ne sommes qu'avortons d'hommes, d'eslancer par fois nostre ame, esveillée par les discours ou exemples d'autruy, bien loing au delà de son ordinaire; mais c'est une espece de passion qui la pousse et agite, et qui la ravit aucunement hors de soy : car, ce tourbillon franchi, nous voyons que, sans y penser, elle se débande et reláche d'elle mesme, sinon jusques à la derniere touche, au moins jusques à n'estre plus celle-là; de façon que lors, à toute occasion, pour un oyseau perdu ou un verre cassé, nous nous laissons esmouvoir à peu près comme l'un du vulgaire.

(c) Sauf l'ordre, la moderation et la constance, j'estime que toutes choses sont faisables par un homme bien manque et deffaillant en gros.

(a) A cette cause, disent les sages, il faut, pour juger bien à point d'un homme, principalement contreroller ses actions communes et le surprendre en son à tous les jours.

Pyrrho, celuy qui bastit de l'ignorance une si plaisante science, essaya, comme tous les autres vrayement philosophes, de faire respondre sa vie à sa doctrine. Et par ce qu'il maintenoit la foiblesse du jugement humain estre si extreme que de ne pouvoir prendre party ou inclination, et le vouloit suspendre perpetuellement balancé, regardant et accueillant toutes choses comme indifférentes, on conte qu'il se maintenoit tousjours de mesme façon et visage. S'il avoit commencé un propos, il ne laissoit pas de l'achever, quand celuy à qui il parloit s'en fut allé; s'il alloit, il ne rompoit son chemin pour empeschement qui se presentat, conservé des précipices, du hurt des charretes et autres accidens par ses amis. Car de craindre ou esviter quelque chose, c'eust esté choquer ses propositions, qui ostoient au sens mesmes tout'-eslection et certitude. Quelque fois il souffrit d'estre incisé et cauterisé, d'une telle constance qu'on ne luy en veit pas seulement siller les yeux[1].

C'est quelque chose de ramener l'ame à ces imaginations; c'est plus d'y joindre les effects; toutefois il n'est pas impossible; mais de les joindre avec telle perseverance et constance que d'en establir son train ordinaire, certes, en ces entreprinses si esloignées de l'usage commun il est quasi incroyable qu'on le puisse. Voylà pourquoy luy, estant quelque fois rencontré en sa maison tansant bien asprement avecques sa seur, et estant reproché de faillir en cella à son indifferance : « Comment, dit-il, faut-il qu'encore cette fammelette serve de tesmoignage à mes regles ? » Un'autre fois qu'on le veit se deffendre d'un chien : « Il est, dit-il, très difficile de despouiller entierement l'homme; et se faut mettre en devoir et efforcer de combattre les choses, premierement par les effects, mais, au pis aller, par la raison et par les discours. »

Il y a environ sept ou huict ans, qu'à deux lieuës d'icy un homme de village, qui est encore vivant, ayant la teste de long temps rompue par la jalousie de sa femme, revenant un jour de la besoigne, et elle le bien-veignant de ses criailleries accoustumées, entra en telle furie que, sur le champ, à tout la serpe qu'il tenoit encore en ses mains, s'estant moissonné tout net les pieces qui la mettoyent en fievre, les luy jetta au nez.

Et il se dit qu'un jeune gentil'homme des nostres[2], amoureux et gaillard, ayant par sa perseverance amolli en fin le cœur d'une belle maistresse, desesperé de ce que, sur le point de la charge, il s'estoit trouvé mol luy mesmes et defailly, et que

> *non viriliter*
> *Iners senile penis extulerat caput*[3],

s'en priva soudain revenu au logis, et l'envoya, cruelle
et sanglante victime, pour la purgation de son offence.
Si c'eust esté par discours et religion, comme les prestres
de Cibele, que ne dirions nous d'une si hautaine entreprise?

Dépuis peu de jours, à Bragerac, à cinq lieues de ma
maison, contremont la riviere de Dordoigne, une femme
ayant esté tourmentée et batue, le soir avant, de son mary,
chagrin et fácheux de sa complexion, delibera d'eschapper
à sa rudesse au pris de sa vie; et, s'estant à son lever
accointée de ses voisines comme de coustume, leur laissant couler quelque mot de recommendation de ses affaires, prenant une sienne sœur par la main, la mena avecques
elle sur le pont, et, après avoir prins congé d'elle, comme
par maniere de jeu, sans montrer autre changement ou
alteration, se precipita du haut en bas dans la riviere, où
elle se perdit. Ce qu'il y a de plus en cecy, c'est que ce
conseil meurist une nuict entiere dans sa teste.

C'est bien autre chose des femmes Indiennes : car,
estant leur coustume, aux marys d'avoir plusieurs femmes,
et à la plus chere d'elles de se tuer après son mary, chacune
par le dessein de toute sa vie vise à gaigner ce point et
cet advantage sur ses compaignes; et les bons offices
qu'elles rendent à leur mary ne regardent autre recom-
pance que d'estre preferées à la compaignie de sa mort[1],

> *(b) ... ubi mortifero jacta est fax ultima lecto*
> *Uxorum fusis flat pia turba comis ;*
> *Et certamen habent lethi, quæ viva sequatur*
> *Conjugium : pudor est non licuisse mori.*
> *Ardent victrices, et flammæ pectora præbent,*
> *Imponuntque suis ora perusta viris[2].*

(c) Un homme escrit encore de noz jours avoir veu en
ces nations Orientales cette coustume en credit, que non
seulement les femmes s'enterrent après leurs maris, mais
aussi les esclaves des quelles il a eu jouissance. Ce qui se
faict en cette maniere. Le mari estant trespassé, la vefve
peut, si elle veut, mais peu le veulent, demander deux
ou trois mois d'espace à disposer de ses affaires. Le jour
venu, elle monte à cheval, parée comme à nopces, et,
d'une contenance gaye, comme allant, dict-elle, dormir
avec son espoux, tenant en sa main gauche un mirouër,
une flesche en l'autre. S'estant ainsi promenée en pompe,

accompagnée de ses amis et parents, et de grand peuple
en feste, elle est tantost rendue au lieu public destiné à
tels spectacles. C'est une grande place au milieu de laquelle
il y a une fosse pleine de bois, et, joignant icelle, un lieu
relevé de quatre ou cinq marches, sur le quel elle est
conduite et servie d'un magnifique repas. Après le quel
elle se met à baller et chanter, et ordonne, quand bon
luy semble, qu'on allume le feu. Cela faict, elle descend
et, prenant par la main le plus proche des parents de son
mary, ils vont ensamble à la riviere voisine, où elle se
despouille toute nue et distribue ses joyaux et vestements
à ses amis et se va plongeant dans l'eau, comme pour y
laver ses pechez. Sortant de là, elle s'enveloppe d'un linge
jaune de quatorze brasses de long, et donnant de rechef
la main à ce parent de son mari, s'en revont sur la motte
où elle parle au peuple et recommande ses enfans, si elle
en a. Entre la fosse et la motte on tire volontiers un rideau,
pour leur oster la veue de cette fornaise ardente ; ce qu'aucunes deffendent pour tesmoigner plus de courage. Finy
qu'elle a de dire, une femme luy presente un vase plein
d'huile à s'oindre la teste et tout le corps, lequel elle jette
dans le feu, quand elle en a faict, et, en l'instant, s'y lance
elle mesme. Sur l'heure, le peuple renverse sur elle quantité de buches pour l'empescher de languir, et se change
toute leur joye en deuil et en tristesse. Si ce sont personnes
de moindre estoffe, le corps du mort est porté au lieu où
on le veut enterrer, et là mis en son seant, la vefve à
genoux devant luy l'embrassant estroitement, et se tient
en ce point pendant qu'on bastit au tour d'eux un mur
qui, venant à se hausser jusques à l'endroit des espaules
de la femme, quelqu'un des siens, par le derriere prenant
sa teste, luy tort le col ; et rendu qu'elle a l'esprit, le mur
est soudain monté et clos, où ils demeurent ensevelis.

(a) En ce mesme pays, il y avoit quelque chose de pareil
en leurs Gypnosophistes : car, non par la contrainte d'autruy, non par l'impetuosité d'un' humeur soudaine, mais
par expresse profession de leur regle, leur façon estoit,
à mesure qu'ils avoyent attaint certain aage, ou qu'ils se
voyoient menassez par quelque maladie, de se faire dresser
un buchier, et au dessus un lit bien paré ; et, après avoir
festoyé joyeusement leurs amis et connoissans, s'aler planter dans ce lict en telle resolution que, le feu y estant
mis, on ne les vid mouvoir ny pieds ny mains ; et ainsi

mourut l'un d'eux, Calanus, en presence de toute l'armée d'Alexandre le Grand[1].

(b) Et n'estoit estimé entre eux ny saint, ny bien heureux qui ne s'estoit ainsi tué, envoyant son ame purgée et purifiée par le feu, après avoir consumé tout ce qu'il y avoit de mortel et terrestre.

(a) Cette constante premeditation de toute la vie, c'est ce qui faict le miracle.

Parmy nos autres disputes, celle du *Fatum* s'y est meslée; et, pour attacher les choses advenir et nostre volonté mesmes à certaine et inevitable necessité, on est encore sur cet argument du temps passé : « Puis que Dieu prevoit toutes choses devoir ainsin advenir, comme il fait sans doubte, il faut donc qu'elles adviennent ainsi. » A quoy nos maistres[2] respondent que le voir que quelque chose advienne, comme nous faisons, et Dieu de mesmes (car, tout luy estant present, il voit plutost qu'il ne prevoit), ce n'est pas la forcer d'advenir; voire, nous voyons à cause que les choses adviennent, et les choses n'adviennent pas à cause que nous voyons. L'advenement faict la science, non la science l'advenement. Ce que nous voyons advenir, advient; mais il pouvoit autrement advenir; et Dieu, au registre des causes des advenements qu'il a en sa prescience, y a aussi celles qu'on appelle fortuites, et les volontaires, qui despendent de la liberté qu'il a donné à nostre arbitrage, et sçait que nous faudrons par ce que nous aurons voulu faillir.

Or j'ay veu assez de gens encourager leurs troupes de cette necessité fatale : car, si nostre heure est attachée à certain point, ny les harquebousades ennemies, ny nostre hardiesse, ny nostre fuite et couardise ne la peuvent avancer ou reculer. Cela est beau à dire, mais cherchez qui l'effectuera. Et s'il est ainsi, qu'une forte et vive creance tire après soy les actions de mesme, certes cette foy, dequoy nous remplissons tant la bouche, est merveilleusement legiere en nos siecles, sinon que le mespris qu'elle a des œuvres luy face desdaigner leur compaignie.

Tant y a qu'à ce mesme propos le sire de Joinville[3], tesmoing croyable autant que tout autre, nous raconte des Bedoins, nation meslée aux Sarrasins, ausquels le Roy sainct Louys eut affaire en la terre sainte, qu'ils croyoient si fermement en leur religion les jours d'un chacun estre de toute eternité prefix et contez d'une preordonnance

inevitable, qu'ils alloyent à la guerre nudz, sauf un glaive
à la turquesque, et le corps seulement couvert d'un linge
blanc. Et pour leur plus extreme maudisson, quand ils
se courroussoient aux leurs, ils avoyent tousjours en la
bouche : « Maudit sois tu, comme celuy qui s'arme de
peur de la mort ! » Voylà bien autre preuve de creance
et de foy que la nostre !

Et de ce reng est aussi celle que donnerent ces deux
religieux de Florence, du temps de nos peres. Estans en
quelque controverse de science, ils s'accorderent d'entrer
tous deux dans le feu, en presence de tout le peuple et
en la place publique, pour la verification chacun de son
party. Et en estoyent des-jà les aprets tous faicts, et la
chose justement sur le point de l'execution, quand elle
fut interrompue par un accident improuveu[1].

(c) Un jeune Seigneur Turc ayant faict un signalé faict
d'armes de sa personne, à la veue des deux batailles,
d'Amurath et de l'Huniade, prestes à se donner, enquis
par Amurath, qui l'avoit, en si grande jeunesse et inexperience (car c'estoit la premiere guerre qu'il eust veu),
rempli d'une si genereuse vigueur de courage, respondit
qu'il avoit eu pour souverain precepteur de vaillance un
lievre : « Quelque jour, estant à la chasse, dict-il, je des-
couvry un lievre en forme, et encore que j'eusse deux
excellents levriers à mon costé, si me sembla il, pour ne
le faillir point, qu'il valoit mieux y employer encore
mon arc, car il me faisoit fort beau jeu. Je commençay
à descocher mes flesches, et jusques à quarante qu'il y
en avoit en ma trousse, non sans l'assener seulement,
mais sans l'esveiller. Après tout, je descoupplay mes
levriers après, qui n'y peurent non plus. J'apprins par là
qu'il avoit esté couvert par sa destinée, et que ny les traits
ny les glaives ne portent que par le congé de nostre fatalité, laquelle il n'est en nous de reculer ny d'avancer. »
Ce conte[2] doit servir à nous faire veoir en passant
combien nostre raison est flexible à toute sorte d'images.

Un personage, grand d'ans, de nom, de dignité et de
doctrine, se vantoit à moy d'avoir esté porté à certaine
mutation très-importante de sa foy par une incitation
estrangere aussi bizarre et, au reste, si mal concluante
que je la trouvoy plus forte au revers : luy l'appelloit
miracle, et moy aussi, à divers sens.

Leurs historiens disent que la persuasion estant populairement semée entre les Turcs, de la fatale et imployable prescription de leurs jours, ayde apparemment à les asseurer aux dangers. Et je connois un grand Prince[1] qui y trouve noblement son profit, si fortune continue à lui faire espaule[2].

(b) Il n'est point advenu, de nostre memoire, un plus admirable effect de resolution que de ces deux qui conspirerent la mort du prince d'Orenge[3]. C'est merveille comment on peut eschauffer le second, qui l'executa, à une entreprise en laquelle il estoit si mal advenu à son compaignon, y ayant apporté tout ce qu'il pouvoit; et, sur cette trace et de mesmes armes, aller entreprendre un seigneur armé d'une si fresche instruction de deffiance, puissant de suitte d'amis et de force corporelle, en sa sale, parmy ses gardes, en une ville toute à sa devotion. Certes il y employa une main bien determinée et un courage esmeu d'une vigoureuse passion. Un poignard est plus seur pour assener; mais, d'autant qu'il a besoing de plus de mouvement et de vigueur de bras que n'a un pistolet, son coup est plus subject à estre gauchy ou troublé. Que celuy là ne courut à une mort certaine, je n'y fay pas grand doubte; car les esperances de quoy on le pouvoit amuser, ne pouvoient loger en entendement rassis; et la conduite de son exploit montre qu'il n'en avoit pas faute, non plus que de courage. Les motifs d'une si puissante persuasion peuvent estre divers, car nostre fantasie faict de soy et de nous ce qu'il luy plaict.

L'execution qui fut faicte près d'Orleans[4] n'eust rien de pareil; il y eust plus de hazard que de vigueur; le coup n'estoit pas mortel, si la fortune ne l'en eust rendu; et l'entreprise de tirer à cheval, et de loing, et à un qui se mouvoit au branle de son cheval, fut l'entreprise d'un homme qui aymoit mieux faillir son effect que faillir à se sauver. Ce qui suyvit après le montra. Car il se transit et s'enyvra de la pensée de si haute execution, si qu'il perdit et troubla entierement son sens, et à conduire sa fuite, et à conduire sa langue en ses responses. Que luy falloit-il, que recourir à ses amys au travers d'une riviere? c'est un moyen où je me suis jetté à moindres dangers et que j'estime de peu de hazard, quelque largeur qu'ait le passage, pourveu que vostre cheval trouve l'entrée facile et que vous prevoyez au delà un bord aysé selon le cours de l'eau. L'autre[5], quand on lui prononça son horrible sentence : « J'y estois preparé, dict-il; je vous estonneray de ma patience. »

(c) Les Assassins, nation dependante de la Phœnicie, sont estimés entre les Mahumetans d'une souveraine devotion et pureté de meurs. Ils tiennent que le plus certain moyen de meriter Paradis, c'est tuer quelqu'un de religion contraire. Parquoy mesprisant tous les dangiers propres, pour une si utile execution, un ou deux se sont veus souvent, au pris d'une certaine mort, se presenter à assassiner (nous avons emprunté ce mot de leur nom) leur ennemi au milieu de ses forces. Ainsi fut tué nostre comte Raimond de Tripoli en sa ville[1].

CHAPITRE XXX

D'UN ENFANT MONSTRUEUX

(a) CE conte s'en ira tout simple, car je laisse aux medecins d'en discourir. Je vis avant hier un enfant que deux hommes et une nourrice, qui se disoient estre le pere, l'oncle et la tante, conduisoyent pour tirer quelque sou de le montrer à cause de son estrangeté. Il estoit en tout le reste d'une forme commune, et se soustenoit sur ses pieds, marchoit et gasouilloit à peu près comme les autres de mesme aage; il n'avoit encore voulu prendre autre nourriture que du tetin de sa nourrisse; et ce qu'on essaya en ma presence de luy mettre en la bouche, il le maschoit un peu, et le rendoit sans avaller; ses cris sembloient bien avoir quelque chose de particulier; il estoit aagé de quatorze mois justement. Au dessoubs de ses tetins, il estoit pris et collé à un autre enfant sans teste, et qui avoit le conduict du dos estoupé, le reste entier; car il avoit bien l'un bras plus court, mais il luy avoit esté rompu par accident à leur naissance; ils estoient joints face à face, et comme si un plus petit enfant en vouloit accoler un plus grandelet. La jointure et l'espace par où ils se tenoient, n'estoit que de quatre doigts ou environ, en manière que si vous retroussiez cet enfant imparfait, vous voyez au dessoubs le nombril de l'autre; ainsi la cousture se faisoit entre les tetins et son nombril. Le nombril de l'imparfaict ne se pouvoit voir,

mais ouy bien tout le reſte de son ventre. Voylà comme
ce qui n'eſtoit pas attaché, comme bras, fessier, cuisses et
jambes de cet imparfaict, demouroient pendants et bran-
lans sur l'autre, et luy pouvoit aller sa longueur jusques
à my jambe. La nourrice nous adjouſtoit qu'il urinoit par
tous les deux endroicts; aussi eſtoient les membres de cet
autre nourris et vivans, et en mesme point que les siens,
sauf qu'ils eſtoient plus petits et menus[1].

Ce double corps et ces membres divers, se rapportans
à une seule teſte, pourroient bien fournir de favorable
prognoſtique au Roy de maintenir sous l'union de ses loix
ces pars et pieces diverses de noſtre eſtat; mais, de peur
que l'evenement ne le demente, il vaut mieux le laisser
passer devant, car il n'eſt que de deviner en choses
faictes : « *Ut quum facta sunt, tum ad conjecturam aliqua inter-
pretatione revocantur*[2]. » *(b)* Comme on dict[3] d'Epimenides
qu'il devinoit à reculons.

Je vien de voir un paſtre en Medoc, de trente ans ou
environ, qui n'a aucune montre des parties genitales : il
a trois trous par où il rend son eau incessamment; il eſt
barbu, a desir, et recherche l'attouchement des femmes.

(c) Ce que nous appellons monſtres ne le sont pas à
Dieu, qui voit en l'immensité de son ouvrage l'infinité
des formes qu'il y a comprinses; et eſt à croire que cette
figure qui nous eſtonne, se rapporte et tient à quelque
autre figure de mesme genre inconnu à l'homme. De sa
toute sagesse il ne part rien que bon et commun et reglé;
mais nous n'en voyons pas l'assortiment et la relation.

« *Quod crebro videt, non miratur, etiam si cur fiat nescit.
Quod ante non vidit, id, si evenerit, oſtentum esse censet*[4]. »

Nous appellons contre nature ce qui advient contre la
couſtume; rien n'eſt que selon elle, quel qu'il soit. Que
cette raison universelle et naturelle chasse de nous l'erreur
et l'eſtonnement que la nouvelleté nous apporte.

CHAPITRE XXXI

DE LA COLERE

(a) PLUTARQUE eſt admirable par tout, mais principalement où il juge des actions humaines. On peut
voir les belles choses qu'il dit en la comparaison de

Lycurgus et de Numa, sur le propos de la grande simplesse que ce nous est d'abandonner les enfans au gouvernement et à la charge de leurs peres. *(c)* La plus part de
nos polices, comme dict Aristote[1], laissent à chacun, en
maniere des Cyclopes, la conduite de leurs femmes et de
leurs enfans, selon leur folle et indiscrete fantasie; et,
quasi les seules Lacedemonienne et Cretense ont commis
aux loix la discipline de l'enfance. *(a)* Qui ne voit qu'en
un estat tout dépend de son education et nourriture? et
cependant, sans aucune discretion, on la laisse à la mercy
des parens, tant fols et meschans qu'ils soient.

Entre autres choses, combien de fois m'a-il prins envie,
passant par nos ruës, de dresser une farce, pour venger
des garçonnetz que je voyoy escorcher, assommer et
meurtrir à quelque pere ou mere furieux et forcenez de
colere! Vous leur voyez sortir le feu et la rage des yeux,

> *(b) rabie jecur incendente, feruntur*
> *Præcipites, ut saxa jugis abrupta, quibus mons*
> *Subtrahitur, clivóque latus pendente recedit*[2],

(et, selon Hippocrates[3], les plus dangereuses maladies
sont celles qui desfigurent le visage), *(a)* à tout une voix
tranchante et esclatante, souvent contre qui ne faict que
sortir de nourrisse. Et puis les voylà stropiets, estourdis
de coups; et nostre justice qui n'en fait compte, comme
si ces esboitemens et eslochements n'estoient pas des
membres de nostre chose publique :

> *(b) Gratum est quod patriæ civem populóque dedisti,*
> *Si facis ut patriæ sit idoneus, utilis agris,*
> *Utilis et bellorum et pacis rebus agendis*[4].

(a) Il n'est passion qui esbranle tant la sincerité des
jugemens que la colere. Aucun ne feroit doubte de punir
de mort le juge qui, par colere, auroit condamné son
criminel; pourquoy est il non plus permis aux peres et
aux pedantes de fouetter les enfans et les chastier estans en
colere? Ce n'est plus correction, c'est vengeance. Le
chatiement tient lieu de medecine aux enfans[5] : et
souffririons nous un medecin qui fut animé et courroucé
contre son patient?

Nous mesmes, pour bien faire, ne devrions jamais
mettre la main sur nos serviteurs, tandis que la colere nous
dure. Pendant que le pouls nous bat et que nous sentons

de l'émotion, remettons la partie; les choses nous sembleront à la verité autres, quand nous serons r'acoisez et refroidis; c'est la passion qui commande lors, c'est la passion qui parle, ce n'est pas nous.

(b) Au travers d'elle, les fautes nous apparoissent plus grandes, comme les corps au travers d'un brouillas. Celuy qui a faim, use de viande; mais celuy qui vient user de chastiement, n'en doibt avoir faim ny soif.

(a) Et puis, les chastiemens qui se font avec poix et discretion, se reçoivent bien mieux et avec plus de fruit de celuy qui les souffre. Autrement, il ne pense pas avoir esté justement condamné par un homme agité d'ire et de furie; et allegue pour sa justification les mouvemens extraordinaires de son maistre, l'inflammation de son visage, les sermens inusitez, et cette sienne inquietude et precipitation temeraire :

(b) Ora tument ira, nigrescunt sanguine venæ,
  Lumina Gorgoneo sævius igne micant[1].

(a) Suetone recite[2] que Lucius Saturninus[3] ayant esté condamné par Cæsar, ce qui luy servit le plus envers le peuple (auquel il appella) pour luy faire gaigner sa cause, ce fut l'animosité et l'aspreté que Cæsar avoit apporté en ce jugement.

Le dire est autre chose que le faire : il faut considerer le presche à part, et le prescheur à part. Ceux-là se sont donnez beau jeu, en nostre temps, qui ont essayé de choquer la verité de nostre Esglise par les vices des ministres d'icelle; elle tire ses tesmoignages d'ailleurs; c'est une sotte façon d'argumenter et qui rejetteroit toutes choses en confusion. Un homme de bonnes meurs peut avoir des opinions fauces, et un meschant peut prescher verité, voire celuy qui ne la croit pas. C'est sans doute une belle harmonie quand le faire et le dire vont ensemble, et je ne veux pas nier que le dire, lors que les actions suyvent, ne soit de plus d'authorité et efficace. Comme disoit Eudamidas oyant un philosophe discourir de la guerre : « Ces propos sont beaux, mais celuy qui les dict n'en est pas croyable, car il n'a pas les oreilles accoustumées au son de la trompette. » Et Cleomenes, oyant un Rhetoricien harenguer de la vaillance, s'en print fort à rire; et l'autre s'en scandalizant, il luy dict : « J'en ferois de mesmes, si c'estoit une arondelle qui en parlast; mais, si c'estoit un aigle, je l'orrois volontiers[1]. » J'apperçois, ce me semble, ès escrits des anciens, que celui qui dit ce qu'il pense, l'assene bien plus vivement que celuy qui se contrefaict. Oyez Cicero parler de l'amour de la liberté, oyez en parler Brutus : les escrits mesmes vous sonnent que cettuy cy estoit homme pour l'acheter au pris de la vie. Que Cicero, pere d'eloquence, traite du mespris de la mort ; que Seneque en traite aussi : celuy là traine languissant, et vous sentez qu'il vous veut resoudre de chose dequoy il n'est pas resolu ; il ne vous donne point de cœur, car luy-mesmes n'en a point ; l'autre vous anime et enflamme. Je ne voy jamais autheur, mesmement de ceux qui traictent de la vertu et des offices, que je ne recherche curieusement quel il a esté.

(b) Car les Ephores, à Sparte, voyant un homme dissolu proposer au peuple un advis utile, luy commanderent de se taire, et prierent un homme de bien de s'en attribuer l'invention et le proposer[2].

(a) Les escrits de Plutarque, à les bien savourer, nous le descouvrent assez, et je pense le connoistre jusques dans l'ame ; si voudrois-je que nous eussions quelques memoires de sa vie ; et me suis jetté en ce discours à quartier à propos du bon gré que je sens à Aul. Gellius de nous avoir laissé par escrit ce conte de ses meurs qui revient à mon subjet de la cholere. Un sien esclave mauvais homme et vicieux, mais qui avoit les oreilles aucunement abreuvées des leçons de philosophie, ayant esté pour quelque sienne faute dépouillé par le commandement de Plutarque, pendant qu'on le fouettoit, grondoit au commencement que c'estoit sans raison et qu'il n'avoit rien fait ; mais en fin, se mettant à crier et à injurier bien à bon escient son maistre, luy reprochoit qu'il n'estoit pas philosophe, comme il s'en vantoit ; qu'il luy avoit souvent ouy dire qu'il estoit laid de se courroucer, voire qu'il en avoit fait un livre ; et ce que lors, tout plongé en la colere, il le faisoit si cruellement battre, démentoit entierement ses escris. A cela Plutarque, tout froidement et tout rassis : « Comment, dit-il, rustre, à quoy juges tu que je sois à cette heure courroucé ? Mon visage, ma voix, ma couleur, ma parole, te donne elle quelque tesmoignage que je sois esmeu ? Je ne pense avoir ny les yeux effarouchez, ny le visage troublé, ny un cry effroyable. Rougis-je ? escume-je ? m'eschappe-il de dire chose de quoy j'aye à me

repentir? tressaux-je? fremis-je de courroux? car, pour
te dire, ce sont là les vrais signes de la colere. » Et puis,
se deſtournant à celuy qui fouettoit. « Continuez, luy
dit-il, tousjours voſtre besoigne, pendant que cettuy-cy
et moy disputons. » Voylà son conte[1].

Archytas Tarentinus, revenant d'une guerre où il avoit
eſté capitaine general, trouva tout plein de mauvais mesnage en sa maison, et ses terres en frische par le mauvais
gouvernement de son receveur; et, l'ayant fait appeller :
« Va, luy diſt-il, que si je n'eſtois en cholere, je t'eſtrille-
rois bien! » Platon de mesme, s'eſtant eschauffé contre
l'un de ses esclaves, donna à Speusippus charge de le
chaſtier, s'excusant d'y mettre la main luy-mesme sur ce
qu'il eſtoit courroucé[2]. Charillus, Lacedemonien, à un
Elote qui se portoit trop insolemment et audacieusement
envers luy : « Par les Dieux! dit-il, si je n'eſtois courroucé,
je te ferois tout à cet heure mourir[3]. »

C'eſt une passion qui se plaiſt en soy et qui se flatte.
Combien de fois, nous eſtans esbranlez soubs une fauce
cause, si on vient à nous presenter quelque bonne defence
ou excuse, nous despitons nous contre la verité mesme
et l'innocence? J'ay retenu à ce propos un merveilleux
exemple de l'antiquité. Piso, personnage par tout ailleurs
de notable vertu, s'eſtant esmeu contre un sien soldat
dequoy, revenant seul du fourrage, il ne luy sçavoit rendre
compte où il avoit laissé un sien compaignon, tint pour
averé qu'il l'avoit tué, et le condamna soudain à la mort.
Ainsi qu'il eſtoit au gibet, voicy arriver ce compaignon
esgaré. Toute l'armée en fit grand feſte, et après force
caresses et accolades des deux compaignons, le bourreau
meine l'un et l'autre en la presence de Piso, s'attendant
bien toute l'assiſtance que ce luy seroit à luy-mesmes un
grand plaisir. Mais ce fut au rebours : car, par honte et
despit, son ardeur qui eſtoit encore en son effort se
redoubla; et, d'une subtilité que sa passion luy fournit
soudain, il en fit trois coulpables par ce qu'il en avoit
trouvé un innocent, et les fiſt depescher tous trois : le
premier soldat, par ce qu'il y avoit arreſt contre luy; le
second qui s'étoit écarté, par ce qu'il eſtoit cause de la
mort de son compaignon; et le bourreau, pour n'avoir
obey au commandement qu'on luy avoit fait[4].

(b) Ceux qui ont à negotier avec des femmes teſtues
peuvent avoir essaié à quelle rage on les jette, quand on

oppose à leur agitation le silence et la froideur, et qu'on
desdaigne de nourrir leur courroux. L'orateur Celius
estoit merveilleusement cholere de sa nature. A un qui
souppoit en sa compagnie, homme de molle et douce
conversation, et qui, pour ne l'esmouvoir, prenoit party
d'approuver tout ce qu'il disoit et d'y consentir, luy, ne
pouvant souffrir son chagrin se passer ainsi sans aliment :
« Nie moy quelque chose, de par les Dieux! fit-il, affin
que nous soyons deux[1]. » Elles, de mesmes, ne se cour-
roucent qu'affin qu'on se contre-courrouce, à l'imitation
des loix de l'amour. Phocion, à un homme qui luy
troubloit son propos en l'injuriant asprement, n'y fit autre
chose que se taire et luy donner tout loisir d'espuiser sa
cholere; cela faict, sans aucune mention de ce trouble, il
recommença son propos en l'endroict où il l'avoit laissé[2].
Il n'est replique si piquante comme est un tel mespris.

   Du plus cholere homme de France (et c'est tousjours
imperfection, mais plus excusable à un homme militaire :
car, en cet exercice, il y a certes des parties qui ne s'en
peuvent passer), je dy souvent que c'est le plus patient
homme que je cognoisse à brider sa cholere : elle l'agite
de telle violence et fureur,

> *magno veluti cum flamma sonore*
> *Virgea suggeritur costis undantis aheni,*
> *Exultántque aestu latices; furit intus aquaï*
> *Fumidus atque alte spumis exuberat amnis;*
> *Nec jam se capit unda; volat vapor ater ad auras[3],*

qu'il faut qu'il se contraigne cruellement pour la moderer.
Et pour moy, je ne sçache passion pour laquelle couvrir
et soustenir je peusse faire un tel effort. Je ne voudrois
mettre la sagesse à si haut pris. Je ne regarde pas tant ce
qu'il faict que combien il luy couste à ne faire pis.

   Un autre se vantoit à moy du reglement et douceur de
ses meurs, qui est, à la verité, singuliere. Je luy disois que
c'estoit bien quelque chose, notamment à ceux comme
luy d'éminente qualité sur lesquels chacun a les yeux, de
se presenter au monde tousjours bien temperez, mais
que le principal estoit de prouvoir au dedans et à soy-
mesme, et que ce n'estoit pas, à mon gré, bien mesnager
ses affaires que de se ronger interieurement : ce que je
craignois qu'il fit pour maintenir ce masque et cette
reglée apparence par le dehors.

On incorpore la cholere en la cachant, comme Diogenes dict à Demosthenes[1], lequel, de peur d'estre apperceu en une taverne, se reculoit au dedans. « Tant plus tu te recules arriere, tant plus tu y entres. » Je conseille qu'on donne plustost une buffe à la joue de son valet un peu hors de saison, que de geiner sa fantasie pour representer cette sage contenance; et aymerois mieux produire mes passions que de les couver à mes despens; elles s'alanguissent en s'esvantant et en s'exprimant; il vaut mieux que leur poincte agisse au dehors que de la plier contre nous. *(c)* « *Omnia vitia in aperto leviora sunt; et tunc perniciosissima, cum simulata sanitate subsidunt*[2]. »

(b) J'advertis ceux qui ont loy de se pouvoir courroucer en ma famille : premierement, qu'ils mesnagent leur cholere et ne l'ëspandent pas à tout pris; car cela en empesche l'effect et le poix; la criaillerie temeraire et ordinaire passe en usage et faict que chacun la mesprise; celle que vous employez contre un serviteur pour son larcin, ne se sent point, d'autant que c'est celle mesme qu'il vous a veu employer cent fois contre luy, pour avoir mal rinsé un verre ou mal assis une escabelle; — secondement, qu'ils ne se courroussent point en l'air, et regardent que leur reprehension arrive à celuy de qui ils se plaignent : car ordinairement ils crient avant qu'il soit en leur presence, et durent à crier un siecle après qu'il est party,

et secum petulans amentia certat[3].

Ils s'en prennent à leur ombre et poussent cette tempeste en lieu où personne n'en est ny chastié ny interessé, que, du tintamarre de leur voix, tel qui n'en peut mais. J'accuse pareillement aux querelles ceux qui bravent et se mutinent sans partie; il faut garder ces Rodomontades où elles portent :

Mugitus veluti cum prima in prælia taurus
Terrificos ciet atque irasci in cornua tentat,
Arboris obnixus trunco, ventósque lacessit
Ictibus, et sparsa ad pugnam proludit arena[4].

Quand je me courrouce, c'est le plus vifvement, mais aussi le plus briefvement et secretement que je puis; je me pers bien en vitesse et en violence, mais non pas en trouble, si que j'aille jettant à l'abandon et sans chois toute sorte de parolles injurieuses, et que je ne regarde

d'assoir pertinemment mes pointes où j'eſtime qu'elles
blessent le plus : car je n'y employe communément que
la langue. Mes valets en ont meilleur marché aux grandes
occasions qu'aux petites; les petites me surprennent; et
le mal'heur veut que, dépuis que vous eſtes dans le precipice, il n'importe qui vous ayt donné le branle, vous allez
tousjours jusques au fons; la cheute se presse, s'esmeut
et se haſte d'elle mesme. Aux grandes occasions, cela
me paye qu'elles sont si juſtes que chacun s'attend d'en
voir naiſtre une raisonnable cholere; je me glorifie à
tromper leur attente; je me bande et prepare contre celles
cy; elles me mettent en cervelle et menassent de m'emporter bien loing si je les suivoy. Aiséement je me garde
d'y entrer, et suis assez fort, si je l'atens, pour repousser
l'impulsion de cette passion, quelque violente cause
qu'elle aye; mais si elle me preoccupe et saisit une fois,
elle m'emporte, quelque vaine cause qu'elle ayt. Je marchande ainsin avec ceux qui peuvent conteſter avec moy :
« Quand vous me sentirez esmeu le premier, laissez moy
aller à tort ou à droiĉt; j'en feray de mesme à mon tour. »
La tempeſte ne s'engendre que de la concurrence des
choleres qui se produisent volontiers l'une de l'autre, et
ne naissent en un point. Donnons à chacune sa course,
nous voylà tousjours en paix. Utile ordonnance, mais de
difficile execution. Par fois m'advient il aussi de representer le courroussé, pour le reiglement de ma maison,
sans aucune vraye emotion. A mesure que l'aage me rend
les humeurs plus aigres, j'eſtudie à m'y opposer, et feray,
si je puis, que je seray dores en advant d'autant moins
chagrin et difficile que j'auray plus d'excuse et d'inclination à l'eſtre, quoy que par cy devant je l'aye eſté entre
ceux qui le sont le moins.

(a) Encore un mot pour clorre ce pas. Ariſtote dit[1] que
la cholere sert par fois d'arme à la vertu et à la vaillance.
Cela eſt vray-semblable; toutes-fois ceux qui y contredisent respondent plaisamment que c'eſt un'arme de
nouvel usage : car nous remuons les autres armes, cette
cy nous remue; noſtre main ne la guide pas, c'eſt elle qui
guide noſtre main; elle nous tient, nous ne la tenons pas[2].

CHAPITRE XXXII

DEFENCE DE SENEQUE ET DE PLUTARQUE

(a) La familiarité que j'ay avec ces personnages icy, et l'assistance qu'ils font à ma vieillesse[1] *(c)* et à mon livre massonné purement de leurs despouilles, *(a)* m'oblige à espouser leur honneur.

Quant à Seneque, par-my une miliasse de petits livrets que ceux de la Religion pretendue reformée font courir pour la deffence de leur cause, qui partent par fois de bonne main et qu'il est grand dommage n'estre embesoignée à meilleur subject, j'en ay veu autres-fois un qui, pour alonger et remplir la similitude qu'il veut trouver du gouvernement de nostre pauvre feu Roy Charles neufiesme avec celuy de Neron, apparie feu Monsieur le Cardinal de Lorraine[2] avec Seneque : leurs fortunes, d'avoir esté tous deux les premiers au gouvernement de leurs princes, et quant et quant leurs meurs, leurs conditions et leurs deportemens. Enquoy, à mon opinion, il faict bien de l'honneur audict Seigneur Cardinal : car, encore que je soys de ceux qui estiment autant son esprit, son eloquence, son zele envers sa religion et service de son Roy, et sa bonne fortune d'estre nay en un siecle où il fut si nouveau et si rare, et quant et quant, si necessaire pour le bien public, d'avoir un personnage Ecclesiastique de telle noblesse et dignité, suffisant et capable de sa charge : si est-ce qu'à confesser la verité, je n'estime sa capacité de beaucoup près telle, ny sa vertu si nette et entiere, ny si ferme, que celle de Seneque.

Or ce livre de quoy je parle, pour venir à son but, faict une description de Seneque très-injurieuse, ayant emprunté ces reproches de Dion l'historien[3], duquel je ne crois aucunement le tesmoignage; car, outre ce qu'il est inconstant, qui, après avoir appelé Seneque très-sage tantost, et tantost ennemy mortel des vices de Neron, le fait ailleurs avaritieux, usurier, ambitieux, lache, voluptueux et contrefaisant le philosophe à fauces enseignes, sa vertu paroist si vive et vigoureuse en ses escrits, et la defence y est si claire à aucunes de ces imputations, comme de sa richesse et despence excessive, que je n'en croiroy aucun tesmoignage au contraire. Et davantage, il est bien plus raisonnable de croire en telles choses les historiens Romains que les Grecs et estrangers. Or Tacitus[1] et les autres[2] parlent très-honorablement et de sa vie et de sa mort, et nous le peignent en toutes choses personnage très-excellent et très-vertueux. Et je ne veux alleguer autre reproche contre le jugement de Dion que cetuy-cy, qui est inevitable : c'est qu'il a le sentiment si malade aux affaires Romaines qu'il ose soustenir la cause de Julius Cæsar contre Pompeius, et d'Antonius contre Cicero[3].

Venons à Plutarque.

Jean Bodin[4] est un bon autheur de nostre temps, et accompagné de beaucoup plus de jugement que la tourbe des escrivailleurs de son siecle, et merite qu'on le juge et considere. Je le trouve un peu hardy en ce passage de sa *Methode de l'histoire*[5], où il accuse Plutarque non seulement d'ignorance (surquoy je l'eusse laissé dire, car cela n'est pas de mon gibier), mais aussi en ce que cet autheur escrit souvent des choses incroyables et entierement fabuleuses (ce sont ses mots). S'il eust dit simplement les choses autrement qu'elles ne sont, ce n'estoit pas grande reprehension ; car ce que nous n'avons pas veu, nous le prenons des mains d'autruy et à credit, et je voy que à escient il recite par fois diversement mesme histoire : comme le jugement des trois meilleurs capitaines qui eussent onques esté, faict par Hannibal, il est autrement en la vie de Flaminius, autrement en celle de Pyrrhus[6]. Mais de le charger d'avoir pris pour argent content des choses incroyables et impossibles, c'est accuser de faute de jugement le plus judicieux autheur du monde.

Et voicy son exemple : « Comme, ce dit-il, quand il recite qu'un enfant de Lacedemone se laissa deschirer tout le ventre à un renardeau qu'il avoit desrobé, et le tenoit caché soubs sa robe, jusques à mourir plustost que de descouvrir son larecin. » Je trouve en premier lieu cet exemple mal choisi, d'autant qu'il est bien malaisé de borner les efforts des facultez de l'ame, là où des forces corporelles nous avons plus de loy de les limiter et cognoistre ; et à cette cause, si c'eust été à moy à faire, j'eusse plustost choisi un exemple de cette seconde sorte ; et il y en a de moins croyables, comme, entre autres, ce qu'il recite de Pyrrhus[7], que, tout blessé qu'il estoit, il donna si grand coup d'espée à un sien ennemy armé de

toutes pieces, qu'il le fendit du haut de la teſte jusques
en bas, si que le corps se partit en deux parts. En son
exemple, je n'y trouve pas grand miracle, ny ne reçois
l'excuse de quoy il couvre Plutarque d'avoir adjouſté
ce mot : *Comme on dit,* pour nous advertir et tenir en bride
noſtre creance. Car, si ce n'eſt aux choses reçeuës par
authorité et reverence d'ancienneté ou de religion, il
n'euſt voulu ny recevoir luy mesme, ny nous proposer à
croire choses de soy incroyables; et que ce mot : *Comme
on dit,* il ne l'employe pas en ce lieu pour cet effect, il eſt
aysé à voir par ce que luy mesme nous raconte ailleurs sur
ce subject de la patience des enfans Lacedemoniens, des
exemples advenuz de son temps plus mal-aisez à persuader : comme celuy que Cicero a tesmoigné aussi[1]
avant luy , pour avoir, à ce qu'il dict, eſté sur les lieux :
que jusques à leur temps il se trouvoit des enfans, en
cette preuve de patience à quoy on les essayoit devant
l'autel de Diane, qui soufroyent d'y eſtre foytez jusques
à ce que le sang leur couloit par tout, non seulement
sans s'escrier, mais encore sans gemir, et aucuns jusques
à y laisser volontairement la vie. Et ce que Plutarque
aussi recite, avec cent autres tesmoins[2], que, au sacrifice,
un charbon ardant s'eſtant coulé dans la manche d'un
enfant Lacedemonien, ainsi qu'il encensoit, il se laissa
brusler tout le bras jusques à ce que la senteur de la
chair cuyte en vint aux assiſtans. Il n'eſtoit rien, selon
leur couſtume, où il leur alaſt plus de la reputation, ny
dequoy ils eussent à souffrir plus de blasme et de honte,
que d'eſtre surpris en larecin. Je suis si imbu de la grandeur de ces hommes là, que non seulement il ne me semble, comme à Bodin, que son conte soit incroyable, que
je ne le trouve pas seulement rare et eſtrange.

(c) L'hiſtoire Spartaine eſt pleine de mille plus aspres
exemples et plus rares : elle eſt, à ce pris, toute miracle.

(a) Marcellinus[3] recite, sur ce propos du larecin, que
de son temps il ne s'eſtoit encores peu trouver aucune
sorte de tourment qui peut forcer les Egyptiens surpris
en ce mesfaict, qui eſtoit fort en usage entre eux, de dire
seulement leur nom.

(b) Un paisan Espagnol, eſtant mis à la geine sur les
complices de l'homicide du præteur Lutius Piso, crioit,
au milieu des tormens, que ses amys ne bougeassent et
l'assiſtassent en toute seureté, et qu'il n'eſtoit pas en la

douleur de luy arracher un mot de confession; et n'en eust on autre chose pour le premier jour. Le lendemain, ainsi qu'on le ramenoit pour recommencer son tourment, s'esbranlant vigoureusement entre les mains de ses gardes, il alla froisser sa teste contre un paroy et s'y tua[1].

(c) Epicharis, ayant saoulé et lassé la cruauté des satellites de Neron et soustenu leur feu, leurs bastures, leurs engins, sans aucune voix de revelation de sa conjuration, tout un jour; rapportée à la geine l'endemain, les membres tous brisez, passa un lasset de sa robe dans l'un bras de sa chaize à tout un nœud courant et, y fourrant sa teste, s'estrangla du pois de son cors[2]. Ayant le courage d'ainsi mourir et se desrober aux premiers tourmens, semble elle pas à escient avoir presté sa vie à cette espreuve de sa patience[3] pour se moquer de ce tyran et encourager d'autres à semblable entreprinse contre luy?

(a) Et qui s'enquerra à nos argolets des experiences qu'ils ont euës en ces guerres civiles, il se trouvera des effets de patience, d'obstination et d'opiniatreté, par-my nos miserables siecles et en cette tourbe molle et effeminée encore plus que l'Egyptienne, dignes d'estre comparez à ceux que nous venons de reciter de la vertu Spartaine. Je sçay qu'il s'est trouvé des simples paysans s'estre laissez griller la plante des pieds, ecrasez le bout des doits à tout le chien d'une pistole, pousser les yeux sanglants hors de la teste à force d'avoir le front serré d'une grosse corde, avant que de s'estre seulement voulu mettre à rançon. J'en ay veu un, laissé pour mort tout nud dans un fossé, ayant le col tout meurtry et enflé d'un licol qui y pendoit encore, avec lequel on l'avoit tirassé toute la nuict à la queuë d'un cheval, le corps percé en cent lieux à coups de dague, qu'on luy avoit donné non pas pour le tuer, mais pour luy faire de la douleur et de la crainte; qui avoit souffert tout cela, et jusques à y avoir perdu parolle et sentiment, resolu, à ce qu'il me dict, de mourir plustost de mille morts (comme de vray, quand à sa souffrance, il en avoit passé une toute entiere) avant que rien promettre; et si, estoit un des plus riches laboureurs de toute la contrée. Combien en a l'on veu se laisser patiemment brusler et rotir pour des opinions empruntées d'autruy, ignorées et inconnues!

(b) J'ay cogneu cent et cent femmes, car ils disent que

les testes de Gascongne ont quelque prerogative en cela,
que vous eussiez plustost faict mordre dans le fer chaut
que de leur faire desmordre une opinion qu'elles eussent
conçeue en cholere. Elles s'exasperent à l'encontre des
coups et de la contrainte. Et celuy qui forgea le conte de
la femme[1] qui, pour aucune correction de menaces et
bastonades, ne cessoit d'appeler son mary pouilleux, et
qui, precipitée dans l'eau, haussoit encores en s'estouffant
les mains, et faisoit au dessus de sa teste signe de tuer
des poux, forgea un conte duquel, en verité, tous les
jours on voit l'image expresse en l'opiniastreté des femmes. Et est l'opiniastreté sœur de la constance au moins
en vigueur et fermeté.

(a) Il ne faut pas juger ce qui est possible et ce qui ne
l'est pas, selon ce qui est croyable et incroyable à nostre
sens, comme j'ay dit ailleurs[2]; et est une grande faute, et
en laquelle toute-fois la plus part des hommes tombent
(c) (ce que je ne dis pas pour Bodin), (a) de faire difficulté
de croire d'autruy ce qu'eux ne sçauroient faire, (c) ou ne
voudroient. Il semble à chascun que la maistresse forme
de nature est en luy[3]; touche et rapporte à celle là toutes
les autres formes. Les allures qui ne se reglent aux
siennes, sont faintes et artificielles. Quelle bestiale stupidité! (a) Moy, je considere aucuns hommes fort loing
au-dessus de moy, noméement entre les anciens; et
encores que je reconnoisse clairement mon impuissance
à les suyvre de mes pas, je ne laisse pas de les suyvre à
veue et juger les ressorts qui les haussent ainsin, (c) desquels je apperçoy aucunement en moy les semences :
comme je fay aussi de l'extreme bassesse des esprits, qui
ne m'estonne et que je ne mescroy non plus. Je vois bien
le tour que celles là se donnent pour se monter; (a) et
admire leur grandeur, et ces eslancemens que je trouve
très-beaux, je les embrasse; et si mes forces m'y vont,
au moins mon jugement s'y applique très-volontiers.

L'autre exemple qu'il allegue des choses incroyables
et entierement fabuleuses dites par Plutarque, c'est
qu'Agesilaus fut mulcté par les Ephores pour avoir
attiré à soy seul le cœur et volonté de ses citoyens. Je ne
sçay quelle marque de faulceté il y treuve; mais tant y a
que Plutarque parle là de choses qui luy devoyent estre
beaucoup mieux connues qu'à nous; et n'estoit pas nouveau en Grece de voir les hommes punis et exilez pour

cela seul d'agréer trop à leurs citoyens, tesmoin l'Ostracisme et le Petalisme[1].

Il y a encore en ce mesme lieu un'autre accusation qui
me pique pour Plutarque, où il dict qu'il a bien assorty
de bonne foy les Romains aux Romains et les Grecs entre
eux, mais non les Romains aux Grecs, tesmoin, dit-il,
Demostenes et Cicero, Caton et Aristides, Sylla et Lisander, Marcellus et Pelopidas, Pompeius et Agesilaus;
estimant qu'il a favorisé les Grecs de leur avoir donné des
compaignons si dispareils. C'est justement attaquer ce
que Plutarque a de plus excellent et louable : car, en ses
comparaisons (qui est la piece plus admirable de ses
œuvres et en laquelle, à mon advis, il s'est autant pleu), la
fidelité et syncerité de ses jugemens égale leur profondeur
et leur pois. C'est un philosophe qui nous apprend la
vertu. Voyons si nous le pourrons garentir de ce reproche
de prevarication et fauceté.

Ce que je puis panser avoir donné occasion à ce jugement, c'est ce grand et esclatant lustre des noms Romains
que nous avons en la teste. Il ne nous semble point que
Demosthenes puisse égaler la gloire d'un consul, proconsul et questeur de cette grande republique. Mais qui
considerera la verité de la chose et les hommes en eux
mesmes, à quoy Plutarque a plus visé, et à balancer leurs
meurs, leurs naturels, leur suffisance que leur fortune,
je pense, au rebours de Bodin, que Ciceron et le vieux
Caton en doivent de reste à leurs compaignons. Pour son
dessein j'eusse plustost choisi l'exemple du jeune Caton
comparé à Phocion; car, en ce païr, il se trouveroit une
plus vraysemblable disparité à l'advantage du Romain.
Quant à Marcellus, Sylla et Pompeius, je voy bien que
leurs exploits de guerre sont plus enflez, glorieux et pompeus que ceux des Grecs que Plutarque leur apparie;
mais les actions les plus belles et vertueuses, non plus en
la guerre qu'ailleurs, ne sont pas tousjours les plus
fameuses. Je voy souvent des noms de capitaines estouffez
sous la splendeur d'autres noms de moins de merite :
tesmoin Labienus, Ventidius, Telesinus et plusieurs
autres. Et, à le prendre par là, si j'avois à me plaindre pour
les Grecs, pourrois-je pas dire que beaucoup moins est
Camillus comparable à Themistocles, les Gracches à Agis
et Cleomenes, Numa à Licurgus[2]? Mais c'est folie de
vouloir juger d'un traict les choses à tant de visages.

Quand Plutarque les compare, il ne les égale pas pourtant. Qui plus disertement et conscientieusement pourroit remarquer leurs differences ? Vient-il à parangonner les victoires, les exploits d'armes, la puissance des armées conduites par Pompeius, et ses triumphes, avec ceux d'Agesilaus : « Je ne croy pas, dit-il[1], que Xenophon mesme, s'il estoit vivant, encore qu'on luy ait concedé d'écrire tout ce qu'il a voulu à l'advantage d'Agesilaus, osast le mettre en comparaison. » Parle-il de conferer Lisander à Sylla : « Il n'y a, dit-il, point de comparaison, ny en nombre de victoires, ny en hazard de batailles ; car Lisander ne gaigna seulement que deux batailles navales, etc. »

Cela, ce n'est rien desrober aux Romains ; pour les avoir simplement presentez aux Grecs, il ne leur peut avoir fait injure, quelque disparité qui y puisse estre. Et Plutarque ne les contrepoise pas entiers ; il n'y a en gros aucune preference : il apparie les pieces et les circonstances, l'une après l'autre, et les juge separément. Parquoy, si on le vouloit convaincre de faveur, il falloit en esplucher quelque jugement particulier, ou dire en general qu'il auroit failly d'assortir tel Grec à tel Romain, d'autant qu'il y en auroit d'autres plus correspondans pour les apparier, et se rapportans mieux.

CHAPITRE XXXIII

L'HISTOIRE DE SPURINA

(a) L A philosophie ne pense pas avoir mal employé ses moyens quand elle a rendu à la raison la souveraine maistrise de nostre ame et l'authorité de tenir en bride nos appetits. Entre lesquels ceux qui jugent qu'il n'en y a point de plus violens que ceux que l'amour engendre, ont cela pour leur opinion qu'ils tiennent au corps et à l'ame, et que tout l'homme en est possedé : en maniere que la santé mesme en depend, et est la medecine par fois contrainte de leur servir de maquerellage.

Mais, au contraire, on pourroit aussi dire que le meslange du corps y apporte du rabais et de l'affoiblissement : car tels desirs sont subjects à satieté et capables de remedes materiels. Plusieurs, ayant voulu delivrer leurs ames des alarmes continuelles que leur donnoit cet appetit, se sont servis d'incision et destranchement des parties esmeuës et alterées. D'autres en ont du tout abatu la force et l'ardeur par frequente application de choses froides, comme de neige et de vinaigre. Les haires de nos aieuls estoient de cet usage; c'est une matiere tissue de poil de cheval, dequoy les uns d'entr'eux faisoient des chemises, et d'autres des ceintures à geéner leurs reins. Un prince[1] me disoit, il n'y a pas longtemps que, pendant sa jeunesse, un jour de feste solemne, en la court du Roy François premier, où tout le monde estoit paré, il luy print envie de se vestir de la haire, qui est encore chez luy, de monsieur son pere; mais, quelque devotion qu'il eust, qu'il ne sceut avoir la patience d'attendre la nuict pour se despouiller, et en fut longtemps malade, adjoustant qu'il ne pensoit pas qu'il y eust chaleur de jeunesse si aspre que l'usage de cette recepte ne peut amortir.

Toutesfois à l'advanture ne les a-il pas essayées les plus cuisantes; car l'experience nous faict voir qu'une telle esmotion se maintient bien souvent soubs des habits rudes et marmiteux, et que les haires ne rendent pas tousjours heres ceux qui les portent. Xenocrates y proceda plus rigoureusement : car ses disciples, pour essayer sa continence, luy ayant fourré dans son lict Laïs, cette belle et fameuse courtisane, toute nuë, sauf les armes de sa beauté et folastres apasts, ses philtres, sentant qu'en despit de ses discours et de ses regles, le corps, revesche, commençoit à se mutiner, il se fit brusler les membres qui avoient presté l'oreille à cette rebellion[2]. Là où les passions qui sont toutes en l'ame, comme l'ambition, l'avarice et autres, donnent bien plus à faire à la raison; car elle n'y peut estre secourue que de ses propres moyens, ny ne sont ces appetits-là capables de satieté, voire ils s'esguisent et augmentent par la jouyssance.

Le seul exemple de Julius Cæsar peut suffire à nous montrer la disparité de ces appetits, car jamais homme ne fut plus adonné aux plaisirs amoureux. Le soin curieux qu'il avoit de sa personne, en est un tesmoignage, jusques à se servir à cela des moyens les plus lascifs qui fussent lors en usage : comme de se faire pinceter tout le corps et farder de parfums d'une extreme curiosité. Et de soy il estoit beau personnage, blanc, de belle et allegre taille,

le visage plein, les yeux bruns et vifs, s'il[1] en faut croire
Suetone[2], car les statues qui se voyent de luy à Rome
ne raportent pas bien par tout à cette peinture. Outre ses
femmes, qu'il changea à quatre fois, sans conter les
amours de son enfance avec le Roy de Bithynie Nico-
medes[3], il eust le pucelage de cette tant renommée Royne
d'Ægipte, Cleopatra, tesmoin le petit Cæsarion qui en
nasquit[4]. Il fit aussi l'amour à Eunoé, Royne de Mauri-
tanie[5], et, à Romme, à Posthumia, femme de Servius
Sulpitius; à Lollia, de Gabinius; à Tertulla, de Crassus; et
à Mutia mesme, femme du grand Pompeius, qui fut la
cause, disent les historiens Romains, pourquoy son mary
la repudia,[6] ce que Plutarque confesse avoir ignoré[7]; et les
Curions pere et fils reprocherent depuis à Pompeius,
quand il espousa la fille de Cæsar, qu'il se faisoit gendre
d'un homme qui l'avoit fait coqu, et que luy-mesme avoit
accoustumé appeller Ægisthus. Il entretint, outre tout ce
nombre, Servilia, sœur de Caton et mere de Marcus
Brutus, dont chacun tient que proceda cette grande
affection qu'il portoit à Brutus, par ce qu'il estoit nay en
temps auquel il y avoit apparence qu'il fust nay de luy.
Ainsi j'ay raison, ce me semble, de le prendre pour homme
extremement adonné à cette desbauche et de complexion
très-amoureuse[8]. Mais l'autre passion de l'ambition,
dequoy il estoit aussi infiniment blessé, venant à combattre celle là, elle luy fit incontinent perdre place.

(c) Me ressouvenant sur ce propos de Mechmet[9], celuy
qui subjugua Constantinople et apporta la finale extermi-
nation du nom Grec, je ne sçache point où ces deux
passions se trouvent plus egalement balancées : pareillement indefatigable ruffien et soldat. Mais quand en sa vie
elles se presentent en concurrance l'une de l'autre,
l'ardeur querelleuse gourmande tous-jours l'amoureuse
ardeur. Et ceste-cy, encore que ce fust hors sa naturelle
saison, ne regaigna pleinement l'authorité souveraine que
quand il se trouva en grande vieillesse, incapable de plus
soustenir le faix des guerres.

Ce qu'on recite, pour un exemple contraire, de Ladis-
laus, Roy de Naples, est remerquable : que, bon capitaine,
courageux et ambitieux, il se proposoit pour fin principale
de son ambition l'execution de sa volupté et jouissance
de quelque rare beauté. Sa mort fut de mesme. Ayant
rangé par un siege bien poursuivy la ville de Florence

si à destroit que les habitans estoient après à composer
de sa victoire, il la leur quitta pour veu qu'ils luy livrassent
une fille de leur ville, dequoy il avoit ouy parler, de
beauté excellente. Force fut de la luy accorder et garantir
la publique ruine par une injure privée. Elle estoit fille
d'un medecin fameux de son temps, lequel, se trouvant
engagé en si villaine necessité, se resolut à une haute
entreprinse. Comme chacun paroit sa fille et l'attournoit
d'ornements et joyaux qui la peussent rendre aggreable à
ce nouvel amant, luy aussi luy donna un mouchoir exquis
en senteur et en ouvrage, duquel elle eust à se servir en
leurs premieres approches, meuble qu'elles n'y oublient
guere en ces quartiers là. Ce mouchoir, empoisonné selon
la capacité de son art, venant à se frotter à ces chairs
esmeues et pores ouverts, inspira son venin si promptement, qu'ayant soudain changé leur sueur chaude en
froide, ils expirerent entre les bras l'un de l'autre[1]. Je
m'en revois à Cæsar.

(a) Ses plaisirs ne luy firent jamais desrober une seule
minute d'heure, ny destourner un pas des occasions qui
se presentoient pour son agrandissement. Cette passion
regenta en luy si souverainement toutes les autres, et
posseda son ame d'une authorité si pleine, qu'elle l'emporta où elle voulut. Certes j'en suis despit, quand je
considere au demeurant la grandeur de ce personnage et
les merveilleuses parties qui estoient en luy, tant de suffisance en toute sorte de sçavoir qu'il n'y a quasi science en
quoy il n'ait escrit. Il estoit tel orateur que plusieurs ont
preferé son eloquence à celle de Cicero; et luy-mesmes, à
mon advis, n'estimoit luy devoir guere en cette partie; et
ses deux *Anticatons* furent principalement escrits pour
contre-balancer le bien dire que Cicero avoit employé en
son *Caton*.

Au demeurant, fut-il jamais ame si vigilante, si active
et si patiente de labeur que la sienne? et sans doubte
encore estoit elle embellie de plusieurs rares semences de
vertu, je dy vives, naturelles et non contrefaictes. Il estoit
singulierement sobre et si peu delicat en son manger
qu'Oppius recite[2] qu'un jour, luy ayant esté presenté à
table, en quelque sauce, de l'huyle mediciné au lieu
d'huyle simple, il en mangea largement pour ne faire
honte à son hoste. Une autrefois, il fit fouetter son
bolenger pour luy avoir servy d'autre pain que celuy du

commun[1]. Caton mesme avoit accoustumé de dire de luy
que c'estoit le premier homme sobre qui se fut acheminé
à la ruyne de son pays[2]. Et quant à ce que ce mesme Caton
l'appella un jour yvrongne (cela advint en cette façon :
estans tous deux au Senat, où il se parloit du fait de la
conjuration de Catilina, de laquelle Cæsar estoit soupçonné, on luy apporta de dehors un brevet à cachetes.
Caton, estimant que ce fut quelque chose dequoy les
conjurez l'advertissent, le somma de le luy donner ; ce que
Cæsar fut contraint de faire pour eviter un plus grand
soupçon[3]. C'estoit de fortune une lettre amoureuse que
Servilia, sœur de Caton, luy escrivoit. Caton, l'ayant leuë,
la luy rejetta en luy disant : « Tien, ivrongne[4] ! ») cela,
dis-je, fut plustost un mot de desdain et de colere qu'un
expres reproche de ce vice, comme souvent nous injurions
ceux qui nous faschent des premieres injures qui nous
viennent à la bouche, quoy qu'elles ne soient nullement
deues à ceux à qui nous les attachons. Joinct que ce vice
que Caton luy reproche est merveilleusement voisin de
celuy auquél il avoit surpris Cæsar ; car Venus et Bacchus
se conviennent volontiers[5], à ce que dict le proverbe[6].

(b) Mais, chez moy, Venus est bien plus allegre,
accompaignée de la sobriété.

(a) Les exemples de sa douceur et de sa clemence envers
ceux qui l'avoient offencé, sont infinis ; je dis outre ceux
qu'il donna pendant le temps que la guerre civile estoit
encore en son progrés, desquels il fait luy-mesmes assez
sentir par ses escris qu'il se servoit pour amadouer ses
ennemis et leur faire moins craindre sa future domination
et sa victoire. Mais si faut il dire que ces exemples là,
s'ils ne sont suffisans à nous tesmoigner sa naïve douceur,
ils nous montrent au moins une merveilleuse confiance
et grandeur de courage en ce personnage. Il luy est
advenu souvent de rènvoyer des armées toutes entieres à
son ennemy après les avoir vaincues, sans daigner seulement les obliger par serment, sinon de le favoriser,
aumoins de se contenir sans luy faire guerre. Il a prins à
trois et à quatre fois tels capitaines de Pompeius, et autant
de fois remis en liberté. Pompeius declaroit ses ennemis
tous ceux qui ne l'accompaignoient à la guerre[7] ; et luy,
fit proclamer qu'il tenoit pour amis tous ceux qui ne
bougeoient et qui ne s'armoyent effectuellement contre
luy. A ceux de ses capitaines[8] qui se desroboient de luy

pour aller prendre autre condition, il r'envoioit encore
les armes, chevaux et equipage. Les villes qu'il avoit
prinses par force, il les laissoit en liberté de suyvre tel
party qu'il leur plairoit, ne leur donnant autre garnison
que la memoire de sa douceur et clemence. Il deffendit,
le jour de sa grande bataille de Pharsale, qu'on ne mit
qu'à toute extremité la main sur les citoyens Romains[1].

Voylà des traits bien hazardeux, selon mon jugement;
et n'est pas merveilles si, aux guerres civiles que nous
sentons, ceux qui combattent comme luy l'estat ancien de
leur pays n'en imitent l'exemple; ce sont moyens extraordinaires, et qu'il n'appartient qu'à la fortune de Cæsar et à
son admirable pourvoyance de heureusement conduire.
Quand je considere la grandeur incomparable de cette
ame, j'excuse la victoire de ne s'estre peu depestrer de luy,
voire en cette très-injuste et très-inique cause[2].

Pour revenir à sa clemence, nous en avons plusieurs
naifs exemples au temps de sa domination, lors que,
toutes choses estant reduites en sa main, il n'avoit plus à
se feindre. Caius Memmius avoit escrit contre luy des
oraisons très-poignantes, ausquelles il avoit bien aigrement respondu; si ne laissa-il, bien tost après, de aider à le
faire consul[3]. Caius Calvus, qui avoit faict plusieurs
epigrammes injurieux contre luy, ayant employé de ses
amis pour le reconcilier, Cæsar se convia luy mesme à
luy escrire le premier[4]. Et nostre bon Catulle, qui l'avoit
testonné si rudement sous le nom de Mamurra, s'en estant
venu excuser à luy, il le fit ce jour mesme soupper à sa
table[5]. Ayant esté adverty d'aucuns qui parloient mal de
luy, il n'en fit autre chose que declarer, en une sienne
harangue publique, qu'il en estoit adverty[6]. Il craignoit
encore moins ses ennemis qu'il ne les haissoit. Aucunes
conjurations et assemblées qu'on faisoit contre sa vie
luy ayant esté descouvertes, il se contenta de publier par
edit qu'elles luy estoient connues, sans autrement en
poursuyvre les autheurs[7]. Quant au respect qu'il avoit
à ses amis, Caius Oppius voyageant avec luy et se trouvant mal, il luy quitta un seul logis qu'il y avoit, et coucha
toute la nuict sur la dure et au descouvert[8]. Quant à sa
justice, il fit mourir un sien serviteur qu'il aimoit singulierement, pour avoir couché avecques la femme d'un
chevalier Romain, quoy que personne ne s'en plaignit[9].
Jamais homme n'apporta ny plus de moderation en

sa victoire, ny plus de resolution en la fortune contraire.

Mais toutes ces belles inclinations furent alterées et estouffées par cette furieuse passion ambitieuse, à laquelle il se laissa si fort emporter qu'on peut aisément maintenir qu'elle tenoit le timon et le gouvernail de toutes ses actions. D'un homme liberal elle en rendit un voleur publique pour fournir à cette profusion et largesse, et luy fit dire ce vilain et très-injuste mot, que si les plus meschans et perdus hommes du monde luy avoient esté fidelles au service de son agrandissement, il les cheriroit et avanceroit de son pouvoir aussi bien que les plus gens de bien[1] ; l'enyvra d'une vanité si extreme qu'il osoit se vanter en presence de ses concitoyens d'avoir rendu cette grande Republique Romaine un nom sans forme et sans corps[2] ; et dire que ses responces devoient meshuy servir de loix ; et recevoir assis le corps du Senat venant vers luy[3] ; et souffrir qu'on l'adorat et qu'on luy fit en sa presence des honneurs divins[4]. Somme, ce seul vice, à mon advis, perdit en luy le plus beau et le plus riche naturel qui fut onques, et a rendu sa memoire abominable à tous les gens de bien, pour avoir voulu chercher sa gloire de la ruyne de son pays et subversion de la plus puissante et fleurissante chose publique que le monde verra jamais.

Il se pourroit bien, au contraire, trouver plusieurs exemples de grands personnages ausquels la volupté a faict oublier la conduite de leurs affaires, comme Marcus Antonius et autres ; mais où l'amour et l'ambition seroient en égale balance et viendroient à se chocquer de forces pareilles, je ne fay aucun doubte que cette-cy ne gaignast le pris de la maistrise.

Or, pour me remettre sur mes brisées, c'est beaucoup de pouvoir brider nos appetits par le discours de la raison, ou de forcer nos membres par violence à se tenir en leur devoir ; mais de nous foitter pour l'interest de nos voisins, de non seulement nous deffaire de cette douce passion qui nous chatouille, du plaisir que nous sentons de nous voir aggreables à autruy et aymez et recherchez d'un chascun, mais encore de prendre en haine et à contre-cœur nos graces qui en sont cause, et de condamner nostre beauté par ce que quelqu'autre s'en eschauffe, je n'en ay veu guere d'exemples. Cettuy-cy en est : Spurina, jeune homme de la Toscane,

(b) Qualis gemma micat, fulvum quæ dividit aurum,
Aut collo decus aut capiti, vel quale, per artem
Inclusum buxo aut Oricia terebintho,
Lucet ebur[1],

(a) estant doué d'une singuliere beauté, et si excessive que
les yeux plus continents ne pouvoient en souffrir l'esclat
continemment, ne se contentant point de laisser sans
secours tant de fiévre et de feu qu'il alloit attisant par tout,
entra en furieux despit contre soy-mesme et contre ces
riches presens que nature luy avoit faits, comme si on se
devoit prendre à eux de la faute d'autruy, et détailla et
troubla, à force de playes qu'il se fit à escient et de cicatrices, la parfaicte proportion et ordonnance que nature
avoit si curieusement observée en son visage[2].

(c) Pour en dire mon advis, j'admire telles actions plus
que je ne les honnore : ces excez sont ennemis de mes
regles. Le dessein en fut beau et consciencieux, mais, à
mon advis, un peu manque de prudence. Quoy? si sa
laideur servit depuis à en jetter d'autres au peché de
mespris et de haine ou d'envie pour la gloire d'une si rare
recommandation, ou de calomnie, interpretant cette
humeur à une forcenée ambition. Y a il quelque forme
de laquelle le vice ne tire, s'il veut, occasion à s'exercer en
quelque maniere? Il estoit plus juste et aussi plus glorieux
qu'il fist de ces dons de Dieu un subject de vertu examplaire et de reglement

Ceux qui se desrobent aux offices communs et à ce
nombre infiny de regles espineuses à tant de visages qui
lient un homme d'exacte preud'hommie en la vie civile,
font, à mon gré, une belle espargne, quelque pointe
d'aspreté peculiere qu'ils s'enjoignent. C'est aucunement
mourir pour fuir la peine de bien vivre. Ils peuvent avoir
autre pris; mais le pris de la difficulté, il ne m'a jamais
semblé qu'ils l'eussent, ni qu'en malaisance il y ait rien
au delà de se tenir droit emmy les flots de la presse du
monde, respondant et satisfaisant loyalement à tous les
membres de sa charge. Il est à l'adventure plus facile de
se passer nettement de tout le sexe, que de se maintenir
deuement de tout point en la compaignie de sa femme;
et a l'on de quoy couler plus incurieusement en la pauvreté qu'en l'abondance justement dispensée : l'usage
conduict selon raison a plus d'aspreté que n'a l'abstinence.
La moderation est vertu bien plus affaireuse que n'est la

souffrance. Le bien vivre du jeune Scipion a mille façons :
le bien vivre de Diogenes n'en a qu'une. Cette-cy surpasse
d'autant en innocence les vies ordinaires, comme les
exquises et accomplies la surpassent en utilité et en force.

CHAPITRE XXXIV

OBSERVATIONS SUR LES MOYENS
DE FAIRE LA GUERRE DE JULIUS CÆSAR

(a) ON recite de plusieurs chefs de guerre, qu'ils ont
eu certains livres en particuliere recommandation : comme le grand Alexandre, Homere[1]; *(c)* Scipion
l'Aphricain, Xenophon[2], *(a)* Marcus Brutus, Polybius[3];
Charles cinquiesme, Philippe de Comines[4]; et dit-on de ce
temps, que Machiavel est encores ailleurs en credit; mais
le feu Mareschal Strossy[5], qui avoit pris Cæsar pour sa
part, avoit sans doubte bien mieux choisi : car à la verité,
ce devroit estre le breviaire de tout homme de guerre,
comme estant le vray et souverain patron de l'art militaire. Et Dieu sçait encore de quelle grace et de quelle
beauté il a fardé cette riche matiere : d'une façon de dire
si pure, si delicate et si parfaicte, que, à mon goust, il n'y
a aucuns escrits au monde qui puissent estre comparables
aux siens en cette partie.

Je veux icy enregistrer certains traicts particuliers et
rares, sur le faict de ses guerres, qui me sont demeurez
en memoire[6].

Son armée estant en quelque effroy pour le bruit qui
couroit des grandes forces que menoit contre lui le Roy
Juba, au lieu de rabattre l'opinion que ses soldats en
avoyent prise et appetisser les moyens de son ennemy, les
ayant faict assembler pour les r'asseurer et leur donner
courage, il print une voye toute contraire à celle que nous
avons accoustumé : car il leur dit qu'ils ne se missent plus
en peine de s'enquerir des forces que menoit l'ennemy, et
qu'il en avoit eu bien certain advertissement; et lors il
leur en fit le nombre surpassant de beaucoup et la verité
et la renommée qui en couroit en son armée[7], suyvant
ce que conseille Cyrus en Xenophon[8]; d'autant que la
tromperie n'est pas si grande de trouver les ennemis par

effet plus foybles qu'on n'avoit esperé, que, les ayant jugez foibles par reputation, les trouver après à la verité bien forts.

Il accoustumoit sur tout ses soldats à obeyr simplement, sans se mesler de contreroller ou parler des desseins de leur capitaine, lesquels il ne leur communiquoit que sur le point de l'execution; et prenoit plaisir, s'ils en avoyent descouvert quelque chose, de changer sur le champ d'advis pour les tromper; et souvent, pour cet effect, ayant assigné un logis en quelque lieu, il passoit outre et alongeoit la journée, notamment s'il faisoit mauvais temps et pluvieux[1].

Les Souisses, au commencement de ses guerres de Gaule, ayans envoyé vers luy pour leur donner passage au travers des terres des Romains, estant deliberé de les empescher par force, il leur contrefit toutes-fois un bon visage, et print quelques jours de delay à leur faire responce, pour se servir de ce loisir à assembler son armée. Ces pauvres gens ne sçavoyent pas combien il estoit excellent mesnager du temps; car il redit maintes fois que c'est la plus souveraine partie d'un capitaine que la science de prendre au point les occasions, et la diligence, qui est en ses exploits à la verité inouye et incroyable[2].

S'il n'estoit guiere conscientieux, en cela, de prendre advantage sur son ennemy sous couleur d'un traité d'accord, il l'estoit aussi peu en ce qu'il ne requeroit en ses soldats autre vertu que la vaillance, ny ne punissoit guiere autres vices que la mutination et la desobeïssance. Souvent, après ses victoires, il leur láchoit la bride à toute licence, les dispensant pour quelque temps des regles de la discipline militaire, adjoutant à cela qu'il avoit des soldats si bien creez que, tous perfumez et musquez, ils ne laissoient pas d'aller furieusement au combat. De vray, il aymoit qu'ils fussent richement armez, et leur faisoit porter des harnois gravez, dorez et argentez, afin que le soing de la conservation de leurs armes les rendit plus aspres à se defendre[3]. Parlant à eux, il les appelloit du nom de *compaignons,* que nous usons encore[4] : ce qu'Auguste son successeur reforma, estimant qu'il l'avoit fait pour la necessité de ses affaires et pour flater le cœur de ceux qui ne le suyvoient que volontairement[5];

(b) *Rheni mihi Cæsar in undis*
Dux erat, hic socius : facinus quos inquinat, æquat[6];

(a) mais que cette façon estoit trop rabaissée pour la dignité d'un Empereur et general d'armée, et remit en train de les appeler seulement *soldats*.

A cette courtoisie Cæsar mesloit toutes-fois une grande severité à les reprimer. La neufiesme legion s'estant mutinée au près de Plaisance, il la cassa avec ignominie, quoy que Pompeius fut lors encore en pieds, et ne la reçeut en grace qu'avec plusieurs supplications[1]. Il les rapaisoit plus par authorité et par audace, que par douceur.

Là où il parle de son passage de la riviere du Rhin vers l'Alemaigne, il dit[2] qu'estimant indigne de l'honneur du peuple Romain qu'il passast son armée à navires, il fit dresser un pont afin qu'il passat à pied ferme. Ce fut là qu'il bátist ce pont admirable de quoy il dechifre particulierement la fabrique : car il ne s'arreste si volontiers en nul endroit de ses faits, qu'à nous representer la subtilité de ses inventions en telle sorte d'ouvrages de main.

J'y ay aussi remarqué cela, qu'il fait grand cas de ses exhortations aux soldats avant le combat : car, où il veut montrer avoir esté surpris ou pressé, il allegue tousjours cela, qu'il n'eust pas seulement loysir de haranguer son armée. Avant cette grande bataille contre ceux de Tournay : « Cæsar, dict-il[3], ayant ordonné du reste, courut soudainement où la fortune le porta, pour enhorter ses gens; et rencontrant la dixiesme legion, il n'eust loisir de leur dire, sinon qu'ils eussent souvenance de leur vertu accoustumée, qu'ils ne s'estonnassent poinct et soustinsent hardiment l'effort des adversaires; et par ce que l'ennemy estoit des-jà approché à un jet de trait, il donna le signe de la bataille; et de là, estant passé soudainement ailleurs pour en encourager d'autres, il trouva qu'ils estoyent des-jà aux prises. » Voylà ce qu'il en dict en ce lieu là. De vray, sa langue luy a fait en plusieurs lieux de bien notables services; et estoit, de son temps mesme, son eloquence militaire en telle recommandation que plusieurs en son armée recueilloyent ses harangues; et par ce moyen il en fut assemblé des volumes qui ont duré longtemps après luy. Son parler avoit des graces particulières, si que ses familiers, et, entre autres, Auguste, oyant reciter ce qui en avoit esté recueilli, reconnoissoit jusques aux phrases et aux mots ce qui n'estoit pas du sien.

La premiere fois qu'il sortit de Rome avec charge publique, il arriva en huit jours à la riviere du Rhone[4],

ayant dans sa coche devant luy un secrétaire ou deux qui
escrivoyent sans cesse, et derriere luy celuy qui portoit
son espée. Et certes, quand on ne feroit qu'aler, à peine
pourroit on atteindre à cette promptitude dequoy, tousjours victorieux, ayant laissé la Gaule et suyvant Pompeius à Brindes, il subjuga l'Italie en dix-huict jours,
revint de Brindes à Rome; de Rome il s'en alla au fin
fonds de l'Espaigne, où il passa des difficultez extremes en
la guerre contre Affranius et Petreius, et au long siege de
Marseille. De là il s'en retourna en la Macedoine, battit
l'armée Romaine à Pharsale, passa de là, suyvant Pompeius, en Ægypte, laquelle il subjuga; d'Ægypte il vint en
Syrie et au pays du Pont où il combatit Pharnaces; de là
en Afrique, où il deffit Scipion et Juba, et rebroussa
encore par l'Italie en Espaigne où il deffit les enfans de
Pompeius,

> *(b) Ocior et cæli flammis et tigride fæta*[1].
>
> *Ac veluti montis saxum de vertice præceps*
> *Cum ruit avulsum vento, seu turbidus imber*
> *Proluit, aut annis solvit sublapsa vetustas,*
> *Fertur in abruptum magno mons improbus actu,*
> *Exultatque solo, silvas, armenta virósque*
> *Involvens secum*[2].

(a) Parlant du siege d'Avaricum, il dit[3] que c'estoit sa
coustume de se tenir nuict et jour près des ouvriers qu'il
avoit en besoigne. En toutes entreprises de consequence,
il faisoit tousjours la descouverte luy mesme, et ne passa
jamais son armée en lieu qu'il n'eut premierement
reconnu. Et, si nous croyons Suetone, quand il fit l'entreprise de trajetter en Angleterre, il fut le premier à sonder
le gué.

Il avoit accoustumé de dire qu'il aimoit mieux la
victoire qui se conduisoit par conseil que par force. Et, en
la guerre contre Petreius et Afranius, la fortune luy presentant une bien apparante occasion d'advantage, il la
refusa, dit-il[4], esperant, avec un peu plus de longueur mais
moins de hazard, venir à bout de ses ennemis.

(b) Il fit aussi là un merveilleux traict, de commander
à tout son ost de passer à nage la riviere sans aucune
necessité

> *rapuitque ruens in prælia miles,*
> *Quod fugiens timuisset, iter; mox uda receptis*

Membra fovent armis, gelidósque a gurgite, cursu
Reſtituunt artus[1].

(a) Je le trouve un peu plus retenu et consideré en ses entreprinses qu'Alexandre : car cettuy-cy semble rechercher et courir à force les dangiers, comme un impetueux torrent qui choque et attaque sans discretion et sans chois tout ce qu'il rencontre :

(b) Sic tauri-formis volvitur Aufidus,
Qui Regna Dauni perfluit Appuli,
Dum sævit, horrendamque cultis
Diluviem meditatur agris[2].

(a) Aussi eſtoit-il embesoigné en la fleur et premiere chaleur de son aage, là où Cæsar s'y print eſtant des-jà meur et bien avancé. Outre ce qu'Alexandre eſtoit d'une temperature plus sanguine, colere et ardente, et si esmouvoit encore cette humeur par le vin, duquel Cæsar eſtoit très-abſtinent[3] ; mais où les occasions de la necessité se presentoyent et où la chose le requeroit, il ne fut jamais homme faisant meilleur marché de sa personne.

Quant à moy, il me semble lire en plusieurs de ses exploits une certaine resolution de se perdre, pour fuyr la honte d'eſtre vaincu. En cette grande bataille qu'il eut contre ceux de Tournay, il courut se presenter à la teſte des ennemis sans bouclier, comme il se trouva, voyant la pointe de son armée s'esbranler[4] ; ce qui luy eſt advenu plusieurs autres fois. Oyant dire que ses gens eſtoyent assiegez, il passa desguisé au travers l'armée ennemie pour les aller fortifier de sa presence. Ayant trajeſté à Dirrachium avec bien petites forces, et voyant que le reſte de son armée, qu'il avoit laissée à conduire à Antonius, tardoit à le suivre, il entreprit luy seul de repasser la mer par une très grande tormente, et se desroba pour aller reprendre luy-mesme le reſte de ses forces, les ports de delà et toute la mer eſtant saisie par Pompeius[5].

Et quant aux entreprises qu'il a faites à main armée, il y en a plusieurs qui surpassent en hazard tout discours de raison militaire ; car avec combien foibles moyens entreprint-il de subjuguer le Royaume d'Ægypte, et, depuis, d'aller attaquer les forces de Scipion et de Juba, de dix parts plus grandes que les siennes ? Ces gens là ont eu je ne sçay quelle plus qu'humaine confiance de leur fortune.

(b) Et disoit-il qu'il falloit executer, non pas consulter, les hautes entreprises[1].

(a) Après la bataille de Pharsale, ayant envoyé son armée devant en Asie, et passant avec un seul vaisseau le destroit de l'Helespont, il rencontra en mer Lucius Cassius avec dix gros navires de guerre; il eut le courage non seulement de l'attendre, mais de tirer droit vers luy, et le sommer de se rendre; et en vint à bout. Ayant entrepris ce furieux siege d'Alexia, où il y avoit quatre vints mille hommes de deffence, toute la Gaule s'estant eslevée pour luy courre sus et lever le siege, et dressé une armée de cent neuf mille chevaux[2] et de deux cens quarante mille hommes de pied, quelle hardiesse et maniacle confiance fut ce de n'en vouloir abandonner son entreprise et se resoudre à deux si grandes difficultez ensemble? Lesquelles toutesfois il soustint; et, après avoir gaigné cette grande bataille contre ceux de dehors, rengea bien tost à sa mercy ceux qu'il tenoit enfermez. Il en advint autant à Lucullus au siege de Tigranocerta contre le Roy Tigranes, mais d'une condition dispareille, veu la mollesse des ennemis à qui Lucullus avoit affaire[3].

Je veux icy remarquer deux rares evenemens et extraordinaires sur le fait de ce siege d'Alexia : l'un, que les Gaulois, s'assemblans pour venir trouver là Cæsar, ayans faict denombrement de toutes leurs forces, resolurent en leur conseil de retrancher une bonne partie de cette grande multitude, de peur qu'ils n'en tombassent en confusion[4]. Cet exemple est nouveau de craindre à estre trop; mais, à le bien prendre, il est vraysemblable que le corps d'une armée doit avoir une grandeur moderée et reglée à certaines bornes, soit pour la difficulté de la nourrir, soit pour la difficulté de la conduire et tenir en ordre. Au moins seroit il bien aisé à verifier, par exemple, que ces armées monstrueuses en nombre n'ont guiere rien fait qui vaille.

(c) Suivant le dire de Cyrus en Xenophon[5], ce n'est pas le nombre des hommes, ains le nombre des bons hommes, qui faict l'advantage, le demeurant servant plus de destourbier que de secours. Et Bajazet print le principal fondement à sa resolution de livrer journée à Tamburlan[6], contre l'advis de tous ses capitaines, sur ce que le nombre innombrable des hommes de son ennemy lui donnoit certaine esperance de confusion[7]. Scanderberch, bon

juge et très expert, avoit accoustumé de dire que dix ou douze mille combattans fideles devoient baster à un suffisant chef de guerre pour garantir sa reputation en toute sorte de besoin militaire[1].

(a) L'autre point, qui semble estre contraire et à l'usage et à la raison de la guerre, c'est que Vercingentorix, qui estoit nommé chef et general de toutes les parties des Gaules revoltées, print party de s'aller enfermer dans Alexia[2]. Car celuy qui commande à tout un pays ne se doit jamais engager qu'au cas de cette extremité qu'il y alat de sa derniere place et qu'il n'y eut rien plus à esperer qu'en la deffence d'icelle; autrement il se doit tenir libre, pour avoir moyen de pourvoir en general à toutes les parties de son gouvernement

Pour revenir à Cæsar, il devint, avec le temps, un peu plus tardif et plus consideré, comme tesmoigne son familier Oppius[3] : estimant[4] qu'il ne devoit aysément hazarder l'honneur de tant de victoires, lequel une seule defortune luy pourroit faire perdre. C'est ce que disent les Italiens, quand ils veulent reprocher cette hardiesse temeraire qui se void aux jeunes gens, les nommant necessiteux d'honneur, « *bisognosi d'honore* », et qu'estant encore en cette grande faim et disete de reputation, ils ont raison de la chercher à quelque pris que ce soit, ce que ne doivent pas faire ceux qui en ont desjà acquis à suffisance. Il y peut avoir quelque juste moderation en ce desir de gloire, et quelque sacieté en cet appetit, comme aux autres; assez de gens le practiquent ainsi.

Il estoit bien esloigné de cette religion des anciens Romains, qui ne se vouloyent prevaloir en leurs guerres que de la vertu simple et nayfve; mais encore y aportoit il plus de conscience que nous ne ferions à cette heure, et n'approuvoit pas toutes sortes de moyens pour acquerir la victoire. En la guerre contre Ariovistus, estant à parlementer avec luy, il y survint quelque remuement entre les deux armées, qui commença par la faute des gens de cheval d'Ariovistus; sur ce tumulte, Cæsar se trouva avoir fort grand avantage sur ses ennemis; toutes-fois il ne s'en voulut point prevaloir, de peur qu'on luy peut reprocher d'y avoir procedé de mauvaise foy[5].

Il avoit accoustumé de porter un accoustrement riche au combat et de couleur esclatante pour se faire remarquer.

Il tenoit la bride plus estroite à ses soldats, et les tenoit plus de court estant près des ennemis.

Quand les anciens Grecs vouloyent accuser quelqu'un d'extreme insuffisance, ils disoyent en commun proverbe qu'il ne sçavoit ny lire, ny nager[1]. Il avoit cette mesme opinion, que la science de nager estoit très-utile à la guerre, et en tira plusieurs commoditez : s'il avoit à faire diligence, il franchissoit ordinairement à nage les rivieres qu'il rencontroit[2], car il aymoit à voyager à pied comme le grand Alexandre[3]. En Ægypte, ayant esté forcé, pour se sauver, de se mettre dans un petit bateau, et tant de gens s'y estant lancez quant et luy qu'il estoit en danger d'aller à fons, il ayma mieux se jetter en la mer et gaigna sa flote à nage, qui estoit plus des deux cents pas de là, tenant en sa main gauche ses tablettes hors de l'eau et trainant à belles dents sa cotte d'armes, afin que l'ennemy n'en jouyt, estant des-là bien avancé sur l'eage[4].

Jamais chef de guerre n'eust tant de creance sur ses soldats. Au commancement de ses guerres civiles, les centeniers luy offrirent de soudoyer, chacun sur sa bourse, un homme d'armes; et les gens de pied, de le servir à leurs despens; ceux qui estoyent plus aysez, entreprenants encore à deffrayer les plus necessiteux[5]. Feu monsieur l'Admiral de Chatillon[6] nous fit veoir dernierement un pareil cas en nos guerres civiles, car les François de son armée fournissoient de leurs bourses au payement des estrangers qui l'accompaignoient; il ne se trouveroit guiere d'exemples d'affection si ardente et si preste parmy ceux qui marchent dans le vieux train, soubs l'ancienne police des loix[7].

(c) La passion nous commande bien plus vifvement que la raison. Il est pourtant advenu, en la guerre contre Annibal, qu'à l'exemple de la liberalité du peuple Romain en la ville, les gendarmes et Capitaines refusarent leur paye; et appeloit on au camp de Marcellus mercenaires ceux qui en prenoient[8].

(a) Ayant eu du pire auprès de Dirrachium, ses soldats se vindrent d'eux mesmes offrir à estre chastiez et punis, de façon qu'il eust plus à les consoler qu'à les tencer. Une sienne seule cohorte soustint quatre legions de Pompeius plus de quatre heures, jusques à ce qu'elle fut quasi toute deffaicte à coups de trait; et se trouva dans la trenchée

cent trente mille flesches. Un soldat nommé Scæva, qui
commandoit à une des entrées, s'y maintint invincible,
ayant un œil crevé, une espaule et une cuisse percées, et
son escu faucé en deux cens trente lieux[1]. Il est advenu
à plusieurs de ses soldats pris prisonniers d'accepter
plustost la mort que de vouloir promettre de prendre
autre party. Granius Petronius, pris par Scipion en
Affrique, Scipion, ayant faict mourir ses compaignons,
luy manda qu'il luy donnoit la vie, car il estoit homme
de reng et questeur. Petronius respondit que les soldats
de Cæsar avoient accoustumé de donner la vie aux autres,
non la recevoir; et se tua tout soudain de sa main propre[2].

Il y a infinis exemples de leur fidelité; il ne faut pas
oublier le traict de ceux qui furent assiegez à Salone, ville
partizane pour Cæsar contre Pompeius, pour un rare
accident qui y advint[3]. Marcus Octavius les tenoit
assiegez; ceux de dedans estans reduits en extreme necessité de toutes choses, en maniere que, pour supplier au
deffaut qu'ils avoient d'hommes, la plus part d'entre eux
y estans morts et blessez, ils avoient mis en liberté tous
leurs esclaves, et pour le service de leurs engins avoient
esté contraints de coupper les cheveux de toutes les
femmes pour en faire des cordes, outre une merveilleuse
disette de vivres, et ce neant moins resolus de jamais ne se
rendre. Après avoir trainé ce siege en grande longueur,
d'où Octavius estoit devenu plus nonchalant et moins
atenttif à son entreprinse, ils choisirent un jour sur le
midy, et, ayant rangé les femmes et les enfans sur leurs
murailles pour faire bonne mine, sortirent en telle furie
sur les assiegeans qu'ayant enfoncé le premier, le second
et tiers corps de garde, et le quatriesme et puis le reste, et
ayant fait du tout abandonner les tranchées, les chasserent
jusques dans les navires; et Octavius mesme se sauva à
Dyrrachium, où estoit Pompeius. Je n'ay point memoire
pour cett'heure d'avoir veu aucun autre exemple où les
assiegez battent en gros les assiegeans et gaignent la
maistrise de la campagne, ny qu'une sortie ait tiré en
consequence une pure et entiere victoire de bataille.

CHAPITRE XXXV

DE TROIS BONNES FEMMES

(a) Il n'en est pas à douzaines, comme chacun sçait, et notamment aux devoirs de mariage; car c'est un marché plein de tant d'espineuses circonstances, qu'il est malaisé que la volonté d'une femme s'y maintienne entiere long temps. Les hommes, quoy qu'ils y soyent avec un peu meilleure condition, y ont prou affaire.

(b) La touche d'un bon mariage et sa vraye preuve regarde le temps que la société dure; si elle a esté constamment douce, loyalle et commode. En nostre siecle, elles reservent plus communéement à estaller leurs bons offices et la vehemence de leur affection envers leurs maris perdus, *(c)* cherchent au moins lors à donner tesmoignage de leur bonne volonté. Tardif tesmoignage et hors de saison! Elles preuvent plustôt par là qu'elles ne les aiment que morts. *(b)* La vie est pleine de combustion; le trespas, d'amour et de courtoisie. Comme les peres cachent l'affection envers leurs enfans, elles volontiers, de mesmes, cachent la leur envers le mary pour maintenir un honneste respect. Ce mistere n'est pas de mon goust : elles ont beau s'escheveler et esgratigner, je m'en vois à l'oreille d'une femme de chambre et d'un secretaire : « Comment estoient-ils? Comment ont-ils vescu ensemble? » Il me souvient tousjours de ce bon mot : « *jactantius mœrent, quæ minus dolent*[1]. » Leur rechigner est odieux aux vivans et vain aux morts. Nous dispenserons volontiers qu'on rie après, pourveu qu'on nous rie pendant la vie. *(c)* Est ce pas dequoy resusciter de despit, qui m'aura craché au nez pendant que j'estoy, me vienne froter les pieds quand je commence à n'estre plus. *(b)* S'il y a quelque honneur à pleurer les maris, il n'appartient qu'à celles qui leur ont ry; celles qui ont pleuré en la vie, qu'elles rient en la mort, au dehors comme au dedans. Aussi ne regardez pas à ces yeux moites et à cette piteuse voix; regardez ce port, ce teinct et l'embonpoinct de ces jouës soubs ces grands voiles : c'est par-là qu'elle parle françois. Il en est peu de qui la santé n'aille en amendant, qualité qui ne sçait pas mentir. Cette ceremonieuse contenance ne regarde pas tant derriere soy, que devant; c'est acquest plus que

payement. En mon enfance, une honneſte et très belle
dame, qui vit encores, vefve d'un prince, avoit je ne sçay
quoy plus en sa parure qu'il n'eſt permis par les loix de
noſtre vefvage; à ceux qui le luy reprochoient : « C'eſt,
disoit elle, que je ne praĉtique plus de nouvelles amitiez,
et suis hors de volonté de me remarier. »

Pour ne disconvenir du tout à noſtre usage, j'ay icy
choisy trois femmes qui ont aussi employé l'effort de leur
bonté et affeĉtion autour la mort de leurs maris; ce sont
pourtant exemples un peu autres, et si pressans qu'ils
tirent hardiment la vie en consequence.

(a) Pline le jeune avoit, près d'une sienne maison, en
Italie, un voisin merveilleusement tourmenté de quelques
ulceres qui luy eſtoient survenus ès parties honteuses. Sa
femme, le voyant si longuement languir, le pria de
permettre qu'elle veit à loisir et de près l'eſtat de son mal,
et qu'elle luy diroit plus franchement que aucun autre ce
qu'il avoit à en esperer. Après avoir obtenu cela de luy, et
l'avoir curieusement consideré, elle trouva qu'il eſtoit
impossible qu'il en peut guerir, et que tout ce qu'il avoit
à attandre, c'eſtoit de trainer fort long temps une vie
douloureuse et languissante; si, luy conseilla, pour le plus
seur et souverain remede, de se tuer; et le trouvant un peu
mol à une si rude entreprise : « Ne pense point, luy dit
elle, mon amy, que les douleurs que je te voy souffrir ne
me touchent autant qu'à toy, et que, pour m'en delivrer,
je ne me vueille servir moy-mesme de cette medecine que
je t'ordonne. Je te veux accompaigner à la guerison
comme j'ay fait à la maladie : oſte cette crainte, et pense
que nous n'aurons que plaisir en ce passage qui nous doit
delivrer de tels tourments; nous nous en irons heureusement ensemble. »

Cela dit, et ayant rechauffé le courage de son mary,
elle resolut qu'ils se precipiteroient en la mer par une
feneſtre de leur logis qui y respondoit. Et pour maintenir
jusques à sa fin cette loyale et vehemente affeĉtion dequoy
elle l'avoit embrassé pendant sa vie, elle voulut encore
qu'il mouruſt entre ses bras; mais, de peur qu'ils ne luy
faillissent et que les eſtraintes de ses enlassements ne
vinssent à se relascher par la cheute et la crainte, elle se
fit lier et attacher bien eſtroittement avec luy par le faux
du corps, et abandonna ainsi sa vie pour le repos de
celle de son mary[1].

Celle-là estoit de bas lieu; et parmy telle condition de gens il n'est pas si nouveau d'y voir quelque traict de rare bonté.

extrema per illos
Justitia excedens terris vestigia fecit[1].

Les autres deux sont nobles et riches, où les exemples de vertu se logent rarement.

Arria, femme de Cecinna Pætus, personnage consulaire, fut mere d'un'autre Arria, femme de Thrasea Pætus, celuy duquel la vertu fut tant renommée du temps de Neron et, par le moyen de ce gendre, meregrand de Fannia; car la ressemblance des noms de ces hommes et femmes et de leurs fortunes en a fait mesconter plusieurs. Cette premiere Arria, Cecinna Pætus, son mary, ayant esté prins prisonnier par les gens de l'Empereur Claudius, après la deffaicte de Scribonianus, duquel il avoit suivy le party, supplia ceux qui l'en amenoient prisonnier à Rome, de la recevoir dans leur navire, où elle leur seroit de beaucoup moins de despence et d'incommodité qu'un nombre de personnes qu'il leur faudroit pour le service de son mary, et qu'elle seule fourniroit à sa chambre, à sa cuisine et à tous autres offices. Ils l'en refuserent; et elle, s'estant jettée dans un bateau de pécheur qu'elle loua sur le champ, le suyvit en cette sorte depuis la Sclavonie. Comme ils furent à Rome, un jour, en presence de l'Empereur, Junia, vefve de Scribonianus, s'estant accostée d'elle familierement pour la société de leurs fortunes, elle la repoussa rudement avec ces paroles : « Moy, dit-elle, que je parle à toy, ny que je t'escoute, toy au giron de laquelle Scribonianus fut tué? et tu vis encores! » Ces paroles, avec plusieurs autres signes, firent sentir à ses parents qu'elle estoit pour se deffaire elle mesme, impatiente de supporter la fortune de son mary. Et Thrasea son gendre, la suppliant sur ce propos de ne se vouloir perdre, et luy disant ainsi : « Quoy! si je courois pareille fortune à celle de Cæcinna, voudriez vous que ma femme, vostre fille, en fit de mesme? — Comment donq? si je le voudrois? respondit elle : ouy, ouy je le voudrois, si elle avait vescu aussi long temps et d'aussi bon accord avec toy que j'ay faict avec mon mary. » Ces responces augmentoient le soing qu'on avoit d'elle, et faisoient qu'on regardoit de plus près à ses deportemens. Un jour, après

avoir diꞔt à ceux qui la gardoient : « Vous avez beau faire,
vous me pouvez bien faire plus mal mourir; mais de me
garder de mourir, vous ne sçauriez », s'eslançant furieusement d'une chaire où elle eꞩtoit assise, s'alla de toute
sa force chocquer la teꞩte contre la paroy voisine; duquel
coup eꞩtant cheute de son long esvanouye et fort blessée,
après qu'on l'eut à toute peine faite revenir : « Je vous
disois bien, dit-elle, que si vous me refusiez quelque
façon aisée de me tuer, j'en choisirois quelque autre, pour
mal-aisée qu'elle fut. »

La fin d'une si admirable vertu fut telle : son mary
Pætus n'ayant pas le cœur assez ferme de soy-mesme pour
se donner la mort, à laquelle la cruauté de l'Empereur le
rengeoit, un jour entre autres, après avoir premierement
emploié les discours et enhortements propres au conseil
qu'elle luy donnoit à ce faire, elle print le poignart que
son mary portoit, et le tenant trait en sa main, pour la
conclusion de son exhortation : « Fais ainsi, Pætus »,
luy dit-elle. Et en mesme inꞩtant, s'en eꞩtant donné un
coup mortel dans l'eꞩtomach, et puis l'arrachant de sa
playe, elle le lui presenta, finissant quant et quant sa vie
avec cette noble, genereuse et immortelle parole : « *Pæte,
non dolet*[1]. » Elle n'euꞩt loisir que de dire ces trois paroles
d'une si belle subꞩtance : « Tien, Pætus, il ne m'a point
faiꞔt mal. »

> Caꞩta suo gladium cum traderet Arria Pæto,
>   Quem de visceribus traxerat ipsa suis :
> Si qua fides, vulnus quod feci, non dolet, inquit ;
>   Sed quod tu facies, id mihi, Pæte, dolet[2].

Il eꞩt bien plus vif en son naturel et d'un sens plus
riche; car et la playe et la mort de son mary, et les siennes,
tant s'en faut qu'elles luy poisassent, qu'elle en avoit
eꞩté la conseillere et promotrice; mais, ayant fait cette
haute et courageuse entreprinse pour la seule commodité
de son mary, elle ne regarde qu'à luy encores au dernier
trait de sa vie, et à luy oꞩter la crainte de la suivre en
mourant. Pætus se frappa tout soudain de ce mesme
glaive; honteux, à mon advis, d'avoir eu besoin d'un si
cher et pretieux enseignement[3].

Pompeia Paulina, jeune et très-noble Dame Romaine,
avoit espousé Seneque en son extreme vieillesse. Neron,
son beau disciple, ayant envoyé ses satellites vers luy pour

luy denoncer l'ordonnance de sa mort (ce qui se faisoit
en cette maniere : quand les Empereurs Romains de ce
temps avoient condamné quelque homme de qualité, ils
luy mandoient par leurs officiers de choisir quelque mort
à sa poste, et de la prendre dans tel ou tel delay qu'ils
luy faisoient prescrire selon la trempe de leur cholere,
tantost plus pressé, tantost plus long, luy donnant terme
pour disposer pendant ce temps là de ses affaires, et quelque fois lui ostant le moyen de ce faire par la briefveté
du temps; et si le condamné estrivoit à leur ordonnance,
ils menoient des gens propres à l'executer, ou lui coupant
les veines des bras et des jambes, ou luy faisant avaller
du poison par force. Mais les personnes d'honneur
n'attendoient pas cette necessité, et se servoient de leurs
propres medecins et chirurgiens à cet effet), Seneque ouit
leur charge d'un visage paisible et asseuré, et après
demanda du papier pour faire son testament; ce que luy
ayant esté refusé par le capitaine, se tournant vers ses
amis : « Puis que je ne puis, leur dit-il, vous laisser autre
chose en reconnoissance de ce que je vous doy, je vous
laisse au moins ce que j'ay de plus beau, à sçavoir l'image
de mes meurs et de ma vie, laquelle je vous prie conserver
en vostre memoire, affin qu'en ce faisant vous acqueriez la
gloire de sinceres et veritables amis. » Et quant et
quant appaisant tantost l'aigreur de la douleur qu'il leur voyoit
souffrir, par douces paroles, tantost roidissant sa voix
pour les en tancer : « Où sont, disoit-il, ces beaux preceptes de la philosophie? que sont devenuës les provisions
que par tant d'années nous avons faictes contre les accidents de la fortune? La cruauté de Neron nous estoit elle
inconnuë? Que pouvions nous attendre de celuy qui avoit
tué sa mere et son frere, sinon qu'il fit encore mourir son
gouverneur, qui l'a nourry et eslevé? » Après avoir dit
ces paroles en commun, il se destourna à sa femme, et,
l'embrassant estroittement, comme, par la pesanteur de la
douleur, elle deffailloit de cœur et de forces, la pria de
porter un peu plus patiemment cet accident pour l'amour
de luy, et que l'heure estoit venue où il avoit à montrer,
non plus par discours et par disputes, mais par effect,
le fruit qu'il avoit tiré de ses estudes, et que sans doubte
il embrassoit la mort, non seulement sans douleur,
mais avecques allegresse : « Parquoy, m'amie, disoit-il,
ne la des-honore par tes larmes, affin qu'il ne semble

que tu t'aimes plus que ma reputation; appaise ta douleur et te console en la connoissance que tu as eu de moy et de mes actions, conduisant le reste de ta vie par les honnestes occupations ausquelles tu es adonnée. » À quoy Paulina ayant un peu repris ses esprits et reschauffé la magnanimité de son courage par une très-noble affection : « Non, Seneca, respondit-elle, je ne suis pas pour vous laisser sans ma compaignie en telle necessité; je ne veux pas que vous pensiez que les vertueux exemples de vostre vie ne m'ayent encore appris à sçavoir bien mourir, et quand le pourroy-je ny mieux, ny plus honnestement, ny plus à mon gré, qu'avecques vous? Ainsi faictes estat que je m'en vay quant et vous. »

Lors Seneque, prenant en bonne part une si belle et glorieuse deliberation de sa femme, et pour se delivrer aussi de la crainte de la laisser après sa mort à la mercy et cruauté de ses ennemys : « Je t'avoy, Paulina, dit-il, conseillé ce qui servoit à conduire plus heureusement ta vie; tu aymes donc mieux l'honneur de la mort; vrayement je ne te l'envieray poinct; la constance et la resolution soyent pareilles à notre commune fin, mais la beauté et la gloire soit plus grande de ta part. »

Cela fait, on leur couppa en mesme temps les veines des bras; mais par ce que celles de Seneque, resserrées tant par vieillesse que par son abstinence, donnoient au sang le cours trop long et trop lâche, il commanda qu'on luy couppat encore les veines des cuisses; et, de peur que le tourment qu'il en souffroit n'attendrit le cœur de sa femme, et pour se delivrer aussy soy-mesme de l'affliction qu'il portoit de la veoir en si piteux estat, après avoir très-amoureusement pris congé d'elle, il la pria de permettre qu'on l'emportat en la chambre voisine, comme on feist. Mais, toutes ces incisions estant encore insuffisantes pour le faire mourir, il commanda à Statius Anneus, son medecin, de luy donner un breuvage de poison, qui n'eust guiere non plus d'effet : car, pour la foiblesse et froideur des membres, elle ne peut arriver jusques au cœur. Par ainsin on luy fit outre-cela aprester un baing fort chaud; et lors, sentant sa fin prochaine, autant qu'il eust d'haleine, il continua des discours très-excellans sur le suject de l'estat où il se trouvoit, que ses secretaires recueillirent tant qu'ils peurent ouyr sa voix; et demeurerent ses parolles dernieres long temps despuis en credit

et honneur ès mains des hommes (ce nous est une bien
facheuse perte qu'elles ne soyent venues jusques à nous).
Comme il sentit les derniers traicts de la mort, prenant
de l'eau du being toute sanglante, il en arrousa sa teste en
disant : « Je vouë cette eau à Juppiter le liberateur. »

Neron, adverty de tout cecy, craignant que la mort de
Paulina, qui estoit des mieux apparentées dames Romaines, et envers laquelle il n'avoit nulles particulieres
inimitiez, luy vint à reproche, renvoya en toute diligence
luy faire r'atacher ses playes : ce que ses gens d'elle firent
sans son sçeu, estant des-jà demy morte et sans aucun sentiment. Et ce que, contre son dessein, elle vesqut dépuis,
ce fut très-honorablement et comme il appartenoit à sa
vertu, montrant par la couleur blesme de son visage
combien elle avoit escoulé de vie par ses blessures[1].

Voylà mes trois contes très-veritables, que je trouve
aussi plaisans et tragiques que ceux que nous forgeons
à nostre poste pour donner plaisir au commun; et
m'estonne que ceux qui s'adonnent à cela, ne s'avisent de
choisir plutost dix mille très-belles histoires qui se rencontrent dans les livres, où ils auroient moins de peine
et apporteroient plus de plaisir et profit. Et qui en voudroit bastir un corps entier et s'entretenant, il ne faudroit
qu'il fournit du sien que la liaison, comme la soudure d'un
autre metal; et pourroit entasser par ce moyen force
veritables evenemens de toutes sortes, les disposant et
diversifiant, selon que la beauté de l'ouvrage le requer-
roit, à peu près comme Ovide a cousu et r'apiecé sa
Metamorphose[2], de ce grand nombre de fables diverses.

En ce dernier couple, cela est encore digne d'estre
consideré, que Paulina offre volontiers à quiter la vie pour
l'amour de son mary, et que son mary avoit autrefois
quitté aussi la mort pour l'amour d'elle. Il n'y a pas pour
nous grand contre-pois en cet eschange; mais, selon son
humeur Stoïque, je croy qu'il pensoit avoir autant faict
pour elle, d'alonger sa vie en sa faveur, comme s'il fut
mort pour elle. En l'une des lettres qu'il escrit à Lucilius,
après qu'il luy a fait entendre comme la fiebvre l'ayant
pris à Rome, il monta soudain en coche pour s'en aller
à une sienne maison aux champs, contre l'opinion de sa
femme qui le vouloit arrester, et qu'il luy avoit respondu
que la fiebvre qu'il avoit, ce n'estoit pas fiebvre du corps,
mais du lieu, il suit ainsin : « Elle me laissa aller, me

recommandant fort ma santé. Or, moy qui sçay que je loge sa vie en la mienne, je commence de pourvoir à moy pour pourvoir à elle; le privilege que ma vieillesse m'avoit donné, me rendant plus ferme et plus resolu à plusieurs choses, je le pers quand il me souvient qu'en ce vieillard il y en a une jeune à qui je profite. Puis que je ne la puis ranger à m'aymer plus courageusement, elle me renge à m'aymer moy-mesme plus curieusement : car il faut prester quelque chose aux honnestes affections; et par fois, encore que les occasions nous pressent au contraire, il faut r'appeller la vie, voire avecque tourment; il faut arrester l'ame entre les dents, puis que la loy de vivre, aux gens de bien, ce n'est pas autant qu'il leur plait, mais autant qu'ils doivent. Celuy qui n'estime pas tant sa femme ou un sien amy que d'en allonger sa vie, et qui s'opiniastre à mourir, il est trop delicat et trop mol : il faut que l'ame se commande cela, quand l'utilité des nostres le requiert; il faut par fois nous prester à nos amis, et, quand nous voudrions mourir pour nous, interrompre notre dessein pour eux. C'est tesmoignage de grandeur de courage, de retourner en la vie pour la consideration d'autruy, comme plusieurs excellens personnages ont faict; et est un traict de bonté singuliere de conserver la vieillesse (de laquelle la commodité plus grande, c'est la nonchalance de sa durée et un plus courageux et desdaigneux usage de la vie), si on sent que cet office soit doux, agreable et profitable à quelqu'un bien affectionné. Et en reçoit on une très-plaisante recompense, car qu'est-il plus doux que d'estre si cher à sa femme qu'en sa consideration on en devienne plus cher à soy-mesme? Ainsi ma Pauline m'a chargé non seulement sa crainte, mais encore la mienne. Ce ne m'a pas esté assez de considerer combien resoluement je pourrois mourir, mais j'ay aussi consideré combien irresoluement elle le pourroit souffrir. Je me suis contrainct à vivre, et c'est quelquefois magnanimité que vivre[1]. »

Voylà ses mots, *(c)* excellans comme est son usage.

CHAPITRE XXXVI

DES PLUS EXCELLENS HOMMES

(a) S I on me demandoit le chois de tous les hommes qui sont venus à ma connoissance, il me semble en trouver trois excellens au dessus de tous les autres.

L'un, Homere. Non pas qu'Aristote ou Varro (pour exemple) ne fussent à l'adventure aussi sçavans que luy, ny possible encore qu'en son art mesme Vergile ne luy soit comparable; je le laisse à juger à ceux qui les connoissent tous deux. Moy qui n'en connoy que l'un[1], puis dire cela seulement selon ma portée, que je ne croy pas que les Muses mesmes allassent au delà du Romain :

> *(b) Tale facit carmen docta testudine, quale*
> *Cynthius impositis temperat articulis*[2].

(a) Toutesfois, en ce jugement, encore ne faudroit il pas oublier que c'est principalement d'Homere que Vergile tient sa suffisance; que c'est son guide et maistre d'escole, et qu'un seul traict de l'Iliade a fourny de corps et de matiere à cette grande et divine Eneide. Ce n'est pas ainsi que je conte : j'y mesle plusieurs autres circonstances qui me rendent ce personnage admirable, quasi au dessus de l'humaine condition.

Et, à la verité, je m'estonne souvent que luy, qui a produit et mis en credit au monde plusieurs deitez par son auctorité, n'a gaigné reng de Dieu luy mesme. Estant aveugle, indigent; estant avant que les sciences fussent redigées en regle et observations certaines, il les a tant connues que tous ceux qui se sont meslez depuis d'establir des polices, de conduire guerres, et d'escrire ou de la religion ou de la philosophie, *(c)* en quelque secte que ce soit, *(a)* ou des ars, se sont servis de luy comme d'un maistre très-parfaict en la connoissance de toutes choses, et de ses livres comme d'une pepiniere de toute espece de suffisance,

> *Qui quid sit pulchrum, quid turpe, quid utile, quid non,*
> *Plenius ac melius Chrysippo ac Crantore dicit*[3];

et, comme dit l'autre,

> *A quo, ceu fonte perenni,*
> *Vatum Pyeriis labra rigantur aquis*[1];

et l'autre,

> *Adde Heliconiadum comites, quorum unus Homerus*
> *Astra potitus*[2];

et l'autre,

> *cujúsque ex ore profuso*
> *Omnis posteritas latices in carmina duxit,*
> *Amnémque in tenues ausa est deducere rivos,*
> *Unius fæcunda bonis*[3].

C'est contre l'ordre de nature qu'il a faict la plus excellente production qui puisse estre; car la naissance ordinaire des choses, elle est imparfaicte; elles s'augmentent, se fortifient par l'accroissance; l'enfance de la poësie et de plusieurs autres sciences, il l'a rendue meure, parfaicte et accomplie. A cette cause, le peut on nommer le premier et dernier des poëtes, suyvant ce beau tesmoignage que l'antiquité nous a laissé de luy, que, n'ayant eu nul qu'il peut imiter avant luy, il n'a eu nul après luy qui le peut imiter. Ses parolles, selon Aristote[4], sont les seules parolles qui ayent mouvement et action; ce sont les seuls mots substantiels. Alexandre le grand, ayant rencontré parmy les despouilles de Darius un riche coffret, ordonna que on le luy reservat pour y loger son Homere, disant que c'estoit le meilleur et plus fidelle conseiller qu'il eut en ses affaires militaires[5]. Pour cette mesme raison disoit Cleomenes, fils d'Anaxandridas, que c'estoit le Poëte des Lacedemoniens par ce qu'il estoit très-bon maistre de la discipline guerriere[6]. Cette louange singuliere et particuliere luy est aussi demeurée, au jugement de Plutarque[7], que c'est le seul autheur du monde qui n'a jamais soulé ne dégousté les hommes, se montrant aux lecteurs tousjours tout autre, et fleurissant tousjours en nouvelle grace. Ce folastre d'Alcibiades, ayant demandé à un qui faisoit profession des lettres, un livre d'Homere, luy donna un soufflet par ce qu'il n'en avoit point[8] : comme qui trouveroit un de nos prestres sans breviaire. Xenophanes se pleignoit un jour à Hieron, tyran de Syracuse, de ce qu'il estoit si pauvre qu'il n'avoit dequoy nourrir deux serviteurs : « Et quoy, luy respondit-il, Homere, qui estoit beaucoup plus pauvre que toy, en

nourrit bien plus de dix mille, tout mort qu'il est[1]. »
(c) Que n'estoit ce dire, à Panætius[2], quand il nommoit
Platon l'Homere des philosophes?

(a) Outre cela, quelle gloire se peut comparer à la sienne?
Il n'est rien qui vive en la bouche des hommes comme
son nom et ses ouvrages; rien si cogneu et si reçeu que
Troye, Helene et ses guerres, qui ne furent à l'advanture
jamais. Nos enfans s'appellent encore des noms qu'il
forgea il y a plus de trois mille ans. Qui ne cognoit Hector
et Achilles? Non seulement aucunes races particulieres,
mais la plus part des nations cherchent origine en ses
inventions. Mahumet, second de ce nom, Empereur des
Turcs, escrivant à nostre Pape Pie second : « Je m'estonne,
dit-il, comment les Italiens se bandent contre moy,
attendu que nous avons nostre origine commune des
Troyens, et que j'ay comme eux interest de venger le sang
d'Hector sur les Grecs, lesquels ils vont favorisant contre
moy[3]. » N'est-ce pas une noble farce de laquelle les Roys,
les choses publiques et les Empereurs vont jouant leur
personnage tant de siecles, et à laquelle tout ce grand
univers sert de theatre? Sept villes Grecques entrarent
en debat du lieu de sa naissance, tant son obscurité
mesmes luy apporta d'honneur :

> Smyrna, Rhodos, Colophon, Salamis, Chios,
> Argos, Athenæ[4].

L'autre, Alexandre le grand. Car qui considerera l'aage
qu'il commença ses entreprises; le peu de moyen avec
lequel il fit un si glorieux dessein; l'authorité qu'il gaigna
en cette sienne enfance parmy les plus grands et experimentez capitaines du monde, desquels il estoit suyvi; la
faveur extraordinaire dequoy fortune embrassa et favorisa tant de siens exploits hazardeux, et à peu que je ne
die temeraires :

> (b) impellens quicquid sibi summa petenti
> Obstaret, gaudensque viam fecisse ruina[6];

(a) cette grandeur avoir, à l'aage de trente trois ans, passé
victorieux toute la terre habitable (b) et en une demye vie
avoir atteint tout l'effort de l'humaine nature, si que vous
ne pouvez imaginer sa durée legitime et la continuation
de son accroissement en vertu et en fortune jusques à un
juste terme d'aage, que vous n'imaginez quelque chose au

dessus de l'homme; *(a)* d'avoir faict naistre de ses soldats
tant de branches royales, laissant après sa mort le monde
en partage à quatre successeurs, simples capitaines de son
armée, desquels les descendans ont dépuis si long-temps
duré, maintenant cette grande possession; tant d'excellentes vertus qui estoyent en luy, *(b)* justice, temperance,
liberalité, foy en ses parolles, amour envers les siens,
humanité envers les vaincus *(a)* (car ses meurs semblent à
la verité n'avoir aucun juste reproche, *(b)* ouy bien aucunes
de ses actions particulieres, rares et extraordinaires. Mais il
est impossible de conduire si grands mouvemens avec les
reigles de la justice; telles gens veulent estre jugez en gros
par la maistresse fin de leurs actions. La ruyne de Thebes[1],
le meurtre de Menander[2] et du Medecin d'Ephestion[3],
de tant de prisonniers Persiens à un coup[4], d'une troupe
de soldats Indiens non sans interest de sa parolle[5], des
Cosseïens jusques aux petits enfans, sont saillies un peu
mal excusables[6]. Car, quant à Clytus, la faute en fut
amendée outre son pois, et tesmoigne cette action, autant
que toute autre, la debonnaireté de sa complexion, et que
c'estoit de soy une complexion excellemment formée à la
bonté[7]; *(c)* et a esté ingenieusement dict de luy qu'il
avoit de la Nature ses vertus, de la Fortune ses vices[8].
(b) Quant à ce qu'il estoit un peu vanteur, un peu trop
impatient d'ouyr mesdire de soy, et quant à ses mangeoi-
res, armes et mors qu'il fit semer aux Indes[9], toutes ces
choses me semblent pouvoir estre condonnées à son aage
et à l'estrange prosperité de sa fortune); qui considerera
quand et quand tant de vertus militaires, diligence, pourvoyance, patience, discipline, subtilité, magnanimité,
resolution, bon-heur, en quoy, quand l'authorité d'Hannibal ne nous l'auroit apris, il a esté le premier des hommes[10]; *(a)* les rares beautez et conditions de sa personne
jusques au miracle[11], *(b)* ce port et ce venerable maintien
soubs un visage si jeune, vermeil et flamboyant,

> *Qualis, ubi Oceani perfusus lucifer unda,*
> *Quem Venus ante alios astrorum diligit ignes,*
> *Extulit os sacrum cælo, tenebrásque resolvit*[12];

(a) l'excellence de son sçavoir et capacité; la dureté et
grandeur de sa gloire, pure, nette, exempte de tache et
d'envie; *(b)* et qu'encore long temps après sa mort ce fut
une religieuse croyance d'estimer que ses medailles portas-

sent bon-heur à ceux qui les avoyent sur eux; et que, plus
de Roys et Princes ont escrit ses gestes qu'autres Historiens n'ont escrit les gestes d'autre Roy ou Prince que ce
soit[1], *(c)* et qu'encore à present les Mahumetans, qui
mesprisent toutes autres histoires, reçoivent et honnorent
la sienne seule par special privilege[2] : *(a)* il confessera,
tout cela mis ensemble, que j'ay eu raison de le preferer à
Cæsar mesme, qui seul m'a peu mettre en doubte du
chois. *(b)* Et il ne se peut nier qu'il n'y aye plus du sien
en ses exploits, plus de la fortune en ceux d'Alexandre.
(a) Ils ont eu plusieurs choses esgales, et Cæsar à l'adventure aucunes plus grandes.

(b) Ce furent deux feux ou deux torrents à ravager le
monde par divers endroits,

> *Et velut immissi diversis partibus ignes*
> *Arentem in silvam et virgulta sonantia lauro ;*
> *Aut ubi decursu rapido de montibus altis*
> *Dant sonitum spumosi amnes et in æquora currunt,*
> *Quisque suum populatus iter*[3].

Mais quand l'ambition de Cæsar auroit de soy plus de
moderation, elle a tant de mal'heur, ayant rencontré ce
vilain subject de la ruyne de son pays et de l'empirement
universel du monde, que, *(a)* toutes pieces ramassées et
mises en la balance, je ne puis que je ne panche du costé
d'Alexandre.

Le tiers et le plus excellent, à mon gré, c'est Epaminondas.

De gloire, il n'en a pas beaucoup près tant que d'autres
(aussi n'est-ce pas une piece de la substance de la chose);
de resolution et de vaillance, non pas de celle qui est
esguisée par l'ambition, mais de celle que la sapience et
la raison peuvent planter en une ame bien reglée, il en
avoit tout ce qui s'en peut imaginer. De preuve de cette
sienne vertu, il en a fait autant, à mon advis, qu'Alexandre
mesme et que Cæsar ; car, encore que ses exploits de guerre
ne soient ny si frequens ny si enflez, ils ne laissent pas
pourtant, à les bien considerer et toutes leurs circonstances, d'estre aussi poisans et roides, et portant autant de
tesmoignage de hardiesse et de suffisance militaire. Les
Grecs lui ont fait cet honneur, sans contredit, de le
nommer le premier homme d'entre eux[4]; mais estre
le premier de la Grece, c'est facilement estre le prime

du monde. Quant à son sçavoir et suffisance, ce jugement
ancien nous en est resté, que jamais homme ne sçeut
tant, et parla si peu que luy[1]. *(c)* Car il estoit Pythagorique de secte[2]. Et ce qu'il parla, nul ne parla jamais
mieux. Excellent orateur et très persuasif.

(a) Mais quant à ses meurs et conscience, il a de bien
loing surpassé tous ceux qui se sont jamais meslé de
manier affaires. Car en cette partie, qui seule doit estre
principalement considerée, *(c)* qui seule marque veritablement quels nous sommes, et laquelle je contrepoise seule
à toutes les autres ensemble, *(a)* il ne cede à aucun philosophe, non pas à Socrates mesme.

(b) En cettuy-cy l'innocence est une qualité propre,
maistresse constante, uniforme, incorruptible. Au parangon de laquelle elle paroist en Alexandre subalterne,
incertaine, bigarrée, molle et fortuite.

(c) L'ancienneté[3] jugea qu'à esplucher par le menu tous
les autres grands capitaines, il se trouve en chascun quelque speciale qualité qui le rend illustre. En cettuy-cy seul,
c'est une vertu et suffisance pleine par tout et pareille;
qui, en tous les offices de la vie humaine, ne laisse rien
à desirer de soy, soit en occupation publique ou privée,
ou paisible ou guerriere, soit à vivre, soit à mourir grandement et glorieusement. Je ne connois nulle ny forme
ny fortune d'homme que je regarde avec tant d'honneur
et d'amour. Il est bien vray que son obstination à la
pauvreté, je la trouve aucunement scrupuleuse, comme
elle est peinte par ses meilleurs amis. Et cette seule action,
haute pour tant et très digne d'admiration, je la sens un
peu aigrette pour, par souhait mesme[4], m'en desirer l'imitation. Le seul Scipion Æmylian, qui luy donneroit une
fin aussi fiere et illustre et la connoissance des sciences
autant profonde et universelle, me pourroit mettre en
doubte du chois. O quel desplaisir le temps m'a faict
d'oster de nos yeux à poinct nommé, des premieres, la
couple de vies justement la plus noble qui fust en Plutarque[5], de ces deux personnages, par le commun
consentement du monde l'un le premier des Grecs, l'autre
des Romains! Quelle matiere, quel ouvrier! Pour un
homme non sainct, mais galant homme qu'ils nomment,
de meurs civiles et communes, d'une hauteur moderée,
la plus riche vie que je sçache à estre vescue entre les
vivans, comme on dict, et estoffée de plus de riches parties

et desirables, c'est, tout consideré, celle d'Alcibiades à mon gré. Mais quant à Epaminondas, *(a)* pour exemple d'une excessive bonté, je veux adjouster icy aucunes de ses opinions.

(b) Le plus doux contentement qu'il eust en toute sa vie, il tesmoigna que c'estoit le plaisir qu'il avoit donné à son pere et à sa mere de sa victoire de Leuctres[1]; il couche de beaucoup, preferant leur plaisir au sien, si juste et si plein d'une tant glorieuse action.

(a) Il ne pensoit pas qu'il fut loisible, pour recouvrer mesmes la liberté de son pays, de tuer un homme sans connoissance de cause; voylà pourquoy il fut si froid à l'entreprise de Pelopidas son compaignon, pour la delivrance de Thebes[2]. Il tenoit aussi qu'en une bataille il falloit fuyr le rencontre d'un amy qui fut au party contraire, et l'espargner[3].

(c) Et son humanité à l'endroit des ennemis mesmes, l'ayant mis en soupçon envers les Bœotiens de ce qu'après avoir miraculeusement forcé les Lacedemoniens de luy ouvrir le pas qu'ils avoyent entreprins de garder à l'entrée de la Morée près de Corinthe, il s'estoit contenté de leur avoir passé sur le ventre sans les poursuyvre à toute outrance, il fut deposé de l'estat de Capitaine general : très-honorablement pour une telle cause et pour la honte que ce leur fut d'avoir par necessité à le remonter tantost après en son degré, et reconnoistre combien de luy dependoit leur gloire et leur salut, la victoire le suyvant comme son ombre par tout où il guidast[4]. La prosperité de son pays mourut aussi[5], comme elle estoit née, aveq luy[6].

CHAPITRE XXXVII

DE LA RESSEMBLANCE DES ENFANS AUX PERES

(a) Ce fagotage de tant de diverses pieces se faict en cette condition, que je n'y mets la main que lors qu'une trop lasche oisiveté me presse, et non ailleurs que chez moy. Ainsin il s'est basty à diverses poses et intervalles, comme les occasions me detiennent ailleurs par fois plusieurs moys. Au demeurant, je ne corrige point mes premieres imaginations par les secondes; *(c)* ouy à

l'aventure quelque mot, mais pour diversifier, non pour
oſter. *(a)* Je veux representer le progrez de mes humeurs,
et qu'on voye chaque piece en sa naissance. Je prendrois
plaisir d'avoir commencé pluſtoſt et à reconnoiſtre le
trein de mes mutations. Un valet qui me servoit à les
escrire soubs moy pensa faire un grand butin de m'en
desrober plusieurs pieces choisies à sa poſte[1]. Cela me
console, qu'il n'y fera pas plus de gain que j'y ay fait de
perte.

Je me suis envieilly de sept ou huiȼt ans depuis que
je commençay[2]; ce n'a pas eſté sans quelque nouvel
acqueſt. J'y ay pratiqué la colique[3] par la liberalité des
ans. Leur commerce et longue conversation ne se passe
aisément sans quelque tel fruit. Je voudroy bien, de plusieurs autres presens qu'ils ont à faire à ceux qui les
hantent long temps, qu'ils en eussent choisi quelqu'un
qui m'euſt eſté plus acceptable : car ils ne m'en eussent
sçeu faire que j'eusse en plus grande horreur, dès mon
enfance; c'eſtoit à point nommé, de tous les accidents de
la vieillesse, celuy que je craignois le plus. J'avoy pensé
mainte-fois à part moy que j'alloy trop avant, et qu'à
faire un si long chemin, je ne faudroy pas de m'engager
en fin en quelque malplaisant rencontre. Je sentois et
proteſtois assez qu'il eſtoit heure de partir, et qu'il falloit
trencher la vie dans le vif et dans le sein, suyvant la regle
des chirurgiens quand ils ont à coupper quelque membre;
(c) qu'à celuy qui ne la rendoit à temps, Nature avoit
accouſtumé faire payer de bien rudes usures. *(a)* Mais
c'eſtoient vaines propositions. Il s'en faloit tant que j'en
fusse preſt lors, que, en dix-huiȼt mois ou environ qu'il
y a que je suis en ce malplaisant eſtat, j'ay des-jà appris
à m'y accommoder. J'entre des-jà en composition de ce
vivre coliqueux; j'y trouve de quoy me consoler et
dequoy esperer. Tant les hommes sont acoquinez à leur
eſtre miserable, qu'il n'eſt si rude condition qu'ils
n'acceptent pour s'y conserver !

(c) Oyez Mæcenas :

> *Debilem facito manu,*
> *Debilem pede, coxa,*
> *Lubricos quate dentes :*
> *Vita dum supereſt bene eſt[4].*

Et couvroit Tamburlan[5] d'une sotte humanité la

cruauté fantaſtique qu'il exerçoit contre les ladres, en faisant mettre à mort autant qu'il en venoit à sa connoissance, pour, disoit-il, les delivrer de la vie qu'ils vivoient si penible. Car il n'y avoit nul d'eux qui n'eut mieux aymé eſtre trois fois ladre que de n'eſtre pas.

Et Antiſthenes le Stoïcien, eſtant fort malade et s'escriant : « Qui me delivrera de ces maux ? » Diogenes, qui l'eſtoit venu voir, luy presentant un couſteau : « Ceſtuy-cy, si tu veux bientoſt. — Je ne dis pas de la vie, repliqua il, je dis des maux[1]. »

(a) Les souffrances qui nous touchent simplement par l'ame m'affligent beaucoup moins qu'elles ne font la pluspart des autres hommes : partie par jugement (car le monde eſtime plusieurs choses horribles, ou evitables au pris de la vie, qui me sont à peu près indifferentes); partie par une complexion ſtupide et insensible que j'ay aux accidents qui ne donnent à moy de droit fil, laquelle complexion j'eſtime l'une des meilleures pieces de ma naturelle condition. Mais les souffrances vrayement essentielles et corporelles, je les gouſte bien vifvement. Si eſt-ce pour tant que, les prevoyant autresfois d'une veuë foible, delicate et amollie par la jouyssance de cette longue et heureuse santé et repos que Dieu m'a preſté la meilleure part de mon aage, je les avoy conceuës par imagination si insupportables, qu'à la verité j'en avois plus de peur que je n'y ay trouvé de mal : par où j'augmente tousjours cette creance que la pluspart des facultez de noſtre ame, *(c)* comme nous les employons, *(a)* troublent plus le repos de la vie qu'elles n'y servent.

Je suis aus prises avec la pire de toutes les maladies, la plus soudaine, la plus douloureuse, la plus mortelle et la plus irremediable. J'en ay desjà essayé cinq ou six bien longs accez et penibles; toutes-fois, ou je me flatte, ou encores y a-il en cet eſtat dequoy se souſtenir, à qui a l'ame deschargée de la crainte de la mort, et deschargée des menasses, conclusions et consequences dequoy la medecine nous enteſte. Mais l'effet mesme de la douleur n'a pas cette aigreur si aspre et si poignante, qu'un homme rassis en doive entrer en rage et en desespoir. J'ay aumoins ce profit de la cholique, que ce que je n'avoy encore peu sur moy, pour me concilier du tout et m'accointer à la mort, elle le parfera; car d'autant plus elle me pressera et importunera, d'autant moins me

sera la mort à craindre. J'avoy desjà gaigné cela de ne tenir
à la vie que par la vie seulement; elle desnouera encore
cette intelligence; et Dieu veuille qu'en fin, si son aspreté
vient à surmonter mes forces, elle ne me rejette à l'autre
extremité, non moins vitieuse, d'aymer et desirer à
mourir!

Summum nec metuas diem, nec optes[1].

Ce sont deux passions à craindre, mais l'une a son
remede bien plus prest que l'autre.

Au demourant, j'ay tousjours trouvé ce precepte ceremonieux, qui ordonne si rigoureusement et exactement
de tenir bonne contenance et un maintien desdaigneux
et posé à la tollerance des maux. Pourquoy la philosophie,
qui ne regarde que le vif et les effects, se va elle amusant
à ces apparences externes[2]? *(c)* Qu'elle laisse ce soing aux
farceurs et maistres de Rhetorique qui font tant d'estat
de nos gestes. Qu'elle condonne hardiment au mal cette
lacheté voyelle, si elle n'est ny cordiale, ny stomacale; et
preste ces plaintes volontaires au genre des soupirs, sanglots, palpitations, pallissements que Nature a mis hors
de nostre puissance. Pourveu que le courage soit sans
effroy, les parolles sans desespoir, qu'elle se contente!
Qu'importe que nous tordons nos bras, pourveu que nous
ne tordons nos pensées! Elle nous dresse pour nous, non
pour autruy; pour estre, non pour sembler. *(a)* Qu'elle
s'arreste à gouverner nostre entendement qu'elle a pris
à instruire[3]; qu'aux efforts de la cholique, elle maintienne
l'ame capable de se reconnoistre, de suyvre son train
accoustumé; combatant la douleur et la soustenant, non
se prosternant honteusement à ses pieds; esmeuë et
eschauffée du combat, non abatue et renversée;*(c)* capable
de commerce, capable d'entretien jusques à certaine
mesure.

(a) En accidents si extremes, c'est cruauté de requerir
de nous une démarche si composée. Si nous avons beau
jeu, c'est peu que nous ayons mauvaise mine[4]. Si le corps
se soulage en se plaignant, qu'il le face; si l'agitation luy
plaist, qu'il se tourneboule et tracasse à sa fantaisie; s'il
luy semble que le mal s'évapore aucunement (comme
aucuns medecins[5] disent que cela aide à la delivrance des
femmes enceintes) pour pousser hors la voix avec plus
grande violence, ou, s'il en amuse son tourment, qu'il

crie tout à faiçt. *(c)* Ne commandons point à cette voix
qu'elle aille, mais permettons le luy. Epicurus[1] ne permet
pas seulement à son sage de crier aux torments, mais il le
luy conseille. « *Pugiles etiam, quum feriunt in jaçandis
cæstibus, ingemiscunt, quia profundenda voce omne corpus inten-
ditur venitque plaga vehementior*[2]. » *(a)* Nous avons assez de
travail du mal sans nous travailler à ces regles superflues.
Ce que je dis pour excuser ceux qu'on voit ordinairement
se tempeçter aux secousses et assaus de cette maladie;
car, pour moy, je l'ay passée jusques à cette heure avec
un peu meilleure contenance[3], non pourtant que je me
mette en peine pour maintenir cette decence exterieure :
car je fay peu de compte d'un tel advantage, je preçte
en cela au mal autant qu'il veut; mais, ou mes douleurs
ne sont pas si excessives, ou j'y apporte plus de fermeté
que le commun. Je me plains, je me despite quand les
aigres pointures me pressent, mais je n'en viens point à
me perdre, *(c)* comme celuy-là,

> *Ejulatu, queçlu, gemitu, fremitibus*
> *Resonando multum flebiles voces refert*[4].

Je me taçte au plus espais du mal et ay tousjours trouvé
que j'eçtoy capable de dire, de penser, de respondre aussi
sainement qu'en un autre heure; mais non si conçtam-
ment, la douleur me troublant et deçtournant. Quand on
me tient le plus atterré et que les assiçtants m'espargnent,
j'essaye souvent mes forces et entame moy-mesmes des
propos les plus esloignez de mon eçtat. Je puis tout par
un soudain effort; mais oçtez en la durée.

O que n'ay je la faculté de ce songeur de Cicero[5] qui,
songeant embrasser une garse, trouva qu'il s'eçtoit deschargé de sa pierre emmy ses draps! Les miennes me
desgarsent eçtrangement!

(a) Aux intervalles de cette douleur excessive, *(c)* que
mes ureteres languissent sans me poindre si fort, *(a)* je
me remets soudain en ma forme ordinaire[6], d'autant que
mon ame ne prend autre alarme que la sensible et corporelle; ce que je doy certainement au soing que j'ay eu à
me preparer par discours à tels accidens,

> *(b) laborum*
> *Nulla mihi nova nunc facies inopináque surgit;*
> *Omnia præcepi atque animo mecum ante peregi*[7].

(a) Je suis essayé pourtant un peu bien rudement pour un apprentis, et d'un changement bien soudain et bien rude, estant cheu tout à coup d'une très-douce condition de vie et très-heureuse à la plus doloreuse et penible qui se puisse imaginer. Car, outre ce que c'est une maladie bien fort à craindre d'elle mesme, elle fait en moy ses commencemens beaucoup plus aspres et difficiles qu'elle n'a accoustumé. Les accés me reprennent si souvent que je ne sens quasi plus d'entiere santé. Je maintien toutesfois jusques à cette heure mon esprit en telle assiette que, pourveu que j'y puisse apporter de la constance, je me treuve en assez meilleure condition de vie que mille autres, qui n'ont ny fiévre ny mal que celuy qu'ils se donnent eux mesmes par la faute de leur discours.

Il est certaine façon d'humilité subtile qui naist de la presomption, comme cette-cy, que nous reconnoissons nostre ignorance en plusieurs choses et sommes si courtois d'avouer qu'il y a ès ouvrages de nature aucunes qualitez et conditions qui nous sont imperceptibles, et desquelles nostre suffisance ne peut descouvrir les moyens et les causes. Par cette honneste et conscientieuse declaration, nous esperons gaigner qu'on nous croira aussi de celles que nous dirons entendre. Nous n'avons que faire d'aller trier des miracles et des difficultez estrangeres; il me semble que, parmy les choses que nous voyons ordinairement, il y a des estrangetez si incomprehensibles qu'elles surpassent toute la difficulté des miracles. Quel monstre est-ce, que cette goute de semence dequoy nous sommes produits porte en soy les impressions, non de la forme corporelle seulement, mais des pensemens et des inclinations de nos peres? Cette goute d'eau, où loge elle ce nombre infiny de formes[1]?

(b) Et comme portent elles ces ressemblances, d'un progrez si temeraire et si desreglé que l'arriere fils respondra à son bisayeul, le neveu à l'oncle? En la famille de Lepidus, à Romme, il y en a eu trois, non de suitte, mais par intervalles, qui nasquirent un mesme œuil couvert de cartilage[2]. À Thebes, il y avoit une race qui portoit, dès le ventre de la mere, la forme d'un fer de lance; et, qui ne le portoit, estoit tenu illegitime[3]. Aristote dict[4] qu'en certaine nation où les femmes estoient communes, on assignoit les enfans à leurs peres par la ressemblance.

(a) Il est à croire que je dois à mon pere cette qualité pierreuse, car il mourut merveilleusement affligé d'une grosse pierre qu'il avoit en la vessie; il ne s'apperceut de son mal que le soixante-septiesme an de son aage, et avant cela il n'en avoit eu aucune menasse ou ressentiment aux reins, aux costez, ny ailleurs; et avoit vescu jusques lors en une heureuse santé et bien peu subjette à maladies; et dura encores sept ans en ce mal, trainant une fin de vie bien douloureuse. J'estoy nay vingt cinq ans et plus avant sa maladie, et durant le cours de son meilleur estat, le troisiesme de ses enfans en rang de naissance. Où se couvoit tant de temps la propension à ce defaut? Et, lors qu'il estoit si loing du mal, cette legere piece de sa substance dequoy il me bastit, comment en portoit elle pour sa part une si grande impression? Et comment encore si couverte, que, quarante cinq ans après, j'aye commencé à m'en ressentir, seul jusques à cette heure entre tant de freres et de sœurs, et tous d'une mere? Qui m'esclaircira de ce progrez, je le croiray d'autant d'autres miracles qu'il voudra; pourveu que, comme ils font, il ne me donne pas en payement une doctrine beaucoup plus difficile et fantastique que n'est la chose mesme.

Que les medecins excusent un peu ma liberté, car, par cette mesme infusion et insinuation fatale, j'ay receu la haine et le mespris de leur doctrine : cette antipathie que j'ay à leur art m'est hereditaire. Mon pere a vescu soixante et quatorze ans, mon ayeul soixante et neuf, mon bisayeul près de quatre vingts, sans avoir gousté aucune sorte de medecine; et, entre eux, tout ce qui n'estoit de l'usage ordinaire tenoit lieu de drogue. La medecine se forme par exemples et experience; aussi fait mon opinion. Voylà pas une bien expresse experience et bien advantageuse? Je ne sçay s'ils m'en trouveront trois en leurs registres, nais, nourris et trespassez en mesme fouier, mesme toict, ayans autant vescu soubs leurs regles. Il faut qu'ils m'advouent en cela que, si ce n'est la raison, au moins que la fortune est de mon party; or, chez les medecins, fortune vaut bien mieux que la raison. Qu'ils ne me prennent point à cette heure à leur advantage; qu'ils ne me menassent point, atterré comme je suis : ce seroit supercherie. Aussi, à dire la verité, j'ay assez gaigné sur eux par mes exemples domestiques, encore qu'ils s'arrestent là. Les choses

humaines n'ont pas tant de conſtance : il y a deux cens
ans, il ne s'en faut que dix-huiĉt, que cet essay nous dure,
car le premier nasquit l'an mil quatre cens deux. C'eſt
vrayement bien raison que cette experience commence
à nous faillir. Qu'ils ne me reprochent point les
maux qui me tiennent aſteure à la gorge : d'avoir vescú
sain quarante sept ans[1] pour ma part, n'eſt-ce pas assez?
quand ce sera le bout de ma carriere, elle eſt des plus
longues.

Mes anceſtres avoient la medecine à contre-cœur par
quelque inclination occulte et naturelle ; car la veuë mesme
des drogues faisoit horreur à mon pere. Le seigneur de
Gaviac, mon oncle paternel, homme d'Eglise, maladif dès
sa naissance, et qui fit toutefois durer cette vie debile
jusques à 67 ans, eſtant tombé autrefois en une grosse
et vehemente fiévre continue, il fut ordonné par les
medecins qu'on luy declaireroit, s'il ne se vouloit aider
(ils appellent secours ce qui le plus souvent eſt empeschement), qu'il eſtoit infailliblement mort. Ce bon homme,
tout effrayé comme il fut de cette horrible sentence, si
respondit-il : « Je suis donq mort. » Mais Dieu rendit
tantoſt après vain ce prognoſtique.

(b) Le dernier des freres, ils eſtoyent quatre, Sieur de
Bussaguet, et de bien loing le dernier, se soubmit seul
à cet art, pour le commerce, ce croy-je, qu'il avoit avec
les autres arts, car il eſtoit conseiller en la court de parlement, et luy succeda si mal qu'eſtant par apparence de
plus forte complexion, il mourut pourtant long temps
avant les autres, sauf un, le sieur de Sainĉt Michel.

(a) Il eſt possible que j'ay receu d'eux cette dispathie
naturelle à la medecine ; mais s'il n'y eut eu que cette consideration, j'eusse essayé de la forcer. Car toutes ces
conditions qui naissent en nous sans raison, elles sont
vitieuses, c'eſt une espece de maladie qu'il faut combatre ;
il peut eſtre que j'y avois cette propension, mais je l'ay
appuyée et fortifiée par les discours qui m'en ont eſtably
l'opinion que j'en ay. Car je hay aussi cette consideration
de refuser la medecine pour l'aigreur de son gouſt ; ce ne
seroit aisement mon humeur, qui trouve la santé digne
d'eſtre r'achetée par tous les cauteres et incisions les plus
penibles qui se facent.

(c) Et, suyvant Epicurus, les voluptez me semblent
à eviter, si elles tirent à leur suite des douleurs plus

grandes, et les douleurs à rechercher, qui tirent à leur
suite des voluptez plus grandes[1].

(a) C'est une pretieuse chose que la santé, et la seule
chose qui merite à la verité qu'on y employe, non le
temps seulement, la sueur, la peine, les biens, mais
encore la vie à sa poursuite; d'autant que sans elle la vie
nous vient à estre penible et injurieuse. La volupté, la
sagesse, la science et la vertu, sans elle, se ternissent et
esvanouissent; et aux plus fermes et tendus discours que
la philosophie nous veuille imprimer au contraire, nous
n'avons qu'à opposer l'image de Platon estant frappé du
haut mal ou d'une apoplexie, et, en cette presupposition,
le deffier de s'ayder de ces nobles et riches facultez de
son ame. Toute voye qui nous meneroit à la santé ne se
peut dire pour moy ny aspre, ny chere. Mais j'ay quelques
autres apparences qui me font estrangement deffier de
toute cette marchandise. Je ne dy pas qu'il n'y en puisse
avoir quelque art; qu'il n'y ait, parmy tant d'ouvrages
de nature, des choses propres à la conservation de nostre
santé; cela est certain[2].

(b) J'entends bien qu'il y a quelque simple qui humecte, quelque autre qui asseche; je sçay, par experience,
et que les refforts produisent des vents, et que les feuilles
du sené láchent le ventre; je sçay plusieurs telles experiences, comme je sçay que le mouton me nourrit et que
le vin m'eschauffe; et disoit Solon que le menger estoit,
comme les autres drogues, une medecine contre la
maladie de la faim[3]. Je ne desadvouë pas l'usage que nous
tirons du monde, ny ne doubte de la puissance et uberté
de nature, et de son application à nostre besoing. Je vois
bien que les brochets et les arondes se trouvent bien
d'elle. Je me deffie des inventions de nostre esprit, de
nostre science et art, en faveur duquel nous l'avons
abandonnée et ses regles, et auquel nous ne sçavons tenir
moderation ny limite.

(c) Comme nous appelons justice le pastissage des premieres loix qui nous tombent en main et leur dispensation
et pratique, souvent trèsinepte et trèsinique, et comme
ceux qui s'en moquent et qui l'accusent n'entendent pas
pourtant injurier cette noble vertu, ains condamner
seulement l'abus et profanation de ce sacré titre; de
mesme, en la medecine, j'honnore bien ce glorieux nom,
sa proposition, sa promesse si utile au genre humain,

mais ce qu'il designe entre nous, je ne l'honnore ny
l'estime.

(a) En premier lieu, l'experience me le fait craindre;
car, de ce que j'ay de connoissance, je ne voy nulle race
de gens si tost malade et si tard guerie que celle qui est
sous la jurisdiction de la medecine. Leur santé mesme est
alterée et corrompue par la contrainte des regimes. Les
medecins ne se contentent point d'avoir la maladie en gouvernement, ils rendent la santé malade, pour garder
qu'on ne puisse en aucune raison eschapper leur authorité. D'une santé constante et entiere, n'en tirent ils pas
l'argument d'une grande maladie future? J'ay esté assez
souvent malade; j'ay trouvé, sans leurs secours, mes
maladies aussi douces à supporter (et en ay essayé quasi
de toutes les sortes) et aussi courtes qu'à nul'autre; et si,
n'y ay point meslé l'amertume de leurs ordonnances.
La santé, je l'ay libre et entiere, sans regle et sans autre
discipline que de ma coustume et de mon plaisir. Tout
lieu m'est bon à m'arrester, car il ne me faut autres
commoditez, estant malade, que celles qu'il me faut estant
sain. Je ne me passionne point d'estre sans medecin,
sans apotiquaire et sans secours; dequoy j'en voy la plus
part plus affligez que du mal. Quoy! eux mesmes nous
font ils voir de l'heur et de la durée en leur vie, qui nous
puisse tesmoigner quelque apparent effet de leur science?

Il n'est nation qui n'ait esté plusieurs siecles sans la
medecine, et les premiers siecles, c'est à dire les meilleurs
et les plus heureux; et du monde la dixiesme partie ne s'en
sert pas encores à cette heure; infinies nations ne la
cognoissent pas, où l'on vit et plus sainement et plus
longuement qu'on ne fait icy; et parmy nous le commun
peuple s'en passe heureusement. Les Romains avoyent
esté six cens ans avant que de la recevoir[1], mais, après
l'avoir essayée, ils la chasserent de leur ville par l'entremise de Caton le Censeur, qui montra combien aysément
il s'en pouvoit passer, ayant vescu quatre vingts et
cinq ans, et fait vivre sa femme jusqu'à l'extreme vieillesse, non pas sans medecine, mais ouy bien sans medecin : car toute chose qui se trouve salubre à nostre vie,
se peut nommer medecine. Il entretenoit, ce dict Plutarque[2], sa famille en santé par l'usage (ce me semble[3])
du lievre; comme les Arcades, dict Pline[4], guerissent
toutes maladies avec du laict de vache. *(c)* Et les Lybiens,

dict Herodote[1], jouyssent populairement d'une rare
santé par cette coustume qu'ils ont, après que leurs
enfans ont atteint quatre ans, de leur causteriser et brusler
les veines du chef et des temples, par où ils coupent
chemin pour leur vie à toute defluxion de rheume.
(a) Et les gens de village de ce païs, à tous accidens,
n'employent que du vin le plus fort qu'ils peuvent, meslé
à force safran et espice : tout cela avec une fortune
pareille.

Et à dire vray, de toute cette diversité et confusion
d'ordonnances, quelle autre fin et effect après tout y a il
que de vuider le ventre? ce que mille simples domestiques
peuvent faire.

(b) Et si ne scay si c'est si utillement qu'ils disent, et si
nostre nature n'a point besoing de la residence de ses
excremens jusques à certaine mesure, comme le vin a de
sa lie pour sa conservation. Vous voyez souvent des
hommes sains tomber en vomissemens ou flux de ventre
par accident estranger, et faire un grand vuidange
d'excremens sans besoin aucun precedent et sans aucune
utilité suivante, voire avec empirement et dommage.
(c) C'est du grand Platon[2] que j'apprins naguieres que, de
trois sortes de mouvemens qui nous appartiennent, le
dernier et le pire est celuy des purgations, que nul
homme, s'il n'est fol, doit entreprendre qu'à l'extreme
necessité. On va troublant et esveillant le mal par oppositions contraires. Il faut que ce soit la forme de vivre qui
doucement l'allanguisse et reconduise à sa fin : les
violentes harpades de la drogue et du mal sont tousjours
à nostre perte, puis que la querelle se desmesle chez nous
et que la drogue est un secours, infiable, de sa nature
ennemi à nostre santé et qui n'a accez en nostre estat
que par le trouble. Laissons un peu faire : l'ordre qui
pourvoid aux puces et aux taulpes, pourvoid aussi aux
hommes qui ont la patience pareille à se laisser gouverner
que les puces et les taulpes. Nous avons beau crier
bihore, c'est bien pour nous enrouër, mais non pour
l'avancer. C'est un ordre superbe et impiteux. Nostre
crainte, notre desespoir le desgoute et retarde de nostre
aide, au lieu de l'y convier; il doibt au mal son cours
comme à la santé. De se laisser corrompre en faveur de
l'un au prejudice des droits de l'autre, il ne le fera pas :
il tomberoit en desordre. Suyvons, de par Dieu! suyvons!

Il meine ceux qui suyvent; ceux qui ne le suyvent pas,
il les entraine[1], et leur rage et leur medecine ensemble.
Faictes ordonner une purgation à vostre cervelle, elle y
sera mieux employée qu'à vostre estomach.

(a) On demandoit à un Lacedemonien qui l'avoit fait
vivre sain si long temps : « L'ignorance de la medecine »,
respondit il. Et Adrian l'Empereur crioit sans cesse, en
mourant, que la presse des medecins l'avoit tué[2].

(b) Un mauvais luicteur se fit medecin : « Courage, luy
dit Diogenes, tu as raison; tu mettras à cette heure en
terre ceux qui t'y ont mis autresfois[3]. »

(a) Mais ils ont cet heur, *(b)* selon Nicocles[4], *(a)* que le
soleil esclaire leur succez, et la terre cache leur faute; et,
outre cela, ils ont une façon bien avantageuse de se
servir de toutes sortes d'evenemens, car ce que la fortune,
ce que la nature, ou quelque autre cause estrangere
(desquelles le nombre est infini) produit en nous de bon
et de salutaire, c'est le privilege de la medecine de se
l'attribuer. Tous les heureux succez qui arrivent au
patient qui est soubs son regime, c'est d'elle qu'il les
tient. Les occasions qui m'ont guery, moy, et qui guerissent
mille autres qui n'appellent point les medecins à
leurs secours, il les usurpent en leurs subjects; et, quant
aux mauvais accidents, où ils les desavouent tout à fait,
en attribuant la coulpe au patient par des raisons si vaines
qu'ils n'ont garde de faillir d'en trouver tousjours assez
bon nombre de telles : « Il a descouvert son bras, *(b)* il a
ouy le bruit d'un coche;

> *rhedarum transitus arcto*
>   *Vicorum inflexu*[5];

(a) on a entrouvert sa fenestre; il s'est couché sur le costé
gauche, ou passé par sa teste quelque pensement penible. »
Somme, une parolle, un songe, une œuillade leur semble
suffisante excuse pour se descharger de faute. Ou, s'il leur
plait, ils se servent encore de cet empirement, et en font
leurs affaires par cet autre moyen qui ne leur peut jamais
faillir : c'est de nous payer, lors que la maladie se trouve
rechaufée par leurs applications de l'asseurance qu'ils nous
donnent qu'elle seroit bien autrement empirée sans leurs
remedes. Celuy qu'ils ont jetté d'un morfondement en
une fievre quotidienne, il eust eu sans eux la continue.
Ils n'ont garde de faire mal leurs besoignes, puis que le

dommage leur revient à profit. Vrayement ils ont raison
de requerir du malade une application de creance favorable : il faut qu'elle le soit, à la verité, en bon escient, et
bien souple, pour s'appliquer à des imaginations si mal
aisées à croire.

(b) Platon disoit[1], bien à propos, qu'il n'appartenoit
qu'aux medecins de mentir en toute liberté, puis que
nostre salut despend de la vanité et fauceté de leurs promesses.

(a) Æsope, autheur de très-rare excellence et duquel
peu de gens descouvrent toutes les graces, est plaisant
à nous representer cette authorité tyrannique qu'ils
usurpent sur ces pauvres ames affoiblies et abatues par le
mal et la crainte. Car il conte[2] qu'un malade, estant
interrogé par son medecin quelle operation il sentoit
des medicamens qu'il luy avoit donnez : « J'ay fort sué,
respondit-il. — Cela est bon », dit le medecin. A une
autre fois, il luy demanda encore comme il s'estoit
porté dépuis : « J'ay eu un froid extreme, fit-il, et ay fort
tremblé. — Cela est bon », suyvit le medecin. A la troisiesme fois, il lui demanda de rechef comment il se
portoit : « Je me sens, dit-il, enfler et bouffir comme d'ydro-
pisie. — Voylà qui va bien », adjousta le medecin. L'un
de ses domestiques venant après à s'enquerir à luy de son
estat : « Certes, mon amy, respond-il, à force de bien
estre, je me meurs. »

Il y avoit en Ægypte une loy plus juste par laquelle le
medecin prenoit son patient en charge, les trois premiers
jours, aux perils et fortunes du patient; mais, les trois
jours passez, c'estoit aux siens propres; car quelle raison
y a il qu'Æsculapius, leur patron, ait esté frappé du foudre
pour avoir r'amené Heleine[3] de mort à vie,

> (b) Nam pater omnipotens, aliquem indignatus ab umbris
> Mortalem infernis ad lumina surgere vitæ,
> Ipse repertorem medicinæ talis et artis
> Fulmine Phœbigenam stygias detrusit ad undas[4];

(a) et ses suyvans soyent absous qui envoyent tant
d'ames de la vie à la mort?

(b) Un medecin vantoit à Nicocles son art estre de
grande auctorité : « Vrayment c'est mon, dict Nicocles,
qui peut impunement tuer tant de gens[5]. »

(a) Au demeurant, si j'eusse esté de leur conseil, j'eusse

rendu ma discipline plus sacrée et mystérieuse; ils
avoyent assez bien commencé, mais ils n'ont pas achevé
de mesme. C'estoit un bon commencement d'avoir fait
des dieux et des demons autheurs de leur science, d'avoir
pris un langage à part, une escriture à part[1]; *(c)* quoy
qu'en sente la philosophie, que c'est folie de conseiller
un homme pour son profit par maniere non intelligible :

Ut si quis medicus imperet ut sumat :
Terrigenam, herbigradam, domiportam, sanguine cassam[2].

(a) C'estoit une bonne regle en leur art, et qui accompaigne toutes les arts fantastiques, vaines et supernaturelles, qu'il faut que la foy du patient preoccupe par bonne
esperance et asseurance leur effect et operation. Laquelle
reigle ils tiennent jusques là que le plus ignorant et
grossier medecin, ils le trouvent plus propre à celuy qui a
fiance en luy que le plus experimenté inconu. Le chois
mesmes de la pluspart de leurs drogues est aucunement
mysterieux et divin : le pied gauche d'une tortue, l'urine
d'un lezart, la fiante d'un Elephant, le foye d'une taupe,
du sang tiré soubs l'aile droite d'un pigeon blanc; et pour
nous autres coliqueux (tant ils abusent desdaigneusement
de nostre misere), des crotes de rat pulverisées, et telles
autres singeries qui ont plus le visage d'un enchantement
magicien que de science solide. Je laisse à part le nombre
imper de leurs pillules, la destination de certains jours et
festes de l'année, la distinction des heures à cueillir les
herbes de leurs ingrediens, et cette grimace rebarbative
et prudente de leur port et contenance, dequoy Pline
mesme se moque[3]. Mais ils ont failly, veux je dire,
de ce qu'à beau commancement ils n'ont adjousté cecy,
de rendre leurs assemblées et consultations plus religieuses
et secretes : aucun homme profane n'y devoit avoir accez,
non plus qu'aux secretes ceremonies d'Æsculape. Car il
advient de cette faute que leur irresolution, la foiblesse
de leurs argumens, divinations et fondemens, l'âpreté de
leurs contestations, pleines de haine, de jalousie et de
consideration particuliere, venant à estre descouverts à un
chacun, il faut estre merveilleusement aveugle si on ne
se sent bien hazardé entre leurs mains. Qui veid jamais
medecin se servir de la recepte de son compaignon sans
en retrancher ou y adjouster quelque chose. Ils trahissent
assez par là leur art, et nous font voir qu'ils y considerent

plus leur reputation, et par consequent leur profit, que
l'interest de leurs patiens. Celuy là de leurs docteurs est
plus sage, qui leur a anciennement prescript qu'un seul
se mesle de traiter un malade : car, s'il ne fait rien qui
vaille, le reproche à l'art de la medecine n'en sera pas
fort grand pour la faute d'un homme seul; et, au rebours,
la gloire en sera grande, s'il vient à bien rencontrer; là
où, quand ils sont beaucoup, ils descrient tous les coups
le mestier, d'autant qu'il leur advient de faire plus souvent
mal que bien. Ils se devoyent contenter du perpetuel
desaccord qui se trouve ès opinions des principaux maistres et autheurs anciens de cette science, lequel n'est
conneu que des hommes versez aux livres, sans faire voir
encore au peuple les controverses et inconstances de
jugement qu'ils nourrissent et continuent entre eux.

Voulons nous un exemple de l'ancien debat de la
medecine? Hierophilus loge la cause originelle des maladies aux humeurs; Erasistratus, au sang des arteres;
Asclepiades, aux atomes invisibles s'escoulants en nos
pores; Alcmæon, en l'exuperance ou defaut des forces
corporelles; Diocles, en l'inequalité des elemens du corps
et en la qualité de l'air que nous respirons; Strato, en
l'abondance, crudité et corruption de l'aliment que nous
prenons; Hippocrates la loge aux esprits[1]. Il y a l'un
de leurs amis[2], qu'ils connoissent mieux que moy, qui
s'escrie à ce propos que la science la plus importante qui
soit en nostre usage, comme celle qui a charge de nostre
conservation et santé, c'est, de mal'heur, la plus incertaine, la plus trouble et agitée de plus de changemens.
Il n'y a pas grand danger de nous mesconter à la hauteur
du soleil, ou en la fraction de quelque supputation astro-
nomique; mais icy, où il va de tout nostre estre, ce n'est
pas sagesse de nous abandonner à la mercy de l'agitation
de tant de vents contraires.

Avant la guerre Peloponesiaque, il n'y avoit pas grands
nouvelles de cette science; Hippocrates la mit en credit.
Tout ce que cettuy-cy avoit estably, Chrysippus le ren-
versa; depuis, Erasistratus, petit fils d'Aristote, tout ce
que Chrysippus en avoit escrit. Après ceux cy survindrent
les Empiriques, qui prindrent une voye toute diverse des
anciens au maniement de cet art. Quand le credit de ces
derniers commença à s'envieillir, Herophilus mit en usage
une autre sorte de medecine, que Asclepiades vint à

combattre et aneantir à son tour. A leur reng vindrent aussi en authorité les opinions de Themison, et dépuis de Musa, et, encore après, celles de Vexius Valens, medecin fameux par l'intelligence qu'il avoit avecques Messalina. L'Empire de la medecine tomba du temps de Neron à Tessalus, qui abolit et condamna tout ce qui en avoit esté tenu jusques à luy. La doctrine de cettuy-cy fut abatue par Crinas de Marseille, qui apporta de nouveau de regler toutes les operations medecinales aux ephemerides et mouvemens des astres, manger, dormir et boire à l'heure qu'il plairoit à la Lune et à Mercure. Son auctorité feut bien tost après supplantée par Charinus, medecin de cette mesme ville de Marseille. Cettuy-cy combattoit non seulement la medecine ancienne, mais encore le publique et, tant de siecles auparavant, accoustumé usage des bains chauds. Il faisoit baigner les hommes dans l'eau froide, en hyver mesme, et plongeoit les malades dans l'eau naturelle des ruisseaux. Jusques au temps de Pline, aucun Romain n'avoit encore daigné exercer la medecine; elle se faisoit par des estrangers et Grecs, comme elle se fait entre nous, François, par des Latineurs : car, comme dict un trèsgrand medecin, nous ne recevons pas aiséement la medecine que nous entendons, non plus que la drogue que nous cueillons[1]. Si les nations desquelles nous retirons le gayac, la salseperille et le bois desquine ont des medecins, combien pensons nous, par cette mesme recommandation de l'estrangeté, la rareté et la cherté, qu'ils facent feste de nos choux et de nostre persil? car qui oseroit mespriser les choses recherchées de si loing, au hazard d'une si longue peregrination et si perilleuse? Depuis ces anciennes mutations de la medecine, il y en a eu infinies autres jusques à nous, et le plus souvent mutations entieres et universelles, comme sont celles que produisent de nostre temps Paracelse, Fioravanti et Argenterius[2]; car ils ne changent pas seulement une recepte, mais, à ce qu'on me dict, toute la contexture et police du corps de la medecine, accusant d'ignorance et de piperie ceux qui en ont faict profession jusques à eux. Je vous laisse à penser où en est le pauvre patient!

Si encor nous estions asseurez, quand ils se mescontent, qu'il ne nous nuisist pas s'il ne nous profite, ce seroit une bien raisonnable composition de se hazarder d'acquerir du bien sans se mettre en danger de perte.

(b) Æsope faict ce conte[1], qu'un qui avoit achepté un
More esclave, estimant que cette couleur luy fust venue
par accident et mauvais traictement de son premier
maistre, le fit mediciner de plusieurs bains et breuvages
avec grand soing; il advint que le More n'en amenda
aucunement sa couleur basanée, mais qu'il en perdit
entierement sa premiere santé.

(a) Combien de fois nous advient il de voir les medecins imputans les uns aux autres la mort de leurs patiens!
Il me souvient d'une maladie populaire qui fut aux villes
de mon voisinage, il y a quelques années, mortelle et
très-dangereuse; cet orage estant passé, qui avoit emporté
un nombre infini d'hommes, l'un des plus fameux medecins de toute la contrée vint à publier un livret touchant
cette matiere, par lequel il se ravise de ce qu'ils avoient usé
de la seignée, et confesse que c'est l'une des causes principales du dommage qui en estoit advenu. Davantage,
leurs autheurs[2] tiennent qu'il n'y a aucune medecine qui
n'ait quelque partie nuisible, et si celles mesmes qui nous
servent nous offencent aucunement, que doivent faire
celles qu'on nous applique du tout hors de propos?

De moy, quand il n'y auroit autre chose, j'estime qu'à
ceux qui hayssent le goust de la medecine, ce soit un
dangereux effort, et de prejudice, de l'aller avaller à une
heure si incommode avec tant de contre-cœur; et croy
que cela essaye merveilleusement le malade en une saison
où il a tant besoin de repos. Outre ce que, à considerer
les occasions surquoy ils fondent ordinairement la cause
de nos maladies, elles sont si legeres et si delicates que
j'argumente par là qu'une bien petite erreur en la dispensation de leurs drogues peut nous apporter beaucoup de
nuisance.

Or, si le mesconte du medecin est dangereux, il nous
va bien mal, car il est bien mal aisé qu'il n'y retombe
souvent; il a besoing de trop de pieces, considerations et
circonstances pour affuter justement son dessein; il faut
qu'il connoisse la complexion du malade, sa temperature,
ses humeurs, ses inclinations, ses actions, ses pensements
mesmes et ses imaginations; il faut qu'il se responde
des circonstances externes, de la nature du lieu, condition
de l'air et du temps, assiette des planettes et leurs influances; qu'il sçache en la maladie les causes, les signes,
les affections, les jours critiques; en la drogue, le poix,

la force, le pays, la figure, l'aage, la dispensation; et faut
que toutes ces pieces, il les sçache proportionner et
raporter l'une à l'autre pour en engendrer une parfaicte
symmetrie. A quoy s'il faut tant soit peu, si de tant de
ressorts il y en a un tout seul qui tire à gauche, en voylà
assez pour nous perdre. Dieu sçait de quelle difficulté est
la connoissance de la pluspart de ces parties : car, pour
exemple, comment trouvera il le signe propre de la
maladie, chacune estant capable d'un infiny nombre de
signes? Combien ont ils de debats entr'eux et de doubtes
sur l'interpretation des urines[1]! Autrement d'où viendroit
cette altercation continuelle que nous voyons entr'eux
sur la connoissance du mal? Comment excuserions nous
cette faute, où ils tombent si souvent, de prendre martre
pour renard? Aux maux que j'ay eu, pour peu qu'il y eut
de difficulté, je n'en ay jamais trouvé trois d'accord. Je
remarque plus volontiers les exemples qui me touchent.
Dernierement, à Paris, un gentil-homme fust taillé par
l'ordonnance des medecins, auquel on ne trouva de pierre
non plus à la vessie qu'à la main; et là mesmes, un
Evesque qui m'estoit fort amy avoit esté instamment
sollicité, par la pluspart des medecins qu'il appelloit à son
conseil, de se faire tailler; j'aydoy moy mesme, soubs la
foy d'autruy, à le luy suader : quand il fust trespassé et
qu'il fust ouvert, on trouva qu'il n'avoit mal qu'aux reins.
Ils sont moins excusables en cette maladie, d'autant qu'elle
est aucunement palpable. C'est par là que la chirurgie me
semble beaucoup plus certaine, par ce qu'elle voit et
manie ce qu'elle fait; il y a moins à conjecturer et à
deviner, là où les medecins n'ont point de *speculum
matricis* qui leur découvre nostre cerveau, nostre poulmon
et nostre foye[2].

   Les promesses mesmes de la medecine sont incroiables :
car, ayant à prouvoir à divers accidents et contraires
qui nous pressent souvent ensemble, et qui ont une relation quasi necessaire, comme la chaleur du foye et froideur de l'estomach, ils nous vont persuadant que, de
leurs ingrediens, cettuy-cy eschaufera l'estomach, cet
autre refreschira le foye; l'un a sa charge d'aller droit aux
reins, voire jusques à la vessie, sans estaler ailleurs ses
operations, et conservant ses forces et sa vertu, en ce long
chemin et plein de destourbiers, jusques au lieu au service
duquel il est destiné par sa proprieté occulte; l'autre

assechera le cerveau; celuy là humectera le poulmon.
De tout cet amas ayant faict une mixtion de breuvage,
n'est ce pas quelque espece de resverie d'esperer que ces
vertus s'aillent divisant et triant de cette confusion et
meslange, pour courir à charges si diverses? Je craindrois
infiniement qu'elles perdissent ou eschangeassent leurs
ethiquetes et troublassent leurs quartiers. Et qui pourroit
imaginer que, en cette confusion liquide, ces facultez ne
se corrompent, confondent et alterent l'une l'autre?
Quoy, que l'execution de cette ordonnance dépend d'un
autre officier, à la foy et mercy duquel nous abandonnons
encore un coup nostre vie?

(c) Comme nous avons des prepointiers, des chausse-
tiers pour nous vestir, et en sommes d'autant mieux servis
que chacun ne se mesle que de son subject et a sa science
plus restreinte et plus courte que n'a un tailleur qui
embrasse tout; et comme, à nous nourrir, les grands,
pour plus de commodité, ont des offices distinguez de
potagiers et de rostisseurs, de quoy un cuisinier qui prend
la charge universelle ne peut si exquisement venir à bout;
de mesme, à nous guerir, les Ægyptiens avoient raison de
rejetter ce general mestier de medecin et descoupper cette
profession : à chaque maladie, à chaque partie du corps,
son ouvrier; car elle en estoit bien plus propremant et
moins confuséement traictée de ce qu'on ne regardoit
qu'à elle specialement. Les nostres ne s'advisent pas que
qui pourvoid à tout, ne pourvoid à rien; que la totale
police de ce petit monde leur est indigestible. Cependant
qu'ils craignent d'arrester le cours d'un dysenterique pour
ne luy causer la fiévre, ils me tuarent un amy[1] qui valoit
mieux que tous, tant qu'ils sont. Ils mettent leurs divinations au poids, à l'encontre des maux presens, et, pour
ne guerir le cerveau au prejudice de l'estomac, offencent
l'estomac et empirent le cerveau par ces drogues tumul-
tuaires et dissentieuses.

(a) Quant à la varieté et foiblesse des raisons de cet art,
elle est plus apparente qu'en aucun autre art. Les choses
aperitives sont utiles à un homme coliqueus, d'autant
qu'ouvrant les passages et les dilatant, elles acheminent
cette matiere gluante de laquelle se bastit la grave et la
pierre, et conduisent contre-bas ce qui se commence à
durcir et amasser aux reins. Les choses aperitives sont
dangereuses à un homme coliqueus, d'autant qu'ouvrant

les passages et les dilatant, elles acheminent vers les reins la matiere propre à bastir la grave, lesquels s'en saisissant volontiers pour cette propension qu'ils y ont, il est malaisé qu'ils n'en n'arrestent beaucoup de ce qu'on y aura charrié; d'avantage, si de fortune, il s'y rencontre quelque corps un peu plus grosset qu'il ne faut pour passer tous ces destroicts qui restent à franchir pour l'expeller au dehors, ce corps estant esbranlé par ces choses aperitives et, jetté dans ces canaus estroits, venant à les boucher, acheminera une certaine mort et très-doloreuse.

Ils ont une pareille fermeté aux conseils qu'ils nous donnent de notre regime de vivre : Il est bon de tomber souvent de l'eau, car nous voyons par experience qu'en la laissant croupir nous lui donnons loisir de se descharger de ses excremens et de sa lye, qui servira de matiere à bastir la pierre en la vessie; — il est bon de ne tomber point souvent de l'eau, car les poisans excrements qu'elle traine quant et elle, ne s'emporteront poinct s'il n'y a de la violence, comme on void par experience qu'un torrent qui roule avecques roideur baloye bien plus nettement le lieu où il passe, que ne faict le cours d'un ruisseau mol et lâche. Pareillement, il est bon d'avoir souvent affaire aux femmes, car cela ouvre les passages et achemine la grave et le sable; — il est bien aussi mauvais, car cela eschaufe les reins, les lasse et affoiblit. Il est bon de se baigner aux eaux chaudes, d'autant que cela relâche et amollit les lieux où se croupit le sable et la pierre; — mauvais aussi est-il, d'autant que cette application de chaleur externe aide les reins à cuire, durcir et petrifier la matiere qui y est disposée. A ceux qui sont aux bains, il est plus salubre[1] de manger peu le soir, affin que le breuvage des eaux qu'ils ont à prendre lendemain matin, face plus d'operation, rencontrant l'estomac vuide et non empesché; — au rebours, il est meilleur de manger peu au disner pour ne troubler l'operation de l'eau, qui n'est pas encore parfaite, et ne charger l'estomac si soudain après cet autre travail, et pour laisser l'office de digerer à la nuict, qui le sçait mieux faire que ne faict le jour, où le corps et l'esprit sont en perpetuel mouvement et action.

Voilà comment ils vont bastelant et baguenaudant à nos despens en tous leurs discours; *(b)* et ne me sçauroient fournir proposition à laquelle je n'en rebatisse une contraire de pareille force.

(a) Qu'on ne crie donq plus après ceux qui, en ce trouble, se laissent doucement conduire à leur appetit et au conseil de nature, et se remettent à la fortune commune.

J'ay veu, par occasion de mes voyages, quasi tous les bains fameux de Chrestienté, et depuis quelques années ay commencé à m'en servir; car en general j'estime le baigner salubre, et croy que nous encourons non legeres incommoditez en nostre santé, pour avoir perdu cette coustume, qui estoit generalement observée au temps passé quasi en toutes les nations, et est encores en plusieurs, de se laver le corps tous les jours; et ne puis pas imaginer que nous ne vaillions beaucoup moins de tenir ainsi nos membres encroutez et nos pores estouppés de crasse. Et, quant à leur boisson, la fortune a faict premierement qu'elle ne soit aucunement ennemie de mon goust; secondement, elle est naturelle et simple, qui aumoins n'est pas dangereuse, si elle est vaine; dequoy je pren pour respondant cette infinité de peuples de toutes sortes et complexions qui s'y assemble. Et encores que je n'y aye apperceu aucun effet extraordinaire et miraculeux; ains que, m'en informant un peu plus curieusement qu'il ne se faict, j'aye trouvé mal fondez et faux tous les bruits de telles operations qui se sement en ces lieux là et qui s'y croient (comme le monde va se pipant aiséement de ce qu'il desire); toutes-fois aussi n'ay-je veu guere de personnes que ces eaux ayent empiré, et ne leur peut-on sans malice refuser cela qu'elles n'esveillent l'appetit, facilitent la digestion et nous prestent quelque nouvelle allegresse, si on n'y va par trop abbatu de forces, ce que je desconseille de faire. Elles ne sont pas pour relever une poisante ruyne; elles peuvent appuyer une inclination legere, ou prouvoir à la menace de quelque alteration. Qui n'y apporte assez d'allegresse pour pouvoir jouyr le plaisir des compagnies qui s'y trouvent, et des promenades et exercices à quoy nous convie la beauté des lieux où sont communément assises ces eaux, il perd sans doubte la meilleure piece et plus asseurée de leur effect. A cette cause, j'ay choisi jusques à cette heure à m'arrester et à me servir de celles où il y avoit plus d'amenité de lieu, commodité de logis, de vivres et de compaignies, comme sont en France les bains de Banieres; en la frontière d'Allemaigne et de Lorraine, ceux de Plombières;

en Souysse, ceux de Bade; en la Toscane, ceux de Lucques, et notamment ceux *della Villa*, desquels j'ay usé
plus souvent et à diverses saisons.

Chaque nation a des opinions particulieres touchant
leur usage, et des loix et formes de s'en servir toutes
diverses et, selon mon experience, l'effeā quasi pareil.
Le boire n'eſt aucunement receu en Allemaigne; pour
toutes maladies, ils se baignent et sont à grenouiller dans
l'eau quasi d'un soleil à l'autre. En Italie, quand ils
boivent neuf jours, ils s'en beignent pour le moins trente,
et communement boivent l'eau mixtionnée d'autres
drogues pour secourir son opération. On nous ordonne
icy de nous promener pour la digerer; là on les arreſte au
liā, où ils l'ont prise, jusques à ce qu'ils l'ayent vuidée,
leur eschauffant continuellement l'eſtomach et les pieds.
Comme les Allemans ont de particulier de se faire generallement tous corneter et vantouser avec scarification dans
le bain, ainsin ont les Italiens leurs *doccie*[1], qui sont certaines gouttieres de cette eau chaude qu'ils conduisent
par des cannes, et vont baignant une heure le matin et
autant l'aprèsdinée, par l'espace d'un mois, ou la teſte, ou
l'eſtomac, ou autre partie du corps à laquelle ils ont
affaire. Il y a infinies autres differences de couſtumes en
chasque contrée; ou, pour mieux dire, il n'y a quasi
aucune ressemblance des unes aux autres. Voilà comment
cette partie de medecinc à laquelle seule je me suis laissé
aller, quoy qu'elle soit la moins artificielle, si a elle sa
bonne part de la confusion et incertitude qui se voit par
tout ailleurs en cet art[2].

Les poëtes disent tout ce qu'ils veulent avec plus d'emphase et de grace, tesmoing ces deux epigrammes :

> *Alcon heſterno signum Jovis attigit. Ille,*
> *Quamvis marmoreus, vim patitur medici.*
> *Ecce hodie, jussus transferri ex æde vetuſta*
> *Effertur, quamvis sit Deus atque lapis*[3].

Et l'autre :

> *Lotus nobiscum eſt hilaris, cænavit et idem,*
> *Inventus mane eſt mortuus Ardragoras.*
> *Tam subitæ mortis causam, Fauſline, requiris ?*
> *In somnis medicum viderat Hermocratem*[4].

Sur quoy je veux faire deux contes.

Le baron de Caupene en Chalosse[1] et moy avons en commun le droict de patronage d'un benefice qui est de grande estenduë, au pied de nos montaignes, qui se nomme Lahontan[2]. Il est des habitans de ce coin, ce qu'on dit de ceux de la valée d'Angrougne[3] : ils avoient une vie à part, les façons, les vestemens et les meurs à part; regis et gouvernez par certaines polices et coustumes particulieres, receuës de pere en fils, ausquelles ils s'obligeoient sans autre contrainte que de la reverence de leur usage. Ce petit estat s'estoit continué de toute ancienneté en une condition si heureuse que aucun juge voisin n'avoit esté en peine de s'informer de leur affaire, aucun advocat employé à leur donner advis, ny estranger appellé pour esteindre leurs querelles, et n'avoit on jamais veu aucun de ce destroict à l'aumosne. Ils fuyoient les alliances et le commerce de l'autre monde, pour n'alterer la pureté de leur police : jusques à ce, comme ils recitent, que l'un d'entre eux, de la memoire de leurs peres, ayant l'ame espoinçonnée d'une noble ambition, s'alla adviser, pour mettre son nom en credit et reputation, de faire l'un de ses enfans maistre Jean ou maistre Pierre[4]; et, l'ayant faict instruire à escrire en quelque ville voisine[5], en rendit en fin un beau notaire de village. Cettuy-cy, devenu grand, commença à desdaigner leurs anciennes coustumes et à leur mettre en teste la pompe des regions de deçà. Le premier de ses comperes à qui on escorna une chevre, il luy conseilla d'en demander raison aux juges Royaux d'autour de là, et de cettuy-cy à un autre, jusques à ce qu'il eust tout abastardy.

A la suite de cette corruption, ils disent qu'il y en survint incontinent un'autre de pire consequence, par le moyen d'un medecin à qui il print envie d'espouser une de leurs filles et de s'habituer parmy eux. Cettuy-cy commença à leur apprendre premierement le nom des fiebvres, des reumes et des apostumes, la situation du cœur, du foye et des intestins, qui estoit une science jusques lors très esloignée de leur connoissance; et, au lieu de l'ail, dequoy ils avoyent apris à chasser toutes sortes de maux, pour aspres et extremes qu'ils fussent, il les accoustuma, pour une tous ou pour un morfondement, à prendre les mixtions estrangeres, et commença à faire trafique, non de leur santé seulement, mais aussi de leur mort. Ils jurent que, depuis lors seulement, ils ont aperçeu que le serain leur appesantissoit la teste, que le boyre, ayant chaut, apportoit nuisance, et que les vents de l'automne estoyent plus griefs que ceux du printemps; que, depuis l'usage de cette medecine, ils se trouvent accablez d'une legion de maladies inaccoustumées, et qu'ils apperçoivent un general deschet en leur ancienne vigueur, et leurs vies de moitié raccourcies. Voylà le premier de mes contes.

L'autre est qu'avant ma subjection graveleuse, oyant faire cas du sang du bouc à plusieurs, comme d'une manne celeste envoyée en ces derniers siecles pour la tutelle et conservation de la vie humaine, et en oyant parler à des gens d'entendement comme d'une drogue admirable et d'une operation infallible; moy, qui ay tousjours pensé estre en bute à tous les accidens qui peuvent toucher tout autre homme, prins plaisir en pleine santé à me garnir de ce miracle, et commanday chez moy qu'on me nourrit un bouc selon la recepte : car il faut que ce soit aux mois les plus chaleureux de l'esté qu'on le retire, et qu'on ne luy donne à manger que des herbes aperitives, et à boire que du vin blanc. Je me rendis de fortune chez moy le jour qu'il devoit estre tué; on me vint dire que mon cuysinier trouvoit dans la panse deux ou trois grosses boules qui se choquoient l'une l'autre parmy sa mengeaille. Je fus curieux de faire apporter toute cette tripaille en ma presence, et fis ouvrir cette grosse et large peau; il en sortit trois gros corps, legiers comme des esponges, de façon qu'il semble qu'ils soient creuz, durs au demeurant par le dessus et fermes, bigarrez de plusieurs couleurs mortes; l'un perfect en rondeur, à la mesure d'une courte boule; les autres deux, un peu moindres, ausquels l'arrondissement est imperfect, et semble qu'il s'y acheminat. J'ay trouvé, m'en estant fait enquerir à ceux qui ont accoustumé d'ouvrir de ces animaux, que c'est un accident rare et inusité. Il est vraysemblable que ce sont des pierres cousines des nostres; et s'il est ainsi, c'est une esperance bien vaine aux graveleux de tirer leur guerison du sang d'une beste qui s'en aloit elle-mesme mourir d'un pareil mal. Car de dire que le sang ne se sent pas de cette contagion et n'en altere sa vertu accoustumée, il est plustost à croire qu'il ne s'engendre rien en un corps que par la conspiration et communication de toutes les parties; la masse agit tout'entiere, quoy que l'une piece

y contribue plus que l'autre, selon la diversité des operations. Parquoy il y a grande apparence qu'en toutes
les parties de ce bouc il y avoit quelque qualité petri-
fiante[1]. Ce n'estoit pas tant pour la crainte de l'advenir,
et pour moy, que j'estoy curieux de cette experience;
comme c'estoit qu'il advient chez moy, ainsi qu'en plusieurs maisons, que les femmes y font amas de telles
menues drogueries pour en secourir le peuple, usant de
mesme recepte à cinquante maladies; et de telle recepte
qu'elles ne prennent pas pour elles; et si triomphent en
bons evenemens.

Au demeurant, j'honore les medecins, non pas, suyvant
le precepte[2], pour la necessité (car à ce passage on en
oppose un autre du prophete[3] reprenant le Roy Asa
d'avoir eu recours au medecin), mais pour l'amour d'eux
mesmes, en ayant veu beaucoup d'honnestes hommes et
dignes d'estre aimez. Ce n'est pas à eux que j'en veux,
c'est à leur art, et ne leur donne pas grand blasme de faire
leur profit de nostre sotise, car la plus part du monde faict
ainsi. Plusieurs vacations et moindres et plus dignes que
la leur n'ont fondement et appuy qu'aux abuz publiques.
Je les appelle en ma compaignie quand je suis malade, s'ils
se r'encontrent à propos, et demande à en estre entretenu,
et les paye comme les autres. Je leur donne loy de me commander de m'abrier chaudement, si je l'ayme mieux ainsi,
que d'un autre sorte; ils peuvent choisir, d'entre les por-
reaux et les laictues, dequoy il leur plaira que mon bouil-
lon se face, et m'ordonner le blanc ou le clairet; et ainsi
de toutes autres choses qui sont indifferentes à mon
appetit et usage.

J'entans bien que ce n'est rien faire pour eux, d'autant
que l'aigreur et l'estrangeté sont accidans de l'essance
propre de la medecine. Licurgus ordonnoit le vin aux
Spartiates malades. Pourquoy? par ce qu'ils en haissoyent
l'usage, sains : tout ainsi qu'un gentil'homme mon voisin
s'en sert pour drogue tressalutaire à ses fiebvres parce que
de sa nature il en hait mortellement le goust.

Combien en voyons nous d'entr'eux estre de mon
humeur? desdaigner la medecine pour leur service, et
prendre une forme de vie libre et toute contraire à celle
qu'ils ordonnent à autruy? Qu'est-ce cela, si ce n'est
abuser tout destroussément de nostre simplicité? Car ils
n'ont pas leur vie et leur santé moins chere que nous, et

accommoderoyent leurs effets à leur doctrine, s'ils n'en
cognoissoyent eux mesmes la fauceté.

C'est la crainte de la mort et de la douleur, l'impatience
du mal, une furieuse et indiscrete soif de la guerison, qui
nous aveugle ainsi : c'est pure lácheté qui nous rend nostre
croyance si molle et maniable.

(c) La plus part pourtant ne croyent pas tant comme ils
souffrent. Car je les oy se plaindre et en parler comme
nous ; mais ils se resolvent en fin : « Que feroy-je donq ? »
Comme si l'impatience estoit de soy quelque meilleur
remede que la patience.

(a) Y a il aucun de ceux qui se sont laissez aller à cette
miserable subjection qui ne se rende esgalement à toute
sorte d'impostures ? qui ne se mette à la mercy de quiconque a cette impudence de luy donner promesse de sa
guerison ?

(c) Les Babyloniens portoient leurs malades en la
place ; le medecin, c'estoit le peuple, chacun des passants
ayant par humanité et civilité à s'enquerir de leur estat et,
selon son experience, leur donner quelque advis salutaire[1]. Nous n'en faisons guere autrement.

(a) Il n'est pas une simple femmelette de qui nous n'employons les barbotages et les brevets ; et, selon mon
humeur, si j'avoy à en accepter quelqu'une, j'accepterois
plus volontiers cette medecine qu'aucune autre, d'autant
qu'aumoins il n'y a nul dommage à craindre.

(c) Ce que Homere[2] et Platon[3] disoyent des Ægyptiens,
qu'ils estoyent tous medecins, il se doit dire de tous
peuples ; il n'est personne qui ne se vante de quelque
recette, et qui ne la hazarde sur son voisin, s'il l'en veut
croire.

(a) J'estoy l'autre jour en une compagnie, où je ne sçay
qui de ma confrairie aporta la nouvelle d'une sorte de
pillules compilées de cent et tant d'ingrediens de conte
fait ; il s'en esmeut une feste et une consolation singuliere :
car quel rocher soustiendroit l'effort d'une si nombreuse
baterie ? J'entens toutefois, par ceux qui l'essayerent, que
la moindre petite grave ne daigna s'en esmouvoir.

Je ne me puis desprendre de ce papier, que je n'en die
encore ce mot sur ce qu'ils nous donnent, pour respondant de la certitude de leurs drogues, l'experience qu'ils
ont faite. La plus part, et, ce croy-je, plus des deux tiers
des vertus medicinales consistent en la quinte essence ou

propriété occulte des simples, de laquelle nous ne pouvons avoir autre inſtruction que l'usage : car quinte
essence n'eſt autre chose qu'une qualité de laquelle, par
noſtre raison, nous ne sçavons trouver la cause. En telles
preuves, celles qu'ils disent avoir acquises par l'inspiration de quelque Dæmon, je suis content de les recevoir
(car, quant aux miracles, je n'y touche jamais); ou bien
encore les preuves qui se tirent des choses qui, pour autre
consideration, tombent souvent en noſtre usage : comme
si, en la laine dequoy nous avons accouſtumé de nous
veſtir, il s'eſt trouvé par accident quelque occulte proprieté desiccative qui guerisse les mules au talon, et si au
reffort, que nous mangeons pour la nourriture, il s'eſt
rencontré quelque operation apperitive. Galen recite
qu'il advint à un ladre de recevoir guerison par le moyen
du vin qu'il beut, d'autant que de fortune une vipere
s'eſtoit coulée dans le vaisseau. Nous trouvons en cet
exemple le moyen et une conduite vray-semblable à
cette experience, comme aussi en celles ausquelles les
medecins disent avoir eſté acheminez par l'exemple
d'aucunes beſtes.

Mais en la pluspart des autres experiences à quoy ils
disent avoir eſté conduis par la fortune et n'avoir eu autre
guide que le hazard, je trouve le progrez de cette information incroyable. J'imagine l'homme regardant au tour
de luy le nombre infiny des choses, plantes, animaux,
metaux. Je ne sçay par où luy faire commencer son essay;
et quand sa première fantasie se jettera sur la corne d'un
elan, à quoy il faut preſter une creance bien molle et aisée,
il se trouve encore autant empesché en sa seconde operation. Il luy eſt proposé tant de maladies et tant de circonstances, qu'avant qu'il soit venu à la certitude de ce point
où doit joindre la perfection de son experience, le sens
humain y perd son latin; et avant qu'il ait trouvé parmy
cette infinité de choses que c'eſt cette corne; parmy cette
infinité de maladies, l'epilepsie; tant de complexions, au
melancolique; tant de saisons, en hiver; tant de nations,
au François; tant d'aages, en la vieillesse; tant de mutations celeſtes, en la conjonction de Venus et de Saturne;
tant de parties du corps, au doigt; à tout cela n'eſtant
guidé ny d'argument, ny de conjecture, ny d'exemple, ny
d'inspiration divine, ains du seul mouvement de la
fortune, il faudroit que ce fut par une fortune parfec-

tement artificielle, reglée et methodique. Et puis, quand
la guerison fut faicte, comment se peut il asseurer que ce
ne fut que le mal fut arrivé à sa periode, ou un effect du
hazard, ou l'operation de quelque autre chose qu'il eust
ou mangé, ou beu, ou touché ce jour-là, ou le merite des
prieres de sa mere grand? Davantage, quand cette preuve
auroit esté parfaicte, combien de fois fut elle reiterée?
et cette longue cordée de fortunes et de r'encontres
r'enfilée, pour en conclurre une regle?

(b) Quand elle sera conclue, par qui est-ce? De tant de
millions il n'y a que trois hommes qui se meslent d'enregistrer leurs experiences. Le sort aura il r'encontré à point
nommé l'un de ceux cy? Quoy, si un autre et si cent autres
ont faict des experiences contraires? A l'avanture, verrions nous quelque lumiere, si tous les jugements et
raisonnements des hommes nous estoyent cogneuz. Mais
que trois tesmoins et trois docteurs regentent l'humain
genre, ce n'est pas la raison : il faudroit que l'humaine
nature les eust deputez et choisis et qu'ils fussent declarez
nos syndics (c) par expresse procuration.

(a) A Madame de Duras[1],

Madame, vous me trouvates sur ce pas dernierement
que vous me vintes voir. Par ce qu'il pourra estre que ces
inepties se rencontreront quelque fois entre vos mains, je
veux aussi qu'elles portent tesmoignage que l'autheur se
sent bien fort honoré de la faveur que vous leur ferez.
Vous y reconnoistrez ce mesme port et ce mesme air que
vous avez veu en sa conversation. Quand j'eusse peu
prendre quelque autre façon que la mienne ordinaire et
quelque autre forme plus honorable et meilleure, je ne
l'eusse pas faict; car je ne veux tirer de ces escrits sinon
qu'ils me representent à vostre memoire au naturel. Ces
mesmes conditions et facultez que vous avez pratiquées
et recueillies, Madame, avec beaucoup plus d'honneur et
de courtoisie qu'elles ne meritent, je les veux loger (mais
sans alteration et changement) en un corps solide qui
puisse durer quelques années ou quelques jours après
moy, où vous les retrouverez quand il vous plaira vous en
refreschir la memoire, sans prendre autrement la peine
de vous en souvenir; aussi ne le valent elles pas. Je desire
que vous continuez en moy la faveur de vostre amitié,

par ces mesmes qualitez par le moyen desquelles elle a
esté produite. Je ne cherche aucunement qu'on m'ayme
et estime mieux mort que vivant.

(b) L'humeur de Tibere¹ est ridicule, et commune
pourtant, qui avoit plus de soin d'estendre sa renommée
à l'advenir qu'il n'avoit de se rendre estimable et agreable
aux hommes de son temps².

(c) Si j'estoy de ceux à qui le monde peut devoir
loüange, je l'en quitteroy et qu'il me la payast d'advance;
qu'elle se hastast et ammoncelast tout autour de moy, plus
espesse qu'alongée, plus pleine que durable; et qu'elle
s'evanouist hardiment quand et ma cognoissance, et que
ce doux son ne touchera plus mes oreilles.

(a) Ce seroit une sotte humeur d'aller, à cette heure que
je suis prest d'abandonner le commerce des hommes, me
produire à eux par une nouvelle recommandation. Je ne
fay nulle recepte des biens que je n'ay peu employer à
l'usage de ma vie. Quel que je soye, je le veux estre ailleurs
qu'en papier. Mon art et mon industrie ont esté employez
à me faire valoir moy-mesme; mes estudes, à m'apprendre
à faire, non pas à escrire. J'ay mis tous mes efforts à
former ma vie. Voylà mon mestier et mon ouvrage. Je suis
moins faiseur de livres que de nulle autre besoigne. J'ay
desiré de la suffisance pour le service de mes commoditez
presentes et essentielles, non pour en faire magasin et
reserve à mes heritiers.

(c) Qui a de la valeur, si le face paroistre en ses meurs,
en ses propos ordinaires, à traicter l'amour ou des querelles, au jeu, au lict, à la table, à la conduite de ses affaires,
et œconomie de sa maison. Ceux que je voy faire des bons
livres sous des mechantes chausses, eussent premierement
faict leurs chausses, s'ils m'en eussent creu. Demandez à
un Spartiate s'il aime mieux estre bon Rhetoricien que
bon soldat; non pas moy, que bon cuisinier, si je n'avoy
qui m'en servist.

(a) Mon Dieu! Madame, que je haïrois une telle recommandation d'estre habile homme par escrit, et estre un
homme de neant et un sot ailleurs. J'ayme mieux encore
estre un sot, et icy et là, que d'avoir si mal choisi où
employer ma valeur. Aussi il s'en faut tant que j'attende
à me faire quelque nouvel honneur par ces sotises, que
je feray beaucoup si je n'y en pers point de ce peu que j'en
avois aquis. Car, outre ce que cette peinture morte et

muete desrobera à mon estre naturel, elle ne se raporte
pas à mon meilleur estat, mais beaucoup descheu de ma
premiere vigueur et allegresse, tirant sur le flestry et le
rance. Je suis sur le fond du vaisseau, qui sent tantost
le bas et la lye.

Au demeurant, Madame, je n'eusse pas osé remuer si
hardiment les misteres de la medecine, attendu le credit
que vous et tant d'autres luy donnez, si je n'y eusse esté
acheminé par ses autheurs mesme. Je croy qu'ils n'en ont
que deux anciens Latins, Pline et Celsus. Si vous les voyez
quelque jour, vous trouverez qu'ils parlent bien plus
rudement à leur art que je ne fay : je ne fay que la pincer,
ils l'esgorgent. Pline se mocque[1] entre autres choses
dequoy, quand ils sont au bout de leur corde, ils ont
inventé cette belle deffaite de r'envoyer les malades qu'ils
ont agitez et tormentez pour neant de leurs drogues et
regimes, les uns au secours des vœuz et miracles, les autres
aux eaux chaudes. (Ne vous courroussez pas, Madame, il
ne parle pas de celles de deçà qui sont soubs la protection
de vostre maison, et qui sont toutes Gramontoises[2].)
Ils ont une tierce deffaite pour nous chasser d'auprès
d'eux, et se descharger des reproches que nous leur
pouvons faire du peu d'amendement à noz maux, qu'ils
ont eu si long temps en gouvernement qu'il ne leur reste
plus aucune invention à nous amuser : c'est de nous
envoier cercher la bonté de l'air de quelque autre contrée.
Madame, en voylà assez : vous me donnez bien congé de
reprendre le fil de mon propos, duquel je m'estoy
destourné pour vous entretenir.

Ce fut, ce me semble, Periclés[3], lequel estant enquis
comme il se portoit : « Vous le pouvez, fit-il, juger par
là », en montrant des brevets qu'il avoit attachez au col
et au bras. Il vouloit inferer qu'il estoit bien malade, puis
qu'il en estoit venu jusques-là d'avoir recours à choses
si vaines et de s'estre laissé equipper en cette façon. Je
ne dy pas que je ne puisse estre emporté un jour à cette
opinion ridicule de remettre ma vie et ma santé à la mercy
et gouvernement des medecins; je pourray tomber en
cette resverie; je ne me puis respondre de ma fermeté
future; mais lors aussi, si quelqu'un s'enquiert à moy
comment je me porte, je luy pourroy dire comme Periclés : « Vous le pouvez juger par là », montrant ma main
chargée de six dragmes d'opiate : ce sera un bien evident

signe d'une maladie violente. J'auray mon jugement merveilleusement desmanché; si l'impatience et la frayeur gaignent cela sur moy, on en pourra conclurre une bien aspre fiévre en mon ame.

J'ay pris la peine de plaider cette cause, que j'entens assez mal, pour appuyer un peu et conforter la propension naturelle contre les drogues et pratique de nostre medecine, qui s'est derivée en moy par mes ancestres, afin que ce ne fust pas seulement une inclination stupide et temeraire, et qu'elle eust un peu plus de forme; et aussi que ceux qui me voyent si ferme contre les enhortemens et menaces qu'on me fait quand mes maladies me pressent, ne pensent pas que ce soit simple opiniastreté, ou qu'il y ait quelqu'un si fâcheux qui juge encore que ce soit quelque esguillon de gloire; qui seroit un desir bien asséné de vouloir tirer honneur d'une action qui m'est commune avec mon jardinier et mon muletier. Certes, je n'ay point le cœur si enflé, ne si venteux, qu'un plaisir solide, charnu et moëleus comme la santé, je l'alasse eschanger pour un plaisir imaginaire, spirituel et aërée. La gloire, voire celle des quatre fils Aymon, est trop cher achetée à un homme de mon humeur, si elle luy couste trois bons accez de cholique. La santé, de par Dieu!

Ceux qui ayment nostre medecine peuvent avoir aussi leurs considerations bonnes, grandes et fortes; je ne hay point les fantasies contraires aux miennes. Il s'en faut tant que je m'effarouche de voir de la discordance de mes jugemens à ceux d'autruy, et que je me rende incompatible à la société des hommes pour estre d'autre sens et party que le mien : qu'au rebours, comme c'est la plus generale façon que nature aye suivy que la varieté, (c) et plus aux esprits qu'aux cors, d'autant qu'ils sont de substance plus souple et susceptible de plus de formes, (a) je trouve bien plus rare de voir convenir nos humeurs et nos desseins. Et ne fut jamais au monde deux opinions pareilles, non plus que deux poils ou deux grains[1]. Leur plus universelle qualité, c'est la diversité.

FIN DU SECOND LIVRE

LIVRE TROISIÈME

CHAPITRE PREMIER

DE L'UTILE ET DE L'HONNESTE

(b) Personne n'est exempt de dire des fadaises. Le malheur est de les dire curieusement.

Næ iste magno conatu magnas nugas dixerit[1].

Cela ne me touche pas. Les miennes m'eschappent aussi nonchallamment qu'elles le valent. D'où bien leur prend. Je les quitterois soudain, à peu de coust qu'il y eust. Et ne les achette, ny les vens que ce qu'elles poisent. Je parle au papier comme je parle au premier que je rencontre. Qu'il soit vray, voicy dequoy.

A qui ne doit estre la perfidie detestable, puis que Tybere la refusa à si grand interest. On lui manda d'Allemaigne que, s'il le trouvoit bon, on le defferoit d'Ariminius par poison; (c'estoit le plus puissant ennemy que les Romains eussent, qui les avoit si vilainement traictez soubs Varus, et qui seul empeschoit l'accroissement de sa domination en ces contrées-là). Il fit responce : que le peuple Romain avoit accoustumé de se venger de ses ennemis par voye ouverte, les armes en main, non par fraude et en cachette[2]. Il quitta l'utile pour l'honneste. « C'estoit, me direz-vous, un affronteur. » Je le croy; ce n'est pas grand miracle à gens de sa profession. Mais la confession de la vertu ne porte pas moins en la bouche de celuy qui la hayt. D'autant que la verité la luy arrache par force, et que, s'il ne la veut recevoir en soy, au moins il s'en couvre pour s'en parer.

Nostre bastiment, et public et privé, est plein d'imperfection. Mais il n'y a rien d'inutile en nature; non pas l'inutilité mesmes; rien ne s'est ingeré en cet univers, qui n'y tienne place opportune. Nostre estre est simenté de qualitez maladives; l'ambition, la jalousie, l'envie, la

vengeance, la superstition, le desespoir, logent en nous
d'une si naturelle possession que l'image s'en reconnoist
aussi aux bestes; voire et la cruauté, vice si dénaturé;
car, au milieu de la compassion, nous sentons au dedans
je ne sçay quelle aigre-douce poincte de volupté maligne
à voir souffrir autruy; et les enfans le sentent;

> *Suave, mari magno, turbantibus æquora ventis,*
> *E terra magnum alterius spectare laborem*[1].

Desquelles qualitez qui osteroit les semences en l'homme,
destruiroit les fondamentalles conditions de nostre vie,
De mesme, en toute police, il y a des offices necessaires,
non seulement abjects, mais encore vitieux; les vices y
trouvent leur rang et s'employent à la cousture de nostre
liaison, comme les venins à la conservation de nostre
santé. S'ils deviennent excusables, d'autant qu'ils nous
font besoing et que la necessité commune efface leur
vraye qualité, il faut laisser jouer cette partie aux citoyens
plus vigoureux et moins craintifs qui sacrifient leur
honneur et leur conscience, comme ces autres antiens
sacrifierent leur vie pour le salut de leur pays; nous
autres, plus foibles, prenons des rolles et plus aisez
et moins hasardeux. Le bien public requiert qu'on
trahisse et qu'on mente *(c)* et qu'on massacre, *(b)* resi-
gnons cette commission à gens plus obeissans et plus
sousples.

Certes, j'ay eu souvent despit de voir des juges attirer
par fraude et fauces esperances de faveur ou pardon le
criminel à descouvrir son fait, et y employer la piperie et
l'impudence. Il serviroit bien à la justice, et à Platon
mesmes, qui favorise cet usage, de me fournir d'autres
moyens plus selon moy. C'est une justice malitieuse;
et ne l'estime pas moins blessée par soy-mesme que par
autruy. Je respondy, n'y a pas long temps, qu'à peine
trahirois-je le Prince pour un particulier, qui serois très
marry de trahir aucun particulier pour le Prince; et ne hay
pas seulement à piper, mais je hay aussi qu'on se pipe en
moy. Je n'y veux pas seulement fournir de matiere et
d'occasion.

En ce peu que j'ay eu à negotier entre nos Princes[2],
en ces divisions et subdivisions qui nous deschirent
aujourd'huy, j'ay curieusement evité qu'ils se mesprins-
sent en moy et s'enferrassent en mon masque. Les gens du

mestier se tiennent les plus couverts et se presentent et
contrefont les plus moyens et les plus voisins qu'ils
peuvent. Moy, je m'offre par mes opinions les plus vives
et par la forme plus mienne. Tendre negotiateur et novice,
qui ayme mieux faillir à l'affaire qu'à moy ! C'a esté pourtant jusques à cette heure avec tel heur (car certes la
fortune y a principalle part) que peu ont passé de main à
autre avec moins de soubçon, plus de faveur et de privauté. J'ay une façon ouverte, aisée à s'insinuer et à se
donner credit aux premieres accointances. La naïfveté et
la verité pure, en quelque siecle que ce soit, trouvent
encore leur opportunité et leur mise. Et puis, de ceux-là
est la liberté peu suspecte et peu odieuse, qui besoingnent
sans aucun leur interest et qui peuvent veritablement
employer la responce de Hipperides[1] aux Atheniens se
plaignans de l'aspreté de son parler : « Messieurs, ne
considerez pas si je suis libre, mais si je le suis sans rien
prendre et sans amender par là mes affaires. » Ma liberté
m'a aussi aiséement deschargé du soubçon de faintise par
sa vigueur, n'espargnant rien à dire pour poisant et
cuisant qu'il fut, je n'eusse peu dire pis, absent, et qu'elle
a une montre apparente de simplesse et de nonchalance.
Je ne pretens autre fruict en agissant, que d'agir, et n'y
attache longues suittes et propositions ; chasque action fait
particulierement son jeu : porte s'il peut !

Au demeurant, je ne suis pressé de passion ou hayneuse
ou amoureuse envers les grands ; ny n'ay ma volonté gar-
rotée d'offence ou obligation particuliere. (c) Je regarde
nos Roys d'une affection simplement legitime et civile, ny
emeuë, ny demeuë par interest privé. De quoy je me sçay
bon gré. (b) La cause generale et juste ne m'attache non
plus que modereement et sans fiévre. Je ne suis pas subjet
à ces hypotheques et engagemens penetrans et intimes ;
la colere et la hayne sont au delà du devoir de la justice, et
sont passions servans seulement à ceux qui ne tiennent pas
assez à leur devoir par la raison simple[2] ; toutes intentions
legitimes (c) et equitables (b) sont d'elles mesmes
(c) equables et (b) temperées, sinon elles s'alterent en
seditieuses et illegitimes. C'est ce qui me faict marcher
par tout la teste haute, le visage et le cœur ouvert.

A la verité, et ne crains point de l'advouer, je porterois
facilement au besoin une chandelle à S. Michel, l'autre
à son serpent, suivant le dessein de la vieille[3]. Je suivray

le bon party jusques au feu, mais exclusivement si je puis[1]. Que Montaigne[2] s'engouffre quant et la ruyne publique, si besoin est; mais, s'il n'est pas besoin, je sçauray bon gré à la fortune qu'il se sauve; et autant que mon devoir me donne de corde, je l'employe à sa conservation. Fut-ce pas Atticus, lequel se tenant au juste party, et au party qui perdit, se sauva par sa moderation en cet universel naufrage du monde, parmy tant de mutations et diversitez[3]?

Aux hommes, comme luy, privez, il est plus aisé; et en telle sorte de besongne, je trouve qu'on peut justement n'estre pas ambitieux à s'ingerer et convier soy-mesmes[4]. De se tenir chancelant et mestis, de tenir son affection immobile et sans inclination aus troubles de son pays et en une division publique, je ne le trouve ny beau ny honneste. *(c)* « *Ea non media, sed nulla via est, velut eventum expectantium quo fortunæ consilia sua applicent[5].* »

Cela peut estre permis envers les affaires des voisins; et Gelon, tyran de Syracuse, suspendit ainsi son inclination en la guerre des Barbares contre les Grecs tenant un'ambasse à Delphes, à tout des presents, pour estre en eschauguette à veoir de quel costé tomberoit la fortune, et prendre l'occasion à poinct pour le concilier au victorieux[6]. Ce seroit une espece de trahison de le faire aux propres et domestiques affaires, ausquels nécessairement *(b)* il faut prendre party *(c)* par application de dessein. *(b)* Mais de ne s'embesongner point, à l'homme qui n'a ny charge, ny commandement exprés qui le presse, je le trouve plus excusable (et si ne practique pour moy cette excuse) qu'aux guerres estrangeres, desquelles pourtant, selon nos loix, ne s'empesche qui ne veut[7]. Toutesfois ceux encore qui s'y engagent tout à faict, le peuvent avec tel ordre et attrempance que l'orage devra couler par dessus leur teste sans offence[8]. N'avions-nous pas raison de l'esperer ainsi du feu Evesque d'Orleans, sieur de Morvilliers[9]? Et j'en cognois, entre ceux qui y ouvrent valeureusement à cette heure, de meurs ou si equables ou si douces qu'ils seront pour demeurer debout, quelque injurieuse mutation et cheute que le ciel nous appreste. Je tiens que c'est aux Roys proprement de s'animer contre les Roys, et me moque de ces esprits qui de gayeté de cœur se presentent à querelles si disproportionnées; car on ne prend pas querelle particuliere avec un prince pour marcher contre luy ouvertement et courageusement pour son honneur et selon son devoir; s'il n'aime un tel personnage, il fait mieux, il l'estime. Et notamment la cause des loix et defence de l'ancien estat a tousjours cela que ceux mesmes, qui pour leur dessein particulier le troublent, en excusent les defenseurs, s'ils ne les honorent.

Mais il ne faut pas appeler devoir (comme nous faisons tous les jours) une aigreur et aspreté intestine qui naist de l'interest et passion privée; ny courage, une conduitte traistresse et malitieuse. Ils nomment zele leur propension vers la malignité et violence; ce n'est pas la cause qui les eschauffe, c'est leur interest; ils attisent la guerre non par ce qu'elle est juste, mais par ce que c'est guerre.

Rien n'empéche qu'on ne se puisse comporter commodément entre des hommes qui se sont ennemis, et loyalement; conduisez vous y d'une, sinon par tout esgale affection (car elle peut souffrir differentes mesures), mais au moins temperée, et qui ne vous engage tant à l'un qu'il puisse tout requerir de vous; et vous contentez aussi d'une moienne mesure de leur grace et de couler en eau trouble sans y vouloir pescher.

L'autre manière, de s'offrir de toute sa force à ceux là et à ceux cy, tient encore moins de la prudence que de la conscience. Celuy envers qui vous en trahissez un, duquel vous estes pareillement bien venu, sçait-il pas que de soy vous en faites autant à son tour? Il vous tient pour un meschant homme; ce pendant il vous oit, et tire de vous, et fait ses affaires de vostre desloyauté; car les hommes doubles sont utiles en ce qu'ils apportent; mais il se faut garder qu'ils n'emportent que le moins qu'on peut.

Je ne dis rien à l'un que je ne puisse dire à l'autre, à son heure, l'accent seulement un peu changé; et ne rapporte que les choses ou indifferentes ou cogneuës, ou qui servent en commun. Il n'y a point d'utilité pour laquelle je me permette de leur mentir. Ce qui a esté fié à mon silence, je le cele religieusement, mais je prens à celer le moins que je puis; c'est une importune garde, du secret des princes, à qui n'en a que faire. Je presente volontiers ce marché, qu'ils me fient peu, mais qu'ils se fient hardiment de ce que je leur apporte. J'en ay tousjours plus sçeu que je n'ay voulu.

(c) Un parler ouvert ouvre un autre parler et le tire hors, comme faict le vin[1] et l'amour.

(b) Philippides respondit sagement au Roy Lyzima-chus[1], qui lui disoit : « Que veux-tu que je te communique de mes biens? — Ce que tu voudras, pourveu que ce ne soit de tes secrets. » Je vois que chacun se mutine si on luy cache le fons des affaires ausquels on l'emploie et si on luy en a desrobé quelque arriere sens. Pour moy, je suis contant qu'on ne m'en die non plus qu'on veut que j'en mette en besoigne, et ne desire pas que ma science outre-passe et contraigne ma parole. Si je dois servir d'inſtru-ment de tromperie, que ce soit au moins sauve ma cons-cience. Je ne veus eſtre tenu serviteur ny si affectionné, ny si loyal, qu'on me treuve bon à trahir personne. Qui eſt infidelle à soy mesme, l'eſt excusablement à son maiſtre.

Mais ce sont Princes[2] qui n'acceptent pas les hommes à moytié et mesprisent les services limitez et conditionnez. Il n'y a remede; je leur dis franchement mes bornes; car esclave, je ne le doibts eſtre que de la raison, encore ne puis-je bien en venir à bout. *(c)* Et eux aussi ont tort d'exiger d'un homme libre telle subjection à leur service et telle obligation que de celuy qu'ils ont faict et acheté, ou duquel la fortune tient particulierement et expresse-ment à la leur. *(b)* Les loix m'ont oſté de grand peine; elles m'ont choisy party et donné un maiſtre; tout autre superiorité et obligation doibt eſtre relative à celle là et retranchée. Si n'eſt pas à dire, quand mon affection me porteroit autrement, qu'incontinent j'y portasse la main. La volonté et les desirs se font loy eux mesmes; les actions ont à la recevoir de l'ordonnance publique.

Tout ce mien proceder eſt un peu bien dissonant à nos formes; ce ne seroit pas pour produire grands effets, ny pour y durer; l'innocence mesme ne sçauroit ny negotier entre nous sans dissimulation, ny marchander sans manterie. Aussi ne sont aucunement de mon gibier les occupations publiques; ce que ma profession en requiert, je l'y fournis, en la forme que je puis la plus privée. Enfant, on m'y plongea jusques aux oreilles, et il succedoit; si m'en desprins-je de belle heure. J'ay souvant depuis evité de m'en mesler, rarement accepté, jamais requis; tenant le dos tourné à l'ambition; mais sinon comme les tireurs d'aviron qui s'avancent ainsin à reculons, tellement toutesfois que, de ne m'y eſtre poinct embarqué, j'en suis moings obligé à ma resolution qu'à ma bonne fortune; car il y a des voyes moings

ennemyes de mon goust et plus conformes à ma portée,
par lesquelles si elle m'eut appellé autrefois au service
public et à mon avancement vers le credit du monde,
je sçay que j'eusse passé par dessus la raison de mes
discours pour la suyvre.

Ceux qui disent communément contre ma profession
que ce que j'appelle franchise, simplesse et nayfveté en
mes mœurs, c'est art et finesse et plustost prudence que
bonté, industrie que nature, bon sens que bon heur, me
font plus d'honneur qu'ils ne m'en ostent. Mais certes
ils font ma finesse trop fine ; et qui m'aura suyvi et espié
de près, je luy donray gaigné, s'il ne confesse qu'il n'y a
point de regle en leur escolle, qui sçeut raporter ce naturel
mouvement et maintenir une apparence de liberté et de
licence si pareille et inflexible parmy des routes si tortues
et diverses, et que toute leur attention et engin ne les y
sçauroit conduire. La voye de la verité est une et simple,
celle du profit particulier et de la commodité des affaires
qu'on a en charge, double, inegalle et fortuite. J'ay veu
souvant en usage ces libertez contrefaites et artificielles,
mais le plus souvant sans succez. Elles sentent volontiers
à l'asne d'Esope[1], lequel, par emulation du chien, vint
à se jetter tout gayement à deux pieds sur les espaules de
son maistre ; mais autant que le chien recevoit de caresses
de pareille feste le pauvre asne en reçeut deux fois autant
de bastonnades. *(c)* « *Id maximè quemque decet quod est
cujusque suum maximè*[2]. » *(b)* Je ne veux pas priver la
tromperie de son rang, ce seroit mal entendre le monde ;
je sçay qu'elle a servy souvant profitablement, et qu'elle
maintient et nourrit la plus part des vacations des hommes. Il y a des vices legitimes, comme plusieurs actions,
ou bonnes ou excusables, illegitimes.

La justice en soy, naturelle et universelle, est autrement
reiglée, et plus noblement, que n'est cette autre justice
(c) speciale, nationale *(b)* contrainte au besoing de nos
polices : *(c)* « *Veri juris germanæque justitiæ solidam et
expressam effigiem nullam tenemus ; umbra et imaginibus
utimur* »[3]; *(b)* si que le sage Dandamys[4], oyant reciter
les vies de Socrates, Pythagoras, Diogenes, les jugea
grands personnages en toute autre chose, mais trop
asservis à la reverence des loix, pour lesquelles auctoriser
et seconder, la vraye vertu a beaucoup à se desmettre de
sa vigueur originelle ; et non seulement par leur permis-

sion plusieurs actions vitieuses ont lieu, mais encores à
leur suasion : *(c)* « *Ex senatusconsultis plebisquescitis scelera
exercentur*[1]. » *(b)* Je suy le langage commun, qui faict
difference entre les choses utiles et les honnestes; si que
d'aucunes actions naturelles, non seulement utiles, mais
necessaires, il les nomme deshonnestes et sales.

Mais continuons nostre exemple de la trahison. Deux
pretendans au Royaume de Thrace estoyent tombez en
debat de leurs droicts. L'Empereur les empescha de venir
aux armes; mais l'un d'eux, sous couleur de conduire un
accord amiable par leur entreveüe, ayant assigné son
compagnon pour le festoyer en sa maison, le fit emprisonner et tuer. La justice requeroit que les Romains
eussent raison de ce forfaict; la difficulté en empéchoit les
voyes ordinaires; ce qu'ils ne peurent legitimement sans
guerre et sans hazard, ils entreprindrent de le faire par
trahison. Ce qu'ils ne peurent honnestement, ils le firent
utilement. A quoy se trouva propre un Pomponius
Flaccus; cettuy-cy, soubs feintes parolles et asseurances,
ayant attiré cet homme dans ses rets, au lieu de l'honneur
et faveur qu'il luy promettoit, l'envoya pieds et poings
liez à Romme. Un traistre y trahit l'autre, contre l'usage
commun; car ils sont pleins de deffiance, et est mal-aysé
de les surprendre par leur art; tesmoing la poisante
experience que nous venons d'en sentir[2].

Sera Pomponius Flaccus qui voudra, et en est assez qui
le voudront; quant à moy, et ma parolle et ma foy sont,
comme le demeurant, pieces de ce commun corps; leur
meilleur effect, c'est le service public; je tiens cela pour
presupposé. Mais comme, si on me commandoit que je
prinse la charge du Palais et des plaids, je responderoy :
« Je n'y entens rien »; ou la charge de conducteur de
pioniers, je diroy : « Je suis appellé à un rolle plus digne »;
de mesmes qui me voudroit employer à mentir, à trahir et
à me parjurer pour quelque service notable, non que
d'assassiner ou empoisonner, je diroy : « Si j'ay volé ou
desrobé quelqu'un, envoyez moy plustost en gallere. »

Car il est loisible à un homme d'honneur de parler ainsi
que firent les Lacedemoniens, ayans esté deffaicts par
Antipater[3], sur le poinct de leurs accords : « Vous nous
pouvez commander des charges poisantes et dommageables autant qu'il vous plaira; mais de honteuses et
deshonnestes, vous perdrez vostre temps de nous en

commander. » Chacun doit avoir juré à soy-mesme ce
que les Roys d'Ægypte faisoyent solemnellement jurer à
leurs juges : qu'ils ne se desvoyeroyent de leur conscience
pour quelque commandement qu'eux mesmes leur en
fissent[1]. A telles commissions, il y a notte evidente d'ignominie et de condemnation; et qui vous la donne, vous
accuse, et vous la donne, si vous l'entendez bien, en
charge et en peine; autant que les affaires publiques
s'amendent de voſtre exploit, autant s'en empirent les
voſtres; vous y faiſtes d'autant pis que mieux vous y
faites. Et ne sera pas nouveau, ny à l'avanture sans quelque air de Juſtice, que celuy mesmes vous en chaſtie, qui
vous aura mis en besoigne. *(c)* La perfidie peut eſtre en
quelque cas excusable; lors seulement elle l'eſt, qu'elle
s'employe à punir et trahir la perfidie.

(b) Il se trouve assez de trahisons non seulement
refusées, mais punies par ceux en faveur desquels elles
avoyent eſté entreprises. Qui ne sçait la sentence de
Fabritius à l'encontre du Medecin de Pyrrhus[2]? Mais cecy
encore se trouve, que tel l'a commandée qui l'a vengée
rigoureusement sur celuy qu'il y avoit employé, refusant
un credit et pouvoir si effrené, et desadvouant *(c)* un
servage et *(b)* une obeïssance si abandonnée et si lâche.

Jaropelc, Duc de Russie, praƈtiqua un gentil-homme de
Hongrie pour trahir le Roy de Poulongne Boleslaus en le
faisant mourir, ou donnant aux Russiens moyen de luy
faire quelque notable dommage. Cettuy cy s'y porta en
galand homme, s'adonna plus que devant au service de ce
Roy, obtint d'eſtre de son conseil et de ses plus feaux.
Avec ces advantages et choisissant à point l'opportunité
de l'absence de son maiſtre, il trahit aux Russiens Vislicie,
grande et riche cité, qui fut entierement saccagée et arse
par eux, avec occision totale non seulement des habitans
d'icelle de tout sexe et aage, mais de grand nombre de
noblesse de là autour qu'il y avoit assemblé à ces fins.
Jaropelc, assouvy de sa vengeance et de son courroux, qui
pourtant n'eſtoit pas sans titre (car Boleslaus l'avoit
fort offencé et en pareille conduitte), et saoul du fruiƈt
de cette trahison, venant à en considerer la laideur nue et
seule, et la regarder d'une veuë saine et non plus troublée
par sa passion, la print à un tel remors et contrecueur,
qu'il en fit crever les yeux et couper la langue et les
parties honteuses à son executeur[3].

Antigonus persuada les soldats Argyraspides de luy
trahir Eumenes, leur capitaine general, son adversaire;
mais l'euſt-il faiſt tuer, après qu'ils le luy eurent livré, il
desira eſtre luymesme commissaire de la Juſtice divine
pour le chaſtiement d'un forfaiſt si deteſtable et les consi-
gna entre les mains du gouverneur de la Province, luy
donnant très exprès commandement de les perdre et
mettre à malefin, en quelque maniere que ce fut. Tellement que, de ce grand nombre qu'ils eſtoyent, aucun ne
vit onques puis l'air de Macedoine. Mieux il en avoit eſté
servy, d'autant le jugea il avoir eſté plus meschamment et
punissablement[1].

(c) L'esclave qui trahit la cachette de P. Sulpicius, son
maiſtre, fut mis en liberté, suivant la promesse de la
proscription de Sylla; mais suivant la promesse de la
raison publique, tout libre, il fut précipité du roc Tar-
peien[2]. Ils les font pendre avec la bourse de leur payement
au col. Ayant satisfaiſt à leur seconde foy et speciale, ils
satisfont à la generale et premiere. Mahumet second, se
voulant deffaire de son frere, pour la jalousie de la domination, suivant le ſtile de leur race, y employa l'un de ses
officiers, qui le suffoqua, l'engorgeant de quantité d'eau
prinse trop à coup. Cela faiſt, il livra pour l'expiation de
ce meurtre le meurtrier entre les mains de la mere du
trepassé (car ils n'eſtoient freres que de pere); elle, en sa
presence, ouvrit à ce meurtrier l'eſtomach, et, tout chaudement, de ses mains fouillant et arrachant son cœur, le
jetta à manger aux chiens[3]. Et noſtre Roy Clovis fit
pendre les trois serviteurs de Cannacre après qu'ils luy
eurent trahi leur maiſtre; à quoi il les avoit pratiquez[4].

(b) Et à ceux mesme qui ne valent rien, il eſt si doux,
ayant tiré l'usage d'une aſtion vicieuse, y pouvoir hormais
coudre en toute seurté quelque traiſt de bonté et de
juſtice, comme par compensation et correſtion conscientieuse.

(c) Joint qu'ils regardent les miniſtres de tels horribles
malefices comme gents qui les leur reprochent. Et
cherchent par leur mort d'eſtouffer la connoissance et
tesmoignage de telles menées.

(b) Or, si par fortune on vous en recompence pour ne
fruſtrer la necessité publique de cet extreme et desesperé
remede, celuy qui le faiſt ne laisse pas de vous tenir, s'il
ne l'eſt luy-mesme, pour un homme maudit et execrable;

et vous tient plus traistre que ne faict celuy contre qui vous l'estes; car il touche la malignité de vostre courage par voz mains, sans desadveu, sans object. Mais il vous y employe, tout ainsi qu'on faict les hommes perdus, aux executions de la haute justice, charge autant utile comme elle est peu honeste. Outre la vilité de telles commissions, il y a de la prostitution de conscience. La fille à Seyanus[1], ne pouvant estre punie à mort en certaine forme de jugement à Romme, d'autant qu'elle estoit Vierge, fut, pour donner passage aux lois, forcée par le bourreau avant qu'il l'estranglat; non sa main seulement, mais son ame est esclave à la commodité publique.

(a) Quant le premier Amurath, pour aigrir la punition contre ses subjects, qui avoient donné support à la parricide rebellion de son fils contre luy, ordonna que leurs plus proches parents presteroient la main à cette execution, je trouve très-honeste à aucuns d'avoir choisi plustost estre iniquement tenus coulpables du parricide d'un autre, que de servir la justice de leur propre parricide[2]. Et où, en quelques bicoques forcées de mon temps, j'ay veu des coquins, pour garantir leur vie, accepter de pendre leurs amis et consorts, je les ay tenus de pire condition que les pendus. On dict que Vuitolde, prince des Lituaniens, fit autresfois cette loy que les criminels condamnez eussent à executer eux mesmes de leurs mains la sentence capitale contre eux donnée, trouvant estrange qu'un tiers, innocent de la faute, fust employé et chargé d'un homicide[3].

(b) Le Prince, quand une urgente circonstance et quelque impetueux et inopiné accident du besoing de son estat luy faict gauchir sa parolle et sa fo[3], ou autrement le jette hors de son devoir ordinaire, doibt attribuer cette necessité à un coup de la verge divine; vice n'est-ce pas, car il a quitté sa raison à une plus universelle et puissante raison, mais certes c'est mal'heur. De maniere qu'à quelqu'un qui me demandoit : « Quel remede? — Nul remede, fis je : s'il fut veritablement geiné entre ces deux extremes *(c)* (« *sed videat ne quæratur latebra perjurio*[4] ») *(b)* il le falloit faire; mais s'il le fit sans regret, s'il ne luy greva de le faire, c'est signe que sa conscience est en mauvais termes.»

(c) Quand il s'en trouveroit quelqu'un de si tendre conscience, à qui nulle guarison ne semblast digne d'un si poisant remede, je ne l'en estimeroy pas moins. Il en

se sçauroit perdre plus excusablement et decemment.
Nous ne pouvons pas tout. Ainsi comme ainsi, nous faut
il souvent, comme à la derniere ancre, remettre la protection de nostre vaisseau à la pure conduitte du ciel. A
quelle plus juste necessité se reserve il? Que luy est-il
moins possible à faire que ce qu'il ne peut faire qu'aux
despens de sa foy et de son honneur, choses qui à l'aventure luy doivent estre plus cheres que son propre salut,
ouy, et que le salut de son peuple? Quand, les bras
croisez, il appellera Dieu simplement à son aide,
n'aura-il pas à espérer que la divine bonté n'est pour
refuser la faveur de sa main extraordinaire à une main
pure et juste?

(b) Ce sont dangereux exemples, rares et maladifves
exceptions à nos reigles naturelles. Il y faut ceder, mais
avec grande moderation et circonspection; aucune utilité
privée n'est digne pour laquelle nous facions cet effort à
nostre conscience; la publique, bien lors qu'elle est et
très-apparente et très-importante[1].

(c) Timoleon se garantit à propos de l'estrangeté de son
exploit par les larmes qu'il rendit, se souvenant que
c'estoit d'une main fraternelle qu'il avoit tué le tyran[2]; et
cela pinça justement sa conscience, qu'il eust été necessité
d'acheter l'utilité publique à tel pris de l'honnesteté de
ses meurs. Le senat mesme, delivré de servitude par son
moyen, n'osa rondement decider d'un si haut faict et
deschiré en deus si poisans et contraires visages. Mais les
Syracusains ayant tout à point, à l'heure mesmes, envoyé
requerir les Corinthiens de leur protection et d'un chef
digne de restablir leur ville en sa premiere dignité et
nettoyer la Sicille de plusieurs tyranneaus qui l'oppres-
soient, il y deputa Timoleon avec cette nouvelle deffaitte
et declaration que, selon ce qu'il se porteroit bien ou mal
en sa charge, leur arrest prendroit party à la faveur du
liberateur de son païs ou à la desfaveur du meurtrier de
son frere. Cette fantastique conclusion a pourtant quelque
excuse sur le danger de l'exemple et importance d'un faict
si divers. Et feirent bien d'en descharger leur jugement ou
de l'appuier ailleurs et en des considerations tierces. Or
les deportemens de Timoleon en ce voyage rendirent
bien tost sa cause plus claire, tant il s'y porta dignement et
vertueusement en toutes façons; et le bon heur qui
l'accompagna aux aspretez qu'il eut à vaincre en cette

noble besongne, sembla luy estre envoyé par les Dieus conspirants et favorables à sa justification.

La fin de cettuy cy est excusable, si aucune le pouvoit estre. Mais l'utilité de l'augmentation du revenu publique, qui servit de pretexte au senat romain à cette orde conclusion que je m'en vay reciter, n'est pas assez forte pour mettre à garant une telle injustice. Certaines citez s'estoient rachetées à pris d'argent et remises en liberté, avec l'ordonnance et permission du Senat, des mains de L. Sylla. La chose estant tombée en nouveau jugement, le Senat les condamne à estre taillables comme auparavant et de l'argent qu'elles avoyent employé pour se racheter, duiseeroit perdu pour elles[1]. Les guerres civiles produisent souvent ces vilains exemples, que nous punissons les privez de ce qu'ils nous ont creu quand nous estions autres; et un mesme magistrat faict porter la peine de son changement à qui n'en peut mais; le maistre foitte son disciple de sa docilité; et la guide, son aveugle. Horrible image de justice! Il y a des regles en la philosophie et fausses et molles. L'exemple qu'on nous propose, pour faire prevaloir l'utilité privée à la foi donnée, ne reçoit pas assez de poids par la circonstance qu'ils y meslent. Des voleurs vous ont prins; ils vous ont remis en liberté, ayant tiré de vous serment du paiement de certaine somme; on a tort de dire qu'un homme de bien sera quitte de sa foy sans payer, estant hors de leurs mains. Il n'en est rien. Ce que la crainte m'a faict une fois vouloir, je suis tenu de le vouloir encore sans crainte; et quand elle n'aura forcé que ma langue sans la volonté, encore suis je tenu de faire la maille bonne de ma parolle. Pour moy, quand par fois elle a inconsiderément devancé ma pensée, j'ay faict conscience de la desadvouer pourtant. Autrement, de degré en degré, nous viendrons à renverser tout le droit qu'un tiers prend de nos promesses et sermens. « *Quasi vero forti viro vis possit adhiberi*[2]. » En cecy seulement a loy l'interest privé, de nous excuser de faillir à nostre promesse, si nous avons promis chose meschante et inique de soy; car le droit de la vertu doibt prevaloir le droit de nostre obligation.

(*b*) J'ay autre fois logé Epaminondas[3] au premier rang des hommes excellens, et ne m'en desdy pas. Jusques où montoit il la consideration de son particulier devoir! qui ne tua jamais homme qu'il eust vaincu; qui, pour ce bien

inestimable de rendre la liberté à son pays, faisoit conscience de tuer un Tyran ou ses complices sans les formes
de la justice; et qui jugeoit meschant homme, quelque bon
Citoyen qu'il fut, celuy qui, entre les ennemys et en la
bataille, n'espargnoit son amy et son hoste. Voylà une
ame de riche composition. Il marioit aux plus rudes et
violentes actions humaines la bonté et l'humanité, voire
la plus delicate qui se treuve en l'escole de la Philosophie.
Ce courage si gros, enflé et obstiné contre la douleur, la
mort, la pauvreté, estoit ce nature ou art qui l'eust
attendry jusques au poinct d'une si extreme douceur,
debonnaireté de complexion? Horrible de fer et de sang,
il va fracassant et rompant une nation[1] invincible d'une
tout autre que contre luy seul, et gauchit, au milieu d'une
telle meslée, au rencontre de son hoste et son amy.
Vrayement celuy là proprement commandoit bien à la
guerre, qui luy faisoit souffrir le mors de la benignité sur
le poinct de sa plus forte chaleur, ainsi enflammée qu'elle
estoit et escumeuse de fureur et de meurtre. C'est miracle
de pouvoir mesler à telles actions quelque image de
justice; mais il n'appartient qu'à la roideur d'Epaminondas d'y pouvoir mesler la douceur et la facilité des meurs
les plus molles et la pure innocence. Et où l'un dict aux
Mammertins que les statuts n'avoyent point de mise
envers les hommes armez; l'autre[2], au Tribun du peuple,
que le temps de la justice et de la guerre estoyent deux; le
tiers[3], que le bruit des armes l'empeschoit d'entendre la
voix des loix, cettuy-cy n'estoit pas seulement empesché
d'entendre celles de la civilité et pure courtoisie. Avoit il
pas emprunté de ses ennemis[4] l'usage de sacrifier aux
Muses, allant à la guerre, pour destremper par leur douceur et gayeté cette furie et aspreté martiale?

Ne craignons point, après un si grand precepteur,
d'estimer *(c)* qu'il y a quelque chose illicite contre les
ennemis mesmes, *(b)* que l'interest commun ne doibt pas
tout requerir de tous contre l'interest privé, *(c)* « *manente
memoria etiam in dissidio publicorum fœderum privati juris*[5] » :

(b) et nulla potentia vires
Præstandi, ne quid peccet amicus, habet[6];

et que toutes choses ne sont pas loisibles à un homme de
bien pour le service *(c)* de son Roy ny *(b)* de la cause
generale et des loix. *(c)* « *Non enim patria præstat omnibus*

officiis, et ipsi conducit pios habere cives in parentes[1]. » *(b)* C'est une instruction propre au temps; nous n'avons que faire de durcir nos courages par ces lames de fer; c'est assez que nos espaules le soyent; c'est assez de tramper nos plumes en ancre, sans les tramper en sang. Si c'est grandeur de courage et l'effect d'une vertu rare et singuliere de mespriser l'amitié, les obligations privées, sa parolle et la parenté pour le bien commun et obeïssance du magistrat, c'est assez vrayement, pour nous en excuser, que c'est une grandeur qui ne peut loger en la grandeur du courage d'Epaminondas.

J'abomine les enhortemens enragez de cette autre ame des-reiglée,

> *dum tela micant, non vos pietatis imago*
> *Ulla, nec adversa conspecti fronte parentes*
> *Commoveant; vultus gladio turbate verendos*[2].

Ostons aux meschants naturels, et sanguinaires, et traistres, ce pretexte de raison; laissons là cette justice enorme et hors de soy, et nous tenons aus plus humaines imitations. Combien peut le temps et l'exemple! En une rencontre de la guerre Civile contre Cynna, un soldat de Pompeius, ayant tué sans y penser son frere qui estoit au party contraire, se tua sur le champ soy-mesme de honte et de regret, et, quelques années après, en une autre guerre civile de ce mesme peuple, un soldat, pour avoir tué son frere, demanda recompense à ses capitaines[3].

On argumente mal l'honnesteté et la beauté d'une action par son utilité, et conclud on mal d'estimer que chacun y soit obligé *(c)* et qu'elle soit honneste à chacun, *(b)* si elle est utile :

(c) Omnia non pariter rerum sunt omnibus apta[4].

(b) Choisissons la plus necessaire et plus utile de l'humaine societé, ce sera le mariage; si est-ce que le conseil des saincts trouve le contraire party plus honneste et en exclut la plus venerable vacation des hommes, comme nous assignons au haras les bestes qui sont de moindre estime.

CHAPITRE II

DU REPENTIR

(b) LES autres forment l'homme; je le recite et en represente un particulier bien mal formé, et lequel, si j'avoy à façonner de nouveau, je ferois vrayement bien autre qu'il n'est. Mes-huy c'est fait. Or les traits de ma peinture ne forvoyent point, quoy qu'ils se changent et diversifient. Le monde n'est qu'une branloire perenne. Toutes choses y branlent sans cesse : la terre, les rochers du Caucase, les pyramides d'Ægypte, et du branle public et du leur[1]. La constance mesme n'est autre chose qu'un branle plus languissant. Je ne puis asseurer mon object. Il va trouble et chancelant, d'une yvresse naturelle. Je le prens en ce point, comme il est, en l'instant que je m'amuse à luy. Je ne peints pas l'estre. Je peints le passage : non un passage d'aage en autre, ou, comme dict le peuple, de sept en sept ans, mais de jour en jour, de minute en minute. Il faut accommoder mon histoire à l'heure. Je pourray tantost changer, non de fortune seulement, mais aussi d'intention. C'est un contrerolle de divers et muables accidens et d'imaginations irresoluës et, quand il y eschet, contraires; soit que je sois autre moymesme, soit que je saisisse les subjects par autres circonstances et considerations. Tant y a que je me contredits bien à l'adventure, mais la vérité, comme disoit Demades[2], je ne la contredy point. Si mon ame pouvoit prendre pied, je ne m'essaierois pas, je me resoudrois; elle est tousjours en apprentissage et en espreuve.

Je propose une vie basse et sans lustre, c'est tout un. On attache aussi bien toute la philosophie morale à une vie populaire et privée que à une vie de plus riche estoffe; chaque homme porte la forme entiere de l'humaine condition.

(c) Les autheurs se communiquent au peuple par quelque marque particuliere et estrangere; moy, le premier, par mon estre universel, comme Michel de Montaigne, non comme grammairien, ou poëte, ou jurisconsulte. Si le monde se plaint de quoy je parle trop de

moy, je me plains de quoy il ne pense seulement pas à soy.

(b) Mais est-ce raison que, si particulier en usage, je pretende me rendre public en cognoissance? Est-il aussi raison que je produise au monde, où la façon et l'art ont tant de credit et de commandement, des effects de nature crus et simples, et d'une nature encore bien foiblette? Est-ce pas faire une muraille sans pierre, ou chose semblable, que de bastir des livres sans science et sans art? Les fantasies de la musique sont conduictes par art, les miennes par sort. Au moins j'ay cecy selon la discipline, que jamais homme ne traicta subject qu'il entendit ne cogneust mieux que je fay celuy que j'ay entrepris, et qu'en celuy-là je suis le plus sçavant homme qui vive; secondement, que jamais aucun *(c)* ne penetra en sa matiere plus avant, ny en esplucha plus particulierement les membres et suites; et *(b)* n'arriva plus exactement et plainement à la fin qu'il s'estoit proposé à sa besoingne. Pour la parfaire, je n'ay besoing d'y apporter que la fidelité; celle-là y est, la plus sincere et pure qui se trouve. Je dy vray, non pas tout mon saoul, mais autant que je l'ose dire; et l'ose un peu plus en vieillissant[1], car il semble que la coustume concede à cet aage plus de liberté de bavasser et d'indiscretion à parler de soy. Il ne peut advenir icy ce que je voy advenir souvent, que l'artizan et sa besoigne se contrarient : un homme de si honneste conversation a-il faict un si sot escrit? ou, des escrits si sçavans sont-ils partis d'un homme de si foible conversation, *(c)* qui a un entretien commun et ses escrits rares, c'est à dire que sa capacité est en lieu d'où il l'emprunte, et non en luy? Un personnage sçavant n'est pas sçavant par tout; mais le suffisant est par tout suffisant, et à ignorer mesme.

(b) Icy, nous allons conformément et tout d'un trein, mon livre et moy. Ailleurs, on peut recommander et accuser l'ouvrage à part de l'ouvrier; icy, non : qui touche l'un, touche l'autre. Celuy qui en jugera sans le connoistre, se fera plus de tort qu'à moy; celuy qui l'aura conneu, m'a du tout satisfaict. Heureux outre mon merite, si j'ay seulement cette part à l'approbation publique, que je face sentir aux gens d'entendement que j'estoy capable de faire mon profit de la science, si j'en eusse eu, et que je meritoy que la memoire me secourut mieux.

Excusons icy ce que je dy souvent, que je me repens rarement *(c)* et que ma conscience se contente de soy, non comme de la conscience d'un ange ou d'un cheval, mais comme de la conscience d'un homme[1], *(b)* adjoustant tousjours ce refrein[2], non un refrein de ceremonie, mais de naifve et essentielle submission : que je parle enquerant et ignorant, me rapportant de la resolution, purement et simplement, aux creances communes et legitimes. Je n'enseigne poinct, je raconte.

Il n'est vice veritablement vice qui n'offence, et qu'un jugement entier n'accuse; car il a de la laideur et incommodité si apparente, qu'à l'adventure ceux-là ont raison qui disent qu'il est principalement produict pas bestise et ignorance[3]. Tant est-il malaisé d'imaginer qu'on le cognoisse sans le haïr. *(c)* La malice hume la plus part de son propre venin et s'en empoisonne[4]. *(b)* Le vice laisse, comme un ulcere en la chair, une repentance en l'ame, qui, tousjours s'esgratigne et s'ensanglante elle mesme[5]. Car la raison efface les autres tristesses et douleurs; mais elle engendre celle de la repentance, qui est plus griefve, d'autant qu'elle naist au dedans; comme le froid et le chaut des fiévres est plus poignant que celuy qui vient du dehors. Je tiens pour vices (mais chacun selon sa mesure) non seulement ceux que la raison et la nature condamnent, mais ceux aussi que l'opinion des hommes a forgé, voire fauce et erronée, si les loix et l'usage l'auctorise.

Il n'est, pareillement, bonté qui ne resjouysse une nature bien née. Il y a certes je ne sçay quelle congratulation de bien faire qui nous resjouit en nous mesmes et une fierté genereuse qui accompaigne la bonne conscience. Une ame courageusement vitieuse se peut à l'adventure garnir de securité, mais de cette complaisance et satisfaction elle ne s'en peut fournir. Ce n'est pas un leger plaisir de se sentir preservé de la contagion d'un siecle si gasté, et de dire en soy : « Qui me verroit jusques dans l'ame, encore ne me trouveroit-il coulpable, ny de l'affliction et ruyne de personne, ny de vengence ou d'envie, ny d'offence publique des loix, ny de nouvelleté et de trouble, ny de faute à ma parole, et quoy que la licence du temps permit et apprinst à chacun, si n'ay-je mis la main ny és biens, ny en la bourse d'homme François, et n'ay vescu que sur la mienne, non plus en guerre qu'en paix, ny ne me suis servy du travail de personne,

sans loyer. » Ces tesmoignages de la conscience plaisent ;
et nous est grand benefice que cette esjouyssance naturelle,
et le seul payement qui jamais ne nous manque.

De fonder la recompense des actions vertueuses sur
l'approbation d'autruy, c'est prendre un trop incertain
et trouble fondement. *(c)* Signamment en un siecle corrompu et ignorant comme cettuy-cy, la bonne estime du
peuple est injurieuse ; à qui vous fiez vous de veoir ce qui
est louable ? Dieu me garde d'estre homme de bien selon
la description que je voy faire tous les jours par honneur à
chacun de soy. « *Quæ fuerant vitia, mores sunt*[1]. » Tels de
mes amis ont par fois entreprins de me chapitrer et mercu-
rializer à cœur ouvert, ou de leur propre mouvement, ou
semons par moy, comme d'un office qui, à une ame bien
faicte, non en utilité seulement, mais en douceur aussi
surpasse tous les offices de l'amitié. Je l'ay tousjours
accueuilli des bras de la courtoisie et reconnoissance les
plus ouverts. Mais à en parler asteure en conscience, j'ay
souvent trouvé en leurs reproches et louanges tant de
fauce mesure que je n'eusse guere failly de faillir plus tost
que de bien faire à leur mode. *(b)* Nous autres principalement, qui vivons une vie privée qui n'est en montre
qu'à nous, devons avoir estably un patron au dedans,
auquel toucher nos actions, et, selon iceluy, nous caresser
tantost, tantost nous chastier. J'ay mes loix et ma court
pour juger de moy, et m'y adresse plus qu'ailleurs. Je
restrains bien selon autruy mes actions, mais je ne les
estends que selon moy. Il n'y a que vous qui sçache si vous
estes lâche et cruel, ou loyal et devotieux ; les autres ne
vous voyent poinct ; ils vous devinent par conjectures
incertaines ; ils voyent non tant vostre nature que vostre
art. Par ainsi ne vous tenez pas à leur sentence ; tenez
vous à la vostre. *(c)* « *Tuo tibi judicio est utendum*[2]. — *Virtutis
et vitiorum grave ipsius conscientiæ pondus est : qua sublata,
jacent omnia*[3]. »

(b) Mais ce qu'on dit, que la repentance suit de près le
peché, ne semble pas regarder le peché qui est en son haut
appareil, qui loge en nous comme en son propre domicile.
On peut desavouër et desdire les vices qui nous surprennent et vers lesquels les passions nous emportent ;
mais ceux qui par longue habitude sont enracinés et
ancrés, en une volonté forte et vigoureuse, ne sont
subjects à contradiction. Le repentir n'est qu'une desditte

de nostre volonté et opposition de nos fantasies, qui nous pourmene à tout sens. Il faict desadvouër à celuy-là sa vertu passée et sa continence :

> *Quæ mens est hodie, cur eadem non puero fuit ?*
> *Vel cur his animis incolumes non redeunt genæ[1] ?*

C'est une vie exquise, celle qui se maintient en ordre jusques en son privé. Chacun peut avoir part au battelage et representer un honneste personnage en l'eschaffaut, mais au dedans et en sa poictrine, où tout nous est loisible, où tout est caché, d'y estre reglé, c'est le poinct. Le voisin degré, c'est de l'estre en sa maison, en ses actions ordinaires, desquelles nous n'avons à rendre raison à personne; où il n'y a point d'estude, point d'artifice. Et pourtant Bias, peignant un excellent estat de famille : « de laquelle, dit-il, le maistre soit tel au dedans, par luy-mesme, comme il est au dehors par la crainte de la loy et du dire des hommes[2] ». Et fut une digne parole de Julius Drusus aux ouvriers qui luy offroient pour trois mille escus mettre sa maison en tel poinct que ses voisins n'y auroient plus la veuë qu'ils y avoient : « Je vous en donneray, dit-il, six mille, et faictes que chacun y voye de toutes parts[3]. » On remarque avec honneur l'usage d'Agesilaus, de prendre en voyageant son logis dans les Eglises, affin que le peuple et les dieux mesmes vissent dans ses actions privées[4]. Tel a esté miraculeux au monde, auquel sa femme et son valet n'ont rien veu seulement de remercable[5]. Peu d'hommes ont esté admirez par leurs domestiques.

(c) Nul a esté prophete non seulement en sa maison[6], mais en son païs, dict l'experience des histoires. De mesmes aux choses de neant. Et en ce bas exemple se void l'image des grands. En mon climat de Gascongne, on tient pour drolerie de me voir imprimé[7]. D'autant que la connoissance qu'on prend de moy s'esloigne de mon giiste, j'en vaux d'autant mieux. J'achette les imprimeurs en Guiene, ailleurs ils m'achettent. Sur cet accident se fondent ceux qui se cachent, vivants et presents, pour se mettre en credit, trespassez et absents. J'ayme mieux en avoir moins. Et ne me jette au monde que pour la part que j'en tire. Au partir de là, je l'en quitte.

(b) Le peuple reconvoye celuy-là, d'un acte public, avec estonnement, jusqu'à sa porte; il laisse avec sa robbe

ce rolle, il en retombe d'autant plus bas qu'il s'estoit plus
haut monté; au dedans, chez luy, tout est tumultuaire
et vile. Quand le reglement s'y trouveroit, il faut un
jugement vif et bien trié pour l'appercevoir en ces actions
basses et privées. Joint que l'ordre est une vertu morne et
sombre. Gaigner une bresche, conduire une ambassade,
regir un peuple, ce sont actions esclatantes. Tancer, rire,
vendre, payer, aymer, hayr et converser avec les siens
et avec soymesme doucement et justement, ne relâcher
point, ne se desmentir poinct, c'est chose plus rare, plus
difficile et moins remerquable. Les vies retirées soustiennent par là, quoy qu'on die, des devoirs autant ou plus
aspres et tendus que ne font les autres vies. *(c)* Et les
privez, dict Aristote[1], servent la vertu plus difficilement et
hautement que ne font ceux qui sont en magistrats.
(b) Nous nous preparons aux occasions eminentes plus
par gloire que par conscience. *(c)* La plus courte façon
d'arriver à la gloire, ce seroit faire par conscience ce que
nous faisons pour la gloire. *(b)* Et la vertu d'Alexandre
me semble representer assez moins de vigueur en son
theatre, que ne fait celle de Socrates en cette exercitation
basse et obscure. Je conçois aisément Socrates en la
place d'Alexandre; Alexandre en celle de Socrates, je ne
puis. Qui demandera à celuy-là ce qu'il sçait faire, il
respondra : « Subjuguer le monde »; qui le demandera
à cettuy-cy, il dira : « Mener l'humaine vie conformément
à sa naturelle condition »; science bien plus generale, plus
poisante et plus legitime. Le pris de l'ame ne consiste pas
à aller haut, mais ordonnéement.

(c) Sa grandeur ne s'exerce pas en la grandeur, c'est en
la mediocrité. Ainsi que ceux qui nous jugent et touchent
au dedans, ne font pas grand recette de la lueur de noz
actions publiques et voyent que ce ne sont que filets et
pointes d'eau fine rejaillies d'un fond au demeurant
limonneux et poisant, en pareil cas, ceux qui nous jugent
par cette brave apparance, concluent de mesmes de nostre
constitution interne, et ne peuvent accoupler des facultez
populaires et pareilles aux leurs à ces autres facultez qui
les estonnent, si loin de leur visée. Ainsi donnons nous
aux demons des formes sauvages. Et qui non, à Tamburlan des sourcils eslevez, des nazeaux ouverts, un visage
affreux et une taille desmesurée, comme est la taille de
l'imagination qu'il en a conceuë par le bruit de son nom?

Qui m'eut faict veoir Erasme autrefois, il eust esté malaisé que je n'eusse prins pour adages et apophthegmes tout ce qu'il eust dict à son valet et à son hostesse. Nous imaginons bien plus sortablement un artisan sur sa garderobe ou sur sa femme qu'un grand President, venerable par son maintien et suffisance. Il nous semble que de ces hauts thrones ils ne s'abaissent pas jusques à vivre.

(b) Comme les ames vicieuses sont incitées souvent à bien faire par quelque impulsion estrangère, aussi sont les vertueuses à faire mal. Il les faut doncq juger par leur estat rassis, quand elles sont chez elles, si quelque fois elles y sont; ou au moins quand elles sont plus voisines du repos et de leur naïfve assiette. Les inclinations naturelles s'aident et fortifient par institution; mais elles ne se changent guiere et surmontent. Mille natures, de mon temps, ont eschappé vers la vertu ou vers le vice au travers d'une discipline contraire :

> *Sic ubi desuetæ silvis in carcere clausæ*
> *Mansuevere feræ, et vultus posuere minaces,*
> *Atque hominem didicere pati, si torrida parvus*
> *Venit in ora cruor, redeunt rabiésque furorque,*
> *Admonitæque tument gustato sanguine fauces;*
> *Fervet, et à trepido vix abstinet ira magistro*[1].

On n'extirpe pas ces qualitez originelles, on les couvre, on les cache. Le langage latin m'est comme naturel, je l'entens mieux que le François[2]; mais il y a quarante ans que je ne m'en suis du tout poinct servy à parler, ny à escrire; si est-ce que à des extremes et soudaines esmotions où je suis tombé deux ou trois fois en ma vie, e, l'une, voyant mon pere tout sain se renverser sur moy pasmé, j'ay tousjours eslancé du fond des entrailles les premieres paroles Latines; *(c)* nature se sourdant et s'exprimant à force, à l'encontre d'un long usage. *(b)* Et cet exemple se dict d'assez d'autres.

Ceux qui ont essaié de r'aviser les meurs du monde, de mon temps, par nouvelles opinions, reforment les vices de l'apparence; ceux de l'essence, ils les laissent là, s'ils ne les augmentent; et l'augmentation y est à craindre : on se sejourne volontiers de tout autre bien faire sur ces reformations externes arbitraires, de moindre coust et de plus grand merite; et satisfait-on par là à bon marché les autres vices naturels consubstantiels et intestins.

Regardez un peu comment s'en porte nostre experience : il n'est personne, s'il s'escoute, qui ne descouvre en soy une forme sienne, une forme maistresse, qui luicte contre l'institution, et contre la tempeste des passions qui luy sont contraires. De moy, je ne me sens guere agiter par secousse, je me trouve quasi tousjours en ma place, comme font les corps lourds et poisans. Si je ne suis chez moy, j'en suis tousjours bien près. Mes débauches ne m'emportent pas loing. Il n'y a rien d'extreme et d'estrange ; et si ay des ravisemens sains et vigoureux.

La vraie condamnation et qui touche la commune façon de nos hommes, c'est que leur retraicte mesme est pleine de corruption et d'ordure ; l'idée de leur amendement, chafourrée ; leur penitence, malade et en coulpe, autant à peu près que leur peché. Aucuns, ou pour estre collez au vice d'une attache naturelle, ou par longue accoustumance, n'en trouvent plus la laideur. A d'autres (duquel regiment je suis) le vice poise, mais ils le contrebalancent avec le plaisir ou autre occasion, et le souffrent et s'y prestent à certain prix ; vitieusement pourtant et lâchement. Si, se pourroit-il à l'advanture imaginer si esloignée disproportion de mesure où avec justice le plaisir excuseroit le peché, comme nous disons de l'utilité ; non seulement s'il estoit accidental et hors du peché, comme au larrecin, mais en l'exercice mesme d'iceluy, comme en l'accointance des femmes, où l'incitation est violente et, dit-on, par fois invincible.

En la terre d'un mien parent, l'autre jour que j'estois en Armaignac, je vy un paisan que chacun surnomme le larron. Il faisoit ainsi le conte de sa vie : qu'estant né mendiant, et trouvant que à gaigner son pain au travail de sès mains il n'arriveroit jamais à se fortifier assez contre l'indigence, il s'advisa de se faire larron ; et avoit employé à ce mestier toute sa jeunesse en seureté, par le moyen de sa force corporelle ; car il moissonnoit et vendangeoit des terres d'autruy, mais c'estoit au loing et à si gros monceaux qu'il estoit inimaginable qu'un homme en eust tant rapporté en une nuict sur ses espaules ; et avoit soing outre cela d'egaler et disperser le dommage qu'il faisoit, si que la foule estoit moins importable à chaque particulier. Il se trouve à cette heure, en sa vieillesse, riche pour un homme de sa condition, mercy à cette trafique, dequoy il se confesse ouvertement ; et, pour s'accommo-

der avec Dieu de ses acquets, il dict estre tous les jours
après à satisfaire par bienfaicts aux successeurs de ceux
qu'il a desrobez; et, s'il n'acheve (car d'y pourvoir tout
à la fois il ne peut), qu'il en chargera ses heritiers, à la
raison de la science qu'il a luy seul du mal qu'il a faict
à chacun. Par cette description, soit vraye ou fauce,
cettuy-cy regarde le larrecin comme action des-honneste
et le hayt, mais moins que l'indigence; s'en repent bien
simplement, mais, en tant qu'elle estoit ainsi contre-
balancée et compencée, il ne s'en repent pas. Cela, ce n'est
pas cette habitude qui nous incorpore au vice et y conforme nostre entendement mesme, ny n'est cè vent
impetueux qui va troublant et aveuglant à secousses
nostre ame et nous precipite pour l'heure, jugement et
tout, en la puissance du vice.

Je fay coustumierement entier ce que je fay et marche
tout d'une piece; je n'ay guere de mouvement qui se
cache et desrobe à ma raison, et qui ne se conduise à peu
près par le consentement de toutes mes parties, sans
division, sans sedition intestine; mon jugement en a la
coulpe ou la louange entiere; et la coulpe qu'il a une fois,
il l'a tousjours, car quasi dès sa naissance il est un : mesme
inclination, mesme route, mesme force. Et en matiere
d'opinions universelles, dès l'enfance je me logeay au
poinct où j'avois à me tenir.

Il y a des pechez impetueux, prompts et subits; laissons
les à part. Mais en ces autres pechez à tant de fois reprins,
deliberez et consultez, ou pechez de complexion, *(c)* voire
pechez de profession et de vacation, *(b)* je ne puis pas
concevoir qu'ils soient plantez si long temps en mesme
courage sans que la raison et la conscience de celuy qui les
possede, le veuille constamment et l'entende ainsi; et le
repentir qu'il se vante luy en venir à certain instant
prescript, m'est un peu dur à imaginer et former.

(c) Je ne suy pas la secte de Pythagoras, « que les
hommes prennent une ame nouvelle quand ils approchent
les simulacres des Dieux pour recueuillir leurs oracles ». Si
non qu'il voulust dire cela mesme, qu'il faut bien qu'elle
soit estrangere, nouvelle et prestée pour le temps, la leur[1]
montrant si peu de signe de purification et netteté condigne à cet office[2].

(b) Ils font tout à l'opposite des preceptes Stoïques, qui
nous ordonnent bien de corriger les imperfections et vices

que nous reconnoissons en nous, mais nous deffendent
d'en estre marris et desplaisants. Ceux-cy nous font à
croire qu'ils en ont grand regret et remors au dedans.
Mais d'amendement et correction, ny d'interruption, ils
ne nous en font rien apparoir. Si n'est-ce pas guerison si
on ne se descharge du mal. Si la repentance pesoit sur
le plat de la balance, elle en-porteroit le peché. Je ne
trouve aucune qualité si aysée à contrefaire que la devotion, si on n'y conforme les meurs et la vie; son essence
est abstruse et occulte; les apparences, faciles et pom-
peuses.

Quant à moy, je puis desirer en general estre autre; je
puis condamner et me desplaire de ma forme universelle,
et supplier Dieu pour mon entiere reformation et pour
l'excuse de ma foiblesse naturelle. Mais cela, je ne le doits
nommer repentir, ce me semble, non plus que le desplaisir de n'estre ny Ange, ny Caton. Mes actions sont
reglées et conformes à ce que je suis et à ma condition.
Je ne puis faire mieux. Et le repentir ne touche pas
proprement les choses qui ne sont pas en nostre force,
ouy bien le regretter. J'imagine infinies natures plus
hautes et plus reglées que la mienne; je n'amande pourtant mes facultez; comme ny mon bras, ny mon esprit ne
deviennent plus vigoreux pour en concevoir un autre
qui le soit. Si d'imaginer et desirer un agir plus noble que
le nostre produisoit la repentance du nostre, nous aurions
à nous repentir de nos operations plus innocentes;
d'autant que nous jugeons bien qu'en la nature plus
excellente elles auroyent esté conduites d'une plus grande
perfection et dignité; et voudrions faire de mesme. Lors
que je consulte des deportemens de ma jeunesse avec ma
vieillesse, je trouve que je les ay communement conduits
avec ordre, selon moy; c'est tout ce que peut ma resistance. Je ne me flatte pas à circonstances pareilles, je
seroy tousjours tel. Ce n'est pas macheure, c'est plustost
une teinture universelle qui me tache. Je ne cognoy pas
de repentance superficielle, moyenne et de ceremonie. Il
faut qu'elle me touche de toutes pars avant que je la
nomme ainsin, et qu'elle pinse mes entrailles et les afflige
autant profondement que Dieu me voit, et autant
universellement.

Quant aux negoces, il m'est eschappé plusieurs bonnes
avantures à faute d'heureuse conduitte. Mes conseils ont

pourtant bien choisi, selon les occurrences qu'on leur
presentoit; leur façon est de prendre toujours le plus facile
et seur party. Je trouve qu'en mes deliberations passées
j'ay, selon ma regle, sagement procedé pour l'estat du
subject qu'on me proposoit; et en ferois autant d'icy à
mille ans en pareilles occasions. Je ne regarde pas quel il
est à cette heure, mais quel il estoit quand j'en consultois.

(c) La force de tout conseil gist au temps; les occasions
et les matieres roulent et changent sans cesse. J'ay encouru
quelques lourdes erreurs en ma vie et importantes, non
par faute de bon advis, mais par faute de bon heur. Il y a
des parties secretes aux objects qu'on manie et indivinables, signamment en la nature des hommes, des conditions muettes, sans montre, inconnues par fois du
possesseur mesme, qui se produisent et esveillent par des
occasions survenantes. Si ma prudence ne les a peu
penetrer et prophetizer, je ne luy en sçay nul mauvais gré;
sa charge se contient en ses limites; l'evenement me bat;
et *(b)* s'il favorise[1] le party que j'ay refusé, il n'y a
remede; je ne m'en prens pas à moy; j'accuse ma fortune,
non pas mon ouvrage; cela ne s'appelle pas repentir.

Phocion avoit donné aux Atheniens certain advis qui
ne fut pas suyvi. L'affaire pourtant se passant contre son
opinion avec prosperité, quelqu'un luy dict : « Et bien,
Phocion, es tu content que la chose aille si bien? — Bien
suis-je content, fit-il, qu'il soit advenu cecy, mais je ne me
repens point d'avoir conseillé cela[2]. » Quand mes amis
s'adressent à moy pour estre conseillez, je le fay librement
et clairement, sans m'arrester, comme faict quasi tout le
monde, à ce que, la chose estant hazardeuse, il peut
advenir au rebours de mon sens, par où ils ayent à me faire
reproche de mon conseil; dequoy il ne me chaut. Car ils
auront tort, et je n'ay deu leur refuser cet office.

(c) Je n'ay guere à me prendre de mes fautes ou infortunes à autre qu'à moy. Car, en effect, je me sers rarement
des advis d'autruy, si ce n'est par honneur de ceremonie,
sauf où j'ay besoing d'instruction de science ou de la
connoissance du faict. Mais, és choses où je n'ay à
employer que le jugement, les raisons estrangeres peuvent
servir à m'appuyer, mais peu à me destourner. Je les
escoute favorablement et decemment toutes; mais, qu'il
m'en souvienne, je n'en ay creu jusqu'à cette heure que
les miennes. Selon moy, ce ne sont que mousches et

atomes qui promeinent ma volonté. Je prise peu mes
opinions, mais je prise aussi peu celles des autres. Fortune
me paye dignement. Si je ne reçoy pas de conseil, j'en
donne encores moins. J'en suis fort peu enquis ; mais j'en
suis encore moins creu ; et ne sache nulle entreprinse
publique ny privée que mon advis aie redressée et
ramenée. Ceux mesmes que la fortune y avoit aucunement
attachez, se sont laissez plus volontiers manier à toute
autre cervelle. Comme celuy qui suis bien autant jaloux
des droits de mon repos que des droits de mon auctorité,
je l'ayme mieux ainsi ; me laissant là, on faict selon ma
profession, qui est de m'establir et contenir tout en moy ;
ce m'est plaisir d'estre desinteressé des affaires d'autruy
et desgagé de leur gariement.

(b) En tous affaires, quand ils sont passés, comment
que ce soit, j'y ay peu de regret. Car cette imagination me
met hors de peine, qu'ils devoyent ainsi passer ; les voylà
dans le grand cours de l'univers et dans l'encheineure des
causes Stoïques ; vostre fantaisie n'en peut, par souhait et
imagination, remuer un point, que tout l'ordre des choses
ne renverse, et le passé, et l'advenir.

Au demeurant, je hay cet accidental repentir que l'aage
apporte. Celuy qui disoit[1] anciennement estre obligé aux
années dequoy elles l'avoyent deffaict de la volupté, avoit
autre opinion que la mienne ; je ne sçauray jamais bon gré
à l'impuissance de bien qu'elle me face. *(c)* « *Nec tam
aversa unquam videbitur ab opere suo providentia, ut debilitas
inter optima inventa sit*[2]. » *(b)* Nos appetits sont rares en
la vieillesse ; une profonde satieté nous saisit après ; en
cela je ne voy rien de conscience ; le chagrin et la foiblesse
nous impriment une vertu lâche et catarreuse. Il ne nous
faut pas laisser emporter si entiers aux alterations naturelles, que d'en abastardir nostre jugement. La jeunesse et
le plaisir n'ont pas faict autrefois que j'aie mescogneu le
visage du vice en la volupté ; ny ne faict à cette heure le
degoust que les ans m'apportent, que je mescognoisse
celuy de la volupté au vice. Ores que je n'y suis plus, j'en
juge comme si j'y estoy. *(c)* Moy qui la secouë vivement
et attentivement, trouve que *(b)* ma raison est celle
mesme que j'avoy en l'aage plus licencieux, sinon, à
l'avanture, d'autant qu'elle s'est affoiblie et empirée en
vieillissant, *(c)* et trouve que ce qu'elle refuse de m'enfourner à ce plaisir en consideration de l'interest de ma

santé corporelle, elle ne le feroit non plus qu'autrefois pour la santé spirituelle. *(b)* Pour la voir hors de combat, je ne l'estime pas plus valeureuse. Mes tentations sont si cassées et mortifiées qu'elles ne valent pas qu'elle s'y oppose. Tandant seulement les mains audevant, je les conjure. Qu'on luy remette en presence cette ancienne concupiscence, je crains qu'elle auroit moins de force à la soustenir, qu'elle n'avoit autrefois. Je ne luy voy rien juger apar soy, que lors elle ne jugeast; ny aucune nouvelle clarté. Parquoy, s'il y a convalescence, c'est une convalescence maleficiée.

(c) Miserable sorte de remede, devoir à la maladie sa santé! Ce n'est pas à nostre malheur de faire cet office; c'est au bon heur de nostre jugement. On ne me faict rien faire par les offenses et afflictions, que les maudire. C'est aux gents qui ne s'esveillent qu'à coup de fouët. Ma raison a bien son cours plus delivre en la prosperité. Elle est bien plus distraitte et occupée à digerer les maux que les plaisirs. Je voy bien plus clair en temps serain. La santé m'advertit, comme plus alaigrement, aussi plus utilement que la maladie. Je me suis avancé le plus que j'ay peu vers ma reparation et reglement lors que j'avoy à en jouir. Je seroy honteux et envieux que la misere et desfortune de ma decrepitude eut à se preferer à mes bonnes années saines, esveillées, vigoureuses; et qu'on eust à m'estimer non par où j'ay esté, mais par où j'ay cessé d'estre. A mon advis, c'est le vivre heureusement, non, comme disoit Antisthenes, le mourir heureusement qui faict l'humaine felicité[1]. Je ne me suis pas attendu d'attacher monstrueusement la queuë d'un philosophe à la teste et au corps d'un homme perdu; ny que ce chetif bout eust à desadvouër et desmentir la plus belle, entiere et longue partie de ma vie. Je me veux presenter et faire voir par tout uniformément. Si j'avois à revivre, je revivrois comme j'ay vescu; ny je ne pleins le passé, ny je ne crains l'advenir. Et si je ne me deçoy, il est allé du dedans environ comme du dehors. C'est une des principales obligations que j'aye à ma fortune, que le cours de mon estat corporel ayt esté conduit chasque chose en sa saison. J'en ay veu l'herbe et les fleurs et le fruit; et en vois la secheresse. Heureusement, puisque c'est naturellement. Je porte bien plus doucement les maux que j'ay, d'autant qu'ils sont en leur poinct et qu'ils me font

aussi plus favorablement souvenir de la longue felicité de ma vie passée.

Pareillement ma sagesse peu˙ bien estre de mesme taille en l'un et en l'autre temps; ...s elle estoit bien de plus d'exploit et de meilleure grace, verte, gaye, naïve, qu'elle n'est à present : croupie, grondeuse, laborieuse. Je renonce donc à ces reformations casuelles et douloureuses.

(b) Il faut que Dieu nous touche le courage. Il faut que nostre conscience s'amende d'elle mesme par renforcement de nostre raison, non par l'affoiblissement de nos appetits. La volupté n'en est en soy ny pasle ny descolorée, pour estre aperceuë par des yeux chassieux et troubles. On doibt aymer la temperance par elle mesme et pour le respect de Dieu, qui nous l'a ordonnée, et la chasteté; celle que les catarres nous prestent et que je doibts au benefice de ma cholique ce n'est ny chasteté, ny temperance. On ne peut se vanter de mespriser et combatre la volupté, si on ne la voit, si on l'ignore, et ses graces, et ses forces, et sa beauté, plus attrayante. Je cognoy l'une et l'autre, c'est à moy à le dire. Mais il me semble qu'en la vieillesse nos ames sont subjectes à des maladies et imperfections plus importunes qu'en la jeunesse. Je le disois estant jeune; lors on me donnoit de mon menton par le nez. Je le dis encores à cette heure que mon poil *(c)* gris *(b)* m'en donne le credit. Nous appellons sagesse la difficulté de nos humeurs, le desgoust des choses presentes. Mais, à la verité, nous ne quittons pas tant les vices, comme nous les changeons, et, à mon opinion, en pis. Outre une sotte et caduque fierté, un babil ennuyeux, ces humeurs espineuses et inassociables, et la superstition, et un soin ridicule des richesses lors que l'usage en est perdu, j'y trouve plus d'envie, d'injustice et de malignité. Elle nous attache plus de rides en l'esprit qu'au visage; et ne se void point d'ames, ou fort rares, qui en vieillissant ne sentent à l'aigre et au moisi. L'homme marche entier vers son croist et vers son décroist.

(c) A voir la sagesse de Socrates et plusieurs circonstances de sa condamnation, j'oseroy croire qu'il s'y presta aucunement luy mesme par prevarication, à dessein, ayant de si près, aagé de soixante et dix ans, à souffrir l'engourdissement des riches allures

de son esprit et l'esblouissement de sa clarté accoustumée.

(b) Quelles Metamorphoses luy voy-je faire tous les jours en plusieurs de mes cognoissans! C'est une puissante maladie et qui se coule naturellement et imperceptiblement. Il y faut grande provision d'estude et grande precaution pour eviter les imperfections qu'elle nous charge, ou aumoins affoiblir leurs progrets. Je sens que, nonobstant tous mes retranchemens, elle gaigne pied à pied sur moy. Je soustien tant que je puis. Mais je ne sçay en fin où elle me menera moy-mesme. A toutes avantures, je suis content qu'on sçache d'où je seray tombé.

CHAPITRE III

DE TROIS COMMERCES

(b) Il ne faut pas se clouër si fort à ses humeurs et complexions. Nostre principalle suffisance, c'est sçavoir s'appliquer à divers usages. C'est estre, mais ce n'est pas vivre, que se tenir attaché et obligé par necessité à un seul train. Les plus belles ames sont celles qui ont plus de varieté et de soupplesse.

(c) Voylà un honorable tesmoignage du vieus Caton : « *Huic versatile ingenium sic pariter ad omnia fuit, ut natum ad id unum diceres, quodcumque ageret*[1]. »

(b) Si c'estoit à moy à me dresser à ma mode, il n'est aucune si bonne facon où je vouleusse estre fiché pour ne m'en sçavoir desprendre. La vie est un mouvement inegal, irregulier et multiforme. Ce n'est pas estre amy de soy et moins encore maistre, c'est en estre esclave, de se suivre incessamment et estre si pris à ses inclinations qu'on n'en puisse fourvoyer, qu'on ne les puisse tordre. Je le dy à cette heure, pour ne me pouvoir facilement despestrer de l'importunité de mon ame, en ce qu'elle ne sçait communément s'amuser sinon où elle s'empeche, ny s'employer que bandée et entiere. Pour leger subject qu'on luy donne, elle le grossit volontiers et l'estire jusques au poinct où elle ait à s'y embesongner de toute sa force. Son oysifveté m'est à cette cause une penible occupation, et qui offence ma santé. La plus part des esprits ont besoing de matiere estrangere pour se desgourdir et exercer; le

mien en a besoing pour se rassoir plustost et sejourner, « *vitia otii negotio discutienda sunt*[1] », car son plus laborieux et principal estude, c'est s'estudier à soy. *(c)* Les livres sont pour luy du genre des occupations qui le desbauchent de son estude. *(b)* Aux premieres pensées qui lui viennent, il s'agite et faict preuve de sa vigueur à tout sens, exerce son maniement tantost vers la force, tantost vers l'ordre et la grace, *(c)* se range, modere et fortifie. *(b)* Il a de quoy esveiller ses facultez par luy mesme. Nature luy a donné, comme à tous, assez de matiere sienne pour son utilité, et de subjects siens assez où inventer et juger[2].

(c) Le mediter est un puissant estude et plein, à qui sçait se taster et employer vigoureusement : j'aime mieux forger mon ame que la meubler. Il n'est point d'occupation ny plus foible, ny plus forte, que celle d'entretenir ses pensées selon l'ame que c'est. Les plus grandes en font leur vacation, « *quibus vivere est cogitare*[3] ». Aussi l'a nature favorisée de ce privilege qu'il n'y a rien que nous puissions faire si long temps, ny action à la quelle nous nous addonons plus ordinairement et facilement. « C'est la besongne des Dieus, dict Aristote[4], de laquelle nait et leur beatitude et la nostre. » La lecture me sert specialement à esveiller par divers objects mon discours, à embesongner mon jugement, non ma memoyre.

(b) Peu d'entretiens doncq m'arretent sans vigueur et sans effort. Il est vray que la gentillesse et la beauté me remplissent et occupent autant ou plus que le pois et la profondeur. Et d'autant que je sommeille en toute autre communication et que je n'y preste que l'escorce de mon attention, il m'advient souvent, en telle sorte de propos abatus et lâches, propos de contenance, de dire et respondre des songes et bestises indignes d'un enfant et ridicules, ou de me tenir obstiné en silence, plus ineptement encore et incivilement. J'ay une façon resveuse qui me retire à moy, et d'autre part une lourde ignorance et puerile de plusieurs choses communes. Par ces deux qualitez j'ay gaigné qu'on puisse faire au vray cinq ou six contes de moy aussi niais que d'autre, quel qu'il soit.

Or, suyvant mon propos, cette complexion difficile me rend delicat à la pratique des hommes (il me les faut trier sur le volet) et me rend incommode aux actions communes. Nous vivons et negotions avec le peuple ; si

sa conversation nous importune, si nous desdaignons à
nous appliquer aux ames basses et vulguaires, et les basses
et vulguaires sont souvent aussi reglées que les plus desliées *(c)* (est toute sapience insipide, qui ne s'accommode
à l'insipience commune), *(b)* il ne nous faut plus entremettre ny de nos propres affaires ny de ceux d'autruy; et
les publiques et les privez se demeslent avec ces gens là.
Les moins tandues et plus naturelles alleures de nostre
ame sont les plus belles; les meilleures occupations, les
moins efforcées. Mon Dieu, que la sagesse faict un bon
office à ceux de qui elle renge les desirs à leur puissance!
il n'est point de plus utile science. « Selon qu'on peut »,
c'estoit le refrein et le mot favory de Socrates[1], mot de
grande substance. Il faut addresser et arrester nos desirs
aux choses les plus aysées et voisines. Ne m'est-ce pas une
sotte humeur de disconvenir avec un millier à qui ma
fortune me joint, de qui je ne me puis passer, pour me
tenir à un ou deux, qui sont hors de mon commerce, ou
plustost à un desir fantastique de chose que je ne puis
recouvrer? Mes meurs molles, ennemies de toute aigreur
et aspreté, peuvent aysément m'avoir deschargé d'envies
et d'inimitiez; d'estre aimé, je ne dy, mais de n'estre point
hay, jamais homme n'en donna plus d'occasion. Mais la
froideur de ma conversation m'a desrobé, avec raison,
la bien-veillance de plusieurs, qui sont excusables de
l'interpreter à autre et pire sens[2].

   Je suis très-capable d'acquerir et maintenir des amitiez
rares et exquises. D'autant que je me harpe avec si grande
faim aux accointances qui reviennent à mon goust, je m'y
produis, je m'y jette si avidement, que je ne faux pas
aysément de m'y attacher et de faire impression où je
donne. J'en ay faict souvant heureuse preuve. Aux
amitiez communes je suis aucunement stérile et froid, car
mon aller n'est pas naturel s'il n'est à pleine voile; outre
ce que ma fortune, m'ayant duit et affriandy dès jeunesse
à une amitié seule et parfaicte[3], m'a, à la verité, aucunement desgouté des autres et trop imprimé en la fantasie
qu'elle est beste de compaignie, non pas de troupe,
comme disoit cet antien[4]. Aussi, que j'ay naturellement
peine à me communiquer à demy et avec modification, et
cette servile prudence et soupçonneuse qu'on nous
ordonne en la conversation de ces amitiés nombreuses et
imparfaictes; et nous l'ordonne l'on principalement en ce

temps, qu'il ne se peut parler du monde que dangereusement ou faucement.

Si voy-je bien pourtant que, qui a, comme moy, pour sa fin les commoditez de sa vie (je dy les commoditez essentielles), doibt fuyr comme la peste ces difficultez et delicatesse d'humeur. Je louerois un' ame à divers estages, qui sçache et se tendre et se desmonter, qui soit bien par tout où sa fortune la porte, qui puisse deviser avec son voisin de son bastiment, de sa chasse et de sa querelle, entretenir avec plaisir un charpentier et un jardinier; j'envie ceux qui sçavent s'apriroiser au moindre de leur suitte et dresser de l'entretien en leur propre train.

(c) Et le conseil de Platon[1] ne me plaist pas, de parler tousjours d'un langage maistral à ses serviteurs, sans jeu, sans familiarité, soit envers les masles, soit envers les femelles. Car, outre ma raison, il est inhumain et injuste de faire tant valoir cette telle quelle prerogative de la fortune; et les polices où il se souffre moins de disparité entre les valets et les maistres, me semblent les plus equitables.

(b) Les autres s'estudient à eslancer et guinder leur esprit; moy, à le baisser et coucher. Il n'est vicieux qu'en extantion.

> *Narras, et genus Æaci,*
> *Et pugnata sacro bella sub Ilio :*
> *Quo Chium pretio cadum*
> *Mercemur, quis aquam temperet ignibus,*
> *Quo præbente domum, et quota,*
> *Pelignis caream frigoribus, taces*[2].

Ainsi, comme la vaillance Lacedemonienne avoit besoing de moderation et du son doux et gratieux du jeu des flutes pour la flatter en la guerre, de peur qu'elle ne se jettat à la temerité et à la furie, là où toutes autres nations ordinairement employent des sons et des voix aiguës et fortes qui esmouvent et qui eschauffent à outrance le courage des soldats[3], il me semble de mesme, contre la forme ordinaire, qu'en l'usage de nostre esprit nous avons, pour la plus part, plus besoing de plomb que d'ailes, de froideur et de repos que d'ardeur et d'agitation. Sur tout, c'est à mon gré bien faire le sot que de faire l'entendu entre ceux qui ne le sont pas, parler tousjours bandé, *favellar in punta di forchetta*[4]. Il faut se desmettre au train de ceux avec qui

vous estes, et par fois affecter l'ignorance. Mettez à part la
force et la subtilité; en l'usage commun, c'est assez d'y
reserver l'ordre. Trainez vous au demeurant à terre, s'ils
veulent.

Les sçavans chopent volontiers à cette pierre. Ils
font tousjours parade de leur magistere et sement leurs
livres par tout. Ils en ont en ce temps entonné si fort les
cabinets et oreilles des dames que, si elles n'en ont retenu
la substance, au moins elles en ont la mine; à toute sorte
de propos et matiere, pour base et populaire qu'elle soit,
elles se servent d'une façon de parler et d'escrire nouvelle
et sçavante,

> Hoc sermone pavent, hoc iram, gaudia, curas,
> Hoc cuncta effundunt animi secreta; quid ultra ?
> Concumbunt docte[1];

et alleguent Platon et Sainct Thomas aux choses ausquelles le premier rencontré serviroit aussi bien de
tesmoing. La doctrine qui ne leur a peu arriver en l'ame,
leur est demeurée en la langue.

Si les bien-nées me croient, elles se contenteront de
faire valoir leurs propres et naturelles richesses. Elles
cachent et couvrent leurs beautez soubs des beautez
estrangeres. C'est grande simplesse d'estouffer sa clarté
pour luire d'une lumière empruntée; elles sont enterrées
et ensevelies soubs l'art. *(c)* « *De capsula totæ*[2]. » *(b)* C'est
qu'elles ne se cognoissent point assez; le monde n'a rien
de plus beau; c'est à elles d'honnorer les arts et de farder
le fard. Que leur faut-il, que vivre aymées et honnorées ?
Elles n'ont et ne sçavent que trop pour cela. Il ne faut qu'esveiller un peu et rechauffer les facultez qui sont en elles.
Quand je les voy attachées à la rhetorique, à la judiciaire,
à la logique et semblables drogueries si vaines et inutiles
à leur besoing, j'entre en crainte que les hommes qui
le leur conseillent, le facent pour avoir loy de les regenter
soubs ce tiltre. Car quelle autre excuse leur trouverois-je ?
Baste qu'elles peuvent, sans nous, renger la grace de leurs
yeux à la gaieté, à la severité et à la douceur, assaisonner
un nenny de rudesse, de doubte et de faveur, et qu'elles
ne cherchent point d'interprete aux discours qu'on faict
pour leur service. Avec cette science, elles commandent
à baguette et regentent les regens de l'eschole. Si toutesfois il leur fache de nous ceder en quoy que ce soit, et

veulent par curiosité avoir part aux livres, la poësie est un
amusement propre à leur besoin; c'est un art follastre et
subtil, desguisé, parlier, tout en plaisir, tout en montre,
comme elles. Elles tireront aussi diverses commoditez de
l'histoire. En la philosophie, de la part qui sert à la vie,
elles prendront les discours qui les dressent à juger de nos
humeurs et conditions, à se deffendre de nos trahisons,
à regler la temerité de leurs propres desirs, à ménager
leur liberté, alonger les plaisirs de la vie, et à porter
humainement l'inconstance d'un serviteur, la rudesse
d'un mary et l'importunité des ans et des rides; et choses
semblables. Voilà, pour le plus, la part que je leur
assignerois aux sciences.

Il y a des naturels particuliers, retirez et internes. Ma
forme essentielle est propre à la communication et à la
production; je suis tout au dehors et en evidence, nay
à la societé et à l'amitié. La solitude que j'ayme et que je
presche, ce n'est principallement que ramener à moy mes
affections et mes pensées, restreindre et resserrer non mes
pas, ains mes desirs et mon soucy, resignant la solicitude
estrangere et fuyant mortellement la servitude et l'obligation, *(c)* et non tant la foule des hommes que la foule
des affaires. *(b)* La solitude locale, à dire verité, m'estand
plustost et m'eslargit au dehors; je me jette aux affaires
d'estat et à l'univers plus volontiers quand je suis seul. Au
Louvre et en la foule, je me resserre et contraincts en ma
peau; la foule me repousse à moy, et ne m'entretiens jamais
si folement, si licentieusement et particulierement qu'aux
lieux de respect et de prudence ceremonieuse. Nos folies
ne me font pas rire, ce sont nos sapiences. De ma complexion, je ne suis pas ennemy de l'agitation des cours;
j'y ay passé partie de la vie, et suis faict à me porter allegrement aux grandes compaignies, pourveu que ce soit
par intervalles et à mon poinct. Mais cette mollesse de
jugement, dequoy je parle, m'attache par force à la solitude; voire chez moy, au milieu d'une famille peuplée et
maison des plus fréquentées. J'y voy des gens assez, mais
rarement ceux avecq qui j'ayme à communiquer; et je
reserve là, et pour moy et pour les autres, une liberté
inusitée. Il s'y faict trefve de ceremonie, d'assistance et
convoiemens, et telles autres ordonnances penibles de
nostre courtoisie (ô la servile et importune usance!);
chacun s'y gouverne à sa mode; y entretient qui veut ses

pensées; je m'y tiens muet, resveur et enfermé, sans offence de mes hostes.

Les hommes de la société et familiarité desquels je suis en queste, sont ceux qu'on appelle honnestes et habiles hommes; l'image de ceux cy me degouste des autres. C'est, à le bien prendre, de nos formes la plus rare, et forme qui se doit principallement à la nature. La fin de ce commerce, c'est simplement la privauté, frequentation et conference : l'exercice des ames, sans autre fruit. En nos propos, tous subjets me sont égaux; il ne me chaut qu'il y ait ny poix, ny profondeur; la grace et la perti-nence y sont tousjours; tout y est teinct d'un jugement meur et constant, et meslé de bonté, de franchise, de gayeté et d'amitié. Ce n'est pas au subject des substitu-tions seulement que nostre esprit montre sa beauté et sa force, et aux affaires des Roys; il la montre autant aux confabulations privées. Je connois mes gens au silence mesme et à leur soubsrire, et les descouvre mieux, à l'advanture, à table qu'au conseil. Hyppomachus disoit bien qu'il connoissoit les bons luicteurs à les voir simple-ment marcher par une ruë[1]. S'il plaist à la doctrine de se mesler à nos devis, elle n'en sera point refusée : non magistrale, imperieuse et importune comme de coustume, mais suffragante et docile elle mesme. Nous n'y cherchons qu'à passer le temps; à l'heure d'estre instruicts et pres-chez, nous l'irons trouver en son throsne. Qu'elle se demette à nous pour ce coup, s'il luy plaist; car, toute utile et desirable qu'elle est, je presuppose qu'encore au besoing nous en pourrions nous bien du tout passer, et faire nostre effect sans elle. Une ame bien née et exercée à la praticque des hommes se rend pleinement aggreable d'elle mesme. L'art n'est autre chose que le contrerolle et le registre des productions de telles ames.

C'est aussi pour moy un doux commerce que celuy des (c) belles et (b) honnestes femmes : (c) « *Nam nos quoque oculos eruditos habemus*[2]. » (b) Si l'ame n'y a pas tant à jouyr qu'au premier, les sens corporels, qui participent aussi plus à cettuy-cy, le ramenent à une proportion voisine de l'autre, quoy que, selon moy, non pas esgalle. Mais c'est un commerce où il se faut tenir un peu sur ses gardes, et notamment ceux en qui le corps peut beaucoup, comme en moy. Je m'y eschauday en mon enfance et y souffris toutes les rages que les poëtes disent advenir à ceux qui s'y laissent aller sans ordre et sans jugement. Il est vray que ce coup de fouet m'a servy depuis d'instruction,

> *Quicunque Argolica de classe Capharea fugit,*
> *Semper ab Euboicis vela retorquet aquis*[1].

C'est folie d'y attacher toutes ses pensées et s'y engager d'une affection furieuse et indiscrette. Mais, d'autre part, de s'y mesler sans amour et sans obligation de volonté, en forme de comediens, pour jouer un rolle commun de l'aage et de la coustume et n'y mettre du sien que les parolles, c'est de vray pourvoyer à sa seureté, mais bien laschement, comme celuy qui abandonneroit son honneur, ou son proffit, ou son plaisir, de peur du danger; car il est certain que, d'une telle pratique, ceux qui la dressent n'en peuvent esperer aucun fruict qui touche ou satisface une belle ame. Il faut avoir en bon escient desiré ce qu'on veut prendre en bon escient plaisir de jouyr; je dy quand injustement fortune favoriseroit leur masque, ce qui advient souvent à cause de ce qu'il n'y a aucune d'elles, pour malotruë qu'elle soit, qui ne pense estre bien aymable, *(c)* et qui ne se recommande par son aage ou par son ris, ou par son mouvement[2]; car de laides universellement il n'en est, non plus que de belles; et les filles Brachmanes qui ont faute d'autre recommandation, le peuple assemblé à cri publiq pour cet effect, vont en la place, faisant montre de leurs parties matrimoniales, veoir si par là aumoins elles ne valent pas d'acquerir un mary.

(b) Par consequent il n'est pas une qui ne se laisse facilement persuader au premier serment qu'on luy faict de la servir. Or de cette trahison commune et ordinaire des hommes d'aujourd'huy, il faut qu'il advienne ce que desjà nous montre l'experience, c'est qu'elles se r'alient et rejettent à elles mesmes, ou entre elles, pour nous fuyr; ou bien qu'elles se rengent aussi de leur costé à cet exemple que nous leur donnons, qu'elles jouent leur part de la farce et se prestent à cette negotiation, sans passion, sans soing et sans amour. *(c)* « *Neque affectui suo aut alieno obnoxiæ*[3] »; estimans, suivant la persuasion de Lysias en Platon[4], qu'elles se peuvent addonner utilement et commodéement à nous, d'autant que moins nous les aymons.

(b) Il en ira comme des comedies; le peuple y aura autant ou plus de plaisir que les comediens.

De moy, je ne connois non plus Venus sans Cupidon qu'une maternité sans engence; ce sont choses qui s'entreprestent et s'entredoivent leur essence. Ainsi cette pipperie rejallit sur celuy qui la faict. Il ne luy couste guiere, mais il n'acquiert aussi rien qui vaille. Ceux qui ont faict Venus Deesse, ont regardé que sa principale beauté estoit incorporelle et spirituelle; mais celle que ces gens cy cerchent n'est pas seulement humaine, ny mesme brutale. Les bestes ne la veulent si lourde et si terrestre! Nous voyons que l'imagination et le desir les eschauffe souvent et solicite avant le corps; nous voyons en l'un et l'autre sexe qu'en la presse elles ont du chois et du triage en leurs affections, et qu'elles ont entre-elles des accointances de longue bienveuillance. Celles mesmes à qui la vieillesse refuse la force corporelle, fremissent encores, hannissent et tressaillent d'amour. Nous les voyons avant le faict pleines d'esperance et d'ardeur; et, quand le corps a joué son jeu, se chatouiller encor de la douceur de cette souvenance; et en voyons qui s'enflent de fierté au partir de là et qui en produisent des chants de feste et de triomphe : lasses et saoules. Qui n'a qu'à descharger le corps d'une necessité naturelle, n'a que faire d'y embesongner autruy à tout des apprests si curieux; ce n'est pas viande à une grosse et lourde faim.

Comme celuy qui ne demande point qu'on me tienne pour meilleur que je suis, je diray cecy des erreurs de ma jeunesse. Non seulement pour le danger qu'il y a *(c)* de la santé (si n'ay je sceu si bien faire que je n'en aye eu deux atteintes, legeres toutesfois et preambulaires), *(b)* mais encores par mespris, je ne me suis guere addonné aux accointances venales et publiques; j'ay voulu esguiser ce plaisir par la difficulté, par le desir et par quelque gloire; et aymois la façon de l'Empereur Tibere, qui se prenoit en ses amours autant par la modestie et noblesse que par autre qualité[1] et l'humeur de la courtisane Flora, qui ne se prestoit à moins que d'un dictateur ou consul ou censeur, et prenoit son déduit en la dignité de ses amoureux[2]. Certes les perles et le brocadel y conferent quelque chose, et les tiltres et le trein. Au demeurant, je faisois grand conte de l'esprit, mais pourveu que le corps n'en fut pas à dire; car, à respondre en conscience, si l'une ou l'autre des deux beautez devoit necessairement y faillir, j'eusse choisi de quitter plustost la spirituelle; elle a son usage en meil-

leures choses; mais, au subject de l'amour, subject qui
principallement se rapporte à la veue et à l'atouchement,
on faict quelque chose sans les graces de l'esprit, rien sans
les graces corporelles. C'est le vray avantage des dames
que la beauté. *(c)* Elle est si leur que la nostre, quoy qu'elle
desire des traicts un peu autres, n'est en son point que
confuse avec la leur, puerile et imberbe. On dict que chez
le grand Seigneur ceux qui le servent sous titre de beauté,
qui sont en nombre infini, ont leur congé, au plus loin,
à vingt et deux ans[1].

(b) Les discours, la prudence et les offices d'amitié se
trouvent mieux chez les hommes; pourtant gouvernent-
ils les affaires du monde.

Ces deux commerces sont fortuites et despendans
d'autruy. L'un est ennuyeux par sa rareté; l'autre se
flestrit avec l'aage; ainsin ils n'eussent pas assez prouveu
au besoing de ma vie. Celuy des livres, qui est le troisiesme, est bien plus seur et plus à nous. Il cede aux
premiers les autres avantages, mais il a pour sa part la
constance et facilité de son service. Cettuy-cy costoie tout
mon cours et m'assiste par tout. Il me console en la
vieillesse et en la solitude. Il me descharge du pois d'une
oisiveté ennuyeuse; et me deffaict à toute heure des
compaignies qui me faschent. Il emousse les pointures
de la douleur, si elle n'est du tout extreme et maistresse.
Pour me distraire d'une imagination importune, il n'est
que de recourir aux livres; ils me destournent facilement
à eux et me la desrobent. Et si, ne se mutinent point pour
voir que je ne les recherche qu'au deffaut de ces autres
commoditez, plus reelles, vives et naturelles; ils me
reçoivent tousjours de mesme visage.

Il a beau aller à pied, dit-on, qui meine son cheval
par la bride; et nostre Jacques, Roy de Naples et de Sicile,
qui, beau, jeune et sain, se faisoit porter par pays en
civiere, couché sur un meschant oreiller de plume, vestu
d'une robe de drap gris et un bonnet de mesme, suyvy
ce pendant d'une grande pompe royale, lictieres, chevaux
à main de toutes sortes, gentils-hommes et officiers[2],
representoit une austerité tendre encores et chancellante;
le malade n'est pas à plaindre qui a la guarison en sa
manche. En l'experience et usage de cette sentence, qui
est très-veritable, consiste tout le fruict que je tire des
livres. Je ne m'en sers, en effect, quasi non plus que ceux

qui ne les cognoissent poinct. J'en jouys, comme les avaritieux des tresors pour sçavoir que j'en jouyray quand il me plaira; mon ame se rassasie et contente de ce droict de possession. Je ne voyage sans livres ny en paix, ny en guerre. Toutesfois il se passera plusieurs jours, et des mois, sans que je les employe : « Ce sera tantost, fais-je, ou demain, ou quand il me plaira. » Le temps court et s'en va, ce pendant, sans me blesser. Car il ne se peut dire combien je me repose et sejourne en cette consideration, qu'ils sont à mon costé pour me donner du plaisir à mon heure, et à reconnoistre combien ils portent de secours à ma vie. C'est la meilleure munition que j'aye trouvé à cet humain voyage, et plains extremement les hommes d'entendement qui l'ont à dire. J'accepte plustost toute autre sorte d'amusement, pour leger qu'il soit, d'autant que cettuy-cy ne me peut faillir.

Chez moy, je me destourne un peu plus souvent à ma librairie, d'où tout d'une main je commande à mon mesnage[1]. Je suis sur l'entrée et vois soubs moy mon jardin, ma basse court, ma court, et dans la pluspart des membres de ma maison. Là, je feuillette à cette heure un livre, à cette heure un autre, sans ordre et sans dessein, à pieces descousues; tantost je resve, tantost j'enregistre et dicte, en me promenant, mes songes que voicy.

(c) Elle est au troisiesme estage d'une tour. Le premier, c'est ma chapelle, le second une chambre et sa suite, où je me couche souvent, pour estre seul. Au dessus, elle a une grande garderobe. C'estoit au temps passé le lieu plus inutile de ma maison. Je passe là et la plus part des jours de ma vie, et la plus part des heures du jour. Je n'y suis jamais la nuict. A sa suite est un cabinet assez poli, capable à recevoir du feu pour l'hyver, très-plaisamment percé. Et, si je ne craignoy non plus le soing que la despense, le soing qui me chasse de toute besongne, je pourroy facilement coudre à chaque costé une gallerie de cent pas de long et douze de large, à plein pied, ayant trouvé tous les murs montez, pour autre usage, à la hauteur qu'il me faut. Tout lieu retiré requiert un proumenoir. Mes pensées dorment si je les assis. Mon esprit ne va, si les jambes ne l'agitent. Ceux qui estudient sans livre, en sont tous là.

La figure en est ronde et n'a de plat que ce qu'il faut à ma table et à mon siege, et vient m'offrant en se cour-

bant, d'une veuë, tous mes livres, rengez à cinq degrez
tout à l'environ. Elle a trois veuës de riche et libre prospect, et seize pas de vuide en diametre. En hyver, j'y suis
moins continuellement; car ma maison est juchée sur un
tertre, comme dict son nom, et n'a point de piece plus
esventée que cette cy; qui me plaist d'estre un peu penible
et à l'esquart, tant pour le fruit de l'exercice que pour
reculer de moy la presse. C'est là mon siege. J'essaie à
m'en rendre la domination pure, et à soustraire ce seul
coin à la communauté et conjugale, et filiale, et civile. Par
tout ailleurs je n'ay qu'une auctorité verbale : en essence,
confuse. Miserable à mon gré, qui n'a chez soy où estre
à soy, où se faire particulierement la cour, où se cacher!
L'ambition paye bien ses gens de les tenir tousjours en
montre, comme la statue d'un marché : « *Magna servitus
est magna fortuna*[1]. » Ils n'ont pas seulement leur retraict
pour retraitte! Je n'ay rien jugé de si rude en l'austerité
de vie que nos religieux affectent, que ce que je voy en
quelqu'une de leurs compagnies, avoir pour regle une
perpetuelle societé de lieu et assistance nombreuse entre
eux, en quelque action que ce soit. Et trouve aucunement
plus supportable d'estre tousjours seul, que ne le pouvoir
jamais estre.

(b) Si quelqu'un me dict que c'est avillir les muses de s'en
servir seulement de jouet et de passetemps, il ne sçait pas,
comme moy, combien vaut le plaisir, le jeu et le passe-
temps. A peine que je ne die toute autre fin estre ridicule.
Je vis du jour à la journée; et, parlant en reverence, ne
vis que pour moy : mes desseins se terminent là. J'estu-
diay, jeune, pour l'ostentation; depuis, un peu, pour
m'assagir; à cette heure, pour m'esbatre; jamais pour le
quest. Une humeur vaine et despensiere que j'avois
après cette sorte de meuble, *(c)* non pour en pourvoir
seulement mon besoing, mais de trois pas au delà *(b)* pour
m'en tapisser et parer[2]; je l'ay pieça abandonnée.

Les livres ont beaucoup de qualitez aggreables, à ceux
qui les sçavent choisir; mais aucun bien sans peine : c'est
un plaisir qui n'est pas net et pur, non plus que les autres;
il a ses incommoditez, et bien poisantes; l'ame s'y exerce,
mais le corps, duquel je n'ay non plus oublié le soing,
demeure ce pendant sans action, s'atterre et s'attriste. Je
ne sçache excez plus dommageable pour moy, ny plus à
eviter en cette declinaison d'aage.

Voilà mes trois occupations favories et particulieres. Je ne parle point de celles que je doibs au monde par obligation civile.

CHAPITRE IV

DE LA DIVERSION

(b) J'AY autresfois esté emploié à consoler une dame vraiement affligée; car la plus part de leurs deuils sont artificiels et ceremonieux :

> *Uberibus semper lachrimis, sempérque paratis*
> *In ſtatione sua, atque expeſtantibus illam,*
> *Quo jubeat manar emodo*[1].

On y procede mal quand on s'oppose à cette passion, car l'opposition les pique et les engage plus avant à la tristesse; on exaspere le mal par la jalousie du debat. Nous voyons, des propos communs, que ce que j'auray dict sans soing, si on vient à me le conteſter, je m'en formalise, je l'espouse; beaucoup plus ce à quoy j'aurois intereſt. Et puis, en ce faisant, vous vous presentés à voſtre operation d'une entrée rude, là où les premiers accueils du medecin envers son patient doivent eſtre gracieux, gays et aggreables; et jamais medecin laid et rechigné n'y fit œuvre. Au contraire donq, il faut ayder d'arrivée et favoriser leur plainſte, et en tesmoigner quelque approbation et excuse. Par cette intelligence vous gaignez credit à passer outre, et, d'une facile et insensible inclination, vous vous coulez aus discours plus fermes et propres à leur guerison.

Moy, qui ne desirois principalement que de piper l'assistance qui avoit les yeux sur moy, m'advisay de plaſtrer le mal. Aussi me trouvé je par experience avoir mauvaise main et infruſtueuse à persuader. Ou je presente mes raisons trop pointues et trop seiches, ou trop brusquement, ou trop nonchalamment. Après que je me fus appliqué un temps à son tourment, je n'essayai pas de le guarir par fortes et vives raisons, par ce que j'en ay faute, ou que je pensois autrement faire mieux mon effeſt; *(c)* ny n'allay choisissant les diverses manieres que la philosophie prescrit à consoler : « Que ce qu'on plaint n'eſt pas mal »,

comme Cleanthes; « Que c'est un leger mal », comme les
Peripateticiens; « Que ce plaindre n'est action ny juste ny
louable », comme Chrysippus; ny cette cy d'Epicurus,
plus voisine à mon style, de transferer la pensée des choses
fascheuses aux plaisantes; ny faire une charge de tout cet
amas, le dispensant par occasion, comme Cicero[1];
(b) mais, declinant tout mollement noz propos et les gauchissant peu à peu aus subjects plus voisins, et puis
un peu plus esloingnez, selon qu'elle se prestoit plus à
moy, je luy desrobay imperceptiblement cette pensée
doulereuse, et la tins en bonne contenance et du tout
r'apaisée autant que j'y fus. J'usay de diversion. Ceux qui
me suyvirent à ce mesme service n'y trouverent aucun
amendement, car je n'avois pas porté la coignée aux
racines.

(c) A l'adventure ay-je touché ailleurs[2] quelque espece
de diversions publiques. Et l'usage des militaires, de
quoy se servit Pericles en la guerre Peloponnesiaque, et
mille autres ailleurs, pour revoquer de leurs païs les
forces contraires, est trop frequent aux histoires.

(b) Ce fut un ingenieux destour, dequoy le Sieur de
Himbercourt sauva et soy et d'autres, en la ville du Liege,
où le Duc de Bourgoigne, qui la tenoit assiegée, l'avoit
fait entrer pour executer les convenances de leur reddition
accordée. Ce peuple, assemblé de nuict pour y pourvoir,
print à se mutiner contre ces accords passez; et delibe-
rerent plusieurs de courre sus aux negotiateurs qu'ils
tenoyent en leur puissance. Luy, sentant le vent de la
premiere ondée de ces gens qui venoyent se ruer en son
logis, lácha soudain vers eux deux des habitans de la ville
(car il y en avoit aucuns avec luy), chargez de plus douces
et nouvelles offres à proposer en leur conseil, qu'il avoit
forgées sur le champ pour son besoing. Ces deux arres-
terent la premiere tempeste, ramenant cette tourbe esmeuë
en la maison de ville pour ouyr leur charge et y deliberer.
La deliberation fut courte; voicy desbonder un second
orage, autant animé que l'autre; et luy à leur despecher
en teste quatre nouveaux semblables intercesseurs,
protestans avoir à leur declarer à ce coup des presentations plus grasses, du tout à leur contentement et satisfaction, par où ce peuple fut derechef repoussé dans le
conclave. Somme que, par telle dispensation d'amusemens, divertissant leur furie et la dissipant en vaines

consultations, il l'endormit en fin et gaigna le jour, qui estoit son principal affaire[1].

Cet autre compte est aussi de ce predicament. Atalante, fille de beauté excellente et de merveilleuse disposition, pour se deffaire de la presse de mille poursuivants qui la demandoient en mariage, leur donna cette loy, qu'elle accepteroit celuy qui l'egualeroit à la course, pourveu que ceux qui y faudroient en perdissent la vie. Il s'en trouva assez qui estimerent ce pris digne d'un tel hazard et qui encoururent la peine de ce cruel marché. Hyppomenes, ayant à faire son essay après les autres, s'adressa à la deesse tutrisse de cette amoureuse ardeur, l'appellant à son secours; qui, exauçant sa priere, le fournit de trois pommes d'or et de leur usage. Le champ de la course ouvert, à mesure que Hippomenes sent sa maistresse luy presser les talons, il laisse eschapper, comme par inadvertance, l'une de ces pommes. La fille, amusée de sa beauté, ne faut point de se destourner pour l'amasser.

> *Obstupuit virgo, nitidique cupidine pomi*
> *Declinat cursus, aurumque volubile tollit[2].*

Autant en fit-il, à son poinct, et de la seconde et de la tierce, jusques à ce que, par ce fourvoyement et divertissement, l'advantage de la course luy demeura.

Quand les medecins ne peuvent purger le catarre, ils le divertissent et le desvoyent à une autre partie moins dangereuse. Je m'apperçoy que c'est aussi la plus ordinaire recepte aux maladies de l'ame. *(c)* « *Abducendus etiam nonnunquam animus est ad alia studia, solicitudines, curas, negotia; loci denique mutatione, tanquam ægroti non convalescentes, sæpe curandus est[3].* » *(b)* On luy faict peu choquer les maux de droit fil; on ne luy en faict ny soustenir ni rabattre l'ateinte, on la luy faict decliner et gauchir.

Cette autre leçon est trop haute et trop difficile. C'est à faire à ceux de la premiere classe de s'arrester purement à la chose, la considerer, la juger. Il appartient à un seul Socrates d'accointer la mort d'un visage ordinaire, s'en aprivoiser et s'en jouer. Il ne cherche point de consolation hors de la chose; le mourir luy semble accident naturel et indifferent; il fiche là justement sa veuë, et s'y resout, sans regarder ailleurs. Les disciples de Hegesias, qui se font mourir de faim, eschauffez des beaux discours de ses leçons, *(c)* et si dru que le Roy Ptolemée luy fit defendre

d'entretenir plus son escole de ces homicides discours[1],
(b) ceux-là ne considerent point la mort en soy, ils ne la
jugent point : ce n'est pas là où ils arrestent leur pensée;
ils courent, ils visent à un estre nouveau. Ces pauvres
gens qu'on void sur un eschafaut, remplis d'une ardente
devotion, y occupant tous leurs sens autant qu'ils peuvent,
les aureilles aux instructions qu'on leur donne, les yeux
et les mains tendues au ciel, la voix à des prieres hautes,
avec une esmotion aspre et continuelle, font certes choses
louable et convenable à une telle necessité. On les doibt
louer de religion, mais non proprement de constance. Ils
fuyent la luicte; ils destournent de la mort leur consideration, comme on amuse les enfans pendant qu'on leur
veut donner le coup de lancette. J'en ay veu, si par fois
leur veuë se ravaloit à ces horribles aprests de la mort qui
sont autour d'eux, s'en transir et rejetter avec furie
ailleurs leur pensée. A ceux qui passent une profondeur
effroyable, on ordonne de clorre ou destourner leurs yeux.

(c) Subrius Flavius, ayant par le commandement de
Neron à estre deffaict, et par les mains de Niger, tous deux
chefs de guerre, quand on le mena au champ où l'execution devoit estre faicte, voyant le trou que Niger avoit
faict caver pour le mettre, inegal et mal formé : « Ny cela
mesme, dict-il, se tournant aux soldats qui y assistoyent,
n'est selon la discipline militaire. » Et à Niger qui
l'exhortoit de tenir la teste ferme : « Frapasses tu seulement aussi ferme! » Et devina bien, car, le bras tremblant
à Niger, il la luy coupa à divers coups. Cettuy-cy semble
bien avoir eu sa pensée droittement et fixement au
subject[2].

(b) Celuy qui meurt en la meslée, les armes à la main, il
n'estudie pas lors la mort, il ne la sent ny ne la considere;
l'ardeur du combat l'emporte. Un honneste homme de ma
cognoissance, estant tombé en combatant en estacade,
et se sentant daguer à terre par son ennemy de neuf ou dix
coups, chacun des assistans luy criant qu'il pensat à sa
conscience, me dict depuis, qu'encore que ces voix luy
vinsent aux oreilles, elles ne l'avoient aucunement touché,
et qu'il ne pensa jamais qu'à se descharger et à se venger.
Il tua son homme en ce mesme combat.

(c) Beaucoup fit pour L. Syllanus celuy qui luy apporta
sa condamnation, de ce qu'ayant ouy sa responce qu'il
estoit bien preparé à mourir, mais non pas de mains

scelérées, se ruant sur luy, avec ses soldats pour le forcer, et luy, tout desarmé, se defandant obstinéement de poings et de pieds, le fit mourir en ce débat : dissipant en prompte cholere et tumultuaire le sentiment penible d'une mort longue et preparée, à quoy il estoit destiné[1].

(b) Nous pensons tousjours ailleurs ; l'esperance d'une meilleure vie nous arreste et appuye, ou l'esperance de la valeur de nos enfans, ou la gloire future de nostre nom, ou la fuite des maux de cette vie, ou la vengeance qui menasse ceux qui nous causent la mort,

> *Spero equidem mediis, si quid pia numina possunt,*
> *Supplicia hausurum scopulis, et nomine Dido*
> *Sæpe vocaturum...*
> *Audiam, et hæc manes veniet mihi fama sub imos[2].*

(c) Xenophon sacrifioit couroné, quand on luy vint annoncer la mort de son fils Gryllus en la bataille de Mantinée. Au premier sentiment de cette nouvelle, il jette à terre sa couronne ; mais, par la suite du propos, entendant la forme d'une mort très-valeureuse, il l'amassa et remit sur sa teste[3].

(b) Epicurus mesme se console en sa fin sur l'eternité et utilité de ses escrits. *(c)* « *Omnes clari et nobilitati labores fiunt tolerabiles[4].* » Et la mesme playe, le mesme travail ne poise pas, dict Xenophon, à un general d'armée, comme à un soldat[5]. Epaminondas print sa mort bien plus alaigrement, ayant esté informé que la victoire estoit demeuré de son costé. « *Hæc sunt solatia, hæc fomenta summorum dolorum[6].* »

(b) Et telles autres circonstances nous amusent, divertissent et destournent de la consideration de la chose en soy.

(c) Voire les arguments de la philosophie vont à tous coups costoians et gauchissans la matiere, et à peine essuians sa crouste. Le premier homme de la premiere eschole philosophique et surintendante des autres, ce grand Zenon, contre la mort : « Nul mal n'est honorable ; la mort l'est, elle n'est doncq pas mal » ; contre l'yvrongnerie : « Nul ne fie son secret à l'yvrongne ; chacun le fie au sage ; le sage ne sera doncq pas yvrongne[7]. » Cela est-ce donner au blanc ? J'ayme à veoir ces ames principales ne se pouvoir desprendre de nostre consorce. Tant parfaicts hommes qu'ils soyent, ce sont tousjours bien lourdement des hommes.

(b) C'est une douce passion que la vengeance, de

grande impression et naturelle; je le voy bien, encore
que je n'en aye aucune experience. Pour en diſtraire
dernierement un jeune prince[1], je ne luy allois pas disant
qu'il falloit preſter la jouë à celuy qui vous avoit frappé
l'autre, pour le devoir de charité; ny ne luy allois representer les tragiques evenements que la poësie attribue
à cette passion. Je la laissay là et m'amusay à luy faire
gouſter la beauté d'une image contraire; l'honneur, la
faveur, la bien-veillance qu'il acquerroit par clemence
et bonté; je le deſtournay à l'ambition. Voylà comment
on en faict.

« Si votre affection en l'amour eſt trop puissante, dissi-
pez la », disent ils; et disent vray, car je l'ay souvant
essayé avec utilité; rompez la à divers desirs, desquels il
y en ayt un regent et un maiſtre, si vous voulez; mais,
depeur qu'il ne vous gourmande et tyrannise, affoiblissez
le, sejournez le, en le divisant et divertissant :

> *Cum morosa vago singultiet inguine vena[2]...*
> *Conjicito humorem colleſtum in corpora quæque[3].*

Et pourvoyez y de bonne heure, de peur que vous n'en
soyez en peine, s'il vous a une fois saisi,

> *Si non prima novis conturbes vulnera plagis,*
> *Volgivagaque vagus venere ante recentia cures.[4]*

Je fus autrefois touché d'un puissant desplaisir[5], selon
ma complexion, et encores plus juſte que puissant; je m'y
fusse perdu à l'avanture si je m'en fusse simplement fié
à mes forces. Ayant besoing d'une vehemente diversion
pour m'en diſtraire, je me fis, par art, amoureux, et par
eſtude, à quoy l'aage m'àidoit. L'amour me soulagea et
retira du mal qui m'eſtoit causé par l'amitié. Par tout
ailleurs de mesme : une aigre imagination me tient; je
trouve plus court, que de la dompter, la changer; je luy
en subſtitue, si je ne puis une contraire, aumoins un'autre.
Tousjours la variation soulage, dissout et dissipe. Si je ne
puis la combatre, je luy eschape, et en la fuyant je fourvoye, je ruse; muant de lieu, d'occupation, de compaignie,
je me sauve dans la presse d'autres amusemens et pensées,
où elle perd ma trace et m'esgare.

Nature procede ainsi par le benefice de l'inconſtance;
car le temps, qu'elle nous a donné pour souverain medecin de nos passions, gaigne son effaiçt principalement par

là, que, fournissant autres et autres affaires à nostre imagination, il demesle et corrompt cette premiere apprehension, pour forte qu'elle soit. Un sage ne voit guiere moins son amy mourant, au bout de vint et cinq ans qu'au premier an; *(c)* et, suivant Epicurus, de rien moins, car il n'attribuoit aucun leniment des fascheries, ny à la prevoyance, ny à la vieillesse d'icelles[1]. *(b)* Mais tant d'autres cogitations traversent cette-cy qu'elle s'alanguit et se lasse en fin.

Pour destourner l'inclination des bruits communs, Alcibiades coupa les oreilles et la queue à son beau chien et le chassa en la place, afin que, donnant ce subject pour babiller au peuple, il laissat en paix ses autres actions[2]. J'ay veu aussi, pour cet effect de divertir les opinions et conjectures du peuple et desvoyer les parleurs, des femmes couvrir leurs vrayes affections par des affections contrefaictes. Mais j'en ay veu telle qui, en se contrefaisant, s'est laissée prendre à bon escient, et a quitté la vraye et originelle affection pour la feinte; et aprins par elle que ceux qui se trouvent bien logez sont des sots de consentir à ce masque. Les accueils et entretiens publiques estans reservez à ce serviteur aposté, croyez qu'il n'est guere habile s'il ne se met en fin en vostre place et vous envoye en la sienne. *(c)* Cela, c'est proprement tailler et coudre un soulier pour qu'un autre le chausse.

(b) Peu de chose nous divertit et destourne, car peu de chose nous tient[3]. Nous ne regardons gueres les subjects en gros et seuls; ce sont des circonstances ou des images menues et superficieles qui nous frapent, et des vaines escorces qui rejalissent des subjects,

> *Folliculos ut nunc teretes æstate cicadæ*
> *Linquunt*[4];

Plutarque mesme regrette sa fille par des singeries de son enfance[5]. Le souvenir d'un adieu, d'une action, d'une grace particuliere, d'une recommandation derniere, nous afflige. La robe de Cæsar[6] troubla toute Romme, ce que sa mort n'avoit pas faict. Le son mesme des noms, qui nous tintoüine aux oreilles : « Mon pauvre maistre! » ou « Mon grand amy! » « Hélas! mon cher père! » ou, « Ma bonne fille! » quand ces redites me pinsent et que j'y regarde de près, je trouve que c'est une plainte grammairiene et voyelle. Le mot et le ton me blessent (comme les excla-

mations des prescheurs esmouvent leur auditoire souvant
plus que ne font leurs raisons et comme nous frappe la
voix piteuse d'une beste qu'on tue pour nostre service);
sans que je poise, ou penetre cependant la vraye essence
et massive de mon subject;

His se stimulis dolor ipse lacessit[1];

ce sont les fondemens de nostre deuil.

   (c) L'opiniastreté de mes pierres, specialement en la
verge, m'a par fois jetté en longues suppressions d'urine,
de trois, de quatre jours, et si avant en la mort que c'eust
esté follie d'esperer l'eviter, voyre desirer, veu les cruels
effors que cet estat apporte. O que ce bon Empereur[2],
qui faisoit lier la verge à ses criminels pour les faire
mourir à faute de pisser, estoit grand maistre en la science
de bourrellerie! Me trouvant là, je consideroy par combien legeres causes et objects l'imagination nourrissoit en
moy le regret de la vie; de quels atomes se bastissoit en
mon ame le poids et la difficulté de ce deslogement; à
combien frivoles pensées nous donnions place en un si
grand affaire; un chien, un cheval, un livre, un verre, et
quoy non? tenoient compte en ma perte. Aux autres leurs
ambitieuses esperances, leur bourse, leur science, non
moins sottement à mon gré. Je voyois nonchalamment la
mort, quand je la voyois universellement, comme fin de la
vie; je la gourmande en bloc; par le menu, elle me pille.
Les larmes d'un laquais, la dispensation de ma desferre,
l'attouchement d'une main connue, une consolation
commune me desconsole et m'attendrit.

   (b) Ainsi nous troublent l'ame les plaintes des fables; et
les regrets de Didon et d'Ariadné passionnent ceux
mesmes qui ne les croyent point en Virgile et en Catulle.
(c) C'est un exemple de nature obstinée et dure n'en sentir
aucune emotion, comme on recite pour miracle de Polemon; mais aussi ne pallit il pas seulement à la morsure
d'un chien enragé qui luy emporta le gras de la jambe[3].
(b) Et nulle sagesse ne va si avant de concevoir la cause
d'une tristesse si vive et entiere par jugement, qu'elle ne
souffre accession par la presence, quand les yeux et les
oreilles y ont part, parties qui ne peuvent estre agitées
que par vains accidens.

   Est-ce raison que les arts mesmes se servent et facent
leur proufit de nostre imbecilité et bestise naturelle?

L'Orateur, dict la rethorique, en cette farce de son plaidoier s'esmouvera par le son de sa voix et par ses agitations feintes, et se lairra piper à la passion qu'il représente. Il s'imprimera un vray deuil et essentiel, par le
moyen de ce battelage qu'il joüe, pour le transmettre aux
juges, à qui il touche encore moins : comme font ces
personnes qu'on loüe aus mortuaires pour ayder à la
ceremonie du deuil, qui vendent leurs larmes à pois et
à mesure et leur tristesse; car, encore qu'ils s'esbranlent en
forme empruntée, toutesfois, en habituant et rengeant
la contenance, il est certain qu'ils s'emportent souvant
tous entiers et reçoivent en eux une vraye melancholie.

Je fus, entre plusieurs autres de ses amis, conduire à
Soissons le corps de monsieur de Gramont, du siege de
La Fere, où il fut tué[1]. Je consideray que, par tout où
nous passions, nous remplissions de lamentation et de
pleurs le peuple que nous rencontrions, par la seule
montre de l'appareil de nostre convoy; car seulement le
nom du trepassé n'y estoit pas cogneu.

(c) Quintilian dict[2] avoir veu des comediens si fort
engagez en un rolle de deuil qu'ils en pleuroient encores
au logis; et de soy mesmes qu'ayant prins à esmouvoir
quelque passion en autruy, il l'avoit espousée jusques à se
trouver surprins non seulement de larmes, mais d'une
palleur de visage et port d'homme vrayement accablé de
douleur.

(b) En une contrée près de nos montaignes, les femmes
font le prestre martin[3]; car, comme elles agrandissent
le regret du mary perdu par la souvenance des bonnes
et agreables conditions qu'il avoit, elles font tout d'un
trein aussi recueil et publient ses imperfections, comme
pour entrer d'elles mesmes en quelque compensation et
se divertir de la pitié au desdain, *(c)* de bien meilleure
grace encore que nous qui, à la perte du premier connu,
nous piquons à luy prester des louanges nouvelles et
fauces, et à le faire tout autre, quand nous l'avons perdu
de veuë, qu'il ne nous sembloit estre quand nous le
voyions; comme si le regret estoit une partie instructive;
ou que les larmes, en lavant nostre entendement, l'esclaircissent. Je renonce dès à present aux favorables tesmoignages qu'on me voudra donner, non par ce que j'en
seray digne, mais par ce que je seray mort.

(b) Qui demandera à celuy là : « Quel interest avez vous

à ce siege? — L'interest de l'exemple, dira il, et de
l'obeyssance commune du prince; je n'y pretens proffit
quelconque; et de gloire, je sçay la petite part qui en peut
toucher un particulier comme moy; je n'ay icy ny passion,
ny querelle. » Voyez le pourtant le lendemain, tout
changé, tout bouillant et rougissant de cholere en son
ranc de bataille pour l'assaut; c'est la lueur de tant d'acier
et le feu et tintamarre de nos canons et de nos tambours
qui luy ont jetté cette nouvelle rigueur et hayne dans les
veines. « Frivole cause! » me direz vous. Comment
cause? Il n'en faut point pour agiter nostre ame; une
resverie sans corps et sans sujeçt la regente et l'agite. Que
je me jette à faire des chasteaux en Espaigne, mon imagination m'y forge des commoditez et des plaisirs desquels
mon ame est réellement chatouillée et resjouye. Combien
de fois embrouillons nous nostre esprit de cholere ou de
tristesse par telles ombres, et nous inserons en des
passions fantastiques qui nous alterent et l'ame et le
corps! (c) Quelles grimaces estonnées, riardes, confuses
excite la resverie en nos visages! Quelles saillies et agitations de membres et de voix! Semble-il pas de cet homme
seul qu'il aye des visions fauces d'une presse d'autres
hommes avec qui il negocie, ou quelque demon interne
qui le persecute? (b) Enquerez vous à vous où est l'object
de cette mutation : est il rien, sauf nous, en nature, que
l'inanité sustante, sur quoy elle puisse?

Cambises, pour avoir songé en dormant que son frere
devoit devenir Roy de Perse, le fit mourir[1]; un frere qu'il
aimoit et duquel il s'estoit tousjours fié! Aristodemus,
Roy des Messeniens, se tua pour une fantasie qu'il print
de mauvais augure de je ne sçay quel hurlement de ses
chiens[2]. Et le Roy Midas en fit autant, troublé et faché
de quelque mal plaisant songe qu'il avoit songé[3]. C'est
priser sa vie justement ce qu'elle est, de l'abandonner
pour un songe.

Oyez pourtant nostre ame triompher de la misere du
corps, de sa foiblesse, de ce qu'il est en butte à toutes
offences et alterations; vrayement elle a raison d'en parler :

> *O prima infælix fingenti terra Prometheo !*
> *Ille parum cauti pectoribus egit opus.*
> *Corpora disponens, mentem non vidit ni arte;*
> *Recta animi primum debuit esse via*[4].

CHAPITRE V

SUR DES VERS DE VIRGILE

(b) A mesure que les pensemens utiles sont plus plains et solides, ils sont aussi plus empeschans et plus onereux. Le vice, la mort, la pauvreté, les maladies, sont subjets graves et qui grevent. Il faut avoir l'ame instruite des moyens de soustenir et combatre les maux, et instruite des reigles de bien vivre et de bien croire, et souvent l'esveiller et exercer en cette belle estude; mais à une ame de commune sorte il faut que ce soit avec relâche et moderation : elle s'affole d'estre trop continuellement bandée.

J'avoy besoing en jeunesse de m'advertir et solliciter pour me tenir en office; l'alegresse et la santé ne conviennent pas tant bien, dict-on, avec ces discours serieux et sages. Je suis à present en un autre estat; les conditions de la vieillesse ne m'advertissent que trop, m'assagissent et me preschent. De l'excez de la gayeté je suis tombé en celuy de la severité, plus fâcheus. Parquoy je me laisse à cette heure aller un peu à la desbauche par dessein; et emploie quelque fois l'ame à des pensemens folastres et jeunes, où elle se sejourne. Je ne suis meshuy que trop rassis, trop poisant et trop meur. Les ans me font leçon, tous les jours, de froideur et de temperance. Ce corps fuyt le desreiglement et le craint. Il est à son tour de guider l'esprit vers la reformation. Il regente à son tour, et plus rudement et imperieusement. Il ne me laisse pas une heure, ny dormant ny veillant, chaumer d'instruction, de mort, de patience et de pœnitence. Je me deffens de la temperance comme j'ay faict autresfois de la volupté. Elle me tire trop arriere, et jusques à la stupidité. Or je veus estre maistre de moy, à tout sens. La sagesse a ses excés et n'a pas moins besoin de moderation que la folie. Ainsi, de peur que je ne seche, tarisse et m'aggrave de prudence, aus intervalles que mes maux me donnent,

Mens intenta suis ne siet usque malis[1],

je gauchis tout doucement, et desrobe ma veuë de ce ciel orageux et nubileux que j'ay devant moy : lequel.

Dieu mercy, je considere bien sans effroy, mais non pas sans contention et sans eſtude; et ne vois amusant en la recordation des jeunesses passées,

> *animus quod perdidit optat,*
> *Atque in præterita se totus imagine versat*[1].

Que l'enfance regarde devant elle, la vieillesse derriere : eſtoit-ce pas ce que signifioit le double visage de Janus? Les ans m'entrainent s'ils veulent, mais à reculons! Autant que mes yeux peuvent reconnoiſtre cette belle saison expirée, je les y deſtourne à secousses. Si elle eschappe de mon sang et de mes veines, aumoins n'en veus-je desraciner l'image de la memoire,

> *hoc eſt*
> *Vivere bis, vita posse priore frui*[2].

(c) Platon ordonne[3] aux vieillards d'assiſter aux exercices, danses et jeux de la jeunesse, pour se rejouir en autruy de la souplesse et beauté du corps qui n'eſt plus en eux, et rappeller en leur souvenance la grace et faveur de cet aage fleurissant, et veut qu'en ces esbats ils attribuent l'honneur de la victoire au jeune homme qui aura le plus esbaudi et resjoui, et plus grand nombre d'entre eux.

(b) Je merquois autresfois les jours poisans et tenebreux comme extraordinaires : ceux-là sont tantoſt les miens ordinaires; les extraordinaires sont les beaux et serains. Je m'en vay au train de tressaillir comme d'une nouvelle faveur quand aucune chose ne me deult. Que je me chatouille, je ne puis tantoſt plus arracher un pauvre rire de ce meschant corps. Je ne m'esgaye qu'en fantasie et en songe, pour deſtourner par ruse le chagrin de la vieillesse. Mais certes il y faudroit autre remede qu'en songe : foible luicte de l'art contre la nature. C'eſt grand simplesse d'alonger et anticiper, comme chacun faict, les incommoditez humaines; j'ayme mieux eſtre moins long temps vieil que d'eſtre vieil avant que de l'eſtre. Jusques aux moindres occasions de plaisir que je puis rencontrer, je les empoigne. Je connois bien par ouir dire plusieurs especes de voluptez prudentes, fortes et glorieuses; mais l'opinion ne peut pas assez sur moy pour m'en mettre en appetit. *(c)* Je ne les veux pas tant magnanimes, magnifiques et faſtueuses, comme je les veux doucereuses,

faciles et prestes. « *A natura discedimus ; populo nos damus, nullius rei bono auctori*[1]. »

(b) Ma philosophie est en action, en usage naturel et present, peu en fantasie. Prinsse je plaisir à jouer aux noisettes et à la toupie!

Non ponebat enim rumores ante salutem[2].

La volupté est qualité peu ambitieuse : elle s'estime assez riche de soy sans y mesler le pris de la reputation, et s'ayme mieux à l'ombre. Il faudroit donner le fouët à un jeune homme qui s'amuseroit à choisir le goust du vin et des sauces. Il n'est rien que j'aye moins sceu et moins prisé. A cette heure je l'apprens. J'en ay grand honte, mais qu'y feroy-je? J'ay encore plus de honte et de despit des occasions qui m'y poussent. C'est à nous à resver et baguenauder et à la jeunesse de se tenir sur la reputation et sur le bon bout : elle va vers le monde, vers le credit; nous en venons. *(c)* « *Sibi arma, sibi equos, sibi hastas, sibi clavam, sibi pilam, sibi natationes et cursus habeant ; nobis senibus, ex lusionibus multis, talos relinquant et tesseras*[3]. »

(b) Les loix mesme nous envoyent au logis. Je ne puis moins, en faveur de cette chetive condition où mon aage me pousse, que de luy fournir de jouets et d'amusoires, comme à l'enfance : aussi y retombons nous. Et la sagesse et la folie auront prou à faire à m'estayer et secourir par offices alternatifs, en cette calamité d'aage :

Misce stultitiam consiliis brevem[4].

Je fuis de mesme les plus legeres pointures; et celles qui ne m'eussent pas autres-fois esgratigné, me transpercent à cette heure : mon habitude commence de s'appliquer si volontiers au mal! *(c)* « *In fragili corpore odiosa omnis offensio est*[5]. »

(b) *Mensque pati durum sustinet ægra nihil*[6].

J'ay esté tousjours chatouilleux et delicat aux offences; je suis plus tendre à cette heure, et ouvert par tout,

Et minimæ vires frangere quassa valent[7].

Mon jugement m'empesche bien de regimber et gronder contre les inconveniens que nature m'ordonne à souffrir,

mais non pas de les sentir. Je courrois d'un bout du
monde à l'autre chercher un bon an de tranquillité plaisante et enjouée, moy qui n'ay autre fin que vivre et me
resjouyr. La tranquillité sombre et stupide se trouve assez
pour moy, mais elle m'endort et enteste : je ne m'en
contente pas. S'il y a quelque personne, quelque bonne
compaignie aux champs, en la ville, en France ou ailleurs,
resseante ou voyagere, à qui mes humeurs soient bonnes,
de qui les humeurs me soient bonnes, il n'est que de
siffler en paume, je leur iray fournir des essays en cher
et en os.

Puisque c'est le privilege de l'esprit de se r'avoir de
la vieillesse, je luy conseille, autant que je puis, de le faire ;
qu'il verdisse, qu'il fleurisse ce pendant, s'il peut, comme
le guy sur un arbre mort. Je crains que c'est un traistre :
il s'est si estroittement afferé au corps qu'il m'abandonne
à tous coups pour le suyvre en sa necessité. Je le flatte
à part, je le practique pour neant. J'ay beau essayer
de le destourner de cette colligeance, et luy presenter
et Seneque et Catulle, et les dames, et les dances
royales ; si son compagnon a la cholique, il semble
qu'il l'ait aussi. Les operations mesmes qui luy sont
particulieres et propres ne se peuvent lors souslever ;
elles sentent evidemment au morfondu. Il n'y a poinct
d'allegresse en ses productions, s'il n'en y a quand et
quand au corps.

(c) Noz maistres ont tort dequoy, cherchant les causes
des eslancemens extraordinaires de nostre esprit, outre ce
qu'ils en attribuent à un ravissement divin, à l'amour, à
l'aspreté guerriere, à la poësie, au vin[1], ils n'en ont
donné sa part à la santé ; une santé bouillante, vigoureuse,
pleine, oisifve, telle qu'autrefois la verdeur des ans et la
securité me la fournissoient par venuës[2]. Ce feu de gayeté
suscite en l'esprit des eloises vives et claires, outre nostre
portée naturelle et entre les enthousiasmes les plus gaillards, si non les plus esperdus. Or bien ce n'est pas
merveille si un contraire estat affesse mon esprit, le clouë
et faict un effect contraire.

(b)   Ad nullum consurgit opus, cum corpore languet[3].

Et veut encores que je luy sois tenu dequoy il preste,
comme il dict, beaucoup moins à ce consentement que
ne porte l'usage ordinaire des hommes. Aumoins, pen-

dant que nous avons trefves, chassons les maux et
difficultez de nostre commerce :

Dum licet, obducta solvatur fronte senectus[1];

« *tetrica sunt amœnanda jocularibus*[2]. » J'ayme une sagesse
gaye et civile, et fuis l'aspreté des meurs et l'austerité,
ayant pour suspecte toute mine rebarbative :

(c) Tristemque vultus tetrici arrogantiam[3].
(b) Et habet tristis quoque turba cynædos[4].

(c) Je croy Platon de bon cœur, qui dict[5] les humeurs
faciles ou difficiles estre un grand prejudice à la bonté
ou mauvaistié de l'ame. Socrates eut un visage constant,
mais serein et riant, non constant comme le vieil Crassus
qu'on ne veit jamais rire[6].

(b) La vertu est qualité plaisante et gaye.

(c) Je sçay bien que fort peu de gens rechigneront à la
licence de mes esprits, qui n'ayent plus à rechigner à la
licence de leur pensée. Je me conforme bien à leur
courage, mais j'offence leurs yeux.

C'est une humeur bien ordonnée de pinser les escrits
de Platon et couler ses negotiations pretendues avec
Phedon, Dion, Stella, Archeanassa[7]. « *Non pudeat dicere
quod non pudeat sentire*[8]. »

(b) Je hay un esprit hargneux et triste qui glisse par
dessus les plaisirs de sa vie et s'empoigne et paist aux
malheurs; comme les mouches, qui ne peuvent tenir
contre un corps bien poly et bien lissé, et s'attachent et
reposent aux lieux scabreux et raboteux; et comme les van-
touses qui ne hument et appetent que le mauvais sang[9].

Au reste, je me suis ordonné d'oser dire tout ce que
j'ose faire, et me desplais des pensées mesmes impublia-
bles. La pire de mes actions et conditions ne me semble
pas si laide comme je trouve laid et lâche de ne l'oser
avouer. Chacun est discret en la confession, on le devoit
estre en l'action; la hardiesse de faillir est aucunement
compensée et bridée par la hardiesse de le confesser.

(c) Qui s'obligeroit à tout dire, s'obligeroit à ne rien faire
de ce qu'on est contraint de taire. Dieu veuille que cet
excès de ma licence attire nos hommes jusques à la liberté,
par dessus ces vertus couardes et mineuses nées de nos
imperfections; qu'aux despens de mon immoderation
je les attire jusques au point de la raison! Il faut voir son

vice et l'estudier pour le redire. Ceux qui le celent à
autruy, le celent ordinairement à eux mesmes. Et ne le
tiennent pas pour assés couvert, s'ils le voyent; ils le
soustrayent et desguisent à leur propre conscience.
« *Quare vitia sua nemo confitetur ? Quia etiam nunc in illis
est; somnium narrare vigilantis est*[1]. » Les maux du cors
s'esclaircissent en augmentant. Nous trouvons que c'est
goutte que nous nommions rheume ou foulure. Les maux
de l'ame s'obscurcissent en leur force; le plus malade
les sent le moins. Voilà pourquoy il les faut souvant rema-
nier au jour, d'une main impiteuse, les ouvrir et arracher
du creus de nostre poitrine. Comme en matiere de bienfaicts, de mesme en matiere de mesfaicts, c'est par fois
satisfaction que la seule confession. Est-il quelque laideur
au faillir, qui nous dispense de nous en devoir confesser?

(b) Je souffre peine à me feindre, si que j'evite de
prendre les secrets d'autruy en garde, n'ayant pas bien le
cœur de desadvouer ma science. Je puis la taire; mais la
nyer, je ne puis sans effort et desplaisir. Pour estre bien
secret, il le faut estre par nature, non par obligation.
C'est peu, au service des princes, d'estre secret, si on n'est
menteur encore. Celuy qui s'enquestoit à Thales Milesius[2]
s'il devoit solemnellement nier d'avoir paillardé, s'il se
fut addressé à moy, je lui eusse respondu qu'il ne le
devoit pas faire, car le mentir me semble encore pire que
la paillardise. Thales conseilla tout autrement, et qu'il
jurast, pour garentir le plus par le moins. Toutesfois ce
conseil n'estoit pas tant election de vice que multiplication.

Sur quoy, disons ce mot en passant, qu'on faict bon
marché à un homme de conscience quand on luy propose
quelque difficulté au contrepois du vice; mais, quand on
l'enferme entre deux vices, on le met à un rude chois,
comme on fit Origene[3] : ou qu'il idolatrast, ou qu'il
se souffrit jouyr charnellement à un grand vilain Æthio-
pien qu'on luy presenta. Il subit la premiere condition,
et vitieusement, dict on. Pourtant ne seroient pas sans
goust, selon leur erreur, celles qui nous protestent, en ce
temps, qu'elles aymeroient mieux charger leur conscience
de dix hommes que d'une messe.

Si c'est indiscretion de publier ainsi ses erreurs, il n'y a
pas grand danger qu'elle passe en exemple et usage; car
Ariston disoit que les vens que les hommes craignent le

plus sont ceux qui les descouvrent. Il faut rebrasser
ce sot haillon qui couvre nos meurs. Ils envoyent leur
conscience au bordel et tiennent leur contenance en regle.
Jusques aux traistres et assassins, ils espousent les loix
de la ceremonie et attachent là leur devoir; si n'est ce ny
à l'injustice de se plaindre de l'incivilité, *(c)* ny à la
malice de l'indiscretion. C'est dommage qu'un meschant
homme ne soit encore un sot et que la decence pallie son
vice. Ces incrustations n'apartienent qu'à une bonne et
saine paroy, qui merite d'estre conservée ou blanchie.

(b) En faveur des Huguenots, qui accusent nostre confession privée et auriculaire, je me confesse en publiq,
religieusement et purement. S. Augustin, Origene et
Hippocrates ont publié les erreurs de leurs opinions; moy,
encore, de mes meurs. Je suis affamé de me faire connoistre; et ne me chaut à combien, pourveu que ce soit
veritablement; ou, pour dire mieux, je n'ay faim de rien,
mais je crains mortellement d'estre pris en eschange par
ceux à qui il arrive de connoistre mon nom.

Celuy qui faict tout pour l'honneur et pour la gloire,
que pense-il gaigner en se produisant au monde en
masque, desrobant son vray estre à la connoissance du
peuple? Louez un bossu de sa belle taille, il le doit
recevoir à injure. Si vous estes couard et qu'on vous
honnore pour un vaillant homme, est-ce de vous qu'on
parle? on vous prend pour un autre. J'aymeroy aussi cher
que celuy-là se gratifiast des bonnetades qu'on luy faict,
pensant qu'il soit maistre de la trouppe, luy qui est des
moindres de la suitte. Archelaus, Roy de Macedoine,
passant par la ruë, quelqu'un versa de l'eau sur luy; les
assistans disoient qu'il devoit le punir : « Ouy mais,
dict-il, il n'a pas versé l'eau sur moy, mais sur celuy qu'il
pensoit que je fusse[1]. » *(c)* Socrates, à celuy qui l'adver-
tissoit qu'on mesdisoit de luy : « Point, fit-il, il n'y a rien
en moy de ce qu'ils disent[2]. » *(b)* Pour moy, qui me loüeroit
d'estre bon pilote, d'estre bien modeste, ou d'estre bien
chaste, je ne luy en devrois nul grammercy. Et pareillement,
qui m'appelleroit traistre, voleur ou yvrongne, je me tien-
droy aussi peu offencé. Ceux qui se mescognoissent, se
peuvent paistre de fauces approbations; non pas moy, qui
me voy et qui me recherche jusques aux entrailles, qui sçay
bien ce qui m'appartient. Il me plaist d'estre moins loué,
pourveu que je soy mieux conneu. *(c)* On me pourroit

tenir pour sage en telle condition de sagesse que je tien
pour sottise.

(b) Je m'ennuie que mes *Essais* servent les dames de
meuble commun seulement, et de meuble de sale. Ce
chapitre me fera du cabinet[1]. J'ayme leur commerce un
peu privé. Le publique est sans faveur et saveur. Aux
adieux, nous eschauffons outre l'ordinaire l'affection
envers les choses que nous abondonnons. Je prens
l'extreme congé des jeux du monde, voicy nos dernieres
accolades. Mais venons à mon theme.

Qu'a faict l'action genitale aux hommes, si naturelle,
si necessaire et si juste, pour n'en oser parler sans vergongne et pour l'exclurre des propos serieux et reglez?
Nous prononçons hardiment : tuer, desrober, trahir; et
cela, nous n'oserions qu'entre les dents? Est-ce à dire que
moins nous en exhalons en parole, d'autant nous avons
loy d'en grossir la pensée?

(c) Car il est bon que les mots qui sont le moins en
usage, moins escrits et mieus teus, sont les mieux sceus
et plus generalement connus. Nul aage, nulles meurs
l'ignorent non plus que le pain. Ils s'impriment en chascun
sans estre exprimez et sans voix et sans figure. Il est bon
aussi que c'est une action que nous avons mis en la franchise du silence, d'où c'est crime de l'arracher, non pas
mesme pour l'accuser et juger. Ny n'osons la fouëtter
qu'en periphrase et peinture. Grand faveur à un criminel
d'estre si execrable que la justice estime injuste de le
toucher et de le veoir; libre et sauvé par le benefice de
l'aigreur de sa condamnation. N'en va-il pas comme en
matiere de livres, qui se rendent d'autant plus venaux et
publiques de ce qu'ils sont supprimez? Je m'en vay pour
moy prendre au mot l'advis d'Aristote, qui dict[2] l'estre
honteus servir d'ornement à la jeunesse, mais de reproche
à la vieillesse.

(b) Ces vers se preschent en l'escole ancienne, escole à
laquelle je me tiens bien plus qu'à la moderne *(c)* (ses
vertus me semblent plus grandes, ses vices moindres) :

> *(b)* Ceux qui par trop fuyant Venus estrivent,
> Faillent autant que ceux qui trop la suivent[3].

> *Tu, Dea, tu rerum naturam sola gubernas,*
> *Nec sine te quicquam dias in luminis oras*
> *Exoritur, neque fit lætum nec amabile quicquam[4].*

Je ne sçay qui a peu mal mesler Pallas et les Muses avec Venus, et les refroidir envers l'Amour; mais je ne voy aucunes deitez qui s'aviennent mieux, ny qui s'entre-doivent plus. Qui ostera aux muses les imaginations amoureuses, leur desrobera le plus bel entretien qu'elles ayent et la plus noble matiere de leur ouvrage; et qui fera perdre à l'amour la communication et service de la poësie, l'affoiblira de ses meilleures armes; par ainsin on charge le Dieu d'accointance et de bien-veillance et les deesses protectrices d'humanité et de justice, du vice d'ingratitude et de mesconnoissance.

Je ne suis pas de si long temps cassé de l'estat et suitte de ce Dieu que je n'aye la memoire informée de ses forces et valeurs,

> *agnosco veteris vestigia flammæ*[1].

Il y a encore quelque demeurant d'emotion et chaleur après la fiévre,

> *Nec mihi deficiat calor hic, hiemantibus annis*[2].

Tout asseché que je suis et appesanty, je sens encore quelques tiedes restes de cette ardeur passée :

> *Qual l'alto Ægo, per che Aquilone o Noto*
> *Cessi, che tutto prima il vuolse et scosse,*
> *Non s'accheta ei pero : ma'l sono e'l moto,*
> *Ritien de l'onde anco agitate è grosse*[3].

Mais de ce que je m'y entends, les forces et valeur de ce Dieu se trouvent plus vives et plus animées en la peinture de la poësie qu'en leur propre essence,

> *Et versus digitos habet*[4].

Elle represente je ne sçay quel air plus amoureux que l'amour mesme. Venus n'est pas si belle toute nue, et vive, et haletante, comme elle est icy chez Virgile :

> *Dixerat, et niveis hinc atque hinc diva lacertis*
> *Cunctantem amplexu molli fovet. Ille repente*
> *Accepit solitam flammam, notusque medullas*
> *Intravit calor, et labefacta per ossa cucurrit.*
> *Non secus atque olim tonitru cum rupta corusco*
> *Ignea rima micans percurrit limine nimbos*[5].
> *. . . . . Ea verba loquutus,*
> *Optatos dedit amplexus, placidumque petivit*
> *Conjugis infusus gremio per membra soporem*[6].

Ce que j'y trouve à considerer, c'est qu'il la peinct un peu bien esmeue pour une Venus maritale. En ce sage marché, les appetits ne se trouvent pas si follastres; ils sont sombres et plus mousses. L'amour hait qu'on se tienne par ailleurs que par luy, et se mesle láchement aux accointances qui sont dressées et entretenues soubs autre titre, comme est le mariage : l'aliance, les moyens, y poisent par raison, autant ou plus que les graces et la beauté. On ne se marie pas pour soy, quoi qu'on die; on se marie autant ou plus pour sa posterité, pour sa famille. L'usage et interest du mariage touche nostre race bien loing par delà nous. Pourtant me plait cette façon, qu'on le conduise plustost par mains tierces que par les propres, et par le sens d'autruy que par le sien. Tout cecy, combien à l'opposite des conventions amoureuses! Aussi est ce une espece d'inceste d'aller employer à ce parentage venerable et sacré les efforts et les extravagances de la licence amoureuse, comme il me semble avoir dict ailleurs[1]. Il faut, dict Aristote, toucher sa femme prudemment et severement, de peur qu'en la chatouillant trop lascivement le plaisir la face sortir hors des gons de raison. Ce qu'il dict pour la conscience, les medecins le disent pour la santé; qu'un plaisir excessivement chaut, voluptueux et assidu altere la semence et empesche la conception; disent d'autrepart, qu'à une congression languissante, comme celle là est de sa nature, pour la remplir d'une juste et fertile chaleur, il s'y faut presenter rarement et à notables intervalles,

Quo rapiat sitiens venerem interiúsque recondat[2].

Je ne vois point de mariages qui faillent plustost et se troublent que ceux qui s'acheminent par la beauté et desirs amoureux. Il y faut des fondemens plus solides et plus constans, et y marcher d'aguet; cette bouillante allegresse n'y vaut rien.

Ceux qui pensent faire honneur au mariage pour y joindre l'amour, font, ce me semble, de mesme ceux qui, pour faire faveur à la vertu, tiennent que la noblesse n'est autre chose que vertu. Ce sont choses qui ont quelque cousinage; mais il y a beaucoup de diversité : on n'a que faire de troubler leurs noms et leurs titres; on faict tort à l'une ou à l'autre de les confondre. La noblesse est une belle qualité, et introduite avec raison; mais d'autant que

c'est une qualité dependant d'autruy et qui peut tomber
en un homme vicieux et de neant, elle est en estimation
bien loing au dessoubs de la vertu : c'est une vertu, si ce
l'est, artificiele et visible; dependant du temps et de la
fortune; diverse en forme selon les contrées; vivante et
mortelle; sans naissance non plus que la riviere du Nil;
genealogique et commune; de suite et de similitude;
tirée par consequence, et consequence bien foible. La
science, la force, la bonté, la beauté, la richesse, toutes
autres qualitez, tombent en communication et en commerce; cette-cy se consomme en soi, de nulle en-ploite au
service d'autruy. On proposoit à l'un de nos Roys le chois
de deux competiteurs en une mesme charge, desquels l'un
estoit gentil'homme, l'autre ne l'estoit point. Il ordonna
que, sans respect de cette qualité, on choisit celuy qui
auroit le plus de merite; mais, où la valeur seroit entierement pareille, qu'en ce cas on eust respect à la noblesse :
c'estoit justement luy donner son rang. Antigonus,
à un jeune homme incogneu qui lui demandoit la charge
de son pere, homme de valeur, qui venoit de mourir :
« Mon amy, fit-il, en tels bien faicts je ne regarde pas
tant la noblesse de mes soldats comme je fais leur
prouësse[1]. »

(c) De vray, il n'en doibt pas aller comme des officiers
des Roys de Sparte[2], trompettes, menestriers, cuisiniers, à
qui en leur charge succedoient les enfans, pour ignorants
qu'ils fussent, avant les mieux experimentez du mestier.
Ceux de Callicut font des nobles une espece par dessus
l'humaine. Le mariage leur est interdict et toute autre
vacation que bellique. De concubines, ils en peuvent
avoir leur saoul, et les femmes autant de ruffiens, sans
jalousie les uns des autres : mais c'est un crime capital et
irremissible, de s'accoupler à personne d'autre condition
que la leur. Et se tiennent pollus, s'ils en sont seulement
touchez en passant, et, comme leur noblesse en estant
merveilleusement injuriée et interessée, tuent ceux qui
seulement ont approché un peu trop près d'eus; de
maniere que les ignobles sont tenus de crier en marchant,
comme les gondoliers de Venise au contour des ruës pour
ne s'entreheurter; et les nobles leur commandent de se
jetter au quartier qu'ils veulent. Ceux cy evitent par là
cette ignominie qu'ils estiment perpetuelle; ceux-là, une
mort certaine. Nulle durée de temps, nulle faveur de

prince, nul office ou vertu ou richesse peut faire qu'un
roturier devienne noble. A quoy ayde cette coustume que
les mariages sont defendus de l'un mestier à l'autre; ne
peut une de race cordonniere espouser un charpentier; et
sont les parents obligez de dresser les enfans à la
vacation des peres, precisement, et non à autre vacation,
par où se maintient la distinction et constance de leur
fortune[1].

(b) Ung bon mariage, s'il en est, refuse la compaignie
et conditions de l'amour. Il tache à representer celles de
l'amitié. C'est une douce société de vie, pleine de constance, de fiance et d'un nombre infiny d'utiles et solides
offices et obligations mutuelles. Aucune femme qui en
savoure le goust,

optato quam junxit lumine tæda[2],

ne voudroit tenir lieu de maistresse et d'amye à son mary.
Si elle est logée en son affection comme femme, elle y est
bien plus honorablement et seurement logée. Quand il
faira l'esmeu ailleurs et l'empressé, qu'on luy demande
pourtant lors à qui il aymeroit mieux arriver une honte,
ou à sa femme ou à sa maistresse; de qui la desfortune
l'affligeroit le plus; à qui il desire plus de grandeur; ces
demandes n'ont aucun doubte en un mariage sain. Ce qu'il
s'en voit si peu de bons, est signe de son pris et de sa
valeur. A le bien façonner et à le bien prendre, il n'est
point de plus belle piece en nostre société. Nous ne nous
en pouvons passer, et l'allons avilissant. Il en advient ce
qui se voit aux cages : les oyseaux qui en sont hors,
desespèrent d'y entrer; et d'un pareil soing en sortir, ceux
qui sont au dedans. (c) Socrates, enquis qui estoit plus
commode prendre ou ne prendre point de femme :
« Lequel des deux on face, dict-il, on s'en repentira[3]. »
(b) C'est une convention à laquelle se raporte bien à point
ce qu'on dict, « *homo homini* » ou « *Deus* », ou « *lupus* »[4]. Il
faut le rencontre de beaucoup de qualitez à le bastir. Il se
trouve en ce temps plus commode aux ames simples et
populaires, où les delices, la curiosité et l'oysiveté ne le
troublent pas tant. Les humeurs desbauchées, comme est
la mienne, qui hay toute sorte de liaison et d'obligation,
n'y sont pas si propres,

Et mihi dulce magis resoluto vivere collo[5].

De mon dessein, j'eusse fuy d'espouser la sagesse mesme, si elle m'eust voulu. Mais, nous avons beau dire, la coustume et l'usage de la vie commune nous emporte. La plus part de mes actions se conduisent par exemple, non par chois. Toutesfois je ne m'y conviay pas proprement, on m'y mena, et y fus porté par des occasions estrangeres. Car non seulement les choses incommodes, mais il n'en est aucune si laide et vitieuse et evitable qui ne puisse devenir acceptable par quelque condition et accident : tant l'humaine posture est vaine! Et y fus porté certes plus mal preparé lors et plus rebours que je ne suis à présent après l'avoir essayé. Et, tout licencieux qu'on me tient, j'ay en verité plus severement observé les loix de mariage que je n'avois ny promis, ny esperé. Il n'est plus temps de regimber quand on s'est laissé entraver. Il faut prudemment mesnager sa liberté; mais depuis qu'on s'est submis à l'obligation, il s'y faut tenir soubs les loix du debvoir commun, aumoins s'en efforcer. Ceux qui entreprennent ce marché pour s'y porter avec haine et mespris, font injustement et incommodéement; et cette belle reigle que je voy passer de main en main entre elles, comme un sainct oracle,

> Sers ton mary comme ton maistre,
> Et t'en guarde comme d'un traistre[1],

qui est à dire : « Porte toy envers luy d'une reverence contrainte, ennemie et deffiante », cry de guerre et deffi, est pareillement injurieuse et difficille. Je suis trop mol pour desseins si espineux. A dire vray, je ne suis pas encore arrivé à cette perfection d'habileté et galantise d'esprit, que de confondre la raison avec l'injustice, et mettre en risée tout ordre et reigle qui n'accorde à mon appetit : pour hayr la superstition, je ne me jette pas incontinent à l'irreligion. Si on ne fait tousjours son debvoir, aumoins le faut il tousjours aymer et recognoistre. (c) C'est trahison de se marier sans s'espouser. (b) Passons outre.

Nostre poëte[2] represente un mariage plein d'accord et de bonne convenance, auquel pourtant il n'y a pas beaucoup de loyauté. A il voulu dire qu'il ne soit pas impossible de se rendre aux efforts de l'amour, et ce neantmoins reserver quelque devoir envers le mariage, et qu'on le peut blesser sans le rompre tout à faict? (c) Tel valet

ferre la mule au maiſtre qu'il ne hayt pas pourtant.
(b) La beauté, l'opportunité, la deſtinée (car la deſtinée
y met aussi la main),

> *fotum est in partibus illis*
> *Quas sinus abscondit : nam, si tibi sidera cessent,*
> *Nil faciet longi mensura incognita nervi*[1],

l'ont attachée à un eſtranger, non pas si entiere peut eſtre,
qu'il ne luy puisse reſter quelque liaison par où elle tient
encore à son mary. Ce sont deux desseins qui ont des
routes diſtinguées et non confondues. Une femme se peut
rendre à tel personnage, que nullement elle ne voudroit
avoir espousé; je ne dy pas pour les conditions de la
fortune, mais pour celles mesmes de la personne. Peu de
gens ont espousé des amies qui ne s'en soyent repentis.
(c) Et jusques en l'autre monde[2]. Quel mauvais mesnage
a faiſt Jupiter avec sa femme qu'il avoit premierement pratiquée et jouye par amourettes? C'eſt ce qu'on diſt : Chier
dans le panier pour après le mettre sur sa teſte.

(b) J'ay veu de mon temps, en quelque bon lieu, guerir
honteusement et deshonneſtement l'amour par le mariage; les considerations sont trop autres. Nous aimons,
sans nous empescher, deux choses diverses et qui se
contrarient. Isocrates disoit que la ville d'Athenes plaisoit,
à la mode que font les dames qu'on sert par amour;
chacun aimoit à s'y venir promener et y passer son temps;
nul ne l'aymoit pour l'espouser, c'eſt à dire pour s'y
habituer et domicilier[3]. J'ay avec despit veu des maris
hayr leurs femmes de ce seulement qu'ils leur font tort;
aumoins ne les faut il pas moins aymer de noſtre faute;
par repentance et compassion aumoins, elles nous en
devoyent eſtre plus cheres.

Ce sont fins differentes et pourtant compatibles, diſt
il[4], en quelque façon. Le mariage a pour sa part l'utilité,
la juſtice, l'honneur et la conſtance : un plaisir plat, mais
plus universel. L'amour se fonde au seul plaisir, et l'a de
vray plus chatouillant, plus vif et plus aigu; un plaisir
attizé par la difficulté. Il y faut de la piqueure et de la
cuison. Ce n'eſt plus amour s'il eſt sans fleches et sans feu.
La liberalité des dames eſt trop profuse au mariage et
esmousse la poinſte de l'affeſtion et du desir. *(c)* Pour
fuïr à cet inconvenient voyez la peine qu'y prennent en
leurs loix Lycurgus[5] et Platon.

(b) Les femmes n'ont pas tort du tout quand elles refusent les reigles de vie qui sont introduites au monde, d'autant que ce sont les hommes qui les ont faictes sans elles. Il y a naturellement de la brigue et riotte entre elles et nous; le plus estroit consentement que nous ayons avec elles, encore est-il tumultuaire et tempestueux. A l'advis de nostre autheur, nous les traictons inconsideréement en cecy : après que nous avons cogneu qu'elles sont, sans comparaison, plus capables et ardentes aux effects de l'amour que nous, et que ce prestre ancien l'a ainsi tesmoigné, qui avoit esté tantost homme, tantost femme,

> *Venus huic erat utraque nota*[1];

et, en outre, que nous avons apris de leur propre bouche la preuve qu'en firent autrefois en divers siecles un Empereur[2] et une Emperiere[3] de Romme, maistres ouvriers et fameux en cette besongne (luy despucela bien en une nuit dix vierges Sarmates, ses captives; mais elle fournit reelement en une nuit à vint et cinq entreprinses, changeant de compaignie selon son besoing et son goust,

> *adhuc ardens rigidæ tentigine vulvæ,*
> *Et lassata viris, nondum satiata, recessit*[4]);

et que, sur le different advenu à Cateloigne[5] entre une femme se plaignant des efforts trop assiduelz de son mary, non tant, à mon advis, qu'elle en fut incommodée (car je ne crois les miracles qu'en foy), comme pour retrancher soubs ce pretexte et brider, en cela mesme qui est l'action fondamentale du mariage, l'authorité des maris envers leurs femmes, et pour montrer que leurs hergnes et leur malignité passe outre la couche nuptiale et foule aus pieds les graces et douceurs mesmes de Venus; à laquelle plainte le mary respondoit, homme vrayement brutal et desnaturé, qu'aux jours mesme de jeusne il ne s'en sçauroit passer à moins de dix, intervint ce notable arrest de la Royne d'Aragon, par lequel, après meure deliberation de conseil, cette bonne Royne, pour donner reigle et exemple à tout temps de la moderation et modestie requise en un juste mariage, ordonna pour bornes legitimes et necessaires le nombre de six par jour; relâchant et quitant beaucoup du besoing et desir de son sexe, pour establir, disoit elle, une forme aysée et par consequent permanante et immuable[6]. En quoy s'escrient les doc-

teurs : quel doit estre l'appetit et la concupiscence feminine, puisque leur raison, leur reformation et leur vertu
se taille à ce pris? *(c)* considerans le divers jugement de
nos appetits, et que Solon, chef de l'eschole juridique, ne
taxe qu'à trois fois par mois, pour ne faillir point, cette
hantise conjugale[1]. *(b)* Après avoir creu et presché cela,
nous sommes allez leur donner la continence peculierement en partage et sur peines dernieres et extremes.

Il n'est passion plus pressante que cette cy, à laquelle
nous voulons qu'elles resistent seules, non simplement
comme à un vice de sa mesure, mais comme à l'abomination et execration, plus qu'à l'irreligion et au parricide ;
et nous nous y rendons cependant sans coulpe et reproche.
Ceux mesme d'entre nous qui ont essayé d'en venir à
bout ont assez avoué quelle difficulté ou plustost impossibilité il y avoit, usant de remedes materiels, à mater,
affoiblir et refroidir le corps. Nous, au contraire, les
voulons saines, vigoreuses, en bon point, bien nourries,
et chastes ensemble, c'est à dire et chaudes et froides : car
le mariage, que nous disons avoir charge de les empescher
de bruler, leur apporte peu de rafrechissement, selon nos
meurs. Si elles en prennent un à qui la vigueur de l'aage
boulst encores, il faira gloire de l'espandre ailleurs :

> *Sit tandem pudor, aut eamus in jus :*
> *Multis mentula millibus redempta,*
> *Non est hæc tua, Basse ; vendidisti[2].*

(c) Le philosophe Polemon fut justement appelé en
justice par sa femme de ce qu'il alloit semant en un champ
sterile le fruit deu au champ genital[3]. *(b)* Si c'est de ces
autres cassez, les voylà, en plain mariage, de pire condition
que vierges et vefves. Nous les tenons pour bien fournies,
parce que elles ont un homme auprès, comme les Romains tindrent pour violée Clodia Læta, vestale, que
Calligula[4] avoit approchée encores qu'il fut averé qu'il ne
l'avoit qu'aprochée ; mais, au rebours, on recharge par là
leur necessité, d'autant que l'atouchement et la compaignie de quelque masle que ce soit esveille leur chaleur, qui
demeureroit plus quiete en la solitude. Et, à cette fin,
comme il est vray-semblable, de rendre par cette circonstance et consideration leur chasteté plus meritoire,
Boleslaus et Kinge, sa femme, Roys de Poulongne, la
vouërent d'un commun accord, couchez ensemble, le jour

mesme de leurs nopces, et la maintindrent à la barbe des commoditez maritales[1].

Nous les dressons dès l'enfance aus entremises de l'amour : leur grace, leur atiffeure, leur science, leur parole, toute leur instruction ne regarde qu'à ce but. Leurs gouvernantes ne leur impriment autre chose que le visage de l'amour, ne fut qu'en le leur representant continuellement pour les en desgouster. Ma fille (c'est tout ce que j'ay d'enfans) est en l'aage auquel les loix excusent les plus eschauffées de se marier[2]; elle est d'une complexion tardive, mince et molle, et a esté par sa mere eslevée de mesme d'une forme retirée et particuliere : si qu'elle ne commence encore qu'à se desniaiser de la nayfveté de l'enfance. Elle lisoit un livre françois devant moy. Le mot de *fouteau* s'y rencontra, nom d'un arbre cogneu[3]; la femme qu'ell'a pour sa conduitte l'arresta tout court un peu rudement, et la fit passer par dessus ce mauvais pas. Je la laissay faire pour ne troubler leurs reigles, car je ne m'empesche aucunement de ce gouvernement; la police féminine a un trein mysterieux, il faut le leur quitter. Mais, si je ne me trompe, le commerce de vingt laquays n'eust sçeu imprimer en sa fantasie, de six moys, l'intelligence et usage et toutes les consequences du son de ces syllabes scelerées, comme fit cette bonne vieille par sa reprimande et interdiction.

> *Motus doceri gaudet Ionicos*
> *Matura virgo, et frangitur artubus*
> *Jam nunc, et incestos amores*
> *De tenero meditatur ungui[4].*

Qu'elles se dispensent un peu de la ceremonie, qu'elles entrent en liberté de discours, nous ne sommes qu'enfans au pris d'elles en cette science. Oyez leur representer nos poursuittes et nos entretiens, elles vous font bien cognoistre que nous ne leur apportons rien qu'elles n'ayent sçeu et digeré sans nous. *(c)* Seroit-ce ce que dict Platon[5], qu'elles ayent esté garçons desbauchez autresfois? *(b)* Mon oreille se rencontra un jour en lieu où elle pouvoit desrober aucun des discours faicts entre elles sans soubçon : que ne puis-je le dire? « Nostredame! (fis-je) allons à cette heure estudier des frases d'*Amadis* et des registres de Boccace et de l'Aretin pour faire les habiles; nous employons vrayement bien nostre temps! Il n'est ny parole, ny exemple, ny démarche qu'elles ne sçachent mieux que nos livres : c'est une discipline qui naist dans leurs veines,

> *Et mentem Venus ipsa dedit*[1],

que ces bons maistres d'escole, nature, jeunesse et santé, leur soufflent continuellement dans l'ame; elles n'ont que faire de l'apprendre, elles l'engendrent. »

> *Nec tantum niveo gavisa est ulla columbo*
> *Compar, vel si quid dicitur improbius,*
> *Oscula mordenti semper decerpere rostro,*
> *Quantum præcipuè multivola est mulier*[2].

Qui n'eut tenu un peu en bride cette naturelle violence de leur desir par la crainte et honneur dequoy on les a pourveues, nous estions diffamez. Tout le mouvement du monde se resould et rend à cet accouplage : c'est une matiere infuse par tout, c'est un centre où toutes choses regardent. On void encore des ordonnances de la vieille et sage Romme faictes pour le service de l'amour, et les preceptes de Socrates à instruire les courtisanes :

> *Nec non libelli Stoici inter sericos*
> *Jacere pulvillos amant*[3].

Zenon, parmy ses loix, regloit aussi les escarquillemens et les secousses du depucelage[4]. *(c)* De quel sens estoit le livre du philosophe Strato, *De la conjonction charnelle*[5]? et de quoy traittoit Theophraste en ceux qu'il intitula, l'un *L'Amoureux,* l'autre *De l'Amour*[6]? De quoy Aristippus au sien *Des antiennes delices*[7]? Que veulent pretendre les descriptions si estendues et vives en Platon, des amours de son temps plus hardies? Et le livre *De l'Amoureux* de Demetrius Phalereus[8]; et *Clinias* ou *L'Amoureux forcé* de Heraclides Ponticus[9]? Et d'Antisthenes celuy *De faire les enfans* ou *Des nopces*, et l'autre *Du Maistre* ou *De l'Amant*[10]? et d'Aristo celuy *Des exercices amoureux*? de Cleanthes, un *De l'Amour*[11], l'autre *De l'art d'aymer*[12]? Les *Dialogues amoureux* de Spherus? et la fable de *Jupiter et Juno* de Chrysippus, eshontée au delà de toute souffrance[13], et ses cinquante *Epistres*[14], si lascives? Car il faut laisser à part les escrits des philosophes qui ont suivy la secte Epicurienne. *(b)* Cinquante deitez estoient, au temps passé, asservies à cet office; et s'est

trouvé nation où, pour endormir la concupiscence
de ceux qui venoient à la devotion, on tenoit aux Eglises
des garses et des garsons à jouyr, et estoit acte de ceremonie de s'en servir avant venir à l'office[1].

(c) « *Nimirum propter continentiam incontinentia necessaria
est ; incendium ignibus extinguitur*[2]. »

(b) En la plus part du monde, cette partie de nostre
corps estoit deifiée. En mesme province, les uns se
l'escorchoient pour en offrir et consacrer un lopin, les
autres offroient et consacroient leur semence. En une
autre, les jeunes hommes se le perçoient publiquement
et ouvroient en divers lieux entre chair et cuir, et traver-
soient par ces ouvertures des brochettes, les plus longues
et grosses qu'ils pouvoient souffrir ; et de ces brochettes
faisoient après du feu pour offrande à leurs dieux, estimez
peu vigoureux et peu chastes s'ils venoient à s'estonner
par la force de cette cruelle douleur. Ailleurs, le plus sacré
magistrat estoit reveré et reconneu par ces parties là, et
en plusieurs ceremonies l'effigie en estoit portée en pompe
à l'honneur de diverses divinitez.

Les dames Egyptiennes, en la feste des Bacchanales,
en portoient au col un de bois, exquisement formé, grand
et pesant, chacune selon sa force, outre ce que la statue
de leur Dieu en representoit, qui surpassoit en mesure le
reste du corps[3].

Les femmes mariées, icy près, en forgent de leur
couvrechef une figure sur leur front pour se glorifier de la
jouyssance qu'elles en ont ; et, venant à estre vefves, le
couchent en arriere et ensevelissent soubs leur coiffure.

Les plus sages matrones, à Romme, estoient honnorées
d'offrir des fleurs et des couronnes au Dieu Priapus ; et
sur ses parties moins honnestes faisoit-on soir les vierges
au temps de leurs nopces[4]. Encore ne sçay-je si j'ay veu
en mes jours quelque air de pareille devotion. Que vouloit
dire cette ridicule piece de la chaussure de nos peres,
qui se voit encore en nos Souysses ? A quoy faire la
montre que nous faisons à cette heure de nos pieces en
forme, soubs nos gregues, et souvent, qui pis est, outre
leur grandeur naturelle, par fauceté et imposture ?

(c) Il me prend envie de croire que cette sorte de
vestement fut inventée aux meilleurs et plus conscientieux
siecles pour ne piper le monde, pour que chacun rendist
en publiq et galamment conte de son faict. Les nations

plus simples l'ont encore aucunement rapportant au vray.
Lors on inſtruisoit la science de l'ouvrier, comme il se
faiƈt de la mesure du bras ou du pied.

(b) Ce bon homme[1], qui en ma jeunesse, chaſtra tant
de belles et antiques ſtatues en sa grande ville pour ne
corrompre la veue, *(c)* suyvant l'advis de cet autre antien
bon homme :

> *Flagitii principium eſt nudare inter cives corpora*[2].

(b) se devoit adviser, comme aux miſteres de la Bonne
Deesse toute apparence masculine en eſtoit forclose, que
ce n'eſtoit rien avancer, s'il ne faisoit encore chaſtrer et
chevaux et asnes, et nature en fin.

> *Omne adeo genus in terris hominúmque ferarúmque,*
> *Et genus æquoreum, pecudes, piƈtǽque volucres,*
> *In furias ignémque ruunt*[3].

(c) Les Dieux, diƈt Platon[4], nous ont fourni d'un
membre inobedient et tyrannique, qui, comme un animal
furieux, entreprend, par la violence de son appetit,
sousmettre tout à soy. De mesme aux femmes, un animal
glouton et avide, auquel si on refuse aliments en sa
saison, il forcene, impatient de delai, et, soufflant sa rage
en leurs corps, empesche les conduits, arreſte la respiration, causant mille sortes de maux, jusques à ce qu'ayant
humé le fruit de la soif commune, il en ayt largement
arrosé et ensemencé le fond de leur matrice.

(b) Or se devoit aviser aussi mon legislateur, qu'à
l'avanture eſt-ce un plus chaſte et fruƈtueux usage de leur
faire de bonne heure connoiſtre le vif que de le leur laisser
deviner selon la liberté et chaleur de leur fantasie. Au lieu
des parties vrayes, elles en subſtituent, par desir et par
esperance, d'autres extravagantes au triple. *(c)* Et tel de
ma connoissance s'eſt perdu pour avoir faiƈt la descouverte des sienes en lieu où il n'eſtoit encore au propre de
les mettre en possession de leur plus serieux usage.

(b) Quel dommage ne font ces enormes pourtraiƈts que
les enfans vont semant aux passages et escalliers des
maisons Royalles? De là leur vient un cruel mespris de
noſtre portée naturelle. *(c)* Que sçait on si Platon ordonnant[5], après d'autres republiques bien inſtituées, que les
hommes, et femmes, vieux, jeunes, se presentent nuds à la
veüe les uns des autres en ses gymnaſtiques, n'a pas

regardé à cela? *(b)* Les Indiennes, qui voyent les hommes
à crudt, ont au moins refroidy le sens de la veuë. *(c)* Et
quoy que dient les femmes de ce grand royaume du Pegu,
qui, audessous de la ceinture, n'ont à se couvrir qu'un
drap fendu par le devant et si estroit que, quelque ceremonieuse decence qu'elles y cherchent, à chaque pas on
les void toutes, que c'est une invention trouvée aux fins
d'attirer les hommes à elles et les retirer des masles à quoy
cette nation est du tout abandonnée, il se pourroit dire
qu'elles y perdent plus qu'elles n'avancent et qu'une faim
entiere est plus aspre que celle qu'on a rassasiée au moins
par les yeux[1]. *(b)* Aussi disoit Livia[2] qu'à une femme de
bien un homme nud n'est non plus qu'une image. *(c)* Les
Lacedemonienes, plus vierges, femmes, que ne sont nos
filles, voyoyent tous les jours les jeunes hommes de leur
ville despouillez en leurs exercices, peu exactes elles
mesmes à couvrir leurs cuisses en marchant, s'estimants
comme dict Platon[3], assez couvertes de leur vertu sans
vertugade. Mais ceux là desquels tesmoigne S. Augustin[4],
ont donné un merveilleux effort de tentation à la nudité,
qui ont mis en doute si les femmes au jugement universel
resusciteront en leur sexe, et non plustost au nostre, pour
ne nous tenter encore en ce sainct estat[5].

(b) On les leurre, en somme, et acharne par tous
moyens; nous eschauffons et incitons leur imagination
sans cesse, et puis nous crions au ventre! Confessons le
vray : il n'en est guere d'entre nous qui ne craingne plus
la honte qui luy vient des vices de sa femme que des siens;
qui ne se soigne plus (charité esmerveillable) de la
conscience de sa bonne espouse que de la sienne propre;
qui n'aymast mieux estre voleur et sacrilege, et que sa
femme fust meurtriere et heretique, que si elle n'estoit plus
chaste que son mary.

Et elles offriront volontiers d'aller au palais querir du
gain, et à la guerre de la reputation, plustost que d'avoir,
au milieu de l'oisiveté et des delices, à faire une si difficile
garde. Voyent-elles pas qu'il n'est ny marchant, ny procureur, ny soldat, qui ne quitte sa besoigne pour courre à
cette autre, et le crocheteur, et le savetier, tous harassez
et hallebrenez qu'ils sont de travail et de faim?

> *Nam tu, quæ tenuit dives Achæmenes,*
> *Aut pinguis Phrygiæ Mygdonias opes,*

Permutare velis crine Licinniæ,
   Plenas aut Arabum domos,

Dum fragrantia detorquet ad oscula
Cervicem, aut facili sævitia negat,
   Quæ poscente magis gaudeat eripi,
     Interdum rapere occupet[1] ?

(c) Inique estimation de vices! Nous et elles sommes capables de mille corruptions plus dommageables et desnaturées que n'est la lasciveté; mais nous faisons et poisons les vices non selon nature, mais selon nostre interest, par où ils prennent tant de formes inegales. L'aspreté de nos decretz rend l'application des femmes à ce vice plus aspre et vicieuse que ne porte sa condition, et l'engage à des suites pires que n'est leur cause. *(b)* Je ne sçay si les exploicts de Cæsar et d'Alexandre surpassent en rudesse la resolution d'une belle jeune femme, nourrie à nostre façon, à la lumiere et commerce du monde, battue de tant d'exemples contraires, se maintenant entiere au milieu de mille continuelles et fortes poursuittes. Il n'y a poinct de faire plus espineux qu'est ce non faire, ny plus actif. Je treuve plus aisé de porter une cuirasse toute sa vie qu'un pucelage; et est le vœu de la virginité le plus noble de tous les vœus, comme estant le plus aspre : *(c)* « *diaboli virtus in lumbis est*[2] », dict S. Jerosme.

(b) Certes, le plus ardu et le plus vigoureus des humains devoirs, nous l'avons resigné aux dames, et leur en quittons la gloire. Cela leur doit servir d'un singulier esguillon à s'y opiniastrer; c'est une belle matiere à nous braver et à fouler aux pieds cette vaine præeminence de valeur et de vertu que nous pretendons sur elles. Elles trouveront, si elles s'en prennent garde, qu'elles en seront non seulement très-estimées, mais aussi plus aymées. Un galant homme n'abandonne point sa poursuitte pour estre refusé, pourveu que ce soit un refus de chasteté, non de chois. Nous avons beau jurer et menasser, et nous plaindre : nous mentons, nous les en aymons mieux; il n'est point de pareil leurre que la sagesse non rude et renfroignée. C'est stupidité et lácheté de s'opiniatrer contre la haine et le mespris; mais contre une resolution vertueuse et constante, meslée d'une volonté recognoissante, c'est l'exercice d'une ame noble et genereuse. Elles peuvent reconnoistre nos services jusques à certaine mesure, et

nous faire sentir honnestement qu'elles ne nous desdaignent pas.

(c) Car cette loy qui leur commande de nous abominer
par ce que nous les adorons, et nous hayr de ce que nous
les aimons, elle est certes cruelle, ne fust que de sa difficulté. Pourquoy n'orront elles noz offres et noz demandes
autant qu'elles se contienent sous le devoir de la modestie?
Que va lon devinant qu'elles sonnent au dedans quelque
sens plus libre? Une Royne de nostre temps disoit
ingenieusement que de refuser ces abbors, c'estoit tesmoignage de foiblesse et accusation de sa propre facilité, et
qu'une dame non tentée ne se pouvoit vanter de sa
chasteté.

(b) Les limites de l'honneur ne sont pas retranchez du
tout si court : il a dequoy se relacher, il peut se dispenser
aucunement sans se forfaire. Au bout de sa frontiere il y a
quelque estendue libre, indifferente et neutre. Qui l'a peu
chasser et acculer à force, jusques dans son coin et son
fort, c'est un mal habile homme s'il n'est satisfaict de sa
fortune. Le pris de la victoire se considere par la difficulté.
Voulez vous sçavoir quelle impression a faict en son cœur
vostre servitude et vostre merite? mesurez le à ses meurs.
Telle peut donner plus, qui ne donne pas tant. L'obligation du bien-faict se rapporte entierement à la volonté de
celuy qui donne. Les autres circonstances qui tombent au
bien faire, sont muettes, mortes et casuelles. Ce peu luy
couste plus à donner, qu'à sa compaigne son tout. Si en
quelque chose la rareté sert d'estimation, ce doit estre en
cecy; ne regardez pas combien peu c'est, mais combien
peu l'ont. La valeur de la monnoye se change selon le coin
et la merque du lieu.

Quoy que le despit et indiscretion d'aucuns leur puisse
faire dire sur l'excez de leur mescontentement, tousjours
la vertu et la verité regaigne son avantage. J'en ay veu,
desquelles la reputation a esté long temps interessée
par injure, s'estre remises en l'approbation universelle des
hommes par leur seule constance, sans soing et sans
artifice : chacun se repent et se desment de ce qu'il en a
creu; de filles un peu suspectes, elles tiennent le premier
rang entre les dames de bien et d'honneur. Quelqu'un
disoit à Platon : « Tout le monde mesdit de vous. —
Laissez les dire, fit-il, je vivray de façon que je leur feray
changer de langage[1]. » Outre la crainte de Dieu et le

pris d'une gloire si rare qui les doibt inciter à se conserver, la corruption de ce siecle les y force; et, si j'estois en leur place, il n'est rien que je ne fisse plustost que de commettre ma reputation en mains si dangereuses. De mon temps, le plaisir d'en compter (plaisir qui ne doit guere en douceur à celuy mesme de l'effect) n'estoit permis qu'à ceux qui avoient quelque amy fidelle et unique; à present les entretiens ordinaires des assemblées et des tables, ce sont les vanteries des faveurs receuës et liberalité secrette des dames. Vrayement c'est trop d'abjection et de bassesse de cœur de laisser ainsi fierement persecuter, pestrir et fourrager ces tendres graces à des personnes ingrates, indiscrettes et si volages.

Cette nostre exasperation immoderée et illegitime contre ce vice naist de la plus vaine et tempesteuse maladie qui afflige les ames humaines, qui est la jalousie.

> *Quis vetat apposito lumen de lumine sumi ?*
> *Dent licet assiduè, nil tamen inde perit*[1].

Celle-là et l'envie, sa sœur, me semblent des plus ineptes de la trouppe. De cette-cy je n'en puis guere parler : cette passion, qu'on peinct si forte et si puissante, n'a de sa grace aucune addresse en moy. Quand à l'autre, je la cognois, aumoins de veuë. Les bestes en ont ressentiment : le pasteur Cratis estant tombé en l'amour d'une chevre, son bouc, ainsi qu'il dormoit, luy vint par jalousie choquer la teste de la sienne et la luy escraza[2]. Nous avons monté l'excez de cette fiévre à l'exemple d'aucunes nations barbares; les mieux disciplinées en ont esté touchées, c'est raison, mais non pas transportées :

> *Ense maritali nemo confossus adulter*
> *Purpureo stygias sanguine tinxit aquas*[3].

Lucullus[4], Cæsar[5], Pompeius[6], Antonius[7], Caton[8] et d'autres braves hommes furent cocus, et le sceurent sans en exciter tumulte. Il n'y eust, en ce temps là, qu'un sot de Lepidus qui en mourut d'angoisse[9].

> *Ah ! tum te miserum malique fati,*
> *Quem attractis pedibus, patente porta,*
> *Percurrent mugilesque raphanique*[10].

Et le Dieu de nostre poëte, quand il surprint avec sa

femme l'un de ses compaignons, se contenta de leur en
faire honte,

> atque aliquis de Diis non triſtibus optat
> Sic fieri turpis[1];

et ne laisse pourtant pas de s'eschauffer des douces
caresses qu'elle luy offre, se plaignant qu'elle soit pour
cela entrée en deffiance de son affection :

> Quid causas petis ex alto, fiducia cessit
> Quo tibi, diva, mei[2]?

Voire elle luy faict requeſte pour un sien baſtard,

> Arma rogo genitrix nato[3],

qui luy eſt liberalement accordée; et parle Vulcan
d'Æneas avec honneur,

> Arma acri facienda viro[4].

D'une humanité à la verité plus qu'humaine! Et cet excez
de bonté, je consens qu'on le quitte aux Dieux :

> nec divis homines componier æquum eſt[5].

Quant à la confusion des enfans, (c) outre ce que les plus
graves legiſlateurs l'ordonnent et l'affectent en leurs republiques, (b) elle ne touche pas les femmes, où cette passion eſt, je ne sçay comment, encore mieux en son siege :

> Sæpe etiam Juno, maxima cælicolum,
> Conjugis in culpa flagravit quotidiana[6].

Lorsque la jalousie saisit ces pauvres ames foibles et sans
resiſtance, c'eſt pitié comme elle les tirasse et tyrannise
cruellement; elle s'y insinue sous tiltre d'amitié; mais
depuis qu'elle les possede, les mesmes causes qui servoient de fondement à la bienvueillance servent de fondement de hayne capitale. (c) C'eſt des maladies d'esprit
celle à qui plus de choses servent d'aliment, et moins de
choses de remede. (b) La vertu, la santé, le merite, la
reputation du mary sont les boutefeus de leur maltalent et
de leur rage :

> Nullæ sunt inimicitiæ, nisi amoris, acerbæ[7].

Cette fiévre laidit et corrompt tout ce qu'elles ont de bel

et de bon d'ailleurs, et d'une femme jalouse, quelque
chaste qu'elle soit et mesnagere, il n'est action qui ne sente
à l'aigre et à l'importun. C'est une agitation enragée, qui
les rejecte à une extremité du tout contraire à sa cause.
Il fut bon d'un Octavius à Romme : ayant couché avec
Pontia Posthumia, il augmenta son affection par la jouyssance, et poursuyvit à toute instance de l'espouser; ne la
pouvant persuader, cet amour extreme le precipita aux
effects de la plus cruelle et mortelle inimitié; il la tua[1].
Pareillement, les symptomes ordinaires de cette autre
maladie amoureuse, ce sont haynes intestines, monopoles,
conjurations,

notumque furens quid fœmina possit[2],

et une rage qui se ronge d'autant plus qu'elle est con-
traincte de s'excuser du pretexte de bien-vueillance.

Or le devoir de chasteté a une grande estendue. Est-ce
la volonté que nous voulons qu'elles brident? C'est une
piece bien souple et active; elle a beaucoup de promptitude pour la pouvoir arrester. Comment? si les songes les
engagent par fois si avant qu'elles ne s'en puissent desdire.
Il n'est pas en elles, ny à l'advanture en la chasteté
mesme, puis qu'elle est femelle, de se deffendre des concupiscences et du desirer. Si leur volonté seule nous interesse, où en sommes nous? Imaginez la grand presse, à
qui auroit ce privilege d'estre porté tout empenné, sans
yeux et sans langue, sur le poinct de chacune qui l'accepteroit.

(c) Les femmes Scythes crevoyent les yeux à tous leurs
esclaves et prisonniers de guerre pour s'en servir plus
librement et couvertement[3].

(b) O le furieux advantage que l'opportunité! Qui me
demanderoit la premiere partie en l'amour, je respon-
derois que c'est sçavoir prendre le temps; la seconde de
mesme, et encore la tierce : c'est un poinct qui peut tout.
J'ay eu faute de fortune souvant, mais par fois aussi
d'entreprise; Dieu gard de mal qui peut encores s'en
moquer! Il y faut en ce siecle plus de temerité, laquelle
nos jeunes gens excusent sous pretexte de chaleur : mais,
si elles y regardoyent de près, elles trouveroyent qu'elle
vient plustost de mespris. Je craignois superstitieusement
d'offenser, et respecte volontiers ce que j'ayme. Outre ce
qu'en cette marchandise, qui en oste la reverence en

efface le lustre. J'ayme qu'on y face un peu l'enfant, le craintif et le serviteur. Si ce n'est du tout en cecy, j'ay d'ailleurs quelques airs de la sotte honte dequoy parle Plutarque[1], et en a esté la cours de ma vie blessé et taché diversement; qualité bien mal-avenante à ma forme universelle; qu'est-il de nous aussi que sedition et discrepance? J'ay les yeux tendres à soustenir un refus, comme à refuser; et me poise tant de poiser à autruy que, és occasions où le devoir me force d'essayer la volonté de quelqu'un en chose doubteuse et qui luy couste, je le fois maigrement et envis. Mais si c'est pour mon particulier *(c)* (quoy que die veritablement Homere[2] qu'à un indigent, c'est une sotte vertu que la honte) *(b)* j'y commets ordinairement un tiers qui rougisse en ma place. Et esconduis ceux qui m'emploient de pareille difficulté, si qu'il m'est advenu par fois d'avoir la volonté de nier, que je n'en avois pas la force.

C'est donc folie d'essayer à brider aux femmes un desir qui leur est *(c)* si cuysant et si *(b)* naturel. Et, quand je les oy se vanter d'avoir leur volonté si vierge et si froide, je me moque d'elles; elles se reculent trop arriere. Si c'est une vieille esdentée et decrepite, ou une jeune seche et pulmonique, s'il n'est du tout croyable, au moins elles ont apparence de le dire. Mais celles qui se meuvent et qui respirent encores, elles en empirent leur marché, d'autant que les excuses inconsidérées servent d'accusation. Comme un gentil'homme de mes voisins, qu'on soubçonnoit d'impuissance,

> *Languidior tenera cui pendens sicula beta*
> *Nunquam se mediam sustulit ad tunicam[3],*

trois ou quatre jours après ses nopces, alla jurer tout hardiment, pour se justifier, qu'il avoit faict vingt postes la nuict precedente; dequoy on s'est servy depuis à le convaincre de pure ignorance et à le desmarier. Outre que ce n'est rien dire qui vaille, car il n'y a ny continence ny vertu, s'il n'y a de l'effort au contraire.

« Il est vray, faut-il dire, mais je ne suis pas preste à me rendre. » Les saincts mesme parlent ainsi. S'entend de celles qui se vantent en bon escient de leur froideur et insensibilité et qui veulent en estre creües d'un visage serieux. Car, quand c'est d'un visage affeté, où les yeux dementent leurs parolles, et du jargon de leur profession

qui porte coup à contrepoil, je le trouve bon. Je suis fort
serviteur de la nayfveté et de la liberté; mais il n'y a
remede; si elle n'eſt du tout niaise ou enfantine, elle eſt
inepte aus dames, et messeante en ce commerce; elle
gauchit incontinent sur l'impudence. Leurs desguise-
ments et leurs figures ne trompent que les sots. Le mentir
y eſt en siege d'honneur; c'eſt un deſtour qui nous
conduit à la verité par une fauce porte.

Si nous ne pouvons contenir leur imagination, que
voulons nous d'elles? Les effeéts? il en eſt assez qui
eschappent à toute communication eſtrangere, par lesquels la chaſteté peut eſtre corrompue,

Illud sæpe facit quod sine teſte facit[1].

Et ceux que nous craignons le moins sont à l'avanture
les plus à craindre; leurs pechez muets sont les pires :

Offendor mæcha simpliciore minus[2].

(c) Il eſt des effeéts qui peuvent perdre sans impudicité
leur pudicité et, qui plus eſt, sans leur sceu : « *Obſtetrix,
virginis cujusdam integritatem manu velut explorans, sive male-
volentia, sine inscitia, sive casu, dum inspicit, perdidit*[3]. » Telle
a esdiré sa virginité pour l'avoir cherchée; telle, s'en
esbatant, l'a tuée.

(b) Nous ne sçaurions leur circonscrire precisement les
aétions que nous leur deffendons. Il faut concevoir noſtre
loy soubs parolles generalles et incertaines. L'idée mesmc
que nous forgeons à leur chaſteté eſt ridicule; car, entre
les extremes patrons que j'en aye, c'eſt Fatua, femme de
Faunus, qui ne se laissa voir oncques puis ses nopces à
masle quelconque[4], et la femme de Hieron, qui ne
sentoit pas son mary punais, eſtimant que ce fut une commune qualité à tous hommes[5]. Il faut qu'elles deviennent
insensibles et invisibles pour nous satisfaire.

Or, confessons que le neud du jugement de ce devoir
giſt principallement en la volonté. Il y a eu des maris qui
ont souffert cet accident, non seulement sans reproche et
offence envers leurs femmes, mais avec singuliere obligation et recommandation de leur vertu. Telle, qui aymoit
mieux son honneur que sa vie, l'a proſtitué à l'appetit
forcené d'un mortel ennemy pour sauver la vie à son
mary, et a faiét pour luy ce qu'elle n'euſt aucunement faiét
pour soy. Ce n'eſt pas icy le lieu d'eſtendre ces exemples :

ils sont trop hauts et trop riches pour estre representez en ce lustre, gardons les à un plus noble siege.

(c) Mais, pour des exemples de lustre plus vulgaire, est il pas tous les jours des femmes qui, pour la seule utilité de leurs maris, se prestent, et par leur expresse ordonnance et entremise? Et anciennement Phaulius l'Argien offrit la sienne au Roy Philippus par ambition; tout ainsi que par civilité ce Galba, qui avoit donné à souper à Mecenas, voyant que sa femme et luy commençoient à comploter par œillades et signes, se laissa couler sur son coussin, representant un homme aggravé de sommeil, pour faire espaule à leur intelligence. Et l'advoua d'assez bonne grace; car, sur ce point, un valet ayant pris la hardiesse de porter la main sur les vases qui estoient sur la table, il lui cria : « Vois tu pas, coquin, que je ne dors que pour Mecenas[1]? »

(b) Telle a les meurs desbordées, qui a la volonté plus reformée que n'a cet'autre qui se conduit soubs une apparence reiglée. Comme nous en voyons qui se plaignent d'avoir esté vouées à chasteté avant l'aage de cognoissance, j'en ay veu aussi se plaindre veritablement d'avoir esté vouées à la desbauche avant l'aage de cognoissance; le vice des parens en peut estre cause, ou la force du besoing, qui est un rude conseillier. Aus Indes orientales, la chasteté y estant en singuliere recommandation, l'usage pourtant souffroit qu'une femme mariée se peut abandonner à qui luy presentoit un elephant; et cela avec quelque gloire d'avoir esté estimée à si haut pris[2].

(c) Phedon le philosophe, homme de maison, après la prinse de son païs d'Elide, fit mestier de prostituer, autant qu'elle dura, la beauté de sa jeunesse à qui en voulut à pris d'argent, pour en vivre[3]. Et Solon fut le premier en la Grece, dict on, qui, par ses loix, donna liberté aux femmes aux despens de leur pudicité de pourvoir au besoing de leur vie[4], coustume que Herodote dict[5] avoir esté receuë avant luy en plusieurs polices.

(b) Et puis quel fruit de cette penible solicitude? car, quelque justice qu'il y ait en cette passion, encores faudroit il voir si elle nous charrie utilement. Est-il quelqu'un qui les pense boucler par son industrie?

Pone seram, cohibe; sed quis custodiet ipsos
Custodes? Cauta est, et ab illis incipit uxor[6].

Quelle commodité ne leur eſt suffisante en un siecle si
sçavant?

La curiosité eſt vicieuse par tout, mais elle eſt pernicieuse icy. C'eſt folie de vouloir s'esclaircir d'un mal
auquel il n'y a point de medecine qui ne l'empire et le
rengrege; duquel la honte s'augmente et se publie principalement par la jalousie; duquel la vanjance blesse plus
nos enfans qu'elle ne nous guerit? Vous assechez et mourez à la queſte d'une si obscure verification. Combien
piteusement y sont arrivez ceux de mon temps qui en sont
venus à bout! Si l'advertisseur n'y presente quand et
quand le remede et son secours, c'eſt un advertissement
injurieux et qui merite mieux un coup de poignard que ne
faiſt un dementir. On ne se moque pas moins de celuy qui
eſt en peine d'y pourvoir que de celuy qui l'ignore. Le
caraſtere de la cornardise eſt indelebile : à qui il eſt une
fois attaché, il l'eſt tousjours; le chaſtiement l'exprime
plus que la faute. Il faiſt beau voir arracher de l'ombre et
du doubte nos malheurs privés, pour les trompeter en
eschaffaux tragiques; et mal'heurs qui ne pinsent que par
le raport. Car bonne femme et bon mariage se diſt non de
qui l'eſt, mais duquel on se taiſt. Il faut eſtre ingenieux
à eviter cette ennuyeuse et inutile cognoissance. Et
avoyent les Romains en couſtume, revenans de voyage,
d'envoyer au devant en la maison faire sçavoir leur arrivée
aus femmes, pour ne les surprendre[1]. Et pourtant a introduit certaine nation que le preſtre ouvre le pas à l'espousée, le jour des nopces, pour oſter au marié le doubte et la
curiosité de cercher en ce premier essay si elle vient à luy
vierge ou blessée d'un'amour eſtrangere[2].

« Mais le monde en parle. » Je sçay çant honeſtes
hommes coqus, honneſtement et peu indecemment. Un
galant homme en eſt pleint, non pas deseſtimé. Faites
que voſtre vertu eſtouffe voſtre mal'heur, que les gens de
bien en maudissent l'occasion, que celuy qui vous offence
tremble seulement à le penser. Et puis, de qui ne parle on
en ce sens, depuis le petit jusques au plus grand?

> *Tot qui legionibus, imperitavit,*
> *Et melior quàm tu multis fuit, improbe, rebus*[3].

Voys tu qu'on engage en ce reproche tant d'honneſtes
hommes en ta presence? Pense qu'on ne t'espargne non
plus ailleurs. « Mais jusques aux dames, elles s'en moque-

ront! » — Et dequoy se moquent elles en ce temps plus
volontiers que d'un mariage paisible et bien composé?
(c) Chacun de vous a faict quelqu'un coqu : or nature est
toute en pareilles, en compensation et vicissitude. *(b)* La
frequence de cet accident en doibt meshuy avoir moderé
l'aigreur; le voilà tantost passé en coustume.

Miserable passion, qui a cecy encore, d'estre incommunicable,

Fors etiam nostris invidit questibus aures[1] :

car à quel amy osez vous fier vos doleances, qui, s'il ne
s'en rit, ne s'en serve d'acheminement et d'instruction
pour prendre luy-mesme sa part à la curée?

(c) Les aigreurs, comme les douceurs du mariage, se
tiennent secrettes par les sages. Et, parmy les autres
importunes conditions qui se trouvent en iceluy, cette cy,
à un homme languager comme je suis, est des principales :
que la coustume rende indecent et nuisible qu'on communique à personne tout ce qu'on en sçait et qu'on en sent.

(b) De leur donner mesme conseil à elles pour les
desgouster de la jalousie, ce seroit temps perdu; leur
essence est si confite en soubçon, en vanité et en curiosité,
que de les guarir par voye legitime, il ne faut pas l'esperer.
Elles s'amendent souvant de cet inconvénient par une
forme de santé beaucoup plus à craindre que n'est la
maladie mesme. Car, comme il y a des enchantemens qui
ne sçavent pas oster le mal, qu'en le rechargeant à un
autre, elles rejettent ainsi volontiers cette fievre à leurs
maris quand elles la perdent. Toutesfois, à dire vray, je ne
sçay si on peut souffrir d'elles pis que la jalousie; c'est la
plus dangereuse de leurs conditions, comme de leurs
membres la teste. Pittacus disoit que chacun avoit son
defaut; que le sien estoit la mauvaise teste de sa femme;
hors cela, il s'estimeroit de tout poinct heureux[2]. C'est un
bien poisant inconvenient, duquel un personnage si juste,
si sage, si vaillant sentoit tout l'estat de sa vie alteré : que
devons nous faire, nous autres hommenetz?

(c) Le senat de Marseille eut raison d'accorder la
requeste à celuy qui demandoit permission de se tuer pour
s'exempter de la tempeste de sa femme[3]; car c'est un mal
qui ne s'emporte jamais qu'en emportant la piece, et qui
n'a autre composition qui vaille que la fuite ou la souffrance, quoy que toutes les deux très difficiles.

(b) Celuy là s'y entendoit, ce me semble, qui dict qu'un bon mariage se dressoit d'une femme aveugle avec un mary sourd[1].

Regardons aussi que cette grande et violente aspreté d'obligation que nous leur enjoignons ne produise deux effects contraires à nostre fin : asçavoir qu'elle esguise les poursuyvants et face les femmes plus faciles à se rendre; car, quand au premier point, montant le pris de la place, nous montons le pris et le desir de la conqueste. Seroit-ce pas Venus mesme qui eut ainsi finement haussé le chevet à sa marchandise par le maquerelage des loix, cognoissant combien c'est un sot desduit qui ne le feroit valoir par fantasie et par cherté? En fin c'est tout chair de porc que la sauce diversifie, comme disoit l'hoste de Flaminius[2]. Cupidon est un Dieu felon; il faict son jeu à luitter la devotion et la justice; c'est sa gloire, que sa puissance choque tout'autre puissance, et que tout autres regles cedent aux siennes.

Materiam culpæ prosequiturque suæ[3].

Et quant au second poinct : serions nous pas moins coqus si nous craignions moins de l'estre, suyvant la complexion des femmes, car la deffence les incite et convie?

Ubi velis, nolunt ; ub inolis, volunt ultro[4]...
Concessa pudet ire via[5].

Quelle meilleure interpretation trouverions nous au faict de Messalina? Elle fit au commencement son mary coqu à cachetes, comme il se faict; mais, conduisant ses parties trop ayséement, par la stupidité qui estoit en luy, elle desdaigna soudain cet usage. La voylà à faire l'amour à la descouverte, advoüer des serviteurs, les entretenir et les favoriser à la veüe d'un chacun. Elle vouloit qu'il s'en ressentit. Cet animal ne se pouvant esveiller pour tout cela, et luy rendant ses plaisirs mols et fades par cette trop lásche facilité par laquelle il sembloit qu'il les authorisat et legitimat, que fit elle? Femme d'un Empereur sain et vivant, et à Romme, au theatre du monde, en plein midy, en feste et ceremonie publique, et avec Silius, duquel elle jouyssoit long temps devant, elle se marie un jour que son mary estoit hors de la ville[6]. Semble il pas qu'elle s'ache-

minast à devenir chaste par la nonchallance de son mary,
ou qu'elle cerchast un autre mary qui luy esguisast l'appetit par sa jalousie, *(c)* et qui, en luy insistant, l'incitast?
(b) Mais la premiere difficulté qu'elle rencontra fut aussi la
derniere. Cette beste s'esveilla en sursaut. On a souvent
pire marché de ces sourdaus endormis. J'ay veu par experience que cette extreme souffrance, quand elle vient à se
desnoüer, produit des vengeances plus aspres; car, prenant feu tout à coup, la cholere et la fureur s'emmoncelant
en un, esclate tous ses efforts à la premiere charge,

> *irarúmque omnes effundit habenas*[1].

Il la fit mourir et grand nombre de ceux de son intelligence, jusques à tel qui n'en pouvoit mais et qu'elle
avoit convié à son lit à coups d'escorgée.

Ce que Virgile dict de Venus et de Vulcan, Lucrece
l'aviot dict plus sortablement d'une jouissance desrobée
d'elle et de Mars :

> *belli fera mænera Mavors*
> *Armipotens regit, in gremium qui sæpe tuum se*
> *Rejicit, æterno devinctus vulnere amoris :*
> *Pascit amore avidos inhians in te, Dea, visus,*
> *Eque tuo pendet resupini spiritus ore :*
> *Hunc tu, diva, tuo recubantem corpore sancto*
> *Circunfusa super, suaveis ex ore loquelas*
> *Funde*[2].

Quand je rumine ce « *rejicit, pascit, inhians, molli, fovet
medullas, labefacta, pendet, percurrit* », et cette noble
« *circunfusa* », mere du gentil « *infusus* », j'ay desdain de
ces menues pointes et allusions verballes qui nasquirent
depuis. A ces bonnes gens, il ne falloit pas d'aigüe et
subtile rencontre; leur langage est tout plein et gros d'une
vigueur naturelle et constante; ils sont tout epigramme,
non la queuë seulement, mais la teste, l'estomac et les
pieds. Il n'y a rien d'efforcé, rien de treinant, tout y marche
d'une pareille teneur. *(c)* « *Contextus totus virilis est; non
sunt circa flosculos occupati*[3]. » *(b)* Ce n'est pas une eloquence
molle et seulement sans offence : elle est nerveuse et
solide, qui ne plaict pas tant comme elle remplit et ravit;
et ravit le plus les plus forts espris[4]. Quand je voy ces
braves formes de s'expliquer, si vifves, si profondes, je ne
dicts pas que c'est bien dire, je dicts que c'est bien penser.

C'est la gaillardise de l'imagination qui esleve et enfle les parolles. *(c)* « *Pectus est quod disertum facit*[1]. » *(b)* Nos gens appellent jugement, langage et beaux mots, les plaines conceptions.

Cette peinture est conduitte non tant par dexterité de la main comme pour avoir l'object plus vifvement empreint en l'ame. Gallus parle simplement, parce qu'il conçoit simplement. Horace ne se contente point d'une superficielle expression, elle le trahiroit. Il voit plus cler et plus outre dans la chose; son esprit crochette et furette tout le magasin des mots et des figures pour se representer; et les luy faut outre l'ordinaire, comme sa conception est outre l'ordinaire. Plutarque dit[2] qu'il veid le langage latin par les choses; icy de mesme : le sens esclaire et produict les parolles; non plus de vent, ains de chair et d'os. *(c)* Elles signifient plus qu'elles ne disent. *(b)* Les imbecilles sentent encores quelque image de cecy : car, en Italie je disois ce qu'il me plaisoit en devis communs; mais, aus propos roides, je n'eusse osé me fier à un Idiome que je ne pouvois plier, ny contourner outre son alleure commune. J'y veux pouvoir quelque chose du mien.

Le maniement et emploite des beaux espris donne pris à la langue, non pas l'innovant[3] tant comme la remplissant de plus vigoreux et divers services, l'estirant et ployant. Ils n'y aportent point des mots, mais ils enrichissent les leurs, appesantissent et enfoncent leur signification et leur usage, luy aprenent des mouvements inaccoustumés, mais prudemment et ingenieusement. Et combien peu cela soit donné à tous, il se voit par tant d'escrivains françois de ce siecle. Ils sont assez hardis et dédaigneux pour ne suyvre la route commune; mais faute d'invention et de discretion les pert. Il ne s'y voit qu'une miserable affectation d'estrangeté, des déguisements froids et absurdes qui, au lieu d'eslever, abbattent la matiere. Pourveu qu'ils se gorgiasent en la nouvelleté, il ne leur chaut de l'efficace; pour saisir un nouveau mot, ils quittent l'ordinaire, souvent plus fort et plus nerveux.

En nostre langage je trouve assez d'estoffe, mais un peu faute de façon; car il n'est rien qu'on ne fit du jargon de nos chasses et de nostre guerre, qui est un genereux terrein à emprunter[4]; et les formes de parler, comme les herbes, s'amendent et fortifient en les transplantant.

Je le trouve suffisamment abondant, mais non pas *(c)* maniant et *(b)* vigoureux suffisamment. Il succombe ordinairement à une puissante conception. Si vous allez tendu, vous
sentez souvent qu'il languit soubs vous et fleschit, et qu'à
son deffaut le Latin se presente au secours, et le Grec à
d'autres. D'aucuns de ces mots que je viens de trier[1], nous
en apercevons plus malaisément l'energie, d'autant que
l'usage et la frequence nous en ont aucunement avily et
rendu vulgaire la grace. Comme en nostre commun, il s'y
rencontre des frases excellentes et des metaphores desquelles la beauté flestrit de vieillesse, et la couleur s'est
ternie par maniement trop ordinaire. Mais cela n'oste rien
du goust à ceux qui ont bon nez, ni ne desroge à la gloire
de ces anciens autheurs qui, comme il est vraysemblable,
mirent premièrement ces mots en ce lustre.

Les sciences traictent les choses trop finement, d'une
mode trop artificielle et differente à la commune et naturelle. Mon page faict l'amour et l'entend. Lisez luy Leon
Hébreu[2] et Ficin[3] : on parle de luy, de ses pensées et de
ses actions, et si, il n'y entend rien. Je ne recognois pas
chez Aristote la plus part de mes mouvemens ordinaires;
on les a couverts et revestus d'une autre robbe pour
l'usage de l'eschole. Dieu leur doint bien faire! *(c)* Si
j'estois du mestier[4], je naturaliserois l'art autant comme ils
artialisent la nature. *(b)* Laissons là Bembo[5] et Equicola[6].

Quand j'escris, je me passe bien de la compaignie et
souvenance des livres, de peur qu'ils n'interrompent ma
forme. Aussi que, à la verité, les bons autheurs m'abattent
par trop et rompent le courage. Je fais volontiers le tour
de ce peintre, lequel, ayant miserablement representé des
coqs, deffendoit à ses garçons qu'ils ne laissassent venir
en sa boutique aucun coq naturel[7].

(c) Et auroys plustost besoing, pour me donner un peu
de lustre, de l'invention du musicien Antinonydes[8] qui,
quand il avoit à faire la musique, mettoit ordre que, devant ou après luy, son auditoire fut abreuvé de quelques
autres mauvais chantres.

(b) Mais je me puis plus malaiséement deffaire de
Plutarque. Il est si universel et si plain qu'à toutes occasions, et quelque suject extravagant que vous ayez pris,
il s'ingere à vostre besongne et vous tend une main
liberale et inespuisable de richesses et d'embellissemens.
Il m'en faict despit d'estre si fort exposé au pillage de ceux

qui le hantent : *(c)* je ne le puis si peu racointer que je n'en
tire cuisse ou aile.

(b) Pour ce mien dessein[1], il me vient aussi à propos
d'escrire chez moy, en pays sauvage, où personne ne
m'ayde ni me releve, où je ne hante communéement
homme qui entende le latin de son patenostre, et de
françois un peu moins. Je l'eusse faict meilleur ailleurs,
mais l'ouvrage eust esté moins mien; et sa fin principale
et perfection, c'est d'estre exactement mien. Je corrigerois
bien une erreur accidentale, dequoy je suis plain, ainsi
que je cours inadvertemment; mais les imperfections qui
sont en moy ordinaires et constantes, ce-seroit trahison de
les oster. Quand on m'a dit ou que moy-mesme me suis
dict : « Tu es trop espais en figures. Voilà un mot du creu
de Gascoingne[2]. Voilà une frase dangereuse (je n'en refuis
aucune de celles qui s'usent emmy les rues françoises;
ceux qui veulent combatre l'usage par la grammaire se
moquent). Voilà un discours ignorant. Voilà un discours
paradoxe. En voilà un trop fol. *(c)* Tu te joues souvent;
on estimera que tu dies à droit ce que tu dis à feinte. *(b)* —
Oui, fais-je; mais je corrige les fautes d'inadvertence, non
celles de coustume. Est-ce pas ainsi que je parle par tout?
me represente-je pas vivement? suffit! J'ay faict ce que j'ay
voulu : tout le monde me reconnoit en mon livre, et mon
livre en moy. »

Or j'ay une condition singeresse et imitatrice : quand
je me meslois de faire des vers (et n'en fis jamais que des
Latins), ils accusoient evidemment le poëte que je venois
dernierement de lire; et, de mes premiers essays, aucuns
puent un peu à l'estranger. *(c)* À Paris, je parle un langage aucunement autre qu'à Montaigne. *(b)* Qui que je
regarde avec attention m'imprime facilement quelque
chose du sien. Ce que je considere, je l'usurpe : une sotte
contenance, une desplaisante grimace, une forme de parler
ridicule. Les vices, plus; d'autant qu'ils me poignent, ils
s'acrochent à moy et ne s'en vont pas sans secouer. On
m'a veu plus souvent jurer par similitude que par
complexion[3].

(c) Imitation meurtriere comme celle des singes horribles en grandeur et en force que le Roy Alexandre rencontra en certaine contrée des Indes. Desquels autrement il
eust esté difficile de venir à bout. Mais ils en prestarent le
moyen par cette leur inclination à contrefaire tout ce qu'ils

voyoyent faire. Car par là les chasseurs apprindrent de se
chausser des souliers à leur veuë à tout force nœuds de
liens; de s'affubler d'accoustrements de testes à tout des
lacs courants et oindre par semblant leurs yeux de glux.
Ainsi mettoit imprudemment à mal ces pauvres bestes
leur complexion singeresse. Ils s'engluoient, s'enchaves-
troyent et garrotoyent d'elles mesmes[1]. Cette autre
faculté de representer ingenieusement les gestes et parolles
d'un autre par dessein, qui apporte souvent plaisir et
admiration, n'est en moy non plus qu'en une souche.
Quand je jure selon moy, c'est seulement « par Dieu! »
qui est le plus droit de tous ces serments. Ils disent que
Socrates juroit le chien[2], Zenon cette mesme interjection
qui sert à cette heure aux Italiens, Gappari[3], Pythagoras
l'eau et l'air[4].

(b) Je suis si aisé à recevoir, (c) sans y penser, (b) ces
impressions superficielles, qu'ayant eu en la bouche Sire ou
Altesse trois jours de suite, huict jours après ils m'eschappent pour Excellence ou pour Seigneurie. Et ce que
j'auray pris à dire en battellant et en me moquant, je le
diray lendemain serieusement. Parquoy, à escrire,
j'accepte plus envis les arguments battus, de peur que je
les traicte aux despens d'autruy. Tout argument m'est
egallement fertile. Je les prens sur une mouche; et Dieu
veuille que celuy que j'ay icy en main n'ait pas esté pris
par le commandement d'une volonté autant volage!
Que je commence par celle qu'il me plaira, car les matieres
se tiennent toutes enchesnées les unes aux autres.

Mais mon ame me desplait de ce qu'elle produict ordinairement ses plus profondes resveries, plus folles et qui
me plaisent le mieux, à l'improuveu et lors que je les
cerche moins; lesquelles s'esvanouissent soudain, n'ayant
sur le champ où les attacher; à cheval, à la table, au lit,
mais plus à cheval, où sont mes plus larges entretiens. J'ay
le parler un peu delicatement jaloux d'attention et de
silence si je parle de force : qui m'interrompt m'arreste.
En voiage, la necessité mesme des chemins couppe les
propos; outre ce, que je voyage plus souvent sans compaignie propre à ces entretiens de suite, par où je prens
tout loisir de m'entretenir moy-mesme. Il m'en advient
comme de mes songes; en songeant je les recommande à
ma memoire (car je songe volontiers que je songe), mais
le lendemain je me represente bien leur couleur comme

elle estoit, ou gaye, ou triste, ou estrange; mais quels ils
estoient au reste, plus j'ahane à le trouver, plus je l'enfonce
en l'oubliance. Aussi de ces discours fortuites qui me
tombent en fantasie, il ne m'en reste en memoire qu'une
vaine image, autant seulement qu'il m'en faut pour me
faire ronger et despiter après leur queste, inutilement.

Or donc, laissant les livres à part, parlant plus materiellement et simplement, je trouve après tout que l'amour
n'est autre chose que la soif de cette jouyssance *(c)* en un
subject desiré, ny Venus autre chose que le plaisir à
descharger ses vases[1], qui devient vicieux ou par immoderation, ou indiscretion. Pour Socrates l'amour est
appetit de generation par l'entremise de la beauté[2].
(b) Et, considerant maintesfois la ridicule titillation de ce
plaisir, les absurdes mouvemens escervelez et estourdis
dequoy il agite Zenon et Cratippus, cette rage indiscrette,
ce visage enflammé de fureur et de cruauté au plus doux
effect de l'amour, et puis cette morgue grave, severe et
ecstatique en une action si fole, *(c)* et qu'on aye logé pesle-
mesle nos delices et nos ordures ensemble, *(b)* et que la
supreme volupté aye du transy et du plaintif comme la
douleur, je crois qu'*(c)* il est vrai ce que dict Platon[3] *(b)* que
l'homme est le jouet des Dieux,

> *quænam ista jocandi*
> *Sævitia*[4]!

et que c'est par moquerie que nature nous a laissé la plus
trouble de nos actions, la plus commúne, pour nous
esgaller par là, et apparier les fols et les sages, et nous et
les bestes. Le plus contemplatif et prudent homme, quand
je l'imagine en cette assiette, je le tiens pour un affronteur
de faire le prudent et le contemplatif; ce sont les pieds du
paon qui abbatent son orgueil :

> *ridentem dicere verum*
> *Quid vetat*[5]?

(c) Ceux qui, parmi les jeux, refusent les opinions
serieuses, font, dict quelqu'un, comme celui qui craint
d'adorer la statuë d'un sainct, si elle est sans devantiere.

(b) Nous mangeons bien et beuvons comme les bestes,
mais ce ne sont pas actions qui empeschent les operations
de nostre ame. En celles-là nous gardons nostre avantage
sur elles; cette-cy met toute autre pensée soubs le joug,

abrutit et abestit par son imperieuse authorité toute la
theologie et philosophie qui est en Platon; et si, il ne
s'en plaint pas. Partout ailleurs vous pouvez garder quelque decence; toutes autres operations souffrent des reigles
d'honnesteté; cette-cy ne se peut pas seulement imaginer
que vitieuse ou ridicule. Trouvez-y, pour voir, un proceder sage et discret? Alexandre disoit qu'il se connoissoit
principallement mortel par cette action et par le dormir[1] :
le sommeil suffoque et supprime les facultez de nostre
ame; la besongne les absorbe et dissipe de mesme. Certes,
c'est une marque non seulement de nostre corruption
originelle, mais aussi de nostre vanité et deformité.

D'un costé, nature nous y pousse, ayant attaché à ce
desir la plus noble, utile et plaisante de toutes ses operations; et la nous laisse, d'autre part, accuser et fuyr comme
insolente et deshonneste, en rougir et recommander
l'abstinence.

(c) Sommes nous pas bien bruttes de nommer brutale
l'operation qui nous faict?

(b) Les peuples, ès religions, se sont rencontrez en plusieurs convenances, comme sacrifices, luminaires, encen-
sements, jeunes, offrandes, et, entre autres, en la condemnation de cette action. Toutes les opinions y viennent,
outre l'usage si estendu du tronçonnement du prepuce
(c) qui en est une punition. (b) Nous avons à l'avanture
raison de nous blasmer de faire une si sotte production que
l'homme; d'appeler l'action honteuse, et honteuses les
parties qui y servent, (c) (à cette heure sont les miennes
proprement honteuses et peneuses). Les Esseniens de
quoy parle Pline[2], se maintenoient sans nourrice, sans
maillot, plusieurs siecles, de l'abbord des estrangers qui,
suivants cette belle humeur, se rangeoient continuellement à eux; ayant toute une nation hazardé de s'exter-
miner plustost que s'engager à un embrassement feminin,
et de perdre la suite des hommes plustost que d'en forger
un. Ils disent que Zenon n'eut affaire à femme qu'une
fois en sa vie; et que ce fut par civilité, pour ne sembler
dedaigner trop obstinement le sexe[3]. (b) Chacun fuit
à le voir naistre, chacun suit à le voir mourir. (c) Pour le
destruire, on cerche un champ spacieux en pleine lumiere;
pour le construire, on se muse dans un creux tenebreux
et contraint. (b) C'est le devoir de se cacher et rougir
pour le faire; et c'est gloire, et naissent plusieurs vertus,

de le sçavoir deffaire. L'un est injure, l'autre est grace; car Aristote dict que bonifier quelqu'un, c'est le tuer, en certaine frase de son pays[1].

(c) Les Atheniens, pour apparier la deffaveur de ces deux actions, ayants à mundifier l'isle de Delos et se justifier envers Appollo, defendirent au pourpris d'icelle tout enterrement et tout enfantement ensemble[2].

(b) Nostri nosmet pænitet[3].

(c) Nous estimons à vice nostre estre.
(b) Il y a des nations[4] qui se couvrent en mangeant. Je sçay une dame, et des plus grandes[5], qui a cette mesme opinion, que c'est une contenance desagreable de macher, qui rabat beaucoup de leur grace et de leur beauté; et ne se presente pas volontiers en public son appetit. Et sçay un homme qui ne peut souffrir de voir manger ny qu'on le voye, et fuyt toute assistance, plus quand il s'emplit que s'il se vuide.

(c) En l'empire du Turc, il se void grand nombre d'hommes qui, pour exceller sur les autres, ne se laissent jamais veoir quand ils font leurs repas; qui n'en font qu'un la sepmaine; qui se dechiquetent et decoupent la face et les membres; qui ne parlent jamais à personne; toutes gens fanatiques qui pensent honnorer leur nature en se desnaturant, qui se prisent de leur mespris, et s'amendent de leur empirement[6].

(b) Quel monstrueux animal qui se fait horreur à soy-mesme, *(c)* à qui ses plaisirs poisent; qui se tient à malheur!

(b) Il y en a qui cachent leur vie,

Exilióque domos et dulcia limina mutant[7],

et la desrobent de la veuë des autres hommes; qui evitent la santé et l'allegresse comme qualitez ennemies et dommageables. Non seulement plusieurs sectes, mais plusieurs peuples, maudissent leur naissance et benissent leur mort. *(c)* Il en est où le soleil est abominé, les tenebres adorées.

(b) Nous ne sommes ingenieux qu'à nous mal mener; c'est le vray gibbier de la force de nostre esprit, *(c)* dangereux util en desreglement!

(b) O miseri! quorum gaudia crimen habent[8].

« Hé! pauvre homme, tu as assez d'incommoditez

necessaires, sans les augmenter par ton invention; et es assez miserable de condition, sans l'estre par art. Tu as des laideurs reelles et essentielles à suffisance, sans en forger d'imaginaires. *(c)* Trouves tu que tu sois trop à ton aise, si ton aise ne te vient à desplaisir? *(b)* Trouves tu que tu ayes remply tous les offices necessaires à quoy nature t'engage, et qu'elle soit manque et oisive chez toy, si tu ne t'obliges à nouveaux offices? Tu ne crains point d'offenser ses loix universelles et indubitables, et te piques aux tiennes, partisanes et fantastiques; et d'autant plus qu'elles sont particulieres, incertaines et plus contredictes, d'autant plus tu fais là ton effort. *(c)* Les regles positives de ton invention t'occupent et attachent, et les regles de ta parroisse : celles de Dieu et du monde ne te touchent point. *(b)* Cours un peu par les exemples de cette consideration, ta vie en est toute. »

Les vers de ces deux poetes[1], traitant ainsi reserveement et discrettement de la lasciveté comme ils font, me semblent la descouvrir et esclairer de plus près. Les dames couvrent leur sein d'un reseu, les prestres plusieurs choses sacrées; les peintres ombragent leur ouvrage, pour luy donner plus de lustre; et dict-on que le coup du Soleil et du vent est plus poisant par reflexion qu'à droit fil. L'Ægyptien respondit sagement à celuy qui luy demandoit : « Que portes tu là, caché soubs ton manteau? — Il est caché soubs mon manteau affin que tu ne sçaches pas que c'est[2]. » Mais il y a certaines autres choses qu'on cache pour les montrer. Oyez cettuy-là plus ouvert,

Et nudam pressi corpus adusque meum[3],

il me semble qu'il me chapone. Que Martial retrousse Venus à sa poste, il n'arrive pas à la faire paroistre si entiere. Celuy qui dict tout, il nous saoule et nous desgouste; celuy qui craint à s'exprimer nous achemine à en penser plus qu'il n'en y a. Il y a de la trahison en cette sorte de modestie, et notamment nous entr'ouvrant, comme font ceux cy, une si belle route à l'imagination. Et l'action et la peinture doivent sentir le larrecin.

L'amour des Espagnols et des Italiens, plus respectueuse et craintive, plus mineuse et couverte, me plaist. Je ne sçay qui[4], anciennement, desiroit le gosier allongé comme le col d'une grüe pour gouster plus longtemps ce qu'il avalloit. Ce souhait est mieux à propos en cette

volupté viste et precipiteuse, mesmes à telles natures
comme est la mienne, qui suis vitieux en soudaineté. Pour
arrester sa fuitte et l'estendre en preambules, entre eux
tout sert de faveur et de recompense : une œillade, une
inclination, une parolle, un signe. Qui se pourroit
disner de la fumée du rost[1], feroit-il pas une belle espargne? C'est une passion qui mesle à bien peu d'essence
solide beaucoup plus de vanité et resverie fievreuse : il
la faut payer et servir de mesme. Apprenons aux dames
à se faire valoir, à s'estimer, à nous amuser et à nous
piper. Nous faisons nostre charge extreme la premiere;
il y a tousjours de l'impetuosité françoise. Faisant filer
leurs faveurs et les estallant en detail, chacun, jusques à la
vieillesse miserable, y trouve quelque bout de lisiere,
selon son vaillant et son merite. Qui n'a jouyssance qu'en
la jouyssance, qui ne gaigne que du haut poinct, qui
n'aime la chasse qu'en la prinse, il ne luy appartient pas
de se mesler à nostre escole. Plus il y a de marches et
degrez, plus il y a de hauteur et d'honneur au dernier
siege. Nous nous devrions plaire d'y estre conduicts,
comme il se faict aux palais magnifiques, par divers portiques et passages, longues et plaisantes galleries, et
plusieurs destours. Cette dispensation reviendroit à
nostre commodité; nous y arresterions et nous y ayme-
rions plus long temps; sans esperance et sans desir,
nous n'allons plus qui vaille. Nostre maistrise et entiere
possession leur est infiniement à craindre depuis qu'elles
sont du tout rendues à la mercy de nostre foy et constance,
elles sont un peu bien hasardées. Ce sont vertus rares et
difficiles; soudain qu'elles sont à nous, nous ne sommes
plus à elles :

> *postquam cupidæ mentis satiata libido est,*
> *Verba nihil metuere, nihil perjuria curant*[2].

(c) Et Thrasonidez, jeune homme grec, fut si amoureux
de son amour, qu'il refusa, ayant gaigné le cœur d'une
maistresse, d'en jouyr pour n'amortir, rassasier et allan-
guir par la jouyssance cette ardeur inquiete, de laquelle
il se glorifioit et paissoit[3].

(b) La cherté donne goust à la viande. Voyez combien
la forme des salutations, qui est particuliere à nostre
nation, abastardit par sa facilité la grace des baisers,
lesquels Socrates dit estre si puissans et dangereux à voler

nos cueurs[1]. C'est une desplaisante coustume, et injurieuse aux dames, d'avoir à prester leurs lévres à quiconque a trois valets à sa suitte, pour mal plaisant qu'il soit.

> *Cujus livida naribus caninis*
> *Dependet glacies rigetque barba:*
> *Centum occurrere malo culilingis*[2].

Et nous mesme n'y gaignons guere : car, comme le monde se voit party, pour trois belles il nous en faut baiser cinquantes laides; et à un estomas tendre, comme sont ceux de mon aage, un mauvais baiser en surpaie un bon.

Ils font les poursuyvans, en Italie, et les transis, de celles mesmes qui sont à vendre; et se defendent ainsi : « Qu'il y a des degrez en la jouyssance, et que par services ils veulent obtenir pour eux celle qui est la plus entiere. Elles ne vendent que le corps; la volonté ne peut estre mise en vente, elle est trop libre et trop sienne. » Ainsi ceux cy disent que c'est la volonté qu'ils entreprennent, et ont raison. C'est la volonté qu'il faut servir et practiquer. J'ay horreur d'imaginer mien un corps privé d'affection; et me semble que cette forcenerie est voisine à celle de ce garçon qui alla salir par amour la belle image de Venus que Praxiteles avoit faicte[3]; ou de ce furieux Ægyptien eschauffé après la charongne d'une morte qu'il embaumoit et ensuéroit : lequel donna occasion à la loy, qui fut faicte depuis en Ægypte, que le corps des belles et jeunes femmes et de celles de bonne maison seroyent gardez trois jours avant qu'on les mit entre les mains de ceux qui avoyent charge de prouvoir à leur enterrement[4]. Periander fit plus monstrueusement, qui estendit l'affection conjugale (plus reiglée et legitime) à la jouyssance de Melissa, sa femme trespassée[5].

(c) Ne semble ce pas estre une humeur lunatique de la Lune, ne pouvant autrement jouyr de Endymion, son mignon, l'aller endormir pour plusieurs mois, et se paistre de la jouissance d'un garçon qui ne se remuoit qu'en songe[6].

(b) Je dis pareillement qu'on ayme un corps sans ame ou sans sentiment quand on ayme un corps sans son consentement et sans son desir. Toutes jouyssances ne sont pas unes; il y a des jouyssances ethiques et languissantes; mille autres causes que la bien-veuillance nous peuvent acquerir cet octroy des dames. Ce n'est suffisant tesmoi-

gnage d'affection; il y peut eschoir de la trahison comme
ailleurs : elles n'y vont par fois que d'une fesse,

> *tanquam thura merumque parent :*
> *Absentem marmoreamve putes*[1].

J'en sçay qui ayment mieux prester cela que leur coche,
et qui ne se communiquent que par là. Il faut regarder
si vostre compaignie leur plaist pour quelque autre fin
encores ou pour celle là seulement, comme d'un gros
garson d'estable; en quel rang et à quel pris vous y etes
logé,

> *tibi si datur uni,*
> *Quo lapide illa diem candidiore notet*[2].

Quoy, si elle mange vostre pain à la sauce d'une plus
agreable imagination?

> *Te tenet, absentes alios suspirat amores*[3].

Comment? avons nous pas veu quelqu'un en nos jours
s'estre servy de cette action à l'usage d'une horrible vengence, pour tuer par là et empoisonner, comme il fit, une
honneste femme?

Ceux qui cognoissent l'Italie ne trouveront jamais
estrange si, pour ce subject, je ne cerche ailleurs des
exemples; car cette nation se peut dire regente du reste
du monde en cela. Ils ont plus communement des belles
femmes et moins de laydes que nous; mais des rares et
excellentes beautez, j'estime que nous allons à pair. Et en
juge autant des espris; de ceux de la commune façon, ils
en ont beaucoup plus, et evidemment la brutalité y est
sans comparaison plus rare; d'ames singulieres et du plus
haut estage, nous ne leur en devons rien[4]. Si j'avois à
estendre cette similitude, il me sembleroit pouvoir dire de
la vaillance qu'au rebours elle est, au pris d'eux, populaire
chez nous et naturelle; mais on la voit par fois, en leurs
mains, si plaine et si vigoreuse qu'elle surpasse tous les
plus roides exemples que nous en ayons. Les mariages de
ce pays là clochent en cecy : leur coustume donne communement la loy si rude aus femmes, et si serve, que la plus
esloignée accointance avec l'estranger leur est autant
capitale que la plus voisine. Cette loy faict que toutes les
approches se rendent necessairement substantieles; et,
puis que tout leur revient à mesme compte, elles ont le

chois bien aysé. *(c)* Et ont elles brisé ces cloisons, croyez qu'elles font feu : « *luxuria ipsis vinculis, sicut fera beſtia, irritata, deinde emissa*[1]. » *(b)* Il leur faut un peu lácher les resnes :

> *Vidi ego nuper equum, contra sua frena tenacem,*
> *Ore reluĉtanti fulminis ire modo*[2].

On alanguit le desir de la compaignie en luy donnant quelque liberté[3].

Nous courons à peu près mesme fortune. Ils sont trop extremes en contrainte, nous en licence. C'eſt un bel usage de noſtre nation que, aux bonnes maisons, nos enfans soyent receuz pour y eſtre nourris et eslevez pages comme en une escole de noblesse. Et eſt discourtoisie, diĉt-on, et injure d'en refuser un gentil'homme. J'ay aperçeu (car autant de maisons, autant de divers ſtiles et formes) que les dames qui ont voulu donner aux filles de leur suite les reigles plus auſteres, n'y ont pas eu meilleure advanture. Il y faut de la moderation ; il faut laisser bonne partye de leur conduite à leur propre discretion : car, ainsi comme ainsi, n'y a il discipline qui les sçeut brider de toutes parts. Mais il eſt bien vray que celle qui eſt eschappée, bagues sauves, d'un escolage libre, aporte bien plus de fiance de soy que celle qui sort saine d'une escole severe et prisonniere.

Nos peres dressoyent la contenance de leurs filles à la honte et à la crainte (les courages et les desirs eſtoyent pareils) ; nous, à l'asseurance : nous n'y entendons rien. *(c)* C'eſt aux Sauromates, qui n'ont loy de coucher avec homme, que, de leurs mains, elles n'en ayent tué un autre en guerre[4]. *(b)* A moy, qui n'y ay droit que par les oreilles, suffit si elles me retiennent pour le conseil, suyvant le privilege de mon aage. Je leur conseille donc, *(c)* comme à nous, *(b)* l'abſtinence, mais, si ce siecle en eſt trop ennemy, aumoins la discretion et la modeſtie. *(c)* Car, comme diĉt le compte d'Ariſtippus parlant à des jeunes gens qui rougissoient de le veoir entrer chez une courtisane : « Le vice eſt de n'en pas sortir, non pas d'y entrer[5]. » *(b)* Qui ne veut exempter sa conscience, qu'elle exempte son nom ; si le fons n'en vaut guiere, que l'apparence tienne bon.

Je louë la gradation et la longueur en la dispensation de leurs faveurs. *(c)* Platon[6] montre qu'en toute espece d'amour, la faicilité et promptitude eſt interdiĉte aux tenants[1]. *(b)* C'est un traict de gourmandise, laquelle il faut qu'elles couvrent de toute leur art, de se rendre ainsi temerairement en gros et tumultuairement[2]. Se conduisant, en leur dispensation, ordonéement et mesuréement, elles pipent bien mieux nostre desir et cachent le leur. Qu'elles fuyent tousjours devant nous, je dis celles mesmes qui ont à se laisser atraper; elles nous battent mieux en fuyant, comme les Scythes. De vray, selon la loy que nature leur donne, ce n'est pas proprement à elles de vouloir et desirer; leur rolle est souffrir, obeir, consentir; c'est pourquoy nature leur a donné une perpetuelle capacité; à nous rare et incertaine; elles ont tousjours leur heure, afin qu'elles soyent tousjours prestes à la nostre : *(c)* « *pati natæ*[3]. » *(b)* Et où elle a voulu que nos appetis eussent montre et declaration prominante, ell'a faict que les leurs fussent occultes et intestins et les a fournies de pieces *(c)* impropres à l'ostentation et *(b)* simplement pour la defensive.

(c) Il faut laisser à la licence amazoniene pareils traits à cettuy-cy. Alexandre passant par l'Hircanie, Thalestris, Royne des Amazones, le vint trouver avec trois cents gendarmes de son sexe, bien montez et bien armez, ayant laissé le demeurant d'une grosse armée, qui la suyvoit au delà des voisines montaignes; et luy dict, tout haut et en publiq, que le bruit de ses victoires et de sa valeur l'avoit menée là pour le veoir, luy offrir ses moyens et sa puissance au secours de ses entreprinses; et que, le trouvant si beau, jeune et vigoureux, elle, qui estoit parfaicte en toutes ses qualitez, luy conseilloit qu'ils couchassent ensemble, afin qu'il nasquit de la plus vaillante femme du monde et du plus vaillant homme qui fust lors vivant, quelque chose de grand et de rare pour l'advenir. Alexandre la remercia du reste; mais, pour donner temps à l'accomplissement de sa derniere demande, arresta treize jours en ce lieu, lesquels il festoya le plus alaigrement qu'il peut en faveur d'une si courageuse princesse[4].

(b) Nous sommes, quasi en tout, iniques juges de leurs actions comme elles sont des nostres. J'advoüe la verité lorsqu'elle me nuit, de mesme que si elle me sert. C'est un vilain desreiglement qui les pousse si souvant au change et les empesche de fermir leur affection en quelque subject que ce soit, comme on voit de cette Deesse à qui l'on donne tant de changemens et d'amis; mais si est-il vrai

que c'est contre la nature de l'amour s'il n'est violant, et contre la nature de la violance s'il est constant. Et ceux qui s'en estonnent, s'en escrient et cerchent les causes de cette maladie en elles, comme desnaturée et incroyable, que ne voyent-ils combien souvent ils la reçoyvent en eux sans espouvantement et sans miracle! Il seroit, à l'adventure, plus estrange d'y voir de l'arrest; ce n'est pas une passion simplement corporelle : si on ne trouve point de bout en l'avarice et en l'ambition, il n'y en a non plus en la paillardise. Elle vit encore après la satieté; et ne luy peut on prescrire ny satisfaction constante, ny fin; elle va tousjours outre sa possession; et si, l'inconstance leur est à l'adventure aucunement plus pardonnable qu'à nous.

Elles peuvent alleguer comme nous l'inclination, qui nous est commune, à la varieté et à la nouvelleté, et alleguer secondement, sans nous, qu'elles achetent chat en poche. *(c)* (Jeanne, Royne de Naples, feit estrangler Andreosse, son premier mary, aux grilles de sa fenestre à tout un laz d'or et de soye tissu de sa main propre, sur ce qu'aux corvées matrimoniales elle ne luy trouvoit ny les parties, ny les efforts assez respondans à l'esperance qu'elle en avoit conceuë à veoir sa taille, sa beauté, sa jeunesse et disposition, par où elle avoit esté prinse et abusée[1]); *(b)* que l'action a plus d'effort que n'a la souffrance : ainsi, que de leur part tousjours au moins il est pourveu à la necessité, de nostre part il peut avenir autrement. *(c)* Platon, à cette cause, establit sagement par ses loix[2], que, pour decider de l'opportunité des mariages, les juges voient les garçons qui y pretendent, tous fins nuds, et les filles nuës jusques à la ceinture seulement. *(b)* En nous essayant, elles ne nous trouvent, à l'adventure, pas dignes de leur chois,

> *experta latus, madidoque simillima loro*
> *Inguina, nec lassa stare coacta manu,*
> *Deserit imbelles thalamos*[3].

Ce n'est pas tout que la volonté charrie droict. La foiblesse et l'incapacité rompent legitimement un mariage :

> *Et quærendum aliunde foret nervosius illud,*
> *Quod posset zonam solvere virgineam*[4],

pourquoy non? et, selon sa mesure, une intelligence
amoureuse plus licentieuse et plus active,

si blando nequeat superesse labori[1].

Mais n'est ce pas grande imprudence d'apporter nos
imperfections et foiblesses en lieu où nous desirons plaire,
et y laisser bonne estime de nous et recommandation?
Pour ce peu qu'il m'en faut à cette heure,

                    ad unum
          Mollis opus[2],

je ne voudrois importuner une personne que j'ay à
reverer et craindre :

                Fuge suspicari,
        Cujus heu denum trepidavit ætas,
             Claudere lustrum[3].

   Nature se devoit contenter d'avoir rendu cet aage
miserable, sans le rendre encore ridicule. Je hay de le
voir, pour un pouce de chetive vigueur qui l'eschaufe
trois fois la semaine, s'empresser et se gendarmer de
pareille aspreté, comme s'il avoit quelque grande et legitime journée dans le ventre : un vray feu d'estoupe. *(c)* Et
admire sa cuisson si vive et fretillante, en un moment si
lourdement congelée et esteine. Cet appetit ne devroit
appartenir qu'à la fleur d'une belle jeunesse. *(b)* Fiez vous
y, pour voir, à seconder cett' ardeur indefatigable, pleine,
constante et magnanime qui est en vous, il vous la lairra
vrayement en beau chemin! Renvoiez le hardiment plustost vers quelque enfance molle, estonnée et ignorante,
qui tremble encore soubs la verge, et en rougisse

          Indum sanguineo veluti violaverit ostro
          Si quis ebur, vel mitra rubent ubi lilia multa
          Alba rosa[4].

Qui peut attendre, le lendemain, sans mourir de honte,
le desdain de ces beaux yeux consens de sa lâcheté et
impertinence,

          Et taciti fecere tamen convitia vultus[5],

il n'a jamais senty le contentement et la fierté de les leur
avoir battus et ternis par le vigoreux exercice d'une nuict
officieuse et active. Quand j'en ay veu quelqu'une s'en-

nuyer de moy, je n'en ay point incontinent accusé sa legereté; j'ay mis en doubte si je n'avois pas raison de m'en
prendre à nature pluſtoſt. Certes, elle m'a traitté illegiti-
mement et incivilement,

> *Si non longa satis, si non benè mentula crassa*[1] :
> *Nimirum sapiunt, vidéntque parvam*
> *Matronæ quoque mentulam illibenter*[2],

(c) et d'une lesion enormissime.

Chacune de mes pieces me faiſt esgalement moy que
toute autre. Et nulle autre ne me faiſt plus proprement
homme que cette-cy. Je dois au publiq universellement
mon pourtrait. La sagesse de ma leçon eſt en verité, en
liberté, en essence, toute; desdeignant, au rolle de ses
vrays devoirs, ces petites regles, feintes, usuelles, provin-
ciales; naturelle toute, conſtante, universelle, de laquelle
sont filles, mais baſtardes, la civilité, la ceremonie. Nous
aurons bien les vices de l'apparence, quand nous aurons
eu ceux de l'essence. Quand nous aurons faiſt à ceux icy,
nous courrons sus aux autres, si nous trouvons qu'il y
faille courir. Car il y a danger que nous fantasions des
offices nouveaux pour excuser noſtre negligence envers
les naturels offices et pour les confondre. Qu'il soit ainsin,
il se void qu'és lieus où les fautes sont malefices, les malefices ne sont que fautes; qu'és nations où les loix de la
bienseance sont plus rares et lasches, les loix primitives
et communes sont mieux observées, l'innumerable multitude de tant de devoirs suffoquant noſtre soin, l'allanguissant et dissipant. L'application aux menues choses
nous retire des pressantes. O que ces hommes superficiels
prennent une routte facile et plausible au pris de la noſtre!
Ce sont ombrages de quoy nous nous plaſtrons et entre-
payons; mais nous n'en payons pas, ainçois en rechar-
geons noſtre debte envers ce grand juge qui trousse nos
panneaus et haillons d'autour noz parties honteuses, et
ne se feint point à nous veoir par tout, jusques à noz
intimes et plus secretes ordures. Utile decence de noſtre
virginale pudeur, si elle luy pouvoit interdire cette
descouverte.

En fin qui desniaiseroit l'homme d'une si scrupuleuse
superſtition verbale n'apporteroit pas grande perte au
monde. Noſtre vie eſt partie en folie, partie en prudence.
Qui n'en escrit que reveremment et regulierement, il en

laisse en arriere plus de la moitié[1]. Je ne m'excuse pas
envers moy; et si je le faisoy, ce seroit plustost de mes
excuses que je m'excuseroy que de nulle autre partie.
Je m'excuse à certaines humeurs, que je tiens plus fortes
en nombre que celles qui sont de mon costé. En leur
consideration, je diray encores cecy (car je desire de
contenter chacun, chose pourtant très difficile « *esse unum
hominem accommodatum ad tantam morum ac sermonum et
voluntatum varietatem*[2] », qu'ils n'ont à se prendre proprement
à moy de ce que je fay dire aux auctoritez receuës
et approuvées de plusieurs siecles, et que ce n'est pas
raison qu'à faute de rime ils me refusent la dispense que
mesme des hommes ecclesiastiques[3] des nostres et plus
crestez jouissent en ce siecle. En voici deux :

> *Rimula, dispeream, ni monogramma tua est*[4].
> Un vit d'amy la contente et bien traicte[5].

Quoy tant d'autres? J'ayme la modestie; et n'est par
jugement que j'ay choisi cette sorte de parler scandaleux :
c'est Nature qui l'a choisi pour moy. Je ne le louë, non
plus que toutes formes contraires à l'usage receu; mais
je l'excuse et par particulieres et generales circonstances
en allege l'accusation.

Suivons. Pareillement *(b)* d'où peut venir cette usurpation
d'authorité souveraine que vous prenez sur celles
qui vous favorisent à leurs despens?

> *Si furtiva dedit nigra munuscula nocte*[6],

que vous en investissez incontinent l'interest, la froideur
et une auctorité maritale? C'est une convention libre :
que ne vous y prenez vous comme vous les y voulez tenir?
(c) Il n'y a point de prescription sur les choses volontaires.

(b) C'est contre la forme; mais il est vray pourtant que
j'ay, en mon temps, conduict ce marché, selon que sa
nature peut souffrir, aussi conscientieusement qu'autre
marché et avec quelque air de justice, et que je ne leur
ay tesmoigné de mon affection que ce que j'en sentois,
et leur en ay representé naïfvement la decadence, la
vigueur et la naissance, les accez et les remises. On n'y va
pas tousjours un train. J'ay esté si espargnant à promettre
que je pense avoir plus tenu que promis ny deu. Elles y

ont trouvé de la fidelité jusques au service de leur inconstance : je dis inconstance advouée et par foys multipliée.
Je n'ay jamais rompu avec elles tant que j'y tenois, ne fut
que par le bout d'un filet; et, quelques occasions qu'elles
m'en ayent donné, n'ay jamais rompu jusques au mespris
et à la haine; car telles privautez, lors mesme qu'on les
acquiert par les plus honteuses conventions, encores
m'obligent elles à quelque bien-veuillance. De cholere et
d'impatience un peu indiscrete sur le poinct de leurs
ruses et desfuites et de nos contestations, je leur
en ay faict voir par fois : car je suis, de ma complexion, subject à des emotions brusques qui nuisent
souvent à mes marchez, quoy qu'elles soyent legieres
et courtes.

Si elles ont voulu essayer la liberté de mon jugement,
je ne me suis pas feint à leur donner des advis paternels
et mordans, et à les pinser où il leur cuysoit. Si je leur
ay laissé à se plaindre de moy, c'est plustost d'y avoir
trouvé un amour, au pris de l'usage moderne, sottement
consciencieux. J'ay observé ma parolle és choses dequoy
on m'eut ayséement dispensé; elles se rendoyent lors par
fois avec reputation, et soubs des capitulations qu'elles
souffroyent ayséement estre faucées par le vaincueur. J'ay
faict caler, soubs l'interest de leur honneur, le plaisir
en son plus grand effort plus d'une fois; et, où la raison
me pressoit, les ay armées contre moy, si qu'elles se
conduisoyent plus seurement et severement par mes
reigles, quand elles s'y estoyent franchement remises,
qu'elles n'eussent faict par les leurs propres.

(c) J'ay, autant que j'ay peu, chargé sur moy seul le
hazard de nos assignations pour les en descharger; et ay
dressé nos parties tousjours par le plus aspre et inopiné,
pour estre moins en soupçon, et en outre, par mon advis,
plus accessible. Ils sont ouverts principalement par les
endroits qu'ils tiennent de soy couverts. Les choses moins
craintes sont moins defendues et observées : on peut oser
plus aysément ce que personne ne pense que vous oserez,
qui devient facile par sa difficulté.

(b) Jamais homme n'eust ses approches plus impertinemment genitales[1]. Cette voye d'aymer est plus selon la
discipline; mais combien elle est ridicule à nos gens, et
peu effectuelle, qui le sçait mieux que moy? Si ne m'en
viendra point le repentir : je n'y ay plus que perdre;

> *me tabula sacer*
> *Votiva paries indicat uvida*
> *Suspendisse potenti*
> *Vestimenta maris Deo*[1].

Il est à cette heure temps d'en parler ouvertement. Mais
tout ainsi comme à un autre je dirois à l'avanture : « Mon
amy, tu resves ; l'amour, de ton temps, a peu de commerce
avec la foy et la preud'hommie »,

> *hæc si tu postules*
> *Ratione certa facere, nihilo plus agas,*
> *Quam si des operam, ut cum ratione insanias*[2] ;

aussi, au rebours, si c'estoit à moy à recommencer, ce
seroit certes le mesme train et par mesme progrez, pour
infructueux qu'il me peut estre. *(c)* L'insuffisance et la
sottise est loüable en une action meslouable. *(b)* Autant
que je m'esloigne de leur humeur en cela, je m'approche
de la mienne.

Au demeurant, en ce marché, je ne me laissois pas
tout aller ; je m'y plaisois, mais je ne m'y oubliois pas ;
je reservois en son entier ce peu de sens et de discretion
que nature m'a donné, pour leur service et pour le mien ;
un peu d'esmotion, mais point de resverie. Ma conscience
s'y engageoit aussi, jusques à la desbauche et dissolution ;
mais jusques à l'ingratitude, trahison, malignité et
cruauté, non. Je n'achetois pas le plaisir de ce vice à tout
pris, et me contentois de son propre et simple coust :
(c) « *Nullum intra se vitium est*[3]. » *(b)* Je hay quasi à pareille
mesure une oysiveté croupie et endormie, comme un embesongnement espineux et penible. L'un me pince, l'autre
m'assopit ; j'ayme autant les blesseures comme les meur-
trisseures, et les coups trenchans comme les coups orbes.
J'ay trouvé en ce marché, quand j'y estois plus propre, une
juste moderation entre ces deux extremitez. L'amour est
une agitation esveillée, vive et gaye ; je n'en estois ny
troublé, ny affligé, mais j'en estois eschauffé et encores
alteré : il s'en faut arrester là ; elle n'est nuisible qu'aux
fols.

Un jeune homme demandoit au philosophe Panetius[4]
s'il sieroit bien au sage d'estre amoureux : « Laissons là
le sage, respondit-il ; mais toy et moy, qui ne le sommes
pas, ne nous engageons en chose si esmeuë et violente,

qui nous esclave à autruy et nous rende contemptibles
à nous. » Il disoit vray, qu'il ne faut pas fier chose de
soy si precipiteuse à une ame qui n'aie dequoy en soustenir les venues, et dequoy rabatre par effect la parole
d'Agesilaus, que la prudence et l'amour ne peuvent
ensemble[1]. C'est une vaine occupation, il est vray,
messeante, honteuse et illegitime; mais, à la conduire en
cette façon, je l'estime salubre, propre à desgourdir un
esprit et un corps poisant; et, comme medecin, l'ordon-
nerois à un homme de ma forme et condition, autant
volontiers qu'aucune autre recepte, pour l'esveiller et
tenir en force bien avant dans les ans, et le retarder des
prises de la vieillesse. Pendant que nous n'en sommes
qu'aux fauxbourgs, que le pouls bat encores,

> *Dum nova canities, dum prima et recta senectus,*
> *Dum superest Lachesi quod torqueat, et pedibus me*
> *Porto meis, nullo dextram subeunte bacillo*[2],

nous avons besoing d'estre sollicitez et chatouillez par
quelque agitation mordicante comme est cette-cy. Voyez
combien elle a rendu de jeunesse, de vigueur et de gaieté
au sage Anacreon. Et Socrates, plus vieil que je ne suis,
parlant d'un object amoureux : « M'estant, dict-il, appuyé
contre son espaule de la mienne et approché ma teste à
la sienne, ainsi que nous regardions ensemble dans un
livre, je senty, sans mentir, soudain une piqueure dans
l'espaule comme de quelque morsure de beste, et fus plus
de cinq jours depuis qu'elle me fourmilloit, et m'escoula
dans le cœur une demangeaison continuelle[3]. » Un
attouchement, et fortuite, et par une espaule, aller eschauffer et alterer une ame refroidie et esnervée par l'aage,
et la premiere de toutes les humaines en reformation!
(c) Pourquoy non, dea? Socrates estoit homme; et ne
vouloit ny estre, ny sembler autre chose.

(b) La philosophie n'estrive point contre les voluptez
naturelles, pourveu que la mesure y soit joincte, *(c)* et en
presche la moderation, non la fuite; *(b)* l'effort de sa resistance s'employe contre les estrangeres et bastardes. Elle
dict que les appetits du corps ne doivent pas estre augmentez par l'esprit, et nous advertit ingenieusement *(c)* de
ne vouloir point esveiller nostre faim par la saturité, de
ne vouloir que farcir au lieu de remplir le ventre, d'eviter
toute jouissance qui nous met en disette et *(b)* toute viande

et boisson qui nous altere et affame; comme, au service
de l'amour, elle nous ordonne de prendre un objeſt qui
satisface simplement au besoing du corps; qui n'esmeuve
point l'ame, laquelle n'en doit pas faire son faiſt, ains
suyvre nuement et assiſter le corps. Mais ay-je pas raison
d'eſtimer que ces preceptes, qui ont pourtant d'ailleurs,
selon moy, un peu de rigueur[1], regardent un corps qui
face son office, et qu'à un corps abattu, comme un eſtomac
proſterné, il eſt excusable de le rechauffer et souſtenir
par art, et, par l'entremise de la fantasie, luy faire revenir
l'appetit et l'allegresse, puis que de soy, il l'a perdue?

Pouvons nous pas dire qu'il n'y a rien en nous, pendant
cette prison terreſtre, purement ny corporel ny spirituel,
et que injurieusement nous dessirons un homme tout vif;
et qu'il semble y avoir raison que nous nous portions,
envers l'usage du plaisir aussi favorablement au moins
que nous faisons envers la douleur? Elle eſtoit (pour
exemple) vehemente jusques à la perfeſtion en l'ame des
sainſts par la pœnitence; le corps y avoit naturellement
part par le droiſt de leur colligance, et si, pouvoit avoir
peu de part à la cause : si, ne se sont ils pas contentez
qu'il suyvit nuement et assiſtat l'ame affligée; ils l'ont
affligé luy-mesme de peines atroces et propres, affin qu'à
l'envy l'un de l'autre l'ame et le corps plongeassent
l'homme dans la douleur, d'autant plus salutaire que plus
aspre.

(c) En pareil cas, aux plaisirs corporels eſt-ce pas injustice d'en refroidir l'ame, et dire, qu'il l'y faille entrainer
comme à quelque obligation et necessité contrainte et
servile? C'eſt à elle plus toſt de les couver et fomenter, de
s'y presenter et convier, la charge de regir luy appartenant; comme c'eſt aussi, à mon advis, à elle, aux plaisirs
qui luy sont propres, d'en inspirer et infondre au corps
tout le ressentiment que porte leur condition, et de
s'eſtudier qu'ils luy soient doux et salutaires. Car c'eſt
bien raison, comme ils disent, que le corps ne suyve point
ses appetits au dommage de l'esprit; mais pourquoy
n'eſt-ce pas aussi raison que l'esprit ne suyve pas les siens
au dommage du corps?

(b) Je n'ay point autre passion qui me tienne en haleine.
Ce que l'avarice, l'ambition, les querelles, les procés font
à l'endroit des autres qui, comme moy, n'ont point de
vacation assignée, l'amour le feroit plus commodéement :

il me rendroit la vigilance, la sobrieté, la grace, le soing de ma personne; r'asseureroit ma contenance à ce que les grimaces de la vieillesse, ces grimaces difformes et pitoïables, ne vinssent à la corrompre, *(c)* me remettroit aux estudes sains et sages, par où je me peusse randre plus estimé et plus aymé, ostant à mon esprit le desespoir de soy et de son usage, et le raccointant à soy; *(b)* me divertiroit de mille pensées ennuyeuses, *(c)* de mille chagrins melancholiques, *(b)* que l'oisiveté nous charge en tel aage *(c)* et le mauvais estat de nostre santé; *(b)* reschauferoit au moins en songe, ce sang que nature abandonne; soustiendroit le menton et allongeroit un peu les nerfs *(c)* et la vigueur et allegresse de l'ame *(b)* à ce pauvre homme qui s'en va le grand train vers sa ruine.

Mais j'entens bien que c'est une commodité bien mal aisée à recouvrer; par foiblesse et longue experience, nostre goust est devenu plus tendre et plus exquis; nous demandons plus, lors que nous aportons moins; nous voulons le plus choisir, lors que nous meritons le moins d'estre acceptez; nous cognoissans tels, nous sommes moins hardis et plus deffians; rien ne nous peut asseurer d'estre aymez, sçachants nostre condition et la leur. J'ay honte de me trouver parmy cette verte et bouillante jeunesse,

> *Cujus in indomito constantior inguine nervus,*
> *Quam nova collibus arbor inhæret* [1].

Qu'irions nous presenter nostre misere parmy cette allegresse?

> *Possint ut juvenes visere fervidi,*
> *Multo non sine risu,*
> *Dilapsam in cineres facem* [2] ?

Ils ont la force et la raison pour eux; faisons leur place, nous n'avons plus que tenir.

(c) Et ce germe de beauté naissante ne se laisse manier à mains si gourdes et prattiquer à moyens purs materiels. Car, comme respondit ce philosophe ancien à celuy qui se moquoit de quoy il n'avoit sçeu gaigner la bonne grace d'un tendron qu'il pourchassoit : « Mon amy, le hameçon ne mord pas à du fromage si frais [3]. »

(b) Or c'est un commerce qui a besoin de relation et de correspondance; les autres plaisirs que nous recevons se

peuvent recognoistre par recompenses de nature diverse;
mais cettuy-cy ne se paye que de mesme espece de monnoye. *(c)* En verité, en ce desduit, le plaisir que je fay
chatouille plus doucement mon imagination que celuy
que je sens. *(b)* Or cil n'a rien de genereux qui peut
recevoir plaisir où il n'en donne point : c'est une vile ame,
qui veut tout devoir, et qui se plaist de nourrir de la
conference avec les personnes ausquelles il est en charge.
Il n'y a beauté, ny grace, ny privauté si exquise qu'un
galant homme deut desirer à ce prix. Si elles ne nous
peuvent faire du bien que par pitié, j'ayme bien plus
cher ne vivre point, que de vivre d'aumosne. Je voudrois
avoir droit de le leur demander, au stile auquel j'ay vu
quester en Italie : « *Fate ben per voi*[1] »; *(c)* ou à la guise que
Cyrus enhortoit ses soldats : « Qui s'aymera, si me
suive[2]. »

(b) « Raliez vous, me dira l'on, à celles de vostre condition que la compaignie de mesme fortune vous rendra
plus aisées. » — O la sotte composition et insipide!

Nolo
Barbam vellere mortuo leoni[3].

(c) Xenophon[4] employe pour objection et accusation,
à l'encontre de Menon, qu'en son amour il embesongna
des objects passants fleur. Je trouve plus de volupté
à seulement voir le juste et doux meslange de deus jeunes
beautés ou à le seulement considerer par fantasie, qu'à
faire moy mesme le second d'un meslange triste et informe. *(b)* Je resigne cet appetit fantastique à l'Emperur
Galba, qui ne s'adonnoit qu'aux chairs dures et vieilles[5];
et à ce pauvre miserable,

O ego di' faciant talem te cernere possim,
Charáque mutatis oscula ferre comis,
Amplectique meis corpus non pingue lacertis[6]!

(c) Et, entre les premieres laideurs, je compte les
beautés artificielles et forcées. Emonez, jeune gars de
Chio, pensant par des beaux attours acquerir la beauté
que nature luy ostoit, se presenta au philosophe Arcesilaus, et luy demanda si un sage se pourroit veoir
amoureux : « Ouy dea, respondit l'autre, pourveu que
ce ne soit pas d'une beauté parée et sophistiquée comme
la tienne[7]. » Une laideur et une vieillesse advouée est

moins vieille et moins laide à mon gré qu'une autre peinte et lissée.

(b) Le diray-je, pourveu qu'on ne m'en prenne à la gorge? l'amour ne me semble proprement et naturellement en sa saison qu'en l'aage voisin de l'enfance,

> *Quem si puellarum insereres choro,*
> *Mille sagaces falleret hospites*
> *Discrimen obscurum, solutis*
> *Crinibus ambiguóque vultu*[1].

(c) Et la beauté non plus.

Car ce que Homere l'estend jusques à ce que le menton commence à s'ombrager, Platon mesme[2] l'a remarqué pour rare fleur. Et est notoire la cause pour laquelle si plaisamment le sophiste Dion appelloit les poils follets de l'adolescence Aristogitons et Harmodiens[3]. *(b)* En la virilité, je le trouve desjà hors de son siege. Non qu'en la vieillesse :

> *Importunus enim transvolat aridas*
> *Quercus*[4].

(c) Et Marguerite, Royne de Navarre[5], alonge, en femme, bien loing l'avantage des femmes, ordonant qu'il est saison, à trente ans, qu'elles changent le titre de belles en bonnes.

(b) Plus courte possession nous luy donnons sur nostre vie, mieux nous en valons. Voyez son port : c'est un menton puerile. Qui ne sçait, en son eschole, combien on procede au rebours de tout ordre? L'estude, l'exercitation, l'usage, sont voies à l'insuffisance : les novices y regentent. *(c)* « *Amor ordinem nescit*[6]. » *(b)* Certes, sa conduicte a plus de garbe, quand elle est meslée d'inadvertance et de trouble; les fautes, les succez contraires, y donnent poincte et grace; pourveu qu'elle soit aspre et affamée, il chaut peu qu'elle soit prudente. Voyez comme il va chancelant, chopant et folastrant; on le met au ceps quand on le guide par art et sagesse, et contraint on sa divine liberté quand on le submet à ces mains barbues et calleuses.

Au demeurant, je leur oy souvent peindre cette intelligence toute spirituelle, et deisdaigner de mettre en consideration l'interest que les sens y ont. Tout y sert; mais je puis dire avoir veu souvent que nous avons excusé la foiblesse de leurs esprits en faveur de leurs beautez corporelles; mais que je n'ay point encore veu qu'en faveur de la beauté de l'esprit, tant prudent et meur soit-il, elles vueillent prester la main à un corps qui tombe tant soit peu en decadence. Que ne prend il envie à quelqu'une de cette noble harde (c) Socratique (b) du corps à l'esprit, (c) achetant au pris de ses cuisses une intelligence et generation philosophique et spirituelle, le plus haut pris où elle les puisse monter? Platon ordonne en ses loix[1] que celuy qui aura faict quelque signalé et utile exploit en la guerre ne puisse estre refusé durant l'expedition d'icelle, sans respect de sa laideur ou de son aage, du baiser ou autre faveur amoureuse de qui il la vueille. Ce qu'il trouve si juste en recomandation de la valeur militaire, ne le peut il pas estre aussi en recomandation de quelque autre valeur? Et que ne prend il envie à une (b) de præoccuper sur ses compaignes la gloire de cet amour chaste? chaste, dis-je bien,

>   *nam si quando ad prælia ventum est,*
>   *Ut quondam in stipulis magnus sine viribus ignis*
>   *Incassum furit*[2].

Les vices qui s'estouffent en la pensée ne sont pas des pires.

Pour finir ce notable commentaire, qui m'est eschappé d'un flux de caquet, flux impetueux par fois et nuisible,

>   *Ut missum sponsi furtivo munere malum*
>   *Procurrit casto virginis è gremio,*
>   *Quod miseræ oblitæ molli sub veste locatum,*
>   *Dum adventu matris prosilit, excutitur,*
>   *Atque illud prono præceps agitur decursu;*
>   *Huic manat tristi conscius ore rubor*[3];

je dis que les masles et femelles sont jettez en mesme moule; sauf l'institution et l'usage, la difference n'y est pas grande.

(c) Platon appelle indifferemment les uns et les autres à la société de tous estudes, exercices, charges, vacations guerrieres et paisibles, en sa republique[4] et le philosophe Antisthenes ostoit toute distinction entre leur vertu et la nostre[5].

(b) Il est bien plus aisé d'accuser l'un sexe, que d'excuser l'autre. C'est ce qu'on dict : le fourgon se moque de la poele[1].

CHAPITRE VI

DES COCHES

(b) Il est bien aisé à verifier que les grands autheurs, escrivant des causes, ne se servent pas seulement de celles qu'ils estiment estre vraies, mais de celles encores qu'ils ne croient pas, pourveu qu'elles ayent quelque invention et beauté. Ils disent assez veritablement et utilement, s'ils disent ingenieusement. Nous ne pouvons nous asseurer de la maistresse cause; nous en entassons plusieurs, voir si par rencontre elle se trouvera en ce nombre,

> *namque unam dicere causam*
> *Non satis est, verum plures, unde una tamen sit*[2].

Me demandez vous d'où vient cette coustume de benire ceux qui estrenuent? Nous produisons trois sortes de vent : celuy qui sort par embas est trop sale; celuy qui sort par la bouche porte quelque reproche de gourmandise; le troisiesme est l'estrenuement; et, parce qu'il vient de la teste et est sans blasme, nous luy faisons cet honneste recueil. Ne vous moquez pas de cette subtilité; elle est (dict-on) d'Aristote[3].

Il me semble avoir veu en Plutarque[4] (qui est de tous les autheurs que je cognoisse celuy qui a mieux meslé l'art à la nature et le jugement à la science), rendant la cause du souslevement d'estomac qui advient à ceux qui voyagent en mer, que cela leur arrive de crainte, ayant trouvé quelque raison par laquelle il prouve que la crainte peut produire un tel effect. Moy, qui y suis fort subjet, sçay bien que cette cause ne me touche pas, et le sçay non par argument, mais par necessaire experience. Sans alleguer ce qu'on m'a dict, qu'il en arrive de mesme souvent aux bestes, et notamment aux pourceaux, hors de toute apprehension de danger; et ce qu'un mien connoissant m'a tesmoigné de soy, qu'y estant fort subjet, l'envie de vomir luy estoit passée deux ou trois fois, se trouvant

pressé de fraieur en grande tourmente, *(c)* comme à cet
ancien : « *Pejus vexabar quam ut periculum mihi succur-
reret*[1] »; *(b)* je n'eus jamais peur sur l'eau, comme je n'ay
aussi ailleurs (et s'en est assez souvent offert de justes, si la
mort l'est) qui m'ait aumoins troublé ou esblouy. Elle
naist par fois de faute de jugement, comme de faute de
cœur. Tous les dangers que j'ay veu, ç'a esté les yeux
ouverts, la veuë libre, saine et entiere; encore faut-il du
courage à craindre. Il me servit autrefois, au pris d'autres,
pour conduire et tenir en ordre ma fuite, qu'elle fut,
(c) sinon sans crainte, toutesfois *(b)* sans effroy et sans
estonnement; elle estoit esmeue, mais non pas estourdie
ny esperdue.

Les grandes ames vont bien plus outre, et representent
des fuites non rassises seulement et saines, mais fieres.
Disons celle qu'Alcibiades recite[2] de Socrates, son compagnon d'armes : « Je le trouvay (dict-il) après la route de
nostre armée, luy et Lachez, des derniers entre les fuyans;
et le consideray tout à mon aise et en seureté, car j'estois
sur un bon cheval et luy à pied, et avions ainsi combatu.
Je remerquay premierement combien il montroit d'avisement et de resolution au pris de Lachez, et puis la braverie
de son marcher, nullement different du sien ordinaire, sa
veuë ferme et reglée, considerant et jugeant ce qui se passoit autour de luy, regardant tantost les uns, tantost les
autres, amis et ennemis, d'une façon qui encourageoit les
uns et signifioit aux autres qu'il estoit pour vendre bien
cher son sang et sa vie à qui essayeroit de la luy oster; et
se sauverent ainsi : car volontiers on n'ataque pas ceux-cy;
on court après les effraiez. » Voilà le tesmoignage de ce
grand capitaine, qui nous apprend, ce que nous essayons
tous les jours, qu'il n'est rien qui nous jette tant aux dangers qu'une faim inconsiderée de nous en mettre hors.
(c) « *Quo timoris minus est, eo minus fermè periculi est*[3]. »
(b) Nostre peuple a tort de dire : celuy-là craint la mort,
quand il veut exprimer qu'il y songe et qu'il la prevoit.
La prevoyance convient egallement à ce qui nous touche
en bien et en mal. Considerer et juger le danger est
aucunement le rebours de s'en estonner.

Je ne me sens pas assez fort pour soustenir le coup et
l'impetuosité de cette passion de la peur, ny d'autre vehemente. Si j'en estois un coup vaincu et atterré, je ne m'en
releverois jamais bien entier. Qui auroit fait perdre pied

à mon ame, ne la remettroit jamais droicte en sa place; elle se retaste et recherche trop vifvement et profondement, et pourtant, ne lairroit jamais ressouder et consolider la plaie qui l'auroit percée. Il m'a bien pris qu'aucune maladie ne me l'ayt encore desmise. A chaque charge qui me vient, je me presente et oppose en mon haut appareil; ainsi, la premiere qui m'emporteroit me mettroit sans resource. Je n'en faicts poinct à deux; par quelque endroict que le ravage fauçast ma levée, me voylà ouvert et noyé sans remede. *(c)* Epicurus dict que le sage ne peut jamais passer à un estat contraire[1]. J'ai quelque opinion de l'envers de cette sentence, que, qui aura esté une fois bien fol, ne sera nulle autre fois bien sage.

(b) Dieu donne le froid selon la robe, et me donne les passions selon le moien que j'ay de les soustenir. Nature, m'ayant descouvert d'un costé, m'a couvert de l'autre; m'ayant desarmé de force, m'a armé d'insensibilité et d'une apprehension reiglée ou mousse.

Or je ne puis souffrir long temps (et les souffrois plus difficilement en jeunesse) ny coche, ny littiere, ny bateau; et hay toute autre voiture que de cheval, et en la ville et aux champs. Mais je puis souffrir la lictiere moins qu'un coche et, par mesme raison, plus aiséement une agitation rude sur l'eau, d'où se produict la peur, que le mouvement qui se sent en temps calme. Par cette legere secousse que les avirons donnent, desrobant le vaisseau soubs nous, je me sens brouiller, je ne sçay comment, la teste et l'estomac, comme je ne puis souffrir soubs moy un siege tremblant. Quand la voile ou le cours de l'eau nous emporte esgalement ou qu'on nous touë, cette agitation unie ne me blesse aucunement : c'est un remuement interrompu qui m'offence, et plus quand il est languissant. Je ne sçaurois autrement peindre sa forme. Les medecins m'ont ordonné de me presser et sangler d'une serviette le bas du ventre pour remedier à cet accident; ce que je n'ay point essayé, ayant accoustumé de luicter les deffauts qui sont en moy et les dompter par moymesme.

(c) Si j'en avoy la memoire suffisamment informée, je ne pleindroy mon temps à dire icy l'infinie varieté que les histoires nous presentent de l'usage des coches au service de la guerre, divers selon les nations, selon les siecles, de grand effect, ce me semble, et necessité; si que c'est merveille que nous en ayons perdu toute connoissance.

J'en diray seulement cecy, que tout freschement, du temps de nos peres, les Hongres les mirent très-utilement en besongne contre les Turcs, en chacun y ayant un rondellier et un mousquetaire, et nombre de harquebuzes rengées, prestes et chargées : le tout couvert d'une pavesade à la mode d'une galliotte[1]. Ils faisoient front à leur bataille de trois mille tels coches, et, après que le canon avoit joué, les faisoient tirer avant et avaller aux ennemys cette salve avant que de taster le reste, qui n'estoit pas un leger avancement; ou les descochoient dans leurs escadrons pour les rompre et y faire jour, outre le secours qu'ils en pouvoient tirer pour flanquer en lieu chatouilleux les troupes marchant en la campagne, ou à couvrir un logis à la haste et le fortifier. De mon temps, un Gentilhomme, en l'une de nos frontieres, impost de sa personne et ne trouvant cheval capable de son poids, ayant une querelle, marchoit par païs en coche de mesme cette peinture, et s'en trouvoit très-bien. Mais laissons ces coches guerriers. Les Roys de nostre premiere race[2] marchoient en païs sur un charriot trainé par quatre bœufs.

(b) Marc Antoine fut le premier qui se fit mener à Romme, et une garse menestriere quand et luy, par des lyons attelez à un coche. Heliogabalus en fit depuis autant, se disant Cibelé, la mere des dieux, et aussi par des tigres, contrefaisant le Dieu Bacchus; il attela aussi par fois deux cerfs à son coche, et une autre fois quattres chiens, et encore quattre garses nues, se faisant trainer par elles en pompe tout nud. L'empereur Firmus fit mener son coche à des autruches de merveilleuse grandeur, de maniere qu'il sembloit plus voler que rouler[3]. L'estrangeté de ces inventions me met en teste cett'autre fantasie : que c'est une espece de pusillanimité aux monarques, et un tesmoignage de ne sentir point assez ce qu'ils sont, de travailler à se faire valloir et paroistre par despences excessives. Ce seroit chose excusable en pays estranger; mais, parmy ses subjects, où il peut tout, il tire de sa dignité le plus extreme degré d'honneur où il puisse arriver. Comme à un gentil-homme il me semble qu'il est superflu de se vestir curieusement en son privé; sa maison, son trein, sa cuysine, respondent assez de luy.

(c) Le conseil qu'Isocrates donne à son Roy[4] ne me semble sans raison : « Qu'il soit splendide en meubles et ustensiles, d'autant que c'est une despence de durée, qui

passe jusques à ses successeurs ; et qu'il fuye toutes magnificences qui s'escoulent incontinent et de l'usage et de la
memoire. »

(b) J'aymois à me parer, quand j'eſtoy cabdet, à faute
d'autre parure, et me sioit bien ; il en eſt sur qui les belles
robes pleurent. Nous avons des comptes merveilleux de
la frugalité de nos Roys au tour de leur personne et en
leurs dons ; grands Roys en credit, en valeur et en fortune.
Demoſtenes combat à outrance[1] la loy de sa ville qui assignoit les deniers publics aux pompes des jeux et de leurs
feſtes ; il veut que leur grandeur se montre en quantité de
vaisseaux bien equipez et bonnes armées bien fournies.

(c) Et a lon[2] raison d'accuser Theophraſtus d'avoir
eſtabli, en son livre *Des richesses,* un advis contraire, et
maintenu telle nature de despence eſtre le vray fruit de
l'opulence. Ce sont plaisirs, diſt Ariſtote[3], qui ne touchent que la plus basse commune, qui s'evanouissent de
memoire aussi toſt qu'on en eſt rassasié et desquels nul
homme judicieux et grave ne peut faire eſtime. L'emploitte me sembleroit bien plus royale comme plus utile,
juſte et durable en ports, en havres, fortifications et murs,
en baſtiments somptueux, en eglises, hospitaux, colleges,
reformation de ruës et chemins. En quoy le pape Gregoire
treziesme a laissé sa memoire recommandable de mon
temps[4], et en quoy noſtre Royne Catherine tesmoigneroit
à longues années sa liberalité naturelle et munificence,
si ses moyens suffisoient à son affeſtion. La Fortune m'a
faiſt grand desplesir d'interrompre la belle ſtruſture du
Pont-neuf de noſtre grande ville et m'oſter l'espoir avant
de mourir d'en veoir en train l'usage[5].

(b) Outre ce, il semble aus subjeſts, speſtateurs de ces
triomphes, qu'on leur faiſt montre de leurs propres
richesses et qu'on les feſtoye à leurs despens. Car les
peuples presument volontiers des Roys, comme nous
faisons de nos valets, qu'ils doivent prendre soing de nous
apreſter en abondance tout ce qu'il nous faut, mais
qu'ils n'y doyvent aucunement toucher de leur part. Et
pourtant l'Empereur Galba, ayant pris plaisir à un musicien pendant son souper, se fit aporter sa boëte et luy
donna en sa main une poignée d'escus qu'il y pescha avec
ces paroles : « Ce n'eſt pas du public, c'eſt du mien[6]. »
Tant y a qu'il advient le plus souvant que le peuple a
raison, et qu'on repaiſt ses yeux de ce dequoy il avoit à

paistre son ventre. La liberalité mesme n'est pas bien en
son lustre en mains souveraines; les privez y ont plus de
droiét; car, à le prendre exaétement, un Roy n'a rien
proprement sien; il se doibt soy-mesmes à autruy.

(c) La jurisdiétion ne se donne point en faveur du juri-
diciant, c'est en faveur du juridicié[1]. On faiét un superieur, non jamais pour son profit, ains pour le profit de
l'inferieur, et un medecin pour le malade, non pour soy.
Toute magistrature, comme toute art jette sa fin hors
d'elle : « *nulla ars in se versatur*[2]. »

(b) Parquoy les gouverneurs de l'enfance des princes,
qui se piquent à leur imprimer cette vertu de largesse, et
les preschent de ne sçavoir rien refuser et n'estimer rien
si bien employé que ce qu'ils donneront (instruétion que
j'ay veu en mon temps fort en credit), ou ils regardent
plus à leur proufit qu'à celuy de leur maistre, ou ils
entendent mal à qui ils parlent. Il est trop aysé d'imprimer la liberalité en celuy qui a dequoy y fournir autant
qu'il veut, aus despens d'autruy. *(c)* Et son estimation se
reglant non à la mesure du present, mais à la mesure des
moyens de celuy qui l'exerce, elle vient à estre vaine en
mains si puissantes. Ils se trouvent prodigues avant qu'ils
soient liberaux. *(b)* Pourtant est elle de peu de recommandation, au pris d'autres vertus royales, et la seule, comme
disoit le tyran Dionysius, qui se comporte bien avec la
tyrannie mesme[3]. Je luy apprendroy plustost ce verset du
laboureur ancien :

Τῇ Χειρὶ δεῖ σπείρειν, ἀλλὰ μὴ ὅλῳ τῷ θυλακῳ[4]

qu'il faut, à qui en veut retirer fruiét, semer de la main,
non pas verser du sac *(c)* (il faut espandre le grain, non pas
le respandre); *(b)* et qu'ayant à donner ou, pour mieux dire,
à paier et rendre à tant de gens selon qu'ils l'ont deservy,
il en doibt estre loyal et avisé dispensateur. Si la liberalité
d'un prince est sans discretion et sans mesure, je l'aime
mieux avare.

La vertu Royalle semble consister le plus en la justice;
et de toutes les parties de la justice celle là remarque
mieux les Roys, qui accompaigne la liberalité; car ils l'ont
particulierement reservée à leur charge, là où toute autre
justice, ils l'exercent volontiers par l'entremise d'autruy.
L'immoderée largesse est un moyen foible à leur acquerir

bien-veuillance; car elle rebute plus de gens qu'elle n'en practique : *(c)* « *Quo in plures usus sis, minus in multos uti possis. Quid autem est stultius quam quod libenter facias, curare ut id diutius facere non possis*[1] ? » *(b)* Et, si elle est employée sans respect du merite, fait vergongne à qui la reçoit; et se reçoit sans grace. Des tyrans ont esté sacrifiez à la hayne du peuple par les mains de ceux mesme lesquels ils avoyent iniquement avancez, telle maniere d'hommes estimans asseurer la possession des biens indeuement reçeuz en montrant avoir à mespris et hayne celuy de qui ils les tenoyent, et se raliant au jugement et opinion commune en cela.

Les subjects d'un prince excessif en dons se rendent excessifs en demandes; ils se taillent non à la raison, mais à l'exemple. Il y a certes souvant dequoy rougir de nostre impudence; nous sommes surpayez selon justice quand la recompence esgalle nostre service, car n'en devons nous rien à nos princes d'obligation naturelle? S'il porte nostre despence, il faict trop; c'est assez qu'il l'ayde; le surplus s'appelle bienfaict, lequel ne se peut exiger, car le nom mesme de liberalité sonne liberté. A nostre mode, ce n'est jamais faict; le reçeu ne se met plus en compte; on n'ayme la liberalité que future : parquoy plus un Prince s'espuise en donnant, plus il s'apouvrit d'amys.

(c) Comment assouviroit il des envies qui croissent à mesure qu'elles se remplissent? Qui a sa pensée à prendre, ne l'a plus à ce qu'il a prins. La convoitise n'a rien si propre que d'estre ingrate[2]. L'exemple de Cyrus ne duira pas mal en ce lieu pour servir aux Roys de ce temps de touche à reconnoistre leurs dons bien ou mal employez, et leur faire veoir combien cet Empereur les assenoit plus heureusement qu'ils ne font. Par où ils sont reduits de faire leurs emprunts sur les subjects inconnus, et plustost sur ceux à qui ils ont faict du mal, que sur ceux à qui ils ont faict du bien; et n'en reçoivent aydes où il y aye rien de gratuit que le nom. Crœsus luy reprochoit sa largesse et calculoit à combien se monteroit son thresor, s'il eust eu les mains plus restreintes. Il eut envie de justifier sa liberalité; et, despeschant de toutes parts vers les grands de son estat, qu'il avoit particulierement avancez, pria chacun de le secourir d'autant d'argent qu'il pourroit à une sienne necessité, et le luy envoyer par declaration. Quand tous ces bordereaux luy furent apportez, chacun

de ses amis, n'eſtimant pas que ce fut assez faire de luy en
offrir autant seulement qu'il en avoit receu de sa munificence, y en meslant du sien plus propre beaucoup, il se
trouva que cette somme se montoit bien plus que
l'espargne de Crœsus. Sur quoy luy diɕt Cyrus : « Je ne
suis pas moins amoureux des richesses que les autres
Princes et en suis plus-toſt plus mesnager. Vous voyez à
combien peu de mise j'ay acquis le thresor ineſtimable de
tant d'amis ; et combien ils me sont plus fideles thresoriers
que ne seroient des hommes mercenaires sans obligation,
sans affeɕtion, et ma chevance mieux logée qu'en des
coffres, appellant sur moy la haine, l'envie et le mespris
des autres princes[1]. »

(b) Les Empereurs tiroient excuse à la superfluité de
leurs jeux et montres publiques, de ce que leur authorité
dependoit aucunement (aumoins par apparence) de la
volonté du peuple Romain, lequel avoit de tout temps
accouſtumé d'eſtre flaté par telle sorte de speɕtacles et
excez. Mais c'eſtoyent particuliers qui avoyent nourry
cette couſtume de gratifier leurs concitoyens et compaignons principallement sur leur bourse par telle profusion
et magnificence : elle euſt tout autre gouſt quand ce
furent les maiſtres qui vindrent à l'imiter.

(c) « *Pecuniarum translatio a juſtis dominis ad alienos non
debet liberalis videri*[2]. » Philippus, de ce que son fils essayoit
par presents de gaigner la volonté des Macedoniens, l'en
tança par une lettre en cette maniere : « Quoy? as tu
envie que tes subjeɕts te tiennent pour leur boursier,
non pour leur Roy? Veux tu les prattiquer? prattique
les des bien-faiɕts de ta vertu, non des bien-faiɕts de ton
coffre[3]. »

(b) C'eſtoit pourtant une belle chose, d'aller faire
apporter et planter en la place aus arenes une grande
quantité de gros arbres, tous branchus et tous verts,
representans une grande foreſt ombrageuse, despartie en
belle symmetrie, et, le premier jour, jetter là dedans mille
auſtruches, mille cerfs, mille sangliers et mille dains, les
abandonnant à piller au peuple ; le lendemain, faire
assomer en sa presence cent gros lions, cent leopards, et
trois cens ours, et, pour le troisiesme jour, faire combatre
à outrance trois cens pairs de gladiateurs, comme fit
l'Empereur Probus[4]. C'eſtoit aussi belle chose à voir ces
grands amphitheatres encrouſtez de marbre au dehors,

labouré d'ouvrages et statues, le dedans reluisant de plusieurs rares enrichissemens,

> *Baltheus en gemmis, en illita porticus auro*[1];

tous les coustez de ce grand vuide remplis et environnez, depuis le fons jusques au comble, de soixante ou quattre vingts rangs d'eschelons, aussi de marbre, couvers de carreaus,

> *exeat, inquit,*
> *Si pudor est, et de pulvino surgat equestri,*
> *Cujus res legi non sufficit*[2];

où se peut renger cent mille hommes assis à leur aise; et la place du fons, où les jeux se jouoyent, la faire premierement, par art, entr'ouvrir et fendre en crevasses representant des antres qui vomissoient les bestes destinées au spectacle; et puis secondement l'innonder d'une mer profonde, qui charrioit force monstres marins, chargée de vaisseaux armez, à representer une bataille navalle; et, tiercement, l'aplanir et assecher de nouveau pour le combat des gladiateurs; et, pour la quatriesme façon, la sabler de vermillon et de storax, au lieu d'arene, pour y dresser un festin solemne à tout ce nombre infiny de peuple, le dernier acte d'un seul jour[3];

> *quoties nos descendentis arenæ*
> *Vidimus in partes, ruptáque voragine terræ*
> *Emersisse feras, et iisdem sæpe latebris*
> *Aurea cum croceo creverunt arbuta libro.*
> *Nec solum nobis silvestria cernere monstra*
> *Contigit, æquoreos ego cum certantibus ursis*
> *Spectavi vitulos, et equorum nomine dignum,*
> *Sed deforme pecus*[4].

Quelquefois on y a faict naistre une haute montaigne plaine de fruitiers et arbres verdoyans, rendans par son feste un ruisseau d'eau, comme de la bouche d'une vive fontaine. Quelquefois on y promena un grand navire qui s'ouvroit et desprenoit de soy-mesmes, et, après avoir vomy de son ventre quatre ou cinq cens bestes à combat, se resserroit et s'esvanouissoit, sans ayde[5]. Autresfois, du bas de cette place, ils faisoyent eslancer des surgeons et filets d'eau qui rejalissoyent contremont, et, à cette hauteur infinie, alloyent arrousant et embaumant cette

infinie multitude[1]. Pour se couvrir de l'injure du temps,
ils faisoient tendre cette immense capacité, tantost de
voiles de pourpre labourez à l'eguille, tantost de soye
d'une ou autre couleur, et les avançoyent et retiroyent en
un moment, comme il leur venoit en fantasie[2] :

> *Quamvis non modico caleant spectacula sole,*
> *Vela reducuntur, cum venit Hermogenes[3].*

Les rets aussi qu'on mettoit au devant du peuple, pour le
defendre de la violence de ces bestes eslancées, estoyent
tyssus d'or[4] :

> *auro quoque torta refulgent*
> *Retia[5].*

S'il y a quelque chose qui soit excusable en tels excez,
c'est où l'invention et la nouveauté fournit d'admiration,
non pas la despence.

En ces vanitez mesme nous descouvrons combien ces
siecles estoyent fertiles d'autres espris que ne sont les
nostres. Il va de cette sorte de fertilité comme il faict de
toutes autres productions de la nature. Ce n'est pas à
dire qu'elle y ayt lors employé son dernier effort. Nous
n'allons point, nous rodons plustost, et tournoions çà et
là. Nous nous promenons sur nos pas. Je crains que
nostre cognoissance soit foible en tous sens, nous ne
voyons ny gueres loin, ny guere arriere; elle embrasse peu
et vit peu, courte et en estandue de temps et en estandue
de matiere :

> *Vixere fortes ante Agamemnona*
> *Multi, sed omnes illachrimabiles*
> *Urgentur ignotique longa*
> *Nocte[6].*
> *Et supera bellum Trojanum et funera Trojæ,*
> *Multi alias alii quoque res cecinere poetæ[7].*

(c) Et la narration de Solon, sur ce qu'il avoit apprins
des prestres d'Ægypte de la longue vie de leur estat et
maniere d'apprendre et conserver les histoires estrangeres[8], ne me semble tesmoignage de refus en cette
consideration. « *Si interminatam in omnes partes magnitu-*
dinem regionum videremus et temporum, in quam se injiciens
animus et intendens ita late longeque peregrinatur ut nullam

oram ultimi videat in qua possit insistere : in hac immensitate infinita vis innumerabilium appareret formarum[1]. »

(b) Quand tout ce qui est venu par rapport du passé jusques à nous seroit vray et seroit sçeu par quelqu'un, ce seroit moins que rien au pris de ce qui est ignoré. Et de cette mesme image du monde qui coule pendant que nous y sommes, combien chetive et racourcie est la cognoissance des plus curieux! Non seulement des evenemens particuliers que fortune rend souvant exemplaires et poisans, mais de l'estat des grandes polices et nations, il nous en eschappe cent fois plus qu'il n'en vient à nostre science. Nous nous escriïons du miracle de l'invention de nostre artillerie, de nostre impression; d'autres hommes, un autre bout du monde à la Chine, en jouyssoit mille ans auparavant. Si nous voyons autant du monde comme nous n'en voyons pas, nous apercevrions, comme il est à croire, une perpetuele (c) multiplication et (b) vicissitude de formes. Il n'y a rien de seul et de rare eu esgard à nature, ouy bien eu esgard à nostre cognoissance, qui est un miserable fondement de nos regles et qui nous represente volontiers une très-fauce image des choses. Comme vainement nous concluons aujourd'hui l'inclination et la decrepitude du monde par les arguments que nous tirons de nostre propre foiblesse et decadence,

Jamque adeo affecta est ætas, affectáque tellus[2];

ainsi vainement concluoit cettuy-là sa naissance et jeunesse, par la vigueur qu'il voyoit aux espris de son temps, abondans en nouvelletez et inventions de divers arts :

Verùm, ut opinor, habet novitatem summa, recénsque
Natura est mundi, neque pridem exordia cœpit :
Quare etiam quædam nunc artes expoliuntur,
Nunc etiam augescunt, nunc addita navigiis sunt
Multa[3].

Nostre monde vient d'en trouver un autre (et qui nous respond si c'est le dernier de ses freres, puis que les Dæmons, les Sybilles et nous, avons ignoré cettuy-cy jusqu'asture?) non moins grand, plain et membru que luy, toutesfois si nouveau et si enfant qu'on luy aprend encore son a, b, c; il n'y a pas cinquante ans qu'il ne sçavoit ny lettres, ny pois, ny mesure, ny vestements, ny bleds, ny vignes. Il estoit encore tout nud au giron, et ne vivoit que

des moyens de sa mere nourrice. Si nous concluons bien
de nostre fin, et ce poëte de la jeunesse de son siecle, cet
autre monde ne faira qu'entrer en lumiere quand le nostre
en sortira. L'univers tombera en paralisie; l'un membre
sera perclus, l'autre en vigueur.

Bien crains-je que nous aurons bien fort hasté sa
declinaison et sa ruyne par nostre contagion, et que nous
luy aurons bien cher vendu nos opinions et nos arts.
C'estoit un monde enfant; si ne l'avons nous pas foité
et soubmis à nostre discipline par l'avantage de nostre
valeur et forces naturelles, ny ne l'avons practiqué par
nostre justice et bonté, ny subjugué par nostre magnanimité. La plus part de leurs responces et des negotiations
faictes avec eux tesmoignent qu'ils ne nous devoyent rien
en clarté d'esprit naturelle et en pertinence. L'espouven-
table magnificence des villes de Cusco et de Mexico, et,
entre plusieurs choses pareilles, le jardin de ce Roy, où
tous les arbres, les fruicts et toutes les herbes, selon l'ordre
et grandeur qu'ils ont en un jardin, estoyent excellemment
formez en or; comme, en son cabinet, tous les animaux
qui naissoient en son estat et en ses mers; et la beauté de
leurs ouvrages en pierrerie, en plume, en cotton, en la
peinture, montrent qu'ils ne nous cedoient non plus en
l'industrie[1]. Mais, quant à la devotion, observance des
loix, bonté, liberalité, loyauté, franchise, il nous a bien
servy de n'en avoir pas tant qu'eux; ils se sont perdus par
cet advantage, et vendus, et trahis eux mesme.

Quant à la hardiesse et courage, quant à la fermeté,
constance, resolution contre les douleurs et la faim et la
mort, je ne craindrois pas d'opposer les exemples que je
trouverois parmy eux aux plus fameux exemples anciens
que nous ayons aus memoires de nostre monde par deçà.
Car, pour ceux qui les ont subjuguez, qu'ils ostent les
ruses et batelages dequoy ils se sont servis à les piper, et
le juste estonnement qu'aportoit à ces nations là de voir
arriver si inopinéement des gens barbus, divers en langage, religion, en forme et en contenance, d'un endroict
du monde si esloigné et où ils n'avoyent jamais imaginé
qu'il y eust habitation quelconque, montez sur des grands
monstres incogneuz, contre ceux qui n'avoyent non seulement jamais veu de cheval, mais beste quelconque
duicte à porter et soustenir homme ny autre charge;
garnis d'une peau luysante et dure et d'une arme tren-

chante et resplendissante, contre ceux qui, pour le miracle
de la lueur d'un miroir ou d'un cousteau, alloyent eschan-
geant une grande richesse en or et en perles, et qui
n'avoient ny science ny matiere par où tout à loisir ils
sçeussent percer nostre acier; adjoustez y les foudres et
tonnerres de nos pieces et harquebouses, capables de
troubler Cæsar mesme, qui l'en eust surpris autant inexperimenté, et à cett'heure, contre des peuples nuds, si ce
n'est où l'invention estoit arrivée de quelque tissu de
cotton, sans autres armes pour le plus que d'arcs, pierres,
bastons *(c)* et boucliers de bois; *(b)* des peuples surpris,
soubs couleur d'amitié et de bonne foy, par la curiosité de
veoir des choses estrangeres et incogneues : contez, dis-je,
aux conquerans cette disparité, vous leur ostez toute
l'occasion de tant de victoires[1].

Quand je regarde céte ardeur indomptable dequoy tant
de milliers d'hommes, femmes et enfans, se presentent
et rejettent à tant de fois aux dangers inevitables, pour la
deffence de leurs dieux et de leur liberté; céte genereuse
obstination de souffrir toutes extremitez et difficultez,
et la mort, plus volontiers que de se soubmettre à la
domination de ceux de qui ils ont esté si honteusement
abusez, et aucuns choisissans plustost de se laisser defaillir
par faim et par jeune, estans pris, que d'accepter le vivre
des mains de leurs ennemis[2], si vilement victorieuses, je
prevois que, à qui les eust attaquez pair à pair, et d'armes,
et d'experience, et de nombre, il y eust faict aussi dangereux, et plus, qu'en autre guerre que nous voyons.

Que n'est tombée soubs Alexandre ou soubs ces anciens
Grecs et Romains une si noble conqueste, et une si grande
mutation et alteration de tant d'empires et de peuples
soubs des mains qui eussent doucement poly et defriché
ce qu'il y avoit de sauvage, et eussent conforté et promeu
les bonnes semences que nature y avoit produit, meslant
non seulement à la culture des terres et ornement des
villes les arts de deçà, en tant qu'elles y eussent esté necessaires, mais aussi meslant les vertus Grecques et Romaines aux originelles du pays! Quelle reparation eust-ce
esté, et quel amendement à toute cette machine, que les
premiers exemples et deportemens nostres qui se sont
presentés par delà eussent appellé ces peuples à l'admiration et imitation de la vertu et eussent dressé entre eux et
nous une fraternele societé et intelligence! Combien il

euſt eſté aisé de faire son profit d'ames si neuves, si affamées d'apprentissage, ayant pour la plus part de si beaux commencemens naturels!

Au rebours, nous nous sommes servis de leur ignorance et inexperience à les plier plus facilement vers la trahison, luxure, avarice et vers toute sorte d'inhumanité et de cruauté, à l'exemple et patron de nos meurs. Qui mit jamais à tel pris le service de la mercadence et de la trafique? Tant de villes rasées, tant de nations exterminées, tant de millions de peuples passez au fil de l'espée, et la plus riche et belle partie du monde bouleversée pour la negotiation des perles et du poivre! mechaniques victoires. Jamais l'ambition, jamais les inimitiez publiques ne pousserent les hommes les uns contre les autres à si horribles hoſtilitez et calamitez si miserables.

En coſtoyant la mer à la queſte de leurs mines, aucuns Espagnols prindrent terre en une contrée fertile et plaisante, fort habitée, et firent à ce peuple leurs remonstrances accouſtumées : « Qu'ils eſtoient gens paisibles, venans de loingtains voyages, envoyez de la part du Roy de Caſtille, le plus grand Prince de la terre habitable, auquel le Pape, representant Dieu en terre, avoit donné la principauté de toutes les Indes; que, s'ils vouloient luy eſtre tributaires, ils seroient très-benignement traictez; leur demandoient des vivres pour leur nourriture et de l'or pour le besoing de quelque medecine; leur remontroient au demeurant la creance d'un seul Dieu et la verité de noſtre religion, laquelle ils leur conseilloient d'accepter, y adjouſtans quelques menasses. »

La responce fut telle : « Que, quand à eſtre paisibles, ils n'en portoient pas la mine, s'ils l'eſtoient; quand à leur Roy, puis qu'il demandoit, il devoit eſtre indigent et necessiteux; et celuy qui luy avoit faict cette diſtribution, homme aymant dissention, d'aller donner à un tiers chose qui n'eſtoit pas sienne, pour le mettre en debat contre les anciens possesseurs; quant aux vivres, qu'ils leur en fourniroient; d'or, ils en avoient peu, et que c'eſtoit chose qu'ils mettoient en nulle eſtime, d'autant qu'elle eſtoit inutile au service de leur vie, là où tout leur soin regardoit seulement à la passer heureusement et plaisamment; pourtant, ce qu'ils en pourroient trouver, sauf ce qui eſtoit employé au service de leurs dieux, qu'ils le prinssent hardiment; quant à un seul Dieu, le discours leur en avoit

pleu, mais qu'ils ne vouloient changer leur religion, s'en
estans si utilement servis si long temps, et qu'ils n'avoient
accoustumé prendre conseil que de leurs amis et connoissans; quant aux menasses, c'estoit signe de faute de
jugement d'aller menassant ceux desquels la nature et les
moyens estoient inconneux; ainsi qu'ils se despeschassent
promptement de vuyder leur terre, car ils n'estoient pas
accoustumez de prendre en bonne part les honnestetez et
remonstrances de gens armez et estrangers; autrement,
qu'on feroit d'eux comme de ces autres, » leur montrant
les testes d'aucuns hommes justiciez autour de leur ville[1].
Voilà un exemple de la balbucie de cette enfance. Mais
tant y a que ny en ce lieu-là, ny en plusieurs autres, où les
Espagnols ne trouverent les marchandises qu'ils cer-
choient, ils ne feirent arrest ny entreprise, quelque autre
commodité qu'il y eust, tesmoing mes Cannibales[2].

Des deux les plus puissans monarques de ce monde
là, et, à l'avanture, de cettuy-cy, Roys de tant de Roys,
les derniers qu'ils en chasserent, celuy du Peru, ayant esté
pris en une bataille et mis à une rançon si excessive qu'elle
surpasse toute creance, et celle là fidellement payée, et
avoir donné par sa conversation signe d'un courage franc,
liberal et constant, et d'un entendement net et bien composé, il print envie aux vainqueurs après en avoir tiré un
million trois cens vingt cinq mille cinq cens poisant d'or,
outre l'argent et autres choses qui ne monterent pas
moins, si que leurs chevaux n'alloient plus ferrez que d'or
massif, de voir encores, au pris de quelque desloyauté
que ce fut, quel pouvoit estre le reste des thresors de
ce Roy[3], *(c)* et jouyr librement de ce qu'il avoit reservé.
(b) On luy apposta une fauce accusation et preuve, qu'il
desseignoit de faire souslever ses provinces pour se
remettre en liberté. Surquoy, par beau jugement de ceux
mesme qui luy avoient dressé cette trahison, on le
condemna à estre pendu et estranglé publiquement, luy
ayant faict racheter le tourment d'estre bruslé tout vif
par le baptesme qu'on luy donna au supplice mesme.
Accident horrible et inouy, qu'il souffrit pourtant sans se
démentir ny de contenance, ny de parole, d'une forme et
gravité vrayement royale. Et puis, pour endormir les
peuples estonnez et transis de chose si estrange, on
contrefit un grand deuil de sa mort, et luy ordonna l'on
des sompteuses funerailles.

L'autre, Roy de Mexico, ayant long temps defendu sa ville assiegée et montré en ce siege tout ce que peut et la souffrance et la perseverance, si onques prince et peuple le montra, et son malheur l'ayant rendu vif entre les mains des ennemis, avec capitulation d'estre traité en Roy (aussi ne leur fit-il rien voir, en la prison, indigne de ce tiltre); ne trouvant poinct après cette victoire tout l'or qu'ils s'estoient promis, après avoir tout remué et tout fouillé, se mirent à en cercher des nouvelles par les plus aspres geines dequoy ils se peurent adviser, sur les prisonniers qu'ils tenoient. Mais, n'ayant rien profité, trouvant des courages plus forts que leurs torments, ils en vindrent en fin à telle rage que, contre leur foy et contre tout droict des gens, ils condamnerent le Roy mesme et l'un des principaux seigneurs de sa court à la geine en presence l'un de l'autre. Ce seigneur, se trouvant forcé de la douleur, environné de braziers ardens, tourna sur la fin piteusement sa veue vers son maistre, comme pour luy demander mercy de ce qu'il n'en pouvoit plus. Le Roy, plantant fierement et rigoureusement les yeux sur luy, pour reproche de sa lascheté et pusillanimité, luy dict seulement ces mots, d'une voix rude et ferme : « Et moy, suis-je dans un bain ? suis-je pas plus à mon aise que toy ? » Celuy-là, soudain après, succomba aux douleurs et mourut sur la place. Le Roy, à demy rosty, fut emporté de là, non tant par pitié (car quelle pitié toucha jamais des ames qui, pour la doubteuse information de quelque vase d'or à piller, fissent griller devant leurs yeux un homme, non qu'un Roy si grand et en fortune et en merite?) mais ce fut que sa constance rendoit de plus en plus honteuse leur cruauté. Ils le pendirent depuis, ayant courageusement entrepris de se delivrer par armes d'une si longue captivité et subjection, où il fit sa fin digne d'un magnanime prince[1].

A une autre fois, ils mirent brusler pour un coup, en mesme feu, quatre cens soixante hommes tous vifs, les quatre cens du commun peuple, les soixante des principaux seigneurs d'une province, prisonniers de guerre simplement[2]. Nous tenons d'eux-mesmes ces narrations, car ils ne les advouent pas seulement, ils s'en ventent et les preschent. Seroit-ce pour tesmoignage de leur justice? ou zele envers la religion? Certes, ce sont voyes trop diverses et ennemies d'une si saincte fin. S'ils se fussent

proposés d'estendre nostre foy, ils eussent considéré
que ce n'est pas en possession de terres qu'elle s'amplifie,
mais en possession d'hommes, et se fussent trop contentez des meurtres que la necessité de la guerre apporte,
sans y mesler indifferemment une boucherie, comme sur
des bestes sauvages, universelle, autant que le fer et le feu
y ont peu attaindre, n'en ayant conservé par leur dessein
qu'autant qu'ils en ont voulu faire de miserables esclaves
pour l'ouvrage et service de leurs minieres; si que plusieurs des chefs ont esté punis à mort[1], sur les lieux de leur
conqueste, par ordonnance des Rois de Castille, justement
offencez de l'horreur de leurs deportemens et quasi tous
desestimez et mal-voulus. Dieu a meritoirement permis
que ces grands pillages se soient absorbez par la mer en
les transportant, ou par les guerres intestines dequoy ils se
sont entremangez entre eux, et la plus part s'enterrerent
sur les lieux, sans aucun fruict de leur victoire.

Quant à ce que la recepte, et entre les mains d'un prince
mesnager et prudent[2], respond si peu à l'esperance qu'on
en donna à ses predecesseurs, et à cette premiere abondance de richesses qu'on rencontra à l'abord de ces nouvelles terres (car, encore qu'on en retire beaucoup, nous
voyons que ce n'est rien au pris de ce qui s'en devoit
attendre), c'est que l'usage de la monnoye estoit entierement inconneu, et que par consequent leur or se trouva
tout assemblé, n'estant en autre service que de montre et
de parade, comme un meuble reservé de pere en fils par
plusieurs puissants Roys, qui espuisoient tousjours leurs
mines pour faire ce grand monceau de vases et statues à
l'ornement de leurs palais et de leurs temples, au lieu que
nostre or est tout en emploite et en commerce. Nous le
menuisons et alterons en mille formes, l'espandons et
dispersons. Imaginons que nos Roys amoncelassent ainsi
tout l'or qu'ils pourroient trouver en plusieurs siecles,
et le gardassent immobile.

Ceux du Royaume de Mexico estoient aucunement plus
civilisez et plus artistes que n'estoient les autres nations de
là. Aussi jugeoient-ils, ainsi que nous, que l'univers fut
proche de sa fin, et en prindrent pour signe la desolation
que nous y apportames. Ils croyoyent que l'estre du
monde se depart en cinq aages et en la vie de cinq soleils
consecutifs, desquels les quatre avoient desjà fourny leur
temps, et que celuy qui leur esclairoit estoit le cinquiesme.

Le premier perit avec toutes les autres creatures par universelle inondation d'eaux; le second, par la cheute du ciel sur nous, qui estouffa toute chose vivante, auquel aage ils assignent les geants, et en firent voir aux Espagnols des ossements à la proportion desquels la stature des hommes revenoit à vingt paumes de hauteur; le troisiesme, par feu qui embrasa et consuma tout; le quatriesme, par une émotion d'air et de vent qui abbatit jusques à plusieurs montaignes; les hommes n'en moururent poinct, mais ils furent changez en magots (quelles impressions ne souffre la lácheté de l'humaine creance!); après la mort de ce quatriesme Soleil, le monde fut vingt-cinq ans en perpetuelles tenebres, au quinziesme desquels fut créé un homme et une femme qui refeirent l'humaine race; dix ans après, à certain de leurs jours, le Soleil parut nouvellement créé; et commence, depuis, le compte de leurs années par ce jour là. Le troisiesme jour de sa creation, moururent les Dieux anciens; les nouveaux sont nays depuis, du jour à la journée. Ce qu'ils estiment de la maniere que ce dernier Soleil perira, mon autheur[1] n'en a rien appris. Mais leur nombre de ce quatriesme changement rencontre à cette grande conjonction des astres qui produisit, il y a huict cens tant d'ans, selon que les Astrologiens estiment, plusieurs grandes alterations et nouvelletez au monde.

Quant à la pompe et magnificence, par où je suis entré en ce propos, ny Græce, ny Romme, ny Ægypte ne peut, soit en utilité, ou difficulté, ou noblesse, comparer aucun de ses ouvrages au chemin qui se voit au Peru, dressé par les Roys du pays, depuis la ville de Quito jusques à celle de Cusco (il y a trois cens lieuës), droict, uny, large de vingt-cinq pas, pavé, revestu de costé et d'autre de belles et hautes murailles, et le long d'icelles, par le dedans, deux ruisseaux perennes, bordez de beaux arbres qu'ils nomment molly. Où ils ont trouvé des montaignes et rochers ils les ont taillez et applanis, et comblé les fondrieres de pierre et chaux. Au chef de chasque journée, il y a de beaux palais fournis de vivres, de vestements et d'armes, tant pour les voyageurs que pour les armées qui ont à y passer. En l'estimation de cet ouvrage, j'ay compté la difficulté, qui est particulierement considerable en ce lieu là. Ils ne bastissoient poinct de moindres pierres que de dix pieds en carré; ils n'avoient autre moyen de charrier qu'à force de bras, en traînant leur charge; et pas seulement

l'art d'eschafauder, n'y sçachant autre finesse que de
hausser autant de terre contre leur bastiment, comme il
s'esleve, pour l'oster après[1].

Retombons à nos coches. En leur place, et de toute
autre voiture, ils se faisoient porter par les hommes et sur
leurs espaules[2]. Ce dernier Roy du Peru, le jour qu'il fut
pris, estoit ainsi porté sur des brancars d'or, et assis dans
une cheze d'or, au milieu de sa bataille. Autant qu'on
tuoit de ces porteurs pour le faire choir à bas (car on le
vouloit prendre vif), autant d'autres, et à l'envy, prenoient la place des morts, de façon qu'on ne le peut
onques abbatre, quelque meurtre qu'on fit de ces gens là,
jusques à ce qu'un homme de cheval[3] l'alla saisir au
corps, et l'avalla par terre.

CHAPITRE VII

DE L'INCOMMODITÉ DE LA GRANDEUR

(b) PUISQUE nous ne la pouvons aveindre, vengeons
nous à en mesdire. (Si, n'est pas entierement
mesdire de quelque chose, d'y trouver des deffauts; il s'en
trouve en toutes choses, pour belles et desirables qu'elles
soyent.) En general, elle a cet evident avantage qu'elle se
ravalle quand il luy plaist, et qu'à peu près elle a le chois
de l'une et l'autre condition; car on ne tombe pas de toute
hauteur; il en est plus desquelles on peut descendre sans
tomber. Bien me semble il que nous la faisons trop valoir,
et trop valoir aussi la resolution de ceux que nous avons
ou veu, ou ouy dire l'avoir mesprisée, ou s'en estre
desmis de leur propre dessein. Son essence n'est pas si
evidemment commode, qu'on ne la puisse refuser sans
miracle. Je trouve l'effort bien difficile à la souffrance des
maux; mais, au contentement d'une mediocre mesure de
fortune et fuite de la grandeur, j'y trouve fort peu
d'affaire. C'est une vertu, ce me semble, où moy, qui
ne suis qu'un oyson, arriverois sans beaucoup de contention.
Que doivent faire ceux qui mettroyent encores en consideration la gloire qui accompaigne ce refus, auquel il peut
escheoir plus d'ambition qu'au desir mesme et jouyssance
de la grandeur; d'autant que l'ambition ne se conduit
jamais mieux selon soy que par une voye esgarée et
inusitée?

J'esguise mon courage vers la patience, je l'affoiblis
vers le desir. Autant ay-je à souhaiter qu'un autre, et
laisse à mes souhaits autant de liberté et d'indiscretion;
mais pourtant, si ne m'est-il jamais advenu de souhaiter ny
empire ny Royauté, ny l'eminence de ces hautes fortunes
et commenderesses. Je ne vise pas de ce costé là, je
m'ayme trop. Quand je pense à croistre, c'est bassement,
d'une accroissance contrainte et coüarde, proprement
pour moy, en resolution, en prudence, en santé, en
beauté, et en richesse encore. Mais ce credit, cette auctto-
rité si puissante foule mon imagination. Et, tout à
l'opposite de l'autre[1], m'aimerois à l'avanture mieux
deuxiesme ou troisiesme à Perigueux que premier à Paris;
au moins, sans mentir, mieux troisiesme à Paris, que
premier en charge. Je ne veux ny debattre avec un huissier
de porte, miserable inconu, ny faire fendre en adoration
les presses où je passe. Je suis duit à un estage moyen,
comme par mon sort, aussi par mon goust. *(c)* Et ay
montré, en la conduitte de ma vie et de mes entreprinses,
que j'ay plustost fuy qu'autrement d'enjamber par dessus
le degré de fortune auquel Dieu logea ma naissance.
Toute constitution naturelle est pareillement juste et aisée.

(b) J'ay ainsi l'ame poltrone, que je ne mesure pas la
bonne fortune selon sa hauteur; je la mesure selon sa
facilité.

(c) Mais si je n'ay point le cœur gros assez, je l'ay à
l'équipollent ouvert, et qui m'ordonne de publier hardiment sa foiblesse. Qui me donneroit à conferer la vie de
L. Thorius Balbus, gallant homme, beau, sçavant, sain,
entendu et abondant en toute sorte de commoditez et
plaisirs, conduisant une vie tranquille et toute sienne,
l'ame bien preparée contre la mort, la superstition, les
douleurs et autres encombriers de l'humaine necessité,
mourant en fin en bataille, les armes à la main, pour la
defense de son païs, d'une part; et d'autre part la vie de
M. Regulus, ainsi grande et hautaine que chacun la connoit, et sa fin admirable; l'une sans nom, sans dignité,
l'autre exemplaire et glorieuse à merveilles; j'en diroy
certes ce qu'en dict Cicero[2], si je sçavoy aussi bien dire que
luy. Mais s'il me les falloit coucher sur la mienne, je diroy
aussi que la premiere est autant selon ma portée et selon
mon desir que je conforme à ma portée, comme la
seconde est loing au delà; qu'à cette cy je ne puis advenir

que par veneration, j'adviendroy volontiers à l'autre par usage.

Retournons à nostre grandeur temporelle, d'où nous sommes partis.

(b) Je suis desgousté de maistrise et active et passive. *(c)* Otanez, l'un des sept qui avoient droit de pretendre au royaume de Perse, print un party que j'eusse prins volontiers; c'est qu'il quitta à ses compagnons son droit d'y pouvoir arriver par election ou par sort, pourveu que luy et les siens vescussent en cet empire hors de toute subjection et maistrise, sauf celle des loix antiques, et y eussent toute liberté qui ne porteroit prejudice à icelles, impatient de commander comme d'estre commandé[1].

(b) Le plus aspre et difficile mestier du monde, à mon gré, c'est faire dignement le Roy. J'excuse plus de leurs fautes qu'on ne faict communéement, en consideration de l'horrible poix de leur charge, qui m'estonne. Il est difficile de garder mesure à une puissance si desmesurée. Si est-ce que c'est, envers ceux mesme qui sont de moins excellente nature, une singuliere incitation à la vertu d'estre logé en tel lieu où vous ne faciez aucun bien qui ne soit mis en registre et en conte, et où le moindre bien faire porte sur tant de gens, et où vostre suffisance, comme celle des prescheurs, s'adresse principalement au peuple, juge peu exacte, facile à piper, facile à contenter. Il est peu de choses ausquelles nous puissions donner le jugement syncere, parce qu'il en est peu ausquelles, en quelque façon, nous n'ayons particulier interest. La superiorité et inferiorité, la maistrise et la subjection, sont obligées à une naturelle envie et contestation; il faut qu'elles s'entrepillent perpetuellement. Je ne crois ny l'une, ny l'autre des droicts de sa compaigne; laissons en dire à la raison, qui est inflexible et impassible, quand nous en pourrons finer. Je feuilletois, il n'y a pas un mois, deux livres escossois[2] se combattans sur ce subject; le populaire rend le Roy de pire condition qu'un charretier; le monarchique le loge quelques brasses au dessus de Dieu en puissance et souveraineté.

Or l'incommodité de la grandeur, que j'ay pris icy à remarquer par quelque occasion qui vient de m'en advertir, est cette cy. Il n'est à l'avanture rien plus plaisant au commerce des hommes que les essays que nous faisons les uns contre les autres, par jalousie d'honneur et de valeur,

soit aux exercices du corps, ou de l'esprit, ausquels la
grandeur souveraine n'a aucune vraye part. A la verité,
il m'a semblé souvent qu'à force de respect, on y traicte
les Princes desdaigneusement et injurieusement. Car ce
dequoy je m'offençois infiniement en mon enfance, que
ceux qui s'exerçoyent avec moy espargnassent de s'y
employer à bon escient, pour me trouver indigne contre
qui ils s'efforçassent, c'est ce qu'on voit leur advenir tous
les jours, chacun se trouvant indigne de s'efforcer contre
eux. Si on recognoist qu'ils ayent tant soit peu d'affection
à la victoire, il n'est celuy qui ne se travaille à la leur
prester, et qui n'aime mieux trahir sa gloire que d'offenser
la leur; on n'y employe qu'autant d'effort qu'il en faut
pour servir à leur honneur. Quelle part ont-ils à la meslée,
en laquelle chacun est pour eux? Il me semble voir ces
paladins du temps passé se presentans aus joustes et aus
combats avec des corps et des armes faëes. Brisson,
courant contre Alexandre, se feignit en la course;
Alexandre l'en tança, mais il luy en devoit faire donner
le foet[1]. Pour cette consideration, Carneades disoit que les
enfans des Princes n'apprennent rien à droict qu'à manier
des chevaux, d'autant que en tout autre exercice chacun
fleschit soubs eux et leur donne gaigné; mais un cheval,
qui n'est ny flateur ny courtisan, verse le fils du Roy à
terre comme il feroit le fils d'un crocheteur[2]. Homere[3]
a esté contrainct de consentir que Venus fut blessée au
combat de Troye, une si douce saincte, et si delicate,
pour luy donner du courage et de la hardiesse, qualitez
qui ne tombent aucunement en ceux qui sont exempts
de danger. On faict courroucer, craindre, fuyr les dieux,
(c) s'enjalouser, *(b)* se douloir et se passionner, pour les
honorer des vertus qui se bastissent entre nous de ces
imperfections.

Qui ne participe au hazard et difficulté, ne peut pretendre interest à l'honneur et plaisir qui suit les actions
hazardeuses. C'est pitié de pouvoir tant, qu'il advienne
que toutes choses vous cedent. Vostre fortune rejecte
trop loing de vous la societé et la compaignie, elle vous
plante trop à l'escart. Cette aysance et lâche facilité de
faire tout baisser soubs soy est ennemye de toute sorte de
plaisir; c'est glisser, cela, ce n'est pas aller; c'est dormir,
ce n'est pas vivre. Concevez l'homme accompaigné d'om-
nipotence, vous l'abismez; il faut qu'il vous demande par

aumosne de l'empeschement et de la resistance; son estre
et son bien est en indigence[1].

Leurs bonnes qualitez sont mortes et perdues, car elles
ne se sentent que par comparaison, et on les en met hors;
ils ont peu de cognoissance de la vraye loüange, estans
batus d'une si continuele approbation et uniforme. Ont
ils affaire au plus sot de leurs subjects, ils n'ont aucun
moyen de prendre advantage sur luy; en disant : « C'est
pour ce qu'il est mon Roy », il luy semble avoir assez dict
qu'il a presté la main à se laisser vaincre. Cette qualité
estouffe et consomme les autres qualitez vrayes et essentielles : elles sont enfoncées dans la Royauté, et ne leur
laisse à eux faire valoir que les actions qui la touchent
directement et qui luy servent, les offices de leur charge.
C'est tant estre Roy qu'il n'est que par là. Cette lueur
estrangere qui l'environne, le cache et nous le desrobe,
nostre veuë s'y rompt et s'y dissipe, estant remplie et
arrestée par cette forte lumiere. Le Senat ordonna le pris
d'eloquence à Tybere; il le refusa, n'estimant pas que,
d'un jugement si peu libre, quand bien il eust esté veritable, il s'en peut ressentir[2].

Comme on leur cede tous avantages d'honneur, aussi
conforte l'on et auctorise les deffauts et vices qu'ils ont,
non seulement par approbation, mais aussi par imitation.
Chacun des suyvans d'Alexandre portoit comme luy la
teste à costé[3]; et les flateurs de Dionysius s'entrehur-
toyent en sa presence, poussoyent et versoyent ce qui se
rencontroit à leurs pieds, pour dire qu'ils avoyent la veuë
aussi courte que luy[4]. Les greveures ont aussi par fois
servy de recommandation et faveur. J'en ay veu la surdité
en affectation; et, par ce que le maistre hayssoit sa femme,
Plutarque a veu les courtisans repudier les leurs, qu'ils
aymoyent[5]. Qui plus est, la paillardise s'en est veuë en
credit, et toute dissolution; comme aussi la desloyauté,
les blasphemes, la cruauté; comme l'heresie; comme la
superstition, l'irreligion, la mollesse; et pis, si pis il y a :
par un exemple encores plus dangereux que celuy des
flateurs de Mithridates, qui, d'autant que leur maistre
envioit l'honneur[6] de bon medecin, luy portoyent à
inciser et cauteriser leurs membres; car ces autres souffrent cauteriser leur ame, partie plus delicate et plus
noble[7].

Mais, pour achever par où j'ay commencé, Adrian

l'Empereur debatant avec le philosophe Favorinus de l'interpretation de quelque mot, Favorinus luy en quiéta bien toft la viétoire. Ses amys se plaignans à luy : « Vous vous moquez, fit-il; voudriez vous qu'il ne fut pas plus sçavant que moy, luy qui commande à trente legions[1] ? » Augufte escrivit des vers contre Asinius Pollio : « Et moy, diét Pollio, je me tais; ce n'eft pas sagesse d'escrire à l'envy de celuy qui peut proscrire[2]. » Et avoyent raison. Car Dionysius, pour ne pouvoir esgaller Philoxenus en la poësie, et Platon en discours, en condemna l'un aus carrieres, et envoya vendre l'autre esclave en l'isle d'Ægine[3].

CHAPITRE VIII

DE L'ART DE CONFERER [4]

(b) C'EST un usage de noftre juftice, d'en condamner aucuns pour l'advertissement des autres.

(c) De les condamner par ce qu'ils ont failly, ce seroit beftise, comme diét Platon[5]. Car, ce qui eft faiét, ne se peut deffaire; mais c'eft affin qu'ils ne faillent plus de mesmes, ou qu'on fuye l'exemple de leur faute.

(b) On ne corrige pas celuy qu'on pend, on corrige les autres par luy. Je faiéts de mesmes. Mes erreurs sont tantoft naturelles et incorrigibles; mais, ce que les honneftes hommes profitent au public en se faisant imiter, je le profiteray à l'avanture à me faire eviter :

> *Nonne vides Albi ut malè vivat filius, utque*
> *Barrus inops ? magnum documentum, ne patriam rem*
> *Perdere quis velit[6].*

Publiant et accusant mes imperfeétions, quelqu'un apprendra de les craindre. Les parties que j'eftime le plus en moy, tirent plus d'honneur de m'accuser que de me recommander. Voilà pourquoi j'y retombe et m'y arrefte plus souvent. Mais, quand tout eft conté, on ne parle jamais de soy sans perte. Les propres condemnations sont tousjours accruës, les louanges mescruës.

Il en peut eftre aucuns de ma complexion, qui m'inftruis mieux par contrarieté que par exemple, et par fuite que par suite. A cette sorte de discipline regardoit le vieux

Caton, quand il dict que les sages ont plus à apprendre des fols que les fols des sages[1]; et cet ancien joueur de lyre, que Pausanias recite avoir accoustumé contraindre ses disciples d'aller ouyr un mauvais sonneur qui logeoit vis à vis de luy, où ils apprinsent à hayr ses desaccords et fauces mesures. L'horreur de la cruauté me rejecte plus avant en la clemence qu'aucun patron de clemence ne me sçauroit attirer. Un bon escuyer ne redresse pas tant mon assiete, comme faict un procureur ou un Venitien à cheval; et une mauvaise façon de langage reforme mieux la mienne que ne faict la bonne. Tous les jours la sotte contenance d'un autre m'advertit et m'advise. Ce qui poind, touche et esveille mieux que ce qui plaist. Ce temps n'est propre à nous amender qu'à reculons, par disconvenance plus que par accord, par difference que par similitude. Estant peu aprins par les bons exemples, je me sers des mauvais, desquels la leçon est ordinaire[2]. *(c)* Je me suis efforcé de me rendre autant aggreable comme j'en voyoy de fascheux, aussi ferme que j'en voyoy de mols, aussi doux que j'en voyoy d'aspres[3]. Mais je me proposoy des mesures invincibles.

(b) Le plus fructueux et naturel exercice de nostre esprit, c'est à mon gré la conference. J'en trouve l'usage plus doux que d'aucune autre action de nostre vie; et c'est la raison pourquoy, si j'estois asture forcé de choisir, je consentirois plustost, ce crois-je, de perdre la veuë que l'ouir ou le parler. Les Atheniens, et encore les Romains, conservoient en grand honneur cet exercice en leurs Academies. De nostre temps, les Italiens[4] en retiennent quelques vestiges, à leur grand profict, comme il se voit par la comparaison de nos entendemens aux leurs. L'estude des livres, c'est un mouvement languissant et foible qui n'eschauffe poinct; là où la conference apprend et exerce en un coup[5]. Si je confere avec une ame forte et un roide jousteur, il me presse les flancs, me pique à gauche et à dextre; ses imaginations eslancent les miennes. La jalousie, la gloire, la contention me poussent et rehaussent au dessus de moy-mesmes. Et l'unisson est qualité du tout ennuyeuse en la conference.

Comme nostre esprit se fortifie par la communication des esprits vigoureux et reiglez, il ne se peut dire combien il perd et s'abastardit par le continuel commerce et frequentation que nous avons avec les esprits bas et maladifs.

Il n'est contagion qui s'espande comme celle-là. Je sçay par assez d'experience combien en vaut l'aune. J'ayme à contester et à discourir, mais c'est avec peu d'hommes et pour moy. Car de servir de spectacle aux grands[1] et faire à l'envy parade de son esprit et de son caquet, je trouve que c'est un mestier très-messeant, à un homme d'honneur.

La sottise est une mauvaise qualité; mais de ne la pouvoir supporter, et s'en despiter et ronger, comme il m'advient, c'est une autre sorte de maladie qui ne doit guere à la sottise en importunité; et est ce qu'à present je veux accuser du mien.

J'entre en conference et en dispute avec grande liberté et facilité, d'autant que l'opinion trouve en moy le terrein mal propre à y penetrer et y pousser de hautes racines. Nulles propositions m'estonnent, nulle creance me blesse, quelque contrarieté qu'elle aye à la mienne. Il n'est si frivole et si extravagante fantasie qui ne me semble bien sortable à la production de l'esprit humain. Nous autres, qui privons nostre jugement du droict de faire des arrests, regardons mollement les opinions diverses, et, si nous n'y prestons le jugement, nous y prestons aisément l'oreille. Où l'un plat est vuide du tout en la balance, je laisse vaciller l'autre, sous les songes d'une vieille. Et me semble estre excusable si j'accepte plustost le nombre impair; le jeudy au pris du vendredy; si je m'aime mieux douziesme ou quatorziesme que treziesme à table; si je vois plus volontiers un liévre costoyant que traversant mon chemin quand je voyage, et donne plustost le pied gauche que le droict à chausser. Toutes telles ravasseries, qui sont en credit autour de nous, meritent aumoins qu'on les escoute. Pour moy, elles emportent seulement l'inanité, mais elles l'emportent. Encores sont en poids les opinions vulgaires et casuelles autre chose que rien en nature. Et, qui ne s'y laisse aller jusques là, tombe à l'avanture au vice de l'opiniastreté pour eviter celuy de la superstition.

Les contradictions donc des jugemens ne m'offencent, ny m'alterent; elles m'esveillent seulement et m'exercent. Nous fuyons à la correction, il s'y faudroit presenter et produire, notamment quand elle vient par forme de conferance, non de rejance. A chaque opposition, on ne regarde pas si elle est juste, mais, à tort ou à droit, comment on s'en deffera. Au lieu d'y tendre les bras, nous

y tendons les griffes. Je souffrirois estre rudement heurté
par mes amis : « Tu es un sot, tu resves. » J'ayme, entre
les galans hommes, qu'on s'exprime courageusement,
que les mots aillent où va la pensée. Il nous faut fortifier
l'ouie et la durcir contre cette tandreur du son ceremonieux des parolles. J'ayme une societé et familiarité forte
et virile, une amitié qui se flatte en l'aspreté et vigueur de
son commerce, comme l'amour, és morsures et esgrati-
gneures sanglantes[1].

(c) Elle n'est pas assez vigoureuse et genereuse, si elle
n'est querelleuse, si elle est civilisée et artiste, si elle craint
le hurt et a ses allures contreintes.

Neque enim disputari sine reprehensione potest[2].

(b) Quand on me contrarie, on esveille mon attention,
non pas ma cholere; je m'avance vers celuy qui me
contredit, qui m'instruit. La cause de la verité devroit
estre la cause commune à l'un et à l'autre. Que respon-
dra-il? la passion du courroux luy a desjà frappé le
jugement. Le trouble s'en est saisi avant la raison. Il seroit
utile qu'on passast par gageure la decision de nos disputes, qu'il y eut une marque materielle de nos pertes,
affin que nous en tinssions estat, et que mon valet me peut
dire : « Il vous cousta, l'année passée, cent escus à vingt
fois d'avoir esté ignorant et opiniastre. »

Je festoye et caresse la verité en quelque main que je la
trouve, et m'y rends alaigrement, et luy tends mes armes
vaincues, de loing que je la vois approcher. (c) Et, pourveu
qu'on n'y procede d'une troigne trop imperieuse et magistrale, je preste l'espaule aux reprehensions que l'on
faict en mes escrits; et les ay souvent changez plus par
raison de civilité que par raison d'amendement; aymant à
gratifier et nourrir la liberté de m'advertir par la facilité de
ceder; ouy, à mes despans. Toutefois il est certes malaisé
d'y attirer les hommes de mon temps; ils n'ont pas le
courage de corriger, par ce qu'ils n'ont pas le courage de
souffrir à l'estre, et parlent tousjours avec dissimulation en
presence les uns des autres. Je prens si grand plaisir d'estre
jugé et cogneu, qu'il m'est comme indifferent en quelle
des deux formes je le soys. Mon imagination se contredit
elle mesme si souvent et condamne, que ce m'est tout un
qu'un autre le face : veu principalement que je ne donne
à sa reprehension que l'authorité que je veux. Mais je

romps paille avec celuy qui se tient si haut à la main,
comme j'en cognoy quelqu'un qui plaint son advertissement, s'il n'en est creu, et prend à injure si on estrive à
le suivre. Ce que Socrates recueilloit, tousjours riant, les
contradictions qu'on faisoit à son discours, on pourroit
dire que sa force en estoit cause, et que, l'avantage ayant
à tomber certainement de son costé, il les acceptoit
comme matiere de nouvelle gloire. Mais nous voyons au
rebours qu'il n'est rien qui nous y rende le sentiment si
delicat, que l'opinion de la préeminence et desdaing de
l'adversaire; et que, par raison, c'est au foible plustost
d'accepter de bon gré les oppositions qui le redressent et
rabillent. (b) Je cerche à la verité plus la frequentation de
ceux qui me gourment que de ceux qui me craignent.
C'est un plaisir fade et nuisible d'avoir affaire à gens qui
nous admirent et facent place. Antisthenes commanda à
ses enfans de ne sçavoir jamais gré ny grace à homme qui
les louat[1]. Je me sens bien plus fier de la victoire que je
gaigne sur moy quand, en l'ardeur mesme du combat, je
me faicts plier soubs la force de la raison de mon adversaire, que je ne me sens gré de la victoire que je gaigne sur
luy par sa foiblesse.

En fin, je reçois et advoue toutes sortes d'atteinctes qui
sont de droict fil pour foibles qu'elles soient, mais je suis
par trop impatient de celles qui se donnent sans forme. Il
me chaut peu de la matiere, et me sont les opinions unes,
et la victoire du subject à peu prés indifferente. Tout un
jour je contesteray paisiblement, si la conduicte du debat
se suit avec ordre. (c) Ce n'est pas tant la force et la subtilité que je demande, comme l'ordre. L'ordre qui se voit
tous les jours aux altercations des bergers et des enfans de
boutique, jamais entre nous. S'ils se detraquent, c'est en
incivilité; si faisons nous bien. Mais leur tumulte et impa-
tiance ne les devoye pas de leur theme : leur propos suit
son cours. S'ils previenent l'un l'autre, s'ils ne s'attendent
pas, au moins ils s'entendent. On respond tousjours trop
bien pour moy, si on respond à propos. (b) Mais quand
la dispute est trouble et des-reglée, je quitte la chose et
m'attache à la forme avec despit et indiscretion, et me
jette à une façon de debattre testue, malicieuse et imperieuse, dequoy j'ay à rougir après.

(c) Il est impossible de traitter de bonne foy avec
un sot. Mon jugement ne se corrompt pas seulement

à la main d'un maistre si impetueux, mais aussi ma conscience.

Noz disputes devoient estre defendues et punies comme d'autres crimes verbaux. Quel vice n'esveillent elles et n'amoncellent, tousjours regies et commandées par la cholere! Nous entrons en inimitié, premierement contre les raisons, et puis contre les hommes. Nous n'aprenons à disputer que pour contredire, et, chascun contredisant et estant contredict, il en advient que le fruit du disputer c'est perdre et aneantir la verité. Ainsi Platon, en sa *Republique*[1], prohibe cet exercice aux esprits ineptes et mal nays.

(b) A quoy faire vous mettez vous en voie de quester ce qui est avec celuy qui n'a ny pas, ny alleure qui vaille? On ne faict poinct tort au subject, quand on le quicte pour voir du moyen de le traicter; je ne dis pas moyen scholastique et artiste, je dis moyen naturel, d'un sain entendement. Que sera-ce en fin? L'un va en orient, l'autre en occident; ils perdent le principal, et l'escartent dans la presse des incidens. Au bout d'une heure de tempeste, ils ne sçavent ce qu'ils cerchent; l'un est bas, l'autre haut, l'autre costié. Qui se prend à un mot et une similitude; qui ne sent plus ce qu'on luy oppose, tant il est engagé en sa course; et pense à se suyvre, non pas à vous. Qui, se trouvant foible de reins, craint tout, refuse tout, mesle dès l'entrée et confond le propos; *(c)* ou, sur l'effort du debat, se mutine à se faire tout plat; par une ignorance despite, affectant un orgüeilleux mespris, ou une sottement modeste fuite de contention. *(b)* Pourveu que cettuy-cy frappe, il ne luy chaut combien il se descouvre. L'autre compte ses mots, et les poise pour raisons. Celuy-là n'y emploie que l'advantage de sa voix et de ses poulmons. En voilà qui conclud contre soy-mesme. Et cettuy-cy, qui vous assourdit de prefaces et digressions inutiles! *(c)* Cet autre s'arme de pures injures[2] et cherche une querelle d'Alemaigne pour se deffaire de la societé et conference d'un esprit qui presse le sien. *(b)* Ce dernier ne voit rien en la raison, mais il vous tient assiegé sur la closture dialectique de ses clauses et sur les formules de son art.

Or qui n'entre en deffiance des sciences, et n'est en doubte s'il s'en peut tirer quelque solide fruict au besoin de la vie, à considerer l'usage que nous en avons : *(c)* « *nihil sanantibus litteris* »[3]? *(b)* Qui a pris de l'enten-

dement en la logique? où sont ses belles promesses?
(c) « *Nec ad melius vivendum nec ad commodius disserendum*[1]. »
(b) Voit-on plus de barbouillage au caquet des harengeres
qu'aux disputes publiques des hommes de cette profession? J'aimeroy mieux que mon fils apprint aux tavernes
à parler, qu'aux escholes de la parlerie. Ayez un maistre
és arts, conferez avec luy : que ne nous faict-il sentir cette
excellence artificielle, et ne ravit les femmes et les ignorans, comme nous sommes, par l'admiration de la fermeté
de ses raisons, de la beauté de son ordre? que ne nous
domine-il et persuade comme il veut? Un homme si
avantageux en matiere et en conduicte, pourquoy mesle-il
à son escrime les injures, l'indiscretion et la rage? Qu'il
oste son chapperon, sa robbe et son latin; qu'il ne batte
pas nos aureilles d'Aristote tout pur et tout cru, vous le
prendrez pour l'un d'entre nous, ou pis. Il me semble, de
cette implication et entrelasseure de langage, par où ils
nous pressent, qu'il en va comme des joueurs de passe-
passe : leur souplesse combat et force nos sens, mais elle
n'esbranle aucunement nostre creance; hors ce bastelage,
ils ne font rien qui ne soit commun et vile. Pour estre plus
sçavants, ils n'en sont pas moins ineptes.

J'ayme et honore le sçavoir autant que ceux qui l'ont;
et, en son vray usage, c'est le plus noble et puissant
acquest des hommes. Mais en ceux là (et il en est un nombre infiny de ce genre) qui en establissent leur fondamentale suffisance et valeur, qui se raportent de leur entendement à leur memoire, *(c)* « *sub aliena umbra latentes*[2] »,
(b) et ne peuvent rien que par livre, je le hay, si je l'ose dire,
un peu plus que la bestise. En mon pays, et de mon temps,
la doctrine amande assez les bourses, rarement[3] les ames.
Si elle les rencontre mousses, elle les aggrave et suffoque,
masse crue et indigeste; si desliées, elle les purifie volontiers, clarifie et subtilise jusques à l'exinanition. C'est
chose de qualité à peu près indifferente; très-utile accessoire à une ame bien née, pernicieux à une autre ame et
dommageable; ou plustost chose de très pretieux usage,
qui ne se laisse pas posseder à vil pris; en quelque main,
c'est un sceptre; en quelque autre, une marotte. Mais
suyvons.

Quelle plus grande victoire attendez-vous, que d'apprendre à vostre ennemy qu'il ne vous peut combatre?
Quand vous gaignez l'avantage de vostre proposition,

c'est la verité qui gaigne; quand vous gaignez l'avantage de l'ordre et de la conduite, c'est vous qui gaignez. *(c)* Il m'est advis qu'en Platon et en Xenophon Socrates dispute plus en faveur des disputants qu'en faveur de la dispute, et, pour instruire Euthydemus et Protagoras[1] de la connoissance de leur impertinence, plus que de l'impertinence de leur art. Il empoigne la premiere matiere commé celui qui a une fin plus utile que de l'esclaircir, assavoir esclaircir les esprits qu'il prend à manier et exercer. *(b)* L'agitation et la chasse est proprement de nostre gibier : nous ne sommes pas excusables de la conduire mal et impertinemment; de faillir à la prise, c'est autre chose. Car nous sommes nais à quester la verité; il appartient de la posseder à une plus grande puissance. Elle n'est pas, comme disoit Democritus, cachée dans le fons des abismes, mais plustost eslevée en hauteur infinie en la cognoissance divine[2]. *(c)* Le monde n'est qu'une escole d'inquisition. *(b)* Ce n'est pas à qui mettra dedans, mais à qui faira les plus belles courses. Autant peut faire le sot celuy qui dict vray, que celuy qui dict faux : car nous sommes sur la maniere, non sur la matiere du dire. Mon humeur est de regarder autant à la forme qu'à la substance, autant à l'advocat qu'à la cause, comme Alcibiades ordonnoit qu'on fit.

(c) Et tous les jours m'amuse à lire en des autheurs, sans soin de leur science, y cherchant leur façon, non leur subject. Tout ainsi que je poursuy la communication de quelque esprit fameux, non pour qu'il m'enseigne, mais pour que je le cognoisse[3].

(b) Tout homme peut dire veritablement; mais dire ordonnéement, prudemment et suffisamment, peu d'hommes le peuvent. Par ainsi, la fauceté qui vient d'ignorance ne m'offence point, c'est l'ineptie. J'ay rompu plusieurs marchez qui m'estoyent utiles, par l'impertinence de la contestation de ceux avec qui je marchandois. Je ne m'esmeus pas une fois l'an des fautes de ceux sur lesquels j'ay puissance; mais, sur le poinct de la bestise et opiniastreté de leurs allegations, excuses et defences asnieres et brutales, nous sommes tous les jours à nous en prendre à la gorge. Ils n'entendent ny ce qui se dict ny pourquoy, et respondent de mesme; c'est pour desesperer. Je ne sens heurter rudement ma teste que par une autre teste, et entre plustost en composition avec le vice de mes gens qu'avec

leur temerité, importunité, et leur sottise. Qu'ils facent moins, pourveu qu'ils soyent capables de faire : vous vivez en esperance d'eschauffer leur volonté; mais d'une souche il n'y a ny qu'esperer, ny que jouyr qui vaille.

Or quoi, si je prens les choses autrement qu'elles ne sont? Il peut eſtre; et pourtant j'accuse mon impatience, et tiens premierement qu'elle eſt également vitieuse en celuy qui a droiƈt comme en celuy qui a tort (car c'eſt tousjours un'aigreur tyrannique de ne pouvoir souffrir une forme diverse à la sienne); et puis, qu'il n'eſt, à la verité, point de plus grande fadese, et plus conſtante, que de s'esmouvoir et piquer des fadeses du monde, ny plus heteroclite. Car elle nous formalise principalement contre nous; et ce philosophe du temps passé[1] n'euſt jamais eu faute d'occasion à ses pleurs, tant qu'il se fût considéré. *(c)* Myson[2], l'un des sept sages, d'une humeur Timoniene[3] et Democritiene, interrogé dequoy il rioit tout seul : « De ce mesmes que je ris tout seul », respondit-il.

(b) Combien de sottises dis-je et respons-je tous les jours, selon moy; et volontiers donq combien plus frequentes, selon autruy! *(c)* Si je m'en mors les levres, qu'en doivent faire les autres? Somme, il faut vivre entre les vivants, et laisser courre la riviere sous le pont sans noſtre soing, ou à tout le moins, sans noſtre alteration. *(b)* Voyre mais, pourquoy, sans nous esmouvoir, rencontrons nous quelqu'un qui ayt le corps tortu et mal baſty, et ne pouvons souffrir le rencontre d'un esprit mal rengé sans nous mettre en cholere[4]? Cette vitieuse aspreté tient plus au juge qu'à la faute. Ayons tousjours en la bouche ce mot de Platon[5] : *(c)* « Ce que je treuve mal sain, n'eſt-ce pas pour eſtre moy mesme mal sain? » *(b)* Ne suis-je pas moy mesmes en coulpe? Mon advertissement se peut-il pas renverser contre moy? Sage et divin refrein, qui fouete la plus universelle et commune erreur des hommes. *(c)* Non seulement les reproches que nous faisons les uns aux autres, mais nos raisons aussi et nos arguments ès matieres controverses sont ordinerement contournables vers nous, et nous enferrons de nos armes. Dequoy l'ancienneté m'a laissé assez de graves exemples. *(b)* Ce fut ingenieusement bien diƈt et très à propos *(c)* par celuy qui l'inventa :

(b) Stercus cuique suum bene olet[6].

(c) Noz yeux ne voient rien en derriere. Cent fois du jour, nous nous moquons de nous sur le subject de nostre voisin et detestons en d'autres les defauts qui sont en nous plus clairement, et les admirons, d'une merveilleuse impudence et inadvertance. Encores hier je fus à mesmes de veoir un homme d'entendement et gentil personnage se moquant aussi plaisamment que justement de l'inepte façon d'un autre qui rompt la teste à tout le monde de ses genealogies et alliances plus de moitié fauces (ceux-là se jettent plus volontiers sur tels sots propos qui ont leurs qualitez plus doubteuses et moins seures); et luy, s'il eust reculé sur soy, se fut trouvé non guere moins intemperant et ennuyeus à semer et faire valoir les prerogatives de la race de sa femme. O importune presomption de laquelle la femme se voit armée par les mains de son mary mesme! S'ils entendoient latin, il leur faudroit dire :

Age ! si hæc non insanit satis sua sponte, insliga[1].

Je n'entens pas que nul n'accuse qui ne soit net, car nul n'accuseroit; voire ny net en mesme sorte de coulpe. Mais j'entens que nostre jugement, chargeant sur un autre duquel pour lors il est question, ne nous espargne pas d'une interne jurisdiction. C'est office de charité que qui ne peut oster un vice en soy cherche à l'oster ce neantmoins en autruy, où il peut avoir moins maligne et revesche semence. Ny ne me semble responce à propos à celuy qui m'advertit de ma faute, dire qu'elle est aussi en luy. Quoy pour cela? Tousjours l'advertissement est vray et utile. Si nous avions bon nez, nostre ordure nous devroit plus puïr d'autant qu'elle est nostre. Et Socrates est d'advis[2] que qui se trouveroit coulpable, et son fils, et un estranger, de quelque violence et injure, devroit comancer par soy à se presenter à la condamnation de la justice et implorer, pour se purger, le secours de la main du bourreau, secondement pour son fils et dernierement pour l'estranger. Si ce precepte prend le ton un peu plus haut, au moins se doibt-il presenter le premier à la punition de sa propre conscience.

(b) Les sens sont nos propres et premiers juges, qui n'apperçoivent les choses que par les accidents externes; et n'est merveille si, en toutes les pieces du service de nostre societé, il y a un si perpetuel et universel meslange de ceremonies et apparences superficielles; si que la

meilleure et plus effectuelle part des polices consiste en
cela. C'est tousjours à l'homme que nous avons affaire,
duquel la condition est merveilleusement corporelle. Que
ceux qui nous ont voulu bastir, ces années passées, un
exercice de religion si contemplatif et immateriel[1], ne
s'estonnent point s'il s'en trouve qui pensent qu'elle fut
eschapée et fondue entre leurs doigts, si elle ne tenoit
parmy nous comme marque, tiltre et instrument de division et de part, plus que par soy-mesmes. Comme en la
conference : la gravité, la robbe et la fortune de celuy qui
parle donne souvent credit à des propos vains et ineptes;
il n'est pas à presumer qu'un monsieur si suivy, si redouté
n'aye au-dedans quelque suffisance autre que populaire,
et qu'un homme à qui on donne tant de commissions et
de charges, si desdaigneux et si morguant, ne soit plus
habile que cet autre qui le salue de si loing et que personne
n'employe. Non seulement les mots, mais aussi les grimaces de ces gens là se considerent et mettent en compte,
chacun s'appliquant à y donner quelque belle et solide
interpretation. S'ils se rabaissent à la conference commune et qu'on leur presente autre chose qu'aprobation et
reverence, ils vous assomment de l'authorité de leur
experience : ils ont ouy, ils ont veu, ils ont faict; vous
estes accablé d'exemples. Je leur dirois volontiers que le
fruict de l'experience d'un chirurgien n'est pas l'histoire
de ses practiques, et se souvenir qu'il a guery quatre
empestez et trois gouteux, s'il ne sçait de cet usage tirer
dequoy former son jugement, et ne nous sçait faire sentir
qu'il en soit devenu plus sage à l'usage de son art.
(c) Comme, en un concert d'instruments, on n'oit pas un
lut, une espinette et la flutte, on oyt une harmonie en globe,
l'assemblage et le fruict de tout cet amas. Si les voyages et
les charges les ont amendez, c'est à la production de leur
entendement de le faire paroistre. Ce n'est pas assez de
compter les experiences, il les faut poiser et assortir et les
faut avoir digerées et alambiquées, pour en tirer les raisons
et conclusions qu'elles portent. Il ne fut jamais tant
d'historiens. Bon est il tousjours et utile de les ouyr, car
ils nous fournissent tout plain de belles instructions et
louables du magasin de leur memoire; grande partie,
certes, au secours de la vie; mais nous ne cerchons pas
cela pour cette heure, nous cerchons si ces recitateurs et
recueilleurs sont louables eux mesme.

Je hay toute sorte de tyrannie, et la parliere, et l'effectuelle. Je me bande volontiers contre ces vaines circonstances qui pipent nostre jugement par les sens; et, me tenant au guet de ces grandeurs extraordinaires, ay trouvé que ce sont, pour le plus, des hommes comme les autres.

> *Rarus enim fermè sensus communis in illa*
> *Fortuna*[1].

A l'avanture, les estime l'on et aperçoit moindres qu'ils ne sont, d'autant qu'ils entreprennent plus et se montrent plus : ils ne respondent point au faix qu'ils ont pris. Il faut qu'il y ayt plus de vigueur et de pouvoir au porteur qu'en la charge. Celuy qui n'a pas remply sa force, il vous laisse deviner s'il a encore de la force au delà, et s'il a esté essayé jusques à son dernier poinct; celuy qui succombe à sa charge, il descouvre sa mesure et la foiblesse de ses espaules. C'est pourquoy on voit tant d'ineptes ames entre les sçavantes, et plus que d'autres : il s'en fut faict des bons hommes de mesnage, bons marchans, bons artizans; leur vigueur naturelle estoit taillée à cette proportion. C'est chose de grand poix que la science; ils fondent dessoubs. Pour estaller et distribuer cette noble et puissante matiere, pour l'employer et s'en ayder, leur engin n'a ny assez de vigueur, ny assez de maniement : elle ne peut qu'en une forte nature; or elles sont bien rares. *(c)* « Et les foibles, dict Socrates[2], corrompent la dignité de la philosophie en la maniant. » Elle paroist et inutile et vicieuse quand elle est mal estuyée. *(b)* Voilà comment ils se gastent et affolent,

> *Humani qualis simulator simius oris,*
> *Quem puer arridens pretioso stamine serum*
> *Velavit, nudásque nates ac terga reliquit,*
> *Ludibrium mensis*[3].

A ceux pareillement qui nous regissent et commandent, qui tiennent le monde en leur main, ce n'est pas assez d'avoir un entendement commun, de pouvoir ce que nous pouvons; ils sont bien loing au dessoubs de nous, s'ils ne sont bien loing au dessus. Comme ils promettent plus, ils doivent aussi plus; et pourtant leur est le silence non seulement contenance de respect et gravité, mais encore souvent de profit et de mesnage : car Megabysus, estant allé voir Appelles en son ouvrouer, fut long temps sans mot dire, et puis commença à discourir de ses ouvrages, dont il receut cette rude reprimende : « Tandis que tu as gardé silence, tu semblois quelque grande chose à cause de tes cheines et de ta pompe; mais maintenant qu'on t'a ouy parler, il n'est pas jusques aux garsons de ma boutique qui ne te mesprisent[1]. » Ces magnifiques atours, ce grand estat, ne luy permettoient point d'estre ignorant d'une ignorance populaire, et de parler impertinemment de la peinture : il devoit maintenir, muet, cette externe et præsomptive suffisance. A combien de sottes ames, en mon temps, a servy une mine froide et taciturne de tiltre de prudence et de capacité!

Les dignitez, les charges, se donnent necessairement plus par fortune que par merite; et a l'on tort souvent de s'en prendre aux Roys. Au rebours, c'est merveille qu'ils y aient tant d'heur, y ayant si peu d'adresse :

(c) Principis est virtus maxima nosse suos[2];

(b) car la nature ne leur a pas donné la veuë qui se puisse estendre à tant de peuples, pour discerner de la precellence, et perser nos poitrines, où loge la cognoissance de nostre volonté et de nostre meilleure valeur. Il faut qu'ils nous trient par conjecture et à tastons, par la race, les richesses, la doctrine, la voix du peuple : très-foibles argumens. Qui pourroit trouver moien qu'on en peut juger par justice, et choisir les hommes par raison, establiroit de ce seul trait une parfaite forme de police.

« Ouy, mais il a mené à point ce grand affaire. » C'est dire quelque chose, mais ce n'est pas assez dire : car cette sentence est justement receuë, qu'il ne faut pas juger les conseils par les evenemens. *(c)* Les Carthaginois punissoient les mauvais advis de leurs capitaines, encore qu'ils fussent corrigez par une heureuse issue[3]. Et le peuple Romain a souvent refusé le triomphe à des grandes et très utiles victoires par ce que la conduitte du chef ne respondoit point à son bon heur. *(b)* On s'aperçoit ordinairement aux actions du monde que la fortune, pour nous apprendre combien elle peut en toutes choses, et qui prent plaisir à rabatre nostre presomption, n'aiant peu faire les malhabiles sages, elle les fait heureux, à l'envy de la vertu. Et se mesle volontiers à favoriser les executions où la trame est plus purement sienne. D'où il se voit tous les jours que les plus simples d'entre nous mettent à fin de très grandes besongnes, et publiques et privées. Et, comme Siranez le Persien respondit à ceux qui s'eston-noient comment ses affaires succedoient si mal, veu que ses propos estoient si sages, qu'il estoit seul maistre de ses propos, mais du succez de ses affaires, c'estoit la fortune[1]; ceux-cy peuvent respondre de mesme, mais d'un contraire biais. La plus part des choses du monde se font par elles mesmes,

Fata viam invenient[2].

L'issuë authorise souvent une très inepte conduite. Nostre entremise n'est quasi qu'une routine, et plus com-munéement consideration d'usage et d'exemple que de raison. Estonné de la grandeur de l'affaire, j'ay autrefois sceu par ceux qui l'avoient mené à fin leurs motifs et leur addresse : je n'y ay trouvé que des advis vulgaires; et les plus vulgaires et usitez sont aussi peut estre les plus seurs et plus commodes à la pratique, sinon à la montre.

Quoy, si les plus plattes raisons sont les mieux assises? les plus basses et lasches, et les plus battues, se couchent mieux aux affaires? Pour conserver l'authorité du Conseil des Roys, il n'est pas besoing que les personnes profanes y participent et y voyent plus avant que de la première barriere. Il se doibt reverer à credit et en bloc, qui en veut nourrir la reputation. Ma consultation esbauche un peu la matiere, et la considere legierement par ses premiers visages; le fort et principal de la besongne, j'ay accous-tumé de le resigner au ciel :

Permitte divis cætera[3].

L'heur et le mal'heur sont à mon gré deux souveraines puissances. C'est imprudence d'estimer que l'humaine prudence puisse remplir le rolle de la fortune. Et vaine est l'entreprise de celuy qui presume d'embrasser et causes et consequences, et mener par la main le progrez de son faict; vaine sur tout aux deliberations guerrieres. Il ne fut jamais plus de circonspection et prudence militaire qu'il s'en voit par fois entre nous : seroit ce qu'on crainct de se perdre en chemin, se reservant à la catastrophe de ce jeu?

Je dis plus; que nostre sagesse mesme et consultation suit pour la plus part la conduicte du hazard. Ma volonté

et mon discours se remue tantost d'un air, tantost d'un
autre, et y a plusieurs de ces mouvemens qui se gouvernent sans moy. Ma raison a des impulsions et agitations journallieres *(c)* et casuelles :

> *(b) Vertutnur species animorum, et pectora motus*
> *Nunc alios, alios dum nubila ventus agebat,*
> *Concipiunt*[1].

Qu'on regarde qui sont les plus puissans aus villes, et
qui font mieux leurs besongnes : on trouvera ordinairement que ce sont les moins habiles. Il est advenu aux
femmes, aux enfans et aux insensez, de commander des
grands estats, à l'esgal des plus suffisans Princes. *(c)* Et y
rencontrent, dict Thucydides[2], plus ordinairement les
grossiers que les subtils. *(b)* Nous attribuons les effects
de leur bonne fortune à leur prudence.

> *(c) Ut quisque fortuna utitur*
> *Ita præcellet, atque exinde sapere illum omnes dicimus*[3].

(b) Parquoy je dis bien, en toutes façons, que les eveme-
mens sont maigres tesmoings de nostre pris et capacité.
Or, j'estois sur ce point, qu'il ne faut que voir un homme
eslevé en dignité : quand nous l'aurions cogneu
trois jours devant homme de peu, il coule insensiblement
en nos opinions une image de grandeur, de suffisance, et
nous persuadons que, croissant de trein et de credit, il est
creu de merite. Nous jugeons de luy, non selon sa valeur,
mais à la mode des getons, selon la prerogative de son
rang. Que la chanse tourne aussi, qu'il retombe et se
remesle à la presse, chacun s'enquiert avec admiration de
la cause qui l'avoit guindé si haut. « Est-ce luy ? faict on ;
n'y sçavoit il autre chose quand il y estoit ? les Princes se
contentent ils de si peu ? nous estions vrayment en bonnes
mains. » C'est chose que j'ay souvant vu de mon temps.
Voyre et le masque des grandeurs, qu'on represente aux
comedies, nous touche aucunement et nous pipe. Ce que
j'adore moy-mesmes aus Roys, c'est la foule de leurs
adorateurs. Toute inclination et soubmission leur est
deuë, sauf celle de l'entendement. Ma raison n'est pas
duite à se courber et flechir, ce sont mes genoux.
Melanthius, interrogé ce qu'il luy sembloit de la tragedie de Dionysius : « Je ne l'ay, dict-il, point veuë, tant
elle est offusquée de langage. » Aussi la pluspart de ceux

qui jugent les discours des grans debvroient dire : « Je
n'ay point entendu son propos, tant il estoit offusqué de
gravité, de grandeur et de majesté[1]. »

Antisthenes suadoit un jour aus Atheniens qu'ils com-
mandassent que leurs asnes fussent aussi bien employez
au labourage des terres, comme estoyent les chevaux;
surquoy il luy fut respondu que cet animal n'estoit pas
nay à un tel service : « C'est tout un, repliqua il, il n'y va
que de vostre ordonnance; car les plus ignorans et incapables hommes que vous employez aus commandemens
de vos guerres, ne laissent pas d'en devenir incontinent
très-dignes, parce que vous les y employez[2]. »

A quoy touche l'usage de tant de peuples, qui cano-
nizent le Roy qu'ils ont faict d'entre eux, et ne se contentent point de l'honnorer s'ils ne l'adorent. Ceux de
Mexico, depuis que les ceremonies de son sacre sont
parachevées, n'osent plus le regarder au visage : ains,
comme s'ils l'avoyent deifié par sa royauté, entre les
serments qu'ils luy font jurer de maintenir leur religion,
leurs loix, leurs libertez, d'estre vaillant, juste et debonnaire, il jure aussi de faire marcher le soleil en sa lumiere
accoustumée, desgouster les nuées en temps oportun,
courir aux rivieres leurs cours, et faire porter à la terre
toutes choses necessaires à son peuple[3].

Je suis divers à cette façon commune, et me deffie
plus de la suffisance quand je la vois accompaignée de
grandeur de fortune et de recommandation populaire.
Il nous faut prendre garde combien c'est de parler à son
heure, de choisir son point, de rompre le propos ou le
changer d'une authorité magistrale, de se deffendre des
oppositions d'autruy par un mouvement de teste, un
sous-ris ou un silence, devant une assistance qui tremble
de reverence et de respect.

Un homme de monstrueuse fortune, venant mesler son
advis à certain leger propos qui se demenoit tout lâchement en sa table, commença justement ainsi : « Ce ne
peut estre qu'un menteur ou ignorant qui dira autrement
que, etc. » Suyvez cette pointe philosophique, un
pouignart à la main.

Voicy un autre advertissement duquel je tire grand
usage : c'est qu'aus disputes et conferences, tous les mots
qui nous semblent bons ne doivent pas incontinent estre
acceptez. La plus part des hommes sont riches d'une

suffisance estrangere. Il peut advenir à tel de dire un beau
traict, une bonne responce et sentence, et la mettre en
avant sans en cognoistre la force. *(c)* Qu'on ne tient pas
tout ce qu'on emprunte, à l'adventure se pourra il verifier
par moy mesme. *(b)* Il n'y faut point tousjours ceder, quelque verité ou beauté qu'elle ait. Ou il la faut combatre à
escient, ou se tirer arriere, soubs couleur de ne l'entendre
pas, pour taster de toutes parts comment elle est logée en
son autheur. Il peut advenir que nous nous enferrons, et
aidons au coup outre sa portée. J'ay autrefois employé à
la necessité et presse du combat des revirades qui ont faict
faucée outre mon dessein et mon esperance; je ne les
donnois qu'en nombre, on les recevoit en pois. Tout ainsi
comme quand je debats contre un homme vigoureux, je
me plais d'anticiper ses conclusions, je luy oste la peine de
s'interpreter, j'essaye de prevenir son imagination imparfaicte encores et naissante (l'ordre et la pertinence de son
entendement m'advertit et menace de loing), de ces autres
je faicts tout le rebours; il ne faut rien entendre que par
eux, ny rien presupposer. S'ils jugent en parolles universelles : « Cecy est bon, cela ne l'est pas », et qu'ils rencontrent, voyez si c'est la fortune qui rencontre pour eux.

(c) Qu'ils circonscrivent et restreignent un peu leur
sentence : pourquoy c'est, par où c'est. Ces jugements
universels que je vois si ordinaires ne disent rien. Ce sont
gents qui saluent tout un peuple en foulle et en troupe[1].
Ceux qui en ont vraye cognoissance le saluent et remarquent nomméement et particulierement. Mais c'est une
hazardeuse entreprinse. D'où j'ay veu, plus souvent que
tous les jours, advenir que les esprits foiblement fondez,
voulant faire les ingenieux à remarquer en la lecture de
quelque ouvrage le point de la beauté, arrestent leur admiration d'un si mauvais choix qu'au lieu de nous apprendre
l'excellence de l'autheur, ils nous apprennent leur propre
ignorance. Cette exclamation est seure : « Voylà qui est
beau ! » ayant ouy une entiere page de Vergile. Par là se
sauvent les fins. Mais d'entreprendre à le suivre par
espaulettes, et de jugement exprés et trié vouloir remarquer par où un bon autheur se surmonte, par où se
rehausse, poisant les mots, les phrases, les inventions une
après l'autre, ostez vous de là! « *Videndum est non modo
quid quisque loquatur, sed etiam quid quisque sentiat, atque
etiam qua de causa quisque sentiat*[2]. » J'oy journellement dire

à des sots des mots non sots : *(b)* ils disent une bonne chose; sçachons jusques où ils la cognoissent, voyons par où ils la tiennent. Nous les aydons à employer ce beau mot et cette belle raison qu'ils ne possedent pas; ils ne l'ont qu'en garde; ils l'auront produite à l'avanture et à tastons; nous la leur mettons en credit et en pris.

Vous leur prestez la main. A quoy faire? Ils ne vous en sçavent nul gré, et en deviennent plus ineptes. Ne les secondez pas, laisses les aller; ils manieront cette matiere comme gens qui ont peur de s'eschauder; ils n'osent luy changer d'assiete et de jour, ny l'enfoncer. Croslez la tant soit peu, elle leur eschappe; ils vous la quittent, toute forte et belle qu'elle est. Ce sont belles armes, mais elles sont mal emmanchées. Combien de fois en ay-je veu l'experience? Or, si vous venez à les esclaircir et confirmer, ils vous saisissent et desrobent incontinent cet avantage de vostre interpretation : « C'estoit ce que je voulois dire; voylà justement ma conception; si je ne l'ay ainsin exprimé, ce n'est que faute de langue. » Souflez. Il faut employer la malice mesme à corriger cette fiere bestise. *(c)* Le dogme d'Hegesias, qu'il ne faut ny haïr ny accuser, ains instruire, a de la raison ailleurs[1]; mais icy *(b)* c'est injustice et inhumanité de secourir et redresser celuy qui n'en a que faire, et qui en vaut moins. J'ayme à les laisser embourber et empestrer encore plus qu'ils ne sont, et si avant, s'il est possible, qu'en fin ils se recognoissent.

La sottise et desreglement de sens n'est pas chose guerissable par un traict d'advertissement. *(c)* Et pouvons proprement dire de cette reparation ce que Cyrus[2] respond à celuy qui le presse d'enhorter son ost sur le point d'une bataille : « Que les hommes ne se rendent pas courageux et belliqueux sur le champ par une bonne harangue, non plus qu'on ne devient incontinent musicien pour ouyr une bonne chanson. » Ce sont apprentissages qui ont à estre faicts avant la main, par longue et constante institution.

(b) Nous devons ce soing aux nostres, et cette assiduité de correction et d'instruction; mais d'aller prescher le premier passant et regenter l'ignorance ou ineptie du premier rencontré, c'est un usage auquel je veux grand mal. Rarement le fais-je, aus propos mesme qui se passent avec moy, et quite plustost tout que de venir à ces instructions reculées et magistrales. *(c)* Mon humeur n'est

propre, non plus à parler qu'à escrire, pour les princi-
pians. *(b)* Mais aux choses qui se disent en commun ou
entre autres, pour fauces et absurdes que je les juge, je ne
me jette jamais à la traverse ny de parolle, ny de signe.
Au demeurant, rien ne me despite tant en la sottise que
dequoy elle se plaist plus que aucune raison ne se peut
raisonnablement plaire.

C'est mal'heur que la prudence vous deffend de vous
satisfaire et fier de vous et vous en envoye tousjours mal
content et craintif, là où l'opiniastreté et la temerité
remplissent leurs hostes d'esjouïssance et d'asseurance.
C'est aux plus mal habiles de regarder les autres hommes
par dessus l'espaule, s'en retournans tousjours du combat
plains de gloire et d'allegresse. Et le plus souvent encore
cette outrecuidance de langage et gayeté de visage leur
donne gaigné à l'endroit de l'assistance, qui est communément foible et incapable de bien juger et discerner les
vrays avantages. *(c)* L'obstination et ardeur d'opinion est
la plus seure preuve de bestise[1]. Est il rien certain, resolu,
desdeigneux, contemplatif, grave, serieux, comme l'asne?

(b) Pouvons nous pas mesler au tiltre de la conference
et communication les devis pointus et coupez que l'alegresse et la privauté introduict entre les amis, gossans et
gaudissans plaisamment et vifvement les uns les autres?
Exercice auquel ma gayeté naturelle me rend assez propre;
et s'il n'est aussi tendu et serieux que cet autre exercice
que je viens de dire, il n'est pas moins aigu et ingenieux,
(c) ny moins profitable, comme il sembloit à Lycurgus[2].
(b) Pour mon regard, j'y apporte plus de liberté que
d'esprit, et y ay plus d'heur que d'invention; mais je suis
parfaict en la souffrance, car j'endure la revanche, non
seulement aspre, mais indiscrete aussi sans alteration. Et à
la charge qu'on me faict, si je n'ay dequoy repartir brusquement sur le champ, je ne vay pas m'amusant à suivre cette
pointe, d'une contestation ennuyeuse et lasche, tirant à
l'opiniastreté : je la laisse passer et, baissant joyeusement
les oreilles, remets d'en avoir ma raison à quelque heure
meilleure. N'est pas marchant qui tousjours gaigne. La
plus part changent de visage et de voix où la force leur
faut, et par une importune cholere, au lieu de se venger,
accusent leur foiblesse ensemble et leur impatience. En
cette gaillardise nous pinçons par fois des cordes secretes
de nos imperfections, lesquelles, rassis, nous ne pouvons

toucher sans offence; et nous entreadvertissons utillement de nos deffauts.

Il y a d'autres jeux de main, indiscrets et aspres, à la Françoise, que je hay mortellement : j'ay la peau tendre et sensible; j'en ay veu en ma vie enterrer deux Princes de noſtre sang royal[1]. *(c)* Il faiçt laid se battre en s'esbatant.

(b) Au reſte, quand je veux juger de quelqu'un, je luy demande combien il se contente de soy, jusques où son parler et sa besongne luy plaiſt. Je veux eviter ces belles excuses : « Je le fis en me joüant;

Ablatum mediis opus eſt incudibus iſtud[2];

je n'y fus pas une heure; je ne l'ay reveu depuis. » — « Or, fais-je, laissons donc ces pieces, donnez m'en une qui vous represente bien entier, par laquelle il vous plaise qu'on vous mesure. » Et puis : « Que trouvez vous le plus beau en voſtre ouvrage? Eſt-ce ou cette partie, ou cette cy? la grace, ou la matiere, ou l'invention, ou le jugement, ou la science? » Car ordinairement je m'aperçoy qu'on faut autant à juger de sa propre besongne que de celle d'autruy; non seulement pour l'affeçtion qu'on y mesle, mais pour n'avoir la suffisance de la cognoiſtre et diſtinguer. L'ouvrage, de sa propre force et fortune, peut seconder l'ouvrier outre son invention et connoissance et le devancer. Pour moy, je ne juge la valeur d'autre besongne plus obscurement que de la mienne; et loge les *Essais* tantoſt bas, tantoſt haut, fort inconſtamment et doubteusement.

Il y a plusieurs livres utiles à raison de leurs subjeçts, desquels l'autheur ne tire aucune recommandation, et des bons livres, comme des bons ouvrages, qui font honte à l'ouvrier. J'escriray la façon de nos convives et de nos veſtemens, et l'escriray de mauvaise grace; je publieray les edits de mon temps et les lettres des Princes qui passent és mains publiques; je feray un abbregé sur un bon livre (et tout abbregé sur un bon livre eſt un sot abregé), lequel livre viendra à se perdre, et choses semblables. La poſterité retirera utilité singuliere de telles compositions; moy, quel honneur, si n'eſt de ma bonne fortune? Bonne part des livres fameux sont de cette condition.

Quand je leus Philippe de Comines, il y a plusieurs années, trèsbon autheur certes, j'y remarquay ce mot pour non vulgaire : qu'il se faut bien garder de faire tant

de service à son maistre, qu'on l'empesche d'en trouver la
juste recompence[1]. Je devois louer l'invention, non pas
luy; je la r'encontray en Tacitus, il n'y a pas long temps :
« *Beneficia eo usque læta sunt dum videntur exolvi posse; ubi
multum antevenere, pro gratia odium redditur*[2]. » *(c)* Et
Seneque vigoureusement : « *Nam qui putat esse turpe non
reddere, non vult esse cui reddat*[3]. » Q. Cicero d'un biais plus
lâche : « *Qui se non putat satisfacere, amicus esse nullo modo
potest*[4]. »

(b) Le sujet, selon qu'il est, peut faire trouver un
homme sçavant et memorieux, mais pour juger en luy les
parties plus siennes et plus dignes, la force et beauté de
son ame, il faut sçavoir ce qui est sien et ce qui ne l'est
point, et en ce qui n'est pas sien combien on luy doibt en
consideration du chois, disposition, ornement et langage
qu'il y a fourny. Quoy? s'il a emprunté la matiere et
empiré la forme, comme il advient souvent. Nous autres,
qui avons peu de practique avec les livres, sommes en cette
peine que, quand nous voyons quelque belle invention en
un poëte nouveau, quelque fort argument en un prescheur, nous n'osons pourtant les en louer que nous
n'ayons prins instruction de quelque sçavant si cette piece
leur est propre ou si elle est estrangere; jusques lors je me
tiens tousjours sur mes gardes.

Je viens de courre d'un fil l'histoire de Tacitus (ce qui
ne m'advient guere : il y a vint ans que je ne mis en livre
une heure de suite), et l'ay faict à la suasion d'un gentil-
homme que la France estime beaucoup, tant pour sa
valeur propre que pour une constante forme de suffisance
et bonté qui se voit en plusieurs freres qu'ils sont[5]. Je ne
sçache point d'autheur qui mesle à un registre public
tant de consideration des meurs et inclinations particulieres[6]. *(c)* Et me semble le rebours de ce qu'il luy
semble à luy[7], que, ayant specialement à suivre les vies des
Empereurs de son temps, si diverses et extremes en toute
sorte de formes, tant de notables actions que nommément
leur cruauté produisit en leurs subjects, il avoit une
matiere plus forte et attirante à discourir et à narrer que
s'il eust eu à dire des batailles et agitations universelles;
si que souvent je le trouve sterile, courant par dessus ces
belles morts comme s'il craignoit nous fascher de leur
multitude et longueur.

(b) Cette forme d'Histoire est de beaucoup la plus

utile. Les mouvemens publics dependent plus de la conduicte de la fortune, les privez de la nostre[1]. C'est plustost
un jugement que deduction d'Histoire; il y a plus de
preceptes que de contes. Ce n'est pas un livre à lire, c'est
un livre à estudier et apprendre; il est si plain de sentences
qu'il y en a à tort et à droict; c'est une pepinière de
discours ethiques et politiques, pour la provision et ornement de ceux qui tiennent rang au maniement du monde.
Il plaide tousjours par raisons solides et vigoureuses, d'une
façon pointue et subtile, suyvant le stile affecté du siecle;
ils aymoyent tant à s'enfler qu'où ils ne trouvoyent de la
pointe et subtilité aux choses, ils l'empruntoyent des
parolles. Il ne retire pas mal à l'escrire de Seneque; il me
semble plus charnu, Seneque plus aigu. Son service est
plus propre à un estat trouble et malade, comme est le
nostre present : vous diriez souvent qu'il nous peinct et
qu'il nous pinse. Ceux qui doubtent de sa foy s'accusent
assez de luy vouloir mal d'ailleurs. Il a les opinions saines
et pend du bon party aux affaires Romaines. Je me plains
un peu toutesfois dequoy il a jugé de Pompeius plus
aigrement que ne porte l'advis des gens de bien qui ont
vescu et traicté avec luy, de l'avoir estimé du tout pareil à
Marius et à Sylla, sinon d'autant qu'il estoit plus couvert[2].
On n'a pas exempté d'ambition son intention au gouvernement des affaires, ny de vengeance, et ont crainct ses
amis mesme que la victoire l'eust emporté outre les bornes
de la raison, mais non pas jusques à une mesure si effrenée : il n'y a rien en sa vie qui nous ayt menassé d'une si
expresse cruauté et tyrannie. Encores ne faut-il pas
contrepoiser le soubçon à l'evidence : ainsi je ne l'en crois
pas. Que ses narrations soient naifves et droictes, il se
pourroit à l'avanture argumenter de cecy mesme qu'elles
ne s'appliquent pas tousjours exactement aux conclusions
de ses jugements, lesquels il suit selon la pente qu'il y a
prise, souvent outre la matiere qu'il nous montre,
laquelle il n'a daigné incliner d'un seul air. Il n'a pas
besoing d'excuse d'avoir approuvé la religion de son
temps, selon les loix qui luy commandoient, et ignoré
la vraye. Cela, c'est son malheur, non pas son defaut.
   J'ay principalement consideré son jugement, et n'en
suis pas bien esclarcy par tout. Comme ces mots de la
lettre que Tibere vieil et malade envoyoit au Senat[3] :
« Que vous escriray-je, messieurs, ou comment vous

escriray-je, ou que ne vous escriray-je poinct en ce temps?
Les dieux et les deesses me perdent pirement que je ne
me sens tous les jours perir, si je le sçay », je n'apperçois
pas pourquoy il les applique si certainement à un poignant remors qui tourmente la conscience de Tibere; au
moins lors que j'estois à mesme, je ne le vis point.

Cela m'a semblé aussi un peu lâche, qu'ayant eu à dire
qu'il avoit exercé certain honorable magistrat à Romme,
il s'aille excusant que ce n'est point par ostentation qu'il
l'a dit[1]. Ce traict me semble bas de poil pour une ame de
sa sorte. Car le n'oser parler rondement de soy a quelque
faute de cœur. Un jugement roide et hautain et qui juge
sainement et seurement, il use à toutes mains des propres
exemples ainsi que de chose estrangere, et tesmoigne
franchement de luy comme de chose tierce. Il faut passer
par dessus ces regles populaires de la civilité en faveur de
la verité et de la liberté. *(c)* J'ose non seulement parler
de moy, mais parler seulement de moy; je fourvoye quand
j'escry d'autre chose et me desrobe à mon subject. Je ne
m'ayme pas si indiscretement et ne suis si attaché et meslé
à moy que je ne me puisse distinguer et considerer à
quartier, comme un voisin, comme un arbre. C'est pareillement faillir de ne veoir pas jusques où on vaut, ou d'en
dire plus qu'on n'en void. Nous devons plus d'amour à
Dieu qu'à nous et le coignoissons moins, et si, en parlons
tout nostre saoul.

(b) Si ses escris rapportent aucune chose de ses conditions, c'estoit un grand personnage, droicturier et courageux, non d'une vertu supertitieuse, mais philosophique
et genereuse. On le pourra trouver hardy en ses tesmoignages; comme où il tient qu'un soldat portant un fais de
bois, ses mains se roidirent de froid et se collerent à sa
charge, si qu'elles y demeurerent attachées et mortes,
s'estants departies des bras[2]. J'ay accoustumé en telles
choses de plier soubs l'authorité de si grands tesmoings.

Ce qu'il dict aussi que Vespasian, par la faveur du Dieu
Serapis, guarit en Alexandrie une femme aveugle en luy
oignant les yeux de sa salive[3], et je ne sçay quel autre
miracle, il le faict par l'exemple et devoir de tous bons
historiens : ils tiennent registre des evenements d'importance; parmy les accidens publics sont aussi les bruits et
opinions populaires. C'est leur rolle de reciter les communes creances, non pas de les regler. Cette part touche

les Theologiens et les philosophes directeurs des consciences. Pourtant trèssagement, ce sien compaignon et
grand homme comme luy : « *Equidem plura transcribo quam
credo : nam nec affirmare suſtineo, de quibus dubito, nec subducere
quæ accepi*[1] » ; *(c)* et l'autre : « *Hæc neque affirmare, neque
refellere operæ pretium eſt. Famæ rerum ſtandum eſt*[2] » ; et
escrivant en un siecle auquel la creance des prodiges
commençoit à diminuer, il dict ne vouloir pourtant laisser
d'inserer en ses annales et donner pied à chose receuë de
tant de gens de bien et avec si grande reverence de l'antiquité. *(b)* C'eſt trèsbien dict. Qu'ils nous rendent l'histoire
plus selon qu'ils reçoivent que selon qu'ils eſtiment. Moy
qui suis Roy de la matiere que je traicte, et qui n'en dois
conte à personne, ne m'en crois pourtant pas du tout ; je
hasarde souvent des boutades de mon esprit, desquelles
je me deffie, *(c)* et certaines finesses verbales, dequoy je
secoue les oreilles ; *(b)* mais je les laisse courir à l'avanture. *(c)* Je voys qu'on s'honore de pareilles choses. Ce
n'eſt pas à moy seul d'en juger. Je me presente debout et
couché, le devant et le derriere, à droite et à gauche, et en
tous mes naturels plis. *(b)* Les esprits, voire pareils en
force, ne sont pas toujours pareils en application et en gouſt.

Voilà ce que la memoire m'en represente en gros, et
assez incertainement. Tous jugemens en gros sont lâches
et imparfaicts.

CHAPITRE IX

DE LA VANITÉ

(b) Il n'en eſt à l'avanture aucune plus expresse que d'en
escrire si vainement. Ce que la divinité nous en a si
divinement exprimé[3] devroit eſtre soingneusement et
continuellement medité par les gens d'entendement.

Qui ne voit que j'ay pris une route par laquelle, sans
cesse et sans travail, j'iray autant qu'il y aura d'ancre et de
papier au monde ? Je ne puis tenir regiſtre de ma vie par
mes actions : fortune les met trop bas ; je le tiens par mes
fantasies. Si ay-je veu un Gentil-homme qui ne communiquoit sa vie que par les operations de son ventre ; vous
voyez chez luy, en montre, un ordre de bassins de sept ou
huict jours ; c'eſtoit son eſtude, ses discours ; tout autre

propos luy puoit. Ce sont icy, un peu plus civilement, des
excremens d'un vieil esprit, dur tantost, tantost lâche, et
tousjours indigeste. Et quand seray-je à bout de representer une continuelle agitation et mutation de mes pensées, en quelque matiere qu'elles tombent, puisque
Diomedes[1] remplit six mille livres du seul subject de la
grammaire? Que doit produire le babil, puisque le begaie-
ment et desnouement de la langue estouffa le monde d'une
si horrible charge de volumes? Tant de paroles pour les
paroles seules! O Pythagoras, que n'esconjuras-tu cette
tempeste[2]!

On accusoit un Galba du temps passé de ce qu'il vivoit
oiseusement; il respondit que chacun devoit rendre raison
de ses actions, non pas de son sejour[3]. Il se trompoit :
car la justice a cognoissance et animadvertion aussi sur
ceux qui chaument.

Mais il y devroit avoir quelque coërction des loix
contre les escrivains ineptes et inutiles, comme il y a
contre les vagabons et faineants. On banniroit des mains
de nostre peuple et moy et cent autres. Ce n'est pas moquerie. L'escrivaillerie semble estre quelque simptome d'un
siecle desbordé. Quand escrivismes nous tant que depuis
que nous sommes en trouble[4]? Quand les Romains tant,
que lors de leur ruyne? Outre ce, que l'affinement des
esprits, ce n'en est pas l'assagissement en une police, cet
embesoingnement oisif naist de ce que chacun se prent
lachement à l'office de sa vacation et s'en desbauche. La
corruption du siecle se faict par la contribution particuliere de chacun de nous : les uns y conferent la trahison,
les autres l'injustice, l'irreligion, la tyrannie, l'avarice, la
cruauté, selon qu'ils sont plus puissans; les plus foibles y
apportent la sottise, la vanité, l'oisiveté, desquels je suis.
Il semble que ce soit la saison des choses vaines quand les
dommageables nous pressent. En un temps où le meschamment faire est si commun, de ne faire qu'inutilement
il est comme louable. Je me console que je seray des
derniers sur qui il faudra mettre la main. Ce pendant
qu'on pourvoira aux plus pressans, j'auray loy de m'amender. Car il me semble que ce seroit contre raison de
poursuyvre les menus inconveniens, quand les grands
nous infestent. Et le medecin Philotimus, à un qui luy
presentoit le doit à penser, à qui il recoignoissoit au
visage et à l'haleine un ulcere aux poulmons : « Mon

amy, fit-il, ce n'est pas à cette heure le temps de t'amuser à tes ongles[1]. »

Je vis pourtant sur ce propos, il y a quelques années, qu'un personnage duquel j'ay la memoire en recommendation singuliere[2], au milieu de nos grands maux, qu'il n'y avoit ny loy, ny justice, ny magistrat qui fît son office non plus qu'à cette heure, alla publier je ne sçay quelles chetives reformations sur les habillemens, la cuisine et la chicane. Ce sont amusoires dequoy on paist un peuple mal-mené, pour dire qu'on ne l'a pas du tout mis en oubly. Ces autres font de mesme, qui s'arrestent à deffendre à toute instance des formes de parler, les dances et les jeux, à un peuple perdu de toute sorte de vices execrables. Il n'est pas temps de se laver et decrasser, quand on est atteint d'une bonne fiévre. (c) C'est à faire aux seuls Spartiates de se mettre à se peigner et testonner sur le poinct qu'ils se vont jetter à quelque extreme hazard de leur vie[3].

(b) Quand à moy, j'ay cette autre pire coustume, que si j'ay un escarpin de travers, je laisse encores de travers et ma chemise et ma cappe : je desdaigne de m'amender à demy. Quand je suis en mauvais estat, je m'acharne au mal; je m'abandonne par desespoir et me laisse aller vers la cheute (c) et jette, comme on dict, le manche après la coignée; (b) je m'obstine à l'empirement et ne m'estime plus digne de mon soing : ou tout bien, ou tout mal.

Ce m'est faveur que la desolation de cet estat se rencontre à la desolation de mon aage : je souffre plus volontiers que mes maux en soient rechargez, que si mes biens en eussent esté troublez. Les paroles que j'exprime au malheur sont paroles de despit; mon courage se herisse au lieu de s'applatir. Et, au rebours des autres, je me trouve plus devot en la bonne qu'en la mauvaise fortune, suyvant le precepte de Xenophon[4], si non suyvant sa raison; et faicts plus volontiers les doux yeux au ciel pour le remercier que pour le requerir. J'ay plus de soing d'augmenter la santé quand elle me rit, que je n'ay de la remettre quand je l'ay escartée. Les prosperitez me servent de discipline et d'instruction, comme aux autres les adversitez et les verges. (c) Comme si la bonne fortune estoit incompatible avec la bonne conscience, les hommes ne se rendent gens de bien qu'en la mauvaise. (b) Le bon heur m'est un singulier esguillon à la moderation et modestie. La priere me gaigne, la menace me rebute, *(c)* la faveur me ploye, la crainte me roydit.

(b) Parmy les conditions humaines, cette cy est assez commune : de nous plaire plus des choses estrangeres que des nostres et d'aymer le remuement et le changement.

> *Ipsa dies ideo nos grato perluit haustu*
> *Quod permutatis hora recurrit equis*[1].

J'en tiens ma part. Ceux qui suyvent l'autre extremité, de s'aggreer en eux-mesmes, d'estimer ce qu'ils tiennent au dessus du reste et de ne reconnoistre aucune forme plus belle que celle qu'ils voyent, s'ils ne sont plus advisez que nous, ils sont à la verité plus heureux. Je n'envie poinct leur sagesse, mais ouy leur bonne fortune.

Cette humeur avide des choses nouvelles et inconnues ayde bien à nourrir en moy le desir de voyager, mais assez d'autres circonstances y conferent. Je me destourne volontiers du gouvernement de ma maison. Il y a quelque commodité à commander, fût ce dans une grange, et à estre obey des siens; mais c'est un plaisir trop uniforme et languissant. Et puis il est par necessité meslé de plusieurs pensements fascheux : tantost l'indigence et oppression de vostre peuple, tantost la querelle d'entre vos voisins, tantost l'usurpation qu'ils font sur vous, vous afflige;

> *Aut verberatæ grandine vineæ,*
> *Fundusque mendax, arbore nunc aquas*
> *Culpante, nunc torrentia agros*
> *Sidera, nunc hyemes iniquas*[2],

et que à peine en six mois envoiera Dieu une saison dequoy vostre receveur se contente bien à plain, et que, si elle sert aux vignes, elle ne nuise aux prez :

> *Aut nimiis torret fervoribus ætherius sol,*
> *Aut subiti perimunt imbres, gelidæque pruinæ,*
> *Flabráque ventorum violento turbine vexant*[3].

Joinct le soulier neuf et bien formé de cet homme du temps passé[4], qui vous blesse le pied; et que l'estranger n'entend pas combien il vous couste et combien vous prestez à maintenir l'apparence de cet ordre qu'on voit en vostre famille, et qu'à l'avanture l'achetez vous trop cher.

Je me suis pris tard au mesnage. Ceux que nature
avoit faict naistre avant moy m'en ont deschargé long
temps. J'avois desjà pris un autre ply, plus selon ma
complexion. Toutesfois, de ce que j'en ay veu, c'est
un'occupation plus empeschante que difficile; quiconque
est capable d'autre chose le sera bien aiséement de celle-
là. Si je cherchois à m'enrichir, cette voye me sembleroit
trop longue; j'eusse servy les Roys, trafique plus fertile
que toute autre. Puis que *(c)* je ne pretens acquerir que
la reputation de n'avoir rien acquis, non plus que dissipé,
conforméement au reste de ma vie, impropre à faire
bien et à faire mal, et que *(b)* je ne cerche qu'à passer, je
le puis faire, Dieu mercy, sans grande attention.

Au pis aller, courez tousjours par retranchement de
despence devant la pauvreté. C'est à quoy je m'attends, et
de me reformer avant qu'elle m'y force. J'ay estably au
demeurant en mon ame assez de degrez à me passer de
moins que ce que j'ay; je dis passer avec contentement.
(c) « *Non æstimatione census, verùm victu atque cultu, terminatur
pecuniæ modus*[1]. » *(b)* Mon vray besoing n'occupe pas si
justement tout mon avoir que, sans venir au vif, fortune
n'ait où mordre sur moy.

Ma presence, toute ignorante et desdaigneuse qu'elle
est, preste grande espaule à mes affaires domestiques; je
m'y employe, mais despiteusement. Joinct que j'ay
cela chez moy que, pour brusler à part la chandelle par
mon bout, l'autre bout ne s'espargne de rien.

(c) Les voyages ne me blessent que par la despence, qui
est grande et outre mes forces; ayant accoustumé d'y estre
avec equippage non necessaire seulement, mais encores
honneste, il me les en faut faire d'autant plus courts et
moins frequents, et n'y employe que l'escume et ma
reserve, temporisant et differant selon qu'elle vient. Je ne
veux pas que le plaisir du promener corrompe le plaisir
du repos; au rebours, j'entens qu'ils se nourrissent et
favorisent l'un l'autre. La Fortune m'a aydé en cecy que,
puis que ma principale profession en cette vie estoit de la
vivre mollement et plustost laschement qu'affaireusement,
elle m'a osté le besoing de multiplier en richesses pour
pourvoir à la multitude de mes heritiers. Pour un[2], s'il
n'a assez de ce dequoy j'ay eu si plantureusement assez,
à son dam! Son imprudence ne merite pas que je luy en
desire davantage. Et chacun, selon l'exemple de Phocion,

pourvoit suffisamment à ses enfans, qui leur pourvoit
entant qu'ils ne luy sont dissemblables[1]. Nullement
seroys-je d'advis du faiɛt de Crates. Il laissa son argent
chez un banquier avec cette condition : si ses enfans
eɛtoient des sots, qu'il le leur donnaɛt; s'ils eɛtoient habiles, qu'il le diɛtribuaɛt aus plus simples du peuple[2].
Comme si les sots, pour eɛtre moins capables de s'en
passer, eɛtoient plus capables d'user des richesses.

(b) Tant y a que le dommage qui vient de mon absence
ne me semble point meriter, pendant que j'auray dequoy
le porter, que je refuse d'accepter les occasions qui se
presentent de me diɛtraire de cette assiɛtance penible.
Il y a tousjours quelque piece qui va de travers. Les negoces, tantoɛt d'une maison, tantoɛt d'une autre, vous tirassent. Vous esclairez toutes choses de trop près; voɛtre
perspicacité vous nuit icy, comme si faiɛt elle assez
ailleurs. Je me desrobe aux occasions de me fascher et me
deɛtourne de la connoissance des choses qui vont mal;
et si, ne puis tant faire, qu'à toute heure je ne heurte chez
moy en quelque rencontre qui me desplaise. (c) Et les
fripponneries qu'on me cache le plus sont celles que je
sçay le mieux. Il en eɛt que, pour faire moins mal, il faut
ayder soy mesme à cacher. (b) Vaines pointures, (c) vaines
par fois, (b) mais toujours pointures. Les plus menus et
graisles empeschemens sont les plus persans; et comme les
petites lettres offencent et lassent plus les yeux[3], aussi nous
piquent plus les petits affaires. (c) La tourbe des menus
maux offence plus que violence d'un, pour grand qu'il soit.
(b) A mesure que ces espines domeɛtiques sont drues et
desliées, elles nous mordent plus aigu et sans menace,
nous surprenant facilement à l'impourveu[4].

(c) Je ne suis pas philosophe; les maux me foullent
selon qu'ils poisent; et poisent selon la forme comme
selon la matiere, et souvent plus. J'en ay plus de cognoissance que le vulgaire, si j'ay plus de patience. En fin,
s'ils ne me blessent, ils m'offencent. (b) C'eɛt chose tendre
que la vie et aysée à troubler. Depuis que j'ay le visage
tourné vers le chagrin (c) « *nemo enim resiɛtit sibi cum
cæperit impelli*[5] », (b) pour sotte cause qui m'y aye
porté j'irrite l'humeur de ce coɛté là, qui se nourrit
après et s'exaspere de son propre branle; attirant
et emmoncellant une matiere sur autre, de quoy se
paiɛtre.

Stillicidi casus lapidem cavat[1].

Ces ordinaires goutieres me mangent. *(c)* Les inconvenients ordinaires ne sont jamais legiers. Ils sont continuels
et irreparables, nomméement quand ils naissent des
membres du mesnage, continuels et inseparables.

(b) Quand je considere mes affaires de loing et en gros,
je trouve, soit pour n'en avoir la memoire guere exacte,
qu'ils sont allez jusques à cette heure en prosperant outre
mes contes et mes raisons. J'en retire, ce me semble,
plus qu'il n'y en a; leur bon heur me trahit. Mais suis-je
au dedans de la besongne, voy-je marcher toutes ces
parcelles,

Tum veró in curas animum diducimur omnes[2],

mille choses m'y donnent à desirer et craindre. De les
abandonner du tout il m'est très-facile; de m'y prendre
sans m'en peiner, très-difficile. C'est pitié d'estre en lieu
où tout ce que vous voyez vous enbesongne et vous
concerne. Et me semble jouyr plus gayement les plaisirs
d'une maison estrangiere, et y apporter le goust plus naïf.
(c) Diogenes respondit selon moy, à celuy qui luy
demanda quelle sorte de vin il trouvoit le meilleur :
« L'estranger », feit-il[3].

(b) Mon pere aymoit à bastir Montaigne, où il estoit
nay; et en toute cette police d'affaires domestiques,
j'ayme à me servir de son exemple et de ses reigles, et y
attacheray mes successeurs autant que je pourray. Si je
pouvois mieux pour luy, je le feroys. Je me glorifie que
sa volonté s'exerce encores et agisse par moy. Jà, à Dieu
ne plaise que je laisse faillir entre mes mains aucune
image de vie que je puisse rendre à un si bon pere! Ce que
je me suis meslé d'achever quelque vieux pan de mur et
de renger quelque piece de bastiment mal dolé, ç'a esté
certes plus regardant à son intention qu'à mon contentement. *(c)* Et accuse ma faineance de n'avoir passé outre
à parfaire les beaux commencemens qu'il a laissez en sa
maison; d'autant plus que je suis en grands termes d'en
estre le dernier possesseur de ma race et d'y porter la
derniere main. *(b)* Car quant à mon application particuliere, ny ce plaisir de bastir qu'on dict estre si attrayant,
ny la chasse, ny les jardins, ny ces autres plaisirs de la
vie retirée, ne me peuvent beaucoup amuser. C'est chose

dequoy je me veux mal, comme de toutes autres opinions qui me sont incommodes. Je ne me soucie pas tant de les avoir vigoreuses et doctes, comme je me soucie de les avoir aisées et commodes à la vie; *(c)* elles sont assez vrayes et saines, si elles sont utiles et aggreables.

(b) Ceux qui, en m'oyant dire mon insuffisance aux occupations du mesnage, vont me soufflant aux oreilles que c'est desdain, et que je laisse de sçavoir les instrumens du labourage, ses saisons, son ordre, comment on faict mes vins, comme on ente, et de sçavoir le nom et la forme des herbes et des fruicts et l'aprest des viandes de quoy je vis, *(c)* le nom et le pris des estoffes de quoy je m'habille, *(b)* pour avoir à cueur quelque plus haute science, ils me font mourir. Cela c'est sottise et plustost bestise que gloire. Je m'aimerois mieux bon escuyer que bon logitien :

> *Quin tu aliquid saltem potius quorum indiget usus,*
> *Viminibus molli-que paras detexere junco*[1] ?

(c) Nous empeschons noz pensées du general et des causes et conduittes universelles, qui se conduisent très bien sans nous, et laissons en arrière nostre faict et Michel[2] qui nous touche encore de plus près que l'homme. *(b)* Or j'arreste bien chez moy le plus ordinairement, mais je voudrois m'y plaire plus qu'ailleurs.

> *Sit meæ sedes utinam senectæ,*
> *Sit modus lasso maris, et viarum,*
> *Militiæque*[3].

Je ne sçay si j'en viendray à bout. Je voudrois qu'au lieu de quelque autre piece de sa succession, mon pere m'eust resigné cette passionnée amour qu'en ses vieux ans il portoit à son mesnage. Il estoit bien heureux de ramener ses desirs à sa fortune, et de se sçavoir plaire de ce qu'il avoit. La philosophie politique aura bel accuser la bassesse et sterilité de mon occupation, si j'en puis une fois prendre le goust comme luy. Je suis de cet avis, que la plus honnorable vacation est de servir au publiq et estre utile à beaucoup. *(c)* « *Fructus enim ingenii et virtutis omnisque præstantiæ tum maximus accipitur, cum in proximum quemque confertur*[4]. » *(b)* Pour mon regard je m'en despars : partie par conscience (car par où je vois le pois qui touche telles vacations, je vois aussi le peu de moyen que j'ay d'y

fournir; *(c)* et Platon, maistre ouvrier en tout gouvernement politique, ne laissa de s'en abstenir[1]), *(b)* partie par
poltronerie. Je me contente de jouïr le monde sans m'en
empresser, de vivre une vie seulement excusable, et qui
seulement ne poise ny à moy, ny à autruy.

Jamais homme ne se laissa aller plus plainement et plus
lâchement au soing et gouvernement d'un tiers que je
fairois, si j'avois à qui. L'un de mes souhaits pour cette
heure, ce seroit de trouver un gendre qui sçeut appaster
commodéement mes vieux ans et les endormir, entre les
mains de qui je deposasse en toute souveraineté la
conduite et usage de mes biens, qu'il en fit ce que j'en
fais et gaignat sur moy ce que j'y gaigne, pourveu qu'il
y apportat un courage vrayement reconnoissant et amy.
Mais quoy? nous vivons en un monde où la loyauté des
propres enfans est inconnue.

Qui a la garde de ma bourse en voyage, il l'a pure et
sans contre-role; aussi bien me tromperoit il en contant;
et, si ce n'est un diable, je l'oblige à bien faire par une
si abandonnée confiance. *(c)* « *Multi fallere docuerunt,
dum timent falli, et aliis jus peccandi suspicando fecerunt.*[2] »
(b) La plus commune seureté que je prens de mes gens,
c'est la mesconnoissance. Je ne presume les vices qu'après
les avoir veux, et m'en fie plus aux jeunes, que j'estime
moins gastez par mauvais exemple. J'oi plus volontiers
dire, au bout de deux mois, que j'ai despandu quatre cens
escus que d'avoir les oreilles battues tous les soirs de trois,
cinq, sept. Si ay-je esté desrobé aussi peu qu'un autre *(c)*
de cette sorte de larrecin. *(b)* Il est vray que je preste la
main à l'ignorance; je nourris à escient aucunement trouble
et incertaine la science de mon arjant; jusques à certaine
mesure je suis content d'en pouvoir doubter. Il faut laisser
un peu de place à la desloyauté ou imprudence de vostre
valet. S'il nous reste en reste en gros de quoy faire nostre effect,
cet excez de la liberalité de la fortune, laissons le un peu
plus courre à sa mercy; *(c)* la portion du glaneur. Après
tout, je ne prise pas tant la foy de mes gens comme je
mesprise leur injure. *(b)* O le vilein et sot estude d'estudier
son argent, se plaire à le manier, poiser et reconter!
C'est par là que l'avarice faict ses aproches.

Dépuis dix huict ans que je gouverne des biens[3], je
n'ai sçeu gaigner sur moy de voir ny tiltres, ny mes principaux affaires, qui ont necessairement à passer par ma

science et par mon soing. Ce n'est pas un mespris philosophique des choses transitoires et mondaines; je n'ay
pas le goust si espuré, et les prise pour le moins ce qu'elles
valent; mais certes c'est paresse et negligence inexcusable
et puerile. *(c)* Que ne ferois je plustost que de lire un
contract, et plutost que d'aller secoüant ces paperasses
poudreuses, serf de mes negoces? ou encore pis de ceux
d'autruy, comme font tant de gens, à pris d'argent?
Je n'ay rien cher que le soucy et la peine, et ne cherche
qu'à m'anonchalir et avachir.

(b) J'estoy, ce croi-je, plus propre à vivre de la fortune
d'autruy, s'il se pouvoit sans obligation et sans servitude.
Et si ne sçay, à l'examiner de près, si, selon mon humeur
et mon sort, ce que j'ay à souffrir des affaires et des serviteurs et des domestiques n'a point plus d'abjection, d'importunité et d'aigreur que n'auroit la suitte d'un homme,
nay plus grand que moy, qui me guidat un peu à mon aise.
(c) « *Servitus obedientia est fracti animi et abjecti, arbitrio carentis
suo*[1]. » *(b)* Crates fit pis, qui se jetta en la franchise de la
pauvreté pour se deffaire des indignitez et cures de la
maison. Cela ne fairois-je pas (je hay la pauvreté à pair
de la douleur), mais ouy bien changer cette sorte de vie
à une autre moins brave et moins affaireuse.

Absent, je me despouille de tous tels pensemens; et
sentirois moins lors la ruyne d'une tour que je ne faicts
present la cheute d'une ardoyse. Mon ame se démesle
bien ayséement à part, mais en presence elle souffre
comme celle d'un vigneron. *(c)* Une rene de travers
à mon cheval, un bout d'estriviere qui batte ma jambe,
me tiendront tout un jour en humeur. *(b)* J'esleve assez
mon courage à l'encontre des inconveniens, les yeux
je ne puis.

Sensus, ô superi, sensus[2].

Je suis, chez moy, respondant de tout ce qui va mal.
Peu de maistres, je parle de ceux de moienne condition
comme est la mienne, et, s'il en est, ils sont plus heureux,
se peuvent tant reposer sur un second qu'il ne leur reste
bonne part de la charge. Cela oste *(c)* volontiers quelque
chose de ma façon au traittement des survenants (et en ay
peu arrester quelqu'un par adventure, plus par ma cuisine
que par ma grace, comme font les fascheux), et oste
(b) beaucoup du plaisir que je devrois prendre chez moy

de la visitation et assemblée de mes amis. La plus sotte
contenance d'un gentilhomme en sa maison, c'est de le
voir empesché du train de sa police, parler à l'oreille d'un
valet, en menacer un autre des yeux; elle doit couler
insensiblement et representer un cours ordinaire. Et
treuve laid qu'on entretienne ses hostes du traictement
qu'on leur faict, autant à l'excuser qu'à le vanter. J'ayme
l'ordre et la netteté,

et cantharus et lanx
Ostendunt mihi me[1],

au pris de l'abondance; et regarde chez moy exactemen
à la necessité, peu à la parade. Si un valet se bat chez
autruy, si un plat se verse, vous n'en faites que rire; vous
dormez, ce pendant que monsieur renge avec son maistre
d'hostel son faict pour vostre traitement du lendemain.

(*c*) J'en parle selon moy, ne laissant pas en general
d'estimer combien c'est un doux amusement à certaines
natures qu'un mesnage paisible, prospere, conduict par
un ordre reglé, et ne voulant attacher à la chose mes
propres erreurs et inconveniens, ny desdire Platon[2],
qui estime la plus heureuse occupation à chascun faire
ses propres affaires sans injustice.

(*b*) Quand je voyage, je n'ay à penser qu'à moy et à
l'emploicte de mon argent; cela se dispose d'un seul
precepte. Il est requis trop de parties à amasser : je n'y
entens rien. A despendre, je m'y entens un peu, et à
donner jour à ma despence, qui est de vray son principal
usage. Mais je m'y attens trop ambitieusement, qui la
rend inegalle et difforme, et en outre immoderée en l'un
et l'autre visage. Si elle paroit, si elle sert, je m'y laisse
indiscrettement aller, et me resserre autant indiscrettement si elle ne luit et si elle ne me rit.

Qui que ce soit, ou art ou nature, qui nous imprime
cette condition de vivre par la relation à autruy, nous
faict beaucoup plus de mal que de bien. Nous nous defrau-
dons de nos propres utilitez pour former les apparences
à l'opinion commune. Il ne nous chaut pas tant quel soit
nostre estre en nous et en effaict, comme quel il soit en
la cognoissance publique. Les biens mesmes de l'esprit
et la sagesse nous semble sans fruict, si elle n'est jouie
que de nous, si ellene se produict à la veuë et approbation
estrangere. Il y en a de qui l'or coule à gros bouillons

par des lieux sousterreins, imperceptiblement; d'autres
l'estandent tout en lames et en feuille; si qu'aus uns des
liars valent escuz, aux autres le rebours, le monde estimant
l'emploite et la valeur selon la montre. Tout soing curieus
autour des richesses sent son avarice, leur dispensation
mesme, et la liberalité trop ordonnée et artificielle : elles
ne valent pas une advertance et sollicitude penible. Qui
veut faire sa despence juste, la faict estroitte et contrainte.
La garde ou l'emploite sont de soy choses indifferentes,
et ne prennent couleur de bien ou de mal que selon l'application de nostre volonté.

L'autre cause qui me convie à ces promenades, c'est la
disconvenance aux meurs presentes de nostre estat. Je me
consolerois ayséement de cette corruption pour le regard
de l'interest public,

> *pejoraque sæculi ferri*
> *Temporibus, quorum sceleri non invenit ipsa*
> *Nomen, et à nullo posuit natura metallo*[1],

mais pour le mien, non. J'en suis en particulier trop
pressé. Car en mon voisinage, nous sommes tantost, par
la longue licence de ces guerres civiles, envieillis, en une
forme d'estat si desbordée,

> *Quippe ubi fas versum atque nefas*[2],

qu'à la verité c'est merveille qu'elle se puisse maintenir.

> *Armati terram exercent, sempérque recentes*
> *Convectare juvat prædas et vivere rapto*[3].

En fin je vois par nostre exemple que la société des hommes se tient et se coust, à quelque pris que ce soit. En
quelque assiete qu'on les couche, ils s'appilent et se
rengent en se remuant et s'entassant, comme les corps
mal unis qu'on empoche sans ordre trouvent d'eux mesme
la façon de se joindre et s'emplacer les uns parmy les
autres, souvant mieux que l'art ne les eust sçeu disposer.
Le Roy Philippus fit un amas des plus meschans hommes
et incorrigibles qu'il peut trouver, et les logea tous en
une ville qu'il leur fit bastir, qui en portoit le nom[4].
J'estime qu'ils dressarent des vices mesmes une contexture politique entre eux et une commode et juste societé.

Je vois, non une action, ou trois, ou cent, mais des

meurs en usage commun et receu si monſtrueuses en inhumanité sur tout et desloyauté, qui eſt pour moy la pire espece des vices, que je n'ay point le courage de les concevoir sans horreur; et les admire quasi autant que je les deteſte. L'exercice de ces meschancetez insignes porte marque de vigueur et force d'ame autant que d'erreur et desreglement. La necessité compose les hommes et les assemble. Cette couſture fortuite se forme après en loix; car il en a eſté d'aussi farouches qu'aucune opinion humaine puisse enfanter, qui toutesfois ont maintenu leurs corps avec autant de santé et longueur de vie que celles de Platon et Ariſtote sçauroyent faire.

Et certes toutes ces descriptions de police, feintes par art, se trouvent ridicules et ineptes à mettre en praĉtique. Ces grandes et longues altercations de la meilleure forme de société et des reigles plus commodes à nous attacher, sont altercations propres seulement à l'exercice de noſtre esprit; comme il se trouve és arts plusieurs subjeĉts qui ont leur essence en l'agitation et en la dispute, et n'ont aucune vie hors de là. Telle peinture de police seroit de mise en un nouveau monde, mais nous prenons les hommes obligez desjà et formez à certaines couſtumes; nous ne les engendrons pas, comme Pyrrha[1] ou comme Cadmus[2]. Par quelque moyen que nous ayons loy de les redresser et renger de nouveau, nous ne pouvons guieres les tordre de leur ply accouſtumé que nous ne rompons tout. On demandoit à Solon s'il avoit eſtably les meilleures loys qu'il avoit peu aux Atheniens : « Ouy bien, respondit-il, de celles qu'ils eussent receuës[3]. »

(c) Varro s'excuse de pareil air : que s'il avoit tout de nouveau à escrire de la religion, il diroit ce qu'il en croid, mais, eſtant desjà receuë et formée, il en dira selon l'usage plus que selon la nature[4].

(b) Non par opinion mais en verité, l'excellente et meilleure police eſt à chacune nation celle soubs laquelle elle s'eſt maintenuë. Sa forme et commodité essentielle despend de l'usage. Nous nous desplaisons volontiers de la condition presente. Mais je tiens pourtant que d'aller desirant le commandement de peu en un eſtat populaire, ou en la monarchie une autre espece de gouvernement, c'eſt vice et folie.

> Ayme l'eſtat tel que tu le vois eſtre:
> S'il eſt royal, ayme la royauté;
> S'il eſt de peu, ou bien communauté,
> Ayme l'aussi, car Dieu t'y a faict naiſtre.

Ainsi en parloit[1] le bon monsieur de Pibrac, que nous venons de perdre[2], un esprit si gentil, les opinions si saines, les meurs si douces; cette perte, et celle qu'en mesme temps nous avons faicte de monsieur de Foix[3], sont pertes importantes à noſtre couronne. Je ne sçay s'il reſte à la France dequoy subſtituer un autre couffle pareil à ces deux gascons en syncerité et en suffisance pour le conseil de nos Roys. C'eſtoyent ames diversement belles et certes, selon le siecle, rares et belles, chacune en sa forme. Mais qui les avoit logées en cet aage, si disconvenables et si disproportionnées à noſtre corruption et à nos tempeſtes?

Rien ne presse un eſtat que l'innovation : le changement donne seul forme à l'injuſtice et à la tyrannie. Quand quelque piece se démanche, on peut l'eſtayer : on peut s'opposer à ce que l'alteration et corruption naturelle à toutes choses ne nous esloingne trop de nos commencemens et principes. Mais d'entreprendre à refondre une si grande masse et à changer les fondemens d'un si grand baſtiment, c'eſt à faire à ceux *(c)* qui pour descrasser effacent, *(b)* qui veulent amender les deffauts particuliers par une confusion universelle et guarir les maladies par la mort, *(c)* « *non tam commutandarum quam evertendarum rerum cupidi*[4]. » *(b)* Le monde eſt inepte à se guarir; il eſt si impatient de ce qui le presse qu'il ne vise qu'à s'en deffaire, sans regarder à quel pris. Nous voyons par mille exemples qu'il se guarit ordinairement à ses despens; la descharge du mal present n'eſt pas guarison, s'il n'y a en general amendement de condition.

(c) La fin du chirurgien n'eſt pas de faire mourir la mauvaise chair; ce n'eſt que l'acheminement de sa cure. Il regarde au delà, d'y faire renaiſtre la naturelle et rendre la partie à son deu eſtre. Quiconque propose seulement d'emporter ce qui le masche, il demeure court, car le bien ne succede pas necessairement au mal; un autre mal luy peut succeder, et pire, comme il advint aux tueurs de Cesar, qui jetterent la chose publique à tel poinct qu'ils eurent à se repentir de s'en eſtre meslez. A plusieurs depuis, jusques à nos siecles, il eſt advenu de mesmes. Les

François mes contemporanées sçavent bien qu'en dire. Toutes grandes mutations esbranlent l'estat et le desordonnent.

Qui viseroit droit à la guérison et en consulteroit avant toute œuvre se refroidiroit volontiers d'y mettre la main. Pacuvius Calavius corrigea le vice de ce proceder par un exemple insigne. Ses concitoyens estoient mutinez contre leurs magistrats. Luy, personnage de grande authorité en la ville de Capouë, trouva un jour moyen d'enfermer le Senat dans le palais et, convoquant le peuple en la place, leur dict que le jour estoit venu auquel en pleine liberté ils pouvoient prendre vengeance des tyrans qui les avoyent si long temps oppressez, lesquels il tenoit à sa mercy seuls et desarmez. Fut d'avis qu'au sort on les tirast hors l'un après l'autre, et de chacun on ordonnast particulierement, faisant sur le champ executer ce qui en seroit decreté, pourveu aussi que tout d'un train ils advisassent d'establir quelque homme de bien en la place du condamné, affin qu'elle ne demeurast vuide d'officier. Ils n'eurent pas plus tost ouy le nom d'un Senateur qu'il s'esleva un cri de mescontentement universel à l'encontre de luy. « Je voy bien, dict Pacuvius, il faut demettre cettuy-cy : c'est un meschant; ayons en un bon en change. » Ce fut un prompt silence, tout le monde se trouvant bien empesché au choix; au premier plus effronté qui dict le sien, voylà un consentement de voix encore plus grand à refuser celuy la, cent imperfections et justes causes de le rebuter. Ces humeurs contradictoires s'estans eschauffées, il advint encore pis du second Senateur, et du tiers; autant de discorde à l'election que de convenance à la demission. S'estans inutilement lassez à ce trouble, ils commencent, qui deça, qui delà, à se desrober peu à peu de l'assemblée, raportant chacun cette resolution en son ame que le plus viel et mieux cogneu mal est tousjours plus supportable que le mal recent et inexperimenté[1].

(b) Pour nous voir bien piteusement agitez, car que n'avons nous faict?

> *Eheu cicatricum et sceleris pudet,*
> *Fratrumque : quid nos dura refugimus*
> *Ætas ! quid intactum nefasti*
> *Liquimus ! unde manus juventus*

Metu Deorum continuit ! quibus
Pepercit aris[1]*!*

je ne vay pas soudain me resolvant :

ipsa si velit salus,
Servare prorsus non potest hanc familiam[2].

Nous ne sommes pas pourtant, à l'avanture, à nostre dernier periode. La conservation des estats est chose qui vray-semblablement surpasse nostre intelligence. *(c)* C'est, comme dict Platon[3], chose puissante et de difficile dissolution qu'une civile police. Elle dure souvent contre des maladies mortelles et intestines, contre l'injure des loix injustes, contre la tyrannie, contre le desbordement et ignorance des magistrats, licence et sedition des peuples.

(b) En toutes nos fortunes, nous nous comparons à ce qui est au-dessus de nous et regardons vers ceux qui sont mieux; mesurons nous à ce qui est au dessous : il n'en est point de si malotru qui ne trouve mille exemples où se consoler. *(c)* C'est nostre vice, que nous voyons plus mal volontiers ce qui est davant nous que volontiers ce qui est après. *(b)* «Si, disoit Solon[4], qui dresseroit un tas de tous les maux ensemble, qu'il n'est aucun qui ne choisist plustost de raporter avec soy les maux qu'il a, que de venir à division legitime avec tous les autres hommes de ce tas de maux et en prendre sa quotte part. » Nostre police se porte mal; il en a esté pourtant de plus malades sans mourir. Les dieux s'esbattent de nous à la pelote, et nous agitent à toutes mains :

Enimvero Dii nos homines quasi pilas habent[5].

Les astres ont fatalement destiné l'estat de Romme pour exemplaire de ce qu'ils peuvent en ce genre. Il comprend en soy toutes les formes et avantures qui touchent un estat; tout ce que l'ordre y peut et le trouble, et l'heur et le malheur. Qui se doit desesperer de sa condition, voyant les secousses et mouvemens dequoy celuy-là fut agité et qu'il supporta? Si l'estendüe de la domination est la santé d'un estat (dequoy je ne suis aucunement d'avis *(c)* et me plaist Isocrates qui instruit Nicolès[6], non d'envier les Princes qui ont des dominations larges, mais qui sçavent bien conserver celles qui leur sont escheuës), *(b)* celuy-là ne fut jamais si sain que quand il fut le plus malade. La pire

de ses formes luy fut la plus fortunée. A peine reconnoit
on l'image d'aucune police soubs les premiers Empereurs ;
c'est la plus horrible et espesse confusion qu'on puisse
concevoir. Toutesfois il la supporta et y dura, conservant
non pas une monarchie resserrée en ses limites, mais tant
de nations si diverses, si esloignées, si mal affectionnées,
si desordonnéement commandées et injustement conquises ;

> *nec gentibus ullis*
> *Commodat in populum terræ pelagique potentem,*
> *Invidiam fortuna suam*[1].

Tout ce qui branle ne tombe pas. La contexture d'un si
grand corps tient à plus d'un clou. Il tient mesme par son
antiquité ; comme les vieux bastimens, ausquels l'aage a
desrobé le pied, sans crouste et sans cyment, qui pourtant
vivent et se soustiennent en leur propre poix,

> *nec jam validis radicibus hærens,*
> *Pondere tuta suo est*[2].

D'avantage ce n'est pas bien procedé de reconnoistre
seulement le flanc et le fossé : pour juger de la seureté
d'une place, il faut voir par où on y peut venir, en quel
estat est l'assaillant. Peu de vaisseaux fondent de leur
propre poix et sans violence estrangere. Or, tournons les
yeux par tout, tout crolle autour de nous ; en tous les
grands estats, soit de Chrestienté, soit d'ailleurs, que nous
cognoissons, regardez y ; vous y trouverez une evidente
menasse de changement et de ruyne ;

> *Et sua sunt illis incommoda, parque per omnes*
> *Tempestas*[3].

Les astrologues ont beau jeu à nous advertir, comme ils
font, de grandes alterations et mutations prochaines ; leurs
devinations sont presentes et palpables, il ne faut pas aller
au ciel pour cela.

Nous n'avons pas seulement à tirer consolation de cette
société universelle de mal et de menasse, mais encores
quelque esperance pour la durée de nostre estat ; d'autant
que naturellement rien ne tombe là où tout tombe. La
maladie universelle est la santé particuliere ; la conformité
est qualité ennemie à la dissolution. Pour moy, je n'en

entre point au desespoir, et me semble y voir des routes
à nous sauver;

> *Deus hæc fortasse benigna*
> *Reducet in sedem vice*[1].

Qui sçait si Dieu voudra qu'il en advienne comme des
corps qui se purgent et remettent en meilleur estat par
longues et griefves maladies, lesquelles leur rendent une
santé plus entiere et plus nette que celle qu'elles leur
avoient osté?

Ce qui me poise le plus, c'est qu'à compter les simp-
tomes de nostre mal, j'en vois autant de naturels et de
ceux que le ciel nous envoye et proprement siens, que de
ceux que nostre desreiglement et l'imprudence humaine
y conferent. *(c)* Il semble que les astres mesme ordonnent
que nous avons assez duré outre les termes ordinaires.
Et cecy aussi me poise, que le plus voysin mal qui nous
menace n'est pas alteration en la masse entiere et solide,
mais sa dissipation et divulsion, l'extreme de noz craintes.

(b) Encores en ces ravasseries icy[2] crains-je la trahison
de ma memoire, que par inadvertance elle m'aye faict
enregistrer une chose deux fois. Je hay à me reconnoistre,
et en retaste jamais qu'envis ce qui m'est une fois eschappé.
Or, je n'apporte icy rien de nouvel apprentissage. Ce sont
imaginations communes; les ayant à l'avanture conceuës
cent fois, j'ay peur de les avoir desjà enrollées. La redicte
est partout ennuyeuse, fut ce dans Homere, mais elle est
ruineuse aux choses qui n'ont qu'une montre superficielle
et passagiere; je me desplais de l'inculcation, voire aux
choses utiles, comme en Seneque, *(c)* et l'usage de son
escole Stoïque me desplait, de redire sur chasque matiere
tout au long et au large les principes et presuppositions
qui servent en general, et realleguer tousjours de nouveau
les argumens et raisons communes et universelles. *(b)* Ma
memoire s'empire cruellement tous les jours,

> *Pocula Lethæos ut si ducentia somnos*
> *Arente fauce traxerim*[3].

ll faudra doresnavant (car, Dieu mercy, jusques à cette
heure il n'en est pas advenu de faute), que, au lieu que les
autres cerchent temps et occasion de penser à ce qu'ils ont
à dire, je fuye à me preparer, de peur de m'attacher à
quelque obligation de laquelle j'aye à despendre. L'estre

tenu et obligé me fourvoie, et le desprendre d'un si foible instrument qu'est ma memoire.

Je ne lis jamais cette histoire[1] que je ne m'en offence, d'un ressentiment propre et naturel : Lyncestez, accusé de conjuration contre Alexandre, le jour qu'il fut mené en la presence de l'armée, suyvant la coustume, pour estre ouy en ses deffences, avoit en sa teste une harangue estudiée, de laquelle tout hesitant et begayant il prononça quelques paroles. Comme il se troubloit de plus en plus, ce pendant qu'il luicte avec sa memoire et qu'il la retaste, le voilà chargé et tué à coups de pique par les soldats qui luy estoient plus voisins, le tenant pour convaincu. Son estonnement et son silence leur servit de confession; ayant eu en prison tant de loisir de se preparer, ce n'est à leur advis plus la memoire qui luy manque, c'est la conscience qui luy bride la langue et luy oste la force. Vrayment c'est bien dict! Le lieu estonne, l'assistance, l'expectation, lors mesme qu'il n'y va que de l'ambition de bien dire. Que peut-on faire quand c'est une harangue qui porte la vie en consequence?

Pour moy, cela mesme que je sois lié à ce que j'ay à dire sert à m'en desprendre. Quand je me suis commis et assigné entierement à ma memoire, je prends si fort sur elle que je l'accable : elle s'effraye de sa charge. Autant que je m'en rapporte à elle, je me mets hors de moy, jusques à essaier ma contenance; et me suis veu quelque jour en peine de celer la servitude en laquelle j'estois entravé, là où mon dessein est de representer en parlant une profonde nonchalance et des mouvemens fortuites et impremeditez, comme naissans des occasions presentes : aymant aussi cher ne rien dire qui vaille que de montrer estre venu preparé pour bien dire, chose messeante, sur tout à gens de ma profession, *(c)* et chose de trop grande obligation à qui ne peut beaucoup tenir; l'apprest donne plus à esperer qu'il ne porte. On se met souvent sottement en pourpoinct pour ne sauter pas mieux qu'en saye. « *Nihil est his qui placere volunt tam adversarium quam expectatio*[2]. »

(b) Ils ont laissé par escrit[3] de l'orateur Curio que, quand il proposoit la distribution des pieces de son oraison en trois ou en quatre, ou le nombre de ses arguments et raisons, il luy advenoit volontiers, ou d'en oublier quelqu'un, ou d'y en adjouster un ou deux de plus. Je me suis tousjours bien gardé de tomber en cet

inconvenient, ayant hay ces promesses et prescriptions; non seulement pour la deffiance de ma memoire, mais aussi pour ce que cette forme retire trop à l'artiste. *(c)* « *Simpliciora militares decent*[1]. » *(b)* Baste que je me suis meshuy promis de ne prendre plus la charge de parler en lieu de respect. Car quant à parler en lisant son escript, outre ce qu'il est monstrueux, il est de grand desavantage à ceux qui par nature pouvoient quelque chose en l'action. Et de me jetter à la mercy de mon invention presente, encore moins; je l'ay lourde et trouble, qui ne sçauroit fournir à soudaines necessitez et importantes.

Laisse, lecteur, courir encore ce coup d'essay et ce troisiesme alongeail du reste des pieces de ma peinture. J'adjouste, mais je ne corrige pas[2]. Premierement, par ce que celuy qui a hypothecqué au monde son ouvrage, je trouve apparence qu'il n'y aye plus de droict. Qu'il die, s'il peut, mieux ailleurs, et ne corrompe la besongne qu'il a venduë. De telles gens il ne faudroit rien acheter qu'après leur mort. Qu'ils y pensent bien avant que de se produire. Qui les haste?

(c) Mon livre est tousjours un. Sauf qu'à mesure qu'on se met à le renouveller afin que l'acheteur ne s'en aille les mains du tout vuides, je me donne loy d'y attacher (comme ce n'est qu'une marqueterie mal jointe), quelque embleme supernuméraire. Ce ne sont que surpoids, qui ne condamnent point la premiere forme, mais donnent quelque pris particulier à chacune des suivantes par une petite subtilité ambitieuse. De là toutesfois il adviendra facilement qu'il s'y mesle quelque transposition de chronologie, mes contes prenans place selon leur opportunité, non tousjours selon leur aage.

(b) Secondement que, pour mon regard, je crains de perdre au change; mon entendement ne va pas tousjours avant, il va à reculons aussi. Je ne me deffie guiere moins de mes fantasies pour estre secondes ou tierces que premieres, ou presentes que passées. Nous nous corrigeons aussi sottement souvent comme nous corrigeons les autres. *(c)* Mes premieres publications furent l'an mille cinq cens quatre vingts[3]. Depuis d'un long traict de temps je suis envieilli, mais assagi je ne le suis certes pas d'un pouce. Moy à cette heure et moy tantost, sommes bien deux; mais, quand meilleur? je n'en puis rien dire. Il feroit beau estre vieil si nous ne marchions

que vers l'amendement. C'est un mouvement d'yvroigne titubant, vertigineux, informe, ou des jonchets que l'air manie casuellement selon soy.

Antiochus avoit vigoreusement escrit en faveur de l'Academie; il print sur ses vieux ans un autre party[1]. Lequel des deux je suyvisse, seroit pas tousjours suivre Antiochus? Après avoir establi le doubte, vouloir establir la certitude des opinions humaines, estoit ce pas establir le doubte, non la certitude, et promettre, qui luy eust donné encore un aage à durer, qu'il estoit tousjours en terme de nouvelle agitation, non tant meilleure qu'autre?

(b) La faveur publique m'a donné un peu plus de hardiesse que je n'esperois, mais ce que je crains le plus, c'est de saouler; j'aymerois mieux poindre que lasser, comme a faict un sçavant homme de mon temps[2]. La louange est tousjours plaisante, de qui et pourquoy elle vienne; si faut il, pour s'en aggréer justement, estre informé de sa cause. Les imperfections mesme ont leur moyen de se recommander. L'estimation vulgaire et commune se voit peu heureuse en rencontre; et, de mon temps, je suis trompé si les pires escrits ne sont ceux qui ont gaigné le dessus du vent populaire. Certes je rends graces à des honnestes hommes qui daignent prendre en bonne part mes foibles efforts. Il n'est lieu où les fautes de la façon paroissent tant qu'en une matiere qui de soy n'a point de recommandation. Ne te prens point à moy, Lecteur, de celles qui se coulent icy par la fantasie ou inadvertance d'autruy[3]; chaque main, chaque ouvrier y apporte les siennes. Je ne me mesle ny d'ortografe, et ordonne seulement qu'ils suivent l'ancienne, ny de la punctuation[4]; je suis peu expert en l'un et en l'autre. Où ils rompent du tout le sens, je m'en donne peu de peine, car aumoins ils me deschargent; mais où ils en substituent un faux, comme ils font si souvent, et me destournent à leur conception ils me ruynent. Toutesfois, quand la sentence n'est forte à ma mesure, un honeste homme la doit refuser pour mienne. Qui connoistra combien je suis peu laborieux, combien je suis faict à ma mode, croira facilement que je redicterois plus volontiers encore autant d'essais que de m'assujettir à resuivre ceux-cy, pour cette puerile correction.

Je disois donc tantost, qu'estant planté en la plus profonde miniere de ce nouveau metal, non seulement je suis privé de grande familiarité avec gens d'autres mœurs que les miennes et d'autres opinions, par lesquelles ils tiennent ensemble d'un neud qui fuit à tout autre neud, mais encore je ne suis pas sans hazard parmy ceux à qui tout est également loisible, et desquels la plus part ne peut meshuy empirer son marché envers nostre justice, d'où naist l'extreme degré de licence. Contant toutes les particulieres circonstances qui me regardent, je ne trouve homme des nostres à qui la deffence des loix couste, et en guain cessant et en dommage emergeant, disent les clercs, plus qu'à moy. *(c)* Et tels font bien les braves de leur chaleur et aspreté qui font beaucoup moins que moy, en juste balance.

(b) Comme maison de tout temps libre, de grand abbord, et officieuse à chacun (car je ne me suis jamais laissé induire d'en faire un outil de guerre[1], à laquelle je me mesle plus volontiers où elle est la plus esloingnée de mon voisinage), ma maison a merité assez d'affection populaire, et seroit bien malaisé de me gourmander sur mon fumier[2]; et estime à un merveilleux chef d'œuvre, et exemplaire, qu'elle soit encore vierge de sang et de sac[3], soubs un si long orage, tant de changemens et agitations voisines. Car, à dire vray, il estoit possible à un homme de ma complexion d'eschaper à une forme constante et continue, quelle qu'elle fut; mais les invasions et incursions contraires et alternations et vicissitudes de la fortune autour de moy ont jusqu'à cette heure plus exasperé que amolly l'humeur du pays, et me rechargent de dangers et difficultez invincibles. J'eschape; mais il me desplait que ce soit plus par fortune, voire et par ma prudence, que par justice, et me desplaist d'estre hors la protection des loix et soubs autre sauvegarde que la leur. Comme les choses sont, je vis plus qu'à demy de la faveur d'autruy, qui est une rude obligation. Je ne veux debvoir ma seureté, ny à la bonté et benignité des grands, qui s'aggréent de ma legalité et liberté, ny à la facilité des meurs de mes predecesseurs et miennes. Car quoy, si j'estois autre? Si mes deportemens et la franchise de ma conversation obligent mes voisins ou la parenté, c'est cruauté qu'ils s'en puissent acquiter en me laissant vivre, et qu'ils puissent dire : « Nous luy condonnons *(c)* la libre continuation du service divin en la chapelle de sa maison, toutes les esglises d'autour estant par nous desertées et

ruinées, et luy condonnons *(b)* l'usage de ses biens, et sa vie, comme il conserve nos femmes et nos beufs au besoing[1]. » De longue main chez moy, nous avons part à la louange de Licurgus Athenien[2], qui estoit general depositaire et gardien des bourses de ses concitoyens.

Or je tiens qu'il faut vivre par droict et par auctorité, non par *(c)* recompence ny par *(b)* grace. Combien de galans hommes ont mieux aimé perdre la vie que la devoir! Je fuis à me submettre à toute sorte d'obligation, mais sur tout à celle qui m'attache par devoir d'honneur. Je ne trouve rien si cher que ce qui m'est donné et ce pourquoy ma volonté demeure hypothequée par tiltre de gratitude, et reçois plus volontiers les offices qui sont à vendre. Je croy bien; pour ceux-cy je ne donne que de l'argent; pour les autres je me donne moy-mesme. Le neud qui me tient par la loy d'honnesteté me semble bien plus pressant et plus poisant que n'est celuy de la contrainte civile. On me garrote plus doucement par un notaire que par moy. N'est-ce pas raison, que ma conscience soit beaucoup plus engagée à ce en quoy on s'est simplement fié d'elle? Ailleurs ma foy ne doit rien, car on ne luy a rien presté; qu'on s'ayde de la fiance et asseurance qu'on a prise hors de moy. J'aymeroy bien plus cher rompre la prison d'une muraille et des loix que de ma parole. *(c)* Je suis delicat à l'observation de mes promesses jusques à la superstition, et les fay en tous subjets volontiers incertaines et conditionnelles. A celles qui sont de nul poids je donne poids de la jalousie de ma regle; elle me gehenne et charge de son propre interest. Ouy, ès entreprinses toutes miennes et libres, si j'en dy le poinct, il me semble que je me le prescry, et que le donner à la science d'autruy c'est le preordonner à soy; il me semble que je le promets quand je le dy. Ainsi j'evente peu mes propositions.

(b) La condemnation que je faits de moy est plus vifve et plus roide que n'est celle des juges, qui ne me prennent que par le visage de l'obligation commune, l'estreinte de ma conscience plus serrée et plus severe. Je suy láchement les debvoirs ausquels on m'entraineroit si je n'y allois. *(c)* « *Hoc ipsum ita justum est quod recte fit, si est voluntarium*[3]. » *(b)* Si l'action n'a quelque splendeur de liberté, elle n'a point de grace ni d'honneur.

Quos me jus cogit, vix voluntate impetrent[4].

Où la necessité me tire, j'ayme à lácher la volonté, « *quia quicquid imperio cogitur, exigenti magis quam præstanti acceptum refertur*[1] ». J'en sçay qui suyvent cet air jusques à l'injustice, donnent plustost qu'ils ne rendent, prestent plustost qu'ils ne payent, font plus escharsement bien à celuy à qui ils en sont tenus. Je ne vois pas là, mais je touche contre.

J'ayme tant à me descharger et desobliger que j'ay par fois compté à profit les ingratitudes, offences et indignitez que j'avois receu de ceux à qui, ou par nature ou par accident, j'avois quelque devoir d'amitié, prenant cette occasion de leur faute à autant d'acquit et descharge de ma debte. Encore que je continue à leur payer les offices apparents de la raison publique, je trouve grande espargne pourtant *(c)* à faire par justice ce que je faisois par affection et *(b)* à me soulager un peu de l'attention et sollicitude de ma volonté au dedans *(c)* « *est prudentis sustinere ut cursum, sic impetum benevolentiæ*[2] »; *(b)* laquelle j'ay un peu bien urgente et pressante, où je m'adonne, aumoins pour un homme qui ne veut aucunement estre en presse, et me sert cette mesnagerie de quelque consolation aux imperfections de ceux qui me touchent. Je suis bien desplaisant qu'ils en vaillent moins, mais tant y a que j'en espargne aussi quelque chose de mon application et engagement envers eux[3]. J'approuve celuy qui ayme moins son enfant d'autant qu'il est ou teigneux ou bossu, et non seulement quand il est malicieux, mais aussi quand il est malheureux et mal nay (Dieu mesme en a rabbatu cela de son pris et estimation naturelle), pourveu qu'il se porte en ce refroidissement avec moderation et exacte justice. En moy, la proximité n'allege pas les deffaults, elle les aggrave plustost.

Après tout, selon que je m'entends en la science du bien-faict et de recognoissance, qui est une subtile science et de grand usage, je ne vois personne plus libre et moins endebté que je suis jusques à cette heure. Ce que je doibts, je le doibts aux obligations communes et naturelles. Il n'en est point qui soit plus nettement quitte d'ailleurs,

> *nec sunt mihi nota potentum*
> *Munera*[4].

Les princes *(c)* me donnent prou s'ils ne m'ostent rien, et *(b)* me font assez de bien quand ils ne me font point de

mal; c'est tout ce que j'en demande. O combien je suis
tenu à Dieu de ce qu'il luy a pleu que j'aye receu immedia-
tement de sa grace tout ce que j'ay, qu'il a retenu particulierement à soy toute ma debte! *(c)* Combien je supplie
instamment sa saincte misericorde que jamais je ne doive
un essentiel grammercy à personne! Bienheureuse franchise, qui m'a conduit si loing. Qu'elle acheve!

(b) J'essaye à n'avoir exprès besoing de nul.

(c) « *In me omnis spes est mihi*[1] ». *(b)* C'est chose que
chacun peut en soy, mais plus facilement ceux que Dieu
a mis à l'abry des necessitez naturelles et urgentes. Il fait
bien piteux et hazardeux despendre d'un autre. Nous
mesmes, qui est la plus juste adresse et la plus seure, ne
nous sommes pas assez asseurez. Je n'ay rien mien que
moy; et si, en est la possession en partie manque et
empruntée. Je me cultive *(c)* et en courage, qui est le plus
fort, et encores en fortune, *(b)* pour y trouver de quoy me
satisfaire, quand ailleurs tout m'abandonneroit.

(c) Eleus Hippias[2] ne se fournit pas seulement de
science, pour au giron des Muses se pouvoir joyeusemant
escarter de toute autre compaignie au besoing, ny seulement de la cognoissance de la philosophie, pour apprendre
à son ame de se contenter d'elle et se passer virilement des
commoditez qui luy viennent du dehors, quand le sort
l'ordonne; il fut si curieux d'apprendre encore à faire sa
cuisine et son poil, ses robes, ses souliers, ses bagues,
pour se fonder en soy autant qu'il pourroit et soustraire
au secours estranger.

(b) On jouit bien plus librement et plus gayement des
biens empruntez quand ce n'est pas une jouyssance obligée et contrainte par le besoing, et qu'on a, et en sa
volonté et en sa fortune, la force et les moiens de s'en
passer[3].

(c) Je me connoy bien. Mais il m'est malaisé d'imaginer
nulle si pure liberalité de personne, nulle hospitalité si
franche et gratuite, qui ne me semblast disgratiée, tyrannique et teinte de reproche, si la necessité m'y avoit
enchevestré. Comme le donner est qualité ambitieuse et de
prerogative, aussi est l'accepter qualité de summission.
Tesmoin l'injurieux et querelleux refus que Pajazet feit
des presents que Temir luy envoyoit[4]. Et ceux qu'on offrit
de la part de l'Empereur Solyman à l'Empereur de Calicut
le mirent en si grand despit que, non seulement il les

refusa rudement, disant que ny luy ny ses predecesseurs n'avoient à coustume de prendre et que c'estoit leur office de donner, mais en outre feit mettre en un cul de fosse les ambassadeurs envoyez à cet effect[1].

Quand Thetis, dict Aristote[2], flatte Jupiter, quand les Lacedemoniens flattent les Atheniens, ils ne vont pas leur rafreschissant la memoire des biens qu'ils leur ont faicts, qui est tousjours odieuse, mais la memoire des bienfaicts qu'ils ont receuz d'eux. Ceux que je voy si familierement employer tout chacun et s'y engager ne le fairoient pas, s'ils[3] poisoient autant que doit poiser à un sage homme l'engageure d'une obligation; elle se paye à l'adventure quelquefois, mais elle ne se dissout jamais. Cruel garrotage à qui ayme affranchir les coudées de sa liberté en tous sens. Mes cognoissants, et au dessus et au dessous de moy, sçavent s'ils en ont jamais veu de moins[4] chargeant sur autruy. Si je le puis au delà de tout exemple moderne, ce n'est pas grande merveille, tant de pieces de mes mœurs y contribuants : un peu de fierté naturelle, l'impatience du refus, contraction de mes desirs et desseins, inhabileté à toute sorte d'affaires, et mes qualitez plus favories, l'oisifveté, la franchise. Par tout cela j'ay prins à haine mortelle d'estre tenu ny à autre, ny par autre que moy. J'employe bien vifvement tout ce que je puis à me passer[5], avant que j'employe la beneficence d'un autre en quelque, ou legere, ou poisante occasion que ce soit.

Mes amis m'importunent estrangement quand ils me requierent de requerir un tiers. Et ne me semble guere moins de coust desengager celuy qui me doibt, usant de luy, que m'engager pour eux envers celuy qui ne me doibt rien. Cette condition ostée, et cet'autre qu'ils ne veuillent de moy chose negotieuse et soucieuse (car j'ay denoncé à tout soing guerre capitale), je suis commodéement facile au besoing de chacun. (b) Mais j'ay encore plus fuy à recevoir que je n'ay cerché à donner; (c) aussi est il bien plus aysé selon Aristote[6]. (b) Ma fortune m'a peu permis de bien faire à autruy, et ce peu qu'elle m'en a permis, elle l'a assez maigrement logé. Si elle m'eust faict naistre pour tenir quelque rang entre les hommes, j'eusse esté ambitieux de me faire aymer, non[7] de me faire craindre ou admirer. L'exprimeray je plus insolamment? j'eusse autant regardé au plaire qu'au prouffiter. (c) Cyrus, très-sagement, et par la bouche d'un très bon capitaine, et meilleur philosophe encores, estime sa bonté et ses bienfaicts loing au delà de sa vaillance et belliqueuses conquestes[1]. Et le premier Scipion, par tout où il se veut faire valoir, poise sa debonnaireté et humanité au dessus de son hardiesse et de ses victoires, et a tousjours en la bouche ce glorieux mot : qu'il a laissé aux ennemis autant à l'aymer qu'aux amis[2].

(b) Je veux donc dire que, s'il faut ainsi debvoir quelque chose, ce doibt estre à plus legitime titre que celuy dequoy je parle, auquel la loy de cette miserable guerre m'engage, et non d'un si gros debte comme celuy de ma totale conservation : il m'accable. Je me suis couché mille foys chez moy, imaginant qu'on me trahiroit et assommeroit cette nuict là, composant avec la fortune que ce fut sans effroy et sans langueur. Et me suis escrié après mon patenostre :

> *Impius hæc tam culta novalia miles habebit*[3]!

Quel remede? c'est le lieu de ma naissance, et de la pluspart de mes ancestres[4]; ils y ont mis leur affection et leur nom. Nous nous durcissons à tout ce que nous accoustumons. Et à une miserable condition, comme est la nostre, ç'a esté un trèsfavorable present de nature que l'accoustumance, qui endort nostre sentiment à la souffrance de plusieurs maux. Les guerres civiles ont cela de pire que les autres guerres, de nous mettre chacun en eschauguette en sa propre maison.

> *Quàm miserum porta vitam muróque tueri,*
> *Vixque suæ tutum viribus esse domus*[5].

C'est grande extremité d'estre pressé jusques dans son mesnage et repos domestique. Le lieu où je me tiens est tousjours le premier et le dernier à la batterie de nos troubles, et où la paix n'a jamais son visage entier.

> *Tum quoque cum pax est, trepidant formidine belli*[6].

> *...Quoties pacem fortuna lacessit.*
> *Hac iter est bellis.*
> *Melius, fortuna, dedisses*
> *Orbe sub Eoo sedem, gelidáque sub Arcto,*
> *Errantésque domos*[7].

Je tire par foys le moyen de me fermir contre ces considerations, de la nonchalance et lácheté; elles nous menent aussi aucunement à la resolution. Il m'advient souvant d'imaginer avec quelque plaisir les dangiers mortels et les attendre; je me plonge la teste baissée stupidement dans la mort, sans la considerer et recognoistre, comme dans une profondeur muette et obscure, qui m'engloutit d'un saut et accable en un instant d'un puissant sommeil, plein d'insipidité et indolence[1]. Et en ces morts courtes et violentes, la consequence que j'en prevoy me donne plus de consolation que l'effait de trouble. *(c)* Ils disent, comme la vie n'est pas la meilleure pour estre longue, que la mort est la meilleure pour n'estre pas longue. *(b)* Je ne m'estrange pas tant de l'estre mort comme j'entre en confidence avec le mourir. Je m'envelope et me tapis en cet orage, qui me doibt aveugler et ravir de furie, d'une charge prompte et insensible.

Encore s'il advenoit, comme disent aucuns jardiniers[2], que les roses et violettes naissent plus odoriferantes près des aux et des oignons, d'autant qu'ils sucent et tirent à eux ce qu'il y a de mauvaise odeur en la terre, aussi que ces dépravées natures humassent tout le venin de mon air et du climat et m'en rendissent d'autant meilleur et plus pur par leur voisinage que je ne perdisse pas tout. Cela n'est pas; mais de cecy il en peut estre quelque chose; que la bonté est plus belle et plus attraiante quand elle est rare, et que la contrarieté et diversité roidit et resserre en soy le bien faire, et l'enflamme par la jalousie de l'opposition et par la gloire.

(c) Les voleurs, de leur grace, ne m'en veulent pas particulierement. Fay je pas moy à eux? Il m'en faudroit à trop de gents. Pareilles consciences logent sous diverse sorte de fortunes, pareille cruauté, desloyauté, volerie, et d'autant pire qu'elle est plus lasche, plus seure et plus obscure, sous l'ombre des loix. Je hay moins l'injure professe que trahitresse, guerrière que pacifique[3]. Nostre fiévre est survenuë en un corps qu'elle n'a de guere empiré : le feu estoit, la flamme s'y est prinse; le bruit est plus grand, le mal de peu.

(b) Je respons ordinairement à ceux qui me demandent raison de mes voyages : que je sçay bien ce que je fuis, mais non pas ce que je cerche. Si on me dict que parmy les estrangers il y peut avoir aussi peu de santé[4], et que leurs

meurs ne valent pas mieux que les noſtres, je respons :
premierement, qu'il eſt mal-aysé,

Tam multæ scelerum facies[1]!

Secondement, que c'eſt tousjours gain de changer un
mauvais eſtat à un eſtat incertain, et que les maux d'autruy
ne nous doivent pas poindre comme les noſtres.

Je ne veux pas oublier cecy, que je ne me mutine jamais
tant contre la France que je ne regarde Paris de bon œil;
elle a mon cueur dès mon enfance. Et m'en eſt advenu
comme des choses excellentes; plus j'ay veu depuis
d'autres villes belles, plus la beauté de cette-cy peut et
gaigne sur mon affection. Je l'ayme par elle mesme, et plus
en son eſtre seul que rechargée de pompe eſtrangiere. Je
l'ayme tendrement, jusques à ses verrues et à ses taches.
Je ne suis françois que par cette grande cité; grande en
peuples, grande en felicité de son assiette, mais sur tout
grande et incomparable en varieté et diversité de commoditez, la gloire de la France, et l'un des plus nobles
ornemens du monde. Dieu en chasse loing nos divisions[2]!
Entiere et unie, je la trouve deffenduë de toute autre
violence. Je l'advise que de tous les partis le pire sera
celuy qui la mettra en discorde. Et ne crains pour elle
qu'elle mesme. Et crains pour elle autant certes que pour
autre piece de cet eſtat. Tant qu'elle durera, je n'auray
faute de retraiƈte où rendre mes abboys, suffisante à me
faire perdre le regret de tout'autre retraiƈte.

Non parce que Socrates l'a diƈt[3], mais parce qu'en
verité c'eſt mon humeur, et à l'avanture non sans quelque
excez, j'eſtime tous les hommes mes compatriotes[4], et
embrasse un Polonois comme un François, poſtposant
cette lyaison nationale à l'universelle et commune. Je ne
suis guere feru de la douceur d'un air naturel. Les
cognoissances toutes neufves et toutes miennes me semblent bien valoir ces autres communes et fortuites
cognoissances du voisinage. Les amitiez pures de noſtre
acqueſt emportent ordinairement celles ausquelles la
communication du climat ou du sang nous joignent.
Nature nous a mis au monde libres et desliez; nous nous
emprisonnons en certains deſtroits; comme les Roys de
Perse, qui s'obligeoient de ne boire jamais autre eau que
celle du fleuve de Choaspez, renonçoyent par sottise à

leur droict d'usage en toutes les autres eaux, et asse-
choient pour leur regard tout le reste du monde[1].

(c) Ce que Socrates feit sur sa fin, d'estimer une sentence d'exil pire qu'une sentence de mort contre soy[2], je
ne seray, à mon advis, jamais ny si cassé, ny si estroitement habitué en mon païs que je le feisse. Ces vies celestes
ont assez d'images que j'embrasse par estimation plus que
par affection. Et en ont aussi de si eslevées et extraordinaires, que par estimation mesme je ne puis embrasser,
d'autant que je ne les puis concevoir. Cette humeur fut
bien tendre à un homme qui jugeoit le monde sa ville. Il
est vray qu'il desdaignoit les peregrinations et n'avoit
gueres mis le pied hors le territoire d'Attique. Quoy? qu'il
plaignoit l'argent de ses amis à desengager sa vie[3], et qu'il
refusa de sortir de prison par l'entremise d'autruy, pour ne
desobéir aux loix, en un temps qu'elles estoient d'ailleurs
si fort corrompuës[4]. Ces exemples sont de la premiere
espece pour moy. De la seconde sont d'autres que je
pourroy trouver en ce mesme personnage. Plusieurs de
ces rares exemples surpassent la force de mon action, mais
aucunes surpassent encore la force de mon jugement.

(b) Outre ces raisons, le voyager me semble un exercice
profitable. L'ame y a une continuelle exercitation à remarquer les choses incogneuës et nouvelles; et je ne sçache
point meilleure escolle, comme j'ay dict souvent, à former
la vie que de luy proposer incessamment la diversité de tant
d'autres vies, *(c)* fantasies et usances, *(b)* et luy faire gouster
une si perpetuelle varieté de formes de nostre nature. Le
corps n'y est ny oisif ny travaillé et cette modérée agitation le met en haleine. Je me tien à cheval sans demonter,
tout choliqueux que je suis, et sans m'y ennuyer, huit et
dix heures,

Vires ultra sortémque senectæ[5].

Nulle saison m'est ennemye, que le chaut aspre d'un
Soleil poignant; car les ombrelles, dequoy dépuis les
anciens Romains l'Italie se sert, chargent plus les bras
qu'ils ne deschargent la teste. Je voudroy sçavoir quelle
industrie c'estoit aux Perses si anciennement et en la
naissance de la luxure, de se faire du vent frais et des
ombrages à leur poste, comme dit Xenophon[6]. J'ayme les
pluyes et les crotes, comme les canes. La mutation d'air
et de climat ne me touche point; tout Ciel m'est un. Je ne

suis battu que des alterations internes que je produicts en moy, et celles là m'arrivent moins en voyageant.

Je suis mal-aisé à esbranler; mais, estant avoyé, je vay tant qu'on veut. J'estrive autant aux petites entreprises qu'aux grandes, et à m'equiper pour faire une journée et visiter un voisin que pour un juste voyage. J'ay apris à faire mes journées à l'Espagnole, d'une traicte : grandes et raisonnables journées; et aux extremes chaleurs, les passe de nuict, du Soleil couchant jusques au levant. L'autre façon de repaistre en chemin, en tumulte et haste, pour la disnée, notamment aux jours cours, est incommode. Mes chevaux en valent mieux. Jamais cheval ne m'a failli, qui a sçeu faire avec moy la premiere journée. Je les abreuve par tout, et regarde seulement qu'ils ayent assez de chemin de reste pour battre leur eau. La paresse à me lever donne loisir à ceux qui me suyvent de disner à leur ayse avant partir. Pour moy je ne mange jamais trop tard; l'appetit me vient en mangeant, et point autrement; je n'ay point de faim qu'à table.

Aucuns se plaignent dequoy je me suis agreé à continuer cet exercice, marié et vieil. Ils ont tort. Il est mieux temps d'abandonner sa famille quand on l'a mise en train de continuer sans nous, quand on y a laissé de l'ordre qui ne demente point sa forme passée. C'est bien plus d'imprudence de s'esloingner, laissant en sa maison une garde moins fidelle et qui ayt moins de soing de pourvoir à vostre besoing.

La plus utile et honnorable science et occupation à une femme, c'est la science du mesnage. J'en vois quelcune avare, et qu'on doibt chercher avant tout autre, comme le seul doire qui sert à ruyner ou sauver nos maisons. (c) Qu'on ne m'en parle pas : selon que l'experience m'en a apprins, je requiers d'une femme mariée, au dessus de toute autre vertu, la vertu œconomique. (b) Je l'en mets au propre, luy laissant par mon absence tout le gouvernement en main. Je vois avec despit en plusieurs mesnages monsieur revenir maussade et tout marmiteux du tracas des affaires, environ midy, que madame est encore après à se coiffer et atiffer en son cabinet. C'est à faire aux Reynes; encores ne sçay-je. Il est ridicule et injuste que l'oysiveté de nos femmes soit entretenue de notre sueur et travail. (c) Il n'adviendra que je puisse à personne d'avoir l'usage de mes biens plus liquide que moy, plus quiete et plus quitte.

(b) Si le mary fournit de matiere, nature mesme veut qu'elles fournissent de forme.

Quant aux devoirs de l'amitié maritale qu'on pense estre interessez par cette absence, je ne le crois pas. Au rebours, c'est une intelligence qui se refroidit volontiers par une trop continuelle assistance, et que l'assiduité blesse. Toute femme estrangere nous semble honneste femme. Et chacun sent par experience que la continuation de se voir ne peut representer le plaisir que l'on sent à se desprendre et reprendre à secousses. *(c)* Ces interruptions me remplissent d'une amour recente envers les miens et me redonnent l'usage de ma maison plus doux; la vicissitude eschauffe mon appetit vers l'un et puis vers l'autre party. *(b)* Je sçay que l'amitié a les bras assez longs pour se tenir et se joindre d'un coin de monde à l'autre; et notamment cette-cy, où il y a une continuelle communication d'offices, qui en reveillent l'obligation et la souvenance. Les Stoïciens disent bien, qu'il y a si grande colligance et relation entre les sages que celuy qui disne en France repaist son compaignon en Ægypte; et qui estend seulement son doigt, où que ce soit, tous les sages qui sont sur la terre habitable en sentent ayde[1]. La jouyssance et la possession appartiennent principalement à l'imagination. *(c)* Elle embrasse plus chaudement ce qu'elle va querir que ce que nous touchons, et plus continuellement. Comptez vos amusements journaliers, vous trouverez que vous estes lors plus absent de vostre amy quand il vous est present : son assistance relasche vostre attention et donne liberté à vostre pensée de s'absenter à toute heure pour toute occasion.

(b) De Romme en hors, je tiens et regente ma maison et les commoditez que j'y ay laissé;`je voy croistre mes murailles, mes arbres, et mes rentes, et descroistre, à deux doigts près, comme quand j'y suis :

Ante oculos errat domus, errat forma locorum[2].

Si nous ne jouyssons que ce que nous touchons, adieu nos escuz quand ils sont en nos coffres, et nos enfans s'ils sont à la chasse! Nous les voulons plus près. Au jardin, est-ce loing? A une demy journée? Quoy, dix lieuës, est-ce loing ou près? Si c'est près quoy onze, douze, treze? et ainsi pas à pas. Vrayment celle qui prescrira à son mary le quantiesme pas finyt le près, et le quantiesme pas

donne commencement au loin, je suis d'advis qu'elle
l'arreste entre deux :

> *excludat jurgia finis.*
> *Utor permisso, caudæque pilos ut equinæ*
> *Paulatim vello, et demo unum, demo etiam unum,*
> *Dum cadat elusus ratione ruentis acervi*[1] ;

et qu'elles appellent hardiment la Philosophie à leur
secours ; à qui quelqu'un pourroit reprocher, puis qu'elles
ne voit ny l'un ny l'autre bout de la jointure entre le trop
et le peu, le long et le court, le leger et le poisant, le près
et le loing, puis qu'elle n'en recognoist le commencement
ny la fin, qu'elle juge bien incertainement du milieu.
(c) « *Rerum natura nullam nobis dedit cognitionem finium*[2]. »
(b) Sont elles pas encores femmes et amyes des trespassez,
qui ne sont pas au bout de cettuy-cy, mais en l'autre
monde ? Nous embrassons et ceux qui ont esté et ceux qui
ne sont point encore, non que les absens. Nous n'avons
pas faict marché, en nous mariant, de nous tenir conti-
nuelement accouez l'un à l'autre, comme je ne sçay quels
petits animaux que nous voyons, *(c)* ou comme les ensor-
celez de Karenty, d'une maniere chiennine. Et ne doibt
une femme avoir les yeux si gourmandement fichez sur
le devant de son mari qu'elle n'en puisse voir le derriere,
où besoing est.

(b) Mais ce mot de ce peintre si excellent de leurs
humeurs seroit-il point de mise en ce lieu, pour representer la cause de leurs plaintes :

> *Uxor, si cesses, aut te amare cogitat,*
> *Aut tete amari, aut potare, aut animo obsequi*
> *Et tibi bene esse soli, cum sibi sit malè*[3].

Ou bien seroit ce pas que de soy l'opposition et contradiction les entretient et nourrit, et qu'elles s'accommodent
assez, pourveu qu'elles vous incommodent ?

En la vraye amitié, de laquelle je suis expert, je me
donne à mon amy plus que je ne le tire à moy. Je n'ayme
pas seulement mieux luy faire bien que s'il m'en faisoit,
mais encore qu'il s'en face qu'à moy : il m'en faict lors le
plus, quand il s'en faict. Et si l'absence luy est ou plaisante
ou utile, elle m'est bien plus douce que sa presence ; et ce
n'est pas proprement absence, quand il y a moyen de
s'entr'advertir. J'ay tiré autrefois usage de nostre esloi-

gnement, et commodité[1]. Nous remplissions mieux et
estandions la possession de la vie en nous separant; il
vivoit, il jouissoit, il voyoit pour moy, et moy pour luy,
autant plainement que s'il eust esté. L'une partie demeuroit oisifve quand nous estions ensemble : nous nous
confondions. La separation du lieu rendoit la conjonction
de nos volontez plus riche. Cette faim insatiable de la
presence corporelle accuse un peu la foiblesse en la
jouyssance des ames.

Quant à la vieillesse qu'on m'allegue, au rebours c'est
à la jeunesse à s'asservir aus opinions communes et se
contraindre pour autruy. Elle peut fournir à tous les deux,
au peuple et à soy : nous n'avons que trop à faire à nous
seuls. A mesure que les commoditez naturelles nous
faillent, soustenons nous par les artificielles. C'est injustice
d'excuser la jeunesse de suyvre ses plaisirs, et deffendre à
la vieillesse d'en cercher. (c) Jeune, je couvrois mes passions enjouées de prudence; vieil, je demesle les tristes de
débauche. Si, prohibent les loix Platoniques[2] de peregriner avant quarante ans ou cinquante, pour rendre la
peregrination plus utile et instructive; je consentirois plus
volontiers à cet autre second article des mesmes loix, qui
l'interdit après les soixante.

(b) « Mais en tel aage, vous ne reviendrez jamais d'un
si long chemin? » Que m'en chaut-il! Je ne l'entreprens ny
pour en revenir, ny pour le parfaire; j'entreprens seulement de me branler, pendant que le branle me plaist.
(c) Et me proumeine pour me proumener. Ceux qui
courent un benefice ou un lievre ne courent pas; ceux là
courent qui courent aux barres, et pour exercer leur
course.

(b) Mon dessein est divisible par tout; il n'est pas fondé
en grandes esperances; chaque journée en faict le bout. Et
le voyage de ma vie se conduict de mesme. J'ay veu pourtant assez de lieux esloignez, où j'eusse desiré qu'on
m'eust arresté. Pourquoy non, si Chrysippus, Cleanthes,
Diogenes, Zenon, Antipater, tant d'hommes sages de la
secte plus refroingnée[3], abandonnerent bien leur pays,
sans aucune occasion de s'en plaindre, et seulement
pour la jouissance d'un autre air? Certes le plus grand
desplaisir de mes peregrinations, c'est que je n'y
puisse apporter cette resolution d'establir ma demeure
où je me plairroy, et qu'il me faille tousjours pro-

poser de revenir, pour m'accommoder aux humeurs
communes.

Si je craingnois de mourir en autre lieu que celuy de ma
naissance, si je pensois mourir moins à mon aise esloingné
des miens, à peine sortiroy-je hors de France; je ne sorti-
rois pas sans effroy hors de ma parroisse. Je sens la mort
qui me pince continuellement la gorge ou les reins. Mais
je suis autrement faict : elle m'est une partout. Si toutesfois j'avois à choisir, ce seroit, ce croy-je, plustost à
cheval que dans un lict, hors de ma maison et esloigné des
miens. Il y a plus de crevecœur que de consolation à
prendre congé de ses amis. J'oublie volontiers ce devoir
de nostre entregent, car des offices de l'amitié celuy-là est
le seul desplaisant, et oublierois ainsi volontiers à dire ce
grand et eternel adieu. S'il se tire quelque commodité de
cette assistance, il s'en tire cent incommoditez. J'ay veu
plusieurs mourans bien piteusement assiegez de tout ce
train : cette presse les estouffe. C'est contre le devoir et est
tesmoignage de peu d'affection et de peu de soing de vous
laisser mourir en repos : l'un tourmente vos yeux, l'autre
vos oreilles, l'autre la bouche; il n'y a sens ny membre
qu'on ne vous fracasse. Le cœur vous serre de pitié d'ouyr
les plaintes des amis, et de despit à l'avanture d'ouyr
d'autres plaintes feintes et masquées. Qui a tousjours eu
le goust tendre, affoibly, il l'a encore plus. Il luy faut en
une si grande necessité une main douce et accommodée à
son sentiment, pour le grater justement où il luy cuit; ou
qu'on n'y touche point du tout. Si nous avons besoing
de sage femme à nous mettre au monde, nous avons bien
besoing d'un homme encore plus sage à nous en sortir.
Tel, et amy, le faudroit-il achetter bien cherement, pour
le service d'une telle occasion.

Je ne suis point arrivé à cette vigueur desdaigneuse qui
se fortifie en soy-mesme, que rien n'ayde, ny ne trouble;
je suis d'un point plus bas. Je cerche à coniller et à me
desrober de ce passage, non par crainte, mais par art. Ce
n'est pas mon advis de faire en cette action preuve ou
montre de ma constance. Pour qui? Lors cessera tout le
droict et interest que j'ay à la reputation. Je me contente
d'une mort recueillie en soy, quiete et solitaire, toute
mienne, convenable à ma vie retirée et privée. Au
rebours de la superstition Romaine, où l'on estimoit
malheureux celuy qui mouroit sans parler et qui n'avoit

ses plus proches à luy clorre les yeux[1]; j'ay assez affaire à me consoler sans avoir à consoler autruy, assez de pensées en la teste sans que les circonstances m'en apportent de nouvelles, et assez de matiere à m'entretenir sans l'emprunter. Cette partie n'est pas du rolle de la societé; c'est l'acte à un seul personnage. Vivons et rions entre les nostres, allons mourir et rechigner entre les inconneus. On trouve, en payant, qui vous tourne la teste et qui vous frote les pieds, qui ne vous presse qu'autant que vous voulez, vous presentant un visage indifferent, vous laissant vous entretenir et plaindre à vostre mode.

Je me deffais tous les jours par discours de cette humeur puerile et inhumaine, qui faict que nous desirons d'esmouvoir par nos maux la compassion et le deuil en nos amis. Nous faisons valoir nos inconveniens outre leur mesure, pour attirer leurs larmes. Et la fermeté que nous louons en chacun à soustenir sa mauvaise fortune, nous l'accusons et reprochons à nos proches, quand c'est en la nostre. Nous ne nous contentons pas qu'ils se ressentent de nos maux, si encores ils ne s'en affligent. Il faut estendre la joye, mais retrencher autant qu'on peut la tristesse. *(c)* Qui se faict plaindre sans raison est homme pour n'estre pas plaint quand la raison y sera. C'est pour n'estre jamais plaint que se plaindre tousjours, faisant si souvent le piteux qu'on ne soit pitoyable à personne. Qui se faict mort vivant est subject d'estre tenu pour vif mourant. J'en ay veu prendre la chevre de ce qu'on leur trouvoit le visage frais et le pouls posé, contraindre leur ris parce qu'il trahissoit leur guerison, et haïr la santé de ce qu'elle n'estoit pas regrettable. Qui bien plus est, ce n'estoyent pas femmes.

(b) Je represente mes maladies, pour le plus, telles qu'elles sont, et evite les parolles de mauvais prognostique et exclamations composées. Sinon l'allegresse, aumoins la contenance rassise des assistans est propre près d'un sage malade. Pour se voir en un estat contraire, il n'entre point en querelle avec la santé; il luy plaist de la contempler en autruy forte et entiere, et en jouyr aumoings par compaignie. Pour se sentir fondre contre-bas, il ne rejecte pas du tout les pensées de la vie, ny ne fuyt les entretiens communs. Je veux estudier la maladie quand je suis sain; quand elle y est, elle faict son impression assez réele, sans que mon imagination l'ayde. Nous nous preparons avant

la main aux voiages que nous entreprenions, et y sommes resolus : l'heure qu'il nous faut monter à cheval, nous la donnons à l'assistance et, en sa faveur, l'estendons.

Je sens ce proffit inesperé de la publication de mes meurs qu'elle me sert aucunement de regle. Il me vient par fois quelque consideration de ne trahir l'histoire de ma vie. Cette publique declaration m'oblige de me tenir en ma route, et à ne desmentir l'image de mes conditions, communéement moins desfigurées et contredites que ne porte la malignité et maladie des jugemens d'aujourd'huy. L'uniformité et simplesse de mes meurs produict bien un visage d'aisée interpretation, mais, parce que la façon en est un peu nouvelle et hors d'usage, elle donne trop beau jeu à la mesdisance. Si est-il, qu'à qui me veut loyallement injurier il me semble fournir bien suffisamment où mordre en mes imperfections advouées et cogneuës, et dequoy s'y saouler, sans s'escarmoucher au vent. Si, pour en præoccuper moy-mesme l'accusation et la descouverte, il luy semble que je luy esdente sa morsure, c'est raison qu'il preigne son droict vers l'amplification et extention (l'offence a ses droicts outre la justice), et que les vices dequoy je luy montre des racines chez moy, il les grossisse en arbres, qu'il y emploie non seulement ceux qui me possedent, mais ceux aussi qui ne font que me menasser. Injurieux vices, et en qualité et en nombre; qu'il me batte par là.

(c) J'embrasserois franchement l'exemple du philosophe Dion[1]. Antigon le vouloit piquer sur le subject de son origine; il luy coupa broche : « Je suis, dict-il, fils d'un serf, bouchier, stigmatisé, et d'une putain que mon pere espousa par la bassesse de sa fortune. Tous deux furent punis pour quelque mesfaict. Un orateur m'achetta enfant, me trouvant agreable, et m'a laissé mourant tous ses biens, lesquels ayant transporté en cette ville d'Athenes, me suis addonné à la philosophie. Que les historiens ne s'empeschent à chercher nouvelles de moy; je leur en diray ce qui en est. » La confession genereuse et libre enerve le reproche et desarme l'injure.

(b) Tant y a que, tout conté, il me semble qu'aussi souvent on me louë qu'on me desprise outre la raison. Comme il me semble aussi que, dès mon enfance, en rang et degré d'honneur on m'a donné lieu plustost au dessus qu'au dessoubs de ce qui m'appartient.

(c) Je me trouverois mieux en païs auquel ces ordres fussent ou reglez, ou mesprisez. Entre les hommes, depuis que l'altercation de la prerogative au marcher ou à se seoir passe trois repliques, elle est incivile. Je ne crains point de ceder ou preceder iniquement pour fuir à une si importune contestation; et jamais homme n'a eu envie de ma presseance à qui je ne l'aye quittée.

(b) Outre ce profit que je tire d'escrire de moy, j'en espere cet autre que, s'il advient que mes humeurs plaisent et accordent à quelque honneste homme avant que je meure, il recerchera de nous joindre : je luy donne beaucoup de pays gaigné, car tout ce qu'une longue connoissance et familiarité luy pourroit avoir acquis en plusieurs années, il le voit en trois jours en ce registre, et plus seurement et exactement. *(c)* Plaisante fantasie : plusieurs choses que je ne voudrois dire à personne, je les dis au peuple, et sur mes plus secretes sciences ou pensées renvoye à une boutique de libraire mes amis plus feaux.

Excutienda damus præcordia[1].

(b) Si à si bonnes enseignes je sçavois quelqu'un qui me fut propre, certes je l'irois trouver bien loing; car la douceur d'une sortable et aggreable compaignie ne se peut assez acheter à mon gré. O un amy[2]! Combien est vraye cette ancienne sentence[3], que l'usage en est plus necessaire et plus doux que des elemens de l'eau et du feu!

Pour revenir à mon conte, il n'y a donc pas beaucoup de mal de mourir loing et à part. *(c)* Si estimons nous à devoir de nous retirer pour des actions naturelles moins disgratiées que cette-cy et moins hideuses. *(b)* Mais encore, ceux qui en viennent là de trainer languissans un long espace de vie, ne debvroient à l'avanture souhaiter d'empescher de leur misere une grande famille. Pourtant les Indois, en certaine province, estimoient juste de tuer celuy qui seroit tumbé en telle necessité; en une autre province, ils l'abandonnoient seul à se sauver comme il pourroit[4]. *(c)* A qui ne se rendent-ils en fin ennuyeux et insupportables? Les offices communs n'en vont point jusques là. Vous apprenez la cruauté par force à voz meilleurs amis, durcissant et femme et enfans, par long usage, à ne sentir et plaindre plus vos maux. Les souspirs de ma cholique n'apportent plus d'esmoy à personne. Et quand nous tirerions quelque plaisir de leur conver-

sation, ce qui n'advient pas tousjours pour la disparité des
conditions qui produict ayséement mespris ou envie
envers qui que ce soit, n'est-ce pas trop d'en abuser tout
un aage? Plus je les verrois se contraindre de bon cœur
pour moy, plus je plainderois leur peine. Nous avons loy
de nous appuyer, non pas de nous coucher si lourdement
sur autruy et nous estayer en leur ruyne; comme celuy qui
faisoit esgorger des petits enfans pour se servir de leur
sang à guarir une sienne maladie[1], ou cet autre, à qui on
fournissoit des jeunes tendrons à couver la nuict ses
vieux membres et mesler la douceur de leur haleine à la
sienne aigre et poisante[2]. Je me conseillerois volontiers
Venise pour la retraicte d'une telle condition et foiblesse
de vie.

(c) La decrepitude est qualité solitaire. Je suis sociable
jusques à excez. Si me semble-il raisonnable que meshuy
je soustraye de la veüe du monde mon importunité, et la
couve à moy seul, que je m'appile et me recueille en ma
coque, comme les tortues. J'aprens à veoir les hommes
sans m'y tenir : ce seroit outrage en un pas si pendant. Il
est temps de tourner le dos à la compagnie.

(b) « Mais en un si long voyage, vous serez arresté miserablement en un caignart, où tout vous manquera. » —
La plus part des choses necessaires, je les porte quant et
moy. Et puis, nous ne sçaurions eviter la fortune si elle
entreprend de nous courre sus. Il ne me faut rien d'extraordinaire quand je suis malade : ce que nature ne peut
en moy, je ne veux pas qu'un bolus[3] le face. Tout au
commencement de mes fiévres et des maladies qui
m'atterrent, entier encores et voisin de la santé, je me
reconcilie à Dieu par les derniers offices Chrestiens, et
m'en trouve plus libre et deschargé, me semblant en avoir
d'autant meilleure raison de la maladie. De notaire et de
conseil, il m'en faut moins que de medecins. Ce que je
n'auray estably de mes affaires tout sain, qu'on ne
s'attende point que je le face malade. Ce que je veux faire
pour le service de la mort est tousjours faict ; je n'oserois
le deslaier d'un seul jour. Et s'il n'y a rien de faict, c'est
à dire : ou que le doubte m'en aura retardé le choix (car
par fois c'est bien choisir de ne choisir pas), ou que tout
à fait je n'auray rien voulu faire.

J'escris mon livre à peu d'hommes et à peu d'années.
Si ç'eust esté une matiere de durée, il l'eust fallu com-

mettre à un langage plus ferme[1]. Selon la variation continuelle qui a suivy le nostre jusques à cette heure, qui peut
esperer que sa forme presente soit en usage, d'icy à
cinquante ans? Il escoule tous les jours de nos mains et
depuis que je vis s'est alteré de moitié. Nous disons qu'il
est à cette heure parfaict. Autant en dict du sien chaque
siecle. Je n'ay garde de l'en tenir là tant qu'il fuira et se
difformera comme il faict. C'est aux bons et utiles escrits
de le clouer à eux, et ira son credit selon la fortune de
nostre estat.

(b) Pourtant ne crains-je poinct d'y inserer plusieurs
articles privez, qui consument leur usage entre les hommes qui vivent aujourd'huy, et qui touchent la particuliere
science d'aucuns, qui y verront plus avant que de la
commune intelligence. Je ne veux pas après tout, comme
je vois souvent agiter la memoire des trespassez, qu'on
aille debatant: « Il jugeoit, il vivoit ainsin; il vouloit cecy;
s'il eust parlé sur sa fin, il eust dict, il eust donné; je le
connoissois mieux que tout autre. » Or, autant que la
bienseance me le permet, je faicts icy sentir mes inclinations et affections; mais plus librement et plus volontiers
le faits-je de bouche à quiconque desire en estre informé.
Tant y a qu'en ces memoires, si on y regarde, on trouvera
que j'ay tout dict, ou tout designé. Ce que je ne puis
exprimer, je le montre au doigt :

> *Verum animo satis hæc vestigia parva sagaci*
> *Sunt, per quæ possis cognoscere cetera tute*[2].

Je ne laisse rien à desirer et deviner de moy. Si on doibt
s'en entretenir, je veux que ce soit veritablement et justement. Je reviendrois volontiers de l'autre monde pour
démentir celuy qui me formeroit autre que je n'estois,
fut-ce pour m'honorer. Des vivans mesme, je sens qu'on
parle tousjours autrement qu'ils ne sont. Et si à toute
force je n'eusse maintenu un amy que j'ay perdu, on me
l'eust deschiré en mille contraires visages[3].

Pour achever de dire mes foibles humeurs, j'advoue
qu'en voyageant je n'arrive gueres en logis où il ne me
passe par la fantasie si j'y pourray estre et malade et
mourant à mon aise. Je veus estre logé en lieu qui me soit
bien particulier, sans bruict, non sale, ou fumeux, ou
estouffé. Je cherche à flatter la mort par ces frivoles
circonstances, ou, pour mieux dire, à me descharger de

tout autre empeschement, affin que je n'aye qu'à m'attendre à elle, qui me poisera volontiers assez sans autre recharge. Je veux qu'elle ayt sa part à l'aisance et commodité de ma vie. Ce en est un grand lopin, et d'importance, et espere meshuy qu'il ne dementira pas le passé.

La mort a des formes plus aisées les unes que les autres, et prend diverses qualitez selon la fantasie de chacun. Entre les naturelles, celle qui vient d'affoiblissement et appesantissement me semble molle et douce. Entre les violentes, j'imagine plus mal aiséement un precipice qu'une ruine qui m'accable et un coup tranchant d'une espée qu'une harquebousade; et eusse plustost beu le breuvage de Socrates que de me fraper comme Caton. Et, quoy que ce soit un, si sent mon imagination difference comme de la mort à la vie, à me jetter dans une fournaise ardente ou dans le canal d'une platte riviere. *(c)* Tant sottement nostre crainte regarde plus au moyen qu'à l'effect. *(b)* Ce n'est qu'un instant; mais il est de tel pois que je donneroy volontiers plusieurs jours de ma vie pour le passer à ma mode[1].

Puisque la fantasie d'un chacun trouve du plus et du moins en son aigreur, puisque chacun a quelque chois entre les formes de mourir, essayons un peu plus avant d'en trouver quelqu'une deschargée de tout desplaisir. Pourroit on pas la rendre encore voluptueuse, comme les commourans[2] d'Antonius et de Cleopatra? Je laisse à part les efforts que la philosophie et la religion produisent, aspres et exemplaires. Mais entre les hommes de peu, il s'en est trouvé, comme un Petronius et un Tigillinus[3] à Romme, engagez à se donner la mort, qui l'ont comme endormie par la mollesse de leurs apprests. Ils l'ont faicte couler et glisser parmy la lácheté de leurs passetemps accoustumés, entre des garses et bons compaignons; nul propos de consolation, nulle mention de testament, nulle affectation ambitieuse de constance, nul discours de leur condition future; mais entre les jeux, les festins, facecies, entretiens communs et populaires, et la musique, et des vers amoureux. Ne sçaurions nous imiter cette resolution en plus honneste contenance? Puis qu'il y a des mors bonnes aux fols, bonnes aux sages, trouvons en qui soyent bonnes à ceux d'entre deux. *(c)* Mon imagination m'en presente quelque visage facile, et, puisqu'il faut mourir, desirable. Les tyrans Romains pensoient donner

la vie au criminel à qui ils donnoient le chois de sa mort.
Mais Theophraste, philosophe si delicat, si modeste, si
sage, a-il pas esté forcé par la raison d'oser dire ce vers
latinisé par Cicero :

Vitam regit fortuna, non sapientia[1].

Combien aide la fortune à la facilité du marché de ma vie,
me l'ayant logée en tel poinct qu'elle ne faict meshuy
ny besoing à nul, ny empeschement. C'est une condition
que j'eusse acceptée en toutes les saisons de mon aage,
mais en cette occasion de trousser mes bribes et de plier
bagage, je prens plus particulierement plaisir à ne faire
guiere ny de plaisir, ny de desplaisir à personne en mourant. Elle a, d'une artiste compensation, faict que ceux qui
peuvent pretendre quelque materiel fruict de ma mort en
reçoivent d'ailleurs conjointement une materielle perte.
La mort s'appesantit souvent en nous de ce qu'elle poise
aux autres, et nous interesse de leur interest quasi autant
que du nostre, et plus et tout par fois.

(b) En cette commodité de logis que je cerche, je n'y
mesle pas la pompe et l'amplitude; je la hay plustost;
mais certaine propriété simple, qui se rencontre plus
souvant aux lieux où il y a moins d'art, et que nature
honore de quelque grace toute sienne. « *Non ampliter sed
munditer convivium*[2]... *Plus salis quam sumptus*[3]. »

Et puis, c'est à faire à ceux que les affaires entrainent en
plain hyver par les Grisons, d'estre surpris en chemin en
cette extremité. Moy, qui le plus souvant voyage pour
mon plaisir, ne me guide pas si mal. S'il faict laid à droicte,
je prens à gauche; si je me trouve mal propre à monter à
cheval, je m'arreste. Et faisant ainsi, je ne vois à la verité
rien qui ne soit aussi plaisant et commode que ma maison.
Il est vray que je trouve la superfluité tousjours superflue,
et remarque de l'empeschement en la delicatesse mesme
et en l'abondance. Ay-je laissé quelque chose à voir
derriere moy? J'y retourne; c'est tousjours mon chemin.
Je ne trace aucune ligne certaine, ny droicte ny courbe.
Ne trouve-je point où je vay, ce qu'on m'avoit dict?
(Comme il advient souvent que les jugemens d'autruy
ne s'accordent pas aux miens, et les ay trouvez plus
souvant faux), je ne plains pas ma peine; j'ay apris que ce
qu'on disoit n'y est point.

J'ay la complexion du corps libre et le goust commun

autant qu'homme du monde. La diversité des façons d'une nation à autre ne me touche que par le plaisir de la varieté. Chaque usage a sa raison. Soyent des assiettes d'estain, de bois, de terre, bouilly ou rosty, beurre ou huyle de nois ou d'olive, chaut ou froit, tout m'est un, et si un que, vieillissant, j'accuse cette genereuse faculté, et auroy besoin que la delicatesse et le chois arrestat l'indiscretion de mon appetit et par fois soulageat mon estomac. (c) Quand j'ay esté ailleurs qu'en France et que, pour me faire courtoisie, on m'a demandé si je voulois estre servy à la Françoise, je m'en suis mocqué et me suis tousjours jetté aux tables les plus espesses d'estrangers.

(b) J'ay honte de voir noz hommes[1] enyvrez de cette sotte humeur, de s'effaroucher des formes contraires aux leurs : il leur semble estre hors de leur element quand ils sont hors de leur vilage. Où qu'ils aillent, ils se tiennent à leurs façons et abominent les estrangeres. Retrouvent ils un compatriote en Hongrie, ils festoyent cette avanture : les voylà à se ralier et à se recoudre ensemble, à condamner tant de meurs barbares qu'ils voient. Pourquoy non barbares, puis qu'elles ne sont françoises ? Encore sont ce les plus habiles qui les ont recogneuës, pour en mesdire. La plus part ne prennent l'aller que pour le venir. Ils voyagent couverts et resserrez d'une prudence taciturne et incommunicable, se defendans de la contagion d'un air incognu.

Ce que je dis de ceux là me ramentoit, en chose semblable, ce que j'ay par fois aperçeu en aucuns de noz jeunes courtisans. Ils ne tiennent qu'aux hommes de leur sorte, nous regardent comme gens de l'autre monde, avec desdain ou pitié. Ostez leur les entretiens des mysteres de la court, ils sont hors de leur gibier, aussi neufs pour nous et malhabiles comme nous sommes à eux. On dict bien vray qu'un honneste homme, c'est un homme meslé.

Au rebours, je peregrine très saoul de nos façons, non pour cercher des Gascons en Sicile (j'en ay assez laissé au logis); je cerche des Grecs plustost, et des Persans; j'acointe ceux-là, je les considere; c'est là où je me preste et où je m'employe. Et qui plus est, il me semble que je n'ay rencontré guere de manieres qui ne vaillent les nostres. Je couche de peu, car à peine ay-je perdu mes girouettes de veuë[2].

Au demeurant, la plus part des compaignies fortuites

que vous rencontrez en chemin ont plus d'incommodité que de plaisir : je ne m'y attache point, moins aſteure que la veilleſse me particularise et sequeſtre aucunement des formes communes. Vous souffrez pour autruy, ou autruy pour vous; l'un et l'autre inconvenient eſt poisant, mais le dernier me semble encore plus rude. C'eſt une rare fortune, mais de soulagement ineſtimable, d'avoir un honneſte homme, d'entendement ferme et de meurs conformes aux voſtres, qui ayme à vous suyvre. J'en ay eu faute extreme en tous mes voyages. Mais une telle compaignie, il la faut avoir choisie et acquise dès le logis. Nul plaisir n'a gouſt pour moy sans communication. Il ne me vient pas seulement une gaillarde pensée en l'ame qu'il ne me fáche de l'avoir produite seul, et n'ayant à qui l'offrir. *(c)* « *Si cum hac exceptione detur sapientia ut illam inclusam teneam nec enuntiem, rejiciam*[1]. » L'autre l'avoit monté d'un ton au dessus. « *Si contigerit ea vita sapienti ut, omnium rerum affluentibus copiis, quamvis omnia quæ cognitione digna sunt summo otio secum ipse consideret, et contempletur, tamen si solitudo tanta sit ut hominem videre non possit, excedat è vita*[2]. » *(b)* L'opinion d'Architas m'agrée, qu'il feroit desplaisant au ciel mesme et à se promener dans ces grands et divins corps celeſtes sans l'assiſtance d'un compaignon[3].

Mais il vaut mieux encore eſtre seul qu'en compaignie ennuyeuse et inepte. Ariſtippus s'aymoit à vivre eſtrangier partout[4].

> *Me si fata meis paterentur ducere vitam*
> *Auspiciis*[5],

je choisirois à la passer le cul sur la selle :

> *visere geſtiens,*
> *Qua parte debacchentur ignes,*
> *Qua nebulæ pluviique rores*[6].

« Avez vous pas des passe-temps plus aysez? Dequoy avez-vous faute? Voſtre maison eſt elle pas en bel air et sain, suffisamment fournie, et capable plus que suffisamment? *(c)* La majeſté Royalle y a peu plus d'une fois en sa pompe[7]. *(b)* Voſtre famille n'en laisse elle pas en reiglement plus au dessoubs d'elle qu'elle n'en a au dessus en eminence? Y a il quelque pensée locale qui vous ulcere, extraordinaire, indigeſtible?

Quæ te nunc coquat et vexet sub pectore fixa[1]?

Où cuidez-vous pouvoir estre sans empeschement et sans destourbier? « *Numquam simpliciter fortuna indulget[2].* » Voyez donc qu'il n'y a que vous qui vous empeschez, et vous vous suyverez par tout, et vous plaindrez par tout. Car il n'y a satisfaction çà bas que pour les ames, ou brutales ou divines. Qui n'a du contentement à une si juste occasion, où pense il le trouver? A combien de milliers d'hommes arreste une telle condition que la vostre le but de leurs souhaits? Reformez vous seulement, car en cela vous pouvez tout, là où vous n'avez droict que de patience envers la fortune. » *(c)* « *Nulla placida quies est, nisi quam ratio composuit[3].* »

(b) Je voy la raison de cet advertissement, et la voy trèsbien; mais on auroit plustost faict, et plus pertinemment, de me dire en un mot : « Soyez sage. » Cette resolution est outre la sagesse : c'est son ouvrage et sa production. Ainsi faict le medecin qui va criaillant après un pauvre malade languissant, qu'il se resjouysse; il luy conseilleroit un peu moins ineptement s'il luy disoit : « Soyez sain. » Pour moy, je ne suis qu'homme de la basse forme. C'est un precepte salutaire, certain et d'aisée intelligence : « Contentez vous du vostre, c'est à dire de la raison. » L'execution pourtant n'en est non plus aux plus sages qu'en moy. C'est une parolle populaire, mais elle a une terrible estandue. Que ne comprend elle? Toutes choses tombent en discretion et modification.

Je sçay bien qu'à le prendre à la lettre, ce plaisir de voyager porte tesmoignage d'inquietude et d'irresolution. Aussi sont ce nos maistresses qualitez, et prædominantes. Ouy, je le confesse, je ne vois rien, seulement en songe et par souhait, où je me puisse tenir; la seule varieté me paye, et la possession de la diversité, au moins si aucune chose me paye. A voyager, cela mesme me nourrit que je me puis arrester sans interests, et que j'ay où m'en divertir commodéement. J'ayme la vie privée, par ce que c'est par mon chois que je l'ayme, non par disconvenance à la vie publique, qui est, à l'avanture, autant selon ma complexion. J'en sers plus gayement mon prince par ce que c'est par libre eslection de mon jugement et de ma raison, *(c)* sans obligation particuliere, *(b)* et que je n'y suis pas rejecté ny contrainct pour estre irrecevable à tout

autre party et mal voulu. Ainsi du reste. Je hay les morceaux que la necessité me taille. Toute commodité me
tiendroit à la gorge, de laquelle seule j'aurois à despendre :

Alter remus aquas, alter mihi radat arenas[1].

Une seule corde ne m'arreste jamais assis. — « Il y a de la
vanité, dictes vous, en cet amusement. » — Mais où non?
Et ces beaux preceptes sont vanité, et vanité toute la
sagesse. *(c)* « *Dominus novit cogitationes sapientium, quoniam
vanæ sunt*[2]. » *(b)* Ces exquises subtilitez ne sont propres
qu'au presche : ce sont discours qui nous veulent envoyer
tous bastez en l'autre monde. La vie est un mouvement
materiel et corporel, action imparfaicte de sa propre
essence, et desreglée; je m'emploie à la servir selon elle.

Quisque suos patimur manes[3].

(c) « *Sic est faciendum ut contra naturam universam nihil
contendamus ; ea tamen conservata, propriam sequamur*[4]. »
(b) A quoy faire ces pointes eslevées de la philosophie sur
lesquelles aucun estre humain ne se peut rassoir, et ces
regles qui excedent nostre usage et nostre force? Je voy
souvent qu'on nous propose des images de vie, lesquelles
ny le proposant, ny les auditeurs n'ont aucune esperance
de suyvre ny, qui plus est, envie. De ce mesme papier où
il vient d'escrire l'arrest de condemnation contre un
adultere, le juge en desrobe un lopin pour en faire un
poulet à la femme de son compaignon. *(c)* Celle à qui
vous viendrez de vous frotter illicitement, criera plus
asprement tantost, en vostre presence mesme, à l'encontre
d'une pareille faute de sa compaigne que ne feroit
Porcie[5]. *(b)* Et tel condamne des hommes à mourir pour
des crimes qu'il n'estime point fautes. J'ay veu en ma jeunesse un galant homme[6] presenter d'une main au peuple
des vers excellens et en beauté et en desbordement, et de
l'autre main en mesme instant la plus quereleuse reformation theologienne de quoy le monde se soit desjeuné
il y a long temps.
   Les hommes vont ainsin. On laisse les loix et preceptes
suivre leur voie; nous en tenons une autre, non par
desreiglement de meurs seulement, mais par opinion
souvent et par jugement contraire. Sentez lire un discours
de philosophie; l'invention, l'eloquence, la pertinence

frape incontinent vostre esprit et vous esmeut; il n'y a
rien qui chatouille ou poigne vostre conscience; ce n'est
pas à elle qu'on parle, est-il pas vray? Si disoit Ariston
que ny une esteuve, ny une leçon n'est d'aucun fruict
si elle ne nettoye et ne descrasse. On peut s'arrester à
l'escorce, mais c'est après qu'on en a retiré la mouele;
comme, après avoir avalé le bon vin d'une belle coupe,
nous en considerons les graveures et l'ouvrage[1].

En toutes les chambrées de la philosophie ancienne
cecy se trouvera, qu'un mesme ouvrier y publie des
reigles de temperance et publie ensemble des escris
d'amour et de desbauche. *(c)* Et Xenophon, au giron de
Clinias, escrivit contre la volupté Aristippique[2]. *(b)* Ce
n'est pas qu'il y ait une conversion miraculeuse qui les
agite à ondées. Mais c'est que Solon se represente tantost
soy-mesme, tantost en forme de legislateur : tantost il
parle pour la presse, tantost pour soy; et prend pour soy
les reigles libres et naturelles, s'asseurant d'une santé
ferme et entiere.

Curentur dubii medicis majoribus ægri[3].

(c) Antisthenes permet au sage d'aimer et faire à sa mode
ce qu'il trouve estre opportun, sans s'attendre aux loix;
d'autant qu'il a meilleur advis qu'elles, et plus de cognoissance de la vertu[4]. Son disciple Diogenes disoit opposer
aux perturbations la raison, à fortune la confidence, aux
loix nature[5].

(b) Pour les estomacs tendres, il faut des ordonnances
contraintes et artificielles. *(c)* Les bons estomacs suivent
simplement les prescriptions de leur naturel appetit.
(b) Ainsi font nos medecins, qui mangent le melon et
boivent le vin fraiz, ce pendant qu'ils tiennent leur patient
obligé au sirop et à la panade.

Je ne sçay quels livres, disoit la courtisane Lays, quelle
sapience, quelle philosophie, mais ces gens là battent
aussi souvant à ma porte que aucuns autres[6]. D'autant
que nostre licence nous porte tousjours au delà de ce qui
nous est loisible et permis, on a estressy souvant outre
la raison universelle les preceptes et loys de nostre vie.

*Nemo satis credit tantum delinquere quantum
Permittas*[7].

Il seroit à desirer qu'il y eust plus de proportion du commandement à l'obeyssance; et semble la visée injuste, à laquelle on ne peut atteindre. Il n'est si homme de bien, qu'il mette à l'examen des lois toutes ses actions et pensées, qui ne soit pendable dix fois en sa vie, voire tel qu'il seroit très-grand dommage et très-injuste de punir et de perdre.

> Olle, quid ad te
> De cute quid faciat ille, vel illa sua[1]?

Et tel pourroit n'offenser point les loix, qui n'en meriteroit point la louange d'homme de vertu, *(c)* et que la philosophie feroit trèsjustement foiter. *(b)* Tant cette relation est trouble et inegale. Nous n'avons garde d'estre gens de bien selon Dieu; nous ne le sçaurions estre selon nous. L'humaine sagesse n'arriva jamais aux devoirs qu'elle s'estoit elle mesme prescrit et, si elle y estoit arrivée, elle s'en prescriroit d'autres au delà, où elle aspirat tousjours et pretendit, tant nostre estat est ennemy de consistance. *(c)* L'homme s'ordonne à soy mesme d'estre necessairement en faute. Il n'est guiere fin de tailler son obligation, à la raison d'un autre estre que le sien. A qui prescrit-il ce qu'il s'attend que personne ne face? Luy est-il injuste de ne faire point ce qu'il luy est impossible de faire? Les loix qui nous condamnent à ne pouvoir pas, nous accusent elles mesmes de ne pouvoir pas.

(b) Au pis aller, cette difforme liberté de se presenter à deux endroicts, et les actions d'une façon, les discours de l'autre, soit loisible à ceux qui disent les choses; mais elle ne le peut estre à ceux qui se disent eux mesme, comme je fay; il faut que j'aille de la plume comme des pieds. La vie commune doibt avoir conferance aux autres vies. La vertu de Caton estoit vigoreuse outre la mesure de son siecle; et à un homme qui se mesloit de gouverner les autres, destiné au service commun, il se pourroit dire que c'estoit une justice, sinon injuste, au moins vaine et hors de saison[2]. *(c)* Mes mœurs mesmes, qui ne disconviennent de celles qui courent à peine de la largeur d'un poulce, me rendent pourtant aucunement farouche à mon aage, et inassociable. Je ne sçay pas si je me trouve desgouté sans raison du monde que je hante, mais je sçay

bien que ce seroit sans raison si je me plaignois qu'il fut
desgouté de moy plus que je le suis de luy.

(b) La vertu assignée aus affaires du monde est une
vertu à plusieurs plis, encoigneures et couddes, pour
s'apliquer et joindre à l'humaine foiblesse, meslée et
artificielle, non droitte, nette, constante, ny purement
innocente. Les annales reprochent jusques à cette heure
à quelqu'un de nos Roys[1] de s'estre trop simplement
laissé aller aux consciencieuses persuasions de son confesseur. Les affaires d'estat ont des preceptes plus hardis :

> *exeat aula*
> *Qui vult esse pius*[2].

J'ay autrefois essayé d'employer au service des maniemens
publiques les opinions et reigles de vivre ainsi rudes,
neufves, impolies ou impollues, comme je les ay nées
chez moy ou raportées de mon institution, et desquelles
je me sers *(c)* sinon *(b)* commodéement *(c)* au moins
seurement *(b)* en particulier, une vertu scholastique et
novice. Je les y ay trouvées ineptes et dangereuses. Celuy
qui va en la presse, il faut qu'il gauchisse, qu'il serre ses
couddes, qu'il recule ou qu'il avance, voire qu'il quitte
le droict chemin, selon ce qu'il rencontre; qu'il vive non
tant selon soy que selon autruy, non selon ce qu'il se propose, mais selon ce qu'on luy propose, selon le temps,
selon les hommes, selon les affaires[3].

(c) Platon dict[4] que qui eschappe brayes nettes du maniement du monde, c'est par miracle qu'il en eschappe. Et
dict aussi[5] que, quand il ordonne son philosophe chef
d'une police, il n'entend pas le dire d'une police corrompue comme celle d'Athenes, et encore bien moins
comme la nostre, envers lesquelles la sagesse mesme
perdroit son Latin. Comme une herbe transplantée en
solage fort divers à la condition, se conforme bien
plustost à iceluy qu'elle ne le reforme à soy.

(b) Je sens que, si j'avois à me dresser tout à faict à
telles occupations, il m'y faudroit beaucoup de changement et de rabillage. Quand je pourrois cela sur moy (et
pourquoy ne le pourrois je, avec le temps et le soing?),
je ne le voudrois pas. De ce peu que je me suis essayé en
cette vacation, je m'en suis d'autant degousté. Je me sens
fumer en l'ame par fois aucunes tentations vers l'ambition; mais je me bande et obstine au contraire :

At tu, Catulled, obſtinatus obdura[1].

On ne m'y appelle guieres, et je m'y convie aussi peu.
(c) La liberté et l'oisiveté, qui sont mes maiſtresses
qualitez, sont qualitez diametralement contraires à ce
meſtier là.

(b) Nous ne sçavons pas diſtinguer les facultez des
hommes; elles ont des divisions et bornes mal-aysées à
choisir et delicates. De conclurre par la suffisance d'une
vie particuliere quelque suffisance à l'usage public, c'eſt
mal conclud; tel se conduiſt bien qui ne conduiſt pas bien
les autres *(c)* et faiſt des *Essais* qui ne sauroit faire des
effeſts; tel *(b)* dresse bien un siege qui dresseroit mal une
bataille, et discourt bien en privé qui harengueroit mal
un peuple ou un prince. Voyre à l'aventure eſt-ce pluſtoſt
tesmoignage à celuy qui peut l'un de ne pouvoir point
l'autre, qu'autrement. *(c)* Je treuve que les esprits hauts
ne sont de guere moins aptes aux choses basses que les
bas esprits aux hautes. Eſtoit-il à croire que Socrates euſt
appreſté aux Atheniens matiere de rire à ses despens,
pour n'avoir onques sçeu computer les suffrages de sa
tribu et en faire raport au conseil[2]? Certes la veneration
en quoy j'ay les perfeſtions de ce personnage merite que
sa fortune fournisse à l'excuse de mes principales imper-
feſtions un si magnifique exemple.

(b) Noſtre suffisance eſt detaillée à menues pieces. La
mienne n'a point de latitude, et si eſt chetifve en nombre.
Saturninus, à ceux qui lui avoyent deferé tout commandement : « Compaignons, fit-il, vous avez perdu un bon
capitaine pour en faire un mauvais general d'armée[3]. »
Qui se vante, en un temps malade comme cettuy-cy,
d'employer au service du monde une vertu nayfve et
sincere, ou il ne la cognoit pas, les opinions se corrompant
avec les meurs (de vray, oyez la leur peindre, oyez la plus
part se glorifier de leurs deportemens et former leurs
reigles : au lieu de peindre la vertu, ils peignent l'injuſtice
toute pure et le vice, et la presentent ainsi fauce à l'inſtitution des princes[4]); ou, s'il la cognoiſt, il se vante à
tort et, quoy qu'il die, faiſt mille choses dequoy sa conscience l'accuse. Je croirois volontiers Seneca de l'experience qu'il en fit en pareille occasion, pourveu qu'il m'en
voulut parler à cœur ouvert. La plus honorable marque
de bonté en une telle necessité, c'eſt recognoiſtre libre-

ment sa faute et celle d'autruy, appuyer et retarder de sa
puissance l'inclination vers le mal,· suyvre envis cette
pente, mieux esperer et mieux desirer.

J'aperçois, en ces desmambremens de la France et divisions où nous sommes tombez, chacun se travailler à
deffendre sa cause, mais, jusques aux meilleurs, avec
desguisement et mensonge. Qui en escriroit rondement,
en escriroit temererement et vitieusement. Le plus juste
party, si est-ce encore le membre d'un corps vermoulu
et vereux. Mais d'un tel corps le membre moins malade
s'appelle sain; et à bon droit, d'autant que nos qualitez
n'ont tiltre qu'en la comparaison. L'innocence civile
se mesure selon les lieux et saisons. J'aymerois bien à voir
en Xenophon une telle louange d'Agesilaus : estant prié
par un prince voisin, avec lequel il avoit autresfois esté
en guerre, de le laisser passer en ces terres, il l'octroya,
luy donnant passage à travers le Peloponnesse; et non
seulement ne l'emprisonna ou empoisonna, le tenant à sa
mercy, mais l'accueillit courtoisement, sans luy faire
offence[1]. A ces humeurs là, ce ne seroit rien dire; ailleurs
et en autre temps, il se fera compte de la franchise et
magnanimité d'une telle action. Ces babouyns capettes[2]
s'en fussent moquez, si peu retire l'innocence spartaine
à la françoise.

Nous ne laissons pas d'avoir des hommes vertueux,
mais c'est selon nous. Qui a ses meurs establies en reglement au dessus de son siecle, ou qu'il torde et émousse ses
regles, ou, ce que je lui conseille plustost, qu'il se retire à
quartier et ne se mesle point de nous. Qu'y gaigneroit-il?

> *Egregium sanctúmque virum si cerno, bimembri*
> *Hoc monstrum puero, et miranti jam sub aratro,*
> *Piscibus inventis, et fœtæ comparo mulæ[3].*

On peut regretter les meilleurs temps, mais non pas fuyr
aux presens; on peut desirer autres magistrats, mais il
faut, ce nonobstant, obeyr à ceux icy. Et à l'advanture y a
il plus de recommendation d'obeyr aux mauvais qu'aux
bons. Autant que l'image des loix receuës et antiennes de
cette monarchie reluyra en quelque coin, m'y voilà planté.
Si elles viennent par malheur à se contredire et empescher
entr'elles, et produire deux pars de chois doubteux et
difficile, mon election sera volontiers d'eschapper et me
desrober à cette tempeste; nature m'y pourra prester, ce

pendant la main, ou les hazards de la guerre. Entre Cesar
et Pompeius je me fusse franchement declaré. Mais entre
ces trois voleurs[1] qui vindrent depuis, ou il eust fallu se
cacher, ou suyvre le vent; ce que j'estime loisible quand
la raison ne guide plus.

> *Quo diversus abis*[2]?

Cette farcisseure[3] est un peu hors de mon theme. Je
m'esgare, mais plustost par licence que par mesgarde.
Mes fantasies se suyvent, mais par fois c'est de loing, et
se regardent, mais d'une veuë oblique.

(c) J'ay passé les yeux sur tel dialogue de Platon mi
party d'une fantastique bigarrure, le devant à l'amour,
tout le bas à la rhetorique[4]. Ils ne creignent point ces
muances, et ont une merveilleuse grace à se laisser ainsi
rouler au vent, ou à le sembler. *(b)* Les noms de mes
chapitres n'en embrassent pas toujours la matiere[5]; souvent ils la denotent seulement par quelque marque,
comme ces autres *(c)* tiltres : l'*Andrie*, l'*Eunuche*[6], ou ces
autres *(b)* noms : *Sylla, Cicero, Torquatus*[7]. J'ayme l'alleure
poetique, à sauts et à gambades. *(c)* C'est une art, comme
dict Platon[8], legere, volage, demoniacle. Il est des ouvrages en Plutarque où il oublie son theme, où le propos de
son argument ne se trouve que par incident, tout estouffé
en matiere estrangere : voyez ses alleures au *Dæmon de
Socrates*[9]. O Dieu, que ces gaillardes escapades, que cette
variation a de beauté, et plus lors que plus elle retire au
nonchalant et fortuite! C'est l'indiligent lecteur qui pert
mon subject, non pas moy; il s'en trouvera tousjours en
un coing quelque mot qui ne laisse pas d'estre bastant,
quoy qu'il soit serré. *(b)* Je vais au change, indiscrettement et tumultuairement. *(c)* Mon stile et mon esprit
vont vagabondant de mesmes. *(b)* Il faut avoir un peu
de folie, qui ne veut avoir plus de sottise, *(c)* disent et les
preceptes de nos maistres et encores plus leurs exemples.

(b) Mille poëtes trainent et languissent à la prosaïque;
mais la meilleure prose ancienne *(c)* (et je la seme ceans
indifferemment pour vers) *(b)* reluit par tout de la vigueur
et hardiesse poëtique, et represente l'air de sa fureur. Il
luy faut certes quitter la maistrise et preeminence en la
parlerie. *(c)* Le poëte, dict Platon[10], assis sur le trepied des
Muses, verse de furie tout ce qui luy vient en la bouche,
comme la gargouille d'une fontaine, sans le ruminer et

poiser, et luy eschappe des choses de diverse couleur, de contraire substance et d'un cours rompu. Luy mesmes est tout poëtique, et la vieille theologie poësie, disent les sçavants[1], et la premiere philosophie.

C'est l'originel langage des Dieux.

(b) J'entends que la matiere se distingue soy-mesmes. Elle montre assez où elle se change, où elle conclud, où elle commence, où elle se reprend, sans l'entrelasser de parolles de liaison et de cousture introduictes pour le service des oreilles foibles ou nonchallantes, et sans me gloser moy-mesme. Qui est celuy qui n'ayme mieux n'estre pas leu que de l'estre en dormant ou en fuyant?

(c) « *Nihil est tam utile, quod in transitu prosit.*[2] » Si prendre des livres estoit les apprendre, et si les veoir estoit les regarder, et les parcourir les saisir, j'aurois tort de me faire du tout si ignorant que je dy.

(b) Puisque je ne puis arrester l'attention du lecteur par le pois, « *manco male*[3] » s'il advient que je l'arreste par mon embrouilleure. — « Voire, mais il se repentira par après de s'y estre amusé. » — C'est mon, mais il s'y sera tousjours amusé. Et puis il est des humeurs comme cela, à qui l'intelligence porte desdain, qui m'en estimeront mieux de ce qu'ils ne sçauront ce que je dis : ils conclurront la profondeur de mon sens par l'obscurité, laquelle, à parler en bon escient, je hay bien fort, et l'éviterois si je me sçavois eviter. Aristote se vante en quelque lieu[4] de l'affecter; vitieuse affectation.

(c) Par ce que la coupure si frequente des chapitres, de quoy j'usois au commencement, m'a semblé rompre l'attention avant qu'elle soit née, et la dissoudre, dedeignant s'y coucher pour si peu et se recueillir, je me suis mis à les faire plus longs, qui requierent de la proposition et du loisir assigné. En telle occupation, à qui on ne veut donner une seule heure, on ne veut rien donner. Et ne faict on rien pour celuy pour qui on ne faict qu'autre chose faisant. Joint qu'à l'adventure ay-je quelque obligation particuliere à ne dire qu'à demy, à dire confusément, à dire discordamment.

(b) J'avois à dire que je veus mal à cette raison trouble-feste, et que ces projects extravagants qui travaillent la vie, et ces opinions si fines, si elles ont de la verité, je la trouve trop chere et incommode. Au rebours, je m'emploie à faire valoir la vanité mesme et l'asnerie si elle m'apporte

du plaisir, et me laisse aller après mes inclinations naturelles sans les controller de si près.

J'ay veu ailleurs des maisons ruynées, et des statues, et
du ciel, et de la terre : ce sont tousjours des hommes.
Tout cela est vray; et si pourtant ne sçauroy revoir si
souvent le tombeau de cette ville[1], si grande et si puissante, que je ne l'admire et revere. Le soing des morts
nous est en recommandation. Or j'ay esté nourry dès mon
enfance avec ceux icy[2]; j'ay eu connoissance des affaires
de Romme, long temps avant que je l'aye eue de ceux de
ma maison : je sçavois le Capitole et son plant avant que
je sceusse le Louvre, et le Tibre avant la Seine. J'ay en
plus en teste les conditions et fortunes de Lucullus, Metellus et Scipion, que je n'ay d'aucuns hommes des nostres.
Ils sont trespassez. Si est bien mon pere, aussi entierement
qu'eux, et s'est esloigné de moy et de la vie autant en
dixhuiét ans[2] que ceux-là ont faiét en seize cens; duquel
pourtant je ne laisse pas d'embrasser et praétiquer la
memoire, l'amitié et societé, d'une parfaiéte union et
très-vive.

Voire, de mon humeur, je me rends plus officieux
envers les trespassez; ils ne s'aydent plus; ils en requierent,
ce me semble, d'autant plus mon ayde. La gratitude
est là justement en son lustre. Le bienfaiét est moins
richement assigné où il y a retrogradation et reflexion.
Arcesilaus, visitant *(c)* Ctesibius[4] *(b)* malade et le trouvant en pauvre estat, luy fourra tout bellement soubs le
chevet du liét de l'argent qu'il luy donnoit; et, en le luy
celant, luy donnoit en outre quittance de luy en sçavoir
gré. Ceux qui ont merité de moy de l'amitié et de la
reconnoissance ne l'ont jamais perdue pour n'y estre
plus : je les ay mieux payez et plus soigneusement, absens
et ignorans. Je parle plus affeétueusement de mes amis
quand il n'y a plus moyen qu'ils le sçachent.

Or j'ay attaqué cent querelles pour la deffence de Pompeius et pour la cause de Brutus. Cette accointance dure
encore entre nous[5]; les choses presentes mesmes, nous
ne les tenons que par la fantasie. Me trouvant inutile à
ce siecle, je me rejeéte à cet autre, et en suis si embabouyné
que l'estat de cette vieille Romme, libre, juste et florissante
(car je n'en ayme ny la naissance, ny la vieillesse) m'interesse et me passionne. Parquoy je ne sçauroy revoir si
souvent l'assiette de leurs rues et de leurs maisons, et ces

ruynes profondes jusques aux Antipodes, que je ne m'y amuse. *(c)* Est-ce par nature ou par erreur de fantasie que la veuë des places, que nous sçavons avoir esté hantées et habitées par personnes desquelles la memoire est en recommendation, nous esmeut aucunement plus qu'ouïr le recit de leurs faicts ou lire leurs escrits[1]?

« *Tanta vis admonitionis inest in locis. Et id quidem in hac urbe infinitum : quacunque enim ingredimur in aliquam historiam vestigium ponimus*[2]. » *(b)* Il me plaist de considerer leur visage, leur port et leurs vestements : je remache ces grands noms entre les dents et les faicts retentir à mes oreilles. *(c)* « *Ego illos veneror et tantis nominibus semper assurgo*[3]. » *(b)* Des choses qui sont en quelque partie grandes et admirables, j'en admire les parties mesmes communes. Je les visse volontiers diviser, promener, et soupper! Ce seroit ingratitude de mespriser les reliques et images de tant d'honnestes hommes et si valeureux, que j'ay veu vivre et mourir, et qui nous donnent tant de bonnes instructions par leur exemple, si nous les sçavions suivre.

Et puis cette mesme Romme que nous voyons merite qu'on l'ayme, confederée de si long temps et par tant de tiltres à nostre couronne : seule ville commune et universelle. Le magistrat souverain qui y commande est reconneu pareillement ailleurs : c'est la ville metropolitaine de toutes les nations Chrestiennes; l'Espaignol et le François, chacun y est chez soy. Pour estre des princes de cet estat, il ne faut qu'estre de Chrestienté, où qu'elle soit. Il n'est lieu ça bas que le ciel ayt embrassé avec telle influence de faveur et telle constance. Sa ruyne mesme est glorieuse et enflée,

(c) Laudandis preciosior ruinis[4].

(b) Encore retient elle au tombeau des marques et image d'empire. *(c) Ut palam sit uno in loco gaudentis opus esse naturæ*[5]. » *(b)* Quelqu'un se blasmeroit et se mutineroit en soy-mesme, de se sentir chatouiller d'un si vain plaisir. Nos humeurs ne sont pas trop vaines, qui sont plaisantes; quelles qu'elles soient qui contentent constamment un homme capable de sens commun, je ne sçaurois avoir le cœur de le pleindre.

Je doibs beaucoup à la fortune dequoy jusques à cette heure elle n'a rien fait contre moy outrageux, au moins au delà de ma portée. Seroit ce pas sa façon de laisser en paix ceux de qui elle n'est point importunée?

> *Quanto quisque sibi plura negaverit,*
> *A Diis plura feret. Nil cupientium*
> *Nudus castra peto...*
>   *...Multa petentibus*
> *Desunt multa*[1].

Si elle continue, elle m'en envoyera très-content et satisfaict.

>   *nihil supra*
> *Deos lacesso*[2].

Mais gare le heurt! Il en est mille qui rompent au port.

Je me console aiséement de ce qui adviendra icy quand je n'y seray plus; les choses presentes m'embesoingnent assez,

> *Fortunæ cætera mando*[3].

Aussi n'ay-je poinct cette forte liaison qu'on dict attacher les hommes à l'advenir par les enfans qui portent leur nom et leur honneur, et en doibs desirer à l'avanture d'autant moins, s'ils sont si desirables. Je ne tiens que trop au monde et à cette vie par moy-mesme. Je me contente d'estre en prise de la fortune par les circonstances proprement necessaires à mon estre, sans luy alonger par ailleurs sa jurisdiction sur moy; et n'ay jamais estimé qu'estre sans enfans fut un defaut qui deut rendre la vie moins complete et moins contente. La vacation sterile a bien aussi ses commoditez. Les enfans sont du nombre des choses qui n'ont pas fort dequoy estre desirées, notamment à cette heure qu'il seroit si difficile de les rendre bons. *(c)* « *Bona jam nec nasci licet, ita corrupta sunt semina*[4] »; *(b)* et si, ont justement dequoy estre regrettées à qui les perd après les avoir acquises.

Celuy qui me laissa ma maison en charge prognostiquoit que je la deusse ruyner, regardant à mon humeur si peu casaniere. Il se trompa; me voicy comme j'y entray, sinon un peu mieux; sans office pourtant et sans benefice.

Au demeurant, si la fortune ne m'a faict aucune offence violente et extraordinaire, aussi n'a-elle pas de grace. Tout ce qu'il y a de ses dons chez nous, il y est plus de cent ans avant moy. Je n'ay particulierement aucun bien essentiel et solide que je doive à sa liberalité. Elle m'a faict quelques faveurs venteuses, honnoraires et titulaires, sans substance; et me les a aussi à la verité, non pas accordées, mais offertes, Dieu sçait! à moy qui suis tout materiel, qui ne me paye que de la realité, encores bien massive, et qui, si je l'osois confesser, ne trouverois l'avarice guere moins excusable que l'ambition, ny la douleur moins evitable que la honte, ny la santé moins desirable que la doctrine, ou la richesse que la noblesse.

Parmy ses faveurs vaines, je n'en ay poinct qui plaise tant à cette niaise humeur qui s'en paist chez moy, qu'une bulle authentique de bourgeoisie Romaine, qui me fut octroyée dernierement[1] que j'y estois, pompeuse en seaux et lettres dorées, et octroyée avec toute gratieuse liberalité. Et, par ce qu'elles se donnent en divers stile plus ou moins favorable, et qu'avant que j'en eusse veu, j'eusse esté bien aise qu'on m'en eust montré un formulaire, je veux, pour satisfaire à quelqu'un, s'il s'en trouve malade de pareille curiosité à la mienne, la transcrire ici en sa forme :

QUOD HORATIUS MAXIMUS, MARTIUS CECIUS, ALEXANDER MUTUS, ALMÆ URBIS CONSERVATORES DE ILLUSTRISSIMO VIRO MICHAELE MONTANO EQUITE SANCTI MICHAELIS ET A CUBICULO REGIS CHRISTIANISSIMI, ROMANA CIVITATE DONANDO, AD SENATIUM RETULERUNT, S. P. Q. R. DE EA RE ITA FIERI CENSUIT :

Cum veteri more et instituto cupide illi semper studioséque suscepti sint, qui, virtute ac nobilitate præstantes, magno Reip. nostræ usui atque ornamento fuissent vel esse aliquando possent, Nos, majorum nostrorum exemplo atque auctoritate permoti, præclaram hanc Consuetudinem nobis imitandam ac servandam fore censemus. Quamobrem, cum Illustrissimus Michael Montanus, Eques sancti Michaelis et à Cubiculo Regis Christianissimi, Romani nominis studiosissimus, et familiæ laude atque splendore et propriis virtutum meritis dignissimus sit, qui summo Senatus Populique Romani judicio ac studio in Romanam Civitatem adsciscatur, placere Senatui P. Q. R. Illustrissimum Michaelem Montanum, rebus omnibus ornatissimum atque huic inclyto populo charissimum, ipsum posterosque in Romanam Civitatem adscribi ornarique omnibus et præmiis et honoribus quibus illi fruuntur qui Cives Patritiique Romani nati aut jure

optimo facti sunt. In quo censere Senatum P. Q. R. se non tam
illi Jus Civitatis largiri quam debitum tribuere, neque magis
beneficium dare quam ab ipso accipere qui, hoc Civitatis munere
accipiendo, singulari Civitatem ipsam ornamento atque honore
affecerit. Quam quidem S. C. auctoritatem iidem Conservatores
per Senatus P. Q. R. scribas in acta referri atque in Capitolii
curia servari, privilegiúmque hujusmodi fieri, solitóque urbis sigillo
communiri curarunt. Anno ab urbe condita CXCCCCXXXI.
post Christum natum M. D. LXXXI., III. Idus Martii.

Horatius Fuscus, sacri S. P. Q. R. scriba,
          Vincen. Martholus, sacri S. P. Q. R. scriba[1].

N'estant bourgeois d'aucune ville, je suis bien aise de
l'estre de la plus noble qui fut et qui sera onques. Si les
autres se regardoient attentivement, comme je fay, ils se
trouveroient, comme je fay, pleins d'inanité et de fadaise.
De m'en deffaire, je ne puis sans me deffaire moy-mesmes.
Nous en sommes tous confits, tant les uns que les autres;
mais ceux qui le sentent en ont un peu meilleur compte,
encore ne sçay-je.

Cette opinion et usance commune de regarder ailleurs
qu'à nous a bien pourveu à nostre affaire. C'est un objet
plein de mescontentement; nous n'y voyons que misere
et vanité. Pour ne nous desconforter, nature a rejetté bien
à propos l'action de nostre veuë au dehors. Nous allons
en avant à vau l'eau, mais de rebrousser vers nous nostre
course c'est un mouvement penible : la mer se brouille
et s'empesche ainsi quand elle est repoussée à soy.
« Regardez, dict chacun, les branles du ciel, regardez au
public, à la querelle de cettuy-là, au pouls d'un tel, au
testament de cet autre; somme regardez tousjours haut
ou bas, ou à costé, ou devant, ou derriere vous. » C'estoit
un commandement paradoxe que nous faisoit anciennement ce Dieu à Delphes[2] : « Regardez dans vous, recon-
noissez vous, tenez vous à vous; vostre esprit et vostre
volonté, qui se consomme ailleurs, ramenez la en soy;
vous vous escoulez, vous vous respandez; appilez vous,
soutenez vous; on vous trahit, on vous dissipe, on vous
desrobe à vous. Voy tu pas que ce monde tient toutes ses
veues contraintes au dedans et ses yeux ouverts à se
contempler soy-mesme? C'est tousjours vanité pour toy,
dedans et dehors, mais elle est moins vanité quand elle

est moins estendue. Sauf toy, ô homme, disoit ce Dieu, chaque chose s'estudie la premiere et a, selon son besoin, des limites à ses travaux et desirs. Il n'en est une seule si vuide et necessiteuse que toy, qui embrasses l'univers; tu es le scrutateur sans connoissance, le magistrat sans jurisdiction et, après tout, le badin de la farce. »

CHAPITRE X

DE MESNAGER SA VOLONTÉ

(b) Au pris du commun des hommes, peu de choses me touchent, ou, pour mieux dire, me tiennent; car c'est raison qu'elles touchent, pourveu qu'elles ne nous possedent. J'ay grand soin d'augmenter par estude et par discours ce privilege d'insensibilité, qui est naturellement bien avancé en moy. J'espouse, et me passionne par consequant, de peu de choses. J'ay la veuë clere, mais je l'attache à peu d'objects; le sens delicat et mol. Mais l'apprehension et l'application, je l'ay dure et sourde : je m'engage difficilement. Autant que je puis, je m'employe tout à moy; et en ce subject mesme, je briderois pourtant et soutiendrois volontiers mon affection qu'elle ne s'y plonge trop entiere, puis que c'est un subject que je possede à la mercy d'autruy, et sur lequel la fortune a plus de droict que je n'ay. De maniere que, jusques à la santé que j'estime tant, il me seroit besoing de ne la pas desirer et m'y adonner si furieusement que j'en trouve les maladies importables. *(c)* On se doibt moderer entre la haine de la douleur et l'amour de la volupté; et ordonne Platon[1] une moyenne route de vie entre les deux.

(b) Mais aux affections qui me distrayent de moy et attachent ailleurs, à celles là certes m'oppose-je de toute ma force. Mon opinion est qu'il se faut prester à autruy et ne se donner qu'à soy-mesme[2]. Si ma volonté se trouvoit aysée à se hypothequer et à s'appliquer, je n'y durerois pas : je suis trop tendre, et par nature et par usage,

fugax rerum, securaque in otia natus[3].

Les debats contestez et opiniastrez qui doneroyent en fin advantage à mon adversaire, l'issue qui rendroit honteuse ma chaude poursuite, me rongeroit à l'avanture bien cruellement. Si je mordois à mesme, comme font les autres, mon arme n'auroit jamais la force de porter les alarmes et emotions qui suyvent ceux qui embrassent tant; elle seroit incontinent disloquée par cette agitation intestine. Si quelquefois on m'a poussé au maniement d'affaires estrangieres, j'ay promis de les prendre en main, non pas au poulmon et au foye; de m'en charger, non de les incorporer; de m'en soigner, ouy, de m'en passionner nullement : j'y regarde, mais je ne les couve point. J'ay assez affaire à disposer et renger la presse domestique que j'ay dans mes entrailles et dans mes veines, sans y loger, et me fouler d'une presse estrangere; et suis assez interessé de mes affaires essentiels, propres et naturels, sans en convier d'autres forains. Ceux qui sçavent combien ils se doivent et de combien d'offices ils sont obligez à eux, trouvent que nature leur a donné cette commission plaine assez et nullement oysifve. Tu as bien largement affaire chez toy, ne t'esloingne pas.

Les hommes se donnent à louage. Leurs facultez ne sont pas pour eux, elles sont pour ceux à qui ils s'asservissent; leurs locataires sont chez eux, ce ne sont pas eux. Cette humeur commune ne me plaict pas : il faut mesnager la liberté de nostre ame et ne l'hypothequer qu'aux occasions justes; lesquelles sont en bien petit nombre, si nous jugeons sainement. Voyez les gens apris à se laisser emporter et saisir, ils le font par tout, aux petites choses comme aux grandes, à ce qui ne les touche point comme à ce qui les touche; ils s'ingerent indifferemment où il y a de la besongne *(c)* et de l'obligation, *(b)* et sont sans vie quand ils sont sans agitation tumultuaire. *(c)* « *In negotiis sunt negotii causa*[1]. » Ils ne cherchent la besongne que pour embesongnement. Ce n'est pas qu'ils vueillent aller tant comme c'est qu'ils ne se peuvent tenir, ne plus ne moins qu'une pierre esbranlée en sa cheute, qui ne s'arreste jusqu'à tant qu'elle se couche. L'occupation est à certaine maniere de gens marque de suffisance et de dignité. *(b)* Leur esprit cerche son repos au branle, comme les enfans au berceau. Ils se peuvent dire autant serviables à leurs amys comme importuns à eux mesme. Personne ne distribue son argent à autruy, chacun y distribue son temps et sa vie; il n'est rien dequoy nous soyons si prodigues que de ces choses là, desquelles seules l'avarice nous seroit utile et louable[2].

Je prens une complexion toute diverse. Je me tiens sur moy, et communéement desire mollement ce que je desire, et desire peu; m'occupe et embesongne de mesme; rarement et tranquillement. Tout ce qu'ils veulent et conduisent, ils le font de toute leur volonté et vehemence. Il y a tant de mauvais pas que, pour le plus seur, il faut un peu legierement et superficiellement couler ce monde. *(c)* Il le faut glisser, non pas s'y enfoncer. *(b)* La volupté mesme est douloureuse en sa profondeur :

> *incedis per ignes*
> *Suppositos cineri doloso*[1].

Messieurs de Bordeaux[2] m'esleurent maire de leur ville, estant esloigné de France et encore plus esloigné d'un tel pensement. Je m'en excusay, mais on m'aprint que j'avois tort, le commandement du Roy aussy s'y interposant[3]. C'est une charge qui en doibt sembler d'autant plus belle, qu'elle n'a ny loyer, ny guain autre que l'honneur de son execution. Elle dure deux ans; mais elle peut estre continuée par seconde election, ce qui advient très rarement. Elle le fut à moy; et ne l'avoit esté que deux fois auparavant : quelques années y avoit à Monsieur de Lanssac[4]; et freschement à Monsieur de Biron, Mareschal de France[5], en la place duquel je succeday; et laissay la mienne à Monsieur de Matignon, aussi Mareschal de France[6], brave de si noble assistance,

(c) uterque bonus pacis bellique minister[7]!

(b) La fortune voulut part à ma promotion, par cette particuliere circonstance qu'elle y mit du sien. Non vaine du tout; car Alexandre desdaigna les Ambassadeurs Corinthiens qui lui offroyent la bourgeoisie de leur ville[8]; mais quand ils vindrent à luy deduire comment Bacchus et Hercules estoyent aussi en ce registre, il les en remercia gratieusement.

A mon arrivée, je me deschiffray fidelement et conscientieusement, tout tel que je me sens estre : sans memoire, sans vigilance, sans experience, et sans vigueur; sans hayne aussi, sans ambition, sans avarice et sans violence; à ce qu'ils fussent informez et instruicts de ce qu'ils avoyent à attendre de mon service. Et par ce que la cognoissance de feu mon pere les avoit seule incitez à

cela, et l'honneur de sa memoire, je leur adjoustay bien
clairement que je serois très marry que chose quelconque
fît autant d'impression en ma volonté comme avoyent
faict autrefois en la sienne leurs affaires et leur ville,
pendant qu'il l'avoit en gouvernement, en ce mesme lieu
auquel ils m'avoient appellé. Il me souvenoit de l'avoir
veu vieil en mon enfance, l'ame cruellement agitée de cette
tracasserie publique, oubliant le doux air de sa maison,
où la foiblesse des ans l'avoit attaché long temps avant, et
son mesnage et sa santé, et, en mesprisant certes sa vie qu'il
y cuida perdre, engagé pour eux à des longs et penibles
voyages. Il estoit tel; et luy partoit cette humeur d'une
grande bonté de nature; il ne fut jamais ame plus chari-
table et populaire. Ce train, que je louë en autruy, je
n'aime point à le suivre, et ne suis pas sans excuse. Il
avoit ouy dire qu'il se falloit oublier pour le prochain,
que le particulier ne venoit en aucune consideration au
pris du general.

La plus part des reigles et preceptes du monde prennent
ce train de nous pousser hors de nous et chasser en la
place, à l'usage de la societé publique. Ils ont pensé faire
un bel effect de nous destourner et distraire de nous,
presupposans que nous n'y tinsions que trop et d'une
attache trop naturelle; et n'ont espargné rien à dire pour
cette fin. Car il n'est pas nouveau aux sages de prescher
les choses comme elles servent, non comme elles sont.
(c) La verité a ses empeschemens, incommoditez et
incompatibilitez avec nous. Il nous faut souvant tromper
afin que nous ne nous trompons, et siller nostre veuë,
estourdir notre entendement pour les dresser et amender.
« *Imperiti enim judicant, et qui frequenter in hoc ipsum fallendi
sunt, ne errent*[1]. » *(b)* Quand ils nous ordonnent d'aymer
avant nous trois, quattre et cinquante degrez de choses,
ils representent l'art des archiers qui, pour arriver au
point, vont prenant leur visée grande espace au-dessus de
la bute. Pour dresser un bois courbe on le recourbe au
rebours[2].

J'estime qu'au temple de Pallas, comme nous voyons
en toutes autres religions, il y avoit des mysteres apparens
pour estre montrez au peuple, et d'autres mysteres plus
secrets et plus hauts, pour estre montrés seulement à ceux
qui en estoyent profez. Il est vray-semblable que en ceux
icy se trouve le vray point de l'amitié que chacun se doibt.

Non une amitié *(c)* faulce, qui nous faiſt embrasser la
gloire, la science, la richesse et telles choses d'une affection principale et immoderée, comme membres de noſtre
eſtre, ny une amitié *(b)* molle et indiscrete en laquelle il
advient ce qui se voit au lierre, qu'il corrompt et ruyne la
paroy qu'il accole; mais une amitié salutaire et reiglée,
également utile et plaisante. Qui en sçait les devoirs et les
exerce, il eſt vrayement du cabinet des muses; il a atteint
le sommet de la sagesse humaine et de noſtre bon heur.
Cettuy-cy, sçachant exaſtement ce qu'il se doibt, trouve
dans son rolle qu'il doibt appliquer à soy l'usage des
autres hommes et du monde, et, pour ce faire, contribuer
à la société publique les devoirs et offices qui le touchent.
(c) Qui ne vit aucunement à autruy, ne vit guere à soy.
« *Qui sibi amicus eſt, scito hunc amicum omnibus esse*[1]. »
(b) La principale charge que nous ayons, c'eſt à chacun sa
conduite, *(c)* et eſt ce pour quoy nous sommes icy.
(b) Comme qui oublieroit de bien et saintement vivre, et
penseroit eſtre quite de son devoir en y acheminant et
dressant les autres, ce seroit un sot; tout de mesme, qui
abandonne en son propre le sainement et gayement vivre
pour en servir autruy, prent à mon gré un mauvais et
desnaturé parti.

Je ne veux pas qu'on refuse aux charges qu'on prend
l'attention, les pas, les parolles, et la sueur et le sang au
besoing :

> *non ipse pro charis amicis*
> *Aut patria timidus perire*[2].

Mais c'eſt par emprunt et accidentalement, l'esprit se
tenant tousjours en repos et en santé, non pas sans aſtion,
mais sans vexation, sans passion. L'agir simplement luy
coſte si peu, qu'en dormant mesme il agit. Mais il luy faut
donner le branle avec discretion; car le corps reçoit les
charges qu'on luy met sus, juſtement selon qu'elles sont;
l'esprit les eſtant et les appesantit souvant à ses despens,
leur donnant la mesure que bon luy semble. On faiſt
pareilles choses avec divers efforts et differente contention
de volonté. L'un va bien sans l'autre. Car combien de gens
se hazardent tous les jours aux guerres, dequoy il ne leur
chaut, et se pressent aux dangers des batailles, desquelles
la perte ne leur troublera pas le voisin sommeil? Tel en sa
maison, hors de ce dangier, qu'il n'oseroit avoir regardé,

eſt plus passionné de l'yſſue de cette guerre et en a l'ame
plus travaillée que n'a le soldat qui y employe son sang
et sa vie. J'ay peu me mesler des charges publiques sans
me despartir de moy de la largeur d'une ongle, *(c)* et me
donner à autruy sans m'oſter à moy.

(b) Cette aspreté et violence de desir empesche, plus
qu'elle ne sert, à la conduitte de ce qu'on entreprend, nous
remplit d'impatience envers les evenemens ou contraires
ou tardifs, et d'aigreur et de soupçon envers ceux avec qui
nous negotions. Nous ne conduisons jamais bien la chose
de laquelle nous sommes possedez et conduiſts :

> *(c) male cunſta miniſtrat*
> *Impetus*[1]

(b) Celuy qui n'y employe que son jugement et son
adresse, il y procede plus gayement : il feinſt, il ploye, il
differe tout à son aise, selon le besoing des occasions; il
faut d'atainte, sans tourment et sans affliſtion, preſt et
entier pour une nouvelle entreprise; il marche tousjours
la bride à la main. En celuy qui eſt enyvré de cette
intention violente et tyrannique, on voit par necessité
beaucoup d'imprudence et d'injuſtice; l'impetuosité de
son desir l'emporte; ce sont mouvemens temeraires, et,
si fortune n'y preſte beaucoup, de peu de fruiſt. La
philosophie veut qu'au chaſtiement des offences receuës,
nous en diſtrayons la cholere : non afin que la vengeance
en soit moindre, ains au rebours afin qu'elle en soit
d'autant mieux assennée et plus poisante; à quoy il luy
semble que cette impetuosité porte empeschement.
(c) Non seulement la cholere trouble, mais de soy elle
lasse aussi les bras de ceux qui chaſtient. Ce feu eſtourdit
et consomme leur force. *(b)* Comme en la precipitation
« *feſtinatio tarda eſt*[2] », la haſtiveté se donne elle mesme la
jambe, s'entrave et s'arreſte. *(c)* « *Ipsa se velocitas im-
plicat*[3]. » *(b)* Pour exemple, selon ce que j'en vois par
usage ordinaire, l'avarice n'a point de plus grand destourbier que soy-mesme : plus elle eſt tendue et vigoreuse, moins elle en eſt fertile. Communement elle
attrape plus promptement les richesses, masquée
d'un'image de liberalité.

Un gentil'homme, très-homme de bien, et mon amy[4],
cuyda brouiller la santé de sa teſte par une trop passion-

née attention et affection aux affaires d'un prince, son maistre[1]. Lequel maistre s'est ainsi peinct soy-mesmes à moy : qu'il voit le pois des accidens comme un autre, mais qu'à ceux qui n'ont point de remede il se resout soudain à la souffrance; aux autres, après y avoir ordonné les provisions necessaires, ce qu'il peut faire promptement par la vivacité de son esprit, il attend en repos ce qui s'en peut suyvre. De vray, je l'ay veu à mesme, maintenant une grande nonchalance et liberté d'actions et de visage au travers de bien grands affaires et espineux. Je le trouve plus grand et plus capable en une mauvaise qu'en une bonne fortune : *(c)* ses pertes luy sont plus glorieuses que ses victoires, et son deuil que son triomphe.

(b) Considerez, qu'aux actions mesmes qui sont vaines et frivoles, au jeu des eschets, de la paume et semblables, cet engagement aspre et ardant d'un desir impetueus jette incontinent l'esprit et les membres à l'indiscretion et au desordre : on s'esblouit, on s'embarrasse soy-mesme. Celuy qui se porte plus modéreement envers le gain et la perte, il est tousjours chez soy; moins il se pique et passionne au jeu, il le conduict d'autant plus avantageusement et seurement.

Nous empeschons au demeurant la prise et la serre de l'ame à luy donner tant de choses à saisir. Les unes, il les luy faut seulement presenter, les autres attacher, les autres incorporer. Elle peut voir et sentir toutes choses, mais elle ne se doibt paistre que de soy, et doibt estre instruicte de ce qui la touche proprement, et qui proprement est de son avoir et de sa substance. Les loix de nature nous aprenent ce que justement il nous faut. Après que les sages[2] nous ont dict que selon elle personne n'est indigent et que chacun l'est selon l'opinion, ils distinguent ainsi subtilement les desirs qui viennent d'elle de ceux qui viennent du desreiglement de nostre fantasie; ceux desquels on voit le bout sont siens, ceux qui fuient devant nous et desquels nous ne pouvons joindre la fin sont nostres. La pauvreté des biens est aisée à guerir; la pauvreté de l'ame, impossible.

> *(c) Nam si, quod satis est homini, id satis esse potesset,*
> *Hoc sat erat : nunc, cum hoc non est, qui credimus porro*
> *Divitias ullas animum mi explere potesse[3]?*

Socrates, voyant porter en pompe par sa ville grande

quantité de richesse, joyaux et meubles de pris : « Combien de choses, dict-il, je ne desire point[1]. » *(b)* Metrodorus vivoit du pois de douze onces par jour[2]. Epicurus à moins. Metroclez dormoit en hyver avec les moutons, en esté aux cloistres des Eglises[3]. *(c)* « *Sufficit ad id natura, quod poscit*[4]. » Cleanthes vivoit de ses mains et se vantoit que Cleanthes, s'il vouloit, nourriroit encores un autre Cleantes[5].

(b) Si ce que nature exactement et originelement nous demande pour la conservation de nostre estre est trop peu (comme de vray combien ce l'est et combien à bon compte nostre vie se peut maintenir, il ne se doibt exprimer mieux que par cette consideration, que c'est si peu qu'il eschappe la prise et le choc de la fortune par sa petitesse), dispensons nous de quelque chose plus outre : appelons encore nature l'usage et condition de chacun de nous ; taxons nous, traitons nous à cette mesure, estandons nos appartenances et nos comptes jusques là. Car jusques là il me semble bien que nous avons quelque excuse. L'accoustumance est une seconde nature, et non moins puissante. *(c)* Ce qui manque à ma coustume, je tiens qu'il me manque. *(b)* Et aymerois quasi esgalement qu'on m'ostat la vie, que si on me l'essimoit et retranchoit bien loing de l'estat auquel je l'ay vescue si long temps.

Je ne suis plus en termes d'un grand changement, et de me jetter à un nouveau trein et inusité. Non pas mesme vers l'augmentation. Il n'est plus temps de devenir autre. Et, comme je plaindrois quelque grande adventure, qui me tombast à cette heure entre mains, de ce qu'elle ne seroit venuë en temps que j'en peusse jouyr,

Quo mihi fortuna, si non conceditur uti[6] ?

(c) je[7] me plaindrois de mesme de quelque acquest interne. Il faut quasi mieux jamais que si tard devenir honneste homme, et bien entendu à vivre lorsqu'on n'a plus de vie. Moy qui m'en vay, resignerois facilement à quelqu'un qui vinst ce que j'apprens de prudence pour le commerce du monde. Moustarde après disner. Je n'ay que faire du bien duquel je ne puis rien faire. A quoy la science à qui n'a plus de teste ? C'est injure et deffaveur de Fortune de nous offrir des presents qui nous remplissent d'un juste despit de nous avoir failly en leur saison. Ne me guidez plus ;

je ne puis plus aller. De tant de membres qu'a la suffisance, la patience nous suffit. Donnez la capacité d'un excellent dessus au chantre qui a les poulmons pourris, et d'eloquence à l'eremite relegué aux deserts d'Arabie. *(b)* Il ne faut point d'art à la cheute : *(c)* la fin se trouve de soy au bout de chaque besongne. Mon monde est failly, ma forme est vuidée; je suis tout du passé, et suis tenu de l'authorizer et d'y conformer mon issue.

Je veux dire cecy[1] : que l'eclipsement nouveau des dix jours du Pape[2] m'ont prins si bas que je ne m'en puis bonnement accoustrer. Je suis des années ausquelles nous contions autrement. Un si ancien et long usage me vendique et rappelle à soy. Je suis contraint d'estre un peu heretique par là, incapable de nouvelleté, mesme corrective; mon imagination, en despit de mes dents, se jette tousjours dix jours plus avant, ou plus arriere, et grommelle à mes oreilles. Cette regle touche ceux qui ont à estre. Si la santé mesme, si sucrée, vient à me retrouver par boutades, c'est pour me donner regret plustost que possession de soy; je n'ay plus où la retirer. Le temps me laisse; sans luy rien ne se possede. O que je ferois peu d'estat de ces grandes dignitez electives que je voy au monde, qui ne se donnent qu'aux hommes prests à partir! ausquelles on ne regarde pas tant combien deuëment on les exercera, que combien peu longuement on les exercera : dès l'entrée on vise à l'issue.

(b) Somme, me voicy après à achever cet homme, non à en refaire un autre. Par long usage cette forme m'est passée en substance, et fortune en nature.

Je dis donc que chacun d'entre nous, foibletz, est excusable d'estimer sien ce qui est compris soubs cette mesure. Mais aussi, au delà de ces limites, ce n'est plus que confusion. C'est la plus large estandue que nous puissions octroier à nos droicts. Plus nous amplifions nostre besoing et possession, d'autant plus nous engageons nous aux coups de la fortune et des adversitez. La carriere de nos desirs doit estre circonscripte et restraincte à un court limite des commoditez les plus proches et contigües; et doit en outre leur course se manier, non en ligne droite qui face bout ailleurs, mais en rond, duquel les deux pointes se tiennent et terminent en nous par un brief contour. Les actions qui se conduisent sans cette reflexion, s'entend voisine reflexion et essentielle, comme sont celles des avaritieux, des ambitieux et tant d'autres qui courent de pointe, desquels la course les emporte tousjours devant eux, ce sont actions erronées et maladives.

La plus part de nos vacations sont farcesques. « *Mundus universus exercet histrioniam*[1]. » Il faut jouer deuement nostre rolle, mais comme rolle d'un personnage emprunté. Du masque et de l'apparence il n'en faut pas faire une essence réelle, ny de l'estranger le propre. Nous ne sçavons pas distinguer la peau de la chemise. *(c)* C'est assés de s'enfariner le visage, sans s'enfariner la poictrine. *(b)* J'en vois qui se transforment et se transsubstantient en autant de nouvelles figures et de nouveaux estres qu'ils entreprennent de charges, et qui se prelatent jusques au foye et aux intestins, et entreinent leur office jusques en leur garde-robe. Je ne puis leur apprendre à distinguer les bonnetades qui les regardent de celles qui regardent leur commission ou leur suite, ou leur mule. « *Tantum se fortunæ permittunt, etiam ut naturam dediscant*[2]. » Ils enflent et grossissent leur ame et leur discours naturel à la hauteur de leur siege magistral. Le Maire et Montaigne ont tousjours esté deux, d'une separation bien claire. Pour estre advocat ou financier, il n'en faut pas mesconnoistre la fourbe qu'il y a en telles vacations. Un honneste homme n'est pas comptable du vice ou sottise de son mestier, et ne doibt pourtant en refuser l'exercice; c'est l'usage de son pays, et il y a du proffict. Il faut vivre du monde et s'en prevaloir tel qu'on le trouve. Mais le jugement d'un Empereur doit estre au dessus de son empire, et le voir et considerer comme accident estranger; et luy, doit sçavoir jouyr de soy à part et se communicquer comme Jacques et Pierre, au moins à soymesmes.

Je ne sçay pas m'engager si profondement et si entier. Quand ma volonté me donne à un party, ce n'est pas d'une si violente obligation que mon entendement s'en infecte. Aus presens brouillis de cet estat, mon interest ne m'a fait mesconnoistre ny les qualitez louables en nos adversaires, ny celles qui sont reprochables en ceux que j'ay suivy. *(c)* Ils adorent tout ce qui est de leur costé; moy je n'excuse pas seulement la plus part des choses que je voy du mien. Un bon ouvrage ne perd pas ses graces pour plaider contre ma cause. *(b)* Hors le neud du debat, je me suis maintenu en equanimité et pure indifference.

(c) « *Neque extra necessitates belli præcipuum odium gero*[1]. »
(b) De quoy je me gratifie, d'autant que je voy communément faillir au contraire. *(c)* « *Utatur motu animi qui uti ratione non potest*[2]. » Ceux qui alongent leur cholere et leur haine au delà des affaires, comme faict la plus part, montrent qu'elle leur part d'ailleurs, et de cause particuliere : tout ainsi comme à qui, estant guary de son ulcere, la fiévre demeure encore, montre qu'elle avoit un autre principe plus caché. C'est qu'ils n'en ont point à la cause en commun, et en tant qu'elle blesse l'interest de tous et de l'estat; mais luy en veulent seulement en ce qu'elle leur masche en privé. Voylà pourquoy ils s'en picquent de passion particuliere et au delà de la justice et de la raison publique. « *Non tam omnia universi quam ea quæ ad quemque pertinent singuli carpebant*[3]. »

(b) Je veux que l'avantage soit pour nous, mais je ne forcene point s'il ne l'est. *(c)* Je me prens fermement au plus sain des partis, mais je n'affecte pas qu'on me remarque specialement ennemy des autres, et outre la raison generalle. J'accuse merveilleusement cette vitieuse forme d'opiner : « Il est de la Ligue, car il admire la grace de Monsieur de Guise. » « L'activeté du Roy de Navarre l'estonne : il est Huguenot. » « Il treuve cecy à dire aux mœurs du Roy : il est seditieux en son cœur. » Et ne conceday pas au magistrat mesme qu'il eust raison de condamner un livre pour avoir logé entre les meilleurs poëtes de ce siecle un heretique[4]. N'oserions nous dire d'un voleur qu'il a belle greve? Et faut-il, si elle est putain, qu'elle soit aussi punaise? Aux siecles plus sages, revoqua-on le superbe tiltre de Capitolinus, qu'on avoit auparavant donné à Marcus Manlius comme conservateur de la religion et liberté publique? Estouffa-on la memoire de sa liberalité et de ses faicts d'armes et recompenses militaires ottroyées à sa vertu, par ce qu'il affecta depuis la Royauté, au prejudice des loix de son pays[5]? S'ils ont prins en haine un advocat, l'endemain il leur devient ineloquent. J'ay touché ailleurs[6] le zele qui poussa des gens de bien à semblables fautes. Pour moy, je sçay bien dire : « Il faict meschammant cela, et vertueusemant cecy. »

De mesmes, aux prognostiques ou evenements sinistres des affaires, ils veulent que chacun, en son party, soit aveugle et hebeté, que nostre persuasion et jugement serve

non à la verité, mais au projeſt de noſtre desir. Je faudrois
pluſtoſt vers l'autre extremité, tant je crains que mon desir
me suborne. Joint que je me deffie un peu tendrement des
choses que je souhaite. J'ay veu de mon temps merveilles
en l'indiscrete et prodigieuse facilité des peuples à se laisser mener et manier la creance et l'esperance où il a pleu
et servy à leurs chefs, par dessus cent mescontes les uns
sur les autres, par dessus les fantosmes et les songes. Je ne
m'eſtonne plus de ceux que les singeries d'Apollonius
et de Mehumet enbufflarent. Leur sens et entandement eſt
entièrement eſtouffé en leur passion. Leur discretion n'a
plus d'autre chois que ce qui leur rit et qui conforte leur
cause. J'avoy remarqué souverainement cela au premier
de nos partis fiebvreux[1]. Cet autre qui eſt nay depuis[2],
en l'imitant, le surmonte. Par où je m'advise que c'eſt une
qualité inseparable des erreurs populaires. Après la
premiere qui part, les opinions s'entrepoussent suivant le
vent comme les flotz. On n'eſt pas du corps si on s'en
peut desjoindre, si on ne vague le trein commun. Mais certes
on faiſt tort aux partis juſtes quand on les veut secourir de
fourbes. J'y ay tousjours contrediſt. Ce moyen ne porte
qu'envers les teſtes malades; envers les saines il y a des
voyes plus seures, et non seulement plus honneſtes, à
maintenir les courages et excuser les accidents contraires.

(b) Le ciel n'a point veu un si poisant desaccord que
celuy de Cesar et de Pompeius, ny ne verra pour l'advenir.
Toutesfois il me semble reconnoiſtre en ces belles ames
une grande moderation de l'un envers l'autre. C'eſtoit
une jalousie d'honneur et de commandement, qui ne les
emporta pas à haine furieuse et indiscrete, sans malignité
et sans detraſtion. En leurs plus aigres exploits je descouvre quelque demeurant de respeſt et de bien-veuillance, et juge ainsi que, s'il leur euſt été possible, chacun
d'eux euſt desiré de faire son affaire sans la ruyne de son
compaignon pluſtoſt qu'avec sa ruyne. Combien autrement il en va de Marius et de Sylla : prenez y garde.

Il ne faut pas se precipiter si eperduement après nos
affeſtions et intereſts. Comme, eſtant jeune, je m'opposois
au progrez de l'amour que je sentoy trop avancer sur moy,
et eſtudiois qu'il ne me fut si aggreable qu'il vint à me
forcer en fin et captiver du tout à sa mercy, j'en use de
mesme à toutes autres occasions où ma volonté se prend
avec trop d'appetit : je me panche à l'opposite de son

inclination, comme je la voy se plonger et enyvrer de son vin ; je fuis à nourrir son plaisir si avant que je ne l'en puisse plus r'avoir sans perte sanglante.

Les ames qui, par stupidité, ne voyent les choses qu'à demy jouyssent de cet heur que les nuisibles les blessent moins ; c'est une ladrerie spirituelle qui a quelque air de santé, et telle santé que la philosophie ne mesprise pas du tout. Mais pourtant ce n'est pas raison de la nommer sagesse, ce que nous faisons souvent. Et de cette maniere se moqua quelqu'un anciennement de Diogenes, qui alloit embrassant en plain hyver, tout nud, une image de neige pour l'essay de sa patience. Celuy-là le rencontrant en cette démarche ! « As tu grand froid à cette heure ? luy dict il. — Du tout poinct, respond Diogenes. — Or, suyvit l'autre, que penses-tu donc faire de difficile et d'exemplaire à te tenir là[1] ? » Pour mesurer la constance, il faut necessairement sçavoir la souffrance.

Mais les ames qui auront à voir les evenements contraires et les injures de la fortune en leur profondeur et aspreté, qui auront à les poiser et gouster selon leur aigreur naturelle et leur charge, qu'elles employent leur art·à se garder d'en enfiler les causes, et en destournent les advenues. Ce que fit le Roy Cotys ; il paya liberalement la belle et riche vaisselle qu'on luy avoit presentée ; mais, parce qu'elle estoit singulierement fragile, il la cassa incontinent luy mesme, pour s'oster de bonne heure une si aisée matiere de courroux contre ses serviteurs[2]. *(c)* Pareillement, j'ay volontiers evité de n'avoir mes affaires confus, et n'ay cherché que mes biens fussent contigus à mes proches et ceux à qui j'ay à me joindre d'une estroitte amitié, d'où naissent ordinairement matieres d'alienation et dissention. *(b)* J'aymois autresfois les jeux hazardeux des cartes et dets ; je m'en suis deffaict, il y a long temps, pour cela seulement que, quelque bonne mine que je fisse en ma perte, je ne laissois pas d'en avoir au dedans de la piqueure. Un homme d'honneur, qui doit sentir un desmentir et une offense jusques au cœur, *(c)* qui n'est pour prendre une sottise en paiement et consolation de sa perte, *(b)* qu'il evite le progrez *(c)* des affaires doubteux et *(b)* des altercations contentieuses. Je fuis les complexions tristes et les hommes hargneux comme les empestez, et, aux propos que je ne puis traicter sans interest et sans emotion, je ne m'y mesle, si le devoir

ne m'y force. *(c)* « *Melius non incipient, quam desinent*[1]. »
(b) La plus seure façon est donc se preparer avant les
occasions.

Je sçay bien qu'aucuns sages ont pris autre voye, et
n'ont pas crainct de se harper et engager jusques au vif
à plusieurs objects. Ces gens là s'asseurent de leur force,
soubs laquelle ils se mettent à couvert en toute sorte de
succez enemis, faisant luicter les maux par la vigueur de la
patience :

> *velut rupes vastum quæ prodit in æquor,*
> *Obvia ventorum furiis, expostáque ponto,*
> *Vim cunctam atque minas perfert cælique marisque,*
> *Ipsa immota manens*[2].

N'ataquons pas ces exemples; nous n'y arriverions poinct.
Ils s'obstinent à voir resoluement et sans se troubler la
ruyne de leur pays, qui possedoit et commandoit toute
leur volonté. Pour nos ames communes, il y a trop
d'effort et trop de rudesse à cela. Caton en abandonna la
plus noble vie qui fut onques. A nous autres petis, il faut
fuyr l'orage de plus loing; il faut pourvoer au sentiment,
non à la patience, et eschever aux coups que nous ne
sçaurions parer. *(c)* Zenon voyant approcher Chremo-
nidez, jeune homme qu'il aymoit[3], pour se seoir auprès de
luy, se leva soudain. Et Cleanthez lui en demandant la
raison : « J'entends, dict-il, que les medecins ordonnent
le repos principalement, et deffendent l'emotion à
toutes tumeurs[4]. » *(b)* Socrates ne dit point : Ne vous
rendez pas aux attraicts de la beauté, soustenez la,
efforcez vous au contraire[5]. Fuyez la, faict-il, courez hors
de sa veuë et de son rencontre, comme d'une poison
puissante qui s'eslance et frappe de loing[6]. *(c)* Et son
bon disciple, feignant ou recitant, mais à mon advis
recitant plustost que feignant, les rares perfections de ce
grand Cyrus, le faict deffiant de ses forces à porter les
attraicts de la divine beauté de cette illustre Panthée, sa
captive, et en commettant la visite et garde à un autre qui
eust moins de liberté que luy[7]. *(b)* Et le sainct Esprit de
mesme : « *ne nos inducas in tentationem*[8]. » Nous ne prions
pas que nostre raison ne soit combatue et surmontée par
la concupiscence, mais qu'elle n'en soit pas seulement
essayée, que nous ne soyons conduits en estat où nous
ayons seulement à souffrir les approches, solicitations et

tentations du peché; et supplions nostre seigneur de maintenir nostre conscience tranquille, plainement et parfectement delivrée du commerce du mal.

(c) Ceux qui disent avoir raison de leur passion vindicative ou de quelqu'autre espece de passion penible, disent souvent vray comme les choses sont, mais non pas comme elles furent. Ils parlent à nous lors que les causes de leur erreur sont nourries et avancées par eux mesmes. Mais reculez plus arriere, r'appelez ces causes à leur principe : là, vous les prendrez sans vert. Veulent ils que leur faute soit moindre pour estre plus vieille, et que d'un injuste commencement la suitte soit juste?

(b) Qui desirera du bien à son païs comme moy, sans s'en ulcerer ou maigrir, il sera desplaisant mais non pas transi, de le voir menassant ou sa ruyne, ou une durée non moins ruyneuse. Pauvre vaisseau, que les flots, les vents et le pilote tirassent à si contraires desseins!

> *in tam diversa magister,*
> *Ventus et unda trahunt*[1].

Qui ne bée poinct après la faveur des princes comme après chose dequoy il ne sçauroit passer, ne se pique pas beaucoup de la froideur de leur recueil et de leur visage, ny de l'inconstance de leur volonté. Qui ne couve poinct ses enfans ou ses honneurs d'une propension esclave, ne laisse pas de vivre commodéement après leur perte. Qui fait bien principalement pour sa propre satisfaction, ne s'altere guere pour voir les hommes juger de ses actions contre son merite. Un quart d'once de patience pourvoit à tels inconveniens. Je me trouve bien de cette recepte, me rachetant des commencemens au meilleur conte que je puis, et me sens avoir eschapé par son moyen beaucoup de travail et de difficultez. Avec bien peu d'effort j'arreste ce premier branle de mes esmotions, et abandonne le subject qui me commence à poiser, et avant qu'il m'emporte. *(c)* Qui n'arreste le partir n'a garde d'arrester la course. Qui ne sçait leur fermer la porte ne les chassera pas entrées. Qui ne peut venir à bout du commencement ne viendra pas à bout de la fin. Ny n'en soustiendra la cheute qui n'en a peu soustenir l'esbranlement. « *Etenim ipsæ se mpellunt, ubi semel a ratione discessum est : ipsaque sibi imbecillitas indulget, in altúmque provehitur imprudens, nec reperit locum consistendi*[2]. » *(b)* Je sens à temps les petits vents qui

me viennent taſter et bruire au dedans, avantcoureus de la
tempeſte : « *animus, multo antequam opprimatur, quatitur*[1]. »

ceu flamina prima
Cum deprensa fremunt sylvis, et cæca volutant
Murmura, venturos nautis prodentia ventos[2].

A combien de fois me suis-je faiƈt une bien evidente
injuſtice, pour fuir le hazard de la recevpoir encore pire
des juges, après un siecle d'ennuys et d'ordes et viles pratiques plus ennemies de mon naturel que n'eſt la geine
et le feu ? *(c)* « *Convenit à litibus quantum licet, et nescio an
paulo plus etiam quam licet, abhorrentem esse. Eſt enim non
modo liberale, paululum nonnunquam de suo jure decedere, sed
interdum etiam fruƈtuosum*[3]. » Si nous eſtions bien sages,
nous nous devrions rejouir et vanter, ainsi que j'ouy un
jour bien naïvement un enfant de grande maison faire
feſte à chacun de quoy sa mere venoit de perdre son
procès, comme sa toux, sa fiebvre ou autre chose d'importune garde. Les faveurs mesmes que la fortune pouvoit
m'avoir donné, parentez et accointances envers ceux qui
ont souveraine authorité en ces choses là, j'ay beaucoup
faiƈt selon ma conscience de fuir inſtamment de les
employer au prejudice d'autruy et à ne monter par dessus
leur droiƈte valeur mes droiƈts. Enfin *(b)* j'ay tant faiƈt
par mes journées (à la bonne heure le puisse-je dire !), que
me voicy encore vierge de procès, qui n'ont pas laissé
de se convier à plusieurs fois à mon service par bien juſte
titre, si j'eusse voulu y entendre, et vierge de querelles.
J'ay sans offence de pois, passive ou aƈtive, escoulé
tantoſt une longue vie, et sans avoir ouy pis que mon
nom ; rare grace du ciel.

Nos plus grandes agitations ont des ressorts et causes
ridicules. Combien encourut de ruyne noſtre dernier Duc
de Bourgongne pour la querelle d'une charretée de peaux
de mouton[4] ? Et l'engraveure d'un cachet, fut-ce pas la
premiere et maiſtresse cause du plus horrible crollement
que cette machine aye onques souffert[5] ? Car Pompeius et
Cæsar, ce ne sont que les rejettons et la suitte des deux
autres. Et j'ay veu de mon temps les plus sages teſtes de ce
Royaume assemblées, avec grande ceremonie et publique
despence, pour des traitez et accords, desquels la vraye
decision despendoit ce pendant en toute souveraineté des
devis du cabinet des dames et inclination de quelque

fammelette. *(c)* Les poëtes ont bien entendu cela, qui ont mis pour une pomme la Grece et l'Asie à feu et à sang[1]. *(b)* Regardez pourquoy celuy là s'en va courre fortune de son honneur et de sa vie, à tout son espée et son poignart; qu'il vous die d'où vient la source de ce debat, il ne le peut faire sans rougir, tant l'occasion en est frivole.

A l'enfourner, il n'y va que d'un peu d'avisement; mais, depuis que vous estes embarqué, toutes les cordes tirent. Il y faict besoing grandes provisions, bien plus difficiles et importantes. *(c)* De combien il est plus aisé de n'y entrer pas que d'en sortir! *(b)* Or il faut proceder au rebours du roseau, qui produict une longue tige et droicte de la premiere venue; mais après, comme s'il s'estoit alanguy et mis hors d'haleine, il vient à faire des nœuds frequens et espais, comme des pauses, qui montrent qu'il n'a plus cette premiere vigueur et constance[2]. Il faut plustost commencer bellement et froidement, et garder son haleine et ses vigoureux eslans au fort et perfection de la besongne. Nous guidons les affaires en leurs commencemens et les tenons à nostre mercy : mais par après quand ils sont esbranlez, ce sont eux qui nous guident et emportent, et avons à les suyvre.

(c) Pourtant n'est-ce pas à dire que ce conseil m'aye deschargé de toute difficulté, et que je n'aye eu de la peine souvent à gourmer et brider mes passions. Elles ne se gouvernent pas toujours selon la mesure des occasions, et ont leurs entrées mesmes souvent aspres et violentes. Tant y a qu'il s'en tire une belle espargne et du fruict, sauf pour ceux qui au bien faire ne se contentent de nul fruict, si la reputation est à dire. Car, à la vérité, un tel effect n'est en conte qu'à chacun en soy. Vous en estes plus content, mais non plus estimé, vous estant reformé avant que d'estre en danse et que la matiere fut en veuë. Toutesfois aussi, non en cecy seulement mais en tous autres devoirs de la vie, la route de ceux qui visent à l'honneur est bien diverse à celle que tiennent ceux qui se proposent l'ordre et la raison.

(b) J'en trouve qui se mettent inconsideréement et furieusement en lice, et s'alentissent en la course. Comme Plutarque dict[3] que ceux qui par le vice de la mauvaise honte sont mols et faciles à accorder, quoy qu'on leur demande, sont faciles après à faillir de parole et à se desdire; pareillement qui entre legerement en querelle est

subject d'en sortir aussi legerement. Cette mesme difficulté, qui me garde de l'entamer, m'inciteroit quand je
serois esbranlé et eschauffé. C'est une mauvaise façon;
depuis qu'on y est, il faut aller ou crever. *(c)* « Entre-
prenez lachement, disoit Bias, mais poursuivez chaudement[1]. » *(b)* De faute de prudence on retombe en faute
de cœur, qui est encore moins supportable.

La pluspart des accords de nos querelles du jourd'huy
sont honteux et menteurs; nous ne cerchons qu'à sauver
les apparences, et trahissons cependant et desadvouons
nos vrayes intentions. Nous plastrons le faict; nous
sçavons comment nous l'avons dict et en quel sens, et les
assistans le sçavent, et nos amis, à qui nous avons voulu
faire sentir nostre avantage. C'est aux despens de nostre
franchise et de l'honneur de nostre courage que nous
desadvouons nostre pensée, et cerchons des conillieres en
la fauceté pour nous accorder. Nous nous desmentons
nous mesmes, pour sauver un desmentir que nous avons
donné. Il ne faut pas regarder si vostre action ou vostre
parole peut avoir autre interpretation; c'est vostre vraie et
sincere interpretation qu'il faut meshuy maintenir, quoy
qu'il vous couste. On parle à vostre vertu et à vostre
conscience; ce ne sont pas parties à mettre en masque.
Laissons ces vils moyens et ces expediens à la chicane du
palais. Les excuses et reparations que je voy faire tous les
jours pour purger l'indiscretion, me semblent plus laides
que l'indiscretion mesme. Il vaudroit mieux l'offencer
encore un coup que de s'offencer soy mesme en faisant
telle amende à son adversaire. Vous l'avez bravé, esmeu
de cholere, et vous l'allez rapaiser et flatter en vostre
froid et meilleur sens, ainsi vous vous soubmettez plus
que vous ne vous estiez advancé. Je ne trouve aucun dire
si vicieux à un gentil-homme comme le desdire me
semble luy estre honteux, quand c'est un desdire qu'on
luy arrache par authorité; d'autant que l'opiniastreté luy
est plus excusable que la pusillanimité.

Les passions me sont autant aisées à eviter comme elles
me sont difficiles à moderer. *(c)* « *Abscinduntur facilius
animo quàm temperantur*[2]. » *(b)* Qui ne peut atteindre à cette
noble impassibilité Stoïcque, qu'il se sauve au giron de
cette mienne stupidité populaire. Ce que ceux-là faisoient
par vertu, je me duits à le faire par complexion. La
moyenne region loge les tempestes; les deux extremes,

des hommes philosophes et des hommes ruraus, concurrent en tranquillité et en bon heur.

> *Fœlix qui potuit rerum cognoscere causas*
> *Atque metus omnes et inexorabile fatum*
> *Subjecit pedibus, strepitumque Acherontis avari.*
> *Fortunatus et ille Deos qui novit agrestes,*
> *Panáque, Sylvanúmque senem, nymphásque sorores[1].*

De toutes choses les naissances sont foibles et tendres. Pourtant faut-il avoir les yeux ouverts aux commencements; car comme lors en sa petitesse on n'en descouvre pas le dangier, quand il est accreu on n'en descouvre plus le remede. J'eusse rencontré un million de traverses tous les jours plus mal aysées à digerer, au cours de l'ambition, qu'il ne m'a esté mal aysé d'arrester l'inclination naturelle qui m'y portoit :

> *jure perhorrui*
> *Late conspicuum tollere verticem[2].*

   Toutes actions publiques sont subjectes à incertaines et diverses interpretations, car trop de testes en jugent. Aucuns disent de cette mienne occupation de ville[3] (et je suis content d'en parler un mot, non qu'elle le vaille, mais pour servir de montre de mes meurs en telles choses), que je m'y suis porté en homme qui s'esmeut trop laschement et d'une affection languissante; et ils ne sont pas du tout esloignez d'apparence. J'essaie à tenir mon ame et mes pensées en repos. *(c)* « *Cum semper natura, tum etiam ætate jam quietus[4].* » *(b)* Et si elles se desbauchent par fois à quelque impression rude et penetrante, c'est à la verité sans mon conseil. De cette langueur naturelle on ne doibt pourtant tirer aucune preuve d'impuissance (car faute de soing et faute de sens, ce sont deux choses), et moins de mescognoissance et ingratitude envers ce peuple, qui employa tous les plus extremes moyens qu'il eust en ses mains à me gratifier, et avant m'avoir cogneu et après, et fit bien plus pour moy en me redonnant ma charge qu'en me la donnant premierement. Je luy veux tout le bien qui se peut, et certes, si l'occasion y eust esté, il n'est rien que j'eusse espargné pour son service. Je me suis esbranlé pour luy comme je faicts pour moy. C'est un bon peuple, guerrier et genereux, capable pourtant d'obeyssance et discipline, et de servir à quelque bon usage s'il y est bien guidé. Ils disent aussi cette mienne vacation s'estre passée sans marque et sans trace. Il est bon : on accuse ma cessation, en un temps où quasi tout le monde estoit convaincu de trop faire.

J'ay un agir trepignant où la volonté me charrie. Mais cette pointe est ennemye de perseverance. Qui se voudra servir de moy selon moy, qu'il me donne des affaires où il face besoing de la vigueur et de la liberté, qui ayent une conduitte droicte et courte, et encores hazardeuse; j'y pourray quelque chose. S'il la faut longue, subtile, laborieuse, artificielle et tortue, il faira mieux de s'adresser à quelque autre.

Toutes charges importantes ne sont pas difficiles. J'estois preparé à m'embesongner plus rudement un peu, s'il en eust esté grand besoing. Car il est en mon pouvoir de faire quelque chose plus que je ne fais et que je n'ayme à faire. Je ne laissay, que je sçache, aucun mouvement que le devoir requist en bon escient de moy[1]. J'ay facilement oublié ceux que l'ambition mesle au devoir et couvre de son titre. Ce sont ceux qui le plus souvant remplissent les yeux et les oreilles, et contentent les hommes. Non pas la chose, mais l'apparence les paye. S'ils n'oyent du bruict, il leur semble qu'on dorme. Mes humeurs sont contradictoires aux humeurs bruyantes. J'arresterois bien un trouble sans me troubler, je chastierois un desordre sans alteration. Ay-je besoing de cholere et d'inflammation? Je l'emprunte et m'en masque. Mes meurs sont mousses, plustost fades qu'aspres. Je n'accuse pas un magistrat qui dorme, pourveu que ceux qui sont soubs sa main dorment quand et luy; les loix dorment de mesme. Pour moy, je loüe une vie glissante, sombre et muette, *(c)* « *neque submissam et abjectam, neque se efferentem*[2] ». *(b)* Ma fortune le veut ainsi. Je suis nay d'une famille qui a coulé sans esclat et sans tumulte, et de longue memoire particulierement ambitieuse de preud'hommie.

Nos hommes sont si formez à l'agitation et ostentation que la bonté, la moderation, l'equabilité, la constance et telles qualitez quietes et obscures ne se sentent plus. Les corps raboteux se sentent, les polis se manient imperceptiblement; la maladie se sent, la santé peu ou point; ny les choses qui nous oignent, au pris de celles qui nous poignent. C'est agir pour sa reputation et proffit particulier, non pour le bien, de remettre à faire en la place ce qu'on peut faire en la chambre du conseil, et en plain midy ce qu'on eust faict la nuict precedente, et d'estre jaloux de faire soy-mesme ce que son compaignon faict aussi bien. Ainsi faisoyent aucuns chirurgiens de Grece les operations de leur art sur des eschauffaux à la veuë des passans, pour en acquerir plus de practique et de chalandise[1]. Ils jugent que les bons reiglemens ne se peuvent entendre qu'au son de la trompette.

L'ambition n'est pas un vice de petis compagnons et de tels efforts que les nostres. On disoit à Alexandre : « Vostre pere vous lairra une grande domination, aysée et pacifique. » Ce garçon estoit envieux des victoires de son pere et de la justice de son gouvernement. Il n'eust pas voulu jouyr l'empire du monde mollement et paisible-ment[2]. (c) Alcibiades, en Platon[3], ayme mieux mourir jeune, beau, riche, noble, sçavant par excellence que de s'arrester en l'estat de cette condition. (b) Cette maladie est à l'avanture excusable en une ame si forte et si plaine. Quand ces ametes naines et chetives s'en vont enbabouy-nant, et pensent espendre leur nom pour avoir jugé à droict un affaire ou continué l'ordre des gardes d'une porte de ville, ils en montrent d'autant plus le cul qu'ils esperent en hausser la teste. Ce menu bien faire n'a ne corps ne vie : il va s'esvanouyssant en la premiere bouche, et ne se promeine que d'un carrefour de ruë à l'autre. Entretenez en hardiment vostre fils et vostre valet, comme cet antien[4] qui, n'ayant autre auditeur de ses loüanges, et consent de sa valeur, se bravoit avec sa chambriere, en s'escriant : « O Perrete, le galant et suffi-sant homme de maistre que tu as ! » Entretenez vous en vous-mesme, au pis aller, comme un conseillier de ma connoissance[5] ayant desgorgé une battelée de para-grafes[6], d'une extreme contention et pareille ineptie, s'estant retiré de la chambre du conseil au pissoir du palais, fut ouy marmotant entre les dans tout conscien-tieusement : « *Non nobis, Domine, non nobis, sed nomini tuo da gloriam*[7]. » Qui ne peut d'ailleurs, si se paye de sa bourse.

La renommée ne se prostitue pas à si vil conte. Les actions rares et exemplaires à qui elle est deuë ne souffri-roient pas la compagnie de cette foule innumerable de petites actions journalieres. Le marbre eslevera vos titres tant qu'il vous plaira, pour avoir faict rapetasser un pan de mur ou descroter un ruisseau public, mais non pas les hommes qui ont du sens. Le bruit ne suit pas toute bonté, si la difficulté et estrangeté n'y est joincte. Voyre ny la simple estimation n'est deuë à toute action qui nait de la vertu, selon les Stoïciens[1], et ne veulent qu'on sçache seulement gré à celuy qui par temperance s'abstient d'une vieille chassieuse. *(c)* Ceux qui ont cognu les admirables qualitez de Scipion l'Africain refusent la gloire que Panætius luy donne d'avoir esté abstinent de dons, comme gloire non tant sienne propre comme de tout son siecle.

(b) Nous avons les voluptez sortables à nostre fortune; n'usurpons pas celles de la grandeur. Les nostres sont plus naturelles, et d'autant plus solides et seures qu'elles sont plus basses. Puis que ce n'est par conscience, aumoins par ambition refusons l'ambition. Desdaignons cette faim de renommée et d'honneur, basse et belistresse, qui nous le faict coquiner de toute sorte de gens. *(c)* « *Quæ est ista laus quæ possit è macello peti[2]?* » *(b)* par moyens abjects et à quelque vil pris que ce soit. C'est deshoneur d'estre ainsin honnoré. Aprenons à n'estre non plus avides que nous ne sommes capables de gloire. De s'enfler de toute action utile et innocente, c'est à faire à gens à qui elle est extraordinaire et rare; ils la veulent mettre pour le pris qu'elle leur couste. A mesure qu'un bon effect est plus esclatant, je rabats de sa bonté le soupçon en quoy j'entre qu'il soit produict plus pour estre esclatant que pour estre bon; estalé, il est à demy vendu. Ces actions là ont bien plus de grace qui eschapent de la main de l'ouvrier nonchalamment et sans bruict, et que quelque honneste homme choisit après et releve de l'ombre, pour les pousser en lumiere à cause d'elles mesmes. *(c)* « *Mihi quidem laudabiliora videntur omnia, quæ sine venditatione et sine populo teste fiunt* », dict le plus glorieux homme du monde[3].

(b) Je n'avois qu'à conserver et durer, qui sont effects sourds et insensibles. L'innovation est de grand lustre, mais elle est interdicte en ce temps, où nous sommes pressez et n'avons à nous deffendre que des nouvelletés. *(c)* L'abstinence de faire est souvent aussi genereuse que le faire, mais elle est moins au jour; et ce peu que je vaux est quasi tout de ce costé là. *(b)* En somme, les occasions, en cette charge, ont suivy ma complexion; dequoy je leur sçay très bon gré. Est-il quelqu'un qui desire estre malade pour voir son medecin en besoigne, et faudroit il pas foyter

le medecin qui nous desireroit la peste pour mettre son art en practique? Je n'ay point eu cett'humeur inique et assez commune, de desirer que le trouble et maladie des affaires de cette cité rehaussast et honnorat mon gouvernement : j'ay presté de bon cueur l'espaule à leur aysance et facilité. Qui ne me voudra sçavoir gré de l'ordre, de la douce et muette tranquillité qui a accompaigné ma conduitte, aumoins ne peut-il me priver de la part qui m'en appartient par le titre de ma bonne fortune. Et je suis ainsi faict, que j'ayme autant estre heureux que sage, et devoir mes succez purement à la grace de Dieu qu'à l'entremise de mon operation. J'avois assez disertement publié au monde mon insuffisance en tels maniemens publiques. J'ay encore pis que l'insuffisance : c'est qu'elle ne me desplaict guiere, et que je ne cerche guiere à la guerir, veu le train de vie que j'ay desseigné. Je ne me suis en cette entremise non plus satisfaict à moy-mesme, mais à peu près j'en suis arrivé à ce que je m'en estois promis, et ay de beaucoup surmonté ce que j'en avois promis à ceux à qui j'avois à faire : car je promets volontiers un peu moins de ce que je puis et de ce que j'espere tenir. Je m'asseure n'y avoir laissé ny offence, ny haine. D'y laisser regret et desir de moy, je sçay à tout le moins bien cela que je ne l'ay pas fort affecté :

> *me ne huic confidere monstro,*
> *Mene salis placidi vultum fluctúsque quietos*
> *Ignorare*[1] ?

CHAPITRE XI

DES BOYTEUX

(b) Il y a deux ou trois ans qu'on acoursit l'an de dix jours en France[2]. Combien de changemens devoient suyvre cette reformation! ce fut proprement remuer le ciel et la terre à la fois. Ce neantmoins, il n'est rien qui bouge de sa place : mes voisins trouvent l'heure de leurs semences, de leur recolte, l'opportunité de leurs negoces, les jours nuisibles et propices au mesme point justement où ils les avoyent assignez de tout temps. Ny l'erreur ne se sentoit en nostre usage, ny l'amendement ne

s'y sent. Tant il y a d'incertitude par tout, tant nostre apercevance est grossiere, *(c)* obscure et obtuse. *(b)* On dict que ce reiglement se pouvoit conduire d'une façon moins incommode : soustraiant, à l'exemple d'Auguste, pour quelques années le jour du bissexte, qui ainsi comme ainsin est un jour d'empeschement et de trouble, jusques à ce qu'on fut arrivé à satisfaire exactement ce debte (ce que mesme on n'a pas faict par cette correction, et demeurons encores en arrerages de quelques jours). Et si, par mesme moyen, on pouvoit prouvoir à l'advenir, ordonnant qu'après la revolution de tel ou tel nombre d'années ce jour extraordinaire seroit tousjours eclipsé, si que notre mesconte ne pourroit dores en avant exceder vingt et quatre heures. Nous n'avons autre compte du temps que les ans. Il y a tant de siecles que le monde s'en sert; et si, c'est une mesure que nous n'avons encore achevé d'arrester, et telle, que nous doubtons tous les jours quelle forme les autres nations luy ont diversement donné, et quel en estoit l'usage. Quoy, ce que disent aucuns, que les cieux se compriment vers nous en vieillissant, et nous jettent en incertitude des heures mesme et des jours? et des moys, ce que dict Plutarque[1] qu'encore de son temps l'astrologie n'avoit sçeu borner le mouvement de la lune? Nous voylà bien accommodez pour tenir registre des choses passées.

Je ravassois presentement, comme je faicts souvant, sur ce, combien l'humaine raison est un instrument libre et vague. Je vois ordinairement que les hommes, aux faicts qu'on leur propose, s'amusent plus volontiers à en cercher la raison qu'à en cercher la verité : ils laissent là les choses, et s'amusent à traiter les causes. *(c)* Plaisans causeurs. La cognoissance des causes appartient seulement à celuy qui a la conduite des choses, non à nous qui n'en avons que la souffrance, et qui en avons l'usage parfaictement plein, selon nostre nature, sans en penetrer l'origine et l'essence. Ny le vin n'en est plus plaisant à celuy qui en sçait les facultez premieres. Au contraire; et le corps et l'ame interrompent et alterent le droit qu'ils ont de l'usage du monde, y meslant l'opinion de science. Le determiner et le sçavoir, comme le donner, appartient à la regence et à la maistrise; à l'inferiorité, subjection et apprentissage appartient le jouyr, l'accepter.[2] Revenons à nostre coustume. *(b)* Ils passent par dessus les effects, mais ils en examinent curieusement les consequences. Ils commencent ordinairement ainsi : « Comment est-ce que cela se faict? » — Mais se fait-il? faudroit il dire. Nostre discours est capable d'estoffer cent autres mondes et d'en trouver les principes et la contexture. Il ne luy faut ny matiere, ny baze; laissez le courre : il bastit aussi bien sur le vuide que sur le plain, et de l'inanité que de matiere,

dare pondus idonea fumo[1].

Je trouve quasi par tout qu'il faudroit dire : « Il n'en est rien »; et employerois souvant cette responce; mais je n'ose, car ils crient que c'est une deffaicte produicte de foiblesse d'esprit et d'ignorance. Et me faut ordinairement bateler par compaignie à traicter des subjects et comptes frivoles, que je mescrois entierement. Joinct qu'à la verité il est un peu rude et quereleux de nier tout sec une proposition de faict. Et peu de gens faillent, notamment aux choses malaysées à persuader, d'affermer qu'ils l'ont veu, ou d'alleguer des tesmoins desquels l'autorité arreste nostre contradiction. Suyvant cet usage, nous sçavons les fondemens et les causes de mille choses qui ne furent onques; et s'escarmouche le monde en mille questions, desquelles et le pour et le contre est faux. *(c)* « *Ita finitima sunt falsa veris, ut in præcipitem locum non debeat se sapiens committere*[2]. »

(b) La verité et le mensonge ont leurs visages conformes, le port, le goust et les alleures pareilles; nous les regardons de mesme œil. Je trouve que nous ne sommes pas seulement lâches à nous defendre de la piperie, mais que nous cerchons et convions à nous y enferrer. Nous aymons à nous embrouiller en la vanité, comme conforme à nostre estre.

J'ay veu la naissance de plusieurs miracles de mon temps[3]. Encore qu'ils s'estoufent en naissant, nous ne laissons pas de prevoir le train qu'ils eussent pris s'ils eussent vescu leur aage. Car il n'est que de trouver le bout du fil, on en desvide tant qu'on veut. Et y a plus loing de rien à la plus petite chose du monde, qu'il n'y a de celle là jusques à la plus grande. Or les premiers qui vont sont abbreuvez de ce commencement d'estrangeté, venant à semer leur histoire, sentent par les oppositions qu'on leur fait où loge la difficulté de la persuasion, et vont calfeutrant cet endroict de quelque piece fauce. *(c)* Outre ce, que, « *insita hominibus libidine alendi de industria rumores*[1] », nous faisons naturellement conscience de rendre ce qu'on nous a presté sans quelque usure et accession de nostre creu. L'erreur particuliere faiēt premierement l'erreur publique, et, à son tour, après, l'erreur publique faiēt l'erreur particuliere[2]. *(b)* Ainsi va tout ce bastiment, s'estoffant et formant de main en main; de maniere que le plus esloigné tesmoin en est mieux instruiēt que le plus voisin, et le dernier informé mieux persuadé que le premier. C'est un progrez naturel. Car quiconque croit quelque chose, estime que c'est ouvrage de charité de la persuader à un autre; et pour ce faire, ne craint poinēt d'adjouster de son invention, autant qu'il voit estre necessaire en son compte, pour suppleer à la resistance et au deffaut qu'il pense estre en la conception d'autruy.

Moy-mesme, qui faiēts singuliere conscience de mentir et qui ne me soucie guiere de donner creance et authorité à ce que je dis, m'apperçoy toutesfois, aux propos que j'ay en main, qu'estant eschauffé *(c)* ou par la resistance d'un autre, ou par la propre chaleur de la narration, *(b)* je grossis et enfle mon subjeēt par vois, mouvemens, vigueur et force de parolles, et encore par extention et amplification, non sans interest de la verité nayfve. Mais je le fais en condition pourtant, qu'au premier qui me rameine et qui me demande la verité nue et cruë, je quitte soudain mon effort et la luy donne, sans exaggeration, sans emphase et remplissage. *(c)* La parole vive et bruyante, comme est la mienne ordinaire, s'emporte volontiers à l'hyperbole.

(b) Il n'est rien à quoi communement les hommes soient plus tendus qu'à donner voye à leurs opinions; où le moyen ordinaire nous faut, nous y adjoustons le commandement, la force, le fer, et le feu. Il y a du malheur d'en estre là que la meilleure touche de la verité ce soit la multitude des croians, en une presse où les fols surpassent de tant les sages en nombre. *(c)* « *Quasi veró quidquam sit tam valdè, quàm nil sapere vulgare*[3]. » « *Sanitatis patrocinium est, insanientium turba*[4]. » *(b)* C'est chose difficile de resoudre son jugement contre les opinions communes. La premiere persuasion, prinse du subjeēt mesme, saisit les simples; de là elle s'espend aux habiles, soubs l'authorité du nombre et ancienneté des tesmoignages. Pour moy, de ce que je n'en croirois pas un, je

n'en croirois pas cent uns, et ne juge pas les opinions par les ans.

Il y a peu de temps que l'un de nos princes[1], en qui la goute avoit perdu un beau naturel et une allegre composition, se laissa si fort persuader, au raport qu'on faisoit des merveilleuses operations d'un prestre, qui par la voie des parolles et des gestes guerissoit toutes maladies, qu'il fit un long voiage pour l'aller trouver, et par la force de son apprehension persuada et endormit ses jambes pour quelques heures, si qu'il en tira du service qu'elles avoient desapris luy faire il y avoit long temps. Si la fortune eust laissé emmonceler cinq ou six telles advantures, elles estoient capables de mettre ce miracle en nature. On trouva depuis tant de simplesse et si peu d'art en l'architecte de tels ouvrages, qu'on le jugea indigne d'aucun chastiement. Comme si feroit on de la plus part de telles choses, qui les reconnoistroit en leur giste. *(c)* « *Miramur ex intervallo fallentia*[2]. » *(b)* Nostre veuë represente ainsi souvent de loing des images estranges, qui s'esvanouissent en s'approchant. « *Numquam ad liquidum fama perducitur*[3]. »

C'est merveille, de combien vains commencemens et frivoles causes naissent ordinairement si fameuses impressions. Cela mesmes en empesche l'information. Car, pendant qu'on cherche des causes et des fins fortes et poisantes et dignes d'un si grand nom, on pert les vrayes; elles eschapent de nostre veuë par leur petitesse. Et à la verité, il est requis un bien prudent, attentif et subtil inquisiteur en telles recherches, indifferent, et non preoccupé. Jusques à cette heure, tous ces miracles et evenemens estranges se cachent devant moy. Je n'ay veu monstre et miracle au monde plus exprès que moy-mesme. On s'apprivoise à toute estrangeté par l'usage et le temps; mais plus je me hante et me connois, plus ma difformité m'estonne, moins je m'entens en moy.

Le principal droict d'avancer et produire tels accidens est reservé à la fortune. Passant avant hier dans un vilage, à deux lieues de ma maison, je trouvay la place encore toute chaude d'un miracle qui venoit d'y faillir, par lequel le voisinage avoit esté amusé plusieurs mois, et commençoient les provinces voisines de s'en esmouvoir et y accourir à grosses troupes, de toutes qualitez. Un jeune homme du lieu s'estoit joué à contrefaire une nuict en sa

maison la voix d'un esprit, sans penser à autre finesse qu'à
jouyr d'un badinage present. Cela luy ayant un peu mieux
succedé qu'il n'esperoit, pour estendre sa farce à plus de
ressorts, il y associa une fille de village, du tout stupide et
niaise; et furent trois en fin, de mesme aage et pareille
suffisance; et de presches domestiques en firent des
presches publics, se cachans soubs l'autel de l'Eglise, ne
parlans que de nuict, et deffendans d'y apporter aucune
lumiere. De paroles qui tendoient à la conversion du
monde et menace du jour du jugement (car ce sont subjects soubs l'authorité et reverence desquels l'imposture se
tapit plus aiséement), ils vindrent à quelques visions et
mouvements si niais et si ridicules qu'à peine y a-il rien si
grossier au jeu des petits enfans. Si toutesfois la fortune y
eust voulu prester un peu de faveur, qui sçait jusques où
se fut accreu ce battelage ? Ces pauvres diables sont à cette
heure en prison, et porteront volontiers la peine de la sottise commune; et ne sçay si quelque juge se vengera sur
eux de la sienne. On voit cler en cette cy, qui est descouverte; mais en plusieurs choses de pareille qualité, surpassant nostre connoissance, je suis d'advis que nous soustenons nostre jugement aussi bien à rejetter qu'à recevoir.

Il s'engendre beaucoup d'abus au monde *(c)* ou, pour
le dire plus hardiment, tous les abus du monde s'engendrent *(b)* de ce qu'on nous apprend à craindre de faire
profession de nostre ignorance, *(c)* et que nous sommes
tenus d'accepter tout ce que nous ne pouvons refuter.
(b) Nous parlons de toutes choses par precepte et resolution. Le stile à Romme portoit que cela mesme qu'un
tesmoin deposoit pour l'avoir veu de ses yeux, et ce qu'un
juge ordonnoit de sa plus certaine science, estoit conceu
en cette forme de parler : « Il me semble[1]. » On me faict
hayr les choses vray-semblables quand on me les plante
pour infallibles. J'ayme ces mots, qui amollissent et
moderent la temerité de nos propositions : *A l'avanture,
Aucunement, Quelque, On dict, Je pense,* et semblables. Et si
j'eusse eu à dresser des enfans, je leur eusse tant mis en
la bouche cette façon de respondre *(c)* enquesteuse, non
resolutive : *(b)* « Qu'est-ce à dire? Je ne l'entens pas. Il
pourroit estre. Est-il vray? » qu'ils eussent plustost gardé
la forme d'apprentis à soixante ans que de representer les
docteurs à dix ans, comme ils font. Qui veut guerir de
l'ignorance, il faut la confesser. *(c)* Iris est fille de Thau-

mantis[1]. L'admiration est fondement de toute philosophie, l'inquisition le progrez, l'ignorance le bout. *(b)* Voire dea, il y a quelque ignorance forte et genereuse qui ne doit rien en honneur et en courage à la science, *(c)* ignorance pour laquelle concevoir il n'y a pas moins de science que pour concevoir la science.

(b) Je vy en mon enfance un procés, que Corras, conseiller de Toulouse, fist imprimer, d'un accident estrange : de deux hommes qui se presentoient l'un pour l'autre[2]. Il me souvient (et ne me souvient aussi d'autre chose) qu'il me sembla avoir rendu l'imposture de celuy qu'il jugea coulpable si merveilleuse[3] et excedant de si loing nostre connoissance, et la sienne qui estoit juge, que je trouvay beaucoup de hardiesse en l'arrest qui l'avoit condamné à estre pendu. Recevons quelque forme d'arrest qui die : « La court n'y entend rien », plus librement et ingenuement que ne firent les Areopagites, lesquels, se trouvans pressez d'une cause qu'ils ne pouvoient desveloper, ordonnerent que les parties en viendroient à cent ans[4].

Les sorcieres de mon voisinage courent hazard de leur vie, sur l'advis de chaque nouvel autheur qui vient donner corps à leurs songes. Pour accommoder les exemples que la divine parolle nous offre de telles choses, très certains et irrefragables exemples, et les attacher à nos evenemens modernes, puisque nous n'en voyons ny les causes, ny les moyens, il y faut autre engin que le nostre[5]. Il appartient à l'avanture à ce seul très-puissant tesmoignage de nous dire : « Cettuy-cy en est, et celle-là, et non cet autre. » Dieu en doit estre creu, c'est vrayement bien raison; mais non pourtant un d'entre nous, qui s'estonne de sa propre narration (et necessairement il s'en estonne s'il n'est hors de sens), soit qu'il l'employe au faict d'autruy, soit qu'il l'employe contre soy-mesme.

Je suis lourd, et me tiens un peu au massif et au vraysemblable[6], evitant les reproches anciens : « *Majorem fidem homines adhibent iis quæ non intelligunt*[7]. » — « *Cupidine humani ingenii libentius obscura creduntur*[8]. » Je vois bien qu'on se courrouce, et me deffend on d'en doubter, sur peine d'injures execrables. Nouvelle façon de persuader. Pour Dieu mercy, ma creance ne se manie pas à coups de poing. Qu'ils gourmandent ceux qui accusent de fauceté leur opinion; je ne l'accuse que de difficulté et de har-

diesse, et condamne l'affirmation opposite, egalement
avec eux, sinon si imperieusement. *(c)* « *Videantur sanè, ne
affirmentur modo*[1]. » *(b)* Qui establit son discours par braverie et commandement montre que la raison y est foible.
Pour une altercation verbale et scolastique, qu'ils ayent
autant d'apparence que leurs contradicteurs; mais en la
consequence effectuelle qu'ils en tirent, ceux-cy ont bien
de l'avantage. A tuer les gens, il faut une clarté lumineuse
et nette; et est notre vie trop réele et essentielle pour
garantir ces accidens supernaturels et fantastiques. Quant
aux drogues et poisons, je les mets hors de mon compte :
ce sont homicides, et de la pire espece. Toutesfois, en cela
mesme on dict qu'il ne faut pas tousjours s'arrester à la
propre confession de ces gens icy, car on leur a veu par
fois s'accuser d'avoir tué des personnes qu'on trouvoit
saines et vivantes.

En ces autres accusations extravagantes, je dirois volontiers que c'est bien assez qu'un homme, quelque recommendation qu'il aye, soit creu de ce qui est humain; de
ce qui est hors de sa conception et d'un effect supierna-
turel, il en doit estre creu lors seulement qu'une approbation supernaturelle l'a authorisé. Ce privilege qu'il a pleu
à Dieu donner à aucuns de nos tesmoignages ne doibt pas
estre avily et communiqué legerement. J'ay les oreilles
battuës de mille tels comptes : « Trois le virent un tel jour
en levant; trois le virent lendemain en occident, à telle
heure, tel lieu, ainsi vestu. » Certes je ne m'en croirois pas
moy mesme. Combien trouvé-je plus naturel et plus
vray-semblable que deux hommes mentent, que je ne fay
qu'un homme en douze heures passe, quand et les vents,
d'orient en occident? Combien plus naturel que nostre
entendement soit emporté de sa place par la volubilité
de nostre esprit detraqué, que cela, qu'un de nous soit
envolé sur un balay, au long du tuiau de sa cheminée, en
chair et en os, par un esprit estrangier? Ne cherchons pas
des illusions du dehors et inconneuës, nous qui sommes
perpetuellement agitez d'illusions domestiques et nostres.
Il me semble qu'on est pardonnable de mescroire une
merveille, autant au moins qu'on peut en destourner et
elider la verification par voie non merveilleuse. Et suis
l'advis de sainct Augustin[2], qu'il vaut mieux pancher vers
le doute que vers l'asseurance és choses de difficile preuve
et dangereuse creance.

Il y a quelques années, que je passay par les terres d'un prince souverain, lequel, en ma faveur et pour rabatre mon incredulité, me fit cette grace de me faire voir en sa presence, en lieu particulier, dix ou douze prisonniers de cette nature, et une vieille entre autres, vrayment bien sorciere en laideur et deformité, très-fameuse de longue main en cette profession. Je vis et preuves et libres confessions et je ne sçay quelle marque insensible sur cette miserable vieille[1]; et m'enquis et parlay tout mon saoul, y apportant la plus saine attention que je peusse; et ne suis pas homme qui me laisse guiere garroter le jugement par preoccupation. En fin et en conscience, je leur eusse plustost ordonné de l'ellebore[2] que de la cicue, (c) « Captisque res magis mentibus, quàm consceleratis similis visa[3]. » (b) La justice a ses propres corrections pour telles maladies.

Quant aux oppositions et arguments que des honnestes hommes m'ont faict, et là et souvent ailleurs, je n'en ay poinct senty qui m'attachent et qui ne souffrent solution tousjours plus vray-semblable que leurs conclusions. Bien est vray que les preuves et raisons qui se fondent sur l'experience et sur le faict, celles là je ne les desnoue point; aussi n'ont-elles point de bout; je les tranche souvent, comme Alexandre son neud[4]. Après tout, c'est mettre ses conjectures à bien haut pris que d'en faire cuire un homme tout vif. (c) On recite par divers exemples, et Prestantius de son pere, que, assoupy et endormy bien plus lourdement que d'un parfaict sommeil, il fantasia estre jument et servir de sommier à des soldats[5]. Et ce qu'il fantasioit, il l'estoit. Si les sorciers songent ainsi materiellement, si les songes se peuvent ainsi par fois incorporer en effects, encore ne croy-je pas que nostre volonté en fust tenue à la justice.

(b) Ce que je dis, comme celuy qui n'est ny juge ny conseiller des Roys, ny s'en estime de bien loing digne, ains homme du commun, nay et voué à l'obeissance de la raison publique et en ses faicts et en ses dicts. Qui mettroit mes resveries en compte au prejudice de la plus chetive loy de son village, ou opinion, ou coustume, il se feroit grand tort, et encores autant à moy. (c) Car en ce que je dy, je ne pleuvis autre certitude, sinon que c'est ce que lors j'en avoy en ma pensée, pensée tumultuaire et vacillante. C'est par maniere de devis que je parle de tout, et de rien par maniere d'advis. « *Nec me pudet, ut istos, fateri nescire quod nesciam*[1]. » *(b)* Je ne serois pas si hardy à parler s'il m'appartenoit d'en estre creu; et fut ce que je respondis à un grand, qui se plaignoit de l'aspreté et contention de mes enhortemens. « Vous sentant bandé et préparé d'une part, je vous propose l'autre de tout le soing que je puis, pour esclarcir vostre jugement, non pour l'obliger; Dieu tient vos courages et vous fournira de chois. » Je ne suis pas si presomptueux de desirer seulement que mes opinions donnassent pante à chose de telle importance; ma fortune ne les a pas dressées à si puissantes et eslevées conclusions. Certes, j'ay non seulement des complexions en grand nombre, mais aussi des opinions assez, desquelles je desgouterois volontiers mon fils, si j'en avois. Quoy? si les plus vrayes ne sont pas tousjours les plus commodes à l'homme, tant il est de sauvage composition!

A propos ou hors de propos, il n'importe, on dict en Italie, en commun proverbe, que celuy-là ne cognoit pas Venus en sa parfaicte douceur qui n'a couché avec la boiteuse. La fortune, ou quelque particulier accident, ont mis il y a long temps ce mot en la bouche du peuple; et se dict des masles comme des femelles. Car la Royne des Amazonnes respondit au Scyte qui la convioit à l'amour : « ἄριστα χολὸς οἰφεῖ[2], le boiteux le faict le mieux. » En cette republique feminine, pour fuir la domination des masles, elles les stropioient dès l'enfance, bras, jambes et autres membres qui leur donnoient avantage sur elles, et se servoient d'eux à ce seulement à quoy nous nous servons d'elles par deçà. J'eusse dict que le mouvement detraqué de la boiteuse apportast quelque nouveau plaisir à la besongne et quelque pointe de douceur à ceux qui l'essayent, mais je vien d'apprendre que mesme la philosophie ancienne[3] en a decidé; elle dict que, les jambes et cuisses des boiteuses ne recevant, à cause de leur imperfection, l'aliment qui leur est deu, il en advient que les parties genitales, qui sont au dessus, sont plus plaines, plus nourries et vigoureuses. Ou bien que, ce defaut empeschant l'exercice, ceux qui en sont entachez dissipent moins leurs forces et en viennent plus entiers aux jeux de Venus. Qui est aussi la raison pourquoy les Grecs descrioient les tisserandes d'estre plus chaudes que les autres femmes : à cause du mestier sedentaire qu'elles font, sans grand exercice du corps. Dequoy ne pouvons nous raisonner à ce pris là? De celles icy je pourrois aussi dire que ce tremoussement que leur ouvrage leur donne, ainsin assises, les esveille et sollicite, comme faiĉt les dames le crolement et tremblement de leurs coches.

Ces exemples servent-ils pas à ce que je disois au commencement[1] : que nos raisons anticipent souvent l'effeĉt, et ont l'eſtendue de leur jurisdiĉtion si infinie, qu'elles jugent et s'exercent en l'inanité mesme et au non eſtre? Outre la flexibilité de noſtre invention à forger des raisons à toute sorte de songes, noſtre imagination se trouve pareillement facile à recevoir des impressions de la fauceté par bien frivoles apparences. Car, par la seule authorité de l'usage ancien et publique de ce mot, je me suis autresfois faiĉt à croire avoir reçeu plus de plaisir d'une femme de ce qu'elle n'eſtoit pas droiĉte, et mis cela en recepte de ses graces.

Torquato Tasso, en la comparaison qu'il faiĉt de la France à l'Italie[2], diĉt avoir remarqué cela, que nous avons les jambes plus greles que les gentils-hommes Italiens, et en attribue la cause à ce que nous sommes continuellement à cheval; qui eſt celle mesmes de laquelle Suetone tire une toute contraire conclusion : car il diĉt au rebours[3] que Germanicus avoit grossi les siennes par continuation de ce mesme exercice. Il n'eſt rien si souple et erratique que noſtre entendement; c'eſt le soulier de Theramenez[4], bon à tous pieds. Et il eſt double et divers et les matieres doubles et diverses. « Donne moy une dragme d'argent, disoit un philosophe Cynique à Antigonus. — Ce n'eſt pas present de Roy, respondit-il. — Donne moy donc un talent. — Ce n'eſt pas present pour Cynique[5]. »

> *Seu plures calor ille vias et cæca relaxat*
> *Spiramenta, novas veniat qua succus in herbas;*
> *Seu durat magis et venas aſtringit hiantes,*
> *Ne tenues pluviæ, rapidive potentia solis*
> *Acrior, aut Boreæ penetrabile frigus adurat*[6].

« *Ogni medaglia ha il suo riverso*[7]. » Voilà pourquoy Clitomachus disoit anciennement que Carneades avoit surmonté les labeurs de Hercules, pour avoir arraché des hommes le consentement, c'eſt à dire l'opinion et la temerité de juger[8]. Cette fantasie de Carneades, si vigoureuse, nasquit à mon advis anciennement de l'impudence de ceux qui font profession de sçavoir, et de leur outre-cuidance desmesurée. On mit Æsope en vente avec deux autres esclaves. L'acheteur s'enquit du premier ce qu'il sçavoit faire; celuy là, pour se faire valoir, respondit monts et merveilles, qu'il sçavoit et cecy et cela; le deuxiesme en respondit de soy autant ou plus; quand ce fut à Æsope, et qu'on luy eust aussi demandé ce qu'il sçavoit faire : « Rien, dict-il, car ceux cy ont tout preoccupé : ils sçavent tout[1]. » Ainsin est-il advenu en l'escole de la philosophie : la fierté de ceux qui attribuoyent à l'esprit humain la capacité de toutes choses causa en d'autres, par despit et par emulation, cette opinion qu'il n'est capable d'aucune chose. Les uns tiennent en l'ignorant ce cette mesme extremité que les autres tiennent en la science. Afin qu'on ne puisse nier que l'homme ne soit immoderé par tout, et qu'il n'a point d'arrest que celuy de la necessité, et impuissance d'aller outre.

CHAPITRE XII

DE LA PHISIONOMIE

(b) QUASI toutes les opinions que nous avons sont prinses par authorité et à credit. Il n'y a point de mal; nous ne sçaurions pirement choisir que par nous, en un siecle si foible. Cette image des discours de Socrates que ses amys nous ont laissée, nous ne l'approuvons que pour la reverence de l'approbation publique; ce n'est pas par nostre cognoissance : ils ne sont pas selon nostre usage. S'il naissoit à cette heure quelque chose de pareil, il est peu d'hommes qui le prisassent.

Nous n'apercevons les graces que pointues, bouffies et enflées d'artifice. Celles qui coulent soubs la nayfveté et la simplicité eschapent ayséement à une veuë grossière comme est la nostre; elles ont une beauté délicate et cachée; il faut la veuë nette et bien purgée pour descouvrir cette secrette lumière. Est pas la naifveté, selon nous, germeine à la sottise, et qualité de reproche? Socrates faict mouvoir son ame d'un mouvement naturel et commun. Ainsi dict un paysan, ainsi dict une femme.

(c) Il n'a jamais en la bouche que cochers, menuisiers, savetiers et maçons[1]. *(b)* Ce sont inductions et similitudes tirées des plus vulgaires et cogneues actions des hommes; chacun l'entend. Soubs une si vile forme nous n'eussions jamais choisi la noblesse et splendeur de ses conceptions admirables, nous, *(c)* qui estimons plates et basses toutes celles que la doctrine ne releve, *(b)* qui n'apercevons la richesse qu'en montre et en pompe. Nostre monde n'est formé qu'à l'ostentation : les hommes ne s'enflent que de vent, et se manient à bonds, comme les balons. Cettuy-cy ne se propose point des vaines fantasies : sa fin fut nous fournir de choses et de preceptes qui reelement et plus jointement servent à la vie,

> *servare modum finemque tenere,*
> *Naturámque sequi*[2].

Il fut aussi tousjours un et pareil et se monta, non par saillies mais par complexion, au dernier poinct de vigueur. Ou, pour mieux dire, il ne monta rien, mais ravala plustost et ramena à son point originel et naturel et lui soubmit la vigueur, les aspretez et les difficultez. Car, en Caton, on void bien à clair que c'est une alleure tenduë bien loing au dessus des communes; aux braves exploits de sa vie, et en sa mort, on le sent tousjours monté sur ses grands chevaux. Cettuy-cy ralle à terre, et d'un pas mol et ordinaire traicte les plus utiles discours; et se conduict et à la mort et aux plus espineuses traverses qui se puissent presenter au trein de la vie humaine.

Il est bien advenu que le plus digne homme d'estre cogneu et d'estre presenté au monde pour exemple[3], ce soit celuy duquel nous ayons plus certaine cognoissance. Il a esté esclairé par les plus clair voyans hommes qui furent onques[4] : les tesmoins que nous avons de luy sont admirables en fidelité et en suffisance[5].

C'est grand cas d'avoir peu donner tel ordre aux pures imaginations d'un enfant, que, sans les alterer ou estirer, il en aict produict les plus beaux effects de nostre ame. Il ne la represente ny eslevée, ny riche; il ne la represente que saine, mais certes d'une bien allegre et nette santé. Par ces vulguaires ressorts et naturels, par ces fantasies ordinaires et communes, sans s'esmouvoir et sans se piquer, il dressa non seulement les plus reglées, mais les plus hautes et vigoreuses creances, actions et meurs qui furent onques. *(c)* C'eſt luy qui ramena du ciel, où elle perdoit son temps, la sagesse humaine, pour la rendre à l'homme, où eſt sa plus juſte et plus laborieuse besoigne, et plus utile[1]. *(b)* Voyez le plaider, devant ses juges, voyez par quelles raisons il esveille son courage aux hazards de la guerre, quels arguments fortifient sa patience contre la calomnie, la tyrannie, la mort et contre la teſte de sa femme; il n'y a rien d'emprunté de l'art et des sciences; les plus simples y recognoissent leurs moyens et leur force; il n'eſt possible d'aller plus arriere et plus bas. Il a faiᶜt grand faveur à l'humaine nature de montrer combien elle peut d'elle mesme.

Nous sommes chacun plus riche que nous ne pensons; mais on nous dresse à l'emprunt et à la queſte : on nous duiᶜt à nous servir plus de l'autruy que du noſtre. En aucune chose l'homme ne sçait s'arreſter au point de son besoing : de volupté, de richesse, de puissance, il en embrasse plus qu'il n'en peut eſtreindre; son avidité eſt incapable de moderation. Je trouve qu'en curiosité de sçavoir il en eſt de mesme; il se taille de la besongne bien plus qu'il n'en peut faire et bien plus qu'il n'en a affaire, *(c)* eſtendant l'utilité du sçavoir autant qu'eſt sa matiere. « *Ut omnium rerum, sic literarum quoque intemperantia laboramus*[2]. » Et Tacitus[3] a raison de louer la mere d'Agricola d'avoir bridé en son fils un appetit trop bouillant de science. C'eſt un bien, à le regarder d'yeux fermes, qui a, comme les autres biens des hommes, beaucoup de vanité et foiblesse propre et naturelle, et d'un cher couſt.

L'emploite[4] en eſt bien plus hasardeuse que de toute autre viande ou boisson. Car au reſte, ce que nous avons achetté, nous l'emportons au logis en quelque vaisseau, et là avons loy d'en examiner la valeur, combien et à quelle heure nous en prendrons. Mais les sciences, nous ne les pouvons d'arrivée mettre en autre vaisseau qu'en noſtre ame : nous les avallons en les achettans, et sortons du marché ou infeᶜts desjà, ou amendez. Il y en a qui ne font que nous empescher et charger au lieu de nourrir, et telles encore qui, sous tiltre de nous guerir, nous empoisonnent.

(b) J'ay pris plaisir de voir en quelque lieu des hommes, par devotion, faire veu d'ignorance, comme de chaſteté, de pauvreté, de pœnitence. C'eſt aussi chaſtrer nos appetits desordonnez, d'esmousser cette cupidité qui nous

espoinçonne à l'estude des livres, et priver l'ame de cette complaisance voluptueuse qui nous chatouille par l'opinion de science. *(c)* Et est richement accomplir le vœu de pauvreté, d'y joindre encore celle de l'esprit. *(b)* Il ne nous faut guiere de doctrine pour vivre à nostre aise. Et Socrates nous aprend qu'elle est en nous, et la manière de l'y trouver et de s'en ayder. Toute cette nostre suffisance, qui est au delà de la naturelle, est à peu près vaine et superflue[1]. C'est beaucoup si elle ne nous charge et trouble plus qu'elle ne nous sert. *(c)* « *Paucis opus est litteris ad mentem bonam*[2]. » *(b)* Ce sont des excez fievreux de nostre esprit, instrument brouillon et inquiete. Recueillez-vous; vous trouverez en vous les arguments de la nature contre la mort vrais, et les plus propres à vous servir à la necessité; ce sont ceux qui font mourir un paisan et des peuples entiers aussi constamment qu'un philosophe. *(c)* Fussé je mort moins allegrement avant qu'avoir veu les *Tusculanes ?* J'estime que non. Et quand je me trouve au propre, je sens que ma langue s'est enrichie, mon courage de rien; il est comme Nature me le forgea, et se targue pour le conflict d'une marche populaire et commune. Les livres m'ont servi non tant d'instruction que d'exercitation. Quoy? si *(b)* la science, essayant de nous armer de nouvelles deffences contre les inconveniens naturels, nous a plus imprimé en la fantasie leur grandeur et leur pois, qu'elle n'a ses raisons et subtilitez à nous en couvrir. *(c)* Ce sont voirement subtilitez, par où elle nous esveille souvent bien vainement. Les autheurs, mesmes plus serrez et plus sages, voiez autour d'un bon argument combien ils en sement d'autres legers, et qui y regarde de près, incorporels. Ce ne sont qu'arguties verbales, qui nous trompent. Mais d'autant que ce peut estre utilement, je ne les veux pas autrement esplucher. Il y en a ceans assez de cette condition en divers lieux, ou par emprunt, ou par imitation. Si se faut-il prendre un peu garde de n'appeler pas force ce qui n'est que gentillesse, et ce qui n'est qu'aigu, solide, ou bon ce qui n'est que beau : « *quæ magis gustata quàm potata delectant*[3]. » Tout ce qui plaist ne paist pas. « *Ubi non ingenii, sed animi negotium agitur*[4]. »

(b) A voir les efforts que Seneque se donne pour se preparer contre la mort, à le voir suer d'ahan pour se roidir et pour s'asseurer, et se desbatre si long temps en

cette perche, j'eusse esbranlé sa reputation, s'il ne l'eut en mourant très vaillamment maintenuë. Son agitation si ardante, si frequente, *(c)* montre qu'il estoit chaud et impetueux luy mesmes. « *Magnus animus remissius loquitur et securius*[1]. » « *Non est alius ingenio, alius animo color*[2]. » Il le faut convaincre à ses despens. Et *(b)* montre aucunement qu'il estoit pressé de son adversaire. La façon de Plutarque, d'autant qu'elle est plus desdaigneuse et plus destendue, elle est, selon moy, d'autant plus virile et persuasive; je croyrois ayséement que son ame avoit les mouvements plus asseurez et plus reiglés. L'un, plus vif, nous pique et eslance en sursaut, touche plus l'esprit. L'autre, plus rassis, nous informe, establit et conforte constamment, touche plus l'entendement. *(c)* Celuy là ravit nostre jugement, cestuy-cy le gaigne.

J'ai veu pareillement d'autres escrits encore plus reverez qui, en la peinture du conflit qu'ils soutiennent contre les aiguillons de la chair, les representent si cuisants, si puissants et invincibles que nous 'mesmes, qui sommes de la voirie du peuple, avons autant à admirer l'estrangeté et vigueur incognuë de leur tentation, que leur resistance.

(b) A quoi faire nous allons nous gendarmant par ces efforts de la science? Regardons à terre les pauvres gens que nous y voyons espandus, la teste penchante après leur besongne, qui ne sçavent ny Aristote ny Caton, ny exemple, ny precepte; de ceux là tire nature tous les jours des effects de constance et de patience, plus purs et plus roides que ne sont ceux que nous estudions si curieusement en l'escole. Combien en vois-je ordinairement, qui mescognoissent la pauvreté? combien qui desirent la mort, ou qui la passent sans alarme et sans affliction? Celuy là qui fouyt mon jardin, il a ce matin enterré son pere ou son fils. Les noms mesme de quoy ils appellent les maladies en adoucissent et amollissent l'aspreté; la phtisie, c'est la tous pour eux; la dysenterie, devoyement d'estomac; un pleuresis, c'est un morfondement; et selon qu'ils les nomment doucement, ils les supportent aussi. Elles sont bien griefves quand elles rompent leur travail ordinaire; ils ne s'allitent que pour mourir. *(c)* « *Simplex illa et aperta virtus in obscuram et solertem scientiam versa est*[3]. »

(b) J'escrivois cecy environ le temps qu'une forte charge de nos troubles se croupit plusieurs mois, de tout son pois, droict sur moy[4]. J'avois d'une part les ennemys

à ma porte, d'autre part les picoreurs, pires ennemys :
(c) « non armis sed vitiis certatur[1] »; *(b)* et essayois toute
sorte d'injures militaires à la fois.

> *Hoſtis adeſt dextra levàque à parte timendus,*
> *Vicinòque malo terret utrùmque latus*[2].

Monſtrueuse guerre : les autres agissent au dehors;
cette-cy encore contre soy se ronge et se desfaict par son
propre venin. Elle eſt de nature si maligne et ruineuse
qu'elle se ruine quand et quand le reſte, et se deschire et
desmembre de rage. Nous la voyons plus souvent se
dissoudre par elle mesme que par disette d'aucune chose
necessaire, ou par la force ennemye. Toute discipline la
fuyt. Elle vient guarir la sedition et en eſt pleine, veut
chaſtier la desobeyssance et en montre l'exemple, et,
employée à la deffence des loix, faict sa part de rebellion
à l'encontre des siennes propres. Où en sommes nous?
Noſtre medecine porte infection,

> Noſtre mal s'empoisonne
> Du secours qu'on luy donne.

> *Exuperat magis ægrescitque medendo*[3].

> *Omnia fanda, nefanda, malo permiſta furore,*
> *Juſtificam nobis mentem avertere Deorum*[4].

En ces maladies populaires, on peut diſtinguer sur le
commencement les sains des malades; mais quand elles
viennent à durer, comme la noſtre, tout le corps s'en sent,
et la teſte et les talons; aucune partye n'eſt exempte de
corruption. Car il n'eſt air qui se hume si gouluement, qui
s'espande et penetre, comme faict la licence. Nos armées
ne se lient et tiennent plus que par simant eſtranger; des
françois, on ne sçait plus faire un corps d'armée conſtant
et reglé. Quelle honte! Il n'y a qu'autant de discipline que
nous en font voir des soldats empruntez[5]; quant à nous,
nous nous conduisons à discretion, et non pas du chef,
chacun selon la sienne : il a plus affaire au dedans qu'au
dehors. C'eſt au commandant de suivre, courtizer et plier,
à luy seul d'obeir; tout le reſte eſt libre et dissolu. Il me
plaiſt de voir combien il y a de lascheté et de pusillanimité
en l'ambition, par combien d'abjection et de servitude
il luy faut arriver à son but. Mais cecy me deplaiſt il de
voir des natures debonnaires et capables de juſtice se corrompre tous les jours au maniement et commandement

de cette confusion. La longue souffrance engendre la
coustume, la coustume le consentement et l'imitation.
Nous avions assez d'ames mal nées sans gaster les bonnes
et genereuses. Si que, si nous continuons, il restera
malayséement à qui fier la santé de cet estat, au cas que
fortune nous la redonne.

> *Hunc saltem everso juvenem succurrere seclo*
> *Ne prohibite*[1].

(c) Qu'est devenu cet ancien præcepte, que les soldats
ont plus à craindre leur chef que l'ennemy[2]? et ce merveilleux exemple, qu'un pommier s'estant trouvé enfermé
dans le pourpris du camp de l'armée Romaine, elle fut
veüe l'endemain en desloger, laissant au possesseur le
conte entier de ses pommes, meures et delicieuses[3]?
J'aymerois bien que nostre jeunesse, au lieu du temps
qu'elle employe à des peregrinations moins utiles et
apprentissages moins honorables, elle le mist moitié à
voir de la guerre sur mer, sous quelque bon capitaine
commandeur de Rhodes[4], moitié à recognoistre la discipline des armées Turkesques, car elle a beaucoup de
differences et d'avantages sur la nostre. Cecy en est, que
nos soldats deviennent plus licentieux aux expeditions, là
plus retenus et craintifs; car les offenses ou larrecins sur
le menu peuple, qui se punissent de bastonnades en la
paix, sont capitales en guerre; pour un œuf prins sans
payer, ce sont, de conte prefix, cinquante coups de baston;
pour tout autre chose, tant legere soit elle, non propre
à la nourriture, on les empale ou decapite sans deport[5].
Je me suis estonné en l'histoire de Selim, le plus cruel
conquerant qui fut onques, voir, lorsqu'il subjugua
l'Ægypte, que les admirables jardins, qui sont autour de
la ville de Damas en abondance et delicatesse, resterent
vierges des mains de ses soldats, tous ouvers et non clos
comme ils sont[6].

(b) Mais est il quelque mal en une police qui vaille
estre combatu par une drogue si mortelle? Non pas,
disoit Faonius[7], l'usurpation de la possession tyrannique
d'un estat. *(c)* Platon de mesme[8] ne consent pas qu'on
face violence au repos de son pays pour le guerir, et
n'accepte pas l'amendement qui[9] couste le sang et ruine
des citoyens, establissant l'office d'un homme de bien,
en ce cas, de laisser tout là; seulement de prier Dieu qu'il

y porte sa main extraordinaire. Et semble sçavoir mauvais gré à Dion, son grand amy, d'y avoir un peu autrement procedé.

J'estois Platonicien de ce costé là, avant que je sçeusse qu'il y eust de Platon au monde. Et si ce personnage doit purement estre refusé de nostre consorce, luy qui, par la sincerité de sa conscience, merita envers la faveur divine de penetrer si avant en la Chrestienne lumiere, au travers des tenebres publiques du monde de son temps, je ne pense pas qu'il nous siese bien de nous laisser instruire à un payen. Combien c'est d'impieté de n'attendre de Dieu nul secours simplement sien et sans nostre cooperation. Je doubte souvent si, entre tant de gens qui se meslent de telle besoigne, nul s'est rencontré d'entendement si imbecille, à qui on aye en bon escient persuadé qu'il alloit vers la reformation par la derniere des difformations, qu'il tiroit vers son salut par les plus expresses causes que nous ayons de très certaine damnation, que, renversant la police, le magistrat et les loix en la tutelle desquelles Dieu l'a colloqué desmembrant sa mere et en donnant à ronger les pieces à ses anciens enemis, remplissant des haines parricides les courages fraternels, appelant à son ayde les diables et les furies, il puisse apporter secours à la sacrosainte douceur et justice de la parole divine. *(b)* L'ambition, l'avarice, la cruauté, la vengeance n'ont point assez de propre et naturelle impetuosité; amorchons les et les attisons par le glorieux titre de justice et devotion. Il ne se peut imaginer un pire visage des choses qu'où la meschanceté vient à estre legitime, et prendre, avec le congé du magistrat, le manteau de la vertu. *(c)* « *Nihil in speciem fallacius quàm prava relligio, ubi deorum numen prætenditur sceleribus*[1]. » L'extreme espece d'injustice, selon Platon, c'est que ce qui est injuste soit tenu pour juste.

(b) Le peuple y souffrit bien largement lors, non les dommages presens seulement.

undique totis
Usque adeo turbatur agris[2],

mais les futurs aussi. Les vivans y eurent à patir; si eurent ceux qui n'estoient encore nays. On le pilla, et à moy par consequent, jusques à l'esperance, luy ravissant tout ce qu'il avoit à s'aprester à vivre pour longues années.

Quæ nequeunt secum ferre aut abducere perdunt,
Et cremat insontes turba scelesta casas[1].

Muris nulla fides, squallent populatibus agri[2].

Outre cette secousse, j'en souffris d'autres. J'encorus les inconveniens que la moderation aporte en telles maladies. Je fus pelaudé à toutes mains : au Gibelin j'estois Guelphe, au Guelphe Gibelin[3]; quelqu'un de mes poëtes dict bien cela, mais je ne scay où c'est. La situation de ma maison et l'acointance des hommes de mon voisinage me presentoient d'un visage, ma vie et mes actions d'un autre. Il ne s'en faisoit point des accusations formées, car il n'y avoit où mordre; je ne desempare jamais les loix; et qui m'eust recerché m'en eust deu de reste. C'estoyent suspitions muettes qui couroient sous main, ausquelles il n'y a jamais faute d'apparence, en un meslange si confus, non plus que d'espris ou envieux, ou ineptes. *(c)* J'ayde ordinairement aux presomptions injurieuses que la Fortune seme contre moy par une façon que j'ay dès tousjours de fuir à me justifier, excuser et interpreter, estimant que c'est mettre ma conscience en compromis de playder pour elle. « *Perspicuitas enim argumentatione elevatur[4].* » Et comme si chacun voyait en moy aussi clair que je fay, au lieu de me tirer arriere de l'accusation, je m'y avance et la renchery plustost par une confession ironique et moqueuse; si je ne m'en tais tout à plat, comme de chose indigne de response. Mais ceux qui le prennent pour une trop hautaine confiance ne m'en veulent gueres moins que ceux qui le prennent pour foiblesse d'une cause indefensible, nomméement les grands, envers lesquels faute de summission est l'extreme faute, rudes à toute justice qui se cognoist, qui se sent, non demise, humble et suppliante. J'ay souvent heurté à ce pilier. Tant y a que de ce qui m'advint lors, *(b)* un ambitieux s'en fut pandu; si eust faict un avaritieux.

Je n'ay soing quelconque d'acquerir.

Sit mihi quod nunc est, etiam minus, ut mihi vivam
Quod superest ævi, si quid superesse volent dii[5].

Mais les pertes qui me viennent par l'injure d'autruy, soit larrecin, soit violence, me pinsent environ comme à un homme malade et geiné d'avarice. L'offence a, sans mesure, plus d'aigreur que n'a la perte.

Mille diverses sortes de maux accoureurent à moy à la file; je les eusse plus gaillardement souffers à la foule. Je pensay desjà, entre mes amys, à qui je pourrois commettre une vieillesse necessiteuse et disgratiée; après avoir rodé les yeux partout, je me trouvay en pourpoint. Pour se laisser tomber à plomb, et de si haut, il faut que ce soit entre les bras d'une affection solide, vigoreuse et fortunée; elles sont rares, s'il y en a. En fin, je cogneuz que le plus seur estoit de me fier à moy-mesme de moy et de ma necessité, et s'il m'advenoit d'estre froidement en la grace de la fortune, que je me recommandasse de plus fort à la mienne, m'atachasse, regardasse de plus près à moy. *(c)* En toutes choses les hommes se jettent aux appuis estrangers pour espargner les propres, seuls certains et seuls puissans, qui sçait s'en armer. Chacun court ailleurs et à l'advenir, d'autant que nul n'est arrivé à soy. *(b)* Et me resolus que c'estoyent utiles inconveniens.

D'autant premierement qu'il faut avertir à coups de foyt les mauvais disciples, quand la rayson n'y peut assez, *(c)* comme par le feu et violence des coins nous ramenons un bois tortu à sa droiteur. *(b)* Je me presche il y a si long temps de me tenir à moy, et separer des choses estrangeres; toutesfois je tourne encores tousjours les yeux à costé : l'inclination, un mot favorable d'un grand, un bon visage me tente. Dieu sçait s'il en est cherté en ce temps, et quel sens il porte! J'oys encore, sans rider le front, les subornemens qu'on me faict pour me tirer en place marchande, et m'en deffens si mollement qu'il semble que je souffrisse plus volontiers d'en estre vaincu. Or à un esprit si indocile, il faut des bastonnades; et faut rebattre et resserrer à bons coups de mail ce vaisseau qui se desprent, se descout, qui s'eschape et desrobe de soy.

Secondement, que cet accident me servoit d'exercitation pour me preparer à pis, si moy, qui, et par le benefice de la fortune et par la condition de mes meurs, esperois estre des derniers, venois à estre des premiers attrapé de cette tempeste : m'instruisant de bonne heure à contraindre ma vie et la renger pour un nouvel estat. La vraye liberté, c'est pouvoir toute chose sur soy. *(c)* « *Potentissimus est qui se habet in potestate*[1]. »

(b) En un temps ordinaire et tranquille, on se prepare à des accidens moderez et communs; mais en cette confusion où nous sommes dépuis trente ans, tout homme fran-

çois, soit en particulier, soit en general, se voit à chaque heure sur le point de l'entier renversement de sa fortune. D'autant faut-il tenir son courage fourny de provisions plus fortes et vigoureuses. Sçachons gré au sort de nous avoir fait vivre en un siecle non mol, languissant ny oisif : tel, qui ne l'eut esté par autre moyen, se rendra fameux par son malheur.

(c) Comme je ne ly guere és histoires ces confusions des autres estats que je n'aye regret de ne les avoir peu mieux considerer present, ainsi faict ma curiosité, que je m'aggrée aucunement de voir de mes yeux ce notable spectacle de nostre mort publique, ses symptomes et sa forme. Et puis que je ne la puis retarder, suis content d'estre destiné à y assister et m'en instruire.

Si cherchons nous avidement de recognoistre en ombre mesme et en la fable des Theatres la montre des jeux tragiques de l'humaine fortune.

Ce n'est pas sans compassion de ce que nous oyons, mais nous nous plaisons d'esveiller nostre desplaisir par la rareté de ces pitoyables evenemens. Rien ne chatouille qui ne pince. Et les bons historiens fuyent, comme une caue dormante et mer morte, des narrations calmes, pour regaigner les seditions, les guerres, où ils sçavent que nous les appellons. Je doute si je puis assez honnestement advouer à combien vil pris du repos et tranquillité de ma vie, je l'ay plus de moitié passée en la ruine de mon pays. Je me donne un peu trop bon marché de patience és accidens qui ne me saisissent au propre, et pour me plaindre à moy regarde, non tant ce qu'on m'oste, que ce qui me reste de sauve et dedans et dehors. Il y a de la consolation à eschever tantost l'un tantost l'autre des maux qui nous guignent de suite et assenent ailleurs autour de nous. Aussi qu'en matiere d'interetz publiques, à mesure que mon affection est plus universellement espandue, elle en est plus foible. Joinct que certes à peu près « *tantum ex publicis malis sentimus, quantum ad privatas res pertinet*[1]. » Et que la santé d'où nous partismes estoit telle qu'elle soulage elle mesme le regret que nous en devrions avoir. C'estoit santé, mais non qu'à la comparaison de la maladie qui l'a suyvie. Nous ne sommes cheus de gueres haut. La corruption et le brigandage qui est en dignité et en ordre me semble le moins supportable. On nous volle moins injurieusement dans un bois qu'en lieu de seureté. C'estoit une

jointure universelle de membres gaſtez en particulier à
l'envy les uns des autres, et la plus parts d'ulceres envieillis, qui ne recevoient plus, ny ne demandoient
guerison.

(b) Ce crollement donq m'anima certes plus qu'il ne
m'atterra, à l'aide de ma conscience qui se portoit non
paisiblement seulement, mais fierement; et ne trouvois en
quoy me plaindre de moy. Aussi, comme Dieu n'envoie
jamais non plus les maux que les biens purs aux hommes,
ma santé tint bon ce temps là outre son ordinaire; et,
ainsi que sans elle je ne puis rien, il eſt peu de choses que
je ne puisse avec elle. Elle me donna moyen d'esveiller
toutes mes provisions et de porter la main au devant
de la playe qui euſt passé volontiers plus outre. Et
esprouvay en ma patience que j'avoys quelque tenue
contre la fortune, et qu'à me faire perdre mes arçons il
me falloit un grand heurt. Je ne le dis pas pour l'irriter
à me faire une charge plus vigoureuse. Je suis son serviteur, je luy tends les mains; pour Dieu qu'elle se contente! Si je sens ses assaux? Si fais. Comme ceux que la
triſtesse accable et possede se laissent pourtant par intervalles taſtonner à quelque plaisir et leur eschappe un
soubsrire, je puis aussi assez sur moy pour rendre mon
eſtat ordinaire paisible et deschargé d'ennuyeuse imagination; mais je me laisse pourtant, à boutades, surprendre
des morsures de ces malplaisantes pensées, qui me battent
pendant que je m'arme pour les chasser ou pour les
luiĉter.

Voicy un autre rengregement de mal qui m'arriva à
la suite du reſte. Et dehors et dedans ma maison, je fus
accueilly d'une peſte, vehemente au pris de toute autre[1].
Car, comme les corps sains sont subjeĉts à plus griefves
maladies, d'autant qu'ils ne peuvent eſtre forcez que par
celles-là, aussi mon air trèssalubre, où d'aucune memoire
la contagion, bien que voisine, n'avoit sceu prendre pied,
venant à s'empoisonner, produisit des effeĉts eſtranges.

> *Miſta senum et juvenum densantur funera, nullum*
> *Sæva caput Proserpina fugit*[2].

J'eus à souffrir cette plaisante condition que la veue de
ma maison m'eſtoit effroiable. Tout ce qui y eſtoit eſtoit
sans garde, et à l'abandon de qui en avoit envie. Moy qui
suis si hospitalier, fus en tres penible queſte de retraiĉte

pour ma famille; une famille esgarée, faisant peur à ses amis, et à soy-mesme, et horreur où qu'elle cerchaſt à se placer, ayant à changer de demeure soudain qu'un de la troupe commençoit à se douloir du bout du doigt. Toutes maladies sont prises pour peſtes; on ne se donne pas le loisir de les reconnoiſtre. Et c'eſt le bon que, selon les reigles de l'art, à tout danger qu'on approche il faut eſtre quarante jours en transe de ce mal, l'imagination vous exerceant ce pendant à sa mode et enfievrant voſtre santé mesme.

Tout cela m'euſt beaucoup moins touché si je n'eusse eu à me ressentir de la peine d'autruy, et servir six mois miserablement de guide à cette caravane. Car je porte en moy mes preservatifs, qui sont resolution et souffrance. L'apprehension ne me presse guere, laquelle on crainct particulierement en ce mal. Et si, eſtant seul, je l'eusse voulu prendre, c'euſt eſté une fuite bien plus gaillarde et plus esloingnée. C'eſt une mort qui ne me semble des pires : elle eſt communéement courte, d'eſtourdissement, sans douleur, consolée par la condition publique, sans ceremonie, sans deuil, sans presse[1]. Mais quant au monde des environs, la centiesme partie des ames ne se peuſt sauver :

> *videas desertáque regna*
> *Paſtorum, et longè saltus latéque vacantes[2].*

En ce lieu mon meilleur revenu eſt manuel : ce que cent hommes travailloient pour moy chaume pour longtemps.

Or lors, quel exemple de resolution ne vismes nous en la simplicité de tout ce peuple? Generalement chacun renonçoit au soing de la vie. Les raisins demeurerent suspendus aux vignes, le bien principal du pays, tout indifferemment se preparans et attendans la mort à ce soir, ou au lendemain, d'un visage et d'une voix si peu effroyée qu'il sembloit qu'ils eussent compromis à cette necessité et que ce fut une condemnation universelle et inevitable. Elle eſt tousjours telle. Mais à combien peu tient la resolution au mourir? la diſtance et difference de quelques heures, la seule consideration de la compaignie nous en rend l'apprehension diverse. Voyez ceux cy : pour ce qu'ils meurent en mesme mois, enfans, jeunes, vieillards, ils ne s'eſtonnent plus, ils ne se pleurent plus. J'en vis qui craingnoient de demeurer derriere, comme en une horrible solitude; et

n'y conneu communéement autre soing que des sepultures : il leur faschoit de voir les corps espars emmy les
champs, à la mercy des bestes, qui y peuplerent incontinent. *(c)* (Comment les fantasies humaines se decoup-
pent : les Néorites, nation qu'Alexandre subjugua,
jettent les corps des morts au plus profond de leurs bois
pour y estre mangez, seule sepulture estimée entre eux
heureuse[1].) *(b)* Tel, sain, faisoit desjà sa fosse; d'autres
s'y couchoient encore vivans. Et un maneuvre des miens
à tout ses mains et ses pieds attira sur soy la terre en
mourant : estoit ce pas s'abrier pour s'endormir plus à son
aise? *(c)* D'une entreprise en hauteur aucunement
pareille à celle des soldats Romains qu'on trouva, après
la journée de Cannes, la teste plongée dans des trous qu'ils
avoient faicts et comblez de leurs mains en s'y suffoquant[2].
(b) Somme, toute une nation fut incontinent, par usage,
logée en une marche qui ne cede en roideur à aucune
resolution estudiée et consultée.

La plus part des instructions de la science à nous encourager ont plus de montre que de force, et plus d'ornement
que de fruict. Nous avons abandonné nature et luy
voulons apprendre sa leçon, elle qui nous menoit si
heureusement et si seurement. Et cependant les traces
de son instruction et ce peu qui, par le benefice de
l'ignorance, reste de son image empreint en la vie de
cette tourbe rustique d'hommes impolis, la science est
contrainte de l'aller tous les jours empruntant, pour en
faire patron à ses disciples de constance, d'innocence
et de tranquillité. Il faict beau voir que ceux-cy plains de
tant de belle cognoissance, ayent à imiter cette sotte
simplicité, et à l'imiter aux premieres actions de la vertu,
et que nostre sapience apreigne des bestes mesmes les
plus utiles enseignemens aux plus grandes et necessaires
parties de nostre vie : comme il nous faut vivre et mourir,
mesnager nos biens, aymer et eslever nos enfans, entretenir justice; singulier tesmoignage de l'humaine maladie;
et que cette raison qui se manie à nostre poste, trouvant
tousjours quelque diversité et nouvelleté, ne laisse chez
nous aucune trace apparente de la nature. Et en ont faict
les hommes comme les parfumiers de l'huile[3] : ils l'ont
sophistiquée de tant d'argumentations et de discours
appellez du dehors, qu'elle en est devenue variable et
particuliere à chacun, et a perdu son propre visage,

conſtant et universel, et nous faut en cercher tesmoignage
des beſtes, non subjeĉt à faveur, corruption, ny à diversité
d'opinions. Car il eſt bien vray qu'elles mesmes ne vont
pas tousjours exaĉtement dans la route de nature, mais ce
qu'elles en desvoyent, c'eſt si peu que vous en appercevez
tousjours l'orniere. Tout ainsi que les chevaux qu'on
meine en main font bien des bonds et des escapades, mais
c'eſt la longueur de leurs longes, et suyvent ce neantmoins
toujours les pas de celuy qui les guide; et comme
l'oiseau prend son vol, mais sous la bride de sa filiere.

(c) « *Exilia, tormenta, bella, morbos, naufragia meditare,
ut nullo sis malo tyro*[1]. » (b) A quoy nous sert cette curiosité
de preoccuper tous les inconvenients de l'humaine
nature, et nous preparer avec tant de peine à l'encontre de
ceux mesme qui n'ont à l'avanture poinĉt à nous toucher?
(c) « *Parem passis triſtitiam facit, pati posse*[2]. » Non seulemant le coup, mais le vent et le pet nous frappe[3]. (b)
Ou comme les plus fievreux, car certes c'eſt fiévre, aller
dès à cette heure vous faire donner le fouet, parce qu'il
peut advenir que fortune vous le fera souffrir un jour,
(c) et prendre voſtre robe fourrée dès la S. Jean parce que
vous en aurez besoing à Noel? (b) « Jettez vous en
l'experience des maux qui vous peuvent arriver, nommément des plus extremes : esprouvez vous là, disent-ils,
asseurez vous là. » Au rebours, le plus facile et plus naturel
seroit en descharger mesme sa pensée. Ils ne viendront
pas assez toſt, leur vray eſtre ne nous dure pas assez; il
faut que noſtre esprit les eſtende et alonge et qu'avant
la main il les incorpore en soy et s'en entretienne, comme
s'ils ne poisoient pas raisonnablement à nos sens.
(c) « Ils poiseront assez quand ils y seront, dit un des
maiſtres, non de quelque tendre seĉte, mais de la plus dure[4].
Cependant favorise toy; croy ce que tu aimes le mieux.
Que te sert il d'aller recueillant et prevenant ta male
fortune, et de perdre le present par la crainte du futur,
et eſtre à cette heure miserable par ce que tu le dois eſtre
avec le temps? » Ce sont ses mots. (b) La science nous
faiĉt volontiers un bon office de nous inſtruire bien
exaĉtement des dimentions des maux,

Curis acuens mortalia corda[5].

Ce seroit dommage si partie de leur grandeur eschapoit
à noſtre sentiment et cognoissance.

Il est certain qu'à la plus part, la preparation à la mort a donné plus de tourment que n'a faict la souffrance. *(c)* Il fut jadis veritablement dict, et par un bien judicieux autheur : « *minus afficit sensus fatigatio quam cogitatio*[1]. »

Le sentiment de la mort presente nous anime parfois de soy mesme d'une prompte resolution de ne plus eviter chose du tout inevitable. Plusieurs gladiateurs se sont veus, au temps passé, après avoir couardement combattu, avaller courageusement la mort, offrans leur gosier au fer de l'ennemy et le convians. La veue de la mort advenir a besoing d'une fermeté lente, et difficile par consequent à fournir[2]. *(b)* Si vous ne sçavez pas mourir, ne vous chaille; nature vous en informera sur le champ, plainement et suffisamment; elle fera exactement cette besongne pour vous; n'en empeschez vostre soing.

> *Incertam frustra, mortales, funeris horam*
> *Quæritis, et qua sit mors aditura via*[3].

> *Pæna minor certam subito perferre ruinam,*
> *Quod timeas gravius sustinuisse diu*[4].

Nous troublons la vie par le soing de la mort, et la mort par le soing de la vie. *(c)* L'une nous ennuye, l'autre nous effraye. *(b)* Ce n'est pas contre la mort que nous nous preparons; c'est chose trop momentanée. *(c)* Un quart d'heure de passion sans consequence, sans nuisance, ne merite pas des preceptes particuliers. *(b)* A dire vray, nous nous preparons contre les preparations de la mort. La philosophie nous ordonne d'avoir la mort tousjours devant les yeux, de la prevoir et considerer avant le temps, et nous donne après les reigles et les precautions pour prouvoir à ce que cette prevoiance et cette pensée ne nous blesse. Ainsi font les medecins qui nous jettent aux maladies, afin qu'ils ayent où employer leurs drogues et leur art. *(c)* Si nous n'avons sçeu vivre, c'est injustice de nous apprendre à mourir, et de difformer la fin de son tout. Si nous avons sçeu vivre constamment et tranquillement, nous sçaurons mourir de mesme. Ils s'en venteront tant qu'il leur plaira. « *Tota philosoforum vita commentatio mortis est*[5]. Mais il m'est advis que c'est bien le bout, non pourtant le but de la vie; c'est sa fin, son extremité, non pourtant son object. Elle doit estre elle mesme à soy sa visée, son dessein; son droit estude est se regler, se conduire, se souffrir. Au nombre de plusieurs autres offices que comprend ce general et principal chapitre de sçavoir vivre, est cet article de sçavoir mourir; et des plus legers si nostre crainte ne luy donnoit poids.

(b) A les juger par l'utilité et par la verité naifve les leçons de la simplicité ne cedent gueres à celles que nous presche la doctrine, au contraire. Les hommes sont divers en goust et en force; il les faut mener à leur bien selon eux, et par routes diverses. *(c)* « *Quo me cumque rapit tempestas, deferor hospes*[1]. » *(b)* Je ne vy jamais paysan de mes voisins entrer en cogitation de quelle contenance et assurance il passeroit cette heure derniere. Nature luy apprend à ne songer à la mort que quand il se meurt. Et lors, il y a meilleure grace qu'Aristote, lequel la mort presse doublement, et par elle, et par une si longue prevoyance. Pourtant fut-ce l'opinion de Cæsar que la moins pourpensée mort estoit la plus heureuse et plus deschargée[2]. *(c)* « *Plus dolet quàm necesse est, qui antè dolet quàm necesse est*[3]. » L'aigreur de cette imagination naist de nostre curiosité. Nous nous empeschons tousjours ainsi, voulans devancer et regenter les prescriptions naturelles. Ce n'est qu'aux docteurs d'en disner plus mal, tous sains, et se refroigner de l'image de la mort. Le commun n'a besoing ny de remede, ny de consolation qu'au coup, et n'en considere qu'autant justement qu'il en sent. *(b)* Est-ce pas ce que nous disons, que la stupidité et faute d'apprehension du vulgaire luy donne cette patience aux maux presens et cette profonde nonchalance des sinistres accidens futurs? *(c)* que leur ame, pour estre crasse et obtuse, est moins penetrable et agitable? *(b)* Pour Dieu, s'il est ainsi, tenons d'ores en avant escolle de bestise. C'est l'extreme fruict que les sciences nous promettent, auquel cette-cy conduict si doucement ses disciples.

Nous n'aurons pas faute de bons regens, interpretes de la simplicité naturelle. Socrates en sera l'un. Car, de ce qu'il m'en souvient, il parle environ en ce sens aux juges qui deliberent de sa vie : « J'ay peur, messieurs, si je vous prie de ne me faire mourir, que je m'enferre en la delation de mes accusateurs, qui est que je fais plus l'entendu que les autres, comme ayant quelque cognoissance plus cachée des choses qui sont au dessus et au dessous de nous. Je sçay que je n'ay ny frequenté, ny recogneu la mort, ny n'ay veu personne qui ayt essayé ses qualitez pour m'en instruire. Ceux qui la craingnent presupposent la cognoistre. Quant à moy, je ne sçay ny quelle elle est, ny quel il faict en l'autre monde. À l'avanture[1] est la mort chose indifferente, à l'avanture desirable. *(c)* (Il est à croire pourtant, si c'est une transmigration d'une place à autre, qu'il y a de l'amendement d'aller vivre avec tant de grands personnages trespassez, et d'estre exempt d'avoir plus à faire à juges iniques et corrompus. Si c'est un aneantissement de nostre estre, c'est encore amendement d'entrer en une longue et paisible nuit. Nous ne sentons rien de plus doux en la vie qu'un repos et sommeil tranquille et profond, sans songes[2].) *(b)* Les choses que je sçay estre mauvaises, comme d'offencer son prochain et desobeir au superieur, soit Dieu, soit homme, je les evite songneusement. Celles desquelles je ne sçay si elles sont bonnes ou mauvaises, je ne les sçauroy craindre[3]... *(c)* Si je m'en vay mourir et vous laisse en vie, les Dieux seuls voyent à qui, de vous ou de moy, il en ira mieux. Par quoy, pour mon regard vous en ordonnerez comme il vous plaira. Mais selon ma façon de conseiller les choses justes et utiles, je dy bien que, pour vostre conscience, vous ferez mieux de m'eslargir, si vous ne voyez plus avant que moy en ma cause[4]; et, jugeant selon mes actions passées et publiques et privées, selon mes intentions, et selon le profit que tirent tous les jours de ma conversation tant de nos citoyens et jeunes et vieux, et le fruit que je vous fay à tous, vous ne pouvez duement vous descharger envers mon merite qu'en ordonnant que je sois nourry, attendu ma pauvreté, au Prytanée aux despens publiques, ce que souvent je vous ay veu à moindre raison ottroyer à d'autres[5]... Ne prenez pas à obstination ou desdain que, suivant la coustume, je n'aille vous suppliant et esmouvant à commiseration. J'ay des amis et des parents (n'estant, comme dict Homere, engendré ny de bois, ny de pierre, non plus que les autres) capables de se presenter avec des larmes et le deuil, et ay trois enfans esplorez de quoy vous tirer à pitié. Mais je ferois honte à nostre ville, en l'aage que je suis et en telle reputation de sagesse que m'en voicy en prevention, de m'aller desmettre à si lasches contenances. Que diroit-on des autres Atheniens? J'ay tousjours admonété ceux qui m'ont ouy parler de ne racheter leur vie par une action deshoneste[6]. Et aux

guerres de mon pays, à Amphipolis, à Potidée, à Delie
et autres où je me suis trouvé, j'ay montré par effect
combien j'estois loing de garentir ma seureté par ma
honte[1]. D'avantage, j'interesserois vostre devoir et vous
convierois à choses laydes; car ce n'est pas à mes prieres
de vous persuader, c'est aux raisons pures et solides de la
justice. Vous avez juré aux Dieux d'ainsi vous maintenir :
il sembleroit que je vous vousisse soupçonner et recri-
miner de ne croire pas qu'il y en aye. Et moy mesme
tesmoignerois contre moy de ne croire point en eux
comme je doy, me desfiant de leur conduicte et me
remettant purement en leurs mains mon affaire. Je m'y
fie du tout et tiens pour certain qu'ils feront en cecy
selon qu'il sera plus propre à vous et à moy[2]. Les gens
de bien, ny vivans ny morts, n'ont aucunement à se
craindre des Dieus[3]. »

   (b) Voylà pas un plaidoyer (c) sec et sain, mais quand
et quand naïf et bas, (b) d'une hauteur inimaginable,
(c) veritable, franc et juste au delà de tout exemple, (b)
et employé en quelle necessité? (c) Vrayement ce fut
raison qu'il le preferast à celuy que ce grand orateur
Lysias avoit mis par escrit pour luy, excellemment
façonné au stile judiciaire, mais indigne d'un si noble
criminel[4]. Eust-on ouy de la bouche de Socrates une voix
suppliante? Cette superbe vertu eust elle calé au plus fort
de sa montre? Et sa riche et puissante nature eust elle
commis à l'art sa defense, et en son plus haut essay
renoncé à la verité et naïfveté, ornemens de son parler,
pour se parer du fard des figures et feintes d'une oraison
apprinse? Il feit très-sagement, et selon luy, de ne
corrompre une teneur de vie incorruptible et une si
saincte image de l'humaine forme, pour allonger d'un an
sa decrepitude et trahir l'immortelle memoire de cette fin
glorieuse. Il devoit sa vie, non pas à soy, mais à l'exemple
du monde; seroit ce pas dommage publique qu'il l'eust
achevée d'une oisifve et obscure façon?

   (b) Certes une si nonchallante et molle consideration de
sa mort meritoit que la posterité la considerast d'autant
plus pour luy : ce qu'elle fit. Et il n'y a rien en la justice si
juste que ce que la fortune ordonna pour sa recommandation. Car les Atheniens eurent en telle abomination ceux
qui en avoient esté cause qu'on les fuyoit comme personnes excommuniées; on tenoit pollu tout ce à quoy

ils avoient touché; personne à l'estuve ne lavoit avec
eux; personne ne les saluoit, ny accointoit; si qu'en
fin, ne pouvant plus porter cette hayne publique, ils se
pendirent eux-mesmes[1].

Si quelqu'un estime que parmy tant d'autres exemples
que j'avois à choisir pour le service de mon propos és
dicts de Socrates, j'aye mal trié cettuy-cy, et qu'il juge
ce discours estre eslevé au dessus des opinions communes,
je l'ay faict à escient. Car je juge autrement, et tiens que
c'est un discours en rang et en naifveté bien plus arriere
et plus bas que les opinions communes : il représente
(c) en une hardiesse inartificielle et niaise, en une securité
puérile, *(b)* la pure et premiere impression *(c)* et ignorance *(b)* de nature. Car il est croyable que nous avons
naturellement crainéte de la douleur, mais non de la
mort à cause d'elle mesmes : c'est une partie de nostre
estre non moins essentielle que le vivre. A quoy faire nous
en auroit nature engendré la hayne et l'horreur, veu
qu'elle luy tient rang de très-grande utilité pour nourrir
la succession et vicissitude de ses ouvrages, et qu'en
cette republique universelle elle sert plus de naissance et
d'augmentation que de perte ou ruyne?

Sic rerum summa novatur[2].

(c) Mille animas una necata dedit[3].

(b) La deffaillance d'une vie est le passage à mille autres
vies. *(c)* Nature a empreint aux bestes le soing d'elles et de
leur conservation. Elles vont jusques là de craindre leur
empirement, de se heurter et blesser que nous les enche-
vestrons et battons, accidents subjeéts à leurs sens et experience. Mais que nous les tuons, elles ne le peuvent
craindre, ny n'ont la faculté d'imaginer et conclurre la
mort. Si dict-on encore qu' *(b)* on les voit non seulement
la souffrir gayement (la plus part des chevaux hannissent
en mourant, les cignes la chantent), mais de plus la
rechercher à leur besoing, comme portent plusieurs
exemples des elephans.

Outre ce, la façon d'argumenter de laquelle se sert icy
Socrates est elle pas admirable esgalement en simplicité
et en vehemence? Vrayment il est bien plus aisé de parler
comme Aristote et vivre comme Cæsar, qu'il n'est aisé
de parler et vivre comme Socrates. Là loge l'extreme

degré de perfection et de difficulté : l'art n'y peut joindre. Or nos facultez ne sont pas ainsi dressées. Nous ne les essayons, ny ne les cognoissons; nous nous investissons de celles d'autruy, et laissons chomer les nostres.

Comme quelqu'un pourroit dire de moy que j'ay seulement faict icy un amas de fleurs estrangeres, n'y ayant fourny du mien que le filet à les lier. Certes j'ay donné à l'opinion publique que ces parements empruntez m'accompaignent. Mais je n'entends pas qu'ils me couvrent et qu'ils me cachent : c'est le rebours de mon dessein, qui ne veux faire montre que du mien, et de ce qui est mien par nature; et si je m'en fusse creu, à tout hazard, j'eusse parlé tout fin seul. *(c)* Je m'en charge de plus fort tous les jours outre ma proposition et ma forme premiere, sur la fantasie du siecle et enhortemens d'autruy. S'il me messied à moy, comme je le croy, n'importe : il peut estre utile à quelque autre. *(b)* Tel allegue Platon et Homere, qui ne les veid onques. Et moy ay prins des lieux assez ailleurs qu'en leur source[1]. Sans peine et sans suffisance, ayant mille volumes de livres autour de moy en ce lieu où j'escris, j'emprunteray presentement s'il me plaist d'une douzaine de tels ravaudeurs, gens que je ne feuillette guiere, de quoy esmailler le traicté de la phisionomie. Il ne faut que l'espitre liminaire d'un alemand pour me farcir d'allegations; et nous allons quester par là une friande gloire, à piper le sot monde.

(c) Ces pastissages de lieux communs, dequoy tant de gents mesnagent leur estude, ne servent guere qu'à subjects communs; et servent à nous montrer, non à nous conduire, ridicule fruict de la science, que Socrates exagite si plaisamment contre Euthydeme[2]. J'ay veu faire des livres de choses ny jamais estudiées, ny entenduës, l'autheur commettant à divers de ses amis sçavants la recherche de cette-cy et de cette autre matiere à le bastir, se contentant pour sa part d'en avoir projetté le dessein et empilé par son industrie ce fagot de provisions incogneuës; au moins est sien l'ancre et le papier. Cela c'est en conscience achetter ou emprunter un livre, non pas le faire. C'est apprendre aux hommes, non qu'on sçait faire un livre, mais, ce dequoy ils pouvoient estre en doute, qu'on ne le sçait pas faire. *(b)* Un president se vantoit, où j'estois, d'avoir amoncelé deux cens tant de lieux estrangers en un sien arrest presidental[3]. *(c)* En le

preschant à chacun il me sembla effacer la gloire qu'on luy
en donnoit. *(b)* Pusillanime et absurde vanterie à mon
gré pour un tel subjeçt et telle personne[1]. *(c)* Parmy tant
d'emprunts je suis bien aise d'en pouvoir desrober
quelqu'un, les desguisant et difformant à nouveau service.
Au hazard que je laisse dire que c'est par faute d'avoir
entendu leur naturel usage, je luy donne quelque particuliere adresse de ma main, à ce qu'ils en soient d'autant
moins purement estrangers. *(b)* Ceux-ci mettent leurs
larrecins en parade et en conte : aussi ont-ils plus de
credit aux loix que moy[2]. *(c)* Nous autres naturalistes
estimons qu'il y aie grande et incomparable preferance de
l'honneur de l'invention à l'honneur de l'allegation.

(b) Si j'eusse voulu parler par science, j'eus parlé
plustost; j'eusse escript du temps plus voisin de mes
estudes, que j'avois plus d'esprit et de memoire; et me
fusse plus fié à la vigueur de cet aage là qu'a cettuy icy,
si j'en eusse voulu faire mestier d'escrire. *(c)* Davantage,
telle faveur gratieuse que la fortune peut m'avoir offerte
par l'entremise de cet ouvrage eust lors rencontré une
plus propice saison[3]. *(b)* Deux de mes cognoissans,
grands hommes en cette faculté, ont perdu par moitié,
à mon advis, d'avoir refusé de se mettre au jour à quarante ans, pour attendre les soixante. La maturité a ses
deffauts, comme la verdeur, et pires. Et autant est la
vieillesse incommode à cette nature de besongne qu'à
toute autre. Quiconque met sa decrepitude soubs la
presse faict folie s'il espere en espreindre des humeurs
qui ne sentent le disgratié, le resveur et l'assopi. Nostre
esprit se constipe et se croupit en vieillissant. Je dis
pompeusement et opulemment l'ignorance, et dys la
science megrement et piteusement, *(c)* accessoirement
cette-cy et accidentalement, celle là expressément et
principalement. Et ne traicte à point nommé de rien que
du rien, ny d'aucune science que de celle de l'inscience.
(b) J'ay choisi le temps où ma vie, que j'ay à peindre, je
l'ay toute devant moy : ce qui en reste tient plus de la
mort. Et de ma mort seulement, si je la rencontrois
babillarde, comme font d'autres, donrrois je encore
volontiers advis au peuple en deslogeant[4].

Socrates, qui a esté un exemplaire parfaict en toutes
grandes qualitez, j'ay despit qu'il eust rencontré un corps
et un visage si vilain, comme ils disent, et disconvenable

à la beauté de son ame, *(c)* luy si amoureux et si affolé de la beauté. Nature luy fit injuſtice. *(b)* Il n'eſt rien plus vraysemblable que la conformité et relation du corps à l'esprit[1]. *(c)* « *Ipsi animi magni refert quali in corpore locati sint : multa enim è corpore exiſtunt quæ acuant mentem, multa quæ obtundant*[2]. » Cettuy-cy[3] parle d'une laideur desnaturée et difformité de membres. Mais nous appellons laideur aussi une mesavenance au premier regard, qui loge princi-pallement au visage, et souvent nous desgoute par bien legeres causes : du teint, d'une tache, d'une rude conte-nance, de quelque cause inexplicable sur des membres bien ordonnez et entiers. La laideur qui reveſtoit une ame très belle en La Boitie eſtoit de ce predicament. Cette laideur superficielle, qui eſt pourtant très imperieuse, eſt de moindre prejudice à l'eſtat de l'esprit et a peu de certitude en l'opinion des hommes. L'autre, qui d'un plus propre nom s'appelle difformité, eſt plus subſtan-tielle, porte plus volontiers coup jusques au dedans. Non pas tout soulier de cuir bien lissé, mais tout soulier bien formé montre l'interieure forme du pied.

(b) Come Socrates disoit de la sienne[4] qu'elle en accu-soit juſtement autant en son ame, s'il ne l'euſt corrigée par inſtitution[5]. *(c)* Mais en le disant je tiens qu'il se mocquoit suivant son usage, et jamais ame si excellente ne se fit elle mesme.

(b) Je ne puis dire assez souvant combien j'eſtime la beauté qualité puissante et advantageuse. Il l'appelloit une courte tyrannie[5], *(c)* et Platon le privilege de nature[6]. *(b)* Nous n'en avons point qui la surpasse en credit. Elle tient le premier rang au commerce des hommes; elle se presente au devant, seduiſt et preoccupe noſtre jugement avec grande authorité et merveilleuse impression. *(c)* Phryné perdoit sa cause entre les mains d'un excellent advocat si, ouvrant sa robbe, elle n'euſt corrompu ses juges par l'esclat de sa beauté[7]. Et je trouve que Cyrus, Alexandre, Cæsar, ces trois maiſtres du monde, ne l'ont pas oubliée à faire leurs grands affaires. N'a pas le premier Scipion. Un mesme mot embrasse en Grec le bel et le bon[8]. Et le S. Esprit appelle souvent bons ceux qu'il veut dire beaux. Je maintiendrois volontiers le rang des biens selon que portoit la chanson, que Platon diĉt[9] avoir eſté triviale, prinse de quelque ancien poëte : la santé, la beauté, la richesse. Ariſtote diĉt[10] aux beaux appartenir

le droict de commander, et quand il en est de qui la
beauté approche celle des images des Dieux, que la veneration leur est pareillement deuë. A celuy qui luy demandoit pourquoy plus longtemps et plus souvent on hantoit
les beaux : « Cette demande, dict-il, n'appartient à estre
faicte que par un aveugle[1]. » La pluspart et les plus grands
philosophes payarent leur escholage et acquirent la
sagesse par l'entremise et faveur de leur beauté.

(b) Non seulement aux hommes qui me servent, mais
aux bestes aussi, je la considere à deux doits près de la
bonté. Si me semble il que ce traict et façon de visage, et
ces lineaments par lesquels on argumente aucunes
complexions internes et nos fortunes à venir, est chose
qui ne loge pas bien directement et simplement soubs le
chapitre de beauté et de laideur. Non plus que toute
bonne odeur et serenité d'air n'en promet pas la santé, ny
toute espesseur et puanteur l'infection en temps pestilent.
Ceux qui accusent les dames de contre-dire leur beauté
par leurs meurs ne rencontrent pas tousjours; car en une
face qui ne sera pas trop bien composée, il peut loger
quelque air de probité et de fiance, comme au rebours,
j'ay leu par fois entre deux beaux yeux des menasses d'une
nature maligne et dangereuse. Il y a des phisionomies
favorables; et en une presse d'ennemys victorieux, vous
choisirés incontinent, parmy des hommes incogneus,
l'un plustost que l'autre, à qui vous rendre et fier vostre
vie; et non proprement par la consideration de la beauté.

C'est une foible garantie que la mine; toutesfois elle a
quelque consideration. Et si j'avois à les foyter, ce seroit
plus rudement les meschans qui demendent et trahissent les promesses que nature leur avoit plantées au front :
je punirois plus aigrement la malice en une apparence
debonnaire. Il semble qu'il y ait aucuns visages heureux,
d'autres malencontreux. Et crois qu'il y a quelque art
à distinguer les visages debonnaires des nyais, les severes
des rudes, les malicieux des chagrins, les desdaigneux des
melancholiques, et telles autres qualitez voisines. Il y a des
beautez non fieres seulement, mais aygres; il y en a
d'autres douces, et encores au delà fades. D'en prognos-
tiquer les avantures futures, ce sont matieres que je laisse
indecises.

J'ay pris, comme j'ay dict ailleurs, bien simplement et
cruement pour mon regard ce precepte ancien : que nous

ne sçaurions faillir à suivre nature, que le souverain precepte c'est de se conformer à elle. Je n'ay pas corrigé, comme Socrates, par force de la raison mes complexions naturelles, et n'ay aucunement troublé par art mon inclination. Je me laisse aller, comme je suis venu, je ne combats rien; mes deux maistresses pieces vivent de leur grace en pais et bon accord; mais le lait de ma nourriture a esté, Dieu mercy, mediocrement sain et temperé.

(c) Diray-je cecy en passant : que je voy tenir en plus de prix qu'elle ne vaut, qui est seule quasi en usage entre nous, certaine image de preud'homie scholastique, serve des preceptes, contrainte soubs l'esperance et la crainte? Je l'aime telle que les loix et religions non facent, mais parfacent et authorisent, qui se sente de quoy se soustenir sans aide, née en nous de ses propres racines par la semence de la raison universelle empreinte en tout homme non desnaturé. Cette raison, qui redresse Socrates de son vicieux ply, le rend obeïssant aux hommes et aux Dieux qui commandent en sa ville, courageux en la mort, non parce que son ame est immortelle, mais par ce qu'il est mortel. Ruineuse instruction à toute police, et bien plus dommageable qu'ingenieuse et subtile, qui persuade aux peuples la religieuse creance suffire, seule et sans les mœurs, à contenter la divine justice. L'usage nous faict voir une distinction enorme entre la devotion et la conscience.

(b) J'ay un port favorable et en forme et en interpretation,

Quid dixi habere me ? Imo habui, Chreme[1] !

Heu tantum attriti corporis ossa vides[2],

et qui faict une contraire montre à celuy de Socrates. Il m'est souvant advenu que, sur le simple credit de ma presence et de mon air, des personnes qui n'avoyent aucune cognoissance de moy s'y sont grandement fiées, soit pour leurs propres affaires, soit pour les miennes; et en ay tiré és pays estrangiers des faveurs singulieres et rares. Mais ces deux experiences valent, à l'avanture, que je les recite particulierement.

Un quidam delibera de surprendre ma maison et moy. Son art fut d'arriver seul à ma porte et d'en presser un peu instamment l'entrée; je le cognoissois de nom, et avois occasion de me fier de luy, comme de mon voisin et aucunement mon alié. Je luy fis ouvrir, *(c)* comme je fais à chacun. *(b)* Le voicy tout effroyé, son cheval hors d'haleine, fort harassé. Il m'entretint de cette fable : « Qu'il venoit d'estre rencontré à une demie lieuë de là par un sien ennemy, lequel je cognoissois aussi, et avois ouy parler de leur querelle; que cet ennemy luy avoit merveilleusement chaussé les esperons et, qu'ayant esté surpris en désarroy et plus foible en nombre, il s'estoit jetté à ma porte à sauveté; qu'il estoit en grand peine de ses gens, lesquels il disoit tenir pour morts ou prins[1]. » J'essayay tout nayfvement de le conforter, asseurer et rafreschir. Tantost après, voylà quatre ou cinq de ses soldats qui se presentent, en mesme contenance et effroy, pour entrer; et puis d'autres et d'autres encores après, bien equipez et bien armez, jusques à vingt cinq ou trante, feingnants avoir leur ennemy aux talons. *(c)* Ce mystere commençoit à taster ma soupçon. *(b)* Je n'ignorois pas en quel siecle je vivois, combien ma maison pouvoit estre enviée, et[2] avois plusieurs exemples d'autres de ma cognoissance à qui il estoit mesadvenu de mesme. Tant y a que, trouvant qu'il n'y avoit point d'acquest d'avoir commencé à faire plaisir si je n'achevois, et ne pouvant me desfaire sans tout rompre, je me laissay aller au party le plus naturel et le plus simple, comme je faicts toujours, commendant qu'ils entrassent. — Aussi à la verité, je suis peu deffiant et soubçonneus de ma nature; je penche volontiers vers l'excuse et interpretation plus douce; je prends les hommes selon le commun ordre, et ne croy pas ces inclinations perverses et desnaturées si je n'y suis forcé par grand tesmoignage, non plus que les monstres et miracles. Et suis homme, en outre, qui me commets volontiers à la fortune et me laisse aller à corps perdu entre ses bras. De quoy, jusques à cette heure, j'ay eu plus d'occasion de me loüer que de me plaindre; et j'ay trouvée et plus avisée *(c)* et plus amie de mes affaires *(b)* que je ne suis. Il y a quelques actions en ma vie, desquelles on peut justement nommer la conduite difficile ou, qui voudra, prudente; de celles là mesmes, posez que la tierce partie soit du mien, certes les deux tierces sont richement à elle. *(c)* Nous faillons, ce me semble, en ce que nous ne nous fions pas assez au ciel de nous, et pretendons plus de nostre conduite qu'il ne

nous appartient. Pourtant fourvoyent si souvent nos
desseins. Il est jaloux de l'estenduë que nous attribuons
aux droicts de l'humaine prudence, au prejudice des
siens, et nous les racourcit d'autant que nous les amplifions.

(b) Ceux-cy se tindrent à cheval dans ma cour, le chef
avec moy en ma sale, qui n'avoit voulu qu'on establat son
cheval, disant avoir à se retirer incontinent qu'il auroit eu
nouvelles de ses hommes. Il se veid maistre de son entreprise, et n'y restoit sur ce poinct que l'execution. Souvant
depuis, il a dict, car il ne craingnoit pas de faire ce compte,
que mon visage et ma franchise luy avoient arraché la trahison des poincts. Il remonta à cheval, ses gens ayants
continuellement les yeux sur luy pour voir quel signe il
leur donneroit, bien estonnez de le voir sortir et abandonner son avantage.

Une autrefois, me fiant à je ne sçay quelle treve qui
venoit d'estre publiée en nos armées, je m'acheminai à un
voyage, par pays estrangement chatouilleux. Je ne fus pas
si tost esventé que voylà trois ou quatre cavalcades de
divers lieux pour m'attraper; l'une me joingnit à la troisiesme journée, où je fus chargé par quinze ou vingt gentils-hommes masquez, suyvis d'une ondée d'argolets[1].
Me voylà pris et rendu, retiré dans l'espais d'une forest
voisine, desmonté, devalizé, mes cofres fouilletz, ma
boyte prise, chevaux et esquipage desparty à nouveaux
maistres. Nous fumes long temps à contester dans ce halier
sur le faict de ma rançon, qu'ils me tailloyent si haute
qu'il paroissoit bien que je ne leur estois guere cogneu. Ils
entrerent en grande contestation de ma vie. De vray, il y
avoit plusieurs circonstances qui me menassoyent du
dangier où j'en estois.

(c) Tunc animis opus, Ænea, tunc pectore firmo[2].

(b) Je me maintins tousjours sur le tiltre de ma trefve, à
leur quitter seulement le gain qu'ils avoyent faict de
ma despouille, qui n'estoit pas à mespriser, sans promesse
d'autre rançon. Après deux ou trois heures que nous
eusmes esté là et qu'ils m'eurent faict monter sur un
cheval qui n'avoit garde de leur eschaper, et commis
ma conduitte particuliere à quinze ou vingt harquebousiers, et dispersé mes gens à d'autres, ayant ordonné
qu'on nous menast prisonniers diverses routes, et

moy déjà acheminé à deux ou trois harquebousades
de là,

Jam prece Pollucis, jam Caſtoris implorata[1],

voicy une soudaine et très-inopinée mutation qui leur
print. Je vis revenir à moy le chef avec parolles plus
douces, se mettant en peine de recercher en la troupe mes
hardes escartées, et m'en faisant rendre selon qu'il s'en
pouvoit recouvrer, jusques à ma boyte[2]. Le meilleur
present qu'ils me firent ce fut en fin ma liberté; le reſte
ne me touchoit guieres *(c)* en ce temps-là. *(b)* La vraye
cause d'un changement si nouveau et de ce ravisement,
sans aucune impulsion apparente, et d'un repentir si
miraculeux, en tel temps, en une entreprinse pourpensée
et deliberée, et devenue juſte par l'usage (car d'arrivée
je leur confessay ouvertement le party duquel j'eſtois, et
le chemin que je tenois), certes je ne sçay pas bien encores
quelle elle eſt. Le plus apparent, qui se demasqua et me
fit cognoiſtre son nom[3], me redict lors plusieurs fois que
je devoy cette delivrance à mon visage, liberté et fermeté
de mes parolles, qui me rendoyent indigne d'une telle
mes-adventure, et me demanda asseurance d'une pareille.
Il eſt possible que la bonté divine se voulut servir de ce
vain inſtrument pour ma conservation. Elle me deffendit
encore l'endemain d'autres pires embusches, desquelles
ceux cy mesme m'avoyent adverty. Le dernier eſt encore
en pieds pour en faire le compte; le premier fut tué, il
n'y a pas long temps.

Si mon visage ne respondoit pour moy, si on ne lisoit
en mes yeux et en ma voix la simplicité de mon intention,
je n'eusse pas duré sans querelle et sans offence si long
temps, avec cette liberté indiscrete de dire à tort et à
droiçt ce qui me vient en fantasie, et juger temerairement
des choses. Cette façon peut paroiſtre avec raison incivile
et mal accommodée à noſtre usage; mais outrageuse et
malitieuse, je n'ay veu personne qui l'en ayt jugée, ne qui
se soit piqué de ma liberté s'il l'a receuë de ma bouche.
Les paroles redictes ont, comme autre son, autre sens.
Aussi ne hay-je personne; et suis si lâche à offencer que,
pour le service de la raison mesme, je ne le puis faire. Et
lors que l'occasion m'a convié aux condemnations crimi-
neles, j'ay pluſtoſt manqué à la juſtice. *(c)* « *Ut magis
peccari nolim quàm satis animi ad vindicanda peccata habeam*[4]. »

On reprochoit, diſt-on, à Ariſtote d'avoir eſté trop misericordieux envers un meschant homme. « J'ay eſté de
vray, diſt-il, misericordieux envers l'homme, non envers
la meschanceté[1]. » Les jugements ordinaires s'exasperent
à la vengeance par l'horreur du meffaiſt. Cela mesme
refroidit le mien : l'horreur du premier meurtre m'en faiſt
craindre un second, et la haine de la premiere cruauté
m'en faiſt hayr toute imitation. *(b)* A moy, qui ne suis
qu'escuyer de trefles[2], peut toucher ce qu'on disoit de
Charillus, roy de Sparte : « Il ne sçauroit eſtre bon, puis
qu'il n'eſt pas mauvais aux meschants[3]. » Ou bien ainsi,
car Plutarque la presente en ces deux sortes, comme
mille autres choses, diversement et contrairement : « Il
faut bien qu'il soit bon, puisqu'il l'eſt aux meschants
mesme[4]. » Comme aux aſtions legitimes je me fasche de
m'y employer quand c'eſt envers ceux qui s'en desplaisent,
aussi, à dire verité, aux illegitimes je ne fay pas assez de
conscience de m'y employer quand c'eſt envers ceux qui y ·
consentent[5].

CHAPITRE XIII

DE L'EXPERIENCE

(b) Ιl n'eſt desir plus naturel que le desir de connoissance. Nous essayons tous les moyens qui nous y
peuvent mener. Quand la raison nous faut, nous y
employons l'experience,

(c) Per varios usus artem experientia fecit :
Exemplo monſtrante viam[6],

(b) qui eſt un moyen plus foible et moins digne; mais la
verité eſt chose si grande, que nous ne devons desdaigner
aucune entremise qui nous y conduise. La raison a tant de
formes, que nous ne sçavons à laquelle nous prendre;
l'experience n'en a pas moins. La consequence que nous
voulons tirer de la ressemblance des evenemens eſt mal
seure, d'autant qu'ils sont tousjours dissemblables : il
n'eſt aucune qualité si universelle en cette image des
choses que la diversité et varieté. Et les Grecs, et les
Latins, et nous, pour le plus exprès exemple de similitude,
nous servons de celuy des œufs. Toutefois il s'eſt trouvé

des hommes, et notamment un en Delphes, qui reco-
gnoissoit des marques de difference entre les œufs, si qu'il
n'en prenoit jamais l'un pour l'autre; *(c)* et y ayant
plusieurs poules, sçavoit juger de laquelle estoit l'œuf[1].
(b) La dissimilitude s'ingere d'elle mesme en nos ouvrages; nul art peut arriver à la similitude. Ny Perrozet[2],
ny autre ne peut si soigneusement polir et blanchir
l'envers de ses cartes qu'aucuns joueurs ne les distinguent
à les voyr seulement couler par les mains d'un autre. La
ressemblance ne faict pas tant un comme la difference faict
autre[3]. *(c)* Nature s'est obligée à ne rien faire autre, qui ne
fust dissemblable[4].

    (b) Pourtant, l'opinion de celuy-là[5] ne me plaist guiere,
qui pensoit par la multitude des loix brider l'authorité
des juges, en leur taillant leurs morceaux : il ne sentoit
point qu'il y a autant de liberté et d'estendue à l'interpretation des loix qu'à leur façon. Et ceux là se moquent, qui
pensent appetisser nos debats et les arrester en nous
r'appellant à l'expresse parolle de la Bible. D'autant que
nostre esprit ne trouve pas le champ moins spatieux à
contreroller le sens d'autruy qu'à representer le sien, et
comme s'il y avoit moins d'animosité et d'aspreté à gloser
qu'à inventer. Nous voyons combien il se trompoit. Car
nous avons en France plus de loix que tout le reste du
monde ensemble[6], et plus qu'il n'en faudroit à reigler
tous les mondes d'Epicurus, *(c)* « *ut olim flagitiis, sic nunc
legibus laboramus*[7] »; *(b)* et si, avons tant laissé à opiner et
decider à nos juges, qu'il ne fut jamais liberté si puissante
et si licencieuse. Qu'ont gaigné nos legislateurs à choisir
cent mille espèces et faicts particuliers, et y attacher cent
mille loix? Ce nombre n'a aucune proportion avec l'infinie
diversité des actions humaines. La multiplication de nos
inventions n'arrivera pas à la variation des exemples.
Adjoustez y en cent fois autant : il n'adviendra pas pourtant que, des evenemens à venir, il s'en trouve aucun qui,
en tout ce grand nombre de milliers d'evenemens choisis
et enregistrez, en rencontre un auquel il se puisse joindre
et apparier si exactement, qu'il n'y reste quelque circonstance et diversité qui requiere diverse consideration de
jugement. Il y a peu de relation de nos actions, qui sont en
perpetuelle mutation, avec les loix fixes et immobiles. Les
plus desirables, ce sont les plus rares, plus simples et
generales; et encore crois-je qu'il vaudroit mieux n'en

avoir point du tout que de les avoir en tel nombre que nous avons.

Nature les donne tousjours plus heureuses que ne sont celles que nous nous donnons. Tesmoing la peinture de l'aage doré des poëtes, et l'estat où nous voyons vivre les nations qui n'en ont point d'autres. En voylà qui, pour tous juges, employent en leurs causes le premier passant qui voyage le long de leurs montaignes[1]. Et ces autres eslisent le jour du marché quelqu'un d'entre eux, qui sur le champ decide tous leurs procès. Quel danger y auroit-il que les plus sages vuidassent ainsi les nostres, selon les occurrences et à l'œil, sans obligation d'exemple et de consequence? A chaque pied son soulier. Le Roy Ferdinand[2], envoyant des colonies aux Indes, prouveut sagement qu'on n'y menast aucuns escholiers de la jurisprudence, de crainte que les procès ne peuplassent en ce nouveau monde, comme estant science, de sa nature, generatrice d'altercation et division[3]; jugeant avec Platon[4], que c'est une mauvaise provision de pays que jurisconsultes et medecins.

Pourquoy est-ce que nostre langage commun, si aisé à tout autre usage, devient obscur et non intelligible en contract et testament, et que celuy qui s'exprime si clairement, quoy qu'il die et escrive, ne trouve en cela aucune maniere de se declarer qui ne tombe en doubte et contradiction? Si ce n'est que les princes de cet art, s'appliquans d'une peculiere attention à trier des mots solemnes et former des clauses artistes ont tant poisé chaque sillabe, espluché si primement chaque espece de cousture, que les voilà enfrasquez et embrouillez en l'infinité des figures et si menuës partitions, qu'elles ne peuvent plus tomber soubs aucun reiglement et prescription ny aucune certaine intelligence. *(c) « Confusum est quidquid usque in pulverem sectum est[5]. »* (b) Qui a veu des enfans essayans de renger à certain nombre une masse d'argent-vif : plus ils le pressent et pestrissent et s'estudient à le contraindre à leur loy, plus ils irritent la liberté de ce genereux metal : il fuit à leur art et se va menuisant et esparpillant au delà de tout compte. C'est de mesme, car, en subdivisant ces subtilitez, on apprend aux hommes d'accroistre les doubtes; on nous met en trein d'estendre et diversifier les difficultez, on les alonge, on les disperse. En semant les questions et les retaillant, on faict fructifier et foisonner le monde en incertitude et en querelles, *(c)* comme la terre se rend fertile plus elle eſt esmiée et profondément remuée. « *Difficultatem facit doctrina*[1]. » *(b)* Nous doubtions sur Ulpian[2], redoutons encore sur Bartolus[3] et Baldus[4]. Il falloit effacer la trace de cette diversité innumerable d'opinions, non poinct s'en parer et en enteſter la poſterité.

Je ne sçay qu'en dire, mais il se sent par experience que tant d'interpretations dissipent la verité et la rompent. Ariſtote a escrit pour eſtre entendu; s'il ne l'a peu, moins le fera un moins habile et un tiers que celuy qui traite sa propre imagination. Nous ouvrons la matiere et l'espandons en la deſtrempant; d'un subject nous en faisons mille, et retombons, en multipliant et subdivisant, à l'infinité des atomes d'Epicurus. Jamais deux hommes ne jugerent pareillement de mesme chose, et eſt impossible de voir deux opinions semblables exactement, non seulement en divers hommes, mais en mesme homme à diverses heures. Ordinairement je trouve à doubter en ce que le commentaire n'a daigné toucher. Je bronche plus volontiers en pays plat, comme certains chevaux que je connois, qui chopent plus souvent en chemin uny.

Qui ne diroit que les glosses augmentent les doubtes et l'ignorance[5], puis qu'il ne se voit aucun livre, soit humain, soit divin, auquel le monde s'embesongne, duquel l'interpretation face tarir la difficulté? Le centiesme commentaire le renvoye à son suivant, plus espineux et plus scabreux que le premier ne l'avoit trouvé. Quand eſt-il convenu entre nous : ce livre en a assez, il n'y a meshuy plus que dire? Cecy se voit mieux en la chicane. On donne authorité de loy à infinis docteurs, infinis arreſts, et à autant d'interpretations. Trouvons nous pourtant quelque fin au besoin d'interpreter? s'y voit-il quelque progrès et advancement vers la tranquillité? nous faut-il moins d'advocats et de juges que lors que cette masse de droict eſtoit encore en sa premiere enfance? Au rebours, nous obscurcissons et ensevelissons l'intelligence; nous ne la descouvrons plus qu'à la mercy de tant de cloſtures et barrieres. Les hommes mescognoissent la maladie naturelle de leur esprit : il ne faict que fureter et queſter, et va sans cesse tournoiant, baſtissant et s'empeſtrant en sa besongne, comme nos vers de soye, et s'y eſtouffe. « *Mus in pice*[6]. » Il pense remarquer de loing je ne sçay quelle apparence de clarté et verité imaginaire; mais, pendant qu'il y court, tant de difficultez luy traversent la voye, d'empeschemens et de nouvelles questes, qu'elles l'esgarent et l'enyvrent. Non guiere autrement qu'il advint aux chiens d'Esope, lesquels, descouvrant quelque apparence de corps mort floter en mer, et ne le pouvant approcher, entreprindrent de boire cette eau, d'assecher le passage, et s'y estoufarent[1]. *(c)* A quoy se rencontre ce qu'un Crates disoit des escrits de Heraclitus, « qu'ils avoient besoin d'un lecteur bon nageur », afin que la profondeur et pois de sa doctrine ne l'engloutist et suffocast[2].

(b) Ce n'est rien que foiblesse particuliere qui nous faict contenter de ce que d'autres ou que nous-mesmes avons trouvé en cette chasse de cognoissance; un plus habile ne s'en contentera pas. Il y a tousjours place pour un suyvant, *(c)* ouy et pour nous mesmes, *(b)* et route par ailleurs. Il n'y a point de fin en nos inquisitions; nostre fin est en l'autre monde. *(c)* C'est signe de racourciment d'esprit quand il se contente, ou de lasseté. Nul esprit genereux ne s'arreste en soy : il pretend tousjours et va outre ses forces; il a des eslans au delà de ses effects; s'il ne s'avance et ne se presse et ne s'accule et ne se choque, il n'est vif qu'à demy; *(b)* ses poursuites sont sans terme, et sans forme; son aliment c'est *(c)* admiration, chasse, *(b)* ambiguité. Ce que declaroit assez Apollo, parlant tousjours à nous doublement, obscurement et obliquement[3], ne nous repaissant pas, mais nous amusant et embesongnant. C'est un mouvement irregulier, perpetuel, sans patron, et sans but. Ses inventions s'eschauffent, se suyvent, et s'entreproduisent l'une l'autre.

> Ainsi voit l'on, en un ruisseau coulant,
> Sans fin l'une eau après l'autre roulant,
> Et tout de rang, d'un eternel conduict,
> L'une suit l'autre, et l'une l'autre fuyt.
> Par cette-cy celle-là est poussée,
> Et cette-cy par l'autre est devancée:
> Tousjours l'eau va dans l'eau, et tousjours est-ce
> Mesme ruisseau, et toujours eau diverse[4].

Il y a plus affaire à interpreter les interpretations qu'à interpreter les choses, et plus de livres sur les livres que sur autre subject : nous ne faisons que nous entregloser.

(c) Tout fourmille de commentaires; d'auteurs, il en
est grand cherté.

Le principal et plus fameux sçavoir de nos siecles,
est-ce pas sçavoir entendre les sçavans? Est-ce pas la fin
commune et derniere de tous estudes?

Nos opinions s'entent les unes sur les autres. La
premiere sert de tige à la seconde, la seconde à la tierce.
Nous eschellons ainsi de degré en degré. Et advient de là
que le plus haut monté a souvent plus d'honneur que de
merite; car il n'est monté que d'un grain sur les espaules
du penultime.

(b) Combien souvent, et sottement à l'avanture, ay-je
estandu mon livre à parler de soy? *(c)* Sottement; quand
ce ne seroit que pour cette raison qu'il me devoit souvenir
de ce que je dy des autres qui en font de mesmes : « que
ces œillades si frequentes à leur ouvrage tesmoignent que
le cœur leur frissonne de son amour, et les rudoyements
mesmes desdaigneus, dequoy ils le battent, que ce ne
sont que mignardises et affetteries d'une faveur maternelle », suivant Aristote[1], à qui et se priser et se mespriser
naissent souvent de pareil air d'arrogance. Car mon
excuse, que je doy avoir en cela plus de liberté que les
autres, d'autant qu'à poinct nommé j'escry de moy et de
mes escrits comme de mes autres actions, que mon theme
se renverse en soy, je ne sçay si chacun la prendra.

(b) J'ay veu en Alemagne que Luther a laissé autant de
divisions et d'altercations sur le doubte de ses opinions,
et plus, qu'il n'en esmeut sur les escritures sainctes. Nostre
contestation est verbale. Je demande que c'est que nature,
volupté, cercle, et substitution. La question est de parolles,
et se paye de mesme. Une pierre c'est un corps. Mais qui
presseroit : « Et corps qu'est-ce? — Substance. — Et
substance quoy? » ainsi de suitte, acculeroit en fin le
respondant au bout de son calepin. On eschange un mot
pour un autre mot, et souvent plus incogneu. Je sçay
mieux que c'est qu'homme que je ne sçay que c'est animal,
ou mortel, ou raisonnable. Pour satisfaire à un doubte,
ils m'en donnent trois : c'est la teste de Hydra. Socrates
demandoit à Memnon que c'estoit que vertu : « Il y a,
fit Memnon, vertu d'homme et de femme, de magistrat
et d'homme privé, d'enfant et de vieillart. — Voicy qui va
bien! s'escria Socrates : nous estions en cherche d'une
vertu, en voicy un exaim[2]. » Nous communiquons une

question, on nous en redonne une ruchée. Comme nul evenement et nulle forme ressemble entierement à une autre, aussi ne differe nulle de l'autre entierement. *(c)* Ingenieux meslange de nature. Si nos faces n'eſtoient semblables, on ne sçauroit discerner l'homme de la beſte; si elles n'eſtoient dissemblables, on ne sçauroit discerner l'homme de l'homme[1]. *(b)* Toutes choses se tiennent par quelque similitude, tout exemple cloche, et la relation qui se tire de l'experience eſt tousjours defaillante et imparfaiĉte; on joinĉt toutesfois les comparaisons par quelque coin. Ainsi servent les loix, et s'assortissent ainsin à chacun de nos affaires, par quelque interpretation destournée, contrainte et biaise.

Puisque les loix ethiques, qui regardent le devoir particulier de chacun en soy, sont si difficiles à dresser, comme nous voyons qu'elles sont, ce n'eſt pas merveille si celles qui gouvernent tant de particuliers le sont davantage. Considerez la forme de cette juſtice qui nous regit : c'eſt un vray tesmoignage de l'humaine imbecillité, tant il y a de contradiĉtion et d'erreur. Ce que nous trouvons faveur et rigueur en la juſtice, et y en trouvons tant que je ne sçay si l'entredeux s'y trouve si souvent, ce sont parties maladives et membres injuſtes du corps mesmes et essence de la juſtice. Des paysans viennent de m'advertir en haſte qu'ils ont laissé presentement en une foreſt qui eſt à moy un homme meurtry de cent coups, qui respire encores et qui leur a demandé de l'eau par pitié et du secours pour le soubslever. Disent qu'ils n'ont osé l'approcher et s'en sont fuis, de peur que les gens de la juſtice ne les y attrapassent, et, comme il se faiĉt de ceux qu'on rencontre près d'un homme tué, ils n'eussent à rendre compte de cet accident à leur totale ruyne, n'ayant ny suffisance, ny argent, pour deffendre leur innocence. Que leur eussé-je diĉt? Il eſt certain que cet office d'humanité les euſt mis en peine.

Combien avons-nous descouvert d'innocens avoir eſté punis, je dis sans la coulpe des juges; et combien en y a-t-il eu que nous n'avons pas descouvert? Cecy eſt advenu de mon temps : certains sont condamnez à la mort pour un homicide; l'arreſt, sinon prononcé, au moins conclud et arreſté. Sur ce poinĉt, les juges sont advertis par les officiers d'une court subalterne voisine, qu'ils tiennent quelques prisonniers, lesquels advouent disertement cet homicide, et apportent à tout ce faict une lumiere indubitable. On delibere si pourtant on doit interrompre et differer l'exécution de l'arrest donné contre les premiers. On considere la nouvelleté de l'exemple, et sa consequence pour accrocher les jugemens; que la condemnation est juridiquement passée, les juges privez de repentance. Somme, ces pauvres diables sont consacrez aux formules de la justice. Philippus, ou quelque autre, prouveut à un pareil inconvenient en cette maniere : il avoit condamné en grosses amendes un homme envers un autre, par un jugement resolu. La verité se descouvrant quelque temps après, il se trouva qu'il avoit iniquement jugé. D'un costé estoit la raison de la cause, de l'autre costé la raison des formes judiciaires. Il satisfit aucunement à toutes les deux, laissant en son estat la sentence, et recompensant de sa bourse l'interest du condamné[1]. Mais il avoit affaire à un accident reparable; les miens furent pendus irreparablement. *(c)* Combien ay-je veu de condemnations, plus crimineuses que le crime?

(b) Tout cecy me faict souvenir de ces anciennes opinions : qu'il est forcé de faire tort en detail qui veut faire droict en gros, et injustice en petites choses qui veut venir à chef de faire justice és grandes[2]; que l'humaine justice est formée au modelle de la medecine, selon laquelle tout ce qui est utile est aussi juste et honneste[3]; et de ce que tiennent les Stoïciens, que nature mesme procede contre justice, en la plus part de ses ouvrages; *(c)* et de ce que tiennent les Cyrenaïques, qu'il n'y a rien juste de soy, que les coustumes et loix forment la justice[4]; et des Theodoriens, qui trouvent juste au sage le larrecin, le sacrilege, toute sorte de paillardise, s'il connoit qu'elle luy soit profitable[5].

(b) Il n'y a remede. J'en suis là, comme Alcibiades[6], que je ne me representeray jamais, que je puisse, à homme qui decide de ma teste, où mon honneur et ma vie depende de l'industrie et soing de mon procureur plus que de mon innocence. Je me hazarderois à une telle justice qui me reconneut du bien faict comme du malfaict, où j'eusse autant à esperer que à craindre. L'indemnité n'est pas monnoye suffisante à un homme qui faict mieux que de ne faillir point. Nostre justice ne nous presente que l'une de ses mains, et encore la gauche. Quiconque il soit, il en sort avecques perte.

(c) En la Chine, duquel royaume la police et les arts, sans commerce et cognoissance des nostres, surpassent nos exemples en plusieurs parties d'excellence, et duquel l'histoire m'apprend combien le monde est plus ample et plus divers que ny les anciens, ny nous ne penetrons, les officiers deputez par le Prince pour visiter l'estat de ses provinces, comme ils punissent ceux qui malversent en leur charge, ils remunerent aussi de pure liberalité ceux qui s'y sont bien portez, outre la commune sorte et outre la necessité de leur devoir. On s'y presente, non pour garantir seulement, mais pour y acquerir, ny simplement pour estre payé, mais pour y estre aussi estrené[1].

(b) Nul juge n'a encore, Dieu mercy, parlé à moy comme juge, pour quelque cause que ce soit, ou mienne ou tierce, ou criminelle ou civile. Nulle prison m'a receu, non pas seulement pour m'y promener. L'imagination m'en rend la veue, mesme du dehors, desplaisante. Je suis si affady après la liberté, que qui me deffenderoit l'accez de quelque coin des Indes, j'en vivroys aucunement plus mal à mon aise. Et tant que je trouveray terre ou air ouvert ailleurs, je ne croupiray en lieu où il me faille cacher. Mon Dieu! que mal pourroy-je souffrir la condition où je vois tant de gens, clouez à un quartier de ce royaume, privés de l'entrée des villes principalles et des courts et de l'usage des chemins publics, pour avoir querellé nos loix! Si celles que je sers me menassoient seulement le bout du doigt, je m'en irois incontinent en trouver d'autres, où que ce fut. Toute ma petite prudence, en ces guerres civiles où nous sommes, s'employe à ce qu'elles n'interrompent ma liberté d'aller et venir.

Or les loix se maintiennent en credit, non par ce qu'elles sont justes, mais par ce qu'elles sont loix. C'est le fondement mystique de leur authorité; elles n'en ont poinct d'autre. *(c)* Qui bien leur sert. Elles sont souvent faictes par des sots, plus souvent par des gens qui, en haine d'equalité, ont faute d'équité, mais tousjours par des hommes, autheurs vains et irresolus.

Il n'est rien si lourdement et largement fautier que les loix, ny si ordinairement. *(b)* Quiconque leur obeyt parce qu'elles sont justes, ne leur obeyt pas justement par où il doibt. Les nostres françoises prestent aucunement la main, par leur desreiglement et deformité, au desordre et corruption qui se voit en leur dispensation et execution.

Le commandement est si trouble et inconstant qu'il excuse aucunement et la desobeyssance et le vice de l'interpretation, de l'administration et de l'observation. Quel que soit donq le fruict que nous pouvons avoir de l'experience, à peine servira beaucoup à nostre institution celle que nous tirons des exemples estrangers, si nous faisons si mal nostre proffict de celle que nous avons de nous mesme, qui nous est plus familiere, et certes suffisante à nous instruire de ce qu'il nous faut.

Je m'estudie plus qu'autre subject. C'est ma metaphisique, c'est ma phisique.

> *Qua Deus hanc mundi temperet arte domum,*
> *Qua venit exoriens, qua deficit, unde coactis*
>   *Cornibus in plenum menstrua luna redit ;*
> *Unde salo superant venti, quid flamine captet*
>   *Eurus, et in nubes unde perennis aqua.*
> (c) *Sit ventura dies mundi quæ subruat arces*[1].

> (b) *Quærite quos agitat mundi labor*[2].

(c) En cette université, je me laisse ignoramment et negligemment manier à la loy generale du monde. Je la sçauray assez quand je la sentiray. Ma science ne luy sçauroit faire changer de route; elle ne se diversifiera pas pour moi. C'est folie de l'esperer, et plus grand folie de s'en mettre en peine, puis qu'elle est necessairement semblable, publique et commune.

La bonté et capacité du gouverneur nous doit à pur et à plein descharger du soing de son gouvernement.

Les inquisitions et contemplations philosophiques ne servent que d'aliment à nostre curiosité. Les philosophes, avec grand raison, nous renvoyent aux regles de Nature; mais elles n'ont que faire de si sublime cognoissance; ils les falsifient et nous presentent son visage peint trop haut en couleur et trop sophistiqué, d'où naissent tant de divers pourtraits d'un subject si uniforme. Comme elle nous a fourni de pieds à marcher, aussi a elle de prudence à nous guider en la vie; prudence, non tant ingenieuse, robuste et pompeuse comme celle de leur invention, mais à l'advenant facile et salutaire, et qui faict trèsbien ce que l'autre dict, en celuy qui a l'heur de sçavoir s'employer naïvement et ordonnément, c'est à dire naturellement. Le plus simplement se commettre à nature, c'est s'y commettre le plus sagement. O que c'est un doux et mol chevet, et sain, que l'ignorance et l'incuriosité, à reposer une teste bien faicte!

(b) J'aymerois mieux m'entendre bien en moy qu'en *(c)* Ciceron[1]. *(b)* De l'experience que j'ay de moy, je trouve assez dequoy me faire sage, si j'estoy bon escholier. Qui remet en sa memoire l'excez de sa cholere passée, et jusques où cette fiévre l'emporta, voit la laideur de cette passion mieux que dans Aristote, et en conçoit une haine plus juste. Qui se souvient des maux qu'il a couru, de ceux qui l'ont menassé, des legeres occasions qui l'ont remué d'un estat à autre, se prepare par là aux mutations futures et à la recognoissance de sa condition. La vie de Cæsar n'a poinct plus d'exemple que la nostre pour nous; et emperière et populaire, c'est tousjours une vie que tous accidents humains regardent. Escoutons y seulement; nous nous disons tout ce de quoy nous avons principalement besoing. Qui se souvient de s'estre tant et tant de fois mesconté de son propre jugement, est-il pas un sot de n'en entrer pour jamais en deffiance? Quand je me trouve convaincu par la raison d'autruy d'une opinion fauce, je n'apprens pas tant ce qu'il m'a dict de nouveau et cette ignorance particuliere (ce seroit peu d'acquest), comme en general j'apprens ma debilité et la trahison de mon entendement; d'où je tire la reformation de toute la masse. En toutes mes autres erreurs je faits de mesme, et sens de cette reigle grande utilité à la vie. Je ne regarde pas l'espece et l'individu comme une pierre où j'aye bronché; j'apprens à craindre mon alleure par tout, et m'attens à la reigler. *(c)* D'apprendre qu'on a dict ou faict une sottise, ce n'est rien que cela; il faut apprendre qu'on n'est qu'un sot, instruction bien plus ample et importante. *(b)* Les faux pas que ma memoire m'a fait si souvant, lors mesme qu'elle s'asseure le plus de soy, ne se sont pas inutilement perduz; elle a beau me jurer à cette heure et m'asseurer, je secoüe les oreilles; la premiere opposition qu'on faict à son tesmoignage me met en suspens, et n'oserois me fier d'elle en chose de poix, ny la garentir sur le faict d'autruy. Et n'estoit que ce que je fay par faute de memoire, les autres le font encore plus souvant par faute de foy, je prendrois tousjours en chose de faict la verité de la bouche d'un autre plutost que de la mienne. Si chacun espioit de près les effects et circonstances des passions qui le regentent, comme j'ay faict de celle à qui j'estois tombé

en partage, il les verroit venir, et ralantiroit un peu leur
impetuosité et leur course. Elles ne nous sautent pas
tousjours au colet d'un prinsaut; il y a de la menasse et
des degretz.

> *Fluctus uti primo cæpit cum albescere ponto,*
> *Paulatim sese tollit mare, et altius undas*
> *Erigit, inde imo consurgit ad æthera fundo*[1].

Le jugement tient chez moy un siege magistral, au moins
il s'en efforce soingneusement; il laisse mes appetis aller
leur trein, et la haine et l'amitié, voire et celle que je me
porte à moy-mesme, sans s'en alterer et corrompre. S'il
ne peut reformer les autres parties selon soy, au moins
ne se laisse il pas difformer à elles : il faict son jeu à part.

L'advertissement à chacun de se cognoistre doibt estre
d'un important effect, puisque ce Dieu de science et de
lumiere[2] le fit planter au front de son temple[3], comme
comprenant tout ce qu'il avoit à nous conseiller. *(c)* Platon dict aussi[4] que prudence n'est autre chose que l'execution de cette ordonnance, et Socrates le verifie par le menu
en Xenophon[5]. *(b)* Les difficultez et l'obscurité ne s'aperçoivent en chacune science que par ceux qui y ont entrée.
Car encore faut il quelque degré d'intelligence à pouvoir
remarquer qu'on ignore, et faut pousser à une porte pour
sçavoir qu'elle nous est close. *(c)* D'où naist cette Platonique subtilité que, ny ceux qui sçavent n'ont à s'enquerir,
d'autant qu'ils sçavent, ny ceux qui ne sçavent, d'autant
que pour s'enquerir il faut sçavoir de quoy on s'enquiert[6]. *(b)* Ainsin en cette-cy de se cognoistre soy mesme,
ce que chacun se voit si resolu et satisfaict, ce que chacun
y pense estre suffisamment entendu, signifie que chacun
n'y entend rien du tout, *(c)* comme Socrates apprend à
Euthydeme en Xenophon[7]. *(b)* Moy qui ne faicts autre
profession, y trouve une profondeur et varieté si infinie, que
mon apprentissage n'a autre fruict que de me faire sentir
combien il me reste à apprendre. A ma foiblesse si souvant
recogneüe je doibts l'inclination que j'ay à la modestie,
à l'obeyssance des creances qui me sont prescrites, à
une constante froideur et moderation d'opinions, et la
hayne à cette arrogance importune et quereleuse, se
croyant et fiant toute à soy, ennemye capitale de discipline
et de verité. Oyez les regenter : les premieres sotises qu'ils
mettent en avant, c'est au stile qu'on establit les religions

et les loix. *(c) Nil hoc est turpius quàm cognitioni et perceptioni assertionem approbationémque præcurrere*[1]. *(b)* Aristarchus disoit qu'anciennement à peine se trouva il sept sages au monde, et que de son temps à peine se trouvoit il sept ignorans[2]. Aurions nous pas plus de raison que luy de le dire en nostre temps? L'affirmation et l'opiniastreté sont signes exprès de bestise[3]. Cettuy-cy aura donné du nez à terre cent fois pour un jour : le voylà sur ses ergots, aussi resolu et entier que devant; vous diriez qu'on luy a infuz depuis quelque nouvelle ame et vigueur d'entendement, et qu'il luy advient comme à cet ancien fils de la terre[4], qui reprenoit nouvelle fermeté et se renforçoit par sa cheute,

> *cui, cum tetigere parentem,*
> *Jam defecta vigent renovato robore membra*[5].

Ce testu indocile pense il pas reprendre un nouvel esprit pour reprendre une nouvelle dispute? C'est par mon experience que j'accuse l'humaine ignorance, qui est, à mon advis, le plus seur party de l'escole du monde. Ceux qui ne la veulent conclurre en eux par un si vain exemple que le mien ou que le leur, qu'ils la recognoissent par Socrates, *(c)* le[6] maistre des maistres. Car le philosophe Antisthenes à ses disciples : « Allons, disoit-il, vous et moy, ouyr Socrates; là je seray disciple avec vous[7]. » Et, soustenant ce dogme de sa secte Stoïque, que la vertu suffisoit à rendre une vie pleinement heureuse et n'ayant besoin de chose quelconque : « Sinon de la force de Socrates », adjoustoit-il[8].

(b) Cette longue attention que j'employe à me considerer me dresse à juger aussi passablement des autres, et est peu de choses dequoy je parle plus heureusement et excusablement. Il m'advient souvant de voir et distinguer plus exactement les conditions de mes amys qu'ils ne font eux mesmes. J'en ay estonné quelqu'un par la pertinence de ma description et l'ay adverty de soy. Pour m'estre, dès mon enfance, dressé à mirer ma vie dans celle d'autruy, j'ay acquis une complexion studieuse en cela, et, quand j'y pense, je laisse eschaper au tour de moy peu de choses qui y servent : contenances, humeurs, discours. J'estudie tout : ce qu'il me faut fuyr, ce qu'il me faut suyvre. Ainsin à mes amys je descouvre, par leurs pro-ductions, leurs inclinations internes; non pour renger cette infinie varieté d'actions, si diverses et si descoupées,

à certains genres et chapitres, et distribuer distinctement
mes partages et divisions en classes et regions cogneuës,

> *Sed neque quam multæ species, et nomina quæt sint,*
> *Est numerus*[1].

(c) Les sçavans partent et denotent leurs fantasies plus
specifiquement, et par le menu. Moy, qui n'y voy qu'autant que l'usage m'en informe, sans regle, presente generalement les miennes, et à tastons. Comme en cecy : *(b)* je
prononce ma sentence par articles descousus, ainsi que de
chose qui ne se peut dire à la fois et en bloc. La relation et
la conformité ne se trouvent poinct en telles ames que les
nostres, basses et communes. La sagesse est un bastiment
solide et entier, dont chaque piece tient son rang et porte
sa marque : *(c)* « *Sola sapientia in se tota conversa est*[2]. »
(b) Je laisse aux artistes, et ne scay s'ils en viennent à bout
en chose si meslée, si menue et fortuite, de renger en
bandes cette infinie diversité de visages, et arrester nostre
inconstance et la mettre par ordre. Non seulement je
trouve mal-aisé d'attacher nos actions les unes aux autres,
mais chacune à part soy je trouve mal-aysé de la designer
proprement par quelque qualité principalle, tant elles sont
doubles et bigarrées à divers lustres.

(c) Ce qu'on remarque pour rare au Roy de Macedoine
Perseus, que son esprit, ne s'attachant à aucune condition,
alloit errant par tout genre de vie et representant des
mœurs si essorées et vagabondes qu'il n'estoit cogneu
ny de luy, ny d'autre quel homme ce fust[3], me semble à
peu près convenir à tout le monde. Et par dessus tous,
j'ai veu quelque autre de sa taille, à qui cette conclusion
s'appliqueroit plus proprement encore, ce croy-je : nulle
assiette moyenne, s'emportant tousjours de l'un à l'autre
extreme par occasions indivinables, nulle espece de train
sans traverse et contrarieté merveilleuse, nulle faculté
simple; si que, le plus vraysemblablement qu'on en
pourra feindre un jour, ce sera qu'il affectoit et estudioit
de se rendre cogneu par estre mescognoissable

(b) Il faict besoing des oreilles bien fortes pour s'ouyr
franchement juger; et, par ce qu'il en est peu qui le puissent souffrir sans morsure, ceux qui se hazardent de l'entreprendre envers nous nous montrent un singulier effect
d'amitié; car c'est aimer sainement d'entreprendre à
blesser et offencer pour proffiter. Je trouve rude de juger

celluy-là en qui les mauvaises qualitez surpassent les bonnes. *(c)* Platon ordonne[1] trois parties à qui veut examiner l'ame d'un autre : science, bienveillance, hardiesse.

(b) Quelquefois on me demandoit à quoy j'eusse pensé estre bon, qui se fut advisé de se servir de moy pendant que j'en avois l'aage.

> *Dum melior vires sanguis dabat, æmula necdum*
> *Temporibus geminis canebat sparsa senectus*[2].

— « A rien, fis-je. » Et m'excuse volontiers de ne sçavoir faire chose qui m'esclave à autruy. Mais j'eusse dict ses veritez à mon maistre, et eusse contrerrolé ses meurs, s'il eust voulu. Non en gros, par leçons scholastiques, que je ne sçay point (et n'en vois naistre aucune vraye reformation en ceux qui les sçavent), mais les observant pas à pas, à toute oportunité, et en jugeant à l'œil piece à piece, simplement et naturellement, luy faisant voyr quel il est en l'opinion commune, m'opposant à ses flateurs. Il n'y a nul de nous qui ne valut moins que les Roys, s'il estoit ainsi continuellement corrompu, comme ils sont de cette canaille de gens. Comment, si Alexandre, ce grand et Roy et philosophe, ne s'en peut deffendre! J'eusse eu assez de fidelité, de jugement et de liberté pour cela. Ce seroit un office sans nom; autrement il perdroit son effect et sa grace. Et est un rolle qui ne peut indifferemment appartenir à tous. Car la verité mesme n'a pas ce privilege d'estre employée à toute heure et en toute sorte : son usage, tout noble qu'il est, a ses circonscriptions et limites. Il advient souvent, comme le monde est, qu'on la lâche à l'oreille du prince, non seulement sans fruict mais dommageablement, et encore injustement. Et ne me fera l'on pas accroire qu'une sainte remontrance ne puisse estre appliquée vitieusement, et que l'interest de la substance ne doive souvent ceder à l'interest de la forme. Je voudrois à ce mestier un homme content de sa fortune,

> *Quod sit esse velit, nihilque malit*[3],

et nay de moyenne fortune; d'autant que, d'une part, il n'auroit point de craincte de toucher vifvement et profondement le cœur du maistre pour ne perdre par là le cours de son advancement, et d'autre part, pour estre d'une condition moyenne, il auroit plus aysée communication à toute sorte de gens. *(c)* Je le voudrois à un homme seul, car respandre le privilege de cette liberté et privauté à plusieurs engendreroit une nuisible irreverence. Ouy, et de celuy là je requerrois surtout la fidelité du silence.

(b) Un Roy n'est pas à croire quand il se vante de sa constance à attendre le rencontre de l'ennemy pour le service de sa gloire, si pour son proffit et amendement il ne peut souffrir la liberté des parolles d'un amy, qui n'ont autre effort que de luy pincer l'ouye, le reste de leur effect estant en sa main. Or il n'est aucune condition d'hommes qui ayt si grand besoing que ceux-là de vrays et libres advertissemens. Ils soustiennent une vie publique, et ont à agreer à l'opinion de tant de spectateurs, que, comme on a accoustumé de leur taire tout ce qui les divertit de leur route, ils se trouvent, sans le sentir, engagez en la hayne et detestation de leurs peuples pour des occasions souvent qu'ils eussent peu eviter, à nul interest de leurs plaisirs mesme, qui les en eut advisez et redressez à temps. Communement leurs favoris regardent à soy plus qu'au maistre; et il leur va de bon, d'autant qu'à la verité la plus part des offices de la vraye amitié sont envers le souverain en un rude et perilleus essay; de maniere qu'il y faict besoing non seulement beaucoup d'affection et de franchise, mais encore de courage.

En fin, toute cette fricassée que je barbouille icy n'est qu'un registre des essais de ma vie, qui est, pour l'interne santé, exemplaire assez, à prendre l'instruction à contrepoil. Mais quant à la santé corporelle, personne ne peut fournir d'experience plus utile que moy, qui la presente pure, nullement corrompue et alterée par art et par opination. L'experience est proprement sur son fumier au subject de la medecine, où la raison luy quite toute la place. Tibere disoit que quiconque avoit vescu vingt ans se debvoit responde des choses qui luy estoyent nuisibles ou salutaires, et se sçavoir conduire sans medecine[1]. *(c)* Et le pouvoit avoir apprins de Socrates, lequel, conseillant à ses disciples[2], soigneusement et comme un très principal estude, l'estude de leur santé, adjoustoit qu'il estoit malaisé qu'un homme d'entendement, prenant garde à ses exercices, à son boire et à son manger, ne discernast mieux que tout medecin ce qui luy estoit bon ou mauvais. *(b)* Si faict la medecine profession d'avoir tousjours l'experience pour touche de son operation. Ainsi

Platon avoit raison de dire[1] que pour eſtre vray medecin, il seroit necessaire que celuy qui l'entreprendroit euſt passé par toutes les maladies qu'il veut guarir et par tous les accidens et circonſtances dequoy il doit juger. C'eſt raison qu'ils prennent la verole s'ils la veulent sçavoir penser. Vrayement je m'en fierois à celuy-là. Car les autres nous guident comme celuy qui peint les mers, les escueils et les ports, eſtant assis sur sa table et y faiſt promener le modele d'un navire en toute seureté. Jettez-le à l'effeſt, il ne scait par où s'y prendre. Ils font telle description de nos maux que faiſt un trompette de ville qui crie un cheval ou un chien perdu : tel poil, telle hauteur, telle oreille; mais presentez le luy, il ne le cognoit pas pourtant.

Pour Dieu, que la medecine me face un jour quelque bon et perceptible secours, voir comme je crieray de bonne foy :

Tandem efficaci do manus scientiæ[2]!

Les arts qui promettent de nous tenir le corps en santé et l'âme en santé, nous promettent beaucoup; mais aussi n'en eſt il point qui tiennent moins ce qu'elles promettent. Et en noſtre temps, ceux qui font profession de ces arts entre nous en montrent moins les effeſts que tous autres hommes. On peut dire d'eus pour le plus, qu'ils vendent les drogues medecinales; mais qu'ils soient medecins, cela ne peut on dire[3].

J'ay assez vescu, pour mettre en compte l'usage qui m'a conduiſt si loing. Pour qui en voudra gouſter, j'en ay faiſt l'essay, son eschançon. En voicy quelques articles, comme la souvenance me les fournira. *(c)* (Je n'ay point de façon qui ne soit allée variant selon les accidents, mais j'enregiſtre celles que j'ay plus souvent veu en train, qui ont eu plus de possession en moy jusqu'aſteure.) *(b)* Ma forme de vie eſt pareille en maladie comme en santé : mesme liſt, mesmes heures, mesmes viandes me servent, et mesme breuvage. Je n'y adjouſte du tout rien, que la moderation du plus et du moins, selon ma force et appetit. Ma santé, c'eſt maintenir sans deſtourbier mon eſtat accouſtumé. Je voy que la maladie m'en desloge d'un coſté; si je crois les medecins, ils m'en deſtourneront de l'autre; et par fortune, et par art, me voylà hors de ma route. Je ne croys rien plus

certainement que cecy : que je ne sçauroy estre offencé par
l'usage des choses que j'ay si long temps accoustumées.

C'est à la coustume de donner forme à nostre vie, telle
qu'il luy plaist; elle peut tout en cela : c'est le breuvage de
Circé[1], qui diversifie notre nature comme bon luy semble.
Combien de nations, et à trois pas de nous, estiment
ridicule la crainte du serain, qui nous blesse si apparemment; et nos bateliers et nos paysans s'en moquent. Vous
faites malade un Aleman de le coucher sur un matelas[2],
comme un Italien sur la plume, et un François sans
rideau[3] et sans feu. L'estomac d'un Espagnol ne dure pas
à nostre forme de manger, ny le nostre à boire à la
Souysse[4].

Un Aleman me fit plaisir, à Auguste[5], de combatre
l'incommodité de noz fouyers par ce mesme argument
dequoy nous nous servons ordinairement à condamner
leurs poyles[6]. (Car à la verité, cette chaleur croupie, et
puis la senteur de cette matiere reschauffée dequoy ils
sont composez, enteste la plus part de ceux qui n'y sont
experimentez; à moy non. Mais au demeurant, estant cette
chaleur eguale, constante et universelle, sans lueur, sans
fumée, sans le vent que l'ouverture de nos cheminées
nous apporte, elle a bien par ailleurs dequoi se comparer
à la nostre. Que n'imitons nous l'architecture Romaine?
Car on dict que anciennement le feu ne se faisoit en leurs
maisons que par le dehors, et au pied d'icelles : d'où
s'inspiroit la chaleur à tout le logis par les tuyaux practi-
quez dans l'espais du mur, lesquels alloient embrassant
les lieux qui en devoient estre eschauffez; ce que j'ay veu
clairement signifié, je ne sçay où, en Seneque[7].) Cettuy-cy,
m'oyant louër les commoditez et beautez de sa ville, qui
le merite certes, commença à me plaindre dequoy j'avois
à m'en esloigner; et des premiers inconveniens qu'il
m'allega, ce fut la poisanteur de teste que m'apporteroient
les cheminées ailleurs. Il avoit ouï faire cette plainte à
quelqu'un, et nous l'attachoit, estant privé par l'usage de
l'appercevoir chez luy. Toute chaleur qui vient du feu
m'affoiblit et m'appesantit. Si, disoit Evenus que le
meilleur condiment de la vie estoit le feu[8]. Je prens
plustost toute autre façon d'eschaper au froid

Nous craignons les vins au bas; en Portugal cette
fumée est en delices, et est le breuvage des princes. En
somme, chaque nation a plusieurs coustumes et usances

qui sont, non seulement incogneuës, mais farouches et
miraculeuses à quelque autre nation.

Que ferons nous à ce peuple qui ne fait recepte que de
tesmoignages imprimez, qui ne croit les hommes s'ils ne
sont en livre, ny la verité si elle n'est d'aage competant?
(c) Nous mettons en dignité nos bestises quand nous les
mettons en moule. *(b)* Il y a bien pour luy autre poix de
dire : « Je l'ai leu », que si vous dictes : « Je l'ay ouy dire. »
Mais moy, qui ne mescrois non plus la bouche que la
main des hommes et qui sçay qu'on escript autant indiscretement qu'on parle, et estime ce siecle comme un
autre passé, j'allegue aussi volontiers un mien amy que
Aulugele et que Macrobe, et ce que j'ay veu que ce qu'ils
ont escrit. *(c)* Et, comme ils tiennent de la vertu qu'elle
n'est pas plus grande pour estre plus longue, j'estime de
mesme de la verité que, pour estre plus vieille, elle n'est
pas plus sage. *(b)* Je dis souvent que c'est pure sottise qui
nous fait courir après les exemples estrangers et scholastiques. Leur fertilité est pareille à cette heure à celle du
temps d'Homere et de Platon. Mais n'est ce pas que nous
cherchons plus l'honneur de l'allegation que la verité du
discours? comme si c'estoit plus d'emprunter de la boutique de Vascosan[1] ou de Plantin[2] nos preuves, que de ce
qui se voit en nostre village. Ou bien certes, que nous
n'avons pas l'esprit d'esplucher et faire valoir ce qui se
passe devans nous, et le juger assez vifvement pour le
tirer en exemple? Car, si nous disons que l'authorité nous
manque pour donner foy à nostre tesmoignage, nous le
disons hors de propos. D'autant qu'à mon advis, des plus
ordinaires choses et plus communes et cogneuës, si nous
sçavions trouver leur jour, se peuvent former les plus
grands miracles de nature et les plus merveilleux exemples,
notamment sur le subject des actions humaines.

Or sur mon subject, laissant les exemples que je sçay
par les livres *(c)* et ce que dict Aristote d'Andron, Argien,
qu'il traversoit sans boire les arides sablons de la Lybie[3],
(b) un gentil-homme[4], qui s'est acquité dignement de
plusieurs charges, disoit où j'estois qu'il estoit allé de
Madrid à Lisbonne en plain esté sans boire. Il se porte
vigoureusement pour son aage, et n'a rien d'extraordinaire en l'usage de sa vie que cecy : d'estre deux ou trois
mois, voire un an, ce m'a il dict, sans boire. Il sent de
l'alteration, mais il la laisse passer, et tient que c'est un

appetit qui s'alanguit aiséement de soy-mesme; et boit
plus par caprice que pour le besoing ou pour le plaisir.

En voicy d'un autre. Il n'y a pas long temps que je
rencontray l'un des plus sçavans hommes de France[1],
entre ceux de non mediocre fortune, estudiant au coin
d'une sale qu'on luy avoit rembarré de tapisserie; et
autour de luy un tabut de ses valets plain de licence. Il me
dict, (c) et Seneque quasi autant de soy[2], (b) qu'il faisoit
son profit de ce tintamarre, comme si, battu de ce bruict,
il se ramenast et reserrast plus en soy pour la contemplation, et que cette tempeste de voix repercutast ses pensées
au dedans. Estant escholier à Padoue, il eust son estude si
long temps logé à la batterie des coches et du tumulte de
la place qu'il se forma non seulement au mespris, mais à
l'usage du bruit, pour le service de ses estudes. (c) Socrates respondoit à Alcibiades, s'estonnant comme il pouvoit porter le continuel tintamarre de la teste de sa
femme : « Comme ceux qui sont accoustumez à l'ordinaire
son des roues à puiser l'eau[3]. » (b) Je suis bien au contraire : j'ays l'esprit tendre et facile à prendre l'essor;
quand il est empesché à part soy, le moindre bourdon-
nement de mouche l'assassine.

(c) Seneque en sa jeunesse, ayant mordu chaudement à
l'exemple de Sextius de ne manger chose qui eust prins
mort, s'en passoit dans un an avec plaisir, comme il dict[4].
Et s'en laissa seulement pour n'estre soupçonné d'emprunter cette regle d'aucunes religions nouvelles, qui la
semoyent. Il print quand et quand des preceptes d'Attalus
de ne se coucher plus sur des loudiers qui enfondrent, et
continua jusqu'à sa vieillesse ceux qui ne cedent point au
corps[5]. Ce que l'usage de son temps luy faict conter à
rudesse, le nostre nous le faict tenir à mollesse.

(b) Regardez la difference du vivre de mes valets à bras
à la mienne : les Scythes et les Indes n'ont rien plus
esloingné de ma force et de ma forme. Je sçay avoir retiré
de l'aumosne des enfans pour m'en servir, qui bien tost
après m'ont quicté, et ma cuisine et leur livrée, seulement
pour se rendre à leur premiere vie. Et en trouvay un,
amassant depuis des moules emmy la voirie pour son
disner, que par priere ny par menasse je ne sceu distraire
de la saveur et douceur qu'il trouvoit en l'indigence. Les
gueux ont leurs magnificences et leurs voluptez, comme
les riches, et, dict-on, leurs dignitez et ordres politiques.

Ce sont effects de l'accoustumance. Elle nous peut duire non seulement à telle forme qu'il luy plaist (pourtant, disent les sages[1], nous faut-il planter à la meilleure qu'elle nous facilitera incontinent), mais au changement aussi et à la variation, qui est le plus noble et le plus utile de ses apprentissages. La meilleure de mes complexions corporelles, c'est d'estre flexible et peu opiniastre; j'ay des inclinations plus propres et ordinaires et plus agreables que d'autres; mais avec bien peu d'effort je m'en destourne, et me coule aiséement à la façon contraire. Un jeune homme doit troubler ses regles pour esveiller sa vigueur, la garder de moisir et s'apoltronir. Et n'est train de vie si sot et si debile que celuy qui se conduict par ordonnance et discipline.

> *Ad primum lapidem vectari cùm placet, hora*
> *Sumitur ex libro; si prurit frictus ocelli,*
> *Angulus, inspecta genesi collyria quærit[2].*

Il se rejettera souvent aux excez mesme, s'il m'en croit : autrement la moindre desbauche le ruyne; il se rend incommode et desaggreable en conversation. La plus contraire qualité à un honneste homme, c'est la delicatesse et obligation à certaine façon particuliere; et elle est particuliere si elle n'est ploiable et souple. Il y a de la honte de laisser à faire par impuissance ou de n'oser ce qu'on voit faire à ses compaignons. Que telles gens gardent leur cuisine! Par tout ailleurs il est indecent; mais à un homme de guerre il est vitieux et insupportable, lequel, comme disoit Philopœmen, se doit accoustumer à toute diversité et inegalité de vie[3].

Quoy que j'aye esté dressé autant qu'on a peu à la liberté et à l'indifference, si est-ce que par nonchalance, m'estant en vieillissant plus aresté sur certaines formes (mon aage est hors d'institution et n'a desormais dequoy regarder ailleurs que à se maintenir), la coustume a desjà, sans y penser, imprimé si bien en moy son caractere en certaines choses, que j'appelle excez de m'en despartir. Et, sans m'essaier, ne puis ny dormir sur jour, ny faire collation entre les repas, ny desjeuner, ny m'aller coucher sans grand intervalle, (c) comme de trois bonnes heures, (b) après le soupper, ny faire des enfans qu'avant le sommeil, ny les faire debout, ny porter ma sueur, ny m'abreuver d'eau pure ou de vin pur, ny me tenir nud teste long temps, ny me faire tondre après disner; et me passerois autant malaiséement de mes gans que de ma chemise, et de me laver à l'issuë de table et à mon lever, et de ciel et rideaux à mon lict, comme de choses bien necessaires. Je disnerois sans nape; mais à l'alemande, sans serviette blanche, très-incommodéement : je les souille plus qu'eux et les Italiens ne font; et m'ayde peu de cullier et de fourchette[1]. Je plains qu'on n'aye suyvy un train que j'ay veu commencer à l'exemple des Roys : qu'on nous changeast de serviette selon les services, comme d'assiette. Nous tenons de ce laborieux soldat Marius que, vieillissant, il devint delicat en son boire et ne le prenoit qu'en une sienne couppe particuliere[2]. Moy je me laisse aller aussi à certaine forme de verres, et ne boy pas volontiers en verre commun, non plus que d'une main commune[3]. Tout metal m'y desplait au pris d'une matiere claire et transparente. *(c)* Que mes yeux y tastent aussi, selon leur capacité.

(b) Je dois plusieurs telles mollesses à l'usage. Nature m'a aussi, d'autre part, apporté les siennes : comme de ne soustenir plus deux plains repas en un jour sans surcharger mon estomac; ny l'abstinence pure de l'un des repas sans me remplir de vents, assecher ma bouche, estonner mon appetit; de m'offenser d'un long serain. Car depuis quelques années, aux courvées de la guerre, quand toute la nuict y court, comme il advient communément, après cinq ou six heures l'estomac me commence à troubler, avec vehemente douleur de teste, et n'arrive poinct au jour sans vomir. Comme les autres s'en vont desjeuner je m'en vay dormir, et au partir de là aussi gay qu'au paravant. J'avois tousjours appris que le serain ne s'espandoit qu'à la naissance de la nuict; mais, hantant ces années passées familierement et long temps un seigneur imbu de cette creance, que le serain est plus aspre et dangereux sur l'inclination du soleil une heure ou deux avant son coucher, lequel il evite songneusement et mesprise celuy de la nuyct, il m'a cuidé imprimer non tant son discours que son sentiment.

Quoy! que le doubte mesme et inquisition frappe nostre imagination et nous change? Ceux qui cedent tout à coup à ces pentes attirent l'entiere ruyne sur eux. Et plains plusieurs gentils-hommes qui, par la sottise de leurs medecins, se sont mis en chartre tous jeunes et entiers[4].

Encores vaudroit-il mieux souffrir un reume que de perdre pour jamais par desaccoutumance le commerce de la vie commune, en action de si grand usage. *(c)* Fascheuse science, qui nous descrie les plus douces heures du jour. *(b)* Estendons nostre possession jusque aux derniers moyens. Le plus souvent on s'y durcit en s'opiniastrant, et corrige l'on sa complexion, comme fit Cæsar[1] le haut mal, à force de le mespriser et corrompre. On se doit adonner aux meilleures regles, mais non pas s'y asservir, si ce n'est à celles, s'il y en a quelqu'une, ausquelles l'obligation et servitude soit utile.

Et les Roys et les philosophes fientent, et les dames aussi[2]. Les vies publiques se doivent a la ceremonie; la mienne, obscure et privée, jouit de toute dispence naturelle; soldat et Gascon sont qualitez aussi un peu subjettes à l'indiscretion. Parquoy je diray cecy de cette action : qu'il est besoing de la renvoyer à certaines heures prescriptes et nocturnes, et s'y forcer par coustume et assubjectir, comme j'ay faict; mais non s'assujectir, comme j'ay faict en vieillissant, au soing de particuliere commodité de lieu et de siege pour ce service, et le rendre empeschant par longueur et mollesse. Toutesfois aux plus sales services, est-il pas autrement excusable de requerir plus de soing et de netteté? *(c)* « *Natura homo mundum et elegans animal est*[3]. » De toutes les actions naturelles, c'est celle que je souffre plus mal volontiers m'estre interrompue. *(b)* J'ay veu beaucoup de gens de guerre incommodez du desreiglement de leur ventre; le mien et moy ne nous faillons jamais au poinct de nostre assignation, qui est au saut du lict, si quelque violente occupation ou maladie ne nous trouble.

Je ne juge donc point, comme je disois, où les malades se puissent mettre mieux en seurté qu'en se tenant quoy dans le train de vie où ils se sont eslevez et nourris. Le changement, quel qu'il soit, estonne et blesse. Allez croire que les chastaignes nuisent à un Perigourdin ou à un Lucquois, et le laict et le fromage aux gens de la montaigne. On leur va ordonnant, une non seulement nouvelle, mais contraire forme de vie : mutation qu'un sain ne pourroit souffrir. Ordonnez de l'eau à un Breton de soixante dix ans, enfermez dans une estuve un homme de marine, deffendez le promener à un laquay basque[4]; ils les privent de mouvement, et en fin d'air et de lumiere.

An vivere tanti est[1]?

> *Cogimur a suetis animum suspendere rebus,*
> *Atque, ut vivamus, vivere desinimus...*
> *Hos superesse rear, quibus et spirabilis aer*
> *Et lux qua regimur redditur ipsa gravis[2]?*

S'ils ne font autre bien, ils font aumoins cecy, qu'ils preparent de bonne heure les patiens à la mort, leur sapant peu à peu et retranchant l'usage de la vie.

Et sain et malade, je me suis volontiers laissé aller aux appetits qui me pressoient. Je donne grande authorité à mes desirs et propensions. Je n'ayme point à guarir le mal par le mal; je hay les remedes qui importunent plus que la maladie. D'estre subject à la cholique et subject à m'abstenir du plaisir de manger des huitres, ce sont deux maux pour un. Le mal nous pinse d'un costé, la regle de l'autre. Puisque on est au hazard de se mesconter, hazardons nous plustost à la suitte du plaisir. Le monde faict au rebours, et ne pense rien utile qui ne soit penible; la facilité luy est suspecte. Mon appetit en plusieurs choses s'est assez heureusement accommodé par soy-mesme et rangé à la santé de mon estomac. L'acrimonie et la pointe des sauces m'agréèrent estant jeune; mon estomac s'en ennuyant depuis, le goust l'a incontinent suyvy. *(c)* Le vin nuit aux malades; c'est la premiere chose de quoy ma bouche se desgouste, et d'un degoust invincible. *(b)* Quoy que je reçoive desagreablement me nuit, et rien ne me nuit que je face avec faim et allegresse; je n'ay jamais receu nuisance d'action qui m'eust esté bien plaisante. Et si ay faict ceder à mon plaisir, bien largement, toute conclusion medicinalle. Et me suis jeune,

> *Quem circumcursans huc atque huc sæpe Cupido*
> *Fulgebat, crocina splendibus in tunica[3],*

presté autant licentieusement et inconsideréement qu'autre au desir qui me tenoit saisi.

> *Et militavi non sine gloria[4].*

plus toutesfois en continuation et en durée qu'en saillie :

> *Sex me vix memini sustinuisse vices[5].*

Il y a du malheur certes, et du miracle, à confesser en quelle foiblesse d'ans je me rencontray premierement en sa subjection. Ce fut bien rencontre, car ce fut long temps avant l'aage de choix et de cognoissance. Il ne me souvient point de moy de si loing. Et peut on marier ma fortune à celle de Quartilla, qui n'avoit point memoire de son fillage[1].

> *Inde tragus celerésque pili, mirandáque matri*
> *Barba meæ*[2].

Les medecins ploient ordinairement avec utilité leurs regles à la violence des envies aspres qui surviennent aux malades; ce grand desir ne se peut imaginer si estranger et vicieux que nature ne s'y applique. Et puis, combien est-ce de contenter la fantasie? À mon opinion cette piece là importe de tout, au moins au delà de toute autre. Les plus griefs et ordinaires maux sont ceux que la fantasie nous charge. Ce mot Espagnol me plaist à plusieurs visages : « *Defienda me Dios de my*[3]. » Je plains, estant malade, dequoy je n'ay quelque desir qui me donne ce contentement de l'assouvir; à peine m'en destourneroit la medecine. Autant en fay-je sain : je ne vois guere plus qu'esperer et vouloir. C'est pitié d'estre alanguy et affoibly jusques au souhaiter.

L'art de medecine n'est pas si resolue que nous soyons sans authorité, quoy que nous facions : elle change selon les climats et selon les Lunes, selon Farnel[4] et selon l'Escale[5]. Si vostre medecin ne trouve bon que vous dormez, que vous usez de vin ou de telle viande, ne vous chaille : je vous en trouveray un autre qui ne sera pas de son advis. La diversité des arguments et opinions medicinales embrasse toute sorte de formes. Je vis un miserable malade crever et se pasmer d'alteration pour se guarir, et estre moqué depuis par un autre medecin condamnant ce conseil comme nuisible; avoit-il pas bien employé sa peine? Il est mort freschement de la pierre un homme de ce mestier, qui s'estoit servy d'extreme abstinence à combatre son mal; ses compagnons disent qu'au rebours ce jeusne l'avoit asseché et luy avoit cuit le sable dans les roignons.

J'ay aperceu qu'aux blesseures et aux maladies, le parler m'esmeut et me nuit autant que desordre que je face. La voix me couste et me lasse, car je l'ay haute et efforcée; si que, quand je suis venu à entretenir l'oreille des grands d'affaires de poix, je les ay mis souvent en soing de moderer ma voix. Ce compte merite de me divertir : quelqu'un[1], en certaine eschole grecque, parloit haut, comme moy ; le maistre des ceremonies lui manda qu'il parlast plus bas : « Qu'il m'envoye, fit-il, le ton auquel il veut que je parle. » L'autre luy replica qu'il print son ton des oreilles de celuy à qui il parloit. C'estoit bien dict, pourveu qu'il s'entende : « Parlez selon ce que vous avez affaire à vostre auditeur. » Car si c'est à dire : « suffise vous qu'il vous oye », ou : « reglez vous par luy », je ne trouve pas que ce fut raison. Le ton et mouvement de la voix a quelque expression et signification de mon sens ; c'est à moy à le conduire pour me representer. Il y a voix pour instruire, voix pour flater, ou pour tancer. Je veux que ma voix, non seulement arrive à luy, mais à l'avanture qu'elle le frape et qu'elle le perse. Quand je mastine mon laquay d'un ton aigre et poignant, il feroit bon qu'il vint à me dire : « Mon maistre parlez plus dous, je vous oys bien. » *(c) « Est quædam vox ad auditúm accommodata, non magnitudine, sed proprietate*[2]. » *(b)* La parole est moitié à celuy qui parle, moitié à celuy qui l'escoute. Cettuy-cy se doibt preparer à la recevoir selon le branle qu'elle prend. Comme entre ceux qui jouent à la paume, celuy qui soustient se desmarche et s'apreste selon qu'il voit remuer celuy qui luy jette le coup et selon la forme du coup.

L'experience m'a encores appris cecy, que nous nous perdons d'impatience. Les maux ont leur vie et leurs bornes, *(c)* leurs maladies et leur santé.

La constitution des maladies est formé au patron de la constitution des animaux. Elles ont leur fortune limitée dès leur naissance, et leurs jours ; qui essaye de les abbreger imperieusement par force, au travers de leur course, il les allonge et multiplie, et les harselle au lieu de les appaiser. Je suis de l'advis de Crantor[3], qu'il ne faut obstinéement s'opposer aux maux, et à l'estourdi, ny leur succomber de mollesse, mais qu'il leur faut ceder naturellement, selon leur condition et la nostre. *(b)* On doit donner passage aux maladies ; et je trouve qu'elles arrestent moins chez moy, qui les laisse faire ; et en ay perdu, de celles qu'on estime plus opiniastres et tenaces, de leur propre decadence, sans ayde et sans art, et contre ses reigles. Laissons faire un peu à nature : elle entend mieux ses affaires que nous. — « Mais un tel en mourut. » —

« Si fairés vous, sinon de ce mal là, d'un autre. » Et combien n'ont pas laissé d'en mourir, ayant trois medecins à leur cul? L'exemple eſt un miroüer vague, universel et à tout sens. Si c'eſt une medecine voluptueuse, acceptez la; c'eſt tousjours autant de bien present. *(c)* Je ne m'arreſteray ny au nom, ny à la couleur, si elle eſt delicieuse et appetissante. Le plaisir eſt des principales especes du profit.

(b) J'ay laissé envieillir et mourir en moy de mort naturelle des reumes, defluxions gouteuses, relaxation, battement de cœur, micraines et autres accidens, que j'ay perdu quand je m'eſtois à demy formé à les nourrir. On les conjure mieux par courtoisie que par braverie. Il faut souffrir doucement les loix de noſtre condition. Nous sommes pour vieillir, pour affoiblir, pour eſtre malades, en despit de toute medecine. C'eſt la premiere leçon que les Mexicains font à leurs enfans, quand, au partir du ventre des meres, ils les vont saluant ainsin : « Enfant, tu és venu au monde pour endurer; endure, souffre, et tais toy. »

C'eſt injuſtice de se douloir qu'il soit advenu à quel qu'un ce qui peut advenir à chacun, *(c)* « *indignare si quid in te iniquè propriè conſtitutum eſt*[1]. » *(b)* Voyez un vieillart, qui demande à Dieu qu'il luy maintienne sa santé entiere et vigoreuse, c'eſt à dire qu'il le remette en jeunesse.

Stulte, quid hæc fruſtra votis puerilibus optas[2]?

N'eſt-ce pas folie? Sa condition ne le porte pas. *(c)* La goutte, la gravelle, l'indigeſtion sont symptomes des longues années, comme des longs voyages la chaleur, les pluyes et les vents. Platon[3] ne croit pas qu'Æsculape se miſt en peine de prouvoir par regimes à faire durer la vie en un corps gaſté et imbecille, inutile à son pays, inutile à sa vacation et à produire des enfans sains et robuſtes, et ne trouve pas ce soing convenable à la juſtice et prudence divine, qui doit conduire toutes choses à utilité. *(b)* Mon bon homme, c'eſt faiƈt : on ne vous sçauroit redresser; on vous plaſtrera pour le plus et eſtançonnera un peu, *(c)* et allongera-on de quelque heure voſtre misere.

(b) Non secus inſtantem cupiens fulcire ruinam,
Diversis contra nititur obicibus,

Donec certa dies, omni compage soluta,
Ipsum cum rebus subruat auxilium[1].

Il faut apprendre à souffrir ce qu'on ne peut eviter. Nostre vie est composée, comme l'armonie du monde, de choses contraires, aussi de divers tons, douz et aspres, aigus et plats, mols et graves[2]. Le musicien qui n'en aymeroit que les uns, que voudroit il dire? Il faut qu'il s'en sçache servir en commun et les mesler. Et nous aussi, les biens et les maux, qui sont consubstantiels à nostre vie. Nostre estre ne peut sans ce meslange, et y est l'une bande non moins necessaire que l'autre. D'essayer à regimber contre la necessité naturelle, c'est representer la folie de Ctesiphon, qui entreprenoit de faire à coups de pied avec sa mule[3].

Je consulte peu des alterations que je sens, car ces gens icy[4], sont avantageux quand ils vous tiennent à leur misericorde : ils vous gourmandent les oreilles de leurs prognostiques; et, me surprenant autre fois affoibly du mal, m'ont injurieusement traicté de leurs dogmes et troigne magistrale, me menassant tantost de grandes douleurs, tantost de mort prochaine. Je n'en estois abbatu ny deslogé de ma place, mais j'en estois heurté et poussé; si mon jugement n'en est ny changé ny troublé, au moins il en estoit empesché; c'est tousjours agitation et combat.

Or je trete mon imagination le plus doucement que je puis et la deschargerois, si je pouvois, de toute peine et contestation. Il la faut secourir et flatter, et piper qui peut. Mon esprit est propre à ce service : il n'a point faute d'apparences par tout; s'il persuadoit comme il presche, il me secourroit heureusement.

Vous en plaict-il un exemple? Il dict que c'est pour mon mieux que j'ay la gravele; que les bastimens de mon aage ont naturellement à souffrir quelque goutiere (il est temps qu'ils commencent à se lácher et desmentir; c'est une commune necessité, et n'eust on pas faict pour moy un nouveau miracle? je paye par là le loyer deu à la vieillesse, et ne sçaurois en avoir meilleur compte); que la compaignie me doibt consoler, estant tombé en l'accident le plus ordinaire des hommes de mon temps (j'en vois par tout d'affligez de mesme nature de mal, et m'en est la societé honorable, d'autant qu'il se prend plus volontiers aux grands : son essence a de la noblesse et de la dignité); que des hommes qui en sont frapez, il en eſt peu de quittes à meilleure raison : et si, il leur couſte la peine d'un facheux regime et la prise ennuieuse et quotidienne des drogues medicinales, là où je le doy purement à ma bonne fortune : car quelques bouillons communs de l'eringium et herbe du turc[1], que deux ou trois fois j'ay avalé en faveur des dames, qui, plus gratieusement que mon mal n'eſt aigre, m'en offroyent la moitié du leur, m'ont semblé également faciles à prendre et inutiles en operation. Ils ont à payer mille veux à Esculape, et autant d'escus à leur médecin, de la profluvion du sable aysée et abondante que je reçoy souvent par le benefice de nature. *(c)* La decence mesme de ma contenance en compagnie ordinaire n'en eſt pas troublée, et porte mon eau dix heures et aussi longtemps qu'un autre.

(b) « La crainte de ce mal, faiƈt-il[2], t'effraioit autresfois, quand il t'eſtoit incogneu : les cris et le desespoir de ceux qui l'aigrissent par leur impatience t'en engendroient l'horreur. C'eſt un mal qui te bat les membres par lesquels tu as le plus failly; tu es homme de conscience.

> *Quæ venit indignè pæna, dolenda venit*[3].

Regarde ce chaſtiement; il eſt bien doux au pris d'autres et d'une faveur paternelle. Regarde sa tardifveté : il n'incommode et occupe que la saison de ta vie qui, ainsi comme ainsin, eſt mes-huy perdue et sterile, ayant faiƈt place à la licence et plaisirs de ta jeunesse, comme par composition. La crainte et pitié que le peuple a de ce màl te sert de matiere de gloire; qualité, de laquelle si tu as le jugement purgé et en as guery ton discours, tes amys pourtant en recognoissent encore quelque teinture en ta complexion. Il y a plaisir à ouyr dire de soy : Voylà bien de la force, voylà bien de la patience. On te voit suer d'ahan, pallir, rougir, trembler, vomir jusques au sang, souffrir des contraƈtions et convulsions eſtranges, degouter par foys de grosses larmes des yeux, rendre les urines espesses, noires et effroyables, ou les avoir arreſtées par quelque pierre espineuse et herissée qui te pouinƈt et escorche cruellement le col de la verge, entretenant cependant les assiſtans d'une contenance commune, bouffonnant à pauses avec tes gens, tenant ta partie en un discours tendu, excusant de parolle ta douleur et rabatant de ta souffrance.

« Te souvient il de ces gens du temps passé, qui recerchoyent les maux avec si grand faim, pour tenir leur vertu en haleine et en exercice? Mets le cas que nature te porte et te pousse à cette glorieuse escole, en laquelle tu ne fusses jamais entré de ton gré. Si tu me dis que c'est un mal dangereux et mortel, quels autres ne le sont? Car c'est une piperie medecinale d'en excepter aucuns, qu'ils disent n'aller point de droict fil à la mort. Qu'importe, s'ils y vont par accident, et s'ils glissent et gauchissent ayséement vers la voye qui nous y meine. *(c)* Mais tu ne meurs pas de ce que tu es malade; tu meurs de ce que tu es vivant. La mort te tue bien sans le secours de la maladie. Et à d'aucuns les maladies ont esloigné la mort, qui ont plus vescu de ce qu'il leur sembloit s'en aller mourants. Joint qu'il est, comme des playes, aussi des maladies medecinales et salutaires. *(b)* La cholique est souvent non moins vivace que vous; il se voit des hommes ausquels elle a continué depuis leur enfance jusques à leur extreme vieillesse, et, s'ils ne luy eussent failly de compaignie, elle estoit pour les assister plus outre; vous la tuez plus souvent qu'elle ne vous tue, et quand elle te presenteroit l'image de la mort voisine, seroit ce pas un bon office à un homme de tel aage de le ramener aux cogitations de sa fin? *(c)* Et qui pis est, tu n'as plus pour qui guerir. Ainsi comme ainsin, au premier jour la commune necessité t'appelle. *(b)* Considere combien artificielement et doucement elle te desgouste de la vie et desprend du monde : non te forçant d'une subjection tyrannique, comme tant d'autres maux que tu vois aux vieillarts, qui les tiennent continuellement entravez et sans relâche de foyblesses et douleurs, mais par advertissemens et instructions reprises à intervalles, entremeslant des longues pauses de repos, comme pour te donner moyen de mediter et repeter sa leçon à ton ayse; pour te donner moyen de juger sainement et prendre party en homme de cœur, elle te presente l'estat de ta condition entiere, et en bien et en mal, et en mesme jour une vie très-alegre tantost, tantost insupportable. Si tu n'accoles la mort, au moins tu luy touches en paume une fois le moys. *(c)* Par où tu as de plus à esperer qu'elle t'attrappera un jour sans menace, et que, estant si souvent conduit jusques au port, te fiant d'estre encore aux termes accoustumez on t'aura, et ta fiance, passé l'eau un matin inopinéement. *(b)* On n'a point à se plaindre des maladies qui partagent loyallement le temps avec la santé. »

Je suis obligé à la fortune de quoy elle m'assaut si souvent de mesme sorte d'armes; elle m'y façonne et m'y dresse par usage, m'y durcit et habitue; je sçay à peu près mes-huy en quoy j'en doibts estre quitte. *(c)* A faute de memoire naturelle j'en forge de papier, et comme quelque nouveau symptome survient à mon mal, je l'escris. D'où il advient qu'à cette heure, estant quasi passé par toute sorte d'exemples, si quelque estonnement me menace, feuilletant ces petits brevets descousus comme des feuilles Sybillines[1], je ne faux plus de trouver où me consoler de quelque prognostique favorable en mon experience passée. *(b)* Me sert aussi l'accoustumance à mieux esperer pour l'advenir; car, la conduicte de ce vuidange ayant continué si long temps, il est à croire que nature ne changera point ce trein et n'en adviendra autre pire accident que celuy que je sens. En outre, la condition de cette maladie n'est point mal advenante à ma complexion prompte et soudaine. Quand elle m'assaut mollement elle me faict peur, car c'est pour long temps. Mais naturellement elle a des excez vigoreux et gaillarts; elle me secouë à outrance pour un jour ou deux. Mes reins ont duré un aage[2] sans alteration; il y en a tantost un autre[3] qu'ils ont changé d'estat. Les maux ont leur periode comme les biens; à l'avanture est cet accident à sa fin. L'aage affoiblit la chaleur de mon estomac; sa digestion en estant moins parfaicte, il renvoye cette matiere cruë à mes reins[4]. Pourquoy ne pourra estre, à certaine revolution, affoiblie pareillement la chaleur de mes reins, si qu'ils ne puissent plus petrifier mon flegme, et nature s'acheminer à prendre quelque autre voye de purgation? Les ans m'ont evidemment faict tarir aucuns reumes. Pourquoy non ces excremens, qui fournissent de matiere à la grave?

Mais est-il rien doux au pris de cette soudaine mutation, quand d'une douleur extreme je viens, par le vuidange de ma pierre, à recouvrer comme d'un esclair la belle lumiere de la santé, si libre et si pleine, comme il advient en nos soudaines et plus aspres choliques? Y a il rien en cette douleur soufferte qu'on puisse contrepoiser au plaisir d'un si prompt amandement? De combien la santé me semble plus belle après la maladie, si voisine et si contiguë

que je les puis recognoistre en presence l'une de l'autre en
leur plus haut appareil, où elles se mettent à l'envy comme
pour se faire teste et contrecarre! Tout ainsi que les
Stoyciens[1] que les vices sont utilement introduicts pour
donner pris et faire espaule à la vertu, nous pouvons dire,
avec meilleure raison et conjecture moins hardie, que
nature nous a presté la douleur pour l'honneur et service
de la volupté et indolence. Lors que Socrates, après qu'on
l'eust deschargé de ses fers, sentit la friandise de cette
demangeson que leur pesanteur avoit causé en ses jambes,
il se resjouyt à considerer l'estroitte alliance de la douleur
à la volupté, comme elles sont associées d'une liaison
necessaire, si qu'à tours elles se suyvent et s'entr'engendrent; et s'escrioit au bon Esope qu'il deut avoir pris de
cette consideration un corps propre à une belle fable[2].

Le pis que je voye aux autres maladies, c'est qu'elles ne
sont pas si griefves en leur effect comme elles sont en leur
yssue : on est un an à se ravoir, tousjours plein de foiblesse
et de crainte; il y a tant de hazard et tant de degrez à se
reconduire à sauveté que ce n'est jamais faict; avant qu'on
vous aye deffublé d'un couvrechef et puis d'une calote,
avant qu'on vous aye rendu l'usage de l'air, et du vin, et
de vostre femme, et des melons, c'est grand cas si vous
n'estes recheu en quelque nouvelle misere. Cette-cy a ce
privilege qu'elle s'emporte tout net, là où les autres laissent tousjours quelque impression et alteration qui rend
le corps susceptible de nouveau mal, et se prestent la main
les uns aux autres. Ceux là sont excusables qui se contentent de leur possession sur nous, sans l'estendre et sans
introduire leur sequele; mais courtois et gratieux sont
ceux de qui le passage nous apporte quelque utile consequence. Depuis ma cholique je me trouve deschargé
d'autres accidens, plus ce me semble que je n'estois
auparavant, et n'ay point eu de fievre depuis. J'argumente
que les vomissemens extremes et frequens que je souffre
me purgent, et d'autre costé mes degoustemens et les
jeunes estranges que je passe digerent mes humeurs
peccantes, et nature vuide en ces pierres ce qu'elle a de
superflu et nuysible. Qu'on ne me die point que c'est
une medecine trop cher vendue; car quoy, tant de puans
breuvages, cauteres, incisions, suées, sedons, dietes, et
tant de formes de guarir qui nous apportent souvent la
mort pour ne pouvoir soustenir leur violence et impor-

tunité? Par ainsi, quand je suis atteint, je le prens à medecine : quand je suis exempt, je le prens à constante et entiere delivrance.

Voicy encore une faveur de mon mal, particuliere : c'est qu'à peu prez il faict son jeu à part et me laisse faire le mien, ou il ne tient qu'à faute de courage; en sa plus grande esmotion, je l'ay tenu dix heures à cheval. Souffrez seulement, vous n'avez que faire d'autre regime; jouez, disnez, faictes cecy et faites encore cela, si vous pouvez; vostre desbauche y servira, plus qu'elle n'y nuira. Dictes en autant à un verolé, à un gouteux, à un hernieux. Les autres maladies ont des obligations plus universelles, geinent bien autrement nos actions, troublent tout nostre ordre et engagent à leur consideration tout l'estat de la vie. Cette-cy ne faict que pinser la peau; elle vous laisse l'entendement et la volonté en vostre disposition, et la langue, et les pieds, et les mains; elle vous esveille plustost qu'elle ne vous assopit. L'ame est frapée de l'ardeur d'une fievre, et atterrée d'une epilepsie, et disloquée par une aspre micraine, et en fin estonnée par toutes les maladies qui blessent la masse et les plus nobles parties. Icy, on ne l'ataque point. S'il luy va mal, à sa coulpe; elle se trahit elle mesme, s'abandonne et se desmonte. Il n'y a que les fols qui se laissent persuader que ce corps dur et massif qui se cuyt en nos roignons se puisse dissoudre par breuvages; parquoy, depuis qu'il est esbranlé, il n'est que de luy donner passage; aussi bien le prendra il.

Je remarque encore cette particuliere commodité que c'est un mal auquel nous avons peu à deviner. Nous sommes dispensez du trouble auquel les autres maus nous jettent par l'incertitude de leurs causes et conditions et progrez, trouble infiniment penible. Nous n'avons que faire de consultations et interpretations doctorales : les sens nous montrent que c'est, et où c'est.

Par tels argumens, et forts et foibles, comme Cicero le mal de sa vieillesse[1], j'essaye d'endormir et amuser mon imagination, et gresser ses playes. Si elles s'empirent demain, demain nous y pourvoyerons d'autres eschapatoires.

(c) Qu'il soit vray, voicy depuis, de nouveau, que les plus legers mouvements espreignent le pur sang de mes reins. Quoy pour cela? je ne laisse de me mouvoir comme devant et picquer après mes chiens, d'une juvenile ardeur, et insolente. Et trouve que j'ay grand raison d'un si important accident, qui ne me couste qu'une sourde poisanteur et alteration en cette partie. C'est quelque grosse pierre qui foule et consomme la substance de mes roignons, et ma vie que je vuide peu à peu, non sans quelque naturelle douceur, comme un excrement hormais superflu et empeschant. *(b)* Or sens je quelque chose qui crosle? Ne vous attendez pas que j'aille m'amusant à recognoistre mon pous et mes urines pour y prendre quelque prevoyance ennuyeuse; je seray assez à temps à sentir le mal, sans l'alonger par le mal de la peur. *(c)* Qui craint de souffrir, il souffre desjà de ce qu'il craint. Joint que la dubitation et ignorance de ceux qui se meslent d'expliquer les ressorts de Nature, et ses internes progrez, et tant de faux prognostiques de leur art, nous doit faire cognoistre qu'ell'a ses moyens infiniment incognuz. Il y a grande incertitude, varieté et obscurité de ce qu'elle nous promet ou menace. Sauf la vieillesse, qui est un signe indubitable de l'approche de la mort, de tous les autres accidents, je voy peu de signes de l'advenir sur quoy nous ayons à fonder nostre divination.

(b) Je ne me juge que par vray sentiment, non par discours. A quoy faire, puisque je n'y veux apporter que l'attente et la patience? Voulez vous sçavoir combien je gaigne à cela? Regardez ceux qui font autrement et qui dependent de tant de diverses persuasions et conseils : combien souvent l'imagination les presse sans le corps! J'ay maintes-fois prins plaisir, estant en seurté et delivre de ces accidens dangereux, de les communiquer aux medecins comme naissans lors en moy. Je souffrois l'arrest de leurs horribles conclusions bien à mon aise, et en demeurois de tant plus obligé à Dieu de sa grace et mieux instruict de la vanité de cet art.

Il n'est rien qu'on doive tant recommander à la jeunesse que l'activeté et la vigilance. Notre vie n'est que mouvement. Je m'esbranle difficilement, et suis tardif par tout : à me lever, à me coucher, et à mes repas; c'est matin pour moy que sept heures, et où je gouverne, je ne disne ny avant onze, ny ne soupe qu'après six heures. J'ay autrefois attribué la cause des fiévres et maladies où je suis tombé à la pesanteur et assoupissement que le long sommeil m'avoit apporté, et me suis tousjours repenty de me r'en-

dormir le matin. *(c)* Platon veut plus de mal à l'excés du
dormir qu'à l'excés du boire[1]. *(b)* J'ayme à coucher dur et
seul, voire sans femme, à la royalle, un peu bien couvert;
on ne bassine jamais mon lict; mais depuis la vieillesse,
on me donne quand j'en ay besoing des draps à eschauffer
les pieds et l'estomach. On trouvoit à redire au grand
Scipion d'estre dormart[2], non à mon advis pour autre
raison, sinon qu'il faschoit aux hommes qu'en luy seul il
n'y eust aucune chose à redire. Si j'ay quelque curiosité
en mon traitement, c'est plustost au coucher qu'à autre
chose; mais je cede et m'accommode en general, autant
que tout autre, à la necessité. Le dormir a occupé une
grande partie de ma vie, et le continuë encores en cet aage
huict ou neuf heures d'une halaine. Je me retire avec
utilité de cette propension paresseuse, et en vaults evidemment mieux; je sens un peu le coup de la mutation, mais
c'est faict en trois jours. Et n'en voy guieres qui vive à
moins quand il est besoin, et qui s'exerce plus constamment, ny à qui les corvées poisent moins. Mon corps est
capable d'une agitation ferme, mais non pas vehemente et
soudaine. Je fuis meshuy les exercices violents, et qui me
meinent à la sueur : mes membres se lassent avant qu'ils
s'eschauffent. Je me tiens debout tout le long d'un jour,
et ne m'ennuye poinct à me promener; mais sur le pavé,
(c) depuis mon premier aage, *(b)* je n'ay aymé[3] d'aller
qu'à cheval; à pied je me crotte jusques aux fesses; et les
petites gens sont subjets par ces ruës à estre choquez
(c) et coudoyez *(b)* à faute d'apparence. Et ay aymé à me
reposer, soit couché. soit assis, les jambes autant ou plus
hautes que le siege.

Il n'est occupation plaisante comme la militaire; occupation et noble en execution (car la plus forte, genereuse
et superbe de toutes les vertus est la vaillance), et noble
en sa cause; il n'est point d'utilité ny plus juste, ny plus
universelle que la protection du repos et grandeur de son
pays. La compaignie de tant d'hommes vous plaist, nobles,
jeunes, actifs, la veue ordinaire de tant de spectacles tragiques, la liberté de cette conversation sans art, et d'une
façon de vie masle et sans ceremonie, la varieté de mille
actions diverses, cette courageuse harmonie de la musique
guerriere qui vous entretient et eschauffe et les oreilles
et l'ame, l'honneur de cet exercice, son aspreté mesme et
sa difficulté, *(c)* que Platon estime si peu, qu'en sa repu-

blique[1] il en faict part aux femmes et aux enfans. *(b)* Vous
vous conviez aux rolles et hazards particuliers selon que
vous jugez de leur esclat et de leur importance, *(c)* soldat
volontaire, *(b)* et voyez quand la vie mesme y est excusablement employée,

> *Pulchrùmque mori succurrit in armis*[2].

De craindre les hazards communs qui regardent une
si grande presse, de n'oser ce que tant de sortes d'ames
osent, c'est à faire à un cœur mol et bas outre mesure.
La compagnie asseure jusques aux enfans. Si d'autres
vous surpassent en science, en grace, en force, en fortune,
vous avez des causes tierces à qui vous en prendre; mais
de leur ceder en fermeté d'ame, vous n'avez à vous en
prendre qu'à vous. La mort est plus abjecte, plus languissante et penible dans un lict qu'en un combat, les fiévres
et les catarres autant doleureux et mortels qu'une
harquebusade. Qui seroit faict à porter valeureusement
les accidents de la vie commune, n'auroit poinct à grossir
son courage pour se rendre gendarme. *(c)* « *Vivere, mi
Lucili, militare est*[3]. »

Il ne me souvient point de m'estre jamais veu galleux.
Si est la gratterie des gratifications de Nature les plus
douces, et autant à main. Mais ell'a la penitance trop
importunéement voisine. Je l'exerce plus aux oreilles,
que j'ay au dedans pruantes par saisons.

(b) Je suis nay de tous les sens entiers quasi à la perfection. Mon estomac est commodément bon, comme est
ma teste, et le plus souvent se maintiennent au travers de
mes fiévres, et aussi mon haleine. J'ay outrepassé
(c) tantost de six ans le cinquantiesme[4], *(b)* auquel des
nations, non sans occasion, avoient prescript une si juste
fin à la vie qu'elles ne permettoient point qu'on l'excedat.
Si ay-je encore des remises, quoy qu'inconstantes et
courtes, si nettes, qu'il y a peu à dire de la santé et indolence de ma jeunesse. Je ne parle pas de la vigueur et
allegresse; ce n'est pas raison qu'elle me suyve hors ses
limites :

> *Non hæc amplius est liminis, aut aquæ
> Cælestis, patiens latus*[5].

Mon visage me descouvre incontinent, *(c)* et mes yeux;
(b) tous mes changemens commencent par là, et un peu

plus aigres qu'ils ne sont en effect; je faits souvent pitié
à mes amis avant que j'en sente la cause. Mon miroir ne
m'estonne pas, car, en la jeunesse mesme, il m'est advenu
plus d'une fois de chausser ainsin un teinct et un port
trouble et de mauvais prognostique sans grand accident;
en maniere que les medecins, qui ne trouvoient au dedans
cause qui respondit à cette alteration externe, l'attribuoient à l'esprit et à quelque passion secrete qui me
rongeast au dedans; ils se trompoient. Si le corps se
gouvernoit autant selon moy que faict l'ame, nous mar-
cherions un peu plus à nostre aise. Je l'avois lors, non
seulement exempte de trouble, mais encore plaine de
satisfaction et de feste, comme elle est le plus ordinairement, moytié de sa complexion, moytié de son dessein :

Nec vitiant artus ægræ contagia mentis[1].

Je tiens que cette sienne temperature a relevé maintes-
fois le corps de ses cheutes : il est souvent abbatu; que
si elle n'est enjouée, elle est au moins en estat tranquille et
reposé. J'eus la fiévre quarte quatre ou cinq mois, qui
m'avoit tout desvisagé; l'esprit alla tousjours non paisiblement seulement, mais plaisamment. Si la douleur est
hors de moy, l'affoiblissement et langueur ne m'attristent
guiere. Je vois plusieurs defaillances corporelles, qui font
horreur seulement à nommer, que je craindrois moins que
mille passions et agitations d'esprit que je vois en usage.
Je prens party de ne plus courre, c'est assez que je me
traine; ny ne me plains de la decadence naturelle qui me
tient,

Quis tumidum guttur miratur in Alpibus[2]?

Non plus que je ne regrette que ma durée ne soit aussi
longue et entière que celle d'un chesne.
Je n'ay poinct à me plaindre de mon imagination :
j'ay eu peu de pensées en ma vie qui m'ayent seulement
interrompu le cours de mon sommeil, si elles n'ont esté
du désir, qui m'esveillat sans m'affliger. Je songe peu
souvent; et lors c'est des choses fantastiques et des chimeres produictes communément de pensées plaisantes,
plustost ridicules que tristes. Et tiens qu'il est vray que
les songes sont loyaux interpretes de nos inclinations;
mais il y a de l'art à les assortir et entendre.

(c) *Res quæ in vita usurpant homines, cogitant, curant, vident,*
Quæque agunt vigilantes, agitántque, ea sicut in somno accidunt,
Minus mirandum est[1].

Platon dict[2] davantage que c'est l'office de la prudence
d'en tirer des instructions divinatrices pour l'advenir.
Je ne voy rien à cela, sinon les merveilleuses experiences
que Socrates, Xenophon, Aristote en recitent[3], personnages d'authorité irreprochable. Les histoires disent que
les Atlantes ne songent jamais, qui ne mangent aussi rien
qui aye prins mort[4], ce que j'y adjouste, d'autant que
c'est, à l'adventure, l'occasion pourquoy ils ne songent
point. Car Pythagoras ordonnoit certaine preparation de
nourriture pour faire les songes à propos[5]. Les miens
sont tendres et ne m'apportent aucune agitation de corps,
ny expression de voix. J'ay veu plusieurs de mon temps
en estre merveilleusement agitez. Theon le philosophe
se promenoit en songeant, et le valet de Pericles sur les
tuilles mesmes et faiste de la maison[6].

(b) Je ne choisis guiere à table, et me prens à la premiere chose et plus voisine, et me remue mal volontiers
d'un goust à un autre. La presse des plats et des services
me desplaist autant qu'autre presse. Je me contente
aiséement de peu de mets ; et hay l'opinion de Favorinus[7]
qu'en un festin il faut qu'on vous desrobe la viande ou
vous prenez appetit, et qu'on vous en substitue tousjours
une nouvelle, et que c'est un miserable souper si on n'a
saoulé les assistants de croupions de divers oiseaux, et que
le seul bequefigue merite qu'on le mange entier. J'use
familierement de viandes sallées ; si ayme-je mieux le pain
sans sel, et mon boulanger chez moy n'en sert pas d'autre
pour ma table, contre l'usage du pays. On a eu en mon
enfance principalement à corriger le refus que je faisois
des choses que communement on ayme le mieux en cet
aage : sucres, confitures, pieces de four. Mon gouverneur
combatit cette hayne de viandes delicates comme une
espece de delicatesse. Aussi n'est elle autre chose que difficulté de goust, où qu'il s'applique. Qui oste à un enfant
certaine particuliere et obstinée affection au pain bis et
au lart, ou à l'ail, il luy oste la friandise. Il en est qui font
les laborieux et les patiens pour regretter le bœuf et le
jambon parmy les perdris. Ils ont bon temps : c'est la
delicatesse des delicats ; c'est le goust d'une molle fortune

qui s'affadit aux choses ordinaires et accouſtumées, *(c)* « *per quæ luxuria divitiarum tædio ludit*[1] ». *(b)* Laisser à faire bonne chere de ce qu'un autre la faiϛt, avoir un soing curieux de son traiϛtement, c'eſt l'essence de ce vice :

> *Si modica cænare times olus omne patella*[2].

Il y a bien vrayment cette difference, qu'il vaut mieux obliger son desir aux choses plus aisées à recouvrer; mais c'eſt toujours vice de s'obliger. J'appellois autresfois delicat un mien parent, qui avoit desapris en nos galeres à se servir de nos liϛts et se despouiller pour se coucher.

Si j'avois des enfans masles, je leur desirasse volontiers ma fortune. Le bon pere que Dieu me donna (qui n'a de moy que la recognoissance de sa bonté, mais certes bien gaillarde) m'envoia dès le berceau nourrir à un pauvre village des siens, et m'y tint autant que je fus en nourrisse, et encores au delà, me dressant à la plus basse et commune façon de vivre : *(c)* « *Magna pars libertatis eſt bene moratus venter*[3]. » *(b)* Ne prenez jamais, et donnez encore moins à voſ femmes, la charge de leur nourriture; laissez les former à la fortune soubs des loix populaires et naturelles, laissez à la couſtume de les dresser à la frugalité et à l'auſterité; qu'ils ayent pluſtoſt à descendre de l'aspreté qu'à monter vers elle. Son humeur visoit encore à une autre fin : de me ralier avec le peuple et cette condition d'hommes qui a besoin de noſtre ayde; et eſtimoit que je fusse tenu de regarder plutoſt vers celuy qui me tend les bras que vers celuy qui me tourne le dos. Et fut céte raison pourquoy aussi il me donna à tenir sur les fons à des personnes de la plus abjeϛte fortune[4], pour m'y obliger et attacher.

Son dessein n'a pas du tout mal succedé : je m'adonne volontiers aux petits, soit pour ce qu'il y a plus de gloire, soit par naturelle compassion, qui peut infiniment en moy. Le party que je condemneray en noz guerres, je le condemneray plus asprement fleurissant et prospere; il sera pour me concilier aucunement à soy quand je le verray miserable et accablé[5]. Combien volontiers je considere la belle humeur de Chelonis, fille et femme de Roys de Sparte. Pendant que Cleombrotus son mary, aux desordres de sa ville, euſt avantage sur Leonidas son pere, elle fit la bonne fille, se r'allia avec son pere en son exil, en sa misere, s'opposant au victorieux. La chance vint elle à tourner? la voilà changée de vouloir avec la fortune, se rangeant courageusement à son mary, lequel elle suivit par tout où sa ruine le porta, n'ayant, ce semble, autre chois que de se jetter au party où elle faisoit le plus de besoin et où elle se montroit plus pitoyable[1]. Je me laisse plus naturellement aller après l'exemple de Flaminius, qui se prestoit à ceux qui avoient besoin de luy plus qu'à ceux qui lui pouvoient bien-faire[2], que je ne fais à celuy de Pyrrus, propre à s'abaisser soubs les grans et à s'enorgueillir sur les petis[3].

Les longues tables me *(c)* faschent et me *(b)* nuisent : car, soit pour m'y estre accoustumé enfant, à faute de meilleure contenance, je mange autant que j'y suis. Pourtant chez moy, *(c)* quoy qu'elle soit des courtes, *(b)* je m'y mets volontiers un peu après les autres, sur la forme d'Auguste; mais je ne l'imite pas en ce qu'il en sortoit aussi avant les autres[4]. Au rebours, j'ayme à me reposer long temps après et en ouyr conter, pourveu que je ne m'y mesle point, car je me lasse et me blesse de parler l'estomac plain, autant comme je trouve l'exercice de crier et contester avant le repas très salubre et plaisant. *(c)* Les anciens Grecs et Romains avoyent meilleure raison que nous, assignans à la nourriture, qui est une action principale de la vie, si autre extraordinaire occupation ne les en divertissoit plusieurs heures et la meilleure partie de la nuict, mangeans et beuvans moins hastivement que nous, qui passons en poste toutes noz actions, et estandans ce plaisir naturel à plus de loisir et d'usage, y entresemans divers offices de conversations utiles et aggreables.

(b) Ceux qui doivent avoir soing de moy pourroyent à bon marché me desrober ce qu'ils pensent m'estre nuisible; car en telles choses, je ne desire jamais ny ne trouve à dire ce que je ne vois pas; mais aussi de celles qui se presentent, ils perdent leur temps de m'en prescher l'abstinence. Si que, quand je veus jeuner, il me faut mettre à part des soupeurs, et qu'on me presente justement autant qu'il est besoin pour une reglée collation; car si je me mets à table, j'oublie ma resolution.

Quand j'ordonne qu'on change d'aprest à quelque viande, mes gens sçavent que c'est à dire que mon appetit est alanguy et que je n'y toucheray point. En toutes celles qui le peuvent souffrir, je les ayme peu cuites et les ayme fort mortifiées, et jusques à l'alteration de la senteur en plusieurs. Il n'y a que la dureté qui generalement me fache (de toute autre qualité je suis aussi nonchalant et souffrant qu'homme que j'aye cogneu), si que, contre l'humeur commune, entre les poissons mesme il m'advient d'en trouver et de trop frais et de trop fermes. Ce n'est pas la faute de mes dents, que j'ay eu tousjours bonnes jusques à l'excellence, et que l'aage ne commence de menasser qu'à cète heure. J'ay aprins dès l'enfance à les froter de ma serviette, et le matin, et à l'entrée et issuë de la table.

Dieu faict grace à ceux à qui il soustrait la vie par le menu; c'est le seul benefice de la vieillesse. La derniere mort en sera d'autant moins plaine et nuisible; elle ne tuera plus qu'un demy ou un quart d'homme. Voilà une dent qui me vient de choir, sans douleur, sans effort : c'estoit le terme naturel de sa durée. Et cette partie de mon estre et plusieurs autres sont desjà mortes, autres demy mortes, des plus actives et qui tenoient le premier rang pendant la vigueur de mon aage. C'est ainsi que je fons et eschape à moy. Quelle bestise sera-ce à mon entendement de sentir le saut de cette cheute, desjà si avancée, comme si elle estoit entiere? Je ne l'espere pas.

(c) A la verité, je reçoy une principale consolation, aux pensées de ma mort, qu'elle soit des justes et naturelles, et que mes-huy je ne puisse en cela requerir, ny esperer de la destinée faveur qu'illegitime. Les hommes se font accroire qu'ils ont eu autresfois, comme la stature, la vie aussi plus grande. Mais Solon, qui est de ces vieux temps-là, en taille pourtant l'extreme durée à soixante dix ans[1]. Moy, qui ay tant adoré, et si universellement, cet ἄριστον μέτρον[2] du temps passé et ay pris pour la plus parfaicte la moyenne mesure, pretendray-je une desmesurée et mons-trueuse vieillesse? Tout ce qui vient au revers du cours de nature peut estre fascheux, mais ce qui vient selon elle doibt estre tousjours plaisant. « *Omnia, quæ secundum naturam fiunt, sunt habenda in bonis*[3]. » Par ainsi, dict Platon[4], la mort que les playes ou maladies apportent soit violante, mais celle, qui nous surprend, la vieillesse nous y condui-sant, est de toutes la plus legere et aucunement delicieuse. « *Vitam adolescentibus vis aufert, senibus maturitas*[5]. »

(b) La mort se mesle et confond par tout à nostre vie : le declin præoccupe son heure et s'ingere au cours de nostre avancement mesme. J'ay des portraits de ma forme de vingt et cinq et de trente cinq ans; je les compare avec celuy d'asteure : combien de fois ce n'est plus moy! combien est mon image presente plus esloingnée de celles là que de celle de mon trespas! C'est trop abusé de nature de la tracasser si loing, qu'elle soit contrainte de nous quitter, et abandonner nostre conduite, nos yeux, nos dens, nos jambes et le reste à la mercy d'un secours estranger et mandié, et nous resigner entre les mains de l'art, lasse de nous suivre.

Je ne suis excessivement desireux ny de salades, ny de fruits, sauf les melons. Mon pere haïssoit toute sorte de sauces; je les aime toutes. Le trop manger m'empeche; mais, par sa qualité, je n'ay encore cognoissance bien certaine qu'aucune viande me nuise; comme aussi je ne remarque ny lune plaine, ny basse, ny l'automne du printemps. Il y a des mouvemens en nous, inconstans et incogneus; car des refors, pour exemple, je les ay trouvez premierement commodes, depuis facheux, present de rechef commodes. En plusieurs choses je sens mon estomac et mon appetit aller ainsi diversifiant : j'ay rechangé du blanc au clairet, et puis du clairet au blanc. Je suis friant de poisson et fais mes jours gras des maigres, et mes festes des jours de jeusne; je croy ce qu'aucuns disent, qu'il est de plus aisée digestion que la chair. Comme je fais conscience de manger de la viande le jour de poisson, aussi fait mon goust de mesler le poisson à la chair : cette diversité me semble trop esloingnée.

Dès ma jeunesse, je desrobois par fois quelque repas : ou affin d'esguiser mon appetit au lendemain, car, comme Epicurus jeusnoit et faisoit des repas maigres pour accoustumer sa volupté à se passer de l'abondance[1], moy, au rebours, pour dresser ma volupté à faire mieux son profit et se servir alaigrement de l'abondance; ou je jeusnois pour conserver ma vigueur au service de quelque action de corps ou d'esprit, car l'un et l'autre s'apparesse cruellement en moy par la repletion, et sur tout je hay ce sot accouplage d'une Deesse si saine et si alegre avec ce petit Dieu indigest et roteur, tout bouffy de la fumée de sa liqueur; ou pour guarir mon estomac malade; ou pour estre sans compaignie propre, car je dy, comme ce mesme

Epicurus, qu'il ne faut pas tant regarder ce qu'on mange qu'avec qui on mange[1], et loüe Chilon de n'avoir voulu promettre de se trouver au festin de Periander avant que d'estre informé qui estoyent les autres conviez[2]. Il n'est point de si doux apprest pour moy, ny de sauce si appetissante, que celle qui se tire de la societé.

Je croys qu'il est plus sain de menger plus bellement et moins, et de menger plus souvent. Mais je veux faire valoir l'appetit et la faim : je n'aurois nul plaisir à trainer, à la medecinale, trois ou quattre chetifs repas par jour ainsi contrains. (c) Qui m'assureroit que le goust ouvert que j'ay ce matin je le retrouvasse encore à souper? Prenons, sur tout les vieillards, prenons le premier temps opportun qui nous vient. Laissons aux faiseurs d'almanachs les ephemerides[3], et aux medecins. (b) L'extreme fruict de ma santé, c'est la volupté : tenons nous à la premiere presente et cogneüe. J'evite la constance en ces loix de jeusne. Qui veut qu'une forme luy serve, fuye à la continuer; nous nous y durcissons, nos forces s'y endorment; six mois après, vous y aurez si bien acoquiné votre estomac que vostre proffit, ce ne sera que d'avoir perdu la liberté d'en user autrement sans dommage.

Je ne porte les jambes et les cuisses non plus couvertes en hyver qu'en esté, un bas de soye tout simple. Je me suis laissé aller pour le secours de mes reumes à tenir la teste plus chaude, et le ventre pour ma cholique; mes maux s'y habituarent en peu de jours et desdaignarent mes ordinaires provisions. J'estois monté d'une coife à un couvrechef, et d'un bonnet à un chapeau double. Les embourreures de mon pourpoint ne me servent plus que de garbe, ce n'est rien, si je n'y adjouste une peau de lievre ou de vautour, une calote à ma teste. Suyvez cette gradation, vous irez beau train. Je n'en feray rien, et me desdirois volontiers du commencement que j'y ay donné, si j'osois. Tombez vous en quelque inconvenient nouveau? cette reformation ne vous sert plus : vous y estes accoustumé; cerchez en une autre. Ainsi se ruinent ceux qui se laissent empestrer à des regimes contraincts, et s'y astreignent superstitieusement : il leur en faut encore, et encore après d'autres au delà; ce n'est jamais faict.

Pour nos occupations et le plaisir, il est beaucoup plus commode, comme faisoyent les anciens, de perdre le disner et remettre à faire bonne chere à l'heure de la retraicte et du repos, sans rompre le jour : ainsi le faisois-je autrefois. Pour la santé, je trouve despuis par experience, au rebours, qu'il vaut mieux disner et que la digestion se faict mieux en veillant.

Je ne suis guiere subject à estre alteré, ny sain ny malade : j'ay bien volontiers lors la bouche seche, mais sans soif; communement je ne bois que du desir qui m'en vient en mangeant, et bien avant dans le repas. Je bois assez bien pour un homme de commune façon : en esté et en un repas appetissant, je n'outrepasse poinct seulement les limites d'Auguste, qui ne beuvoit que trois fois precisement[1]; mais, pour n'offenser la reigle de Democritus, qui deffendoit de s'arrester à quattre comme à un nombre mal fortuné[2], je coule à un besoing jusques à cinq, trois demysetiés environ; car les petits verres sont les miens favoris, et me plaict de les vuider, ce que d'autres evitent comme chose mal seante. Je trempe mon vin plus souvent à moitié, par fois au tiers d'eau. Et quand je suis en ma maison, d'un antien usage que son medecin ordonnoit à mon pere et à soy, on mesle celuy qu'il me faut dès la somelerie, deux ou trois heures avant qu'on serve. (c) Ils disent que Cranaus, Roy des Atheniens, fut inventeur de cet usage de tremper le vin d'eau[3], utilement ou non, j'en ay veu debattre. J'estime plus decent et plus sain que les enfans n'en usent qu'après seize ou dixhuict ans. (b) La forme de vivre plus usitée et commune est la plus belle : toute particularité m'y semble à eviter, et haïrois autant un aleman qui mit de l'eau au vin qu'un françois qui le boiroit pur. L'usage publiq donne loy à telles choses.

Je crains un air empesché et fuys mortellement la fumée (la premiere reparation où je courus chez moy, ce fut aux cheminées et aux retrets, vice commun des vieux bastimens et insupportable), et entre les difficultez de la guerre compte ces espaisses poussieres dans lesquelles on nous tient enterrez, au chault, tout le long d'une journée. J'ay la respiration libre et aisée, et se passent mes morfondements le plus souvent sans offence du poulmon, et sans toux.

L'aspreté de l'esté m'est plus ennemie que celle de l'hyver; car, outre l'incommodité de la chaleur, moins remediable que celle du froid, et outre le coup que les rayons du soleil donnent à la teste, mes yeux s'offencent

de toute lueur esclatante : je ne sçaurois à cette heure
disner assiz vis à vis d'un feu ardent et lumineux. Pour
amortir la blancheur du papier, au temps que j'avois plus
accoustumé de lire, je couchois sur mon livre une piece
de verre, et m'en trouvois fort soulagé. J'ignore jusques
à present l'usage des lunettes, et vois aussi loing que je fis
onques, et que tout autre. Il est vray que sur le declin du
jour je commence à sentir du trouble et de la foiblesse
à lire, dequoy l'exercice a tousjours travaillé mes yeux,
mais sur tout nocturne. *(c)* Voylà un pas en arriere, à
toute peine sensible. Je reculeray d'un autre, du second
au tiers, du tiers au quart, si coïement qu'il me faudra estre
aveugle formé avant que je sente la decadence et vieillesse
de ma veuë. Tant les Parques destordent artificiellement
nostre vie. Si suis-je en doubte que mon ouïe marchande
à s'espaissir, et verrez que je l'auray demy perdue que
je m'en prandray encore à la voix de ceux qui parlent
à moy. Il faut bien bander l'ame pour luy faire sentir
comme elle s'escoule.

(b) Mon marcher est prompt et ferme; et ne sçay lequel
des deux, ou l'esprit ou le corps, ay arresté plus malaiséement en mesme point. Le prescheur est bien de mes
amys, qui oblige mon attention tout un sermon. Aux lieux
de ceremonie, où chacun est si bandé en contenance, où
j'ay veu les dames tenir leurs yeux mesme si certains, je ne
suis jamais venu à bout que quelque piece des miennes
n'extravague tousjours; encore que j'y sois assis, j'y suis
peu rassis[1]. *(c)* Comme la chambriere du philosophe
Chrysippus disoit de son maistre qu'il n'estoit yvre que
par les jambes (car il avoit cette coustume de les remuer
en quelque assiette qu'il fust, et elle le disoit lors que le
vin esmouvant les autres, luy n'en sentoit aucune alteration[2]), on a peu dire aussi dès mon enfance que j'avois de
la follie aux pieds, ou de l'argent vif, tant j'y ay de
remuement et d'inconstance en quelque lieu que je les
place.

(b) C'est indecence, outre ce qu'il nuit à la santé, voire
et au plaisir, de manger goulement, comme je fais : je
mors souvent ma langue, par fois mes doits, de hastiveté.
Diogenes, rencontrant un enfant qui mangeoit ainsin, en
donna un soufflet à son precepteur[3]. *(c)* Il y avoit à Rome
des gens qui enseignoyent à mascher, comme à marcher,
de bonne grace[4]. *(b)* J'en pers le loisir de parler, qui est un

si doux assaisonnement des tables, pourveu que ce soyent des propos de mesme, plaisans et courts.

Il y a de la jalousie et envie entre nos plaisirs : ils se choquent et empechent l'un l'autre. Alcibiades, homme bien entendu à faire bonne chere, chassoit la musique mesme des tables, à ce qu'elle ne troublat la douceur des devis, *(c)* par la raison, que Platon luy preste[1], que c'est un usage d'hommes populaires d'appeler des joueurs d'instruments et des chantres à leurs festins, à faute de bons discours et agreables entretiens, de quoy les gens d'entendement sçavent s'entrefestoyer.

(b) Varro[2] demande cecy au convive : l'assemblée de personnes belles de presence et agreables de conversation, qui ne soyent ny muets, ny bavarts, netteté et delicatesse aux vivres et au lieu, et le temps serain. *(c)* Ce n'est pas une feste peu artificielle et peu voluptueuse qu'un bon traittement de table : ny les grands chefs de guerre, ny les grands philosophes n'en ont refusé l'usage et la science. Mon imagination en a donné trois en garde à ma memoire, que la fortune me rendit de principale douceur en divers temps de mon aage plus fleurissant, car chacun des conviez y apporte la principale grace, selon la bonne trampe de corps et d'ame en quoy il se trouve. Mon estat present m'en forclost[3].

(b) Moy, qui ne manie que terre à terre, hay cette inhumaine sapience qui nous veut rendre desdaigneux et ennemis de la culture du corps. J'estime pareille injustice prendre à contre cœur les voluptez naturelles que de les prendre trop à cœur. *(c)* Xerxes estoit un fat, qui, enveloppé en toutes les voluptez humaines, alloit proposer pris à qui luy en trouveroit d'autres[4]. Mais non guere moins fat est celuy qui retranche celles que nature luy a trouvées. *(b)* Il ne les faut ny suyvre, n'y fuir, il les faut recevoir. Je les reçois un peu plus grassement et gratieusement, et me laisse plus volontiers aller vers la pante naturelle. *(c)* Nous n'avons que faire d'exagerer leur inanité; elle se faict assez sentir et se produit assez. Mercy à nostre esprit maladif, rabat-joye, qui nous desgoute d'elles comme de soy-mesme : il traitte et soy et ce qu'il reçoit tantost avant, tantost arriere, selon son estre insatiable, vagabond et versatile.

Sincerum est nisi vas, quodcunque infundis, acescit[5].

Moy qui me vante d'embrasser si curieusement les commoditez de la vie, et si particulierement, n'y trouve quand j'y regarde ainsi finement, à peu près que du vent. Mais quoy, nous sommes par tout vent. Et le vent encore, plus sagement que nous, s'ayme à bruire, à s'agiter, et se contente en ses propres offices, sans desirer la ſtabilité, la solidité, qualitez non siennes.

Les plaisirs purs de l'imagination, ainsi que les desplaisirs, disent aucuns, sont les plus grands, comme l'exprimoit la balance de Critolaüs[1]. Ce n'eſt pas merveille : elle les compose à sa poſte et se les taille en plein drap. J'en voy tous les jours des exemples insignes, et à l'adventure desirables. Mais moy, d'une condition mixte, grossier, ne puis mordre si à faiſt à ce seul objeſt si simple, que je ne me laisse tout lourdement aller aux plaisirs presents, de la loy humaine et generale, intelleſtuellement sensibles, sensiblement intelleſtuels. Les Philosophes Cyrenaïques[2] tiennent, comme les douleurs, aussi les plaisirs corporels plus puissants, et comme doubles et comme plus juſtes.

Il en eſt qui (c) d'une farouche ſtupidité, comme diſt Ariſtote[3], (b) en sont desgoutez. J'en cognoy qui par ambition le font ; que ne renoncent ils encores au respirer ? que ne vivent-ils du leur, (c) et ne refusent la lumiere, de ce qu'elle eſt gratuite et ne leur coute ny invention, ny vigueur ? (b) Que Mars, ou Pallas, ou Mercure les suſtantent, pour voir, au lieu de Venus, de Cerez et de Bacchus[4] : (c) chercheront ils pas la quadrature du cercle, juchez sur leurs femmes ! (b) Je hay qu'on nous ordonne d'avoir l'esprit aus nues, pendant que nous avons le corps à table. Je ne veux pas que l'esprit s'y cloue ny qu'il s'y veautre, mais je veux qu'il s'y applique, (c) qu'il s'y sée, non qu'il s'y couche. Ariſtippus ne defendoit que le corps, comme si nous n'avions pas d'ame ; Zenon n'embrassoit que l'ame, comme si nous n'avions pas de corps[5]. Tous deux vicieusement. Pythagoras, disent-ils, a suivi une philosophie toute en contemplation, Socrates toute en meurs et en aſtion[6]. Platon en a trouvé le temperament entre les deux[7]. Mais ils le disent pour en conter, et le vray temperament se trouve en Socrates, et Platon eſt bien plus Socratique que Pythagorique, et luy sied mieux.

(b) Quand je dance, je dance ; quand je dors, je dors ; voyre et quand je me promeine solitairement en un beau vergier, si mes pensées se sont entretenues des occurences estrangieres quelque partie du temps, quelque autre partie je les rameine à la promenade, au vergier, à la douceur de cette solitude et à moy. Nature a maternellement observé cela, que les actions qu'elle nous a enjoinctes pour nostre besoing nous fussent aussi voluptueuses, et nous y convie non seulement par la raison, mais aussi par l'appetit : c'est injustice de corrompre ses regles.

Quand je vois et Cæsar et Alexandre, au plus espais de sa grande besongne, jouyr si plainement des plaisirs *(a)* naturels, et par consequent necessaires et justes[1], *(b)* je ne dicts pas que ce soit relascher son ame, je dicts que c'est la roidir, sousmetant par vigueur de courage à l'usage de la vie ordinaire ces violentes occupations et laborieuses pensées. *(c)* Sages, s'ils eussent creu que c'estoit là leur ordinaire vacation, cette-cy l'extraordinaire. Nous sommes de grands fols : « Il a passé sa vie en oisiveté, disons nous ; je n'ay rien faict d'aujourd'huy. — Quoy, avez vous pas vescu ? C'est non seulement la fondamentale, mais la plus illustre de vos occupations. — Si on m'eust mis au propre des grands maniements, j'eusse montré ce que je sçavois faire. — Avez vous sceu mediter et manier vostre vie ? vous avez faict la plus grande besoigne de toutes. »

Pour se montrer et exploicter, nature n'a que faire de fortune, elle se montre egallement en tous estages, et derriere, comme sans rideau. Composer nos meurs est nostre office, non pas composer des livres, et gaigner, non pas des batailles et provinces, mais l'ordre et tranquillité à nostre conduite. Nostre grand et glorieux chef-d'œuvre, c'est vivre à propos[2]. Toutes autres choses, regner, thesauriser, bastir, n'en sont qu'appendicules et adminicules pour le plus. *(b)* Je prens plaisir de voir un general d'armée au pied d'une breche qu'il veut tantost attaquer, se prestant tout entier et delivre à son disner, son devis, entre ses amys ; *(c)* et Brutus, ayant le ciel et la terre conspirez à l'encontre de luy et de la liberté Romaine, desrober à ses rondes quelque heure de nuict, pour lire et breveter Polybe en toute securité[3]. *(b)* C'est aux petites ames, ensepvelies du pois des affaires, de ne s'en sçavoir purement desmesler, de ne les sçavoir et laisser et reprendre :

ô fortes pejoráque passi
Mecum sæpe viri, nunc vino pellite curas
Cras ingens iterabimus æquor[1].

Soit par gosserie, soit à certes, que le vin theologal et Sorbonique est passé en proverbe[2], et leurs festins, je trouve que c'est raison qu'ils en disnent d'autant plus commodéement et plaisamment qu'ils ont utilement et serieusement employé la matinée à l'exercice de leur escole. La conscience d'avoir bien dispensé les autres heures est un juste et savoureux condimant des tables. Ainsin ont vescu les sages; et cette inimitable contention à la vertu qui nous estonne en l'un et l'autre Caton, cett'humeur severe jusques à l'importunité, s'est ainsi mollement submise et pleue aux loix de l'humaine condition et de Venus et de Bacchus, *(c)* suivant les preceptes de leur secte, qui demandent le sage parfaict autant expert et entendu à l'usage des voluptez naturelles qu'en tout autre devoir de la vie. « *Cui cor sapiat, ei et sapiat palatus*[3]. »

(b) Le relachement et facilité honore, ce semble, à merveilles et sied mieux à une ame forte et genereuse. Epaminondas n'estimoit pas que de se mesler à la dance des garçons de sa ville, *(c)* de chanter, de sonner *(b)* et s'y embesongner avec attention fut chose qui desrogeat à l'honneur de ses glorieuses victoires et à la parfaicte reformation de meurs qui estoit en luy[4]. Et parmy tant d'admirables actions de Scipion *(c)* l'ayeul[5], personnage digne de l'opinion d'une origine celeste, *(b)* il n'est rien qui luy donne plus de grace que de le voir nonchalamment et puerilement baguenaudant à amasser et choisir des coquilles, et jouer à cornichon-va-devant[6] le long de la marine avec Lælius, et, s'il faisoit mauvais temps, s'amusant et se chatouillant à representer par escript en comedies[7] les plus populaires et basses actions des hommes[8], *(c)* et, la teste pleine de cette merveilleuse entreprinse d'Annibal et d'Afrique, visitant les escholes en Sicile[9], et se trouvant aux leçons de la philosophie jusques à en avoir armé les dents de l'aveugle envie de ses ennemis à Rome. *(b)* Ny chose plus remercable en Socrates que ce que, tout vieil, il trouve le temps de se faire instruire à baller et jouer des instrumens, et le tient pour bien employé[10].

Cettui-cy s'est veu en ecstase, debout, un jour entier

et une nuict, en presence de toute l'armée grecque, surpris
et ravi par quelque profonde pensée[1]. Il s'est veu, *(c)* le
premier parmy tant de vaillants hommes de l'armée,
courir au secours d'Alcibiades accablé des ennemis, le
couvrir de son corps et le descharger de la presse à vive
force d'armes[2], et le premier emmy tout le peuple
d'Athenes, outré comme luy d'un si indigne spectacle, se
presenter à recourir Theramenes, que les trente tyrans
faisoyent mener à la mort par leurs satellites; et ne desista
cette hardie entreprinse qu'à la remontrance de Theramenes mesme, quoy qu'il ne fust suivy que de deux en
tout[3]. Il s'est veu, recherché par une beauté de laquelle il
estoit esprins, maintenir au besoing une severe abstinence[4]. Il s'est veu, en la bataille Delienne, relever et
sauver Xenophon, renversé de son cheval[5]. Il s'est veu
(b) continuellement marcher à la guerre *(c)* et fouler la
glace *(b)* les pieds nuds, porter mesme robe en hyver et en
esté, surmonter tous ses compaignons en patience de
travail, ne menger point autrement en festin qu'en son
ordinaire. *(c)* Il s'est veu, vingt et sept ans de pareil
visage, porter la faim, la pauvreté, l'indocilité de ses
enfans, les griffes de sa femme; et enfin la calomnie, la
tyrannie, la prison, les fers et le venin. *(b)* Mais cet
homme là estoit-il convié de boire à lut par devoir de
civilité, c'estoit aussi celuy de l'armée à qui en demeuroit
l'avantage; et ne refusoit ny à jouer aux noysettes avec les
enfans, ny à courir avec eux sur un cheval de bois[6]; et y
avoit bonne grace; car toutes actions, dict la philosophie,
siéent également bien et honnorent egallement le sage. On
a dequoy, et ne doibt on jamais se lasser de presenter
l'image de ce personnage à tous patrons et formes de
perfection. *(c)* Il est fort peu d'exemples de vie pleins et
purs, et faict on tort à nostre instruction, de nous en
proposer tous les jours d'imbecilles et manques, à peine
bons à un seul ply, qui nous tirent arriere plustost,
corrupteurs plustost que correcteurs.

(b) Le peuple se trompe : on va bien plus facilement par
les bouts, où l'extremité sert de borne d'arrest et de guide,
que par la voye du milieu, large et ouverte, et selon l'art
que selon nature, mais bien moins noblement aussi, et
moins recommandablement. *(c)* La grandeur de l'ame
n'est pas tant tirer à mont et tirer avant comme sçavoir se
ranger et circonscrire. Elle tient pour grand tout ce qui

est assez, et montre sa hauteur à aimer mieux les choses moyennes que les eminentes[1]. *(b)* Il n'est rien si beau et legitime que de faire bien l'homme et deuëment, ny science si ardue que de bien *(c)* et naturellement *(b)* sçavoir vivre cette vie; et de nos maladies la plus sauvage, c'est mespriser nostre estre. Qui veut escarter son ame le face hardiment, s'il peut, lors que le corps se portera mal, pour la descharger de cette contagion; ailleurs au contraire, qu'elle l'assiste et favorise et ne refuse point de participer à ses naturels plaisirs et de s'y complaire conjugalement, y apportant, si elle est plus sage, la moderation, de peur que par indiscretion ils ne se confondent avec le desplaisir. *(c)* L'intemperance est peste de la volupté, et la temperance n'est pas son fleau : c'est son assaisonnement. Eudoxus, qui en establissoit le souverain bien[2], et ses compaignons, qui la montarent à si haut pris, la savourerent en sa plus gracieuse douceur par le moyen de la temperance, qui fut en eux singuliere et exemplaire. *(b)* J'ordonne à mon ame de regarder et la douleur et la volupté de veuë pareillement *(c)* reglée (« *eodem enim vitio est effusio animi in lætitia, quo in dolore contractio*[3] ») et pareillement *(b)* ferme, mais gayement l'une, l'autre severement, et, selon ce qu'elle y peut aporter, autant songneuse d'en esteindre l'une que d'estendre l'autre. *(c)* Le voir sainement les biens tire après soi le voir sainement les maux. Et la douleur a quelque chose de non evitable en son tendre commencement, et la volupté quelque chose d'evitable en sa fin excessive. Platon les accouple[4], et veut que ce soit pareillement l'office de la fortitude combatre à l'encontre de la douleur et à l'encontre des immoderées et charmeresses blandices de la volupté[5]. Ce sont deux fontaines ausquelles qui puise, d'où, quand et combien il faut, soit cité, soit homme, soit beste, il est bien heureux. La premiere, il la faut prendre par medecine et par necessité, plus escharsement; l'autre, par soif, mais non jusques à l'ivresse. La douleur, la volupté, l'amour, la haine sont les premieres choses que sent un enfant; si, la raison survenant, elles s'appliquent à elle, cela c'est vertu[6].

(b) J'ay un dictionaire[7] tout à part moy : je passe le temps, quand il est mauvais et incommode; quand il est bon, je ne le veux pas passer, je le retaste, je m'y tiens. Il faut courir le mauvais et se rassoir au bon. Cette

fraze ordinaire de *passe-temps* et de *passer le temps* represente l'usage de ces prudentes gens, qui ne pensent point
avoir meilleur compte de leur vie que de la couler et
eschapper, de la passer, gauchir et, autant qu'il est en eux,
ignorer et fuir, comme chose de qualité ennuyeuse et
desdaignable. Mais je la cognois autre, et la trouve et
prisable et commode, voyre en son dernier decours, où
je la tiens ; et nous l'a nature mise en mains, garnie de telles
circonstances, et si favorables, que nous n'avons à nous
plaindre qu'à nous si elle nous presse et si elle nous
eschappe inutilement. *(c)* « *Stulti vita ingrata est, trepida
est, tota in futurum fertur*[1]. » *(b)* Je me compose pourtant
à la perdre sans regret, mais comme perdable de sa condition, non comme moleste et importune. *(c)* Aussi ne sied
il proprement bien de ne se desplaire à mourir qu'à ceux
qui se plaisent à vivre. *(b)* Il y a du mesnage à la jouyr ;
je la jouys au double des autres, car la mesure en la jouyssance depend du plus ou moins d'application que nous y
prestons. Principallement à cette heure que j'aperçoy la
mienne si briefve en temps, je la veux estendre en pois ; je
veus arrester la promptitude de sa fuite par la promptitude
de ma sesie, et par la vigueur de l'usage compenser la
hastiveté de son escoulement ; à mesure que la possession
du vivre est plus courte, il me la faut rendre plus profonde
et plus pleine.

Les autres sentent la douceur d'un contentement et de
la prosperité ; je la sens ainsi qu'eux, mais ce n'est pas en
passant et glissant. Si la faut il estudier, savourer et ruminer, pour en rendre graces condignes à celuy qui nous
l'ottroye. Ils jouyssent les autres plaisirs comme ils font
celuy du sommeil, sans les cognoistre. A celle fin que le
dormir mesme ne m'eschapat ainsi stupidement, j'ay
autresfois trouvé bon qu'on me le troublat pour que je
l'entrevisse. Je consulte d'un contentement avec moy, je
ne l'escume pas ; je le sonde et plie ma raison à le recueillir,
devenue chagreigne et desgoutée. Me trouve-je en quelque assiete tranquille ? y a il quelque volupté qui me
chatouille ? je ne la laisse pas friponer aux sens, j'y associe
mon ame, non pas pour s'y engager, mais pour s'y agreer,
non pas pour s'y perdre, mais pour s'y trouver ; et
l'employe de sa part à se mirer dans ce prospere estat, à
en poiser et estimer le bon heur et amplifier. Elle mesure
combien c'est qu'elle doibt à Dieu d'estre en repos de sa

conscience et d'autres passions intestines, d'avoir le corps
en sa disposition naturelle, jouyssant ordonnéement et
competemmant des funétions molles et flateuses par
lesquelles il luy plait compenser de sa grace les douleurs
de quoy sa justice nous bat à son tour, combien luy vaut
d'estre logée en tel point que, où qu'elle jette sa veuë, le
ciel est calme autour d'elle; nul desir, nulle crainte ou
doubte qui luy trouble l'air, aucune difficulté *(c)* passée,
presente, future, *(b)* par dessus laquelle son imagination
ne passe sans offence[1]. Cette consideration prent grand
lustre de la comparaison des conditions differentes. Ainsi
je me propose, en mille visages, ceux que la fortune ou
que leur propre erreur emporte et tempeste, et encores
ceux-cy, plus près de moy, qui reçoyvent si láchement et
incurieusement leur bonne fortune. Ce sont gens qui
passent voyrement leur temps; ils outrepassent le present
et ce qu'ils possedent, pour servir à l'esperance et pour
des ombrages et vaines images que la fantaisie leur met
au devant,

> *Morte obita quales fama est volitare figuras,*
> *Aut quæ sopitos deludunt somnia sensus*[2].

lesquelles hastent et allongent leur fuite à mesme qu'on
les suit. Le fruit et but de leur poursuitte, c'est poursuivre, comme Alexandre disoit que la fin de son travail,
c'estoit travailler,

> *Nil aétum credens cum quid superesset agendum*[3].

   Pour moy donc, j'ayme la vie et la cultive telle qu'il
a pleu à Dieu nous l'oétroier. Je ne vay pas desirant
qu'elle eust à dire la necessité de boire et de manger,
(c) et me sembleroit faillir non moins excusablement de
desirer qu'elle l'eust double (« *Sapiens divitiarum naturalium
quæsitor acerrimus*[4] »), ny *(b)* que nous nous sustentissions
mettant seulement en la bouche un peu de cette drogue
par laquelle Epimenides[5] se privoit d'appetit et se maintenoit, ny qu'on produisit stupidement des enfans par les
doigts ou par les talons, *(c)* ains, parlant en reverence,
plustost qu'on les produise encore voluptueusement par
les doigts et par les talons, ny *(b)* que le corps fut sans
desir et sans chatouillement. Ce sont plaintes ingrates
(c) et iniques. *(b)* J'accepte de bon cœur, *(c)* et reco-

gnoissant, *(b)* ce que nature a faict pour moy, et m'en agrée et m'en loue. On fait tort à ce grand et tout puissant donneur de refuser son don, l'annuller et desfigurer. *(c)* Tout bon, il a faict tout bon. *(b)* « *Omnia quæ secundum naturam sunt, æstimatione digna sunt[1].* »

Des opinions de la philosophie, j'embrasse plus volontiers celles qui sont les plus solides, c'est à dire les plus humaines et nostres : mes discours sont, conforméement à mes meurs, bas et humbles. *(c)* Elle faict bien l'enfant, à mon gré, quand elle se met sur ses ergots pour nous prescher que c'est une farouche alliance de marier le divin avec le terrestre, le raisonnable avec le desraisonnable, le severe à l'indulgent, l'honneste au des-honneste, que volupté est qualité brutale, indigne que le sage la gouste : le seul plaisir, qu'il tire de la jouyssance d'une belle jeune espouse, c'est le plaisir de sa conscience, de faire une action selon l'ordre, comme de chausser ses bottes pour une utile chevauchée. N'eussent ses suyvans non plus de droit[2] et de nerfs et de suc au depucelage de leurs femmes qu'en a sa leçon! Ce n'est pas ce que dict Socrates[3], son precepteur et le nostre. Il prise, comme il doit, la volupté corporelle, mais il prefere celle de l'esprit, comme ayant plus de force, de constance, de facilité, de varieté, de dignité. Cette cy va nullement seule selon luy (il n'est pas si fantastique), mais seulement premiere[4]. Pour luy, la temperance est moderatrice, non adversaire des voluptez.

(b) Nature est un doux guide, mais non pas plus doux que prudent et juste. *(c)* « *Intrandum est in rerum naturam, et penitus quid ea postulet, pervidendum[5].* » *(b)* Je queste par tout sa piste : nous l'avons confondue de traces artificielles; *(c)* et ce souverain bien Academique et Peripatetique, qui est vivre selon icelle, devient à cette cause difficile à borner et exprimer; et celuy des Stoïciens, voisin à celuy là, qui est consentir à nature. *(b)* Est ce pas erreur d'estimer aucunes actions moins dignes de ce qu'elles sont necessaires? Si ne m'osteront-ils pas de la teste que ce ne soit un très-convenable mariage du plaisir avec la necessité, *(c)* avec laquelle, dict un ancien[6], les Dieux complottent tousjours. *(b)* A quoy faire desmembrons nous en divorce un bastiment tissu d'une si joincte et fraternelle correspondance? Au rebours, renouons le par mutuels offices. Que l'esprit esveille et vivifie la

pesanteur du corps, le corps arreſte la legereté de l'esprit et la fixe. *(c)* « *Qui velut summum bonum laudat animæ naturam, et tamquam malum naturam carnis accusat, profeſto et animam carnaliter appetit et carnem carnaliter fugit, quoniam id vanitate sentit humana, non veritate divina*[1] ». *(b)* Il n'y a piece indigne de noſtre soin en ce present que Dieu nous a faiſt; nous en devons conte jusques à un poil. Et n'eſt pas une commission par acquit[2] à l'homme de conduire l'homme selon sa condition : elle eſt expresse, naïfve *(c)* et très-principale, *(b)* et nous l'a le createur donnée serieusement et severement[3]. *(c)* L'authorité peut seule envers les communs entendemens, et poise plus en langage peregrin. Reschargeons en ce lieu. « *Stultitiæ proprium quis non dixerit, ignavè et contumaciter facere quæ facienda sunt, et alió corpus impellere, alió animum, diſtrahique inter diversissimos motus*[4]. »

(b) Or sus, pour voir, faiſtes vous dire un jour les amusemens et imaginations que celuy là met en sa teſte, et pour lesquelles il deſtourne sa pensée d'un bon repas et plainſt l'heure qu'il emploie à se nourrir; vous trouverez qu'il n'y a rien si fade en tous les mets de voſtre table que le bel entretien de son ame (le plus souvent il nous vaudroit mieux dormir tout à faiſt que de veiller à ce à quoy nous veillons), et trouverez que son discours et intentions ne valent pas voſtre capirotade. Quand ce seroient les ravissements d'Archimedes mesme[5], que seroit-ce? Je ne touche pas icy et ne mesle point à cette marmaille d'hommes que nous sommes et à cette vanité de desirs et cogitations qui nous divertissent, ces ames venerables, eslevées par ardeur de devotion et religion à une constante et conscientieuse meditation des choses divines, *(c)* lesquelles, preoccupans par l'effort d'une vifve et vehemente esperance l'usage de la nourriture eternelle, but final et dernier arreſt des Chreſtiens desirs, seul plaisir conſtant, incorruptible, desdaignent de s'attendre à nos necessiteuses commoditez, fluides et ambigues, et resignent facilement au corps le soin et l'usage de la paſture sensuelle et temporelle. *(b)* C'eſt un eſtude privilegé[6]. *(c)* Entre nous, ce sont choses que j'ay tousjours veuës de singulier accord : les opinions superceleſtes et les meurs souſterraines.

(b) Esope, *(c)* ce grand homme, *(b)* vid son maiſtre qui pissoit en se promenant : « Quoy donq, fit-il, nous faudra-il

chier en courant[1]? » Mesnageons le temps; encore nous
en reſte-il beaucoup d'oisif et mal employé. Noſtre esprit
n'a volontiers pas assez d'autres heures à faire ses
besongnes, sans se desassocier du corps en ce peu d'espace
qu'il luy faut pour sa necessité. Ils veulent se mettre hors
d'eux et eschapper à l'homme. C'eſt folie; au lieu de se
transformer en anges, ils se transforment en beſtes[2]; au
lieu de se hausser, ils s'abattent. *(c)* Ces humeurs trans-
cendantes m'effrayent, comme les lieux hautains et
inaccessibles; et rien ne m'eſt à digerer fascheux en la vie
de Socrates que ses ecſtases et ses demoneries, rien si
humain en Platon que ce pourquoy ils disent qu'on
l'appelle divin. *(b)* Et de nos sciences, celles-là me
semblent plus terreſtres et basses qui sont le plus haut
montées. Et je ne trouve rien si humble et si mortel en la
vie d'Alexandre que ses fantasies autour de son immorta-
lisation[3]. Philotas le mordit plaisamment par sa responce[4]; il s'eſtoit conjouy avec luy par lettre de l'oracle
de Jupiter Hammon qui l'avoit logé entre les Dieux :
« Pour ta consideration j'en suis bien aise, mais il y a de
quoy plaindre les hommes qui auront à vivre avec un
homme et luy obeyr, lequel outrepasse *(c)* et ne se contente de *(b)* la mesure d'un homme. » *(c)* « *Diis te minorem
quod geris, imperas[5].* »

(b) La gentille inscription dequoy les Atheniens hono-
rerent la venue de Pompeius en leur ville, se conforme à
mon sens :

> D'autant es tu Dieu comme
> Tu te recognois homme[6].

C'eſt une absolue perfeĉtion, et comme divine, de sçavoyr
jouyr loïallement de son eſtre. Nous cherchons d'autres
conditions, pour n'entendre l'usage des noſtres, et sortons
hors de nous, pour ne sçavoir quel il y fait. *(c)* Si, avons
nous beau monter sur des eschasses, car sur des eschasses
encores faut-il marcher de nos jambes. Et au plus
eslevé throne du monde, si ne sommes assis que sus
noſtre cul.

(b) Les plus belles vies sont, à mon gré, celles qui se
rangent au modelle commun *(c)* et humain, avec ordre,
mais *(b)* sans miracle et sans extravagance. Or la vieillesse
a un peu besoin d'eſtre traiĉtée plus tendrement. Recom-

mandons la à ce Dieu, protecteur de santé et de sagesse[1], mais gaye et sociale :

> *Frui paratis et valido mihi,*
> *Latoe, dones, et, precor, integra*
> *Cum mente, nec turpem senectam*
> *Degere, nec cythara carentem*[2].

FIN DU TROISIÈME LIVRE

JOURNAL
DE VOYAGE EN ITALIE
PAR LA SUISSE ET L'ALLEMAGNE
EN 1580 ET 1581

INTRODUCTION

L E 12 juin 1580, Michel de Montaigne quitte, et pour près d'un an et demi, la calme et « songeuse... librairie », où moins de dix années plus tôt, « plein de santé », mais « dégoûté de la servitude des cours et des charges publiques », il avait fait vœu de retraite et de quiétude.

On s'est demandé quelles raisons le poussèrent à abandonner pour un laps de temps aussi long sa maison et sa tour, et l'on en a trouvé ou supposé plusieurs. La première, c'est que la santé d'un homme change et que celle de Montaigne, jadis « allègre », a périclité tout à coup. Vers l'âge de quarante-quatre ou de quarante-cinq ans, c'est-à-dire vers 1576 ou 1577, il avait eu sa première crise de colique néphrétique, mal héréditaire dans sa famille et dont son père notamment était mort. « Cinq ou six bien longs accez et penibles » de cette « maladie pierreuse » l'avaient amené, dans les trois ou quatre ans qui précédèrent son départ, à essayer des eaux pyrénéennes ou gasconnes d'Aigues-Caudes (Eaux-Chaudes), de Preissac (Préchacq), de Barbotan et de Banières (Bagnères), sans grand profit d'ailleurs pour son état de santé. Il espérait beaucoup des cures, qu'il n'avait point faites et pouvait faire, dans des stations aussi réputées que Plommières (Plombières), en France, et Lucques, en Italie, et c'était là pour lui une raison primordiale d'entreprendre un très long voyage.

Il éprouvait aussi le besoin de changer d'air, ayant, comme le pigeon dont parlera plus tard le fabuliste, l'humeur naturellement « inquiète » et cette curiosité, également naturelle, qui l'eût poussé, avoua-t-il par la suite, à courir « d'un bout du monde à l'autre ». Le moment, pour la satisfaire, était d'autant plus opportun qu'il venait de terminer ses *Essais* et même d'en surveiller l'édition, rapidement exécutée à Bordeaux, à ses frais, par Millanges. *L'avis au lecteur* n'en est-il pas daté du 1er mars 1580 ?

En outre, « gentilhomme ordinaire de la chambre du roi », comment eût-il pu ne pas entendre l'appel d'Henri III qui, le 15 juin de cette même année, venait de déclarer « tout haut, en son Conseil, que sa résolution était prise d'assiéger promptement La Fère », place forte tombée aux mains des protestants ?

Peut-être enfin, comme l'a cru Alexandre Nicolaï, pensait-il, combinant ce voyage de curiste, de curieux et de soldat, se donner des titres, étant depuis longtemps un agent secret de Catherine de Médicis, à l'obtention d'une ambassade à Venise (ou à Rome).

Quoi qu'il en soit de ce dernier point, le 22 juin, après avoir confié à Mme de Montaigne l'administration de ses biens, Mon-

taigne s'éloigna de cette tour qu'il avait soustraite « à la communauté conjugale et filiale et civile » et où il avait rassemblé les « songes » qui composent les deux premiers livres des *Essais,* pour s'acquitter d'abord de ses devoirs de bon gentilhomme. Avant de
rallier, devant La Fère, l'armée royale commandée par Matignon,
il présenta au roi, à Paris, ses *Essais,* et comme Henri III, après
les avoir parcourus, avait bien voulu déclarer que l'ouvrage lui
plaisait fort : « Sire, repartit finement notre gentilhomme au monarque lettré, il faut donc nécessairement que je plaise à Votre Majesté
puisque mon livre lui est agréable, car il ne contient autre chose
qu'un discours de ma vie et de mes actions. »

Le siège de La Fère, commencé le 7 juillet, se termina le 12
septembre, par la reddition pure et simple de la place à Matignon.
Montaigne y fut sans doute dès la fin de juillet et s'y trouvait en tout
cas le 2 août quand y fut mortellement atteint d'un coup de canon
ou d'une mousquetade son ami Philibert de Gramont, sénéchal de
Béarn et le mari de cette « grande Corisande », la future maîtresse
du Béarnais, à qui il avait dédié les vingt-neuf sonnets de La Boétie
insérés au premier livre des *Essais.* Il accompagna le 6 août jusqu'à
Soissons la dépouille funèbre de ce gentilhomme, dont le cortège
souleva sur son passage « lamentations et pleurs », puis, sans attendre
la reddition inévitable de la place de La Fère, il partit poursuivre au
début de septembre sa route vers Plombières, et par la Suisse et
l'Allemagne, vers Lucques et la Ville Éternelle.

Quatre jeunes gentilshommes, dont le plus âgé n'avait pas vingt
ans, tous un peu bretteurs, mais peu lettrés, composaient son escorte :
c'étaient le sieur de Mattecoulon, le benjamin de ses frères et de
vingt-huit ans son cadet; le sieur de Cazalis, son beau-frère, qui avait
épousé un an plus tôt Marie de Montaigne et en était veuf depuis
deux ou trois mois; Charles d'Estissac, à la mère de qui l'auteur des
Essais avait dédié celui *De l'affection des pères aux enfants,* — « très
bon fils » nous assure Montaigne, et le premier en quartiers de
noblesse de toute l'escorte, appartenant à une antique et illustre
famille de l'Agenais; enfin, seul de la troupe qui ne fût pas
du Sud-Ouest, le barrois Du Hautoy, dont les terres relevaient du
baillage de Pont-à-Mousson, et qui rejoignit sur la route son ami
Charles d'Estissac.

C'est avec ces quatre gentilshommes, leurs serviteurs et les siens
propres, parmi lesquels un « domestique » avisé qui lui servit de
secrétaire, que Michel de Montaigne accomplit « par chemin buis-
sonnier », le long voyage romain. « Sans eux, comme l'a observé
Edmond Pilon, M. de Montaigne ne fût peut-être pas demeuré
aussi sagement sur le chemin de l'Italie, et toutes ces belles pages
primesautières, malicieuses, pétillantes des feux de son intelligence,
nous ne les eussions pas eues aussi vivantes et aussi libres : ni
Venise, ni Padoue, ni Ferrare, ni Florence, ni la Rome illustre des
prélats, des poètes, des spadassins et des belles filles ne se fussent
montrées à nous, animées de processions, de réjouissances, de

négoce, de galanteries, de duels, et toutes semblables encore, en leur mouvement, leur relief et leur coloris, à ce qu'un Arioste ou un Tasse en avaient pu voir », mais il est probable, comme il l'a écrit « qu'il fust allé plustôt à Cracovie ou vers la Grèce... ».

En tout cas, il est bien le chef et le guide respecté de la petite troupe qui l'accompagne, et le récit de son voyage est marqué tout du long, tant à l'aller qu'au retour, de la mention répétée des pierres de toute taille et de toute figure que notre Périgourdin, au hasard des assauts de son mal, abandonnait aux auberges changeantes, à Sterzingen, à Venise, à Rome. Par petites traites matinales, rapides et brèves, faisant ses journées « à l'espagnole », M. de Montaigne, à cheval ou à dos de mulet, essaie de tous les moyens de porter bon ordre à sa santé « pierreuse », sympathise à Épernay avec le jésuite espagnol Maldonat, malade comme lui de la gravelle, qu'il interroge sur les eaux de Spa, et, croyant aux vertus des eaux, qu'elles soient chaudes, tièdes ou froides et qu'elles se prennent par boissons, bains ou douches, séjourne à Plombières, à Bade, à Padoue et à Lucques. Dans la première de ces stations, où il demeure onze jours et rend deux petites pierres, notre Périgourdin s'amuse à faire peindre par son hôtesse « un escusson de ses armes en bois », qu'elle attache « à la muraille par le dehors ». A Bade « la jolie », s'il ne reste que quatre jours, il boit une quantité de verres d'eau considérable. De Padoue, où il passe et repasse, il loue la « commodité des bains » et se félicite du voisinage des « dames de Venise », tant appréciées aussi par le cardinal d'Este. A La Villa, près de Lucques, il séjourne une première fois un mois et demi, une seconde fois près d'un mois, et note dans son *Journal,* qu'il tient alors lui-même, le nombre de bains, de douches dont il use, des verres d'eau qu'il boit, et des effets qu'il en ressent, sans oublier pour autant de faire clouer dans sa chambre, suivant une coutume allemande, ses armes peintes sur toile. Le ressort du malade est vraiment digne d'admiration, sa bonne humeur, en dépit des pierres qu'il sème sur sa route, reste entière, son goût de vivre et de voir, et son appétit vigoureux surmontent les crises et les cures. Il tâte de tous les mets qu'il aime et que lui défendent les médecins : gibiers, ragoûts, épices et melons.

Excellent voyageur, et comme dit Jacques Chastenet, « touriste à la moderne », M. de Montaigne ne se transporte pas en Italie, comme fera plus tard M. Taine, pour y vérifier des constructions livresques, ni, comme Chateaubriand, Barrès et Henri de Régnier, pour confronter son rêve à un décor ou son moi à un paysage ou sa nonchalance aux charmes du voyage, mais pour y satisfaire sa curiosité native des gens et des mœurs, des pays et des choses, amusé et toujours alerte, lui semblant « être en voyage comme ceux qui lisent quelque fort plaisant conte d'où il leur prend crainte qu'il vienne bientôt à finir... ».

L'itinéraire de Michel, que l'on a établi plus loin, est bien tel qu'on pouvait l'attendre d'un voyageur qui aime le voyage « pour le voyage même ». Il fallait, note Sainte-Beuve, « qu'il eût bien fort la gravelle pour être triste, tout comme Horace qui est heureux partout, à moins que la pituite ne s'en mêle, *nisi cum pituita molesta est* ». Encore est-il plus vaillant qu'Horace, car la gravelle n'est pas la pituite. Ses notations sont pittoresques et, comme l'a dit Stendhal, « spirituelles ». Rome surtout l'inspire et l'élève jusqu'à elle. Il en parle à peu près dans les mêmes termes qu'en parlait son contemporain Du Bellay :

> Nouveau venu qui cherches Rome en Rome
> Et rien de Rome en Rome n'aperçois
> Ces vieux palais, ces vieux arcs que tu vois,
> Et ces vieux murs, c'est ce que Rome on nomme.

Mais les ruines de l'ancienne Rome sont bien loin de l'absorber. Sa curiosité est au moins égale à l'égard de la Rome vivante. Il y flâne, il y muse, ne trouvant en la rue « quasi personne qui ne le saluoit en sa langue », car les Français y sont en nombre. Il s'y lie avec les deux ambassadeurs de France, qui se succèdent durant son séjour, MM. d'Abain de La Roche-Posay et Paul de Foix, qui sont d'ailleurs de ses familiers « de longue main »; il y retrouve Muret et le cardinal Pellevé, y baise le 29 décembre les pieds du pape Grégoire XIII, vieillard à la fois doux et de belle figure, assiste à une circoncision juive, aux fêtes du Mardi-Gras, visite la « librairie » du Vatican, Tivoli, Ostie, les églises, les « vignes » qui sont des lieux de plaisir, entend des sermons et des thèses, reçoit avec une singulière satisfaction le beau titre de citoyen de Rome, et ne s'embarrasse nullement d'admirer les femmes romaines, « aussi propres que les nôtres », mais moins belles, sauf les courtisanes, mieux coiffées, plus somptueuses en leur parure, au reste fort dévotes. Ainsi va notre Périgourdin, gaillard, l'œil vif, sachant voir ou dépeindre aussi bien un site qu'un personnage, un monument qu'une foule, un « voiturin » qu'une « garse », ouvert à tout, détaché de lui-même, et la mémoire ornée de réminiscences littéraires — si amusé enfin de tout ce qu'il voyait ou rencontrait que lorsqu'on lui remit aux bains de La Villa la lettre qui l'informait de sa nomination comme maire de Bordeaux, son premier mouvement fut de résistance. Pourtant, à peine le roi a-t-il insisté par l'entremise de son ambassadeur Paul de Foix, et bien avant même d'avoir reçu la missive personnelle que lui adressait du Louvre Henri III, que, sans avoir poussé jusqu'à Naples, sans avoir séjourné à Venise, il prit, dès le 15 octobre, le chemin du retour et parvint à son château le 30 novembre. Il rapportait, pour bien remplir sa charge, l'expérience qu'il avait acquise au cours d'une vie publique mise au service du roi et au long des lectures et des méditations dont étaient sortis les deux premiers livres des *Essais*.

Il en rapportait aussi ce *Journal,* qui est « l'arrière-boutique » du troisième livre et d'un grand nombre d'additions aux deux premiers, et qui par lui-même nous fait entrer plus avant et sans détours dans la connaissance familière d'un des plus sages Français qui fût jamais.

Habent sua fata libelli : ce *Journal* faillit bien ne pas voir le jour. Montaigne n'avait pas cru devoir le publier. Mais en 1769 ou 1770, l'abbé Prunis, chanoine de Chancelade, en Périgord, qui préparait une histoire de cette province et, pour ce, visitait les archives des châteaux, découvrit dans celui de Montaigne, alors propriété du comte de Ségur, descendant de notre philosophe, le manuscrit original du *Journal :* c'était un gros cahier de 278 pages auxquelles manquaient les deux premières. Le début du manuscrit (un bon tiers) était de la main du scribe de Montaigne, écrivant sous la dictée du maître ; le reste, de la main même de l'auteur des *Essais,* était rédigé pour une part en italien, pour une autre en français. L'abbé Prunis, ravi de sa trouvaille, obtint du comte de Ségur la remise du manuscrit et l'autorisation de le publier ; puis, comme déjà il l'avait transcrit et annoté, se vit, non sans peine, retirer ladite permission par le comte, qui confia le manuscrit à Meusnier de Querlon, Nantais d'origine, employé à la Bibliothèque du Roi et littérateur, fondateur des *Affiches de province* et auteur à succès, entre autres ouvrages, des *Soupers de Daphné,* de *Psaphion* et d'intéressants *Mémoires de M. de *** pour servir à l'histoire du XVIIe siècle.* Querlon, s'aidant d'un certain M. Capperonnier, « garde de la Bibliothèque du Roi », et confiant à l'Italien Bartoli, « associé de l'Académie des Inscriptions », le soin de traduire en français la partie « italienne » du journal, le publia en 1774, soit cent quatre-vingt deux ans après la mort de Montaigne.

    Le Journal du Voyage de Michel de Montaigne en Italie... avec des notes de M. de Querlon parut en trois éditions simultanément annoncées et qui se succédèrent en peu de jours, la première en un volume in-4, les deux autres en deux volumes in-12 grand papier ou trois volumes in-12 petit papier. Le succès en fut considérable, puisqu'une quatrième édition parut la même année et une cinquième l'année suivante.

    Le manuscrit de Montaigne, déposé par Querlon à la Bibliothèque Royale, ayant été égaré, il est aujourd'hui impossible de vérifier l'exactitude de l'édition donnée par Querlon. Celui-ci a rétabli la ponctuation (non parfois sans erreurs), multiplié les accents, estropié certains mots, et, par la faute de l'imprimeur, les variantes graphiques des cinq premières éditions sont nombreuses. C'est nécessairement cette édition que la nôtre reproduit, en en corrigeant toutefois les fautes certaines et en indiquant les variantes qui offrent un certain intérêt, à partir de l'originale.

    Le succès du *Journal de Voyage* fut grand, bien que jugé « sec et froid » par les encyclopédistes qui faisaient la loi à cette époque, et plus grand encore dès le début du XIXe siècle. Chateaubriand le cite à plusieurs reprises. Stendhal loue son prédécesseur en Italie de collectionner, comme lui-même, les petits faits. J.-J. Ampère en copie plusieurs pages dans ses *Portraits de Rome.* Sainte-Beuve consacre un de ses *Nouveaux lundis* (t. II) à « Montaigne en voyage ». Buchon le réimprime, le premier au XIXe siècle, dans son *Panthéon littéraire*. Traduit en allemand par Frédéric Ulrich (?) chez Hendel, à Halle, en 1779-1780, en anglais par Hazlitt, chez Templeman, à Londres, en 1845, il a connu depuis une belle fortune.

Des éditions critiques en furent données tour à tour en italien par le professeur pisan Alessandro d'Ancona (1889), en français par Louis Lautrey (1906), par le Dr Armaingaud, par Edmond Pilon, par Maurice Rat et par Charles Dédeyan.

La présente édition doit beaucoup à ces textes critiques dont certaines erreurs ont été corrigées et certains points précisés depuis leur publication, par des érudits tels notamment que MM. Levi della Vida Pierre Michel et Roger Trinquet.

M. R.

ITINÉRAIRE DU VOYAGE DE MONTAIGNE

1580.

22 juin : Montaigne part de son Château de Montaigne.

Juillet (?) : Montaigne, à Paris, apparaît à la cour
  et se présente au roi à qui il avait fait remettre ses
  « Essais » nouvellement imprimés.

Fin juillet, début août : Montaigne assiste au siège de
  La Fère.

6 août : Philibert de Gramont, ami de Montaigne, et
  mari de cette "grande Corisande", étant mort d'une
  blessure reçue quatre jours plus tôt, Montaigne se
  joint au convoi qui accompagne à Soissons le corps
  du défunt.

5 septembre : Montaigne, sans attendre, pour partir vers
  Rome la capitulation de La Fère, quitte après dîner
  Beaumont-sur-Oise et arrive pour souper à Meaux.

6 septembre : Arrivée, le soir, à Charly.

7 septembre : Arrivée, le soir, à Dormans.

8 septembre : Arrivée à Épernay, rencontre de Maldonat.

9 septembre : Arrivée à Châlons, à l'hôtel de *la Couronne.*

10 septembre : Arrivée à Vitry-le-François.

11 septembre : Arrivée à Bar-le-Duc.

12 septembre : Arrivée à Mauvèse (à deux lieues à
  l'O. de Vaucouleurs).

13 septembre : Arrivée à Vaucouleurs ; traversée de
  Donremy ; coucher à Neufchâteau.

14 septembre : Arrivée à Mirecourt.

15 septembre : Arrivée à Épinal, après un arrêt au
  couvent de Poussay.

16 septembre : Arrivée à Plombières (à 2 h. après midi).
  Montaigne y séjourne, à *l'Ange,* jusqu'au 27 septembre.

27 septembre : Arrivée à Remiremont, à l'hôtel de
  la Licorne.

28 septembre : Arrivée à Bussang (dîner) et à Thann (souper).

29 septembre : Arrivée à Mulhouse (dîner) et à Bâle (coucher).

Montaigne y séjourne jusqu'au 1er octobre.

1er octobre : Arrivée à Hornes (coucher).

2 octobre : Traversée de l'Aar à Brug, visite de l'abbaye de Mouri et arrivée à Bade.

Montaigne y séjourne jusqu'au 7 octobre après déjeuner.

7 octobre : Traversée du Rhin à Kaisersthul et arrivée à Schaffhouse (souper).

8 octobre : Arrivée à Constance (vers 4 h. après-midi).

9 octobre : Arrivée à Markdorf (coucher à l'hôtel de Cologne).

10 octobre : Arrivée à Lindau (vers 3 h. après-midi).

11 octobre : Arrivée à Wangen (vers 2 h. après-midi); mulet blessé.

12 octobre : Arrivée à Isny (dîner) et à Kempten (coucher).

13 octobre : Arrivée à Pfronten (coucher).

14 octobre : Arrivée à Fussen (dîner) et à Schongen (coucher).

15 octobre : Arrivée à Landsberg (dîner) et à Augsbourg (coucher).

Montaigne séjourne dans « la plus bele ville de l'Allemagne » jusqu'au 19 octobre.

19 octobre : Traversée d'Ulm, de Heilbron (?) et arrivée à Bruck (coucher).

20 octobre : Arrivée à Munich (dîner).

21 octobre : Arrivée à Icking.

22 octobre : Arrivée à Mittenwald (coucher).

23 octobre : Entrée dans le Tyrol; arrivée à Seefeld (dîner) et à Innsbruck (coucher).

24 octobre : Dîner à Hall, retour à Innsbruck.

25 octobre : Arrivée nocturne à Sterzingen.

26 octobre : Arrivée à Brixen (souper).

27 octobre : Traversée de Klausen, dîner à Kollmann et arrivée à Bolzano.

28 octobre : Départ de Bolzano de bon matin, déjeuner à Bronzolo, traversée de Neumarkt, arrivée à Trente (coucher).

29 octobre : Arrivée à Rovereto (Rovère).

30 octobre : Excursion à TERBOLE, sur le lac de Garde (dîner) et retour à ROVERETO (souper).

31 octobre : Dîner à BORGHETTO et arrivée à VOLARNE (coucher).

1er novembre : Arrivée, « avant la messe de la Toussaint », à VÉRONE.

Montaigne y séjourne jusqu'au 3 novembre.

3 novembre : Arrivée à VICENCE (souper).

4 novembre : Arrivée à PADOUE (coucher).

Montaigne y séjourne jusqu'au 7.

7 novembre : Arrivée à FUSINA (dîner) et, par gondole, à VENISE (souper).

Montaigne y séjourne jusqu'au 12 novembre.

12 novembre : Arrivée, en repassant par FUSINA, à PADOUE (coucher).

Le seigneur de Cazalis y laisse l'escorte de Montaigne pour « s'y arrêter en pension » et s'y perfectionner dans les armes.

13 novembre : Visite aux bains d'ABANO et arrivée à BATTAGLIA (coucher).

14 novembre : Arrivée à ROVIGO (coucher).

15 novembre : Arrivée au soir à FERRARE.

16 novembre : Arrivée au soir à BOLOGNE.

Montaigne y séjourne jusqu'au 20.

20 novembre : Arrivée à LOJANO (coucher).

21 novembre : Arrivée à SCARPERIA (coucher).

22 novembre : Visite, en faisant un détour, du palais de PRATELLINO et arrivée à FLORENCE.

Montaigne y séjourne jusqu'au 24.

24 novembre : Arrivée tardive à SIENNE.

Montaigne y séjourne jusqu'au 26.

26 novembre : Arrivée à BUONCONVENTO (souper).

27 novembre : Départ au matin de Buonconvento et détour pour voir MONTALCIN, arrivée au soir à LA PAGLIA (La Paille).

28 novembre : Arrivée à MONTEFIASCONE.

29 novembre : Traversée de VITERBE et arrivée « de bonne heure » à RONCIGLIONE, où se trouve un château célèbre du duc de Parme.

PREMIER SÉJOUR DE MONTAIGNE À ROME

30 novembre-19 avril.

30 novembre : Départ de Ronciglione « trois heures avant le jour », et arrivée à ROME, par la *Porta del Popolo*, « sur les vingt heures ».

25 décembre : Montaigne assiste à la messe du Pape en l'église Saint-Pierre.

29 décembre : Audience du Pape.

1581.

3 janvier : Montaigne assiste, de sa fenêtre, à un défilé du Pape et de son cortège.

11 janvier : Montaigne, sortant de son logis à cheval, s'arrête pour voir le supplice du bandit Catena.

14 janvier : Il voit tenailler et exécuter deux frères meurtriers.

26 janvier : Excursion au Janicule et visite du Vatican.

30 janvier : Montaigne assiste à une circoncision de Juifs.

Début de février : Carnaval de Rome.

16 février : Montaigne rencontre en une petite chapelle un prêtre occupé à exorciser un possédé; curieux détails.

1er mars : Montaigne assiste à la messe en l'église Saint-Sixte, le Pape et l'ambassadeur de Moscovie étant présents.

6 mars : Visite de la « librairie » du Vatican.

13 mars : Montaigne reçoit le titre de « citoyen romain » et accepte du patriarche d'Antioche un remède contre la gravelle.

15 mars : Excursion à OSTIE.

16 mars : Montaigne prend un bain aux étuves de Saint-Marc.

20 mars : Remise, par le maître du Sacré-Palais et sous bénéfice de corrections, de l'exemplaire des *Essais* saisi à la douane.

3 avril : Excursion à TIVOLI.

19 avril : Départ de Rome, et arrivée à CASTEL-NOVO (coucher).

20 avril : Arrivée à BORGHETTO (dîner), traversée

d'Otricoli et arrivée à Narni (coucher).

21 avril : Arrivée à Spoleto (dîner) et à Foligno (souper).

22 avril : Dîner à La Muccia et arrivée à Valcimara (souper).

23 avril : Dîner à Macerata, et arrivée à Loretto. Montaigne y séjourne jusqu'au 26, après avoir fait, la veille, un vœu à Notre-Dame de Lorette.

26 avril : Arrivée à Ancône (souper).

27 avril : Arrivée à Sinigaglia (coucher).

28 avril : Dîner à Fano et arrivée à Fossombrone.

29 avril : Arrivée à Urbin (dîner), détour pour voir le « Sépulcre d'Hasdrubal » au Monte d'Elce et arrivée le soir à Castel Durante, aujourd'hui Urbania.

30 avril : Traversée de S. Angelo et de Marcatello, dîner à Borgo a Pasci, souper à Borgo S. Sepolchro.

1er mai : Dîner à Ponte Boriano, souper à Levanella.

2 mai : Traversée matinale de Montevarchi, Figline et Ancisa, arrivée à Pian della Fonte.

3 mai : Arrivée le soir à Florence.

4 mai : Dîner à Prato, détour pour voir la villa de Laurent le Magnifique à Poggio a Cajano, souper à Pistoïe.

5 mai : Arrivée à Lucques.

Montaigne y séjourne jusqu'au 8.

8 mai : Arrivée vers les 2 heures après midi aux bains Della Villa.

Montaigne y séjourne jusqu'au 21 juin.

21 juin : Départ des bains. Dîner à Pescia, souper à Pistoïe.

22 juin : Traversée de Prato, dîner à Castello, arrivée à Florence.

Montaigne y séjourne jusqu'au 2 juillet.

2 juillet : Départ de Florence, traversée d'Empoli, arrivée « à la brune » à Scala.

3 juillet : Arrivée à Pise vers midi.

Montaigne y séjourne jusqu'au 27.

27 juillet : Arrivée à Lucques.

Montaigne y séjourne jusqu'au 13 août.

13 août : Visite de plusieurs villas seigneuriales aux

environs de Lucques, et souper en celle du sieur Pinnitesi.

14 août : Arrivée aux bains DELLA VILLA (dîner). Montaigne y séjourne jusqu'au 12 septembre.

12 septembre : Départ des bains DELLA VILLA et arrivée à LUCQUES (dîner). Montaigne y séjourne jusqu'au 20.

20 septembre : Départ de Lucques, traversée de FUCE-CCHIO, arrivée « à la brune », à LA SCALA.

21 septembre : Traversée de CASTELFIORENTINO, dîner à POGGIBONSI, souper à SIENNE. Montaigne y séjourne jusqu'au 24.

24 septembre : Arrivée à SAN CHIRICO.

25 septembre : Détour pour voir les bains de VIGNONE.

26 septembre : Dîner à LA PAGLIA, coucher à SAN LORENZO.

27 septembre : Détour pour voir le bain NAVISO et le petit lac d'eau sulfureuse IL BAGNACCIO, et arrivée tardive à VITERBE. Montaigne y séjourne jusqu'au 30, visitant divers bains autour de la ville et l'église de Sainte-Marie-du-Chêne.

30 septembre : Excursions à BAGNAIA et à CAPRAROLA, arrivée à MONTEROSSI.

SECOND SÉJOUR DE MONTAIGNE À ROME
1ᵉʳ-15 octobre.

1ᵉʳ octobre : Arrivée à ROME, où Montaigne reçoit les lettres des jurats de Bordeaux l'avisant de son élection à la mairie.

8 octobre : Visite à un Italien, très habile cavalier, qui habite aux Thermes de Dioclétien.

10 octobre : Montaigne, invité par l'ambassadeur de France Paul de Foix, s'en va voir la vente après décès des meubles du cardinal Orsini.

12 octobre : Montaigne visite, en compagnie du cardinal de Pellevé, l'église de Saint-Jean et Saint-Paul.

15 octobre : Départ de Rome, où il laisse son frère, et arrivée à RONCIGLIONE (coucher).

16 octobre : Arrivée à VITERBE (dîner), à SAN LORENZO (souper), à SAN CHIRICO (coucher).

17 octobre : Arrivée le soir à SIENNE.
Montaigne y séjourne jusqu'au 19.

19 octobre : Arrivée à PONTE A ELSA (souper).

20 octobre : Halte à ALTOPASCIO et arrivée à LUCQUES (coucher).

21 octobre : Traversée de PIETRA SANTA et arrivée à MASSA DI CARRARA (souper).

22 octobre : Traversée de LUNA, de SARZANE, arrivée à PONTREMOLI (coucher).

23 octobre : Traversée de l'Apennin et arrivée à FORNOVE (Fornoue).

24 octobre : Dîner à BORGO SAN DONNINO, arrivée à PLAISANCE (coucher).

25 octobre : Arrivée « de bonne heure » à PAVIE et visite de la ville.

26 octobre : Détour pour voir le champ de bataille de Pavie et la Chartreuse, arrivée à MILAN.
Montaigne, retardé par une forte pluie, y séjourne jusqu'au 28.

28 octobre : Dîner à BUFFALORA, coucher à NOVARE.

29 octobre : Halte à VERCEIL, coucher à LIVORNO PIEMONTE.

30 octobre : Dîner à CHIVAS, arrivée à TURIN.

31 octobre : Dîner à SANT'AMBROGIO et arrivée à SUSE (coucher).

1er novembre : Départ après la messe de la Toussaint, traversée du Mont Cenis, dîner à LANS-LE-BOURG, coucher dans un petit village de la montagne.

2 novembre : Dîner à SAINT-MICHEL, coucher à LA CHAMBRE.

3 novembre : Dîner à AIGUEBELLE, coucher à MONTMÉLIAN.

4 novembre : Dîner à CHAMBÉRY, passage du Mont du Chat, coucher à YENNE.

5 novembre : Passage du Rhône et coucher à SAINT-RAMBERT.

6 novembre : Passage de l'Ain à CHAZEY et coucher à MONTLUEL.

7 novembre : Arrivée à LYON (coucher).
Montaigne y séjourne jusqu'au 15, y achetant un « courtaud » et un « cheval de pas », puis trois « courtauds » le 10, et dînant le 12 chez le sieur Giachinotti, Florentin.

15 novembre : Arrivée à La Bourdellière (coucher).

16 novembre : Passage de la Loire près de Feurs, et arrivée à L'Hospital.

17 novembre : Arrivée à Thiers.

18 novembre : Passage de la Dore et de l'Allier, arrivée à Pont-du-Château (coucher).

19 novembre : Arrivée à Clermont-Ferrand (dîner et halte).

20 novembre : Traversée de Pontgibaut et arrivée à Pontaumur (coucher).

21 novembre : Arrivée à Pontcharraud (coucher).

22 novembre : Traversée de Felletin et arrivée à Chatain (coucher).

23 novembre : Arrivée à Sauviat (coucher).

24 novembre : Arrivée à Limoges (coucher). Montaigne y achète un mulet et y séjourne jusqu'au 26 après dîner.

26 novembre : Arrivée aux Cars (coucher).

27 novembre : Coucher à Thiviers.

28 novembre : Coucher à Périgueux.

29 novembre : Coucher à Mauriac (commune de Douzillac).

30 novembre : Arrivée à Montaigne. Un mois plus tard, le 30 décembre, Montaigne se rend à Bordeaux prendre possession de la Mairie.

JOURNAL DE VOYAGE EN ITALIE
PAR LA SUISSE ET L'ALLEMAGNE

... **M.** DE MONTAIGNE depescha monsieur de Mattecoulon[1] en poſte avec ledit escuyer, pour visiter ledit
comte[2], et trouva que ses playes n'eſtoient pas mortelles.

Audit *Beaumont*[3], M. d'Eſtissac[4] se mêla à la trope
pour faire mesme voyage, accompaigné d'un jantil'home[5],
d'un valet de chambre, d'un mulet, et à pied d'un muletier
et deux laquais, qui revenoiſt à noſtre équipage pour
faire à moitié la despense.

Le lundy cinquième de septembre 1580, nous partismes
dudit Beaumont après disner et vinsmes tout d'une trete
souper à

Meaux, qui eſt une petite ville, belle, assise sur la
rivière de Marne. Elle eſt de trois pieces; la ville et le
fauxbourg sont en deça de la riviere vers Paris.

Au dela des ponts il y a un autre grand lieu qu'on
nomme le marché, entourné de la riviere et d'un très
beau fossé tout autour, où il y a grande multitude
d'habitants et de maisons. Ce lieu eſtoit autrefois très
bien fortifié de grandes et fortes murailles et tours; mais
en nos seconds troubles huguenots[6], parce que la pluspart
des habitants de ce lieu eſtoit de ce party[7], on fit démolir
toutes ces fortifications. Ceſt endroit de la ville soutint
l'effort des Anglois, le reſte eſtant tout perdu[8]; et en
recompense touts les habitants dudit lieu sont encore
exempts de la taille et autres impositions. Ils monſtrent
sur la rivière de Marne une isle longue de deux ou trois
cent pas qu'ils disent avoir eſté un cavalier jetté dans l'eau
par les Anglois pour battre ledit lieu du marché[9] avec
leurs engins, qui s'eſt ainsi fermy avecq' le temps.

Au fauxbourg, nous vismes l'abbaïe de saint Faron[10] qui
eſt un très vieux baſtiment où ils montrent l'habitation
d'Ogier le Danois et sa sale. Il y a un ancien refeĉtoire,
atout de grandes et longues tables de pierre d'une gran-

deur inusitée, au milieu duquel sourdoit, avant nos
guerres civiles, une vive fontaine qui servoit à leur repas.
La pluspart des religieux sont encore jantil'homes. Il y
a entre autres choses une très vielle tumbe et honnorable,
où il y a l'effigie de deux chevaliers estandus en pierre
d'une grandeur extraordinaire. Ils tiennent que c'est le
corps de Ogier le Danois et quelqu'autre de ces paladins[1].
Il n'y a ni inscription ni nulles armoiries; seulement il y
a ce mot latin, qu'un abbé y a fait mettre il y a environ
cent ans : que ce sont deux heros inconnus qui sont là
enterrés. Parmy leur thresor ils montrent des ossements
de ces chevaliers. L'os du bras depuis l'espaule jusques
au coude est environ de la longueur du bras entier d'un
homme des nostres, de la mesure commune, et un peu
plus long que celui de M. de Montaigne. Ils monstrent
aussi deux de leurs espées qui sont environ de la longueur
d'une de nos espées à deux mains; et sont fort detaillées
de coups par le tranchant[2].

Audit lieu de Meaux, M. de Montaigne fut visiter le
thresorier de l'église sainct Estienne[3], nommé Juste
Terrelle, home connu entre les sçavants de France, petit
home vieux de soixante ans, qui a voïagé en Egypte et
Jerusalem et demeuré sept ans en Constantinople, qui
lui montra sa librairie et singularités de son jardin[4]. Nous
n'y vismes rien si rare qu'un arbre de buys espandant ses
branches en rond, si espois et tondu par art, qu'il samble
que ce soit une boule très polie et très massive de la
hauteur d'un homme.

De Meaux, où nous disnames le mardy, nous vinsmes
coucher à

Charly, sept lieues. Le mercredi après disner, vinsmes
coucher à

Dormans, sept lieues. Le landemein, qui fut jeudi
matin, vinsmes disner à

Esprenei[5], cinq lieues; où estant arrivés, MM. d'Estissac et de Montaigne s'en allarent à la messe, comme
c'estoit leur coutume[6], en l'eglise Nostre Dame; et parce
que ledit seigneur de Montaigne avoit veu autrefois, et
lorsque le mareschal de Strossi fut tué au siège de Téon-
ville[7], qu'on avoit apporté son corps en ladite eglise,

il s'enquit de sa sepulture, et trouva qu'il y estoit enterré sans aucune montre ny de pierre, ny d'armoirie, ny d'epitaphe, vis à vis du grand autel. Et nous fut dit que la reine l'avoit ainsi faict enterrer sans pompe et ceremonie, parce que c'estoit la volonté dudit mareschal[1]. L'evesque de Renes, de la maison des Hanequins[2] à Paris, faisoit lors l'office en laditte eglise de laquelle il est abbé; car c'estoit aussi le jour de la feste de N. Dame de septembre.

M. de Montaigne accosta en laditte eglise, après la messe, M. Maldonat[3], Jhesuite duquel le nom est fort fameux à cause de son erudition en theologie et philosophie, et eurent plusieurs propos de sçavoir ensemble lors et l'après dinée, au logis du dit sieur de Montaigne où ledit Maldonat le veint trouver. Et entre autres choses, parce qu'il venoit des beings d'Aspa[4] qui sont au Liege où il avoit esté avec M. de Nevers[5], il lui conta que c'estoient des eaus extremement froides, et qu'on tenoit là que, les plus froides qu'on les pouvoit prendre, c'estoit le meilleur. Elles sont si froides que aucuns qui en boivent en entrent en frisson et en horreur; mais bientost après on en sent une grande douleur en l'estomac. Il en prenoit pour sa part cent onces; car il y a des gens qui fournissent des verres qui portent leur mesure selon la volonté d'un chacun. Elles se boivent non seulement à jeun, mais encore après le repas. Les operations qu'il recita sont pareilles aux eaux de Guascogne. Quant à lui, il disoit en avoir remarqué la force pour le mal qu'elles ne lui avoient pas faict, en ayant beu plusieurs fois tout suant et tout esmeu. Il a veu par expérience que grenouilles et autres petites bestes qu'on y jette se meurent incontinent; et dit, qu'un mouchouer qu'on mettra au dessus d'un verre plein de ladite d'eau se jaunira incontinent. On en boit quinze jours ou trois semaines pour le moins. C'est un lieu auquel on est très bien accommodé et logé, propre contre toute obstruction et gravelle[6]. Toutefois ny M. de Nevers ny lui n'en estoient devenus guieres plus sains. Il avoit avec lui un maistre d'hostel de Nevers; et donnarent à M. de Montaigne un cartel imprimé sur le sujet du different qui est entre MM. Montpansier et de Nevers[7], afin qu'il en fut instruit et en peut instruire les gentil'hommes qui s'en enquerroient.

Nous partîmes de là le vendredi matin et vinsmes à

Chaalons[1], sept lieues; et y logeasmes à la Couronne qui est un beau logis, et y sert-on en vesselle d'argent; et la pluspart des lits et couvertes sont de soie. Les communs battimens de toute ceste contrée sont de craye, coupée à petites pieces quarrées, de demi pied ou environ, et d'autres de terre en gason, de mesme forme.

Le lendemein nous en partismes après disner, et vinsmes coucher à

Vitry-le-François, sept lieues. C'est une petite ville assise sur la rivière de Marne, battie depuis trente cinq ou quarante ans, au lieu de l'autre Vitry qui fut bruslé[2]. Ell'a encore sa premiere forme bien proportionnée et plaisante, et son milieu est une grande place quarrée des plus belles de France.

Nous apprimes là trois histoires mémorables. L'une que madame la douairière de Guise de Bourbon[3], aagée de quatre vingt sept ans, estoit encor' vivante, et faisant encor un quart de lieue de son pied.

L'autre, que depuis peu de jours il avoit esté pendu à un lieu nommé Montirandet[4] voisin de là, pour telle occasion. Sept ou huit filles d'autour de Chaumont en Bassigni complottèrent, il y a quelques années, de se vestir en males et continuer ainsi leur vie par le monde. Entre les autres, l'une vint en ce lieu de Vitry sous le nom de Mary, guaignant sa vie à estre tisseran, jeune homme bien conditionné et qui se rendoit à un chacun amy. Il fiancea audit Vitry une femme, qui est encore vivante; mais pour quelque desacord qui survint entre eux, leur marché ne passa plus outre. Depuis estant allé audit Montirandet, guaignant tousjours sa vie audit mestier, il devint amoureux d'une fame laquelle il avoit espousée, et vescut quatre ou cinq mois avecque elle avec son contentement, à ce qu'on dit; mais ayant esté reconnu par quelqu'un dudit Chaumont et la chose mise en avant à la justice, elle avoit esté condamnée à estre pendue : ce qu'elle disoit aymer mieux souffrir que de se remettre en estat de fille. Et fut pendue pour des inventions illicites à suppléer au defaut de son sexe.

L'autre histoire, c'est d'un homme encore vivant nommé Germain, de basse condition, sans nul mestier ni office, qui a esté fille jusques en l'aage de vingt deux ans, et remarquée d'autant qu'elle avoit un peu plus

de poil autour du menton que les autres filles ; et l'appe-
loit-on Marie la barbue. Un jour faisant un effort à un
sault, ses outils virils se produisirent, et le cardinal de
Lenoncourt, évesque pour lors de Chalons, lui donna
nom Germain. Il ne s'eſt pas marié pourtant ; il a une
grand'barbe fort espoisse. Nous ne le sceumes voir,
parce qu'il eſtoit au vilage. Il y a encore en ceſte ville
une chanson ordinaire en la bouche des filles, où elles
s'entr'advertissent de ne faire plus de grandes enjambées,
de peur de devenir masles, comme Marie Germain. Ils
disent qu'Ambroise Paré a mis ce conte dans son livre
de chirurgie[1] qui eſt très certain, et ainsi tesmoigné à M.
de Montaigne par les plus apparens officiers de la ville.

Delà nous partismes dimenche matin après desjeuné, et
vinsmes d'une trete à

Bar, neuf lieues, où M. de Montaigne avoit eſté autresfois[2], et n'y trouva de remarquable de nouveau que la
despense eſtrange qu'un particulier preſtre et doyen de
là a employé et continue tous les jours en ouvrages publiques. Il se nomme Gilles de Treves[3] ; il a bati la plus sumptueuse chapelle de marbre, de peintures et d'ornemens
qui soit en France, et a bati et tantoſt achevé de meubler
la plus belle maison de la ville qui soit aussi en France ;
de la ſtructure la mieux compassée, etoffée, et la plus
labourée d'ouvrages et d'enrichissemans, et la plus
logeable : de quoy il veut faire un collège. Et eſt après
à le dorer et mettre en trein à ses despens.

De Bar, où nous disnames le lundi matin, nous nous
en vinsmes coucher à

Mannese[4], quatre lieues, petit village où M. de Montaigne fut arreſté, à cause de la colicque, qui fut aussi
cause qu'il laissa le dessein qu'il avoit aussi faict de voir
Toul, Metz, Nancy, Jouinville et St. Dizier[5], comme il
avoit délibéré, qui sont villes épandues autour de cette
route, pour gaigner les beings de Plombières en diligence.

De Mannese nous partismes mardi au matin et vinsmes
disner à

Vacouleur, une lieue de là ; et passasmes le long
de la rivière de Meuse, dans un village nommé

Donremy, sur Meuse, à trois lieues dudit Vaucouleur,

d'où eſtoit natifve cette fameuse pucelle d'Orléans, qui se nommoit Jane d'Arcq ou Dullis[1]. Ses descendants furent anoblis par faveur du roi; et nous monſtrarent les armes que le roi leur donna, qui sont d'azur à un'espée droite couronnée et poignée d'or, et deux fleurs de lis d'or au coſté de ladite espée; dequoy un receveur de Vaucouleur donna un escusson peint à M. de Caselis[2]. Le devant de la maisonnette où elle naquit eſt toute peinte de ses geſtes; mais l'aage en a fort corrompu la peinture. Il y a aussi un arbre le long d'une vigne qu'on nomme l'Arbre de la Pucelle[3], qui n'a nulle autre chose à remarquer.

Nous vinsmes ce soir coucher à

Neufchaſteau, cinq lieues, où en l'église des Corde-liers il y a force tumbes, anciennes de trois ou quatre cens ans, de la noblesse du pais, desqueles toutes les inscriptions sont en ce langage : « Cy git tel, qui fut mors lors que li milliaires courroit, per mil deux cens etc. » M. de Montaigne vit leur librairie où il y a force livres, mais rien de rare, et un puits qui se puise à fort grands seaus, en roullant avec les pieds un plachié de bois qui eſt appuyé sus un pivot, auquel tient une piece de bois ronde à laquelle la corde du puits eſt attachée. Il en avoit veu ailleurs de pareils. Joignant le puits, il y a un grand vaisseau de pierre, eslevé au dessus de la marselle de cinq ou si pieds, où le seau se monte; et sans qu'un tiers s'en mesle, l'eau se renverse dans ledit vaisseau, et en ravalle quand il eſt vuide. Ce vaisseau eſt de telle hauteur que par icelui, avec des canaus de plomb, l'eau du puits se conduit à leur réfeçtoire et cuisine et boulangerie, et rejaillit par des corps de pierre eslevés en forme de fonteines naturelles.

De Neufchaſteau où nous desjeunasmes le matin, nous vinsmes souper à

Mirecourt, six lieues, belle petite ville où M. de Montaigne ouyt nouvelles de M. et madame de Bourbon[4], qui en sont for voisins[5].

Et lendemain matin, après desjeuner, alla voir à un quart de lieue de là, à quartier de son chemin, les reli-gieuses de Poussay. Ce sont religions de quoi il y en a plusieurs en ces contrées-là[6] eſtablies pour l'inſtitution des filles de bonne maison. Elles y ont chacune un béné-

fice, pour s'en entretenir, de cent, deux cens ou trois
cens escus, qui pire, qui meilleur, et une habitation
particulière où elles vivent chacune à part soi. Les
filles en nourrice y sont reçues. Il n'y a nulle obligation
de virginité, si ce n'eſt aux officieres, comme abbesse,
prieure et autres. Elles sont veſtues en toute liberté,
comme autres damoiselles, sauf un voile blanc sus la
tête, et en l'église, pendant l'office , un grand manteau
qu'elles laissent en leur siege au cœur. Les compagnies
y sont reçues en toute liberté chez les religieuses particulieres qu'on y va rechercher, soit pour les poursuivre à
espouser ou à autre occasion. Celles qui s'en vont peuvent
resigner et vendre leur bénéfice à qui elles veullent, pourveu qu'elle soit de condition requise; car il y a des seigneurs du païs qui ont ceſte charge formée, et s'y obligent
par serment, de tesmoigner de la race des filles qu'on y
présente. Il n'eſt pas inconvenient qu'une seule religieuse
ait trois ou quatre bénéfices. Elles font au demeurant le
service divin comme ailleurs. La plus grand part y
finissent leurs jours[1] et ne veullent changer de condition.

Delà nous vinsmes souper à

Espiné[2], cinq lieues. C'eſt une belle petite ville sur la
rivière de la Moselle, où l'entrée nous fut refusée, d'autant
que nous avions passé à Neufchaſteau, où la peſte avoit
été il n'y a pas long-temps.

Lendemain matin nous vinsmes disner à

Plommières[3], quatre lieues. Depuis Bar-le-Duc les
lieues reprennent la mesure de Guascogne et vont
s'allongeant vers l'Allemagne, jusques à les doubler et
tripler enfin[4].

Nous y entrasmes le vendredy 16ᵉ de septembre 1580,
à deux heures après midi. Ce lieu eſt assis aux confins de
la Lorreine et de l'Allemagne, dans une fondrière, entre
plusieurs collines haultes et coupées qui le serrent de tous
coſtés. Au fond de ceſte vallée naissent plusieurs fontaines
tant froides naturelles que chaudes. L'eau chaude n'a
nulle senteur ny gouſt, et eſt chaude tout ce qui s'en
peut souffrir au boire, de façon que M. de Montaigne
eſtoit contraint de la remuer de verre à autre. Il y en a
deux seulement de quoi on boit. Celle qui tourne le cul
à l'orient et qui produit le being qu'ils appellent le

Being de la Reine laisse en la bouche quelque goust doux comme de la reglisse, sans autre deboire, si ce n'est que, si on s'en prent garde fort attentivement, il sembloit à M. de Montaigne qu'elle rapportoit je ne sçay quel goust de fer. L'autre qui sourd du pied de la montagne opposite, de quoi M. de Montaigne ne but qu'un seul jour, a un peu d'aspreté, et y peut-on decouvrir la saveur de l'alun.

La façon du païs, c'est seulement de se beingner deux ou trois fois le jour. Aucuns prennent leur repas au being, où ils se font communement ventouser et scarifier, et ne s'en servent qu'après s'estre purgés. S'ils boivent, c'est un verre ou deux dans le being. Ils treuvoient estrange la façon de M. de Montaigne, qui, sans médecine précédente, en beuvoit neuf verres, qui revenoient environ à un pot, tous les matins à sept heures, disnoit à midy, et les jours qu'il se beingnoit, qui estoient de deux jours l'un, c'estoit sur les quatre heures, n'arrestant au being qu'environ une heure. Et ce jour-là il se passoit volontiers de soupper.

Nous vismes des hommes guéris d'ulceres, et d'autres de rougeurs par le corps. La coutume est d'y estre pour le moins un mois. Ils y louent beaucoup plus la seison du printemps en may[1]. Ils ne s'en servent guiere après le mois d'aoust, pour la froideur du climat; mais nous y trouvasmes encore de la compaignie, à cause que la secheresse et les chaleurs avoient esté plus grandes et plus longues que de coustume. Entre autres, M. de Montaigne contracta amitié et familiarité avec le seigneur d'Andelot, de la Franche-Conté[2], duquel le pere estoit grand escuyer de l'empereur Charle cinquiesme et lui premier mareschal de camp de l'armée de don Jouan d'Austria[3], et fut celui qui demeura gouverneur de Saint-Quintin lorsque nous la perdismes[4]. Il avoit un endroit de sa barbe tout blanc et un costé de sourcil; et recita à M. de Montaigne que ce changement lui estoit venu en un instant, un jour estant chez lui plein d'ennui pour la mort d'un sien frère que le duc d'Albe avoit fact mourir comme complice des comtes d'Eguemont et de Hornes[5], qu'il tenoit sa teste appuyée sur sa main par cest endroit, de façon que les assistans pensarent que ce fust de la farine qui lui fut de fortune tombée là. Il a depuis demeuré en ceste façon.

Ce being avoit autrefois eſté fréquenté par les Allemans seulement; mais depuis quelques ans ceux de la Franche-Comté et plusieurs François y arrivent à grand foule. Il y a plusieurs beings, mais il y en a un grand et principal baſti en forme ovalle d'un' antienne ſtructure. Il a trente-cinq pas de long et quinze de large. L'eau chaude sourd par le dessoubs à plusieurs surgeons, et y faict-on par le dessus escouler de l'eau froide pour modérer le being selon la volonté de ceux qui s'en servent. Les places y sont diſtribuées par les coſtés avec des barres suspendues à la mode de nos écuries; et jette-on des ais par le dessus pour éviter le soleil et la pluye. Il y a tout autour des beings trois ou quatre degrés de marches de pierre à la mode d'un théatre où ceux qui se beingnent peuvent eſtre assis ou appuyés. On y observe une singulière modeſtie; et si eſt indecent aux hommes de s'y mettre autrement que tous nuds, sauf un petit braiet, et les fames sauf une chemise[1].

Nous logeames à l'Ange, qui eſt le meilleur logis, d'autant qu'il respond aux deux beings. Tout le logis, où il y avoit plusieurs chambres, ne couſtoit que quinze solds par jour. Les hoſtes fournissent partout du bois pour le marché; mais le païs en eſt si plein qu'il ne couſte qu'à coupper. Les hoſtesses y font fort bien la cuisine. Au temps de grande presse ce logis eut couſté un escu le jour, qui eſt bon marché; la nourriture des chevaus à sept sols; tout autre sorte de despense à bonne et pareille raison. Les logis n'y sont pas pompeus, mais fort commo-des; car ils font, par le service de force galeries, qu'il n'y a nulle subjection d'une chambre à l'autre. Le vin et le pain y sont mauvais.

C'eſt une bonne nation, libre, sensée, officieuse. Toutes les lois du païs sont religieusement observées. Tous les ans ils refreschissent dans un tableau au devant du grand being, en langage allemand et en langage fran-çois, les lois cy-dessoubs escrites:

Claude de Rynach, chevalier, seigneur de Saint-Balesmont, Montureulz en Ferrette, Lendacourt, etc., conseillier et chambellan de noſtre souverain seigneur monseigneur le Duc, etc., et son Bally de Vosges:

« Sçavoir faisons que, pour le repos asseuré et tranquil-lité de plusieurs dames et autres personnages notables affluans de plusieurs régions et païs en ces beings de

Plommières, avons, suivant l'intention de Son Altesse, statué et ordonné, statuons et ordonnons ce qui suit :

« Sçavoir est que l'antienne discipline de correction pour les fautes legieres demeurera ès mains des Allemands comme d'antienneté, auxquels est enjoint faire observer les cérémonies, status et polices desquelles ils ont usé pour la decoration desdits beings et punition des fautes qui seront commises par ceus de leurs nations, sans exception de personnes, par forme de rançon, et sans user d'aucuns blasphemes et autres propos irreverens contre l'eglise catholique et traditions d'icelles.

« Inhibition est faite à toutes personnes, de quelle qualité, condition, region et province qu'ils soient, se provoquer de propos injurieux et tendans à querelle, porter armes èsdits beings, donner desmenty ny mettre la main aux armes, à peinne d'estre punys griefvement comme infracteurs de sauveguarde, rebelles et desobéissans à Son Altesse.

« Aussi à toutes filles prostituées et impudiques d'entrer ausdits beings ny d'en approcher de cinq cens pas, à peine du fuet ès quattre carres desdits beings; et sur les hostes qui les auront receues ou recelées, d'emprisonnemant de leurs personnes et d'amande arbitraire.

« Soubs mesme peinne est défendu à tous, user envers les dames, damoiselles et autres fames et filles, estans ausdits beings, d'aucuns propos lascifs ou impudiques, faire aucuns attouchemens deshonnestes, entrer ni sortir desdits beings irreveremmant contre l'honnesteté publique.

« Et parceque, par le benefice desdits beings, Dieu et nature nous procurent plusieurs guerisons et soulagemens, et qu'il est requis une honneste mundicité et pureté pour obvier à plusieurs contagions et infections qui s'y pourroient engendrer, est ordonné expressémant au maistre desdits beings prendre soigneuse garde et visiter les corps de ceux qui y entreront, tant de jour que de nuit, les faisant contenir en modestie et silence pendant la nuit, sans bruit, scandale ni derision. Que si aucun personnage ne lui est à ce faire obéissant, il en face prompte delation au magistrat pour en faire punition exempleiremant.

« Au surplus, est prohibé et defendu à toutes personnes venans de lieus contagieus, de se présenter ny d'approcher de ce lieu de Plommieres, à peine de la vie, enjoignant bien expressemant aus mayeurs et gens de justice d'y prendre soingneuse garde, et à tous habitans dudit lieu de nous donner billets contenans les noms et surnoms et residence des personnes qu'ils auront receues et logées, à peine de l'emprisonnemant de leurs personnes.

« Toutes lesquelles ordonnances cy dessus declarées ont esté ce jour d'hui publiées audevant du grand being dudit Plommieres, et copies d'icelles fichées, tant en langue françoise qu'allemande, au lieu plus proche et plus apparent du grand being, et signé de nous, bally de Vosges. Donné audit Plommieres le 4ᵉ jour du mois de mai l'an de grace Notre Seigneur mil cinq cens... »

Le nom du Bally.

Nous arrestames audit lieu depuis ledit jour 18ᵉ jusques au 27ᵉ de septembre. M. de Montaigne beut onze matinées de ladite eau, neuf verres, huit jours et sept verres trois jours, et se beigna cinq fois. Il trouva l'eau aysée à boire et la rendoit tous-jours avant disner. Il n'y connut nul autre effect que d'uriner. L'appetit, il l'eut bon; le sommeil, le ventre, rien de son état ordinaire ne s'empira par ceste potion. Le sixieme jour il eut la colicque très vehemente et plus que les siennes ordinere, il l'eut au costé droit, où il n'avoit jamais senty de doleur qu'une bien legiere à Arsac¹, sans opération. Ceste ci lui dura quattre heures; et sentit évidemment en l'operation l'écoulement de la pierre par les ureteres et bas du ventre. Les deux premiers jours il rendit deux petites pierres qui estoient de dans la vessie, et depuis par fois du sable. Mais il partit desdits beings, estimant avoir encore en la vessie la pierre de la susdite colicque, et autres petites desquelles il pensoit avoir senty la descente. Il juge l'effect de ces eaus et leur qualité pour son regard fort pareilles à celle de la fontaine haute de Banieres, où est le being. Quant au being, il le trouve de très douce temperature; et de vray les enfans de six mois et d'un an sont ordinairement à grenouiller dedans. Il suoit fort et doucement. Il me commanda, à la faveur de son hostesse, selon l'humeur de la nation, de laisser un escusson de ses armes² en bois qu'un pintre dudit lieu fit pour un escu; et le fit l'hostesse curieusement attacher à la muraille par le dehors.

Le dit jour 27ᵉ de septembre, après disner, nous partimes et passames un païs montaigneus qui retentissoit partout soubs les pieds de nos chevaux, comme si nous marchions sur une voute, et sembloit que ce feussent des tabourins qui tabourassent autour de nous; et vinsmes coucher à

Remiremont, deux lieues, belle petite ville et bon logis à la Licorne; car toutes les villes de Lorrene (c'est la derniere) ont les hostelleries autant commodes et le tretement aussi bon qu'en nul endroit de France.

Là est ceste abbaïe de religieuses si fameuse, de la condition de celles que j'ay dittes de Poussai[1]. Elles pretendent, contre M. de Lorrene, la souveraineté et principauté de ceste ville[2]. MM. d'Estissac et de Montaigne les furent voir soudain après être arrivés; et visitarent plusieurs logis particuliers qui sont très beaus et très bien meublés. Leur abbesse estoit morte, de la maison de d'Inteville[3], et estoit-on après la creation d'une autre, à quoi prétendoit la sœur du comte de Salmes[4]. Ils furent voir la doïenne, qui est de la maison de Lutre[5], qui avoit faict cest honneur à M. de Montaigne d'envoyer le visiter aux beings de Plommières, et envoïer des artichaus, perdris et un barril de vin. Ils apprindrent là que certains villages voisins leur doivent de rente deux bassins de nege tous les jours de la Pentecouste, et, à faute de ce, une charrette attelée de quatre beufs blancs. Ils disent que ceste rante de nege ne leur manque jamais, si est qu'en la saison que nous y passames les chaleurs y estoient aussi grandes qu'elles soient en nulle saison en Guascogne. Elles n'ont qu'un voile blanc sur la teste et audessus un petit lopin de crèpe. Les robes, elles les portent noires de telle estoffe et façon qu'il leur plaist pendant qu'elles sont sur les lieux; ailleurs de couleur; les cotillons à leur poste, et escarpins et patins; cœffées au dessus de leur voile comme les autres. Il leur faut estre nobles de quatre races du costé de pere et de mere. Ils prindrent congé d'elles dès le soir.

Lendemein au point du jour nous partismes de là. Comme nous estions à cheval, la doïenne envoïa un gentil'homme vers M. de Montaigne, le priant d'aller vers elle, ce qu'il fit. Cela nous arresta une heure. La compaignie de ces dames lui dona procuration de leurs affaires à Rome. Au partir de là, nous suivimes longtemps un très beau et très plaisant vallon, coustoiant la rivière de Moselle, et vinsmes disner à

Bossan[1], quatre lieues, petit meschant village, le dernier du langage françois, où MM. d'Estissac et de Montaigne, revetus de souguenies de toile qu'on leur prêta, allarent voir des mines d'argent que M. de Lorrene[2] a là, bien deux mille pas dans le creus d'une montaigne.

Après disner nous suivimes par les montaignes, où on nous monstra, entre autre choses, sur des rochers inaccessibles, les aires où se prennent les autours, et ne coutent là que trois testons du païs, et la source de la Moselle; et vinsmes soupper à

Tane[3], quatre lieues, premiere ville d'Allemaigne, sujette à l'empereur, très belle.

Lendemein au matin, trouvasmes une belle et grande plene, flanquée à main gauche de coustaus pleins de vignes, les plus belles et les mieux cultivées, et en telle estandue que les Guascons qui estoient là disoint n'en avoir jamais veu tant de suite. Les vandanges se faisoint lors : nous vinsmes disner à

Melhouse[4], deux lieues, une belle petite ville de Souisse, du quanton de Basle. M. de Montaigne y alla voir l'église; car ils n'y sont pas catholiques. Il la trouva, comme en tout le païs, en bonne forme; car il n'y a casi rien de changé, sauf les autels et les images qui en sont à dire, sans difformité. Il print un plesir infini à voir la bonne police de ceste nation, et son hoste du Reisin revenir du conseil de ladite ville, et d'un palais magnifique et tout doré, où il avoit présidé, pour servir ses hostes à table; et un homme sans suite et sans authorité, qui leur servoit à boire, avoit mené quatre enseignes de gens de pied contre le service du roy, sous le Casemir[5], en France, et estre pansionnere du roy à trois cens escus par an, il y a plus de vingt ans. Lequel seigneur lui recita à table, sans ambition et affectation, sa condition et sa vie : lui dit, entre autres choses, qu'ils ne font nulle difficulté, pour leur religion, de servir le roy contre les huguenosts mesmes; ce que plusieurs autres nous redirent en nostre chemin, et qu'à nostre siege de la Fere il y en avoit plus de cinquante de leur ville; qu'ils épousent indiferemment les fames de nostre religion au prestre et ne les conteignent de changer.

Delà après disné nous suivimes un païs beau, plein, très fertile, garny de plusieurs beaus villages et hostelleries, et nous rendismes coucher à

Basle, trois lieues; belle ville de la grandeur de Blois ou environ, de deux pieces; car le Rein traverse par le milieu sous un grand et très large pont de bois.

La seigneurie fit cest honneur à MM. d'Estissac et de Montaigne que de leur envoyer par l'un de leurs officiers de leur vin, avec une longue harangue qu'on leur fit estant à table, à laquelle M. de Montaigne respondit fort longtemps, estans descouvers les uns et les autres, en presence de plusieurs Allemans et François qui estoint au poisle avecques eus[1]. L'hoste leur servit de truchement. Les vins y sont fort bons.

Nous y vismes de singulier la maison d'un médecin nommé Felix Platerus[2], la plus pinte et enrichie de mignardises à la françoise qu'il est possible de voir; laquelle ledit medecin a batie fort grande, ample et sumptueuse. Entre autres choses, il dresse un livre de simples qui est des-ja fort avancé; et au lieu que les autres font pindre les herbes selon leurs coleurs, lui a trouvé l'art de les coler toutes naturelles si propremant sur le papier que les moindres feuilles et fibres y apparoissent come elles sont; et il feuillette son livre, sans que rien en eschappe; et monstra des simples qui y estoint collés y avoit plus de vint ans. Nous vismes aussi et chez luy et en l'escole publique des anatomies entieres d'homes morts qui se soutiennent.

Ils ont cela que leur horloge dans la ville, non pas aux faux-bourgs[3], sone tousjours les heures d'une heure avant le temps. S'il sone dix heures, ce n'est à dire que neuf; parce, disent-ils, qu'autrefois une tele faulte de leur horloge fortuite preserva leur ville d'une entreprise qu'on y avoit faite. Basilée s'appelle non du mot grec, mais parce que *base*[4] signifie *passage* en Allemant.

Nous y vismes force gens de sçavoir, come *Grineus*[5], et celui qui a faict le *Theatrum*[6], et ledit medecin (Platerus), et François Hottoman[7]. Ces deux derniers vindrent soupper avec messieurs, lendemein qu'ils furent arrivés. M. de Montaigne jugea qu'ils estoint mal d'accord de leur religion par les responses qu'il en receut : les uns se disans zingluiens, les autres calvinistes, et les autres martinistes; et si fut averty que plusieurs couvoint encore la religion romene dans leur cœur. Le forme de donner le sacremant, c'est en la bouche communément; toutefois tend la main qui veut, et n'osent les ministres remuer ceste corde de ces différences de religions. Leurs eglises ont au-dedans la forme que j'ay dicte ailleurs. Le dehors est plein d'images et les tumbeaus antiens entiers, où il y a prieres pour les ames des trepassés; les orgues, les cloches et les crois des clochiers, et toute sorte d'images aus verrieres y sont en leur entier, et les bancs et sièges du cœur. Ils mettent les fons batismaux à l'antien lieu du grand autel et font bastir à la teste de la nef un autre autel. L'église des Chartreus, qui est un très beau basti-mant, est conservée et entretenue curieusement; les ornemans mesmes y sont et les meubles, ce qu'ils alleguent pour tesmoigner leur fidelité, estant obligés à cela par la foy qu'ils donnarent lors de leur accord. L'évesque du lieu, qui leur est fort ennemi, est logé hors de la ville en son diocese[1], et le maintient pour leur cene; celui de Basle est d'un très beau plan.

La pluspart du reste, en la campaigne, en la religion antienne, jouit de bien 50.000 liv. de la ville; et se continue l'élection de l'évesque. Plusieurs se pleinsirent à M. de Montaigne de la dissolution des fames et yvrognerie des habitans. Nous y vismes tailler un petit enfant d'un pauvr'home pour la rupture qui fut treté bien rudement par le chirurgien. Nous y vismes une très belle libreirie publicque sur la riviere et en très belle assiette. Nous y fusmes tout le lendemain, et le jour après y disnames et prinsmes le chemin le long du Rhin deux lieues ou environ, et puis le laissames sur la main gauche, suivant un païs bien fertile et assés plein.

Ils ont une abondance de fonteines en toute ceste contrée; il n'est village ny carrefour où il n'y en aye de très belles; ils disent qu'il y en a plus de trois cens à Basle de conte faict. Ils sont si accoustumés aux galeries, mesmes vers la Lorreine, qu'en toutes les maisons ils laissent, entre les fenestres des chambres hautes, des portes qui respondent en la rue, attendant d'y faire quelque jour des galeries. En toute ceste contrée, depuis Espiné[2], il n'est si petite maison de village qui ne soit vitrée, et les bons logis en reçoivent un grand ornemant, et en dedans et en dehors, pour en estre fort accommodées, et d'une vitre ouvrée en plusieurs façons. Ils y ont aussi foison de fer et de bons ouvriers de ceste matiere; ils nous surpassent de beaucoup, et en outre il n'y a si petite église où il n'y ait un horloge et quadran magnifiques. Ils sont aussi excellens en tuilleries, de façon que les couvertures des maisons sont fort embellies de bigarrures de tuillerie plombée en divers ouvrages, et le pavé de leurs chambres; et il n'est rien plus délicat que leurs poiles qui sont de potterie. Ils se servent fort de sapin et ont de très-bons artisans de charpenterie; car leur futaille est toute labourée et la pluspart vernie et pinte. Ils sont sumptueux en poiles, c'est à dire en sales communes à faire le repas. En chaque sale, qui est très bien meublée d'ailleurs, il y aura volontiers cinq ou six tables équipées de bancqs, là où tous les hostes disnent ensemble, chaque trope en sa table. Les moindres logis ont deux ou trois telles salles très belles; elles sont persées et richement vitrées. Mais il paroist bien qu'ils ont plus de souyn de leurs disners que du demeurant; car les chambres sont bien aussi chetifves. Il n'y a jamais de rideaus aux licts, et tousjours trois ou quatre licts tous joignans l'un l'autre, en une chambre; nulle cheminée, et ne se chauffe t'on qu'en commun et aus poiles; car ailleurs nulles nouvelles de feu; et treuvent fort mauvais qu'on aille en leurs cuisines. Estans très mal propre au service des chambres; car bien heureux qui peut avoir un linceul blanc; et le chevet, à leur mode, n'est jamais couvert de linceul; et n'ont guiere autre couverte que d'une coite, et cela bien sale; ils sont toutefois excellens cuisiniers, notamment du poisson. Ils n'ont nulle defense du serein ou du vent que la vitre simple, qui n'est nullement couverte de bois; et on leurs maisons fort percées et cleres, soit en leurs poiles, soit en leurs chambres; et eus ne ferment guiere les vitres mesmes la nuit.

Leur service de table est fort different du nostre. Ils ne se servent jamais d'eau à leur vin[1] et ont quasi raison; car leurs vins sont si petits que nos gentilshommes le trouvoint encore plus foibles que ceux de Guascongne fort baptisés, et si ne laissent pas d'estre bien delicats. Ils font disner les valets à la table des maistres, ou à une table voisine quant et quant eus; car il ne faut qu'un valet

à servir une grande table, d'autant que chacun ayant
son gobelet ou tasse d'argent en droit sa place, celuy
qui sert se prend garde de remplir ce gobelet aussitoſt
qu'il eſt vuide, sans le bouger de sa place, y versant du
vin de loin atout un vaisseau d'eſtain ou de bois qui a
un long bec; et, quant à la viande, ils ne servent que
deux ou trois plats au coupon. Ils meslent diverses viandes
ensemble bien appreſtées et d'une diſtribution bien
esloingnée de la noſtre, et les servent par fois les uns sur
les autres, par le moyen de certains inſtruments de fer
qui ont des longues jambes. Sur ceſt inſtrument il y a
un plat et au-dessoubs un autre. Leurs tables sont fort
larges et rondes, et carrées, si qu'il eſt mal aysé d'y
porter les plats. Ce valet dessert ayséeamant ces plats
tout d'un coup, et en sert autres deux, jusques à six
ou sept tels changemens; car un plat ne se sert jamais que
l'autre ne soit hors; et quant aux assiettes, comme ils
veulent servir le fruiçt, ils servent au milieu de la sale,
après que la viande eſt oſtée, un panier de clisse ou un
grand plat de bois peint, dans lequel panier le plus
apparent jete le premier son assiette et puis les autres;
car en cela on observe fort le rang d'honneur. Le panier,
ce valet l'emporte ayséemant, et puis sert tout le fruit
en deux plats, comme le reſte pesle mesle; et y meſtent
volontiers des rifors, comme des poires cuites parmi le
roſti.

Entre autres choses, ils font grand honneur aux escre-
visses et en servent un plat tousjours couvert par le priviliege, et se les entre-présentent; ce qu'ils ne font guiere
d'autre viande. Tout ce païs en eſt pourtant plein et s'en
sert à tous les jours, mais ils l'ont en délices. Ils ne donnent point à laver à l'issue et à l'entrée; chacun en va
prendre à une petite eguiere attachée à un coin de la sale,
comme chez nos moines. La pluspart servent des assiettes
de bois, voire et des pots de bois et vesseaux à pisser, et
cela net et blanc ce qu'il eſt possible. Autres sur les
assiettes de bois y en ajoutent d'étain jusque au dernier
service du fruit, où il n'y en a jamais que de bois. Ils ne
servent le bois que par couſtume; car là mesme où ils
le servent ils donnent des gobelets d'argent à boire,
en ont une quantité infinie.

Ils netoyent et fourbissent exaçtement leurs meubles de
bois, jusques aus planchiers des chambres. Leurs liçts

sont eslevés, si hauts que communéemant on y monte
par degrés, et quasi par-tout des petits licts audessoubs
des grands. Com'ils sont fort excellans ouvriers de fer,
quasi toutes leurs broches se turnent par ressorts ou par
moyen des poids, comme les horloges, ou bien par certenes voiles de bois de sapin larges et legieres qu'ils logent
dans le tuïau de leurs cheminées, qui roulent d'une grande
vitesse au vent de la fumée et de la vapeur du feu, et font
aler le rost mollemant et longuemant; car ils assechissent
un peu trop leur viande[1]. Ces moulins à vent ne servent
qu'aus grandes hostelleries où il y a grand feu, comme à
Bade. Le mouvement en est très uni et très constant. La
pluspart des cheminées, depuis la Lorrene, ne sont pas à
nostre mode; ils eslevent des foyers au milieu ou au
couin d'une cuisine, et employent quasi toute la largeur
de ceste cuisine au tuïau de la cheminée; c'est une grande
ouverture de la largeur de sept ou huit pas en carré qui se
va aboutissant jusques au haut du logis; cela leur donne
espace de loger en un andret leur grande voile, qui chez
nous occuperoit tant de place en nos tuïeaus que le
passage de la fumée en seroit empesché. Les moindres
repas sont de trois ou quatre heures pour la longueur de
ces services; et à la vérité ils mangent aussi beaucoup
moins hativement que nous et plus seinement[2]. Ils ont
grande abondance de toutes sortes de vivres de cher et
de poisson, et couvrent fort sumptueusement ces tables,
au moins la nostre. Le vendredy on ne servit à personne
de la cher; et ce jour là ils disent qu'ils n'en mangent
pouint volantiers. La charté pareille qu'en France autour
de Paris. Les chevaus ont plus d'avoine d'ordinere qu'ils
n'en peuvent manger.

Nous vinsmes coucher à

Hornes[3], quatre lieues. Un petit village de la duché
d'Austriche.

Lendemein, qui estoit dimenche, nous y ouymes la
messe. Et y remerquay cela que les fames tiennent tous
le costé gauche de l'église et les homes le droit, sans se
mesler. Elles ont plusieurs ordres de bancs de travers les
uns après les autres, de la hauteur pour se seoir. Là elles
se mettent de genous et non à terre, et sont par conséquent
comme droites; les homes ont outre cela davant eus des
bois de travers pour s'appuyer; et ne se mettent non plus

à genous que sur les siéges qui sont devant eux. Au lieu
que nous joignons les mains pour prier Dieu à l'eslevation,
il les escartent l'une de l'autre toutes ouvertes, et les
tiennent ainsi eslevées à ce que le prestre monstre la
paix.

Ils présentarent à MM. d'Estissac et de Montaigne le
troisiesme banc des homes; et les autres au dessus d'eux
furent après sesis par les homes de moindre apparence,
come aussi du côté des fames. Il nous sembloit qu'aus
premiers rangs ce n'estoit pas le plus honorable. Le truchement
et guide que nous avions pris à Basle, messagier
juré de la ville, vint à la messe avec nous, et montroit
à sa façon y estre avec une grande devotion et grand
desir.

Après disner, nous passames la riviere d'Arat à Broug[1],
petite ville de MM. de Berne, et delà vinsmes voir une
abbaïe[2] que la reine Catherine de Hongrie donna aus
seigneurs de Berne l'an 1524, où sont enterrés Leopold,
archiduc d'Austriche, et grand nombre de gentilshommes
qui furent desfaits avec lui par les Souisses l'an 1386[3].
Leurs armes et noms y sont encore escris, et leurs despouilles
maintenues curieusement. M. de Montaigne parla
là à un seigneur de Berne qui y commande, et leur fit tout
monstrer. En ceste abbaïe il y a des miches de pain toutes
prestes et de la souppe pour les passants qui en demandent;
et jamais n'en y a nul refusé, de l'institution de
l'abbaïe.

De là nous passames à un bac qui se conduit avec une
polie de fer attachée à une corde haute qui traverse la
riviere de Réix[4] qui vient du lac de Lucerne, et nous
rendismes à

Bade, quatre lieues, petite ville et un bourg à part où
sont les beings. C'est une ville catholique sous la protection
des huit cantons de Souisse, en laquelle il s'est faict
plusieurs grandes assemblées de princes. Nous ne
logeames pas en la ville, mais audit bourge qui est tout
au bas de la montaigne, le long d'une riviere, ou un
torrent plustost nommé Limacq qui vient du lac de
Zuric.

Il y a deux ou trois beings publicques decouvers, de
quoi il n'y a que les pauvres gens qui se servent. Les
autres, en fort grand nombre, sont enclos dans les mai-

sons; et les divise t'on et depart en plusieurs petites
cellules particulières, closes et ouvertes, qu'on loue avec
les chambres, lesdites cellules les plus délicates et mieux
accommodées qu'il eſt possible, y attirant des veines
d'eau chaude pour chacun being.

Les logis très magnifiques. En celui où nous logeames,
il s'eſt veu pour un jour trois cens bouches à nourrir.
Il y avoit encore grand compaignie, quand nous y eſtions,
et bien cent septante liſts qui servoint aux hoſtes qui y
eſtoient. Il y a dix-sept poiles et onze cuisines et en un
logis voisin du noſtre, cinquante chambres meublées.
Les murailles des logis sont toutes reveſtues d'escussons
des gentilshommes qui y ont logé.

La ville eſt au bas, audessus de la croupe, petite et
très belle come elles sont quasi toutes en ceſte contrée.
Car outre ce qu'ils font leurs rues plus larges et ouvertes
que les noſtres, les places plus amples, et tant de fenes-
trages richemant vitrés par tout, ils ont telle coutume de
peindre quasi toutes les maisons par le dehors; et les
chargent de devises, qui rendent un très plesant prospeſt :
outre ce que il n'y a nulle ville où il n'y coule plusieurs
ruisseaus de fonteines, qui sont eslevées richemant par
les carrefours, ou en bois ou en pierre. Cela faiſt parétre
leurs villes beaucoup plus belles que les françoises.

L'eau des beings rend un odeur de soufre à la mode
d'Aigues-caudes[1] et autres. La chaleur en eſt modérée
comme de Barbotan[2] ou Aigues-caudes, et les beings
à ceſte cause fort dous et plesans. Qui aura à conduire
les dames qui se veuillent beingner avec respeſt et delicatesse, il les peut mener là, car elles sont aussi seules au
being, qui samble un très riche cabinet, cler, vitré tout
autour reveſtu de lambris peint et plancher très propremant, atout des siéges et des petites tables pour lire ou
jouer si on veut, eſtant dans le being. Celui qui se beingne,
vuide et reçoit autant d'eau qu'il lui plaiſt; et a-t-on les
chambres voisines chacune de son being, les prou-
menoers beaus le long de la riviere, outre les artificiels
d'aucunes galeries. Ces beings sont assis en un vallon
commandé par les coſtés de hautes montaignes, mais toutefois pour la pluspart fertiles et cultivées. L'eau au boire eſt
un peu fade et molle, come une eau battue, et quant au gouſt
elle sent au soufre; elle a je ne sçav quelle picure de salure.
Son usage à ceus du païs eſt principalement pour ce being,

dans lequel ils se font corneter et seigner si fort que j'ai veu les deux beings publicques parfois qui eſtoient de pur sang. Ceus qui en boivent à leur couſtume, c'eſt un verre ou deux pour le plus. On y arrête ordinairement cinq ou six sepmaines, et quasi tout le long de l'eſté ils sont frequentés. Nulle autre nation ne s'en ayde, ou fort peu, que l'Allemande; et ils y viennent à fort grandes foules. L'usage en eſt fort antien, et duquel Tacitus faiſt mantion[1]. Il en chercha tant qu'il peut la maitresse source et n'en peut rien apprendre; mais de ce qu'il samble, elles sont toutes fort basses et au niveau quasi de la riviere. Elle eſt moins nette que les autres eaus que nous avons veu ailleurs, et charrie en la puisant certenes petites filandres fort menues. Elle n'a point ces petites étincelures qu'on voit briller dans les autres eaus soufrées, quand on les reçoit dans le verre, et come dit le seigneur Maldonat qu'ont celles de Spa.

M. de Montaigne en but le lendemein que nous fumes arrivés, qui fut lundi matin, sept petits verres qui revenoient à une grosse chopine de sa maison; lendemein cinq grands verres qui revenoint à dix de ces petits, et pouvoint faire une pinte. Ce mesme mardy, à l'heure de neuf heures du matin, pendant que les autres disnoint, il se mit dans le being, et y sua depuis en eſtre sorty bien fort dans le liſt. Il n'y arreſta qu'une demy heure; car ceux du païs qui y sont tout le long du jour à jouer ou à boire, ne sont dans l'eau que jusqu'aus reins; lui s'y tenoit engagé jusques au col, eſtendu le long de son being.

Et ce jour partit du being un seigneur souisse, fort bon serviteur de noſtre couronne, qui avoit fort entretenu M. de Montaigne tout le jour précédent du païs du Souisse, et lui monſtra une lettre que l'ambassadeur de France[2] fils du président du Harlay [Achilles] luy escrivoit de Solurre[3], où il se tient, luy recommandant le service du roy pendant son absence, eſtant mandé par la reine[4] de l'aller trouver à Lion, et de s'opposer aus desseins d'Espagne et de Savoie. Le duc de Savoie qui venoit de deceder[5], avoit faiſt alliance il y avoit un an ou deux avec aucuns cantons : à quoy le roy avoit ouvertement resiſté, allegant que lui eſtant des-jà obligés, ils ne pouvoint recevoir nulles nouvelles obligations sans son intereſt; ce que aucuns des cantons avoint gouſté mesme par le moyen dudit seigneur souisse, et avoint

refusé ceſte alliance. Ils reçoivent à la verité le nom du
roy, en tous ces quartiers là, avec reverence et amitié, et
nous y font toutes les courtoysies qu'il eſt possible. Les
Espaignols y sont mal.

Le trein de ce Souisse eſtoit quatre chevaus. Son fils,
qui eſt des-jà pensionnere du roy, come le pere, sur l'un;
un valet sur l'autre; l'une fille grande et belle sur un autre,
avec une housse de drap et planchette à la françoise, une
malle en croppe et un porte-bonnet à l'arçon, sans aucune
fame avec elle; et si eſtoint à deux grandes journées de
leur retrete, qui eſt une ville où ledit sieur eſt gouverneur.
Le bon homme sur le quatriesme.

Les veſtemans ordinaires des fames me samblent aussi
propres que les noſtres, mesme l'acouſtremant de teſte,
qui eſt un bonnet à la coquarde ayant un rebras par
derrière, et par devant, sur le front un petit avancemant :
cela eſt anrichi tout autour de flocs de soye ou de bords
de forrures; le poil naturel pand par derriere tout cor-
donné. Si vous leur oſtez ce bonnet par jeu, car il ne tient
non plus que les noſtres, elles ne s'en offencent pas, et
voiez leurs teſtes toutes à nud. Les plus jeunes, au lieu
de bonnet, portent des guirlandes sulemant sur la teſte.
Elles n'ont pas grandes differences de veſtemens pour
diſtinguer leurs conditions. On les salue en baisant la
main et offrant à toucher la leur. Autremant, si en passant
vous leur faites des bonnetades et inclinations, la pluspart
se tiennent plantées sans aucun mouvement; et eſt leur
façon antienne. Aucunes baissent un peu la teſte pour
vous resaluer. Ce sont communément belles fames,
grandes et blanches.

C'eſt une très bonne nation, mesme à ceux qui se
conforment à eux. M. de Montaigne, pour essayer tout à
faiĉt la diversité des mœurs et façons, se laissoit partout
servir à la mode de chaque païs[1], quelque difficulté qu'il y
trouvaſt. Toutefois en Souisse il disoit qu'il n'en souffroit
nulle, que de n'avoir à table qu'un petit drapeau d'un
demy pied pour serviette; et le mesme drapeau, les
Souisses ne le déplient pas sulement en leur disner, et
si ont forse sauces et plusieurs diversités de potages; mais
ils servent tousjours autant de cueilleres de bois manchées
d'argent, come il y a d'homes; et jamais Souisse n'eſt
sans couſteau, duquel ils prennent toutes choses; et ne
mettent guiere la main au plat.

Quasi toutes leurs villes portent, au dessus des armes particulières de la ville, celles de l'empereur et de la maison d'Austriche; aussi la pluspart ont été demanbrées dudit archiduché par les mauvais mesnagiers de ceste maison d'Austriche, sauf le roy catholique, sont réduits à grande povreté, mesmemant l'empereur[1] qui est en peu d'estimation en Allemaigne.

L'eau que M. de Montaigne avoit beu le mardy lui avoit fait trois selles et s'estoit toute vidée avant mydy. Le mercredy matin, il en print mesme mesure que le jour precedent. Il trouve que, quand il se faict suer au being, le lendemein il faict beaucoup moins d'urines et ne rend pas l'eau qu'il a beu, ce qu'il essaya aussi à Plommieres. Car l'eau qu'il prant lendemain, il la rend colorée et en rend fort peu, par où il juge qu'elle se tourne en aliment soudein, soit par l'évacuation de la sueur precedente le face, ou le jûne; car lors qu'il se baignoit il ne faisoit qu'un repas. Cela fut cause qu'il ne se beigna qu'une fois.

Le mercredy, son hoste acheta force poissons; ledict seigneur s'enqueroit pourquoy c'estoit. Il luy fust respondu que la pluspart dudit lieu de Bade mangeoient poisson le mercredy par religion : ce qui luy confirma ce qu'il avoit ouï dire, que ceus qui tiennent là la religion catholique y sont beaucoup plus tandus et devotieux par la circonstance de l'opinion contrere. Il discouroit ainsi : « Que quand la confusion et le meslange se faict dans mesmes villes et se seme en une mesme police, cela relasche les affections des hommes, la mixtion se coulant jusques aus individus, com'il advient en Auspourg et villes imperiales; mais quand une ville n'a qu'une police (car les villes de Souisse ont chacune leurs loix à part et leur gouvernement chacune à part-soy, ny ne dependent en matiere de leur police les unes des autres; leur conjunction et colligance, ce n'est qu'en certenes conditions generales), les villes qui font une cité à part et un corps civil à part entier à tous les mambres, elles ont de quoy se fortifier et se meintenir; elles se fermissent sans doubte, et se resserrent et se rejouingnent par la secousse de la contagion voisine. »

Nous nous applicames à la chaleur de leurs poiles, et est nul des nostres qui s'en offençast. Car depuis qu'on a avalé une certene odeur d'air qui vous frappe en entrant, le demurant c'est une chaleur douce et eguale. M. de

Montaigne, qui couchoit dans un poile, s'en louoit fort, et de santir toute la nuiſt une tiedeur d'air plaisante et moderée. Au moins on ne s'y brusle ny le visage ny les botes, et eſt on quitte des fumées de France. Aussi là où nous prenons nos robes de chambre chaudes et fourrées entrant au logis, eus au rebours se mettent en pourpoint et se tiennent la teſte descouverte au poile, et s'habillent chaudement pour se remettre à l'air.

Le jeudi il beut de mesme; son eau fit operation et par devant et par derriere; et vuidoit du sable non en grande quantité; et mesme il les trouva plus aſtives que autres qu'il euſt essayées, soit la force de l'eau, ou que son corps fuſt ainsi disposé; et si en beuvoit moins qu'il n'avoit faiſt de nulles autres, et ne les rendoit point si crues comme les autres.

Ce jeudi il parla à un miniſtre de Zurich et natif de là, qui arriva là; et trouva que leur religion première eſtoit zuingluienne; de laquelle ce miniſtre lui disoit qu'ils eſtoint approchés de la calvinienne, qui eſtoit un peu plus douce. Et interrogé de la prédeſtination, lui respondit qu'ils tenoint le moyen entre Genesve et Auguſte [Augsbourg], mais qu'ils n'empeschoint pas leur peuple de ceſte dispute.

De son particulier jugement, il inclinoit plus à l'extreme de Zuingle; et là haut louoit, come celle qui eſtoit plus approchante de la premiere chreſtienté.

Le vendredi après desjuné, à sept heures du matin, septiesme jour d'oſtobre, nous partimes de Bade; et avant partir, M. de Montaigne beut encore la mesure desdites eaus : ainsy il beut cinq fois. Sur le doubte de leur opération, en laquelle il treuve autant d'occasion de bien esperer qu'en nulles autres, soit pour le breuvage, soit pour le being, il conseilleroit autant volantiers ces beings que nuls autres qu'il euſt veus jusques lors, d'autant qu'il y a non seulement tant d'aysance et de commodité du lieu et du logis, si propre, si bien party selon la part que chacun en veut, sans subjeſtion ny ampesche-ment d'une chambre à autre, qu'il y a des pars pour les petits particuliers et autres pour les grands beings, galeries, cuisines, cabinets, chapelles à part pour un trein. Et au logis voisin du noſtre, qui se nomme la Cour de la ville, et le noſtre la Cour de derriere, ce sont maisons publicques appertenantes à la seigneurie des cantons, et se tiennent par locateres. Il y a audit logis voisin encore quelques cheminées à la françoise. Les maiſtresses chambres ont toutes des poiles.

L'exaction du payement eſt un peu tyrannique, comme en toutes nations, et notamment en la noſtre, envers les eſtrangiers. Quatre chambres garnies de neuf licts, desqueles les deux avoient poiles et un being, nous couſtames un escu par jour chacun des maiſtres; et des serviteurs, quatre bats, c'eſt à dire neuf solds, et un peu plus pour chaque; les chevaux six bats, qui sont environ quatorze solds par jour; mais oultre cela ils y adjouſtarent plusieurs friponneries, contre leur couſtume.

Ils font gardes en leurs villes et aux beings mesmes, qui n'eſt qu'un village. Il y a toutes les nuicts deux sentinelles qui rondent autour des maisons, non tant pour se garder des ennemis que de peur du feu ou autre remuement. Quand les heures sonnent, l'un d'eux eſt tenu de crier à haute voix et pleine teſte à l'autre, et lui demander quelle heure il eſt; à quoi l'autre respond de mesme voix nouvelles de l'heure, et adjouſte qu'il face bon guet. Les fames y font les buées à descouvert et en lieu publicque, dressant près des eaux un petit fouier de bois où elles font chauffer leur eau; et les font meilleures, et fourbissent aussi beaucoup mieux la vaisselle qu'en nos hoſtelleries de France. Aux hoſtelleries, chaque chamberiere a sa charge et chaque valet.

C'eſt un mal'heur que, quelque diligence qu'on fasse, il n'eſt possible que des gens du païs, si n'en rencontre de plus habile que le vulgaire, qu'un eſtrangier soit informé des choses notables de chaque lieu; et ne sçavent ce que vous leur demandez. Je le dis à propos de ce que nous avions eſté là cinq jours avec toute la curiosité que nous pouvions, et n'avions ouï parler de ce que nous trouvâmes à l'issue de la ville : une pierre de la hauteur d'un home, qui sembloit eſtre la piece de quelque pilier, sans façon ny ouvrage, plantée à un couin de maison pour paroitre sur le passage du grand chemin, où il y a une inscription latine que je n'eus moyen de transcrire; mais c'eſt une dedicace aux empereurs Nerva et Trajan.

Nous vinsmes passer le Rhin à la ville de Keyserſtoul[1], qui eſt des alliées des Souisses, et catholique; et delà suivimes ladite riviere par un très beau plat païs, jusqu'à ce que nous rencontrâmes des saults, où elle se rompt contre des rochers, qu'ils appellent des catharactes, comme celles du Nil. C'est que, audessoubs de Schaffouse, le Rhin rencontre un fond pleins de gros rochiers, où il se rompt; et audessoubs, dans ces mesmes rochiers, il rencontre une pante d'environ deux piques de haut, où il faict un grand sault, escumant et bruiant estrangement. Cela arreste le cours des basteaus et interrompt la navigation de ladite riviere. Nous vinsmes souper d'une trete à

Schaffouse, quatre lieues, ville capitale de l'un des cantons des Souisses de la religion que j'ay sus dict, de ceux de Zurich. Partant de Bade, nous laissames Zurich à main droite où M. de Montaigne estoit deliberé d'aller, n'en estant qu'à deux lieues; mais on lui rapporta que la peste y estoit.

A Schaffouse, nous ne vismes rien de rare. Ils y font faire une citadelle qui sera assez belle. Il y a une bute à tirer de l'arbalestre et une place pour ce service, la plus belle, grande et accommodée d'ombrage, de sieges, de galeries et de logis qu'il est possible; et y en a une pareille à l'hacquebute. Il y a des moulins d'eau à sier bois, comme nous en avions veu plusieurs ailleurs, et à broyer du lin et à piller du mil. Il y aussi un abre de la façon duquel nous en avions veu d'autres, mesme à Bade; mais non pas de pareille grandeur. Des premieres branches et plus basses, ils se servent à faire le planchier d'une galerie ronde qui a vint pas de diametre; ces branches, ils les replient contremont et leur font embrasser le rond de ceste galerie, et se hausser à-mont autant qu'elles peuvent. Ils tondent après l'abre et le gardent de jetter jusques à la hauteur qu'ils veulent donner à ceste galerie, qui est environ de dix pieds. Ils prennent là les autres branches qui viennent à l'abre, lesquelles ils couchent sur certennes clisses pour faire la couverture du cabinet; et depuis les couchent en bas pour les faire joindre à celles qui montent contre-mont et remplissent de verdure tout ce vuide. Ils retondent encor après cela l'abre jusques à sa teste, où ils y laissent espandre ses branches en liberté. Cela rend une très belle forme et est un très bel abre. Outre cela, ils ont faict sourdre à son pied un cours de fontene qui se verse audessus du planchier de ceste galerie.

M. de Montaigne visita les bourguemaistres de la ville

qui, pour le gratifier, avecques autres officiers publiques vindrent soupper à nostre losgis, et y firent presenter du vin à M. d'Estissac et à lui. Ce ne fut sans plusieurs harangues ceremonieuses d'une part et d'autres. Le principal bourguemaistre estoit gentil'homme et nourri page chez feu M. d'Orléans[1], qui avois desja tout oublié son françois. Ce canton fait profession d'estre fort nostre, et en a donné ce tesmoingnage recent, d'avoir refusé à nostre faveur la confederation que feu M. de Savoie recherchoit avec les cantons, de quoy j'ay faict cy dessus mention.

Le samedy 8e d'octobre, nous partismes au matin à huit heures, après desjeuné, de Shaffouse, où il y a très bon logis à la Couronne. Un homme sçavant du païs entretint M. de Montaigne, et entre autres choses, de ce que les habitans de ceste ville ne soint, à la vérité, guiere affectionnés à nostre cour; de manière que toutes les deliberations où il s'estoit trouvé touchant la confédération avec le roy, la plus grande partie du peuple estoit toujours d'avis de la rompre : mais que, par les menées d'aucuns riches, cela se conduisoit autremant. Nous vismes au partir un engin de fer que nous avions veu aussi ailleurs, par lequel on souleve les grosses pierres, sans s'y servir de la force des hommes pour charger les charretes.

Nous passames le long du Rhin, que nous avions à nostre main droite, jusqu'à Stain[2], petite ville alliée des cantons, de mesme religion que Schaffouse. Si est ce qu'en chemin il y avoit force croix de pierre, où nous repassames le Rhin sur un autre pont de bois; et coutoyant la rive, l'aïant à nostre main gauche, passames le long d'une autre petite ville[3] aussi des alliées des cantons catholiques. Le Rhin s'espand là en une merveilleuse largeur[4], comme est nostre Garonne devant Blaye, et puis se resserre jusques à

Constance, quatre lieues, où nous arrivames sur les quatre heures.

C'est une ville de la grandeur de Chalons, appartenant à l'archiduc d'Austriche, et catholique. Parce qu'elle a esté autrefois, et depuis trente ans, possédée par les luthériens, d'où l'empereur Charles V les deslogea par force[5], les eglises s'en sentent encores aus images. L'evesque, qui est gentil'homme du païs et cardinal[6],

demeurant à Rome, en tire bien quarante mille escus
de revenu. Il y a des chanoinies, en l'église Noſtre Dame,
qui valent mille cinq cens florins et sont à des gentils-
hommes. Nous en vismes un à cheval, venant du dehors,
veſtu licentieusement comme un homme de guerre;
aussi dit-on qu'il y a force luthériens dans la ville.

Nous montasmes au clochier, qui eſt fort haut, et y
trouvasmes un homme attaché pour sentinelle, qui n'en
part jamais, quelque occasion qu'il y ait, et y eſt enfermé.
Ils dressent sur le bord du Rhin un grand batimant
couvert, de cinquante pas de long et quarante de large
ou environ; ils mettront là douze ou quinze grandes
roues, par le moyen desquels ils esleveront sans cesse
grande quantité d'eau sur un planchié qui sera un eſtage
audessus, et autres roues de fer en pareil nombre; car les
basses sont de bois, et releveront de mesme de ce planchié
à un autre audessus. Ceſt'eau, qui eſtant montée à ceſte
hauteur, qui eſt environ de cinquante piés, se dégorgera
par un grand et large canal artificiel, et se conduira dans
leur ville pour y faire moudre plusieurs moulins. L'artisan
qui conduisoit ceſte maison, seulement pour sa main,
avoit cinq mille sept cens florins, et fourni outre cela de
vin. Tout au fond de l'eau, ils font un planchier ferme
tout au tour, pour rompre, disent-ils, le cour de l'eau, et
affin qu'elle s'y puisse puiser plus ayséemant. Ils dressent
aussi des engeins par le moyen desquels on puisse hausser
et baisser tout ce rouage, selon que l'eau vient à eſtre
haulte ou basse. Le Rhin n'a pas là ce nom : car à la teſte
de la ville il s'eſtand en forme de lac, qui a bien quatre
lieues d'Allemaigne de large, et cinq ou six de long. Ils
ont une belle terrasse, qui reguarde ce grand lac en
pointe, où ils recueillent les marchandises; et à cinquante
pas de ce lac, une belle maisonnette où ils tiennent continuellement une santinelle; et y ont attaché une cheine
par laquelle ils ferment le pas de l'antrée du pont, ayant
rangé force pals qui enferment de deux coſtés ceſte
espace de lac, dans lequel espace se logent les bateaus et se
chargent. En l'eglise Notre Dame, il y a un conduit qui,
audessus du Rhin, se va rendre au fauxbourg de la ville.

Nous reconnumes que nous perdions le païs de Souisse,
à ce que, un peu avant que d'arriver à la ville, nous vismes
plusieurs maisons de gentil'homes; car il ne s'en voit
guieres en Souisse. Mais quant aus maisons privées, elles

sont, et aus villes et aus champs, par la route que nous
avons tenu, sans comparaison plus belles qu'en France;
et n'ont faute que d'ardoises; et notamment les hoſteleries, et meilleur traitemant; car ce qu'ils ont à dire pour
noſtre service, ce n'eſt pas par indigence, on le connoit
assez au reſte de leur equipage; et n'en eſt point où
chacun ne boive en grands vaisseaux d'argent, la pluspart
dorés et labourés, mais ils sont à dire par couſtume. C'eſt
un païs très fertile, notamment de vins.

Pour revenir à Conſtance, nous fumes mal logés à
l'Aigle, et y receumes de l'hoſte un trait de la liberté et
fierté barbare almanesque sur la querelle de l'un de nos
homes de pied avec noſtre guide de Basle. Et parce que
la chose en vint jusques aux juges, ausquels il s'alla
pleindre, le prevoſt du lieu, qui eſt un gentilhome italien
qui eſt là habitué et marié, et a droit de bourgeoisie il y
a longtemps, respondit à M. de Montaigne, sur ce qu'on
l'enqueroit si les domeſtiques serviteurs dudit seigneur
seroint crus en tesmoingnage pour nous : il respondit
que oui, pourveu qu'il leur donnaſt congé; mais que
soudain après il les pourroit reprendre à son service.
C'eſtoit une subtilité remarquable.

Lendemain, qui fut dimanche, à cause de ce desordre,
nous arreſtames jusques après disner, et changeames de
logis, au Brochet, où nous fumes fort bien. Le fils du
capitene de la ville, qui a eſté nourri page chez M. de
Meru[1], accompaigna tousjours messieurs à leurs repas et
ailleurs; si ne sçavoit-il nul mot de françois. Les services
de leurs tables se changent souvent. On leur donna la, et
souvent depuis, après la nappe levée, d'autres nouveaus
services parmy les verres de vins: le premier, des *canaules,*
que les Guascons appellent; après, du pain d'espice; et
pour le tiers, un pain blanc, tandre, coupé à taillades, se
tenant pourtant entier; dans les descoupures, il y a force
espices et force sel jetté parmy, et audessus aussi de la
croute du pain.

Ceſte contrée eſt extressemement pleine de ladreries, et
en sont les chemins pleins. Les gens de village servent
au des-juner de leurs gens des fouasses fort plattes, où
il y a du fenouil, et audessus de la fouasse des petits lopins
de lard hachés fort menus et des gousses d'ail. Parmi les
Allemands, pour honorer un home, ils gaignent tousjours son coſté gauche, en quelque assiette qu'il soit; et

prennent à offense de se mettre à son costé droit, disant
que pour déférer à un home il faut lui laisser le costé droit
libre pour mettre la main aux armes.

Le dimenche après disner nous partismes de Constance;
et après avoir passé le lac à une lieue de la ville, nous en
vinsmes coucher à

Smardorff[1], deux lieues, qui est une petite ville catholique, à l'enseigne de Coulogne et logeames à la poste
qui y est assise pour le passage d'Italie en Allemaigne,
pour l'empereur. Là, comme en plusieurs autres lieus,
ils remplissent les paillasses de feuilles de certain arbre
qui sert mieus que la paille et dure plus longtemps. C'est
une ville entourée d'un gran païs de vignes, où il croît
de très-bons vins.

Le lundi 10 d'octobre, nous partismes après desjuner :
car M. de Montaigne fut convié par le beau jour de changer
de dessein d'aller à Ravesbourg[2] ce jour-là, et se destourna
d'une journée pour aller à Linde[3]. M. de Montaigne ne
des-junoit jamais; mais on lui apportoit une piece de
pain sec qu'il mangeoit en chemin; et estoit par fois eidé
des raisins qu'il trouvoit, les vendanges se faisant encores
en ce païs-la, le païs estant plein de vignes. Et mesmes
autour de Linde, ils les soulevent de terre en treilles, et
y laissent force belles routes pleines de verdure, qui sont
très belles. Nous passames une ville nommé Bouchorn[4]
qui est impériale et catholique, sur la rive du lac de
Constance; en laquelle ville toutes les marchandises
d'Oulme[5], de Nuremberg et d'ailleurs se rendent en
charrois, et prennent delà la route du Rhin par le lac.
Nous arrivasmes sur les trois heures après midy à

Linde[6], trois lieues, petite ville assise à cent pas avant
dans le lac, lesquels cent pas on passe sur un pont de
pierre : il n'y a que ceste entrée, tout le reste de la ville
estant entourné de ce lac. Il a bien une lieue de large, et
au delà du lac naissent les montaignes des Grisons. Ce
lac et toutes les rivieres de là autour sont basses en hiver,
et grosses en esté, à cause des neiges fondues.

En tout ce païs les fames couvrent leur teste de chapeaus ou bonnets de fourrure, come nos calotes; le dessus
de quelque fourrure plus honeste, come de gris[7]; et ne couste un tel bonnet que trois testons[8], et le dedans d'eigneaux.

La fenestre qui est au devant de nos calotes, elles la portent en derrière, par où paroit tout leur poil tressé. Elles sont aussi volontiers chaussées de botines ou rouges ou blanches, qui ne leur siesent pas mal.

Il y a exercice de deux religions. Nous fumes voir l'eglise catholique bastie l'an 866, où toutes choses sont en leur entier; et vismes aussi l'église de quoi les ministres se servent. Toutes les villes impériales ont liberté de deux religions, catholique ou luthérienne. Selon la volanté des habitans, ils s'appliquent plus ou moins à cele qu'ils favorisent. A Linde il n'y a que deux ou trois catholiques, à ce que le prestre dit à M. de Montaigne. Les prestres ne laissent pas d'avoir leur revenu libre et de faire leur office, comme aussi des noneins qu'il y a. Ledit sieur de Montaigne parla aussi au ministre, de qui il n'apprint pas grand chose, sauf la haine ordineire contre Zuingle et Calvin. On tient qu'à la vérité il est peu de villes qui n'ayent quelque chose de particulier en leur créance; et sous l'autorité de Martin qu'ils reçoivent pour chef, ils dressent plusieurs disputes sur l'interprétation du sens ès escrits de Martin[1].

Nous lojames à la Couronne, qui est un beau logis. Au lambris du poile il y avoit une forme de cage mesme le lambris, à loger grand nombre d'oiseaus; ell'avoit des allées suspendues et accommodées de fil d'aréchal, qui servoient d'espace aus oiseaus, d'un bout à l'autre du poile. Ils ne sont meublés ny fustés que de sapin qui est l'arbre le plus ordinere de leurs forests; mais ils le peignent, vernissent et nettoyent curieusemant, et ont mesmes des vergettes de poil de quoi ils espoussetent leurs bancs et tables. Ils ont grande abondance de chous-cabus, qu'ils hachent menus tout un instrumant exprès; et ainsi haché, en mettent grande quantité dans des cuves atout du sel, de quoi ils font des potages tout l'hiver.

Là M. de Montaigne esséia à se faire couvrir un lict d'un coite, come c'est leur coutume; et se loua fort de cest usage, trouvant que c'estoit une couverture et chaude et legiere. On n'a à son avis à se plaindre que du coucher pour les homes délicats; mais qui porteroit un matelas qu'ils ne connoissent pas là, et un pavillon dans ses coffres, il n'y trouveroit rien à dire[2]; car quant au trete-mant de table, ils sont si abondans en vivres, et diversi-fient leur service en tant de sortes de potages, de sauces, de salades, come hors de noſtre usage. Ils nous ont présenté des potages faiĉts de couins; d'autres de pommes cuites taillées à ruelles sur la souppe, et des salades de chous-cabus. Ils font aussi des brouets, sans pein, de diverses sortes, comme de ris, où chacun pesche en commun (car il n'y a nul service particulier), et cela d'un si bon gouſt aus bons logis que a pene nos cuisines de la noblesse francèse lui sembloient comparables; et y en a peu qui ayent des sales si parées. Ils ont grande abondance de bon poisson qu'ils mêlent au service de chair; ils y desdeingnent les truites et n'en mangent que le foye; ils ont force gibier, bécasses, levreaux, qu'ils acoutrent d'une façon fort esloignée de la noſtre, mais aussi bonne au moins. Nous ne vismes jamais des vivres si tendres com'ils les servent communéemant. Ils meslent des prunes cuites, des tartes de poires et de pommes au service de la viande, et mettent tantoſt le roſti le premier et le potage à la fin, tantoſt au rebours. Leur fruiĉt, ce ne sont que poires, pommes qu'ils ont fort bonnes, noix et fromage. Parmi la viande, ils servent un inſtrumant d'arjant ou d'eſtein, à quatre logettes, où ils mettent diverses sortes d'episseries pilées; et ont du cumin, ou un grein sem-blable, qui eſt piquant et chaut, qu'ils meslent à leur pein; et leur pein eſt la pluspart faiĉt avec du fenouil. Après le repas, ils remetent sur la table des verres pleins et y font deux ou trois services de plusieurs choses qui esmeuvent l'altération.

M. de Montaigne trouvoit à dire trois choses en son voïage: l'une qu'il n'euſt mené un cuisinier pour l'ins-truire de leurs façons et en pouvoir un jour faire la preuve chez lui; l'autre qu'il n'avoit mené un valet allemand ou n'avoit cherché la compaignie de quelque gentilhomme du païs (car de vivre à la mercy d'un bélitre de guide, il y santoit une grande incommodité); la tierce qu'avant faire le voyage, il n'avoit veu les livres qui le pouvoint avertir des choses rares et remarcables de chaque lieu, ou n'avoit un Munſter[1] ou quelque autre dans ses coffres. Il mesloit à la vérité à son jugement un peu de passion du mépris de son païs, qu'il avoit à haine et contre-cœur pour autres considérations; mais tant y a qu'il préferoit les commodités de ce païs-là sans compareson aux francèses, et s'y conforma jusqu'à y boire le vin sans eau. Quant à boire à l'envi, il n'y fut jamais convié que de courtoisie, et ne l'entreprit jamais[1].

La cherté en la haute Allemaigne eſt plus grande qu'en France; car à noſtre conte l'home et cheval despanse pour le moins par jour un escu au soleil[2]. Les hoſtes content en premier lieu le repas à quatre, cinq ou six bats[3] par table d'hoſte. Ils font un autre article de tout ce qu'on boit avant et après ces deux repas et les moindres colations, de façon que les Alemans partent communéement le matin du logis sans boire. Les services qui se font après le repas et le vin qui s'y emploïe, en quoi va pour eus la principale despance, ils en font un conte avec les colations. A la vérité, à voir la profusion de leurs services et notamment du vin, là-mesmes où il eſt extremement cher et apporté de païs lointain, je treuve leur cherté excusable. Ils vont eux-mesmes conviant les serviteurs à boire et leur font tenir table deux ou trois heures. Leur vin se sert dans des vaisseaux come grandes cruches, et eſt un crime de voir un gobelet vuide qu'ils ne remplissent soudein, et jamais de l'eau, non pas à ceus mesmes qui en demandent[4]; s'ils ne sont bien respeċtés. Ils content après l'avoine des chevaus et puis l'eſtable qui comprend aussi le foin. Ils ont cela de bon qu'ils demandent quasi du premier mot ce qu'il leur faut, et ne guaigne-t-on guiere à marchander. Ils sont glorieux, choleres et yvrognes; mais ils ne sont, disoit M. de Montaigne, ny trahiſtres ny voleurs.

Nous partimes delà après des-juner et nous randimes sur les deux heures après midi à

Vanguen[5], deux lieues, où l'inconvéniant du coffre, qui se blessoit, nous arreſta par force. Et fumes contreins de louer une charrete pour le lendemain, à trois escus par jour; le charretier qui avoit quatre chevaus, se nourrissant de là. C'eſt une petite ville impériale qui n'a jamais voulu recevoir compagnie d'autre religion que catholique, en laquelle se font les faulx, si fameuses qu'on les envoïe vendre jusques en Lorrene.

Il en partit lendemein, qui fut le mercredy au matin 12 oċtobre, et tourna tout court vers Trante[6] par le chemin le plus droit et ordinere, et nous en vinsmes disner à

Isne[7], deux lieues, petite ville impériale et très plesammant disposée.

M. de Montaigne, come estoit sa coustume, alla soudein trouver un docteur théologien de ceste ville, pour prendre langue, lequel docteur disna avec eux. Il trouva que tout le peuple estoit lutérien, et vit l'église lutérienne qui a usurpé, comme les autres qu'ils tiennent ès villes impériales, des églises catholiques. Entr'autres propos qu'ils eurent ensemble sur le sacrement, M. de Montaigne s'avisa qu'aucuns calvinistes l'avoient averty en chemin que les Lutériens mesloient aux antiennes opinions de Martin[1] plusieurs erreurs estranges, comme l'ubiquisme, maintenant le corps de Jésus-Christ estre partout com'en l'hostie[2], par où ils tomboient en mesme inconvéniant de Zuingle, quoi que ce fût par diverses voies : l'un par trop espargner la présance du corps, l'autre par la trop prodiguer (car à ce conte le sacrement n'avoit nul priviliege sur le corps de l'Eglise, ou assemblée de trois homes de bien); et que leurs principaux argumans estoient : 1° que la divinité estoit inséparable du corps, parquoi, la divinité estant partout, que le corps l'estoit aussi. Secondement, que Jésus-Christ devant estre tousjours à la dextre du pere, il estoit partout, d'autant que la dextre du père, qui est la puissance, est partout. Ce docteur nioit fort de parolle ceste imputation, et s'en défendoit come d'une calomnie; mais par effect, il semble à M. de Montaigne qu'il ne s'en couvroit guere bien.

Il fit compagnie à M. de Montaigne à aler visiter un monastere[3] très beau et sumptueux, où la messe se disoit; et y entra et assista sans tirer le bonnet, jusques à ce que MM. d'Estissac et Montaigne eussent faict leurs oraisons. Ils alarent voir dans une cave de l'abbaïe une pierre longue et ronde, sans autre ouvrage, arrachée, comme il semble, d'un pilier, où, en lettres latines fort visibles ceste inscription est : « que les empereurs Pertinax et Antoninus Verus ont refaict les chemins et les ponts, à unze mille pas de Campidonum[4] », qui est Kempten, où nous alames coucher. Ceste pierre pouvoit estre là comme sur le chemin du rabillage; car ils tiennent que ladite ville d'Isne n'est pas fort antienne. Toutefois ayant reconnu les avenues dudit Kempten d'une part et d'autre, outre qu'il n'y a nul pont, nous ne pouvions reconnetre nul rabillage digne de tels ouvriers. Il y a bien quelques montagnes antrecoupées, mais ce n'est rien de grande manufacture.

Kempten, trois lieues, une ville grande come Sainte-Foy[1], très belle et peuplée et richement logée. Nous fumes à l'Ours, qui est un très beau logis. On nous y servit de grands tasses d'arjant de plus de sortes (qui n'ont usage que d'ornemant, fort labourées et semées d'armoiries de divers seigneurs) qu'il ne s'en tient en guiere de bones maisons. Là se tesmoigna ce que disoit ailleurs M. de Montaigne : que ce qu'ils oblient du nostre c'est qu'ils le méprisent; car aïant grand'foison de vesselle d'estain, escurée com'à Montaigne, ils ne serviront que des assiettes de bois, très polies à la vérité et très belles. Sur les sieges en tous ce païs, ils servent des cussins pour se seoir, et la plupart de leurs planchiers lambrissés sont voutés com'en demy croissant, ce qui leur donne une belle grace. Quant au linge de quoy nous nous pleignions au commencement, onques puis nous n'en eumes faute; et pour mon maistre je n'ay jamais failli à en avoir pour lui en faire des rideaus au lict. Et si une serviette ne lui suffisoit, on lui en changeoit à plusieurs fois.

En ceste ville, il y a tel marchand qui faict traficque de cent mille florins de toiles. M. de Montaigne, au partir de Constance, fût alé à ce canton de Souisse, d'où viennent les toiles à toute la crestienté[2], sans ce que, pour revenir à Linde, il y avoit pour quatre ou cinq heures de trajet du lac.

Ceste ville est lutherienne, et ce qu'il y a d'estrange, c'est que, com' à Isne, là aussi l'église catholique y est servie très solemnellement : car le lendemein, qui fut jeudy matin, un jour ouvrier, la messe se disoit en l'abbaye hors la ville, com'elle se dict à Nostre Dame de Paris le jour de Pasques, avec musicque et orgues, où il n'y avoit que les religieus. Le peuple, au dehors des villes impériales, n'a pas eu ceste liberté de changer de religion. Ceus-là vont les festes à ce service. C'est une très belle abbaïe. L'abbé là tient en titre de principauté, et lui vaut cinquante mille florins de rante. Il est de la maison d'Estain[3]. Tous les religieux sont de nécessité gentils-hommes. Hildegarde, femme de Charlemaigne, la fonda en 783, et y est enterrée et tenue pour sainte; ses os ont été déterrés d'une cave où ils étoient pour être enlevés en une chasse.

Le mesme jeudy matin, M. de Montaigne alla à l'église des luthériens, pareille aus autres de leur secte et hugue-

notes, sauf qu'à l'endret de l'autel, qui eſt à la teſte de la
nef, il y a quelques bancs de bois qui ont des accoudoirs
audeſſus, afin que ceux qui reçoivent leur cène, se puissent mettre à genous, com'ils font. Il y rencontra deux
miniſtres vieus, dont l'un preschoit en allemant à une
assiſtance non guiere grande. Quand il eut achevé, on
chanta un psalme en allemant, d'un chant un peu esloigné
du noſtre. A chaque verset il y avoit des orgues qui y
ont eſté mises freschement, très belles, qui respondoient
en musique; autant de fois que le prescheur nommoit
Jésus-Chriſt, et lui et le peuple tiroient le bonnet. Après
le sermon, l'autre miniſtre s'alla mettre contre cet autel
le visage tourné vers le peuple, aïant un livre à la mein,
à qui s'alla presenter une jeune fame, la teſte nue et les
poils espars, qui fit là une petite reverance à la mode du
païs, et s'arreſta là seule debout. Tantoſt après un garson,
qui eſtoit un artisan, atout une espée au coſté, vint aussi
se presenter et se mettre à coſté de ceſte fame. Le miniſtre
leur diĉt à tous deux quelques mots à l'oreille, et puis
commanda que chacun dit le pate-noſtre, et après se mit
à lire dans un livre. C'eſtoient certenes regles pour les
gens qui se marient; et les fit toucher à la mein l'un de
l'autre sans se baiser.

Cela faiĉt, il s'en vinĉt, et M. de Montaigne le print;
ils devisarent long-tamps ensemble; il mena ledit sieur
en sa maison et étude, belle et bien accommodée; il se
nome   Johannes   Tilianus,   Auguſtanus[1].   Ledit sieur
demandoit une confession nouvelle, que les lutheriens
ont faite, où tous les doĉteurs et princes qui la soutiennent sont signés, mais elle n'eſt pas en latin[2]. Com'ils
sortoint de l'eglise, les violons et tabourins sortoint de
l'autre coſté qui conduisoint les mariés. A la demande
qu'on lui fit, s'ils permettoint les danses; il respondit :
« Pourquoi non ? » A cela : pourquoi aux vitres et en
ce nouveau batiment d'orgues ils avoint fait peindre
Jésus-Chriſt et force images ? — que ils ne défandoint
pas les images pour avertir les hommes, pourveu que
l'on ne les adoraſt pas. A ce : pourquoi donq ils avoint
oſté les images anciennes des églises ? — que ce n'eſtoient
pas eus, mais que leurs bons disciples les Zuingliens,
incités du malin esprit, y eſtoint passés avant eus, qui
avoint fait ce ravage, comme plusieurs autres : qui eſt
ceſte mesme response que d'autres de ceſte profession

avoint faict audit sieur ; mesme le docteur d'Isne[1], à qui, quand il demanda s'il haïssoit la figure et l'effigie de la croix, il s'écria soudain : « Comant serois-je si athéiste de haïr ceste figure si heureuse et glorieuse aux chrestiens ! » que c'estoit des opinions diaboliques. Celui-là mesme dict tout détrousséemant en dinant : qu'il aimeroit mieux ouir çant messes, que de participer à la cène de Calvin.

Audict lieu on nous servit des lièvres blancs. La ville est assise sur la riviere d'Isler[2]; nous y disnames ledit jeudy, et nous en vinmes par un chemin montueus et stérile, coucher à

Frienten[3], quatre lieues, petit village catholique, comme tout le reste de ceste contrée, qui est à l'archiduc d'Austriche.

J'avois oblié de dire sur l'article de Linde qu'à l'entrée de la ville il y a un grand mur qui tesmoingne une grande antiquité, où je n'aperçeu rien d'escrit. J'antan que son nom en alemant signifie Vieille Muraille[4], qu'on m'a dict venir de là.

Le vendredy au matin, quoique que ce fût un bien chetif logis, nous n'y laissasmes pas d'y trouver force vivres. Leur coustume est de ne chauffer jamais ny leurs linceuls pour se coucher, ny leurs vestemans pour se lever; et s'offencent si on alume du feu en leur cuisine pour cest effet, ou si on s'y sert de celui qui y est; et est l'une des plus grandes querelles que nous eussions par des logis. Là, mesmes au milieu des montagnes et des forêts, où dix mille pieds de sapin ne coustent pas cinquante sols, ils ne vouloient permettre non plus qu'ailleurs que nous fissions du feu.

Vendredy matin nous en partimes et reprimes à gauche le chemin plus dous, abandonnant le santier des montaignes qui est le droit vers Trante[5]. M. de Montaigne estant d'avis de faire le detour de quelques journées pour voir certaines belles villes d'Allemaigne, et se repentant de quoi, à Vanguen[6], il avoit quitté le dessein d'y aller, qui estoit le sien premier, et avoit pris cest'autre route. En chemin nous rencontrames, come nous avions faict ailleurs en plusieurs lieux, des moulins à eau, qui ne reçoivent l'eau que par une goutiere de bois qui prand l'eau au pied de quelque haussure, et puis eslevée bien

haut hors de terre et appuyée, vient degorger sa course,
par une pante fort drette qu'on lui donne, au bout de
ceſte gouttiere, et vinsmes disner à

Friessen[1], une lieue. C'eſt une petite ville catholique
appartenante à l'évesque d'Auguſte[2]. Nous y trouvasmes
force gens du trein de l'archiduc d'Auſtriche qui eſtoit en
un chaſteau voisin de là[3] avec le duc de Baviere.

Nous mismes là sur la riviere de Lech les coffres, et moi
avec d'autres, pour les conduire à Augsbourg sur un
floton qu'ils noment; ce sont des pieces de bois jointes
ensemble qui s'eſtandent quand on eſt à port.

Il y a là une abbaïe; on y montra à messieurs un calice
et un'eſtole qu'on tient en reliquere d'un seint qu'ils
noment Magnus, qu'ils disent avoir eſté fils du roi
d'Escosse et disciple de Colombanus. En faveur de ce
Magnus, Pepin fonda ce monaſtere et l'en fit premier
abbé, et y a ce mot escrit au haut de la nef, et au-dessus
dudiĉt mot des notes de musiques pour lui donner le son :
*Comperta virtute beati Magni fama, Pipinus princeps locum
quem sanĉtus incoluit regia largitate donavit*[4]. Charlemagne
l'enrichit depuis, comme il eſt aussi escrit audiĉt monastere.

Après disner, vinsmes les uns et les autres coucher à

Chonguen[5], quatre lieues, petite ville du duc de
Baviere, et par conséquent exaĉtement catholique; car ce
prince, plus que nul autre en Allemaigne, a maintenu son
ressort pur de contagion et s'y opiniaſtre.

C'eſt un bon logis à l'Eſtoile, et de nouvelle cérimonie :
on y ranjea les salieres en une table carrée de couin en
couin et les chandeliers aux autres couins, et en fit-on
une croix à Saint-André. Ils ne servent jamais d'œufs,
au moins jusques lors, si ce n'eſt durs, coupés à quartiers
dans des salades qu'ils y ont fort bones et des herbes
fort fresches; ils servent du vin nouveau communéement
soudein après qu'il eſt faiĉt; ils battent les bleds dans les
granges à mesure qu'ils en ont besoin, et battent le bled
du gros bout du fléau.

Le samedy alames disner à

Lanspergs[6], quatre lieues, petite ville au duc de Baviere,
assise sur ladite riviere de Lech, très belle pour sa grandeur, ville, fauxbourg et chateau. Nous y arrivasmes

un jour de marché, où il y avoit un grand nombre de peuple, et au milieu d'une fort grande place une fonteine qui élance par cent tuiaus l'eau à une pique de hauteur et l'esparpille d'une façon très artificielle, où on contourne les tuiaus là où l'on veut. Il y a une très belle église. Et à la ville et au fauxbourg qui sont contre-mont, une droite coline, com'est aussi le chasteau.

M. de Montaigne y alla trouver un colliege de jésuites qui y sont fort bien accomodés d'un bastiment tout neuf[1], et sont après bastir une belle église. M. de Montaigne les entretint selon le loisir qu'il en eut. Le comte de Helfestein commande au chasteau. Si quelqu'un songe autre religion que la romene, il faut qu'il se taise.

A la porte qui sépare la ville du fauxbourg, il y a une grande inscription latine de l'an 1552, où ils disent en ces mots que *Senatus populusque*[2] de ceste ville ont basti ce monument à la mémoire de Guillaume et de Louys, frères, ducs *utriusque Boïariæ*[3]. Il y a force autres devises en ce lieu mesme, comme ceste-cy : *Horridum militem esse decet, nec auro cælatum, sed animo et ferro fretum*[4]; et à la teste, *cavea stultorum mundus*[5]. Et en un autre andret fort apparent des mots extraits de quelque historien latin, de la victoire que le consul Marcellus perdit contre un roi de ceste nation[6] : *Carolami Boïorumque Regis cum Marcello Cos, pugna qua eum vicit,* etc. Il y a eu plusieurs autres bones devises latines aux portes privées. Ils repeignent souvent leurs viles, ce qui leur donne un visage tout fleurissant, et à leurs églises. Et com'à point nomé à la faveur de nostre passage, depuis trois ou quatre ans elles estoient quasi toutes renouvelées où nous fusmes; car ils mettent les dates de leur ouvrage. L'horolorge de ceste ville, come d'autres plusieurs de ce païs-là, sone les quarts d'heure; et dict-on que celui de Nuremberg sonne les minutes.

Nous en somes partis après disner, par une longue pleine de pascage fort unie, come la pleine de la Bausse, et nous rendismes à

Augsbourg, quatre lieues, qui est estimée la plus belle ville d'Allemaigne[7], come Strasbourg la plus forte.

Le premier apprest étrange, et qui montre leur propreté, ce fut de trouver à nostre logis les degrés de la vis de nostre logis tout couverts de linges, par dessus lesquels il nous falloit marcher, pour ne pas salir les marches de leur vis qu'on venoit de laver et fourbir, come ils font tous les samedis. Nous n'avons jamais aperceu d'araignée, ny de fange en leur logis; en aucuns il y a des rideaux pour eſtandre au devant de leurs vitres, qui veut. Il ne se trouve guiere de tables aus chambres, si ce n'eſt celes qu'ils attachent au pié de chaque liſt, qui pandent là atout des gons, et se haussent et se baissent, come on veut. Les pieds des liſts sont élevés de deux ou trois pieds au dessus du corps du liſt, et souvent au niveau du chevet; le bois en eſt fort beau et labouré; mais noſtre noyer surpasse de beaucoup leur sapin. Ils servaient là aussi les assietes d'eſtein très luisantes, au dessous de celles de bois par dedein; ils metent souvent contre la paroy, à côté des liſts, du linge et des rideaux, pour qu'on ne salisse leur muraille en crachant. Les Alemans sont fort amoureux d'armoiries; car en tous les logis, il en eſt une miliasse que les passans jantils-hommes du païs y laissent par les parois, et toutes leurs vitres en sont fournies. L'ordre du service y change souvent; ici les ecrevisses furent servies les premieres, qui partout ailleurs se servoint avant l'issue et d'une grandeur eſtrange. En plusieurs hoſteleries, des grandes, ils servent tout à couvert. Ce qui fait si fort reluire leurs vitres, c'eſt qu'ils n'ont point de feneſtres attachées à noſtre mode, et que leurs chassis se remuent quand ils veulent, et fourbissent leurs verrieres fort souvent.

M. de Montaigne, le lendemein qui eſtoit dimenche matin, fut voir plusieurs eglises, et aux catholicques qui sont en grand nombre, y trouva partout le service fort bien faiſt. Il y en a six lutheriennes et seize miniſtres; les deux des six sont usurpées des églises catholiques, les quatre sont baſties par eux. Il en vit une ce matin, qui samble une grand'salle de colliege : ny images, ny orgues, ny crois. La muraille chargée de force escris en alemant, des passages de la Bible; deux cheses, l'une pour le miniſtre, et lors il y en avoit un qui preschoit, et au dessous une autre où eſt celui qui achemine le chant des psalmes. A chaque verset ils attendent que celui là donne le ton au suivant; ils chantent pesle mesle, qui veut, et couvert qui veut. Après cela un miniſtre qui eſtoit dans la presse, s'en alla à l'autel, où il eut force oresons dans un livre, et à certenes oresons, le peuple se levoit et

joignoit les meins, et au nom de Jésus-Chriſt faisoit des
grandes reverences. Après qu'il eut achevé de lire descouvert, il avoit sur l'autel une serviette, une eguiere et
un saucier où il y avoit de l'eau; une femme suivie de
douze autres femmes lui présenta un enfant emmailloté,
le visage découvert. Le miniſtre atout ses doigts print
trois fois de l'eau dans ce saucier, et les vint lançant sur le
visage de l'enfant et disant certenes paroles. Ce faict,
deux hommes s'approcherent et chacun d'eus mit deus
doigts de la mein droite sur ceſt enfant : le miniſtre parla
à eus, et ce fut faict.

M. de Montaigne parla à ce miniſtre en sortant. Ils ne
touchent à nul revenu des églises; le Senat et public les
païe; il y avoit beaucoup plus de presse en ceſte église
seule qu'en deux ou trois catholiques. Nous ne vismes
nulle belle femme; leurs veſtemans sont fort differans les
unes des autres. Entre les hommes il eſt mal-aisé de distinguer les nobles, d'autant que toute façon de gens portent leurs bonnets de velours, et tous des espées au coſté.[1]

Nous eſtions logés à l'enseigne d'un arbre nomé *linde*[1]
au païs, joignant le palais des Foulcres[2]. L'un de ceſte
race mourant quelques anées y a[3], laissa deux millions
d'escus de France vaillant à ses héritiers; et ces héritiers,
pour prier pour son ame, donnarent aus jesuites qui sont
là trente mille florins contans, de quoy ils se sont très
bien accommodés. Laditte maison des Foulcres eſt couverte de cuivre. En general les maisons sont plus belles,
grandes et hautes qu'en nulle ville de France, les rues
beaucoup plus larges; il l'eſtime de la grandeur d'Orléans.

Après disner, nous fumes voir escrimer en une sale
publicque où il y avoit une grand'presse; et païe-t-on
à l'antrée, com'aus bâteleurs, et outre cela les sieges des
bancs. Ils y tirerent au pouignard, à l'espée à deux mains,
au bâton à deux bouts[4], et au braquemart[5], nous vimes
après des jeus de pris à l'arbaleſte et à l'arc, en lieu encore
plus magnifique que à Schaffouse.

De là à une porte de la ville par où nous eſtions entrés,
nous vimes que sous le pont où nous eſtions passés, il
coule un grand canal d'eau qui vient du dehors de la ville,
et eſt conduit sur un pont de bois au dessous de celui sur
lequel on marche, et au-dessus de la riviere[6] qui court
par le fossé de la ville. Ce canal d'eau va bransler certenes
roues en grande nombre qui remuent plusieurs pompes,

et haussent par deux canaus de plomb l'eau d'une fontene qui est en cest endroit fort basse, en haut d'une tour, cinquante pieds de haut pour le moins. Là elle se verse dans un grand vaisseau de pierre, et de ce vaisseau par plusieurs canaus se ravale en bas, et de-là se distribue par la ville qui est par ce seul moyen toute peuplée de fontenes. Les particuliers qui en veulent un doit pour eus, il leur est permis, en donnant à la ville dix florins de rente ou deux cents florins une fois païés. Il y a quarante ans qu'il se sont ambellis de ce riche ouvrage.

Les mariages des catholiques aus luthériens se font ordinairement, et le plus désireus subit les lois de l'autre; il y a mille tels mariages : notre hoste estoit catholique, sa femme luthérienne. Ils nettoient les verres atout une espoussette de poil ammenchée au bout d'un baston; ils disent qu'il s'y treuve de très baus chevaus à quarente ou cinquante escus.

Le corps de la ville fit cest honneur à messieurs d'Estissac et de Montaigne de leur envoïer presanter, à leur souper, quatorze grands vesseaus pleins de leur vin, qui leur fut offert par sept sergens vestus de livrées, et un honorable officier de ville qu'ils conviarent à souper : car c'est la coustume et aus porteurs on faict donner quelque chose; ce fut un escu qu'ils leur firent donner. L'officier qui souppa avec eus dict à M. de Montaigne, qu'ils estoint trois en la ville ayant charge d'ainsi gratifier les estrangers qui avoint quelque qualité, et qui estoint en ceste cause en souin de sçavoir leurs qualités, pour, suivant cela, observer les ceremonies qui leur sont dues : ils donnent plus de vins aus uns que aus autres. A un duc, l'un des Bourguemaistres en vient presanter : ils nous prindrent pour barons et chevaliers. M. de Montaigne, pour aucunes raisons, avoit voulu qu'on s'y contrefit, et qu'on ne dict pas leurs conditions; et se promena seul tout le long du jour par la ville; il croit que cela mesme servit à les faire honorer davantage. C'est un honneur que toutes les villes d'Allemaigne leur ont faict.

Quand il passa par l'eglise Nostre-Dame, ayant un froit extrême (car les frois commençarent à les picquer au partir de Kempten, et avoint eu jusques lors la plus heureuse saison qu'il est possible), il avoit sans y penser, le mouchoir au nés, estimant aussi qu'einsi seul et très mal accommodé, nul ne se prendroit garde de lui. Quand ils furent plus apprivoisés avec lui, ils lui dirent que les gens de l'église avoint trouvé ceſte contenance eſtrange. Enfin il encourut le vice qu'il fuioit le plus, de se rendre remercable par quelque façon ennemie du gouſt de ceux qui le voioient; car en tant qu'en lui eſt il se conforme et range aus modes du lieu où il se treuve; et portoit à Auguſte[1] un bonnet fouré par la ville.

Ils disent à Auguſte, qu'ils sont exempts non des souris, mais des gros rats, de quoy le reſte de l'Allemaigne eſt infeſté, et là dessus content force miracle, attribuant ce privilege à l'un de leurs évesques qui eſt là en terre; et de la terre de sa tumbe, qu'ils vendent à petits lopins comme une noisette, ils disent qu'on peut chasser ceſte vermine, en quelque région qu'on la porte.

Le lundi nous fumes voir en l'eglise Noſtre-Dame la pompe des noces d'une fille riche de la ville et laide, avec un faſteur des Foulcres, Vénitian : nous ny vismes nulle belle fame. Les Foulcres qui sont plusieurs, et tous très riches, tiennent les principaux rangs de ceſte ville là. Nous vismes aussi deus salles en leur maison : l'une haute, grande, pavée de marbre; l'autre basse, riche de médailles antiques et modernes, avec une chambrette au bout. Ce sont des plus riches pieces que j'aye jamais veues. Nous vismes aussi la danse[2] de ceſt' assemblée : ce ne furent qu'Allemandes : il les rompent à chaque bout de champ, et ramenent seoir les dames qui sont assises en des bancs qui sont par les coſtés de la sale, à deus rangs couverts de drap rouge : eus ne se meslent pas à elles. Après avoir fait une petite pose, ils les vont reprendre : ils baisent leurs mains; les dames les reçoivent sans baiser les leurs; et puis leur mettant la mein sous l'aisselle, les embrassent et joignent les joues par le coſté, et les dames leur mettent la main droite sur l'espaule. Ils dansent et les entretiennent, tout découvers, et non richement veſtus.

Nous vismes d'autres maisons de ces Foulcres en autres endrets de la ville, qui leur eſt tenue de tant de despenses qu'ils amploïent à l'embellir : ce sont maisons de plaisir pour l'eſté. En une nous vismes un horologe qui se remue au mouvement de l'eau qui lui sert de contre-pois. Là même deux grands gardoirs de poissons couvers, de vingt pas en carré, pleins de poisson par tout les quattre coſtés de chaque gardoir[3]. Il y a plusieurs petits tuiaus, les

uns droits, les autres courbés contre-mont : par tous ces
tuiaus, l'eau se verse très plesamant dans ces gardoirs,
les uns envoiant l'eau de droit fil, les autres s'élançant
à la hauteur d'une picque. Entre ces deux gardoirs, il y
a place de dix pas de large planchée d'ais ; il y a force
petites pouintes d'airain qui ne se voient pas. Cependant
que les dames sont amusées à voir jouer ce poisson, on
ne faict que lacher quelque ressort : soudein toutes ces
pouintes élancent de l'eau menue et roide jusques à la
teste d'un home, et remplissent les cotillons des dames
et leurs cuisses de ceste frecheur. En un autre endroict
où il y a un tuyau de fontene plesante, pendant que vous la
regardez, qui veut, vous ouvre le passage à des petits
tuiaus imperceptibles qui vous jettent de cent lieues l'eau
au visage à petits filets, et là il y a ce mot latin : *Quæsisti
nugas, nugis gaudeto repertis*[1]. Il y a aussi une voliere de vint
pas en carré, de douze ou quinze pieds de haut, fermée partout d'areschal bien noué et entrelassé ; au dedans dix ou
douze sapins, et une fontene : tout cela est plein d'oiseaus. Nous y vismes des pigeons de Pologne, qu'ils
appellent d'Inde, que j'ai veu ailleurs : ils sont gros, et
ont le bec come une perdris. Nous vismes aussi le
mesnage d'un jardinier qui prevoyant l'orage des froi-
dures, avoit transporté en une petite logette couverte,
force artichaus, chous, létues, epinars, cicorée et autres
herbes qu'il avoit cueillées, come pour les manger
sur le champ ; et leur mettant le pied dans certene terre,
esperoit les conserver bones et freches deux ou trois mois.
Et de vray, lors il avoit çant artichaus nullement fletris,
et si les avoit ceuillis il y avoit plus de six sepmenes. Nous
vismes aussi un instrumant de plomb courbe, ouvert de
deus costés et percé. Si, l'ayant une fois rempli d'eau,
tenant les deux trous en haut, on vient tout soudein et
dextrement à le renverser, si que l'un boit dans un vesseau
plein d'eau, l'autre dégoutte au dehors : ayant acheminé
cest escoulement, il avient pour eviter le vuide, que
l'eau ramplit tousjours le canal et dégoutte sans cesse.
Les armes des Foulcres, c'est un escu mi-party : à gauche
une flur de lis d'azur en champ d'or ; à drete une flur de
lis d'or à champ d'azur, que l'empereur Charles V leur
a données en les anoblissant.

Nous alames voir des jans qui conduisoient de Venise
au duc de Saxe deux autruches ; le masle est le plus noir et

a le col rouge, la femele plus grisarde, et pondoit force
œufs. Il les menoit à pied, et disent que leurs bestes se
lassoint moins qu'eus et leur échapoint tous les coups,
mais ils les tiennent attachés par un colier qui les sangle
par les reins au-dessus des cuisses, et à un autre au-dessus
des espaules, qui entoure tout leur corps, et ont des
longues laisses par où ils les arreſtent ou contournent à
leur poſte.

   Le mardy, par une singuliere courtoisie des seigneurs
de la ville, nous fumes voir une fausse porte qui eſt en
ladite ville, par laquelle on reçoit à toutes heures de la
nuit quiconque y veut entrer soit à pied, soit à cheval,
pourveu qu'il dise son nom, et à qui il a son adresse dans
la ville, ou le nom de l'hoſtellerie qu'il cherche. Deus
hommes fideles, gagés de la ville, president à cet' entrée.
Les gens de cheval païent deux bats pour entrer, et les
gens de pied un. La porte qui respont au dehors, eſt une
porte reveſtue de fer : à coſté, il y a une piece de fer qui
tient à une cheine, laquelle piece de fer on tire. Ceſte
cheine, par un fort long chemein et force detours, respond
à la chambre de l'un de ces portiers, qui eſt fort haute,
et bat une clochette. Le portier en chemise, par certein
engin qu'il retire et avance, ouvre ceſte premiere porte
à plus de cent bons pas de sa chambre. Celui qui eſt entré
se trouve dans un pont de quarante pas ou environ, tout
couvert, qui eſt au dessus du fossé de la ville; le long
duquel se meuvent les engins qui vont ouvrir ceſte
premiere porte, laquelle tout soudein eſt renfermée sur
ceux qui sont entrés. Quand ce pont eſt passé, on se
trouve dans une petite place où on parle à ce premier
portier, et dict-on son nom et son adresse. Cela oui,
ceſtui-ci, atout une clochette, avertit son compaignon
qui eſt logé un etage au-dessous en ce portal, où il y a
grand logis; ceſtui-ci avec un ressort, qui eſt en une
galerie joignant sa chambre, ouvre en premier lieu une
petite barriere de fer, et après, avec une grande roue,
hausse le pont levis, sans que de tous ces mouvemans on
en puisse rien apercevoir : car ils se conduisent par les
pois du mur et des portes, et soudein tout cela se referme
avec un grand tintamarre. Après le pont, il s'ouvre une
grand'-porte, fort espesse, qui eſt de bois et renforcée
de plusieurs grandes lames de fer. L'eſtrangier se trouve
en une salle, et ne voit en tout son chemin nul à qui parler.

Après qu'il est là enfermé, on vient lui ouvrir une autre pareille porte ; il entre dans une seconde salle où il y a de la lumiere : là il treuve un vesseau d'airain qui pend en bas par une cheine ; il met là l'argent qu'il doit pour son passage. Cet arjant se monte à mont par le portier : s'il n'est contant, il le laisse là trenper jusques au lende-mein ; s'il est satisfait, selon la coustume, il lui ouvre de mesme façon encore une grosse porte pareille aus autres, qui se clot soudein qu'il est passé, et le voilà dans la ville. C'est une des plus artificielles choses qui se puisse voir. La Reine d'Angleterre[1] a envoïé un ambassadeur exprès pour prier la seigneurie de descouvrir l'usage de ces engins : ils disent qu'ils l'en refusarent. Sous ce portal, il y a une grande cave à loger cinq cens chevaus à couvert pour recevoir secours, ou envoyer à la guerre sans le sceu du commun de la ville.

Au partir de là, nous allames voir l'église de Sainte-Croix qui est fort belle. Ils font là grand feste du miracle qui avint il y a près de cent ans, qu'une fame n'aïant voulu avaler le corps de Nostre Seigneur, et l'ayant osté de sa bouche et mis dans une boîte enveloppé de cire, se confessa ; et trouva-t-on le tout changé en cher. A quoy ils allèguent force tesmoingnages ; et ce miracle escrit en plusieurs lieus en latin et en allemant. Ils montrent sous du cristal ceste cire, et puis un petit lopin de rougeur de cher. Cest église est couverte de cuivre, come la maison des Foulcres ; et n'est pas cela fort rare. L'église des Luteriens est toute joingnante ceste-cy ; com'aussy ailleurs, ils sont logés et se sont bastis, come dans les cloitres des églises catholicques. A la porte de ceste église, ils ont mis l'image de Nostre Dame tenant Jesus-Christ, avec autres saints et des enfants, et ce mot : *Sinite parvulos venire ad me*[2], etc.

Il y avoit en nostre logis un engin de pieces de fer qui tomboint jusques au fons d'un puis fort profond à deux endrets, et puis par le haut un garçon branslant un certein instrument, en faisant hausser et baisser, deux ou trois pieds de haut, ces pieces de fer, elles alloint batant et pressant l'eau au fond de ce puis l'une après l'autre ; et poussant de leurs bombes l'eau, la contreignent de rejaillir par un canal de plomb qui la rend aus cuisines et partout où on en a besoin. Ils ont un blanchisseur gagé à repasser tout soudein ce qu'on a noirci en leurs parois. On y servoit des paſtés et petits et grans, dans des vesseaus de terre de la coleur et entieremant de la forme d'une croute de paſté. Il se passe peu de repas où on ne vous presente des dragées et boîte de confitures; le pain le plus excellant qu'il eſt possible; les vins bons, qui en ceſte nation sont plus souvent blancs; il n'en croit pas autour d'Augsbourg, et les font venir de cinq ou six journées de là. De cent florins que les hoſtes amploïent en vin, la republique en demande soixante, et moitié moins d'un autre home privé qui n'en achete que pour sa provision. Ils ont encore en plusieurs lieus la coutume de mettre des parfums aus chambres et aus poiles.

La ville eſtoit premierement toute Zuinglienne. Depuis, les catholicques y eſtant rapelés, les Luteriens preindrent l'autre place; ils sont à cette heure plus de catholiques en autorité, et beaucoup moins en nombre. M. de Montaigne y visita aussi les jesuites, et trouva de bien sçavans.

Mercredy matin 19 d'octobre, nous y desjeunasmes. M. de Montaigne se plaignoit fort de partir, eſtant à une journée du Danube sans le voir, et la ville d'Oulm[1], où il passe, et d'un bain à une demie journée au delà qui se nomme Sourbronne[2]. C'eſt un being en plat païs, d'eau fraiche qu'on échauffe pour s'en servir à boire ou à beigner : ell'a quelque picqure au gouſt qui la rend agréable à boire, propre aus maus de teſte et d'eſtomac; un being fameus et où on eſt très magnifiquemant logé par loges fort bien accommodées, comme à Bade, à ce qu'on nous dict : mais le temps de l'hyver se avançoit fort, et puis ce chemin eſtoit tout au rebours du noſtre, et eût fallu revenir encore sur nos pas à Auguſte : et M. de Montaigne fuïoit fort de repasser mesme chemin. Je laissai un escusson des armes de M. de Montaigne au devant de la porte du poile où il eſtoit logé, qui eſtoit fort bien peint, et me cota deux escus au peintre, et vint solds au menuisier. Elle eſt beignée de la rivière de Lech, *Lycus*[3].

Nous passames un très-beau païs et fertile de bleds et vinsmes coucher à

Brong[4], cinq lieues, gros village en très belle assiete, en la duché de Bavieres, catholicque.

Nous en partîmes lendemein qui fut jeudy 20 d'octobre,

et après avoir continué une grand'-pleine de bled (car ceste contrée n'a point de vins), et puis une prairie autant que la vueue se peut estandre, vinsmes disner à

Munich, quatre lieues, grande ville environ come Bourdeaus, principale du duché de Bavieres, où ils[1] ont leur maistresse demeure sur la riviere d'Yser[2], *Ister*. Elle a un beau chasteau et les plus belles écuries que j'aye jamais veues en France ny Italie, voutées, à loger deux cens chevaux[3]. C'est une ville fort catholicque, peuplée, belle et marchande.

Depuis une journée au dessus d'Auguste, on peut faire estat, pour la despense, à quatre livres par jour, homme et cheval, et quarante solds homme de pied, pour le moins. Nous y trouvames des rideaus en nos chambres et pouint de ciels et toutes choses au demourant fort propres. Ils nettoïent leurs planchiers atout de la sieure de bois qu'ils font bouillir. On hache partout en ce païs là des raves et naveaus, avec même soin et presse com'on bat les bleds ; sept ou huict hommes ayant en chaque mein des grands couteaus y battent avec mesure dans des vesseaus, come nos treuils : cela sert, come leurs chous cabus, à mettre saler pour l'hiver. Ils remplissent de ces deus fruits là non pas leurs jardins, mais leurs terres aus chans, et en font mestives.

Le duc[4] qui y est à presant a eposé la sœur de M. de Lorraine[5], et en a deux enfans males grandets et une fille[6]. Ils sont deux freres en mesme ville[7] : ils estoint allés à la chasse, et dames et tout, le jour que nous y fûmes.

Le vendredy matin nous en partimes, et au travers des forets dudit duc, vismes un nombre infiny de bestes rousses à tropeaus, come moutons, et vinmes d'une trete à

Kinief[8], chétif petit village, six lieues, en ladite duché.

Les jesuites, qui gouvernent fort en ceste contrée, ont mis un grand mouvemant, et qui les fait haïr du peuple, pour avoir faict forcer les prestres de chasser leurs concubines, sous grandes peines ; et à les en veoir pleindre, il samble qu'antiennemant cela leur fust si toleré qu'ils en usoint comme de chose legitime ; et sont encor après à faire là-dessus des remonstrances à leur duc.

Ce sont là les premiers eufs qu'on nous eût servy en

Allemaigne en jour de poisson, ou autremant, sinon en des salades, à quartiers. Aussi on nous y servit des gobelets de bois à douilles et cercles, parmi plusieurs d'arjant. La damoiselle d'une maison de genti'home, qui estoit en ce village, envoïa de son vin à M. de Montaigne.

Le samedy bon matin, nous en partimes; et après avoir rancontré à nostre mein droite la riviere Yser[1], et un grand lac au pied des mons de Baviere[2] et avoir monté une petite montaigne[3] d'une heure de chemin, au haut de laquelle il y a une inscription qui porte qu'un duc de Baviere avoit faict percer le rocher il y a cent ans ou environ, nous nous engoufframes tout à faict dans le vantre des Alpes, par un chemin aysé et commode et amusément entretenu, le beau temps et serein nous y aidant.

A la descente de ceste petite montaigne, nous rencontrames un très-beau lac d'une lieue de Gascogne de longueur et autant de largeur, tout entourné de très-hautes et inaccessibles montaignes; et suivant toujours ceste route, au bas des mons, rancontrions parfois de petites pleines de prairies très-plesantes, où il y a des demeures; et vinsmes d'une traite coucher à

Miteval[4], petit village au duc de Baviere, assez bien logé le long de la riviere d'Yser. On nous y servit les premieres chataignes que on nous avoit servi en Allemaigne, et toutes crues. Il y a là une étuve en l'hostellerie où les passants ont accoutumé de se faire suer, pour un bats et demy. J'y allai cependant que messieurs soupoint. Il y avoit force Allemans qui s'y faisoint corneter et seigner.

Lendemain dimanche matin, 23 d'octobre, nous continuames ce sentier entre les mons, et rencontrames sur icelui une porte et une meison qui ferme le passage[5]. C'est l'antrée du païs de Tirol, qui appartient à l'archiduc d'Austriche; nous vinsmes disner à

Secfelden[6], petit village et abbaïe, trois lieues, plesante assiette; l'église y est assez belle, fameuse d'un tel miracle. En 1384, un quidam, qui est nommé ès tenans et aboutissans, ne se voulant contenter, le jour de Pasques, de l'hostie commune, demanda la grande[7], et l'ayant en la bouche, la terre s'entr'ouvrit sous lui, où il fut englouty jusques au col; et s'ampouigna au couin de l'autel; le preſtre lui ota cette hoſtie de la bouche. Ils montrent encore le trou, couvert d'une grille de fer, et l'autel qui a reçeu l'impression des doigts de ceſt home, et l'hoſtie qui eſt toute rougeaſtre, comme des gouttes de sang. Nous y trouvames aussi un escrit recent, en latin, d'un Tyrolien qui, ayant avalé quelques jours avant un morceau de cher qui lui etoit arreté au gosier, et ne le pouvant avaler ni randre par trois jours, se voua et vint en ceſte église où il fut soudein guery.

Au partir de là, nous trouvames en ce haut où nous eſtions, aucuns beaus villages; et puis eſtans devalés une descente de demie heure, rencontrames au pied d'icelle une belle bourgade bien logée, et au dessus, sur un rocher coupé et qui semble inaccessible, un beau chaſteau[1] qui commande le chemin de ceſte descente, qui eſt étroit et entaillé dans le roc; il n'y a de longueur un peu moins qu'il n'en faut à une charrete commune, comme il eſt bien d'ailleurs en plusieurs lieus entre ces montagnes; en maniere que les charretiers qui s'y embarquent ont accoutumé de retenir les charretes communes d'un pied pour le moins.

Delà nous trouvames un vallon d'une grande longueur, au travers duquel passe la riviere d'Inn, qui va se rendre à Vienne[2] dans le Danube. On l'appelle en latin *Ænus*. Il y a cinq ou six journées par eau d'Insprug jusques à Vienne. Ce vallon sambloit à M. de Montaigne representer le plus agreable païsage qu'il euſt jamais veu; tantôt se resserrant, les montaignes venant à se presser, et puis s'eslargissant à cette heure, de noſtre coſté, qui eſtions à mein gauche de la riviere, et gaignant du païs à cultiver et à labourer dans la pente mesme des mons qui n'eſtoint pas si droits; tantoſt de l'autre part; et puis descouvrant des plaines à deux ou trois etages l'une sur l'autre, et tout plein de belles meisons de gentil'homes et des eglises; et tout cela enfermé et emmuré de tous coſtés de mons d'une hauteur infinie.

Sur noſtre coſté nous découvrimes sur une montaigne de rochers[3] un crucifix, en un lieu où il eſt impossible que nul home soit alé sans artifice de quelques cordes, par où il se soit devalé d'en haut. Ils disent que l'empereur Maximilien, aïeul de Charles V, allant à la chasse, se perdit en ceſte montaigne[4], et pour tesmoignage du dangier qu'il avoit echappé, fit planter ceſte image. Ceſte hiſtoire eſt aussi peinte en la ville d'Auguſte[1], en la salle qui sert aus tireurs d'arbaleſtes.

Nous nous rendismes au soir à

Insprug[2], trois lieues, ville principale du comté de Tirol, *Ænopontum*[3] en latin. Là se tient Fernand, archiduc d'Auſtriche[4], une très belle petite ville et très bien baſtie dans le fond de ce vallon, pleine de fontaines et de ruisseaus, qui eſt une commodité fort ordinaire aus villes que nous avons veu en Allemagne et Souisse. Les maisons sont quasi toutes batties en forme de terrasse.

Nous logeames à la Rose, très bon logis; on nous y servit des assietes d'etain.Quant aus serviettes à la francèse, nous en avions des-jà eu quelques journées auparavant. Autour des liéts il y avoit des rideaux en aucuns; et pour monſtrer l'humeur de la nation, ils eſtoint beaus et riches, d'une certaine forme de toile, coupée et ouverte en ouvrages, courts au demeurant et etroits, some de nul usage pour ce à quoy nous nous en servons, et un petit ciel de trois doigts de large, a tout force houpes. On me donna pour M. de Montaigne des linceuls où il y avoit tout au tour quatre doigts de riche ouvrage de passemant blanc. Comme en la pluspart des autres villes d'Allemaigne, il y a toute la nuiét des gens qui crient les heures qui ont sonné, parmi les rues. Partout où nous avons eſté ils ont ceſte coutume de servir du poisson parmi la chair; mais non pourtant au contraire, aus jours de poisson, mesler de la cher, au moins à nous[5].

Le lundy nous en partismes coſtoïant ladite riviere d'Inn à notre mein gauche, le long de ceſte belle pleine. Nous alames disner à

Hala[6], deux lieues et fimes ce voïage seulement pour la voir. C'eſt une petite ville come Insprug[7], de la grandeur de Libourne ou environ, sur ladite riviere, que nous repassames sur un pont. C'eſt delà où se tire le sel qui fournit à toute l'Allemaigne; et s'en faiét toutes les sepmeines neuf çans peins à un escu la piece. Ces peins sont de l'epesseur d'un demy muy et quasi de ceſte forme; car le vaisseau qui leur sert de moule eſt de ceſte sorte. Cela appartient à l'archiduc; mais la despense en eſt fort grande. Pour le service de ce sel, je vis là plus de bois ensemble que je n'en vis jamais ailleurs : car sous plusieurs grandes poiles de lames de fer, grandes de trente bons pas en rond,

ils font bouillir ceſt'eau salée, qui vient là de plus de deux
grandes lieues, de l'une des montaignes voisines, de quoy
se faiƈt leur sel. Il y a plusieurs belles églises, et notamment
celles des jesuites, que M. de Montaigne visita, et en fit
autant à Insprug; d'autres qui sont magnifiquement
logés et accommodés.

Après disner revismes encore ce coſté de riviere, d'autant qu'une belle maison[1] où l'archiduc Fernand d'Austriche se tient eſt en ceſt endroit, auquel M. de Montaigne
vouloit baiser les meins. Et y eſtoit passé au matin; mais
il l'avoit trouvé empesché au conseil, à ce que lui dit un
certein comte. Après disner nous y repassames et le
trouvames dans un jardin; au moins nous pansames
l'avoir entreveu. Si eſt-ce que ceus qui alarent vers lui
pour lui dire que messieurs eſtoint là et l'occasion, rap-
portarent qu'il les prioit de l'excuser; mais que le lendemein il seroit plus en commodité; que toutefois, s'ils
avoint besouin de sa faveur, ils le fissent entendre à un
certein comte milanois. Ceſte fredur, joint qu'on ne leur
permit pas seulemant de voir le chaſteau, offença un peu
M. de Montaigne; et come il s'en plaignoit ce mesme
jour à un officier de la maison, il lui fuſt respondu que
ledit prince avoit respondu qu'il ne voïoit pas volontiers
les François et que la maison de France eſtoit ennemie de
la sienne.

Nous revinmes à

Insproug, deux lieues. Là nous vismes en une église
dix-huit effigies de bronze très belles des princes et princesses de la maison d'Auſtriche[2].

Nous allasmes aussi assiſter à une partie du souper du
cardinal d'Auſtriche[3] et du marquis de Burgaut[4], enfants
dudit archiduc et d'une concubine, de la ville d'Auguſte
fille d'un marchand, de laquelle ayant eu ces deux fils et
non autres, il l'espousa pour les légitimer; et ceſte mesme
année ladite fame eſt trespassée. Toute la cour en porte
encore le dueil. Leur service fut à peu près comme de
nos princes; la salle eſtoit tendue et le dais et les chèses
de drap noir. Le cardinal eſt l'aîné, et crois qu'il n'a pas
vingt ans[5]. Le marquis ne boit que du bouché, et le cardinal
du vin fort meslé. Ils n'ont point de nef, mais sont à
demourant, et le service des viandes à noſtre mode.
Quand ils viennent à se seoir, c'eſt un peu loing de table,

et on la leur approche toute chargée de vivres, le cardinal audessus; car le dessus est tousjours le costé droit.

Nous vismes en ce palais des jeux de paulme et un jardin assez beau. Cest archiduc est grand bastisseur et deviseur de telles commodités. Nous vismes chez lui dix ou douze pieces de campaigne, portant comme un gros œuf d'oïe, montées sur roues, le plus dorées et enrichies qu'il est possible, et les pieces mesmes toutes dorées; elles ne sont que de bois, mais la bouche est couverte d'une lame de fer et tout le dedans doublé de mesme lame; un seul home en peut porter une au col, et leur faict tirer non pas si souvent, mais quasi aussi grands coups que de fonte.

Nous vismes en son chasteau, aus champs, deux bœufs d'une grandeur inusitée, tout gris, à la tête blanche, que M. de Ferrare lui a donné; car ledit duc de Ferrare a espousé une de ses seurs, celui de Florance l'autre, celui de Mantoue une autre[1]. Il y en avoit trois à Hala[2] qu'on nommoit les trois Reines[3]; car aus filles de l'empereur on done ces titres là, comme on en appelle d'autres contesses ou duchesses, à cause de leurs terres; et leur donne-t-on le surnom des royaumes que jouit l'empereur. Des trois, les deux sont mortes; la troisiesme y est encore que M. de Montaigne ne fut voir; elle est renfermée come religieuse; et a là recueilli et estably les jesuites.

Ils tiennent là, que ledit archiduc ne peut pas laisser ses biens à ses enfants et qu'ils retournent aus successeurs; mais ils ne nous surent faire entandre la cause, et ce qu'ils disent de la fame, d'autant qu'elle n'estoit point de lignée convenable, puis qu'il l'épousa, chacun tient qu'elle estoit légitime, et les enfants il n'y a pas d'apparence; tant y a qu'il faict grand amas d'escus pour avoir de quoy leur donner.

Le mardy nous partismes au matin et reprismes nostre chemin, traversant ceste pleine et suivant le santier des montaignes. A une lieue du logis montames une petite montaigne d'une heure de hauteur, par un chemin aysé. A mein gauche nous avions la veue de plusieurs autres montaignes, qui, pour avoir l'inclination plus étendue et plus molle, sont ramplies de villages, d'églises, et la plus-part cultivées jusqu'à la cime, très plesantes à voir pour la diversité et variété des sites. Les noms de main droite étoint un peu plus sauvages et n'y avoit qu'en des endroits

rares où il y eût habitation. Nous passames plusieurs
ruisseaus ou torrans, aiant les cours divers; et sur nostre
chemin, tant au haut qu'au pied de nos montaignes, trouvames force gros bourgs et villages et plusieurs belles
hostelleries, et entr'autres choses deus chateaus et mesons
de jantils-homes sur nostre main gauche.

Environ quatre lieues d'Insbroug[1], à nostre main
droite, sur un chemein fort étroit[2], nous rencontrames
un tableau de bronze richement labouré, ataché à un
rochier avec ceste inscription latine[3] : « Que l'empereur
Charles cinquiesme revenant d'Espagne et d'Italie, de
recevoir la couronne impériale, et Ferdinand, roi de
Hongrie et de Boheme, son frere, venant de Pannonie,
s'entrecherchans, après avoir esté huit ans sans se voir,
se rencontrarent en cest endroit, l'an 1530, et que Ferdinand ordonna qu'on y fit ce mémoire », où ils sont
représantés s'embrassant l'un l'autre. Un peu après,
passant audessous d'un portal qui enferme le chemin,
nous y trouvames des vers latins faisant mantion du
passage dudict empereur et logis en ce lieu là, ayant prins
le roi de France[4] et Rome.[5]

M. de Montaigne disoit s'agréer fort en ce détroit, pour
la diversité des objects qui se presantoint, et n'y trouvions
incommodité que de la plus espesse et insupportable
poussiere que nous eussions jamais santy, qui nous
accompaigna en cest entre-deus des montaignes[6]. Dix
heures après M. de Montaigne disoit que c'estoit là l'une
de ses tretes. Il est vrai que sa coustume est, soit qu'il
aye à arrester en chemin ou non, de faire manger l'avoine
à ses chevaus avant partir au matin du logis.

Nous arrivames, et lui, tousjours à jeun, de grand nuict à

Sterzinguen[7], sept lieues. Petite ville dudit comté de
Tirol, assés jolie, audessus de laquelle à un quart de
lieue, il y a un beau chasteau neuf.

On nous servit là les peins tout en rond, sur la table,
jouins l'un à l'autre. En toute l'Allemaigne, la moustarde
se sert liquide et est du goust de la moustarde blanche de
France. Le vinaigre est blanc partout. Il ne croit pas du
vin en ces montaignes, oui bien du bled en quasi assez
grand'abondance pour les habitans; mais on y boit de
très bons vins blancs. Il y a une extreme sureté en tous
ces passages, et sont extrememant fréquentés de mar-

chands, voituriers et charretiers. Nous y eusmes, au lieu du froid de quoy on decrie ce passage, une chaleur quasi insupportable.

Les femmes de ceste contrée portent des bonnets de drap tout pareils à nos toques, et leurs poils tressés et pandans comme ailleurs. M. de Montaigne, rancontrant une jeune belle garse en un'église, lui demanda si elle ne sçavoit pas parler latin, la prenant pour un escolier. Il y avoit là des rideaus aus licts qui estoint de grosse toile teinte en rouge, mi-partie par le travers de quattre en quattre dois, l'une partie estant de toile pleine, l'autre les filets tirés. Nous n'avons trouvé nulle chambre ny salle, en tout notre voyage d'Allemaigne, qui ne fût lambrissée, estant les planchiers fort bas.

M. de Montaigne eut ceste nuict la colicque deus ou trois heures, bien serré, à ce qu'il dit le lendemein; et ce lendemein à son lever fit une pierre de moienne grosseur, qui se brisa ayséement. Elle estoit jaunastre par le dehors, et brisée, au dedans plus blanchastre. Il s'estoit morfondu le jour auparavant et se trouvoit mal. Il n'avoit eu la colicque depuis celles de Plommieres. Cette-ci lui osta une partie du soupçon en quoy il estoit, que il lui étoit tombé audit Plommières plus de sable en la vessie qu'il n'en avoit randu, et creignoit qu'il s'y fust arresté là quelque matiere qui se print et colast; mais voiant qu'il avoit rendu ceste ci, il trouve raisonnable de crère qu'elle se fût attaché aus autres, s'il y en eust eu. Dès le chemin, il se pleignoit de ses reins, qui fut cause, dict-il, qu'il alongea ceste trete, estimant estre plus soulagé à cheval qu'il n'eût esté ailleurs[1]. Il appella en ceste ville le maistre d'école, pour l'entretenir de son latin; mais c'estoit un sot de qui il ne put tirer nulle instruction des choses du païs.

Lendemein, après desjuner, qui fut mercredy 26 d'octobre, nous partimes de là par une plaine de la longueur d'un demy quart de lieu, ayant la rivière d'Eysoc[2] à nostre costé droit. Cest plaine nous dura environ deus lieues, et audessus des montaignes voisines, plusieurs lieus cultivés et habités et souvent entiers[3], dont nous ne pouvions diviner les avenus. Il y a sur ce chemin quattre ou cinq chasteaus. Nous passames après la riviere sur un pont de bois, et la suivimes de l'autre costé. Nous trouvames plusieurs pioniers qui acoutroint

les chemins, seulemant parce qu'ils estoint pierreux,
environ comme en Perigort. Nous montames après, au
travers d'un portal de pierre, sur un haut, où nous trouvames une plaine d'une lieue ou environ; et en decouvrions, de là la riviere, une autre de pareille hauteur;
mais toutes deus steriles et pierreuses. Ce qui restoit le
long de la riviere au dessous de nous, c'est de très belles
prairies.

Nous vinsmes souper d'une traite à

Brixe[1], quatre lieues, très belle petite ville, au travers
de laquelle passe cette riviere, sous un pont de bois : c'est
un évesché. Nous y vismes deus très belles eglises, et
fumes logés à l'Aigle, beau logis. Sa pleine n'est guiere
large; mais les montaignes d'autour, mesmes sur nostre
mein gauche, s'estandent si mollemant qu'elles se laissent
testonner et peigner jusques aux oreilles. Tout se voit
ramply de clochiers et de villages bien haut dans la
montaigne, et près de la ville, plusieurs belles maisons
très plesamment basties et assises.

M. de Montaigne disoit :

« Qu'il s'etoit toute sa vie mesfié du jugemant d'autruy
sur le discours des commodités des païs estrangiers,
chacun ne sçachant gouster que selon l'ordonnance de
sa coutume et de l'usage de son village; et avoit faict fort
peu d'estat des avertissemans que les voiageurs lui
donnoint : mais en ce lieu, il s'esmerveilloit encore plus
de leur bestise, aïant et notament en ce voïage, ouï dire
que l'entredeus des Alpes en cest endroit estoit plein de
difficultés, les meurs des homes estranges, chemins
inaccessibles logis sauvages, l'air insuportable. Quant
à l'air, il remercioit Dieu de l'avoir trouvé si dous, car il
inclinoit plutost sur trop de chaud que de froid; et en
tout ce voïage, jusques lors, n'avions eu que trois jours
de froid, et de pluie environ une heure; mais que du
demousrant s'il avoit à promener sa fille[2], qui n'a que
huit ans, il l'aimeroit autant en ce chemin qu'en allée
de son jardin; et quant aus logis, il ne vit jamais contrée
où ils fussent si drus semés et si baus, aïant tous-jours
logé dans belles villes bien fournies de vivre, de vins,
et à meilleure raison qu'ailleurs. »

Il y avoit là une façon de tourner la broche qui estoit
d'un engin à plusieur roues, où montoit à force une corde

autour d'un gros vesseau de fer. Elle, venant à se déban-
der, on arreſtoit son reculement, en maniere que ce
mouvement duroit près d'une heure, et lors il le falloit
remonter : quant au vent de la fumée, nous en avions veu
plusieurs.

Ils ont si grande abondance de fer qu'outre ce que
toutes les feneſtres sont grillées et de diverses façons,
leurs portes, mesmes les contrefeneſtres sont couvertes
de lames de fer. Nous retrouvames là des vignes, de
quoy nous avions perdu la vue avant Auguſte[1]. Icy
autour, la pluspart des maisons sont voutées à tous les
etages; et ce qu'on ne sçait pas faire en France, de se
servir de tuile creux à couvrir des pantes fort étroites,
ils le font en Allemaigne, voire et des clochiers. Leur
tuile eſt plus petit et plus creux, et en aucuns lieus platré
sur la jouinture.

Nous partimes de Brixe lendemein matin, et rencontrames ceſte mesme vallée fort ouverte, et les coſteaux
la pluspart du chemin enrichis de plusieurs belles maisons. Aïant la riviere d'Eysoc[2] sur notre mein gauche,
passames au travers une petite villette, où il y a plusieurs
artisans de toutes sortes, nommée Clause[3], de là vinsmes
disner à

Colman[4], trois lieues, petit village où l'archiduc a
une maison de plaisir. Là on nous servit des gobelets de
terre peinte parmy ceus d'argent, et y lavoit-on les verres
avec du sel blanc; et le premier service fut d'une poile
bien nette, qu'ils mirent sur la table a tout un petit
inſtrument de fer, pour l'appuyer et lui hausser la quë.
Dans ceſte poile, il y avoit des œufs pochés au beurre.

Au partir de là, le chemin nous serra un peu, et aucuns
rochers nous pressoit de façon que le chemin se trouvoit
eſtroit pour nous et la rivierre, ensemble nous eſtions en
danger de chocquer, si on n'avoit mis entr'elle et les
passans une barriere de muraille, qui dure en divers
endroits plus d'une lieue d'Allemaigne. Quoyque la
pluspart des montaignes qui nous touchoint là soint
des rochiers sauvages, les uns massifs, les autres crevassés
et interrompus par l'écoulement des torrens, et autres
escailleus qui envoyent au bas pieces infinies d'une
etrange grandeur, je crois qu'il y faiſt dangereux en
tems de grande tourmente, comme ailleurs. Nous avons

aussi veu des forets entieres de sapins, arrachées de leur
pied et amportans avec leur cheute des petites montaignes de terre, tenant à leurs racines. Si eſt-ce que le
païs eſt si peuplé, qu'au-dessus de ces premieres montaignes nous en voyions d'autres plus hautes cultivées
et logées, et avons aprins qu'il y a audessus des grandes
et belles plaines qui fournissent de bled aus villes d'au-
dessous, et des très riches laboureurs et des belles meisons.
Nous passames la riviere sur un pont de bois, de quoy il y
en a plusieurs, et la mismes à noſtre mein gauche. Nous
descouvrimes, entr'autres, un chaſteau a une hauteur de
montaigne la plus eminente et inaccessible qui se presentaſt à noſtre veue, qu'on diſt être à un baron du païs, qui
s'y tient et qui a là haut un beau païs et belles chasses.
Audelà de toutes ces montaignes, il y en a tous-jours une
bordure des Alpes : celles-là, on les laisse en paix. Et
brident l'issue de ce detroit, de façon qu'il faut tous-jours
revenir à noſtre canal et ressortir par l'un des bouts.
L'archiduc tire de ce comté de Tirol, duquel tout le
revenu consiſte en ces montaignes, trois çans mille
florins par an; et a mieus de quoi de là, que du reſte de
tout son bien.

Nous passames sur un pont de pierre, et nous rendismes
de bonne heure à

Bolzan[1], quatre lieues, ville de la grandeur de Libourne
sur ladite riviere, assez mal plesante au pris des autres
d'Allemaigne; de façon que M. de Montaigne s'écria
« qu'il connoissoit bien qu'il commançoit à quitter
l'Allemaigne » : les rues plus eſtroites, et point de belle
place publique. Il y reſtoit encore fontaines, ruisseaus,
peintures, et verrières.

Il y a là si grande abondance de vins qu'ils en fournissent toute l'Allemaigne. Le meilleur pain du monde
se mange le long de ces montaignes. Nous y vismes
l'eglise qui eſt des belles. Entre autres, il y a des orgues
de bois; elles sont hautes, près le crucifix, devant le
grand autel; et si celui qui les sonne se tient plus de
douze pieds plus bas au pied du pilier où elles sont
attachées; et les soufflets sont au-delà le mur de l'église,
plus de quinze pieds derriere l'organiſte, et lui fournissent leur vent par dessous terre. L'ouverture où eſt cette
ville n'eſt guiere plus grande que ce qu'il lui faut pour

se loger; mais les montaignes mesmes sur notre main droite, estandent un peu leur vantre et l'alongent.

De ce lieu M. de Montaigne escrivit à François Hottoman, qu'il avoit veu à Basle[1] : « Qu'il avoit pris si grand plaisir à la visitation d'Allemaigne, qu'il l'abandonnoit à grand regret, quoyque ce fût en Italie qu'il alloit; que les etrangiers avoint à y souffrir come ailleurs de l'exacion des hostes, mais qu'il pensoit que cela se pourroit corriger, qui ne seroit pas à la mercy des guides et truchemans qui les vandent et participent à ce profit. Tout le demourant lui sembloit plein de commodité et de courtoisie, et surtout de justice et de sûreté. »

Nous partimes de Bolzan le vendredy bon matin, et vinmes donner une mesure d'avoine et desjûner à

Brounsol[2], deux lieues, petit village audessus duquel la riviere d'Eysoc[3], qui nous avoit conduit jusques-là, se vient mesler à celle d'Adisse[4], qui court jusqu'à la mer Adriatique, et court large et paisible, non plus à la mode de celles que nous avions rencontré parmy ces montaignes, audessus bruiantes et furieuses. Aussi ceste pleine, jusques à Trante[5], commance de s'elargir un peu, et les montaignes à baisser un peu les cornes en quelques endrets; si est-ce qu'elles sont moins fertiles par leurs flancs que les précédentes. Il y a quelques marets en ce vallon qui serrent le chemin, le reste très aysé et quasi tous-jours dans le fons et plein.

Au partir de Brounsol, à deux lieues, nous rencontrames un gros bourg[6] où il y avoit fort grande affluence de peuple à cause d'une foire. Delà un autre village bien basti, nomé Solorme[7], où l'archiduc a un petit chasteau, à nostre mein gauche, en étrange assiette, à la teste d'un rochier.

Nous en vinsmes coucher à

Trante[8], cinq lieues, ville un peu plus grande que Aagen[9], non guieres plesante, et ayant du tout perdu les graces des villes d'Allemaigne : les rues la pluspart etroites et tortues.

Environ deux lieues avant que d'y arriver, nous estions entrés au langage italien. Ceste ville est my-partie en ces deux langues; et y a un quartier de ville et eglise qu'on nome des Alemans[10], et un precheur de leur langue.

Quant aux nouvelles religions, il ne s'en parle plus depuis Auguste[1]. Elle est assise sur cete riviere d'Adisse[2]. Nous y vismes le dome, qui semble estre un batiment fort antique[3] ; et bien près de là, il y a une tour quarrée[4], qui tesmoingne une grande antiquité. Nous vismes l'église nouvelle, Notre-Dame, où se tenoit notre concile[5]. Il y a en ceste eglise des orgues qu'un home privé y a données, d'une beauté excellente, soublevées en un batiment de marbre[6], ouvré et labouré de plusieurs excellentes statues, et notamment de certains petits enfans qui chantent[7]. Ceste eglise fut batie, com'elle dict, par Bernardus Clesius, Cardinalis, l'an 1520, qui estoit evesque de ceste ville et natif de ce mesme lieu[8]. C'estoit une ville libre et sous la charge et empire de l'evesque. Depuis, à une nécessité de guerre contre les Vénitiens[9], ils apelarent le comte de Tirol à leurs secours, en récompense de quoy il a retenu certaine authorité et droit sur leur ville[10]. L'évesque et luy contestent, mais l'evesque jouit, qui est pour le presant le cardinal Madruccio.

M. de Montaigne disoit : « qu'il avoit remarqué des citoyens qui ont obligé les villes de leurs naissances, en chemin, les Foulcres à Auguste, ausquels est deu la plus-part de l'ambellissemant de cete ville, car ils ont rempli de leurs palais tous les carrefours, et les eglises de plusieurs ouvrages, et ce cardinal Clesius : car outre ceste esglise et plusieurs rues qu'il redressa à ses despens, il fit un très beau batimant au chasteau de la ville[11]. » Ce n'est pas au dehors grand chose, mais audedans c'est le mieus meublé et peint et enrichi et plus logeable qu'il est possible de voir. Tous les lambris dans le fons ont force riches peintures et devises; la bosse fort dorée et labourée; le planchier de certaine terre, durcie et peinte comme marbre, en partie accommodé à nostre mode, en partie à l'allemande, avec des poiles. Il y en a un entr'autres faict de terre brunie d'airein, faict à plusieurs grands person-nages, qui reçoivent le feu en leurs mambres, et un ou deus d'iceus près d'un mur, rendent l'eau qui vient de la fontene de la court fort basse audessous : c'est une belle piece. Nous y vismes aussi, parmy les autres peintures du planchier, un triomphe nocturne aux flambeaus[12], que M. de Montaigne admira fort. Il y a deux ou trois chambres rondes; en l'une, il y a une inscription que « ce Clesius, l'an 1530, estant envoyé, au couronnemant de l'empereur Charles V qui fut faiᶜt par le pape Clemant VII, le jour de Sainᶜt Mathias, ambassadeur de la part de Ferdinand, roi de Hongrie et Boëme, comte de Tirol, frère dudit empereur, lui eᶴtant evesque de Trante, il fut faiᶜt cardinal »; et a faiᶜt mettre autour de la chambre et pendre contre le mur les armes et noms des gentils-hommes qui l'accompagnarent à ce voïage, environ cinquante, tous vassaus de ceᶴt evesché, et comtes ou barons[1]. Il y a aussi une trappe en l'une des dites chambres, par où il pouvoit se couler en la ville, sans ses portes. Il y a aussi deux riches cheminées. C'eᶴtoit un bon cardinal. Les Foulcres ont bati, mais pour le service de leur poᶴtérité[2]; celui-ci pour le public : car il y a laissé ce chaᶴteau meublé de mieux de cent mille escus de meubles, qui y sont encore, aus evesques successeurs; et en la bourse publicque des evesques suivans, çant cinquante mille talers[3] en argent contant, de quoy jouissent sans intereᶴt du principal; et si ont laissé son eglise Noᶴtre-Dame imparfaiᶜte, et lui assez chetisvement enterré. Il y a entr'autres choses plusieurs tableaus au naturel et force Cartes. Les évesques suivans ne se servent d'autres meubles en ce chaᶴteau, et en a pour les deux sesons d'hiver et d'eᶴté, et ne se peuvent aliener.

Nous sommes à cette heure aux mille d'Italie, desquels cinq mille reviennent à un mille d'Allemaigne; et on conte vingt-quatre heures-faiᶜt partout[4], sans les mi partir[5]. Nous logeames à la Rose, bon logis.

Nous partimes de Trante, samedy après disner, et suivimes un pareil chemin dans cette vallée eslargie et flanquée de hautes montaignes inhabitées, aiant laditte riviere d'Adisse[6] à noᶴtre mein droite. Nous y passames un chaᶴteau de l'archiduc qui couvre le chemin, comme nous avons trouvé ailleurs plusieurs pareilles cloᶴtures qui tiennent les chemins sujeᶜts et fermés; et arrivames qu'il eᶴtoit desjà fort tard (et n'avions encore que jusques lors taᶴté de serein, tant nous conduisions regléement noᶴtre voïage) à

Rovere[7], quinze milles, ville appartenant audiᶜt archiduc.

Nous retrouvâmes là, quant au logis, nos formes; et y trouvames à dire, non-sulement la netteté des chambres et meubles d'Allemaigne et leurs vitres, mais

encore leurs poëles; à quoi M. de Montaigne trouvoit
beaucoup plus d'aisance qu'aus cheminées. Quant aus
vivres, les écrevisses nous y faillirent; ce que M. de
Montaigne remerquoit, pour grand' merveille, luer en
avoir esté servi tous les repas depuis Plommieres, et près
de deux cens lieues de païs. Ils mangent là, et le long de
ces montaignes, fort ordinairement des escargots beaucoup plus grands et gras qu'en France, et non de si bon
goust. Ils y mangent aussi des truffes qu'ils pelent et puis
les mettent à petites leches à huile et au vinaigre, qui ne
sont pas mauvaises. A Trente on en servit qui estoint
gardées un an. De nouveau, et pour le goust de M. de
Montaigne, nous y trouvames force oranges, citrons et
olives. Aus licts, des rideaus découpés, soit de toile ou
de cadis, à grandes bandes, et ratachés de louin en louin.
M. de Montaigne regrettoit aussi ces licts qui se mettent
pour couverture en Allemaigne. Ce ne sont pas licts tels
que les notres, mais de duvet fort délicat, enfermé dans
de la futaine bien blanche, aus bon logis. Ceus de dessous
en Allemaigne mesme ne sont pas de ceste façon, et ne
s'en peut-on servir à couverture sans incommodité.

Je croy à la vérité que, s'il eut été sul avec les siens, il
fut allé plustost à Cracovie ou vers la Grèce par terre, que
de prendre le tour vers l'Italie; mais le plaisir qu'il prenoit
à visiter les païs inconnus, lequel il trouvoit si dous que
d'en oublier la foiblesse de son aage et de sa santé, il ne
le pouvoit imprimer à nul de la troupe, chacun ne demandant que la retraite. Là où il avoit accoutumé de dire
« après avoir passé une nuict inquiette, quand au matin
il venoit à se souvenir qu'il avoit à voir ou une ville
ou une contrée, il se levoit avec desir et allegresse ».
Je ne le vis jamais las ny moins se plaignant de ses
douleurs, ayant l'esprit, et par le chemin et en logis, si
tendu à ce qu'il rencontroit et recherchant toutes occasions d'entretenir les etrangiers, que je crois que cela
amusoit son mal.

Quand on se pleingnoit à luy de ce qu'il conduisoit
souvent la troupe par chemins divers et contrées, revenant souvent bien près d'où il étoit party ce qu'il faisoit,
ou recevant l'advertissement de quelque chose digne de
voir, ou changeant d'avis selon les occasions, il respondoit:
« qu'il n'aloit, quant à luy, en nul lieu que là où il se
trouvoit, et qu'il ne pouvoit faillir ny tordre sa voïe,

n'aïant nul projeƈt que de se promener par des lieus inconnus ; et pourveu qu'on ne le revit pas retumber sur mesme voie et revoir deus fois mesme lieu, qu'il ne faisoit nulle faute à son dessein. Et quant à Rome, où les autres visoint, il la desiroit d'autant moins voir que les autres lieus, qu'elle eſtoit connue d'un chacun et qu'il n'avoit laquais qui ne leur peuſt dire nouvelles de Florence et de Ferrare. » Il disoit aussi : « qu'il lui sembloit eſtre à mesmes ceus qui lisent quelque plaisant conte, d'où il leur prent creinte qu'il vieigne bientoſt à finir, ou un beau livre ; lui de mesme prenoit si grand plesir à voïager à son aise, s'il pouvoit se randre seul[1]. »

Le dimanche au matin, aïant envie de reconnoitre le lac de Garde, qui eſt fameus en ce païs là et d'où il vient fort excellent poisson, il loua trois chevaus pour lui et les seigneurs de Caselis et de Mattecoulon, à vingt B. la piece ; et M. d'Eſtissac en loua deux autres pour lui et le sieur du Hautoy, et, sans aucun serviteur, laissant leurs chevaus en ce logis (à Rovere) pour ce jour, ils s'en allarent disner à

Torbolé[2], huiƈt milles, petit village de la jurisdiƈtion de Tirol. Il eſt assis à la teſte de ce grand-lac. A l'autre coſté de ceſte teſte, il y a une villette et un chaſteau nomé la Riva[3], là où ils se firent porter sur le lac, qui eſt cinq milles aller et autant à revenir ; et firent le chemin avec cinq tireux en trois heures ou environ. Ils ne virent rien audit la Riva que une tour qui semble eſtre fort ancienne[4], et par rencontre, le seigneur du lieu, qui eſt le seigneur Hortimato Madruccio, frère du cardinal, pour ceſt heure, evesque de Trante[5]. Le prospeƈt du lac contre bas eſt infini, car il a trente cinq milles de long. La largeur et tout ce qu'ils en pouvoint decouvrir n'eſtoit que desdits cinq milles. Ceſte teſte eſt au comté de Tirol, mais tout le bas d'une part et d'autre, à la seigneurie de Venise, où il y a force belles eglises et tout plein de beaus parcs d'oliviers, orangiers, et autres tels fruitiers. C'eſt un lac sujeƈt à une extreme et furieuse agitation quand il y a orage. L'environ du lac ce sont montaignes plus rechignées et seches que nulles autres du chemin que nous eussions vues, à ce que lesdits sieurs raportoint ; ajoutant qu'au partir de Rovere ils avoint passé la riviere d'Adisse[6] et laissé à mein gauche le chemin de Verone, et eſtoint antrés en un fons où ils avoint trouvé un fort long village et une petite villette; que c'estoit le plus aspre chemin qu'ils eussent veu, et le prospect le plus farouche, à cause de ces montaignes qui ampeschoient ce chemin.

Au partir de Torbolé revindrent souper à

Rovere[1], huit milles. Là ils mirent leurs bahus sur de ces zattes, qu'on appeloit flottes en Allemaigne, pour les conduire à Verone sur laditte riviere d'Adisse, pour un fleurin, et j'eus la charge landemein de ceste conduite. On nous y servit à soupper des œufs pochés pour le premier service, et un brochet, parmi grand foison de toute espèce de cher.

Landemein, qui fut lundy matin, ils en partirent grand matin; et suivant ceste vallée assés peuplée, mais guieres fertile et flanquée de hauts monts escailleus et secs, ils vindrent disner à

Bourguet[2], quinze milles, qui est encore du comté de Tirol; ce comté est fort grand. A ce conte, M. de Montaigne s'informant si c'estoit autre chose que ceste vallée que nous avions passée, et le haut des montaignes qui s'estoient presentées à nous, il lui fut respondu : « qu'il y avoit plusieurs tels entre-deus de montaignes aussi grands et fertiles, et autres belles villes, et que c'estoit comm'une robe que nous ne voyons que plissée; mais que si elle estoit espandue ce seroit un fort grand pays que le Tyrol. » Nous avions tousjours la riviere à nostre mein droite.

Delà, partant après disner, suivimes mesme sorte de chemin jusques à Chiusa, qui est un petit fort, que les Vénitiens ont gaigné, dans le creus d'un rocher[3] sur ceste riviere d'Adisse, du long duquel nous descendismes par une pente roide de roc massif, où les chevaus assurent mal-ayséement leurs pas, et au travers dudict fort, où l'Estat de Venise, dans la juridiction duquel nous étions entrés un ou deux milles après estre sortis du Bourguet, entretient vingt-cinq soldats.

Ils vinrent coucher à

Volarne[4], douze milles, petit village et miserable logis, comme sont tous ceux de ce chemin jusques à Verone. Là, du chasteau du lieu, une damoiselle, fille, sœur du seigneur absent, envoya du vin à M. de Montaigne.

Lendemein matin, ils perdirent du tout les montaignes à mein droite, et laissaient louin à coſté de leur mein gauche des collines qui s'entre-tenoint. Ils suivirent long-temps une plaine ſtérile, et puis approchant de ladite riviere, un peu meilleur et fertile de vignes juchées sur des arbres, comme elles sont en ce païs là; et arrivarent le jour de Tousseints, avant la messe, à

Verone, douze milles, ville de la grandeur de Poitiers, et ayant einsin une cloture vaſte sur ladite riviere d'Adisse qui la traverse, et sur laquelle ell'a trois ponts. Je m'y rendis aussi avec mes bahus. Sans les *boletes de la Sanità*[1], que ils avoint prinses à Trante et confirmées à Rovere, ils ne fussent pas entrés en la ville, et si n'eſtoit nul bruit de dangier de peſte; mais c'eſt par coutume, ou pour friponner quelque quatrin[2] qu'elles coutent.

Nous fûmes voir le dome où il [Montaigne] trouvoit la contenance des hommes étrange, un tel jour, à la grand messe; ils devisoint au chœur mesmes de l'eglise, couverts, debout, le dos tourné vers l'autel, et ne faisant contenance de penser au service que lors de l'elevation. Il y avoit des orgues et des violons qui les accompagnoint à la messe. Nous vismes aussi d'autres églises, où il n'y avoit rien de singulier, ny, entre autres choses, en ornemant et beauté des femmes.

Ils furent, entre autres, en l'eglise Saint-George[3], où les Allemans ont force tesmoignages d'y avoir eſté, et plusieurs ecussons. Il y a, entre autres, une inscription, portant que certains gentilshomes allemans, aiant accompaigné l'empereur Maximilien à prandre Verone sur les Venitians[4], ont là mis je ne sçay quel ouvrage[5] sur un autel. Il [Montaigne] remerquoit cela, que ceſte seigneurie meintient en sa ville les tesmoingnages de ses pertes; come aussi elle meintient en son entier les braves sepultures des pauvres seigneurs de l'Escale[6]. Il eſt vray que noſtre hoſte du Chevalet, qui eſt un très bon logis, où nous fumes superfluemant traités de vivres au conte d'un quart plus qu'en France, jouit pour sa race de l'une de ces tumbes[7]. Nous y vismes le chaſteau[8] où ils furent conduits partout par le lieutenant du caſtellan. La seigneurie y entretient soixante soldats; plus, à ce qu'on lui dit là mesmes, contre ceux de la ville, contre les etrangers.

Nous vîmes aussi une religion de moines, qui se

nomment Jésuates de Saint Jerosme[1]. Ils ne sont pas
preſtres ni ne disent la messe ou preschent, et sont la
pluspart ignorans; et font eſtat d'eſtre excellans diſtilla-
teurs d'eau nafes et pareilles eaux[2]. Et là et ailleurs ils
sont veſtus de blanc, et petites berretes blanches, une
robe enfumée par dessus; force beaus jeunes hommes.
Leur eglise fort bien accommodée, et leurs refeĉtoere, où
leur table eſtoit des-jà couverte pour souper. Ils virent là
certenes vieilles masures très antiennes du temps des
Romains, qu'ils disent avoir eſté un amphitheatre, et les
raprisent avec autres pieces qui se découvrent audessous.
Au retour de là, nous trouvames qu'ils nous avoint
parfumé leurs cloitres et nous firent antrer en un cabinet
plein de fioles; et de vesseaus de terre, et nous y parfuma-
rent. Ce que nous y vismes de plus beau et qu'il disoit
eſtre le plus beau batiment qu'il eut veu en sa vie, ce
fut un lieu qu'ils appellent l'Arena. C'eſt un amphitéatre
en ovale, qui se voit quasi tout entier, tous les sieges,
toutes les vôtes et circonférance, sauf la plus extreme
de dehors : somme qu'il y en a assez de reſte pour decouvrir au vif la forme et service de ces batimans. La seigneurie y fait employer quelques amandes des criminels,
et en refaiĉt quelque lopin; mais c'eſt bien loin de ce qu'il
faudroit à la remettre en son antier; et doute fort que
toute la ville vaille ce rabillage. Il eſt en forme ovale; il
y a quarante-trois degrés de rangs, d'un pied ou plus
de haut chacun, et environ six cens pas de rondeur en son
haut. Les gentilshommes du païs s'en servent encore pour
y courre aux joutes et autres plesirs publiques.

    Nous vismes aussi les Juifs, et il [Montaigne] fut en
leur sinagogue et les entretint fort de leurs cerimonies.
Il y a des places bien belles et beaus marchés. Du chaſteau,
qui eſt en haut, nous découvrions dans la pleine Mantoue
qui eſt à vingt milles à mein droite de noſtre chemin.
Ils n'ont pas faute d'inscriptions; car il n'y a rabillage de
petite goutiere où ils ne facent mettre, et en la ville et sur
les chemins, le nom du Podeſta, et de l'artisan. Ils ont de
commun avec les Allemans qu'ils ont tous des armoiries,
tant marchans qu'autres; et en Allemaigne, non les villes
sulemant, mais la pluspart des bourgs ont certaines
armes propres.

    Nous partimes de Verone, et vismes, en sortant,
l'eglise de Noſtre-Dame des miracles, qui eſt fameuse

de plusieurs accidens étranges, en considération desquels on la rebaſtit de neuf, d'une très belle figure ronde. Les clochiers de là sont couverts en plusieurs lieus de brique couchée de travers. Nous passames une longue plaine de diverse façon, tantoſt fertile, tantoſt autre, ayant les montaignes bien louin à noſtre mein gauche, et aucunes à droite, et vinsmes, d'une traite souper à

Vincenza[1], trante milles. C'eſt une grande ville, un peu moins que Verone, où y a tout plein de palais de noblesse[2].

Nous y vismes lendemain plusieurs eglises, et la foire qui y tenoit lors; en une grande place, plusieurs boutiques qui se batissent de bois sur le champ pour ceſt effeƈt.

Nous y vismes aussi des jesuates qui y ont un beau monaſtere; et vismes leur boutique d'eaus, de quoy ils font boutique et vente publicque; et en eusmes deus de senteur pour un escu : car ils en font des medicinales pour toutes maladies. Leur fondateur eſt P. Urb.[3] S. Jan Colombini, gentilhome sienois, qui le fonda l'an 1367. Le cardinal de Pelneo[4] eſt pour ceſte heure leur proteƈteur. Ils n'ont des monaſteres qu'en Italie, et y en ont trente. Ils ont une très belle habitation. Ils se foitent, disent-ils, tous les jours : chacun a ses chenettes en sa place de leur oratoire, où ils prient Dieu sans vois[5], et y sont ensamble à certeines heures.

Les vins vieus failloient déjà lors, qui me metoit en peine à cause de sa colique, de boire ces vins troubles, autremant bons toutefois. Ceux d'Allemaigne se faisoient regretter, quoy qu'ils soint pour la pluspart aromatisés, et ayent diverses santeurs qu'ils prennent à friandis, mesmes de la sauge; et l'apelent vin de sauge, qui n'eſt pas mauvais, quand on y eſt accoutumé; car il eſt au demûrant bon et genereus.

Delà nous partimes jûdy après disner, et par un chemin très uni, large, droit, fossoyé de deus pars, et un peu relevé, aïant de toutes pars un terroir très fertile, les montaignes comme de coutume, de loin à noſtre veuë, vinmes coucher à

Padoue, dix-huit milles.

Les hoſtelleries n'ont nulle comparaison en nulle sorte de traitemant à ceux d'Allemaigne. Il eſt vrai qu'ils sont moins chers d'un tiers et approchent fort du point de France.

Elle est bien fort vaste, et à mon avis a sa cloture de la grandeur de Bordeaus pour le moins. Les rues estroites et laides, fort peu peuplées, peu de belles maisons; son assiette fort plaisante dans une pleine descouverte bien loin tout au tour. Nous y fusmes tout le lendemain et vismes les escoles d'escrime, du bal, de monter à cheval, où il y avoit plus de cens gentilshomes françois; ce que M. de Montaigne contoit à grand incommodité pour les jeunes hommes de notre païs qui y vont, d'autant que ceste société les acoustume aus meurs et langage de leur nation, et leur oste le moïen d'acquerir des connoissances étrangeres. L'eglise Saint-Anthoine lui samble belle; la voute n'est pas d'un tenant, mais de plusieurs enfonçures en dome. Il y a beaucoup de rares sculptures de marbre et de bronse. Il y regarda de bon œil le visage du cardinal Bembo[1] qui montre la douceur de ses mœurs et je ne sçay quoy de la gentillesse de son esprit. Il y a une salle, la plus grande, sans pilliers, que j'aie jamais veue où se tient leur justice[2]; et à l'un bout est la teste de Titus Livius[3] maigre, rapportant un home studieus et malancholicq, ancien ouvrage auquel il ne reste que la parole. Son epitaphe aussi y est[4], lequel ayant trouvé, ils l'ont ainsi élevé pour s'en faire honneur, et avecque raison. Paulus, le jurisconsulte[5] y est aussi sur la porte de ce palais, mais il [Montaigne] juge que ce soit un ouvrage recent. La maison qui est au lieu des anciennes Arènes[6] n'est pas indigne d'estre veue et son jardin. Les escoliers y vivent à bonne raison à sept escus pour mois le mestre et six le valet, aux plus honnestes pensions.

Nous en partîmes le samedy bien matin et par une très belle levée le long de la riviere[7], aïant à nos costés des pleines très fertiles de bleds et fort ombragées d'arbres, entre-semés par ordre dans les champs où se tiennent leurs vignes, et le chemin fourny de tout plein de belles maisons de plaisance et entre autres d'une maison de ceus de la race Contarene[8], à la porte de laquelle il y a une inscription que le roy y logea revenant de Pologne[9]. Nous nous rendismes à

La Chaffousine[10], vingt milles, où nous disnames. Ce n'est qu'une hostellerie où l'on se met sur l'eau pour se rendre à Venise. Là abordent tous les bateaux le long de ceste riviere, avec des engins et des poulies que deux chevaux tournent à la mode de ceux qui tournent les meules d'huile. On emporte ces barques atout des roues qu'on leur met au dessous, par dessus un planchier de bois pour les jetter dans le canal qui va se rendre en la mer où Venise est assise.

Nous y dinasmes, et nous estans mis dans une gondole, vismes souper à

Venise, cinq milles.

Lendemain, qui fut dimenche matin, M. de Montaigne vit M. de Ferrier[1], ambassadeur du roi, qui lui fit fort bonne chere, le mena à la messe et le retint à disner avec lui.

Le lundy M. d'Estissac et lui y disnarent encore. Entres autres discours dudict ambassadeur, celui-là lui sembla estrange : qu'il n'avoit commerce avecq nul home de la ville, et que c'estoit un humeur de gens si soupçonneuse que, si un de leurs gentilshommes avoit parlé deux fois à lui, ils le tienderoint pour suspect, et aussi cela que la ville de Venise valoit quinze çans mille escus de rente à la seigneurie[2]. Au demeurant les raretés de ceste ville sont assez connues. Il [Montaigne] disoit l'avoir trouvée autre qu'il ne l'avoit imaginée et un peu moins admirable; il la reconnut et toutes ses particularités avec extreme diligence. La police, la situation, l'arsenal, la place de Saint-Marc et la presse des peuples etrangiers, lui samblarent les choses plus remarquables.

Le lundy à souper, 6 de novembre[3], la signora Veronica Franca, gentifame venitienne, envoïa vers lui pour lui presenter un petit livre de lettres qu'elle a composé[4]; il fit donner deux escus audit home.

Le mardy après disner il eut la colicque qui lui dura deus ou trois heures, non pas des plus extremes à le voir, et avant souper, il rendit deux grosses pierres, l'une après l'autre.

Il n'y trouva pas ceste fameuse beauté qu'on attribue aus dames de Venise, et vit les plus nobles de celles qui en font traficque; mais cela lui sembla autant admirable que nulle autre chose, d'en voir un tel nombre, comme de cent cinquante ou environ[5], faisant une dépense en meubles et vestemans de princesses; n'ayant autre fons à se maintenir que de ceste traficque; et plusieurs de la noblesse de là, mesme avoir des courtisanes à leurs despens, au veu et au sceu d'un chacun. Il louoit pour son service une gondole pour jour et nuict, à deux livres, qui sont environ dix-sept solds, sans faire nulle despense au barquerol. Les vivres y sont chers comme à Paris; mais c'est la ville du monde où on vit à meilleur conte, d'autant que la suite des valets nous y est du tout inutile, chacun y allant tout seul, et la despense des vestemans de mesme; et puis, qu'il n'y faut nul cheval.

Le samedy, dousiesme de novembre, nous en partimes au matin et vismes à

La Chaffousine[1], cinq milles; où nous nous mîmes homes et bagage dans une barque pour deux escus. Il [Montaigne] a accoutumé creindre l'eau; mais ayant opinion que c'est le seul mouvement qui offense son estomac, voulant assaïer si le mouvement de ceste riviere qui est eguable et uniforme, attendu que des chevaux tirent ce bateau, l'offenceroit, il l'essaïa et trouva qu'il n'y avoit eu nul mal. Il faut passer deux ou trois portes dans ceste riviere, qui se ferment et ouvrent aus passans.

Nous vinmes coucher par eau à

Padoue, vingt milles.

M. de Caselis laissa là sa compagnie et s'y arresta en pension[2] pour sept escus par mois, bien logé et traité. Il eust peu avoir un lacquais pour cinq escus; et si, ce sont des plus hautes pensions où il y avoit bonne compagnie, et notamment le sieur de Millau, fils de M. de Salignac[3]. Ils n'ont communément point de valets et seulement un garçon du logis, ou des fames, qui les servent; chacun une chambre fort propre : le feu de leur chambre et la chandelle, ils se le fournissent. Le traitemant, comme nous vismes, fort bon; on y vit à très grande raison, qui est à mon avis la raison que plusieurs etrangers s'y retirent, de ceux mesmes qui n'y sont plus escoliers. Ce n'est pas la coutume d'y aller à cheval par la ville ny guiere suivy. En Allemaigne je remarquois que chacun porte espée au costé, jusques aux manœuvres; aus terres de ceste seigneurie, tout au rebours, personne n'en porte.

Dimanche après disner, 13 de novembre, nous en partimes pour voir des beings qu'il y avoit sur la main droite. Il [Montaigne] tira droit à Abano. C'est un petit village près du pied des montaignes, au dessus duquel, trois ou quatre cens pas, il y a lieu un peu soublevé, pierreux. Ce haut, qui est fort spacieus, a plusieurs sur-jons de fontenes chaudes et bouillantes qui sortent du rochier; elles sont trop chaudes entour leur source pour s'y baigner et encore plus pour en boire. La trace autour de leur cours est toute grise, comme de la cendre bruslée; elles laissent force excremans, qui sont en forme d'eponges dures; le goust en est peu salé et souffreus. Toute la constrée est enfumée; car les ruisseaux qui escoulent par-ci par-là dans la plaine emportent bien loin cete chaleur et la senteur. Il y a là deus ou trois maisonnettes assez mal accommodées pour les malades, dans lesquelles on dérive des canals de ces eaus pour en faire des bains aus meisons. Non seulemant il y a de la fumée où est l'eau, mais le rochier mesme fume par toutes ses crevasses et jointures et rend chaleur partout, en maniere qu'ils en ont percé aucuns endroits où un homme se peut coucher, et de ceste exhalation se mettre en sueur; ce qui se faict soubdeinemant. Il [Montaigne] mit de ceste eau en la bouche, après qu'elle fut fort reposée pour perdre sa chaleur excessive; il leur trouva le goust plus salé qu'autre chose.

Plus à main droite nous decouvrions l'abbaïe de Praïe[1], qui est fort fameuse pour sa beauté, richesse et courtoisie à recevoir et traiter les etrangiers. Il [Montaigne] n'y voulut pas aller, faisant état que toute ceste contrée et notamment Venise, il avoit à la revoir à loisir; et n'estimoit rien ceste visite; et ce qui lui avoit fait entreprendre, c'estoit la faim extreme de voir ceste ville. Il disoit qu'il n'eust sceu arrester ny à Rome, ny ailleurs en Italie en repos, sans avoir reconnu Venise; et pour cest effaict se seroit detourné de son chemin. Il a laissé à Padoue, sur cest esperance, à un maistre François Bourges, françois, les œuvres du Cardinal Cusan[2], qu'il avoit acheté à Venise.

De Abano, nous passames à un lieu nommé Sainct-Pietro, lieu bas[3] : et avions toujours les montaignes[4] à nostre main droite fort voisines. C'est un païs de preries et pascages qui est de mesmes tout enfumé en divers lieus de ces eaus chaudes, les unes brulantes, les autres tiedes, autres froides; le goust un peu plus mort et mousse que les autres, moins de senteur de souffre, et, quasi point du tout, un peu de salure. Nous y trouvames quelques traces d'antiques bastimans. Il y a deux ou trois cheftives maisonnettes autour pour la retraite des malades; mais à la vérité, tout cela est fort sauvage; et ne serois d'avis d'y envoïer mes amis. Ils disent que c'est la seigneurie qui n'a pas grand soin de cela, et creint l'abord des seigneurs etrangiers. Ces derniers beings lui firent resouvenir, disoit-il, de ceus de Preissac près d'Ax[1]. La trace de ces eaus est toute rougeastre. Et mit sur sa langue de la boue; il n'y trouva nul goust; il croit qu'elles soint plus ferrées.

De là nous passames le long d'une très belle maison d'un gentilhome de Padoue[2] où estoit M. le cardinal d'Este[3], malade des gouttes, il y avoit plus de deux mois, pour la commodité des beins et plus pour le voisinage des dames de Venise, et tout jouignant de là vinmes coucher à

Bataille[4], huit milles, petit village sur le canal Del Fraichine[5], qui n'ayant pas de profondeur, deux ou trois pieds parfois, conduit pourtant des batteaux fort étranges. Nous fumes là servis de plats de terre et assiettes de bois à faute d'etain; autrement assez passablemant.

Le lundy matin, je m'en partis devant avec le mulet. Ils allèrent voir des beings qui sont à cinq cens pas de là, par la levée le long de ce canal; il n'y a, à ce qu'il [Montaigne] rapportoit, qu'une maison sur le being avec dix ou douze chambres. En may et en avril, ils disent qu'il y va assez de gens, mais la pluspart logent audit bourg ou à ce chateau du seigneur Pic, où logeoit M. le cardinal d'Este. L'eau des beings descend d'une petite croupe de montaigne et coule par des canals en ladite maison et au dessous; ils n'en boivent point et boivent plustost de celle de S. Pierre qu'ils envoïent querir. Elle [l'eau] descend de ceste mesmes croupe par des canaux tout voisins de l'eau-douce et bonne; selon qu'elle prand plus longue ou courte course, elle est plus ou moins chaude. Il fut pour voir la source jusques en haut; ils ne la lui surent montrer et le païerent qu'elle venoit sous terre. Il lui trouve à la bouche peu de goust, comme à celle de S. Pierre, peu de senteur de souffre, peu de salure; il pense que qui en boiroit en recevroit mesme effaict que de celles de S. Pierre. La trace qu'elle faict par ses conduits est rouge. Il y a en ceste maison des beins et d'autres lieus où il dégoute seulemant de l'eau, sous laquelle on présente le membre malade, on lui dict que communément c'est le front pour les maus de teste.

Ils ont aussi en quelques endrets de ces canals faict de petites logettes de pierres où on s'enferme, et puis ouvrant le souspirail de ce canal, la fumée et la chaleur font incontinant fort suer; ce sont étuves seches, de quoy ils en ont de plusieurs façons. Le principal usage est de la fange; elle se prand dans un grand being qui est au-dessous de la maison, au descouvert, atout un instrument dans quoy on l'a mise pour le porter au logis qui est tout voisin. Là, ils ont plusieurs instrumans de bois propres aus jambes, aus bras, cuisses et autres parties pour y coucher et enfermer lesdits mambres, ayant rampli ce vesseau de bois tout de cette fange; laquelle on renouvelle selon le besoin. Ceste boue est noire comme cele de Barbotan[1], mais non si graneleuse et plus grasse, chaude d'une moïenc chaleur, et qui n'a quasi point de santeur. Tous ces beings-là n'ont pas grande commodité si ce n'est le voisinage de Venise; tout y est grossier et maussade.

Ils partirent de Bataille après desjuner et suivirent ce canal qu'on nomme le canal à deus chemins, qui sont élevés d'une part et d'autre. En cest endroit on a fait des routes par le dehors de la hauteur desdicts chemins sur lesquelles les voyageurs passent; les routes par le dedans se vont baisser jusques au niveau du fonds de ce canal; là il se faict un pont de pierre qui joint ces deux routes, sur lequel pont coule ce canal par le dessus d'une voute à l'autre. Sur ce canal, il y a un pont fort haut, soubs lequel passent les basteaux qui suivent le canal et audessus ceux qui veulent traverser ce canal. Il y a un autre gros ruisseau tout au fond de la plaine qui vient des montaignes duquel le cours traverse le canal. Pour le conduire, sans interrompre ce canal, a esté fait ce pont de pierre sur lequel court le canal, et au-dessous duquel coule ce ruisseau et le tranche sur un planchier revestu de bois par les flancs, en maniere que ce ruisseau est capable de porter basteaus; il aroit assez de place et en largeur et en hauteur. Et puis sur le canal d'autres basteaus y passant continuellemant et sur la voute du plus haut des pons, des coches. Il y avoit trois routes l'une sur l'autre.

De là, tenant tousjours ce canal à main droite, nous côtoyames une vilete nommée Montselisse[1], basse, mais de laquelle la closture va jusques en haut d'une montaigne, et enferme un vieus chateau qui appartenoit aus anciens seigneurs de ceste ville, ce ne sont à cette heure que ruines. Et laissant là les montaignes à droite, suivismes le chemin à gauche, relevé, beau, plein et qui doit estre en la saison plein d'ombrages; à nos costés des pleines très fertiles, aïant, suivant l'usage du païs, parmy leurs champs de bleds, force abres rangés par ordre où pandent leurs vignes. Les bœufs fort grands et de couleur gris, sont là si ordinaires que je ne trouvai plus estrange ce que j'avois remarqué de ceux de l'archiduc Fernand. Nous nous rancontrames sur une levée; et des deus parts des marests qui ont de largeur plus de quinze milles et autant que la veue se peut estandre. Ce sont autrefois esté des grands estangs, mais la seigneurie s'est essaïé de les asécher pour en tirer du labourage en quelques endrets, ils en sont venus à bout, mais fort peu. C'est à présent une infinie étendue de païs boueus, sterile et plein de cannes. Ils y ont plus perdu que gagné à lui vouloir faire changer de forme.

Nous passames la rivière d'Adisse[2], sur nostre main droite, sur un pont planté sur deus petits bateaux capables de quinse ou vint chevaux, coulant le long d'une corde attachée à plus de cinq cens pas de là dans l'eau, et, pour la soutenir en l'air, il y a plusieurs petits bateaux jetés entre deux, qui atout des fourchetes soutienent ceste longue corde.

De là nous vinmes coucher à

Rovigo, vint et cinq milles, petite vilete appertenant encore à ladite seigneurie[3].

Nous logeames au dehors. Ils commençarent à nous y servir du sel en masse, duquel on en prend come du sucre. Il n'y a point moindre foison de viandes qu'en France, quoyqu'on aïe acoustumé de dire; et de ce qu'ils ne lardent point leur rosti, toutesfois ne lui oste guiere de saveur. Leurs chambres, à faute de vitres et closture des fenestres, moins propres qu'en France; les licts sont mieux faicts, plus unis, atout force de materas; mais ils n'ont guiere que des petits pavillons mal tissus, et sont fort espargnants de linsuls blancs. Qui iroit sul ou à petit trein n'en auroit point. La cherté come en France, ou un peu plus.

C'est là la ville de la naissance de ce bon *Célius,* qui s'en surnomma *Rodoginus*[1]. Elle est bien jolie, et y a une très belle place; la riviere d'Adisse[2] passe au milieu.

Mardy au matin, 15 de novembre, nous partismes de là, et après avoir faict un long chemin sur la chaussée, comme celle de Blois, et traversé la riviere d'Adisse, que nous rencontrames à nostre mein droite, et après celle du Pô, que nous trouvames à la gauche, sur des pons pareils au jour précédent, sauf que sur ce planchier il y a une loge qui s'y tient, dans laquelle on paie les tribus en passant, suivant l'ordonnance qu'ils ont là imprimée et prescripte : et au milieu du passage arrestent leur bateau tout court, pour conter et se faire payer avant que d'aborder[3]. Après estre descendus dans une pleine basse, où il samble qu'en temps bien pluvieus le chemin seroit inaccessible, nous nous rendimes d'une trete, au soir, à

Ferrare, vingt milles. Là, pour leur foy et bollette, on nous arresta longtemps à la porte, et ainsi à tous. La ville est grande come Tours, assise en un païs fort plein, force palais; la pluspart des rues larges et droites; fort peuplée.

Le mercredy au matin, MM. d'Estissac et de Montaigne alarent baiser les meins au duc[4]. On lui fit entendre leur dessein : il envoya un seigneur de sa cour les recueillir et mener en son cabinet, où il estoit avec deus ou trois. Nous passames au travers de plusieurs chambres closes où il y avoit plusieurs gentilshommes bien vestus. On nous fit tous entrer. Nous le trouvames debout contre une table, qui les attendoit. Il mit la mein au bonnet quand ils entrarent, et se tint toujours descouvert tant que M. de Montaigne parla à luy, qui fut assez longtemps. Il luy demanda premieremant s'il entendait la langue? et lui ayant esté respondu que ouy, il leur dit en italien très eloquent, qu'il voyoit très volontiers les gentilshommes de ceste nation, estant serviteur du roy tres crestien et très obligé. Ils eurent quelques autres propos ensemble et puis se retirarent, le seigneur duc ne s'étant jamais couvert.

Nous vismes en un'église[5] l'effigie de l'Arioste, un peu plus plein de visage qu'il n'est en ses livres; il mourut aagé de cinquante neuf ans, le 6 de juing 1533. Ils y servent le fruit sur des assiettes. Les rues sont toutes pavées de briques. Les portiques, qui sont continuels à Padoue et servent d'une grande commodité pour se promener en tout temps et à couvert sans crotes, y sont à dire. A Venise les rues pavées de mesme matiere, et si pandant qu'il n'y a jamais de boue. J'avoy oublié à dire de Venise, que, le jour que nous en partimes, nous trouvames sur nostre chemin plusieurs barques aïant tout leur vantre chargé d'eau douce : la charge du bateau vaut un escu rendue à Venise, et s'en sert-on à boire ou à teindre les draps. Eſtant à Chaffousines[1], nous vismes comment atout des chevaus, qui font incessamment tourner une roue, il se puise de l'eau d'un ruisseau et se verse dans un canal, duquel canal lesdits bateaus la reçoivent, se presentans audessous.

Nous fumes tout ce jour-là à Ferrare, et y vismes plusieurs belles églises, jardins et maisons privées, et tout ce qu'on dit eſtre remerquable, entre autres, aux jésuates, un pied de rosier qui porte fleur tous les mois de l'an ; et lors mesmes s'y en trouva une qui fut donnée à M. de Montaigne. Nous vismes ausi le bucentaure que le duc avoit faiſt faire pour sa nouvelle femme[2], qui eſt belle et trop jeune pour lui[3], à l'envie de celuy de Venise, pour la conduire sur la riviere du Pô[4]. Nous vismes aussi l'arsenal du duc, où il y a une piece longue de trente-cinq pans[5], qui porte un pied de diametre[6].

Les vins nouveaus troubles que nous beuvions, et l'eau, tout ainsi trouble qu'elle vient de la riviere, luy faisoient peur pour sa colicque. A toutes les portes des chambres de l'hoſtellerie, il y a escrit : *Ricordati della bolleta*[7]. Soudain qu' on eſt arrivé, il faut envoyer son nom au magiſtrat, et le nombre d'hommes, qui mande qu'on les loge, autrement on ne les loge pas.

Le jeudy matin nous en partimes et suivimes en païs plein et très fertile, difficile aux gens de pied en temps de fange, d'autant que le païs de Lombardie eſt fort gras, et puis, les chemins eſtant fermés de fossés de tous coſtés, ils n'ont de quoy se garantir de la boue à cartier : de maniere que plusieurs du païs marchent atout ces petites echasses d'un demy pied de haut. Nous nous rendismes au soir, d'une traite, à

BOULONGNE[1], trente milles, grande et belle ville, plus grande et plus peuplée de beaucoup que Ferrare. Au logis où nous logeames, le seigneur de Montluc[2] y estoit arrivé une heure avant, venant de France, et s'arresta en ladite ville pour l'escole des armes et des chevaus.

Le vendredy nous vismes tirer des armes le Vénitian qui se vante d'avoir trouvé des inventions nouvelles en cest art là, qui commandent à toutes les autres; comme de vray, sa mode de tirer est en beaucoup de choses differante des communes. Le meilleur de ses escoliers estoit un jeune home de Bordeaus, nomé Binet[3]. Nous y vismes un clocher carré[4], ancien, de tele structure qu'il est tout pendant et semble menasser sa ruine. Nous y vismes aussi les escoles des sciences[5], qui est le plus beau batiment que j'aye jamais veu pour ce service.

Le samedy après disner nous vismes des comediens, de quoy il [Montaigne] se contenta fort, et y print, ou de quelque autre cause, une douleur de teste qu'il n'avoit senti il y avoit plusieurs ans; et si, en ce tamps là, il disoit se trouver en un indolance de ses reins plus pure qu'il n'avoit accoustumé il y avoit longtamps, et jouissoit d'un benefice de ventre tel qu'au retour de Bannières : sa douleur de teste luy passa la nuict. C'est une ville toute enrichie de beaus et larges portiques et d'un fort grand nombre de beaus palais. On vit comme à Padoue, et à très bonne raison; mais la ville un peu moins paisible pour les parts antienes qui sont entre des parties d'aucunes races de la ville, desqueles l'une[6] a pour soy les Francès de tout temps, l'autre[7] les Espaignols qui sont là en très grand nombre. En la place, il y a une très belle fontaine[8]. Le dimanche, il [Montaigne] avoit délibéré de prendre son chemin à gauche vers Imola, la Marche d'Ancône et Lorette, pour jouindre à Rome; mais un Alemant luy dict qu'il avoit esté volé des bannis sur le duché de Spolete. Ensin, il print à droite vers Florence. Nous nous jettames soudin dans un chemin aspre et païs montueux, et vinsmes coucher à

Loyan[9], sese milles, petit village assez mal commode. Il n'y a en ce village que deux hosteleries qui sont fameuses entre toutes celles d'Italie, de la trahison qui se faict aus passans, de les paistre de belles promesses de toute sorte de commodités avant qu'ils mettent pied à terre,

et s'en mocquer quand ils les tiennent à leur mercy : de
quoy il y a des proverbes publiques.

Nous en partismes de bon matin lendemain, et suivismes jusqu'au soir un chemin qui à la verité eſt le premier
de noſtre voïage qui se peut nommer incommode et
farouche, et parmi les montaignes les plus difficiles qu'en
nulle autre part de ce voïage : nous vismes coucher à

Scarperie[1], vingt et quattre milles, petite villete
de la Toscane, où il se vend force eſtuis et ciseaus, et
semblable marchandise.

Il [Montaigne] avoit là tous les plaisirs qu'il eſt
possible, au débat des hoſtes. Ils ont ceſte couſtume
d'envoïer audevant des etrangers sept ou huit lieues, les
éconjurer de prandre leur logis. Vous trouverez souvent
l'hoſte mesme à cheval, et en divers lieus plusieurs hommes bien veſtus qui vous guettent; et tout le long du
chemin, lui qui les vouloit amuser, se faisoit plaisamment
entretenir des diverses offres que chacun lui faisoit, et il
n'eſt rien qu'ils ne promettent[2]. Il y en eut un qui lui
offrit en pur don un lievre, s'il vouloit seulement visiter
sa maison. Leur dispute et leur conteſtation s'arreſte aus
portes des villes, et n'osent plus dirent mot. Ils ont cela
en general de vous offrir un guide à cheval à leurs despens, pour vous guider et porter partie de voſtre bagage
jusqu'au logis où vous allez; ce qu'ils font toujours, et
païent leur despense. Je ne sçay s'ils y sont obligés par
quelque ordonnance à cause du dangier des chemins.

Nous avions faiɕt le marché de ce que nous avions à
païer et à recevoir à Loïan, dès Boulongne[3]. Pressés par
les jans de l'hoſte où nous logeames et ailleurs, il envoïoit
quelqu'un de nous autres visiter tous les logis, et vivres
et vins, et sentir les conditions, avant que descendre de
cheval, et acceptoit la meilleure; mais il eſt impossible de
capituler si bien qu'on échappe à leur tromperie : car ou
ils vous font manquer[4] le bois, la chandelle, le linge, ou le
foin que vous avez oublié à spécifier. Ceſte route eſt
pleine de passans; car c'est le grand chemin et ordinaire
à Rome.

Je fus là averty d'une sottise que j'avois faite, ayant
oblié à voir, à dix milles deça Loïan[5], à deus mille du
chemin, le haut d'une montaigne, d'où, en tamps pluvieus
et orageus de nuiɕt, on voit sortir de la flâme d'une

extrême hauteur[1] et disoit la rapporteur qu'à grandes
secousses il s'en regorge par fois des petites pièces de
monnoie, qui a quelque figure[2]. Il eût fallu voir que
c'étoit que tout cela.

Nous partimes lendemain matin de Scarperia, ayant
notre hoſte pour guide, et passames un beau chemin entre
plusieurs collines peuplées et cultivées. Nous détour-
names en chemin sur la main droite environ deus milles
pour voir un palais que le duc de Florence y a baſti depuis
douze ans[3], où il emploie tous ses cinq sens de nature
pour l'ambellir. Il semble qu'exprès il aïe choisy un'-
assiete incommode, ſterile et montueuse, voire et sans
fontaines, pour avoir ceſt honneur de les aller querir à
cinq milles de là, et son sable et chaus, à autres cinq milles.
C'eſt un lieu, là, où il n'y a rien de pleine. On a la veue de
plusieurs collines, qui eſt la forme universelle de ceſte
contrée. La maison s'appelle Pratellino. Le baſtimant y
eſt méprisable à le voir de loin, mais de près il eſt très
beau, mais non des plus beaus de noſtre France. Ils
disent qu'il y a à six vingts chambres mublées; nous en
vismes dix ou douze des plus belles. Les meubles sont
jolis, mais non magnifiques.

Il y a de miraculeus une grotte à plusieurs demures et
pieces : ceſte partie surpasse tout ce que nous ayons
jamais veu ailleurs. Elle eſt encroutée et formée partout
de certene matiere[4] qu'ils disent eſtre apportée de quelques montagnes, et l'ont cousue a-tout des clous imper-
ceptiblemant. Il y a non-sulemant de la musicque et
harmonie qui se faiſt par le mouvemant de l'eau, mais
encore le mouvemant de plusieurs ſtatues et portes à
divers aĉtes, que l'eau esbranle, plusieurs animaus qui
s'y plongent pour boire, et choses samblables. A un sul
mouvement toute la grotte eſt pleine d'eau, tous les
sieges vous rejaillissent l'eau aus fesses; et, fuiant de la
grotte, montant contremont les eschaliers du chateau,
il sort de deux en deux degrés de ceſt eschalier, qui veut
donner ce plaisir, mille filets d'eau qui vous vont baignant
jusques au haut du logis. La beauté et richesse de ce
lieu ne se peut représenter par le menu. Audessous du
chaſteau, il y a, entre autres choses, une allée large de
cinquante pieds, et longue de cinq cens pas ou environ,
qu'on a rendue quasi égale, à grande despense. Par les
deus coſtés il y a des longs et très beaus acoudouers de

pierre de taille de cinq ou de dix en dix pas; le long de
ces acoudouers, il y a des surjons de fontaines dans la
muraille, de façon que ce ne sont que pouintes de fontaines tout le long de l'allée. Au fons, il y a une belle
fontene qui se verse dans un grand timbre par le conduit
d'une ſtatue de marbre, qui eſt une femme faisant la buée.
Ell'esprint une nape de marbre blanc, du degout de
laquelle sort ceſt' eau, et au-dessous il y a un autre
vesseau, où il samble que ce soit de l'eau qui bouille, à
faire buée. Il y a aussi une table de marbre en une salle
du chaſteau en laquelle il y a six places, à chacune desqueles on soubleve de ce marbre un couvercle atout un
anneau, audessous duquel il y a un vaisseau qui se tient
à ladite table. Dans chacun desdits six vesseaus, il sourd
un tret de vive fontene, pour y refreschir chacun son
verre, et au milieu un grand à mettre la bouteille. Nous
y vismes aussi des trous fort larges dans terre, ou on
conserve une grande quantité de neige toute l'année, et la
couche l'on sur une littiere de herbe de genet, et puis
tout cela eſt recouvert bien haut, en forme de piramide,
de glu, comme une petite grange. Il y a mille gardoirs.
Et se baſtit le corps d'un géant[1], qui a trois coudées de
largeur à l'ouverture d'un euil; le demurant proportionné de mesmes, par où se versera une fontene en
grand abondance. Il y a mille gardoirs et eſtancs, et tout
cela tiré de deux fontenes par infinis canals de terre. Dans
une très belle et grande voliere, nous vismes des petits
oiseaus, comme chardonnerets, qui ont à la cuë deus
longues plumes, come celles d'un grand chappon. Il y a
aussi une singuliere etuve.

Nous y arreſtames deux ou trois heures, et puis reprimes
noſtre chemin et nous rendimes par le haut de certenes
collines, à

Florence, dix sept milles, ville moindre que Ferrare
en grandeur, assise dans une plaine, entournée de mille
montaignettes fort cultivées. La riviere d'Arne[2] passe au
travers et se trajette atout des pons. Nous ne trouvasmes
nuls fossés autour des murailles.

Il [Montaigne] fit ce jour là deus pierres et force sable,
sans en avoir eu autre resantiment que d'une legiere
douleur au bas du ventre.

Le mesme jour nous y vismes l'écurie du grand duc,

fort grande, voutée, où il n'y avoit pas beaucoup de
chevaus de prix : aussi n'y estoit-il pas ce jour-là. Nous
vismes là un mouton de fort etrange forme; aussi un
chameau, des lions, des ours, et un animal de la grandeur
d'un fort grand mastin de la forme d'un chat, tout martelé
de blanc et de noir, qu'ils noment un tigre[1]. Nous vismes
l'eglise Sainct-Laurent, où pendent encore les enseignes
que nous perdismes sous le mareschal Strozzi, en la
Toscane[2]. Il y a en cest' eglise plusieurs pieces en plate
peinture[3] et très belles statues excellentes[4] de l'ouvrage
de Michel Ange. Nous y vismes le dome, qui est une
tres grande eglise et le clochier tout revestu de marbre
blanc et noir[5] : c'est l'une des plus belles choses du monde
et plus somptueuses.

M. de Montaigne disoit jusques lors n'avoir jamais veu
nation où il est si peu de belles femmes que l'Italiene[6].
Les logis, il les trouvoit beaucoup moins commodes qu'en
France et Allemaigne; car les viandes n'y sont ny en si
grande abondance à moitié qu'en Allemaigne, ny si bien
appretées. On y sert sans larder et en l'un et en l'autre
lieu; mais en Allemaigne elles sont beaucoup mieus
assaisonnées, et diversité de sauces et de potages. Les
logis en Italie de beaucoup pires; nulles salles; les fenêtres
grandes et toutes ouvertes, sauf un grand contrevent de
bois qui vous chasse le jour, si vous en voulez chasser
le soleil ou le vent : ce qu'il trouvoit bien plus insupportable et irrémédiable que la faute des rideaus d'Allemaigne. Ils n'y ont aussi que de petites cahutes atout des
chetifs pavillons, un, pour le plus, en chaque chambre,
atout une carriole au dessous; et qui haïroit à coucher
dur s'y trouveroit bien ampesché. Egale ou plus grande
faute de linge. Les vins communéement pires; et à ceux
qui en haïssent une douceur lâche, en ceste saison insupportable. La cherté, à la vérité, un peu moindre. On
tient que Florence soit la plus chere ville d'Italie. J'avoy
fait marché[7] avant que mon maistre arrivât à l'hostellerie
de l'Ange, à sept reales[8] pour homme et cheval par jour,
et quatre reales pour homme de pied.

Le mesme jour nous vismes un palais du duc[9], où il
prend plesir à besoingner lui-mesmes, à contrefaire des
pierres orientales et à labourer le cristal : car il est prince
souingneus un peu de l'archemie et des ars méchaniques,
et surtout grand architecte.

Lendemain M. de Montaigne monta le premier au haut
du dome, où il se voit une boule d'airain doré qui semble
d'embas de la grandeur d'une bale, et quand on y est, elle
se treuve capable de quarante hommes[1]. Il vit là que le
marbre de quoy ceste eglise est encroutée, mesme le
noir, commence deja en beaucoup de lieus à se dementir,
et se fend à la gelée et au soleil, mesmes le noir; car cest
ouvrage est tout diversifié et labouré, ce qui lui fit craindre
que ce marbre ne fût pas naturel. Il y vouloit voir les
maisons des Strozzes et des Gondis, où ils ont encore de
leurs parens. Nous vismes aussi le palais du duc[2], où
Cosimo son pere a faict peindre[3] la prinse de Siene[4] et
nostre bataille perdue : si est-ce qu'en divers lieux de
ceste ville, et notamment audit palais aus anciennes murailles, les fleurs de lis tiennent le premier rang d'honneur[5].

MM. d'Estissac et de Montaigne furent au disner du
grand duc : car là on l'appelle ainsi[6]. Sa femme estoit
assise au lieu d'honneur; le duc audessous; audessous
du duc, la belle seur de la duchesse; audessous de ceste-cy,
le frère de la duchesse, mary de ceste-cy[7]. Cest duchesse
est belle à l'opinion italienne[8], un visage agréable et
impérieux, le corsage gros, et de tétins à leur souhait.
Elle lui sembla bien avoir la suffisance d'avoir angeolé
ce prince, et de le tenir à sa dévotion long-temps. Le
duc est un gros homme noir, de ma taille[9], de gros membres, le visage et contenance pleine de courtoisie, passant
tousjours descouvert au travers de la presse des ses jans,
qui est belle. Il a le port sein, et d'un homme de quarante
ans. De l'autre costé de la table estoient le cardinal, et un
autre jeune de dix-huit ans[10], les deux frères du duc. On
porte à boire à ce duc et à sa femme dans un bassin,
où il y a un verre plein de vin descouvert, et une bouteille
de verre pleine d'eau; ils prennent le verre de vin et en
versent dans le bassin autant qu'il leur semble, et puis le
ramplissent d'eau eus-mesmes, et rasséent le verre dans le
bassin que leur tient l'échanson. Il mettoit assez d'eau;
elle quasi point. Le vice des Allemans de se servir de
verres grans outre mesure[11] est icy au rebours, de les avoir
si extraordinairement petits.

Je ne sçay pourquoy ceste ville soit surnommée belle
par priviliege; elle l'est, mais sans aucune excellence sur
Boulogne, et peu sur Ferrare, et sans compareson audes-

sous de Venise[1]. Il faiƈt à la vérité beau decouvrir de
ce clochier l'infime multitude de maisons qui remplissent
les collines tout au tour à bien deus ou trois lieues à la
ronde, et ceſte pleine où elle eſt assise qui semble en
longur avoir l'étendue de deus lieues : car il samble
qu'elles se touchent, tant elles sont dru semées. La ville
eſt pavée de pieces de pierre plate sans façon et sans
ordre. L'après-disnée eus quatre gentils-hommes et un
guide prindrent la poſte pour aller voir un lieu du duc
qu'on nomme *Caſtello*[2]. La maison n'a rien qui vaille ;
mais il y a diverses pieces de jardinage, le tout assis sur la
pente d'une colline, en maniere que les allées droites sont
toutes en pente, douce toutefois et aisée ; les transverses
sont droites et unies. Il s'y voit là plusieurs bresseaux
tissus et couvers fort espès de tous abres odoriferans,
come cedres, cyprès, orangiers, citronniers, et d'oliviers,
les branches si jouintes et entrelassées qu'il eſt aisé à voir
que le soleil n'y sauroit trouver entrée en sa plus grande
force, et des tailles de cyprès, et de ces autres abres
disposés en ordre si voisins l'un de l'autre qu'il n'y a
place à y passer que pour trois ou quatre. Il y a un grand
gardoir, entre les autres, au milieu duquel on voit un
rochier contrefaiƈt au naturel, et semble qu'il soit tout
glacé au-dessus, par le moïen de ceſte matiere de quoy
le duc a couvert ses grottes à Pratellino[3], et au-dessus du
roc une grande medale de cuivre, representant un home
fort vieil, chenu, assis sur son cul, ses bras croisés, de la
barbe, du front et poil duquel coule sans cesse de l'eau
goutte à goutte de toutes parts, représentant la sueur et
les larmes, et n'a la fontaine autre conduit que celui-là.
Ailleurs ils virent, par très plaisante expérience, ce que
j'ai remarqué cydessus[4] : car se promenant par le jardin, et
en regardant les singularités, le jardinier les aïant pour
ceſt effeƈt laissé de compagnie, come ils furent en certain
endroit à contempler certaines figures de marbre, il
sourdit sous leurs pieds et entre leurs jambes, par infinis
petits trous, des trets d'eau si menus qu'ils étoient quasi
invisibles, et représentans souverainement bien le dégout
d'une petite pluïe, de quoy ils furent tout arrosés par
le moïen de quelque ressort souterrain que le jardinier
remuoit à plus de deus cens pas de là, avec tel art que de
là en hors, il faisoit hausser et baisser ces élancemans
d'eau come il lui plaisoit, les courbant et mouvant à la

mesure qu'il vouloit : ce mesme jeu est là en plusieurs
lieux. Ils virent aussi la maistresse fontaine¹ qui sort par
le canal de deus fort grandes effigies de bronse, dont la
plus basse prant l'autre entre les bras, et l'étreint de toute
sa force² ; l'autre demy pasmé, la teste ranversée, semble
rendre par force par la bouche c'est' eau, et s'élance de
telle roideur que outre la hauteur de ces figures, qui est
pour le moins de vingt pieds, le tret de l'eau monte à
trente-sept brasses au delà. Il y a aussi un cabinet entre
les branches d'un abre tous-jours vert, mais bien plus
riche que nul autre qu'ils eussent veu : car il est tout
etoffé des branches vifves et vertes de l'arbre, et tout-
partout ce cabinet est si fermé de ceste verdure qu'il n'y
a nulle veue qu'au travers de quelques ouvertures qu'il
faut praticquer, faisant escarter les branches çà et là ;
et au milieu, par un cours qu'on ne peut deviner, monte
un surjon d'eau jusques dans ce cabinet au travers et
milieu d'une petite table de marbre. Là se fait aussi la
musicque d'eau, mais ils ne la peurent ouïr ; car il étoit
tard à jans qui avoient à revenir en la ville. Ils y virent
aussi le timbre des armes du duc tout en haut d'un portal,
très bien formées de quelques branches d'arbres nourris
et entretenus en leur force naturelle par des fibres qu'on
ne peut guiere bien choisir. Ils y furent en la saison la plus
ennemie des jardins³, qui les rendit encore plus émerveil-
lés. Il y a aussi là une belle grotte, où il se voit toute
sorte d'animaus représentés au naturel, rendant qui par
bec, qui par l'asle, qui par l'ongle ou l'oreille ou le
naseau, l'eau de ces fontenes.

   J'obliois qu'au palais de ce prince, en l'une des salles,
il se voit la figure d'un animal à quatre pieds⁴, relevé en
bronze sur un pilier représanté au naturel, d'une forme
étrange, le devant tout écaillé, et sur l'eschine je ne sçay
quelle forme de membre, comme des cornes. Ils disent
qu'il fut trouvé dans une caverne de montaigne de ce
païs, et mené vif il y a quelques années. Nous vismes aussi
le palais⁵ où est née la reine mere⁶.

   Il [Montaigne] vousit, pour essayer toutes les commo-
dites de ceste ville, comme il faisoit des autres, voir des
chambres à louer, et la condition des pensions ; il n'y
trouva rien qui vaille. On n'y trouve à louer des chambres
qu'aus hosteleries, à ce qu'on lui dit ; et celles qu'il vit
étoient mal propres et plus cheres qu'à Paris beaucoup, et

qu'à Venise mesme; et la pension cheftive, à plus de douze escus par mois pour maiftre. Il n'y a aussi nul exercice qui vaille, ny d'armes ny de chevaus ou de lettres. L'étain eft rare en toute cefte contrée; et n'y sert-on qu'en vesseaux de cefte terre peinte, assez mal propre.

Judy au matin, 24e de novembre, nous en partismes, et trouvasmes un païs médiocrement fertile, fort peuplé d'habitations et cultivé partout, le chemin bossu et pierreus; et nous rendimes fort tard, d'une traite qui eft fort longue à

Sienne, trente deus milles, quatre poftes; ils les font de huit milles, plus longues qu'ordinairement les noftres.

Le vendredy il [Montaigne] la reconnut curieusemant, notamment pour le respeft de nos guerres[1]. C'eft une ville inégale, plantée sur un dos de colline où eft assise la meilleure part des rues; ses deux pentes sont par degrés remplies de diverses rues, et aucunes vont encore se relevant contre-mont en autres haussures. Elle eft du nombre des belles d'Italie, mais non du premier ordre, ni de la grandeur de Florance : son visage la tesmoigne fort ancienne. Elle a grand foison de fontaines, desquelles la pluspart des privés derobent des veines, pour leur service particulier. Ils y ont des bonnes caves et fresches. Le dome, qui ne cede guiere à celui de Florance, eft reveftu dedans et dehors quasi partout, de ce mabre ci : ce sont des pieces carrées de mabre les unes espesses d'un pied, autres moins de quoi ils encroutent, comme d'un lambris, ces batimens faifts de briques, qui eft l'ordinaire matiere de cefte nation. La plus belle piece de la ville, c'eft la place-ronde[2], d'une très-belle grandeur, et allant de toutes parts se courbant vers le palais qui faift l'un des visages de cefte rondur, et moins courbe que le demurant[3]. Vis-à-vis du palais, au plus haut de la place, il y a une très belle fontaine[4], qui, par plusieurs canals, ramplit un grand vaisseau où chacun puise d'une très-belle eau. Plusieurs rues viennent fondre en cefte place par des pavés tissus en degrés. Il y a tout plein de rues et nombre très-anciennes : la principle eft celle de Piccolomini, de celle-là, de Tolomei, Colombini, et encore de Cerretani. Nous vismes des tesmoingnages de trois ou quatre çans ans. Les armes de la ville qui se voient sur plusieurs piliers, c'est la Louve qui a pandus à ses tetins Romulus et Remus.

Le duc de Florance traite courtoisement les grands, qui nous favorisarent, et il a près de sa personne Silvio Picco-lomini[1], le plus suffisant gentilhomme de nostre temps à toute sorte de science, et d'exercice d'armes, comme celui qui a principalemant à se garder de ses propres sujects. Il abandonne à ses villes le soin de les fortifier, et s'attache à des citadelles qui sont munitionnées et guardées avec toute despance et diligeance, et avec tel soupçon qu'on ne permet qu'à fort peu de gens d'en approcher.

Les femmes portent des chapeaus en leurs testes, la pluspart. Nous en vismes qui les ostoint par honeur, comme les homes, à l'endret de l'elevation de la messe. Nous étions logés à la Couronne, assez bien, mais tous-jours sans vitres et sans chassis.

M. de Montaigne estant enquis du concierge de Pratel-lino[2], come il estoit estonné de la beauté de ce lieu, après les louanges, il accusa fort la laideur des portes et fenes-tres : de grandes tables de sapin, sans forme et ouvrage, et des serrures grossieres et ineptes come celles de nos villages : et puis la couverture de tuiles creus; et disoit, s'il n'y avoit moyen ny d'ardoise, ni de plomb ou airain, qu'on devoit au moins avoir caché ces tuiles par la forme du batiment : ce que le concierge dit qu'il le rediroit à son maistre.

Le duc laisse encore en estre les anciennes marques et devise de cette ville, qui sonnent partout Liberté; si est-ce que les tumbes et épitaphes des François qui sont morts, ils les ont emportées de leurs places et cachées en certain lieu de la ville, sous couleur de quelque réforma-tion du batimant et forme de leur église.

Le samedy 26 après disner nous suivismes un pareil visage de païs et vinsmes souper à

Buoncouvent[3], douze milles, Castello de la Toscane : ils appellent einsi des villages fermés qui pour leur petitesse ne méritent pouint le nom de ville.

Dimanche bien matin nous en partimes et parce que M. de Montaigne desira de voir Montalcin[4] pour l'ac-couintance que les François y ont eu[5], il se destourna de son chemin à mein droite, et avec MM. d'Estissac, de Mattecoulon et du Hautoi, ala audict Montalcin, qu'ils

disent estre une ville mal-bastie de la grandeur de Saint-
Emilion[1], assise sur une montaigne des plus hautes de
toute la contrée, toutesfois accessible. Ils rencontrarent
que la grand'messe se disoit, qu'ils ouïrent. Il y a, à un
bout, un chasteau où le duc tient ses garnisons; mais à
son avis [de Montaigne] tout cela n'est guiere fort,
estant le dict lieu commandé d'une part par une autre
montaigne voisine de cens pas aus terres de ce duc. On
maintient la mémoire des François en si grande affection
qu'on ne leur en faict guiere souvenir que les larmes ne
leur en viennent aux yeux, la guerre mesme leur semblant
plus douce, avec quelque forme de liberté, que la paix
qu'ils jouissent sous la tyrannie. Là M. de Montaigne
s'informant s'il n'y avoit point quelques sepulchres des
François, on lui respondit qu'il y en avoit plusieurs en
l'église S. Augustin; mais que par le commandemant du
duc on les avoit ensevelis.

Le chemin de ceste journée fut montueus et pierreux,
et nous rendit au soir à

La Paille[2], vingt-trois milles. Petit village de cinq ou
six maisons au pied de plusieurs montaignes steriles, et
mal plaisantes.

Nous reprimes nostre chemin lendemain bon matin le
long d'une fondriere fort pierreuse, où nous passames et
repassames çant fois un torrant qui coule tout le long.
Nous rencontrames un grand pont[3], basti par ce pape
Gregoire[4], où finissent les terres du duc de Florance;
et entrames en celles de l'église. Nous rencontrames
Aquapendente, qui est une petite ville; et se nomme je
crois einsi à cause d'un torrent, qui tout jouignant de-là
se precipite par des rochiers en la pleine. Delà passames
S. Laurenzo qui est un Castello, et par Bolseno[5], qui
l'est aussi, tournoïant autour du lac qui se nome Bolseno,
long de trente milles et large de dix milles, au milieu
duquel se voit deus rochiers comme des isles, dans lesquels
on dict estre des monasteres. Nous nous rendismes d'une
traite par ce chemin montueus et sterile à

Montefiascon[6], vingt-six milles. Villette assise à la
teste de l'une des plus hautes montaignes de toute la
contrée. Elle est petite, et monstre avoir beaucoup d'ancienneté.

Nous en partimes matin, et vinmes à traverser une belle plaine et fertile, où nous trouvames Viterbo, qui avoit une partie de son assiette couchée sur une croupe de montaigne. C'eſt une belle ville de la grandeur de Sanlis[1]. Nous y remarquames beaucoup de belles maisons, grande foison d'ouvriers, belles rues et plaisantes; en trois endroits d'icelle, trois très-belles fontaines. Il [Montaigne] s'y fuſt arreſté pour la beauté du lieu, mais son mulet qui alloit devant etoit desja passé outre. Nous commenceames là à monter une haute coſte de montaigne, au pied de laquelle, en deçà, eſt un petit lac qu'ils nomment de Vico. Là, par un bien plaisant vallon entourné de petites collines où il y a force bois, commodité un peu rare en ces contrées-là, et de ce lac, nous nous vinmes rendre de bonne heure à

Rossiglione[2], dix-neuf milles. Petite ville et chaſteau au duc de Parme[3], comme aussi il se treuve sur ces routes plusieurs maisons et terres appartenant à la case Farnèse.

Les logis de ce chemin sont des meilleurs, d'autant que c'eſt le grand chemin ordinaire de la poſte. Ils prennent cinq juilles[4] pour cheval à course[5] et à louer, deus milles pour poſte; et à ceſte mesme reison, si vous les voulez pour deux ou trois poſtes ou plusieurs journées, sans que vous vous mettez en nul soin du cheval : car de lieu en lieu les hoſtes prennent charge des chevaux de leurs compaignons; voire, si le voſtre vous faut, ils font marché que vous en puissiez reprendre un autre ailleurs sur voſtre chemin. Nous vismes par experience qu'à Siène, à un Flamant qui eſtoit en noſtre compaignie, inconnu, eſtrangier, tout seul, on fia un cheval de louage pour le mener à Rome, sauf qu'avant partir on païe le louage; mais au demeurant le cheval eſt à voſtre mercy, et sous votre foi que vous le metrez où vous promettez.

M. de Montaigne se louoit de leur couſtume de disner et de souper tard, selon son humeur : car on n'y disne aux bonnes maisons qu'à deus heures après midy, et soupe à neuf heures; de façon que, où nous trouvasmes des comédians, ils ne commencent à jouer qu'à six heures, aux torches, et y sont deus ou trois heures, et après on va souper. Il [Montaigne] disoit que c'eſtoit un bon païs pour les paresseux, car on s'y lève fort tard[6].

Nous en partîmes lendemain trois heures avant le jour,

tant il avoit envie de voir le pavé de Rome, il trouva que
le serin donnoit autant de peine à son eſtomac le matin
que le soir, ou bien peu moins, et s'en trouva mal jusqu'au
jour[1] quoique la nuit fut sereine. A quinse milles nous
découvrismes la ville de Rome, et puis la reperdismes
pour longtemps. Il y a quelques villages en chemin et
hoſtelleries. Nous rencontrames aucunes contrées de
chemins relevés et pavés d'un fort grand pavé, qui
sembloit à voir quelque chose d'ancien, et plus près de la
ville, quelques masures évidemmant très-antiques, et
quelques pierres que les papes y ont fait relever pour
l'honneur de l'antiquité. La plus part des ruines sont de
briques, tesmoins les termes de Diocletian, et d'une
brique petite et simple, comme la noſtre, non de ceſte
grandeur et espaisseur qui se voit aus antiquités et ruines
anciennes en France et ailleurs. Rome ne nous faisoit pas
grand'monſtre à la reconnoiſtre de ce chemin. Nous
avions loin sur noſtre main gauche, l'Apennin, le prospeƈt du païs mal plesant, bossé, plein de profondes fan-
dasses, incapable dy recevoir nulle conduite de gents de
guerre en ordonnance : le terroir nud sans arbres, une
bonne partie ſtérile, le païs fort ouvert tout autour, et plus
de dix milles à la ronde, et quasi tout de ceſte sorte, fort
peuplé de maisons. Par là nous arrivames sur les vint
heures, le dernier jour de novembre, feſte de Saint André,
à la porte del Popolo, et à

Rome, trante milles. On nous y fit des difficultés,
comme ailleurs, pour la peſte de Gennes[2].

Nous vinmes loger à l'Ours où nous arreſtames encore
lendemain, et le deuxieme jour de décembre prîmes des
chambres de louage chez un Espaignol, vis-à-vis de Santa
Lucia della Tinta[3]. Nous y eſtions bien accommodés de
trois belles chambres, salle, garde manger, escuirie,
cuisine, à vingt escus par mois : sur quoi l'hoſte fournit
de cuisinier et de feü à la cuisine. Les logis y sont communéemant meublés un peu mieus qu'à Paris, d'autant
qu'ils ont grand foison de cuir doré, de quoi les logis qui
sont de quelque pris sont tapissés. Nous en pusmes avoir
un à mesme pris que du noſtre, au Vase d'Or, assez près
de là, mublé de drap d'or et de soie, come celui des rois;
mais outre ce que les chambres y eſtoint sujettes, M. de
Montaigne eſtima que ceſte magnificence eſtoit non-

sulement inutile, mais encore pénible pour la conservation de ces meubles, chaque lict estant du pris de quatre
ou cinq cens escus. Au nostre, nous avions faict marché
d'estre servis de linge à peu près come en France; de
quoi, selon la coutume du païs, ils sont un peu plus
espargneus.

M. de Montaigne se faschoit d'y trouver un si grand
nombre de François qu'il ne se trouvoit en la rue quasi
personne qui ne le saluoit en sa langue[1]. Il trouva nouveau
le visage d'une si grande court et si pressée de prélats et
gens d'église, et lui sembla plus peuplée d'homes riches,
et coches, et chevaus de beaucoup, que nulle autre qu'il
eust jamais veue. Il disoit que la forme des rues en plusieurs
choses, et notamment pour la multitude des hommes lui
représentoit plus Paris que nulle autre où il eust jamais
été.

La ville est, d'à-ceste-heure, toute plantée le long de la
riviere du Tibre deça et delà. Le quartier montueus, qui
estoit le siege de la vieille ville, et où il faisoit tous les
jours mille proumenades et visites, est scisi de quelques
églises et aucunes maisons rares et jardins de cardinaus.
Il jugeoit par bien claires apparences, que la forme de ces
montaignes et des pentes estoit du tout changée de
l'ancienne par la hauteur des ruines; et tenoit pour certain
qu'en plusieurs endroits nous marchions sur le feste des
maisons toutes entieres. Il est aisé à juger, par l'arc de
Severe[2], que nous sommes à plus de deus picques au
dessus de l'ancien planchier; et de vrai, quasi partout, on
marche sur la teste des vieus murs que la pluye et les
coches decouvrent.

Il combattoit ceus qui lui comparoint la liberté de
Rome à celle de Venise, principalement par ces argumens :
que les maisons mesmes y étoint si peu sûres que ceux qui
y apportoint des moïens un peu largement estoint ordinai-
remant conseillés de donner leur bourse en garde aus
banquiers de la ville, pour ne trouver leur coffre crocheté,
ce qui estoit avenu à plusieurs : *Item,* que l'aller de nuit
n'estoit guiere bien assuré : *Item,* que ce premier mois, de
décembre, le général des cordeliers fut demis soudainement de sa charge et enfermé, pour, en son sermon, où
estoit le pape et les cardinaus, avoir accusé l'oisiveté et
pompes des prelats de l'Eglise, sans en particulariser autre
chose, et se servir seulement, avec quelque aspreté de voix,

de lieus communs et vulgaires sur ce propos : *Item,* que ses
coffres avoint efté visités à l'entrée de la ville pour la
douane, et fouillés jusques aus plus petites pieces de ses
hardes, là où en la pluspart des autres villes d'Italie, ces
officiers se contentoint qu'on les leur euft simplement
presenté : Qu'outre cela on lui avoit pris tous les livres
qu'on y avoit trouvé pour les visiter[1], à quoi il y avoit
tant de longueur qu'un homme qui auroit autre chose à
faire les pouvoit bien tenir pour perdus; joing que les
regles y eftoint si extraordineres que les heures de Noftre-
Dame, parce qu'elles eftoint de Paris, non de Rome, leur
eftoint suspectes et les livres d'aucuns docteurs d'Allemaigne contre les hérétiques, parce qu'en les combatants
ils faisoint mantion de leurs erreurs. A ce propos il
louoit fort sa fortune, de quoi n'eftant aucunemant
adverty que cela lui deuft arriver, et eftant passé au
travers de l'Allemaigne, veu sa curiosité, il ne s'y trouva
nul livre défandu. Toutefois aucuns seigneurs de la lui
disoint, quand il s'en fuft trouvé, qu'il en fuft été quitte
pour la perte des livres.

Douze ou quinze jours après noftre arrivée, il se
trouva mal, et pour une inusitée défluxion de ses reins qui
le menassoit de quelque ulcere, il se depucela par l'ordonnance d'un medecin françois du cardinal de Rambouillet[2],
aydé de la dextérité de son apothicaire, à prendre un jour
de la casse à gros morceaus au bout d'un coufteau trempé
premierement un peu dans l'eau, qu'il avala fort ayfée-
mant, et en fit deus ou trois selles. Lendemain il prit de
la terebentine de Venise, qui vient, disent-ils, des montaignes de Tirol, deus gros morceaus enveloppés dans
un oblie, sur un culier d'argent, arrosé d'une ou deus
gouttes de certain sirop de bon gouft; il n'en sentit autre
effaict que l'odeur de l'urine à la violette de mars. Après
cela il print à trois fois, mais non tout de suite, certaine
sorte de breuvage qui avoit juftemant le gouft et couleur
de l'amandé[3] : aussi lui disoit son medecin, que ce n'eftoit
autre chose; toutefois il pense qu'il y avoit des quatre-
semances-froides[4]. Il n'y avoit rien en cefte derniere
prise de malaysé et extraordinaire, que l'heure du matin :
tout cela trois heures avant le repas. Il ne sentit non plus
à quoi lui servit ceft almandé, car la mesme disposition
lui dura encore après; et eut depuis une forte colicque, le
vint et troisieme decembre, de quoi il se mit au lit environ

midy; et y fut jusques au soir, qu'il rendit force sable, et
après une grosse pierre dure, longue et unie, qui arresta
cinq ou six heures au passage de le verge. Tout ce temps,
depuis ses beings, il avoit un grand benefice de ventre,
par le moyen duquel il pansoit estre défendu de plusieurs
pires accidens. Il déroboit lors plusieurs repas, tantost
à disner, tantost à souper.

Le jour du Noel, nous fumes ouir la messe du Pape à
Saint-Pierre, où il eut place commode pour voir toutes les
cerimonies à son ayse. Il y a plusieurs formes particulieres :
l'Evangile et l'épistre s'y disent premieremant en latin
et secondement en grec, comme il se faict encore le jour
de Pasques et le jour de Saint-Pierre. Le pape[1] donna à
communier à plusieurs autres; et officioint avec lui à ce
service les cardinaus Farnese, Medicis[2], Caraffa[3] et Gon-
zaga. Il y a un certain instrumant à boire le calice, pour
prouvoir la sureté du poison. Il lui sembla nouveau;
et en ceste messe et autres, que le pape et cardinaus et
autres prelats y sont assis, et, quasi tout le long de la
messe, couverts, devisans et parlans ensemble. Ces
ceremonies semblent estre plus magnifiques que devo-
tieuses.

Au demourant il lui sembloit qu'il y avoit nulle particularité en la beauté des femmes, digne de ceste préexcell-
lance que la réputation donne à ceste ville sur toutes les
autres du monde; et au demeurant que, comme à Paris,
la beauté plus singuliere se trouvoit entre les meins de
celles qui la mettent en vante.

Le 29 de decembre, M. d'Abein[4], qui estoit lors ambassadeur, gentil home studieus et fort amy de longue main
de M. de Montaigne, fut d'advis qu'il baisast les pieds
du pape. M. d'Estissac et lui se mirent dans le coche
dudict ambassadeur. Quand il fut en son audiense, il les
fit appeler par le camerier du pape. Ils trouvarent le pape,
et avecques lui l'ambassadeur tout seul, qui est la façon;
il a près de lui une clochette qu'il sonne, quand il veut
que quelqu'un veingne à lui. L'ambassadeur assis à sa
mein gauche descouvert; car le pape ne tire jamais le
bonnet à qui que ce soit, ny nul ambassadeur n'est près de
lui la teste couverte. M. d'Estissac entra le premier, et
après lui M. de Montaigne, et puis M. de Mattecoulon,
et M. du Hautoi. Après un ou deux pas dans la chambre,
au coin de laquelle le pape est assis, ceus qui entrent, qui

qu'ils soient, mettent un genouil à terre, et atendent que le pape leur donne la benediction, ce qu'il faict; après cela ils se relèvent et s'acheminent jusques environ la mi-chambre. Il est vrai que la pluspart ne vont pas à lui de droit fil, tranchant le travers de la chambre, eins gauchissant un peu le long du mur, pour donner, après le tour, tout droit à lui. Estant à ce mi chemin, ils se remettent encor un coup sur un genouil, et reçoivent la seconde benediction. Cela faict, ils vont vers lui jusques à un tapis velu, estandu à ses pieds, sept ou huit pieds plus avant. Au bord de ce tapis ils se mettent à deux genous. Là l'ambassadeur qui les presentoit se mit sur un genouil à terre, et retroussa la robe du pape sur son pied droit, où il y a une pantoufle rouge, atout une croix blanche audessus. Ceux qui sont à genous se tiennent en ceste assiete jusques à son pied, et se penchent à terre, pour le baiser. M. de Montaigne disoit qu'il avoit haussé un peu le bout de son pied. Ils se firent place l'un à l'autre, pour baiser, se tirant à quartier, tous-jours en ce pouint. L'ambassadeur, cela faict, recouvrit le pied du pape, et, se relevant sur son siege, il lui dit ce qu'il lui sembla pour la recommandation de M. d'Estissac et de M. de Montaigne. Le pape, d'un visage courtois, admonesta M. d'Estissac à l'estude et à la vertu, et M. de Montaigne de continuer à la dévotion qu'il avoit tousjours portée à l'Eglise[1] et service du roi très-chrestien, et qu'il les serviroit volontiers où il pourroit : ce sont services de phrases italiennes. Eus ne lui dirent mot; eins aiant là receu une autre benediction, avant se relever, qui est signe du congé, reprindrent le mesme chemin. Cela se faict selon l'opinion d'un chacun : toutefois le plus commun est de se sier en arriere à reculons, ou au moins de se retirer de costé, de maniere qu'on reguarde tous-jours le pape au visage. Au mi-chemin come en allant, ils se remirent sur un genou, et eurent une autre benediction, et à la porte, encore sur un genou, la derniere benediction.

Le langage du pape est italien, sentant son ramage boulognois[2], qui est le pire idiome d'Italie; et puis de sa nature il a la parole mal aysée[3]. Au demourant, c'est un très beau vieillard, d'une moyenne taille et droite, le visage plein de majesté, une longue barbe blanche, âgé lors de plus de quatre-vingt ans[4], le plus sein pour cest

aage et vigoureus qu'il eſt possible de desirer, sans goutte,
sans colicque, sans mal d'eſtomac, et sans aucune subjection : d'une nature douce, peu se passionnant des affaires
du monde, grand baſtisseur ; et en cela il lairra à Rome et
ailleurs un singulier honneur à sa memoire ; grand
aumonier, je dis hors de toute mesure. Entre autres
tesmoignages de cela [il n'eſt nulle fille à marier à laquelle
il n'aide pour la loger, si elle eſt de bas-lieu ; et conte-l'on
en cela sa libéralité pour argent contant. Outre cela[1]], il
a baſti des collieges pour les Grecs, pour les Anglois,
Escossois, François, pour les Allemands, et pour les
Polacs, qu'il a dotés de plus de dix mille escus chacun
de rente à perpétuité, outre la despense infinie des
baſtimans. Il l'a faiɛt pour appeler à l'eglise les enfans de
ces nations-là, corrompus de mauvaises opinions contre
l'église ; et là les enfans sont logés, nourris, habillés,
inſtruiɛts et accommodés de toutes choses, sans qu'il y
aille un quatrin[2] du leur, à quoy que ce soit. Les charges
publiques penibles, il les rejette volantiers sur les espaules
d'autrui, fuïant à se donner peine. Il preſte tant d'au-
diances qu'on veut. Ses responses sont courtes et resolues,
et perd-on temps de lui combattre sa response par nouveaus argumans. En ce qu'il juge juſte, il se croit ; et pour
son fils mesme[3], qu'il eime furieusemant, il ne s'ebranle
pas contre ceſte siene juſtice[4]. Il avanse ses parans [mais
sans aucun intereſt des droits de l'église qu'il conserve
inviolablemant. Il eſt très-magnifique en baſtimans
publiques et réformation des rues de ceſte ville] ; et à
la vérité, a une vie et des mœurs auxquels il n'y a rien de
fort extraordinere ny en l'une ny en l'autre part [toutefois
inclinant beaucoup plus sur le bon].

Le dernier de decembre eux deus[5] disnarent chez
M. le cardinal de Sans[6], qui observe plus de cerimonies
romeines que nul autre François. Les *benedicite* et les *grâces*
fort longues y furent dites par deus chapelins, s'antre-
respondans l'un l'autre à la façon de l'office de l'eglise.
Pandant son disné, on lisoit en italien une perifrase[7]
de l'Evangile du jour. Ils lavarent avec lui et avant et
après le repas. On sert à chacun une serviette pour
s'essuïer ; et devant ceus à qui on veut faire un honneur
particulier, qui tient le siege à coſté ou vis-à-vis du
maiſtre, on sert des grans quarrés d'argent qui portent
leur salière, de mesme façon que ceux qu'on sert en

France aus grans. Audessus de cela il y a une serviette pliée en quatre; sur cefte serviette le pain, le coufteau, la forchette, et le culier. Audessus de tout cela une autre serviette, de laquelle il faut se servir et laisser le demeurant en l'eftat qu'il eft : car après que vous eftes à table, on vous sert, à cofté de ce quarré, une assiette d'argent ou de terre, de laquelle vous vous servez. De tout ce qui sert a table, le tranchant en donne sur des assietes à ceus qui sont assis en ce rang-là, qui ne mettent point la mein au plat, et ne met-on guiere la mein au plat du meftre. On servit aussi à M. de Montaigne, comme on faisoit ordineremant chez M. l'ambassadeur, quand il y mangeoit, à boire en cefte façon: c'eft qu'on lui presantoit un bassin d'argent, sur lequel il y avoit un verre avec du vin et une petite bouteille de la mesure de celle où on met de l'ancre pleine d'eau. Il prend le verre de la mein droite, et de la gauche cefte bouteille, et verse autant qu'il lui plaît d'eau dans son verre, et puis remet cefte bouteille dans le bassin. Quand il boit, celui qui sert lui presante ledit bassin audessous du menton, et lui remet après son verre dans ledict bassin. Cefte cerimonie ne se faict qu'à un ou deux pour le plus au dessous du maiftre. La table fut levée soudein après les *grâces,* et les chaises arrangées tout de suite le long d'un cofté de la salle, où M. le cardinal les fit soir après lui. Il y survint deus hommes d'église, bien veftus, atout je ne sçay quels inftrumans dans la mein, qui se mirent à genouil devant lui, et lui firent entendre je ne sçay quel service qui se faisoit en quelque église. Il ne leur dit du tout rien; mais comme ils se relevarent après avoir parlé et s'en alloint, il leur tira un peu le bonnet.

Un peu après il les mena dans son coche à la salle du Consiftoire, où les cardinaus s'assemblarent pour aller à vespres. Les cardinaus ne se mirent point à genou à sa benediction, comme faict le peuple, mais le receurent avec une grande inclination de la tefte.

Le troisieme jour de janvier 1581, le pape passa devant noftre feneftre. Marchoint devant lui environ deus çans chevaus de personnes de sa court de l'une et de l'autre robbe. Auprès de lui eftoit le cardinal de Medicis qui l'entretenoit couvert et le menoit disner chez lui. Le pape avoit un chapeau rouge, son accouftrement blanc et capuchon de velours rouge, comme de couftume, monté

sur une hacquenée blanche, harnachée de velours rouge,
franges et passemant d'or. Il monte à cheval sans secours
d'escuyer, et si, court son 81e an. De quinse en quinse
pas il donnoit sa benediction. Après lui marchoient trois
cardinaus et puis environ cent hommes d'armes, la lance
sur la cuisse, armés de toutes pieces, sauf la teste. Il y avoit
aussi une autre hacquenée de mesme parure, un mulet,
un beau coursier blanc et une lettiere qui le suivoint, et
deus porte-manteaus qui avoint à l'arson de la selle des
valises.

Ce mesme jour M. de Montaigne print de la terebentine, sans autre occasion sinon qu'il estoit morfondu, et
fit force sable après.

L'onsiesme de janvier, au matin, comme M. de Montaigne sortoit du logis à cheval pour aller *in Banchi*[1], il
rencontra, qu'on sortoit de prison, Catena, un fameus
voleur et capitaine des banis, qui avoit tenu en creinte
toute l'Italie et duquel il se contoit des meurtres enormes[2],
et notamment de deux capucins auxquels il avoit fait
renier Dieu, promettant sur ceste condition leur sauver
la vie, et les avoir massacrés après cela, sans aucune
occasion ny de commodité ny de vengeance. Il s'arresta
pour voir ce spectacle[3]. Outre la forme de France, ils
font marcher devant le criminel un grand crucifix couvert
d'un rideau noir, et à pied un grand nombre d'homes
vestus et masqués de toile, qu'on dict estre des gentils
homes et autres apparans de Rome, qui se vouent à ce
service de accompaigner les criminels qu'on mène au
supplice et les corps des trespassés, et en sont une confrérie. Il y en a deus de ceus-là, ou moines, ainsi vestus et
couverts, qui assistent le criminel sur la charrette et le
preschent, et l'un d'eux lui presente continuellement sur
le visage et lui fait baiser sans cesse un tableau où est
l'image de Nostre Seigneur; cela faict que on ne puisse
pas voir le visage du criminel par la rue. A la potence, qui
est une poutre entre deux appuis, on lui tenoit tous-jours
cette image contre le visage jusques à ce qu'il fut élancé.
Il fit une mort commune, sans mouvemant et sans parole;
estoit home noir, de trante ans ou environ. Après qu'il
fut estranglé on le detrancha en quatre cartiers. Ils ne
font guiere mourir les homes que d'une mort simple et
exercent leur rudesse après la mort. M. de Montaigne y
remerqua ce qu'il a dict ailleurs[4], combien le peuple

s'effraïe des rigueurs qui s'exercent sur les corps mors; car le peuple, qui n'avoit pas santi de le voir estrangler, à chaque coup qu'on donnoit pour le hacher, s'écrioit d'une voix piteuse. Soudain qu'ils sont morts, un ou plusieurs jésuites ou autres se mettent sur quelque lieu hault, et crient au peuple, qui deçà, qui delà, et le preschent pour lui faire gouster cest exemple.

Nous remarquions en Italie, et notamment à Rome, qu'il n'y a quasi pouint de cloches pour le service de l'église, et moins à Rome qu'au moindre village de France; aussi qu'il n'y a pouint d'images, si elles ne sont faites de peu de jours. Plusieurs anciennes églises n'en ont pas une.

Le quatorziesme jour de janvier il [Montaigne] reprint encore de la terebentine sans aucun effet apparent.

Ce mesme jour je vis[1] desfaire deus freres, anciens serviteurs du secrétaire du Castellan[2], qui l'avoint tué quelques jours auparavant de nuict en la ville, dedans le palais mesme dudict seigneur Jacomo Buoncompaigno, fils du pape. On les tenailla, puis coupa le poignet devant le dict palais, et l'ayant coupé, on leur fict mettre sur la playe des chappons qu'on tua et entr'ouvrit soudenemant. Ils furent desfaicts sur un échaffaut et assommés avec une grosse massue de bois et puis soudein égorgés; c'est un supplice qu'on dict par fois usité à Rome; d'autres tenoint qu'on l'avoit accommodé au mesfaict, d'autant qu'ils avoint einsi tué leur maistre.

Quant à la grandeur de Rome, M. de Montaigne disoit : « que l'espace qu'environnent les murs, qui est plus des deux tiers vuides, comprenant la vieille et la neufve Rome pourroit égaler la cloture qu'on fairoit autour de Paris, y enfermant tous les faubourgs de bout à bout; mais si on conte la grandur par nombre et presse de maisons et habitations, il panse que Rome n'arrive pas à un tiers près de la grandur de Paris; en nombre et grandeur de places publiques et beauté de rues, et beauté de maisons, Rome l'amporte de beaucoup. »

Il trouvoit aussi la froidur de l'hyver fort approchante de celle de Guascogne. Il y eut des gelées fortes autour de Noel, et des vents frois insupportablemant. Il est vray que lors mesme il y tonne, gresle et esclaire souvent.

Les palais ont force suite de mambres les uns après les autres; vous enfilez trois ou quatre salles avant que vous soyez à la maistresse. En certains lieus où M. de Mon-

taigne disna en cerimonie, les buffets ne sont pas où on
disne, mais en un'autre premiere salle, et va-t-on vous y
querir à boire quand vous en demandez; et là eſt en
parade la vaisselle d'argent.

Judy, vint-sixieme de janvier, M. de Montaigne étant
allé voir le mont *Janiculum,* delà le Tibre, et considerer
les singularités de ce lieu là, entre autres une grande
ruine d'un vieus mur avenue deus jours auparavant, et
contempler le sit de toutes les parties de Rome, qui ne se
voit de nul autre lieu si cleremant, et delà eſtant descendu
au Vatican pour y voir les ſtatues enfermées aux niches
de Belveder, et la belle galerie que le pape dresse des
peintures de toutes les parties de l'Italie[1], qui eſt bien
près de sa fin, il perdit sa bourse et ce qui eſtoit dedans;
et eſtima que ce fût que, en donnant l'aumone à deus ou
trois fois, le temps eſtant fort pluvieus et mal plesant, au
lieu de remettre sa bourse en sa pochette, il l'eût fourrée
dans les découpres de sa chausse.

Touts ces jours là il ne s'amusa qu'à eſtudier Rome. Au
commencemant il avoit pris un guide françois; mais
celui-là, par quelque humeur fantaſtique, s'étant rebuté,
il se piqua, par sa propre eſtude, de venir à bout de ceſte
science, aidé de diverses cartes et livres[2] qu'il se faisoit
remettre le soir, et le jour alloit sur les lieus mettre en
pratique son apprentissage; si que en peu de jours, il
euſt ayséemant reguidé son guide.

Il disoit « qu'on ne voïoit rien de Rome que le ciel sous
lequel elle avoit eſté assise et le plan de son gîte; que
ceſte science qu'il en avoit eſtoit une science abſtraite
et contemplative, de laquelle il n'y avoit rien qui tumbaſt
sous les sens; que ceux qui disoint qu'on y voyoit au
moins les ruines de Rome en disoint trop; car les ruines
d'une si espouvantable machine rapporteroint plus
d'honneur et de reverence à sa mémoire; ce n'eſtoit rien
que son sepulcre. Le monde, ennemi de sa longue domination, avoit premierement brisé et fracassé toutes les
pieces de ce corps admirable; et, parce qu'encore tout
mort, ranversé et défiguré, il lui faisoit horreur, il en avoit
enseveli la ruine mesme; que ces petites montres de sa
ruine qui paressent encores au dessus de la biere, c'eſtoit
la fortune qui les avoit conservées pour le tesmoignage
de ceſte grandeur infinie que tant de siècles, tant de fus,
la conjuration du monde reiterées à tant de fois à sa ruine,

n'avoint peu universelemant esteindre; mais estoit vraisamblable que ces mambres desvisagés qui en restoint, c'estoint les moins dignes, et que la furie des ennemis de ceste gloire immortelle les avoit portés premierement à ruiner ce qu'il y avoit de plus beau et de plus digne; que les bastimans de ceste Rome bastarde qu'on aloit à cette heure atachant à ces masures, quoi qu'ils eussent de quoi ravir en admiration nos siecles presans, lui faisoint resouvenir propremant des nids que les moineaus et les corneilles vont suspendant en France aus voutes et parois des eglises que les Huguenots viennent d'y démolir. Encore craignoit-il à voir l'espace qu'occupe ce tumbeau qu'on ne le reconnût pas du tout, et que la sépulture ne fût elle mesme pour la plupart ensevelie; que cela, de voir une si chetifve descharge, comme de morceaus de tuiles et pots cassés, estre antiennemant arrivé à un morceau de grandur si excessive qu'il égale en hauteur et largeur plusieurs naturelles montaignes[1] (car il le comparoit en hauteur à la mote de Gurson[2] et l'estimoit double en largeur), c'estoit une expresse ordonnance des destinées, pour faire santir au monde leur conspiration à la gloire et à la préeminance de ceste ville, par un si nouveau et extra-ordinere tesmoignage de sa grandur. Il disoit ne pouvoir aiséemant faire convenir, veu le peu d'espace et de lieu que tiennent aucuns de ces sept mons, et notammant les plus fameus, comme le Capitolin et le Palatin, qu'il y renjast un si grand nombre d'édifices. A voir seulemant ce qui reste du temple de la paix[3], le logis[4] du *Forum Romanum,* duquel on voit encore la chute toute vifve, comme d'une grande montaigne, dissipée en plusieurs horribles rochiers, il ne semble que deus tels bastimans peussent tenir en toute l'espace du mont du Capitole, où il y avoit bien 25 ou 30 tamples, outre plusieurs maisons privées. Mais, à la vérité, plusieurs conjectures qu'on prent de la peinture de ceste ville antienne n'ont guiere de verisimilitude, son plant mesme estant infinimant changé de forme; aucuns de ces vallons estans comblés, voire dans les lieus les plus bas qui y fussent; comme par exemple, au lieu du *Velabrum*[5], qui pour sa bassesse recevoit l'esgout de la ville[6] et avoit un lac, s'est tant eslevé des mons de la hauteur des autres mons naturels qui sont autour delà; ce qui se faisoit par le tas et monceau des

ruines de ces grans baſtimans; et le *monte Savello* n'eſt
autre chose que la ruine d'une partie du theatre de
Marcellus. Il crioit qu'un ancien Romain ne sauroit
reconnoiſtre l'assiette de sa ville quand il la verroit. Il
eſt souvent avenu qu'après avoir fouillé bien avant en
terre on ne venoit qu'à rencontrer la teſte d'une fort
haute coulonne qui eſtoit encor en pieds au dessous.
On n'y cherche point d'autres fondemens aus maisons
que de vieilles masures ou voutes, comme il s'en voit au
dessous de toutes les caves, ny encor l'appuy du fondement antien ny d'un mur qui soit en son assiette; mais
sur les brisures mesmes des vieus baſtimans, comme
la fortune les a logés, en se dissipant, ils ont planté le
pied de leurs palais nouveaus, comme sur des gros
loppins de rochiers, fermes et assurés. Il eſt aysé à voir
que plusieurs rues sont à plus de trante pieds profond au
dessous de celles d'à-ceſte-heure. »

Le 28 de janvier, il [Montaigne] eut la colicque qui ne
l'empescha de nulle de ses aćtions ordineres, et fit une
pierre assez grossette et d'autres moindres.

Le trantiesme il fut voir la plus antienne cerimonie de
religion qui soit parmy les homes, et la considera fort
attentivemant et avec grande commodité : c'eſt la circoncision des Juifs.

Il avoit des-jà veu une autrefois leur synagogue, un
jour de samedy le matin, et leurs prieres, où ils chantent
désordonéemant, comme en l'église calvinienne, certenes
leçons de la bible en hebreu accommodées au temps. Ils
ont les cadences de son pareilles, mais un désaccord
extreme, pour la confusion de tant de vois de toute sorte
d'aages : car les enfans, jusques au plus petit aage sont
de la partie, et tous indifféremmant entendent l'hebreu.
Ils n'apportent non plus d'attention en leurs prieres que
nous faisons aus notres, devisant parmy cela d'autres
affaires, et n'apportant pas beaucoup de reverence à leurs
myſteres. Ils lavent les mains à l'entrée, et en ce lieu là
ce leur eſt execration de tirer le bonnet; mais baissent
la teſte et le genous où leur dévotion l'ordonne. Ils
portent sur les espaules ou sur la teſte certains linges, où
il y a des franges attachées : le tout seroit trop long à
déduire. L'après disnée tour à tour leurs doćteurs font
leçon sur le passage de la bible de ce jour là, le faisant
en Italien. Après la leçon, quelque autre doćteur assiſtant,

choisit quelqu'un des auditeurs, et par fois deus ou trois de suite, pour argumenter contre celui qui vient de lire, sur ce qu'il a dict. Celui que nous ouïmes, lui sembla avoir beaucoup d'éloquence et beaucoup d'esprit en son argumentation.

Mais, quant à la circoncision, elle se faict aus maisons privées, en la chambre du logis de l'enfant, la plus commode et la plus clere. Là où il fut, parce que le logis estoit incommode, la cerimonie se fit à l'entrée de la porte. Ils donnent aus enfants un parein et une mareine comme nous : le pere nomme l'enfant. Ils les circonscient le huitiesme jour de sa naissance. Le parein s'assit sur une table, et met un oreiller sur son giron : la mareine lui porte là l'enfant et puis s'en va. L'enfant est enveloppé à nostre mode; le parein de développe par le bras, et lors les assistants et celui qui doit faire l'operation, comman-cent tres-tous à chanter, et accompaignent de chansons toute ceste action qui dure un petit quart d'heure. Le ministre peut estre autre que rabbi; et quiconque ce soit d'entre eus, chacun desire estre appelé à cet office, parce qu'ils tiennent que c'est une grande benediction d'y estre souvent employé : voire ils achettent d'y estre conviés, offrant qui un vestemant, qui quelque autre commodité à l'enfant; et tiennent que celui qui en a circonsy jusques à certain nombre qu'ils sçavent, estant mort, a ce privilege que les parties de la bouche ne sont jamais mangées des vers. Sur la table où est assis ce parein, il y a quant et quant un grand apprest de tous les utils qu'il faut à cest'operation. Outre cela, un homme tient en ses meins une fiolle pleine de vin et un verre. Il y a aussi un brazier à terre, auquel ce ministre chauffe premieremant ses meins, et puis trouvant cest enfant tout destroussé, comme le parein le tient sur son giron la teste devers soy, il lui prant son mambre, et retire à soy la peau qui est au dessus, d'une mein, poussant de l'autre la gland et le mambre audedans. Au bout de ceste peau qu'il tient vers laditte gland, il met un instrumant d'argent qui arreste là ceste peau, et empesche que, la tranchant, il ne vienne à offenser la gland et la chair. Après cela, d'un couteau il tranche ceste peau, laquelle on enterre soudein dans de la terre qui est là dans un bassin parmy les autres apprests de ce mystere. Après cela le ministre vient à belles ongles, à froisser encor quelque

autre petite pellicule qui eſt sur ceſte gland et la déchire
à force, et la pousse en arrière au-delà de la gland. Il
samble qu'il y ait beaucoup d'effort en cela et de dolur;
toute fois ils n'y trouvent nul dangier, et en tousjours la
plaie guerie en quatre ou cinq jours. Le cry de l'enfant
eſt pareil aus noſtres qu'on baptise. Soudein que ceſte
gland eſt ainsi descouverte, on offre haſtivemant du vin
au miniſtre qui en met un peu à la bouche, et s'en va ainsi
sucer la gland de cet enfant, toute sanglante, et rand le
sang qu'il en a retiré, et incontinant reprent autant de
vin jusques à trois fois. Cela faiſt on lui offre dans un petit
cornet de papier, d'une poudre rouge qu'ils disent eſtre
du sang de dragon, de quoy il sale et couvre la playe;
et puis enveloppe bien propremant le mambre de ceſt
enfant atout des linges taillés tout exprès. Cela faiſt, on
lui donne un verre plein de vin, lequel vin par quelques
oreisons qu'il faiſt, ils disent qu'il benit. Il en prant une
gorgée, et puis y trampant le doigt en porte par trois
fois atout le doigt quelque goutte à sucer en la bouche
de l'enfant; et ce verre après, en ce mesme eſtat, on
l'envoye à la mere et aux fames qui sont en quelque
autre endroit du logis, pour boire ce qui reſte du vin.
Outre cela, un tiers prent un inſtrument d'argent, rond
comme un eſteuf, qui se tient à une longue queue,
lequel inſtrument eſt percé de petits trous comme nos
cassolettes, et le porte au nés, premierement du miniſtre,
et puis de l'enfant, et puis du parein : ils présuposent
que ce sont des odeurs pour fortifiier et éclaircir les
esprits à la dévotion[1]. Il a toujours cependant la bouche
toute sanglante.

Le 8, et depuis encore le 12, il eut [Montaigne] un
ombrage de colicque et fiſt des pierres sans grand dolur.

Le quaresme prenant qui se fit à Rome ceſt'année là
fut plus licentieus, par la permission du pape, qu'il n'avoit
eſté plusieurs années auparavant : nous trouvions pourtant que ce n'eſtoit pas grand'chose. Le long du Cours
qui eſt une longue rue de Rome, qui a son nom pour
cela, on faiſt courir à l'envi, tantoſt quattre ou cinq
enfants, tantoſt des Juifs, tantoſt des vieillards tout nuds,
d'un bout de rue à autre. Vous n'y avez nul plesir que
les voir passer devant l'endret où vous eſtes. Autant en
font-ils des chevaus, sur quoi il y a des petits enfants qui
les chassent à coups de fouet, et des ânes et des buffles

poussés atout des éguillons par des gens de cheval. A
toutes les courses il y a un pris proposé qu'ils appellent
el palo[1] : ce sont des pieces de velours ou de drap. Les
gentils homes, en certein endret de la rue où des dames
ont plus de veue, courent sur des beaus chevaus la quintaine[2], et y ont bonne grâce : car il n'eſt rien que ceſte
noblesse sache si communéement bien faire que les
exercices de cheval. L'eschaffaut que M. de Montaigne fit
faire leur couſta trois escus. Il eſtoit aussi assis en un très-
beau endret de la rue.

Ce jour-là toutes les belles genti-femmes de Rome s'y
virent à loisir : car en Italie, elles ne se masquent pas
comme en France[3], et se monſtrent tout à descouvert.
Quant à la beauté parfaite et rare, il n'eſt, disoit-il, non
plus qu'en France, et sauf en trois ou quattre, il n'y
trouvoit nulle excellence; mais communéemant elles
sont plus agréables, et ne s'en voit point tant de ledes
qu'en France[4]. La teſte, elles l'ont sans compareson plus
avantageusement accommodée[5], et le bas audessous de la
ceinture. Le corps eſt mieus en France[6] : car icy elles ont
l'endret de la ceinture trop lâche, et le portent comme nos
femmes enceintes; leur contenance a plus de majeſté, de
mollesse et de douceur. Il n'y a nulle compareson de la
richesse de leurs vetemans aus noſtres : tout eſt plein
de perles et de pierreries. Partout où elles se laissent voir
en public, soit en coche, en feſte ou en theatre, elles sont
à part des hommes : toutefois elles ont des danses entrelassées assez libremant, où il y a des occasions de deviser
et de toucher à la mein.

Les hommes sont fort simplement veſtus, à quelque
occasion que ce soit, de noir et de sarge de Florence; et
parce qu'ils sont un peu plus bruns que nous, je ne sçay
comment ils n'ont pas la façon de duc, de contes et de
marquis, comme ils sont, vu qu'ils ont l'apparence[7] un
peu vile : courtois au demurant, et gracieus tout ce qu'il
eſt possible, quoique die le vulgaire des François, qui ne
peuvent appeler gracieus ceus qui supportent mal-aysée-
mant leurs débordemans et insolence ordinere. Nous
faisons en toutes façons, ce que nous pouvons pour nous
y faire décrier. Toutefois, ils ont une antienne affection
ou reverance à la France, qui y faict eſtre fort respectés
et bien venus ceus qui meritent tant soit peu de l'eſtre et
qui sulemant se contiennent sans les offenser.

Le jour du jeudy-gras, il [Montaigne] entra au festin du Castellan[1]. Il y avoit un fort grand apprêt, et notamment un amphiteatre très-artificiellemant et richemant disposé pour le combat de la barriere qui fut fait de nuict avant soupper, dans une grange quarrée, avec un retranchement par le milieu, en forme ovale. Entre autres singularités, le pavé y fut peint en un instant de divers ouvrages en rouge, aiant premieremant enduit le planchier de quelque plastre ou chaus, et puis couchant sur ce blanc une piece de parchemin ou de cuir façonnée à piece levée des ouvrages qu'on y vouloit; et puis atout une epoussette teinte de rouge, on passoit par dessus ceste piece et imprimoit-on au travers des ouvertures, ce qu'on vouloit, sur le pavé, et si soudeinemant, qu'en deus heures la nef d'une église en seroit peinte. Au souper, les dames sont servies de leurs maris qui sont debout autour d'elles et leur donnent à boire et ce qu'elles demandent. On y servit force volaille rostie, revestue de sa plume naturelle comme vifve; des chapons cuits tout entiers dans des bouteilles de verres; force lievres, connils, et oiseaux vifs emplumés[2] en paste; des plientes de linges admirables. La table des dames, qui estoit de quattre plats, se levoit en pieces; et au dessous de celle-là il s'en trouva un'autre toute servie et couverte de confitures.

Ils ne font nulles masquarades pour se visiter. Ils en font à peu de frais pour se promener en publicq, ou bien pour dresser des parties à courre la bague. Il y en eut deus belles et riches compagnies de ceste façon le jour du lundy-gras, à courre la quintaine : surtout ils nous surpassent en abondance de très-beaus chevaus.

[Ici finit la dictée faite par le secrétaire de Montaigne. Ce dernier écrira de sa plume tout le reste du Journal de Voyage.]

Aïant doné congé a celui de mes jans qui conduisoit ceste bele besouigne, et la voïant si avancée, quelque incommodité que ce me soit, il faut que je la continue moi-mesme.

Le 16 février, revenant de la station, je rencontray en une petite chapelle, un pretre revestu, abesouigné à guerir un spiritato : c'estoit un home melancholique et come transi. On le tenoit à genous devant l'autel, aïant au col je ne sçay quel drap[1] par où on le tenoit ataché. Le prestre lisoit en sa presance force oresons et exorcismes, commandant au diable de laisser ce cors, et les lisoit dans son breviaire. Après cela il detournoit son propos au patiant, tantost parlant à lui, tantost parlant au diable en sa personne, et lors l'injuriant, le battant à grans coups de pouin, lui crachant au visage. Le patiant repondoit à ses demandes quelques reponses ineptes : tantost pour soi, disant come il santoit les mouvemans de son mal; tantost pour le diable, combien il craignoit Dieu et combien ces exorcismes agissoint contre lui. Après cela qui dura longtemps, le prestre pour son dernier effort se retira à l'autel et print la custode de la mein gauche, où estoit le *Corpus Domini ;* en l'autre mein tenant une bougie alumée, la teste renversée contre bas, si qu'il la faisoit fondre et consomer, prononçant cependant des oresons, et au bout des paroles de menasse et de rigur contre le diable, d'une vois la plus haute et magistrale qu'il pouvoit. Come la premiere chandele vint à défaillir près de ses doigts, il en print un'autre, et puis une seconde et puis la tierce. Cela faict, il remit sa custode, c'est à dire le vesseau transparant où estoit le *Corpus Domini,* et vint retrouver le patiant parlant lors à lui come à un home, le fit détacher et le randit aux siens pour le ramener au logis. Il nous dict que ce diable là estoit de la pire forme, opiniâtre et qui couteroit bien à chasser. Et à dix ou douze jantil'homes qui estions là, fit plusieurs contes de ceste science et des experiances ordineres qu'il en avoit, et notamment que, le jour avant, il avoit deschargé une fame d'un gros diable, qui, en sortant, poussa hors ceste

fame par la bouche des clous, des épingles et une touffe
de son poil. Et parce qu'on lui respondit qu'elle n'estoit
pas encore du tout rassise, il dit que c'estoit une autre
sorte d'esperit plus legier et moins malfaisant, qui s'y
etoit remis ce matin-là; mais que ce janre, car il en sçait
les noms, les divisions et plus particulieres distinctions,
estoit aisé à esconjurer. Je n'en vis que cela. Mon home
ne faisoit autre mine que de grinser les dents et tordre
la bouche, quand on lui pressantoit le *Corpus Domini;* et
remachoit par fois ce mot, *si fata volent*[1]; car il estoit
notere et scavoit un peu de latin.

Le premier jour de mars, je fus à la station de S. Sixte[2].
A l'autel principal, le prestre qui disoit la messe etoit
audelà de l'autel, le visage tourné vers le peuple : derriere
luy il n'y avoit personne. Le pape y vint ce mesme jour,
car il avoit quelques jours auparavant faict remuer de
ceste Eglise les noneins[3] qui y étoint, pour estre ce lieu
là un peu trop escartées, et y avoit faict accommoder tous
les povres qui mandioint par la ville, et d'un très bel
ornement[4]. Les cardinaus donarent chascun vint escus
pour acheminer ce trein; et fut faict des ausmones
extremes par autres particuliers. Le pape dota cest
hospital de 500 escus par mois.

Il y a à Rome force particulieres devotions et confreries,
où il se voit plusieurs grans tesmoignages de piété. Le
commun me samble moins devotieus qu'aus bones villes
de France, plus serimonieux bien : car en ceste part là ils
sont extremes. J'ecris ici en liberté de consciance. En
voici deus examples. Un quidam estant avecques une
courtisane, et couché sur un lit et parmi la liberté de ceste
pratique-là, voila sur les 24 heures l'*Ave Maria* soner :
elle se jeta tout soudein du lit à terre, et se mit à genous
pour y faire sa priere. Estant avecques un'autre, voilà
la bone mere (car notamment les jeunes ont des vieilles
gouvernantes, de quoi elles font des meres ou des tantes),
qui vient hurter à la porte, et avecques cholere et furie
arrache du col de ceste jeune fille un lacet qu'elle avoit,
où il pandoit une petite Nostre-Dame, pour ne la
contaminer de l'ordure de son peché : la jeune sentit
un'extreme contrition d'avoir oblié de se l'oster du col,
comme elle l'avoit acostumé[5].

L'ambassadur du Moscovite[6] vint aussi ce jour-là à
ceste station, vestu d'un manteau escarlatte, et soutane de

drap d'or, le chapeau en forme de bonnet de nuit de drap
d'or fourré, et au dessous une calote de toile d'arjant.
C'est le deusieme ambassadur de Moscovie qui soit venu
vers le pape[1]. L'autre fut du tamps du pape Pol 3e. On
tenoit là que sa charge portoit d'emouvoir le pape à
s'interposer à la guerre que le roy de Poloingne[2] faisoit
à son maistre, alleguant que c'estoit à luy à soutenir le
premier effort du Turc; et si son voisin l'affaiblissoit
qu'il demeureroit incapable à l'autre guerre, qui seroit
une grande fenestre au turc pour venir à nous, offrant
encore se reduire en quelque différence de relligion qu'il
avoit avecq l'Eglise romaine. Il fut logé chez le Castellan[3],
come avoit été l'autre du tamps du pape Pol, et nourri
aus despans du pape. Il fit grand instance de ne baiser
pas les pieds du pape, mais sulement la mein droite,
et ne se vousit randre qu'il ne lui fut tesmoingné que
l'Ampereur mesme estoit sujet à cete serimonie: car
l'example des roys ne luy suffisoit pas. Il ne savoit parler
nulle langue que la siene, et estoit venu sans truchemant.
Il n'avoit que trois ou quatre homes de trein, et disoit
estre passé avecq grand dangier travesti au travers
de la Poloingne. Sa nation est si ignorante des affaires
deça qu'il apporta à Venise des lettres de son maistre
adressantes au grand gouverneur de la cité de Venise.
Interrogé du sans de ceste inscription, il repondit, qu'ils
pansoint que Venise fust de la dition du pape, et qu'il y
envoïat des gouverneurs, come à Bouloingne et ailleurs.
Dieu sache de quel gout ces magnifiques receurent cest'-
ignorance. Il fit des presans et là et au pape, de subelines
et renards noirs, qui est une fourrure encores plus rare et
riche.

Le 6 de mars, je fus voir la librerie du Vatican, qui est
en cinq ou six salles tout de suite. Il y a un grand nombre
de livres attachés sur plusieurs rangs de pupitres; il y en
a aussi dans des coffres, qui me furent tous ouverts;
force livres escris à la mein, et notammant un Seneque
et les Opuscules de Plutarque. J'y vis de remercable la
statue du bon Aristide[4] atout une belle teste chauve, la
barbe espesse, grand front, le regard plein de douceur et
de magesté : son nom est escrit en sa base très antique; un
livre de China[5], le charactere sauvage, les feuilles de
certene matiere beaucoup plus tendre et pellucide que
notre papier; et parce que elle ne peut souffrir la teinture

de l'ancre, il n'eſt escrit que d'un coté de la feuille, et les feuilles sont toutes doubles et pliées par le bout de dehors où elles se tienent. Ils tienent que c'eſt la membrane de quelque arbre. J'y vis aussi un lopin de l'antien *papirus,* où il y avoit des charaĉteres inconnus: c'eſt un'écorce d'arbre. J'y vis le breviaire de S. Grégoire escrit à mein: il ne porte nul tesmoignage de l'année, mais ils tiennent que de mein en mein il eſt venu de lui. C'eſt un Missal à peu-près come le noſtre; et fut aporté au dernier Concile de Trante[1] pour servir de tesmoingnage de l'année, à nos serimonies. J'y vis un livre de S. Thomas d'Aquin, où il y a des correĉtions de la mein du propre autheur, qui écrivoit mal, une petite lettre pire que la mienne. *Item* une Bible imprimée en parchemin, de celes que Plantein[2] vient de faire en quatre langues, laquelle le roy Philippes a envoïée à ce pape come il diĉt en l'inscription de la reliure; l'original du livre que le roy d'Angleterre[3] composa contre Luter, lequel il envoïa, il y a environ cinquante ans, au pape Leon dixiesme, soubscrit de sa propre mein, avec ce beau distiche latin, aussi de sa mein :

> *Anglorum rex Henricus, Leo décime, mittit*
> *Hoc opus, et fidei teſtem et amicitiæ*[4].

Je leus les prefaces, l'une au pape, l'autre au leĉtur : il s'excuse sur ses occupations guerrieres et faute de suffisance; c'eſt un langage latin bon scholaſtique.

Je la vis (la Bibliothèque) sans nulle difficulté; chacun la voit einsin et en extrait ce qu'il veut; et eſt ouverte quasi tous les matins; et j'y fus conduit-partout et convié par un jantilhome d'en user quand je voudrois. M. notre ambassadur[5] s'en partoit en mesme tamps sans l'avoir veue, et se plaignoit de ce qu'on lui vouloit faire faire la cour au cardinal Charlet[6] maiſtre de ceſte librerie pour cela; et n'avoit, disoit-il, jamès peu avoir le moïens de voir ce Seneque escrit à la mein, ce qu'il desiroit infinimant. La fortune m'y porta, comme je tenois sur ce tesmoingnage la chose desespérée. Toutes choses sont einsin aisées à certeins biais, et inaccessibles par autres. L'occasion et l'importunité ont leur privilège, et offrent souvant au peuple ce qu'elles refusent aus Roys. La curiosité s'ampeche souvant elle-mesme, come faiĉt aussi la grandur et la puissance.

J'y vis aussi un Virgile écrit à la mein, d'une lettre infiniment grosse et de ce caractere long et etroit[1] que nous voïons ici aus inscriptions du tamps des ampereurs, come environ le siecle de Constantin, qui ont quelque façon gothique et ont perdu ceste proportion carrée qui est aux vieilles escritures latines. Ce Virgile me confirma, en ce que j'ai tousjours jugé, que les premiers vers qu'on met en Æneide sont empruntés[2] : ce livre ne les a pas. Il y a des Actes des apostres escrits en très belles lettres d'or grecque, ausi vifve et recente que si c'estoit aujourd'hui. Cest lettre est massive et a un cors solide et eslevé sur le papier, de façon que si vous passez la mein pardessus, vous y santez de l'espessur. Je crois que nous avons perdu l'usage de ceste escriture.

Le 13 de mars, un vieil patriarche d'Antioche[3], Arabe, très bien versé en cinq ou six langues de celes de delà, et n'aïant nulle connoissance de la grecque et autres nostres, avecq qui j'avois pris beaucoup de familiarités, me fit present d'une certene mixtion pour le secours de ma gravelle, et m'en prescrivit l'usage par escrit. Il me l'enferma dans un petit pot de terre, et me dict que je la pouvois conserver dix et vint ans ; et en esperoit tel fruit que de la premiere prinse je serois tout à fait gueri de mon mal. Afin que si je perdois son escrit, je le retreuve ici, il faut prendre ceste drogue, s'en alant coucher, aïant legieremant soupé, de la grosseur de deux pois, la mesler à de l'eau tiède ; l'aïant froissé sous les dois et laissant un jour vuide entre deux, en prandre par cinq fois.

Disnant un jour à Rome avec nostre ambassadur, où estoit Muret[4] et autres sçavans, je me mis sur le propos de la traduction françoise de Plutarche[5], et contre ceus qui l'estimoint beaucoup moins que je ne fais, je meintenois au moins cela : « Que où le traducteur a failli le vrai sans de Plutarque, il y en a substitué un autre vraisemblable et s'entretenant bien aus choses suivantes et précédentes. » Pour me montrer qu'en cela mesme je lui donnois trop, il fut produit deux passages, l'un duquel ils attribuent l'animadversion au fils de M. Mangot, avocat de Paris, qui venoit de partir de Rome[6], en la vie de Solon, environ sur le milieu, où il dict que Solon se vantoit d'avoir affranchi l'Attique, et d'avoir osté les bornes qui faisoint les séparations des héritages. Il a failli, car ce mot grec signifie certenes marques qui se mettoint

sur les terres qui estoint engagées et obligées, afin que
les acheturs fussent avertis de ceste hypotheque. Ce qu'il
a substitué des limites n'a point de sens accommodable,
car ce seroit faire les terres non libres, mais commune. Le
latin d'Estiene[1] s'est aproché plus près du vrai. Le secont,
tout sur la fin du Treté de la nourriture des enfans :
« D'observer, dict-il, ces regles, cela se peut plustost
souhaiter que conseiller ». Le grec, disent-ils, sone : « cela
est plus desirable qu'esperable », et est une forme de
proverbe qui se treuve ailleurs. Au lieu de ce sens cler
et aisé, celui que le traducteur y a substitué est mol et
estrange; parquoy recevant leurs presuppositions du sens
propre de la langue, j'avouai de bone foi leur conclusion.

Les églises sont à Rome moins belles qu'en la plupart
des bones villes d'Italie, et en general, en Italie et en
Allemaigne, communéemant moins belles qu'en France.
A Saint Pierre, il se voit à l'entrée de la nouvelle église
des enseignes pandues pour trophées : leur escrit porte,
que ce sont enseignes gaignées par le roy sur des Huguenots; il ne spécifie pas où et quant. Auprès de la chapelle
Gregoriane[2], où il se voit un nombre infini de veux
attachés à la muraille, il y en a a entr'autres un petit
tableau assez chetif et mal peint de la bataille de Moncontour[3]. En la salle audevant la chapelle S. Sixte[4] ou en la
paroi, il y a plusieurs peintures des accidens mémorables
qui touchent le S. Siege, comme la bataille de Jean
d'Austria, navale[5]. Il y a la representation de ce pape[6],
qui foule aux pieds la teste de cest ampereur[7] qui venoit
pour lui demander pardon et les lui baiser[8], non pas les
paroles dictes selon l'histoire[9] par l'un et par l'autre. Il y a
aussi deus endrets où la blessure de M. l'amiral de Chatillon est peinte et sa mort[10] bien authantiquement.

Le 15 de mars, M. de Monluc[11] me vint trouver à la
pouinte du jour, pour executer le dessin que nous avions
faict le jour avant d'aler voir Ostia[12]. Nous passames le
Tibre sur le pont Nostre-Dame et sortismes par la porte
del Porto, qu'ils nomoint entienemant *Portuensis :* delà
nous suivimes un chemin inegal et mediocremant fertile
de vin et de bleds; et au bout d'environ huit milles,
venant à rejouindre le Tibre, descendimes en une grande
pleine de preries et pacages, au bout de laquelle estoit
assise une grande ville[13], de quoi il se voit là plusieurs
belles grandes ruines qui abordent au lac de Trajan, et qui

eſt un regorgement de la mer Tyrrhene[1], dans lequel se
venoint randre les navires; mais la mer n'y done plus
que bien peu, et encore moins à un autre lac qui eſt un
peu audessus du lieu, qu'on nomoit l'Arc[2] de Claudius.
Nous pouvions disner là avecq le cardinal de Peruse[3]
qui y eſtoit, et il n'eſt à la vérité rien si courtois que ces
seigneurs-là et leurs serviturs. Et me manda ledict
sieur cardinal, par l'un de mes jans qui passa soudein
par là, qu'il avoit à se pleindre de moi; et ce mesme valet
fut mené boire en la sommellerie dudict cardinal, qui
ne avoit nulle amitié ny conoissance de moi, et n'usoit
en cela que d'une hospitalité ordinere à tous etrangiers
qui ont quelque façon; mais je creignois que le jour nous
faillit à faire le tour que je voulois faire, aïant fort
allongé mon chemin pour voir ces deus rives du Tibre.
Là nous passames à bateau un petit rameau du Tibre et
entrâmes en l'Isle sacrée, grande d'environ une grande
lieue de Gascoingne, pleine de pascages. Il y a quelques
ruines et colonnes de mabre, come il y en a à plusieurs en
ce lieu de Porto, où eſtoit ceſte vieille ville de Trajan;
et en fait le pape desenterrer tous les jours et porter à
Rome. Quand nous eusmes traversé ceſt'isle, nous rancontrames le Tibre à passer, de quoi nous n'avions nulle
commodité pour le regard des chevaus, et eſtions à
mesme de retourner sur nos pas; mais de fortune voilà
arriver à la rive les sieurs du Bellai[4], baron de Chasai[5], de
Marivau[6] et autres. Sur quoi je passai l'eau; et vins faire
troque avec ces jantils-homes qu'ils prinsent nos chevaus
et nous les leurs. Einsin ils retournarent à Rome par le
chemin que nous eſtions venus, et nous par le leur qui
eſtoit le droit d'Oſtia.

Oſtia, quinse milles, eſt assise le long de l'antien canal
du Tibre; car il l'a un peu changé et s'en esloingne tous
les jours. Nous dejunasmes sur le pouin à une petite
taverne. Audelà nous vismes la Rocca, qui eſt une petite
place assez forte où il ne se fait nulle garde. Les papes, et
notamment celui-ci, ont faict en ceſte coſte de mer dresser
des grosses tours ou vedettes, environ de mille en mille,
pour prouvoir à la descente que les Turcs y faisoint
souvant, mesme en tamps de vandanges; et y prenoient
betail et hommes. De ces tours, atout un coup de canon,
ils s'entravertissent les uns les autres d'une si grande

soudeineté que l'alarme en est soudein volée à Rome. Autour d'Ostia sont les salins, d'où toutes les terres de l'Eglise sont proveues; c'st une grande plene de marets où la mer se desgorge.

Ce chemin d'Ostia à Rome, qui est *via Ostiensis*[1], à tout plein de grandes merques de son antienne beauté, force levées, plusieurs ruines d'acqueducs, et quasi tout le chemin semé de grandes ruines, et plus de deux parts dudict chemin encore pavé de ce gros cartier noir, de quoi ils planchoint leurs chemins. A voir ceste rive du Tibre, on tient aiséemant pour la vraïe ceste opinion : que d'une part et d'autre tout estoit garni d'habitations de Rome jusques à Ostie. Entr'autres ruines, nous rencontrasmes environ à mi chemin sur nostre mein gauche une très bele sepulture d'un prætur romein, de quoi l'inscription s'y voit encore toute entière. Les ruines de Rome ne se voient pour la pluspart que par le massif et espais du bastimant. Ils faisoint de grosses murailles de brique, et puis ils les encroutoint ou de lames de marbre ou d'une autre pierre blanche ou de certein cimant[2] ou de gros carreau enduit par dessus. Ceste croute, quasi partout, à esté ruinée par les ans, sur laquelle estoint les inscriptions, par où nous avons perdu la pluspart de la connoissance de teles choses. L'escrit se voit, où le bastimant estoit formé de quelque muraille de taille espoisse et massive.

Les avenues de Rome, quasi partout, se voient pour la pluspart incultes et steriles, soit par le defaut de terroir, ou, ce que je treuve plus vraisamblable, que ceste ville n'a guiere de maneuvres et homes qui vivent du travail de leurs meins. En chemin je trouvai, quand j'y vins, plusieurs troupes d'homes de villages qui venoint des Grisons et de la Savoie, gaigner quelque chose en la saison du labourage des vignes et de leurs jardins; et me dirent que tous les ans c'estoit leur rante. C'est une ville toute cour et toute noblesse; chacun prant sa part de l'oisifveté ecclesiastique. Il n'est nulle rue marchande, ou moins qu'en petite ville; ce ne sont que palais et jardins. Il ne se voit nulle rue de la Harpe ou de St. Denis; il me samble tousjours estre dans la rue de Seine, ou sur le cai des Augustins à Paris. La ville ne change guiere de forme pour un jour ouvrier ou jour de feste. Tout le caresme il se fait des stations; il n'y a pas moins de presse un jour ouvrier qu'un autre; ce ne sont en ces temps que coches, prélats et dames.

Nous revinsmes coucher à

Rome, quinze milles. Le 16 mars, il me print envie d'aler essaïer les etuves de Rome; et fus à celles de St. Marc qu'on eſtime des plus nobles; j'y fus treté d'une moïenne[1] façon, sul pourtant et avec tout le respeêt qu'ils peuvent. L'usage y eſt d'y mener des amies, qui veut, qui y sont frotées avec vous par les garçons. J'y apris que de chaus vifve et orpimant démeslé atout de la lessifve, deux parts de chaus et la tierce d'orpimant[2], se faiêt ceſte drogue et ongant de quoi on fait tumber le poil[3], l'aïant appliqué un petit demi quart d'heure.

Le 17, j'eus ma cholique cinq ou six heures supportable, et randis quelque tamps après une grosse pierre come un gros pinon et de ceſt forme.

Lors nous avions des roses à Rome, et des artichaus; mais pour moi je n'y trouvois nulle chaleur extraordinere, veſtu et couvert come chez moi. On y a moins de poisson qu'en France; notamment leurs brochets ne valent du tout rien et les laisse-t-on au peuple. Ils ont raremant des soles et des truites, des barbeaus fort bons et beaucoup plus grans qu'à Bourdeaus[4], mais chers. Les daurades y sont en grand pris, et les mulets plus grands que les noſtres et un peu plus fermes. L'huile y eſt si excellante que ceſte picure qui m'en demure au gosier, quand j'en ai beaucoup mangé, je ne l'ai nullemant ici. On y mange des resins frès tout le long de l'an; et jusques à ceſt'heure il s'en treuve de très-bons pandus aus treilles. Leur mouton ne vaut rien et eſt en peu d'eſtime.

Le 18, l'ambassadur de Portugal[5] fit l'obédiance au pape du royaume de Portugal pour le roi Philippes[6], ce mesme ambassadur qui eſtoit ici pour le roi trespassé[7] et pour les Etats contrarians au roy Philippes. Je rancontrai au retour de Saint Pierre un home qui m'avisa plesamment de deus choses: que les Portugais foisoint leur obédiance la semmene de la Passion[8], et puis que ce mesme jour la ſtation eſtoit à Saint Jean *Porta Latina*[9], en laquelle église certains Portugais, quelques années y a, eſtoint entrés en une étrange confrerie. Ils s'espousoint masle à masle à la messe, avec mesmes serimonies que nous faisons nos mariages; faisant leurs pasques en-

samble; lisoint ce mesme évangile des nopces, et puis
couchoint et habitoint ensamble. Les esprits[1] romeins
disoint que, parce qu'en l'autre conjonction de masle et
femelle, cete seule circonstance la rand legitime, que ce
soit en mariage, il avoit semblé à ces fines jans que cest'-
autre action deviendroit pareillemant juste, qui l'auroit
autorisée de serimonies et misteres de l'Eglise. Il fut
brulé huit ou neuf Portugais[2] de ceste belle secte.

Je vis la pompe espagnole. On fit une salve de canons
au chasteau St. Ange et au palais[3] et fut l'ambassadur
conduit par les trompettes et tambours et archiers du
pape. Je n'entrai pas audedans voir la harangue et la
serimonie. L'ambassadur du Moscovite[4], qui estoit à une
fenestre parée pour voir ceste pompe, dict qu'il avoit
été convié à voir une grande assemblée; mais qu'en sa
nation, quand on parle de troupes de chevaus, c'est
tousjours vint et cinq ou trante mille; et se moqua de tout
cest apprest, à ce que me dict celui mesmes qui estoit
commis à l'antretenir par truchemant.

Le dimanche des Rameaux, je trouvai à vespres en un'-
église un enfant assis au costé de l'autel sur une chese
vestu d'une grande robe de taffetas bleu, neuve, la teste
nue, aveq une courone de branches d'olivier, tenant à la
mein une torche de cire blanche alumée. C'estoit un
garçon de 15 ans ou environ, qui, par ordonnance du
pape, avoit esté ce jour là délivré des prisons, qui avoit
tué un autre garçon.

Il se voit à St. Jean de Latran du marbre transparent[5].

Lendemein le pape fit les sept eglises[6]. Il avoit des
botes du costé de la cher, et sur chaque pied une croix
de cuir plus blanc. Il mene tousjours un cheval d'Espaigne,
une hacquenée et un mulet, et une lettiere, toute de mesme
parure; ce jour là le cheval en estoit à dire. Son escuyer
avoit deux ou trois peres d'esperons dorés en la mein et
l'attendoit au bas de l'eschelle Saint-Pierre; il les refusa
et demanda sa lettiere, en laquele il y avoit deux chapeaus
rouges quasi de mesme façon, pendans attachés à des
clous.

Ce jour au soir me furent randus mes *Essais,* chastiés
selon l'opinion des docteurs moines. Le *Maestro del Sacro
palasso*[7] n'en avoit peu juger que par le rapport d'aucun
frater[8] françois, n'entendant nullemant nostre langue; et
se contantoit tant des excuses que je faisois sur chaque

article d'animadversion que lui avoit laissé ce François,
qu'il remit à ma conscience de rabiller ce que je verrois
estre de mauvès gout. Je le suppliai, au rebours, qu'il
suivît l'opinion de celui qui l'avoit jugé, avouant, en
aucunes choses, come d'avoir usé de mot de fortune[1],
d'avoir nommé des poètes hæretiques[2], d'avoir excusé
Julian[3], et l'animadversion sur ce que celui qui prioit
devoit estre exempt de vitieuse inclination pour ce
tamps[4]; *item,* d'estimer cruauté ce qui est audelà de mort
simple[5]; *item,* qu'il falloit nourrir un enfant à tout faire et
autres teles choses[6] : que c'estoit mon opinion, et que
c'estoit choses que j'avois mises, n'estimant que ce
fussent erreurs; à d'autres niant que le correcteur eust
entendu ma conception. Ledict *Mæstro,* qui est un
habil'home, m'excusoit fort et me vouloit faire santir
qu'il n'estoit pas fort de l'avis de ceste reformation, et
pledoit fort ingénieusemant pour moi en ma presance
contre autre qui me combattoit, italien aussi. Ils me
retindrent le livre des histoires de Souisses traduit en
François, pour ce sulemant que le traducteur est hære-
tique, duquel le nom n'est pourtant pas exprimé[7], mais
c'est une merveille combien ils connoissent les hommes
de nos contrées; et le bon, ils me dirent que la préface
estoit condamnée.

Ce mesme jour en l'eglise Saint Jean de Latran, au lieu
des pœnitenciers ordineres qui se voient faire cet office en
la pluspart des églises, monseignur le cardinal St. Sixte[8]
estoit assis à un couin et donoit sur la teste de une baguette
longue qu'il avoit en la mein aus passans et aus dames
aussi; mais d'un visage souriant et plus courtois, selon
leur grandur et beauté.

Le mercredi de la semaine sainte, je fis les sept églises
aveq M. de Foix[9], avant disner, et y mismes environ
cinq heures. Je ne sçai pourquoi aucuns se scandalisent
de voir libremant accuser le vice de quelque particulier
prelat, quand il est connu et publicq; car ce jour là, et à
St. Jean de Latran, et à l'église Ste. Croix de Jerusalem,
je vis l'histoire, escrite au long en lieu très apparant, du
pape Silvestre second[10], qui est la plus injurieuse qui se
puisse imaginer.

Le tour de la ville, que j'ai fait plusieurs fois du costé
de la terre[11], depuis la porte del Popolo jusques à la porte
Sant Paulo, se peut faire en trois bones heures ou quatre

alant en trousse et le pas; ce qui est delà la riviere[1] se
faict en une heure et demie pour le plus.

Entr'autres plesirs que Rome me fournissoit en caresme,
c'étoint les sermons. Il y avoit d'excellans precheurs[2],
come ce rabi renié qui preche les Juifs le sammedi après
disner, en la Trinité[3]. Il y a tousjours soixante Juifs qui
sont tenus de s'y trouver. Cestui estoit un fort fameus
docteur parmi eus; et par leurs argumans, mesmes leurs
rabis, et le texte de la Bible combat leur créance. En ceste
sciance et des langues qui servent à cela, il est admirable.
Il y avoit un autre precheur qui prechoit au pape et aus
cardinaus nomé Padre Toledo[4] (en profondeur de sçavoir,
en pertinance et disposition, c'est un home très rare);
un autre très éloquent et populere, qui prechoit aux
jesuites, non sans beaucoup de suffisance parmi son
excellance de langage; les deux derniers sont jesuites.

C'est merveille combien de part ce colliege tient en la
chretianté; et croi qu'il ne fut jamais confrerie et cors
parmi nous qui tint un tel ranc, ny qui produisit enfin des
effaicts tels que fairont ceus ici, si leurs desseins continuent.
Ils possedent tantost toute la chretianté. C'est
une pepiniere de grans homes en toute sorte de grandur.
C'est celui de nos mambres qui menasse le plus les hérétiques
de nostre tamps.

Le mot d'un precheur fut que nous faisions les Astrolabes
de nos coches. Le plus commun des exercices des Romeins,
c'est se promener par les rues; et ordineremant
l'entreprinse de sortir du logis se faict pour aler sulemant
de rue en rue sans avoir ou s'arrester; et y a des rues plus
particulieremant destinées à ce service. A dire vrai, le plus
grand fruit qui s'en retire, c'est de voir les dames aux fenestres,
et notammant les courtisanes, qui se montrent à
leurs jalousies[5], avec un art si traitresse[6] que je me suis
souvant esmerveillé come elles piquent ainsi nostre veue;
et souvant estant descendu de cheval sur le champ et
obtenu d'estre ouvert, je admiois cela, de combien
elles se montroint plus beles qu'elles n'estoint. Elles
sçavent se presanter par ce qu'elles ont de plus agreable;
elles vous presanteront sulemant le haut du visage, ou
le bas ou le costé, se couvrent ou se montrent, si qu'il
ne s'en voit une sule lede à la fenêtre. Chacun est là à
faire des bonetades et des salutations profondes, et à
recevoir quelque euillade en passant[7]. Le fruit d'y

avoir couché la nuit pour un ecu ou pour quatre, c'eſt
de leur faire ainsi landemein la court en publiq. Il s'y
voit aussi quelques dames de qualité, mais d'autre façon,
bien aisée à discerner. A cheval on voit mieus; mais c'eſt
affaire ou aus chetifs come moi, ou aus jeunes homes
montés sur des chevaus de service qui manient. Les
personnes de grade ne vont qu'en coche, et les plus
licencieus pour avoir plus de veue contremont ont le
dessus du coche entr'ouvert à clairvoises; c'eſt ce que
vouloit dire le precheur de ces aſtrolabes.

   Le jeudy saint au matin, le pape en pontificat se met sur
le premier portique de S. Pierre, au second etage, assiſté
des cardinaux, tenant, lui, un flambeau à la mein. Là, d'un
coſté, un chanoine de St. Pierre lit à haute vois une bulle
latine où sont excommuniés une infinie sorte de jans,
entre autres les huguenots, sous ce propre mot, et tous
les princes qui détiennent quelque chose des terres de
l'Eglise; auquel article les cardinaus de Medicis et
Caraffe[1], qui étoint joujgnant le pape, se rioint bien fort.
Ceſte lecture dure une bone heure et demie; car à chaque
article que ce chanoine lit en latin, de l'autre coſté le
cardinal Gonsague[2], aussi descouvert, en lisoit autant en
Italien. Après cela le pape jeta ceſte torche alumée contre
bas au peuple, et par jeu ou autremant le cardinal Gonsague un'autre; car il y en avoit trois alumées. Cela
choit sur le peuple; il se faiſt en bas tout le trouble du
monde qui ara un lopin de ceſte torche; et s'y bat-on
bien rudemant à coup de pouin et de baſton. Pendant que
cete condamnation se lit il y aussi une grande piece de
taffetas noir qui pant sur l'acoudoir dudiſt portique,
devant le pape. L'excommunication faite, on trousse ce
tapis noir, et s'en descouvre un autre d'autres colur; le
pape lors done ses benediſtions publiques.

   Ces jours se montre la Veronique[3] qui eſt un visage
ouvrageus[4] et de colur sombre et obscure, dans un carré[5]
come un grand miroir; il se montre aveq grand serimonie
du haut d'un popitre qui a cinq ou six pas de large. Le
preſtre qui le tient a les meins reveſtues de gans rouges,
et y a deus ou trois preſtres qui le soutienent. Il ne se voit
rien aveq si grande reverance, le peuple proſterné à terre,
la pluspart les larmes aux yeux, aveq ces cris de commiseration. Une fame, qu'on disoit eſtre *spiritata*[6], se tampes-
toit voïant ceſte figure, crioit, tandoit et tordoit les bras.

Ces prestres, se promenans autour de ce popitre, la vont presentant au peuple, tantost ici, tantost là; et à chaque mouvemant, ceus à qui on la presante s'escrient. On y monstre aussi en mesme tamps et mesme serimonie, le fer de lance dans une bouteille de cristal. Plusieurs fois ce jour se faict ceste montre, aveq un assamblée de peuple si infinie que jusques bien louin au dehors de l'église, autant que la vue peut arriver à ce popitre, c'est une extreme presse d'homes et de fames; c'est une vraie cour papale; la pompe de Rome et sa principale grandur est en apparences de devotion. Il faict beau voir l'ardur d'un peuple si infini à la religion ces jours-là; ils ont çant confreries et plus, et n'est guiere home de qualité qui ne soit ataché à quelc'une; il n'y en a aucunes pour les étrangiers. Nos roys sont de celes du Gonfalon. Ces sociétés particulieres ont plusieurs actes de communication religieuse, qui s'exercent principalement le caresme; mais ce jour-ici ils se promenent en troupes, vestus de toile; chaque compaignie a sa façon, qui blanche, rouge, bleue, verte, noire, la pluspart les visages couvers.

La plus noble chose et magnifique que j'ai vue, ny ici ny ailleurs, ce fut l'incroiable nombre du peuple espars ce jour là par la ville aus devotions, et notammant en ces compaignies; car, outre un grand nombre d'autres que nous avions veu le jour et qui estoint venues à S. Pierre, come la nuit commença ceste ville sambloit estre tout'en feu; ces compaignies marchant par ordre vers S. Pierre, chacun portant un flambeau, et quasi tous de cire blanche. Je croi qu'il passa devant moi douse milles torches pour le moins; car depuis huit heures du soir jusqu'à minuit, la rue fust toujours plene de ceste pompe, conduite d'un si bon ordre et si mesuré qu'encore que ce fussent diverses troupes et parties de divers lieus, il ne s'y vit jamès de breche ou interruption; chaque cors aiant un grand cheur de musique chantant tousjours en alant, et au milieu des rancs une file de Pœnitanciers qui se foitent atout des cordes; de quoi il en avoit cinq çans pour le moins, l'eschine toute escorchée et ensanglantée d'une piteuse façon.

C'est un enigme que je n'entans pas bien encores; mais ils sont tous meurtris et cruelemant blessés, et se tourmantent et batent incessamant. Si est-ce qu'à voir leur contenance, l'assurance de leurs pas, la fermeté de leurs paroles (car j'en ai ouis parler plusieurs), et leur visage (car plusieurs estoint descouvers par la rue), il ne paroissoit pas sulemant qu'ils fussent en action penible, voire ny serieuse, et si y en avoit de junes de douse ou trese ans. Tout contre moi, il y en avoit un fort june et qui avoit le visage agréable; une june fame pleignoit de le voir einsin blesser. Il se tourna vers nous et lui dit en riant : *Basta, disse che fo questo per li lui peccati, non per li miei*[1]. Non sulemant ils ne montrent nulle destresse ou force à ceste action ; mais ils le font aveq allegresse, ou pour le moins avec tele nonchalance que vous les voiez s'entretenir d'autres choses, rire, criailler en la rue, courir, sauter, comme il se faict à une si grand presse où les rancs se troublent. Il y a des homes parmi eus qui portent du vin qu'ils leur presantent à boire; aucuns en prennent une gorgée. On leur done aussi de la dragée; et plus souvant ceus qui portent ce vin en metent en la bouche, puis le soufflent et en mouillent le bout de leurs foits, qui sont de corde, et se caillent et cole du sang, en manière que pour le demesler, il les faut mouiller; à aucuns ils sufflent ce mesme vin sur leurs plaies. A voir leurs souliers et chausses, il parest bien que ce sont personnes de fort peu et qui se vandent pour ce service, au moins la pluspart. On me dict bien qu'on greffoit leurs espaules de quelque chose ; mais j'y ai veu la plaie si vive et l'offrande si longue, qu'il n'y a nul medicament qui en sceust oster le santimant; et puis ceux qui le louent, à quoi faire, si ce n'estoit qu'une singerie ?

Ceste pompe a plusieurs autres particularités. Come ils arrivoint à S. Pierre, ils n'y faisoint autre chose, sinon qu'on leur venoit à montrer *el Viso Santo*[2], et puis ressortoint et faisoint place aus autres.

Les dames sont ce jour-là en grande liberté; car toute la nuit les rues en sont pleines, et vont quasi toutes à pied. Toutefois, à la vérité, il samble que la ville soit reformée[3], notamment en ceste desbauche. Toute euillades et apparances amoureuses cessent.

Le plus beau sepulchre, c'est celui de Santa Rotunda[4], à cause des lumineres. Entr'autres choses, il y a un grand nombre de lampes roulant et tournoïant sans cesse de haut en bas.

La veille de Pasques je vis à S. Jean de Latran les chefs de S. Pol et S. Pierre qu'on y montre, qui ont encore leur

charnure, teint et barbe, come s'ils vivoint : S. Pierre, un
visage blanc un peu longuet, le teint vermeil et tirant sur le
sanguin, une barbe grise fourchue, la teſte couverte
d'une mître papale; S. Paul, noir, le visage large et plus
gras, la teſte plus grosse, la barbe grise, espaisse. Ils sont
en haut dans un lieu exprès. La façon de les montrer,
c'eſt qu'on apele le peuple au son des cloches, et que à
secousses, on devale contre bas un rideau au derriere
duquel sont ces teſtes, à coſté l'une de l'autre. On les
laisse voir le tamps de dire un *Ave Maria,* et soudein on
remonte ce rideau; après on le ravale de mesmes, et
cela jusques à trois fois; on refaiċt ceſte montre quatre
ou cinq fois le jour. Le lieu eſt élevé de la hauteur d'une
pique, et puis de grosses grilles de fer, au travers lesqueles on voit. On allume autour par le dehors plusieurs
cierges; mais il eſt mal aisé de discerner bien cleremant
toutes les particularités; je les vis à deux ou trois fois.
La polissure de ces faces avoit quelque ressamblance à
nos masques.

Le mercredy après Pasques, M. Maldonat[1] qui eſtoit
lors à Rome, s'enquerant à moi de l'opinion que j'avois
des mœurs de ceſte ville, et notamment en la religion, il
trouva son jugemant du tout conforme au mien : que le
menu puple eſtoit, sans compareson, plus devot en France
qu'ici; mais les riches, et notammant courtisans, un peu
moins. Il me diċt davantage qu'à ceus qui lui allegoint
que la France eſtoit toute perdue de heresie, et notammant aux Espaignols, de quoi il y en a grand nombre en
son colliege[2], il maintenoit qu'il y avoit plus d'homes
vraimant religieus, en la sule ville de Paris, qu'en toute
l'Espaigne ensamble.

Ils font tirer leurs baſteaus à la corde, contremont la
riviere du Tibre, par trois ou quatre paires de buffles.

Je ne sçai come les autres se trouvent de l'air de Rome;
moi je le trouvois très plesant et sein. Le sieur de Vielart[3]
disoit y avoir perdu sa subjeċtion à la migrene; qui eſtoit
aider l'opinion du peuple, qu'il eſt très contrere aus
pieds et commode à la teſte. Je n'ai rien si enemi à ma
santé, que l'ennui et oisifveté : là, j'avois tousjours quelque occupation, sinon plesante que j'usse peu desirer, au
moins suffisante à me desennuïer : comme à visiter les
antiquités, les vignes, qui sont des jardins et lieus de
plesir, de beauté singuliere, et là, où j'ai apris combien

l'art se pouvoit servir bien à pouint d'un lieu bossu, montueus et inégal; car eus ils en tirent les graces inimitables à nos lieus pleins, et se prævalent très artificielement de ceste diversité. Entre les plus beles sont celes des cardinaus d'Este[1], à Monte-Cavallo; Farnese[2], al Palatino, Ursino[3], Sforza, Medicis[4]; cele du pape Jule[5]; cele de Madama[6]; les jardins de Farnèse et du cardinal Riario à Transtevere[7]; de Cesio[8], *fuora della porta del popolo*[9]. Ce sont beautés ouvertes à quiconque s'en veut servir, et à quoi que ce soit, fut-ce à y dormir et en compaigne si les maistres n'y sont, qui n'aiment guiere? ou aller ouir des sermons, de quoi il y en a en tout tamps, ou des disputes de théologie; ou encore par fois, quelque fame des publiques, où j'ai trouvé cest incommodité qu'elles vandent aussi cher la simple conversation (qui estoit ce que j'y cherchois, pour les ouïr deviser et participer à leurs subtilités), et en sont autant espargnantes que de la négociation entière. Tous ces amusemans m'embesouignoint assez : de melancholie, qui est ma mort, et de chagrin, je n'en avois nul'occasion, ny dedans ny hors la maison. C'est einsin une plesante demure. Et puis argumantez par-là, si j'eusse gouté Rome plus privémant, combien elle m'eût agréé; car, en vérité, quoique j'y aye emploïé d'art et de souin, je ne l'ai connue que par son visage publique, et qu'elle offre au plus chétif étrangier.

Le dernier de mars j'eus un accès de cholique qui me dura toute la nuit, assez supportable; elle m'emeut le ventre, avec des tranchées, et me donna un' acrimonie d'urine outre l'accoutumée. J'en randis du gros sable et deus pierres.

Le dimanche de Quasimodo je vis serimonie de l'aumosne des pucelles. Le pape a, outre sa pompe ordinere, vint cinq chevaus qu'on mene davant lui, parés et houssés de drap d'or, fort richemant accommodés, et dix ou douze mulets, troussés de velours cramoisi, tout cela conduit par ses estaffiers à pied: sa lettiere couverte de velours cramoisi. Au davant de lui, quatre homes à cheval portoint, au bout de certeins batons, couverts de velours rouge et dorés par le pouignet et par les bous, quatre chapeaus rouges : lui estoit sur sa mule. Les cardinaus qui le suivoint estoint aussi sur leurs mules, parés de leurs vestemans pontificaux, les cuhes de leurs robes estoient attachées atout une aiguillette à la tetiere

de leurs mules. Les pucelles eſtoint en nombre çant et
sept; elles sont chacune accompaignée d'une vieille
parante. Après la messe elles sortirent de l'église et
firent une procession. Au retour de là, l'une après l'autre
passant au cuœur de l'église de la Minerve, où se faiſt
ceſte sérimonie, baisoint les pieds du pape, et lui leur
aïant doné la benediſtion, done à chacune de sa main, une
bourse de damas blanc, dans laquelle il y a une cedule. Il
s'entant qu'aïant trouvé mari elles vont querir leur
aumosne, qui eſt trante-cinq escus pour teſte, outre une
robe blanche qu'elles ont chacune ce jour-là, qui vaut
cinq escus. Elles ont le visage couvert d'un linge, et
n'ont d'ouvert que l'endret de la veue.

Je disois des commodités de Rome, entre autres, que
c'eſt la plus commune ville du monde[1], et ou l'étrangeté
et différance de nation se considere le moins; car de sa
nature c'eſt une ville rappiecée d'etrangiers; chacun y
eſt comme chez soi[2]. Son prince ambrasse toute la chretianté de son authorité[3], sa principale jurisdiſtion oblige
les etrangiers en leur maisons, come ici, à son éleſtion
propre; et de tous les princes et grans de sa cour, la
consideration de l'origine n'a nul pois. La liberté de la
police de Venise, et utilité de la trafique la peuple d'etrangiers; mais ils y sont come chez autrui pourtant. Ici ils
sont en leurs propres offices et biens et charges; car c'eſt
le siége des personnes ecclésiaſtiques. Il se voit autant ou
plus d'étrangiers à Venise (car l'affluance d'étrangiers qui
se voit en France, en Allemagne ou ailleurs, ne vient
pouint à ceſte compareson), mais de resséans et domici-
liés beaucoup moins. Le menu peuple ne s'effarouche
non plus de noſtre façon de veſtemans, ou espaignole ou
tudesque, que de la leur propre, et ne voit-on guiere
de belitre qui ne nous demande l'aumosne en noſtre
langue.

Je recherchai pourtant et amploiai tous mes cinq sans
de nature pour obtenir le titre de citoyen romain, ne
fut-ce que pour l'antien honur et religieuse mémoire de
son authorité. J'y trouvai de la difficulté; toutefois je la
surmontai, n'y ayant amploïé nulle faveur, voire ny la
sciance sulemant d'aucun François. L'authorité du pape
y fut amploiée par le moïen de Philippo Mussotti[4], son
maggiordomo qui m'avoit pris en singulière amitié et
s'y pena fort. Et m'en fut depeché lettres 3º id. martii 1581[5],

qui me furent randues le 5 avril très autantiques[1], en la mesme forme et faveur de paroles que les avoit eues le seigneur Jacomo Buon-Compagnon, duc de Sero, fils du pape[2]. C'est un titre vein; tant-y-a que j'ai receu beaucoup de plesir de l'avoir obtenu[3].

Le 3 d'avril je partis de Rome bon matin, par la porte S. Lorenzo Tiburtina. Je fis un chemin assez plein, et pour la pluspart fertile de bleds, et à la mode de toutes les avenues de Rome, peu habité. Je passai la riviere del Teverone, qui est l'antien Anio, premieremant au pont de Mammolo; secondemant au pont Lucan qui retient encore son antien nom. En ce pont, il y a quelques inscriptions antiques, et la principale fort lisable. Il y a aussi deux ou trois sepultures romeines le long de ce chemin. Il n'y a pas autres traces d'antiquités et fort peu de grand pavé antien, et est la *Via Tiburtina*[4].

Je me randis à disner à

Tivoli, quinse milles. C'est l'antien Tibur, tout couché aux racines des monts[5], s'etandant la ville le long de la premiere pante assez roide, qui rant son assiete et ses vues très riches; car elle comande une pleine infinie de toutes parts et ceste grand Rome. Son prospect est vers la mer et ha derriere soi les monts. Cest riviere du Teverone la lave; et près de là prend un merveilleus saut[6], descendant des montaignes et se cachant dans un trou de rochier, cinq ou six çans pas, et puis se rendant à la pleine où elle se joue fort diversemant et se va joindre au Tibre un peu au dessus de la ville.

Là se voit ce fameus palais et jardin[7] du cardinal de Ferrare : c'est une très bele piece, mais imparfaite en plusieurs parties, et l'ouvrage ne s'en continue plus par le cardinal presant[8]. J'y considerai toutes choses fort particulieremant; j'essaïerois de le peindre ici, mais il y a des livres et peintures publiques de ce sujet. Ce rejallissemant, d'un infinité de surjons d'eau bridés et eslancés par un sul ressort qu'on peut remuer de fort louin, je l'avoi veu ailleurs en mon voïage et à Florance[9] et à Auguste[10], comme il a esté dict ci-dessus. La musique des orgues, qui est une vraïe musique et d'orgues natureles, sonans tousjours toutefois une mesme chose, se faict par le moïen de l'eau qui tumbe aveq grand violance dans une cave ronde, voutée, et agite l'air qui y est, et le contreint de

gaigner pour sortir les tuyaux des orgues et lui fournir de
vent. Un'autre eau poussant une roue atout certenes
dents, faiɕt battre par certein ordre le clavier des orgues;
on y oit aussi le son de trompetes contrefaiɕt. Ailleurs
on oit le chant des oiseaux, qui sont des petites flutes de
bronse qu'on voit aus regales; et randent le son pareil à
ces petits pots de terre pleins d'eau que les petits enfans
souflent par le bec[1], cela par artifice pareil aus orgues;
et puis par autres ressorts on fait remuer un hibou, qui, se
presantant sur le haut de la roche, faiɕt soudein cesser
ceɕte harmonie, les oiseaus eɕtant effraïés de sa presance,
et puis leur faiɕt encore place : cela se conduit einsin
alternativement tant qu'on veut. Ailleurs il sort come un
bruit de coups de canon; ailleurs un bruit plus dru et
menu, come des harquebusardes; cela se faiɕt par une
chute d'eau soudeine dans des canaux; et l'air se travaillant en mesme tamps d'en sortir, enjandre ce bruit. De
toutes ces invantions ou pareilles, sur ces mesmes raisons
de nature, j'en ai veu ailleurs[2].

Il y a des eɕtancs ou des gardoirs, aveq une marge de
pierre tout autour, avec force piliers de pierre de taille
haus, audessus de ceɕt accoudoir, esloignés de quatre pas
environ l'un de l'autre. A la teɕte de ces piliers sort de
l'eau aveq grand force, non pas contremont, mais vers
l'eɕtanc. Les bouches étant einsi tournées vers le dedans
et regardant l'une l'autre, jetent l'eau et l'esperpillent
dans ceɕt eɕtanc avec tele violence que ces verges d'au
vienent à s'entrebatre et rancontrer en l'air, et produisent
dans l'eɕtanc une pluïe espesse et continuelle. Le soleil
tumbant là-dessus enjandre, et au fond de ceɕt eɕtanc
et en l'air, et tout autour de ce lieu, l'arc du ciel si naturel
et si apparent qu'il n'y a rien à dire de celui que nous
voïons au ciel. Je n'avois pas veu ailleurs cela. Sous le
palais, il y a des grans crus, faits par art, et soupiraus
qui randent une vapur froide et refrechissent infinimant
tout le bas du logis; ceɕte partie n'eɕt pas toutefois
parfaiɕte. J'y vis aussi plusieurs excellantes ɕtatues, et
notamment une nymphe dormante, une morte et une
Pallas celeɕte, l'Adonis qui eɕt chez l'évesque d'Aquino;
la Louve de bronse et l'enfant qui s'arrache l'espine du
Capitole; le Laocoon et l'Antinoüs de Belvedere; la
Comedie du Capitole; le Satyre de la vigne du cardinal
Sforça; et de la nouvelle besouigne[3], le Moïse, en la

sepulture de S. Pietro *in vincula*[1], la belle fame[2] qui eſt
aus pieds du pape Pol tiers[3], en la nouvelle église de
S. Pierre[4]. Ce sont les ſtatutes qui m'ont le plus agréé
à Rome.

Pratolino[5] eſt faiɕt juſtemant à l'envi de ce lieu. En
richesse et beauté des grottes, Florance[6] surpasse infinimant; en abondance d'eau, Ferrare[7]; en diversité de
jeus et de mousvemans plesans tirés de l'eau, ils sont
pareils, si le Florantin n'a quelque peu plus de mignardise
en la disposition et ordre de tout le corps du lieu, Ferrare
en ſtatues antiques et en palais[8]; Florance en assiete du
lieu, beauté du prospeɕt, surpasse infinimant Ferrare; et
dirois en toute faveur de nature, s'il n'avoit ce malheur
extreme que toutes ses eaus, sauf la fontene qui eſt au
petit jardin tout en haut et qui se voit en l'une des salles
du palais, ce n'eſt qu'eau du Teveron[9], duquel il a
desrobé une branche, et lui a donné un canal à part pour
son service. Si c'etoit eau clere et bone à boire, comme
elle eſt au contraire trouble et lede, ce lieu seroit incomparable, et notamment sa grande fontene qui eſt la plus
belle manufaɕture et plus belle à voir avec ses despen-
dances que null'autre chose ny de ce jardin ny d'ailleurs.
A Pratoline, au contrere, ce qu'il y a d'eau eſt de fontene
et tirée de fort louin. Parce que le Teveron deſcent de
montaignes beaucoup plus hautes, les habitans de ce
lieu s'en servent privés come ils veulent, et l'example de
plusieurs rant moins esmerveillable ceſt ouvrage du
cardinal.

J'en partis landemein après disner, et passai à cette
grande ruine à mein droite du chemin de noſtre retour
qu'ils disent contenir six milles et eſtre une ville, come ils
disent être, le *præedium*[10] d'Adrian l'ampereur.

Il y a sur ce chemin de Tivoli à Rome un ruisseau d'eau
souffreuse qui le tranche[11]. Les bords du canal sont tout
blanchis de souffre; et rand un odur à plus d'une demie
lieue de là; on ne s'en sert pas de la medecine. En ce
ruisseau se treuvent certeins petits corps baſtis de l'escume
de ceſte eau, ressamblans si proprement à noſtre dragée
qu'il eſt peu d'homes qui ne s'y trompent; et les habitans
de Tivoli en font de toutes sortes de ceſte mesme manière,
de qùoi j'en achetai deus boîtes 7 sous 6 d.

Il y a quelques antiquités en la ville de Tivoli, comme
deus termes qui portent une forme très antique, et le

reſte d'un tample où il y a encore plusieurs piliers entiers ; lequel tample ils disent avoir eſté le tample de leur antiene Sybille. Toutefois sur la cornice de ceſt' église on voit encore cinq ou six grosses lettres qui n'eſtoient pas continuées ; car la suite du mur eſt encore entiere. Je ne sçais pas si au davant il y en avoit, car cela eſt rompu ; mais en ce qui se voit, il n'y a que : *Ce... Ellius L. F.*[1]. Je ne sçais ce que ce peut eſtre.

Nous nous randimes au soir à

Rome, quinze milles ; et fis tout ce retour en coche sans aucun ennui contre ma couſtume[2].

Ils ont un' observation ici beaucoup plus curieuse qu'ailleurs ; car ils font differance aus rues, aus cartiers de la ville, voire aus departemens de leurs maisons pour respeĉt de la santé, et en font tel eſtat qu'ils changent de habitation aus sesons ; et de ceus mesmes qui les louent, qui tient deus ou trois palais de louage à fort grand despanse pour se remuer aus sesons, selon l'ordonance de leurs medecins. Le 15 d'avril, je fus prandre congé du maiſtre *del Sacro Pallazo* et de son compaignon, qui me priarent « ne me servir point de la censure de mon livre, en laquelle autres François les avoint avertis qu'il y avoit plusieurs sottises ; qu'ils honoroint et mon intention et affeĉtion envers l'Eglise et ma suffisance ; et eſtimoint tant de ma franchise et conscience qu'ils remetoint à moi-mesmes de retrancher en mon livre, quand je le voudrois réimprimer, ce que j'y trouverois trop licentieus et entr'autres choses les mots de fortune[3] ». Il me sambla les laisser fort contans de moi. Et pour s'excuser de ce qu'ils avoint einsi curieusement veu mon livre, et condamné en quelques choses, m'allegarent plusieurs livres de noſtre tamps de cardinaus et religieus de très bone réputation, censurés pour quelques teles imperfeĉtions, qui ne touchoint nulemant la reputation de l'authur ny de l'euvre en gros ; me priarent d'eider à l'Eglise par mon éloquance (ce sont leurs mots de courtoisie), et de faire demure en ceſte ville paisible et hors de trouble avecques eus. Ce sont personnes de grande authorité et cardinalables.

Nous mangions des artichaus, des fèves, des pois, environ le mi-mars. En avril, il eſt jour à leurs dix heures[4], et crois aus plus longs jours, à neuf[5].

En ce tamps là, je prins entr'autres connoissance à un Polonois[1], le plus privé ami qu'eût le cardinal Hosius[2], lequel me fit presant de deus exemplaires du livret qu'il a faiſt de sa mort et les corrigea de sa mein.

Les douceurs de la demure de ceſte ville s'eſtoint de plus de moitié augmentées en la praticant; je ne goutai jamais air plus tampéré pour moi ny plus commode à ma complexion.

Le 18 de avril, j'alai voir le dedans du palais du Sᵒʳ Jan George Cesarin, où il y a infinies rares anticailles et notamment les vraies teſtes de Zenon, Possidonius, Euripides et Carneades, come portent leurs inscriptions græques très antienes. Il y a aussi les portrets des plus belles dames romaines vivantes et de la seignora Clælia-Fascia Farnèse[3], sa fame, qui eſt sinon la plus agreable, sans compareson la plus eimable fame qui fût pour lors à Rome, ny que j'y sçache ailleurs. Celui ci diſt eſtre de la race des Cœsars, et porte par son droit le gonfalon de la noblesse romeine; il eſt riche et a en ses armes la colonne avec l'ours qui y eſt attaché et au dessus de la colonne un'egle eploiée[4].

C'eſt une grande beauté de Rome que les vignes et jardins, et leur seson eſt fort en eſté.

Le mercredy 19 d'avril, je partis de Rome après disner, et fumes conduits jusques au pont de Mole[5] par MM. de Marmoutiés[6], de la Trimouille, du Bellay[7] et autres jantils homes. Aïant passé ce pont, nous tournames à mein droite, laissant à mein gauche le grand chemin de Viterbe par lequel nous eſtions venus à Rome, et à mein droite le Tibre et les monts. Nous suivimes un chemin decouvert et inegal, peu fertile et pouint habité; passâmes le lieu qu'on nome *prima porta,* qui eſt la premiere porte à sept milles de Rome; et disent aucuns que les murs antiens de Rome aloint jusques là, ce que je ne treuve nullemant vraisamblable. Le long de ce chemin, qui eſt l'antiene *via Flaminia,* il y a quelques antiquités inconnues et rares; et vinmes coucher à

Castel-Novo, sese mille, petit caſtelet qui eſt de la case Colonne, enseveli entre des montaignetes en un sit qui me representoit fort les avenues fertiles de nos montagnes Pirenées sur la route d'Aigues Caudes[8].

Landemein 20 d'avril, nous suivimes ce mesme païs

montueus, mais très plesant, fertile et fort habité, et
vinmes arriver à un fons le long du Tibre à

Borguet[1], petit castelet apartenant au duc Octavio
Farnèse.

Nous en partimes après disner, et après avoir suivi un
très plesant vallon entre ces collines, passames le Tibre
à corde[2], où il se voit encore des grosses piles de pierre,
reliques du pont qu'Auguste y avoit faict faire pour
atacher le païs des Sabins, qui est celui vers lequel nous
passames, aveq celui des Falisques, qui est de l'autre
part[3]. Nous rencontrames après Otricoli, petite villette
apartenant au cardinal di Peruggi[4]. Au davant de ceste
ville, il se voit en une belle assiete des ruines[5] grandes et
importantes; le païs montueus et infiniment plesant
presante un prospect de region toute bossée, mais très
fertile partout et fort puplée. Sur ce chemin, se rencontre
un escrit[6], où le pape[7] dict avoir faict et dressé ce chemin,
qu'il nomme *Via Boncompaignon,* de son nom[8]. Cest usage
de mettre einsi par escrit et laisser tesmouignage de tels
ouvrages, qui se voit en Italie et Allemaigne, est un fort
bon eguillon; et tel qui ne se soucie pas du publiq sera
acheminé, par cest'esperance de réputation de faire
quelque chose de bon. De vrai, ce chemin estoit la
pluspart mal aisé, et à-presant on l'a randu accessible
aus coches mesmes jusques à Lorette.

Nous vinmes coucher à

Narni, dix milles, *Narnia* en latin, petite ville de
l'Eglise, assise sur le haut d'un rochier, au pied duquel
roule la riviere Negra[9], *Nar* en latin; et d'une part ladite
ville regarde une très plesante plene où ladicte riviere se
joue et s'enveloppe estrangement. Il y a en la place une
très belle fontene. Je vis le dôme, et y remarcai cela que
la tapisserie qui y est a les escrits et rimes françoises de
nostre langage antien. Je ne sceus aprendre d'ou cela
venoit[10]; bien aprins-je du peuple qu'ils ont de tout tamps
grand'inclination à nostre faveur. Ladicte tapisserie est
figurée de la Passion, et tient tout l'un costé de la nef.
Parceque Pline dict qu'en ce lieu là se treuve certeine
terre qui s'amollit par la chaleur et se seche par les pluies,
je m'en enquis aux habitans, qui n'en sçavent rien. Ils ont,
à un mille près de là des eaus fredes qui font mesme effaict

des noſtres chaudes; les malades s'en servent, mais elles sont peu fameuses. Le logis, selon la forme d'Italie, eſt des bons, si eſt-ce que nous n'y avions pouint de chandelle, eins par tout de la lumiere à huile.

Le 21, bon matin, nous descendimes en une très plesante vallée où court ladiĉte riviere Negra, laquele riviere nous passames sur un pons aus portes de Terni que nous traversames, et sur la place vismes une colonne fort antique qui eſt encore sur ses pieds. Je n'y aperçus nulle inscription, mais à coſté il y a la ſtatue d'un lion relevée, audessous de laquelle il y a en vieilles lettres une dédicace à Neptune, et encore lediĉt Neptunus insculpé en mabre atout son equipage[1]. En ceſte mesme place il y a une inscription, qu'ils ont relevée en lieu eminant, à un A. Pompeius A. F.[2]. Les habitans de ceſte ville, qui se nome Interamnia[3], pour la riviere de Negra qui la presse d'un coſté et un autre ruisseau par l'autre, ont erigé une ſtatue pour les services qu'il a faiĉt à ce peuple; la ſtatue n'y eſt pas, mais je jugeai la vieillesse de ceſt escrit, par la forme d'escrire en diptonge *periculeis*[4] et mots samblables. C'eſt une belle villete, en singulieremant plesant assiete. A son cul, d'où nous venions, ell'a la pleine très fertile de ceſte valée, et au delà les coſteaux les plus cultivés, habités; et, entr'autres choses, pleins de tant d'oliviers, qu'il n'eſt rien plus beau à voir, atandu que, parmi ces couteaus, il y a quelquefois des montaignes bien hautes qui se voient jusques sur la sime labourées et fertiles de toutes sortes de fruis. J'avois bien ma cholique, qui m'avoit tenu 24 heures, et eſtoit lors sur son dernier effort; je ne lessai pourtant de m'agréer de la beauté de ce lieu là.

Delà nous engajames un peu plus avant en l'Appennin, et trouvasmes que c'eſt à la vérité une belle grande et noble reparation que de ce nouveau chemin que le pape y a dressé[5], et de grande despanse et commodité. Le peuple voisin a eſté conſtreint à le baſtir; mais il ne se pleint pas tant de cela que sans aucune recompanse où il s'eſt trouvé des terres labourables vergiers et choses samblables. On n'a rien espargné pour ceſte esplanade. Nous vismes à noſtre mein droite une teſte de colline plesante, sesie d'une petite villete. Le peuple la nome Colle Scipoli : ils disent que c'eſt antienemant *Caſtrum Scipionis*[6]. Les autres montaignes sont plus hautes, seches et pierreuses, entre lesquelles et la route d'un torrant d'hyver, nous nous randismes à

Spoleto, dix-huit milles, ville fameuse et commode, assise parmi ces montaignes et au bas. Nous fumes contreins d'y montrer nostre bollette[1], non pour la peste, qui n'estoit lors en nulle part d'Italie, mais pour la creinte en quoi ils ont d'un Petrino[2], leur citoïen, qui est le plus noble bani volur d'Italie, et duquel il y a plus de fameus exploits, duquel ils creignent et les villes d'alentour d'être surpris.

Ceste contrée est semée de plusieurs tavernes; et où il n'y a pouint d'habitation, ils font des ramées où il y a des tables couvertes et des eufs cuits et du fromage et du vin. Ils n'y ont pouint de burre et servent tout fricassé de l'huile.

Au partir de là, ce mesme jour après disner, nous nous trouvasmes dans la vallée de Spoleto, qui est la plus bele pleine entre les montaignes qu'il est possible de voir, large de deus grandes lieues de Gascoingne. Nous descouvrions plusieurs habitations sur les croupes voisines. Le chemin de ceste pleine est de la suite de chemin que je viens de dire du Pape, droit à la ligne, comme une carriere faicte à poste. Nous laissâmes force villes d'une part et d'autre, entr'autres sur la mein droite la ville de Terni. Servius dict sur Virgile, que c'est *Oliviferæque Mutiscæ*[3], de quoi il parle liv. VIII. Autres le nient et argumantent au contrere. Tant-y-a que c'est une ville pratiquée sur une haute montaigne, et d'un endret étandue tout le long de sa pante jusques à mi montaigne. C'est une très-plesante assiete, que ceste montaigne chargée d'oliviers tout autour. Par ce chemin là nouveau, et redressé depuis trois ans, qui est le plus beau qui se puisse voir, nous nous randismes au soir à

Foligni[4], douze milles, ville belle, assise sur ceste pleine qui me representa à l'arrivée le plan de Sainte-Foi[5], quoiqu'il soit beaucoup plus riche et la ville beaucoup plus bele et peuplée sans compareson. Il y a une petite riviere ou ruisseau qui se nome Topino. Cete vile s'appeloit antiennement *Fuligium*[6], autres *Fulcinia,* bastie au lieu de *Forum Flaminium.*

Les hosteleries de ceste route, où la pluspart sont

comparables aux françoises, sauf que les chevaus n'y treuvent guiere que du foin à manger. Ils servent le poisson mariné et n'en ont guiere de frais. Ils servent des fèves crues par toute l'Italie, et des pois et des amandes vertes, et ne font guiere cuire les artichaus. Leurs aires sont pavées de carreau. Ils atachent leurs beufs par le mufle, atout un fer qui leur perce l'entre-deus des naseaus come des buffles. Les mulets de bagage, de quoi ils ont foison et fort beaus, n'ont leurs pieds de devant ferrés à noſtre mode, eins d'un fer ront, s'entretenant tout autour du pied, et plus grand que le pied. On y rancontre en divers lieus les moines qui donent l'eau benite aus passans, et en atandent l'aumosne, et plusieurs enfans qui demandent l'aumosne, prometant de dire toute leur disene de pati-noſtres, qu'ils montrent en leurs meins, pour celui qui la leur aura baillée. Les vins n'y sont guiere bons.

Landemain matin, aïant laissé ceſte bele pleine, nous nous rejetasmes au chemin de la montaigne, où nous retrouvions force beles pleines, tantoſt à la teſte, tantoſt au pied du mont. Mais sur le comancemant de ceſte matinée, nous eusmes quelque tamps un très bel objeꞔt de mille diverses collines, reveſtues de toutes pars de très beaus ombrages de toute sorte de fruitiers et des plus beaus bleds qu'il eſt possible, souvant en lieu si coupé et præcipitus que c'eſtoit miracle que sulemant les chevaus puissent avoir accès; les plus beaus vallons, un nombre infini de ruisseaus, tant de maisons et villages par-ci par-là, qu'il me resouvenoit des avenues de Florance, sauf que ici il n'y a nul palais ny maisons d'apparance; et là[1] le terrein eſt sec et ſterile pour la pluspart, là où en ces collines il n'y a pas un pousse de terre inutile. Il eſt vrai que la seson du printamps les favorisoit souvant. Bien louin audessus de nos teſtes, nous voions un beau vilage, et sous nos pieds, comme aus Antipodes, un'autre, aïant chacun plusieurs commodités et diverses : cela mesme n'y done pas mauvès luſtre, que parmi ces montaignes si fertiles l'Apennin montre ses teſtes refrongnées et inaccessibles, d'où on voit rouller plusieurs torrans, qui aïant perdu ceſte première furie se randent là toſt après dans ces valons des ruisseaus très plesans et très dous. Parmi ces bosses, on descouvre et au haut et au bas plusieurs riches pleines, grandes parfois

à perdre de veue par certein biais du prospect. Il ne me
samble pas que nulle peinture puisse represanter un si
riche païsage. De-là nous trouvions le visage de nostre
chemin, tantost d'une façon, tantost d'un autre, mais
tousjours la voïe très aisée; et nous randismes à disner à

La Muccia, vingt milles, petite vilete assise sur le
fluve de Chiento[1].

Delà nous suivismes un chemin bas et aisé au travers
ces mons; et parceque j'avoi doné un soufflet à nostre
vetturin, qui est un grand excès selon l'usage du païs,
temouin le vetturin qui tua le prince de Tresignano, ne
me voyant plus suivre audict vetturin, et en estant tout à
part moi un peu en humur qu'il fit des informations ou
autres choses, je m'arrestai contre mon dessein (qui
estoit d'aller à Tolentino) à souper à

Val-Chimara[2], huit milles, petit village, et la poste,
sur ladicte riviere de Chiento.

Le dimanche lendemein nous suivismes tousjours ce
valon entre des montaignes cultivées et fertiles jusques à
Tolentino, petite villette au travers de laquelle nous passames et rancontrames après le païs qui s'aplanissoit, et
n'avions plus à nos flans que des petites cropes fort
accessibles, rapportant ceste contrée fort à l'Agenois, où
il est le plus beau le long de la Garonne; sauf que en
Souisse, il ne s'y voit nul chasteau ou maison de gentil-
homme, mais plusieurs villages ou villes sur les costeaus.
Tout cela fut, suivant le Chiento, un très beau chemin,
et sur la fin pavé de brique, par où nous nous randismes
à disner à

Macerata, dix-huit milles, belle ville de la grandur de
Libourne, assise sur un haut en forme approchant du
ront, et se haussant de toutes parts egalement vers son
vantre. Il n'y a pas beaucoup de bastimans beaus. J'y
remarcai un palais de pierre de taille, tout taillé par le
dehors en pouinte de diamans, carrée, comme le palais
du cardinal d'Este à Ferrare[3]; ceste forme de constructure
est plesante à la veue. L'antrée de ceste ville, c'est une
porte neufve, où il y a d'escrit : *Porta Boncompaigno,* en
lettres d'or; c'est de la suite des chemins que ce pape a
redressés; c'est ici le siege du legat pour le païs de la
Marque[4]. On vous presante en ces routes la cuiton du

cru, quand ils offrent leurs vins; car ils font cuire et bouillir jusques au dechet de la moitié pour le randre meillur. Nous santions bien que nous eſtions au chemin de Lorette, tant les chemins eſtoint pleins d'alans et venans; et plusieurs non homes particuliers sulemant, mais compaignies de personnes riches faisans le voïage à pied, veſtus en pelerins, et aucunes avec un'enseigne et puis un crucifix qui marchoit davant, et eux veſtus d'une livrée.

Après disner, nous suivismes un païs commun, tranchant tantoſt des pleines et aucunes rivieres, et puis aucunes collines aisées, mais le tout très fertile, et le chemin pour la pluspart pavé de carreau couché de pointe. Nous passames la ville de Recanati, qui eſt une longue ville assise en un haut, et etandue suivant les plis et contours de sa colline, et nous randismes au soir à

Lorette, quinze milles.

C'eſt un petit village clos de murailles et fortifié pour l'incursion des Turcs, assis sur un plant un peu relevé, regardant une très-bele pleine, et de bien près la mer Adratique ou golfe de Venise; si qu'ils disent que, quand il fait beau, ils descouvrent au delà du golphe les montaignes de l'Esclavonie; c'eſt enfin une très bele assiete. Il n'y a quasi autres habitans que ceus du service de ceſte devotion, comme hoſtes plusieurs (et si les logis y sont assez mal propres), et plusieurs marchans, sçavoir eſt, vandurs de cire, d'images, de pate-noſtres, *agnus Dei*[1], de *Salvators*[2] et de teles danrées, de quoi ils ont un grand nombre de beles boutiques et richemant fournies. J'y lessai près de 50 bons escus pour ma part. Les preſtres, jans d'Eglise et colliege de jesuites, tout cela eſt rassemblé en un grand palais qui n'eſt pas antien, où loge aussi un gouvernur, home d'eglise, à qui on s'adresse pour toutes choses, sous l'autorité du legat et du pape.

Le lieu de la devotion, c'eſt une petite maisonete fort vieille et chetifve[3], baſtie de brique, plus longue que large. A sa teſte on a faict un moïen, lequel moïen a à chaque coſté une porte de fer; à l'entredus une grille de fer; tout cela grossier, vieil et sans aucun appareil de richesse. Ceſte grile tient la largeur d'une porte à l'autre; au travers d'icelle, on voit jusques au bout de ceſte logette; et ce bout, qui eſt environ la cinquiesme partie de la grandur

de ceſte logette qu'on renferme, c'eſt le lieu de la principale relligion. Là se voit, au haut du mur, l'image Noſtre
Dame, faite, disent-ils, de bois; tout le reſte eſt si fort
paré de vœux riches de tant de lieus et princes, qu'il n'y
a jusques à terre pas un pousse vuide, et qui ne soit
couvert de quelque lame d'or ou d'arjant. J'y peus trouver
à toute peine place, et avec beaucoup de faveur, pour y
loger un tableau dans lequel il y a quatre figures d'arjant
attachées : cele de Noſtre Dame, la miéne, cele de ma
fame, cele de ma fille. Au pied de la miéne, il y a inſculpé
sur l'arjant : *Michael Montanus, Gallus Vasco, Eques regii
Ordinis* 1581[1]; à cele de ma fame : *Francisca Cassaniana
uxor*[2]; à cele de ma fille, *Leonora Montana filia unica*[3], et
sont toutes de ranc à genous dans ce tableau, et la
Noſtre-Dame au haut au-devant. Il y a un'autre antrée
en ceſte chapelle que par les deux portes de quoi j'ai
parlé, laquelle antrée respont au dehors. Entrant donc
par en là ceſte chapelle, mon tableau eſt logé à mein
gauche contre la porte qui eſt à ce couin, et j'y laissé très
curieusemant ataché et cloué. J'y avois faiɔt mettre une
chenette et un aneau d'arjant, pour par icelui le pandre à
quelque clou; mais ils aimarent mieus l'attacher tout à
faiɔt. En ce petit lieu eſt la cheminée de ceſte logette,
laquelle vous voiez en retroussant certeins vieus pansiles
qui la couvrent. Il eſt permis à peu d'y entrer, voire par
l'escriteau de devant la porte, qui eſt de metal très richemant labouré, et encore y a-t-il une grille de fer audavant
ceſte porte; la defance y eſt que, sans le congé du gouvernur, nul n'y entre. Entr'autres choses, pour la rarité, on
y avoit laissé parmi d'autres presans riches le cierge qu'un
Turc frechemant y avoit envoïé, s'eſtant loué à ceſte
Noſtre-Dame, eſtant en quelque extreme necessité et se
voulant eider de toutes sortes de cordes.

L'autre part de cette casette, et la plus grande sert de
chapelle, qui n'a nulle lumiere de jour et a son autel audessous de la grille contre ce moïen duquel j'ay parlé. En
ceſte chapelle, il n'y a nul ornemant, ny banc, ny accoudoir, ny peinture ou tapisserie au mur; car de soi-mesmes
il sert de reliquere. On n'y peut porter nulle espée ny
armes, et n'y a nul ordre ny respeɔt de grandur.

Nous fismes en ceſte chapelle-là nos Pasques, ce qui ne
se permet pas à tous; car il y a lieu deſtiné pour ceſt
eſfaiɔt, à cause de la grand'presse d'homes qui ordinere-

mant y communient. Il y a tant de ceux qui vont à toutes heures en ceſte chapelle qu'il faut de bon'heure mettre ordre qu'on y face place. Un jésuite allemant m'y dit la messe et dona à communier.

Il eſt défendu au peuple de ne rien esgratigner de ce mur; et s'il étoit permis d'en amporter, il n'y en auroit pas pour trois jours. Ce lieu eſt plein d'infinis miracles, de quoi je me raporte aus livres; mais il y en a plusieurs et fort recens de ce qui eſt mesavenu à ceux qui par devotion avoint emporté quelque chose de ce baſtimant, voire par la permission du pape; et un petit lopin de brique qui en avoit été oſté lors du concile de Trante[1] y a eſté rapporté.

Ceſte casete eſt recouverte et appuyée par le dehors en carré du plus riche baſtimant, le plus labouré et du plus beau mabre qui se peut voir, et se voit peu de pieces plus rares et excellantes. Tout autour et audessus de ce carré, eſt une bele grande église, force beles chapelles tout autour, tumbeaus, et entr'autres celui du cardinal d'Amboise[2] que M. le cardinal d'Armaignac[3] y a mis. Ce petit carré eſt come le cœur des autres églises; toutefois il y a un cœur, mais c'eſt dans une encoingnure. Toute ceſte grande église eſt couverte de tableaus, peintures et hiſtoires. Nous y vismes plusieurs riches ornemans, et m'étonai qu'il ne s'y en voïoit encore plus, veu le nom fameus si antienemant de ceſte église. Je crois qu'ils refondent les choses antienes et s'en servent à autres usages. Ils eſtiment les aumones en arjant monoïé à dix mille escus.

Il y a là plus d'apparance de religion qu'en nul autre lieu que j'aïe veu. Ce qui s'y pert, je dis de l'arjant ou autre chose digne, non d'eſtre relevée sulemant, mais desrobée pour les jans de ce meſtier, celui qui le treuve le met en certein lieu publique et deſtiné à cela; et le reprant là quiconque le veut reprandre, sans connoissance de cause. Il y avoit, quand j'y eſtois, plusieurs teles choses, pate-noſtres, mouchoirs, bourses sans aveu, qui etoint au premier occupant. Ce que vous achetez pour le service de l'Eglise et pour y laisser, nul artisan ne veut rien de sa façon, pour, disent-ils, avoir part à la grâce; vous ne païez que l'arjant ou le bois, d'aumosne et de liberalité bien, mais en vérité ils le refusent. Les jans d'église, les plus officieus qu'il eſt possible à toutes choses; pour la

confesse, pour la communion, et pour telle autre chose
ils ne prenent rien. Il est ordinere de doner à qui vous
voulez d'entre eus de l'arjant pour le distribuer aux
pauvres en vostre nom, quand vous serez parti. Come
j'estois en ce sacrere, voilà arriver un homme qui offre
au premier prestre rancontré une coupe d'arjant en disant
en avoir fait veu; et parce que il l'avoit faict de la despanse de douze escus, à quoi le calice ne revenoit pas, il
paya soudein le surplus audict prestre, qui pledoit du
païement et de la monnoïe, come de chose due très
exactemant, pour eider à la parfaicte et consciantieuse
execution de sa promesse; cela faict, il fit entrer cest home
en ce sacrere, offrit lui-mesmes ce calice à Nostre-Dame
et y faire une courte oreson, et l'arjant le jeta au tronc
commun. Ces examples, il les voient tous les jours et y
sont assez nonchalans. A peine est reçu à doner qui veut,
au moins c'est faveur d'estre accepté.

J'y arrestai lundi, mardi et mercredi matin; après la
messe, j'en partimes. Mais, pour dire un mot de l'expérience de ce lieu, où je me plus fort, il y avoit en mesme
temps là Michel Marteau, seigneur de la Chapelle[1],
Parisien, june home très riche, aveq grand trein. Je me
fis fort particulierement et curieusemant reciter et à lui
et aucuns de sa suite, l'evenemant de la guerison d'une
jambe qu'il disoit avoir eue de ce lieu; il n'est possible
de mieus ny plus exactemant former l'effaict d'un miracle.
Tous les chirurgiens de Paris et d'Italie s'y étoint faillis.
Il y avoit despandu plus de trois mille escus; son genou
enflé, inutile et très dolureus, il y avoit plus de trois ans,
plus mal, plus rouge, enflammé et enflé, jusques à lui
doner la fievre; en ce mesme instant, tous autres médica-
mans et secours abandonés, il y avoit plusieurs jours;
dormant, tout à coup, il songe qu'il est gueri et lui
samble voir un escler; il s'éveille, crie qu'il est gueri,
apele ses jans, se leve, se promene, ce qu'il n'avoit pas
faict onques puis son mal; son genou désenfle, la peau
fletrie tout autour du genou et come morte, lui alla tousjours depuis en amendant, sans null'autre sorte d'eide.
Et lors il estoit en cet etat d'entiere guerison, estant
revenu à Lorette; car c'estoit d'un autre voïage d'un
mois ou deus auparavant qu'il estoit gueri et avoit esté
ce pendant à Rome aveq nous. De sa bouche et de tous
les siens, il ne s'en peut tirer pour certein que cela. Le

miracle du transport de ceste maisonete, qu'ils tienent
estre celle-là propre où en Nasaret[1] nasquit Jesus-Christ,
et son remuemant premieremant en Esclavonie[2], et
depuis près d'ici et enfin ici, est attaché à de grosses
tables de mabre en l'église le long des pilliers, en langage
italien, esclavon, françois, alemant, espaignol. Il y a au
cœur un'enseigne de nos rois pandue, et non les armes
d'autre roy. Ils disent qu'is y voïent souvant les Esclavons[3]
à grans tropes venir à ceste devotion, aveq des cris
d'aussi loin qu'ils descouvrent l'église de la mer en hors,
et puis sur lieus tant de protestations et promesses à
Nostre-Dame, pour retourner à eus; tant de regrets de
lui avoir doné occasion de les abandoner que c'est
merveille.

Je m'informai que de Lorette il se peut aler le long de
la marine en huit petites journées à Naples, voiage que je
desire de faire. Il faut passer à Pescare[4] et à la *città* de
Chiete[5], où il y a un *procaccio*[6] qui part tous les diman-
ches pour Naples.

Je offris à plusieurs prestres de l'arjant; la pluspart
s'obstina à le refuser; et ceus qui en acceptarent, ce fut à
toutes les difficultés du monde. Ils tiennent là et gardent
leur grein dans des caves, sous la rue. Ce fut le 25 d'avril
que j'offris mon veu.

A venir de Rome à Lorette, auquel chemin nous fumes
quatre jours et demi, il me couta six escus de monnoïe,
qui sont cinquante sols piece pour cheval, et celui qui nous
louoit les chevaus les nourrissoit et nous. Ce marché est
incommode, d'autant qu'ils hastent vos journées, à cause
de la despance qu'ils font, et puis vous font treter le plus
eschardemant qu'ils peuvent.

Le 26, j'allai voir le port à trois milles delà, qui est
beau, et y a un fort qui despant de la communauté di
Ricanate[7].

Don Luca-Giovanni, *beneficiale*[8], et Giovanni-Gregorio
da Calli, *custode de la Secrestia*[9], me donnarent leurs noms,
affin que, si j'avois affaire d'eus pour moi ou pour autre,
je leur escrivisse; ceus-là me firent force courtoisies. Le
premier comande à ceste petite chapelle et ne vousit rien
prandre de moi. Je leur suis obligé des effaicts et courtoisies qu'ils m'ont faictes de parole.

Ledict mercredi, après disner, je suivis un païs fertile,
descouvert et d'une forme meslée, et me randis à souper à

Ancona, quinze milles. C'est la maîtresse ville de la
Marque[1] : la Marque estoit aus Latins *Picœnum*[2]. Elle
est fort peuplée en notamment de Grecs, Turcs et Esclavons[3], fort marchande, bien bastie, costoïée de deus
grandes butes qui se jetent dans la mer, en l'une desqueles
est un grand fort par où nous arrivasmes. En l'autre, qui
est fort voisin, il y a un'église entre ces deux butes[4], et
sur les pendants d'icelles, tant d'une part que d'autre, est
plantée ceste ville : mais le principal est assis au fons du
vallon, où il se voit encores un grand arc à l'honur de
l'empereur Trajan, de sa fame et de sa sœur. Ils disent
que souvant en huit, dix, ou douze heures on trajecte
en Esclavonie[5]. Je croi que pour six escus ou un peu plus,
j'eusse treuvé une barque qui m'eust mené à Venise. Je
donai 33 pistolets[6] pour le louage de huit chevaus jusques
à Luques, qui sont environ huit journées. Doit le vetturin
nourrir les chevaus, et au cas que j'y sois quatre ou cinq
jours plus que de huit, j'ai les chevaus, sans autre chose
que de payer les despans des chevaus et garçons.

Ceste contrée est pleine de chiens couchans excellans,
et pour six escus il s'y en trouveroit à vandre. Il ne fut
jamais tant mangé de cailles, mais bien maigres.

J'arrestai le 27 jusques après disner, pour voir la beauté
et assiete de ceste ville : à St. Creaco[7], qui est l'église de
l'une des deus butes, il y a plus de reliques de nom,
qu'en église du monde, lesqueles nous furent monstrées.

Nous averasmes que les cailles passent deçà de la Sclavonie à grand foison, et que toutes les nuits ont tant des
rets au bord de deçà et les apele-t-on atout ceste leur
voix contrefaicte et les rapele-t-on du haut de l'air où
elles sont sur leur passage; et disent que sur le mois de
septambre elles repassent la mer en Sclavonie.

J'ouis la nuit un coup de canon dès la Brusse[8], au
roïaume et audelà de Naples. Il y a de lieue en lieue une
tour; la premiere qui descouvre une fuste de corsere,
faict signal atout du feu à la seconde vedette, d'une tel
vitesse qu'ils ont trouvé qu'en une heure du bout de
l'Italie l'avertissemant court jusqu'à Venise.

Ancone s'apeloit ensin antienemant du mot grec[9],
pour l'encoingnure que la mer faict en ce lieu; car ses deus
cornes s'avancent et font un pli enfoncé, où est la ville
couverte par le davant de ces deus testes et de la mer,
et encore par derriere d'une haute bute, où autrefois il

y avoit un fort. Il y a encore une église grecque, et sur la porte, en une vieille pierre, quelques lettres que je pense sclavones. Les fames sont ici communemant beles, et plusieurs homes honeſtes et bons artisans.

Apres disner, nous suivismes la rive de la mer qui eſt plus douce et aisée que la noſtre de l'Ocean, et cultivée jusques tout joignant de l'eau, et vinmes coucher à

Senigaglia[1], vint milles, bele petite ville, assise en une très-bele pleine tout jouignant la mer; et y faict un beau port, car une riviere[2] descendant des monts la lave d'un coſté. Ils en font un canal garni et reveſtu de gros pans d'une part et d'autre, là où les baſteaus se metent à l'abri; et en eſt l'entrée close. Je n'y vis nulle antiquité; aussi logeames nous hors la ville, en une belle hoſtellerie qui eſt la seule de ce lieu. On l'apeloit antiennement Senogalia, de nos ancetres[3] qui s'y plantarent, quand Camillus les eut batus; elle eſt de la juridiction du duc d'Urbin.

Je ne me trouvois guiere bien. Le jour que je partis de Rome, M. d'Ossat[4] se promenant aveq moi, je vousis saluer un autre jantilhome : ce fut d'une tele indiscretion, que de mon pousse droit j'allai blecer le couin de mon euil droit, si que le sang en sortit soudein, et y ai eu longtemps une rougeur extreme; lors elle se guerissoit : *Erat tunc dolor ad unguem siniſtrum*[5].

J'oblios à dire qu'à Ancone en l'église de St. Creaco[6], il y a une tumbe basse d'une *Antonia Rocamoro patre, matre Valletta, Galla, Aquitana, Paciotto Urbinati, Lusitano, nupta*[7], qui eſt enterrée depuis dix ou douze ans.

Nous en partismes bon matin, et suivismes la marine par un très-plesant chemin joignant noſtre disnée[8]; nous passames la riviere Metro[9], *Metaurus,* sur un grand pont de bois, et disnames à

Fano, quinze milles, petite ville en une bele et très fertile pleine, joignant la mer; assez mal baſtie, bien close. Nous y fusmes très bien tretés de pain, de vin et de poisson; le logis n'y vaut guiere. Ell'a cela sur les autres villes de ceſte coſte, come Senigaglia, Pesaro et autres, qu'elle a abondance d'eaus douces, plusieurs fontenes publicques et puis particulieres, là où les autres ont à chercher leur eau jusques à la montaigne. Nous y vismes un grand arc antien[1] où il y a un' inscription sous le nom d'Auguste, *qui muros dederat*[2]. Elle s'appeloit *Fanum,* et estoit *Fanum fortunae*[3].

Quasi en toute l'Italie, on tamise la farine atout des roues, où un boulanger fait plus de besoingne en un'heure que nous en quatre. Il se treuve quasi à toutes les hoste-leries, des rimeurs qui font sur le champ des rimes accom-modées aus assistants. Les instrumants sont en toutes les boutiques jusques aux ravaudurs des carrefours des rues.

Ceste ville est fameuse sur toutes celes d'Italie : de beles fames[4] nous n'en vismes nulle, que très-ledes ; et à moi qui m'en enquis à un honeste-home de la ville, il me dit que le siecle en estoit passé. On païe en ceste route environ dix sous pour table, vint sous par jour pour home ; le cheval, pour le Jouage et despants, environ 30 sous : sont 50 sous. Ceste ville est de l'Eglise.

Nous laissames sur ceste mesme voïe de la marine, à voir un peu plus outre, Pesaro qui est une bele ville et digne d'estre veue, et puis Rimini, et puis cet' antiene Ravenne ; et notamment à Pesaro, un beau bastimant[5] et d'estrange assiete que faict faire le duc d'Urbin, à ce qu'on m'a dict : c'est le chemin de Venise contre bas.

Nous laissames la marine, et primes à mein gauche, suivant une large pleine au travers de laquele passe Metaurus[6]. On descouvre partout d'une part et d'autre des très beaus coustaus ; et ne retire pas mal le visage de cete contrée à la pleine de Blaignac à Castillon[7]. En ceste pleine de l'autre part de ceste riviere fut donée la bataille de Salinator et Claudius-Nero[8] contre Asdrubal où il fut tué. A l'antrée des montaignes qui se rancontrent au bout de ceste pleine tout sur l'antrée se treuve

Fossumbrune[9], quinze milles, apartenant au duc d'Urbin : ville assise contre la pante d'une montaigne, aïant sur le bas une ou deus beles rues fort droites, egales et bien logées ; toutefois ils disent que ceus de Fano sont beaucoup plus riches qu'eus. Là il y a sur la place un gros piédestal de mabre aveq une fort grande inscription qui est du tamps de Trajan, à l'honur d'un particulier habitant de ce lieu, et un'autre contre le mur qui ne porte nulle enseigne du tamps. C'estoit antienemant *Forum Sempronii*[10] ; mais ils tienent que leur premiere ville estoit plus avant vers la pleine, et que les ruines[11] y sont encores en bien

plus bele assiete. Ceste vile a un pont de pierre pour passer
le Metaurus[1] vers Rome, *per viam Flaminiam*[2]. Parce que
j'y arrivai de bon'heure (car les milles sont petites et nos
journées n'estoint que de sept ou huit hures à chevaucher),
je parlai à plusieurs honestes jans qui me contarent ce
qu'ils savoint de leur ville et environs. Nous vismes là un
jardin du cardinal d'Urbin[3], et force pieds de vigne entés
d'autre vigne. J'entretins un bon home faisur de livres,
nomé Vincentius Castellani[4] qui est de là.

J'en partis landemein matin, et après trois milles de
chemin, je me jetai à gauche et passai sur un pont la
Cardiana[5], le fluve qui se mesle à Metaurus[6] et fis trois
milles le long de aucunes montaignes et rochiers sauvages,
par un chemin étroit et un peu mal aisé, au bout duquel
nous vismes un passage de bien 50 pas de long[7], qui a
esté pratiqué au travers de l'un de ces haus rochiers. Et
parceque c'est une grande besouingne, Auguste, qui y
mit la mein le premier, il y avoit un' inscription en son
nom, que le temps a effacée; et s'en voit encores un'autre
à l'autre bout, à l'honur de Vespasien. Autour delà il se
voit tout plein de grans ouvrages des bastimans du fons
de l'eau, qui est d'une extreme hautur; audessous du
chemin, des rochiers coupés et aplanis d'une espessur
infinie; et le long de tout ce chemin, qui est *via Flaminia*[8],
par où on va à Rome, des traces de leur gros pavé qui est
enterré pour la pluspart, et leur chemin qui avoit 40
pieds de large n'en a plus quatre.

Je m'estois détourné pour voir cela; et repassai sur mes
pas, pour reprandre mon chemin que je suivis par le bas
d'aucunes montaignes accessibles et fertiles. Sur la fin de
nostre trete, nous comançames à monter et à descendre,
et vinmes à

Urbin, seize milles, ville de peu d'excellence, sur le
haut d'une montaigne de moïene hautur, mais se couchant
de toutes parts selon les pantes du lieu, de façon qu'elle
n'a rien d'esgal, et partout il y a à monter et descendre. Le
marché y estoit, car c'estoit sammedi. Nous y vismes le
palais qui est fort fameus pour sa beauté; c'est une grand'-
masse, car elle prant jusques au pied du mont. La veue
s'estand à mille autres montaignes voisines, et n'a pas
beaucoup de grace. Come tout ce bastimant n'a rien de
fort agréable ny dedans ny autour n'aïant qu'un petit

jardinet de 25 pas ou environ, ils disent qu'il y a autant de
chambres que de jours en l'an; de vrai, il y en a fort grand
nombre et à la mode de Tivoli et autres palais d'Italie.
Vous voiez au travers d'une porte, souvant 20 autres
portes qui se suivent d'un sans, et autant par l'autre sans,
ou plus. Il y avoit quelque chose d'antien, mais le principal fut basti en 1476, par Frederic Maria de la Rovere[1],
qui ha leans plusieurs titres et grandurs de ses charges et
exploits de guerre; de quoi ses murailles sont fort
chargées, et d'une inscription qui dict que c'est la plus bele
maison du monde. Ell'est de brique, toute faicte à voute,
sans aucun planchier, come la pluspart des bastimants
d'Italie.

Cestui-ci est son arriere neveu[2]. C'est une race de bons
princes et qui sont eimés de leurs sujets. Ils sont de pere
en fis tous jans de lettres, et ont en ce palais une bele
librairie; la clef ne se treuva pas. Ils ont l'inclination
espaignole. Les armes du roy d'Espaigne se voient en
ranc de faveur, et l'ordre d'Engleterre et de la Toison, et
rien du nostre. Ils produisent eus-mesmes en peinture[3] le
premier duc d'Urbin, june home qui fut tué par ses sujets
pour son injustice : il n'estoit pas de ceste race[4]. Celui-ci
a épousé la sur de M. de Ferrare[5], plus vieille que lui de
dix ans[6]. Ils sont mal ensemble et separés, rien que pour
la jalousie d'elle, à ce qu'ils disent. Ensin, outre l'eage
qui est de 45 ans, ils ont peu d'esperance d'enfans, qui re-
jetera, disent-ils, ceste duché à l'Eglise; et en sont enpeine.

Je vis là l'effigie au naturel de Picus Mirandula[7] : un
visage blanc, très-beau, sans barbe, de la façon de 17 ou
18 ans, le nez longuet, les yeux dous, le visage maigrelet,
le poil blon, qui lui bat jusques sur les espaules, et un
estrange acoutremant. Ils ont en beaucoup de lieus d'Italie
ceste façon de faire des vis, voire fort droites et etroites,
qu'à cheval vous pouvez monter à la sime; cela est aussi
ici avec du carreau mis de pouinte. C'est un lieu, disent-
ils, froit; et le duc faict ordinaire d'y estre sulemant l'esté.
Pour prouvoir à cela, en deus de leurs chambres il s'y
voit d'autres chambres carrées en un couin, fermées de
toutes pars, sauf quelque vitre qui reçoit le jour de la
chambre; au dedans de ces retranchemans est le lit du
maistre.

Après disner je me destournai encores de cinq milles,
pour voir un lieu que le peuple de tout tamps apele

Sepulchro d'Asdrubale[1], sur une colline fort haute et droite qu'ils noment *Monte deci*[2]. Il y a là quatre ou cinq mechantes mesonetes et une eglisete, et se voit aussi un baſtimant de grosse brique ou carreau, rond de 25 pas ou environ, et haut de 25 pieds. Tout autour il y a des acoudoirs de mesme brique de trois en trois pas. Je ne sçai comant les massons apelent ces pieces, qu'ils font pour soutenir come des becs. On monta audessus, car il n'y a null'entrée par le bas. On y trouva une voute, rien dedans, nulle pierre de taille, rien d'escrit; les habitans disent qu'il y avoit un mabre, où il y avoit quelques marques, mais que de notre eage il a eſté pris. D'où ce nom lui aïe eſté mis, je ne sçai, et je ne croi guiere que ce soit vraiment ce qu'ils disent. Bien il eſt certein qu'il fut deffaiſt et tué assez près de là.

Nous suivismes après un chemin fort montueus, et qui devint fangeus pour une sule heure qu'il avoit pleu, et repassames Metaurus[3] à gué, comme ce n'eſt qu'un torrant qui ne porte pouint de bateau lequel nous avions passé une autrefois depuis la disnée, et nous randismes sur la fin de la journée, par un chemin bas et aisé, à

Castel Durante[4], quinze milles, villete assise en la pleine, le long de Metaurus[5], apartenant au duc d'Urbin. Le peuple y faisoit fus de joïe et feſte de la naissance d'un fils masle, à la princesse de Besigna[6], sur de leur duc.

Nos vetturins déselent leurs chevaus à mesure qu'ils les débrident en quelqu'eſtat qu'ils soint, et les font boire sans aucune diſtinction. Nous bevions ici des vins sophiſtiqués, et à Urbin[7], pour les adoucir.

Le dimanche matin vous vinmes le long d'une pleine assez fertile et les couteaus d'autour, et repassames premierement une petite bele ville, S. Angelo, apartenant audit duc, le long de Metaurus, aïant des avenues fort beles. Nous y trouvasmes en la ville des petites reines du mi-careme, parce que c'eſtoit la veille du premier jour de mai[8]. De là, suivant ceſte pleine, nous traversames encores une autre villete de mesme juridiction nomée Marcatello, et par un chemin, qui comançoit déjà à santir la montaigne de l'Apennin, vinmes dîner à

Borgo-a-Pasci[9], dix milles, petit village et chetif logis pour une soupée, sur l'encouingnure des mons.

Après disner nous suivismes premieremant une petite
route sauvage et pierreuse, et puis vinmes à monter un
haut mont de deus milles de montée et quatre milles de
pante; le chemin escailleus et ennuïeus: mais non effroyable ny dangereus, les prœcipices n'eſtant pas coupés si
droit que la veuë n'aïe où se soutenir. Nous suivismes le
Metaurus jusques à son gïte qui eſt en mont; einsi nous
avons veu sa naissance et sa fin, l'aïant veu tomber en la
mer à Senogaglia[1]. A la descente de ce mont, il se presantoit à nous une très belle et grande pleine, dans laquele
court le Tibre qui n'eſt qu'à huit milles ou environ de sa
naissance, et d'autres monts audelà: prospeĉt représentant
assez celui qui s'offre en la Limaigne[2] d'Auvergne, à ceus
qui descendent de Puy de Domme à Clermont. Sur le haut
de noſtre mont se finit la juridiĉtion du duc d'Urbin, et
comance cele du duc de Florance et cele du pape à mein
gauche. Nous vinmes souper à

Borgo S. Sepolchro, treize milles, petite ville en ceſte
pleine, n'aiant nulle singularité, audiĉt duc de Florence;
nous en partimes le premier jour de may.

A un mille de ceſte ville, passames sur un pont de pierre
la riviere du Tibre, qui a encores là ses eaus cleres et belles,
qui s'igne que ceſte colur sale et rousse, *flavum Tiberim*[3],
qu'on lui voit à Rome, se prant du meslange de quelqu'autre riviere[4]. Nous traversames ceſte pleine de quatre
milles, et à la premiere colline trouvames une villete à la
teſte. Plusieurs filles et là et ailleurs sur le chemin, se
metoint au devant de nous, et nous saisissoint les brides
des chevaus, et là en chantant certene chanson pour
ceſt effaiĉt, demandoint quelque liberalité pour la feſte du
jour. De ceſte colline, nous nous ravalames en une fon-
diere fort pierreuse, qui nous dura longtamps le long du
canal d'un torrant; et puis eumes à monter une montaigne
ſterile et fort pierreuse, de trois milles à monter et descendre, d'où nous descouvrimes une autre grande pleine
dans laquele nous passames la riviere de Chiasso[5], sur
un pont de pierre, et après la riviere d'Arno, sur un fort
grand et beau pont de pierre, au deça duquel nous
logeames à

Ponte Boriano, petite maisonete, dix-huit milles.
Mauvès logis, come sont les trois prœcedants, et la plus-

part de ceſte route. Ce seroit grand folie de mener par ici
des bons chevaus, car il n'y a pouint de fouin.

Après disner, nous suivismes une longue pleine toute
fendue de horribles crevasses que les eaus y font d'une
eſtrange façon, et croi qu'il y faict bien led en hiver; mais
aussi eſt-on après à rabiller le chemin. Nous laissames sur
noſtre mein gauche, bien près de la disnée, la ville d'Arezzo, dans ceſte mesme pleine, à deus milles de nous ou
environ. Il samble toutesfois que son assiete soit un peu
relevée. Nous passames sur un beau pont de pierre et de
grande hautur la riviere de Ambra, et nous randismes à
souper à

Lavenelle[1], dix milles. L'hoſtellerie eſt au-deçà dudict
village d'un mille ou environs et eſt fameuse; aussi la
tient-on la meilleure de Thoscane et a-t-on raison; car
à la raison des hoſteleries d'Italie, elle eſt des meilleures.
On en faict si grand feſte, qu'on dict que la noblesse du
païs s'y assamble souvant, come chez le More à Paris, ou
Guillot à Amians[2]. Ils y servent des assietes d'eſtein, qui
eſt une grande rarité. C'eſt une maison sule, en très bele
assiete d'une pleine qui a la source d'une fonteine à son
service.

Nous en partimes au matin, et suivismes un très beau
chemin et droit en ceſte pleine, et y passames au travers
quatre viletes ou bourgs fermés, Mantenarca[3], S. Giovanni, Fligine et Anchisa[4], et vinmes disner à

Pian della Fonte, douze milles. Assez mauvès logis,
où eſt aussi une fonteine, un peu au dessus ledit bourg
d'Anchisa, assis au val d'Arno, de quoi parle Petrarca,
lequel on tient nai dudict lieu Anchisa[5], au moins d'une
maison voisine d'un mille de laquelle on ne treuve plus
les ruines que bien chetifves; toutefois ils en remerquent
la place. On semoit là lors des melons parmi les autres
qui y étoint déjà semés et les espéroit-on recueillir en
aouſt.

Ceſte matinée j'eus une pesanteur de teſte et trouble de
veue come des antienes migrenes, que je n'avois santi il
y avoit dix ans. Ceſte valée où nous passames a eſté autrefois toute en marès et tient Livius[6] que Annibal fut
contreint de les passer sur un elefant, et pour la mauvese
seson y perdit un euil[7]. C'eſt de vrai un lieu fort plat et bas

et fort sujet au court de l'Arne[1]. Là je ne vousis pas disner et m'en repantis ; car cela m'eût eidé à vomir, qui est ma plus prompte guerison : autremant je porte ceste poisantur de teste un jour et deus, come il m'avint lors. Nous trouvions ce chemin plein du peuple du païs, portant diverses sortes de vivres à Florance. Nous arrivasmes à

Florance, douze milles, par l'un des quatre pons de pierre qui y sont sur l'Arno.

Landemein, après avoir ouï la messe, nous en partimes ; et biaisant un peu le droit chemin, allames pour voir Castello[2], de quoi j'ai parlé ailleurs[3], mais parceque les filles du duc y estoint, et sur ceste mesme heure aloint par le jardin ouïr la messe, on nous pria de vouloir atandre, ce que je ne vousis pas faire. Nous rancontrions en chemin force prossessions ; la banière va devant, les fames après, la pluspart fort belles, atout des chapeaus de paille, qui se font plus excellans en ceste contrée qu'en lieu du monde, et bien vestues pour fames de village, les mules et escarpins blancs. Après les fames marche le curé, et après lui les masles. Nous avions veu le jour avant une prossession de moines, qui avoint quasi tous de ces chapeaus de paille.

Nous suivismes une très bele pleine fort large ; et à dire le vrai, je fus quasi contreint de confesser que ny Orleans, ny Paris, mesmes et leurs environs, ne sont accompaignés d'un si grand nombre de maisons et villages, et si louin que Florance : quant à beles maisons et palais, cela est hors de doubte. Le long de ceste route, nous nous randismes disner à

Prato, petite ville, dix milles, audict duc, assise sur la riviere de Bisanzo[4], laquelle nous passames sur un pont de pierre à la porte de ladicte ville. Il n'est nulle region si bien accommodée, entr'autres choses de pons, et si bien estoffés ; aussi le long des chemins partout on rancontre des grosses pierres de taille, sur lesqueles est escrit ce que chaque contrée doit rabiller de chemin, et en respondre. Nous vismes là au palais dudict lieu les armes et au nom du Legat du Prat[5] qu'ils disent être oriunde de là. Sur la porte de ce palais est une grande statue coronée, tenant le monde en sa main, et à ses pieds, *Rex Robertus*[6]. Ils disent là que ceste ville a été autrefois à nous ; les flurs de

lis y sont partout : mais la ville de soi porte de gueules
semé de flurs de lis d'or. Le dome y est beau et enrichi de
beaucoup de mabre blanc et noir.

Au partir de là, nous prinsmes un'autre traverse de bien
quatre milles de detour, pour aler *al Poggio*[1], maison de
quoi ils font grand feste, apartenant au duc, assis sur le
fluve Umbrone ; la forme de ce bastiment est le modele de
Pratolino[2]. C'est merveille qu'en si petite masse il y
puisse tenir çant très belles chambres. J'y vis, entr'autres
choses, des lits grand nombre de très bele etoffe, et de nul
pris : ce sont de ces petites etoffes bigarrées, qui ne sont
que de leine fort fine, et il les doublent de tafetas à quatre
fils de mesme colur de l'estoffe. Nous y vismes le cabinet
de distilloir du duc et son ouvroir du tour, et autres
instrumans : car il est grand mechanique.

Delà, par un chemin très droit et le païs extrememant
fertile, le chemin clos d'arbres ratachés de vignes, qui faict
la haie, chose de grande beauté, nous nous randismes à
souper à

Pistoie, quatorze milles ; grande ville sur la riviere
d'Umbrone ; les rues fort larges, pavées come Florance,
Prato, Lucques, et autres, de grandes plaques de pierre
fort larges. J'obliois à dire que des salles de Poggio on
voit Florance, Prato et Pistoïa, de la table : le duc étoit
lors à Pratolino. Audict Pistoïe, il y a fort peu de peuple ;
les eglises belles, et plusieurs belles maisons. Je m'enquis
de la vante des chapeaus de paille, qu'on fit 15 s[3]. Il me
samble qu'ils vaudroient bien autant de frans en France.
Auprès de ceste ville et en son territoire, fut anciennemant
desfait Catilina[4]. Il y a à Poggio, de la tapisserie representant toute sorte de chasses ; je remercai entr'autres une
pante de la chasse des autruches, qu'ils font suivre à gens
de cheval, et enferrer àtout des javelots.

Les Latins apelent Pistoïa, *Pistorium ;* elle est au duc de
Florance. Ils disent que les briques antienes des maisons
de Cancellieri et Pansadissi[5], qui ont été autrefois, l'ont
einsi randue come inhabitée, de manière qu'ils ne content
que huit mille ames en tout ; et Lucques qui n'est pas plus
grande, fait vint et cinq mille habitans et plus.

Messer Tadeo Rospiglioni[6], qui avoit eu de Rome
lettre de recommandation en ma faveur, de Giovanni
Franchini[7], me pria à disner le landemein, et tous les

autres qui estions de compaignie. Le palais fort paré, le
service un peu faroche pour l'ordre des mets; peu de
valets; le vin servi encores après le repas, come en
Allemaigne.

Nous vismes les eglises : à l'élevation, on y sonnoit en la
maitresse eglise les trompettes. Il y avoit parmi les enfans
de cueurs des prestres revestus, qui sonnoint de saque-
butes. Ceste povre ville se païe de la liberté perdue sur
ceste veine image de sa forme antiene. Ils ont neuf premiers[1] et un gonfalonier qu'ils elisent de deus en deus
mois. Ceus-ci ont en charge la police, sont nourris du
duc, com'ils étoint antienemant du publicq, logés au
palais, et n'en sortent jamais guiere que tous ensemble, y
estant perpetuelemant enfermés. Le gonfalonier marche
devant le potesta que le duc y envoïe, lequel potesta en
effaict a toute puissance; et ne salue ledict gonfalonier
personne, contrefaisant une petite roïauté imaginere.
J'avois pitié de les voir se paitre de ceste singerie, et
cependant le Grand-Duc a accreu les subsides des dix
pars sur les antiens.

La pluspart des grands jardins d'Italie nourissent
l'herbe aus maistresses allées et la fauchent. Environ ce
tamps-là comançoit à murir les serises; et sur le chemin
de Pistoïe à Luques, nous trouvions des jans de village
qui nous presentoient des bouquets de freses à vendre.

Nous en partismes jeudi, jour de l'Ascension, après
disner, et suivismes premieremant un tamps ceste pleine,
et puis un chemin un peu montueus, et après une très-
bele et large pleine. Parmi les champs de bled, ils ont force
abres bien rangés, et ces abres couvers et rataché de
vigne de l'un à l'autre : ces champs samblent estre des
jardins. Les montaignes qui se voient en ceste route sont
fort couvertes d'abres, et principalemant d'oliviers, chataigniers, et muriers pour leurs vers à soïe. Dans ceste
pleine se rancontre

Lucques, vint milles; ville d'un tiers plus petite que
Bourdeaus[2], libre, sauf que pour sa foiblesse elle s'est
jettée sous la protection de l'amperur et maison d'Austriche. Elle est bien close et flanquée; les foscés peu enfoncés, où il court un petit canal d'eaus, et pleins d'herbes
vertes, plats et larges par le fons. Tout autour du mur,
sur le terre-plein de dedans, il y a deux ou trois rancs

d'abres plantés qui servent d'ombrage et disent-ils
de fascines à la nécessité. Par le dehors vous ne voyez
qu'une forest qui cache les maisons. Ils font tousjours
garde de trois cens soldats etrangiers. La ville fort
peuplée, et notamment d'artisans de soie; les rues
étroites mais belles, et quasi partout des belles et grandes
maisons. Ils passent au travers un petit canal de la
riviere Cerchio[1]; ils bastissent un palais de cent trente
mille escus de despanse, qui est bien avansé. Ils disent
avoir six vins mille ames de sujets, sans la ville. Ils ont
quelques chastelets, mais nulle ville en leur subjection.
Leurs jantilshommes et jans de guerre font tous estat
de marchandises. Les Buonvisi y sont les plus riches. Les
estrangiers n'y entrent que par une porte où il y a une
grosse garde.

C'est l'une des plus plesantes assietes de ville que je vis
jamais, environné de deus grans lieus de pleine, belle par
excellance au plus estroit, et puis de belles montaignes et
collines, où pour la pluspart ils se sont logés aus champs.
Les vins y sont mediocremant bons; la cherté à vint sols
par jour; les hosteleries à la mode du païs, assez chetives.
Je receus force courtoisies de plusieurs particuliers, et
vins et fruits et offres d'arjant.

J'y fus vandredi, sammedi et en partie le dimanche
après le disner, pour autrui, non pas pour moi qui estois à
jun. Les collines les plus voisines de la ville sont garnies
de tout plein de maisons plesantes, fort espais; la plus
part du chemin fut par un chemin assez bas, assez aisé,
entre des montaignes quasi toutes fort ombragées et
habitables partout le long de la riviere de Cerchio. Nous
passames plusieurs villages et deus fort gros bourgs,
Reci[2] et Borgo, et audeçà ladicte riviere que nous avions
à nostre mein droite, sur un pont de hautur inusitée,
ambrassant d'un sur-arceau une grande largeur de ladicte
riviere, et de ceste façon de pons nous en vismes trois
ou quatre. Nous vinmes sur les deus heures après midi au

Bein della Villa[3], seize milles. C'est un païs tout
montueus. Audavant du bein, le long de la riviere[4], il y a
une pleine de trois ou quatre çans pas, audessus de laquele
le bain est relevé le long de la coste d'une montaigne
médiocre, et relevé environ come la fonteine de Banieres,
où l'on boit près de la ville. Le site où est le bein a quelque

chose de plein, où sont trante ou quarante maisons très-
bien accommodées pour ce service; les chambres jolies,
toutes particulieres, et libres qui veut, atout un retret, et
ont un'entrée pour s'entreatacher, et un autre pour se
particulariser. Je les reconnus quasi toutes avant que de
faire marché, et m'arestai à la plus belle, notamment pour
le prospeƈt qui regarde (au moins la chambre que je
choisis) tout ce petit fons, et la riviere de la Lima, et les
montaignes qui couvrent lediƈt fons, toutes bien cultivées
et vertes jusques à la cime, peuplées de chataigniers et
oliviers, et ailleurs de vignes qu'ils plantent autour des
montaignes, et les enceignent en forme de cercles et de
degrés. Le bord du degré vers le dehors un peu relevé,
c'eſt vigne; l'enfonceure de ce degré, c'eſt bled. De ma
chambre j'avois toute la nuit bien doucement le bruit de
ceſte riviere. Entre ces maisons eſt une place à se proumener, ouverte d'un coſté en forme de terrasse, par
laquele vous regardez ce petit plein sous l'allée d'une
treille publique, et voiez le long de la riviere dans ce petit
plein, à deux cens pas, sous vous, un beau petit village
qui sert aussi à ces beins, quand il y a presse. La pluspart
des maisons neufves; un beau chemin pour y aler, et
une belle place audiƈt vilage. La pluspart des habitans
de ce lieu se tienent là l'hiver, et y ont leurs boutiques,
notamment d'apotiquererie; car quasi tous sont apotiqueres.

Mon hoſte se nome le capitene Paulini[1], et en eſt un.
Il me dona une salle, trois chambres, une cuisine et encore
un'apant pour nos jans, et là dedans huit lits, dans les
deus desquels il y avoit pavillon; fournissoit de sel,
serviete le jour, à trois jours une nape, tous uſtansiles de
fer à la cuisine, et chandeliers, pour unse escus, qui sont
quelques sous plus que dix piſtolets, pour quinze jours.
Les pots, les plats, assietes qui sont de terre, nous les
achetions, et verres et couteaus; la viande s'y treuve
autant qu'on veut, veau et chevreau; non guiere autre
chose. A chaque logis on offre de vous faire la despanse;
et croi qu'à vint sous par home on l'aroit par jour; et si
vous la voulez faire, vous trouvez en chaque logis quelque
home ou fame capable de faire la cuisine. Le vin n'y eſt
guiere bon; mais qui veut, en faiƈt porter ou de Pescia ou
de Lucques. J'arrivai là le premier, sauf deux jantilhomes
bolonois qui n'avoint pas grand trein. Einsi j'eus à

choisir et, à ce qu'ils disent, meilleur marché que je
n'eusse eu en la presse, qu'ils disent y estre fort grande;
mais leur usage est de ne comancer qu'en juin, et y
durer jusques en septembre, car en octobre ils le quitent;
et s'y fait des assamblées souvent pour la sule recreation;
ce qui se faict plustost, come nous en trouvasmes qui s'en
retournoient y aïant déjà esté un mois, ou en octobre,
est extraordinere.

Il y a en ce lieu une maison beaucoup plus magnifique
que les autres des sieurs de Buonvisi, et certes fort belle;
ils la noment le Palais[1]. Elle a une fontene belle et vive
dans la salle, et plusieurs autres commodités. Elle me
fut offerte, au moins un appartement de quatre chambres
que je voulois, et tout, si j'en eusse eu besouin. Les quatre
chambres meublées come dessus, ils me les eussent laissées pour vint escus du païs pour quinse jours; j'en
vousis doner un escu par jour pour la considération du
tamps et pris qui change. Mon hoste n'ests obligé à
nostre marché que pour le mois de may; il le faudra
refaire si j'y veus plus arrester.

Il y a ici de quoi boire et aussi de quoi se beigner. Un
bein couvert, vouté et assez obscur, large come la
moitié de ma salle de Montaigne. Il y a aussi certein
esgout qu'ils nomment *la doccia*[2], ce sont des tuïaux par
lesquels on reçoit l'eau chaude en diverses parties du
cors et notamment à la teste, par des canaus qui descendent sur vous sans cesse et vous vienent battre la partie,
l'eschauffent, et puis l'eau se reçoit par un canal de bois,
come celui des buandieres, le long duquel elle s'écoule.
Il y a un autre bein vouté de mesme et obscur, pour les
fames : le tout d'une fontene de laquelle on boit, assez
plaisamment assise, dans une enfonceure où il faut
descendre quelques degrés.

Le lundi huit de mai au matin, je pris à grande difficulté
de la casse que mon hoste me præsenta, non pas de la
grace de celui de Rome, et la prit de mes meins. Je
disnai deux heures après et ne pus achever mon disner;
son operation me fit randre ce que j'en avois pris, et me
fit vomir encore depuis. J'en fis trois ou quatre selles
avec grand dolur de vantre, à cause de sa vantuosité, qui
me tourmanta près de vingt-quatre heures, et me suis
promis de n'en prandre plus. J'eimerois mieus un accès
de cholique, aïant mon vantre einsin esmeu, mon goust

altéré, et ma santé troublée de ceste casse; car j'estois
venu là en bon estat, en manière que le dimanche après
souper, qui estoit le sul repas que j'eusse faict ce jour,
j'alai fort alegremant voir le bein de Corsena, qui est à un
bon demi mille de là, à l'autre visage de ceste mesme
montaigne, qu'il faut monter et devaler après, environ à
mesme hautur que les beins de deça.

Cest autre bein est plus fameus pour le bein et la doccia;
car le nostre n'a nul service receu communéemant, ny par
les médecins ny par l'usage, que le boire, et dict-on que
l'autre est plus antienemant conu. Toutefois pour avoir
ceste vieillesse qui va jusques aus siecles des Romeins, il
n'y a nulle trace d'antiquité ny en l'un ny en l'autre[1]. Il y
a là trois grans beins voutés, sauf un trou sur le milieu
de la voute, com'un soupirail; ils sont obscurs et mal
plaisans. Il y a un'autre fonteine chaude à deux ou trois
çans pas de là, un peu plus haut en ce mesme mont, qui se
nome de Saint Jan; et là on y a faict une loge à trois
beins, aussi couverts; nulle maison voisine, mais il y a
que quoi y loger un materas pour y reposer quelque
heure du jour. A Corsena, on ne boit du tout pouint. Au
demurant, ils diversifient l'operation de ses eaus qui
refreche, qui eschauffe, qui pour telle maladie, qui pour
telle autre, et là-dessus mille miracles; mais en somme, il
n'y a nulle sorte de mal qui n'y treuve sa guerison. Il y a
un beau logis à plusieurs chambres, et une vintene d'autres
non guiere beaus. Il n'y a nulle compareson en cela de
leur commodité à la nostre, ny de la beauté de la veue,
quoiqu'ils aient nostre riviere à leurs pieds et que leur
veue s'estande plus longue dans un vallon, et si sont
beaucoup plus chers. Plusieurs boivent ici, et puis se
vont beigner là. Pour cest'heure Corsena a la reputation.

Le mardi, 9 de mai 1581, bon matin, avant le soleil
levé, j'alai boire du surjon mesme de notre fonteine
chaude. En beus sept verres tout de suite, qui tienent trois
livres et demie : ils mesurent einsi. Je croi que ce seroit à
douze de nostre carton[2]. C'est un'eau chaude fort mode-
réemant, come celle d'Aigues-Caudes[3] ou Barbotan,
aïant moins de gout et saveur que nulle autre que j'aie
jamais beu. Je n'y peu apercevoir que sa tiedur et un
peu de douceur. Pour ce jour elle ne me fit null' operation,
et si fus cinq heures despuis boire jusques au disner, et
n'en randis une sule goute. Aucuns disoint que j'en

avois pris trop peu, car là ils en ordonent un fiasque,
sont deux boccals, qui sont huit livres, sese ou dix et
sept verres des miens. Moi je pense qu'elle me trouva
si vuide à-cause de ma medecine, qu'elle trouva place
à me servir d'alimant.

Ce mesme jour, je fus visité d'un jantil homme boulo-
nois, colonel de douse çans homes de pied, aus gages de
ceſte seigneurie, qui se tient à quatre milles des beins[1].
Et me vint faire plusieurs offres, et fut avec moi environ
deux heures; comanda à mon hoſte et autres du lieu de me
favoriser de leur puissance. Ceſte seigneurie à ceſte regle
de se servir d'officiers eſtrangiers, et dispose son peuple
aus vilages par nombre; et selon la contrée, leur done un
colonel à leur comander, qui a plus grande, qui moindre
charge. Les colonels sont païés; les capitaines, qui sont
des habitans du païs, ne le sont qu'en guerre, et coman-
dent aus compaignies particulieres lors du besouin. Mon
colonel avoit sèse escus par mois de gages et n'a charge
que se tenir preſt.

Ils vivent plus sous regle en ces beins ici qu'aus noſtres,
et junent fort notamment du boire. Je m'y trouvois mieus
logés qu'en nuls autres beins, fut-ce à Banieres. Le sit du
païs eſt bien aussi beau à Banieres, mais en nuls autres
beins; les lieus à se baigner à Bade surpassent en magnificence et commodité tous les autres de beaucoup; le
logis de Bade comparable à tout autre, sauf le prospeſt
d'icy.

Mercredi bon matin, je rebeus de ceſt'eau, et eſtant en
grand peine du peu d'operation que j'en avois senti le
jour avant; car j'avoi bien faiſt une selle soudein après
l'avoir prise, mais je randois cela à la medecine du jour
prœcedant, n'aïant faiſt pas une goute d'eau qui retiraſt
à celle du bein. J'en prins le mercredi, sept verres mesurés
à la livre, qui fut pour le moins double de ce que j'en
avois pris l'autre jour, et crois que je n'en ai jamais tant
pris en un coup. J'en santis un grand desir de suer,
auquel je ne vousis nullemant eider, aïant souvant oui dire
que ce n'eſtoit pas l'effaiſt qui me faloit; et comme le jour
me contins en ma chambre, tantoſt me promenant, tantoſt
en repos. L'eau s'achemina plus par le derriere, et me fit
faire plusieurs selles lasches et cleres, sans aucun effort.
Je tien qu'il me fit mal de prandre ceſte purgation de
casse, car l'eau trouvant nature acheminée par le derriere

et provoquée, suivit ce trein-là, là où je l'eusse, à-cause
de mes reins, plus desirée par le devant; et suis d'opinion,
au premier bein que je pranderai, de sulemant me
preparer avec quelque june le jour avant.

Aussi crois-je que c'eſt'eau soit fort lasche et de peu
d'operation, et par consequant sûre et pouint de hasard,
les aprantis et delicats y seront bons. On les prant pour
refreschir le foïe et oſter les rougeurs de visage; ce que je
remerque curieusmant pour le service que je dois à une
très vertueuse dame de France[1]. De l'eau de Saint-Jan,
on s'en sert fort aux fars, car ell'eſt extrememant huileuse.
Je voïois qu'on en amportoit à pleins barrils aux païs
eſtrangiers, et de cele que je beuvois encore plus, à force
asnes et mulets, pour Reggio, la Lombardie, pour le boire.
Aucuns la prenent ici dans le lit, et leur principal ordre
eſt de tenir l'eſtomac et les pieds chaus, et ne se branler.
Les voisins la font porter à trois ou quatre milles à leurs
maisons. Pour montrer qu'elle n'eſt pas fort apéritive, ils
ont en usage de faire aporter de l'eau d'un bein près de
Piſtoïe[2], qui a le gouſt acre et eſt très chaude en son nid;
et en tienent les apotiqueres d'ici, pour en boire avant
celle d'ici, un verre et tienent qu'elle achemine ceſte ci,
etant aĉtive et apéritive. Le segond jour je rendis de l'eau
blanche, mais non sans altération de colur, com'ailleurs,
et fis force sable; mais il eſtoit acheminé par la casse, car
j'en randois beaucoup le jour de la casse.

J'appris là un accidant memorable. Un habitant du lieu,
soldat qui vit encore, nommé Giuseppe, et comande à
l'une des galeres des Genevois[3], en forçat, de qui je vis
plusieurs parans proches, eſtant à la guerre sur mer, fut
pris par les Turcs. Pour se mettre en liberté, il se fit Turc
(et de ceſte condition il y en a plusieurs, et notamment
des montaignes voisines de ce lieu, encore vivans), fut
circuncis, se maria là. Eſtant venu piller ceſte coſte, il
s'eloingna tant de sa retrete que le voilà, aveq quelques
autres Turcs, attrapé par le peuple qui s'eſtoit soublevé.
Il s'avise soudein de dire qu'il s'eſtoit venu randre à
esciant, qu'il eſtoit chrétien, fut mis en liberté quelques
jours après, vint en ce lieu et en la maison qui eſt vis-à-vis
de cele où je loge : il entre, et rencontre sa mere. Elle
lui demande rudement qui il étoit, ce qu'il vouloit, car
il avoit encore ses veſtemans de matelot, et eſtoit eſtrange
de le voir là. Enfin il se faiĉt conètre, car il eſtoit perdu

despuis dix à douze ans, embrasse sa mere. Elle aïant
faict un cri, tumbe toute esperdue, et est jusques au
landemein qu'on n'y conessoit quasi pouint de vie, et en
estoint les medecins du tout desesperés. Elle se revint
enfin et ne vescut guiere dpuis, jugeant chascun que ceste
secousse lui accoursit la vie. Nostre Giuseppe fut festoïé
d'un checun, reçeu en l'église à abjurer son erreur,
receut le sacremant de l'evesque de Lucques, et plusieurs
autres serimonies : mais ce n'estoit que baïes. Il estoit
Turc dans son cueur, et pour s'y en retourner, se desrobe
d'ici, va à Venise, se remesle aus Turcs, reprenant son
voïage. Le voilà[1] retumbé entre nos meins, et parce que
c'est un home de force inusitée et soldat fort entandu en
la marine, les Genevois le gardent encore et s'en servent,
bien attaché et garroté.

Ceste nation a force soldats qui sont tous enregistrés,
des habitans du païs, pour le service de la seigneurie. Les
colonels n'ont autre charge que de les exercer souvant,
faire tirer, escarmoucher, et teles choses, et sont tous
du païs. Ils n'ont nuls gages, mais ils peuvent porter
armes, mailles, harquebouses, et ce qui leur plait; et
puis ne peuvent estre sesis au cors pour aucun' debte, et
à la guerre reçoivent païe. Parmi eus sont les capitenes,
anseignes, sarjans. Il n'y a que le colonel qui doit estre
de nécessité estrangier et païé. Le colonel del Borgo, celui
qui m'estoit venu visiter le jour avant, m'envoïa dudict
lieu (qui est à quatre milles du bein) un home avec sèse
citrons et sèse artichaus.

La douceur et foiblesse de cest'eau s'argumante encore
de ce que elle se tourne et si facilement en alimant; car
elle se teint et se cuit soudein, et ne done pouint ces
pouintures des autres à l'appetit d'uriner, come je vis par
mon experiance et d'autres en mesme tamps.

Encore que je fusse plesamment et très-commode-
meant logé et à l'envi de mon logis de Rome, si n'avois-je
ny chassis ny cheminée, et encore moins de vitres en ma
chambre. Cela montre qu'ils n'ont pas en Italie les
orages si frequans que nous, car cela, de n'avoir autres
fenetres que de bois quasi en toutes les maisons, ce seroit
une incommodité insupportable : outre ce, j'estois couché
très-bien. Leurs lits, ce sont de petits mechans treteaus sur
lesquels ils jetent des esses, selon la longur et largeur du
lit; là dessus une paillasse, un materas, et vous voilà logé

très bien, si vous avez un pavillon. Et pour faire que vos
treteaus et esses ne paroissent, trois remedes : l'un l'avoir
des bandes, de mesme que le pavillon, comme j'avois à
Rome; l'autre, que vostre pavillon soit assez long pour
pandre jusques à terre et couvrir tout, ce qui est le
meillur; le tiers, que la couverte qui se ratache par les
couins avec des boutons, pande jusques à terre, qui soit
de quelque legere etoffe de futeine blanche, aïant audessous une autre couverte pour le chaut. Au moins j'aprans
pour mon trein cest'épargne pour tout le commun de
chez moi, et n'ai que faire de chalits. On y est fort bien,
et puis c'est une recette contre les punèses.

Le mesme jour, après disner, je me beignai, contre les
règles de ceste contrée, où on dict que l'une operation
ampesche l'autre; et les veulent distinguer : boire tout de
suite, et puis beigner tout de suite. Ils boivent huit
jours et beignent trante, boire en ce bein[1] et beigner en
l'autre[2]. Le bein est très dous et plesant; j'y fus demi heure,
et ne m'esmeut qu'un peu de sueur : c'etoit sur l'heure de
souper. Je me cochai au partir delà, et soupai d'une
salade de citron sucrée, sans boire; car ce jour je ne beus
pas une livre. Et croi qui eût tout conté jusques au
landemein, que j'avois randu par ce moïen à peu près
l'eau que j'avois prise. C'est une sotte coustume de conter
ce qu'on pisse. Je ne me trouvois pas mal, eins gaillard,
comme aus autres beins, et si estois en grand peine de
voir que mon eau ne se randoit pas, et à l'advanture m'en
estoit-il autant advenu ailleurs. Mais ici de cela ils font
un accidant mortel, et dès le premier jour, si vous faillez
à randre les deux pars au moins, ils vous conseillent
d'abandonner le boire ou prandre medecine. Moi, si je
juge bien de ces eaus, elles ne sont ny pour nuire beaucoup, ny pour servir : ce n'est que lâcheté et foiblesse, et
est a craindre qu'elles eschauffent plus les reins qu'elles
ne les purgent; et crois qu'il me faut des eaus plus
chaudes et aperitives.

Le jeudi matin j'en rebus cinq livres, cregnant d'en
estre mal servi et ne les vuider. Elles me firent faire une
selle, uriner fort peu. Et ce mesme matin escrivant à
M. Ossat[3], je tumbe en un pancemant si penible de M. de
la Boétie[4], et y fus si longtamps sans me raviser que cela
me fit grand mal. Le lit de cest'eau est tout rouge et
rouillé, et le canal par où elle passe : cela, meslé à son

insipidité, me faiɛt crère qu'il y a bien du fer, et qu'elle resserre. Je ne randis le jeudi, en cinq heures, que j'atandis à disner, que la cinquiesme partie de ce que j'avois beu. La veine chose que c'eſt que la medecine! Je disois par rencontre que me repantois de m'eſtre tant purgé, que cela faisoit que l'eau me trouvant vuide, servoit d'alimans et s'arreſtoit. Je viens de voir un medecin imprimé, parlant de ces eaus, nommé Donati[1], qui dit qu'il conseille de peu disner et mieux souper. Comme je continuai à boire[2], je crois que ma conjeɛture lui sert. Son compaignon Franciotti[3] eſt au contrere, comme en plusieurs autres choses. Je santois ce jour là quelques poisanteurs de reins que je creignois que les eaus mesmes me causassent, et qu'elles s'y croupissent : si eſt-ce qu'à conter tout ce que je rendois en 24 heures, j'arrivois à mon puint à peu près, atandu le peu que je beuvois aus repas.

Vandredi je ne beus pas; et au lieu de boire m'alai beigner un matin et m'y laver la teſte, contre l'opinion commune du lieu. C'eſt un usage du païs d'eisder leur eau par quelque drogue meslée, come du sucre candi, ou manne, ou plus forte medecine, encore[4] qu'ils meslent au premier verre de leur eau et le plus ordineremant de l'eau del Teſtuccio, que je tâtai : elle eſt salée. J'ai quelque soupçon que les apotiqueres, au lieu de l'envoïer querir près de Piſtoïe où ils disent qu'elle eſt, sophiſtiquent quelque eau naturelle, car je lui trouvai la saveur extra-ordinaire, outre la salure. Ils la font rechauffer et en boivent au comancement un, deus ou trois verres. J'en ai veu boire en ma presance, sans aucun effaiɛt. Autres mettent du sel dans l'eau au premier et second verre ou plus. Ils y eſtiment la sueur quasi mortelle et le dormir, aïant beu. Je santois grand aɛtion de ceſt'eau vers la sueur.

[La partie du Journal de Voyage qui suit, jusqu'à l'arrivée de Montaigne en Piémont, eſt rédigée par lui en italien. Nous en donnons la traduɛtion en français.]

Essayons de parler un peu cette autre langue[1], me trouvant surtout dans cette contrée où il me paroit qu'on parle le langage le plus pur de la Toscane, particulièrement parmi ceux du païs qui ne l'ont point corrompue par le mélange des patois voisins.

Le samedi matin de bonne heure, j'allai prendre les eaux de Barnabé[2]; c'est une des fontaines de cette montagne, et l'on est étonné de la quantité d'eaux chaudes et froides qu'on y voit. La montagne n'est point trop élevée, et peut avoir trois milles de circuit. On n'y boit que de l'eau de notre fontaine principale, et de cette autre qui n'est en vogue que depuis peu d'années. Un lépreux nommé *Barnabé,* ayant essayé des eaux et des bains de toutes les autres fontaines, se détermina pour celles-ci, s'y abandonna et fut guéri. C'est sa guérison qui a fait la réputation de cette eau. Il n'y a point de maisons à l'entour, excepté seulement une petite loge couverte, et des sièges de pierre autour du canal, qui étant de fer, quoique placé là récemment, est déjà presque tout rongé en dessous. On dit que c'est la force de l'eau qui le détruit, ce qui est fort vraisemblable. Cette eau est un peu plus chaude que l'autre, et selon l'opinion commune, plus pesante encore et plus violente; elle sent un peu plus le soufre, mais néantmoins foiblement. L'endroit où elle tombe est teint d'une couleur de cendre comme les nôtres, mais peu sensible; elle est éloignée de mon logis de près d'un mille, en tournant au pied de la montagne, et située beaucoup plus bas que toutes les autres eaux chaudes. Sa distance de la rivière est d'environ une ou deux piques. J'en pris cinq livres avec quèlque malaise, parce que ce matin je ne me portois pas trop bien. Le jour d'auparavant j'avois fait une promenade d'environ trois milles après mon dîner, pendant la chaleur, et je sentis après le souper un peu plus fortement l'effet de cette eau. Je commençai à la digérer dans l'espace d'une demi-heure. Je fis un grand détour d'environ deux milles, pour m'en retourner au logis. Je ne sais si cet exercice extraordinaire me fit grand bien;

car les autres jours je m'en retournois tout de suite à ma
chambre, afin que l'air du matin ne pût me refroidir,
les maisons n'étant point à trente pas de la fontaine. La
première eau que je rendis fut naturelle, avec beaucoup
de sable : les autres étoient blanches et crues. J'eus
beaucoup de vents. Quand j'eus rendu à peu près la
troisième livre, mon urine commençoit à prendre une
couleur rouge; avant le disner j'en avois évacué plus de
la moitié.

En faisant le tour de la montagne de toutes parts, je
trouvai plusieurs sources chaudes. Les paysans disent de
plus qu'on y voit pendant l'hiver, en divers endroits, des
évaporations qui prouvent qu'il y en a beaucoup d'autres.
Elles me paroissent à moi comme chaudes et en quelque
façon sans odeur, sans saveur, sans fumée, en comparaison des nôtres. Je vis à Corsenne[1] un autre endroit
beaucoup plus bas que les bains, où sont en quantité
d'autres petits canaux plus commodes que les autres. Ils
disent ici qu'il y a plusieurs fontaines, au nombre de huit
ou dix, qui forment ces canaux. A la tête de chacun est
inscrit un nombre différent, qui annonce leurs divers
effets : comme la *Savoureuse,* la *Douce,* l'*Amoureuse,* la
Couronne ou la *Couronnée*[2], la *Désespérée,* etc. A la vérité,
il y a certains canaux plus chauds les uns que les autres.

Les montagnes des environs sont presque toutes fertiles
en bled et en vignes, au lieu qu'il n'y avoit, il y a cinquante
ans, que des bois et des châtaignes. On voit encore un
petit nombre de montagnes pelées et dont la cime est
couverte de neige, mais elles sont assez éloignées de là.
Le peuple mange *du pain de bois :* c'est ainsi qu'ils nomment,
par forme de proverbe, le pain de châtaigne, qui est leur
principale récolte, et il est fait comme celui qu'on nomme
en France *pain d'épice.* Je n'ai jamais tant vu de serpents
et de crapauds. Les enfans n'osent même assez souvent
aller cueillir les fraises dont il y a grande abondance sur la
montagne et dans les buissons, de peur des serpents.

Plusieurs buveurs d'eau, à chaque verre, prennent trois
ou quatre grains de coriandre pour chasser les vents. Le
dimanche de Pasques, le 14 de mai[3], je pris cinq livres et
plus de l'eau de Barnabé[4], parce que mon verre en contenoit plus d'une livre. Ils donnent ici le nom de *Pâques* aux
quatre principales fêtes de l'année[5]. Je rendis beaucoup
de sable la première fois; et avant qu'il fût deux heures,

j'avois évacué plus des deux tiers de l'eau, suivant que je l'avois prise, avec l'envie d'uriner et avec les dispositions que j'apportois ordinairement aux autres bains. Elle me tenoit le ventre libre, et passoit très bien. La livre d'Italie n'est que de douze onces[1].

On vit ici à très bon marché. La livre de veau, très bon et très tendre, coûte environ trois sols de France. Il y a beaucoup de truites, mais de petite espèce. On y voit de bons ouvriers en parasols, et l'on en porte de cette fabrique partout. Toute cette contrée est montueuse et l'on y voit peu de chemins unis; cependant il s'en trouve de fort agréables, et jusqu'aux petites rues de la montagne, la plupart sont pavées. Je donnai après dîner un bal de paysannes, et j'y dansai moi-même pour ne pas paroître trop réservé. Dans certains lieux de l'Italie, comme en Toscane et dans le duché d'Urbin, les femmes font la révérence à la françoise, en pliant les genoux. Près du canal de la fontaine la plus voisine du bourg est un marbre carré, qu'on y a posé il y a précisément cent dix ans, le premier jour de mai, et sur lequel les propriétés de cette fontaine sont inscrites et gravées. Je ne rapporte point l'inscription, parce qu'elle se trouve dans plusieurs livres imprimés où il est parlé des bains de Lucques. A tous les bains, on trouve de petites horloges pour l'usage commun; j'en avois toujours deux sur ma table qu'on m'avoit prêtées[2]. Le soir je ne mangeai que trois tranches de pain rôties avec du beurre et du sucre, sans boire.

Le lundi, comme je jugeai que cette eau avoit assez ouvert la voie, je repris de celle de la fontaine ordinaire, et j'en avalai cinq livres; elle ne me provoqua point de sueur, comme elle faisoit ordinairement. La première fois que j'urinois, je rendois du sable qui paroissoit être en effet des fragmens de pierre. Cette eau me sembloit presque froide en comparaison de celle de Barnabé[3], quoique celle-ci ait une chaleur fort modérée et bien éloignée de celle des eaux de Plombières et de Bagnières. Elle fit un bon effet des deux côtés; ainsi je fus heureux de ne pas croire ces médecins qui ordonnent d'abandonner la boisson, lorsqu'elle ne réussit pas dès le premier jour.

Le mardi 16 de mai, comme c'est l'usage du pays, usage conforme à mon goût, je discontinuai de boire, et je restai plus d'une heure dans le bain sous la source même, parce qu'ailleurs l'eau me paroissoit trop froide. Enfin, comme je sentois toujours des vents dans le bas-ventre et dans les intestins, quoique sans douleur et sans qu'il y en eût dans mon estomac, j'appréhendai que l'eau n'en fût particulièrement la cause, et je discontinuai d'en boire. Mais je me plaisois si fort dans le bain que je m'y serois endormi volontiers. Il ne me fit pas suer, mais il me tint le corps libre ; je m'essuyai bien, et je gardai le lit quelque temps.

Tous les mois on fait la revue des soldats de chaque vicariat. Mon colonel, de qui je recevois des politesses infinies, fit la sienne. Il y avoit deux cens piquiers et arquebusiers ; il les fit manœuvrer les uns contre les autres, et, pour des paysans ils entendent assez bien les évolutions : mais son principal emploi est de les tenir en bon ordre et de leur enseigner la discipline militaire. Le peuple est divisé en deux partis, l'un françois et l'autre espagnol[1]. Cette division fait naître souvent des querelles sérieuses ; elle éclate même en public. Les hommes et les femmes de notre parti portent des touffes de fleurs sur l'oreille droite, avec le bonnet et des flocons de cheveux, ou telles choses semblables ; dans le parti des Espagnols, ils les portent de l'autre côté.

Ici les paysans et leurs femmes sont habillés comme les gentilshommes. On ne voit point de paysanne qui ne porte des souliers blancs, de beaux bas de fil et un tablier d'armoisin[2] de couleur. Elles dansent et font fort bien des cabrioles et le moulinet.

Quand on dit le *prince,* dans cette seigneurie, on entend le conseil des cent vingt. Le colonel ne peut prendre une femme sans la permission du prince, et il ne l'obtient qu'avec beaucoup de peine, parce qu'on ne veut pas qu'il se fasse des amis et des parens dans le pays. Il ne peut encore y acquérir aucune possession. Aucun soldat ne peut quitter le pays sans congé. Il y en a beaucoup que la pauvreté force de mendier sur ces montagnes, et de ce qu'ils amassent ils achètent leurs armes.

Le mercredi, j'allai au bain, et j'y restai plus d'un heure ; j'y suai un peu et je me baignai la tête. On voit bien là que l'usage des poëles d'Allemagne est très commode dans l'hiver pour chauffer les habits et tout ce qu'on veut ; car notre maître de bains, en mettant quelques charbons sur une pelle de fer propre à tenir

de la braise, et l'élevant un peu avec une brique, pour
que l'air qu'il reçoit par ce moyen puisse nourrir le feu,
fait chauffer très bien, très promptement, les hardes, et
plus commodément que nous pourrions faire à notre feu.
Cette pelle eſt faite comme un de nos bassins.

On appelle ici toutes les jeunes filles à marier *petites* ou
fillettes[1]; et les garçons qui n'ont point encore de barbe,
enfans[2].

Le jeudi je fus un petit plus soigneux, et je pris le bain
plus à mon aise; j'y suai un peu, et je me mis la tête sous
le *surgeon*. Je sentois que le bain m'affaiblissoit un peu,
avec quelques pesanteurs aux reins; cependant je rendois
du sable et assez de flegmes, comme lorsque je prenois les
eaux. D'ailleurs, je trouvois que ces eaux me faisoient le
même effet qu'en les buvant.

Je continuai le vendredi. On voyoit tous les jours
charger une grande quantité d'eau de cette fontaine et
de celle de Corsène[3] deſtinée pour divers endroits d'Italie.
Il me sembloit que ces bains m'éclaircissoient le teint.
J'étois toujours sujet aux mêmes vents dans le bas-ventre,
mais sans douleur; c'eſt apparemment ce qui me faisoit
rendre dans mes urines beaucoup d'écume, et de petites
bulles qui ne s'évanouissoient qu'au bout de quelque
temps. Quelquefois il s'y trouvoit aussi des poils noirs,
mais en petite quantité, et je me rappelle qu'autrefois
j'en rendois beaucoup. Ordinairement mes urines étoient
troubles et chargées d'une matière grasse ou comme
huileuse.

Les gens du pays ne sont pas à beaucoup près aussi
carnaciers que nous : on n'y vend que de la viande
ordinaire, et à peine en sçavent-ils le prix. Un très beau
levreau dans cette saison me fut vendu au premier mot
six sols de France. On ne chasse point et on n'apporte
point de gibier, parce que personne ne l'acheteroit.

Le samedi, parce qu'il faisoit très mauvais temps et
un vent si fort qu'on sentoit bien dans les chambres le
défaut des contrevents et de vitres, je m'abſtins de me
baigner et de boire. Je voyois un grand effet de ces eaux,
en ce que mon frère[4], qui ne se rappeloit pas d'avoir jamais
rendu du sable naturellement ni dans d'autres bains où il
en avoit bu avec moi, en rendoit cependant ici en grande
quantité.

Le dimanche matin je me baignai le corps, non la tête.

L'après-dînée je donnai un bal avec des prix publics, comme on a coutume de faire à ces bains, et je fus bien aise de faire cette galanterie au commencement de l'année. Cinq ou six jours auparavant j'avois fait publier la fête dans tous les lieux voisins : la veille je fis particulièrement inviter, tant au bal qu'au souper qui devoit le suivre, tous les gentilshommes et les dames qui se trouvoient aux deux bains, et j'envoyai à Lucques pour les prix. L'usage est qu'on en donne plusieurs, pour ne pas paroître favoriser une femme seule préférablement aux autres; pour éviter même toute jalousie, tout soupçon, il y a toujours huit ou dix prix pour les femmes et deux ou trois pour les hommes. Je fus sollicité par beaucoup de personnes qui me prioient de ne point oublier, l'une elle-même, l'autre sa nièce, une autre sa fille. Quelques jours auparavant, M. Jean da Vincenzo Saminiati[1], mon ami particulier, m'envoya de Lucques, comme je le lui avois demandé par une lettre, une ceinture de cuir et un bonnet de drap noir pour les hommes; et pour les femmes deux tabliers de taffetas, l'un vert, l'autre violet (car il est bon de sçavoir qu'il y a toujours quelques prix plus considérables pour pouvoir favoriser une ou deux femmes à son choix); deux autres tabliers d'étamine, quatre carterons d'épingles, quatre paires d'escarpins, dont je donnai une paire à une jolie fille hors du bal; une paire de mules, à laquelle j'ajoutai une paire d'escarpins ne faisant qu'un prix des deux; trois coiffes de gaze, trois tresses qui faisoient trois prix et quatre petits colliers de perles : ce qui faisoit dix-neuf prix pour les femmes. Le tout me revenoit à un peu plus de six écus. J'eus après cela cinq fifres que je nourris pendant tout le jour et je leur donnai un écu pour eux tous : en quoi je fus heureux, parce qu'on ne les a pas à si bon marché. On attache ces prix à un cercle fort orné de tous côtés; et ils sont exposés à la vue de tout le monde.

Nous commençâmes le bal sur la place avec les femmes du voisinage, et je craignois d'abord que nous ne restassions seuls; mais il vint bientôt grande compagnie de toutes parts, et particulièrement plusieurs gentilshommes et dames de la Seigneurie, que je reçus et entretins de mon mieux, en sorte qu'ils me parurent assez contens de moi. Comme il faisoit un peu chaud, nous allâmes à la salle du palais de Buonvisi, qui étoit très propre pour le bal.

Le jour commençant à baisser, vers les 22 heures, je m'adressai aux dames les plus distinguées, et je leur dis que n'ayant ni le talent, ni la hardiesse d'apprécier toutes les beautés, les graces et les gentillesses que je voyais dans ces jeunes filles, je les priois de s'en charger elles-mêmes, et de distribuer les prix à la troupe selon le mérite. Nous fûmes quelque temps sur la cérémonie, parce qu'elles refusoient ce délicat emploi, prenant cela pour pure honnêteté de ma part. Enfin, je leur proposai cette condition, que si elles vouloient m'admettre dans leur conseil j'en donnerois mon avis. En effet j'allois choisissant des yeux, tantôt l'une, tantôt l'autre, et j'avois toujours égard à la beauté, à la gentillesse : d'où je leur faisois observer que l'agrément d'un bal ne dépendoit pas seulement du mouvement des pieds, mais encore de la contenance, de l'air, de la bonne façon et de la grace de toute la personne. Les présens furent ainsi distribués, aux unes plus, aux autres moins, convenablement. La distributrice les offroit de ma part aux danseuses ; et moi au contraire je lui en renvoyois toute l'obligation. Tout se passa de cette manière avec beaucoup d'ordre et de règle, si ce n'est qu'une de ces demoiselles refusa le prix qu'on lui présentoit, et me fit prier de le donner pour l'amour d'elle à une autre : ce que je ne jugeai point à propos de faire, parce que celle-ci n'étoit pas des plus aimables. Pour la distribution de ces prix, on appeloit celles qui s'étoient distinguées ; chacune, sortant de sa place à tour de rôle, venoit trouver la dame et moi qui étions assis tout près l'un de l'autre. Je présentois le prix qui me sembloit convenable, après l'avoir baisé, à cette dame, qui, le prenant de ma main, le donnoit à ces jeunes filles, et leur disoit, toujours d'un air agréable : « C'est monsieur qui vous fait ce beau présent ; remerciez-le. — Point du tout ; vous en avez l'obligation à cette dame qui vous a jugé digne, entre tant d'autres, de cette petite récompense. Je suis seulement fâché qu'il ne soit pas plus digne de telle ou telle de vos qualités » ; ce que je disois suivant ce qu'elles étoient. On fit tout de suite la même chose pour les hommes. Je ne comprends point ici les gentils-hommes et les dames, quoiqu'ils eussent pris part à la danse. C'est véritablement un spectacle agréable et rare pour nous autres François de voir des paysannes si gentilles, mises comme des dames, danser aussi bien, et le disputer aux meilleures danseuses, si ce n'est qu'elles dansent autrement.

J'invitai tout le monde à souper, parce qu'en Italie les festins ne sont autre chose qu'un de nos repas bien légers de France. J'en fus quitte pour plusieurs pièces de veau et quelques couples de poulets. J'eus à souper le colonel de ce vicariat, M. François Gambarini, gentilhomme bolonois, mon ami, avec un gentilhomme françois, et non d'autres. Mais je fis mettre à table Divizia, pauvre paysanne qui demeure à deux milles des bains. Cette femme, ainsi que son mari, vit du travail de ses mains. Elle est laide, âgée de trente-sept ans, avec un goître à la gorge, et ne sait ni lire ni écrire. Mais comme dès sa tendre jeunesse il y avoit dans la maison de son père un de ses oncles qui lisoit toujours en sa présence l'Arioste et quelques autres poètes, son esprit s'est trouvé tellement propre à la poésie que nonseulement elle fait des vers avec une promptitude extra-ordinaire mais encore y fait entrer des fables anciennes, les noms des dieux, des pays, des sciences et des hommes illustres, comme si elle avoit fait un cours d'études réglé. Elle avoit fait beaucoup de vers pour moi. Ce ne sont à la vérité que des vers et des rimes, mais d'un style élégant et aisé. Il y eut à ce bal plus de cent personnes étrangères, quoique le temps n'y fût guère propre, parce qu'alors on recueilloit la grande et principale récolte de toute l'année. Car dans ce temps les gens du pays travailloient, sans avoir égard aux fêtes, à cueillir soir et matin des feuilles de mûrier pour leurs vers-à-soie, et toutes les jeunes filles sont occupées à ce travail.

Le lundi matin j'allai au bain un peu plus tard qu'à l'ordinaire, parce que je me fis tondre et raser; je me baignai la tête et je reçus la douche pendant plus d'un quart d'heure sous la grande source.

A mon bal il y eut entre autres le vicaire du lieu[1] qui juge les causes. C'est ainsi qu'on appelle un magistrat de semestre que la Seigneurie envoie à chaque vicariat, pour juger les causes civiles en première instance, et il connoît de toutes celles qui n'excèdent pas une petite somme fixée. Il y a un autre officier pour les causes criminelles. Je fis entendre à celui-ci : qu'il me paraissoit à propos que la Seigneurie mît ici quelque règle, ce qui seroit très facile, et je lui suggérai même les moyens qui me sem-

bloient les plus convenables. C'étoit que tous les marchands, qui viennent en grand nombre prendre de ces
eaux pour les porter dans toute l'Italie, fussent munis
d'une attestation de la quantité dont ils sont chargés,
ce qui les empêcheroit d'y commettre aucune fraude
comme j'en avois fait l'expérience de la manière que voici.
Un de ces muletiers vint trouver mon hôte qui n'est
qu'un particulier, et le pria de lui donner une attestation
par écrit qu'il portoit vingt-quatre charges de cette eau,
tandis qu'il n'en avoit que quatre. L'hôte refusa d'abord
d'attester une pareille fausseté; mais le muletier répondit
que dans quatre ou six jours il reviendroit chercher
les vingt autres charges; ce qu'il ne fit pas, comme je le
dis au vicaire. Celui-ci reçut très bien mon avis, mais
il insista tant qu'il put pour savoir le nom du muletier,
quelle étoit sa figure, quels chevaux il avoit, et je ne
voulus jamais lui faire connoître ni l'un ni l'autre.
Je lui dis encore que je voulois commencer à établir dans
ce lieu la coutume observée dans les bains les plus fameux
de l'Europe, où les personnes de quelque rang laissent
leurs armes pour témoigner l'obligation qu'ils ont à ces
eaux; il m'en remercia beaucoup pour la Seigneurie. On
commençoit alors en quelques endroits à couper le foin.
Le mardi je restai deux heures au bain, et je pris la douche
sur la tête pendant un peu plus d'un quart d'heure.

   Il vint ce même jour aux bains un marchand de Crémone établi à Rome; il avoit plusieurs infirmités extraordinaires, cependant il parloit et alloit toujours; il étoit
même à ce qu'on voyoit content de vivre et gai. Sa
principale maladie étoit à la tête; il l'avoit si foible qu'il
disoit avoir perdu la mémoire au point, qu'après avoir
mangé, il ne pouvoit jamais se rappeler ce qui lui avoit
été servi à table. S'il sortoit de sa maison pour aller à
quelque affaire, il falloit qu'il y revînt dix fois pour
demander où il devoit aller. A peine pouvoit-il finir le
pater. De la fin de cette prière, il revenoit cent fois au
commencement, ne s'apercevant jamais à la fin d'avoir
commencé, ni en recommençant qu'il eût fini. Il avoit
été sourd, aveugle et avoit eu de grands maux; il sentoit
une si grande chaleur aux reins qu'il étoit obligé de
porter toujours une ceinture de plomb. Depuis plusieurs
années il vivoit sous la discipline des médecins, dont il
observoit religieusement le régime. Il étoit assez plaisant

de voir les différentes ordonnances des médecins de
divers endroits d'Italie, toutes contraires les unes aux
autres, surtout sur le fait de ces bains et des douches.
De vingt consultations, il n'en avoit pas deux d'accord
entre elles; elles se condamnoient presque toutes l'une
l'autre et s'accusoient d'homicide. Cet homme étoit
sujet à un accident étrange causé par les vents dont il
étoit plein; ils lui sortoient des oreilles avec tant de furie
que souvent ils l'empêchoient de dormir, et quand il
bâilloit il sentoit tout à coup sortir des vents impétueux
par cette voie. Il disoit que le meilleur remède qu'il y eût
pour se rendre le ventre libre étoit de mettre dans sa
bouche quatre grains de coriandre confits un peu gros;
puis, après les avoir un peu détrempés et lubrifiés avec
sa salive, d'en faire un suppositoire, et que l'effet en
étoit aussi prompt que sensible. Ce même homme eſt le
premier à qui j'ai vu de ces grands chapeaux faits de
plumes de paon, couverts d'un léger taffetas à l'ouverture
de la tête. Le sien étoit haut d'une palme (environ six à
sept pouces) et fort ample; la coiffe au dedans étoit
d'armoisine et proportionnée à la grosseur ide la tête
pour que le soleil ne pût pénétrer; les ailes avoient à peu
près un pied et demi de largeur, pour tenir lieu de nos
parasols, qui à la vérité ne sont pas commodes à porter
à cheval.

Comme je me suis autrefois repenti de n'avoir pas écrit
plus particulièrement sur les autres bains, ce qui auroit
pu me servir de règle et d'exemple pour tous ceux que
j'aurois vus dans la suite, je veux cette fois m'étendre et
me mettre au large sur cette matière.

Le mercredi, je me rendis au bain; je sentis de la
chaleur dans le corps et j'eus une sueur extraordinaire
avec un peu de foiblesse. J'éprouvai de la sécheresse et de
l'âpreté dans la bouche; et à la sortie du bain il me prit
je ne sais quel étourdissement, comme il m'en arrivoit
dans tous les autres, à cause de la chaleur de l'eau, à
Plombières, à Bagnières, à Preissac, etc., mais non aux
eaux de Barbotan[1], ni même à celles-ci, excepté ce mercre-
di-là; soit que j'y fusse allé de bien meilleure heure que les
autres jours, et n'ayant pas encore déchargé mon corps,
soit que je trouvasse l'eau beaucoup plus chaude qu'à
l'ordinaire; j'y reſtai une heure et demie, et je pris la
douche sur la tête, environ pendant un quart d'heure.

C'étoit bien aller contre la règle ordinaire que de prendre la douche dans le bain, puisque l'usage est de prendre séparément l'un après l'autre ; puis de la prendre à ces eaux, tandis qu'on va communément aux douches de l'autre bain où on les prend à telle ou telle source, les uns à la première, d'autres à la seconde, d'autres à la troisième, suivant l'ordonnance des médecins : comme aussi de boire, de me baigner et de boire encore sans distinguer les jours de boisson et les jours de bain, comme font les autres qui boivent et prennent après cela le bain certains jours de suite ; de ne point observer encore une certaine durée de temps, pendant que les autres boivent dix jours tout au plus, et se baignent au moins pendant vingt-cinq, de la main à la main ou de main en main ; enfin de me baigner une seule fois par le jour, tandis qu'on se baigne toujours deux fois, et de rester fort peu de temps à la douche, au lieu qu'on y demeure toujours du moins une heure le matin et autant le soir. Quant à l'usage qui s'y pratique généralement de se faire raser le sommet de la tête, et de mettre sur la tonsure un petit morceau d'étoffe ou de drap de laine qu'on assujettit avec des filets ou des bandelettes, ma tête lisse n'en avoit pas besoin.

Dans la même matinée j'eus la visite du vicaire et des principaux gentilshommes de la Seigneurie qui venoient justement des autres bains où ils logeoient. Le vicaire raconta entre autres choses un accident singulier qui lui étoit arrivé, il y a quelques années, par la piqûre d'un scarabée[1] qu'il reçut à l'endroit le plus charnu du pouce ; cette piqûre le mit en tel état qu'il pensa mourir de défaillance. Il fut ensuite réduit à une telle extrémité qu'il fut cinq mois au lit sans pouvoir se remuer, étant continuellement sur les reins ; et cette posture les échauffa si fort qu'il s'y forma la gravelle, dont il souffrit beaucoup pendant plus d'un an, ainsi que de la colique. Enfin son père, qui étoit gouverneur de Velitri[2], lui envoya une certaine pierre verte qu'il avoit eue par le moyen d'un religieux qui avoit été dans l'Inde ; et pendant tout le temps qu'il porta cette pierre, il ne sentit jamais ni douleur ni gravelle. Il se trouvoit en cet état depuis deux ans. Quant à l'effet local de la piqûre, le doigt et presque toute la main lui étoient restés comme perclus ; le bras étoit tellement affoibli que tous les ans il venoit aux bains de Corsène pour faire donner la douche à ce bras, ainsi qu'à sa main, comme il la prenoit alors.

Le peuple est ici fort pauvre; ils mangeoient dans ce temps des mûres vertes qu'ils cueilloient sur les arbres, en les dépouillant de leurs feuilles pour les vers-à-soie.

Comme le marché du loyer de la maison que j'occupois étoit demeuré incertain pour le mois de juin, je voulus m'en éclaircir avec l'hôte. Cet homme, voyant combien j'étois sollicité de tous ses voisins, et surtout du propriétaire[1] du palais Bonvisi qui me l'avoit offert pour un écu d'or par jour, prit le parti de me la laisser tant que je voudrois à raison de vingt-cinq écus d'or par mois, à commencer au premier de juin, et jusqu'à ce terme le premier marché continuoit.

L'envie, dans ce lieu-là, les haines cachées et mortelles, règnent parmi les habitans quoiqu'ils soient tous à peu près parens; car une femme me disoit un jour ce proverbe : «Quiconque veut que sa femme devienne féconde, qu'il l'envoye à ce bain, et se garde bien d'y aller[2].» Ce qui me plaisoit beaucoup, entr'autres choses, dans la maison où j'étois, c'étoit de pouvoir aller du bain au lit par un chemin uni, et en traversant une cour de trente pas. Je voyois avec peine les mûriers dépouillés de leurs feuilles, ce qui me représentoit l'hiver au milieu de l'été. Le sable que je rendois continuellement par les urines me paroissoit plus raboteux que de coutume, et me causoit tous les jours je ne sçais quels désagréables picotemens.

On voyoit tous les jours ici porter de toutes parts différents échantillons de vins dans de petits flacons pour que les étrangers qui s'y trouvoient en envoyassent chercher; mais il y en avoit très peu de bons. Les vins blancs étoient légers, mais aigres et cruds ou plutôt grossiers, âpres et durs, si l'on n'avoit pas la précaution de faire venir de Lucques ou de Pescia, du Trévisan appelé *Trebbiano,* vin blanc assez mûr et cependant peu délicat[3].

Le jeudi, jour de la Fête-Dieu, je pris un bain tempéré pendant plus d'une heure; j'y suai très peu et j'en sortis sans aucune altération. Je me fis donner la douche sur la tête pendant un demi quart d'heure, et quand j'eus regagné mon lit, je m'endormis profondément. Je trouvois plus de plaisir à me baigner et à prendre la douche qu'à toute autre chose. Je sentois aux mains et aux autres parties du corps quelques démangeaisons; mais je m'aperçus qu'il y avoit parmi les habitans beaucoup de galeux et que les enfans étoient sujets à ces croûtes de lait qu'on nomme achores. Ici, comme ailleurs, les gens du pays méprisent ce que nous recherchons avec tant de difficulté; j'en ai vu beaucoup qui n'avoient jamais goûté de ces eaux et qui n'en faisoient point de cas. Cependant il y a peu de vieillards.

Avec les flegmes que je rendois continuellement par les urines, se trouvoit du sable enveloppé qui s'y tenoit suspendu. Lorsque je recevois la douche sur le bas-ventre, je croyois éprouver cet effet du bain qui me faisoit sortir des vents. L'enflure que j'avois quelquefois dans certaines parties du corps diminuoit alors à vue d'œil; d'où je conclus que ce gonflement est causé par les vents qui s'y renferment.

Le vendredi, je me baignai à l'ordinaire et je pris un peu plus longtemps la douche sur la tête. La quantité extra-ordinaire de sable que je rendois continuellement me faisoit soupçonner qu'il venoit des reins où il étoit enfermé, car en pressant et pétrissant ce sable on en eût fait une grosse pelote; ce qui prouve qu'il provenoit plutôt de là que de l'eau qui l'y auroit produit et fait sortir immédiatement. Le samedi je me baignai pendant deux heures, et je pris la douche plus d'un quart d'heure.

Le dimanche je me reposai. Le même jour un gentil-homme nous donna un bal.

Le défaut d'horloges, qui manquent ici et dans la plus grande partie de l'Italie me paroissoit fort incommode.

Il y a dans la maison du bain une vierge, avec cette inscription en vers :

> Faites, Vierge sainte, par votre pouvoir, que quiconque
>   entrera dans ce bain en sorte sain de corps et d'esprit[1].

On ne peut trop louer la beauté et l'utilité de la méthode qu'ils ont de cultiver les montagnes jusqu'à la cime, en y faisant en forme d'escalier de grands degrés circulaires tout autour, et fortifiant le haut de ces degrés, tantôt avec des pierres, tantôt avec d'autres revêtemens lorsque la terre n'est pas assez ferme par elle-même. Le terre-plain de cet escalier, selon qu'il se trouve ou plus large ou plus étroit, est rempli de grain; et son extrémité vers le vallon, c'est-à-dire la circonférence ou le tour, est entourée de vignes; enfin, partout où l'on ne peut trouver ni faire un terrain uni, comme vers la cime, tout est mis en vignes.

Au bal du gentilhomme bolonois, une femme se mit à danser avec un vase plein d'eau sur la tête et le tenant toujours ferme et droit, elle fit beaucoup de mouvemens d'une grande hardiesse.

Les médecins étoient étonnés de voir la plupart de nos François boire le matin et puis se baigner le même jour.

Le lundi matin je restai pendant deux heures au bain; mais je ne pris pas la douche, parce que j'eus la fantaisie de boire trois livres d'eau, qui m'émurent un peu. Je me baignois là les yeux tous les matins, en les tenant ouverts dans l'eau; ce qui ne me fit ni bien ni mal. Je crois que je me débarrassai de mes livres d'eau dans le bain car j'urinai beaucoup; je suai même un peu plus qu'à l'ordinaire et je fis quelque autre évacuation. Comme les jours précédens je m'étois senti plus resserré que de coutume, j'avois pris, suivant la recette marquée ci-dessus, trois grains de coriandre confits qui m'avoient fait rendre beaucoup de vents, dont j'étois tout plein, et peu d'autres choses. Mais, quoique je me purgeasse admirablement les reins, je ne laissois pas d'y sentir des picotemens que j'attribuois plutôt aux ventuosités qu'à toute autre cause. Le mardi je restai deux heures au bain; je me tins une demi-heure sous la douche et je ne bus point. Le mercredi je fus dans le bain une heure et demie, et je pris la douche environ pendant une demi-heure.

Jusqu'à présent, à dire le vrai, par le peu de communication et de familiarité que j'avois avec ces gens-là, je n'avois guère bien soutenu la réputation d'esprit et d'habileté qu'on m'a faite; on ne m'avoit vu aucune faculté extraordinaire pour qu'on dût s'émerveiller de moi et faire tant de cas de mes petits avantages. Cependant, ce même jour, quelques médecins ayant une consultation importante pour un jeune seigneur, M. Paul de Cesis (neveu du cardinal de ce nom[1]), qui étoit à ces bains, ils vinrent me prier, de sa part, de vouloir bien entendre leurs avis et délibération, parce qu'il estoit résolu de se tenir entièrement à ma décision. J'en riois alors en moi-même; mais il m'est arrivé plus d'une fois pareille chose ici et à Rome.

J'éprouvois encore quelquefois des éblouissemens dans les yeux, quand je m'appliquois ou à lire ou à regarder fixement quelque objet lumineux. Ce qui m'inquiétoit, c'étoit de voir que cette incommodité continuoit depuis le jour que la migraine me prit près de Florence. Je sentois une pesanteur de tête sur le front, sans douleur, et mes yeux se couvroient de certains nuages qui ne me rendoient pas la vue courte, mais qui la troubloient quelquefois, je ne sais comment. Depuis, la migraine y étoit retombée deux ou trois fois, et dans ces derniers jours elle s'y arrêtoit davantage, me laissant d'ailleurs assez libre dans mes actions; mais elle me reprenoit tous les jours depuis que j'avois pris la douche sur la tête, et je commençois à avoir les yeux voilés comme autrefois, sans douleur ni inflammation; il en étoit ainsi de mon mal de tête, que je n'avois pas senti depuis dix ans, jusqu'au jour où cette migraine me prit. Or, craignant encore que la douche ne m'affoiblît la tête, je ne voulus point la prendre.

Le jeudi je me baignai seulement une heure.

Le vendredi, le samedi et le dimanche, je ne fis aucun remède, tant par la même crainte que parce que je me trouvois moins dispos, rendant toujours quantité de sable. Ma tête d'ailleurs toujours de même ne se rétablissoit point dans son bon état; et à certaines heures je sentois une altération qu'augmentoit encore le travail de l'imagination.

Le lundi matin je bus en 13 verres six livres et demie d'eau de la fontaine ordinaire; je rendis environ trois livres d'eau blanche et crue avant le dîner, et le reste peu à peu. Quoique mon mal de tête ne fût ni continuel ni fort violent, il me randoit le teint assez mauvais. Cependant je ne santois ni incommodité ni foiblesse, comme j'en avois anciennement éprouvé quelquefois; mais j'avois seulement les yeux chargés et la vue un peu trouble. Ce jour, on commença dans la plaine à couper le seigle.

Le mardi, au point du jour, j'allai à la fontaine de Barnabé[1] et je bus six livres d'eau en six verres. Il tomboit une petite pluie, je suai un peu. Cette boisson m'émut le corps et me lava bien les intestins : c'est pourquoi je ne puis juger delà ce que j'en avois rendu. J'urinai peu, mais dans deux heures j'avois repris ma couleur naturelle.

On trouve ici une pension pour six écus d'or ou environ par mois; on a une chambre particulière, avec toutes les commodités que l'on veut, et le valet passe par-dessus le marché. Quand on n'a pas de valet on est servi par l'hôte en beaucoup de choses et nourri convenablement.

Avant la fin du jour naturel j'avois rendu toute l'eau, et plus que je n'en avois bu dans toutes les boissons que j'avois prises. Je ne bus qu'une petite fois une demi-livre d'eau à mon repas et je soupai peu.

Le mercredi, qui fut pluvieux, je pris de l'eau ordinaire sept livres en sept fois; je la rendis avec ce que j'avois bu de plus.

Le jeudi j'en pris neuf livres, c'est-à-dire sept d'une première séance; et puis quand je commençai à la rendre, j'en envoyai chercher deux autres livres. Je la rendis de tous côtés et je bus très peu à mon repas.

Le vendredi et le samedi je fis la même chose. Le dimanche je me tins tranquille.

Le lundi je pris sept livres d'eau en sept verres. Je rendois toujours du sable, mais un peu moins que quand je prenois le bain; ce que je voyais arriver à plusieurs autres dans le même temps. Ce même jour je sentis au bas-ventre une douleur semblable à celle qu'on éprouve en rendant des pierres, et il m'en sortit effectivement une petite.

Le mardi j'en rendis une autre, et je puis presque assurer que je me suis aperçu que cette eau a la force de les briser, parce que je sentois la grosseur de quelques-unes lorsqu'elles descendoient, et qu'ensuite je les rendois par petits morceaux. Ce mardi, je bus huit livres d'eau en huit fois.

Si Calvin avoit su qu'ici les frères prêcheurs se nommoient ministres, il n'est pas douteux qu'il eût donné un autre nom aux siens.

Le mercredi je pris huit livres d'eau en huit verres. J'en rendois presque toujours en trois heures jusqu'à la moitié, crue et dans sa couleur naturelle, puis environ une demi-livre rousse et teinte; le reste après le repas et pendant la nuit.

Or, comme cette saison attiroit beaucoup de monde au bain, suivant les exemples que j'avois devant moi et l'avis des médecins même, particulièrement de M. Donato[1], qui avoit écrit sur ces eaux, je n'avois pas fait une grande faute en prenant dans ce bain la douche sur la tête; car ils sont encore ici dans l'usage de se faire donner la douche sur l'estomac, par le moyen d'un long tuyau qu'on attache d'un bout au surgeon de l'eau, et de l'autre au corps plongé dans le bain, comme d'ordinaire autrefois on prenoit la douche sur la tête, de cette même eau, et le jour qu'on la prenoit on se baignoit aussi. Moi donc, pour avoir mêlé la douche et le bain, ou pour avoir pris immédiatement l'eau à la source et non au tuyau, je ne pouvois pas avoir fait une si grande faute. Ai-je manqué seulement en ce que je n'ai pas continué ? Cette idée, dont jusqu'à présent j'ai été frappé, pourroit bien avoir mis en mouvement ces humeurs, dont avec le temps j'aurois été délivré. Le même (M. Donato) trouvoit bon qu'on bût et qu'on se baignât le même jour; d'où je me repens de n'en avoir pas eu la hardiesse, comme j'en avois eu la volonté, et de n'avoir pas bu la matinée dans le bain, en observant quelque intervalle entre les deux procédés. Ce médecin louoit aussi beaucoup les eaux de Barnabé[1], mais avec tous les beaux raisonnemens de la médecine, on ne voyoit pas l'effet de ces eaux sur plusieurs autres personnes qui n'étoient pas sujettes à rendre du sable, comme je continuois toujours d'en voir dans mes urines; ce que je dis, parce que je ne puis me résoudre à croire que ce sable fût produit par lesdites eaux.

Le jeudi matin, pour avoir la première place, je me rendis au bain avant le jour, et j'y fus une heure sans me baigner la tête. Je crois que cette circonstance, jointe à ce que je dormis ensuite dans mon lit, me rendit malade, j'eus la bouche sèche et altérée avec une telle chaleur que le soir en me couchant je bus deux grands verres de la même eau rafraîchie, qui ne me causa point d'autre changement.

Le vendredi je me reposai. Le ministre franciscain (c'est ainsi qu'on nomme le Provincial[2]), homme de mérite, savant et poli, qui étoit au bain avec plusieurs autres religieux de différens ordres, m'envoya en présent de très bon vin, des massepains et autres friandises.

Le samedi je ne fis aucun remède et j'allai dîner à Menalfio[3], grand et beau village situé à la cime d'une de ces montagnes dont j'ai parlé. J'y portai du poisson et je fus reçu chez un soldat, qui, après avoir beaucoup voyagé en France et ailleurs, s'est marié et enrichi en Flandre. Il s'appelle M. Santo. Il y a là une belle église, et parmi les habitans un très grand nombre de soldats, dont la plupart ont aussi beaucoup voyagé. Ils sont fort divisés entr'eux pour l'Espagne et la France[4]. Je mis, sans y prendre garde, une fleur à mon oreille gauche[5]; ceux du parti françois s'en trouvèrent offensés. Après mon dîner je montai au fort qui est un lieu fortifié de hautes murailles pareillement à la cime du mont qui est très escarpé, mais bien cultivé partout; car ici, sur les lieux les plus sauvages, sur les rochers et les précipices, enfin sur les crevasses de la montagne, on trouve non-seulement des vignes et du blé, mais encore des prairies, tandis que dans la plaine ils n'ont pas de foin. Je descendis ensuite tout droit par un autre côté de la montagne.

Le dimanche matin je me rendis au bain avec plusieurs autres gentilshommes et j'y restai une demi-heure. Je reçus de M. Louis Pinitesi[1], en présent, une charge de très beaux fruits, et entre autres des figues, les premières qui eussent encore paru dans le bain, avec douze flacons d'excellent vin. Dans le même temps, le ministre franciscain m'envoya une si grande quantité de fruits que je pus en faire à mon tour des libéralités aux habitans.

Après le dîner il y eut un bal où s'étoient rassemblées plusieurs dames très bien mises, mais d'une beauté très commune, quoiqu'elles fussent des plus belles de Lucques.

Le soir, M. Louis Ferrari de Crémone[2], dont j'étois fort connu, m'envoya des boîtes de coings très bons et bien parfumés, des citrons d'une espèce rare et des oranges d'une grosseur extraordinaire.

La nuit suivante, un peu avant le jour, il me prit une crampe au mollet de la jambe droite avec de très fortes douleurs qui n'étoient pas continues, mais intermittentes. Cette incommodité dura une demi-heure. Il n'y avoit pas long-temps que j'en avois eu une pareille, mais elle passa dans un instant.

Le lundi j'allai au bain, et je tins pendant une heure mon estomac sous le jet de la source; je sentois toujours à la jambe un petit picotement.

C'étoit précisément l'heure où l'on commençoit à sentir le chaud; les cigales n'étoient pas plus incommodes qu'en France, et jusqu'à présent les saisons me paroissent être encore plus fraîches que chez moi.

On ne voit pas chez les nations libres la même distinction de rangs, de personnes, que chez les autres peuples; ici les plus petits ont je ne sais quoi de seigneurial à leur manière; jusqu'en demandant l'aumône, ils mêlent toujours quelque parole d'autorité, comme : « Faites-moi l'aumône, voulez-vous ? » ou : « Donnez-moi l'aumône,

entendez-vous ? » Le mot à Rome est d'ordinaire :
« Faites-moi quelque bien pour vous-même[1]. »

Le mardi je restai dans le bain une heure.

Le mercredi, 21 juin, de bonne heure, je partis de la
ville, et en prenant congé de la compagnie des hommes
et des dames qui s'y trouvoient, j'en reçus toutes les
marques d'amitié que je pouvois désirer. Je vins par des
montagnes escarpées, cependant agréables et couvertes, à

Pescia, douze milles, petit château situé sur le fleuve
Pescia, dans le territoire de Florence, où se trouvent de
belles maisons, des chemins bien ouverts, et les vins
fameux de Trebbiano[2], vignoble assis au milieu d'un plant
d'oliviers très épais. Les habitans sont fort affectionnés
à la France, et c'est pour cela disent-ils, que leur ville
porte pour armes un dauphin[3].

Après dîner nous rencontrâmes une belle plaine fort
peuplée, où l'on voit beaucoup de châteaux et de maisons.
Je m'étois proposé de voir le mont Catino[4], où est l'eau
chaude et salée du Tettuccio ; mais je l'oubliai par dis-
traction ; je le laissai à main droite, éloigné d'un mille de
mon chemin, environ à sept milles de Pescia, et je ne
m'aperçus de mon oubli que quand je fus presque arrivé à

Pistoie, onze milles. J'allai loger hors de la ville, et là
je reçus la visite du fils de Ruspiglioni[5], qui ne voyage
en Italie qu'avec des chevaux de voiturin ; en quoi il
n'entend pas bien ses intérêts ; car il me paroît plus commode de changer de chevaux de lieu en lieu que de se
mettre pour un long voyage entre les mains des voiturins.

De Pistoie à Florence, distance de vingt milles, les
chevaux ne coûtent que quatre jules[6].

De là, passant par la petite ville de Prato, je vins dîner à

Castello, dans une auberge située vis-à-vis le palais
du grand-duc. Nous allâmes après dîner examiner plus
attentivement son jardin, et j'éprouvai là ce qui m'est
arrivé en beaucoup d'autres occasions, que l'imagination
va toujours plus loin que la réalité. Je l'avois vu pendant
l'hiver nu et dépouillé ; je m'étois donc représenté sa
beauté future, dans une plus douce saison, beaucoup
au-dessus de ce qu'elle me parut alors en effet.

De Prato à Castello, dix-sept milles. Après dîner je
vins à

Florance, trois milles. Le vendredi je vis les processions publiques[1] et le grand-duc en voiture. Entre autres somptuosités, on voyait un char en forme de théâtre doré par-dessus, sur lequel étoient quatre petits enfans et un moine, ou un homme habillé en moine, avec une barbe postiche qui représentoit Saint François d'Assise debout, et tenant les mains comme il les a dans les tableaux, avec une couronne sur le capuchon. Il y avoit d'autres enfans de la ville armés, et l'un d'eux représentoit saint Georges. Il vint sur la place à sa rencontre un gros dragon fort lourdement appuyé sur des hommes qui le portoient, et jetant avec bruit du feu par la gueule.

L'enfant le frappoit tantôt de l'épée, tantôt de la lance, et il finit par l'égorger. Je reçus ici beaucoup d'honnêtetés d'un Gondi qui fait sa résidence à Lyon[2], il m'envoya de très bons vins, comme du Trebbiano[3].

Il faisoit une chaleur dont les habitans eux-mêmes étoient étonnés.

Le matin, à la pointe du jour, j'eus la colicque au côté droit et je souffris l'espace d'environ trois heures. Je mangeai ce jour-là le premier melon. Dès le commencement de juin, on mangeoit à Florence des citrouilles et des amandes.

Vers le 23, on fit la course des chars dans une grande et belle place carrée[4] plus longue que large, et entourée de tous les côtés de belles maisons. A chaque extrémité de la longueur, on avoit dressé un obélisque ou une aiguille de bois carrée[5], et de l'une à l'autre étoit attachée une longue corde pour qu'on ne pût traverser la place; plusieurs hommes même se mirent encore en travers, pour empêcher de passer par-dessus la corde. Les balcons étoient remplis de dames, et le grand-duc avec la duchesse et sa cour étoit dans un palais. Le peuple étoit répandu le long de la place et sur des espèces d'échafauds où j'étois aussi : on voyoit courir à l'envi cinq chars vides. Ils prirent tous place au hasard, ou après avoir tiré au sort à côté d'un des obélisques. Plusieurs disoient que le plus éloigné avoit de l'avantage pour faire plus commodément le tour de la lice. Les chars partirent au son des trompettes. Le troisième circuit autour de l'obélisque, où se dirige la course, est celui qui donne la victoire. Le char du grand-duc conserva l'avantage jusqu'au troisième tour; mais celui de Strozzi[6] qui l'avoit toujours

suivi de plus près, ayant redoublé de vitesse, et courant à
bride abattue en se resserrant à propos, mit la victoire
en balance. Je m'aperçus que le peuple rompit le silence
en voyant Strozzi s'approcher, et qu'il lui applaudissoit
à grands cris de toutes ses forces à la vue même du prince.
Ensuite, quand il fut question de faire juger la contestation
par certains gentilshommes arbitres ordinaires des courses,
ceux du parti de Strozzi s'en étant remis au jugement de
l'assemblée, il s'éleva tout à coup du milieu de la foule
un suffrage unanime et un cri public en faveur de Strozzi,
qui enfin remporta le prix; mais à tort, à ce qu'il me
semble. La valeur du prix étoit de cent écus. Ce spectacle
me fit plus de plaisir qu'aucun de ceux que j'eusse vus en
Italie, par la ressemblance que j'y trouvois avec les
courses antiques.

Comme ce jour étoit la veille de Saint-Jean, on entoura
le comble de l'église cathédrale de deux ou trois rangs de
lampions, ou de pots à feu, et delà s'élançoient en l'air
des fusées volantes. On dit pourtant qu'on n'est pas dans
l'usage en Italie comme en France, de faire des feux le
jour de Saint-Jean.

Mais le samedi, jour où tomboit cette fête, qui est la
plus solennelle et la plus grande fête de Florence, puisque
ce jour-là tout se montre en public, jusqu'aux jeunes
filles, parmi lesquelles je ne vis point beaucoup de beautés,
dès le matin, le grand-duc parut à la place du palais sur
un échafaud dressé le long du bâtiment, dont les murs
étoient couverts de très-riches tapis. Il étoit sous un dais
avec le nonce du pape que l'on voyoit à côté de lui, à sa
gauche, et avec l'ambassadeur de Ferrare, beaucoup plus
éloigné de lui. Là passèrent devant lui toutes ses terres et
tous ses châteaux dans l'ordre où les proclamoit un
héraut. Pour Sienne, par exemple, il se présenta un jeune
homme vêtu de velours blanc et noir, portant à la main
un grand vase d'argent, et la figure de la louve de Sienne.
Il en fit ainsi l'offrande au duc, avec un petit compliment.
Lorsque celui-ci eut fini, il vint encore à la file, à mesure
qu'on les appeloit par leurs noms, plusieurs estaffiers
mal vêtus, montés sur de très mauvais chevaux ou sur des
mules, et portant les uns une coupe d'argent, les autres
un drapeau déchiré. Ceux-ci, qui étoient en grant nombre,
passoient le long des rues, sans faire aucun mouvement,
sans décence, sans la moindre gravité et plutôt même

avec un air de plaisanterie que de cérémonie sérieuse. C'étoient les représentans des châteaux et lieux particuliers dépendans de l'État de Sienne. On renouvelle tous les ans cet appareil qui est de pure forme.

Il passa ensuite un char et une grande pyramide carrée faite de bois, qui portoit des enfans rangés tout autour sur des gradins et vêtus les uns d'une façon, les autres d'une autre, en anges et en saints. Au sommet de cette pyramide, qui égaloit en hauteur les plus hautes maisons, étoit un saint Jean, attaché à une barre de fer. Les officiers et particulièrement ceux de la monnoie étoient à la suite de ce char.

La marche étoit fermée par un autre char sur lequel étoient des jeunes gens qui portoient trois prix pour les diverses courses. A côté d'eux étoient les chevaux barbes qui devoient courir ce jour-là, et les valets qui devoient les monter avec les enseignes de leurs maîtres qui sont des premiers seigneurs du pays. Les chevaux étoient petits, mais beaux.

La chaleur alors ne paroissoit pas plus forte qu'en France. Cependant, pour l'éviter dans ces chambres d'auberges, j'étois forcé la nuit de dormir sur la table de la salle, où je faisois mettre des matelas et des draps, et cela faute de pouvoir trouver un logement commode; car cette ville n'est pas bonne pour les étrangers. J'usois encore de cet expédient pour éviter les punaises, dont tous les lits sont fort infectés.

Il n'y a pas beaucoup de poisson à Florence. Les truites et les autres poissons qu'on y mange viennent de dehors, encore sont-ils marinés. Je vis apporter de la part du grand-duc à Jean Mariano[1], Milanois qui logeoit dans la même hôtellerie que moi, un présent de vin, de pain, de fruits et de poisson; mais ces poissons étoient en vie, petits et renfermés dans des cuvettes de terre.

Tout le jour j'avois la bouche aride et sèche, avec une altération, non de soif mais provenant d'une chaleur interne, telle que j'en ai sentie autrefois dans nos temps chauds. Je ne mangeois que du fruit et de la salade avec du sucre, et malgré ce régime je ne me portois pas bien.

Les amusemens que l'on prend le soir en France, après le souper, précèdent ici ce repas. Dans les plus longs jours, on y soupe souvent la nuit, et le jour commence entre sept et huit heures du matin.

Ce jour, dans l'après-dînée, on fit les courses des Barbes[1]. Le cheval du cardinal de Médicis remporta le prix. Il étoit de la valeur de 200 écus. Ce spectacle n'est pas fort agréable, parce que dans la rue vous ne voyez que passer rapidement des chevaux en furie.

Le dimanche je vis le palais Pitti, et entre autres choses une mule en marbre qui est la statue d'une mule encore vivante, à laquelle on a accordé cet honneur pour les longs services qu'elle a rendus à voiturer ce qui étoit nécessaire pour ce bâtiment[2]: c'est ce que disent au moins les vers latins qu'on y lit[3]. Nous vîmes dans le palais cette Chimère antique qui a entre les épaules une tête naissante avec des cornes et des oreilles, et le corps d'un petit lion[4].

Le samedi précédent, le palais du grand-duc étoit ouvert et rempli de paysans pour qui rien n'étoit fermé, et l'on dansoit de tous côtés dans la grande salle. Le concours de cette sorte de gens est, à ce qu'il me semble, une image de la liberté perdue, qui se renouvelle ainsi tous les ans à la principale fête de la ville.

Le lundi j'allai dîner chez le seigneur Silvio Picolomini[5], homme fort distingué par son mérite, et surtout par son habileté dans l'escrime ou l'art des armes. Il y avoit bonne compagnie de gentilshommes, et l'on s'y entretint de différentes matières. Le seigneur Picolomini fait très peu de cas de la manière d'escrimer des plus célèbres maîtres italiens, tels que le Vénitien, le Bolonois, le Patinostrato[6] et autres; il n'estime en ce genre qu'un de ses élèves établi à Brescia où il enseigne cet art à quelques gentils-hommes. Il dit que, dans la manière dont on montre ordinairement à faire des armes, il n'y a ni règle ni méthode. Il condamne particulièrement l'usage de pousser l'épée en avant, et de la mettre au pouvoir de l'ennemi; puis, la botte portée, de redonner un autre assaut et de rester en arrêt. Il soutient qu'il est totalement différent de ce que font ceux qui se battent, comme l'expérience le fait voir. Il étoit sur le point de faire imprimer un ouvrage sur cette matière. Quant au fait de la guerre, il méprise fort l'artillerie; et tout ce qu'il nous dit sur cela me plut beaucoup[7]. Il estime ce que Machiavel a écrit sur ce sujet[8], et il adopte ses opinions. Il prétend que pour les fortifications, le plus habile et le plus excellent ingénieur qu'il y ait est actuellement à Florence au service du grand-duc[9].

On est ici dans l'habitude de mettre de la neige dans les verres avec le vin[1]. J'en mettois peu, parce que je ne me portois pas trop bien, ayant souvent des maux de reins, et rendant toujours une quantité incroyable de sable; outre cela, je ne pouvais recouvrer ma tête et la remettre en son premier état. J'éprouvois des étourdissemens, et je ne sais quelle pesanteur sur les yeux, le front, les joues, les dents, le nez et tout le visage. Il me vient dans l'idée que ces douleurs étoient causées par les vins blancs doux et fumeux du pays, parce que la première fois que la migraine me reprit, tout échauffé que j'étois déjà, tant par le voyage que par la saison, j'avois bu grande quantité de Trebbiano[2], mais si doux, qu'il n'étanchoit pas ma soif.

Après tout, je n'ai pu m'empêcher d'avouer que c'est avec raison que Florence est nommée la belle[3].

Ce jour j'allai, seulement pour me distraire voir les dames qui se laissent voir à qui veut[4]. Je vis les plus fameuses, mais rien de rare. Elles sont séquestrées dans un quartier particulier de la ville, et leurs logements vilains, misérables, n'ont rien qui ressemble à ceux des courtisanes romaines ou vénitiennes, non plus qu'elles-mêmes ne leur ressemblent pour la beauté, les agrémens, le maintien. Si quelqu'une veut demeurer hors de ces limites, il faut que ce soit bien peu de chose, et qu'elle fasse quelque métier pour cacher cela.

Je vis les boutiques des fileurs de soie qui se servent de certains dévidoirs, par le moyen desquels une seule femme, en les faisant tourner, fait d'un seul mouvement tordre et tourner à la fois 500 fuseaux.

Le mardi matin je rendis une petite pierre rousse.

Le mercredi je vis la maison de plaisance du grand-duc[5]. Ce qui me frappa le plus, c'est une roche en forme de pyramide construite et composée de toutes sortes de minéraux naturels, c'est-à-dire d'un morceau chacun, raccordés ensemble. Cette roche jetoit de l'eau qui faisoit mouvoir au dedans de la grotte plusieurs corps, tels que des moulins à eau et à vent, de petites cloches d'église, des soldats en sentinelle, des animaux, des chasses, et mille choses semblables.

Le jeudi je ne me souciai pas de voir une autre course de chevaux. J'allai l'après-dînée à Pratolino, que je revis dans un grand détail. Le concierge du palais m'ayant prié de lui dire mon sentiment sur les beautés de ce lieu et sur celles de Tivoli, je lui dis ce que j'en pensois, en comparant les lieux[1], non en général, mais partie par partie, et considérant leurs divers avantages : ce qui rendoit respectivement tantôt l'un, tantôt l'autre supérieur.

Le vendredi j'achetai, à la librairie des Juntes[2], un paquet d'onze comédies et quelques autres livres. J'y vis le testament de Boccace imprimé avec certains discours faits sur le Décaméron[3].

On voit par ce testament à quelle étonnante pauvreté, à quelle misère étoit réduit ce grand homme. Il ne laisse à ses parentes et à ses sœurs que des draps et quelques pièces de son lit; ses livres à un certain religieux[4] à condition de les communiquer à quiconque dont il en sera requis; il met en compte jusqu'aux ustensiles et aux meubles les plus vils; enfin il ordonne des messes et sa sépulture. On a imprimé ce testament tel qu'il a été trouvé sur un vieux parchemin bien délabré.

Comme les courtisanes romaines et vénitiennes se tiennent aux fenêtres pour attirer leurs amans, celles de Florence se montrent aux portes de leurs maisons, et elles y restent au guet aux heures commodes. Là vous les voyez, avec plus ou moins de compagnie, discourir et chanter dans la rue au milieu des cercles.

Le dimanche 2 juillet, je partis de Florence après dîner, et après avoir passé l'Arno sur un pont, nous le laissâmes à main droite, en suivant toutefois son cours. Nous traversâmes de belles plaines fertiles, où sont les plus célèbres melonières de Toscane. Les bons melons ne sont mûrs que vers le 15 juillet, et l'endroit particulier où se trouve les meilleurs se nomme Legnaia[5]. Florence en est à trois milles.

La route que nous fîmes ensuite étoit pour la plus grande partie unie, fertile et très peuplée partout de maisons, de petits châteaux, de villages presque continus.

Nous traversâmes, entre autres, une jolie terre appelée Empoli, nom dans le son duquel il y a je ne sais quoi d'antique. Le site en est très agréable. Je n'y reconnus aucunes traces d'antiquité, si ce n'est, près du grand chemin, un pont en ruines qui en a quelque air.

Je fus ici frappé de trois choses : 1º de voir tout le peuple de canton occupé, même le dimanche, les uns à battre le blé ou à le ranger, les autres à coudre, à filer, etc.; 2° de voir ces paysans un luth à la main, et de leur côté les bergères, ayant l'Arioste dans la mémoire : mais c'est ce qu'on voit dans toute l'Italie; 3° de leur voir laisser le grain coupé dans les champs pendant dix et quinze jours ou plus, sans crainte des voisins.

Vers la fin du jour nous arrivâmes à

Scala, vingt milles. Il n'y a qu'une seule hôtellerie, mais fort bonne. Je ne soupai pas, et je dormis peu à cause d'un grand mal de dents qui me prit du côté droit. Cette douleur, je la sentois souvent avec mon mal de tête; mais c'étoit en mangeant qu'elle me faisoit le plus souffrir, ne pouvant rien mettre dans ma bouche sans éprouver une très grande douleur.

Le lundi matin, 3 juillet, nous suivîmes un chemin uni le long de l'Arno, et nous le trouvâmes terminé par une belle plaine couverte de blés. Vers le midi nous arrivâmes à

Pise, vingt milles, ville qui appartient au duc de Florence. Elle est située dans la plaine sur l'Arno qui la traverse par le milieu, et qui, se jetant dans la mer à six milles de là, amène à Pise plusieurs espèces de bâtimens.

C'étoit le temps où les écoles cessoient, comme c'est la coutume pendant les trois mois de la grande chaleur.

Nous y rencontrâmes une très bonne troupe de comédiens appelés les Desiosi[1].

Comme l'auberge où j'étois ne me plaisoit pas, je louai une maison ou il y avoit quatre chambres et une salle. L'hôte se chargeoit de faire la cuisine et de fournir les meubles. La maison étoit belle et j'avois le tout pour huit écus par mois. Quant à ce qu'il s'étoit obligé de fournir pour le service de table, comme nappes et serviettes, c'étoit peu de chose, attendu qu'en Italie on ne change de serviettes qu'en changeant de nappes, et que la nappe n'est changée que deux fois la semaine. Nous laissâmes faire à nos valets leur propre dépense eux-mêmes, et nous mangions à l'auberge à quatre jules par jour.

La maison étoit dans une très belle situation, avec une agréable vue sur le canal que forme l'Arno en traversant la campagne.

Ce canal est fort large et long de plus de cinq cens pas, un peu incliné et comme replié sur lui-même; ce qui fait

un aspect charmant, en ce que par le moyen de cette
courbure, on en découvre plus aisément les deux bouts,
avec trois ponts qui traversent le fleuve toujours couvert
de navires et de marchandises. Les deux bords de ce canal
sont revêtus de beaux quais, comme celui des Augustins
de Paris. Il y a deux côtés de rues larges, et le long de ces
rues un rang de maisons parmi lesquelles étoit la nôtre.

Le mercredi 5 juillet, je vis la cathédrale où fut autrefois le palais[1] de l'empereur Adrien. Il y a un nombre
infini de colonnes de différens marbres, ainsi que de forme
et de travail différens, et de belles portes de métal. Cette
église est ornée de diverses dépouilles de la Grèce et de
l'Egypte, et bâtie d'anciennes ruines, où l'on voit diverses
inscriptions, dont les unes se trouvent à rebours, les
autres à demi tronquées; et en certains endroits des
caractères inconnus, que l'on prétend être d'anciens
caractères étrusques.

Je vis le clocher bâti d'une façon extraordinaire[2],
incliné de sept brasses comme celui de Bologne et autres,
et entouré de tous côtés de pilastres et de corridors
ouverts.

Je vis encore l'église de Saint-Jean, qui est aussi très
riche par les ouvrages de sculpture et de peinture qu'on
y voit.

Il y a entre autres un pupitre de marbre[3], avec grand
nombre de figures d'une telle beauté que ce Laurent[4] qui
tua, dit-on, le duc Alexandre, enleva les têtes de quelques-
unes, et en fit présent à la reine[5]. La forme de cette église
ressemble à celle de la Rotonde de Rome[6].

Le fils naturel de ce duc Alexandre[7] fait ici sa résidence.
Il est vieux[8], a ce que j'ai vu. Il vit commodément des
bienfaits du duc, et ne s'embarrasse point d'autre chose.
Il y a de très beaux endroits pour la chasse et pour la
pêche, et ce sont là ses occupations.

Pour les saintes reliques, les ouvrages rares, les marbres
précieux et les pierres d'une grandeur et d'un travail
admirables, on en trouve ici tout autant que dans une
autre ville d'Italie.

Je vis avec beaucoup de plaisir le bâtiment du cimetière
qu'on appelle *Campo-Santo* ; il est d'une grandeur extraordinaire, long de trois cens pas, large de cent et carré;
le corridor qui règne autour a quarante pieds de largeur,
est couvert de plomb et pavé de marbre. Les murs sont

couverts d'anciennes peintures, parmi lesquelles il y en a
d'un Gondi de Florence[1], tige de la maison de ce nom.

Les nobles de la ville avoient leurs tombeaux sous ce
corridor; on y voit encore les noms et les armes d'environ
quatre cens familles, dont il en reste à peine quatre,
échappées des guerres et des ruines de cette ancienne ville,
qui d'ailleurs est peuplée, mais habitée par des étrangers.
De ces familles nobles, dont il y a plusieurs marquis,
comtes et autres seigneurs, une partie est répandue en
différens endroits de la chrétienté, où elles ont passé
successivement.

Au milieu de cet édifice est un endroit découvert où
l'on continue d'inhumer les morts. On assure ici générale-
lement que les corps qu'on y dépose se gonflent tellement
dans l'espace de huit heures, qu'on voit sensiblement
s'élever la terre; que huit heures après ils diminuent et
s'affaissent; qu'enfin dans huit autres heures les chairs
se consument, de manière qu'avant que les vingt-quatre
heures soient passées il ne reste plus que les os tout nus.
Ce phénomène est semblable à celui du cimetière de
Rome[2], où, si l'on met le corps d'un Romain, la terre le
repousse aussitôt. Cet endroit est pavé de marbre comme
le corridor. On a mis par-dessus le marbre de la terre à la
hauteur d'une ou deux brasses, et l'on dit que cette terre
fut apportée de Jérusalem dans l'expédition que les
Pisans y firent avec une grande armée[3]. Avec la permission de l'évêque, on prend un peu de cette terre qu'on
répand dans les autres sépulcres, par la persuasion où
l'on est que les corps s'y consumeront plus promptement :
ce qui paroît d'autant plus vraisemblable, que dans le
cimetière de la ville on ne voit presque point d'ossemens,
et qu'il n'y a pas d'endroit où l'on puisse les ramasser
et les renfermer, comme on fait dans d'autres villes.

Les montagnes voisines produisent de très beau marbre,
et il y a dans la ville beaucoup d'excellens ouvriers pour
le travailler. Ils faisoient alors pour le roi de Fez en
Barbarie[4] un très riche ouvrage; c'étoient les ornemens
d'un théâtre dont ils exécutoient le dessin, et qui devoit
être décoré de cinquante colonnes de marbre d'une très
grande hauteur.

On voit en beaucoup d'endroits de cette ville les armes
de France, et une colonne que le roi Charles VIII a
donnée à la cathédrale. Dans une maison de Pise, sur le

mur du côté de la rue, ce même prince est représenté,
d'après nature, à genoux devant une vierge qui semble
lui donner des conseils. L'inscription porte que, ce
monarque soupant dans cette maison, il lui vint par
hasard dans l'esprit de rendre aux Pisans leur ancienne
liberté : en quoi, dit-elle, il surpassa la grandeur d'Alexandre. On lit parmi les titres de ce prince, *roi de Jérusalem, de Sicile,* etc. Les mots qui sont relatifs à cette circonstance de la liberté rendue aux Pisans[1] ont été barbouillés
exprès, et sont à moitié biffés et effacés. D'autres maisons
particulières sont encore décorées des mêmes armes
(de France), pour indiquer la noblesse que le roi leur
donna.

Il n'y a pas ici beaucoup de restes d'anciens édifices ni
d'antiquités, si ce n'est une belle ruine en briques à
l'endroit où fut le palais de Néron, dont le nom lui est
resté, et une église de Saint-Michel qui fut autrefois
un temple de Mars[2].

Le jeudi, fête de Saint-Pierre[3], on me dit qu'anciennement l'évêque de Pise alloit en procession à l'église de
Saint-Pierre, à quatre milles hors la ville, et delà sur le
bord de la mer, qu'il y jettoit un anneau, et l'épousoit
solennellement; mais cette ville avoit alors une marine
très puissante. Maintenant il n'y va qu'un maître d'école
tout seul, tandis que les prêtres vont en procession à
l'église, où il y a de grandes indulgences. La bulle du
pape qui est d'environ 400 ans, dit, sur la foi d'un livre
qui en a plus de 1200, que cette église fut bâtie par saint
Pierre[4], et que Saint Clément faisant l'office sur une table
de marbre, il tomba sur cette table trois gouttes de sang
du nez du saint pape. Il semble que ces gouttes n'y
soient imprimées que depuis trois jours. Les Génois
rompirent autrefois cette table pour emporter une de
ces gouttes de sang; ce qui fit que les Pisans ôtèrent de
l'église le reste de la table et la portèrent dans leur ville.
Mais tous les ans on l'y rapporte en procession le jour
de Saint-Pierre, et le peuple y va toute la nuit dans des
barques.

Le vendredi, 7 juillet, de bonne heure j'allai voir les
cassines[5] ou fermes de Pierre de Médicis[6] éloignées de
la terre de deux milles. Ce seigneur a là des biens im-
menses qu'il fait valoir par lui-même, en y mettant tous
les cinq ans de nouveaux laboureurs qui prennent la

moitié des fruits. Le terrain est très fertile en grains, et il y a des pâturages, où l'on tient toutes sortes d'animaux. Je descendis de cheval pour voir les particularités de la maison. Il y a grand nombre de personnes occupées à faire des crèmes, du beurre, des fromages, avec tous les ustensiles nécessaires à ce genre d'économie.

De là, suivant la plaine, j'arrivai sur les bords de la mer Tyrrhénienne, où d'un côté je découvrois à main droite Ereci[1], et de l'autre, encore de plus près, Livourne, château situé sur la mer. De là se découvre bien l'île de Gorgone, plus loin celle de Capraia, et plus loin encore la Corse. Je tournai à main gauche le long du bord de la mer, et nous le suivismes jusqu'à l'embouchure de l'Arno dont l'entrée est fort difficile aux vaisseaux, parce que plusieurs petites rivières qui se jettent ensemble dans l'Arno charrient de la terre et de la boue qui s'y arrêtent, et font élever l'embouchure en l'embarrassant. J'y achetai du poisson que j'envoyai aux comédiennes de Pise[2]. Le long de ce fleuve on voit plusieurs buissons de tamaris.

Le samedi j'achetai un petit baril de ce bois, six jules[3]; j'y fis mettre des cercles d'argent, et je donnai trois écus à l'orfèvre. J'achetai de plus une canne d'Inde, pour m'appuyer en marchant, six jules; un petit vase et un gobelet de noix d'Inde qui fait le même effet pour la rate et la gravelle que le tamaris, huit jules.

L'artiste, homme habile et renommé pour la fabrique des instrumens de mathématique, m'apprit que tous les arbres ont intérieurement autant de cercles et de tours qu'ils ont d'années. Il me le fit voir à toutes les espèces de bois qu'il avoit dans sa boutique; car il est menuisier. La partie du bois tournée vers le septentrion ou le nord est plus étroite, a les cercles plus serrés et plus épais que l'autre; ainsi quelque bois qu'on lui porte, il se vante de pouvoir juger quel âge avoit l'arbre et dans quelle situation il étoit.

Dans ce temps-là précisément, j'avois je ne sais quel embarras à la tête qui m'incommodoit toujours de quelque façon, avec une constipation telle que je n'avois point le ventre libre sans art ou sans le secours de quelques drogues, secours assez foibles. Les reins d'ailleurs selon les circonstances.

L'air de cette ville (de Pise) passoit il y a quelque temps pour être malsain; mais depuis que le duc Côme[4] a fait

dessécher les marais d'alentour, il est bon. Il étoit auparavant si mauvais que, quand on vouloit reléguer quelqu'un
et le faire mourir, on l'exiloit à Pise, où dans peu de jours
c'étoit fait de lui.

Il n'y a point ici de perdrix, malgré les soins que les
princes toscans se sont donnés pour en avoir.

J'eus plusieurs fois à mon logis la visite de Jérôme
Borro, médecin, docteur de la Sapience[1], et je l'allai voir
à mon tour. Le 14 juillet, il me fit présent de son livre
Du flux et du reflux de la mer, qu'il a écrit en langue vulgaire, et me fit voir un autre livre de sa façon écrit en
latin sur les maladies du corps.

Ce même jour, près de ma maison, vint-un esclaves
turcs s'échappèrent de l'arsenal, et se sauvèrent sur une
frégate toute agréée que le seigneur Alexandre de Piom-
bino avoit laissée au port, tandis qu'il étoit à la pêche.

A l'exception de l'Arno et de la beauté du canal qu'il
forme en traversant la ville, comme aussi des églises, des
ruines anciennes, et des travaux particuliers, Pise a peu
d'élégance et d'agrément. Elle est déserte en quelque
sorte, et tant par cette solitude que par la forme des
édifices, par sa grandeur et par la largeur de ses rues, elle
ressemble beaucoup à Pistoie. Un des plus grands défauts
qu'elle ait est la mauvaise qualité de ses eaux qui ont toutes
un goût de marécage.

Les habitans sont très pauvres, et n'en sont pas moins
fiers ni moins intraitables, et peu polis envers les étrangers,
particulièrement pour les François, depuis la mort d'un de
leurs évêques, Pierre-Paul de Bourbon[2], qui se disoit de la
maison de nos princes, et dont la famille subsiste encore.

Cet évêque aimoit fort notre nation, et il étoit si libéral,
qu'il avoit ordonné que, dès qu'il arriveroit un François,
il lui fût amené chez lui. Ce bon prélat a laissé aux Pisans
un souvenir très honorable de sa bonne vie et de sa
libéralité. Il n'y a que cinq ou six ans qu'il est mort.

Le 17 juillet, je me mis avec vingt-cinq autres à jouer
à un écu par tête, à la *Riffa*[3] quelques nippes d'un des
comédiens de la ville, nommé Fargnocola. On tire à ce
jeu d'abord à qui jouera le premier, puis le second, et
ainsi de suite jusqu'au dernier : c'est l'ordre qu'on suit.
Mais comme on avoit plusieurs choses à jouer, ou fit
ensuite deux conditions égales : celui qui faisoit le plus
de points gagnoit d'une part, et celui qui en faisoit le

moins gagnoit de l'autre. Le sor m'échut à jouer le second.

Le 18, il s'éleva une grande contestation à l'église de Saint-François entre les prêtres de la cathédrale et les religieux. La veille un gentilhomme de Pise avoit été enterré dans ladite église. Les prêtres y vinrent avec leurs ornemens et tout ce qu'il falloit pour dire la messe. Ils alléguoient leur privilège et la coutume observée de tout temps. Les religieux disoient au contraire que c'étoit à eux, et non point à d'autres, à dire la messe dans leur église. Un prêtre s'approchant du grand autel voulut en empoigner la table; un religieux s'efforça de lui faire lâcher prise; mais le vicaire[1] qui desservoit l'église des prêtres lui donna un soufflet. Les hostilités commencèrent alors des deux côtés; et de main en main, l'affaire en vint aux coups de poing, aux coups de bâton, de chandeliers, de flambeaux, et de pareilles armes; tout fut mis en usage. Le résultat de la querelle fut qu'aucun des combattants ne dit la messe[2]; mais elle causa un grand scandale. J'y allai aussitôt que le bruit en fut répandu, et le tout me fut raconté.

Le 22, au point du jour, trois corsaires turcs abordèrent au rivage voisin, et emmenèrent prisonniers quinze ou vingt pêcheurs et pauvres bergers.

Le 25 j'allai voir chez lui le fameux Cornachicco[3], médecin et lecteur de Pise. Cet home vit à sa manière, qui est bien opposée aux règles de son art. Il dort aussitôt qu'il a dîné, boit cent fois le jour, etc. Il me montra des vers de sa façon, en patois pisan, assez agréables[4]. Il ne fait pas grand cas des bains qui sont dans le voisinage de Pise, mais bien de ceux de Bagnacqua[5], qui en sont à la distance de seize milles. Ces bains sont, à son avis, merveilleux pour les maladies du foie (et il m'en raconta bien des prodiges), ainsi que pour la pierre et pour la colique; mais avant d'en user il conseille de boire les eaux *della Villa*. Il est convaincu (me disoit-il) qu'à l'exception de la saignée, la médecine n'est rien en comparaison des bains pour quiconque sait les employer à propos. Il me dit de plus qu'aux bains del Bagnacqua les logemens étoient très bons, et qu'on y étoit commodément et à son aise.

Le 26 je rendis le matin des urines troubles et plus noires que j'en eusse jamais rendu, avec une petite pierre;

mais pour cela la douleur que j'avois ressentie pendant
l'espace d'environ vingt heures, au-dessous du nombril
ne s'apaisa point; cependant elle étoit supportable,
n'intéressant pas les reins ni le flanc. Quelque temps
après, je rendis encore une autre petite pierre, et la
douleur s'apaisa.

Le jeudi 27 nous partîmes de bonne heure de Pise, moi
fort satisfait en particulier des courtoisies et des politesses
que j'y avois reçues de MM. Vintavinti, Laurent Conti,
Sanminiato (ce dernier, qui loge chez M. le chevalier
Camille Gaëtani, m'offrit son frère pour m'accompagner
en France), Borro et autres, tant artisans que marchands,
avec lesquels j'avois lié connoissance. Je suis assuré que
l'argent ne m'eût pas même manqué si j'en avois eu
besoin, quoique cette ville passe pour être impolie et que
les habitants soient altiers; mais, de quelque façon que ce
soit, les hommes polis communiquent leur politesse aux
autres.

On trouve abondamment ici des pigeons, des noisettes
et des champignons. Nous fûmes long-temps à traverser
la plaine et nous rencontrâmes au pied d'un monticule ce
qu'on nomme les bains de Pise. Il y en a plusieurs, avec
une inscription en marbre[1] que je ne pus pas bien lire :
ce sont des vers latins rimés[2] qui font foi de la vertu de ces
eaux. La date est de 1300, à ce que j'ai pu deviner.

Le plus grand et le plus honnête de ces bains est carré,
avec un des côtés en dehors et très bien disposé; ses
escaliers sont de marbre. Il a trente pas de longueur de
chaque côté, et l'on voit dans un coin la source de la
fontaine. J'en bus pour pouvoir en juger; je la trouvai
sans goût, sans aucune odeur. Je sentois seulement un
peu d'âcreté sur la langue; la chaleur en étoit fort
médiocre et elle étoit aisée à boire.

Je m'aperçois à la source qu'il y avoit dans l'eau des
corpuscules ou atomes blancs qui me déplaisoient aux
bains de Bade, et que j'imaginois être des immondices
venant du dehors. Maintenant je pense qu'ils proviennent
de quelque qualité des mines, d'autant plus qu'ils sont
plus épais du côté de la source où l'eau prend naissance,
et où par conséquent elle doit être plus pure et plus nette,
comme j'en fis clairement l'expérience. Ce lieu-ci d'ailleurs est désert et les logemens y sont mauvais. Les eaux
sont presque abandonnées, et ceux qui en font quelque

usage partent le matin de Pise, qui n'en eſt qu'à quatre milles, et reviennent chez eux le même jour.

Le grand bain eſt découvert, et c'eſt le seul qui porte quelque marque d'antiquité; aussi l'appelle-t-on le bain de Néron. On tient communément que cet empereur fit conduire cette eau[1] jusques dans son palais de Pise, par le moyen de plusieurs aqueducs.

Il y a un autre bain couvert, d'un travail médiocre, qui eſt à l'usage du peuple : l'eau en eſt très pure. On dit qu'il eſt bon pour le foie et pour les puſtules qui proviennent de la chaleur de ce viscère. On y boit la même quantité d'eau qu'aux autres bains; on se promène après avoir bu et l'on satisfait aux besoins de la nature de quelque façon qu'on veuille opérer, ou par les sueurs ou par d'autres voies. Dès que j'eus grimpé cette montagne[2], nous jouîmes d'une des plus belles vues du monde, en considérant cette grande plaine, la mer, les îles, Livourne et Pise.

Après l'avoir descendue nous reprîmes la plaine sur laquelle eſt située

Lucques, dix milles. Ce matin je rendis une autre pierre beaucoup plus grosse, et qui paroissoit évidemment avoir été détachée d'un autre corps apparemment plus considérable : Dieu le sait, sa volonté soit faite. Nous étions à l'auberge à Lucques sur le même pied qu'à Pise, savoir chaque jour à quatre jules par maître et trois jules par valet.

Le 28, comme forcé par les offres les plus polies de M. Louis Pinitesi, je pris dans sa maison un appartement bas, fort frais, très décent, et composé de cinq chambres avec une salle et une cuisine. J'y avois tous les meubles nécessaires et fort propres, fort honnêtes à la manière italienne, qui dans beaucoup de choses non-seulement égale la manière françoise, mais l'emporte encore sur elle. Il faut convenir que c'eſt un grand ornement dans les bâtimens d'Italie que ces voûtes hautes, larges et belles, qui donnent à l'entrée des maisons de la noblesse et de l'agrément, parce que tout le bas eſt conſtruit de la même manière avec des portes hautes et larges. Les gentilshommes de Lucques mangent dans l'été sous ces espèces de porches à la vue de tous ceux qui passent par les rues.

A dire vrai, j'ai toujours été non-seulement bien, mais même agréablement logé dans tous les lieux où je me suis arrêté en Italie, excepté à Florence (où je ne sortis pas de l'auberge, malgré les incommodités qu'on y souffre, surtout quand il fait chaud) et à Venise, où nous étions logés dans une maison trop publique et assez malpropre, parce que nous ne devions pas y reſter longtemps. Ma chambre ici (à Lucques) étoit écartée; rien ne manquoit; je n'avois aucun embarras, nulle sorte d'incommodité. Les politesses même sont fatigantes et parfois ennuyeuses, mais j'étois rarement visité par les habitans. Je dormois, j'étudiois quand je voulois; et lorsque la fantaisie me prenoit de sortir, je trouvois partout compagnie de femmes et d'hommes avec qui je pouvois converser et me diſtraire pendant quelques heures du jour; puis les boutiques, les églises, les places et le changement de lieu, tout cela me fournissoit assez de moyens de satisfaire ma curiosité.

Parmi ces dissipations, mon esprit étoit aussi tranquille que le comportoient mes infirmités et les approches de la vieillesse, et très peu d'occasions se présentoient de dehors pour le troubler. Je sentois seulement un peu le défaut de compaignie telle que je l'aurois désirée, étant forcé de jouir seul et sans communication des plaisirs que je goûtois.

Les Lucquois jouent supérieurement au ballon et l'on en voit souvent de belles parties. Il n'eſt pas d'usage, ou c'eſt une chose assez rare parmi eux, que les hommes aillent dans les rues à cheval, encore moins en voiture; les dames y vont sur des mules, accompagnées d'un laquais à pied. Les étrangers ont beaucoup de peine à trouver des maisons à louer; car il en vient très peu, et la ville eſt d'ailleurs fort peuplée. On me demanda 70 écus de loyer par mois d'un logement ordinaire avec quatre chambres meublées, salle et cuisine. On ne sauroit jouir de la compagnie des Lucquois[1], parce que, jusqu'aux enfans, ils sont continuellement occupés de leurs affaires et de la fabrication des étoffes dont ils font commerce. Ainsi c'eſt un séjour un peu ennuyeux et désagréable pour les étrangers.

Le 10 août nous sortîmes de la ville pour nous aller promener avec plusieurs gentilshommes de Lucques qui m'avoient prêté des chevaux. Je vis des maisons de plaisance fort jolies aux environs de la ville, a trois ou quatre milles de distance, avec des portiques et des galeries qui les rendent fort gaies. Il y a entre autres une grande galerie toute voûtée en dedans, couverte de ceps et de branches de vignes qui sont plantés à l'entour et appuyés sur quelques soutiens. La treille est vive et naturelle.

Mon mal de tête me laissoit quelquefois tranquille pendant cinq ou six jours et plus, mais je ne pouvois la remettre parfaitement.

Il me vint en fantaisie d'étudier la langue toscane et de l'apprendre par principes; j'y mettois assez de temps et de soins, mais j'y faisois peu de progrès.

On éprouva dans cette saison une chaleur beaucoup plus vive qu'on n'en sentoit communément.

Le 12 j'allai voir hors de Lucques la maison de campagne de M. Benoît Buonvisi, que je trouvai d'une beauté médiocre. J'y vis entre autres la forme de certains bosquets qu'ils font sur des lieux élevés. Dans un espace d'environ cinquante pas, ils plantent divers arbres de l'espèce de ceux qui restent verts toute l'année. Ils entourent ce lieu de petits fossés et pratiquent au dedans de petites allées couvertes. Au milieu du bosquet est un endroit pour le chasseur qui dans certains temps de l'année, comme vers le mois de novembre, muni d'un sifflet d'argent et de quelques grives prises exprès pour cet usage et bien attachées, après avoir disposé de tous côtés plusieurs appeaux avec de la glu, peut prendre dans une matinée deux cents grives. Cela ne se fait que dans un certain canton près de la ville.

Le dimanche 13 je partis de Lucques, après avoir donné ordre qu'on offrît à M. Louis Pinitesi quinze écus pour l'appartement qu'il m'avoit cédé dans sa maison (ce qui revenoit à un écu par jour); et il en fut très content.

Nous allâmes voir ce jour-là plusieurs maisons de campagne appartenant à des gentilshommes de Lucques; elles sont jolies, agréables, enfin elles ont leurs beautés. L'eau y est abondante, mais artificielle, c'est-à-dire ni naturelle, ni vive ou continuelle.

Il est étonnant de voir si peu de fontaines dans un pays si montueux.

Les eaux dont ils se servent, ils les tirent des ruisseaux; et pour l'ornement ils les érigent en fontaines avec des vases, des grottes et autres travaux à cet usage. Nous

vînmes le soir souper à une maison de campagne de
M. Louis, avec M. Horace son fils, qui nous accompa-
gnoit toujours. Il nous reçut fort bien et nous donna un
très bon souper sous une grande galerie fort fraîche et
ouverte de tous côtés. Il nous fit ensuite coucher séparément dans de bonnes chambres, où nous eûmes des draps
de lin très blancs et d'une grande propreté, tels que nous
en avions eus à Lucques dans la maison de son père.

Lundi, de bonne heure, nous partîmes de là, et chemin
faisant, sans descendre de cheval, nous nous arrêtâmes
à la maison de campagne de l'évêque qui y étoit. Nous
fûmes très bien reçus par ses gens et même invités à y
dîner; mais nous allâmes dîner aux

Bains della Villa, 15 milles. J'y reçus de tout le
monde le meilleur accueil et des caresses infinies. Il
sembloit en vérité que je fusse de retour chez moi. Je
logeai encore dans la même chambre que j'avois louée
ci-devant vingt écus par mois au même prix et mêmes
conditions.

Le mardi 15 août, j'allai de bon matin me baigner; je
restai un peu moins d'une heure dans le bain, et je le
retrouvai plus froid que chaud. Il ne me provoqua point
de sueur. J'arrivai à ces bains non-seulement en bonne
santé, mais je puis dire encore fort allègre de toute façon.
Après m'être baigné, je rendis des urines troubles; le soir,
ayant marché quelque temps par des chemins montueux
et difficiles, elles furent tout-à-fait sanguinolentes, et
quand je fus couché, je sentis je ne sais quel embarras
dans les reins.

Le 16 je continuai le bain, et pour être seul à l'écart je
choisis celui des femmes, où je n'avois pas encore été. Il
me parut trop chaud, soit qu'il le fût réellement, soit
qu'ayant déjà les pores de la peau ouverts par le bain que
j'avois pris la veille, je fusse plus prompt à m'échauffer;
cependant, j'y restai plus d'une heure. Je suai médiocrement; les urines étoient naturelles, point de sable. Après
dîner, les urines revinrent encore troubles et rousses, et
vers le coucher du soleil elles étoient sanguinolentes.

Le 17 je trouvai le même bain plus tempéré. Je suai
très peu; les urines étoient un peu troubles avec un peu
de sable; j'avois le teint d'un jaune pâle.

Le 18 je restai deux heures encore au même bain. Je

sentis aux reins je ne sais quelle pesanteur; mon ventre étoit aussi libre qu'il le falloit. Dès le premier jour j'avois éprouvé beaucoup de vents et de borborigmes; ce que je crois sans peine être un effet particulier de ces eaux, parce que la première fois que je pris les bains, je m'aperçus sensiblement que les mêmes vents étoient produits de cette manière.

Le 19 j'allai au bain un peu plus tard pour donner le temps à une dame de Lucques de se baigner avant moi, parce que c'est une règle assez raisonnable observée ici que les femmes jouissent à leur aise de leur bain; aussi j'y restai deux heures.

Ma tête pendant plusieurs jours s'étoit maintenue en très bon état; il lui survint un peu de pesanteur. Mes urines étoient toujours troubles, mais en diverses façons, et elles charrioient beaucoup de sable. Je m'apercevois aussi de je ne sais quels mouvemens aux reins; et si je pense juste en ceci, c'est une des principales propriétés de ces bains. Non seulement ils dilatent et ouvrent les passages et les conduits, mais encore ils poussent la matière, la dissipent et la font disparoître. Je jetois du sable qui paroissoit n'être autre chose que des pierres brisées récemment désunies.

La nuit je sentis au côté gauche un commencement de colique assez fort et même poignant, qui me tourmenta pendant un bon espace de temps, et ne fit pas néanmoins les progrès ordinaires; car le mal ne s'étendit point jusqu'au bas-ventre, et il finit de façon à me faire croire que c'étoient des vents.

Le 20, je fus deux heures au bain. Les vents me causèrent pendant tout le jour de grandes incommodités au bas-ventre. Je rendois toujours des urines troubles, rousses, épaisses, avec un peu de sable. La tête me faisoit mal, et j'allois du ventre plus que de coutume.

On n'observe pas ici les fêtes avec la même religion que nous, ni même le dimanche; on voit les femmes faire la plus grande partie de leur travail après dîner.

Le 21, je continuai mon bain, après lequel j'avois les reins fort douloureux: mes urines étoient abondantes et troubles, et je rendois toujours un peu de sable. Je jugeois que les vents étoient la cause des douleurs que j'éprouvois alors dans les reins parce qu'ils se faisoient sentir de tous côtés. Ces urines si troubles me faisoient

pressentir la descente de quelque grosse pierre : je ne
devinai que trop bien. Après avoir le matin écrit cette
partie de mon journal, aussitôt que j'eus dîné, je sentis
de vives douleurs de colique; et pour me tenir plus
alerte il s'y joignit, à la joue gauche, un mal de dents très
aigu, que je n'avois point encore éprouvé. Ne pouvant
supporter tant de malaise, deux ou trois heures après
je me mis au lit, ce qui fit bientôt cesser la douleur de ma
joue.

Cependant, comme la colique continuoit de me
déchirer, et qu'aux mouvements flatueux qui tantôt d'un
côté, tantôt d'un autre, occupoient successivement diverses parties de mon corps, je sentois enfin que c'étoient plutôt des vents que des pierres, je fus forcé de demander un
lavement. Il me fut donné sur le soir, très bien préparé
avec de l'huile, de la camomille et de l'anis, le tout
ordonné seulement par l'apothicaire. Le capitaine Paulino
me l'administra lui-même avec beaucoup d'adresse; car
quand il sentoit que les vents repoussoient, il s'arrêtoit
et retiroit la seringue à lui; puis il reprenoit doucement
et continuoit de façon que je pris le remède tout entier
sans aucun dégoût. Il n'eut pas besoin de me recommander de le garder tant que je le pourrois, puisque je ne fus
pressé par aucune envie. Je le gardai donc jusqu'à trois
heures, et ensuite je m'avisai de moi-même de le rendre.
Étant hors du lit je pris avec beaucoup de peine un peu
de massepain et quatre gouttes de vin. Sur cela, je me
remis au lit, et après un léger sommeil il me prit l'envie
d'aller à la selle; j'y fus quatre fois jusques au jour, y
ayant toujours quelque partie du lavement qui n'étoit
pas rendue.

Le lendemain matin, je me trouvai fort soulagé, parce
qu'il m'avoit fait sortir beaucoup de vents. J'étois fort
fatigué, mais sans aucune douleur. Je mangeai un peu à
dîner, sans nul appétit; je bus aussi sans goût, quoique
je me sentisse altéré. Après dîner, la douleur me reprit
encore une fois à la joue gauche, et me fit beaucoup
souffrir, depuis le dîner jusqu'au souper. Comme j'étois
bien convaincu que mes vents ne venoient que du bain,
je l'abandonnai, et je dormis bien toute la nuit.

Le jour suivant, à mon réveil, je me trouvai las et
chagrin, la bouche sèche avec des aigreurs et un mauvais
goût, l'haleine comme si j'avois eu la fièvre. Je ne sentois

aucun mal, mais je continuois de rendre des urines extraordinaires et fort troubles.

Enfin, le 24 au matin, je poussai une pierre qui s'arrêta au passage. Je restai depuis ce moment jusqu'à dîner sans uriner, quoique j'en eusse grande envie. Alors je rendis ma pierre non sans douleur ni effusion de sang avant et après l'éjection. Elle étoit de la grandeur et longueur d'une petite pomme ou noix de pin, mais grosse d'un côté comme une fève, et elle avoit exactement la forme du membre masculin. Ce fut un grand bonheur pour moi d'avoir pu la faire sortir. Je n'en ai jamais rendu de comparable en grosseur à celle-ci ; je n'avois que trop bien jugé, par la qualité de mes urines, ce qui en devoit arriver. Je verrai quelles en seront les suites.

Il y auroit trop de faiblesse et de lâcheté de ma part, si, certain de me retrouver toujours dans le cas de périr de cette manière, et la mort s'approchant d'ailleurs à tous les instans, je ne faisois pas mes efforts avant d'en être là, pour pouvoir la supporter sans peine quand le moment sera venu. Car enfin la raison nous recommande de recevoir joyeusement le bien qu'il plaît à Dieu de nous envoyer. Or, le seul remède, la seule règle et l'unique science, pour éviter tous les maux qui assiègent l'homme de toutes parts et à toute heure, quels qu'ils soient, c'est de se résoudre à les souffrir humainement, ou à les terminer courageusement et promptement[1].

Le 25 août, l'urine reprit sa couleur, et je me retrouvai dans le même état qu'auparavant. Outre cela je souffrois souvent tant le jour que la nuit de la joue gauche ; mais cette douleur étoit passagère et je me rappelois qu'elle m'avoit autrefois causé chez moi beaucoup d'incommodité.

Le 26 au matin je fus deux heures au bain.

Le 27 après dîner, je fus cruellement tourmenté d'un mal de dents très vif, tellement que j'envoyai chercher le médecin. Le docteur ayant tout examiné, vu principalement que la douleur s'était apaisée en sa présence, jugea que cette espèce de fluxion n'avoit pas de corps ou n'en avoit que fort peu ; mais que c'étoient des vents mêlés de quelque humeur qui montoient de l'estomac à la tête et me causoient ce malaise ; ce qui me paroissoit d'autant plus vraisemblable, que j'avois éprouvé de pareilles douleurs entre d'autres parties de mon corps.

Le lundi 28 août, j'allai de bon matin boire des eaux de la fontaine de Barnabé, et j'en bus sept livres quatre onces, à douze onces la livre. Elles me procurèrent une selle, et j'en rendis un peu moins de la moitié avant dîner. J'éprouvois sensiblement que cette eau me faisoit monter à la tête des vapeurs qui l'appesantissoient.

Le mardi 29, je bus de la fontaine ordinaire neuf verres, contenant chacun une livre moins une once, et la tête aussitôt me fit mal. Il est vrai, pour dire ce qui en est, que d'elle-même elle étoit en mauvais état, et qu'elle n'avoit jamais été bien libre depuis le premier bain, quoique sa pesanteur se fît sentir plus rarement et différemment, mes yeux, un mois auparavant, ne s'étant point affoiblis et n'ayant point éprouvé d'éblouissement. Je souffrois par derrière, mais jamais je n'avois mal à la tête que la douleur ne s'étendît à la joue gauche qu'elle embrassoit toute entière, jusqu'aux dents même les plus basses, enfin à l'oreille et à une partie du nez. La douleur passoit vite, mais d'ordinaire elle étoit aiguë, et elle me reprenoit souvent le jour et la nuit. Tel étoit alors l'état de ma tête.

Je crois que les fumées de cette eau, soit en buvant, soit en se baignant (quoique plus d'une façon que de l'autre) sont fort nuisibles à la tête, et l'on peut dire avec assurance encore plus à l'estomac. C'est pourquoi l'on est ici dans l'usage de prendre quelques médecines pour prévenir cet inconvénient.

Je rendis dans le cours de la journée jusqu'à la suivante, à une livre près, toute l'eau que j'avois bue, en comptant celle que je buvois à table, mais qui étoit bien peu de chose, puisqu'elle n'alloit pas à une livre par jour. Dans l'après-dînée, vers le coucher du soleil, j'allai au bain; j'y restai trois quarts d'heure, et le mercredi je suai un peu.

Le 30 août, je bus deux verres, à neuf onces le verre : ce qui fit dix-huit onces, et j'en rendis la moitié avant dîner.

Le jeudi je m'abstins de boire, et j'allai le matin à cheval voir Controne, village fort peuplé sur ces montagnes. Il y avoit plusieurs plaines belles et fertiles, et des pâturages sur la cime. Ce village a plusieurs petites campagnes, et des maisons commodes bâties de pierre en plateaux. Je fis un grand circuit autour de ces montagnes avant de retourner au logis.

Je n'étois pas content de la façon dont j'avois rendu les dernières eaux que j'avois prises, c'est pourquoi il me vint dans l'idée de renoncer à en boire. Ce qui me déplaisoit en cela, c'est que je ne trouvois pas mon compte les jours de boisson, en comparant ce que j'urinois avec ce que je buvois. Il falloit, la dernière fois que je bus, qu'il fût encore resté dans mon corps plus de trois verres de l'eau du bain, outre qu'il m'étoit survenu un resserrement que je pouvois regarder comme une vraie constipation, par rapport à mon état ordinaire.

Le vendredi, premier septembre 1581, je me baignai une heure le matin; il me prit dans le bain un peu de sueur, et je rendis en urinant une grande quantité de sable rouge. Lorsque je buvois, je n'en rendois pas ou bien peu. J'avois la tête à l'ordinaire, c'est-à-dire en mauvais état. Je commençois à me trouver incommodé de ces bains; en sorte que, si j'eusse reçu de France les nouvelles que j'attendois depuis quatre mois sans en recevoir, je fusse parti sur-le-champ, et j'aurois préféré d'aller finir la cure de l'automne à quelques autres bains que ce fût.

En tournant mes pas du côté de Rome, je trouvois à peu de distance de la grande route les bains de Bagno-acqua[1], de Sienne et de Viterbe; du côté de Venise ceux de Bologne[2] et de Padoue.

A *Pise*, je fis blasonner et dorer mes armes, avec de belles et vives couleurs, le tout pour un écu et demi de France; ensuite, comme elles étoient peintes sur toile, je les fis encadrer au bain; et je fis clouer, avec beaucoup de soin, le tableau au mur de la chambre que j'occupois, sous cette condition, qu'elles devoient être censées données à la chambre, non au capitaine Paulino, quoiqu'il fût le maître du logis, et attachées à cette chambre, quelque chose qui pût arriver dans la suite. Le capitaine me le promit et en fit serment.

Le dimanche 3, j'allai au bain, et j'y restai un peu plus d'une heure. Je sentis beaucoup de vents, mais sans douleurs.

La nuit et le matin du lundi 4, je fus cruellement tourmenté de la douleur des dents; je soupçonnai dès lors qu'elle provenoit de quelque dent gâtée. Je mâchois le matin du mastic sans éprouver aucun soulagement.

L'altération que me causoit cette douleur aiguë faisoit
encore que j'étois constipé, et c'étoit pour cela que je
n'osois me remettre à boire des eaux; ainsi je faisois très
peu de remèdes. Cette douleur, vers le temps du dîner,
et trois ou quatre heures après, me laissa tranquille; mais
sur les vingt heures, elle me reprit avec tant de violence,
et aux deux joues, que je ne pouvois me tenir sur mes
pieds. La force du mal me donnoit des envies de vomir.
Tantôt j'étois tout en sueur, et tantôt je frissonnois.
Comme je sentois du mal partout, cela me fit croire que la
douleur ne provenoit pas d'une dent gâtée. Car quoique
le fort du mal fût au côté gauche, il étoit quelquefois
encore très violent aux deux tempes et au menton, et
s'étendoit jusqu'aux épaules, au gosier, même de tous
côtés : en sorte que je passai la plus cruelle nuit que je me
souvienne d'avoir passé de ma vie : c'étoit une vraie rage
et une fureur.

J'envoyai chercher la nuit même un apothicaire qui me
donna de l'eau-de-vie pour la tenir du côté où je souffrois
le plus, ce qui me soulagea beaucoup. Dès l'instant que je
l'eus dans la bouche, toute la douleur cessa; mais aussitôt
que l'eau-de-vie étoit imbibée, le mal reprenoit. Ainsi
j'avois continuellement le verre à la bouche; mais je ne
pouvois y garder la liqueur, parce qu'aussitôt que j'étois
tranquille la lassitude me provoquoit au sommeil, et en
dormant il m'en tomboit toujours dans le gosier quelques
gouttes qui m'obligeoient de la rejeter sur-le-champ. La
douleur me quitta vers la pointe du jour.

Le mardi matin tous les gentilshommes qui étoient au
bain vinrent me voir dans mon lit. Je me fis appliquer à
la tempe gauche, sur le pouls même, un petit emplâtre
de mastic, et ce jour-là je souffris peu. La nuit on me mit
des étoupes chaudes sur la joue et au côté gauche de la
tête. Je dormis sans douleur, mais d'un sommeil agité.

Le mercredi j'avois encore quelque ressentiment de
mal, tant aux dents qu'à l'œil gauche; je dormis sans
douleur, mais d'un sommeil agité. En urinant je rendois
du sable, mais non pas en aussi grande quantité que la
première fois que je fus ici, et quelquefois il ressembloit
à de petits grains de millet roussâtre.

Le jeudi matin, 7 de septembre, je fus pendant une
heure au grand bain.

Dans la même matinée on m'apporta par la voie de

Rome des lettres de M. Tausin, écrites de Bordeaux le 2 août, par lesquelles il m'apprenoit que le jour précédent j'avois été élu d'un consentement unanime maire de Bordeaux, et il m'invitoit à accepter cet emploi pour l'amour de ma patrie[1].

Le dimanche, 10 septembre, je me baignai le matin pendant une heure au bain des femmes, et comme il étoit un peu chaud j'y suai un peu.

Après dîner j'allai tout seul à cheval voir quelques autres endroits du voisinage, et particulièrement une petite campagne qu'on nomme Gragnaiola[2], située au sommet d'une des plus hautes montagnes du canton. En passant sur la cime des monts je découvrois les plus riches, les plus fertiles et les plus agréables collines que l'on puisse voir.

Comme je m'entretenois avec quelques gens du lieu, je demandai à un vieillard fort âgé s'ils usoient de nos bains; il me répondit qu'il leur arrivoit la même chose qu'à ceux qui, pour être trop voisins de Notre-Dame de Lorette, y vont rarement en pèlerinage; qu'on ne voyoit donc guère opérer les bains qu'en faveur des étrangers et de personnes qui venoient de loin[3]. Il ajouta qu'il s'apercevoit avec chagrin depuis quelques années que ces bains étoient plus nuisibles que salutaires à ceux qui les prenoient; ce qui provenoit de ce qu'autrefois il n'y avoit pas dans le pays un seul apothicaire, et qu'on y voyoit rarement même des médecins, au lieu qu'à présent c'est tout le contraire. Ces gens-là, plus pour leur profit que pour le bien des malades, ont répandu cette opinion: que les bains ne faisoient aucun effet à ceux qui non seulement ne prenoient pas quelques médecines avant et après l'usage des eaux, mais même n'avoient pas grand soin de se médicamenter en les prenant; en sorte qu'ils [les médecins] ne concentoient pas aisément qu'on les prît pures et sans ce mélange; aussi l'effet le plus évident qui s'ensuivoit, selon lui, c'est qu'à ces bains il mouroit plus de monde qu'il n'en guérissoit; d'où il tenoit pour assuré qu'ils ne tarderoient pas à tomber dans le plus grand discrédit et à être totalement méprisés.

Le lundi 11 septembre je rendis le matin beaucoup de sable, presque tout en forme de grains de millet ronds, fermes, rouges à la surface et gris dedans.

Le 12 septembre 1581 nous partîmes des bains della
Villa le matin de bonne heure et nous allâmes dîner à

Lucques, quatorze milles; on commençoit à y vendanger. La fête de Sainte-Croix est une des principales
fêtes de la ville; on donne alors pendant huit jours à ceux
qui sont absens pour dettes la liberté de venir chez eux
vacquer librement à cette dévotion.

Je n'ai point trouvé en Lucques un seul bon barbier pour
me raser et me faire les cheveux.

Le mercredi au soir nous allâmes entendre vêpres au
Dôme[1], où il y avoit un concours de toute la ville et
des processions. Le Volto Santo[2] étoit découvert. Cette
image est en grande vénération parmi les Lucquois,
parce qu'elle est très ancienne et illustrée par quantité de
miracles; c'est exprès pour elle que le dôme a été bâti,
et même la petite chapelle[3] où est gardée cette relique
est au milieu de cette grande église, mais assez mal placée
et contre toutes les règles de l'architecture. Quand les
vêpres furent dites, toute la pompe passa dans une autre
église qui étoit autrefois le dôme.

Le jeudi j'entendis la messe dans le chœur du dôme
où étoient tous les officiers de la Seigneurie. A Lucques on
aime beaucoup la musique; on y voit peu d'hommes et
de femmes qui ne la sachent point, et communément ils
chantent tous; cependant ils ont très peu de bonnes voix.
On chanta cette messe à force de poumons et ce ne fut
pas grand'chose. Ils avoient construit exprès un grand
autel fort haut, en bois et papier, couvert d'images, de
grands chandeliers et de beaucoup de vases d'argent
rangés comme un buffet, c'est-à-dire un bassin au milieu
et quatre plats autour. L'autel étoit garni de cette manière
depuis le pied jusqu'au haut, ce qui faisoit un assez bel
effet.

Toutes les fois que l'évêque dit la messe, comme il fit
ce jour-là, à l'instant qu'il entonne le *Gloria in excelsis,*
on met le feu à un tas d'étoupes, que l'on attache à une
grille de fer suspendue pour cet usage au milieu de l'église.

La saison dans ce pays-là étoit déjà fort refroidie et
humide.

Le vendredi 15 septembre, il me survint comme un
flux d'urine, c'est-à-dire j'urinois presque deux fois plus
que je n'avois pris de boisson; s'il m'étoit resté dans le

corps quelque partie de l'eau du bain, je crois qu'elle sortit.

Le samedi matin je rendis sans aucune peine une petite pierre rude au toucher; je l'avois un peu sentie pendant la nuit au bas du ventre.

Le dimanche 18 septembre, se fit le changement des gonfaloniers[1] de la ville; j'allai voir cette cérémonie au palais. On travaille ici presque sans égard pour le dimanche, et il y a beaucoup de boutiques ouvertes.

Le mercredi, 20 septembre, après-dîner, je partis de Lucques après avoir fait emballer dans deux caisses plusieurs choses pour les envoyer en France.

Nous suivîmes un chemin uni, mais par un pays stérile comme les Landes de Gascogne. Nous passâmes sur un pont bâti par le duc Cosme[2], un grand ruisseau[3] où sont les moulins de fer[4] du grand-duc, avec un beau bâtiment. Il y a encore trois pêcheries ou lieux séparés en forme d'étangs qui sont renfermés et dont le fond est pavé de briques, où l'on entretient une grande quantité d'anguilles que l'on voit aisément par le peu d'eau qui s'y trouve.

Nous passâmes l'Arno à Fusecchio et nous arrivâmes le soir à

La Scala, vingt milles. J'en partis au point du jour. Je passai par un beau chemin ressemblant à une plaine. Le pays est entrecoupé de petites montagnes très fertiles, comme celles de France.

Nous traversâmes Castel Fiorentino, petit bourg enfermé de murailles, et ensuite à pied tout près de là, Certaldo, beau château situé sur une colline, patrie de Boccace.

De là nous allâmes dîner à

Poggibonsi, dix-huit milles, petite terre, d'où nous nous rendîmes à souper à

Sienne, douze milles. Je trouvai que le froid dans cette saison était plus sensible en Italie qu'en France.

La place de Sienne, est la plus belle qu'on voie dans aucune ville d'Italie. On y dit tous les jours la messe en public à un autel[5], vers lequel les maisons et les boutiques sont tournées de façon que le peuple et les artisans peuvent l'entendre sans quitter leur travail ni sortir de leur place. Au moment de l'élévation on sonne une trompette pour avertir le public.

Dimanche, 23 septembre, après-dîner, nous partîmes de Sienne, et après avoir marché par un chemin aisé, quoique inégal, parce que le pays est semé de collines fertiles et de montagnes qui ne sont point escarpées, nous arrivâmes à

San-Chirico, petit château à vingt milles. Nous logeâmes hors des murs. Le cheval qui portoit nos bagages étant tombé dans un petit ruisseau que nous passâmes à gué, toutes mes hardes, et surtout mes livres furent gâtés; il fallut du temps pour les sécher. Nous laissâmes sur les collines, à main gauche, Monte-Pulciano, Monte-Cello et Castiglioncello.

Le lundi, de bonne heure, j'allai voir un bain éloigné de deux milles et nommé Vignone, du nom d'un petit château qui est tout près. Le bain est situé dans un endroit un peu haut, au pied duquel passe la rivière d'Urcia. Il y a dans ce lieu environ une douzaine de petites maisons peu commodes et désagréables qui l'entourent, et le tout paroît fort chétif. Là est un grand étang entouré de murailles et de degrés d'où l'on voit bouillonner, au milieu de plusieurs jets, de cette eau chaude, qui n'a pas la moindre odeur de soufre, élève peu de fumée, laisse un sédiment roussâtre et paroît être plus ferrugineuse que d'aucune autre qualité; mais on n'en boit pas. La longueur de cet étang est de 60 pas et sa largeur de 25. Il y a tout autour quatre ou cinq endroits séparés et couverts où l'on se baigne ordinairement; ce bain est tenu assez proprement.

On ne boit point de ses eaux, mais bien de celles de Saint-Cassien, qui ont plus de réputation; elles sont prés de San-Chirico, à dix-huit milles du côté de Rome, à la gauche de la grande route.

En considérant la délicatesse de ces vases de terre qui semblent de la porcelaine, tant ils sont blancs et propres, je les trouvois à si bon marché qu'ils me paroissent véritablement d'un usage plus agréable pour le service de table que l'étain de France[1], et surtout celui qu'on sert dans les auberges, qui est fort sale.

Tout ces jours-ci, le mal de tête, dont je croyois être

entièrement délivré, s'étoit fait un peu sentir. J'éprouvois comme auparavant aux yeux, au front, à toutes les parties antérieures de la tête, une certaine pesanteur, un affoiblissement et un trouble qui m'inquiétoient. La mardi nous vinmes dîner à

La Paglia, treize milles, et coucher à

San-Lorenzo : chétives auberges. On commence à vendanger dans ce pays-là.

La mercredi matin il survint une dispute entre nos gens et les voiturins de Sienne, qui, voyant que le voyage étoit plus long que de coutume, fâchés d'être obligés de payer la dépense des chevaux, ne vouloient pas payer celle de cette soirée. La dispute s'échauffa au point que je fus obligé d'aller parler au maire qui me donna gain de cause après m'avoir entendu, et fit mettre en prison les voiturins. J'alléguois que la cause du retard venoit de la chute du cheval de bagage qui, tombant dans l'eau, avoit gâté la plus grande partie de mes hardes.

Près du grand chemin, à quelque pas de distance à main droite, environ à six milles de Monte-Fiascone, est un bain[1] situé dans une très grande plaine. Ce bain, à trois ou quatre milles de la montagne la plus voisine, forme un petit lac[2], à l'un des bouts duquel on voit une très grosse source jeter une eau qui bouillonne avec force et est presque brûlante. Cette eau sent beaucoup le soufre; elle jette une écume et des fèces blanches. À l'un des deux côtés de cette source est un conduit qui amène l'eau à deux bains situés dans une maison voisine. Cette maison, qui est isolée, a plusieurs petites chambres assez mauvaises, et je ne crois pas qu'elle soit fort fréquentée. On boit de cette eau pendant sept jours dix livres chaque fois; mais il faut la laisser refroidir pour en diminuer la chaleur, comme on fait au bain de Preissac[3], et l'on s'y baigne tout autant. Cette maison, ainsi que le bain, est du domaine d'une certaine église[4]; elle est affermée cinquante écus; mais, outre le profit des malades qui s'y rendent au printemps, celui qui tient cette maison à loyer vend une certaine boue qu'on tire du lac et dont usent les bons chrétiens, en la délayant avec de l'huile pour la guérison de la gale, et pour celle des brebis et des chiens, en la délayant avec de l'eau. Cette boue en nature et brute se

vend douze jules[1], et en boule sèche sept quatrins[2]. Nous
y trouvâmes beaucoup de chiens du cardinal Farnèse[3]
qu'on y avoit menés pour les faire baigner. Environ à
trois milles de là nous arrivâmes à

Viterbe, seize milles. Le jour étoit si avancé qu'il fallut
faire un seul repas du dîner et du souper. J'étois fort
enroué, et je sentois du froid. J'avois dormi tout habillé
sur une table à San-Lorenzo, à cause des punaises, ce
qui ne m'étoit encore arrivé qu'à Florence et dans cet
endroit. Je mangeai ici d'une espèce de glands qu'on
nomme *gensole*[4] : l'Italie en produit beaucoup, et ils ne
sont pas mauvais. Il y a encore tant d'étourneaux que
vous en avez un pour deux liards.

Le jeudi 26 septembre au matin j'allai voir quelques
autres bains de ce pays situés dans la plaine, et assez
éloignés de la montagne. On voit d'abord en deux différens endroits des bâtimens où étoient, il n'y a pas lon-
temps, des bains[5] qu'on a laissé perdre par négligence;
le terrain toutefois exhale une mauvaise odeur. Il y a de
plus une maisonnette dans laquelle eſt une petite source
d'eau chaude[6] qui forme un petit lac, pour se baigner.
Cette eau n'a point d'odeur, mais un goût insipide; elle
eſt médiocrement chaude. Je jugeai qu'il y avoit beaucoup de fer; mais on n'en boit pas. Plus loin eſt encore
un édifice qu'on appelle le palais du pape, parce qu'on
prétend qu'il a été bâti ou réparé par le pape Nicolas[7]. Au
bas de ce palais et dans un terrain fort enfoncé, il y a trois
jets différens d'eau chaude, de l'un desquels on use en
boisson. L'eau n'en eſt que d'une chaleur médiocre, et
tempérée : elle n'a point de mauvaise odeur; on y sent
seulement au goût une petite pointe, où je crois que le
nitre domine. J'y étois allé dans l'intention d'en boire
pendant trois jours. On boit là tout comme ailleurs par
rapport à la quantité, on se promène ensuite, et l'on se
trouve bien de transpirer.

Ces eaux sont en grande réputation; elles sont transportées par charge dans toute l'Italie. Le médecin qui
a fait un *Traité général de tous les bains d'Italie*[8] préfère les
eaux de celui-ci, pour la boisson, à tous les autres. On
leur attribue spécialement une grande vertu pour les
maux de reins; on les boit ordinairement au mois de mai.
Je ne tirai pas un bon augure de la leſture d'un écrit

qu'on voit sur le mur, et qui contient les invectives d'un
malade contre les médecins qui l'avoient envoyé à ces
eaux, dont il se trouvoit beaucoup plus mal qu'auparavant. Je n'augurai pas bien non plus de ce que le maître
du bain disoit que la saison étoit trop avancée, et me
sollicitoit froidement à en boire.

Il n'y a qu'un logis, mais il est grand, commode et
décent, éloigné de Viterbe d'un mille et demi; je m'y
rendis à pied. Il renferme trois ou quatre bains qui produisent différens effets, et de plus un endroit pour la
douche. Ces eaux forment une écume très blanche qui se
fixe aisément, qui reste aussi ferme que la glace, et produit
une croûte dure sur l'eau. Tout l'endroit est couvert et
comme incrusté de cette écume blanche. Mettez-y un
morceau de toile; dans le moment vous le voyez chargé
de cette écume et ferme comme s'il étoit gelé. Cette
écume sert à nettoyer les dents; elle se vend et se transporte hors du pays. En la mâchant, on ne sent qu'un
goût de terre et de sable. On dit que c'est la matière
première du marbre, qui pourroit bien se pétrifier aussi
dans les reins. Cependant on assure qu'elle ne laisse
aucun sédiment dans les flacons où elle se met, et qu'elle
s'y conserve claire et très pure. Je crois qu'on en peut
boire tant qu'on veut, et que la pointe qu'on y sent ne la
rend qu'agréable à boire.

De là en m'en retournant je repassai dans cette plaine
qui est très longue, et dont la largeur est de huit milles,
pour voir l'endroit où les habitans de Viterbe (parmi
lesquels il n'y a pas un seul gentilhomme, parce qu'ils
sont tous laboureurs ou marchands) ramassent les lins
et les chanvres qui font la matière de leurs fabriques
auxquelles les hommes seuls travaillent, sans employer
aucunes femmes. Il y avoit un grand nombre de ces
ouvriers autour d'un certain lac[1] où l'eau, dans toute
saison, est également chaude et bouillante. Ils disent que
ce lac n'a point de fond, et ils en dérivent de l'eau pour
former d'autres petits lacs tièdes, où ils mettent rouir le
chanvre et le lin.

Au retour de ce petit voyage, que je fis à pied en
allant et à cheval en revenant, je rendis à la maison une
petite pierre rousse et dure, de la grosseur d'un gros grain
de froment; je l'avois un peu sentie la veille descendre chez
moi vers le bas-ventre, mais elle s'étoit arrêtée au passage.

Pour faciliter la sortie de ces sortes de pierres, on fait bien d'arrêter le conduit de l'urine et de le comprimer quelques instants, ce qui lui donne ensuite un peu de ressort pour l'expulser. C'est une recette que m'apprit M. de Langon[1] à Arsac[2].

Le samedi, fête de Saint Michel, après-dîner, j'allai voir *la madona del Quercio*[3], à une demi-lieue de la ville. On y va par un grand chemin très beau, droit, égal, garni d'arbres d'un bout jusqu'à l'autre, enfin fait avec beaucoup de soin par les ordres du pape Farnese[4]. L'église est belle, remplie de monuments religieux, et d'un nombre infini de tableaux votifs. On lit dans une inscription latine, qu'il y a environ cent ans qu'un homme étant attaqué par des voleurs, et à demi-mort de frayeur, se réfugia sous un chêne où étoit cette image de la Vierge, et que lui ayant fait sa prière il devint miraculeusement invisible à ces voleurs, et fut ainsi délivré d'un péril évident. Ce miracle fit naître une dévotion particulière pour cette Vierge; on bâtit autour du chêne cette église qui est très belle. On y voit encore le tronc du chêne coupé par le pied, et la partie supérieure, sur laquelle est posée l'image, est appliquée au mur, et dépouillée des branches qu'on a coupées tout autour.

Le samedi, dernier septembre, je partis de bon matin de Viterbe, et je pris la route de

Bagnaia. C'est un endroit appartenant au cardinal Gambara[5] qui est fort orné, et surtout si bien pourvu de fontaines, qu'en cette partie il paroît, non-seulement égaler, mais surpasser même Pratolino et Tivoli. Il y a d'abord une fontaine d'eau vive, ce que n'a pas Tivoli, et très abondante, ce qui n'est pas à Pratolino; de façon qu'elle suffit à une infinité de distributions sous différens dessins. Le même M. Thomas de Sienne, qui a conduit l'ouvrage de Tivoli, conduit encore celui-ci qui n'est pas achevé. Ainsi ajoutant toujours de nouvelles inventions aux anciennes, il a mis dans cette dernière construction beaucoup plus d'art, de beautés et d'agrément. Parmi les différentes pièces qui la décorent, on voit une pyramide fort élevée qui jette de l'eau de plusieurs manières différentes : celle-ci monte, celle-là descend. Autour de la pyramide sont quatre petits lacs, beaux, clairs, purs et remplis d'eau. Au milieu de chacun est une gondole de

pierre, montée par deux arquebusiers, qui, après avoir
pompé l'eau, la lancent avec leurs arbalètes contre la
pyramide, et par une trompette qui tire aussi de l'eau.
On se promène autour de ces lacs et de la pyramide par
de très belles allées, où l'on trouve des appuis de pierre
d'un fort beau travail. Il y a d'autres parties qui plurent
encore davantage à quelques autres spectateurs. Le
palais est petit, mais d'une structure agréable. Autant que
je puis m'y connoître, cet endroit certainement l'emporte
de beaucoup sur bien d'autres, par l'usage et l'emploi
des eaux. Le cardinal n'y étoit pas; mais comme il est
François dans le cœur, ses gens nous firent toutes les
politesses et les amités qu'on peut désirer.

De-là, en suivant le droit chemin, nous passâmes à
Caprarola, palais du cardinal Farnèse[1], dont on parle
beaucoup en Italie. En effet, je n'en ai vu aucun dans ce
beau pays qui lui soit comparable. Il est entouré d'un
grand fossé, taillé dans le tuf; le haut du bâtiment est en
forme de terrasse, de sorte qu'on n'en voit point la
couverture. Sa figure est un peu pentagonale, et il paroit
à la vue un grand carré parfait. Sa forme intérieure est
exactement circulaire; il règne autour de larges corridors
voûtés, et chargés partout de peintures. Toutes les
chambres sont carrées. Le bâtiment est très grand[2], les
salles fort belles, et entre autres il y a un salon admirable,
dont le plafond (car tout l'édifice est voûté) représente
un globe céleste avec toutes les figures dont on le compose. Sur le mur du salon tout autour est peint le globe
terrestre, avec toutes ses régions, ce qui forme une cosmographie complète. Ces peintures qui sont très riches,
couvrent entièrement les murailles[3]. Ailleurs sont représen-
tées en divers tableaux les actions du pape Paul III et de
la maison Farnèse. Les personnes y sont peintes si au
naturel que ceux qui les ont connues reconnoissent au
premier coup d'œil, dans leurs portraits, notre connétable[4],
la reine-mère[5], ses enfans, Charles IX, Henri III, le
duc d'Alençon, la reine de Navarre et le roi François II,
l'aîné de tous, ainsi que Henri II, Pierre Strozzi et autres.
On voit dans une même salle aux deux bouts deux bustes,
savoir d'un côté, et à l'endroit le plus honorable, celui
du roi Henri II, avec une inscription au-dessous où il
est nommé le conservateur de la maison Farnèse; et à
l'autre bout, celui du roi Philippe II, roi d'Espagne,

dont l'inscription porte : « Pour les bienfaits en grand nombre reçus de lui. » Au dehors, il est aussi beaucoup de belles choses dignes d'être vues, et entre autres, une grotte d'où l'eau, s'élançant avec art dans un petit lac, représente à la vue et à l'ouïe la chute d'une pluie naturelle. Cette grotte est située dans un lieu désert et sauvage, et l'on est obligé de tirer l'eau de ses fontaines à une distance de huit milles, qui s'étend jusqu'à Viterbe.

De là, par un chemin égal et une grande plaine, nous parvînmes à des prairies fort étendues, au milieu desquelles en certains endroits secs et dépouillés d'herbes, on voit bouillonner des sources d'eau froide[1], assez pures, mais tellement imprégnées de soufre que de fort loin on en sent l'odeur.

Nous allâmes coucher à

Monte-Rossi, vingt-trois milles; et le dimanche 1er octobre à

Rome, vingt-deux milles. On éprouvoit alors un très grand froid et un vent glacial de nord. Le lundi et quelques jours après je sentis des crudités dans mon estomac, ce qui me fit prendre le parti de faire quelques repas tout seul, pour manger moins[2]. Cependant j'avois le ventre libre, j'étois assez dispos de toute ma personne, excepté de la tête, qui n'étoit point entièrement rétablie.

Le jour que j'arrivai à Rome, on me remit des lettres des jurats de Bordeaux qui m'écrivoient fort poliment au sujet de l'élection qu'ils avoient faite de moi pour maire de leur ville, et me prioient avec instance de me rendre auprès d'eux.

Le dimanche 8 octobre 1581, j'allai voir aux Termes de Dioclétien à Monte-Cavallo, un Italien qui, ayant été longtemps esclave en Turquie, y avoit appris mille choses très rares dans l'art du manège[3]. Cet homme, par exemple, courant à toute bride, se tenoit droit sur la selle, et lançoit avec force un dard, puis tout d'un coup il se mettoit en selle. Ensuite au milieu d'une course rapide, appuyé seulement d'une main à l'arçon de la selle, il descendoit de cheval touchant à terre du pied droit, et ayant le gauche dans l'étrier; et plusieurs fois on le voyoit ainsi descendre et remonter alternativement. Il faisoit plusieurs tours semblables sur la selle, en courant tou-

jours. Il tiroit d'un arc à la turque devant et derrière,
avec une grande dextérité. Quelquefois appuyant sa tête
et une épaule sur le col du cheval, et se tenant sur ses
pieds, il le laissoit courir à discrétion. Il jetoit en l'air
une masse qu'il tenoit dans sa main et la rattrapoit à la
course. Enfin, étant debout sur la selle et tenant de la
main droite une lance, il donnoit dans un gant et l'enfiloit,
comme quand on court la bague. Il faisoit encore à pied
tourner autour de son col devant et derrière une pique
qu'il avoit d'abord fortement poussée avec la main.

Le 10 octobre, après dîner, l'ambassadeur de France[1]
m'envoya un estafier me dire de sa part, que, si je voulois
il viendroit me prendre dans sa voiture pour aller ensemble
voir les meubles du cardinal Orsino[2], que l'on vendoit
parce qu'il étoit mort dans cet été même à Naples, et qu'il
avoit fait héritière de ses grands biens une sienne nièce
qui n'étoit encore qu'une enfant. Parmi les choses
rares que j'y vis, il y avoit une couverture de lit en taffetas, fourrée de plumes de cygnes. On voit à Sienne beaucoup de ces peaux de cygnes conservées entières avec la
plume et toutes préparées; on ne m'en demandoit qu'un
écu et demi. Elles sont de la grandeur d'une peau de mouton, et une seule suffiroit pour en faire une pareille
couverture. Je vis encore un œuf d'autruche ciselé tout
autour et très bien peint; plus un petit coffre carré pour
mettre des bijoux, et il y en avoit quelques-uns. Mais
comme ce coffre étoit fort artistement rangé, et qu'il y
avoit des gobelets de cristal, en l'ouvrant il paroissoit
qu'il fût de tous côtés, tant pardessous que pardessus,
beaucoup plus large et plus profond, et qu'il y eût dix
fois plus de joyaux qu'il n'en renfermoit, une même
chose se répétant plusieurs fois par la réflexion des cris-
taux qu'on n'apercevoit pas même aisément.

Le jeudi 12 octobre le cardinal de Sens[3] me mena seul
en voiture avec lui, pour voir l'église de Saint-Jean et
Saint-Paul; il en est titulaire et supérieur, ainsi que de
ces religieux qui distillent les eaux de senteur dont nous
avons parlé plus haut[4]. Cette église est située sur le mont
Celius, situation qui semble avoir été choisie à dessein;
car elle est toute voûtée en dessous, avec de grands corridors et des salles souterraines. On prétend que c'étoit là
le Forum ou la place d'Hostilius[5]. Les jardins et les vignes
de ces religieux sont en très belle vue; on découvre de là

l'ancienne Rome. Le lieu par sa hauteur est escarpé, profond, isolé et presque inaccessible de toutes parts. Ce même jour j'expédiai une malle bien garnie pour être transportée à Milan. Les voiturins mettent ordinairement vingt jours pour s'y rendre. La malle pesoit en tout 150 livres, et on paie deux bajoques par livre ce qui revient à deux sols de France. J'avois dedans plusieurs choses de prix, surtout un magnifique chapelet d'*Agnus Dei,* le plus beau qu'il y eût à Rome. Il avoit été fait exprès pour l'ambassadeur de l'impératrice[1], et un de ses gentils-hommes[2] l'avoit fait bénir par le pape.

Le dimanche 15 octobre, je partis de grand matin de Rome. J'y laissai mon frère en lui donnant 43 écus d'or, avec lesquels il comptoit y rester et s'exercer pendant cinq mois à faire des armes[3]. Avant mon départ de Rome, il avoit loué une jolie chambre pour 20 jules[4] par mois. MM. d'Estissac[5], de Montbaron[6], de Chase[7], Morens[8] et[9] plusieurs autres m'accompagnèrent jusqu'à la première poste. Si même je ne m'étois pas hâté, parce que je voulois éviter cette peine à ces gentilshommes, plusieurs d'entre eux étoient encore tout prêts à me suivre et avoient déjà loué des chevaux. Tels étoient MM. du Bellay[10], d'Ambres[11], d'Allègre[12] et autres.

Je vins coucher à

Ronciglione, trente milles. J'avois loué les chevaux jusques à Lucques, chacun à raison de 20 jules[13], et le voiturier étoit chargé d'en payer la dépense.

Le lundi matin je fus étonné de sentir un froid si aigu qu'il me sembloit n'en avoir jamais souffert de pareil, et de voir que dans ce canton les vendanges et la récolte du vin n'étoient pas encore achevées.

Je vins dîner à

Viterbe où je pris mes fourrures et tous mes accoutremens d'hiver.

De là je vins dîner à

San-Lorenzo, vingt-neuf milles, et de ce bourg j'allai coucher à

San-Chirico, trente-deux milles.

Tous ces chemins avoient été raccommodés cette année même par ordre du duc de Toscane, et c'est un

ouvrage fort beau, très utile pour le public. Dieu l'en
récompense; car ces routes, auparavant très mauvaises,
sont maintenant très commodes et fort dégagées, à peu
près comme les rues d'une ville. Il étoit étonnant de voir
le nombre prodigieux de personnes qui alloient à Rome.
Les chevaux de voiture pour y aller étoient hors de prix;
mais pour le retour, on les laissoit presque pour rien. Près
de Sienne (et cela se voit en beaucoup d'autres endroits)
il y a un pont double, c'est-à-dire un pont sur lequel passe
le canal d'une autre rivière[1].

Nous arrivâmes le soir à

Sienne, vingt milles. Je souffris cette nuit pendant
deux heures de la colique, et je crus sentir la chute d'une
pierre. Le jeudi de bonne heure, Guillaume Félix, médecin juif, vint me trouver; il discourut beaucoup sur le
régime que je devois observer par rapport à mon mal de
reins et au sable que je rendois. Je partis à l'instant de
Sienne; la colique me reprit et me dura trois ou quatre
heures. Au bout de ce temps, je m'aperçus, à la douleur
violente que je sentois au bas-ventre et à toutes ses dépen-
dances, que la pierre étoit tombée.

Je vins souper à

Ponte-Alce[2], vingt-huit milles. Je rendis une pierre
plus grosse qu'un grain de millet avec un peu de sable,
mais sans douleur ni difficulté au passage.

J'en partis le vendredi matin, et en chemin je m'arrêtai à

Altopascio, seize milles. J'y restai une heure pour faire
manger l'avoine aux chevaux. Je rendis encore là, sans
beaucoup de peine et avec quantité de sable, une pierre
longue, partie dure et partie molle, plus grosse qu'un
gros grain de froment. Nous rencontrâmes en chemin
plusieurs paysans, dont les uns cueilloient des feuilles de
vignes qu'ils gardent pour en donner pendant l'hiver à
leurs bestiaux; les autres ramassoient de la fougère pour
leur laitage[3].

Nous vînmes coucher à

Lucques, huit milles. Je reçus encore la visite de plusieurs gentilshommes et de quelques artisans. Le samedi,
21 octobre au matin, je poussai dehors une autre pierre

qui s'arrêta quelque temps dans le canal, mais qui sortit ensuite sans difficulté ni douleur. Celle-ci étoit à peu près ronde, dure, massive, rude, blanche en dedans, rousse en dessus, et beaucoup plus grosse qu'un grain; je faisois cependant toujours du sable. On voit par là que la nature se soulage souvent d'elle-même; car je sentois sortir tout cela comme un écoulement naturel. Dieu soit loué de ce que ces pierres sortent ainsi sans douleur bien vive et sans troubler mes actions.

Dès que j'eus mangé un raisin (car dans ce voyage je mangeois le matin très peu, même presque rien), je partis de Lucques sans attendre quelques gentilshommes qui se disposoient à m'accompagner. J'eus un fort beau chemin, souvent très uni. J'avois à ma droite de petites montagnes couvertes d'une infinité d'oliviers, à gauche des marais, et plus loin la mer.

Je vis dans un endroit de l'État de Lucques une machine à demi ruinée par la négligence du gouvernement; ce qui fait un grand tort aux campagnes d'alentour. Cette machine étoit faite pour dessécher les marais et les rendre fertiles. On avoit creusé un grand fossé[1], à la tête duquel étoient trois roues qu'un ruisseau d'eau vive roulant du haut de la montagne faisoit mouvoir continuellement en se précipitant sur elles. Ces roues ainsi mises en mouvement puisoient d'autre part l'eau du fossé, avec les augets qui y étoient attachés, de l'autre la versoient dans un canal pratiqué pour cet effet plus haut et de tous côtés entourés de murs, lequel portoit cette eau dans la mer. C'étoit ainsi que se desséchoit tout le pays d'alentour.

Je passai au milieu de Pietra-Santa, château du duc de Florence, fort grand, et où il y a beaucoup de maisons, mais peu de gens pour les habiter, parce que l'air est, dit-on, si mauvais, qu'on ne peut pas y demeurer, et que la plupart des habitans y meurent ou languissent. De là nous vînmes à

Massa di Carrara, vingt-deux milles, bourg appartenant au prince de Massa de la maison de Cibo[2]. On voit sur une petite montagne un beau château à mi-côte entouré de bonnes murailles, au-dessous duquel, et tout autour sont les chemins et les maisons. Plus bas, hors desdites murailles, est le bourg[3] qui s'étend dans la plaine; il est de même bien enclos de murs. L'endroit est beau :

de beaux chemins et de jolies maisons qui sont peintes. J'étois forcé de boire ici des vins nouveaux; car on n'en boit pas d'autres dans le pays. Ils ont le secret de les éclaircir avec des copeaux de bois et des blancs d'œufs, de manière qu'ils lui donnent la couleur du vin vieux[1]; mais ils ont je ne sais quel goût qui n'est pas naturel.

Le dimanche 22 octobre, je suivis un chemin fort uni, ayant toujours à main gauche la mer de Toscane à la distance d'une portée de fusil. Dans cette route, nous vîmes, entre la mer et nous, des ruines peu considérables[2] que les habitants disent avoir été autrefois une grande ville nommée Luna. De là nous vînmes à

Sarrezana, terre de la seigneurie de Gênes. On y voit les armes de la république, qui sont un saint Georges à cheval; elle y tient une garnison suisse. Le duc de Florence en étoit autrefois possesseur[3], et si le prince de Massa n'étoit pas entre deux pour les séparer, il n'est pas douteux que Pietra-Santa et Sarrezana, frontières de l'un et de l'autre États, ne fussent continuellement aux mains.

Au départ de Sarrezana, où nous fûmes forcés de payer quatre jules[4] par jour pour une poste, il se faisoit de grandes salves d'artillerie pour le passage de don Jean de Médicis, frère naturel du duc de Florence[5], qui revenoit de Gênes, où il avoit été de la part de son frère voir l'impératrice[6], comme elle avoit été visitée de plusieurs autres princes d'Italie. Celui qui fit le plus de bruit par sa magnificence ce fut le duc de Ferrare; il alla à Padoue au-devant de cette princesse avec quatre cents carrosses. Il avoit demandé à la seigneurie de Venise la permission de passer par leurs terres avec six cents chevaux, et ils avoient répondu qu'ils accordoient le passage, mais avec un plus petit nombre. Le duc fit mettre tous ses gens en carrosse, et les mena tous de cette manière; le nombre des chevaux fut seulement diminué. Je rencontrai le prince (Jean de Médicis) en chemin. C'est un jeune homme bien fait de sa personne : il étoit accompagné de vingt hommes bien mis, mais montés sur des chevaux de voiture; ce qui en Italie ne déshonore personne, pas même les princes. Après avoir passé Sarrezana, nous laissâmes à gauche le chemin de Gênes.

Là, pour aller à Milan, il n'y a pas grande différence de passer par Gênes ou par la même route; c'est la même

chose. Je désirois voir Gênes et l'impératrice qui y étoit.
Ce qui m'en détourna, c'est que pour y aller il y a deux
routes, l'une à trois journées de Sarrezana qui a quarante
milles de chemin très mauvais et très montueux, rempli
de pierres, de précipices, d'auberges assez mauvaises et
fort peu fréquentées; l'autre route est par Lerice, qui est
éloignée de trois milles de Sarrezana. On s'y embarque
et en douze heures on est à Gênes. Or moi qui ne pouvois
supporter l'eau par la foiblesse de mon estomac, et qui
ne craignois pas tant les incommodités de cette route que
de ne pas trouver de logement, par la grande foule d'étrangers qui étoient à Gênes; qui de plus avois entendu dire
que les chemins de Gênes à Milan n'étoient pas trop sûrs,
mais infestés de voleurs; enfin qui n'étois plus occupé que
de mon retour en France, je pris le parti de laisser là
Gênes, et je pris ma route à droite entre plusieurs
montagnes.

Nous suivîmes toujours le bas du vallon le long du
fleuve Magra, que nous avions à main gauche. Ainsi,
passant tantôt par l'État de Gênes, tantôt par celui de
Florence, tantôt par celui de la maison Malespina[1],
mais toujours par un chemin praticable et commode, à
l'exception de quelques mauvais pas, nous vînmes coucher
à

Pontremoli, trente milles. C'est une ville longue, fort
peuplée d'anciens édifices qui ne sont pas merveilleux.
Il y a beaucoup de ruines[2]. On prétend qu'elle se nommoit anciennement Appua[3]; elle est actuellement dépen-
dante de l'État de Milan et elle appartenoit récemment
aux Fiesques[4]. La première chose qu'on me servit à table
fut du fromage, tel qu'il se fait vers Milan et dans les
environs de Plaisance, puis de très bonnes olives sans
noyau, assaisonnées avec de l'huile et du vinaigre en
façon de salade et à la mode de Gênes. La ville est située
entre des montagnes et à leur pied. On servoit pour laver
les mains un bassin plein d'eau posé sur un petit banc, et
il falloit que chacun se lavât les mains avec la même eau.

J'en partis le lundi matin 23, et au sortir du logis je
montai l'Apennin, dont le passage n'est ni difficile ni
dangereux, malgré sa hauteur. Nous passâmes tout le
jour à monter et à descendre des montagnes, la plupart
sauvages et peu fertiles, d'où nous vînmes coucher à

Fornoue, dans l'État du comte de Saint-Seconde, trente milles. Je fus bien content quand je me vis délivré des mains de ces fripons de montagnards, qui rançonnent impitoyablement les voyageurs sur la dépense de la table et sur celle des chevaux. On me servit à table différents ragoûts à la moutarde, fort bons : il y en avoit un, entre autres, fait avec des coings. Je trouvai ici grande disette de chevaux de voiture. Vous êtes entre les mains d'une nation sans règle et sans foi[1] à l'égard des étrangers. On paye ordinairement deux jules par cheval chaque poſte, on en exigeoit ici de moi trois, quatre et cinq par poſte, de façon que tous les jours il m'en coûtoit plus d'un écu pour le louage d'un cheval; encore comptoit-on deux poſtes où il n'y en avoit qu'une.

J'étois en cet endroit éloigné de Parme de deux poſtes, et de Parme à Plaisance la diſtance eſt la même que de Fornoue à la dernière, de sorte que je n'allongeois que de deux poſtes; mais je ne voulus pas y aller pour ne pas déranger mon retour, ayant tout autre dessein. Cet endroit[2] eſt une petite campagne de six ou sept maisonnettes, située dans une plaine le long du Taro; je crois que c'eſt le nom de la rivière qui l'arrose.

Le mardi matin nous la suivîmes long-temps, et nous vinmes dîner à

Borgo-San-Doni[3], douze milles, petit château que le duc de Parme commence à faire entourer de belles murailles flanquées. On me servit à table de la moutarde composée de miel et d'orange coupée par morceaux, en façon de cotignac à demi-cuit.

De là laissant Crémone à droite, et à même diſtance que Plaisance, nous suivîmes un très beau chemin dans un pays où l'on ne voit, tant que peut s'étendre la vue à l'horizon, aucune montagne ni même aucune inégalité, et dont le terrain eſt très fertile. Nous changions de chevaux de poſte en poſte; je fis les deux dernières au galop pour essayer la force de mes reins, et je n'en fus pas fatigué; mon urine étoit dans son état naturel.

Près de Plaisance il y a deux grandes colonnes placées aux deux côtés du chemin à droite et à gauche, et laissant entre elles un espace d'environ quarante pas. Sur la base de ces colonnes eſt une inscription latine, portant défense de bâtir entre elles, et de planter ni arbres ni vignes. Je ne sais si l'on veut par là conserver la largeur du chemin, ou laisser la plaine découverte telle qu'on la voit effectivement depuis ces colonnes jusqu'à la ville, qui n'en est éloignée que d'un demi-mille.

Nous allâmes coucher à

Plaisance, vingt milles, ville fort grande. Comme j'y arrivai bien avant la nuit, j'en fis le tour de tous côtés pendant trois heures. Les rues sont fangeuses et non pavées; les maisons petites. Sur la place, qui fait principalement sa grandeur, est le palais de justice, avec les prisons; c'est là que se rassemblent tous les citoyens. Les environs sont garnis de boutiques de peu de valeur.

Je vis le château qui est entre les mains du roi Philippe[1]. Sa garnison[2] est composée de trois cens soldats espagnols, mal payés, à ce qu'ils me dirent eux-mêmes. On sonne la diane matin et soir pendant une heure, avec les instrumens que nous appelons hautbois et aux fifres. Il y a là-dedans beaucoup de monde, et de belles pièces d'artillerie. Le duc de Parme[3], qui étoit alors dans la ville, ne va jamais dans le château que tient le roi d'Espagne; il a son logement à part dans la citadelle qui est un autre château situé ailleurs. Enfin je n'y vis rien de remarquable, sinon le nouveau bâtiment de Saint-Augustin que le roi Philippe a fait construire à la place d'une autre église de Saint-Augustin, dont il s'est servi pour la construction de ce château, en retenant une partie de ses revenus. L'église, qui est très bien commencée, n'est pas encore finie; mais la maison conventuelle, ou le logement des religieux, qui sont au nombre de soixante-dix, et les cloîtres qui sont doubles sont entièrement achevés. Cet édifice, par la beauté des corridors, des dortoirs, des différentes usines et d'autres pièces, me paroit le plus somptueux et le plus magnifique bâtiment pour le service d'une église que je me souvienne d'avoir vu en aucun autre endroit. On met ici le sel en bloc sur la table, et le fromage se sert en masse sans plat.

Le duc de Parme attendoit à Plaisance l'arrivée du fils aîné de l'archiduc d'Autriche[4], jeune prince que je vis à Inspruck[5] et l'on disoit qu'il alloit à Rome pour se faire couronner roi des Romains[6]. On vous présente encore ici l'eau pour la mêler avec le vin, avec une grande cuiller de laiton. Le fromage qu'on y mange ressemble à celui qui se vend dans tout le Plaisantin. Plaisance est précisément à moitié de chemin de Rome à Lyon.

Pour aller droit à Milan, je devois aller coucher à

Marignan, distance de trente milles, d'où il y en a dix jusqu'à Milan ; j'allongeai mon voyage de dix milles pour voir Pavie. Le mercredi 25 octobre je partis de bonne heure, et je suivis un beau chemin dans lequel je rendis une petite pierre molle et beaucoup de sable. Nous traversâmes un petit château appartenant au comte Santafiore. Au bout du chemin nous passâmes le Pô sur un pont volant établi sur deux barques avec une petite cabane et que l'on conduit avec une longue corde appuyée en divers endroits sur des batelets rangés dans le fleuve, les uns vis-à-vis des autres. Près de là, le Tésin mêle ses eaux à celles du Pô. Nous arrivâmes de bonne heure à

Pavie, trente milles[1]. Je me hâtai d'aller voir les principaux monuments de cette ville : le pont sur le Tésin, l'église cathédrale et celles des Carmes, de Saint-Thomas, de Saint-Augustin. Dans la dernière est le riche tombeau du saint évêque en marbre blanc et orné de plusieurs statues[2]. Dans une des places de la ville, on voit une colonne de briques sur laquelle est une statue qui paroît faite d'après la statue équestre d'Antonin-le-Pieux[3] qu'on voit devant le Capitole à Rome. Celle-ci, plus petite, ne sauroit être comparée à l'original ; mais ce qui m'embarrassa, c'est qu'au cheval de la statue de Pavie il y a des étriers et une selle avec des arçons devant et derrière, tandis que celui de Rome n'en a pas. Je suis donc, ici, de l'opinion des savans, qui regardent les étriers et les selles, au moins tels que ceux-ci, comme une invention moderne. Quelque sculpteur ignorant peut-être a cru que ces ornemens manquoient au cheval. Je vis encore les premiers ouvrages du bâtiment que le cardinal Borromée faisoit faire pour l'usage des étudians.

La ville est grande, passablement belle, bien peuplée et remplie d'artisans de toute espèce. Il y a peu de belles maisons, et celle même où l'impératrice a logé dernièrement est peu de chose[4]. Dans les armes de France que je vis, les lys sont effacés ; enfin il n'y a rien de rare. On a dans ces cantons-ci les chevaux à deux jules par poste. La meilleure auberge où j'eusse logé depuis Rome jusqu'ici, étoit la Poste de Plaisance, et je la crois la meilleure d'Italie, depuis Vérone; mais la plus mauvaise hôtellerie que j'aie trouvé dans ce voyage est le Faucon de Pavie. On paye ici et à Milan le bois à part, et les lits manquent de matelas.

Je partis de Pavie le jeudi 26 octobre; je pris à main droite à la distance d'un demi-mille du chemin direct, pour voir la plaine où l'on dit que l'armée du roi François I fut défaite par Charles-Quint[1], ainsi que pour voir la Chartreuse, qui passe avec raison pour une très belle église[2]. La façade de l'entrée est toute de marbre, richement travaillée, d'un travail infini et d'un aspect imposant. On y voit un devant d'autel d'ivoire, où sont représentés en relief l'Ancien et le Nouveau Testament et le tombeau de Jean Galéas Visconti, fondateur de cette église[3], en marbre. On admire ensuite le chœur, les ornemens du maître-autel et le cloître, qui est d'une grandeur extraordinaire et d'une rare beauté. La maison est très vaste; et à voir la grandeur et la quantité des divers bâtimens qui la composent, à voir encore le nombre infini de domestiques, de chevaux, de voitures, d'ouvriers et d'artisans qu'elle renferme, on semble représenter la cour d'un très grand prince. On y travaille continuellement avec des dépenses incroyables qui se font sur les revenus de la maison. Cette Chartreuse est située au milieu d'une très belle prairie.

De là nous vînmes à

Milan, vingt milles. C'est la ville d'Italie la plus peuplée. Elle est grande, remplie de toutes sortes d'artisans et de marchands. Elle ressemble assez à Paris et a beaucoup de rapports avec les villes de France. On n'y trouve point les beaux palais de Rome, de Naples, de Gênes, de Florence; mais elle l'emporte en grandeur sur les villes, et le concours des étrangers n'y est pas moindre qu'à Venise. Le vendredi, 27 octobre, j'allai voir les dehors du château, et j'en fis presque entièrement le tour. C'est un édifice très grand et admirablement fortifié. La garnison est composée de sept cents Espagnols[4] au moins et très bien munie d'artillerie. On y fait encore des réparations de tous côtés. Je m'arrêtai là pendant le jour à cause d'une abondante pluie qui survint. Jusqu'alors, le temps, le chemin, tout nous avoit été favorable. Le

samedi 28 octobre au matin, je partis de Milan par un
beau chemin, très uni; quoiqu'il plût continuellement, et
que tous les chemins fussent couverts d'eau, il n'y avoit
point de boue, parce que le pays est sablonneux.

Je vins dîner à

Buffalora, dix-huit milles. Nous passâmes là le
Naviglio sur un pont. Le canal est étroit, mais tellement
profond qu'il transporte à Milan de grosses barques.

Un peu plus en-deçà nous passâmes en bateau le Tésin,
et vînmes coucher à

Novarre, vingt-huit milles, petite ville, peu agréable,
située dans une plaine. Elle est entourée de vignes et de
bosquets; le terrain en est fertile. Nous en partîmes le
matin, et nous nous arrêtâmes le temps qu'il fallut pour
faire manger nos chevaux à

Verceil, dix milles, ville du Piémont, au duc de Savoie,
située encore dans une plaine, le long de la Sesia, rivière
que nous passâmes en bateau. Le duc a fait construire
en ce lieu à force de mains, et très promptement, une
jolie forteresse, autant que j'en ai pu juger par les ouvrages
du dehors; ce qui a causé de la jalousie aux Espagnols qui
sont dans le voisinage[1].

De là nous traversâmes deux châteaux, Saint-Germain
et Saint-Jacques, et suivant toujours une belle plaine,
fertile principalement en noyers, car dans ce pays il n'y a
point d'oliviers, ni d'autre huile que de l'huile de noix,
nous allâmes coucher à

Livorno[2], vingt milles, petit village assez garni de
maisons.

Nous en partîmes le lundi de bonne heure, par un
chemin très uni; nous vînmes dîner à

Chivas[3], dix milles.

Après avoir passé plusieurs rivières et ruisseaux, tantôt
en bateau, tantôt à pied, nous arrivâmes à

Turin, dix milles, où nous aurions pu facilement être
rendus avant le dîner.

C'est une petite ville, située en un lieu fort aquatique,
qui n'est pas trop bien bâtie, ni fort agréable, quoiqu'elle

soit traversée par un ruisseau qui en emporte les immondices.

Je donnai à Turin cinq écus et demi par cheval, pour le service de six journées jusqu'à Lyon : leur dépense sur le compte des maîtres. On parle ici communément françois et tous les gens du pays paroissent fort affectionnés pour la France. La langue vulgaire n'a presque de la langue italienne que la prononciation, et n'est au fond composée que de nos propres mots.

Nous en partîmes le mardi, dernier octobre, et par un long chemin, mais toujours uni, nous vînmes dîner à

Sant'Ambrogio, deux postes.

De là, suivant une plaine étroite entre les montagnes, nous allâmes coucher à

Suze, deux postes. C'est un petit château, peuplé de beaucoup de maisons. J'y ressentis, pendant mon séjour, au genou droit, une grande douleur qui me tenoit depuis quelques jours et alloit en augmentant. Les hôtelleries y sont meilleures qu'aux autres endroits d'Italie : bon vin, mauvais pain, beaucoup à manger. Les aubergistes sont polis, ainsi que dans toute la Savoie.

Le jour de la Toussaint, après avoir entendu la messe, j'en partis et vins à

Novalèse, une poste. J'ai pris là huit *marrons*[1] pour me faire porter en chaise jusqu'au haut du mont Cenis, et me faire *ramasser*[2] de l'autre côté.

[*La suite du* Journal de Voyage *est rédigée en français par Montaigne.*]

ICI on parle francès; einsi je quite ce langage estrangier, duquel je me sers bien facilemant, mais bien mal assuréemant, n'aïant eu loisir, pour estre tousjours en cumpagnie de François, de faire nul apprentissage qui vaille. Je passai la montée du Mont Senis[1] moitié à cheval, moitié sur une chese portée par quatre hommes[2] et autres quatre qui les refraichissoint. Ils me portoint sur leurs épaules. La montée est de deus heures, pierreuse et mal aisée à chevaus qui n'y sont pas acostumés, mais autremant sans hasard et difficulté : car la montaigne se haussant tousjours en son espessur, vous n'y voyez nul prœcipice ni dangier que de broncher. Sous vous, au-dessus du mont, il y a une plaine de deus lieues, plusieurs maisonetes, lacs et fonteines, et la poste; point d'abres; ou bien de l'herbe et des près qui servent en la douce saison. Lors tout étoit couvert de nege. La descente est d'une lieue, coupée et droite, où je me fis ramasser[3] à mes mesmes *marrons*[4], et de tout leur service à huit, je donai deus escus. Toutefois le sul *ramasser* ne coûte qu'un *teston*[5]; c'est un plesant badinage mais sans hasard aucun et sans grand esperit : nous disnâmes à

Lanebourg[6], deus postes, qui est un village au pied de la montaigne où est la Savoie; et vinmes coucher à deus lieues, à un petit village. Partout là il y a force truites et vins vieus et nouveaux excellants.

De là nous vinmes, par un chemin montueus et pierreus, disner à

Saint Michel[7], cinq lieues, village où est la poste. De là vinsmes au giste bien tard et bien mouillés à

La Cambre, cinq lieues, petite ville d'où tirent leur titre les marquis de la Chambre.

Le vandredi, 3 de novambre, vînmes disner à

Aiguebelle, quatre lieues, bourg fermé et au giste à

Mont-Mellian[1], quatre lieues, ville et fort, lequel tient le dessus d'une petite croupe qui s'élève au milieu de la plaine entre ces hautes montaignes; assise ladiête ville au-dessous dudiêt fort, sur la riviere d'Isère qui passe à Grenoble, à sept lieues dudiêt lieu. Je santois là évidamment l'excellance des huiles d'Italie[2]; car celes de deçà commançoint à me faire mal à l'estomach, là où les autres jamais ne me revenoint à la bouche.

Vinsmes disner à

Chamberi, deux lieues, ville principale de Savoie, petite, belle et marchande, plantée entre les mons, mais en un lieu où ils se reculent fort et font une bien grande plaine.

Delà nous vînmes passer le mont du Chat[3], haut, roide et pierreus, mais nullemant dangereus ou mal aisé, au pied duquel se sied un grand lac[4], et le long d'icelui un château nomé Bordeau[5], où se font des espées de grand bruit; et au gîste à

Hyene[6], quatre lieues, petit bourg. Le dimanche matin nous passâmes le Rosne que nous avions à nostre mein droite, après avoir passé sur icelui un petit fort[7] que le duc de Savoie y a basti entre des rochers qui se serrent bien fort[8] et le long de l'un d'iceux y a un petit chemin étroit au bout duquel est ledicêt fort, non guiere différant de Chiusa que les Vénitiens ont planté au bout des montaignes du Tirol.

De là continuant tousjours le fond entre les montaignes, vinsmes d'une trete à

Saint Rambert, sept lieues, petite vilete audiêt vallon. La pluspart des villes de Savoie ont un ruisseau[9] qui les lave par le milieu; et les deux costés jusques audiêt ruisseau où sont les rues, sont couverts de grans otevans, en maniere que vous y estes à couvert et à sec en tout tamps; il est vrai que les boutiques en sont plus obscures.

Le lundi six de novembre, nous partismes au matin de Saint-Rambert, auquel lieu le sieur Francesco Cenami[10], banquier de Lyon, qui y étoit retiré pour la peste m'envoïa de son vin et son neveu aveq plusieurs très honnestes compliments.

Je partis de là lundi matin, et après estre enfin sorti

tout-à-faict des montaignes[1], comançai d'antrer aus plaines à la francèse.

Là je passai en bateau la riviere d'Ain, au pont de Chesai[2], et m'en vins d'une trete à

Montluel six lieues, petite ville de grand passage, appartenante à monsieur de Savoie, et la derniere des sienes.

Le mardi après disner, je prins la poſte et vins coucher à

Lyon, deux poſtes, trois lieues. La ville me pleut beaucoup à la voir.

Le vandredi j'achetai de Joseph de la Sone[3], trois courtaus[4] neufs par le billot[5] deux cens escus[6]; et le jour avant avois acheté de Malesieu[7] un cheval de pas[8] de cinquante escus, et un autre courteau trente trois.

Le samedi jour de Saint-Martin, j'eus au matin grand mal d'eſtomac, et me tins au lit jusques après midi qu'il me print un flux de ventre; je ne disnai point et soupai fort peu.

Le dimanche douze de novembre, le sieur Alberto Giachinotti, Florentin, qui me fit plusieurs autres courtoisies, me dona à diner en sa maison, et m'offrit à preſter de l'argent, n'aïant eu conoissance de moi que lors.

Le mercredi 15 de novembre 1581, je partis de Lyon après dîner, et par un chemin montueus vins coucher à

Bordelière[9], cinq lieues, village où il n'y a que deux maisons.

De là le judi matin fimes un beau chemin plein, et sur le milieu d'icelui près de Fur[10], petite vilete, passâmes à bateau la rivière de Loire, et nous rendismes d'une trete à

L'Hospital[11], huit lieues, petit bourg clos. De là, vandredi matin, suivismes un chemin montueus[12], en temps aspre de nèges et d'un vant cruel où nous venions et nous randismes à

Tiers[13], six lieues; petite ville sur la riviere d'Allier, fort marchande, bien baſtie et peuplée. Ils font principalement trafiq de papier et sont renomés d'ouvrages de couteaus et cartes à jouer. Elle eſt également[14] diſtante de Lyon, de Saint-Flour, de Moulins et du Puy.

Plus je m'aprochois de chez moi, plus la longur du chemin me sembloit ennuïeuse. Et de vrai, au conte des journées, je n'avois esté à mi chemin de Rome à ma maison, qu'à Chamberi pour le plus[1]. Ceste vile est des terres de la maison de... appartenant à M. de Mont-pansier[2]. J'y fus voir les cartes chez Palmier. Il y a autant d'ouvriers et de façon à cela qu'à une autre besoingne. Les cartes ne se vandent qu'un sol les comunes, et les fines deux carolus[3].

Samedi nous suivismes la plaine de la Limaigne[4] grasse, et après avoir passé à bateau la Doare[5] et puis l'Allier, vînmes coucher au

Pont du Château, quatre lieues. La peste a fort persé-cuté ce lieu-là; et en ouis plusieurs histoires notables. La maison du seigneur qui est le manoir paternel du viconte de Canillac[6], fut brulée ainsi qu'on la vouloit purifier atout du feu. Ledict sieur envoïa vers moi un de ses jans, aveq plusieurs offres verbales, et me fit prier d'escrire à M. de Foix[7] pour la recommandation de son fils qu'il venoit d'envoïer à Rome.

Le dimanche 19 de novambre, je vins disner à

Clermont[8], deux lieues, et y arrestai en faveur de mes jeunes chevaux.

Lundi 20, je partis au matin, et sur le haut du Puy de Doume[9] randis une pierre assez grande, de forme large et plate, qui estoit au passage depuis le matin, et l'avois santie le jour auparavant; et come elle vousit choir en la vessie, la santis aussi un peu aus reins. Elle n'étoit ni molle ni dure.

Je passai à Pongibaut[10], où j'alai saluer en passant madame de la Fayette[11] et fus une demi-heure en sa salle. Ceste maison n'a pas tant de beauté que de nom; l'assiette en est leide plustost qu'autremant; le jardin petit, quarré, où les allées sont relevées de bien 4 ou 5 pieds : les car-reaus sont en fons où il y a force fruitiers et peu d'herbes, les costés desdicts carreaus einsi enfoncés, revetus de pierre de taille. Il faisoit tant de nege, et le tamps si aspre de vant froit, qu'on ne voïoit rien du pays.

Je vins coucher à

Pont-à-Mur[12], sept lieues, petit village. Monsieur et madame du Lude[13] étoint à deux lieues de là.

Je vins landemein coucher à

Pont-Sarraut[1], petit village, six lieües. Ce chemin est
garni de chetifves hostelleries jusques à Limoges, où
toutes fois il n'y a faute de vins passables. Il n'y passe que
muletiers et messagiers qui courent à Lyon. Ma teste
n'estoit pas bien; et si les orages et vans frédureus et
pluies y nuisent, je lui en donois son soul en ces routes-là
où ils disent l'hiver estre plus aspre qu'en lieu de France.

Le mercredi 22 de novembre, de fort mauvais tamps, je
partis de là, et aïant passé le long de Feletin[2], petite ville
qui samble estre bien bastie, située en un fons tout
entourné de haus costaus, et estoit encore demi déserte
pour la peste passée, je vins coucher à

Chastein[3], cinq lieües, petit méchant village. Je beus
là du vin nouveau et non purifié, à faute du vin vieus.

Le jeudi 23, aïant tousjours ma teste en cest estat, et le
tamps rude, je vins coucher à

Saubiac[4], cinq lieües, petit village qui est à monsieur
de Lausun[5].

De là je m'en vins coucher lendemain à

Limoges, six lieües, où j'arrestai tout le samedi; et y
achetai un mulet quatre vingt dix escus-sol; et païai pour
charge de mulet, de Lyon là, cinq escus, aïant esté
trompé en cela de 4 livres; car toutes les autres charges
ne coutarent que trois escus et deu tiers d'escu. De
Limoges à Bordeaus, on paie un escu pour çant[6].

Le dimanche 26 de novembre, je partis après disner de
Limoges et vins coucher aus

Cars[7], cinq lieües, où il n'y avoit que madame des
Cars[8]. Le lundi vins coucher à

Tivié[9], six lieües.
Le mardi coucher à

Perigus[10], cinq lieües. Le mercredi coucher à

Mauriac[11], cinq lieües. Le jeudi jour de Saint-André[12],
dernier novembre, coucher à

Montaigne, sept lieues; d'où j'estois parti le 22 de juin 1580, pour aller à La Fere. Par einsin avoit duré mon voyage 17 mois 8 jours[1].

LETTRES

INTRODUCTION

Les lettres de Montaigne ont été recueillies dans l'édition des *Essais* jadis procurées par Courbet et Royer, mais sans qu'y fût indiqué le nom des auteurs qui les ont découvertes, ni mentionnée la date où elles le furent. Nous essayons ici de combler cette lacune.

Montaigne lui-même avait publié dans les *Essais* les lettres *dédicaces,* que l'on peut, en effet, distinguer des lettres *missives* qui constituent ce qui demeure de sa correspondance. Nous croyons qu'il est préférable de donner l'ensemble de ces lettres, au nombre de trente-six, dans leur ordre chronologique.

Il sied toutefois de signaler que deux d'entre elles sont des lettres *remontrances* adressées par Montaigne, alors maire de Bordeaux, au roi de Navarre et au roi de France. Si les jurats ont joint leurs signatures à la sienne, tout fait croire qu'il les a dictées ou inspirées.

M. R.

I. — FRAGMENT D'UNE LETTRE[1]

QUE MONSIEUR LE CONSEILLER DE MONTAIGNE
ESCRIT À MONSEIGNEUR DE MONTAIGNE SON PÈRE,
CONCERNANT QUELQUES PARTICULARITEZ QU'IL REMARQUA
EN LA MALADIE & MORT DE FEU MONSIEUR
DE LA BOETIE.

QUANT à ses dernieres paroles, sans doubte si homme
en doit rendre bon conte, c'est moy, tant par ce que
du long de sa maladie il parloit aussi volontiers à
moy qu'à nul autre : que aussi pource que pour la singuliere & fraternelle amitié que nous nous estions entre-
portez, j'avois trescertaine cognoissance des intentions,
jugements & volontez qu'il avoit eu durant sa vie, autant
sans doute qu'homme peut avoir d'un autre : & par ce
que je les sçavois estre hautes, vertueuses, pleines de
trescertaine resolution, & quand tout est dit, admirables :
je prevoyois bien, que si la maladie luy laissoit le moyen
de se pouvoir exprimer, qu'il ne luy eschapperoit rien en
une telle necessité, qui ne fust grand, & plein de bon
exemple : ainsi je m'en prenois le plus garde que je
pouvois. Il est vray, Monseigneur, comme j'ay la memoire
fort courte, & debauchée encore par le trouble que mon
esprit avoit à souffrir d'une si lourde perte, & si importante, qu'il est impossible que je n'aye oublié beaucoup
de choses que je voudrois estre sceuës. Mais celles
desquelles il m'est souvenu, je les vous manderay le
plus au vray qu'il me sera possible. Car pour le representer ainsi fierement arresté en sa brave démarche, pour
vous faire voir ce courage invincible dans un corps
atterré & assommé par les furieux efforts de la mort,
& de la douleur, je confesse qu'il y faudroit un beaucoup
meilleur stile que le mien. Par ce qu'encores que durant
sa vie quand il parloit de choses graves & importantes, il
en parloit de telle sorte, qu'il estoit mal-aisé de les si bien
escrire, si est-ce qu'à ce coup il sembloit que son esprit

& sa langue s'efforçassent à l'envy, comme pour luy faire leur dernier service. Car sans doute je ne le vis jamais plein ny de tant & de si belles imaginations, ny de tant d'eloquence, comme il a esté le long de ceste maladie. Au reste, Monseigneur, si vous trouvez que j'aye voulu mettre en compte ses propos plus legers & ordinaires, je l'ay fait à escient. Car estants dits en ce temps là, & au plus fort d'une si grande besongne, c'est un singulier tesmoignage d'une ame pleine de repos, de tranquilité, & d'asseurance.

Comme je revenois du Palais, le lundy neufiéme d'Aoust 1536. Je l'envoyay convier à disner chez moy : il me manda qu'il me mercioit, qu'il se trouvoit un peu mal, & que je luy ferois plaisir si je voulois estre une heure avec luy, avant qu'il partist pour aller en Medoc. Je l'allay trouver bien tost apres disner : il estoit couché vestu, & monstroit desja ie ne sçay quel changement en son visage. Il me dist que c'estoit un flux de ventre avec des tranchees, qu'il avoit pris le jour avant jouant en pourpoint soubs une robbe de soye avec monsieur d'Escars[2], & que le froit luy avoit souvent fait sentir semblables accidents. Je trouvay bon qu'il continuast l'entreprise qu'il avoit pieça faicte de s'en aller : mais qu'il n'allast pour ce soir que jusques à Germignan[3], qui n'est qu'à deux lieuës de la ville. Cela faisois-je pour le lieu où il estoit logé tout avoisiné de maisons infectes de peste, de laquelle il avoit quelque apprehension, comme revenant de Perigort & d'Agenois, où il avoit laissé tout empesté : & puis pour semblable maladie que la sienne je m'estois autre-fois tresbien trouvé de monter à cheval. Ainsi il s'en partit, & Madamoiselle de la Boëtie sa femme, & monsieur de Bouillhonnas son oncle, avec luy.

Le lendemain de bien bon matin, voicy venir un de ses gents à moy de la part de Madamoiselle de la Boëtie, qui me mandoit qu'il s'estoit fort mal trouvé la nuict, d'une forte dissenterie. Elle envoyoit querir un medecin, & un apotiquaire, & me prioit d'y aller : comme je fis l'apres-disnée.

A mon arrivée, il sembla qu'il fust tout esjouy de me voir : & comme je voulois prendre congé de luy pour m'en revenir, & luy promisse de le revoir le lendemain : il me pria avec plus d'affection & d'instance, qu'il n'avoit jamais fait d'autre chose, que je fusse le plus que je

pourrois avec luy. Cela me toucha aucunement. Ce
neantmoins je m'en allois quand Madamoiselle de la
Boëtie, qui pressentoit desja je ne sçay quel mal-heur, me
pria les larmes à l'œil, que je ne bougeasse pour ce soir.
Ainsi elle m'arresta, dequoy il se resjouit avecques moy.
Le lendemain je m'en revins, & le Jeudy le fus retrouver.
Son mal alloit en empirant : son flux de sang & ses tranchees qui l'affoiblissoient encores plus, croissoient
d'heure à autre.

Le Vendredy je le laissay encores : & le Samedy je le
fus revoir desja fort abbatu. Il me dit lors que sa maladie
estoit un peu contagieuse, & outre cela, qu'elle estoit
malplaisante, & melancolique : qu'il cognoissoit tresbien
mon naturel, & me prioit de n'estre avec luy que par
boutées, mais le plus souvent que je pourrois. Je ne l'aban-
donnay plus. Jusques au Dimenche il ne m'avoit tenu
nul propos de ce qu'il jugeoit de son estre, & ne parlions
que de particulieres occurrences de sa maladie, & de ce
que les anciens medecins en avoient dit. D'affaires
publiques bien peu : car je l'en trouvay tout degousté
dés le premier jour. Mais le Dimenche il eut une grand'-
foiblesse : Et comme il fut revenu à soy, il dit, qu'il luy
avoit semblé estre en une confusion de toutes choses, &
n'avoir rien veu qu'une espesse nuë, & brouillart obscur,
dans lequel tout estoit pesle-mesle, & sans ordre. Toutes
fois qu'il n'avoit eu nul desplaisir à tout cest accident.
« La mort n'a rien de pire que cela, lui dis-je lors, mon
frere. — Mais n'a rien de si mauvais, me respondit-il. »

Depuis lors, par ce que dés le commencement de son
mal, il n'avoit pris nul sommeil, & que nonobstant tous
les remedes, il alloit tousjours en empirant : de sorte qu'on
y avoit desja employé certains bruvages, desquelz on
ne se sert qu'aux dernieres extremitez. Il commença à
desesperer entierement de sa guerison : ce qu'il me communiqua. Ce mesme jour, par ce qu'il fut trouvé bon, je
luy dis, qu'il me sieroit mal pour l'extreme amitié que je
luy portois, si je ne me souciois que comme en sa santé
on avoit veu toutes ses actions pleines de prudence & de
bon conseil, autant qu'à homme du monde, qu'il les
continuast encore en sa maladie : & que si Dieu vouloit
qu'il empirast, je serois tresmarry qu'à faute d'advisement
il eust laissé nul de ses affaires domestiques decousu, tant
pour le dommage que ses parents y pourroient souffrir,

que pour l'interest de sa reputation. Ce qu'il print de moy
de tresbon visage. Et apres s'estre resolu des difficultez
qui le tenoient suspens en cela, il me pria d'appeller son
oncle et sa femme seuls, pour leur faire entendre ce qu'il
avoit deliberé quant à son testament. Je luy dis qu'il les
estonneroit. « Non, non, me dit-il, je les consoleray, &
leur donneray beaucoup meilleure esperance de ma santé,
que je ne l'ay moy-mesmes. » Et puis il me demanda, si
les foiblesses qu'il avoit euës, ne nous avoient pas un
peu estonnez. « Cela n'est rien, luy fis-je, mon frere : ce
sont accidents ordinaires à telles maladies. — Vrayement
non, ce n'est rien, mon frere, me respondit-il, quand bien
il en adviendroit ce que vous en craindriez le plus. — A
vous ne seroit-ce que heur, luy replicquay-je : mais le
dommage seroit à moy qui perdrois la compaignie d'un
si grand, si sage, & si certain amy, & tel que je serois
asseuré de n'en trouver jamais de semblable. — Il pourroit bien estre, mon frere, adjousta-il : & vous asseure
que ce qui me fait avoir quelque soing que j'ay de ma
guerison, & n'aller si courant au passage que j'ay desja
franchy à demy : c'est la consideration de vostre perte,
& de ce pauvre homme, & de ceste pauvre femme
(parlant de son oncle et de sa femme) que j'ayme tous
deux unicquement : & qui porteront bien impatiemment
(j'en suis asseuré) la perte qu'il feront en moy, qui de vray
est bien grande pour vous et pour eux. J'ay aussi respect
au desplaisir que auront beaucoup de gens de bien qui
m'ont aymé et estimé pendant ma vie, desquelz certes,
je le confesse, si c'estoit à moy à faire, je serois content
de ne perdre encores la conversation. Et si je m'en vais,
mon frere, je vous prie, vous qui les cognoissez, de leur
rendre tesmoignage de la bonne volonté que je leur ay
portee jusques à ce dernier terme de ma vie. Et puis, mon
frere, par aventure n'estois-je point né si inutil, que je
n'eusse moyen de faire service à la chose publicque.
Mais quoy qu'il en soit, je suis prest à partir quand il
plaira à Dieu, estant tout asseuré, que je jouïray de l'aise
que vous me predites. Et quant à vous, mon amy, je vous
cognois si sage, que quelque interest que vous y ayez,
si vous conformerez vous volontiers & patiemment à
tout ce qu'il plaira à sa saincte Majesté d'ordonner de
moy : & vous supplie vous prendre garde que le deuil de
ma perte ne poulse ce bon homme & ceste bonne femme

hors des gonds de la raison. » Il me demanda lors comme ils s'y comportoient desja. Je luy dis, que assez bien pour l'importance de la chose. « Ouy (suyvit-il) à ceste heure, qu'ils ont encore un peu d'esperance. Mais si je la leur ay une fois toute ostee, mon frere, vous serez bien empesché à les contenir. » Suivant ce respect, tant qu'il vescut depuis, il leur cacha tousjours l'opinion certaine qu'il avoit de sa mort, & me prioit bien fort d'en user de mesmes. Quand il les voyoit aupres de luy, il contre-faisoit la chere plus gaye, & les paissoit de belles esperances.

Sur ce point je le laissay pour les aller appeller. Ils composerent leur visage le mieux qu'ils peurent pour un temps. Et apres nous estre assis autour de son lict, nous quatre seuls, il dit ainsi d'un visage posé, & comme tout esjouy.

« Mon Oncle, ma Femme, je vous asseure sur ma foy, que nulle nouvelle attainte de ma maladie ou opinion mauvaise que j'aye de ma guerison, ne m'a mis en fantaisie de vous faire appeller, pour vous dire ce que j'entreprens : car je me porte, Dieumercy, tresbien, & plein de bonne esperance : mais ayant de longue main apprins, tant par longue experience, que par longue estude, le peu d'asseu-rance qu'il y a à l'instabilité & inconstance des choses humaines, & mesmes en nostre vie, que nous tenons si chere, qui n'est toutesfois que fumee & chose de neant : & considerant aussi que puisque je suis malade, je me suis d'autant approché du danger de la mort, j'ay deliberé de mettre quelque ordre à mes affaires domesticques, apres en avoir eu vostre advis premierement. » Et puis addressant son propos à son oncle : « Mon bon oncle, dit-il, si j'avois à vous rendre à ceste heure compte des grandes obligations que je vous ay, je n'aurois en piece fait : il me suffit que jusques à present, où que j'aye esté & à quiconques j'en aye parlé, j'aye tousjours dit, que tout ce que un tressage, tresbon & tresliberal pere pouvoit faire pour son fils, tout cela avez vous fait pour moy, soit pour le soing qu'il a fallu à m'instruire aux bonnes lettres, soit lors qu'il vous a pleu me poulser aux estats : de sorte que tout le cours de ma vie a esté plein de grands & recommendables offices d'amitiez vostres envers moy : somme, quoy que j'aye, je le tiens de vous, je l'advoüe de vous, je vous en suis redevable, vous estes mon vray pere : ainsi comme fils de famille je n'ay nulle puissance de disposer de rien, s'il ne vous plaist de m'en donner congé. » Lors il se teust, & attendit que les souspirs & les sanglots eussent donné loisir à son oncle de luy respondre, qu'il trouveroit tousjours tresbon tout ce qu'il lui plairoit. Lors ayant à le faire son heritier, il le supplia de prendre de luy le bien qui estoit sien.

Et puis destournant sa parole à sa femme : « Ma semblance, dit-il (ainsi l'appelloit-il souvent, pour quelque ancienne alliance qui estoit entre eux) ayant esté joint à vous du sainct neud de mariage, qui est l'un des plus respectables & inviolables que Dieu nous ait ordonné çà bas, pour l'entretien de la societé humaine, Je vous ay aymee, cherie & estimee autant qu'il m'a esté possible, & suis tout asseuré que vous m'avez rendu reciproque affection, que je ne sçaurois assez recognoistre. Je vous prie de prendre de la part de mes biens ce que je vous donne, & vous en contenter, encores que je sçache bien que c'est bien peu au pris de voz merites. »

Et puis tournant son propos à moy : « Mon frere, dit-il, que j'ayme si cherement, & que j'avois choisy parmy tant d'hommes, pour renouveller avec vous ceste vertueuse & sincere amitié, de laquelle l'usage est par les vices dés si long temps esloigné d'entre nous, qu'il n'en reste que quelques vieilles traces en la memoire de l'antiquité : Je vous supplie pour signal de mon affection envers vous, vouloir estre successeur de ma Bibliothecque & de mes livres, que je vous donne : present bien petit, mais qui part de bon cueur : & qui vous est convenable pour l'affection que vous avez aux lettres. Ce vous sera μνημόσυννον τui sodalis[4]. »

Et puis parlant à tous trois generalement, loüa Dieu, de quoy en une si extreme necessité, il se trouvoit accompagné de toutes les plus cheres personnes qu'il eust en ce monde. Et qu'il luy sembloit tresbeau à voir, une assemblee de quatre si accordants & si unis d'amitié, faisant, disoit-il, estat, que nous nous entraymions unanimement les uns pour l'amour des autres : & nous ayant recommandé les uns aux autres, Il suyvit ainsi :

« Ayant mis ordre à mes biens, encores me faut il penser à ma conscience. Je suis Chrestien, je suis Catholique : tel ay vescu, tel suis-je deliberé de clorre ma vie.

Qu'on me face venir un prestre, car je ne veux faillir à ce dernier devoir d'un Chrestien. »

Sur ce poinct il finit son propos, lequel il avoit continué avec telle asseurance de visage, telle force de parolle & de voix, que là où je l'avois trouvé, lors que j'entray en sa chambre, foible, trainant lentement les mots, les uns apres les autres, & ayant le pouls abbatu comme de fiévre lente, & tirant à la mort, le visage palle & tout meurtry, il sembloit lors qu'il vint, comme par miracle, de reprendre quelque nouvelle vigueur : le taint plus vermeil, & le pouls plus fort, de sorte que je luy fis taster le mien, pour les comparer ensemble. Sur l'heure j'eus le cueur si serré, que je ne sceus rien luy respondre. Mais deux ou trois heures apres, tant pour luy continuer ceste grandeur de courage, que aussi par ce que je souhaittois pour la jalousie que j'ay euë toute ma vie de sa gloire & de son honneur, qu'il y eust plus de tesmoings de tant & si belles preuves de magnanimité, y ayant plus grande compagnie en sa chambre : je luy dis, que j'avois rougy de honte de quoy le courage m'avoit failly à ouïr ce, que luy qui estoit engagé dans ce mal avoit eu courage de me dire. Que jusques lors j'avois pensé que Dieu ne nous donnast guieres si grand avantage sur les accidents humains, & croyois malayseement ce que quelque-fois j'en lisois parmy les histoires : mais qu'en ayant senti une telle preuve, je louois Dieu de quoy ce avoit esté en une personne de qui je fusse tant aymé, & que j'aymasse si cherement : & que cela me serviroit d'exemple, pour jouër ce mesme rolle à mon tour.

Il m'interrompit pour me prier d'en user ainsi, & de monstrer par effect que les discours que nous avions tenus ensemble pendant nostre santé, nous ne les portions pas seulement en la bouche, mais engravez bien avant au cueur & en l'ame, pour les mettre en execution aux premieres occasions qui s'offriroient, adjoustant que c'estoit la vraye prattique de noz estudes, & de la philosophie. Et me prenant par la main : « Mon frere, mon amy, me dit-il, je t'asseure que j'ay fait assez de choses, ce me semble, en ma vie, avec autant de peine & difficulté que je fais ceste-cy. Et quand tout est dit, il y a fort long temps que j'y estois preparé, & que j'en sçavois ma leçon toute par cueur. Mais n'est-ce pas assez vescu jusques à l'aage auquel je suis ? J'estois prest à entrer à mon trentetroisiéme an. Dieu m'a fait ceſte grace, que tout ce que j'ay passé jusques à ceſte heure de ma vie, a eſté plein de santé & de bon-heur : pour l'inconſtance des choses humaines, cela ne pouvoit gueres plus durer. Il eſtoit meshuy temps de se mettre aux affaires, & de voir mille choses mal-plaisantes, comme l'incommodité de la vieillesse, de laquelle je suis quitte par ce moyen. Et puis il eſt vray-semblable que j'ay vescu jusqu'à ceſte heure avec plus de simplicité & moins de malice, que je n'eusse par-aventure fait, si Dieu m'euſt laissé vivre jusqu'à ce, que le soing de m'enrichir, & accommoder mes affaires, me fuſt entré dans la teſte. Quant à moy, je suis certain que je m'en vays trouver Dieu, & le sejour des bien heureux. » Or par ce que je monſtrois mesmes au visage l'impatience que j'avois à l'ouyr : « Comment, mon frere, me dit-il, me voulez vous faire peur ? si je l'avois, à qui seroit-ce de me l'oſter qu'à vous ? » Sur le soir, par ce que le notaire survint, qu'on avoit mandé pour recevoir son teſtament, je le luy fis mettre par escrit, & puis je luy feus dire s'il ne le vouloit pas signer : « Non pas signer, dit-il, je le veux faire moy-mesme. Mais je voudrois mon frere qu'on me donnaſt un peu de loisir, car je me trouve extremement travaillé, & si affoibly que je n'en puis quasi plus » : Je me mis à changer de propos, mais il se reprit soudain, & me dit, qu'il ne falloit pas grand loysir à mourir, & me pria de sçavoir si le notaire avoit la main bien legere, car il n'arreſteroit gueres à diſter. J'appellay le notaire : & sur le champ il diſta si viſte son teſtament, qu'on eſtoit bien empesché à le suyvre. Et ayant achevé il me pria de luy lire : & parlant, à moy : « Voylà, dit-il, le soing d'une belle chose que noz richesses : *Sunt hæc quæ hominibus vocantur bona*[5]. » Apres que le teſtament eut eſté signé, comme sa chambre eſtoit pleine de gents, il me demanda s'il luy feroit mal de parler. Je luy dis que non, mais que ce fuſt tout doucement.

Lors il fit appeler Madamoyselle de Saint-Quentin sa niepce, & parla ainsi à elle : « Ma niepce m'amie, il m'a semblé depuis que je t'ay cogneuë avoir veu reluire en toy des traits de tresbonne nature : mais ces derniers offices que tu fais avec si bonne affeſtion, & telle diligence, à ma presente necessité, me promettent beaucoup de toy : & vrayement je t'en suis obligé & t'en mercie tresaffectueusement. Au reste pour ma descharge, je t'advertis d'estre premierement devote envers Dieu. Car c'est sans doute la principale partie de nostre devoir, & sans laquelle nulle autre action ne peut estre ny bonne ny belle : & celle la y estant bien à bon escient, elle traine apres soy par necessité toutes autres actions de vertu. Apres Dieu, il te faut aymer & honnorer ton pere & ta mere, mesmes ta mere ma sœur, que j'estime des meilleures & plus sages femmes du monde : & te prie de prendre d'elle l'exemple de ta vie. Ne te laisse point emporter aux plaisirs : fuis comme peste ces folles privautez que tu vois les femmes avoir quelquefois avec les hommes : Car encores que sur le commencement elles n'ayent rien de mauvais, toutefois petit à petit elles corrompent l'esprit, & le conduisent à l'oysiveté, & delà, dans le vilain bourbier du vice. Crois moy : la plus seure garde de la chasteté à une fille, c'est la severité. Je te prie, & veux qu'il te souvienne de moy, pour avoir souvent devant les yeux l'amitié que je t'ay portée : non pas pour te plaindre & pour te douloir de ma perte, & cela deffens-je à tous mes amys tant que je puis, attendu qu'il sembleroit qu'il fussent envieux du bien, duquel, mercy à ma mort, je me verray bien tost jouissant : & t'asseure ma fille, que si Dieu me donnoit à ceste heure à choisir, ou de retourner à vivre encores, ou d'achever le voyage que j'ay commencé, je serois bien empesché au chois. Adieu ma niepce m'amye. »

Il fit apres appeller Madamoiselle d'Arsat sa belle fille, & luy dit : « Ma fille, vous n'avez pas grand besoing de mes advertissements, ayant une telle mere, que j'ay trouvée si sage, si bien conforme à mes conditions & volontez, ne m'ayant jamais fait nulle faute. Vous serez tresbien instruite d'une telle maistresse d'eschole. Et ne trouvez point estrange, si moy, qui ne vous attouche d'aucune parenté, me soucie, & me mesle de vous. Car estant fille d'une personne qui m'est si proche, il est impossible, que tout ce qui vous concerne ne me touche aussi. Et pourtant ay-je tousjours eu tout le soing des affaires de monsieur d'Arsat vostre frere, comme des miennes propres. Et paravanture ne vous nuira-il pas à vostre avancement d'avoir esté ma belle fille. Vous avez de la richesse & de la beauté assez : vous estes Damoiselle de bon lieu. Il ne vous reste que d'y adjouster les biens de l'esprit : ce que je vous prie vouloir faire. Je ne vous

deffens pas le vice qui est tant detestable aux femmes :
car je ne veux pas penser seulement, qu'il vous puisse
tomber en l'entendement : voire je crois que le nom
mesme vous en est horrible. Adieu ma belle fille. »

Toute la chambre estoit pleine de cris & de larmes, qui
n'interrompoient toutesfois nullement le train de ses
discours, qui furent longuets. Mais apres tout cela il
commanda qu'on fist sortir tout le monde, sauf sa garnison : ainsi nomma-il les filles qui le servoient. Et puis
appellant mon frere de Beauregard : « Monsieur de
Beauregard, luy dit-il, Je vous mercie bien fort de la
peine que vous prenez pour moy : vous voulez bien que
je vous descouvre quelque chose que j'ay sur le cœur à
vous dire. » Dequoy, quand mon frère luy eut donné
asseurance, il suyvit ainsi : « Je vous jure que de tous
ceux qui se sont mis à la reformation de l'Eglise, je n'ay
jamais pensé qu'il y en ait eu un seul qui s'y soit mis avec
meilleur zéle, plus entiere, sincere & simple affection,
que vous. Et crois certainement que les seuls vices de
noz prelats, qui ont sans doute besoing d'une grande
correction, & quelques imperfections que le cours du
temps a apporté en nostre Eglise, vous ont incité à cela :
je ne vous en veux pour ceste heure demouvoir : car aussi
ne prie-je pas volontiers personne de faire, quoy que ce
soit, contre sa conscience. Mais je vous veux bien advertir,
qu'ayant respect à la bonne reputation qu'a acquis la
maison de laquelle vous estes, par une continuelle concorde : maison que j'ay autant chere que maison du
monde : Mon Dieu quelle case, de laquelle il n'est jamais
sorty acte que d'homme de bien ! ayant respect à la volonté
de vostre pere, ce bon pere à qui vous devez tant, de
vostre bon oncle, à voz freres, vous fuyez ces extremitez :
ne soyez point si aspre & si violent : accommodez vous
à eux. Ne faictes point de bande & de corps à part :
joignez vous ensemble. Vous voyez combien de ruines
ces dissentions ont apporté en ce royaume, & vous
respons, qu'elles en apporteront de bien plus grandes.
Et, comme vous estes sage & bon, gardez de mettre ces
inconveniens parmy vostre famille, de peur de luy faire
perdre la gloire & le bon-heur duquel elle a jouy jusques
à ceste heure. Prenez en bonne part, Monsieur de Beauregard, ce que je vous en dis, & pour un certain tesmoignage de l'amitié que je vous porte. Car pour cest effect

me suis-je reservé jusques à ceste heure à vous le dire :
& à l'aventure vous le disant en l'estat auquel vous me
voyez, vous donnerez plus de poix & d'authorité à
mes paroles. » Mon frere le remercia bien fort.

Le Lundi matin il estoit si mal, qu'il avoit quitté toute
esperance de vie. De sorte que deslors qu'il me vit, il
m'appella tout piteusement, & me dit : « Mon frere,
n'avez vous pas de compassion de tant de tourments que
je souffre ? Ne voyez vous pas meshuy que tout le secours
que vous me faites ne sert que d'allongement à ma peine ? »
Bien tost apres il s'esvanouit : de sorte qu'on le cuida
abandonner pour trespassé : en fin on le réveilla à force
de vinaigre & de vin. Mais il ne veit de fort long temps
apres : & nous oyant crier autour de luy, il nous dit :
« Mon Dieu, qui me tourmente tant ? Pourquoy m'oste
lon de ce grand & plaisant repos auquel je suis ? laissez
moy je vous prie. » Et puis m'oyant, il me dit: « Et vous
aussi, mon frere, vous ne voulez donc pas que je guerisse.
O quel ayse vous me faites perdre ! » En fin s'estant encores
plus remis, il demanda un peu de vin. Et puis s'en estant
bien trouvé, me dit, que c'estoit la meilleure liqueur du
monde. « Non est dea, fis-je, pour le mettre en propos,
c'est l'eau. — C'est-mon, répliqua-il, ὕδωρ ἄριστον⁶. »
Il avoit desja toutes les extremitez, jusques au visage,
glacees de froid, avec une sueur mortelle qui luy couloit
tout le long du corps. Et n'y pouvoit on quasi plus
trouver nulle recognoissance de pouls. Ce matin il se
confessa à son prestre : mais par ce que le prestre n'avoit
apporté tout ce qu'il luy failloit, il ne luy peut dire la
Messe. Mais le Mardy matin monsieur de la Boëtie le
demanda, pour l'ayder, dit-il, à faire son dernier office
chrestien. Ainsi il ouit la Messe, & feit ses Pasques. Et
comme le prestre prenoit congé de luy, il luy dit : « Mon
pere spirituel je vous supplie humblement, & vous &
ceux qui sont soubs vostre charge, priez Dieu pour moy,
soit qu'il soit ordonné par les tressacrez thresors des
desseins de Dieu que je finisse à ceste heure mes jours,
qu'il ayt pitié de mon ame, & me pardonne mes pechez,
qui sont infinis : comme il n'est pas possible que si vile
& si basse creature que moy aye peu executer les commandements d'un si haut & si puissant maistre : ou s'il
luy semble que je face encores besoin pardeça, & qu'il
vueille me reserver à quelque autre heure, suppliez le qu'il

finisse bien tost en moy les angoisses que je souffre, &
qu'il me face la grace de guyder dorenavant mes pas à la
suyte de sa volonté, & de me rendre meilleur que je n'ay
esté. » Sur ce point il s'arresta un peu pour prendre aleine :
& voyant que le prestre s'en alloit, il le rappella, & luy dit,
« Encores veux je dire cecy en vostre presence: Je proteste,
que comme j'ay esté baptizé, ay vescu, ainsi veux-je
mourir soubs la foy & religion que Moyse planta premierement en Ægypte : que les Peres receurent depuis
en Judee, & qui de main en main par succession de temps
a esté apportee en France. » Il sembla à le voir qu'il
eust parlé encores plus long temps, s'il eust peu : mais
il finit, priant son oncle & moy de prier Dieu pour luy.
Car ce sont, dit-il, les meilleurs offices que les Chrestiens
puissent faire les uns pour les autres. Il s'estoit en parlant
descouvert une espaule, & pria son oncle la recouvrir,
encores qu'il eust un vallet plus pres de luy. Et puis me
regardant : « *Ingenui est,* dit-il, *cui multum debeas, ei plurimum
velle debere*[7]. » Monsieur de Belot[8] le vint voir apres midy :
& il luy dit, luy presentant sa main : « Monsieur mon
bon amy, j'estois icy à mesme pour payer ma debte, mais
j'ay trouvé un bon crediteur qui me l'a remise. » Un peu
apres comme il se réveilloit en sursaut : « Bien, bien,
qu'elle vienne quand elle voudra, je l'attends, gaillard
& de pié coy. » Mots qu'il redist deux ou trois fois en sa
maladie. Et puis comme on luy entreouvroit la bouche
par force, pour le faire avaller : « *An vivere tanti est*[9] ? »
dit-il, tournant son propos à Monsieur de Belot. Sur le
soir il commença bien à bon escient à tirer aux traicts de
la mort : & comme je souppois il me fit appeller,
n'ayant plus que l'image & que l'ombre d'un homme, &
comme il disoit de soy-mesme, *Non homo, sed species
hominis*[10] : & me dit, à toutes peines : « Mon frere, mon
amy, pleust à Dieu que je visse les effects des imaginations
que je viens d'avoir. » Apres avoir attendu quelque temps
qu'il ne parloit plus, & qu'il tiroit des souspirs tranchants
pour s'en efforcer, car deslors la langue commençoit
fort à luy denier son office. « Quelles sont elles, mon frere ?
luy dis-je. — Grandes, grandes, me respondit-il. — Il ne
fut jamais, suyvis-je, que je n'eusse cest honneur que de
communiquer à toutes celles qui vous venoient à l'entendement, voulez vous pas que j'en jouisse encore ? —
C'est-mon dea, respondit-il : mais mon frere, je ne puis :

elles sont admirables, infinies, & indicibles. » Nous en demeurasmes là : car il n'en pouvoit plus. De sorte qu'un peu au paravant il avoit voulu parler à sa femme, & luy avoit dit d'un visage le plus gay qu'il le pouvoit contrefaire, qu'il avoit à luy dire un conte. Et sembla qu'il s'efforçast pour parler : mais la force luy deffaillant, il demanda un peu de vin pour la luy rendre. Ce fut pour-neant : car il evanouit soudain, & fut long temps sans veoir. Estant desja bien voisin de sa mort, & oyant les pleurs de Madamoiselle de la Boëtie, il l'appella, & luy dit ainsi : « Ma semblance, vous vous tourmentez avant le temps : voulez-vous pas avoir pitié de moy ? Prenez courage. Certes je porte plus la moitié de peine, pour le mal que je vous voy souffrir, que pour le mien : & avec raison : par ce que les maux que nous sentons en nous, ce n'est pas nous proprement qui les sentons, mais certains sens que Dieu a mis en nous : mais ce que nous sentons pour les autres, c'est par certain jugement & par discours de raison, que nous le sentons. Mais je m'en vais. » Cela disoit il, par ce que le cueur luy failloit. Or ayant eu peur d'avoir estonné sa femme, il se reprint & dist : « Je m'en vais dormir, bon soir ma Femme, allez vous en. » Voila le dernier congé qu'il print d'elle. Apres qu'elle fut partie : « Mon frere, me dit-il, tenez vous au pres de moy, s'il vous plaist. » Et puis, ou sentant les poinctes de la mort plus pressantes & poignantes, ou bien la force de quelque medicament chaud qu'on luy avoit fait avaller, il print une voix plus esclatante & plus forte, & donnoit des tours dans son lict avec tout plein de violence : de sorte que toute la compaignie commença à avoir quelque esperance, par ce que jusques lors la seule foiblesse nous l'avoit fait perdre. Lors entre autres choses il se print à me prier & reprier avecques une extreme affection, de luy donner une place : de sorte que j'eus peur que son jugement fust esbranlé. Mesmes que luy ayant bien doucement remonstré, qu'il se laissoit emporter au mal, & que ces mots n'estoient pas d'homme bien rassis, il ne se rendit point au premier coup, & redoubla encores plus fort : « Mon frere, mon frere, me refusez-vous doncques une place ? » Jusques à ce qu'il me contraignit de le convaincre par raison, & de luy dire, que puis qu'il respiroit & parloit, & qu'il avoit corps, il avoit par consequent son lieu. « Voire, voire, me respon-

dit-il lors, j'en ay, mais ce n'est pas celuy qu'il me faut :
& puis quand tout est dit, je n'ay plus d'estre. — Dieu vous
en donnera un meilleur bien tost, luy fis-je. — Y fusse-je
desja, mon frere, me respondit-il, il y a trois jours que
j'ahanne pour partir. » Estant sur ces destresses il m'appella souvent pour s'informer seulement si j'estois pres
de luy. En fin il se mist un peu à reposer, qui nous
confirma encores plus en nostre bonne esperance. De
manière que sortant de sa chambre, je m'en resjouïs
avecques Madamoiselle de la Boëtie. Mais une heure
après ou environ, me nommant une fois ou deux, & puis
tirant à soy un grand soupir il rendit l'ame, sur les trois
heures du Mercredy matin dixhuitiesme d'Aoust, l'an
mil cinq cens soixante trois, apres avoir vescu 32 ans,
9 mois, et 17 jours...

II. — A MONSEIGNEUR,
MONSEIGNEUR DE MONTAIGNE[1]

Monseigneur, suyvant la charge que vous me
donnastes l'année passee chez vous à Montaigne,
j'ay taillé & dressé de ma main à Raimond Sebon, ce
grand Theologien & Philosophe Espaignol, un accoustrement à la Françoise, & l'ay devestu, autant qu'il a esté en
moy, de ce port farrouche, & maintien Barbaresque, que
vous luy vîtes premierement : de maniere qu'à mon
opinion, il a meshuy assez de façon & d'entre-gent,
pour se presenter en toute bonne compaignie. Il pourra
bien estre, que les personnes delicates & curieuses y
remarqueront quelque traict, & ply de Gascongne : mais
ce leur sera d'autant plus de honte, d'avoir par leur
nonchallance laissé prendre sur eulx cest advantaige,
à un homme de tout point nouveau & aprenty en telle
besongne. Or monseigneur, c'est raison que sous vostre
nom il se pousse en credit, & mette en lumiere, puis que
il vous doit tout ce que il a d'amendement & reformation.
Toutesfois je voy bien que s'il vous plaist de conter avec
luy, ce sera vous qui luy devrez beaucoup de reste : car
en change de ses excellens & tres-religieux discours, de

ses hautaines conceptions & comme divines, il se trouvera
que vous n'y aurez apporté de vostre part, que des mots
& du langage : marchandise si vulgaire & si vile, que qui
plus en a, n'en vaut, à l'avanture, que moins.

Monseigneur, je supplie Dieu, qu'il vous doint
treslongue & tresheureuse vie.

Vostre treshumble & tresobeissant fils,

De Paris ce 18. de Juin. 1568.

MICHEL DE MONTAIGNE

III. — A MONSIEUR, MONSIEUR DE MESMES[1]

SEIGNEUR DE ROISSY & DE MAL-ASSIZE, CONSEILLER DU ROY EN SON PRIVÉ CONSEIL.

MONSIEUR, c'est une des plus notables folies que les
hommes facent, d'employer la force de leur entendement à ruiner & choquer les opinions communes
& receues, qui nous portent de la satisfaction & et du
contentement. Car là où tout ce qui est soubs le ciel,
employe les moyens & les outils que nature luy a mis
en main (comme de vray c'en est l'usage) pour l'agencement & commodité de son estre : ceulx icy pour sembler
d'un esprit plus gaillard, & plus esveillé, qui ne reçoit &
qui ne loge rien que mille fois touché & balancé au plus
subtil de la raison, vont esbranlant leurs ames d'une
assiete paisible & reposee, pour apres une longue queste
la remplir en somme de doute, d'inquietude, & de fievre.
Ce n'est pas sans raison que l'enfance & la simplicité
ont esté tant recommandees par la verité mesmes. De ma
part j'ayme mieulx estre plus à mon aise, & moins habile :
plus content, & moins entendu. Voila pourquoy Monsieur, quoy que des fines gens se mocquent du soing que
nous avons de ce qui se passera icy apres nous, comme
nostre ame logee ailleurs, n'ayant plus à se resentir des
choses de ça bas : j'estime toutefois que ce soit une grande
consolation à la foiblesse & brieveté de ceste vie, de
croire qu'elle se puisse fermir & allonger par la reputa-

tion & par la renommee : & embrasse tres-volontiers une si plaisante & favorable opinion engendree originellement en nous, sans m'enquerir curieusement ny comment ny pourquoy. De maniere que ayant aymé plus que toute autre chose feu Monsieur de la Boetie, le plus grand homme à mon advis, de noſtre siecle, je penserois lourdement faillir à mon devoir, si à mon escient je laissois esvanouir & perdre un si riche nom que le sien, & une memoire si digne de recommandation, & si je ne m'essayois par ces parties la, de le resusciter & remettre en vie. Je croy qu'il le sent aucunement, & que ces miens offices le touchent & resjouissent. De vray il se loge encore chez moy si entier & si vif, que je ne le puis croire ny si lourdement enterré, ny si entierement esloigné de noſtre commerce. Or Monsieur, par ce que chaque nouvelle cognoissance que je donne de luy & de son nom, c'eſt autant de multiplication de ce sien second vivre, & d'avantage que son nom s'enoblit & s'honore du lieu qui le reçoit, c'eſt à moy à faire non seulement de l'espandre le plus qu'il me sera possible, mais encore de le donner en garde à personnes d'honneur & de vertu : parmi lesquelles vous tenez tel ranc que pour vous donner occasion de recueillir ce nouvel hoſte, & de luy faire bonne chere, j'ay eſté d'advis de vous presenter ce petit ouvrage, non pour le service que vous en puissiez tirer, sçachant bien que à pratiquer Plutarque & ses compaignons, vous n'avez que faire de truchement : mais il eſt possible que Madame de Roissy[2] y voyant l'ordre de son mesnage & de voſtre bon accord representé au vif, sera tres-aise de sentir la bonté de son inclination naturelle avoir non seulement attaint, mais surmontés, ce que les plus sages Philosophes ont peu imaginer du devoir & des loix du Mariage. Et en toute façon, ce me sera tousjours honneur de pouvoir faire chose qui revienne à plaisir à vous ou aux voſtres, pour l'obligation que j'ay de vous faire service.

Monsieur je supplie Dieu, qu'il vous doint tres-heureuse & longue vie.

De Montaigne ce 30. Avril, 1570.

Voſtre humble Serviteur

MICHEL DE MONTAIGNE

IV. — A MONSEIGNEUR,
MONSIEUR DE L'HOSPITAL[1]

CHANCELLIER DE FRANCE

Monseigneur j'ay opinion que vous autres à qui la fortune & la raison ont mis en main le gouvernement des affaires du monde, ne cherchez rien plus curieusement que par où vous puissiez arriver à la cognoissance des hommes de vos charges : car à peine est-il nulle communauté si chétive, qui n'aye en soy des hommes assez pour fournir commodément à chascun de ses offices, pourveu que le departement & le triage s'en peust justement faire. Et ce point la gaigné, il ne resteroit rien pour arriver à la parfaicte composition d'un estat. Or à mesure que cela est le plus souhaitable, il est aussi plus difficile, veu que ny voz yeulx ne se peuvent estendre si loing, que de trier & choisir parmy une si grande multitude & si espandue, ny ne peuvent entrer jusques au fond des cœurs pour y veoir les intentions & la conscience, pieces principales à considerer : de maniere qu'il n'a esté nulle chose publique si bien establie, en laquelle nous ne remerquions souvent la faute de ce departement & de ce choix. Et en celles où l'ignorance & la malice, le fard, les faveurs, les brigues & la violence commandent, si quelque election se voit faicte meritoirement & par ordre, nous le devons sans doute à la fortune, qui par l'inconstance de son bransle divers s'est pour ce coup rencontree au train de la raison. Monsieur ceste consideration m'a souvent consolé sçachant M. Estienne de la Boëtie l'un des plus propres & necessaires hommes aux premieres charges de la France, avoir tout du long de sa vie crouppy, mesprisé, és cendres de son fouyer domestique, au grand interest de nostre bien commun : car quant au sien particulier, je vous advise Monsieur, qu'il estoit si abondamment garny des biens & des thresors qui deffient la fortune, que jamais homme n'a vescu plus satisfaict ny plus content. Je sçay bien qu'il estoit eslevé aux dignitez de son

quartier qu'on estime des grandes : & sçay d'avantage,
que jamais homme n'y apporta plus de suffisance, & que
en l'aage de trente deux ans qu'il mourut, il avoit acquis
plus de vraye reputation en ce rang la, que nul autre avant
luy. Mais tant y a que ce n'est pas raison de laisser en
l'estat de soldat un digne capitaine, ny d'employer, aux
charges moyennes ceux qui feroient bien encores les
premieres. A la verité, ses forces furent mal mesnagees,
& trop espargnees. De façon que au de la de sa charge
il luy restoit beaucoup de grandes parties oisives &
inutiles : desquelles la chose publique eust peu tirer du
service, & luy de la gloire. Or Monsieur, puis qu'il a esté
si nonchalant de se pousser soy-mesme en lumiere, comme
de malheur la vertu & l'ambition ne logent gueres
ensemble : & qu'il a esté d'un siecle si grossier ou si
plein d'envie, qu'il n'y a peu nullement estre aidé par le
tesmoignage d'autruy, je souhaitte merveilleusement que
au moins apres luy sa memoire à qui seule meshuy je dois
les offices de nostre amitié, reçoive le loyer de sa valeur,
& qu'elle se loge en la recommandation des personnes
d'honneur & de vertu. A ceste cause m'a il pris envie de
le mettre au jour, & de vous le presenter, Monsieur, par
ce peu de Vers Latins qui nous restent de luy. Tout au
rebours du maçon qui met le plus beau de son bastiment
vers la rue, & du marchand qui fait monstre & parement
du plus riche eschantillon de sa marchandise, ce qui
estoit en luy le plus recommandable, le vray suc et
moëlle de sa valeur l'ont suivy, & ne nous en est demeuré
que l'escorce & les fueilles. Qui pourroit faire voir les
reiglez bransles de son ame, sa pieté, sa vertu, sa Justice,
la vivacité de son esprit, le poix & la santé de son jugement, la haulteur de ses conceptions si loing eslevees au
dessus du vulgaire, son sçavoir, les graces compaignes
ordinaires de ses actions, la tendre amour qu'il portoit
à sa miserable patrie, & sa haine capitale & juree contre
tout vice, mais principalement contre ceste vilaine traficque qui se couve sous l'honorable tiltre de justice, engendreroit certainement à toutes gents de bien une singuliere
affection envers luy meslee d'un merveilleux regret de sa
part. Mais Monsieur il s'en faut tant que je puisse cela,
que du fruict mesmes de ses estudes il n'avoit encores
jamais pensé d'en laisser nul tesmoignage à la posterité :
& ne nous en est demeuré, que ce que par maniere de

passetemps il escrivoit quelquefois. Quoy que ce soit, je vous supplie Monsieur, le recevoir de bon visage : &, comme nostre jugement argumente maintefois d'une chose legere une bien grande, & que les jeux mesmes des grands personnages rapportent aux cler-voyans quelque merque honnorable du lieu d'où ils partent, monter par ce sien ouvrage à la cognoissance de luy mesme, & en aymer & embrasser par consequent le nom & la memoire. En quoy Monsieur vous ne ferez que rendre la pareille à l'opinion tresresoluë qu'il avoit de vostre vertu : & si accomplirez ce qu'il a infiniment souhaité pendant sa vie. Car il n'estoit homme du monde en la cognoissance & amitié duquel il se fust plus volontiers veu logé que en la vostre. Mais si quelqu'un se scandalise dequoy si hardiment j'use des choses d'autruy, je l'advise qu'il ne fut jamais rien plus exactement dict ne escript aux escholes des Philosophes du droit & des devoirs de la saincte amitié, que ce que ce personnage & moy en avons prattiqué ensemble. Au reste, Monsieur, ce leger present, pour mesnager d'une pierre deux coups, servira aussi, s'il vous plaist, à vous tesmoigner l'honneur et reverence que je porte à vostre suffisance, & qualitez singulieres qui sont en vous. Car quant aux estrangeres & fortuites, ce n'est pas de mon goust de les mettre en ligne de compte.

Monsieur, je supplie Dieu qu'il vous doint tresheureuse & longue vie.

De Montaigne ce 30. Avril, 1570.

Vostre humble & obeissant serviteur

MICHEL DE MONTAIGNE

V. — A MONSIEUR, MONSIEUR DE LANSAC[1]

CHEVALIER DE L'ORDRE DU ROY,
CONSEILLER DE SON CONSEIL PRIVÉ,
SURINTENDANT DE SES FINANCES,
& CAPITAINE DE CENT GENTILS-HOMMES DE SA MAISON

MONSIEUR je vous envoye la Mesnagerie de Xenophon mise en François par feu Monsieur de la Boëtie: present qui m'a semblé vous estre propre, tant pour estre party premierement, comme vous sçavez, de la main d'un Gentilhomme de merque, tresgrand homme de guerre & de paix, que pour avoir prins sa seconde façon de ce personnage que je sçay avoir esté aymé & estimé de vous pendant sa vie. Cela vous servira tousjours d'esguillon à continuer envers son nom & sa memoire vostre bonne opinion & volonté. Et hardiment, Monsieur, ne craignez pas de les accroistre de quelque chose: car ne l'ayant gousté que par les tesmoignages publics qu'il avoit donné de soy, c'est à moy à vous respondre, qu'il avoit tant de degrez de suffisance au dela, que vous estes bien loing de l'avoir cogneu tout entier. Il m'a faict cest honneur vivant, que je mets au compte de la meilleure fortune des miennes, de dresser avec moy une cousture d'amitié si estroicte & si joincte, qu'il n'y a eu biais, mouvement, ny ressort en son ame, que je n'aye peu considerer & juger, au-moins si ma veuë n'a quelquefois tiré court. Or sans mentir, il estoit, à tout prendre, si pres du miracle, que pour, me jettant hors des barrieres de la vray'semblance, ne me faire mescroire du tout, il est force, parlant de luy, que je me reserre & restraigne au dessoubs de ce que j'en sçay. Et pour ce coup, Monsieur, je me contenteray seulement de vous supplier pour l'honneur & reverence que vous devez à la verité, de tesmoigner & croire, que nostre Guyenne n'a eu garde de veoir rien pareil à luy parmy les hommes de sa robbe. Soubs l'esperance donc que vous luy rendrez cela qui luy est tresjustement deu, & pour le refreschir en vostre memoire, je vous donne ce livre : qui tout d'un

train aussi vous respondra de ma part, que sans l'expresse
deffense que m'en fait mon insuffisance, je vous presen-
terois autant volontiers quelque chose du mien, en
recognoissance des obligations que je vous doy, & de
l'ancienne faveur & amitié que vous avez portée à ceux
de noſtre maison. Mais Monsieur, à faute de meilleure
monnoye, je vous offre en payement une tresasseuree
volonté de vous faire humble service.

Monsieur je supplie Dieu qu'il vous maintienne en sa
garde.

Voſtre obeïssant serviteur

MICHEL DE MONTAIGNE

VI. — A MONSIEUR, MONSIEUR DE FOIX[1]

CONSEILLER DU ROY EN SON CONSEIL PRIVÉ,
& AMBASSADEUR DE SA MAJESTÉ PRES LA
SEIGNEURIE DE VENISE

MONSIEUR, eſtant à mesme de vous recommander & à
la poſterité la memoire de feu Eſtienne de la Boëtie,
tant pour son extreme valeur, que pour la singuliere
affection qu'il me portoit, il m'eſt tombé en fantaisie,
combien c'eſtoit une indiscretion de grande consequence
& digne de la coërtion de nos loix, d'aller, comme il se
faict ordinairement, desrobant à la vertu la gloire, sa
fidelle compaigne, pour en eſtrener, sans chois & sans
jugement, le premier venu, selon nos intereſts particuliers : Veu que les deux resnes principales qui nous
guident & tiennent en office, sont la Peine & la Recompense, qui ne nous touchent proprement, & comme
hommes que par l'honneur & la honte, d'autant que
celles icy donnent droittement à l'ame, & ne se gouſtent
que par les sentimens interieurs & plus noſtres : là où
les beſtes mesmes se voyent aucunement capables de
toute autre recompense, & peine corporelle. En oultre,
il eſt bon à veoir que la couſtume de louer la vertu
mesme de ceulx qui ne sont plus, ne vise pas à eulx,

ains qu'elle fait estat d'aiguillonner par ce moien les
vivans à les imiter : comme les derniers chastiements sont
employez par la Justice plus pour l'exemple, que pour
l'interest de ceulx qui les souffrent. Or le louer & le
meslouer s'entrerespondents de si pareille consequence,
il est mal-aisé à sauver, que nos loix defendent offenser
la reputation d'autruy, & ce neantmoins permettent de
l'annoblir sans merite. Ceste pernicieuse licence de jetter
ainsi à nostre poste au vent les louanges d'un chascun a
esté autrefois diversement restreinte ailleurs. Voire à
l'adventure aida elle jadis à mettre la poësie en la male-
grace des Sages. Quoy qu'il en soit, au moins ne se
sçauroit on couvrir, que le vice du mentir n'y apparoisse
tousjours tresmesseant à un homme bien né, quelque
visage qu'on luy donne. Quant à ce personnage de qui
je vous parle, Monsieur, il m'envoye bien loing de ces
termes, car le danger n'est pas que je luy en preste
quelqu'une, mais que je luy en oste : & son malheur
porte, que comme il m'a fourny, autant qu'homme puisse,
de tresjustes & tresapparentes occasions de louange, j'ay
bien aussi peu de moien & de suffisance pour la luy
rendre : je dy moy à qui seul il s'est communiqué jusques
au vif, & qui seul puis respondre d'un million de graces,
de perfections & de vertus qui moisirent oisifves au
giron d'une si belle ame, mercy à l'ingratitude de sa
fortune. Car la nature des choses aiant je ne sçay comment permis, que la verité pour belle & acceptable
qu'elle soit d'elle mesme, si ne l'ambrassons nous qu'infuse & insinuee en nostre creance par les outils de la
persuasion, je me treuve si fort desgarny & de credit
pour authoriser mon simple tesmoignage, & d'eloquence
pour l'enrichir & le faire valoir, qu'à peu a il tenu que je
n'aye quitté là tout ce soing, ne me restant pas seulement
du sien par où dignement je puisse presenter au monde
au moins son esprit & son sçavoir. De vray, Monsieur,
aiant esté surpris de sa destinee en la fleur de son aage,
& dans le train d'une tresheureuse & tres vigoureuse
santé, il n'avoit pensé à rien moins qu'à mettre au jour
des ouvrages qui deussent tesmoigner à la posterité quel
il estoit en cela. Et à l'adventure estoit il assez brave,
quand il y eust pensé, pour n'en estre pas fort curieux.
Mais en fin j'ay prins party qu'il seroit bien plus excusable à luy, d'avoir enseveli avec soy tant de rares

faveurs du ciel, qu'il ne seroit à moy d'ensevelir encore la cognoissance qu'il m'en avoit donnee. Et pourtant aiant curieusement recueilly tout ce que j'ay trouvé d'entier parmy ses brouillars & papiers espars çà & là, le jouët du vent & de ses estudes, il m'a semblé bon, quoy que ce fust, de le distribuer & de le departir en autant de pieces que j'ay peu, pour de là prendre occasion de recommander sa memoire à d'autant plus de gents, choisissant les plus apparentes & dignes personnes de ma cognoissance, & desquelles le tesmoignage luy puisse estre le plus honorable. Comme vous, Monsieur, qui de vous mesmes pouvez avoir eu quelque cognoissance de luy pendant sa vie, mais certes bien legere pour en discourir la grandeur de son entiere valeur. La posterité le croira si bon luy semble, mais je luy jure sur tout ce que j'ay de conscience, l'avoir sçeu & veu tel, tout consideré, qu'à peine par souhait & imagination pouvois-je monter au de là; tant s'en fault que je luy donne beaucoup de compagnons. Je vous supplie treshumblement, Monsieur non seulement prendre la generale protection de son nom, mais encore de ces dix ou douze Vers françois, qui se jettent comme par necessité à l'abry de vostre faveur. Car je ne vous celeray pas, que la publication n'en ayt esté differee apres le reste de ses œuvres, soubs couleur de ce, que par de là on ne les trouvoit pas assez limez pour estre mis en lumiere. Vous verrez, Monsieur, ce qui en est : & par ce qu'il semble que ce jugement regarde l'interest de tout ce quartier icy, d'où ils pensent qu'il ne puisse rien partir en vulgaire qui ne sente le sauvage & la barbarie : C'est proprement vostre charge, qui au reng de la premiere maison de Guyenne receu de vos ancestres avez adjousté du vostre le premier reng encore en toute façon de suffisance, maintenir non seulement par vostre exemple, mais aussi par l'authorité de vostre tesmoignage, qu'il n'en va pas tousjours ainsi. Et ores que le faire soit plus naturel aux Gascons, que le dire, si est-ce qu'ils s'arment quelquefois autant de la langue que du bras, & de l'esprit que du cœur. De ma part, Monsieur, ce n'est pas mon gibbier du juger de telles choses, mais j'ay ouy dire à personnes qui s'entendent en sçavoir, que ces vers sont non seulement dignes de se presenter en place marchande : mais d'avantage, qui s'arrestera à la beauté & richesse des inventions, qu'ils sont pour le subject, autant charnus, pleins & moëlleux, qu'il s'en soit encore veu en nostre langue. Naturellement chasque ouvrier se rent plus roide en certaine partie de son art, & les plus heureux sont ceulx qui se sont empoignez à la plus noble : car toutes pieces egallement necessaires au bastiment d'un corps ne sont pas pourtant egallement prisables. La mignardise du langage, la douceur & la pollissure reluisent à l'adventure plus en quelques autres, mais en gentillesse d'imaginations, en nombre de saillies, pointes & traicts, je ne pense point que nuls autres leur passent devant. Et si fauldroit il encore venir en composition de ce, que ce n'estoit ny son occupation, ny son estude, & qu'à peine au bout de chasque an mettoit il une fois la main à la plume, tesmoing ce peu qu'il nous en reste de toute sa vie. Car vous voyez, Monsieur, vert & sec, tout ce qui m'en est venu entre mains, sans chois & sans triage : en maniere qu'il y en a de ceulx mesmes de son enfance. Somme, il semble qu'il ne s'en meslast que pour dire qu'il estoit capable de tout faire. Car au reste, mille & mille fois, voire en ses propos ordinaires, avons nous veu partir de luy choses plus dignes d'estre sçeuës, plus dignes d'estre admirees. Voila, Monsieur, ce que la raison & l'affection jointes ensemble par un rare rencontre me commandent vous dire de ce grand homme de bien : & si la privaulté que j'ay prise de m'en addresser à vous, & de vous en entretenir si longuement, vous offense, il vous souviendra, s'il vous plaist, que le principal effect de la grandeur & de l'eminence, c'est de vous jetter en butte à l'importunité & embesongnement des affaires d'autruy. Sur ce, apres vous avoir presenté ma treshumble affection à vostre service, je supplie Dieu vous donner, Monsieur, tresheureuse & longue vie.

De Montaigne ce 1ᵉʳ de Septembre, mille cinq cents soixante & dix.

Vostre obeissant serviteur

MICHEL DE MONTAIGNE

VII. — A MADAMOISELLE DE MONTAIGNE[1]

MA FEMME

MA Femme vous entendez bien que ce n'est pas le tour d'un galand homme, aux reigles de ce temps icy, de vous courtiser & caresser encore. Car ils disent qu'un habil homme peut bien prendre femme : mais que de l'espouser c'est à faire à un sot. Laissons les dire : je me tiens de ma part à la simple façon du vieil aage, aussi en porte-je tantost le poil. Et de vray la nouvelleté couste si cher jusqu'à ceste heure à ce pauvre estat (& si je ne sçay si nous en sommes à la derniere enchere) qu'en tout & par tout j'en quitte le party. Vivons ma femme, vous & moy, à la vieille Françoise. Or il vous peult souvenir comme feu Monsieur de la Boetie ce mien cher frere, & compaignon inviolable, me donna mourant ses papiers & ses livres, qui m'ont esté depuis le plus favory meuble des miens. Je ne veulx pas chichement en user moy seul, ny ne merite qu'ils ne servent qu'à moy. A ceste cause il m'a pris envie d'en faire part à mes amis. Et par ce que je n'en ay, ce croy-je, nul plus privé que vous, je vous envoye la Lettre consolatoire de Plutarque à sa femme, traduite par luy en François : bien marry dequoy la fortune vous a rendu ce present si propre, & que n'ayant enfant qu'une fille longuement attendue, au bout de quatre ans de nostre mariage, il a falu que vous l'ayez perdue dans le deuxiesme an de sa vie[2]. Mais je laisse à Plutarque la charge de vous consoler, & de vous advertir de vostre devoir en cela, vous priant le croire pour l'amour de moy : Car il vous descouvrira mes intentions, & ce qui se peut alleguer en cela beaucoup mieux que je ne ferois moymesmes. Sur ce, ma femme, je me recommande bien fort à vostre bonne grace, & prie Dieu qu'il vous maintienne en sa garde.

De Paris ce 10. Septembre, 1570.

Vostre bon mary

MICHEL DE MONTAIGNE

VIII. — A MESSIEURS, MESSIEURS LES JURATS
DE LA VILLE DE BORDEAU[1]

MESSIEURS j'espere que le voïage de Monsr de Cursol aportera quelque commodite a la ville aïant en mein une cause si juste et si favorable. Vous aves mis tout lordre qui se pouvoit aus affaires qui se presantoient les choses étant en si bons termes je vous supplie excuser encores pour quelque tamps mon absence que j'acourcirai sans doubte autant que la presse de mes affaires le pourra permettre. J'espere que ce sera peu cependant vous me tiendres s'il vous plait en votre bonne grace et me comanderes si l'occasion se presante de m'emploïer pour le service publicq et votre Monsr de Cursol m'a aussi escrit et averti de son voïage. Je me recomande bien humblemant et supplie Dieu
Messieurs vous doner longue et heureuse vie.

De Montaigne ce 21 may 1582.

Vostre humble frere et servitur

MONTAIGNE

IX. — A MONSEIGNEUR,
MONSEIGNEUR DE MATIGNON[1]

MARESCHAL DE FRANCE

MONSEIGNUR, Despuis cele que je vous escrivi il y a trois ou quatre jour, par laquelle je vous mandai entre autres choses que je n'avois receu nulle lettre de vous pandant mon absance ny aucun comandemant de me randre ici, il n'est rien survenu de nouveau. Je viens tout asture de voir le general des Cordeliers, de Gonsaque,

qui arriva hier, et si la fievre qu'il ha, et pour laquelle il a
esté aujourd'hui seigné et secondé, ne l'empeche, il m'a
dict qu'il partira demein pour suivre son chemin vers
Espaigne. Il avoit des lettres du Roy pour vous, mais je
croi que ce n'etoit que pour sa recomandation. Je lui
ai offert pour sa commodité ce peu de pouvoir que j'ai
en cete ville. Monsieur de Gourgues m'aiant averti qu'il
vous escrivoit, j'ai faict ce mot pour vous baiser très
humblemant les meins, priant Dieu, Monseignur, vous
doner longue et hureuse vie.

De Bourdeaus, ce 30 octobre 1582.

Votre servitur très humble,

MONTAIGNE

X. — AU ROY[1]

SIRE,

« LES Maire et Jurats Gouverneurs de vostre ville et
cité de Bourdeaulx vous remonstrent tres humblement que ores que cy devant, tant pour eulx que pour les
habitants de la seneschaussée de Guienne, les tous vos
tres humbles et naturels subjets, ils aient faict entendre
bien au long aulx sieurs commissaires deputtes par vostre
Majesté, au pais et duché de Guienne leurs plaintes et
doléances concernant les foulles et surcharges qu'ils ont
souffert et souffrent journellement, ausquelles ils s'asseurent que Vostre Majesté usant de sa debonnairetté et
inclination Royalle et paternelle pourvoiera sy prudamment
et avec telle equitté, que le repos universel de ce royaulme
et soulagement des habitants d'icelluy s'en ensuivra.
Touteffois de tant que despuis le départ desdicts sieurs
commissaires, nouvelles occasions et accidents sont
survenus à la grande foulle du peuple et que l'expérience
maistresse des chozes a faicts cognoistre plus a clair
combien les nouveautés en tous estats sont pernicieuses,
il plaira a Vostre Majesté prendre en bonne part que les

dicts Maire et Jurats en adjoustant à leurs dictes premieres remonstrances et doleances vous representent avec toutte humillette certains articles concernant le bien de vostre service et soullagement de vos subjets, affin que par meme moien ils reçoivent le fruit et allegement qu'il vous plaira leur impartir de vostre clémence et misericorde a laquelle seule, apres Dieu, ils ont recours.

Et en premier lieu, jacois que par les ordonnances anciennes et modernes de Vostre Majesté conformes à la raison, toutes impositions doibvent estre faites esgalement sur toutes personnes, le fort portant le foible, et qu'il soit tres raizonnable que ceulx qui ont les moiens plus grands, se ressentent de la charge plus que ceulx qui ne vivent qu'avec hazard et de la sueur de leur corps, touteffois il seroit advenu, puis quelques années et mesme en la présente, que les impositions qui auroient esté faictes par vostre auctorité, oultre le taillon et cents et gaiges des presidiaulx tant pour les extinctions de la traicte foraine et subvention, reparation de la tour de Cordoan, paiement de la chambre de justice et frais de l'armée de Portugal, suppression des esleus, que reste des années precedentes, les plus riches et oppullentes familles de la dicte ville en auroient esté exemptes pour le privillege prétendu par tous les officiers de justice et leurs veufves, officiers de voz finances, de l'élection, vissénéchaulx, lieutenans, officiers de la vissénéchaussée, officiers domestiques de Vostre Majesté et des Roy et Reyne de Navarre, officiers de la chancellerie, de la monoye, de l'artillerie, mortepaies des chasteaux et avitailleurs d'iceulx : et d'abondant par arrest de vostre cour du parlement solennellement prononcée le sixiesme jour d'apvril de la presente anne, tous les enfants des présidens et conseillers de vostre cour auroient esté déclarés nobles et non subjets a aucune imposition, De façon que désormais quand il conviendra impozer quelque dace ou imposition, il fauldra qu'elle soit portée par le moindre et le plus pouvre nombre des habitants des villes, ce qui est du tout impossible, sy par Vostre Majesté il ni est pourvu de remedes convenables comme lesdits maire et jurats l'en requierent tres humblement.

Plaira aussy à Vostre Majesté considerer que ores que les sommes destinees pour la réparation de la tour de Cordoan quelques soit, la plus grande partie d'icelles ayent esté levées et mizes en mains de vostre receveur général, ce néantmoins il n'a esté encore aucunement touché à la dicte reparation ny pourveu aux préparatifs d'icelles, comme la nécessité le requeroit. Et de tant que l'argent destiné pour cest effect, pourroit estre emploié ailleurs au grand préjudice du public, plaira à Vostre Majesté ordonner inhibitions estre faictes aux sieurs trézoriers généraulx et receveurs susdicts de ordonner desdictes sommes ou icelles emploier ailleurs que a l'effect auquel elles sont destinées : sçavoir est, à la dicte reparation pour quelque cause et occasion que ce soit, et que le réglement estably par ces lettres patentes de Vostre Majesté, sur la distribution desdicts deniers. Sçavoir est qu'elle sera faicte par ung des sieurs présidents de la Cour du parlement, ung desdicts sieurs trésoriers, et le Maire de la dicte Ville ou a son défault un desdicts Jurats, sera gardé et observé selon sa forme et teneur. Et néantmoins, affin que le commerce ne soit retardé et vos droits diminués pourvoir que au plustost il soit procédé à la dicte réparation sellon les moyens qu'il vous a pleu y establir.

Par les privilleges octroiés par les rois tres chrestiens à la dicte ville et confirmés naguère par Vostre Majesté, la cognoissance et provision des maistrizes de tous artizans et pollice concernan lesdicts statuts qui sont enregistrés en la dicte ville appartient aux dicts Maire et Jurats, lesquels en ont cogneu de tous temps paisiblement et sans contredict, jusques a present. Comme par mesme moyen de l'institution des taverniers et cabaretiers jurés et erigés en estat pour vendre du vin en ladicte ville, de façon que c'est ung des principaulx membres du domaine d'ycelle. Ce néanmoins aucuns désirans remettre parmi les artizans tout désordre et confusion et faire perdre à la dicte ville et habitans d'icelle sa liberté de vendre vin qui est leur seul revenu et sans lequel ils ne peuvent supporter les charges ordonnées par Vostre Majesté, auroient trouvé moien d'obtenir des Edits pour rendre venales lesdictes maistrises, ensemble la liberté de vendre vin, en erigeant de nouveaux estats de taverniers et cabaretiers, qui est directement contre la teneur desdicts privilleges, confirmés naguère par Vostre Majesté et contre la déclaration expresse de Vostre Majesté octroiée en faveur desdicts Maire et Jurats pour le regard desdicts taverniers, du vingt-uniesme décembre 1556, vérifiée en voſtre cour de parlement. Ce qui reviendroit à la totale ruyne et subversion desdicts habitants, Sy par voſtre débonnaireté il n'y eſt pourveu, et sy lesdicts Edits obtenus par circonvention et impression grande, comme il eſt à présumer, ne sont révoqués et de nul effect, comme lesdicts Maire et Jurats et habitans vous requierent et supplient tres humblement.

Comme par la juſtice les Rois régnent et que par icelle, tous eſtats sont maintenus, Aussy il eſt requis quelle soit adminiſtrée gratuitement et à la moindre foulle du peuple que faire ce peut. Ce que Voſtre dicte Majeſté cognoissant très bien et désirans retrancher la source du principal mal auroit par son édict tres sainct, prohibé toute vénallité d'offices de judicature touteffois pour l'injure du temps, la multiplication des officiers seroit demeurée, en quoy le pauvre peuple eſt grandement travaillé, et mesmes en ce que puis ung an en ça les clercs des greffes en la dite ville et Sénéchaussée auroient eſté érigés en tiltre d'office avec augmentation de Sallaire, et ores que du Commencement il n'y euſt apparence de grande altération au bien publiq, touteffois il a eſté cogneu despuis et se veoid journellement que c'eſt une des grandes foulles et surcharges au pauvre peuple qu'il ait souffert pieça : d'auttant que ce qui ne couſtait qu'ung sol en couſte deuz, et pour ung greffier qu'il falloyt paier, il en fault paier trois, sçavoir eſt : le greffier, le clerc et le clerc du clerc : de fasson que les pauvres comme n'ayants le moien de satisfaire a tant de despences sont contraincts le plus souvent quicter la poursuite de leurs droicts et ce qui debvrait eſtre emploié à l'entretenement de leurs familles ou a subvenir aux necessités publiques eſt par ce moien, desbourcé pour assouvir l'ambition de certains particuliers au doumaige du publiq.

Sur les différents intervenus entre lesdicts Maire et jurats et les cappitaines des chataus de Voſtre Ville tant sur le faict des gardes et rondes que des uzurpations par eulx faictes de certaines places appartenantes a ladicte ville, Monsieur de Matignon mareschal de France auroit renvoié par devers Voſtre Majeſté toute la procedure qui, sur ce, auroit eſté faicte, par laquelle la juſtice de la cause desdicts Maire et Jurats eſt clairement juſtifiée, et d'aultant que cest Affaire est encore indecis et que la surcéance porte prejudice au bien de vostre service et droits qu'il vous a pleu de tout temps conserver à la dicte ville, plairra a Vostre dicte Majesté, au plus tost bailler tel reglement entre les parties que à l'advenir, chascun fasse librement ce qui est de sa charge et function, et que toutes chozes soient remizes en l'estat premier et ancien : sans altération de vostre auctorité souveraine et des droicts et preeminenses de Vostre Ville.

Et de tant que la misere du temps a esté si grande puis le malheur des guerres civiles, que pluzieurs personnes de tous sexes et qualités sont réduicts, à la mendicitté, de façon que on ne veoid par les villes et champs, qu'une multitude effrennée de pouvres, ce qui n'adviendroit sy l'édict faict par feu de bonne memoire le Roy Charles, que Dieu absolve, estoit gardé : contenant que chasque paroisse seroit tenue nourrir ses pauvres, sans qu'il leur feut loysible de vaguer ailleurs : A ceste cause pour remedier, a tel désordre et aux maulx qui en surviennent journellement, plaira à Vostre Majesté ordonner par le dict edict, qui est veriffie en voz cours de parlement, sera estroictement gardé et observé avec injonction à tous sénéchaulx et juges des lieux, de tenir la main a l'observation d'Iceluy, et que en oultre les prieurs et administrateurs des hospitaulx, lesquels sont la pluspart de fondation royalle Qui sont dédiés pour la nourriture des pellerins allant à St-Jacques et aultres dévotions, soient contraincts sur peyne de saisie de leur temporex, norrir et heberger lesdicts pellerins pour le temps porté par ladicte fondation : sans qu'ils soient contraincts aller mandier par la ville, comme il se faict journellement, au grand scandalle d'un chascun.

Suppliant très humblement Vostre Majesté recevoir en bonne part les susdictes remonstrances que lesdits Maire et Jurats pour le debvoir de leurs charges et offices, vous presentent avec toute humilité. N'estant meus d'aultre zelle que du bien de vostre service et de la commiseration qu'ils doibvent avoir du pouvre peuple, lequel en attendant le soullagement de ces maulx de foulles, tant espéré et promis par Vostre Majesté est en perpetuelles prières, pour vostre prosperité et accroissement de vostre estat, avec ferme resolution eulx et nous, d'emploier nos biens et ce peu qui nous reste de moiens, pour voſtre service et manutention de voſtre ville souz voſtre obeissance.

Faiſt à Bordeaulx en jurade le dernier de aouſt mille cinq cens-quatre-vingt-trois.

MONTAIGNE, DALESME, GALOPIN,
PIERRE REYNIER, DE LAPEYRE, CLAVEAU.

XI. — [AU ROI DE NAVARRE][1]

C'EST ce que Messieurs de Montaigne, maire, et Delurbe, procureur et syndic de la ville de Boudeaulx, sont chargés et commis faire remonſtrances au Roy de Navarre, lieutenant général du Roy au pais et Duché de Guienne, pour le bien du service de Sa Majeſté et soullaigement de ses subjetz.

Remontreront au diſt Seigneur Roy de Navarre que les provinces et villes ne peuvent eſtre maintenues et conservées en leur eſtat sans la liberté du commerce laquelle par la communiquation libre des uns avec les aultres cause que toutes choses y abondent et par ce moyen le laboureur de la vente de ses fruitz nourrit et entretient sa famille, le marchand trafique des denrées et l'artisan treuve prix de son ouvraige, le tout pour supporter les charges publiques et dautant que le principal commerce des habitans de ceſte ville se faiſt avec les habitans de Tholose et aultres villes qui sont sizes sur la Garonne tant pour le faiſt des bledz, vins, paſtelz, poisson que laynes et que les ditz maire et juratz ont été advertis par ung bruiſt commun que ceulx du mas de Verdun sont resolus soubs pretexte du default de paiement des garnizons des villes de seureté oſtroiées par l'ediſt de paciffication d'arreſter les bapteaux chargés de marchandize tant en montant qu'en dessendant par la dite riviere de Garonne ce qui reviendroit à la totalle ruyne de ce pais[2].

Sera le diſt seigneur Roy de Navarre supplié ne permettre l'arreſt des diſtz bapteaux et marchandizes eſtre faict tant au dict mas de Verdun que aultres villes de son gouvernement; ains conserver et maintenir la liberté du commerce entre toutes personnes suyvant les edictz du Roy.

Fait à Bourdaulx en jurade le dixieme de decembre mil cinq cens quatre vingtz trois.

MONTAIGNE, DALESME, GALOPIN,
PIERRE REYNIER, DELURBE, CLAVEAU, LAPEYRE.

XII. — A MONSEIGNEUR, MONSEIGNEUR DE MATIGNON[1]

MARECHAL DE FRANCE A BOURDEAUX

Monseignur, J'arrivai hier au soir en cete ville aveq Mr de Clervan[2] qui survint a Roquehor come je disnois, et fismes le reste du chemin ensamble. Il s'estoit desvoïé, estimant trouver le roy de Navarre en Foix, et est passé par Limosin et Perigeus. Je fiz hier la reverance ce prince; pour la première charge, nous n'avons pas emporté grande esperance touchant le faict de votre demande. Il veut se servir de tous moïens pour estre païé. Nous verrons aujourd'hui si nous en pourrons rabatre quelque chose. Mr de Lavardin[3] s'en part aujourd'hui pour aller en maison; il m'a dict qu'il vous escriroit. Nous n'avons que Bazas[4] aus oreilles. Mr de Birague partit hier matin. Je serai ici le moins que je pourrai.

Monseignur, je vous baise très heublemant les meins et supplie Dieu vous tenir en sa garde. Du Mont de Marsan, ce 14 décembre 1583.

Votre très humble Servitur

MONTAIGNE

XIII. — AU MARESCHAL DE MATIGNON[1]

Monseignur ceus de ce cartier qui estoint alles vers le roy de Navarre sont de retour despuis deus jours Je ne les ai pouint veus mais ils n'ont raporte que l'inclination a la paix suivant ce que je vous ai escrit & n'onts rien de nouveau sauf un'assemblee generale & extraordinere qui se faict lundi a S. Foi de plusieurs ministres Si une grande compaignie de diverse sorte de jans & de sexes se rant demein ceans come je l'atans je vous ferai part de ce que j'y apranderai & vous baise tres humblement les meins suppliant Dieu

Monseignur vous doner longue & heureuse vie de Montaigne, ce 21 janv. 1584.

Votre tres humble servitur

MONTAIGNE

XIV. — A MONSIEUR, MONSIEUR DU PUY[1]

CONSEILLER DU ROY EN SA COUR DE PARLEMENT DE PARIS
A XAINTES

Monsieur laction du s[r] de Verres prisonnier qui m'est tres-bien conue merite qu'a son jugement vous aportes vostre douceur naturelle si en cause du monde vous la pouves justemant aporter Il a faict chose non sulemant excusable selon les loix militeres de ce siecle mais necessere & come nous jujons louable Et l'a faict sans doubte fort presse & envis Le reste du cours de sa vie n'a rien de reprochable Je vous supplie monsieur y emploïer vostre attantion vous trouverres lair de ce faict tel que je vous le represante qui est poursuivi par une voïe plus malitieuse que n'est lacte mesmes Si cela y

peut aussi servir je vous veus dire que c'eſt un home
nourri en ma maison apparante de plusieurs honeſtes
familles & surtout qui a tousjours vescu honorablemant
et innoçammant qui m'eſt fort ami En le sauvant vous
me charges d'une extreme obligation je vous supplie
treshumblemant l'avoir pour recomande & apres vous
avoir baise les meins prie Dieu vous doner

Monsieur longue & hureuse vie Du caſtera ce 23
d'avril,

Votre affeƈtione servitur

MONTAIGNE

XV. — A MONSEIGNUR, MONSEIGNUR DE MATIGNON[1]

MARESCHAL DE FRANCE, A BOURDEAUX

Monseignur, Je viens tout presantemant de recevoir
la voſtre du 6, et vous mercie très humblemant;
de quoi, par le comandemant que vous me faiƈtes de
m'en retourner vers vous, vous montrés quelque signe
de n'avoir pas mon assiſtance pour desagreable. C'et le
plus grand bien que j'atande de cete miene charge
publique, et espere au premier jour vous aler trouver.
Tout ce que je vous puis dire cependant, c'eſt que
Messieurs du Plessy, de Quitry et leur grande famille sont
partis depuis hier matin de S. Foi. Les dames et trein
qu'ils meinent alongeront leur retour vers le roy de
Navarre. Vous avés sceu qu'a leur entreveue des beins
d'Encausse, Monsieur d'Eſpernon se resolut d'aler a
Banieres[2] et voir Sa Majeſté à Pau le dixieme du presant,
ou ils ont a conferer aveq plus de privauté. Je croi que
le roy de Navarre le verra encores au retour de Banieres
audiƈt lieu de Pau, et ne sçai si cependant il pourra faire
une course a Nerac. Il eſt tout ampesché a digerer la
requeſte, que ceus du bas païs lui font, de prandre la place
de Monsieur[3] pour la proteƈtion de leurs affaires, ausquels

affaires ils treuvent tout plein de bones esperances. Je ne
fois nul doubte qu'a son tour la roine de Navarre n'aie
sa part des[4] ces visitations. Atandant de vous baiser les
meins bien toſt, je ne vous dirai sinon que je supplie Dieu,
Monsieur, vous doner longue et hureuse vie. De Montaigne, ce 12 juil[let 1584].

Votre très humble servitur,

MONTAIGNE

XVI. — AU MARESCHAL DE MATIGNON[1]

Monseignur je ne vois icy rien digne de vous toutesfois sous le titre des faveurs que vous me faiſtes &
de la privaute que vous me dones pres de vous jose vous
faire celeci sulemant pour vous avertir de ma sante qui
s'eſt un peu amandee au changement de lair Je me randis
ici d'une trette qui eſt bien longue Je trouvai pres de
ceans que des jans de bien de la reformation de S. Foi
avoit tue un povre tailleur de cinquante ou soixante coups
de ciseaus sans autre titre que de lui prandre vint sous
& un manteau qui en vaut deus fois autant Je vous baise
tres humblemant les meins & supplie Dieu vous doner
Monseignur tres huruse & longue vie,

De Montaigne, ce 19 août 1584

Votre tres humble servitur

MONTAIGNE

XVII. — A MESSIEURS, MESSIEURS LES JURATS
DE LA VILLE DE BOURDEAUS[1]

Messieurs, Jay receu voſtre Lr[e] & verray de vous aller
trouver le plus toſt que Je pourray. Toute cette
cour de Sainſte-Foy[2] eſt sur mes bras, & se sont assignes
a me venir voir. Cela faiſt Je seray en [plus] de liberé

Je vous envoie les Lr̄ᵉˢ de monsieur de Vallées sur quoy
vous vous pourrez resoudre ma presence ny apporteroit
rien que de l'ambarras & Incertitude de mon choix &
oppinion en ceſte chose.

   Sur ce Je me recommande humblement a voſtre bonne
[grace] & suplie Dieu vous donner messieurs longue &
heureuse vie.

De Montaigne ce VII Décembre 1584.

Voſtre humble frere & servitur

                                    MONTAIGNE

XVIII. — AU MARESCHAL DE MATIGNON[1]

Monseignur sur plusieurs contes que Mr de Bissonse
m'a faiƈt de la part de Monsr de Turenne du jugement qu'il faiƈt de vous & de la fiance que ce prince prant
de mes avis encore que je ne me fonde guieres en parolles
de court il m'a pris envie sur le disner d'escrire a Monsr
de Turenne que je lui disois adieu par lettre que j'avois
receu celle du roy de Navarre qui me sambloit prandre un
bon conseil de se fier en laffeƈtion que vous luy offries de
lui faire service que j'avois escrit à madame de Guissen[2]
de se servir du tamps pour la commodite de son navire
a quoi je m'enploierois envers vous & que je lui avois
done conseil de n'engager a ses passions l'intereſt &
la fortune de ce prince & puis qu'elle pourroit tant sur lui
de regarder plus a son utilite qu'a ses humeurs particulieres Que vous parliez d'aler a Baione ou a lavanture
offrirois je de vous suivre si j'eſtimois que mon assiſtance
vous peut tant soit peu servir Que si vous y alliez le roy
de Navarre vous sachant si pres fairoit bien de vous
convier a voir ses beaux jardins de Pau Voila juſtemant la
subſtance de ma lettre sans autre harangue Je vous en
envoïe la response qu'on m'a raportee des ce soir & si je
ne me trompe de ce comancement il naitera bien toſt

du barbouillage & me samble que cette lettre a desja quelque air de mescontantemant ou de creinte Quoi qu'il die je les tiens ou ils vont pour plus de deus mois & la se trouverra une autre sorte de ton Je vous supplie me renvoier cele ci aveq les autres deus Le portur n'a affaire qu'a voſtre despesche sur quoi je vous baise tres humblemant les meins & supplie Dieu vous doner

Monseignur longue & hureuse vie

De Montaigne ce 18 janv. 1585.

Voſtre tres humble servitur

MONTAIGNE

XIX. — AU MARESCHAL DE MATIGNON[1]

Monseignur je n'ai rien apris despuis, encore que j'aie veu asses de jans de ce trein ceans J'eſtime que tout a vuide si non que mr du Ferrier y soit demure pour les gages S'il vous plait de voir une lettre que le sr du Plessis m'escrivit despuis, vous y trouverres que la reconciliation[2] y fut bien entiere & pleine de bone intellijance & je croi que le maiſtre lui en ara communique plus privemant qu'aus autres sachant qu'il eſt de ce gout come eſt aussi mr de Clervan, qui vous a veu despuis Si je dois vous faire compaignie a Baione, je desire que vous meintenes voſtre deliberation de retarder dans le caresme, affin que je puisse prandre les eaus tout d'un trein Au demurant, j'ai apris qu'il n'eſt rien qui desgoute tant le mari que de voir qu'on s'entant aveq la fame J'ai eu nouvelles que les jurats son arrives à bon port & vous baise tres humblemant les meins suppliant Dieu vous doner

Monseignur longue & hureuse vie.

De Montaigne, ce 26 janv. 1585.

Votre tres humble servitur

MONTAIGNE

Monseignur vous me faiĉtes grande faveur de vous
agreer de l'affeĉtion que je montre a voĉtre service &
vous pouves assurer de n'en avoir pas acquis en Guiene
de plus nettemant & sincerement voĉtre mais c'eĉt peu
d'acquet Quand vous devries faire place ce ne doit pas
eĉtre en tamps qu'on se puisse vanter de vous l'avoir oĉtee

XX. — AU MARESCHAL DE MATIGNON[1]

MONSEIGNUR l'home par qui je vous escrivi dernieremant & envoiai une lettre de m^r du Plessis n'eĉt
encores revenu Despuis on me mande du Fleix que m^{rs}
du Ferrier & la Marseliere sont encores à S. Foi[2], & que le
roy de Navarre vient d'envoier querir quelque reĉte
de trein et dequipage de chasse qu'il avoit icy, & que
sa demure sera plus longue en Bearn quil ne pansoit.
Suivant quelques nouvelles inĉtruĉtions de m^r Roquelaure,
& favorables il s'enreva vers Baïone & Daqs[3], pour leur
monĉtrer que le roy a pris en tres bone part l'entree qu'il
y a faiĉte Voila ce qu'on me mande Le reĉte du païs
demure en repos & n'y a rien qui bouge Sur quoi je vous
baise tres humblemant les meins & supplie Dieu vous
doner
   Monseignur longue & hureuse vie

De Montaigne, ce 2 fevr. 1585.

Voĉtre tres humble servitur

MONTAIGNE

XXI. — A MESSIEURS, MESSIEURS LES JURATZ DE LA VILLE ET CITTÉ DE BOURDEAUX, A BOURDEAUX[1]

MESSIEURS Jay prins ma bonne part du contentement
que vous m'escrives avoir des bonnes expeditions
quy vous ont eĉte rapportees par Messieurs voz deputes,

& prens a bonne augure que vous ayez heureusement
achemyne ce commencement d'année esperant m'en
conjoyr avecques vous a la premiere commodité. Je me
recommende bien humblement a vostre bonne grace &
prie Dieu vous donner Messieurs heureuze & longue vye

*de Monta ce viij*e *febvrier 1585.*

Vostre humble frere & servitur,

MONTAIGNE

XXII. — AU MARESCHAL DE MATIGNON[1]

MONSEIGNUR j'espere que la pierre qui vous pressoit
dernieremant que vous m'escrivites ce sera escoulee
a bon marche come un' autre que je vuidai en mesme
tamps Si les jurats arrivarent le jour qu'on les atandoit à
bourdeaus & qu'ils soint venus en poste ils pourront
vous avoir apporte des nouvelles fresches de la court On
faict ici courir le bruit que Ferran a esté pris, a trois lieues
de Nerac, alant a la court & ramene à Pau Aussi que les
huguenots ont failli a surprandre Taillebourg & Talle-
mont en mesme tamps & quelques autres dessein pour
Daqs & Baione Mardi une trope de bohemes qui roule
ici au tour il y a longtamps aiant achete la faveur &
secours d'un jantilhomme du pais nome le Borgne la
Siguinie, pour les eider d'avoir raison de quelques bohemes qui sont en un'autre trope dela leau en la terre de
Gensac, qui est au roy de Navarre ledit la Siguinie aiant
assamblé vint ou trante de ses amis sous coulur d'aler
a la chasse aveq des harquebuses pour les canars aveq deus
ou trois des dicts bohemes, du costé deça, alarent charger
ceus dela & en tuarent un la justice de Gensac avertie,
arma le peuple & vindrent faire une charge aus assaillans
& en ont prins quatre un jantilhomme & trois autres &
en blessarent trois ou quatre autres le reste se retira deça
leau & de ceux de Gensac il y en a deus ou trois blesses a
mort lescarmouche dura longtams & bien chaude la chose

eſt subjete a composition car de lun & de lautre parti
il y a beaucoup de faute Si le sʳ de La Rocque, qui eſt
fort de mes amis se doit battre par necessité a Cabanac
du Puch je souhete & lui conseille que ce soit louin de
vous Sur quoi je vous baise tres humblemant les meins,
& supplie Dieu vous doner

Monseigneur longue & hureuse vie

De Montaigne, ce 9 févr. 1585.

Voſtre tres humble servitur

MONTAIGNE

Monseignur ma lettre se fermoit quand jai receu la
voſtre du 6 & celle de mʳ de Villeroy qu'il vous a pleu
m'envoier (par un home que le cors de la ville m'a
envoié) pour m'avertir de l'heureuse expedition de leurs
deputes le sʳ de la Mote me mande avoir a me dire choses
qui ne se peuvent escrire & que je lui mande s'il eſt
besouin qu'il me vieigne trouver ici Sur quoi je ne fois
point de responce mais quand au comandemant qu'il
vous plait me faire de vous aller trouver je vous supplie
tres humblemant croire qu'il n'eſt rien que je face plus
volantiers & ne me rejetterai jamais si avant en la solitude
ny ne me deffairai tant des affaires publiques qu'il ne
me reſte une singuliere devotion a voſtre service &
affeƈtion de me trouver ou vous seres Pour cete heure,
j'ai les botes aus jambes pour aller au Fleix ou le bon
home president Ferrier & le sʳ de la Marseliere se doivent
trouver demein aveq dessein de venir ici apres demein ou
mardi J'espere vous aler baiser les meins un jour de la
semmeine procheine ou vous avertir s'il y a juſte occur-
rance qui m'en empesche Je n'ai receu aucunes nouvelles
de Bearn mais Poiferre qui a eſté à Bourdeaus m'a escrit
a ce qu'on me mande & done la lettre a un home de qui
je ne l'ai pouint encores receue J'en suis marri.

XXIII. — AU MARESCHAL DE MATIGNON[1]

MONSEIGNUR je viens d'arriver du Fleix La Marseliere s'y est trouvé & dautres de ce conseil Ils disent que despuis l'accidant de Ferran & pour cet effaict Frontenac est venu a Nerac auquel la reine de Navarre dict que si ell' eut estime le roy son mari si curieus qu'elle eut faict passer par ses meins toutes ses despesches & que ce qui s'est trouve dans la lettre qu'elle escrit a la reine sa mere qu'elle parle de s'en retourner en France que c'est come en demandant avis & en deliberant mais non pas come y estant resolue & qu'elle le met en doubte pour le peu de conte qu'on faict d'elle si apparammant que chacun le voit et conoit asses Et Frontenac dict que ce que le roy de Navarre en a faict n'a este que pour la deffiance qu'on lui avoit done que Ferran portoit des memoires qui touchoient son estat & affaires publiques Ils disent que le principal effaict est que plusieurs lettres des filles de cete court a leurs amis de france je dis les lettres qui se sont sauvees car ils disent que quand Ferran fut pris il eut moien de jeter quelques papiers au feu qui furent consomes avant qu'on les peut retirer ces lettres qui restent appretent fort a rire J'ai veu en repassant m[r] Ferrier malade a s[t] Foi[2] qui se resout de me venir voir un jour de cete semmeine dautres y seront des ce soir Je ne m'atan pas qu'il y vieigne & me samble atandu son eage l'avoir laisse en mauves estat toutesfois je l'atanderai & si vous ne me comandez le contrere differerai a cete cause mon voïage vers vous sur le comancemant de lautre semmeine vous baisant sur ce treshumblemant les meins & suppliant Dieu

    Monseignur vous doner longue & hureuse vie de Montaigne ce 12 fevr[a].

    Votre tres humble servitur

                        MONTAIGNE

Le dict Ferran avoit mille escus sur lui dict on car toute
cete information n'est guiere certeine

XXIV. — AU MARESCHAL DE MATIGNON[1]

MONSEIGNUR m^r du Ferrier me vient d'escrire que le
roy de Navarre se doit randre à Montauban. Ils
sont ici autour en alarme de quelque trope de jans de
cheval qu'ils disent estre logee de lautre coste de la
riviere, en Basadois Si j'en sçai nouvelles avant que ceteci
soit close je vous en avertirai & y arenvoie cete nuit Ce
peut estre la compaignie du roy de Navarre qui s'assamble
pour faire montre, de quoi j'ay ceans des jandarmes qui
s'y vont randre Vous verres les bruits qui courent en ces
cartiers, parce que le marquis de Trans m'escrit J'ai veu
la lettre de Poiferre il n'y a rien sinon qu'il avoit a parler
a moi de la part des dames chose qu'il estoit besouin
que je sceusse mais qu'il ne pouvoit lescrire n'y retarder
son partemant Surquoi esperant bientost avoir cet heur
de vous baiser les meins je supplie Dieu vous doner
Monseignur, longue & hureuse vie

De Montaigne ce 13 fevr. 1585.

Vostre tres humble servitur

MONTAIGNE

Monsieur jobliois a vous dire que les prisoniers qui
estoient a Gensac de quoi je vous ai escrit sont en liberte
sauf le procureur de la terre de Monravel qui a este pris
par compaignie & rancontre n'aiant aucune participation
a tout cela & s'estoit trouve sur les lieus pour quelqu'execution de justice.

XXV. — AU MARESCHAL DE MATIGNON[1]

MONSEIGNUR je viens tout presantemant ce dimanche matin de recevoir vos deus lettres suivant les quelles je monterois a mesme heure a cheval sans ce que le president Eimar qui partit hier de ceans a les miens les quels jatans a ce soir aveq esperance de partir demein pour vous aler trouver & ne pouvant faire a cet' heure a cause des eaus desbordees partout ce chemin d'ici a Bourdeaus en une journée je m'en irai coucher a Faubrenet pres du port de Tourne pour vous trancher chemin si vous partes cepandant & me pourrai randre mardi matin a Podensac pour y entandre ce qu'il vous plaira me comander Si par ce porteur vous ne me changes d'assignation je vous irai trouver mardi a Bourdeaus sans passer leau qu'a là bastide Les nouvelles que j'ai receu de Pau de lunsiesme c'est que le roy de Navarre s'en aloit quelques jours apres au Boucau de Baïone, dela a Nerac de Nerac à Bragerac & puis en Seintonge Madame de Gramont estoit encore bien mal Sur quoi, je vous baise très humblemant les meins & supplie Dieu vous doner

Monseigneur, tres hureuse & longue vie

Vostre tres humble serviteur

MONTAIGNE

XXVI. — AU MARESCHAL DE MATIGNON[1]

MONSEIGNUR j'ai receu ce matin vostre lettre que j'ai communiquee a mons^r de Gourgues & avons disne ensemble ches mons^r de Bourdeaus. Quand a linconveniant du transport de larjant contenu en vostre memoire vous voies combien c'est chose malaisee a pourvoir tant y a que nous y arons leuil de plus pres que nous

pourrons. Je fis toute dilijance pour trouver l'home de
quoi vous nous parlates. Il n'a pouint este ici & m'a
mons𝑟 de Bourdeaus montre une lettre par la quelle il
mande ne pouvoir venir trouver le dict s𝑟 de Bourdeaus
come il deliberoit aiant este averti que vous vous deffies
de lui. Sa lettre est de avanthier. Si je l'eusse trouve
j'eusse a lavanture suivi la voie plus douce estant incer-
tein de vostre resolution mais je vous supplie pourtant
ne faire nul doubte que je refuse rien a quoi vous seres
resolu & que je n'ay ny chois ny distinction d'affaire ny
de persone ou il ira de vostre comademant. Je souhete
que vous aies en Guiene beaucoup de volantes autant
vostres qu'est la miene. On faict bruit que les galeres
de Nantes s'en vienent vers Brouage. Mons𝑟 le mareschal
de Biron n'est encores desloge. Ceus qui avoient charge
d'avertir mons𝑟 d'Usa disent ne l'avoir peu trouver &
croi qu'il ne soit plus icy s'il y a este. Nous somes apres
nos portes & gardes & y regardons un peu plus attan-
tifvemant en vostre absance. Laquelle je creins non
sulemant pour la conservation de cete ville mais aussi
pour la conservation de vous mesmes conoissant que les
enemis du service du roy santent asses combien vous
y estes necessere & combien tout se porteroit mal sans
vous. Je creins que les affaires vous surpranderont de
tant de costes au cartier ou vous estes que vous seres
longtamps a prouvoir par tout & y ares beaucoup &
longues difficultes S'il survient aucune nouvelle occasion
& importante je vous despecherai soudein home expres
& deves estimer que rien ne bouge si vous n'aves de mes
nouvelles Vous suppliant aussi de considerer que telle
sorte de mouvemants ont acostume d'estre si impourveus
que s'ils devoint avenir on me tiendera a la gorge sans
me dire gare. Je ferai ce que je pourrai pour santir
nouvelles de toutes pars & pour cet effaict visiterai &
verrai le gout de toute sorte d'homes. Jusques a cete
heure rien ne bouge M𝑟 du Londel m'a veu ce matin &
avons regarde a quelques ajancemans pour sa place ou
j'irai demein matin. Despuis ce comancemant de lettre
j'ai apris aus Chartreus qu'il est passe pres de cete ville
deus jantilshomes qui se disent a monsieur de Guise qui
vienent d'Agen sans avoir peu sçavoir qu'elle route ils
ont tire. On atant a Agen que vous y ailles. Le s𝑟 de
Mauvesin vint jusques a Canteloup & de la s'en retourna

aiant apris quelques nouvélles. Je cherche un capiteine
rous a qui Masparraute escrit pour le retirer a lui aveq
tout plein de promesses. La nouvelles des deus galeres
de Nantes prestes a descendre en Brouage² est certeine
aveq deus compaignies de jans de pied. Monsieur de
Mercure est dans la ville de Nantes. Le s^r de la Courbe
a dict a m^r le president Nesmond que monsieur d'Elbeuf
est audeça d'Angiers & a loge ches son pere tirant vers le
Bas Poitou aveq quatre mill'homes de pied & quatre ou
cinq çans chevaus aiant recueilli les forces de mons^r de
Brissac & d'autres & que monsieur de Mercure se doit
joindre a lui. Le bruit court aussi que monsieur du
Meine vient prandre ce qu'on leur a assamble en Auvergne
& que par le pais de forest il se randera en Rouergue &
a nous c'est a dire vers le roy de Navarre contre le quel
tout cela vient'monsieur de Lansac est a Bourg & a deus
navires armes qui le suivent. Sa charge est pour la
marine. Je vous dis ce que j'aprans & mesle les nouvelles
des bruits de ville que je ne treuve vraisamblables aveq
des verites affin que vous saches tout vous suppliant
tre'humblemant vous en revenir incontinant que les
affaires le permetteront & vous assurer que nous n'espar-
gnerons cepandant ny nostre souin ny s'il est besouin
nostre vie pour conserver toutes choses en lobeissance
du roy.

Monseignur je vous baise tres humblemant les meins
& supplie Dieu vous tenir en sa garde. De Bourdeaus ce
mecredi la nuit 22 de mai³.

Vostre treshumble servitur

MONTAIGNE

Je n'ai veu persone du roy de Navarre, on dict que
m^r de Biron la veu.

XXVII. — AU MARESCHAL DE MATIGNON¹

MONSEIGNUR je vous ai escrit bien amplemant ces
jours passés Je vous envoie deus lettres que jai
receu pour vous par un home de m. de Rouillac. Le

voisinage de m^r de Vaillac[2] nous remplit d'alarmes, &
n'est jour qu'on ne m'en done cinquante bien pressantes.
Nous vous supplions tres humblemant de vous en venir
incontinant que vos affaires le pourront permettre. J'ai
passe toutes les nuits ou par la ville en armes ou hors
la ville sur le port, & avant vostre avertissemant y avois
desja veille une nuit sur la nouvelle d'un bateau charge
d'homes armes qui devoit passer. Nous n'avons rien
veu & avant arsoir y fusmes jusques apres minuit où
m de Gourgues se trouva mais rien ne vint. Je me servis
du capiteine Seintes aiant besouin de nos soldats. Lui &
Massep ramplirent les trois pataches pour la garde du
dedans de la ville J'espere que vous la trouverres en
l'estat que vous nous la laissates J'envoie ce matin deux
jurats avertir la cour de parlement de tant de bruits qui
courent & des homes evidammant suspects que nous
sçavons y estre. Sur quoi esperant que vous soies ici
demein au plus tard je vous baise tres humblemant les
meins & supplie Dieu vous doner,

Monseignur, longue et hureuse vie,

De Bourdeaus, ce 27 de mai 1585.

Votre tres humble servitur

MONTAIGNE

Il n'a esté jour que je n'aie esté au Chateau Trompete.
Vous trouverres la plate forme faicte Je vois larchevesché
tous les jours aussi

XXVIII. — A MESSIEURS, MESSIEURS LES JURATS DE LA VILLE DE BOURDEAUS[1]

MESSIEURS, jay trouve icy par rencontre de vos nouvelles par la part que monsieur le mareschal men a
faict. Je n'espargneray ny vie ne aultre chose pour votre
service et vous laisseray à juger si celuy que je vous
puis faire par ma présence à la prochaine élection vaut

que je me hazarde daller en la ville veu le mauvais estat
en quoy elle est[2] notamment pour des gens quy viennent
dun sy bon air comme je fais. Je maprocherai mercredy
le plus près de vous que je pourray, est à Feuillas se le
mal ny est arrive, auquel lieu comme jescris à monsieur
de la Motte je serai tres ayse davoir cest honneur de voir
quelquun dentre vous pour recevoir vos commandements e[t] me décharger de la creance que monsieur le
mareschal[3] me donnera pour la compagnie, me recommandant sur ce bien humblement a vos bonnes graces
e[t] priant Dieu vous donner,

    Messieurs, longue et heureuse vie.

De Libourne ce 30 juillet 1585.

Votre humble serviteur et frere,

                         Montaigne

XXIX. — A MESSIEURS, MESSIEURS LES JURATZ DE LA VILLE ET CITTE DE BOURDEAUX[1]

Messieurs, Je communiqué à m^r le mare [schal[2]] la Lr^e
que [vous] m'aves envoyé et ce que ce [porteur] ma
dict avoir charge de vous de me fe[re] entandre et ma
donne charge vous prier de luy envoy[er] le tambour
quy a este à Bourg de vostre part. Il ma dict aussy qu'il
vous prie fr^e incontinant passer a luy les capp^{nes} St Aulaye
et Mathelin et fr^e amas du plus grand nombre de mariniers
et matelotz quil se pourra trouver. Quand a ce mauvais
exemple et injustice de prandre des femmes et des enffans
prisonniers[3] je ne suis aulcunement davis que nous
limitons a l'exemple d'aultruy. Ce que je aussy dict a
mondict sieur le mareschal quy ma charge vous escripre
sur ce faict ne rien bouger que n'ayes plus amples nouvelles. Sur quoy je me recomande bien humblement à
voz bonnes graces et supplie Dieu vous donner Messieurs
longue et heureuze vie

De Feuilhas ce xxxj Julhet 1585.

Votre humble frere & serviteur

                         Montaigne

XXX. — AU MARESCHAL DE MATIGNON[1]

Monseignur mademoiselle de Mauriac eſt apres a faire le mariage du sr de Mauriac son fils aveq l'une des seurs de monsr d'Aubeterre les choses sont si avancees à ce qu'on me mande qu'il n'y reſte que l'assiſtance de madlle de Brigneus sa fille aisnee qui eſt a Lectore[2] aveq son mari Elle vous supplie tres humblemant ottroier un passeport a sa dicte fille et son petit trein pour venir a Mauriac et come eſtant son parant & aiant cet honur d'eſtre conu de vous ell' a volu que je vous en fisse la requeſte et m'a envoié une lettre qu'elle dict eſtre de monsr d'Aubeterre je croi a ces mesmes fins. Je vous la fois tres humble & tres affectionee si c'eſt chose qui ne vous apporte desplesir et importunite. Si non au moins cete cy servira a me ramantevoir en voſtre souvenance dou me pourroit avoir desloge et mon peu de merite et le long tamps qu'il y a que je n'eus l'honur de vous voir Je suis

De Montaigne ce 12 juin[3].

Monseignur voſtre tres humble servitur

MONTAIGNE

XXXI. — AU MARESCHAL DE MATIGNON[1]

Monseignur vous aves sceu noſtre bagage pris a la foreſt de Villebois[2] a noſtre veue despuis apres beaucoup de barbouillage et de longur la prinse jugee injuſte par monsieur le prince. Nous n'osions cepandant passer outre pour l'incertitude de la surete de nos persones de quoi nous devions eſtre esclercis sur nos passepors. Le ligueu a faict cet prinse qui prit mr de Barraut et Mr de la

Rochefocaut. La tampeſte eſt tumbee sur moi qui avois
mon arjant en ma boite. Je nen ai rien recouvert et la
plus part de mes papiers. Et hardes leur sont demurees.
Nous ne vismes pas monsieu le prince Il s'eſt perdu
cinquante tant descus pour monsieur le comte de Thori-
gny, un'eviere darjant & quelques hardes de peu Il a
destourne son chemin en poſte pour aller voir les dames
esplorees a Montresor ou sont les cors des deux freres &
de la grand mere & nous reprint hier en cette ville dou
nous partons presantemant Le voïage de Normandie eſt
remis. Le roy[3] a despesche messieurs de Bellievre et de
la Guiche vers monsieur de Guise pour le semondre de
venir a la court Nous y serons judi.

D'Orléans ce 16 fevr. au matin[4].

Voſtre treshumble servitur

MONTAIGNE

XXXII. — A MADEMOISELLE PAULMIER[1]

Mademoiselle, mes amis sçavent que dez l'heure
que je vous eus veue, je vous deſtinay un de mes
livres : car je sentis que vous leur aviez faiÆt beaucoup
d'honneur. Mais la courtoisie de monsieur Paulmier
m'oſte le moyen de vous le donner, m'ayant obligé depuis
à beaucoup plus que ne vault mon livre. Vous l'accep-
terez, s'il vous plaiſt, comme eſtant voſtre avant que je le
deusse ; & me ferez cette grace de l'aymer, ou pour l'amour
de luy, ou pour l'amour de moy ; & je garderay entiere la
debte qu'e jay envers monsieur Paulmier, pour m'en
revencher, si je puis d'ailleurs, par quelque service.

XXXIII[1].

C'est mal se revancher des beaus presants que vous
m'aves faiÆts de vos labeurs, mais tant y a que c'eſt
me revancher le mieus que je puis. Monsieur, prenez,

pour Dieu, la peine d'en feuilleter quelque chose, quelque
heure de votre loisir, pour m'en dire voſtre avis, car je
creins d'aller en empirant.

Pour Monsʳ Loysel.

XXXIV. — AU ROY[1]

Sire,

C'EST eſtre audessus du pois et de la foule de vos
grans & importans affaires que de vous sçavoir preſter
& desmettre aus petits a leur tour suivant le devoir de
voſtre authorité royalle qui vous expose a toute heure a
toute sorte et degré d'homes & d'occupations toutesfois
ce que Voſtre Majeſté a deigné considerer mes lettres
et y comander responce j'eime mieus le devoir à la
benignité qu'a la vigur de son ame. J'ay de tout temps
regardé en vous cette mesme fortune ou vous eſtes et
vous peut souvenir que lors mesme quil m'en faloit
confesser a mon curé je ne laissois de voir aucunemant
de bon euil vos succez a presant aveq plus de raison et de
liberté je les embrasse de pleine affection. Ils vous servent
la par effaict mais ils ne vous servent pas moins icy par
reputation le retentissemant porte autant que le coup
Nous ne saurions tirer de la juſtice de voſtre cause des
argumans si fors a meintenir ou reduire vos subjetz come
nous fesons des nouvelles de la prosperité de vos entreprises et puis assurer Voſtre Majeſte que les changemans
nouveaus qu'elle voit par deça a son advantage son
heureuse issue de Diepe y a bien a point secondé le
franc zelle & merveilleuse prudance de monsieur le
mareschal de Matignon. duquel je me fois accroire que
vous ne receves pas journellemant tant de bons &
seignalez services sans vous souvenir de mes assurances
& esperances J'atans de ce prochein eſté non tant les
fruits a me nourrir come ceus de noſtre commune tranquillité et qu'il passera sur vos affaires aveq mesme
tenur de bon heur faisant evanouir come les precedantes

tant de grandes promesses de quoi vos adverseres
nourrissent la volanté de leurs homes. Les inclinations
des peuples se manient a ondees si la pente eſt une fois
prinse a voſtre faveur elle s'emportera de son propre
branle jusques au bout J'eusse bien desire que le guein
particulier des soldats de voſtre armee et le besouin de
les contanter ne vous eut desrobe nomeemant en cette
ville principale la belle recomandation d'avoir treté vos
subjetz mutins en pleine victoire aveq plus de solagemant
que ne font leurs protecturs & qu'a la differance d'un
credit passagier et usurpé vous eussies montré qu'ils
eſtoint voſtres par une protection paternelle et vraïemant
royalle A conduire tels affaires que ceus que vous aves
en main il se faut servir de voies non communes Si s'eſt il
tousjours veu qu'ou les conqueſtes par leur grandur et
difficulté ne se pouvoint bonemant parfaire par armes et
par force elles ont eſté parfaictes par clemance & magnificence excellans leurres a attirer les homes specialemant
vers le juſte et legitime parti S'il y eschoit rigur et chaſtie-
mant il doit eſtre remis apres la possession de la maiſtrise.
Un grand conquerur du temps passé se vante d'avoir
done autant d'occasion a ses enemis subjuguez de
l'eimer qu'a ses amis Et icy nous sentons desja quelqu'effaict de bon prognoſtique de l'impression que reçoivent vos villes desvoiees par la comparaison de leur rude
tretemant a celluy des villes qui sont sous voſtre obeissance. Desirant à Voſtre Majeſté une felicité plus presante
et moins hasardeuse & qu'elle soit plus toſt cherie que
creinte de ses peuples et tenant son bien necesseremant
ataché au leur je me rejouis que ce mesme avancemant
qu'elle faict vers la victoire l'avance aussi vers des conditions de paix plus faciles Sire voſtre lettre du dernier de
novambre n'eſt venue a moi qu'aſture et audela du terme
qu'il vous plaisoit me prescrire de voſtre sejour a Tours.
Je reçois a grace singuliere qu'ell'aie deigné me faire
sentir qu'elle pranderoit a gre de me voir, persone si
inutile mais siene plus par affection encore que par
devoir. Ell' a treslouablemant rangé ses formes externes
a la hautur de sa nouvelle fortune mais la debonaireté
& facilité de ses humeurs internes elle faict autant
louable de ne les changer Il luy a pleu avoir respet
non sulemant a mon eage mais a mon desir aussi de
m'apeler en lieu ou elle fut un peu en repos de ses labo-

rieuses agitations Sera ce pas bien toſt a Paris Sire et y
ara il moiens n'y sante que je n'eſtande pour m'y randre
Voſtre treshumble & tresobeissant servitur et subjet

MONTAIGNE

De Montaigne le 18 de Janv².

XXXV. — A ***[1]

Monsieur, je vous fai cet escrip veu laage aultremant
que besoing le comande, vous asseurant je sçay
recognoiſtre honeſtes de voſtre dire mieulx que je vous
le feſt presentemant. Or, en leſtat incertain de noſtre
espargne, jai print attention de ne faillir à lencontre de ce
quave montres de soing & d'attache que je sçais vous
debvoir de longues années pour bons & loyaux services
mesme je vous le veus si bien prouver que voicy le
tiltre dont Monsieur Eſtienne pourvoiera à lacquittement
toutefois que se presentcres a luy. Voila ce que je supplie
m'eſtre accordé comme tesmoignage de voſtre bonne
amitié & chose fort de mon gouſt dont je tiens le caut
pour recours. Sur ce je prie Dieu vous donner longue et
heureuse vie.

X de ma² 1590.

MONTAIGNE

XXXVI. — AU ROY[1]

SIRE,

Celle quil a pleu a Voſtre Majeſte mescrire du vin-
tiesme de juillet ne ma eſte rendue que ce matin et ma
trouve engage en une fiebvre tierce tres violente popu-

laire en ce pais despuis le mois passe. Sire je prens a tres grand honneur de recevoir vos commandemens et nay poinct failly descrire a monsieur le mareschal de Matignon trois fois bien expressement la deliberation et obligation enquoy jestois de laler trouver et jusques a luy merquer la route que je prendrois pour laler joindre en seurete, sil le trouvoit bon a quoy nayant heu aucune responce jestime quil a considere pour moy la longueur et hazard des chemins. Sire Vostre Majeste me fera sil luy plaist ceste grace de croyre que je ne plaindray jamais ma bource aux occasions ausquelles je ne voudrois espargner ma vie Je n'ai jamais receu bien quelconque de la liberalite des Rois non plus que demandé ny merité et nay receu nul payement des pas que j'ay employes a leur service desquels Vostre Majeste a heu en partie cognoissance ce que jay faict pour ses predesseseurs je le feray encores beaucoup plus volontiers pour elle. Je suis Sire aussy riche que je me souhaite. Quand jauray espuise ma bource aupres de Vostre Majeste a Paris je prendray la hardiesse de le luy dire et lors sy elle mestime digne de me tenir plus long temps a sa suitte elle en aura meilleur marche que du moindre de ses officiers

Sire
je supplie Dieu pour vostre posperite et sante
Votre tres-humble & tresobeissant servitur et subjet

MONTAIGNE

De Montaigne ce second de septembre².

NOTES DE MONTAIGNE
INSCRITES SUR SON EXEMPLAIRE

DES « ÉPHÉMÉRIDES »
DE BEUTHER

INTRODUCTION

Montaigne, ayant eu entre les mains un exemplaire des *Éphémérides* de Beuther, sorte de calendrier dont une moitié de la page restait libre pour que leur possesseur y inscrivît ses propres « éphémérides », y porta quelques indications qui nous demeurent souvent très précieuses.

Son exemplaire est un in-octavo de 16-432 et 16 pages, ainsi intitulé :

MICHAELIS BEUTHERI, *carolopolitae franci Ephemeris Historica, ejusdem de annorum mundi concinna dispositione libellus.*

Parisiis, ex officina Michaelis Fezandat et Roberti Grandion in taverna Gryphiana : ad monté D. Hilarrii, *sub juncis, 1551.*

Les deux premiers feuillets, 1-16, sont occupés par les pièces préliminaires, dont une dédicace de Beuther à D. Melchior, évêque de Wirczburg, et par des pièces apologétiques signées d'auteurs amis du dit Beuther. Une table occupe les deux derniers feuillets.

Le texte proprement dit de l'ouvrage donne un article général pour chaque mois, puis un article particulier pour chaque jour du mois. En tête figure la supputation correspondante du temps chez les Hébreux, les Grecs et les Latins, et par conséquent la concordance; puis ce sont des articles d'Éphémérides historiques, disposés de telle sorte que le possesseur pût, sur une demi-page, y noter les siens.

Ce volume, dans son état actuel, est assez maltraité. Du côté adhérant à la souche, il ne subsiste qu'un tiers du frontispice; les pages 1-16 et les 64 autres premières pages ont subi aussi de pénibles atteintes; seules les pages 65-432 ont une dimension convenable, — encore sied-il de noter que la portion manuscrite de certaines de ces pages a été coupée avec des ciseaux, qu'un grand nombre de feuilles manque, que les vers et l'humidité ont endommagé certaines pages. Quant au vélin de la reliure, il est lui-même assez délabré.

Si l'exemplaire en question comporte une quarantaine de notes de Michel, l'une, sur sa naissance, pourrait être de la main de son père, et quelques-unes sont de sa fille Léonor ou Éléonore. Ce sont les seules que nous publions ici, les autres annotations étant l'œuvre des descendants d'Éléonore, possesseurs successifs du livre.

L'Éphéméride de Montaigne a été l'objet d'une remarquable édition, procurée en 1948 par M. Jean Marchand, alors conservateur de la bibliothèque de la Chambre des Députés et vice-président, depuis lors, de la Société des Amis de Montaigne. Ce volume de 362 pages, préfacé par Abel Lefranc, a été édité par la Compagnie française des Arts graphiques. Les notes, notices et *annexes* donnent des précisions qui éclairent ces émouvants feuillets. Quelques corrections et présisions ont été apportées à la lecture de l'*Éphéméride* par Mme Léonie Gardeau (*Bull. des Amis de Montaigne n° 29*, janvier - mars 1963).

M. R.

NOTES MANUSCRITES DE MONTAIGNE

(Ces annotations sont classées ici dans l'ordre
chronologique.)

N° 1

September 29. [Page 284 verso.]

L'an 1495, naquit Pierre[1] de Montaigne mon père, à
Montaigne.

N° 2

Maius 17. [Page 144 verso.]

1534, naquit Thomas mō frère, Sr de Beauregart &
d'Arsac.

N° 3

November 10. [Page 329 recto.]

1535, naquit mon frère, Pierre seigneur de la Brousse.

N° 4

October 17. [Page 304 verso.]

1536, naquit ma seur, Jane, depuis fame du S^r de
Lestonna.

N° 5.

December 13. [Page 364 verso.]

L'an 1544, Françoëse de la Chassaigne ma fame naquit.

N° 6.

Auguſtus 28. [Page 251 recto.]

1552, naquit Léonor de Mōtaigne ma seur, j'en fus
parrin & Léonor de Melet marrine[2].

N° 7

Auguſtus 30.   [Page 253 recto.]

1552, naquit Léonor de Mōtaigne ma seur que je batisai aveq Leonor de Melet a Mōtaigne.

N° 8

Februarius 19.   [Page 52 verso.]

1554, nasquit à Bourdeaus Marie de Mōtaigne ma seur.

N° 9.

Januarius 15.   [Page 16 verso.]

1559, entre cinq et six heures du soir nasquit à la Tour en Xeintonge François de la Tour, mon gendre, le tindrent sur les fons le Sʳ d'Ambleville et la dame de Chalais.

N° 10

Auguſtus 20.   [Page 243 recto.]

L'an 1560, nasquit à Mōtaigne sus le matin Bertrant de Mōtaigne mō jeune frère le tindrēt sur les fōts Bertrād de Segur & Renée de Belleville, surnomé depuis Sʳ de Mattecolom.

N° 11

September 23.   [Page 278 verso.]

L'an 1565, j'épousai Françoëse de la Chassaigne.

N° 12

Junius 18.   [Page 177 recto.]

Ce jourd'hui l'an 1568, mourut Pierre de Mōtaigne mon père eagé de 72 ans 3 moës, après avoir été lōtams tourmāté d'une pierre à la vessie & nous laissa 5 ēfans masles & 3 filles. il fut āterré à Mōtaigne au tūbeau de ses ācêtres².

No 13

Junius 28.   [Page 187 recto.]

1570. naquit de Françoëse de la Chassaigne et de moë
une fille que ma mère et môs^r le présidāt de la Chassaigne
père de ma fame surnôarēt Thoinette[4]. c'eſt le premier
enfant de mon mariage, Et mourut deus moës après.

No 14

September 9.   [Page 264 verso.]

L'an 1571 sur les deues heures après midi Françoëse
de la Chassaigne ma fame s'accoucha à Montaigne de ma
fille Léonor deuxième enfant de notre mariage que Pierre
Eyquē de Mōtaigne s^r de Gauiac[5] mō oncle & Léonor
ma seur batisarēt.

No 15

October 28.   [Page 315 recto.]

L'an 1571, suivant le comādemāt du roy & la depeche
que Sa Majeſté m'en avoet faiſte je fu faiſt chevalier de
lordre S. Michel par lcs meins de Gaſton de Foix marquis
de Trans, &c.

No 16

Julius 5.   [Page 196 verso.]

Lan 1573. environ les cinq heures du matin naquit de
Frāçoise de la Chassaigne ma fame et de moë à Montaigne
une fille qui fut la troisième ēfant de notre mariage,
mōsieur labbé de Verteuil oncle de ma fame & madamoiselle de Mōs[6] la tindrēt sur les fons ā la chapelle de
ceans & la nomarēt Anne. Elle ne vécut que sept sem-
meines.

No 17

Julius 24.   [Page 215 recto.]

Lan 1573. mourut Pierre de Mōtaigne, seigneur de
Gaujac, doiem de S. Seurin & chanoine de S. André de
Bourdeaus mon oncle qui me laissa son héretier pour
la tierce part.

Nº 18

Maius 11.   [Page 138 verso.]

L'an 1574, monsieur de Monpansier m'aïant despéché du camp de Seint Hermine pour les affaires de deça et aïant de sa part à cõmuniquer aveq la cour de parlemãt de Bourdˢ, elle me donna audiance en la chãbre du conseil, assis au bureau & au dessus les jans du roi⁷.

Nº 19

December 27.   [Page 378 verso.]

1574, naquit a Frãçoise de la Chassaigne ma fame & à moe une fille quatrieme ẽfãt de notre mariage, mourut ẽvirõ trois mois après; il fut batisee tumultueremãt la necessite pressãt.

Nº 20

Maius 16.   [Page 143 recto.]

1577, naquit de Frãçoise de la Chassaigne ma fame le cinquième enfant de notre mariage, ce fut une fille qui mourut un mois après. mon frère Sʳ de Matecolõ et ma seur Marie la batisarẽt sans cérémonie.

Nº 21

November 29.   [Page 348 verso.]

1577, Henry de Bourbon roy de Navarre sans mon sceu et moi absant me fit depescher a Leitoure lettres patantes de gentilhome de sa chãbre.

Nº 22

Augustus 6.   [Page 229 verso.]

Lan 1580, mourut au siège de La Fere mõsʳ de Gramõt⁸ qui m'étoit fort amy; qui avoit été frapé d'un coup de pièce 4 jours auparavãt moi etãt au dᵗ siège.

Nº 23

Augustus 1ᵉʳ.   [Page 226 verso.]

1581, etãt à Lucques je fus esleu maire de Bourdeaus en la place de mõsieur le mareschal de Biron *et lan 1583 fus cõtinué*⁹.

No 24

November 26.   [Page 345 recto.]

1581, le roy m'écrivit de Paris qu'il avoit veue et
trouvée tres agreable la nominatiō que la ville de Bourdeaus avoit faiƈt de moi pour leur maire & me cōandoit
de m'en venir à ma charge eſtimāt que je fusse ēcores à
Rome dou j'etois deja p̄ti.

No 25

November 30.   [Page 349 recto.]

1581, j'arrivai en ma maison de reſtur de un voïage
que j'avoi faiƈt en Alemaigne et en Italie auquel j'avai eſte
depuis le 22 de Juin 1579[10] jusques au d[t] jour auquel
jour j'etoi l'année pracedāte arrivé à Rome.

No 26

Februarius 21.   [Page 54 verso.]

1583 nous eusmes ēcores une fille qui fut nomée Marie
batisée par le Sr de Jauvillac cōseiller ē la cour de p̄lemāt
son ōcle et ma fille Léonor. Elle mourut peu de jours
après.

No 27

December 19.   [Page 370 verso.]

1584, le roy de Navarre me vint voir à Mōtaigne ou il
n'avoit jamais eſté et y fut deus jours servi des mes jans
sans aucū de ses officiers, il n'y souffrit ny essai[11] ny couvert, et dormit dans mon lit. Il avoit aveq lui messieurs le
prince de Condé, de Rohan, de Tureine, de Rieus, de
Betune et son frère de la Boulaie, d'Eſternay, de Harau-
court, de Mōtmartin, de Mōttatere, Lesdiguière, de Poe,
de Blacon, de Lusignan, de Clervan, Savignac, Ruat,
Sallebeuf, la Rocque, Laroche, de Rous, d'Aucourt, de
Luns, Frontenac, de Fabas, de Vivās et son fils, la Burte,
Forget, Bissouse, de Seint Seurin, d'Auberville, le
lieutenāt de la cōpaignie de Mōsieur le Prince sō escuier

et ēvirō dix autres sʳˢ coucharēt ceās outre les valets de
chābre pages et soldats de sa garde. Envirō autāt alarēt
coucher aus villages. Au partir de ceās je lui fis eslācer un
cerf ē ma foret qui le promena 2 jours.

Nᵒ 28

Julius 29.   [Page 220, par erreur 222, verso.]

1587, le cōte de Gurçō le cōte du Fleix & le chevalier,
trois freres mes bōs sʳˢ & amis, de la maison de Foix,
furēt tués à Mōcrabeau en Agenois ē un cōbat fort aspre
pour le service du roy de Navarre.

Nᵒ 29

Julius 10.   [Page 201 recto.]

1588, entre trois et quatre après midi estant logé aus
fausbours S. Germein à Paris et malade d'un espèce de
goutte qui lors premièremāt m'avoit sesi il y avoit
justement trois jours je fus pris prisonier par les capitenes
et peuple de Paris c'estoit au temps que le Roy en estoit
mis hors par monsieur de Guise, fus mené en la Bastille
et me fut signifié que c'estoit à la sollicitation du duc
d'Elbeuf et par droit de represailles au lieu d'un sien
parāt jantillhome de Normandie que le Roy tenoit prisonier à Roan. la roine mère du roy avertie par Mʳ Pinard
secretere d'estat de mon enprisonemāt obtint de mōsieur
de Guise qui estoit lors de fortune aveq elle et du prevost
des marchans vers lequel elle envoia (mōsieur de Villeroy
secretere d'estat s'en souignant aussi bien fort en ma
faveur) que sur les huit heures du soir du mesme jour
un maistre d'hostel de¹² Majesté me vint faire mettre ē
liberté moienāt les rescrits du dict seignur duc et du dict
prevost adressās au clere capitene pour lors de la Bastille.

Nᵒ 30

Julius 20.   [Page 221 recto.]

1588, entre trois et quatre après midi estant à Paris
et au lit à cause d'une dolur qui m'avoit pris au pied
gauche trois jours davant qui sera à ladvanture un'espèce

de goutte et en eus lors le premier ressantimāt je fus pris prisonier par les capitenes de ce peuple lorsque mōsʳ de Guise y comandoit et en avoit chassé le roy, je revenois de Roan où javois laissé Sa Mageſté et fus par eus mené à la Baſtille sur mon cheval. la roine mère du roy en aiant eſté avertie par le bruit du peuple eſtant au cōseil aveq le diͨt sʳ de Guise obtint de luy de me faire sortir aveq beaucoup d'inſtance, il en dona un comādemāt par escrit adressāt au clerc qui lors coādoit à la Baſtille lequel coāndemāt fut porté au prévoſt des marchās aiant besouin de sa confirmation. A huit heures de ce mesme jour un maiſtre d'hotel de la roine aporta les diͨts mādemans et fus mis hors, d'une faveur inouie mʳ de Villeroy ētre plusieurs autres en eût beaucoup de souin c'eſtoit la première prisō que j'eusse j'y fus mis. le duc d'Elbeuf me faisāt prādre par droit de represailles pour un jantillhome de la ligue pris à Roan[13].

Nᵒ 31

1588. Henry duc de Guise a la vérité des premiers homes de son eage fut tué en la chābrc du Roy.

Nᵒ 32

1589. mʳ de Belcier, sʳ de Bonaquet espousa ceans madᵉˡˡ de Sallebeuf je les avois fiancé deus jour avāt en présance de messʳˢ de la Motegōdrin père et fils, de Monreal, de Blancaſtel & autres.

Nᵒ 33

1589. déceda au chateau de Turenne le baron de Savignac d'une harquebusade à la teſte qu'il avoit reçeu quatre jours auparavāt au siège de la maison du pechie mō parāt & ami singuliemāt familier de céans du quel la seur eſtoit nourrie par ma fame.

No 34

Julius 16.   [Page 206 recto.]

1589. le capitene Rous[14] espousa céans madamoiselle de Sersines.

No 35

Maius 27.   [Page 155 verso.]

1590. un jour de dimanche Léonor ma fille unique[15] espousa François de la Tour en presance de Bertrand son père & de moi & de ma fame céans.

No 36

Junius 23.   [Page 182 verso.]

1590. un sammedi à la pointe du jour les chaus estant extrèmes madame de la Tour ma fille partit de céans pour estre conduite en son nouveau mesnage.

No 37

Julius 23.   [Page 214 verso.]

Sammedi à la pointe du jour les chalurs estant extrêmes 1590 Léonor de Montaigne dame de la Tour ma fille fut conduite en son nouveau mesnage[16].

No 38

September 5.   [Page 260 verso.]

1590. mercredi a 9 heures de nuit mourut à la Tour le seignur de la Tour père de mon gendre eage come il m'avoit dict de 71 an.

No 39

Martius 31.   [Page 94 verso.]

1591. nasquit à madame de la Tour ma fille son premier enfant fille babtisée par le s^r de S. Michel oncle de son mari & par ma fame qui la noma Françoise à la Tour.

NOTES MANUSCRITES
D'ÉLÉONORE DE MONTAIGNE

N° 40

Octobre 20. [Page 307 recto.]

1608. jespouse à Montaigne Charles de Guamaches viconte de Raimont.

N° 41

December 10. [Page 361 recto.]

dimanche 1600 Fransoise de la Tour ma fille fiansa Honoré de Lur fils du viconte Dusa a Bourdeaus.

Agée de 9 ans. Elle mourut en couches de son premier enfent apellé Charles de Lur vicomte des Eilles ? lequel mourut des bles-sures qu'il avoit recues au siège de Salce en novembre 1639 il na point lesse denfans[17].

N° 42

Aprilis 30. [Page 125.]

1610. antre quatre et sinq heures du soir naquit a Montaigne Marie de Guamaches ma fille et fut tenue a batesme par ma mere madame de Montaigne et Gilbert des Eages page de mon mari à cause de la hâte lanfant estant malade.

elle mourut a Montaigne le 27 [avril] 1683 elle lessa 3 filles par son testament clos elle fit la plus june son heritierre[18] *cet md de Montaseau.*

AUTRES NOTES MANUSCRITES

N° 43

Martius 18. [Page 81.]

1627. espousarēt Louis de Lur de Saluce et Marie de Guamache a Montaigne.

il eſtoit nay a Bordaux en may 1604 il eſt mort a Montaigne le 26 de may 1664 et md sa fame le 27 avril 1683 ils sont ensevelis à leglise de Monta...

N° 44

Januarius 23. [Page 24 verso.]

..16 [1616] mourût en la ville . . . . un jour de samedy dame . . . . eonor de Montaigne vicontesse de Gamaches

son ceur fut desposé aux Cordeliers et son corps fut porté a Bordaux au couvent des Feuillen et mis dens le tombau de Mʳ de Montaigne son père ensuite fut aussi desposé . . . de Françoise de la Chassa . . . . sa mère en 1627[19] . . . .

NOTES RELATIVES A LA NAISSANCE ET A LA MORT DE MONTAIGNE

N° 45

Februarius 28. [Page 61 recto.]

Hoc die[20] circiter horam undecimam ante meridiem, natus eſt Petro Montano[21] & Antonina Lopessia nobilibus parentibus Michael[22] Montanus in confiniis Burdigalensiū & Petragor... sium, in domo paterna, Montano, an... a chriſto nato latina cōputa[23].

Nº 46

September 13.   [Page 268 verso.]

Cete année 1592 mourut Michel segneur de Montaigne, agé de 59 ans e demy a Montaigne, son cœur fut mis dans l'esglise St Michel et Fransoise de la Chasagne, dame de Montaigne, sa vefve, fit porter son corps a Bourdeaus et le fit enterrer an l'eglise des Fœuillens ou elle luy fit faire un tombaux eslevé et acheta pour cela la fondation de lesglise.

APPENDICE

LES SENTENCES PEINTES DANS LA
« LIBRAIRIE » DE MONTAIGNE

L UES par Galy et Lapeyre, qui les ont publiées dans leur ouvrage :
Montaigne chez lui (Périgueux, 1861), les 57 sentences peintes
sur les travées de la « librairie » de Montaigne ont été reproduites par
Bonnefon (*Revue d'histoire littéraire de la France*, 1894), par miss Grace
Norton (*Studies in Montaigne*, 1905), par Pierre Villey (au tome I de
son édition des *Essais*, 1930), par moi-même dans mon édition des
Classiques Garnier (1942).

La plupart d'entre elles ont été inscrites par Montaigne à l'époque
où il composait l'*Apologie de Sebond*, c'est-à-dire environ 1575, et,
pour les deux tiers, en effet, elles se retrouvent citées dans l'*Apologie*.

Certaines cependant appartiennent à une époque antérieure[1],
et remontent très probablement au début de la retraite de Montaigne
en son château. Aucune, sauf la sentence 34, de reconstitution
conjecturale, n'est citée dans l'édition de 1588 ni dans les éditions
postérieures à cette date. On a donc peu de chance de se tromper en
pensant qu'elles datent de la période 1572-1580, et, pour la majeure
partie, des années 1575 et 1576.

19 sur 57 sont prises dans l'*Écriture*, directement ou indirecte-
ment ; une dizaine dans Sextus Empiricus ; Stobée enfin a été neuf
fois mis à contribution par l'auteur des *Essais*.

25 sont grecques ; 32 latines. Aucune, sauf la sentence numérotée
39, tirée des poèmes latins de Michel de L'Hospital (1560), n'appartient à un auteur contemporain de Montaigne.

Nous en reproduisons ci-dessous la liste, en donnant le texte de
chaque sentence, sa référence[2] et sa traduction.

1. Extrema homini scientia ut res sunt boni consulere,
cætera securum. *Eccl.*[3].

« *Le bout du savoir pour l'homme est de considérer comme
bon ce qui arrive, et pour le reste d'être sans souci.* »

2. Cognoscendi studium homini dedit Deus ejus
torquendi gratia. *Eccl., I*[4].

« *Dieu a donné à l'homme le goût de connaître pour le tourmenter.* »

3. Τοὺς μὲν κενοὺς ἀσκοὺς τὸ πνεῦμα διίστησι, τοὺς δὲ ἀνοήτους ἀνθρώπους τὸ οἴημα. [Stobée, *Sentences*.]

« *Le vent gonfle les outres vides, l'outrecuidance les hommes sans jugement.* »

4. Omnium quæ sub sole sunt fortuna et lex par est. *Eccl.*, 9¹.

« *Tout ce qui est sous le soleil a même fortune et loi.* »

5. Ἐν τῷ φρονεῖν γὰρ μηδέν, ἥδιστος βίος. [Sophocle, *Ajax*, 552.]

« *La vie la plus douce, c'est de ne penser à rien.* »

6. Οὐ μᾶλλον οὕτως ἔχει ἢ ἐκείνως ἢ οὐδετέρως. [Sextus Empiricus, *Hypotyposes*, I, 19³].

« *Ce n'est pas plus de cette façon que de celle-là ou que d'aucune des deux.* »

7. Orbis magnæ vel parvæ earum rerum quas Deus tam multas fecit notitia in nobis est. *Eccl.*

« *Du grand et du petit monde des choses que Dieu a faites en si grand nombre, la notion est en nous.* »

8. Ὁρῶ γὰρ ἡμᾶς οὐδὲν ὄντας ἄλλο πλὴν
εἴδωλ᾽ ὅσοιπερ ζῶμεν ἢ κούφην σκιάν.

[Sophocle, *Ajax*, 124, dans Stobée, *De superbia*, éd. de 1559, p. 188.]

« *Car je vois que tous, tant que nous sommes, nous ne sommes rien de plus que des fantômes ou une ombre légère.* »

9. O miseras hominum mentes ! O pectora cæca !
Qualibus in tenebris vitæ quantisque periclis
Degitur hoc ævi quodcumque est !

[Lucrèce, *De natura rerum*, II, 14.]

« *O malheureux esprits des hommes ! ô cœurs aveugles ! En quelles ténèbres de la vie, et dans quels grands périls s'écoule ce tout petit peu de temps que nous avons !* »

10. Κρίνει τίς αὐτὸν πώποτ᾽ ἀνθρώπον μέγαν ὄν ἐξαλείφει πρόφασις ἢ τυχοῦσ᾽ ὅλον. [Euripide, dans Stobée, *De superbia*, éd. de 1559, p. 187.]

« *Celui qui d'aventure se prend pour un grand homme, le premier prétexte l'abattra complètement.* »

11.   Omnia cum cælo terraque marique
     Sunt nihil ad summam summai totius[1].

[Lucrèce, *De natura rerum*, VI, 678.]

« *Toutes les choses avec le ciel, la terre et la mer, ne sont rien auprès de la totalité du grand tout.* »

12. Vidisti hominem sapientem sibi videri ? Magis illo spem habebit insipiens. *Prov.*, 26 [XXVI, 12].

« *As-tu vu un homme qui se figure sage ? Un dément donnera plus que lui à espérer.* »

13. Quare ignoras quomodo anima conjungitur corpori, nescis opera Dei. *Eccl., II*[2] [XI, 5].

« *Puisque tu ignores comment l'âme est unie au corps, tu ne connais pas l'œuvre de Dieu.* »

14. Ἐνδέχεται καὶ οὐκ ἐνδέχεται. [Sextus Empiricus, *Hypotyposes*, I, 21.]

« *Cela peut être et cela peut ne pas être.* »

15. Ἀγαθὸν ἀγαστόν. [Platon, *Cratyle*.]

« *Le bon est admirable.* »

16. Κέραμος ἄνθρωπος.

« *L'homme est d'argile.* »

17. Nolite esse prudentes apud vosmetipsos. *Ad Rom. XII.* [Saint Paul, *Épître aux Romains*, XII, 6.]

« *Ne soyez point sages à vos propres yeux.* »

18. Ἡ δεισιδειμονία καθαπερ πατρι τῷ τύφῳ πείθεται[3]. [Stobée, *De superbia*, sermo, XXII. p. 189.]

« *La superstition obéit à l'orgueil comme à son père.* »

19. Οὐ γὰρ ἐᾷ φρονέειν ὁ Θεός μέγα ἄλλον ἤ ἑαυτόν[4]. [Hérodote, VII, 10.]

« *Dieu ne laisse personne d'autre que lui-même s'enorgueillir.* »

20. Summum nec metuas diem nec optes[5]. [Martial, *Épigrammes*, X, 47.]

« *Ne crains ni ne souhaite ton dernier jour.* »

21. Nescis homo, hoc an illud magis expediat, an æque utrumque[6]. *Eccl., II.* [XI, 6.]

« *Homme, tu ne sais si ceci ou cela te convient plus, ou l'un et l'autre également.* »

22. Homo sum, humani a me nihil alienum puto[1]. [Térence, *Heautontimorumenos*, I, 1.]

« *Je suis homme, je considère que rien d'humain ne m'est étranger.* »

23. Ne plus sapias quam necesse est, ne obstupescas. *Eccl.*, 7. [VII, 17.]

« *Ne sois pas plus sage qu'il ne faut, de peur d'être stupide.* »

24. Si quis existimat se aliquid scire, nondum cognovit quomodo oportet illud scire. *Cor. VIII.* [Saint Paul, *Épître aux Corinthiens*, VIII, 2.]

« *L'homme qui présume de son sçavoir ne sçait pas encore ce que c'est que sçavoir.* » (Traduction de Montaigne, livre II, chap. XII.)

25. Si quis existimat se aliquid esse, cum nihil sit, ipse se seducit. *Ad Galat., VI.* [Saint Paul, *Épître aux Galates*, VI, 3.]

« *L'homme qui n'est rien, s'il pense estre quelque chose, se séduit soymesmes et se trompe.* » (Traduction de Montaigne, livre II, chap. XII.)

26. Ne plus sapite quam oporteat, sed sapite ad sobrietatem. *Rom. XII.* [Saint Paul, *Épître aux Romains*, XII, 3.]

« *Ne soyez pas plus sage qu'il ne faut, mais soyez sobrement sage.* (Traduction de Montaigne, livre I, chap. XXX.)

27. Καὶ τὸ μὲν οὖν σαφὲς οὔτις ανὴρ ἴδεν οὐδέ τις ἔσται εἰδώς. [Xénophane, pris dans Sextus Empiricus.]

« *Aucun homme n'a su, ni ne saura rien de certain.* »

28. Τίς δ'οἴδεν εἰ ζῆν τοῦθ' ὃ κέκληται θανεῖν
τὸ ζῆν δὲ θνῆσκειν ἔστι[2].

[Euripide, cité par Stobée, sermon 119, éd. de 1559, p. 609.]

« *Qui sait si vivre est ce qu'on appelle mourir, et si mourir c'est vivre ?* »

29. Res omnes sunt difficiliores quam ut eas possit homo consequi[3]. *Eccl., I.* [1, 8.]

« *Toutes les choses sont trop difficiles pour que l'homme puisse les comprendre.* »

30.   Ἐπέων δὲ πολὺς νομὸς ἔνθα καὶ ἔνθα[1].
[Homère, *Iliade*, XX, 249.]

« *On peut dire beaucoup de paroles dans un sens et dans l'autre.* »

31. Humanum genus est avidum nimis auricularum.
[Lucrèce, *De natura rerum,* IV, 598.]

« *Le genre humain est excessivement avide de récits.* »

32. Quantum est in rebus inane. [Perse, I, 1.]

« *Quelle inanité dans les choses !* »

33. Per omnia vanitas. *Eccl., I.* [I, 2.]

« *Partout vanité !* »

34. ... Servare[2] modum finemque tenere
Naturamque sequi. [Lucain, *Pharsale,* II, 381.]

« *Garder la mesure, observer la limite et suivre la nature.* »

35. Quid superbis, terra et cinis[3] ? [*Ecclésiastique,* X, 9.]

« *Pourquoi te glorifier, terre et cendre ?* »

36. Væ qui sapientes estis in oculis vestris. *Isa. V.*
[Isaïe, V, 21.]

« *Malheur à vous qui êtes sages à vos propres yeux !* »

37. Fruere jucunde præsentibus, cætera extra te[4].

« *Jouis agréablement du présent, le reste est en dehors de toi.* »

38. Παντὶ λόγῳ λόγος ἴσος ἀντίκειται[5]. [Sextus Empiricus, *Hypotyposes,* I, 6 et 27.]

« *A tout raisonnement on peut opposer un raisonnement d'égale force.* »

39.   ... Nostra vagatur
In tenebris nec cæca potest mens cernere verum.
                       [Michel de L'Hospital.]

« *Notre esprit erre dans les ténèbres et ne peut, aveugle qu'il est, discerner le vrai.* »

40. Fecit Deus hominem similem umbræ de qua poſt solis occasum quis judicabit ? *Eccl.*, 7[1].

« *Dieu a fait l'homme semblable à l'ombre, de laquelle qui jugera quand par l'éloignement de la lumière elle sera évanouie ?* » (Traduction de Montaigne au livre II, chap. XII.)

41. Solum certum nihil esse certi et homine nihil miserius aut superbius. [Pline, *Hiſtoire naturelle*, II, 7.]

« *Il n'y a rien de certain que l'incertitude, et rien plus misérable et plus fier que l'homme.* » (Traduction de Montaigne à la fin du livre II, chap. XIV, supprimée après 1588.)

42. Ex tot Dei operibus nihilum magis cuiquam homini incognitum quam venti veſtigium. *Eccl.*, XI[2].

« *De toutes les œuvres de Dieu, rien n'eſt plus inconnu à n'importe quel homme que la trace du vent.* »

43. ῎Αλλοισιν ἄλλος θεῶν τε κ'ἀνθρώπων μέλει. [Euripide, *Hippolyte*, 104.]

« *Chacun des dieux et des hommes a ses préférences.* »

44. ᾿Εφ ' ᾧ φρονεῖς μέγιστον, ἀπολεῖ τοῦτό σε, τὸ δοκεῖν τιν' εἶναι. [Ménandre, dans Stobée, éd. de 1559, p. 188.]

« *L'opinion que tu as de ton importance te perdra, parce que tu te crois quelqu'un.* »

45. Ταράσσει τοὺς ἀνθρώπους οὐ τὰ πράγματα. ἀλλὰ τὰ περὶ τῶν πφαγμάτων δογματα. [Épictète, *Enchiridion*, X, dans Stobée, CXVII, éd. de 1559, p. 598.]

« *Les hommes sont tourmentés par l'opinion qu'ils ont des choses, non par les choses mêmes.* » (Traduction de Montaigne, au livre II, chap. XIV, début.)

46. Καλὸν φρονεῖν τόν θνητὸν ἀνθρώποις ἴσα. [Euripide, *Colchide,* pris dans Stobée, *De superbia,* éd. de 1559, p. 188.]

« *Il eſt bien que le mortel ait des pensées qui ne s'élèvent pas au-dessus des hommes.* »

47. Quid æternis minorem
    Consiliis animum fatigas ?
                    [Horace, *Odes,* II, XI, 11.]

« *Pourquoi fatiguer ton esprit d'éternels projets qui le dépassent ?* »

48. Judicia Domini abyssus multa. *Psalm.*, 35. [XXXV, 7.]
« *Les jugements du Seigneur sont un profond abîme.* »

49. Οὐδὲν ὁρίζω. [Sextus Empiricus, *Hypotyposes*, 1.]
« *Je ne décide rien.* »

50. Οὐ καταλαμβάνω. [Sextus Empiricus, *Hypotyposes*, 22.]
« *Je ne comprends pas.* »

51. Ἐπέχω. [Sextus Empiricus, *Hypotyposes*, 23.]
« *Je suspends mon jugement.* »

52. Σκέπτομαι. [Sextus Empiricus, *Hypotyposes*, 26.[1]]
« *J'examine.* »

53. More duce et sensu.
« *En ayant pour guides la coutume et les sens.* »

54. Judicio alternante.
« *Par le raisonnement alternatif.* »

55. Ἀκαταληπτῶ. [Sextus Empiricus, *passim.*]
« *Je ne puis comprendre.* »

56. Οὐδὲν μᾶλλον.
« *Rien de plus.* »

57. Ἀῤῥεπῶς.
« *Sans pencher d'un côté.* »

Que peut-on inférer de cette liste ? C'est que, outre les sentences chrétiennes, les deux principaux auteurs dont Montaigne s'entoure sont Sextus Empiricus et Stobée.

Qui était Sextus Empiricus ? C'était un astronome, un médecin et un philosophe grec qui florissait, comme disent ses biographes, au commencement du IIIe siècle de notre ère et qui semble être né au pays de la poétesse Sapho, à Mytilène, dans l'île de Lesbos. *Sextus* était son nom, *Empiricus* son surnom personnel, et on le surnommait « l'Empirique » parce qu'il avait adopté l'empirisme en médecine. S'il ne reste rien de ses écrits sur l'art de guérir, trois de ses ouvrages philosophiques demeurent, dont l'un est dirigé contre les savants, l'autre contre les philosophes, et dont le troisième, qui a le titre d'*Hypotyposes pyrrhoniennes,* celui dont Montaigne a tiré neuf de ses sentences, résume tout le plan de l'antique scepticisme, à savoir les modes de la suspension, la critique du dogmatisme en logique, en morale, en physique, et donne le relevé des différences qui existent entre l'école sceptique et les autres écoles.

La méthode de Sextus est de montrer qu'on ne saurait affirmer une vérité sans être conduit à en nier quelque autre tout aussi apparente, et de présenter ainsi rassemblé par une forte critique le corps entier de la philosophie grecque. Son scepticisme est la négation de la science antique.

En face de toutes les opinions contradictoires, le scepticisme n'affirme rien ; il attend, il suspend son jugement, et conduit l'esprit à un doute universel et provisoire. Nul, dans l'exposition du pyrrhonisme, n'a égalé Sextus Empiricus en clarté, en précision, en sagacité[1].

Stobée, lui, *Johannes Stobæus* ou *Stobensis,* est ainsi nommé parce qu'on le croit originaire de Stobes en Macédoine, capitale de la Péonie chez les Agrianes, qui fut sous l'Empire romain le chef-lieu de la province nommée Macédoine Salutaire. Sa vie nous est inconnue, mais il reste de lui un recueil, divisé en deux parties, la première intitulée *Eclogae physicae et ethicae,* « Extraits de physique et de morale », la seconde *Anthologia* ou *Florilegium* « Anthologie » ou « Florilège ».

Le compilateur y a rassemblé et méthodiquement classé quantité de fragments d'auteurs grecs, poètes, orateurs, philosophes, historiens, dont la plupart des ouvrages sont perdus ou ne nous sont parvenus que fort mutilés. Cet inestimable recueil a été édité un grand nombre de fois, la première édition du « Florilège » étant celle de Venise (1535, in-4°), la première des *Eclogae,* celle d'Anvers (1757, in-folio).

Que peut-on tirer de ces 57 sentences ? Rien, absolument rien d'abord, en faveur de ce que l'on a appelé le stoïcisme de Montaigne, et rien qui sépare, pour le fond, les sentences tirées de l'*Écriture* des sentences choisies dans Stobée ou Empiricus, et dans les autres auteurs. Rien, dis-je, en faveur du prétendu stoïcisme de Montaigne, qui a pu être influencé dans sa jeunesse par La Boétie, dont il a gardé vivant et puissant dans son cœur le souvenir. Mais il est caractéristique que ce soient huit sentences tirées de l'*Écriture* qui aient remplacé des sentences auparavant puisées, autant qu'on le puisse croire, dans Stobée, dont procèdent, comme on l'a dit, deux sentences grecques (sur quatre) qui ont pu être rétablies. La sentence 5 qui venait de Sophocle, par l'intermédiaire de Stobée : « La vie la plus douce, c'est de ne penser à rien » a été recouverte par la sentence 4, qui provient de l'*Ecclésiaste* et qui dit « Tout ce qui est sous le soleil a même fortune et loi. » La sentence 17 : « La Superstition obéit à l'Orgueil comme à son père » a été recouverte par une pensée de saint Paul qui, dans son *Épître aux Romains,* recommande « Ne soyez pas sages à vos propres yeux. » La sentence 20, qui est une épigramme de Martial : « Ne crains ni ne souhaite ton dernier jour » a été recouverte par une réflexion d'Hérodote : « Dieu ne laisse personne que lui-même s'enorgueillir. » Le moins qu'on puisse dire de ces trois substitutions est qu'elles ne marquent pas une évolution stoïcienne de Montaigne.

On peut observer, en outre, que les autres maximes, d'où qu'elles viennent, si elles décèlent souvent la faiblesse de la raison humaine et si elles accusent la prudence sceptique de l'auteur des *Essais,* n'entament en rien son christianisme. On peut aussi ajouter que vingt sur cinquante-sept de ces sentences ayant été citées dans les *Essais,* les commentaires dont Montaigne les accompagne et les illustre renforcent encore l'observation précédente. On peut enfin noter que le seul auteur contemporain cité par Montaigne est le catholique Michel de l'Hôpital, l'habile « politique » dont il partageait les idées, et qui affirme en deux vers latins que « notre esprit erre dans les ténèbres et ne peut discerner le vrai, étant aveugle ».

Ce qui est, en outre, digne de remarque, c'est que la dominante, d'où qu'elles viennent, de ces maximes traduit une sorte d'épicurisme chrétien (même quand elles émanent d'auteurs nés avant l'ère chrétienne) et que la répétition de sentences exprimant la même idée — pour abaisser l'orgueil humain — se recoupe sous des formes différentes[1].

Scepticisme et épicurisme chrétiens. On en a pu douter parce que Montaigne cite des auteurs païens comme Sénèque, Horace et Ovide. Mais quoi ? L'auteur de l'*Imitation,* qui priait sans doute pour l'âme de Virgile, ne cite-t-il pas ces mêmes auteurs ? Et je ne parle pas ici, par mégarde, de l'auteur de l'*Imitation !* Comme cet ascète mortifié, mais sur un mode plus enjoué, Montaigne ne nous détourne pas de vivre en Dieu, bien au contraire, mais il nous apprend à vivre en nous, ignorants mortels, et de façon à ne point souffrir trop ni des hommes ni de nous-mêmes. Il réconcilie tous les sages en narguant la métaphysique et la scolastique ; et les sentences de sa librairie lui montraient et nous apprennent que nous n'avons rien à faire de ces disputes de l'école sur le genre et l'espèce : elles attestent « ce peu que c'est que l'homme », pour parler comme Vaugelas, surtout quand l'homme se croit supérieur à Dieu (ou aux dieux) et méprise les données dûment contrôlées des sens et de l'expérience.

NOTES ET VARIANTES

NOTES ET VARIANTES

ESSAIS

AU LECTEUR

P. 9.

1. L'édition de 1595 porte : *paré de beautez empruntées. Je veus...*

2. Certains exemplaires de 1595, ceux qui contiennent cet avis *Au lecteur*, car il ne figure pas dans tous, portent par erreur : *ce 12 juin 1580.* On lisait dans l'édition de 1588 : *ce 12 juin 1588.*

LIVRE I

CHAPITRE PREMIER

P. 11.

1. Il s'agit du fameux Prince Noir, fils d'Édouard III et père de Richard II. Montaigne suit ici Froissart « en l'arrangeant » car le chroniqueur rapporte qu'au siège de Limoges de 1370 le Prince Noir aurait épargné seulement les trois « capitaines de la cité » qui la défendaient vaillamment.

2. Montaigne rapporte cet épisode de la vie du prince albanais Scanderberg (1414-1467) après Paul Jove, *Cose dei Turchi* (1541), traduit en français par Gaulteron en 1544, chap. XLII, à la fin.

P. 12.

1. Cet épisode du siège de Weinsberg en Bavière par Conrad III (1140) est tiré de Jean Bodin, *Methodus ad facilem historiarum cognitionem.*

2. D'après Plutarque, *Comment on se peult louer soy-mesme,* V, traduction d'Amyot, éd. de 1572.

P. 13.

1. Denys l'Ancien.

2. Rhegium, aujourd'hui Reggio, sur la côte de Calabre. — Tiré de Diodore, traduction d'Amyot (Vascosan, 1554-1559, XIV, 29).

3. Non pas Zénon, mais Sthénon.

4. Préneste, selon Plutarque, *Instruction pour ceux qui manient affaires d'Estat, XVII,* mais la traduction d'Amyot (éd. de 1572) porte Pérouse, d'où la confusion de Montaigne.

5. A en croire du moins Plutarque, *De la fortune ou vertu d'Alexandre,* II, traduction d'Amyot.

P. 14.

1. Tiré de Quinte-Curce, IV, 6 (éd. de Bâle, 1545).

2. D'après Diodore de Sicile, XXVII (trad. Amyot, 1559).

CHAPITRE II

P. 15.

1. Affirmation de saint Augustin, *Cité de Dieu,* XIV, 8, et de beaucoup d'autres auteurs.

2. Histoire tirée d'Hérodote, III, 14.

3. Le cardinal de Lorraine, Charles de Guise, qui perdit ses deux frères à quelques jours d'intervalle : François de Guise assassiné par Poltrot de Méré devant Orléans le 24 février 1563, et l'abbé de Cluny, décédé le 6 mars.

P. 16.

1. L'Athénien Timanthe (IVe siècle avant J.-C.). Le trait dont font mention Cicéron, *Orator,* XXII; Pline, *Hist. nat.* XXXV, 10; Valère Maxime, VIII, 1, 6; Quintilien, *Instit. Oratoire,* II, 13, etc. a été souvent cité par les compilateurs du XVIe siècle.

2. Ovide, *Métamorphoses,* VI, 304, a écrit : *diriguitque malis,* « et elle fut pétrifiée de douleur ».

3. « Et sa douleur enfin laissa passer sa voix. » Virgile, *Énéide,* XI, 151.

4. Anecdote tirée de Paul Jove, *Historiae sui temporis,* « Histoires de son temps » XXXIX, éd. de 1553.

5. « Feu qu'on peut dire est un bien petit feu. » Pétrarque, *Sonnets,* CXXXVII, dernier vers.

P. 17.

1.   Malheur de moi! Tous mes sens sont ravis.
   Quand je te vois, Lesbie, âme et parole fuient;
      Un feu subtil en mes membres se glisse;
   De leur propre bourdon mes deux oreilles tintent;
      Une nuit double a recouvert mes yeux.

Catulle, LI, 5.

2. Une variante de 1588 ajoute cette confidence : ... *accident qui ne m'est pas incogneu.*

3. « Léger, le chagrin parle, et grand, il fait silence. » Sénèque, *Hippolyte,* acte II, scène 3, 607.

4. Sitôt qu'elle me vit et les armes troyennes,
   Elle perdit la tête et tout hallucinée,
   Le regard fixe, exsangue, elle tomba pâmée;
   La voix ne lui revint que très longtemps après.

Virgile, *Énéide,* III, 306 sq.

5. On rencontre ces listes de morts causées par la joie chez les écrivains de l'antiquité (Aulu-Gelle, III, 15 ; Valère Maxime, IX, 12) et chez maints compilateurs du XVIe siècle, notamment chez Ravisius Textor, *Officina,* dont la liste contient tous les noms cités par Montaigne sauf celui de Léon X.

6. Pline, *Hist. nat.,* VII, 54.

7. En Corse (lat. *Corsica*). L'exemple est tiré de Valère Maxime, IX, 12.

8. Guichardin, *Histoire d'Italie,* livre XIV, folio 695A (éd. de 1568) et Martin du Bellay, *Mémoires,* livre II.

CHAPITRE III

P. 18.

1. « Malheureux est l'esprit anxieux de l'avenir ! » Sénèque, *Épîtres,* 98.

2. Notamment dans le *Timée* (trad. latine de Ficin publiée par Henri Estienne en 1546 : « *agere sua seque ipsum cognoscere* »).

3. Cicéron, *Tusculanes,* liv. V, chap. XVIII. L'édition de Mlle de Gournay (1595) substitue à la citation latine la traduction suivante : « Comme la folie, quand on luy octroyera ce qu'elle désire ne sera pas contente, aussi est la sagesse, contente de ce qui est présent, ne se desplayt jamais de soy. »

P. 19.

1. Montaigne suit ici Tacite qui écrit dans les *Annales,* XV, 67-68 : « J'ai commencé à te haïr quand tu t'es montré l'assassin de ta mère et de ta femme, cocher, acteur et incendiaire. »

2. *A lui et à tous méchants comme lui,* ajoute l'édition de 1595.

P. 20.

1. Nul ne sait s'arracher d'un seul coup à la vie.
   Mais l'on attend de soi quelque chose après soi;
   On ne peut pas quitter ni décemment laisser
   Un corps qu'abat la mort.
Lucrèce, III, 890 sq, dont Montaigne modifie très légèrement le texte.

2. L'anecdote sur Du Guesclin est tirée des *Annales d'Aquitaine* de Jean Bouchet, qui relate la mort du connétable de France, le 13 juillet 1380, « devant le château de Rangon [aujourd'hui Château-neuf-de-Randon] à quatre lieues du Puy en Auvergne ».

3. Exemple tiré de Guichardin, *Histoire d'Italie,* XII (éd. de 1568).

4. La province de Brescia.

5. Traits pris au Plutarque d'Amyot : *Nicias,* II, et *Agésilas,* VI.

P. 21.

1. Édouard Ier mourut en 1307. On ne sait à quel auteur Montaigne emprunte ce trait.

2. Jean Zisca, chef des Hussites (1360-1424). Le trait est rapporté par maints compilateurs du xvi e siècle : Fulgose, Fulsten, Zwinger, etc.

3. Wiclef ou Wycliffe, précurseur anglais de la Réforme.

4. Usage rapporté par Gomara en son *Histoire générale des Indes,* III, 22, traduite en français par Fumée en 1584. Cette addition de 1588 prouve combien Montaigne s'intéressait aux mœurs et coutumes des sauvages d'Amérique, auxquels sont consacrés l'essai *Des cannibales* (chap. xxxi de ce même livre) et un passage de l'essai *Des coches* (III, vi).

5. L'exemple de la mort de Bayard au combat de Romagnano en 1524 est tiré des *Mémoires* de Martin et Guillaume du Bellay, II, p. 59, éd. de 1569. (Cf. l'édition Bourrilly, tome I, p. 314.)

P. 22.

1. Maximilien d'Autriche, arrière-grand-père de Philippe II.

2. C'est Xénophon qui le rapporte dans *la Cyropédie,* VIII, 7.

3. Érasme, dans son *Éloge de la folie,* p. 100 (éd. de 1544) fait la même critique, et l'on connaît la *Paraphrase du Psaume 145* par Malherbe :

> Et dans ces grands tombeaux où leurs âmes hautaines
> Font encore les vaines,
> Ils sont mangés de vers.

P. 23.

1. Tite-Live, *Épitomé* du liv. XLVIII.

2. Diogène Laërce, *Lycon,* V, 74.

3. L'éd. de 1588 ajoutait : *... sauf les choses requises au service de ma religion, si c'est un lieu où il soit besoin de l'enjoindre.*

4. « C'est un point qu'il nous faut entièrement mépriser pour nous, mais non pas mépriser pour les vôtres. » Cicéron, *Tusculanes,* I, 45.

5. « Le soin des funérailles, la condition de la sépulture, la pompe des obsèques sont plutôt une consolation pour les vivants qu'un secours pour les morts. » Saint Augustin, *Cité de Dieu,* I, 12.

6. Platon, *Phédon,* addition latine d'Estienne, LXIV; Cicéron, *Tusculanes,* I, 43.

P. 24.

1. Diodore de Sicile, livre XIII, 31-32, trad. d'Amyot, où l'on voit que Socrate prit seul la défense des malheureux capitaines.

2. Diodore de Sicile, livre XV, 9, trad. d'Amyot.

3. La victoire des Athéniens à Naxos (376 av. J.-C.), trente ans après celle des îles Arginuses, dont il est plus haut fait mention.

4. Tu veux savoir où tu seras après la mort ?
> Où sont ceux-là qui ne sont pas nés.

Sénèque, les Troyennes, II, 30.

5. Qu'il n'ait point de sépulcre et de port pour son corps
Déchargé de la vie humaine et de ses maux !
Ennius cité par Cicéron, Tusculanes, I, 44.

CHAPITRE IV

P. 25.

1. Comme, à moins qu'un rempart de forêts ne l'affronte,
Le vent faiblit et meurt dans le vide de l'air.
Lucain, Pharsale, II, 362.

2. *Vie de Périclès*, I, 104.

3. L'ourse de Pannonie est ainsi plus terrible
Lorsque atteinte du trait à la mince courroie,
Se roulant sur sa plaie et s'en prenant au dard,
Elle poursuit en rond le fer qui fuit sous elle.
Lucain, Pharsale, VI, 220.

P. 26.

1. « Tous de pleurer soudain et de se frapper la tête. » Tite-Live, XXV, 37.

2. Cicéron, *Tusculanes*, III, 26.

3. Plutarque, *Comment il fault refrener la cholere*, V, 57, trad. d'Amyot, et aussi Hérodote, trad. Saliat, VII, 35.

4. *Plaisir* est-il ironique ? Ou faut-il y voir une faute d'impression pour *déplaisir* ? Sénèque (*De la cholère*, III, 21-22) est ici la source de Montaigne.

5. On ignore à quel roi fait allusion Montaigne.

6. Suétone, *Auguste,* 16.

7. Suétone, *Auguste,* 23.

8. Hérodote, IV, 94.

P. 27.

1. Dans le traité intitulé *Comment il fault refrener la cholere.*

CHAPITRE V

2. Tite-Live, XLII, 37.

3. Il avait promis à l'ennemi d'empoisonner Pyrrhus.

4. Allusion au maître d'école de Faléries, qui avait amené au camp des Romains, pour les leur livrer, les enfants des plus nobles chefs Falisques.

5. « Ruse ou vaillance, entre ennemis qu'importe ? » Virgile, *Énéide,* II, 390.

P. 28.

1. « Un homme vertueux et sage saura que la vraie victoire est celle qui sera gagnée la foi sauve et l'honneur intact. » Florus, I, 12, cité par Juste Lipse, *Politiques,* V, 17.

2. Est-ce à vous, est-ce à moi que le sort garde un trône ?
Éprouvons-le par le courage.

Ennius, cité par Cicéron, *Des devoirs*, I, 12.

3. Ternate est une île de l'archipel des Moluques. L'exemple est tiré de Goulard, *Histoire du Portugal*, XIV, 16.

4. Machiavel, *Histoire florentine*, II, et Villani, *Chronique*, VI, 75.

5. De saint Martin, dont le nom semble dériver de Mars, dieu de la guerre.

6. Maxime tirée de Plutarque (*Lysandre*, IV, trad. Amyot), et d'ailleurs familière aux écrivains du xvie siècle. Cf. entre autres, Machiavel, *le Prince*, XVIII.

7. Il s'agit du siège de Mousson, en 1521, attaquée par le comte de Nassau. L'histoire des seigneurs de Montmort et de Lassigny qui inspire cet essai a été contée par les frères du Bellay, *Mémoires*, I, p. 22, éd. de 1569 (t. I, p. 138, de l'éd. Bourrilly).

8. Reggio, en Calabre. Cf. *Mémoires* des frères du Bellay, t. I, p. 29 (t. I, p. 177, de l'éd. Bourrilly).

9. Dans son *Histoire d'Italie*, p. 670 (éd. de 1568).

P. 29.

1. Plutarque, *Vie d'Eumène*, V. Montaigne cite ici textuellement la version d'Amyot.

2. Froissart, I, 209.

CHAPITRE VI

3. Petite place forte du Périgord, à six lieues du château de Montaigne. Le siège en question eut lieu au mois d'avril 1569, un an avant la « retraite » de Montaigne.

P. 30.

1. Tite-Live, XXXVII, 32.

2. Montaigne cite ici presque textuellement Amyot dans sa version de Plutarque, *Dicts notables des Lacedæmoniens*, article *Cleomenes*.

3. Tite-Live, XXIV, 19. Montaigne, dans la première édition des *Essais*, cite le texte latin.

4. « Que personne ne cherche à profiter de l'ignorance d'autrui. » Cicéron, *De officiis*, III, 17.

P. 31.

1. Allusion au héros de *la Cyropédie*.

2. Guichardin, *Histoire d'Italie*, V, 2.

3. Yvoy, qu'on appelle depuis 1662 Carignan, est une petite ville des Ardennes que Montaigne confond ici avec Dinant, assiégée en 1554. Le trait est emprunté à Paradin, *Continuation de l'Histoire de notre temps*, éd. de 1568, folio 228 verso, ou à Rabutin, *Mémoires*, édition de 1574, p. 146.

4. *Mémoires* des frères du Bellay, éd. de 1569, II, p. 43 (éd. Bourrilly, t. I, p. 138); et Guichardin, *Histoire d'Italie*, XIV, 5.

5. *Mémoires* des frères du Bellay, éd. de 1569, IX, p. 328 (éd. Bourrilly, t. IV, p. 241).

6. Vaincre fut en tout temps affaire glorieuse,
    Qu'on vainque pour fortune ou qu'on vainque par ruse.
    Arioste, *Orlando furioso*, XV, 1.

7. Cicéron, *De officiis*, III, 10.

8. « J'aime mieux avoir à me plaindre de la fortune qu'avoir honte de ma victoire. » Quinte-Curce, IV, 13.

9. Et lui ne daigna pas abattre Orode en fuite,
    Ni le frapper d'un trait décoché par derrière;
    Il le passe, l'attaque et lutte face à face,
    Triomphant non par dol, mais par sa force armée.
    Virgile, *Énéide*, X, 732.

CHAPITRE VII

P. 32.

1. *Mémoires* des frères du Bellay, éd. de 1569, p. 7 (t. I, p. 47 de l'éd. Bourrilly).

2. Les comtes de Horne et d'Egmont, qui luttaient pour l'indépendance des Pays-Bas, eurent la tête tranchée à Bruxelles le 4 juin 1568. Goethe, de leur vie tragique, tirera l'une de ses pièces.

P. 33.

1. C'est l'histoire du fameux trésor de Rhamsinit et de « l'homme sans tête », si merveilleusement contée par Hérodote, II, 121, et citée par Henri Estienne, *Apologie pour Hérodote*, XV, 16.

2. L'édition de 1595 ajoute : ... *et apertement.*

CHAPITRE VIII

3. L'édition de 1580 portait : ... *qu'elles ne cessent de foisonner.* Montaigne, supprimant ces mots, a laissé subsister, à la ligne suivante, un autre *que.*

4. Plutarque, *Préceptes de mariage*, XIV (trad. Amyot ou La Boétie).

P. 34.

1. Comme l'eau qui trémule en un vase d'airain
    Réfléchit le soleil ou la lune brillante,
    Les éclats lumineux voltigent dans les airs
    Et s'élèvent frappant les lambris du plafond.
    Virgile, *Énéide*, VIII, 22-26.

2. Comme des songes de malade
    Se forgent de vaines chimères.
    Horace, *Art poétique*, 7.

3. « C'est être nulle part qu'être partout, Maxime. » Martial, *Épigrammes*, VII, 73. Voir aussi Sénèque, *Lettres à Lucilius*, XXVIII.

4. En 1571.

5. « L'oisiveté toujours éparpille l'esprit. » Lucain, *Pharsale,* IV, 704.

CHAPITRE IX

6. Les éditions d'avant 1588 ajoutent : *J'en pourrais faire des contes merveilleux, mais pour cette heure il vaut mieux suivre mon thème.* On trouvera ces contes au livre II, XVII : *De la présomption.* — Montaigne revient aussi sur son « incroyable défaut de mémoire » (I, XXVI : *De l'institution des enfants*).

P. 35.

1. Dans le *Critias,* p. 108, de la traduction latine de Ficin.

P. 36.

1. Sans doute Cicéron, dans le *Pro Ligurio.*
2. Le trait est pris à Hérodote, V, 105.
3. Nigidius, cité par Nonius, V, 30, et par Aulu-Gelle, XI, 11. L'exemple est d'ailleurs rapporté par Messie, *Diverses leçons,* V, 18.

P. 38.

1. « Si bien que l'étranger n'est pas tenu pour un homme par autrui. » Pline, *Hist. nat.,* VII, 1. Cette sentence est citée par Vivès dans son commentaire à *la Cité de Dieu,* XIX, 7.

P. 39.

1. *Mémoires* des frères du Bellay, IV, pp. 113-117 (éd. de 1569) et pp. 215-225 de l'éd. Bourrilly. On peut consulter sur le héros de l'anecdote, qui s'appelait Maraviglia, une étude de Bourrilly, *Bull. italien de la Faculté des Lettres de Bordeaux,* avril 1906. — Le roi en question est François Ier.
2. L'exemple, traduit du *De lingua* d'Érasme, est tiré d'Henri Estienne, *Apologie pour Hérodote,* XV, 34.
3. Montaigne se trompe : il s'agit de Louis XII, et non de François Ier.

CHAPITRE X

P. 40.

1. Vers de La Boétie, sonnet XIV, éd. de 1572 publiée par Montaigne.
2. Il s'agit de la réconciliation, en 1538, de François Ier et du pape. L'anecdote est tirée des *Mémoires* des frères du Bellay, VI, p. 185, éd. de 1569 (éd. Bourrilly, t. II, p. 228).
3. Ce Poyet devint chancelier de France en 1538.

P. 41.

1. Si les bons orateurs judiciaires furent nombreux à la fin du XVIe siècle, et l'on peut songer ici à Marion, à Arnauld, à Estienne Pasquier, la chaire fut souvent entachée d'un mélange de trivialité et de pédante emphase.

2. La Bruyère, dans son chapitre *De la chaire,* par. 26, semble s'être souvenu de cette esquisse de Montaigne.

3. Le trait est tiré de Sénèque le Rhéteur, *Controverses,* III (éd. de Bâle, 1557).

CHAPITRE XI

P. 42.

1. « D'où vient qu'il ne se rend plus d'oracles de cette sorte à Delphes, non seulement à présent, mais depuis longtemps, en sorte que rien n'est si méprisé ? » Cicéron, *De divinatione,* II, LVII.

2. Platon, *Timée,* éd. de 1546, p. 724.

3. « Nous pensons que certains oiseaux ne sont nés que pour servir à l'art des augures. » Cicéron, *De natura deorum,* II, XLIV.

4. « Les haruspices voient beaucoup de choses, les augures en prévoient beaucoup ; beaucoup d'événements sont annoncés par les oracles, beaucoup par les divinations, beaucoup par les songes, beaucoup par les prodiges. » Cicéron, *De natura deorum,* II, LXV.

P. 43.

1. Pourquoi donc voulus-tu, souverain de l'Olympe,
    Ajouter cette angoisse aux soucis des mortels,
    D'annoncer leurs malheurs par de cruels présages ?
    Que ton dessein conçu les frappe à l'improviste !
    Qu'aveugle soit leur âme à leurs destins futurs !
    Qu'ils puissent espérer au milieu de leurs craintes !
                          Lucain, *Pharsale,* II, 4-6 et 14-15.

2. « Il n'est même pas utile de connaître l'avenir. C'est une misère, en effet, de se tourmenter sans profit. » Cicéron, *De natura deorum,* III, 6.

3. Cette anecdote est tirée des *Mémoires* des frères du Bellay, VI, 185, qui mettent en évidence la superstition du marquis de Saluces (cf. tome III, p. 10, de l'éd. Bourrilly). — Fossan est Fosseno, dans le Piémont. La trahison de Saluces eut lieu pendant la guerre de 1536.

4. C'est par prévoyance qu'un dieu
    Cache dans l'ombre l'avenir,
    Et que d'un mortel il se rit
    Qui s'affole plus qu'il ne doit.
    Maître de lui-même est celui
    Qui dit du jour : « Je l'ai vécu ! »
    Qu'importe que demain le Père
    Emplisse le ciel d'un orage
    Ou nous procure un pur soleil !
                          Horace, *Odes,* III, XXIX, 29-32 et 40-44.

5. « L'âme joyeuse du présent
    N'aura nul souci de la suite. »
                          Horace, *Odes,* II, XVI, 25.

P. 44.

1. « Voici leurs arguments : s'il y a une divination, il y a des dieux; et s'il y a des dieux, il y a une divination. » Cicéron, *De divinatione*, I, VI.

2. « Car ceux qui sont savants au parler des oiseaux, ceux qu'un foie animal plus que leur cœur rend sages, je les écoute plus que je ne puis les croire. » Pacuvius, cité par Cicéron, *De divinatione*, I, 57.

3. L'anecdote est tirée du *De divinatione*, II, 23.

4. Dans *la République*, V, p. 560.

5. « Quel est celui, en effet, qui, tirant tout le jour, n'atteindrait pas quelquefois le but ? » Cicéron, *De divinatione*, II, 59.

P. 45.

1. Cicéron, *De natura deorum*, III, 37.

2. Dans le *De divinatione*, II, 3.

3. Joachim de Flore, moine cistercien, né à Celico en Calabre en 1130 et mort en 1201. Publiés au début du XVIe siècle, ses livres de « prognostication » connurent une telle vogue qu'on le surnomma le Prophète.

4. D'après Chalcondyle, *Histoire de la décadence de l'Empire grec,* traduction Blaise de Vigenère (1577), I, 8.

CHAPITRE XII

P. 46.

1. Dans le *Lachès,* dont Montaigne résume ici un passage.

2. C'est Hérodote qui le dit, IV, 127.

P. 47.

1. Il s'agit de l'invasion de la Provence par Charles-Quint, en 1536. L'anecdote est tirée des *Mémoires* des frères du Bellay, éd. de 1569, VII, 129 (éd. Bourrilly, t.III, p. 164) dont elle diffère d'ailleurs par la fin.

2. La reine Catherine de Médicis, fille de Laurent II et mère de François II, de Charles IX et d'Henri III. — Tiré de Guichardin, *Histoire d'Italie,* XIV, II, 635.

P. 48.

1. Le passage s'inspire d'Aulu-Gelle, cité par saint Augustin, *Cité de Dieu,* IX, 4.

2. « Son cœur reste immuable et ses pleurs en vain coulent. » Virgile, *Énéide,* IV, 449. Ce vers fameux du poète latin est cité par saint Augustin dans *la Cité de Dieu,* IX, 4.

CHAPITRE XIII

3. L'édition de 1595 porte, au lieu de *toute : ... autant que je puis de la ...*

P. 49.

1. L'entrevue de Clément VII et de François 1er eut lieu en 1533.

2. L'entrevue de Clément VII et de Charles-Quint eut lieu en 1532, à Bologne.

CHAPITRE XIV

3. Devenu le chapitre LX dans l'édition de 1595.

4. Cette sentence, que Montaigne avait fait insérer dans sa librairie, est tirée du *Manuel* d'Épictète, X. Cf. p. 1424, sent. 45.

P. 50.

1. O mort, si tu pouvais te refuser aux lâches,
    Et n'être que le prix de la seule vaillance!

Lucain, Pharsale, IV, 580.

P. 51.

1. Tiré de Cicéron, *Tusculanes,* V, 40. — On usait pour les vésicatoires d'une poudre tirée de la cantharide.

2. Ces exemples sont tirés de l'*Apologie pour Hérodote* d'Henri Estienne, XV, 20.

3. Dans Jean Bouchet, *Annales d'Aquitaine,* folio 360 verso, éd. de 1557.

P. 52.

1. Goulard, *Histoire du Portugal,* IV, 2. Il sera question encore du royaume de Narsinque dans l'*Essai sur la Couardise* (II, 27), cf. p. 673.

2. Ces deux traits sont pris à la préface des *Nouvelles récréations et joyeux devis* de Bonaventure des Périers.

3. Montaigne résume ici un récit de Plutarque, *Vie de Brutus,* VIII.

4. Ce sont les premiers mots du serment prononcé par les Grecs avant la bataille de Platée. Montaigne a pu lire ce serment soit dans Lycurgue, *Contre Léocrate,* p. 158, soit plus probablement dans Diodore de Sicile, *Histoire,* trad. Amyot, V, 29.

P. 53.

1. Il s'agit de Jean II, souverain du Portugal de 1481 à 1495. Montaigne résume ici un passage de l'*Histoire du roi Emmanuel,* d'Osorio, éd. latine de 1574, folio 6.

2. Le successeur de Jean II, Emmanuel, régna de 1495 à 1523. Montaigne indique sa source : l'évêque Osorio. La Bibliothèque Nationale possède l'exemplaire de cette *Histoire* ayant appartenu à Montaigne avec sa signature sur le titre.

P. 54.

1. L'édition de 1595 ajoute ici : *En la ville de Castelnau Darry, cinquante Albigeois hérétiques souffrirent à la fois, d'un courage déterminé, d'estre brulez vifs en un feu avant de s'avouer leurs opinions.*

2. « Que de fois non seulement nos généraux, mais encore nos armées entières ont couru à une mort non douteuse ! » Cicéron, *Tusculanes,* I, 37.

3. René de Valzargues, seigneur de Céré, capitaine protestant, tué au siège de Brouage en 1577 — si l'on en croit du moins une note manuscrite de Florimond de Raemond, transcrite sur un exemplaire des *Essais* conservé à Bordeaux. Cf. Agrippa d'Aubigné, *Histoire universelle,* V, 262.

4. Sénèque, *Épîtres,* LXX.

5. Exemple tiré de Diogène Laërce, *Pyrrhon,* IX, 68, et cité, entre autres, par Rabelais, *Quart livre,* XVIII.

P. 55.

1. Montaigne se souvient ici de la *Théologie naturelle* de Sebond. Cf. abbé J. Coppin, *Montaigne traducteur de Sebond,* p. 177.

2. L'anecdote sur Posidonius et celle qui la précède sur Aristippus et Hiéronymus sont prises à Cicéron, *Tusculanes,* II, 6. Les recueils d'apophtegmes du temps les avaient d'ailleurs vulgarisées.

3. « C'est toute la raison qui tombe s'ils sont faux. » Lucrèce, IV, 485.

4. « Elle fut ou sera : rien n'est présent en elle. » La Boétie, Satire adressée à Montaigne à la suite de *la Mesnagerie de Xénophon.*

5. « Et mourir est moins dur que d'attendre la mort. » Ovide, *Héroïdes,* Ariane à Thésée, V, 82.

P. 56.

1. « La mort n'est un mal que par ce qui la suit. » Saint Augustin, *Cité de Dieu,* I, 11.

2. « La vaillance est avide de danger.» Sénèque, *De providentia,* IV.

P. 57.

1. « Ce n'est pas en effet, dans la joie ni le plaisir, dans le rire ni le jeu, compagnons de la légèreté, qu'on est heureux; on l'est souvent plutôt dans la tristesse par la fermeté et par la constance. » Cicéron, *De finibus,* II, 20.

2. « Plus douce est la vertu qui coûta davantage. » Lucain, *Pharsale,* IX, 404.

3. « Si elle est violente, elle est brève; si elle est longue, légère. » Cicéron, *De finibus,* II, 29.

4. « Tu te souviendras que la mort met fin aux plus grandes douleurs, que les petites ont beaucoup d'intervalles, et que nous sommes maîtres des moyennes. Tolérables, nous les supportons; intolérables, nous nous y dérobons en sortant de la vie qui nous déplaît, comme on sort d'un théâtre. » Cicéron, *De finibus,* I, 15.

5. Les éditions antérieures ajoutent : *C'est d'avoir eu trop de commerce avec les corps.*

P. 58.

1. Dans le *Phédon,* p. 494 de l'édition de 1546.

2. Montaigne s'inspire ici de la *Lettre 78 à Lucilius*.

3. L'image est tirée des *Tusculanes*, II, 23.

4. *Quantum se doloribus inseruerunt, tantum doluerunt*, dit exactement saint Augustin, *Cité de Dieu*, I, 10 : « Ils ont souffert pour autant qu'ils se sont livrés à la douleur. »

5. *Évangile selon saint Jean* (3ᵉ dimanche après Pâques) : « La femme, lorsqu'elle enfante, a de la tristesse, parce qu'est venue son heure ; mais lorsqu'elle a mis l'enfant au monde, elle ne se souvient plus de sa souffrance. »

6. Les mercenaires suisses emmenaient leurs femmes dans les expéditions.

7. Éponine, femme de Sabinus qui souleva la Gaule contre Vespasien, ravitailla pendant neuf ans son mari caché dans une grotte.

P. 59.

1. Plutarque, *Vie de Lycurgue*, chap. XIV.

2. Idée reprise par Pascal, *Pensées* nᵒ159 (éd. Brunschvicg)

3. « Jamais l'usage n'aurait vaincu la nature, car elle est toujours, invincible, mais c'est nous qui par les aises, les délices, l'oisiveté l'indolence, la nonchalance, avons infecté notre âme, qui par les préjugés et les mauvaises habitudes, l'avons amollie et corrompue. » Cicéron, *Tusculanes*, V, xxvii.

4. Sénèque, dans ses *Lettres à Lucilius*, XXIV, fait allusion à ce récit qu'avait conté Tite-Live, II, xii.

5. Sénèque, qui en fait mention dans ses *Lettres à Lucilius*, LXXVIII, ne donne pas le nom de ce brave.

6. Autre exemple tiré de Sénèque, *Lettres à Lucilius*, LXXVIII.

7. Tiré d'Aulu-Gelle, XII, 5.

8. « Quel vulgaire gladiateur a jamais gémi ou changé de visage ? Lequel a-t-on vu jamais non seulement se tenir mais tomber lâchement ? Lequel une fois tombé, contraint de recevoir la mort, a détourné le cou ? » Cicéron, *Tusculanes*, II, xvii.

P. 60.

1. Leur soin est d'extirper leurs cheveux qui sont blancs,
   De rénover leur face en déplissant leur peau.

   Tibulle, I, viii, 45-46.

2. Les Espagnoles avaient au xviᵉ siècle la réputation d'avoir une taille fine. Jean Plattard rappelle à ce propos que Badebec, mère de Pantagruel, est dépeinte dans son épitaphe par Rabelais comme ayant « corps d'Espagnole ».

3. Henri III, qui fut roi de Pologne avant d'être roi de France (1573-1574). L'historien de Thou conte qu'à son départ le grand chambellan de Pologne se donna un coup de poignard dans le bras pour prouver son dévouement.

4. L'édition de 1595 précise : *Quand je veins de ces fameux Estats de Blois, j'avois veu peu auparavant une fille en Picardie ...* Montaigne avait vu cette « fille » au cours de son séjour chez Mlle de Gournay.

5. Ce mot, qui désigne des pièces d'argent en usage chez les Turcs, est tiré du récit de Postel, *Histoire des Turkes*, p. 228 (édition de 1575).

6. Joinville, *Histoire et chronique du très chrétien roi Saint Louis IX*, (éd. de Rieux, 1547, p. 94).

7. Jean Bouchet, *Annales d'Aquitaine*, folio 75 recto (éd. de 1557).

P. 61.

1. Foulques III, mort en 1040. L'anecdote est racontée par Du Haillant, dans son *Histoire des Rois de France* (1576).

2. Il y avait au XVIᵉ siècle maintes confréries de flagellants. Henri III, après la mort de sa bien-aimée Marie de Clèves, celle que Ronsard a célébrée dans des sonnets célèbres, s'était affilié aux pénitents. Pendant la campagne du Languedoc (novembre 1574 - janvier 1575), il prit part aux processions nocturnes des « battus d'Avignon », enveloppé dans un sac qui ne laissait voir du corps que les yeux. C'est au cours d'une de ces processions que le cardinal de Lorraine prit un chaud et froid dont il mourut.

3. Cicéron, *Tusculanes*, III, 28.

4. Il s'agit du marquis de Trans qui perdit ses trois fils au combat de Moncrabeau, dans l'Agenais. Montaigne était l'ami d'un des fils, le comte de Gurson, et relate cette triple mort, en date du 29 juillet 1587, dans ses *Éphémérides*. Cf. *supra*, p. 1410, nᵒ 28.

5. « D'où l'on comprend que l'affliction n'est pas dans la nature, mais dans l'opinion. » Cicéron, *Tusculanes*, III, 28.

6. Plutarque, *Dicts notables des anciens Roys*.

7. « Nation farouche, qui ne pensait pas qu'on pût vivre sans armes. » Tite-Live, XXXIV, XVII. Repris par Pascal, *Pensées*, nᵒ 156 (éd. Brunschircg).

P. 62.

1. Saint Charles Borromée, qui mourut sur le siège archiépiscopal de Milan (1538-1584).

2. Il s'agit de Démocrite. Cf. Cicéron, *De finibus*, V, 29; *Tusculanes*, V, 33; Plutarque, *De la curiosité*, XI, et Aulu-Gelle, X, 17.

3. Au dire du moins de Diogène Laërce, *Vie de Thalès*, I, 26.

4. Il s'agit d'Aristippe, au dire de Diogène Laërce, II, 77. Cf. aussi Horace, *Satires*, II, III, 100.

5. D'après Sénèque, *Lettres*, XVIII.

P. 63.

1. Plutarque, en sa *Vie de César*, dit 1.300 talents.

P. 64.

1. « Parmi tant de flots déchaînés ! » Catulle, IV, 18.

2. « La fortune est de verre : elle brille et se brise. » Publius Syrus, *Mimes*, cité par Juste Lipse, *Politiques*, V, 18. L'image a été reprise par Malherbe et Corneille.

3. « Chacun est l'artisan de sa propre fortune. » Salluste, *De republica ordina*, I, 1.

4. « Indigents au sein des richesses qui est le genre de pauvreté le plus pénible. » Sénèque, *Lettres à Lucilius*, LXXIV.

P. 65.

1. D'après Sénèque, *De tranquillitate animi*, VIII.

P. 66.

1. Dans *les Lois*, I, 1, p. 631 (trad. Ficin).

2. Montaigne se trompe : il s'agit de Denys l'Ancien. Cf. Plutarque, *Dicts notables des anciens Roys*, trad. Amyot.

3. L'édition de 1588 précisait : ... *quatre ou cinq années* ...

4. « N'être pas avide d'acquérir, c'est une fortune ; n'être pas acheteur, un revenu. » Cicéron, *Paradoxes*, VI, III.

5. « Le fruit des richesses est dans l'abondance, et la satiété révèle l'abondance. » Cicéron, *Paradoxes*, III, II.

6. Anecdote tirée de *la Cyropédie* de Xénophon, livre VIII, chap. III.

P. 67.

1. L'archevêque de Bordeaux Prévost de Sausac, à qui Montaigne acheta quelques terres en 1578-1579 et qui mourut en 1591.

2. Sénèque, *Lettres*, XCVIII.

P. 68.

1. Plutarque, *le Vice et la Vertu*, I.

2. Sénèque, *Lettres*, LXXI.

3. Traduit de Sénèque, *Lettres*, XII.

4. « Un certain préjugé, efféminé et futile, nous domine dans la douleur comme dans le plaisir. Lorsque nos âmes en sont liquéfiées et coulantes de mollesse, nous ne pouvons supporter un dard d'abeille sans crier, le tout est de savoir se commander. » Cicéron, *Tusculanes*, II, XXII.

CHAPITRE XV

P. 69.

1. Ces trois exemples sont tirés des *Mémoires* des frères du Bellay, II, p. 61 ; VIII, p. 267 ; IX, p. 235 (éd. de 1569) ; et t. I, p. 326 ; t. III, p. 340 ; t. IV, p. 56, de l'éd. Bourrilly.

2. D'après Goulard, *Histoire du Portugal*, XIV, XV, folio 416.

CHAPITRE XVI

P. 70.

1. Souvenir des *Mémoires* de Martin du Bellay, livre X, folio 506 (éd. de 1569). Le seigneur de Vervins avait rendu la ville de Boulogne au roi d'Angleterre Henri VIII.

2. D'après Diodore de Sicile, XII, 6.

3. « [Songez] plutôt à faire monter le sang aux joues d'un homme qu'à le répandre. » Tertullien, *Apologétique,* cité par Juste Lipse, *Adversus dialogiſtam,* III.

4. Ammien Marcellin, XXIV, 9.

5. Id., XXV, 1.

P. 71.

1. Ces exemples sont tirés de Tite-Live, XXV, 7 et XXVI, 1-3.

2. Les *Mémoires* des frères du Bellay nomment le personnage Frauget et non Franget. Voir l'éd. Bourrilly, t. I, p. 282.

3. Autre exemple tiré des *Mémoires* des frères du Bellay, VII, p. 217 (éd. de 1569) et t. III, p. 214, de l'éd. Bourrilly.

CHAPITRE XVII

4. Que le nocher se borne à nous parler des vents,
   Le laboureur des bœufs, le guerrier de ses plaies,
   Le pâtre des troupeaux.

Vers italiens, d'ailleurs traduits de Properce, II, 1, 43 et que Montaigne a pu lire dans la *Civil conversazione,* II, de Stefano Guazzo (1581). La citation a été ajoutée en 1582.

P. 72.

1. Plutarque, *Dicts notables des Lacedæmoniens,* trad. Amyot, article Archidamus.

2. Par exemple, la description du pont sur le Rhin (*De bello gallico,* IV, chap. XVII) et l'énumération des lignes de blocus d'Alésia (*id.,* VII, chap. XXVII).

3. L'édition de 1595 dit, plus juſtement sans doute, *vacation.*

4. Le manuscrit porte : ... *la vis par où il était monté.*

5. D'après Diodore de Sicile, livre XV, chap. II.

6. Montaigne reviendra sur ce point au chapitre *Des livres* (II, x).

7. « Le bœuf lent veut la selle et le bidet le soc. » Horace, *Épîtres,* I, XIV, 43.

P. 73.

1. Guillaume du Bellay, seigneur de Langey. Cf. *Mémoires* des frères du Bellay, éd. de 1569, pp. 152-156.

2. Il s'agit de Charles Hémard de Denonville, ambassadeur du roi auprès du Saint-Siège et cardinal. Cf. Ledru, *le Cardinal Charles Hémard de Denonville,* dans *la Province du Maine,* t. VII et VIII (1927-1928).

3. Montaigne a tiré cette discussion sur l'obéissance d'Aulu-Gelle, I, XIII, 24. Caſtiglione l'avait déjà utilisée dans son *Courtisan,* livre II, chap. XXIV.

CHAPITRE XVIII

P. 74.

1. « Stupide et hérissé, je ne pus dire un mot. » Virgile, *Énéide*, II, 774.

P. 75.

1. Rome fut prise en 1527. Montaigne suit ici les *Mémoires* des frères du Bellay, livre III, p. 75, et livre VIII, p. 255 (éd. de 1569), et éd. Bourrilly, t. II, p. 30 et t. III, p. 383.

2. D'après Tacite, *Annales*, livre II, chap. XVII.

3. Les Arabes, dont Ismaël, fils d'Abraham et d'Agar, sa servante, est considéré comme l'ancêtre. L'anecdote est prise à Zonaras, ancien premier secrétaire d'Alexis Comnène, auteur d'une *Histoire* qui va de la création du monde à la destruction de Jérusalem, III, folio 58 verso (éd. de 1560).

4. « Tant la peur s'effraye même des secours ! » Quinte-Curce, III, XI.

P. 76.

1. Tite-Live, XXI, 56.

2. Ce fragment, depuis *Quelle affection* ... ne figure pas dans les notes marginales de l'exemplaire de Bordeaux (Pl. 55), mais seulement dans l'édition de 1595. Sa place est marquée sur l'exemplaire, après *accidans*, par un indice qui semble être un renvoi.

3. « Alors la peur m'arrache au cœur tout mon courage. » Ennius, cité par Cicéron, *Tusculanes*, IV, VII.

P. 77.

1. L'anecdote est tirée de Diodore de Sicile, XV, 2.

CHAPITRE XIX

2. Il faut toujours attendre un homme au dernier jour,
Et personne ne doit le proclamer heureux
Avant la mort et les funérailles.

Ovide, *Métamorphoses*, III, 135 sq.

3. Cette anecdote, qui procède d'Hérodote, *Histoires*, III, I, chap. LXXXVI, utilisée par tous les moralistes, est devenue un exemple scolaire.

4. Plutarque, *Dicts notables des Lacedæmoniens*, trad. Amyot, folio 111 recto.

5. Plutarque, *Vie de Paul-Émile*, chap. XIX. — Il s'agit de Philippe, fils de Persée.

6. Une légende que l'on trouve partout, veut que Denys l'Ancien, chassé de ses États par Timoléon se soit établi maître d'école à Corinthe. Cf. Estienne Pasquier, *Pour parler au Prince*, début.

7. Le Grand Pompée.

P. 78.

1. Sept ans, et non dix. Cf. Guichardin, *Histoire d'Italie,* p. 212, éd. de 1568.

2. Marie Stuart, veuve de François II, décapitée le 18 février 1587, sur l'ordre de l'impitoyable Élisabeth 1re, reine d'Angleterre. — L'édition de 1595 ajoute : *indigne et barbare cruauté.*

3. C'est qu'une force obscure, aux puissances humaines
   Hostile, foule aux pieds les faisceaux consulaires,
   Les haches et s'en fait un jouet dérisoire.

Lucrèce, V, 1233-1235.

4. « Apparemment j'ai vécu aujourd'hui un jour de plus qu'il ne me fallait vivre. » Macrobe, *Saturnales,* II, VII.

5. Car alors seulement des paroles sincères
   Sortent du cœur ; le masque tombe et l'objet reste.

Lucrèce, III, 57-58.

P. 79.

1. Sénèque, *Lettres,* CII.

2. C'est en ces termes, et presque mot pour mot, que La Boétie mourant s'adressait à Montaigne. On comprend que ce souvenir ait conduit Montaigne à parler de son ami, car c'est de La Boétie, sans qu'il soit nommé, qu'il est question dans les lignes suivantes.

3. Sénèque, *Lettres,* XXIV.

4. Tiré de Plutarque, *Dicts notables des anciens Roys,* trad. Amyot, folio 201 recto.

5. Les éditions antérieures portent : *seurement.*

CHAPITRE XX

6. Cicéron, dans les *Tusculanes,* I, chap. XXX, écrit en effet : « La vie tout entière des philosophes, comme le dit Socrate, est une méditation de la mort. » Montaigne, à la fin de sa vie, ne croira plus à cette maxime développée aussi par Érasme dans son *Éloge de la Folie.*

P. 80.

1. Cicéron, *Tusculanes,* I, chap. XIX et XXX.

2. *L'Ecclésiaste,* III, verset 12 : « Et j'ai connu qu'il n'est rien de mieux que de se réjouir et de prendre du bon temps dans sa vie. »

3. « Passons vite sur de si subtiles sornettes. » Sénèque, *Lettres,* CXVII.

4. Cicéron dit dans les *Tusculanes* (II, XVIII) que le mot *virtus* vient de *vis* « violence, force ».

P. 81.

1. On lisait dans les éditions antérieures : *Ores il est hors de moïen d'arriver a ce poinct de nous former un solide contentement, qui ne franchira la porte de la mort.*

2. Cent cinq ans, au dire de Valère-Maxime, VIII, 13.

3. Tous poussés vers le même lieu,
Notre sort s'agite dans l'urne.
Il en sortira tôt ou tard,
Nous fera monter dans la barque
Pour la mort éternelle.

Horace, Odes, II, iii, 25-28.

4. Sénèque, <i>Lettres,</i> LXXIV.

5. « C'est comme le rocher qui est toujours suspendu sur Tantale. » Cicéron, <i>De finibus,</i> I, xviii.

P. 82.

1. Ni les agapes de Sicile
N'auront pour lui de saveur douce,
Ni chants d'oiseaux ni son de lyre
Ne le conduiront au sommeil.

Horace, Odes, III, i, 18-20.

2. Il s'enquiert de la route et il compte les jours,
Mesure à la longueur des chemins pris sa route,
Se tourmente en songeant au supplice futur.

Claudien, In Rufinum, II, 137-138.

3. « Car il a décidé d'aller à reculons. » Lucrèce, IV, 472.

4. Cet euphémisme usuel est signalé, entre autres, par Plutarque, <i>Vie de Cicéron,</i> XXII.

5. C'est-à-dire « feu un tel ». La remarque porte sur <i>feu</i> « qui a accompli son destin », latin <i>fatutum.</i>

6. Ou comme disent les Anglais, <i>time is money.</i>

7. Une ordonnance de Charles IX avait fixé le premier jour de l'année 1564 au premier janvier au lieu de Pâques, où commençait l'année jusque-là. Le Parlement ne donna suite à ce changement que le 1er janvier 1567.

8. Montaigne étant né le 28 février 1533, ces lignes se trouvent donc datées du 14 mars 1572.

P. 83.

1. La Fontaine s'est rappelé ce passage de Montaigne dans <i>la Mort et le Mourant :</i>

> Je t'ai fait voir tes camarades,
> Ou morts, ou mourants, ou malades ;
> Qu'est-ce que tout cela qu'un avertissement ?

2. Montaigne avait ajouté dans la première édition : ... <i>et ce fameux Mahomet aussi.</i> Mais s'apercevant que Mahomet était mort à soixante ans, il a supprimé l'erreur.

3. Le danger qu'il convient d'éviter à chaque heure,
Jamais un être humain ne le prévoit assez.

Horace, Odes, II, xiii, 13-14.

4. Il s'agit de Jean II, qui mourut en 1305, sous le règne de Philippe le Bel.

5. Bertrand de Got, pape sous le nom de Clément V (1305-1314), avait été archevêque de Bordeaux, et c'est pourquoi Montaigne l'appelle *mon voisin*.

6. Allusion à la blessure mortelle portée à Henri II par le comte de Montgomery, le 10 juillet 1559.

7. Philippe, fils aîné de Louis le Gros, dont un cochon heurta le cheval dans la rue Saint-Antoine, et qui mourut de cette chute.

8. Ces morts extraordinaires ont été puisées par Montaigne dans des listes des compilateurs de la Renaissance, en particulier de Ravisius Textor. Rabelais en avait cité déjà plusieurs dans le *Quart Livre,* chap. XVII. Le pape en question est Jean XXII, natif de Cahors, d'où le terme : *un de nos.*

9. Trait tiré de Plutarque, *Vie de Lycurgue,* XX.

P. 84.

1. Armand Eyquem, seigneur de Saint-Martin, né en 1541.

2. J'aimerais mieux passer pour fol et demeuré,
   Pourvu que mes travers en m'abusant me plaisent,
   Que d'être sage et d'enrager.

   Horace, *Épîtres,* II, II, 126-128.

3. Certe il poursuit encor l'homme mûr dans sa fuite,
   Sans épargner non plus de la lâche jeunesse
   Les jarrets ni le dos couard.

   Horace, *Odes,* III, II, 14-16.

P. 85.

1. Il a beau se cacher sous le fer et l'airain,
   La Mort sortira bien cette tête abritée.

   Properce, IV, XVIII, 25-26.

2. Tirée de Plutarque, *Banquet des Sept Sages,* III. Montaigne y fait encore allusion plus loin à la page 88.

3. Tiens pour ton dernier jour chaque jour qui te luit,
   Bénis-en la faveur et l'heure inespérée.

   Horace, *Épîtres,* I, IV, 13-14.

4. Traduit de Sénèque, *Lettres,* XXVI.

5. D'après Plutarque, *Vie de Paul-Émile,* XVII.

6. « Quand mon âge en sa fleur roulait son gai printemps. » Catulle, LXVIII, 16.

P. 86.

1. « Ce présent va passer, et passer sans retour. » Lucrèce, III, 915.

2. « Un homme n'est pas plus fragile qu'un autre, ni plus qu'un autre n'est sûr du lendemain. » Sénèque, *Lettres,* XCI.

P. 87.

1. « Pourquoi dans ce temps court tant de projets ardents. » Horace, *Odes,* II, XVI, 17.

2. L'édition de 1595 ajoute ici : *Les plus mortes morts sont les plus saines.*

3. Malheureux ! malheureux ! disent-ils, un seul jour
   Néfaste m'a ravi tous les biens de la terre !

   Lucrèce, III, 898-899.

4. Les travaux en suspens restent interrompus,
   Et les murs qui dressaient leurs puissantes menaces.

   Virgile, *Énéide*, IV, 88-89.

5. « Quand je mourrai, puissé-je en plein travail partir ! »
   Ovide, *Amores*, II, x, 36.

6. Nul n'ajoute ceci : le regret de ces biens
   Ne demeurera pas attaché dans tes restes.

   Lucrèce, III, 900-901.

P. 88.

1. D'après Plutarque, *Vie de Lycurgue*, XX.

2. Jadis l'usage était d'égayer par des meurtres
   Les festins, d'y mêler le spectacle cruel
   De combattants armés qui tombaient sur les coupes
   En aspergeant de sang les tables du banquet.

   Silius Italicus,.XI, 51-54.

3. Transcrit mot pour mot de la traduction d'Hérodote donnée
par Saliat en 1575, II, 78, folio 120 recto.

4. Le péripatéticien Dicéarque se bornait, en effet, à rechercher
s'il mourait plus d'hommes dans les guerres que d'une autre façon.
Cf. Cicéron, *De officiis*, II, v.

P. 89.

1. Tiré du *De bello gallico*, VII, lxxxiv.

2. « Las ! quelle part de vie aux vieillards reste-t-il ? » Maximinus
ou Pseudo-Gallus, I, 16.

3. Trait tiré de Sénèque, *Lettres*, LXXVII.

4. Ni le regard d'un tyran menaçant
   N'ébranle un cœur qui reste imperturbable,
   Ni l'Auster faisant rage en mer Adriatique,
   Ni Jupiter à la main lance-foudre.

   Horace, *Odes*, III, iii, 3-6

P. 90.

1. Fers aux pieds et aux mains, je te ferai garder
   Par un geôlier farouche. — Un dieu m'affranchira.
   — Je mourrai, veux-tu dire : en la mort tout finit.

   Horace, *Épîtres*, I, xvi, 76-78.

2. Tiré de Diogène Laërce, *Vie de Socrate*, II, xxxv. Au reste,
Socrate ne survécut que trois ans à la chute des Trente Tyrans,
imposée par Sparte victorieuse.

3. Sénèque exprime la même idée dans sa *Consolation à Marcia*.

4. Traduit mot pour mot de Cicéron, *Tusculanes*, I, xxxix.

P. 91.

1. Montaigne entame ici une paraphrase de la prosopopée de
la Nature aux mortels, qui termine le troisième livre du *De Natura*

rerum de Lucrèce, en y mêlant des traits empruntés à Sénèque.

2. Les mortels qui se sont transmis la vie entre eux,
Sont pareils aux coureurs se passant un flambeau.

Lucrèce, II, 76-77.

3. « La première heure entame, en la donnant, la vie. » Sénèque, *Hercule furieux,* III, 874.

4. « En naissant nous mourons : la fin tient du principe. » Manilius, *Astronomiques,* IV, 16.

5. « Que ne sors-tu de vivre en convive assouvi ? » Lucrèce, III, 998.

6. Pourquoi donc cherches-tu à prolonger un temps
Que tu perdras toujours et finiras sans fruit.

Lucrèce, II, 941-942.

P. 92.

1. « Vos pères n'en ont vu, vos fils n'en verront d'autre. » Manilius, I, 522-523.

2. « Nous tournons dans un cercle où nous restons toujours ! » Lucrèce, III, 1080.

3. « Et sur ses propres pas l'an roule sur lui-même. » Virgile, *Géorgiques,* II, 402.

4. Je n'ai plus rien pour toi que je puisse inventer,
Et de nouveaux plaisirs seront toujours les mêmes.

Lucrèce, III, 944-945.

5. On peut bien à souhait vaincre en vivant les siècles,
Et l'éternelle mort subsistera pourtant.

Lucrèce, III, 1090-1091.

6. Sais-tu pas que la mort ne laissera survivre,
Qui puisse te pleurer, aucun autre toi-même
Debout sur ton cadavre.

Lucrèce, III, 885-887.

7. Nul, en effet, ne songe à sa vie, à soi-même,
Et nul regret de nous ne vient nous affliger.

Lucrèce, III, 919 et 922.

P. 93.

1. Montaigne traduit, avant de les citer, ces vers de Lucrèce, III, 926-927.

2. Considère en effet qu'ils ne sont rien pour nous,
Ces moments abolis d'avant l'éternité.

Lucrèce, III, 972-973.

3. « Tout, ta vie achevée, en la mort te suivra. » Lucrèce, III, 968.

4. Car et la nuit au jour et le jour à la nuit
N'ont jamais succédé qu'on n'entende mêlés
A des vagissements le bruit des morts qu'on pleure
Et de leurs funérailles.

Lucrèce, II, 578.

5. Paraphrase de Sénèque, *Lettres,* XCI et XCIII.

P. 94.

1. D'après Lucien, *Dialogue des morts,* XXVI. Cf. Érasme, *Éloge de la folie,* XXXI.

2. Cette idée sera reprise par J.-J. Rousseau dans l'*Émile,* II : « Si nous étions immortels, écrit-il, nous serions des êtres très misérables ...; si l'on nous offrait l'immortalité sur la terre, qui est-ce qui voudrait accepter ce triste présent ? etc. »

3. Tiré de Diogène Laërce, *Vie de Thalès,* I, chap. xxxv.

4. Traduit de Sénèque, *Lettres,* C.

P. 95.

1. Inspiré de Sénèque, *Lettres,* XXIV.

2. Guillaume du Vair, continuateur stoïcien de Montaigne, reprendra ces arguments dans le *Traité de la Constance* (1594).

CHAPITRE XXI

3. « Une imagination forte crée l'événement. »

4. L'édition de 1595 ajoute ici : ... *à Thoulouse.*

5. Hippocrate et Galien signalaient déjà l'influence de l'humeur du médecin sur le malade, et Rabelais fait allusion à cette puissance de l'imagination dans l'ancien prologue du *Quart Livre.* Presque tous les exemples qui suivent sont d'ailleurs empruntés aux compilateurs du xvie siècle.

6. Exemple tiré de Sénèque, *Controverses,* II, ix, et repris par la plupart des compilateurs du xvie siècle.

P. 96.

1. Comme s'ils faisaient l'acte et l'accomplissaient tout,
   La sève à flots s'épand par l'habit qu'elle souille.

                                                    Lucrèce, IV, 1029-1030.

2. L'exemple de Cyrus se trouve chez Pline, *Hist. nat.* XI, chap. xlv, et est cité par Messie, *Diverses leçons,* II, vii. — Le cas d'Antiochus procède de Lucien, *Déesse de Syrie,* I, 1; celui de Cassitius, de Pline, VII, iv.

3. Quand il vit son père près de mourir. Cf. Hérodote, I, lxxxv; Aulu-Gelle, V, ix; Valère Maxime, V, iv; Messie, *Diverses leçons,* I, xxxii.

4. « Iphis remplit garçon les vœux qu'il formait femme. » Ovide, *Métamorphoses,* IX, 979.

5. En septembre 1580, comme le relate le *Journal de Voyage.*

P. 97.

1. Dagobert aurait été couvert de cicatrices provoquées par la peur de la gangrène. Quant à saint François, percé de trous, comme il méditait en extase, aux endroits où le Christ avait été lui-même encloué, il en conserva les cicatrices. Ces deux traits sont tirés de Corneille Agrippa, *l'Alcoran des Cordeliers,* I, lxiv.

2. Autre trait emprunté à Corneille Agrippa, *l. c.*, I, LXIV.

3. Dans *la Cité de Dieu*, XIV, XXIV.

4. Ces deux derniers mots ont été supprimés dans l'édition de 1595.

5. Montaigne fait ici allusion aux « nouements d'aiguillettes », forme d'impuissance momentanée des nouveaux mariés que les contemporains attribuaient à des pratiques de sorcellerie. Bodin, dans sa *Démonomanie* (1580), G. Bouchet, dans ses *Sérées*, V (1584); Tabourot, seigneur des Accords, dans ses *Bigarrures*, IV, 4, et Coignet, dans son *Instruction aux princes pour garder la foi promise* (1585) traitent de la même question. On consultera sur ce point Henri Gelin, *les Noueries d'aiguillettes en Poitou*, dans la *Revue des Études rabelaisiennes*, t. VIII, pp. 122-133.

P. 98.

1. La première édition portait ici : *Et notamment cela est à craindre où les commoditez se rencontrent improveues et pressantes. A qui a assez de loisir pour se ravoir et remettre de ce trouble, mon conseil est qu'il divertisse ailleurs son pensement ou qu'on lui persuade qu'on lui fournira des contrenchantements d'un effect merveilleux et certain. Mais il faut aussi que celles à qui légitimement on le peut demander, ostent ces façons cérimonieuses et affectées de rigueur et de refus et qu'elles se contraignent un peu pour s'accomoder à la nécessité de ce siècle malheureux, car* l'âme ... (voir p. 100.)

2. Le comte de Gurson, fils aîné du marquis de Trans (cf. *supra* p. 61, n. 4) qui épousa en 1579 Diane de Foix de Candale.

3. L'édition de 1595 ajoute ici : *vivant chez moy*. Il s'agit du médecin, mathématicien et humaniste Jacques Peletier du Mans qui fut l'hôte de Montaigne. Cf. *Essais*, II, XII.

P. 99.

1. Montaigne, qui ne déteste pas de jouer sur les mots, a dit plus haut que sur cette petite pièce d'or « estoient gravées quelques figures célestes, contre le coup de soleil... »

2. Anecdote citée par Hérodote, *Histoire*, livre II, chap. CLXXX.

3. Anecdote tirée ou de Diogène Laërce, VIII, chap. XLIII, ou de Plutarque, *Préceptes du mariage*, VIII.

P. 101.

1. Dans *la Cité de Dieu*, liv. XIV, chap. XXIV.

2. « Il n'était point de vers, dit Vivès dans son *Commentaire à la Cité de Dieu*, que celui-ci n'accompagnât de pets. »

3. Le personnage « revesche », à en croire Fl. de Raemond, est le duc de Ventadour. Cf. P. Bonnet, *Bulletin Montaigne*, 3ᵉ série, nᵒ 10 (1959). L'édition de 1595 ajoute ici : *... que je ne le sceusse que par les histoires, combien de fois nostre ventre, par le refus d'un seul pet, nous mesmes jusqu'aux portes d'une mort très angoisseuse, et que l'Empereur qui nous donna liberté de péter par tout, nous en eust donné le pouvoir.* — Il s'agit, comme on sait, de Claude, qui, au dire de Suétone, *Vie de*

Claude, XXXII, aurait eu l'intention de prendre un édit pour accorder cette liberté. Le fait est cité par Guillaume Bouchet, *Serées,* I.

4. L'édition de 1595 ajoute ici : *... car l'effect d'iceluy est bien de convier inopportunement par fois, mais refuser jamais ; et de convier encore tacitement et quiètement.*

5. D'après *le Banquet* de Platon, p. 430.

6. Les rois de France avaient le don de guérir les scrofuleux. Depuis la captivité de François Ier à Madrid (1525-1526), un grand nombre d'Espagnols atteints d'écrouelles passaient les Pyrénées pour se faire toucher par le roi. En 1516, François Ier avait opéré des guérisons miraculeuses à Bologne; en 1563, Charles IX toucha 2.000 malades. En 1572, le bienheureux Louis de Gonzague consacra un long développement, dans son *Introduction au Symbole de la foi,* à ce merveilleux pouvoir des « rois très chrétiens ».

P. 102.

1. Messie, dans *Diverses leçons* (II, VII) conte un trait du même genre.

2. Même trait dans Marcouville, *Recueil d'aucuns cas merveilleux,* XXXI.

P. 103.

1. D'après Corneille Agrippa, *op. cit.,* I, LXIII.

2. Lucrèce, III, 493.

3. Si des yeux voient des yeux atteints, ils en pâtissent,
   Et bien des maux ainsi passent d'un corps à l'autre.

   Ovide, *Remède d'amour,* 615-616.

4. Le fait est relaté par Pline, *Hist. nat.,* VII, II, d'ailleurs cité par Corneille Agrippa, *op. cit.,* I, LXIV.

5. Pline, *Hist. nat.,* IX, X.

6. « Je ne sais pas quel œil fascine mes agneaux. » Virgile, *Bucoliques,* III, 103.

7. Il s'agit d'une princesse qui, ayant accouché d'un enfant noir, fut accusée d'adultère, et absoute grâce à Hippocrate qui expliqua la chose par la présence près de son lit d'un portrait de nègre. Cf. saint Jérôme, que reproduisent les compilateurs du XVIe siècle, notamment Messie, *Diverses leçons,* II, VII; Ambroise Paré, *Des monstres,* IX, etc.

8. Selon Messie, *l.c.,* et plusieurs compilateurs du XVIe siècle.

9. *Genèse,* XXX, XXXVII, passage cité par saint Augustin, *Cité de Dieu,* livre XV, chap. XXIV, et reproduit par Corneille Agrippa et d'autres compilateurs du XVIe siècle. Jacob, pour duper son beau-frère Laban, fit peler des verges de diverses couleurs et les plaça près de l'abreuvoir. Les brebis et les chèvres qui virent ces couleurs variées eurent des petits tachetés. Paré, qui cite, comme Montaigne, cet exemple (*De monstris,* IX) conclut, comme Montaigne, à la puissance de l'imagination.

10. Cf. encore Ambroise Paré, *De monstris,* IX.

11. Les éditions antérieures à 1583 portent : *Mon père vit un jour*.

P. 105.

1. On sait les relations de Montaigne avec le roi de Navarre, avec le duc de Guise, avec Michel de L'Hospital, avec Duplessis-Mornay.

CHAPITRE XXII

2. Sénèque, *De beneficiis*, VII, xxxviii.

P. 106.

1. Philémon, cité par Stobée, *Sententiae*, C.

2. Car dès qu'un être mue et change de nature,
   Aussitôt cela meurt qui tout à l'heure était.

                                        Lucrèce, II, 73 et III, 519.

CHAPITRE XXIII

3. « L'usage est, en toutes choses, un maître très efficace. » Pline, *Hist. nat.*, XXVI, vi.

4. Livre VII, chap. i, p. 514.

5. Mithridate, selon Aulu-Gelle, XVII, xvi. Cf. Messie, *Diverses leçons*, I, xxvi.

6. Albert le Grand, cité par Messie, *Diverses leçons*, I, xxvi.

P. 107.

1. Bizarreries tirées de Lopez de Gomara, *Histoire générale des Indes*, trad. Fumée (1586).

2. « Grande est la force de l'habitude. Les chasseurs passent des nuits entières dans la neige; ils supportent d'être brûlés dans les montagnes. Les pugilistes meurtris du ceste ne gémissent même pas. » Cicéron, *Tusculanes*, II, xvii.

3. Qui seraient devenus sourds, au dire de Cicéron (*Songe de Scipion*, VI, 19) par le nocif fracas des cataractes proches.

4. Diogène Laërce, *Vie de Platon*, III, xxxviii. Mais Diogène Laërce parle de *dés*, non de *noix*.

P. 109.

1. Nombre de contemporains de Montaigne ont parlé de ce phénomène, et en particulier Guillaume et Michel Le Riche, avocats à Saint-Maixent dans leur *Journal* : « Le samedi 17 [17 mars 1579], il arriva en cette ville un petit homme se disant de Nantes, lequel n'avait de bras, au lieu desquels il usait de ses pieds. Il tirait de l'arquebuse, qu'il chargeait, bandait, et abattait le chien; il jouait aux dés, etc. » Cf. Henri Clouzot, *Histoire du Théâtre en Poitou*. — On trouve aussi mention de ce phénomène dans le *Journal* de Pierre de L'Estoile, à la date du 10 février 1586.

2. Ambroise Paré décrit dans son livre *De monſtris*, VIII, un saltimbanque du même genre.

3. « N'eſt-il pas honteux à un physicien dont le rôle eſt d'observer et de scruter la nature, de demander à des esprits prévenus par la coutume un témoignage sur la vérité ! » Cicéron, *De natura deorum*, I, xxx.

4. Lopez de Gomara, dans son *Hiſtoire générale des Indes*, cite des usages du même genre, et parle, par exemple, de ceux qui « mangent des chauves souris pelées, en eau chaude ». (II, chap. ix, trad. Fumée 1586.)

5. Sans doute François IV de La Rochefoucauld, qui fut tué en duel en 1591 devant Saint-Yrieix-la-Perche, dans le Limousin.

P. 111.

1. Tiré de Plutarque, *Que le vice seul eſt suffisant pour rendre l'homme malheureux*, chap. V. Montaigne rapproche cette coutume, que Plutarque attribue aux Tartares, de celle que Gomara attribue aux Sauvages.

2. Ce trait et ceux qui suivent sont encore tirés de Gomara, *l. c.*

3. Pris à Hérodote, trad. Saliat, IV, 172.

4. Coutume rapportée par Goulard, *Hiſtoire du Portugal*, IV, xix, auquel Montaigne emprunte encore les traits qui suivent (VII, xiii; IX, xxx; XIV, 15).

P. 112.

1. Hérodote, IV, clxviii.

2. Hérodote, II, xxxv.

3. Hérodote, II, xxxv.

4. Gomara, *Hiſtoire générale des Indes*, II, lxxxiii, trad. Fumée (1586).

5. Ce trait et les deux suivants viennent de Gomara, *l. c.*, II, lxxxv.

6. Quinte-Curce, V, 1, 37.

7. Traits tirés d'Hérodote, *Hiſt.* IV, clxxxxi et clxxx.

P. 113.

1. Quinte-Curce, V, 1, 37.

2. Quinte-Curce, VIII, 11. Le trait eſt confirmé par les voyageurs du temps : *Voyage d'Americo Vespuce*, à la suite de Léon l'Africain, éd. de 1556, p. 570.

3. L'édition de 1595 ajoute : *... sans diſtinction de parenté.*

4. Les coutumes relatées dans ce paragraphe sont tirées d'Hérodote, de Pline, d'Aulu-Gelle, de Valère Maxime, etc. et se trouvent souvent citées par les compilateurs du temps.

5. Ainsi procédait-on, au dire d'Hérodote (III, xxxviii) chez divers peuples de l'antiquité : Sidoniens, Scythes, Thraces, Massagètes, etc.

6. Tiré d'Hérodote, IV, 77.

7. Tiré d'Hérodote, IV, 176.

8. Il s'agit de l'État des Amazones.

9. En particulier des Thraces, selon Valère Maxime, II, 6.

10. Ces traits de l'éducation des enfants spartiates sont bien connus.

11. Xénophon, *Cyropédie*, I, 2.

12. Plutarque, *Des vertueux faicts de femmes* (Des Crènes).

13. Cité par Hérodote, III, 12 et mentionné dans le *Commentaire* de Le Roy sur la *Politique* d'Aristote, II, 6.

14. Aristote, *Morale à Nicomaque*, VII, 6.

P. 114.

1. Aristote, *Morale à Nicomaque*, VII, 6.

2. D'après Valère Maxime, XII, 2.

P. 115.

1. L'édition de 1595 ajoute ici : *C'est par l'entremise de la coutume que chacun est constant du lieu où nature l'a planté ; et les sauvages d'Escosse n'ont que faire de la Touraine, ni les Scythes de la Thessalie.* Cette phrase ne figure pas dans l'exemplaire de Bordeaux.

2. Cité par Hérodote, III, 12, et mentionné aussi dans le *Commentaire* de Le Roy sur la *Politique* d'Aristote, II, 6.

3. Il n'est rien de si grand, ni d'abord d'admirable
   Qui progressivement ne cesse d'étonner.
                                    Lucrèce, II, 1023-1024.

4. Traduit des *Lois* de Platon, VIII, 6.

5. L'édition de 1595 porte : ... *les desnaturées et prepostères amours.*

P. 116.

1. Sextus Empiricus, *Hypotyposes,* I, 14, et Diogène Laërce, *Vie de Chrysippe.*

2. Dans le *Discours à Nicoclès,* VI, 18.

3. Paul-Émile, entre autres, qui dit dans le *De rebus Francorum* que ce gentilhomme de Gascogne aurait porté le nom de Gascon.

4. Les abus judiciaires ont été au XVIᵉ siècle l'objet de vives critiques. Outre Marot dans son *Épître à Lyon Jamet* et son *Épître au Roi* et, bien entendu, Rabelais, on peut citer Viret, *le Monde à l'empire* (1680); Tahureau, *Dialogues* (1565); Henri Estienne, *Apologie pour Hérodote* (1565); Bodin, *les Six Livres de la République* (1576); Guillaume Bouchet, *Serées* (1584); Noël du Fail, *Contes et Discours d'Eutrapel* (1585).

P. 117.

1. C'est ce que relate le *Criton* de Platon. La phrase, depuis « comme », est une addition de 1582.

2. « Il est bien d'obéir aux lois de sa patrie. » Sentence grecque de Crispin.

P. 118.

1. Ce législateur était Charondas. Diodore de Sicile, XII, 4.

2. Lycurgue, selon Plutarque, *Vie de Lycurgue,* XXII.

3. Phrynis de Mytilène, célèbre joueur de cithare, ajouta en effet deux cordes à cet instrument qui n'en avait d'abord que sept. Aristophane, dans ses *Nuées,* lui reproche d'avoir efféminé la musique, et, si l'on en croit Plutarque *(Dicts notables des Lacedæmoniens)* l'éphore Émérepès coupa d'un coup de hachette deux cordes des neuf de sa lyre en lui disant : « Ne corromps pas la musique ! »

4. Valère Maxime, II, 6, qui relate le fait, insiste sur son symbole politique. Estienne Pasquier fait allusion à cette coutume dans une de ses lettres à Ramus.

5. L'édition de 1588 porte : ... *depuis vingt cinq ou trente ans.*

6. « Je souffre hélas ! du mal que mes flèches m'ont fait. » Ovide, *Héroïdes,* Phyllis à Démophon, 48.

P. 119.

1. « Le prétexte est honnête. » Térence, *l'Andrienne,* I, 1, 114.

2. « Tant il est vrai qu'aucun changement apporté aux anciennes nstitutions ne vaut d'être approuvé. » Tite-Live, XXXIV, 54.

3. « Que cette protection regardait les dieux plus qu'eux-mêmes, que ces dieux veilleraient à ce que ne fût pas profané leur culte. » Tite-Live, X, 6.

4. A en croire Hérodote, VIII, 36, l'oracle de Delphes répondit qu'il garderait son bien lui-même.

P. 120.

1. « Quel est celui, en effet, qui ne serait ému par une antiquité conservée et certifiée par les plus éclatants témoignages ? » Cicéron, *De divinatione,* I, 11.

2. Dans le *Discours à Nicoclès,* IX, 33.

P. 121.

1. Lorsqu'il oppose les prêtres aux philosophes dans le *De natura deorum,* III, 1, de Cicéron : « Quand il s'agit de religion, je suis T. Coruncanius, P. Scipion, P. Scévola, grands pontifes, non Zénon, Cléanthe ou Chrysippe. »

2. « Se fier au perfide est l'inviter à nuire. » Sénèque, *Œdipe,* 686.

3. Plutarque, *Vie de Marius,* 15.

P. 122.

1. Agésilas, qui n'appliquait pas les lois de Sparte quand elles étaient trop rigoureuses. Plutarque, *Vie d'Agésilas,* 6.

2. Alexandre, au dire de Plutarque, *Vie d'Alexandre,* 5.

3. Plutarque, *Vie de Lysandre,* 4.

4. Plutarque, *Vie de Périclès,* 18.

5. Dans sa comparaison entre Flaminius et Philopœmen.

CHAPITRE XXIV

6. François de Guise, de la maison de Lorraine, la Lorraine étant étrangère alors à la France.

7. Par l'armée catholique (1562).

P. 125.

1. Toutes ces pages sont traduites du *De clementia* de Sénèque. Corneille tirera parti dans *Cinna* de l'anecdote.

2. Allusion à l'assassinat par Poltrot de Méré du duc François de Guise devant Orléans, le 18 février 1563.

P. 126.

1. Montaigne exprime ici la théorie platonicienne de l'inspiration *(Ion)*, qui est d'ailleurs celle de Ronsard et des poètes de la Pléiade.

P. 127.

1. Plutarque, *Comment on se peult louer soy-mesme*, IX.

   Je suis de l'advis de Sylla est une addition de l'édition de 1582.

2. *Puisqu'on est en doute du plus court chemin, tenir toujours le droit,* est une addition de 1582.

3. Son assassinat par le huguenot Poltrot de Méré (voir plus haut, p. 125).

4. Comme le relate Machiavel, *Discours sur Tite-Live,* I, 10.

P. 128.

1. Sentence de Machiavel, *le Prince,* XIX. Cf. aussi Jean Bodin, *République,* IV, 7.

2. Anecdote tirée de Plutarque, *Dicts notables des anciens Roys,* trad. Amyot, XXV.

3. L'anecdote est rapportée par Arrien de Nicomédie, trad. Wittard, II, p. 58, par Quinte-Curce, *Vie d'Alexandre,* III, 6, et par Plutarque, *Vie d'Alexandre.*

4. Henri de Navarre, le futur Henri IV, à en croire une annotation de Florimond de Raemond transcrite par La Montagne sur un exemplaire des *Essais* conservé à Bordeaux.

5. Henri de Guise, toujours d'après Florimond de Raemond.

6. Tite-Live, *Hist.,* XXVIII, chap. XVII.

P. 129.

1. « La bonne foi appelle d'ordinaire la bonne foi. » Tite-Live, XXII, chap. XXII.

2. Louis XI qui s'en vint traiter directement à Conflans, puis à Péronne (1468) avec Charles le Téméraire. Commines, I, 12-14; II, 5 et 7, trouve cette double entrevue imprudente, le roi de France s'y mettant à la merci de son adversaire.

3. Il parut sur un tertre, intrépide, debout,
   Et qu'il n'eut peur de rien lui valut d'être craint.

                              Lucain, *Pharsale*, V, 316-318.

4. On croit qu'il s'agit de Moneins, lieutenant du roi en Guyenne, tué à Bordeaux le 21 août 1548 par les émeutiers dits de la Gabelle, et dont la mort fut cruellement vengée par Montmorency.

P. 130.

1. L'édition de 1580 portait : danger de près, *de se remplir l'ame et le front de repentance, et n'ayant plus autre soin que de sa conservation, si qu'abandonnant son premier rolle de regler et guider, et cedant plustost que s'opposant, il attira cet orage sur soy, employant tous moyens de le fuir et eschaper.* On delibereroit ...

2. Il s'agit de la revue qui eut lieu à Bordeaux, en 1585, pendant la seconde mairie de Montaigne. On craignait fort une insurrection du ligueur Vaillac, auquel le maréchal de Matignon, avant de quitter Bordeaux, avait ôté ses fonctions de commandant du Château-Trompette.

P. 131.

1. Suétone, *Vie de César*, LXXV.
2. Plutarque, *Dicts notables des anciens Roys*, XXII.
3. Villani, *Historie universali di suoi tempi*, 2e partie, I, 12, éd. de Venise (1559), p. 127.
4. Dans Appien, trad. Saussel (1544), IV, pp. 485-486.

CHAPITRE XXV

P. 132.

1. Dans les *Regrets,* sonnet 68.
2. *Vie de Cicéron,* chap. II.
3. « Les plus grands clercs ne sont pas les plus sages. » Dicton cité par frère Jean des Entonmeures dans *Gargantua,* chap. XXXIX, et que Mathurin Régnier, dans sa troisième *Satire,* traduit en vers de la façon suivante :

   « Pardieu ! les plus grands clercs ne sont pas les plus fins ! »

P. 133.

1. Pierre Villey, Jean Plattard, Pierre Michel pensent qu'il s'agit de Catherine de Bourbon, sœur d'Henri de Navarre, qui ne se maria qu'en 1600, et Albert Thibaudet se rallie à cette opinion. L'annotateur de la présente édition y verrait plutôt Marguerite de Valois, fille de Catherine de Médicis, la fameuse reine Margot, alors reine de Navarre : Montaigne rapporterait sur ce cas un propos que cette princesse lui aurait tenu peu avant son mariage, qui eut lieu en 1572.

2. Montaigne se souvient sans doute ici d'une phrase d'Æneas Sylvius Piccolomini sur l'éducation des enfants : *Planta modicis*

aluntur aquis, multis suffocantur, « Les plantes se nourrissent d'un peu d'eau, s'étouffent de beaucoup d'eau. »

3. Les éditions antérieures portaient : *Les plus grands capitaines et les meilleurs conseillers.*

4. Allusion évidente aux *Nuées* et aux attaques d'Aristophane contre Socrate.

5. Sentence tirée du *Théétète* de Platon, chap. XXIV.

P. 134.

1. « Foin d'homme lâche à l'acte et philosophe en mots. » Pacuvius, cité par Aulu-Gelle, XIII, 8, puis dans Juste Lipse, *Politiques,* I, 10.

2. Archimède. L'anecdote est contée par Plutarque, *Vie de Marcellus,* VI.

3. C'est l'opinion d'Archimède, telle que Plutarque la rapporte.

4. D'après Diogène Laërce, *Vie de Cratès,* IX, 6.

5. D'après Diogène Laërce, *Vie de Cratès,* IX, 6.

6. D'après Diogène Laërce, *Vie d'Empédocle,* VIII, 63.

P. 135.

1. D'après Diogène Laërce, *Vie de Thalès,* I, 26. Cf. Cicéron, *De divinatione,* I, 49.

2. Dans la *Morale à Nicomaque,* VI, 5.

3. Montaigne songe aux pères de son temps, mais non au sien qui l'a fait élever tout autrement.

4. Sénèque, *Lettres,* 89.

5. Montaigne qui développe cette idée dans son *Institution des enfants* (*Essais,* liv. I, xxvi), procède ici de Sénèque, *Lettres à Lucilius,* 39, qui écrit : « Étudie non pour savoir plus, mais pour savoir mieux. »

6. Comparaison tirée de Plutarque, *Comment l'on pourra s'apercevoir si l'on amende en l'exercice de la vertu.*

7. Montaigne se plaint souvent de sa mémoire. Voir plus haut liv. I, chap. ix, *Des menteurs,* et plus bas liv. II, chap. xvii, *De la présomption ;* liv. III, chap. ii, *De la vanité.*

P. 136.

1. « Ils ont appris à parler aux autres, non à eux-mêmes. » Cicéron, *Tusculanes,* V, 36.

2. « Il ne s'agit pas de parler, mais de gouverner. » Sénèque, *Lettres,* 108.

3. Montaigne développe cette remarque dans son chapitre *Des cannibales,* voir plus bas, *Essais,* I, xxxi.

4. Dicton gascon sur le sens duquel les montagnistes ne s'accordent pas. La plupart comprennent : « Souffler, c'est facile ; mais il faut d'abord apprendre à bien placer les doigts » (pour jouer du chalumeau), la *chalemie* étant la chanson qu'accompagnait le chalumeau. M. Pierre Bonnet (*Bulletin des Amis de Montaigne,* nᵒˢ 11-12

(juillet-décembre 1959) interprète, en plaçant une virgule après le premier *bouha* : « *Il faudrait souffler, souffler davantage,* mais nous sommes occupés à remuer les doigts [ou notre instrument]. »

5. Sénèque, *Lettres*, 27. Le personnage en question, un certain Calvisius Sabinus, a été tourné en ridicule par Érasme dans son *Éloge de la Folie*.

6. Comparaison tirée de Plutarque, *Comment il faut ouïr*, XII.

P. 137.

1. Cicéron, dans ses *Académiques*, II, chap. I, rapporte que Lucullus, parti pour combattre Mithridate, apprit l'art de la guerre pendant la traversée d'Italie en Asie en lisant des traités militaires et en interrogeant des officiers et des soldats. Amyot avait rapporté l'anecdote dans sa préface à la traduction qu'il fit des *Vies* de Plutarque.

2. Partout dans ses Lettres. Voir plus haut (livre I, chap. XIX) le chapitre : *Que philosopher c'est apprendre à mourir*.

3. Dans ses *Consolations*.

4. L'édition de 1580 donnait la traduction faite par Montaigne de ce vers d'Euripide, cité par Stobée, III et par Cicéron, *Ep. fam.*, XII, 15 : « Je haï le sage qui n'est pas sage pour soy-mesmes. »

5. « D'où ce mot d'Ennius : Vaine est la sagesse du sage qui ne saurait servir à lui-même. » Cicéron, *De officiis*, III, xv.

6. « S'il est cupide, vain, plus mou qu'agnelle d'Euganée. » Juvénal, *Satires*, VIII, 14.

7. « Il ne suffit pas d'acquérir la sagesse, il faut en profiter. » Cicéron, *De finibus*, I, 1, cité par Juste Lipse, *Politiques*, I, x.

8. Lapsus de Montaigne pour *Diogène*.

9. Diogène Laërce, *Vie de Diogène*, VI, 27.

10. Dans le *Ménon*, XXVIII.

P. 138.

1. Platon, *Protagoras*, XVI.

2. Montaigne ne parle pas ici des « pédagogues » qui l'ont instruit, et dont il se loue à la fin de son chapitre sur *l'Institution des Enfants* (livre I, Essai XXIV).

3. Vous, fils des grands, sans yeux pour voir derrière vous
   Gare aux gestes narquois qu'on vous fait dos tourné.

   Perse, I, 61-62.

4. Le fameux et docte Turnèbe (1512-1565), professeur d'Éloquence au Collège Royal (Collège de France), dont Montaigne parle avec admiration au livre II des *Essais,* chap. XVII : *De la présomption* : « Il savait plus et savait mieux ce qu'il savait qu'homme qui fût de son siècle, ni loin au delà. »

P. 139.

1. Souvenir de Guazzo, auteur de la *Civil conversazione*, que Montaigne a lue après 1580.

2. Dont le cœur fut formé par le Titan bénin [Prométhée]
Dans un meilleur limon.

Juvénal, *Sat.*, XVI, 34-35.

3. Vers cité par Stobée, *Sermo III,* que Montaigne traduit dans la ligne suivante.

4. « On nous inſtruit non pour la vie, mais pour l'école. » Sénèque, *Lettres,* CV.

5. Images empruntées aussi à Sénèque, *Lettres,* LXXI.

6. « Si bien qu'il eût mieux valu n'avoir rien appris. » Cicéron, *Tusculanes,* II, 4.

P. 140.

1. L'anecdote semble être tirée de Corrozet, *Propos mémorables,* éd. de 1557, p. 85. Isabel ou Isabeau n'était pas « illettrée », mais n'était nullement cultivée, et « belle dame et sage, bien diſposée de son corps », elle était, écrit Corrozet, « inélégante à parler ». Elle eſt « telle que je demande, aurait dit François de Bretagne, car je tiens une femme assez sage, quand elle sait mettre différence entre le pourpoint et la chemise de son mari ». Mot reſté célèbre depuis que Molière l'a mis dans la bouche de Chrysale, en ses *Femmes savantes,* aĉte II, sc. 7.

2. « Depuis qu'ont paru les savants, il n'eſt plus de gens de bien. » Sénèque, *Lettres,* XCV.

3. La carrière des armes, réservée aux gentilshommes.

4. Notamment aux livres III et IV.

P. 141.

1. L'édition de 1595 ajoute : ... *et coutumièrement.*

2. Ariſton de Chios, que cite Cicéron. *De natura deorum,* III, 31.

3. « Disant que des débauchés sortaient de l'école d'Ariſtippe et des sauvages de celle de Zénon. » Cicéron, *De natura deorum,* III, 31.

4. Il s'agit de *la Cyropédie,* I.

5. Dans le *Premier Alcibiade,* p. 121.

6. D'après Plutarque, *Vie de Lycurgue,* XI, et *Diĉts des Lace-dæmoniens,* 226.

7. Inexaĉtitude de Montaigne : le Parnasse eſt en Phocide, non en Laconie.

8. Il s'agit ici non des « Lacedæmoniens », mais des Perses, comme la suite le montre.

P. 142.

1. L'aïeul de Cyrus.

2. *Cyropédie,* I, III, 15.

3. C'eſt à Mandane sa mère, et non à Aſtyage, que Cyrus rend compte de cet épisode.

4. « Je frappe » (verbe paradigme de la grammaire grecque).

5. « Dans le genre démonſtratif. »

6. Le roi de Sparte : trait tiré de Plutarque, *Dicts des Lacedæmoniens*.

7. Antipater, général macédonien du roi Philippe, vainqueur d'Agis, roi des Spartiates.

P. 143.

1. Exemple courant chez les contempteurs de la science au XVIᵉ siècle.

2. Platon, *Hippias major,* éd. latine de 1546, p. 110.

3. Ce passage est inspiré d'un livre italien, le *Tesoro politico* « Trésor politique ».

4. Le fameux Tamerlan (1336-1405), conquérant d'Asie Centrale.

CHAPITRE XXVI

P. 144.

1. Fille de Frédéric de Foix, capitaine de Buch, comte de Candale et de La Rochefoucauld, Diane de Foix avait épousé le 8 mai 1579, son parent Louis de Foix, comte de Gurson. L'essai que Montaigne lui dédie se trouve daté par là même : il fut écrit dans les derniers mois de l'an 1579, peu de temps avant la naissance attendue du premier enfant. Montaigne était lié avec ses voisins Gurson. En 1571, il avait dédié à Paul de Foix, frère de Diane, son édition des *Vers françois* de La Boétie. En 1575, il assista au mariage de Diane comme « procureur » des père et mère de Louis de Foix. A plusieurs reprises, il fait allusion au comte de Gurson (voir plus haut, Essai XXI, p. 98). Plus tard il notera dans ses *Éphémérides :* « Julius [juillet] 29, 1587 : le comte de Gurson, le comte de Foix et le chevalier, trois frères, trois bons seigneurs et amis, furent tués à Moncrabeau en Agenois, en un combat fort âpre, pour le service du roi de Navarre. » Cf. Alexandre Nicolaï, *les Belles Amies de Montaigne*.

2. Montaigne reprend ailleurs (II, chap. VIII, *De l'affection des pères aux enfants*) cette comparaison de son livre à un enfant.

3. Dans les *Essais*.

4. La mathématique comprenait les quatre « arts » du *quadrivium :* arithmétique, astronomie, géométrie, musique, qui faisaient suite aux trois arts élémentaires du *trivium :* grammaire, rhétorique, dialectique.

5. Variante de 1588 : ... *en gros*.

6. L'image était fréquente au XVIᵉ siècle. Ex : Joachim du Bellay, dans son *Poëte courtisan :*
Pour un vers allonger, ses ongles il se ronge.

7. Les éditions antérieures portent : ... *de Platon ou d'Aristote*.

8. Encore un endroit où Montaigne se plaint de sa mémoire.

9. Montaigne a écrit ailleurs (II, x, *Des livres*) : « Les historiens sont ma droite balle. »

10. Cléanthe d'Assos, en Troade, qui succéda à Zénon comme chef de l'école stoïcienne et mourut vers 250 av. J.-C. Cette comparaison de Cléanthe procède de Sénèque, *Lettres,* 108.

P. 145.

1. Vraisemblablement le chap. VII du livre V *(De ceux qu'on accuse de charmer)* de l'ouvrage intitulé *Propos de table.*

2. Les éditions antérieures portent : *Car autrement j'engendrerais des monstres comme font les écrivains indiscrets...*

3. Chrysippe, de Soles, en Cilicie, successeur de Cléanthe, à la tête de l'école stoïcienne, vers 207 av. J.-C. Cf. Diogène Laërce, *Vie de Chrysippe,* VII, 181.

4. Le mythographe Apollodore d'Athènes (IIe siècle av. J.-C.) dont il subsiste une *Bibliothèque mythologique,* précieuse pour la connaissance de la Grèce primitive.

5. Tiré de Diogène Laërce, *Vie d'Épicure,* X, 26.

P. 146.

1. C'est la première fois que cette expression apparaît avec le sens qu'elle aura au XVIIe siècle.

2. Allusion à une satire contre les moines du Mantouan Lelio Capilupi, publiée à Venise en 1543, où l'auteur applique plaisamment à la vie des moines des vers de *l'Énéide* composant des centons, procédé que reprendra Boileau dans son *Lutrin.*

P. 147.

1. *Les Politiques* du célèbre Juste Lipse, parues à Leyde en 1589, avaient été envoyées par son auteur à Montaigne, qui en tira une trentaine d'exemples.

2. Montaigne, qui fait allusion à ce portrait dans l'Essai XVII du livre II, plaisante sur sa calvitie et sur « sa tête polie » dans le *Journal de Voyage.*

3. Montaigne revient ici sur le but de son ouvrage. « Je suis moy-mesme la matière de mon livre », a-t-il écrit dans l'avertissement au lecteur. Et Pascal d'observer à ce propos : « Le sot projet qu'il a de se peindre ! et cela non pas en passant et contre ses propres maximes, comme il arrive à tout le monde de faillir, mais par ses propres maximes et par un dessein premier et principal. » *(Pensées sur l'éloquence et le style.)*

4. L'Essai sur *le Pédantisme,* I, xxv.

5. Il résulte de ce dire que Montaigne ne s'occupe ici que de l'éducation des garçons. Il dit lui-même dans l'essai *Sur des vers de Virgile* (liv. III, chap. v) qu'il ne s'est pas mêlé de l'éducation de sa fille : « Je ne m'empêche aucunement de ce gouvernement : la police féminine a un train mystérieux ; il faut le leur quitter. »

6. Comparaison tirée de Platon, *Théagès,* p. 121 de la trad. latine d'Henri Estienne (1546).

P. 148.

1. D'après Plutarque, *Pourquoi la justice divine diffère quelquefois la punition des maléfices,* VI.

2. D'après Plutarque, *ibid.,* III, 415 ; III, 423.

3. Pierre de Brach lui avait dédié un volume de vers en 1576.

4. Allusion tout ensemble à un troubadour du XIIIe siècle, et à Gaston III de Foix, dit Fébus ou Phébus (1331-1391), auteur du traité de vénerie : *Myroir de Phébus, des déduits de la chasse aux beftes saulvages et des oiseaux de proye.*

5. François de Foix de Candale, évêque d'Aire, auteur en 1574 et en 1578 de diverses traduions savantes, parmi lesquelles les *Éléments* d'Euclide.

P. 149.

1. Archésilas de Pitané (312-241 av. J.-C.), philosophe sceptique, chef de la « seconde Académie ».

2. Cicéron, *De finibus*, II, 1.

3. « L'autorité de ceux qui enseignent nuit la plupart du temps à ceux qui veulent s'inftruire. » Cicéron, *De natura deorum*, I, 5.

P. 150.

1. « Jamais ils n'arrivent à se gouverner eux-mêmes. » Sénèque, *Lettres*, XXXIII.

2. Il s'agit du médecin italien Girolamo Borro, d'Arezzo, professeur de philosophie à l'Université de Rome, auteur d'un ouvrage en latin sur la médecine et d'un traité italien sur le flux et le reflux de la mer, que Montaigne vit à plusieurs reprises en Italie et dont il reçut en présent le second de ces ouvrages. Emprisonné par l'Inquisition, libéré par le pape, il dut quitter sa chaire en 1586, et il mourut à Pise en 1592.

3. « Car non moins que savoir douter m'eft agréable. » Dante, *Enfer*, XI, 93, vers cité dans la *Civil conversazione* de Guazzo, I.

4. « Nous ne sommes pas sous un roi; que chacun dispose de soi-même. » Sénèque, *Lettres*, XXXIII.

5. L'image des abeilles procède de l'*Ion*. On la trouve d'ailleurs chez Horace, *Odes*, IV, 11; chez Sénèque, *Lettres*, XII; et chez Ronsard, dans sa fameuse *Réponse* aux miniftres proteftants :

> As-tu point vu voler en la prime saison
> L'avette qui de fleurs enrichit sa maison ?

P. 151.

1. D'après Plutarque, *Quels animaux sont les plus avisés*. — On sait qu'Épicharme eft ce comique du Ve siècle av. J.-C. qui tenta de hausser la farce à la hauteur d'un genre littéraire.

2. Dans la *10e Lettre à Ariftodore*.

3. Il s'agit du maître de danse milanais, Ludovico Palvallo, qui vivait à la cour de Henri III.

4. Autre maître de danse milanais, Pompeo Diobono florissait à la cour de France sous les quatre Valois, Henri II, François II, Charles IX et Henri III.

5. Tiré de Plutarque, *Comment il faut lire les poètes*.

P. 152.

1. Les genstilshommes français voyageaient souvent à l'étranger, comme le constate, pour d'ailleurs blâmer cette habitude, le sévère protestant La Noue, dans ses *Discours politiques et militaires* (1587).

2. L'ancien Panthéon circulaire d'Agrippa, aujourd'hui l'église Sainte-Marie-aux-Martyrs.

3. Il s'agit vraisemblablement d'une danseuse qui avait de beaux dessous. On sait que ces « calessons » furent introduits en France, au siècle suivant, par Mlle du Parc, la « Marquise » de Corneille et la maîtresse de Racine.

4. « Et qu'il vive en plein air au milieu des alarmes. » Horace, *Odes*, III, 11, 5.

P. 153.

1. « Le travail forme un calus contre la douleur. » Cicéron, *Tusculanes*, II, xv.

2. « Il est pérmis d'être sage sans ostentation, sans arrogance. » Sénèque, *Lettres,* CIII, fin.

3. L'édition de 1595 donne ici, à la place de cette phrase : *Et comme si ce fut marchandise malaisée que reprehension et nouvelletez, vouloir tirer de là nom de quelque péculière valeur.*

4. « Si un Socrate et un Aristippe se sont écartés de la coutume et de l'usage, il ne faut pas qu'il se croit permis d'en faire autant ; chez eux, de grands et divins mérites autorisaient cette licence. » Cicéron, *De officiis,* I, xli.

P. 154.

1. « Nulle nécessité ne le contraint à défendre des idées prescrites et commandées. » Cicéron, *Académiques,* II, iii.

P. 155.

1. Quel sol fait lourd le gel ou poudreux la chaleur,
   Quel vent vers l'Italie amène les voiliers.
   Properce, IV, iii, 39-40.

2. Au début de l'*Hippias major* (III, p. 249).

3. Marcellus fut tué dans une embuscade près de Venouse à l'âge de soixante ans. Cf. Tite-Live, XXV, 27.

P. 156.

1. Dans le traité *De la mauvaise honte,* trad. Amyot, chap. VII.

2. Qui avait pour sous-titre le *Contr'Un.*

3. Lacédémonien cité par Plutarque, *Dicts des Lacedæmoniens.* Certains croient qu'il faut lire dans Plutarque : Anaxandridas.

4. Le trait est tiré de Plutarque, *De l'exil,* IV, ou de Cicéron, *Tusculanes,* V, 37.

P. 157.

1. Henri Estienne, *Apologie pour Hérodote (Discours préliminaire).*

2. On peut voir ici sans doute l'origine du morceau de Pascal,

I, 1 : « Que l'homme contemple donc la nature entière dans sa haute et pleine majesté. Que la terre lui paraisse comme un point au prix du vaste tour que cet astre décrit, et qu'il s'étonne de ce que ce vaste tour lui-même *n'est qu'un point très délicat* à l'égard de celui que les astres qui coulent dans le firmament embrassent. »

3. Cicéron, *Tusculanes*, V, III. — J.-J. Rousseau a en tête ce passage dans son *Émile*, livre IV.

P. 158.

1. Ce qu'on peut souhaiter, en quoi nous est utile
   L'argent dur à gagner, ce qu'exigent de nous
   Et patrie et parents, ce que Dieu a voulu
   Que tu fusses, le rôle humain qu'il t'a fixé,
   Notre être, et quel dessein nous produisit au jour.

Perse, III, 69-73.

2. « Et comment éviter ou supporter les peines. » Virgile, *Énéide*, III, 459.

3. D'après Diogène Laërce, *Vie de Socrate*, II, 21.

4. Ose être sage, va !
   Qui tarde à vivre bien ressemble au campagnard
   Attendant pour franchir un cours d'eau que l'eau parte,
   Alors que l'eau du fleuve éternellement coule.

Horace, *Épîtres*, I, II, 40-43.

P. 159.

1. Le pouvoir des Poissons, des signes enflammés
   Du Lion, du Capricorne en les flots d'Hespérie.

Properce, IV, 4, 85-86.

2. Que me font les Pléiades ?
   Les astres du Bouvier ?

Anacréon, *Odes*, XVII, 10-11.

3. Il s'agit d'Anaximène de Milet, le maître de Pythagore. Cf. Diogène Laërce, *Vie d'Anaximène*, II, 5.

4. Philologue byzantin, né à Thessalonique vers 1400, Théodore Gaza enseigna le grec en Italie, où il mourut vers 1470. Il avait traduit Aristote et composé une grammaire grecque en quatre livres, publiée en 1495, qui connut une grande vogue au XVIe siècle.

P. 160.

1 et 2. Démétrius d'Alexandrie et Héracléon de Mégare, cité quelques lignes plus bas, qui sont des grammairiens d'époque incertaine.

3. « Je lance. »

4. « Pis. »

5. « Mieux. »

6. « Le pis. »

7. « Le mieux. »

8. D'après Plutarque, *Des oracles qui ont cessé,* V.

9. Dans un corps mal en point on sent l'âme inquiète;
   Mais on y peut aussi deviner ses plaisirs.
   Car le visage exprime et l'un et l'autre état.

   Juvénal, Satire IX, 18-20.

10. Traduit de Sénèque, *Lettres,* LIX.

11. Deux des dix-neuf termes factices par lesquels on désignait, au moyen âge, les dix-neuf formes du syllogisme :

   Barbara, celarent, darii, ferio, baralipton,
   calentes, dabitis, fapesmo, fresisomorum,
   cesare, camestres, festino, barico, darapti,
   felapton, disamis, datisi, bocardo, ferison.

Pascal a repris cette idée dans *De l'esprit de géométrique et de l'art de persuader* (éd. Pléiade, p. 602).

12. Montaigne avait d'abord écrit *marmiteux.*

13. L'*épicycle,* dans l'astronomie ancienne, était un cercle imaginaire qui était censé parcourir la circonférence d'un autre cercle plus grand, pour rendre compte d'irrégularités apparentes dans le mouvement des astres.

P. 161.

1. D'après Sénèque, *De Ira,* IX, 13. Montaigne, comme Rabelais avant lui, exprime une théorie opposée à celle de Ronsard dans ses *Hymnes,* I, 1, *De la philosophie.* Cf. Franchet, *le Poète et son œuvre d'après Ronsard,* pp. 42 sq.

2. Héroïnes opposées du *Roland furieux* de l'Arioste.

3. Pâris, qui préféra Vénus à Junon et à Minerve.

P. 162.

1. Dans *la République,* III, p. 415; IV, p. 423.

2. L'argile est molle, humide : il faut nous hâter vite,
   Et que la roue agile en tournant la façonne !

   Perse, III, 23-25.

3. Au chapitre d'Aristote qui traite de la tempérance.

4. L'édition de 1595 porte : *pédagogisme.* C'est du moins ce que relate Sénèque dans ses *Lettres,* XLIX.

P. 163.

1. Prenez-y, jeunes gens et vieillards, ferme règle
   Et pour l'âge chenu misérable un viatique.

   Perse, V, 64.

2. Tiré de Diogène Laërce, *Vie d'Épicure,* X, 122.

3. Méniceus est un correspondant d'Épicure.

4. Tiré de Diogène Laërce, *Vie de Carnéade,* IV, 62.

P. 164.

1. Proverbe tiré des *Antiquarum lectionum libri* (éd. de 1516; p. 839) de l'Italien Ludovicus Cœlius Rhodiginus, dont le surnom signifie : de Rovigo, et dont Montaigne cite le nom dans son *Journal de Voyage* lorsqu'il passe par cette ville. Cf. p. 1189.

2. Transcrit du Plutarque d'Amyot, *Propos de table*, I, 1.

3. Également utile aux pauvres comme aux riches,
L'enfant et le vieillard qui l'oublient pâtiront.
Horace, *Épîtres*, I, 1, 25-26.

P. 165.

1. Platon, dans le *Timée* ; Plutarque, en ses *Règles et préceptes de santé*, 301.

2. Platon, *les Lois*, VII.

3. Les éditions antérieures portaient : *...non comme au collège, où au lieu ...*

4. Dans son *Institution oratoire*, I, chap. III.

5. Anecdote tirée de la *Vie de Speusippe* de Diogène Laërce IV, 1. On sait que Speusippe, neveu de Platon, lui succéda à la tête de l'Académie.

6. Au livre VII.

P. 166.

1. Histoire rapportée par Plutarque dans sa *Vie d'Alexandre*.

2. Tiré de Diogène Laërce, *Vie de Pyrrhon*, IX, 80, ou de Sextus Empiricus, *Hypotyposes*, I, 14. Cf. aussi Plutarque, *De l'envie et de la haine*, II, 108, reproduit déjà par Bruyevin Champier dans son *De re citharia* (1560).

3. Il s'agit de Callisthène d'Olynthe, un petit neveu d'Aristote (365-328 av. J.-C.) dont parle Plutarque dans son *Traité de la colère*, III, et dans sa *Vie d'Alexandre*.

4. « Il y a une grande différence entre ne pas vouloir et ne pas savoir faire le mal. » Sénèque, *Lettres*, XC.

P. 167.

1. Plutarque, *Vie d'Alcibiade*, XIV.

2. « Tout costume, état, sort, fut bon pour Aristippe. » Horace, *Épîtres*, I, XVII, 23.

3. Qui d'un haillon plié patiemment se vêt,
Je veux bien l'admirer s'il s'accorde au costume
Et s'il sait aisément se tirer des deux rôles.
Horace, *Épîtres*, I, XVII, 25-26 et 29.

4. Les éditions antérieures à 1595 portent : *... où le faire va avec le dire. Car à quoy sert-il qu'on presche l'esprit, si les effets ne vont quant et quant : on verra à ses entreprises s'il y a de la prudence, s'il y a de la bonté en ses actions*, de l'indifférence...

5. Dans *les Rivaux*, p. 139 (trad. latine de 1546).

6. « Cet art le plus important de tous, celui de bien vivre, c'est par leur vie plutôt que par leurs études qu'ils l'ont acquis. » Cicéron, *Tusculanes*, IV, III.

7. Montaigne commet ici une confusion : la réponse est de Pythagore, non d'Héraclide, et rapportée par Héraclide. Voir Cicéron, *Tusculanes*, V, 3, et saint Augustin, *Cité de Dieu*, VIII, 1.

8. Diogène Laërce, *Vie de Diogène*, VI, 64.

9. Diogène Laërce, *Vie de Diogène*, VI, 68. — Hégésias (3ᵉsiècle av. J.-C.) appartient à l'école cyrénaïque.

10. Les éditions antérieures portaient : *Il ne faut pas seulement qu'il die sa leçon, mais qu'il la face.*

11. « Qui fait de sa science non un sujet d'oſtentation, mais la règle de sa vie, et qui sait s'obéir à soi-même, se soumettre à ses propres principes. » Cicéron, *Tusculanes*, II, iv.

P. 168.

1. Cité par Plutarque, *Dicts des Lacedæmoniens*.

2. Joachim du Bellay, dans la *Défense et illuſtration de la langue française*, I, 3, émet les mêmes plaintes sur le temps perdu dans les exercices scolaires : « A grand peine avez-vous produit leurs mots, et voilà le meilleur de votre âge passé. » Il avait lu, comme Montaigne, Sénèque, *Lettres*, LXXXVIII.

3. Entre Blois et Orléans, sur la rive gauche de la Loire, et à quatre petites lieues d'Orléans.

4. Deux professeurs de la Faculté des Arts.

5. Il s'agirait de François III, comte de Roncy, prince de Marsillac, assassiné à Paris le 24 août 1572, veille de la Saint-Barthélemy.

P. 169.

1. Le parler de Bergame, en Italie, était tenu alors comme un patois des plus ridicules, au dire du moins de Caſtiglione, *le Courtisan*, I, 30.

2. « Si l'on tient son sujet, les mots suivront sans faute. » Horace, *Art poétique*, 311.

3. « Quand les choses ont saisi l'esprit, les mots se présentent d'eux-mêmes. » Sénèque, *Controverses*, III, *Prœmium*.

4. « Les choses entraînent les mots. » Cicéron, *De finibus*, III, v.

5. Le pont du Petit Châtelet à Paris, l'un des trois premiers ponts conſtruits dans la capitale et où se tenait le marché aux poissons et aux volailles. Villon, dans sa *Ballade des femmes de Paris,* avait chanté « le bon bec » de ses « harengières ».

6. C'eſt un grade qui donnait licence d'enseigner.

7. Allusion au grand nombre d'ouvrages de l'époque, comportant une préface « au candide lecteur », *candido lectori* c'eſt-à-dire au lecteur équitable et sans parti pris.

8. Dans le *Dialogue des Orateurs*, XIX, Tacite parle d'Aper et non d'Afer.

9. Le trait eſt tiré de Plutarque, *Dicts des Lacedæmoniens*, VII.

10. D'après Plutarque, *Inſtruction pour ceux qui manient affaires d'Eſtat*, IV.

11. D'après Plutarque, *Vie de Caton d'Utique*, VI. — Il s'agit du *Pro Murena*, où Cicéron, alors consul, raille l'intransigeance du ſtoïcisme de Caton.

P. 170.

1. « Son goût est délicat, mais ses vers raboteux. » Horace, *Satires,* I, iv, 8.

2. Otez rythme et mesure et changez les mots d'ordre,
Ce qui vient en premier, mettez-le le dernier ;
Les membres dispersés du poète sont là.

Horace, Satires, I, x, 58-63.

Montaigne a supprimé du texte d'Horace un exemple tiré d'*Ennius.*

3. D'après Plutarque, *Si les Athéniens ont été plus excellents en armes qu'en lettres.* — La même réponse a été prêtée à Racine.

4. Le texte des éditions antérieures portait : ... *compte les mots, les pieds et les césures, qui sont à la vérité de fort peu au pris du reste. Et qu'il en soit ainsi* depuis que...

5. Sur Ronsard et du Bellay, voir l'essai *De la présomption* (II, xvii).

6. « Plus de bruit que de valeur. » Sénèque, *Lettres,* XL.

7. Voir Éstienne Pasquier, *Recherches de la France,* VII, 7.

8. Ronsard.

9. Joachim du Bellay.

10. Sophisme cité par Noël du Fail, *Œuvres,* II, 20.

11. Aristippe de Cyrène (vᵉ siècle av. J.-C.), fondateur de l'école cyrénaïque qui ne s'attachait qu'à la morale.

12. Diogène Laërce, *Vie d'Aristippe,* II, 70.

13. Cf. sur Cléanthe, p. 144, n. 10.

14. Diogène Laërce, *Vie de Chrysippe,* VII, 182.

15. « Sophismes entortillés et subtils. » Cicéron, II, xxiv.

P. 171.

1. « Ou qui, au lieu d'adapter les mots au sujet, vont chercher hors du sujet des choses auxquelles les mots puissent convenir. » Quintilien, *Institut. Oratoire,* VIII, iii.

2. « Il en est qui, pour placer un mot qui leur plaît, s'engagent dans un sujet qu'ils n'avaient pas l'intention de traiter. » Sénèque, *Lettres,* LIX.

3. « Le seul bon style enfin est le style qui frappe. » Épitaphe de Lucain.

4. « *Eloquentia militari quare aut aequavit...* » lisait-on au xviᵉ siècle, dans les éditions de *la Vie de César,* par Suétone ; texte corrigé aujourd'hui en *eloquentia militarique re.*

5. « Le discours qui est au service de la vérité doit être simple et sans apprêt. » Sénèque, *Lettres,* XL.

6. « Qui parle avec étude, sinon celui qui veut parler avec affectation ? » Sénèque, *Lettres,* LXXV.

P. 172.

1. Montaigne, qui condamne le vocabulaire pédantesque de la Pléiade, devance ici Malherbe disant « que les crocheteurs du port-

au-foin étaient ses maîtres pour le langage » (*Vie de Malherbe,* par Racan) et Molière, s'exprimant dans *les Femmes savantes* par la bouche de Martine et du bonhomme Chrysale.

2. Aristophane de Byzance, grammairien alexandrin du IIe siècle av. J.-C., dont parle Diogène Laërce, *Vie d'Épicure,* VI, 13.

3. Dans *les Lois,* I.

4. Zénon de Citium, fondateur de l'école ſtoïcienne, IIIe siècle av. J.-C. D'après Stobée, XXXVI, 218.

5. « Philologues. »

6. « Amateurs de beau langage. »

7. Sur le père de Montaigne, cf. I, xxxv; II, ii et xii; III, ix et xiii.

P. 173.

1. Cet Allemand, nommé Horſtanus, fut ensuite professeur dans les classes terminales du collège de Guyenne.

2. Le français était banni de la plupart des collèges. Cf. Brunot, *Hiſtoire de la langue française,* III, p. 645.

3. Nicolas Grouchy (1510-1572) enseigna le grec et la philosophie au collège de Guyenne de 1534 à 1547, où il eut peut-être Montaigne pour élève. Auteur de *Praeceptiones dialecticae,* il enseigna plus tard au Portugal.

4. Guillaume Guérente, d'origine rouennaise, auteur de tragédies, collabora, semble-t-il, avec Grouchy à la traduction que celui-ci donna de la *Logique* d'Aristote.

5. George Buchanan, hiſtorien et poète de langue latine, né dans le comté de Dunbar en 1506, mort à Édimbourg en 1586, fut l'un des adverſaires les plus opiniâtres de Marie Stuart qui l'avait protégé et qu'il outragea après sa mort *(Detectio Mariae reginae).* Professeur au collège de Guyenne de 1539 à 1549 où il eut peut-être Montaigne pour élève, il devint pour quelques années, en 1554, le précepteur de Timoléon de Cossé-Brissac. Il eſt l'auteur de poésies et de tragédies latines *(Saint-Jean-Baptiſte, Jephté,* vers 1540) qui eurent une grande réputation de son temps, et le firent considérer comme l'un des reſtaurateurs de la tragédie classique. Son *Hiſtoire d'Écosse* parut l'année même de sa mort, à Édimbourg.

6. La mention *Marc-Antoine Muret,* a été ajoutée en 1582. Né à Muret, près de Limoges, en 1526, Muret, remarquable latiniſte, enseigna les humanités à Poitiers, à Bordeaux (au collège de Guyenne, en 1546, où il fit jouer un *Jules César* par ses élèves, quand Montaigne avait quitté le collège); puis à Paris, à Toulouse et dans diverses villes d'Italie, où il avait dû se réfugier après certains scandales de sa vie privée : il aimait un peu trop ses élèves. Il mourut à Rome, où il était « orateur » de la France près du Saint-Siège en 1685. Il a laissé en latin des *Lettres,* des *Poésies,* des *Discours,* des *Commentaires* sur divers auteurs; et, en français, un commentaire curieux des poésies de Ronsard.

7. **Charles de Cossé,** comte de Brissac, maréchal de France

(1505-1563) qui s'illustra en 1552 par la conquête du Piémont.

8. Timoléon de Cossé-Brissac (cf. note 5), qui eut Buchanan comme précepteur, et fut tué, vaillant capitaine, au siège de Mussidan, près du château de Montaigne (1543-1569).

P. 174.

1. L'édition de 1580 portait : *Elle avoit un joueur d'espinette pour cet effect.*

2. Le père de Montaigne, revenu en 1528 des guerres d'Italie, en avait rapporté le goût des lettres.

3. Le collège de Guyenne, fondé en 1533, organisé par Gouvéa, principal réputé, avait des maîtres indulgents et savants.

P. 175.

1. Malgré le pluriel latin, on mettait au singulier au XVIᵉ siècle le titre de l'ouvrage d'Ovide. — Montaigne changea d'avis plus tard : « Je dirai encore ceci, écrit-il dans son Essai sur *les Livres* (II, x), que cette vieille âme pesante ne se laisse plus chatouiller non seulement à l'Arioste, mais encore au bon Ovide : sa facilité et ses inventions qui m'ont ravi autrefois, à peine m'entretiennent-elles à cette heure. »

2. *Lancelot du Lac* est un roman (en prose) du cycle breton du Graal (XIIᵉ siècle), qui avait été réimprimé sept fois de 1488 à 1591.

3. *Amadis des Gaules* est un roman portugais du XIVᵉ siècle, dont l'auteur imitait nos romans de la Table Ronde et qui connut un succès incroyable. Traduit en espagnol, il avait été traduit d'espagnol en français, sur l'invitation de François Iᵉʳ, par Herberay des Essarts (1540-1548) et était devenu l'un des « bréviaires » de la Cour, notamment de Diane de Poitiers et d'Henri II.

4. *Huon de Bordeaux* est une chanson de geste du XIIᵉ siècle, qui fut l'objet, au XVIᵉ siècle, de plusieurs adaptations en prose.

5. Montaigne est encore plus sévère pour la littérature romanesque du Moyen Age que Joachim du Bellay, qui traitait ce fatras d'« episseries » dans sa *Défense et Illustration de la langue française* (II, chap. v).

6. Montaigne dit ailleurs (*Essais*, II, x, p. 389) : « Telles sortes d'écrits... n'ont pas eu le crédit d'arrêter seulement mon enfance. »

P. 176.

1. Ces deux paragraphes (depuis *Je sens...*) marquent une aigreur manifeste : Montaigne y répond-il aux critiques qu'avait fait naître son rôle comme maire de Bordeaux ? On peut le croire. — La phrase qui commence par *En m'y condamnant...* et se termine par *nul qui soit,* est assez diversement comprise. Selon Jeanroy, il faut entendre : « Les services que je rends spontanément devraient être d'autant plus appréciés que mon caractère ne me porte même pas à faire le bien passivement. » Selon Radouant : « Ce que je donnerais spontanément devrait avoir d'autant plus de prix que rien ne peut m'amener à

donner contraint et forcé. » Il semble qu'on doive entendre plutôt avec Michaut : « Quand je rends un service, c'est par un acte de volonté agissante; cela devrait être d'autant plus apprécié que... Je ne fais jamais abandon de mes droits ou créances. »

2. « A peine avais-je atteint ma douzième année. » Virgile, *Bucoliques*, VIII, 39.

3. Sur ces trois personnages, cf. notes 4, 5, 6 (p. 173). On ignore le titre des tragédies de Guérente.

4. André de Govéa, né à Béja, dans le Portugal, avait quitté le collège de Guyenne pour l'Université de Coimbre, où le suivirent Buchanan et Grouchy.

5. « Il [Andranédore conspirant contre Rome] découvre son projet à l'acteur tragique Ariston. C'était un homme honorable par sa naissance et par sa fortune; et son métier ne lui faisait aucun tort, car ce métier n'a rien de honteux chez les Grecs. » Tite-Live, XXIV, xxiv.

P. 177.

1. Voltaire (préface à *l'Écossaise*), Rousseau *(Lettre à d'Alembert sur les spectacles)* se sont rappelé cette apologie du théâtre, le premier pour l'appliquer à ses tragédies, le second aux fêtes civiques et aux bals populaires.

CHAPITRE XXVII

2. « Comme le poids qu'on y pose fait nécessairement pencher le plateau de la balance, ainsi l'évidence entraîne l'esprit. » Cicéron, *Académiques,* II, xii.

P. 178.

1. Songes, envoûtements, prodiges, sorcières,
    Fantômes de la nuit, merveilles thessaliennes !
    Horace, *Épîtres* II, ii, 208-209.

2. Et personne aujourd'hui, rassasié de voir,
    N'admire sur son front ces temples de lumière.
    Lucrèce, II, 1037-1038.

3. S'ils se manifestaient en ce jour aux mortels,
    Si leur être d'un coup jaillissait devant nous,
    On ne connaîtrait rien qui fût plus merveilleux,
    Ni rien de moins conforme à ce qu'on pourrait croire.
    Lucrèce, II, 1032-1035.

P. 179.

1. Et c'est ainsi qu'un fleuve a beau n'être pas grand,
    Il semble immense à qui n'en a vu de plus grand.
    De même un arbre, un homme. En tout et en tout genre,
    Ce qu'on voit de plus grand, on le tient pour immense.
    Lucrèce, VI, 674-677.

2. « Par l'accoutumance des yeux nos esprits se familiarisent avec les choses ; ils ne s'étonnent plus de ce qu'ils voient toujours et n'en recherchent pas les causes. » Cicéron, *De natura deorum*, II, XXXVIII.

3. Les éditions antérieures portent ici : ... *puissance de Dieu.*

4. Sentence attribuée à Chilon par Diogène Laërce, *Vie de Thalès,* I, 41 ; Aristote, *Rhétorique,* II, 12 ; Pline, *Hist. nat.,* VII, 12, mais d'autres l'attribuent à Solon.

5. Cette défaite eut lieu en 1385. Froissart la rapporte dans ses *Chroniques,* liv. III, chap. XVII.

6. Cet autre exemple est emprunté à Nicolas Gilles, *Annales,* livre annoté par Montaigne, à la date de 1223.

7. Tiré de Plutarque, *Vie de Paul-Émile.*

P. 180.

1. Pline jouissait d'une grande autorité auprès des compilateurs. Cf. sur ce point, Messie, *Diverses leçons,* I, 26.

2. Dans les *Annales d'Aquitaine,* éd. de Poitiers de 1557, folios 21-30.

3. Tous ces miracles sont rapportés par saint Augustin dans *la Cité de Dieu,* XXII, VIII.

4. « Eux qui, même s'ils n'apportaient aucune raison, me vaincraient par leur seule autorité. » Cicéron, *Tusculanes,* I, XXI.

CHAPITRE XXVIII

P. 181.

1. « Un beau corps féminin qui finit en poisson. » Horace, *Art poétique,* 4.

P. 182.

1. La Boétie (1530-1563), magistrat, poète, humaniste, exerça sur Montaigne, de 1557 à sa mort, une particulière influence. Il légua en mourant à Montaigne sa « librairie » qui renfermait surtout des ouvrages stoïciens. Montaigne fit imprimer les œuvres de son ami, à l'exception du *Discours de la Servitude volontaire.*

2. Lorsqu'ils le publièrent en 1576, dans les *Mémoires sur l'Estat de France sous Charles IX.*

3. Les éditions antérieures ajoutaient ici : ... *n'ayant pas atteint le dix-huitiesme an de son aage.* Montaigne insiste-t-il sur la jeunesse de l'auteur pour atténuer la portée d'une œuvre dont l'intention politique était devenue suspecte ?

4. La première édition du *Contr'Un,* d'ailleurs tronquée, parut en 1575, dans le *Reveille-matin des François.*

5. Ce sont ces *Mémoires* que Paul Bonnefon a cru retrouver à la bibliothèque Méjanes d'Aix, et qu'il publia en 1917 dans la *Revue d'histoire littéraire de la France,* puis en volume, aux éd. Bossard.

6. Allusion à l'édit de tolérance de Charles IX, janvier 1562.

7. Cette promesse de publication n'a pas été tenue et l'ouvrage est considéré comme perdu.

8. Ce livret fut publié en 1572, à Paris, chez Frédéric Morel, par les soins de Montaigne. Il comprenait : « *La Mesnagerie de Xénophon. Les Règles de mariage de Plutarque. Lettre de consolation de Plutarque à sa femme. Le tout traduict du grec en françois par feu M. Estienne de la Boétie en sa court de Parlement à Bordeaux. Ensemble quelques vers latins et françois, de son invention. Item un Discours sur la mort dudit seigneur de la Boétie, par M. de Montaigne.* »

9. Dans la *Morale à Nicomaque*, VIII, 1.

P. 183.

1. D'après Diogène Laërce, *Vie d'Aristippe*, II, 81. — Au lieu d'Aristippus, on lisait *celuy qui* dans les éditions antérieures.

2. Dans *De l'amitié fraternelle*, IV.

P. 184.

1. « Connu pour mon amour de père envers mes frères. » Horace, *Odes*, II, 11, 6.

2. Car nous sommes connus aussi de la déesse
Qui mêle à ses soucis une douce amertume.

Catulle, Épigrammes, LXVII, 17-18.

3. Ainsi que le chasseur qui le lièvre poursuit,
Par le froid, par le chaud, dans le mont, dans le val,
Il n'en fait plus de cas lorsqu'il le voit captif
Et ne veut le gibier que quand le gibier fuit.

L'Arioste, Roland furieux, X, stance 7.

P. 185.

1. « Qu'est-ce en effet, que cet amour d'amitié ? Pourquoi n'aime-t-on ni un jeune homme laid ni un beau vieillard ? » Cicéron, *Tusculanes*, IV, xxxiv.

P. 186.

1. Tiré du *Banquet* de Platon, trad. Ficin (1541), p. 420.

2. « L'amour est une tentative pour obtenir l'amitié d'une personne qui nous attire par sa beauté. » Cicéron, *Tusculanes*, IV, xxxiv.

3. « On ne peut pleinement juger des amitiés que quand les caractères et les âges se sont formés et affermis. » Cicéron, *De amicitia*, XX.

P. 187.

1. Par Montaigne, dans le recueil des œuvres de La Boétie.

2. Lorsque Montaigne se lia avec La Boétie, il avait vingt-cinq ans, et lui vingt-huit.

3. D'après Cicéron, *De amicitia*, XI; Plutarque, *Vie de Tibère* ; et Valère Maxime, IV, 6.

Pense qu'un bon vainqueur, et nay pour estre grand,
Son nouveau prisonnier, quand un coup il se rend,
Il prise et l'ayme mieulx, s'il a bien combattu.

II

C'est Amour, c'est Amour, c'est luy seul, je le sens :
Mais le plus vif Amour, la poison la plus forte,
A qui oncq pauvre cœur ayt ouverte la porte.
Ce cruel n'a pas mis un de ses traicts perçants,

Mais arc, traicts et carquois, et luy tout dans mes sens.
Encor un mois n'a pas, que ma franchise est morte,
Que ce venin mortel dans mes veines je porte,
Et desjà j'ay perdu et le cœur et le sens.

Et quoy ! si cet amour à mesure croissoit.
Qui en si grand torment dedans moy se conçoit ?
O croistz, si tu peulx croistre, et amende en croissant.

Tu te nourris de pleurs, des pleurs je te promets,
Et pour te refreschir, des souspirs pour jamais :
Mais que le plus grand mal soit au moings en naissant.

III

C'est faict, mon cœur, quittons la liberté.
Dequoy meshuy serviroit la deffence,
Que d'agrandir et la peine et l'offence ?
Plus ne suis fort, ainsi que j'ay esté.

La raison feust un temps de mon costé :
Or, revoltee, elle veut que je pense
Qu'il fault servir, et prendre en recompence
Qu'oncq d'un tel nœud nul ne feust arresté.

S'il se fault rendre, alors il est saison,
Quand on n'a plus devers soy la raison.
Je veoy qu'Amour, sans que je le deserve,

Sans aulcun droict, se vient saisir de moy;
Et veoy qu'encor il fault à ce grand roy,
Quand il a tort, que la raison le serve.

IV

C'estoit alors, quand, les chaleurs passees,
Le sale Automne aux cuves va foulant
Le raisin gras dessoubs le pied coulant,
Que mes douleurs furent encommencees.

A force de parler : s'on m'en peult exempter
Je quitte les sonnets, je quitte le chanter;
Qui me deffend le deuil, celuy là me guerisse.

VII

Quant à chanter ton los parfois je m'adventure,
Sans oser ton grand nom dans mes vers exprimer,
Sondant le moins profond de cette large mer,
Je tremble de m'y perdre, et aux rives m'asseure.

Je crains, en louant mal, que je te face injure.
Mais le peuple, eſtonné d'ouïr tant t'eſtimer,
Ardant de te cognoiſtre, essaye à te nommer,
Et cherchant ton ſainct nom ainsi à l'adventure,

Esblouï n'attaint pas à veoir chose si claire;
Et ne te trouve point ce grossier populaire,
Qui, n'ayant qu'un moyen, ne veoit pas celuy-là :

C'eſt que, s'il peult trier, la comparaison faicte
Des parfaictes du monde, une la plus parfaicte,
Lors, s'il a voix, qu'il crie hardiment : La voylà.

VIII

Quand viendra ce jour là, que ton nom au vray passe
Par France, dans mes vers ? combien et quantesfois
S'en empresse mon cœur, s'en demangent mes doigts ?
Souvent dans mes escripts de soy mesme il prend place.

Maugré moy je t'escris, maugré moy je t'efface.
Quand Aſtree viendroit, et la foy, et le droict,
Alors joyeux, ton nom au monde se rendroit.
Ores, c'eſt à ce temps, que cacher il te face,

C'eſt à ce temps maling une grande vergoigne.
Donc, madame, tandis tu seras ma Dourdouigne.
Toutefois laisse moy, laisse moy ton nom mettre ;

Aye pité du temps : si au jour je te mets,
Si le temps ce cognoiſt, lors, je te le promets,
Lors il sera doré, s'il le doit jamais eſtre.

IX

O, entre tes beaultez, que ta conſtance eſt belle !
C'eſt ce cœur asseuré, ce courage conſtant,
C'eſt, parmy tes vertus, ce que l'on prise tant :
Aussi qu'eſt il plus beau qu'une amitié fidelle ?

Or, ne charge donc rien de ta sœur infidelle,
De Vesere ta sœur : elle va s'escartant
Tousjours flotant mal seure en son cours inconstant.
Veoy tu comme à leur gré les vents se jouënt d'elle ?

Et ne te repens point, pour droict de ton aisnage,
D'avoir desjà choisy la constance en partage.
Mesme race porta l'amitié souveraine

Des bons jumeaux, desquels l'un à l'aultre despart
Du ciel et de l'enfer la moitié de sa part;
Et l'amour diffamé de la trop belle Heleine.

X

Je veois bien, ma Dourdouigne, encor humble tu vas :
De te montrer Gasconne en France, tu as honte.
Si du ruisseau de Sorgue on fait ores grand conte,
Si a il bien esté quelquesfois aussi bas.

Veoys tu le petit Loir, comme il haste le pas ?
Comme desjà parmy les plus grands il se conte ?
Comme il marche haultain d'une course plus prompte
Tout à costé du Mince, et il ne s'en plainct pas ?

Un seul olivier d'Arne, enté au bord de Loire,
Le faict courir plus brave, et lui donne sa gloire.
Laisse, laisse moy faire, et un jour, ma Dourdouigne,

Si je devine bien, on te cognoistra mieulx;
Et Garonne, et le Rhone, et ces aultres grands dieux,
En auront quelque envie, et possible vergoigne.

XI

Toy qui oys mes souspirs, ne me sois rigoureux
Si mes larmes à part toutes miennes je verse,
Si mon amour ne suit en sa douleur diverse
Du Florentin transi les regrets languoreux;

Ny de Catulle aussi, le folastre amoureux,
Qui le cœur de sa dame en chatouillant luy perce,
Ny le sçavant amour du migregeois Properce ;
Ils n'ayment pas pour moy, je n'ayme pas pour eulx.

Qui pourra sur aultry ses douleurs limiter,
Celuy pourra d'aultruy les plainctes imiter :
Chascun sent son torment, et sçait ce qu'il endure;

Chascun parla d'amour ainsi qu'il l'entendit.
Je dis ce que mon cœur, ce que mon mal me dict.
Que celuy ayme peu, qui ayme à la mesure.

XII

Quoy ! qu'est ce ? ô vents ! o nuës ! ô l'orage !
A poinct nommé, quand d'elle m'approchant,
Les bois, les monts, les baisses vois tranchant,
Sur moy d'aguest vous poussez vostre rage.

Ores mon cœur s'embrase davantage.
Allez, allez faire peur au marchand,
Qui dans la mer les thresors va cherchant;
Ce n'est ainsi qu'on m'abbat le courage.

Quand j'oy les vents, leur tempeste, et leurs cris,
De leur malice en mon cœur je me ris.
Me pensent ils pour cela faire rendre ?

Face le ciel du pire, et l'air aussi :
Je veulx, je veulx, et le declaire ainsi,
S'il faut mourir, mourir comme Leandre.

XIII

Vous qui aymer encore ne sçavez,
Ores m'oyant parler de mon Leandre,
Ou jamais non, vous y debvez apprendre,
Si rien de bon dans le cœur vous avez.

Il oza bien, branlant ses bras lavez,
Armé d'amour, contre l'eau se deffendre,
Qui pour tribut la fille voulut prendre,
Ayant le frere et le mouton sauvez.

Un soir, vaincu par les flots rigoureux,
Veoyant desjà, ce vaillant amoureux,
Que l'eau maistresse à son plaisir le tourne.

Parlant aux flots, leur jecta cette voix :
Pardonnez moy maintenant que j'y veoys,
Et gardez moy la mort, quand je retourne.

XIV

O cœur leger ! ô courage mal seur !
Penses tu plus que souffrir je te puisse ?
O bonté creuze ! ô couverte malice,
Traistre beaulté, venimeuse doulceur !

Tu estois donc tousjours sœur de ta sœur ?
Et moy, trop simple, il falloit que j'en fisse
L'essay sur moy, et que tard j'entendisse
Ton parler double et tes chants de chasseur ?

Depuis le jour que j'ay prins à t'aymer,
J'eusse vaincu les vagues de la mer.
Qu'est ce meshuy que je pourrois attendre ?

Comment de toy pourrois je estre content ?
Qui apprendra ton cœur d'estre constant,
Puis que le mien ne le luy peult apprendre ?

XV

Ce n'est pas moy que l'on abuse ainsi :
Qu'à quelque enfant ces ruses on employe,
Qui n'a nul goust, qui n'entend rien qu'il oye.
Je sçay aymer, je sçay haïr aussi.

Contente toy de m'avoir jusqu'icy
Fermé les yeulx, il est temps que j'y voye ;
Et que, meshuy, las et honteux je soye
D'avoir mal mis mon temps et mon soucy.

Oserois tu, m'ayant ainsi traicté,
Parler à moy jamais de fermeté ?
Tu prends plaisir à ma douleur extreme ;

Tu me deffends de sentir mon torment ;
Et si veulx bien que je meure en t'aymant.
Si je ne sens, comment veulx tu que j'ayme ?

XVI

O l'ay je dict ? Hélas ! l'ay je songé ?
Ou si pour vray j'ay dict blaspheme telle ?
S'a fauce langue, il fault que l'honneur d'elle
De moy, par moy, dessus moy, soit vengé.

Mon cœur chez toy, ô ma dame, est logé :
Là, donne luy quelque geene nouvelle ;
Fais luy souffrir quelque peine cruelle ;
Fais, fais luy tout, fors luy donner congé.

Or seras tu (je le sçay) trop humaine,
Et ne pourras longuement veoir ma peine
Mais un tel faict, fault il qu'il se pardonne ?

A tout le moins hault je me desdiray
De mes sonnets, et me desmentiray :
Pour ces deux faulx, cinq cents vrays je t'en donne.

XVII

Si ma raison en moy s'est peu remettre,
Si recouvrer astheure je me puis,
Si j'ay du sens, si plus homme je suis,
Je t'en mercie, ô bien-heureuse lettre !

Qui m'eust (hélas !) qui m'eust sceu recognoistre,
Lors qu'enragé, vaincu de mes ennuys,
En blasphemant ma dame je poursuis ?
De loing, honteux, je te vis lors paroistre,

O sainct papier ! alors je me revins,
Et devers toy devotement je vins.
Je te donrois un autel pour ce faict,

Qu'on vist les traicts de cette main divine.
Mais de les veoir aulcun homme n'est digne;
Ny moy aussi, s'elle ne m'en eust faict.

XVIII

J'estois prest d'encourir pour jamais quelque blasme;
De cholere eschauffé mon courage brusloit,
Ma fole voix au gré de ma fureur bransloit,
Je despitois les dieux, et encores ma dame :

Lors qu'elle de loing jette un brevet dans ma flamme,
Je le sentis soubdain comme il me rabilloit,
Qu'aussi tost devant luy ma fureur s'en alloit,
Qu'il me rendoit, vainqueur, en sa place mon ame.

Entre vous, qui de moy ces merveilles oyez,
Que me dictes vous d'elle ? et, je vous pri', veoyez
S'ainsi comme je fais, adorer je la dois ?

Quels miracles en moy pensez vous qu'elle face
De son œil tout puissant, ou d'un ray de sa face,
Puis qu'en moy firent tant les traces de ses doigts ?

XIX

Je tremblois devant elle, et attendois, transy,
Pour venger mon forfaict, quelque juste sentence,
A moy mesme consent du poids de mon offence,
Lors qu'elle me dict : Va, je te prends à mercy.

Que mon loz desormais par tout soit esclaircy :
Employe là tes ans : et sans plus, meshuy pense
D'enrichir de mon nom, par tes vers nostre France;
Couvre de vers ta faulte, et paye moy ainsi.

Sus donc, ma plume, il fault, pour jouyr de ma peine,
Courir par sa grandeur d'une plus large veine.
Mais regarde à son œil, qu'il ne nous abandonne.

Sans ses yeulx, nos esprits se mourroient languissans
Ils nous donnent le cœur, ils nous donnent le sens.
Pour se payer de moy, il faut qu'elle me donne.

XX

O vous, maudits sonnets, vous qui printes l'audace
De toucher à ma dame ! ô malings et pervers,
Des Muses le reproche, et honte de mes vers !
Si je vous feis jamais, s'il fault que je me face

Ce tort de confesser vous tenir de ma race,
Lors pour vous les ruisseaux ne furent pas ouverts
D'Apollon le doré, des Muses aux yeulx verts;
Mais vous receut naissants Tisiphone en leur place.

Si j'ay oncq quelque part à la posterité,
Je veulx que l'un et l'aultre en soit desherité.
Et si au feu vengeur dez or je ne vous donne,

C'est pour vous diffamer : vivez, chetifs, vivez;
Vivez aux yeulx de tous, de tout honneur privez;
Car c'est pour vous punir, qu'ores je vous pardonne.

XXI

N'ayez plus, mes amis, n'ayez plus cette envie
Que je cesse d'aymer; laissez moy, obstiné,
Vivre et mourir ainsi, puis qu'il est ordonné :
Mon amour, c'est le fil auquel se tient ma vie.

Ainsi me dict la Fee; ainsi en Œagrie
Elle feit Meleagre à l'amour destiné,
Et alluma sa souche à l'heure qu'il feust né,
Et dict : Toy, et ce feu, tenez vous compaignie.

Elle le dict ainsi, et la fin ordonnee
Suyvit aprez le fil de cette destinee.
La souche (ce dict lon) au feu feut consommee;

Et dez lors (grand miracle !), en un mesme moment,
On veid, tout à un coup, du miserable amant
La vie et le tison s'en aller en fumée.

XXII

Quand tes yeulx conquerants eſtonné je regarde,
J'y veoy dedans à clair tout mon espoir escript,
J'y veoy dedans Amour luy mesme qui me rit,
Et m'y montre mignard le bon heur qu'il me garde.

Mais quand de te parler par fois je me hazarde,
C'eſt lorsque mon espoir desseiché se tarit;
Et d'advouer jamais ton œil, qui me nourrit,
D'un seul mot de faveur, cruelle, tu n'as garde.

Si tes yeulx sont pour moi, or veoy ce que je dis :
Ce sont ceux là, sans plus, à qui je me rendis.
Mon Dieu ! quelle querelle en toy mesme se dresse,

Si ta bouche et tes yeulx se veulent desmentir !
Mieulx vault, mon doux torment, mieulx vault les despartir.
Et que je prenne au mot de tes yeulx la promesse.

XXIII

Ce sont tes yeulx tranchants qui me font le courage.
Je veoy saulter dedans la gaye liberté,
Et mon petit archer, qui mene à son coſté
La belle Gaillardise et le Plaisir volage.

Mais aprez, la rigueur de ton triſte langage
Me montre dans ton cœur la fiere Honneſteté
Et condemné, je veoy la dure Chaſteté
Là gravement assise, et la Vertu sauvage.

Ainsi mon temps divers par ces vagues se passe;
Ores son œil m'appelle, or sa bouche me chasse.
Hélas ! en cet eſtrif, combien ay je enduré !

Et puis, qu'on pense avoir d'amour quelque asseurance,
Sans cesse nuiſt et jour à la servir je pense.
Ny encor de mon mal ne puis eſtre asseuré.

XXIV

Or, dis je bien, mon esperance eſt morte.
Or eſt ce faiſt de mon ayse et mon bien.
Mon mal eſt clair : maintenant je veoy bien,
J'ay espousé la douleur que je porte.

Tout me court sus, rien ne me reconforte,
Tout m'abandonne, et d'elle je n'ay rien,
Sinon tousjours quelque nouveau souſtien,
Qui rend ma peine et ma douleur plus forte.

Ce que j'attends, c'eſt un jour d'obtenir
Quelques souspirs des gents de l'advenir :
Quelqu'un dira dessus moy par pitié :

Sa dame et luy nasquirent deſtinez,
Egalement de mourir obſtinez,
L'un en rigueur, et l'aultre en amitié.

XXV

J'ai tant vescu chetif, en ma langueur,
Qu'or j'ay veu rompre, et suis encor en vie.
Mon esperance avant mes yeulx ravie,
Contre l'escueil de sa fiere rigueur.

Que m'a servy de tant d'ans la longueur !
Elle n'eſt pas de ma peine assouvie :
Elle s'en rit, et n'a point d'aultre envie
Que de tenir mon mal en sa vigueur.

Doncques j'auray, mal'heureux en aymant,
Tousjours un cœur, tousjours nouveau torment,
Je me sens bien que j'en suis hors d'haleine,

Preſt à laisser la vie soubs le faix :
Qu'y feroit on, sinon ce que je fais ?
Piqué du mal, je m'obſtine en ma peine.

XXVI

Puis qu'ainsi sont mes dures deſtinees,
J'en saouleray, si je puis, mon soucy.
Si j'ay du mal, elle le veut aussi :
J'accompliray mes peines ordonnees.

Nymphes des bois, qui avez, eſtonnees,
De mes douleurs, je croy, quelque mercy,
Qu'en pensez vous ? puis je durer ainsi,
Si à mes maux trefves ne sont donnees ?

Or, si quelqu'une à m'escouter s'encline,
Oyez, pour Dieu, ce qu'ores je devine :
Le jour eſt prez que mes forces jà vaines

Ne pourront plus fournir à mon torment.
C'eſt mon espoir : si je meurs en aymant,
A donc, je croy, failliray je à mes peines.

XXVII

Lors que lasse eſt de me lasser ma peine,
Amour, d'un bien mon mal refreschissant,
Flate au cœur mort ma playe languissant,
Nourrit mon mal, et luy faiɾ prendre haleine.

Lors je conceoy quelque esperance vaine :
Mais aussi toſt ce dur tyran, s'il sent
Que mon espoir se renforce en croissant,
Pour l'eſtouffer, cent torments il m'ameine.

Encor tout frez : lors je me veois blasmant
D'avoir eſté rebelle, à mon torment.
Vive le mal, ô dieux, qui me dévore !

Vive à son gré mon torment rigoureux !
O bien-heureux, et bien-heureux encore,
Qui sans relasche eſt tousjours mal'heureux !

XXVIII

Si contre amour je n'ay aultre deffence,
Je m'en plaindray, mes vers le mauldiront,
Et aprez moy les roches rediront
Le tort qu'il faiɾ à ma dure conſtance.

Puis que de luy j'endure cette offence,
Au moings tout hault mes rhythmes le diront
Et nos nepveux, alors qu'ils me liront,
En l'oultrageant, m'en feront la vengeance.

Ayant perdu tout l'ayse que j'avois,
Ce sera peu que de perdre ma voix.
S'on sçait l'aigreur de mon triſte soucy,

Et feuſt celuy qui m'a faiɾ cette playe,
Il en aura, pour si dur cœur qu'il aye,
Quelque pitié, mais non pas de mercy.

XXIX

Jà reluisoit la benoiſte journee
Que la nature au monde te debvoit,
Quand des thresors qu'elle te reservoit
Sa grande clef te feuſt abandonnee.

Tu prins la grace à toy seule ordonnee ;
Tu pïllas tant de beaultez qu'elle avoit :
Tant, qu'elle, fière, alors qu'elle te veoit,
En eʃt par fois elle mesme eʃtonnee.

Ta main de prendre enfin se contenta :
Mais la nature encor te presenta,
Pour t'enrichir, cette terre où nous sommes,

Tu n'en prins rien ; mais en toy tu t'en ris,
Te sentant bien en avoir assez pris
Pour eʃtre icy royne du cœur des hommes.

CHAPITRE XXX

P. 195.

1. Appelons fou le sage, injuʃte l'homme juʃte,
Si plus fort qu'il ne sied ils vont à la vertu.
                              Horace, *Épîtres,* I, vi, 15-16.

2. Saint Paul, *Épître aux Romains,* XII, 3. Montaigne avait fait inscrire cette maxime sur une travée de sa librairie. Cf. p. 1422, sent. 25.

3. Henri III, qui s'était affilié à une confrérie de flagellants, ce qui fit dire plaisamment au pape Sixte V, parlant à notre ambassadeur auprès du Saint-Siège le cardinal de Joyeuse : « Il n'eʃt rien que votre roi n'ait fait et ne fasse pour être moine, ni que je n'aie fait, moi, pour ne l'être pas ! »

4. Exemple tiré de Diodore de Sicile, XI, 45.

5. Exemple tiré de Diodore de Sicile, XII, 19. Le trait eʃt aussi dans Valère Maxime, II, vii, 6.

6. Dans le *Gorgias,* p. 353 de l'édition de 1546.

P. 196.

1. Dans *la Somme (Secunda Secundae,* queʃt. 154, art. 9).

2. Les éditions antérieures portaient ici : *Car il y a grand danger qu'ils ne se perdent en ce desbordement.*

P. 197.

1. On lit dans les éditions antérieures : *Cela tiens je pour certain qu'il eʃt beaucoup plus sainʃt de s'en abʃtenir.*

2. Dans *les Lois,* VIII.

3. Il s'agit des Indiens de Darien. Montaigne a cueilli cet usage dans l'*Hiʃtoire générale des Indes* de Lopez de Gomara, trad. Fumée, III, 18.

4. D'après Poʃtel, *Hiʃtoire des Turkes* (éd. de 1775) pp. 90 et 120.

5. Exemple célèbre tiré de Trebellius Pollion, XXX, et cité par de nombreux compilateurs du xvie siècle : Sabellicus, Fulgose, Ravisius Textor, etc. et aussi par Guevara, dans ses *Épîtres dorées.*

6. Dans *la République,* III, 390. Platon emprunte lui-même le trait à Homère, *Iliade,* XIV, v, 294.

7. D'après les *Préceptes de mariage* de Plutarque, opuscule que Montaigne a pu lire soit dans la traduction d'Amyot, soit dans celle de La Boétie.

8. Plutarque, *Instruction à ceux qui manient affaires d'Estat*, IX.

9. Cicéron, *De officiis*, I, 40.

P. 198.

1. Spartien, *Vie de Verus*, V. Le trait est rapporté par maints compilateurs du XVIe siècle, entre autres, par Guevara, au début de son *Horloge des Princes*.

2. Eusèbe, *Hist. eccl.*, IV.

3. « Nous augmentons par l'art le mal de notre sort. » Properce, II, VII, 32.

4. Tacite, *Annales*, VI, 3.

P. 199.

1. Chalcondyle, trad. Vigenère, VII, 4.

2. Gomara, *Histoire générale des Indes*, II, VII.

P. 200.

1. Gomara, *Istoria di don Fernando Cortes*, trad. italienne de Cravalix (Venise, 1576), folios 66, 85, 66 et 73.

CHAPITRE XXXI

2. Anecdote tirée de Plutarque, *Vie de Pyrrhus*, VIII.

3. Autre anecdote empruntée à Plutarque, *Vie de Flaminius*, III.

4. Tiré de Tite-Live, *Histoire romaine*, XXXI, XXXIV.

5. Le Brésil, où Villegagnon débarqua en 1557 avec d'autres protestants et tenta de s'établir. Les compagnons de Villegagnon publièrent plusieurs récits de leurs aventures, entre autres : André Thevet, *les Singularités de la France antarctique* (1563) et Jean de Léry, *Histoire d'un voyage fait en la terre du Brésil, dite Amérique* (1578).

6. Les éditions antérieures ajoutaient : *...comme on dict ; et le dict-on des ceux auxquels l'appétit et la faim font désirer plus de viande qu'ils n'en peuvent empocher.*

7. Dans le *Timée*, XXII, XXV. Benzoni, que suit ici Montaigne, avait aussi rapproché l'Amérique de l'Atlantide de Platon (*Histoire naturelle du nouveau monde*, trad. Chauveton, 1579). De même Gomara et Thevet.

P. 201.

1. Un vaste éboulement a disloqué, dit-on,
   Ces terres qui jadis n'en faisaient qu'une seule.
                                        Virgile, *Énéide*, III, 414-415.

2. La Béotie.

3. Et ce marais, longtemps stérile et bon aux rames,
   Nourrit maintes cités et supporte un lourd soc.
                                        Horace, *Art poétique*, 65-66.

4. Le géographe Wegener soutient que les continents flottent et se déplacent lentement.

P. 202.

1. Arsac est à cinq lieues de Bordeaux (aujourd'hui dans le canton de Castelnau-de-Médoc). La fixation des dunes, les plantations de pins arrêtèrent l'ensablement. Le sieur d'Arsac (et de Beauregard) n'est autre que Thomas de Montaigne, né en 1584.

2. Montaigne suit toujours Benzoni, qui invoque l'autorité d'Aristote.

P. 204.

1. Le lierre vient mieux quand il vient de lui-même,
L'arbouse croît plus belle aux antres solitaires
Et les oiseaux sans art n'en ont qu'un chant plus doux.
                                        Properce, II, 10-12.

2. Dans *les Lois,* livre X.

3. « Des hommes frais sortis des mains des dieux. » Sénèque, *Lettres,* XC.

4. « La nature d'abord leur imposa ces lois. » Virgile, *Géorgiques,* II, 20. Cité par Pascal, *Pensées,* n° 363 (éd. Brunschvicg).

P. 205.

1. Osorio, décrivant les mœurs des sauvages, dit qu'« ils ne sèment pas de blé, mais font leur pain de la racine d'une herbe grande comme le pourpié... » (II, xv, trad. Goulard).

P. 206.

1. Hérodote, IV, lxix.

P. 208.

1. Dans les *Commentaires* de Monluc, par exemple, à la date du 15 novembre 1561.

2. D'après Diogène Laërce, *Vie de Chrysippe,* VII, 188.

3. Au dire du moins de César, dans le *De bello gallico,* VII, chap. 57 et 58 (Discours de Critognat aux assiégés d'Alésia).

4. On dit que les Gascons par de tels aliments
Ont prolongé leur vie.
                                        Juvénal, XV, 93 et 94.

P. 209.

1. Les éditions antérieures ajoutaient ici : ... *et leur fournissent de toutes les commoditez de quoy ils se peuvent adviser.*

2. Cette description des mœurs des Cannibales est tirée d'Osorio (*Histoire du Portugal*) et de Jean de Léry (*Histoire d'un voyage fait en la terre du Brésil, dite Amérique* (1578).

3. Citation de Claudien (*De sexto consulatu Honorii,* 248-249), trouvée par Montaigne dans *les Politiques* de Juste Lipse, V, xvii :
    ... La victoire n'existe
    Que lorsque l'ennemi vaincu la reconnaît.

4. Exemple tiré de Chalcondyle, *Histoire de la décadence de l'empire grec,* trad. Vigenère, V, 9.

P. 210.

1. « S'il est tombé, il combat à genoux. » Sénèque, *De providentia,* II.

2. Salluste (*Catilina,* LX) peignait Catilina mort « retenant encore sur son visage la férocité d'âme qu'il avait eue vivant ».

3. La victoire sur mer de Salamine, celles sur terre, de Platées et de Mycale (480-479 av. J.-C.) furent d'éclatants succès des Grecs sur les Perses. La victoire de Sicile (413 av. J.-C.) fut remportée par Sparte sur Athènes, dont une armée tenait Syracuse assiégée.

4. C'est Diodore de Sicile (XV, 16) qui compare la bataille d'Ischolas dans une gorge du Péloponnèse à celle de Léonidas au défilé des Thermopyles.

P. 211.

1. Thevet, dans ses *Singularités de la France antarctique,* chap. XI, (1558) rapporte une chanson analogue.

2. Exemples tirés de saint Augustin, *Cité de Dieu,* XVI, chap. 15 et 38. Sarah, la stérile épouse d'Abraham, lui offrit sa servante Agar. Lia et Rachel, épouses de Jacob, lui donnèrent leurs servantes, Zilpa et Dilha, pour qu'il en eût des enfants.

3. D'après Suétone, *Vie d'Auguste,* LXXI. Le même trait est d'ailleurs rapporté par Bouchet, *Serées,* éd. de 1585, p. 183.

P. 212.

1. Plutarque, *Des vertueux faicts des femmes,* trad. Amyot, I.

2. Les œuvres d'Anacréon et du pseudo-Anacréon avaient été éditées par Estienne.

3. Cette ambassade eut lieu en 1562.

CHAPITRE XXXII

P. 213.

1. Dans le *Critias,* trad. Ficin, éd. de 1477, p. 736.

P. 214.

1. « Tous les gens de cette espèce. » Horace, *Satires,* I, II, 2.

2. D'après Lopez de Gomara, *Histoire générale des Indes,* III, 22.

3. La Roche-Abeille est un village du Limousin, à proximité de Saint-Yrieix, où les protestants de Coligny battirent par surprise les catholiques du duc d'Anjou, le 23 juin 1569.

4. Éclatantes victoires des catholiques du duc d'Anjou sur les protestants : à Jarnac, près de Cognac, le 13 mars 1569 ; à Moncontour, près de Loudun, le 30 octobre de la même année.

5. Il s'agit de la fameuse victoire remportée sur les Turcs par don Juan d'Autriche qui commandait les flottes réunies de l'Espagne, du

pape et de Venise (5 octobre 1571) et qui sauva l'Europe occidentale de l'invasion.

P. 215.

1. Tiré de Jean Bouchet, *Annales d'Aquitaine,* éd. de 1557, folios 14 et 19 verso.

2. Tiré de Lampride, *Vie d'Héliogabale,* XVII.

3. Mort étrange, qui figure comme la précédente, dans l'*Officina* de Ravisius Textor.

4. Dans *la Cité de Dieu,* I, VIII.

5. « Qui d'entre les hommes peut savoir les desseins de Dieu ? ou qui pourrait imaginer ce que veut le Seigneur ? » *Sagesse,* IX, 13.

CHAPITRE XXXIII

6. Ou vivre sans chagrin ou mourir dans la joie.
Il est bien de mourir quand la vie est à charge.
Mieux vaut ne vivre pas que vivre malheureux.
Ces trois vers grecs se suivent dans le recueil de sentences publié par Crispin en 1569.

P. 216.

1. Ce passage est tiré de Sénèque, *Lettres,* XXII.

P. 217.

1. Cette histoire est empruntée à Jean Bouchet, *Annales d'Aquitaine,* éd. de 1557, folios 16 et 21 recto.

CHAPITRE XXXIV

2. Anecdote tirée de Guichardin, *Histoire d'Italie,* livre VI. Il s'agit de César Borgia.

P. 218.

1. Contrainte de quitter les bras d'un jeune époux
Avant qu'un autre hiver et puis un autre encore
Eussent en longues nuits rassasié leurs feux.

Catulle, LXVIII, 81-83.

2. Anecdote tirée des *Mémoires* des frères du Bellay, éd. de 1569, t. II, p. 64; et t. I, p. 337, de l'éd. Bourrilly. Dans ces *Mémoires* on appelle *Fouquerolles* le personnage nommé par Montaigne *Founquerelles.*

3. Cette coïncidence, relevée par un grand nombre de moralistes et d'historiens, figure dans les *Diverses leçons* de Pierre de Messie (I, 37); dans la *Vie de Mahomet* de Paul Jove; et dans Lavardin, *Histoire de Georges Castriot,* éd. de 1576, folio 331 recto.

4. Jean Bouchet, *Annales d'Aquitaine* (éd. de 1557, folio 36 recto).

5. Jean Bouchet, *Annales d'Aquitaine* (éd. de 1557, folio 69 recto).
6. *Mémoires* des frères du Bellay (éd. de 1569, folio 56 verso).
7. Pline, *Hist. nat.*, VII, 50.

P. 219.

1. Pline, *Hist. nat.*, XXXV, 10. — Protogène était un sculpteur qui florissait au temps d'Alexandre.
2. Froissart, I, x, 80.
3. Plutarque, *De la tranquillité d'esprit.*
4. Vers de Ménandre, traduit par Crispin dans son recueil de sentences grecques. Montaigne le traduit après l'avoir cité.
5. Anecdote empruntée à Plutarque, *Vie de Timoléon*, VII, et contée par Plethon, *Recueil des choses advenües depuis la journée de Mantinée* (trad. Saliat, 1575).

P. 220.

1. Appien, *Guerres civiles,* IV, trad. Claude de Seysset, p. 448, éd. de 1544.

CHAPITRE XXXV

2. Sur le père de Montaigne, voir les chapitres suivants des *Essais :* I, xxxv; II, 11; II, xii; III, ix; III, xiii.
3. On lit dans les éditions publiées du vivant de Montaigne : *... qu'ès commandemens qui luy estoyent tombez en mains il avoit desiré...*
4. Théophraste Renaudot se souvint-il de cette idée de Montaigne lorsqu'il fonda en 1631 la *Gazette de France* en y introduisant l'inventaire des adresses d'un bureau de rencontre?
5. Lilio Gregorio Giraldi (1479-1552), archéologue et poète de Ferrare, auteur d'une *Historia de diis gentium* que Montaigne possédait dans sa librairie. Il vécut pauvre et mourut dans le dénuement.
6. Sébastien Châteillon, né à Châtillon-les-Dombes en 1515 et mort à Bâle en 1563, auteur d'une traduction célèbre de la Bible, vécut pauvre et fut l'objet des persécutions de Calvin qui le fit chasser de Genève où il était régent.

P. 221.

1. Montaigne, sans tenir comme son père un journal, possédait un agenda, l'*Ephemeris Historica* de Beuther (1551), où il inscrivait à leurs dates les faits importants de sa vie ; en outre, il écrivit et dicta le journal de son *Voyage en Italie.*
2. Au château de Montaigne.

CHAPITRE XXXVI

3. *Ecclésiaste*, IX-2. C'est une des sentences que Montaigne avait fait inscrire dans sa librairie. Cf. p. 1420, sent. 4.

P. 222.

1. Et que, partant, tous presque ont sur le corps cuir, soie,
Abri d'une coquille ou d'un cal ou d'écorce.

Lucrèce, IV, 936-937.

2. L'édition de 1595 ajoute ; ... *et soubs bien plus rude ciel que le noſtre.*

3. Il s'agit sans doute de Florimond de Raemond, successeur de Montaigne au Parlement de Bordeaux, qui a écrit en marge d'un exemplaire des *Essais* conservé à Bordeaux : « Ce fut moi qui fis ceſte demande à ung jeune garsson que je trouvai ; la réponse qu'il me fit euſt eu bien meilleure grace en noſtre gascon disant : *Non soi tout care* [care signifiant visage, ancien français « chère »].

P. 223.

1. Tiré de Cicéron, *De Seneĉtute,* X, et trouvé sans doute par Montaigne chez Béroald, *Commentaire à Suétone, César,* LVIII.

2. Tiré d'Hérodien, III, 6.

3. D'après Hérodote, trad. Saliat, III, 12.

4. Plutarque, trad. Amyot, *Diĉts notables des Lacedæmoniens.*

5. D'après Suétone, *Vie de César,* LVIII. Le trait a d'ailleurs été pris très probablement par Montaigne dans Messie, *Diverses leçons,* I, 16.

6. Le trait eſt emprunté avec les vers qui suivent au *Commentaire* à Suétone, *César,* LVIII, par Béroald.

7. Lors, sur sa tête nue il reçut à torrents
La pluie et les cataraĉtes du ciel.

Silius Italicus, *les Puniques,* I, 250-251.

8. Aux Indes orientales.

9. Tiré de Balbi, *Viaggio dell'Indie Orientali,* éd. de 1590, folio 107 reĉto.

10. Dans *les Lois,* XII.

11. Étienne Bathory, élu roi de Pologne en 1574, après qu'Henri III eut quitté ce pays pour succéder en France à son frère Charles IX.

12. Cette phrase jusqu'à *au couvert* eſt une addition de 1582.

13. Cité par Pline, *Hiſt. nat.,* XXVII.

P. 224.

1. D'après les *Mémoires* des frères du Bellay, X, p. 317 (éd. de 1569), et IV, p. 193, de l'éd. Bourrilly.

2. Le vin garde au dehors la forme de la cruche.
Ce n'eſt plus un breuvage : on le boit en morceaux.

Ovide, *Triſtes,* III, x, 23.

3. Strabon, VII, 3, 18.

4. Tite-Live, XXI, LIV.

5. L'édition de 1595 ajoute : ... *et nous en pouvons aussi voir.*

6. Xénophon, *Anabase,* IV, 5 (trad. latine de Châteillion). Il s'agit de la retraite des Dix-Mille.

7. Diodore de Sicile, trad. Amyot, XVII, 18 ; et Quinte-Curce, VII, 3.

8. Gomara, *Hiſtoire générale des Indes,* II, 33.

CHAPITRE XXXVII

P. 225.

1. Les éditions antérieures à 1595 portent : Selon *moy, et de rapporter la condition des autres hommes à la mienne : je* crois aisément *d'autruy beaucoup de choses où mes forces ne peuvent atteindre. Ma faiblesse...*

2. Cet ordre religieux venait d'être créé (1574).

3. « Il en est qui ne louent que ce qu'ils se font fort de pouvoir imiter. » Cicéron, *Tusculanes,* II, 1.

4. La vertu n'est qu'un mot, le bois sacré du bois,
   Telle est bien leur pensée.

   Horace, *Épîtres,* I, VI, 31-32.

5. « Qu'ils devraient honorer, même s'ils ne le pouvaient comprendre. » Cicéron ; *Tusculanes,* V, 11.

P. 226.

1. Non de Potidée, mais de Platées, où les Grecs, commandés par le roi de Sparte Pausanias, écrasèrent l'armée perse et tuèrent son général en chef Mardonius (479 av. J.-C.). Le trait est tiré d'Hérodote, IX, LXX.

2. L'édition de 1595 ajoute : *... de leur nation.*

P. 227.

1. Dans le petit traité intitulé : *De la malignité d'Hérodote.*

P. 228.

1. La comparaison du poète et de l'anneau aimanté, chère à Ronsard et aux poètes de la Pléiade, est développée par Platon dans l'*Ion,* où Socrate démontre au rhapsode que la poésie n'est pas un effet de l'art, mais a sa source dans l'inspiration.

2. « Que Caton, tant qu'il vit, est plus grand que César. » Martial, VI, XXXII.

3. « Et Caton, invincible, ayant vaincu la mort. » Manilius, *Astronomiques,* IV, 87.

4. La cause du vainqueur est agréable aux Dieux,
   Mais celle des vaincus avait Caton pour elle.

   Lucain, *Pharsale,* I, 128.

5. La terre entière étant soumise.
   Sauf Caton à l'âme intraitable.
   Horace, *Odes,* II, 1, 23-24.

6. « Caton qui leur dicte des lois. » Virgile, *Énéide,* VIII, 670.

CHAPITRE XXXVIII

P. 229.

1. Exemple tiré de Plutarque, *Vie de Pyrrhus,* XVI.

2. Le vainqueur de Charles le Téméraire à Nancy (1477).

3. En 1364.

4. Et c'est ainsi que l'âme, et partout dans le monde
   Couvre ses passions d'apparence contraires,
   D'un visage tantôt joyeux et tantôt sombre.

           Pétrarque, *Sonnets,* LXXXI (LXXXII dans l'éd. de 1550).

5. Entre autres, Plutarque, *Vie de César,* XIII, et *Vie de Pompée,* XXI.

6. Il pensa sans péril pouvoir être beau-père.
   Les larmes qu'il versa, c'étaient larmes forcées,
   Et ses gémissements sortaient d'un cœur joyeux.

           Lucain, *Pharsale,* IX, 1037-1039.

7. « Les pleurs d'un héritier sont rires sous le masque. » Ou, comme traduit Mlle de Gournay : « Les pleurs d'un héritier sont des ris sous le masque. » Publius Syrus, cité par Aulu-Gelle, XVII, xv.

P. 230.

1. Vénus est-elle en haine aux jeunes mariées,
   Ou des parents joyeux leurs pleurs faux se jouent-ils
   Quand ils coulent au bord de la chambre et du lit ?
   Que m'assistent les dieux, leurs larmes ne sont vraies !

           Catulle, LXVI, 15-18.

2. L'édition de 1595 ajoute : ... *ny heure à peine en laquelle.*

P. 231.

1. Tacite, *Annales,* XIV, iv.

2. Montaigne se souvient ici d'un passage de *la Théologie naturelle* de Raymond Sebond (folio 24 verso de sa traduction).

3. Large source éthérée et feu torrentiel,
   Le soleil pousse au ciel un jour toujours nouveau,
   Et jette incessamment lumière sur lumière.

           Lucrèce, V, 282-284.

4. Hérodote, VII, 45.

5. En mouvement rapide il n'est rien qui surpasse
   Un dessein de l'esprit et début d'action.
   L'esprit donc est mobile et l'est plus que tout corps
   Placé sous nos regards et tombant sous nos sens.

           Lucrèce, III, 183-186.

6. Plutarque, *Vie de Timoléon,* trad. Salviat (1559), folio 179 recto.

CHAPITRE XXXIX

P. 232.

1. Diogène Laërce, *Vie de Bias,* I, lxxxvi.

2. *L'Ecclésiaste,* VII, 28.

3. Bien rares sont les bons ; en tout à peine autant
   Que de portes à Thèbe ou de bouches au Nil.

           Juvénal, XIII, 26-27.

4. Sénèque, *Lettres,* VII.

5. Diogène Laërce, *Vie de Bias,* I, lxxxvi.

P. 233.

1. Osorio, *Histoire du Portugal,* trad. Goulard, VIII, 9.

2. Sénèque, *Lettres,* XXVIII.

3. Diodore de Sicile, XII, 4.

4. Diogène Laërce, *Vie d'Anthisthène,* VI, 6.

5. C'est sagesse et raison qui dissipent nos peines,
Non les lieux d'où l'on voit un horizon marin.
Horace, *Épîtres,*I, 11, 25-26.

6. « Le chagrin monte en croupe et suit le cavalier. » Horace, *Odes,* III, 1, 40.

7. « Une flèche mortelle au flanc reste attachée. » Virgile, *Énéide,* IV, 73.

P. 234.

1. Sénèque, *Lettres,* XIV.

2. Sous d'autres soleils que va-t-on chercher ?
En quittant son pays, que fuit-on que soi-même?
Horace, *Odes,* II, XVI, 18-20.

3. Cette comparaison du *pal* est de 1582.

4. Je viens de rompre ainsi mes fers, me direz-vous.
Oui, tel le chien qui tire et brise enfin sa chaîne :
Dans sa fuite, il en traîne un long bout à son cou.
Perse, V, 158-160.

5. Si l'âme n'est point pure, à quels dangers l'on court !
Quels combats sans profit affrontons-nous sans cesse !
Et quels âcres désirs déchirent l'âme en feu !
Que de terreurs encore et combien de désastres
Traînent en nous l'orgueil, la luxure et notre ire !
Combien en font enfin le faste et la paresse !
Lucrèce, V, 44-49.

6. Ce vers d'Horace, *Épîtres,* I, XIV, 15, vient d'être traduit dans la ligne précédente par Montaigne.

P. 235.

1. Diogène Laërce, *Vie de Stilpon ;* Sénèque, *Lettres,* IX. Le trait est d'ailleurs cité par maints compilateurs du XVIᵉ siècle.

2. Diogène Laërce, *Vie d'Antisthène* VI, XI.

3. Saint Augustin, *Cité de Dieu,* I, X.

4. « Sois dans la solitude une foule à toi-même. » Tibulle, IV, XIII, 12.

5. Diogène Laërce, *Vie d'Antisthène,* VI, XI.

P. 236.

1. Et comment se peut-il qu'homme se mette en tête
D'aimer quelque objet plus que soi-même il ne s'aime?
Térence, *Adelphes,* I, 1, 38-39.

2. Thalès avait renoncé à la politique pour se consacrer à la « sagesse ».

3. Traduit de Sénèque, *Lettres,* XX.

P. 237.

1. « Il est rare, en effet, qu'on se respecte assez soi-même. » Quintilien, X, VII. Cité par Pascal, *Pensées*, n° 364 (éd. Brunschvicg).

2. *Anthologie* de Stobée, XLI.

3. Les éditions antérieures portent : ... *à ce précepte les unes.*

4. Comme Démocrite.

5. Comme Cratès.

P. 238.

1. Sans fortune je vante un petit avoir sûr,
   Et suis content de peu ; mais qu'un destin meilleur
   Me donne l'opulence, alors je dis bien haut
   Qu'il n'est d'heureux au monde et de sage que ceux
   Dont les revenus sont fondés en bonnes terres.

   Horace, *Épîtres*, I, XV, 42-46.

2. Diogène Laërce, *Vie d'Arcésilas*, IV, 38.

P. 239.

1. « Se soumettre les biens, non se soumettre aux biens. » adapte ici un vers d'Horace (*Épîtres*, I, I, 19) qui avait dit exactement : *Et mihi res, non me rebus submittere conor,* « Et je m'efforce de me soumettre les choses, non de me soumettre aux choses. »

2. Dans son *Catilina*, IV.

3. Traité cité par Cicéron, *De Senectute*, XVII, et tiré par lui des *Économiques*, IV, 20.

4. Démocrite au troupeau laisse manger ses blés,
   Tandis que son esprit vogue loin de son corps.

   Horace, *Épîtres*, I, XII, 12.

5. Pline le Jeune, *Lettres*, I, I, 3.

6. Il le dit dans l'*Orator*, XLIII.

7. Ton savoir n'est-il rien dès qu'il laisse ignorer
   Aux autres que tu sais ?

   Perse, I, 23-24.

P. 240.

1. Souvenir de Sénèque, *Lettres*, LI.

2. Vers de Properce (II, XXV, 38) que Montaigne a traduit avant de le citer.

P. 241.

1. Promenant mon silence en des bois salutaires,
   Cherchant ce dont s'occupe un sage et honnête homme.

   Properce, I, IV, 40-41.

2. L'édition de 1588 portait : ... *et les alonger de toute notre puissance :*
   Quamcunque Deus tibi fortunaverit horam,
   Grata sume manu, nec dulcia differ in annum.
   Quelle que soit cette heure à toi par Dieu donnée,
   Prends-la reconnaissant et n'ajourne tes joies. »

3. Cueillons la douce joie et vivons notre vie.

Tu ne seras un jour que cendre et ombre et fable.

Cette citation de Perse, V, 151-152, a remplacé celle de la note précédente.

4. « Vieux radoteur, vis-tu des oreilles des autres ? » Perse, I, 19.

5. Épicure.

6. Sénèque, dont tout le passage est d'ailleurs inspiré. *Lettres,* VII, xix.

P. 242.

1 « Garnissez-vous l'esprit d'images vertueuses. » Cicéron, *Tusculanes,* II, xxii.

2. Pline et Cicéron.

CHAPITRE XL

P. 243.

1. Il s'agit des parallèles faits dans l'Essai précédent entre Cicéron et Pline le Jeune, entre Épicure et Sénèque.

2. Les éditions publiées du vivant de Montaigne portent *nullement* au lieu de *peu.*

3. Cicéron s'adresse à Luccéius (*Lettres,* V, xii) et Pline à Tacite (*Lettres,* VII, xxxiii.).

4. Térence, dans la préface des *Adelphes,* laisse supposer que Scipion et Lélius ont collaboré avec lui, et Montaigne, dans l'Essai xiii du livre III, croit que « ces grands personnages » ont publié leurs comédies sous le nom de cet affranchi.

P. 244.

1. Dans les carrousels du temps, les cavaliers « jouaient » à enfiler et à enlever des bagues suspendues, tout en galopant.

2. Montaigne, s'appuyant sur Xénophon, *Économiques,* IV, 20, et sur Cicéron, *De Senectute,* XVII, a déjà cité ce goût de Cyrus dans l'Essai précédent.

3. Trait tiré de Plutarque, *Vie de Démosthène,* IV.

4. Qu'il commande, vainqueur de l'ennemi qui lutte,
   Mais clément lorsqu'il est à terre!

Horace, *Chant séculaire,* 51-52.

5. D'autres sauront plaider, mesurer au compas
   Les mouvements du ciel, nommer les astres d'or.
   Que sa science à lui soit de régir les peuples!

Virgile, *Énéide,* VI, 849-851.

6. Dans la *Vie de Périclès,* I.

7. D'après Plutarque, *Propos de table,* II, 4; *Dicts notables des anciens Roys ; Comment on pourra discerner le flatteur d'avec l'amy,* XXV.

P. 245.

1. D'après Plutarque, *De la fortune,* IX; *Dicts notables des anciens Roys,* XLVI.

2. D'après Plutarque, *Vie de Périclès*, Préambule.

3. « Ce n'est pas un ornement viril que l'arrangement symétrique [des mots]. » Sénèque, *Lettres*, CXV.

4. Épicure et Sénèque.

5. Tiré de Sénèque, *Lettres*, XXI.

P. 246.

1. Tiré de Plutarque, *Dicts notables des anciens Roys*.

2. Allusion à son « commerce » avec La Boétie.

3. Il nous reste de Montaigne sept lettres de ce genre; on verra plus loin (pp. 1347 sq.) qu'elles sont moins mal tournées qu'il ne dit.

P. 247.

1. C'est ce que semblent bien vérifier ses lettres au Béarnais et à Michel de l'Hospital.

2. Annibal Caro (1507-1566), traducteur de Virgile et auteur de *Lettres familières* publiées à Venise en 1572 et 1576, qui traitent de problèmes archéologiques et littéraires dans une forme facile et élégante.

P. 248.

1. Dans l'édition de 1588 Montaigne supprime ses titres que figuraient dans les éditions antérieures; il les supprime aussi dans la seconde édition de sa traduction de Sebond (1581). En 1580 il avait hésité : quelques exemplaires seulement portent *Michel de Montaigne*, et rien de plus; la plupart mentionnent : *Messire Michel, seigneur de Montaigne, chevalier de l'Ordre du Roy et gentilhomme ordinaire de sa Chambre*.

CHAPITRE XLI

2. La renommée, enchanteresse à la voix douce
   Des orgueilleux mortels et que l'on croit si belle,
   N'est qu'un écho, un songe et le songe d'une ombre,
   Lequel au moindre vent se disperse et s'efface.
                   Le Tasse, *Jérusalem délivrée,* chant XIV, stance 63.

3. « Parce qu'elle ne cesse de tenter même les âmes qui sont en progrès. » Saint Augustin, *Cité de Dieu*, V, 14.

4. Dans *les Tusculanes*, I, xv, et dans le *Pro Archia*, XI.

P. 249.

1. Plutarque, *Vie de Marius*, VIII.

2. Tiré des *Mémoires* des frères du Bellay, VI. La date exacte est 1536.

3. Plutarque, *Dicts notables des Lacedæmoniens*, trad. Amyot, folio 216 recto.

4. Froissart, *Chroniques*, I, cxxx. La bataille de Crécy, où des canons furent employés pour la première fois, eut lieu en 1346.

5. « Toujours, en effet, le dernier renfort semble avoir à lui seul accompli toute la besogne. » Tite-Live, XXVII, xlv.

P. 250.

1. Ces deux exemples sont tirés de Plutarque, *Instruction pour ceulx qui manient affaires d'Estat,* VII.

2. Exemples tirés de Du Tillet, *Recueil des roys de France,* édition de 1578. Voir aussi Papyre Masson, *Annales* de 1577, p. 301. La victoire de Bouvines fut remportée en 1214.

CHAPITRE XLII

3. Dans le petit traité *Que les bestes usent de la raison.*

4. Le texte de 1580 portait : ... internes; car *quant à la forme corporelle, il est bien évident que les espèces de bestes sont distinguées de bien plus apparentes différences que nous ne sommes les uns des autres.* A la vérité..

5. Les éditions antérieures à 1595 portent : ... *beste : c'est-à-dire que le plus excellent animal est plus approchant de l'homme de la plus basse marche, que n'est cet homme d'un autre homme grand et excellent.* Mais ...

6. « Ah ! comme un homme peut l'emporter sur un homme ! » Térence, *Eunuque,* II, iii, 1.

P. 251.

1. Tel on loue un cheval rapide pour les palmes
Que lui vaut sa victoire aux cris du cirque entier.
Juvénal, VIII, 57-59.

2. Des *longes* dont on usait pour son dressage, et des *sonettes* qu'on lui mettait aux pattes pour le retrouver : il s'agit, en effet, d'un faucon ou d'autres oiseaux de *volerie.*

3. L'usage est chez les rois d'examiner couverts
Les chevaux qu'on achète, afin que tête belle
Et pied mou le cheval ne tente l'acheteur
Par belle croupe et fine tête et col hardi.
Horace, *Satires,* I, ii, 86-89.

P. 252.

1. Sage et maître de lui,
Tel que la pauvreté, ni les fers ne l'effraient,
Courageux contre les passions et rebelle
Aux honneurs, renfermé tout entier, rond et lisse
En lui, globe qui roule et sans aspérités,
Hors des prises du sort se tient-il invaincu ?
Horace, *Satires,* II, vii, 83-88.

2. « Le sage est, par Pollux ! l'artisan de son sort. » Plaute, *Trinummus,* II, ii, 84.

3. Ne voyons-nous donc pas que Nature n'exige
Rien de plus de nous tous qu'un corps exempt de maux,
Une âme qui jouit doucement de son être
Et qui soit à l'abri des soucis et des craintes ?
Lucrèce, II, 16-19.

4. Les éditions antérieures portaient : ... la tourbe de nos hommes, *ignorante,* stupidement *endormie,* basse, servile, *pleine de fiebvre et de fraieur,* instable.

5. Tiré d'Hérodote, V, vii.

P. 253.

1. C'eſt que brillent sur lui d'énormes émeraudes
Dans leur monture d'or, et qu'il eſt revêtu
D'étoffes vert de mer par Vénus humeĉtées.

Lucrèce, IV, 1123-1125.

2. « Celui-là eſt heureux au-dedans de lui-même. — Celui-ci
ne possède qu'un bonheur de surface. » Sénèque, *Lettres,* CIX et
CXV.

3. Car ni trésors ni liĉteurs consulaires
Ne font s'enfuir ni tourments ni soucis
Volant autour des plafonds à panneaux.

Horace, *Odes,* II, XVI, 9-12.

4. Les craintes, les soucis fixés au cœur des hommes,
N'ont pas peur du fracas des armes ni des traits;
Ils vivent hardiment parmi les rois, les grands,
Et ne s'en laissent pas conter par l'or qui brille.

Lucrèce, II, 47-50.

5. Tes fièvres en crois-tu le feu tombé plus tôt
Si ton lit eſt de pourpre ou d'étoffe brodée,
Que s'il te faut coucher dans un drap plébéien?

Lucrèce, II, 34-36.

P. 254.

1. D'après Plutarque, *Vie d'Alexandre,* IX.

2. Le trait, qui eſt emprunté à Plutarque, *Diĉts notables des
anciens Roys,* figure aussi dans le *Quart Livre* de Rabelais, IX.

3. « Tu es Lymosin *pour tout potage* », lit-on aussi dans Rabelais,
Pantagruel, VI.

4. Que courent après lui les filles, que les roses
Fleurissent sous ses pas !

Perse, II, 38-39.

5. Cela vaut ce que vaut l'âme du possesseur,
S'il s'en sert bien, c'eſt bon; s'il s'en sert mal, mauvais.

Térence, *Héautontimorouménos,* I, III, 21-22.

6. Les éditions publiées du vivant de Montaigne ajoutaient
ici un septième vers : *Sincerum eſt nisi vas, quodcumque infundis accessit :*
Une maison, des biens, un tas de bronze ou d'or,
Ne sauront pas guérir, lorsque l'on eſt malade,
Ni les fièvres du corps ni les tourments de l'âme.
Il faut se bien porter pour jouir de ses biens.
A qui désire ou craint, que sera sa maison?
Tableaux pour chassieux, emplâtres pour podagres!
Si le vase n'eſt pur, ce qu'on y verse eſt nul.

Horace, *Épîtres,* I, II, 47-53.

7. Dans *les Lois,* II, p. 662.

8. « Tout gonflé d'argent et tout gonflé d'or. » Tibulle, I, II, 71.

P. 255.

1. Les éditions antérieures portaient ici : *n'adjoute rien.*

2. Avez-vous estomac, poumons et pieds solides,
   Les richesses des rois ne vous ajoutent rien.

> Horace, *Épîtres*, I, xii, 5-6.

3. Plutarque, trad. Amyot, *Si l'homme d'aage se doit mesler des affaires publiques*, XII.

4. Tant que tranquillement il vaut mieux obéir
   Que de vouloir régir l'État sous son empire.

> Lucrèce, V, 1126-1127.

5. Maxime rapportée par Amyot dans l'*Épître au Roy* publiée en tête de sa traduction des *Œuvres morales* de Plutarque.

6. Dans le traité intitulé *Hieron*.

7. L'amour repu dégoûte en son règne absolu,
   Comme l'excès d'un mets fatigue l'estomac.

> Ovide, *Amours*, II, xix, 25-26.

P. 256.

1. Changer de vie aux grands est souvent agréable :
   Table propre et toit pauvre et sans tapis ni pourpre
   Ont déridé leur front que les soucis accablent.

> Horace, *Odes*, III, xxix, 13-16.

Repris par Pascal, *Pensées*, nº 354 (éd. Brunschvicg).

2. Postel, *Hist. des Turkes*, I, p. 92 (éd. de 1575).

3. D'après Chalcondyle, *Décadence de l'empire grec*, trad. Vigenère, III, 13.

4. Platon, *Gorgias* (Pléiade I, p. 439).

5. Plutarque, trad. Amyot, *Instruction pour ceulx qui manient affaires d'Estat*.

6. Xénophon, *Hieron*, II.

P. 257.

1. C'est Brissac qui s'empara de Casal, dans le Montferrat, lors de la campagne d'Henri II contre Charles-Quint (1555).

2. On connaît la brillante défense de Sienne par l'héroïque Montluc, ami de Montaigne.

3. Dans le *De bello gallico*, VI, xxiii; mais il s'agit de Germains, non de Gaulois.

4. « Il est peu d'hommes qu'enchaîne la servitude; beaucoup plus grand nombre s'y enchaîne. »

P. 258.

1. Le plus grand bien que l'on trouve à régner
   Est que le peuple en souffrant vos caprices
   Est obligé de faire leur éloge.

> Sénèque, *Thyeste*, II, i, 205-207.

2. Tiré d'Ammien Marcellin, XXII, x.

P. 259.

1. Anecdote empruntée à Aurélius Victor par les compilateurs du xvie siècle.

2. Plutarque, trad. Amyot, *Banquet des Sept Sages*, XIII.

3. Plutarque, trad. Amyot, *Pyrrhus*, VII. Ces anecdotes sont rapportées aussi par Rabelais, *Gargantua*, XXXIII.

4. C'est qu'il connaissait mal les bornes qu'on doit mettre
   Au désir et jusqu'où le plaisir vrai peut croître.

Lucrèce, V, 1431-1432.

5. « Son caractère assigne à chacun son destin. » Cornélius Népos, *Atticus*, XI.

CHAPITRE XLIII

6. Les lois somptuaires, au nombre desquelles la fameuse loi Oppia qui interdit à Rome pendant la seconde guerre punique les étoffes de pourpre, les équipages et les bijoux d'or, furent reprises au temps des guerres d'Italie et des troubles. Henri III, pour intimider les délinquants, fit emprisonner en 1583 trente dames de Paris, coupables d'un excès de luxe vestimentaire.

P. 260.

1. Les éditions antérieures à 1595 portaient ici : homme *de peu*.
2. Diodore de Sicile, XII, v.

P. 261.

1. « Tout ce que font les princes, ils ont l'air de le prescrire. » Quintilien, *Declamationes*, III, cité par Juste Lipse, *Politiques*.

2. Les éditions antérieures à 1595 ajoutent : *Ces façons vitieuses naissent près d'eux.*

3. Jusqu'à Henri III, les gentilshommes demeuraient couverts devant le roi, à moins qu'ils n'eussent à lui parler.

4. L'image est empruntée à la langue de la fauconnerie. Le *tiercelet* est le mâle des oiseaux de chasse, d'un *tiers* plus petit que la femelle. Rabelais a parlé de « tiercelets de Job » (*Tiers Livre*, IX) pour désigner des Jobs en miniature. Tabourot en ses *Bigarrures*, IX, 2, parle de « tiercelets de prince », Mathurin Régnier de « tiercelets de poëte ». Montaigne forge *quartelets* sur le même modèle.

5. Au chapitre VII.

CHAPITRE XLIV

P. 262.

1. Souvenir de Sénèque, *Lettres*, XX.
2. Plutarque, *Vie d'Alexandre*, II, et Quinte-Curce, IV, XIII.
3. Plutarque, *Vie d'Othon*, VIII.

P. 263.

1. Plutarque, *Vie de Caton d'Utique*, XIX.
2. On lit dans les éditions antérieures : ... *de ces trois hommes.*
3. Plutarque, *Vie de Caton d'Utique*, VIII.
4. Suétone, *Vie d'Auguste*, XVI.

P. 264.

1. Plutarque, *Vie de Sylla*, XIII.
2. Plutarque, *Vie de Paul-Émile*.
3. *Hist. nat.*, VII, 52.
4. *Histoires*, IV, 25.
5. Diogène Laërce, *Vie d'Épiménide*, I, 109.

CHAPITRE XLV

6. La bataille de Dreux fut livrée le 19 décembre 1562. Les catholiques commandés par le connétable de Montmorency, le maréchal de Saint-André et le duc François de Guise y défirent les protestants qui avaient à leur tête Coligny et Condé. Jacques de Thou a conté l'épisode (IV, 970).

P. 265.

1. Plutarque, *Vie de Philopœmen*, VI. Le trait a été repris par les compilateurs du xvie siècle.
2. Plutarque, *Vie d'Agésilas*, VI.

CHAPITRE XLVI

P. 266.

1. Montaigne a trouvé cette étymologie fantaisiste dans les *Annales d'Aquitaine* (folio 38 verso) de J. Bouchet : « L'Aquitaine, y est-il écrit, fut nommé Guienne comme il est vraisemblable, à cause des ducs qui portèrent le nom de Guillaume. » Il lui emprunte aussi l'anecdote sur le duc de Normandie.
2. Dans le *Cratyle*.
3. Jean Bouchet, *Annales d'Aquitaine*, folio 84 verso.
4. Spartien, *Geta*, V. Le trait est cité par plusieurs compilateurs du xvie siècle : Bouaystuau, Du Verdier, Droit de Gaillard, etc.
5. Notre-Dame la Grande, la plus belle des églises romanes. L'anecdote est tirée de Jean Bouchet, *Annales d'Aquitaine*, folio 13 verso.

P. 267.

1. La Réforme.

P. 268.

1. De Palestine ou d'Orient.
2. Poyane, sénéchal des Landes et gouverneur de Bordeaux, l'un des chefs catholiques les plus hardis, prit Mont-de-Marsan en 1583, au temps où Montaigne était maire de Bordeaux. Montaigne se rendit à Mont-de-Marsan en 1584.
3. Montaigne semble avoir été assez fier de ses armoiries qu'il laissa comme souvenir de son passage en diverses étapes de son voyage en Italie, notamment à Plombières, à Augsbourg et à Pise.

P. 269.

1. Ce mot est remplacé dans l'édition de 1595 par la phrase suivante : ... *et remplissant l'indigence de son maître de la possession de toutes les choses qu'il peut imaginer et désirer autant qu'elle veut.*

2. Ces différentes formes se trouvent dans les *Annales d'Aquitaine* de Jean Bouchet.

3. Allusion au *Jugement des Voyelles* de Lucien.

4. « Il ne s'agit pas là d'un prix mince et frivole. » Virgile, *Énéide*, XII, 764.

5. Anagramme de Nicolas Denisot, peintre et poète manceau, compagnon de Ronsard au collège de Coqueret, auteur d'un portrait de Cassandre et d'un recueil de noëls (1545). Cf. Ronsard, *Folatrissime voyage d'Arcueil* (1549). — On sait que la mode des anagrammes fit fureur au XVIe siècle. Cf. du Bellay, *Défense et illustration*, II, 9 ; Tabourot, *Bigarrures*, I, 9, etc.

6. Ce passage est tiré d'une *Vie de Suétone* servant d'introduction à l'édition de Suétone que possédait Montaigne. *Tranquillus* « Tranquille » est le surnom latin de l'historien.

7. Bayard s'appelait Pierre *Terrail* de Bayard.

8. R. Escalin (et non Antoine Escalin), baron de la Garde, connu sous le nom de guerre de capitaine Poulin, n'était qu'un officier de fortune qui devint lieutenant général des galères en 1544 et mourut en 1578. Brantôme en fait mention dans ses *Œuvres* (éd. Lalanne, IV, p. 139).

P. 270.

1. Tiré des *Vies* de Diogène Laërce.

2. « Crois-tu qu'en aient souci cendre et mânes des morts ? » Virgile, *Énéide*, IV, 34. Le vers du poète concerne une veuve fidèle.

3. L'édition de 1585 ajoute : ... *tant de siècles.*

4. « Mes hauts faits ont rasé le los de Laconie. » Cicéron, *Tusculanes*, V, XVIII. Ce vers latin traduit le premier des quatre vers grecs gravés au bas de la statue d'Épaminondas. (Cf. Pausanias, IX, 15.)

5. Scipion l'Africain.

6. De levant au delà des Palus Méotides
    Personne à mes exploits n'égalerait les siens...

Cicéron, Tusculanes, V, XVII.

7. Le général en chef romain, grec ou barbare
    Banda pour ces raisons ensemble ses efforts.
    Ce fut de ses travaux et périls le support,
    Tant, plus que de vertu, l'homme a soif de renom !

Juvénal, X, 137-140.

CHAPITRE XLVII

8. Vers d'Homère dans *l'Iliade* (XX, 49) que Montaigne traduit après l'avoir cité.

P. 271.

1. Hannibal qui vainquit ne sut de sa victoire
   Tirer profit ensuite.

Pétrarque, sonnet LXXXII, traduisant Tite-Live, XXV, 51.

2. Par la faute, semble-t-il, du duc d'Anjou, futur Henri III, qui, voulant prendre Niort, empêcha Tavannes de poursuivre les protestants défaits (30 octobre 1569).

3. Philippe II, qui continua le siège de Saint-Quentin, au lieu de poursuivre les Français vaincus devant la ville par le duc de Savoie (10 août 1557).

4. « Quand le sort chauffe et que tout cède à la terreur.» Lucain, *Pharsale,* VII, 734.

5. Tiré de Plutarque, *Vie de César,* XI.

P. 272.

1. Gaston de Foix, vainqueur à Ravenne et qui fut tué en poursuivant les Espagnols en fuite (11 avril 1544).

2. La victoire remportée par le duc d'Enghien à Cérisoles, 14 avril 1544, fut célébrée en vers par Marot, puis par Ronsard.

3. « Les morsures de la nécessité aux abois sont très grandes.» Porcius Latro, cité par Juste Lipse, *Politiques,* V, XVIII.

4. « Provoquant, gorge offerte, on vend cher la victoire.» Lucain, *Pharsale,* IV, 275.

5. Tiré de Diodore, XII, 25.

6. Selon Jean Bouchet, *Annales d'Aquitaine,* folio 38 verso.

7. Dans *la Cyropédie,* VI, 3.

8. Tite-Live, IX, 40.

9. Tiré d'Aulu-Gelle, *Nuits attiques,* V, 5.

P. 273.

1. Selon Plutarque, *Dicts des Lacedæmoniens.*

2. Selon Plutarque, *Vie d'Othon,* III.

P. 274.

1. Le personnage que Montaigne nomme Démogaclès est appelé Mégaclès dans Plutarque, *Vie de Pyrrhus,* VIII.

2. Ces divers traits sont tous tirés des *Vies* de Plutarque.

3. On lit dans les éditions antérieures à 1588 : *de notre Plutarque.*

4. Selon Plutarque, *Vie de Pompée,* XIX.

5. Cyrus et Artaxerxès. Cf. Xénophon, *Anabase,* I, 8.

6. Les lieutenants de Cyrus dans la retraite des Dix Mille. Selon Plutarque, *Préceptes de Morale,* trad. La Boétie, éd. Bonnefon, p. 176.

7. En 1536.

P. 276.

1. Tiré des *Instructions sur le faict de la guerre* (II, 3) de Guillaume du Bellay et des *Mémoires* des frères du Bellay, éd. de 1569 (IV, p. 182), éd. Bourrilly, t. III, p. 33.

2. Dans la seconde guerre punique.

3. Exemples empruntés à Machiavel, *Discours sur la première Décade de Tite-Live*, II, 13.

4. Souvent malaisé réussit, prudent non.
Fortune reſte sourde aux causes méritantes,
Mais semble aveuglément se porter n'importe où.
C'eſt qu'une force eſt là qui nous plie et nous règle
Et conduit les mortels à des lois qui sont siennes.

Manilius, IV, 95-99.

5. Dans le *Timée*, p. 707.

CHAPITRE LXVIII

6. Par Suétone, *Tibère*, VII, et par son commentateur Béroalde.

P. 277.

1. Les romans de chevalerie.

2. Par exemple, *la Chanson de Roland*, V, 2648.

3. « A la façon de nos cavaliers sautant d'un cheval sur un autre, ils avaient l'habitude d'emmener chacun deux chevaux, et souvent, pour les combats les plus ordinaires, ils sautaient tout armés du cheval fatigué sur le cheval frais, si grande était leur agilité et la docilité de leurs montures. » Tite-Live, *Hiſt. Rom.*, XXIII, XXIX.

4. Tiré d'Hérodote, V, 112-113.

5. Il s'agit de la bataille de Fornoue (1495), livrée par Charles VIII. Cf. Paul Jove, *Hiſtoire de son temps*, II.

6. L'édition de 1595 ajoute : *... a cognoiſtre et diſtinguer l'ennemy, sur qui il faut qu'ils se ruent de dents et de pieds selon la voix ou signe qu'on leur fait.* Le texte manuscrit de l'exemplaire des Feuillants a été rogné par le relieur.

7. Cf. Paul Jove, *Hiſtoire de son temps*, XVII.

8. Plutarque, *Vie de Pompée*, XVII, et *Vie de César*, V.

P. 278.

1. Tiré d'Aulu-Gelle, *Nuits attiques*, V, 2.

2. Rabelais avait déjà rapporté ces détails, empruntés à Pline l'Ancien et à Suétone, dans *Gargantua*, XVI.

3. Dans *les Lois*, XVI.

4. Dans l'*Hiſtoire naturelle*, XXVIII, 14, commentée par Béroalde, n. 782.

5. Dans *la Cyropédie*, IV, 3.

6. Les éditions antérieures ajoutent ici : *de Cyrus.*

7. Cités par Béroalde, n. 782 (voir note 4).

8. « Où sans nul doute le Romain excelle. » Tite-Live, IX, XXII.

9. « Il commande de livrer les armes, d'amener les chevaux, de donner des otages. » César, *Guerre des Gaules*, VII, et *passim*.

10. Le Grand Turc.

P. 279.

1. Ils reculaient ensemble, ensemble ils attaquaient,
   Vainqueurs comme vaincus, et nul ne savait fuir.

Virgile, Énéide, X, 756-757.

2. « Les premiers cris et la première charge décident de la bataille. » Tite-Live, XXV, XLVI.

3. Montaigne composa un Essai sur le pistolet, mais un valet le lui déroba. Cf. *Essais,* liv. II chap. IX et début du chap. XXXVII.

4. On laisse aux vents le soin de diriger les coups.
   La force est dans l'épée et tout peuple guerrier
   Combat avec le glaive.

Lucain, Pharsale, II, 384-386.

P. 280.

1. Dardée avec un bruit strident, la phalarique
   Tomba comme la foudre.

Virgile, Énéide, IX, 704-705.

2. « Lançant avec la fronde des cailloux ronds sur la mer, exercés à traverser à grande distance des cercles de petite dimension, ils atteignaient leurs ennemis non seulement à la tête, mais à l'endroit du visage qu'ils voulaient. » Tite-Live, XXXVIII, XXIX.

3. « Au bruit terrible dont retentissaient les murailles sous les coups, l'épouvante et la panique s'emparèrent des assiégés. » Tite-Live, XXXVIII, V.

4. « La largeur des plaies ne les épouvante pas ; quand la blessure est plus large que profonde, ils s'en font gloire, mais si la pointe d'une flèche ou la balle d'une fronde s'enfonce dans leur chair, n'y laisse qu'une trace peu visible, alors l'idée de mourir d'une atteinte si petite les transporte de rage et de honte, et ils se roulent par terre. » Tite-Live, XXXVIII, XXI.

5. D'après Xénophon, *Anabase,* VIII, 2.

6. Il s'agit de Denys le Tyran, dont les inventions ont été rapportées par Diodore de Sicile, XIV, 12.

P. 281.

1. Enguerrand de Monstrelet, continuateur de Froissart, cf. I, chap. 46, folio 61 recto, de l'éd. de 1572.

2. *Ibid.,* chap. 56.

3. Les éditions antérieures ajoutent : *Je ne sçay quel maniement ce pouvoit estre, si ce n'est celuy de nos passades.*

4. Non pas de Suède, mais de Souabe, cf. *Guerre des Gaules,* IV, 1.

5. Le 8 octobre 1581, à Rome, aux thermes de Dioclétien, d'après le *Journal de Voyage.*

6. Et les Massiliens, qui les montent à nu,
   Les dirigent sans frein et d'une simple verge.

Lucain, Pharsale, IV, 482-483.

7. « Et c'est sans frein que montent les Numides. » Virgile, *Énéide,* IV, 41.

8. « Leurs chevaux sans frein ont une allure déplaisante, le cou roide et la tête en avant comme en course. » Tite-Live, XXXV, 11.

9. Tiré de Guevara, *Épîstres dorées,* trad. de Guterry, folio 35 recto de l'éd. de 1565 : il s'agit d'Alphonse XI, roi de Caſtille et de Léon.

10. *Doré* eſt à peu près synonyme de *sage,* dans le même sens où l'on dit *Vers dorés de Pythagore, Diſts dorés* de Dionysius Caton, « parler d'or », etc.

11. Caſtiglione, *le Courtisan,* II, chap. III.

12. Le Prêtre Jean ou Négus. Cf. Paul Jove, *Hiſt. de son temps,* XXVIII.

P. 282.

1. *Cyropédie,* III, 3.

2. *Cyropédie,* VIII, 1 et 8.

3. « Et, de sang de cheval repu, vit le Sarmate. » Martial, *Des spectacles,* II, 4.

4. Crète.

5. Tiré de Valère Maxime, VII, 6.

6. Tiré du *Tesoro Politico,* II, 4.

7. Tiré de Gomara, *Hiſt. de Cortez,* trad. italienne de Cravalix, éd. de Venise (1576), folio 32 recto.

8. Arrien, trad. Wittard, éd. de 1581, p. 330.

9. Tite-Live, VIII, 30, écrit Rullianus et non Rutilianus.

P. 283.

1. « Vous rendez le choc de vos chevaux plus impétueux, si vous les lancez débridés contre les ennemis : c'eſt une manœuvre qui a souvent réussi à la cavalerie romaine et qui lui fait honneur... Les ayant ainsi débridés, ils percèrent les rangs ennemis et, retournant sur leurs pas, les traversèrent encore en brisant toutes leurs lances et en faisant un grand carnage. » Tite-Live, XL, 40.

2. D'après Fulſton, *Hiſtoire des roys et princes de Pologne...,* trad. Balduin (1573), folio 204 recto.

3. *Ibid.,* folio 212 verso.

4. Bajazet. L'anecdote eſt tirée de Chalcondyle, trad. Vigenère, III, 12.

5. Sardes. L'hiſtoire eſt tirée d'Hérodote, I, 78.

6. Tiré de Plutarque, *Vie de Nicias,* X.

P. 284.

1. D'après Quinte-Curce, VII, 7.

2. François de Kernevenoy ou de Carnavalet, qui, à en croire Brantôme (IX, p. 348), avait dressé un cheval qu'il refusa de vendre pour 3.000 livres, et auquel Ronsard a cru devoir consacrer une de ses *Odes.* Ce Carnavalet avait été le premier écuyer d'Henri II et le gouverneur d'Henri III (1520-1571).

3. Il en a été queſtion plus haut. Voir le *Journal de Voyage* à la date du 8 octobre 1581, p. 1324.

4. Anecdote tirée de Georges Lebelski, *Description des jeux representez à Constantinople en la solennité de la circoncision du fils d'Amurath,* trad. française de 1583, pp. 70-76.

5. Philippe de Lannoy, prince de Sulmone.

CHAPITRE XLIX

P. 285.

1. « Ils s'enveloppent la main gauche de leur saye et tirent l'épée. »

2. César, *Guerre des Gaules,* IV, 5.

P. 286.

1. Tiré de Sénèque, *Épîtres,* 86.

2. Tiré de Sénèque, *Épîtres,* 108.

3. « T'épilant la poitrine et les bras et les jambes. » Martial, *Épigrammes,* liv. II. LXII, 1.

4. « Elle oint sa peau d'onguents ou la frotte de craie. » Martial, *Épigrammes,* liv. VI, XCIII, 9.

5. « Alors de son haut lit Énée ainsi commence. » Virgile, *Énéide,* II, 2.

6. Tiré de Plutarque, *Vie de Caton d'Utique,* XV.

7. « Et je te saluerai de baisers et mots doux. » Ovide, *Pontiques,* IV, IX, 13.

8. Tiré de Diogène Laërce, *Vie de Cratès,* X, 89.

P. 287.

1. Sénèque, *Épîtres,* 86.

2. « Je ne te ferai rien, mais te garde autre chose... » Martial, XI, LVIII, 2. — Montaigne cite le texte des éditions de son temps, difficile à traduire honnêtement.

3. Les enfants endormis souvent rêvent qu'ils lèvent
   Leur vêtement devant la cuve où l'on urine.

Lucrèce, IV, 1020-1021.

4. Sénèque, *Épîtres,* 108.

5. Gardez pour vous ces mets, ô riches du grand monde;
   Nous autres n'aimons pas un souper ambulant.

Martial, VII, XLVIII, 4.

P. 288.

1. Le Plutarque d'Amyot, *Vie de Flaminius,* V.

2. Un esclave te sert, tablier noir aux aines,
   Lorsque dans un bain chaud ta nudité s'étale.

Martial, VII, XXXV, 2-3.

3. Sidoine Apollinaire, *Opera,* V, p. 239.

4. En demandant péage, en attelant la mule
   Tout une heure se passe.

Horace, *Satires,* I, v, 13-14.

5. « La venelle du roi Nicomède. » Suétone, *Vie de César,* XLIX.

6. Quel garçon au plus tôt
Du Falerne trop chaud tempérera l'ardeur
Avec l'eau près de nous courante.

Horace, Odes, II, xi, 18-20.

P. 289.

1. O Janus, par derrière on ne te fait les cornes,
Ni les oreilles d'âne en bougeant des mains blanches,
Ni la langue d'un chien d'Apulie ayant soif !

Perse, I, 58-60.

2. D'après le Plutarque d'Amyot, Demandes des choses romaines,
XXVI.

CHAPITRE L

3. Les éditions antérieures à 1595 ajoutent ici : ... et à fons
de cuve; de mille visages qu'ils ont chacun j'en prans celuy qu'il me
plaît : je les saisis volontiers par quelque lustre extraordinaire; j'en
trieroy bien de plus riches et plains, si j'avoy quelque autre fin
proposée que celle que j'ay. Toute action est propre à nous faire
connoistre.

4. L'édition de 1595 ajoute : ... et me trompais en mon impuissance...

P. 290.

1. Un passage de l'Écriture.

P. 291.

1. L'un riait dès l'instant qu'il avait mis le pied
Pour quitter sa maison et l'autre alors pleurait.

Juvénal, X, 28-29.

2. Quand il l'invita à s'ôter de son soleil. Cf. Cicéron, Tusculanes, V, 10.

P. 292.

1. Plutarque, Vie de Marcus Brutus, III.
2. Diogène Laërce, Vie d'Aristippe, II, 95.
3. Tiré de Diogène Laërce, Vie d'Aristippe, II, 98.

CHAPITRE LI

4. Plutarque, Dicts des Lacedæmoniens, à propos d'Agésilas.
5. Thucydide de Milet, et non l'historien Thucydide.

P. 293.

1. Quintilien, II, 15.
2. Dans le Gorgias, p. 287.
3. Tiré de Postel, Histoire des Turkes, p. 36.

4. Ce développement sur l'éloquence, instrument des révolutions, est un lieu commun du xvie siècle.

5. Tite-Live, X, 22.

P. 294.

1. Ce cardinal Caraffa, qui scandalisa Rome, était un neveu du pape Paul IV : il fut jugé et condamné à mort.

2. Certes, ce n'est pas peu que savoir distinguer
   Comme on découpe un lièvre et découpe un poulet !

                              Juvénal, V, 123-124.

3. C'est trop salé ! Brûlé ! C'est fade ! Tout va bien !
   Faites de même une autre fois ! Je les éduque
   Tout autant que le peut mon minime savoir.
   Enfin, je les engage à prendre, Déméa,
   Pour miroir leur vaisselle et leur enseigne tout.

                   Térence, *Adelphes,* acte III, sc. III, 71-75.

4. Tiré de Plutarque, *Vie de Paul-Émile,* XV.

5. Il s'agit du palais merveilleux de l'*Amadis des Gaules,* II, 1.

P. 295.

1. Les magistrats du Parlement de Paris portaient alors le titre de *sénateurs.*

CHAPITRE LII

2. Trait souvent cité par les compilateurs du temps, qui l'ont emprunté à Valère Maxime, IV, 14.

P. 296.

1. Ces détails procèdent de Plutarque, *Vie de Caton,* III.

2. Tiré de Valère Maxime, IV, 3.

3. Tiré de Sénèque, *De consolatione.*

4. C'est la somme représentant pour Amyot les neuf oboles du texte de Plutarque, *Vie de Tiberius Gracchus,* IV, folio 572 verso.

CHAPITRE LIII

5. L'objet désiré manque ? on le préfère à tout.
   Nous échoit-il ? Alors nous en voulons un autre.
   La soif reste pareille.

                              Lucrèce, III, 1095-1097.

P. 297.

1. Il vit que presque tout ce dont l'homme a besoin
   Était mis à portée, ou presque, des mortels.
   Certains étaient gorgés de richesse et d'honneurs
   Et fiers encor d'enfants à bonne renommée.
   Et pas un cependant qui n'eût l'angoisse au cœur
   Et l'esprit infesté de vains tourments sans cause !

> Il comprit que le mal venait du vase même
> Dont les défauts laissaient perdre en dedans le suc,
> Si précieux qu'il fût, qu'on versait du dehors.
>
> Lucrèce, VI, 9-17.

2. Dans les premières éditions, Montaigne traduit ainsi cette sentence de César, *De bello civili*, II, 4 : « Il se fait, par un vice de nature, que nous ayons et plus de fiance et plus de crainte des choses que nous n'avons pas veu et qui sont cachées et inconnues. »

CHAPITRE LIV

3. *Propos de table*, VIII, 9. Le même trait eſt attribué par Rabelais au même personnage dans le *Tiers Livre*.

P. 298.

1. Le minot n'eſt qu'une demi-livre (environ 39 litres) : souvenir de Quintilien, *Inſtitution oratoire*, II, 20.

2. Souvenir de Plutarque, *les Opinions des Philosophes*, IV, 10.

3. Montaigne confond Sancho Garcia et son fils Garcia V *le Trembleur* (xe siècle) qui grelottait et claquait des dents au moment de combattre.

P. 299.

1. L'édition de 1595 porte : *... selon que noſtre temps les nomme.*

P. 300.

1. Montaigne, comme il l'a montré dans l'Essai I, xxxi, *Des cannibales*, aime la poésie populaire. Cf. p. 212.

2. L'édition de 1580 portait : *... grossiers et ignorans, ny guère aux délicats et sçavans.*

3. Éd. de 1580 : *... ils trouveroient place entre ces deux extrémités.*

CHAPITRE LV

4. Dans la *Vie d'Alexandre,* chap. I et dans ses *Propos de table,* I, 6.

5. Parmi lesquels Pomponazzi, dont le traité *De Incantationibus* (1556) fait mention également de cette particularité d'Alexandre.

P. 301.

1. Montaigne, après l'avoir cité, traduit ce vers de Plaute, *Moſtellaria,* aĉte I, sc. III, 17.

2. Tu ris, Coracinus, si nous ne sentons rien.
   Mieux que de sentir bon, j'aime ne rien sentir.

> Martial, VI, LV, 4-5.

3. « Poſthumus, qui sent bon toujours ne sent pas bon. » Martial, II, XII, 4.

4. Car unique est mon flair pour sentir un polype
   Ou cette odeur de bouc des aisselles velues,
   Mieux que le chien découvre un sanglier caché.
                                   Horace, *Épodes,* XII, 4-6.

5. Souvenir d'Hérodote, IV, 75.

P. 302.

1. Diogène Laërce, *Vie de Socrate,* II, 25.

2. Paul Jove, *Histoire de son temps,* XLIV. Il s'agit de Tunis.

CHAPITRE LVI

P. 303.

1. L'édition de 1595 porte : ... *pour absurde et impie, si rien se rencontre ignoramment ou inadvertamment couché en cette rapsodie contraire aux sainctes résolutions et prescriptions.*

2. Montaigne à Rome avait reçu du pape des témoignages favorables pour « son affection envers l'Église ».

P. 304.

1. Dans ses *Lois,* X.

2. Opinion que le maestro del Sacro Palazzo réprouva au Vatican lors du séjour de Montaigne à Rome.

3. ... si, nocturne adultère,
   Tu te couvres le front d'une cape gauloise.
                                   Juvénal, VIII, 144-145.

4. L'édition de 1588 porte, au lieu de ces trois mots, *usures, véniances* et *paillardises.*

P. 305.

1. Le président Arnaud du Ferrier (1505-1585), qui professa à Bourges et à Toulouse, occupa les ambassades de Rome et de Venise et, passé au protestantisme, fut le chevalier d'Henri de Navarre.

2. La Réforme.

P. 306.

1. Les Psaumes.

2. C'est la conception catholique opposée à la thèse protestante.

3. On lit dans *la Reconnue* de Remi Belleau (V, 2) :
              La nouvelle religion
              A tant fait que les chambrières,
              Les savetiers et les tripières
              En disputent publiquement.

4. Liçarrague avait donné une traduction en basque du *Nouveau Testament* en 1571.

P. 307.

1. Nicétas, cité dans un opuscule de Juste Lipse : *Adversus dialogistam liber de una religione.* Montaigne a pris ici pour un homme le lac Lopadius.

2. Dans *les Lois,* trad. Ficin, p. 634.

3. Souvenir d'Osorio, *Histoire du roi Emmanuel de Portugal,* trad. Goulard, V, 6.

4. L'île de Socotora.

P. 308.

1. Amyot, dans sa traduction des *Œuvres morales* de Plutarque, *De l'amour.*

2. « En termes non approuvés. » Saint Augustin, *Cité de Dieu,* X, XXIX.

P. 309.

1. On ignore à quel traité de Xénophon Montaigne fait ici allusion.

2. « Ce qu'on ne peut aux dieux confier qu'en aparté. » Perse, *Satires,* II, 4.

3.   Ce dont tu veux prier Jupiter à l'oreille,
         Dis-le donc à Staïus. — O ciel, bon Jupiter !
         Criera-t-il; Jupiter m'en dira-t-il autant ?

Perse, II, 21-23.

P. 310.

1. Dans l'*Heptaméron,* IIIe journée, nouvelle XXV.

2. Son frère, François Ier.

3. « Nous murmurons tout bas des prières infâmes. » Lucain, *Pharsale,* V, 104-105.

4.   Ce n'est pas droit pour tous que de bannir du temple
         Les vœux que l'on chuchote et de prier tout haut.

Perse, II, 6-7.

5. Souvenir d'une note de Lambin, dans son édition d'Horace, *Épîtres,* I, XVI, 59.

6.   Il dit haut : Apollon ! puis agite les lèvres
         Avec la peur d'être entendu : Belle Laverne !
         Permets-moi de tromper, de sembler juste et bon,
         Couvre de nuit mon crime et mes vols d'un nuage.

Horace, *Épîtres,* I, XVI, 59-62.

7. Platon, *Second Alcibiade,* trad. Ficin, p. 138.

P. 311.

1. Platon, *Lois,* trad. Ficin, p. 716.

2.   Si la main approchant de l'autel est sans crime,
         Elle peut, sans secours d'une riche victime,
         Calmer l'hostilité des Pénates adverses
         Par un gâteau d'épeautre et du sel pétillant.

Horace, *Odes,* III, XX, 17-20.

CHAPITRE LVII

3. Plutarque, *Vie de Caton d'Utique,* trad. Amyot, XX.

4. Montaigne, quand il écrit ces lignes, a passé trente-cinq ans, terme moyen pour lui de l'existence humaine.

P. 312.

1. Auguste avança de cinq ans l'âge requis pour certaines charges. Cf. Suétone, *Vie d'Auguste*, XXXII.

P. 313.

1. Cf. Suétone, *Vie d'Auguste*, XXXVIII, et Aulu-Gelle, *Nuits attiques*, XXXII.

2. Si l'épine ne pique point quand elle naît,
Il y a des chances qu'elle ne pique jamais.

3. Hannibal, vainqueur à Cannes, avait trente et un ans. Il mourut âgé de soixante-quatre ans.

4. Scipion, vainqueur à Zama, avait trente et un ans, et décéda à cinquante-deux ans.

5. Quand les coups durs du temps ont tassé notre corps,
Quand les ressorts usés enrayent la machine,
L'esprit cloche et la langue et la raison radotent.

Lucrèce, III, 451-453.

LIVRE II

CHAPITRE PREMIER

P. 315.

1. Plutarque, *Vie de Marius*, XVI.

2. Cette comparaison inattendue est la traduction de l'épitaphe de Boniface VIII, rapportée par Jean Bouchet dans ses *Annales d'Aquitaine* (éd. de 1557, folio 102 recto) :

Intravit ut Vulpes, regnavit ut Leo,
Mortuus est ut Canis.

Entra comme Goupil, régna comme Lion
Mourut comme Chien.

3. Sénèque, *De clementia*, II, 1.

4. « Mauvais avis celui qu'on ne peut plus changer. » Publius Syrus, dans Aulu-Gelle, XVII, 14. Ou, comme l'a traduit Montaigne lui-même dans l'édition de 1580 : « C'est un mauvais conseil qui ne se peut changer. »

P. 316.

1. Sénèque, *Épîtres*, XX.

2. « Toute grandeur humaine comporte d'abord du discernement, ensuite de l'énergie. La première de ces qualités juge du devoir, la seconde l'accomplit. » *Oraison funèbre des guerriers morts à Chéronée*, attribuée à Démosthène.

3. Il veut et ne veut plus, veut ce qu'il méprisa,
Flotte, et tout dans sa vie est contradiction.

Horace, *Épîtres*, I, 1, 98-99.

4. Allusion à la pieuvre ou au caméléon, d'après Plutarque et Pline (VIII, 33 ; IX, 29). Rabelais (*Quart Livre*, II) avait déjà écrit :

« Tarande... change de couleur selon la variété des lieux ès quels il paiſt ou demeure... Cela luy eſt commun avecques le pourpre marin, c'eſt le polype, avecques les thoës, avecques les lycaons de Indie, avec le caméléon, etc. »

5. « Comme pantins de bois fil étranger vous mène. » Horace, *Satires*, II, VII, 82.

6. Sénèque, *Épîtres*, XXIII.

7. Et ne voyons-nous pas chacun irrésolu,
Et qui cherche sans cesse et qui change de place,
Comme pour déposer la charge qui lui pèse ?
                              Lucrèce, III, 1070-1072.

Pascal, qui cite aussi ces vers de Lucrèce, les commente de la sorte : « Le temps et mon humeur ont peu de liaison ; j'ai mes brouillards et mon beau temps au-dedans de moi ; le bien et le mal de mes affaires même y fait peu. Je m'efforce quelquefois de moi-même contre la fortune ; la gloire de la dompter me la fait dompter gaiement, au lieu que je fais quelquefois le dégoûté des bonnes fortunes. » *Pensées*, II, 107 (éd. Brunschvicg).

P. 317.

1. L'esprit des hommes change et ressemble sur terre
Aux mobiles rayons dont le dieu le féconde.

Cicéron, d'après *l'Odyssée*, XVIII, 135 ; vers cité par saint Auguſtin, *Cité de Dieu*, V, 28.

2. Sénèque, *Épîtres*, XXVIII.

3. Diogène Laërce, *Vie d'Empédocle*, VIII, 63.

4. Allusion à la nouvelle XX (2ᵉ journée) de l'*Heptaméron*.

P. 318.

1. Plutarque, *Vie de Pélopidas*, I.

2. « En termes dont un lâche même eût pris courage. » Horace, *Épîtres*, II, II, 36.

3. ... Tout ruſtre qu'il était,
Ira là, lui dit-il, qui sa bourse a perdue.
                              Horace, *Épîtres*, II, III, 39-40.

4. Dans Chalcondyle, traduction Vigenère, VIII, 13.

5. Il s'agit des Manichéens.

P. 319.

1. Montaigne paraît commencer ici, en se prenant lui-même pour exemple, sa définition de l'homme.

2. Qui exerçaient aussi l'office de chirurgiens.

3. « Rien, en effet, ne peut être ſtable qui ne parte d'un ferme principe. » Cicéron, *Tusculanes*, II, XXVII.

P. 320.

1. « Ils méprisent la volupté, mais sont lâches dans la douleur ; ils dédaignent la gloire, mais sont déprimés par une mauvaise renommée. » Cicéron, *De Officiis*, I, 21.

2. « Qui a choisi après méditation et examen la route qu'il veut suivre. » Cicéron, *Tusculanes,* V, 1.

3. Le capitaine anglais qui se signala en Gascogne et mourut à Castillon, près de Libourne, en 1453. D'où l'épithète de *nôtre* que lui décerne Montaigne.

4. Sénèque, *Épîtres,* LXXI.

P. 321.

1. Cicéron, *De Senectute,* VII.
2. Hérodote, V, xxix.
3. « Songe que ce n'est pas rien d'être toujours le même. » Sénèque, *Épîtres,* CXX.
4. Passant furtivement par ses gardiens dormants,
   Vénus à son amant la nuit la conduit seule.

Tibulle, II, 75-76.

CHAPITRE II

P. 322.

1. « Au delà, en deçà, le droit ne saurait être. » Horace, *Satires,* I, 1, 107.
2. Nul ne saurait prouver qu'on soit aussi coupable
   De voler un chou tendre en le jardin d'autrui,
   Que de piller la nuit un temple de nos dieux.

Horace, *Satires,* I, iii, 115-117.

3. L'Allemagne.
4. ... Quand la force du vin en nous a pénétré
   Les membres sont pesants, les jambes enchaînées
   Vacillent, et la langue à s'empâter commence;
   Les yeux, l'esprit noyés, cris, hoquets et disputes.

Lucrèce, III, 375-378.

P. 323.

1. Sénèque, *Épîtres,* LXXXIII.
2. Les soucis et secrets des sages
   C'est toi qui sais les arracher
   Dans la joyeuse bacchanale.

Horace, *Odes,* III, xxi, 14-16.

3. L'historien grec Flavius Josèphe. *De vita sua,* XLIV.
4. Sénèque, *Épîtres,* LXXXIII.
5. « Gonflé comme toujours par le jus de Lyée. » Virgile, *Bucoliques,* VI, 15. Le vers est cité inexactement.
6. Sénèque, *Épîtres,* LXXXIII.
7. Et l'on n'en aura pas si facile victoire,
   Tout avinés qu'ils sont, bégayants, titubants.

Juvénal, XV, 47-48.

8. Anecdote tirée de Diodore de Sicile, XVI, xxvi.
9. D'après une note de Florimond de Raemond, il s'agirait de Mme d'Aimar, épouse de Joseph d'Aimar, président du Parlement de Bordeaux et cousin de Montaigne.

P. 324.

1.   Dans ce combat, jadis, de vertus, un Socrate
       Emporta, ce dit-on, la palme.

Pseudo-Gallus, I, 47-48.

2.   On nous dit que Caton l'Ancien
       Échauffait de vin sa vertu.

Horace, *Odes,* III, xxi, 11-12.

3. Plutarque, *Vie d'Artaxerxès,* II.

4. Jacques Dubois (1478-1555), lecteur au Collège Royal et mathématicien.

5. L'édition de 1588 ajoutait : ... *Platon luy attribue ce même effect au service de l'esprit.*

6. Plutarque, *Propos de table,* VII, 10.

P. 325.

1. L'édition de 1595 ajoute : ... *et où les veut-on trouver plus iustement qu'entre les naturelles ?*

P. 326.

1. *Marc Aurèle ou l'Horloge des Princes,* de Guévara (1529), traduction française de 1531 par Bertaut et de 1555 par Herberay des Essarts.

2. Exemple retenu par Jean-Jacques Rousseau, dans l'*Émile,* VIII.

3. Les mariages, alors, étaient souvent précoces.

P. 327.

1. L'édition de 1595 ajoute : *Et parce qu'en la vieillesse, nous apportons le palais encrassé de reume ou altéré par quelque autre mauvaise constitution, le vin nous semble meilleur, à mesure que nous avons ouvert et lavé nos pores. Au moins il ne m'advient guère que pour la première fois j'en prenne bien le goust.*

2. Tiré de Diogène Laërce, *Vie d'Anacharsis,* I, 104.

3. Dans *les Lois,* trad. latine de Ficin, II, p. 666.

4. Tiré de Diogène Laërce, *Vie de Stilpon,* II, 120.

5. « S'il peut vaincre sagesse en ses retranchements. » Horace, *Odes,* III, xxviii, 4.

P. 328.

1.   Tout le corps tombe alors en sueur et pâleur,
       La langue s'embarrasse et la voix est atteinte,
       L'oreille bourdonnante et les membres sans force,
       Et la terreur de l'âme anéantit la chair.

Lucrèce, III, 155-158.

2. « Qu'il ne tienne étranger rien qui soit chose humaine. » Térence, *Heautontimoroumenos,* I, i, 25.

3. « Il parle ainsi, pleurant, et fait mettre les voiles. » Virgile, *Énéide,* VI, 1.

P. 329.

1. Plutarque, *Vie de Publicola*, III.

2. « Je t'ai devancée, Fortune, et je te tiens ; j'ai bouché toutes les avenues, de manière à t'empêcher d'arriver jusqu'à moi. » Cicéron, *Tusculanes*, V, 9.

3. Diogène Laërce, IX, 59.

4. Prudence, *Des couronnes*, hymne 2ᵉ, 402.

5. *Macchabées*, VIII.

6. Diogène Laërce, *Vie d'Antisthène*, VI, 3.

7. Montaigne tire de Sénèque, *Épîtres*, LXVI, LXVII, XCII, cet exemple et les deux suivants.

8. Qu'un sanglier fumant dans ses troupeaux timides,
   Lui vienne, ou que des monts un lion fauve descende.

   Virgile, *Énéide*, IV, 158-159.

P. 330.

1. Sénèque, *De tranquillitate animi*, XV.

2. Dans le *Timée*.

CHAPITRE III

3. Céos, dans la mer Égée.

P. 331.

1. Ces quatre exemples sont tirés de Plutarque, *Dicts notables des Lacedæmoniens*.

2. Cicéron, *Tusculanes*, V, xiv.

3. Traduit de Sénèque, *Épîtres*, LXX.

4. Tacite, *Annales*, XIII, xxxvi.

5. Partout le mal. Le dieu largement y pourvoit.
   Et chacun à chacun peut bien ôter la vie,
   Non la mort. Mille accès nous sont ouverts vers elle.

   Sénèque, *Thébaïde*, I, 1, 151-153.

P. 332.

1. Sénèque, *Épîtres*, LXXI.

2. Suétone, *De illustribus grammaticis*, II et III, et Pline l'Ancien, *Hist. Nat.* XXVII, 6.

3. Cicéron, *De finibus*, III, xviii.

4. Diogène Laërce, *Vie d'Aristippe*, II, 94.

5. Diogène Laërce, *Vie de Speusippe*, IV, 3.

6. Les éditions antérieures ajoutaient ici : *Car, outre l'authorité qui en défendant l'homicide y enveloppe l'homicide de soy-mesme.*

7. Idées platoniciennes, reprises par saint Augustin, *Cité de Dieu*, I, 22, et son commentateur au xviᵉ siècle, Vivès.

P. 333.

1. Puis tout près sont les lieux qu'avec tristesse occupent
   Ceux qui se sont donné la mort de leur main propre
   Et dont l'âme a quitté le jour qu'ils détestaient.

   Virgile, *Énéide*, IV, 434-436.

2.　　　Tel un chêne émondé par la hache tranchante
　　　　Dans l'obscure forêt de l'Algide fécond :
　　　　Ses pertes et ses coups, et le feu dans la plaie,
　　　　Lui prodiguent force et vigueur...

Horace, Odes, IV, 57-60.

3.　　　Non, la vertu n'est pas, père, ce que tu penses,
　　　　Elle n'est nullement dans la peur de la vie,
　　　　Mais affronte les maux sans jamais reculer.

Sénèque, Thébaïde, I, 190-192.

4.　　　Facile est au malheur de mépriser la mort;
　　　　Mais plus brave est celui qui son destin affronte.

Martial, XI, LXI, 15-16.

5.　　　... Si l'univers brisé s'écroulait,
　　　　Elle en accepterait, impavide, la chute !

Horace, Odes, III, III, 7-8.

Ici Montaigne altère le texte du poète pour l'accorder avec sa pensée et du masculin *impavidum* qui se rapporte au sage, fait un féminin *impavidam,* qui s'accorde avec la vertu.

6. « De la peur de la mort mourir, n'est-ce folie ? » Martial, II, LXXX, 2.

P. 334.

1.　　　Par crainte du malheur on se jette au péril.
　　　　Je dis brave celui qui devant le danger
　　　　Est prêt à l'affronter quand il le sent présent,
　　　　Mais saura l'éviter s'il n'est qu'éventuel.

Lucain, VII, 104-107.

2.　　　L'homme, en craignant la mort, prend en dégoût la vie
　　　　Et le jour en horreur; il se jette lui-même
　　　　Au trépas, oubliant dans son fol désespoir
　　　　Que la source des maux est la peur de mourir.

Lucrèce, III, 79-82.

3. *Lois,* IX, p. 873.

4.　　　Pour être malheureux, souffrir dans le futur.
　　　　Il faut bien exister au temps du mal prévu.

Lucrèce, III, 874-875.

5. « Sortie raisonnable. » L'expression, qui est des stoïciens, est tirée de Diogène Laërce, *Vie de Zénon,* VII, 130.

P. 335.

1. Plutarque, *Des vertueux faicts des femmes ;* Aulu-Gelle, *Nuits attiques,* XV, 11.

2. Plutarque, *Vie de Cléomène,* XIV.

3.　　　Le vaincu dans l'arène espère encore malgré
　　　　Le pouce de la foule abaissé pour sa mort.

Pentadius, d'après Juste Lipse, *Saturnales,* dans les *Œuvres,* V, III, 541.

4. Sénèque, cf. *Épîtres,* LXX.

5. Dans son *De vita sua,* p. 635.

P. 336.

1. L'édition de 1595 ajoute : *... a la journée de Serisolles Monsieur d'Anguien essaïa deux fois de se donner de l'épée dans la gorge, désespéré de la fortune du combat, qui se porta mal en l'endroit où il estoit ; et cuida par précipitation se priver de la joyssance d'une si belle victoire.*

2. « Tel survécut à son bourreau. » Sénèque, *Épîtres,* XIII.

3. Plus d'une fois les jours, les mouvements du temps
    Ont ramené le mieux. La fortune se joue
    A remettre en lieu sûr celui qu'elle en fit choir.
    Virgile, Énéide, XI, 425-427.

4. Dans son *Hist. nat.*, XXV, 3.

5. Les éditions antérieures ajoutaient : *... la seconde, la douleur d'estomach, la tierce, la douleur de teste. Pour* Sénèque...

6. Dans ses *Épîtres*, LXVIII.

7. Tite-Live, XXXVII, xlvi.

8. Tite-Live, XLV, xxvi.

9. Paradin, *Hist. de son temps* (éd. de 1575) folio 89. Goze est une île près de Malte.

10. Josèphe, *Macchabées*, p. 918.

P. 337.

1. Sénèque, *Épîtres*, LXX.

2. *Macchabées*, II, 14.

3. Saint Augustin, *Cité de Dieu*, I, xxvi.

P. 338.

1. Henri Estienne, *Apologie pour Hérodote*, XV, 22.

2. C'est l'épigramme de Marot, *De Ouy et Nenny :*
    Un doux Nenny avec un doux souzrire
    Est tout honneste : il le vous faut apprendre ;
    D'avoir trop dit je voudrais vous reprendre ;
    Non que je sois ennuyé d'entreprendre
    D'avoir le fruit dont le désir me poinct.
    Mais je voudrais qu'en le me laissant prendre
    Vous me disiez : « Non, vous ne l'aurez point. »

3. Tacite, *Annales*, XV, xlviii.

4. Tacite, *Annales*, XV, lxxi.

5. Hérodote, I, 213.

6. Hérodote, VII, 107.

P. 339.

1. Goulard, *Histoire du Portugal*, IX, 27.

2. Tacite, *Annales*, VI, xxix.

3. Tacite, *Annales*, VI, xxvi.

4. Plutarque, *Du trop parler*, IX.

P. 341.

1. Tite-Live, XXVI, xiii-xv.

2. Quinte-Curce, *Alexandre*, IX, 4.

3. Tite-Live, XXVIII, xxii-xxiii.
4. Tite-Live, XXXI, xvii-xviii.

P. 342.

1. Tacite, *Annales,* VI, xxix.
2. Dans l'*Épître aux Philippiens,* I, 23.
3. Dans l'*Épître aux Romains,* VII, 24.
4. Cicéron, *Tusculanes,* I, xxxiv.
5. Joinville, LI.
6. Tiré de Mendoza, *Hist. du royaume de la Chine* (trad. de 1585), p. 319.
7. L'évêque de Soissons Jacques du Chassel, cité plus haut.
8. Rature : *Antinous et Theodotus, leur ville en Épire réduite à l'extrémité, donarent advis au peuple de se tuer par ensemble ; mais le conseil de se rendre estant suivi, ils alarent tous deux chercher la mort se ruans sur le premier cors de garde des Romains, regardans, pour fraper seulement, non pas pour se couvrir.*
9. Valère Maxime, II, vi.

P. 343.

1. Valère Maxime, II, vi.
2. Dans son *Hist. nat.,* IV, 12.

CHAPITRE IV

P. 344.

1. On sait que Montaigne rangeait Rabelais parmi les auteurs « simplement plaisants ».
2. Montaigne nous a dit ailleurs que son père lui avait fait apprendre le grec, mais sa connaissance de cette langue n'allait pas jusqu'à pouvoir contrôler la traduction de Plutarque par Amyot.
3. Montaigne mettait Amyot très haut, et l'on sait par son *Journal de Voyage* qu'il le défendit à Rome devant Muret.
4. Henri IV en faisait sa lecture favorite et Racine le lisait à Louis XIV.
5. Amyot, qui survécut à Montaigne, mourut octogénaire en 1593.
6. Dans le traité *De la curiosité,* XIV.

P. 345.

1. Boutières était un lieutenant du roi dans le Piémont.
2. Tiré des *Mémoires* des frères du Bellay, IX, folio 299 (éd. de 1569).
3. Dans la *Vie de César,* XVII.
4. Dans le *Démon familier de Socrate,* XXVII.

P. 346.

1. Plutarque, *Propos de table,* I, 3. Les éditions antérieures à 1588 ajoutait ici : *... ou pour lui donner quelque avertissement à l'oreille.*

CHAPITRE V

2. Pierre de Montaigne, seigneur de la Brousse (1535-1595).

3. Guez de Balzac se plaît à voir dans cette page une invention témoignant de la vanité de Montaigne.

4. « Frappant, cœur de bourreau, d'un fouet invisible. » Juvénal, XII, 195.

P. 347.

1. Anecdote tirée, ainsi que les deux suivantes, de Plutarque, *Pourquoy la justice divine diffère la punition des maléfices.*

2. « Le mal fait mal surtout au méchant qui l'a fait. » Proverbe latin, cité par Aulu-Gelle, IV, v.

3. « Et laissent leur vie en la plaie. » Virgile, *Géorgiques,* IV, 238.

4.   Car beaucoup très souvent parlant dans leur sommeil
             Ou délirant, dit-on, s'accusèrent eux-mêmes,
             Révélèrent ainsi des crimes bien cachés.

                                        Lucrèce, V, 1157-1159.

5. Sénèque, *Épîtres,* XCVII.

6.   Le premier châtiment, c'est que nul criminel
             Ne s'absoudra jamais quand lui-même est son juge.

                                        Juvénal, XIII, 2-3.

P. 348.

1.   Selon le jugement qu'il se rend à lui-même,
             Notre cœur est rempli de crainte ou d'espérance.

                                        Ovide, *Fastes,* I, 485-486.

2. Plutarque, *Comment on se peut louer soy mesme,* V.

3. Aulu-Gelle, *Nuits attiques,* IV, 18.

4. Tite-Live, XXXVIII.

P. 349.

1. « La douleur à mentir force aussi l'innocence. » Publius Syrus cité par Vivès, *Commentaire à la Cité de Dieu.*

2. Éloquente protestation contre la torture, reprise au XVIIIe siècle par Montesquieu et par Voltaire.

3. Quinte-Curce, *Histoire d'Alexandre,* VI, VII.

4. *Le mieux,* disaient les éditions antérieures.

5. Vivès, *Commentaire à la Cité de Dieu,* XIX, 6.

6. Froissart, IV, 87.

CHAPITRE VI

P. 350.

1.   ...Nul ne s'est réveillé
      Après avoir senti la froideur de la mort.

                                        Lucrèce, III, 942-943.

P. 351.

1. Toute la phrase est une paraphrase de Sénèque, *Lettres*, XXX, et *De tranquillitate animi*, XIV.

2. « Il gardait en mourant l'empire de son âme.» Lucain, *Pharsale*, VIII, 636.

P. 352.

1. La deuxième guerre de religion avait commencé en 1567; la troisième avait pris fin en août 1570.

P. 353.

1.   Car incertaine encor qu'elle est de son retour,
       Notre âme terrifiée hésite à s'affermir.

                    Le Tasse, *Jérusalem délivrée*, XII, stance 74.

2.   Comme tantôt ouvrant, tantôt fermant les yeux
       Un homme à moitié veille et à moitié s'endort.

                    Le Tasse, *Jérusalem délivrée*, VIII, stance 26.

P. 354.

1.   ... Souvent dans une crise,
       Un homme sous nos yeux, comme foudroyé, tombe.
       Il écume et gémit et ses membres palpitent.
       Il délire, raidit ses muscles, se débat
       Et halète et s'épuise en mouvements sans suite.

                    Lucrèce, II, 485-489.

2. « Il vit, inconscient lui-même de sa vie.» Ovide, *Tristes* I, III, 125.

P. 355.

1.   ... Ce cheveu pour Dis je l'enlève
       Selon l'ordre donné, t'affranchissant du corps.

                    Virgile, *Énéide*, IV, 701-702.

2. « A demi morts, tremblants, les doigts serrant le fer. » Virgile, *Énéide*, X, 396.

P. 356.

1.   Les chars armés de faux coupent, dit-on, les membres,
       Si vite que l'on voit les tronçons remuer
       Avant que la douleur soit parvenue à l'âme,
       Tant sa rapidité rend un mal insensible.

                    Lucrèce, III, 642-645.

P. 357.

1. C'est ce passage sans doute qui provoquera ce jugement de Pascal sur Montaigne : « On ne peut excuser ses sentiments tout païens sur la mort, car il faut renoncer à toute piété si l'on ne veut au moins mourir chrétiennement : or il ne pense qu'à mourir lâchement et mollement par tout son livre. » *Pensées*, II, 63 (éd. Brunschwicg).

2. Les éditions antérieures à 1595 disent : ... *si plaisante.*

3. « Lorsque enfin mes sens reprennent des forces. » Ovide, *Tristes,* I, III, 14.

4. Dans son *Hist. nat.,* XXII, 24.

P. 358.

1. On songe à Archiloque, à Alcée, à Lucilius.

2. Pascal dit de son côté : « Le moi est haïssable. »

3. « Par la peur d'une faute on est conduit au crime. » Horace, *Art poétique,* 31.

P. 359.

1. Les protestants.

2. Hortensius, rival en éloquence de Cicéron, et son adversaire dans le procès de Verrès. Cf. le *Brutus,* XCIII, VII.

3. Idées déjà exposées par Montaigne, livre I, chap. XXIV et XLVII.

4. Dans la *Morale à Nicomaque,* IV, 7.

P. 360.

1. L'édition de 1595 porte : *vies de Scipion, d'Épaminondas.*

2. Montaigne dira la même chose au liv. II, chap. XII.

CHAPITRE VII

3. Suétone, *Vie d'Auguste,* XXV.

P. 361.

1. Institué par Louis XI (1469), l'ordre fut déprécié sous Charles IX et Henri III par la nomination de trop nombreux chevaliers. Monluc, Brantôme, de Thou confirment sur ce point l'opinion de Montaigne, très fier pourtant, malgré ces réserves, d'être chevalier de l'ordre.

2. Les éditions antérieures ajoutaient ici : *C'est une monnaye à toute espèce de marchandise.*

P. 362.

1. « A qui nul n'est méchant, qui peut paraître bon ? » Martial, *Épigrammes,* XII,

P. 363.

1. « Car les talents du soldat et ceux du général ne sont pas les mêmes. » Tite-Live, XXV.

2. Allusion à l'ordre du Saint-Esprit, institué par Henri III en 1578.

3. Les premières éditions ajoutaient cet éloge du *Plutarque* d'Amyot : *... et nous estoit si familier par l'air français qu'on lui a donné si parfait et si plaisant.*

CHAPITRE VIII

P. 364.

1. Jusqu'en 1956, tous les annotateurs de Montaigne crurent que Mme d'Estissac était Louise de la Béraudière connue sous le nom de la « belle Rouet » et qui fut courtisée par Antoine de Bourbon, Charles IX et le duc d'Anjou, futur Henri III, avant de devenir l'épouse de M. de Combault, dit le *Rouet du cocuage* et le *Cornu de Cornouailles*. Mais M. Roger Trinquet, dans le cahier XVII de la *Bibliothèque d'Humanisme et Renaissance* (1956), a établi qu'il y avait eu deux cousines du même nom et dont celle qui occupe Montaigne épousa, vierge sage, et à l'âge de vingt ans, Louis d'Estissac, seigneur de Lesparre, gouverneur de La Rochelle, riche gentilhomme et veuf, père de deux filles, et auquel sa seconde femme donna deux autres enfants : un fils, Charles, compagnon de Montaigne lors de son voyage en Italie, et une fille, Claude, avantagée par son testament, qui épousa un La Rochefoucauld et grava sur le tombeau de sa mère décédée en 1608 une inscription latine pour louer son dévouement maternel et sa fidélité conjugale.

2. Il s'agit des *Essais*.

3. On peut rapprocher cette boutade de ce que dit ailleurs Montaigne : II, v; III, viii et ix.

P. 365.

1. Dans la *Morale à Nicomaque,* IX, vii.

P. 366.

1. Dans l'Apologie de Raymond Sebond (II, 12), Montaigne insistera, tout au contraire, sur l'intelligence de certains animaux, supérieure, à l'en croire, à celle des hommes (renards, éléphants, etc.).

P. 368.

1. Dans la *Morale à Nicomaque,* IV, iii.

2. Et c'est se tromper fort, à mon avis du moins,
   Que croire le pouvoir plus ferme ou plus solide
   Quand la force le fait que quand l'amour l'assure.

   Térence, *Adelphes,* I, 1, 40-42.

P. 369.

1. Montaigne perdit cinq filles en bas âge. Seule survécut la seconde, Léonor (1571-1626), qui épousa en premières noces François de la Tour, en secondes noces Charles de Gamaches, et dont la descendance, aujourd'hui encore, n'est pas éteinte.

2. « Nul crime n'est fondé en raison. » Tite-Live, XXVIII,

3. Dans *les Politiques,* VII, xvi.

4. Dans *la République,* V, pp. 460-461.

5. Diogène Laërce, *Vie de Thalès,* I, 26.

6. Non, mais les Germains. Cf. César, *Guerre des Gaules,* VI, 21.

P. 370.

1. Mais le mari pour lors d'une femme jeunette,
   Tout éjoui d'enfants il s'était amolli
   Dans les affections du père et de l'époux.

   Le Tasse, *Jérusalem délivrée*, X, 39-41.

2. A en croire Platon, *Lois*, VIII, p. 840.

3. Paul Jove, *Histoire de son temps*, XXXIII.

4. Gomara, *Histoire des Indes*, II, 12.

P. 371.

1. Charles-Quint abdiqua en 1555.

2. Sage, dételle à temps ton vieillissant cheval,
   Pour qu'il ne fasse rire au bout de sa carrière.

   Horace, *Épîtres*, I, 1, 8-9.

3. Il s'agit de Jean de Lézignan, sénéchal d'Agenais, qui visita Montaigne en 1584, dans la suite du Béarnais.

P. 372.

1. Jean de Madaillan d'Estissac, doyen de Saint-Hilaire de Poitiers, de 1547 à 1576.

P. 373.

1. L'édition de 1595 ajoute ici : *J'ai réformé cette erreur en ma famille.*

2. « Lui seul ignore tout ». Térence, *Adelphes,* IV, 11, 9.

P. 374.

1. Il s'agit de Gaston de Foix, marquis de Trans.

P. 375.

1. L'édition de 1595 ajoute : *... plus avantageusement.*

2. Le maréchal de Monluc (1503-1577).

3. Au cours de son voyage en Italie, Montaigne rencontra le fils de Pierre-Bertrand de Monluc, dit le Capitaine Perrot, mort à Madère en 1566.

P. 376.

1. Allusion à La Boétie.

2. L'édition de 1595 ajoute : *O mon amy ! En vaux-je mieux d'en avoir le goust ou si j'en vaux moins ? J'en vaux certes bien mieux. Son regret me console et m'honore. Est-ce pas un pieux et plaisant office de ma vie, d'en faire à tout jamais les obsèques ? Est-il jouyssance qui vaille cette privation ?*

3. Dans *la Guerre des Gaules*, VI, 18.

4. François de Montmorency (1530-1579), fils aîné du connétable.

5. Madeleine de Savoie, la femme du connétable, survécut à son mari et à son fils, puisqu'elle décéda en 1586.

P. 377.

1. Soixante-quinze ans exactement.

P. 378.

1. Dans *les Lois*, 922-923.

P. 379.

1. La loi salique, qui désignait le Béarnais comme successeur éventuel d'Henri III.

P. 380.

1. *Histoires*, IV, lxxx.

P. 381.

1. Dans son *Phèdre*, 258.

2. Selon Nicéphore Calliste (*Hist. eccl.*, XII, xxiv) Héliodore aima mieux abandonner son évêché que de brûler son *Histoire éthiopique*.

P. 382.

1. Sénèque, *Controverses*, V, début.

2. Tacite, *Annales*, IV, 34.

3. Tacite, *Annales*, XV, 70.

P. 383.

1. D'après Cicéron, *De finibus*, II, 35, et Diogène Laërce, X, 22

2. Les *Essais*.

3. Dans la *Morale à Nicomaque*, IX, 7.

4.   Palpé, mollit l'ivoire, et perdant sa rigueur,
    Il cède sous les doigts...

                Ovide, *Métamorphoses*, X, 285-286.

CHAPITRE IX

P. 384.

1. « Tout à fait incapables de supporter la fatigue ils avaient peine à porter leurs armes sur leurs épaules. » Tite-Live, XXVII, xlviii.

2. « Prenant l'écorce au liège, ils s'en couvraient la tête. » Virgile, *Énéide*, VII, 742.

3. Quinte-Curce, IX, v.

4. Ce dernier membre de phrase est une addition de 1582.

5. Dans les *Annales*, III, xliii et xlvi.

P. 385.

1. Plutarque, *Vie de Lucullus*, XIII.

2. Plutarque, *Dicts des anciens Roys*.

3.   Cuirasse au dos et casque sur la tête
    Deux des guerriers que je chante étaient là,
    Et jour et nuit, depuis qu'en ce château

> Ils conservaient l'armure aussi peu lourde
> A supporter qu'un habit ordinaire,
> Tant tous les deux en avaient l'habitude !

Arioste, *Roland furieux*, XII, 30-35.

4. Xiphilin, dans son abrégé de Dion Cassius, *Vie de Caracalla*.

5. Dans *les Tusculanes*, II, xvi.

6. « Car on dit que les armes du soldat sont ses membres. »
Cicéron, *Tusculanes, l.c.*

P. 386.

1. Ammien Marcellin, XXIV, 7, et XXV, 1.

2.   Cette écaille flexible et qu'animent les membres
> Est horrible. On croit voir de mouvantes statues
> De fer, où les guerriers au métal s'incorporent.
> Les chevaux sont pareils. Leur front ferré menace,
> Mais, à l'abri des coups, leurs flancs bardés se meuvent.

Claudien, *Contre Rufin*, II, 358-362.

3. Dans la *Vie de Démétrius*, VI.

CHAPITRE X

P. 387.

1. Montaigne exprime la même idée, presque sous la même forme, dans l'essai sur l'*Institution des enfants :* « Quant aux facultés naturelles qui sont en moi, de quoi c'est ici l'essai... »

2. Les éditions antérieures à 1595 portent : *Mais j'ay une mémoire qui n'a point de quoi conserver trois jours la munition que lui auray donné en garde.*

3. Montaigne se plaint souvent de sa mémoire, cf. notamment I, xix et III, ix.

4. L'édition de 1588 ajoute : *... ce que je pense.*

5. Pascal dit pareillement : « Qu'on ne dise pas que je n'ai rien dit de nouveau : la disposition des matières est nouvelle; quand on joue à la paume, c'est une même balle dont joue l'un et l'autre, mais l'un la place mieux. » *Pensées*, nº 22 (éd. Brunschvicg) Cf. Jacques de Feytaud, *le Jeu de paume, Bull. des Amis de Montaigne*, 3ᵉ série, nº 17.

Rature : *La part principale que je prétans icy c'est deviser, raisoner, plaider et juger.*

Tout ce paragraphe remplace le passage de 1588 : *Qu'on ne s'attende point aux choses de quoy je parle, mais à ma façon d'en parler et à la créance que j'en ay : Ce que je dérobe d'autruy, ce n'est pas pour le faire mien, je ne prétans ici nulle part que celle de raisoner et de juger : le demeurant n'est pas de mon rolle. Je n'y demande rien, sinon qu'on voie si j'ai sceu choisir ce qui joignait justement à mon propos. Et ce que je cache parfois le nom de l'autheur à escient ès choses que j'emprunte, c'est pour tenir en bride la légèreté de ceux qui s'entremettent de juger de tout ce qui se présente et n'avoir pas le nez capable de goûter les choses par elles mesmes, s'arrestent au nom de l'ouvrier et de son crédit. Je veux qu'ils s'eschaudent à condamner Cicéron ou Aristote en moy.*

6. L'édition de 1595 ajoute : *... ou secourir proprement l'invention qui vient toujours de moy.*

7. L'édition de 1595 ajoute : *... non à ma teſte, mais à ma suite ...*

8. L'édition de 1595 ajoute : *... comparaison et arguments ...*

9. Les grands sujets étaient réservés au latin, seul jugé digne de traiter « les affaires de la religion et des arts » pour employer l'expression d'un contemporain de Montaigne.

P. 388.

1. Allusion à la fable du *Geai paré des plumes du paon.*

2. « Voilà le but vers quoi mon cheval doit suer. » Properce, IV, 1, 70.

P. 389.

1. Rature : *Mon esprit pressé se jette au rouet.*

2. Ce mot désigne ici une étoffe d'un rouge vif et non pas une couleur.

3. Sur Montaigne et Jean Second, voir notre étude dans le *Bull. des Amis de Montaigne,* 3ᵉ série.

4. *Les* se rapporte aux seuls *Baisers* de Jean Second.

5. Les éditions antérieures ajoutaient ici : *... et des siècles un peu au-dessous du noſtre, l'Hiſtoire Ethiopique.*

Cette hiſtoire eſt, comme on sait, le roman de *Théagène et Chariclée,* dont Racine plus tard fera ses délices.

6. On peut se reporter ici à ce qu'a écrit Montaigne, I, XXVI (*De l'inſtitution des enfants*).

7. L'auteur de *Roland furieux* jouissait pourtant alors d'une réputation universelle.

8. Ovide eſt pourtant cité soixante-treize fois dans les *Essais.*

9. Donné d'ailleurs comme apocryphe par Henri Eſtienne dès 1578.

P. 390.

1. Les éditions antérieures à 1588 ajoutaient ici · *... car il se laisse trop aller à cette affeĉtation de pointes et subtilités de son temps ...*

2. Celui qui décrit les jeux funèbres en l'honneur d'Anchise, père d'Énée, et la mort de Palinure.

3. Lucain eſt cité par Montaigne une quarantaine de fois.

4. Montaigne le cite vingt-cinq fois.

5. Cf. *Essais,* III, .

6. « O siècle grossier et sans goût ! » Catulle, XLIII, 8.

7. Montaigne croit encore que les comédies de Térence sont de Scipion et de Lélius.

8. Cicéron, qui admire Térence plus que Plaute.

P. 391.

1. Horace, dans son *Art poétique,* 270, critique sévèrement la versification et le comique de Plaute.

2. Terme que reprendra Racine dans la première préface de *Britannicus* : « Une action... *chargée de peu de matière...* »

3. Ce sera l'opinion du vieux Corneille, opposée à celle de Racine (préface de *Bérénice*) : « Toute l'invention consiste à faire quelque chose de rien. »

4. « Limpide et tout semblable à un courant d'eau pure. » Horace, *Épîtres*, II, ii, 120.

5. Il n'avait pas de grands efforts à faire,
Et son sujet lui tenait lieu d'esprit.
                          Martial, préface au livre VIII de ses *Épigrammes*.

P. 392.

1. Du *Roland furieux*.

2. « Et les courses qu'il tente sont courtes. » Virgile, *Géorgiques*, IV, 194.

3. Par les versions d'Amyot (1559 et 1572).

4. On a vu que maints chapitres du livre I sont des centons de Sénèque.

5. Allusion à la brièveté des *Épîtres* de Sénèque et de certaines *Œuvres morales* de Plutarque (voir d'ailleurs ce qui suit).

6. Sénèque était espagnol, et Plutarque était grec. La légende qui fait de Plutarque un précepteur de Trajan est d'ailleurs de très basse époque.

P. 393.

1. Montaigne comparera encore (III, xii) Plutarque et Sénèque.

2. Allusion au *cicéronianisme* importé d'Italie.

3. Pascal s'élèvera à son tour contre les « fausses beautés » de Cicéron, *Pensées*, nᵒ 31 (éd. Brunschvicg).

4. Les éditions antérieures à 1595 ajoutaient ici : ... *digressions*.

P. 394.

1. « Attention ! »

2. « Haut les cœurs ! »

3. Sénèque et Plutarque.

4. Pline l'Ancien.

5. Jugées pourtant sévèrement par Montaigne dans son chapitre *Considérations sur Cicéron* (*Essais*, I, xl).

6. Dans le chapitre *De la colère* (II, xxi).

P. 395.

1. Les éditions antérieures à 1595 ajoutaient : *Si est-ce qu'il n'a pas en cela franchi si net son advantage, comme Vergile a faict en la poësie ; car bien tost après luy, il s'en est trouvé plusieurs qui l'ont pensé égaler et surmonter, quoy que ce fust à bien fauces enseignes ; mais à Vergile nul encore depuis luy n'a osé se comparer, et à ce propos j'en veux icy adjouter une histoire.*

2. Marcus Cicéron, surnommé *le Conge* pour son ivrognerie, et qui, lieutenant de Brutus à Philippes, s'enfuit après la déroute auprès de Sextus Pompée, en Sicile.

3. Tiré de Sénèque, *Suasoria*. VIII.

4. Montaigne a traduit , avant de les citer, ces mots de Tacite, *Dialogue des Orateurs,* XXVIII.

5. La clausule *esse videatur* « qui (qu'il) semble être » est, en effet, un des tics de la phrase oratoire de Cicéron.

6. « Pour moi, j'aimerais mieux être vieux moins longtemps que d'être vieux avant l'âge. » Cicéron, *De Senectute,* X.

P. 396.

1. Dans les éditions antérieures à 1595, la fin de la phrase est : *... et quant et quant la consideration des natures et conditions de divers hommes, les coustumes des nations differentes, c'est le vray sujet de la science morale.*

2. « C'est notre bréviaire » dit ailleurs Montaigne (II, IV).

3. Diogène Laërce, à qui Montaigne a fait près de cent quarante emprunts.

4. Dans le *Brutus,* LXXV.

5. Les éditions antérieures à 1595 ajoutaient : *... et toute la parlure qui fut oncques.*

6. Montaigne admirait fort ce « brigand » de César. Cf. *Essais* II, XXXIII.

P. 397.

1. Sur Froissart, voir le chapitre des *Essais,* I, XXVII.

2. On lit en outre dans les éditions antérieures à 1595 : *Ceux-là sont aussi bien plus recommandables historiens qui connoissent les choses de quoy ils escrivent, ou pour avoir esté de la partie à les faire, ou privez avec ceux qui les ont conduites.*

3. Tels Du Haillan et son successeur Pierre Mathieu.

P. 398.

1. Les éditions antérieures ajoutaient : *S'ils n'escrivaient de ce qu'ils avoient veu, ils avoient au moins cela que l'expérience au maniement de pareils affaires leur rendoit le jugement plus sain. Car...*

2. L'homme politique et l'homme de lettres qui favorisa Virgile à ses débuts, mit à la mode les lectures publiques et fut un remarquable polygraphe, dont il ne reste aujourd'hui que trois lettres et de vagues fragments. Cf. Suétone, *Vie de César,* LVI.

3. L'Angevin Jean Bodin (1530-1596), dont le *Methodus ad facilem historiarum cognitionem (Moyen de bien savoir l'histoire)* qui parut en 1566, a inspiré plusieurs fois Montaigne, notamment au cours de ce chapitre.

4. Guichardin, Florentin (1482-1540), auteur d'une *Histoire d'Italie* (de 1484 à 1534) et d'une *Histoire de Florence* (de 1378 à 1510) ainsi que de nombreuses lettres et traités politiques.

P. 399.

1. Clément VII, pape de 1523 à 1534, et oncle de Catherine de Médicis.

2. Rature : *Trescommune et tresdangereuse corruption du jugement humain.*

3. Philippe de Commines (vers 1445-1509), « domeſtique » et hiſtorien de Charles le Téméraire, puis de Louis XI.

4. Guillaume du Bellay, soldat et diplomate, vice-roi du Piémont (1491-1543), dont les *Mémoires* ont été réunis avec ceux de son frère Martin, en dix livres dont les 5e, 6e et 7e sont de lui.

5. Voir la note précédente.

P. 400.

1. Anne de Montmorency, écarté du pouvoir en 1540.

2. Chabot, amiral de Brion, qui eut l'idée de coloniser le Canada, et qui fut condamné en 1541 à une amende de 15.000 livres et au bannissement à vie.

3. La duchesse d'Étampes, favorite de François Ier, de son retour d'Espagne à sa mort.

4. Entre ces annotations placées « au bout de chaque livre », Montaigne n'a pas transcrit dans les *Essais* celle qu'il avait écrite en 1578 sur la page de garde de son exemplaire des *Commentaires,* conservé à la Bibliothèque du Château de Chantilly. Nous l'ajoutons ici, en respeſtant l'orthographe de Montaigne :

« Sôme, c'eſt César un des plus grâs miracles de Nature, si elle eut volu menager ses faueurs, ell en eut biê faiſt deus pieces admirables. le plus disert, le plus net et le plus sincere hiſtorien qui fut iamais. car en cete partie il n'en eſt nul romain qui lui soit côparable et sui tres aise que cicero le iuge de même. Et le chef de guerre en toutes côsidératiôs des plus grã qu'ele fit iamais. Quand ie côsidere la grandur incôparable de cete ame iexcuse lauiſtoire de ne s'eſtre peu defaire de lui, uoire en cete tres iniuſte & tres inique cause. il me sâble qu'il neiuge de pôpeius que deus fois (208, 324). ses autres exploits & ses côseils il les narre naifuemât, ne leur derobât rien de leur merite, voire par fois il lui prete des recôandatiôs de quoi il se fut biê passe, come lors qu'il diſt que ses côseils tardifs & côsiderés étoit tires en mauuese part par ceus de sô armée car par la il sâble le vouloir decharger dauoir donc cette miserable bataille tenât cesar côbattu & assiege de la fein (319). Il me sâble biê qu'il passe vn peu legieremât ce grâd accidât de la mort de pôpeius. De tous les autres du parti côtrere il ê parle si indifférãmât, tãtoſt nous proposât fidelemât leurs aſtiôs vertueuses, tãtoſt uitieuses qu'il n'eſt pas possible d'y marcher plus côscientieusemât. S'il dérobe rien à la vérité j'eſtime que ce soit parlât de soi car si grãdes chose ne peuûet pas être faiſtes par lui qu'il n'y aie plus du sien qu'il n'y en met. C'eſt ce liure qu'un général darmée deuroit côtinuellemât auoir deuât les yeux pour patrô come faisoit le marechal Strozzi qui le sauoit quasi par ceur & l'a traduit, nô pas ie ne sçai quel philippe de Côines que charles cinquieme auoit e pareille recôandatiô, que le grâd Alexâdre auoit les euures de Homere, Marcus Brutus Polybius l'hiſtoriê. »

CHAPITRE XI

P. 401.

1. « Car ceux qui sont amoureux du plaisir sont amoureux de
l'honneur et de la justice, et ils aiment et cultivent toutes les vertus. »
Cicéron, *Épîtres familières*, XV, xix.

2. « La vertu grandit beaucoup dans la lutte. » Sénèque, *Épîtres*
XIII.

3. D'après Cicéron, *De officiis*, I, xliv.

4. D'après Plutarque, *Comment on pourra recevoir utilité de ses
ennemis*, VIII, et Aulu-Gelle, *Nuits attiques*, I, 17.

P. 402.

1. Plutarque, *Vie de Marius*, X.

P. 403.

1. « Il sortit ainsi de la vie, content d'avoir trouvé une raison
de mourir. » Cicéron, *Tusculanes*, I, xxx.

2. « Plus fière après avoir résolu de mourir. » Horace, *Odes*, I,
xxxvii, 29.

P. 404.

1. « Caton, ayant reçu de la nature une incroyable gravité et,
par une perpétuelle constance ayant encore affermi son caractère,
toujours demeuré seul dans ses principes, Caton devait mourir
plutôt que de supporter la vue d'un tyran. » Cicéron, *De officiis*, I,
xxxi.

2. Diogène Laërce, *Vie d'Aristippe*, II, 76.

P. 406.

1.   Sachant ce qu'aux combats peuvent la gloire neuve
       Et le si doux espoir de briller dans la lutte.

                        Virgile, *Énéide*, XI, 154-155.

2.   Si j'ai peu de défauts et peu considérables,
       Si ma nature est bonne et pareille en cela
       Au visage encor beau sous des taches légères.

                        Horace, *Satires*, I, vi, 65.

3.   Que la Balance ou le Scorpion m'ait vu naître,
       Au regard redoutable à l'heure de naissance,
       Ou que règne en tyran sur les flots d'Hespérie
       Le Capricorne même.

                    Horace, *Odes*, II, xvii, 17-20.

P. 407.

1. Diogène Laërce, *Vie d'Antisthène*, VI, 7.

2. Montaigne avait d'abord placé ici le passage *seroit-il vray*
(reporté une quinzaine de lignes plus bas). Il était suivi de cette
rature : *Come d'une inexplicable quinte essance de nostre naturel estre.*

3. Diogène Laërce, *Vie d'Aristippe*, II, 67.

4. Diogène Laërce, *Vie d'Aristippe*, II, 77.

5. Diogène Laërce, *Vie d'Épicure*, X, 11.

P. 408.

1. « Et je ne chéris pas mon vice davantage. » Juvénal, *Satires*, VIII, 64.

2. Plutarque, tiré d'Amyot, *Contredicts des stoïques*, XXVII.

3. Diogène Laërce, *Vie d'Aristote*, V, 31.

4. Cicéron, *Tusculanes*, IV, xxxvii, et *De Fato*, V.

5. Cicéron, *De Fato*, V.

6. Il faut entendre : « au rebours » (de Socrate qui dompta sa nature rebelle pour être sans vice).

P. 409.

1.   Lorsque, le corps déjà pressentant le plaisir,
       Vénus est sur le point d'ensemencer le sexe.

                                        Lucrèce, IV, 1099-1100.

2. Il s'agit du 10e conte de la troisième journée.

3.   Qui n'oublie, au milieu des divertissements,
       Les soucis cruels de l'Amour !

                                        Horace, *Épodes*, II, 37.

Les éditions antérieures à 1595 ajoutent : *C'est icy un fagotage de pièces décousues. Je me suis destourné de ma voie pour dire ce mot de la chasse. Mais...*

P. 410.

1. Suétone, *Vie de César*, LXXIV.

2. Les éditions antérieures à 1595 disent : *... deviner qu'il n'estoit pas du temps de la bonne Rome, et qu'il juge selon les vilains.*

3. Des mots sont rognés sur l'exemplaire de Bordeaux. L'édition de 1595 porte la leçon suivante : *Ayant conceu opinion par les apprests qu'il avait veu faire en la place, qu'on le vousist tourmenter de quelque horrible supplice : et semble estre délivré de la mort pour l'avoir changée.*

P. 411.

1. « Ils tuent le corps, et après ils n'ont plus rien à faire ». Saint Luc, XII, 4.

2.   Un roi demi rôti, les os à nu, ces restes,
       Dégouttant d'un sang noir, traîneraient sur la terre.

                                        Ennius, cité par Cicéron, I, xlv.

3. Rencontre rapportée au *Journal de Voyage,* à la date du 11 janvier 1581.

4. Plutarque, trad. Amyot, *Dicts des anciens Roys,* folio 188 verso.

5. Hérodote, II, xlvii.

P. 412.

1. « Que l'homme tue un homme sans colère, sans crainte, mais seulement pour le voir mourir. » Sénèque, *Épîtres,* XC.

2.   Par ses plaintes, sanglant,
       Et telle une âme en peine... »

                                        Virgile, *Énéide,* VII, 501-502.

3. Plutarque, *Propos de table,* VIII, 8.

4.   ... Et le sang du gibier
Teignit d'abord, je crois, notre fer meurtrier.
Ovide, Métamorphoses, XV, 106-107.

5. Allusion au passage de la Théologie de Sebon (folio 61 verso).

6.   Les âmes, sans mourir, quittant un premier corps,
Toujours vont animer de nouvelles demeures.
Ovide, Métamorphoses, XV, 158-159.

P. 413.

1.   ... Dans des corps d'animaux
Ils les jettent captifs, les cruels dans des ours,
Les voleurs dans des loups, les fourbes sont renards.
Ainsi pendant longtemps traversant mille formes
Le fleuve léthéen enfin les purifie
Et leur rend à nouveau des visages humains.
Claudien, Contre Rufus, II, 482-487.

2.   Moi-même, il m'en souvient, dans la guerre de Troie
J'étais le Panthoïde Euphorbe.

Paroles de Pythagore, dans Ovide, Métamorphoses, XV, 160-161.

3. « Les bêtes ont été consacrées par des barbares, à cause du profit. » Cicéron, De natura deorum, I, xxxvi.

4.   ... Ici le crocodile est adoré. Là-bas
C'est l'ibis engraissé de serpents qui fait peur,
Et le cercopithèque a sa statue en or.
... Et tantôt un poisson,
Tantôt un chien sont dieux pour des villes entières.
Juvénal, XV, 2-6.

5. Au livre d'Isis et Osiris, XXXIX.

P. 414.

1. Rature : mesmes.

2. Cette phrase est une addition de 1582.

3. Plutarque, Questions romaines, XCVIII, Cicéron, Pro Roscio, XX; Tite-Live, V, xlvii.

4. Plutarque, Vie de Caton le Censeur, III.

5. Diodore de Sicile, V, 27.

6. Hérodote, II, 66-69.

P. 415.

1. Plutarque, Vie de Caton le Censeur, III.

2. Plutarque, Vie de Caton le Censeur, III. Ce cap, au dire d'Amyot, portait le nom de Sépulture du chien.

3. Plutarque, Vie de Caton le Censeur, III.

CHAPITRE XII

4. Diogène Laërce, VII, 165; Cicéron, Académiques, II, xlii, et De finibus, II, xiii.
Le stoïcien Hérillus de Carthage était un disciple de Zénon.

5. Pierre Bunel, humaniste toulousain (1499-1546), précepteur de Pibrac.

6. Entre 1538 et 1546.

7. Dont la première édition connue est de 1487.

P. 416.

1. Si le latin de Sebond est très plat, on n'y trouve nulle trace d'espagnolisme.

2. Les éditions antérieures à 1595 ajoutaient : ... *(et tout le monde quasi, de ce genre.)*

3. « On foule aux pieds plus fort ce qu'on avait trop craint. » Lucrèce, V, 1139.

4. Les éditions antérieures à 1595 ajoutaient ici : *...avec la nonchalance qu'on voit par l'infiny nombre des fautes que l'imprimeur y laisse, qui en eust la conduite lui seul.* — Pierre Eyquem était mort en juin 1568. La traduction, parue en 1569, fut réimprimée dans un texte moins fautif en 1581.

P. 417.

1. Adrien Turnèbe (mort en 1565), professeur au Collège Royal, dont Montaigne a fait l'éloge deux fois (*Essais,* I, xxv ; II, xvii).

P. 418.

1.   Comme un vaste rocher qui refoule les flots
        Et qui fait poudroyer leurs vagues aboyantes,
        Sa masse est là.

Ces vers, imités de Virgile, *Énéide,* VII, 587-589, sont d'un néo-Latin inconnu du xvie siècle, et se trouvent au début d'une pièce *In laudem Ronsardi,* publiée en 1563 à la fin de la *Réponse de Ronsard aux injures et aux calomnies.*

P. 419.

1. D'après Joinville, XIX.

2. Un juif, si l'on en croit Boccace, *Décaméron,* 1re journée, II.

3. L'Évangile selon saint Matthieu, XVII-20, et XXI-21.

4. « Le court moyen de former sa vie à la vertu et au bonheur, c'est de croire. » Quintilien, *Instit. Oratoro,* XII, 11.

P. 420.

1. Du parti protestant, jusqu'à la mort d'Henri III.

2. Le droit à la révolte fut soutenu par les protestants sous les derniers Valois, contesté par eux quand régna Henri IV.

3. Il s'agit de l'armée catholique.

P. 421.

1. ... *si tu le crois,* ajoute l'édition de 1595.

2. ... *et qui ne fait rien qui vaille,* ajoute l'édition de 1595.

3. Diogène Laërce, *Vie d'Antisthène,* VI, 4.

P. 422.

1. Diogène Laërce, *Vie de Diogène*, VI, 39.

2.   On ne se plaindrait pas, mourant, d'être dissous,
    On s'en irait joyeux comme un serpent qui mue
    Ou comme un cerf vieilli perdant ses bois trop longs.

                              Lucrèce, III, 612-614.

3. Allusion à Cléombrote qui, ayant lu *Phédon*, se jeta dans la mer.

4. Dans *les Lois*, X.

P. 423.

1. Platon.

2. Diogène Laërce, *Vie de Bion*, IV, 54.

P. 424.

1. Plutarque, *De la tranquillité de l'âme*, XIX.

2. Dans l'*Épître aux Romains*, I, 20.

3.   Dieu même offre à la terre en spectacle le ciel ;
    En le faisant rouler sans cesse sur nos têtes,
    Il dévoile sa face et il s'inculque en nous,
    Afin de nous livrer en pleine connaissance
    Son être et sa démarche et les lois qu'il observe.

                          Manilius, IV, 907-911.

Les éditions publiées du vivant de Montaigne ajoutaient ici : « *Si mon imprimeur estoit si amoureux de ces préfaces questées et empruntées, de quoy par humeur de ce siècle il n'est pas livre de bonne maison, s'il n'en a le front garny, il se devoit servir de tels vers que ceux-cy, qui sont de meilleure et plus ancienne race, que ceux qu'il y est allé planter.* (Il s'agit, bien entendu, de l'imprimeur de *la Théologie naturelle*.)

P. 425.

1. Il s'agit de la *Guyde des Pécheurs*, ouvrage dévot dont parlent Régnier et Molière.

2. « As-tu mieux ? dis-le donc ou sinon soumets-toi. » Horace, *Épîtres*, I, v, 6.

3. Les éditions antérieures disaient : *Celuy qui est d'ailleurs imbu d'une créance, reçoyt bien plus aysément les discours qui luy servent, que ne faict celuy, qui est abreuvé d'une opinion contraire, comme sont ces gens icy.*

P. 426.

1. On lit dans l'*Entretien avec M. de Saci* attribué à Pascal : « Je ne puis voir sans joie dans cet auteur la superbe raison si invinciblement froissée par ses propres armes. » Cf. Pascal, *Œuvres complètes* (Pléiade), p. 569.

2. « Car Dieu ne veut pas qu'un autre que lui s'enorgueillisse. » Hérodote, VII, 10, cité par Stobée, *Anthologie*, sermon 22.

3. « Dieu résiste aux superbes et fait aux humbles grâce. » Saint Pierre, I, *Épîtres*, V, 5.

4. Dans le *Timée*, p. 51.

5. Dans *la Cité de Dieu*, XXI, 5.

P. 427.

1. Saint Paul, *Épître aux Colossiens,* II, 8.

2. Saint Paul, *Épître aux Corinthiens,* VIII, 2. Montaigne avait gravé cette sentence sur une travée de sa librairie.

3. Saint Paul, *Épître aux Galates,* VI, 3, sentence gravée aussi par Montaigne dans sa librairie.

4. Pascal, *Pensées,* art. II, n° 72 (éd. Brunschvicg), s'est souvenu de ce passage.

P. 428.

1. Cicéron, *De natura rerum,* I, 9.

2. Le stoïcien Balbus, à qui Cicéron prête les paroles suivantes.

3. « Pour qui donc dirait-on que le monde a été fait ? Assurément pour les êtres animés doués de raison. Dieux et hommes sont les meilleurs des êtres. » Cicéron, *De natura rerum,* II, 54.

4.   Quand nous levons les yeux jusqu'aux parvis du ciel
       Vers l'immobile éther tout brasillant d'étoiles,
       Et pensons dans leur cours la lune et le soleil.

                                        Lucrèce, V, 1203-1205.

5. « Nos actes, notre vie, il les suspend aux astres. » Manilius, III, 58.

6.   ... Elle voit ces astres éloignés
       Gouverner notre terre avec leurs lois cachées,
       Et l'univers entier mû d'un rythme réglé
       Et le cours des destins dépendant de ces signes.

                                        Manilius, I, 60-63.

7.   Si grands sont les effets des moindres mouvements,
       Si puissant cet empire où les rois sont soumis.

                                        Manilius, I, 55 et IV, 93.

P. 429.

1.   .... L'un furieux d'amour
       A traversé la mer et mis en cendres Troie ;
       D'un autre c'est le sort de rédiger les lois ;
       Des enfants tuent leur père et des parents leurs fils ;
       D'un meurtre mutuel sont animés des frères ;
       Nous n'y sommes pour rien, et de tels attentats,
       Le fer qui les punit, ces membres déchirés
       Cela vient du destin, ce que j'en dis en vient.

                                        Manilius, IV, 79, 89 et 118.

2. « Quels furent les instruments, les leviers, les machines, les ouvriers qui élevèrent un si grand ouvrage. » Cicéron, *De natura deorum,* I, VIII.

3. « Tant sont étroites les bornes de notre esprit ! » Cicéron, *De natura deorum,* I, XXXI.

4. Diogène Laërce, *Vie d'Anaxagoras,* II, 8.

5. Dans *De la face qui apparaît au rond de la lune.*

6. « Entre autres infirmités de la nature humaine était cette ténèbre de l'âme qui non seulement la force à errer, mais lui fait aimer ses erreurs. » Sénèque, *De ira,* II, IX.

7. « Le corps corruptible alourdit l'âme et sous son enveloppe de terre la déprime dans l'exercice même de la pensée. » *Livre de la Sagesse*, IX, 15, cité par saint Augustin, *Cité de Dieu*, XII, xv.

8. Aériens, aquatiques, terrestres.

P. 430.

1. L'édition de 1595 ajoute : *Nous nous entretenons de singeries réciproques. Si j'ay mon heure de commencer ou de refuser, aussi a elle la sienne.*

2. Dans *la Politique*, XVI, p. 272.

3. Dans le *Timée*. Voir *Essais*, I, xi.

4. Tiré, en 1582, de Cælius Rhodiginus, *Antiquarum lectionem libri*, XVII, xiii.

5. C'est ce qu'affirme Pline (VI, xxxv) des Ptœmphores d'Afrique.

P. 431.

1.   Et les muets troupeaux, et les bêtes sauvages,
      Par des cris différents et variés expriment
      La crainte, la douleur ou le plaisir qu'ils sentent.
                                    Lucrèce, V, 1058-1060.

2.   Ce n'est pas autrement que l'on voit les enfants
      Suppléer par le geste à leurs voix impuissantes.
                                    Lucrèce, V, 1029-1030.

3.   Et le silence encor est capable
      D'avoir prières et paroles.
                                    Le Tasse, *Aminte*, II, 34.

P. 432.

1. Dans l'*Hist. nat.*, VI, xxx.

2. Plutarque, *Dicts des Lacedæmoniens*.

3.   A ces signes, selon des exemples pareils
      Certains ont même dit que les abeilles ont
      Leur part d'âme divine et d'effluves célestes.
                                    Virgile, *Géorgiques*, IV, 219-221

P. 434.

1.   Comme le matelot par les flots rejeté
      L'enfant nu gît à terre et n'a voix ni secours,
      Dès l'heure où la nature avec effort l'arrache
      Au ventre de sa mère et le produit au jour.
      Sa frêle plainte emplit l'espace, comme il sied
      A qui doit en vivant traverser tant de maux.
      Or croissent à l'envi troupeaux, bêtes sauvages,
      Sans besoin de hochets ni de mots caressants,
      Que chuchote la voix d'une tendre nourrice ;
      Point d'habits à changer aux diverses saisons,
      Nulle nécessité d'armes ni de remparts
      Pour défendre leurs biens. Mais la terre pour eux
      Et la sage nature épandent tout à tous.
                                    Lucrèce, V, 223-235.

2. Les éditions antérieures à 1595 ajoutent : ... *la faiblesse de notre naissance se trouve à peu près en la naissance des autres créatures.*

3. Plutarque, *Vie de Lycurgue*, XIII.

4. « Chacun sent sa nature et ce qu'il en peut faire. » Lucrèce, V, 1032.

P. 435.

1. Probablement le Brésil.

2.   Les céréales d'or, les florissants vignobles,
       De lui-même le sol les fournit pour les hommes.
       La terre leur donnait les fruits, les prés riants,
       Que maintenant à peine un dur labeur fait croître
       En épuisant les bœufs, les bras des laboureurs.

                                    Lucrèce, 1157-1161.

3. Tous ces traits sont pris dans Plutarque, *Quels animaux sont les plus advisez*, X.

P. 436.

1.   C'est ainsi qu'au milieu de leur noir bataillon
       S'abordent des fourmis, entre elles s'enquérant
       Pour connaître leur route et leur butin peut-être.

                                    Dante, *Purgatoire*, XXXVI, 34.

2. Ce passage semble tiré de Joubert, *Quel langage parleroit un enfant qui n'aurait jamais ouï parler*, publié en 1578, à la suite des *Erreurs populaires du fait de la médecine.*

3.   ... Et chez divers oiseaux
       Les vols notablement varient d'un temps à l'autre
       Et certains modifient quand le temps va changer
       Leur ramage au son rauque...

                                    Lucrèce, V, 1077-1080.

4. *L'Ecclésiaste*, IX-2. Cette sentence a été citée déjà au début de l'Essai I, XXXVI. Cf. p. 221.

5. « Tout est pris dans sa chaîne et sa fatalité. » Lucrèce, V, 574.

P. 437.

1.   Toute chose a sa loi d'évolution. Tout
       Procède à sa façon par l'ordre naturel.

                                    Lucrèce, V, 921-922.

2. Paradoxe contredit par Pascal qui affirme : « Toute notre dignité consiste donc en la pensée. » (*Pensées*, n° 347, éd. Brunschvicg.)

3. ... *et de plus riches effets des facultez plus riches,* ajoute l'édition de 1595.

4. ... *aussi le tiennent les animaux ou quelqu'autre meilleure,* ajoute l'édition de 1595.

P. 438.

1. C'est le fameux sorite du Renard. Cf. Plutarque, *Quels animaux sont les plus advisez*, XIII.

2. Plutarque, *Comment on pourra diſtinguer le flatteur d'avec l'amy,* III.

3. Hérodote, V.

4. Cette formule eſt dans Pétrone, cité par Juſte Lipse, *Saturnalium,* II, v.

5. Brûle-moi, si tu veux, la tête et perce-moi
  Du fer et du fouet, déchire-moi le dos.

Tibulle, I, 21-22.

P. 439.

1. Hérodote, IV, LXXI et LXXII.

2. Diogène Laërce, *Vie de Diogène,* VI, 75.

3. Plutarque, *Que les beſtes usent de la raison,* IV.

4. La cigogne nourrit ses petits de serpents
  Et de lézards trouvés dans les champs écartés.
  L'aigle de Jupiter chasse dans les forêts
  Le lièvre et le chevreuil...

Juvénal, XIV, 71-74.

5. Pline, *Hiſt. nat.,* X, VIII.

P. 440.

1. Cité par Plutarque, *Quels animaux sont les plus advisez,* XX.

2. Sylla mourut de la maladie pédiculaire. Cf. Plutarque, *Vie de Sylla,* XVI, et aussi Bouayſtuau, *Chelidonius,* éd. de 1752, folio 132 verso; Ravisius, *Officina,* folio 3 reƈto.

3. Série d'exemples empruntés à Plutarque, *Quels animaux sont les plus advisez,* XX.

P. 441.

1. Tiré de Plutarque, *Quels animaux sont les plus advisez,* XX.

2. Le logicien Georges de Trébizonde, dont les manuels étaient en usage dans les écoles du XVIe siècle.

P. 442.

1. Toujours dans son traité : *Quels animaux...,* XIX.

2. Il s'agit des *norias.*

3. Plutarque, *Quels animaux...,* XIX.

P. 443.

1. Non pas Arrius, mais Arrien *(Arrianus).*

P. 445.

1. Tous ces traits sont tirés de Plutarque, XII, XIV, XV, XVII et XIX.

2. ... Les anciens éléphants servirent
  Nos propres généraux et le roi des Molosses.
  On les a vus porter sur leur dos des cohortes
  Et comme un escadron entrer dans les batailles.

Juvénal, XV, 107-110.

3. Gomara, *Hiſt. générale des Indes,* II, 9.

4. Cette phrase remplace cette autre des éditions antérieures :
*Nous vivons, et eux et nous, sous mesmes tect, et humons un mesme air ;
il y a sauf le plus et le moins, entre nous une perpétuelle ressemblance.*

5. Cf. *Essais,* livre I, XXXI.

P. 446.

1. Plutarque, *Quels animaux...,* XXIII.
2. Ils ont leur nom : le maître le dit-il ?
     Chacun arrive et figure à l'appel.

Martial, Épigrammes, IV, XXI, 67.

P. 447.

1. Plutarque, *Quels animaux...,* XI.
2. Pline, *Hist. nat.* XXXII, I.

P. 448.

1. Ces exemples sont tirés de Pline, *Hist. nat.,* XXXII, XVI.
   Les éditions antérieures à 1595 portaient : *Car à nos enfants il
est certain que bien avant en l'aage, nous n'y découvrons rien sauf la forme
corporelle, par où nous en puissions faire image.*

P. 449.

1. Une autre forme de ce dicton en un distique de vers hepta-
syllabes était :
     Le pied sec et chaut la teste,
     Au reste, vivez en beste.
2. Dans la position des bêtes quadrupèdes,
     La femme conçoit mieux, semble-t-il; la semence
     Atteint son but, poitrine en bas et pieds en l'air. »

Lucrèce, IV, 1261-1264.

3. La femme met obstacle à la conception
     Lorsque tordant sa croupe elle stimule l'homme
     Et fait jaillir le flot de ses flancs épuisés.
     Le soc ainsi heurté quitte le bon sillon,
     L'élan de la semence est écarté du but.

Lucrèce, IV, 1266-1269.

Cette citation et la phrase qui la précède sont des additions de
1582.

P. 450.

1. Exemple tiré de Plutarque, *Quels animaux...,* XIII.
2. ... Elle n'a pas besoin
     D'un c... appartenant à fille consulaire.

Horace, Satires, I, II, 69-70.

3. Plutarque, *Quelles bestes usent de la raison,* VI.

P. 451.

1. Plutarque, *Quels animaux...,* XVIII.
2. Oppien, dans le *De venatione,* I, 236.

3. La génisse subit sans vergogne son père,
La cavale le sien, on voit le bouc couvrir
Celles qu'il engendra, l'oiselle aussi conçoit
D'oiseau qui la conçut...

Ovide, *Métamorphoses*, X, 325-328.

4. Plutarque, *Quels animaux...*, XVI.

P. 452.

1. ...Quand un lion plus fort
Tua-t-il un lion ? Et dans quel bois la dent
D'un plus grand sanglier tua-t-elle un petit ?

Juvénal, XV, 160-162.

2. De deux reines souvent un grand combat s'élève ;
Alors quelle fureur anime tout ce peuple !
Quelle querelle l'agite !...

Virgile, *Géorgiques,* IV, 67-69.

3. Ici, dans un éclat qui brille jusqu'au ciel,
De l'airain ondoyant la terre est éblouie.
Elle résonne au pas des guerriers, et les monts
Hantés par ces clameurs les renvoient aux étoiles.

Lucrèce, II, 325-328.

P. 453.

1. C'est l'amour de Pâris, à ce qu'on nous raconte,
Qui mit en tel combat la Grèce et les Barbares.

Horace, *Épîtres,* I, II, 645.

2. Comme Antoine a baisé Glaphyre, mon devoir,
De l'avis de Fulvie, est de baiser Fulvie.
Baiserai-je Fulvie ? Et s'il en faut autant
A Marius, faut-il le faire ? soyons sage.
Bataille ou lit, dit-elle ? Eh quoi donc ! A la vie
Je pourrais sacrifier mon membre ? Allez, trompettes !

Vers que Martial attribue à Auguste : *Épigrammes,* XI, XXI, 3-8.

3. Montaigne s'adresse à Marguerite de Valois, fille de Henri II, femme du Béarnais, à laquelle est dédiée l'*Apologie*.

4. Comme les flots roulant sur la mer de Libye
Quand le dur Orion se plonge aux flots d'hiver,
Ou comme les épis torrides au solstice
Du val d'Hermus, des champs jaunissants de Lycie,
Le sol foulé frémit et les boucliers sonnent.

Virgile, *Énéide,* VII, 718-722.

5. « Le bataillon noir s'en va par la plaine. » Virgile, *Géorgiques,* IV, 404.

P. 454.

1. Non pas Pompée, mais le peuple des Characitaniens, d'après Plutarque, *Vie de Sertorius,* VI.

2. Plutarque, *Vie d'Eumène.*

3. Plutarque, *Vie de Crassus.*

4. Ces âmes en fureur et ces si grands combats,
   Jetez de la poussière, et les voilà calmés.
                              Virgile, *Géorgiques*, IV, 86-87.
5. Goulard, *Histoire du Portugal*, VIII, 19.

P. 455.
   1. Plutarque, *Quels animaux...*, XIII.
   2. Plutarque, *Quels animaux...*, XIII.
   3. Plutarque, *Quels animaux...*, XIII.
   4. Aulu-Gelle, *Nuits attiques*, V, XIV.

P. 457.
   1. Puis vient sans ornements son cheval de bataille,
      Ethon, le front mouillé par de gros pleurs qui coulent.
                              Virgile, *Énéide*, XI, 89-90.
   2. Les exemples de l'escare et des « barbiers » sont tirés de
Plutarque, *Quels animaux...*, XXV.

P. 458.
   1. Plutarque, *Quels animaux...*, XXI.
   2. Plutarque, *Quels animaux...*, XXXI.
   3. Plutarque, *Quels animaux...*, XXX.

P. 459.
   1. Plutarque, *Quels animaux...*, XXIX.
   2. Plutarque, *Quels animaux...*, XV.
   3. Arrien, *De l'Inde,* trad. Witard, éd. de 1581, p. 327.
   4. Plutarque, *Quels animaux...*, XXV.

P. 460.
   1. Plutarque, *Quels animaux...*, XXV.

P. 461.
   1. On verra des chevaux ardents, pendant qu'ils dorment
      Dans leurs rêves suer et souffler sans relâche,
      Et comme pour un prix tendre toutes leurs forces.
                              Lucrèce, IV, 988-990.
   2. Souvent les chiens de chasse, au cours d'un doux sommeil,
      Agitent tout à coup les jarrets : ils aboient,
      Reniflent autour d'eux à coups précipités,
      Comme s'ils dépistaient et suivaient le gibier,
      Ou s'éveillent, courant à leur idée un cerf,
      Comme s'ils le voyaient détaler devant eux.
      Puis l'erreur se dissipe et le sens leur revient.
                              Lucrèce, IV, 992-998.
   3. Voyez ces gentils chiens de maison s'agiter,
      Secouer de leurs yeux un peu de somnolence,
      Et se lever d'un bond croyant apercevoir
      Des visages nouveaux, des inconnus suspects.
                              Lucrèce, V, 999-1002.

P. 462.

1. « Un visage romain s'enlaidit d'un teint beige. » Properce, II, XVIII, 26.

2. Gomara, *Hiſt. des Indes,* trad. Fumée, II, XX.

3. Gomara, *Hiſt. des Indes,* trad. Fumée, IV, III.

4. Balbi, *Viaggio del l'Indie orientale* (1530), p. 76.

5. Gomara, *Hiſt. des Indes,* trad. Fumée, IV, III.

6. Dans son *Hiſt. nat.,* VI, XIII.

7. Gomara, *Hiſt. des Indes,* trad. Fumée, II, LXXXIV.

8. Cicéron, *De natura deorum,* I, X.

P. 463.

1. « Nous sommes surpassés en beauté par beaucoup d'animaux. » Sénèque, *Épîtres,* CXXIV.

2. Les autres animaux portent les yeux à terre,
   Mais l'artisan de l'homme a mis droite sa face,
   Et l'a fait regarder vers le ciel et les aſtres.

                                   Ovide, *Métamorphoses,* I, 84.

3. Dans le *Timée.*

4. Dans *De natura deorum,* II, 54.

5. « Le singe eſt le plus laid, et comme il nous ressemble ! » Ennius, cité par Cicéron dans le *De natura deorum,* I, 35.

6. ... *à ce que disent les médecins,* ajoutent ici les éditions antérieures à 1595.

7. ... *et puis que l'homme n'avoit pas de quoy se présenter nud à la venue du monde, il a eu raison de se cacher* (éd. antérieures à 1595).

P. 464.

1. Tel d'un corps qu'on lui livre a vu le coin obscène,
   Et dans l'élan du coup sent tomber le désir.

                                   Ovide, *Remèdes d'amour,* 429-430.

2. Nos maîtresses non plus n'ignorent pas cela
   Qui cachent de leur vie avec soin les coulisses
   Pour nous tenir plus fort dans les filets d'Amour.

              Lucrèce, IV, 1182-1184. (Citation ajoutée en 1582.)

P. 465.

1. Plutarque, *Des communes conceptions contre les Stoïques,* XI.

2. *C'eſt donc toute notre perfection que d'être hommes,* lit-on ici dans les éditions antérieures à 1595.

P. 466.

1. Xénophon, *Mémorables,* I, IV, 12.

2. « De même que le vin qui eſt rarement bon aux malades leur eſt très souvent nuisible, aussi vaut-il mieux ne pas leur en donner du tout que de les exposer à un dommage certain dans l'espoir d'une douteuse guérison, de même peut-être serait-il préférable pour l'espèce humaine que la nature lui eût refusé cette activité de pensée, cette pénétration, cette induſtrie que nous appe-

lons raison, et qu'elle nous a si libéralement et si largement accordée, puisque cette activité n'est salutaire qu'à un petit nombre et nuisible à tous les autres. » Cicéron, *De natura deorum,* III, 27.

3. Les Épicuriens accusaient Aristote d'avoir eu une jeunesse dévergondée et d'avoir, du vivant de Platon, fondé une école rivale de celle de son maître. Cf. Corneille Agrippa, *De vanitate scientiarum,* LIV.

4. «Pour être un illettré tient-on l'engin moins raide ? » Horace, *Épodes,* VIII, 17.

5. Vous ne serez donc point malades ni caducs,
    Sans chagrins ni soucis vous n'aurez en partage
    Une plus longue vie et des destins meilleurs.
                                        Juvénal, XIV, 156-158.

6. La doctrine *est encore moins nécessaire au service de la vie que n'est la gloire,* ajoutent les éditions antérieures à 1595.

P. 467.

1. *La seule obéissance,* disent les éditions antérieures à 1595.

2. Plutarque, *Contre l'épicurien Colotès,* XIV.

3. D'après Sebon, folio 299 verso, le commandement de Dieu « devoit estre tel qu'il ne présente à l'homme nul autre proffit et utilité, de peur qu'il ne fust convié par cette seconde cause à la suyvre ; ainsi la simple et pure obéissance. »

4. « Vous serez comme des dieux, sachant le bien et le mal. » *Genèse,* III, 5.

5. Allusion à *l'Odyssée,* XII, 188.

P. 468.

1. « Gardez qu'on vous trompe sous le masque de la philosophie et par de vaines séductions conformément à la doctrine du monde. » Saint Paul, *Épître aux Colossiens,* II, 8.

2. Donc le seul Jupiter est au-dessus du sage :
    Riche, libre, honoré, beau, roi des rois, enfin
    Florissant de santé, quand il n'a pas son rhume.
                                        Horace, *Épîtres,* I, 1, 106-108.

3. Dans son *Manuel,* XI.

4. Plutarque, *Des communes conceptions contre les Stoïques,* XVIII.

5. Dans les *Tusculanes,* I, 26 ; V, 36.

6. Un dieu, c'était un dieu, célèbre Memmius,
    Celui qui le premier nous donna cette règle
    Que nous nommons sagesse et qui, par sa méthode,
    Arrachant notre vie à tant d'orage et d'ombre,
    La mit en si tranquille et si claire lumière.
                                        Lucrèce, V, 8-12.

P. 469.

1. Allusion à la folie de Lucrèce.

2. Cicéron, *Académiques,* II, 23.

3. Cicéron, *De finibus,* II, 23.

4. Plutarque, *Des communes conceptions contre les stoïques,* passim.

5. Dans ses *Épîtres.*

6. « C'est à juste titre que nous nous glorifions de notre vertu : ce qui n'arriverait pas si nous la tenions d'un dieu et non pas de nous-mêmes. » Cicéron, *De natura deorum,* III, 36.

7. Dans l'*Épître* LIII.

8. Voir livre I des *Essais,* xv. — *Ce n'est que vent et paroles,* ajoutent les éditions antérieures à 1595.

9. « Il ne fallait pas faire le brave en paroles pour succomber en fait. » Cicéron, *Tusculanes,* II, 13.

P. 470.

1. Cicéron, *De finibus,* V, 31.

2. Cicéron, *De finibus,* V, 31.

3. L'exemple du pourceau de Pyrrhon a déjà été évoqué par Montaigne (*Essais,* I, xiv, pp. 54-55).

P. 471.

1. *Les hommes engagés au service des Muses m'en sauraient bien que dire,* dit l'édition de 1580.

2. Goulard, *Histoire du Portugal,* II, xiii.

P. 472.

1. Allusion à la folie du Tasse, interné à Ferrare de 1575 à 1586 et visité dans sa cellule par Montaigne en 1580. Voir le *Journal.*

2. La première édition de *la Jérusalem délivrée* est de 1580. Un volume complémentaire (vers et prose) parut en 1581.

3. « Les hommes sont moins sensibles aux plaisirs qu'aux douleurs. » Tite-Live, XXX, xxi.

4. Le moindre effleurement de la peau nous affecte.
   Se bien porter nous est égal. On est content
   De n'être ni goutteux ni pleurétique : à peine
   La santé pouvons-nous la sentir, la connaître.

   La Boétie, *Poésies latines.*

5. « C'est être trop heureux que n'avoir pas de maux. » Ennius, cité par Cicéron, *De finibus,* II, xiii.

P. 473.

1. Cicéron, *Tusculanes,* III, vi.

2. « Cette absence de douleur ne se peut acquérir qu'à un prix élevé : au prix de l'abrutissement de l'âme et de la torpeur du corps. » Cicéron, *Tusculanes,* III, vi.

3. « Pour soulager les peines, la méthode à suivre, selon lui [Épicure] consiste à détourner sa pensée de toute idée fâcheuse et de la ramener à la contemplation d'idées agréables. » Cicéron, *Tusculanes,* III, xiii.

P. 474.

1. « Se souvenir du bien passé double la peine. »

2. « Doux est le souvenir des peines disparues. » Cicéron
De finibus, I, XVII.

3. « Il est en notre pouvoir d'ensevelir, pour ainsi dire, nos
malheurs dans un perpétuel oubli et de nous rappeler nos prospérités
avec agrément et douceur. » Cicéron, *De finibus,* I, XVII.

4. « Je garde mes souvenirs, même ne le voulant pas, et je ne
puis les oublier quand je le veux. » Cicéron, *De finibus,* II, XXXII.

5. « Qui seul osa se proclamer sage. » Cicéron, *De finibus,* II, III.
Il s'agit d'Épicure.

6. Son surhumain génie éclipsa tous les autres,
   Comme un soleil levant efface les étoiles.
                                    Lucrèce, III, 1056-1057.

7. « L'ignorance à nos maux n'est qu'un faible remède. »
Sénèque, *Œdipe,* III, 17, cité par Juste Lipse, *Politiques,* V, XVIII.

P. 475.

1.   ... Je veux boire d'abord
   Et répandre des fleurs, quitte à passer pour fou.
                                    Horace, *Épîtres,* I, V, 14-15.

2. Entre autres Érasme qui, dans ses *Adages* sous la rubrique
De fortunata stultitia, réunit les exemples de Lycas, de Thrasylaus,
le vers grec et les deux citations de *l'Ecclésiaste (Eccl.,* I, XVIII) qui
suivent.

3. Vous me tuez, hélas ! ô mes amis, dit-il,
   Au lieu de me guérir. Mon plaisir est ravi
   Et vous m'avez chassé de mon aimable erreur.
                                    Horace, *Épîtres,* II, II, 138-140.

4. Ce vers que Montaigne traduit avant de le citer est de
Sophocle, *Ajax,* 352. Il est cité aussi par Érasme.

P. 476.

1. « Te plaît-elle ? Soumets-toi. Ne te plaît-elle pas ? Sors-en
par où tu voudras. » Sénèque, *Épîtres,* LXX.

2. « La douleur te point ? Mettons même qu'elle te torture.
Si tu es sans défense, tends la gorge ; mais si tu es couvert des armes
de Vulcain, c'est-à-dire de courage, résiste ! » Cicéron, *Tusculanes,*
II, XIV.

3. « Qu'il boive ou qu'il parte ! » Cicéron, *Tusculanes,* V, XLI.

4. Si tu ne sais bien vivre, à ceux qui savent cède.
   Assez joué, assez mangé et assez bu !
   Il est temps de partir, sinon, trop lourd de vin,
   La jeunesse en riant va te pousser dehors !
                                    Horace, *Épîtres,* II, II, 213-216.

5. Démocrite, averti par sa grande vieillesse
   Que languissaient en lui la mémoire et l'esprit,
   Lui-même offrit sa tête au trépas qui venait.
                                    Lucrèce, III, 1052-1054.

6. Plutarque, *Des communes conceptions contre les stoïques,* XIV.

7. Diogène Laërce, *Vie de Cratès,* V, LXXXVI.

8. Dans plusieurs *Épîtres*, LIX, LXII, etc.

9. Dans son traité *Comment on pourra appercevoir si l'on profite en l'exercice de la vertu*, XIV.

P. 477.

1. Cité par Henri Corneille Agrippa, *De incertitudine et vanitate scientiarum*.

2. L'empereur Valens (IVe siècle ap. J.-C.).

3. Citations, requêtes, examens,
Et les papiers pour procurations,
Leurs mains en sont pleines, aussi leurs poches,
Gloses, conseils et pièces en liasses !
De par ces gens défense aux pauvres hères
D'avoir jamais sûreté dans leurs villes.
Devant, derrière et de flanc les assiègent
Procurateurs, avocats et notaires.

L'Arioste, *Roland furieux*, X.

P. 478.

1. Le mot que Montaigne traduit avant de le citer, est de Socrate. Cf. Stobée, *Sermo*, XXII.

2. Platon, *Apologie de Socrate*, VI.

3. Ces deux sentences de *l'Ecclésiastique* et de *l'Ecclésiaste* étaient peintes sur une travée de la librairie de Montaigne. Cf. p. 1423, sent. 35 et p. 1424, sent. 40.

4. « On connaît mieux Dieu en ne le connaissant pas. » Saint Augustin, *De ordine*, II, XVI, cité dans *les Politiques* de Juste Lipse, I, II.

5. « Il est plus sain et plus respectueux de croire que d'approfondir les actes des dieux. » Tacite, *De moribus Germanorum*, XXXIV.

P. 479.

1. Dans *les Lois* VII, II.

2. « Il est vraiment difficile de connaître le père de cet univers et, si on parvient à le connaître, il est impie de le révéler au vulgaire. » Cicéron, d'après le *Timée*, II.

3. « Exprimer l'immortel en termes de mortel. » Lucrèce, V, 12.

4. « Il n'est susceptible ni d'affection ni de colère, parce que de telles passions ne se trouvent que dans les êtres faibles. » Cicéron, *De natura deorum* I, XVII.

P. 480.

1. Dans saint Paul, *Épître aux Corinthiens*, I, XIX.

2. La *simplesse*, dit l'édition de 1595.

3. Cicéron, *De natura deorum*, I, VII.

4. Diogène Laërce, *Vie de Phérécyde*, I, CXXII.

P. 481.

1. Les éditions antérieures à 1595 ajoutent : ... *et qui n'eust autre plus juste occasion d'être appelé sage que cette sienne sentence*. — Il s'agit de Socrate.

2. Dans *le Poliitique*, XIX.

3. « Presque tous les anciens ont dit qu'on ne pouvait rien connaître, rien comprendre, rien savoir, que nos sens étaient bornés, nos intelligences faibles et le cours de la vie bref. » Cicéron, *Académiques*, I, xii.

4. Valère Maxime, II, ii, cité et mal compris par Corneille Agrippa.

5. « Il faut parler, mais sans rien affirmer; je chercherai tout en doutant le plus souvent et me défiant de moi-même. » Cicéron, *De divinatione*, II, iii.

6. ...Qui tout éveillé ronfle...
   Et vivant et voyant est presque comme un mort.

Lucrèce, III, 1048 et 1046.

P. 482.

1. Paragraphe entièrement tiré de Sextus Empiricus, *Hypotyposes*, I, xxii, xix et xxiii.

2. On appelait ainsi ceux qui *suspendent* leur jugement. Cf. Rabelais, *Tiers Livre*, XXXVI.

3. Diogène Laërce, *Vie de Pyrrhon*, IX, lxxii.

4. Qui croit qu'on ne sait rien ignore si l'on peut
   Savoir bien quelque chose, affectant l'ignorance.

Lucrèce, IV, 470-471.

P. 483.

1. Cicéron, *Académiques*, IV, 47.

2. Sextus Empiricus, *Hypotyposes*, I, xii.

P. 484.

1. « Ils s'attachent à n'importe quelle secte, comme à un rocher sur lequel les aurais coulés la tempête. » Cicéron, *Académiques*, II, iii.

2. « D'autant plus libres et indépendants que rien ne limite leur faculté de juger. » Cicéron, *Académiques*, II, iii.

P. 485.

1. « Si bien que trouvant sur un même sujet des raisons égales pour et contre, il est plus facile de suspendre son jugement sur un point ou sur l'autre. » Cicéron, *Académiques*, II, xii.

2. Sextus Empiricus, *Hypotyposes*, I, xxii, xix et xxiii.

3. « Je suspends [mon jugement] » mot grec inscrit sur une travée de la librairie de Montaigne. Cf. p. 1425, sent. 51.

4. Sextus Empiricus, *Hypotyposes*, I, xii.

5. « Car Dieu a voulu que nous ayons non la connaissance, mais seulement l'usage de ces choses. » Cicéron, *De divinatione* I, 18.

6. Diogène Laërce, dont une *Vie de Pyrrhon* servait d'introduction aux *Hypotyposes*.

P. 486.

1. Cicéron, *Académiques*, II, xxxi.

2. Cicéron, *Académiques*, II, xxxiii.

3. Cicéron, *Académiques*, III, xxxiv.

P. 487.

1. Sentence tirée de *l'Ecclésiaste* (III, 22) et qui figurait parmi celles de la librairie : *Fruere jucunde præsentibus, cætera extra te :* « Jouis joyeusement du présent, le reste est hors de toi. » Cf. p. 1423, sent. 37.

2. « Le Seigneur connaît les pensées des hommes et sait qu'elles sont vaines. » *Psaumes,* XCIII, 11.

3. « Que les savants supposent plutôt qu'ils ne connaissent. »

4. Platon, *Timée,* trad. Ficin, éd. de 1477, p. 29.

5. « Je m'expliquerai comme je pourrai, non que mes paroles soient des oracles certains et immuables rendus par Apollon Pythien ; faible mortel, je cherche par conjectures à découvrir ce qui est probable. » Cicéron, *Tusculanes,* I, IX.

6. Dans la traduction latine du *Timée,* III.

7. « S'il arrive que, discourant de la nature des dieux et de l'origine du monde, je ne puisse atteindre le but que je me propose, il ne faudra pas vous en étonner : car vous devez vous souvenir que moi qui parle et vous qui jugez, nous ne sommes que des hommes, et si je vous donne des probabilités, ne recherchez rien de plus. » *Timée,* III.

8. Plutarque, dans la version d'Amyot, *Propos de table,* VIII, x.

P. 488.

1. « Ceux qui recherchent ce que nous pensons sur chaque matière poussant la curiosité plus loin qu'il ne faut. Ce principe en philosophie de discuter de tout sans décider sur rien, établi par Socrate, repris par Arcésilas, confirmé par Carnéade est encore en vigueur de notre temps. Nous sommes de l'école qui dit que le faux est partout mêlé au vrai et lui ressemble si fort qu'aucun critère ne permet de juger et de décider avec certitude. » Cicéron, *De natura deorum,* I, V.

2. Cicéron, *Académiques,* II, XLV.

3. « Le ténébreux. » Rabelais, qui joue sur le mot *skoteinos,* nomme déjà Héraclite « le ténébreux scotiste. »

4. Grand, surtout chez les sots, par son langage obscur,
Car les nigauds d'abord admirent et chérissent
Ce qu'on cache et chuchote en des mots ambigus.
Lucrèce I, 640-642.

5. Dans le traité *De officiis,* I, VI.

6. Diogène Laërce, *Vie d'Aristippe,* II, 92.

7. Diogène Laërce, *Vie de Zénon,* VII, 32.

8. Plutarque, *Contredicts des philosophes stoïques,* XXV.

9. Dans la *Vie d'Alexandre,* II.

P. 489.

1. « Peu me plaisent ces lettres qui n'ont en rien servi ceux qui en sont instruits. » Cité par Juste Lipse, *Politiques,* I, 10, Salluste, *Jugurtha,* LXXXV.

2. Selon Sextus Empiricus, *Hypotyposes,* I, 33.

3. Sénèque, *Épîtres*, LXXXVIII.

4. Diogène Laërce, *Vie de Socrate*, in fine.

5. Dans *le Théétète*, VII, pp. 150-151.

6. Cicéron, *Académiques*, II, v.

7. Les éditions antérieures à 1595 donnent pour le passage suivant : *... chez qui se peut voir cela plus clairement que chez notre Plutarque ? Combien diversement discourt-il de même chose ? Combien de fois nous présente il deux ou trois causes contraires de mesme subject et diverses raisons, sans choisir celle que nous avons à suivre ; Que signifie...*

P. 490.

1. Plutarque, *Des oracles qui ont cours*, XXXV.

2. Cicéron, *Académiques*, II, xli.

3. « Les pensées des mortels sont timides, et incertaines nos prévoyances et nos inventions. » *Sagesse*, IX, xiv.

4. Sénèque, *Épîtres*, LXXXVIII.

P. 491.

1. Tout ce passage procède de Plutarque, *Propos de table*, I, x.

2. « Mieux vaut apprendre des choses superflues que de ne rien apprendre. » Sénèque, *Épîtres*, LXXXVIII.

3. Cicéron, *Académiques*, II, xli.

4. Plutarque, *Que l'on ne sçaurait vivre joyeusement selon la doctrine d'Epicurus*, VIII.

P. 492.

1. « Ces systèmes sont les fictions du génie de chaque philosophe et non le résultat de leurs découvertes. » Sénèque, *Suasoriae*, IV.

2. Diogène.

3. *Car il n'est pas défendu de faire notre profit de la mensonge mesme, s'il est besoing*, ajoutent ici les éditions antérieures à 1595.

4. Diogène Laërce, *Vie de Platon*, III, lxxx.

5. Dans *la République*. A la fin du livre II et au début du livre III.

6. Au livre V, trad. Ficin, p. 459. (Pléiade, t. I, p. 1032.)

P. 493.

1. « Ils ont écrit non pas tant par conviction que pour exercer leur esprit par la difficulté du sujet. » (Auteur inconnu.)

2. Les éditions antérieures à 1595 ajoutaient : *Car les déitez, ausquelles l'homme de sa propre invention a voulu donner une forme, elles sont injurieuses, pleines d'erreurs et d'impiétés.* Ce texte fut remplacé d'abord par cet autre que Montaigne ratura ensuite : *Celui qui s'enquestoit a l'oracle Delphique comant il falait servir Dieu n'en eust autre response que cetecy : selon la mode et loi du païs.*

3. Jupiter tout-puissant, père et mère du monde
     Et des rois et des dieux.
     Vers de Soranus, conservés par saint Augustin, *Cité de Dieu*, IX, 11.

P. 494.

1. *Actes des Apôtres,* XVII, 23.

2. Plutarque, *Vie de Numa,* XLI.

P. 495.

1. Ronsard, *Remontrance au peuple de France.*

2. Tout le passage qui suit procède de Cicéron, *De natura deorum,* I, x.

P. 496.

1. Erreur pour *l'air* (latin *aer*) qui se trouve dans le texte de Cicéron suivi par Montaigne.

2. Diogène Laërce, IX, xix.

3. Cicéron, *De natura deorum,* I, xxiii.

4. Cicéron, *De natura deorum,* I, xxiii, sq.

5. J'ai dit et je dirai toujours qu'il est des dieux
   Sans les croire occupés de ce que font les hommes.

> Ennius, dans Cicéron, *De divinatione,* II, 1.

P. 497.

1. Les éditions antérieures à 1595 portent entre *déifiées* et *cela : Car d'adorer celles de notre sorte, maladifiées, corruptibles et mortelles, comme faisait toute l'ancienneté, des hommes qu'elle avoit veu vivre et mourir et agiter de toutes nos passions.*

2. Plutarque, *Isis et Osiris.*

3. Et tout cela si loin de la divinité,
   Indigne de compter dans le monde des dieux !

> Lucrèce, V, 123-124.

4. « On connaît leur aspect, leur âge, leurs vêtements, leurs parures, leur généalogie, leur mariage, leurs alliances; tout se représente sur le modèle de la faiblesse humaine; car on les fait sujets aux mêmes troubles. On nous parle des passions des dieux, de leurs chagrins, de leurs colères. » Cicéron, *De natura deorum,* I, xxviii.

5. Cicéron, *De natura deorum,* I, xxiii, et saint Augustin, *Cité de Dieu,* IV, xx (avec le *Commentaire* de Vivès).

6. A quoi bon introduire en les temples nos mœurs,
   Esprits courbés à terre et dénués du ciel.

> Perse, II, 61-62.

P. 498.

1. Saint Augustin, *Cité de Dieu,* XVIII, v.

2. Saint Augustin, *Cité de Dieu,* IV, xxvi, qui reproduit le texte de Cicéron, *Tusculanes,* I, xxvi.

3. Plutarque, *De la face qui apparoist dedans le rond de la lune,* XXXII.

4. Des sentiers écartés, des bois myrteux les cachent,
   Et leurs chagrins d'amour les suivent dans la mort.

> Virgile, *Énéide,* VI, 443-444.

5. Montaigne l'appelle lui-même « le divin Platon ».

P. 499.

1. Dans son *Épître aux Corinthiens,* II, ix.

2. Plutarque, *De la face qui apparoist dedans le rond de la lune,* XXVIII.

3. C'était Hector qui combattait dans la mêlée,
Mais non l'autre, traîné par des chevaux de Thrace.
                              Ovide, *Tristes,* III, ii, 27-28.

4. Changer, c'est se dissoudre et périr ! Les parties
Entrent en mouvement et l'âme se transpose.
                              Lucrèce, III, 376-377.

5. Saint Augustin, *Cité de Dieu,* X, xxx. Il s'agit de Porphyre.

6. Ovide, *Métamorphoses,* XV, et Pline, *Hist. nat.,* X, ii.

P. 500.

1. Le temps, s'il rassemblait toute notre matière,
Nous morts, et lui rendait son ordre d'aujourd'hui,
Si l'on nous rappelait à la clarté vivante,
Rien de cela pourtant ne pourrait nous toucher
Puisqu'en nous la mémoire aurait perdu sa chaîne.
                              Lucrèce, III, 847-851.

2. Dans Plutarque.

3. Tiré de sa racine et séparé des corps,
L'œil réduit à lui seul ne saurait plus rien voir.
                              Lucrèce, III, 561-562.

4. Car la vie à son terme expire en l'intervalle
Où tout se meurt sans but et sans toucher des sens.
                              Lucrèce, III, 872-873.

5. Il n'est là rien de nôtre, à nous qui n'existons
Que par un joint exact entre le corps et l'âme.
                              Lucrèce, III, 857-858.

P. 501.

1. Dans son traité *Pourquoy la justice divine diffère quelquefois la punition des maléfices,* IV.

2. Tite-Live, XLI, xvi.

3. Tite-Live, XLV, xxxiii.

4. Arrien, VI, xix, et Diodore, XVII, civ.

5. César, *Guerre des Gaules,* VI, xvi.

P. 502.

1. ...Quatre fils de Sulmone
Quatre enfants de l'Ufens, tous jeunes, bien vivants.
Il va les immoler aux Ombres infernales.
                              Virgile, *Énéide,* X, 507-509.

2. Hérodote, trad. Saliat, IV, 104.

3. Hérodote, trad. Saliat, VII, 94, et Plutarque, *De la superstition,* XIII.

4. « Tant la religion put conseiller de maux. » Lucrèce, I, 102.

5. Plutarque, *De la superstition*, XIII.

6. Plutarque, *Dicts des Lacedæmoniens*.

7. Et vierge impurement au temps même des noces
Elle tomba, victime offerte par son père.

Lucrèce, II, 99-100.

P. 503.

1. Montaigne avait écrit à tort dans les éditions antérieures
Et que Décius, pour acquérir la bonne grâce des dieux envers les affaires romaines se bruslast tout vif en holocauste à Saturne entre les deux années.

2. « Quelle était cette grande iniquité des dieux de ne consentir à être favorables au peuple romain qu'au prix de la vie de tels hommes. » Cicéron, *De natura deorum*, III, vi.

3. Hérodote, III, xlii, xlv.

4. « Telle est la fureur de leur esprit troublé et sorti de son assiette qu'ils pensent apaiser les dieux en surpassant toutes les cruautés des hommes. » Saint Augustin, *Cité de Dieu*, VI, x.

5. « De quoi pensent-ils que les dieux s'irritent, ceux qui croient les rendre ainsi propices ?... Des hommes ont été châtrés pour servir au plaisir des rois ; mais jamais un esclave ne s'est châtré lui-même quand son maître lui commandait de ne plus être un homme. » Saint Augustin, *Cité de Dieu*, VI, x.

6. ...C'est la religion
Qui bien souvent fit l'homme impie et criminel.

Lucrèce, I, 83-84.

P. 504.

1. Montaigne par ces lignes répond directement à certains chapitres de la *Theologia* de Sebon (notamment XCVII sq.).

2. « La faiblesse de Dieu est plus forte que les hommes, et sa folie plus sage que leur sagesse. » Saint-Paul, *Épître aux Corinthiens*, I, i, 25.

3. Stilpon de Mégare (300 environ av. J.-C.) croyait que la vertu consistait dans l'impassibilité. Voir Diogène Laërce, *Vie de Stilpon*, II, cxvii.

4. Pascal a en tête ce passage quand il écrit (*Pensées*, nº 72, éd. Brunschvicg) : « Ce petit cachot où il se trouve logé : j'entends l'univers. »

5. Tous ces objets, le ciel et la terre et la mer
Ne sont rien, comparés à la somme des sommes.

Lucrèce, VI, 679-680.

P. 505.

1. Allusion aux miracles de l'Écriture (Ascension, Josué, la mer Rouge, Apparition, etc.).

2. Terre et soleil et lune et mer, rien n'est unique,
Tout va se répétant par nombres infinis.

Lucrèce, II, 1085-1086.

3. On n'en verra pas un dans la somme des êtres
Qui grandisse isolé, soit unique en son genre.

Lucrèce, II, 1077-1078.

4. Répétons-le toujours, reconnaissons-le bien !
La matière ailleurs forme, ainsi qu'en notre monde,
D'autres masses sans fin qu'étreint l'avide éther.

Lucrèce, II, 1064-1066.

5. Dans le *Timée,* trad. Ficin, éd. de 1477, p. 30.

6. Diogène Laërce, *Vie de Démocrite,* IX, 45.

7. Diogène Laërce, *Vie d'Épicure,* IX, 85.

P. 506.

1. Pline, *Hist. nat.,* VII, 2.

2. Hérodote, IV, CLXXXXI, qui met d'ailleurs ces légendes en doute.

3. Pline, *Hist. nat.,* VII, 2.

4. Hérodote, III, CI.

5. Pline, *Hist. nat.,* VIII, XXII.

6. Dans son traité *De la face qui apparoist dedans le fond de la lune* XXX. Cf. Pline, *Hist. nat.,* VII, 11.

7. « Être, au dire d'Aristote, est le propre de l'homme. »

P. 507.

1. Cicéron, *Académiques,* II, XXIV et XLI.

2. Cicéron, *Académiques,* II, XXIV et XLI.

3. Ce que l'on dit mourir, qui sait si ce n'est vivre,
Comme vivre mourir ?

Stobée, *Sermo,* CXIX. — Ces vers d'Euripide étaient inscrits dans la librairie de Montaigne.

4. Dans *le Théétète,* CLXXX.

5. Sénèque, *Épîtres,* LXXXVIII.

6. Platon, *Parménide,* CXXXVIII.

7. Les éditions antérieures ajoutent : *Je ne sçay si la doctrine ecclésiastique en juge autrement, et me soumets en tout et pour tout à son ordonnance.* — Cf. d'ailleurs Sénèque, *Épîtres,* LXXXVIII.

P. 508.

1. Il s'agit du débat entre catholiques et protestants sur le sens de la parole : *Hoc est corpus meum,* c'est-à-dire sur la doctrine de la transsubstantiation.

2. Cicéron, *Académiques,* II, XXIV.

3. Diogène Laërce, *Vie de Pyrrhon,* IX, 76.

4. Sur une médaille qu'il en fit frapper en 1576 et à laquelle sa fille d'alliance, Mlle de Gournay, dans son édition de 1635, a donné une importance démesurée.

P. 509.

1. Pline, *Hist. nat.,* II, VII.

2. Que Jupiter demain étale au ciel
Un noir nuage ou bien un soleil pur !
Mais il ne peut revenir sur le temps.

Il ne peut pas reprendre et annuler
Ce qu'à jamais ravit l'heure qui fuit !

Horace, Odes, III, xxix, 43-48.

3. « Il est étonnant jusqu'où se porte l'arrogance du cœur humain quand le moindre succès l'y pousse. » Pline, Hist. nat., II, xxiii.

4. Tertullien.

P. 510.

1. « Les dieux s'occupent des grandes choses, ils négligent les petites. » Cicéron, De natura deorum, II, lxvi.

2. « Les rois ne descendent pas non plus dans les infimes détails de leur gouvernement. » Cicéron, De natura deorum, III, xxxv.

3. « Dieu, si grand ouvrier dans les grandes choses, ne l'est pas moins dans les petites. »

4. Cicéron, Académiques, II, xxxviii.

5. « Un être heureux et éternel n'a nul souci et n'en cause à personne. » Cicéron, De natura deorum, I, xvii.

6. Cicéron, De natura deorum, I, xix.

7. Cicéron, De divinatione, I, lvii.

8. Dans son Épître aux Romains, I, xxii et xxiii.

P. 511.

1. La femme de Marc Aurèle.

2. « Ce qu'ils ont forgé, ils le craignent. » Lucain, Pharsale, I, 486.

3. L'image est tirée de Sénèque, Épîtres, XXIV, et reprise par Pascal, Pensées, n° 88 (éd. Brunschvicg).

4. « Qu'y a-t-il de plus malheureux que l'homme gouverné par ses fictions ? » Pline II, 7. Cité par pascal, Pensées, n° 87 (éd. Brunschvicg).

5. Saint Augustin, Cité de Dieu, VIII, 23-24.

6. Plutarque, Dicts des Lacedæmoniens.

7. L'auteur présumé du Timandre.

8. A qui seule est donné de connaître les Dieux
Et le ciel tout-puissant, ou de n'en rien connaître.

Lucain, I, 452-453.

P. 512.

1. Toute cette page procède de Cicéron, De natura deorum, III, xiii, xiv ; II, vi, viii, xvi.

2. « Non pas même quand tu crèverais, lui dit-il. » Horace, Satires, II, iii, 318.

3. « Assurément les hommes, en croyant se représenter Dieu, qu'ils ne peuvent concevoir, se représentent eux-mêmes ; ils se voient et non lui ; ils le comparent à eux, et non pas eux à lui. » Saint Augustin, Cité de Dieu, XII, xvii.

P. 513.

1. Josèphe, Antiquités judaïques, XVIII, iv. Mais Josèphe dit Anubis et non pas Sérapis.

2. Saint Augustin, *Cité de Dieu*, VI, vii.
3. Diogène Laërce, *Vie de Platon*, III, 1.
4. Postel, *Histoire des Turkes* (1575), p. 230, que suit ici Montaigne, prétend que l'enchanteur Merlin a été conçu par un démon.
5. Cicéron, *De natura deorum*, II, xxii.

P. 514.

1. Cicéron, *De natura deorum*, II, xxii.
2. « Tant c'est une habitude et un préjugé de notre espèce que quand il pense à Dieu, aussitôt la forme humaine se présente à lui ! » Cicéron, *De natura deorum*, I, xxvii.
3. Dans Eusèbe, *Préparations évangéliques*, XIII, 13.
4. « Tant la nature est elle-même caressante, entremetteuse, maquerelle pour ce qu'elle a créé ! » Cicéron, *De natura deorum*, I, xxvii.
5. Et domptés par la main d'Hercule,
   Ces enfants de la terre dont
   A tremblé devant le péril
   Le clair palais du vieux Saturne.

                                   Horace, *Odes*, II, xii, 6-9.

P. 515.

1. De son large trident faisant frémir les murs,
   Neptune les renverse et met à bas la ville.
   Junon, la plus cruelle, est vers les Portes Scées,
   S'y tient au premier rang.

                                   Virgile, *Énéide*, II, 610-613.

2. Hérodote, I, clxxii.
3. « Tant la superstition introduit les dieux même dans les plus petites choses. » Tite-Live, XXVII, xxxiii.
4. Ici ses armes
   Et là son char...

                                   Virgile, *Énéide*, I, 16-17.

5. « O saint Apollon, toi qui habites le nombril du monde [Delphes]. » Cicéron, *De divinatione*, II, xvi.
6. Aux Athéniens Pallas, à Diane la Crète
   Minoenne, Hypsipile à Vulcain. Pour Junon
   La pélopide Sparte et Mycènes encore.
   Faune a le mont Ménale avec ses bois de pins.
   Au Latium le dieu que l'on vénère en Mars.

                                   Ovide, *Fastes*, III, 81-84.

7. « Aux temples de l'aïeul on joint ceux du neveu. » Ovide, *Fastes*, I, 294.
8. Saint Augustin, *Cité de Dieu*, IV, 8; VI, 7; III, 12; VI, 5.
9. Si nous leur refusons encor l'honneur du ciel,
   Gardons-leur le pays que reçut chacun d'eux.

                                   Ovide, *Métamorphoses*, I, 194-195.

P. 516.

1. Plutarque, *Des communes conceptions contre les stoïques*, XXVI.

2. « Crète, berceau de Jupiter ! » Ovide, *Métamorphoses*, VIII, 99.

3. Saint Augustin, *Cité de Dieu*, IV, xxxi.

4. « Comme il ne cherche la vérité que pour s'affranchir, on peut croire qu'il est de son intérêt d'être trompé. » Saint Augustin, *Cité de Dieu*, IV, xxxi.

5. Xénophon, *Mémorables*, IV, vii.

6. Cicéron, *De natura deorum*, II, xxii.

7. Xénophon, *Mémorables*, IV, iii.

8. Bodin, *Démonomanie*, préface, qui tire cela de Cicéron, *Académiques*, II, xxxiii.

9. Dans les *Mémorables*, IV, vii.

P. 517.

1. Page 40.

2. ... Le timon était d'or et les roues
Avaient un cercle d'or et des rayons d'argent.
Ovide, *Métamorphoses*, II, 107-108.

3. Dans *la République*, p. 616.

4. Le monde est un palais et le plus grand des êtres ;
Cinq zones sur ses bords font un cercle sublime.
Un éclatant bandeau, qui porte douze signes,
Rayonnant d'astres coupe obliquement l'éther,
Et la lune y conduit son char à deux chevaux.
Varron, vers cités par Probus dans son commentaire sur la *Sixième Bucolique* de Virgile.

P. 518.

1. Dans *le Second Alcibiade*, trad. Ficin, X, p. 147.

2. « Toutes ces choses sont cachées et recouvertes d'épaisses ténèbres, et il n'y a plus d'esprit assez perçant pour pénétrer dans le ciel ou entrer sous la terre. » Cicéron, *Académiques*, II, xxxix.

3. Rature : *Voiez ces authorités de toute la philosophie antienne : tous leurs ouvrages sont estoilez et emperlez de poésie.*

4. L'édition de 1595 porte au lieu de cette phrase : *Toutes les sciences sur-humaines s'accoustrent de style poétique.*

5. Dans le *Timée*, p. 72.

P. 519.

1. Les écrivains du temps nommaient le corps *microcosme* par opposition à l'univers ou *macrocosme*.

2. Platon, *Criton*, p. 107.

3. Platon, *Théétète*, XXIV, p. 174, trait souvent reproduit au xvie siècle, notamment par Le Roy et Corneille Agrippa,

4. « Ce n'est pas à ses pieds, mais au ciel qu'on regarde. » Vers d'une tragédie d'*Iphigénie*, cité par Cicéron, *De divinatione*, II, xiii.

P. 520.

1. Ce qui calme la mer et règle les saisons;
Si les astres d'eux seuls ou du dehors sont mus;
Pourquoi la lune étend ou rétrécit son disque,
Pourquoi cette harmonie entre éléments contraires.

Horace, *Épîtres*, I, xII, 16-19.

2. « Toutes ces choses sont impénétrables à la raison et cachées dans la majesté de la nature. » Pline, *Hist. nat.*, II, xxxvII.

3. « La manière dont les corps s'unissent aux âmes est de tous points merveilleuse et dépasse l'intelligence humaine; or cette union est l'homme même. » Saint Augustin, *Cité de Dieu*, XXI, x.

P. 521.

1. Il s'agit de Diogène Apolloniste.

P. 522.

1. Corneille Agrippa, *De incertitudine et vanitate scientiarum*, III.

2. Platon nomme ainsi les gens opiniâtres. *République*, V.

P. 524.

1. Diogène Laërce, *Vie de Thalès*, XXIV.

2. On ignore, en effet, la nature de l'âme.
Naît-elle avec le corps ou bien s'y glisse-t-elle?
Et lui faut-il périr quand la mort nous dissout?
Visiter dans Orcus les ténébreux abimes?
Ou par l'ordre divin entrer dans d'autres êtres?

Lucrèce, I, 113-117.

3. « Il vomit son âme de sang. » Virgile, *Énéide*, IX, 349.

4. « Leur vigueur est de feu, leur origine au ciel. » Virgile, *Énéide*, VI, 730.

5. Liste empruntée sans doute à Corneille Agrippa.

6. Il est dans notre corps comme un tonus vital
Que les Grecs qualifient de ce nom : Harmonie !

Lucrèce, III, 100-101.

7. « De ces opinions, à un dieu de voir la vraie. » Cicéron, *Tusculanes*, I, II.

8. Dans son *Livre de l'âme*, I.

P. 525.

1. Diogène Laërce, *Vie d'Héraclite*, IX, vII.

2. Ainsi l'on dit souvent : — Le corps a la santé.
Mais la santé n'est pas un membre du corps sain.

Lucrèce, III, 103-104.

3. Par là nous tressaillons dans la peur, et par là
Nous palpitons de joie...

Lucrèce, III, 142-143.

4. « Quelle figure a l'âme et où elle habite, voilà ce qu'il ne faut pas chercher à savoir. » Cicéron, *Tusculanes*, I, xxvIII.

5. Galien, *De placitis Hippocratis et Platonis*, II, II.

6. Sénèque, *Épîtres*, LVII.

P. 526.

1. Origène, cité par saint Augustin, *Cité de Dieu,* XI, 23, dont le passage a été commenté par Vivès.

2. Dans la *Vie de Thésée,* I, 1.

3. Diogène Laërce, *Vie de Diogène,* VI, XL.

4. Cicéron, *De finibus,* I, CI.

P. 527.

1. Cicéron, *De natura deorum,* II, XXXVII.

2. On lit dans les éditions antérieures à 1595 : *... comme il s'en voit infinis chez Plutarque contre les Épicuriens et Stoïciens, et en Sénèque contre les Péripatéticiens.*

3. Diogène Laërce, *Vie de Diogène.*

4. Dans *le Premier Alcibiade,* p. 129.

P. 528.

1. « On ne peut rien dire de si absurde qui ne soit déjà dit par quelque philosophe. » Cicéron, *De divinatione,* II, LVIII. Cité par Pascal, *Pensées,* n° 363 (éd. Brunschvicg).

2. Bruès, *Dialogue contre les Académiciens,* I, éd. de 1557, p. 79.

P. 529.

1. Phébus, sans dévier de sa céleste route,
   De ses rayons pourtant éclaire toutes choses.

   Claudien, *Du sixième Consulat...,* V, 411-412.

2. Ce qui reste de l'âme, épars dans tout le corps,
   Obéit et se meut à l'ordre de l'esprit.

   Lucrèce, III, 144-145.

3. Bruès, *Dialogue contre les Académiciens,* I, éd. de 1557, p. 116.

4. Car le dieu se répand partout, et dans les terres,
   Et par le sein des mers, et le profond des cieux.
   De lui, bétail, troupeaux, humains, bêtes sauvages,
   Tout emprunte en naissant l'élan subtil de vie.
   Puis à lui tout retourne, en lui tout se résout.
   La mort n'existe pas.

   Virgile, *Géorgiques,* IV, 221-226.

5. « Ton père en t'engendrant t'instilla sa vertu. » (Auteur inconnu.)

6. « Des braves et vaillants s'engendrent des vaillants. » Horace, *Odes,* IV, IV, 29.

P. 530.

1. Quelle raison enfin voue à la violence
   L'âpre race des lions, fait entrer par le sang
   Chez les renards la ruse et chez les cerfs la fuite
   Et ce corps agité de peur héréditaire ?
   Sans doute dans le genre et la race est fixée
   Une âme en mouvement qui croît avec la chair.

   Lucrèce, III, 741-745.

2. Si l'âme dans le corps entre avec la naissance.
  Pourquoi nul souvenir de notre âge ancien
  Et ce passé perdu qui s'abolit sans trace?

  Lucrèce, III, 671-673.

3. Dans le *Phédon*, XVIII, p. 73.

P. 531.

  1. Si du pouvoir de l'âme un tel changement vient
  Que tout notre passé quitte notre mémoire,
  Je crois la différence avec la mort bien mince.

  Lucrèce, III, 674-676.

  2. Dans *la République,* X, p. 615.

  3. Nous sentons notre esprit qui naît avec le corps
  Et qui croît avec lui pour vieillir avec lui.

  Lucrèce, III, 445-446.

P. 532.

  1. Nous la voyons guérir avec un corps malade.
  Et par la médecine il peut se rétablir.

  Lucrèce, III, 505-506.

  2. L'esprit est corporel de nature; il le faut,
  Puisqu'il souffre des traits et des coups corporels.

  Lucrèce, III, 176-177.

  3. L'âme est bouleversée et le même poison
  Met la division dans tous ses éléments.

  Lucrèce, III, 498-500.

  4. Sous le mal en tempête et qui tord tous les membres,
  L'âme délire, écume, en même mouvement
  Que des flots bouillonnants sous des vents pleins de rage

  Lucrèce, III, 494-496

P. 533.

  1. Devant les maux du corps souvent l'esprit s'égare,
  Déraisonne, délire, et souvent il arrive,
  Qu'yeux et tête sans force, on tombe en léthargie
  Et glisse aux profondeurs d'un éternel sommeil.

  Lucrèce, III, 464-467.

  2. Rature : *Car tous tant qu'ils sont n'en parlent que doubteusement.*

  3. Cicéron, *Tusculanes,* I, 11.

  4. Car joindre à l'éternel le mortel, et les croire
  En mêmes sentiments et mutuels offices,
  C'est folie. Et quoi donc de plus contradictoire
  Et de plus discordant qu'un lien et un joint
  D'une chose mortelle avec l'être éternel,
  Tous deux associés pour subir même orage?

  Lucrèce, III, 801-806.

  5. « Elle s'affaisse avec lui sous le poids de l'âge. » Lucrèce,
III, 459.

  6. Cicéron, *De divinatione,* II, LVIII.

P. 534.

1. « Il croit que l'âme alors se contracte, qu'elle s'affaisse et tombe. » Cicéron, *De divinatione*, II, LVIII.

2. Ainsi qu'un patient que son pied fait souffrir,
   Alors qu'il ne sent pas de douleur dans la tête.

Lucrèce, III, 3-4.

3. Dans la *Métaphysique*, II, 1.

4. Dans les *Tusculanes*, I, XVI.

5. Corneille Agrippa, *De incertitudine scientiarum*, III.

6. « Chose bien agréable, qu'ils promettent plus qu'ils ne prouvent. » Sénèque, *Épîtres*, CII.

7. Dans *les Lois*, X, p. 907.

8. Rature : *... malcontent de leur naturelle durée...*

P. 535.

1. « Ce sont là les rêves d'un homme qui ne démontre pas, mais qui dit ses désirs. » Cicéron, *Académiques*, II, XXXVIII.

2. « Je confondrai la sagesse des sages et je réprouverai la prudence des prudents. » Saint Paul, *Épîtres aux Corinthiens*, I, 1, 19.

3. « Les ténèbres dans lesquelles se cache la connaissance de notre intérêt sont un exercice pour l'humilité et un frein pour l'orgueil. » Saint Augustin, *Cité de Dieu*, XI, 22.

P. 536.

1. « Lorsque nous discutons de l'immortalité de l'âme, nous trouvons que ce n'est pas un argument de peu de poids que le consentement des hommes qui craignent ou qui honorent les dieux infernaux. Je tire parti de cette conviction générale. » Sénèque, *Épîtres*, CXVII.

2. « Ils nous accordent une longue durée comme aux corneilles, nos âmes doivent vivre longtemps, disent-ils, mais non toujours. » Cicéron, *Tusculanes*, I, XXXI.

3. Les éditions antérieures à 1595 ajoutent : *Socrates, Platon et quasi tous ceux qui ont voulu croire l'immortalité des âmes, se sont laissez emporter à cette invention, et plusieurs nations, comme entre autres la nostre.* — Il semble que *la nostre* fasse allusion à un passage de César, *Guerre des Gaules*, VI, XVIII.

4. Diogène Laërce, *Vie de Pythagore*, VIII, v.

5. Plutarque, *De la face qui apparoist dedans le rond de la lune*, XXVIII, XXX.

P. 537.

1. Pour remonter en haut, père, est-il donc des âmes
   Éprises à nouveau des biens épais du corps ?
   D'où, chez ces malheureux, si fort désir du jour ?

Virgile, *Énéide*, VI, 719-721.

2. Saint Augustin, *Cité de Dieu*, XXI, 16-17.

3. Saint Augustin, *Cité de Dieu*, XXII, 28.

4. Saint Augustin, *Cité de Dieu*, XXII, 28, Commentaire de Vivès.

5. Dans le *Ménon*, p. 82.

6. Dans le *Timée*, p. 42.

7. A l'affût des amours et des enfantements,
   O rire ! imaginez tant d'âmes qui se pressent
   Et leur foule immortelle et leur nombre infini
   A la porte des corps mortels jouant des coudes
   A qui d'elles chez eux entrera la première.

   Lucrèce, III, 777-781.

P. 538.

1. Lucrèce, III, 768,

2. Il s'agit des chrétiens.

3. Dans la *Vie de Romulus*, XIV.

P. 539.

1. Rature : ... *après lequel immédiatement vint en crédit la nouvelle forme de philosofes introduite par Socrates.*

2. Diogène Laërce, *Vie d'Archélaïus*, II, 17.

3. Le passage entier procède de Corneille Agrippa. *De incertitudine scientiarum*, LXXXII, qui suit lui-même Plutarque, *Opinions des philosophes*, V, III. Montaigne, comme Agrippa, attribue par erreur à Démocrite une opinion que Plutarque dit être de Zénon.

4. Dans son *Gargantua*, III, Rabelais s'amuse à énumérer les médecins et les philosophes de l'antiquité qui « ont desclairé non seulement possible, mais aussi légitime l'enfant né de femme l'onziesme mois après la mort de son mary ».

5. « Comme si vraiment il pouvait s'agir de mesurer quelque chose quand on ne peut connaître sa propre mesure. » Pline, *Hist. nat.*, II, VII.

P. 540.

1. Platon, *Cratyle*, éd. de 1546, p. 308 ; Cicéron, *Académiques*, II, XLVI.

2. Diogène Laërce, *Vie d'Archélaïus*, II, 17.

3. Montaigne s'adresse à Marguerite de Valois.

4. Hérodote, III, 73, cité déjà par Plutarque. *Comment on pourra discerner le flatteur d'avec l'amy*, IV.

5. Goulard, *Histoire du Portugal*, XII, XXIII.

P. 541.

1. « A trop s'amincir on se rompt. » Pétrarque, *Canzionere*, XXII, v, 48. De *Tenez* à la fin de la citation est une addition de 1582.

2. Les éditions antérieures ajoutent : ... *et qui se fut servy à faire son ames, d'autres que de nostre Plutarque.*

3. Plutarque, *Contre Colotès*.

4. Dans *les Lois*, X, p. 874.

5. De *on le bride* à *prise* est une addition de 1582.

P. 542.

1. Les athées.

2. « Qui sont aſtreints et voués à certaines opinions fixes et déterminées au point d'être réduits à défendre les choses mêmes qu'ils désapprouvent. » Cicéron, *Tusculanes*, II, 11.

3. Tous ces exemples procèdent de Bruès, *Dialogues contre les nouveaux académiciens*, I, p. 94.

P. 543.

1. Corneille Agrippa, *De incertitudine scientiarum*, I.

2. C'eſt la cire d'Hymette amollie au soleil
   Et qui, pétrie au pouce, y prenant mille formes,
   Servira d'autant mieux qu'on s'en servira moins.

   Ovide, *Métamorphoses*, X, 284-286.

3. Corneille Agrippa, *De incertitudine scientiarum*, I.

4. « Une chose ne peut être plus ou moins comprise qu'une autre, parce que, pour toute chose, il n'y a qu'une façon de comprendre. » Cicéron, *Académiques*, II, XLI.

5. « Vulcain fut contre Troie et pour Troie Apollon. » Ovide, *Triſtes*, I, II, 5.

P. 545.

1. « Entre les apparences, vraies ou fausses, il n'eſt nulle différence qui doive déterminer le jugement. » Cicéron, *Académiques*, II, XXVIII.

2. Cette idée a déjà été développée, *Essais*, I, XIV.

P. 546.

1. ... Nouvelle découverte
   Discrédite l'ancienne et la fait oublier.

   Lucrèce, V, 1413-1414.

P. 547.

1. Plutarque, *Diċts des Lacedæmoniens*.

2. L'esprit humain changeant ressemble sur la terre
   Au mobile rayon dont le dieu la féconde.

   Vers tirés de *l'Odyssée*, traduit par Cicéron, et cités par saint Auguſtin, *Cité de Dieu*, V, XXVIII. Ils ont déjà été reproduits dans les *Essais* (II, 1) avec une variante : *auċlifero lumine* pour *auċlifera lampade*.

P. 548.

1. ... Et qui n'a nul souci
   De savoir de quel roi
   Sous l'Ourse l'on s'effraie
   Et ce dont Tiridate a peur.

   Horace, *Odes*, I, XXVI, 3-6.

P. 549.

1. Ce sont deux des quatre humeurs diſtinguées par l'ancienne médecine.

2. De *Il se faiᵴt* à *alegresse,* addition de 1582.

3. ... Comme un frêle navire
   Que surprend sur la mer la tempête en furie.

Catulle, XXV, 12-13.

P. 550.

1. Plutarque, *De la vertu morale,* XII.

2. « Brave toujours, Ajax l'eᵴt plus quand il eᵴt fou. » Cicéron, *Tusculanes,* IV, xxiii.

3. Cicéron, *Tusculanes,* IV, xix.

P. 551.

1. Les éditions antérieures à 1595 ajoutent ici : *Au moins ceci ne sçavons nous que trop que les passions produisent infinies et perpétuelles mutations en notre âme et la tyrannisent merveilleusement. Le jugement d'un homme courroucé ou de celuy qui eᵴt en crainte, eᵴt-ce le jugement qu'il aura tantoᵴt quand il sera rassis ?*

2. « Comme le calme de l'Océan eᵴt pour nous l'absence de souffle le plus léger qui pourrait rider la surface de l'eau, ainsi on peut assurer que l'âme eᵴt calme et apaisée quand nulle perturbation ne peut l'émouvoir. » Cicéron, *Tusculanes,* V, vi.

3. Allusion au don de prophétie qu'on prêtait aux mourants.

P. 552.

1. Idée reprise par Pascal, *Pensées,* n° 354 (éd. Brunschvicg).

2. C'eᵴt ainsi que la mer alternant sa marée
   Sur la terre tantôt écume dans les rocs
   Et se répand au loin sur la rive sableuse,
   Tantôt dans son reflux remporte ses galets
   Et d'un flot décroissant laisse la plage nue.

Virgile, *Énéide,* 624-628

P. 553.

1. Cette phrase eᵴt une addition de 1582.

2. Le nom de Cléanthe provient de Plutarque, *De la face qui apparoiᵴt dedans le rond de la lune,* VI.

3. Le nom de Nicétas eᵴt pris à Cicéron, *Académiques,* II, xxxix. Les éditions antérieures à 1595 portaient : *quelqu'un.*

4. Ainsi le temps, roulant, change le sort de tout.
   Ce qui fut précieux finit par s'avilir.
   Un autre objet le suit, sort de l'obscurité,
   De jour en jour excite en un los le désir
   Et prend chez les mortels un admirable éclat.

Lucrèce, V, 1275-1279.

P. 554.

1. Paracelse, alchimiᵴte et médecin suisse (1493-1541), inaugura ses leçons à l'Université de Bâle en brûlant publiquement les livres de Galien et d'Avicenne. Ses œuvres parurent poᵴthumément à Bâle en six volumes de 1575 à 1588.

2. Phrase ajoutée en 1582.

P. 555.

1. Jacques Peletier du Mans séjournait à Bordeaux quand Montaigne écrivit l'*Apologie* et il fut reçu au château de Montaigne.

2. L'hyperbole et les asymptotes.

3. Saint Augustin et Lactance niaient les antipodes. Cf. Bruès, *l. c.*, p. 60.

4. « Ce qu'on possède plaît; on le préfère à tout. » Lucrèce, V, 1411.

5. Les éditions antérieures à 1595 ajoutent : *Aristote dist que toutes les opinions humaines ont esté par le passé et seront à l'advenir infinies autres fois ; Platon, qu'elles ont à renouveller et revenir en estre, après trente six mille ans.*

6. Dans le *Timée*.

7. Hérodote, II, CXLII-CXLIII.

P. 556.

1. D'entre les chrétiens, il s'agit d'Origène, cf. Vivès, *Commentaire à la Cité de Dieu*, XII, XVII.

2. Platon, *Timée*, trad. Ficin, pp. 34-40.

3. Diogène Laërce, *Vie d'Héraclite*, IX, VIII.

4. « Comme individus, ils sont mortels, comme espèce, immortels. » Citation d'Apulée, *De deo Socratis*, dans *la Cité de Dieu* XII, X.

5. Saint Augustin, *Cité de Dieu*, VIII, V, et XII, X.

P. 558.

1. Tous ces faits concernant l'Amérique procèdent de Gomara, *Histoire générale des Indes* (1584).

P. 559.

1. Phrase ajoutée en 1582.

2. « Le climat contribue non seulement à la vigueur du corps, mais encore à celle de l'esprit. » Végèce, I, II. *Odyssée* XVIII, 135.

3. « L'air d'Athènes est subtil, et c'est pourquoi les Athéniens sont réputés avoir l'esprit plus délicat; celui de Thèbes est épais, ce qui fait que les Thébains passent pour des gens grossiers. » Cicéron, *De fato*, IV.

4. Hérodote, trad. Saliat, IX, CXXII, et Plutarque, *Dicts des anciens Roys*.

P. 560.

1. Quand donc peur et désirs viennent-ils par raison ?
   Quel projet formes-tu sous de si bons auspices
   Que la suite et l'issue en soient sans repentir ?

   Juvénal, X, 4-6.

2. Xénophon, *Mémorables*, I, III.

3. Platon, *Second Alcibiade*, XI, p. 148.

4. Nous voulons une femme et des enfants, mais eux
   Savent ce que seront les enfants et la femme.

   Juvénal, X, 352-353.

5. Ce mal nouveau l'étonne : il est riche, il est pauvre.
   Il veut fuir ce trésor, hait l'objet de ses vœux.

Ovide, Métamorphoses, XI, 128-129.

6. Cf. supra, chap. VII.

P. 561.

1. Exemples rapportés par Cicéron, Tusculanes, I, XLVII. et par Plutarque, Consolation à Apollonius, XIV. Cf. aussi Hérodote, I, XXXI ; Stobée, Anthologie, CXIX.

2. Ta verge et ton bâton m'ont consolé.» Psaumes, XXII (Vulgate), 4.

3. Voulez-vous un conseil ? Laissez aux dieux le soin
   De juger ce qui sied et qui nous est utile :
   L'homme leur est plus cher qu'il ne l'est à lui-même.

Juvénal, X, 346-348.

4. Xénophon, Mémorables, I, III.

5. Saint Augustin, Cité de Dieu, XIX, II. Idée reprise par Pascal, Pensées, nos 189 et 370 (éd. Brunschvicg).

6. « Or dès qu'on ne s'accorde pas sur le souverain bien, on est en désaccord sur toute la philosophie. » Cicéron, De finibus, V, v.

7. Il me semble voir là disputer trois convives,
   Dont les goûts différents vont à des mets divers ;
   Que leur donner ou non ? Il veut, et tu refuses.
   Ce qu'exigent tes goûts paraît aigre aux deux autres.

Horace, Épîtres, II, II, 61-64.

P. 562.

1. Plutarque, Comment il faut ouïr, XII.

2. Ne t'étonner de rien, voilà, Numacius,
   Le seul point qui nous fasse et qui nous garde heureux.

Horace, Épîtres, I, VI, 1-2.

3. Dans la Morale à Nicomaque, IV, III.

4. Sextus Empiricus, Hypotyposes, I, XXXIII.

5. Juste Lipse, qui enseignait alors à l'Université de Leyde, était en relations épistolaires avec Montaigne, qui a fait des emprunts à quelques-uns de ses livres.

6. Cf. Essais, I, xxv.

7. Au dire de Xénophon, Mémorables, I, III.

8. Sextus Empiricus, Hypotyposes, I, XIV.

P. 563.

1. La Guyenne.

2. Apollon, au dire de Xénophon, Mémorables, I, III.

3. Les idées qui suivent ont été reprises par Pascal, Pensées, n° 230 (éd. Brunschvicg).

4. Cf. Érasme, Querela pacis, éd. de 1522, folio 6 recto.

P. 564.

1. Dans la République, I, p. 338.

2. ...On parle de pays
    Où la mère s'unit au fils, la fille au père,
    L'amour y redoublant la piété filiale.
Ovide, Métamorphoses, X, 331-333.

P. 565.

1. « Rien ne reste qui soit vraiment nôtre ; ce que j'appelle nôtre est production de l'art. » Cicéron, De finibus, V, xxi.

2. Montaigne a déjà développé cette idée au livre I des Essais, chap. xxiii, p. 115.

3. Plutarque, Vie de Lycurgue, XIV. Le trait est souvent cité.

4. Diogène Laërce, Vie d'Aristippe, II, lxxviii.

5. Diogène Laërce, Vie d'Aristippe, II, lxvii.

6. Diogène Laërce, Vie d'Aristippe, II, lxviii.

P. 566.

1. Tu présages la guerre, ô sol dont je suis l'hôte ;
    Ces troupeaux, ces chevaux font redouter la guerre.
    Pourtant ces animaux à des chars s'attelèrent.
    On en voyait marcher liés au même joug.
    L'espoir de paix nous reste...
Virgile, Énéide, III, 539-543.

2. Ce paragraphe remplace cette phrase des éditions antérieures : Il advient de cette diversité de visages que les jugemens s'appliquent diversement au chois des choses.

3. Diogène Laërce, Vie de Solon, I, lxiii.

4. Diogène Laërce, Vie de Socrate, II, xxxv.

5. La mode était alors, pour les hommes, de porter des pendants d'oreilles.

6. Sextus Empiricus, Hypotyposes, III, xxxv.

7. Sextus Empiricus, Hypotyposes, I, xiv.

8. Sextus Empiricus, Hypotyposes, III, xxiv.

9. Le peuple a ces fureurs parce que tout pays
    Hait les dieux du voisin et croit qu'on doit tenir
    Ceux de son culte à lui pour les seuls qui soient vrais.
Juvénal, XV, 37-39.

10. Bartole (1313-1357), professeur à Bologne et à Pise ; Balde (1323-1400), à Pavie, Bologne et Padoue.

P. 567.

1. Plutarque, Règles de santé, V.

2. « A l'égard des plaisirs du sexe, si la nature les exige, il n'y faut considérer ni la race ni le lieu ni le rang, mais la grâce, l'âge et la beauté, à ce que pense Épicure. » Cicéron, Tusculanes, V, xxxiii.

3. « Il ne pense pas que des amours sainement réglées soient défendues au sage. » Cicéron, De finibus, III, xx.

4. « Voyons [disent les stoïciens] jusqu'à quel âge il convient d'aimer les jeunes gens. » Sénèque, Épîtres, CXXIII.

5. Cicéron, Tusculanes, IV, xxxiv.

6. Les éditions antérieures à 1595 ajoutent : *Chacun a ouy parler de la déshontée façon de vivre des philosophes stoïques.*

7. Plutarque, *Contredicts des philosophes stoïques,* XXVII.

8. Hérodote, VI, xxix. Cf. Rabelais, *Quart Livre,* XIX.

P. 568.

1. D'après Diogène Laërce, *Vie de Métroclès,* IV, xciii.

2. Corneille Agrippa, *De vanitate scientiarum,* LXIV. Ce passage sur Métroclès remplace le passage suivant qui figurait dans les éditions antérieures à 1595. *Et cette honnesteté et reverence, que nous appelons, de couvrir et cacher aucunes de nos actions naturelles et legitimes, de n'oser nommer les choses par leur nom, de craindre, à dire ce qu'il nous est permis de faire, n'eussent ils pas peu dire avec raison, que c'est plustost une affetterie et mollesse inventée aux cabinets mesmes de Venus, pour donner pris et poincte à ses jeux ? N'est-ce pas un alechement, une amorce, et un aiguillon à la volupté ? Car l'usage nous fait sentir evidemment que la cerimonie, la vergougne, et la difficulté, ce sont esguisemens et allumettes à ces fièvres là.*

3. Mari d'Aufidia, tu deviens, Corvinus,
   Son amant quand elle est femme de ton rival.
   Femme d'autrui te plaît qui, tienne, te déplait ?
   Hé ! la sécurité te fait donc impuissant ?

   Martial, *Épigrammes,* III, lxx.

4. Dans Rome entière nul ne touchait à ta femme,
   O Cécilianus, quand on le pouvait faire.
   Mais tu la fais garder et tous les amateurs
   L'assiègent en grand nombre. Oh ! l'habile mari !

   Martial, *Épigrammes,* I, lxxiv.

5. Les éditions antérieures à 1595 ajoutaient ici : *Solon fut à ce qu'on dict le premier qui donna par ses loix liberté aux femmes, de faire profit publique de leur corps. Et celle de toutes les sectes de philosophie qui a le plus honoré la vertu, elle n'a en somme posé autre bride à l'usage des voluptez de toutes sortes que la moderation.*

6. Saint Augustin, *Cité de Dieu,* XIV, xx.

P. 569.

1. Diogène Laërce, *Vie de Diogène,* IV, lxix.

2. Diogène Laërce, *Vie de Diogène,* IV, lviii.

3. Diogène Laërce, *Vie d'Hipparchia,* VI, xcvi.

4. Les éditions antérieures à 1595 ajoutaient : *... et plusieurs ses sectateurs se sont licenciés d'en escrire et publier des livres hardis outre mesure.*

5. Sextus Empiricus, *Hypotyposes,* I, xxix et xxxii.

P. 570.

1. Il s'agit, selon Florimond de Ræmond, de François de Candale, évêque d'Aire, puis captal de Buch, dont il a été question au livre I, chap. xxvi. Cf. p. 144.

2. On lisait dans les éditions antérieures : *Homère est aussi grand qu'on voudra, mais il n'est pas possible qu'il ait pensé à représenter tant*

de formes qu'on luy donne. Les législateurs y ont diviné des inſtruƈtions
infinies pour leur faiƈt ; autant les gens de guerre, et autant ceux qui ont
traité des arts.

3. La foire du Lendit permettait aux élèves du temps d'*enrichir*
leurs *professeurs* de cadeaux.

4. C'eſt la queſtion que se posait Rabelais au prologue de son
Gargantua.

P. 571.

1. Sextus Empiricus, *Hypotyposes,* I, xxx.
2. Sextus Empiricus, *Hypotyposes,* II, vi.
3. Cicéron, *Académiques,* II, xxiv.
4. Cicéron, *Académiques,* II, xlvi.
5. Dans le *Phédon,* p. 65.

P. 572.

1. La route où la croyance a pris pied et pénètre
   Droit dans le cœur humain et les temples de l'âme.

   Lucrèce, V, ciii.

2. Platon, *Théétète,* VIII, p. 151.
3. Vous verrez que des sens d'abord nous eſt venue
   La notion du vrai. Des sens irrécusables !
   A quoi donc croirait-on plus sûrement qu'aux sens ? »

   Lucrèce, IV, 479 et 482-484.

— Ici une rature : *Par où* Protagoras *concluoit que l'homme eſtoit*
la mesure de toutes choses.

4. Dans les *Académiques,* II, xxvii.
5. Plutarque, *Contrediƈts des philosophes ſtoïques.*
6. Sextus Empiricus, *Hypotyposes,* I, xiv.

P. 573.

1. Eſt-ce que l'œil pourrait reƈtifier l'oreille,
   Ou l'oreille la main ? Le goût et l'odorat
   Ou les yeux pourraient-ils démentir le toucher ?

   Lucrèce IV, 487-489.

2. ... A chacun son pouvoir
   Limité. Chacun a sa fonƈtion à lui. »

   Lucrèce, IV, 490-491.

P. 574.

1. Sextus Empiricus, *Hypotyposes,* I, xiv.
2. Sénèque, *Épîtres,* CXI.

P. 575.

1. [La lune] quoi qu'il en soit chemine avec même volume
   Que celui que nos yeux aperçoivent en elle.

   Lucrèce, V, 337-338.

2. Nous n'en concluons pas que nos yeux sont trompeurs.
   Ne les chargeons donc pas des erreurs de l'esprit.

   Lucrèce, V, 577-578.

P. 576.

1. Cicéron, *Académiques,* II, xxv.
2. Ainsi ce que l'on voit à chaque instant est vrai.
   Si la raison ne peut apercevoir la cause
   Qui fait que des objets, carrés de loin, sont ronds
   Dès qu'on les voit de près, mieux vaut lui supposer
   Deux causes qu'elle invente à cette double image
   Plutôt que de laisser échapper l'évidence,
   De violer sa foi, d'ébranler les assises
   Sur lesquelles la vie et l'intérêt reposent.
   Sans quoi non seulement la raison croulerait
   Mais notre vie aussi ; ne croyant plus aux sens,
   Nous voilà sans moyen d'éviter les abîmes
   Et sans défense offerts à tout ce qu'on doit fuir.
                                     Lucrèce, IV, 500-511.

3. *Falsifiables* porte l'édition de 1595.
4. Cicéron, *Académiques,* II, xxxii.

P. 577.

1. Ces montagnes au loin dans les flots aperçues
   Ont l'air de se confondre en une masse unique...
   Les collines, les champs semblent fuir vers la poupe
   Quand c'est notre vaisseau qui s'en va les longeant...
   Qu'au milieu d'un courant notre cheval s'arrête,
   Nous le croyons porté par un contre-courant.
                 Lucrèce, IV, 397-398, 389-390, 420-421.

2. Rature : *Pythagoras tenoit que ceus qui s'engagent aux saincts lieus transforment leur esperit en un autre esperit plus pur.*
3. Diogène Laërce, *Vie de Zénon,* VII, xxiii.

P. 578.

1. Diogène Laërce, *Vie d'Arcésilas,* IV, xxxvi.
2. La parure séduit. L'or et les pierreries
   Excusent tout : c'est peu qu'elle-même est la femme.
   Souvent sous tant d'éclat l'on ne sait ce qu'on aime.
   L'amour riche nous trompe en prenant cette égide.
                       Ovide, *Remèdes à l'amour,* I, 343-346.

3. Et tout cela qui fait qu'on l'admire, il l'admire
   Sans savoir, il se veut. Il loue, il est loué,
   Désire, est désiré, brûle au feu qu'il allume.
                       Ovide, *Métamorphoses,* III, 424-426.

4. Il donne des baisers, les croit rendus, saisit,
   Étreint, croit sous ses doigts sentir la chair qui cède,
   Redoute de meurtrir ces membres qu'il enlace.
                       Ovide, *Métamorphoses,* X, 256-258.

P. 579.

1. Idée reprise par Pascal, *Pensées,* nº 82 (éd. Brunschvicg).
2. « Si bien qu'on ne peut regarder en bas sans que le vertige saisisse et les yeux et l'esprit. » Tite-Live, XLVII, vi.

3. Démocrite, dont il a déjà été question au livre I des *Essais,* XIV et XXXI.

4. Plutarque, *Comment il faut ouïr,* II.

5. « Souvent même il arrive que tel aspect, telle voix et tel chant troublent par leur gravité profondément l'esprit; souvent encore une inquiétude, une frayeur produisent le même effet.» Cicéron, *De divinatione,* I, XXXVII.

P. 580.

1. Plutarque, *Comment il fault refrener la cholere,* VI, et *Vie de Gracchus,* II.

2. Idée reprise par Pascal, *Pensées,* n° 83 (éd. Brunschvicg).

3. « On voit double soleil et deux villes de Thèbes.» Virgile, *Énéide,* IV, 470.

4. Aussi nous en voyons de laides, de mal faites
   Qui font des passions et qu'on couvre d'hommages.
   Lucrèce, IV, 1152-1153.

5. Vous pouvez l'observer : des objets bien visibles,
   Si vous n'y tournez l'âme, ils resteront pour vous
   Absents de votre temps et loin dans votre espace.
   Lucrèce, IV, 809-811.

P. 581.

1. Cicéron, *Académiques,* II, XVII et XIX.

2. Sextus Empiricus, *Hypotyposes,* I, XIV.

3. Sextus Empiricus, *Hypotyposes,* II, VII.

4. Tout est là si divers, si plein de différences,
   Que l'aliment des uns se fait poison pour d'autres,
   Car un serpent touché par la salive humaine,
   Bien souvent dépérit et se dévore enfin.
   Lucrèce, IV, 664-667.

5. Dans son *Hist. nat.,* XXXII, 1.

P. 582.

1. « Tout semble jaune à qui de jaunisse est atteint.» Lucrèce IV, 330.

2. Sextus Empiricus, *Hypotyposes,* I, XIV.

3. Sextus Empiricus, *Hypotyposes,* I, XIV.

4. Sur les lampes alors fleurissent deux lumières,
   L'homme a double visage et les corps sont des couples.
   Lucrèce, IV, 451-452.

5. Jaunes, rouges et verts, c'est ce que font ces voiles
   Qui tendus dans le haut de nos larges théâtres
   Pendent au vent le long des poteaux et des poutres.
   Le peuple réuni, les gradins et la scène,
   Les membres du sénat, les dames et les dieux
   Sont teints de leurs couleurs que fait flotter la brise.
   Lucrèce, IV, 73-78.

P. 583.

1. On lisait dans les éditions antérieures à 1595 : *Les malades*

prestent de l'amertume aux choses douces : par où il nous appert que nous
ne recevons pas les choses comme elles sont, mais autres.

2. Sextus Empiricus, *Hypotyposes,* I, xiv.

P. 584.

1. Sénèque, *Questions naturelles,* I, xvi.

2. Ainsi distribué dans le corps, l'aliment
Se disperse en créant toute une autre substance.

Lucrèce, III, 703-704.

P. 585.

1. Ainsi quand on construit, si la règle est mauvaise,
Si l'équerre dévie hors de la ligne droite,
Et si le niveau d'eau boite en l'un des côtés,
Tout dans le bâtiment doit aller de travers,
Sans forme s'inclinant en avant, en arrière,
Disloqué, menaçant de crouler par un bout,
Puis s'effondrant, trahi par les premiers calculs.
Tel le raisonnement que sur l'objet vous faites
Sera forcément faux si vos sens se fourvoient.

Lucrèce, IV, 514-522.

2. Sextus Empiricus, *Hypotyposes,* I, xiv.

P. 586.

1. Sextus Empiricus, *Hypotyposes,* II, vii.

2. Idée reprise par Pascal, *Pensées,* n° 72 (éd. Brunschvicg).

3. Plutarque, *Que signifiait ce mot :* εἰ *?* XII. L'argument de Montaigne sera repris par Pascal.

4. En maints endroits du *Théétète.*

5. Sextus Empiricus, *Hypotyposes,* I, xxxii, parle de Protagoras et non de Pythagore.

6. Plutarque, *Communes conceptions contre les stoïques,* XLI.

7. Plutarque, *Pourquoi la justice divine diffère...,* XV.

P. 587.

1. Le temps change en effet la nature de tout;
Un état doit toujours sortir d'un autre état.
Rien ne reste semblable à soi de forme en forme
Nature en poussant tout contraint tout à changer.

Lucrèce, V, 826-829.

P. 588.

1. Sénèque, *Questions naturelles,* I, Préface.

2. *Il n'est nul mot en sa secte stoïque plus véritable que celuy-là,* ajoutent les éditions antérieures à 1595.

P. 589.

1. Expression prise chez Sebon, traduction de Montaigne, folio 186 recto.

2. *...par la grâce divine, mais non autrement,* disent les éditions antérieures à 1595.

3. Rature : *...par la force de la foi, non de sa sagesse, et point autrement.*

C'est à la secte chrétienne, non à la secte stoïque, de luy aprandre cette divine et miraculeuse métamorphose.

CHAPITRE XIII

4. « Nous voguons loin du port; terres, villes reculent. » Virgile, *Énéide*, III, 72.

5.   Secouant son vieux chef, le laboureur soupire,
     Compare au temps passé le temps de maintenant,
     Raconte abondamment le bonheur de son père
     Et quelle piété remplissait ces vieux âges.

                              Lucrèce, II, 1165-1168.

P. 590.

1. « Tant de dieux s'affairant autour d'un seul homme. » Sénèque, *Suasoriae*, I, IV. Cité par pascal, *Pensées*, n° 364 (éd. Brunschvicg).

2.   Si le ciel te défend d'aborder l'Italie,
     Crois en moi; ta peur vient d'ignorer qui te mène.
     Lance-toi dans l'orage. Assure-toi sur moi.

                         Lucain, *Pharsale*, V, 578-581.

3.   César estime alors que ces périls sont dignes
     De son destin. Hé quoi ! Pour me perdre, dit-il,
     Quels efforts chez les dieux, contre ce frêle esquif,
     Quelle fureur des flots !

                         Lucain, *Pharsale*, V, 653-656.

4.   Lui, pitoyable à Rome où César n'était plus,
     Couvrit son front brillant par un voile de deuil.

                    Virgile, *Géorgiques*, IV, 466-467.

5. « Il n'est point de si grande alliance entre le ciel et nous qu'à notre mort l'éclat des astres doive s'éteindre. » Pline, *Hist. nat.*, II, VIII.

P. 591.

1. Si ce mot est de Tibère (Suétone, *Vie de Tibère*, LXI), le césar qui voulut « estendre la mort et la faire sentir par des tourmens » n'est pas Tibère, mais Caligula. Cf. Suétone, *Vie de Caligula*, XXX.

2.   Nous le vîmes, ce corps où parmi tant de plaies
     Manquait le coup fatal, selon l'usage atroce
     De maintenir vivant l'homme qu'on fait périr.

                         Lucain, *Pharsale*, II, 178-180.

3. Lampride, *Vie d'Héliogabale*, XXXIII.

4. « Actif et courageux, d'une vertu contrainte. » Lucain, *Pharsale*, IV, 798.

P. 592.

1. Plutarque, *Vie de César*, X.
2. Tacite, *Annales*, IV, XXII.
3. Tacite, *Annales*, VI, XLVIII.
4. Plutarque, *Vie de Nicias*, X.
5. Appien, *De bello Mithridatico*, trad. Estienne, p. 21.

6. Tacite, *Annales,* XVI, xv.

7. Xiphilin, *Vie d'Hadrien,* fin.

8. Suétone, *Vie de César,* LXXXVII.

9. Dans son *Histoire naturelle,* VII, LIII.

10. « Je ne veux pas mourir, mais la mort m'est égale. » Cicéron, *Tusculanes,* I, VIII.

11. Voir plus haut, II, VI.

P. 593.

1. Xénophon, *Mémorables,* VI, VIII.

2. Cornélius Népos, *Vie d'Atticus,* XXII.

3. Diogène Laërce, *Vie de Cléanthe,* VII, 176.

P. 594.

1. « Sauver qui veut mourir revient à le tuer. » Horace, *Art poétique,* 467.

2. Anecdote tirée de Sénèque, *Épîtres,* LXXXVII.

P. 595.

1. Plutarque, *Vie de Caton d'Utique,* et Sénèque, *De providentia,* II.

CHAPITRE XIV

2. Plutarque, *Contredicts des philosophes stoïques,* XXIV.

3. «Qu'il n'est rien certain que l'incertitude et rien plus misérable et plus fier que l'homme. » Pline, *Hist. nat.,* II, VII. C'est la traduction donnée par Montaigne dans les éditions antérieures à 1595, et cette sentence était inscrite dans sa librairie. Cf. p. 1424, sent. 41.

CHAPITRE XV

P. 596.

1. La secte des pyrrhoniens.

2. Les éditions antérieures à 1595 disaient : *ce très beau mot et très véritable.*

3. Sénèque, *Épîtres,* IV.

4. « Le chagrin d'avoir perdu une chose et la crainte de la perdre affectent également l'esprit. » Sénèque, *Épîtres,* LXXXVIII.

5. Si dans la tour d'airain l'on n'eût mis Danaé,
   Jamais de Jupiter Danaé n'eût conçu.
                                    Ovide, *Amours,* II, XIX, 27-28.

6. « En toutes choses, le plaisir croît à raison du péril qui devrait nous en écarter. » Sénèque, *De beneficiis,* VII, IX.

7. « Galla, dis non ! L'amour ne vit que tourmenté. » Martial, *Épigrammes,* IV, XXXVII.

8. Plutarque, *Vie de Lycurgue,* XI.

9. ...Ma langueur, mon silence,
   Et mes soupirs tirés du fond de ma poitrine.
                                    Horace, *Épodes,* XI, 9-10.

P. 597.

1. Plutarque, *Vie de Pompee*, I.
2. L'objet de leur désir étroitement serré
   Souffre, et leurs dents souvent mordent les lèvres tendres;
   De secrets aiguillons les pressent de blesser
   Tout cela, quel qu'il soit, d'où s'émeut leur fureur.
                                   Lucrèce, IV, 1076-1079.
3. Saint-Jacques-de-Compostelle.
4. Spa.
5. Plutarque, *Vie de Caton d'Utique*, XXXVI.
6. « Dédaignant ce qu'il tient, il court ce qui le fuit. » Horace,
Satires, I, II, 108.
7. ...Si tu ne fais garder ta belle,
   Vite elle aura fini d'être celle que j'aime.
                               Ovide, *Amours*, II, XIX, 47-48.
8. « Tu te plains d'avoir trop, moi, de manquer de tout. »
Térence, *Phormion*, I, III, 10. La fin de ce paragraphe est une
addition de 1582.

P. 598.

1. « On régnera longtemps sur l'amant qu'on méprise. » Ovide,
Amours, II, XIX, 33.
2. ...Faites-vous dédaigneux, amants !
   Qui résistait hier aujourd'hui se rendra.
                                   Properce, II, XIV, 19-20.
3. Tacite, *Annales*, XIII, XLV.
4. Allusion aux vertugadins.
5. « Elle fuit vers le saule, en aimant qu'on l'ait vue. » Virgile,
Bucoliques, III, 65.
6. « Tantôt à mon ardeur s'opposait sa tunique. » Properce,
II, XV, 6.

P. 599.

1. Tout le paragraphe est une addition de 1582.
2. Valère Maxime, II, I, 4.
3. « Foin du permis ! L'objet défendu nous excite. » Ovide,
Amours, II, XIX, 3.
4. Sénèque, dans le *De clementia*, I, XXIII.
5. « Le mal que l'on croyait extirpé reprend force. » Rutilius
Namatianus, *Itinéraire*, I, 397.
6. Hérodote, IV, XXIII.

P. 600.

1. Gomara, *Hist. des Indes*, III, XXX.
2. « Les serrures attirent le voleur. Celui qui vole avec
effraction n'entre pas dans des maisons ouvertes. » Sénèque, *Épîtres*,
LXVIII.

P. 601.

1. De propriété. L'édition de 1595 ajoute : *ny tapisserie.*

2. Les premiers « troubles » ou guerres de religion commencèrent en 1560.

CHAPITRE XVI

P. 602.

1. « Gloire à Dieu au plus haut des cieux, et paix aux hommes sur terre. » *Évangile selon saint Luc,* II, XIV.

2. Tout ce paragraphe est tiré de Sebon, *Théologie naturelle,* CX, CI.

3. Cicéron, *De finibus,* III, XVII.

4. Vers traduits d'Homère, *Odyssée,* XII, 184-185.

5. Cicéron, *De finibus,* III, XVII.

6. « Qu'est grande autant qu'on veut, gloire qui n'est que gloire ? » Juvénal, VII, 81.

P. 603.

1. Sénèque, *Épîtres,* XXI.

2. Il s'agit de Métrodore, ami et disciple d'Épicure, mort en 277 avant J.-C.

3. La lettre d'Épicure à Métrodore, avec les commentaires qui l'entourent, procèdent de Cicéron, *De finibus,* II, XXX-XXXI.

P. 604.

1. Cicéron, *De finibus,* III, XVII.

2. Dans la *Morale à Nicomaque,* II, VII.

3. Cicéron, *De finibus,* II, XV.

4. Oisiveté qu'on enfouit,
   Vertu qu'on cèle, peu d'éclat.

                                        Horace, *Odes,* IV, IX, 29-30.

5. Cicéron, *De finibus,* II, XVIII.

6. Cicéron, *De finibus,* II, XVII.

7. Cicéron, *De finibus,* II, XVII.

P. 605.

1. « Qu'ils se souviennent qu'ils ont Dieu pour témoin, c'est-à-dire (comme je l'interprète) leur propre conscience. » Cicéron, *De officiis,* III, X.

2. « Oui, la fortune étend son empire sur tout, elle glorifie les uns et couvre d'ombre les autres, moins selon la réalité que selon son caprice. » Salluste, *Catilina,* VIII.

3. D'après Sénèque, *Épîtres,* LXXIX, et Cicéron, *Tusculanes,* I, XLV.

4. « Comme si une action n'était vertueuse que devenue célèbre. » Cicéron, *De officiis,* I, IV.

5. Corneille se souviendra de cette phrase de Montaigne dans *le Cid* (acte IV, sc. IV) :
   O combien d'actions, combien d'exploits célèbres
   Sont demeurés sans gloire au milieu des ténèbres !

6. « La véritable et sage grandeur d'âme place l'honneur, qui eſt le principal but de notre nature, dans les actes, non dans la gloire. » Cicéron, *De officiis*, I, xix.

P. 606.

1. Les éditions antérieures à 1595 ajoutaient ici : *Mais d'Hannibal je sçay bien qu'on le dit et de Scanderberg.*

2. « Notre gloire, c'eſt le témoignage de notre conscience. » Saint Paul, *Seconde Épître aux Corinthiens*, I, 12.

P. 607.

1. Je crois que pendant le reſte de l'hiver
    Ce qu'il accomplit fut digne de mémoire,
    Mais jusqu'à présent on le tient si secret
    Que, si je m'en tais, ce n'eſt pas de ma faute,
    Car Roland sans cesse était tout prêt à faire
    Des actes d'éclat plus qu'à les publier.
    Jamais ses exploits n'étaient produits au jour
    S'ils ne se passaient devant de bons témoins.
    　　　　　　　　　L'Arioſte, *Roland furieux*, XI, LXXXI.

2. Vertu que n'atteint pas l'échec
    Brille d'honneur qui ne ternit.
    Haches ne prend elle ni pose
    Au gré du souffle populaire.
    　　　　　　　　　　Horace, *Odes*, II, II, 17-20.

3. « Non pour quelque profit mais pour l'honneur attaché à la vertu. » Cicéron, *De finibus*, I, x.

4. Cicéron, *De finibus*, II, xiii.

5. « Eſt-il rien de plus insensé, quand on méprise des gens pris chacun à part, que d'en faire cas lorsqu'ils se trouvent réunis. » Cicéron, *Tusculanes*, V, xxxvi.

6. « Rien d'aussi incalculable que les jugements de la foule. » Tite-Live, XXXI, xxxiv.

7. Sénèque, *Épîtres*, XCI.

P. 608.

1. « Moi, je pense qu'une chose, alors même qu'elle ne serait pas honteuse, semble l'être quand elle eſt louée par la multitude. » Cicéron, *De finibus*, II, 15. Cité par Pascal, *Pensées*, nº 363 (éd. Brunschvicg).

2. « La Providence a donné aux hommes que les choses honnêtes apportent plus de profit. » Quintilien, *Inſtitution oratoire*, I, xii.

3. Montaigne ici paraphrase Sénèque, *Épîtres*, LXXXV.

4. « J'ai ri de voir manquer leur effet par des ruses. » Ovide, *Héroïdes*, I, 18.

5. Tite-Live, LIV, xxii.

6. Tite-Live, LIV, xxii.

7. Je ne crains pas l'éloge et ma fibre est de chair,
Mais que le dernier but du bien soit un bravo,
Ou un parfait ! jamais.

Perse, I, 47-49.

P. 609.

1. Il s'agit de l'anneau de Gygès.
2. Aimer le faux honneur, craindre la calomnie,
C'est l'affaire de qui ? Du drôle et du menteur.

Horaces, *Épîtres*, I, XVI, 39-40.

3. Ce paragraphe est une addition de 1582.
4. Ne suis pas les avis de Rome turbulente,
Ne va pas corriger sa balance faussée,
Et ne te cherche pas en dehors de toi-même.

Perse, I, 5-7.

5. La même expression se trouve dans Sebond, *Théologie naturelle,* folio 209 recto.

P. 610.

1. Cités par Jean Bodin, *Methodus ad facilem historiarum cognitionem, proœmium.*
2. Tahureau, *Dialogues,* éd. de 1566, pp. 243-245.
3. Le cippe sur mes os en est-il plus léger ?
Mais la postérité me loue. Hé ! Pour cela
Mes mânes, mes tombeaux, mes cendres fortunées,
Germeront-ils en violettes ?

Perse, I, 37-40.

4. Au livre I des *Essais,* chap. XLVI.

P. 611.

1. Accident qu'ont connu beaucoup d'autres usés
Et pris dans le fouillis banal de la fortune.

Juvénal, XIII, 9-10.

2. « A peine un léger souffle apporte à nous leur nom. » Virgile, *Énéide,* VI, 646.
3. Plutarque, *Dicts notables des Lacedæmoniens.*

P. 612.

1. « Qui sont ensevelis dans une gloire obscure. » Virgile, *Énéide,* V, 302.
2. « La récompense d'une bonne action, c'est de l'avoir faite. » Sénèque, *Épîtres,* LXXXI.
3. « Le fruit d'un service, c'est le service même. » Cicéron, *De finibus,* II, XXII.

P. 613.

1. Dans *les Lois,* XII, p. 950.
2. Socrate.
3. « Tels les poètes tragiques qui recourent à un dieu quand ils ne savent trouver le dénouement de leur pièce. »

4. Diogène Laërce, *Vie de Platon*, III.

5. Plutarque, *Vie de Numa*, XIV.

6. Plutarque, *Vie de Sertorius*, XV.

7. La liste de Montaigne peut être rapprochée de différentes listes produites de son temps par Blackwood, *De conjuratione religionis et imperii*, éd. parisienne de 1575, folio 30 verso; Coignet, *Instruction aux princes*, IV; Corneille Agrippa, *De vanitate scientiarum*, XCI, etc.

8. Dans son *Histoire*, LVI.

P. 614.

1. Ardents au fer, prêts à la mort, ils croiraient lâche
   De ménager des jours qui leur seront rendus.

   Lucain, *Pharsale*, I, 461-462.

2. « Comme dans le langage ordinaire on n'appelle honnête que ce qui est glorieux dans l'opinion du peuple. » Cicéron, *De finibus*, II, xv.

3. Cette phrase, jusqu'aux deux points, est une addition de 1582, corrigée dans l'exemplaire de Bordeaux.

4. « En disant : « Non, c'est défendu ! » elle a dit : « Oui ! » Ovide, *Amours*, III, iv, 4.

CHAPITRE XVII

P. 615.

1. Autrefois celui-là confiait à ses livres
   Comme à de bons amis ses secrets, et jamais
   Heureux ou malheureux n'ont d'autre confident :
   Aussi sa longue vie est-elle là dépeinte
   Tout étalée ainsi qu'en un tableau votif.

   Horace, *Satires*, II, 1, 30-34.

2. « Et Rutilius et Scaurus n'en ont été ni moins crus ni moins estimés. » Tacite, *Agricola*, I.

P. 616.

1. Plutarque, *Comment on pourra discerner le flatteur d'avec l'amy*, VIII.

2. Plutarque, *Vie d'Alcibiade*, I. ... *Estans douez d'une extrême beauté, ils s'y aidoient un peu sans y penser, par mignardise,* ajoutent les éditions antérieures.

3. Plutarque, *Vie de César*, I.

4. L'empereur Constance. Cf. Ammien Marcellin, XXI, xvi.

P. 618.

1. Cette sentence de *l'Ecclésiaste*, I, 12, figurait sur une travée de la librairie de Montaigne : *Cognoscendi studium homini dedit Deus, ejus torquendi gratia.* Cf. p. 1419, sent. 2.

2. L'antithèse procède de Sénèque, *Épîtres*, XXXVI.

3. Les éditions antérieures à 1595 ajoutent ici : *Je me connoy tant que, s'il estoit parti de moy chose qui me pleut, je le devroy sans doute à la fortune.*

4. La médiocrité reste interdite aux poètes :
Tel est l'ordre des dieux, des hommes, des colonnes.

Horace, *Art poétique,* 372-373.

5. « Rien de plus suffisant que le mauvais poète. » Martial, XII, LXIII, 13.

P. 619.

1. Tiré de Diodore de Sicile, XIV, XXVIII, traduit par Amyot, qui a pris le nom d'une fête, les *Lénéennes,* où fut couronnée *la Rançon d'Hector,* pour le titre d'une tragédie de Denys.

P. 620.

1. Relus, ils me font honte, et j'y vois bien des fautes
Qu'à l'avis de l'auteur il faudrait effacer.

Ovide, *Pontiques,* I, v, 15-16.

2. Rature : *Je ne fais nul estat certein de moy. Et ne vois chose que j'osasse me responde pouvoir faire bien à point. Autant doubteux de la mesure et portée de mes forces que de toute autre chose. Et quand ell' est faicle, je la done plus à l'avanture qu'à mon engin. D'autant que je les propose toutes aveq desfiance et au hazard.*

3. Xénocrate. Cf Plutarque, *Préceptes de mariage,* XXVI.

4. ...Car tout ce qui peut plaire,
Tout ce qui peut charmer nos sens, à nous mortels,
Il n'est rien qu'on ne doive à ces Grâces aimables.

(Auteur inconnu.)

5. Cicéron, *Académiques,* I, II.

P. 621.

1. *Ce que j'ay à dire, je le dis tousjours de toute ma force,* ajoute l'édition de 1588.

2. Dans la traduction du *Timée,* II.

3. « Je désire être bref et je deviens obscur. » Horace, *Art poétique,* 25.

4. Dans *la Politique,* p. 283, et dans *les Lois,* p. 887.

5. On lisait dans les éditions antérieures à 1595 : *autant pour le moins* au lieu de *davantage.*

P. 622.

1. Dans le *Dialogue des orateurs,* XXXIX.

2. On lisait dans la première édition : *Je ne sçay parler que la langue Françoise, encore est elle altérée.* — Pasquier rapporte à ce propos dans l'une de ses *Lettres,* XVIII, 17, qu'ayant rencontré Montaigne aux États Généraux de Blois en 1585, il lui signala certains provincialismes des *Essais :* « Et comme il ne m'en voulut croire, écrit-il, je l'amenai en ma chambre où j'avais ses livres, et là je lui montrai plusieurs manières de parler familières non aux Français, mais

seulement aux Gascons, un *patenôtre,* un *dette,* un *rencontre, ces ouvrages sentant à l'huile et à la lampe.* Et surtout je lui montrai que je le voyais habiller le mot de *jouir* tout à l'usage de Gascogne, et non de notre langue française : *ni la santé que je jouis jusques à présent...* »

3. D'en deçà de la rivière Charente, qui limitait à peu près au nord le domaine de la langue d'oc.

4. Le Béarnais.

5. C'est-à-dire un maître, à en croire Lacurne de Sainte-Palaye.

P. 623.

1. Sebond, *Théologie naturelle,* folio 112 recto, 163 recto.

2. Sebond, *Théologie naturelle,* folio 487 verso.

3. Tout le paragraphe est tiré de Cicéron, *De finibus,* IV, xxiv.

4. On dut considérer, pour partager les terres,
   La beauté, la vigueur et l'esprit de chacun;
   L'on prisait la beauté, l'on subissait la force.

   Lucrèce, V, 1109-1111.

5. Végèce, I, v, cité par Juste Lipse, *Politiques,* V, xii.

6. Il s'agit sous ce titre de l'ouvrage célèbre de Castiglione.

7. Dans la *Morale à Nicomaque,* IV, vii.

P. 624.

1. Dans *les Politiques,* XV, 44.

2. Turnus, dans les premiers, marche superbement,
   Les armes à la main, la tête au-dessus d'eux.

   Virgile, *Énéide,* VII, 783-784.

3. « Beau à voir entre les fils des hommes. » *Psaume* XLIV (Vulgate), 3.

4. Dans *la République,* VII, p. 535.

5. Plutarque, *Vie de Philopœmen,* I.

6. ... *inclinant un peu sur la grossesse...,* ajoute la première édition.

P. 625.

1. « D'où le poil qui revêt mes jambes et mon sein. » Martial, *Épigrammes,* II, xxxvi, 5.

2. Les éditions antérieures à 1588 ajoutaient : ... *quoique je m'en sois servy assez licencieusement.*

3. Peu à peu la vigueur de la maturité
   Diminue; on vieillit et le déclin arrive.

   Lucrèce, II, 1131-1132.

4. « Les ans viennent, pillant un par un tous nos dons. » Horace, *Épîtres,* II, ii, 55.

5. Pierre Eyquem mourut à soixante-douze ans.

6. Façon de parler plaisante, cf. Marot : *Au demeurant le meilleur fils du monde.*

7. C'est-à-dire la plier et la sceller, comme on faisait alors.

8. Rature : *à mon chien.*

9. « Le mol plaisir trompant un austère labeur. » Horace, *Satires,* II, ii, 12.

P. 626.

1. Prix dont je ne paierais pas tout l'or que vers la mer
   Roulent les flots sableux du Tage plein d'ombrages.

Juvénal, III, 54-55.

2. *Une occasion pourtant que mille autres de ma cognoissance eussent prinse, pour planche plus tost à se passer à la queste, à l'agitation et inquiétude,* ajoute l'édition de 1595.

3. Le bon vent d'Aquilon ne gonfle pas mes voiles
   Mais le méchant Auster ne trouble pas ma course.
   En force, esprit, beauté, vertu, naissance et bien,
   Je vais, dernier des grands et premier des petits.

Horace, *Épîtres*, II, II, 201-205.

Les éditions antérieures ajoutent : *... estant né tel qu'il ne m'a fallu mettre en queste d'autres commoditez.*

4. Rature : *... que de m'arrester en ce que j'avois.*

5. *... et suis tresmal instruit à me sçavoir contraindre : incommode à toute sorte d'affaires et négociations pénibles : n'ayant jamais eu en maniement que moy : eslevé en mon enfance d'une façon molle et libre...* ajoutait l'édition première. Puis, après sa mairie, Montaigne corrigea : *jamais guières eu.* Finalement, sur l'exemplaire de Bordeaux, il biffa toute cette phrase.

P. 627.

1. C'est là ce superflu qui glisse aux mains du maître
   Et profite aux voleurs.

Horace, *Épîtres*, I, VI, 45-46

P. 628.

1. « Maux incertains plus nous tourmentent. » Sénèque, *Agamemnon*, III, I, 29.

2. « Je n'achète pas l'espérance comptant. » Térence, *Adelphes*, II, III, 11.

3. « Une rame sur l'eau, l'autre rasant la plage. » Properce, III, III, 23.

P. 629.

1. « Il faut dans le malheur prendre voie hasardeuse. » Sénèque, *Agamemnon*, II, I, 47.

2. « A qui le sort est doux sans courir vers la palme. » Horace, *Épîtres*, I, I, 51.

3. C'est honte de charger d'un poids trop lourd sa tête,
   Quand le genou fléchit et qu'on vire du dos.

Properce, III, IX, 5-6.

4. Qu'à présent un ami, sans nier un dépôt,
   Rende une vieille bourse avec du vert-de-gris,
   C'est prodige de foi digne d'un livre étrusque,
   Et qu'expie à l'autel l'agnelle couronnée.

Juvénal, XVI, 60-63.

P. 630.

1. Si les premières lignes de ce développement n'étaient antérieures à l'avènement du Béarnais, on croirait que Montaigne explique la politique de Henri IV.

2. « Rien n'est si populaire que la bonté. » Cicéron, *Pro Ligurio*, XII.

3. Dans la *Morale à Nicomaque*, IV, VIII.

P. 631.

1. Apollonius de Thyane, dont les *Epistolae* avaient paru à Bâle en 1537.

2. Charles VIII, à en croire Corrozet, *Propos mémorables*, éd. de 1557, p. 56.

3. Aurélius Victor, *De viris illustribus*, LXVI.

4. « Plus on est fin et adroit, plus on est odieux et suspect, si l'on perd son renom d'honnêteté. » Cicéron, *De officiis*, II, IX.

5. Tacite, *Annales*, I, XI.

6. Allusion au *Prince* de Machiavel.

P. 632.

1. En 1537. Cf. Paul Jove, *Histoire de son temps*, XXXVI, et le *Thesoro politico*, II, V.

2. Diogène Laërce, *Vie d'Aristippe*, II, LXVIII.

P. 633.

1. L'édition de 1595 porte ici : *arrester ez la mémoire.*

2. Ce passage, jusqu'à *exactement par dessein*, est une addition de 1582.

3. Rature : *A ma grande vergogne.*

P. 634.

1. Messala était un ami de Tibulle. Cf. Pline, *Hist. nat.*, VII, XXIV.

2. Le philologue et polygraphe Georges de Trébizonde (1396-1486).

3. « La mémoire est certes l'unique réceptacle non seulement de la philosophie, mais encore de tout ce qui concerne la pratique de la vie et de tous les arts. » Cicéron, *Académiques*, II, VII.

4. « Je suis percé de trous, je perds deci delà. » Térence, *Eunuque*, I, II, 25.

5. Phrase ajoutée en 1588.

6. Trait tiré de Cicéron, *De senectute*, VII.

P. 635.

1. Même trait au livre I des *Essais*, chap. XXVI.

2. Mlle de Gournay, qui se chargea de cette tâche, déclare dans sa préface aux *Essais* de 1635 qu'il ne reste « qu'environ cinquante vides ou noms à remplir en ce plantureux nombre de près de douze cent passages ».

3. La Rochefoucauld, grand amateur de Montaigne, écrira dans l'une de ses *Maximes* : « Tout le monde se plaint de sa mémoire et personne ne se plaint de son jugement. »

4. Pline le Jeune (*Épîtres*, V, 11) conte comment Pline l'Ancien, son oncle, qui avait à sa disposition un lecteur et un secrétaire, blâmait le premier d'avoir perdu du temps en reprenant une phrase mal lue, mais intelligible.

P. 636.

1. Rien de plus contraire, en effet, à ce que recommande Montaigne dans son Essai sur l'éducation des enfants.

2. Il s'agit de Démocrite d'Abdère et non d'Athènes, qui devina les remarquables dons de Protagoras, à en croire du moins Aulu-Gelle, *Nuits attiques*, V, III.

3. De retour d'Italie, Montaigne a effacé, en 1582, cette phrase de 1580 : *... et foy grand doubte quand j'auroy un cheval et son équipage que j'eusse l'entendement de l'accommoder pour m'en servir.* Doute injustifié.

4. On lit dans les éditions antérieures à 1595 : *La bassesse du sujet, qui est moi, n'en peut souffrir de plus pleins et solides : et au demeurant c'est une humeur nouvelle et fantastique qui me presse, il la faut laisser courir.*

P. 637.

1. Ayez un meilleur nez, ayez un nez enfin
   Si puissant qu'un Atlas ne s'en fût pas chargé.
   Faites rire, à vos traits, de Latinus lui-même,
   Vous direz moins de mal de mes futilités
   Que moi-même j'en dis : pourquoi ronger à vide ?
   Pour se rassasier, il faut de la viande.
   Ménagez vos efforts. Pour les gens qui s'admirent
   Gardez votre venin. Mon livre est nul, je sais.
                        Martial, XIII, 11, 1-8.

2. Quand François II, en septembre 1559, mena sa sœur Claude de France au duc de Lorraine Charles III. Le bon roi René était amateur de peintures et lui-même un peintre amateur.

3. « Ni oui, ni non ne résonne en mon cœur. » Pétrarque, *Sonnets*, CXXXV. La citation a été ajoutée en 1582.

4. Diogène Laërce, *Vie de Chrysippe*, VII, 179.

P. 638.

1. « Le moindre poids incline ici ou là le doute. » Térence, *Andrienne*, I, VI, 32.

2. On a trouvé dans les décombres du château de Montaigne un jeton en cuivre portant d'un côté les armes de Montaigne ceintes du collier de Saint-Michel, avec l'inscription *Michel seigneur de Montaigne,* et de l'autre une balance en équilibre avec la mention suivante : 42 (son âge), 1576 (l'année), Επεχω « Je suspends [mon jugement]. »

3. « Le sort tomba sur Mathias. » *Actes des Apôtres*, I, 26.

4. « Jamais ne fut dit pour néant que l'Évangile est un couteau de tripière qui coupe des deux côtés. » L'archevêque de Lyon, au dire de la *Satire Ménippée*.

5. Même idée dans l'*Apologie de Sebond*.

6. « L'habitude même de donner son assentiment semble périlleuse et glissante. »

7. Ainsi qu'un poids égal charge les deux plateaux
   Et ni l'un ne fléchit ni l'autre ne s'élève.

Tibulle, IV, 1, 40-41.

8. « Frappés par l'ennemi, nous rendons coup pour coup. » Horace, *Épîtres*, II, 11, 97.

P. 639.

1. Pas d'exemples honteux, d'exemples dégoûtants,
   Qu'on n'en puisse citer qui soient pires encore.

Juvénal, VIII, 183-184.

P. 640.

1. L'édition de 1595 ajoute : *... et qui verroit bien à clair la hauteur d'un jugement étranger, il y arriveroit et porteroit le sien.*

2. Les éditions antérieures à 1595 ajoutaient : *Le plus sot homme du monde peut avoir autant d'entendement que le plus habile.*

3. Comme il était arrivé à Montaigne lui-même, *Essais*, III, xiii. Cf. p. 1089.

P. 641.

1. Mot repris par Descartes : « Le bon sens est la chose du monde la mieux partagée. »

2. « Instruit à vivre et user de sa force. » Lucrèce, V, 961.

3. « Nul d'entre nous n'essaie à descendre en soi-même. » Perse, IV, 23.

4. *... quelle qu'elle soit en moy* est un ajout de 1582.

P. 642.

1. « A coup sûr, s'il est quelque chose de louable, c'est l'uniformité de la conduite qui ne se dément dans aucune action particulière ; et l'on ne peut observer cette uniformité si l'on abandonne sa manière d'être pour copier celle d'autrui. » Cicéron, *De officiis*, I, xxxi.

P. 643.

1. *... ou une en un tel degré d'excellence* est un ajout de 1582.

2. Rature : *Je lisois sous sa robe longue une vigueur soldatesque.*

3. Voir le chapitre xxvi des *Essais*, I.

P. 644.

1. Ferez-vous ce que fit Polémon converti ?
   Vous verra-t-on quitter ces marques de folie,
   Rubans, coussins, bandeaux, comme on dit qu'après boire

Il se découronna de ses chapeaux de fleurs
  Sous le reproche amer subi d'un maître à jeun.

> Horace, *Satires*, II, III, 253-257.

2. « Le vulgaire est plus sage parce qu'il ne l'est qu'autant qu'il le faut. » Lactance, *Institutions divines*, cité par Juste Lipse, *Politiques*, I, x.

3. Il s'agit de François de Guise. Cf. *Essais*, I, XXIII.

4. Le maréchal Strozzi, cousin de Catherine de Médicis, qui fut tué d'un coup de mousquet à Thionville, le 20 juin 1558.

5. François Olivier, chancelier d'Henri II et de François II, qui mourut en 1560.

P. 645.

1. Daurat (1510-1588) qui a écrit, au dire de Scaliger, 50.000 vers grecs et latins.

2. Théodore de Bèze (1519-1605) qui, après avoir écrit en vers latins des *Juvenilia* assez obscènes, se convertit à la Réforme, enseigna le grec à Lausanne et succéda à Calvin dans la direction de l'Église de Genève. Montaigne s'entendit reprocher à Rome d'avoir cité ce poète calviniste.

3. Voir I, chap. XXVI.

4. Le chancelier Michel de l'Hospital, poète néo-latin de qualité, et dont les *Poemata* furent publiés en 1585.

5. Montdoré, mathématicien, poète néo-latin, bibliothécaire du roi ; mort en 1581.

6. Voir I, chap. XXV.

7. Le duc d'Albe, un temps disgracié, avait été chargé de conquérir le Portugal et s'était signalé à Alcantara (1580).

8. Le connétable de Montmorency, tué dans les seconds « troubles » à Saint-Denis (1567) « à la vue de Paris et de son Roi ».

9. Un jour qu'on parlait d'échanger La Noue, prisonnier des catholiques, contre Strozzi, prisonnier des protestants, le cardinal de Lorraine s'y opposa : « Il y a en France plusieurs Strozzi, observa-t-il, il n'y a qu'un La Noue. » Montaigne, qui avait barré ce paragraphe sur La Noue, l'a rétabli ensuite par un « *Bon* ».

10. Ce paragraphe sur Marie de Gournay n'est pas dans l'exemplaire de Bordeaux, mais il y a des signes de renvoi sur la page, et le feuillet joint a dû se perdre.

11. Ligne écrite par Montaigne du vivant de sa femme et de sa fille.

CHAPITRE XVIII

P. 646.

1. Je ne lis qu'aux amis, encor sur leurs prières,
    Non partout ou devant n'importe qui. Que d'autres
    Lisent en plein forum leurs écrits, voire aux bains.

> Horace, *Satires*, I, IV, 73-75.

P. 647.

1. Chercher des riens, du vent, pour en gonfler ma page,
Non, ce n'est pas mon fait, je parle tête à tête.

Perse, V, 19-21.

2. Rature : *Come il paroit par l'inutile argumant que j'ai pris seulement pour...*

3. On lit dans les éditions antérieures à 1595 : *Un poignard,
un harnois, une espée, qui leur a servi, je les conserve pour l'amour d'eux,
autant que je puis, de l'injure du temps.*

4. « L'habit d'un père et son anneau sont d'autant plus chers
à ses enfants qu'ils avaient plus d'affection pour lui. » Saint Augustin, *Cité de Dieu,* I, xv.

5. L'édition publiée du vivant de Montaigne porte ici : *Il m'a
fallu jetter en moule cette image, pour m'exempter la peine d'en faire faire
plusieurs extraits à la main. En récompense de cette commodité que j'en
ay emprunté, j'espère luy faire ce service d'empescher peut-être...*

6. « Qu'habit ne manque aux thons, enveloppe aux olives. »
Martial, *Épigrammes,* XIII, 1.

7. « Et j'offrirai souvent simple tunique aux scombres. » Catulle,
XCIV, 8.

P. 648.

1. Vers de Clément Marot sur son ennemi Sagon (*Épître de
Fripelipes, valet de Marot*).

P. 649.

1. Plutarque, *Vie de Marius,* LI.
2. Dans sa *République,* III, p. 558.
3. Dans le *De gubernatione dei,* I, xiv.
4. Plutarque, *Vie de Lysandre,* IV.

P. 650.

1. Gomara, *Histoire générale des Indes,* II, xxviii.
2. Lysandre. Cf. Plutarque, *Vie de Lysandre,* V.

CHAPITRE XIX

P. 651.

1. Vopiscus, *Vie de Tacite,* X, dont se souvient Jean Bodin
dans son livre, éd. de 1576, p. 63.
2. Sa réhabilitation fut blâmée à Rome.
3. Ammien Marcellin, *Histoire,* XXV, iv.
4. Ammien Marcellin, *Histoire,* XXIV, iv.
5. Ammien Marcellin, *Histoire,* XXV, iv.

P. 652.

1. Ammien Marcellin, *Histoire,* XXV, v.
2. Ammien Marcellin, *Histoire,* XXII, x.
3. Entre autres Zonaras, éd. de 1560, IIIe partie, folio 11 recto.

4. Eutrope, *Abrégé d'Histoire romaine,* X, 8.

5. On lisait ici dans les éditions antérieures à 1588 : *Aussi ce que plusieurs disent de luy qu'estant blessé à mort d'un coup de traict, il s'escria : Tu as vaincu, ou comme disent les autres, Contente toy, Nazarien, n'est non plus vraysemblable, car ceux qui estoient présens à sa mort et qui nous en récitent toutes les particulières circonstances, les contenances mesmes et les paroles, n'en disent rien ; non plus que de je ne sçay quels miracles que d'autres y meslent.*

6. Ammien Marcellin, *Histoire,* XXII, III.

7. Ammien Marcellin, *Histoire,* XVI, v et XXV, IV.

8. Ammien Marcellin, *Histoire,* XVI, v et XXV, IV.

9. Ammien Marcellin, *Histoire,* XVI, v.

P. 653.

1. Ammien Marcellin, *Histoire,* XVI, v.

2. Ammien Marcellin, *Histoire,* XXV, III.

3. Ammien Marcellin, *Histoire,* XXV, III.

4. Ammien Marcellin, *Histoire,* XXV, III.

5. Ammien Marcellin, *Histoire,* XXV, IV.

6. Ammien Marcellin, *Histoire,* XXV, IV.

7. Ammien Marcellin, *Histoire,* XXV, III.

8. Ammien Marcellin, *Histoire,* XX, v.

P. 654.

1. Théodoret, III, xx.

2. Zonaras, éd. de 1560, IIIe partie, folio 12 recto.

3. Ammien Marcellin, *Histoire,* XXI, II.

4. Ammien Marcellin, *Histoire,* XXII, v.

5. Gentillet exprime la même idée dans son *Anti-Machiavel,* éd. de 1579, p. 429.

CHAPITRE XX

P. 655.

1. Des sources du plaisir jaillit une amertume
   Qui même entre les fleurs vous étreint à la gorge.

                                    Lucrèce, IV, 1133-1134.

2. « La félicité qui ne se modère pas se détruit elle-même. » Sénèque, *Épîtres,* LXXIV.

3. Ce « verset grec ancien » est un vers d'Épicharme cité par Stobée dans son *Anthologie,* éd. de 1559, p. 28.

4. Dans Platon, *Phédon,* III, p. 60.

P. 656.

1. Dans Sénèque, *Épîtres,* XCIX.

2. « Il est une volupté dans les pleurs. » Ovide, *Tristes,* IV, III, 27.

3. *Épîtres,* LXIII.

4. Jeune échanson du vieux falerne,
   Verse-m'en qui soit plus amer.

                                    Catulle, XXVII, 1.

5. « Il n'est pas de mal sans compensation. » Sénèque, *Épîtres,*
LXIX.

6. Dans *la République,* IV, p. 126.

P. 657.

1. « Tout grand exemple comporte quelque iniquité envers les
particuliers qui est compensée par un profit public. » Tacite, *Annales,*
XIV.

2. « A force de rouler dans leur esprit des motifs contradictoires,
ils étaient devenus stupides. » Tite-Live, XXXII, xx.

3. Cette demande était : « Qu'est-ce que Dieu ? »

CHAPITRE XXI

P. 658.

1. Suétone, *Vie de Vespasien,* XXIV.

2. Spartien, *Vie de Vérus,* VII.

3. Allusion à Henri III qui, depuis Moncontour (1569), n'avait
plus commandé sur un champ de bataille.

4. Henri IV qui mandait à Givry, après la prise de Corbeil :
« Tes victoires m'empêchent de dormir, comme anciennement celles
de Miltiade. »

5. L'empereur turc qui conquit l'Égypte et mourut en 1520.

P. 659.

1. *Thesoro politico,* II, 11.

2. Froissart, I, cxxiii.

3. Zonaras, *Vie de Julien,* dernières lignes.

4. Dans *la Cyropédie,* I, 11, 16.

5. Dans ses *Épîtres,* LXXXVIII.

P. 660.

1. L'édition de 1595 ajoute : *Fortune ne doit pas seconder la vanité
des légions romaines, qui s'obligèrent par serment, de mourir ou de vaincre.
Victor, Marce Fabi, revertar ex acie : Si fallo, Jovem patrem Gravi-
dumque Martem aliosque iratos invoco Deos. Les Portugais disent
qu'en certain endroit de leur conquefte des Indes ils rencontrerent des soldats
qui s'eftoyent condamnez avec horribles execrations de n'entrer en aucune
composition, que de se faire tuer, ou demeurer victorieux : et pour marque de
ce vœu, portoyent la tefte et la barbe rase. Nous avons beau nous hazarder
et obstiner. Il semble que les coups fuyent ceux qui s'y presentent trop
alaigrement ; et n'arrivent volontiers à qui s'y présente trop volontiers et
corrompt leur fin. Tel ne pouvant obtenir de perdre sa vie, par les forces
adversaires, après avoir tout essayé, a été contraint, pour fournir à sa résolution, d'en rapporter l'honneur ou de n'en rapporter pas la vie : se donner soy
mesme la mort, en la chaleur propre du combat. Il en est d'autres exemples :
mais en voicy un. Philistus, chef de l'armée de Mer du jeune Dionysius, contre
les Syracusains, leur présenta la bataille, qui fut asprement conteftée, les
forces eftant pareilles. En icelle il eut du meilleur au commencement, par sa*

prouesse. Mais les Syracusains se rengeans autour de sa galère, pour l'investir,
ayant faict grands faicts d'armes de sa personne, pour se desvelopper, n'y
esperant plus de ressource, s'osta de sa main la vie, qu'il avoit si liberalement
abandonnée, et frustratoirement, aux mains ennemies.

2. « Ils sont entassés non seulement par le carnage, mais encore par la fuite. »

P. 661.

1. Paragraphe tiré de Ieronimo de Franchi Conestaggio, *Dell'*
unione del regno di Porto gallo alla corona di Castiglia (Gênes, 1585),
folios 36-40.

CHAPITRE XXII

2. Xénophon, *Cyropédie,* VIII, vi.
3. Dans la *Guerre civile,* III, ii.
4. Dans la *Vie de César,* LVIII.

P. 662.

1. Pline, *Hist. nat.,* VII, x.
2. « Parvint en trois jours d'Amphise à Pella, sur des chevaux
de relais avec une rapidité presque incroyable. » Tite-Live, XXXVII,
vii.
3. Pline, *Hist. nat.,* X, xxiv et xxxvii.
4. Gomara, *Hist. des Indes, V,* vii.
5. Il s'agit du Grand Turc.
6. Chalcondyle, XIII, xix. L'édition de 1595 ajoute : ... *comme*
font assez d'autres. Je n'ay trouvé nul séjour à cet usage.

CHAPITRE XXIII

P. 663.

1. Et nous souffrons des maux d'une paix déjà longue ;
   Plus cruel que le fer, le luxe nous écrase.

                                        Juvénal, VI, 291-292.

2. Tout ce début de l'essai est tiré de Bodin, *République,* IV et V,
passim.

P. 664.

1. Froissart, éd. de 1569, I, 213.
2. Philippe-Auguste, dont le fils (Philippe et non pas Jean)
mena une expédition en Angleterre en 1216.
3. Puisse rien ne me plaire, ô vierge de Rhamnonte [Némésis]
   Au point que j'entreprenne un jour contre nos maîtres.

                                        Catulle, LXVIII b, 77-78.

4. Plutarque, XXI.

P. 665.

1. A quoi riment ces jeux, criminelle folie,
   Ces meurtres, ce plaisir qui se repaît de sang ?

   > Prudence, *Contre Symmaque*, II, 672-673.

2. Saisis, chef, une gloire à ton règne promise
   Paternel héritage ajouté pour ta gloire !
   Plus d'exécutions pour le plaisir du peuple !
   Et que seul dans l'arène infâme un sang de bêtes
   Succède aux jeux du fer que souillait l'homicide !

   > Prudence, *Contre Symmaque*, II, 643-647.

3. Elle se lève à chaque coup : toutes les fois
   Que le fer du vainqueur perce un homme à la gorge,
   La vierge en sa pudeur se déclare ravie
   Et lorsqu'un combattant est étendu par terre
   Alors, tournant le pouce, elle ordonne la mort.

   > Prudence, *Contre Symmaque*, II, 617-620.

4. Ils vendent maintenant leur tête pour l'arène ;
   Il leur faut l'ennemi, fût-on en pleine paix.

   > Manilius, *Astronomiques*, IV, 225-226.

5. Dans ces frémissements, parmi ces jeux nouveaux,
   Le beau sexe, inhabile au maniement du fer,
   Se mêle avec fureur aux batailles des hommes.

   > Stace, *Silves*, I, VI, 51-53.

CHAPITRE XXIV

P. 666.

1. Cicéron, *Épîtres*, *Ad familiares*, VII, V.
2. Dans la *Vie de César*, LIV.
3. « Tant les Galates, tant le Pont, tant la Lydie. » Claudien, *In Eutropium*, I, 203.
4. Plutarque, *Vie d'Antoine*, VIII.

P. 667.

1. Tite-Live, XLV, XII-XIII.
2. Ce passage, que Montaigne traduit avant de le citer, se trouve dans la *Vie d'Agricola*, XIV.
3. L'édition de 1595 ajoute : ... *que sa vertu ou celle de ses ancestres lui avoyent acquis.*

CHAPITRE XXV

P. 668.

1. Prodige de son art d'imiter la douleur,
   La goutte de Cœlius a cessé d'être feinte.

   > Martial, *Épigrammes*, VII, XXXIX, 8-9.

2. Il s'agit de Géta. Cf. Appien, IV, VI.
3. Froissart, éd. de 1569, I, XXIX, 37.

P. 669.

1. Dans l'*Histoire naturelle*, VII, L.
2. Au premier livre des *Essais*, XXI.
3. Dans ses *Épîtres*, L.

CHAPITRE XXVI

P. 670.

1. Dans les *Annales*, XII, XLVII.
2. A en croire Macrobe, *Saturnales*, VII, XIII, que cite Béroalde dans son Commentaire à la *Vie d'Auguste*, XXIV, de Suétone. — ... *qui signifie exceller sur les autres*, traduisent les éditions antérieures.
3. Littéralement « contre-main. »
4. Mais point besoin de voix charmeuse qui la dresse
   Ni d'excitation caressante du pouce.
                     Martial, *Épigrammes*, XII, XCVIII, 8-9.
5. « Tes partisans loueront ton jeu de leurs deux pouces. »
Horace, *Épîtres*, I, XVIII, 66.
6. ... Quand le peuple a baissé le pouce,
   Il n'est personne qu'on n'égorge pour lui plaire.
                          Juvénal, III, 36-37.

P. 671.

1. Suétone, *Vie d'Auguste*, XXIV.
2. Valère-Maxime, V, III, 3.
3. Valère-Maxime, IX, II, 8.
4. Plutarque, *Vie de Lycurgue*, XIV.

CHAPITRE XXVII

5. D'après l'*Anti-Machiavel* de Gentillet, éd. de 1579.
6. Plutarque, *Vie de Pélopidas*, XIV.
7. « Et qui n'aime à tuer que taureau qui se bat. » Claudien, *Épître à Hadrianus*, 30.

P. 672.

1. Les loups, les ours couards et les plus vils des fauves
   Voilà les animaux acharnés aux mourants.
                     Ovide, *Tristes*, III, V, 35-36.
2. Plutarque, *Pourquoi la justice divine diffère quelquefois la punition des maléfices*.

P. 673.

1. Goulard, *Hist. du Portugal*, IV, XII.
2. Pline, *Hist. nat.*, cité par Vivès, *Commentaires à la Cité de Dieu*, V, 27.
3. Voir la note précédente.
4. Diogène Laërce, *Vie d'Aristote*, V, XVIII.

P. 674.

1. « Parce que chacun se méfiait de soi-même. »

P. 675.

1. Sous Charles VI le Fou, en 1402. Cf. Monstrelet, *Chroniques,* I, IX.

2. Hérodote, I, LXXXII.

3. Allusion au combat des Horaces et des Curiaces, d'après Tite-Live, I, XXIV.

4. Celui de ses frères qui accompagna Montaigne en Italie.

5. Brantôme, *Mémoires touchant les duels,* VI.

6. Plusieurs centaines de nos gentilshommes passaient les Alpes pour se perfectionner dans l'art de l'escrime, aux écoles d'Italie, notamment à celle de Padoue. Cf. Montaigne, *Journal de voyage* et La Noue, *Discours politiques,* V.

P. 676.

1. Malheureux coups d'essai des jeunes ! Dure école
   Des guerres à venir...

                              Virgile, *Énéide,* XI, 156-157.

2. Tite-Live, XXVII, XXI. Il s'agit de Corbis et d'Orsua.

3. Esquiver et parer ou rompre, ils y répugnent.
   Et l'art n'a rien à voir dans leur sanglante affaire.
   Leurs coups ne sont pas feints, mais directs ou obliques,
   Leur courroux, leur fureur ne connaissent pas l'art.
   Oyez l'horrible choc des armes de plein fer,
   D'une seule semelle ils ne sauraient point rompre :
   Toujours le pied est ferme et la main toujours prête,
   Et de taille ou d'estoc leurs coups portent toujours.

                    Le Tasse, *Jérusalem délivrée,* XII, stance LV.

P. 677.

1. Valère Maxime, II, III.

2. Plutarque, *Vie de César,* XII.

3. Plutarque, *Vie de Philopœmen,* I.

4. L'édition de 1595 ajoute : *... ny qu'un autre offrist d'y aller avec sa cape au lieu de poignard.*

5. Platon, *Lachès,* VII, p. 123.

6. Dans *les Lois,* p. 196.

7. Gentillet, *Anti-Machiavel,* III, III et Zonaras, éd. de 1560, III, p. 828.

P. 678.

1. « Il frappe tout, en craignant toutes choses. » Claudien, *In Eutropium,* I, 182.

2. Tite-Live, XL, III.

3. L'édition de 1595 ajoute : *Quand elles sont si riches de leur propre beauté et se peuvent seules trop soutenir, je me contente du bout d'un poil, pour les joindre à mes propos.*

P. 679.

1. Allusion au mot de Caligula, cité II, xii.
2. Dans son *Autobiographie*, LXXV.

P. 680.

1. Il s'agit de Mahomet II. — Chalcondyle, X, ii.
2. Tel Lavardin, *Histoire de Scanderberg*, folio 446 recto.
3. Hérodote, I, xcii, et Plutarque, *De la malignité d'Hérodote*, XVIII.
4. Paul Jove, *Histoire de son temps*, XIII.

CHAPITRE XXVIII

5. Les premières éditions disaient : ... *font à mon opinion grand honneur au premier ; car je les trouve esloignez d'une extrême distance.*

P. 681.

1. Tite-Live, XXXVIII, l-liv.
2. Plutarque, *Vie de Caton le Censeur*, I.
3. Plutarque, *Comparaison de Flaminius avec Philopæmen.*
4. « Le sage impose un terme aux choses de bien mêmes. » Juvénal, VI, 444.
5. Plutarque, *Dicts des Lacedæmoniens.*
6. Plutarque, *Vie de Philopæmen*, VIII.
7. Sénèque, *Épîtres*, XXXVI.
8. Tu fais tailler des marbres
   Avant tes funérailles
   Sans souci du tambour.

Horace, *Odes*, XVIII, 17-19.

P. 682.

1. « Depuis longtemps je ne perds ni ne gagne ; il me reste plus de provisions de route que de trajet à faire. » Sénèque, *Épîtres*, LXXVII.
2. « J'ai vécu, fait la course, ô sort, que tu me donnes. » Virgile, *Énéide*, IV, 653.
3. Le mot est tiré de Sénèque, *Épîtres*, XXXVI : *elementarius rex.*
4. Gens divers, goûts divers, ce n'est pas à tout âge
   Que convient toute chose.

Pseudo-Gallus, I, 104-105.

5. Sénèque, *Épîtres*, LXVIII.
6. Voir dans les *Essais*, I, xxxvii ; II, xi.
7. Sénèque, *Épîtres*, LXXI.

CHAPITRE XXIX

P. 683.

1. Sénèque, *De providentia*, VI.

P. 684.

1. Diogène Laërce, *Vie de Pyrrhon*, IX, 62, 63, 64, 67.

2. Ce serait, d'après Henri Estienne (*Apologie pour Hérodote*, XVI, XIX), un bâtard de la maison de Campois, près de Romorantin.

3. ...Son membre sans virilité,
Inerte ne dressait qu'une tête sénile.

Tibulle, De inertia inguinis.

P. 685.

1. Cicéron, *Tusculanes*, V, XXVII.

2. Lorsque la torche enfin touche le lit funèbre
Sous leurs cheveux épars les épouses sont là;
Le pieux combat commence à qui suivra vivante
Le mari dans la mort : honte à qui ne l'obtient.
Qui l'emporte est joyeuse et, livrée à la flamme,
Aux lèvres de l'époux met sa bouche brûlante.

Properce, III, XIII, 17-22.

P. 687.

1. Plutarque, *Vie d'Alexandre*, XXI, et Cicéron, *Tusculanes*, II, XXII et XXVII.

2. Il s'agit des théologiens.

3. Dans la *Vie de saint Louis*, XXX.

P. 688.

1. Gentillet, *Anti-Machiavel*, II, XI. Montaigne fait ici allusion à Savonarole et à l'épreuve du feu qui eut lieu le 7 avril 1498 place Palazzo Vecchio à Florence et qui fut interrompue par la pluie.

2. Rapporté par Chalcondyle, VII, VIII.

P. 689.

1. Le Béarnais.

2. L'édition de 1595 ajoute : ... *soit qu'il la croye, soit qu'il la prenne pour excuse à se hazarder extraordinairement, pourveu que la Fortune ne se lasse trop tost de luy faire épaule.*

3. Jehan de Jaureguy qui, d'un coup de pistolet, blessa Guillaume d'Orange à Anvers (18 mars 1582) et Balthazar Gérard, qui le tua à Delft (10 juillet 1584).

4. Allusion au meurtre de François de Guise par Poltrot de Méré (18 février 1563).

5. Balthazar Gérard.

P. 690.

1. Du Haillan, *Histoire des Rois de France*, éd. de 1576, pp. 456-457. — L'édition de 1595 ajoute ici : ... *et pareillement Conrad marquis de Montferrat, les meurtriers conduits au supplice, tous enflez et fiers d'un si beau chef d'œuvre.*

CHAPITRE XXX

P. 691.

1. Bouaystuau, dans ses *Histoires prodigieuses*, VI et XXXV, rapporte des cas analogues.

2. « Afin qu'après l'événement on leur donne quelque interprétation qui en fasse des présages. » Cicéron, *De divinatione*, II, XXXI.

3. Aristote, *Rhétorique*, III, XII.

4. « Ce qu'il voit souvent ne l'étonne pas, même s'il en ignore la cause. Mais s'il se produit quelque chose qu'il n'a jamais vu, il en fait un prodige. » Cicéron, *De divinatione*, II, XXVII. Cité par Pascal, *Pensées*, n° 90 (éd. Burnschvicg).

CHAPITRE XXXI

P. 692.

1. Dans la *Morale à Nicomaque*, X, IX.

2. Le foie en feu de rage, ils roulent devant eux,
   Comme un rocher sous qui le mont s'est dérobé,
   Et dont le flanc, d'un coup détaché, tombe à pic.

   Juvénal, VI, 647-649.

3. Cité par Plutarque, *Comment il fault refrener la cholere*, VI.

4. Reconnaissante à toi qui donnes au pays
   Un nouveau citoyen, si tu le rends utile
   A la patrie, aux champs, à la guerre, à la paix !

   Juvénal, XIV, 70-72.

5. Montaigne emprunte l'image à Sénèque, *De ira*, I, V.

P. 693.

1. La rage enfle ses traits, le sang noircit ses veines.
   Ses yeux sont plus flambants que ceux de la Gorgone.

   Ovide, *Art d'aimer*, III, 503-504.

2. Dans la *Vie de César*, XII.

3. L'édition de 1595 donne : *Caïus Rabirius*.

P. 694.

1. Les deux sentences, celle d'Eudamidas et celle de Cléomène, sont tirées de Plutarque, *Dicts des Lacedæmoniens*.

2. Aulu-Gelle, *Nuits attiques*, XVIII, III, et Plutarque, *Comment il faut ouïr*, VII.

P. 695.

1. Aulu-Gelle, *Nuits attiques*, I, XXVI.

2. Cicéron, *Tusculanes*, IV, 36; Valère-Maxime, IV, I, et surtout Plutarque, qui donne les deux exemples, *Comment il faut nourrir les enfants*, XVIII.

3. Plutarque, *Dicts des anciens Roys* et *Dicts des Lacedæmoniens*.

4. Sénèque, *De ira*, I, XVIII.

P. 696.

1. Sénèque, *De ira*, III, VIII.

2. Plutarque, *Instructions pour ceulx qui manient affaires d'Estat*, XIV.

3. Ainsi quand à grand bruit s'allume un feu de brandes
Sous un vase d'airain, l'eau brûlante bouillonne,
Fait rage en sa prison et déborde du vase,
Ne contient plus sa force, et sa noire vapeur
S'envole dans les airs.

Virgile, Énéide, VII, 462-466.

P. 697.

1. Diogène Laërce, *Vie de Diogène,* VI, xxxiv.
2. « Tous les vices apparents sont plus légers; ils sont très pernicieux alors qu'ils se dérobent sous un air de santé. » Sénèque, *Épîtres,* LVI.
3. « Le dément excité se querelle lui-même. » Claudien, *In Eutropium,* I, 237.
4. De même qu'un taureau, quand le combat s'annonce,
Mugit terriblement, essaie en sa fureur
Ses cornes contre un tronc et bat l'air de ses coups
Et prélude à l'attaque en semant la poussière.

Virgile, Énéide, XII, cIII.

P. 698.

1. Dans la *Morale à Nicomaque,* III, vii.
2. Sénèque, *De ira,* I, xvii.

CHAPITRE XXXII

P. 699.

1. Il n'a pas quarante-six ans quand il écrit ceci.
2. Il s'agit du premier cardinal de Lorraine (1524-1574), frère de François de Guise et favori de François II.
3. Dion Cassius, *Historiarum romanarum libri* LXI, x, xII, xx.

P. 700.

1. Dans les *Annales,* XIII, 1; XIV, LIII-LV; XV, LX et LXIV.
2. Surtout Suétone, *Vie de Néron.*
3. Argument semblable dans Bodin, *Methodus ad facilem historiarum cognitionem,* IV.
4. Tiré de Bodin, *l. c.* passim.
5. Au chapitre IV.
6. Hannibal, dans la première, donne le premier rang à Alexandre; dans la seconde, à Pyrrhus.
7. Dans sa *Vie de Pyrrhus,* XII.

P. 701.

1. Dans *les Tusculanes,* II, xiv.
2. Plutarque, dans la *Vie de Lycurgue,* XIV. Parmi les « cent autres témoins » on peut citer Valère-Maxime, III,
3. Ammien Marcellin, *Histoires,* XXII, xvi.

P. 702.

1. Tacite, *Annales*, IV, xliii.
2. Tacite, *Annales*, XV, lvii.
3. ... *du jour précédant*, ajoute l'édition de 1595.

P. 703.

1. Le Pogge, *Facéties*. Cf. aussi Castiglione, *Corteggiano*, III, xxii.
2. Au chapitre xxvii du premier livre.
3. L'édition de 1595 porte : ... *selon elle il faut régler toutes les autres. Les allures qui ne se rapportent aux siennes sont faintes et fauces. Luy propose lon quelque chose des actions en facultez d'un autre ? La première chose qu'il appelle à la consecration de son jugement c'est son exemple. Selon qu'il en va chez luy, selon cela va l'ordre du monde. O l'asnerie dangereuse et insupportable !*

P. 704.

1. *L'ostracisme* ou bannissement par inscription du nom sur une coquille d'huître se pratiquait à Athènes. Le *pétalisme* qui consistait à être banni par inscription du nom sur une feuille d'olivier ou de laurier florissait à Sparte.
2. Les éditions publiées du vivant de Montaigne ajoutaient : ... *et Scipion aussi à Épaminondas,* qui *estoyent aussi de son rolle.* Les vies parallèles de Scipion et d'Épaminondas par Plutarque sont perdues.

P. 705.

1. Dans la *Comparaison de Pompeius et d'Agesilaus.*

CHAPITRE XXXIII

P. 706.

1. Le duc de Montpensier, au dire de Florimond de Raemond.
2. Diogène Laërce, *Vie de Xénocrate,* IV.

P. 707.

1. Cette fin de phrase est une addition de 1582.
2. Suétone, *Vie de César,* XLV.
3. Suétone, *Vie de César,* XLIX.
4. Suétone, *Vie de César,* LII.
5. Suétone, *Vie de César,* LII.
6. Suétone, *Vie de César,* L.
7. Béroalde, *Commentaire...,* L.
8. Suétone, *Vie de César,* XLV.
9. Mahomet II, d'après Chalcondyle, *Histoire de la décadence de l'empire grec.*

P. 708.

1. Chalcondyle, *l.c.,* V, xi, et aussi Laverdin, Jove, etc.
2. Suétone, *Vie de César,* LIII.

P. 709.

1. Suétone, *Vie de César*, XLVIII.
2. Suétone, *Vie de César*, LIII.
3. Suétone, *Vie de César*, LIII.
4. Sabellicus, *Commentaire à Suétone*, I.
5. De *à ce que* jusqu'à *sobriété* est une addition de 1582.
6. Le proverbe latin dit : *Sine Cerere et Baccho friget Venus*, « sans manger ni boire l'amour est frigide. »
7. Suétone, *Vie de César*, LXXV.
8. Il s'agit de Labiénus. Plutarque, *Vie de César*, X.

P. 710.

1. Suétone, *Vie de César*, LXXV.
2. On retrouve cette phrase dans l'annotation de Montaigne sur son exemplaire de César. Cet Essai est sans doute de 1578, date de la lecture des *Commentaires*.
3. Suétone, *Vie de César*, LXXIII.
4. Suétone, *Vie de César*, LXXIII.
5. Suétone, *Vie de César*, LXXIII.
6. Suétone, *Vie de César*, LXXV.
7. Suétone, *Vie de César*, LXXV.
8. Suétone, *Vie de César*, LXXII.
9. Suétone, *Vie de César*, LXXVII.

P. 711.

1. Suétone, *Vie de César*, LXXII.
2. Suétone, *Vie de César*, LXXVII.
3. Suétone, *Vie de César*, LXXVII.
4. Suétone, *Vie de César*, LXXVI.

P. 712.

1. Telle brille une gemme en l'or fauve enchâssée,
Ornement pour le col ou parfois pour la tête,
Tel l'ivoire éclatant dans le bois incrusté
Ou dans l'orycien térébinthe...

Virgile, *Énéide*, X, 134-137.

2. Cette anecdote sur Spurina, qu'on trouve dans Valère Maxime, IV, v, avait déjà été produite par Boccace, *De casibus illustrium virorum*, IV, et par Ravisius, *Officina*, éd. de 1557, folio 107 verso.

CHAPITRE XXXIV

P. 713.

1. Cf. *Essais*, livre II, chap. xxxvi.
2. Cicéron, *Tusculanes*, II, xxvi.
3. Plutarque, *Vie de Brutus*, I.
4. Bodin, Préface à son *Methodus*.

5. Strozzi avait traduit du latin en grec et commenté en latin les *Commentaires* de César. Cf. Brantôme, *Œuvres,* éd. Lalanne, t.II, p. 241.

6. Comme le précédent, cet Essai est écrit en 1578.

7. Suétone, *Vie de César,* LXVI.

8. Remarque empruntée à Béroalde, *l. c.*

P. 714.

1. Suétone, *Vie de César,* LXV.

2. César, *Guerre des Gaules,* I, XVI.

3. Suétone, *Vie de César,* LXVII.

4. Suétone, *Vie de César,* LXVII.

5. Suétone, *Vie de César,* LXVII et *Vie d'Auguste,* XXV.

6. Au passage du Rhin, j'avais César pour chef;
Ici pour compagnon, car le crime égalise.
Lucain, Pharsale, V, 289-290.

P. 715.

1. Suétone, *Vie de César,* LXVII.

2. Dans la *Guerre des Gaules,* IV, XVII.

3. Dans la *Guerre des Gaules,* II, XXI.

4. Plutarque, *Vie de César,* V.

P. 716.

1. « Plus prompt que les éclairs et la tigresse mère. » Lucain, V, 405-406.

2. Et comme un roc venu du haut d'une montagne,
Arraché par le vent, roulé par les orages,
Ou que l'œuvre des ans délita de vieillesse,
La masse énorme roule, horrible, vers l'abîme,
Fait retentir le sol, entraînant avec elle
Forêts, troupeaux, bergers...
Virgile, Énéide, XII, 684-689.

3. Dans la *Guerre des Gaules,* VII, XXIV.

4. Dans la *Guerre civile,* I, LXXVII.

P. 717.

1. Pour courir au combat le soldat prend la route
Qu'il eût crainte pour fuir; ruisselant il revêt
Ses armes et réchauffe à la course le corps
Qu'a glacé le torrent...
Lucain, Pharsale, IV, 151-154.

2. Ainsi l'Aufide à l'air de taureau roule
Par les États de Daunus d'Apulie
En son courroux un flot torrentiel,
Et d'un déluge il menace les champs.
Horace, Odes, IV, XIV, 25-28.

3. Suétone, *Vie de César,* LIII.

4. *Guerre des Gaules,* II, XXV.

5. Suétone, *Vie de César,* LVIII.

P. 718.

1. Plutarque, *Dicts des anciens Roys*.

2. Montaigne a mal transcrit les chiffres romains : César parle de 8.000 hommes (*Guerre des Gaules*, VII, LXXVI).

3. Plutarque, *Vie de Lucullus*, XIII.

4. César, *Guerre des Gaules*, VII, LXXV.

5. Dans *la Cyropédie*, II, II.

6. Tamerlan.

7. Chalcondyle, III, II.

P. 719.

1. Lavardin, *Histoire de Scanderberg*, folio 444 recto.

2. César, *Guerre des Gaules*, VII, LXVIII.

3. Dans Suétone, *Vie de César*, LX.

4. *... dict Suétone,* ajoutent ici les éditions parues du vivant de Montaigne.

5. *Guerre des Gaules*, I, XLVI.

P. 720.

1. Platon, *Lois*, p. 689.

2. Suétone, *Vie de César*, LVII.

3. Rapprochement fait par Béroalde dans son *Commentaire*.

4. Suétone, *Vie de César*, LXIV.

5. Suétone, *Vie de César*, LXVIII.

6. L'amiral de Coligny.

7. Agrippa d'Aubigné relève le même trait « qui n'a point d'exemples en l'antiquité ».

8. Tite-Live, XXIV, XVIII.

P. 721.

1. Suétone, *Vie de César*, LXVIII.

2. Plutarque, *Vie de César*, V.

3. César, *Guerre civile*, III, IX.

CHAPITRE XXXV

P. 722.

1. « Celles qui ont le moins de peine pleurent avec plus d'ostentation. » Tacite, *Annales*, II, LXXVII.

P. 723.

1. Pline le Jeune, *Épîtres*, VI, XXIV.

P. 724.

1. ... La justice chez eux
En partant de la terre a fait un mauvais pas.
                              Virgile, *Géorgiques*, II, 473-474.

P. 725.

1. « Pœtus, cela ne fait pas de mal. » Pline le Jeune, *Épîtres,* III, xvi.

2. Quand la chaste Arria présente à son Pœtus
Le fer que sa main sort de ses propres entrailles :
— Je ne souffre, Pœtus, du coup que je me porte,
Dit-elle, mais du coup que tu vas te porter.

Martial, *Épigrammes,* I, xiv.

3. Pline le Jeune, *Épîtres,* III, xvi.

P. 728.

1. Tacite, *Annales,* XV, lxii-lxv.

2. Les éditions antérieures ajoutaient : ... *et comme Arioste a rangé en une suite.*

P. 729.

1. Sénèque, *Épîtres,* CIV.

CHAPITRE XXXVI

P. 730.

1. Il s'agit de Virgile.

2. Sa docte lyre fait un bruit de vers pareil
Aux sons qu'en la touchant Apollon y module.

Properce, II, xxxiv, 79-80.

3. Sur le beau, le honteux, l'utile et leurs contraires,
Il en dit plus et mieux que Chrysippe et Crantor.

Horace, *Épîtres,* I, ii, 3-4.

P. 731.

1. ... De lui comme source pérenne
Descend l'eau du Permesse aux lèvres du poète.

Ovide, *Amours,* III, ix, 25-26.

2. Joignez les compagnons des Héliconiades
Dont l'un, Homère, atteignit les astres...

Lucrèce, III, 1030-1031.

3. ... Cette source profuse
Par la postérité fut conduite en nos chants :
On divisa le fleuve en ruisseaux exigus,
Riches des biens d'un seul...

Manilius, II, 8-11.

4. Cité par Plutarque, *Des oracles de la prophétesse Pythie,* VIII.
5. Plutarque, *Vie d'Alexandre,* II.
6. Plutarque, *Dicts des Lacedæmoniens.*
7. Dans le *Du trop parler,* V.
8. Plutarque, *Vie d'Alcibiade,* III, et *Dicts des anciens Roys.*

P. 732.

1. Plutarque, *Dicts des anciens Roys.*
2. Cicéron, *Tusculanes,* I, xxxii.

3. Gentillet, *Anti-Machiavel,* III, 1.

4. Smyrne, Rhodes, Colophon, Salamine, Chios,
   Argos, Athènes.

Traduction d'un double vers grec cité par Aulu-Gelle, *Nuits attiques,* III, xiv.

5. Abattant tout ce qui lui barrait ses espoirs
   Et content de s'ouvrir un chemin en ruines.

Lucain, Pharsale, I, 149-150.

P. 733.

1. Plutarque, *Vie d'Alexandre,* IV, Quinte-Curce, I, xi.

2. Quinte-Curce, I, xvii.

3. Quinte-Curce, I, xxii.

4. Quinte-Curce, I, xii.

5. Quinte-Curce, I, xviii.

6. Quinte-Curce, I, xxii.

7. Quinte-Curce, VIII, 1.

8. Quinte-Curce, X, v.

9. Plutarque, *Vie d'Alexandre,* XIX; Quinte-Curce, IX, iii.

10. Arrien, VII.

11. Les éditions antérieures à 1588 ajoutaient ici : ... *Car on tient entre autres choses que sa sueur produisoit une très douce et suefve odeur.*

12. Tel brille Lucifer, l'astre cher à Vénus
    Entre les feux du ciel, quand baigné d'Océan
    Il surgit, face pure, et met fin aux ténèbres.

Virgile, Énéide, VIII, 589-591.

P. 734.

1. Arrien, VII.

2. Postel, *Histoire des Turkes,* éd. de 1575, II, p. 131.

3. Et comme un feu qu'on met partout aux bois qui brûlent
   Allume arbustes secs et lauriers qui pétillent,
   Ou comme avec fracas, roulant du haut des monts,
   Des torrents écumants se jettent dans la mer,
   Ravageant tout sur leur passage...

Virgile, Énéide, XII, 521-525.

4. Diodore de Sicile, éd. Amyot de 1559, XV, xxiv.

P. 735.

1. Plutarque, *Comment il faut ouïr,* III.

2. Diodore de Sicile, XV, x.

3. Surtout Diodore de Sicile, XV, xxiv.

4. L'édition de 1595 ajoute : ... *en la forme qu'elle estoit en luy.*

5. On lit dans la préface d'Amyot aux *Vies* de Plutarque : « Ayant fait toute diligence à moi possible de les chercher ès principales librairies de Venize et de Rome, je ne les ay peu recouvrer. »

P. 736.

1. Plutarque, *Que l'on ne sçaurait vivre joyeusement selon la doctrine d'Épicurus,* XIII.

2. Plutarque, *Esprit familier de Socrate,* IV.
3. Plutarque, *Esprit familier de Socrate,* IV.
4. Diodore de Sicile, XV, xix.
5. L'édition de 1595 ajoute : ... *luy mort.*
6. Diodore de Sicile, XV, xxiv ; et Cornélius Népos, *Épaminondas,* X.

CHAPITRE XXXVII

P. 737.
1. Mention de ce larcin a été déjà faite plus haut, chap. ix.
2. Il avait commencé à trente-neuf ans (1572).
3. Montaigne ressentit vers 1578 les premières atteintes de la pierre.
4. Qu'on me rende manchot,
Goutteux et cul-de-jatte,
Qu'on m'ôte dents branlantes,
Je vis, et c'est assez.
      Vers de Mécène, conservés par Sénèque, *Lettres,* CI.
5. Tamerlan, au dire de Chalcondyle, III, x.

P. 738.
1. Diogène Laërce, *Vie d'Antisthène,* VI, xxviii.

P. 739.
1. « Ne crains pas de mourir, ne le souhaite pas. » Martial, X, xlvii, 13. — Cette sentence a figuré sur une travée de la librairie de Montaigne, puis a été remplacée par une autre.
2. Le passage qui va suivre a remplacé celui-ci, des éditions antérieures : *Comme si elle dressoit les hommes aux actes d'une comédie, ou comme s'il estoit en sa jurisdiction d'empescher les mouvemens et alterations que nous sommes naturellement contraints de recevoir : qu'elle empesche donq Socrates de rougir d'affection ou de bonté, de cligner les yeux à la menasse d'un coup, de trembler et de suer aux secousses de la fiebvre : la peinture de la Poësie qui libre et volontaire, n'ose priver des larmes mesmes, les personnes qu'elle veut representer accomplies et parfaictes,*
se n'aflige tanto,
Che si morde il man, morde la labbia
Sparge le guancie di continuo pianto :
elle devroit laisser cette charge à ceux qui font profession de regler nostre maintien et nos mines. (Ces vers sont de l'Arioste, *Roland furieux,* XLVI, 27.)
3. Les éditions publiées du vivant de Montaigne ajoutaient ici : ... *Qu'elle luy ordonne ses pas et le tienne en bride et en office.*
4. Les éditions publiées du vivant de Montaigne portaient : *C'est bien assez que nous soyons tels que avons nous accoutumé en nos pensées et actions principales.*
5. Notamment Laurent Joubert, *Erreurs populaires au faict de la médecine* (1578), IV.

P. 740.

1. Cité par Diogène Laërce, *Vie d'Épicure*, X, cxviii.

2. « Les lutteurs aussi, quand ils frappent leurs adversaires en lançant leurs cestes, geignent, parce que sous l'effort de la voix tout le corps se raidit et le coup est assené avec plus de vigueur. » Cicéron, *Tusculanes*, II, xxiii.

3. L'édition de 1595 ajoute : *... et me contente de gemir sans brailler.*

4. Soupirs, gémissements, cris, grincements aigus
Font retentir partout leur lamentable voix.

Attius, *Philoctète*, vers cités par Cicéron, dans les *Tusculanes*, II, xiv, et le *De finibus*, II, xxix.

5. Dans le *De divinatione*, II, lxix.

6. Les éditions publiées du vivant de Montaigne ajoutent : *Je devise, je ris, j'estudie, sans émotion ni altération.*

7. Plus de maux inconnus, inattendus pour moi;
Je les connais d'avance et mon esprit est prêt.

Virgile, *Énéide*, VI, 103-104.

P. 741.

1. Même idée, mêmes termes chez Sebon, *Théologie naturelle*, LVII, folio 58 verso.

2. Pline, *Hist. nat.*, VII, xii.

3. Plutarque, *Pourquoy la justice...*, XIX.

4. Dans *les Politiques*, II, ii.

P. 743.

1. Les éditions antérieures portaient : *... d'avoir vescu quarante six ans.*

P. 744.

1. Diogène Laërce, *Vie d'Épicure*, X, cxxix; Cicéron, *Tusculanes*, V, xxxiv.

2. Les éditions antérieures à 1588 portaient : *... mais je dy ce qui s'en void en practique, il y a grand dangier que ce soit pure imposture, j'en croy leurs confrères Fioravanti et Paracelse.*

3. Plutarque, *Banquet des Sept Sages*, XIX.

P. 745.

1. Pline, *Hist. nat.*, XXIX, i, cité par Joubert, *Erreurs populaires*, liv. I, chap. i.

2. Dans la *Vie de Caton le Censeur*, XII.

3. Parenthèse de 1582.

4. Pline, *Hist. nat.*, XXV, i, cité par Corneille Agrippa, *De vanitate scientiarum*, LXXXIII.

P. 746.

1. Dans son *Histoire*, IV, p. 187.

2. Dans le *Timée*, p. 89.

P. 747.

1. Sénèque, *Épîtres,* CVII. Cette sentence est rapportée aussi par Rabelais, *Cinquième Livre,* XXXVI.

2. Traits cités par Corneille Agrippa, *De vanitate scientiarum,* LXXXIII.

3. Diogène Laërce, *Vie de Diogène,* VI, LXII.

4. Mélissa et Maximus, *Sententiarum tomi tres* (1546), p. 62.

5. ...Le passage des voitures
   Au tournant étroit des rues...
   Martial, *Épigrammes,* III, 236-237.

P. 748.

1. Dans *la République,* III, p. 385.

2. Dans sa 13ᵉ fable : « *Hippocrate et le médecin.* »

3. Pline, *Hist. nat.,* XXIX, et Corneille Agrippa, *De vanitate scientiarum,* LXXXIII.

4. Car l'omnipotent Père, indigné qu'un mortel
   Eût été ramené des Enfers à la vie,
   Foudroyant l'inventeur d'un tel art de guérir,
   Jeta le Phlégéton vers les ondes du Styx.
   Virgile, *Énéide,* VII, 770-773.

5. Mélissa et Maximus, *l. c. supra.*

P. 749.

1. Pline, *Hist. nat.,* XXIX, I.

2. « Comme si un médecin ordonnait de prendre un enfant de la Terre, marchant dans l'herbe, portant sa maison et dépourvu de sang [au lieu de dire sans doute un escargot]. » Cicéron, *De divinatione,* II, LXIV.

3. Pline, *Hist. nat.,* XXIX, I.

P. 750.

1. Tous ces exemples procèdent de Corneille Agrippa, *De vanitate scientiarum,* LXXXIII.

2. Pline, *Hist. nat.,* XXIX, I.

P. 751.

1. Les éditions antérieures disent : ... *plus que nous ne sçaurions donner aux drogues que nous cognoissons : si elle ne nous est inconnue, si elle ne vient d'outre-mer, si ne nous est apportée de quelque lointaine région, elle n'a point de force.*

2. Paracelse a déjà été nommé plus haut (voir liv. II, XII); Fioravanti, qui mourut en 1588, était un célèbre médecin bolonais; Argentier ou *Argentarius,* un autre médecin italien réputé (1513-1572).

P. 752.

1. Dans sa 86ᵉ fable, *l'Éthiopie.*

2. Corneille Agrippa, *De vanitate scientiarum,* LXXXIII.

P. 753.
1. Corneille Agrippa, *De vanitate scientiarum*, LXXXII.
2. Corneille Agrippa, *De vanitate scientiarum*, LXXXIII.

P. 754.
1. La Boétie, mort de dysenterie.

P. 755.
1. Montaigne se souvient des opinions opposées de Donati et Francutti, auteurs de traités sur les bains de La Villa. Cf. *Journal de Voyage*, 1re saison à Lucques.

P. 757.
1. « Douches. »
2. Le long passage qui suit — jusqu'a *qui se voit par tout ailleurs en cet art*, est généralement de 1582, et a remplacé ce texte de 1580 : *Somme ilz n'ont nul discours, qui ne soit capable de telles oppositions. Quant au jugement de l'opération des drogues, il est autant ou plus incertain. J'ay esté deux fois boyre des eaus chaudes de noz montaignes : et m'y suis rangé, par ce que c'est une potion naturelle, simple et non mixtionnée, qui au moins n'est point dangereuse, si elle est vaine : et qui de fortune s'est rencontrée n'estre aucunement ennemie de mon goust (il est vray que je la prens selon mes regles, non selon celles des medecins) outre ce que le plaisir des visites de plusieurs parents et amis, que j'ay en chemin, et des compaignies qui s'y rendent, et de la beauté de l'assiete du pais, m'y attire. Ces eaus là ne font nul miracle sans doute, et tous les effectz estranges qu'on en rapporte je ne les croy pas : car pendant que j'y ay esté, il s'est semé plusieurs telz bruits que j'ay decouvers faus m'en informant un peu curieusement. Mais le monde se pipe aisément de ce qu'il desire. Il ne leur faut pas oster aussi qu'elles n'esveillent l'appetit et ne facilitent la digestion, et ne nous prestent quelque nouvelle alegresse, si on n'y va du tout abattu de forces. Mai moy je n'y ay esté ny ne suis deliberé d'y aler que sain et avecques plaisir. Or quant à ce que je dis de la difficulté, qui se présente au jugement de l'operation, en voicy l'exemple. Je fus premierement à Aiguescaudes, de celles là je n'en sentis nul effet, nulle purgation apparente : mais je fus un an entier aprez en estre revenu sans aucun ressentiment de colique, pour laquelle j'y estoy allé. Depuis je fus à Banieres, celles ci me firent vuyder force sable, et me tindrent le ventre long temps apres fort lache. Mais elles ne me garantirent ma santé que deux mois : car apres cela j'ay esté tres mal traicté de mon mal. Je demanderois sur ce tesmoignage, ausquelles mon medecin est d'avis que je me fie le plus, ayant ces divers argumentz et circonstances pour les unes et pour les autres. Qu'on ne crie pas donc plus apres ceux, qui en céte incertitude se laissent gouverner à leur appetit et au simple conseil de nature. Or ainsi, quand ils nous conseillent une chose plus tost qu'une autre, quand ils nous ordonnent les choses aperitives, comme sont les eaus chaudes, ou qu'ils nous les deffendent : ils le font d'une pareille incertitude, et remettent sans doubte à la mercy de la fortune l'evenement de leur conseil : n'estant en leur puissance ny de leur art de se respondre de la mesure des corps sableus, qui se couvent en noz reins : là où une bien legiere difference de leur grandeur peut produire en l'effet de notre*

7. La loi n'obligeait pas les gentilhommes à participer aux guerres étrangères.

8. Les opinions du temps diffèrent à ce sujet : si Bodin approuve ceux qui prennent parti, Juste Lipse et Charon sont pour le neutralisme, et Du Vair pour la Ligue.

9. Le garde des Sceaux Jean de Morvilliers, évêque d'Orléans, qui fut au pouvoir de 1568 à 1577, participa aux négociations de Cateau-Cambrésis et au concile de Trente. C'était un personnage prudentissime.

P. 771.

1. Cf. *Essais,* II, 11.

P. 772.

1. Lieutenant d'Alexandre qui fut, à la mort de son maître, successivement roi de Thrace et de Macédoine. Plutarque, *De la curiosité,* IV.

2. Le Béarnais et Henri III.

P. 773.

1. Fable CCXCII[1], imitée par la Fontaine dans *l'Ane et le Chien.*

2. « Ce qui sied le mieux à chacun, c'est ce qui est le plus conforme à sa nature. » Cicéron, *De officiis,* I, XXXI. Cité par Pascal, *Pensées,* n° 363 (éd. Brunschvicg).

3. « Nous ne possédons pas de modèle solide et exact du vrai droit et de la justice parfaite; nous n'en avons pour notre usage qu'une ombre et une image. » Cicéron, *De officiis,* III, XVII. Idée reprise par Pascal, *Pensées,* n° 297 (éd. Brunschvicg).

4. Un sage indien, dont Plutarque fait mention, *Vie d'Alexandre,* XX.

P. 774.

1. « Il est des crimes commis à l'instigation des sénatus-consultes et des plébiscites. » Sénèque, *Épîtres,* XCV. Le texte porte *sæva* et non pas *scelera.* Cité par Pascal, *Pensées,* n° 363 (éd. Brunschvicg).

2. Anecdote tirée de Tacite, *Annales,* II, LXIV, où l'on voit Tibère empêcher Rhascuporis et Cotys d'en venir aux armes pour le trône de Thrace.

3. Il s'agit d'Antipater, gouverneur de Macédoine, qui vainquit les Lacédémoniens (330 av. J.-C.). Plutarque, *Comment on pourra discerner le flatteur d'avec l'amy,* XXIII.

P. 775.

1. Plutarque, *Dicts des anciens Roys.*

2. Ce médecin, transfuge du camp de Pyrrhus, avait proposé au consul romain Fabricius d'empoisonner le roi d'Épire. Fabricius le renvoya au camp de Pyrrhus et son geste fut loué par le Sénat. Plutarque, *Vie de Pyrrhus,* XXV; Cicéron, *De officiis,* III, XXII.

3. Herburt-Fulstin, *Histoire des roys de Poloigne,* trad. Balduin (1573), folio 43 verso.

P. 776.

1. Plutarque, *Vie d'Eumène,* IX.

2. Florus, *Epitome* du XXVIIe livre de Tite-Live.

3. Lavardin, *Histoire de Scanderberg,* folio 253 verso.

4. Du Haillan, *Histoire des rois de France,* folio 42.

P. 777.

1. La fille de Séjan. Cf. Tacite, *Annales,* V, IX.

2. Chalcondyle, I, XVI.

3. Cromer, *De rebus gestis Polonorum,* p. 384.

4. « Mais qu'il se garde de chercher un prétexte à son parjure. » Cicéron, *De officiis,* III, XXIX.

P. 778.

1. Cf. *Essais,* I, XXXVIII.

2. Diodore, XVI, XXIX.

P. 779.

1. Cicéron, *De officiis,* III, XXII.

2. « Comme si l'on pouvait faire violence à un homme brave. » Cicéron, *De officiis,* III, XXX.

3. Au livre II des *Essais,* chap. XXXVI, p. 734.

P. 780.

1. Il s'agit de Sparte.

2. *L'un* désigne Pompée, *l'autre,* César. Plutarque, *Vie de Pompée,* III; *Vie de César,* XI.

3. Ce « tiers » personnage est Marius. Plutarque, *Vie de Marius,* XI.

4. Les Spartiates.

5. « Le souvenir du droit privé demeurant, même au milieu des dissensions publiques. » Tite-Live, XXV, XVIII.

6. ...Et nul pouvoir au monde
   Ne permet de violer les droits de l'amitié.

Ovide, Pontiques, I, VII, 37-38.

P. 781.

1. « Car les devoirs envers la patrie n'étouffent pas tous les autres devoirs, et il lui importe à elle-même que les citoyens se conduisent bien envers leurs parents. » Cicéron, *De officiis,* III, XXIII.

2. Le fer est nu : silence alors aux sentiments !
   Sur le front ennemi vous avez vu vos pères.
   Taillez-moi de ce fer leurs vénérables faces !

Lucain, Pharsale, VII, 320-322.

3. Ces exemples procèdent de Tacite, *Histoires,* III, LI.

4. « Tout indifféremment ne convient pas à tous. » Properce, III, IX, 7.

CHAPITRE II

P. 782.

1. Ce *du leur* est assez obscur. Il semble que Montaigne entende

le mouvement de lente désagrégation qui se produit dans chacune des choses créées.

2. Selon Plutarque, *Vie de Démosthène*, III. Démade disait « qu'il avait pu souvent se contredire lui-même, mais jamais l'intérêt public ».

P. 783.

1. Montaigne se laisse aller, au livre III, à des confidences de plus en plus personnelles.

P. 784.

1. L'homme, dira Pascal, n'est « ni ange ni bête ». *Pensées*, n° 358 (éd. Brunschvicg).

2. *Essais*, I, LVI; II, III.

3. Au livre II, XIV, Montaigne avait dit : « Tout vice est issu d'asnerie », mais en ajoutant : « Il [ce point] est subject à une longue interprétation. »

4. Sénèque, *Épîtres*, LXXXI.

5. Plutarque, *De la tranquillité de l'âme*, IX.

P. 785.

1. « Les vices d'autrefois sont passés dans les mœurs. » Sénèque, *Épîtres*, XXXIX.

2. « Vous devez vous servir de votre propre jugement. » Cicéron, *Tusculanes*, I, XXIII.

3. « Le témoignage que se rend elle-même la conscience du vice et de la vertu est d'un grand poids. » Cicéron, *De natura deorum*, III, XXXV.

P. 786.

1. Mon âme d'à présent, que ne l'avais-je enfant ?
   Ou que n'ai-je, étant sage, encor mes fraîches joues ?

   Horace, *Odes*, IV, X, 7-8.

2. Plutarque, *Bancquet de Sept Sages*, XII.

3. Plutarque, *Instruction pour ceux qui manient affaire d'Estat*, IV.

4. Plutarque, *Vie d'Agésilas*, V.

5. C'est le proverbe : « Personne n'est un héros pour son valet de chambre. »

6. Saint Luc dit (IV, XXIV) : « *Nemo propheta acceptus est in patria sua.* »

7. Rature : *Les honnestes hommes et lettrés de quoy il y a foison y passent les yeux comme sur un almanach ou matière plus vile si l'impression en souffre. Ailleurs je suis mieux receu, specialement au plus loin.*

P. 787.

1. Dans la *Morale à Nicomaque*, X, VII.

P. 788.

1. Ainsi, lorsque captifs, oubliant leurs forêts,
   Les fauves adoucis ont perdu leur fureur,
   Qu'ils ont subi le joug de l'homme, si du sang

Humecte un peu leur gueule, alors rentrent la rage
Et la férocité ; leur gorge à ce goût s'enfle,
A peine épargnent-ils leur maître épouvanté.

                                  Lucain, *Pharsale*, IV, 237-242.

2. Cf. *Essais*, I, xxvi.

P. 790.

1. L'édition de 1595 dit : ... *le noſtre*.
2. Sénèque, *Épîtres*, XCIV.

P. 792.

1. Le texte de 1588 était : ... *si l'événement a favorisé*.
2. Plutarque, *Dicts des anciens Roys*.

P. 793.

1. Sophocle, au dire de Cicéron, *De senectute*, XIV.
2. « Et l'on ne verra jamais la Providence si ennemie de son œuvre que la faiblesse soit mise au rang des meilleures choses. » Quintilien, *Inſtitution oratoire*, V, xii.

P. 794.

1. Diogène Laërce, *Vie d'Antiſthène*, VI, v.

CHAPITRE III

P. 796.

1. « Il avait l'esprit si propre à se plier à tout également que, quoi qu'il entreprît, on l'eût dit né uniquement pour cela. » Tite-Live, XXXIX, xl.

P. 797.

1. « Les vices de l'oisiveté doivent être bousculés par le travail. » Sénèque, *Épîtres*, LVI.
2. Rature : *Mon âme se sonde, se contrerolle, range, modère et fortifie se promenant par ses discours.* Puis : *range, modère et fortifie* ont été reportés plus haut.
3. « Pour elles, vivre, c'eſt penser. » Cicéron, *Tusculanes*, V, xxxviii.
4. Dans la *Morale à Nicomaque*, X, viii.

P. 798.

1. Xénophon, *Mémorables*, I, iii, 3. C'était aussi l'une des devises de Montaigne, qui l'écrivit en italien à la première page de plusieurs livres de sa librairie : *Mentre si puo*.
2. Rature : *Et certes meshui n'oserai me pleindre d'eſtre aimé si peu en aimant si peu ; et n'ayant pas ci devant jamais aimé en bon escient sans revenche.* Allusion à son amitié pour La Boétie.
3. Allusion à son amitié pour La Boétie.
4. Plutarque, *Traité de la pluralité d'amis*, II.

P. 799.

  1. Dans *les Lois*, VI.

  2. Tu me contes et la race d'Eaque,
     Et les combats sous la sainte Ilion.
     Mais à quel prix la jarre de Chio,
     Par qui mon eau sera-t-elle chauffée,
     Quand et chez qui puis-je-trouver abri
     D'un froid vraiment pélignien? Motus!

                          Horace, *Odes*, III, XIX, 3-8.

  3. Plutarque, *Comment il fault refrener la cholere*, X.

  4. « Parler sur la pointe d'une fourchette. » Locution prover-
biale italienne pour dire : parler avec recherche.

P. 800.

  1. C'est leur style pour craindre, être en colère, en joie,
     En peine, confesser leur secret : quoi de plus ?
     Pour coucher doctement avec vous...

              Juvénal, VI, 189-191, qui écrit d'ailleurs *græce* et non *docte*.

  2. « Toutes sorties d'une boîte. » Sénèque, *Épîtres*, CXV.

P. 802.

  1. Plutarque, *Vie de Dion*, I.

  2. « Car nous aussi, nous avons des yeux avertis. » Cicéron,
Paradoxes, V, 11.

P. 803.

  1. Qui, sur la flotte grecque, évita Capharée,
     Des Eubéennes eaux détournera ses voiles.

                          Ovide, *Tristes*, I, 1, 81-82.

  2. Rature : *ou par son troc*.

  3. « Inaccessible à toute passion venant d'elles ou d'autrui. »
Tacite, *Annales*, XIII, XLV.

  4. Au commencement de *Phèdre*.

P. 804.

  1. Tacite, *Annales*, VI, 1.

  2. Ce trait, qui procède de Guevara en ses *Épîtres dorées*, est conté
aussi par Brantôme, *Dames galantes, Deuxième discours*. « Aussi cette
dame Flora eut cela de bon et de meilleur que Lays qui s'abandonnait à tout le monde comme une bagasse et Flora aux grands, si
bien que sur le seuil de sa porte elle avait mis cet escriteau : *Rois,
princes, dictateurs, consuls, pontifes, questeurs, ambassadeurs et autres
grands seigneurs, entrez, et non d'autres.* »

P. 805.

  1. Postel, *Histoire des Turkes*, III.

  2. Olivier de la Marche, *Mémoires*, publiés par Sauvage en 1562.

P. 806.

  1. La fameuse tour où Montaigne avait sa librairie était située
en avant des autres corps de logis.

P. 807.

1. « Grosse facture et grande servitude. » Sénèque. *Consolation à Polybe*, XXVI.

2. Rature : *pour en assembler de toutes manières au service commun, inutiles au mien particulier des quatre pars les trois.*

CHAPITRE IV

P. 808.

1. Toujours est prête en elle abondance de larmes,
A sa discrétion et qui n'attendent d'elle
Qu'un ordre pour couler...

Juvénal, VI, 272-274.

P. 809.

1. C'est, en effet, de Cicéron (*Tusculanes*, III, xxxi) que viennent à Montaigne ces idées de « consolations ».

2. Au livre II des *Essais*, xxiii, p. 767 et suivantes.

P. 810.

1. Commines, *Mémoires*, II, iii.

2. La vierge s'en étonne et séduite au beau fruit,
Se détourne du but et prend cet or qui roule.

Ovide, *Métamorphoses*, X, 666-667.

3. « Il faut quelquefois même tourner l'âme vers d'autres goûts, d'autres préoccupations, d'autres soins, d'autres travaux; souvent enfin c'est par un changement d'air, comme les malades qui ne reprennent pas leurs forces, qu'il faut les soigner. » Cicéron, *Tusculanes*, IV, xxxiv.

P. 811.

1. Cicéron, *Tusculanes*, I, xxxiv.

2. Tacite, *Annales*, XV, lvii.

P. 812.

1. Tacite, *Annales*, XVI, ix.

2. S'il est quelque pouvoir aux dieux justes, j'espère
Que parmi ces écueils tu subiras ta peine,
En invoquant le nom répété de Didon...
Je l'entendrai : le bruit m'en viendra chez les mânes.

Virgile, *Énéide*, IV, 382-384 et 387.

3. Diogène Laërce, *Vie de Xénophon*, II, liv; Valère Maxime, IV, x.

4. « Tous les travaux glorieux et renommés deviennent supportables. » Cicéron, *Tusculanes*, II, xxiv.

5. Cicéron, *Tusculanes*, I, xxvi.

6. « Voilà les consolations, voilà les baumes des plus grandes douleurs. » Cicéron, *Tusculanes*, II, xxiv.

7. Sénèque, *Épîtres*, LXXXII et LXXXIII.

P. 813.

1. Le Béarnais, qui, après sa victoire à Coutras, avait séjourné au château de Montaigne.

2. « Quand ton sexe est en proie à un désir ardent... » Perse, VI, 73.

3. « Au premier corps venu jettes-en le lourd suc. » Lucrèce, IV, 1065.

4. Faute, à ces premiers coups, de mêler d'autres plaies,
Et d'en perdre la marque en d'errantes amours.

Lucrèce, IV, 1063-1064.

5. La perte de son ami La Boétie en août 1563.

P. 814.

1. Cicéron, *Tusculanes,* III, xv.

2. Plutarque, *Vie d'Alcibiade,* XIV.

3. Idée reprise par Pascal : « Peu de chose nous console parce que peu de chose nous afflige. » *Pensées,* n° 136 (éd. Brunschvicg).

4. Comme on voit de nos jours les cigales l'été
Quitter leurs tuniques rondes...

Lucrèce, V, 803-804.

5. Dans la *Consolation à sa femme sur la mort de sa fille,* traduite par La Boétie.

6. Exposée sanglante par Antoine. Cf. Plutarque, *Vie d'Antoine,* IV.

P. 815.

1. « C'est par ces aiguillons que la douleur s'excite... » Lucain, *Pharsale,* II, 42.

2. Tibère (Suétone, *Vie de Tibère,* IV).

3. Diogène Laërce, *Vie de Polémon,* IV, xxvii.

P. 816.

1. Montaigne parle du mari de la belle Corisande, tué devant La Fère, le 6 août 1680.

2. Dans son *Institution oratoire,* VI, i.

3. Allusion à ce prêtre des contes qui disait la messe en se faisant à lui-même les répons. Marot use de la même expression dans sa *Seconde Épître* du coq à l'âne à Lyon Jamet :

Puisque répondre ne me veux,
Je ne te prendray aux cheveux,
Lyon, mais sans plus te semondre,
Moy mesme je me veux répondre
Et feray le prestre Martin.

P. 817.

1. Hérodote, III, xxx.

2. Plutarque, *De la superstition,* IX.

3. L'histoire de Midas est contée tout au long par Ovide en ses *Métamorphoses.*

4. Argile que gâcha tout d'abord Prométhée,
Qui d'un cœur imprudent façonna son ouvrage
En ordonnant le corps, mais oubliant l'esprit.
Il eût dû commencer, pour bien faire, par l'âme !

Properce, III, v, 7-10.

CHAPITRE V

P. 818.

1. « Craignant un cœur toujours attentif à ses maux ! » Ovide, *Tristes*, IV, 1, 4.

P. 819.

1. ... Mon âme a le regret de ce qu'elle a perdu
Et se déporte entière au passé qu'elle évoque.

Pétrone, *Satyricon*, C, XXVIII.

2. « Jouir des jours passés vous fait vivre deux fois. » Martial, *Épigrammes*, X, XXIII.

3. Dans *les Lois*, II, p. 657.

P. 820.

1. « Nous nous éloignons de la nature; nous faisons comme le peuple qui n'est nullement un bon guide. » Sénèque, *Épîtres*, LXXXXIX.

2. « Sans placer les rumeurs au-dessus du salut ! » Vers d'Ennius, cité par Cicéron, *De officiis*, I, XXIV.

3. « A eux les armes, les chevaux, les lances, la massue, la nage et la course; mais à nous, vieillards, qu'ils nous laissent, parmi tant de jeux, les dés et les osselets. » Cicéron, *De senectute*, XVI.

4. « Mêle à ta sagesse un grain de folie ! » Horace, *Odes*, IV, XII, 27.

5. « Dans un corps frêle toute atteinte est insupportable. » Cicéron, *De senectute*, XVIII.

6. « Et une âme ne peut, malade, rien souffrir. » Ovide, *Pontiques*, I, v, 18.

7. « Et le moindre effort brise un corps déjà fêlé. » Ovide, *Tristes*, III, XI, 22.

P. 821.

1. Allusion à la doctrine platonicienne des *enthousiasmes* dont il est question dans *Phèdre*, p. 244.

2. Rature : *Quel feu, quelle vie, quelle fureur d'enthousiasme n'engendrait-elle pas en mon âme. Je ne pouvais pas estre à moy. Cette maniacle et qualité d'imagination portait loin de ma disposition ordinaire.* Cette phrase a été remplacée par la suivante : *Ce feu...*

3. « Nulle œuvre ne l'appelle, il traîne avec le corps. » Pseudo-Gallus, I, 125.

P. 822.

1. « Tant qu'il se peut encor, décide-toi, vieillesse ! » Horace *Épodes*, XIII, 7.

2. Procule, au rapport de Vopiscus, *Vie de Proculus*.

3. Messaline.

4. Vulve tendue, encor brûlante de chaleur,
   Épuisée et non lasse, elle lassa les hommes.

   Ovide, *Métamorphoses*, VI, 128-129.

5. En Catalogne.

6. Bohier, *Decisiones burdegalenses*, éd. de 1567, quæstio 316, n. 9.
L'anecdote est contée au XVIe siècle par Cholières, *Matinées*, IX, et
par Bouchet, *Serées*, III.

P. 833.

1. Plutarque, *De l'amour*, XXIII.

2. De la pudeur ou bien allons au juge !
   De mille écus j'ai payé ta mentule;
   Elle est à moi, Bassus, tu l'as vendue.

   Martial, *Épigrammes*, XII, XCIX, 10-12.

3. Diogène Laërce, *Vie de Polémon*, IV, 17.

4. Montaigne confond ici Caligula et Caracalla. Cf. Dion Cassius,
Vie de Caracalla.

P. 834.

1. Fulstin, *Histoire des roys de Pologne*, folio 70.

2. Éléonore, la seule fille de Montaigne qui vécut, avait alors
environ quinze ans.

3. Le hêtre.

4. La vierge nubile à connaître se plaît
   Des danses d'Ionie et s'en brise les membres,
   Elle rêve déjà depuis sa tendre enfance
       A d'impures amours.

   Horace, *Odes*, III, VI, 21-24.

5. Dans le *Timée*, p. 42.

P. 835.

1. « Et Vénus elle-même a formé son esprit. » Virgile, *Géorgiques*,
III, 267.

2. Jamais blanche colombe ou plus lascif oiseau,
   Si vous en connaissez, n'usa de plus d'ardeur
   A quêter les baisers sur le bec qu'elle mord,
   Que la femme en amour quand elle y peut tout faire.

   Catulle, LXVIII, 125-128.

3. Et tels livres encor qui des stoïques viennent
   Traînent bien volontiers sur des coussins de soie.

   Horace, *Épodes*, VIII, 15-16.

4. Plutarque, *Questions de table*, III, VI.

5. Diogène Laërce, *Vie de Straton*, V, 69.

6. Diogène Laërce, *Vie de Théophraste*, V, 43.

7. Diogène Laërce, *Vie d'Aristippe*, II, 84.

8. Diogène Laërce, *Vie de Démétrius*, V, 81.

9. Diogène Laërce, *Vie d'Héraclite*, V, 87,

10. Diogène Laërce, *Vie d'Antisthène*, VI, 15.
11. Diogène Laërce, *Vie de Zénon*, VII, 163.
12. Diogène Laërce, *Vie de Cléanthe*, VII, 175.
13. Diogène Laërce, *Vie de Cléanthe*, VII, 178.
14. Diogène Laërce, *Vie de Chrysippe*, VII, 187.

P. 836.

1. Rature : *... s'ils n'y entroient chaſtes par consciance, c'eſtoit au moins par satiété.*
2. « Apparemment l'incontinence eſt nécessaire en vue de la continence ; l'incendie s'éteint par le feu. » Auteur inconnu.
3. Hérodote, II, 48.
4. Saint Auguſtin, *Cité de Dieu*, VII, xxiv et VI, ix.

P. 837.

1. Le pape Paul IV (1554-1559).
2. « L'étal des nudités sous les yeux mène au vice. » Ennius, cité par Cicéron, *Tusculanes*, IV, xxxiii.
3. Tant ici toute espèce, hommes, bêtes sauvages,
   Race des eaux, troupeaux, vol d'oiseaux diaprés,
   Se ruent à ces fureurs et ces feux de l'amour !

   Virgile, *Géorgiques*, III, 242-244.
4. Dans le *Timée*, p. 91.
5. Dans *la République*, V, p. 452.

P. 838.

1. Balbi, *Viaggio del l'Indie Orientali* (1590), p. 626.
2. L'impératrice Livie, d'après Dion Cassius *(Vie de Tibère)* cité par Joubert, *Erreurs populaires*, préface.
3. Dans *la République*, V, p. 457.
4. Dans *la Cité de Dieu*, XXII, xvii.
5. Rature : *à luxure par leur présence. Si c'eſtoit à elles de dogmatiser en telles choses, diroient-elles pas que pour cette raison il vaudrait mieux que ce fut à nous de changer en elles.*

P. 839.

1. Voudrais-tu donc pour tous les trésors d'Achémène,
   Ou pour tous les trésors de Mygdon, roi phrygien,
   Ou pour ceux de l'Arabe échanger un cheveu,
       Un seul, de Licinnie
   Quand elle offre son corps aux baisers savoureux
   Ou qu'elle te refuse avec douce rigueur
   Ce que plus que toi-même encore elle désire,
       Quitte à te devancer ?

   Horace, *Odes*, II, xii, 21-28.
2. « La force du diable eſt dans ses reins. » Saint Jérôme, *Contre Jovinien*, II.

P. 840.

1. Antonius Melissa et Maximus, *Sententiarum...* (éd. 1546), sermo LIV.

P. 841.

1. Qui défend d'allumer à la flamme un flambeau ?
   Elle donne sans cesse et rien ne diminue.

   Ovide, *Art d'aimer*, III, 93-94.

2. Élien, *Histoire des animaux*, VI,

3. Par le fer d'un mari percé, nul adultère
   De son sang répandu n'a teint les eaux du Styx.

   Jean Second, *Élégies*, I, VII, 71-72.

4. Plutarque, *Vie de Lucullus*, XVIII.

5. Plutarque, *Vie de César*, III.

6. Plutarque, *Vie de Pompée*, II.

7. Plutarque, *Vie d'Antoine*, XII.

8. Plutarque, *Vie de Caton d'Utique*, VII.

9. Plutarque, *Vie de Pompée*, V.

10. Ah ! malheureux au sort infortuné
    Quand, pieds tirés et porte bien ouverte,
    T'entreront droit le muge et le raifort !

    Catulle, XV, 17-19.

Allusion au supplice que les Athéniens infligeaient à l'adultère pris sur le fait.

P. 842.

1. Et l'un d'entre les dieux, et non des plus austères,
   Souhaitait pareil déshonneur...

   Ovide, *Métamorphoses*, IV, 187-188.

2. Que vas-tu chercher là ? Ta confiance en moi,
   Qu'en as-tu fait, déesse ?

   Énéide, VIII, 395-396.

3. « La mère pour ses fils a demandé des armes. » Virgile, *Énéide*, IV, 383.

4. « Armons comme il se doit un si vaillant guerrier. » Virgile, *Énéide*, VIII, 441.

5. « Injustement aux dieux on compare les hommes ! » Catulle, LXVIII, 161.

6. Souvent même Junon, la plus grande déesse,
   Brûla contre un mari la trompant tous les jours.

   Catulle, LXVIII, 138-139,

7. « De dure haine il n'est que celle de l'amour. » Properce, II, VIII, 3.

P. 843.

1. Tacite, *Histoires*, IV, LIV, et *Annales*, XIII, XLIV.

2. « Et l'on sait ce que peut une femme en fureur. » Virgile, *Énéide*, V, 6.

3. Hérodote, IV, II.

P. 844.

1. Plutarque a écrit un traité sur *la Mauvaise Honte*.

2. Dans *l'Odyssée*, XVII, 347. Le vers est cité deux fois par Platon, *Charmide*, p. 161, et *Laclès*, p. 201.

3. Et dont pendant plus mol qu'une bette languide
Le sexe n'érigea jamais sous sa tunique.
                                    Catulle, LXVII, 21-22.

P. 845.

1. « On fait souvent cela que l'on fait sans témoin. » Martial, *Épigrammes, VII*, LXI, 6.

2. « Me scandalise moins plus simple débauchée. » Martial, *Épigrammes, VI*, VII, 6.

3. « Parfois une sage-femme, en inspectant de la main la virginité d'une jeune fille, par malice ou maladresse ou malheur, la lui a fait perdre. » Saint Augustin, *Cité de Dieu*, I, XVIII.

4. Lactance, *De divina institutione*, I, XXII, cité par Vivès dans son *Commentaire à la Cité de Dieu*, XVIII, 15.

5. Plutarque, *Comment on pourra recevoir utilité des ennemis*, VII.

P. 846.

1. Les anecdotes de Phaullus et Galla procèdent de Plutarque, *De l'amour*, XVI.

2. Arrien, VII, XVII.

3. Diogène Laërce, *Vie de Phédon*, II, 105.

4. Corneille Agrippa, *De vanitate scientiarum*, LXIII.

5. Hérodote, I, LXXXXIII et CLXXXXVI.

6. Garde-la sous verrou. Qui gardera tes gardes ?
Son astuce saura commencer par eux-mêmes.
                                    Juvénal, VI, 347-348.

P. 847.

1. Plutarque, *Demandes des choses romaines*, IX.

2. Gomara, *Histoire générale des Indes*.

3. Oui, jusqu'au commandant de tant de légions
Valait à tous égards mieux que toi, misérable.
                                    Lucrèce, III, 1039 et 1041.

P. 848.

1. « A ces plaintes le sort refuse des oreilles. » Catulle, LXIV, 170.

2. Plutarque, *De la tranquillité de l'âme*, XL.

3. Castiglione, *le Courtisan*, III, XXIV.

P. 849.

1. On attribue ce mot à Alphonse V d'Aragon.

2. Plutarque, *Vie de Flaminius*, X.

3. « Et sans cesse il poursuit occasion de faute. » Ovide, *Tristes*, IV, V, 34.

4. « Vous voulez ? Elles, non. Refusez ? Elles, si. » Térence, *Eunuque*, IV, VIII, 43.

5. « Par la route permise il est honteux d'aller. » Lucain, *Pharsale,*
II, 446.

6. Tacite, *Annales,* XI.

P. 850.

1. « Et lâche tous les freins qui bridaient sa fureur. » Virgile,
Énéide, XII, 499.

2. Souvent Mars, dieu sauvage et prince des batailles,
Vient se réfugier, déesse, sur ton sein.
Vaincu par la blessure éternelle d'amour ;
D'amour il se repait, fixe ses yeux avides
Sur les tiens et son souffle à ta lèvre se mêle.
Il repose, étendu contre ton corps sacré.
Enlace-le, divine, et plains-toi doucement.

Lucrèce, I, 33-40.

3. « Leur discours est un mâle tissu ; ils ne s'amusent pas aux
fleurettes. » Sénèque, *Épîtres,* XXXIII.

4. Rature : *qui signifie plus qu'elle ne dict.*

P. 851.

1. « C'est le cœur qui fait l'éloquence. » Quintilien, X, VII, 15.

2. Dans la *Vie de Démosthène,* I.

3. Montaigne ici montre plus de bon sens que Ronsard et ceux
de la Pléiade qui croyaient la richesse d'une langue proportionnelle
au nombre de ses mots.

4. On lit dans l'*Abrégé d'Art poétique* de Ronsard : « Tu pratiqueras
bien souvent les artisans de tous métiers, comme de marine, verrerie,
fauconnerie, et principalement les artisans de fer, orfèvres, tondeurs,
maréchaux, minéralliers, et de là tu tireras maintes belles et vives
comparaisons. »

P. 852.

1. Allusion aux vers de Virgile et de Lucrèce, commentés au
début du chapitre.

2. Léon Hébreu, rabbin portugais, auteur de *Dialogues d'amour*
parus à Rome en 1553 et dont Montaigne possédait l'édition véni-
tienne de 1549.

3. Marsile Ficin (1433-1499), commentateur de Platon et notamment de son traité du *Banquet ;* ces derniers commentaires avaient
été traduits en français en 1546 et en 1578.

4. On lisait ici dans l'édition de 1588 : *... je traiteroys l'art le plus
naturellement que je pourrois.*

5. Le cardinal Bembo (1470-1547) était l'auteur de célèbres
dialogues d'amour, *Gli Azolani,* traduits en français par Martin
en 1545 et souvent réédités dans la seconde moitié du XVIe siècle.

6. Equicola (1460-1539), auteur d'un ouvrage sur la nature de
l'amour, *Della natura d'Amore* (1525), traduit en français par Chapuis
en 1589.

7. Plutarque, *Comment on pourra discerner le flatteur d'avec l'amy,* XXII.

8. Montaigne veut dire Antigénides, nom que portèrent deux joueurs de flûte en renom, dont l'un fut le maître d'Alcibiade et dont l'autre florissait au temps d'Alexandre. Aulu-Gelle, *Nuits attiques,* XV, XVII; Valère-Maxime, III, VII et Plutarque, *Vie de Démétrius,* I.

P. 853.

1. Le dessein d'écrire les *Essais.*

2. Comme l'édition de 1588 se trouvait imprimée quand Montaigne rencontra Pasquier, celui-ci n'eſt donc pas le premier à avoir reproché à Montaigne son gasconisme.

3. Rature : *Tantoſt je ne cesse de jurer ; je cesse tantoſt une longue seson selon la compagnie où je me suis tenu, mais selon ma forme qui eſt Par Dieu ! le plus excusable et droit de tous les sermens.* Cette phrase raturée a été reportée plus bas.

P. 854.

1. Élien, *Hiſtoire des animaux,* XVII; Strabon, XV; Diodore de Sicile, XIX, XX.

2. Cf. *passim* les dialogues de Platon.

3. Diogène Laërce, *Vie de Zénon,* XVI, XXXII.

4. *Vie de Pythagore,* VIII, VI.

P. 855.

1. L'édition de 1595 ajoute : *... comme le plaisir que nature nous donne à descharge d'autres parties.*

2. Dans *le Banquet,* p. 206.

3. Dans *les Lois,* VII, p. 803.

4. « Quelle façon de se jouer cruelle ! » Claudien, *In Eutropium,* I, 24-25.

5. Dire en riant la vérité,
   Qui vous empêche ?

   Horace, *Satires,* I, I, 24-25.

P. 856.

1. Plutarque, *Comment on pourra discerner le flatteur d'avec l'amy,* XXIII.

2. Dans son *Hiſtoire Naturelle,* V, XIII.

3. Diogène Laërce, *Vie de Zénon,* VII, XIII.

P. 857.

1. Plutarque, *Demandes des choses romaines,* queſtion 52.

2. Diodore, XII, XVII.

3. « Nous avons honte de nous-mêmes ». Térence, I, III, 20.

4. Il s'agit de la Libye. Cf. Léon, *Hiſtoriale description de l'Afrique,* trad. Temporal (1556), p. 23.

5. Marguerite de Valois, reine de Navarre (selon Fl. de Ræmond).

6. Poſtel, *Des hiſtoires orientales* (éd. 1575), p. 228.

7. « Et changent pour l'exil leur demeure et doux seuil. »
Virgile, *Géorgiques*, II, 511.

8. « O malheureux ! qui font un crime de leurs joies. » Pseudo-Gallus, I, 180.

P. 858.

1. De Virgile et de Lucrèce sur Vénus.

2. Plutarque, *De la curiosité*, III.

3. « Et tout contre mon corps, j'étreignis son corps nu. »
Ovide, *Amours*, I, v, 24.

4. Il s'agit de Philoxène, au dire d'Aristote, *Éthique*, III, x
et d'Athénée, I, vi.

P. 859.

1. Allusion à l'histoire du faquin mangeant son pain à la fumée
du rôt. Rabelais, *Tiers Livre*, XXXVII.

2. Assouvi le plaisir de leur désir avide,
Ils se soucient bien peu de parole et serment !
Catulle, LXIV, 147-148.

3. Diogène Laërce, *Vie de Zénon*, VII, 1300.

P. 860.

1. Xénophon, *Mémorables*, I, iii, 11.

2. A tel, au nez de chien d'où pend un glaçon blême
Et dont la barbe n'est qu'un âpre et dur buisson,
Je préfère cent fois lécher le mol derrière.
Martial, *Épigrammes*, VII, xcv, 10-12.

3. Valère Maxime, VIII, xi, 4.

4. Hérodote, II, xcix.

5. Hérodote, V, xcii. Le trait est cité par Ravisius Textor
comme une preuve d'amour conjugal.

6. Cicéron, *Tusculanes*, V, xxxviii.

P. 861.

1. Offrent-elles là l'encens et le vin ?
Est-ce femme absente ou femme de marbre ? »
Martial, XI, ciii, 12-13.

2. ...Si, donnée à toi seul,
Elle marque ce jour d'une pierre plus blanche.
Catulle, LXVIII, 147-148.

3. « Te serre, en soupirant pour d'absentes amours ! » Tibulle,
I, vi, 35.

4. *Guère,* dit l'édition de 1588.

P. 862.

1. « La luxure est comme une bête féroce qui, après avoir été
irritée par ses fers, est ensuite lâchée. » Tite-Live, XXIV, iv.

2. J'ai vu, de mes yeux vu, rebelle au frein, cheval
En luttant de la bouche, aller comme la foudre.
Ovide, *Amours,* III, iv, 13-14.

3. L'Édition de 1588 ajoute : *Ayant tant de pièces à mettre en communication on les achemine à y employer toujours la dernière puisque c'est tout d'un prix.*

4. Hérodote, IV, cvii.

5. Diogène Laërce, *Vie d'Aristippe*, II, 69.

6. Dans *le Banquet*, p. 183.

P. 863.

1. Rature : *Platon dict qu'ès contrées de la Grèce, où à quelque condition estimée utile l'amour des garçons estoit licite et où les poursuites, les flateries les veillées, les services et les passions estoient vues en public d'un bon œil et favorable si la hastivité de complere estoit ce neantmoins très réprouvée aux tenants et condamnée.*

2. Rature : *Et sans se donner loisir de vous cognoistre et juger.*

3. « Nées pour subir. » Sénèque, *Épîtres*, XCV.

4. Diodore, XVII, xvi ; Quinte-Curce, VI, v.

P. 864.

1. Lavardin, *Histoire de Scanderberg*, folio 383.

2. Dans *les Lois*, XI, p. 923.

3. Au flanc qu'elle tentait n'éprouvant que mollesse
   Du membre que sa main à redresser s'épuise,
   Elle abandonne enfin une couche énervée.
   Martial, VII, lvii, 3-5.

4. Il eût fallu chercher un homme mieux membré,
   Et qui pût dénouer sa ceinture de vierge.
   Catulle, LXVII, 27-28.

P. 865.

1. « Si de son doux labeur il ne vient pas à bout. » Virgile, *Géorgiques*, III, 127.

2. « Mou pour une charge unique. » Horace, *Épodes*, XII, 15-16.

3. Ne craignez rien d'un homme
   Dont le dixième lustre
   Hélas ! est accompli !
   Horace, *Odes*, II, iv, 22-24.

4. Un ivoire indien teint de pourpre sanglante,
   Un blanc lis qui rougit dans le reflet des roses.
   Virgile, *Énéide*, XII, 67-68.

5. « Et ses regards muets sont chargés de reproches. » Ovide, *Amours*, I, vii, 21.

866.

1. « Si ma mentule n'est ni bien longue ni drue. » *Priapées*, LXXX, 1.

2. Les matrones sans doute ont raison de le voir
   Avecques déplaisir.
   Priapées, VIII, iv.

P. 867.

1. Rature : *Ma préface liminere montre que je n'esperois pas tout. Les plus sages et sains escris des auteurs m'ont enhardi. Et le recueil qu'on a fait à mon premier projeĉt. Je me suis picqué à la glace.* — Le passage manuscrit eŝt en partie rogné ou indéchiffrable.

2. « Qu'un seul s'accommode à cette grande variété de mœurs, de discours et de volontés. » Cicéron, *De petitione consulatus*, XIV.

3. Ces « ecclésiaŝtiques » sont Mellin de Saint-Gelais, aumônier de François Ier et d'Henri II, et Théodore de Bèze, successeur de Calvin à la tête de l'Église réformée.

4. « S'il n'eŝt vrai que sa fente eŝt mince, que je meure ! » Théodore de Bèze, *Juvenilia*, éd. de 1578, p. 58 (épigr. *Ad quandam*).

5. Ce vers eŝt d'un rondeau de Mellin de Saint-Gelais, *Œuvres* (1574), p. 99.

6. « Si quelque don furtif vous eŝt échu la nuit. » Catulle, LXVIII, 145.

P. 868.

1. Rature : *Le dessein d'engendrer doit eŝtre purement légitime.*

P. 869.

1. Le tableau votif appendu par moi,
   Sur le mur du temple, au dieu de la mer
   Montre aux yeux de tous que j'ai consacré
   Mes habits encor trempés du naufrage.

   Horace, *Odes,* I, v, 13-16.

2. Prétendre l'asservir à des règles données,
   C'eŝt vraisemblablement vouloir déraisonner.

   Térence, *Eunuque*, I, 1, 16-17.

3. « Nul vice ne s'eŝt renfermé en lui-même. » Sénèque, *Épîtres*, XCV.

4. Sénèque, *Épîtres*, CXVI.

P. 870.

1. Plutarque, *Diĉts des Lacedæmoniens.*

2. Cheveux blancs tout récents, vieillesse droite encore,
   De quoi filer un reŝte à Lachésis, des jambes
   Qui me portent toujours, une main sans bâton.

   Juvénal, III, xxvi.

3. Xénophon, *Banquet,* IV, xxvii.

P. 871.

1. L'édition de 1588 ajoute : *... et d'inhumanité.*

P. 872.

1. Dont le membre dans l'aine indomptée eŝt plus ferme
   Que l'eŝt l'arbre nouveau planté sur la colline.

   Horace, *Épodes*, XII, 19-20.

2. Pour que les jouvenceaux bouillants
   Voient, et non sans se divertir,
   Tomber en cendres notre flamme.

   Horaces, *Odes*, IV, XIII, 26-28.

3. Diogène Laërce, *Vie de Bion*, IV, XLVII.

P. 873.

1. « Faites-moi du bien pour vous-même. »

2. Xénophon, *Cyropédie*, VII, 1.

3. « Je ne veux arracher sa barbe au lion mort. » Martial *Épigrammes*, X, XC, 10.

4. Dans l'*Anabase*, II, VI.

5. Suétone, *Vie de Galba*, XXII.

6. Les dieux puissent un jour te montrer telle à moi,
   Rendre à de chers baisers ces cheveux altérés,
   Et resserrer mes bras sur ton corps aminci !

   Ovide, *Pontiques*, I, IV, 49-51.

7. Diogène Laërce, *Vie d'Arcésilas*, IV, 34.

P. 874.

1. Si tu l'introduisais dans un chœur de pucelles,
   Ses beaux cheveux flottants et les traits ambigus,
   Il pourrait, ce garçon, égarer sur son sexe
   Des yeux de connaisseurs ne le connaissant pas !

   Horace, *Odes*, II, V, 21-24.

2. Dans le *Protagoras*, p. 309.

3. En souvenir des tyrannicides célèbres Harmodius et Aristogiton, parce que les premiers poils débarrassent les amoureux de toute tyrannie. Plutarque, *De l'amour*, VII.

4. « Car sur les chênes nus il n'arrête son vol. » Horace, *Odes*, IV, XIII, 9.

5. Dans l'*Heptaméron*, 4e journée, nouvelle XXXV.

6. « L'amour ne connaît pas de règle. » Saint Jérôme, *Lettre à Chromatius*, in fine.

P. 875.

1. Dans *la République*, V, p. 468.

2. Si par hasard on vient à livrer un assaut
   C'est un grand feu de paille où la flamme est sans force
   Et la fureur sans fruit...

   Virgile, *Géorgiques*, III, 98-100.

3. C'est l'histoire du fruit, don furtif d'un amant,
   Tombé d'un chaste sein de pucelle. La pauvre !
   Elle avait oublié qu'il était caché là.
   Sa mère arrive, elle se lève et le fruit tombe,
   Glisse aux pieds de l'enfant, bondit et roule au loin.
   Son visage rougit : il confesse sa faute.

   Catulle, LXV, 19-24.

4. Dans *la République*, V, pp. 456-457.
5. Diogène Laërce, *Vie d'Antisthène*, VI, 12.

P. 876.
1. Le tisonnier se moque de la pelle (à charbon), dit un autre proverbe de l'époque.

CHAPITRE VI

2. Car il ne suffit pas d'indiquer une cause.
   Suggérons-en plusieurs : une sera la bonne.
                                        Lucrèce, VI, 704-705.
3. Dans les *Problèmes*, XXXIII, ix.
4. Dans les *Causes naturelles*, XI.

P. 877.
1. « J'étais trop mal en point pour songer au péril. » Sénèque, *Épîtres*, LIII.
2. Dans *le Banquet* de Platon, p. 221.
3. « Moins on a peur, moins d'ordinaire on court de risques. » Tite-Live, XXII, v.

P. 878.
1. Diogène Laërce, *Vie d'Épicure*, X, 117.

P. 879.
1. Chalcondyle, trad. Vigenère, VII, vii.
2. Les Mérovingiens.
3. Les traits concernant Marc-Antoine, Héliogabale et Firmus sont pris à Crinitus, *De honesta disciplina*, XVI, x.
4. Dans le *Discours à Nicoclès*, XVI, xix.

P. 880.
1. Dans la *Troisième Olynthienne*.
2. Cicéron, *De officiis*, II, xvi.
3. Cicéron, *De officiis*, II, xv.
4. On lit dans le *Journal de Voyage* de Montaigne ces mots sur le pape Grégoire XIII (29 décembre 1580) : « D'une nature douce, peu se passionnant des affaires du monde, grand bâtisseur et en cela il lairra à Rome et ailleurs un singulier honneur à sa mémoire. »
5. Le Pont-Neuf, commencé en 1578, ne fut achevé qu'en 1608.
6. Plutarque, *Vie de Galba*, V.

P. 881.
1. Platon, *République*, I, p. 342. Idée reprise par Pascal, *Pensées*, n° 879 (éd. Brunschvicg).
2. « Nul art n'est enfermé en lui-même. » Cicéron, *De finibus*, V, vi.
3. Plutarque, *Dicts des anciens Roys*.
4. Ce vers, que Montaigne traduit après l'avoir cité, est de Corinne, et pris au *De amphitheatro* de Juste Lipse, VII, fin.

P. 882.

1. « On peut d'autant moins l'exercer qu'on l'a exercée davantage. Or qu'est-il de plus fou que de se mettre dans l'impossibilité de faire longtemps ce qu'on fait avec plaisir ! » Cicéron, *De officiis*, II, xv.

2. Sénèque, *Épîtres*, LXXIII.

P. 883.

1. Xénophon, *Cyropédie*, VIII, ii.

2. « Enlever de l'argent aux propriétaires légitimes pour le donner à des étrangers ne doit pas être regardé comme une libéralité. » Cicéron, *De officiis*, I, xiv.

3. Cicéron, *De officiis*, II, xv.

4. Crinitus, *De honesta disciplina*, XII, vii.

P. 884.

1. « Portique éclatant d'or, pourtour brillant de gemmes. » Calpurnius, *Églogues*, VII, 47.

2. Qu'il s'en aille, dit-il; ne payant pas le cens,
   Qu'il quitte le coussin équestre, avec opprobre !

   Juvénal, III, 153-154.

3. Juste Lipse, *De amphiteatro*, VII.

4. ...Que de fois nous-mêmes
   Nous avons tous pu voir une part de l'arène
   S'effondrer, et du vide, avec des bêtes fauves
   Pousser dans la forêt qu'abritaient ces abîmes
   L'écorce safranée au tronc des arbres d'or.
   J'y vis non seulement les monstres des forêts
   Mais des phoques mêlés aux ours qui se battaient
   Et des troupeaux hideux de vrais chevaux marins.

   Calpurnius, *Églogues*, VII, 64-71.

5. Juste Lipse, *De amphitheatro*, X.

P. 885.

1. Juste Lipse, *De amphitheatro*, XV.

2. Juste Lipse, *De amphitheatro*, XVII.

3. Bien qu'un soleil de feu brûle l'amphithéâtre,
   Les voiles sont ôtés quand Hermogène arrive.

   Martial, *Épigrammes*, XII, xxiv, 15-16.

4. Juste Lipse, *De amphitheatro*, XII.

5. « Les rets brillent aussi de cet or qui les tisse. » Calpurnius, *Églogues*, VII, 53, cité par Juste Lipse, *De amphitheatro*, XII.

6. Bien des héros avant Agamemnon
   Vivaient, mais eux, on ne les pleure pas :
   La grande nuit s'étend, qui nous les cache.

   Horace, *Odes*, IV, ix, 25 sq.

7. Avant Troie et sa guerre, avant la mort de Troie,
   Beaucoup d'autres exploits avaient eu leurs poètes.

   Lucrèce, V, 326-327.

8. Platon, *Timée*, pp. 22 sq.

P. 886.

1. « Si nous pouvions voir l'infini sans bornes de l'espace et du temps, où, se plongeant et s'étendant de toutes parts, l'esprit se promène en tous sens sans jamais rencontrer un terme à sa course, dans cette immensité nous découvririons une quantité innombrable de formes. » Cicéron, *De natura deorum*, I, xx. Le texte original est un peu altéré par Montaigne.

2. « Tant notre âge décline et notre terre aussi. » Lucrèce, II, 1136.

3. L'univers à mon sens, est encore en sa fleur.
Le monde est tout récent; il est né depuis peu.
C'est pourquoi certains arts sont toujours en croissance;
C'est pourquoi de nos jours tant d'agrès sont venus
S'ajouter aux navires.

Lucrèce, V, 330-334.

P. 887.

1. Gomara, *Histoire générale des Indes*, X, xiii.

P. 888.

1. Gomara, *Histoire générale des Indes*, X, xiii.
2. Gomara, *Histoire générale des Indes*, II, vii.

P. 890.

1. Gomara, *Histoire générale des Indes*, III, xix.
2. Cf. *Essais*, livre I, chap. xxxi.
3. Gomara, *Histoire générale des Indes*, V, vii. Il s'agit du roi du Pérou Attabalipa.

P. 891.

1. Gomara, *Histoire de Cortez*, trad. italienne de Crapalix (1576), folios 211 recto et 212.
2. Gomara, *Histoire générale des Indes*, II, lxi.

P. 892.

1. Les deux Almagro, le père et le fils, furent mis à mort par Pizarre en 1538 et 1542; Pizarre lui-même fut mis à mort en 1548.
2. Philippe II le Prudent qui régnait depuis 1556.

P. 893.

1. Gomara, *Histoire générale des Indes*, II, lxxv.

P. 894.

1. Gomara, *Histoire générale des Indes*, V, lxxxvi.
2. Gomara, *Histoire générale des Indes*, V, vi.
3. Pizarre.

CHAPITRE VII

P. 895.

1. César, d'après Plutarque, *Vie de César*, III.
2. Allusion au parallèle de ces deux rivaux dans Cicéron, *De finibus*, II, xx.

P. 896.

1. Hérodote, III, LXXXIII.

2. Le dialogue de Buchanan, *De jure regni apud Scotos* (1579) et la réponse de l'Anglais Blackwood, juriste alors séjournant à Poitiers, *Adversus G. Buchanani dialogum* (1587).

P. 897.

1. Plutarque, *De la tranquillité de l'âme*, XII.

2. Plutarque, *Comment on pourra discerner le flatteur d'avec l'amy*, XV.

3. Dans *l'Iliade*, V. Cf. Plutarque, *Propos de table*, IX.

P. 898.

1. Rature : *Le mal est à l'homme bien à son tour, et le bien mal. Ny la douleur ne luy est toujours à fuir, ny la volupté toujours à suivre.*

2. Tacite, *Annales*, II, LXXXIV.

3. Plutarque, *Comment on pourra discerner le flatteur d'avec l'amy*, VIII.

4. Plutarque, *Comment on pourra discerner le flatteur d'avec l'amy*, VIII.

5. Plutarque, *Comment on pourra discerner le flatteur d'avec l'amy*, XIII.

6. *Prétendoit à l'honneur*, dit l'édition de 1595.

7. Plutarque, *Comment on pourra discerner le flatteur d'avec l'amy*, XIII.

P. 899.

1. Spartien, *Vie d'Adrien*, XV. Cf. aussi Crinitus, *l. c.*, XII, II.

2. Macrobe, *Saturnales*, II, IV. Cf. aussi Crinitus, *l. c.*, XII, II.

3. Plutarque, *De la tranquillité de l'âme*, X.

CHAPITRE VIII

4. « L'incomparable auteur de l'art de conférer », dira Pascal de Montaigne dans son *Esprit géométrique*. Section II. *De l'art de persuader* (Pléiade, p. 599).

5. Dans *les Lois*, X, p. 394.

6. Ne vois-tu pas comment le fils d'Albius vit mal,
Comme Barrus est pauvre ? Exemple à retenir
Pour les dissipateurs...

Horace, *Satires*, I, IV, 109-111.

P. 900.

1. Plutarque, *Vie de Caton le Censeur*, I.

2. L'édition de 1588 disait : *... la veüe ordinaire de la volerie, de la perfidie, a reiglé nos meurs et contenu.*

3. L'édition de 1595 ajoute : *... aussi bon que j'en voyoy de mechants.*

4. Notamment Guazzo, *la Civil converzatione*, trad. Chappuis (1579).

5. Même parallèle, *Essais*, III, III.

P. 901.

1. Tel qu'Henri III qui mettait aux prises sur des sujets de morale ou de philosophie les savants de sa cour.

P. 902.

1. Rature : *Les amitiés ne me semblent assez vigoreuses et genereuses, si elles ne sont quereleuses.*

2. « Car on ne peut pas disputer sans se disputer. » Cicéron, *De finibus,* I, VIII.

P. 903.

1. Plutarque, *De la mauvaise honte,* XII.

P. 904.

1. Dans *la République,* VII, p. 539.

2. On lit sur l'exemplaire de Bordeaux : ... *aimant mieux être en querelle qu'en dispute, se trouvant plus fort de poings que de raisons, se fiant plus de son poing* (?) *que de sa langue, ou aimant mieux céder par le corps que par l'esprit, et cherche...*

3. « De ces lettres qui ne guérissent rien. » Sénèque, *Épîtres,* LIX.

P. 905.

1. « Ni à mieux vivre, ni à raisonner plus sainement. » Cicéron. *De finibus,* I, XIX.

2. « Qui se cachent sous l'ombre d'autrui. » Sénèque, *Épîtres,* XXXIII.

3. L'édition de 1595 porte : ... *nullement.*

P. 906.

1. Dans les dialogues de Platon intitulés *Euthydème* et *Protagoras.*

2. Lactance, *Institution divine,* III, XXVIII.

3. L'édition de 1595 ajoute : ... *et que le cognoissant, s'il le vaut, je l'imite.*

P. 907.

1. Héraclite. Cf. *Essais,* I, L.

2. Paysan phocidien.

3. Le fameux Timon, que Platon, dans le *Protagoras,* substitue à Périandre comme l'un des sept sages.

4. « D'où vient, dira Pascal, qu'un boiteux ne nous irrite pas, et qu'un esprit boiteux nous irrite ? » *Pensées,* nº 80 (éd. Brunschvicg).

5. Plutarque, *Comment il faut ouïr,* VII.

6. « Pour chacun, son fumier sent bon ! » Érasme, *Adages,* III, IV, 2.

P. 908.

1. « Va ! son fonds de folie est-il bas ? Remets-en. » Térence, *Andrienne,* IV, II, 9.

2. Dans *le Gorgias* de Platon, p. 480.

P. 909.
1. Les protestants.

P. 910.
1. D'ordinaire, en effet, le sens commun est rare
   Dans la haute fortune !...

   Juvénal, VIII, 73-74.

2. Dans *la République* de Platon, VI, p. 495.

3. Tel ce singe, singeant le visage de l'homme,
   Qu'un espiègle gamin revêt d'un pan de soie,
   En laissant découverts les fesses et le dos,
   Et dont les tables rient...

   Claudien, *In Eutropium*, I, 303-306.

P. 911.
1. Plutarque, *Comment on pourra discerner le flatteur d'avec l'amy*, XIV.

2. « Un prince a pour vertu de connaître les siens. » Martial, VIII, xv, cité par Juste Lipse, *Politiques*, IV, v.

3. Tite-Live, XXXVIII, xlviii, cité par Juste Lipse, *Politiques*, V, xvi.

P. 912.
1. Plutarque, *Dicts notables des anciens Roys*. La sentence est citée par Amyot dans sa préface aux *Vies parallèles*.

2. « Les destins trouvent leur route. » Virgile, *Énéide*, III, 395, qui écrit d'ailleurs *invenient* « trouveront », et non pas *inveniunt*.

3. « Laisse le reste aux dieux ! » Horace, *Odes*, I, ix, 9.

P. 913.
1. Tout change en les esprits ; les cœurs suivent tantôt
   Un mouvement, puis l'autre : ainsi tournent aux vents
   Les nuages...

   Virgile, *Géorgiques*, I, 420-422.

2. Thucydide, III, lvii, cité par Juste Lipse, *Politiques*, IV, iii.

3. Celui que la fortune élève au premier rang
   Paraît être à nos yeux à tous un très grand homme.

   Plaute, *Pseudolus*, II, iii, 15-16.

P. 914.
1. Plutarque, *Comment il faut ouïr*, VII.

2. Diogène Laërce, *Vie d'Antisthène*, VI, 8.

3. Gomara, *Histoire générale des Indes*, II, lxxvii.

P. 915.
1. Plutarque, *De l'esprit familier de Socrate*, I.

2. « Il faut examiner non seulement les propos de chacun, mais encore les opinions et même les fondements de ses opinions. » Cicéron, *De officiis*, I, xli.

P. 916.

1. Diogène Laërce, *Vie d'Aristippe,* II, xxxv.
2. Dans *la Cyropédie* de Xénophon, III, iii.

P. 917.

1. Idée reprise plus bas par Montaigne, III, xiii, p. 1053.
2. Plutarque, *Vie de Lycurgue,* XV.

P. 918.

1. Double allusion à la mort d'Henri II, tué dans un tournoi par Montgomery (1559) et à celle du comte d'Enghien, tué dans un jeu par un coffre lancé d'une fenêtre (1546).
2. « L'ouvrage, moitié fait, fut ôté de l'enclume. » Ovide, *Tristes,* I, vii, 28.

P. 919.

1. Commines (III, iii) attribue le mot à Louis XI.
2. « Les bienfaits sont agréables tant qu'il semble qu'on peut s'en acquitter ; mais s'ils dépassent de beaucoup cette limite, au lieu de gratitude nous les payons de haine. » Tacite, *Annales,* IV, xviii. Cité par Pascal, *Pensées,* n° 72 (éd. Brunschvicg).
3. « Car celui qui trouve honteux de ne pas rendre, voudrait bien ne rencontrer personne à qui rendre. » Sénèque, *Épîtres,* LXXXI.
4. « Celui qui ne se croit pas quitte envers nous ne saurait en aucune façon être votre ami. » Quintus Cicéron, *De petitione consulatus,* IX.
5. Il s'agit d'un des trois fils de Trans, l'un des grands amis de Montaigne, tous les trois tués à Moncrabeau (29 juillet 1587) : c'étaient le comte de Gurzon, le comte de Fleix, et le chevalier de Trans. Il en a déjà été question au liv. I, chap. xiv.
6. L'édition de 1588 ajoutait : *Il n'est pas en cela moins curieux et diligent que Plutarque qui en a fait expresse profession.*
7. Cf. Tacite, *Annales,* XVI, xvi.

P. 920.

1. Édition de 1588 : *... et si n'en a point oublié ce qu'il devoit à l'autre partie ...*
2. Tacite, *Histoires,* II, xxxviii.
3. Tacite, *Annales,* VI, vi.

P. 921.

1. Tacite, *Annales,* IX, xi.
2. Tacite, *Annales,* XIII, xxxv.
3. Tacite, *Histoires,* IV, lxxxi.

P. 922.

1. « En vérité j'en transcris plus que j'en crois, car je ne puis ni affirmer ce dont je doute, ni supprimer ce que m'a appris la tradition. » Quinte-Curce, IX, i.
2. « Voilà des choses que l'on ne doit se mettre en peine ni

d'affirmer ni de réfuter... Il faut s'en tenir aux on-dit. » Tite-Live, I, *Préface*, et VIII, vi.

CHAPITRE IX

3. *L'Ecclésiafte* dit en effet : « Vanité des vanités, et tout eft vanité. »

P. 923.

1. Non pas Diomède, mais Dindyme, auteur de 4.000 volumes de grammaire, au dire de Sénèque, *Épîtres*, LXXXVIII, et de 6.000 au dire de Bodin, dans la dédicace de son *Methodus*.

2. Pythagore prescrivait à ses disciples un silence de deux ans.

3. Suétone, *Vie de Galba*, IX.

4. Allusion aux libelles suscités alors par les « troubles ».

P. 924.

1. Plutarque, *Comment il faut ouïr*, X.

2. Lagebafton, premier Président du Parlement de Bordeaux, si l'on en croit une note de Florimond de Raemond.

3. Hérodote, VII, ccix.

4. Dans *la Cyropédie*, I, vi, 3.

P. 925.

1. Aussi même le jour ne nous paraît aimable
   Qu'autant que coule l'heure en changeant de coursiers.
   Pétrone, fragment XLII.

2. Ou bien ce sont vignes grêlées,
   Domaines trompant votre espoir,
   Arbres à fruits coulés ou secs,
   Ou des hivers trop rigoureux !
   Horace, *Odes*, III, 1, 29-32.

3. Ou brûlés par l'ardeur du soleil éthéré,
   Ou détruits par l'averse ou par blanche gelée
   Ou ravagés enfin par des vents en cyclone.
   Lucrèce, V, 216-218.

4. Allusion à Paul-Émile qui répudiait sa femme, disait-on, sans raison : « Voyez, répondit-il, ce soulier neuf eft joli : je suis seul à savoir qu'il me blesse. » Cf. Plutarque, *Vie de Paul-Émile*, III.

P. 926.

1. « Ce n'eft pas par les revenus de chacun, mais par son train de vie qu'il faut évaluer sa fortune. » Cicéron, *Paradoxes*, VI, iii.

2. Montaigne fait allusion à sa fille Éléonore.

P. 927.

1. Cornélius Népos, *Vie de Phocion*, I.

2. Diogène Laërce, *Vie de Cratès*, VI, 88.

3. Plutarque, *Comment il faut refrener la cholere*, XVI.

4. Édition de 1588 : *Or nous montre assez Homere, combien la surprise donne d'avantage, qui faiɕt Ulisse pleurant de la mort de son chien et ne pleurant point des pleurs de sa mere : le premier accident, tout legier*

qu'il eſtoit, l'emporta, d'autant qu'il en fut inopinement aſſailly ; il souſtint le second, plus impetueux, parce qu'il y eſtoit preparé. Ce sont legieres occasions, qui pourtant troublent la vie ; c'eſt chose tendre que noſtre vie, et aisée à blesser. Cf. Plutarque, *De la tranquillité...*

5. « Car ce ne sera pas à soi-même qu'on résiſtera, lorsqu'on aura commencé à subir l'impulsion du dehors. » Sénèque, *Épîtres,* XIII.

P. 928.

1. « La goutte d'eau perce la pierre. » Lucrèce, I, 314.
2. « L'âme alors se partage entre mille soucis. » Virgile, *Énéide,* V, 720.
3. Diogène Laërce, *Vie de Diogène,* VI, 54.

P. 929.

1.   Que ne t'occupes-tu dans un travail utile,
       A tresser ton osier et ton flexible jonc ?

                      Virgile, *Églogues,* II, 71-72.

2. Moi, Michel de Montaigne.
3.   Que ce soit là l'abri de mes vieux jours,
       Et mon repos des fatigues sur mer,
       Et de la vie errante et militaire !

                      Horace, *Odes,* II, VI, 6-8.

4. « Les fruits de l'esprit, de la vertu et de toute supériorité, nous n'en jouissons au plus haut degré qu'en les rapportant de quelque manière au prochain. » Cicéron, *De l'amitié,* XIX.

P. 930.

1. Diogène Laërce, *Vie de Platon,* III, XXIII.
2. « Bien des gens ont enseigné à les tromper par leur crainte d'être trompés, et autorisé par leur défiance des infidélités. » Sénèque, *Épîtres,* III.,
3. Son père était mort en 1568. Il écrit ceci en 1586.

P. 931.

1. « La servitude eſt la sujétion d'un esprit lâche et faible qui n'eſt pas maître de sa volonté. » Cicéron, *Paradoxe,* V, 1.
2. « Les sens ! ô dieux ! les sens ! » Auteur inconnu.

P. 932.

1.   ... Et les plats et les verres
       Me renvoient mon image...

                      Horace, *Épîtres,* I, v, 23-24.

2. Dans sa *Lettre à Archytas,* IX, p. 337.

P. 933.

1.   Siècles pires encor que cet âge de fer,
       Où l'on ne trouve plus de noms pour tant de crimes
       Ni pour les désigner de métal naturel !

                      Juvénal, XIII, 28-30.

2. « Où le juste et l'injuste ensemble se confondent. » Virgile, *Géorgiques*, I, 505.

3. Ils labourent armés. Toujours nouveaux pillages :
C'est à cela qu'on pense, on vit de ce qu'on vole.
                              Virgile, *Énéide*, VII, 748-749.

4. Pónéropolis, « la cité des méchants ». Plutarque, *De la curiosité*, X.

P. 934.

1. Pyrrha, la femme de Deucalion, dont l'histoire nous est contée par Apollonios de Rhodes, III, 1085 sq. et par Ovide, *Métamorphoses*, I, 260 sq.

2. Cadmus, dont l'histoire est contée par Ovide, *Métamorphoses*, III, 1-81.

3. Plutarque, *Vie de Solon*, IX.

4. Saint Augustin, *Cité de Dieu*, VI, IV.

P. 935.

1. Il en parlait aussi autrement, car on lit dans le *Quatrain* XCIII :

              Je hais ces mots de puissance absolue,
              De plein pouvoir, de propre mouvement :
              Aux saints décrets ils ont premièrement,
              Puis à nos lois la puissance tollue.

2. Gui du Faur de Pibrac (1529-1584), conseiller du roi, qui avait publié en 1576 l'édition complète de ses *Quatrains*.

3. L'ambassadeur Paul de Foix, mort en mai 1586, et auquel Montaigne avait dédié en 1570 sa publication des vers français de La Boétie.

4. « Désireux non point tant de changer le gouvernement que de le détruire. » Cicéron, *De officiis*, II, I.

P. 936.

1. L'anecdote est prise à Tite-Live, XXIII, III.

P. 937.

1. Nos cicatrices et nos crimes,
Nos fratricides, quelle honte !
Devant quoi notre âge cruel
Recula-t-il ? Qu'ont respecté
Nos attentats! Notre jeunesse,
La peur des dieux la retint-elle ?
Quels autels a-t-elle épargnés ?
                              Horace, *Odes*, I, XXXV, 33-39.

2. ... Le voulut-elle, la Santé
Ne pourrait pas sauver cette famille-ci.
                              Térence, *Adelphes*, IV, VII, 43-44.

3. Dans *la République*, III, p 546.

4. Valère Maxime, VII, II. — Comme Plutarque, *Consolation à Apollonius*, IX, prête le même propos à Socrate, l'édition de 1588 portait Socrate et non Solon.

5. « Il est vrai que les Dieux nous ont, humains, pour balles. » Plaute, *Captifs*, prologue, 22.

6. Dans son *Discours à Nicoclès*, VII, XXVI.

P. 938.

1. Le sort à nul pays ne permet la vengeance
   Contre le peuple roi de la terre et des mers.
   Lucain, Pharsale, I, 82-83.

2. Il se tient plus au sol par de fortes racines,
   Mais par son propre poids...
   Lucain, Pharsale, I, 138-139.

3. Ils ont aussi leurs maux, et la même tempête
   Est sur tout...
   Virgile, Énéide, XI, 422-423.

P. 939.

1. Peut-être un dieu, par bon retour des choses,
   Nous rendra-t-il à notre état premier.
   Horace, Épodes, XIII, 7-8.

2. Dans les *Essais*.

3. Comme si j'avais bu d'une gorge asséchée
   Le sommeil du Léthé.
   Horace, Épodes, XIV, 3-4.

P. 940.

1. Quinte-Curce, VII, I, 94.

2. « Rien n'y est plus défavorable à ceux qui veulent plaire que de laisser beaucoup attendre d'eux. » Cicéron, *Académiques*, II, IV.

3. Cicéron, dans le *Brutus*, LX.

P. 941.

1. « Aux soldats convient moins d'apprêt. » Quintilien XI, I.

2. Montaigne, quoi qu'il en dise, a beaucoup corrigé, du moins après 1588.

3. Texte de l'édition de 1588 : *Je suis envieilly de huit ans depuis mes premières publications, mais je fais doubte que je sois amandé d'un pouce.*

P. 942.

1. Cicéron, *Académiques*, II, XXII. — Il s'agit d'Antiochus d'Ascalon qui mourut vers 69 av. J.-C., et fut l'un des maîtres de Cicéron.

2. On ne sait à qui Montaigne fait allusion.

3. Allusion aux fautes d'impression, assez nombreuses, des premières éditions des *Essais,*

4. Montaigne, comme on le voit par l'exemplaire de Bordeaux, recommandait, entre autres choses, à l'éditeur de suivre l'orthographe traditionnelle de son temps.

P. 943.

1. Montaigne a expliqué ailleurs (II, xv, p. 600-601) pourquoi il refusa toujours de fortifier son château.

2. Locution militaire et paysanne qui veut dire : « M'attaquer chez moi ».

3. Lignes probablement écrites avant l'envahissement du château de Montaigne par les protestants (1585).

P. 944.

1. Les murs de Montaigne servaient d'abri, en cas de danger, aux gens et bestiaux du voisinage.

2. L'orateur Lycurgue.

3. « L'acte le plus juste n'est tel que dans la mesure où il est volontaire. » Cicéron, *De officiis*, I, ix.

4. « Où me force le droit, mon vouloir n'a point part. » Térence, *Adelphes*, III, v, 44.

P. 945.

1. « Parce que dans les choses qui sont imposées, on sait plus de gré à celui qui commande qu'à celui qui obéit. » Valère Maxime, II, ii, 6.

2. « Il est sage de retenir, comme un char qui s'emporte, le premier élan de l'amitié. » Le texte de Cicéron porte, en effet, *currum*, et non *cursum*. *De l'amitié*, XVII.

3. Rature : *Jamais roy ne me donna un double en paiement.*

4. « Et les présents des grands ne me sont pas connus. » Virgile, *Énéide*, XII, 519.

P. 946.

1. « Toute mon espérance en moi-même réside. » Térence, *Adelphes*, III, v, 9.

2. Hippias d'Élée, d'après Platon, *Hippias minor*, p. 368.

3. Texte de l'éd. de 1588 : *J'ay très volontiers cerché l'occasion de bien faire et d'attacher les autres à moy : ce me semble qu'il n'est point de plus doux usage de nos moyens. Mais...*

4. Chalcondyle, trad. Vigenère, II, xii.

P. 947.

1. Goulard, *Histoire du Portugal*, XIX, vi.

2. Dans la *Morale à Nicomaque*, IV, iii, à propos d'Homère, *Iliade*, I, 503.

3. L'édition de 1595 ajoute : *... savouroient comme moi la douceur d'une pure liberté et s'ils...*

4. L'édition de 1595 ajoute : *... sollicitant, requérant, suppliant, ny moins...*

5. L'édition de 1595 porte : *J'exerce, outre tout exemple moderne, la leçon de me passer pour fuir à celle de demander.*

6. Dans la *Morale à Nicomaque*, IX, vii.

7. *Peu*, dit l'édition de 1588.

P. 948.

1. Xénophon, *Cyropédie,* VIII, IV.

2. Tite-Live, XXXVII, VI; XXXVIII, XXVII; XXXVII, XXV.

3. « Un militaire impie aura ces champs si beaux. » Virgile, *Églogues,* I, 75.

4. Le père seul de Montaigne eſt né dans le château.

5. Se garder par la porte et le mur, ah ! pitié,
    Et se fier à peine à sa maison solide !

                    Ovide, *Triſtes,* III, X, 69-70.

6. « Même pendant la paix, la guerre nous fait peur ! » Ovide, *Triſtes,* III, X, 67.

7. Chaque fois que le sort rompt la paix, c'eſt ici
    Le chemin de la guerre. O Fortune, il fallait
    M'établir bien plutôt au pays de l'Aurore,
    Ou sous l'Ourse glacée en des maisons errantes !

                    Lucain, *Pharsale,* V, 251 sq.

P. 949.

1. La *Logique de Port-Royal* (3ᵉ partie, XX, IV) reproche à Montaigne ce qu'il y a de peu chrétien dans cette attitude. « On ne saurait lui en vouloir, dit Alfred Jeanroy, de n'avoir pas fait remarquer l'incomparable harmonie de la période. »

2. Plutarque, *Comment on pourra recevoir utilité de ses ennemis,* X.

3. L'édition de 1595 ajoute ici : *... et véridique.*

4. L'édition de 1588 porte : *... il y peut avoir pareilles maladies et que leurs mœurs ne sont pas mieux nettes.*

P. 950.

1. « Tant le crime revêt de formes différentes ! » Virgile, *Géorgiques,* I, 506.

2. Écrit avant la Ligue.

3. Cf. *Essais,* I, chap. XXVI.

4. Plutarque, *De l'exil,* V.

P. 951.

1. Se reporter aux *Essais,* I, XXVI.

2. Platon, *Apologie,* XXVIII, pp. 37-38.

3. Platon, *Apologie,* XXVIII, p. 38 b.

4. Platon, *Criton,* début.

5. « Plus qu'il ne sied au sort, aux forces de vieillesse. » *Énéide,* Virgile, VI, 114.

6. Dans *la Cyropédie,* VIII, VIII.

P. 953.

1. Plutarque, *Des communes conceptions contre les Stoïques,* XVIII.

2. « Devant mes yeux ma maison flotte et ses entours. » Ovide, *Triſtes,* III, IV, 57.

P. 954.

1. *... Qu'il dise un chiffre enfin !*
    Sinon, comme les crins d'un cheval, un par un,

J'ôte un, puis encore un, jusqu'à ce qu'il se taise,
Vaincu par l'argument du tas qui diminue.

Horace, *Épîtres*, II, I, 38 et 45 sq. — Il s'agit de l'argument sophistique du grain et du tas de sable.

2. « La nature ne nous a pas permis de connaître les fins des choses. » Cicéron, *Académiques*, II, xxix.

3. Rentres-tu tard ? Ta femme : « Il fait l'amour ! Ou bien
Une lui fait l'amour ! Il boit et prend bon temps,
Et s'amuse tout seul, quand je me ronge ici.

Térence, *Adelphes*, I, I, 7-9.

P. 955.

1. Montaigne fait allusion à La Boétie.
2. Platon, *Lois*, XII, p. 950.
3. Les Stoïciens. Cf. Plutarque, *Contredicts des philosophes stoïques*.

P. 957.

1. Crinitus, *De honesta disciplina*, XVIII, xii.

P. 958.

1. Diogène Laërce, *Vie de Bion*, IV, 46-47, où il est question non pas de Dion, mais de Bion.

P. 959.

1. « Nous livrons à leur examen les replis de notre cœur. » Perse, V, 22.

2. Rature : *Grand regret ne sera-ce si le sentiment me nuit encores, hors d'icy d'entendre que un personnage de mérite pleigne d'avoir failli l'opportunité de l'usage de mon amitié et conversation, moi qui vis si en espoir et attante de compaignie sortable.*

3. Relatée par Cicéron, *De l'amitié*, VI.
4. Hérodote, III, lxxxxix.

P. 960.

1. Louis XI, qui aurait bu, pour recouvrer la santé, le sang de quelques enfants. Cf. Gaguin, *Rerum gallicarum annales*, X, xxxiii.

2. Allusion à l'histoire du roi David et d'Abisag, *Livres des Rois*, I.

3. On appelait *bolus*, en pharmacie, une motte de terre d'Orient marquée d'un cachet.

P. 961.

1. Montaigne veut dire sans doute : au latin, comme de Thou, son histoire.

2. Des signes brefs ici suffiront aux subtils
Et te feront trouver le reste par toi-même.

Lucrèce, I, 403-404.

3. L'édition de 1588 ajoutait : *Je sçay bien que je ne lairrai après moi aucun respondant si affectionné de bien loing et entendu en mon faict comme j'ay esté au sien. Il n'y a personne à qui je voulisse pleinement compromettre de ma peinture : luy seul jouyssait de ma vraye image et l'emporte. C'est pourquoy je me deschiffre moy-mesme si curieusement.* Montaigne avait

ajouté dans la marge de l'exemplaire de Bordeaux, songeant sans doute à sa « fille d'alliance » : *Et si en y a que je recuse, pour les cognoiſtre trop excessivement proclives en ma faveur.*

P. 962.

1. Rature : *Mon imagination m'en fournit des visages qui luy semblent très faciles, et, puisqu'il faut mourir, souhetables.*

2. Nom que s'étaient donné Antoine et Cléopâtre, qui, décidés à mourir ensemble, vivaient dans les délices. Plutarque, *Vie d'Antoine,* XV.

3. Tacite, *Annales,* XVI, xix, et *Hiſtoires,* I, lxxii.

P. 963.

1. « La Fortune régit notre vie, et non pas la sagesse. » Cicéron, *Tusculanes,* V, ix.

2. « Un repas où règne non l'abondance, mais la propreté. » Cité par Nonius, IX, 19 et Juſte Lipse, *Saturnalium sermonum libri,* I, vi.

3. « [Avec] plus d'esprit que de force. » Cornélius Népos, *Vie d'Atticus,* XIII.

P. 964.

1. Les Français.

2. Montaigne eût-il désiré aller plus loin que Munich et que Rome ? Ces mots peuvent le faire croire.

P. 965.

1. « Si l'on me donnait la sagesse, à condition de la tenir renfermée, sans la communiquer à personne, je la refuserais. » Sénèque, *Épîtres,* VI.

2. « Supposez un sage vivant de telle sorte que ce soit dans l'abondance de tout, libre de contempler et d'étudier. à loisir, tout ce qui eſt digne d'être connu, même dans ces conditions, s'il était condamné à une solitude telle qu'il ne puisse voir personne, il quitterait la vie. » Cicéron, *De officiis,* I, xliii.

3. Cicéron, *De l'amitié,* XXIII.

4. Xénophon, *Mémorables,* II, 1.

5. Pour moi si les deſtins me permettaient de vivre
    A ma guise...

Virgile, Énéide, IV, 340-341.

6. ...Tout brûlant d'aller voir
    Les pays dévorés par les feux du soleil
    Ou ceux où vous régnez, ô frimas et nuages !

Horace, Odes, III, iii, 54-56.

7. Le Béarnais séjourna à Montaigne deux fois, les 18 et 19 décembre 1586 et en 1587.

P. 966.

1. « Qui fichée en ton cœur te consume et te ronge. » Ennius, cité par Cicéron, *De senectute,* I.

2. « L'indulgence de la fortune n'est jamais sans mélange. »
Quinte-Curce, IV, xiv.

3. « Il n'est de plein repos que celui que la raison compose. »
Sénèque, *Épîtres,* LVI.

P. 967.

1. « Une rame sur l'eau, l'autre rasant la rive. » Properce, III,
iii, 23.

2. « Le Seigneur connaît les pensées des sages et sait qu'elles
sont vaines. » *Psaumes* XCIII (Vulgate), 11, et saint Paul, *Lettre
aux Corinthiens,* I, iii, 20.

3. « Chacun de nous subit sa peine. » Virgile, *Énéide,* VI, 743.

4. « Il faut agir de façon à ne jamais contrevenir aux lois universelles ; mais, ces lois observées, il faut nous conformer à notre
nature propre. » Cicéron, *De officiis,* I, xxxi.

5. Porcie, fille de Caton d'Utique. Cf. Plutarque, *Vie de Brutus,*
XV.

6. Il est difficile de dire si Montaigne voit ici Muret, auteur de
Juvenilia érotiques et d'un discours sur la Théologie, ou Bèze,
auteur lui-même de *Juvenilia* scabreux, puis d'une apologie du
supplice de Servet.

P. 968.

1. Plutarque, *Comment il faut ouïr,* VIII.

2. Diogène Laërce, *Vie de Xénophon,* II, xlviii.

3. « Qu'un malade en danger cherche un grand médecin ! »
Juvénal, XIII, 124.

4. Diogène Laërce, *Vie d'Antisthène,* VI, xi.

5. Diogène Laërce, *Vie de Diogène,* VI, xxxviii.

6. Guevara conte en ses *Épîtres dorées,* I, cclxiii, l'histoire
« notable » de trois dames amoureuses.

7. « Aucun ne croit faiblir plus qu'il n'en a le droit. » Juvénal,
XIV, 233.

P. 969.

1. ... Ollus, que te fait
   Comment tel ou telle usent de leur peau ?

   Martial, *Épigrammes,* VII, ix, 162.

2. Cicéron, *Épîtres,* I, 1.

P. 970.

1. Charles VIII, qui, persuadé par son confesseur Maillard,
rendit le Roussillon au roi de Castille.

2. ... S'en aille de cour
   Qui veut rester sage.

   Lucain, *Pharsale,* VIII, 493-494.

3. Idées déjà développées, *Essais,* III, i, p. 777.

4. Dans *la République,* VI, p. 492 (Pléiade, p. 1072).

5. Dans *la République,* VI, p. 497 (Pléiade, p. 1081).

P. 971.

1. « Mais toi, Catulle, obstiné, persévère. » Catulle, VIII, 19.
2. Platon, *Gorgias*, XXIX, p. 474.
3. Trébellius Pollion, *Triginta Tyranni*, XXIII.
4. Allusion au *Prince*, de Machiavel.

P. 972.

1. Xénophon, *Agésilas*, III-IV.
2. Surnom donné aux écoliers porteurs de *capes* du collège de Montaigut, à Paris.
3. Vois-je un homme d'élite et de bien, c'est prodige !
    On dirait d'un enfant à deux corps, de poissons
    Trouvés en pleine terre, d'une mule féconde.

                                    Juvénal, XIII, 64-66.

P. 973.

1. Octave, Antoine et Lépide.
2. « Pourquoi ce détour ?... » Virgile, *Énéide*, V, 166.
3. La digression qui précède.
4. *Phèdre.*
5. Par exemple, le chapitre des Coches.
6. *L'Andrienne, l'Eunuque* sont des comédies de Térence.
7. Titres de *Vies* de Plutarque, et qui signifient : *Sylla* « visage couperosé », *Cicéron* « pois chiche », *Torquatus* « l'homme au collier ».
8. Dans l'*Ion.*
9. Titre d'un traité des *Œuvres morales.*
10. Dans *les Lois*, VI, p. 719.

P. 974.

1. Varron, cité par saint Augustin, *Cité de Dieu*, VI, iv sq.
2. « Il n'est rien de si utile que ce qui peut l'être en passant. » Sénèque, *Épîtres*, II.
3. « Pas si mal ! » Locution italienne.
4. Plutarque, *Vie d'Alexandre*, II; Aulu-Gelle, *Nuits attiques*, XX, iv.

P. 975.

1. Rome.
2. Les Romains.
3. Le passage est donc daté de 1586.
4. L'édition de 1588 portait *Appelles*, d'après Plutarque, *Comment discerner le flatteur d'avec l'amy*, XX. Montaigne a rétabli *Ctesibius*, après avoir lu Diogène Laërce, *Vie d'Archésilas*, IV.
5. Entre les Romains et moi.

P. 976.

1. Cicéron. *De finibus*, V, 1.
2. « Si grand est dans ces lieux le pouvoir d'évocation ! Et cette ville la possède à un degré infini, car on ne peut y marcher sans mettre le pied sur de l'histoire ! » Cicéron, *De finibus*, V, 1-11.

3. « Quant à moi, je vénère ces grands hommes et je me lève toujours en entendant leurs noms. » Sénèque, *Épîtres,* LXIV.

4. « Plus précieuse encore en d'admirables ruines. » Sidoine Apollinaire, *Poemata,* XXIII, 62.

5. « Tant il appert qu'en ce lieu unique la nature s'est complue dans son ouvrage. » Pline, *Hist. nat.,* III, v.

P. 977.

1. Tant plus nous nous privons, plus les dieux nous accordent.
   Entre les sans-désirs, moi, sans biens, je me range :
   A qui beaucoup prétend, beaucoup de choses manquent.
                            Horace, *Odes,* III, XVI, 21-22 et 42-43.

2. ... Il n'est rien de plus
   Qu'aux dieux je demande ...
                            Horace, *Odes,* II, VIII, 11-12.

3. « Je m'en remets pour le reste à la Fortune. » Ovide, *Métamorphoses,* II, 140.

4. « Rien de bon ne peut plus naître, tant les germes sont corrompus. » Tertullien, *Apologétique.*

P. 978.

1. Le 13 mars 1581 à la prière de Montaigne qui, comme le montre son *Journal de Voyage,* rechercha cette bourgeoisie « avec ses cinq sens de nature ».

P. 979.

1. « Sur le rapport fait au Sénat par Orazio Massimi, Marzo Cecio, Alessandro Muti, conservateurs de l'alme ville de Rome, concernant le droit de cité Romaine à accorder à Michel de Montaigne, chevalier de Saint-Michel et gentilhomme ordinaire de la chambre du Roi Très Chrétien, le Sénat et le Peuple Romain ont décrété :

« Considérant que par antique usage et institution, ceux-là ont toujours été ardemment et diligemment adoptés parmi nous, qui, éminents en vertu et en noblesse, avaient été à notre République de grande utilité et décoration ou pouvaient le devenir un jour, Nous, émus de cet exemple et de l'autorité de nos ancêtres, croyons devoir imiter et conserver cette noble coutume. Aussi, puisque l'illustrissime Michel de Montaigne, chevalier de Saint-Michel et gentilhomme ordinaire de la chambre du Roi Très Chrétien, très zélé pour le nom romain, est, tant par l'honneur et l'éclat de sa famille que par l'éminence de ses qualités personnelles, très digne d'être admis au droit de cité romaine par le suprême jugement et suffrage du Sénat et du Peuple Romain, il a plu au Sénat et au Peuple Romain que l'illustrissime Michel de Montaigne, orné de tous les mérites et très cher à ce glorieux peuple, fût, ainsi que sa postérité, inscrit comme citoyen Romain, et admis à jouir de tous les privilèges et avantages dont jouissent ceux qui sont nés citoyens et patriciens de Rome, ou le sont devenus au meilleur titre. En quoi est d'avis le Sénat et le Peuple romain qu'il accorde moins un bienfait qu'il n'en reçoit un, de celui qui, en acceptant ce droit de cité, honore et illustre la cité elle-même. Ce sénatus-consulte, les Conservateurs l'ont fait transcrire par les secrétaires du Sénat et du Peuple romain et conserver dans les Archives du Capitole, et ils en ont fait dresser cet acte, muni du sceau ordinaire de la ville. L'an de la fondation de Rome 2331 et de la naissance de Jésus-Christ 1581, le 13 mars. »

Orazio Fosco
Secrétaire du Sacré Sénat et du Peuple Romain.

Vincente   Martoli
Secrétaire du Sacré Sénat et du Peuple Romain.

2. Allusion au précepte : « Connais-toi toi-même » inscrit au fronton du temple de Delphes.

CHAPITRE X

P. 980.

1. Dans *les Lois,* VII, p. 793.

2. Sénèque, *Épîtres,* LXII

3. « Les affaires fuyant, né pour les loisirs calmes. » Ovide, *Tristes,* III, 11, 9.

P. 981.

1. Sénèque, *Épîtres,* XXII. Montaigne traduit ces mots après les avoir cités.

2. Sénèque, *De brevitate vitae,* III, 1.

P. 982.

1. ...Tu marches sur un feu
   Dont les cendres t'abusent...

Horace, *Odes,* II, 1, 7-8.

2. Les jurats qui l'élurent (1er août 1581).

3. Lettre retrouvée par Buchon et publiée par le Dr Payen; elle était ainsi libellée :

« A Monsieur de Montaigne, chevalier de mon ordre, gentil-homme ordinaire de ma chambre, estant de présent à Rome. »

« Monsieur de Montaigne, pour ce que j'ay en estime grande vostre fidellité et zellée dévotion à mon service, ce m'a esté plaisir d'entendre que vous ayez esté esleu maïor de ma ville de Bourdeaulx, ayant eu très agréable et confirmé ladite eslection et d'autant plus vollontiez qu'elle a esté sans brigue et en vostre lointaine absence. A l'occasion de quoy mon intention est et vous ordonne et enjoincts bien expressément que sans délay ne excuse reveniez, au plus tost que la présente vous sera remise, faire le deu et service de la charge où vous avez esté si legitimement appellé. Et vous ferez chose qui me sera très agréable, et le contraire me desplairoit grandement, priant Dieu, Monsieur de Montaigne, qu'il vous ayt en sa saincte garde.

Henri. »

4. Louis de Saint-Gelais, seigneur de Lansac, ambassadeur de Charles IX au concile de Trente.

5. Armand de Gontaut-Biron, maréchal de France en 1577.

6. Jacques de Goyon, comte de Matignon, maréchal de France en 1579.

7. « Tous deux bons serviteurs et de paix et de guerre. » Virgile, *Énéide*, XI, 658.

8. Plutarque, *les Trois Formes de gouvernement*, I, qui substitue les Mégariens aux Corinthiens, sans mentionner Bacchus.

P. 983.

1. « Ce sont des ignorants qui jugent, et il faut souvent les tromper, pour les empêcher de tomber dans l'erreur. » Quintilien, II, xvii.

2. Sénèque, *De ira*, I, xv-xvi.

P. 984.

1. « Qui est ami de soi-même est ami, sachez-le, de tout le monde. » Sénèque, *Épîtres*, VI.

2. ... prêt moi-même à périr
Pour des amis chéris ou bien pour ma patrie.
                                    Horace, *Odes*, IV, ix, 51-52.

P. 985.

1. « La passion est toujours mauvais guide. » Stace, *Thébaïde*, X, 704, cité par Juste Lipse, *Politiques*, III, vi.

2. « Précipitation est cause de retard. » Quinte-Curce, IX,

3. « La hâte s'entrave elle-même. » Sénèque, *Épîtres*, XLIV.

4. Il s'agirait, d'après Florimond de Raemond, de Jacques de Ségur de Pardaillan, intendant de la maison du Béarnais.

P. 986.

1. Le Béarnais.

2. Sénèque, *Épîtres*, XVI.

3. Si l'homme avait assez de ce qui lui suffit,
J'aurais assez. Mais non ! Quels sont alors les biens,
Qui, si vastes soient-ils, pouraient combler mes vœux ?
                                    Lucilius, cité par Nonius, V, 98-100.

P. 987.

1. Cicéron, *Tusculanes*, V, xxxii.

2. Sénèque, *Épîtres*, XVIII.

3. Plutarque, *Que le vice seul est suffisant pour rendre l'homme malheureux*, IV.

4. « La nature pourvoit à ces exigences. » Sénèque, *Épîtres*, XC.

5. Diogène Laërce, *Vie de Cléanthe*, VII.

6. « Si je n'en puis jouir, à quoi bon la fortune ? » Horace, *Épîtres*, I, v, 12.

7. On lisait d'abord dans l'édition de 1588 : *Je ne me reforme pareillement guere en sagesse pour l'usage et commerce du monde, sans regret*

que cet amendement me soit arrivé si tard que je n'aye plus loisir d'en user ;
je n'ay doresnavant besoing d'autre suffisance que de patience contre la mort
et la vieillesse : A quoy faire une nouvelle science de vie, à telle declinaison
et une nouvelle industrie à me conduire en cette voye, où je n'ay plus que trois
pas à marcher.

P. 988.

1. L'édition de 1595 précise : *... par manière d'exemple.*

2. Grégoire XIII, qui réforma le calendrier julien, en passant
du 9 au 20 décembre 1581.

P. 989.

1. « Le monde entier joue la comédie. » Fragment de Pétrone
cité par Juste Lipse dans le *De constantia.*

2. « Ils s'abandonnent tellement à leur fortune qu'ils en oublient
jusqu'à la nature. » Quinte-Curce, III, ii, 18.

P. 990.

1. « Et hors les nécessités de la guerre je ne nourris aucune
haine capitale. » Auteur inconnu.

2. « Que celui-là use de la passion qui ne peut user de la
raison ! » Cicéron, *Tusculanes,* VI, xxv.

3. « Ils ne s'accordaient pas tous à critiquer l'ensemble, mais
chacun s'accordait à blâmer les détails le visant personnellement. »
Tite-Live, XXXIV, xxxvi.

4. Allusion à l'Inquisition qui l'avait blâmé à Rome d'avoir
loué Théodore de Bèze (II, xvii).

5. Tite-Live, VI, xviii.

6. *Essais,* II, xix, début.

P. 991.

1. Le parti protestant.

2. La Ligue, née au lendemain du traité de Beaulieu, en 1576.

P. 992.

1. Plutarque, *Dicts notables des Lacedæmoniens.*

2. Plutarque, *Dicts notables des anciens Roys.*

P. 993.

1. « Ils auront moins de peine à ne pas commencer qu'à cesser. »
Sénèque, *Épîtres,* LXXII. Cité par Pascal, *Pensées,* n° 364 (éd. Brunschvicg).

2. Comme un rocher puissant s'avance en pleine mer,
   Front aux vents en furie, à la mer démontée,
   Bravant tous les assauts de l'orage et des vagues,
   Inébranlé lui-même...

                                   Virgile, *Énéide,* X, 693-696.

3. Rature : *Le jeune gars duquel il estoit amoureux.*

4. Diogène Laërce, *Vie de Zénon,* XVII, xvii.

5. Le texte de 1588 ajoute : *Il n'espere point que la jeunesse en*
puisse venir à bout.

6. Xénophon, *Mémorables,* I, iii.

7. Xénophon, *Cyropédie,* V, i.

8. « Ne nous induisez pas en tentation. » Saint Mathieu, VI, xiii.

P. 994.

1. Ces vers, que Montaigne traduit avant de les citer, sont imités, dirait-on, de Buchanan, *Franciscanus,* 13 et 16.

2. « En effet les passions se poussent d'elles-mêmes dès qu'on s'est écarté de la raison; la faiblesse humaine se fie en elle-même, elle s'avance imprudemment en pleine mer et ne trouve plus de refuge où s'abriter. » Cicéron, *Tusculanes,* IV, xviii.

P. 995.

1. « L'âme, bien avant d'être vaincue, est ébranlée. » Auteur inconnu.

2. ... Comme un souffle d'abord
Dont les bois ont tremblé s'enfle en sourds grondements,
Annonçant aux marins la tempête à venir.

Virgile, Énéide, X, 97-99.

3. « On doit tout faire, et même un peu plus, pour éviter les procès, car il est non seulement bon, mais encore parfois profitable de se relâcher un peu de ses droits. » Cicéron, *De officiis,* II, xviii.

4. Allusion à la guerre de Charles le Téméraire contre les Suisses, qui eut pour prétexte ou pour cause « un chariot de peaux de moutons que Mgr de Romont prit à un suisse passant sur sa terre ». Commines, V, iii, et Bodin, *République,* IV, i et vii.

5. La guerre de Marius contre Sylla eut pour cause un cachet où Sylla avait fait graver son succès sur Jugurtha. Cf. Plutarque, *Marius,* III.

P. 996.

1. Allusion au jugement de Pâris qui déchaîna la guerre de Troie.

2. Plutarque, *Comment on pourra apercevoir si l'on profite en l'exercice de la vertu,* I.

3. Dans son traité *De la mauvaise honte,* VIII.

P. 997.

1. Diogène Laërce, *Vie de Bias,* I, lxxxvii.

2. « Il est plus facile de les arracher de l'âme que de les brider. » Auteur inconnu. Montaigne avait traduit lui-même, puis raturé : *On les arrache plus aisément de l'âme qu'on ne les bride.*

P. 998.

1. Heureux qui put savoir les choses par les causes,
Méprisa les terreurs et la fatalité,
Et tout ce bruit qu'on fait de l'avare Achéron !
Heureux aussi celui qui sait les dieux agrestes,
Pan, le vieillard Sylvain, les Nymphes qui sont sœurs.

Virgile, Géorgiques, II, 490-494.

2. ... A raison j'eus horreur
   De lever haut la tête et d'être vu de loin.

   Horace, *Odes*, III, xvi, 18-19.

3. La mairie de Bordeaux.

4. « Toujours calme par nature, et plus encore aujourd'hui par l'âge. » Cicéron, *De petitione consulatus*, II.

P. 999.

1. Réélu pour deux ans maire de Bordeaux, il accepta la charge. Voir sa lettre à Matignon.

2. « Ni basse ni abjecte, ni outrecuidante. » Cicéron, *De officiis*, I, xxxiv.

P. 1000.

1. Plutarque, *Comment discerner le flatteur d'avec l'amy*, XXXIV.

2. Plutarque, *Vie d'Alexandre*, II.

3. Dans le *Premier Alcibiade*, début.

4. Plutarque, *Comment on pourra apercevoir si l'on profite en l'exercice de la vertu*, X.

5. Bernard Arnoul, conseiller au parlement de Bordeaux, nous dit Florimond de Raemond.

6. Comme fait le Bridoye de Rabelais au *Tiers Livre*, XXXIX-XLII.

7. « Ce n'est pas à nous, Seigneur, ce n'est pas à nous mais à ton nom qu'il en faut rapporter la gloire. » *Psaumes*, CXIII, B (Vulgate), 1.

P. 1001.

1. Plutarque, *Des communes conceptions contre les Stoïques*.

2. « Qu'est-ce que cette gloire qu'on peut trouver au marché ? » Cicéron, *De finibus*, II, xv.

3. Cicéron, dans les *Tusculanes*, II, xxvi : « Pour moi, je trouve bien plus louable ce qui se fait sans ostentation, et sous les yeux du peuple. »

P. 1002.

1. Moi, que je me confie à cet étrange calme ?
   Que je puisse oublier ce que peuvent cacher
   La face de la mer et ses paisibles flots ?

   Virgile, *Énéide*, V, 849-851.

CHAPITRE XI

2. Voir la note 2, p. 988.

P. 1003.

1. Dans les *Demandes des choses romaines*, XXIV.

2. Rature : *Et pour le plus s'enquérir.*

P. 1004.

1. « Capable de donner du poids à la fumée. » Perse, V, 20.

2. « Le faux est si proche du vrai que le sage ne doit se hasarder dans un défilé si périlleux. » Cicéron, *Académiques,* II, xxi.

3. Allusion aux nombreux prodiges, célestes et terrestres, dont les écrits du temps faisaient mention.

P. 1005.

1. « Par le plaisir, inné aux hommes, de donner cours à des rumeurs. » Tite-Live, XXVIII, xxiv.

2. Sentence prise à Sénèque, *Épîtres,* LXXXI.

3. « Comme s'il y avait rien de si répandu que le manque de jugement. » Cicéron, *De divinatione,* II, xxxix.

4. « Belle autorité pour la sagesse d'une foule de fous ! » Saint Augustin, *Cité de Dieu,* VI, x.

P. 1006.

1. M. de Nemours, neveu de Louise de Savoie, mort en 1585 et goutteux depuis trente-six ans.

2. « Nous admirons les choses dont l'éloignement nous trompe. » Sénèque, *Épîtres,* CXVIII.

3. « Jamais la renommée ne s'en tient à l'évidence. » Quinte-Curce, IX, ii.

P. 1007.

1. Cicéron, *Académiques,* II, xlvii.

P. 1008.

1. Platon, *Théétète,* XI, p. 155. Montaigne emploie le génitif *Thaumantis* pour le nominatif *Thaumas.*

2. Le faux Martin Guerre, dont le jurisconsulte toulousain Coras (1513-1572) a exposé la cause dans son *Arrest mémorable* de 1561.

3. La magie, qui, au dire de Coras, expliquait des singularités de l'affaire.

4. Aulu-Gelle, *Nuits attiques,* XII, vii; Valère Maxime, VIII, 1; et Rabelais , *Tiers Livre,* XLIV.

5. Jean Bodin, *Démonologie des sorciers* (1586).

6. C'est l'attitude que montre Montaigne à l'endroit du merveilleux dans son *Journal de Voyage.*

7. « Les hommes ajoutent plus de foi à ce qu'ils n'entendent pas. » Auteur inconnu.

8. « Les hommes sont ainsi faits qu'ils croient plus volontiers ce qui leur semble obscur. » Tacite, *Histoires,* I, xxii.

P. 1009.

1. « Qu'on propose ces choses comme vraisemblables, mais sans les affirmer ! » Cicéron, *Académiques,* II, xxvii.

2. Dans *la Cité de Dieu,* XIX, xviii.

P. 1010.

1. On appelait « sceau du diable » cette marque d'insensibilité à la douleur.

2. Tenu pour l'antidote de la folie, et qu'Alciat prescrivait pour les sorciers alpestres condamnés par l'Inquisition.

3. « Leur cas semble plus près de la folie que du crime. » Tite-Live, VIII, xviii.

4. Le nœud gordien.

5. Saint Augustin, *Cité de Dieu,* XVIII, xviii.

P. 1011.

1. « Et je n'ai pas honte, comme ces gens-là, d'avouer que j'ignore ce que j'ignore. » Cicéron, *Tusculanes,* I, xxv.

2. Scolie de Théocrite, *Idylles,* IV, v, 62, recueillie par Érasme, *Adages,* II, ix, 49 et que Montaigne traduit après l'avoir citée.

3. C'est un des *Problèmes* d'Aristote, X, xxvi. Cité par Pascal, *Pensées,* n° 364 (éd. Brunschvicg).

P. 1012.

1. Au commencement de cet Essai.

2. Dans ses *Rime et prose,* éd. de Ferrare (1585), p.11.

3. Dans la *Vie de Caligula,* III.

4. Ce disciple de Prodicus est cité par Érasme, *Adages,* I, i, 94. Son surnom lui vient de ce qu'il s'adaptait à n'importe quel parti.

5. Plutarque, *De la mauvaise honte,* VI; Sénèque, *De beneficiis,* II, xvii.

6. Soit que cette chaleur ouvre chemins et pores
Secrets, par où le suc vient aux herbes nouvelles,
Soit que le sol durcisse et resserre ses veines,
Contre les traits de pluie ou les feux du soleil,
Ou le froid pénétrant qu'apporte Boréas.

Virgile, Géorgiques, I, 89-93.

7. « Toute médaille a son revers. » (Proverbe italien.)

8. Cicéron, *Académiques,* II, xxxiv.

P. 1013.

1. Anecdote tirée de Planude, dans sa préface aux *Fables* de ce temps-là.

CHAPITRE XII

P. 1014.

1. Platon, *Banquet,* XXXVII, p. 321.

2. ...Garder la mesure, observer la limite,
Et suivre la nature...

Telles étaient, d'après Lucain, *Pharsale,* II, 381-382, les mœurs de Caton.

3. Socrate.

4. Platon et Xénophon.

5. Soit pour juger, soit pour rapporter (éd. de 1588).

P. 1015.

1. Cicéron, *Académiques*, I, iv.

2. « Nous souffrons d'intempérance autant dans l'étude des lettres que dans tout le reste. » Sénèque, *Épîtres*, CVI. Cité par Juste Lipse, *Politiques*, I, x. Cité par Pascal, *Pensées*, n° 363 (éd. Brunschvicg).

3. Dans la *Vie d'Agricola*, IV.

4. L'édition de 1595 porte : ... *l'acquisition.*

P. 1016.

1. Idée souvent exprimée dans l'*Apologie de Raymond Sebon.*

2. « Il n'est besoin que de peu de lettres pour former une âme saine. » Sénèque, *Épîtres*, CVI. Cité par Pascal, *Pensées*, n° 363 (éd. Brunschvicg).

3. « Des choses plus agréables à déguster qu'à boire. » Cicéron, *Tusculanes*, V, v.

4. « Dès qu'il s'agit de l'âme, non de l'esprit. » Sénèque, *Épîtres*, XXXV.

P. 1017.

1. « Un grand esprit s'exprime avec plus de calme et de sérénité. » Sénèque, *Épîtres*, CXI.

2. « L'âme n'a pas une teinte et l'esprit une autre. » Sénèque, *Épîtres*, CXIV.

3. « Cette simple vertu, et ouverte à tous, a été changée en science obscure et subtile. » Sénèque, *Épîtres*, XCV.

4. Allusion aux ravages des protestants de Turenne en Guyenne (1585).

P. 1018.

1. « Ce n'est pas par les armes que l'on combat, mais par les vices. » Auteur inconnu.

2. L'ennemi me menace à ma droite, à ma gauche ;
Un imminent malheur des deux côtés m'effraie.
Ovide, Pontiques, I, iii, 57-58.

3. Montaigne s'est plu à traduire par deux petits vers cet hexamètre de Virgile, *Énéide*, XII, 46.

4. Par nos fureurs mêlés l'innocence et le crime
Ont détourné de nous la justice divine.
Catulle, Épithalame de Thétis et de Pélée, V, 406-407.

5. Les mercenaires allemands, italiens, espagnols qui servaient l'un ou l'autre parti.

P. 1019.

1. N'empêchez pas du moins ce héros d'accourir
Au secours d'un siècle en ruine.
Virgile, Géorgiques, I, 500-501.

Montaigne applique ce mot d'Auguste au Béarnais, héritier présomptif de la couronne de France après 1584.

2. Valère Maxime, II, vii, cité par Juste Lipse, *Politiques*, V, xiii.

3. Frontin, *Stratagèmes,* cité aussi par Juste Lipse, *Politiques,* V, XIII.

4. Un capitaine qui commandait un vaisseau de Saint-Jean de Jérusalem, dont l'ordre était, depuis 1522, passé de Rhodes à Malte.

5. Postel, *Histoire des Turkes,* p. 316.

6. Paul Jove, *Historia sui temporis,* XLVI. — Éd. de 1595 : *Les beaux jardins d'autour de la ville de Damas tous ouvers et en terre de conqueste, son armée campant sur le lieu mesme, furent laissés vierges des mains des soldats, parce qu'ils n'avoient pas eu le signe de piller.*

7. Dans Plutarque, *Vie de Brutus,* III.

8. Dans l'épître VII « aux proches de Dion », p. 331.

9. *Qui trouble et hazarde tout et qui couste...* ajoute l'édition de 1595.

P. 1020.

1. « Rien de plus trompeur que la superstition qui couvre ses crimes de l'intérêt des dieux. » Tite-Live, XXXIX, XVI.

2. ...Tant de tous les côtés
   Les champs sont troublés...

Virgile, Églogues, I, 11-12.

P. 1021.

1. Le butin qu'on ne peut enlever est détruit.
   Leur bande met le feu dans ces pauvres chaumières.

Ovide, Tristes, III, x, 65-66.

2. « Les murs ne gardent plus, les champs sont ravagés. » Claudien, *Contra Eutropium,* I, 244.

3. Il faut entendre : au catholique j'étais protestant, au ligueur royaliste.

4. « Car l'évidence est affaire de discussion. » Cicéron, *De natura deorum,* III, IV.

5. Que je garde ce bien moi-même et que j'en vive
   Le reste de mes jours si les dieux m'en réservent !

Horace, Épîtres, I, XVIII, 107-108.

P. 1022.

1. « L'homme le plus puissant est celui qui a puissance sur lui. » Sénèque, *Epîtres,* XC.

P. 1023.

1. « Nous ne sentons les maux publics qu'autant qu'ils s'étendent à nos intérêts particuliers. » Tite-Live, XXX, XLV.

P. 1024.

1. Cette peste qui dura six mois fit périr en Guyenne, au dire de la *Chronique bordelaise* de Lurbes, 14.000 hommes.

2. Vieillards et jeunes gens mêlent leurs funérailles ;
   Nulle tête n'échappe à l'âpre Proserpine.

Horace, Odes, XXVIII, 10-11.

P. 1025.

1. Montaigne dit ailleurs (III, ix) qu'il aimerait une mort solitaire.

2. On aurait vu déserts les royaumes des pâtres,
   Et vides les halliers en long ainsi qu'en large.

Virgile, Géorgiques, III, 476-477.

P. 1026.

1. Diodore, XVII, xxiii.

2. Tite-Live, XXII, li.

3. Plutarque, De l'amour et charité des pères et mères envers leurs enfants, I.

P. 1027.

1. « Méditez l'exil, les tourments, la guerre, les maladies, les naufrages... afin que nul malheur ne vous surprenne novice. » Sénèque, Épîtres, XCI et CVII.

2. « Ceux qui ont souffert, l'éventualité de la souffrance les fait souffrir autant que la douleur même. » Sénèque, Épîtres, LXXIV.

3. Sénèque, Épîtres, LXXIV.

4. Sénèque, Épîtres, XIII et XXIV.

5. « Aiguisant de soucis les esprits des mortels. » Virgile, Géorgiques, I, 123.

P. 1028.

1. « La souffrance affecte moins nos sens que l'imagination. » Quintilien, Institution oratoire, I, xii.

2. Sénèque, Épîtres, XXX.

3. Vainement, ô mortels, vous voulez savoir l'heure
   Incertaine et la route où vous mourrez un jour !

Properce, II, xxvii, 1-2.

4. Moins lourd est d'endurer soudain un malheur sûr
   Que de souffrir longtemps la peine de le craindre.

Pseudo-Gallus, I, 277-278.

5. « Toute la vie des philosophes est une méditation de la mort. » Cicéron, Tusculanes, I, xxx. Pensée déjà citée en français et commentée par Montaigne (liv. I, chap. xx).

P. 1029.

1. Sur quelque rivage où la tempête me jette,
   J'aborde là comme hôte.

Horace, Épîtres, I, i, 15.

2. Cf. Essais, liv. II, chap. xiii.

3. « C'est souffrir plus qu'il n'est nécessaire que de souffrir avant que ce soit nécessaire. » Sénèque, Épîtres, XCVIII.

P. 1030.

1. Platon, Apologie de Socrate, passim.

2. Platon, Apologie, XXXII, p. 40.

3. Platon, *Apologie*, XVII, p. 29. — Le texte de 1588 ajoutait *Vous en ordonnerez doncq comme il vous plaira.*

4. Platon, *Apologie*, XXXII, p. 42.

5. Platon, *Apologie*, XXVI, p. 36.

6. Platon, *Apologie*, XXIII, p. 34.

P. 1031.

1. Platon, *Apologie*, XVII.

2. Platon, *Apologie*, XXIII et XXIV, pp. 34 et 36.

3. Platon, *Apologie*, XXXIII, p. 41.

4. Diogène Laërce, *Vie de Socrate*, II, xl.

P. 1032.

1. Plutarque, *De l'envie et de la haine*, III.

2. « Ainsi l'univers est renouvelé. » Lucrèce, II, 74.

3. « D'une seule mort naissent mille vies. » Ovide, *Fastes*, I, 380.

P. 1033.

1. Allusion de Montaigne à ses emprunts livresques.

2. Dans l'*Euthydème*.

3. On peut rapprocher, avec Villey, ce trait d'un passage de Pasquier, *Correspondance*, VII, *Lettre à M. Loiret*.

P. 1034.

1. L'édition de 1595 ajoute : *Je fais le contraire.*

2. L'édition de 1588 ajoutait ici : *Comme ceux qui desrobent les chevaux, je leur peins le crin et la queue, et parfois je les esborgne ; si le premier maistre s'en servoit à bestes d'amble, je les mets au trot, et au bast, s'ils servoient à la selle.*

3. Texte de 1595 : *Et quoy, si cette faveur gratieuse que la fortune m'a n'aguère offerte par l'entremise de cet ouvrage, m'eust peu rencontrer en belle saison au lieu de celle-ci ; où elle est également désirable à posséder, et preste à perdre.*

4. Rature : *La Boétie n'avait rien de beau que l'âme ; du demurant il faisoit assez d'échapper à estre laid.*

P. 1035.

1. L'édition de 1588 ajoutait : *Il n'est pas à croire que cette dissonance advienne sans quelque accident qui a interrompu le cours ordinaire : come.*

2. « Il importe beaucoup à l'âme d'être disposée dans un corps de telle ou telle façon; car beaucoup de qualités corporelles contribuent à aiguiser l'esprit et beaucoup d'autres à l'émousser. » Cicéron, *Tusculanes*, I, xxxiii.

3. Cicéron, qu'il vient de citer sans le nommer.

4. Cicéron, *De fato*, V, et *Tusculanes*, IV, xxxvii.

5. Diogène Laërce, *Vie d'Aristote*, V.

6. Diogène Laërce, *Vie d'Aristote*, V.

7. Quintilien, *Institution oratoire*, II, xv.

8. Le mot καλοκάγαθον signifie en effet « bel et bon ». Cf. Xénophon, *la Mesnagerie (l'Économique)*, trad. La Boétie.

9. Dans *le Gorgias*, VII, p. 452.
10. Dans *les Politiques*, I, III.

P. 1036.

1. Diogène Laërce, *Vie d'Aristote*, V, xx.

P. 1037.

1. « Qu'ai-je dit ? que je l'ai ! Mais non, Chrémos, je l'eus. »
Térence, *Heautontimoroumenos*, I, I, 42.

2. « Hélas ! on ne voit plus de mon corps que des os. » Pseudo-
Gallus, I, 238.

P. 1038.

1. Éd. de 1588 : *... ayans esté rencontrez en désordre et fort escartés
les uns des autres ...*

2. Éd. de 1588 : *... nonobstant ce vain intervalle de guerre, auquel
nous estions bien montez et bien armez ...*

P. 1039.

1. L'édition de 1588 disait ces *argolets* (archers) *bien montez et
bien armez.*

2. « Il te fallut du cœur, Énée, et du sang-froid. » Virgile,
Énéide, VI, 261.

P. 1040.

1. « Ayant déjà prié Pollux comme Castor. » Catulle, LXVI, LXV.

2. S'agit-il de l'aventure de 1588 en forêt de Villebois, racontée
très différemment au cours d'une lettre de Montaigne ?

3. Le texte de 1588 ajoutait : *J'essayerais volontiers à mon tour,
quelle mine il feroit en un pareil accident.*

4. « Je voudrais qu'on n'eût pas commis de fautes, mais je n'ai
pas le courage de punir celles qui sont commises. » Tite-Live
XXIX, xxi.

P. 1041.

1. Diogène Laërce, *Vie d'Aristote*, V, xviii.

2. *Valet de trèfle*, portait l'édition de 1588.

3. Plutarque, *De l'envie et de la haine*, III.

4. Plutarque (*Vie de Lycurgue*, IV) attribue le mot à Charilaüs,
roi de Sparte, et non à Charillus.

5. Rature : *... et en est de plus d'une espèce.*

CHAPITRE XIII

6. L'art par divers essais naquit d'expérience
Et l'exemple indiqua le chemin...

Manilius, I, LIX.

P. 1042.

1. Cicéron (*Académiques*, II, xviii) dit *Délos,* et non *Delphes.*
2. Fabricant de cartes à jouer du temps.
3. Plutarque, *De l'envie et de la haine,* I.
4. Sénèque, *Épîtres,* CXIII.
5. L'empereur romain Justinien, qui fit publier le *Code* et les *Pandeĉtes.*
6. Jean Bodin, *République,* VI, vi.
7. « De même que jadis les scandales, les lois sont aujourd'hui un fléau. » Tacite, *Annales,* III, xxiii.

P. 1043.

1. Bouchet (*Serées,* IX) cite un exemple analogue, mais le situe à Fez.
2. Le fameux Ferdinand le Catholique.
3. Jean Bodin, *République,* V, i.
4. Dans *la République,* III, p. 405.
5. « Tout ce qui est divisé jusqu'à n'être que poussière devient confus. » Sénèque, *Épîtres,* LXXXIX.

P. 1044.

1. « La science crée la difficulté. » Quintilien, X, iii.
2. Le célèbre jurisconsulte romain du IIIe siècle.
3. Cf. *Essais,* II, xii, p. 566 et la note 10.
4. Cf. *Essais,* II, xii, p. 566 et la note 10.
5. Rabelais, Budé, Alciat, etc. développent la même idée.
6. « Une souris dans la poix. » Locution latine, recueillie par Érasme, *Adages,* II, iii, 68.

P. 1045.

1. Plutarque, *Des communes conceptions des Stoïques,* XIX.
2. Diogène Laërce, *Vie de Cratès,* IX, 9.
3. Plutarque, *Pourquoi la Pythie ne rend plus ses oracles en vers,* XXVI.
4. Vers de la Boétie adressés à Marguerite de Carle, sa future femme. — Montaigne les cite de mémoire, avec quelque inexactitude.

P. 1046.

1. Dans la *Morale à Nicomaque,* IV, iii.
2. Plutarque, *De la pluralité d'amis,* I.

P. 1047.

1. Saint Augustin, *Cité de Dieu,* XXI, viii.

P. 1048.

1. Plutarque, *Dicts des anciens Roys,*
2. Plutarque, *Instruction pour ceux qui manient affaires d'Estat,* XXI.
3. Plutarque, *Pourquoy la justice divine diffère souvent la punition des maléfices,* XVI.
4. Diogène Laërce, *Vie d'Aristippe,* II, 93.

5. Diogène Laërce, *Vie d'Aristippe*, II, 99.
6. Plutarque, *Vie d'Alcibiade*, XIII.

P. 1049.

1. Mendoza, *Histoire du grand royaume de la Chine*, trad. française de Luc de la Porte (1588), pp. 70-72.

P. 1050.

1. Par quel art Dieu régit cette maison, le monde;
   D'où la lune s'élève et décroît; chaque mois
   Comment refont son plein ses quartiers réunis;
   Pourquoi les vents sur mer; ce qu'amène l'Eurus;
   Et d'où cette eau pérenne à former les nuages;
   S'il doit venir un jour qui détruise le monde?

   Properce, III, v, 26-31.

2. « Cherchez, vous qu'un souci de le savoir tourmente. » Lucain, *Pharsale*, I, 417.

P. 1051.

1. L'édition de 1588 portait *Platon*.

P. 1052.

1. De même quand le flot blanchit aux premiers souffles,
   Que la mer lentement s'enfle et s'élève haut,
   Et du fond de son lit monte à l'assaut du ciel.

   Virgile, *Énéide*, VII, 528-530.

2. Apollon.
3. A Delphes.
4. Dans le *Timée*, p. 72; et dans le *Charmide*, XII, p. 164.
5. Dans les *Mémorables*, IV, II.
6. Platon, *Ménon*, XIV, p. 80.
7. Dans les *Mémorables*, IV, II.

P. 1053.

1. « Rien n'est plus honteux que de donner le pas à l'assertion et à la décision sur la perception et la connaissance. » Cicéron, *Académiques*, I, XIII, 45. Cité par Pascal, *Pensées*, n° 364 (éd. Brunschvicg).

2. Plutarque, *De l'amitié fraternelle*, I.
3. Voir note 1 de la p. 1645.
4. Antée, fils de Poséidon et de Gaïa, qu'Héraclès étouffa dans ses bras.
5. ...Dont, lorsqu'ils touchent terre,
   Les membres défaillants prennent des forces neuves.

   Lucain, IV, 499-500.

6. L'édition de 1588 portait : ... *le plus sage qui fut oncques au témoignage des dieux et des hommes.*
7. Diogène Laërce, *Vie d'Antisthène*, VI, II.
8. Diogène Laërce, *Vie d'Antisthène*, VI, XI.

P. 1054.

    1. Mais combien d'espèces et quel nom portent-elles ?
      On n'en sait pas le nombre...

                         Virgile, *Géorgiques*, II, 103-104.

    2. « Seule la sagesse est tout entière enfermée en elle-même. »
Cicéron, *De finibus*, III, VII.

    3. Tite-Live, XLI, xx.

P. 1055.

    1. Dans *le Gorgias*, XLII, p. 487.

    2. Quand j'étais fort, d'un sang plus vif, que la vieillesse
      Ne m'avait pas encor marqué de tempes blanches.

                         Virgile, *Énéide*, V, 415-416.

    3. « Qui voulut être tel qu'il est, mais rien de plus. » Martial,
Épigrammes, X, XLVII.

P. 1056.

    1. Suétone, *Vie de Tibère*, XXVII; Tacite, *Annales*, VI, XLVI.

    2. Dans les *Mémorables* de Xénophon, IV, VII.

P. 1057.

    1. Dans *la République*, III, p. 408.

    2. « Je donne enfin les mains à la science utile. » Horace, *Épodes*,
XVII, 1.

    3. L'édition de 1588 ajoutait : ... *à les voir et ceulx qui se gouvernent
par eux* ...

P. 1058.

    1. Allusion aux maléfices de la magicienne. *Odyssée*, X, 239 sq.

    2. Les Allemands ignoraient alors l'usage du matelas. Cf.
Journal de Voyage.

    3. Allusion aux lits à rideaux, d'usage alors commun.

    4. Allusion au proverbe : « Boire comme un Suisse. »

    5. Augsbourg, où Montaigne s'était arrêté en octobre 1580.
Cf. *Journal de Voyage*.

    6. Les chambres chauffées par des poêles, et qu'on appelait
elles-mêmes des « poêles ».

    7. Dans l'*Épître* XC.

    8. Plutarque, *Questions platoniques*, VIII.

P. 1059.

    1. L'imprimeur Vascosan (1500 env.-1576).

    2. L'imprimeur Plantin, né à Saint-Avertin près de Tours, et
qui fonda à Anvers en 1580 une maison célèbre (1514-1589).

    3. Diogène Laërce, *Vie de Pyrrhon*, XXIX, 81.

    4. Le marquis de Pisani, qui fut ambassadeur en Espagne de 1572
à 1583.

P. 1060.

    1. On ne sait de qui Montaigne parle.

    2. Dans l'*Épître* LVI.

3. Diogène Laërce, *Vie de Socrate*, II, xxxvi.
4. Dans l'*Épître* CVIII.
5. Dans l'*Épître* CVIII.

P. 1061.

1. Les Pythagoriciens. Cf. Plutarque, *Du bannissement ou de l'exil*, XVI.
2. Pour se faire porter à la première borne,
  Il demande son heure aux livres. L'œil frotté
  Lui fait mal ? Horoscope ! Et le collyre ensuite !
  Juvénal, VI, 576-578.
3. Plutarque, *Vie de Philopœmen*, I.

P. 1062.

1. Introduite d'Italie en France au XVIe siècle, la fourchette ne fut guère en usage qu'à partir de Louis XIII.
2. Plutarque, *Comment il fault refrener la cholere*, XIII.
3. Texte de l'éd. de 1588 : ... *les tasses me déplaisent et l'argent, au pris du verre et d'être servy à boire d'une main inaccoustumée et estrangère et en verre commun, et me laisse aller au chois de certaines formes de verre.*
4. Allusion aux réunions du soir.

P. 1063.

1. Plutarque, *Vie de César*, V.
2. L'édition de 1588 précisait : ... *les autres ont pour leur part la discrétion et la suffisance, moy l'ingénuité et la liberté.*
3. « Par nature l'homme est un animal propre et délicat. » Sénèque, *Épîtres*, XCII.
4. Les Basques étaient des laquais fort prisés. Gargantua a un laquais basque.

P. 1064.

1. « Vivre est-il d'un si grand prix ? » Auteur inconnu.
2. On nous oblige à vivre avec nos habitudes
  Et c'est pour vivre encor que nous cessons de vivre...
  Sont-ils encor vivants ceux que l'on fait souffrir
  Du jour qui les éclaire et de l'air qu'ils respirent ?
  Pseudo-Gallus, 155-156 et 247-248.
3. Alors que Cupidon voltige autour de moi,
  Brille resplendissant dans sa robe de pourpre.
  Catulle, LXVI, 133-134.
4. « Et j'ai guerroyé non sans gloire. » Horace, *Odes*, III, xxv, 2.
5. « A peine il me souvient d'être allé jusqu'à six. » Ovide, *Amours*, III, vii, 26, qui dit *neuf* et non *six*.

P. 1065.

1. Allusion à la Quartilla de Pétrone, *Satiricon*, XXV.
2. D'où l'aisselle virile et le poil de bonne heure
  Et ma mère étonnée à ma barbe précoce.
  Martial, *Épigrammes*, XI, xii, 7-8.

3. « Dieu me défende de moi. »

4. Fernel (1497-1558), le médecin d'Henri II.

5. Jules-César Scaliger (1484-1558), Padouan qui enseigna la médecine à Agen et prétendait descendre des *Della Scala,* d'où son nom francisé de *L'Escale.*

P. 1066.

1. Carnéade, au dire de Plutarque.

2. « Il est une certaine voix propre à l'audition, non pas tant par son volume que par sa qualité. » Quintilien, *Institution oratoire,* XI, III.

3. Cicéron, *Tusculanes,* III, VI.

P. 1067.

1. « Plains-toi si c'est à toi seul qu'on impose une loi injuste. » Sénèque, *Épîtres,* XCI.

2. « Pourquoi, sot! ces souhaits et ces vœux puérils ? » Ovide, *Tristes,* III, VIII, 11.

3. Dans *la République,* III, p. 407.

P. 1068.

1. Ainsi pour soutenir un bâtiment qui penche,
   Il faut à contre-sens bouter divers étais.
   Mais enfin un beau jour la charpente est à bas,
   Et le mur étayé croule avec ses appuis.

   Pseudo-Gallus, I, 171-174.

2. Comparaison tirée de Plutarque, *De la tranquillité de l'âme,* XIV.

3. Plutarque, *Comment il faut refrener la cholere,* VIII.

4. Les médecins.

P. 1069.

1. *L'herbe du Turc,* ou herniaire, et *le chardon à cent têtes* ou éringium, étaient des diurétiques de l'époque.

2. Il, c'est l'esprit de Montaigne devisant avec lui.

3. « Le mal immérité vaut seul que l'on s'en plaigne. » Ovide, *Héroïdes,* V, 8.

P. 1071.

1. Il s'agit des feuilles d'arbre où la sibylle de Cumes inscrivait ses oracles. Virgile, *Énéide,* III, 443 et 451.

2. *Quarante ans,* disait l'édition de 1588.

3. *Quatorze,* disait l'édition de 1588.

4. Montaigne suit ici Ambroise Paré dans son *Traité des pierres.*

P. 1072.

1. Plutarque, *Des communes conceptions des philosophes stoïques,* X.

2. Platon, *Phédon,* III, p. 60.

P. 1073.

1. Dans son traité *De senectute.*

P. 1075.

1. Dans ses *Lois,* VII, xiii.

2. Plutarque, *Instruction pour ceux qui manient affaires d'Estat,* IV.

3. Texte de 1588 : *Sur le pavé, je ne puis aller qu'à cheval.*

P. 1076.

1. *République,* V, pp. 451-457.

2. « Je songe qu'il est beau de mourir sous les armes. » Virgile, *Énéide,* II, 317.

3. « Vivre, mon cher Lucilius, c'est combattre. » Sénèque, *Épîtres,* XCVI.

4. Texte de 1588 : *J'ai passé l'âge* auquel...

5. Attendre sur un seuil, y subir l'eau du ciel,
Ce n'est plus dans mes forces.

Horace, *Odes,* III, x, 19-20.

P. 1077.

1. « Mon corps n'est pas atteint des soucis de mon âme. » Ovide, *Tristes,* III, viii, 25.

2. « Qui s'étonne à trouver un goitre dans les Alpes ? » Juvénal, XIII, 162.

P. 1078.

1. Ce qui normalement nous occupe et nous frappe,
Ce qu'on fait éveillé revient dans le sommeil :
Ce n'est pas étonnant !

Vers tirés d'une tragédie d'Attius ayant *Brutus* pour titre, et dont Cicéron fait mention, *De divinatione,* I, xxv.

2. Dans le *Timée,* à la fin, p. 71.

3. Dans le *De divinatione,* I, xxv.

4. Hérodote, IV, clxxxiv, et Pline, *Hist. nat.,* V, viii.

5. Cicéron, *De divinatione,* II, lviii.

6. Diogène Laërce, *Vie de Pyrrhon,* IX, 82.

7. Montaigne confond l'opinion de Favorinus avec celle que lui prête Aulu-Gelle, *Nuits attiques,* XV, viii.

P. 1079.

1. « Par lesquelles le luxe se joue de l'ennui des richesses. » Sénèque, *Épîtres,* XVIII.

2. « Si tu crains, pour dîner, légume en plat modeste. » Horace, *Épîtres,* I, v, 2.

3. « Une grande part de la liberté est un ventre bien réglé. » Sénèque, *Épîtres,* CXXIII.

4. Cet usage de donner un mendiant comme parrain à ses enfants était encore suivi au xviii⁰ siècle par un philosophe comme Montesquieu et un naturaliste comme Buffon.

5. Texte de 1588 : *Je condamne en nos troubles la cause de l'un des partis, mais plus quand elle fleurit et qu'elle prospère ; elle m'a parfois aucunement concilié à soy, pour la voir misérable et accablée.*

P. 1080.

  1. Plutarque, *Vie d'Agis et Cléomènes*, V.
  2. Plutarque, *Vie de Flaminius*, I.
  3. Plutarque, *Vie de Pyrrhus*, I.
  4. Suétone, *Vie d'Auguste*, LXXI.

P. 1081.

  1. Hérodote, I, XXXII.
  2. « Cette excellente médiocrité. »
  3. « Tout ce qui arrive conformément à la nature doit être compté en nombre de biens. » Cicéron, *De senectute*, XIX.
  4. A la fin du *Timée*, p. 81.
  5. « Aux jeunes gens c'est un coup violent qui arrache la vie ; aux vieillards, c'est la maturité même. » Cicéron, *De senectute*, XIX.

P. 1082.

  1. Sénèque, *Épîtres*, XVIII.

P. 1083.

  1. Sénèque, *Épîtres*, XVIII.
  2. Plutarque, *Banquet des Sept Sages*, III.
  3. L'édition de 1595 porte : *... les espérances et les prognostiques.*

P. 1084.

  1. Suétone, *Vie d'Auguste*, LXXVII.
  2. Érasme, *Adages*, II, III, I, qui, citant Pline, écrit par erreur Democritus et non Demetrius.
  3. Usage qui, au dire d'Athénée (II, II), remonterait non pas à Cranaius, mais à son successeur Amphictyon.

P. 1085.

  1. L'édition de 1588 ajoutait : *... et pour la gesticulation, ne me trouve guiere sans baguette à la main, soit à cheval ou à pied. Il y a de l'indécence...*
  2. Diogène Laërce, VII, 183.
  3. Plutarque, *Que la vertu se peut enseigner et apprendre*, II.
  4. Sénèque, *Épîtres*, XV.

P. 1086.

  1. Dans le *Protagoras*, XXXII, p. 347.
  2. Au dire d'Aulu-Gelle, *Nuits attiques*, XIII, XI.
  3. L'édition de 1595 ajoutait après fleurissant : *Mon estat present m'en forclost. Car chacun pour soy y fournit de grace principale, et de saveur selon la bonne trempe.*
  4. Cicéron, *Tusculanes*, V, VII.
  5. « Tout ce qu'on verse en vase impur y devient aigre. » Horace, *Épîtres*, I, II, 54.

P. 1087.

  1. Cicéron, *Tusculanes*, V, XVII.
  2. Entre autres Aristippe, cf. Diogène Laërce, *Vie d'Aristippe* II, 90.

3. Dans la *Morale à Nicomaque*, II, VII, et III, XI. — Texte de 1588 : *Il en eſt de noſtre jeunesse qui proteſtent ambitieusement à les fouler aux pieds.*

4. L'édition de 1588 ajoutait ici : ... *les humeurs vanteuses se peuvent forger quelque contentement, car que ne peut sur nous la fantasie, mais de sagesse elles n'en tiennent tache.*

5. Cicéron, *Académiques*, II, LXLV.

6. Saint Augustin, *Cité de Dieu*, VIII, IV.

7. Dans *les Lois*, I.

P. 1088.

1. Texte de 1588 : ... *plaisirs humains et corporels ...*

2. Le texte de 1595 eſt assez différent : ... *sans rideau. Avez vous sceu composer vos mœurs : vous avez bien plus faiſt que celuy qui a composé des livres. Avez-vous sceu prendre du repos, vous avez plus faiſt que celuy qui a pris des Empires et des villes. Le glorieux chef d'œuvre de l'homme, c'eſt vivre à propos.*

3. Plutarque, *Vie de Brutus*, I.

P. 1089.

1. Mes braves compagnons dans les pires misères,
    Chassez à coups de vin aujourd'hui tout souci :
    L'immense mer demain nous ouvrira sa route.

    Horace, *Odes*, I, VII, **3**0-32.

2. Le président des séances d'argumentation en Sorbonne pouvait mettre à l'amende de « deux quartauts de vin » l'étudiant qui cherchait à se faire applaudir. Rabelais dans son *Gargantua* (XV et XVIII) parle de « chopiner théologalement ».

3. « Que celui qui a le cœur sage ait aussi le palais délicat. » Paraphrase de Cicéron, *De finibus*, II,

4. Cornélius Népos, *Vie d'Épaminondas*, II.

5. Montaigne qui suit ici Cicéron, *De oratore*, II, VI, confond Scipion l'Africain avec Scipion Émilien.

6. « Jouer à cornichon va-devant », c'eſt ramasser à la course des objets qui sont par terre.

7. Montaigne, comme on l'a déjà vu, attribuait à Scipion Émilien les comédies de Térence.

8. L'édition de 1588 ajoutait : *Je suis extremement despit de quoy le plus beau couple de vies, qui fut dans Plutarque, de ces deux grands hommes, se rencontre des premiers à eſtre perdu.*

9. Il s'agit cette fois de l'Africain. Cf. Tite-Live, XXIX, XIX.

10. Xénophon, *Banquet*, II.

P. 1090.

1. Platon, *Banquet*, XXXVI, p. 220.

2. Platon, *Banquet*, XXXVI, p. 220.

3. Diodore, XIV, I.

4. Platon, *Banquet*, XXXII, p. 215.

5. Diogène Laërce, *Vie de Socrate*, II, 22.

6. Tous ces traits procèdent de Platon, *Banquet*, XXXV, p. 219.

P. 1091.

1. Sénèque, *Épîtres*, XXXIX. — Rature : *L'immodération ne s'accorde ny avec soy ny avec la moderation.*

2. Diogène Laërce, *Vie d'Eudoxus*, VIII, 68.

3. « La dilatation de l'âme dans la joie n'eſt pas moins blâmable que sa contraction dans la douleur. » Cicéron, *Tuſculanes*, IV, xxxi.

4. Dans le *Phédon*, III, p. 60.

5. Dans *les Lois*, I, p. 633.

6. Dans *les Lois*, II, p. 653.

7. Entendez : un vocabulaire, par allusion au sens que Montaigne donne au verbe *passer*.

P. 1092.

1. « La vie de l'insensé eſt ingrate, elle eſt trouble, elle se porte tout entière dans l'avenir. » Sénèque, *Épîtres*, XV. — Après cette citation, Montaigne avait écrit, puis raturé la phrase suivante reportée au chapitre XX du 1ᵉʳ livre : *La vie n'eſt à la vérité ny bien ny mal, c'eſt la place du bien et du mal selon ce que nous la leur faisons.*

P. 1093.

1. Rature : *Nul scrupule qui la pinse ny près ny loin.*,

2. Telles qu'après la mort ces ombres qui voltigent
   Ou les songes trompeurs de nos sens endormis.
                    Virgile, *Énéide*, X, 641-642.

3. « Croyant que rien n'eſt fait tant qu'il lui reſte à faire. » Lucain, *Pharsale*, II, 637.

4. « Le sage recherche avec beaucoup d'avidité les richesses naturelles. » Sénèque, *Épîtres*, III, vi.

5. Philosophe et poète grec du viiᵉ siècle avant J.-C. que rangent parmi les sept sages Plutarque, *Banquet des Sept Sages*, XIV, et Diogène Laërce, *Vie d'Épiménide*, I, 114.

P. 1094.

1. « Tout ce qui eſt selon la nature eſt digne d'eſtime. » Cicéron, *De finibus*, III, vi.

2. Jeu de mots usuel dans la littérature facétieuse du temps. Rabelais (*Pantagruel*, VII) parle de *braguetta Juris* « la braguette du Droit », et Baïf (*Passe-temps*, liv. II) plaisante :
      Vous seriez très bonne avocate,
      Vous n'aimez rien tant que le *droit*.

3. Cf. Platon, *République*, IX, p. 585.

4. Rature : *En rang, pour Socrate, l'amour eſt l'appetit de generation par l'entremise de la beauté. La generation divine action et immortelle des mortels. Et par consequent l'amour désir d'immortalité.*

5. « Il faut entrer dans la nature des choses et voir exactement ce qu'elle exige. » Cicéron, *De finibus*, V, xvi.

6. Simonide, d'après Platon, *Lois*, p. 585.

P. 1095.

1. « Quiconque vante l'âme comme le souverain bien et condamne la chair comme mauvaise embrasse assurément et chérit charnellement l'âme et fuit charnellement la chair parce qu'il juge selon la vérité humaine et non divine. » Saint Augustin, *Cité de Dieu*, XIV, v.

2. *Farcesque,* disait l'édition de 1588.

3. Rature : ... *pour maiſtre fin de notre devoir et souverain bien de l'homme* ...

4. « Qui n'avouera pas que le propre de la sottise soit de faire lâchement et en maugréant ce qu'on eſt forcé de faire, de pousser le corps d'un côté et l'âme de l'autre, de se partager entre des mouvements si contraires. » Sénèque, *Épîtres,* LXXIV.

5. Qui découvrit en prenant son bain son grand principe d'hydroſtatique et s'écria *Euréka !* « J'ai trouvé! »

6. L'édition de 1588 ajoutait : *Nos eſtudes sont tous mondains, et entre les mondains les plus naturels sont les plus juſtes.*

P. 1096.

1. Planude, *Vie d'Ésope.*

2. Mot qui sera repris par Pascal dans les *Pensées,* no 358 : « L'homme n'eſt ni ange ni bête, et le malheur veut que qui veut faire l'ange fait la bête. » (Éd. Brunschvicg.)

3. Quinte-Curce, IV, VII; VIII, v.

4. Quinte-Curce, VI, IX.

5. « Car c'eſt soumis aux dieux qu'on règne sur le monde. » Horace, II, VI, 5.

6. Citation de Plutarque d'Amyot, *Vie de Pompée,* VII.

P. 1097.

1. Il s'agit de Phébus-Apollon.

2. Permets que je jouisse, ô Latonien,
De mes biens et d'un corps sain, de facultés
Saines, et que j'obtienne, avec bonne vieillesse,
Le pouvoir de toucher encor ma lyre!

Horace, *Odes,* I, XXXI, 17-20.

JOURNAL DE VOYAGE EN ITALIE

P. 1115.

1. Il s'agit du benjamin de Montaigne, Bertrand-Charles, sieur de Mattecoulon (on trouve son nom écrit aussi Matecolon) qui, étant né le 20 août 1560, avait alors vingt ans.

2. On ne sait rien de ce comte et de cet accident.

3. Beaumont-sur-Oise.

4. Charles d'Estissac, fils de la dame à laquelle l'auteur des *Essais* avait dédié, au livre II, son chapitre *De l'affection des pères aux enfants*.

5. Ce Du Hautoy était un gentilhomme du Barrois.

6. Les seconds « troubles », auxquels mit fin la paix de Long-jumeau (1568).

7. Beaucoup de protestants furent massacrés à Meaux, non le jour, mais le lendemain de la Saint-Barthélemy.

8. Quand le roi d'Angleterre assiégea la place, au cours de la guerre de Cent ans (1421-1422).

9. D'après Monstrelet (éd. Drouët d'Arcq, IV), les assiégés se retranchèrent dans le marché, où il fallut, pour qu'ils se rendissent, leur livrer un ultime assaut (10 mai 1422).

10. Abbaye de bénédictins, fondée en 998, et qui fut détruite sous la Terreur.

P. 1116.

1. Benoît, l'ami et le compagnon de guerre d'Ogier.

2. L'une de ces épées, acquise par l'archéologue Longpérier, daterait du xᵉ siècle.

3. L'ancienne cathédrale, aujourd'hui église Notre-Dame.

4. Ce Juste Terrelle, trésorier de l'église Notre-Dame de 1564 à sa mort (1590), avait rapporté à François Iᵉʳ des manuscrits grecs, conservés de nos jours à la Nationale.

5. Épernay.

6. Le jeudi.

7. Thionville, où Strozzi fut tué d'une mousquetade (20 juin 1558).

P. 1117.

1. « Je renie Dieu. Ma fête est finie », aurait dit Strozzi avant de mourir. (*Mémoires* de Vieilleville, VII, 11.)

2. D'une très ancienne famille de robe, Aymar Hannequin ou Hennequin, fut archevêque de Reims de 1594 à sa mort (1596).

3. Savant jésuite espagnol (1534-1584), que Montaigne consulta sur des points de théologie.

4. Spa.

5. Louis de Gonzague, duc de Nevers (1539-1593), bon capitaine et excellent mémorialiste.

6. La reine Margot, qui fit une cure en 1577 pour soigner un érysipèle, est d'un tout autre avis que Montaigne sur les commodités de Spa. Cf. *Mémoires*, éd. Guessard, p. 109.

7. Sur ce différend entre Montpensier et Nevers, cf. Brantôme, éd. Lalanne, t. V, p. 23, et L'Estoile, *Journal*, t. I, pp. 360 et 362.

P. 1118.

1. Châlons-sur-Marne.

2. Vitry-en-Perthois, brûlée par Charles-Quint en 1544, avait été

reconſtruite à une petite lieue de diſtance par François 1er, qui lui donna son nom dès 1545.

3. Antoinette de Bourbon, mère du Balafré, qui allait mourir en 1583 presque nonagénaire.

4. Montier-en-Der.

P. 1119.

1. Dans son ouvrage *Des monſtres et prodiges* (*Œ,* t. III, p. 19, éd. Malgaigne). Cf. d'ailleurs *Essais,* I, xx.

2. Dans l'automne de 1559, après le sacre de François II à Reims. Cf. *Essais,* II, xvii.

3. Gilles de Trèves avait fait bâtir la chapelle et, à sa mort, deux ans plus tard, légué à la ville de quoi faire bâtir le collège.

4. Mauvaiges, canton de Gondrecourt, non loin de Vaucouleurs.

5. La phrase eſt sans doute altérée. « C'eſt avant de partir pour Vitry que Montaigne avait renoncé à voir Saint-Dizier et Joinville. » (Lautrey.)

P. 1120.

1. Jeanne, la sainte de la Patrie, et sa famille, avaient été anoblies en 1429 du nom de Du Lys.

2. Le beau-frère de Montaigne, Bernard de Cazalis, sieur de Freyche, qui avait épousé en 1579 la plus jeune sœur de Montaigne, Marie.

3. Un hêtre, dit « l'arbre des Dames » ou l'arbre aux fées.

4. Il s'agit du baron de Bourbonne et de sa femme, née Bassompierre.

5. Les Bourbonne habitaient à cinq lieues de Mirecourt, au château de Haroué.

6. Un diſton lorrain parlait des *dames* de Mirecourt, des *caignes-de-chambre* d'Épinal, des *servantes* de Poussay, des *vachères* de Boixères.

P. 1121.

1. La reine Margot use des mêmes termes pour conter sa visite aux chanoinesses de Sainte-Vaudrud, à Valenciennes.

2. Épinal.

3. Plombières.

4. Panurge, dans Pantagruel (XXIII), explique pourquoi les lieues de France sont plus petites que celles d'Allemagne.

P. 1122.

1. Sur le séjour de Montaigne à Plombières et les souvenirs qui en demeurent, il faut lire l'intéressante étude de Ch. Sècheresse, *Bulletin des Amis de Montaigne,* 3e série, n° 17, 1961. Il faut noter aussi que la *Propriété des bains de Plombières* par J. le Bon (1576) confirme que « la saison de les prendre eſt tout le printemps ».

2. Le seigneur d'Andelot servit sous les ordres de don Juan d'Autriche de 1576 à 1578.

3. Ce don Juan d'Autriche, gouverneur des Pays-Bas, était un bâtard de Charles-Quint.

4. Saint-Quentin nous fut ravie en 1559 par la paix de Cateau-Cambrésis.

5. Les comtes d'Egmont et de Hornes furent condamnés à mort et décapités sur l'ordre du duc d'Albe, le 5 juin 1568. Cf. *Essais*, I, VII.

P. 1123.

1. Hommes et femmes, nous dit J. Le Bon *(Propriété des bains de Plommières)*, p. 30, se baignaient pêle-mêle, mangeaient, dormaient, chantaient et dansaient dans les bains.

P. 1125.

1. Arsac, dans le Médoc, au nord-ouest de Bordeaux, était la propriété d'un frère de Montaigne, Thomas de Beauregard, qui avait épousé Jaquette d'Arsac, la belle-fille de La Boétie.

2. Ces armes étaient « d'azur semé de trèfles d'or, à une patte de lion de même, armée de gueules, mise en face ». Il en a été question au livre I, chap. XLVI, des *Essais*.

P. 1126.

1. Voir le dicton cité plus haut sur les *servantes* de Poussay.

2. L'abbesse de Remiremont s'intitulait « princesse du Saint-Empire ».

3. Renée de Dinteville, l'abbesse, était morte le 5 mai 1580.

4. Barbe de Salm, coadjutrice depuis 1578, devint abbesse en octobre 1580.

5. Cette doyenne, Marguerite de Lude, fut elle-même nommée coadjutrice de Barbe de Salm, le 9 octobre 1580.

P. 1127.

1. Bussang, dont les eaux minérales n'étaient pas encore connues.

2. Le duc de Lorraine.

3. Thann.

4. Mulhouse.

5. L'électeur et comte palatin Jean-Casimir, duc de Bavière, qui fournit des reîtres et des lansquenets aux armées protestantes de France en 1568 et 1576.

P. 1128.

1. On lit dans les *Essais* (I, x) : « L'occasion, la compaignie, le branle mesme de ma voix tire plus de mon esprit que je n'y trouve lorsque je le sonde et employe à part moy. »

2. Félix Plater, célèbre médecin de Bâle (1536-1614).

3. « La petite Bâle », sur la rive gauche du Rhin.

4. Littéralement *Pass*.

5. Simon Grineus, fils d'un pasteur et auteur d'un *Encomion medicinae,* « Éloge de la médecine » (1592).

6. Théodore Zwingler (1534-1588), professeur de morale, de médecine théorique et de grec.

7. François Hotman, réformé qui, après la Saint-Barthélemy, se réfugia de Paris à Genève, puis à Bâle, où il enseigna le droit.

P. 1129.

1. A Porrentruy.

2. Épinal.

P. 1130.

1. « Haïrois autant un aleman qui miſt de l'eau au vin qu'un François qui le boiroit pur », écrit Montaigne dans les *Essais* (III, VII).

P. 1132.

1. « En toutes celles qui le peuvent souffrir, je les ayme peu cuites », écrit Montaigne dans les *Essais* (III, XIII).

2. Dans ses *Essais* (III, XIII), Montaigne déclare : « La presse des plats et des services me déplaiſt, autant qu'autre presse... »

3. Horn, non loin de Witnau.

P. 1133.

1. La rivière Aar, à Brugg.

2. L'abbaye de Kœnigsfelden, fondée par l'impératrice Élisabeth en 1308.

3. A la bataille de Sempach.

4. La Reuss.

P. 1134.

1. Les Eaux-Chaudes, dans le Béarn.

2. Dans le département actuel du Gers.

P. 1135.

1. Tacite, *Hiſtoires,* I, LXVII.

2. Charles de Harlay, qui mena plusieurs négociations en Allemagne, en Suisse, en Pologne et mourut en 1617. Il était le fils du président à mortier Chriſtophe de Harlay.

3. Soleure.

4. La reine-mère Catherine de Médicis.

5. Emmanuel-Philibert, décédé en effet le 30 août 1580.

P. 1136.

1. On lit dans les *Essais* (III, IX): « La diversité des façons d'une nation à autre ne me touche que par le plaisir de la variété. »

P. 1137.

1. Rodolphe II, qui fut empereur de 1576 à 1612.

P. 1139.

1. Kaiserstuhl.

P. 1141.

1. Charles, duc d'Orléans, frère cadet d'Henri II, qui mourut âgé de vingt-trois ans en 1545.

2. Stein.

3. Steckborn.

4. Dans le Lac Inférieur *(Untersee)* de Constance.

5. Charles-Quint avait mis Constance au ban de l'Empire (1548).

6. Le cardinal de Saint-Ange (1533-1595), de l'illustre famille des comtes de Hohenems, dont le château était dans le Vorarlberg.

P. 1143.

1. Charles de Montmorency-Méru, le troisième fils du connétable, alors colonel-général des Suisses, plus tard duc d'Amville et amiral de France.

P. 1144.

1. Markdorf.

2. Ravensburg.

3. Lindau.

4. Buchhorn, de nos jours Friedrichshafen.

5. Ulm.

6. Lindau.

7. De petit-gris.

8. Il s'agit du *teston* d'argent, à l'effigie ou *teste* du roi, qui valait alors 12 sols 6 deniers : cette pièce de monnaie avait été mise en circulation sous Louis XII.

P. 1145.

1. Martin Luther. Cf. *Essais,* III, XIII.

2. On lit dans les *Essais,* (III, XIII) : « Vous faites malade un alleman de le coucher sur un matelas, comme un Italien sur la plume, et un Français sans rideau. »

P. 1146.

1. Montaigne avait parmi ses livres une *Cosmographie universelle* de Sébastien Munster, le « Strabon de l'Allemagne ».

P. 1147.

1. Cf. *Essais,* II, XVII.

2. L'écu-sol ou *écu au soleil* en or, ainsi nommé parce qu'il portait un soleil au-dessus de la couronne royale, et dont la valeur au XVIᵉ siècle varia entre 50 et 30 sols.

3. Le *batz,* pièce de monnaie en cuivre argenté, valait deux sols un quart.

4. Les Allemands *avalent* le vin plus qu'ils ne le *goûtent,* déclare Montaigne *(Essais,* II, II).

5. Wangen.
6. Trente.
7. Isny.

P. 1148.

1. Martin Luther.
2. La secte luthérienne des *Ubiquistes* soutenait que, le corps de Jésus étant partout présent, il était dans l'Eucharistie.
3. Une abbaye bénédictine.
4. Mommsen a recueilli dans son *Corpus* (III, n° 598) cette inscription latine du musée d'Augsbourg.

P. 1149.

1. Il s'agit de Sainte-Foy-la-Grande, ville voisine du château de Montaigne.
2. Le canton d'Appenzell, entouré de tous côtés par celui de Saint-Gall.
3. Stein.

P. 1150.

1. Augsbourg (l'antique *Augusta Vindelicorum*).
2. Il s'agit de la Première Confession d'Augsbourg (1530) due à Mélanchthon.

P. 1151.

1. Isny.
2. Iller.
3. Pfronten.
4. Ou « Muraille des Païens », construite par Tibère.
5. Trente.
6. Wangen.

P. 1152.

1. Füssen.
2. Augsbourg.
3. Le château de Hohenschwangau, proche de Füssen.
4. « Le roi Pépin, ayant appris par la renommée la vertu du bienheureux Magnus, a doté avec une largesse royale le lieu que le Saint habitait. »
5. Schongau.
6. Landsberg.

P. 1153.

1. Le comte de Helffenstein avait fondé, en 1576, ce collège de Jésuites.
2. « Le Sénat et le Peuple », formule latine par laquelle commençaient les sénatus-consultes.
3. « Des deux Bavières. »
4. « Il sied qu'un soldat soit rude, et non pas bardé d'or mais fort de sa bravoure et de son fer. »

5. « Le monde est une cage de fous. »

6. Le combat où un petit roi boïen, Carloman, surprit et battit Marcellus (196 av. J.-C.). Cf. Tite-Live, XXXIII, xxxvi, et la citation latine suivante : « Combat de Carolame [ou Carloman], roi des Boïens, avec le consul Marcellus, et où il le vainquit. »

7. « La première ville de l'Empire romain, affirme Munster, tant en richesses qu'en beauté. »

P. 1155.

1. « Tilleul. »

2. Des Fugger, banquiers qui prêtèrent à Charles-Quint et furent de ce chef élevés au rang de comtes, puis de princes de l'Empire, Rabelais ne disait-il pas déjà de Strozzi (lettre du 10 décembre 1535) qu'« après des Fourques de Auxbourg il est estimé le plus riche marchand de la Chrétienté ».

3. En 1573.

4. C'est un bâton ferré aux deux bouts.

5. C'est une épée courte et large.

6. La Lech.

P. 1157.

1. Augsbourg *(Augusta Vindelicorum)*.

2. Une sorte de valse à trois temps.

3. On lit dans les *Essais* (II, xii) : « J'ay veu des gardoirs assez où les poissons accourent pour manger, à certain cri de ceux qui les traictent ».

P. 1158.

1. « Tu cherchais des bagatelles, réjouis-toi d'en avoir trouvé. »

P. 1160.

1. Élisabeth Iʳᵉ.

2. « Laissez venir à moi les petits enfants... » *(Évangile selon saint Luc,* chap. 18, verset 16).

P. 1161.

1. Ulm.

2. Giengen, à deux lieues et demie d'Ulm. — Montaigne prend ici le nom commun de *Sauerbrünnen,* « source d'eau minérale alcaline », pour un nom propre.

3. Nom latin de la Lech.

4. Brück.

P. 1162.

1. Les Électeurs.

2. L'Isar. — *Iser* est le nom latin.

3. Cette phrase est une note intercalaire de Montaigne. Meusnier de Querlon a ajouté au début : *Elle.*

4. Le duc de Bavière Guillaume V, qui régit le pays de 1579 à 1596.

5. Renée de Lorraine, qui mourut en 1602.

6. Les deux garçons, Maximilien et Philippe, avaient respectivement sept ans et quatre ans ; la fille, Marie-Anne, six ans.

7. Dont le cadet, Ferdinand, est le premier de la branche des
comtes de Wartenberg.

8. Icking.

P. 1163.

1. Erreur de Montaigne ; il s'agit non de l'Isar, mais de la
Loisach.

2. Le Kochelsee, que prolonge le Rohrsee.

3. Le Kesselberg, montagnette dont le col est à 881 m.

4. Mittenwald.

5. Ce fort qui fermait, à 957 m d'altitude, le défilé de Schar-
nitz, a été rasé au cours des guerres de l'Empire en 1805.

6. Seefeld.

7. Celle qui, exposée sur l'autel, est consommée par le prêtre,
et que la légende veut que cet homme ait prise de force.

P. 1164.

1. Fragenstein.

2. Non à Vienne, mais à Passau, sur la route d'Innsbrück à
Vienne.

3. La Martinswand.

4. La chronique situe l'aventure en 1495.

P. 1165.

1. Augsbourg.

2. Innsbrück.

3. Œnopontum.

4. Ferdinand (et non Fernand), comte du Tyrol, second fils de
Ferdinand Ier.

5. L'hôtel de *la Rose d'Or* existe encore dans la Herzog Frie-
drischstrasse. — On lit dans les *Essais* (III, XIII) : « Comme je fais
conscience de manger de la viande le jour de poisson [le vendredi],
ainsi fait mon goult de mesler le poisson à la chair »

6. Hall.

7. Innsbrück.

P. 1166.

1. Le château d'Ambras.

2. On compte aujourd'hui 28 effigies de bronze autour du sar-
cophage de Maximilien Ier, et elles devaient être déjà 28 au temps
de Montaigne puisqu'elles ont été fondues de 1513 à 1550.

3. André, fils aîné de Ferdinand II et de Philippine Walser,
son épouse morganatique, était cardinal depuis quatre ans (1576).
Né en 1557, il mourut en 1600.

4. Charles, le fils cadet, marquis de Burgau (1560-1618).

5. Il en avait pourtant vingt-trois.

P. 1167.

1. Barbe, Jeanne, Éléonore.

2. Hall.

3. Marguerite, Hélène, décédées; Madeleine, abbesse de Hall, morte en 1589.

P. 1168.

1. Innsbrück.

2. Le défilé de Pass Lügg.

3. L'inscription existe encore aujourd'hui, et l'Histoire a conservé le souvenir de cette rencontre unique de Charles-Quint venant de Bologne et de son frère arrivé pour le voir de Innsbrück. Cf. Pierre Michel, *Montaigne au Brenner*. Bull. 16, *2e série, 1953-1954*, des *Amis de Montaigne*.

4. Lannoy fit prisonnier François Ier à la bataille de Pavie (1525).

5. Le connétable de Bourbon fut tué en prenant Rome d'assaut (1527).

6. Le Brenner.

7. Sterzing.

P. 1169.

1. On lit dans les *Essais* (III, XIII): « En sa plus grande esmotion, je l'ai tenu [mon mal] dix heures à cheval. Souffrez seulement, vous n'avez que faire d'autre régime. »

2. L'Eisach.

3. On lit parfois ici : *en lieux*

P. 1170.

1. Brixen.

2. Léonor.

P. 1171.

1. Augsbourg *(Augusta Vindelicorum)*.

2. L'Eisach.

3. Klausen.

4. Kolmann.

P. 1172.

1. Bolzano (Bozen).

P. 1173.

1. Voir plus haut, p. 1128, n.

2. Bronzolo (Branzoli).

3. L'Eisach.

4. L'Adige.

5. Trente.

6. Auer.

7. Salorno (Salurn)

8. Trente.

9. Agen.

10. Il y avait alors, à Trente, un temple allemand protestant et trois églises italiennes catholiques.

P. 1174.

1. Augsbourg.

2. L'Adige.

3. Il s'agit d'une église romane.

4. *La Torre di Piazza.*

5. L'église Sainte-Marie-Majeure, où se tint le fameux concile de Trente.

6. *La Cantoria,* œuvre de Vincentino.

7. Des automates.

8. Bernard de Closs, évêque de Trente en 1514, cardinal en 1530, mort en 1539.

9. Au XVe siècle.

10. Les comtes du Tyrol avaient droit d'avouerie sur l'église de Trente depuis le XIIe siècle.

11. Le *Castello del Buon Consiglio.*

12. Il s'agit d'un *Triomphe de César.*

P. 1175.

1. C'est ce cardinal que Rabelais vit à Rome le 5 février 1536 (lettre à G. d'Estissac, du 15 février).

2. Une centaine d'habitations dans le faubourg Saint-Jacques, à Augsbourg (en l'an 1510).

3. Le *taler* valait alors quatre *batz* (voir plus haut p. 1147, n. 3).

4. Certains lisent : *par jour.*

5. Les Italiens comptaient vingt-quatre heures de suite, de la nuit tombante à la nuit tombante, de sorte que quand la nuit durait dix heures et le jour quatorze, on disait qu'il était midi à 17 heures.

6. L'Adige.

7. Rovereto.

P. 1177.

1. Cf. *Essais*, III, IX.

2. Terbole, sur le lac de Garde.

3. Riva.

4. C'est tout ce qui reste d'un château des Scaliger.

5. Le baron Fortunato Madruccio, capitaine du château de La Riva.

6. L'Adige.

P. 1178.

1. Rovereto.

2. Borghetto.

3. Le défilé fortifié nommé la *Chiusa di Rivoli.*

4. Volargne.

P. 1179.

1. « Bulletin de santé. »

2. Le quart d'un *baiocco,* environ deux centimes.

3. De nos jours l'église Saint-Pierre Martyr.

4. En 1509.

5. Une fresque de Falconetto, représentant Dieu le Père et deux chevaliers allemands agenouillés, avec une inscription où se lit le nom de Maximilien.

6. Les Scaliger, seigneurs et maîtres de Vérone aux XIIIe et XIVe siècles.

7. On peut croire que l'hôte du chevalier se vantait.

8. Le *Cartello S. Pretio.*

P. 1180.

1. L'ordre des Jésuates de Saint-Jérôme, fondé par saint Jean Colombini en 1363, supprimé en 1668 par Clément IX.

2. Le peuple les nommait les Pères de l'Eau-de-vie.

P. 1181.

1. Vicence.

2. Les palais récemment édifiés par Palladio.

3. Il s'agit du pape Urbain V.

4. Montaigne estropie le nom : il s'agit de Nicolas de Pelveo ou Pelvé (1518-1594), archevêque de Sens et qui finira archevêque de Reims. Il était cardinal depuis 1570 et Montaigne dînera chez lui à Rome.

5. Tels ceux que l'auteur du *Cinquième Livre* traite de frères Fredons, et qui « ne chantoient que des aureilles ».

P. 1182.

1. Le cardinal Bembo (1470-1547), humaniste et puriste, auteur de vers latins, de dialogues sur l'amour, *Gli Azolani,* dont Montaigne fait mention au livre III, v, des *Essais.*

2. Le *Salone* du Palais *Della Ragione,* long de 87 m 50 et large de 27.

3. Tite-Live passe pour avoir vu le jour à Albano, près de Padoue.

4. C'est seulement la pierre tombale d'un affranchi de Tite-Live.

5. Le préfet du prétoire d'Alexandre Sévère, Julius Paulus.

6. Le palais Dalsemanini, plus tard Foscari, démoli vers 1825.

7. La Brenta.

8. Le palais Contarini, dans la petite ville de Mira.

9. Henri III, qui s'y arrêta le 1er août 1574, à son retour de Pologne.

10. Fusina.

P. 1183.

1. Arnaud du Ferrier (1505 ? — 1585), alors ambassadeur d'Henri III à Venise. « Ce vieillard a écrit Montaigne dans une note

du manuscrit, qui a passé septante-cinq ans à ce qu'il dit, jouit d'un aage sain et enjoué; ses façons et ses discours ont je ne sais quoi de scholastique, peu de vivacité et de pointe; ses opinions panchent fort évidamment, en matière de nos affaires, vers les innovations calvinistes.» S'étant converti, en effet, au protestantisme en 1582, Du Ferrier fut trois ans, jusqu'à sa mort, le chancelier du Béarnais.

2. « Deux millions, c'est-à-dire vingt fois cent mille ducats », au dire de Munster.

3. Variante : *7 de novembre.*

4. Veronica Franco (1545 ?-1581), après avoir abandonné à vingt-neuf ans le métier de courtisane, avait fait imprimer des *Lettere Famigliari a diversi,* dédiées au cardinal Louis d'Este.

5. 215, au *Catalogue des plus honorées dames,* en l'an 1574.

P. 1184.

1. Fusina.

2. Pour suivre les cours de droit.

3. François de Gontaut, sieur de Millac et non de Millau, était le second fils d'Armand de Gontaut, seigneur de Salagnac, lieutenant-général du Béarnais au Périgord. Millac fut tué en duel à vingt-deux ans.

P. 1185.

1. L'abbaye bénédictine de Praglia.

2. Le cardinal Nicolas de Cusa (1401-1464), auteur de nombreux ouvrages, dont un traité *De concordantia catholica.*

3. L'ancien hameau de San Pietro *Basso,* près de San Pietro *Montagnus.*

4. Les monts Euganéens.

P. 1186.

1. Préchacq, sur l'Adour, à trois lieues et demie de Dax.

2. Le château de Cattajo, qui appartenait aux Obizzi.

3. Le cardinal Louis d'Este (1538-1586), qui venait d'être banni de Rome par le pape pour une rixe entre ses domestiques et les scribes pontificaux.

4. Battaglia.

5. Le Frassine.

P. 1187.

1. Barbotan, dans le département actuel du Gers.

P. 1188.

1. Monselice.

2. L'Adige.

3. Venise.

P. 1189.

1. Luigi Richier (Ludovicus Cœlius Rhodiginus) que Jules-César Scaliger appelait le Varron de son siècle, professa les humanités à Milan, puis à Padoue.

2. L'Adige.

3. C'est l'habitude italienne. Cf. *Essais*, I, XLIX.

4. Alphonse II d'Este, duc de Ferrare, de Modène et de Reggio, auquel M. d'Estissac remit des lettres de recommandation d'Henri III et de Catherine de Médicis, conservées aux archives de Modène.

5. L'église Saint-Benoît.

P. 1190.

1. La Frassine.

2. Marguerite Gonzague, fille du duc de Mantoue, troisième femme du duc de Ferrare.

3. Elle avait seize ans et le duc de Ferrare, quarante-six, lorsqu'il l'épousa en troisièmes noces (1578).

4. Par la route qui va de Viadana à Ferrare.

5. 35 *empans,* soit 8 m environ.

6. C'est-à-dire 0 m 33.

7. « Souvenez-vous du bulletin [de santé] ! »

P. 1191.

1. Bologne.

2. Il s'agit du petit-fils du fameux maréchal.

3. Probablement ce fils de la présidente Poynet, dont il est question dans Brantôme, *Œ.,* éd. Lalanne, t. VI, p. 212.

4. La tour Garisenda, construite au début du XIIe siècle, haute de près de cinquante mètres et inclinée de plus de trois mètres.

5. *L'Archigimnasio,* édifié par Vignole dix-huit ans plus tôt.

6. Les Guelfes.

7. Les Gibelins.

8. La fontaine de Neptune, édifiée par Jean Bologne.

9. Lojano.

P. 1192.

1. Scarperia.

2. Une note en italien, qui semble être de Querlon, précise : *Anche ragazze e ragazzi.* « [Ils promettent] par exemple des jouvencelles et des jouvenceaux. »

3. Bologne.

4. Certains lisent ici *marquer.*

5. Lojano.

P. 1193.

1. Le volcan de Pietramala, sur la route de Bologne à Florence, qui jette des flammes par temps humide à plus d'un pied de hauteur.

2. Pure légende.

3. La villa Pratolino, édifiée par Buontalenti pour François Ier de Médicis, à partir de 1574, et dont seul le parc subsiste de nos jours.

4. De la pierre ponce.

P. 1194.

1. Le dieu Apennin, statue colossale de Jean Bologne, pressant de la main gauche la tête d'un monstre qui répand une eau abondante.

2. L'Arno.

P. 1195.

1. Bêtes déjà signalées par Rabelais (*Quart-Livre*, X) qui avait vu Florence cinquante ans plus tôt.

2. Au combat de Marciano, où Strozzi fut battu en 1554 par le marquis de Marignano, lieutenant-général de l'empereur en Toscane.

3. *Le Martyre de Saint-Laurent* par Bronzino est la plus réputée de ces fresques.

4. Les tombeaux de Julien et Laurent de Médicis.

5. Le campanile, édifié par Giotto.

6. On lit dans les *Essais* (III, v) : « Ils [les Italiens] ont plus commodément des belles femmes et moins de laydes que nous ; mais des rares et excellentes beautez, j'estime que nous allons à pair. »

7. Ce détail est évidemment du scribe de Montaigne.

8. Le *réal,* monnaie hispano-italienne, valut par la suite cinq sols de France.

9. Le « casino » de Saint-Marc.

P. 1196.

1. Il vaut mieux lire : de *quatre* hommes, car la boule a 2 m 40 de diamètre.

2. Le Palais Vieux.

3. Par Vasari, dans la salle du Conseil.

4. Défendue par Monluc, dans un siège fameux de dix mois (1554).

5. A cause de l'alliance des Anjou et des Médicis.

6. Depuis que Cosme Ier avait été fait grand-duc et prince sérénissime par le pape Pie V.

7. Il s'agit de Bianca Capello, seconde épouse de François-Marie Ier depuis 1578, et de son frère, Victor Capello.

8. On lit dans les *Essais* (II, xii) : « Les Italiens la façonnent [la bonté] grosse et massive. »

9. De la taille, « un peu au-dessous de la moyenne », de Montaigne.

10. Le cardinal de Médicis, devenu grand-duc de Florence sous le nom de Ferdinand Ier, et Jean, fils naturel de Cosme Ier.

11. On lit dans les *Essais* (III, xiii) : « Les petits verres sont les miens favoris. »

P. 1197.

1. Au mois de juin, Montaigne reconnaît que Florence est dite *la Bella*.

2. Villa sise à une lieue et demie au N.-O. de Florence.

3. Pratolino.

4. A Augsbourg.

P. 1198.

1. La fontaine octogonale, œuvre du Tribolo.

2. Le groupe d'*Hercule et Antée,* œuvre d'Ammanati.

3. A la fin du mois de novembre.

4. Une chimère de bronze, exhumée à Arezzo en 1588.

5. Le palais Riccardi, qu'on appelle de nos jours Pitti.

6. Catherine de Médicis, la reine-mère.

P. 1199.

1. Double allusion à la prise de Sienne par Lansac, en 1552, et au siège qu'y subit héroïquement Monluc (1554-1555).

2. La *Piazza del Campo*.

3. Il s'agit du Palais Public.

4. La fontaine Gaia, avec les bas-reliefs de Della Quercia.

P. 1200.

1. Piccolomini, choyé par les grands-ducs de Florence.

2. Pratolino.

3. Buonconvento.

4. Montalcino.

5. La république de Montalcino, qu'Henri II fut contraint d'abandonner à la paix de Cateau-Cambrésis, se rendit au grand-duc Cosme (1559).

P. 1201.

1. La ville des fameux vignobles, près de Libourne.

2. La Paglia, sur l'affluent du Tibre du même nom.

3. Le pont Centino.

4. Grégoire XIII, qui régnait alors.

5. Bolsena.

6. Montefiascone.

P. 1202.

1. Senlis.

2. Ronciglione.

3. Octave Farnèse (1520-1586).

4. Les *jules* (ou *giuli*), pièces de monnaie d'argent de 13 sols 4 deniers, frappées par le pape Jules III.

5. Variante : ... *à journée*.

6. On lit dans les *Essais* (III, XIII) : « C'est matin pour moy que sept heures. »

P. 1203.

1. Cf. *Essais* (III, xiii) : « Depuis quelques années, [je] n'arrive point au jour sans vomir. »

2. Cette peste de Gênes (1579-1580) fit 28.000 victimes.

3. Sainte-Lucie de la Teinture. L'Espagnol en question logeait dans la rue Monte-Brianzo, en amont du pont Saint-Ange et sans doute au n° 25 actuel de cette rue.

P. 1204.

1. On lit dans les *Essais* (III, ix) : « Je peregrine... non pour chercher des Gascons..., j'en ay assez laissé au logis. »

2. L'arc de Septime Sévère.

P. 1205.

1. Y compris les *Essais,* qui ne lui furent rendus que le 20 mars.

2. Charles de Rambouillet d'Angennes, cardinal en 1570, alors ambassadeur à Rome, et qui mourut en 1597.

3. Un lait parfumé aux amandes.

4. Savoir : la citrouille, le concombre, la courge, le melon.

P. 1206.

1. Grégoire XIII, qui porta la tiare de 1572 à 1585.

2. Ferdinand de Médicis, nommé plus haut.

3. Celui qui fut destitué et étranglé sous Pie IV.

4. Louis Chateigner, seigneur d'Abain et de la Roche-Posay, ambassadeur à Rome de 1575 à 1581. Cf. Léon Petit, *Bull. de la Société des Amis de Montaigne,* 3me série, nos 5-6, 1958.

P. 1207.

1. Notamment par sa traduction de la *Théologie naturelle* de Sebon.

2. Grégoire XIII, de la famille des Buoncompagni, était né à Bologne en 1502.

3. Le pape avait la respiration difficile et la voix cassée.

4. Exactement de soixante-dix-huit.

P. 1208.

1. Meusnier de Querlon note que ce qui est entre crochets est de la main même de Montaigne.

2. Voir plus haut p. 1179, n. 2.

3. Jacopo Buoncompagno (1548-1612), qu'il avait eu d'une servante avant d'entrer dans les ordres, et qu'il fit castellan de Saint-Ange et duc de Sora.

4. Il exila, en effet, Jacopo quelques mois à Pérouse pour avoir tenté de soustraire l'un de ses domestiques à la justice pontificale.

5. Montaigne et M. d'Estissac.

6. Nicolas de Pelvé dont il a été question plus haut, p. 1181, n. h.

7. Il faut entendre : *paraphrase.*

P. 1210.

1. « Chez les banquiers. »

2. Ce Catena avait commis 54 meurtres.

3. Il y eut à son supplice 10.000 spectateurs.

4. Cf. *Essais*, II, xi.

P. 1211.

1. C'est le secrétaire qui parle, Montaigne, on le sait (cf. *Essais*, II, xi), n'aimant guère le spectacle des exécutions capitales.

2. Jacopo Buoncompagno, déjà nommé p. 1208, n. 3.

P. 1212.

1. *La Galerie des Cartes*, peintes à la fresque.

2. Entre autres, le volume *Antichità di Roma*, de Lucio Mauro qu'on a retrouvé portant la signature de Montaigne.

P. 1213.

1. C'est ce qu'on nomme aujourd'hui le mont des Tessons ou mont Testacé *(monte Testaccio)* qui, formé de débris d'amphores déchargées au port du Tibre, a mille pas de tour et plus de deux cents pieds de haut (70 m).

2. Gurson, à deux lieues au N.-E. du château de Montaigne, où résidait Louis de Foix.

3. Le temple de la Paix, édifié sous Vespasien et incendié sous Commode.

4. *Le logis* signifie « la situation », mais certains lisent *le long*.

5. Le Vélabre, quartier jadis si marécageux qu'on le passait en barque.

6. La *Cloaca maxima*.

P. 1216.

1. On lit dans les *Essais* (I, lv) : « L'invention des encens et parfums aux Eglises... regarde à cela de nous resjouir, resveiller et purifier le sens pour nous rendre plus propres à la contemplation. »

P. 1217.

1. Ou plus exactement *il palio* (lat. *pallium*) : le poêle.

2. Il s'agit d'un exercice de manège consistant à frapper de la pointe de sa lance un bouclier fixé à un poteau.

3. La mode d'un loup de velours noir pour les « gentifemmes », pour se promener ou faire des visites, fut introduite en France par Catherine de Médicis.

4. On lit dans les *Essais* (III, v) : « Pour trois belles il nous en fault baiser cinquante laides. »

5. Montaigne n'aimait pas la chevelure féminine que terminait chez nous une queue de velours plissé. Cf. *Essais*, I, xxiii.

6. On lit dans les *Essais* (I, xli) : « Quelle gehenne ne souffrent-elles, guindées et sanglées, à tout de grosses coches sur les costez, jusques à la chair vive ? Ouy quelquefois à en mourir ! »

7. Variante : *ains* d'apparence.

P. 1218.

1. De Jacopo Buoncompagno, nommé plus haut, p. 1208, fils du Pape et gouverneur du château Saint-Ange.

2. *Emplumés,* qui ne figure pas dans les autres éditions, est sans doute un ajout de Meusnier de Querlon.

P. 1219.

1. L'étole.

P. 1220.

1. « Si les destins le veulent. »

2. L'église Saint-Sixte et son couvent de moniales.

3. Les moniales transférées par Grégoire XIII dans le couvent de Magnapoli dépendant de la nouvelle église Saint-Dominique.

4. Au nombre de huit cents, mais qui s'en échappèrent bientôt, préférant leur liberté.

5. On lit dans les *Essais* (I, LVI): « La Royne de Navarre Marguerite… récite d'un jeune prince qu'allant coucher avec la femme d'un Advocat de Paris, son chemin s'adonnant au travers d'une Eglise, il ne passoit jamais en ce lieu saint allant ou retournant de son entreprise qu'il ne fît ses prières et oraisons. Je vous laisse à juger, l'âme pleine de ce beau pensement, à quoy il employait la faveur divine. »

6. Ivan IV, dit le Terrible, premier tsar de Russie.

P. 1221.

1. Non pas la deuxième, mais la quatrième, puisque la précédèrent une ambassade près de Sixte IV (1472) et deux près de Clément VII (entre 1523 et 1525).

2. Stéphane Bathory.

3. Jacopo Buoncompagno, cf. pp. 1208 et 1218.

4. Le rhéteur grec Aelius Aristidès, contemporain de Marc-Aurèle.

5. Chine.

P. 1222.

1. Trente.

2. La Bible en quatre langues de l'imprimeur Plantin, publiée à Anvers (1569-1573) en huit gros in-folio, et qui fut vendue au-dessous de son prix de revient.

3. Henri VIII, qui adressa au pape Léon X, en 1521, une *Adversio septem sacramentorum adversus Martinum Lutherum.*

4. « Henri, roi des Anglais, t'envoie, ô Léon X, cet ouvrage attestant sa foi, son amitié. » Meusnier de Querlon observe à ce propos qu'il y a une faute de quantité dans l'hexamètre et qu'il faut lire au lieu de « decime » (trois brèves) : *maxime.*

5. Louis Chasteigner d'Abain et de la Roche-Posay, déjà nommé.

6. Le cardinal Guillaume Sirleto, bibliothécaire rigide, qui refusa à Muret communication d'un manuscrit de Zozime, le tenant pour un ouvrage impie et criminel.

P. 1223.

1. Il s'agit du fameux *Romanus,* consulté par Politien en 1454.

2. C'est la sorte d'envoi ainsi conçu :

> *Ille ego, qui quondam, gracili modulatus avena,*
> *Carmen, et egressus silvis, vicina coegi,*
> *Ut quamvis avido parerent arva colono,*
> *Gratus opus agricolis, at nunc horrentia Martis*

et qui signifie que celui qui chanta jadis *les Bucoliques* et *les Géorgiques* est devenu le chantre des horreurs de la guerre. Montaigne a raison de croire que ces vers ne sont pas de Virgile, puisqu'ils manquent dans les meilleurs manuscrits et que tous les auteurs anciens qui parlent de *l'Énéide* désignent cet ouvrage par le premier vers : *Arma virumque cano,* etc.

3. Resté longtemps inconnu, ce patriarche d'Antioche a été identifié en 1957 (cf. *Bull. 3 de la troisième Série des Amis de Montaigne,* pp. 23-25) par le professeur italien G. Levi Della Vida. Il s'agit d'Ignace Nahamatallah ou Teheme, patriarche de l'Église syrienne jacobite, qui s'était rendu à Rome au début de l'année 1578 pour y négocier l'union de son Église avec le Saint-Siège et qui séjourna dans la Ville Éternelle jusqu'à sa mort survenue entre 1586 et 1595, et probablement plus près de la seconde date que de la première. « Les montaignistes, écrit le savant et spirituel Levi Della Vida, sauront désormais à qui adresser leur sentiment de reconnaissance pour le soulagement, ne fût-il qu'imaginaire, que le remède exotique du prélat mésopotamien a apporté aux souffrances de l'auteur des *Essais*. »

4. Marc-Antoine Muret (1526-1585), commentateur des *Amours* de Ronsard, humaniste et poète néo-latin, enseignait à Rome depuis 1560 la philosophie, le droit et l'éloquence; il était, au dire de Montaigne (*Essais,* I, XXVI), « le meilleur orateur du temps ».

5. Le *Plutarque français* d'Amyot, traducteur auquel Montaigne « donne la palme sur tous nos escrivains françois ». Cf. *Essais,* II, IV.

6. Il s'agit de Jacques Mangot (1551-1587), élève de Cujas pour le droit, et de Lambin pour le grec, surnommé, rapporte Pierre de l'Estoile en son *Journal* (p. 62 du tome III), « la Perle du Palais, à cause de sa singulière probité, rare doctrine et vertus très grandes qui reluisoient en ce personnage ». Il était le fils cadet de Claude Mangot, avocat du Parlement de Paris.

P. 1224.

1. Henri Estienne, traducteur en latin de Plutarque.

2. Chapelle construite par Grégoire XIII, d'après les plans de Michel-Ange dans l'église Saint-Pierre.

3. Bataille gagnée par le duc d'Anjou, futur Henri III, et le maréchal de Tavannes, sur les troupes protestantes de Coligny, le 30 octobre 1569.

4. La salle Royale, antichambre de la Sixtine.

5. La victoire navale de Lépante, remportée par Don Juan d'Autriche sur les Turcs, le 7 octobre 1571.

6. Alexandre III.

7. Frédéric Barberousse.

8. A Venise, en l'église Saint-Marc, en 1177.

9. Anecdote tirée d'Henri Estienne (*Apologie pour Hérodote,* éd. Ristelhüber, t. II, p. 416).

10. Le pape Grégoire XIII chargea l'ambassadeur de France à Rome de ses compliments pour Charles IX à l'occasion de la Saint-Barthélemy, chanta un *Te Deum* et fit tirer le canon de Saint-Ange, puis commanda à ses peintres des tableaux commémoratifs pour la salle Royale.

11. Le jeune Blaise de Monluc déjà nommé.

12. En souvenir de l'oncle de Blaise, le « capitaine Pérot », fils du maréchal tué devant Ostie en 1557.

13. Porto *(Portus Trajani),* où l'on voit les ruines d'une ville fondée par Claude et embellie par Trajan.

P. 1225.

1. La mer Tyrrhénienne.

2. Faute de copie pour le *Lac.*

3. Fulvio Della Cornia (1517-1583), neveu de Jules III et Pérugin, qui fut fait évêque de Porto et cardinal en 1580.

4. Martin du Bellay, qui fut plus tard lieutenant-général du roi de France en Anjou et mourut sous Louis XIII.

5. Inconnu par ailleurs.

6. L'un des trois fils du seigneur de Marivau.

P. 1226.

1. « La voie d'Ostie. »

2. Comme la *pozzolane.*

P. 1227.

1. Variante : *curieuse.*

2. $^1/_3$ d'orpiment ou sulfure jaune d'arsenic et $^2/_3$ de chaux.

3. On lit dans les *Essais* (II, XVII) : « J'ay la complexion sanguine et chaude, *unde rigent setis mihi crura et pectora villis.* » (D'où les poils qui hérissent mes jambes et les duvets de ma poitrine.)

4. Bordeaux.

5. Don Juan Gomez da Silva.

6. Philippe II venait d'annexer le Portugal.

7. Le cardinal Henri, mort en 1580.

8. Il faut entendre qu'ils souffraient ce qu'ils ne pouvaient empêcher.

9. « Porte Latine. »

P. 1228.

1. Variante : *Esperts* (experts).

2. Onze au total, soit Portugais soit Espagnols.

3. Variante : *Au château Saint Ange et au Palais, ce fut l'ambassadeur conduit par...*

Il n'y eut de salves de canon qu'au château Saint-Ange.

4. Ivan IV le Terrible, nommé plus haut.

5. Une sorte d'albâtre.

6. Saint-Jean de Latran, Saint-Laurent, Sainte-Marie Majeure, Saint-Paul, Saint-Pierre, églises patriarcales ; Sainte-Croix de Jérusalem, SS. Sébastien et Fabien, églises construites sur les Catacombes.

7. « Le maître du Saint Palais », Sisto Fabri (1541-1594), qui allait être élu en 1583 général des Dominicains.

8. Moine.

P. 1229.

1. On lit dans les *Essais* (I, XVI) : « Je luy laisse pour moy, au dire humain, dire fortune, destinée, accident, heur et malheur, et les Dieux et autres frases selon sa mode. »

2. Théodore de Bèze et George Buchanan, dont il est question dans les *Essais* (II, XVII).

3. Julien l'Apostat, loué dans les *Essais* (II, XIX et XX).

4. *Essais*, I, LVI.

5. *Essais*, II, IX et XXVII.

6. *Essais*, I, XXV.

7. Simier, traducteur de *la République des Suisses* (Paris, 1577).

8. Philippe Buoncompagno, neveu du pape, grand pénitencier en 1579.

9. Paul de Foix (1528-1584), à qui Montaigne dédia les vers français de La Boétie et qu'il loue dans les *Essais* (III, IX).

10. Silvestre II (Gerbert), archevêque de Reims, puis de Ravennes, enfin pape de 999 à 1003, et dont le successeur, Serge IV, fit en distiques *l'éloge* inscrit dans l'église Saint-Jean de Latran.

11. Sur la rive gauche du Tibre.

P. 1230.

1. Sur la rive droite du Tibre.

2. On lit dans les *Essais* (III, XIII) : « Le prescheur est bien de mes amys, qui oblige mon attention tout un sermon. »

3. La Trinité des Monts, l'un des quartiers de Rome.

4. Un Espagnol, le premier jésuite qui fut cardinal, en 1593.

5. Parfumer haut et bas sa charnure moisie,
   Siffler toute la nuict par une *jalousie*...
   Des courtisannes sont les ordinaires jeux.

J. du Bellay, *Regrets*, XCII.

6. Variante : *... un art si traitresse.* Querlon a oublié l'apostrophe de *un'art* au féminin au temps de Montaigne.

7. On lit dans les *Essais* (III, V) : « ...Une œillade, une inclination [de tête], une parolle, un signe. »

P. 1231.

1. Tous deux nommés plus haut, voir p. 1206, n. 2 et 3.

2. Nommé plus haut, voir p. 1206.

3. *Verum Icon :* la Sainte-Face.

4. Variante : ... *outrageux.*

5. Le mouchoir dont sainte Véronique essuya le visage de Jésus.

6. Possédée par le Malin.

P. 1233.

1. « Suffit ! dis-toi que je fus cela pour ses péchés, non pour les miens. »

2. « La Sainte-Face. »

3. Pendant la Semaine sainte.

4. L'ancien Panthéon d'Agrippa, devenu l'église de Sainte-Marie et des Martyrs.

P. 1234.

1. Le jésuite Maldonat nommé plus haut, lors du passage de Montaigne à Épernay.

2. La Compagnie de Jésus.

3. Paul Vialard, professeur de rhétorique à la Sapience de Rome jusqu'en 1587.

P. 1235.

1. Louis d'Este, nommé plus haut.

2. Nommé plus haut.

3. Le cardinal Fulvio Orsini, légat *a latere* auprès de Charles IX, qui mourut en 1586.

4. Voir p. 1196, n. 10.

5. Jules III.

6. La vigne de *Madame,* ancienne propriété de la fille de Charles-Quint, la duchesse Marguerite de Parme.

7. Au delà du Tibre.

8. Variante : *Césis.*

9. « Hors de la porte du Peuple. »

P. 1236.

1. On lit dans les *Essais* (III, ix) : « Seule la ville commune et universelle. »

2. On lit dans les *Essais* (III, ix) : « L'Espaignol et le François, chacun y est chez soy. »

3. « C'est ville métropolitaine de toutes les nations chrestiennes. » *Essais,* III, ix.

4. Alexandre Musotti, préfet du palais apostolique en 1579.

5. C'est-à-dire le 13 mars 1581.

P. 1237.

1. « Ces lettres sont rapportées en latin au IIIe livre des *Essais,*
» fin du chap. IX. En voici la traduction : « Sur le rapport
» fait au Sénat par Orazio Massimi, Marzo Cecio, Alessandro
» Muti, Conservateurs de la ville de Rome, touchant le droit
» de cité Romaine à accorder à l'Illustrissime Michel de
» Montaigne, chevalier de l'ordre de Saint-Michel, et gentil-
» homme ordinaire de la chambre du roi Très Chrétien, le
» Sénat et le Peuple Romain a décrété :

 « Considérant que, par un antique usage, ceux-là ont toujours
» été adoptés parmi nous avec ardeur et empressement qui,
» distingués en vertu et noblesse, avoient servi et honoré notre
» République, ou pouvoient le faire un jour : Nous, pleins
» de respect pour l'exemple et l'autorité de nos ancêtres, nous
» croyons devoir imiter et conserver cette louable coutume.
» A ces causes, l'Illustrissime Michel de Montaigne, chevalier
» de l'ordre de Saint-Michel, et gentilhomme ordinaire de la
» chambre du roi Très Chrétien, fort zélé pour le nom
» Romain, étant, par le rang et l'éclat de sa famille, et par ses
» qualités personnelles, très digne d'être admis au droit de
» cité romaine par le suprême jugement et les suffrages du
» Sénat et du Peuple Romain ; il a plu au Sénat et au Peuple
» Romain que l'Illustrissime Michel de Montaigne, orné de
» tous les genres de mérite, et très cher à ce noble peuple,
» fût inscrit comme citoyen Romain, tant pour lui que pour
» sa postérité, et appelé à jouir de tous les honneurs et avan-
» tages réservés à ceux qui sont nés citoyens et patriciens de
» Rome, ou le sont devenus au meilleur titre. En quoi le
» Sénat et le Peuple Romain pense qu'il accorde moins un
» droit qu'il ne paye une dette, et que c'est moins un service
» qu'il rend qu'un service qu'il reçoit de celui qui, en accep-
» tant ce droit de cité, honore et illustre la cité même. Les
» Conservateurs ont fait transcrire ce sénatus-consulte par les
» secrétaires du Sénat et du Peuple Romain, pour être déposé
» dans les archives du Capitole, et en ont fait dresser cet acte
» muni du sceau ordinaire de la ville. L'an de la fondation de
» Rome 2331, et de la naissance de Jésus-Christ 1581,
» le 13 de mars.

 « Orazio Fosco, secrétaire du sacré Sénat et du Peuple
» Romain.

 « Vincente Martoli, secrétaire du sacré Sénat et du Peuple
» Romain. »

2. Nommé plus haut, p. 1218, n. 1.

3. On lit dans les *Essais* (III, IX) : « Parmi ses faveurs vaines
[de la Fortune] je n'en ay point qui plaise tant à cette niaise humeur
qui s'en paist chez moy, qu'une bulle authentique de bourgeoisie
romaine, qui me fut octroyée dernièrement que j'y estois, pompeuse
en sceaux et lettres dorées. »

4. La voie Tiburtine, aujourd'hui route de Tivoli.

5. Le *Tibur supinum* qu'a chanté Horace, *Odes*, III, IV.

6. La cascade de Tivoli.

7. C'est la fameuse villa d'Este construite en 1549 pour le cardinal de Ferrare.

8. Louis d'Este, neveu du cardinal de Ferrare. Déjà nommé.

9. Florence.

10. Augsbourg.

P. 1238.

1. Il s'agit d'ocarinas.

2. Les « belles eaux » de Tivoli, de Pratoli, etc. devaient aussi laisser un inoubliable souvenir à Olivier de Serres. Cf. *Théâtre d'Agriculture*, VII, avant-propos.

3. Œuvre de Michel-Ange.

P. 1239.

1. Il s'agit du tombeau de Jules II, en l'église de Saint-Pierre-aux-liens, surmonté du *Moïse* de Michel-Ange.

2. La *Justice* en marbre, de Della Porta, que Le Bernin recouvrit d'une draperie en bronze.

3. Paul III.

4. Saint-Pierre du Vatican.

5. La villa du grand-duc de Ferrare, nommée plus haut.

6. Florence.

7. A Tivoli.

8. Variante : ... *Ferrare en statues antiques, et en palais ; Florence, en assiete de lieu,* etc.

9. Il s'agit des eaux de l'Arno.

10. « La maison de campagne. »

11. *Albæ Albulæ.*

P. 1240.

1. Entendez : (Curant)e L. Cellio L. F. « édifié par les soins de Cellius, fils de Lucius ». Le Cellius en question était l'un des curateurs aux travaux publics de la Rome antique.

2. On lit dans les *Essais* (III, VI) : « Je ne puis souffrir longtemps ny coche ny litiere ny bateau. »

3. Montaigne ne changea rien à son texte, qui fut mis à l'index seulement le 12 juin 1676 et dont le Pape Pie XII a émis le vœu qu'il en fût omis.

4. Quatre heures du matin.

5. Trois heures du matin.

P. 1241.

1. Stanislas Rekke, auteur de l'*Oraison funèbre* (1579), puis de la *Vie* du cardinal Hozyusz.

2. Stanislas Hozyusz, légat *a latere* de Pie IV au concile de Trente, puis grand pénitencier sous Grégoire XIII.

3. La belle Clélia, que les poètes chantèrent à l'envi. C'était la fille d'Alexandre Farnèse, l'épouse en premières noces de Césarini, mort en 1585, et en secondes noces de Marco Pio de Savoie, seigneur de Sassuolo.

4. « D'or à un *ours* de sable, amuselé d'argent et lié par une *chaîne* de même à une *colonne* d'azur, surmontée d'un *aigle* de sable, becquée et membrée de gueules », ayant pour « cimier un *aigle* de sable » et pour « supports deux aigles de même », les armoiries du cardinal Césarini donnèrent lieu en 1513 à cette pasquinade : *Redde aquilam Imperio, Columnis redde columnam, Ursis ursam : remanet sola catena tibi.* « Rends l'aigle à l'Empire, rends la colonne aux Colonna, l'ourse aux Ursins : il te reste, seule, la chaîne. »

5. Le Ponte Molle.

6. François de Noirmoutier, seigneur de la Trémoille, décédé en 1608.

7. Martin du Bellay, déjà nommé, qui mourut lieutenant-général du roi en Anjou, en 1637.

8. Les Eaux-Chaudes.

P. 1242.

1. Borghetto.

2. Les ruines du pont dont parle Montaigne se voient encore au pied de la ville qui se dresse sur une hauteur.

3. Sur la rive droite.

4. Le cardinal de Pérouse.

5. Les ruines de l'ancienne *Otriculum.*

6. Une inscription latine.

7. Grégoire XIII.

8. Grégoire XIII était un Ugo Buoncompagno.

9. Nera.

10. Des Français qui y passèrent dans les premières guerres d'Italie.

P. 1243.

1. Son trident et son char.

2. *A [ulus] Pompeius, A [uli] f [ilius] :* « Aulus Pompéius, fils d'Aulus. »

3. Interamna.

4. Mis pour *periculis.*

5. La voie faite pour recevoir Charles-Quint, et qui fut cause de la destruction de 200 maisons et de 3 églises.

6. Le « Camp de Scipion ».

P. 1244.

1. Bulletin de santé.

2. Le bandit ombrien Petrine Leoncilli, abattu en 1582.

3. « *Et Mutuscæ fertile en oliviers* », dit Virgile. C'est aujourd'hui Monteleone Sabino.

4. Foligno.

5. Sainte-Foy-la-Grande, non loin du château de Montaigne, aujourd'hui dans l'arrondissement de Libourne et le département de la Gironde.

6. *Fulginium.*

P. 1245.

1. Près de Florence.

P. 1246.

1. Non sur le Chienti, mais sur un des ruisseaux qui s'y jettent, et tout près du confluent.

2. Valcimara.

3. Le *Palais des Diamants* (marbres à facettes) à Florence.

4. La marche d'Ancône.

P. 1247.

1. L'*Agnus Dei* est une médaille en cire à l'effigie de *l'Agneau mystique.*

2. Effigies de *Jésus Sauveur.*

3. Il s'agit de la *Santa Casa,* revêtue de pierres jaunes taillées en forme de briques.

P. 1248.

1. « Michel de Montaigne, Français Gascon, chevalier de l'Ordre du roi, 1581. »

2. « Françoise de la Chassaigne, sa femme. »

3. « Léonor de Montaigne, leur fille unique. »

P. 1249.

1. Trente.

2. Louis d'Amboise (1478-1517), élevé à la pourpre cardinalice par Jules II.

3. Georges d'Armagnac (1500-1585), cardinal depuis 1544.

P. 1250.

1. Michel de la Chapelle-Marteau, ligueur et guisard, celui-là même qui, prévôt des marchands en 1588, libéra de la Bastille, sur l'ordre de Catherine de Médicis, Montaigne emprisonné. Il collabora à la *Satire Ménippée.*

P. 1251.

1. Nazareth.

2. Sclavonie.

3. Sclavons.

4. Pascara.

5. Chieri.

6. « Courrier. »

7. Recanati.

8. « Bénéficier. »

9. « Gardien de la Sacristie. »

P. 1252.

1. La marche d'Ancône.
2. Le *Picenum*.
3. Sclavons.
4. Variante : *En l'autre, qui est fort voisine, il y a un' église. Entre ces deux butes...*
5. Sclavonie.
6. Le *pistolet* est une *demi-pistole*.
7. L'église Saint-Cyriaque, cathédrale d'Ancône.
8. Les Abruzzes.
9. Ἄγκων « coude, courbure ».

P. 1253.

1. Sinigaglia.
2. La Misa.
3. Les Gaulois.
4. Arnauld d'Ossat, secrétaire de Paul de Foix, qui négocia l'abjuration d'Henri IV et fut cardinal (1536-1604).
5. « Je sentis alors une douleur à cet ongle senestre. » Entendez à cet ongle *gauche* (malade) de son pouce *droit*.
6. L'église-cathédrale d'Ancône dédiée à San Ciriaco (Saint Cyriaque). Montaigne estropie le nom.
7. « D'une Antoinette, Rocamoro du côté de son père, Vallette du côté de sa mère, Françoise d'Aquitaine mariée à Paciotto d'Urbin, Portugais. » — Montaigne a lu par erreur d'*Aquit(ana)* pour *equit* (i).
8. Variante : *... chemin : joignant notre disnée nous passâmes...*
9. Le Métaure.

P. 1254.

1. L'arc de triomphe de Constantin, aujourd'hui en ruines.
2. « Qui avait entouré la ville de murailles. »
3. « Le Temple de la Fortune. »
4. Certains, comme D'Ancona, corrigent : *Cette ville est fameuse sur toutes celles d'Italie, de belles formes ; mais n'en vismes...*
5. La *Villa della Vedetta,* commencée en 1572 par le duc François-Marie Iᵉʳ de La Rovere.
6. Le Métaure.
7. En Périgord.
8. Les deux consuls de l'an 207 av. J.-C.
9. Fossombrone.
10. « Le Forum de Sempronius. »
11. Ces ruines sont situées entre Fossombrone et Fano.

P. 1255.

1. Le Métaure.
2. « Par la voie Flaminienne. »
3. Jules de La Rovere, fils de François-Marie Iᵉʳ.

4. Commentateur de Salluste, qui devait mourir en 1602.

5. Le Candigliano.

6. Le Métaure.

7. Le défilé de Furio par où passe la voie Flaminienne sous un pont de 7 pas de haut.

8. « La voie Flaminienne. »

P. 1256.

1. François-Marie de la Rovere, sixième et dernier duc d'Urbin (1549-1632).

2. Frédéric de Montefeltro, qui avait commencé la construction de ce palais en 1468.

3. Variante : *Ils produisent eux-mêmes en peinture. Le premier duc...*

4. C'était un Montefeltro, Oddantonio (1426-1444), créé duc en 1443 par Eugène IV, et qui fut tué en 1444 dans une émeute de la populace pour ses désordres de jeune don juan.

5. Lucrèce d'Este (1535-1598).

6. Douze, très exactement.

7. L'omniscient Pic de la Mirandole (1463-1494).

P. 1257.

1. Le « tombeau d'Hasdrubal ».

2. Le *monte d'Elce*.

3. Le Métaure.

4. Aujourd'hui Urbania.

5. Le Métaure.

6. Isabelle, princesse de Bisignago, décédée en 1619.

7. Variante : *Nous bœvions ici, et à Urbia, des vins que l'on sophistiquait.*

8. Coutume très ancienne, au dire de César Nostradamus.

9. Borgo-Pace.

P. 1258.

1. Non à Siniglio même, mais à cinq lieues au N.-O. de la ville.

2. La Limagne.

3. « Le Tibre jaune. » Souvenir d'Horace.

4. Dans les plaines argileuses de l'Ombrie.

5. La Chiassa, qui se jette dans l'Arno.

P. 1259.

1. Levanella.

2. Auberges fameuses du temps. Rabelais cite Guillot dans le *Quart Livre*, LI.

3. Montevarchi.

4. Figline et Ancisa.

5. Pétrarque était né à Arezzo, mais la maison de ses parents dominait le bourg d'Ancisa.

6. Tite-Live.

7. D'après Tite-Live, XXII, 11, 10-11.

P. 1260.

    1. L'Arno.

    2. Villa du grand-duc de Florence.

    3. Plus haut, pp. 1195-1197.

    4. Bisenzio.

    5. Le cardinal de Prato, légat du pape, mort en 1321.

    6. « Le roi Robert » d'Anjou, à qui la ville de Prato s'était donnée en 1313.

P. 1261.

    1. Poggio a Cajano, où Laurent le Magnifique avait une somptueuse villa sur l'Ombrone.

    2. Cf. plus haut, p. 1193, n. 3.

    3. Quinze sols.

    4. 32 av. J.-C.

    5. Panciatici.

    6. Non pas Rospiglioni, mais Rospigliosi, plusieurs fois gonfalonier de Pistoia.

    7. Conservateur de Rome.

P. 1262.

    1. Les *Priori*.

    2. Bordeaux.

P. 1263.

    1. Serchio.

    2. Decimo.

    3. On lit dans les *Essais* (I, xxxvii) : «[Les bains] della Villa dont j'ay usé plus souvent et à diverses saisons. »

    4. La Lima.

P. 1264.

    1. Le capitaine de la « compagnie d'ordonnance du bourg », Paulino di Cherubino.

P. 1265.

    1. Ce « Palais » fut acheté par la princesse Élisa Bacciochi, qui le fit démolir.

    2. « La douche. »

P. 1266.

    1. Les anciens Romains ne connaissaient pas ces eaux.

    2. Le *quarton* ou *quarte* valait deux *pintes*, c'est-à-dire près de deux litres.

    3. Les Eaux-Chaudes.

P. 1267.

    1. A *Borgo*.

P. 1268.
1. Madame de Montaigne.
2. L'eau du Teſtuccio qui sourd à Montecatini.
3. Montaigne veut dire Génois.

P. 1269.
1. Variante : *... se remesle aux Turcs. Reprenant son voyage, le voilà.*

P. 1270.
1. Le bain de la Villa.
2. Le bain de Corseria.
3. Nommé plus haut, p. 1253, n. 4.
4. On lit dans les *Essais* (I, XXVII) : « Depuis le jour où je le perdy [18 août 1563]..., je ne fay que traîner languissamment. »

P. 1271.
1. Donati, auteur d'un traité *Des eaux de la Villa* (1580).
2. Les mots *comme je continue à* etc. sont supprimés dans les autres éditions.
3. Franciotti, auteur d'un traité *Du bain de la Villa* (1532).
4. Variante : *... ou plus forte médecine encore, qu'ils meslent...*

P. 1272.
1. L'italien.
2. Bernabo, aux bains de Lucques.

P. 1273.
1. Corsena.
2. Le texte italien porte bien *la Corona*. Certains corrigent en *la Coronata*, « la Colonelle ».
3. Non, mais le dimanche de Pentecôte.
4. Bernabo.
5. Les Lucquois diſtinguent : *Pasque d'uova*, « la Pâque des œufs » (qui eſt Pâques), *Pasqua di Rose*, « la Pâque des Roses » (qui eſt la Pentecôte), *Pasqua di ceppo*, « la Pâque de la Bûche » (qui eſt Noël). Seule l'Ascension gardait son nom.

P. 1274.
1. La livre de France valait 16 onces.
2. Des sabliers.
3. Bernabo.

P. 1275.
1. Il s'agit des anciens Guelfes et des anciens Gibelins.
2. Un taffetas de soie léger.

P. 1276.
1. En italien, *bambe*.
2. En italien, *putti*.
3. Corsena.

4. Mattecolon, laissé à Rome, était venu le rejoindre. L'italien porte : *mio come fratello,* « qui était pour moi comme un frère ». Certains veulent lire : *io con mio fratello,* « avec mon frère ».

P. 1277.

1. Saminiati, auteur d'un *Traité d'agriculture* et d'une *Chronique lucquoise*.

P. 1279.

1. Un certain Francesco di Paolino Massei.

P. 1281.

1. Sur Préchacq et Barbotan, voir plus haut pp. 1186 et 1266.

P. 1282.

1. L'italien porte *scargioffolo,* que Meusnier de Querlon traduit par « scarabée », et Lautrey par « escargot », comme s'il y avait *scarfaggio*. Peut-être avec D'Ancona faut-il lire *carciofo,* « artichaut ».

2. Velletri, dans la province romaine.

P. 1283.

1. L'italien porte : *del patrone,* « du patron », c'est-à-dire sans doute des régisseurs.

2. L'italien porte ces deux vers :

Chi vuol che la ma donna impregni
Mandila al bagno e non ci vegni

que Lautrey a traduits :

Qui veut avoir de sa femme un garçon
L'envoye aux bains et garde la maison.

3. Le vin blanc de Montecarlo, près de Pescia, était réputé.

P. 1284.

1. L'italien porte en latin :

Auspicio fac, Diva, tuo quicumque lavacrum
Ingreditur sospes bonus hinc abeat.

distique que Lautrey traduit par ces deux vers :

Vierge divine, de ce bain
Fais que l'on sorte bon et sain.

P. 1285.

1. Paulo Emilio Cesi ou de Cesis, qui mourut en 1611, était le neveu du cardinal Pier Donato Cesi (1520-1596), nommé légat de Bologne par Grégoire XIII.

P. 1286.

1. Bernabo.

P. 1287.

1. Donati, qui on l'a vu, avait écrit sur les eaux de Lucques.

P. 1288.

1. Bernabo.
2. Le supérieur de tous les monastères d'une province.
3. Menabbio.
4. Cf. *supra,* p. 1275, n. 1.
5. Cf. *supra,* p. 1275, n. 1.

P. 1289.

1. Lodovico di Gerardo Penitesi, qui fut gonfalonier de Lucques.
2. Sans doute le marchand romain.

P. 1290.

1. Le Sicilien Mastro Antonio, dont il est question dans les *Essais* (III, v) : « Je voudrais avoir droit de le leur demander [aux femmes] au stile auquel j'ay vu quester en Italie : *Fate ben per voi...* »
2. Le vin de Montecarlo.
3. Ce sont des armes parlantes. Poisson se dit en italien *pesce.*
4. Montecatini.
5. Tadeo Rospigliosi, chez qui Montaigne avait dîné en allant à Lucques.
6. Monnaies d'argent, comme on l'a vu plus haut, de 13 sols 4 deniers.

P. 1291.

1. Florence a pour patron saint Jean-Baptiste, dont c'était la fête.
2. Le banquier Antoine de Gondi.
3. Il s'agit du vin blanc de Montecarlo. Cf. p. 1283, n. 3.
4. La place de Sainte-Marie Nouvelle.
5. Deux obélisques de bois, remplacés en 1608 par des obélisques de marbre montés sur des tortues de bronze.
6. Jean-Baptiste Strozzi, neveu du maréchal, qui devint le grand-duc Ferdinand Ier.

P. 1293.

1. Giovanni Marliani, un Milanais, homme de confiance et agent secret du grand-duc en Espagne.

P. 1294.

1. « Les Barbes [ou chevaux de Barbarie] meurent et ne vieillissent pas », dit le proverbe.
2. La cour du palais Pitti fut commencée en 1567.
3.   *Lecticam, lapides et marmora, ligna, columnas*
             Vixit, conduxit, axit et sustulit
     Litière, pierres, bois et marbres et colonnes
     Elle les a charriés, traînés, menés, portés.
4. Dans les autres éditions, cette dernière phrase est placée à la fin de l'alinéa suivant.
5. Cf. *supra,* p. 1200, n. 1.

6. Les plus fameux maîtres d'armes du temps. Brantôme, (Œ., éd. Lalanne, t.VI, p. 315) cite « le Patenoſtrier », *Patinoſtrato,* en le louant d'être « très excellent en cet art ».

7. On lit dans les *Essais* (I, xlviii) : que l'artillerie eſt « un'arme de fort peu d'effect ».

8. Machiavel, dans son *Art de la guerre* (liv. III), notait qu'il eſt facile d'éviter les dommages de l'artillerie à petite diſtance en en venant aux mains.

9. François Pacciotto d'Urbin.

P. 1295.

1. Cette habitude remonte aux Romains de l'antiquité.

2. Dont il eſt queſtion plus haut, p. 1283, n. 3.

3. Montaigne reconnaît enfin la beauté de Florence.

4. Les courtisanes.

5. Le casino édifié dans la Via Larga par Buontalenti.

P. 1296.

1. Montaigne l'a dit, en effet, plus haut, lors de son premier séjour à Florence.

2. Imprimeurs à Venise et à Florence.

3. Le *Décaméron* parut pour la première fois à Florence, chez les Juntes *(Giunti)* en 1523.

4. Le vénérable maître Martin, ermite auguſtinien, du couvent du Saint-Esprit à Florence.

5. On lit dans les *Essais* (III, xiii) : « Je ne suis excessivement désireux ny de salades ny de fruits, sauf les melons. »

P. 1297.

1. « Les Désireux. »

P. 1298.

1. Il s'agit des *Thermes* d'Hadrien.

2. La tour penchée : 4 m 30 d'inclinaison et 54 m 50 de hauteur.

3. Édifiée par Pisano au XIIIᵉ siècle.

4. Lorenzino, celui dont Musset à fait *Lorenzaccio.*

5. La reine-mère Catherine de Médicis.

6. Au Panthéon.

7. Don Giulio (1532-1600).

8. Il avait alors quarante-neuf ans.

P. 1299.

1. Voir plus haut, dans les pages sur Florence.

2. Le cimetière de Saint-Pierre, pour les étrangers.

3. A la demande de l'archevêque de Pise Ubaldo, 54 navires de la croisade de Frédéric Barberousse retournèrent chargés de la terre du Calvaire.

4. Le sultan Moulaï-Ahmed, qui régna vingt-cinq ans (1578-1603).

P. 1300.

1. Commynes (VII, IX) relate la chose avec maints détails.
2. Rien n'est moins certain.
3. Le jour de l'Octave.
4. Il s'agit de l'église Saint-Pierre *in Grado* bâtie avant l'an mille... — L'italien porte : *Dice la botta del Papa di 400 anni pocco manco (pigli andone fede d'un libro di più di 1200)*. « La bulle du pape y a 400 ans ou peut s'en faut (si j'ajoute foi à un livre qui la date d'après 1200) dit... »
5. Les cassines *San Rossore*.
6. Pierre de Médicis, fils benjamin de Cosme Ier, décédé en 1604.

P. 1301.

1. Lerici.
2. De la troupe des « Désireux ».
3. Les jules, déjà plusieurs fois nommés, pièces de 13 sols 4 deniers.
4. Le grand-duc et sérénissime Cosme Ier, déjà nommé.

P. 1302.

1. Borro, professeur de philosophie aristotélicienne à la Sapience de Rome, qui fut emprisonné par l'Inquisition et dut renoncer à sa chaire. Cf. *Essais*, I, XXVI.
2. Pierre *Jacopo* (et non Paolo) Bourbon del Monte, archevêque de Pise en 1574-1575.
3. La *rafle*.

P. 1303.

1. César Nuti de Fossombone, qui fut cité à Rome et se soumit à l'Inquisiteur dans l'église Saint-François (le 6 octobre).
2. L'église Saint-François avait été souillée par le sang répandu, et ses offices furent suspendus vingt-deux jours.
3. Montaigne veut dire *Cornacchino*, d'Arezzo, qui professait à Pise la médecine.
4. Vers aujourd'hui perdus. Mais il reste du même une ode latine.
5. Aujourd'hui les bains de Casciana.

P. 1304.

1. Placée par le comte de Montefeltro (1312).
2. Non des « rimes », mais de la prose.

P. 1305.

1. Non, mais l'eau de Caldaccoli, près de Pise.
2. Le *mont San Giuliano,* qui empêche les Pisans de voir Lucques.

P. 1306.

1. L'italien porte, par erreur, *Pisani,* les Pisans.

P. 1311.

1. On lit dans les *Essais* (II, III) : « La mort eſt le recepte à tous maux. »

P. 1313.

1. Aujourd'hui bains de Casciana.
2. Les eaux sulfureuses de Porretta.

P. 1315.

1. On lit dans les *Essais* (III, x) : « Charge qui en doibt sembler d'autant plus belle qu'elle n'a ny loyer ny guain autre que l'honneur de son execution. »
2. Granajolo.
3. Cf. *Essais,* II, xv.

P. 1316.

1. La cathédrale.
2. La Sainte-Face, crucifix en bois de cèdre sculpté, dit-on, par saint Nicodème et apporté d'Orient en 732.
3. La chapelle de la grande nef, édifiée par Civitale (1484).

P. 1317.

1. Exaĉtement du *gonfalonier.*
2. Nommé plusieurs fois plus haut.
3. La Gusciana.
4. Les forges.
5. La chapelle de la *Piazza del Campo,* au pied de la tour du Palais public.

P. 1318.

1. Il eſt plaisant de noter que Montaigne, l'année précédente, se plaignait de la vaisselle toscane en terre peinte.

P. 1319.

1. Le bain Naviso.
2. Le lac Bagnaccio.
3. Préchacq.
4. L'église Saint-Ange *in Spata,* à Viterbe.

P. 1320.

1. Cf. *supra,* p. 1102, n. 2.
2. Cf. *supra,* p. 1179, n. 2.
3. Cf. *supra,* p. 1196, n. 10.
4. « Jujubes. »
5. Les Almadiani et les bains de San Paolo.
6. Le bain de la Madonna.
7. Nicolas V, mort en 1445, édifia ce palais sur les ruines d'un bain.
8. Il s'agit d'André Bacci, auteur d'un *De thermis* (Venise, 1571).

P. 1321.

1. Le Bulicame.

P. 1322.

1. Estèphe de Langon, le beau-père du seigneur d'Arsac, frère de Montaigne.

2. Arsac-du-Médoc, nommé plus haut.

3. Église vieille d'un siècle.

4. Paul III, décédé en 1540.

5. Jean-François Gambara, évêque de Viterbe, cardinal en 1561, enterré à Viterbe dans la Madonna.

P. 1323.

1. Alexandre Farnèse, neveu de Paul III.

2. Édifié en douze ans par Vignole (1547-1559).

3. Œuvres du Tempesta et des Zuccati.

4. Anne de Montmorency.

5. La reine-mère Catherine de Médicis.

P. 1324.

1. La Solfatara, près de Ronciglione.

2. Afin de n'être pas tenté par les dîneurs. Cf. *Essais*, III, XIII.

3. *Essais*, I, XLVIII.

P. 1325.

1. Paul de Foix.

2. Nommé plus haut, p. 1237, n. 1.

3. Nommé plus haut, p. 1181, n. 4.

4. Les Jésuates.

5. Exactement la Curie d'Hostilius, sur le Forum.

P. 1326.

1. L'impératrice Marie, veuve de Maximilien II, qui se rendait via Milan en Espagne.

2. L'italien porte : *con un Cavalliere*, « avec un cavalier », c'est-à-dire avec une petite couronne de *paters* et d'*aves*. Querlon fait un contresens.

3. C'est lors de ce séjour à Rome, Montaigne parti, que Matte-coulon se battit en duel.

4. Cf. p. 1202, n. 4.

5. Cf. p. 1115, n. 4.

6. Sans doute faut-il lire Monluc (voir la variante).

7. Le Chasai, dont il a été question plus haut.

8. Sans doute Marivau (voir la variante).

9. Variante : di Monluc, *baron di Chasa, Marivau et...* « de Monluc, baron de Chasai, Marivau et... »

10. Cf. p. 1225, n. 4.

11. Un descendant du baron d'Ambres, mort en 1576.

12. Le marquis d'Allègre, qui tua Viteaux en duel et fut assassiné à Issoire, en 1592.

13. Cf. p. 1202, n. 4.

P. 1327.

1. Tel le pont du Gard.

2. *Ponte a Elsa.*

3. L'italien porte *lattume.* Il faut lire plutôt *letame,* « fumier ».

P. 1328.

1. A l'instigation d'un Flamand, Raet, en 1577.

2. Alberic Cibo, marquis de Carrare, prince de Massa (1532-1623).

3. Bagnara, la nouvelle Massa.

P. 1329.

1. Un « vin de copeau ».

2. Les ruines de la ville étrusque de Luna, détruite par les Arabes en 1016.

3. Sarrezana, reconquise par les Génois sur le duc de Florence, pendant la première guerre d'Italie.

4. Cf. *supra,* p. 1202, n. 4.

5. Jean de Médicis, bâtard de Cosme Ier et d'Eleonora degli Albizi (1565-1621).

6. L'impératrice Marie, nommée plus haut.

P. 1330.

1. C'était un État libre relevant de l'Empire.

2. Les Suisses de Charles VIII avaient incendié Pontremoli avant la bataille de Fornoue.

3. Ville ou État qui ne semble pas avoir existé.

4. Elle était administrée par un gouverneur espagnol.

P. 1331.

1. « Mer sans poissons, montagnes sans bois, hommes sans foi, femmes sans pudeur », dit le proverbe toscan.

2. Fornoue.

3. Borzo san Donnino.

P. 1332.

1. Philippe II.

2. La garnison subsista jusqu'en 1585.

3. Octave Farnèse.

4. Le cardinal d'Autriche, nommé plus haut.

5. Innsbrück.

6. Inexact.

P. 1333.

1. L'italien porte *30 miglia piccole,* « trente *petits* milles ».

2. Reliquaire (xive — xviiie siècle) orné de 290 figures.

3. Non d'Antonin, mais de Marc-Aurèle. Statue, amenée de Ravenne, mise en pièces en 1796, parce qu'elle représentait un « tyran ».

4. Le président de Brosses, qui la verra plus tard, note qu'elle est « tristement bâtie de briques ».

P. 1334.

1. Le 24 février 1525.

2. « La plus belle que j'aye jamais veue », écrit Commynes (VII, IX).

3. Il s'agit de la Chartreuse fondée par Jean Visconti, premier duc de Milan, en 1396.

4. Charles-Quint avait donné le duché de Milan à son fils, Philippe II d'Espagne, en 1535.

P. 1335.

1. Citadelle démantelée par les Français en 1705.

2. Village près de Chivasso.

3. Chivasso.

P. 1336.

1. « Porteurs de chaises ou conducteurs de traînaux. »

2. « Traîneau. »

P. 1337.

1. Mont-Cenis.

2. Une litière.

3. Descendre en traîneau.

4. Porteurs de chaises ou conducteurs de litières.

5. Cf. p. 1144, n. 8.

6. Lanslebourg, aujourd'hui Lanslebourg-Mont-Cenis. Le hameau ou « petit village » est Termignan.

7. Saint-Michel-de-Maurienne.

P. 1338.

1. Montmélian.

2. Le cas fait par Montaigne des huiles d'Italie est assez singulier.

3. Le mont du Chat (qui atteint près de 1.500 m) domine la plaine de Chambéry à l'ouest et le lac du Bourget au sud-ouest.

4. Le lac du Bourget.

5. Bourdeau.

6. Yenne.

7. Le fort de Pierre-Châtel se dresse sur la rive droite du Rhône.

8. C'est le défilé de Pierre-Châtel.

9. Saint-Rambert, que traverse un affluent du Rhône, l'Albarine.

10. Ce banquier lyonnais était d'origine lucquoise.

P. 1339.

1. Au bourg d'Ambérieu.

2. Chazey.

3. Un maquignon de ce temps-là.

4. On appelait *courtauds* de petits chevaux auxquels on avait coupé la queue et les oreilles.

5. Bâton attaché au flanc de plusieurs chevaux menés à la file.

6. Un peu plus de 22 écus par animal.

7. Autre maquignon, ancêtre de Malezieu, l'amuseur de la duchesse du Maine à Sceaux.

8. Cheval allant *un grand pas*.

9. La Bourdellière, hameau près de Saint-Laurent-de-Chamousset (Rhône).

10. Feurs (Loire).

11. L'Hôpital (Loire).

12. A une altitude de 600 à 850 m.

13. Thiers est sur une petite rivière qui n'est qu'un sous-affluent de l'Allier.

14. La ville est de nos jours par route à 136 km de Lyon, à 129 de Saint-Flour, 92 de Moulins, 140 du Puy.

P. 1340.

1. Au *compte* des jours de *marche*, Chambéry est, en effet, à 18 jours ½ de Milan et 18 jours ½ de Montaigne.

2. Le duc de Montpensier, maître de Thiers depuis 1569, mourut en 1582.

3. Le *carolus* valait 10 deniers.

4. La Limagne.

5. La Dore.

6. Ce vicomte de La Motte-Canillac, seigneur de Pont-du-Château, avait épousé une cousine de Brantôme, Jeanne de Maumont (1569), et eu d'elle trois enfants.

7. L'ambassadeur du roi à Rome.

8. Clermont-Ferrand.

9. Du Puy-de-Dôme.

10. Pontgibaud (Puy-de-Dôme).

11. La veuve de Louis de La Fayette et de Pontgibaud, qui était née Anne de Vienne.

12. Pontaumur (Puy-de-Dôme).

13. Guy de Daillon, sieur du Lude, et sa femme, née Jacqueline de La Fayette, fille de Louis de La Fayette et d'Anne de Vienne.

P. 1341.

1. Pontcharraud (Creuse).

2. Felletin (Creuse).

3. Chatain, hameau de Monteil-au-Vicomte (Creuse).

4. Sauviat-sur-Vige (Haute-Vienne).

5. Gabriel Nompar de Caumont, comte de Lauzun, qui avait épousé la sœur cadette de Charles d'Estissac, Charlotte.

6. Pour cent *livres*.

7. Les Cars (Haute-Vienne).

8. Anne de Clermont-Tallard avait épousé un ami de La Boétie, Jean des Cars, comte de la Vauguyon, mort jeune en 1535.

9. Thiviers (Dordogne).

10. Périgueux.

11. Mauriac, hameau de Douzilhac, près de Mussidan (Dordogne).

12. Le 30 novembre 1581.

P. 1342.

1. On lit sur les *Éphémérides* de Beuther cette note de Montaigne au 30 novembre : « 1581, j'arrive en ma maison de restour de un voyage que j'avois faict en Allemaigne et en Italie, auquel j'avois esté despuis le 22 de juin 1579 [*lapsus calami* pour 1580] jusques au dit jour auquel jour j'étois l'année précédente arrivé à Rome. »

LETTRES

LETTRE I

P. 1347.

1. Cette lettre, écrite par Montaigne à son père, semble avoir été rédigée au lendemain de la mort de La Boétie, c'est-à-dire dans les derniers jours du mois d'août 1563, et a été publiée par Montaigne, avec de légères modifications, à la fin du recueil des *Œuvres* de son ami, dont l'achevé d'imprimer est du 24 novembre 1570.

2. Ou des Cars.

3. Aujourd'hui un simple hameau.

4. « Un souvenir de votre compagnon. »

5. « Voilà ce qu'on appelle des biens pour l'homme. »

6. « L'eau est la meilleure [liqueur du monde]. »

7. « Il est d'un gentilhomme de vouloir devoir le plus possible à qui l'on doit beaucoup. »

8. L'un des meilleurs amis de La Boétie.

9. « Vivre est-il donc d'un si grand prix ? »

10. « Non un homme, mais le fantôme d'un homme. »

LETTRE II

P. 1360.

1. C'est la lettre par laquelle Montaigne dédie à son père la *Théologie de Sebon,* et qui fut écrite le jour même de la mort de son père (18 juin 1568).

LETTRE III

P. 1361.

1. Lettre-dédicace à M. de Mesmes de la traduction des *Règles de mariage* de Plutarque, par La Boétie (30 avril 1570). M. de Mesmes, conseiller du roi, fut un ami de Montaigne.

2. Le conseiller de Mesmes était seigneur de Boissy et de Malassize.

LETTRE IV
P. 1363.

1. Lettre-dédicace des Poèmes latins *(Poemata)* de La Boétie au chancelier Michel de L'Hospital, lui-même humaniste et poète néolatin (30 avril 1570).

LETTRE V
P. 1366.

1. Lettre-dédicace non datée, publiée en tête de l'envoi de *la Mesnagerie* (l'Économique) *de Xénophon,* traduite par la Boétie, et suivie d'un *Avertissement au lecteur,* daté du 10 août 1570, que nous donnons ici :

ADVERTISSEMENT AU LECTEUR

Lecteur, tu me dois tout ce dont tu jouis de feu M. Estienne de la Boétie : car je t'advise que quant à luy, il n'y a rien icy qu'il eust jamais esperé de te faire voir, voire ny qu'il estimast digne de porter son nom en public. Mais moy qui ne suis pas si hault à la main, n'ayant trouvé autre chose dans sa Librairie, qu'il me laissa par son testament, ancore n'ay-je pas voulu qu'il se perdist. Et, de ce peu de jugement que j'ay, j'espere que tu trouveras que les plus habiles hommes de nostre siecle font bien souvent feste de moindre chose que cela : j'entens de ceux qui l'ont pratiqué plus jeune, car nostre accointance ne print commencement qu'environ six ans avant sa mort, qu'il avoit faict force autres vers Latin et François, comme sous le nom de Gironde, et en ay ouy reciter des riches lopins. Mesme celuy qui a escrit les Antiquitez de Bourges en allegue, que je recognoy : mais je ne sçay que tout cela est devenu, non plus que ces Poëmes Grecs. Et à la verité, à mesure que chaque saillie luy venoit à la teste, il s'en déchargeoit sur le premier papier qui luy tomboit en main, sans autre soing de le conserver. Asseure toy que j'y ay faict ce que j'ay peu, et que, depuis sept ans que nous l'avons perdu, je n'ay peu recouvrer que ce que tu en vois, sauf un Discours de la Servitude Volontaire, et quelques Memoires de noz troubles sur l'Edict de Janvier, 1502. Mais quant à ces deux dernieres pièces, je leur trouve la façon trop delicate et mignarde pour les abandonner au grossier et pesant air d'une si mal plaisante saison. A Dieu.

De Paris, ce dixième d'Aoust, 1570.

LETTRE VI
P. 1367.

1. Lettre-dédicace à M. de Foix, archevêque de Toulouse et ambassadeur du roi de France à Venise, protecteur et ami de Montaigne, des *Vers françois de feu Estienne de la Boétie,* petit recueil in 8° publié chez F. Morel à Paris en 1571.

LETTRE VII

P. 1371.

1. Lettre-dédicace à sa femme par Montaigne de la *Lettre de Consolation de Plutarque à sa femme,* aux lendemains de la mort de leur premier enfant (fin août 1570). La lettre, datée du 10 septembre 1570, est la seule qui nous est restée de la correspondance de Montaigne à son épouse.

2. Il faut noter que Montaigne écrit *ans* pour *mois.*

LETTRE VIII

P. 1372.

1. Lettre dont l'original a disparu dans l'incendie des archives de la Ville de Bordeaux en 1862, mais qu'avait publiée le Dr Payen dans le *Bulletin du Bibliophile* (1839) et dont il avait reproduit le fac-similé en 1847. Datée du 21 mai 1580, elle était rédigée de la main de Montaigne.

LETTRE IX

P. 1372.

1. Lettre du maréchal de Matignon du 30 octobre 1580, publiée pour la première fois par Labande dans la *Revue du XVIe siècle* de 1910 (pp. 1-16) avec cette mention : « Original, avec fragment de cachet, en papier, au dos : Archives du palais de Monaco, J 70 fol [io] 381 ; copie du 18e siècle, J. 87, folio 186. » L'adresse est de la main d'un secrétaire de Montaigne.

LETTRE X

P. 1373.

1. Lettre adressée au roi Henri III par Montaigne et les jurats de Bordeaux, soussignés le 31 août 1583. Découverte par l'archiviste Detcheverry, elle a été publiée par lui dans le *Courrier de la Gironde* le 21 janvier 1856.

LETTRE XI

P. 1378.

1. Remontrance au roi de Navarre, de Montaigne et de ses jurats datée du 10 décembre 1583. Publiée pour la première fois par Champollion-Figeac dans les *Documents historiques* (1843).

2. Une copie (ou un projet) ayant été trouvée par Dosquet, président de la Commission historique du département de la Gironde, comporte ici le complément suivant, publié en 1860 par le Dr Payen :

« Pareillement d'aultant que le pauvre peuple se ressent tellement » des misères du passé qu'il est comme reduict au dernier déses- » poir et que d'ailleurs la trêve de six ans destinée pour l'entre- » tenement desdictes villes de seureté est expirée sera ledit » sieur Roi de Navarre suplié d'intervenir devers le Roy nostre

» souverain seigneur, pour que désormais le pauvre peuple soit
» déchargé du paiement des garnisons desdictes villes de seu-
» reté, en quoi principallement les habitants du tiers estat de la
» sénéchaussée de Guienne ont esté fouillés.

« Finalement et en conséquence de ce que dessus, sera ledit
» sieur roi de Navarre, supplié intervenir devers le roi nostre
» seigneur, à ce que les gaiges des sieurs de la chambre de
» justice haute, à présent à Périgueux, ne soient désormais levés
» sur le pauvre peuple, le quel seul a porté ceste foulle de sur-
» charges pendant deux ans qui estoient le temps destiné pour
» la formation de ladite chambre, et n'est possible que les
» pauvres habitants de ladite ville puissent à l'advenir continuer
» le paiement desdits gaiges comme ils l'ont fait grandement
» pour ne voulloir interrompre le cours de l'édict de pacifi-
» cation. »

LETTRE XII

P. 1379.

1. Lettre au maréchal de Matignon, publiée en 1916 par Labande, avec la mention suivante : « Original : Archives du palais de Monaco, J. 71, fol. 374. Copie du 18e siècle : J. 88, fol. 137 v[erso].» L'adresse est de la main d'un secrétaire de Montaigne. La lettre est datée du 14 décembre 1583.

2. Le sieur de Clervan envoyé par le Béarnais auprès d'Henri III pour lui porter les « articles et cahiers des Eglises », avait été chargé au retour de négocier une réconciliation entre le roi de Navarre et la reine Margot.

3. Le marquis de Lavardin servait alors dans l'armée du roi de Navarre.

4. Bazas avait été occupée par Matignon, pour répliquer à l'occupation de Mont-de-Marsan par le Béarnais.

LETTRE XIII

P. 1380.

1. Lettre à Matignon du 21 janvier 1584, conservée aux Archives monégasques et communiquée par le baron de Sainte-Suzanne, gouverneur de la principauté, à Courbet et Boyer, qui la publièrent dans leur édition des *Essais* (1872-1900).

LETTRE XIV

P. 1380.

1. Lettre publiée pour la première fois, non sans des erreurs de lecture, par Amaury Duval dans son édition de Montaigne (1820-1823) et qui est conservée à la Nationale. Le Dr Payen en a corrigé les erreurs en la publiant en 1847. Elle est adressée au sieur du Puy, à Saintes, conseiller au Parlement de Paris.

2. 1584.

LETTRE XV

P. 1381.

1. Lettre à Matignon du 12 juillet 1584, publiée pour la première fois par Labande dans la *Revue du XVIe siècle* (1916, pp. 1-15) avec cette mention : « Original, avec au dos traces de cachet en papier. Archives du Palais de Monaco, J. 72, fo[lio] 207... Copie du 18e siècle, J.90, fol. 106 v[erso].» L'adresse est de la main d'un secrétaire de Montaigne.

2. Bagnères.

3. Monsieur, frère du roi, le duc d'Anjou décédé le 10 juin 1584.

4. Lapsus pour *de*.

LETTRE XVI

P. 1382.

1. Lettre à Matignon, communiquée par le baron de Sainte-Suzanne, gouverneur de la principauté de Monaco, à Courbet et Royer qui la publièrent dans leur édition de *Montaigne* (1872-1910). Datée du 19 août 1584.

LETTRE XVII

P. 1382.

1. Lettre aux Jurats de Bordeaux du 7 décembre 1584, découverte par Etcheverry aux Archives bordelaises, et publiée par Dosquet en 1855. Détruite très partiellement dans l'incendie de 1862, elle a été reproduite par le Dr Armaingaud, qui lit VII décembre au lieu de X décembre primitivement donné.

2. Sainte-Foy-la-Grande. Voir n. 5, p. 1244.

LETTRE XVIII

P. 1383.

1. Lettre à Matignon conservée aux Archives monégasques, qui la confia au peu scrupuleux Feuillet de Conches, lequel lui substitua un fac-similé. L'original ne rentra qu'après sa mort dans la collection Matignon.

2. « Cette grande Corisande », comme dit ailleurs Montaigne. Datée du 8 janvier 1585.

LETTRE XIX

P. 1384.

1. Lettre à Matignon, publiée dans les mêmes conditions que la précédente par Feuillet de Conches, et dont l'original ne fut retrouvé aux Archives monégasques qu'après sa mort. Elle est de deux jours postérieure à la précédente.

2. Du Béarnais avec Marguerite de Valois, sa femme.

LETTRE XX

P. 1385.

1. Lettre à Matignon conservée aux Archives de Monaco et publiée par Feuillet de Conches en 1863. Datée du 2 février 1585, elle porte sur l'original un cachet de cire représentant la balance et le cordon de l'ordre de Saint-Michel dont Montaigne était honoré.

2. Sainte-Foy-la-Grande. Voir n. 5, p. 1244.

3. Bayonne et Dax.

LETTRE XXI

P. 1385.

1. Lettre aux Jurats de Bordeaux, issue des Archives borde-laises et publiée pour la première fois par Champollion-Figeac en 1843. Seules, la signature et l'adresse sont de la main de Montaigne. Elle est datée du château de Montaigne, 8 février 1585.

LETTRE XXII

P. 1386.

1. Lettre à Matignon, conservée aux Archives monégasques et publiée par Feuillet de Conches en 1863. Elle est du 9 février 1585.

LETTRE XXIII

P. 1388.

1. Lettre à Matignon, conservée aux Archives monégasques, et publiée par Feuillet de Conches en 1863.

2. Sainte-Foy-la-Grande. Voir n. 5, p. 1244.

3. Il faut suppléer : 1585.

LETTRE XXIV

P. 1389.

1. Lettre à Matignon, conservée aux Archives monégasques, et publiée par Feuillet de Conches en 1863. Elle porte la date du 13 février 1585.

LETTRE XXV

P. 1390.

1. Lettre à Matignon, conservée aux Archives monégasques, et à laquelle, après l'avoir publiée en 1863, Feuillet de Conches tenta de substituer un fac-similé, comme il l'avait fait pour les lettres des 18 et 26 janvier de la même année. Elle semble avoir été écrite à la fin de février 1585.

LETTRE XXVI

P. 1390.

1. Lettre conservée d'abord aux Archives monégasques (registre J. 73) et volée sans doute pendant le transfert de ces archives, au xviiie siècle, à l'Hôtel de la rue Saint-Guillaume. Elle se trouve aujourd'hui au British Museum. Signalée par Horace de Viel-Castel en 1849, elle a été publiée par Payen en 1880. Montaigne l'a écrite entièrement de sa main.

2. Au port de Brouage, au sud de La Rochelle.

3. Suppléez : 1585.

LETTRE XXVII

P. 1392.

1. Lettre conservée aux Archives de Monaco et publiée la première fois en 1863 par Feuillet de Conches.

Elle est du 27 Mai 1585.

2. Le gouverneur guisard du Château-Trompette.

LETTRE XXVIII

P. 1393.

1. Lettre dont l'original se trouvait dans les Archives de la ville de Bordeaux, mais en a disparu, et que publièrent la même année (1850) l'archiviste Detcheverry dans l'*Histoire des Monuments de Bordeaux,* puis le Dr Payen. La signature seule est de la main de Montaigne et la date en est celle du dernier jour de sa « mairie ».

2. Allusion à la peste de 1585.

3. Matignon.

LETTRE XXIX

P. 1394.

1. Lettre conservée aux Archives de Bordeaux, découverte par Detcheverry, publiée pour la première fois en 1655 par Dosquet dans son *Rapport de la Commission des Monuments historiques de la Gironde* en 1855, et reproduite en 1856 par le Dr Payen. Elle a été écrite de Feuilhas le lendemain de la lettre précédente.

2. Matignon.

3. Trait qui décèle l'humanité de Montaigne.

LETTRE XXX

P. 1395.

1. Lettre adressée à Matignon au moment des préparatifs du mariage du sieur de Mauriac (qui sera célébré le 28 août 1587) protestant et petit-cousin de Montaigne par sa mère, avec Mlle d'Aubeterre (Aubeterre-sur-Dronne, aujourd'hui en Charente).

Conservée aux Archives monégasques, elle avait été communiquée par une descendante des Matignon au Dr Payen, qui la publia en 1855. Le château de Mauriac, près Frontenac, aujourd'hui canton de Sauveterre-de-Guyenne, était assez éloigné de Lectoure où demeuraient M. et Mlle (Mme) de Brigneus. Il fallait à ces calvinistes un sauf-conduit de Matignon pour aller aux cérémonies du mariage.

2. Lectoure.
3. Suppléez : 1585.

LETTRE XXXI

P. 1395.

1. Lettre à Matignon, extraite des Archives monégasques, acquise en 1834 par la comtesse Boni de Castellane et mise en vente, elle fut revendue et finalement acquise par le Dr Payen, dans le fonds duquel on la trouve aujourd'hui à la Nationale. Elle a été publiée en 1847 par le Dr Payen.

2. Montaigne a parlé de cette mésaventure dans les *Essais* avec quelques variantes de détail.

3. Henri III.
4. Suppléez : 1588.

LETTRE XXXII

P. 1396.

1. Lettre à « Mademoiselle », c'est-à-dire à Mme Paulmier, accompagnant les *Essais*. Acquise par Gérard van Papenbrock, magistrat et bibliophile du XVIIIe siècle demeurant à Amsterdam, elle a été publiée pour la première fois par Coste dans son édition londonienne des *Essais* (1724). Non datée, elle est postérieure à la publication des dits *Essais* chez L'Angelier, à Paris, dont le privilège est de juin 1588.

LETTRE XXXIII

P. 1396.

1. Courte lettre-dédicace des *Essais* de 1588 à Antoine Loysel qui avait lui-même dédié à Montaigne son *Amnestie* de 1582. Ce billet-dédicace se trouvait avec l'exemplaire des *Essais* dans la collection du comte de Lignerolles en 1855 quand le Dr Payen la publia. Acquise plus tard par Henri Bordes, érudit bordelais, on ne sait où elle se trouve de nos jours. On peut la dater de la fin de l'année 1588.

LETTRE XXXIV

P. 1397.

1. Lettre à Henri IV, roi de France et de Navarre depuis six mois, quand elle lui fut adressée. Conservée à la Nationale fonds Dupuy, elle y fut découverte par Jubinel qui la publia en 1850 et republiée et commentée la même année par Payen.

2. Suppléez 1589. Voir au sujet de cette lettre note générale.

LETTRE XXXV

P. 1399.

1. Copie d'une lettre dont l'original est perdu et qui appartenait à la collection Dubois vendue en 1854. La copie est de Laverdel, qui la fit connaître à Payen. Le destinataire en est inconnu.

2. Mars ou mai ?

LETTRE XXXVI

P. 1399.

1. Découverte au fonds Dupuy de la Nationale par A. Macé qui la publia dans le *Journal de l'Instruction publique* du 6 novembre 1846, et reproduite avec de légères différences de lecture en 1847, par Payen, la lettre ci-dessous porte la signature authentique de Montaigne. Elle est datée du 2 septembre (1590) et honore celui qui l'a écrite.

2. Suppléez ; 1590.

NOTES SUR LES
« *ÉPHÉMÉRIDES* » DE BEUTHER

P. 1401.

1. Rature du nom *Eyquem* après celui de *Pierre*.

2. Cette note a été rayée et la note 7 lui a été substituée deux pages plus loin, qui précise que le baptême a eu lieu à Montaigne.

3. A la date du 4 avril suivant, une note de main inconnue nous apprend que la mère de Montaigne, Antoinette de Louppes, est décédée à Bordeaux ce même jour en 1601.

4. C'est à cette Toinette que Montaigne fait allusion dans la lettre-dédicace à sa femme de la *Consolation* de Plutarque.

5. Il faut entendre de Gaujac(q) ou de Gaugeac.

6. Mons.

7. « Le 4 mai 1574, d'après une note des registres secrets du Parlement de Bordeaux, Montaigne vint à la Cour prononcer un discours. »

8. Le mari de « cette grande Corisande ».

9. Les cinq derniers mots imprimés en italique sont d'une autre encre et sans doute d'une autre main.

10. Lapsus pour 1580.

11. *L'essai* des aliments et breuvages qui était d'usage à la table des rois.

12. Rature : *ma dicte da.*

13. Montaigne a rayé toute cette note, inscrite par erreur au 20 juillet et y a substitué la note précédente (10 juillet) avec quelques variantes.

14. Le capitaine Roux faisait partie de la suite du Béarnais, quand celui-ci vint à Montaigne.

15. Entendez : unique survivante. L'aînée, Toinette, née le 28 juin 1570, était morte deux mois après ; la cadette, Anne, née le 5 juillet 1573, était morte au bout de sept semaines, la quatrième et la cinquième, nées respectivement le 17 décembre 1574 et le 10 mai 1577, ne vécurent que trois et un mois. La sixième, Marie, née le 21 février 1582, vécut quelques jours. Léonor, née le 9 septembre 1571, est la seule qui vécut et qui eut une postérité, dont aujourd'hui descend en droite ligne, à la 11ᵉ génération, Mme Houdard de la Motte.

16. Note rayée et reproduite à peu près textuellement à la date exacte (23 juin).

17. Le second alinéa est d'une autre écriture.

18. Il s'agit de Claude Magdeleine de Lur.

19. Le second alinéa est d'une autre écriture.

20. « Ce jourd'hui autour d'onze heures avant midi, naquit de Pierre de Montaigne et d'Antoinette de Louppes, ses nobles parents, Michel de Montaigne aux confins du Bordelais et du Périgord, dans la maison de son père, à Montaigne, l'an du Christ (1533) selon le comput latin. »

21. Rature : *Eyquemio*.

22. Rature : *Eyquemius*.

23. Cette note a été écrite à retardement puisque Montaigne est né en 1533 et que le *Beuther* a été imprimé en 1551.

APPENDICE

LES SENTENCES PEINTES DANS LA « LIBRAIRIE » DE MONTAIGNE

P. 1419.

1. Huit sentences, tirées de l'Écriture, recouvrent des sentences antérieures qui devaient pour la plupart procéder de Stobée. Les deux sentences grecques, sur quatre qu'on a pu reconstituer, viennent, en effet, de cet auteur.

2. Quand la référence est donnée telle quelle, c'est qu'elle est de Montaigne lui-même. On a placé entre crochets les références données par les commentateurs ou les détails complétant les références données par Montaigne.

3. Cette sentence, attribuée par Montaigne à *Eccl.*, ne se retrouve ni dans *l'Ecclésiaste* ni dans *l'Ecclésiastique*. Montaigne a écrit

dans ses *Essais* (II, xii) : « Accepte, dit l'Ecclesiaste, en bonne part les choses au visage et au goust qu'elles se présentent à toy, du jour à la journée ; le demeurant est hors de ta connoissance. »

4. Montaigne a cité cette sentence en français dans ses *Essais* (II, xvii). Elle ne se trouve pas dans l'*Ecclésiaste*. Miss Grace Norton *(Studies in Montaigne, 1905)* propose d'y voir une déformation du texte suivant : *Et proposui in animo meo quærere et investigare sapienter de omnibus, quæ fiunt sub sole. Hanc occupationem pessimam dedit Deus filiis hominum, ut occuparentur in ea* (*Ecclésiaste*, I, 13). « Je me suis proposé de chercher et d'enquêter sagement sur tout ce qui se passe sous le soleil, Dieu a donné cette très mauvaise occupation aux fils des hommes pour qu'ils s'y occupent. »

P. 1420.

1. Montaigne, qui a cité deux fois cette sentence dans les *Essais* (I, xxxvi ; II, xii), ne reproduit pas exactement l'*Ecclésiaste*, qui a dit : *Hoc est pessimum inter omnia, quæ sub sole fiunt, quia eadem cunctis eveniunt.* « Le pire de tout ce qui a lieu sous le soleil, c'est que les mêmes choses arrivent à tout le monde. »

2. Cette sentence a été recouverte par la précédente. Montaigne, qui l'a prise sans doute aux *Adages* d'Érasme (chapitre *Fortuna stultitia*) l'a citée au livre II, chap. xii.

3. Montaigne cite cette sentence au livre II, chap. xii, et la traduit de la façon suivante : « Il n'est non plus ainsi qu'ainsi ou que ni l'un ni l'autre. »

P. 1421.

1. Montaigne a reproduit cette sentence au livre II, chap. xii.

2. Cette sentence, très effacée, a été reconstituée par conjectures. Elle diffère sensiblement du texte de *l'Ecclésiaste.*

3. Recouverte par la précédente, mais lisible, cette sentence est citée au livre II, chap. xii.

4. Sentence citée au livre II, chap. xii.

5. Cette sentence, qui se lit sous la précédente, est citée au livre II, chap. xxxvii.

6. Cette sentence diffère sensiblement du texte de *l'Ecclésiaste.*

P. 1422.

1. Vers cité par Montaigne, mais un peu modifié, au livre II, chap. ii.

2. Sentence citée par Montaigne, livre II, chap. xii.

3. Le texte exact de *l'Ecclésiaste* est : *Cunctæ res difficiles, non potest eas homo explicare sermone.* « Toutes les choses sont difficiles, l'homme ne peut les expliquer par des propos. »

P. 1423.

1. Sentence citée deux fois par Montaigne, livre I, chap. xlvii, et livre II, chap. xii.

2. Le mot *servare* est seul lisible au début ; MM. Galy et Lapeyre ont cru pouvoir reconstituer ici le fragment de Lucain cité dans les *Essais,* livre II, chap. xii.

3. Montaigne a cité cette sentence au livre II, chap. xii.

4. Cette sentence, qu'on peut rapprocher de la sentence 1, est développée par Montaigne au livre II, chap. xii.

5. Montaigne se sert de cette citation au livre II, chap. xv, début.

P. 1424.

1. L'*Ecclésiaste* compare souvent l'homme à une ombre, mais ce texte précis ne s'y retrouve pas.

2. On ne trouve point de texte de ce genre dans *l'Ecclésiaste,* ni dans *l'Ecclésiastique.*

P. 1425.

1. Montaigne a traduit cette sentence et les trois précédentes au livre II, chap. xii.

P. 1426.

1. J'ajouterai, si l'on me permet ici une de ces digressions qu'aimait Montaigne, que Sextus a laissé, en tant qu'astronome, une curieuse dissertation contre les astrologues. « Les Chaldéens, dit-il, divisaient le zodiaque en douze signes, alternativement mâles et femelles, en commençant par le Bélier, qui est mâle. Les douze signes, considérés dans leur ordre, dominaient chacun sur une partie du corps : la tête, le cou, les épaules, la poitrine, les côtés, les fesses, les flancs, les parties sexuelles, les cuisses, les genoux, les jambes et les pieds. Quand une femme était sur le point d'accoucher, un Chaldéen se tenait lors de la naissance sur un point élevé, pour observer les levers successifs des astres ; un autre, qui assistait la malade, attendait le moment de la délivrance pour en donner le signal à l'aide de cymbales. L'astre qui avait paru à l'horizon au moment même de la naissance de l'enfant devait exercer sur lui son influence, bonne ou mauvaise, pendant toute la durée de son exitence. » Empiricus, sceptique, se demande pourquoi on avait choisi plutôt l'instant de la naissance que celui de la conception, et aussi et surtout, comment on pouvait fixer l'instant de la naissance lorsque l'accouchement dure quelque temps. Et il observe encore que la réfraction atmosphérique *relève* les astres et que, par suite, celui qui se montre à l'horizon à un moment donné l'a déjà dépassé depuis longtemps.

P. 1427.

1. Cf. 3, 10, 18, 27, 35, 39, 41, 46, 47, 51, 52, 55, 56, 57 ; 14, 21, 29, 48 ; 17, 23, 26, 32, 33, 38.

GLOSSAIRE

GLOSSAIRE

A : à, en, au moyen de, avec, pour, vers, près de.
Abesouigné : occupé.
Abîmer : jeter dans l'abîme.
Abject : humble (le sens n'est pas toujours péjoratif).
Abois (terme de vénerie); rendre ses abois : mourir.
Abouchement : conférence.
Abre : arbre.
Abrier : abriter.
Abstersif : qui nettoie.
Abuter (s') : se donner pour but.
A cachette : en cachette.
Accession : aggravation, augmentation.
Accessoire : embarras.
Accident : événement, hasard. Par accident : par hasard.
Accointance : fréquentation, familiarité.
Accointer : fréquenter, aborder. S'accointer de : s'entretenir
    avec, se familiariser avec, prendre contact.
Accommodé : qui a de l'aisance.
Accommoder au mesfaict : calquer (le supplice) sur l'attentat.
Acconsuivre : rattraper, rejoindre.
Accoué : lié par la queue; par ext. : attaché.
A ce que : afin que.
Acquêt : acquisition, gain, profit.
Admiration : étonnement.
Adombrer : peindre, estomper.
Adresse : direction.
Adresser : redresser, dresser.
Advertance : attention.
Aeré : aérien.
Afaitier : arranger.
Afété : arrangé, artificiel.
Affaire : embarras, difficulté.
Affecter : rechercher, désirer, souhaiter.
Affection : 1. désir, passion; 2. attachement; au pluriel :
    sentiments.
Afférir : convenir. Il affiert : il convient.
Affiner : tromper par finesse, duper.
Affoler : 1. rendre fou; 2. déprécier.
Affréré : apparenté.
Affronteur : effronté.

Agarène : Arabe.

Âge : époque, vie. Sur l'âge : vieillissant, assez vieux. Être en âge : 1. être à l'âge d'homme ; 2. avoir l'âge requis.

Agencement : parure.

Aggraver : alourdir, accabler.

Agonie : débat intérieur.

Agréer (s') de, à : trouver à son gré, se plaire à.

Aguet (d') : 1. à dessein ; 2. avec précaution.

Aheurter (s') : s'obstiner, s'opiniâtrer.

Ainçois : au contraire, mais.

Ains : mais au contraire. Ains que : avant que.

Ainsi que ou comme : tandis que. Ainsi comme ainsi : en tout cas.

Airte (à l') : 1. en état d'alerte ; 2. à l'écart.

Alaine : haleine.

Alambiquer : distiller.

Aliénation : haine, hostilité.

Allégation : citation.

Alléguer : citer.

Almander : amender.

Alongeail : allongement, ajout.

Altercation : 1. discussion ; 2. offre mutuelle.

Altérer : indisposer.

Ambasse : ambassade.

Ambition : recherche, désir.

A même : comme.

Amender : guérir.

Amete : petite âme, âmelette.

Amitié : affection, amour.

Amoncellé : serré, replié.

Amorcher : enflammer.

Amuser : faire perdre le temps, occuper, occuper inutilement, abuser.

Anatomie : squelette, momie.

Ancienneté : temps anciens, antiquité.

Angeoler : enjôler.

Animadversion : reproche, blâme, critique.

Anonchali : bas et mou, avachi.

Apant : soupente.

A peu : peu s'en faut.

Apoincter : régler.

Apoltroli : 1. amolli ; 2. apeuré.

Aposeme : décoction.

Aposté : placé à dessein, prémédité.

Aposter : machiner, simuler.

Apostume : gros abcès.

Apparoir : apparaître.

Appaster : nourrir.

Appeler de : blâmer.

Appéter : désirer.

Appetisser : rapetisser, diminuer.

Appétit : 1. désir, goût; 2. opinion, parti pris.

Appiler (s') : s'entasser, se resserrer.

Appréhension : compréhension, connaissance.

Appuyer : étayer.

Aprins : instruit, éduqué.

A quoi faire : pourquoi, à quoi bon.

Ara : aura (du verbe avoir).

Arabesque : arabe.

Archemie : alchimie.

Arechal : laiton.

Argolet : archer.

Argumenter (s') : se reconnaître.

Aronde : hirondelle.

Arrest : 1. borne; 2. décision judiciaire. Arrêt de lance : crampon destiné à maintenir la lance horizontale sur l'armure.

Arrester : séjourner, rester.

Arrivée (d') : d'emblée. De belle arrivée : de belle entrée de jeu.

Arrouter : mettre en route.

Ars : brûlé.

Art (par) : de façon préméditée.

Artifice : art.

Artificiel : habile.

Artiste : artificiel.

Asle : aile.

Assener : frapper; quelquefois toucher (au tir).

Asseurer : rassurer. Asseurer quelqu'un de quelque chose : le protéger de cette chose. S'asseurer de : être sûr de.

Assévérant : affirmatif.

Assez : beaucoup, très.

Assiete, assiette : assise; position, état; attitude.

Assignation : rendez-vous.

Assigner : désigner. Journée assignée : combat en règle.

Assis : assis; établi; installé à demeure.

Assuéfaction : habitude.

Asteure, astheure, asture : à cette heure. Asteure... asteure : tantôt... tantôt.

A tout : avec; ex. : à tout les armes : avec les armes; à toutes les peines : à grand'peine.

Attendre : tendre. S'attendre : s'appliquer, faire attention; faire confiance.

Atter(r)er : mettre à terre, abattre. S'atter(r)er : s'abattre.

Attrempance : tempérance, modération.

Aucunement : en quelque façon, quelque peu, dans une certaine mesure.

Audience : attention.

Autant (d') : à qui mieux mieux, à l'envi. D'autant à : autant que.

AVALER (s') : 1. s'abaisser; 2. tomber.

AVANT (D'ORES EN) : dorénavant. AVANT MAIN : d'avance.

AVANTAGE (D') : en outre. D'AVANTAGE QUE : d'autant plus que.

AVANTAGEUX : qui a l'avantage.

AVARE : cupide.

AVARICE : cupidité.

AVEINDRE : atteindre.

AVENIR : convenir.

AVENTURE (À L'), À L'ADVANTURE : peut-être.

AVENUE : entrée, arrivée.

AVENUS : abords.

AVÉRER : reconnaître comme vrai.

AVISEMENT : présence d'esprit.

AVOIR : y avoir.

AVOYER : mettre sur la voie, mettre en route.

BADIN : comédien.

BAGUE : vêtement, bagage.

BAHU : coffre.

BAIE : tromperie.

BAIGNER : bain.

BAILLER : donner.

BALIÈVRE : lèvre inférieure.

BALLY : bailli.

BALOTE : petite balle ou boule.

BANDE (D'UNE — À L'AUTRE) : de part et d'autre.

BANI, BANNI : bandit.

BARBE : gerbe; d'où FAIRE BARBE DE FOARRE (c'est-à-dire de paille) : tromper.

BARBELAN : barbeau (poisson).

BARBIER : barbeau.

BARBOTAGE : marmottage.

BARDELLE : selle.

BARDIS : harnachement.

BARGUIGNAGE : barguignage, marchandage, hésitation, réticence.

BARQUEROL : gondolier.

BAS DE POIL : vil, sans valeur.

BASTER : suffire. BASTE : il suffit.

BASTIMENT, BÂTIMENT : assemblage, construction, système.

BASTINE : 1. petit bât; 2. selle rembourrée.

BASTURE : coup.

BATTERIE : 1. attaque; 2. querelle.

BELI(S)TRE : mendiant, gueux.

BELLIQUE : guerrier.

BENEFICE DE VENTRE : relâchement (intestinal).

BENEFICENCE : bienfaisance, bons offices.

BENEFICIAL : bénéficier.

BESONGNE : (quelquefois) acte sexuel.
BIENVEIGNER, BIENVENNER : souhaiter la bienvenue.
BIFFE : tromperie.
BIHORE : hue!
BLANC : cible. DONNER AU BLANC : toucher le but.
BOLETE : bulletin (de santé).
BOLUS : pastille.
BON (FAIRE) : se porter garant.
BONETADE, BONNET(T)ADE : salut (en ôtant le bonnet), salutation, politesse.
BOSSÉ : bosselé, escarpé.
BOUCHÉ : vin bouché.
BOUCLE (SOUS) : en laisse.
BOULE (À — VUE) : à coup sûr.
BOUQUER : céder.
BOUT (SUS) : sur-le-champ.
BOUTE-HORS : facilité de parole.
BOYTE : coffre.
BRANLOIRE : balançoire.
BRAS (VALET À) : homme de peine.
BRAVE : bravache, fier.
BRAVER (SE) : faire le brave (en paroles), se vanter.
BRÉCHER ou BROCHER DES ÉPERONS : éperonner.
BRÈDE : lâche.
BRESSEAU : berceau.
BREVET : 1. lettre, note; 2. formule magique.
BROCADEL : brocard, brocatelle.
BROCHE : bonde de tonneau; (COUPER — À): clouer le bec à, couper le sifflet.
BRODE : mou.
BROUÉE : brouillasse, brouillard.
BRUIT : renom.
BRUTAL : brut, bestial.
BUÉE : lessive.
BURRE : beurre.
BUT(T)E (PLANTÉ EN) : exposé en cible.

ÇA BAS : ici-bas.
CABUS : chou pommé.
CADENCE : fin de phrase, clausule.
CADI, CADIS : serge de laine grossière.
CAI : quai.
CAIGNART : abri, taudis, cagnard.
CALER : céder.
CALICE : chalumeau.
CANAULES : gâteaux en forme de couronne.
CANE (FAIRE LA) : plonger.

CANNE : 1. canal, chenal; 2. bambou.
CAPIROTADE : ragoût.
CAPITALEMENT : mortellement.
CAPTIVER : tenir captif, assujettir.
CARACTÈRE : talisman.
CAROLE : ronde.
CARRÉ : coing.
CARREAU : 1. coussin; 2. carré.
CARRIÈRE FAITE À POSTE : lieu préparé pour une course.
CAS (METTRE LE — QUE) : supposer que.
CASTELLAN : gouverneur de château.
CASTELLO : château fort, redoute.
CASUEL : accidentel, fortuit.
CASUELLEMENT : au hasard, selon l'occasion.
CATHÉDRANT : professeur, magister.
CATZE : sexe (de l'homme).
CAUSE (À CETTE) : pour cette raison.
CAVALIER : amas de terre commandant les fortifications d'une
   place.
CE : ceci, cela.
CÉANS : ici dedans.
CEDULE : promesse de payer.
CEPENDANT : pendant ce temps.
CERTES (À) : sérieusement, tout de bon.
CERVELLE (ENTRER EN): se soucier.
CESSATION : cesse, relâche.
CHAFOURRÉ : barbouillé, défiguré.
CHAGRIN : débonnaire (quelquefois).
CHAIR : viande.
CHAIRE : chaise.
CHAISE, CHESE : chaire.
CHALANDISE : achalandage.
CHALEMIE : 1. chalumeau, pipeau; 2. chanson rustique.
CHALOIR : importer; 3e pers. du sing. : CHAUT.
CHAMAILLER : harceler.
CHAMP : campagne.
CHAMPI : balourd.
CHAMPISSE : balourde.
CHANGE : changement.
CHANTER : chanteur.
CHAPPERON : bonnet à capuchon.
CHARGE : attaque.
CHARTE : carte.
CHARTRE : prison
CHASSE : châsse.
CHAUSSURE : braguette.
CHEF (CONDUIRE À) : mettre à chef, mener à son terme.
CHER (AVOIR) : chérir.

CHER (nom) : cuir.
CHERCHE : recherche.
CHEVANCE : fortune, biens.
CHEVIR : disposer de.
CHÈVRE (PRENDRE LA) : se mettre en colère.
CHOISIR : cueillir des yeux, apercevoir.
CHOLIQUE : colique, douleur interne.
CHOPER : achopper, buter, se tromper.
CHOUIR : flouer, tromper.
CIEL : ciel de lit.
CIL : celui.
CIRCENSES (JEUX) : jeux de cirque.
CIRCUITION : détour.
CIVIL : civique.
CLAIRET : vin rose pâle.
CLAIRVOISE : claire-voie.
CLISSE : osier.
CLOCHER : boiter.
CLOTURE : 1. enceinte; 2. quai.
COCHE : corset, corsage.
COERCTION : coercition.
CŒUR : courage (quelquefois).
COGNOISSANS: 1. parents; 2. personnes de connaissance.
COIEMENT : avec quiétude.
COINT : vif, empressé, galant.
COLLAUDER : combler de louanges.
COLLIER : collet (de chasse).
COLLIGEANCE : lien, alliance.
COMBIEN QUE : bien que.
COMIQUE : 1. qui a trait à la comédie; 2. du ton de la comédie;
    3. familier.
COMMENT QUE : de quelque façon que.
COMMER : 1. commenter; 2. comparer.
COMMETTRE : confier.
COMMISSION : mission, charge.
COMMUNICATION : 1. fréquentation; 2. communauté.
COMPAIGNE : compagnie.
COMPASSIONNÉ : compatissant.
COMPROMETTRE À : s'en remettre à.
COMPTE : conte.
COMPUTER : supputer.
CONCILIER (SE — À) : s'entendre avec.
CONDEMNATION : culpabilité.
CONDIGNE : dignement proportionné.
CONDITIONS : caractère.
CONDOLOIR (SE) : se plaindre.
CONDONER, CONDONNER : concéder.
CONFABULATION : conférence, conversation.

CONFÉRER À : contribuer à.
CONFIDENCE : confiance.
CONFORT : réconfort.
CONFORTER : réconforter, fortifier.
CONFUS : commun, indivis.
CONGÉ : permission.
CONGRESSION : coït.
CONJOUYR (SE) : se réjouir avec.
CONNIL : lapin.
CONNILLER : se terrer ou fuir (comme un lapin).
CONNIVER : être de connivence.
CONSEIL : 1. décision, projet; 2. sagesse, sapience.
CONSENT : témoin; conscient.
CONSOMER : 1. consumer; 2. employer.
CONSORCE : sort commun.
CONSTANT : stable, solide.
CONSUMER : (quelquefois) employer.
CONTADIN : paysan.
CONTE : compte. DE CONTE FAIT : tout bien compté.
CONTEMPTIBLE : méprisable.
CONTENTER (SE) : se déclarer content.
CONTEXTURE : disposition.
CONTINUER : rendre continu.
CONTOURNABLE : flexible.
CONTOURNER : fléchir, ployer, infléchir.
CONTRAINT : resserré.
CONTRARIÉTÉ : contradiction.
CONTRASTER À : contredire, contrarier.
CONTREBAS : en descendant.
CONTREFENESTRE : contrevent.
CONTREMONT : en haut, en amont, en remontant.
CONTREPESER : équilibrer.
CONTREROLLE : 1. liste, registre; 2. examen.
CONTREROLLER : examiner.
CONTROVERS : controversé.
CONTUMÉLIEUX : outrageant.
CONVENANCE : ressemblance (quelquefois).
CONVENIR : ressembler, s'accorder.
CONVERSATION : fréquentation.
CONVERSION : changement.
CONVIVE : banquet.
COQUINER : mendier, gueuser.
CORDES : lisières.
CORNETER : ventouser.
CORNICE : corniche.
CORPS : 1. cadavre; 2. matière, sujet.
CORROMPRE : briser.
CORSELET : cuirasse (des piquiers).

CORTISAN : courtisan.

COSTER : coûter.

COSTIÉ : 1. qui est à côté; 2. qui frappe de biais.

COUCHER DE PEU : risquer un petit enjeu.

COULER : passer sous silence.

COULEUR : apparence.

COULPE : faute. À SA — : de sa faute.

COUP (À) : tout à coup.

COUPON : service (de table).

COURAGE : cœur.

COURSE (CHEVAL À —) : cheval à journée.

COUSTEAU : coteau.

COUTILLIER : écuyer porte-couteau.

COUVERT : sournois.

COUVERTURE : prétexte.

CRÉANCE : croyance, confiance.

CREON : crayon.

CRERE : croire.

CRESTÉ : huppé.

CREU : cru.

CROIST : croissance.

CROLLEMENT : écroulement.

CROPE : croupe.

CROUPIR : s'accroupir. D'où CROUPI: bas.

CRUDITÉ : aigreur (d'estomac).

CRUS : creux.

CUEUX : 1. queux; 2. pierre à aiguiser.

CUHE : queue.

CUITON : cuisson.

CULIER (masc.) : cuiller.

CUL SUR POINTE : cul par-dessus tête.

CUPIDITÉ : désir, passion.

CURE : soin, souci.

CURIEUSEMENT : soigneusement.

CURIEUX : soigneux, méticuleux.

CUSTODE : saint-ciboire.

CUYDER, CUIDER : croire.

D. : abréviation pour denier.

DE : à cause de, au sujet de, par, à, **avec.**

DEA : oui da.

DÉBAT : combat.

DÉBAUCHER : déranger.

DÉBAUCHES : désordres (politiques).

DÉBOIRE : goût après boire.

DÉBONNAIRETÉ : bonté native.

DÉCHARGÉ : allégé.

DÉCHIFFRER : décrire.
DÉCLARATION : manifestation.
DÉCLARER : rendre clair, manifeste.
DÉCLINAISON : déclin.
DÉCLINER : se tourner en.
DÉCOUPÉ : décousu.
DÉCOUPLER : débarrasser de la laisse, lâcher, lancer.
DÉCOUPURE : figure (de danse).
DÉCOURS : déclin.
DÉCOUSU : divisé.
DÉCOUVERT (À) : sans défense.
DEDANS (METTRE) : atteindre le but (terme de jeu de bague).
DÉDUIRE : conter.
DÉDUIT : plaisir (d'amour).
DÉFAILLANCE : défaut, insuffisance.
DÉFAIRE : tuer, exécuter. Voir DESFAIRE. DÉFAIRE (SE) : se tuer.
DÉFERRE : défroque.
DÉFERRER : perdre le fer. DÉFERRER (SE) : se déconcerter.
DÉFORTUNE : infortune.
DÉFRAUDER : frustrer, tromper.
DÉFUBLER: dépouiller.
DÉFUITE : feinte (pour se dérober).
DÉGOSILLER : égorger.
DÉGOUT : dégouttement.
DÉGOÛTEMENT : dégoût.
DELÀ : au delà de.
DÉLAIER : prendre des délais, différer.
DÉLIBÉRATION : décision.
DÉLIBÉRER : décider.
DÉLIVRE : libre. A DÉLIVRE : à porter.
DÉLOUEURE : dislocation.
DEMEU : détourné.
DEMEURANS (LES) : des restes.
DÉMIS : 1. humble, bas; 2. écarté.
DÉMONIACLE : divin.
DÉMONTER : faire descendre de sa monture.
DEMOURANT (À) : à découvert.
DÉNÉANTISE : nullité, chose sans valeur.
DÉNONCER : annoncer.
DÉPART : partage.
DÉPARTIR : partager. AU DÉPARTIR : au moment de partir.
DÉPENDRE, DESPANDRE : dépenser.
DÉPENS (TOMBER DES) : faire les frais.
DÉPIT (nom et adjectif) : chagrin.
DÉPLAIRE (SE — DE) : être mécontent de.
DÉPLAISIR : mécontentement, affliction.
DÉPORT : report, délai.
DÉPORTEMENTS (pluriel) : conduite.

Déprimer : rabaisser.
Dépuceler (se) : se décider pour la première fois.
Dérompre : briser.
Dès : depuis.
Désenforgé : dégagé.
Desfaire : exécuter.
Desfuite : faux-fuyant, défaite.
Desloueure, voir déloueure.
Desobliger : dégager d'obligation.
Despit (adjectif) : maussade, fade.
Desquine : bois de squine (sudorifique).
Desseigner : 1. former le dessein de, projeter; 2. dessiner.
Dessoude (en) : à l'improviste, sans qu'on s'y attende.
Dessus : ténor.
Destailler : taillader.
Destiner : projeter.
Destourbier : 1. trouble; 2. obstacle.
Destraction : dénigrement.
Destranchement : détachement.
Destroit : contrée. À destroit : strictement.
Detraque : désordonné, irrégulier.
Detroussé(e)ment : tout de go, franchement.
Deu : dû.
Deuil, deul : douleur, souffrance.
Deux (n'en pas faire à) : ne pas considérer comme deux ce qui
    est un.
Développer : expliquer.
Devis : propos. Par devis : en devisant.
Dévoyer : quitter la voie, dévier. Dévoyer du blanc : manquer le
    but.
Dialogisme : dialogue.
Différence : supériorité.
Digne : mérité, honorable.
Diptonge : diphtongue.
Dire (avoir à) : manquer de, être privé de.
Dire (être à —, avoir à —) : faire défaut, manquer.
Dire (il y a grand — entre) : il y a une grande différence
    entre.
Dire (trouver à —) : regretter l'absence de.
Disceptation : discussion.
Disconvenir à : différer de, être en opposition avec.
Discourir : 1. parcourir; 2. réfléchir à une question; 3. déve-
    lopper.
Discrepance : discordance.
Discretion : discernement. Par discretion : par choix. À dis-
    cretion : à volonté.
Dispareil : dissemblable.
Dispathie : antipathie, aversion.

DISPENSATION : 1. distribution; 2. accommodement, abandon.

DISPENSE, DISPENCE : permission.

DISPENSER : disposer.

DISPOSITION : 1. clarté d'exposition; 2. souplesse, aisance.

DISSENTIEUX : troublant.

DISSIPER (SE) : s'écrouler.

DIT (CE QU'ON) : à ce qu'on dit.

DITION : juridiction, domination.

DIVERS À : différent de.

DIVERTIR : détourner.

DIVINER : prédire.

DIVULSION : arrachement.

DOCTRINE : science.

DOGME : opinion.

DOINT : 3e pers. sing. du subj. prés. de DONNER.

DOIRE : douaire.

DOLÉ : aplani, poli.

DOMIFICATION : division du ciel en douze « maisons » (pour faire un horoscope).

DONNER : aller (quelquefois).

DONRAIS, DONERAIS : donnerais.

DOUBLES : abréviation pour doubles deniers.

DOUBLON : monnaie d'or. DU DOUBLE AU DOUBLON : d'un sol à un louis.

DOULOIR : 1. souffrir; 2. faire souffrir. SE DOULOIR : se lamenter. La 3e pers. de l'ind. prés. est : IL DEULT.

DOUTE (SANS) : sans aucun doute.

DOUTER À : hésiter à.

DRESSER : diriger, établir, disposer.

DROI(C)T (adv.) : directement; 2. avec raison. À TORT OU À DROIT : à tort ou à raison. CHARRIER DROIT : se comporter bien. DROI(C)T (EN) : devant.

DROICTEMENT : directement.

DROICTURIER (adj.) : droit.

DUBITATION : doute, hésitation.

DUIRE : former, habituer. SE DUIRE DE : s'habituer à. DUI(C)T : habitué.

DURER : résister à, tenir bon contre.

EAU NAFE : eau de fleurs d'oranger.

EBLOUIR : aveugler.

EBOITEMENT : boiterie, claudication.

EBRAILLÉ : débraillé.

ECACHER : écraser.

ECARLATE, ESCARLATTE (nom) : étoffe écarlate.

ECHAFAUD : estrade.

ECHAUGUETTE : guérite. ETRE EN ÉCHAUGUETTE : être à l'affût.

Echeller : escalader.

Echelon : gradin.

Echets, eschets : échecs (jeu).

Echever, eschever : esquiver.

Econjurer, esconjurer : détourner.

Economie : administration domestique.

Ecornifler : écorner, voler.

Ecot : parti (quelquefois).

Ecriture : écritoire.

Effectuel : efficace.

Effet (par) ou par effect, par effaict : en réalité, effectivement.
  Faire son effect : atteindre son but.

Efforcé : fort.

Effort : force.

Efoiré : 1. furieux; 2. relâché; 3. prolixe.

Egosiller : égorger.

Eguable : égal.

Eigneau : agneau.

Eins (voir Ains) : mais.

Ejouir : se réjouir.

Elancer : donner de l'élan à, lancer.

Elargir : éloigner.

Election, eslection : choix.

Elémentaire : matériel.

Elévation : hyperbole.

Elider : éviter.

Elire : choisir.

Elite : choix.

Eloctement : dislocation.

Eloise : éclair.

Emaïer (s') : se mettre en émoi.

Embabouiné : entiché de.

Embattre (s' — sur) : s'abattre sur.

Embesoigner : 1. occuper; 2. faire l'amour avec.
  s' — : 1. s'occuper à; 2. s'empêtrer.

Emblème : pièce de mosaïque ou de marqueterie, ornement
  rapporté.

Emboire : s'imbiber de.

Emboiver : s'imbiber de.

Embourrure : bourrage.

Embuffler : mener comme un buffle, mener par le bout du nez,
  tromper.

Emier : émietter.

Emmi, emmy : parmi.

Emmitonné : emmitouflé.

Emotion : ébranlement, émeute.

Emoulu : aiguisé, affûté.

Emouvoir : mettre en mouvement.

EMPANNÉ : formant un pan, par suite: tout d'une pièce.

EMPENNÉ : garni de plumes.

EMPEREUR : général commandant en chef.

EMPERIÈRE : impératrice, souveraine.

EMPESCHÉ : retenu, occupé.

EMPESCHER (s') : s'empêtrer.

EMPESTÉ : pestiféré.

EMPIÉTER : enserrer.

EMPLOICTE, EMPLOITTE, EMPLOIT : 1. usage, emploi; 2. emplette.

EMPLOITER : débiter.

EMPORTER : l'emporter sur.

EMPOUIGNER (s') : s'agripper des mains.

EMPRÈS : après.

EMPRUNTER : employer.

ENASER : priver de nez.

ENCHÉRIMENT : marque de tendresse, caresse, baiser.

ENCHEVÊTRER : enchaîner.

ENCOMBRIER : 1. encombrement; 2. entrave.

ENCROUTER : incruster.

ENDEMAIN : le lendemain.

ENERVER : priver de nerf.

ENFIN : à la fin.

ENFONCER : examiner à fond, approfondir.

ENFONDRER : s'effondrer.

ENFORGER : charger de fers.

ENFOURNER (à L') : au début.

ENFRASQUÉ : embringué.

ENGAGER : faire dépendre.

ENGENCE: enfants, postérité.

ENGIN : génie, esprit.

ENHORTEMENT : exhortation.

ENHORTER : exhorter.

ENJOINDRE : adjoindre.

ENLEVÉ : élevé.

ENNUI : accablement.

ENNUYEUX : odieux.

ENQUIS : interrogé.

ENRÔLER : mettre sur un rôle, enregistrer, inscrire.

ENSEIGNE : signe. A BONNE(S) ENSEIGNE(S): à juste titre.

ENSUAIRER : mettre dans le linceul.

ENTESTER : remplir la tête de, obséder.

ENTIENEMENT : anciennement.

ENTREDUS (à L' —) : à l'entre-deux.

ENTREJET : projet.

ENTREPRENDRE : attaquer.

ENTREPRISE : effort, action difficile.

ENTRETENIR : avoir un entretien avec. S'ENTRETENIR : s'occuper.
    S'ENTRETENIR À : se lier à.

Envie : haine.
Envier : jalouser, refuser.
Envis, envys, envy (adv.) : à contre-cœur.
Epargnant à : réservé, discret, qui use de ménagement.
Epaule (faire — à) : épauler.
Epaulettes (par) : point par point.
Eperons (chausser les) : poursuivre.
Epoinçonner : aiguillonner.
Epreindre : exprimer.
Equabilité : égalité.
Equable : égal.
Equalité : égalité.
Equipollent (à l'—) : en compensation.
Equipoller : équivaloir.
Eremite : ermite.
Eringium : panicaut (chardon diurétique).
Erre (de belle) : rapidement.
Erudition : instruction.
Es : en les.
Escarre : écorchure, balafre.
Eschardement (adv.) : chichement.
Eschars : chiche.
Escharsement : chichement.
Eschever : esquiver, échapper à.
Esciant (à) : à bon escient.
Esclairer : faire des éclairs.
Esconjurer : conjurer, détourner.
Escourgées : coup de fouet.
Esdirer : détruire.
Esfoiré : 1. foireux, relâché; 2. prolixe.
Esplanade : espace plan.
Espreindre : exprimer, tordre.
Esrener : casser les reins.
Essai : épreuve, exercice, expérience.
Essayer : éprouver.
Esse : ais.
Essimer : diminuer, diviser.
Essoré : plein d'essor, dispersé.
Estacade : champ clos, lice.
Estamine : 1. étoffe fine servant à filtrer; 2. jugement.
Estançon : étai.
Estançonner : étayer.
Estat (en — de) : au service de. Par estat: en liste, catalogué.
Estats : fonctions publiques.
Esteuf : balle (au jeu de paume).
Estimation : valeur.
Estoc : tige, lignée.
Estomach : poitrine.

Estoupé : bouché.

Estour : combat.

Estranger (s') : s'éloigner.

Estroper : gratifier d'étrenne, faire un cadeau à.

Estrette : étreinte.

Estrif : combat, querelle.

Estriver : 1. quereller; 2. rechigner; 3. esquiver.

Estuier : mettre dans un étui, enfermer.

Étonner : ébranler comme par un coup de tonnerre. D'où s'étonner : s'affoler, et étonnement : ébranlement, stupeur.

Etre : existence, essence.

Etre, (verbe) (à) : être disposé à.

Etude, estude : 1. action d'étudier; 2. lieu d'étude.

Etuyer : servir d'étui, contenir.

Evénement : issue, résultat.

Evitable : à éviter.

Excellent : éminent.

Excreman : dépôt.

Exercer : travailler, tourmenter.

Exercitation : exercice, travail.

Exercité : armée.

Exile : mince, fluet.

Exinanition : anéantissement.

Expectation : expectative.

Expeller : expulser.

Expertice : expérience.

Explication : développement, analyse.

Exploiter : accomplir un exploit.

Exupérance : exubérance.

Fable : intrigue (d'une pièce), récit.

Façon : maintien, manière.

Facteur : auteur, créateur, agent.

Fagoter : lier en fagot.

Faillir d'atteinte : manquer son coup.

Faire (avoir bien à — à) : avoir beaucoup de peine à.

Fais : faix, fardeau.

Fait (à), à faict : tout à fait.

Fantaisie : imagination; au pluriel, idées.

Fantasier : s'imaginer.

Fantastique : imaginaire.

Farce : comédie.

Farcesque : comique.

Farceur : comédien.

Farcissure : digression.

Faucée : percée. Faire faucée : aboutir, réussir.

Faucer : percer.

FAUSSE PORTE : poterne.
FAUTE (AVOIR — DE) : manquer de. A FAUTE DE : faute de.
FAUTIER : coupable, pécheur.
FAUX DU CORPS : taille.
FÉAL : fidèle.
FÈCE : dépôt, lie.
FENESTRE : ouverture, orifice.
FERMIR : affermir.
FERRÉ : 1. ferrugineux; 2. dur (comme fer).
FESTE (masc.) : faîte.
FIANCE : confiance.
FICHON : pièce de théâtre.
FIENT : fiente, fumier.
FIER : confier.
FIER (adj.) : farouche.
FIERT : 3e pers. sing. prés. indic. de FÉRIR.
FIL (D'UN) : tout d'un trait.
FILET : fil.
FILIÈRE : longe, laisse.
FILLAGE : condition de fille.
FILLE : fille d'honneur (quelquefois).
FINER : venir à bout.
FLEURIN : florin.
FLOC : flocon.
FLOTON : radeau.
FLUXION : fluctuation.
FOARRE : paille.
FONDRE : couler à fond.
FONS (EN) : dans un fond.
FORAIN : étranger.
FORCE : violence. FAIRE FORCE À: faire violence à
FORCENER : être hors de soi.
FORCENERIE : égarement, folie.
FORMALISER (SE) : se passionner pour.
FORME (LIÈVRE EN) : lièvre au gîte.
FORTITUDE : courage.
FORTUNE (PAR) : par hasard.
FORVOYER, SE FORVOYER : se fourvoyer.
FOUIER : foyer.
FOULE (À LA) : en foule.
FOURGON : tisonnier.
FOUTEAU : hêtre.
FOY (À LA BONNE —) : de bonne foi.
FOY : passeport.
FOYTER : fouetter.
FRANC : libre.
FRANCHISE : liberté. LIEU DE FRANCHISE: lieu d'asile.
FRATER : moine, frère,

FRAT(R)ESQUE : à la manière d'un frère (moine).
FREDUR : 1. froidure; 2. froideur.
FREDUREUS (adj.) : froid.
FRET (À FAUX) : sans charge utile.
FRIANDISE : gourmandise.
FRIPONNER : dérober.
FRONT : frontispice.
FRUIT : profit.
FUET : fouet.
FUIR À : répugner à.
FUMÉE : fumet.
FUMIER (SUR SON) : chez soi.
FUSÉES : 1. fuseaux; 2. complications, enchevêtrements.
FUSTE : flûte (bâtiment de bas bord à voiles et à rames).
FUSTÉ : baissé.

GAILLARD : 1. vigoureux; 2. en parlant des poètes, inspiré.
GALIMAFRÉE : pot-pourri.
GALLÉE : galère.
GALLER : prendre du bon temps. GALLER LE BON TEMPS : même sens.
GARANT (METTRE À) : mettre en défense, garantir.
GARBE : parure, élégance.
GARBER : parer.
GARDER DE : éviter de.
GARDOIR : vivier.
GARIEMENT : sauvegarde.
GAST : dégât.
GAUCHE : faux, faussé. A GAUCHE: en prenant des détours.
GAUCHIR : se détourner, s'esquiver; esquiver. GAUCHIR SUR : incliner vers.
GAUDIR : se moquer.
GAYAC : arbre résineux d'Amérique.
GAYON : goujon.
GÉHEN(N)E, GEINE : torture.
GÉHENNER, GEINER : mettre à la torture; contraindre.
GENDARME : homme d'armes.
GÉNÉREUX : noble.
GENTIL : noble.
GENTILLESSE : noblesse.
GERMAIN : frère.
GET, JET : jeton. CONTER À JET : compter avec des jetons.
GLOIRE : orgueil (quelquefois).
GLU : gleu (chaume de seigle).
GOBEAU : gobelet.
GODERON : parure.
GODERONNÉ : paré, attifé.

GORGE (RENDRE LA) : vomir.

GORGIAS : beau, élégant.

GORGIASER : faire le beau. SE GORGIASER : se complaire à.

GOSSER : se gausser.

GOURMANDER : 1. dévorer; 2. traiter rudement; 3. attaquer, braver.

GOURMER : battre à coups de poing.

GRÂCE (DE LEUR) : de leur propre mouvement.

GRAMMERCY, GRANMERCY : grand merci.

GRAND (IL Y A — À DIRE) : il y a beaucoup à dire.

GRATIFICATION : faveur.

GRATIFIER : favoriser. SE GRATIFIER DE : se féliciter de.

GRAVE : gravier, pierre.

GRÉ (PRENDRE À) : prendre plaisir à, trouver agréable.

GREVE : jambière.

GRÉVURE : hernie.

GRIEF (adj.) : grave.

GRIMACE : affectation, faux-semblant.

GRIS : petit-gris.

GUERDON : récompense.

GUÈRE, GUIÈRE : beaucoup.

HABITUDE : complexion.

HACQUEBUTE : arquebuse.

HALLEBRENÉ : harassé.

HANTE : hampe.

HANTER : fréquenter. D'où HANTISE : fréquentation.

HARPER : attaquer, être aux prises. D'où HARPADE : lutte, empoignade, et SE HARPER : s'attacher fortement.

HARQUEBOUSE : arquebuse.

HAUTAIN : haut.

HAZARD : risque. D'où HAZARDER : se risquer.

HERBE DE TURC : herniaire (diurétique).

HÉRÉDITÉ : hoir, héritage.

HEUR : bonheur.

HISTORIE : image.

HOCHER DU NEZ : désapprouver.

HOMMENET : homoncule.

HOMMES (NOS) : nos compatriotes.

HONNEUR : point d'honneur.

HONTEUX : timide.

HORMAIS : désormais.

HORREUR : terreur (religieuse).

HORS : dehors. DE LÀ EN HORS : depuis lors.

HUMUR : humeur, goût, caractère.

HYDROFORBIE ou HYDROPHOBIE : rage.

HYPOSPRAGMA : épanchement sanguin de l'œil.

Icy : ci.

Idée : image.

Idiot : 1. profane; 2. ignorant.

Ignoble : non noble.

Image : statue.

Imagination : âme, esprit; sentiment, opinion.

Imbécile : faible.

Imbécilité, imbécillité : faiblesse.

Imboire, voir embiver.

Imparfait : inachevé.

Impétrer : réclamer, obtenir.

Impiteux : impitoyable.

Impollu : non souillé, sans tache.

Importable : insupportable.

Impost : impotent.

Impourv(e)u, improuveu : imprévu. À l'improuveu : à l'improviste.

Imprémeditement : à l'improviste.

Impression : 1. imprimerie; 2. édition.

Improvidence : imprévoyance.

Incident : difficulté accessoire (langue juridique).

Inciter : exciter.

Inclination : inclinaison, pente.

Incommode : insupportable.

Inconstance : peur.

Inconvénient (adj.) : malséant, inhabituel.

Incorporel : inconsistant.

Inculcation : insistance.

Incurieusement : sans souci.

Indéfatiguable : infatigable.

Indiscret : inconsidéré, sans mesure.

Indiscrétion : manque de discernement, démesure.

Indolence : absence de douleur.

Industrie : adresse.

Inepte : inapte.

Inéqualité : inégalité.

Infect : infecté, sale.

Infiable : à qui l'on ne peut se fier.

Infondre : verser dans.

Ingénuité : générosité, noblesse.

Injure : (quelquefois) injustice.

Injurieusement : injustement.

Innumérable : innombrable.

Inobédient : désobéissant.

Inouï : non encore entendu.

Inquiétude : agitation.

Inquisition : recherche.

Inscience : ignorance.

INSCRIPTION : titre (d'un ouvrage).

INSCULPER : sculpter.

INSENSIBLEMENT : sans rien sentir.

INSISTER : résister.

INSTITUTION : instruction, éducation.

INSTRUCTION : enseignement; au plur. : notions acquises.

INTENTION : tension.

INTÉRESSER : faire tort.

INTÉREST : dommage. INTÉRÊST (PRÉTENDRE) : réclamer sa part.
  SANS INTÉREST DE : sans dommage pour.

INTERMISSION : répit.

INVIGILANCE : manque de vigilance.

IRE : colère.

IREUX : plein de colère.

JA : déjà, désormais.

JALOUSIE : zèle.

JAMBE (DONNER LA) : faire un croc-en-jambe.

JANTY HOMME : gentilhomme.

JETER : calculer.

JETTER : pousser.

JOINDRE : 1. se rencontrer; 2. en venir aux mains. JOINDRE (SE) :
  combattre corps à corps.

JOINT QUE : outre que.

JOUR : lumière.

JUDICIAIRE (astrologie) : astrologie.

JUSTE : régulier.

JUSTEMENT : exactement.

LABILE : glissant.

LABOURÉ : travaillé.

LACHE, LASCHE : mou.

LACHER, LASCHER : amollir.

LADRE : lépreux.

LAICHE, LÈCHE : mince tranche de pain.

LAIRE : laisser, futur JE LAIRRAI.

LANGUAGER : bavard.

LANGUE (PAR) : 1. verbalement, oralement; 2. du bout des
  lèvres.

LATINEUR : latiniste.

LATITUDE : étendue.

LAVER : se laver, prendre un bain.

LEANS : là-dedans.

LEÇON : lecture.

LÉGALITÉ : respect des lois.

LÉGITIME (nom) : part intangible d'héritage.

LÉNIMENT : adoucissement.

Lésion : dommage.

Lettiere : litière.

Lettres : lettres patentes (quelquefois).

Liaison : nouement d'aiguillette.

Libertin : affranchi.

Librairie, librerie : bibliothèque.

Libre : qui a son franc parler.

Licentier : autoriser. D'où licentieusement : en toute liberté.

Lieu : terre noble (quelquefois). Monsieur de tel lieu : monsieur Untel.

Linsul : drap.

Lisable : lisible.

Liture : rature.

Livrée (la chance est) : le sort en est jeté.

Logé : situé.

Loi (se donner) : se permettre.

Loise (3ᵉ pers. sing. du subj. de loisir) : qu'il soit permis ou loisible.

Los : louange.

Lot : mesure de quatre pintes (près de quatre de nos litres).

Loy : (quelquefois) droit. Avoir loy : avoir le droit. Se donner loy : se permettre.

Loyer : salaire, récompense.

Luitter : lutter.

Lustre : point de vue, aspect.

Lut (boire à) : faire raison en buvant.

Luxure : luxe.

Mabre : marbre.

Macher : ronger, poindre.

Macheure : tache, machure, bleu.

Maggiordome : majordome.

Magistrat : magistrature.

Maille (faire la — bonne de sa parole) : tenir scrupuleusement sa parole.

Maillol : maillot.

Main : travail.

Main (à) : facile. Avant main : d'avance. À toutes mains : à tout usage. Tout d'une main : à la fois. À main : bien en main, facile.

Maint un : plus d'un, plusieurs.

Maison : maison noble. Enfant de maison : enfant noble. Homme de maison : gentilhomme.

Maistral : qui appartient à un maître.

Maistre : maître de maison.

Maistrise : autorité d'un maître.

MAL (VOULOIR) : vouloir du mal.

MALAISANCE : difficulté.

MALÉFICE : méfait, crime.

MALÉFICIÉ : corrompu.

MALICE : esprit du mal, méchanceté.

MALICIEUX, MALITIEUX : malfaisant, méchant.

MALOTRU : mal bâti.

MALTALENT : haine.

MALVOISIE : vin de la Morée.

MALVOULU : mal vu.

MANIACLE : fou.

MANIE : folie.

MANIER : 1. avoir bien en main, bien connaître; 2. caracoler.

MANQUÉ : défectueux.

MANUFACTURE : travail manuel.

MANUTENTION : maintien.

MARC : fonds, capital. MARC ET TOUT : complètement.

MARCHANDER : être marchand. MARCHANDER DE : 1. hésiter à; 2. entreprendre de; 3. convenir de.

MARCHANDISE : commerce.

MARCHE : démarche.

MARCHÉ (AVOIR MEILLEUR) : se procurer à meilleur prix. TENIR LE MARCHÉ DE : tenir l'engagement de. EMPIRER LE MARCHÉ DE : aggraver le cas de.

MARINE : 1. mer; 2. côte.

MARMITEUX : misérable.

MARQUER : signaler.

MARSELLE : margelle.

MARTINISTE : luthérien (partisan de *Martin* Luther).

MASCHER : meurtrir, mâcher; ronger.

MASTINER : traiter comme un chien.

MATERAS : matelas.

MATIÈRE : idée, essence.

MATINIER : du matin, matineux, matinal.

MAYEUR : maire.

MÉCANIQUE (adj.) : brutal.

MÉCOMPTE : mauvais compte, erreur.

MÉCROYABLE : incroyable.

MEDALE : médaillon.

MÉDECINE : purgatif.

MÉDIANE : veine du coude.

MÉDIOCRE : moyen.

MÉDIOCRITÉ : mesure.

MÉHUMET : Mahomet.

MÉMORIEUX : qui a bonne mémoire.

MÉNAGE, MESNAGE : 1. économie domestique; 2. sage conduite.

MÉNAGER, MESNAGER : qui s'occupe de la maison.

MÉNAGERIE, MESNAGERIE : économie domestique.

Ménestrier : musicien.

Menu (par le) : peu à peu.

Méprendre : échouer.

Mercadence : commerce.

Merci (sa) : grâce à lui. À la merci de : à la faveur de.

Mercier : remercier.

Méritoirement : à juste titre.

Merveille (il n'est pas) : ce n'est pas étonnant (si).

Merveilleux : étonnant.

Mésadvenant : peu aimable.

Mescompter, mesconter : tromper. Se mescompter : se tromper.

Mescroire : ne pas croire.

Meshuy ou mes huy : désormais.

Meslé (nom) : vin trempé d'eau.

Meslouable : non louable, blâmable.

Meslouer: blâmer.

Mesme (être à — ceux) : être dans le cas de ceux. À mesmeque : à mesure que.

Messale : ligne de la main (allant de l'index au petit doigt).

Mestis : neutre, ambigu.

Mestive : moisson.

Meur : mûr.

Meurtrir : tuer.

Mien (du) : de moi.

Mignarder : caresser, baiser.

Mignardise : 1. caresse; 2. délicatesse.

Miliasse : millier, grand nombre.

Milice : métier militaire.

Mine : scène (de théâtre).

Mineux : minaudier, renfrogné.

Minière : mine.

Ministre : serviteur, agent.

Mise : dépense, frais. D'où trouver sa mise : trouver son emploi.

Miséricorde (tenir à sa) : tenir à sa merci.

Mitoyen : médium (chiromancie).

Mixtion : mixture, mélange.

Mode (de — que) : de sorte que.

Modification : modération.

Mœurs, meurs : caractère.

Moiau : moyeu, milieu.

Moïen : mur de milieu.

Moitié (à) : de moitié.

Moleste : pesant.

Mon (c'est) : c'est mon avis. Savoir mon : assurément.

Mondain : terrestre, humain.

Monopole : complot, conjuration.

Monstre : chose extraordinaire.

Mont (à) : en montant, en haut.
Montjoie : amas.
Montre (sur la) : à l'essai. Sans montre : sans se faire voir.
Morfondement : rhume (de cerveau).
Morfondre (se) : s'enrhumer.
Morfondu : enrhumé.
Morvé : émoussé.
Mou : lâche.
Moule : escargot.
Moule (mettre en) : publier.
Mousse : émoussé, obtus.
Mouvoir : pousser à.
Moyen (adj.) : intermédiaire.
Moyenne : ligne de tête (chiromancie).
Moyenner : établir, prouver.
Muable : changeant.
Muance : 1. changement de note; 2. variation.
Mucier : cacher.
Mulcter : condamner.
Mule (ferrer la) : faire danser l'anse du panier.
Mundicité : propreté.
Mundifier : rendre monde (pur), purifier.
Munition : provision.
Musser : cacher.
Mutiner (se) : se fâcher.
My parti : partagé (en deux).
Mythologiser : interpréter dans un sens légendaire.

Naïf : naturel.
Naïveté : caractère naturel.
Nasitort : tord-nez (cresson très piquant).
Nature (être en) : être conservé.
Naturel (air) : air du sol natal.
Naulage : 1. transport en navire; 2. prix de ce transport.
Né à : fait pour.
Néant (de) : sans valeur, vil. Pour néant : en vain. Ce néant
    moins : néanmoins.
Nef : long vase contenant le couvert d'un prince ou d'un hôte de
    marque.
Négoce : affaire. D'où quelquefois négocier : avoir affaire.
Nez (prendre au) : rendre responsable. Renier le nez : froncer
    le nez.
Niais : inné, originel.
Nid : (quelquefois) gîte, source.
Nihilité : nullité.
Noisif : querelleur.

Noix d'Inde : noix de coco.
Nom : renom.
Nombrer : compter, dénombrer.
Nonchallant de : sans souci de.
Nonchalloir (mettre à —) : négliger.
Notice : connaissance.
Nourrir : entretenir, éduquer, former.
Nourriture : éducation, formation.
Nouveau (de) : pour la première fois.
Nouvelleté : innovation, révolution.

Objet : objection.
Oblie (masc.) : oublie (fém.).
Obligation : lien. Sans obligation de : sans s'attacher à.
Obliger : 1. lier; 2. hypothéquer.
Observation : 1. observance; 2. obédience.
Occultation : dissimulation.
Oeins (voir Eins et Ains) : mais.
Office : quelquefois devoir. Tenir en office : maintenir dans le devoir.
Officier : titulaire d'un office, agent.
Oignement : onguent.
Oiseux : oisif.
Ombrage : ombre, fantôme, chimère.
Onc, on(c)ques : jamais.
Oncques puis : jamais plus.
Onéreux : pesant.
Opération : action, effet, résultat.
Opiat : électuaire à l'opium, opiat.
Opination : opinion.
Opposition : objection.
Or, ore, ores : maintenant. Ores..., ores... : tantôt..., tantôt...
   Ores que : bien que. D'ores en avant : dorénavant.
Oraison : traité en prose.
Orbé (adj.) : sans plaie.
Orbière : œillère.
Ord : sale (d'où ordure).
Ordonnance : ordre.
Ordonner : faire payer.
Orée : bord.
Orer : parler.
Oriunde : originaire.
Ost : armée.
Otevant : auvent.
Ouvrer : agir. À l'ouvrer : à l'ouvrage, à l'action.
Ouvrier (adj.) : de travail.
Ouvroir : atelier.

PAILLE (ROMPRE — AVEC) : se brouiller avec.

PAIN-SOUPE : pain pour la soupe. DE MÊME PAIN-SOUPE : de la même façon.

PAIR (À — DE) : à l'égal de.

PAISTRE : repaître.

PAJAZET : Bajazet.

PAL : au pluriel PAUX, pieu(s).

PALESTINE : lutte à la palestre.

PALOT : palet (au jeu de paume). TENIR PALOT : lutter à forces égales.

PAN : empan.

PANCARTE : papier.

PANDRE : être en pente.

PANNEAU : pan (de vêtement).

PANSILE : rideau, tenture.

PAR AINSI : tout à fait ainsi.

PARANGON (AU — DE) : en comparaison de.

PARANGONNER : comparer.

PAR APRÈS : immédiatement après.

PARCIMONIE : épargne.

PAREMENT : 1. parure; 2. parade.

PARENTELLE : parenté.

PARFOURNIR : 1. achever de fournir; 2. parfaire.

PARLEMENT : pourparlers.

PARLIER : parleur, bavard.

PART : parti, faction.

PART (PRÉTENDRE — À) : réclamer sa part de.

PARTANT : pour autant, par conséquent.

PARTEMENT : départ.

PARTIE : rôle, qualité, entreprise, complot; (en justice) : l'une des parties.

PARTIR : répartir, partager. PARTIR À : répartir entre.

PARTISAN : participant à.

PARTITION, PARTICION : répartition, partage.

PAS : 1. démarche, allure; 2. passage (en montagne).

PASSER : 1. dépasser; 2. parcourir. SE PASSER : s'abstenir.

PASSION : impression.

PASTISSAGE : arrangement improvisé.

PASTISSER : arranger; cuisiner, faire une pâtisserie.

PATINOSTRE : chapelet.

PATRON : modèle.

PAUSES (À) : par intervalles.

PAVESADE : rangée de pavois en boucliers.

PAVILLON : rideau.

PAYER : satisfaire. SE PAYER DE : se satisfaire de.

PÉCULIER : particulier.

PÉDAGOGISME : pédagogie, méthode d'enseignement.

PEDANTE : magister.

PEINDRE : écrire.

Peine (À — que) : peu s'en faut que. À toutes peines : à grand'peine.

Peineux : pénible, douloureux.

Peinture : apparence.

Pelaudé : maltraité, roué de coups.

Pellegrin : étranger (de passage).

Pellucide : transparent.

Peloter : jongler comme avec une pelote, se jouer de.

Pendre : 1. dépendre; 2. pencher.

Pener (se) : se donner du mal, de la peine.

Pensement : pensée.

Perdurable : éternel.

Perdurer : durer toujours.

Peregrin : étranger (de passage). D'où peregriner : voyager.

Perenne : perpétuel.

Perflable : perméable aux souffles de l'air.

Perifrase : paraphrase.

Perquisition : recherche obstinée.

Pétarder : faire sauter avec un pétard.

Peu (À — que) : peu s'en faut que.

Peupler : pulluler.

Peuples : populations.

Picoreur : maraudeur.

Piéça : il y a longtemps.

Pièce : partie. Longue pièce, bonne pièce : longtemps.

Pied (mettre au) : rabaisser. Pied coi : sans bouger. Gens de pied : piétaille, fantassins.

Pigne : peigne.

Pile : javelot.

Piller : piler.

Pinceter : épiler (avec des pinces).

Pinon : pignon.

Pinser : critiquer.

Piquer : piquer de l'éperon, éperonner.

Pire (avoir du) : avoir le dessous.

Pistolet : demi-pistole.

Piteux : digne de pitié, malheureux.

Place (en la) : sur la place publique.

Plachié, planchier : 1. planche, pédale; 2. plafond.

Plain, plein : plan, plat.

Plaindre, pleindre : 1. ménager; 2. regretter; 3. donner à regret.

Plaine : plateau.

Plant : position.

Plant : plan, plat.

Planter : poser, placer, établir.

Plate peinture : fresque.

Pleuvir, plevir : garantir.

Pliente : linge plié.

Plombe : pesant.

Plus : (quelquefois) le plus.

Poche : sac.

Podagrique : podagre.

Poele : pelle.

Poignant : piquant.

Poil : cheveux, barbe. Se faire le poil : se raser.

Poin(c)t (à mon) : à propos pour moi, à mon heure.

Poindre : piquer, blesser.

Pointe : finesse. Courir sa pointe : courir droit devant soi. Faillir
sa pointe : échouer.

Pointillé : détail.

Pointure : piqûre, atteinte.

Poisant : pesant.

Poisanteur : pesanteur.

Poisle, poile, poyle : salle chauffée d'un poêle.

Polac (adj.) : polonais.

Police : gouvernement.

Policé : bien gouverné.

Polie : poulie.

Polissure : élégance.

Pollu : souillé.

Poltronesque : poltron.

Popitre : estrade.

Populaire (adj.) : 1. vulgaire; 2. ami du peuple.

Porter : comporter, supporter. Porter que : vouloir que. Se
porter : se conduire.

Portoire : brancard.

Poste (à son) (à leur) : à sa (leur) guise.

Postposer : subordonner.

Postrème : le plus éloigné.

Potesta : podestat.

Pouignard : poignard.

Pouillier : poulailler.

Pouinture : douleur poignante.

Pour ce que : parce que.

Pourpenser : méditer.

Pourpoinct (en) : sans manteau.

Pourpris : 1. pourtour, enceinte; 2. siège.

Pourtant : par suite, pour autant.

Pourtraire : faire le portrait de.

Pourvoyance : prévoyance.

Pouvoir : 1. avoir de la puissance; 2. contenir.

Pra(c)tique (nom) : réalisation, expérience; (adj.): expérimenté.

Pra(c)tiquer : attirer à soi.

Précédence : préséance.

Préceller : exceller.

Prêcheur : prédicateur.
Précipite : à pic.
Prédicament : sujet, sorte.
Préférence : supériorité.
Préfix : fixé d'avance.
Préjudice : préjugé.
Prélater (se) : se prélasser.
Préméditation : méditation préalable.
Préoccupation : prévention.
Prépointier : fabricant ou marchand de pourpoints.
Prescription : prédestination.
Présence : prestance.
Presse : 1. foule; 2. embarras; 3. douleur.
Presser : 1. accabler, faire souffrir; 2. contraindre.
Prêt à : près de.
Prêter : fournir, accorder.
Preuve : épreuve.
Prévenir : devancer.
Primement : avec une attention particulière.
Prim-saut, prinsaut : spontanéité, primesaut.
Principesques : de gouvernement.
Principient : débutant, novice.
Prise (en) : enclin à, exposé à.
Privé : particulier.
Privez (les) : les particuliers.
Privilégier (se) : s'attribuer comme un privilège.
Procérité : taille élancée.
Proche (le) : le prochain.
Proclive : incliné vers, facile.
Prodige : présage.
Profès : déclaré.
Professoirement : spécialement.
Prof(f)iter : rendre service.
Profluvion : écoulement.
Profonder : approfondir.
Prognostication : pronostic, prophétie.
Promiscue : bas.
Propétrer : rendre favorable, concilier.
Propre (nom). Au propre de : dans le vif de. Se trouver au
    propre : être en plein danger. Mettre au propre de :
    mettre à même de. En son propre : en son particulier,
    personnellement.
Proprement : au sens propre.
Propriété : commodité.
Prospect : perspective, point de vue.
Prosterner : abattre.
Protocole (ou porte cole) : souffleur (au théâtre).
Prou : assez, beaucoup.

Prouvoir : pourvoir, prescrire.
Providence : prévoyance.
Pruant : qui démange.
Publique (masc.) : public.
Puérilité : âge de l'enfance.
Puir : puer.
Puplé : peuplé.
Pur : purement (quelquefois).

Quand et, quand et quand : avec, en même temps que.
Quant : combien.
Quartier (à — de) : à l'écart de.
Quatrain : petite pièce de monnaie.
Que : (quelquefois) de sorte que.
Que (ce —) : quant au fait que.
Quest : gain.
Queste : recherche.
Questuaire, questuère : mercenaire; intéressé.
Queux : voir cueux.
Qui : tel.
Quitter : remettre, céder. Quitter de : tenir quitte de.
Quoy : coi.

Rabbi : rabbin.
Rabillage : réparation, restauration, réfection.
Race : famille.
Rac(c)ointer : fréquenter.
Racoisé : calmé.
Rafreschir : refaire, reposer.
Rafreschissement : repos.
Raide : fort.
Raison : compte (quelquefois). Raison (à grande) : à bon compte.
   Livre de raison : livre de comptes. Mener à raison : défaire,
   faire prisonnier.
Raller : aller.
Rallier : réunir.
Ramée : tonnelle.
Ramener (se) : se raviser.
Ramenter, ramentevoir : remettre en mémoire, rappeler.
Rang (de) : de suite.
Ranger à : réduire, contraindre, forcer.
Rapporter : ressembler à, avoir du rapport avec, représenter.
Rapriser : rapiécer, repriser.
Rass(e)oir (se) : s'arrêter.
Rassurer : assurer, affermir.
Raviser : réviser.

Reboucher : émousser.
Rebours : rétif, récalcitrant, difficile.
Rebras : retroussis.
Rebrasser : retrousser.
Receveur : régisseur.
Recevoir : percevoir. Recevoir à : admettre que.
Recharger : surcharger.
Réciter : raconter.
Recognoistre : connaître; passer en revue.
Recommandation : estime.
Récompense : compensation.
Reconnaissance : aveu.
Reconnaître : passer en revue.
Recordation : souvenir.
Recors : témoin.
Recourir : secourir, délivrer.
Recousse : reprise.
Recouvrer : acheter.
Recueil : accueil.
Recueillir : accueillir, rassembler.
Reculement : éloignement, exil, disgrâce.
Reformation : possession de soi-même.
Refort : raifort.
Refreschir : rafraîchir.
Refuir : 1. fuir; 2. refuser.
Regale : jeu d'orgue.
Regard (pour son) : en ce qui le concerne, quant à lui.
Regardé : considéré.
Régence : 1. leçon de professeur ou régent; 2. empire.
Régenter : être professeur ou magister.
Régiment : catégorie.
Registre : recueil, liste.
Réglement : régulièrement.
Regorger : 1. dégorger, vomir; 2. refluer.
Relaxation : dévoiement ou flux intestinal.
Religieux : scrupuleux. D'où religieusement : scrupuleuse-
   ment.
Religion : 1. maison religieuse; 2. couvent; 3. scrupule. C'est
   religion de : on a scrupule à.
Reliquer : rester.
Remarquer : 1. marquer; 2. désigner.
Rembarrer : enclore.
Remise : retour.
Remuer de : déguerpir de.
Rencontre : jeu de mots, calembour (quelquefois). De rencontre,
   par rencontre : par hasard.
Rencontrer : réussir. Rencontrer à : se rencontrer avec.
Rengregement : aggravation.

RENGREGER : aggraver, augmenter.
RENIÉ : renégat.
RENONCER : abandonner, céder.
RÉPARATION : correction.
REPASSER : revoir plusieurs fois.
REPENTABLE : capable de se repentir.
RÉPONDRE : 1. correspondre; 2. affirmer.
REPRÉSENTER : quelquefois imiter.
REPROCHABLE : qui mérite des reproches.
RÉSIGNER : 1. assigner; 2. abandonner.
RÉSOLUTIF : décisif, impératif.
RÉSOUDRE (SE — DE) : décider que.
RESSÉANT : résident, sédentaire.
RESSENTIR (SE) : 1. s'apercevoir; 2. éprouver du plaisir.
RESSERÉ, RESSERRÉ: chiche.
RESSINER ou RECINER : faire collation.
RESTE (FAIRE DE) : mettre en réserve.
RESTE (IL NE) : il ne manque.
RESTER : manquer de.
RETASTER : réviser.
RETENTER : réessayer.
RETENTION : mémoire.
RETENUEMENT : avec retenue.
RETIRER À : avoir pour cause.
RETIRER : donner asile à. RETIRER À : ressembler à.
RETRAICT, RETRET : lieux d'aisance.
RÉTRAINT : regardant, chiche.
REVANCHE : retour, revanche.
REVENIR À : s'entendre.
RÉVÉRENTIAL : respectable, respecté.
REVERS (nom) : rebours.
REVERS (adj.) : bizarre.
RHABILLER, RAJUSTER : réparer (voir RABILLAGE).
RHEUME, REUME : rhume.
RIEN : en rien.
RIFOR : raifort.
RIOTTE : 1. plaisanterie; 2. querelle.
RISIBLE : rieur.
RODER : tourner.
ROLLE (METTRE EN) : enregistrer.
ROMMELER : grommeler, geindre.
ROMPRE : mettre en déroute, disloquer.
RONDELIER : porteur de rondache.
ROUER : tourner.
ROUET (METTRE AU) : pousser à bout.
ROUSSIN : roncin (cheval de labour ou de charge).
ROUTE : déroute.
RUDE : grossier.

Ruer : lancer.
Rupture : hernie ombilicale.

S. : abréviation pour sol, sou.
Sabouler : houspiller.
Sacraire, sacrere : sanctuaire.
Sagette : flèche.
Salade : casque (de cavalier).
Sanctimonie : sainteté.
Sans : sens.
Santir, sentir : être ému, ressentir.
Sapience : sagesse.
Sarge : serge.
Saturité : satiété.
Sauveté : sécurité, salut.
Savoir, sçavoir : réussir (quelquefois).
Saye : sayon, manteau.
Scabreux : escarpé.
Scarrebillat : éveillé, alerte.
Science : conscience.
Scisi : coupé.
Scrupuleux : tâtillon.
Sédon : séton.
Seing : marque, signet.
Séjour : repos. Sans séjour : sans repos. Envoyer au séjour :
    mettre au repos, à la retraite.
Séjourner : se reposer.
Séjourner (se) : s'abstenir.
Selon soi : à son gré.
Semblance : apparence.
Sembler à : ressembler à.
Semon : 1. semoncé; 2. incité.
Sentir à : avoir l'odeur de.
Seoir (se) : être assis.
Séquestrer : mettre à part.
Sereiner : rasséréner.
Sergent de bande : sergent de bataille.
Seur : sûr. D'où seurté : sûreté.
Siccité : sécheresse.
Siée, sièse : subj. de seoir.
Sier : mouvoir.
Sier : ramer. Sier arrière : reculer.
Sièsent : siéent (verbe).
Si et si : et si pourtant. Si est-ce que : encore est-il que. Par tel
    si que : sous condition que.
Signamment : notamment.
Siller : ciller.

Similitude : ressemblance, comparaison.

Singulier : unique, extraordinaire.

Singulièrement : particulièrement.

Sit (nom) : site.

Société : alliance, union, communauté.

Soit : peut-être. Soit pour (infinitif) : peut-être parce que.

Solage : sol.

Solemne : exceptionnel.

Sol(l)icitude : inquiétude.

Sombre : sans éclat, obscur.

Somme : en somme. Somme que: si bien qu'en fin de compte.

Somptueux : dépensier.

Songneux : soigneux.

Sonner : porter littéralement.

Sonneur : joueur (de cor, etc.).

Sorcerie : sorcellerie.

Sortable : assorti, approprié.

Sortablement : facilement.

Soudain que : dès que, aussitôt que.

Souef, souefve : suave.

Souguenie : souquenille.

Souhaiter : regretter.

Soûler : rassasier.

Souloir : avoir l'habitude de.

Sourdre (se) : s'échapper.

Soustènement : résistance.

Soustenir : 1. supporter (une attaque), résister; 2. suspendre (son jugement).

Spartain : Spartiate.

Spiritato : possédé.

Strette : attaque.

Suader : persuader.

Substance : permanence.

Succéder : 1. aboutir; 2. réussir. Il leur succéda : ils réussirent, le succès couronna leurs efforts.

Succès : issue, événement.

Suffisamment : habilement.

Suffisance : capacité, habileté.

Suffisant : habile.

Suite : 1. dépendance; 2. conséquence.

Suivant : serviteur.

Suivre : poursuivre.

Sujet (nom) : objet.

Sujet (adj.) : communicant.

Sujet à : assujetti à.

Sul : seul.

Supérérogation : action allant au delà de l'obligation.

Suppéditant : supplantant.

SUPPLER : suppléer, remplacer.
SUPPORT : soulagement, appui.
SUPPOT : agent.
SUR : sœur.
SURMONTER : surpasser, vaincre.
SURNOM : nom de famille.
SURPOIDS : surcharge.
SURPRENDRE DE : prendre sur le fait.
SUS (METTRE) : établir.
SUSPENS : suspendu.
SUS TOUT : aussitôt.
SYNDIQUER : critiquer.

TABLE (POUR) : pour repas.
TABLIER : jeu de table (échecs, dames, etc.).
TABOURIN : tambourin.
TABUT : chahut.
TACHÉ : taxé.
TAILLER : opérer de la pierre.
TAIRE (nom) : silence.
TAMBURLAN : Tamerlan.
TAMPESTER (SE) : se démener, se convulser.
TANTÔT (adv.) : bientôt; (nom) cet après-midi.
TANT Y A : toujours est-il. POUR TANT : c'est pourquoi.
TARGE : bouclier. SE METTRE SUR SA TARGE : mettre son bouclier,
    se mettre sur ses gardes.
TARGUER (SE) : s'armer (comme d'une targe).
TATER : gouter.
TAXER : allouer.
TEL QU'IL SOIT : quel qu'il soit.
TEMPÉRAMENT : modération, mesure.
TEMPÉRATURE : tempérament.
TEMPÊTER (trans.) : agiter. SE TEMPÊTER : s'agiter, se démener.
TENANT : 1. défendeur; 2. assiégé, défenseur.
TENDRE : délicat.
TENEUR : continuité.
TENIR : 1. soutenir; 2. croire, estimer; 3. retenir.
TENUE : constance.
TERME : délai, limite. ÊTRE EN TERMES DE : risquer de. ÊTRE SUR
    LES TERMES : être en mesure de.
TEST : crâne.
TESTONNER : 1. arranger la tête; 2. se peigner; 3. s'habiller, s'attifer,
    se parer.
TIERS : troisième.
TIMBRE : auge.
TIRASSER : tirailler.
TIRER : aller. TIRER ROUTE : faire route. TIRER OU SE TIRER

ARRIÈRE : reculer, s'éloigner. TIRER DE : tirer parti de. TIRER
  APRÈS : reproduire d'après.
TIRER : percevoir.
TIREUX : tireur (d'aviron).
TITRE : 1. titre de propriété; 2. raison valable.
TOL(L)ÉRANCE : endurance.
TOMBER : 1. tomber juste; 2. tomber d'accord. TOMBER SUR :
  se rencontrer avec.
TORT : tordu.
TOUCHE : 1. pierre de touche; 2. épreuve.
TOUCHER : mettre à l'épreuve.
TOUER : haler, remorquer.
TOURBE : foule.
TOURMENT : torture.
TOURNEBOULER : chambouler, bouleverser.
TOURNEVISER : chambouler, bouleverser.
TOURS (À) : tour à tour.
TOUT (À) : avec. DU TOUT : entièrement. TOUT EN LA MANIÈRE :
  pareillement.
TRACASSER : remuer, agiter.
TRAFIQUE : occupation; commerce.
TRAHIR : livrer.
TRAIN (TOUT D'UN) : à la fois, tout de suite.
TRAIT : tiré.
TRAJECTER : transporter.
TRANCHANT : écuyer tranchant.
TRANCHER : couper.
TRANSI : impressionné.
TRASSEURE, TRASSURE : trait de plume.
TRAVAIL : tourment, torture.
TRAVAILLER (SE) : se torturer.
TRAVERSE : traversée, passage.
TREMPE : caractère.
TRESSUER : suer abondamment.
TRETE : traite.
TRETEMENT : traitement.
TRÉTOUS : tous sans exception.
TREUIL : pressoir.
TRICOTTERIE : chicane, tricherie.
TROQUE (masc.) : troc.
TROTTOIR : piste (de manège).
TUBERCLE : saillie, protubérance (chiromancie).
TUITION : protection.
TUMULTUAIRE : désordonné, troublé.

UBERTÉ : fécondité, fertilité.
UNIVERSEL : uniforme.

Université : universalité.
Usage (hors d') : exceptionnel.
Usange : usage.
User (s') : s'employer.
Util : outil, ustensile.

Vacation : occupation, métier.
Vagant : errant.
Vaillant (nom) : capital, liens propres.
Vaisseau, vesseau : 1. vase; 2. tonneau.
Val (à) : en descendant.
Veiller : surveiller.
Vendiquer : revendiquer.
Venin : poison.
Vent (mettre au) : exposer, risquer.
Ventance : vantardise, vanterie.
Vêpre : soir.
Verbeux : verbal.
Vergoigne, vergongne, vergougne : honte.
Vérisimilitude : vraisemblance.
Vérité (à la) : véritablement, vraiment.
Verser : se comporter.
Vertu : courage.
Vertueux : courageux.
Verve : fantaisie.
Vetturin : voiturier.
Viande : nourriture.
Vif : vivant.
Vilete : bourgade.
Virer : faire tourner.
Vis : escalier.
Vis : visage. Sur la vis : en face de.
Visage : apparence, aspect, sorte.
Vismes (nous) : nous vînmes (du verbe venir).
Vitale : ligne de vie (chiromancie).
Vocation : profession.
Voglie : volonté.
Voirie : 1. chemins; 2. détritus jetés sur un chemin.
Voiture : transport (quelquefois).
Voix : parole (quelquefois).
Volonté : bonne volonté, bienveillance.
Volontiers : 1. d'habitude; 2. sans doute.
Volubilité : mobilité, agilité.
Vôte : voûte.
Vousit : voulut (du verbe vouloir).
Voyage : expédition (militaire).
Voyel (adj.) : verbal.

Voyre : oui, même. Voyre et : et même. Voyre mais : oui mais.
Voyrement : vraiment.
Vulgaire (il était — de) : c'était l'usage de.

Zatte : train de bois, radeau.

NOTE BIBLIOGRAPHIQUE

NOTE BIBLIOGRAPHIQUE

I. PRINCIPALES ÉDITIONS DES « ESSAIS »

1580. Les Essais de Messire Michel, Seigneur de Montaigne, chevalier de l'Ordre du Roi et gentilhomme ordinaire de sa chambre. Livres I et II. A Bourdeaus, par S. Millanges, imprimeur ordinaire du Roi. 2 vol. in-8°.

> Édition originale. Les deux volumes sont généralement reliés en un.

1582. Les Essais Par Messire Michel, Seigneur de Montaigne, chevalier de l'Ordre du Roi et gentilhomme de sa chambre, maire et gouverneur de Bourdeaus. Édition seconde, revue et augmentée. A Bourdeaus par S. Millanges, imprimeur ordinaire du Roi. Un vol. in 8°.

> Édition du retour d'Italie, avec des additions qui font parfois allusion à ce voyage. Les citations des poètes italiens datent toutes de cette édition.

1587. Les Essais... A Paris, chez Jean Richer. Un vol. in-12.

> Première édition parisienne.

1588. Les Essais... Cinquième édition, augmentée d'un Troisième livre et de six cents additions aux deux premiers. Paris, Abel l'Angelier. Un vol. in-4°.

> Dernière édition du vivant de Montaigne, sur un exemplaire de laquelle il a ajouté de nombreuses notes, des suppléments, et fait des corrections. C'est cet exemplaire qui, après avoir été recopié par les soins de Pierre de Brach pour servir à l'édition de 1595 procurée par Mlle de Gournay, a été donné par Mme de Montaigne aux Feuillants de Bordeaux. A la Révolution, il est passé dans la Bibliothèque de Bordeaux et sert de texte de base à presque toutes les éditions des *Essais* depuis le xx\ :sup:`e` siècle. Il est désigné communément sous le nom d'*Exemplaire de Bordeaux.*

1595. Les Essais... Édition nouvelle trouvée après le décès de l'auteur, revue et augmentée par lui d'un tiers plus qu'aux précédentes impressions. Paris, Abel l'Angelier. Un vol. in-folio.

C'est l'édition préparée sur l'exemplaire des Feuillants (ou de Bordeaux) par Pierre de Brach et publiée par Mlle de Gournay avec une importante préface, fort intéressante, qu'elle rétracta dans une note de l'édition suivante (1598).

1617. LES ESSAIS... Édition nouvelle, enrichie d'annotations en marge, du nom des auteurs cités et de la version du latin d'iceux, corrigée et augmentée... Paris, Charles Sevestre. Un vol. in 4°.

Préface de 1595 refondue, et premières traductions françaises des passages latins cités : traductions établies par Mlle de Gournay, Bergeron, Martinière et Bignon.

1635. LES ESSAIS... Édition nouvelle, exactement corrigée selon le vrai exemplaire ; enrichie à la marge des noms des auteurs cités et de la version de leurs passages, mise à la fin de chaque chapitre, avec la vie de l'auteur ; plus deux tables, l'une des chapitres et l'autre des principales matières. Paris, Jean Camusat. Un vol. in-folio.

C'est l'édition définitive de Mlle de Gournay, dédiée au cardinal de Richelieu, avec la préface de 1595, une nouvelle fois refondue. Cette édition a servi au xixᵉ siècle de texte de base à de nombreuses éditions courantes. Payen, puis Armaingaud, ont fait connaître les raisons pour lesquelles elle n'en était pas digne.

1724. LES ESSAIS... Nouvelle édition faite sur les plus anciennes et les plus correctes, augmentée de quelques lettres de l'auteur, et où les passages grecs, latins et italiens sont traduits plus fidèlement et cités plus exactement que dans aucune des éditions précédentes, avec de courtes remarques et de nouveaux indices plus amples et plus utiles que ceux qui avaient paru jusqu'ici ; par Pierre Coste. Londres, de l'imprimerie de J. Tonson et J. Watts. 3 vol. in 4°.

C'est la grande édition du xviiiᵉ siècle, reproduite et améliorée dans la suite. Elle contient d'excellentes notes, des traductions nouvelles, et une orthographe rajeunie, nécessaire au lecteur du xviiiᵉ siècle. Un supplément à cette édition parut en 1740 à Londres sous le titre : *Supplément aux Essais de Michel, seigneur de Montaigne. (Londres, G. Darres et J. Brindley. Un vol. in-4°.)*

1802. ESSAIS... Édition stéréotype. Paris, imprimerie de P. et F. Didot. 4 vol. in 8°.

L'éditeur est Naigeon. Importante, parce qu'elle est la première qui tienne compte du texte autographe de l'exemplaire de Bordeaux. La préface antichrétienne de Naigeon a été supprimée de presque tous les exemplaires.

1870-1873. ESSAIS... Texte original de 1580, avec les variantes de 1582 et 1587, publié par R. Dezeimeris et H. Barckhausen.

Bordeaux, Feret et fils. 2 vol. in-8º. (Publication de la Société des Bibliophiles de Guyenne.)

1873-1875. LES ESSAIS... Réimprimés sur l'édition de 1588 par MM. H. Motheau et D. Jouaust, précédés d'une note par M. Silvestre de Sacy. Paris, Librairie des Bibliophiles. 4 vol. in-8º.

1872-1900 LES ESSAIS... Par E. Courbet et Ch. Royer. Paris. A. Lemerre. 5 vol. in-8º.

> Réimpression scrupuleuse de l'édition de 1595, alors dénaturée dans les éditions courantes. Travail d'érudition important et consciencieux.

1906-1933. LES ESSAIS... Publiés d'après l'exemplaire de Bordeaux par Fortunat Strowski (et Gebelin). Bordeaux, imprimerie de F. Pech. 5 vol. in 4º. (Trois volumes de texte, un volume de notes par Pierre Villey et un volume de lexique de miss Grace Norton.)

> Texte de base de toutes les éditions postérieures de Montaigne. L'exemplaire de Bordeaux est rendu encore plus accessible par la reproduction en phototypie publiée en 1912 chez Hachette (3 vol. in 4º) et la reproduction typographique (3 vol. de l'Imprimerie Nationale, 1926-1931). Cette édition est appelée généralement l'*Édition Municipale*.

1922-1923. LES ESSAIS... Nouvelle édition conforme au texte de l'exemplaire de Bordeaux, avec les additions de l'édition posthume, l'explication des termes vieillis et la traduction des citations, une chronologie de la vie et de l'œuvre de Montaigne, des notices et un index, par Pierre Villey. Paris, Alcan. 3 vol. in-8º.

> Cette édition a été revisée et augmentée en 1930-1931. Elle a apporté une contribution capitale à la connaissance de Montaigne, mais elle n'est pas exempte de fautes de texte. La mort accidentelle de Pierre Villey, maître et doyen de l'érudition montaniste, auquel tous les éditeurs postérieurs sont redevables, a attristé l'année du quatrième centenaire de Montaigne.

1924-1928. ŒUVRES COMPLÈTES... (12 vol. in-16). Tomes I-IV, LES ESSAIS. Texte du manuscrit de Bordeaux. Étude, commentaires et notes par le docteur A. Armaingaud. Paris, Louis Conard.

> Le commentaire de cette édition est aventureux, mais elle donne les variantes du texte de 1580 à 1595.

1931-1933. ESSAIS... Texte établi et présenté par Jean Plattard. Paris, Fernand Roches. Collection *les Textes français*. 6 vol. in-8º.

1933. ESSAIS... Texte établi et annoté par Albert Thibaudet, 14e volume de la *Collection de la Pléiade*. Paris, Nouvelle Revue Française.

Première édition portative en un volume, plusieurs fois rééditée depuis lors, et encore en 1961.

1942. ESSAIS. Édition conforme au texte de l'exemplaire de Bordeaux, avec les additions de l'édition posthume, les principales variantes, une introduction, des notes et un index, par Maurice Rat. 3 vol. in-16. Paris, Garnier.

1952. LES ESSAIS DE MICHEL DE MONTAIGNE, précédés d'une étude, d'un avertissement et de fac-similés, suivis de notes et d'un index accompagnés d'un glossaire et présentés par S. de Sacy. 2 vol. Club français du livre.

1955-1957. ESSAIS. Publiés avec un avertissement et des notes par Pierre Michel. 5 vol. reliés et illustrés de la collection Astrée. Paris, Club du Meilleur Livre. Le texte des *Essais* y est publié en français moderne.

On consultera en outre avec fruit de diligentes éditions partielles de certains chapitres des *Essais* :

De l'Institution des Enfants, par Gustave Michaut. Paris, de Boccard, 1924.

Du Pédantisme, id., ibid., 1936.

Des Livres, id., ibid., 1936.

Apologie de Raymond Sebon, par Paul Porteau. Paris, Aubier, 1937.

Trois Essais (I, 39; II, 1; III, 2) expliqués par G. Gougenheim (commentaire grammatical) et par P. M. Schuhl (commentaire philosophique), *Collection des Textes philosophiques.* Un vol. Paris, Vrin, 1953.

Il sied enfin de signaler qu'il existe des traductions des *Essais* en Allemagne, en Angleterre, aux États-Unis, en Italie, en Hollande, en Hongrie, au Japon.

II. PRINCIPALES ÉDITIONS DU « JOURNAL DE VOYAGE EN ITALIE »

1774. Éditions originales, toutes parues sous le titre de : *Journal du Voyage de Michel de Montaigne en Italie, par la Suisse et l'Allemagne, en 1580 et 1581 ;* avec des notes par M. de Querlon. A Rome, et se trouve à Paris, chez Le Jay, libraire, rue Saint-Jacques, au Grand-Corneille :

a) Édition en un volume in-4° grand papier, de LIV-416 pages, vendu en feuilles 18 livres, relié 21 livres;

b) Édition en deux volumes in-12 grand papier, de CVIII-324 et 601 pages, vendus en feuilles 5 livres, reliés 6 livres;

c) Édition en trois volumes in-12 petit papier, de CXXXVI-214, 323, 461 pages, vendus en feuilles 4 livres 10 sols, reliés 7 livres 10 sols.

Ces trois éditions sont ornées d'un portrait de Montaigne, gravé par Saint-Aubin, d'après un original appartenant au comte de Ségur.

Deux autres éditions succédèrent aux originales, toutes les deux dues encore à Meusnier de Querlon : l'une en deux volumes in-12, parue à la fin de 1774; l'autre, en trois volumes in-12, parue en 1775. Dans l'une et l'autre le texte italien est retranché et l'on n'en donne que la traduction.

1889. *L'Italia alla fine del secolo XVI. Giornale del viaggo di Michele de Montaigne in Italia nel 1580 e 1581,* avec une introduction et des notes du professeur Alessandro d'Ancona. A Città di Castello.

Cette édition, qui s'adresse au public italien, ne comporte naturellement pas de traduction du texte italien de Montaigne. Le professeur d'Ancona y a ajouté, en 1895, un commode *Index alphabétique,* formant ainsi un volume in-8° de LV-719 pages.

1906. *Montaigne, Journal de voyage,* publié avec une introduction, des notes, une table des noms propres et la traduction du texte italien de Montaigne, par Louis Lautrey. Un volume in-8° de 536 pages. A Paris, librairie Hachette.

Cette édition, où une traduction nouvelle du texte italien de Montaigne a été substituée à la traduction Querlon-Bartoli, a été réimprimée en 1909.
La traduction de Lautrey est plus précise, mais, il faut bien le dire, beaucoup moins aisée et moins agréable que celle de Querlon-Bartoli.

1923. Montaigne, *Journal de Voyage,* tomes 7 et 8 de l'édition des *Œuvres complètes,* publiée par le Dr Armaingaud, Paris, Conard.

Cette édition est accompagnée d'une carte établie par M. Doré indiquant l'itinéraire suivi par Montaigne.

1942. Montaigne, *Journal du Voyage en Italie par la Suisse et l'Allemagne en 1580 et 1581,* publiée avec une introduction, des notes, un appendice et les principales variantes par Maurice Rat, en un volume in-16° de XXXII-306 pages. Paris, Garnier.

1954. *Journal du Voyage de Michel de Montaigne en Italie par la Suisse et l'Allemagne en 1580 et 1581*, précédé d'une étude et d'un avertissement... suivi d'annexes diverses et de notes, accompagné d'un glossaire et présenté par S. de Sacy.

III. PRINCIPALES ÉDITIONS DES « LETTRES »

Aucune n'est bonne, non pas même celle qu'à donnée dans les *Œuvres complètes* le Dr Armaingaud. Une édition savante est en cours, préparée par M. Roger Trinquet.

IV. PRINCIPALES ÉDITIONS DU « JOURNAL DE RAISON »

Une seule, malgré quelques erreurs de lecture, est satisfaisante, celle de M. Jean Marchand, édition des Arts graphiques (1948).

V. PRINCIPAUX TRAVAUX SUR MONTAIGNE

BIOGRAPHIE

Le livre le plus complet reste celui de Paul Bonnefon, *Montaigne et ses amis,* 2 vol. in-16, Paris, Colin, 1897; 2e édition, Colin, 1928 — en attendant que paraisse la vaste et minutieuse *Biographie* que prépare M. Roger Trinquet, qui apporte beaucoup de faits nouveaux et corrige maintes erreurs.

On consultera aussi, avec plaisir et profit, le savoureux *Montaigne intime* d'Alexandre Nicolaï (un vol., Aubier, 1941), grâce aux patientes recherches duquel de nombreuses zones d'ombre se trouvent éclaircies, notamment sur les rapports de Montaigne et de sa mère et sur la vie de famille de Michel, et, du même auteur, *les Belles Amies de Montaigne* (un vol., Dumas, 1949).

Paul Courteault a consacré deux articles documentés à *la Mère de Montaigne* dans la *Revue historique de Bordeaux* (janvier-février et mars-avril 1933); Paul Laumonier a esquissé une *Madame de Montaigne d'après les Essais,* dans les *Mélanges Lefranc,* 1936; Maurice Rat a publié *le Ménage de Montaigne,* Société des Amis de Montaigne, 1954.

On pourra lire encore la charmante étude de Mme Houdard de la Motte, *Michel de Montaigne mon aïeul,* Société des Amis de Montaigne, 1955.

Sur la nièce de Montaigne, Jeanne de Leſtonnac, canonisée le 15 mai 1949, on consultera une plaquette du chanoine Entraygues, *Une nièce de Montaigne, la bienheureuse Jeanne de Leſtonnac,* publiée à Périgueux chez l'auteur, 5, rue Littré, en 1938, et, de Daniel-Rops, *Montaigne et sa sainte nièce,* Société des Amis de Montaigne, 1960.

Signalons enfin que Nicolaï a laissé en manuscrit un ouvrage, *les Amis de Montaigne,* dont certains chapitres ont été publiés dans le *Bulletin des Amis de Montaigne.*

ÉTUDES D'ENSEMBLE

Deux ouvrages, l'un de Jean Plattard, *État présent des études sur Montaigne,* les Belles-Lettres, 1935; l'autre, de Pierre Moreau, *Montaigne, l'homme et l'œuvre,* Boivin, 1938, offrent une introduction subſtantielle (à leur date) à la lecture de Montaigne.

Les études essentielles sont celles de Fortunat Strowski, *Montaigne* (Alcan, 1906); *De Montaigne à Pascal,* qui conſtitue le premier tome de l'ouvrage *Pascal et son temps* (Plon, 1909) ; *la Sagesse française* (Plon, 1925); *Montaigne* (Éditions de la Nouvelle Revue Critique, 1938) — de Pierre Villey, *les Sources et l'Évolution des Essais* (2 vol. Hachette, 1908; 2e éd. 1933); *les Essais de Montaigne* (Malfère, 1932); *Montaigne* (Rieder, 1933) — de H. Friedrich, professeur à Fribourg, un *Montaigne* en allemand (Bern, 1949) et de Donald M. Frame, professeur à Columbia University, un important *Montaigne* en langue anglaise.

On pourra lire aussi l'ouvrage cursif de G. Lanson, *les Essais de Montaigne* (Mellotée, 1929), l'étude d'André Gide, *Essai sur Montaigne* (la Pléiade, 1929), celui du baron Seillière, *le Naturisme de Montaigne* (Éditions de la Nouvelle Revue Critique, 1938), le *Montaigne* d'A. Bailly (Fayard, 1942), celui de Gonzague Truc (1945), le petit ouvrage aventureux de F. Jeanson (Seuil, 1951), le *Montaigne* poſthume de Thibaudet (Gallimard, 1963).

En 1933, l'éditeur Delmas, de Bordeaux, a recueilli en un vol. de 388 pp. les conférences organisées par la ville de Bordeaux à l'occasion du 4e centenaire de la naissance de Montaigne. En 1957, Georges Palassie a composé le *Mémorial du Quadricentenaire de la rencontre de Montaigne et de la Boétie* et en 1964, le *Mémorial du 1er Congrès international des Études Montaigniſtes* (Société des Amis de Montaigne).

IDÉES RELIGIEUSES DE MONTAIGNE

Abbé Joseph Coppin, *Montaigne traducteur de Raymond Sebon* (Lille, thèse des Facultés catholiques), 1925).

Janssen, *Montaigne fideiſte* (Nimègue, Dekker et Van de Vegt, 1930).

Dréano, *la Pensée religieuse de Montaigne* (Beauchesne, 1937).

Citoleux, *le Vrai Montaigne, théologien et soldat* (Lethielleux, 1937).

Sclafert, *l'Ame religieuse de Montaigne* (Nouvelles Éditions latines, 1951).

IDÉES POLITIQUES DE MONTAIGNE

Tavera, *le Problème humain : l'idée d'humanité dans Montaigne* (Champion, 1932).

Gaxotte, *les Idées politiques de Montaigne,* une plaquette (Société des Amis de Montaigne, 1957).

Un ouvrage capital d'Alexandre Nicolaï, dont les principaux chapitres ont été publiés par le *Bulletin des Amis de Montaigne,* reste encore manuscrit : *le Machiavélisme de Montaigne.*

On consultera aussi : Duc de Levis-Mirepoix, *Montaigne et l'Individualisme,* une plaquette, Société des Amis de Montaigne, 1957

IDÉES PÉDAGOGIQUES DE MONTAIGNE

Villey, *l'Influence de Montaigne sur les idées pédagogiques de Locke et de Rousseau* (Hachette, 1911).

Porteau, *Montaigne et la vie pédagogique de son temps* (Droz, 1935).

Château, *Montaigne psychologue et pédagogue* (Vrin, 1964).

LE LIVRE DE RAISON DE MONTAIGNE

A. Lefranc, *Préface* à l'édition Marchand (Arts graphiques).

MONTAIGNE ET LA BOÉTIE

Léon Feugère, *Étienne de la Boétie, l'ami de Montaigne,* Paris, 1845.

Paul Bonnefon, Introduction à son édition des *Œuvres de La Boétie,* Paris et Bordeaux, 1892.

Maurice Rat, *Montaigne et La Boétie,* dans son édition des *Essais,* Garnier, 1942, et dans sa préface à *la Servitude volontaire,* Colin, 1962.

QUELQUES « SOURCES » DE MONTAIGNE

Chinard, *l'Exotisme américain dans la littérature française du XVIe siècle, d'après Rabelais, Ronsard, Montaigne* (Hachette 1911).

Camille Hill Hay, *Montaigne lecteur et imitateur de Sénèque* (thèse de doctorat de l'Université de Poitiers, 1938).

LA LANGUE ET LE STYLE DE MONTAIGNE

Abbé Joseph Coppin, *Étude sur la grammaire et le vocabulaire de Montaigne* (Lille, thèse des Facultés catholiques, 1925).

Floyd Gray, *le Style de Montaigne* (Nizet, 1958).

Maurice Rat, *Montaigne écrivain,* une plaquette (Société des Amis de Montaigne, 1958).

Pierre Bonnet, *Jeux phoniques et jeux de mots dans les Essais,* une plaquette (Société des Amis de Montaigne, 1960).

ICONOGRAPHIE DE MONTAIGNE

Lafon et Saint-Martin, *Iconographie de Montaigne* (Société des Amis de Montaigne, 1960).

LA POSTÉRITÉ DE MONTAIGNE

Villey : *Montaigne devant la postérité* [jusqu'en 1610] (Boivin, 1935).

Boase, *The fortune of Montaigne. A history of the Essays in France* [1588-1669] (Londres, Méthuen, 1935).

Dréano, *la Renommée de Montaigne en France au XVIIIᵉ siècle,* [1677-1802] (Angers, aux Éditions de l'Ouest, 1952).

V. Bouillier, *la Renommée de Montaigne en Allemagne* (Paris, Champion, 1921).

V. Bouillier, *la Fortune de Montaigne en Italie et en Espagne* (Paris, Champion, 1922).

Ch. Dédeyan, *Montaigne chez ses amis anglo-saxons* [1760-1900], 2 vol. (Paris, Boivin, 1946).

Bajcsa, *les Essais en Hongrie,* et Bati, *Montaigne et la Hongrie,* dans le *Mémorial du 1ᵉʳ Congrès international* (Bordeaux, Taffard, 1958).

Il est évidemment impossible d'indiquer dans une édition-bréviaire tous les articles consacrés à Montaigne depuis les cinquante dernières années de ce siècle, et qui sont éparpillés dans de nombreux périodiques ou journaux de France et de l'étranger. La source la plus précieuse pour les chercheurs et les amateurs de l'écrivain demeure le *Bulletin de la Société des Amis de Montaigne* présidé tour à tour par Anatole France, Louis Barthou, J. Bédier, Hanotaux, Abel Lefranc et l'auteur de cette édition, et dont la rédaction a été confiée successivement au Dr Armaingaud, à Salles, à Georges Guichard.

Ce *Bulletin,* dont plus de la moitié des numéros sont épuisés, mais dont les numéros, dans leur suite complète, peuvent être consultés aux archives et au siège de la Société, présentement 232, bd Saint-Germain, Paris (7ᵉ), comprend trois séries, les deux premières, comptant respectivement quatre et dix-neuf fascicules, allant de 1912 à 1956, la troisième actuellement en cours trente-deux fascicules à ce jour.

Une *Table analytique et critique* des Bulletins de la 1ʳᵉ et de la 2ᵉ séries, récemment établie (1961) par M. Pierre Bonnet, se trouve au siège de la Société.

Ces *Bulletins,* non plus que le *Mémorial du 1ᵉʳ Congrès international des Études montaignistes,* établi en 1964 par M. Georges Palassie, ne sauraient être ignorés de ceux qui aiment Montaigne et veulent le mieux connaître.

TABLE DES MATIÈRES

TABLE DES MATIÈRES

JOURNAL DE VOYAGE EN ITALIE
par la Suisse et l'Allemagne

LETTRES

NOTES SUR LES
« ÉPHÉMÉRIDES » DE BEUTHER

APPENDICE

NOTES

Ce volume, portant le numéro
quatorze
de la « Bibliothèque de la Pléiade »
publiée aux Éditions Gallimard,
a été achevé d'imprimer
sur bible des Papeteries Braunstein
le 3 juin 1985,
sur les presses
de l'Imprimerie Darantiere
à Quetigny - Dijon,
et relié,
en pleine peau dorée
à l'or fin 23 carats,
par Babouot à Lagny.

ISBN : 2-07-010363-3.

Nº d'édition : 35323. Dépôt légal : juillet 1985.
Premier dépôt légal : 1963.
Imprimé en France.